FRAUDE NO DIREITO DE FAMÍLIA E SUCESSÕES

O GEN | Grupo Editorial Nacional – maior plataforma editorial brasileira no segmento científico, técnico e profissional – publica conteúdos nas áreas de concursos, ciências jurídicas, humanas, exatas, da saúde e sociais aplicadas, além de prover serviços direcionados à educação continuada.

As editoras que integram o GEN, das mais respeitadas no mercado editorial, construíram catálogos inigualáveis, com obras decisivas para a formação acadêmica e o aperfeiçoamento de várias gerações de profissionais e estudantes, tendo se tornado sinônimo de qualidade e seriedade.

A missão do GEN e dos núcleos de conteúdo que o compõem é prover a melhor informação científica e distribuí-la de maneira flexível e conveniente, a preços justos, gerando benefícios e servindo a autores, docentes, livreiros, funcionários, colaboradores e acionistas.

Nosso comportamento ético incondicional e nossa responsabilidade social e ambiental são reforçados pela natureza educacional de nossa atividade e dão sustentabilidade ao crescimento contínuo e à rentabilidade do grupo.

ROLF **MADALENO**
ANA CAROLINA **CARPES MADALENO**
RAFAEL **MADALENO**

FRAUDE NO DIREITO DE FAMÍLIA E SUCESSÕES

5ª edição revista, atualizada e ampliada

- Os autores deste livro e a editora empenharam seus melhores esforços para assegurar que as informações e os procedimentos apresentados no texto estejam em acordo com os padrões aceitos à época da publicação, e todos os dados foram atualizados pelos autores até a data de fechamento do livro. Entretanto, tendo em conta a evolução das ciências, as atualizações legislativas, as mudanças regulamentares governamentais e o constante fluxo de novas informações sobre os temas que constam do livro, recomendamos enfaticamente que os leitores consultem sempre outras fontes fidedignas, de modo a se certificarem de que as informações contidas no texto estão corretas e de que não houve alterações nas recomendações ou na legislação regulamentadora.

- Fechamento desta edição: *12.02.2025*

- Os autores e a editora se empenharam para citar adequadamente e dar o devido crédito a todos os detentores de direitos autorais de qualquer material utilizado neste livro, dispondo-se a possíveis acertos posteriores caso, inadvertida e involuntariamente, a identificação de algum deles tenha sido omitida.

- **Atendimento ao cliente: (11) 5080-0751 | faleconosco@grupogen.com.br**

- Direitos exclusivos para a língua portuguesa
  Copyright © 2025 *by*
  Editora Forense Ltda.
  Uma editora integrante do GEN | Grupo Editorial Nacional
  Travessa do Ouvidor, 11 – Térreo e 6º andar
  Rio de Janeiro – RJ – 20040-040
  www.grupogen.com.br

- Reservados todos os direitos. É proibida a duplicação ou reprodução deste volume, no todo ou em parte, em quaisquer formas ou por quaisquer meios (eletrônico, mecânico, gravação, fotocópia, distribuição pela Internet ou outros), sem permissão, por escrito, da Editora Forense Ltda.

- Capa: Joyce Matos

- **CIP-BRASIL. CATALOGAÇÃO NA PUBLICAÇÃO**
  SINDICATO NACIONAL DOS EDITORES DE LIVROS, RJ

  M151f
  5. ed.

  Madaleno, Rolf, 1954-
  Fraude no direito de família e sucessões / Rolf Madaleno, Ana Carolina Carpes Madaleno, Rafael Madaleno. - 5. ed., rev. e atual. - Rio de Janeiro : Forense, 2025.

  912 p. ; 24 cm.

  Inclui bibliografia e índice remissivo
  ISBN 978-85-3099-681-9

  1. Direito de família - Brasil. 2. Herança e sucessão - Brasil. I. Madaleno, Ana Carolina Carpes. II. Madaleno, Rafael. III. Título.

  25-96450   CDU: 347.6(81)

  Meri Gleice Rodrigues de Souza - Bibliotecária - CRB-7/6439

Um livro que discorre ao longo de suas intermináveis páginas sobre a fraude nas relações humanas, a par de sua finalidade cultural e científica, só pode ser suavizado aos olhos do futuro leitor, pela justa e reiterada homenagem que tenho por hábito de realizar reverenciando a pureza, a transparência e a honestidade que guardam as crianças e os adolescentes e que, diferentemente dos adultos, já viciados pelas impurezas do comportamento humano, mantêm a candura de sua existência e nutrem a esperança de uma convivência honesta, sincera e afetiva, com cuja experiência convivo dia após dia desde a existência de meus netos GUILHERME e JOAQUIM e desde que soube que a neta OLIVIA logo viria, como efetivamente depois nasceu, para ampliar minha crença de que ainda podemos viver em um mundo melhor e mais solidário, no qual só tem realmente sentido o ser em vez de ter, mesmo porque, se formos melhores, também teremos o melhor.

Rolf Madaleno

Dedico este livro àqueles que, em especial, muito mais me inspiram e instigam diariamente, GUILHERME CARPES MADALENO ESTEVES e JOAQUIM MADALENO MALHÃO.

Ana Carolina Carpes Madaleno

Ao contrário de outros ramos do Direito, no Direito de Família os conflitos são decorrentes de relações construídas por vínculos emocionais. Assim, parece-me difícil chegar a uma definição do que seria considerado justo ou razoável, valores intrinsecamente tão subjetivos, que se tornam ainda mais abstratos se utilizados como parâmetro de julgamento em conflitos afetivos, originados em relacionamentos que guardam características únicas que refletem a personalidade inconfundível e irreplicável de cada indivíduo. E talvez seja este o grande diferencial e o que torna esse ramo do Direito tão interessante e peculiar. Trago esses questionamentos apenas como uma breve e despretensiosa reflexão para compartilhar nesta dedicatória, o que para mim foram os maiores aprendizados adquiridos com o exercício da minha profissão. Por meio da observação das relações familiares, pude perceber o quão importantes são as nossas escolhas afetivas e o quanto essas escolhas afetam nossas vidas, a quem é endereçado o nosso tempo e, principalmente, nosso sentimento, e quem nos brinda com o seu afeto e carinho. Ao fazer essa autorreflexão, pude genuinamente me sentir grato pelas pessoas à minha volta, e isso me fez intensificar ainda mais a importância da família como alicerce na construção da identidade e o seu papel fundamental para a sociedade. Assim, não poderia deixar de dedicar este livro à mais nova integrante da nossa família, minha filha Olivia, que já mudou completamente a vida dos seus pais, trazendo um novo sentido ao amor e à responsabilidade, bem como uma enorme vontade de lhe dar o mesmo carinho e dedicação que recebi dos meus pais.

Rafael Madaleno

SOBRE OS AUTORES

Rolf Madaleno

Mestre em Direito Processual Civil pela PUC-RS e advogado com exclusividade na área do Direito de Família e Sucessões em Porto Alegre e São Paulo. Professor visitante na pós-graduação das Faculdades de Direito da ULBRA, da UNIRITTER e da UNISC (localizadas no Rio Grande do Sul), da UNICENP (em Curitiba-PR), do JusPodivm (na Bahia) e da UNIT (em Aracaju-SE). Professor convidado na pós-graduação em Direito de Família da UNIFOR, da UFBA, das Faculdades Borges de Mendonça, do CESUC (em Florianópolis-SC), da Escola da Magistratura do Estado do Maranhão, da Escola de Magistratura de São Paulo, da Escola de Direito de Campo Grande-MS, na pós-graduação em Direito de Família da UFRGS, na pós-graduação em Direito de Família e Sucessões da Legale Cursos Jurídicos, da Escola Superior de Advocacia e da Escola Paulista de Direito (localizadas em São Paulo). Membro da AIJUDEFA (Asociación Internacional de Juristas de Derecho de Familia). Na UNISINOS, foi professor concursado de Direito de Família e Direito das Sucessões. Foi professor de Direito de Família e Sucessões na graduação da PUC-RS, onde continua lecionando na pós-graduação. Palestrante no Brasil e no exterior. Conselheiro estadual da OAB-RS (2021-2023) e diretor-geral da ESA/RS (gestão 2021-2023). Foi diretor nacional do IBDFAM e conselheiro da seccional da OAB-RS (gestão 2010-2012). Foi vice-presidente do IARGS (2004-2006 e 2006-2008), conselheiro e diretor-tesoureiro da OAB-RS (no triênio 1995-1997) e juiz eleitoral efetivo do Tribunal Regional Eleitoral do Rio Grande do Sul, na classe dos juristas. Conselheiro federal da OAB-RS (triênio 2013-2015) e conselheiro estadual da OAB-RS (triênio 2016-2018 e 2022-2024). Foi diretor-geral da Escola Superior de Advocacia da OAB/RS no triênio 2022-2024. É diretor-geral da Escola Superior de Advocacia da OAB/RS. Integra a Comissão de Juristas encarregados da Revisão do Código Civil, nomeada pelo Senado Federal. Integra o Conselho Científico Internacional da Revista de Dreptul Familiei da Romênia, tendo publicações de artigos em livros e revistas de direito de família e sucessões no Brasil e no exterior.

Ana Carolina Carpes Madaleno

Advogada graduada e especializada em Direito de Família e Sucessões pela PUC-RS, professora e palestrante. Possui formação em Psicologia Transpessoal pela Unipaz-Sul; Constelações Familiares; Constelações Individuais; Constelações Sistêmicas Dinâmicas;

Constelações Estruturais. Idealizadora e consteladora do projeto Ampliando o olhar – uma visão sistêmica do Judiciário, realizado desde 2016 nas Varas da Violência Doméstica e Família da Comarca de Novo Hamburgo, RS. Coautora do livro *Alienação Parental, importância da detecção – aspectos legais e processuais*, em sua 8ª edição, publicada também pela editora Forense. Sócia do Escritório Madaleno Advogados Associados, especializado em Direito de Família e Sucessões. Graduanda em Psicologia.

Rafael Madaleno

Advogado. Especialista em Direito de Família pela PUC-RS. Coautor dos livros *Guarda compartilhada física e jurídica*, da editora Revista dos Tribunais, em sua 5ª edição, *Responsabilidade Civil no Direito de Família*, da editora Atlas, e *Alimentos, aspectos materiais*, da editora Foco. Sócio do Escritório Madaleno Advogados Associados.

APRESENTAÇÃO

Em meu nome pessoal, sempre cultivei um interesse especial sobre o tema da fraude, óbvia e particularmente acerca da sua incidência no direito de família e das sucessões, e isto porque, com intensa e exclusiva atuação na advocacia nestes dois segmentos do direito, me angustiavam as dificuldades práticas e os desafios que surgiam na lide diária de uma vida conjugal ou em alguma transmissão sucessória, cujos processos de inventário eram, e que de alguma forma seguem tendo como prática comum, o engodo por meio de um simples expediente como a mera subavaliação dos bens, isto para citar apenas um entre os inúmeros recursos utilizados para o logro patrimonial, entre tantas outras estratégias usadas para a consumação lucrativa deste verdadeiro ilícito civil que se faz representar pelo desejo de um enriquecimento indevido. A partir do momento em que alguém decide fraudar direitos de terceiros – sejam eles simples credores mais distanciados, sejam credores mais próximos, como cônjuges e conviventes, destinatários de alimentos, meação, ou credores sucessores, destinatários de uma legítima que deveria chegar intocável, ou apenas herdeiros facultativos e testamentários –, o fato é que sempre poderá surgir alguma nova e nunca antes elaborada movimentação processual, ou pela via contratual utilizada com o objetivo do logro, da tapeação ou enganação, e com sua maliciosa técnica surgem no seu encalço milhares de problemas causados pela lesão dos direitos de pessoas credoras, ferindo de morte direitos considerados doutrinariamente fundamentais, que podem ser considerados direitos sagrados, como sucede como há pouco dito com o crédito dos alimentos e sua fixação judicial, quando o devedor cria toda uma encenação fática e contratual, que o deixa em aparência distante da riqueza que sempre ostentou e que ele segue ostentando apenas em nome de interpostas pessoas. E acaso haja sucesso no arbitramento judicial do crédito alimentar, a preparação fraudatória nasce então voltada para neutralizar a sua execução judicial, mais uma vez valendo-se o agora executado das pessoas *espantalhos*, com as quais constrói um manancial de ilusões que mais uma vez dissimulam a capacidade material do devedor de alimentos e criam um volume adicional de dificuldades práticas que terminam enuviando a cobrança dos alimentos pela agora aparente inexistência de bens existentes em nome do alimentante, o qual se esconde corriqueiramente atrás desta interposta pessoa física ou jurídica, seu espantalho. Há fraudes em todos os ramos do direito de família e do direito das sucessões, valendo-se os fraudadores de expedientes vulgares e por demais conhecidos na experiência forense, embora até hoje surpreenda o surgimento sempre crescente de novos mecanismos que a fértil mente humana não se cansa de atiçar aqueles que têm como meta pessoal a fraude, esboçada na cobiça, no egoísmo ou por vezes motivada pela simples vingança de um ressentimento afetivo qualquer, seja ele conjugal ou pessoal, mas que o fraudador termina encontrando novas fórmulas e exitosas para lesar direitos alheios. Aliás, sobre fraudes e falcatruas criminais, somos diariamente inundados desde cedo da manhã com o noticiário de gigantescas operações policiais e informações de prisões de pessoas no exercício de funções públicas ou privadas que, voltadas para o mal, geram esquemas milionários de ilícitos penais, ocupando-se as autoridades policiais em desbaratarem quadrilhas e desvendarem os esquemas de quadrilhas que, favorecidas por suas posições profissionais, se juntam para a exercício do mal, existindo dispositivos legais que enquadram e tipificam criminalmente conhecidas fraudes ou estelionatos penais, assim como a todo tempo surgem novas legislações visando enfrentar a malsinada corrupção. O ilícito penal pode ser considerado uma fraude perpetrada no atacado, sendo bem diferente o tratamento do ilícito civil, e deve ser feita especial referência àquela fraude posta em exercício para lograr direitos originados das relações familiares e sucessórias, pois são todas elas destituídas de qualquer forma de efetiva punição, dado ao fato de que o fraudador nada perde se flagrado em qualquer ilícito fraudatório civil e que intente reduzir ou aniquilar, por exemplo, alguma meação ou algum crédito alimentar, ou qualquer quinhão ou direito hereditário necessário ou facultativo, salvo a única exceção da pena de sonegados, prevista apenas para o direito sucessório pelo artigo 1.992 do Código Civil, com as peculiaridades do artigo 1.996 do mesmo diploma substantivo brasileiro. Eis que de resto, graças à mais pura e serena impunidade, que termina servindo como involuntário estímulo para aquele que sonega ou desvia bens de cônjuge, companheiro ou herdeiro, ou obvia alimentos de dependente financeiro, movido pela máxima de que ao fim e ao cabo tudo representará algum lucro, verdadeiro ganho obtido à custa da credulidade alheia, sem ter nada para perder, salvo e assim pensa o fraudador, o dano que existiria pela total falta de escrúpulos diante da eventual omissão de fraudar. Perdendo, destarte, a chance de tirar vantagem do patrimônio ou da necessidade alheia, ou melhor dito, de extrair algum benefício maior ou menor sobre os direitos dos outros e tudo como vergonhosa e triste *recompensa* da sua esperteza voltada para o mal, ou da ligeireza de suas ações movidas pela má-fé e pela cupidez, tudo embalado pela airosa sensação e certeza da impunidade, servindo o maldoso resultado econômico, que será para o fraudador muito mais certo do que duvidoso, como uma *indigna* premiação por suas engenhosas maquinações.

Embora o direito e o processo de família avancem para procedimentos mais céleres e objetivos, inclusive com opções extrajudiciais de partilhas e de inventários consensuais, a tentação e o exercício descontrolado da fraude nunca abandonaram as demandas de família e do direito das sucessões nos pretórios nacionais e estrangeiros, pouco importando nos vangloriemos de outras conquistas processuais, como sucedeu com a supressão da pesquisa da culpa nas ações litigiosas de família e com a sistematização processual da antiga e imprescindível teoria da desconsideração direta ou inversa da personalidade jurídica, cujas fórmulas respeitam a inquestionáveis avanços em prol da redução da vida inútil de um processo que antes só servia para caçar culpados pela ruptura matrimonial e para conferir tempo para o esvaziamento unilateral do patrimônio, ou para os longos embates a despeito das formulações teóricas maior e menor da episódica desconsideração judicial da personalidade jurídica.

Em realidade, já houve um sensível avanço em prol da apuração e do combate processual à fraude na partilha conjugal, convivencial ou sucessória pelo uso de interpostas pessoas físicas ou jurídicas para o estabelecimento de acanhados valores, no campo familista, por exemplo, à título de pensão alimentícia, isto quando não são mecanismos postos para frustrar uma execução alimentar pela aparente falta de bens passíveis de penhora, que, como antes mencionado, contrastam com a aparência de riqueza do devedor de alimentos.

Enfim, não são problemas recentes e não são comportamentos novos e desconhecidos, eis que existem há anos e sempre apresentam os mesmos sintomas comportamentais, mas comportam constantes renovações metodológicas e registram a ocorrência corrente de atos ilícitos cometidos para a fraude de direitos basilares de família e de sucessões, e quando proposta surgiu em família a ideia de escrevermos em coautoria um livro jurídico sobre o ilícito civil da fraude no direito de família e no direito das sucessões, fluiu rápida a absorção da sugestão, até porque a existência e o nefasto trânsito da fraude e o conhecido mal que causa sobre direitos que restam facilmente desprotegidos, sua ocorrência é recorrente na advocacia familista e a sua detecção e o combate à fraude, como elemento adicional de motivação ao exercício da advocacia, se faz particularmente prazerosa esta empreitada sobre a qual nos debruçamos em família para escrever este livro também em família, sobre família e sucessões. É fato que um problema tão grande, com tanta visibilidade familiar e com constante trânsito processual, entenderam os autores, carecia de um maior volume de informações doutrinárias e de indicação de precedentes jurisprudenciais, por vezes ainda relutantes em enfrentar de frente a fraude, e cujos julgados ainda teimam em proteger o sigilo e a intimidade econômica do fraudador, em detrimento de imensuráveis e superiores valores considerados constitucionalmente como fundamentais.

Os autores estão gratificados por trazerem a público e na forma de livro doutrinário a sua inquietação com o malgrado e insidioso trânsito da fraude no âmbito do direito de família e no direito das sucessões, mas se sentirão plenamente compensados se de alguma forma perceberem que o presente livro possa se verter em uma pequena centelha que ilumine o efetivo combate à fraude, deitando sobre eles o sentimento de que seu esforço restou devidamente recompensado, e esta é sempre a gratificação desejada por aquele que escreve, e mais ainda quando escreve sobre aspectos práticos e reais do direito, na expectativa de que de alguma forma tenham ajudado profissional e intelectualmente o seu leitor.

Porto Alegre, primavera de 2021.

Rolf Madaleno
Ana Carolina Carpes Madaleno
Rafael Madaleno

ÍNDICE GERAL

Capítulo 1 – Regime de Bens 1
1.1 Patrimônio conjugal 1
1.2 Bens próprios 13
    1.2.1 Aquisição anterior ao casamento 15
    1.2.2 Adquiridos por doação 16
    1.2.3 Adquiridos por herança 18
    1.2.4 Adquiridos por sub-rogação 18
    1.2.5 Adquiridos por indenização 20
    1.2.6 Direitos inerentes à pessoa 21
    1.2.7 Direitos intelectuais 22
1.3 Bens aportados para o casamento 25
    1.3.1 Por esforço comum 26
    1.3.2 Frutos comuns 30
    1.3.3 Frutos civis do trabalho, comércio ou indústria 32
    1.3.4 Noção de dividendos 35
    1.3.5 Crias de gado 38
    1.3.6 Prova do caráter próprio do bem 39
    1.3.7 Partilha dos frutos 40
1.4 Breve notícia histórica das dívidas conjugais 44
    1.4.1 Dívidas dos cônjuges 48
    1.4.2 Divisão de responsabilidade 54
    1.4.3 Dívidas da sociedade conjugal 57
    1.4.4 Dívidas comuns contraídas por ambos os cônjuges 59
    1.4.5 Dívidas comuns contraídas por um só dos cônjuges 60
    1.4.6 Dívidas pessoais dos cônjuges 63
    1.4.7 Dívidas das sociedades empresárias 63
    1.4.8 Dívidas contraídas com oposição do cônjuge e a separação de fato 66
    1.4.9 Bens que respondem pelas dívidas comuns 67
    1.4.10 O pagamento das dívidas de terceiros 68
1.5 Administração dos bens 70
    1.5.1 Atos de administração 70
    1.5.2 Administração de bens próprios 72
    1.5.3 Administração dos bens comuns 73
    1.5.4 Administração sem mandato expresso 76

1.5.5	Atos de disposição	79
1.5.6	Má administração	82
1.5.7	Prestação de contas	85
1.5.8	Separação judicial dos bens na constância do casamento	88
1.5.9	O assentimento conjugal	90
1.5.10	O assentimento na união estável	95
1.5.11	Finalidade do assentimento	97
1.5.12	Atos que dispensam o assentimento	98
1.5.13	Suprimento judicial do assentimento	98
1.5.14	Bens imóveis	99
1.5.15	Bens móveis com registro	101
1.5.16	Bens móveis sem registro	101
1.5.17	Participações societárias	102
1.5.18	Bens adquiridos em condomínio	108
1.5.19	Contratos entre cônjuges	112
1.6	Alteração do regime de bens	116
1.6.1	Procedimento judicial para alteração do regime no matrimônio	122
1.6.2	Relativização da retroatividade do regime de bens	127
1.6.3	Procedimento para a alteração do regime na união estável	129
1.6.4	Boa-fé de ambos os cônjuges	130
1.7	Extinção do regime de bens	132
1.7.1	Causas de extinção do regime de comunidade	135
1.7.2	Morte comprovada ou presumida	135
1.7.3	Nulidade ou anulação do casamento putativo	137
1.7.4	Separação de fato ou de corpos	138
1.7.5	Separação ou divórcio judicial e extrajudicial	140
1.7.6	Violência contra a mulher	140
1.7.7	Prescrição da partilha	144
1.7.8	Reconciliação dos cônjuges ou conviventes	152
1.7.9	O abuso do direito na administração dos bens	153
1.7.10	Tutelas provisórias de preservação dos bens	155
1.7.10.1	Aspectos gerais	157
1.7.10.2	Requisitos	159
1.7.10.3	Inibição geral de bens	160
1.7.10.4	Arrolamento de bens	162
1.7.10.5	Depósito, arresto e sequestro de bens	164
1.7.10.6	Bloqueio de contas e aplicações financeiras	164
1.7.10.7	Anotação preventiva da lide	165
1.7.10.8	Produção antecipada de provas	166
1.7.10.9	Intervenções em sociedades empresárias	167
1.7.10.10	Tutelas de urgência de natureza pessoal	171

Capítulo 2 – Partilha dos Bens Conjugais 173

2.1	Morosidade processual e partilha extrajudicial	176
2.1.1	Ação de liquidação e partilha dos bens comuns	178
2.2	A ação de fraude	179
2.2.1	O princípio da boa-fé	183

2.2.2	Presunção de fraude	185
2.2.3	Atos a título gratuito	189
2.2.4	Atos a título oneroso	190
2.2.5	Fraude à lei	192
2.2.6	Fraude de credores	194
2.2.7	Fraude de execução	197
2.2.8	Fraude contra cônjuge ou companheiro	199
	2.2.8.1 Referência histórica da fraude na meação	204
	2.2.8.2 Renúncia de meação	210
	2.2.8.2.1 Fraude e contrato de namoro ou de coparentalidade....	214
	2.2.8.3 Renúncia de herança e o artigo 1.813 do Código Civil	219
	2.2.8.3.1 Renúncia ou repúdio	226
	2.2.8.4 Cláusulas pactícias em prejuízo do parceiro	226
	2.2.8.5 Cláusulas pactícias em prejuízo de terceiros	231
2.2.9	Fraude na partilha consensual	239
	2.2.9.1 A anulação por lesão	244
2.2.10	A simulação	245
	2.2.10.1 Simulação de pactos antenupciais e contratos de convivência ..	249
	2.2.10.2 Doações entre cônjuges	254
2.2.11	Simulação de endosso, fiança ou aval	256
2.2.12	Simulação de mútuo	260
2.2.13	Simulação de arrendamento	262
2.2.14	Simulação de sociedade	263
	2.2.14.1 A fraude societária	268
	2.2.14.2 O protocolo familiar	270
2.2.15	A má-fé, o dolo e a fraude	273
2.2.16	A fraude e a intervenção de terceiros	275
2.2.17	A fraude pela simulação de venda a descendente	278
	2.2.17.1 Do dolo e da fraude testamentária pela alienação de idoso	282
	2.2.17.2 Liberdade de manifestação cooptada	289
	2.2.17.3 A fraude testamentária pela brecha das testemunhas	290
	2.2.17.4 A fraude pelo testamenteiro	292
2.2.18	A fraude e o abuso do direito	296
	2.2.18.1 A fraude do ilícito penal	298
	2.2.18.2 A fraude do ilícito civil	300
	2.2.18.3 A fraude como ilícito ético	303
2.2.19	Os vícios de vontade	303
2.2.20	Anulação do acordo fraudulento	305
2.2.21	O *consilium fraudis* e o *eventus damni*	306
2.2.22	A sonegação de bens	307
2.2.23	O desvio de bens conjugais	312
2.2.24	A criptomoeda	313
2.2.25	A *holding* familiar	314
2.2.26	O *trust*	321
	2.2.26.1 O fideicomisso	323
2.2.27	A empresa *offshore*	326
2.2.28	O seguro de vida	330

2.2.29	A previdência privada		333
2.2.30	Recursos no exterior		340
2.2.31	As fundações		343
2.2.32	Insolvência e o dano		344
	2.2.32.1	A simulação de insolvência	345
	2.2.32.2	A insolvência alimentar fraudulenta	346
2.2.33	A ação de nulidade		359
2.2.34	A ação de anulação		359
	2.2.34.1	A indenização pela inoponibilidade	360
2.2.35	A ação pauliana ou revocatória		361
2.2.36	A ação de inoponibilidade		363
2.2.37	Ação de desconsideração da pessoa jurídica		369
2.2.38	Ação de desconsideração da pessoa física		371
2.2.39	Provas da fraude ou da simulação		373
	2.2.39.1	Confissão judicial	378
	2.2.39.2	Confissão extrajudicial	381
	2.2.39.3	A prova do pagamento e o preço vil	382
	2.2.39.4	A necessidade da venda e da entrega do bem	384
	2.2.39.5	A insolvência do comprador	385
	2.2.39.6	Testemunhas	386
	2.2.39.7	Documentos	386
	2.2.39.8	Ata notarial	388
	2.2.39.9	A importância da quebra do sigilo	391
	2.2.39.10	As redes sociais	398
	2.2.39.11	O processo penal como meio de prova	399
	2.2.39.12	Os indícios e a presunção	401
	2.2.39.13	A hierarquia das provas do artigo 212 do Código Civil	406
	2.2.39.14	Prova pericial	408
		2.2.39.14.1 Balanço de determinação	413
2.2.40	Legitimação ativa		418
2.2.41	Legitimação passiva		419
2.3	Enriquecimento indevido de um dos cônjuges		419
2.4	Violência econômica		420
	2.4.1	A intimidação passional	423
2.5	A compensação de bens na partilha		424
2.6	Valorização das quotas		428
	2.6.1	A tese contrária	434
2.7	A indenização pela fraude patrimonial no regime de bens		439
	2.7.1	O enriquecimento indevido	440
	2.7.2	A justiça relativa	441
	2.7.3	O dano moral	442
	2.7.4	A culpa subjetiva do direito familiar	444
	2.7.5	O dano moral pela fraude patrimonial	445
2.8	Prescrição ou decadência da ação de fraude		449

Capítulo 3 – Indivisão Pós-Comunitária dos Bens Comuns 453

3.1   Definição e natureza jurídica 461

3.2	Características da indivisão		463
3.3	Bens que integram a divisão pós-comunitária		465
	3.3.1	Fotografia do tempo na apuração dos haveres de liquidação de quotas sociais	467
	3.3.2	A fraude na partilha de honorários profissionais pós-conjugais	471
3.4	Gestão dos bens pós-comunitários		477
3.5	O pagamento de dívidas pendentes		484
	3.5.1	Fraudes causadas aos credores	485
3.6	Extinção do regime de comunidade em vida		486
3.7	Extinção do regime de comunidade por morte		488
3.8	Uso e gozo		489
3.9	Pagamento de alugueres e arrendamentos		491
3.10	Sociedades simples e *exclusão* do intangível na partilha		493
	3.10.1	Sociedade simples e *inclusão* do intangível na partilha	500
3.11	Frutos e rendas dos bens indivisos		502
	3.11.1	Lucros e dividendos e sua compensação na partilha	508
3.12	Uso da vivenda conjugal		509
3.13	Direito preferencial para uso do primitivo domicílio conjugal		514
3.14	Liquidação e partilha dos bens pós-comunitários		516
3.15	Bens pós-comunitários e novo relacionamento afetivo		521
3.16	Partilha de quotas sociais e de ações		523
	3.16.1	Breve histórico da sociedade entre cônjuges	532
	3.16.2	Valor patrimonial das quotas pela data da separação de fato	536
	3.16.3	Dissolução parcial da sociedade	540
	3.16.4	Apuração de haveres	542
	3.16.5	Liquidação de quotas no juízo cível ou empresarial	554
	3.16.6	Direito de preferência	559
3.17	Extinção da comunidade pós-conjugal		560
3.18	Sobrepartilha		565

Capítulo 4 – A Pessoa Jurídica no Direito de Família 567

4.1	Das pessoas	567
4.2	Personalidade jurídica	568
4.3	Autonomia privada	570
4.4	Da pessoa natural	571
4.5	Da pessoa jurídica	573
4.6	Da pessoa jurídica de direito público	575
4.7	Da pessoa jurídica de direito privado	575
4.8	Distinção entre sociedade e associação	576
4.9	Distinção entre associação e fundação	577
4.10	Das sociedades	577
4.11	Classificação das sociedades	578
4.12	Sociedades não personificadas	579
4.13	Sociedades personificadas	580
4.14	Sociedades personificadas simples	581
4.15	Sociedades personificadas empresárias	582
4.16	Sociedade em nome coletivo	582
4.17	Sociedade em comandita simples	583

4.18	Sociedade limitada	584
4.19	Sociedade anônima	584
4.20	Sociedade em comandita por ações	585
4.21	A empresa individual de responsabilidade limitada – EIRELI	586
4.22	A função social da empresa	587
4.23	Separação patrimonial	588
4.24	Responsabilidade patrimonial	589
4.25	Histórico da desconsideração da personalidade jurídica	591
4.26	Desconsideração da personalidade jurídica	593
4.27	O levantamento da personalidade coletiva em Portugal	596
4.28	O surgimento da desconsideração da pessoa jurídica no Brasil	598
4.29	A desconsideração da personalidade jurídica no Código Civil de 1916	601
4.30	A desconsideração da personalidade jurídica no antigo Código Comercial	602
4.31	A desconsideração da personalidade jurídica no Direito do Trabalho	604
4.32	A desconsideração da personalidade jurídica no Direito Tributário	607
4.33	A desconsideração da personalidade jurídica no Código do Consumidor	610
4.34	A desconsideração da personalidade jurídica na Lei Antitruste	613
4.35	A desconsideração da personalidade jurídica na Lei de Proteção ao Meio Ambiente	614
4.36	A desconsideração da personalidade jurídica no Código Civil de 2002	615
4.37	A desconsideração da personalidade jurídica na Lei Anticorrupção	617
4.38	A desconsideração da personalidade jurídica na Lei de Liberdade Econômica	618

Capítulo 5 – Fundamento da Desconsideração da Personalidade Jurídica 621

5.1	Pressupostos para a desconsideração	621
5.2	Finalidade da desconsideração	625
5.3	A antiga teoria maior da desconsideração	626
5.4	A antiga teoria menor da desconsideração	628
5.5	Desconsideração inversa	629
5.6	O abuso do direito	634
	5.6.1 O abuso do poder no direito societário	638
5.7	O abuso do poder de controle	639
5.8	A fraude contra credores no direito societário	640
5.9	Fraude à execução no direito societário	641
5.10	A simulação no direito societário	643
5.11	Interposta pessoa	645
5.12	Confusão patrimonial	647
5.13	Desvio de finalidade	650
5.14	Subcapitalização	650

Capítulo 6 – Os Conflitos de Direito de Família e a Incidência da Desconsideração da Personalidade Física e Jurídica 655

6.1	O paradigma da desconsideração no Direito de Família brasileiro	655
6.2	O paradigma da desconsideração na jurisprudência portuguesa	660
6.3	Regime de bens	663
	6.3.1 Comunhão parcial	663
	6.3.1.1 Bens que ingressam na comunhão parcial	668
	6.3.2 Comunhão universal	669

6.3.3		Participação final nos aquestos	671
	6.3.3.1	Regras de liquidação	671
	6.3.3.2	Risco de fraude na divisão dos bens conjugais	674
	6.3.3.3	Regime de compensações	674
6.3.4		Separação total de bens	675
	6.3.4.1	A separação obrigatória de bens	676
	6.3.4.2	A separação convencional de bens	677

6.4	A modificação do regime de bens	677
6.5	Sociedade conjugal	678
6.6	União estável	681
6.7	Cônjuges sócios	682
6.8	A administração dos bens na sociedade afetiva	686
6.9	Fraude entre cônjuges e conviventes	688
6.10	Administração bicéfala e a rendição de contas	691
6.11	A razão de ser da desconsideração da personalidade jurídica	694
6.12	Regime de bens na sociedade conjugal	695
6.13	Regime de bens na união estável	697
6.14	Dissolução afetiva e partilha de bens	700
6.15	O mau uso da pessoa jurídica em fraude à meação	701
6.16	Atos societários supletórios também hábeis à fraude	705
6.17	O tipo social	707
6.18	Personalidade jurídica e a sua desestimação	710
6.19	As sociedades de família	713
6.20	A fraude pela mudança do tipo social	715
6.21	O cônjuge ou convivente como subsócio	718
6.22	A dissolução parcial	723
6.23	A apuração de haveres na codificação processual	725
6.24	O processo judicial de divórcio	727
6.25	A efetivação processual da *disregard* no divórcio judicial	732
6.26	A efetivação da *disregard* na dissolução da união estável	741
6.27	A comunhão de resíduo do Direito italiano	745
6.28	A *disregard* e a divisão de quotas sociais	746
6.29	Direitos sociais e patrimoniais do cônjuge	749

Capítulo 7 – A Desconsideração da Personalidade Jurídica no Âmbito dos Alimentos.... 751

7.1		A desconsideração e os alimentos	751
7.2		Direito à vida	756
7.3		O homem em família	756
7.4		Intervenção do Estado no âmbito do Direito de Família	757
7.5		A intervenção estatal no Direito Empresarial	758
7.6		O direito alimentar	759
	7.6.1	A articulação processual dos alimentos	759
	7.6.2	Presunção e aparência	761
	7.6.3	O delito de descumprimento do dever familiar de assistência	763
	7.6.4	A penhora *on-line* e a desconsideração da personalidade jurídica	764
	7.6.5	Idoneidade do objeto social	767
	7.6.6	Abalo da ordem pública pela fraude ou pelo abuso	768

	7.6.7	A *disregard* nos alimentos	771
	7.6.8	Sua incidência processual	774
	7.6.9	A desconsideração ativa na seara alimentar	776
	7.6.10	*Disregard* e perícia contábil	779
7.7		A desconsideração da personalidade jurídica na execução de alimentos	783

Capítulo 8 – A Desconsideração da Personalidade Jurídica no Direito das Sucessões.... 787

8.1	Herdeiros necessários	787
8.2	Proteção da legítima	789
8.3	Colação	791
8.4	Redução da legítima	795
8.5	Abuso do direito, fraude sucessória e ordem pública	799
8.6	A desconsideração da personalidade jurídica na sucessão legítima	802
8.7	Sua manifestação processual	809
8.8	Do incidente de desconsideração da personalidade jurídica	811

Capítulo 9 – A Interposição de Pessoas Físicas e os Aspectos Processuais da Desconsideração da Personalidade ... 813

9.1		A interposição fictícia de pessoa natural	813
9.2		A fraude pela pessoa física	813
9.3		A boa-fé	815
9.4		A prova da fraude e da simulação	818
9.5		Aspectos processuais da desconsideração	822
9.6		A antiga teoria maior da desconsideração no plano processual	823
9.7		A antiga teoria menor da desconsideração no plano processual	826
9.8		A vulnerabilidade da pessoa prejudicada	827
9.9		A *disregard* na tutela antecipada	832
9.10		A cumulação do pedido satisfativo com a providência liminar	836
	9.10.1	Competência	837
	9.10.2	Intervenção de terceiro	839
	9.10.3	Litisconsórcio	839
	9.10.4	Litisconsórcio necessário	841
	9.10.5	Litisconsórcio facultativo	842
	9.10.6	Embargos de terceiro	843
	9.10.7	Outras defesas do terceiro	847
	9.10.8	O mandado de segurança	848
	9.10.9	A exceção de pré-executividade	849
	9.10.10	O conteúdo da exceção de pré-executividade	850
	9.10.11	Momento de apresentação da objeção	851
	9.10.12	A desconsideração no Código de Processo Civil	852
	9.10.13	Considerações finais	853

REFERÊNCIAS ... 855

ÍNDICE REMISSIVO ... 887

Capítulo 1
REGIME DE BENS

1.1 PATRIMÔNIO CONJUGAL

Em decorrência do casamento e da união estável derivam inúmeros efeitos jurídicos que se estendem não apenas ao plano pessoal, mas, também, à esfera econômica dos partícipes de uma entidade familiar. Os efeitos econômicos estão regulados no ordenamento jurídico pátrio por meio do Código Civil, no Livro IV – Direito de Família, Título II – Do Direito Patrimonial, capítulo que trata sobre as relações econômicas emergentes das questões pecuniárias entre os cônjuges e conviventes e deles para com terceiros.[1]

Muito embora ao longo das últimas décadas tenha havido uma mudança no enfoque da proteção estatal quanto às relações familiares, com a honrosa valorização dos aspectos afetivos em detrimento do posicionamento esposado no Código Civil anterior, centrado nas questões patrimoniais, é indiscutível que os aspectos econômicos seguem presentes e indissociáveis de todo e qualquer tipo de arranjo familiar.

Essa repersonalização das relações familiares, movimento chamado pela doutrina especializada de despatrimonialização do Direito Familiar, segundo Paulo Luiz Netto Lôbo,[2] tem como meta ou suporte fático a valorização da pessoa, e não do seu patrimônio, mudança claramente percebida a partir do momento que o Estado passou a se preocupar em assegurar que as condições morais, materiais e legais necessárias ao pleno desenvolvimento pessoal e afetivo estivessem protegidas no plano jurídico. Essa nova tendência culminou no reconhecimento e na inclusão protetiva de outras formas de constituição familiar anteriormente relegadas, como a própria união estável, as relações homoafetivas e a monoparentalidade.

Gustavo Tepedino[3] também realça como novo fundamento da República de um Estado Democrático de Direito o respeito à dignidade da pessoa humana e a define como outra tábua de valores na disciplina familiar, tangente, é certo, aos primados da equalização do homem e da mulher, dentro e fora do casamento; a pluralização das entidades familiares e sua proteção estatal, sem descurar da igualdade dos direitos destinados aos filhos. Santiago Dantas, citado por Cristiano Chaves Farias e Nelson Rosenvald, compreende que, embora sejam inegáveis a importância e a repercussão dos aspectos econômicos, não há motivo para sobrepujar o caráter afetivo-solidarista do casamento e entende que as consequências patrimoniais do

---

[1] MADALENO, Rolf. *Direito de família*. 10. ed. Rio de Janeiro: GEN/Forense, 2020. p. 759.
[2] LÔBO, Paulo Luiz Netto. A repersonalização das relações de família. *In*: LÔBO, Paulo Luiz Netto. *O direito de família e a Constituição de 1998*. São Paulo: Saraiva, 1989. p. 53-80.
[3] TEPEDINO, Gustavo. A disciplina jurídica da filiação na perspectiva civil-constitucional. *In*: PEREIRA, Rodrigo da Cunha (coord.). *Direito de família contemporâneo*. Belo Horizonte: Del Rey, 1997. p. 550-551.

matrimônio devem coadunar com a proteção da dignidade humana e seus valores essenciais; segundo o autor, o interesse econômico é subalterno e, por conseguinte, o regime de bens está submetido a uma defesa dos fins morais do casamento.[4]

A comunhão plena de vida a que se refere o legislador no artigo 1.511 do Código Civil é requisito intrínseco à própria noção de matrimônio e, por certo, igualmente aplicável às uniões afetivas que compartilham da mesma representatividade e proteção constitucional destinada ao casamento. O dispositivo em comento infere que deve haver um sentimento mútuo de cuidado e afeto entre duas pessoas que escolhem se unir com o objetivo de formar família, e o artigo 1.566 do mesmo diploma legal dispõe expressamente, entre outros deveres dessa união, o dever de mútua assistência, muito embora o Anteprojeto do Código Civil apresentado pela Comissão de Juristas, responsável pela revisão e atualização do Código Civil, projete a revogação do artigo 1.511 e sua substituição pelos artigos 1.511-A a 1.511-G, tratando do planejamento familiar, das famílias parental e daquelas constituídas pelo casamento e pela união estável, e renove a proibição de intervenção de qualquer pessoa, de direito público ou privado, na comunhão plena de vida instituída pela família (CC, art. 1.511-C).

Como lecionam Cristiano Chaves de Farias e Nelson Rosenvald:[5] "considerando o caráter indiviso da comunhão de vida, chega-se à fatal conclusão de que a união entre dois seres humanos, marcada pela afetividade, traz consigo uma conjugação de aspectos emocionais/espirituais e aspectos materiais. E não há outra conclusão que se chegue a partir da ideia de plenitude da comunhão matrimonial". Portanto, as implicações patrimoniais representam uma consequência natural das entidades familiares cujo cerne é o de servir de estrutura para o pleno desenvolvimento dos seus integrantes, tanto individualmente, em razão dos objetivos e anseios particulares, como em conjunto, com o incremento da própria sociedade familiar como um todo, em que o apoio incondicional dos seus vinculados se dá de todas as formas possíveis, seja pelo simples afeto nutrido por meio do diuturno convívio, seja pela assistência pecuniária, visto que o objetivo primordial de qualquer sociedade familiar é o de assegurar que os seus integrantes tenham condições de buscar a realização pessoal, e para atingir esse desiderato é imprescindível que estejam presentes os requisitos econômicos necessários à manutenção e preservação do núcleo familiar.

Para Enrique Varsi Rospigliosi,[6] as relações econômico-familiares refletem nas questões relacionadas com herança, manutenção do lar e da família, na pensão alimentícia, o direito real de habitação, como também elas estão presentes nas instituições jurídicas do poder familiar, tutela, curatela, usufruto dos bens dos filhos e nos danos provenientes das relações familiares.

As assistências moral, material e espiritual, decorrência natural do objetivo comum de construção e desenvolvimento familiar, são representadas por diferentes criações jurídicas que buscam delinear as obrigações e os deveres de cada participante de uma entidade familiar em relação ao outro, por exemplo, os alimentos representam o dever de amparo entre os parentes, cônjuges e conviventes, e, como dever de amparo, os alimentos derivam da lei, têm a sua origem em uma disposição legal, e não em um negócio jurídico, como acontece em outra classe de alimentos advindos do contrato, ou do testamento, ou mesmo os alimentos indenizativos.[7]

---

[4] FARIAS, Cristiano Chaves de; ROSENVALD, Nelson. *Direito das famílias*. Rio de Janeiro: Lumen Juris, 2008. p. 205.

[5] FARIAS, Cristiano Chaves de; ROSENVALD, Nelson. *Direito das famílias*. Rio de Janeiro: Lumen Juris, 2008. p. 203-204.

[6] ROSPIGLIOSI, Enrique Varsi. *Tratado de derecho de familia*. Derecho familiar patrimonial. Relaciones económicas e instituciones supletória y de amparo familiar. Lima: Gaceta Jurídica, 2012. t. III, p. 13.

[7] MADALENO, Rolf. *Direito de família*. 10. ed. Rio de Janeiro: GEN/Forense, 2020. p. 937.

Por sua vez, o regime de bens é o estatuto que regula as relações patrimoniais entre os cônjuges e conviventes, e na sociedade familiar os bens adquiridos ao longo do matrimônio ou da convivência são de propriedade exclusiva daquele que os adquiriu e assim seguirá enquanto perdurar o vínculo, sem que o outro consorte ou companheiro tenha qualquer direito de propriedade sobre esses bens. No Direito argentino também é mantida a administração do patrimônio próprio ao consorte ou companheiro proprietário, e da mesma forma compete ao cônjuge/companheiro adquirente a livre disposição dos bens comuns, ainda que existam eventuais restrições à alienação de determinados bens.

Na lição de Carlos Arianna: "Las relaciones jurídicas patrimoniales entre los cónyuges están presididas por una comunidad de intereses que no altera la titularidad erga *omnes* de bienes y derechos de cada cónyuge. Esa comunidad de intereses se traduce, en suma, en relaciones de comunidad, internas, que no transcienden en la cotitularidad de los derechos que recaen sobre uno de los objetos singulares de las relaciones externas".[8]

Dependendo do regime de bens adotado e da forma de constituição da entidade familiar, pode o proprietário sofrer restrições ou limites em seu direito de disposição, a exemplo do que ocorre no casamento regido pelo regime da comunhão de bens (parcial ou total), em que o cônjuge proprietário de determinado bem imóvel necessita da outorga de seu parceiro para a alienação ou disposição do bem imóvel, sendo a exceção a essa regra o regime da separação absoluta de bens (CC, art. 1.647).[9]

Importante destacar que existe divergência por parte da doutrina e jurisprudência se esse requisito é válido apenas para o casamento, ou se seria também aplicável às uniões estáveis. Parte da doutrina[10] entende ser inexigível a outorga uxória para a alienação de bens imóveis comuns por um dos conviventes por se tratar de regra restritiva, portanto não poderia ser aplicado por analogia às relações estáveis o comando previsto no artigo 1.647 do Código Civil.

José Fernando Simão[11] compreende que "acertada é a aplicação à união estável de todas as regras específicas da comunhão parcial de bens, ou seja, os artigos 1.658 a 1.666 do Código Civil, mas não a aplicação de regras gerais dos regimes de bens (CC, arts. 1.639 a 1.657)".

O Superior Tribunal de Justiça, em decisão lavrada pelo Ministro Luis Felipe Salomão, considerou não ser nula nem anulável a fiança prestada por fiador convivente em união estável sem a outorga uxória do outro companheiro, e, muito embora tenha afirmado em outros julgamentos pela inexistência de predileção constitucional, ou superioridade familiar do casamento em relação ao instituto da união estável, asseverou que "nunca foi afirmada a completa e inexorável coincidência entre os institutos da união estável e do casamento", e, nesse julgamento em comento, cita o Sr. Ministro o posicionamento de parte da doutrina que busca justificar eventual tratamento diferenciado dado às uniões estáveis, comparativamente ao casamento, amparado pelo artigo 226, § 3.º, da Constituição Federal,[12] cujo dispositivo afiança a

---

8   ARIANNA, Carlos. *Régimen patrimonial del matrimonio*. Buenos Aires: Astrea, 2017. p. 117.

9   CC, art. 1.647. "Ressalvado o disposto no art. 1.648, nenhum dos cônjuges pode, sem autorização do outro, exceto no regime da separação absoluta: I – alienar ou gravar de ônus real os bens imóveis; II – pleitear, como autor ou réu, acerca desses bens ou direitos; III – prestar fiança ou aval; IV – fazer doação, não sendo remuneratória, de bens comuns, ou dos que possam integrar futura meação. Parágrafo único. São válidas as doações nupciais feitas aos filhos quando casarem ou estabelecerem economia separada."

10   PESSOA, Cláudia Grieco Tabosa. *Efeitos patrimoniais do concubinato*. São Paulo: Saraiva, 1997. p. 209.

11   SIMÃO, José Fernando. Efeitos patrimoniais da união estável. *In*: SIMÃO, José Fernando et al. (org.). *Direito de família no novo milênio*. São Paulo: Atlas, 2010. p. 358.

12   CF, art. 226, § 3.º "Para efeito da proteção do Estado, é reconhecida a união estável entre o homem e a mulher como entidade familiar, devendo a lei facilitar sua conversão em casamento."

possibilidade de conversão da união estável em casamento, afirmação que para essa parcela da doutrina é entendida como o próprio reconhecimento constitucional de que, apesar do fato de ambos os institutos gozarem da mesma proteção estatal, não seriam idênticos.

Segundo Luis Felipe Salomão:

> [...] a parte final do § 3.º do art. 226 da CF/1988 é simples constatação de que, natural e faticamente, em razão da informalidade dos vínculos, a união estável é mais fragilizada que o casamento e, por isso mesmo, propicia menos segurança aos conviventes. Assim, é tão somente em razão da natural insegurança e fragilidade dos vínculos existentes na união estável, que a lei deve facilitar sua conversão em casamento, ciente o constituinte originário que é pelo casamento que o Estado melhor protege a família. Na verdade, o que se mostra relevante para a construção de uma jurisprudência consistente acerca do tema é saber, diante das naturais diferenças entre os dois institutos, quais os limites e possibilidades de tratamento jurídico diferenciado entre eles, o que já foi por mim manifestado em voto proferido na citada AI no REsp 1.135.354/PB. Nesse passo, toda e qualquer diferença entre casamento e união estável deve ser analisada a partir da dupla concepção do que seja casamento – por um lado, ato jurídico solene do qual decorre uma relação jurídica com efeitos tipificados pelo ordenamento jurídico, e, por outro, uma entidade familiar, dentre várias outras protegidas pela Constituição. No ponto, evidentemente a Constituição Federal não toma, em metonímia, a causa pelo efeito e não mistura a proteção especial conferida à família resultante do casamento com o ato solene "casamento civil", cuja celebração é gratuita (art. 226, § 1.º). Assim, caso se queira confrontar casamento e união estável, é de se ter em vista, por primeiro, em qual seara se está a caminhar, se no âmbito das relações familiares ou se nos efeitos jurídicos decorrentes exclusivamente do ato cartorário chamado "casamento civil". Portanto, o casamento, tido por entidade familiar, não se difere em nenhum aspecto da união estável – também uma entidade familiar –, porquanto não há famílias timbradas como de "segunda classe" pela Constituição Federal de 1988, diferentemente do que ocorria nos diplomas constitucionais e legais superados. Apenas quando se analisa o casamento como ato jurídico formal e solene é que as diferenças entre este e a união estável se fazem visíveis, e somente em razão dessas diferenças entre casamento – ato jurídico – e união estável é que o tratamento legal ou jurisprudencial diferenciado se justifica.

Ao se debruçar sobre o cerne da discussão esposada naquele Recurso Especial 1.299.894/DF,[13] concluiu o Sr. Ministro:

---

[13] Recurso Especial 1.299.894/DF (2011/0312255-6), Rel. Min. Luis Felipe Salomão. Recorrente: Línea G Empreendimentos de Engenharia Ltda. Advogado: Flávio Luis Medeiros Simões e outro(s). Recorrido: Esther Costa Rebello. Advogado: Antônio Carlos Rebouças Lins e outro(s). Direito civil-constitucional. Direito de família. Contrato de locação. Fiança. Fiadora que convivia em união estável. Inexistência de outorga uxória. Dispensa. Validade da garantia. Inaplicabilidade da Súmula 332/STJ. 1. Mostra-se de extrema relevância para a construção de uma jurisprudência consistente acerca da disciplina do casamento e da união estável saber, diante das naturais diferenças entre os dois institutos, quais os limites e possibilidades de tratamento jurídico diferenciado entre eles. 2. Toda e qualquer diferença entre casamento e união estável deve ser analisada a partir da dupla concepção do que seja casamento – por um lado, ato jurídico solene do qual decorre uma relação jurídica com efeitos tipificados pelo ordenamento jurídico, e, por outro, uma entidade familiar, dentre várias outras protegidas pela Constituição. 3. Assim, o casamento, tido por entidade familiar, não se difere em nenhum aspecto da união estável – também uma entidade familiar –, porquanto não há famílias timbradas como de "segunda classe" pela Constituição Federal de 1988, diferentemente do que ocorria nos diplomas constitucionais e legais superados. Apenas quando se analisa o casamento como ato jurídico formal e solene é que as diferenças entre este e a união estável se fazem visíveis, e somente em razão dessas diferenças entre casamento – ato jurídico – e união estável é que o tratamento legal ou jurisprudencial diferenciado se justifica. 4. A exigência de

Com efeito, voltando ao exame do caso em julgamento, a exigência de outorga uxória a determinados negócios jurídicos transita exatamente por aquele aspecto em que o tratamento diferenciado entre casamento e união estável se justifica. É por intermédio do ato jurídico cartorário e solene do casamento que se presume a publicidade do estado civil dos contratantes, de modo que, em sendo eles conviventes em união estável, hão de ser dispensadas as vênias conjugais para a concessão de fiança. Na mesma linha, não parece nula nem anulável a fiança prestada por fiador convivente em união estável, sem a outorga uxória do outro companheiro. De resto, a celebração de escritura pública entre os consortes não afasta essa conclusão, porquanto não é ela própria o ato constitutivo da união estável. Presta-se apenas como prova relativa de uma união fática, que não se sabe ao certo quando começa nem quando termina.

Assim como dispõe o diploma civil nacional, o Código Civil catalão prevê a necessidade de constar o expresso consentimento do cônjuge para a realização de ato de disposição dos bens comuns (CCCatalunha, art. 1.377),[14] e em interessante julgado anotado pelo Tribunal Supremo (Sala de lo Civil, Séccion I, n.º 978/2006) a respeito de um pedido de anulabilidade de negócio jurídico que não contou com o manifesto consentimento do cônjuge, entenderam os julgadores catalães por negar provimento ao recurso da varoa por considerarem que a passividade da consorte, sabedora, há muito, da realização desse negócio, implicaria o seu aceite:

> Es doctrina reiterada de la Sala que la falta de consentimiento -uxoris- ha de encuadrarse dentro de la anulabilidad o nulidad relativa y no dentro de la absoluta nulidad de pleno derecho y que mientras ésta puede hacerse valer por vía de acción o de excepción, aquélla sólo se puede hacer valer accionando; [...] aún con la distinción expreso, tácito y presunto, la determinación de si existe o no consentimiento de la mujer en alguna de tales maneras es cuestión de hecho que incumbe investigar a la Sala de Instancia, que el consentimiento de la mujer para la venta puede ser expreso o tácito, anterior o posterior al negocio, y también inferido de las circunstancias concurrentes, valiendo incluso su pasividad, la oposición de la mujer a la venta, conociendo la misma, la ausencia de perjuicio o fraude, e incluso el silencio puede ser revelador del consentimiento, por todo lo cual cabe afirmar que el necesario consentimiento de la esposa se deduce de su pasividad, de la no oposición a los actos dispositivos constándole los mismos, de la ausencia de perjuicio y fraude en el actuar de su cónyuge e inexistencia de su actuación previa al recurso de indicio alguno que permita afirmar su disentimiento.[15]

---

outorga uxória a determinados negócios jurídicos transita exatamente por este aspecto em que o tratamento diferenciado entre casamento e união estável é justificável. É por intermédio do ato jurídico cartorário e solene do casamento que se presume a publicidade do estado civil dos contratantes, de modo que, em sendo eles conviventes em união estável, hão de ser dispensadas as vênias conjugais para a concessão de fiança. 5. Desse modo, não é nula nem anulável a fiança prestada por fiador convivente em união estável sem a outorga uxória do outro companheiro. Não incidência da Súmula n. 332/STJ à união estável. 6. Recurso especial provido (julgado pela Quarta Turma do Superior Tribunal de Justiça em 25.02.2014).

[14] "Artículo 1.377. Para realizar actos de disposición a título oneroso sobre bienes gananciales se requerirá el consentimiento de ambos cónyuges. Si uno lo negare o estuviere impedido para prestarlo, podrá el Juez, previa información sumaria, autorizar uno o varios actos dispositivos cuando lo considere de interés para la familia. Excepcionalmente, acordará las limitaciones o cautelas que estime convenientes."

[15] LERENA, María Eugenia. *Régimen económico matrimonial*. Navarra: Aranzadi, 2007. p. 354. (Colección Jurisprudencia: familia).

Somente após o término do relacionamento, claro, desde que o regime eleito seja o da comunhão de bens (parcial ou total), é que nasce para o cônjuge/convivente o direito à meação sobre os bens comuns, sobre os quais havia até então apenas uma expectativa de direito.

A ausência de registro público dos relacionamentos estáveis é causa de inúmeros problemas aos casais em processo de separação, como registra Alberto Gentil. Pelo fato de a união estável não ser um estado civil, as partes eram qualificadas no título de registro de bens imóveis com seu estado civil original, não havendo qualquer menção a eventual existência de uma união, de modo que o companheiro adquirente de determinado bem imóvel que, segundo o autor, em sua grande maioria das vezes são os homens, poderia perfeitamente dispor ou onerar o bem sem o conhecimento do seu companheiro ou companheira.[16] Alberto Gentil reconhece a aparente afronta à liberdade que seria impor a essas pessoas que optam por viver em união estável a obrigatoriedade de documentarem e oficializarem o seu relacionamento perante os registros públicos, pois, se assim quisessem, teriam escolhido o casamento.

Diante desse contexto e considerando o crescente número e a relevância das uniões estáveis, são diversas as decisões administrativas, provimentos das Corregedorias dos Estados e também da Corregedoria do Conselho Nacional de Justiça no sentido de permitir o acesso da informação nos títulos e registros acerca da existência de união estável entre os titulares de direitos imobiliários. Em sede de julgamento de recurso de apelação, decidiu o Tribunal de Justiça de São Paulo pela necessidade de apresentação das anuências dos respectivos companheiros com as declarações de uniões estáveis em processo de inventário justamente em razão de não figurarem na relação processual.[17]

Não há dúvida sobre a relevância do tema para os operadores de Direito. A outorga conjugal é um pressuposto legal para a validação de negócios jurídicos dos quais o outro cônjuge não participou, mas esse consentimento não significa que o cônjuge anuente esteja igualmente praticando o ato jurídico que necessita do seu consentimento, importante distinção que implica diferentes efeitos para cada consorte. Pedro Figueiredo Rocha[18] aduz que "a outorga conjugal nada mais é do que um ato jurídico, ou seja, uma manifestação unilateral de vontade que não tem por fim específico criar um vínculo obrigacional para aquele que a pratica, não se tornando coobrigado da operação, mas sim consentir para que um ato praticado por seu cônjuge seja válido".

A sociedade conjugal e a união estável não têm personalidade jurídica, tampouco uma administração própria, pois nelas cada cônjuge ou convivente tem os bens em seu próprio nome, diferente do que acontece em uma sociedade empresária, esta, sim, dotada de personalidade jurídica, ao passo que a sociedade afetiva se ressente de alguns inseparáveis obstáculos: a) não tem capital social; b) não tem fins lucrativos; c) carece de capacidade de estar em juízo; d) os patrimônios não são distintos do de seus membros; e) não é titular de direitos

---

16 GENTIL, Alberto. *Registros públicos*. Rio de Janeiro: GEN/Forense, 2020. p. 327.

17 "Registro de imóveis e formal de partilha. Herdeiros que se declararam como mantenedores de uniões estáveis. Princípio da especialidade subjetiva. Herdeiros que devem ser qualificados com as indicações de seus estados civis. Necessidade, ainda, de apresentação das anuências dos respectivos companheiros com as declarações de uniões estáveis, uma vez que, no presente caso concreto, não participaram da ação de inventário Dúvida procedente, mas por fundamento distinto daquele adotado pelo Sr. Oficial de Registro de Imóveis para a recusa do registro Recurso não provido, com determinação" (CSMSP, Apelação Cível 1101111-45.2016.8.26.0100, *DJ* 26.07.2018).

18 ROCHA, Pedro Figueiredo. *Outorga conjugal no aval*: encontros e desencontros entre legislação e jurisprudência. Belo Horizonte: D'Plácido, 2014. p. 127-128.

e obrigações em face de terceiros; f) não conta com nenhum dos atributos da personalidade jurídica: nome, domicílio, nacionalidade.[19]

O regime de bens representa o instituto jurídico que rege as relações patrimoniais decorrentes do casamento e perfeitamente aplicáveis à união estável, salvo, é claro, pontuais diferenciações, por exemplo, a necessidade de outorga conjugal anteriormente explanada, mas por via de regra todos os dispositivos que regem o tema servem tanto para o casamento quanto para a união estável sem nenhuma ressalva.

Pela eleição do regime de bens, o casal pode delimitar os efeitos patrimoniais supervenientes ao início da relação e, consequentemente, a própria extensão do patrimônio que cada consorte detinha antes do relacionamento, ou aqueles que por disposição legal não se comunicam, os chamados bens próprios, e aqueles de origem posterior ao matrimônio ou convivência estável, denominados bens comuns, de modo que é imprescindível que haja essa pretérita eleição de um regime de bens que atenda aos interesses do casal que busca se unir com o objetivo de formar família, não podendo o casamento, ou a união estável, subsistir sem ele.

Na falta de manifestação expressa dos cônjuges/conviventes acerca do regime de bens a ser eleito, o ordenamento jurídico nacional vigente determina a aplicação do regime da comunhão parcial de bens e também chamado em razão dessa imposição legislativa de regime legal.

O Código Civil anterior, de 1916, dispunha que, se não houvesse expressa manifestação dos nubentes, o regime legal adotado seria o da comunhão universal, escolha que refletia perfeitamente os costumes e a moral daquela época, quando a mulher era reservada ao papel de cuidadora do lar, cabendo quase que exclusivamente ao homem o sustento da família, e essa lógica escolha do regime de comunhão universal de bens tinha o propósito de amenizar ou equilibrar as fortunas desproporcionais no momento da ruptura do matrimônio.

Os diferentes regimes de bens são reflexo dos tempos e das mudanças sociais que oferecem configurações patrimoniais que vão se amoldando no tempo, com maior ou menor liberdade, conforme as necessidades dos cônjuges e conviventes. Em períodos de maior integração da mulher no papel de partícipe da construção material da entidade familiar, sua posição tem reflexo direto na mudança dos regimes patrimoniais, podendo ser observado que atualmente no Brasil há forte inclinação pelo regime convencional da separação de bens.[20]

Em realidade praticamente todos os ordenamentos jurídicos dispõem de um ou mais tipos de regimes de bens, e a única exceção a esta regra foi o Código Soviético da Família de 1918, que proibiu, embora tenha sido uma posição meramente retórica, e que foi posteriormente reformada pelo Código de 1926. Atualmente o Código Civil nacional enumera quatro regimes de bens distintos, o regime da comunhão universal; comunhão parcial de bens; separação de bens, que pode ser em decorrência da lei, tal qual determina o artigo 1.641 do Código Civil,[21] ou por vontade das partes, e o regime da participação final nos aquestos, cuja revogação foi sugerida pela Comissão de Juristas responsável pela revisão e atualização do Código Civil, devendo ser advertido que o Supremo Tribunal Federal relativizou a imposição do regime obrigatório da separação de bens no casamento ou na união estável das pessoas com mais de 70 (setenta) anos, consoante ao Agravo no Recurso Extraordinário 1.309.642/SP, relatado

---

[19] MADALENO, Rolf. *Direito de família*. 10. ed. Rio de Janeiro: GEN/Forense, 2020. p. 759.

[20] MADALENO, Rolf. *Direito de família*. 10. ed. Rio de Janeiro: GEN/Forense, 2020. p. 761.

[21] "Art. 1.641. É obrigatório o regime da separação de bens no casamento:

I – das pessoas que o contraírem com inobservância das causas suspensivas da celebração do casamento;

II – da pessoa maior de 70 (setenta) anos; (Redação dada pela Lei 12.344/2010).

III – de todos os que dependerem, para casar, de suprimento judicial."

pelo Ministro Luís Roberto Barroso, que tratou do Tema 1.236, fixando a seguinte tese: "nos casamentos e uniões estáveis envolvendo pessoa maior de 70 anos, o regime de separação de bens previsto no artigo 1.641, II, do Código Civil, pode ser afastado por expressa manifestação de vontade das partes mediante escritura pública". Ou seja, em realidade, o regime da separação de bens em razão da idade deixou de ser obrigatório, imposto por lei, eis que os casais podem afastá-lo mediante a eleição de regime diverso em escritura pública.

Para Carlos H. Vidal Taquini, o casamento e a união estável criam uma comunidade de interesses pecuniários e fazem nascer numerosas relações concernentes aos bens, de forma que o regime econômico do casamento e da estável convivência "debe contener norma sobre la propiedad de los bienes que se aportan al matrimonio y el destino de ellos después de la celebración; a quienes pertenecen los bienes que se adquieren durante el matrimonio; su administración, su goce; su disposición; la graduación de la responsabilidad por las cargas del hogar; como finaliza el régimen y el destino de los bienes".[22]

Em decorrência do princípio da autonomia privada, podem os consortes delimitar livremente as regras em que vão ajustar o regime patrimonial. O artigo 1.639 do Código Civil afirma ser lícito aos nubentes, antes de celebrado o casamento, estipular, quanto aos seus bens, o que lhes aprouver, desde que, evidentemente, sejam respeitados e observados os limites legais impostos pelo legislador. Os cônjuges e conviventes podem exercer essa liberdade de escolha antes do casamento ou do início da união estável, alternativa que pode ser feita por meio de pacto antenupcial, no caso do casamento, ou por contrato particular, e escritura pública de convivência, no caso da união estável. A exceção a essa regra era aquela contida no artigo 1.641 do Código Civil que tornava obrigatório o regime da separação de bens no casamento das pessoas que o contraíssem com 70 anos ou mais e que em função de sua idade perdiam a sua livre autonomia. Contudo, no ARE 1.309.642 (Tema 1.236, de repercussão geral), o Pleno do Supremo Tribunal Federal decidiu, por unanimidade, na relatoria do Ministro Luís Roberto Barroso, que não é obrigatória a adoção do regime de separação de bens no casamento e na união estável de pessoas com mais de 70 anos de idade e que esta obrigatoriedade desrespeitava o direito de escolha das pessoas idosas, de modo que elas podem optar livremente por outro regime de bens, contanto que exerçam esta opção por pacto antenupcial ou em escritura de união estável. Também ficou definido que as pessoas que casaram ou estabeleceram uma união estável nesta faixa de idade, poderão promover a alteração do regime legal de separação de bens por via judicial se forem casadas ou por escritura pública se forem conviventes, distinção esta de procedimento que se afigura discriminatória, uma vez que reiteradamente o STJ tem afirmado que o matrimônio e a união estável devem receber o mesmo tratamento jurídico, o que significa dizer que a alteração do regime poderia se dar para o casamento ou para a união estável, tanto pela via judicial como pela extrajudicial da escritura pública. Outro tema a ser levado em consideração é se realmente estaria vedado o efeito retroativo acaso os septuagenários escolhessem alterar seu primitivo regime obrigatório de separação de bens para um de comunhão universal, que forçosamente prevê a comunicação dos bens particulares de cada cônjuge ou convivente.

O princípio da autonomia privada tem fundamento no princípio da liberdade e da dignidade humana, atribuindo aos interessados o direito de se autorregulamentar, desde que não existam cláusulas que atentem contra os princípios da ordem pública e que poderiam implicar a nulidade ou anulabilidade do pacto antenupcial.[23]

---

[22] TAQUINI, Carlos H. Vidal. *Régimen de bienes en el matrimonio*. 3. ed. Buenos Aires: Astrea, 1990. p. 5.

[23] TARTUCE, Flávio. *Direito civil*: direito de família. 9. ed. Rio de Janeiro: GEN/Forense, 2014. v. 5, p. 124.

Portanto, é plenamente possível que os cônjuges e conviventes indiquem outro regime de bens diferente daqueles elencados no diploma civilista, ou, ainda, formulem uma combinação dos vários regimes existentes.

O Enunciado 331 CJF/STJ da IV Jornada de Direito Civil reafirma esta possibilidade: "O estatuto patrimonial do casal pode ser definido por escolha de regime de bens distinto daqueles tipificados no Código Civil (CC, art. 1.639 e parágrafo único do art. 1.640), e, para efeito de fiel observância do disposto no artigo 1.528 do Código Civil, cumpre certificação a respeito, nos autos do processo de habilitação matrimonial".

Flávio Tartuce faz importante apontamento sobre a aplicabilidade dos regimes diferenciados. Segundo o autor, deve ser observado o princípio da indivisibilidade do regime de bens, que significa que, muito embora, seja assegurado aos nubentes e conviventes o direito de escolher livremente o regime que disponha os seus bens conforme os seus interesses, sendo, inclusive, assegurado a plena liberdade na criação de um regime de bens único e específico para o casal, não se pode olvidar que o regime eleito deve ser único para ambos os consortes, ou seja, não pode haver a estipulação de um regime para o varão e outro para a sua esposa ou companheira, o que é vedado em razão da isonomia constitucional entre marido e mulher.

Também é vedado aos nubentes dispor acerca de efeitos pessoais no pacto antenupcial, tal qual ocorre no direito americano, por exemplo: "[...] as disposições *hollywoodianas*, através das quais se exige, em pactos pré-nupciais, um número mínimo semanal de encontros sexuais ou são garantidas indenizações milionárias para a quebra de obrigações matrimoniais".[24]

Conforme Nadia de Araujo,[25] na hipótese de um casal que tenha firmado um pacto antenupcial no exterior quando residia no estrangeiro, atribuindo ao ajuste eventuais disposições que naquele Estado onde foi firmado o acordo seriam consideradas válidas, no momento do divórcio ou da sucessão aberta em território nacional, "considerar-se-ão não escritas as cláusulas violadoras da ordem pública brasileira, mesmo se aplicável a lei estrangeira. Pode ocorrer que um pacto, válido pela lei local de sua celebração, em caso de cumprimento no Brasil, tenha algumas de suas cláusulas tidas como nulas, com relação aos bens aqui situados". Complementa a autora afirmando que, se o domicílio comum, ou o primeiro domicílio conjugal, for o Brasil, a lei aplicável ao pacto será a brasileira, e, no momento de dar efeito a esse pacto, se presentes essas condições – domicílio comum, ou primeiro domicílio conjugal –, a interpretação de suas cláusulas será feita também à luz das normas imperativas do direito brasileiro sobre o regime de bens.

O pacto antenupcial tem por exclusiva finalidade o amoldamento das questões patrimoniais dos esposos, e da mesma forma não podem os nubentes fixar disposições estabelecidas a termo em relação ao regime de bens adotado, por exemplo, impor um regime de bens durante determinado tempo, ou condicionadas à ocorrência de determinado fato, a exemplo, o nascimento da prole,[26] cláusulas que obrigatoriamente serão consideradas nulas. Se vier a ser declarado inválido determinado pacto antenupcial por dispor de questões relacionadas aos

---

[24] FARIAS, Cristiano Chaves de; DIDIER JÚNIOR, Fredie; GUEDES, Jefferson Carús; GAMA, Guilherme Calmon Nogueira da; SLAIBI FILHO, Nagib. *Comentários ao Código Civil brasileiro*. Coordenação Arruda Alvim e Thereza Alvim. Rio de Janeiro: Forense, 2005. v. XV, p. 22.

[25] ARAUJO, Nadia de. *Direito internacional privado*: teoria e prática brasileira. De acordo com o novo Código Civil. Rio de Janeiro: Renovar, 2003. p. 456.

[26] FARIAS, Cristiano Chaves de; ROSENVALD, Nelson. *Direito das famílias*. Rio de Janeiro: Lumen Juris, 2008. p. 213-214.

consortes, ou nele figurar alguma invalidade, deve então ser aplicado o regime de bens legal, e que no direito brasileiro desde o ano de 1977 é o da comunhão parcial de bens.

O Código Civil de 2002 trouxe importante inovação ao possibilitar a alteração do regime de bens durante o matrimônio ou convivência. O § 2.º do artigo 1.639 do Código Civil assevera ser admissível a troca do regime de bens, que deve ser feita mediante autorização judicial em pedido motivado por ambos os cônjuges, ocasião em que será apurada pelo juiz competente a procedência das razões invocadas, desde que estejam ressalvados os eventuais direitos de terceiros. Assim, a partir da vigência do Código Civil de 2002, foi criada essa hipótese a ser exercida pelo manejo de uma ação de alteração de regime de bens, procedimento de jurisdição voluntária nas varas familistas, ou, na ausência de varas especializadas, essa ação deve ser intentada no juízo cível. Por sua vez, o anteprojeto de revisão e atualização do Código Civil apresentado pela Comissão de Juristas nomeada pelo Senado Federal propôs, na alteração do artigo 1.639, ser lícita aos cônjuges ou conviventes, tanto antes, como depois de celebrado o casamento ou constituída a união estável, a livre estipulação quanto aos seus bens e interesses patrimoniais, cuja modificação poderá ser realizada por escritura pública, que só produzirá efeitos a partir do ato de alteração, ressalvados os direitos de terceiros.

Maria Helena Diniz cita uma dentre inúmeras possíveis razões de fundamentação do pedido de alteração do regime de bens, aquela referente à vedação contida no dispositivo elencado no artigo 977 do Código Civil,[27] artigo que infere ser vedada a contratação de sociedade entre cônjuges casados pelo regime da comunhão universal de bens ou pela separação obrigatória. Segundo a autora, o fato de cônjuges serem sócios em uma sociedade empresarial "não abalaria a estrutura do regime matrimonial, pois, o patrimônio social pertencerá à empresa e não aos empresários ou sócios. Pode haver, portanto, sociedade simples ou empresarial entre cônjuges se o regime for o da separação convencional de bens, comunhão parcial ou o de participação final nos aquestos".[28]

Fábio Ulhoa Coelho[29] compreende ser inconstitucional esse dispositivo ao limitar a contratação de sociedade entre pessoas casadas pelo regime da comunhão universal ou separação obrigatória, em virtude de que a Constituição Federal assegura a livre associação para fins lícitos e a igualdade perante a lei (CF, art. 5.º, XVII). Maria Helena Diniz complementa seu argumento aduzindo que a proibição legal se dá em função de no regime da comunhão universal de bens o patrimônio ser comum e, no caso do regime da separação obrigatória, a vedação legal seria imposta com o sentido de barrar possível tentativa de fraude por um dos consortes. Flávio Tartuce,[30] por sua vez, manifesta-se contrário à utilização desse argumento calcado no impedimento previsto no artigo 977 do Código Civil e cita o fato de que o dispositivo em questão só tem eficácia para aquelas sociedades constituídas após a vigência do Código Civil de 2002 (Enunciado 204 CJF/STJ).[31] Para o autor, o caso mais concreto de subsunção da alteração do regime de bens seria o desaparecimento de causas suspensivas do casamento, elencadas no artigo 1.523 do Código Civil.[32]

---

[27] CC, art. 977. "Faculta-se aos cônjuges contratar sociedade, entre si ou com terceiros, desde que não tenham casado no regime da comunhão universal de bens, ou no da separação obrigatória."

[28] DINIZ, Maria Helena. *Código Civil comentado*. 12. ed. São Paulo: Saraiva, 2006. p. 766.

[29] COELHO, Fábio Ulhoa. *Curso de direito civil*. São Paulo: Saraiva, 2003. v. 1, p. 47.

[30] TARTUCE, Flávio. *Direito civil*: direito de família. 9. ed. Rio de Janeiro: GEN/Forense, 2014. v. 5, p. 127.

[31] A proibição de sociedade entre pessoas casadas sob o regime da comunhão universal ou da separação obrigatória só atinge as sociedades constituídas após a vigência do Código Civil de 2002.

[32] CC, art. 1.523. "Não devem casar:
I – o viúvo ou a viúva que tiver filho do cônjuge falecido, enquanto não fizer inventário dos bens do casal e der partilha aos herdeiros;

Como mencionado anteriormente, a obrigatoriedade da separação de bens prevista no artigo 1.641, I (inobservância das causas suspensivas) e III (dependência de suprimento judicial), não impede a alteração do regime de bens, desde que, é claro, fosse superada a causa que o impôs (Enunciado 262 CFJ/STJ). A exceção à possibilidade de mudança do regime de bens era aquela contida no inciso II, que limitava aos 70 (setenta) anos incompletos a livre eleição do regime matrimonial, mas que foi superada pelo Plenário do STF no julgamento do ARE 1.309.642/SP, referente ao Tema 1.236, e que fixou a seguinte tese: "Nos casamentos e uniões estáveis envolvendo pessoa maior de 70 anos, o regime de separação de bens previsto no art. 1.641, II, do Código Civil, pode ser afastado por expressa manifestação de vontade das partes, mediante escritura pública".

Inúmeros são os motivos que validariam o pedido de modificação do regime de bens, por exemplo, o julgamento de um recurso manejado por um casal que requereu a alteração do regime de bens da comunhão parcial para o da separação total, sob o argumento de que estariam encontrando dificuldade para a contratação de financiamento imobiliário por força das dívidas contraídas pelo varão, pedido que foi deferido pelo Tribunal de Justiça de São Paulo em julgado que considerou não haver nenhum prejuízo para terceiros essa mudança.[33] O justo motivo deve ser avaliado caso a caso, em regra, o principal argumento contrário ao pedido de alteração do regime de bens é o de esta troca incorrer em prejuízos para terceiros. Em julgamento, o Tribunal de Justiça de São Paulo negou provimento ao apelo de um casal justamente por considerar que a mudança do regime de bens poderia obstaculizar o direito de terceiros, haja vista que um dos recorrentes é empresário com pendências financeiras pela falta de pagamento de encargos trabalhistas pela empresa em que figura como sócio.[34]

II – a viúva, ou a mulher cujo casamento se desfez por ser nulo ou ter sido anulado, até dez meses depois do começo da viuvez, ou da dissolução da sociedade conjugal;
III – o divorciado, enquanto não houver sido homologada ou decidida a partilha dos bens do casal;
IV – o tutor ou o curador e os seus descendentes, ascendentes, irmãos, cunhados ou sobrinhos, com a pessoa tutelada ou curatelada, enquanto não cessar a tutela ou curatela, e não estiverem saldadas as respectivas contas.
Parágrafo único. É permitido aos nubentes solicitar ao juiz que não lhes sejam aplicadas as causas suspensivas previstas nos incisos I, III e IV deste artigo, provando-se a inexistência de prejuízo, respectivamente, para o herdeiro, para o ex-cônjuge e para a pessoa tutelada ou curatelada; no caso do inciso II, a nubente deverá provar nascimento de filho, ou inexistência de gravidez, na fluência do prazo."
CC, art. 1.524. "As causas suspensivas da celebração do casamento podem ser arguidas pelos parentes em linha reta de um dos nubentes, sejam consanguíneos ou afins, e pelos colaterais em segundo grau, sejam também consanguíneos ou afins."

[33] TJSP, Apelação com Revisão 600.593.4/4, Acórdão 4048973, São Paulo, 1.ª Câmara de Direito Privado, Rel. Des. Luiz Antonio de Godoy, j. 08.09.2009, *DJESP* 06.11.2009.

[34] "Alteração de regime de bens do casamento. Sentença de improcedência. Inconformismo dos autores. Pedido de alteração de regime de comunhão parcial de bens para separação total de bens. Impossibilidade. Autores que são empresários. Existência de pendências financeiras em juízo, protestos de títulos por falta de pagamento em desfavor das empresas onde figura o autor como sócio, ações trabalhistas e de execução. Falta de informações sobre as quantias devidas e sobre a existência de patrimônio realmente suficiente para arcar com as obrigações relacionadas a terceiros. Existência de processos que ainda não foram julgados. Necessidade de preservação do direito de terceiros. Situação que obstaculiza o pedido dos autores. Inteligência do art. 1.639, § 2.º, do Código Civil. Motivação do pedido apresentado pela coautora, que consiste no receio de que as atividades empresariais do marido afetem seus bens recebidos de herança ou os adquiridos com os recursos da mesma. Fragilidade da alegação. Referidos bens que são excluídos da comunhão parcial, conforme art. 1.659 do Código Civil. Sentença mantida. Recurso não provido" (TJSP, 6.ª Câmara de Direito Privado, Foro Regional XI – Pinheiros – 2.ª Vara da Família e Sucessões, Apelação Cível 1012396-32.2018.8.26.0011, Rel. Ana Maria Baldy, j. 30.01.2020, data de registro 31.01.2020).

O artigo 1.513 do Código Civil afirma ser defeso a qualquer pessoa, de direito público ou privado, interferir na comunhão de vida instituída pela família, o chamado princípio da não intervenção, e esse argumento é pertinente ao limitar a ingerência estatal nas relações familiares, devendo ser consignado que o artigo 1.513 tem sua revogação proposta no Anteprojeto do Código Civil apresentado ao Senado Federal pela Comissão de Juristas nomeados para sua revisão e atualização, constando os mesmos termos do artigo 1.513 no renomeado artigo 1.511-C do anteprojeto. Assim, como asseverou o desembargador do Tribunal de Justiça do Rio Grande do Sul, Luiz Felipe Brasil Santos,[35] não haveria motivo para o Estado-Juiz negar a alteração de regime de bens, se forem observados e ressalvados eventuais direitos de terceiros, eis que se trataria de "indevida e injustificada ingerência na autonomia de vontade das partes". Em suas razões, o desembargador aponta a existência de três argumentos principais em favor da exegese liberalizante: "1) não há qualquer exigência de apontar motivos para a escolha original do regime de bens quando do casamento; 2) nada obstaria que os cônjuges, vendo negada sua pretensão, simulem um divórcio e contraiam novo casamento, com opção por regime de bens diverso; 3) sendo atualmente possível o desfazimento extrajudicial do próprio casamento, sem necessidade de submeter ao Judiciário as causas para tal, é ilógica essa exigência quanto à singela alteração do regime de bens". Acerca dos efeitos da decisão que modifica o regime de bens pelo estudo do tema, é possível ser constatado que não há uma regra específica, existem decisões que atribuem efeitos retroativos a partir da celebração do matrimônio – *ex tunc* –, bem como inúmeras decisões que reconhecem os efeitos após o trânsito em julgado. Parcela da doutrina que se posiciona a favor dos efeitos tão somente após o transcurso do trânsito em julgado tem como fundamento principal o fato de que dessa forma não haveria a necessidade de prova da ausência de prejuízos para terceiros[36] para o deferimento do pedido de mudança do regime de bens, e nesse sentido vem se manifestando o Superior Tribunal de Justiça.[37]

---

[35] "Apelação cível. Regime de bens. Modificação. Inteligência do art. 1.639, § 2.º, do Código Civil. Dispensa de consistente motivação. 1. Estando expressamente ressalvados os interesses de terceiros (art. 1.639, § 2.º, do CCB), em relação aos quais será ineficaz a alteração de regime, não vejo motivo para o Estado Juiz negar a modificação pretendida. Trata-se de indevida e injustificada ingerência na autonomia de vontade das partes. Basta que os requerentes afirmem que o novo regime escolhido melhor atende seus anseios pessoais que se terá por preenchida a exigência legal, ressalvando-se, é claro, a suspeita de eventual má fé de um dos cônjuges em relação ao outro. Três argumentos principais militam em prol dessa exegese liberalizante, a saber: 1) não há qualquer exigência de apontar motivos para a escolha original do regime de bens quando do casamento; 2) nada obstaria que os cônjuges, vendo negada sua pretensão, simulem um divórcio e contraiam novo casamento, com opção por regime de bens diverso; 3) sendo atualmente possível o desfazimento extrajudicial do próprio casamento, sem necessidade de submeter ao Poder Judiciário as causas para tal, é ilógica essa exigência quanto à singela alteração do regime de bens. 2. Não há qualquer óbice a que a modificação do regime de bens se dê com efeito retroativo à data do casamento, pois, como já dito, ressalvados estão os direitos de terceiros. E, sendo retroativos os efeitos, na medida em que os requerentes pretendem adotar o regime da separação total de bens, nada mais natural (e até exigível, pode-se dizer) que realizem a partilha do patrimônio comum de que são titulares. 3. Em se tratando de feito de jurisdição voluntária, invocável a regra do art. 1.109 do CPC, para afastar o critério de legalidade estrita, decidindo-se o processo de acordo com o que se repute mais conveniente ou oportuno (critério de equidade). Deram provimento. Unânime" (TJRS, 8.ª Câmara Cível, Apelação Cível 70042401083, Rel. Des. Luiz Felipe Brasil Santos, j. 28.07.2011).

[36] TARTUCE, Flávio. *Direito civil*: direito de família. 9. ed. Rio de Janeiro: GEN/Forense, 2014. v. 5, p. 133.

[37] "Civil. Processual civil. Direito de família e das sucessões. Omissões e contradições. Inocorrência. Questões examinadas e coerentemente fundamentadas. Erro, fraude, dolo ou sub-rogação de bens particulares. Questão não reconhecida pelo acórdão recorrido. Reexame de fatos e provas. Súmula 7/STJ. Formalização

1.2 BENS PRÓPRIOS

Bens próprios correspondem àqueles bens que não se comunicam com o outro cônjuge ou companheiro no regime da comunhão parcial de bens e, portanto, constituem propriedade exclusiva de um dos consortes por terem a sua origem em momento anterior ao início do casamento ou da união estável, ou em decorrência do fato de que a sua aquisição, mesmo que seja posterior ao início do relacionamento, tenha sido feita mediante o uso de recursos exclusivamente pertencentes a um dos cônjuges ou companheiros e utilizados em sub-rogação na compra de outro bem. Também são considerados incomunicáveis e, portanto, são bens próprios e exclusivos os bens recebidos por herança, ou doação, salvo se a doação for feita expressamente em favor do casal, além dos bens de uso pessoal; os livros;

---

da união estável. Desnecessidade. Caracterização que independe de forma. Efeitos patrimoniais da união estável. Regime de bens. Aplicabilidade da regra do art. 1.725 do CC/2002 e do regime da comunhão parcial, na ausência de disposição expressa e escrita das partes. Submissão ao regime de bens impositivamente estabelecido pelo legislador. Ausência de lacuna normativa que sustente a tese de ausência de regime de bens. Celebração de escritura pública de incomunicabilidade patrimonial com eficácia retroativa. Impossibilidade, pois configurada a alteração de regime com eficácia *ex tunc*, ainda que sob o rótulo de mera declaração de fato pré-existente. 1. Os propósitos recursais consistem em definir, para além da alegada negativa de prestação jurisdicional: (i) se houve erro, fraude, dolo ou aquisição de bens particulares sub-rogados e de efetiva participação da companheira; (ii) se a escritura pública de reconhecimento de união estável e declaração de incomunicabilidade de patrimônio firmada entre as partes teria se limitado a reconhecer situação fática pretérita, a existência de união estável sob o regime da separação total de bens, e não a alterar, com eficácia retroativa, o regime de bens anteriormente existente. 2. Inexistem omissões e contradições no acórdão que examina amplamente, tanto no voto vencedor, quanto no voto vencido, todas as questões suscitadas pelas partes. 3. Dado que o acórdão recorrido não reconheceu a existência de erro, fraude ao direito sucessório, dolo ou aquisição de patrimônio por meio de bens particulares sub--rogados e de efetiva participação da companheira, descabe o reexame dessa questão do recurso especial diante da necessidade de novo e profundo reexame dos fatos e das provas, expediente vedado pela Súmula 7/STJ. 4. Conquanto não haja a exigência legal de formalização da união estável como pressuposto de sua existência, é certo que a ausência dessa formalidade poderá gerar consequências aos efeitos patrimoniais da relação mantida pelas partes, sobretudo quanto às matérias que o legislador, subtraindo parte dessa autonomia, entendeu por bem disciplinar. 5. A regra do art. 1.725 do CC/2002 concretiza essa premissa, uma vez que o legislador, como forma de estimular a formalização das relações convivenciais, previu que, embora seja dado aos companheiros o poder de livremente dispor sobre o regime de bens que regerá a união estável, haverá a intervenção estatal impositiva na definição do regime de bens se porventura não houver a disposição, expressa e escrita, dos conviventes acerca da matéria. 6. Em razão da interpretação do art. 1.725 do CC/2002, decorre a conclusão de que não é possível a celebração de escritura pública modificativa do regime de bens da união estável com eficácia retroativa, especialmente porque a ausência de contrato escrito convivencial não pode ser equiparada à ausência de regime de bens na união estável não formalizada, inexistindo lacuna normativa suscetível de ulterior declaração com eficácia retroativa. 7. Em suma, às uniões estáveis não contratualizadas sem dispor obre o regime de bens, aplica-se o regime legal da comunhão parcial de bens do art. 1.725 do CC/2002, não se admitindo que uma escritura pública de reconhecimento de união estável e declaração de incomunicabilidade de patrimônio seja considerada mera declaração de fato pré-existente, a saber, que a incomunicabilidade era algo existente desde o princípio da união estável, porque se trata, em verdade, de inadmissível alteração de regime de bens com eficácia *ex tunc*. 8. Na hipótese, a união estável mantida entre as partes entre os anos de 1980 e 2015 sempre esteve submetida ao regime normativamente instituído durante sua vigência, seja sob a perspectiva da partilha igualitária mediante comprovação do esforço comum (Súmula 380/STF), seja sob a perspectiva da partilha igualitária com presunção legal de esforço comum (art. 5°, *caput*, da Lei n.° 9.278/96), seja ainda sob a perspectiva de um verdadeiro regime de comunhão parcial de bens semelhante ao adotado no casamento (art. 1.725 do CC/2002). 9. Recurso especial conhecido e parcialmente provido." (STJ. Terceira Turma. REsp. 1.845.416/MS. Relatora. Ministra Nancy Andrighi. Julgado em 17.8.2021).

instrumentos de profissão; os proventos pessoais; as pensões; os meios-soldos; os montepios e outras rendas semelhantes, conforme dispõe o artigo 1.659 do Código Civil.[38] Insta considerar que o Anteprojeto do Código Civil revogará os incisos VI e VII do artigo 1.659, que equivocadamente excluíam da comunicabilidade os proventos do trabalho de cada cônjuge e as pensões, meios-soldos, montepios e outras rendas semelhantes; bem como acrescentará o inciso VIII, que excluirá da comunicação patrimonial "as indenizações por danos causados à pessoa de um dos cônjuges ou conviventes ou a seus bens privativos, com exceção do valor do lucro cessante que teria sido auferido caso o dano não tivesse ocorrido". Para ser considerada válida, a sub-rogação que exclui determinado bem da comunhão parcial deve estar devidamente comprovada nos autos do processo de partilha e, preferencialmente, por meio de documentos que registrem a venda do bem sub-rogado e a conseguinte utilização do produto da venda desse bem particular, ou próprio, na aquisição de outro bem, o qual será igualmente incomunicável, mesmo que a sua aquisição seja posterior ao casamento, ou união estável.

São chamados de bens particulares de caráter primário aqueles que constituem o patrimônio inicial da pessoa, anteriores à produção de qualquer bem conjugal ou construído durante a união estável.[39] O marco final da comunicabilidade de bens não apenas no regime de comunhão parcial, mas igualmente no regime da comunhão universal de bens, é a data da separação de fato do casal, porquanto a separação fática interrompe o caráter comunitário dos bens, os quais deverão ser havidos como exclusivos daquele cônjuge ou convivente que os adquiriu sem o concurso material ou imaterial de seu parceiro. Bens próprios serão móveis, imóveis, semoventes e créditos adquiridos antes do matrimônio, ou mesmo com posterioridade, mas provenientes de doação e herança, sem caráter oneroso, ou que tenham resultado de uma causa anterior à celebração das núpcias, como a usucapião aquisitiva, cuja posse prescricional sucedeu antes do casamento, ou um contrato particular de compra e venda de bem imóvel cujo preço foi integralmente quitado antes do matrimônio.

Também são considerados bens próprios e incomunicáveis a denominada "valorização das quotas sociais" de empresas constituídas antes do relacionamento e aqueles bens adquiridos em sub-rogação real, que acontece quando um novo bem entra no lugar de outro bem de caráter particular. Contudo, se ocorrer de um bem ser pago em parcelas, apenas aquelas quitadas antes do relacionamento serão incomunicáveis, e os valores adimplidos na constância do relacionamento estável ou casamento serão consideradas comuns e partilhadas. No entanto, se o dinheiro utilizado para pagar as prestações pertencia exclusivamente ao titular do bem, então essa propriedade segue com o caráter de próprio, personalíssimo e incomunicável.[40] Ainda serão próprios os frutos vencidos antes do casamento, mas percebidos com

---

[38]   CC, art. 1.659. "Excluem-se da comunhão:
I – os bens que cada cônjuge possuir ao casar, e os que lhe sobrevierem, na constância do casamento, por doação ou sucessão, e os sub-rogados em seu lugar; II – os bens adquiridos com valores exclusivamente pertencentes a um dos cônjuges em sub-rogação dos bens particulares; III – as obrigações anteriores ao casamento; IV – as obrigações provenientes de atos ilícitos, salvo reversão em proveito do casal; V – os bens de uso pessoal, os livros e instrumentos de profissão; VI – os proventos do trabalho pessoal de cada cônjuge; VII – as pensões, meios-soldos, montepios e outras rendas semelhantes."

[39]   MADALENO, Rolf. *Direito de família*. 10. ed. Rio de Janeiro: GEN/Forense, 2020. p. 804.

[40]   "Civil. Família. União estável. Reconhecimento. Ausência de coabitação das partes. Desnecessidade. Violação ao art. 1.723 do CC não configurada. Partilha. Imóvel adquirido com recursos provenientes do salário do varão. Sub-rogação. Violação ao art. 1.659, II, do CC. 1. É pacífico o entendimento de que a ausência

posterioridade ao matrimônio, tal qual ocorre com eventuais créditos judiciais cuja data de propositura da ação é anterior ao início da relação, mas são arbitrados e pagos já na constância do casamento ou união estável.

1.2.1 Aquisição anterior ao casamento

Todo o conjunto de bens adquiridos antes do casamento, ou do início do relacionamento estável, é considerado incomunicável, ou seja, não ingressa na partilha, e o outro consorte, salvo é claro se houver expressa disposição em contrário, mas por via de regra, não tem qualquer direito meatório sobre aquilo que o cônjuge ou companheiro já possuía, ou sobre eventuais créditos e direitos que, muito embora, possam ser percebidos na constância do casamento ou da união estável, tenham a sua causa pretérita ao relacionamento.

Como referido anteriormente, serão considerados particulares os frutos decorrentes de bens próprios ou aqueles adquiridos mediante a sub-rogação de outro bem particular. A jurisprudência é pacífica no sentido de que, sendo a causa anterior ao relacionamento, pouco importa que o registro imobiliário do bem seja efetivado na constância do matrimônio ou da união estável.[41]

O regime da comunhão parcial de bens implica a existência de três massas de bens distintas com os seus ativos e, também, os passivos, são eles: os bens particulares, ou próprios do marido e da mulher, e os bens comuns que correspondem ao patrimônio amealhado no decorrer do relacionamento. Atualmente não persiste mais a necessidade de comprovação do emprego de recursos por parte do consorte que não tem a titularidade do bem, condição que prevalecia antes de a união estável ser alçada ao mesmo patamar de reconhecimento e proteção estatal do casamento, época em que as relações não matrimoniais eram vistas com uma subespécie de casamento e tratadas pela alcunha de concubinato. A Súmula 380 do STF, datada muito antes da Carta Magna, admitia a partilha do patrimônio adquirido desde que fosse demonstrado o esforço comum, ou seja, apenas era partilha aquilo que fosse amealhado com o emprego de recursos de ambos os conviventes.

Com o surgimento da Constituição Federal de 1988, os paradigmas socioculturais brasileiros foram alterados e o concubinato deixou para trás o seu histórico espaço marginal, quando passou a ser identificado não mais como uma relação aventureira e de segunda categoria, mas, doravante, como uma entidade familiar, denominada, a partir desse momento, de união estável e assemelhada ao casamento, com identidade quase absoluta de pressupostos e com a alternativa de ser transformada em casamento.[42] Atualmente, o Código Civil pôs fim à necessidade de ser demonstrado o emprego de recursos para ser partilhado o patrimônio adquirido, o qual é presumidamente comum, e em seu artigo 1.660, I, refere serem partilháveis os bens adquiridos na constância do casamento por título oneroso, ainda que só em nome de um dos cônjuges.

---

de coabitação entre as partes não descaracteriza a união estável. Incidência da Súmula 382/STF. 2. Viola o inciso II do art. 1.659 do CC a determinação de partilhar imóvel adquirido com recursos provenientes de diferenças salariais havidas pelo convivente varão em razão de sua atividade profissional, portanto de natureza personalíssima. 3. Recurso especial parcialmente conhecido e, nessa extensão, provido" (STJ, 4.ª Turma, REsp 1.096.324/RS, Rel. Min. Honildo de Amaral de Mello Castro, j. 02.03.2010).

41 "No regime da comunhão parcial de bens, excluem-se da comunhão aqueles que os consortes possuem ao casar ou que venham a adquirir por causa anterior ao matrimônio, sendo irrelevante venha o seu registro no cartório imobiliário a efetivar-se já na vigência da vida conjugal. Partilham-se, porém, igualmente os bens amealhados em face do esforço comum dos cônjuges" (TJSC, 4.ª Câmara Cível, Apelação Cível 36.642, Rel. Des. Alcides Aguiar).

42 MADALENO, Rolf. *Direito de família*. 10. ed. Rio de Janeiro: GEN/Forense, 2020. p. 1.172.

1.2.2 Adquiridos por doação

A doação é um contrato solene e por isso exige a observância da forma legal, a qual, por via de regra, é a forma escrita feita por meio de uma escritura pública ou por instrumento particular (CC, art. 541), sendo admitida a doação verbal de bens móveis e de pequeno valor, se lhe seguir incontinenti a tradição (CC, art. 541, parágrafo único). Para imóveis com valor superior a 30 salários mínimos vigentes no País, determina o artigo 108 do Código Civil a obrigatoriedade de a doação ser realizada por escritura pública, contudo, esta exceção do limite para imóveis de valor até 30 salários mínimos desaparecerá no artigo 108 do anteprojeto do Código Civil, passando a exigir a escritura pública para doações de imóveis de qualquer valor.

Na doação, quando formalizada por escritura pública, o titular de determinado bem é denominado de outorgante doador, o qual transfere para outra pessoa, denominada outorgado donatário, o objeto do contrato, que geralmente se trata de bem imóvel, moeda em espécie e cotas sociais. Nessa espécie de escritura, o tabelião é responsável por analisar a eventual incidência, ou isenção do imposto de transmissão a título gratuito, e em algumas unidades federativas é também encarregado der informar à Fazenda do Estado sobre os atos praticados.[43]

Os bens havidos por doação serão considerados comuns, apenas se a doação for endereçada em favor de ambos os cônjuges ou conviventes (CC, art. 1.660, III). Assim, o doador que deseja beneficiar o casal deve manifestar expressamente a sua vontade, de forma clara e inequívoca, e essa doação pode ser em partes iguais ou diferentes. Os casos mais comuns são aqueles provenientes da doação feita pelos pais da esposa, em dinheiro, cheque ou transferência bancária para a conta do genro ou conta conjunta e ambos utilizam o recurso para a compra de um bem imóvel sem indicar na escritura pública sua origem privativa. Parcela da doutrina entende que nesses casos deve ser apreendida como uma doação em prol de ambos os cônjuges, porquanto não fizeram consignar nenhuma ressalva acerca do caráter privativo do bem, havendo, entretanto, quem interprete justamente no sentido contrário, de que deve sempre constar a expressa intenção de doação conjunta. No entanto, não se constitui uma doação conjunta quando no contrato particular de compra e venda e depois na escritura pública menciona-se que o donatário é casado com *fulano de tal*, pretendendo esse consorte a meação sobre a doação por se encontrar seu nome no instrumento de compra e venda meramente por indicação do estado civil do donatário do imóvel.

No regime da comunhão universal de bens, a regra geral é a de que todos os bens, sejam eles anteriores ou posteriores ao início do relacionamento, se comunicam, inclusive, os bens doados, e, como forma de evitar a comunicabilidade do imóvel doado para alguém que vive em comunhão de bens com outra pessoa, o artigo 1.668, I, do Código Civil possibilita ao doador o assentamento de uma cláusula de incomunicabilidade, impedindo que esse bem seja futuramente partilhado com o cônjuge ou companheiro do donatário. A imposição de uma cláusula de incomunicabilidade, por si só, não requer uma forma específica, podendo ser feita pela confecção de uma escritura pública ou por um contrato particular,[44] desde que, é

---

[43] GENTIL, Alberto. *Registros públicos*. Rio de Janeiro: GEN/Forense, 2020. p. 785.

[44] "Apelação cível. Condomínio. Extinção de condomínio. Preliminares recursais. Inovação recursal de pedido. Não conhecimento no ponto. Decisão *extra petita*. Enfrentamento de todas as teses. Suspeição e impedimento da magistrada. Rejeição. Mérito. Ausência de comprovação da propriedade dos imóveis rurais. Compra e venda com utilização de valores doados aos réus com cláusula de incomunicabilidade. Regularidade. Sentença de improcedência mantida. Preliminares recursais: Inovação recursal: Não conhecimento

claro, o bem objeto de doação não prescinda dessa exigência legal do instrumento público, tal qual ainda ocorre, por exemplo, com os bens imóveis em valor superior a trinta salários mínimos. A cláusula de inalienabilidade,[45] imposta aos bens por ato de liberalidade, implica também a impenhorabilidade e a incomunicabilidade do bem (CC, art. 1.911), como nessa direção já enunciara o Supremo Tribunal Federal ao editar a Súmula 49: "A cláusula de inalienabilidade inclui a incomunicabilidade dos bens".

As cláusulas restritivas podem ser temporárias, com data ou fato determinado para o seu cancelamento, ou vitalícias, e podem incidir sobre a totalidade dos bens doados ou apenas sobre alguns e, também, pode ser específica para um dos donatários ou para todos os beneficiados, conforme escolha do doador no momento da doação. As cláusulas restritivas devem ser expressas no momento do ato, pois o bem deve pertencer a quem as impõe e devem ser impostas no momento da transmissão.[46]

---

do pedido de anulação da partilha ou realização de sobrepartilha de bens e, ainda, do requerimento de condenação da parte ré ao pagamento dos frutos da área objeto da lide, considerando que não foram objetos de postulações na petição inicial, o que configura inovação recursal. Não conhecimento desses pedidos. Enfrentamento de todas as teses debatidas no processo: O julgador não é obrigado ou possui o dever de enfrentar todas as questões suscitadas pelas partes, quando já tenha encontrado motivo suficiente para proferir a decisão, mesmo na vigência no CPC/15. Sentença *extra petita*: Inocorrência, considerando que a sentença é clara em preferir à análise do mérito da lide em atendimento ao que dispõe os artigos 4.º e 6.º do CPC, diretriz basilar do novo Código Processual e situação que não necessita requerimento expresso, já que decorrência do próprio sistema judicial processual civil. Impedimento e suspeição da Magistrada: Não havendo manifestação voluntária do juiz ou apresentação de requerimento expresso da parte interessada, presume-se a inexistência de causas de impedimento ou suspeição, não havendo que se cogitar na necessidade de declaração expressa a respeito da inocorrência de tais vícios. Mérito. Parte autora que pretende a extinção do condomínio de áreas rurais, no entanto, nos termos da prova produzida, não há evidências da propriedade respectiva. Caso em que os réus, incluindo a ex-cônjuge do autor, adquiriram a área objeto da lide através de importância recebida em contrato de doação dos genitores, o qual possui cláusula expressa de incomunicabilidade e sub-rogação, que é perfeitamente legal. A cláusula de incomunicabilidade é um gravame imposto pelo doador como forma de impedir que o bem recebido em doação integre o patrimônio que irá se comunicar com o respectivo cônjuge. Isto é, na eventualidade da decretação de divórcio, os bens gravados com tal cláusula não comporão a partilha, daqueles casados sob regime da comunhão universal de bens. Tratando-se de doação em dinheiro não se verifica nulidade no instrumento contratual particular, não havendo exigência de que ocorra via instrumento público, mesmo que contenha cláusula de incomunicabilidade. Nada nos autos configura nulidade da doação, seja em razão do objeto, forma, sujeitos envolvidos ou eventuais vícios, de modo que não há se falar em declaração de nulidade ou mesmo simulação, fraude ou vícios do consentimento, de modo que resta mantida, inclusive, com a restrição de comunicação de patrimônios. Igualmente, não há mínima demonstração de que tenha o autor, em algum momento, utilizado a área objeto da ação. Sentença mantida. Honorários recursais majorados. Preliminares recursais rejeitadas. Apelo parcialmente conhecido e, na parte conhecida, desprovido. Unânime" (TJRS, 17.ª Câmara Cível, Apelação Cível 70082462466, Rel. Des. Gelson Rolim Stocker, j. 12.03.2020).

[45] O STJ, por sua Terceira Turma, decidiu que imóvel com cláusula de inalienabilidade temporária não entra na partilha de bens do divórcio de um casal que se separou de fato durante o prazo restritivo, sendo indiferente se a sentença de divórcio foi proferida após esse período, negando recurso da mulher que pretendia incluir na partilha do divórcio o imóvel no qual residia com o ex-marido, cujo bem havia sido doado ao varão em 2006, com registro em cartório em 2009, mas com expressa proibição de permuta, cessão, aluguel, venda ou qualquer outra forma de repasse pelo prazo de dez anos. O Ministro Marco Aurélio Bellizze explicou que o artigo 1.668 do Código Civil prevê os casos de bens que são considerados particulares mesmo no regime da comunhão universal; no inciso I, exclui da comunhão os "bens doados ou herdados com a cláusula de incomunicabilidade e os sub-rogados em seu lugar" (REsp 1.760.281/TO, j. 24.05.2022).

[46] GENTIL, Alberto. *Registros públicos*. Rio de Janeiro: GEN/Forense, 2020. p. 790.

1.2.3 Adquiridos por herança

Os bens recebidos por herança, seja pela condição de herdeiro ou legatário, não são partilháveis no regime da comunhão parcial (CC, art. 1.659, I), ou comunhão de adquiridos, como é chamado esse regime no direito português, e apenas se comunicam com o outro consorte se o casal elegeu o regime da comunhão universal de bens, em que tanto os bens anteriores (aprestos) quanto aqueles havidos na constância do relacionamento (aquestos) formam uma massa única e indivisível a ser igualitariamente repartida ao final do matrimônio ou da união estável. Tal qual ocorre com os bens doados, é possível que sejam inclusas no testamento cláusulas restritivas, e, em especial ao presente tema, a cláusula de incomunicabilidade que impede que determinado bem venha a ser objeto de partilha entre o donatário e o seu cônjuge ou companheiro.

O artigo 1.848 do Código Civil impõe a necessidade de justificar no testamento a razão do gravame sobre a parcela dos bens que compõem a legítima, conceito jurídico tratado no artigo 1.846 do Código Civil que afirma pertencer aos herdeiros necessários a metade do acervo hereditário, de modo que lhes sejam garantidos, com o passamento do sucedido, ao menos cinquenta por cento dos bens, forma encontrada pelo legislador para reservar aos sucessores essa parcela dos bens inventariados. Contudo, no Anteprojeto do Código Civil, o testador não mais precisará justificar no testamento a razão do gravame, consoante nova redação acrescida ao artigo 1.848 do Código Civil. A parte legítima é calculada sobre o valor dos bens quando da abertura da sucessão, abatidas as dívidas e as despesas do funeral, adicionando-se em seguida o valor dos bens sujeitos à colação (CC, art. 1.847), e não pode ser objeto de doação, e, se porventura vier a ser reconhecido eventual excesso de doação que ultrapasse a parte legítima, deve ser anulada a transferência do patrimônio excedente para restaurar a uniformidade nos quinhões hereditários. Embora exista essa limitação com relação a parte legítima, correspondente à metade ideal do acervo hereditário, nada impede que um ascendente possa doar uma parcela maior dos seus bens a um determinado descendente. A doação pode ser feita como antecipação de legítima, em que o donatário deverá trazer à colação por ocasião do óbito, a fim de igualar o seu quinhão com os demais herdeiros, ou poderá ser uma doação dispensada da colação, desde que não ultrapasse a parte disponível, limitada à metade ideal.

A incomunicabilidade dos bens havidos por doação ou herança tem fundamento no fato de que a sua aquisição é gratuita, carecendo, portanto, do esforço comum. Valores decorrentes de herança, assim como se dá com os recursos doados, também serão considerados incomunicáveis, desde que sejam demonstrados a sua origem e o ingresso do patrimônio a título gratuito, ônus que incumbe àquele que alega a incomunicabilidade[47] e que deve ser comprovado, preferencialmente, por meio da prova documental.

1.2.4 Adquiridos por sub-rogação

Os bens adquiridos por sub-rogação não são partilháveis no regime da comunhão parcial; logo, todo e qualquer bem havido pela substituição de outro bem particular, denominado

---

[47] "Apelação cível. Ação de partilha. Bem imóvel. Pretensão de exclusão do acervo. Descabimento. Não comprovação do ingresso no patrimônio a título gratuito. 1. Não se desincumbiu o recorrente de comprovar a alegação de que o bem imóvel incluído no acervo passou a integrar seu patrimônio por força de adiantamento de herança, não merecendo acolhimento a pretensão de reconhecimento de incomunicabilidade. 2. Pelo contrário, a celebração de escritura pública de compra e venda referida no álbum imobiliário revela que a aquisição se deu a título oneroso e que o apelante apresenta comportamento contraditório (*venire contra factum proprium*), o que é vedado por nosso sistema jurídico. Apelo desprovido" (TJRS, 8.ª Câmara Cível, Apelação Cível 70083592782, Rel. Des. Ricardo Moreira Lins Pastl, j. 13.02.2020).

bem sub-rogado, permanecerá na posse e propriedade exclusiva do consorte que o adquiriu. Paulo Lôbo[48] bem recorda que, para que não reste qualquer dúvida sobre a incomunicabilidade de bens sub-rogados, é necessário que o cônjuge/companheiro ressalve essa sub-rogação no título aquisitivo e demonstre que de fato houve a substituição de um bem pelo outro, especialmente em decorrência da presunção legal constante no artigo 1.662 de que os bens imóveis adquiridos na constância do relacionamento são comuns, salvo se for provado o contrário, ônus que compete a quem alega a incomunicabilidade. Outrossim, se houver o emprego de valores exclusivos na aquisição de um bem, deve o cônjuge adquirente ter o cuidado de guardar os documentos que registrem a origem e o destino desse numerário sub-rogado, e que muitas vezes é de difícil comprovação quando da separação de um casal, seja pelo longo transcurso do tempo ou pelo simples desconhecimento da lei.

No caso de ser empregado valor inferior ao da totalidade do bem posteriormente adquirido, deve o excesso ser objeto de partilha entre os cônjuges e conviventes, sendo apenas excluído da comunhão o exato numerário que o consorte já possuía.[49]

A sub-rogação a que se refere o inciso I do artigo 1.659 do Código Civil[50] é a real, quando uma coisa é substituída pela outra com a manutenção dos mesmos ônus e tributos da primeira, mesmo que tenha sido adquirido por título oneroso, por exemplo, o caso de alguém que possuía um apartamento ao se casar e, posteriormente, aliena o bem e adquire com o produto da venda uma casa. A sub-rogação real compreende a sub-rogação direta e a indireta, sendo a primeira representada pela saída de um bem e a imediata entrada de outro no patrimônio de um dos consortes no mesmo negócio jurídico, sendo o exemplo mais tradicional a troca ou permuta. A sub-rogação indireta verifica-se quando o bem adquirido por intermédio de um negócio jurídico se deu com o produto da alienação de um bem próprio, por outro negócio jurídico.

A permuta é um contrato pelo qual os contratantes se obrigam a dar uma coisa em troca de outra, não havendo como requisito principal a entrega de dinheiro. Alberto Gentil[51] leciona que, quando a troca de um bem por outro não se equivale em valores, ainda se considera permuta a reposição em dinheiro, e o autor cita Carlos Roberto Gonçalves: "[...] quando um deles faz a reposição parcial em dinheiro, troca não se transmuda em compra e venda, salvo se representar mais da metade do pagamento".[52] Entretanto, para fins de cálculo da meação, o que importa é a origem dos valores sub-rogados, e não o tipo de negócio.

---

[48] LÔBO, Paulo Luiz Netto. *Direito civil*. Famílias. 3. ed. São Paulo: Saraiva, 2010. p. 330.

[49] "Apelação cível. Partilha de bens. Imóveis adquiridos por sub-rogação. Regime de comunhão parcial de bens. Partilha parcial dos imóveis. Sentença reformada em parte. Não se comunica bem adquirido em sub-rogação, quando o regime do casamento é o da comunhão parcial de bens. Comprovado nos autos que os imóveis a serem partilhados foram adquiridos por sub-rogação a outro imóvel adquirido antes do casamento, partilhará somente a parte paga a mais com a ajuda da esposa. O mesmo acontecerá para o imóvel adquirido na constância do casamento por sub-rogação a outro, mas só um dos cônjuges permanecer no pagamento do financiamento realizado após a separação ou divórcio" (TJMG, 5.ª Câmara Cível, Apelação Cível 1.0024.08.983063-2/001, Rel. Des. Mauro Soares de Freitas, j. 24.09.2009).

[50] CC, art. 1.659. "Excluem-se da comunhão:
I – os bens que cada cônjuge possuir ao casar, e os que lhe sobrevierem, na constância do casamento, por doação ou sucessão, e os sub-rogados em seu lugar;
II – os bens adquiridos com valores exclusivamente pertencentes a um dos cônjuges em sub-rogação dos bens particulares."

[51] GENTIL, Alberto. *Registros públicos*. Rio de Janeiro: GEN/Forense, 2020. p. 517.

[52] GONÇALVES, Carlos Roberto. *Direito das obrigações*. Parte especial: contratos. 19. ed. São Paulo: Saraiva, 2017. v. 6, t. 1, p. 98.

1.2.5 Adquiridos por indenização

A comunicabilidade dos bens havidos na constância do relacionamento afetivo tem como fundamento o princípio da solidariedade e é calcado na presunção de comunhão de esforços na aquisição do patrimônio considerado comum ao casal. Por essa razão, o diploma civil assevera ser partilhável o conjunto de bens adquiridos por título oneroso, ainda que registrado apenas no nome de um dos cônjuges/conviventes. Todavia, os bens havidos por indenização não guardam essa característica, haja vista que não são frutos da estreita colaboração entre os consortes, coparticipação que pode ser material, com o emprego direto de recursos financeiros, ou imaterial, caracterizado justamente pela distribuição e assunção das atividades domésticas que têm a mesma importância para o sustento e administração da sociedade afetiva.

Consoante julgado proferido pela 9.ª Câmara Cível do Tribunal de Justiça do Rio Grande do Sul, da lavra da desembargadora Íris Helena Medeiros Nogueira,[53] o crédito de natureza indenizatória destinado à reparação de dano moral constitui benefício de natureza pessoal e desprovido de caráter alimentar, e, por configurar direito personalíssimo, não é comunicável, segundo a julgadora:

> No casamento do regime da comunhão parcial de bens, há três patrimônios: o pessoal do marido, o pessoal da mulher e o comum do casal. Nesse âmbito, a gratuidade é o princípio determinador da exclusão da comunhão e a onerosidade, o gerador da comunicabilidade. De regra, assim, comunicam-se os adquiridos a título oneroso, não aqueles advindos de liberalidades (gratuidade). Por outra, diz serem comuns os bens quando fruto de estreita colaboração que se estabelece entre os cônjuges, daí permanecerem incomunicáveis os adquiridos por motivos alheios ao matrimônio, como é o caso.

Em outro caso julgado pela Quarta Turma do Superior Tribunal de Justiça foi questionada a comunicabilidade de valores decorrentes do ajuizamento de uma ação indenizatória proposta por um dos cônjuges em virtude do desenvolvimento de doença laboral. A sentença proferida pelo Tribunal de Justiça do Rio Grande do Sul[54] concluiu que os direitos decorrentes dos processos judiciais de natureza indenizatória por danos morais são considerados direitos personalíssimos e, portanto, pertencentes apenas ao patrimônio do titular, não obstante mereça registro a Súmula 642 do STJ de que: "O direito à indenização por danos morais transmite-se com o falecimento do titular, possuindo os herdeiros da vítima legitimidade ativa

---

[53] "Embargos de terceiro. Mulher casada. Comunhão parcial de bens. Meação. Crédito decorrente de indenização por danos morais. Incomunicabilidade. São comuns, no regime de casamento da comunhão parcial, os bens advindos do fruto da estreita colaboração que se estabelece entre marido e mulher, qualificando-se como incomunicáveis os adquiridos por motivos alheios ao matrimônio. O que for recebido a título de indenização por danos morais, dado o caráter personalíssimo e não alimentar, não integra o patrimônio da comunhão, descabendo à mulher pretender a reserva de meação na cota-parte do *quantum* destinado ao marido. A gratuidade é o princípio determinador da exclusão da comunhão parcial; a onerosidade, o provocador da comunicabilidade. Apelo provido" (TJRS, 9.ª Câmara Cível, Apelação Cível 70011649795, Rel. Iris Helena Medeiros Nogueira, j. 25.05.2005).

[54] "Apelação. União estável dissolução. Partilha. Bens resultantes de doação não integram o patrimônio comum dos conviventes, devendo ser excluídos da partilha. Os direitos oriundos de ações judiciais de indenização com base em relação empregatícia e contrato de seguro, provenientes de doença laboral do apelado, não integram a partilha, razão pela qual também não são partilhados. Negaram provimento" (TJRS, 8.ª Câmara Cível, Apelação Cível 70012034484, Rel. Rui Portanova, j. 06.10.2005).

para ajuizar ou prosseguir a ação indenizatória.". Quando do julgamento do Recurso Especial 848.998/RS, o Ministro Relator João Otávio Noronha discorreu sobre o objeto da ação originária, proposta com o objetivo de recebimento de uma indenização ajustada em contrato de seguro, caracterizado pela obrigação de uma sociedade – a seguradora – assumir perante uma pessoa – segurado – de indenizá-lo na hipótese de ocorrência de um fato conforme previsto na apólice, por determinado tempo. Concluiu o Ministro que o caso em comento versaria sobre um seguro de pessoas, e a indenização contratual visaria à recomposição de uma perda e não teria por fim a formação de patrimônio, ou seja, não haveria qualquer incremento no patrimônio pessoal do recorrente que justificasse o pedido de meação: "O estado de invalidez é pessoal e quem o sofre é tão somente o recorrido; por certo que quaisquer amenizações de tal estado lhe cabem e a mais ninguém. Portanto, a indenização de que se cuida não constitui frutos ou rendimentos do trabalho que possam ajustar-se às disposições do inciso VI do artigo 271 do Código de Civil de 1916".

O mesmo deve ser dito com relação à indenização que o recorrido visa receber diretamente de seu ex-empregador, alegando acidente do trabalho. Ação que busca receber indenização por acidente do trabalho tem por fim o ressarcimento das despesas com as internações hospitalares, operações cirúrgicas, honorários médicos, medicamentos para tratamento, bem como as decorrentes da incapacidade do autor para desempenhar sua profissão. Também, na hipótese de indenização por dano moral, busca-se amenizar a dor, o sofrimento, o constrangimento indevido ou a deformidade física adquirida por quem pessoalmente o sofre. Por certo que não se trata de acréscimo patrimonial a ser dividido na hipótese de desfazimento da união estável.

O Código Civil espanhol define essa questão de forma expressa em seu artigo 1.346, 6.º, quando atesta ser incomunicável a indenização por danos inferidos à pessoa de um dos cônjuges ou à sua propriedade privada.[55]

1.2.6 Direitos inerentes à pessoa

Pontes de Miranda leciona que o objetivo do direito de família é o de expor os princípios jurídicos que regem as relações familiares, "quer quanto à influência dessas relações sobre as pessoas, quer sobre os bens".[56] Segundo o citado doutrinador, a grande maioria das regras tratadas nesse ramo são regras jurídicas cogentes, normas de ordem pública que tornam obrigatório o seu cumprimento e são tipicamente encontradas nos preceitos do processo civil que integram o direito público. O direito de família, por sua vez, é ramo do direito privado, porém, em razão da importância social da família como alicerce da sociedade e das garantias e princípios constitucionais que asseguram a proteção estatal à entidade familiar em suas mais variadas formas, faz com que haja uma predominância de normas cogentes no direito de família, e, excepcionalmente, ao tratar sobre a regulação das questões patrimoniais, o legislador outorgou aos legislados a possibilidade de disporem sobre o regime de bens da melhor forma que lhes convierem, em atenção ao princípio da autonomia da vontade privada e desde que esses eventuais arranjos não se sobreponham à ordem pública, como disciplina o artigo 1.655 que determina ser nula a convenção ou cláusula que viole disposição absoluta de lei. Caio

---

[55] "Artículo 1346. Son privativos de cada uno de los cónyuges: 6.º El resarcimiento por daños inferidos a la persona de uno de los cónyuges o a sus bienes privativos."

[56] PONTES DE MIRANDA, Francisco Cavalcanti. *Tratado de direito de família*. Atualizado por Vilson Rodrigues Alves. Campinas: Bookseller, 2001. v. II, p. 75.

Mário da Silva Pereira[57] afirma que essa liberdade de escolha tem essencialmente em conta o fato de que os cônjuges são os melhores juízes na opção do modo como pretendem regular as relações econômicas que nascem com o matrimônio.

Para Pontes de Miranda, "qualquer regra que importe em pena de não mais alegar tem de ser interpretada como não referente aos direitos de família ou aos deveres de direito de família". Ainda segundo o doutrinador, as regras jurídicas tipificadas no direito de família são inarredáveis, salvo quando a lei mesma abre a porta à transmissão hereditária.

Os direitos de família são personalíssimos, intransferíveis e irrenunciáveis, e nenhum ato processual que implique a renúncia ou perda de um direito é admitido, à exceção das questões patrimoniais onde vigora o princípio da autonomia privada, e mesmo assim é preciso que os cônjuges/companheiros convalidem a sua vontade em juízo, mediante homologação judicial, ou pela via extrajudicial perante o tabelião.

Acerca do conceito da autonomia privada dentro do âmbito do direito de família, Luigi Ferri afirma que:

> La autonomía del grupo familiar no es verdadera autonomía, es decir, no es autonomía privada. Los poderes familiares, y en primer lugar la patria potestad, son poderes discrecionales a los que es inherente el deber de perseguir un fin no adventicio ni libremente asumido, sino un fin necesario. Se dice que la familia es un grupo que tiene intereses y fines propios, superiores a los intereses individuales de quienes forman parte de ella, pero que no se tratan de intereses y fines públicos o, como se ha dicho, cuasi públicos. La cuestión está en entenderse sobre el adjetivo público. Si por fin público se entiende, como entendemos nosotros, fin bueno, fin justo, fin ético, creo que no se puede negar que tal fin domine en el derecho de familia y que la familia sea un grupo ético, como es ético el Estado. Los poderes familiares están dominados, como los poderes públicos, por el principio del deber, sin lugar para el arbitrio. [...] Se tiene presente todo esto, se podrá comprender fácilmente que los poderes familiares son poderes discrecionales, al igual que los públicos; se podrá comprender que en el ámbito de los poderes familiares puede ser acogida con fundamento la figura publicista del exceso de poder: el abuso de la patria potestad no es más que una hipótesis de exceso de poder, es decir, de desviación del poder del fin a que está vinculado.[58]

Os direitos da personalidade, segundo Carlos Bittar,[59] são aqueles que dizem respeito às relações da pessoa consigo mesma, quanto às características extrínsecas do ser e às suas qualificações psíquicas e morais, e estão representados no Código Civil pelos artigos 11 ao 21 e compreendem uma série de normas que dispõem sobre os direitos à vida, à honra, à imagem e à intimidade, por exemplo, e assim como os direitos de famílias são igualmente intransmissíveis e irrenunciáveis, sendo defesa qualquer limitação ao seu exercício (CC, art. 11).

1.2.7 Direitos intelectuais

Carlos Alberto Bittar,[60] ao tratar sobre a classificação tradicional dos direitos privados, faz referência ao sistema clássico cuja origem remonta ao Direito Romano. Nesse sistema, os direitos estão divididos em três partes, *ius in persona, ad persona e in re,* direitos pessoais,

---

[57] PEREIRA, Caio Mário da Silva. *Instituições do direito civil.* 15. ed. Rio de Janeiro: Forense, 2003. v. 5, p. 190.

[58] FERRI, Luigi. *La autonomía privada.* Madrid: Revista de Derecho, 1969. p. 253-254.

[59] BITTAR, Carlos Alberto. *Direito do autor.* 4. ed. Rio de Janeiro: Forense Universitária, 2003. p. 2.

[60] BITTAR, Carlos Alberto. *Direito do autor.* 4. ed. Rio de Janeiro: Forense Universitária, 2003. p. 3.

da pessoa em si e no meio familiar; direitos obrigacionais, da pessoa com outras pessoas, no circuito negocial; e direitos reais, da pessoa com a coletividade, em função das diferentes coisas. Direitos da pessoa compreendem aqueles que se referem à posição do ser humano na sociedade e relacionados ao estado individual, ao estado familiar e ao estado político. Por sua vez, os direitos obrigacionais refletem os diferentes vínculos que unem as pessoas entre si, no comércio jurídico, em "relações de índole contratual e extracontratual", e, por fim, os direitos reais que regulam as relações das pessoas e dos bens materiais.

Direitos intelectuais, por seu turno, tratam sobre as relações entre as pessoas e os bens imateriais, ou, nas palavras do mencionado autor, regem as relações "entre os homens e os produtos do intelecto". As criações do intelecto humano podem assumir diversas finalidades, podem ter escopo estético, "de deleite, de beleza, de sensibilização, de aperfeiçoamento intelectual", como obras de arte, literatura e ciência, ou, ser objetos práticos e utilitários, como móveis, automóveis, máquinas. Essa distinção tem reflexos jurídicos variados e específicos tratados como Direito de Autor e Direito de Propriedade Intelectual, sendo a primeira reservada às criações denominadas de estéticas e a segunda para abordar a propriedade e os direitos decorrentes dos objetos de cunho utilitário, consubstanciada em bens de uso empresarial por meio de patentes, marcas, nomes comerciais e outros bens de natureza incorpórea.

Ao analisar o conteúdo dos direitos autorais, Carlos Alberto Bittar[61] observa a existência de dois elementos distintos e integrados que compõem os chamados direitos autorais, os direitos morais e os direitos patrimoniais, direitos unos e incindíveis, que podem, no entanto, "merecer divisão na medida do interesse do titular, sob o aspecto patrimonial, para efeito de possibilitar-se a circulação da obra e a percepção por ele dos proventos correspondentes", portanto o direito de autor representa uma relação jurídica de natureza pessoal-patrimonial.

Os direitos morais são os vínculos que unem o criador de determinada obra à sua criação e impedem a ação de terceiros sobre o seu invento; a autoria intelectual constitui um direito moral do autor, um direito personalíssimo que, à semelhança de outros direitos que compartilham essa natureza, é inalienável e irrenunciável, é o conjunto de aspectos que se relacionam à própria natureza humana e constituem a emanação da personalidade do autor. Os direitos morais nascem com a criação da obra, por meio da sua simples materialização e produzindo efeitos por toda a sua existência, o "direito flui do ato criativo". Os direitos morais são personalíssimos e perpétuos; são também impenhoráveis, não podem sofrer qualquer constrição judicial, além de serem direitos imprescritíveis e inalienáveis, sendo esta última qualidade um impedimento para o comércio jurídico, e, nem mesmo que o criador quisesse, não poderia dispor dos seus direitos morais.

Os direitos patrimoniais dizem respeito à face econômica da obra ou criação, é o conjunto de prerrogativas de cunho pecuniário que nasce a partir da criação da obra, mas cuja manifestação se dá quando da comunicação do bem ao público. O direito de exploração é exclusivo do autor, competindo a ele o direito de negociar com diferentes pessoas e em distintas modalidades contratuais, por exemplo, pode um determinado intérprete musical firmar um contrato para a reprodução de suas canções por algum recurso tecnológico, como a radiodifusão, e posteriormente firmar outro acordo com outros contratantes para que o seu *show* seja gravado em outro tipo de mídia, e cada evento onde será exibida a obra autoral é único e deve contar com a concordância e autorização específica do autor, e, na ausência de especificações

---

[61] BITTAR, Carlos Alberto. *Direito do autor*. 4. ed. Rio de Janeiro: Forense Universitária, 2003. p. 46.

sobre a modalidade contratada, o contrato será interpretado restritivamente (Lei 9.610/1998, art. 49, VI).[62]

A Constituição Federal de 1988, em seu artigo 5.º, XXVII, afiança a garantia estatal aos direitos individuais e coletivos, entre os quais está expressamente inserido o direito à propriedade, sendo um direito exclusivo dos autores a utilização, publicação ou reprodução de suas obras, e transmissível aos herdeiros pelo tempo que a lei fixar, bem como consta no artigo 24, § 1.º, da Lei 9.610/1998 serem transmissíveis aos sucessores do autor o direito de reivindicar, a qualquer tempo, a autoria da obra e o de assegurar a integridade da obra, ou seja, são transmitidos os direitos morais. A ordem sucessória é a mesma do diploma civilista. Elisângela Dias Menezes[63] credita essa garantia como um "verdadeiro reconhecimento constitucional do aspecto moral dos direitos de autor".

Por sua vez, a Lei de Direitos Autorais (Lei 9.610/1998), em seu artigo 39, determina que os direitos patrimoniais do autor, excetuados os rendimentos resultantes de sua exploração, não se comunicam no matrimônio, salvo, é claro, se existir pacto antenupcial em sentido contrário.

Jaury Nepomuceno de Oliveira e João Willington[64] entendem que: "Os direitos patrimoniais de autor são incomunicáveis, tanto é assim que o autor não precisa de autorização do cônjuge para cedê-los, vendê-los, transferi-los a outra pessoa (física ou jurídica), mesmo que haja o regime da comunhão de bens, pois a titularidade está com ele (autor), só não será assim se houver pacto antenupcial dispondo ao contrário. Porém, é diverso dos rendimentos destes direitos, resultantes da exploração comercial da obra. Estes, sim, se comunicam. Tanto isso é verdade que o cônjuge poderá promover a defesa da obra em juízo. Desta maneira, havendo separação do casal, esses rendimentos deverão entrar na partilha de bens".

Em julgamento lavrado pelo Tribunal de Justiça gaúcho,[65] a parte recorrente postulava o recebimento de meação sobre uma patente de invento e o desembargador relator Rui Portanova negou provimento ao apelo em razão da natureza personalíssima e incomunicável da autoria intelectual, e, em suas razões, o julgador fez pertinente observação acerca do fato de a parte recorrente ter postulado apenas a partilha da patente sem qualquer menção à partilha

---

[62] Lei 9.610/1998, art. 49. "Os direitos de autor poderão ser total ou parcialmente transferidos a terceiros, por ele ou por seus sucessores, a título universal ou singular, pessoalmente ou por meio de representantes com poderes especiais, por meio de licenciamento, concessão, cessão ou por outros meios admitidos em Direito, obedecidas as seguintes limitações: I – a transmissão total compreende todos os direitos de autor, salvo os de natureza moral e os expressamente excluídos por lei; II – somente se admitirá transmissão total e definitiva dos direitos mediante estipulação contratual escrita; III – na hipótese de não haver estipulação contratual escrita, o prazo máximo será de cinco anos; IV – a cessão será válida unicamente para o país em que se firmou o contrato, salvo estipulação em contrário; V – a cessão só se operará para modalidades de utilização já existentes à data do contrato; VI – não havendo especificações quanto à modalidade de utilização, o contrato será interpretado restritivamente, entendendo-se como limitada apenas a uma que seja aquela indispensável ao cumprimento da finalidade do contrato."

[63] MENEZES, Elisângela Dias. *Curso de direito autoral*. Belo Horizonte: Del Rey, 2007. p. 3.

[64] NEPOMUCENO, Jaury de Oliveira; WILLINGTON, João. *Anotações à lei do direito autoral*. Rio de Janeiro: Lumen Juris, 2005. p. 86.

[65] "Apelação. Separação. Partilha. A partilha de cotas de empresa não pode tomar por base o valor do capital social e nem o valor do patrimônio líquido, mas sim o valor real que a participação confere ao sócio, a ser apurado em liquidação de sentença. Em sendo comuns as cotas, é de rigor determinar sejam divididos os lucros distribuídos pela empresa. A patente sobre invento criado pelo apelado é personalíssima e exclusiva dele. Deram parcial provimento" (TJRS, 8.ª Câmara Cível, Apelação Cível 70048117212, Rel. Des. Rui Portanova, j. 28.02.2013).

do proveito econômico, que, apesar de ser fruto de bem incomunicável, segundo o relator, seria em tese comum pela disposição do artigo 1.660, V, do CCB:

> A apelante pediu fosse determinada a partilha da patente do invento. O juízo *a quo* indeferiu o pedido, por entender que se tratava do produto exclusivo da inteligência e do esforço do apelado. A sentença, nesse ponto, não merece reforma. A autoria intelectual de um produto é mesmo personalíssima, de forma que não há como reconhecer comunicabilidade ou determinar seja ela (a autoria do invento) partilhada, em função da dissolução de um casamento. [...] Uma coisa é a autoria intelectual de um invento; outra coisa é o eventual proveito econômico ("royalties") que a invenção pode gerar ao inventor (nessa qualidade de inventor, e não como sócio de uma empresa que comercialize o invento). A autoria intelectual da invenção, como dito, é mesmo personalíssima, e, portanto, incomunicável. Mas os "royalties", o eventual proveito econômico que a invenção tenha gerado ao inventor, por ser um "fruto", e ainda que de bem exclusivo, em tese é comum (CCB, artigo 1.660, V). Observo, porém, que no caso dos autos o pedido deduzido pela parte apelante é apenas e tão somente de partilha da patente do invento. Não há pedido de partilha de "royalties".

Carlos H. Vidal Taquini, ao discorrer sobre a natureza dos direitos intelectuais e mencionar que no direito argentino são tratados de maneira muito semelhante ao direito pátrio, faz excelente anotação sobre as razões práticas que impedem que o direito intelectual seja considerado um bem comum, nas palavras do autor:

> Considerar ganancial el derecho intelectual puede provocar un resultado disvalioso ante la disolución del régimen, ya que después de operada resultaría que todos los actos relativos a la publicación, nuevas ediciones, explotación de la obra, etc., no dependerían de la voluntad del autor, sino de la voluntad del autor y de su cónyuge separado de bienes, porque sería titular de la mitad de la obra con el consecuente derecho a percibir el producido intelectual más allá de la disolución del régimen. Por esto habrá ganancialidad del fruto intelectual durante el régimen, pero no más allá, porque la obra quedará en cabeza del autor, que es el titular de ella por ser un bien propio suyo.[66]

No Direito argentino persiste a mesma distinção entre os elementos que integram os direitos autorais, o aspecto material, *derecho pecuniario*, e o aspecto imaterial, o direito moral, *derecho moral*. A parte material, pecuniária, tem representação pela exploração das criações intelectuais do autor, quem detém o monopólio exclusivo para a comercialização dos seus inventos, muito embora os frutos decorrentes da mercantilização de suas obras sejam partilháveis, assim como ocorre no Brasil. Por sua vez, a parte imaterial, o *derecho moral*, é vista pelo doutrinador como uma emancipação da própria natureza do criador, que faz com que o seu invento permaneça como bem próprio em virtude do seu caráter extrapatrimonial, inalienável e absoluto.

1.3 BENS APORTADOS PARA O CASAMENTO

Os regimes de comunidade de bens, como a comunhão universal, a comunhão parcial e a participação final nos aquestos, têm diferentes traços que os distinguem, tendo cada um deles as suas próprias peculiaridades, porquanto na comunhão universal, salvo suas expressas exceções (CC, art. 1.668), todos os bens presentes e futuros dos cônjuges e suas dívidas passivas se comunicam, ao passo que na comunhão parcial somente se comunicam os bens havidos

---

[66] TAQUINI, Carlos H. Vidal. *Régimen de bienes en el matrimonio.* 3. ed. Buenos Aires: Astrea, 1990. p. 319.

de forma onerosa na constância do casamento, não sendo comuns os bens havidos de maneira gratuita por doação ou sucessão, a não ser que tenham sido doados ou que tenham sido herdados por ambos os cônjuges (CC, art. 1.660, III), tampouco se entrelaçam os bens havidos por sub-rogação parcial ou total dos bens particulares herdados ou doados, como também não tramam os bens adquiridos com valores exclusivamente pertencentes a um dos cônjuges em sub-rogação dos bens particulares (CC, art. 1.659, I e II).

Esse regime de bens aportados se identifica como um regime de comunidade limitada, não obstante seja mais conhecido e mais bem identificado como regime de comunhão parcial de bens, que se caracteriza pela existência de três diferentes patrimônios, sendo um patrimônio comum aos cônjuges ou conviventes e dois outros acervos particulares, pertencendo cada um deles a cada um dos consortes ou conviventes. O patrimônio comum está constituído por todos os bens oriundos do produto do trabalho e das rendas, tanto quando resultantes dos bens comuns como daqueles correspondentes aos bens privativos, uma vez que, na constância do matrimônio e da união estável, se comunicam os frutos dos bens particulares (CC, art. 1.660, V).

O patrimônio privativo é constituído pelos bens aportados por cada um dos cônjuges ou conviventes e preexistentes ao matrimônio ou à união estável, assim como aqueles bens adquiridos durante o casamento ou a união estável por herança, legado ou doação, ao passo que existe um segundo regime de comunidade, denominado participação final nos aquestos, que é um regime de comunidade de resultados, mas não é um regime de comunidade de bens, e esse regime colacionado pelo legislador de 2002 guarda algumas semelhanças e coincidências com o regime da comunhão parcial, e neste último regime cada consorte conserva as faculdades de uso e de administração dos seus próprios bens, tanto dos preexistentes ao estabelecimento da entidade familiar quanto daqueles adquiridos durante as núpcias a qualquer título. É um regime que deve ser adotado em prévia escritura pública de pacto antenupcial e, no caso em que se produzam a extinção do relacionamento e a liquidação do regime matrimonial, são apurados os ganhos alcançados durante o casamento, representados pelo aumento do patrimônio mediante o esforço comum dos consortes e conviventes, que inclusive é presumido pela mera convivência, de modo que partilham esses ganhos e não bens, não obstante os ganhos possam ser compensados com a entrega e adjudicação de bens e os ganhos possam estar corporificados na aquisição de bens, dependendo tudo de avaliação para apuração dos valores a serem compensados, como visto, tanto em moeda corrente como pela adjudicação de bens em prol daquele que restou com um acervo final e de menor valor.

1.3.1 Por esforço comum

A expressão *esforço comum* talvez tenha adquirido maior importância na longeva e já centenária discussão a respeito da efetiva colaboração da *concubina* na aquisição dos bens na vigência de uma união estável, entidade familiar que até pouco tempo atrás era denominada de concubinato, vocábulo que designava a convivência estável de duas pessoas que aparentavam ser casadas, mas que havia perdido essa conotação pejorativa que reconquistou desafortunadamente com a edição do Código Civil, em especial com o artigo 1.727, que dispõe que concubina e concubino são amantes de pessoas casadas, que não são separadas de fato nem separadas de direito, sendo que o artigo 1.727 do Código Civil será revogado no anteprojeto apresentado pela Comissão de Juristas, nomeada pelo Senado Federal e responsável pela revisão e atualização do Código Civil.

Como concubinos do passado, os atuais unidos estavelmente eram marginalizados pela legislação brasileira, que apenas reconhecia a existência de uma família constituída pelo casamento civil, e todas aquelas relações estáveis e às quais, em um primeiro e longo período de exigência jurisprudencial, somente se tivessem pelo menos a duração mínima de cinco anos de convivência informal, eram conferidos alguns direitos pessoais e patrimoniais, mas sob certas circunstâncias. Esse tempo mínimo de existência deixou de ser exigido a partir da promulgação e vigência da Lei 9.278/1996, cuja ausência desse lapso-padrão de cinco anos de convivência tornava escassos os direitos assegurados aos concubinos, cuidando juízes e tribunais de conferir direitos patrimoniais somente quando admitiam que entre os concubinos existia uma comunhão de vida, envolvendo, em realidade, uma comunhão de interesses, e para esses relacionamentos foi sendo construída a *teoria das sociedades de fato,* pela qual a jurisprudência procurou criar algum amparo inicial à concubina, pois nada existia que proibisse os concubinos de celebrarem entre si uma sociedade por contrato escrito, nos moldes do artigo 1.832 do Código Civil francês, que, em síntese, representaria uma sociedade irregular, ou uma sociedade de fato ou de comunhão de interesses, passando os tribunais a examinar a modalidade não escrita, qual seja, não formal de uma sociedade, uma típica comunhão de fato e na qual a vida e o esforço comum somavam direitos.

Noemia Alves Fardin já escrevia, ainda nos tempos obscuros dos casais informais, que o simples concubinato não gerava direitos ao patrimônio do parceiro e para que um dos parceiros fizesse jus a uma parcela do patrimônio deveria provar a existência de uma sociedade de fato entre ambos, ou comunhão de interesses nos bens adquiridos na constância do relacionamento, colocando-a como sócia do companheiro, a partir do corolário do princípio que veda o enriquecimento ilícito, primeiro sendo preciso demonstrar o real dispêndio de recursos próprios para a aquisição de bens, devendo estar presentes na sociedade de fato a contribuição de cada um, em trabalho ou bens, não importando em que proporção, consolidando no tempo, a ideia de que essa contribuição tivesse decorrido da sua contribuição na direção do lar, na companhia doméstica e na assistência e estímulo ao companheiro, dando-lhe não só seu amor e seu corpo, mas também grande parte de sua vida, com ele repartindo tudo o que de bom ou mau tenha lhe acontecido.[67]

Com o desgaste de um dos concubinos, fosse pelos trabalhos domésticos, fosse pelo auxílio ao outro em sua atividade econômica, a par da mútua confiança depositada entre os concubinos, seria favor justificável para que, no caso de abandono ou morte, não fosse um deles privado da parte que lhe correspondia como respaldo patrimonial, cujo acervo viria de bens que não tinham o nome do concubino beneficiado titulado na propriedade.[68]

As primeiras jurisprudências exigiam a efetiva prova do dispêndio de recursos próprios na aquisição dos bens que constavam somente em nome de um dos concubinos e tinham como razão de correção o propósito de evitar o enriquecimento indevido de um dos concubinos e obviamente o empobrecimento injusto do outro.

Como antes referido, no amadurecimento da jurisprudência, o esforço comum passou a ser presumido pela tão só existência do concubinato, nos moldes romantizados por Virgílio de Sá Pereira ao escrever que:

---

[67] FARDIN, Noemi Alves. *Aspectos sociojurídicos da união estável.* Concubinato. Porto Alegre: Livraria do Advogado, 1993. p. 100-102.

[68] BITTENCOURT, Edgard de Moura. *O concubinato no direito.* 2. ed. Rio de Janeiro: Jurídica e Universitária, 1969. v. 1, p. 318.

[...] a família é um fato natural. Não na cria o homem, mas a natureza. [...] Mas sempre vos direi que o legislador não cria a família, como o jardineiro não cria a primavera. Fenômeno natural, ela antecede necessariamente ao casamento, que é um fenômeno legal, e também por ser um fenômeno natural é que ela excede à moldura em que o legislador a enquadra. [...]. Agora, dizei-me: que é que vedes quando vedes um homem e uma mulher, reunidos sob o mesmo teto, em torno de um pequenino ser, que é o fruto do seu amor? Vereis uma família. Passou por lá o juiz, com a sua lei, ou o padre, com o seu sacramento? Que importa isto? O acidente convencional não tem força para apagar o fato natural. [...] Ao lado da família legítima, temos de prestar atenção à ilegítima, que também se diz natural, como se toda família o não fora. [...]. Não é do casamento, portanto, que resulta o parentesco, mas da paternidade e da maternidade, para resguardo dos direitos da prole. [...]. De tudo que acabo de dizer-vos, uma verdade resulta; soberano não é o legislador, soberana é a vida. [...] A família é um fato natural, o casamento é uma convenção social. A convenção é estreita para o fato, e este então se produz fora da convenção. O homem quer obedecer ao legislador, mas não se pode desobedecer à natureza, e por toda a parte ele constitui a família, dentro da lei, se é possível, fora da lei, se é necessário.[69]

Consagrada então a teoria da sociedade de fato com a presunção de comunhão pela solidariedade e pelo esforço comum, de uma sociedade estabelecida simplesmente pelo fato de duas pessoas que vivem em comunhão de vidas como se fosse uma sociedade verbal, muito usuais no âmbito do direito civil ou comercial, ainda que irregulares ante a ausência de contrato, é fato que elas existem ou existiram durante certo tempo, sendo impossível desprezar seus vestígios e as consequências que acarretam perante o direito, e, como sociedades criadas pelo fato, sempre que se está em presença de uma sociedade que reúne *comunhão de bens ou de atividades, participação de benefícios e contribuição nas perdas, colaboração voluntária para o fim da realização dos interesses recíprocos,* conclui Edgard de Moura Bittencourt que a junção desses caracteres permite que se aceite ou que se rejeite a existência de uma sociedade entre duas ou mais pessoas e a jurisprudência se satisfazia com a sociedade de fato que encerrava uma comunhão de bens e de interesses, que impunha um acerto quando se rompesse o vínculo concubinário.[70]

Trazendo a noção do esforço comum para os dias atuais, Gustavo Tepedino e Ana Carolina Brochado Teixeira registram que o Superior Tribunal de Justiça tem se manifestado tanto pelo reconhecimento do esforço comum empreendido nas hipóteses de separação obrigatória, de modo a prestigiar a eficácia do regime de separação obrigatória de bens, e, nesse caso, cometendo ao interessado comprovar que teve efetiva e relevante (ainda que não financeira) participação no esforço para a aquisição onerosa de determinado bem a ser partilhado com a dissolução da união, quanto a existência de posicionamentos no sentido de dispensar o esforço comum em casos de uniões duradouras e sedimentadas, em que é possível presumir a colaboração mútua do casal, mesmo que circunscrita à esfera doméstica.[71] No entanto, há também decisões do Superior Tribunal de Justiça propugnando pela necessidade da prova do efetivo esforço comum do ponto de vista estritamente financeiro, retirando qualquer efeito jurídico da convivência e da presunção natural que deveria ser extraída unicamente do valor imensurável que tem a solidariedade e o auxílio, geralmente da mulher, com sua dedicação à casa, ao parceiro e sobremodo aos filhos comuns e muitas vezes aos filhos exclusivos do parceiro.

---

[69] PEREIRA, Virgílio de Sá. *Direito de família.* 3. ed. Rio de Janeiro: GEN/Forense, 2008. p. 43-56.
[70] BITTENCOURT, Edgard de Moura. *O concubinato no direito.* 2. ed. Rio de Janeiro: Jurídica e Universitária, 1969. v. 1, p. 324.
[71] TEPEDINO, Gustavo; TEIXEIRA, Ana Carolina Brochado. *Fundamentos do direito civil. Direito de família.* Rio de Janeiro: GEN/Forense, 2020. v. 6, p. 116-117.

Essa tese da prova do esforço comum, com a demonstração da participação na aquisição de cada bem, foi retomada em singular julgamento do Superior Tribunal de Justiça, no AgIn no REsp 1.519.438/SP, da Quarta Turma, datado de 17 de dezembro de 2019, da relatoria da Ministra Maria Isabel Gallotti,[72] com o argumento de que a Súmula 380 do STF[73] já entendia cabível a partilha de bens ao cabo da dissolução de sociedade de fato entre concubinos e que a presunção do esforço comum na aquisição do patrimônio dos conviventes só foi introduzida na legislação brasileira com a Lei 9.278/1996, devendo os bens amealhados no período anterior à sua vigência ser divididos proporcionalmente ao esforço comprovado, direto ou indireto, de cada convivente, conforme disciplinado pelo ordenamento jurídico vigente quando da respectiva aquisição.

A regra, no entanto, tanto para a união estável como para o casamento civil, ao menos depois da promulgação da Lei 9.278/1996, e para aqueles que se identificam com as conclusões do STJ no AgIn no REsp 1.519.438/SP, é de que a presunção de comunicabilidade pelo

---

[72] "Agravo interno. Recurso especial. União estável. Início anterior e dissolução posterior à Lei 9.278/96. Bens adquiridos onerosamente antes de sua vigência. Decisão agravada. Aplicação retroatividade. Fundamento único e suficiente. Impugnação. Súmula 182/STJ. Não incidência. Honorários advocatícios. Sucumbência mínima. Súmula 7/STJ. 1. A ausência de impugnação, no agravo interno, de capítulo independente da decisão singular de mérito, proferida em recurso especial ou agravo, apenas acarreta a preclusão da matéria não impugnada, não atraindo a incidência da Súmula 182/STJ. 2. Hipótese, ademais, em que impugnado no agravo interno, ainda que de forma sumária, o único fundamento suficiente do acórdão recorrido (e da decisão alvo do agravo interno), a saber, a aplicação retroativa da Lei 9.278/1996, sem o qual não se sustenta a solução de partilha igualitária de todos os bens do ex-casal. 3. Os princípios legais que regem a sucessão e a partilha de bens não se confundem: a sucessão é disciplinada pela lei em vigor na data do óbito; a partilha de bens, ao contrário, seja em razão do término, em vida, do relacionamento, seja em decorrência do óbito do companheiro ou cônjuge, deve observar o regime de bens e o ordenamento jurídico vigente ao tempo da aquisição de cada bem a partilhar. 4. A presunção legal de esforço comum na aquisição do patrimônio dos conviventes foi introduzida pela Lei 9.278/96, devendo os bens amealhados no período anterior à sua vigência ser divididos proporcionalmente ao esforço comprovado, direto ou indireto, de cada convivente, conforme disciplinado pelo ordenamento jurídico vigente quando da respectiva aquisição. 5. Os bens adquiridos a título oneroso a partir de 10.5.1996 e até à extinção da união estável, em decorrência da morte do varão, integram o patrimônio comum dos ex-conviventes e, portanto, devem ser partilhados em partes entre eles, nos termos dos arts. 5.º da Lei 9.278/1996 e 1.725 do Código Civil. 6. A alteração da conclusão das instâncias de origem no tocante ao quanto os demandantes saíram vencedores ou vencidos, com a finalidade de apurar a ocorrência de sucumbência mínima ou recíproca, demanda o reexame do conjunto fático-probatório dos autos, procedimento vedado no âmbito do recurso especial (Súmula 7/STJ). 7. Agravo interno e recurso especial providos."

[73] ROSAS, Roberto. *Direito sumular*. Comentários às súmulas do STF. São Paulo: RT, 1978. p.158-160; sobre a Súmula 380 – "Comprovada a existência de sociedade de fato entre os concubinos, é cabível a sua dissolução judicial, com a partilha do patrimônio adquirido pelo esforço comum" – escreve: "O concubinato gera relações de caráter obrigacional e não familiar. Assim sendo, surgem relações patrimoniais em virtude da colaboração efetiva da mulher na constituição do patrimônio comum. Essa participação pode ocorrer diretamente com a aquisição, fornecimento de dinheiro, ou com o trabalho doméstico. Extremam-se aí duas posições: ou se demonstra a colaboração efetiva ou simplesmente a permanência da concubina nas atividades domésticas (*RTJ* 75/938). Ora, se o concubino trouxera patrimônio para a concubina logo não há falar-se em esforço da concubina. Dir-se-á que com a morte do concubino ela ficará ao desamparo. Mas o concubino poderá testar ou doar (*RTJ* 75/965; 64/645). Na mesma linha de Orosimbo Nonato seguiu o Min. Luiz Gallotti, examinando, no caso, a contribuição da concubina no lucro auferido pelo amásio, assim possibilitando a partilha (RE 1956) e deferindo a comprovação pelo filho da concubina".

esforço comum decorre pura e simplesmente da existência da entidade familiar, não exigindo qualquer prova de colaboração efetiva de aporte em dinheiro para a compra dos bens que constam em nome de qualquer um dos cônjuges ou companheiros, havendo a presunção de que são comuns se adquiridos onerosamente na constância da relação afetiva, salvo se provenientes de doação, legado, herança ou em sub-rogação desses bens, merecendo nota adicional o que consta do artigo 1.662 do Código Civil, ao instituir que no regime da comunhão parcial presumem-se adquiridos na constância do casamento, e o mesmo vale para a união estável, os bens móveis, quando não se provar que o foram em data anterior.

Nesse sentido, existem registros processuais de uma indevida divisão de bens móveis que terminaram sendo partilhados apenas porque estavam na posse dos cônjuges por ocasião da separação e por isso foram judicialmente arrolados, sem nenhuma comprovação de sua aquisição anterior ao relacionamento. Permitiu-se, por exemplo, a injusta divisão de quadros de elevado valor mercadológico e que careciam de prova de aquisição anterior ao relacionamento afetivo; notadamente de móveis privativos trazidos para ornar o domicílio conjugal, mas que, em realidade, pertenciam a um dos consortes que os adquirira muito tempo antes do casamento; existindo exemplos de valiosas adegas, com centenas de garrafas de vinhos de elevado valor de mercado, sobre cuja preexistente posse não houve o cuidado de acautelamento da prova dessa posse e propriedade antecedente; dinheiro guardado em casa, tanto em moeda nacional como estrangeira, cuja existência não foi declarada no imposto de renda, e até mesmo dinheiro depositado em contas-correntes ou aplicações financeiras, quando já não mais é possível comprovar que eram recursos provenientes, por exemplo, da venda de um bem anterior, pois o valor originário se confunde com os novos ingressos de recursos e uma constante entrada e saída de dinheiro na conta bancária, salvo minuciosa perícia contábil seja capaz de comprovar a anterioridade dos recursos e sua origem. Diante desses descuidos com bens móveis que são alvo de uma divisão judicial aplicada por mera presunção de sua comunicação (CC, arts. 1.662 e 1.674, parágrafo único), cujas possíveis perdas sugerem sejam tomadas as devidas cautelas para documentar a sua preexistência, seja por meio de fotos que identifiquem bens móveis que decoravam a moradia de origem do cônjuge que deles se diz proprietário particular, ou com a prova da sua transferência para o domicílio conjugal com a apresentação da nota fiscal, ou demonstrando o transporte oficial desses móveis retirados da moradia de solteiro, se possível com uma relação oficial fornecida pela empresa de mudança descrevendo cada um desses móveis por ela transportados e a data da realização dessa mudança; ou com a declaração no imposto de renda de valores em moeda nacional ou estrangeira guardada em casa, ou pelo menos uma declaração firmada com o outro consorte ou convivente, consignando ambos e reciprocamente em favor de cada um deles o caráter privativo de cada um dos seus bens, sob pena de estes serem partilhados.

1.3.2 Frutos comuns

Frutos são os benefícios ou as vantagens obtidas, ainda que provenham de bens próprios, por surgirem da atividade de qualquer um dos cônjuges em razão da comunidade de vidas, sendo alcançados os frutos naturais ou industriais à medida que são separados ou colhidos, e os civis são adquiridos quando forem arrecadados ou cobrados, e os pendentes no momento da dissolução da relação afetiva, apesar de não terem sido recebidos, eles se mantêm dentro da massa comum porque dela não saíram, tornando-se frutos pendentes.[74]

---

[74] TAQUINI, Carlos H. Vidal. *Régimen de bienes en el matrimonio*. 3. ed. Buenos Aires: Astrea, 1990. p. 218.

Prescreve o artigo 95 do Código Civil que, apesar de ainda não separados do bem principal, os frutos e os produtos podem ser objeto de negócio jurídico, caracterizando-se pela periodicidade, pela não alteração da substância e por serem separáveis do bem principal. O artigo 58 do Código Civil de 1916 separava o bem principal e dizia ser principal a coisa que existe sobre si, abstrata ou concretamente, distinta da acessória, que é aquela cuja existência supõe a da principal, e na sequência o artigo 59 do mesmo Diploma Civil Substantivo estabelecia que, salvo disposição especial em contrário, a coisa acessória segue a principal, sendo exemplos de coisas acessórias os *frutos, os produtos* e *rendimentos, as acessões, as benfeitorias e as pertenças,* sabendo-se que os frutos são as utilidades que a coisa produz periodicamente, mantendo intacta a substância do bem que produziu esse fruto, qual seja, é bem acessório, porquanto a característica do fruto é de que ele permite sua separação periódica da coisa principal, sem alterar e prejudicar a substância desse bem principal. No entanto, enquanto permanecerem na sua matriz, dela não estando separados, de acordo com o artigo 334, 2.º, do Código Civil espanhol, são considerados bens imóveis as árvores e as plantas, os frutos pendentes enquanto estiverem unidos à terra ou formarem parte integrante de um imóvel e somente com a sua separação adquirirem a qualidade de coisa autônoma, com regime próprio, e pode então se pensar em atribuí-los à pessoa distinta, mas essa separação deve ser correta, amadurecida, colhida no tempo oportuno, porque, se colhida prematura ou ilicitamente pelo nu proprietário ou usufrutuário para evitar que a sua percepção corresponda ao outro em razão do tempo, dá lugar à sua percepção pelo usufrutuário, ou dá lugar à responsabilidade pelo ato ilícito.[75]

Os frutos *civis* são os rendimentos, os *naturais* são aqueles renováveis periodicamente pela força da natureza, por exemplo, os grãos colhidos da plantação, e os *industriais* surgem pela intervenção do homem na natureza. Conforme Orlando Gomes, a distinção entre coisa principal e acessória baseia-se na superioridade de uma sobre a outra, pela extensão, pela qualidade, ou pelo valor econômico, e diz que a caracterização dos frutos requer a conjunção de três requisitos; 1.º *periodicidade;* 2.º *inalterabilidade da substância;* 3.º *separabilidade da coisa principal.*[76]

Quanto ao seu estado, os frutos podem ser *pendentes,* porque ainda não foram colhidos; *percebidos,* porque já foram colhidos; *estantes* são os que já foram colhidos e estão armazenados; *percipiendos* são os que deveriam ter sido colhidos, mas não o foram; e os *consumidos* são aqueles que não mais existem.[77]

A respeito dos frutos naturais e industriais pendentes escreve Francisco Rivero Hernández, de que se ocupa o artigo 472 do Código Civil espanhol, estabelecendo que seguem unidos à coisa materna, o que obriga distinguir de outras partes o bem matriz, de modo que: "frutos pendentes são aqueles que têm uma entidade própria, porém sem haver alcançado completa autonomia, e por este motivo, enquanto pendentes, parte integrante ou coisa acessória da matriz. Em sua consideração biológica (os desta classe), estão em vias de amadurecimento; são frutos no sentido antes dito, porém, pendentes, o que significa que ainda não foram alcançados ou separados, seguem no *ventre da mãe,* e, portanto, tais frutos são coisa futura e suscetíveis de tráfico jurídico, cuja autonomia destes frutos surge somente com sua separação da matriz".[78]

---

[75] HERNÁNDEZ, Francisco Rivero. *Usufructo, uso y habitación.* 3. ed. Navarra: Thomson Reuters/Aranzadi, 2020. p. 409.

[76] GOMES, Orlando. *Introdução ao direito civil.* 10. ed. Rio de Janeiro: Forense, 1993. p. 239-240.

[77] SANTOS, José Carlos Van Cleef de Almeida; CASCALDI, Luís de Carvalho. *Manual de direito civil.* 2. ed. São Paulo: RT, 2014. p. 138.

[78] HERNÁNDEZ, Francisco Rivero. *Usufructo, uso y habitación.* 3. ed. Navarra: Thomson Reuters/Aranzadi, 2020. p. 408-409.

Por sua vez, os *produtos* são as utilidades que se retiram da coisa, que não as produz periodicamente, tratando-se, em realidade, de um bem acessório esgotável, como sucede com as pedras de uma pedreira, ou os metais de uma jazida[79] e que se esgotam, como também são produtos a lã do carneiro, o leite, os cereais, a lenha,[80] interessando a diferença entre fruto e produto por conta dos seus efeitos jurídicos, uma vez que o usufrutuário tem direito aos frutos da coisa, e não aos produtos.

Os *rendimentos* ou a renda, dizia Antonio Chaves, é o fruto produzido pelo capital aplicado em propriedades imobiliárias ou em fundos públicos, e são os chamados rendimentos de capitais,[81] e os dividendos são os frutos civis, as prestações periódicas, em dinheiro. Por sua vez, *acessão* é tudo o que se incorpora natural ou artificialmente a uma coisa e *pertenças* são as coisas acessórias destinadas a conservar ou facilitar o uso das coisas principais, sem que destas sejam parte integrante, por exemplo, as máquinas utilizadas em uma fábrica; os implementos agrícolas; as provisões de combustível; os aparelhos de ar-condicionado, enquanto *benfeitorias* são as despesas e obras com a conservação, melhoramento ou aformoseamento de uma coisa, e, por fim, as *utilidades* são o que se economiza com o uso da coisa, não devendo ser confundida a utilização econômica de uma coisa com a percepção de frutos.[82]

Por fim, merece registro, ainda que em breve passagem, a alusão feita por Luis Felipe Ragel Sánchez aos ganhos percebidos com o jogo, eis que a legislação espanhola considera no artigo 1.351 do Código Civil os ganhos do jogo similares aos frutos do matrimônio quando originados da inversão de dinheiro conjugal ou privativo e provenientes da aleatória sorte, pois, ao contrário, quando o jogo que origina o ganho consiste em um resultado do esforço e da habilidade mostrados pelo jogador, por exemplo, ganhar um campeonato de golfe, estes seriam ganhos percebidos pelo trabalho ou pela indústria,[83] e que no direito brasileiro se comunicam, porém não mais depois da separação do casal, salvo se tratar de créditos pendentes ao tempo ainda das núpcias.

1.3.3 Frutos civis do trabalho, comércio ou indústria

Conforme Carlos Taquini, os frutos civis da profissão, trabalho ou indústria de ambos os cônjuges, ou de cada um deles, constituem-se na fonte por excelência da comunicabilidade, quando percebidos na constância do casamento, sendo fácil estabelecer se são frutos comuns ou próprios, segundo o momento em que estiverem vencidos, porquanto, ainda que sejam percebidos posteriormente à dissolução do casamento, serão comuns, se o direito de retribuição ou pagamento nasceu antes da separação do casal, devendo ser considerado para tanto o momento em que o pagamento possa ser exigido.[84]

É clássica a divisão tripartida dos frutos, e o artigo 233 do Código Civil e Comercial da Argentina traz maior clareza ao conceito de frutos, quando os define como os objetos que um bem produz, de modo renovável, sem que altere ou diminua sua substância, sendo os frutos divididos em *naturais, industriais e civis*. Constituem-se os naturais nas produções espontâneas da natureza; ao passo que os industriais são aqueles produzidos pela indústria do

---

[79] SANTOS, José Carlos Van Cleef de Almeida; CASCALDI, Luís de Carvalho. *Manual de direito civil.* 2. ed. São Paulo: RT, 2014. p. 138.

[80] GOMES, Orlando. *Introdução ao direito civil.* 10. ed. Rio de Janeiro: Forense, 1993. p. 241.

[81] CHAVES, Antonio. *Tratado de direito civil.* Parte geral. 3. ed. São Paulo: RT, 1982. t. 2, p. 1.050.

[82] GOMES, Orlando. *Introdução ao direito civil.* 10. ed. Rio de Janeiro: Forense, 1993. p. 242-245.

[83] SÁNCHEZ, Luis Felipe Ragel. *El régimen de gananciales.* Navarra: Thomson Reuters/Aranzadi, 2017. p. 158-159.

[84] TAQUINI, Carlos H. Vidal. *Régimen de bienes en el matrimonio.* 3. ed. Buenos Aires: Astrea, 1990. p. 221.

homem ou pela cultura da terra; e frutos *civis* são as rendas que a coisa produz, ressalvando que a remuneração do trabalho se assemelha aos frutos civis. Termina o citado dispositivo legal da codificação civil argentina por acrescer que os frutos naturais, industriais e também os produtos formam um todo com a coisa enquanto não forem separados.

Javier Pazos Hayashida, comentando o artigo 890 do Código Civil do Peru, faz menção às várias teorias que procuram identificar a natureza jurídica dos frutos, a começar pela: a) *teoria orgânica*, para a qual os frutos seriam produções orgânicas que se separam de um bem em virtude de uma função biológica, cuja teoria é criticada, porque a concepção de frutos é bem mais ampla do que aquela relativa às produções orgânicas nascidas de uma atividade natural ou biológica, excluindo assim os frutos naturais, como os minerais e os frutos civis e industriais; b) *teoria da separação*, segundo a qual são frutos as partes de uma coisa que, em virtude de sua separação, adquirem independência, mas essa versão também exclui os frutos civis que não podem ser considerados partes que se separam de um bem principal; c) *teoria econômico-jurídica*, construída por sobre três elementos: a periodicidade, a conservação da sua substância e a observação do destino da coisa produzida.[85]

Para essa teoria, só haveria frutos, se eles constituíssem uma renda sem diminuição da fonte de produção e destinada ao consumo do titular, mas essa teoria é igualmente objetada porque não é certo que todos os frutos tenham uma finalidade de consumo, já que poderiam ter outro desígnio, como a sua reinversão; d) *teoria eclética*, segundo a qual o bem principal teria uma natureza inconsumível e com possibilidade de dar utilidades periódicas que se materializam em bens autônomos, sendo refutada essa teoria porque necessariamente não há como atribuir um caráter de periodicidade na percepção das utilidades; e) *concepção jurídico-econômica dos frutos*, pela qual se infere ser necessário acudir ao conceito econômico de renda, que considera os frutos um excedente econômico, podendo ser percebidos em dinheiro ou em espécie, não sendo necessário que se destinem ao consumo direto ou indireto.[86]

As três castas de frutos, assim como os produtos, pertencem ao dono da coisa, mas, quando existe a constituição de usufruto a favor de um terceiro, os frutos pertencem ao usufrutuário, sendo de particular relevância para a qualificação dos bens apurar se são comuns ou privativos, ordenando a legislação que, na constância da sociedade conjugal em regime de comunidade patrimonial, as remunerações ou salários da profissão, trabalho, comércio ou indústria de ambos os cônjuges, enquanto percebidos na constância do relacionamento afetivo, são bens comuns, assim dispondo inclusive o inciso V do artigo 1.660 do Código Civil, quando prescreve que entram na comunhão os frutos dos bens comuns, ou dos particulares de cada cônjuge, percebidos na constância do casamento, ou pendentes ao tempo de cessar a comunhão.

Existe semelhante regramento no artigo 465, "c" e "d", do Código Civil argentino, quando externam serem bens comuns os frutos naturais, industriais ou civis dos bens próprios e comuns, percebidos durante a comunidade de bens, e também os frutos civis da profissão, trabalho, comércio ou indústria de um ou outro cônjuge, percebidos durante a comunidade, e no mesmo sentido o artigo 1347.2.º do Código Civil espanhol, ao dispor serem comuns os frutos, rendas ou juros que produzam tanto os bens privativos como os comuns.

O tema encontra maior detalhamento com referência aos frutos percebidos e os pendentes, porquanto serão *percebidos* os frutos já separados da coisa, que são objeto de uma nova

---

[85] HAYASHIDA, Javier Pazos. *Código Civil comentado*. Coordenación Manuel Muro Rojo e Manuel Alberto Torres Carrasco. Peru: Gaceta Jurídica, 2020. t. V, p. 42-43.

[86] HAYASHIDA, Javier Pazos. Frutos y productos. *In*: ROJO, Manuel Muro; CARRASCO, Manuel Alberto Torres (coord.). *Código Civil comentado*. Peru: Gaceta Jurídica, 2020. t. V, p. 42-43.

relação possessória, mas, no tocante aos frutos civis, sobre eles não há uma coisa ou um bem que os esteja produzindo, senão que eles são o resultado da apreciação econômica do trabalho humano e estes somente serão considerados *percebidos* quando forem devidos e efetivamente recebidos, estando *pendentes* enquanto não forem percebidos, ou seja, são devidos, porém ainda não foram pagos.

Reportando aos frutos civis que ingressam na sociedade conjugal ou convivencial de comunidade de bens, será comum toda e qualquer renda produzida pelos bens comuns ou privativos na constância do relacionamento, como também serão comuns os frutos ou os rendimentos percebidos pelo trabalho de qualquer um dos cônjuges ou conviventes durante a existência efetiva do relacionamento conjugal ou convivencial, à exceção do regime legal e convencional de separação de bens.

Deve ser entendido que só serão frutos comuns aqueles percebidos durante a sociedade conjugal, pois, se foram recebidos antes do matrimônio ou depois do casamento, serão frutos privativos pela existência de uma causa anterior ou posterior ao matrimônio, ao passo que os frutos de bens comuns seguem a condição do principal, ou seja, seguem sendo comuns mesmo depois da separação do casal.[87]

Também serão comuns os dividendos obtidos das empresas e explorações econômicas, e serão frutos pendentes se autorizado o seu pagamento como dividendos, ainda que não tenham sido pagos, mas se trata de dividendos autorizados e, portanto, subsistindo um direito de crédito dos cônjuges sobre estes dividendos.

Como mostra Carlos Taquini, nem sempre os lucros são distribuídos, mas eles se capitalizam e isso produz efeitos de agregamento de valor à ação ou gera um maior número de ações, e, quando aumenta o valor nominal da ação pelo maior prestígio ou pela valorização da empresa, dada a sua capacidade de produzir e diante dos dividendos que paga, essa valorização da empresa é bem próprio da sociedade empresária. No entanto, quando se trata de dividendos ainda pendentes de pagamento, essa ação societária se decompõe, pois uma parte é realmente capital e a outra parte é fruto, e, se esses frutos ou dividendos são pagos em ações, essas ações também serão comuns.[88]

Serão igualmente pendentes os frutos civis oriundos de alugueres vencidos e não pagos e, uma vez extinta a entidade familiar pela separação de fato, ou por sua dissolução de direito, apenas os frutos pendentes sobre os bens comuns ou privativos ainda pertencem aos cônjuges separados, mas continuam sendo comuns os frutos gerados pela comunidade patrimonial indivisa, que são os bens comunicáveis e que ainda não foram legalmente partilhados, prescrevendo nesse sentido os artigos 2.020 do Código Civil e 614 do Código de Processo Civil.

Os frutos e rendimentos dos bens indivisos acrescem ao monte indiviso e o coproprietário que os recebe deve rendição de contas, e aquele que tem o uso e o gozo exclusivo de algum dos bens indivisos deve uma compensação à massa, desde que o outro assim o requeira. Surge esse direito de contrapartida diante da frustração de obter frutos civis dos bens durante a sua fase de indivisão comunitária, que se encontram unicamente na posse do outro cônjuge sem que os explore economicamente. Muito embora a jurisprudência brasileira afaste a cobrança de alugueres entre ex-cônjuges ou ex-conviventes, que também se tornam ex-meeiros, tampouco serão condôminos, na literalidade da lei, enquanto não dividirem legalmente os seus bens, só incidindo a cobrança de aluguéis depois da divisão oficial dos seus bens comuns,

---

[87] TAQUINI, Carlos H. Vidal. *Régimen de bienes en el matrimonio*. 3. ed. Buenos Aires: Astrea, 1990. p. 217.

[88] TAQUINI, Carlos H. Vidal. *Régimen de bienes en el matrimonio*. 3. ed. Buenos Aires: Astrea, 1990. p. 218-219.

apesar de a partilha oficial um dos ex-cônjuges continuar ocupando sozinha a totalidade ou parte maior que a metade de bem em condômino.

Ao contrário da jurisprudência e doutrina argentinas, que reconhecem o direito de cobrar aluguéis durante o estado de indivisão dos bens conjugais, e sendo lógico que assim ocorra, pois quem se priva do uso do bem durante o estado de indivisão não pode ser prejudicado ao extremo de ter de esperar o momento da partilha para poder usar e gozar de um direito que lhe corresponde, resta, contudo, condicionado ao requerimento expresso do pedido de pagamento dos frutos, entre estes os dos alugueres devidos ao ex-consorte prejudicado, dado que, enquanto ele nada requerer oficialmente, prevalece a presunção de ser sua vontade que o imóvel siga na posse do seu ex-consorte e sem qualquer contraprestação financeira.[89] Muitas vezes, ex-casais agem desinteressados pelo rendimento de sua porção condominial porque no imóvel em condomínio também se encontram habitando os filhos comuns.

1.3.4 Noção de dividendos

Em qualquer momento da vida societária, o acionista, por sua mera condição de sócio, tem o direito maior de participar dos lucros da sociedade, e esse direito aos lucros se materializa por meio da distribuição de dividendos ou pela valorização de suas ações em decorrência do reinvestimento de lucros e da recompra de ações. É importante diferenciar que não corresponde ao mesmo direito a participação nos lucros sociais em confronto com o direito aos dividendos, pois essa segunda hipótese decorre da primeira, mas uma não é naturalmente consequência da outra.[90]

Ordena o inciso I, do artigo 132 da Lei das Sociedades Anônimas (Lei 6.404/1976) que a assembleia geral deverá deliberar anualmente sobre a destinação do lucro líquido do exercício e a distribuição de dividendos, e, uma vez decidido pelo pagamento de dividendos pela assembleia geral ou pelo órgão de administração competente, o direito aos dividendos se transforma em típico direito de crédito do acionista contra a companhia.[91]

Aliás, deve ficar consignado que o objeto de toda sociedade é a obtenção do lucro social, especialmente a sociedade anônima, que é justamente constituída para gerar lucro, dispondo o artigo 2.º da Lei 6.404/1976 (Lei das Sociedades Anônimas) que pode ser objeto da companhia qualquer empresa de fim lucrativo, não contrária à lei, à ordem pública e aos bons costumes, sendo direito de cada acionista, entre outros direitos, o de participar dos lucros sociais e dos quais jamais poderá ser privado, seja pelo estatuto social, seja pela assembleia geral (LSA, art. 109, I), e esses lucros serão apurados ao fim de cada exercício social.

O lucro pertence à sociedade empresária e, quando não existirem prejuízos que impeçam o pagamento de dividendos, ou quando os lucros não ficarem retidos na sociedade à conta de outros interesses prioritários da saúde da empresa, serão pagos aos sócios dividendos como parte do lucro e proporcionais ao número de ações que cada sócio possui na companhia. Estabelecem os estatutos sociais a distribuição do pagamento mínimo de 25% do lucro líquido auferido no exercício, cujo percentual é qualificado como dividendos

---

[89] MALIZIA, Roberto. *Derecho patrimonial en el ámbito del derecho de familia*. Buenos Aires: Rubinzal--Culzoni, 2019. p. 213.

[90] ROBERT, Bruno. Direito do acionista de participação nos resultados. *In*: COELHO, Fábio Ulhoa (coord.). *Tratado de direito comercial*. Sociedade anônima. São Paulo: Saraiva, 2015. v. 3, p. 255.

[91] ROBERT, Bruno. Direito do acionista de participação nos resultados. *In*: COELHO, Fábio Ulhoa (coord.). *Tratado de direito comercial*. Sociedade anônima. São Paulo: Saraiva, 2015. v. 3, p. 273.

obrigatórios, que convive ao lado dos dividendos prioritários, estes devidos aos sócios titulares de ações preferenciais, que, de acordo com os estatutos sociais, poderão ser de valores fixos ou mínimos.

José Waldecy Lucena define a natureza do dividendo como a de um fruto civil, proveniente da parcela de lucros relativos às ações de que o acionista seja titular.[92] Se é fruto civil, pertence ao casamento, mas somente na constância do matrimônio, mesmo sendo fruto proveniente de patrimônio privado. Quando se trata de ações adquiridas antes do casamento, mas como frutos que são, pertencem a qualquer matrimônio que tenha adotado um regime de comunidade de bens, deixando, entretanto, de gerar frutos para a sociedade conjugal ou convivencial a partir da ruptura de fato ou de direito dessa entidade familiar, pois em qualquer uma dessas hipóteses de inequívoca cisão afetiva cessa o compartilhamento dos frutos. Como de conhecimento público, com a extinção do matrimônio, e casamento só existe enquanto existir comunidade plena de vida (CC, art. 1.511), deixa de existir comunhão plena de vida quando o casal se separa de fato ou de direito. Ausente essa comunidade, ausentes e incomunicáveis se tornam os frutos gerados pelos dividendos de ações privativas, que voltam a ser particulares e, por essa razão, acrescem ao patrimônio do seu titular privativo, salvo representem dividendos pendentes, pagos em período pós-conjugal ou se forem dividendos provenientes de bens comuns ainda não partilhados. Estes, portanto, são bens que permanecem comuns, mas deixam de ser nutridos pelos frutos de bens particulares, como eram abastecidos na constância do relacionamento afetivo, deixando de incidir nesse caso, com relação aos *dividendos* de ações particulares, a segunda hipótese referida pelo inciso V do artigo 1.660 do Código Civil. Deixa de incidir também a partir da ocorrência da separação de fato, ou desde a dissolução oficial do casamento ou da união estável, se não existir prévia separação fática. Entretanto, se as ações da sociedade anônima pertencerem à comunidade conjugal, porque adquiridas durante o matrimônio, obviamente continuarão gerando frutos para a comunidade patrimonial pós-conjugal, e, nesse caso, incide a primeira hipótese ventilada no mesmo inciso V do artigo 1.660 do Código Civil.

Enfim, a palavra dividendo indica um número que está para dividir, que corresponde a cada ação da companhia, como resultado na partilha dos lucros, representando, a rigor, o lucro que deve ser dividido entre os acionistas (*os dividendos*), sendo promovida a repartição ou partilha periódica dos lucros apurados na empresa ao final de cada exercício anual, representando o lucro líquido do exercício de cada ano, aquilo que remanesce em valores depois de deduzidos os prejuízos acumulados, a provisão para o imposto de renda, as participações estatutárias de empregados, administradores e partes beneficiárias, podendo também existir lucros acumulados e correspondentes às sobras de lucros líquidos não distribuídos aos acionistas em exercícios anteriores (Lei 6.404/1976, art. 191), podendo ainda ser criadas reservas da empresa, para só depois serem pagos os dividendos (LSA, art. 201).

Os dividendos são autênticos créditos que o acionista pode cobrar da sociedade, tendo sido instituído o dividendo obrigatório pelo artigo 202 da Lei 6.404/1976 (Lei das Sociedades Anônimas) com o objetivo de proteger as minorias no tocante à remuneração de seus investimentos acionários, em face de uma maioria que tinha poder de decisão sobre toda a vida societária, buscando desse modo acabar com os abusos praticados pela maioria acionária que não distribuía os elevados lucros para desvalorizar as ações dos acionistas minoritários,

---

[92] LUCENA, José Waldecy. *Das sociedades anônimas*. Comentários à Lei. Rio de Janeiro: Renovar, 2012. v. III, p. 76.

que terminavam portando papéis sem nenhum valor de troca, porque ninguém se dispunha a adquirir ações que não ofereciam perspectivas de rendimento.[93]

Tratava-se de uma prática muito comum e corrente em sociedades anônimas de capital fechado, geralmente presente nas companhias fechadas de formação eminentemente familiar, cujo tipo social, inclusive, por vezes era alterado em vésperas de divórcio de sociedade limitada para sociedade de ações, justamente para criar maiores dificuldades de partição conjugal, com a prática adicional de reter os lucros sociais e não pagar os dividendos, que assim se transformavam em verdadeiros frutos pendentes, os quais deveriam ser distribuídos aos acionistas na forma de dividendos, conforme se refere a parte final do inciso V do artigo 1.660 do Código Civil, quando estabelece que se comunicam na comunhão parcial os frutos civis, os rendimentos privados ou frutos naturais decorrentes dos bens comuns ou particulares de cada cônjuge e os percebidos na constância do casamento ou pendentes ao tempo em que cessou o relacionamento afetivo.

É como acontece com os lucros advindos da empresa de um dos consortes que, em processo de dissolução afetiva, valendo-se da sua posição de comando e de controle de uma companhia familiar fechada, em cuja assembleia, se é que foi realmente convocada e reunida, ou cuja diretoria está sob a autoridade suprema do consorte controlador, decide reter esses lucros na sociedade para que não se revertam em dividendos pendentes e exigíveis, os quais seriam parte integrante dos bens conjugais, buscando reter recursos que não deseja terminem em mãos do consorte do qual está se divorciando.

Há nítida intervenção abusiva e fraudatória do cônjuge ou convivente que impõe ou que faz prevalecer sua exclusiva vontade e sua maliciosa intenção de não partilhar os lucros expectados, criando uma justificativa qualquer e sem nenhuma oposição diante do seu poder de mando na companhia, ato que em nada se diferencia da prepotência que existia quando as maiorias acionárias massacravam as minorias acionárias mediante o abuso desmedido de suas posições sociais e de suas deliberações administrativas de puro interesse pessoal e não societário. Esse abuso de poder gerencial encontra guarida na responsabilidade civil, contra aquele que age em desacordo com a boa-fé de um administrador e que, em realidade, usa o seu poder de voto para o exercício de operação contrária ao efetivo interesse da sociedade (CC, art. 1.010, § 3.º), cujo exercício de suas funções não atenta para os cuidados e para as diligências que todo homem ativo[94] e probo deve empregar na administração de seus negócios (CC, art. 1.011).

Tal dispositivo legal encontra idêntica redação e propósito no artigo 153 da Lei 6.404/1976 (Lei das Sociedades Anônimas), no tocante à responsabilidade daquele que presenta a sociedade e que tem o dever de cuidado e de *diligência que todo homem ativo e probo costuma empregar na administração de seus próprios negócios,* mas em proveito dos interesses da sociedade, e não em exercício contrário às disposições contratuais, muito menos contrário às disposições legais.

Haverá abuso de poder quando o ato inquinado de abusivo e que, apesar de previsto e não vedado por cláusula do objeto social,[95] mesmo assim é realizado em proveito próprio do administrador ou de terceiros, como na hipótese do acionista administrador que retém os lucros com previsão legal ou estatutária de retenção, mas que faz a sua retenção visando ao seu próprio e exclusivo proveito, e não como um ato necessário e de efetivo interesse da administração da sociedade.

---

[93] LUCENA, José Waldecy. *Das sociedades anônimas.* Comentários à Lei. Rio de Janeiro: Renovar, 2012. v. III, p. 100-101.

[94] No Anteprojeto do Código Civil, a palavra homem é substituída por pessoa ativa e proba.

[95] NEGRÃO, Ricardo. *Direito empresarial.* Estudo unificado. São Paulo: Saraiva, 2008. p. 42.

A Lei das Sociedades Anônimas (Lei 6.404/1976) pune o exercício abusivo do poder de controle, impondo ao controlador que age exorbitantemente o dever de indenizar os danos causados por sua atuação, e essa responsabilização do controlador decorre do não atendimento ao interesse social, bem como do desrespeito aos interesses dos acionistas minoritários, em desmedro dos colaboradores e até da comunidade onde a sociedade atua,[96] devendo ser observado o que dispõe o parágrafo único do artigo 48 (Anteprojeto do CC, art. 48, § 1.º) do Código Civil a respeito do prazo de decadência de três anos quanto ao direito de anular as decisões administrativas que violarem a lei ou o estatuto, ou que forem eivadas de erro, dolo, simulação ou fraude, excepcionando, nessa hipótese, o prazo decadencial de quatro anos, que está genericamente estipulado no artigo 178 do Código Civil, para a anulação de negócios jurídicos igualmente contaminados de erro, dolo ou fraude contra credores.

Cristiane Oliveira da Silva Pereira Motta faz menção à responsabilidade ultra vires do administrador, em claro confronto com o instituto jurídico da desconsideração da personalidade jurídica, porquanto se trata de um ato oriundo da atividade isolada do sócio ou administrador, em flagrante violação ao contrato ou ao estatuto social, ou se, ao revés, houve a utilização abusiva e o desvio de finalidade por ato da própria sociedade, então, nessa hipótese, incide a aplicação da desconsideração da personalidade jurídica.[97] Abusa de seu direito o cônjuge ou convivente sócio e administrador que, favorecido da sua posição na sociedade, retém os lucros que deveriam gerar dividendos aos acionistas, mas que não são distribuídos para que não ingressem na partilha,[98] gerando uma situação interna de direito aos frutos pendentes, que foram havidos na constância do casamento, mas que não foram distribuídos durante o matrimônio e somente quando superveniente a ruptura da relação conjugal. É de clareza solar o direito do cônjuge de acionista de receber esses frutos pendentes, que abusiva e fraudulentamente foram desviados da partilha a partir de um ato oriundo do poder de controle exercido pelo esposo empresário na administração da companhia.

1.3.5 Crias de gado

O artigo 1.396 do Código Civil menciona em seu *caput* que, salvo direito adquirido por outrem, o usufrutuário faz seus os frutos naturais, pendentes ao começar o usufruto, sem encargo de pagar as despesas de produção, e no parágrafo único acresce que os frutos naturais, pendentes ao tempo em que cessa o usufruto, pertencem ao dono, também sem compensação das despesas. O artigo 1.397 do Código Civil prescreve que as crias dos animais pertencem ao usufrutuário, deduzidas quantas bastem para inteirar as cabeças de gado existentes ao começar o usufruto, guardando conexão com o artigo 95 do mesmo Código Civil, quando admite que frutos e produtos não separados do bem principal possam ser objeto de negócio jurídico, como negócio jurídico é o usufruto, sendo direitos do usufrutuário a posse, o uso, a administração e a percepção dos frutos (CC, art. 1.394).

O artigo 1.350 do Código Civil espanhol reputa comuns as cabeças de gado que, ao ser dissolvida a relação nupcial, excedam ao número aportado por cada um dos consortes e que tenham o caráter privativo, ou seja, considera as crias dos animais como frutos de animais

---

[96] TOMAZETTE, Marlon. *Direito societário*. São Paulo: Juarez de Oliveira, 2003. p. 313.

[97] MOTTA, Cristiane Oliveira da Silva Pereira. *Desconsideração inversa da personalidade jurídica*. Aspectos materiais e o incidente previsto no Código de Processo Civil. Rio de Janeiro: Lumen Juris, 2020. p. 71.

[98] MOTTA, Cristiane Oliveira da Silva Pereira. *Desconsideração inversa da personalidade jurídica*. Aspectos materiais e o incidente previsto no Código de Processo Civil. Rio de Janeiro: Lumen Juris, 2020. p. 70.

privativos, de forma que, uma vez desfeito o matrimônio, são devolvidos aos cônjuges, o que cada um deles trouxe para o casamento em número de cabeças de gado. Contudo, o excesso daquilo que foi aportado durante as núpcias corresponde aos cônjuges por metade para cada um deles.[99] Obviamente, se durante o casamento regulado por um regime de comunhão de bens foram adquiridas novas cabeças de gado, todas elas são consideradas comuns e partilháveis, com as crias nascidas, seguindo a regra de que os frutos produzidos pelos bens comuns e privativos durante a convivência pertencem aos cônjuges ou conviventes, sendo indiferente a sua procedência, tampouco se novas cabeças são adquiridas com o dinheiro obtido com a exploração dos animais existentes. Em termos exclusivos de frutos, será ônus do cônjuge provar o caráter próprio do gado que trouxe para o casamento, pois, se nada demonstrar, serão consideradas comuns as cabeças existentes pela presunção de que o gado faltante daquelas cabeças que teriam sido aportadas antes do casamento tenha morrido ou se perdido, e, por consequência, não existe nenhum direito de o cônjuge ser recompensado pela diminuição de seu capital.[100]

Assim, não sucede na hipótese de um direito de usufruto, pois nesse instituto específico o usufrutuário tem o dever de inteirar sempre as cabeças de animais que faltarem, completando com as crias que lhe sucederam, em homenagem ao princípio da boa-fé objetiva que exige dos contratantes uma postura de lealdade, devendo o usufrutuário considerar para efeitos de restituição dos animais recebidos em usufruto a quantidade e a qualidade dos animais,[101] ou seja, utilizando o exemplo sugerido por Tupinambá Miguel de Castro Nascimento, de que, faltando cinco animais para completar quantitativamente o rebanho recebido no início do usufruto e nascendo, posteriormente, doze crias, somente sete é que vão para o domínio do usufrutuário, inteirando as cabeças de gado do rebanho as outras cinco.[102]

1.3.6 Prova do caráter próprio do bem

Existem certos fatos ou situações que são de difícil comprovação, por exemplo, os atos ilícitos que usualmente são realizados de forma dissimulada, involucrados com toda a aparência

---

[99] "SAP de Valencia (Sección 1ª) de 26 de enero de 2015; es preciso acreditar que las cabezas de ganado fueron aportadas a la masa ganancial. 'En último lugar, se pretende por la impugnante que se incluyan en el activo del inventario las 305 cabezas de ganado aportadas por el Sr. Leonardo a la masa ganancial, con el argumento de que éste no hizo expresa declaración del carácter privativo de ese ganado, ni reserva alguna, ni mención al derecho de reembolso durante los 20 años del matrimonio. Esta pretensión no es de recibo, hablando jurídicamente, por cuanto no se he practicado prueba alguna que demuestre que el esposo hubiese aportado a la sociedad de gananciales ese ganado. Así es, en un hecho acreditado y no controvertido entre las partes, que el Sr. Leonardo, antes de la celebración de su matrimonio, era titular de 305 cabezas de ganado por lo que resulta de aplicación lo dispuesto en el art. 1350 del Cc y, en consecuencia, indicar que una vez disuelta la sociedad de gananciales la norma sólo impone la ganancialidad del número de cabezas que excedan de las aportadas como privativas, siendo un hecho totalmente incierto que hubiesen sido aportadas a la sociedad por el esposo y que, por ello, no puede ahora pretender ningún derecho sobre tales cabezas de ganado, que excede del contenido del art. 1347.2 del Cc donde se proclama que son bienes gananciales los frutos, y que según el art. 335 de ese misma norma las crías de los animales son frutos'". Julgado extraído da obra de: TESÓN, Inmaculada Vivas. *El reparto de bienes y deudas entre cónyuges en situación de crisis matrimonial*. 2. ed. Barcelona: Wolters Kluwer/Bosch, 2016. p. 250.

[100] TAQUINI, Carlos H. Vidal. *Régimen de bienes en el matrimonio*. 3. ed. Buenos Aires: Astrea, 1990. p. 220.

[101] MELO, Marco Aurélio Bezerra de *et al*. Código Civil comentado. Doutrina e jurisprudência. Rio de Janeiro: GEN/Forense, 2019. p. 1042.

[102] NASCIMENTO, Tupinambá Miguel Castro do. *Usufruto*. 2. ed. Rio de Janeiro: Aide, 1986. p. 107.

de realidade, bem como são difíceis de provar fatos ocorridos há muito tempo, em passagens pretéritas do casamento. Ademais, a confiança inicial dos cônjuges ou conviventes faz com que deite sobre certas circunstâncias a cega crença de que jamais algum dos esposos tiraria vantagens de alguma questão de cunho patrimonial, negando seu histórico e sua biografia de aquisição pessoal e de se tratar, portanto, de um bem privativo e não comum, ou porque havido em sub-rogação real de outros bens privativos na constância da sociedade conjugal, sem que o cônjuge proprietário exclusivo tivesse tido a preocupação de documentar à época da compra do bem a existência da sub-rogação, pagando o preço da coisa com recursos ou bens próprios, e cujo excesso de confiança gerou a pretensão de partilha desse bem desguarnecido de antecedente cautela que blindasse pela prova segura da precedente existência de um bem particular, o qual permitiu a aquisição do bem sub-rogado e que livrasse esse bem sub-rogado da gananciosa e ilícita pretensão de partilha.

Essa falta de prevenção no âmbito do direito de família é muito propícia ao princípio do *favor probationes* que termina beneficiando a presunção de comunidade do bem, pois no caso de dúvidas objetivas acerca da propriedade exclusiva ou comum de um bem a carga probatória recai sobre quem alega o seu caráter privativo, presumindo-se se tratar de bem comum diante da ausência de prova em contrário.

1.3.7 Partilha dos frutos

Aquele que da abertura da sucessão até a partilha exercer a posse direta sobre os bens da herança fica obrigado a trazer ao acervo hereditário os frutos produzidos e percebidos desses bens, pois desde a abertura da sucessão os frutos pertencem a todos os herdeiros, e, se foram consumidos, o possuidor direto deverá fazer a reposição em dinheiro.

Sobre a matéria dispõe o artigo 614 do Código de Processo Civil, no sentido de precisarem retornar ao acervo hereditário os frutos que, desde a abertura da sucessão, foram percebidos pelo administrador ou pelos coerdeiros. Os frutos são considerados independentes da coisa que os tenha gerado e, no caso específico de uma partilha, os frutos e rendas dos bens indivisíveis acrescem ao bem indiviso, e o coproprietário que os recebe deve rendição de contas. Além disso, aquele que tem o uso e o gozo exclusivo dos bens indivisos deve uma compensação aos demais coproprietários ou coerdeiros, esteja aquele que usufrui sozinho de boa ou de má-fé, pouco importa, deve restituir os produtos ou os frutos que obteve com a coisa, em divisão proporcional aos interesses do meeiro e dos coerdeiros.

O tema não difere, por exemplo, de uma partilha refeita em razão da procedência de uma ação de investigação de paternidade, com sua correspondente petição de herança, por cujo resultado os coerdeiros devem restituir o que receberam sem direito, ou em excesso, como supostos direitos sucessórios. Caso não seja possível a restituição da coisa, os coerdeiros devem indenização pelos danos, mesmo tratando-se de um cessionário de direitos hereditários do herdeiro que usufruiu sozinho dos frutos comuns. Trata-se de uma restituição que pode ser total ou parcial, que implica trazer para a restituição a relação completa dos direitos percebidos desde a separação do casal ou do falecimento do autor da herança, tudo em consonância com as regras do enriquecimento sem causa pelo recebimento indevido daquele que, sozinho, usufruiu dos benefícios pertencentes a meeiro, coerdeiros e até mesmo a herdeiro posteriormente admitido em decorrência de ação de investigação de paternidade. Tendo havido eventual cessão hereditária de parte ou de toda a herança, o cessionário ocupa a situação jurídica que correspondia ao cedente, a quem ele substitui nas relações jurídicas patrimoniais.

Explica Margarita Fernández Arroyo ser regra geral que: "tanto o adquirente da herança inteira como o de uma quota hereditária realizam uma operação de natureza especulativa, de caráter excepcional, que lhes impõe a assunção de quantos riscos derivem da mesma, por isto carecem de um interesse legítimo para se precaverem da aparência hereditária".[103]

Como a partilha realizada é nula, o patrimônio do sucedido segue sendo considerado único e indivisível, eis que se constitui em uma universalidade de direito (CC, art. 91) e, como tal, se sujeita, por analogia, às regras reguladoras do condomínio, ditando o artigo 1.319 do Código Civil que cada condômino responde aos outros pelos frutos que percebeu da coisa e pelo dano que lhe causou, salvo se trate de imóvel sobre o qual o cônjuge sobrevivente detém o direito real de habitação.[104] Por seu turno, prescreve o artigo 1.791 do Código Civil que a herança se defere como um todo unitário, ainda que vários sejam os herdeiros, e o parágrafo único acresce que, "até a partilha, o direito dos coerdeiros, quanto à propriedade e posse da herança será indivisível, e regular-se-á pelas normas relativas ao condomínio".

---

[103] ARROYO, Margarita Fernández. *La acción de petición de herencia y el heredero aparente*. Barcelona: José Maria Bosch Editor, 1992. p. 446-447.

[104] "Civil e processual civil. Recurso especial, Ação de extinção de condomínio cumulada com cobrança de aluguéis. Direito real de habitação. Companheira supérstite. Negativa de prestação jurisdicional. Não configuração. Extinção de condomínio e alienação de imóvel comum. Inviabilidade. Aluguéis. Descabimento. Julgamento: CPC/2015. 1. Ação proposta em 06/04/2018, da qual foi extraído o presente recurso especial interposto em 28/06/2019 e atribuído ao gabinete em 07/01/2020. 2. O propósito recursal é dizer se a) houve negativa de prestação jurisdicional; b) o direito real de habitação assegurado à companheira supérstite constitui empecilho à extinção do condomínio do qual participa com os herdeiros do *de cujus* e c) é possível a fixação de aluguel a ser pago pela convivente e por sua filha, também herdeira do falecido, em prol dos demais herdeiros, em consequência do uso exclusivo do imóvel. 3. O capítulo da sentença não impugnado em sede de apelação e, assim, não decidido pelo Tribunal de origem, impede o exame da matéria por esta Corte, em razão da preclusão consumativa. 4. Se o Tribunal de origem, aplicando o direito que entende cabível à hipótese, soluciona integralmente a controvérsia submetida à sua apreciação, ainda que de forma diversa daquela pretendida pela parte, inexiste ofensa ao art. 1.022. 5. O direito real de habitação é *ex lege* (art. 1.831 do CC/2015 e art. 7º da Lei 9.272), vitalício e personalíssimo, o que significa que o cônjuge ou companheiro sobrevivente pode permanecer no imóvel até o momento do falecimento. Sua finalidade é assegurar que o viúvo ou viúva permaneça no local em que antes residia com sua família, garantindo-lhe uma moradia digna. 6. O advento do Código Civil de 2002 deu ensejo à discussão acerca da subsistência do direito real de habitação ao companheiro sobrevivente. Essa questão chegou a este Tribunal Superior, que firmou orientação no sentido de não revogação da Lei 9.278/96 pelo CC/02 e, consequentemente, pela manutenção do direito real de habitação ao companheiro supérstite. 7. Aos herdeiros não é autorizado exigir a extinção do condomínio e a alienação do bem imóvel comum enquanto perdurar o direito real de habitação (REsp. 107.273/PR. Resp. 234.276/RJ). A intromissão do Estado-legislador na livre capacidade das pessoas disporem dos respectivos patrimônios só se justifica pela igualmente relevante proteção constitucional outorgada à família (203, I, CF/88), que permite, em exercício de ponderação de valores, a mitigação de um deles – *in casu* – dos direitos inerentes à propriedade, para assegurar a máxima efetividade do interesse prevalente, que na espécie é a proteção ao grupo familiar. 8. O direito real de habitação tem caráter gratuito, razão pela qual os herdeiros não podem exigir remuneração do companheiro sobrevivente pelo uso do imóvel. Seria um contrassenso atribuir-lhe a prerrogativa de permanecer no imóvel em que residia antes do falecimento do seu companheiro e, ao mesmo tempo, exigir dele uma contrapartida pelo uso exclusivo. 9. Em virtude do exame do mérito, por meio do qual foi acolhida a tese sustentada pelas recorrentes, fica prejudicada a análise do dissídio jurisprudencial. 10. Recurso especial parcialmente conhecido e, nessa extensão, provido." (STJ. REsp.1.846.167/SP. Terceira Turma. Relatora. Ministra Nancy Andrighi. Julgado em 09.02.2021).

Mantido o universo hereditário regido pela legislação do condomínio pela falta de legislação específica, transferências de imóveis e quaisquer movimentos estranhos à sucessão, que correspondam ao indevido e exclusivo desfrute, consoante o artigo 1.232 do Código Civil, também cabem ao outro condômino que deve ser ressarcido, sob pena de configurar o ilícito empobrecimento daquele que nada usufruiu, e o indevido enriquecimento daquele que de tudo usufruiu (CC, arts. 884 e 885), dado que a utilização exclusiva dos bens urbanos, rurais e até mesmo dos semoventes, suas crias, as colheitas e demais frutos advindos dos bens sucessíveis deixados pelo finado, ou provenientes da meação conjugal ou convivencial devem ser ressarcidos desde a abertura da sucessão, ou desde a separação do casal, tomando por parâmetro os valores praticados para o arrendamento rural, no que diz com as áreas de exploração dos campos; pelos valores locativos com relação aos demais imóveis de uso doméstico ou pessoal. No tocante às crias dos animais, o seu custo deve ser apurado consoante o peso e o número de cabeças, cuja estimativa deverá ser procedida pelos anos transcorridos diante das cabeças existentes ao tempo da abertura da sucessão, ou por ocasião da separação de fato ou de direito dos cônjuges ou conviventes, o que ocorrer em primeiro lugar.

No Agravo de Instrumento 5029139-04.2020.8.21.7000, julgado pela Oitava Câmara do Tribunal de Justiça do Rio Grande do Sul, em acórdão datado de 11 de setembro de 2020, em voto do desembargador relator José Antonio Daltoe Cezar, concluiu que, "até a partilha, o direito dos coerdeiros, quanto à propriedade e a posse da herança, é indivisível, condicionando-se pelas normas referentes ao condomínio, conforme art. 1.791 do Código Civil. Assim, a herança será um todo unitário, hipótese em que apenas com o julgamento da partilha fica o direito de cada um dos herdeiros circunscritos aos bens do seu quinhão, nos termos do art. 2.023 também do referido diploma".[105]

O fato de o artigo 2.023 do Código Civil estatuir que, quando for julgada a partilha, fica o direito de cada um dos herdeiros circunscrito aos bens do seu quinhão, vai justamente de encontro à tese sustentada no agravo suprarreferido, porquanto, enquanto permanecer o estado indiviso dos bens, obviamente todos os frutos pertencem a todos os coerdeiros, evidentemente na fração de cada quinhão, não havendo nenhuma razão para que os coerdeiros tenham de aguardar a partilha final, que muitas vezes será extremamente morosa. Se nada precisar pagar de frutos quem senta sobre a posse dos bens e deles usufrui isoladamente, mais morosa ainda será a partilha conclusiva, para só então receber os frutos dos bens que já herdou com a abertura da sucessão pelo princípio da *saisine*. Basta perguntar se, realmente como conclui o Tribunal gaúcho, devam os herdeiros aguardar a partilha e o pagamento de seus quinhões para então explorarem individualmente os frutos advindos de suas porções hereditárias claramente divididas, a quem pertencem então os frutos vencidos desde a abertura da sucessão e enquanto é processado o inventário? Seriam frutos administrados e usufruídos apenas pelo

---

[105] "Agravo de instrumento. Ação ordinária. Herdeiro reconhecido em ação de investigação de paternidade *post mortem*. Reabertura do inventário com a devolução dos bens partilhados. Incabível o adiantamento dos frutos decorrentes do patrimônio antes de julgada a nova partilha. Decisão reformada. Com efeito, o agravado, em razão de ter sido reconhecida a paternidade *post mortem*, e havendo a anulação da partilha dos bens pertencentes ao seu genitor falecido, com a devolução do patrimônio ao inventário, requereu, desde já, repasse pelos demais herdeiros, em seu benefício, dos frutos decorrentes de seu quinhão, o que foi deferido pelo juízo de origem. Ocorre que, considerando que o inventário foi reaberto, com a devolução dos bens que haviam sido partilhados, estes se tornam um todo unitário, não sendo possível o percebimento de frutos por um dos herdeiros, antes de realizada a nova partilha, pois ainda não estão individualizados os bens que cabem a cada um. Recurso provido."

inventariante? Não teriam os coerdeiros direito à prestação de contas sobre os frutos dos bens comuns e indivisos? A que se presta então o artigo 1.326 do Código Civil quando prescreve que "os frutos da coisa comum, não havendo em contrário estipulação ou disposição de última vontade, serão partilhados na proporção dos quinhões", quinhões estes ainda expectados e não definidos diante da inconclusão da partilha?

Pouco importa que não estejam ainda individualizados os bens que cabem a cada herdeiro, haja vista que o espólio ou os bens conjugais indivisos seguem produzindo frutos, cujo montante líquido desses frutos, uma vez abatidas as despesas de custeio, será partilhado entre o número de coerdeiros no caso do direito sucessório, ou entre os cônjuges ou conviventes separados, na hipótese de uma entidade familiar ser extinta, não subsistindo motivo algum para deixar esses frutos nas mãos exclusivas do inventariante ou do cônjuge que continua na administração da comunidade patrimonial pós-conjugal, de tal modo que, se os frutos são provenientes dos bens conjugais, a cada meeiro toca a metade líquida desses frutos, e se os destinatários forem coerdeiros, por exemplo, em um número de cinco, e sem consorte sobrevivente, os frutos tocarão à razão de vinte por cento para cada coerdeiro, nunca podendo prevalecer o argumento de que os frutos só poderão ser entregues e realmente seriam devidos quando individualizados os quinhões ou pagas as respectivas meações, visto que alguém enriquecerá indevidamente.

Prescreve o artigo 1.319 do Código Civil ser dever do condômino que utiliza singularmente o bem condominial responder ao outro pelos frutos percebidos da coisa e pelo dano que lhe causou, na proporção da respectiva quota, em caso que o outro resulte impossibilitado de fruir da sua parte na coisa comum, afigurando-se incontroversa a obrigação daquele que usufruiu sozinho remunerar o quinhão hereditário do coerdeiro ou meeiro preterido, até a efetiva e concreta entrega da meação ou do quinhão sucessório. Não é outra a doutrina de Sílvio de Salvo Venosa ao escrever que: "os frutos produzidos pela coisa comum, naturais ou civis, pertencem aos condôminos nas respectivas proporções das quotas. O que recebeu o todo ou mias que sua parte devida deverá responder perante os demais. Os danos praticados pelo condômino contra a coisa devem ser indenizados aos demais comunheiros, deduzindo-se sempre a quota do respectivo causador. Assim, em um prejuízo causado por um condômino no valor de 1.000, sendo dez os condôminos em partes iguais, terá aquele que indenizar 900, pois 100 serão relativos à sua própria parte na comunhão. Leve-se em conta também que se o imóvel é ocupado por um dos condôminos, deve ele pagar aluguel aos demais comunheiros, no equivalente aos respectivos quinhões".[106]

Obviamente, não se pode perder de vista o artigo 1.791 do Código Civil ao reportar que a herança será deferida como um todo unitário, ainda que sejam vários herdeiros e que até a partilha o direito dos coerdeiros, quanto à propriedade e posse da herança, será indivisível e regular-se-á pelas normas relativas ao condomínio. Logo, enquanto não encerrado o inventário e consumada a partilha com o pagamento dos respectivos quinhões hereditários, a herança será um todo unitário, indivisível, refere a lei, não um todo *incomunicável*, tanto que será regulada pelas normas relativas ao condomínio, assim como o artigo 1.321 do Código Civil dispõe que à divisão do condomínio, no que couber, serão aplicadas as regras de partilha de herança (CC, arts. 2.013 a 2.022).

Não se sustenta qualquer argumento que dispense a divisão dos frutos, mesmo que venham somente a ser computados com a partilha final, mas serão devidos desde a abertura da

---

[106] VENOSA, Sílvio de Salvo. *Código Civil interpretado*. 3. ed. São Paulo: Atlas, 2013. p. 1.548.

sucessão, não dependendo de nenhuma prévia divisão, dado que o todo unitário relativo à herança é somado pela soma da totalidade das frações hereditárias. Nada difere daquilo visto até agora, de igual preceito contido no artigo 2.020 do Código Civil, ordenando que os herdeiros que se encontrem em posse dos bens da herança, o cônjuge ou companheiro sobrevivente e o inventariante são obrigados a trazer ao acervo os frutos que perceberam, desde a abertura da sucessão, tendo direito ao reembolso das despesas necessárias e úteis que fizeram, e respondem pelo dano a que, por dolo ou culpa, deram causa. Será eventualmente feita a reposição em dinheiro, se os frutos foram consumidos, conforme destacado pela doutrina, ao mencionar que: "Aquele que, da abertura da sucessão até a partilha, exercer a posse direta sobre os bens da herança, fica obrigado a trazer ao acervo hereditário os frutos produzidos e percebidos desses bens, pois desde a abertura da sucessão, os frutos pertencem a todos os herdeiros, assim como ao legatário pertencem os frutos da coisa certa que lhe é legada, salvo se o testador dispôs diversamente sobre isso".[107]

Normalmente, o inventariante é quem administra os bens da herança e deve por isso prestar contas, já que se trata de patrimônio alheio,[108] existindo ampla diversidade de bens rentáveis e comuns. Uma perícia técnico-contábil permite apurar o parâmetro indenizatório consoante o preço corrente para cada categoria de bens, como no caso dos arrendamentos sobre as quadras de campo que compõem o quinhão hereditário do coerdeiro ou meeiro preterido sobre áreas rurais. O perito encontrará o preço pesquisando as culturas que foram cultivadas nas propriedades rurais, além de eventual exploração da pecuária e o valor das locações de bens imóveis pertencentes ao espólio,[109] considerando como data de início o dia do falecimento do autor da herança ou a data separação do casal, na hipótese de dissolução de uma entidade familiar (CC, art. 1.652, I).

1.4 BREVE NOTÍCIA HISTÓRICA DAS DÍVIDAS CONJUGAIS

Anota Luis Felipe Ragel Sánchez que a doutrina alemã distinguiu entre dois fenômenos separados, compreendidos dentro da obrigação: a dívida e a responsabilidade, em que a dívida (*Schuld*) indica somente o dever de realizar uma prestação e a responsabilidade (*Haftung*) é a submissão ao poder coativo do credor. Portanto, o sujeito passivo da responsabilidade é o devedor e o objeto da responsabilidade é o patrimônio do devedor, seus bens presentes e futuros, que constituem a garantia da dívida, e que, assim, quando o devedor é uma pessoa casada pelo regime de comunicação de bens, as regras atinentes à dívida devem ser adaptadas, conjugando o direito do credor com os direitos dos restantes membros da família do devedor

---

[107] ANTONINI, Mauro *et al*. *Código Civil comentado*. Coordenação Cezar Peluso. 13. ed. São Paulo: Manole, 2019. p. 2342.

[108] VENOSA, Sílvio de Salvo. *Código Civil interpretado*. 3. ed. São Paulo: Atlas, 2013. p. 2317.

[109] "Recurso especial civil. Ação de cobrança de aluguel. Utilização exclusiva de imóvel em condomínio. Possibilidade. É possível a cobrança de aluguéis pelo uso exclusivo de imóvel em condomínio quando houver resistência do ocupante à fruição concomitante do imóvel. Igualmente factível essa cobrança, quando a simples ocupação do bem por um dos consortes representar impedimento de cunho concreto, ou mesmo psicológico, à utilização simultânea pelos demais condôminos, circunstância exemplificada na utilização de imóvel comum por cônjuge após a separação e antes da partilha, situação que representa óbvio impedimento prático ao usufruto comum do bem. Na ausência dessas possibilidades, o que ocorre no caso concreto, caracteriza-se o desinteresse dos condôminos não ocupantes em usufruir da coisa em comum, o que inviabiliza a posterior cobrança de aluguéis. Recurso especial provido" (STJ, 3.ª Turma, REsp 622472/RJ, Rel. Min. Nancy Andrighi, *DJ* 20.09.2004).

e, em especial, dos direitos do cônjuge ou companheiro do devedor.[110] De outra parte, todo cônjuge ou companheiro devedor está comprometido sempre com o seu patrimônio privativo e, se está casado pelo regime de comunidade de bens, além da garantia de seu patrimônio particular, oferece ao credor a garantia do acervo comum, ao menos com relação à sua meação.

A legislação francesa inspirou a distinção doutrinária entre a *obrigação pela dívida* e a *contribuição pela dívida*, em que a primeira determina as dívidas pelas quais pode ser obtido o pagamento sobre os bens comuns, pelo que pode ser ordenada a perseguição pelos credores das três massas de bens (privativa de cada cônjuge e os bens comuns), e a segunda estabelece qual dos três patrimônios deve suportar definitivamente o peso da dívida e se aquele cônjuge ou companheiro que quitou o débito pode exigir a contribuição do outro.[111]

Diferentemente do Código Civil brasileiro, que é relativamente omisso na distinção entre dívidas do casamento e dívidas dos consortes, o Código Civil espanhol faz essa clara distinção a partir do artigo 1.362, quando estabelece que serão encargos da sociedade regida pelo regime da comunhão parcial de bens (*sociedade de gananciales*) os gastos que se originarem por alguma das seguintes causas:

1.ª A manutenção da família, a alimentação e educação dos filhos comuns e as atenções de previsão acomodadas aos usos e às circunstâncias da família, que na legislação brasileira são denominados gastos ordinários de uma família;
A alimentação e a educação dos filhos de um só dos cônjuges correrão ao encargo da comunidade de bens quando conviverem no domicílio familiar. Caso contrário, os gastos derivados dessa situação serão suportados pela comunidade conjugal, mas darão lugar à compensação no momento da liquidação.
2.ª A aquisição, posse e desfrute dos bens comuns.
3.ª A administração ordinária dos bens privativos de qualquer dos cônjuges.
4.ª A exploração regular dos negócios ou o desempenho da profissão, arte ou ofício de cada cônjuge.

Por sua pertinência e via de inspiração de qualquer dívida contraída por casais ou conviventes em território brasileiro, calha considerar o artigo 1.369 do Código Civil espanhol, que ordena a solidariedade patrimonial para o pagamento das dívidas contraídas por um dos cônjuges, mas que respeite as dívidas da entidade familiar, as quais, na legislação brasileira, são consideradas como débitos comuns todos aqueles assumidos em efetivo benefício da família e que, sendo uma dívida consorcial, deve ser paga por ambos os consortes ou conviventes, suportando sua carga o patrimônio conjugal comum. Se este não existir ou for insuficiente, responderão igualitariamente os bens pessoais de cada consorte ou companheiro, precisando ser ressalvado que a responsabilidade solidária pelas despesas efetuadas no real interesse da família não poderá ser prejudicada pela atuação indiscriminada e abusiva de um dos consortes, cuja dívida tenha sido contraída sem o consentimento expresso do outro consorte.

Quanto ao direito brasileiro, para começo de seu estudo, o inciso III do artigo 1.659 do Código Civil exclui da comunicação dos cônjuges as obrigações anteriores ao casamento e o inciso IV afasta da comunicabilidade as obrigações provenientes de atos ilícitos, salvo se

---

[110] SÁNCHEZ, Luis Felipe Ragel. *El régimen de gananciales*. Navarra: Thomson Reuters/Aranzadi, 2017. p. 406-408.

[111] SÁNCHEZ, Luis Felipe Ragel. *El régimen de gananciales*. Navarra: Thomson Reuters/Aranzadi, 2017. p. 409.

reverterem em proveito comum do casal. Idêntico dispositivo continha o artigo 263 do inciso VI do Código Civil de 1916 para afastar da comunhão universal as obrigações provenientes de atos ilícitos, e o artigo 270 do Código Civil de 1916 arredava da comunicação na comunhão parcial de bens as obrigações anteriores ao casamento (inciso I); e aquelas provenientes de atos ilícitos (inciso II).

O inciso III do artigo 1.668 do Código Civil ressalva que, na comunhão universal de bens, não se comunicam as dívidas anteriores ao casamento, salvo se provierem de despesas com seus aprestos, ou revertem em proveito comum. Assim também dispunha o artigo 263, VII, do Código Civil de 1916, ao tempo em que o regime da comunhão universal era imposto por lei na falta da eleição de outro regime de bens em pacto antenupcial, cujo regime da comunhão universal de bens prevaleceu até o advento da Lei 6.515/1977 (Lei do Divórcio).

No regime de participação final nos aquestos, que não existia no Código Civil de 1916, o artigo 1.667 ordena que pelas dívidas posteriores ao casamento, contraídas por um dos cônjuges, somente este responderá, salvo prova de terem revertido, parcial ou totalmente, em benefício do outro. Em contrapartida ao regime da atual participação final nos aquestos, existia no Código Civil de 1916 o regime dotal, cujo artigo 299 estabelecia que as dívidas passivas contraídas pelo marido antes ou depois do casamento seriam pagas por seus bens particulares (§ 1.º), e as da mulher, anteriores ao casamento, seriam pagas pelos bens extradotais, ou, em falta destes, pelos frutos dos bens dotais, pelos móveis dotais e, em último caso, pelos imóveis dotais e as dívidas contraídas depois do casamento só poderiam ser pagas pelos bens extradotais (§ 2.º).

Diferentemente de outras legislações, o sistema jurídico brasileiro trata superficialmente das questões relacionadas aos efeitos econômicos do casamento ou da união estável, não exatamente em respeito aos efeitos jurídicos decorrentes dos regimes de bens, mas especificamente sobre as dívidas dos cônjuges em suas relações internas, bem como no tocante aos terceiros credores da sociedade matrimonial, sendo igualmente carente a doutrina brasileira acerca do histórico legislativo das dívidas conjugais.

Entretanto, como conta María Josefa Méndez Costa, as dívidas dos cônjuges evoluíram paralelamente com a gestão de bens pelos consortes e diante do avanço legal de reconhecimento da capacidade civil da mulher casada,[112] a qual não existia nos estertores não mais escutados do direito.

Até a edição do Estatuto da Mulher Casada (Lei 4.121/1962), a mulher casada tinha restringida a sua capacidade civil e passava a ser representada pelo marido (CC/1916, art. 6.º, I), que era o administrador de todos os bens comuns e particulares dele e da esposa, e ela só podia trabalhar mediante expressa autorização do esposo e se exercesse o comércio devidamente autorizada pelo consorte. Ela respondia com seus próprios bens e também com os bens comuns, porquanto havia sido autorizada pelo marido. Com o Estatuto da Mulher Casada, a esposa deixou de ser relativamente incapaz para o exercício de determinados atos da vida civil, ou à maneira de os exercer, e passou a ser colaboradora do marido na chefia da sociedade conjugal, embora a administração dos bens comuns e dos particulares da mulher continuasse como incumbência do esposo (CC/1916, art. 233, II), dispondo o artigo 246 do Código Civil de 1916, com a redação acrescida pela Lei 4.121/1962, que a mulher casada que exercesse profissão lucrativa, distinta da do marido, passava a blindar os bens comprados com o produto

---

[112] COSTA, María Josefa Méndez. *Las deudas de los cónyuges.* Buenos Aires: Astrea, 1979. p. 45.

de seu trabalho, que se tornavam bens reservados dela e consequentemente se tornavam bens incomunicáveis.

Era um privilégio construído para proteção da mulher, uma vez que esses bens *reservados* e também o produto de seu trabalho, o dinheiro ou suas economias, tampouco não respondiam pelas dívidas do marido, exceto aquelas contraídas em benefício da família (CC/1916, parágrafo único do art. 246), sendo, portanto, excluídos da comunhão universal as obrigações provenientes de atos ilícitos, os bens reservados da mulher e os frutos civis do trabalho ou indústria de cada cônjuge ou de ambos (CC/1916, art. 263, VI, XII e XIII).

Conforme o artigo 2.º da Lei 4.121/1962, a mulher, tendo bens ou rendimentos próprios, era obrigada, e assim segue até os dias atuais, mesmo no regime da separação de bens, a contribuir para as despesas comuns, contudo, com a expressa ressalva de que somente se os bens comuns fossem insuficientes para atendê-las. Por fim, o artigo 3.º da Lei 4.121/1962 prescrevia que, pelos títulos de dívida de qualquer natureza, firmados por um só dos cônjuges, ainda que casados pelo regime de comunhão universal, só responderão os bens particulares do signatário e os comuns até o limite de sua meação, criando uma clara distinção entre dívidas da comunidade conjugal e os encargos da família, uma vez que nem todas as dívidas apresentadas pela comunidade matrimonial são dívidas comuns, sendo comuns somente as dívidas contraídas em proveito da família, que se restringem, na atualidade, aos débitos contraídos para a ordinária. Eventual manutenção extraordinária ou subsistência da família, bem como com relação aos gastos efetuados para a conservação dos bens de uso familiar. Tal fato certamente não se estende às dívidas contraídas apenas por um dos cônjuges e sem o expresso consentimento do outro. As dívidas contraídas para o exercício da profissão ou indústria de cada cônjuge, não são encargos da sociedade conjugal, pois estes encargos são comuns quando constituídos em proveito efetivo da família, a partir de obrigações surgidas na vida familiar e com as vantagens ou benefícios claramente obtidos em prol de ambos os cônjuges ou de seus filhos, sem prejuízo de que, em seu aspecto externo, também sejam de responsabilidade conjunta os gastos de conservação dos bens comuns.

A Constituição Federal proclamou a plena capacidade civil dos componentes de uma entidade familiar, tornando homem e mulher, enfim, os casais, iguais em direitos e deveres pessoais e matrimoniais, terminando com as discriminações secularmente preexistentes, inclusive com a prerrogativa dos bens reservados da esposa. A Carta Política tratou também de implementar como consequência natural um regime de gestão conjunta dos bens comuns pelos cônjuges ou convivente, que passam a ter poderes de administração e de disposição de seus bens próprios e dos bens considerados comuns, exigindo autorização conjugal apenas para a disposição ou oneração de bens imóveis, salvo se casados pelo regime convencional da separação de bens, e não no regime legal ou obrigatório da separação de bens, uma vez que para esse regime legal da separação de bens incidem os efeitos da Súmula 377 do STF. Dessarte, no regime convencional da separação de bens, são pessoais do cônjuge devedor as dívidas anteriores ao casamento e as dívidas originadas na vigência da sociedade conjugal, como também podem ser pessoais ou comuns aquelas dívidas surgidas entre a separação de fato ou de direito dos consortes e que perduram e surgem enquanto não realizada a efetiva partilha dos bens comunicáveis. Portanto, as dívidas provenientes da conservação e manutenção dos bens comuns que se encontram em estado indiviso da partilha, a partir do início da separação fática ou da separação de direito do casal, serão despesas comuns e partilháveis que ingressam no passivo conjugal, sendo computados desde a separação de fato ou de direito, dependendo do fato que ocorrer em primeiro lugar.

1.4.1 Dívidas dos cônjuges

A legislação civil brasileira estabelece que a administração do patrimônio comum compete a qualquer dos cônjuges (CC, art. 1.663) e que as dívidas contraídas no exercício da administração obrigam os bens comuns e particulares do cônjuge que os administra, e os do outro na razão do proveito que houver auferido (§ 1.º), e que as dívidas contraídas por qualquer dos cônjuges na administração de seus bens particulares e em benefício destes não obrigam os bens comuns (CC, art. 1.666), tampouco o outro consorte, quer se trate de dívidas contraídas antes, durante ou depois do casamento, cuidando o Anteprojeto do Código Civil de propor a alteração da redação do artigo 1.666 e a criação do artigo 1.666-A.[113]

Em simetria com a separação dos patrimônios entre comuns e privativos, igualmente as dívidas anteriores, contudo ainda pendentes ao tempo do casamento ou da constituição da união estável, seguem sendo dívidas pessoais do cônjuge ou convivente devedor. Inclusive María Josefa Méndez Costa questiona se serão comuns ou privativas as dívidas realizadas antes do casamento com a finalidade de adquirir o futuro lar conjugal e para mobiliá-lo, informando a referida autora se tratar de um bem particular que se incorpora ao patrimônio de apenas um dos consortes em virtude de uma causa anterior, e que, se houvesse sido usado dinheiro comum, caberia somente o ressarcimento monetário do outro cônjuge,[114] conclusão que não se compatibiliza com o direito brasileiro, em virtude de que o saldo devedor foi pago com dinheiro conjugal, devendo ser procedida a adequada subtração de parcela do preço paga antes do matrimônio, salvo, evidentemente, se o saldo devedor foi depois quitado com recursos particulares em sub-rogação, quedando-se então todo o imóvel como bem privativo.

Se as dívidas forem contraídas mancomunada e solidariamente pelos futuros cônjuges ou conviventes, porquanto tomadas em conjunto e com vistas à celebração do matrimônio, elas serão dívidas comuns e por elas respondem os bens particulares de cada um dos futuros consortes, bem como os seus bens comuns comprados na constância do matrimônio em regime de comunhão de bens. Dívidas anteriores ao casamento são aquelas originadas antes da celebração das núpcias, mesmo que vençam e sejam exigíveis na constância do matrimônio, como será igualmente privativa a dívida obtida antes do conúbio e que não foi quitada, mas que está sendo cobrada na constância da convivência fática ou conjugal, pois esta dívida também será própria, se contraída antes do matrimônio, mesmo que sua titularidade se encontre em discussão judicial e termine sendo julgada por sentença judicial durante as núpcias.[115]

---

[113] Anteprojeto do Código Civil, artigo 1.666. "Se um dos consortes, na administração de bens particulares, vier a constituir dívidas cuja satisfação acarrete a excussão de bens comuns, terá o outro, caso não tenha anuído com o ato, o direito de reaver sua parte do valor subtraído do patrimônio comum, em eventual partilha".
Anteprojeto do Código Civil, artigo 1.666-A. "O ato de administração ou de disposição praticado por um só dos cônjuges ou conviventes em fraude ao patrimônio comum implicará sua responsabilização pelo valor atualizado do prejuízo.
§ 1.º O cônjuge ou convivente que sonegar bens da partilha, buscando apropriar-se de bens comuns que esteja, em seu poder ou sob a sua administração e, assim, lesar economicamente a parte adversa, perderá o direito que sobre eles lhe caiba.
§ 2.º Comprovada a prática de atos de sonegação, a sentença de partilha ou de sobrepartilha decretará a perda do direito de meação sobre o bem sonegado em favor do cônjuge ou convivente prejudicado".

[114] COSTA, María Josefa Méndez. *Las deudas de los cónyuges*. Buenos Aires: Astrea, 1979. p. 83-84.

[115] COSTA, María Josefa Méndez. *Las deudas de los cónyuges*. Buenos Aires: Astrea, 1979. p. 85.

Também são pessoais as dívidas provenientes de indenização por danos causados por ato ilícito doloso ou culposo, e que na doutrina da autora argentina María Josefa Méndez Costa também ingressam as dívidas originárias do risco do uso da coisa, como são aquelas dívidas originárias de um acidente de trânsito e da qual o cônjuge só se exime se houver culpa exclusiva da vítima,[116] não se tratando uma dívida proveniente de responsabilidade pessoal de uma dívida comum ao casamento.

A principal finalidade do regime econômico matrimonial consiste em criar um patrimônio próprio da sociedade conjugal e com o qual os consortes ou conviventes possam fazer frente e de forma equitativa às despesas familiares, em seu mais amplo sentido, tanto quando participarem ou não, por metade na aquisição dos bens que serão considerados comuns, independentemente do aporte de recursos e de estes recursos terem sido aportados ou não e em partes iguais.

Para o estudo do regime primário de participação patrimonial em qualquer das modalidades de comunidade de bens que tenha sido eleita pelo casal,[117] o legislador brasileiro estabeleceu várias regras que tratam dos ingressos dos bens na sociedade conjugal, com diferentes efeitos jurídicos incidentes sobre cada um dos regimes de bens. Dispôs ainda no Código Civil algumas poucas regras básicas acerca da administração dos bens pelos cônjuges durante o casamento e com idêntico efeito administrativo para a união estável, até onde seja possível, bem como agregou alguns poucos dispositivos regendo a contrapartida das despesas, além das diferentes responsabilidades relativas aos gastos ou com relação à contratação de dívidas efetivadas pelos cônjuges na constância do matrimônio.

Os problemas com as dívidas conjugais geralmente surgem nos momentos de crise conjugal e de dissolução dos relacionamentos, em cuja ocasião são apresentadas astronômicas e intimidantes dívidas que são atribuídas ao casamento e cobradas como se fossem dívidas do casamento, algumas por vezes sendo reais e apontando terceiros como credores do casal, outras vezes estas supostas dívidas não passam de pura simulação encenada ou inventada pelo consorte que procura extrair indevidas vantagens durante as negociações e acirradas dissensões que surgem no ápice da crise matrimonial. Surge o cônjuge administrador, às vezes provedor, com estonteantes débitos que cria para intimidar ou enriquecer ilicitamente ao reduzir com artifícios a meação do consorte no momento de ser proposta e executada a liquidação dos bens conjugais.

Nessas horas, o perigo ronda casamentos e uniões estáveis, dado que em alguns períodos cônjuges e conviventes se unem para lesar terceiros credores, ou individualmente procuram a prática da autofagia conjugal, sendo exemplo da primeira hipótese quando, em conjunto, promovem partilhas amistosas e silenciosas, deslocando a parcela mais rica e produtiva dos bens para o cônjuge que não constituiu a dívida, em verdadeiro concerto fraudatório mirando prejudicar os credores de quem buscam subtrair suas garantias patrimoniais. Em outras tantas atuações, a vítima da fraude patrimonial é justamente o outro consorte, que é enganado pela simulação de dívidas aparentemente constituídas com terceiros que se apresentam como "credores" do casamento, cobrando valores substanciais que implicarão impactante redução da meação do cônjuge vitimado por esse arranjo fraudatório que envolve em igual *consilium fraudis* um terceiro no papel de pseudocredor, mas que não passa de um amigo complacente do cônjuge ou convivente fraudador, dispostos ambos a toda espécie de fraudes e expedientes dissimuladores e que uma sadia consciência não consegue desvendar no curto espaço de tempo em que essas tramas são postas em execução.

---

[116] COSTA, María Josefa Méndez. *Las deudas de los cónyuges*. Buenos Aires: Astrea, 1979. p. 86.

[117] GARCÍA, Concepción Saiz. *Acreedores de los cónyuges y régimen económico matrimonial de gananciales*. Navarra: Thomson Reuters/Aranzadi, 2006. p. 15.

É fato incontroverso que em muitos relacionamentos esses movimentos de desvio dos bens comuns nascem com a irreversível instalação da crise conjugal, fato que não descarta inúmeras situações nas quais a atuação desleal de um dos consortes em relação à plena e cega credulidade do outro surge desde a fase embrional da relação conjugal, cujo escorreito comportamento materialista de um dos consortes ou companheiros já permite detectar sua propensão para o intento fraudatório, desde as origens da relação e quando são dados os primeiros passos no início do casamento, com as mais distintas atuações que, em resumo, e em uma linguagem coloquial, procuram um firme e constante direcionamento dos fluxos de caixa do ativo e do passivo que é composto pelo acervo conjugal.

Toda a dinâmica de entradas e de saídas patrimoniais, assim como quem está legitimado para ser o sujeito ativo dessas operações, e quando o patrimônio conjugal responde pelas dívidas constituídas em relação aos credores do casamento, são situações que devem ser respondidas e resolvidas nas dissensões conjugais em qualquer cenário, quer nas negociações desenvolvidas para uma solução consensual da partilha, quer essas questões terminem sendo discutidas no ventre de uma ação litigiosa de liquidação e divisão do acervo conjugal. Contudo, o direito brasileiro trata de maneira muito tímida as dívidas do casamento e pouco contribui para que haja uma segura definição de quais dívidas devam ser consideradas comuns, pois adquiridas em prol da família, e assim diferenciá-las das dívidas pessoais de cada consorte e que entre eles são incomunicáveis. De outro lado, buscando a proteção de terceiros que efetivamente são credores e não meras pessoas interpostas que, em *consilium fraudis,* criam o engodo contra um dos consortes, para esvaziarem a sua meação com a voracidade material do ganancioso parceiro, ou quando esses reais terceiros credores se defendem de algum concerto fraudatário posto em prática pelo casal que tenciona proteger seus bens das dívidas para com seus credores.

Todo cenário legal previsto no ordenamento jurídico brasileiro começa com o artigo 1.566, III, do Código Civil, ao estabelecer que os cônjuges se devem mútua ou recíproca assistência, ao mesmo tempo que o inciso IV do mesmo artigo informa ser dever de ambos os consortes o sustento, guarda e educação dos filhos, obrigações que também são encontradas no artigo 1.724 do Código Civil no tocante à união estável, ou seja, tanto o matrimônio como a instituição do companheirismo exigem dessas entidades familiares recursos financeiros que deem suporte econômico à família constituída, pois gastos precisam ser regular e constantemente despendidos para dar existência e subsistência ao casal e aos filhos que porventura integram a célula familiar.

A vida em comum de um casal com ou sem filhos pressupõe uma série de gastos e atenções pessoais entre o casal e deles para com os seus filhos, com relação à alimentação, educação, vestuário, moradia e toda uma interminável lista de despesas às quais cônjuges e conviventes estão vinculados. Tais despesas, oriundas das atividades conjuntas ou individuais, constituem-se nos encargos do casamento[118] e da união estável e que, ao fim e ao cabo, são, inclusive, a razão da existência do regime matrimonial de bens, em qualquer de suas modalidades. Essas dívidas não devem ser suportadas apenas por um dos cônjuges ou companheiros, ainda que muitos casais, seguindo velhos modelos e arraigados costumes, terminam acordando arranjos pessoais e nos quais elegem um dos parceiros como provedor e o encarregado das funções essenciais da lida doméstica e dos cuidados em tempo integral dos filhos e do lugar conjugal, abdicando de seu crescimento pessoal e profissional, mas, principalmente, renunciando ao dever correlato que tem cada um dos parceiros afetivos de contribuir para o

---

[118] COSTA, María Josefa Méndez. *Las deudas de los cónyuges.* Buenos Aires: Astrea, 1979. p. 8.

sustento da família, fato que não desobriga esse cônjuge que não trabalha fora do lar familiar da corresponsabilidade que tem para com os credores do casal.

Não é por outra razão que existem os regimes matrimoniais que se sujeitam ao pagamento dos encargos do casamento, em que até mesmo no regime da separação de bens se faz presente a dúplice solidariedade, tanto que dispõe o artigo 1.688 do Código Civil serem ambos os consortes obrigados a contribuir para as despesas do casal, na proporção dos rendimentos de seu trabalho e de seus bens, salvo estipulação em contrário no pacto antenupcial. Isso permitiria deduzir que a cláusula contida no pacto antenupcial poderia dispensar o cônjuge que não trabalha e que não tem rendas de ser responsável pelas despesas conjugais, mas esse pacto teria de ter a necessária publicidade no registro imobiliário para resguardar os bens do consorte isento da obrigação de custeio das despesas familiares, tampouco faria sentido que o cônjuge que não tem rendas e menos bens fosse obrigado a pagar a maior parte, senão a totalidade das despesas do casal, pois esta terminaria se constituindo em uma cláusula abusiva e literalmente contrária à disposição legal que manda observar no custeio da família a proporcionalidade dos rendimentos e dos bens.

Os encargos do casamento são os gastos efetivados para o sustento da família, com a alimentação e a educação dos filhos comuns, e até mesmo os gastos com a alimentação e educação dos filhos de um só dos consortes, quando convivam no mesmo lugar familiar, além de todas as despesas ordinárias e extraordinárias que se apresentem em evidente favorecimento e interesse da subsistência, comodidade e estabilidade familiar, tudo variando em conformidade com as particularidades de cada família, em conformidade com os usos e costumes sociais e o nível de vida. As despesas não se restringem ao casal e filhos, mas agregam despesas de outros familiares que ocupam o mesmo espaço físico, que vai além dos filhos comuns e exclusivos, e incluem não somente os descendentes, mas também os ascendentes de qualquer um dos consortes.

Assim como o Código Civil espanhol em seu artigo 1.362, o artigo 231.5. do Código Civil da Catalunha pormenoriza o conceito de gastos familiares, ao estabelecer que:

1. São gastos familiares os necessários para a manutenção da família, de acordo com os usos e o nível de vida familiar, especialmente os seguintes:
   a) Os originados do conceito de alimentos, no sentido mais amplo, de acordo com a definição que eles têm no presente código.
   b) Os gastos ordinários de conservação, manutenção e reparação da moradia e demais bens de uso da família.
   c) Os atendimentos de prevenção, como as médicas e sanitárias.
2. São gastos familiares os alimentos a que se referem o artigo 237.1 dos filhos não comuns que convivam com os cônjuges, os gastos originados pelos demais parentes que com eles convivam, salvo, em ambos os casos, que não necessitem.
3. Não são gastos familiares os derivados da gestão e defesa dos bens privativos, salvo que tenham conexão direta com a manutenção da família. Tampouco são gastos familiares os que respondam ao interesse exclusivo de um dos cônjuges.

Portanto, tratando-se de dívida contraída no interesse da família, qualquer um dos cônjuges pode atuar sozinho para atender às necessidades com os gastos familiares ordinários e em concordância com os usos e o nível de vida da família, sem lugar para despesas abusivas e atípicas, existindo a presunção de concordância do outro consorte, e sendo tudo obra de um regime econômico matrimonial aplicável a todos os primários regimes de bens.

O direito civil brasileiro não conta com esse detalhamento, fazendo unicamente referência, por exemplo, o artigo 1.642 do Código Civil, quando trata das disposições gerais relativas aos regimes de bens e proclamando algumas liberdades administrativas dos cônjuges, enquanto no artigo 1.643 do Código Civil estão descritas determinadas despesas que os consortes podem realizar, ainda que a crédito, sem a autorização do outro parceiro, conquanto sejam destinadas à compra das coisas necessárias à economia doméstica, o que significa que devam ser despesas revertidas em efetivo proveito da família, e, sendo os débitos contraídos em ativo proveito da família, serão então dívidas solidárias que obrigarão a ambos os cônjuges (CC, art. 1.644).

Acerca do artigo 1.643 do Código Civil, escreve Carlos Roberto Gonçalves existir presunção de autorização de um cônjuge ao outro, especialmente no tocante a terceiros de boa-fé, para que possam individualmente realizar negócios jurídicos e contrair obrigações relativas à manutenção da vida doméstica, do dia a dia da família, incluídas as despesas com alimentação, roupas, lazer etc., bem como os empréstimos obtidos para cobertura de tais despesas, de tal forma que não pode um cônjuge alegar falta de sua autorização quando ficarem evidenciadas as despesas para com a economia doméstica, da qual ele, seu cônjuge e os demais membros da família foram destinatários, mas devendo ser excluídas as despesas suntuárias ou supérfluas, ainda que destinadas ao lar conjugal, pois não se enquadram no cotidiano da economia doméstica.[119] Tampouco nesse dia a dia se encaixam as despesas abusivas, fruto de uma verdadeira e censurável prodigalidade, especialmente daquelas realizadas usualmente, em vésperas de uma separação do casal, com a clara e sub-reptícia intenção de construir uma falsa prova de padronagem de rendimentos pela via inversa de uma desleal amostra rotineira de gastos, os quais acabam registrados nas faturas dos cartões de crédito, ou na extração maliciosamente provocada de altos valores consignados em faturas e em notas fiscais juntadas ao processo de divórcio, para a reivindicação de alimentos excessivos e irreais, ou com despesas formatadas com um cunho puramente vingativo, de um consorte ressentido que quer causar marcante dano financeiro ao parceiro do qual está se separando, principalmente se esse parceiro lesado tem um perfil de moderação para com as despesas conjugais, adotando um comportamento contido em relação às despesas familiares e cuja postura mesquinha sempre incomodou aquele consorte totalmente oposto, pródigo e liberal, adepto da boa vida e sem nenhuma preocupação com qualquer economia com vistas para o futuro, preferindo viver intensamente cada dia desligado das costumeiras intercorrências da vida.

A ameaça formulada com a apresentação de supostas dívidas conjugais, acenando para uma subsistência instável depois da ruptura da sociedade afetiva, tem servido tradicionalmente como uma fórmula eficaz de gerar pânico, insegurança e instabilidade às negociações do divórcio, pois, se realmente devidos altos valores conjugais, essa inesperada notícia desequilibra a divisão dos bens, pois o cônjuge que desconhece a realidade financeira do seu consorte provedor, e que depende da pensão alimentícia para a sua subsistência e a dos filhos financeiramente dependentes, e pior ainda se forem menores de idade, porque também totalmente dependentes psicologicamente da presença materna, geram temores que estressam o consorte dependente que é tomado pelo medo e pela violência e perspectiva psicológica de vir a ser corresponsabilizado pelo pagamento das dívidas existentes na atividade empresária do esposo. Nessas horas, se realmente existem essas dívidas da empresa, podem ser puro reflexo de uma má administração societária, como podem ser dívidas normais e planejadas, próprias

---

[119] GONÇALVES, Carlos Roberto. *Direito das obrigações*. Parte especial: contratos. 19. ed. São Paulo: Saraiva, 2017. v. 6, t. 1, p. 449.

do fluxo normal da administração empresária, que estão sob completo controle para pagamento, mas que são apresentadas como se fossem imediatamente devidas e cobradas, transformando-se em dívidas do casamento, e não da empresa. Quer sejam elas de curto, médio ou longo prazo, usualmente atendem a um plano de parcelamento, pertencem à empresa, e não à sociedade conjugal, e foram contraídas para serem pagas com os ingressos da empresa, dentro da normalidade dos negócios da pessoa jurídica, e não com os recursos comuns da sociedade conjugal.

São dívidas que na quase totalidade dos casos não têm nenhuma conexão direta com a manutenção da família, pois, se a família não tem acesso aos lucros da empresa, que pertencem exclusivamente à sociedade empresária enquanto não transformados em dividendos, por quais motivos a família teria de ser responsável pelas dívidas dessa mesma empresa que tem sua própria personalidade jurídica e seu próprio lastro patrimonial? É uma equação que não fecha, pois, se a família não é destinatária dos lucros que foram retidos para pagar credores e para investimentos societários, e até para ampliar o patrimônio da sociedade empresária, e se, portanto, a família não teve acesso aos bônus da empresa que reteve seus lucros, que não foram convertidos em dividendos, não faz sentido que os cônjuges, em resumo a família, tenham de arcar com os ônus advindos das dificuldades de uma eventual má administração, ou por decorrência das inadimplências da pessoa jurídica, que sabidamente tem personalidade distinta da pessoa física dos seus sócios, mas principalmente uma personalidade diferente dos cônjuges de seus sócios, inclusive reforçada pelo artigo 49-A do Código Civil,[120] introduzido pela Lei 13.874/2019 (Lei de Liberdade Econômica), de sorte que as dívidas da empresa só se tornarão dívidas do cônjuge de sócio, se este cônjuge de sócio também for sócio, ou se ele se tornar sócio da empresa.

Nessas situações, os débitos são superdimensionados e se transformam em fonte de pressão contra o cônjuge ou convivente vulnerável, que termina concordando com a partilha patrimonial sugerida sob forte pressão e ameaça de completa ruína patrimonial e financeira, restando acordada uma partilha na qual o provedor recebe em sua meação todos os bens que geram renda, sob a promessa de o outro consorte assumir sozinho as dívidas apresentadas como comuns, e libera a esposa dessa suposta obrigação de ter de arcar com a metade das dívidas que também nunca foram lisamente demonstradas, e, se realmente existiam, eram débitos da empresa, e não do casamento, mas que uma esposa temerosa de perder tudo aceita receber em troca os bens de menor valor e geradores de despesas, ao passo que integrarão a meação do marido os bens que geram renda e com a qual são pagas no tempo próprio as dívidas próprias da empresa.

Essa é uma prática comum e corrente nas ações de separações, divórcios e dissoluções de uniões estáveis, que representam um *modus operandi* de uma autêntica fraude à legítima em desrespeito à cômoda meação do cônjuge que termina sendo convencido de que a empresa gera altíssimos prejuízos e que a sociedade empresária deve para credores como fornecedores. Em matéria de tributos, mais do que somam os remanescentes bens conjugais, dos quais alguns deles são de essencial interesse da esposa, como sucede, por exemplo, com a moradia familiar, e que o marido promete que a ela esses bens do seu interesse poderão ser entregues em pagamento de sua meação. Portanto, se essa for a opção da esposa, o marido

---

[120] CC, art. 49-A. "A pessoa jurídica não se confunde com os seus sócios, associados, instituidores ou administradores. Parágrafo único. A autonomia patrimonial das pessoas jurídicas é um instrumento lícito de alocação e segregação de riscos, estabelecido pela lei com a finalidade de estimular empreendimentos, para a geração de empregos, tributo, renda e inovação em benefício de todos."

faria o sacrifício de assumir as dívidas da empresa. Entretanto, insistindo ela em participar da empresa ou de parte dela, direta ou indiretamente, deverá então arcar com as decantadas dívidas da sociedade empresária, opção que o cônjuge empresário não aconselha e, como gesto de extrema "solidariedade", se dispõe a assumir essas dívidas da empresa e a entregar para a esposa a propriedade exclusiva do apartamento conjugal, onde ela poderá continuar morando com os filhos sem sobressaltos, sendo esta, em aparência, a sua melhor e essencial alternativa. Constam ainda dos acordos de divórcios e de dissoluções de uniões estáveis cláusulas que dão a entender que as meações se equivalem, delas constando o valor contábil da empresa e uma avaliação superdimensionada do domicílio matrimonial, que ingressará na meação da esposa, cuja estratégia nitidamente fraudatória acena para uma falsa "vantagem" econômica em favor do cônjuge mulher, e mais uma vez o solícito esposo se dispõe a pagar o provável e incidente *imposto de reposição*, que é devido pelo cônjuge ou convivente que recebe mais bens em sua meação, cujo tributo o marido assume com o pagamento das custas processuais e dos honorários advocatícios que também ficam por sua generosa conta e como mostra de uma singular galhardia.

1.4.2 Divisão de responsabilidade

Cada cônjuge ou convivente é obrigado a contribuir para as despesas do casal na proporção dos rendimentos do seu trabalho e de seus bens, e cada qual dos consortes pode comprar, ainda que a crédito, as coisas necessárias à economia doméstica, vale dizer, em proveito da família e, se for preciso, podem obter por empréstimo as quantias necessárias para a aquisição dessas coisas consideradas imprescindíveis para a subsistência e desenvolvimento da família (CC, art. 1.643), cujas dívidas, uma vez contraídas, obrigam solidariamente ambos os cônjuges (CC, art. 1.644).

Seria de extrema dificuldade operacional para a lida diária da vida familiar se os cônjuges e conviventes dependessem sempre da presença de ambos para que, em conjunto, assentissem com as despesas das coisas que interessam à boa prática administrativa das aquisições essenciais ou não, mas que respeitem as efetivas e dispersas requisições atreladas ao desenvolvimento e à subsistência do conjunto familiar, bastando ter em mente que, se um dos cônjuges está ausente ou impedido transitoriamente de expressar sua vontade, o outro não poderia tomar nenhuma decisão de ordem financeira, pois dependeria sempre e para qualquer ato ou despesa da autorização judicial que suprisse o consentimento do cônjuge ausente.

Não é outro o propósito colhido, por exemplo, da parte final do artigo 460 do Código Civil e Comercial da Argentina, quando estabelece que, na falta de mandato escrito ou de autorização judicial aos atos outorgados por um dos cônjuges em representação do outro, aplicam-se lhes as normas do mandato tácito ou da gestão de negócios, conforme o caso, cuja norma compreende hipóteses como uma enfermidade ou que o consorte se encontre no exterior e a urgência do ato não pode aguardar até que ele se restabeleça ou regresse e outorgue os necessários poderes.[121] Nesse aspecto, o regramento argentino não difere das previsões legais contidas nos artigos 1.642, 1.643 e 1.644 do Código Civil brasileiro, que obviamente conferem a presunção de mandato tácito para todos os atos que, embora representem dívidas, foram contraídas em benefício da família, não sendo diferente na legislação argentina, cujo artigo 461 do CCC prescreve que os cônjuges respondem solidariamente pelas obrigações contraídas por um deles para resolver as necessidades ordinárias do domicílio nupcial e o sustento da

---

[121] ARIANNA, Carlos. *Régimen patrimonial del matrimonio*. Buenos Aires: Astrea, 2017. p. 101.

educação dos filhos na proporção de seus recursos e que fora estes casos, e exceto disposição em contrário do regime matrimonial, nenhum dos consortes responde pelas obrigações do outro, sendo compreendida a expressão necessidades ordinárias como aquilo que é comum, regular e que sucede de maneira habitual em uma família, sendo excluídas as exorbitâncias que podem derivar de necessidades que o são só para alguns escreve Néstor L. Lloveras.[122]

Portanto, são solidárias as dívidas contraídas em benefício da família, ou seja, no âmbito legal de válida atuação dos cônjuges e sobre as quais deita uma prévia presunção de autorização de um consorte para o outro, respondendo os bens comuns pelas obrigações assumidas pelos cônjuges conjuntamente, ou por um deles com o tácito ou com o expresso consentimento do outro, e se ambos contraem a dívida firmando seu consentimento, ficará incontroversa a responsabilidade de ambos perante os terceiros credores, prescindindo de qualquer futuro questionamento acerca do caráter da dívida, se realizada ou não em prol da família, como igual conclusão deitará sobre qualquer dívida contratada por um dos consortes e depois ratificada pelo outro, ficando os credores dispensados de demonstrar que as dívidas de que são credores foram contraídas em prol da família.

Por carecer de personalidade jurídica a sociedade conjugal não pode contrair dívidas em seu próprio nome, de modo que são os cônjuges que se obrigam individualmente com as dívidas e pelos negócios que realizam no intuito de satisfazer as necessidades da sociedade nupcial e pelas dívidas do casamento respondem os bens do casamento que estão afeitos às necessidades da família.

Eduardo Espínola, em registro histórico do direito de família brasileiro, já escrevia ao tempo do Código Civil de 1916 ser o marido o administrador dos bens do casal, compreendendo os bens comuns, os próprios do esposo e os próprios da mulher, mas a esposa podia, entretanto, ressalvar no contrato os bens separados que seriam de sua livre administração, sobre os quais ela podia dispor livremente, se fossem bens móveis. Contudo, as dívidas contraídas pelo varão sempre obrigavam os bens comuns, e, não sendo eles suficientes, respondiam por essas dívidas os bens particulares de um ou de outro cônjuge, na razão do proveito que cada qual houver lucrado.[123]

Na legislação precedente ao Código Civil de 1916, a situação jurídica da mulher casada, em decorrência do seu estado matrimonial, era mais restritiva do que se fosse solteira e a tudo era proibida e para tudo era considerada incapaz, não obstante o Código Civil de 1916 abrandou sensivelmente essa completa discriminação da mulher, delineando toda a regulamentação dos principais direitos e deveres da mulher casada. A par desses progressos da época, quando puderam ser banidas limitações injustas a que a mulher casada estivera sujeita, e naquelas que teve de manter, procurou dar às normas respectivas sentido mais brando, delas retirando qualquer laivo discriminativo, como se deu, por exemplo, com a incapacidade para o exercício da tutela, que foi transmudada em simples escusa e com a chefia da sociedade conjugal em que a mulher se transformou em mera colaboradora.[124] No entanto, como mostra Hernani Estrella, o movimento tendente à completa emancipação da mulher casada vinha ganhando terreno. A partir da Guerra de 1914 a 1918, com a mobilização dos homens válidos para as frentes de combate, forçou-se a convocação das mulheres que os substituíram nas atividades de retaguarda, quando tiveram acesso a todos os ofícios que passaram a exercer com absoluta regularidade e plena eficiência. Então, a partir dessa época, as mulheres tiveram ingresso nos

---

[122] LLOVERAS, Néstor L. *Régimen de deudas de los cónyuges*. Buenos Aires: Hammurabi. 2020. p. 25.

[123] ESPÍNOLA, Eduardo. *A família no direito civil brasileiro*. Rio de Janeiro: Gazeta Judiciária, 1954. p. 333.

[124] ESTRELLA, Hernani. *Direitos da mulher*. Rio de Janeiro: José Konfino Editor, 1975. p. 81.

ofícios viris, sendo abertos cargos e profissões para as que não estivessem consorciadas, com uma prática de *captis diminutio* para as mulheres casadas, surgindo vozes que preconizavam a completa emancipação civil da mulher com sua maioridade, sendo indiferente se solteira ou casada, surgindo no Brasil como prova decisiva dessa emancipação, em 27 de agosto de 1962, a Lei 4.121, denominada Estatuto da Mulher Casada,[125] com o propósito de equiparar os direitos da mulher aos do homem, cujo artigo 3.º, em especial, dispõe que "pelos títulos de dívida de qualquer natureza, firmados por um só dos cônjuges ainda que casados pelo regime da comunhão universal de bens, somente responderão os bens particulares do signatário e os comuns até o limite da meação".

Mais especificamente focado no tema da fraude no direito de família, o Estatuto da Mulher Casada também teve por escopo assegurar que a mulher casada deixasse de ser alvo corriqueiro de uma fraude comumente praticada antes da edição da Lei 4.121/1962, e por cuja modalidade os maridos criavam dívidas fictícias, que eram apresentadas sem nenhuma exigência de comprovação da sua efetiva existência, muitas vezes representadas por avais ou fianças assinadas apenas por um dos consortes, ou por títulos de crédito unilateralmente assinados, como notas promissórias, cheques, duplicatas e letras de câmbio e até mesmo contratos de mútuo, que eram juntados aos processos de *desquite* e de partilha de bens como dívidas líquidas e certas do casamento que terminava, as quais até por algumas vezes poderiam ter sido contraídas em benefício da família, mas na larga maioria das ocasiões não passavam de eficiente e incontestável instrumento usado como estratégia levada a efeito para lesar a meação do consorte mulher.[126]

Dessarte, a Lei 4.121/1962 irresponsabilizou a mulher casada por dívidas contraídas unicamente pelo marido para os títulos emitidos sob o império da então nova Lei, obrigando o credor a ter o cuidado de ver seu título de crédito subscrito por ambos os cônjuges, porquanto quis o legislador, no afã de proteger a mulher, que ela fosse ouvida antes, e não *a posteriori*, acerca da assunção de alguma dívida, para concordar ou não com a obrigação e não ser surpreendida com a interdição de seus bens.

A despeito das cártulas de crédito como a letra de câmbio e a nota promissória, escreve Pontes de Miranda que, até o advento da Lei 4.121/1962, enquanto subsistisse a sociedade conjugal, as mulheres casadas não podiam se obrigar em letras de câmbio ou em notas promissórias, salvo com o assentimento do marido, que se dava de acordo com o artigo 243 do Código Civil (1916), ou por meio do suprimento judicial, e acrescia que a responsabilidade patrimonial do marido era estranha ao direito cambiário, sendo incontroverso que os atos da mulher praticados com assentimento do marido obrigam os bens do casal, se o regime matrimonial fosse o da comunhão de bens, ou só os bens particulares dela, se outro fosse o regime e o marido não assumisse conjuntamente a responsabilidade do ato. O simples assentimento

---

[125] ESTRELLA, Hernani. *Direitos da mulher*. Rio de Janeiro: José Konfino Editor, 1975. p. 82-83.

[126] "Cambial. Obrigação assumida por mulher casada, sem autorização marital. Arts. 242, VIII, 247, I e II, do Código Civil (1916), e art. 42 do Decreto 2.044, de 1908. Embargos rejeitados" (Apelação Cível do 3.º Grupo de CC do TAC/SP, j. 10.06.1969. Embs. Inf. 111.814, rel. J.M Arruda, vencidos Carvalho Filho e Afonso André).
"Mulher casada. Capacidade para assumir obrigação cambiária. Compras de coisas para a economia doméstica. Bens do casal. Meação da mulher, responsável por compras de outra natureza. Aplicação da Lei n.º 4.121 de 1962, e art. 247 do Código Civil (1916)" (1.ª C do TACSP, Apel. 106.706. v. un. em 09.09.1968, Rel. Juiz João Del Nero, *RT* 397/217). Esses acórdãos de conteúdo histórico foram extraídos da obra de BUSSADA, Wilson. *Código Civil brasileiro interpretado pelos tribunais*. Rio de Janeiro: Liber Juris, 1981. v. 2, t. III, p. 210-211.

não significava que o marido tivesse querido se responsabilizar, e se o regime não fosse o da comunhão e houvesse o suprimento, só os bens da mulher respondiam, mas, sobrevindo o Estatuto da Mulher Casada e não sendo ela comerciante, ou sendo-o, qualquer que fosse o regime de bens do casamento, sem assentimento do marido não era possível obrigá-la cambiariamente,[127] e sendo o inverso também absolutamente verdadeiro, sempre no propósito de proteger os bens de dívidas que não tivessem o assentimento, tampouco fossem despendidas em proveito da família.

Essas dívidas deveriam ser abatidas do patrimônio bruto e assim alcançar o valor do patrimônio conjugal líquido e partilhável, abrindo a Lei 4.121/1962 o caminho para a defesa da meação da esposa, valendo-se da técnica processual dos embargos de terceiro, na forma preconizada nos comentários de Pontes de Miranda, do artigo 1.046 do Código de Processo Civil de 1973, ao escrever que: "o cônjuge que não tem de sofrer execução, ou qualquer outra constrição dos seus bens, por dívidas do outro cônjuge, ou por motivo objetivo dos bens, ou das dívidas, é terceiro, para se legitimar, ainda que esteja ele a conviver com o outro. Tudo se decide no plano da eficácia quanto a ele, se a dívida é incomunicável, os próprios bens comuns não podem sofrer constrição por dívidas do outro cônjuge".[128] Consolida-se também esse posicionamento na Súmula 134 do Superior Tribunal de Justiça, a despeito de um cônjuge poder se defender como terceiro, da constrição de bem imóvel do casal, cuja penhora foi efetuada em razão de dívida assumida pelo outro cônjuge.[129]

Atualmente, prevalece a presunção de uma dívida ter sido contraída em benefício da família, sendo ônus do cônjuge prejudicado provar a inexistência de proveito para a família conjugal ou convivencial, qual seja, demonstrar que a dívida cobrada ou executada não trouxe proveito econômico familiar, não podendo ser esquecido o inciso III do artigo 1.647 do Código Civil, ao prescrever ser vedado a qualquer um dos cônjuges prestar fiança ou aval sem a autorização do outro, exceto no regime da separação convencional e absoluta de bens (o inciso III do artigo 1.647 do Anteprojeto do CC proibirá somente a fiança e não mais o aval), mas não no regime da separação obrigatória de bens (CC, art. 1.641), porque nesse regime compulsório há a incidência da Súmula 377 do STF, que considera automaticamente comuns e comunicáveis os bens onerosamente adquiridos durante o casamento.

1.4.3 Dívidas da sociedade conjugal

Editado o Estatuto da Mulher Casada, credores começaram a indagar acerca da literal interpretação do artigo 3.º que escusava a responsabilidade financeira da esposa pelos títulos de dívida de qualquer natureza, firmados por um só dos cônjuges. Se tais dívidas tivessem sido contraídas em benefício da família e se, nesse caso, vinculavam o patrimônio comum e o particular de ambos os cônjuges, ainda que só subscritos pelo marido, também asseverando em sintonia com a legislação contemporânea ao Estatuto da Mulher Casada, ao marido competiam a representação legal da família, a administração dos bens comuns e dos particulares da mulher, sendo responsável pela manutenção da família, com a colaboração financeira da mulher.

---

[127] PONTES DE MIRANDA, Francisco Cavalcanti. *Tratado de direito de família*. Atualizado por Vilson Rodrigues Alves. Campinas: Bookseller, 2001. v. II, p. 77-78.

[128] PONTES DE MIRANDA, Francisco Cavalcanti. *Comentários ao Código de Processo Civil*. Rio de Janeiro: Forense, 1977. t. XV, p. 21.

[129] Súmula 134 do STJ – "Embora intimado da penhora em imóvel do casal, o cônjuge do executado pode opor embargos de terceiro para defesa de sua meação".

Defendeu Hernani Estrella ser ônus do credor provar que, faltando ao título da dívida a assinatura da mulher, ou seja, a prova da sua anuência, deveria ser admitido, *a priori*, que essa dívida não fosse do casal, com amparo no artigo 3.º da Lei 4.121/1962 e no então vigente artigo 132 do Código Civil de 1916, o que é equivalente ao artigo 220 do Código Civil de 2002, servindo essa inversão da carga probatória como uma advertência para que os interessados exigissem a expressa e manifesta aquiescência do casal, em todo negócio que por ambos tivesse de ser cumprido, como pressuposto inafastável para que os dois cônjuges fossem inequivocamente obrigados e se o credor prescindisse dessa formalidade, teria de enfrentar a exigência de ordem processual de comprovar o proveito familiar proveniente da dívida cujo pagamento reclama do casal.[130]

As obrigações financeiras da sociedade conjugal são tratadas de forma confusa no Código Civil brasileiro ao prescrever no artigo 1.664 que os bens da comunhão respondem pelas obrigações contraídas pelo marido ou pela mulher para atender aos encargos da família, para acolher as despesas de administração e também para atender às despesas decorrentes da imposição legal, estabelecendo a responsabilidade do patrimônio comum pelas dívidas contraídas em proveito do casamento, não havendo como responsabilizar a sociedade conjugal diretamente, porque esta não goza de personalidade jurídica, mas permitir que os bens, que são comuns em razão do regime matrimonial, respondam pelas dívidas domésticas e, na falta destes bens comuns, também respondam os bens particulares de cada um dos cônjuges.

Dispõe o artigo sob comento que os bens comuns e pertencentes à sociedade nupcial garantem a quitação das obrigações contraídas individualmente por cada um dos consortes ou conviventes para atender aos encargos da família, às despesas de administração e outros custos impostos por lei, não sendo nada difícil, mas muitas vezes preocupante para os pais com filhos dependentes, enfrentar tantos encargos relacionados com a manutenção de uma família, mesmo quando não existam filhos e se trate apenas dos custos de manutenção do casal, pois há uma carga enorme e interminável de despesas ordinárias destinadas à alimentação, ao vestuário, aluguel ou prestação da casa própria, condomínio, manutenção da moradia, escola e educação dos filhos, se houver, e por vezes custos de filhos exclusivos, mas que residem com um dos genitores e a nova família por ele formada, contas de luz, água, gás, telefone, televisão fechada, internet, Netflix, transporte, tributos, afora as despesas de cada dia, e uma infinidade de gastos que nem sempre são alcançados pelo orçamento muitas vezes apertado de um casal.

Ao lado dessas e outras despesas ordinárias coexistem as despesas extraordinárias, sejam elas previsíveis ou imprevisíveis. Como previsíveis são as viagens de férias e alguns gastos extras com festas de aniversário, presentes, refeições ou comemorações em clubes ou restaurantes, como toda sorte de emergências como aquelas surgidas com o conserto do automóvel e a compra de materiais para o reparo e a reposição de coisas que se deterioram e que estragam no âmbito da moradia, doenças, ao lado das despesas aperiódicas, como são aquelas decorrentes de acidentes pessoais com danos físicos e materiais, gastos com cirurgias e atendimentos porventura não cobertos pelos planos de saúde.

Estas são, inescusavelmente, algumas das tantas despesas domésticas geradas em família ou no seio de uma sociedade conjugal e convivencial, não provocando, contudo, a mesma certeza de assunção. Outras dívidas de duvidosa procedência, estas contraídas de forma unilateral por um dos cônjuges, especialmente quando adquiridas em tempos de crise conjugal e às

---

[130] ESTRELLA, Hernani. *Direitos da mulher*. Rio de Janeiro: José Konfino Editor, 1975. p. 126.

vésperas de uma separação do casal, geralmente dívidas realizadas sem qualquer necessidade, em tempo inoportuno, com compras atemporais e inúteis, despendendo valores que extrapolam qualquer noção de razoabilidade, como idêntica preocupação e temeridade sucedem com súbitos empréstimos tomados por um dos consortes ou conviventes em mútuos contratados com parentes ou com pessoas que lhe são muito próximas em matéria de vínculos afetivos ou profissionais, ou com as quais mantém elos de emprego, quando não se trata de meros amigos complacentes, que facilmente e muito se prestam para atuarem sem qualquer censura ética ou constrangimento como interpostas pessoas.

Quanto ao ônus da prova, a doutrina e a jurisprudência claudicam, ora dizendo cometer ao consorte que alega, diante da presunção que milita do proveito familiar, comprovar que a dívida obtida não beneficiou a família, embora vigore em seu favor essa presunção de fraude quando transitam nos negócios jurídicos parentes apresentados como credores, ou pessoas próximas, sendo mais usual contar com os favores dos ascendentes, descendentes, colaterais, cônjuge e companheiro e sobre os quais prevalece uma natural presunção de fraude em conformidade com o artigo 1.802 do Código Civil. Existem julgados concluindo incumbir a quem postula a divisão do pagamento da dívida o ônus da prova, consoante o artigo 373, II, do Código de Processo Civil, naquilo que toca a demonstrar a existência de fato impeditivo, modificativo ou extintivo do direito do autor e nesse sentido se pronuncia o desembargador José Antônio Daltoé Cezar na Apelação Cível 70077706562, da Oitava Câmara Cível do Tribunal de Justiça do Rio Grande do Sul, julgada em 13 de dezembro de 2018.[131]

1.4.4 Dívidas comuns contraídas por ambos os cônjuges

Os consortes ou conviventes podem assumir uma dívida intervindo ambos e diretamente na assunção de um débito, figurando os dois no contrato como devedores solidários, como é comum e corrente, por exemplo, na compra de algum imóvel financiado e como também sucede quando buscam empréstimos bancários ou abrem conta conjunta com recurso a créditos bancários previamente aprovados pela instituição financeira, comumente denominados de cheque especial. Trata-se de uma exposição pública e conjunta de assunção inequívoca da dívida manifestada pelos esposos, como também poderiam figurar como sujeitos passivos solidários em virtude de algum ato ilícito do qual ambos tenham participado, e em todos aqueles atos de disposição que acarretam a obrigatoriedade do assentimento do outro consorte, cuja intervenção nem sempre é repelida com a singela negativa do outro cônjuge em prestar seu consentimento, pois, quando for injusta a sua oposição, ela pode ser suprida por autorização judicial. Enfim, dívida comum é aquela que dá lugar à responsabilidade direta com os bens comuns, o que sucederá se ambos se comprometem formalmente com alguma obrigação ou aquisição, e nessas dívidas os bens comuns respondem pelas dívidas, como também respondem os bens privativos de cada cônjuge codevedor.

---

[131] "Apelação cível. Divórcio litigioso. Pleito de inclusão de dívidas no acervo de bens a partilhar. Rejeição. Insuficiência de provas. Sentença confirmada. Caso dos autos em que a simples juntada de notas, recibos, cupons fiscais acostados ao processo (fls. 318/346), são insuficientes para concluir que sejam responsáveis pelas dívidas contraídas pelo apelante junto às instituições financeiras. E não se pode olvidar que a prova da existência de eventuais dívidas a que pretende sejam partilhadas, incumbe a quem alega, assim como de que foram revertidas em prol da família, nos termos do artigo 1.644 do Código Civil, o que não ocorreu in casu. Dívidas contraídas após a separação do casal, devem ser excluídas da partilha. Apelação desprovida."

1.4.5 Dívidas comuns contraídas por um só dos cônjuges

A distinção entre dívidas pessoais e dívidas comuns está na destinação desse passivo que direciona para uma responsabilidade conjunta quando se trata de dívidas contraídas no interesse da família, e estas entram na esfera da responsabilidade de ambos os consortes ou conviventes, qualquer um dos dois que se apresente como o contratante, significando que os débitos alheios a essa destinação afetam somente a responsabilidade daquele que assumiu o encargo. A utilização da expressão encargos da família abarca prioritariamente os gastos realizados com o sustento da família, neles compreendidas a alimentação e a educação dos filhos comuns, ou dos filhos próprios, se estiverem vivendo sob o mesmo teto e, enfim, todas aquelas despesas que não possam ser atribuídas como dívidas exclusivas e da titularidade de somente um dos conviventes. Também são encargos da família os gastos com a manutenção dos bens e ainda aqueles custos realizados com o exercício de uma atividade profissional ou empresarial, pois, como menciona Juan Manuel Abril Campoy, eles são a contrapartida do ativo da comunhão de bens, uma vez que a aquisição, manutenção e desfrute dos bens comuns constituem um elemento do passivo conjugal. Em contrapartida, o ativo consiste em obter a aquisição desses bens pelo trabalho ou indústria de qualquer um dos cônjuges e os frutos que produzem esses bens, porém exclui da comunicação passiva a responsabilidade extracontratual derivada da atividade empresarial ou profissional de cada um dos cônjuges.[132]

Como observa María Josefa Méndez Costa, não existem dívidas comuns propriamente ditas, as dívidas são sempre pessoais do marido ou pessoais da mulher, ou de cada consorte ou convivente, servindo a expressão *comum* unicamente para explicar o regime especial de certas dívidas dos cônjuges,[133] qual seja, no sentido de que não só seus bens comuns respondem pelas dívidas da sociedade afetiva, mas, uma vez esgotado o lastro privativo de cada consorte ou companheiro, também seus bens particulares podem responder pelas dívidas contraídas em proveito da família.

As dívidas dos cônjuges são pessoais pela interpretação ao reverso da máxima legal que considera dívidas da sociedade conjugal todas aquelas contraídas em proveito ou benefício da família. É um conceito negativo; as dívidas que não puderem ser consideradas comuns devem ser qualificadas como privativas de um só dos cônjuges, portanto serão dívidas pessoais que não comprometem o orçamento, tampouco o patrimônio comum. A dívida é privativa quando o credor só pode agredir diretamente o patrimônio privativo do devedor, porque se trata de um débito adquirido somente por um dos cônjuges e pelo qual não responde diretamente o patrimônio comum, embora responda a meação do devedor. Particulares são, dessarte, todas aquelas dívidas que comprovadamente não serviram para atender aos reais interesses familiares, tampouco resultaram em algum efetivo proveito da sociedade conjugal, não havendo como responsabilizar um cônjuge pela dívida particular contraída em nome próprio pelo outro consorte, uma vez que cada cônjuge responde com seu patrimônio pessoal por suas próprias dívidas.[134]

---

[132] CAMPOY, Juan Manuel Abril. El pasivo de la sociedad de gananciales. Calificación de deudas gananciales y privativas. *In*: CAMPOY, Juan Manuel Abril. *Temas de actualidad en derecho de familia*. Madrid: Dykinson, 2006. p. 93-95.

[133] COSTA, María Josefa Méndez. *Las deudas de los cónyuges*. Buenos Aires: Astrea, 1979. p. 76.

[134] "Recurso especial. Processual civil. Ação de cobrança. Cumprimento de sentença. Penhora. Ativos financeiros. Conta-corrente. Terceiro. Cônjuge. Inadmissibilidade. Casamento. Regime da comunhão parcial de bens. Solidariedade. Exceção. Devido processo legal. Contraditório. Ampla defesa. Observância. Necessidade. 1. Recurso especial interposto contra acórdão publicado na vigência do Código de Processo

Contestando sua responsabilidade pela dívida exclusiva de seu cônjuge ou convivente perante uma execução de credor, o cônjuge que não se considera responsável pelo débito cobrado, mas que está sendo acionado diante da presunção de proveito familiar pela dívida obtida, pode fazer uso dos embargos de terceiro disciplinados pelos artigos 674 a 681 do Código de Processo Civil, sendo considerado terceiro o cônjuge ou companheiro quando defende a posse de bens próprios ou de sua meação (CPC, art. 674, § 2.º, I), e nesses julgamentos tem a jurisprudência se pronunciado no sentido de que esse cônjuge tem o ônus de provar que a dívida extrapola a sua responsabilidade pessoal, restando curiosa a exigência probatória que, no divórcio ou no processo de partilha, manda o cônjuge que quer repartir a dívida provar que essa dívida foi contraída em proveito da família e, particularmente, se o consorte executado não prestou o seu consentimento em forma de aval ou de fiança, consoante registra a Súmula 332 do STJ – "A fiança prestada sem autorização de um dos cônjuges implica a ineficácia total da garantia".

O direito estabelece diferentes soluções segundo considere o ato de disposição ou um ato de obrigação, porque uma fiança prestada pela esposa do marido empresário, pela anuência ao título, faz com que ela se obrigue igualmente pela dívida afiançada. No entanto, se a fiança ou o aval da dívida da empresa foram prestados pelo marido e a título gratuito, como de regra são prestadas essas garantias, obviamente não foram adquiridas no interesse da família e, portanto, não vinculam os bens conjugais, ou ao menos a meação da esposa, salvo fique demonstrado se tratava de garantias concedidas no interesse da família, ou que a sociedade conjugal se beneficiou dessas garantias creditícias, podendo ser identificado esse interesse no desenvolvimento e no crescimento da sociedade empresária. De qualquer forma, considera-se que as dívidas de uma empresa da qual o cônjuge seja sócio não se presumem que tenham sido contraídas em benefício do casamento ou da união estável, mas delas se deduz exatamente o contrário, de que são consideradas privativas, da sociedade.

Agora, quando é o terceiro credor que está cobrando ou executando o seu crédito, colocando em risco a meação do consorte que não se reconhece como devedor, o legislador faculta a oposição de embargos de terceiro para que o cônjuge injustamente atingido possa comprovar que realmente a dívida cobrada não foi alcançada em benefício do casal, ou se, ao contrário, ficar provado que, por exemplo, a família foi beneficiada pelas dívidas constituídas pela empresa, terminam os consortes sendo responsabilizados pela dívida da sociedade empresária,[135] merecendo mais uma vez o devido registro a Súmula 134 do STJ, no sentido de

---

Civil de 2015 (Enunciados Administrativos n°s 2 e 3/STJ). 2. Não se admite a penhora de ativos financeiros da conta bancária pessoal de terceiro, não integrante da relação processual em que se formou o título executivo, pelo simples fato de ser cônjuge da parte executada com quem é casado sob o regime da comunhão de bens. 3. O regime de bens adotado pelo casal não torna o cônjuge solidariamente responsável de forma automática por todas as obrigações contraídas pelo parceiro (por força das inúmeras exceções legais contidas nos arts. 1.659 a 1.666 do Código Civil) nem autoriza que seja desconsiderado o cumprimento das garantias processuais que ornamentam o devido processo legal, tais como o contraditório e a ampla defesa. 4. Revela-se medida extremamente gravosa impor a terceiro, que nem sequer participou do processo de conhecimento, o ônus de, ao ser surpreendido pela constrição de ativos financeiros bloqueados em sua conta corrente pessoal, atravessar verdadeira saga processual por meio de embargos de terceiro na busca de realizar prova negativa de que o cônjuge devedor não utiliza sua conta corrente para realizar movimentações financeiras ou ocultar patrimônio. 5. Recurso especial não provido." (STJ. Terceira Turma. REsp. 1.869.720/DF. Relator Ministro Ricardo Villas Bôas Cueva. Julgado em 27.4.2021).

[135] "Apelação. Embargos à execução. Sentença reconheceu a ilegitimidade passiva *ad causam* da esposa de codevedor, extinguindo a execução em relação a ela, sem resolução do mérito, nos termos do art. 485,

que: "Embora intimado da penhora em imóvel do casal, o cônjuge do executado pode opor embargos de terceiro para defesa de sua meação". Em julgamento peculiar, a Terceira Turma do STJ decidiu, em 7 de junho de 2022, em voto da Ministra Nancy Andrighi, que para a oposição dos embargos de terceiro por companheiro que pretende resguardar sua meação se faz imprescindível que o adotado regime convencional da separação de bens tenha tido ampla e precedente publicidade em relação a terceiros credores.[136]

---

inc. VI, do CPC. Por constatar a existência de convenção de arbitragem no contrato que fundamenta a execução, extinguiu os embargos à execução, sem resolução do mérito, na forma do art. 485, inc. VII, do CPC. Reconhecimento da legitimidade passiva da Sra. Sueli. Reinclusão no polo passivo da execução. Embora não tenha subscrito o contrato de investimento objeto da execução, na época do contrato era casada com o Sr. Francisco em regime de comunhão parcial de bens, beneficiando-se com o aumento do patrimônio comum do casal. Execução de fazer fundada em contrato que prevê cláusula arbitral. Prescrição. Matéria a ser apreciada em juízo arbitral. Competência da Vara Cível para apreciação do feito. Redução do valor dos honorários advocatícios sucumbenciais devidos pelo apelante Francisco. Apelação das embargadas provida. Recurso do embargante. Parcialmente provido" (TJSP, 1.ª Câmara Reservada de Direito Empresarial, Apelação Cível 1025493-89.2019.8.26.0100, Rel. Des. Azuma Nischi, j. 11.12.2019).

[136] "Civil. Processual civil. Embargos de terceiro. União estável, instrumento particular escrito. Regime de separação total de bens. Validade inter partes. Produção de efeitos existenciais e patrimoniais apenas em relação aos conviventes. Oponibilidade erga omnes. Inocorrência. Registro realizado somente após o requerimento e o deferimento da penhora de bens móveis que guarnecem o imóvel dos conviventes. Possibilidade. Registro em Cartório realizado anteriormente à efetivação da penhora. Irrelevância. Inoponibilidade ao credor do convivente no momento do deferimento da medida constritiva. 1. A ação de embargos de terceiro proposta em 12/02/2019. Recurso especial interposto em 22/10/2021 e atribuído à Relatora em 06/04/2022. 2. O propósito recursal é definir se é válida a penhora, requerida e deferida em junho/2018 e efetivada em agosto/2018, de bens móveis titularizados exclusivamente pela convivente, para a satisfação de dívida judicial do outro convivente, na hipótese em que a união estável, objeto de instrumento particular firmado em abril/2014, mas apenas levado a registro em julho/2018, previa o regime da separação de bens. 3. A existência de contrato escrito é o único requisito legal para que haja a fixação ou a modificação, sempre com efeito prospectivos, do regime de bens aplicável a união estável, de modo que o instrumento particular celebrado pelas partes produz efeitos limitados aos aspectos existenciais e patrimoniais da própria relação familiar por eles mantida. 4. Significa dizer que o instrumento particular, independentemente de qualquer espécie de publicidade e registro, terá eficácia e vinculará as partes e será relevante para definir questões interna corporis da união estável, como a sua data de início, a indicação sobre quais bens deverão ou não ser partilhados, a existência de prole concebida na constância do vínculo e a sucessão, dentre outras. 5. O contrato escrito na forma de simples instrumento particular e de conhecimento limitado aos contratantes, todavia, é incapaz de projetar efeitos para fora da relação jurídica mantida pelos conviventes, em especial em relação a terceiros porventura credores de um deles, exigindo-se, para que se possa examinar a eventual oponibilidade erga omnes, no mínimo, a prévia existência de registro e publicidade aos terceiros. 6. Na hipótese, a penhora que recaiu sobre os bens móveis supostamente titularizados com exclusividade pela embargante foi requerida pela credora e deferida pelo juiz em junho/2018, a fim de satisfazer dívida contraída pelo convivente da embargante, ao passo que o registro em cartório do instrumento particular de união estável com cláusula de separação total de bens somente veio a ser efetivado em julho/2018. 7. O fato de a penhora ter sido efetivada apenas em agosto/2018 é irrelevante, na medida em que, quando deferida a medida constritiva, o instrumento particular celebrado entre a embargante e o devedor era de ciência exclusiva dos conviventes, não projetava efeitos externos à união estável e, bem assim, era inoponível à credora. 8. Recurso especial conhecido e não provido, com majoração de honorários" (STJ, REsp.1.988.228/PR, Rel. Min. Nancy Andrighi, 3ª Turma, j. 07.06.2022).

1.4.6 Dívidas pessoais dos cônjuges

As dívidas dos cônjuges evoluíram na medida em que também tem evoluído a participação da mulher no mercado de trabalho, cuja atuação efetiva também tem permitido que possa ela igualmente gerar renda que atenda diretamente ao passivo proveniente da sociedade conjugal. São dívidas pessoais, por exemplo, aquelas realizadas antes do casamento e que seguem pendentes depois de celebradas as núpcias, salvo tenham sido formalizadas em decorrência do casamento, por exemplo, para a compra de um pacote turístico destinado à lua de mel do casal, ou para atender aos custos do próprio casamento, viabilizando despesas com a festa, com a cerimônia civil e religiosa, ou ainda relacionadas com a compra de móveis que vão mobiliar a moradia conjugal e que, obviamente, vão se incorporar ao patrimônio dos consortes, assim como prestações que vençam durante as núpcias, podendo ser compensada alguma entrada do preço ou da prestação paga antes do casamento com os recursos privativos e assim evitar o enriquecimento injusto. Em suma, são consideradas dívidas pessoais todas aquelas originadas antes do matrimônio, ainda que contempladas ou exigidas durante o casamento e que devem ser pagas com dinheiro privativo do cônjuge devedor.

São igualmente pessoais as dívidas provenientes de indenizações por danos causados em decorrência de ato ilícito doloso ou culposo de autoria de um dos cônjuges, danos causados, por exemplo, em virtude de algum acidente de trânsito, ou resultantes de um processo-crime, com os custos dos honorários do advogado contratado pelo réu e a cujo crime o consorte tenha sido condenado, ou ainda decorram de custos originados de alguma multa por infração na condução de algum veículo automotor, ainda que de propriedade dos cônjuges. É dívida pessoal a pensão alimentícia devida pelo genitor ao filho de outro relacionamento, ou quaisquer danos que algum dos pais causar ao patrimônio dos filhos comuns, ou que o filho causar a terceiros quando estiver sob os cuidados de apenas um dos seus genitores, cujos pais são separados, sendo essa dívida classificada como comum ou pessoal, dependendo da incidência da responsabilidade pessoal ou conjunta dos pais, tenham sido casados ou não, tenham vivido ou não em uma união estável. Como igualmente são dívidas particulares os encargos incidentes sobre a transferência de bens que serão titulados unicamente por um dos consortes, como são, por exemplo, as despesas e os tributos de uma escritura de doação, ou de um inventário em cujo regime de bens não se comunicam os bens doados ou herdados, tampouco aqueles que nestes são sub-rogados.

Márcio Berto Alexandrino de Oliveira aborda a responsabilidade conjugal pelo ato de improbidade de um dos cônjuges e na sequência deixa evidente que a ordem de indisponibilidade decretada na ação de improbidade administrativa não pode alcançar a meação do cônjuge, pois não seria razoável que o consorte respondesse pela empreitada ímproba do outro, sem prova de que foi beneficiado pelos atos ilícitos, sendo, portanto, indispensável para que a indisponibilidade de bens recaia sobre a meação do cônjuge que exista prova de que o produto do crime foi revertido em benefício da família.[137]

1.4.7 Dívidas das sociedades empresárias

Explica Camino Sanciñena Asurmendi que as dívidas contraídas pelo cônjuge empresário estão, por sua vez, submetidas à privatividade das dívidas adquiridas por uma pessoa

---

[137] OLIVEIRA, Márcio Berto Alexandrino de; MALTA, Allan Dias Toledo; PEREIRA, Layon Nícolas Dias. *A defesa do agente público na ação de improbidade administrativa*. De acordo com a Lei n.º 13.964/2019, "Lei anticrime". 3. ed. Rio de Janeiro: Lumen Juris, 2020. p. 152.

casada, de modo que as dívidas que ela contrai sempre serão pessoais e esse consorte será o devedor delas.[138] Entretanto, devido ao regime de comunidade de bens, essas dívidas podem afetar a massa de bens comuns, sem necessariamente atingir a meação do cônjuge que não é comerciante e que tampouco avalizou tais débitos. Portanto, o consorte que não é empresário não pode ser qualificado como devedor, ainda que pelas dívidas respondam os bens comunicáveis, que em parte lhe pertencem, e obviamente pode embargar sua meação caso seja judicialmente afetada. Isso porque o consorte de empresário não é responsável pelo exercício da atividade empresarial de seu cônjuge ou companheiro, salvo pelo efeito de os bens conjugais poderem ser atingidos pelas dívidas do esposo empresário e que precisam ser ressalvados por embargos de terceiro se atingidos por constrição judicial.

O tráfico da atividade empresarial não se limita às dívidas adquiridas pelos chamados *atos de comércio* que a doutrina e a legislação anteriores ao atual ordenamento civil costumavam denominar as atividades empresariais, porquanto compreende todas as obrigações cuja finalidade tenha sido a atividade empresarial em sentido amplo ou que tenham alguma conexão com ela, indiferente se trate de obrigações civis, fiscais ou trabalhistas, como igualmente têm a classificação de empresariais as dívidas derivadas de obrigações contratuais, assim como as extracontratuais, sempre que tragam como consequência o exercício da atividade empresarial. Acrescenta Amino Sanciñena Asurmendi que são igualmente empresárias as dívidas originadas da publicidade dos produtos fabricados ou comercializados, as obrigações derivadas de delitos ou faltas cometidas pela empresa, sejam elas pessoais ou que tenham sido cometidas pelos empregados ou diretores.[139]

Em regra, as dívidas contraídas pela pessoa jurídica devem ser suportadas pela empresa, pela sociedade simples ou pelos sócios, em conformidade com a responsabilidade financeira e contratual prevista para cada tipo societário, embora seja bastante comum deparar com ameaças proferidas em momentos de debacle conjugal, proferidas por cônjuges que arrostam assombrosas dívidas tituladas pela empresa, mas que em tempos de crise conjugal se transformam em dívidas do casal, sendo computadas maliciosamente no processo de separação ou de divórcio, oferecendo-se o cônjuge sócio para solvê-las e se dispondo a assumir com galhardia e estoicismo, com seu sacrifício pessoal, o pagamento e quitação, por sua responsabilidade exclusiva, essas assombrosas e invencíveis dívidas da empresa que, como anotado, curiosamente em vésperas de dissolução afetiva se tornam dívidas comuns, costumeiramente apresentadas para empresas que, nesse estágio de ruptura conjugal, são empresas antes lucrativas que, sem qualquer explicação plausível, subitamente se encontram em estado *falimentar*, embora em toda a sua vida pregressa nunca antes tivessem passado por tais dificuldades e sempre tenham sido empresas rentáveis e gozando até o divórcio de uma excelente saúde financeira.

Esse argumento das dívidas da empresa que se tornam dívidas do casamento é muito comum e corrente, e costuma surgir em momentos de crise conjugal, em processo que se encaminha para a inevitável e irreversível dissolução da sociedade afetiva. No entanto, se bem visto e avaliado, não comete impor automaticamente ao casamento as dívidas da empresa, que é um terceiro na relação conjugal. Em grande dimensão dos casos, essas dívidas são inexistentes ou são débitos normais que foram contraídos no exercício regular e ordinário da atividade empresária, para serem quitadas a médio ou longo prazo, conforme a empresa vai

---

[138] ASURMENDI, Camino Sanciñena. *Régimen económico matrimonial del comerciante*. Madrid: Dykinson, 1996. p. 113.

[139] ASURMENDI, Camino Sanciñena. *Régimen económico matrimonial del comerciante*. Madrid: Dykinson, 1996. p. 116.

atuando, exercendo seus negócios e suas funções sociais e recebendo seus ativos, tratando-se de dívidas contraídas pela pessoa jurídica para o exercício da sua atividade e do seu objetivo social. Portanto, apresentá-las na negociação da dissolução da vida conjugal ou da união estável como dívidas da entidade familiar, e não da empresa, é gesto que caracteriza uma inenarrável deslealdade conjugal e processual. E, pior, são dívidas que estão sendo cobradas à vista, e às custas de uma drástica redução do patrimônio conjugal, cuja atitude desleal não se afigura certa e muito menos pertinente, dado que o lastro da atividade societária do consorte sócio empresarial é o capital social que deve ter sido por integralizado na sociedade, e os bens da empresa são a garantia das dívidas da sociedade, e não os bens que compõem o acervo conjugal, agravada mais ainda a situação quando por vezes, inclusive, são arrostados débitos de uma sociedade empresária que sequer se comunica no casamento por ter sido constituída antes das núpcias.

Não se mostra correto e jurídico cobrar da meação do cônjuge de sócio as dívidas da sociedade empresária ou do exercício da profissão de um dos cônjuges, as quais decorrem de uma responsabilidade, por assim dizer, extracontratual ao casamento, dado que são realizadas sem nenhuma intervenção do consorte não sócio, tampouco gestor ou administrador da sociedade empresária, desconhecendo se tais dívidas não carregam, sobretudo, uma atuação dolosa ou culposa do cônjuge devedor. Esse estratagema de apresentar e pretender compensar no casamento dívidas da empresa como se fossem religiosamente dívidas do matrimônio é instrumento fraudatório que deve ser prontamente rechaçado, pois se acredita o cônjuge empresário que a esposa deva pagar o passivo da empresa, também tem de aceitar que o ativo da empresa deva igualmente ser partilhado com a mulher, e a cujas conclusões não há como se agarrar como a craca gruda no casco dos navios, pois são créditos e débitos de terceiros, e nesse sentido já decidiu a Sétima Câmara Cível do Tribunal de Justiça do Rio Grande do Sul na Apelação Cível 70078227758, da relatoria da Desembargadora Sandra Brisolara Medeiros, julgada em 26 de setembro de 2018,[140] e como também se pronunciou a Sétima Câmara Cível

---

[140] "Apelação cível. Ação de divórcio cumulada com alimentos e partilha de bens. 1. Direito processual civil. Alimentos compensatórios. Pedido formulado somente em sede de apelo. Inovação recursal. Impossibilidade de conhecimento sob pena de supressão de grau de jurisdição. A pretensão a alimentos compensatórios, tendo sido formulada somente em razões recursais, não foi apreciada na sentença, tratando-se de inovação recursal que não deve ser conhecida. 2. Alimentos entre ex-cônjuges. Binômio necessidade-possibilidade. Ônus da prova. Atualidade de situação de dependência econômica da mulher não demonstrada. A obrigação alimentar entre ex-cônjuges está lastreada no dever de mútua assistência, persistindo após a separação quando demonstrada a dependência econômica de uma parte em relação a outra, observando-se sempre, o binômio necessidade-possibilidade. Caso concreto em que a autora não comprova atual incapacitação para o trabalho, não justificando o pedido de alimentos. 3. Casamento realizado pelo regime da comunhão parcial de bens. Presunção de esforço comum. 3.1 Partilha de dívidas contraídas pelo ex-cônjuge na qualidade de avalista da empresa da qual é sócio o ex-marido. Descabimento. 3.2 Automóvel de propriedade da empresa da qual é sócio o ex-marido. Impossibilidade de inclusão no rol de bens a partilhar. Pelo regime da comunhão parcial de bens, comunicam-se todos os bens adquiridos onerosamente na constância do matrimônio, ainda que registrados em nome de um dos cônjuges, nos termos das disposições contidas nos arts. 1.658 e 1.660, I, do CCB. As dívidas contraídas na constância do casamento devem ser partilhadas desde que, além da comprovação de sua existência, seja demonstrado que reverteram em benefício do casal, a teor do disposto no art. 1.664 do mesmo diploma legal. *O ônus da prova acerca da existência de dívidas a partilhar contraídas na constância da convivência em prol do casal é daquele que formula a alegação e o correspondente pedido.* Caso concreto em que descabe a inclusão no rol partilhável de dívidas contraídas pela ex-mulher na condição de avalista da empresa na qual é sócio o ex-marido. Descabe a

do Tribunal de Justiça do Rio Grande do Sul na Apelação Cível 70081367377, em voto da relatoria do Desembargador Sérgio Fernando de Vasconcellos Chaves, datado de 14 de agosto de 2019, pronunciando que, se a esposa não integra a sociedade, não pode ser responsabilizada por eventuais dívidas da pessoa jurídica, pois ela nunca praticou atos de gestão.[141] E mais reforça tal conclusão a ideia contida no artigo 1.390 do Código Civil espanhol, pois que direito é, acima de tudo, bom senso e ao dispor que: "Como consequência de um ato administrativo ou de disposição levado a cabo por um só dos cônjuges tivesse este obtido um benefício ou lucro exclusivo para ele, ou ocasionado dolosamente um dano à sociedade, será devedor da mesma por seu valor, ainda que o outro cônjuge não impugne a eficácia do ato". Descreve na sequência o artigo 1.391 do diploma civil espanhol que: "Quando o cônjuge tiver realizado um ato em fraude dos direitos de seu consorte será, em todo caso, aplicado o disposto no artigo anterior e, ademais, se o adquirente tiver procedido de má-fé, o ato será rescindível". Prevalece no cômputo dessas relações de casamento e de sociedade empresária a separação das responsabilidades.

1.4.8 Dívidas contraídas com oposição do cônjuge e a separação de fato

A lei ordena o compartilhamento das dívidas contraídas em benefício da família e inclusive autoriza qualquer um dos consortes a contraí-las, inclusive por empréstimo, se necessário, dispondo textualmente o artigo 1.643 do Código Civil que: "Podem os cônjuges independentemente da autorização um do outro: I – comprar, ainda a crédito, as coisas necessárias à economia doméstica; II – obter, por empréstimo, as quantias que a aquisição destas coisa possa exigir". E complementa no artigo 1.644 do mesmo diploma civil que: "As dívidas contraídas para os fins do artigo antecedente obrigam solidariamente ambos os cônjuges".

Trata-se, portanto, das dívidas inerentes à vida conjugal e familiar e qualquer um dos cônjuges tem independência e autorização legal para contrair esses custos destinados à subsistência da família e tudo o mais que lhe diga respeito, estando o consorte que produz tais dívidas dentro de sua legítima esfera de atuação, representando os interesses da família, e é por conta dessa solidariedade legal que os credores podem confiar na validade e higidez do negócio que realizam em decorrência da gestão individual de cada cônjuge ou convivente, e sabe o

---

inclusão no rol de bens a partilhar de veículo automotor de propriedade da empresa da qual é sócio o ex-marido, ainda que constituída durante a sociedade conjugal, porque bem de terceiro. Apelação conhecida em parte e desprovida."

[141] "Divórcio. Partilha. Direitos e ações sobre imóvel integralizado na pessoa jurídica. Quotas sociais. Dívidas da sociedade. 1. Sendo o casamento realizado pelo regime da comunhão parcial de bens, todos os bens adquiridos a título oneroso na constância da vida conjugal devem ser partilhados igualitariamente, independentemente de qual tenha sido a contribuição de cada cônjuge para a consecução do resultado patrimonial, pois se presume que a aquisição seja resultado do esforço comum do par, como se infere dos arts. 1.658 e 1.660 do Código Civil. 2. Correta a partilha dos direitos e ações sobre imóvel objeto de contrato de promessa de compra e venda celebrado pelas partes, quando não comprovada a transferência de 50% para o nome da empresa da qual o autor é sócio, apesar de ter sido utilizado na integralização do capital, podendo esta parte do bem tocar ao varão na partilha. 3. Correta a partilha apenas do valor das cotas sociais pertencentes ao autor, com apuração em liquidação de sentença, mediante perícia, na qual deverá ser considerado o ativo e o passivo da pessoa jurídica. 4. Se a ré não praticava atos de gestão da empresa, e na apuração do valor das cotas sociais serão considerados o ativo e o passivo, inviável a responsabilização dela pelas dívidas da pessoa jurídica. Recurso desprovido."

credor que tanto os bens da sociedade conjugal como os bens privativos dos consortes servem de garantia para o seu crédito, obviamente ficando os credores mais seguros quando, em determinadas situações contratuais, também se acautelem com a expressa assinatura do outro consorte, notadamente em casos de avais e de fianças, especialmente nas obrigações cambiárias, as quais dificilmente consentem que lhes investiguem a causa e prescindem de qualquer referência ao negócio de que se originam, vedando discussão acerca da *causa debendi*.

Faltando o assente da esposa no aval e na fiança, a jurisprudência dos tribunais brasileiros nas décadas de 1960 e de 1970, notadamente a do Supremo Tribunal Federal, em repetidos arestos, afirmou que o aval constitui um dos casos típicos de ato que, de modo geral, só pode trazer prejuízo, e não proveito para o casal e, por essa presunção de liberalidade que lhe empresta, o Supremo Tribunal Federal reconheceu militar em favor da esposa do avalista presumibilidade de não ter o aval trazido proveito para a família. Assim, se para o ato não consentiu, suas consequências não podem atingir os bens do casal e ao credor incumbe, então, provar o contrário.[142]

Entrementes, existem ocasiões nas quais os cônjuges não concordam com a realização do ato, obrigando aquele que quer realizar o negócio jurídico a buscar em juízo o suprimento da outorga do outro e ficando ao encargo do juiz apurar se a recusa ao assentimento é justa ou injusta e, diante dessa decisão, suprir ou não a outorga resistida.

Sem similar no direito brasileiro, o artigo 1.638 do Código Civil espanhol estabelece que os bens conjugais respondem pelas obrigações contraídas por um só dos cônjuges em caso de separação de fato para atender aos gastos de manutenção, prevenção e educação dos filhos e que estejam a cargo da sociedade conjugal, que permanecem como dívidas no interesse da família, mesmo que o casal esteja faticamente separado, porém fica eliminada a responsabilidade subsidiária dos bens particulares do outro cônjuge, que também responderia com seus bens privativos se a sociedade afetiva se mantivesse íntegra, devendo ser aplicado o mesmo critério de interpretação no direito brasileiro, salvo, é claro, quando gastos são realizados com desmedido abuso pelo consorte separado de fato, com a intenção apenas de lesar o outro parceiro, movido por um ímpeto pessoal de ódio e de incontido ressentimento, ou às vezes apenas para simular um padrão exagerado de despesas familiares que nunca existiram no montante encenado por esse cônjuge desleal e que busca alterar a realidade dos fatos para, com isto, obter alguma vantagem processual, elevando o montante dos alimentos a serem judicialmente arbitrados.

1.4.9 Bens que respondem pelas dívidas comuns

Escreve Concepción Saiz García que a atuação individual de cada cônjuge possui aptidão suficiente e de fato sujeita todos os bens comunicáveis para o cumprimento das dívidas que tenham sido contraídas por um dos consortes, quando este atua: a) no exercício do poder familiar; b) como consequência da gestão ou da disposição de bens comuns; c) no exercício ordinário da profissão, arte ou ofício; d) no exercício do comércio; e) no âmbito da responsabilidade extracontratual. No caso de que estivessem os cônjuges separados de fato, seguiriam responsáveis pelas dívidas contraídas para atender aos gastos de manutenção, formação e educação dos filhos que estejam ao encargo da sociedade conjugal.[143]

---

[142] ESTRELLA, Hernani. *Direitos da mulher*. Rio de Janeiro: José Konfino Editor, 1975. p. 115.

[143] GARCÍA, Concepción Saiz. *Acreedores de los cónyuges y régimen económico matrimonial de gananciales*. Navarra: Thomson Reuters/Aranzadi, 2006. p. 52.

Pelas dívidas contraídas por um dos cônjuges no exercício do poder familiar respondem os bens comuns diretamente, regra aplicada a todos os regimes comunicáveis de bens, porquanto são os bens do casamento comuns e comunicáveis que servem de garantia aos credores, pouco importando se porventura o consorte devedor não tenha bens particulares, dado que os bens comuns confortam o débito que ele deve e contraiu tendo como propósito o proveito da família. Se por acaso forem insuficientes os bens comuns da sociedade conjugal e os bens pessoais do devedor, também responderão subsidiariamente os bens particulares do cônjuge não devedor.

A responsabilidade bilateral de ambos os cônjuges ou conviventes pelas dívidas domésticas contraídas em benefício da família consta do artigo 1.664 do Código Civil e sua razão de ser está no propósito do máximo alcance da responsabilidade patrimonial dos cônjuges, cuja responsabilidade direcionada para o acervo comum e para os acervos privativos dos cônjuges serve como extrema garantia de pagamento das despesas domésticas, gerando uma natural segurança em prol dos credores, em todos os seus aspectos e necessidades, pois nenhum dos consortes fica privado de poder contrair as dívidas domésticas em relação a terceiros, que podem confiar nas garantias outorgadas pelo artigo 1.664 do Código Civil, quando proclama a responsabilidade creditícia incidente sobre os bens comuns.

1.4.10 O pagamento das dívidas de terceiros

O Código Civil assinala no § 2.º do artigo 1.639 que os direitos de terceiros estarão sempre ressalvados, mesmo quando casais logram alterar judicialmente o seu regime de bens, cujo procedimento está regulado pelo artigo 734 do Código de Processo Civil e que, mais uma vez, resguarda os direitos de terceiros, cujo § 2.º faculta aos cônjuges adotar meios alternativos de divulgação da alteração do regime de bens conquanto imbuídos do propósito de proteger direitos de terceiros.

Portanto, tanto o Código Civil como o Código de Processo Civil realçam a absoluta primazia de resguardo dos direitos de terceiros credores da sociedade conjugal e que deverão ter seus créditos satisfeitos pelos bens que compõem a massa conjugal, e conforme as circunstâncias podem inclusive avançar sobre os bens particulares dos consortes. Depois de atendidos os créditos dos terceiros, deverão ser procedidos os eventuais reembolsos existentes entre os próprios cônjuges ou conviventes, que farão seus acertos pessoais para depois determinarem o montante líquido dos seus bens comuns e alvo da divisão para composição e pagamento de cada uma das meações devidas, sendo certo que o momento final para resolverem suas pendências financeiras e seus reembolsos internos, extinguindo suas dívidas com indenizações, gastos ou deteriorações de bens pessoais, ou uso de dinheiro comum para reparos de bens particulares, são todos arranjos finais que precisam ser realizados para encontrarem o líquido efetivo dos bens que devem ser considerados como definitivamente comuns.

Também devem organizar suas dívidas para com os terceiros credores da sociedade conjugal, de acordo com a ordem legal e o tipo de débito contraído em prol da família e assumido perante terceiros, pois estes têm um caráter preferencial na ordem de seus pagamentos, e algumas dessas dívidas mais do que outras, em razão de sua importância e dos encargos sobre elas incidentes, nada impedindo acertos internos em que um dos cônjuges assume diretamente alguma dívida conjugal relacionada com terceiro para compensar valor que deve em acerto interno para seu consorte, compensando uma dívida da sociedade conjugal com alguma dívida existente em relação ao seu consorte. Essas compensações só poderão ser realizadas sempre que o ativo superar o passivo, pois, na hipótese inversa, todos os bens do ativo serão insuficientes para quitar o passivo e os credores verão seus créditos serem apenas parcialmente satisfeitos, conforme as regras gerais do concurso de credores.

Dessarte, antes de ser procedida a partilha entre os consortes e a adjudicação dos bens em suas respectivas meações, as dívidas para com terceiros deverão ser devidamente satisfeitas, as quais podem ser satisfeitas com dinheiro, se houver, ou com a entrega de bens da sociedade conjugal em primeiro lugar, podendo os credores se opor a qualquer partilha entre os cônjuges ou conviventes enquanto seus créditos não resultem totalmente satisfeitos. Uma vez liquidadas as dívidas do consórcio conjugal, o remanescente que resulte depois de efetuadas as devidas deduções dessas dívidas e dos seus encargos, o saldo que sobrar, constituir-se-á no haver conjugal ou pós-conjugal, que se dividirá por metade entre os cônjuges e conviventes ou seus respectivos herdeiros.

Tomando como base que se trate de dívidas da sociedade conjugal e, portanto, de caráter comunitário e pela qual respondem tanto os bens conjugais como os bens pessoais, mas somente se os bens da sociedade, tomados em primeiro lugar, não forem suficientes para a quitação integral do débito. Também é fato adicional que a sentença de divórcio ou de dissolução da união estável não altera a situação legal dos credores, de maneira que eles seguem conservando todos os seus direitos contra o cônjuge devedor. E podem ser os dois, se a dívida foi contraída em proveito da sociedade conjugal ou familiar, pois, quando realizada em benefício do casal ou da família, essa dívida obriga solidariamente a ambos os esposos com seus bens comuns e próprios,[144] conquanto demonstre o credor haver sido contraída a dívida benefício familiar de forma que a referida obrigação vincula o casal.

Merece também registro o fato de que as dívidas alimentícias sempre têm preferência sobre as demais dívidas, de modo que, se a partilha se dá pela morte do autor da herança e que devia pensão alimentícia para um filho, esse crédito alimentar será pago em primeiro lugar, inclusive sobrepondo-se sobre algum eventual concurso de credores, servindo como oportuno exemplo o artigo 1.399 do Código Civil espanhol, quando dispõe que: "Terminado o inventário se pagarão em primeiro lugar as dívidas da sociedade, começando pelas alimentícias que, em qualquer caso, terão preferência. A respeito das demais, se o cabedal inventariado não for suficiente, será observado o disposto para o concurso de credores e prelação de créditos".

Obviamente que, tratando-se de mero divórcio ou da dissolução de uma união estável, as dívidas alimentícias de filhos exclusivos não podem ser debitadas ao encargo do patrimônio conjugal, sendo estas incidentes somente sobre a meação do cônjuge devedor ou sobre os bens particulares desse mesmo consorte devedor alimentar, só podendo abarcar o patrimônio conjugal indistintamente quando se tratar de uma hipótese pouco comum de acontecer, que seria a de uma dívida alimentar devida por ambos os genitores para seus filhos comuns e que se encontram sob o poder familiar de uma terceira pessoa. Se as dívidas de pensão alimentícia forem devidas em razão da precedente separação do casal, somente responderão os bens particulares do devedor de alimentos e a sua meação conjugal, mas, se forem créditos alimentícios dos filhos que executam aos seus dois pais, que quedam omissos na execução da sua natural obrigação alimentar, induvidosamente que se trata de uma dívida de alimentos devida pela dupla de devedores.

Satisfeitas as dívidas dos alimentos, devem ser procedidos os pagamentos das demais dívidas, atendendo às normas gerais sobre concurso de credores, servindo como parâmetro

---

[144] VARELA, Ángel Luis Rebolledo. El pago de deudas a terceros. *In*: VARELA, Ángel Luis Rebolledo. *El derecho de familia ante la crisis económica*. La liquidación de la sociedad legal de gananciales. Madrid: Dykinson, 2010. p. 39.

os artigos 955 a 964 do Código Civil brasileiro, cujos dispositivos espelham as ordens de preferência que, depois dos alimentos, costumam recair sobre dívidas trabalhistas, dívidas oriundas de acidentes do trabalho, de créditos com garantia real, de créditos tributários, estes últimos com o destaque para o artigo 185 do Código Tributário Nacional, ao estabelecer que: "presume-se fraudulenta a alienação ou oneração de bens ou rendas, ou seu começo, por sujeito passivo em débito para com a Fazenda Pública, por crédito tributário regularmente inscrito como dívida ativa" em fase de execução, e os créditos de privilégio especial (CC, art. 964).

1.5 ADMINISTRAÇÃO DOS BENS

Em decorrência da comunhão de vida, sobrevêm inúmeros atos das mais diversas naturezas e finalidades e que são necessários para atender aos interesses do núcleo familiar, atos que podem ser praticados por qualquer um dos consortes sem a anuência do outro cônjuge, e outros atos que requerem a outorga conjugal, igualmente denominado de vênia ou assentimento, um instituto do direito civil que representa uma autorização firmada por um dos cônjuges para permitir a prática de atos de disposição patrimonial.[145]

O sustento da família compete a ambos os cônjuges, sendo uma decorrência lógica do princípio da igualdade que é afiançada pelo Código Civil em seu artigo 1.511 e pela Constituição Federal em seu artigo 226, § 5.º, quando determina que os direitos e deveres referentes à sociedade conjugal são exercidos igualmente pelo homem e pela mulher. Tal situação certamente reflete de forma mais precisa a atual distribuição das obrigações entre o casal, que já não mais se assemelha à antiga e ultrapassada percepção de que competia apenas ao varão a obrigação de prover financeiramente a família e à esposa, a exclusiva responsabilidade pelos cuidados domésticos, isonomia que abrange o tratamento igualitário, independentemente do gênero, e, não menos importante, reparte de forma equânime as obrigações e deveres de cada um para com a sociedade conjugal e o núcleo familiar como um todo. Lembra Sílvio de Salvo Venosa[146] que o revogado Código Civil de 1916 estabelecia pertencer ao homem a administração dos bens conjugais, disposição que, evidentemente, se mostra completamente contrária aos princípios constitucionais mais elementares.

Como aponta Tula Wesendock, a isonomia prevista na Carta Magna não se limita apenas às relações sociais extrapatrimoniais, mas também às relações decorrentes do casamento, e a autora assinala em sua obra a evolução do Direito de Família brasileiro no tocante à criação e desenvolvimento do conceito de igualdade e isonomia entre homens e mulheres, citando o quanto foi revolucionário para a época o advento do Código Civil de 1916, um diploma civilista que "aboliu algumas figuras absurdas como o poder que o homem tinha de castigar a mulher e até mesmo matá-la".[147]

1.5.1 Atos de administração

Atos de administração são aqueles atos ordinários praticados diuturnamente para atender às necessidades da entidade conjugal, sendo lícito a qualquer um dos consortes a aquisição

---

[145] ROCHA, Pedro Figueiredo. *Outorga conjugal no aval*: encontros e desencontros entre legislação e jurisprudência. Belo Horizonte: D'Plácido, 2014. p. 113.

[146] VENOSA, Sílvio de Salvo. *Direito civil*. Direito de família. São Paulo: Atlas, 2001. v. V, p. 332.

[147] WESENDOCK, Tula. *Direito patrimonial de família*: disciplina geral do regime de bens no Código Civil. Rio de Janeiro: Elsevier, 2011. p. 173.

de coisas por meio de crédito e a obtenção de empréstimo para essa mesma finalidade, cujas dívidas originadas para o custeio dessas despesas conjugais serão de responsabilidade de ambos os cônjuges (art. 1.644 do CC). É expressamente dispensada a autorização do outro, e ambos os cônjuges serão devedores solidários, ainda que a dívida esteja somente no nome de um deles. Flávio Tartuce,[148] ao discorrer sobre a norma do artigo 1.643 do Código Civil, aponta que não há mais menção à esposa como destinatária de eventual autorização do seu marido, mudança efetuada diante da igualdade constitucional entre homens e mulheres que pôs fim a qualquer distinção discriminatória relativa ao papel de cada cônjuge dentro de uma entidade familiar que fosse baseada apenas no gênero sexual.

Portanto, os atos relacionados à manutenção da economia doméstica podem ser exercidos por qualquer um dos cônjuges independentemente da anuência do outro, e essa disposição é aplicável a todas as espécies de regime de bens previstos em lei sem exceção, tal qual preconiza o artigo 1.642 do Código Civil combinado com o artigo 1.688 do mesmo diploma legal, que reforça a obrigação de ambos os cônjuges no sustento das despesas comuns e na proporção dos rendimentos do seu trabalho e de seus bens.

Em julgado proferido pelo Tribunal de Justiça do Distrito Federal,[149] ficou decidido que, na ausência de provas em sentido contrário, "presume-se que o empréstimo contraído por um dos cônjuges durante o matrimônio tenha sido revertido em benefício da entidade familiar".

No Direito argentino, a matéria é tratada pelo viés da excepcionalidade, entretanto, com relação às dívidas contraídas em favor do núcleo familiar, a concepção é a mesma, de que os cônjuges respondem solidariamente pelos débitos assumidos em favor da família: "La regla general, en materia de deudas, es que cada cónyuge responde con sus bienes propios y con sus bienes gananciales por las obligaciones contraídas. De modo excepcional, si se trata de las cargas del matrimonio (necesidades de hogar, educación de los hijos o conservación de los bienes comunes), cada cónyuge responde con los frutos de los bienes propios y gananciales por las obligaciones contraída por el otro esposo".[150] Segundo Ursula Cristina Basset, em decorrência dessa excepcionalidade das dívidas comuns, o ônus da prova é de quem alega: "quien alegue dicho carácter, deberá probarlo". Dívidas causadas por atos danosos de filhos menores é considerada de responsabilidade de ambos os genitores, e, sobre as dívidas pessoais, o cônjuge que adquiriu o débito responde com a totalidade do seu patrimônio: "las deudas de los cónyuges son personales con regla".

Ao julgar um recurso de agravo contra decisão que não admitiu recurso especial, o Superior Tribunal de Justiça, por meio do voto do Ministro Relator do AREsp 1.666.674/SP,

---

[148] TARTUCE, Flávio et al. *Código Civil comentado*. Doutrina e jurisprudência. Rio de Janeiro: GEN/Forense, 2019. p. 1279.

[149] "Apelação cível. Divórcio. Partilha de bens. Comunhão parcial. Instrumentos utilizados para o exercício da profissão. Incomunicabilidade. Bem financiado. Partilha do valor correspondente. Quitação durante o transcurso da convivência marital. Despesas tributárias e administrativas. Empréstimo contraído na constância do casamento. Móveis existentes na residência do cônjuge virago e da filha adolescente. Proteção à pessoa em desenvolvimento. [...] 7. Presume-se que o empréstimo contraído por um dos cônjuges durante o matrimônio tenha sido revertido em benefício da entidade familiar. Ausente a prova em contrário, as parcelas a serem pagas após a separação devem integrar a partilha. [...]. 9. Apelações conhecidas e parcialmente providas" (Acórdão 1123825, 20140710313979APC, Rel. Alvaro Ciarlini, 3.ª Turma Cível, j. 05.9.2018, *DJe* 17.09.2018, p. 273-278).

[150] BASSET, Ursula Cristina. *La calificación de bienes en la sociedad conyugal*. Principios, reglas, criterios y supuestos. Buenos Aires: Abeledo Perrot, 2010. p. 675.

Ricardo Villas Bôas Cueva,[151] decidiu pela comunicabilidade de uma dívida oriunda da atividade mercantil de um dos cônjuges em virtude de o outro consorte ter sido beneficiado por essa atividade, e que seria ônus da recorrente comprovar que não foi beneficiada pelos lucros decorrentes dessa dívida assumida pelo seu marido:

> Incontroversa a existência da união estável existente entre a embargante e o executado, bem como o fato de que a dívida contraída por este se referia a sua atividade mercantil (crédito fundado em negócio no qual o executado era incorporador), de forma que existe comunicação da responsabilidade. Logo, não há que se falar em desconstituição da penhora. E ainda, por se tratar de dívida contraída em benefício da família, ordinariamente respondem ambos os companheiros pelo débito assumido. [...] Desta forma, bem demonstrado o fato de que o executado exercia atividade mercantil, e em raciocínio lógico têm-se que os lucros obtidos com esta atividade se revertiam em proveito do casal, implicando comunicabilidade das dívidas. E a embargante não trouxe aos autos alegações ou documentos aptos a afastar a assertiva de que a dívida foi contraída em nome da família, sendo, portanto, de registro a integral manutenção da respeitável sentença...

1.5.2 Administração de bens próprios

A administração dos bens próprios, por certo, não prescinde da autorização do outro cônjuge, pois seria ilógico condicionar a anuência do consorte sobre questões relacionadas a bens próprios e incomunicáveis, assim, assegura o artigo 1.642 do Código Civil que tanto o marido quanto a mulher podem livremente administrar os bens exclusivos. Cristiano Chaves de Farias e Nelson Rosenvald[152] entendem não ser admissível que o casamento pudesse impor aos cônjuges um completo aniquilamento de sua vida pessoal e de sua vontade, o casamento não é o fim da vida pessoal, mas a junção de interesses marcados pela comunhão plena dessa vida. O mesmo artigo autoriza a livre prática de todos os atos de disposição e administração necessários ao desempenho de sua profissão, com a observância da limitação imposta no artigo 1.647, I, do Código Civil, que por certo versa sobre o patrimônio comum e veda ao cônjuge casado, sob o regime da comunhão de bens (parcial ou total), alienar ou gravar os bens partilháveis sem a autorização do outro. Segue o artigo 1.642 do Código Civil elencando outros atos que dispensam a outorga conjugal, como desobrigar ou reivindicar os imóveis que tenham sido gravados ou alienados sem o seu consentimento ou sem suprimento judicial (III); (IV) demandar a rescisão dos contratos de fiança e doação, ou a invalidação do aval, realizados pelo outro cônjuge com infração do disposto nos incisos III e IV do art. 1.647; (V) reivindicar os bens comuns, móveis ou imóveis, doados ou transferidos pelo outro cônjuge ao concubino, desde que provado que os bens não foram adquiridos pelo esforço comum destes, se o casal estiver separado de fato por mais de cinco anos, e, por fim, praticar todos os atos que não lhes forem vedados expressamente (VI).

Na Argentina, consoante o artigo 456 do Código Civil e Comercial,[153] atestam-se igualmente a livre administração e a disposição dos bens próprios, e a única limitação estabelecida

---

[151] Agravo em Recurso Especial 1.666.674/SP (2020/0036775-3), Rel. Min. Ricardo Villas Bôas Cueva, data de publicação: 16.06.2020.

[152] FARIAS, Cristiano Chaves de; ROSENVALD, Nelson. *Direito das famílias*. Rio de Janeiro: Lumen Juris, 2008. p. 237.

[153] "Artículo 456. Actos que requieren asentimiento. Ninguno de los cónyuges puede, sin el asentimiento del otro, disponer de los derechos sobre la vivienda familiar, ni de los muebles indispensables de ésta, ni transportarlos fuera de ella. El que no ha dado su asentimiento puede demandar la nulidad del acto

Cap. 1 • REGIME DE BENS | 73

diz respeito à moradia familiar e aos móveis, como explica Ana Maria Chechile:[154] "Según el art. 469, cada cónyuge tiene la libre administración y disposición de sus bienes propios, con la sola limitación establecida en el régimen primario respecto de la vivienda familiar y los muebles indispensables de ésta. Así, la protección del hogar requerirá el asentimiento del cónyuge del adquirente para los actos de disposición, no importa cuál sea el régimen patrimonial que rija las relaciones entre los cónyuges". Por outro lado, o artigo 1.665 do Código Civil brasileiro torna possível a nomeação do cônjuge não proprietário para a realização de atos de administração e disposição dos bens incomunicáveis, a ser capitulado mediante cláusula em pacto antenupcial.

1.5.3 Administração dos bens comuns

O artigo 1.663 do Código Civil estabelece que compete a ambos os cônjuges a administração do patrimônio comum, e, como mencionado anteriormente, se trata de uma inovação com relação ao revogado Código Civil de 1916, que afirmava ser uma responsabilidade do varão essa função. Tal medida certamente não encontra respaldo após a promulgação da Constituição Federal de 1988 e a correta assunção do princípio constitucional de que todos são iguais perante a lei, sendo vedada qualquer disposição discriminatória baseada no gênero sexual, haja vista que, por se tratar de patrimônio comum, o interesse e a colaboração devem estar presentes tanto nos atos de administração como nos de disposição dos bens comuns. No parágrafo primeiro do aludido artigo, o legislador determina a responsabilidade do cônjuge administrador sobre eventuais dívidas contraídas no exercício da administração, as quais obrigam os bens comuns e particulares do cônjuge que os governa, e, os do outro, na razão do proveito que houver auferido. No segundo parágrafo, está expressa a necessidade de anuência do cônjuge para a realização de atos a título gratuito, que impliquem a cessão de uso ou gozo do patrimônio comum, e, por fim, no terceiro parágrafo, o legislador imputa uma sanção ao cônjuge administrador em casos de malversação dos bens, ocasião em que o julgador poderá atribuir a administração dos bens ao outro consorte.

Flávio Tartuce, ao versar sobre a regra insculpida no artigo em comento, dá como exemplo o caso de um marido que possui uma empresa de origem anterior ao casamento, e, portanto, incomunicável. Nessa situação, a parte comum da esposa e o seu acervo particular não respondem por dívidas contraídas pelo marido e oriundas da administração da sua empresa incomunicável, por se tratar de bem anterior ao casamento. Eventualmente, se a esposa for comprovadamente beneficiada por essa administração, responderão os seus bens particulares na proporção da vantagem por ela auferida.[155]

Na Argentina, de forma diversa, o artigo 470[156] do Código Civil e Comercial determina que a administração e a disposição dos bens comuns competem ao cônjuge que

---

o la restitución de los muebles dentro del plazo de caducidad de seis meses de haberlo conocido, pero no más allá de seis meses de la extinción del régimen matrimonial. La vivienda familiar no puede ser ejecutada por deudas contraídas después de la celebración del matrimonio, excepto que lo hayan sido por ambos cónyuges conjuntamente o por uno de ellos con el asentimiento del otro."

[154] CHECHILE, Ana Maria. *Derecho de familia conforme el nuevo Código Civil y Comercial de la Nación*. 2. ed. Buenos Aires: Abeledo Perrot, 2015. p. 187.

[155] TARTUCE, Flávio *et al. Código Civil comentado*. Doutrina e jurisprudência. Rio de Janeiro: GEN/Forense, 2019. p. 1.302.

[156] "Artículo 470. Bienes gananciales. La administración y disposición de los bienes gananciales corresponde al cónyuge que los ha adquirido. Sin embargo, es necesario el asentimiento del otro para enajenar

os adquiriu e, tal qual dispõe o ordenamento jurídico nacional, há previsão legal de imposição de restrições à alienação e a anotação de gravames em determinados bens sem que conste a expressa anuência do outro consorte, por exemplo, bens registráveis; ações nominativas não endossáveis; participações em sociedades, estabelecimentos comerciais, industriais ou agrícolas.

Graciela Medina,[157] ao comentar a reforma no Código Civil e Comercial argentino, assinala para a maior precisão da norma em comparação com o dispositivo anterior, cuja redação atual teve influência no Direito francês. Para a autora, essa alteração pontuou claramente as hipóteses que prescindem do assentimento conjugal, por exemplo, toda forma de alienação como venda; doação; permuta; dação em pagamento; integralização em sociedade; e toda constituição de gravames que impliquem o desmembramento do domínio. Como referido, a regra no Direito argentino é a de livre administração e disposição do patrimônio comum pelo cônjuge adquirente, porém essas restrições ora comentadas são fundamentadas em atenção à prática de eventuais atos fraudulentos que possam frustrar os direitos meatórios do cônjuge fraudado, e, embora haja mecanismos jurídicos para sustar esses atos, a realidade é que se trata de procedimentos extremamente morosos, às vezes de difícil comprovação e resolução, sendo mais prudente a determinação desses expedientes preventivos que dificultam a fraude na partilha do patrimônio comum.

No Direito espanhol o artigo 1.375 do diploma civil dispõe sobre a administração dos bens comuns e estipula que, na ausência de acordo, a gestão e a disposição dos bens partilháveis são feitas em conjunto pelos cônjuges. Montserrat Pereña Vicente leciona que "este principio de gestión conjunta, tiene, por tanto, excepciones convencionales y legales. [...] Sin embargo, al ser la regla general la gestión conjunta, las excepciones, como tales, deberán ser interpretadas restrictivamente y, como, señal Benavente Moreda, en caso de duda prevalecerá la regla de gestión conjunta".[158] Portanto, apesar de a administração conjunta do acervo comum ser uma regra geral, no Direito espanhol é admitida a gestão individual dos bens comunicáveis: "En defecto de pacto en capitulaciones, la gestión y disposiciones de los bienes gananciales corresponde conjuntamente a los cónyuges, sin perjuicio de lo que se determina en los artículos siguientes". Montserrat, ao citar Cuadrado Iglesias, questiona a aplicação da regra legal ante as incontáveis hipóteses que autorizam a gestão individual do patrimônio comum: "son tantos los supuestos en que es posible la gestión individual de gananciales que la pretendida regla de gestión conjunta queda en entredicho".

No Direito espanhol, a administração conjunta impõe a necessidade de que haja o consentimento dos cônjuges para os atos de administração e disposição nos casos em que não exista qualquer exceção convencional ou legal. Nesses episódios, a ausência de consentimento de um dos cônjuges ocasiona a aplicação de sanções de acordo com o tipo de ato praticado,

---

o gravar: a) los bienes registrables; b) las acciones nominativas no endosables y las no cartulares, con excepción de las autorizadas para la oferta pública, sin perjuicio de la aplicación del artículo 1824. c) las participaciones en sociedades no exceptuadas en el inciso anterior; d) los establecimientos comerciales, industriales o agropecuarios. También requieren asentimiento las promesas de los actos comprendidos en los incisos anteriores. Al asentimiento y a su omisión se aplican las normas de los artículos 456 a 459."

[157] MEDINA, Gabriela. *Tratado de derecho de familia según el Código Civil y Comercial de 2014*. Coordenação Aída Kemelmajer de Carlucci, Marisa Herrera e Nora Lloveras. Buenos Aires: Rubinzal-Culzoni, 2014. p. 776.

[158] MONTSERRAT, Pereña Vicente. *Masas patrimoniales en la sociedad de gananciales*. Transmisión de su titularidad y gestión entre los cónyuges. Madrid: Dykinson, 2004. p. 164-165.

como a nulidade dos atos cometidos a título gratuito (CC espanhol, art. 1.378) e anulabilidade dos demais, previsão semelhante ao comando insculpido no artigo 1.647, IV, do Código Civil brasileiro.[159] Essa imposição legal no Direito espanhol não determina especificamente que eventual negócio seja efetivamente praticado por ambos os consortes, pois o consentimento conjugal pode ser prévio, simultâneo ou posterior.

Essa liberdade que os cônjuges têm de pactuar e estabelecer as disposições que melhor atendam aos seus anseios comuns é autorizada pelo artigo 1.255 do Código Civil da Espanha, desde que não atentem contra a moral e a ordem pública: "Los contratantes pueden establecer los pactos, cláusulas y condiciones que tengan por conveniente, siempre que no sean contrarios a las leyes, a la moral ni al orden público".

Vicente Pereña Montserrat, ao discorrer sobre a admissibilidade de um pacto que rompa a regra da gestão conjunta, aduz que essa questão não é uníssona na jurisprudência e doutrina daquele país: "La discusión se plantea teniendo como telón de fondo el viejo fantasma de la discriminación de la mujer em el Derecho anterior a la Constitución tenía rango de ley, pero hoy día, y para plantear correctamente esta cuestión, hay de partir de la idea de que es posible admisión de ducho pacto no prejuzga a quién se va a atribuir la administración, es decir, podrá recaer tanto en el marido como en la mujer. Así, cuando Peña trata del tema de las normas constitutivas del denominado régimen económico matrimonial primario al referirse a la exigencia de que se respete la autonomía personal de cada cónyuge, señala que no se puede pactar que la mujer quede sujeta a licencia marital ni conferir apoderamientos generales irrevocables a favor del marido, es decir, lo enfoca desde la perspectiva de que se intente hacer pervivir una posible discriminación de la mujer, si bien cuando se refiere a la admisibilidad del pacto que ahora estudiamos se muestra mucho más abierto. [...] Para Díez-Picazo y Gullón la admisibilidad de una cláusula que rechace la cogestión entre cónyuges no puede ser tan amplia como para establecer un sistema que desequilibre por competo el derecho da la igualdad y por ello entienden que sería nulo un pacto que atribuya de manera permanente la gestión a uno solo de los cónyuges y que excluya al otro por siempre de ella, pero admiten un sistema de gestión solidaria e indistinta".

Para a parcela da doutrina que defende a liberdade de pactuar os interesses privados deve prevalecer a liberdade sobre a igualdade em matéria de direitos eminentemente privados, e, conforme Rams Albesa, citado por Montserrat, esse problema não pode ser resolvido apenas tendo como referência a dicotomia entre esses dois princípios, pois deve ser levada em consideração toda a legislação que trata sobre o regime de bens. Como ensina Peña, citado pelo autor, se é possível a eleição de um regime de separação de bens, não deveria haver problema que se atribua à administração do patrimônio conjugal, desde que, evidentemente, respeitados os direitos do outro cônjuge: "[...] puesto que es posible la separación de bienes, no puede haber inconveniente en el pacto por el que se atribuya a cada cónyuge la gestión y disposición de aquellos bienes gananciales que serían propios de no existir sociedad de gananciales. Pero creemos que incluso el pacto por el que se confiere sólo a uno u otro la gestión (administración y disposición a título oneroso) de los bienes gananciales no será nulo (salvando las potestades que por ley han de corresponder a cada cónyuge y a las que nos hemos referidos antes)".

---

[159] "Art. 1.647. Ressalvado o disposto no art. 1.648, nenhum dos cônjuges pode, sem autorização do outro, exceto no regime da separação absoluta: [...] IV – fazer doação, não sendo remuneratória, de bens comuns, ou dos que possam integrar futura meação."

1.5.4 Administração sem mandato expresso

O mandato representa a outorga de poderes conferidos pelo mandante a outra pessoa para praticar atos ou administrar os seus interesses, e a procuração é o instrumento do mandato (CC, art. 653). De acordo com o diploma civil, todas as pessoas capazes são aptas a dar procuração mediante instrumento particular, cuja validade está condicionada à assinatura do mandante, à indicação do local; da data; à qualificação do outorgante e do outorgado; e, por certo, à extensão dos poderes confiados naquele instrumento.

O mandato pode ser expresso, ou tácito, verbal ou escrito, e, quando a lei exige a observância da forma escrita, não é válido o mandato verbal. O mandato pode ser gratuito ou oneroso; no segundo caso, caberá ao mandatário a retribuição prevista, e, na falta de previsão, há presunção de ser gratuito. Por via de regra, o mandato somente confere poderes de administração, e, para alienar, hipotecar, transigir ou praticar quaisquer atos que exorbitem da administração ordinária, é necessário que a procuração contenha poderes especiais e expressos (CC, art. 661, § 1.º).

No matrimônio, a regra geral é de que ambos os cônjuges podem exercer os atos de administração e aqueles necessários à manutenção do lar, independentemente do consentimento do outro. A exceção legal a essa regra está transcrita no artigo 1.647 do Código Civil, o qual relaciona os atos que prescindem da autorização do outro consorte, por exemplo, o ato de alienar e doar patrimônio comum, ou gravar de ônus real os bens imóveis. No artigo 1.648 do Código Civil, o legislador determina que, quando um dos cônjuges se negar a firmar uma autorização, sem motivo justo, ou caso lhe seja impossível concedê-la, caberá ao julgador decidir a controvérsia.

Outra questão intimamente relacionada se dá em razão da ausência do cônjuge que estiver em local desconhecido ou remoto; encarcerado por mais de cento e oitenta dias; interditado judicialmente; ou privado, ainda que episodicamente, de consciência, situações estas previstas em lei e que autorizam o outro consorte a exercer com exclusividade a direção da família e a administração dos bens, consoante prevê o artigo 1.570 do Código Civil.

No Direito argentino, o artigo 459[160] do Código Civil e Comercial regula a outorga de poderes entre os cônjuges e atesta ser lícito a um dos esposos conceder poderes para o outro consorte representá-lo no exercício das faculdades que o regime matrimonial lhe atribui, e, portanto, deixa claro que se refere a todas as faculdades derivadas do regime patrimonial matrimonial, de modo que se incluem tanto os atos de administração como os de disposição, mas veda expressamente a possibilidade de que esse instrumento sirva para dar ao mandatário o consentimento previsto nos casos em que se aplica o artigo 456 do Código Civil e Comercial da Argentina (atos que requerem consentimento do outro cônjuge – dispor de direitos sobre a morada familiar, ou seus bens imóveis essenciais), e determina que o mandatário, salvo previsão em contrário, não está obrigado a prestar contas.

O artigo 459 do Código Civil e Comercial argentino soluciona um ponto que era bastante controvertido na doutrina e jurisprudência portenha, ao dispor explicitamente que, salvo convenção em contrário, o mandatário não está obrigado a prestar contas. Conforme lição de

---

[160] "Artículo 459. Mandato entre cónyuges. Uno de los cónyuges puede dar poder al otro para representarlo en el ejercicio de las facultades que el régimen matrimonial le atribuye, pero no para darse a sí mismo el asentimiento en los casos en que se aplica el artículo 456. La facultad de revocar el poder no puede ser objeto de limitaciones. Excepto convención en contrario, el apoderado no está obligado a rendir cuentas de los frutos y rentas percibidos."

Mariel Molina de Juan, o derrogado artigo 1.276 do Código Civil argentino continha uma exceção à regra da obrigação de prestar contas contemplada no artigo 1.909 do revogado Código Civil argentino.[161] O artigo 1.276 do Código Civil argentino determinava que o cônjuge poderia administrar os bens do seu consorte por meio da outorga de poderes por mandato, o qual podia ser expresso ou tácito, e, também, dispunha não ser obrigatória a prestação de contas: "Uno de los cónyuges no podrá administrar los bienes propios o los gananciales cuya administración le está reservada al otro, sin mandato expreso o tácito conferido por éste. El mandatario no tendrá obligación de rendir cuentas". Portanto, esse dispositivo eximia o cônjuge mandatário da obrigação legal de prestar contas sobre a administração do patrimônio de titularidade do seu esposo, e, segundo Mariel Molina de Juan: "se entendía que tal eximición respondía a fundamento de naturaleza ética y al particularísimo lazo que une a las partes de este contrato, en tanto son cónyuges. Con ella se propuso evitar enojosos conflictos ente los consortes o entre uno y los herederos del otro. Por lo demás, resultaba concordante con la disposición que calificaba los frutos de todos los bienes (propios y gananciales) como gananciales".

Diante dessa antinomia, entre a regra geral de obrigatoriedade de prestação de contas contida no artigo 1.909 do Código Civil argentino e o teor da norma delegada no artigo 1.276 do revogado diploma civilista argentino, havia o entendimento de que, apesar de existir uma exceção, era subsistente a responsabilidade do cônjuge mandatário, que não podia incorrer no exercício abusivo de direito, já que resultava plenamente aplicável o disposto no artigo 1.909 do Código Civil da Argentina. A doutrina considerou que essa exceção compreendia apenas os atos de administração, e não os atos de disposição, pois o contrário podia converter-se em uma via indireta para efetuar transferências proibidas entre os esposos, o mandatário podia reter para si o produto da alienação do patrimônio do seu consorte. Em suma, se um dos esposos vendia um bem do seu cônjuge, não se encontrava liberado de entregar para o consorte o resultado desta operação.

Como leciona Mariel Molina de Juan, foi interpretado pela doutrina que a solução legal era aplicável durante a convivência marital, que supõe confiança recíproca entre os seus integrantes, mas não podia ser alegada quando proposta a ação de divórcio e menos ainda após dissolvida a sociedade conjugal, pois, uma vez "cesada la comunidad de vida, desaparecían los fundamentos de esta previsión, la que de mantenerse podría provocar un serio prejuicio al mandante".[162] Para a doutrina majoritária, nada impedia que os cônjuges derrogassem por convenção o disposto na lei para pactuar expressamente a obrigação de o mandatário prestar contas sobre a administração dos bens, pois havia um consenso de que essa exceção não se tratava de uma norma de ordem pública, pois, caso contrário, o cônjuge mandante se veria obrigado a outorgar poderes para um terceiro, como única forma de possibilitar o pedido de prestação de contas, questão que contrariaria a lógica e a dinâmica própria do regime.

Méndez Costa, citada por Mariel Molin de Juan, aduz que, para impossibilitar o direito de pedir uma prestação de contas, deveria existir uma norma proibitiva nesse sentido, solução que não existe. Nessa linha, a jurisprudência aceitou que o cônjuge mandante pode dar ao seu esposo poderes para dispor dos seus bens, sem prejuízo de que o titular do bem exerça o seu direito de exigir uma prestação de contas, e esta foi a solução estampada no artigo 459 do Código Civil e Comercial da Argentina.

---

[161] "Artículo 1.909. El mandatario está obligado a dar cuenta de sus operaciones, y entregar al mandante cuanto haya recibido en virtud del mandato, aunque lo recibido no se debiese al mandante."

[162] MOLINA DE JUAN, Mariel. Comentarios artículos 529 a 557. *In*: CARLUCCI, Aída Kemelmajer de; HERRERA, Marisa; LLOVERAS, Nora (coord.). *Tratado de derecho de familia según el Código Civil y Comercial de 2014*. Buenos Aires: Rubinzal-Culzoni, 2014. p. 646-647.

Outro artigo importante do Código Civil e Comercial argentino é o artigo 470, que, apesar de afiançar a administração e disposição dos bens comuns ao cônjuge adquirente, assevera pela necessidade do assentimento conjugal para os atos de alienação e para gravar o patrimônio partilhável. Mariel Molina de Juan, ao discorrer sobre o tema, fundamenta essa questão alegando que esses dispositivos visam a assegurar o controle de certos negócios jurídicos realizados na vigência da comunidade e que possam, porventura, afetar os eventuais direitos meatórios do cônjuge que não detém a propriedade do bem e, portanto, está alheio à administração dessa parcela do patrimônio comunicável.

Apesar de ser esta a regra geral, de que comete ao cônjuge adquirente a administração e disposição dos bens comuns em seu nome (CCC argentino, art. 470), é possível que esse comando legal seja deixado de lado por decisão dos esposos, em razão do exercício da autonomia privada e mediante a outorga de poderes de um cônjuge para o outro com o intuito de autorizar a realização de atos de natureza patrimonial.[163]

Para Mariel Molina de Juan: "La norma deja claro en que se refiere al ejercicio de todas las facultades derivadas del régimen patrimonial matrimonial, de modo que se incluyen tanto los actos de administración como los de disposición de los bienes del poderdante, cualquiera sea el régimen aplicable".[164]

O artigo 474 do Código Civil e Comercial da Argentina[165] complementa o artigo 459 ordenando a aplicação das disposições do mandato tácito, ou as de gestão de negócios, de acordo com cada caso, e se aplica tanto para a vigência do matrimônio como para a sua dissolução, estabelecendo um princípio comum a gestão dos bens sem mandato expresso que serve para qualquer tipo de regime de bens. Após a separação dos cônjuges, o patrimônio ingressa em uma fase chamada pela doutrina argentina de *indivisión poscomunitaria*, momento posterior à dissolução fática e anterior à partilha do patrimônio conjugal, e nessa etapa o cônjuge atua como administrador por mandato tácito, ou seja, sem mandato expresso, e, diante disso, tem o dever de informar ao ex-consorte, com antecipação suficiente, a sua intenção de praticar atos que excedam a administração ordinária dos bens indivisos, de modo que o ex-cônjuge, alheio ao gerenciamento dos bens, possa formular oposição quando o ato for projetado pelo administrador e que eventualmente vulnere os seus direitos. Graciela Medina infere que a situação se torna ainda mais grave quando se trata de um gestor de negócios porque o administrador que exerce atividades de risco fora do habitual não é dispensado por circunstância imprevisível, se causar dano, conforme prevê o artigo 1.787 do Código Civil e Comercial da Argentina.[166]

Em julgamento firmado pelo Tribunal de Justiça do Rio Grande do Sul, a parte autora ingressou com uma ação anulatória cumulada com pedido de indenização por danos materiais e

---

[163] MOLINA DE JUAN, Mariel. Comentarios artículos 529 a 557. *In*: CARLUCCI, Aída Kemelmajer de; HERRERA, Marisa; LLOVERAS, Nora (coord.). *Tratado de derecho de familia según el Código Civil y Comercial de 2014*. Buenos Aires: Rubinzal-Culzoni, 2014. p. 646-647.

[164] MOLINA DE JUAN, Mariel. Comentarios artículos 529 a 557. *In*: CARLUCCI, Aída Kemelmajer de; HERRERA, Marisa; LLOVERAS, Nora (coord.). *Tratado de derecho de familia según el Código Civil y Comercial de 2014*. Buenos Aires: Rubinzal-Culzoni, 2014. p. 649.

[165] "Artículo 474. Administración sin mandato expreso si uno de los cónyuges administra los bienes del otro sin mandato expreso, se aplican las normas del mandato o de la gestión de negocios, según sea el caso."

[166] "Artículo 1.787. Responsabilidad del gestor por caso fortuito El gestor es responsable ante el dueño del negocio, aun por el daño que resulte de caso fortuito, excepto en cuanto la gestión le haya sido útil a aquél: a) si actúa contra su voluntad expresa; b) si emprende actividades arriesgadas, ajenas a las habituales del dueño del negocio; c) si pospone el interés del dueño del negocio frente al suyo; d) si no tiene las aptitudes necesarias para el negocio, o su intervención impide la de otra persona más idónea."

morais alegando ter sido coagida pelo seu companheiro a assinar uma procuração outorgan-do-lhe amplos poderes, documento que contava com cláusula de irrevogabilidade e isenção de prestação de contas com o propósito de que o então companheiro pudesse alienar a parte ideal de um imóvel comum, e este bem foi alienado sem que a recorrente recebesse a sua parte. Sobreveio a sentença em que os pedidos da parte autora foram julgados parcialmente procedentes para o fim de declarar a nulidade da dispensa da prestação de contas e condenar o réu ao pagamento de uma indenização a título de danos materiais referentes à meação da autora/recorrente.

Ao julgar os recursos de apelação, a desembargadora relatora Adriana da Silva Ribeiro[167] concluiu por manter a sentença e declarar nula a dispensa da prestação de contas inserta na procuração impugnada e a quitação dada em documento particular, pois praticadas como resultado de atitude dolosa do recorrido e sem a efetiva comprovação por parte do recorrido de que teria havido o pagamento da quota-parte pertencente à sua companheira. Arnaldo Rizzardo[168] conceitua o dolo: "A pessoa é levada ao erro por inexato conhecimento da situação de fato em razão de ação de um terceiro [...] É o erro intencionalmente provocado. Instigado pela intenção de enganar, o autor mune-se da vontade de induzir o outro ao erro, usando de artifícios não grosseiros ou perceptíveis a *prima facie*. Busca o prejuízo do induzido em proveito próprio ou de terceiros".

No Código Civil e Comercial argentino, o artigo 459 estipula que a faculdade de revogação de poderes outorgados entre cônjuges não pode ser objeto de limitações, e, antes da reforma judicial que conflagrou no surgimento do vigente Código Civil argentino, havia sido debatida a possibilidade de pactuar a irrevogabilidade do mandato entre cônjuges, mas a doutrina considerou que o mandato deveria ser essencialmente revogável.

1.5.5 Atos de disposição

Atos de gestão na lição de Adriana Noemí Krasnow[169] compreendem aqueles relacionados à atividade econômica que tem os bens conjugais como objeto, e a autora difere os atos de administração sobre os atos de disposição sob a afirmação de que os primeiros não produzem modificações substantivas nos haveres comuns por tratar-se de atos conservatórios, enquanto, por outro lado, os atos de disposição podem produzir um aumento ou diminuição do capital comum, e, por essa razão, o Código Civil e Comercial argentino limita a faculdade

---

[167] "Apelações cíveis. Mandatos. Ação anulatória cumulada com indenização por danos materiais e morais. Matéria de fato. Caso concreto. Procuração outorgada ao cônjuge contendo cláusula de irrevogabilidade e isenção de prestação de contas. Contrato particular de compra e venda pelo qual a autora vende (e dá quitação) ao réu de 30% de sua quota-parte no imóvel pertencente ao casal. Firmatura no dia em que a autora teve alta da clínica psiquiátrica. Atos praticados eivados por vício de consentimento. Nulidade da dispensa da prestação de contas inserta na procuração e quitação dada no documento particular firmado pelas partes. Venda de imóvel pertencente ao casal pelo cônjuge varão. Ausência de repasse do valor pertencente à fração ideal da autora. Prova produzida nos autos que demonstra que a autora era a legítima proprietária de 50% do bem alienado. Danos materiais devidos referente à fração ideal da autora. Danos morais embasado no fato de o réu manter a autora em ameaça constante de não poder retornar ao lar, caso não firmasse a procuração. Supostas ameaças que não foram comprovadas. Dano moral. Não configurado. Arbitramento de aluguel. Impossibilidade no caso concreto. Recursos de apelação desprovidos" (TJRS, 15.ª Câmara Cível, Apelação Cível 70075594119, Rel. Des. Adriana da Silva Ribeiro, j. 07.03.2018).

[168] RIZZARDO, Arnaldo. *Parte geral do Código Civil*. Rio de Janeiro: Forense, 2005. p. 481.

[169] KRASNOW, Adriana Noemí. *Régimen patrimonial del matrimonio*. Buenos Aires: Erreius, 2019. p. 159-160.

de disposição dos bens comuns com o intuito de preservar e proteger os interesses familiares e a integralidade do acervo comunicável, limitações que são impostas apenas com relação ao patrimônio comum, mas, como bem recorda a autora, somente será necessário o assentimento do cônjuge sobre atos de disposição de bens próprios se se tratar da residência familiar e dos bens que a guarnecem. Essas restrições enumeradas no artigo 470 do Código Civil e Comercial argentino alcançam os atos voluntários, não sendo aplicáveis as execuções e os atos de expropriação. Tal qual prevê a legislação brasileira, o diploma civil argentino prevê o pedido de autorização judicial para suprir a eventual impossibilidade de o cônjuge expressar o seu consentimento, quando ausente, ou incapaz ou, ainda, se a sua negativa não estiver de acordo com os interesses familiares.

Como descrito no item anterior, existem limitações a certos atos de disposição, os quais estão elencados no artigo 470 do Código Civil e Comercial da Argentina.

O artigo 1.642 do Código Civil brasileiro afirma o direito de o cônjuge demandar judicialmente a fim de desobrigar ou reivindicar os bens comuns que tenham sido gravados ou alienados sem o seu consentimento, aqueles doados e transferidos para concubino, ou demandar a rescisão de contratos de fiança e doação e requerer a invalidação de aval obtido sem o seu conhecimento.

Na Argentina, os atos de disposição que implicam a tomada de ações judiciais são tratados como atos processuais de disposição e configuram todos aqueles derivados do exercício de um direito legal, como a desistência do direito, o reconhecimento de uma pretensão e a transação. Adriana Noemí Krasnow[170] suscita dúvida se a exigência do consentimento disposto no artigo 470 do Código Civil e Comercial argentino seria necessária para a promoção de atos judiciais, uma vez que: "Respecto del allanamiento, desistimiento y, por supuesto, transacción de un pleito referido a la vivienda familiar y los muebles indispensables (art. 456), consideramos que debe exigirse el asentimiento conyugal, en virtud del principio que emerge del art. 454, y además porque se refiere a la disposición de derechos".

Carlos Lasarte, ao versar sobre o histórico legislativo na Espanha acerca dos atos de disposição, relembra que as mulheres não podiam sequer ter a liberdade de dispor sobre os seus bens particulares: "Con anterioridad, sin embargo, la mujer casada carecía prácticamente de facultades de disposición, incluso de sus propios bienes o patrimonio privativo, pues en la redacción originaria del Código el marido era el único cónyuge que tenía facultades de gestión respecto de los bienes del matrimonio".[171]

O derrogado diploma espanhol de cunho evidentemente discriminatório com relação à mulher ainda possibilitava ao cônjuge varão a prática de atos de alienação sem a necessidade do consentimento da esposa, o que, segundo afirma o autor, levou a ruinas familiares, das quais somente detinha conhecimento o patriarca da família que, privado de qualquer controle externo, atuava a seu capricho e, em muitos casos, essa falência de recursos decorria de dívidas de jogo e apostas.

A partir do ano de 1958, foi corrigida essa verdadeira discriminação ao ordenar a exigência do consentimento da esposa para a prática de atos dispositivos sobre imóveis ou estabelecimentos mercantis, porém seguiam críticas pelo fato de que essa tímida reforma não chegou a atingir os poderes de gestão que seguiram exclusivos do marido, que continuou a ser o único administrador com poderes de alienar, por si mesmo, o patrimônio comum que não fosse imóvel ou estabelecimento comercial. A razão para isso foi em função da piedosa Declaração de Motivos da

---

[170] KRASNOW, Adriana Noemí. *Régimen patrimonial del matrimonio*. Buenos Aires: Erreius, 2019. p. 187.
[171] LASARTE, Carlos. *Derecho de familia*: principios de derecho civil. 11. ed. Madrid: Marcial Pons, 2012. p. 186.

Lei de 1958 que rezava: "na sociedade conjugal [...] devido às exigências da unidade matrimonial, há um poder de dirigir esta natureza, religião e história atribuem ao marido".

Com a promulgação da Constituição Federal de 1978, foi abolida qualquer disposição discriminatória amparada no gênero sexual, e, na atualidade, a regra que prevalece sobre a matéria é a de que, na ausência de acordo, caberá aos cônjuges a administração conjunta, tanto para atos meramente conservativos como para os atos de disposição (CC espanhol, art. 1.375).[172] Ambos os cônjuges devem assentir a realização de atos de disposição e de administração sobre bens comunicáveis, cujo aceite pode ser expresso ou tácito, cabendo a anulação do ato se a lei exigir a anuência do cônjuge e não tiver sido observada essa regra. Por sua vez, o Código Civil espanhol toma a mesma direção que a legislação brasileira sobre a ausência de consentimento marital nos atos de disposição a título gratuito, tornando nulo eventual negócio realizado (CC, art. 1378),[173] e, por essa ação de anulabilidade não prescrever, o cônjuge que tiver sido prejudicado por qualquer negócio feito sem a sua ciência e aceite, poderá, a qualquer tempo, pleitear em juízo.

No Brasil, o Superior Tribunal Justiça, ao julgar em sede de recurso especial pedido de anulação de doação de bens comuns efetuada pelo cônjuge adúltero para a concubina, considerou ser imprescritível o direito da recorrente em postular a anulabilidade do negócio que não contou com o seu consentimento e reformou a decisão proferida pelo Juízo da Terceira Vara Cível do Foro Central da Comarca de São Paulo ao se pronunciar pela decadência do direito com amparo no artigo 1.177 do Código Civil de 1916 (CC/2002, art. 550), que previa o prazo de dois anos para a propositura da ação anulatória.

Segundo a Quarta Turma do Superior Tribunal de Justiça, como o cônjuge lesado não teria dado o seu consentimento, em realidade o consorte adúltero se valeu de uma procuração já revogada e decidiu que a transmissão de imóvel efetuada, por não se tratar de vício de consentimento, mas, na sua ausência absoluta, não se submeteria à decadência, constituindo nulidade de pleno direito a atingir todos aqueles que não agiram de boa-fé.

Ao julgar o feito, o Ministro Luis Felipe Salomão, relator do REsp 1.192.243/SP,[174] afirmou que:

---

[172] "Artículo 1.375. En defecto de pacto en capitulaciones, la gestión y disposiciones de los bienes gananciales corresponde conjuntamente a los cónyuges, sin perjuicio de lo que se determina en los artículos siguientes."

[173] "Artículo 1.378. Serán nulos los actos a título gratuito si no concurre el consentimiento de ambos cónyuges. Sin embargo, podrá cada uno de ellos realizar con los bienes gananciales liberalidades de uso."

[174] "Direito civil. Recurso especial. Anulação de doação de bens do cônjuge adúltero ao cúmplice. Prazo decadencial de 2 (dois) anos. A legitimidade do herdeiro necessário para vindicar a anulação exsurge apenas no caso do falecimento do cônjuge lesado. Em todo caso, há legitimidade autônoma do herdeiro necessário do cônjuge que procede à doação de bens para vindicar a anulação quanto à parte que exceder a de que o doador, no momento da liberalidade, poderia dispor em testamento (doação inoficiosa). Transmissão de imóvel com utilização de procuração, em que pese a prévia revogação do mandato. Nulidade de pleno direito, que não se submete a prazo decadencial para o seu reconhecimento. 1. O art. 550 do CC/2012 estabelece que a doação do cônjuge adúltero ao seu cúmplice pode ser anulada pelo outro cônjuge, ou por seus herdeiros necessários, até 2 (dois) anos depois de dissolvida a sociedade conjugal. Com efeito, a lei prevê prazo decadencial para exercício do direito potestativo para anulação da doação, a contar do término do casamento, isto é, pela morte de um dos cônjuges ou pelo divórcio. 2. Ademais, no tocante ao pleito de anulação da doação do cônjuge adúltero, por dizer respeito à meação da lesada (genitora do autor), coautora da ação, fica patente que o filho não tem legitimação para este pedido específico – o que só poderia cogitar se tivesse havido o prévio falecimento de sua mãe –, hipótese em que, a teor do art. 1.177 do CC/1916 [similar ao

Com efeito, as causas de nulidade absoluta de negócio jurídico são aquelas que a lei assim determinou, geralmente relacionadas com interesse social, ao passo que as causas de anulabilidade, também por opção legislativa, de regra, relacionam-se com interesses eminentemente privados. A tese é de utilização de procuração, quando já teria havido validamente a revogação do mandato, resultando em venda a *non domino*. Como é cediço, a venda a *non domino* é aquela realizada por quem não tem poder de disposição sobre a coisa. Vale dizer, o que emerge como vício é a completa falta de legitimação do alienante, que consiste na inaptidão específica para determinado negócio jurídico. Em outras oportunidades, esta Corte já se manifestou acerca da imprescritibilidade da pretensão de declaração de nulidade da venda a *non domino* (REsp 185.605, Rel. Min. Cesar Asfor Rocha, 4.ª Turma, j. 29.06.2000; e REsp 165.601, Rel. Min. Barros Monteiro, 4.ª Turma, j. 08.09.1998).

Assim, pelo fato de o negócio ter sido realizado sem o consentimento do cônjuge recorrente, trata-se de uma transação nula, o negócio jurídico não existe e nunca existiu. Como leciona Pontes de Miranda citado no referido acórdão: "O que não existe é nada; se lhe chama nulo é em sentido que não se põe no plano da validade: é o não ser, que equivocamente se chamou de nulo". Conforme reiteradas decisões do Superior Tribunal de Justiça, os atos nulos não prescrevem, podendo a sua nulidade ser declarada a qualquer tempo.

1.5.6 Má administração

A má administração dos bens conjugais é aquela caracterizada pelos gastos excessivos, pela dissipação dos bens e insolvência entre outros atos que configuram uma administração inepta. Na Argentina, o artigo 477 do Código Civil e Comercial enumera as causas que legitimam o pedido de separação judicial de bens por um dos cônjuges: "a) si la mala administración del otro le acarrea el peligro de perder su eventual derecho sobre los bienes gananciales; b) si se declara el concurso preventivo o la quiebra del otro cónyuge; c) si los cónyuges están separados de hecho sin voluntad de unirse; d) si por incapacidad o excusa de uno de los cónyuges, se designa curador del otro a un tercero".

A má administração do acervo conjugal que acarrete o perigo de perda do patrimônio comum e a insolvência do cônjuge são motivadores do pedido de separação judicial dos bens, uma ação própria a ser intentada enquanto ainda persiste o vínculo matrimonial e que tem por objeto dissolver a comunhão de bens que será substituída por um regime de separação de bens, o qual passará a regular as relações econômicas dos esposos até ser declarado extinto o casamento, devendo ser consignado que o § 3.º do artigo 1.663 do Anteprojeto do Código Civil apresentado ao Senado Federal pela Comissão de Juristas, responsável pela revisão e

---

art. 550 do CC/2002], estaria legitimado como herdeiro necessário. 3. No entanto, o caso é peculiar, pois é vindicada pelos autores anulação de doação praticada pelo cônjuge alegadamente infiel, já falecido por ocasião do ajuizamento da ação, sendo certo que consta da causa de pedir e do pedido a anulação de escrituras para que os bens imóveis doados passem a constar do acervo hereditário, em proveito do inventário. Com efeito, em vista do disposto no art. 1.176 do CC/1916 [similar ao art. 549 do CC/2002], que estabelece ser nula a doação quanto à parte que exceder a de que o doador, no momento da liberalidade poderia dispor em testamento, e como o feito foi julgado antecipadamente, sem ter sido instruído, se limitando as instâncias ordinárias a enfrentar a tese acerca da decadência para anulação da doação à apontada cúmplice, é prematuro cogitar em reconhecimento da ilegitimidade ativa do autor. 4. A transmissão de imóvel efetuada com utilização de procuração, em que pese a prévia revogação do mandato, por não se tratar de vício de consentimento, mas na sua ausência absoluta, não se submete à decadência, constituindo nulidade de pleno direito a atingir todos aqueles que não agiram de boa-fé. 5. Recurso especial provido" (Recurso Especial 1.192.243/SP (2010/0077460-9), Rel. Min. Luis Felipe Salomão, j. 07.05.2015).

atualização do Código Civil, prevê que: "Em caso de malversação dos bens, o juiz poderá atribuir a administração a apenas um dos cônjuges ou conviventes". Acerca das hipóteses que põem fim à comunhão de bens, leciona Guillermo A. Borda[175] que, por se tratar de um regime legal e de ordem pública, somente pode ser extinto por meio das causas que a lei fixa, e o artigo 475 do Código Civil e Comercial argentino enumera as seguintes causas: "La comunidad se extingue por: a) la muerte comprobada o presunta de uno de los cónyuges; b) la anulación del matrimonio putativo; c) el divorcio; d) la separación judicial de bienes; e) la modificación del régimen matrimonial convenido".

Essa ação de separação judicial dos bens apenas pode ser promovida pelos cônjuges, pois os credores do consorte insolvente não têm legitimidade para tanto, como, à semelhança, ocorre no Brasil, que aceita o pedido de abertura de inventário formulado pelos credores do inventariado.[176] Ana María Chechile[177] relata os pressupostos históricos que levaram à formulação do atual artigo 477 do Código Civil e Comercial da Argentina, eis que narra a autora que o artigo 1.294 originário do Código Civil derrogado, denominado pela doutrina de Código de Velez Sársfield, dispunha que: "El derecho para pedir la separación de los bienes, sólo compete a la mujer, cuando, la mala administración del marido le traiga peligro de perder sus bienes propios o cuando hubiese hecho concurso de acreedores". Essa norma, portanto, previa uma forma de garantir os bens próprios da mulher que eram administrados pelo marido insolvente, pois, até então, competia apenas ao varão a administração tanto do patrimônio do casal quanto sobre os bens de titularidade da esposa, já que não havia a previsão legal hoje vigente de que cada consorte tem a livre administração e disposição dos seus bens próprios e dos comuns que forem por ele adquiridos e, como ensina a autora:[178] "La mujer sólo asumía la administración de los bienes en casos de excepción y por imposibilidad del marido: tales los supuestos de incapacidad y consecuente nombramiento de la cónyuge como curadora, impedimiento accidental y declaración de ausencia con presunción de fallecimiento cuando optare por la continuidad del régimen de comunidad".

Antes do advento do artigo 477 do Código Civil e Comercial argentino, a esposa somente poderia ingressar com o pedido de separação judicial dos bens se o seu patrimônio próprio estivesse em risco pela má administração do seu esposo, não havia a possibilidade de a mulher promover essa ação se, porventura, houvesse risco de perda da parte do acervo partilhável, que seguia à sorte da administração do esposo.

O conceito de má administração foi debatido na XII Jornadas Nacionais de Derecho Civil no ano de 1989, na qual foi recomendado interpretar que: "La mala administración a que se refiere el artículo 1.294 Código Civil implica un elemento objetivo -gestión inepta-, trátese de bienes propios o gananciales, evidenciada por gastos excesivos, disipación, insolvencia, etc. -y un elemento subjetivo- falta de aptitud, negligencia o dolo en la gestión de los bienes.

---

[175] BORDA, Guillermo A. *Manual de derecho civil*. 13. ed. Buenos Aires: La Ley, 2009. p. 179.

[176] Resolução da XXV Jornadas Nacionais de Derecho Civil: "c) Improcedencia de subrogación: No procede que los acreedores del cónyuge habilitado para ejercer la acción la intenten mediante subrogación, dado que dichos acreedores carecen de interés en la separación de bienes (arg. arts. 5 y 6 ley 11.357), siendo además la acción el ejercicio de un derecho inherente a la persona (CC, art. 1196)" (Disponível em: https://jndcbahiablanca2015.com/wp-content/uploads/2014/01/Ed-anteriores-16-XII-Jornadas-1989. pdf. Acesso em: 15 set. 2020).

[177] CHECHILE, Ana Maria. *Derecho de familia conforme el nuevo Código Civil y Comercial de la Nación*. 2. ed. Buenos Aires: Abeledo Perrot, 2015. p. 218-219.

[178] CHECHILE, Ana Maria. *Derecho de familia conforme el nuevo Código Civil y Comercial de la Nación*. 2. ed. Buenos Aires: Abeledo Perrot, 2015. p. 184.

Ello exigirá valorar la administración en su conjunto, no en base a un acto aislado, salvo que éste, por su magnitud o entidad, apareje el peligro que la ley tiende a evitar". Esse conceito define que a má administração deve ser valorada em conjunto sob o aspecto objetivo e subjetivo da lei, e não somente com base em um ato distinto, a não ser que tenha esse eventual ato a capacidade de incorrer em danos irreversíveis ao direito de meação do cônjuge alheio à administração dos bens.

Ana María Chechile entende que a má administração que autoriza o pedido de separação judicial dos bens não se configura por uma perda ou insolvência acidental decorrente dos erros e acertos nos negócios, situação a que todos os empreendedores estão suscetíveis. Nesse caso, para a doutrinadora deve estar presente uma conduta de contornos definidos que se exteriorizam por uma série de atos dentro do contexto de uma administração que evidencie um obrar sem escrúpulos, temerário ou de franca inépcia. A comprovação da má administração deve relacionar as provas produzidas ao resultado negativo dos negócios em função da negligência, imperícia e inaptidão do cônjuge administrador, e todos os meios de prova são admitidos, inclusive a confissão, e a autora comenta que já não mais se limita o uso da confissão quando ausente a concorrência de outras provas.

A má administração que legitima o uso da via judicial para requerer a separação judicial dos bens pode ser em razão da inépcia do cônjuge administrador sobre os bens comuns e também sobre o patrimônio próprio. Apesar de não ser um entendimento unânime, grande parcela dos doutrinadores argentinos credita essa possibilidade, pois uma má gestão do patrimônio individual pode vir a assumir proporções que ponham em perigo o patrimônio comum devido à assunção desenfreada de dívidas pelo cônjuge administrador.

Guillermo A. Borda,[179] em livro publicado antes do advento do vigente Código Civil e Comercial argentino, ao discorrer sobre as causas que põem fim à comunhão de bens, crê que atualmente a mulher não tem a necessidade de promover essa ação para administrar os seus bens próprios e os comuns adquiridos por ela em função da existência de uma norma legal que pressupõe a livre administração dos bens próprios e dos bens comuns pelo cônjuge adquirente: "Si la mujer tiene derecho a administrar sus bienes propios y los gananciales que ella adquiera, no se ve por qué habría que tener que recurrir a la separación de bienes para poner a cubierto su patrimonio; le basta con asumir su administración".

Acerca da parte comum dos bens que, porventura, possa estar na administração do esposo, Borda acredita que os dispositivos previstos em lei que impedem a disposição do patrimônio comum sem o consentimento do cônjuge seriam outra razão para tornar letra morta o referido artigo, e cita o doutrinador a hipótese de ser suscitada a prodigalidade do cônjuge inepto a exercer a administração do patrimônio comunicável: "[...] el peligro que aquella jurisprudencia quería conjurar ha desaparecido. Sin prejuicio de que, en caso de prodigalidad, la esposa tendría el derecho que le brinda el art. 152, bis, CCiv. No obstante ser clara, a nuestro juicio, la falta de sustento jurídico y práctico de esta causal de disolución, la ley 23.515 la ha mantenido, modificando el art. 1294 de la siguiente manera: Uno de los cónyuges puede pedir la separación de bienes cuando el concurso o la mala administración del otro le acarree el peligro de perder su eventual derecho sobre los bienes gananciales cuando mediare abandono de hecho de la convivencia matrimonial por parte del otro cónyuge. Es a nuestro juicio, una norma destina a no tener aplicación práctica".[180]

---

[179] BORDA, Guillermo A. *Manual de derecho civil*. 13. ed. Buenos Aires: La Ley, 2009. p. 184-186.
[180] BORDA, Guillermo A. *Manual de derecho civil*. 13. ed. Buenos Aires: La Ley, 2009. p. 184-186.

1.5.7 Prestação de contas

A prestação de contas corresponde ao direito de exigir e ao dever de prestar e está presente em inúmeras relações jurídicas de direito material, pois, como leciona Marcelo Abelha,[181] esse aspecto é inerente a qualquer sujeito que administre bens ou esteja à frente de negócios alheios. O mencionado autor também faz importante observação ao explicar a razão da mudança do nome da ação pertinente, que no antigo Código de Processo Civil era denominada ação de prestação de contas e, com o advento do vigente código de ritos, passou a ser chamada de ação de exigir contas em função do fato de que a legalidade para a propositura da demanda tornou-se exclusiva do legitimado a exigir contas, não mais sendo aceito o ajuizamento de uma ação dessa natureza pelo sujeito que no plano de direito material tem o dever de prestar contas. Apesar dessa mudança na legitimidade de proposição da ação, foi mantido o caráter dúplice desse procedimento especial, sendo possível que ao final seja julgada a ação com a apuração de saldo em favor tanto do autor, aquele que exige a prestação de contas, quanto do réu, o sujeito que tem o dever de prestar contas pela administração do patrimônio alheio.

O procedimento para a proposição da ação de exigir contas está descrito nos artigos 550 ao 553 do Código de Processo Civil, que determina que eventual impugnação das contas prestadas deve ser fundamentada e específica. Posteriormente, o magistrado oportunizará ao réu prazo razoável para que junte a documentação conexa às justificativas dos lançamentos individualmente impugnados, portanto, em mais uma oportunidade, o legislador reforça ser imperioso que a impugnação seja pormenorizada de acordo com cada item específico.

A ação de exigir contas é dividida em duas fases: a primeira tem por objeto verificar a existência de uma relação jurídica que obrigue a prestação de contas entre os litigantes; e a segunda fase é quando ocorrem propriamente o apuramento das contas prestadas e a declaração de eventual saldo em favor do autor ou do demandado.

No Direito de Família, a prestação de contas entre os cônjuges não era admitida antes do advento da Constituição Federal de 1988, contudo, desde o momento em que marido e mulher passaram a ter os mesmos poderes e as mesmas obrigações, especialmente com relação à administração do patrimônio conjugal, tanto a doutrina quanto a jurisprudência começaram a aceitar a prestação de contas entre cônjuges e o mesmo pode ser dito quanto aos conviventes. É de ser notado que a prestação de contas é aceita após a separação de fato do casal, quando já não mais compartilham os mesmos interesses, pois, segundo entendimento do Superior Tribunal de Justiça, na vigência da comunhão de bens os cônjuges entre si não se acham jungidos do dever de prestação de contas, a comunhão de bens é a mais ampla possível e não permite a separação de cotas, nem mesmo ideal entre os consortes. Portanto, não haveria como cogitar a prestação de contas de um cônjuge para o outro,[182] muito

---

[181] ABELHA, Marcelo. *Manual de direito processual civil*. 6. ed. Rio de Janeiro: Forense, 2016. p. 797.

[182] "Recurso especial. Processual civil e civil. Família. Casamento sob regime de comunhão universal de bens. Separação de fato. Responsabilidade. Súmula n.º 7/STJ. Possibilidade de prestação de contas antes da formalização da partilha de bens. Eventual prejuízo na posterior divisão patrimonial. Cabimento da ação. 1. A ausência de prequestionamento da matéria suscitada no recurso especial impede o conhecimento do recurso especial (Súmula n.º 282 do STF). 2. A 'prestação de contas é devida por quantos administram bens de terceiros' (REsp n.º 327.363/RS e AgRg no Ag n.º 45.515/MG, Relator Ministro Barros Monteiro; AgRg no Ag n.º 33.211/SP, Relator Ministro Eduardo Ribeiro). 3. Na hipótese dos autos, os bens comuns dos cônjuges casados sob regime de comunhão universal de bens, e separados de fato desde 1.º de janeiro de 1990, ficaram sob administração do cônjuge varão, que assumiu 'o dever de detalhar e esclarecer os rendimentos advindos das terras arrendadas, bem como prestar as

embora a ideia da vedação da prestação de contas encontre dificuldades quando presente o direito fundamental ao mais amplo acesso à justiça, especialmente quando um dos consortes ou conviventes pode estar sendo vítima de uma extensa fraude patrimonial que reclame, com urgência, não apenas medidas cautelares de estancamento da *sangria* dos bens, mas desde logo o pleito judicial de prestação dos desvios praticados, para, somente em um segundo momento, serem cogitados a separação de fato e o circunstancial divórcio ou a dissolução da convivência de um casal. Nesse julgado em comento, o marido alegava não ser admissível o pedido de prestação de contas formulado por sua esposa, haja vista que o dever de prestar contas exigiria que o administrador estivesse na gerência de patrimônio alheio, e, pela natureza particular do regime de bens, em que ambos os cônjuges ostentam a condição de comunheiros, não estaria configurado esse requisito legitimador desse procedimento especial. O tribunal de origem confirmou a sentença por entender que: "[...] a partir do rompimento da união, ficou o cônjuge apelante na condição de administrador, cuidando dos interesses comuns, com a obrigação de bem gerir os interesses de ambos até a efetivação da partilha. Deste modo, tendo o recorrente facultativamente a administração do patrimônio do casal, de maneira provisória, até que se realize a dissolução da sociedade conjugal, concorre-lhe o dever de detalhar e esclarecer os rendimentos advindos das terras arrendadas, bem como prestar as respectivas informações quanto ao patrimônio comum. No entanto, nada impede que o apelante decline dessa missão, transferindo-a à meeira, ou a terceiros eventualmente nomeados pelo juízo".

---

respectivas informações quanto ao patrimônio comum' (fl. 1.486 e-STJ), circunstância que não pode ser revolvida nesta instância especial em razão do óbice constante da Súmula n.º 7/STJ. 4. O transcurso de longo lapso temporal entre a separação de fato e a formalização da partilha obriga o gestor dos bens comuns à prestação de contas ao outro consorte, que desconhece o estado dos bens administrados e pode deparar-se com prejuízos irreparáveis. 5. Na vigência da comunhão de bens, os cônjuges entre si não se acham jungidos ao dever de prestação de contas. A comunhão de bens é a mais ampla possível e não permite a separação de cotas, nem mesmo ideal entre os consortes. Não há, pois, como cogitar-se de prestação de contas de um cônjuge ao outro. Uma vez dissolvida a sociedade conjugal, desaparece a comunhão universal e os bens comuns devem ser partilhados como em qualquer comunhão que se extingue. Havendo, porém, um interregno entre a dissolução da sociedade conjugal e a partilha, aquele que conservar a posse dos bens do casal estará sujeito a prestação de contas como qualquer consorte de comunhão ordinária. *In casu*, não é preciso demonstrar a existência de autorização ou mandato entre os ex-cônjuges em torno da administração do patrimônio comum para justificar o pleito judicial de acerto de contas. É que a ação de prestação de contas não se subordina sempre e invariavelmente a um mandato entre as partes. Ao contrário, o princípio universal que domina a matéria é que 'todos aqueles que administram, ou têm sob sua guarda, bens alheios devem prestar contas'. Daí que basta o fato de um bem achar-se, temporariamente, sob administração de outrem que não o dono, para que esse detentor tenha que dar contas da gestão eventualmente desempenhada, ainda que não precedida de acordo ou autorização por parte do proprietário. A gestão de negócio, um dos principais fundamentos do dever de prestar contas, ocorre à revelia do dono, segundo a definição do art. 1.331 do Código Civil, razão pela qual não se pode negar ao comunheiro o direito a exigir contas do consorte que explora com exclusividade os bens comuns a pretexto de inexistência de mandato ou outro negócio jurídico entre os interessados' (Humberto Theodoro Júnior, *in Curso de direito processual civil*: procedimentos especiais, Rio de Janeiro, Forense, 1990, p. 1.557-1.558, grifou-se). 6. A legitimidade ativa para a ação de prestação de contas decorre excepcionalmente, do direito de um dos consortes obter informações acerca dos bens de sua propriedade, mas administrados pelo ex-cônjuge (gestor do patrimônio comum), durante o período compreendido entre a separação de fato e a partilha de bens da sociedade conjugal. 7. Recurso especial parcialmente conhecido e, nessa parte, não provido" (REsp 1300250/SP, 3.ª Turma, Rel. Min. Ricardo Villas Bôas Cueva, j. 27.03.2012, *DJe* 19.04.2012).

A inexistência de um mandato não é fator limitante à propositura de ação de exigir contas, na lição de Humberto Theodoro Júnior: "o princípio universal que domina a matéria é que todos aqueles que administram, ou têm sob sua guarda, bens alheios devem prestar contas. Daí que basta o fato de um bem achar-se, temporariamente, sob administração de outrem que não o dono, para que esse detentor tenha que dar contas da gestão eventualmente desempenhada, ainda que não precedida de acordo ou autorização por parte do proprietário. A gestão de negócio, um dos principais fundamentos do dever de prestar contas, ocorre à revelia do dono, segundo a definição do art. 1.331 do Código Civil, razão pela qual não se pode negar ao comunheiro o direito a exigir contas do consorte que explora com exclusividade os bens comuns a pretexto de inexistência de mandato ou outro negócio jurídico entre os interessados".[183]

O artigo 1.652 do Código Civil enumera algumas hipóteses de enquadramento da responsabilização do cônjuge que estiver na posse de bens particulares do outro, e será para ele e seus herdeiros responsável como usufrutuário, se o rendimento for comum (I); como procurador, se tiver mandato expresso ou tácito para os administrar (II); e como depositário, se não for usufrutuário nem administrador (III), tendo o Superior Tribunal de Justiça negado a demanda de prestação de contas sobre bens individualmente administrados por um dos cônjuges no período mediado entre a separação de fato e a partilha dos bens, justamente quando as cotas de sociedade empresária comum já haviam sido partilhadas, resultando o pleito em mera tentativa de revisão da cláusula de partilha do acordo judicialmente homologado.[184]

Na Argentina, a regra insculpida no artigo 459 do Código Civil e Comercial é de que o cônjuge responsável pela administração dos bens alheios não está obrigado a prestar contas, porém, nesse mesmo dispositivo, consta a faculdade de os consortes disporem em sentido contrário. Na realidade, essa disposição contida na parte final do mencionado artigo é uma inovação com relação à norma anterior prevista no revogado Código Civil que não previa ser o mandatário obrigado a prestar contas. Carlos Arianna,[185] ao discorrer sobre o tema, infere que: "La norma se refería a los actos de administración; no obstante, se admitió su extensión a los actos de disposición, pues el mandato entre los cónyuges no alteraba las disposiciones generales aplicables – salvo en cuanto a la obligación de rendir cuentas – al contrato de mandato. O sea: El mandado concebido en términos generales, no comprende más que los actos de administración (art. 1880, Cód. Civil), y se requería siempre mandato o poder especial para actos de disposición, particularmente para cualquier contrato que tenga por objeto transferir o adquirir el dominio de bienes raíces, por título oneroso o gratuito (art. 1.881, inc. 7.º, Cód. Civil) o para constituir o ceder derechos reales sobre inmuebles (art. 1.881, inc. 15, Cód. Civil)".

---

[183] THEODORO JÚNIOR, Humberto. *Curso de direito processual civil*. Procedimentos especiais. Rio de Janeiro: Forense, 1990. p. 1.557-1.558.

[184] "Civil. Processual civil. Direito de família. Ação de exigir contas. Procedimento bifásico e natureza condenatória. Duas espécies distintas de obrigação (primeira fase, obrigação de fazer; segunda fase, obrigação de pagar). Ingresso na segunda fase que pressupõe o reconhecimento da existência de relação jurídica. Ação de exigir contas entre a separação de fato e partilha. Admissibilidade. Acordo homologado judicialmente por meio do qual as cotas de sociedades empresárias foram partilhadas. Presunção de que o acordo contemplou lucros, frutos ou dividendos. Acordo válido até eventual anulação da respectiva sentença homologatória. Ausência de interesse processual na modalidade adequação. Propósito da parte de, por meio da ação de exigir contas, buscar a revisão da cláusula de partilha do acordo homologado judicialmente. Imprescindibilidade da anulação" (REsp 1.924.501/SP, 3ª Turma do STJ, Rel. Min. Nancy Andrighi, j. 26.04.2022).

[185] ARIANNA, Carlos. *Régimen patrimonial del matrimonio*. Buenos Aires: Astrea, 2017. p. 95.

1.5.8 Separação judicial dos bens na constância do casamento

Conforme antes mencionado, na Argentina, e no Direito espanhol tampouco difere, existe um conceito jurídico denominado *indivisión postcomunitaria*, definido pela situação em que se encontram os bens conjugais desde o momento em que a sociedade conjugal é dissolvida até ser ultimada a partilha do patrimônio amealhado pelos cônjuges. Adriana Noemí Krasnow relata a existência de duas correntes teóricas distintas sobre o tema, uma que afirma pela criação de uma massa comum única de bens produzida pela extinção da comunidade conjugal por qualquer razão que seja, e sobre a qual os consortes e seus sucessores detêm o direito à metade ideal, e refere a autora que dentro dessa visão: "se distinguieron dos posiciones en relación con que naturaleza jurídica asignarle. Para un sector, se estaba ante una universalidad jurídica, sobre la cual cada cónyuge tenía un derecho de participación en los bienes que constituyen una porción alícuota indeterminada." Sob outra visão e "con un enfoque diferente, algunos entendieron que se trataba de un condominio sobre las cosas y una copropiedad sobre los derechos de carácter ganancial, destacando que el condominio no resultaba oponible a terceros mientras que no se cumpliera con las normas propias de la publicidad".[186]

De outra parte, Santiago Fassi e Gustavo Bossert[187] consideraram que essa etapa posterior à dissolução da sociedade conjugal e anterior à partilha dos bens deveria ser denominada de "liquidación postcomunitaria", pois entendiam que, com a extinção da sociedade, não nascia de pleno direito uma massa única de bens comuns, visto que, por se tratar de um regime de gestão separada, que é a norma no Direito argentino, cada consorte conservava para si a administração dos seus bens próprios e dos bens comuns titulados em seu nome, mantendo dessa maneira vigente a regra de que cada cônjuge deve responder pelas suas dívidas. Eduardo A. Zannoni,[188] por sua vez, argumenta não ser possível enfrentar essa questão com uma resposta única para todas as possibilidades de extinção da sociedade conjugal. Para o referido autor, quando a causa da extinção produz uma mudança na titularidade dos bens comuns, como no caso da morte e morte presumida, sustenta que se estaria ante uma situação de indivisão dos bens, e, na hipótese de a causa de extinção da sociedade conjugal não modificar a titularidade do patrimônio comum, afirma que a comunhão que nasceu entre os cônjuges não se projeta externamente com uma titularidade sobre os bens e direitos que formam parte da comunhão. Com o surgimento do atual Código Civil e Comercial argentino, foi superada a carência acerca do tema no derrogado diploma civilista e a matéria passou a ser tratada no artigo 481 com a seguinte redação que segue o posicionamento adotado por Eduardo A. Zannoni: "Extinguido el régimen por muerte de uno de los cónyuges, o producido el fallecimiento, mientras subsiste la indivisión post comunitaria se aplican las reglas de la indivisión hereditaria. Si se extingue en vida de ambos cónyuges, la indivisión se rige por los artículos siguientes de esta Sección".

Todos os bens comuns existentes quando é extinta a sociedade conjugal integram esse regime especial que perdura até ser efetivada a partilha do patrimônio comum. A respeito dos frutos e dos rendimentos decorrentes, estabelece o artigo 485 do Código Civil e Comercial: "Los frutos y rentas de los bienes indivisos acrecen a la indivisión. El copropietario que los percibe debe rendición de cuentas, y el que tiene el uso o goce exclusivo de alguno de los bienes indivisos debe una compensación a la masa desde que el otro la solicita".

---

[186] KRASNOW, Adriana Noemí. *Régimen patrimonial del matrimonio*. Buenos Aires: Erreius, 2019. p. 317-318.

[187] FASSI, Santiago; BOSSERT, Gustavo. *Sociedad conyugal*. Buenos Aires: Astrea, 1978. t. II, p. 133.

[188] ZANNONI, Eduardo E. *Derecho civil*. Derecho de familia. 6. ed. Buenos Aires: Astrea, 2012. t. I, p. 712.

Como descrito no capítulo relacionado à prestação de contas, podem os consortes se liberar reciprocamente da obrigação de prestar contas, sendo esta a regra geral insculpida no artigo 459 do Código Civil e Comercial argentino que trata sobre o mandato entre cônjuges. Se os cônjuges não acordarem sobre as regras de administração e disposição durante o período da *indivisión postcomunitaria*, subsistirão as diretrizes previstas no regime de comunhão adotado, e cada um dos cônjuges tem a obrigação de informar o outro, com razoável antecedência, a sua intenção de realizar qualquer ato que exceda aqueles tipicamente ordinários, e outro consorte pode formular oposição quando o ato projetado vulnere os seus direitos (CCC, art. 482). Acaso um dos cônjuges se julgue prejudicado em seus interesses, pode solicitar em juízo uma autorização para realizar sozinho um ato que dependeria do consentimento do outro consorte, se a negativa daquele não for justificada. Também pode requerer sua designação, ou de um terceiro, como administrador da massa de bens do outro, e o seu desempenho é regido pelas faculdades e obrigações da administração da herança (CCC, art. 483). O uso do patrimônio comum é direito de ambos os cônjuges, e, se há falta de acordo, o exercício desse direito é regulado pelo juiz (CCC, art. 484).

No Brasil, é possível ser realizada a partilha dos bens durante o matrimônio no caso de os cônjuges solicitarem a alteração do regime de bens. Nessa situação, o patrimônio amealhado até esse momento será partilhado de acordo com o regime de bens até então vigente. O artigo 1.639, § 2.º, do Código Civil prescreve ser admissível a alteração do regime de bens mediante autorização judicial amparada em pedido fundamentado de ambos os cônjuges, cujas razões serão apreciadas pelo magistrado e ressalvados os direitos de terceiros. É, sem dúvida, um polêmico dispositivo que pode servir aos intuitos fraudatórios do cônjuge fraudador e "capaz de abrir uma perigosa brecha no campo da incansável fraude de partilha de bens conjugais ou da união estável, tanto que o artigo 1.393 do Código Civil espanhol admite encerrar por decisão judicial o regime de comunicação de bens, se o outro consorte estiver realizando atos de disposição ou de gestão de bens que envolvam fraude, dano ou perigo para a meação conjugal. Assim como o artigo 1.767 do Código Civil português admite a simples separação judicial de bens quando qualquer dos cônjuges estiver em perigo de perder o que pé seu pela má administração do outro cônjuge".[189]

Essa inovação trazida pelo Código Civil de 2002 acabou por revogar a imutabilidade do regime de bens prescrita no antigo Código Civil de 1916, em seu artigo 230, cujo dispositivo sempre foi objeto de críticas tanto a favor quanto contra. Sobre ele escreveu Caio Mário da Silva Pereira[190] que, se fosse possível mudar o regime de bens na constância do casamento, isso poderia conduzir um dos consortes a alterar o regime econômico do matrimônio, com grave risco para os próprios créditos e provável prejuízo para os terceiros. No caso de uma mudança de regime de comunicação dos bens para o da separação: "eventuais credores que tinham a expectativa de recebimento do seu crédito poderiam ver frustrada a quitação dos seus haveres pela maliciosa migração dos cônjuges para o regime da completa separação".[191]

Sílvio de Salvo Venosa[192] enfatiza ter sido erigido o princípio da imutabilidade do regime de bens como garantia aos próprios cônjuges e para resguardo do direito de terceiros. Ressalva apenas o entendimento de a irrevogabilidade do regime tender, em regra, a proteger a mulher casada, pois em outra esfera cultural brasileira a mulher era tida como dotada de menor

---

[189] MADALENO, Rolf. *Direito de família*. 10. ed. Rio de Janeiro: GEN/Forense, 2020. p. 775.
[190] PEREIRA, Caio Mário da Silva. *Instituições de direito civil*. 7. ed. Rio de Janeiro: Forense, 1991. v. V, p. 116.
[191] MADALENO, Rolf. *Direito de família*. 10. ed. Rio de Janeiro: GEN/Forense, 2020. p. 776.
[192] VENOSA, Sílvio de Salvo. *Direito civil*. Direito de família. São Paulo: Atlas, 2001. v. V, p. 150.

experiência no trato das riquezas econômicas do casamento, quase sempre administradas pelo marido. De outra parte, Orlando Gomes[193] questionava quais razões poderiam justificar a manutenção da imutabilidade do regime patrimonial, quando a própria lei punha à escolha dos nubentes diversos regimes matrimoniais e não os impedia de combinar disposições próprias de cada um dos regimes. Aconselhava apenas fossem adotadas as devidas cautelas, subordinando a mudança do regime à autorização judicial, por requerimento de ambos os cônjuges, os quais deveriam justificar a pretensão. Verifica o juiz a plausibilidade do deferimento, cuidando apenas para terceiros não serem prejudicados e ressalvando essa hipótese em qualquer caso, com a ampla publicidade de a sentença ser transcrita no registro próprio.

1.5.9 O assentimento conjugal

O artigo 1.647 do Código Civil dispõe os atos que necessitam do consentimento do outro cônjuge para serem realizados, exceto, por evidente, quando o regime eleito for o da separação absoluta.[194] Os atos descritos no artigo 1.647 do Código Civil são: I – alienar ou gravar de ônus real os bens imóveis; II – pleitear, como autor ou réu, acerca desses bens ou direitos; III – prestar fiança ou aval;[195] IV – fazer doação, não sendo remuneratória, de bens comuns, ou dos que possam integrar futura meação, acrescendo o Anteprojeto do Código Civil em tramitação no Congresso três parágrafos ao artigo 1.647 do Código Civil de 2002, determinado que nenhum dos cônjuges ou conviventes pode, mesmo em se tratando de bem particular, dispor sem o assentimento do outro, do imóvel onde estabeleceram o domicílio conjugal ou convivencial, nem quanto aos bens móveis que o guarnecem (§ 1.º); e que a falta de outorga não invalidará o aval, mas configurará sua ineficácia parcial no tocante à meação do cônjuge

---

[193] GOMES, Orlando. *O novo direito de família*. Porto Alegre: Fabris, 1984. p. 19-20.

[194] "Recurso especial. Civil e processual civil. Partilha. Anulação. Imóveis. Registro. Herdeiros. Comunhão universal de bens. Citação. Cônjuges. Necessidade. Litisconsórcio necessário. 1. Recurso especial interposto contra acórdão publicado na vigência do Código de Processo Civil de 1973 (Enunciados Administrativos n°s 2 e 3/STJ). 2. Cinge-se a controvérsia a definir se, em ação anulatória de partilha em que o título de transferência dos imóveis anteriormente recebidos pelos herdeiros já foi levado a registro, os cônjuges dos herdeiros casados sob o regime de comunhão universal de bens devem integrar a lide na qualidade de litisconsortes necessários. 3. No caso de a anulação de partilha acarretar a perda de imóvel já registrado em nome de herdeiro casado sob o regime de comunhão universal de bens, a citação do cônjuge é indispensável, tratando-se de hipótese de litisconsórcio necessário. 4. Recurso especial provido." (STJ. REsp. 1.706.999/SP. Terceira Turma. Relator. Ministro Ricardo Villas Bôas Cueva. Julgado em 23.02.2021).

[195] "Direito Civil. Recurso especial. Fiança. Necessidade de outorga conjugal. Fiador empresário ou comerciante. Irrelevância. Segurança econômica familiar. Nulidade do contrato de fiança. 1. O art. 1.647, III, do CC/2002 exige a outorga conjugal para prestar fiança, exceto no regime de separação absoluta de bens. 2. O art. 1.642, I, por seu turno, autoriza o marido ou a mulher, independentemente de autorização do outro cônjuge, a praticar todos os atos de disposição e de administração necessários ao desempenho de sua profissão, exceto alienar ou gravar de ônus reais os imóveis. Contudo, o art. 1.642, IV, do mesmo diploma legal possibilita ao cônjuge, sem anuência nem consentimento do outro, pleitear a nulidade da fiança prestada sem outorga conjugal. 3. A melhor exegese é aquela que mantém a exigência geral de outorga conjugal para prestar fiança, sendo indiferente o fato de o fiador prestá-la na condição de comerciante ou empresário, considerando a necessidade de proteção da segurança econômica familiar. 4. A fiança prestada sem outorga conjugal conduz à nulidade do contrato. Incidência da Súmula n. 332 do STJ. 5. Recurso especial a que se nega provimento" (STJ. REsp. 1.525.638/SP. Quarta Turma. Relator Ministro Antonio Carlos Ferreira. Julgado em 14.06.2022).

ou convivente que não participaram do ato (§ 2.º); e, por fim, que o disposto neste artigo aplica-se à união estável devidamente registrada no Registro Civil das Pessoas Naturais (§ 3.º).

Ao versar sobre os impedimentos do referido dispositivo, Carlos Roberto Gonçalves[196] faz pertinente observação ao aduzir que a vedação à prática de atos de alienar ou gravar de ônus real os bens imóveis "trata-se, na verdade, de mera falta de legitimação, e não de incapacidade, pois, obtida a anuência do outro, o cônjuge fica legitimado, e os atos por ele praticados revestem-se de legalidade". Essa exigência tem como objetivo dar segurança à família e impedir o esvaziamento dos bens de raiz, que em sua maioria das vezes representam a parcela de maior valia do patrimônio comum, cuja alienação, entendida no seu sentido mais amplo, contemplando toda forma de transferência do patrimônio como a venda, a doação, a permuta e a dação em pagamento, por exemplo, possa servir aos escusos interesses do cônjuge fraudador e alheio ao conhecimento e anuência do outro consorte.

Outra questão pertinente trazida à discussão por Carlos Roberto Gonçalves é de que o Código Civil de 2002 alterou a regra prevista no diploma civilista anterior de 1916, o qual requeria a manifesta autorização do consorte, inclusive para a alienação de bens regidos pelo regime da separação absoluta de bens. Para o autor, essa medida ainda é considerada válida quando o matrimônio tiver sido contraído em momento anterior ao advento do atual Código Civil em razão do comando articulado no artigo 2.039[197] do Código Civil vigente.

Portanto, seguindo essa lógica, no caso de um casal ter contraído matrimônio sob o regime da separação absoluta em período anterior ao advento do Código Civil atual, seria, em tese, necessária a anuência do consorte para a prática dos atos de alienação de bens imóveis, mesmo que esse relacionamento fosse regido pelo regime da separação absoluta de bens.

Entretanto, o Superior Tribunal de Justiça se manifestou em sentido contrário quando do julgamento do Recurso Especial 1.797.027/PB,[198] da lavra da Ministra Nancy Andrighi,

---

[196] GONÇALVES, Carlos Roberto. *Direito das obrigações*. Parte especial: contratos. 19. ed. São Paulo: Saraiva, 2017. v. 6, t. 1, p. 396.

[197] Art. 2.039 do Código Civil de 2002. "O regime de bens nos casamentos celebrados na vigência do Código Civil anterior, Lei n.º 3.071, de 1.º de janeiro de 1916, é o por ele estabelecido."

[198] "Civil. Processual civil. Ação de nulidade de garantia hipotecária. Necessidade de autorização conjugal. Casamento realizado sob o regime da separação absoluta e convencional de bens na vigência do CC/1916. Imóvel dado em garantia hipotecária na vigência do CC/2002. Regra de transição do art. 2.039 do CC/2002. Âmbito de incidência limitado aos aspectos patrimoniais das relações familiares, como a partilha de bens e a alteração posterior do regime de bens. Definição da legislação aplicável quanto à autorização conjugal fora do escopo da regra. Autorização conjugal que é condição de eficácia do negócio jurídico hipotecário. Casamento celebrado na vigência do CC/1916 e garantia hipotecária dada na vigência do mesmo código. Aplicação da regra do art. 235, I, do CC/1916, exigindo-se a autorização conjugal independentemente do regime de bens. Casamento celebrado na vigência do CC/1916, mas garantia hipotecária dada na vigência do CC/2002. Aplicação da regra do art. 1.647, I, do CC/2002, que dispensa a autorização conjugal quando o regime de bens do casamento for o de separação absoluta, ainda que se trate de matrimônio ocorrido na vigência da legislação revogada. Dissídio jurisprudencial prejudicado. 1. Ação ajuizada em 31.08.2011. Recurso especial interposto em 27.09.2018 e atribuído à Relatora em 22.02.2019. 2. O propósito recursal consiste em definir se a hipoteca firmada na vigência do CC/2002, exclusivamente por cônjuge casado sob o regime da separação total de bens na vigência do CC/1916, é nula pela ausência da respectiva obtenção da autorização conjugal. 3. Conceitualmente, o art. 2.039 do CC/2002, ao estabelecer uma regra de transição quanto ao regime de bens, teve por finalidade específica disciplinar as relações familiares entre os cônjuges na perspectiva patrimonial, ditando o modo pelo qual se dará, por exemplo, a partilha de seus bens por ocasião da dissolução do vínculo conjugal, bem como a possibilidade de alteração motivada e judicial do regime de bens posteriormente consagrada pela jurisprudência desta Corte. 4. Dessa forma,

considerou que a regra de direito transitório não deve influenciar a perspectiva e definição da legislação aplicável às hipóteses em que deveria ser abonada a autorização conjugal. Portanto, para a referida Ministra, a despeito de a matéria estar relacionada ao regime de bens, o caso sob análise versa sobre a eficácia e validade de negócios jurídicos celebrados após a entrada em vigor do Código Civil de 2002, razão pela qual entendeu que deverá ser aplicada a regra do artigo 1.647, I, do vigorante Código Civil, que prevê a dispensa de autorização conjugal, e somente nos negócios jurídicos celebrados na vigência da legislação revogada é que poderá ser aplicada a regra do artigo 235, I, do Código Civil de 1916, cujo dispositivo previa a necessidade de autorização conjugal como condição de eficácia da hipoteca, independentemente do regime de bens.

O princípio da irretroatividade da lei nova serve para proteger os direitos e interesses de um dos cônjuges a fim de evitar que seja prejudicado pela aplicação da lei nova e menos restritiva; assim: "proteger o ato jurídico perfeito e o direito adquirido à aplicação do ordenamento jurídico vigente à sua época, em conformidade com os artigos 5.º, XXXVI, e 6.º da Lei de Introdução ao Código Civil – Decreto-lei n. 4.657 de 4 de setembro de 1942".[199]

Também se faz necessário o assentimento conjugal para os contratos de compromisso de compra e venda irretratáveis e irrevogáveis, bem como para a constituição de hipoteca ou de outros ônus reais sobre bens imóveis. Outra questão interessante a respeito do derrogado diploma civilista era a proibição de a mulher contrair obrigações sem autorização do marido que pudessem importar em alheação dos bens do casal (CC/1916, art. 242, IV).O início de um movimento legislativo para a equiparação dos gêneros se deu a partir da promulgação do Estatuto da Mulher Casada (Lei 4.121/1962), cujos princípios de igualdade e solidariedade somente foram efetivamente consagrados cerca de duas décadas depois com o surgimento da Constituição Federal no ano de 1988.

A outorga conjugal é exigida independentemente do sexo do consorte, e essa exigência do legislador deve ser interpretada de forma taxativa por se tratar de uma restrição de direitos. O princípio constitucional da igualdade estampado na dicção do artigo 1.567 do Código Civil assevera que "a direção da sociedade conjugal será exercida, em colaboração, pelo marido e pela mulher, sempre no interesse do casal e dos filhos", e a administração dos bens comuns pelo casal é tratada expressamente pelo artigo 1.663 do Código Civil, disposição válida para qualquer regime de bens eleito.

---

a referida regra de direito transitório não deve influenciar, na perspectiva da definição da legislação aplicável, as hipóteses em que deveria ser dada a autorização conjugal, pois esse instituto, a despeito de se relacionar com o regime de bens, é, na realidade, uma condição de eficácia do negócio jurídico cuja validade se examina. 5. Assim, em se tratando de casamento celebrado na vigência do CC/1916 sob o regime da separação convencional de bens, somente aos negócios jurídicos celebrados na vigência da legislação revogada é que se poderá aplicar a regra do art. 235, I, do CC/1916, que previa a necessidade de autorização conjugal como condição de eficácia da hipoteca, independentemente do regime de bens. 6. Contudo, aos negócios jurídicos celebrados após a entrada em vigor do CC/2002, deverá ser aplicada a regra do art. 1.647, I, do CC/2002, que prevê a dispensa de autorização conjugal como condição de eficácia da hipoteca quando o regime de bens for o da separação absoluta, ainda que se trate de casamento celebrado na vigência da legislação civil revogada. 7. O provimento do recurso especial por um dos fundamentos torna despiciendo o exame dos demais suscitados pela parte (na hipótese, divergência jurisprudencial). Precedentes. 8. Recurso especial conhecido e provido, a fim de julgar improcedente o pedido de nulidade de garantia hipotecária, invertendo-se a sucumbência" (REsp 1797027/PB, 3.ª Turma, Rel. Min. Nancy Andrighi. julgado em 15.09.2020. DJe 18.09.2020).

[199] GONÇALVES, Carlos Roberto. *Direito das obrigações*. Parte especial: contratos. 19. ed. São Paulo: Saraiva, 2017. v. 6, t. 1, p. 397.

O artigo 1.648 do Código Civil admite o suprimento da outorga conjugal na hipótese de um dos cônjuges se negar, sem qualquer motivo justo e razoável, ou, diante da impossibilidade de concedê-la. Como o legislador não apontou pormenorizadamente quais seriam esses casos de aplicação do artigo em comento, ficará ao critério do julgador analisar as razões de recusa e decidir com base na sua convicção. Paulo Luiz Netto Lôbo[200] percebe que as vedações "não são irremediáveis ou insuperáveis, pois, se admite a possibilidade de suprimento judicial de autorização", e a suposta falta de motivo justo para a recusa, para o autor, é contraposta quando se "prova que o ato é vantajoso ou necessário para ambos os cônjuges e para o conjunto familiar e nenhuma razão é apresentada para a falta de autorização".

Acerca da segunda situação aplicável pelo referido dispositivo, trata-se da impossibilidade de ser dada a autorização, como nos casos de desaparecimento do cônjuge, pela sua incapacitação física, mesmo que temporária, ou, se estiver em local remoto e sem comunicação, nesses casos poderá ser suprida a sua autorização para a realização dos atos previstos no artigo 1.647 do Código Civil.

Na falta de autorização não suprida pelo juiz, o ato praticado será anulável, podendo o outro cônjuge requerer sua anulação no prazo de até dois anos depois de terminada a sociedade conjugal (CC, art. 1.649) que, como destaca Paulo Luiz Netto Lôbo,[201] "não se confunde com a dissolução do casamento pelo divórcio", ao passo que a dissolução da sociedade conjugal é marcada pela simples separação de fato que põe termo aos deveres e responsabilidades do matrimônio.

A aprovação posterior do ato deve ser feita dentro do prazo decadencial por meio de instrumento público, ou particular autenticado. Para Paulo Luiz Netto Lôbo,[202] "o termo inicial equivale a condição suspensiva, justificada pela maior liberdade do cônjuge para litigar contra outro, sem o constrangimento da convivência conjugal". Por instrumentos particulares entende--se aqueles que são elaborados e firmados pelos interessados sem qualquer intervenção ou participação de agente público ou delegatário público.[203] Bianca M. C. Rizato observa que o atual código civilista não mais traz a exigência da assinatura de duas testemunhas, porém ressalta que o Código de Processo Civil "manteve essa exigência no que diz respeito à força executiva do instrumento" por meio do enunciado no artigo 784, III.[204] A autora se pronuncia pelo atendimento desse requisito a fim de que o documento firmado possa ser considerado título executivo extrajudicial, muito embora a validade e a eficácia do instrumento particular entre as partes não dependam da aposição da assinatura de testemunhas. Para Bianca M. C. Rizato, "é somente com ele que ganhará eficácia probatória e oponibilidade perante terceiros".[205] Outro ponto bem observado pela citada autora é o fato de o artigo 221 do Código Civil[206] admitir que a prova do instrumento particular possa ser suprida por outras de caráter legal.

A posterior aprovação do ato realizado inicialmente sem o consentimento do cônjuge torna válido o ato praticado, tal qual preconiza o artigo 176 do Código Civil. Silvia

---

[200] LÔBO, Paulo Luiz Netto. *Direito civil. Famílias.* 3. ed. São Paulo: Saraiva, 2010. p. 329.

[201] LÔBO, Paulo Luiz Netto. *Direito civil. Famílias.* 3. ed. São Paulo: Saraiva, 2010. p. 267.

[202] LÔBO, Paulo Luiz Netto. *Direito civil. Famílias.* 3. ed. São Paulo: Saraiva, 2010. p. 267.

[203] GENTIL, Alberto. *Registros públicos.* Rio de Janeiro: GEN/Forense, 2020. p. 278.

[204] "Art. 784. São títulos executivos extrajudiciais: [...] III – o documento particular assinado pelo devedor e por 2 (duas) testemunhas."

[205] RIZATO, Bianca *et al. Registros públicos.* Rio de Janeiro: GEN/Forense, 2020. p. 279.

[206] "Art. 221. O instrumento particular, feito e assinado, ou somente assinado por quem esteja na livre disposição e administração de seus bens, prova as obrigações convencionais de qualquer valor; mas os seus efeitos, bem como os da cessão, não se operam, a respeito de terceiros, antes de registrado no registro público. Parágrafo único. A prova do instrumento particular pode suprir-se pelas outras de caráter legal."

Ferreira Preschini Mattos[207] anota que, ao contrário das formalidades legais necessárias à aprovação e ratificação dos atos realizados sem a outorga marital, a lei não prevê a forma específica para o consentimento e autorização, e, de acordo com o artigo 107 do Código Civil, "a validade da declaração de vontade não dependerá de forma especial, senão quando a lei expressamente exigir". Assim, a outorga marital pode ser feita de forma livre. Por sua vez, Humberto Theodoro Júnior, citado por Silvia Ferreira Preschini Mattos, leciona que, por precaução, o ideal seria que a outorga conjugal ocorresse no próprio instrumento do ato jurídico a fim de evitar possíveis divergências entre os termos de consentimento e do ato jurídico autorizado. Como ressalta Silvia Ferreira Preschini Mattos, "essa autorização não pode ser elaborada de forma genérica" e deve conter a substância do negócio celebrado e a vontade expressa de mantê-lo, de acordo com o comando do artigo 173 do Código Civil.

O pedido de anulabilidade do negócio jurídico realizado sem o consentimento conjugal pode, obviamente, ser proposto pelo cônjuge, cuja anuência não foi solicitada, e, no caso do seu falecimento, os seus herdeiros são legitimados, desde que, é claro, não transcorrido o prazo decadencial.

A exigência de outorga marital é contemplada no direito comparado, como no Peru, cujo artigo 315 do Código Civil exige a anuência do consorte para a realização de atos de disposição de bens de raiz: "Para disponer de los bienes sociales o gravarlos, se requiere la intervención del marido y la mujer. Empero, cualquiera de ellos puede ejercitar tal facultad, si tiene poder especial del otro. Lo dispuesto en el párrafo anterior no rige para los actos de adquisición de bienes muebles, los cuales pueden ser efectuados por cualquiera de los cónyuges. Tampoco rige en los casos considerados en las leyes especiales".

Para Alex Plácido Vilcachagua,[208] a determinação da natureza jurídica da intervenção conjugal a que se refere o artigo 315 Código Civil do Peru é essencial para a melhor compreensão do termo intervenção. Para o autor, pode-se considerar como uma atuação conjunta dos cônjuges, em que ambos intervêm em pé de igualdade e com o mesmo propósito, e, por outra banda, pode-se estimar como uma atuação separada, em que inexiste um plano de igualdade entre os consortes. No primeiro caso, a vontade de dispor o bem é do interesse comum. Assim, a intervenção conjugal constitui-se um elemento essencial da estrutura do ato de disposição, pelo que a sua não ocorrência incorreria na ineficácia estrutural do ato. Na segunda hipótese, a vontade de disposição do bem comum é de apenas um dos consortes, no caso o cônjuge titular do bem, sendo a intervenção do outro consorte um assentimento que legitima o negócio realizado pelo outro. Logo, conclui o autor que a intervenção conjugal é um elemento externo à estrutura do ato de disposição e a sua inocorrência determina a sua ineficácia funcional.

Essa definição se torna mais pertinente ao ser analisado o fato de que o assentimento conjugal não implica a copropriedade de um bem nem a assunção de que o cônjuge que presta o assentimento teria os mesmos direitos de disposição que o cônjuge titular. Para Vidal Taquini, ao comentar o artigo 1.277 do derrogado Código Civil argentino: "El acto de disposición lo realiza el cónyuge titular del dominio, quien adquiere la titularidad del precio o contraprestación, en su caso. Su consentimiento será elemento esencial del acto. En cambio, el cónyuge no administrador, no titular, prestará asentimiento con el acto, transformándose así dicho asentimiento en un

---

[207] MATTOS, Sílvia Ferreira Preschini. *Outorga conjugal no aval*: uma análise no plano da eficácia do fato jurídico. Belo Horizonte: Del Rey, 2012. p. 49.

[208] VILCACHAGUA, Alex Plácido *et al. Código Civil comentado*. Lima: Gaceta Jurídica, 2020. t. II, p.300.

elemento de eficacia del acto, con la fundamental consecuencia de que este cónyuge no adquirirá ni administrará la contraprestación, pues respecto de él no se opera la subrogación real".[209]

Graciela Medina[210] compartilha do mesmo raciocínio quando se debruça sobre o teor do artigo 470 do Código Civil e Comercial argentino: "El cónyuge titular del bien ganancial y su consorte no intervienen en un pie de igualdad en el acto de disposición o de gravamen, ya que no actúan conjuntamente, no lo otorgan ambos ni codisponen de la misma forma en que los condominios codisponen de la cosa común; mientras al cónyuge titular le corresponde la iniciativa y la disposición, el no titular debe prestar su asentimiento".

1.5.10 O assentimento na união estável

Diferente do casamento, não há no Código Civil nenhuma norma legal que exija o consentimento do convivente para a realização de atos que importem na alienação; imposição de gravames sobre os bens imóveis; prestação de fiança ou aval; e, para a doação do patrimônio comum, o legislador de direito material é completamente omisso a esse respeito. A regra esculpida no artigo 1.647 do Código Civil é endereçada apenas para os cônjuges e nada diz sobre a sua aplicação nas relações estáveis. Portanto, a necessidade de consentimento do convivente é matéria que traz muita dúvida e incerteza, pois, embora seja incontroverso que a Constituição Federal de 1988 reconheça a união estável como entidade familiar, conservando, em tese, os mesmos direitos e deveres atribuídos ao casamento, não são poucos aqueles que os consideram institutos distintos, e usam, entre outros argumentos, o de que é possibilitada a conversão da união estável em casamento. Se fossem idênticos, não haveria a necessidade de o legislador anotar esta hipótese, ao passo que outra corrente caminha no sentido oposto e propugna pela mais completa simetria entre os dois institutos jurídicos. Existe, portanto, uma aparente e irrestrita liberdade de os conviventes disporem sobre os seus bens. Ademais, muitas vezes nem sequer é registrada nos cartórios a existência de uma relação estável, situação que facilita o eventual desvio de patrimônio comum pelo companheiro fraudador. Entretanto, o Anteprojeto do Código Civil apresentado pela Comissão de Juristas nomeada pelo Senado Federal para a sua revisão e atualização cria, no § 3.º do artigo 1.564-A, a faculdade de registro da união estável, o qual, se registrado, altera o estado civil das partes para conviventes, devendo, a partir desse momento, ser declarado em todos os atos da vida civil e cuja faculdade já havia sido prevista no revogado Provimento CNJ 37/2014. Causava estranheza não ter o legislador se movimentado na busca de alguma fórmula de proteção do patrimônio da família constituída pela informalidade da união estável, mas cuja outorga foi lembrada pelo artigo 73, § 3.º, do Código de Processo Civil, ao exigir o consentimento do outro companheiro para propor ação que verse sobre direito real imobiliário, salvo quando convivam sob o regime da absoluta separação de bens, em clara mostra da vertente que se aproxima das equiparações dos dois institutos jurídicos.

Embora nada realmente impeça que os conviventes possam averbar no álbum imobiliário o seu contrato de união estável (CC, art.1.725), o fato é que a existência de uma convivência informal mantém um possível patrimônio comum na clandestinidade, salvo que os companheiros contratem por escrito sua relação afetiva informal e lhe deem publicidade no

---

[209] TAQUINI, Carlos H. Vidal. *Régimen de bienes en el matrimonio*. 3. ed. Buenos Aires: Astrea, 1990. p. 339.

[210] MEDINA, Graciela. Bienes gananciales. Comentario al artículo 470 del código civil y comercial argentino. *In*: CARLUCCI, Aída Kemelmajer de; HERRERA, Marisa; LLOVERAS, Nora (dir.). *Tratado de derecho de familia según el Código Civil y Comercial de 2014*. Buenos Aires: Rubinzal-Culzoni, 2014. t. I, p. 778.

Registro de Imóveis. Enquanto no casamento há o precedente registro oficial da relação, na união estável não há essa exigência, portanto nada evita a fraudulenta venda dos bens comuns, embora existisse a faculdade, e não a obrigatoriedade, de os conviventes registrarem seu relacionamento estável no Livro "E" do Registro Civil das Pessoas Naturais, nos termos do revogado Provimento CNJ 37/2014. Como anteriormente mencionado, prescreve o artigo 73, § 2.º, do Código de Processo Civil que se faz indispensável o consentimento do companheiro nas ações que versem sobre direito real imobiliário.

No casamento, a ausência de outorga torna o ato passível de anulação por se tratar de condição de validade do negócio e, na união estável, em decorrência da omissão do legislador, a discussão é deslocada para a área da indenização por perdas e danos, capaz de uma decisão de procedência ordenar o ressarcimento em pecúnia, ou a compensação com outros bens, só sendo cogitada a anulação da venda se ficar demonstrada a má-fé do terceiro adquirente comprovando-se que atuou em conluio com o convivente vendedor, situação que retrata perfeitamente as disparidades entre os dois institutos no que diz respeito às questões patrimoniais.

A união estável confere aos conviventes apenas um direito pessoal ao patrimônio amealhado na constância da união estável, enquanto no casamento esse direito é real. A tarefa do legislador é criar um mecanismo semelhante ao do casamento, capaz de inibir a dolosa fraude da venda de bens da massa patrimonial da união estável, tendo sugerido Álvaro Villaça de Azevedo, citado por Rolf Madaleno,[211] constasse do contrato de venda a obrigatória afirmação da inexistência de relação estável ou de ser o imóvel vendido um bem apresto, e, por isso, incomunicável. Exatamente pela falta de previsão legal, remata Luís Paulo Cotrim Guimarães,[212] não é possível pretender invalidar negócio jurídico de venda de imóvel por convivente que se ressente de colher o assentimento do seu parceiro estável. Nessa senda vem se orientando o Superior Tribunal de Justiça, como sucedeu no REsp 1.424.275/MT, relatado pelo Ministro Paulo de Tarso Sanseverino, cuja Terceira Turma decidiu em julgamento datado de 4 de dezembro de 2014, que companheiro pode vender seus imóveis, sem anuência do parceiro, caso a união estável não esteja averbada na matrícula do imóvel.[213]

---

[211] MADALENO, Rolf. *Direito de família*. 10. ed. Rio de Janeiro: GEN/Forense, 2020. p. 921.

[212] GUIMARÃES, Luís Paulo Cotrim. *Negócio jurídico sem outorga do cônjuge ou convivente*. São Paulo: RT, 2003. p. 101.

[213] "Recurso especial. Direito patrimonial de família. União estável. Alienação de bem imóvel adquirido na constância da união. Necessidade de consentimento do companheiro. Efeitos sobre o negócio celebrado com terceiro de boa-fé. 1. A necessidade de autorização de ambos os companheiros para a validade da alienação de bens imóveis adquiridos no curso da união estável é consectário do regime da comunhão parcial de bens, estendido à união na forma do art. 5.º da Lei 9.278/96. Precedente. 2. Reconhecimento da incidência da regra do art. 1.647, I, do CCB sobre as uniões estáveis, adequando-se, todavia, os efeitos do seu desrespeito às nuanças próprias da ausência de exigências formais para a constituição dessa entidade familiar. 3. Necessidade de preservação dos efeitos, em nome da segurança jurídica, dos atos jurídicos praticados de boa-fé, que é presumida em nosso sistema jurídico. 4. A invalidação da alienação de imóvel comum, realizada sem o consentimento do companheiro, dependerá da publicidade conferida a união estável mediante a averbação de contrato de convivência ou da decisão declaratória da existência da união estável no Ofício do Registro de Imóveis em que cadastrados os bens comuns, ou pela demonstração de má-fé do adquirente. 5. Hipótese dos autos em que não há qualquer registro no álbum imobiliário em que inscrito o imóvel objeto da alienação em relação a copropriedade ou mesmo à existência de união estável, devendo-se preservar os interesses do adquirente de boa-fé, conforme reconhecido pelas instâncias de origem. 6. Recurso Especial a que se nega provimento."

1.5.11 Finalidade do assentimento

A obrigatoriedade do assentimento conjugal serve como instrumento para limitar os atos de disposição que possam implicar a alienação fraudulenta do patrimônio comum, em prejuízo do outro consorte, ou como meio de inibir os prejuízos decorrentes da má administração do cônjuge que, porventura, possam refletir sobre os direitos do outro. Por meio dessa exigência torna-se impositivo que o cônjuge alheio à administração dos bens tenha ciência dos atos e negócios que envolvam os bens de raiz, e que normalmente compõem a parcela de maior valor do patrimônio conjugal. Silvana Ballarín[214] caracteriza a finalidade do assentimento conjugal da seguinte forma: "Al requerir el régimen de comunidad el asentimiento del cónyuge, el sistema legal limita la gestión separada ante objetivos que considera de mayor relevancia que la defensa de la autonomía de la voluntad a ultranza. Por ello, respecto de los bienes propios remite a la protección del hogar establecida en el régimen primario y, respecto de los bienes gananciales, apunta a la preservación del activo ganancial frente a la eventual mala fe o imprudencia de un cónyuge. En este último caso, se pretende evitar que los malos negocios de uno puedan perjudicar los derechos en expectativa del otro sobre el haber ganancial, buscando, de tal manera, que el administrado coincida con su cónyuge en la conveniencia de la enajenación o gravamen". A anuência do cônjuge não proprietário não significa propriamente que esteja consentindo com o ato praticado, pois, por não ser proprietário de determinado bem, ainda que possa, futuramente, vir a ter uma eventual expectativa de direito sobre esse patrimônio de titularidade do seu consorte, o cônjuge que assente com o negócio praticado pelo outro não pode dispor sobre os bens que não estão registrados em seu nome, e a sua anuência não o vincula sob qualquer forma ao negócio praticado.

Eduardo A. Sambrizzi[215] trata sobre o tema com muita objetividade ao concluir que: "En efecto, la voluntad del esposo no titular del bien no se encuentra dirigida a consentir el acto, sino a asentir lo actuado por su cónyuge, lo que es distinto [...] ya que el único consentimiento que se requería para disponer o gravar el inmueble de que se tratara, era el del esposo administrador, titular del bien, que es el único que puede disponer del mismo y que en consecuencia, pasará a ser deudor y/o acreedor de las obligaciones que resulten del acto jurídico a practicar, además de que percibirá el precio y tendrá derecho a disponer del mismo [...] Lo que se pretende del otro cónyuge no titular es el consentimiento respecto del acto de disposición que se va a celebrar, sino simplemente el asentimiento. Esto tiene importancia, porque el asentimiento sólo implica una declaración de conformidad con un acto jurídico ajeno, es decir, concluido por otro".

O assentimento não constitui um ato de disposição do cônjuge não titular, pois quem dispõe exclusivamente sobre o bem é o cônjuge titular do imóvel, limitado ao outro esposo apenas consentir com o ato praticado, pelo qual atesta estar ciente da transação realizada. O assentimento não integra a vontade do cônjuge anuente com relação àquele ato, apenas registra o seu conhecimento e representa um requisito necessário à validade do negócio, tanto que o cônjuge que presta o assentimento não assume qualquer responsabilidade perante o outro contratante, e não pode ser demandado por descumprimento do negócio entabulado.

---

[214] CHECHILE, Ana Maria. *Derecho de familia conforme el nuevo Código Civil y Comercial de la Nación*. 2. ed. Buenos Aires: Abeledo Perrot, 2015. p. 189.

[215] SAMBRIZZI, Eduardo A. *El régimen del matrimonio en el nuevo Código Civil Y Comercial*. Buenos Aires: La Ley, 2015. p. 67-68.

1.5.12 Atos que dispensam o assentimento

Os atos que dispensam o assentimento são aqueles exemplificados no artigo 1.642 do Código Civil. Por via de regra, todos os atos que não são proibidos serão permitidos, e tanto o marido quanto a mulher podem livremente praticar todos os atos de disposição e de administração necessários ao desempenho de sua profissão, com as limitações estabelecidas no inciso I do artigo 1.647; administrar os bens próprios; desobrigar ou reivindicar os imóveis que tenham sido gravados ou alienados sem o seu consentimento ou sem suprimento judicial; demandar a rescisão dos contratos de fiança e doação, ou a invalidação do aval, realizados pelo outro cônjuge com infração do disposto nos incisos III e IV do artigo 1.647; reivindicar os bens comuns, móveis ou imóveis, doados ou transferidos pelo outro cônjuge ao concubino, desde que provado que os bens não foram adquiridos pelo esforço comum destes, se o casal estiver separado de fato por mais de cinco anos; praticar todos os atos que não lhes forem vedados expressamente. O artigo seguinte, 1.643 do Código Civil, dispõe ainda ser lícito ao cônjuge comprar, ainda a crédito, as coisas necessárias à economia doméstica e a obter empréstimo para a aquisição dessas coisas, e as dívidas contraídas para tal finalidade obrigam solidariamente ambos os cônjuges.

1.5.13 Suprimento judicial do assentimento

O suprimento judicial do assentimento é a medida prevista quando o cônjuge que deveria anuir com o pretendido ato denega-o sem motivo justo, ou quando for impossível de concedê-lo. O motivo justo é um critério abstrato a ser verificado pelo magistrado em cada caso, e a lei não faz nenhuma referência às justificativas que poderiam ser consideradas razoáveis. Washington de Barros Monteiro aponta as seguintes considerações: a) é justa a recusa quando o marido pretende alienar o único prédio do casal, que serve de residência à família, sem que ocorra a indeclinável necessidade da venda; b) se o marido pretende vender o imóvel por preço vil, caso em que se impõe a respectiva avaliação; c) quando o casal se acha separado de fato e a mulher não conta com suficientes garantias para recebimento de sua meação; d) quando o requerente não prova a necessidade de alienação; e) quando ele pretende a venda para despender o produto com o seu exclusivo sustento e o da concubina.[216] No caso de recusa do cônjuge em anuir com o ato, a solução é a de requerer em juízo o suprimento da outorga, e, com o deferimento do pedido, o cônjuge fica autorizado a praticar o ato. As situações que impossibilitam ao cônjuge anuente de expressar o seu consentimento, ou a sua negativa, são aquelas que geralmente decorrem da incapacidade de consentir, como nos casos de interdição, ou em razão do desconhecimento do paradeiro do consorte. O artigo 1.570 do Código Civil afirma que, se qualquer dos cônjuges estiver em lugar remoto ou não sabido, encarcerado por mais de cento e oitenta dias, interditado judicialmente ou privado, episodicamente, de consciência, em virtude de enfermidade ou de acidente, o outro exercerá com exclusividade a direção da família, cabendo-lhe a administração dos bens.

Na Argentina, o assentimento do cônjuge é requisito necessário para disposição dos bens registráveis (CCC, art. 470),[217] incluindo coisas e direitos de tal caráter, e que Silvana

---

[216] BARROS MONTEIRO, Washington de. *Curso de direito civil*. Direito de família. 15. ed. São Paulo: Saraiva, 1976. p. 116.

[217] "Artículo 470. Bienes gananciales. La administración y disposición de los bienes gananciales corresponde al cónyuge que los ha adquirido. Sin embargo, es necesario el asentimiento del otro para enajenar o gravar: a) los bienes registrables; b) las acciones nominativas no endosables y las no cartulares, con

Ballarín[218] classifica como aqueles que revestem de maior interesse em razão do seu valor econômico e pela possibilidade de individualização: os bens imóveis; veículos automotores; aeronaves; embarcações, armas, entre outros bens que requerem o registro público de propriedade. A autora indaga se há a necessidade de serem inclusos os bens registrados em registro privados, o que para a doutrinadora é também possível, quando a sua inscrição haja sido prevista em lei, como no caso dos cavalos puro-sangue de corrida, cuja inscrição em registros genealógicos é reconhecida pelo Ministerio de Agricultura y Ganadería. Outro exemplo descrito por Ballarín é o registro de titularidade de direitos de sepultura que o administrador de um cemitério privado está obrigado a levar.

Fassi e Bosser, citados por Ballarín, consideravam que não deveria haver nenhuma distinção entre os registros, nacionais ou provinciais, públicos e privados, sempre que o registro fosse imposto de forma obrigatória. Também requerem o consentimento conjugal para disposição de ações nominativas não endossáveis e as não cartulares com exceção daquelas autorizadas para a oferta pública. Ações são títulos representativos do capital das sociedades anônimas que conferem aos seus titulares o direito de participar dos resultados das atividades das companhias. As ações nominativas cartulares são anotadas em livros de registro das companhias e a sua transferência se dá por termo de cessão no livro de transferência de ações. Por sua vez, a transferência das ações escriturais é feita eletronicamente pelas instituições financeiras que custodiam as ações e controlam as transferências. Atos de disposição sobre as participações em sociedades e os estabelecimentos comerciais, industriais ou agrícolas também prescindem da autorização do consorte, de acordo com o artigo 470 do Código Civil e Comercial. No Brasil, os bens protegidos por esse dispositivo limitam-se aos bens imóveis, e essa ausência de travas para a alienação de todo o restante do patrimônio comum que não for bem de raiz certamente é benéfica ao cônjuge fraudador, que, com o uso de mecanismos aparentemente legais, não encontra qualquer obstáculo para alijar o outro consorte dos seus direitos meatórios, por exemplo, a simples criação de uma *holding* familiar e a posterior alienação das quotas sociais para terceiro, cuja disposição não requer o consentimento conjugal, já alterariam a partilha dos bens sem maiores percalços, cabendo ao cônjuge prejudicado o ônus de requerer em juízo a posterior declaração de nulidade a fim de garantir o recebimento da meação que lhe compete. Logo, justamente por se tratar de uma medida tardia, não há como ignorar a eventual impossibilidade de o cônjuge fraudado não conseguir resolver a questão na forma que a lei prevê ante o completo esvaziamento dos bens. Em Portugal, o Código Civil português prevê a hipótese de suprimento conjugal no artigo 1.684 e estabelece que o consentimento deve ser especial para cada um dos atos por meio de uma procuração, e, tal qual ocorre no Brasil, havendo injusta recusa ou impossibilidade, por qualquer causa, pode o cônjuge requerer o suprimento judicial.

1.5.14 Bens imóveis

O artigo 79 do Código Civil dá a seguinte definição de bens imóveis: são bens imóveis o solo e tudo quanto se lhe incorporar natural ou artificialmente. O dispositivo 1.229 do mesmo

---

excepción de las autorizadas para la oferta pública, sin perjuicio de la aplicación del artículo 1824. c) las participaciones en sociedades no exceptuadas en el inciso anterior; d) los establecimientos comerciales, industriales o agropecuarios. También requieren asentimiento las promesas de los actos comprendidos en los incisos anteriores. Al asentimiento y a su omisión se aplican las normas de los artículos 456 a 459."

[218] CHECHILE, Ana Maria. *Derecho de familia conforme el nuevo Código Civil y Comercial de la Nación*. 2. ed. Buenos Aires: Abeledo Perrot, 2015. p. 191.

diploma estabelece que a propriedade do solo abrange a do espaço aéreo e subsolo correspondentes, em altura e profundidade úteis ao seu exercício, não podendo o proprietário opor-se a atividades que sejam realizadas, por terceiros, a uma altura ou profundidade tais, que não tenha ele interesse legítimo em impedi-las. Já o artigo seguinte (CC, art.1.230) aduz que: A propriedade do solo não abrange as jazidas, minas e demais recursos minerais, os potenciais de energia hidráulica, os monumentos arqueológicos e outros bens referidos por leis especiais.

Para Ricardo Luiz Lorenzetti:[219] "El concepto de inmuebles responde a la imposibilidad de traslado de los mismos de un lado a otro, por hallarse en situación fija, en un lugar determinado. Comprende las cosas inmovilizadas por sí mismas, como el suelo, los ríos y sus cauces, los arroyos, lagos, aguas subterráneas, minas y canteras, piedras, arenas, yacimientos etcétera, así como también las cosas incorporadas al suelo de una manera orgánica, como los árboles, las plantas en general. En tercer lugar, se encuentran también dentro de la categoría inmuebles, las cosas bajo el suelo, ajenas al hecho del hombre, es decir aquellas que se encuentren allí, sin que el hombre las haya colocado".

Flávio Tartuce[220] faz valiosa distinção entre as formas de aquisição da propriedade imóvel. A propriedade pode ter sua origem direta, entre a pessoa e a coisa, denominada aquisição originária, caso da usucapião, e nas acessões, por exemplo, ou, derivada, quando há intermediação subjetiva, por mais de uma pessoa, como ocorre na compra e venda. Como bem observa o autor, na prática essa distinção tem implicações na área tributária, por exemplo, se o bem é adquirido de forma originária não há incidência de imposto, o que ocorre quando há a transmissão da propriedade entre o antigo proprietário e a pessoa adquirente, responsável pelo pagamento de tributo. Como preceitua o artigo 108 do Código Civil, os contratos constitutivos ou translativos de direitos reais sobre imóveis devem ser feitos por escritura pública sempre que o valor do bem for superior a trinta salários mínimos, a ser lavrada no Tabelionato de Notas de qualquer local do País, não sendo vinculado à localização do imóvel. Embora a lavratura da escritura pública possa ser feita em qualquer cartório registrado, a transferência do imóvel, realizada com base nessa escritura, deve ser efetuada no cartório de registro de imóveis onde estiver a matrícula do imóvel, tal qual preconiza o artigo 169 da Lei 6.015/1973, com a redação que lhe deu o artigo 11 da Lei 14.382/2022.[221] Segundo Afrânio de Carvalho: "A competência do registrador é territorial, o que importa dizer que a formalidade do registro, consista em inscrição ou em averbação, somente pode ser realizada no cartório em cuja jurisdição estiver situado o imóvel. Se for realizada em cartório diferente, será insanavelmente nula".[222]

Por meio do registro imobiliário é que se efetivamente transfere a propriedade do bem,[223] e, enquanto isso não for feito, o alienante continua a ser havido como proprietário do imóvel

---

[219] LORENZETTI, Ricardo Luis. *Código Civil y Comercial de la nación*. Buenos Aires: Rubinzal-Culzoni, 2014. t. 1, p. 743.

[220] TARTUCE, Flávio. *Direito civil*. Direito das coisas. 8. ed. Rio de Janeiro: Forense, 2016. p. 171-172.

[221] "Art. 169. Todos os atos enumerados no art. 167 são obrigatórios e serão efetuadas na serventia da situação do imóvel, observado o seguinte: I – as averbações serão efetuadas na matrícula ou à margem do registro a que se referirem, ainda que o imóvel tenha passado a pertencer a outra circunscrição, observado o disposto no inciso I do § 1º e no § 18 do art. 176 desta Lei; II – para o imóvel situado em duas ou mais circunscrições, serão abertas matrículas em ambas as serventias dos registros públicos; e III – revogado; IV – aberta matrícula na serventia da situação do imóvel, o oficial comunicará o fato à serventia de origem, para o encerramento, de ofício, da matrícula anterior..."

[222] CARVALHO, Afrânio de. *Registro de imóveis*. 4. ed. Rio de Janeiro: Forense, 1997. p. 429.

[223] "Art. 1.227. Os direitos reais sobre imóveis constituídos, ou transmitidos por atos entre vivos, só se adquirem com o registro no Cartório de Registro de Imóveis dos referidos títulos (arts. 1.245 a 1.247), salvo os casos expressos neste Código."

(CC, art. 1.245).[224] No caso de transmissão hereditária, aquela que tem como fato gerador a morte do proprietário, os bens do *de cujus* são imediatamente transmitidos para os seus herdeiros (CC, art. 1.784),[225] em decorrência da aplicação do *princípio da saisine*. Nesse caso, a propriedade é transmitida aos herdeiros antes mesmo de ser efetuado o registro, o que segue sendo indispensável.

1.5.15 Bens móveis com registro

Os bens móveis são aqueles suscetíveis de movimento próprio, ou de remoção por força alheia, sem alteração da substância ou destinação econômico-social (CC, art. 82). Também podem ser adquiridos de forma originária (por exemplo, a ocupação, achado de tesouro e usucapião), ou derivada (especificação, confusão, comistão, adjunção, tradição e sucessão). Os semoventes são os bens móveis que possuem movimento próprio, animais selvagens ou domésticos que têm valor de mercado e constituem patrimônio, por exemplo, equinos, bovinos, ovinos, suínos, entre outros. Dinheiro é considerado um bem móvel. Os bens móveis podem ter ou não um registro, que pode ser anotado em caráter público ou privado, sendo o primeiro exemplificado pelos veículos automotores e embarcações náuticas, e o último é possível reportar ao exemplo citado anteriormente, como os animais de raça que guardam um registro próprio em associações de criadores. Na Argentina, a Ley 22.939 – Ganaderia – unifica os regimes de marcas e sinais, certificados e guias para os criadores de animais em toda a Argentina. Considera-se marca a impressão feita no animal por meio de ferro quente, marcação a frio, ou qualquer outro procedimento que garanta a permanência do desenho que identifique o criador. Os animais de raça possuem um regime especial com a sua inscrição em registros genealógicos, pois, usualmente, não são marcados como os demais animais destinados exclusivamente ao abate. De acordo com a acenada lei, a transmissão de propriedade dos animais de maior ou menor porte deve ser concretizada com certidão de aquisição que, concedida pelas partes, será autenticada pela autoridade local competente. Alberto Gentil, ao abordar o princípio da inscrição, leciona que somente por meio do registro é constituído o direito real do adquirente. Enquanto não for registrado o título, o comprador não será considerado proprietário, independentemente de ter sido formalizado ou celebrado o acordo, pago o preço ajustado e transferida a posse do bem. O título não registrado gera apenas direito obrigacional, valendo somente entre os contratantes e não é oponível a terceiros.[226] Enquanto não procedida a alteração no título, o proprietário continua sendo o alienante, estando ele sujeito à cobrança das obrigações decorrentes porventura não cumpridas.

1.5.16 Bens móveis sem registro

Os bens móveis sem registro compreendem um número incontável de ativos e direitos que, em virtude da ausência de anotação de propriedade nos órgãos públicos, torna

---

[224] "Art. 1.245. Transfere-se entre vivos a propriedade mediante o registro do título translativo no Registro de Imóveis.

§ 1.º Enquanto não se registrar o título translativo, o alienante continua a ser havido como dono do imóvel.

§ 2.º Enquanto não se promover, por meio de ação própria, a decretação de invalidade do registro, e o respectivo cancelamento, o adquirente continua a ser havido como dono do imóvel."

[225] "Art. 1.784. Aberta a sucessão, a herança transmite-se, desde logo, aos herdeiros legítimos e testamentários."

[226] GENTIL, Alberto. *Registros públicos*. Rio de Janeiro: GEN/Forense, 2020. p. 436.

completamente livre e desembaraçada a sua alienação e, portanto, sem qualquer forma de controle ou ciência por parte do cônjuge, o que muitas vezes torna a sua partilha impossível, muito embora alguns bens móveis possam ter a sua transmissão fiscalizada, como sucede, por exemplo, com os depósitos bancários, as aplicações financeiras e os títulos de créditos.

1.5.17 Participações societárias

No derrogado diploma civilista datado de 1916 consta o primeiro conceito de sociedade formulado no Brasil: "Celebram contrato de sociedade as pessoas que mutuamente se obrigam a combinar seus esforços ou recursos, para lograr fins comuns". Como bem observa Alfredo de Assis Gonçalves Neto,[227] o texto era extremamente aberto e incluía qualquer tipo de ajuste entre as pessoas com objetivos comuns, independente se havia o intuito de lucro, o que, segundo: "fazia com que nele não se distinguissem as sociedades de outras figuras afins, como associações, participações associativas etc.". Atualmente, o artigo 981 do Código Civil faz expressa menção ao caráter econômico da sociedade: Celebram contrato de sociedade as pessoas que reciprocamente se obrigam a contribuir, com bens ou serviços, para o exercício de atividade econômica e a partilha, entre si, dos resultados. Alfredo de Assis Gonçalves Neto compreende a criação de uma sociedade como um negócio jurídico que objetiva instituir um novo sujeito de direitos, distinto dos seus criadores ou criador: "capaz de direito e obrigações na ordem civil, para facilitar o intercâmbio no mundo do direito, interpondo-se entre seus criadores (ou o criador) e terceiros na realização de negócios". Essa pretendida distinção entre os sujeitos de direitos criadores da sociedade e a própria sociedade, outro sujeito de direito, instituído para atuar "como se fosse uma pessoa natural no preenchimento da função que justificou a celebração de tal negócio jurídico", serve justamente para assegurar a esse novo sujeito de direito maior autonomia, tanto de ordem patrimonial e econômica quanto em razão da assunção de direitos e obrigações próprias. Para o referido doutrinador, a "sociedade é a organização resultante de um negócio jurídico produzido pela formação da vontade de uma ou várias pessoas, para se interpor nas relações entre elas e terceiros, que o ordenamento chancela como modo de preencher uma determinada função – qual seja a de facilitar a prática de atos ou negócios jurídicos voltados à realização de certos fins econômicos por ela pretendidos".

As sociedades são classificadas de acordo com o seu tipo societário e, em razão do princípio da tipicidade, as sociedades empresárias somente podem adotar um dos tipos previstos em lei, sendo vedada a criação de um tipo sem previsão legal, medida que, segundo leciona Alfredo de Assis Gonçalves Neto,[228] tem como objetivo dar segurança jurídica para os terceiros que contratam com a sociedade e no interesse dos próprios sócios, especialmente os minoritários. As sociedades são divididas em simples e em empresárias (CC, art. 982); as sociedades empresárias são aquelas que têm por objeto o exercício da atividade própria de empresário sujeito a registro e as demais são consideradas sociedades simples. O artigo 966 do Código Civil determina a figura do empresário com aquele que exerce profissionalmente atividade econômica organizada para a produção ou a circulação de bens ou de serviços, e o parágrafo único do referido artigo estipula que não se considera empresário quem exerce profissão intelectual, de natureza científica, literária ou artística, ainda com o concurso de auxiliares ou colaboradores, salvo se o exercício da profissão constituir elemento de empresa.

---

[227] GONÇALVES NETO, Alfredo de Assis. *Direito de empresa*. São Paulo: RT, 2007. p. 109.
[228] GONÇALVES NETO, Alfredo de Assis. *Direito de empresa*. São Paulo: RT, 2007. p. 121.

As sociedades empresárias devem adotar um dos tipos societários previstos nos artigos 1.039 a 1.092 do Código Civil: a) sociedade em nome coletivo; b) sociedade em comandita simples; c) sociedade limitada; d) sociedade anônima; e e) sociedade em comandita por ações. Por sua vez, as sociedades simples podem assumir as seguintes formas: a) sociedade simples em sentido estrito; b) sociedade em nome coletivo; c) sociedade em comandita simples; d) sociedade limitada; e) sociedade cooperativa.

Douglas Phillips Freitas[229] entende que as firmas individuais não guardam maior complexidade quando for necessário proceder à sua divisão em decorrência da separação ou do divórcio de um casal, lógico, a depender do regime de bens adotado, na primeira hipótese: "as ações, de regra, titularizadas e endossáveis são transmissíveis, e no segundo, o patrimônio da pessoa jurídica confunde-se com o da física". Para o autor, no caso das sociedades limitadas, a situação se torna mais complexa, pois, "pela natureza desta forma de constituição empresarial, há terceiros (sócios) envolvidos e não necessariamente há possibilidade de inclusão destes cônjuges e destes herdeiros serem incluídos na sociedade em casos de divórcio ou morte, pois a regra vigente no caso concreto é aquele regulado pelo contrato social, a disposição de vontade e lei entre as partes – sócios envolvidos". Usualmente, as sociedades limitadas vedam o ingresso de terceiros, portanto, muito embora não possa ser contestado o eventual direito de meação do cônjuge que não é sócio, não haverá como impor aos demais sócios o forçado ingresso do cônjuge daquele sócio que está em processo de divórcio, separação ou de dissolução de uma união estável. Assim, o cônjuge ou o companheiro não sócio deverá apurar o valor das quotas sociais ao tempo da separação e partilha para postular a sua compensação com os demais bens do casal, a indenização em pecúnia deste valor, ou promover no juízo cível ou empresarial, onde houver vara especializada, a devida ação de apuração de haveres (CPC, arts. 599 a 609).

Isso porque o Código de Processo Civil trata da dissolução parcial de sociedade e da apuração de haveres entre os artigos 599 a 609, sendo criação inicial da doutrina admitir a dissolução parcial da sociedade pela necessidade de preservar a empresa que fosse constituída por prazo indeterminado, sendo realizado um balanço especial para apurar o acervo da sociedade e, dessa forma, verificar o valor exato das quotas para a apuração dos haveres do sócio que se retira.[230] A pretensão judicial pode ser voltada para a dissolução parcial da sociedade, ou somente a apuração de haveres, que é a ação endereçada ao cônjuge ou ao companheiro de sócio, ou as duas coisas ao mesmo tempo, quando o consorte ou convivente também é sócio da pessoa jurídica.

Conforme o artigo 600 do Código de Processo Civil, a ação pode ser proposta pelo: I) espólio do sócio falecido; II) pelos sucessores, após concluída a partilha do inventário do sócio falecido; III) pela sociedade, se os sócios remanescentes não admitirem o ingresso do espólio ou dos sucessores do falecido na sociedade; IV) pelo sócio que exerceu o direito de retirada ou recesso; V) pela sociedade; VI) pelo sócio excluído. O parágrafo único do artigo 600 possibilita que o cônjuge ou o companheiro do sócio, cujo casamento ou convivência terminou, poderá requerer a apuração de seus haveres na sociedade, que serão pagos à conta da quota social titulada por esse sócio, sendo esta a novidade trazida pelo diploma processualista e que se torna o diferencial na aplicação no âmbito do Direito de Família, cujo procedimento não tinha previsão no Código de Processo Civil de 1973 nem no Código Civil de 2002. Portanto,

---

[229] FREITAS, Douglas Phillips. Partilha e sucessão das quotas empresariais. Disponível em: https://www.ibdfam.org.br/artigos/833/Partilha+e+sucess%C3%A3o+das+quotas+empresariais. Acesso em: 28 dez. 2020.

[230] MADALENO, Rolf. *Direito de família*. 10. ed. Rio de Janeiro: GEN/Forense, 2020. p. 849.

não restam dúvidas de que o consorte ou companheiro do sócio não é sócio da sociedade integrada pelo seu cônjuge ou convivente, tampouco passará a integrar a sociedade, contudo passa a ter direito de promover a apuração de haveres na sociedade e correspondente às quotas do seu cônjuge ou companheiro que, sendo sócio, não se retira dela. A apuração dos haveres tem o propósito de definir um montante que reflita o valor real e atual devido ao sócio que se retira e, quando o faz, evita qualquer locupletamento indevido da sociedade e dos sócios remanescentes, lembrando que não se trata de uma avaliação aos moldes de uma empresa que esteja encerrando suas atividades, pois diferente será a avaliação de uma sociedade que está em pleno funcionamento e que segue gerando riquezas.

Como mostra Marcus Elidius Michelli de Almeida, valendo-se de um sugestivo exemplo: uma coisa é vender as mesas e cadeiras de um restaurante que fechará suas portas e outra será a alienação de um restaurante em pleno funcionamento, e que por isso mesmo a apuração deverá ser sempre de forma mais ampla possível, levando em conta o fundo de comércio, os bens corpóreos e incorpóreos, o *goodwill* da empresa.[231]

O Código Civil não trata dos critérios contábeis para a realização do balanço especial ou de determinação, razão pela qual pelo Superior Tribunal de Justiça, no REsp 1.335.619/SP, julgado pela sua Terceira Turma, em 3 de março de 2015, consolidou a realização de um balanço de determinação, com a seguinte ementa:[232]

> 1. Na dissolução parcial de sociedade por quotas de responsabilidade limitada, o critério previsto no contrato social para a apuração dos haveres do sócio retirante somente prevalecerá se houver consenso entre as partes quanto ao resultado alcançado. 2. Em caso de dissenso, a jurisprudência do Superior Tribunal de Justiça está consolidada no sentido de que o balanço de determinação é o critério que melhor reflete o valor patrimonial da empresa. 3. O fluxo de caixa descontado, por representar a metodologia que melhor revela a situação econômica e a capacidade de geração de riqueza de uma empresa, pode ser aplicado juntamente com o balanço de determinação na apuração de haveres do sócio dissidente. 4. Recurso especial desprovido.[233]

---

[231] ALMEIDA, Marcus Elidius Micheli de. Sociedade limitada: Causas de dissolução parcial e apuração de haveres. *In*: BRUSCHI, Gilberto Gomes; COUTO, Mônica Bonetti; PEREIRA E SILVA, Ruth Maria Junqueira de A. Pereira; PEREIRA, Thomaz Henrique Junqueira de A. (org.). *Direito processual empresarial*. Estudos em homenagem a Manoel de Queiros Pereira Calças. Rio de Janeiro: Elsevier, 2012. p. 551.

[232] "Direito empresarial. Dissolução parcial de sociedade por quotas de responsabilidade limitada. Sócio dissidente. Critérios para apuração de haveres. Balanço de determinação. Fluxo de caixa. 1. Na dissolução parcial de sociedade por quotas de responsabilidade limitada, o critério previsto no contrato social para a apuração dos haveres do sócio retirante somente prevalecerá se houver consenso entre as partes quanto ao resultado alcançado. 2. Em caso de dissenso, a jurisprudência do Superior Tribunal de Justiça está consolidada no sentido de que o balanço de determinação é o critério que melhor reflete o valor patrimonial da empresa. 3. O fluxo de caixa descontado, por representar a metodologia que melhor revela a situação econômica e a capacidade de geração de riqueza de uma empresa, pode ser aplicado juntamente com o balanço de determinação na apuração de haveres do sócio dissidente. 4. Recurso especial desprovido" (STJ 3.ª Turma, REsp 1335619/SP, Rel. Min. João Otávio de Noronha, j. 27.03.2015)

[233] A Terceira Turma retomou o tema no REsp. 1.877.331/SP, em 13 de abril de 2021, sendo relator para lavratura do acórdão o Ministro Ricardo Villas Bôas Cueva, com a seguinte ementa: "Recurso especial. Direito empresarial. Sociedade empresária limitada. Dissolução parcial. Sócio retirante. Apuração de haveres. Contrato social. Omissão. Critério legal. Art. 1.031 do CCB/2002. Art. 606 do CPC/2015. Valor patrimonial. Balanço especial de determinação. Fundo de comércio. Bens intangíveis. Metodologia. Fluxo de caixa descontado. Inadequação. Expectativas futuras. Exclusão. 1. Recurso especial

O critério do fluxo de caixa para a apuração dos haveres, escreve Marcus Elidius Michelli de Almeida, é método muito utilizado em negociações de fusões e de aquisições e que melhor revela a situação econômica e a capacidade de geração de riqueza de uma empresa,[234] mesmo porque, como prescreve o artigo 1.188 do Código Civil, o balanço patrimonial deverá exprimir, com fidelidade e clareza, a situação real da empresa.

A mensuração do fundo de comércio nas dissoluções parciais nem sempre foi um ponto unânime na doutrina, como aponta Alfredo de Assis Gonçalves Neto. Essa orientação doutrinária contrária à utilização desse parâmetro sustentava que, se a dissolução parcial visava a "assegurar ao sócio aquilo que ele receberia se ocorresse dissolução total, não poderia ser deferida a ele verba que na dissolução total não perceberia". Outro argumento contrário é de que o pagamento do valor relativo aos bens imateriais implicava necessariamente a venda de bens integrantes do ativo, o que poderia dificultar a continuidade das atividades da sociedade, culminando até mesmo na sua inevitável extinção. Em contraposição a essa parcela da doutrina, há o argumento de que nem sempre o fundo de comércio fica "alijado da realização do ativo na dissolução total", e, como refere Alfredo de Assis Gonçalves Neto, ignorar parte essencial na justa contabilidade da sociedade "implicaria referendar o enriquecimento da sociedade e dos sócios remanescentes às custas do empobrecimento daquele que também contribuiu com sua quota e participação para a formação desse fundo, que,

---

interposto contra acórdão publicado na vigência do Código de Processo Civil de 2015 (Enunciados Administrativos nºs 2 e 3/STJ). 2. Cinge-se a controvérsia a definir se o Tribunal de origem, ao afastar a utilização da metodologia do fluxo de caixa descontado para avaliação dos bens imateriais que integram o fundo de comércio na fixação dos critérios de perícia contábil para fins de apuração de haveres na dissolução parcial de sociedade, violou o disposto nos artigos 1.031, *caput*, do Código Civil e 606, *caput*, do Código de Processo Civil de 2015. 3. O artigo 606 do Código de Processo Civil de 2015 veio reforçar o que já estava previsto no Código Civil de 2002 (art. 1.031), tornando ainda mais nítida a opção legislativa segundo a qual, na omissão do contrato social quanto ao critério de apuração de haveres no caso de dissolução parcial de sociedade, o valor da quota do sócio retirante deve ser avaliado pelo critério patrimonial mediante balanço de determinação. 4. O legislador, ao eleger o balanço de determinação como forma adequada para a apuração de haveres, excluiu a possibilidade de aplicação conjunta da metodologia do fluxo de caixa descontado. 5. Os precedentes do Superior Tribunal de Justiça acerca do tema demonstram a preocupação desta Corte com a efetiva correspondência entre o valor da quota do sócio retirante e o real valor dos ativos da sociedade, de modo a refletir o seu verdadeiro valor patrimonial. 6. A metodologia do fluxo de caixa descontado, associada à aferição do valor econômico da sociedade, utilizada comumente como ferramenta de gestão para a tomada de decisões acerca de novos investimentos e negociações, por comportar relevante grau de incerteza e prognose, sem total fidelidade aos valores reais dos ativos, não é aconselhável na apuração de haveres do sócio retirante. 7. A doutrina especializada, produzida já sob a égide do Código de Processo Civil de 2015, entende que o critério legal (patrimonial) é o mais acertado e está mais afinado com o princípio da preservação da empresa, ao passo que o econômico (do qual deflui a metodologia do fluxo de caixa descontado), além de inadequado para o contexto da apuração de haveres, pode ensejar consequências perniciosas, tais como (i) desestímulo ao cumprimento dos deveres dos sócios minoritários; (ii) incentivo ao exercício do direito de retirada, e (iii) enriquecimento indevido do sócio desligado em detrimento daqueles que permanecem na sociedade. 8. Recurso especial não provido" (STJ, REsp. 1.877.331/SP, 3.ª Turma, Rel. Min. Ricardo Villas Bôas Cueva, j. 13.04.2021).

[234] ALMEIDA, Marcus Elidius Micheli de. Sociedade limitada: Causas de dissolução parcial e apuração de haveres. *In*: BRUSCHI, Gilberto Gomes; COUTO, Mônica Bonetti; PEREIRA E SILVA, Ruth Maria Junqueira de A. Pereira; PEREIRA, Thomaz Henrique Junqueira de A. (org.). *Direito processual empresarial*. Estudos em homenagem a Manoel de Queiros Pereira Calças. Rio de Janeiro: Elsevier, 2012. p. 552.

muitas vezes, possui valor econômico superior ao dos demais bens corpóreos que, como ele, integram o patrimônio social".[235]

No caso de sociedades que têm como vínculo a atividade intelectual entre profissionais liberais, a exemplo de uma sociedade de advogados, arquitetos, médicos, o fundo de comércio não é facilmente determinado, pois, como aponta Alfredo Assis Gonçalves Neto, geralmente prevalece o vínculo pessoal entre o sócio e o cliente, citando Tercio Sampaio Ferraz Júnior: "Um escritório, nesse sentido, não tem um fundo de comércio, mas um centro de competência que resulta da atividade de cada profissional". Para o autor, a apuração de haveres de uma sociedade baseada em vínculos pessoais "não comporta determinação do valor do fundo de comércio, pois ela não o possui". Nessas sociedades, a relação de confiança estabelecida entre aquele que presta o serviço e a pessoa responsável por coordenar a atuação dos demais profissionais é pessoal e "não decorre da organização, mas da qualificação e da competência profissionais".[236] Nesse aspecto, a competência é do sócio responsável pela rentabilidade da sociedade, e não a marca ou ponto, que muitas vezes sequer apresentam valor econômico relevante.

O Superior Tribunal de Justiça,[237] ao julgar recurso especial cujo objeto era discutir a pretensão de partilha de quotas sociais de uma sociedade de advogados tratou de estabelecer diferenças pontuais entre as sociedades empresariais e simples e os efeitos decorrentes, especialmente no tocante à partilha dos bens incorpóreos, considerados elementos típicos das sociedades empresárias:

> 1. A partir do modo pelo qual a atividade profissional intelectual é desenvolvida – com ou sem organização de fatores de produção – será possível identificar o empresário individual ou sociedade empresarial; ou o profissional intelectual ou sociedade uniprofissional. De se ressaltar, ainda, que, para a definição da natureza da sociedade, se empresarial ou simples, o atual Código Civil apenas aparta-se desse critério (desenvolvimento de atividade econômica própria de empresário) nos casos expressos em lei, ou em se tratando de sociedade por ações e cooperativa, hipóteses em que necessariamente serão empresárias e simples, respectivamente. 1.1 Especificamente em relação às sociedades de advogados, que naturalmente possuem por objeto a exploração da atividade profissional de advocacia exercida por seus sócios, estas são concebidas como sociedade simples por expressa determinação legal, independente da forma que como venham a se organizar (inclusive, com estrutura complexa). 2. Para os efeitos perseguidos na presente ação (partilha das quotas sociais), afigura-se despiciendo perquirir a natureza da sociedade, se empresarial ou simples, notadamente porque, as quotas sociais – comuns às sociedades simples e às empresariais que não as de ações – são dotadas de expressão econômica, não se confundem com o objeto social, tampouco podem ser equiparadas a proventos, salários ou honorários, tal como impropriamente procedeu à instância precedente. Esclareça-se, no ponto, que a distinção quanto à natureza da sociedade, se empresarial ou simples, somente teria relevância se a pretensão de partilha da demandante estivesse indevidamente direcionada a bens incorpóreos, como a clientela e seu correlato valor econômico e fundo de comércio, elementos típicos de sociedade empresária, espécie da qual a sociedade de advogados, por expressa vedação legal, não se insere. 3. Ante a inegável expressão econômica das quotas sociais, a compor, por consectário, o patrimônio pessoal de seu titular, estas podem, eventualmente, ser objeto de execução por dívidas pessoais do sócio, bem como de divisão em virtude de separação/divórcio ou falecimento do sócio.

---

[235] GONÇALVES NETO, Alfredo de Assis. *Direito de empresa*. São Paulo: RT, 2007. p. 255.
[236] GONÇALVES NETO, Alfredo de Assis. *Direito de empresa*. São Paulo: RT, 2007. p. 255
[237] REsp 1531288/RS, 3.ª Turma, Rel. Min. Marco Aurélio Bellizze, j. 24.11.2015, *DJe* 17.12.2015.

Cap. 1 • REGIME DE BENS | **107**

3.1 *In casu*, afigura-se incontroverso que a aquisição das quotas sociais da sociedade de advogados pelo recorrido deu-se na constância do casamento, cujo regime de bens era o da comunhão universal. Desse modo, se a obtenção da participação societária decorreu naturalmente dos esforços e patrimônios comuns dos então consortes, sua divisão entre os cônjuges, por ocasião de sua separação, é medida de justiça e consonante com a lei de regência. 3.2 Naturalmente, há que se preservar o caráter personalíssimo dessas sociedades, obstando-se a atribuição da qualidade de sócio a terceiros que, nessa condição, não detenham com o demais a denominada *affectio societatis*. Inexistindo, todavia, outro modo de se proceder à quitação do débito ou de implementar o direito à meação ou à sucessão, o direito destes terceiros (credor pessoal do sócio, ex-cônjuge e herdeiros) são efetivados por meio de mecanismos legais (dissolução da sociedade, participação nos lucros etc.) a fim de amealhar o valor correspondente à participação societária. 3.3 Oportuno assinalar que o atual Código Civil, ao disciplinar a partilha das quotas sociais em razão do falecimento do cônjuge ou da decretação da separação judicial ou do divórcio, apenas explicitou a repercussão jurídica de tais fatos, que naturalmente já era admitida pela ordem civil anterior. E, o fazendo, tratou das sociedades simples, de modo a tornar evidente o direito dos herdeiros e do cônjuge do sócio em relação à participação societária deste e, com o notável mérito de impedir que promovam de imediato e compulsoriamente a dissolução da sociedade, conferiu-lhes o direito de concorrer à divisão periódica dos lucros. 4. Recurso especial provido, para, reconhecendo, em tese, o direito do cônjuge, casada em comunhão universal de bens, à partilha do conteúdo econômico das quotas sociais da sociedade de advogados então pertencentes ao seu ex-marido (não se lhe conferindo, todavia, o direito à dissolução compulsória da sociedade), determinar que o Tribunal de origem prossiga no julgamento das questões remanescentes veiculadas no recurso de apelação.

No âmbito das varas de família, o processo de partilha serve apenas para determinar a divisão das quotas destinadas para o cônjuge de sócio que se divorcia, isto se ainda no juízo de família as quotas não forem compensadas com outros bens, antevendo e evitando dessa forma os possíveis conflitos gerados pelos interesses da empresa e dos demais sócios. Esse sócio que se divorcia perderá, em função da comunicação de bens e da liquidação da comunhão, a livre disponibilidade sobre parcela das suas quotas societárias, que passam a ser tituladas pelo ex-cônjuge, cujos direitos sobre a sua meação de quotas ele exercera em face de a empresa vedar apor absoluta ausência de *affectio societatis* ao seu ingresso na sociedade. As quotas conferem ao meeiro um direito patrimonial representado por um crédito, ainda ilíquido, mas cujo montante efetivo deverá ser levantado em sede de ação de apuração de haveres, porquanto, na precedente ação de partilha promovida no juízo de família, o casal dividiu para cada cônjuge 50% das quotas, sendo direito do meeiro averiguar perante a sociedade o valor a que correspondem as suas quotas.

O artigo 1.027 do Código Civil prescreve que o ex-cônjuge de sócio não pode exigir desde logo a parte que lhe couber na quota social, mas que concorre à divisão periódica dos lucros, até que se liquide a sociedade, deixando uma mostra evidente de mera posição de credor do meeiro de quotas sociais, cujo crédito sequer poderia ser liquidado, se a própria sociedade também não fosse liquidada, privando o meeiro na prática de receber seus haveres, em afronta ao direito inerente de o consorte promover a efetiva divisão de seus bens conjugais.

É como se pronunciam Rodrigo Mazzei e Fernanda Bissoli Pinho ao aduzirem precisar ser lido o artigo 1.027 do Código Civil, no sentido de que os herdeiros não adjudicam as quotas em substituição ao sócio falecido, assumindo a posição que ele ocupava, mesmo porque essa interação precisa ser atrelada à noção de *affectio societatis*, mas os herdeiros não estão vedados de postularem a apuração de haveres, visando à dissolução parcial da sociedade.[238]

Disso resulta ser direito do subsócio (cônjuge de sócio) avaliar o montante das quotas por ele recebidas na prévia partilha de bens, por balanço de determinação, e inclusive de ter o direito de promover a venda das suas quotas. Se a sociedade ou os sócios remanescentes não tiverem interesse ou meios para a aquisição dessas quotas pertencentes ao subsócio (cônjuge do sócio), tem este então o direito de requerer a dissolução da sociedade. Portanto, os cônjuges partilham quotas na liquidação dos bens conjugais do juízo de família e, posteriormente, no juízo cível promovem a partilha das quotas que cada um titulariza.

Para conhecimento e processamento da ação de dissolução parcial ou apuração de haveres deve ser utilizada a alínea *a* do inciso III do artigo 53 do Código de Processo Civil, ao expressar ser competente o foro onde está a sede, para a ação em que a ré for pessoa jurídica, salvo se o contrato social prever regra diversa. Para definir o valor da quota, será considerada a situação real da empresa no momento do desligamento do sócio, ou da ruptura fática ou jurídica do casamento, sendo exatamente esse o período para determinação das vantagens que possam caber ao credor de sócio. Tanto a sociedade conjugal quanto a sociedade empresarial, obviamente com relação ao subsócio (ex-cônjuge), extinguem-se na data da separação de fato e é essa data em que se devem apurar os haveres.

1.5.18 Bens adquiridos em condomínio

O condomínio ocorre quando existe o domínio de mais de uma pessoa simultaneamente de um determinado bem, ou partes de um bem, e cada condômino tem assegurada uma fração ou quota da coisa. Segundo definição do Superior Tribunal de Justiça, quando no julgamento do Recurso Especial 1.015.652/RS:[239] "a) condomínio geral ou tradicional – diz

---

[238] MAZZEI, Rodrigo; PINHO, Fernanda Bissoli. *O balanço do estabelecimento e a apuração de haveres no inventário causa mortis: Necessidade de adequada interpretação do art. 620, § 1, do CPC.* Revista Nacional de Direito de Família e Sucessões. Porto Alegre: Magister/IASP maio/jun.2021. n° 42, p. 21.

[239] "Recurso especial. Processo civil e direito civil. Dissídio jurisprudencial. Similitude fática entre os casos confrontados. Ausência. Alegação de violação genérica à Lei n.º 4.591/64. Deficiência na fundamentação. Incidência da Súmula n.º 284/STF. Condomínio edilício. Ação reivindicatória de área comum manejada pelo condomínio. Coisa julgada formada em anterior demanda reivindicatória proposta por alguns condôminos. Extensão ao condomínio. Inadmissibilidade. Recurso especial parcialmente provido. 1. Inviável é o recurso especial pela divergência, se inexistir semelhança fática entre os casos confrontados. 2. A indicação genérica de negativa de vigência a Lei, sem especificação do dispositivo pretensamente violado, caracteriza deficiência de fundamentação, a atrair a Súmula n.º 284/STF. 3. Há duas espécies de condomínios (para deixar de lado ponderações acerca de outras formas mais sofisticadas, irrelevantes ao deslinde dessa causa, como a multipropriedade): a) condomínio geral ou tradicional e b) condomínio edilício ou por unidades autônomas. 4. Enquanto para o condomínio geral há expressa previsão legal acerca da legitimação concorrente de todos os condôminos para eventual ação reivindicatória de toda a propriedade, tal não sucede com o condomínio edilício. 5. No condomínio edilício, verifica-se a presença de (1) área privativa ou unidade autônoma, (2) área comum de uso exclusivo e (3) área comum de uso comum. Esta pode ser: (3.a) essencial ao exercício do direito de propriedade da unidade autônoma ou (3.b) não-essencial ao exercício do direito de propriedade da unidade autônoma. 6. Em se tratando de assenhoramento de área comum de condomínio edilício por terceiro, a competente ação

respeito aos casos em que cada coproprietário é titular de uma fração ideal do imóvel, sem existir concomitância de áreas privativas e áreas comuns. É o exemplo típico a copropriedade de um terreno por mais de duas pessoas. No Código Civil, a regência desse tipo de condomínio está nos artigos 1.314 ao 1.326. Acresça-se que essa definição sintética alude apenas ao condomínio geral voluntário, por ser desinfluente a esse feito discorrer acerca do condomínio geral necessário (CC, arts. 1.327 a 1.330)." Segundo dispõe o artigo 1.314 do Código Civil: "Cada condômino pode usar da coisa conforme sua destinação, sobre ela exercer todos os direitos compatíveis com a indivisão, reivindicá-la de terceiro, defender a sua posse e alhear a respectiva parte ideal, ou gravá-la. Parágrafo único. Nenhum dos condôminos pode alterar a destinação da coisa comum, nem dar posse, uso ou gozo dela a estranhos, sem o consenso dos outros". O artigo 1.315 do Código Civil assevera que o condômino é obrigado, na proporção de sua parte, a concorrer para as despesas de conservação ou divisão da coisa, e a suportar os ônus a que estiver sujeita, e o parágrafo único determina que se presumem iguais as partes ideais dos condôminos. Embora haja essa presunção, é possível que a aquisição de um determinado bem sê dê em partes diferentes, e quando a dívida houver sido contraída por todos os condôminos, sem discriminar a parte de cada um na obrigação, nem se estipular solidariedade, entende-se que cada qual se obrigou proporcionalmente ao seu quinhão na coisa comum (CC, art. 1.317). As dívidas contraídas por um dos condôminos em proveito da comunhão, e durante ela, obrigam o contratante; mas terá essa ação regressiva contra os demais (CC, art. 1.318). Cada condômino responde aos outros pelos frutos que percebeu da coisa e pelo dano que lhe causou (CC, art. 1.319).

A extinção do condomínio é feita por meio de uma ação própria que leva essa denominação e é tratada na esfera cível. Assim, no caso de um casal ter adquirido um bem em condomínio, e constar no registro do imóvel o nome de ambos como adquirentes, para que seja efetuada a divisão desse bem, será preciso o ingresso de uma ação de extinção de condomínio. Se determinado bem é adquirido em nome de apenas um dos cônjuges, que, independentemente de estar qualificado no título aquisitivo como casado, é tido como o único proprietário, nessa hipótese se estaria diante de um estado de mancomunhão, e não de condomínio, sendo, portanto, necessária a partilha do bem.

Dimas Messias de Carvalho[240] distingue o estado de mancomunhão do estado de condomínio com as seguintes considerações: "Os bens não partilhados após a separação ou divórcio pertencem ao casal, semelhante ao que ocorre com a herança, entretanto, nenhum deles pode

---

reivindicatória só poderá ser ajuizada pelo próprio condomínio, salvo se o uso desse espaço comum for: (1) exclusivo de um ou mais condôminos ou (2) essencial ao exercício do direito de usar, fruir ou dispor de uma ou mais unidades autônomas. Nesses dois casos excepcionais, haverá legitimação concorrente e interesse de agir tanto do condomínio como dos condôminos diretamente prejudicados. 7. Todavia, nessas hipóteses de legitimação concorrente em condomínio edilício, a coisa julgada formada em razão do manejo de ação reivindicatória dos alguns condôminos diretamente prejudicados não inibirá a futura propositura de outra demanda reivindicatória pelo condomínio. 8. Os limites subjetivos da coisa julgada material consistem na produção de efeitos apenas em relação aos integrantes da relação jurídico-processual em curso, de maneira que – em regra – terceiros não podem ser beneficiados ou prejudicados pela *res judicata*. 9. *In casu*, o trânsito em julgado do *decisum* que apreciou anterior demanda reivindicatória ajuizada por alguns condôminos relativamente à área comum de uso comum imprescindível ao exercício do direito de usar e fruir das respectivas unidades autônomas não inibe futura ação reivindicatória pelo condomínio. 10. Recurso especial conhecido parcialmente e, nesse ponto, provido" (REsp 1.015.652/RS, Rel. Min. Massami Uyeda, j. 02.06.2009).

[240] CARVALHO, Dimas Messias de. *Direito de família*. 2. ed. Belo Horizonte: Del Rey, 2009. p. 211-212.

alienar ou gravar os seus direitos na comunhão antes da partilha, sendo ineficaz a cessão, posto que o direito à propriedade e posse é indivisível, ficando os bens numa situação que a doutrina denomina de estado de mancomunhão. Não raras vezes, entretanto, quando os bens estão identificados na ação de separação ou divórcio, são partilhados na fração ideal de 50% (cinquenta por cento) para cada um, em razão da meação, importa em estado de condômino entre o casal e não mais estado de mancomunhão. Tratando-se de condomínio, pode qualquer um dos cônjuges alienar ou gravar seus direitos, observando a preferência do outro, podendo ainda requerer a extinção por ação de divisão ou alienação judicial, não se cogitando a nova partilha e dispensando a abertura de inventário".

Quando um imóvel é ocupado exclusivamente por um dos cônjuges em processo de divórcio e em momento anterior à decretação da extinção do vínculo conjugal, o entendimento da doutrina majoritária é de que o bem segue em estado de mancomunhão e, portanto, não é devido aluguel ao outro consorte pelo uso exclusivo do bem comum, porém, uma vez homologada a separação judicial ou o divórcio do casal, o estado de mancomunhão deixa de existir e o bem passa a estar em estado de condomínio, regido pelas regras comuns da copropriedade e que admite a indenização. Segundo a Ministra Nancy Andrighi, em razões expostas quando do julgamento do Recurso Especial 1.375.271/SP:[241]

> Com a separação ou divórcio do casal, cessa o estado de comunhão de bens, de modo que, mesmo nas hipóteses em que ainda não concretizada a partilha do patrimônio, é permitido a um dos ex-cônjuges exigir do outro, a título de indenização, a parcela correspondente à metade da renda de um aluguel presumido, se houver a posse, uso e fruição exclusiva do imóvel por um deles. Após a separação ou divórcio e enquanto não partilhado o imóvel,

---

[241] "Direito civil. Família. Recurso especial. Embargos de declaração. Negativa de prestação jurisdicional. Inocorrência. Ação de arbitramento e cobrança de aluguéis, em decorrência de uso exclusivo de imóvel não partilhado. Indenização correspondente a metade do valor da renda do aluguel apurado, diante da fruição exclusiva do bem comum por um dos condôminos. Condomínio, ademais, que foi extinto por força de decisão judicial transitada em julgado, tendo sido determinada a alienação judicial do imóvel. Indenização, todavia, devida a partir da citação na ação de arbitramento. 1. Ação distribuída em 29.09.2009. Recurso especial interposto em 03.08.2012 e atribuído à Relatora em 15.09.2016. 2. O propósito recursal é definir se é cabível o arbitramento de aluguéis em favor de ex-cônjuge em razão da ocupação e fruição exclusiva do imóvel comum, ainda que não tenha ele sido objeto de partilha. 3. Devidamente analisadas e discutidas as questões colocadas em debate pelas partes, e fundamentado suficientemente o acórdão recorrido, não há que se falar em violação do art. 535, I e II, do CPC/73. 4. Havendo separação ou divórcio e sendo possível a identificação inequívoca dos bens e do quinhão de cada ex-cônjuge antes da partilha, cessa o estado de mancomunhão existente enquanto perdura o casamento, passando os bens ao estado de condomínio. 5. Com a separação ou divórcio do casal, cessa o estado de comunhão de bens, de modo que, mesmo nas hipóteses em que ainda não concretizada a partilha do patrimônio, é permitido a um dos ex-cônjuges exigir do outro, a título de indenização, a parcela correspondente à metade da renda de um aluguel presumido, se houver a posse, uso e fruição exclusiva do imóvel por um deles. 6. Após a separação ou divórcio e enquanto não partilhado o imóvel, a propriedade do casal sobre o bem rege-se pelo instituto do condomínio, aplicando-se a regra contida no art. 1.319 do CC, segundo a qual cada condômino responde ao outro pelos frutos que percebeu da coisa. 7. O marco temporal para o cômputo do período a ser indenizado, todavia, não é a data em que houve a ocupação exclusiva pela ex-cônjuge, tampouco é a data do divórcio, mas, sim, é a data da citação para a ação judicial de arbitramento de aluguéis, ocasião em que se configura a extinção do comodato gratuito que antes vigorava. 8- Recurso especial parcialmente conhecido e, nessa parte, provido em parte, apenas para delimitar a data de início da incidência dos aluguéis" (REsp 1.375.271/SP, 3.ª Turma, Rel. Min. Nancy Andrighi, j. 21.09.2017, DJe 02.10.2017).

a propriedade do casal sobre o bem rege-se pelo instituto do condomínio, aplicando-se a regra contida no art. 1.319 do CC, segundo a qual cada condômino responde ao outro pelos frutos que percebeu da coisa. O marco temporal para o cômputo do período a ser indenizado, todavia, não é a data em que houve a ocupação exclusiva pela ex-cônjuge, tampouco é a data do divórcio, mas, sim, é a data da citação para a ação judicial de arbitramento de aluguéis, ocasião em que se configura a extinção do comodato gratuito que antes vigorava.

Na Argentina, o Código Civil e Comercial trata sobre os bens adquiridos conjuntamente em seu artigo 471,[242] afiançando a ambos proprietários a administração e a disposição dos bens havidos em condomínio, cujas decisões devem ser decididas em conjunto, e, em caso de dissenso entre os consortes, é assegurado o direito de postular em juízo, assim como é defeso ao julgador negar pedido de divisão do bem, se o pedido for contra o interesse familiar. Roberto Malizia[243] aponta que, por se tratar de um bem de propriedade de ambos os cônjuges, a parte de um deles não responde pelas dívidas do outro, a não ser que se enquadre em alguma das exceções previstas, e os credores de cada um dos cônjuges podem executar exclusivamente a parte indivisa do devedor e os seus frutos. Ainda segundo o autor: "No hay obstáculo legal alguno para que un bien pueda ser comprado por ambos cónyuges en condominio, en donde cada uno de los comuneros adquiera el bien con un distinto carácter, ganancial en la porción incorporada por uno de ellos, y propia la adquirida por el otro, toda vez que el condominio se suscita entre los cónyuges y no con la denominada sociedad conyugal, ya que no es ésta quien incorpora el bien sino cada cónyuge o ambos y con independencia de la voluntad de éstos, los bienes que adquieran serán propios de cada uno de los esposos o gananciales bajo su administración, según las previsiones legales a que se encuentran sometidos, mientras que el carácter dual significa dar trascendencia jurídica a la verdadera naturaleza de las cosas".

Ao versar sobre a tomada de decisões quando o imóvel em condomínio tiver sido adquirido em partes diferentes, Roberto Malizia afirma que, se fossem estritamente aplicadas as regras de condomínio (CCC, art. 1.994),[244] deveria então ser dito que aquele que tivesse a maioria absoluta de acordo com o valor das partes indivisas obrigaria o outro em suas decisões, e, em caso de ambos serem proprietários em partes equivalentes, seria decidido pela sorte, porém para o autor "esta solución no se aplica en el caso de condominio entre cónyuges donde las decisiones deben ser tomadas conjuntamente, cualquiera que sea el porcentaje que se tenga sobre la cosa en común. La diferencia de solución entre el condominio común y el condominio entre cónyuges sobre bienes gananciales encuentra su razón de ser en la especialidad del régimen de comunidad. En caso de disenso entre los cónyuges sobre la administración o

---

[242] "Artículo 471. Bienes adquiridos conjuntamente La administración y disposición de los bienes adquiridos conjuntamente por los cónyuges corresponde en conjunto a ambos, cualquiera que sea la importancia de la parte correspondiente a cada uno. En caso de disenso entre ellos, el que toma la iniciativa del acto puede requerir que se lo autorice judicialmente en los términos del Artículo 458. A las partes indivisas de dichos bienes se aplican los dos artículos anteriores. A las cosas se aplican las normas del condominio en todo lo no previsto en este artículo. Si alguno de los cónyuges solicita la división de un condominio, el juez de la causa puede negarla si afecta el interés familiar."

[243] MALIZIA, Roberto. *Derecho patrimonial en el ámbito del derecho de familia.* Buenos Aires: Rubinzal--Culzoni, 2019. p. 181-182.

[244] "Artículo 1994. Asamblea. Todos los condóminos deben ser informados de la finalidad de la convocatoria y citados a la asamblea en forma fehaciente y con anticipación razonable. La resolución de la mayoría absoluta de los condóminos computada según el valor de las partes indivisas, aunque corresponda a uno solo, obliga a todos. En caso de empate, debe decidir la suerte."

disposición de los bienes en común las decisiones no se toman por la suerte, como establece el artículo 1994, sino que deberá decidir el juez de acordó al interés familiar aplicando el artículo 458 del CC y Com".

1.5.19 Contratos entre cônjuges

No período romano, não eram aceitas as doações entre esposos, medida utilizada para evitar a transmissão de bens de uma linhagem familiar para a outra, assim como na Idade Média era vedada a contratação entre os cônjuges, também com o objetivo de garantir que os bens permanecessem na família. Posteriormente, como leciona Eduardo Antonio Sambrizzi: "dichas incapacidades fueron establecidas en razón de la dependencia – actualmente inexistente – que antes tenía por ley la mujer con respecto del marido; se quiso evitar que mediante el aprovechamiento de la situación de inferioridad jurídica en la que se hallaba la mujer, el marido la indujera a transferirle bienes, o que, ante la amenaza del divorcio, la donación fuese el precio de la paz matrimonial". Ademais, as restrições na capacidade de os cônjuges contratarem entre si tiveram ainda o pressuposto de impedir atos fraudulentos que viessem a causar prejuízos para terceiros credores de um dos consortes, possíveis prejudicados em função de um esvaziamento patrimonial cujo destinatário seria o outro cônjuge. Outro ponto abordado por Eduardo Antonio Sambrizzi é de que essas restrições também visavam a evitar uma posterior alteração do regime patrimonial imperativo, imbuído de ordem pública, ao proibir, entre outros acordos, todo pacto que pudesse significar uma renúncia aos bens comuns. O artigo 1.218 do derrogado Código Civil argentino determinava não ter nenhum valor legal qualquer disposição que implicasse a renúncia ao patrimônio comum em favor do outro: "Art.1218. Toda convención entre los esposos sobre cualquier otro objeto relativo a su matrimonio, como toda renuncia del uno que resulte a favor del otro, o del derecho a los gananciales de la sociedad conyugal, es de ningún valor". Da mesma forma era expressamente vedado aos consortes entabular acordo matrimonial depois de celebrado o casamento, e nem era lícito aos cônjuges revogar, alterar ou modificar o contrato anterior (CC argentino, art. 1.219).[245]

No Brasil, também era vedado aos consortes promover a mudança do regime de bens, porém, atualmente, o § 2.º do artigo 1.639 do Código Civil, atesta ser admissível a alteração do regime de bens, mediante autorização judicial em pedido motivado de ambos os cônjuges, apurada a procedência das razões invocadas e ressalvados os direitos de terceiros, revelando a preocupação principal do legislador de evitar que terceiros possam ser prejudicados. Já com relação ao Anteprojeto do Código Civil apresentado ao Senado Federal pela Comissão de Juristas, nomeada para sua revisão e atualização, o artigo 1.639 do Código Civil permitirá que cônjuges ou conviventes, antes ou depois de celebrado o casamento ou constituída a união estável, deliberem livremente quanto aos seus bens e interesses patrimoniais, devendo a modificação ser procedida por escritura pública, que só produzirá efeitos a partir da alteração, não retroagindo no tempo, gerando, portanto, efeitos *ex nunc*, ou seja, da escritura de alteração para a frente.

O Código Civil brasileiro afirma ser lícita a compra e venda entre cônjuges relativos aos bens excluídos da comunhão (CC, art. 499), desde que sobre a coisa não paire a cláusula de incomunicabilidade, rezará, em complemento, o artigo 499 do Anteprojeto do Código Civil.

---

[245] "Artículo 219. Ningún contrato de matrimonio podrá hacerse, so pena de nulidad, después de la celebración del matrimonio; ni el que se hubiere hecho antes, podrá ser revocado, alterado o modificado."

Assim, é claramente perceptível uma mudança legislativa que prioriza a autonomia privada em contraste com a rigidez e a injustificada interferência estatal que marcavam as legislações anteriores. Para Luigi Ferri, o campo de atuação da autonomia privada é justamente o dos interesses privados e estes vêm determinados por via de exclusão, pois são todos aqueles interesses cuja tutela o Estado não assume nem impõe a outros.[246] É o poder reconhecido ao indivíduo de autorregular sua esfera jurídica dentro dos limites previstos pelo ordenamento legal, em sua dupla vertente pessoal e patrimonial, com destaque especial para as relações jurídicas de direito de família, em que, tradicionalmente – e não faz muito tempo –, sua movimentação era inteiramente indisponível, salvo para as hipóteses de escolha dos noivos e do regime de bens.

Como apontam Maria Celina Bodin de Moraes e Ana Carolina Brochado Teixeira,[247] a Lei 11.441/2007 – responsável por autorizar a separação e o divórcio extrajudicial – simboliza, no Brasil, o início de um processo de redução da intervenção do Estado na relação conjugal. Para as autoras, "esse movimento de desjudicialização reforça a autonomia privada das partes, pois é a própria decisão pela desconstituição do vínculo conjugal que prepondera, independentemente de participação do Poder Judiciário".

O Direito de Família, apesar de ser um ramo do Direito Privado, tem certas limitações típicas do Direito Público anotadas em função da preservação dos interesses dos vulneráveis, como as crianças, adolescentes e os idosos. Para as mencionadas doutrinadoras, em vista do conceito de negociabilidade, que pressupõe tanto situações jurídicas patrimoniais quanto existenciais, sendo estas últimas fruto direto do advento da Constituição Federal de 1988, que deu ênfase à proteção dos direitos pessoais a fim de atender aos mais diversos projetos de vida e a ultimação da realização da pessoa humana visando à busca a construção da felicidade, torna-se essencial que se estabeleçam as condições para se pactuarem as regras da vida em comum: "que, a princípio, estão ligadas à simetria (aqui entendida com igualdade substancial) entre os membros da relação jurídica familiar. Isso significa devem prevalecer os acordos entabulados e não regras heterônomas e interventivas do Estado".[248]

Nesse sentido, a doutrina tem se posicionado pela ampliação dos poderes contratuais entre os cônjuges que se encontram em situação de simetria, não havendo, portanto, qualquer razão para que lhes seja tolhido o direito de exercer da forma mais ampla possível a autonomia na tomada de decisões que dizem respeito aos seus interesses. Maria Celina Bodin de Moraes e Ana Carolina Teixeira Brochado asseveram que, "quando houver assimetria relacional, os espaços de negociabilidade ficam mais reduzidos, pois se espera um comportamento positivo de atuação em prol daquele que é vulnerável, a fim de que essa conduta possa reequilibrar a relação jurídica".[249] Nessas hipóteses é justificável uma maior intervenção estatal com o intuito de proteger os mais vulneráveis.

A celebração de contrato entre cônjuges pode ter os mais diversos objetos, desde aqueles ligados às questões patrimoniais regidas pelo Direito de Família, como também toda sorte de ajustes e entabulações de naturezas diversas, por exemplo, as relações empregatícias. Para

---

[246] FERRI, Luigi. *La autonomía privada*. Chile: Olejnik. 2018. p. 18.

[247] MORAES, Maria Celina Bodin de; TEIXEIRA, Ana Carolina Brochado *et al*. *Contratos, família e sucessões*. Diálogos interdisciplinares. Indaiatuba: Foco, 2019. p. 5.

[248] MORAES, Maria Celina Bodin de; TEIXEIRA, Ana Carolina Brochado *et al*. *Contratos, família e sucessões*. Diálogos interdisciplinares. Indaiatuba: Foco, 2019. p. 4-5.

[249] MORAES, Maria Celina Bodin de; TEIXEIRA, Ana Carolina Brochado *et al*. *Contratos, família e sucessões*. Diálogos interdisciplinares. Indaiatuba: Foco, 2019. p. 8.

Cristiano Chaves de Farias e Nelson Rosenvald: "considerando a sistemática de igualdade entre os cônjuges, bem como tendo em mira o fato de que os frutos civis do trabalho ou da indústria de cada consorte não se comunicam com o outro, não se vislumbra qualquer óbice". Complementam os autores afirmando que: "o regime de bens do casamento é irrelevante para a possibilidade de constituição de contrato de emprego entre eles".[250]

Entrementes, preocupado com o possível desvirtuamento do regime matrimonial, o artigo 977 do Código Civil brasileiro faculta aos cônjuges contratar sociedade, entre si ou com terceiros, desde que não tenham casado no regime da comunhão universal de bens, ou no da separação obrigatória,[251] explicando Arnoldo Wald que a vedação tem por finalidade evitar a modificação das relações patrimoniais entre os cônjuges em virtude da sociedade entre eles constituída, representando verdadeiro retrocesso com relação à situação existente no Código Civil de 1916, visto que a doutrina e a jurisprudência já se haviam firmado no sentido da inexistência de impedimentos para que o casal, qualquer que seja seu regime, participe da mesma sociedade.[252]

Até o advento da Lei 4.121/1962 (Estatuto da Mulher Casada), a mulher, solteira ou casada, era considerada incapaz, pois, se solteira, estava subordinada ao pai, e, se casada, passava para a tutela do marido, vetando a sua participação como sócia do marido em sociedade empresária, sob o argumento de que a sociedade entre os consortes possibilitava a realização da fraude no regime de bens. A doutrina e a jurisprudência haviam avançado e, com a promulgação da Lei 4.121/1962, agregada à consolidação da Constituição Federal de 1988, igualou-se a condição da mulher à do homem e, assim, até a entrada em vigor do Código Civil de 2002, a sociedade entre cônjuges era admitida.[253]

Entretanto, com o advento do Código Civil de 2002, em decorrência do seu artigo 977, houve um notório retrocesso e a sociedade empresária entre consortes voltou a ser proibida, ao menos para os regimes da comunhão universal de bens e o da separação obrigatória de bens (CC, art. 1.641),[254] ao passo que o Código Civil e Comercial argentino de 2014 andou justamente na contramão do Direito brasileiro e avançou, permitindo aos cônjuges integrar qualquer tipo de sociedade e, na atualidade, um cônjuge pode assumir a respeito do outro a condição de sócio real ou aparente, sócio oculto, ou a de sócio de sócio, que é uma das situações mais comuns na realidade brasileira e que identifica[255] cônjuge ou companheiro de sócio.

Cônjuges podem realizar entre eles operações de venda e compra, desde que envolvam bens excluídos da comunhão. Obviamente, estão fora do campo de abrangência os

---

[250] FARIAS, Cristiano Chaves de; ROSENVALD, Nelson. *Curso de direito civil*. Direito de família. 8. ed. Salvador: JusPodivm, 2016. p. 228.

[251] O artigo 977 do anteprojeto apresentado pela Comissão de Juristas responsável pela revisão e atualização do Código Civil propõe que cônjuges e conviventes contratem sociedade, entre si ou com terceiros, independentemente do regime de bens adotado.

[252] WALD, Arnoldo. *Comentários ao novo Código Civil*. Do direito de empresa. Coordenação Sálvio de Figueiredo Teixeira. Rio de Janeiro: Forense, 2005. p. 64-66.

[253] MADALENO, Rolf; OHINA, Bibiana Brum. Sociedade entre cônjuges: aplicação do artigo 977 do Código Civil de 2002 às sociedades simples. *In*: MIRANDA, Jorge (dir.). *O direito*. Coimbra: Almedina, 2015. p. 150-151.

[254] Como antes anotado, o artigo 977 do anteprojeto apresentado pela Comissão de Juristas responsável pela revisão e atualização do Código Civil propõe que cônjuges e conviventes contratem sociedade, entre si ou com terceiros, independentemente do regime de bens adotado.

[255] FERRER, Francisco A. M. El régimen patrimonial matrimonial. *In*: CÓRDOBA, Florencia I. (coord.). *Tratado de la familia*. Buenos Aires: Thomson Reuters/La Ley, 2020. t. I, p. 499.

bens que se comunicam em razão do regime matrimonial, fato que permite deduzir que no regime da separação convencional de bens todo o acervo é privativo de cada cônjuge e eles podem comprar e vender entre si, ocorrendo o mesmo com relação aos bens anteriores ao matrimônio, em regime de comunhão parcial ou de participação final nos aquestos e até mesmo com referência aos bens que na comunhão universal não se comunicam por exceção, dispondo o artigo 499 do Código Civil ser lícita a compra e venda entre os cônjuges, até porque seria inútil qualquer negociação sobre os bens comuns que sempre voltariam a se comunicar. É uma questão de lógica cartesiana, tanto que não existe a rigor no Código Civil brasileiro uma norma proibitiva genérica de contratar entre os consortes, tampouco outra que consagre sua liberdade. Explica Francisco A. M. Ferrer existirem no Direito argentino proibições expressas em alguns contratos em particular, como a compra e venda e a doação entre consortes, cuja proibição se estende a todos os contratos que se aplicam as normas da compra e venda ou de doação (permuta, cessão de créditos etc.), cuja motivação é a proteção dos sucessores e de terceiros, ressalvando o artigo 544 se tratar de adiantamento de herança a doação de um cônjuge para outro, sujeitando-se à colação (CC, art. 2.003). Entrementes, ao contrário do Direito brasileiro, o Direito espanhol, o alemão, o suíço e o mexicano, explica Francisco A. M. Ferrer, consagram a plena capacidade dos cônjuges para contratar e que, em razão dessa total capacidade civil da mulher e da igualdade dos consortes, já não se justificam essas proibições, e a proteção dos sucessores e dos terceiros pode ser alcançada por outros meios.[256]

No entanto, o Direito argentino mantém expressamente a proibição de os cônjuges contratarem entre si em regime de comunidade de bens, certamente com relação aos bens comunicáveis, como ocorre no sistema jurídico brasileiro. Em contrapartida, os cônjuges sujeitos ao regime de separação de bens têm liberdade para contratar entre si, e a eles não se aplica a proibição do artigo 1.002, *d*, e, portanto, podem prestar fianças, celebrar mútuos, locações, doações, compra e venda etc., e, como consequência desses contratos, podem promover ações judiciais de um contra o outro, ainda que o casamento não tenha sido dissolvido, viabilizando-se demandas indenizatórias por enriquecimento indevido, no caso da esposa que presta serviços não remunerados no consultório ou escritório profissional, ou na empresa ou comércio de seu marido, sem ter participação nos bens que este adquire com o produto de tais atividades,[257] mas cujas demandas não acessaria em um regime de comunidade dos bens e que, consequentemente, não comportam essa classe de ações, inclusive as de ordem trabalhista.

Outro ramo do Direito que trouxe à discussão os limites de contratação entre cônjuges é o do Direito Sucessório e a possibilidade de repúdio à herança concorrencial. O herdeiro concorrente difere do herdeiro universal, pois o cônjuge e o convivente sobreviventes só serão designados como herdeiros universais na falta de descendentes ou de ascendentes, mas serão vocacionados como herdeiros concorrentes quando chamados em concurso com os herdeiros universais das duas primeiras classes de vocação. Mostra-se escancarada a diferença das categorias de herdeiros, os quais se subdividem entre legítimos – estes necessários e universais – e facultativos – estes colaterais, concorrentes ou testamentários. Benefícios sucessórios ou

---

[256] FERRER, Francisco A. M. El régimen patrimonial matrimonial. *In*: CÓRDOBA, Florencia I. (coord.). *Tratado de la familia*. Buenos Aires: Thomson Reuters/La Ley, 2020. t. I, p. 499.

[257] FERRER, Francisco A. M. El régimen patrimonial matrimonial. *In*: CÓRDOBA, Florencia I. (coord.). *Tratado de la familia*. Buenos Aires: Thomson Reuters/La Ley, 2020. t. I, p. 672.

pietatis podem ser antecipadamente renunciados em pactos antenupciais, contratos de convivência por escritura pública ou contratos sucessórios.[258]

Por isso mesmo, Renata Raupp Gomes[259] argumenta não ser possível confundir a posição de herdeiro necessário do cônjuge ou companheiro com a sua inserção concorrencial com descendentes e ascendentes na ordem de vocação hereditária, e arremata: "corroborando-se as reflexões de Madaleno, entende-se que a concorrência tanto com descendentes quanto com ascendentes pode ser tranquilamente afastada por pacto antenupcial ou contrato de convivência". Assim, o herdeiro concorrente não é um herdeiro necessário nem universal, estando seu quinhão concorrencial condicionado a diversas variantes, mantendo, portanto, uma *expectativa de fato*, e não uma expectativa de direito sobre seu quinhão hereditário, pois essa *expectativa de direito* existe unicamente com relação aos descendentes, ascendentes e ao cônjuge ou convivente quando vocacionados nas suas respectivas classes, e, portanto, podem renunciar à herança ainda não aberta, mero benefício vidual, valendo-se da expressão antecipada do repúdio no pacto antenupcial, no contrato convencional ou no contrato sucessório.

1.6 ALTERAÇÃO DO REGIME DE BENS

Entre as modificações surgidas na seara patrimonial do Direito de Família, ao cuidar do pacto antenupcial e do regime de bens pertinentes ao casamento e à união estável, a mais significativa delas diz respeito à possibilidade de ser alterado o regime de bens no curso da relação conjugal, como prescreve o artigo 1.639, § 2.º, do Código Civil, em pedido judicial motivado de ambos os cônjuges, apurada a procedência das razões invocadas e ressalvados os direitos de terceiros, não se fazendo necessária a apresentação ao juízo da relação de todos os bens que compõem o patrimônio do casal, até porque, diante dos efeitos jurídicos *ex nunc* da sentença que modifica o regime matrimonial, os bens anteriores à sentença permanecem sob as regras do regime anterior.[260] Trata-se de um polêmico

---

[258] MADALENO, Rolf. Separação convencional de bens, expectativa de fato e renúncia da concorrência sucessória em pacto antenupcial. *In*: SALOMÃO, Luis Felipe; TARTUCE, Flávio (coord.). *Direito civil*: diálogos entre a doutrina e a jurisprudência. São Paulo: Atlas, 2021. p. 725-750.

[259] GOMES, Renata Raupp. *A função social da legítima no direito brasileiro*. Rio de Janeiro: Lumen Juris, 2019. p. 145-146.

[260] "Recurso especial. Direito Civil. Casamento. Regime de bens. Modificação. Negativa de prestação jurisdicional. Não ocorrência. Prequestionamento. Ausência. Súmula 211/STJ. Controvérsia acerca da interpretação do art. 1.639, § 2°, do Código Civil. Exigência da apresentação de relação discriminada dos bens dos cônjuges. Incompatibilidade com a hipótese específica dos autos. Ausência de verificação de indícios de prejuízo aos consortes ou terceiros. Preservação da intimidade e da vida privada. 1. Ação distribuída em 21/8/2017. Recurso especial interposto em 21/3/2019. Autos conclusos ao gabinete da Relatora em 21/9/2020. 2. O propósito recursal consiste em verificar se houve negativa de prestação jurisdicional e em definir se a apresentação da relação pormenorizada do acervo patrimonial do casal é requisito essencial para deferimento do pedido de alteração do regime de bens. 3. O acórdão recorrido adotou fundamentação suficiente à solução da controvérsia, não se vislumbrando, nele, qualquer dos vícios elencados no art. 1.022 do CPC/15. 4. A ausência de debate, pelo Tribunal de origem, sobre as normas contidas nos arts. 141, e 492 do CPC/15 atrai a incidência da Súmula 211/STJ. 5. De acordo com a jurisprudência consolidada desta Corte Superior, é possível a modificação do regime de bens escolhido pelo casal – autorizada pelo art. 1.639, § 2°, do CC/02 – ainda que o casamento tenha sido celebrado na vigência do Código Civil anterior, como na espécie. Para tanto, estabelece a norma precitada que ambos os cônjuges devem formular pedido motivado, cujas razões devem ter sua procedência apurada em juízo, resguardados os direitos de terceiros. 6. A melhor interpretação que se pode conferir

dispositivo capaz de abrir uma perigosa brecha no campo da incansável fraude da partilha de bens conjugais ou da união estável, tanto que o artigo 1.393 do Código Civil espanhol admite encerrar por decisão judicial o regime de comunicação de bens, se o outro consorte estiver realizando atos de disposição ou de gestão de bens que envolvam fraude, dano ou perigo para a meação conjugal. De qualquer forma, no Anteprojeto do Código Civil apresentado pela Comissão de Juristas nomeada pelo Senado Federal para a revisão e atualização do Código Civil, pela redação sugerida para o artigo 1.639, se aprovado o anteprojeto, cônjuges e conviventes poderão estipular livremente quanto aos seus bens e interesses patrimoniais, antes ou depois do casamento ou da constituição da união estável, cuja modificação poderá ser realizada por escritura pública com efeito *ex nunc* (§ 2.º). Outrossim, o artigo 1.767 do Código Civil português admite a simples separação judicial de bens quando qualquer dos cônjuges estiver em perigo de perder o que é seu pela má administração do outro cônjuge.

Contam Gladston Mamede e Eduarda Cotta Mamede que, "infelizmente, os seres humanos, em menor ou maior grau, manifestam um impulso de autobeneficiamento que lhes inspira atos egoístas e, para além, posturas agonísticas, ou seja, de combate, luta. [...] Cenários desoladores se constroem quando a discórdia se assenta entre pais e filhos, irmãos, amigos e, com mais frequência, entre casais. Os sentimentos transmudam-se e a passionalidade revela seu pior viés: torna-se ódio, ressentimento, desejo de vingança, fazendo parecer a boa-fé, a probidade e a licitude, sufocadas pela mesquinharia".[261]

Por essa razão, os tribunais se encontram sobrecarregados de demandas judiciais buscando a solução, nem sempre pacífica, de engenhosos artifícios desenvolvidos para a sutil ou por vezes escancarada fraude à meação do cônjuge ou companheiro. Talvez exemplo claro de livre trânsito à fraude da meação conjugal e mesmo na união estável surge da fácil utilização decorrente do rígido conceito da separação do patrimônio dos sócios em confronto com o impenetrável véu societário, tal como estava disposto no artigo 20 do Código Civil de 1916, ao autorizar o cônjuge empresário ao abusivo uso da fraude conjugal. Aplicada a fraude societária, ficava o meeiro prejudicado e sem acesso aos bens de formação patrimonial comum, e, hipossuficiente, não tinha recursos, tampouco fôlego ou disposição pessoal para

---

ao § 2° do art. 1.639 do CC é aquela no sentido de não se exigir dos cônjuges justificativas ou provas exageradas, desconectadas da realidade que emerge dos autos, sobretudo diante do fato de a decisão que concede a modificação do regime de bens operar efeitos *ex nunc*. Precedente. 7. Isso porque, na sociedade conjugal contemporânea, estruturada com os ditames assentados na Constituição de 1988, devem ser observados – seja por particulares, seja pela coletividade, seja pelo Estado – os limites impostos para garantia da dignidade da pessoa humana, dos quais decorrem a proteção da vida privada e da intimidade, sob o risco de, em situações como a que ora se examina, tolher indevidamente a liberdade dos cônjuges no que concerne à faculdade de escolha da melhor forma de condução da vida em comum. 8. Destarte, no particular, considerando a presunção de boa-fé que beneficia os consortes e a proteção dos direitos de terceiros conferida pelo dispositivo legal em questão, bem como que os recorrentes apresentaram justificativa plausível à pretensão de mudança de regime de bens e acostaram aos autos farta documentação de débitos tributários, (certidões negativas da Justiça do Trabalho, certidões negativas de débitos trabalhistas, certidões negativas de protesto e certidões negativas de órgãos de proteção ao crédito), revela-se despicienda a juntada da relação pormenorizada de seus bens. Recurso especial provido." (STJ. REsp1.904.498/SP. Terceira Turma. Relatora. Ministra Nancy Andrighi. Julgado em 04/5/2021).

261 MAMEDE, Gladston; MAMEDE, Eduarda Cotta. *Separação, divórcio e fraude na partilha de bens.* Simulações empresariais e societárias. São Paulo: Atlas, 2010. p. 9.

se empreender na complicada empreitada de acionar, e em cadeia sucessória provocada pelas rápidas alterações dos contratos sociais, cada um dos sócios, arrostando em sua demanda poderosas empresas, com ações judiciais sem qualquer perspectiva de sucesso e sem esperança de uma rápida e procedente conclusão.

Justamente para contornar essa espécie de fraude tão comum e muito conhecida no âmbito do Direito Empresarial, Trabalhista e Tributário, com previsão legal voltada à ampla defesa do consumidor, sem deixar de citar sua projeção legal no Direito Ambiental, foi desenvolvido pela doutrina o instituto da desconsideração episódica da personalidade jurídica, depois também consagrado pelos artigos 50 do Código Civil e 133 a 137 do Código de Processo Civil,[262] sempre quando fosse detectada alguma fraude, simulação ou abuso do direito com o mau uso da personalidade jurídica, deixando os sócios ou a empresa de honrar seus contratos e compromissos e, especialmente, os princípios e as funções delegadas pelo Poder Público para o funcionamento ético e legal da sociedade empresária, sobrevindo, como dito, alguns aperfeiçoamentos a despeito da caracterização do abuso societário com a edição da Lei de Liberdade Econômica (Lei 13.874/2019), a qual, entre outras deliberações, criou o artigo 49-A do Código Civil que reedita o artigo 20 do Código Civil de 1916, no sentido de que não deva ser confundida a pessoa jurídica com os seus sócios, associados, instituidores ou administradores. Ressalta-se no parágrafo único a importância da autonomia patrimonial das pessoas jurídicas como instrumento lícito de alocação e segregação de riscos, estabelecido pela lei com a finalidade de estimular empreendimentos, para a geração de empregos, tributo, renda e inovação em benefício de todos, buscando, dessarte, proteger a pessoa jurídica dos abusos que vinham sucedendo na aplicação desmedida da desconsideração da personalidade jurídica e gerando insegurança jurídica aos empresários e às empresas.

A imutabilidade do regime de bens prescrita pelo Código Civil (CC/1916, art. 230) sempre teve em mira as eventuais influências e solicitações das quais eram passíveis as ditas frágeis mulheres, muito mais dedicadas às tarefas domésticas, a cujos temores por sua segurança econômica e financeira, de que pudessem ser ludibriadas por maridos inescrupulosos, escreveu

---

[262] "Embargos de declaração. Agravos de instrumento interpostos por ambas as partes da mesma decisão. Julgamento de apenas um deles. Nulidade reconhecida. Cassação do acórdão. Reexame do mérito. Cautelar de arrolamento. Processo litigioso de separação. Depósito de bens comuns. Razoabilidade da medida. Pleito de constrição sobre patrimônio de sociedades. Ausência de amparo legal. Confusão patrimonial não caracterizada. Recurso conhecido e não provido. Por força dos princípios da ampla defesa e do contraditório (CF, art. 5.º, LV) com os recursos a eles inerentes, é imperativo, no caso de simultaneidade de agravos de instrumento interpostos por ambas as partes da mesma decisão interlocutória, que as insurgências sejam simultaneamente analisadas. Dessa forma, preservam-se os direitos de manifestação e de recurso de ambos os litigantes. Não havendo fundada dúvida sobre o fato de serem bens comuns as cotas sociais, e sendo patente a animosidade entre as partes no processo de separação, é razoável a decisão que obsta a alienação das cotas sociais em posse de um só dos consortes. Na separação do casal, comunicam-se, em regra, as cotas sociais adquiridas na constância do regime da comunhão parcial de bens. Serão patrimônio comum, em tal hipótese, as quotas sociais e não os bens particulares da pessoa jurídica. 'Confusão patrimonial', para efeito de decretação da desconsideração da personalidade jurídica com amparo no art. 50 do Código Civil, é a situação em que duas ou mais pessoas utilizam-se indistintamente de um conjunto determinado ou indeterminado de bens, como se de um só patrimônio se tratasse, podendo atender ora ao interesse de um, ora ao de outro. O fato de um sócio ser detentor da grande parte das cotas de uma sociedade empresária é fato corriqueiro que não implica confusão patrimonial" (TJSC. Embargos de Declaração em Agravo de Instrumento 2011.061088-1/0001.00, Rel. Des. Sebastião César Evangelista, j. 11.12.2014).

Cap. 1 · REGIME DE BENS | 119

Caio Mário da Silva Pereira[263] que, se fosse possível mudar o regime de bens na constância do casamento, isso poderia conduzir um dos consortes a alterar o regime econômico do matrimônio, com grave risco para os próprios créditos e provável prejuízo para os terceiros.

Eventuais credores que tinham na meação de uma comunhão universal, ou mesmo na partilha apenas dos aquestos, na expectativa de recebimento do seu crédito eles poderiam ver frustrada a quitação de seus haveres pela maliciosa migração dos cônjuges para o regime da completa separação de bens.

Sílvio de Salvo Venosa[264] enfatiza ter sido erigido o princípio da imutabilidade do regime de bens como garantia aos próprios cônjuges e para resguardo ao direito de terceiros. Ressalva apenas o entendimento de a irrevogabilidade do regime tender, em regra, a proteger a mulher casada, pois em outra esfera cultural brasileira a mulher era tida como dotada de menor experiência no trato das riquezas econômicas do casamento, quase sempre administradas pelo marido.

Por certo, convencido pela argumentação jurídica defendida principalmente por Orlando Gomes,[265] com o advento do Código Civil, o legislador brasileiro abandonou o princípio da imutabilidade do regime de bens.

Já em 1984 questionava Orlando Gomes quais razões ainda poderiam justificar a manutenção da imutabilidade do regime patrimonial, quando a própria lei punha à escolha dos nubentes diversos regimes matrimoniais e não os impedia de combinar disposições próprias de cada um dos regimes. Aconselhava, apenas, fossem adotadas as devidas cautelas, subordinando a mudança do regime à autorização judicial, por requerimento de ambos os cônjuges, os quais deveriam justificar a pretensão, verificando o juiz a plausibilidade do deferimento, cuidando apenas para terceiros não serem prejudicados e ressalvando essa hipótese em qualquer caso, com a ampla publicidade da sentença, a ser transcrita no registro próprio.

No Direito francês, a mudança incidental do regime patrimonial do casamento, como explica Gérard Cornu,[266] está escorada em um pedido de convenção modificativa firmado por ambos os cônjuges e submetido à homologação judicial, com ampla publicidade em procedimento de jurisdição voluntária. Por sua vez, em outro extremo, o Direito peruano permite a mudança do regime de bens tantas vezes decidam os consortes, podendo haver requerimento unilateral em processo contencioso quando demonstrada conduta culposa ou dolosa de parte de um dos cônjuges em detrimento do outro, como a troca também tem trânsito em caso de insolvência de um dos parceiros e se entre eles advém a separação de corpos.[267]

Para Débora Gozzo,[268] a maioria dos nubentes sente-se constrangida para discutir questões de cunho patrimonial antes do casamento, porquanto essa natural inibição inicial poderia levar a escolhas erradas quanto ao regime, além de instalar um clima mais propício para os casamentos por interesse. Certo seria então deixar transcorrer o tempo, pois, quanto mais sedimentado o relacionamento conjugal, quanto maior a intimidade dos cônjuges, mais fortalecidos os seus vínculos familiares e as suas certezas afetivas, mais autorizada estaria a modificação do regime patrimonial no curso do casamento, facilitando a correção dos rumos

---

263 PEREIRA, Caio Mário da Silva. *Instituições de direito civil*. 7. ed. Rio de Janeiro: Forense, 1991. v. V, p. 116.

264 VENOSA, Sílvio de Salvo. *Direito civil*. Direito de família. São Paulo: Atlas, 2001. v. V, p. 50.

265 GOMES, Orlando. *O novo direito de família*. Porto Alegre: Fabris, 1984. p. 19-20.

266 CORNU, Gérard. *Les régimes matrimoniaux*. Paris: PUF, 1974. p. 234.

267 ROSPIGLIOSI, Enrique Varsi. *Tratado de derecho de familia*. Derecho familiar patrimonial. Relaciones económicas e instituciones supletória y de amparo familiar. Lima: Gaceta Jurídica, 2012. t. III, p. 82.

268 GOZZO, Débora. *Pacto antenupcial*. São Paulo: Saraiva, 1992. p. 126.

prematuramente escolhidos por nubentes jovens e ainda inexperientes.[269] Tal fato certamente influenciou o Código Civil da Argentina, promulgado em 2014, ao permitir a alteração do regime de bens por escritura pública firmada pelos cônjuges em prazo não inferior a um ano de casamento, sem nenhum limite de quantidade de vezes que os esposos podem modificar o regime patrimonial (CC argentino, art. 449).

Considerando a igualdade dos cônjuges e dos sexos consagrada pela Carta Política de 1988, soaria herege aduzir em tempos de globalização, com absoluta identidade de capacidade e de compreensão dos casais, ainda pudesse um dos consortes, apenas por seu gênero sexual, ser considerado mais frágil, mais ingênuo e com menor tirocínio mental em relação ao seu parceiro conjugal. Por esse prisma, desacolhe a moderna doutrina a defesa intransigente da imutabilidade do regime de bens, devendo homem e mulher gozar da livre autonomia privada e decidir acerca da mudança incidental do estatuto patrimonial de seus bens, sem seguir o legislador presumindo possa um deles querer abusar da fraqueza do outro, a ponto, inclusive, como sucedia no Direito espanhol, de proibir que os cônjuges contratassem entre si doações, contratos de compra e venda e que constituíssem sociedades empresárias, porque por meio da solidariedade da responsabilidade societária produzir-se-ia uma comunicação de patrimônios entre o marido e a esposa, contrariando o regime patrimonial, especialmente quando houvessem adotado o da separação de bens. O pensamento subjacente do princípio da imutabilidade do regime matrimonial estaria em evitar enriquecimentos injustificados derivados da ascendência psicológica de um cônjuge sobre o outro.

Enfim, todas as cautelas advertidas por Orlando Gomes foram consideradas no § 2.º do artigo 1.639 do Código Civil, ao exigir autorização judicial por requerimento conjunto, e apurada a procedência das razões invocadas, ressalvados os direitos de terceiros. Preocupadas com os direitos de terceiros, algumas corregedorias de tribunais brasileiros, ou juízes interpretando à risca o § 2.º do artigo 1.639 do Código Civil, ordenam a publicação de editais que imprimam a devida publicidade à mudança incidental do regime de bens, visando justamente a resguardar direitos de terceiros,[270] quando não determinam em obrigação adicional a juntada pelos cônjuges de certidões negativas de dívidas fiscais, municipais, estaduais, federais e de qualquer outra natureza, inclusos certidões de ofícios de protestos de títulos e documentos dos cônjuges como pessoas físicas ou como participantes de empresas que integrem como sócios, anexando certidão da Junta Comercial para comprovar que não pertencem às sociedades empresárias e que tampouco estão financeiramente comprometidos com credores em geral. Essa, inclusive, é a recomendação aprovada pelo Enunciado 113 da Jornada de Direito Civil, promovida pelo Centro dos Estudos Judiciários do Conselho da Justiça Federal, no período de 11 a 13 de setembro de 2002, sob a coordenação científica do então Ministro do Superior Tribunal de Justiça doutor Ruy Rosado de Aguiar Júnior. Contudo, já está consolidado pela jurisprudência não existir qualquer receio quanto a possíveis prejuízos que possam ser causados a terceiros detentores de direitos oponíveis ao casal, uma vez que seus direitos estão expressamente ressalvados no próprio dispositivo legal que autoriza a mudança do regime de bens. Inexiste qualquer necessidade de profunda averiguação acerca da existência de dívidas dos cônjuges, porquanto a futura alteração do regime de bens só produzirá efeitos futuros

---

[269] GOZZO, Débora. *Pacto antenupcial*. São Paulo: Saraiva, 1992. p. 127.

[270] Nesse sentido, a Consolidação Normativa Notarial Registral do Rio Grande do Sul, instituída pelo Provimento 32/2006 da Corregedoria-Geral da Justiça do TJRS, cujo artigo 158 determina expressamente a publicação do edital.

(*ex nunc*),[271] posteriores à alteração do regime matrimonial. Aduz Silvio Rodrigues que os terceiros são absolutamente estranhos ao processo de mudança do regime matrimonial e tampouco serão atingidos pela alteração.[272]

Débora Gozzo defende a necessidade de eventuais mudanças do pacto antenupcial serem feitas por escritura pública e averbadas no Cartório de Registro de Imóveis onde o ajuste foi inscrito,[273] justamente como agora está regulado no Código Civil argentino, autorizando a alteração do regime de bens após um ano de casamento. Não foge a razão principalmente quando a doutrina de Débora Gozzo é enfocada sob a égide do Código Civil de 1916, contudo o atual Código Civil tem procedimento próprio e o risco de prejuízo está muito mais próximo de causar dano a um dos cônjuges do que com relação a terceiros, notadamente se realizada por escritura pública sem qualquer intervenção judicial, como previsto no artigo 449 do Código Civil argentino, estabelecendo o artigo 475, letra *e*, do Código Civil argentino que a comunidade patrimonial também se extingue pela modificação do regime de bens. Na França, a mudança do regime de bens (*changement de régime*) também é permitida por consenso dos cônjuges somente após o transcurso de dois anos de aplicação do regime anterior, devendo o ato ser realizado em cartório e conter a liquidação do regime precedente. A mudança do regime é averbada na certidão de casamento e só será oponível a terceiros passados três meses da averbação. Havendo dissenso na troca do regime de bens ou quando um dos cônjuges é menor, a alteração do regime deve ser judicial.[274]

De acordo com o vigente Código Civil, a alteração do regime matrimonial será sempre judicial, pouco importando a existência de precedente pacto, porque a sentença deferitória da modificação do regime conjugal deverá ser averbada no Cartório de Registro de Imóveis,[275] sendo logicamente dispensada a escritura pública por ser ela substituída pela sentença judicial, não existindo qualquer possibilidade de os cônjuges pretenderem alterar seu primitivo regime de bens por mera escritura pública lavrada em tabelionato, embora assim seja possível na alteração do contrato patrimonial firmado entre conviventes, cuja fórmula da mera

---

[271] "Regime de bens. Pedido de alteração do regime de comunhão parcial de bens para o de separação total. Alegação de dificuldade de contratação de financiamento para aquisição de imóvel residencial, por força das dívidas contraídas pelo cônjuge varão. Preenchimento dos requisitos previstos no artigo 1.639, § 2.º, do Código Civil verificado. Ausência de óbice à alteração do regime de bens do casamento. Medida que não acarretará prejuízo algum dos cônjuges ou aos filhos. Terceiros que não serão atingidos pela alteração, que gerará efeitos apenas *ex nunc*. Alteração determinada. Recurso provido" (TJSP, 1.ª Câmara Cível, Apelação Cível 60.593.4/4, Rel. Des. Luís Antonio de Godoy, j. 08.09.2009).

[272] RODRIGUES, Silvio. *Direito civil*. Direito de família. 28. ed. rev. e atual. por José Francisco Cahali. São Paulo: Saraiva, 2006. v. 6, p. 151.

[273] GOZZO, Débora. *Pacto antenupcial*. São Paulo: Saraiva, 1992. p. 117.

[274] BRANDÃO, Marcela Orro Freitas. *Introdução ao direito francês*. Coord. Thales Morais da Costa. Curitiba: Juruá, 2009. v. 2, p. 266.

[275] "Apelação cível. Direito de família. Alteração de regime de casamento. Art. 1.639, § 2.º, do CC. Possibilidade. Efeitos prospectivos. Desnecessidade de sua exigência para garantia do direito de terceiros. Recurso provido. Nos termos do art. 1.639, § 2.º, do CC, é admissível a alteração do regime de bens depois de pedido motivado de ambos os cônjuges, desde que apurada a procedência das razões invocadas e ressalvado o direito de terceiros. A modificação do regime de bens somente surtirá efeitos perante terceiros a partir do instante da averbação da sentença no livro de casamento (artigo 100, § 1.º, da Lei 6.015/73), e, após o registro, em livro especial, pelo oficial do Registro de Imóveis do domicílio dos cônjuges. Assim, inexiste óbice em se determinar que a alteração de regime de bens possua efeitos *ex tunc* em relação aos cônjuges, uma vez que já ressalvados o direito de terceiros. Recurso provido" (TJMG, 5.ª Câmara Cível, Apelação Cível 1.0223.11.006774-9/001, Rel. Des. Luís Carlos Gambogi, j. 09.07.2014).

escritura pública, também para cônjuges que queiram alterar seu regime de bens, é como propõe o anteprojeto de revisão do Código Civil na nova redação proposta para o artigo 1.639 e seus dois parágrafos. Com a reforma do Direito de Família italiano em 1975, o artigo 163 do Código Civil da Itália admite a modificação da convenção matrimonial no curso do casamento, conquanto se faça por instrumento público e dele participem em consenso os cônjuges. Caso dessa mudança do regime resulte alguma simulação, o artigo 164 do Código Civil italiano assegura aos terceiros, credores dos cônjuges, o direito de prová-la por todos os meios em direito admitidos.

Dúvida adicional pode surgir para esclarecer se cônjuges casados no exterior, com suas núpcias registradas no Brasil, em cujo País mantêm domicílio e estão situados seus bens matrimoniais, podem promover judicialmente a mudança do seu regime de bens de acordo com a legislação brasileira. Não vejo nenhuma dificuldade de eles alterarem seu regime de bens no Brasil, onde mantêm domicílio e se encontram seus bens. Assim como brasileiros podem se divorciar no exterior e vice-versa, os estrangeiros podem se divorciar e partilhar seus bens situados no Brasil, nada impede que promovam pedido conjunto de modificação do regime de bens, especialmente se registraram seu casamento no Brasil, lembrando que os efeitos materiais de eventual divórcio também correriam no Brasil.

1.6.1 Procedimento judicial para alteração do regime no matrimônio

A ação de alteração do regime de bens está disciplinada pelo artigo 734 do Código de Processo Civil,[276] e, por se tratar de demanda de jurisdição voluntária, deve ser formulada proposta em conjunto pelos cônjuges, que devem indicar um motivo relevante para embasar o seu pedido de mudança do regime de bens até então vigente, o qual será devidamente analisado pelo juízo familiar, responsável por certificar a inexistência de qualquer prejuízo para terceiros e para os próprios cônjuges. A indicação de motivo relevante tem o escopo de evitar que um dos consortes possa abusar da boa-fé do outro, e a alteração do regime de bens no matrimonio é feita exclusivamente pela via judicial como forma de controle. Conrado Paulino da Rosa,[277] ao discorrer sobre o natural distanciamento da família contemporânea em relação à outrora excessiva e desarrazoada ingerência estatal, afirma: "o sistema jurídico tem de se adequar a essa realidade e, reconhecida a existência de limites para a intervenção estatal na vida privada, respeitar a autonomia dos titulares de direitos para sua própria autodeterminação". Por esse motivo, como referido em julgado do Superior Tribunal de Justiça,[278] a aferição das

---

[276] "Art. 734. A alteração do regime de bens do casamento, observados os requisitos legais, poderá ser requerida, motivadamente, em petição assinada por ambos os cônjuges, na qual serão expostas as razões que justificam a alteração, ressalvados os direitos de terceiros. § 1.º Ao receber a petição inicial, o juiz determinará a intimação do Ministério Público e a publicação de edital que divulgue a pretendida alteração de bens, somente podendo decidir depois de decorrido o prazo de 30 (trinta) dias da publicação do edital. § 2.º Os cônjuges, na petição inicial ou em petição avulsa, podem propor ao juiz meio alternativo de divulgação da alteração do regime de bens, a fim de resguardar direitos de terceiros. § 3.º Após o trânsito em julgado da sentença, serão expedidos mandados de averbação aos cartórios de registro civil e de imóveis e, caso qualquer dos cônjuges seja empresário, ao Registro Público de Empresas Mercantis e Atividades Afins."

[277] ROSA, Conrado Paulino. *Curso de direito de família contemporâneo*. Salvador: JusPodivm, 2016. p. 187.

[278] "STJ: Direito de família. Casamento celebrado na vigência do Código Civil de 1916. Regime de bens. Alteração. Possibilidade. Exigências previstas no art. 1.639, § 3.º, do Código. Justificativa do pedido. Divergência quanto à constituição de sociedade empresária por um dos cônjuges. Receio de comprometimento do

razões que levam os cônjuges a formular um pedido de alteração do regime de bens não pode "esquadrinhar indevidamente a própria intimidade e a vida privada dos consortes".

Neste julgado de lavra do Ministro Luis Felipe Salomão, o Superior Tribunal de Justiça se posicionou pela preponderância do princípio da intervenção mínima:

> Nesse contexto, admitida a possibilidade de aplicação do art. 1.639, § 2.º, do CC/2002 aos matrimônios celebrados na vigência do CC/1916, é importante que se interprete a sua parte final – referente ao "pedido motivado de ambos os cônjuges" e à "procedência das razões invocadas"' para a modificação do regime de bens do casamento – sob a perspectiva de que o direito de família deve ocupar, no ordenamento jurídico, papel coerente com as possibilidades e limites estruturados pela própria Constituição Federal, defensora de bens como a intimidade e a vida privada. Nessa linha de raciocínio, o casamento há de ser visto como uma manifestação de liberdade dos consortes na escolha do modo pelo qual será conduzida a vida em comum, liberdade que se harmoniza com o fato de que a intimidade e a vida privada são invioláveis e exercidas, na generalidade das vezes, no interior de espaço privado também erguido pelo ordenamento jurídico à condição de "asilo inviolável". Sendo assim, deve-se observar uma principiologia de "intervenção mínima", não podendo a legislação infraconstitucional avançar em espaços tidos pela própria CF como invioláveis. Deve-se disciplinar, portanto, tão somente o necessário e o suficiente para a realização não de uma vontade estatal, mas dos próprios integrantes da família. Desse modo, a melhor interpretação que se deve conferir ao art. 1.639, § 2.º, do CC/2002 é a que não exige dos cônjuges justificativas exageradas ou provas concretas do prejuízo na manutenção do regime de bens originário, sob pena de esquadrinhar indevidamente a própria intimidade e a vida privada dos consortes. Nesse sentido, a constituição de uma sociedade por um dos cônjuges poderá impactar o patrimônio comum do casal. Assim, existindo divergência conjugal quanto à condução da vida financeira da família, haveria justificativa, em tese, plausível à alteração do regime de bens. Isso porque se mostra razoável que um dos cônjuges prefira que os patrimônios estejam bem delimitados, para que somente o do cônjuge empreendedor possa vir a sofrer as consequências por eventual fracasso no empreendimento.

---

patrimônio da esposa. Motivo, em princípio, hábil a autorizar a modificação do regime. Ressalva de direitos de terceiros. 1. O casamento há de ser visto como uma manifestação vicejante da liberdade dos consortes na escolha do modo pelo qual será conduzida a vida em comum, liberdade essa que se harmoniza com o fato de que a intimidade e a vida privada são invioláveis e exercidas, na generalidade das vezes, em um recôndito espaço privado também erguido pelo ordenamento jurídico à condição de 'asilo inviolável'. 2. Assim, a melhor interpretação que se deve conferir ao art. 1.639, § 2.º, do CC/02 é a que não exige dos cônjuges justificativas exageradas ou provas concretas do prejuízo na manutenção do regime de bens originário, sob pena de se esquadrinhar indevidamente a própria intimidade e a vida privada dos consortes. 3. No caso em exame, foi pleiteada a alteração do regime de bens do casamento dos ora recorrentes, manifestando eles como justificativa a constituição de sociedade de responsabilidade limitada entre o cônjuge varão e terceiro, providência que é acauteladora de eventual comprometimento do patrimônio da esposa com a empreitada do marido. A divergência conjugal quanto à condução da vida financeira da família é justificativa, em tese, plausível à alteração do regime de bens, divergência essa que, em não raras vezes, se manifesta ou se intensifica quando um dos cônjuges ambiciona enveredar-se por uma nova carreira empresarial, fundando, como no caso em apreço, sociedade com terceiros na qual algum aporte patrimonial haverá de ser feito, e do qual pode resultar impacto ao patrimônio comum do casal. 4. Portanto, necessária se faz a aferição da situação financeira atual dos cônjuges, com a investigação acerca de eventuais dívidas e interesses de terceiros potencialmente atingidos, de tudo se dando publicidade (Enunciado n. 113 da I Jornada de Direito Civil CJF/STJ). 5. Recurso especial parcialmente provido" (Recurso Especial 1.119.462/MG. Rel. Min. Luis Felipe Salomão, j. 26.02.2013; Recurso Especial 1.119.462/MG (2009/0013746-5), Rel. Ministro Luis Felipe Salomão).

O pedido deve estar instrumentalizado com a cópia dos documentos de identificação de ambos os cônjuges; cópia do comprovante de endereço atualizado; certidão de casamento recente; cópia de pacto antenupcial, se houver; certidão de nascimento de filhos, se houver; certidões de ambos os cônjuges do Cartório de Protestos; da Serasa e do Serviço de Proteção ao Crédito (SPC); certidões de propriedade ou escritura dos imóveis atualizadas e dos bens móveis, se houver. Se deferido o pedido de alteração do regime de bens, será expedido mandado judicial para averbação da sentença no Cartório de Registro de Imóveis do domicílio dos cônjuges (CC, art. 1.657) e também do lugar da situação dos imóveis de propriedade de cada um dos cônjuges e do casal (Lei 6.015/73, art. 244), se existirem credores. Como bem observavam Renata Barbosa de Almeida e Walsir Edson Rodrigues Júnior: "diferentemente do pacto antenupcial que, obrigatoriamente, deve ser feito por escritura pública, a mudança do regime de bens prescinde daquela solenidade, com o deferimento do pedido de alteração do regime de bens, não é preciso lavrar escritura pública".[279]

Com o surgimento do Código Civil de 2002, foi positivado o direito de os consortes ingressarem com ação específica para a mudança do regime de bens do matrimônio, e, diante do novo texto legal, teve início a discussão por parte da doutrina se essa nova regra incidiria também sobre os casamentos celebrados antes do recente diploma civilista.

O Código Civil de 2002, em seu artigo 2.039, aduz que o regime de bens nos casamentos celebrados na vigência do Código Civil anterior (Lei 3.071/1916) é o por ele estabelecido. Diante desse comando, incialmente houve interpretações restritivas à mutabilidade do regime de bens quando o matrimônio fosse anterior ao ano de 2002, posicionamento que certamente não guarda a melhor interpretação do texto legal, pois em nenhum momento essa regra esculpida no artigo 2.039 impede ou cria qualquer obstáculo à aplicação do artigo 1.639, § 2.º, do CC que trata sobre a mutabilidade do regime de bens. O dispositivo estampado no artigo 2.039 define que a partilha dos bens amealhados nos casamentos celebrados antes do Código Civil de 2002 será regida pelas regras estabelecidas no diploma civilista anterior, datado em 1916, isto, evidentemente, se não houver nenhuma mudança no regime de bens adotado pelos consortes.

Para Renata Barbosa de Almeida e Walsir Edson Rodrigues Júnior: "admitir a mudança no regime de bens para os casamentos celebrados na vigência do Código Civil anterior, desde que ressalvados os direitos de terceiros e apuradas as razões invocadas pelos cônjuges para tal pedido, não caracteriza retroatividade legal, vedada nos termos do artigo 5.º, XXXVI, da Constituição Federal de 1988, mas, na verdade, nos termos do artigo 2.035 do Código Civil de 2002, aplicação da norma geral com efeitos imediatos".[280] Para sedimentar qualquer dúvida a respeito da aplicação dessa norma, o Enunciado 260, da III Jornada de Direito Civil, define que: "A alteração do regime de bens prevista no § 2.º do art. 1.639 do Código Civil também é permitida nos casamentos realizados na vigência da legislação anterior".

Segundo Leônidas Filippone Farrula Júnior,[281] quando o artigo 2.039 do Código Civil menciona ser o regime de bens nos casamentos celebrados na vigência do Código Civil de 1916 aquele por ele estabelecido, estaria abarcando, além das regras de cada um dos regimes

---

[279] ALMEIDA, Renata Barbosa de; WALSIR, Edson Rodrigues Júnior. *Direito civil*. Famílias. Rio de Janeiro: Lumen Juris, 2010. p. 186.

[280] ALMEIDA, Renata Barbosa de; WALSIR, Edson Rodrigues Júnior. *Direito civil*. Famílias. Rio de Janeiro: Lumen Juris, 2010. p. 186.

[281] FARRULA JÚNIOR, Leônidas Filippone. Do regime de bens entre os cônjuges. *In*: LEITE, Heloísa Maria Daltro (coord.). *O novo Código Civil do direito de família*. Rio de Janeiro: Freitas Bastos, 2002. p. 316.

do Código de 1916, os artigos inter-relacionados com essa norma, como ocorre com o artigo 230 do Diploma Substantivo Civil revogado e sob cujo comando era imutável o regime conjugal de bens. Salvo melhor juízo, não parece ser essa a melhor interpretação, porque o legislador poderia ter sido suficientemente claro e pontual para ditar no artigo 2.039 do Código Civil a imutabilidade dos regimes matrimoniais de casamentos celebrados na vigência do Código revogado, valendo a nova regra somente para os novos casamentos.

Entretanto, não fez essa ressalva nem assim permite concluir a redação do artigo 2.039, como o próprio § 2.º do artigo 1.639 do Código Civil não limita a alteração do regime de bens somente aos casamentos celebrados a contar da sua vigência.

O artigo 2.045 do Código Civil revoga inteiramente a Lei 3.071/1916 (Código Civil de 1916). Logo, não há como migrar para o artigo 230 (CC/1916), ab-rogado a partir da ressalva extraída do artigo 2.039 do Código Civil, quando estabelece que os regimes de bens anteriores continuarão sendo respeitados e regulados pelos princípios da legislação passada, mas nada impede possam ser alterados pela legislação presente.

Exemplo decorre da eventual adoção do regime dotal, não mais regulado pelo Código Civil de 2002, mas nem por isso o regime dotal deixará de produzir os efeitos econômicos desse casamento celebrado sob os auspícios do Código Civil de 1916. Contudo, desejando esse casal alterar o seu regime dotal, assim poderá proceder, conquanto preencha os pressupostos da nova lei, apresentando ambos os cônjuges ao juiz de família pedido motivado, apurada a procedência das razões invocadas pelo casal e ressalvados os direitos de terceiros.

Outras amostras evidentes de incidência específica de ressalva aos direitos previstos pelo Código Civil de 1916 e não renovados pelo Diploma de 2002, porém resguardados pelo artigo 2.039, como direitos adquiridos pelos cônjuges matrimoniados pela égide do Código revogado, podem ser encontrados na dispensa da outorga do cônjuge no regime da total separação de bens, para a prática dos atos do artigo 1.647 do Código Civil; também na incomunicabilidade dos proventos do trabalho pessoal da cada cônjuge no regime da comunhão parcial de bens (CC, art. 1.659, VI), proventos estes que eram partilháveis no regime da comunhão parcial de bens do Código Civil de 1916 (art. 271, IV). Dessarte, o artigo 2.039 do Código Civil não autoriza deduzir siga em vigor o artigo 230 do Código Civil de 1916, e, portanto, regulando os matrimônios celebrados ao seu tempo, como se meramente derrogado para os casamentos contraídos sob a égide do Código Civil em vigor.

Nem há de ser falado em direito adquirido quando um novo sistema substituiu o anterior, pois existe uma nova disciplina no campo da mutabilidade do regime de bens, na qual o § 2.º do artigo 1.639 do Código de 2002 revogou o artigo 230 do Código Civil de 1916. A atual disposição, ao tratar da mutabilidade do regime de bens, é norma cogente, editada na esteira da evolução da própria vida social, assim como em 1977 o divórcio foi promulgado com o mesmo propósito, ampliando os direitos conjugais, e ninguém ousaria afirmar que a dissolução da sociedade conjugal só estaria ao alcance dos casamentos sucedidos após a vigência da lei divorcista de 1977.

É a lição sempre precisa de Pontes de Miranda, ao asseverar que: "a lei nova tem efeito imediato sobre as situações ainda não consumadas, a despeito da ligação do regime de bens à lei velha".[282] Fosse essa a vontade do legislador, certamente teria formulado a expressa ressalva, inexistindo direito adquirido em um casamento com o regime de bens ainda em vigor, quando o acervo conjugal permanece em estado de indivisão e incomunicável.

---

[282] PONTES DE MIRANDA, Francisco Cavalcanti. *Tratado de direito privado*. Rio de Janeiro: Borsoi, 1955. t. VIII, p. 236.

No casamento, os bens só se comunicam e abandonam o seu estado latente de indivisão quando desfeitas as núpcias; aí, sim, incide o regime da comunicação ou da incomunicabilidade e indivisão. No entanto, os bens, quando partilháveis, só serão divididos depois de judicialmente desfeito o matrimônio, pela morte, com a anulação ou nulidade do casamento se incidente a putatividade, ou divórcio, mas, enquanto não atingida qualquer uma dessas hipóteses, apenas paira uma expectativa de direito, como se fosse um pré-acordo que deita sobre um regime previamente escolhido, mas cuja lei permite modificar enquanto não desfeitas as núpcias.

Normas de Direito de Família que integram o Direito Privado são imperativas, de ordem pública, contendo alterações sempre produzidas visando à própria evolução social. Se a lei nova concede um benefício mais amplo, não há por que reduzir a capacidade dos casados antes do atual Código Civil, pois são efeitos derivados do estado de casados e da nova utilidade geral, disponibilizada em lei. Exemplo frisante seria a de uma lei nova que exclui do processo judicial o exame da culpa conjugal, mostrando-se difícil sustentar ser essa lei nova só aplicável aos matrimônios futuros, tanto que no Brasil, em decorrência da Emenda Constitucional 66/2010, o que se discutia até o pronunciamento jurisprudencial do Superior Tribunal de Justiça (REsp 1.247.098/MS, de 14.03.2017) era se o texto constitucional tinha força suficiente para suprimir do Código Civil o instituto da separação judicial e afastar definitivamente a discussão da culpa na dissolução do matrimônio, ou se essa providência ainda dependia de lei infraconstitucional, mas nenhuma contenda subsiste acerca da incidência da Emenda Constitucional 66/2010 sobre os casamentos anteriores à sua promulgação. Tal qual também sucederia se fossem reduzidos ou ampliados os deveres conjugais a serem impostos a todos os casais, e não apenas àqueles casamentos celebrados após o advento do atual Código Civil. Assim, tendo sido afastada a discussão da culpa no divórcio em razão da Emenda Constitucional 66/2010, ratificada pelo REsp 1.247.098/MS, não há como sustentar que os deveres conjugais terão efeito jurídico apenas para aqueles que casaram antes da edição da Emenda e efeitos morais para os casamentos posteriores à Emenda.

A exceção a essa nova regra se dava com relação às pessoas maiores de 70 (setenta) anos, cuja imposição legal do regime da separação obrigatória descrita no artigo 1.641, II, do CC, havia sido mantida no Código Civil de 2002 até que o Supremo Tribunal Federal, no Agravo no Recurso Extraordinário 1.309.642/SP, na relatoria do Ministro Luís Roberto Barroso, relativo ao Tema 1.236, em 01 de fevereiro de 2024, concluiu, por unanimidade, que o regime obrigatório da separação de bens, do artigo 1.641, inciso II, do Código Civil, imposto para os casamentos e para as uniões estáveis das pessoas com 70 (setenta) anos de idade ou mais, pode ser alterado pela vontade dos cônjuges ou conviventes, mediante escritura pública ou, até mesmo, uma ação judicial, nos termos do atual artigo 1.639, § 2.º, do Código Civil e do artigo 734 do Código de Processo Civil, produzindo os efeitos *ex nunc*, ou seja, somente para o futuro, sem retroatividade. Por outro lado, a mudança do regime de bens é facultada às demais situações previstas no artigo 1.641 [283], em seus incisos I e III, desde que cessada a causa impeditiva. Por fim, o Anteprojeto do Código Civil em tramitação no Congresso prevê no § 2.º, do artigo 1.639, que, depois da celebração do casamento ou do estabelecimento da união estável, o regime de bens poderá ser modificado por escritura pública e só produzirá efeitos a partir do ato de alteração, ressalvados os direitos de terceiros.

---

[283] "Art. 1.641. É obrigatório o regime da separação de bens no casamento: I – das pessoas que o contraírem com inobservância das causas suspensivas da celebração do casamento; II – da pessoa maior de 70 (setenta) anos; (Redação dada pela Lei 12.344, de 2010.) III – de todos os que dependerem, para casar, de suprimento judicial".

1.6.2 Relativização da retroatividade do regime de bens

A mudança do regime de bens pode ter um efeito mais restritivo quando a alteração for de um regime de comunicabilidade total, ou parcial, para o da separação total de bens, ou assumir um caráter mais abrangente quando ocorrer o inverso, a mudança de um regime de separação de bens para o regime de comunidade. Parcela significativa da doutrina entende que, se a mudança ocorrer para operar a restrição da comunhão do patrimônio, deve produzir os seus efeitos a partir da sentença proferida em ação de alteração do regime de bens, preservando aquilo que foi construído em comum pelos cônjuges até aquele momento. Tal medida vai ao encontro dos interesses de terceiros que compartilhavam dessa mesma presunção de comunicação dos bens conjugais, e, no tocante à troca do regime de bens que favoreça a comunicabilidade do patrimônio do casal, entende a doutrina que os seus efeitos devem retroagir à data do início da relação.

Na esteira da incontestável possibilidade de retroação *ex tunc* está a lição de Sérgio Gischkow Pereira,[284] quando observa haver o próprio texto legislativo conduzido à possibilidade da eficácia retroativa, porque senão perderia sentido a expressão "ressalvados os direitos de terceiros", porque ninguém pensaria em ressalvar direitos de terceiros se o regime só mudasse depois da sentença judicial.

É como também pensa Francisco José Cahali na revisão e atualização da obra de Silvio Rodrigues,[285] ao concluir que: "a mutabilidade é característica do regime patrimonial do casamento e, como tal, submete-se de pronto ao novo regime legal pela eficácia imediata da norma nos termos do artigo 6.º da Lei de Introdução ao Código Civil".

A Sétima Câmara Cível do Tribunal de Justiça do Rio Grande do Sul assim já decidiu na Apelação Cível 70.006.423.891, julgada em 13 de agosto de 2003, sendo relator o Desembargador Sérgio Fernando de Vasconcellos Chaves, ao aplicar em voto uníssono efeito retroativo *ex tunc* à alteração do regime de bens.[286]

Para o Desembargador Luiz Felipe Brasil Santos: "se houver opção por qualquer dos regimes que o Código regula, a retroatividade é decorrência lógica, pois, por exemplo, se o novo regime for o da comunhão universal, ela só será universal se implicar comunicação de todos

---

[284] PEREIRA, Sérgio Gischkow. A alteração do regime de bens: possibilidade de retroagir. *Revista Brasileira de Direito de Família*, Porto Alegre, v. 23, p. 68, abr./maio 2004.

[285] RODRIGUES, Silvio. *Direito civil*. Direito de família. 28. ed. rev. e atual. por José Francisco Cahali. São Paulo: Saraiva, 2006. v. 6, p. 152-153.

[286] "Pedido de alvará judicial. Pedido de autorização para lavrar escritura pública de pacto antenupcial. Possibilidade jurídica da alteração do regime. Desnecessidade de escritura pública. 1. Não tendo havido pacto antenupcial, o regime de bens do casamento é o da comunhão parcial, sendo nula a convenção acerca do regime de bens, quando não constante de escritura pública, e constitui mero erro material na certidão de casamento a referência ao regime da comunhão universal. Inteligência do artigo 1.640 do nCCb. 2. A pretensão deduzida pelos recorrentes que pretendem adotar o regime da comunhão universal de bens é possível juridicamente, consoante estabelece o artigo 1.639, § 2.º, do novo Código Civil, e as razões postas pelas partes são bastante ponderáveis, constituindo o pedido motivado de que trata a lei e que foi formulado pelo casal. Assim, cabe ao julgador *a quo* apreciar o mérito do pedido, e, sendo deferida a alteração de regime, desnecessário será lavrar escritura pública, sendo bastante a expedição do competente mandado judicial. O pacto antenupcial é ato notarial; a alteração do regime matrimonial é ato judicial. 3. A alteração do regime de bens pode ser promovida a qualquer tempo, de regra com efeito *ex tunc*, ressalvados direitos de terceiros. Inteligência do artigo 2.039 do nCCb. 4. É possível alterar regime de bens de casamentos anteriores à vigência do Código Civil de 2002. Recurso provido."

os bens, posteriores e anteriores à alteração. Impossível seria pensar em comunhão universal que acarretasse comunicação apenas dos bens adquiridos a partir da modificação".[287]

Instado a se pronunciar sobre a alteração do regime matrimonial de bens de casamento ocorrido sob a égide do Código Civil de 1916, o Superior Tribunal de Justiça, em voto do Ministro Jorge Scartezzini, admitiu a possibilidade no REsp 730.546/MG[288] e observou que: "A nova legislação a ser imediatamente aplicada não atingirá fatos anteriores, nem, tampouco, os efeitos consumados de tais fatos; incidirá, por óbvio, nos fatos futuros à sua vigência, bem assim com relação tão somente aos efeitos vindouros dos fatos, ainda que pretéritos, em pleno curso de execução quando de sua vigência, não se cogitando, pois, de retroatividade legal ofensiva aos ditames constitucionais, por inobservância a ato jurídico perfeito", em consonância com o artigo 2.035 do Código Civil, ao prescrever que "a validade dos negócios e demais atos jurídicos, constituídos antes da entrada em vigor deste Código, obedece ao disposto nas leis anteriores, referidas no artigo 2.045, mas os seus efeitos, produzidos após a vigência deste Código, aos preceitos dele se subordinam, salvo se houver sido prevista pelas partes determinada forma de execução".

A possibilidade de modificar o regime de bens na plena vigência do casamento atende à evolução das relações dos casais no matrimônio, bem como na união estável, não somente em razão da paridade dos gêneros sexuais, mas, sobremodo, porque, quando implica comunicar patrimônio a parceiro que não os tinha em função da escolha inicial de regime de separação total de bens, representa o grato reconhecimento de uma união de efetiva e paritária construção econômica do casal.[289]

---

[287] SANTOS, Luiz Felipe Brasil dos. Autonomia de vontade e os regimes matrimoniais de bens. *In*: WELTER, Belmiro Pedro; MADALENO, Rolf Hanssen (coord.). *Direitos fundamentais do direito de família*. Porto Alegre: Livraria do Advogado, 2004. p. 218.

[288] "Civil. Regime matrimonial de bens. Alteração judicial. Casamento ocorrido sob a égide do CC/1916 (Lei n. 3.071). Possibilidade – artigo 2.039 do CC/2002 (Lei n. 10.406). Correntes doutrinárias – artigo 1.639, § 2.º, c/c artigo 2.035 do CC/2002. Norma geral de aplicação imediata. 1. Apresenta-se razoável, *in casu*, não considerar o artigo 2.039 do CC/2002 como óbice à aplicação de norma geral, constante do artigo 1.639, § 2.º, do CC/2002, concernente à alteração incidental de regime de bens nos casamentos ocorridos sob a égide do CC/1916, desde que ressalvados os direitos de terceiros e apuradas as razões invocadas pelos cônjuges para tal pedido, não havendo que se falar em retroatividade legal, vedada nos termos do artigo 5.º, XXXVI, da CF/88, mas, ao revés, nos termos do artigo 2.035 do CC/2002, em aplicação de norma geral com efeitos imediatos. 2. Recurso conhecido e provido pela alínea *a* para, admitindo-se a possibilidade de alteração do regime de bens adotado por ocasião de matrimônio, realizado sob o pálio do CC/1916, determinar o retorno dos autos às instâncias ordinárias a fim de que procedam à análise do pedido, nos termos do artigo 1.639, § 2.º, do CC/2002" (REsp 730.546/MG, Rel. Min. Jorge Scartezzini, j. 23.08.2005).

[289] "Civil. Processual civil. Direito de família e das sucessões. Omissões e contradições. Inocorrência. Questões examinadas e coerentemente fundamentadas. Erro, fraude, dolo ou sub-rogação de bens particulares. Questão não reconhecida pelo acórdão recorrido. Reexame de fatos e provas. Súmula 7/STJ. Formalização da união estável. Desnecessidade. Caracterização que independe de forma. Efeitos patrimoniais da união estável. Regime de bens. Aplicabilidade da regra do art. 1.725 do CC/2002 e do regime da comunhão parcial, na ausência de disposição expressa e escrita das partes. Submissão ao regime de bens. Celebração de escritura pública de incomunicabilidade patrimonial com eficácia retroativa. Impossibilidade, pois configurada a alteração do regime com eficácia ex tunc, ainda que sob o rótulo de mera declaração de fato preexistente. (...) 6. Em razão da interpretação do art. 1.725 do CC/2002, decorre a conclusão de que não é possível a celebração de escritura pública modificativa do regime de bens da união estável com eficácia retroativa, especialmente porque a ausência de regime de bens na união estável não formalizada, inexistindo lacuna normativa suscetível de ulterior declaração com

Cap. 1 • REGIME DE BENS | 129

E se a opção for o regime da comunhão parcial, que manda comunicar todos os bens adquiridos onerosamente no curso do casamento, não há como aceitar pudessem os bens adquiridos, durante muitos anos de matrimônio, ser excluídos do regime modificado por livre opção, para só atribuir comunicação a partir do provimento judicial e, dessa forma, criar uma limitação à alteração, cuja restrição não foi prevista no Código Civil, mas, antes, permitiu aos casais justamente revisar as suas anteriores escolhas e optar por corrigir a separação de bens, negando aos cônjuges a comunicação das riquezas amealhadas ao longo de uma sociedade formada pelo mais sincero afeto e pelos estreitos interesses comuns.

Não diverge dessa conclusão José Antonio Encinas Manfré, para quem: "importa ainda considerar, à falta de óbice da lei, ser possível a retroação dos efeitos dessa sentença à data da celebração do casamento, desde que, conjuntamente, os interessados requeiram nesse sentido ao juiz".[290]

1.6.3 Procedimento para a alteração do regime na união estável

Muito embora o legislador não tenha feito referência a essa possibilidade, a alteração do regime de bens na união estável é igualmente permitida e essa configuração de relacionamento afetivo não requer qualquer espécie de formalização para a sua constituição,

---

eficácia retroativa. 7. Em suma, às uniões estáveis não contratualizadas ou contratualizadas sem dispor sobre o regime de bens, aplica-se o regime legal da comunhão parcial de bens do art. 1.725 do CC/2002, não se se admitindo que uma escritura pública de reconhecimento de união estável e declaração de incomunicabilidade de patrimônio seja considerada mera declaração de fato preexistente, a saber, que a incomunicabilidade era algo existente desde o princípio da união estável, porque se trata, em verdade, de inadmissível alteração de regime de bens com eficácia *ex tunc.* (...) (STJ, REsp 1.845.416/MS, 3ª T., Rel. Min. Nancy Andrighi, j. 17.08.2021).

[290] MANFRÉ, José Antonio Encinas. *Regime matrimonial de bens no novo Código Civil.* São Paulo: Juarez de Oliveira, 2003. p. 48.

Em outras oportunidades a 7.ª Câmara Cível do TJRS tornou a decidir pela alteração do regime de bens em casamento celebrado sob a égide do Código Civil de 1916, com a seguinte ementa: "Registro civil. Regime de bens. Alteração. Requisitos. Casamento celebrado sob a égide do Código Civil de 1916. Possibilidade. O artigo 2.039, constante das disposições finais e transitórias do Código Civil em vigor, não impede a mudança do regime de bens para casamentos celebrados na vigência do Código Civil de 1916. Ao dispor que o *regime de bens nos casamentos celebrados na vigência do Código Civil anterior [...] é o por ele estabelecido,* claramente visa a norma a resguardar o direito adquirido e o ato jurídico perfeito. Isso porque ocorreram diversas modificações nas regras próprias de cada um dos regimes normatizados no Código de 2002 em relação aos mesmos regimes no Código de 1916, e, assim, a alteração decorrente de lei posterior viria a malferir esses cânones constitucionais. Negaram provimento. Unânime" (Apelação Cível 70.010.230.324, Rel. Des. Luiz Felipe Brasil Santos, j. 22.12.2004).

"Registro civil. Regime de bens. Alteração. Casamento celebrado na vigência do Código Civil de 1916. A possibilidade de alteração do regime matrimonial de bens conferida aos cônjuges pelo Código Civil não afronta o ato jurídico perfeito e o direito adquirido. Houve uma otimização do princípio da autonomia da vontade do casal, consagrado no princípio da livre estipulação do pacto (CC, art. 1.639), de forma que se revela descabido afastar tal ampliação de direitos aos casamentos celebrados sob a égide do antigo estatuto civil. Apelo provido" (7.ª Câmara Cível. Apelação Cível 70.011.082.997, Rel. Des. Maria Berenice Dias, j. 01.06.2005).

Da III Jornada de Direito Civil realizada pelo Conselho da Justiça Federal em Brasília, nos dias 1.º a 3 de dezembro de 2004, exsurgiu o seguinte enunciado: "A alteração do regime de bens prevista no § 2.º do artigo 1.639 do Código Civil, também é permitida nos casamentos realizados na vigência da legislação anterior".

sendo, em suma, uma situação de fato, tanto que o artigo 1.725 do Código Civil não determina a confecção de uma escritura pública para validar a existência de uma união estável, mas refere que, na falta de contrato, prevaleça o regime da comunhão parcial de bens. Contudo, para que escolham um novo regime patrimonial, os companheiros necessitam formalizar essa opção, preferencialmente por escritura pública, de modo a minimizar as alegações de vontade viciada, mencionando que estão alterando o regime presumido da comunhão parcial por outro dos regimes de bens existentes, ou mesclando as opções dos regimes primários. Diante da completa ausência de disposição legal decifrando os aspectos patrimoniais da união estável, certamente não poderia haver algum tipo de regramento específico para a mudança do regime de bens adotado pelos companheiros, tal como leciona Conrado Paulo Rosa:[291] "a simples vontade de alterar o anteriormente pactuado, por si só, já é suficiente para que os efeitos sejam possíveis. Aliás, dentro da autonomia privada, poderão os integrantes do relacionamento convencionar e readequar regras que digam respeito a vida patrimonial em mais de uma oportunidade, inclusive, bastando o elemento volitivo". Entretanto, o julgador precisa estar muito atento às inúmeras possibilidades de fraudes que surgem a partir do estabelecimento verdadeiro ou simulado de uma união estável, especialmente diante dos declarados efeitos retroativos atinentes sobre as alterações dos regimes, tanto acerca da suposta iniciação do relacionamento quanto no tocante à retroatividade do regime contratado em substituição ao regime legal da comunhão parcial, podendo surgir um pacto antenupcial que refira uma união estável preexistente, para a qual atribuem um regime retroativo de completa separação convencional de bens. Com o casamento que se aproxima com a aura de uma relação afetiva que se consolida, buscam ambos ou intenta só um dos pactuantes apagar a preexistente comunicação de bens oriunda do silêncio contratual de que trata o artigo 1.725 do Código Civil, seja com o propósito de subtrair a meação do outro convivente e pactuante, seja pela intenção de ambos, de fraudarem direitos de terceiros, mas estes, consoante o artigo 1.639, § 2.º do Código Civil, têm sempre os seus direitos ressalvados. Entretanto, no Anteprojeto do Código Civil apresentado ao Senado Federal pela Comissão de Juristas, responsável pela sua revisão e atualização, tanto a alteração do regime de bens do casamento como o da união estável poderão ser realizados por escritura pública, que produzirá efeitos futuros, *ex nunc*.

1.6.4 Boa-fé de ambos os cônjuges

A boa-fé dos cônjuges é requisito essencial para o deferimento do pedido de alteração do regime de bens, boa-fé entre os consortes, de modo que a pretendida mudança do regime de bens não sirva de instrumento para um dos cônjuges prejudicar os direitos do outro e, também, deles para com os possíveis credores. Segundo Guilherme Loria Leoni,[292] "boa-fé pode ser entendida como lealdade entre as partes contratantes, sem que uma tenha o intuito de lesar ou obter vantagem ilícita sobre a outra, sendo um modo de ver assegurado na confiança nas relações entre as pessoas". O artigo 422 do Código Civil afiança que os contratantes são obrigados a guardar os princípios de probidade e boa-fé, e o artigo 187 do mesmo diploma civilista trata como ato ilícito aquele praticado pelo titular de um direito que manifestamente exceda os limites impostos pela boa-fé. Assim, latente a preocupação do legislador em enumerar nas

---

[291] ROSA, Conrado Paulino. *Curso de direito de família contemporâneo*. Salvador: JusPodivm, 2016. p. 191.
[292] LEONI, Guilherme Loria. *Responsabilidade civil*. A exclusão da responsabilidade do cônjuge ou convivente nas relações contratuais conjuntas por inexistência de proveito comum. Curitiba: Juruá, 2005. p. 84.

mais diversas situações possíveis a importância desse princípio que deve pautar os relacionamentos jurídicos entre as pessoas, sempre em respeito às normas legais a fim de assegurar a confiança nas relações interpessoais.

Para Guilherme Loria Leoni: "quem contrata com base no princípio da boa-fé terá amparo legal de fazer valer as suas reais intenções, seja ao que lhe fora oferecido, seja quanto ao que se previa".[293] Nem sempre a intenção dos contratantes é a real e verdadeira expressão das suas vontades, é possível, por exemplo, que o objeto contratado tenha sido imposto por um dos consortes ao outro, às vezes uma imposição tanto para garantir a própria manutenção do relacionamento, uma exigência para o casal permanecer junto, ou, como condição de aceite para o pedido de separação do casal, e muitas vezes o cônjuge cedente sequer tem exata ciência dos seus direitos decorrentes do matrimônio, e esta relação de intimidade que deveria facilitar a resolução dos conflitos, muitas vezes pode servir à via oposta, como amplificador de comportamentos abusivos que certamente, ecoam os seus nefastos efeitos, também, nas questões patrimoniais.

Guilherme Loria Leoni atesta que: "a observância a ser feita é se a vontade dos cônjuges ou conviventes são idênticas para firmar o contrato perante o proponente, partindo para análise se um dos cônjuges adere, subjetiva e factualmente, ao contrato ou à vontade impositiva de seu consorte, ocasião em que nesse último caso se verificará a figura da reserva mental frente às cláusulas contratuais".[294]

Os artigos 5.º e 6.º do Código de Processo Civil versam sobre o dever de os participantes de um processo cooperarem entre si e de se portarem de acordo com a boa-fé, princípio basilar válido para todos os atores envolvidos nas resoluções judiciais de conflitos. Marcelo Abelha fala que pautar-se por esse princípio "significa que o sujeito processual deve adotar e cumprir no âmbito do processo um padrão objetivo (boa-fé objetiva) de comportamento que seja honesto, sincero, ético e de respeito com os demais participantes".[295] A boa-fé objetiva é um dever de conduta em atenção a um conjunto de deveres exigidos nos negócios jurídicos. Por outro lado, a boa-fé subjetiva tem enfoque na pessoa e leva em consideração a intenção do sujeito da relação jurídica, refere ao estado psicológico da pessoa. Luiz Fabiano Côrrea acredita que a boa-fé psicológica é elemento indispensável à produção dos efeitos da aparência de direito, pois está associada ao erro. Segundo o autor, "em tal concepção consiste a boa-fé em uma opinião errônea, decorrente da ignorância de determinado fato". Ele faz menção ao teor do dispositivo 490 do Código Civil que se explicita o conceito de boa-fé como o "estado de insciência de certo fato, ou mais especificamente do vício ou obstáculo que impede ao possuidor a aquisição da coisa ou do direito possuído".[296] Para Luiz Fabiano Corrêa, a má-fé é a "situação intelectual oposta", quando o agente tem conhecimento desse mesmo fato de que aquele que age em boa-fé ignora e propositalmente se beneficia dessa condição de desconhecimento ou ignorância do outro para tirar proveito.

---

[293] LEONI, Guilherme Loria. *Responsabilidade civil*. A exclusão da responsabilidade do cônjuge ou convivente nas relações contratuais conjuntas por inexistência de proveito comum. Curitiba: Juruá, 2005. p. 84.

[294] LEONI, Guilherme Loria. *Responsabilidade civil*. A exclusão da responsabilidade do cônjuge ou convivente nas relações contratuais conjuntas por inexistência de proveito comum. Curitiba: Juruá, 2005. p. 87.

[295] CORRÊA, Luiz Fabiano. *A proteção da boa-fé nas aquisições patrimoniais*. Campinas: Interlex Informações Jurídicas, 2001. p. 209.

[296] CORRÊA, Luiz Fabiano. *A proteção da boa-fé nas aquisições patrimoniais*. Campinas: Interlex Informações Jurídicas, 2001. p. 420.

1.7 EXTINÇÃO DO REGIME DE BENS

Durante muito tempo prevaleceu no Direito brasileiro a indissolubilidade do casamento, até o advento da Emenda Constitucional 9, de 28 de junho de 1977, que implantou o divórcio no Brasil e derrubou o princípio secular da sua indissolubilidade e, na sequência, devolveu à edição de uma lei ordinária a definição dos casos em que poderia ocorrer o divórcio, o que foi realizado com a promulgação da Lei 6.515/1977 (Lei do Divórcio), abrindo novo capítulo que tratava, a partir de então, da *dissolução do casamento*, e não mais apenas, como ocorria com o instituto do *desquite*, da mera dissolução da *sociedade conjugal*. Dessarte, quando o matrimônio era indissolúvel e o desquite autorizava unicamente a separação do casal, permitindo que os cônjuges pusessem termo final aos deveres do casamento, inclusive promovendo a partilha dos seus bens comuns, também podiam os consortes, a qualquer tempo, enquanto não divorciados, retomar o matrimônio por manifestação judicial de uma simples reconciliação, voltando, de plano, à condição de casados, e os seus bens, acaso regidos por algum regime patrimonial comunitário, mesmo que não mais sobre todos os bens, porque eventualmente vendidos alguns deles pelos meeiros, ao menos os bens ainda remanescentes, recobravam o seu estado precedente de bens comuns salvos se os reconciliados fossem casados pelo regime da separação de bens.

A dissolução do vínculo conjugal é alcançada pela morte de um dos cônjuges, aplicando-se a presunção de morte quanto ao ausente; pela nulidade ou a anulação do casamento; ou pelo divórcio (CC, art. 1.571), ao passo que a dissolução da sociedade conjugal é atingida pela separação judicial ou extrajudicial dos consortes (CC, art. 1.571, III, e CPC, arts. 693 e 731), sendo que, no julgamento do Recurso Extraordinário 1.167.478/RJ (Tema 1.053), na relatoria do Ministro Luiz Fux, por maioria, o Supremo Tribunal Federal fixou o entendimento de que a separação judicial não é requisito para o divórcio nem subsiste como figura autônoma no ordenamento jurídico brasileiro. O mesmo sucede com relação à dissolução da união estável, envolvendo ambos os institutos pessoas e bens, extinguindo-se o regime matrimonial de bens porque, com a dissolução do vínculo ou da sociedade conjugal ou convivencial, desaparece o pressuposto factual da sua instituição, observando Antunes Varela que a extinção só se dá para o futuro, não podendo destruir retroativamente os seus efeitos, sendo preciso proceder à liquidação do passivo e à partilha dos bens, de acordo com as regras do regime que vigorou até a separação de fato do casal ou de direito, também se extinguindo qualquer expectativa que existisse por força da sucessão do consorte ou companheiro que faleceu,[297] salvo que a morte tenha sido a causa da dissolução do relacionamento afetivo.

Por oportuno, o entendimento consolidado já de longa data pela doutrina e jurisprudência brasileiras é o de que a separação de fato põe fim ao regime de bens,[298] ao contrário

---

[297] VARELA, Antunes. *Dissolução da sociedade conjugal*. Rio de Janeiro: Forense, 1980. p. 101.

[298] "Direito civil. Família. Sucessão. Comunhão universal de bens. Inclusão da esposa de herdeiro, nos autos do inventário, na defesa de sua meação. Sucessão aberta quando havia separação de fato. Impossibilidade de comunicação dos bens adquiridos após a ruptura da vida conjugal. Recurso especial provido. 1. Em regra, o recurso especial originário de decisão interlocutória proferida em inventário não pode ficar retido nos autos, uma vez que o procedimento se encerra sem que haja, propriamente, decisão final de mérito, o que impossibilitaria a reiteração futura das razões recursais. 2. Não faz jus à meação dos bens havidos pelo marido na qualidade de herdeiro do irmão, o cônjuge que se encontrava separado de fato quando transmitida a herança. 3. Tal fato ocasionaria enriquecimento sem causa, porquanto o patrimônio foi adquirido individualmente, sem qualquer colaboração do cônjuge. 4. A preservação do condomínio patrimonial entre cônjuges após a separação de fato é incompatível com orientação

do direito argentino, que prevê expressamente que a anulação do matrimônio, o divórcio ou a separação de bens produzem a extinção da comunidade com efeito retroativo ao dia da notificação da demanda ou ao tempo da subscrição da petição conjunta dos cônjuges. No entanto, se a separação de fato sem vontade de se reunirem precedeu à anulação do matrimônio ou ao divórcio, a sentença tem efeitos retroativos ao dia dessa separação, porém o juiz pode modificar a extensão do efeito retroativo fundando-se na existência de fraude ou de abuso do direito, ressalvando sempre os direitos de terceiros de boa-fé que não sejam adquirentes a título gratuito.

No Brasil, apenas a doutrina e a jurisprudência consolidaram, há muitos anos, os efeitos da separação de fato, embora essa mesma ilação possa ser extraída da leitura de alguns artigos legais, como acontece com o § 1.º do artigo 1.723 do Código Civil que reconhece a ocorrência de uma união estável de uma pessoa casada que estava separada de fato do seu cônjuge. Sendo igualmente firmes doutrina e jurisprudência em aduzirem que onde não há casamento não pode haver regime de bens, e se é o decreto separatório que liberta da coabitação, da fidelidade e da comunicação patrimonial, deve o julgador ser realista, para deixar de julgar por ficção legal, esticando no espaço da sua sentença obrigações e vínculos que os próprios cônjuges, ou mesmo os conviventes já abandonaram com o tempo ao terminarem informalmente a sua união,[299] mesmo porque ou se vive um matrimônio ou ele não deve existir.[300]

Logo, é pelo menos a partir da separação de fato, da separação de corpos, da separação judicial ou extrajudicial ou do divórcio judicial ou extrajudicial que se extingue o regime de bens, prevalecendo o fato que ocorrer em primeiro lugar, sendo certo que a separação de fato ou a separação de corpos, se anteceder qualquer uma delas o divórcio dos cônjuges ou a dissolução de uma união estável, são fatos ou atos jurídicos que precipitam a extinção do regime de bens e provocam a cessação da comunicação dos bens adquiridos posteriormente, devendo ser realizada, se o regime matrimonial for de comunidade patrimonial, a partilha dos bens existentes até a data da separação de fato ou de corpos, mas somente se uma dessas duas situações ocorrer antes da separação ou da dissolução de uma união estável ou do procedimento de divórcio, e isto está agora expressamente previsto na redação que a Comissão de Juristas, nomeada pelo Senado Federal para a revisão e atualização do Código Civil, deu ao artigo 1.571-A, pelo qual "com a separação de corpos ou a de fato cessam os deveres de fidelidade e vida em comum no domicílio conjugal, bem como os efeitos decorrentes do regime de bens, resguardado o direito aos alimentos na forma disciplinada por este Código".

Como assinala Adriana Noemí Krasnow, a cessação da comunicação dos bens pela separação de fato ou de corpos converte a massa comum de bens em uma massa estática, que só abarcará os bens que integram a comunidade ao tempo da separação de corpos, e isso importa dizer que os bens adquiridos posteriormente serão qualificados como próprios de quem os

---

do novo Código Civil, que reconhece a união estável estabelecida nesse período, regulada pelo regime da comunhão parcial de bens (CC, art.1.725) 5. Assim, em regime de comunhão universal, a comunicação de bens e dívidas deve cessar com a ruptura da vida comum, respeitado o direito de meação do patrimônio adquirido na constância da vida conjugal. 6. Recurso especial provido" (STJ, REsp 555771/SP, Quarta Turma, Rel. Min. Luis Felipe Salomão, j. 05.05.2009).

[299] MADALENO, Rolf. Efeito patrimonial da separação de fato. *In*: MADALENO, Rolf. *Direito de família*. Aspectos polêmicos. Porto Alegre: Livraria do Advogado, 1998. p. 112.

[300] DELMAS-MARTY, Mireille; LABRUSSE-RIOU, Catherine. *Matrimonio y divorcio*. Colombia: Temis, 1987. p. 114.

titula, exceto que respondam a uma causa ou a um título anterior, como no caso da compra por meio da sub-rogação parcial ou total de bens comuns.[301]

Portanto, nem sempre o divórcio está associado à extinção do regime de bens, pois seu marco pode partir da separação de fato, da separação de corpos, da separação legal, da dissolução da união estável, da nulidade ou anulação do casamento com relação ao cônjuge de boa-fé, ou ainda quando coincide com o momento do divórcio, porém, sendo procedida a partilha dos bens com a separação legal, com o divórcio ou com a dissolução da união estável, os cônjuges e conviventes promovem a liquidação conjugal ou convivencial de seus bens comuns. Contudo, como nem sempre a partilha dos bens coincide com o fim oficial do casamento ou da união estável, também é possível promover a divisão dos bens comuns na constância do casamento ou da convivência fática, fato que ocorre quando cônjuges ou conviventes promovem a alteração do regime de seus bens (CC, art. 1.639, § 2.º), mudando de um regime de comunidade para outro de separação de bens e realizando a partilha do patrimônio que era comum até a homologação judicial ou da escritura de alteração do regime matrimonial, rezando o artigo 475 do Código Civil e Comercial da Argentina que a comunidade de bens se extingue pela morte comprovada ou presumida de um dos consortes; pela anulação do matrimônio putativo; pelo divórcio; pela separação judicial de bens e pela modificação do regime de bens convencionado e complementa no artigo 480 explicitando que a anulação do casamento, o divórcio e a separação de bens produzem a extinção com efeito retroativo ao dia da notificação da demanda ou da petição conjunta dos cônjuges, mas que o juiz pode modificar a extensão do efeito retroativo fundando-se na existência de fraude ou de abuso do direito.

Em realidade, existem três diferentes momentos em que os bens comuns podem ser partilhados, quais sejam: a) durante o casamento; b) em tempo coincidente com a separação legal, divórcio ou dissolução da união estável; c) e também é possível realizar a partilha dos bens depois de dissolvido o casamento ou a união estável, sendo mantida aquela massa estática de bens como uma unidade patrimonial pendente de partilha, muito embora seus meeiros já estejam oficialmente separados, divorciados, ou com sua convivência formalmente rompida, mas conserva-se uma *indivisão pós-comunitária* de seus bens conjugais ainda não divididos. Esse estado de indivisão dos bens conjugais produz vários efeitos jurídicos, e, embora não seja versado pelo direito brasileiro, é amplamente regulado no Direito alienígena, que identifica essa massa indivisa de bens comuns, resultado econômico de toda uma vida matrimonial, como uma massa *indivisível pós-societária*, composta dos mesmos bens conjugais que ainda não foram partilhados, não obstante a entidade familiar que gerou a construção deste acervo já tenha sido legalmente dissolvida e essa massa perdura até a conclusão da partilha. Todos os gastos gerados pela administração dessa massa indivisa de bens existente até o momento da sua efetiva dissolução e partilha serão computados como uma dívida da sociedade patrimonial e darão direito ao ex-cônjuge ou ex-convivente, que tenha abonado esses custos, de ser ressarcido dos valores ao tempo da partilha. A mesma condição terá o pagamento das dívidas da massa indivisa de bens, as quais foram atendidas desde a separação de fato ou de direito. Entrementes, se um dos consortes segue pagando isoladamente as prestações de aquisição de um bem que em parte pertence ao casamento, por exemplo, as prestações da hipoteca da moradia familiar, esses pagamentos não ingressam na divisão do bem, salvo se o outro consorte faça o devido e oportuno ressarcimento, podendo ser mais entendido pelo seguinte exemplo: o casal havia pago durante o matrimônio oitenta por cento da aquisição da moradia conjugal e os vinte por cento restantes foram pagos

---

[301] KRASNOW, Adriana Noemí. *Régimen patrimonial del matrimonio*. Buenos Aires: Erreius, 2019. p. 285-286.

pela ex-esposa durante o estado de indivisão dos bens, devendo ser partilhados somente os oitenta por cento, salvo se o ex-esposo ressarcir à sua ex-mulher o montante correspondente aos dez por cento finais que lhe competiam pagar para quitação da casa própria.

1.7.1 Causas de extinção do regime de comunidade

De acordo com o artigo 1.571 do Código Civil, a sociedade conjugal e, em tese, a comunidade patrimonial se extinguem: a) pela morte de um dos cônjuges (física ou presumida); b) pela nulidade ou anulação do casamento; c) pela separação judicial (ou extrajudicial); d) pelo divórcio. Há divergência doutrinária e jurisprudencial acerca da existência na atualidade, do instituto da *separação de direito* (separação judicial ou extrajudicial), diante da Emenda Constitucional 66/2010, muito embora na prática não sejam vistos requerimentos judiciais ou escrituras extrajudiciais propugnando pela separação de direito, embora existam Enunciados das Jornadas de Direito Civil e o próprio Código de Processo Civil que concluem pela sua manutenção.

Nesse sentido, calha colacionar cada um dos Enunciados vigentes – Enunciado 514: "A Emenda Constitucional 66/2010 não extinguiu o instituto da separação judicial e extrajudicial"; Enunciado 515: "Pela interpretação teleológica da Emenda Constitucional 66/2010, não há prazo mínimo de casamento para a separação consensual"; Enunciado 516: "Na separação judicial por mútuo consentimento, o juiz só poderá intervir no limite da preservação do interesse dos incapazes ou de um dos cônjuges, permitida a cindibilidade dos pedidos com a concordância das partes, aplicando-se esse entendimento também ao divórcio"; Enunciado 517: "A Emenda Constitucional 66/2010 extinguiu os prazos previstos no art. 1.580 do Código Civil, mantido o divórcio por conversão".

Como dito, o próprio Código de Processo Civil em vigor faz várias menções ao instituto da separação de direito, como nos artigos 693, 731 e 733, também estando pendente decisão do Supremo Tribunal Federal sobre o *status* jurídico da separação de direito (judicial ou extrajudicial) após a Emenda Constitucional 66/2010, ao reconhecer em votação unânime e sob a relatoria do Ministro Luiz Fux a existência de repercussão geral da matéria discutida no Recurso Extraordinário 1.167.478/RJ, segundo o qual a Emenda Constitucional 66/2010 afastou a exigência prévia da separação de fato ou judicial para o pedido de divórcio e que o atual artigo 226 da Constituição Federal não tem aplicação imediata, necessitando da edição de outra norma infraconstitucional.

Por fim, seria ainda mais acertado se a legislação brasileira copiasse o artigo 475 do Código Civil e Comercial da Argentina, quando externa que a comunidade patrimonial se extingue: a) pela morte comprovada ou presumida de um dos cônjuges; b) pela anulação do matrimônio; c) pelo divórcio (ou dissolução da união estável); d) pela separação judicial de bens; e) pela modificação do regime de bens.

1.7.2 Morte comprovada ou presumida

Estabelece o artigo 6.º do Código Civil que a existência da pessoa natural termina com a morte; presume-se esta, quanto aos ausentes, nos casos em que a lei autoriza a abertura de sucessão definitiva, ao passo que o artigo 7.º do Código Civil prescreve ser declarada a morte presumida, sem decretação de ausência, se for extremamente provável o perecimento de quem estava em perigo de vida (inc. I); se alguém, desaparecido em campanha ou feito prisioneiro, não for encontrado até dois anos após o término da guerra (inc. II). Existe diferença entre a morte presumida com ou sem a decretação prévia de ausência: esta última é assim chamada porque é muito provável que realmente a pessoa tenha falecido, uma vez que se encontrava no local da tragédia, por exemplo, constando da lista de passageiros de um avião que caiu e desapareceu no fundo do mar e os corpos não puderam ser resgatados; a morte presumida ocorre com a declaração prévia de ausência, esta regulada pelos artigos 22 a 25 do Código Civil, pela qual há presunção da morte, mas prossegue a crença de que a pessoa desaparecida possa regressar, sendo adotadas diferentes fases processuais de sucessão provisória (CC, arts. 26 a 36) até a sucessão definitiva regulada pelos artigos 37 a 39 do Código Civil.

O direito sucessório argentino dispõe no artigo 2.277 do seu Código Civil e Comercial que a morte real ou presumida de uma pessoa causa a abertura de sua sucessão e a transmissão de sua herança às pessoas chamadas a sucedê-lo por testamento ou pela lei, não obstante em que possa ser feita a partilha dos bens, os herdeiros não poderão aliená-los nem gravá-los sem autorização judicial (CCC argentino, art. 91), limitação que termina ao vencer o prazo de cinco anos desde a data presumida do falecimento, ou aos 80 anos contados do nascimento da pessoa desaparecida.[302]

Luiz Guilherme Loureiro é enfático quando escreve que a morte presumida não se confunde com a ausência, pois nesta o desaparecimento de uma pessoa não induz certeza quanto à sua morte, mas, quando esse desaparecimento for cercado por circunstâncias tais, que gerem uma garantia da morte, há morte presumida, e, uma vez anulada a sentença declaratória da morte, diante do eventual retorno do *morto* faz cessar os efeitos da sucessão, mas o novo casamento ou a nova relação de união estável contraída pelo cônjuge do desaparecido não é dissolvida ou anulada.[303]

Por sua vez, o § 2.º do artigo 1.571 do Código Civil menciona que o casamento válido só se dissolve pela morte de um dos cônjuges ou pelo divórcio, aplicando-se a presunção quanto ao ausente. Semelhante regramento é encontrado no artigo 476 do Código Civil e Comercial da Argentina ao dispor que "a comunidade se extingue pela morte de um dos cônjuges e na suposição de presunção de óbito, os efeitos da extinção retroagem ao dia presumido do falecimento".

Como fato natural, a morte de qualquer um dos consortes produz ao mesmo tempo a dissolução do vínculo conjugal e a extinção do regime de bens, fazendo coro com o artigo 6.º do diploma civil, no sentido de que a existência da pessoa natural termina com sua morte, e com o artigo 1.784 do Código Civil, ao prescrever que, aberta a sucessão, entenda-se, morta a pessoa, a transmissão de seus bens se dá, desde logo, aos herdeiros legítimos e testamentários, de modo que não haverá processo de divórcio e correlata ou posterior partilha, mas a abertura do inventário e de partilha. Se existir mais de um herdeiro, ou somente o inventário e a adjudicação se se tratar de um único herdeiro, com o ato de transmissão da herança aos herdeiros, também será entregue a meação, se houver, do cônjuge ou companheiro sobrevivente, independentemente de ele concorrer à herança.

No entanto, quando não é possível comprovar desde logo a morte, a legislação civil prevê outras soluções para as questões patrimoniais e pessoais, relacionadas com o nome de casada, com o estado de viuvez do consorte ou de um convivente sobrevivo, o inventário e partilha da sua meação e dos bens da pessoa presumidamente morta, seguindo as fases previstas para a declaração de ausência, cujo procedimento é mais moroso, pois passa pela sucessão provisória até chegar à sucessão definitiva e sem a decretação de ausência, por cuja declaração de ausência o juiz concede de

---

[302] FERRER, Francisco A. M. *Comunidad hereditaria e indivisión posganancial*. Buenos Aires: Rubinzal-Culzoni, 2016. p. 440-441.
[303] LOUREIRO, Luiz Guilherme. *Registros públicos*. Teoria e prática. 8. ed. Salvador: JusPodivm, 2017. p. 284-285.

Cap. 1 • REGIME DE BENS   137

pronto a certidão de óbito, porque na ausência é extremamente provável a morte do ausente, uma vez esgotadas as buscas e averiguações, devendo a sentença fixar a data provável do falecimento.[304]

O artigo 88 da Lei de Registros Públicos (Lei 6.015/1973) regula a justificação judicial da morte para o assento de óbito das pessoas desaparecidas em naufrágio, inundação, incêndio, terremoto ou qualquer outra catástrofe, quando estiver provada a sua presença no local do desastre e não for possível encontrar o cadáver para exame, sendo proferida sentença judicial declarando a morte.

1.7.3 Nulidade ou anulação do casamento putativo

Conforme o artigo 1.561 do Código Civil, embora nulo ou anulável, se contraído de boa-fé por ambos os cônjuges, o casamento, com relação a estes e aos filhos, produz todos os efeitos até o dia da sentença anulatória, e, se somente um dos cônjuges estava de boa-fé ao celebrar o matrimônio, os seus efeitos civis só a ele e aos filhos aproveitarão (§ 1.º); mas, se ambos os cônjuges estavam de má-fé ao celebrarem o casamento, os seus efeitos civis só aos filhos aproveitarão (§ 2.º). Trata-se do que a doutrina convenciona chamar de casamento putativo, ou aparente, de origem canônica, desenvolvido durante a Idade Média, motivado pela necessidade prática e por imperativo moral de atender à proteção dos filhos havidos do matrimônio efetivamente celebrado, ainda que depois fosse declarado nulo por haver impedimento de parentesco.[305] O casamento putativo gera efeitos para o cônjuge de boa-fé, em relação aos alimentos, ao regime de bens, fazendo jus à sua meação e à sucessão, pois será herdeiro se o consorte putativo falecer na constância do processo de nulidade ou de anulação,[306] como também tem validade e eficácia com relação a terceiro, pois não é possível penalizar terceiro com os efeitos da invalidação do casamento. Dizem Gustavo Tepedino e Ana Carolina Brochado Teixeira que terceiros de boa-fé que eventualmente contratam com os cônjuges restam resguardados, mesmo desconstituindo-se os negócios com estes celebrados,[307] pois, se assim não fosse, certamente os de boa-fé, sendo um dos cônjuges, ou terceiros que com eles contrataram algum negócio jurídico, ficariam em situação pior do que aquele que de má-fé com eles firmou alguma transação jurídica.

---

[304] PEREIRA, Rodrigo da Cunha. *Direito das famílias*. Rio de Janeiro: GEN/Forense, 2020. p. 250.

[305] LÔBO, Paulo. *Direito civil*. Famílias. 7. ed. São Paulo: Saraiva, 2017. p. 125.

[306] "Apelação cível. Ação de desconstituição de casamento. Casamento putativo. Exoneração de alimentos. Embora desquitada, estando a apelada casada com outra pessoa quando contraiu matrimônio com o apelante, havia nulidade absoluta deste casamento em razão de infringência de impedimento constante do artigo 183, inciso III, do Código Civil de 1916, que veda o casamento entre pessoas casadas, reproduzido no artigo 1.521, inciso VI, do atual Código Civil. Declarada a nulidade do casamento, mas constatada a boa-fé da ré que acreditava que o primeiro marido estava morto quando do segundo casamento, e constatado que o autor tinha ciência que o casamento anterior não estivesse desfeito, configura-se o casamento putativo e a consequente produção de efeitos até a sentença que declara sua nulidade, entre os quais o dever de prestar alimentos. Ainda que reconhecida a nulidade do casamento entre o apelante e a apelada, se viveram vários anos como marido e mulher, separaram-se judicialmente e divorciaram-se, está presente o dever de mútua assistência em decorrência da indiscutível relação matrimonial havida entre as partes. Descabe a exoneração dos alimentos acordados entre os litigantes em sede de separação judicial, não vislumbrada a alteração do binômio necessidade/possibilidade de forma a justificar a extinção do encargo. Apelação desprovida" (TJRS, 7.ª Câmara Cível, Apelação Cível 70042905992, Rel. Des. André Luiz Planella Villarinho, j. 28.09.2011).

[307] TEPEDINO, Gustavo; TEIXEIRA, Ana Carolina Brochado. *Fundamentos do direito civil*. Direito de família. Rio de Janeiro: GEN/Forense, 2020. v. 6, p. 80.

1.7.4 Separação de fato ou de corpos

Houve uma época no sistema jurídico brasileiro que somente a separação judicial[308] punha termo ao regime de bens e, seguramente, a jurisprudência brasileira registrou milhares de injustiças causadas pela perpetuação do regime de bens enquanto não fosse oficialmente extinta a sociedade conjugal pela separação judicial litigiosa ou consensual, sobrevindo depois o sistema dual da prévia separação com sua conversão em divórcio, ou uma prévia separação de fato ou de corpos que autorizavam depois de um tempo o pleito do divórcio direto.

Em outros países ainda era muito pior, pois tanto na França quanto na Argentina, apenas para tomar dois exemplos, existia a possibilidade da execução forçada da obrigação de comunidade de vida, contrariando toda a noção hoje presente da liberdade individual e da autonomia privada das pessoas, podendo o juiz ordenar o retorno compulsório do cônjuge que havia se afastado informalmente do domicílio conjugal. Eram tempos nos quais a singela separação fática ou mesmo a oficial separação de corpos não interrompia o regime da comunidade de bens, muito embora o próprio direito criava brechas legais que lançavam efeitos jurídicos à separação de fato, e esta gerava, por exemplo, a obrigação de o cônjuge provedor prestar alimentos para o consorte por ele abandonado, episódio que não deixava de institucionalizar consequências jurídicas à separação informal, assim como a separação de fato no momento da concepção de um filho podia ser alegada como prova da não paternidade do marido em uma ação de impugnação da paternidade por presunção do casamento. Com a própria separação de fato, um dos cônjuges poderia buscar suprir a outorga do outro para dispor de bens considerados comuns, sendo certo que o direito não poderia continuar ignorando as situações fáticas, tanto que a doutrina e a jurisprudência consideram a separação de fato como termo final da comunicação dos bens, embora a legislação brasileira, até o advento do Anteprojeto do Código Civil, apresentado pela Comissão de Juristas nomeada pelo Senado Federal para a sua revisão e atualização, não tivesse se esforçado de forma direta e não transversal em reconhecer legalmente as consequências jurídicas da separação de fato dos casais e conviventes, o que fez a partir da redação do artigo 1.571-A, podendo ser provada a separação de fato por todos os meios de prova, inclusive por declaração por meio de instrumento público ou particular,[309] sendo um exemplo de prova a lavratura por qualquer dos cônjuges ou conviventes, individualmente ou em conjunto, de uma escritura pública na qual declaram a ocorrência da sua separação de fato.

O artigo 480 do Código Civil da Argentina é expresso quanto à separação de fato dos cônjuges que não demonstram vontade de reconciliar, cujo ato precede à citação do processo de divórcio, ou ao de anulação do casamento, gerando a separação de fato efeito retroativo da

---

[308] No RE 1.167.478 o STF eliminou a figura da separação judicial ao firmar a tese de repercussão geral fixada para o Tema 1.053 nos seguintes termos: "A tese de repercussão geral fixada para o Tema 1.053 é a seguinte: 'Após a promulgação da Emenda Constitucional 66/2010, a separação judicial não é mais requisito para o divórcio, nem subsiste como figura autônoma no ordenamento jurídico. Sem prejuízo, preserva-se o estado civil das pessoas que já estão separadas por decisão judicial ou escritura pública, por se tratar de um ato jurídico perfeito'."

[309] "Art. 1.571- A. Com a separação de corpos ou a de fato cessam os deveres de fidelidade e vida em comum no domicílio conjugal, bem como os efeitos decorrentes do regime de bens, resguardado o direito aos alimentos na forma disciplinada por este Código. Parágrafo único. Faculta-se às partes comprovar a separação de corpos ou a de fato por todos os meios de prova, inclusive por declaração através de instrumento público ou particular".

sentença para o dia em que o casal deixa de coabitar, ou para o dia da citação da respectiva ação e, portanto, todos bens com aquisição posterior à separação de fato ou posteriores à data da citação do processo são denominados *anômalos*, pois, para a sua aquisição não mais existem o aporte e o esforço comuns, não mais se justificando a sua comunicabilidade. Contudo, o juiz pode modificar a data do efeito retroativo da comunicação dos bens, se desconfiar da ocorrência de fraude ou de abuso do direito. Abusa do direito quem, por exemplo, não aportou bens ou esforço para a sua aquisição depois da separação fática e mesmo assim pretende incluir tais bens na partilha, amparando-se na distorção da data da separação de fato. Essa proteção, perante a fraude, malícia, enriquecimento indevido e o abuso do direito, obedece ao espírito de equidade na hora de estabelecer as pautas da dissolução do casamento ou da união estável, deixando a salvo os direitos dos terceiros de boa-fé.[310]

Resguarda o consorte fraudado dos excessos do *cônjuge vantajista* que sempre será um devedor da sociedade conjugal, se causar algum prejuízo patrimonial em qualquer um dos seguintes eventos: a) enriquecer injustamente, extraindo vantagens ou lucros exclusivos dos bens comuns e dos quais excluiu o outro cônjuge; b) causar dolosamente algum dano à sociedade conjugal mediante a assunção de dívidas ou gastos pessoais que não podem ser considerados encargos do casamento; c) praticar atos fraudulentos contra seu consorte, cujos interesses ficam prejudicados pela atuação do fraudador, que oculta benefícios ou bens, ou aliena bens comuns.[311]

Escreveu Elias P. Guastavino, em obra clássica do direito argentino, ser corrente assinalar serem substanciais as vantagens que o regime de comunidade de bens representa para um dos esposos quando, ao ser dissolvido o patrimônio líquido comum, ele deve ser dividido pela metade, se em realidade dito acervo é resultado exclusivo da acumulação de frutos dos bens próprios de um só deles ou do produto do trabalho, profissão, comércio ou indústria[312] do marido, ou da mulher, exortando o autor a meditar a despeito da possibilidade de outro modo de partilha dos bens que seja mais equitativo. Portanto, a partilha, tomando como termo o exato momento da separação do casal, cumpre os pressupostos da divisão igualitária, visto que depois de dissolvida a relação afetiva é previsível que o patrimônio indiviso gerará bens que assumirão o caráter próprio e exclusivo. O referido autor arremata aduzindo que "a vantagem matrimonial consiste em desfrutar da presunção legal de equivalência de aportes à sociedade conjugal e por fim ter direito à metade do monte comum líquido no momento da partilha".

De qualquer sorte, quaisquer dívidas e qualquer aquisição de bens, cujos eventos sejam posteriores à data da separação de fato ou da data da citação do processo de divórcio ou de dissolução de uma união estável são estranhos à comunidade matrimonial, restando o patrimônio de cada consorte ou convivente constituído pelos bens que eram próprios e pelos bens que foram incorporados depois de extinta a comunidade de vida, e esses bens é que devem ser partilhados, desde que fique claramente demonstrada a existência da separação fática, pois de nada adianta alegar que os cônjuges cessaram sua convivência antes da demanda de divórcio,

---

[310] MEDINA, Gabriela. *Tratado de derecho de familia según el Código Civil y Comercial de 2014*. Coordenação Aída Kemelmajer de Carlucci, Marisa Herrera e Nora Lloveras. Buenos Aires: Rubinzal-Culzoni, 2014. t. 1, p. 821.

[311] LASARTE, Carlos. *Derecho de familia*: principios de derecho civil. 11. ed. Madrid: Marcial Pons, 2012. p. 194.

[312] GUASTAVINO, Elias P. *Partición de gananciales después del divorcio*. Buenos Aires: Rubinzal-Culzoni, 1985. p. 166-168.

mas continuaram, por exemplo, morando dentro da mesma casa em estado de mera separação de leitos, tornando, dessarte, indeterminada a data do efetivo início da separação de fato e inviabilizando a aplicação do critério de término da comunidade patrimonial em momento coincidente com a separação de fato.

De qualquer modo, a separação de fato não pode prejudicar terceiros de boa-fé, portanto, até que não sejam ditados a correspondente partilha e seu registro público, inclusive no ofício imobiliário segue sendo aplicado para os terceiros o regime de responsabilidade dos cônjuges, sem prejuízo evidentemente de uma ação de regresso do consorte prejudicado.

1.7.5 Separação ou divórcio judicial e extrajudicial

A separação ou o divórcio judicial e extrajudicial têm assento no Código Civil e no Código de Processo Civil, e a origem da separação, do divórcio e do inventário extrajudiciais advém da Lei 11.441/2007, cujo embrião foi o Projeto de Lei 4.979/2001, de autoria do Deputado Sílvio Torres e da relatoria do Deputado Zenaldo Coutinho, justamente propondo a realização, por escritura pública, de partilhas amigáveis, divórcios e separações judiciais, olvidando da dissolução extrajudicial da união estável, a qual foi contemplada em lei somente com o advento do Código de Processo Civil de 2015, cujo artigo 733 regula taxativamente a dissolução da união estável por escritura pública lavrada em tabelionato, não existindo filhos menores nem estando grávida a mulher convivente.

Preocupado com a eventual facilidade da fraude em escrituras públicas de divórcio ou de separação consensual, texto publicado em 2007 alertava para a circunstância de que muitas separações e divórcios amistosos escondiam verdadeiros litígios que resultavam em desastrosos acordos, os quais cuidavam de cobrar o alto preço da declaração oficial do desamor.[313] Ou ao contrário, apresentando a conta do ódio e dele não estão livres os atos de separação, divórcio, dissolução de união estável e a dissolução judicial e partilha de bens, existindo em suas duas vertentes, amigável judicial e extrajudicial, um sério risco de fraude, não só em relação aos direitos de um dos cônjuges, mas também com relação a terceiros, diante da possibilidade de existirem separações, divórcios e dissoluções de convivências de fachada, típicas dissensões de *gaveta*, para usar uma expressão popular, pelas quais casais devedores estabelecem pacto de separação de bens para se defenderem de futuras execuções, embora continuem convivendo como cônjuges ou companheiros como sempre foram, sem nenhuma solução fática de continuidade, dispondo apenas de uma separação formal que é por eles documentada em concerto fraudatório, por mera cautela, engendrado com o firme propósito de unicamente lesar credores, isto quando o mesmo instrumento não serve para um deles enganar o outro parceiro e ludibriar com cláusulas dúbias para com elas obter resultados materiais ilícitos.

1.7.6 Violência contra a mulher

Como explica Rodrigo da Cunha Pereira, o grande marco do século XX sucedeu-se com o movimento feminista que deu à mulher um lugar de sujeito, e não mais de um assujeitado ao pai ou ao marido, fato que provocou uma reviravolta nas relações familiares, e essa total sujeição da mulher ao progenitor e depois ao esposo também encobria a violência doméstica.[314] Em outro

---

[313] MADALENO, Rolf. Separação extrajudicial: praticidade, trâmite e fraude. *Revista Brasileira de Direito de Família*, Porto Alegre, v. 41, p. 146, abr./maio 2007.

[314] PEREIRA, Rodrigo da Cunha. *Direito das famílias*. Rio de Janeiro: GEN/Forense, 2020. p. 497.

texto de sua autoria, tratando especificamente da violência patrimonial do artigo 5.º da Lei Maria da Penha, Rodrigo da Cunha Pereira escreveu ser essa forma de brutalidade mais comum do que se imagina, e que no término das relações conjugais pelo menos uma das partes fica sempre com a sensação de perda e o outro com um sentimento de vantagem, estando entre os exemplos mais comuns e correntes a sonegação e o não repasse dos frutos dos bens que deveriam ser entregues ao cônjuge não administrador do patrimônio comum. Ademais, esses expedientes de ordem econômica e financeira, quando se associam também ao inadimplemento da pensão alimentícia, caracterizam tipos penais e, ao lado disso, uma violência patrimonial que, outrora, não verberava diante de uma sociedade civil que nem se dava conta dessa forma de dominação.[315]

A violência doméstica é uma forma perversa de dominação do mais forte sobre o mais frágil, de uso muito frequente em uma sociedade que perpetua o jogo entre a dominação e a submissão em todos os níveis e que só aceita os supostamente vencedores, mostrando a vida diária a gravidade dessa violência doméstica e a luta incessante para minimizar os efeitos deletérios dos maus-tratos e dos comportamentos violentos contra as mulheres, com seus reflexos igualmente perversos contra os filhos, que põem em constante risco físico e psicológico este que é chamado de grupo vulnerável e no qual também estão incluídos os idosos e deficientes. É realmente assustador que o espaço considerado mais seguro, que deveria ser a própria casa, é precisamente o lugar no qual mais prevalece a violência familiar, em especial contra a mulher, pois, como acena Graciela B. Ferreira, ainda hoje resulta difícil vencer a resistência ao tema que se contrapõe às crenças sociais e culturais de uma suposta permissibilidade da violência contra a mulher.[316]

Obviamente também existem perversidades femininas e variados sofrimentos que as mulheres causam aos homens, sendo a realidade conjugal bastante complicada, com toda uma classe de virtudes e de defeitos em ambos os sexos, mas, quando se fala da violência familiar, sua referência é circunscrita ao fenômeno contra a esposa ou companheira, por ser também um tipo de violência estatisticamente mais frequente em todas as partes do mundo.[317] Para fazer frente aos maus-tratos, detectar, prevenir e combater a violência doméstica contra as mulheres, de acordo com Rodrigo da Cunha Pereira, essa proteção contra a violência doméstica deveria se dar tanto com relação às mulheres quanto aos homens vítimas de violência, inclusive para as pessoas que *transitam* de um gênero a outro e que não se enquadram nos convencionais padrões de feminino e masculino, como os transexuais e travestis, e, em realidade, a proteção deveria ser dos direitos humanos e do princípio da dignidade humana.[318]

Conforme esclarece Marie-France Hirigoyen, na maior parte das vezes a violência física só aparece quando a mulher resiste à violência psicológica e o homem não conseguiu controlar suficientemente sua companheira, que se mostra demasiadamente independente, existindo distintos modos de agressão, que variam de acordo com o contexto e o perfil psicológico do agressor, não obstante todas as formas de agressões e de violências coexistirem e se apresentarem de maneira simultânea.[319]

---

[315] PEREIRA, Rodrigo da Cunha. Violência patrimonial tem passado despercebida no direito das famílias. *Consultor Jurídico*, 6 set. 2015. Disponível em: https://www.conjur.com.br/2015-set-06/processo-familiar-violencia-patrimonial-passado-despercebida-direito. Acesso em: 20 ago. 2020.

[316] FERREIRA, Graciela B. *La mujer maltratada.* Un estudio sobre las mujeres víctimas de la violencia doméstica. Buenos Aires: Editorial Sudamericana, 1989. p. 25.

[317] FERREIRA, Graciela B. *La mujer maltratada.* Un estudio sobre las mujeres víctimas de la violencia doméstica. Buenos Aires: Editorial Sudamericana, 1989. p. 27.

[318] PEREIRA, Rodrigo da Cunha. *Direito das famílias.* Rio de Janeiro: GEN/Forense, 2020. p. 501.

[319] HIRIGOYEN, Marie-France. *Mujeres maltratadas.* Los mecanismos de la violencia en la pareja. Buenos Aires: Paidó, 2006. p. 25 e 37.

A violência doméstica[320] pode ser física, psicológica, sexual, moral ou patrimonial, que se caracteriza quando a parte economicamente mais forte na relação afetiva usa e abusa de seu poder e domínio na administração dos bens próprios ou comuns, gerando uma situação de opressão, domínio, humilhação e subjugação do outro, o que inclui o roubo, o desvio e a destruição de bens pessoais ou daqueles pertencentes à sociedade conjugal, como também a guarda ou retenção dos documentos pessoais da mulher, bens pecuniários ou não e quando o homem se recusa ou dificulta o pagamento da pensão alimentícia, ou de participar nos gastos de subsistência do núcleo familiar, deixando esposa e filhos sem provimentos e cuidados.[321]

A pressão econômica é uma forma particular de violência psicológica, efetivada mediante uma fraude ou chantagem financeira que impede a mulher de sair do seu doentio e alienante relacionamento, e, por ser financeiramente dependente de seu parceiro, teme passar por dificuldades econômicas, sem ter trabalho, recursos próprios e, por vezes, nem mesmo outra opção de moradia. Toda essa violência geralmente começa quando o homem convence sua mulher a abandonar os seus estudos ou a sua atividade profissional para que se dedique à casa, aos filhos e ao esposo, neutralizando desde a sua origem qualquer tentativa de separação. Se, por vezes, os consortes ou conviventes exercem a mesma profissão, não raro e indiferente à sua qualificação as mulheres ocupam a segunda posição e procuram fazer com que o seu marido ou companheiro se destaquem.[322]

Para Mário Luiz Delgado, embora a violência física seja sempre a face mais chocante da violência doméstica, a Lei Maria da Penha estabeleceu a moldura normativa de outras formas de agressão familiar em razão do gênero, as quais, não obstante fossem muito frequentes, eram pouco invocadas como instrumentos de proteção à mulher agredida, entre elas a violência patrimonial, e, como antes também descrito, resultante de qualquer conduta que configure retenção, subtração, destruição parcial ou total de seus objetos, instrumentos de trabalho, documentos pessoais, bens, valores e direitos ou recursos econômicos, inclusive os destinados a satisfazer suas necessidades.[323]

Como pontua Mariel Molina de Juan, o controle do dinheiro funciona como uma estratégia consciente e inconsciente de exercício do poder e manifestação de relações assimétricas e de hierarquia sexista, e que esse desenho relacional contém em sua origem o flagelo da violência econômica, quiçá uma das formas de violência de gênero mais perversas e estruturais, porque deixa a mulher presa em um círculo de dependência que afeta sua autonomia para decidir sobre sua separação ou divórcio, o que incrementa a sua vulnerabilidade.[324]

A Ley de Protección Integral a las Mujeres (Ley 26.485/2009), aprovada na Argentina para prevenir, sancionar e erradicar a violência contra as mulheres no âmbito em que

---

[320] Calha registrar que a Lei 14.713, de 30 de outubro de 2023, acrescentou o artigo 699-A ao CPC, que assim expõe: "Nas ações de guarda, antes de iniciada a audiência de mediação e conciliação de que trata o art. 695 deste Código, o juiz indagará às partes e ao Ministério Público se há risco de violência doméstica ou familiar, fixando o prazo de 5 (cinco) dias para a apresentação de prova ou de indícios pertinentes."

[321] PEREIRA, Rodrigo da Cunha. *Direito das famílias*. Rio de Janeiro: GEN/Forense, 2020. p. 501-502.

[322] HIRIGOYEN, Marie-France. *Mujeres maltratadas*. Los mecanismos de la violencia en la pareja. Buenos Aires: Paidó, 2006. p. 46.

[323] DELGADO, Mário Luiz. A invisível violência doméstica contra o patrimônio da mulher. *Consultor Jurídico*, 28 out. 2018. Disponível em: https://www.conjur.com.br/2018-out-28/processo-familiar-invisivel--violencia-domestica-patrimonio-mulher. Acesso em: 20 ago. 2020.

[324] MOLINA DE JUAN, Mariel. Violencia económica en las relaciones de pareja. *In*: CARLUCCI, Aída Kemelmajer de; MOLINA DE JUAN, Mariel (coord.). *Paradigmas y desafíos del derecho de las familias y de la niñez y adolescencia*. Buenos Aires: Rubinzal-Culzoni, 2019. p. 172.

desenvolvem suas relações interpessoais, também reconhece como formas de violência contra a mulher a agressão física, psicológica, sexual, simbólica, que, por meio de padrões estereotipados, mensagens, valores, ícones ou sinais transmitam e reproduzam dominação, desigualdade e discriminação nas relações sociais, naturalizando a subordinação da mulher na sociedade e a violência econômica e patrimonial, que, de acordo com o artigo 5.4 da Ley 26.485/2009, é aquela violência dirigida a produzir um menoscabo dos recursos econômicos e patrimoniais da mulher, por meio: a) da perturbação da posse, detenção ou propriedade de bens; b) da perda, subtração, destruição ou desvio indevido de objetos, instrumentos de trabalho, documentos pessoais, bens, valores e direitos patrimoniais; c) da limitação dos recursos econômicos destinados a satisfazer suas necessidades ou a privação dos meios indispensáveis para viver uma vida digna; e d) da limitação ou controle de seus ingressos, assim como a percepção de um salário menor por igual tarefa, dentro do mesmo lugar de trabalho.

Essa mesma forma de violência encontra eco na legislação brasileira a partir da Lei 11.340/2006 (Lei Maria da Penha), que cria mecanismos para coibir a violência doméstica e familiar contra a mulher, nos termos do § 8.º do artigo 226 da Constituição Federal e da Convenção sobre a Eliminação de Todas as Formas de Discriminação contra as Mulheres, da Convenção Interamericana para Prevenir, Punir e Erradicar a Violência contra a Mulher, cuja violência doméstica e familiar se configura mesmo quando ausente a coabitação (Súmula 600 do STJ), tipificando o artigo 7.º da Lei Maria da Penha como formas de violência: a física (inc. I); a psicológica (inc. II); a sexual (inc. III); a patrimonial, entendida como qualquer conduta que configure retenção, subtração, destruição parcial ou total de seus objetos, instrumentos de trabalho, documentos pessoais, bens, valores e direitos ou recursos econômicos, incluindo os destinados a satisfazer suas necessidades (inc. IV); e a violência moral (inc. V).

Assim, ordenam-se no artigo 24 da Lei Maria da Penha as medidas liminares que podem ser deferidas pelo juiz para a proteção patrimonial dos bens da sociedade conjugal (ou convivencial), ou daqueles de propriedade particular da mulher, e que consistem, entre outras: (I) na restituição de bens indevidamente subtraídos pelo agressor à ofendida; (II) proibição temporária para a celebração de atos e contratos de compra, venda e locação de propriedade comum, salvo expressa autorização judicial; (III) suspensão das procurações conferidas pela ofendida ao agressor; (IV) prestação de caução provisória, mediante depósito judicial, por perdas e danos materiais decorrentes da prática de violência doméstica e familiar contra a ofendida, sendo oficiado o cartório competente para os fins previstos nos incisos II e III do artigo 24 (parágrafo único).

Portanto, a violência doméstica que produz subordinação econômica e que se traduz em uma dependência emocional com afetação na autoestima, isolamento e sentimento de inferioridade da mulher, além de configurar uma violência que desapodera a vítima de seus recursos e de seus bens, a qual se manifesta de várias maneiras, como na criação de créditos falsos ou compra de bens em nome de uma *off sore*, prevalecendo-se da confidencialidade da identidade dos acionistas e diretores, na retenção deliberada dos dividendos de uma empresa da qual o marido é sócio majoritário e toma isoladamente suas decisões, apenas com o intento de não partilhar com a esposa, vulnerando seus direitos de meação.

A fraude pode ser perpetrada por qualquer movimento que vulnere a meação da esposa ou companheira, valendo-se o varão de estratégias que visem esvaziar ou reduzir o patrimônio da parceira, ou por meio de atos que interfiram negativamente no direito da sua subsistência, sendo todos eles claramente passíveis de suscitar um enquadramento criminal, ao mesmo tempo que a sua tipificação penal cria para as mulheres um elemento efetivo de combate à fraude e de menoscabo à sua independência, dignidade e autonomia, valores que lhe são tão caros e imprescindíveis para que possa tomar as decisões indispensáveis para a sua integral proteção.

Entrementes, sendo a violência material considerada um crime contra a mulher, causa espécie que o Ministério Público não mais atue na defesa dos interesses individuais disponíveis (CPC, art. 176), como são relacionadas as questões patrimoniais advindas do casamento e da união estável. No juízo de família, a agressão patrimonial à mulher não merece a intervenção do Ministério Público, embora se trate do mesmo patrimônio privado defendido na lei criminal, não obstante o inciso IX do artigo 129 da Constituição Federal ordene ser tarefa institucional do Ministério Público – exercer outras funções compatíveis com a sua finalidade.

De nada serve zelar pelo império da lei e por sua efetividade no âmbito criminal e nas relações de família, se o Ministério Público atuar apenas quando houver interesses indisponíveis. Quando essa mesma mulher é protegida na esfera penal, ela está sofrendo uma violência patrimonial em um processo civil de partilha de bens. Dessarte, o monte conjugal pode ter sido transferido por preço fictício pelo marido para seus irmãos, por exemplo, pouco antes da separação de corpos ou da separação de fato do ex-casal, tanto que o Superior Tribunal de Justiça qualifica essa fraude como uma alienação forjada, verdadeira *violação da ordem pública*,[325] e, conforme o artigo 176 do Código de Processo Civil, uma norma infraconstitucional, em que justamente o Ministério Público atua na defesa da ordem jurídica.[326]

1.7.7 Prescrição da partilha

O direito brasileiro, embora seja profícuo na elaboração de dispositivos legais relacionados principalmente ao casamento, ao regime de bens e às regras para a sua dissolução judicial e extrajudicial, não possui nenhum regramento especial aplicável à prescrição do direito à meação da partilha dos bens que deveriam ser comuns em razão da adoção de um regime de comunicabilidade. No entanto, é evidente que, uma vez dissolvido o casamento, o direito à meação se converte em um direito de crédito, sujeito às regras gerais das obrigações e, portanto, prescritível, até porque a meação é um direito claramente disponível.

Antes, e para facilitar a compreensão da prescrição da meação, assunto muito pouco versado na doutrina e também na jurisprudência brasileira, inclusive de uma prescrição intercorrente surgida com a edição do Código de Processo Civil de 2015 (CPC, art. 921,

---

[325] "Recurso especial. Direito de família. Negativa de prestação jurisdicional. Artigo 535 do CPC. Não ocorrência. Simulação. Manifesta fraude à lei imperativa. Violação do direito à meação. Partilha dissimulada. Alienação fictícia do patrimônio. Preço vil. Ação pauliana. Via própria. Adequação. 1. Cuida-se de ação ordinária proposta contra o ex-marido da autora e seus respectivos irmãos com a finalidade de obter declaração de nulidade de compra e venda de bens que deveriam ter sido partilhados ante o direito à meação em virtude do fim do casamento submetido ao regime de comunhão parcial de bens. 2. Há simulação quando, com intuito de ludibriar terceiros, o negócio jurídico é celebrado para garantir direitos a pessoas diversas daquelas às quais realmente se conferem ou transmitem. 3 O patrimônio do casal beligerante foi transferido pelo varão a seus irmãos, por preço fictício, pouco antes da separação de corpos do ex-casal, tendo retornado ao então titular logo após a sentença de separação judicial e do julgamento do recurso de apelação pelo tribunal de origem. 4. A alienação forjada é, sobretudo, uma violação da ordem pública, podendo ser reconhecida em ação pauliana. 5. Recurso especial provido" (STJ, 3.ª Turma, REsp 1.195.615/TO, Rel. Min. Ricardo Villas Boas Cueva, j. 21.10.2014).

[326] MADALENO, Rolf. A improbidade conjugal na partilha de bens. *Revista IBDFAM Famílias e Sucessões*, Belo Horizonte, v. 23, p. 17, set./out. 2017.

§ 4.º e Lei 14.195/2021), convém recordar que a titularidade dos bens matrimoniais está vinculada ao ato de sua aquisição, pois os bens conjugais ou convivenciais são comuns em razão do regime de comunidade, e não pelo fato de haverem sido comprados pela sociedade conjugal que não tem personalidade jurídica. Por essa razão, os bens comprados na constância do casamento ou da união estável ficam registrados em nome de quem comprou, mesmo que o dinheiro para a aquisição ou parte dele tenha sido alcançado pelo outro consorte ou parceiro, salvo se ambos comprarem desnecessariamente em condomínio, pois, se o regime de bens é de *metades*, sempre e de qualquer modo, cada um dos cônjuges tem direito à sua meação a ser computada por ocasião da dissolução do enlace, dado que na constância do relacionamento será titular do bem aquele em cujo nome figura o registro da sua propriedade.

Dependendo da espécie do bem, sendo ele móvel, por exemplo, automóveis joias, ações ou quotas societárias e dinheiro, o cônjuge ou convivente que titula tais bens age em seu próprio nome perante um terceiro e está dispensado de colacionar o assentimento de seu consorte ou companheiro meeiro, agindo como se carregasse um mandato permanente de seu parceiro, inclusive para a aquisição individual de bens que passam a integrar o patrimônio comum, se adquiridos durante as núpcias ou na constância da união estável, e, às vezes, até depois de dissolvido o relacionamento pela separação de fato, de corpos ou pelo divórcio ou a dissolução oficial da união estável, contanto que o consorte ou parceiro prejudicado logre provar que determinados bens foram comprados com dinheiro ou com recursos financeiros pertencentes ao casamento ou à entidade convivencial.

A questão, no entanto, é ter presente que, sucedendo a separação de fato, de corpos ou a dissolução oficial do casamento ou da união estável, a partir do fato que ocorreu em primeiro lugar, começam a contar o prazo prescricional e o risco da perda da meação pela não realização da partilha no prazo máximo de dez anos para a prescrição, quando a lei não haja fixado prazo menor, conforme está regulado pelo artigo 205 do Código Civil.

Embora o artigo 197, I, do Código Civil prescreva que não corre a prescrição na constância da sociedade conjugal, a expressão *constância* não deve ser confundida com *existência* da sociedade conjugal, pois, em realidade, são termos distintos, dado que constância do casamento representa comunhão plena de vida (CC, art. 1.511), e não a mera existência formal do casamento e no qual os cônjuges não mais convivem, tampouco coabitam, estando separados de fato ou de corpos,[327] embora não tenham dissolvido formalmente o seu casamento,

---

[327] O Recurso Especial 1.660.947/TO, julgado em 5 de novembro de 2019, pelo Ministro Moura Ribeiro, na 3.ª Turma do STJ, acolheu a contagem da prescrição a partir da separação de fato: "Do exposto, o cerne da controvérsia consiste em saber se, a despeito da inexistência de previsão legal, a separação de fato muito prolongada, ou por tempo razoável, também poderia ser considerada causa de dissolução da sociedade conjugal e, em assim sendo, teria ou não o condão de impedir a fluência do prazo prescricional, da pretensão de partilha de bens de ex-cônjuges. Inicialmente, registro que os fundamentos do bem lançado voto condutor do acórdão recorrido que, propositalmente, fez questão de transcrever quase que literalmente, com realces, além de refletir o meu pensamento sobre a matéria, conferiu a melhor interpretação ao direito federal controvertido, segundo minha limitação jurídica imagina. Os dispositivos do Código Civil de 2002 tidos por violados pelo acórdão recorrido têm a seguinte redação: 'Art. 197. Não corre a prescrição: I – entre os cônjuges, na constância da sociedade conjugal. Art. 1.571. A sociedade conjugal termina: I – pela morte de um dos cônjuges; II – pela nulidade ou anulação do casamento; III – pela separação judicial; IV – pelo divórcio. A interpretação literal dos referidos dispositivos legais, de fato, conduz ao entendimento de que a prescrição entre os cônjuges somente flui pela morte de um deles, pela nulidade ou anulação do casamento, pela separação judicial e pelo divórcio, ou seja, diante de uma das causas do término da sociedade conjugal, não abarcando a legislação em comento, a hipótese da separação de fato. Ocorre que, como é sabido, o intérprete nem sempre deve se apegar somente à literalidade do texto da lei,

necessitando também, ao realizar o seu juízo de hermenêutica, perquirir a finalidade da norma, ou seja, a sua razão de ser e o bem jurídico que ela visa proteger, nos exatos termos do art. 5.º da Lei de Introdução às Normas do Direito Brasileiro – LINDB. É necessária, pois, visão holográfica. A interpretação sistemática e teleológica também são instrumentos valiosos para ajudar a compreender o alcance e a finalidade da norma contida nos referidos dispositivos legais, devendo-se perquirir, como ponto de partida, quais razões levaram o legislador a considerar a constância da sociedade conjugal como causa impeditiva da fluência do prazo prescricional nas lides envolvendo cônjuges. Segundo o Tribunal tocantinense, tal motivo seria a preservação do ente familiar e do patrimônio conjugal enquanto perdurasse a *affectio maritalis*, fazendo com que não se extinguissem direitos enquanto remanescesse o casamento. Com efeito, a doutrina especializada a seguir destacada compartilha do mesmo entendimento. Vale a pena conferir Sílvio de Salvo Venosa, citando Clóvis Beviláqua, comentando o art. 197, I, do CC/02, leciona que as razões inspiradoras desse artigo são de ordem moral, a determinar o impedimento ou o curso da prescrição, com o acréscimo de que as relações afetivas que devem existir entre essas pessoas justificam o preceito legal (*Código Civil interpretado*. São Paulo: Atlas, 2010. p. 221). Nesse mesmo sentido, era a lição de Antônio Luis da Câmara Leal que, em sua clássica obra, ensinava que questão de ordem moral e a estabilidade da harmonia conjugal seriam os motivos que consideram a vigência da sociedade conjugal como impedimento do fluxo do prazo prescricional, com as seguintes palavras: A prescrição faz com que as ações sejam intentadas, para não se extinguirem pelo decurso do tempo. Criar, pois, a prescrição entre cônjuges, na constância do matrimônio, seria fomentar a dissensão no seio familiar, arrastando os cônjuges a agirem judicialmente, um contra o outro, a fim de não deixarem periclitar o seu direito, armado da ação. Mas a lei tem interesse, de ordem social, em que a harmonia conjugal não se conturbe pelas dissensões entre esposos, porque a família é a célula *mater* da sociedade, que se constitui pela agremiação das famílias. Daí procurar o legislador concorrer para a estabilidade dessa harmonia, permitindo que o direito dos cônjuges, entre si, possa persistir, independentemente do exercício da ação, embora nascida, imunizando-o contra os efeitos extintivos da prescrição (*Da prescrição e da decadência*. Teoria geral do direito civil. 3. ed. atualizada por José de Aguiar Dias. Rio de Janeiro: Forense, 1978. p. 138-139). Nestor Duarte também compartilha do mesmo entendimento assinalando que razões de ordem moral impedem que o prazo prescricional corra entre cônjuges na constância da sociedade conjugal e entre as pessoas que exercem o poder familiar, porquanto no dizer de Beliváqua, 'a afeição e confiança, que devem existir entre as pessoas a que o Código se refere, não permitiriam que se criasse a situação jurídica da prescrição' (*Código Civil comentado*. 11. ed. Rio de Janeiro: Francisco Alves, 1956. v. I, p. 358) (*Código Civil comentado*: doutrina e jurisprudência: Lei n. 10.406, de 10.01.2002; coordenador Ministro Cezar Peluso, 9. ed. rev. e atualizada. Barueri, SP: Manole, 2015. p. 122). A propósito, Pontes de Miranda, interpretando o revogado artigo 168, I, do CC/16 (Código Beviláqua), que dizia que entre os cônjuges durante o matrimônio não corria a prescrição, ensina que tal regra jurídica procura evitar choques de interesses entre os cônjuges, inclusive quando pelo menos o titular da pretensão estava de boa-fé, no tocante à validade do casamento (*Tratado de Direito Privado*. Parte geral. Rio de Janeiro: RT, 2012. t. VI. p. 327). Observa-se, então, que para a doutrina destacada e também para o acórdão recorrido as relações de ordem moral que ligam os cônjuges, como a confiança e o afeto, seriam o motivo ensejador do impedimento da fluência do curso do prazo prescricional na vigência da sociedade conjugal, cuja finalidade consistiria na preservação da harmonia e da estabilidade do vínculo matrimonial (bem jurídico protegido). Identificada a finalidade do legislador pela previsão legal de não permitir a fluência do prazo prescricional na vigência da sociedade conjugal, passa-se a perquirir, se é possível incluí-la, na separação de fato do casal, também como causa de extinção da sociedade conjugal. Antes de prosseguir, como se verá, é importante ressaltar que sociedade conjugal e vínculo conjugal são institutos que não se confundem. Paulo Nader faz uma diferenciação entre eles, lecionando que o vínculo conjugal é a relação jurídica que se instaura entre os cônjuges, enquanto que sociedade conjugal seria o compromisso de comunhão de vida. Segundo o referido autor, dissolvendo-se o vínculo, extingue-se a sociedade conjugal, enquanto que o seu término não põe termo àquele, mas apenas aos deveres de coabitação, fidelidade recíproca e ao regime de bens, nos termos do art. 1.576 do CC/02. Para ele, o vínculo conjugal, no qual permanece o dever de mútua assistência, respeito e consideração entre os separados, somente se dissolve, no casamento válido, com a morte (real ou presumida), declaração judicial de ausência ou pelo divórcio (*Curso de Direito Civil*: Direito de Família. Rio de Janeiro: Forense, 2008. v. 5, p. 197).

Esta Terceira Turma, no julgamento do REsp n.º 1.719.739/RS, *DJe* de 07.06.2018, da relatoria da em. Ministra Nancy Andrighi, com a qualidade ímpar de seus votos, também teve a oportunidade de fazer uma distinção sobre os referidos institutos, nos seguintes termos: '[...] Significa dizer, pois, que a diferença essencial entre o término da sociedade conjugal e a dissolução do casamento opera-se na reversibilidade, ou não, do matrimônio, o que se reflete na possibilidade, ou não, de as partes contraírem um novo casamento. Todavia, as consequências jurídicas no plano patrimonial, especialmente no que diz respeito ao regime de bens do casamento, são exatamente os mesmos em ambas as hipóteses – término da sociedade conjugal e a dissolução do casamento. Isso porque, como afirma a doutrina, 'a separação resolve a situação econômica do casal e põe fim oficial ao regime de bens do matrimônio, podendo os consortes realizarem a partilha do ativo e do passivo de seus bens comunicáveis...'' (MADALENO, Rolf. *Curso de direito de família*. Rio de Janeiro: Forense, 2009. p. 274/275). Das lições doutrinárias e do entendimento jurisprudencial destacados extrai-se que a diferença substancial entre o término da sociedade conjugal e a dissolução do casamento, é de que apenas esta torna irreversível aquele matrimônio (pelo divórcio e pela morte de um dos cônjuges) e, por conseguinte, permite às partes contraírem um novo casamento, enquanto que aquela somente põe fim aos deveres de coabitação, fidelidade recíproca e regime de bens, mantendo intacto o vínculo matrimonial. Feita a distinção entre os institutos, o que realmente interessa a este julgamento é o reflexo da prescrição no término da sociedade conjugal que, como vimos, não dissolve o casamento válido, mas põe termo às suas relações, fazendo não mais subsistir o compromisso de comunhão de vida, bem como a preservação da harmonia e da estabilidade do matrimônio, como disse a doutrina destacada. Nesta toada, apesar do art. 1.571 do CC/02 não incluir nos seus incisos a separação de fato no rol das causas da dissolução da sociedade conjugal, dele consta a separação judicial, cujas consequências jurídicas são semelhantes. Dessa forma, perfeitamente possível a mitigação daquele rol, que não é taxativo, pelo menos no caso em análise, em que houve comprovadamente separação de fato em 1980, ou seja, há mais de trinta anos do ajuizamento da ação de divórcio, e o ex-casal, naquela ocasião realizou a partilha consensual dos bens comuns adquiridos na constância do matrimônio, cujas circunstâncias fáticas não podem ser alteradas no recurso especial em virtude da Súmula n.º 7 do STJ .Ora, se tanto a separação judicial (ato jurídico), como a separação de fato (fato jurídico), comprovadas por prazo razoável, produzem o efeito de pôr termo aos deveres de coabitação, de fidelidade recíproca e do regime matrimonial de bens, e ambos os institutos não têm mais em comum a finalidade de preservação da entidade familiar e do respectivo patrimônio comum, não há óbice em considerar passível de término a sociedade de fato e a sociedade conjugal. Por conseguinte, não há empecilho à fluência da prescrição nas relações com tais coloridos jurídicos. Separação de fato, singelamente, deve ser entendido como a livre decisão dos cônjuges em pôr fim à sociedade conjugal, sem recurso aos meios legais. Ela põe fim aos direitos, deveres e efeitos do casamento, mas os cônjuges permanecem no estado civil de casados. Segundo Orlando Gomes, a separação de fato caracteriza-se tanto pela existência de elemento subjetivo, quanto objetivo. Este seria a própria separação, passando os cônjuges a viver em tetos distintos, deixando, por outras palavras, de cumprir o dever de coabitação, no mais amplo sentido da expressão. Já o elemento subjetivo é o *animus* de dar como encerrada a vida conjugal, comportando-se como se o vínculo matrimonial fosse dissolvido (*Direito de Família*. 14. ed. Rio de Janeiro: Forense, 2001. p. 25). E a jurisprudência desta eg. Corte Superior é tranquila no sentido de que a separação de fato põe fim ao regime matrimonial de bens e à cessação dos deveres matrimoniais (coabitação e fidelidade recíproca), ou seja, seus elementos objetivos: REsp n.º 678.790/PR, Rel. Min. Raul Araújo, Quarta Turma, *DJe* de 25.06.2014; Ag no REsp n.º 880.229/CE, Rel. Min. Maria Isabel Gallotti, Quarta Turma, *DJe* de 20.03.2013; e REsp n.º 1.595.775/AP, Rel. Min. Nancy Andrighi, Terceira Turma, *DJe* de 16.08.2016. Por oportuno, ainda a respeito do elemento subjetivo da separação de fato, cabe trazer à colação o seguinte trecho do elucidativo voto proferido no julgamento do REsp n.º 555.771/SP, do em. Ministro Luis Felipe Salomão, *DJe* de 18.05.2009, no qual claramente é dito que [...] A separação de fato caracteriza-se tanto pela existência de elemento subjetivo, quanto de elemento objetivo. 'O elemento objetivo é a própria separação, passando os cônjuges a viver em tetos distintos, deixando, por outras palavras, de cumprir o dever de coabitação, no mais amplo sentido da expressão. O elemento subjetivo é o *animus* de dar como encerrada a vida conjugal, comportando-se como se o vínculo matrimonial fosse dissolvido' (GOMES, Orlando. *Direito de Família*. 14. ed. Rio de Janeiro: Forense, 2001. p. 25). Nesse contexto, sua configuração implica o fim do *affectio maritalis* entre os cônjuges, que passam a se portar como se casados não fossem. Logo, mostra-se desprovido de bom senso mantê-los vinculados pelo regime patrimonial, quando desejosos de romper todas as relações próprias da vida conjugal (sem destaque no original). Verifica-se, no referido julgado, o entendimento de que a configuração da separação de fato implica o fim da *affectio maritalis* entre os cônjuges, com a vontade de dar por encerrado o vínculo conjugal, e, em assim sendo, o art. 197, I, do CC/02 também deve abranger tal situação fática, que é jurídica. Além do mais, se a separação de fato (i) por mais de 1 (um) ano, pode configurar a impossibilidade de comunhão de vida (art. 1.573, IV, do CC/02); (ii) se ela por mais de 2 (dois) anos é causa do requerimento do divórcio direto (art. 1.580, § 2.º, do CC/02); (iii) se por mais de 1 (um) ano, demonstrada a ruptura da vida em comum e a impossibilidade de sua reconstituição pode ensejar a separação judicial (art. 1.572, § 2.º, do CC/02); e (iv) se por mais de 2 (dois) anos, altera o regime sucessório, afastando o cônjuge supérstite da sucessão (art. 1.830 do CC/02), foge à razoabilidade e se mostra incoerente com o sistema jurídico deixar de incluí-la como causa da dissolução do vínculo conjugal quando, por um lapso bem menor de tempo, é motivo para o requerimento do divórcio e da separação judicial. Que dizer de um rompimento de fato por mais de trinta anos! O entendimento ora proposto encontra eco na doutrina, embora não majoritária, de Maria Berenice Dias, Nelson Nery Júnior e Rosa Maria de Andrade Nery, que defendem que com o fim da vida em comum pela separação de fato, seria imperioso reconhecer que desaparece o efeito impeditivo do curso do prazo prescricional previsto no art. 197, I, do CC/02 (respectivamente, *Manual de Direito das Famílias*. 12. ed. rev., atual. e ampl. São Paulo: RT, 2017, p. 229; e *Código Civil Comentado*. 8. ed. rev., ampl. e atual. até 12.07.2011. São Paulo: RT, 2011. p. 1.160). Flávio Tartuce também trilha o mesmo caminho, sustentando que a separação de fato não impede a aplicação da regra do art. 197, I, do CC/02, correndo a prescrição a partir do trânsito em julgado da sentença de separação judicial, da sentença de divórcio direto ou da escritura pública de separação ou divórcio (*Direito Civil*: Lei de Introdução e parte geral. 11. ed. rev., atual. e ampl. Rio de Janeiro: Forense; São Paulo: Método, 2015. p. 478). Nestor Duarte, sobre o tema, destaca que a dissolução da sociedade conjugal se dá nas hipóteses do art. 1.571, em que não se encontra a separação de fato, contudo, sendo esta separação voluntária, não se deve dar por suspenso ou impedido o curso do prazo prescricional depois de um ano do rompimento da convivência sem ânimo de reconciliação, pois já seria causa da separação judicial (art. 1.573, IV, do CC), além do que se presume o desaparecimento da afeição que era o fundamento da regra legal (art. 5.º da Lei de Introdução ao Código Civil (*Código Civil comentado*. Ministro Cezar Peluso (coord.). São Paulo: Manole, 2007. p. 122). Assim, para os destacados doutrinadores, a separação de fato também seria causa de dissolução do vínculo matrimonial e faz desaparecer o efeito impeditivo da fluência do prazo prescricional na constância da sociedade conjugal, de modo que para eles as causas que suspendem o curso do prazo prescricional não seriam taxativas. Na verdade, Maria Berenice Dias foi além. Para ela, com a EC n.º 66/2010 o instituto da separação judicial foi extinto e o art. 1.571 do CC/02 teria perdido o seu sentido, razão pela qual não mais existiria nenhuma causa que termine a sociedade conjugal, a não ser a separação de fato e a separação de corpos (*Manual de Direito das Famílias*. 12. ed. rev., atual. e ampl. São Paulo: RT, 2017. p. 216, grifo nosso). Acrescenta a autora, ainda, que a chancela judicial à separação de fato – que passa a chamar-se separação de corpos – apesar de não dissolver o casamento, serve de prova do seu fim. Tanto a separação de fato como a de corpos acabam com os efeitos jurídicos do casamento, ainda que os cônjuges permaneçam no estado civil de casados. Ambas fazem cessar os deveres de coabitação e fidelidade, deixando de existir a presunção de paternidade dos filhos. Do mesmo modo, acaba a comunicabilidade patrimonial (*Manual de Direito das Famílias*. 12. ed. rev., atual. e ampl. São Paulo: RT, 2017. p. 229). Finalmente, vale conferir a lição de Humberto Theodoro Júnior que, tratando dos efeitos da separação de fato, diz que tendo o legislador equiparado a separação de fato à separação judicial para fins de constituição da união estável (art. 1.723, §1.º), não há razão para não atribuir à separação de fato o mesmo efeito da separação judicial, qual seja, a volta da fluência do prazo prescricional (comentários. p. 232), uma vez que, em ambos os casos, não se dá mais a 'constância da sociedade conjugal' a que se refere o inciso I do art. 197 (*Código Civil interpretado conforme a Constituição da República*. 2. ed. rev. e atual. Rio de Janeiro: Renovar, 2007. p. 372-373). Por todo o exposto, entendo que a separação de fato comprovada por período razoável de tempo, ou seja, no mínimo 1 (um) ano, produz os mesmos efeitos da separação judicial, sendo, portanto, circunstância que enseja a dissolução do vínculo matrimonial e não impede o curso do prazo prescricional nas causas envolvendo direitos e deveres matrimoniais. No caso, em que é incontroverso que

estando muitas vezes, inclusive, envolvidos em um novo relacionamento afetivo, tanto que doutrina e jurisprudência admitem a incomunicabilidade dos bens adquiridos depois de iniciada a separação de fato dos cônjuges ou conviventes, não havendo nenhuma dúvida de que a separação de fato gera efeitos jurídicos, bastando ter em conta que uma pessoa casada pode constituir uma união estável e os bens adquiridos durante a relação informal em regime de comunidade pertencerão aos unidos estavelmente, e não ao primitivo casamento daquele que vive em uma nova relação (CC, art. 1.723, § 1.º), ou basta observar os artigos 1.672 e 1.673 do Código Civil quando utilizam a palavra *constância* do casamento para identificar a comunhão dos bens no regime da participação final nos aquestos, devendo a expressão *constância* ser tomada como sinônimo de coabitação ou efetiva convivência conjugal que não se ressinta de uma precedente separação de fato.

Interessante observar, apenas para efeito de comparação entre diferentes sistemas jurídicos, que o direito espanhol, depois da sua reforma em 2005, reduziu para cinco anos o prazo de prescrição das ações pessoais que não tenham prazo especial, contados da extinção do regime (CC espanhol, art. 1964.2) e outros cinco anos para a prescrição da execução do crédito da meação, contados do momento da liquidação do regime, qual seja, da definição do montante da meação de cada cônjuge, totalizando dez anos, sendo cinco anos para a ação de liquidação e outros cinco anos para a cobrança do crédito da meação. Vale dizer, uma vez determinada a quantia correspondente ao crédito ou dos bens que tocam a cada consorte, aquele que não tem os bens titulados em seu próprio nome tem cinco anos para reivindicar o crédito de sua meação a seu ex-cônjuge, ou para embargar a sua meação contra terceiros que sejam eventuais credores do seu ex-consorte.[328]

A prescrição extingue as pretensões relativas a direitos disponíveis, tanto se exercidos em forma de ação ou como exceção, sabido que o abandono, a renúncia ou o desleixo do exercício próprio de um direito por parte de seu titular cedem diante de um interesse público de limitar no tempo a intervenção estatal em defesa de direitos privados que permaneceram inativos, em virtude de completo desinteresse e inação de um dos meeiros que, por dez anos, ficou inerte, calculados da fática separação dos cônjuges ou companheiros e em cujo período não contou com nenhum ato protelatório causado ou praticado pela parte favorecida pela prescrição. O instituto jurídico da prescrição tem normas de natureza imperativa que não só podem, como devem ser apreciadas inclusive de ofício pelo julgador, quando nada existe que tenha suspendido legalmente a contagem ininterrupta da prescrição, que inicia a partir da separação de fato, sendo equivocada a interpretação de que não corre a prescrição entre cônjuges na constância da relação conjugal.

O termo final da comunicação dos bens é a separação de fato ou a separação oficial de corpos e, nesse sentido, foi redigido o Enunciado 2 do IBDFAM – "A separação de fato põe fim ao regime de bens e importa extinção dos deveres entre cônjuges e entre companheiros". Nesse sentido já prescrevia o artigo 8.º da Lei do Divórcio, dando eficácia *ex tunc* à preliminar separação de fato e a de corpos, no propósito de não mais se comunicarem os bens amealhados a partir da ausência de coabitação, pois o regime de comunhão parcial é um regime

---

houve a separação de fato do ex-cônjuges há mais de trinta anos e naquela mesma oportunidade operou-se a partilha consensual do patrimônio comum existente entre eles, impõe-se prestigiar a afirmativa do Tribunal tocantinense, no sentido de que a pretensão de M está prescrita, porque quando a ação foi proposta já havia superado o maior prazo prescricional constante do CC/16, ou seja, de vinte anos previsto no seu art. 177, aplicável ao caso porque a separação de fato ocorreu na sua vigência (1980)".

[328] PRATS, Esther Algarra. *El régimen de participación. In*: TOLSADA, Mariano Yzquierdo; CASAS, Matilde Cuena (dir.). *Tratado de derecho de la familia*. 2. ed. Navarra: Thomson Reuters/Aranzadi, 2017. v. IV, p. 318-319.

de *comunidade afetiva e de esforços*, o que, por si só, desobriga os cônjuges de todos os seus deveres e os desliga de todos os seus direitos patrimoniais.

Nessas circunstâncias, não se efetuando a citação nos prazos mencionados nos parágrafos antecedentes (CPC, art. 240, §§ 1.º e 2.º) *haver-se-á por não interrompida a prescrição*, anotando Humberto Theodoro Júnior que: "Por mais que se alterem os enunciados legais, ora atribuindo a interrupção à citação, ora ao despacho que a ordena, uma coisa é certa: sem citação, o efeito interruptivo em causa não se produz. Haja ou não retroatividade dessa eficácia, a condição *sine qua non* para que a ação ajuizada acarrete a interrupção, podendo, em alguns casos, operar efeitos retroativos, e, em outros casos, não. O que varia, portanto, é o momento em que a citação produz a interrupção da prescrição. É ela, assim, a principal causa de interrupção prescricional, já que, sem citação, o ajuizamento da ação é impotente para alcançar tal eficácia".[329]

Prescreve o artigo 239 do Código de Processo Civil que, "para a validade do processo é indispensável a citação do réu, só servindo o comparecimento espontâneo para suprir a falta da citação, quando a partir deste comparecimento espontâneo o juízo abre textualmente o prazo para a apresentação da contestação" (CPC, art. 239, § 1.º),[330] aduzindo Humberto Theodoro Júnior: "Pensamos que, na atual concepção legal em que a união estável é tão protegida pelo direito como o próprio casamento (art. 1.723) e diante da autorização a que essa união possa ser estabelecida, eficazmente, por pessoa casada separada apenas de fato (art. 1.723, § 1.º), não há mais justificativa para manter o impedimento à prescrição entre os cônjuges que, de qualquer maneira, fizeram cessar a convivência matrimonial. Se, para formação de nova entidade familiar, a lei equipara a separação de fato à separação judicial não há razão para que o regime da prescrição seja diverso nas duas situações equivalentes. Em ambas terá ocorrido a extinção da 'constância da sociedade conjugal', de sorte que não terá lugar, em qualquer delas, a incidência da regra impeditiva da prescrição instituída pelo art. 197, I".[331]

Desse entendimento não destoa a jurisprudência do Superior Tribunal de Justiça, como por igual sucede no REsp 1.798.975/SP, julgado em 2 de abril de 2019, pela Terceira Turma, em voto da Ministra Nancy Andrighi assim ementado:

> Civil. Processual civil. Ação cautelar de arrolamento de bens posteriormente aditada para ação de divórcio e partilha de bens. Negativa de prestação jurisdicional e omissão. Inocorrência. Decisão interlocutória que fixa data da separação de fato do casal para fins de partilha. Recorribilidade imediata com base no art. 1.015, II, do CPC/15. Possibilidade. Questão que diz respeito ao mérito da controvérsia. Pretensão de partilha de bens que pressupõe a definição da data da separação, que a compõe de modo indissociável. Acórdão que, a despeito de não conhecer do agravo de instrumento, pronuncia-se sobre o mérito recursal. Necessidade de enfrentamento da tese de cerceamento de defesa. Afirmação da parte na petição inicial, quanto à data da separação de fato, que deve ser examinada em conjunto com as demais provas alegadamente produzidas e que não foram consideradas, prejudicado

---

[329] THEODORO JÚNIOR, Humberto. *Prescrição e decadência*. Rio de Janeiro: GEN/Forense, 2018. p. 144.

[330] No REsp 1.904.530/PE, a Segunda Turma do STJ entendeu que a manifestação da União no cumprimento de tutela antecipada não configurou comparecimento espontâneo ao processo, capaz de suprir a falta de citação para responder ao pedido principal da ação, eis que a União manifestou-se nos autos tão somente para informar que teria enviado ofício ao Ministério da Saúde para o cumprimento da decisão liminar e, posteriormente proferido despacho no juízo monocrático determinando a citação dos réus para responder a ação, o que não foi feito. Diante da ausência da necessária citação da União, a hipótese dos autos é peculiar, não havendo que se falar, in casu, na violação do art. 239, § 1º, do CPC/2015.

[331] THEODORO JÚNIOR, Humberto. *Prescrição e decadência*. Rio de Janeiro: GEN/Forense, 2018. p. 120.

o exame acerca do exato momento em que se configurou a separação. 1. Ação cautelar proposta em 29.04.016 e aditada em 24.06.2016. Recurso especial interposto em 06.11.2017 e atribuído à Relatora em 22.10.2018. 2. O propósito recursal consiste em definir: (i) se houve omissão relevante no acórdão recorrido; (ii) se cabe agravo de instrumento, com base no art. 1.015, II, do CPC/15, contra a decisão interlocutória que fixa a data da separação de fato do casal para efeitos da partilha dos bens; (iii) se houve cerceamento de defesa em razão de não terem sido consideradas as demais provas produzidas sobre a data da separação de fato; (iv) se há elementos fático-probatórios que demonstram que as partes conviveram como casadas após a data estipulada judicialmente. 3. Não há que se falar em omissão quando o acórdão que resolve os embargos de declaração, a despeito de rejeitá-los, efetivamente sana a eventual insuficiência de fundamentação havida no acórdão que não conheceu do agravo de instrumento. 4. O CPC/15 passou a admitir, expressamente, a possibilidade de serem proferidas decisões parciais de mérito, reconhecendo a possibilidade de pedidos cumulados ou de parcelas de pedidos suscetíveis de fracionamento estarem aptos para julgamento em momentos processuais distintos, seja porque sobre eles não existe controvérsia, seja porque sobre eles não há necessidade de mais aprofundada dilação probatória, com aptidão, em ambas as hipóteses, para a formação de coisa julgada material. 5. Na hipótese, a decisão que fixou a data da separação de fato do casal para fins de partilha de bens versa sobre o mérito do processo, na medida em que se refere a um diferente fragmento de um mesmo pedido e de um mesmo objeto litigioso – a partilha de bens das partes –, especialmente porque a pretensão de partilha de bens deduzida em juízo pressupõe a exata definição "do que" se partilha, o que somente se pode delimitar a partir do exame dos bens suscetíveis de divisão em um determinado lapso temporal. 6. O acórdão que, a despeito de não conhecer do agravo de instrumento, ingressa no mérito da questão controvertida e se pronuncia sobre o acerto da decisão proferida em 1.º grau, é suscetível de exame no âmbito do recurso especial, devendo, na hipótese, a afirmação da parte que sugere que a separação teria ocorrido em determinada data ser examinada em conjunto com as demais provas produzidas que sugerem a fixação de data distinta, dada a inegável repercussão que essa definição trará à partilha de bens. 7. Recurso especial conhecido e parcialmente provido, para determinar o retorno do processo ao TJSP para que seja julgado o mérito da questão controvertida não apenas com base na afirmação do recorrente, mas também a partir dos demais fatos e provas produzidas pelas partes.

A lei considera como objeto da prescrição a pretensão, e não o direito subjetivo, e essa pretensão condena a ação de partilha à completa paralisia, não podendo essa inércia ficar impune, assim pronunciando Humberto Theodor Júnior: "a mesma causa que justifica a prescrição antes do ajuizamento da ação volta a se manifestar frente ao abandono do feito a meio caminho. O processo, paralisado indefinidamente, equivale, incidentalmente, ao não exercício da pretensão e, por isso, justifica ao réu o manejo da exceção de prescrição, sem embargo de não ter se dado ainda a extinção do processo".[332]

Contudo, a partir do julgamento do REsp. 1.187.812/SP, em voto do Ministro Marco Buzzi, datado de 03 de setembro de 2024, pela Quarta Turma, por unanimidade, conclui o STJ que não existem limites temporais de prescrição ou decadência para a partilha dos bens conjugais ou convivenciais.[333]

---

[332] THEODORO JÚNIOR, Humberto. *Prescrição e decadência*. Rio de Janeiro: GEN/Forense, 2018. p. 173.

[333] "Recurso especial (Art. 105, inc. III, alínea *a*, da CRFB/88) – Ação de partilha – Ajuizamento posterior ao divórcio, conforme autorizado na deliberação judicial que o decreta – Tribunal de origem que, ao reformar a sentença que reconhecera a prescrição extintiva da pretensão (art. 269, inc. IV, do CPC/73). Determina o regular prosseguimento do feito. Insurgência da ré/ex-cônjuge. Hipótese: ação promovida pelo ex-cônjuge, a fim de concretizar a partilha do patrimônio amealhado na constância da sociedade

1.7.8 Reconciliação dos cônjuges ou conviventes

Diferente de outra época, na atualidade a reconciliação dos cônjuges é muito infrequente, senão praticamente inexistente, uma vez que raramente recorrem ao pleito da precedente separação judicial ou extrajudicial, optando diretamente pelo divórcio direto e objetivo, até porque, com o julgamento do Recurso Extraordinário 1.167.478/RJ, do Tema 1.053, pelo STF, desapareceu a figura da separação judicial ou extrajudicial. Ademais, casais divorciados não se reconciliam como faziam no passado, mas simplesmente casam de novo, se assim for o seu inevitável e irresistível desejo. Ao tempo da dualidade separatória, com a prévia separação judicial ou extrajudicial e o posterior pedido de conversão ao divórcio, existia e era corrente que casais podiam desistir da sua separação oficial enquanto não estivessem divorciados, e essa reconciliação procedia-se por mero requerimento endereçado ao juiz que decretou ou homologou a separação do casal e o casamento retomava seu curso, como se o casal nunca tivesse se separado. O problema dessas reconciliações é que elas serviam muitas vezes para a prática da fraude à meação daquele cônjuge que ainda estava encantado ou apaixonado pelo seu consorte e enxergava na reconciliação a esperança de efetiva continuação do casamento, mas que depois era surpreendido por uma nova ação separatória ou de divórcio, servindo-se o matreiro cônjuge para esvaziar sua meação recebida na primeira separação ou para usar o tempo da aparente reconciliação para validar os desvios dos bens que passou para terceiros aparentados ou amigos íntimos do cônjuge fraudador, geralmente desvirtuando economias que estavam em contas conjugais e que terminaram desaparecendo em manobra supostamente validada pelo fato de ter sido realizada na constância do matrimônio.

Um bom exemplo disso era o puro e simples esvaziamento ou a significativa redução das economias e aplicações financeiras conjugais, sobre as quais o outro cônjuge geralmente

---

conjugal – regida pela comunhão universal –, que não fora realizada por ocasião da ação de divórcio. Discussão acerca da configuração da prescrição extintiva da pretensão veiculada na exordial. 1. O divórcio caracteriza-se como direito potestativo dos cônjuges de romper a relação afetiva e o próprio vínculo matrimonial, independentemente de decurso de prazo ou qualquer outra condição impeditiva, a exemplo da prévia deliberação a respeito da divisão patrimonial, conforme expressamente autorizado pelo artigo 1.581 do Código Civil. 2. Decretado o divórcio, com a existência de bens, sem a realização da partilha, subsiste um acervo patrimonial, indiviso cuja natureza jurídica é objeto de controverso debate doutrinário e jurisprudencial. De fato, não há uniformidade em relação à definição do conjunto de bens integrantes do acervo partilhável após cessada a sociedade conjugal, isto é, se consiste (i) em estado de mancomunhão; ou (ii) instauração de um condomínio, nos termos do artigo 1.314 do Código Civil. 2.1 De outro lado, depreende-se consonância quanto ao fato de se tratar de um acervo patrimonial em cotitularidade ou em uma espécie de copropriedade atípica. Nesse contexto, abstraída a controvertida determinação de sua natureza jurídica ou seu *nomen iuris*, mormente no caso em tela, em que se cuida de um único imóvel, tendo sido o casamento regido pela comunhão universal, forçoso reconhecer a possibilidade de o ex-cônjuge, **a qualquer tempo**, requerer a sua cessação/extinção por meio da efetivação da partilha. 3. A partilha consubstancia direito potestativo dos ex-cônjuges relativamente à dissolução de uma universalidade de bens, independentemente da conduta ou vontade do outro sujeito integrante desta relação (sujeito passivo). 3.1 Ausente a configuração de prestação imputável a outra parte – dar, fazer, não fazer –, característica dos direitos subjetivos, não há falar em sujeição a prazos de prescrição. 3.2 O direito à partilha é, portanto, expressão do poder de modificar ou extinguir relações jurídicas por meio de uma declaração judicial, obtida a partir de uma ação de natureza constitutiva negativa (desconstitutiva), à qual a legislação pátria não comina prazo decadencial. 3.3 Na hipótese, inexistentes limites temporais (prescrição ou decadência), afigura-se correto o afastamento da prejudicial de mérito, com a determinação do regular prosseguimento do feito, no primeiro grau de jurisdição, âmbito no qual serão analisadas as demais teses defensivas. 4. Recurso especial desprovido".

nunca tem exato conhecimento da sua existência e quantificação. No entanto, se depois de revelado o valor mediante a quebra do sigilo bancário deferida judicialmente em uma partilha litigiosa, o consorte fraudador simplesmente respondia que os valores reclamados foram gastos na constância do casamento, ou criava falsas dívidas, simulando mútuos com seus parentes ou com seus amigos mais próximos, pessoas que jamais reclamariam a quitação de seus créditos porque sequer dispunham desses recursos ou porque estavam conscientes de que haviam participado deliberadamente desse *consilium fraudis*.

Praticamente desaparecido o instituto da separação judicial ou extrajudicial, o decreto direto do divórcio não mais oferece essa possibilidade do aparente arrependimento dos casais que retomaram na plenitude o seu enlace conjugal, pois, mesmo naqueles tempos de dualidade separatória, era pouco usual os casais se reconciliarem, salvo quando algum dos cônjuges estava realmente mal-intencionado, pois, caso contrário, era pífio o índice de sinceras reconciliações de casais desavindos e usualmente desgastados pelo tempo e pelas suas pessoais dissensões. Essa reconciliação servia como um período altamente suspeito para todo e qualquer movimento realizado geralmente pela iniciativa do cônjuge fraudador, que retomava o curso do casamento para esvaziar a meação do outro, tornando mais críveis e verossímeis as impugnações onerosas ou gratuitas que, em sua real essência, eram fraudulentas e haviam sido procedidas nesse período de suspeição, sem a anuência do consorte reconciliado, permitindo dessa forma buscar a restituição dos bens desviados, que resultaram na proposital e planejada insolvência de um patrimônio que deveria ser comum.

1.7.9 O abuso do direito na administração dos bens

Tanto o abuso do direito como a fraude e a simulação são condutas antijurídicas realizadas sob a aparência de legalidade, cujo exercício do ato aparece como legítimo enquanto provoca algum dano na ordem patrimonial de outra pessoa. Uma gestão fraudulenta ou abusiva de bens conjugais comuns consegue perfeitamente distorcer a composição das massas que representam a meação de cada cônjuge ou convivente, e assim sucede quando o marido, por exemplo, vem efetuando atos dispositivos sobre os bens comuns, sendo necessário tomar medidas inclusive preventivas que olhem para o futuro e para o perigo que corre o patrimônio conjugal, devendo o juiz, e a pedido do consorte prejudicado, adotar medidas preventivas para impedir a sua consecução, não somente depois que já se mostra até mesmo tarde, provocar a onerosa e nem sempre viável rescisão dos negócios jurídicos anteriormente celebrados, porquanto, como escreve José Luis Lacruz Berdejo, isso suporia um sacrifício sistemático dos interesses da mulher e não compensado por outras vantagens práticas que não permitam interromper uma situação que traz perigo para os interesses de sua meação.[334]

Não é diferente no caso de perda ou deterioração abusiva dos bens pertencentes aos filhos, respondendo seus pais pelos prejuízos sofridos diante do exercício abusivo do poder familiar, estabelecendo o artigo 1.637 do Código Civil brasileiro cometer ao juiz adotar a medida que lhe pareça mais adequada para segurança dos haveres do menor, obviamente incluso em provimento liminar, ao passo que o artigo 1.390 do Código Civil espanhol estabelece que, se como consequência de um ato de administração ou de disposição levado a efeito por um só dos cônjuges, obtido ele um benefício ou lucro exclusivo e ocasionado dolosamente um dano à sociedade conjugal, dela será devedor ainda que o ato não tenha sido impugnado pelo outro consorte.

---

[334] BERDEJO, José Luis Lacruz. *Derecho de familia. El matrimonio y su economía.* Navarra: Thomson Reuters/Aranzadi, 2011. p. 546.

A administração só será considerada abusiva quando produzir algum dano que viola a imutabilidade das meações, como sucede, por exemplo, quando o consorte administrador usa dinheiro conjugal para reformar, construir e valorizar benfeitorias sobre seus bens particulares e incomunicáveis, assim como abusa conjuntamente dos seus direitos aquele casal que simula seu divórcio e a partilha dos bens que são deslocados para o acervo particular de um dos consortes, com o propósito de fraudar direitos materiais ao subtraírem do acervo do devedor os bens que garantiam os créditos de terceiros, mesmo que assim tenham agido para proteção e subsistência do conjunto familiar que se encontrava ameaçado diante do insucesso econômico do provedor conjugal.[335]

Conforme Paulo Luiz Netto Lôbo e Fabíola Albuquerque Lôbo, a administração dos bens comuns é atributo de ambos os cônjuges, embora excepcionalmente ela possa ser atribuída a um deles, mas se esse administrador malversar os bens com uma administração ruinosa ou de disposição fraudulenta de bens, perderá em benefício do outro cônjuge a administração (CC, art. 1.663, § 3.º), além de responder com seu patrimônio particular.[336] Concluem os mesmos autores ser possível cogitar da regra do abuso do direito para culpar o cônjuge responsável pela má gestão dos bens comuns e privativos, diante de um exercício abusivo de um consorte que extrapolou com seus atos de má administração a proteção que dele era esperada com relação ao patrimônio e aos interesses familiares comuns.[337]

Antes do advento da teoria da cessação dos efeitos jurídicos do casamento com a separação de fato ou de corpos, ao tempo em que vigiam em sua plenitude os atos culposos da separação litigiosa, previstos nos incisos do artigo 1.571 e nos artigos 1.575 e 1.576 do Código Civil brasileiro,[338] também era uma época na qual somente o consorte inocente podia promover a ação de separação judicial. Assim, valendo-se dessa vantagem, o cônjuge inocente deixava de promover a ação de separação judicial, porque, seguindo ele formalmente casado, embora separado de fato, permanecia como meeiro dos bens comprados no curso da separação de fato pelo cônjuge culpado e assim se beneficiava injustamente com as riquezas construídas em um casamento meramente formal, mas com corpos física e emocionalmente separados.

Com o surgimento do divórcio sem causa, essa prática abusiva de não permitir o acesso ao processo de separação ou de divórcio ao cônjuge culpado perdeu seu sentido, na medida em que qualquer consorte agora poderia desencadear a ação de dissolução unilateral da sociedade conjugal com o divórcio direto e sem causa. Melhor do que isso, basta a simples existência de uma precedente separação de fato para dar termo final à comunicação dos bens.[339]

---

[335] COSTA, María Josefa Méndez. *Los principios jurídicos en las relaciones de familia*. Buenos Aires: Rubinzal-Culzoni, 2006. p. 415.

[336] LÔBO, Paulo Luiz Netto; LÔBO, Fabíola Albuquerque. A responsabilidade civil do cônjuge pela má gestão dos bens comuns e privativos. *In*: MADALENO, Rolf; BARBOSA, Eduardo (coord.). *Responsabilidade civil no direito de família*. São Paulo: Atlas, 2015. p. 352.

[337] LÔBO, Paulo Luiz Netto; LÔBO, Fabíola Albuquerque. A responsabilidade civil do cônjuge pela má gestão dos bens comuns e privativos. *In*: MADALENO, Rolf; BARBOSA, Eduardo (coord.). *Responsabilidade civil no direito de família*. São Paulo: Atlas, 2015. p. 356.

[338] Código Civil do Brasil. "Art. 1.571. A sociedade conjugal termina: I – pela morte de um dos cônjuges; II – pela nulidade ou anulação do casamento; III – pela separação judicial; IV – pelo divórcio.
Art. 1.575. A sentença de separação judicial importa a separação de corpos e a partilha de bens.
Art. 1.576. A separação judicial põe termo aos deveres de coabitação e fidelidade recíproca e ao regime de bens."

[339] MADALENO, Rolf. Efeito patrimonial da separação de fato. *In*: MADALENO, Rolf. *Direito de família*. Aspectos polêmicos. Porto Alegre: Livraria do Advogado, 1998. p. 99-112.

Também é abusiva a negativa injustificada de um dos cônjuges em prestar o seu assentimento para a venda de um bem comum, forçando o consorte a promover uma ação de suprimento de outorga, caso a venda não for perdida em razão dos embaraços causados pelo cônjuge relutante e a natural desistência do potencial comprador. Age com excesso o cônjuge que extrapola pelos seus gastos no cartão de crédito no qual figura como dependente do titular, realizando compras supérfluas ou excessivas para onerar o consorte em tempos de crise conjugal, o que caracteriza a figura do abuso que está no ato de causar propositalmente um dano financeiro.

Na esfera da administração dos bens conjugais, viola seus deveres o consorte que abusa dos poderes que seu cônjuge lhe confiou com a outorga de uma procuração, em cujas circunstâncias o abuso assume um caráter de negócio jurídico, como a venda ou a locação de bens e a confissão de dívida; ou com a cessão de crédito, ou qualquer ato que se revista da mesma quebra de confiança daquele que maneja o patrimônio do outorgante em seu próprio benefício e assim aumenta o passivo do patrimônio que lhe foi confiado. Rompe com seu dever de cuidado inerente ao mandato outorgado, especialmente no âmbito conjugal, no qual impera e deflui uma confiança cega entre os cônjuges ou conviventes, pois pensam, confiam e acreditam piamente que suas ações sempre tencionam a salvaguarda dos interesses materiais dos interesses econômicos que deveriam ser comuns.

É igualmente abusivo o ato de abandono, destruição ou de inutilização dos bens e valores entregues pelo consorte para a administração do outro parceiro, ou daquele cônjuge ou companheiro que se desvia do seu dever e se utiliza de forma irregular, em seu próprio proveito, dos investimentos que lhe foram confiados pelo companheiro ou cônjuge, à semelhança do abuso que pratica um advogado que emprega o dinheiro de seu cliente de maneira contrária às instruções recebidas.[340]

1.7.10 Tutelas provisórias de preservação dos bens

O coração ferido e magoado pelos desencontros e pelas fissuras afetivas tem reações que, embora não possam ser qualificadas como inesperadas, deveriam ser evitadas, senão pela intempestiva e irada ação de um dos parceiros que se encontra na posse e na administração dos bens comuns e que, por seus impulsos de vingança e de pura descarga da sua raiva, não pensa duas vezes quando pratica algum ato que vise a prejudicar a meação ou os direitos materiais de seu consorte ou convivente, pois, como assevera Rodrigo da Cunha Pereira, as relações de afeto, quando transformadas em desafetos, trazem uma forte carga emocional,[341] transportando os casais do recesso de suas casas e da privacidade de suas relações para as barras dos tribunais com processos de divórcio ou de dissolução de uniões estáveis, não raras vezes antecipadas ou até mesmo cumulando tutelas provisórias de urgência e de evidência.

Desde a Emenda Constitucional 66/2010 que os processos de separação dos casais perderam seu espaço de elevada carga de litigiosidade, o que não significa que pares amargurados não sigam encontrando e pondo em prática seus instrumentos pessoais de vingança e de exteriorização do ódio que vivenciam como reação ao indesejado descarte afetivo surgido com o fim do relacionamento conjugal ou convivencial. Uma das técnicas mais comuns consiste no ato de esvaziar, fraudar, destruir, ocultar, vender, subtrair, lesar, dilapidar ou de alguma

---

[340] CARRERA, Daniel Pablo. *Administración fraudulenta.* Deslealtad de resguardadores de patrimonio ajeno. Buenos Aires: Astrea, 2002. p. 108-115.

[341] PEREIRA, Rodrigo da Cunha. *Direito das famílias.* Rio de Janeiro: GEN/Forense, 2020. p. 331.

forma danar os direitos patrimoniais da meação do outro cônjuge ou convivente, bem como prejudicar o seu eventual crédito alimentar, sabendo esse consorte manipulador que o manejo do dinheiro e o controle dos recursos financeiros geram posições favoráveis durante a longa caminhada que muitas vezes representa oficializar judicial e litigiosamente a extinção do casamento ou da união estável com uma decisão judicial que, do ponto de vista econômico, decrete a partilha mais integral possível dos bens comuns e fixe o parâmetro mais real do direito alimentar.

Não é por outro motivo que Priscila M. P. Corrêa da Fonseca escreve que o juiz sempre poderá conceder a tutela de urgência (CPC, art. 300) quando houver elementos que evidenciem a probabilidade do direito e o perigo de dano ou o risco ao resultado útil do processo, e que a tutela de urgência de natureza cautelar pode ser efetivada mediante arresto, sequestro, arrolamento de bens, registro de protesto contra alienação de bem ou qualquer outra medida idônea para asseguração do direito (CPC, art. 301), e alerta que essas medidas de urgência de natureza cautelar são de grande valia para solucionar as diversas contendas que surgem com a dissolução das relações afetivas conjugais e convivenciais,[342] pois se prestam tais medidas para garantir os direitos do cônjuge ou convivente que não detém a titularidade oficial do bem e assim logra manter o patrimônio comum seguro até a liquidação dos bens, inclusive nos regimes de separação de bens, pois pode um dos consortes ter outorgado procuração para que o outro administrasse ou dispusesse dos seus bens.[343]

O Código de Processo Civil de 2015 eliminou o instituto das medidas cautelares típicas previstas no Código de Processo Civil de 1973, e diz Rodrigo da Cunha Pereira que, no âmbito do direito de família, eram previstas medidas cautelares de separação de corpos, de arrolamento de bens e o bloqueio de bens comunicáveis, mas que são medidas liminares que podem ser requeridas diretamente no processo comum de divórcio ou de dissolução de união estável, conforme artigos 294 a 299 do vigente Código de Processo Civil, como tutelas provisórias, entendendo se tratar de liminares satisfativas.[344]

A tutela de urgência pode ser concedida em caráter *antecipado* ou *cautelar*, e, para conceder a tutela de urgência *antecipada*, tende haver elementos que evidenciem a probabilidade do direito e o perigo de dano e risco de resultado útil ao processo (CPC, art. 300). Assim, o juiz pode, conforme o caso, exigir caução real ou fidejussória idônea para ressarcir os danos que a outra parte possa vir a sofrer, podendo a caução ser dispensada se a parte economicamente hipossuficiente não puder oferecê-la (§ 1.º); a tutela de urgência pode ser concedida liminarmente ou após justificação prévia (§ 2.º); e a tutela de urgência de natureza antecipada não será concedida quando houver perigo de irreversibilidade dos efeitos da decisão (§ 3.º).

A tutela de urgência de natureza *cautelar* pode ser efetivada mediante arresto, sequestro, arrolamento de bens, registro de protesto contra alienação de bem e qualquer outra medida idônea para asseguração do direito (CPC, art. 301), e tem como objeto salvaguardar a integridade do patrimônio correspondente ao cônjuge requerente da medida, evitando alienações prejudiciais, o desaparecimento ou a ocultação de bens e a eventual insolvência do cônjuge devedor.

---

[342] FONSECA, Priscila M. P. Corrêa da. *Manual do planejamento patrimonial das relações afetivas e sucessórias.* São Paulo: Thomson Reuters/RT, 2018. p. 88.

[343] LLOVERAS, Néstor L. *Extinción y liquidación de la comunidad matrimonial de bienes.* Buenos Aires: Hammurabi. 2020. p. 89.

[344] PEREIRA, Rodrigo da Cunha. *Direito das famílias.* Rio de Janeiro: GEN/Forense, 2020. p. 333.

As tutelas liminares no direito de família podem ser de natureza pessoal, com respeito à guarda e convivência com os filhos comuns, à separação de corpos dos cônjuges ou conviventes, ou visando à tutela patrimonial. Entre as diversas hipóteses, muitas das medidas estão baseadas na proteção dos bens que compõem o acervo matrimonial, diante do risco de um dos cônjuges obrar no propósito de causar alguma lesão material à meação de seu parceiro, pois, toda vez que as crises pelas quais um casamento pode passar, existe uma induvidosa repercussão sobre os bens que devem ser partilhados com a dissolução da sociedade conjugal, já que é frequente que, com o conflito pessoal, surja a intenção de algum dos cônjuges prejudicar o outro em seu direito à meação e, por isso, podem requerer diferentes medidas liminares de proteção de seu patrimônio, que deverão ser criteriosamente analisadas pelo julgador, servindo para um bom reflexo no espelho do resultado útil do processo as medidas provisionais do direito argentino, cujo artigo 722 do CCC prescreve que antes da ação de nulidade ou de divórcio, em caso de urgência, a pedido da parte, o juiz deve dispor as medidas de segurança para evitar que a administração ou a disposição dos bens por um dos cônjuges possa colocar em perigo, fazer incertos ou defraudar os direitos patrimoniais do outro, em qualquer que seja o regime patrimonial do casamento, como também pode ordenar medidas tendentes a individualizar a existência de bens ou direitos dos quais os consortes sejam titulares, explicando Gonzalo Imas, que neste contexto, possam ser instrumentados todos os tipos de medidas que tendam a resguardar o patrimônio matrimonial, como a inibição geral de bens, embargos, proibição de contratar, substituição da administração, sequestro, intervenção em fundos de comércio ou em sociedades das quais um dos cônjuges integre o quadro social, depósitos, para desta forma evitar o desaparecimento dos bens e a eventual insolvência do cônjuge devedor.[345]

A tutela de *evidência* será concedida, independentemente da demonstração de perigo de dano ou de risco ao resultado útil do processo, quando (CPC, art.311): (I) ficar caracterizado o abuso do direito de defesa ou o manifesto propósito protelatório da parte; (II) as alegações de fato puderem ser comprovadas apenas documentalmente e houver tese firmada em julgamento de casos repetitivos ou em súmula vinculante; (III) se tratar de pedido reipersecutório fundado em prova documental adequada do contrato de depósito, caso em que será decretada a ordem de entrega do objeto custodiado, sob cominação de multa; (IV) a petição inicial for instruída com prova documental suficiente dos fatos constitutivos do direito do autor, a que o réu não oponha prova capaz de gerar dúvida razoável; nas hipóteses dos incisos II e III o juiz poderá decidir liminarmente (parágrafo único).

1.7.10.1 Aspectos gerais

Os processos judiciais são naturalmente demorados e descabe neste espaço decifrar as causas e prospectar eventuais soluções, importando registrar que entre o ingresso de um divórcio até a partilha com a efetiva liquidação dos bens conjugais, e o mesmo pode ser estendido às demandas de dissolução de união estável, os trâmites e o fim dos processos, parecem às partes, se fazem intermináveis, e, se forem interpostos recursos destinados aos tribunais superiores estaduais e federais, podem transcorrer muitos anos e com eles as angústias por que passam os jurisdicionados, com maior inquietação quando dizem respeito aos processos de família, cujos provimentos liminares servem, quando devidamente

---

[345] IMAS, Gonzalo. *Código civil y comercial explica. Derecho de familia.* Buenos Aires: Rubinzal-Culzoni. Directora HERRERA, Marisa. Director general LORENZETTI, Ricardo Luis. t. II. 2019. p. 469-470.

deferidos, como válvula de escape das naturais aflições vivenciadas sobremodo por aqueles que não se encontram na posse dos bens conjugais ou que dependem dos mais variados provimentos cautelares que se espraiam por todos os aspectos patrimoniais e pessoais e que transitam por suas vidas afetivas.

Para amenizar essa espera por alimentos, calham medidas preventivas como separação de corpos, guarda e convivência com os filhos, entrega de bens ou sua preservação, cautela do arrolamento para que não sejam desviados ou dilapidados bens, ou até mesmo uma medida cautelar de apuração de haveres, como já decidiu o Tribunal de Justiça de Santa Catarina.[346] Tutelas de urgências podem ter por objeto pessoas, coisas ou provas e precisam ser antecipadamente deferidas, quase que por direito natural na esfera da vida familiar, que sempre carrega sensíveis valores e de grande significado emocional, às vezes de cunho material ou pessoal,

---

[346] "Apelações cíveis. Ações de divórcio e partilha conexas. Sentença de parcial procedência de ambas. Recursos pela virago e pelo varão. I – Preliminar. Justiça gratuita. Pedido de manutenção formulado pela virago. Benesse restabelecida. Recolhimento das custas e despesas processuais após a ultimação da partilha, consoante determinado ao tempo da concessão do benefício. II – Alimentos ditos 'compensatórios'. Revogação pela decisão terminativa. Pretensão de restabelecimento do encargo até efetivação da partilha. Cabimento. Alimentos fixados à vista da administração exclusiva, pelo varão, de bem comum que rende frutos (sociedade empresária). Alimentos provisórios (art. 4.º, parágrafo único, da Lei de Alimentos) e, não, compensatórios. Direito fundado na existência de copropriedade acerca das quotas sociais e rendimentos da empresa. Obrigação que persiste até cessar, efetivamente, o estado de condomínio e, não, até a deliberação acerca da partilha. Precedentes. Apelo da virago provido no ponto. III – Compensação dos alimentos com a meação da virago. Possibilidade com relação aos lucros auferidos no período da administração exclusiva. Verbas de caráter indenizatório e, não, alimentar, pagas a título de antecipação da partilha que autorizam a compensação. Recurso do varão provido por fundamento diverso. IV – Exigibilidade imediata do valor concernente à metade das quotas sociais da empresa (99%) pertencentes ao varão. Possibilidade com temperamentos. Importância econômica das quotas (apuração de haveres) devidamente calculada em cautelar de arrolamento, mediante perícia judicial. Fraude à meação largamente evidenciada nos autos. Esvaziamento patrimonial da sociedade empresária dolosamente provocado com a transferência do acervo para outra empresa constituída em nome de 'laranjas' e com o mesmo objeto social. Típica sucessão empresarial. Aplicação pontual da *disregard doctrine* para garantir à meeira o direito de indenização sobre as quotas, ao largo do previsto no art. 1.027 do CC/02. Apelo da virago parcialmente provido no tópico. V – Partilha de dívidas pessoais. Cabimento. Responsabilização pelas dívidas contraídas pela pessoa jurídica. Impossibilidade. Desconsideração apenas episódica da personalidade da empresa. Manutenção da independência patrimonial com relação às demais obrigações. Apelo da virago provido no ponto. VI – Alugueres oriundos de bem comum. Prova dos autos que remonta ao ano de 2011 e revela que quem está na posse e administração do imóvel é o varão. Percebimento de alugueres repassados à virago. Importância que se comunica e deve ser deduzida da sua meação. VII – Partilha de lancha. Bem comum que permaneceu na posse exclusiva do varão. Partilha devida. Depreciação manifesta. Indenização do equivalente à metade do seu valor de avaliação, ao tempo da separação de fato. Devida à meação da virago. Apelo do varão parcialmente provido no ponto. VIII – Sucumbência. Revisão. Parcela controversa do litígio. Alimentos e quotas sociais – em relação à qual o varão decaiu em maior extensão. Redistribuição operada. Honorários fixados dentro do mínimo e máximo legal, de acordo com o art. 85, § 2.º, do CPC. Regra processual de aplicação ordinária. Apelo da virago provido no ponto. IX – Litigância de má-fé. Prática manifesta por parte do varão. Alteração inconcebível da verdade dos fatos e utilização do processo para objetivo ilegal (fraude à meação). Cominação das penalidades do art. 80 e seguintes do CPC. Apelos conhecidos e parcialmente providos" (TJSC, 1.ª Câmara de Direito Civil, Apelação Cível 0003326-70.2011.8.24.0023 e Apelação Cível 0008173-18.2011.8.24.0023, Rel. Des. Jorge Luís Costa Beber, j. 26.07.2018).

Cap. 1 • REGIME DE BENS | **159**

mas vinculadas à realização de necessidades do ser humano, a exigir no plano processual uma pronta resposta da jurisdição.[347]

No caso de tutela *antecipada* antecedente, não há contestação do pedido de tutela, que é concedido ou negado após exame da petição inicial em que foi requerida, enquanto na tutela *cautelar* antecedente, somente quando efetivada a tutela cautelar é que o autor terá o ônus de apresentar o pedido principal e a causa de pedir,[348] embora nada impeça que faça um pedido cumulado da tutela cautelar no bojo da ação principal, visto que ambas se fundem em perigo. A tutela de *evidência*, por sua vez, independe da *demonstração de perigo de dano ou de risco ao resultado útil do processo*, mas é técnica de tutela jurisdicional destinada a viabilizar a distribuição do ônus do tempo do processo.[349]

Segundo Lúcio Grassi de Gouveia, o legislador dividiu a *tutela de urgência* entre cautelar ou satisfativa e a tutela de evidência, não sendo pressuposto para a concessão da tutela de evidência a existência de *periculum in mora*, ou do perigo de dano iminente e irreparável, e tem em vista, em realidade, evitar o custo da demora do cumprimento do tempo do processo.[350]

1.7.10.2 Requisitos

A tutela requerida em caráter antecipado ou *cautelar* tem como requisitos a *fumaça do bom direito* e a *urgência*, que impedem possa ser aguardada a citação com a resposta do réu ou que a parte indócil e temerária pelos danos que possa sofrer consiga esperar muito tempo ou o tempo da citação e da apresentação da defesa, pois teme, razoavelmente, que o demandado possa ser efetivamente capaz de frustrar o cumprimento da tutela postulada, ficando, dessarte, postergado o contraditório para depois da concessão da tutela de urgência. As medidas preventivas propostas antes do juízo de divórcio ou de dissolução da união estável são as mesmas que podem ser decretadas durante o andamento desses processos, mas o grande receio é justamente de que, por haver esperado muito tempo, elas fiquem esvaziadas porque bens terminam sendo desviados ou alienados, ou que as cautelas preventivas de natureza pessoal tenham sido frustradas porque os atos temidos terminaram sendo executados.

A realidade é que essas tutelas de urgência e mesmo as de evidência são muito frequentes e corriqueiramente promovidas em ações familistas e têm grande utilidade no âmbito do direito de família e até mesmo no direito das sucessões, em seara de divórcios, dissoluções de vínculos afetivos, partilhas de bens e alimentos, cujos processos sempre deixam fortes marcas de mágoas e de ressentimentos, oriundos de uma silenciosa ou por vezes bastante ruidosa contrariedade surgida da indesejada dissensão. Quando as medidas são requeridas como antecipação do teor das ações de família, elas buscam assegurar preventivamente esses direitos de cunho pessoal ou patrimonial e seus requerimentos devem conter uma razoável prova do perigo de dano ou do risco de resultado útil ao processo pela demora na sua concessão (tutela de urgência), ou quando objetivam atender à eficiência essencial ao funcionamento da

---

[347] OLIVEIRA, Carlos Alberto Alvaro de. *A tutela de urgência e o direito de família*. São Paulo: Saraiva, 1998. p. 1.

[348] MARINONI, Luiz Guilherme. *Tutela de urgência e tutela de evidência*. Soluções processuais diante do tempo da justiça. São Paulo: Thomson Reuters/RT, 2017. p. 251.

[349] MARINONI, Luiz Guilherme. *Tutela de urgência e tutela de evidência*. Soluções processuais diante do tempo da justiça. São Paulo: Thomson Reuters/RT, 2017. p. 276.

[350] GOUVEIA, Lúcio Grassi de. *Comentários ao Código de Processo Civil*. Coordenação Angélica Arruda Alvim, Araken de Assis, Eduardo Arruda Alvim e George Salomão Leite. São Paulo: Saraiva, 2016. p. 404.

jurisdição e evitar o custo da demora, antecipando os efeitos mandamentais ou executivos da tutela final, quando presente o direito evidente (tutela de evidência).[351]

A tutela de urgência pode ser concedida liminarmente ou após justificação prévia e a tutela de natureza antecipada não será concedida quando houver perigo de irreversibilidade dos efeitos da decisão, ao passo que a tutela de urgência de natureza cautelar desafia o artigo 301 do Código de Processo Civil, com uma nominata de medidas típicas de larga utilidade no direito de família e como medidas de tutela *patrimonial.*

As tutelas liminares de urgência pressupõem para o seu deferimento uma prova sumária da verossimilhança do direito, o perigo pela demora, com circunstancial contraprestação como contracautela, mas que geralmente não são exigidas em processos de família, uma vez que essa verossimilhança do direito invocado, na maioria dos casos, encontra-se ínsita na própria natureza do pedido de uma ação de família, como igual sucede com relação à prova do perigo pela demora, pois as demandas de família já criam por si mesmas o perigo pela demora, não sendo concedidas apenas quando recaem fundadas dúvidas sobre a procedência do pedido, ou quando podem derivar da medida liminarmente deferida prejuízos extremos ao próprio cônjuge ou a terceiros, quando, por exemplo, é requerida a nomeação de um interventor em uma sociedade empresária integrada por outros sócios alheios ao processo.[352]

Cumpre ao julgador avaliar o teor, o impacto e os efeitos resultantes da tutela de urgência requerida, verificando se ela se encontra justificada e cuidando para que não seja exercida de forma abusiva, causando inúteis prejuízos, que nada mais representam do que um instrumento processual de perseguição, pressão, intimidação ou sendo simplesmente utilizadas para hostilizar ou até extorquir o outro cônjuge ou convivente no desenvolvimento normal de suas atividades.[353]

1.7.10.3 Inibição geral de bens

Entre muitas das tutelas de urgência patrimoniais estão a da *inibição geral de bens* e a do *protesto contra a alienação ou disposição de bens*, que guardam certa semelhança e que também servem de alerta para que terceiros incautos ou não deixem de alegar desconhecimento, em razão da devida publicidade por meio também de editais publicados em jornais de grande circulação.

Conforme Humberto Theodoro Júnior, o protesto contra a alienação de bens tem como finalidade: "(a) prevenir responsabilidades, como, por exemplo, o engenheiro que elaborou projeto e nota que o construtor não está seguindo seu plano técnico; (b) prover a conservação de seus direitos, como no caso de protesto interruptivo de prescrição; (c) prover a ressalva de seus direitos, como no caso do protesto contra a alienação de bens, que possa reduzir o alienante à insolvência e deixar o credor sem meios de executar seu crédito".[354]

O registro de protesto contra a alienação de bens não implica a apreensão de qualquer coisa, mas se constitui uma advertência judicial dirigida a terceiros que são alertados de que certos bens podem estar sujeitos à responsabilidade patrimonial de eventual comprador,

---

[351] GOUVEIA, Lúcio Grassi de. *Comentários ao Código de Processo Civil.* Coordenação Angélica Arruda Alvim, Araken de Assis, Eduardo Arruda Alvim e George Salomão Leite. São Paulo: Saraiva, 2016. p. 404.

[352] GUAHNON, Silvia V. *Medidas cautelares en el derecho de familia.* 2. ed. Buenos Aires: La Rocca, 2011. p. 134.

[353] GUAHNON, Silvia V. *Medidas cautelares en el derecho de familia.* 2. ed. Buenos Aires: La Rocca, 2011. p. 135.

[354] THEODORO JÚNIOR, Humberto. *Curso de direito processual civil.* 56. ed. Rio de Janeiro: GEN/Forense, 2015. v. I, p. 696.

tendo a finalidade de neutralizar o *periculum in mora* que se apresenta e, com isso, resguardar a eficiência do processo de conhecimento ou de cumprimento de sentença.[355]

As duas tutelas de urgência de natureza cautelar têm pertinência quando, desconhecendo o cônjuge ou convivente o rol de bens comuns, pode requerer a inibição geral de vender ou gravar os bens comuns e, se porventura o réu desobedecer ao provimento liminar concedido, o ato de alienação ou de gravame do bem ficará sem efeito.

Ainda tem a escolha do protesto contra a alienação ou gravame de bens comuns, tendo ambas as medidas trânsito exatamente pela falta de conhecimento exato do rol de bens do demandado, para que, de posse de uma informação ou inventário preciso, possa propor o embargo pontual do patrimônio que seria claramente individualizado. Por outro lado, pode-se optar pela mesma inibição porque o conhecimento da existência e localização dos bens comuns é insuficiente, ou até mesmo diante da possibilidade de que existam outros bens que não sejam do conhecimento do requerente da medida, a qual será efetivada mediante a anotação nos registros correspondentes, via ofícios judiciais ou restrições ordenadas diretamente pelo magistrado para os registros de imóveis, para bancos, instituições financeiras, corretoras de valores mobiliários, capitania dos portos, departamentos de trânsito, registros de propriedade de aeronaves na Agência Nacional de Aviação Civil (ANAC). Nesta, inclusive, qualquer interessado poderá consultar diretamente na base de dados do Registro Aeronáutico Brasileiro (RAB) para saber se qualquer pessoa é proprietária de alguma aeronave, cooperativas rurais onde se encontrem depositadas sacas de grãos colhidos, juntas comerciais etc. Assegura-se, dessarte, uma futura liquidação da partilha dos bens comuns e impedindo que o demandado se desprenda ou grave os móveis e imóveis registráveis, produzindo a medida seus efeitos a partir da anotação da ordem de inibição, salvo se com anterioridade tenha sido transmitido o domínio do bem, muito embora bens imóveis reclamem o assentimento conjugal, o mesmo não sucede com relação aos bens comuns oriundos de uma união estável.

Trata-se de um embargo preventivo proposto para assegurar a sua eventual partilha futura, limitando a faculdade de disposição e gozo do bem enquanto tramita o divórcio, ou a ação de dissolução de união estável e de partilha de bens, podendo ser embargada qualquer coisa móvel. Aqui também incluídas joias, obras de arte, entre quadros ou esculturas, indenizações devidas por rescisão contratual, créditos de ações judiciais, sobre cujos bens o julgador convém que nomeie um depositário, ao qual confia a guarda da coisa, que pode ser o próprio cônjuge possuidor e proprietário do bem, uma instituição bancária ou financeira, a corretora de valores onde estão custodiadas as ações, ou uma terceira pessoa se parecer ao juiz mais seguro e conveniente; os imóveis comuns e, por vezes, os particulares do consorte demandado, mas nesse caso com maior prudência, plenamente factível quando visa a garantir ou a compensar algum crédito com bens que já foram desviados ou que se encontram situados no exterior; os fundos depositados em entidades bancárias ou que se encontram em poder do cônjuge ou convivente demandado; créditos trabalhistas, o fundo de garantia, carteira de ações em custódia de uma corretora, sendo usual limitar a inibição a cinquenta por cento dos valores, cujo percentual deve corresponder à meação do requerente, sem criar dificuldades desnecessárias e sem afetar a disponibilidade que corresponde ao montante partilhável do meeiro embargado.

Ademais, o Conselho Nacional de Justiça editou o Provimento 39/2014, que dispõe sobre a instituição e o funcionamento da Central Nacional de Indisponibilidade de Bens (CNIB) destinada a recepcionar comunicações de indisponibilidade de bens imóveis não

---

[355] MACHADO, Antônio Cláudio da Costa. *Tutela provisória*. São Paulo: Malheiros, 2017. p. 50.

individualizados. Tal Central funciona no Portal publicado sob o domínio www.indisponibilidade.org.br, desenvolvido, mantido e operado pela Associação dos Registradores Imobiliários de São Paulo (ARISP), com a cooperação do Instituto de Registro Imobiliário do Brasil (IRIB) e sob o acompanhamento e a fiscalização da Corregedoria Nacional da Justiça das Corregedorias-Gerais da Justiça e das Corregedorias Permanentes.

Em conformidade com o artigo 5.º do Provimento CNJ 39/2014, as indisponibilidades de bens estabelecidas por magistrados serão imediatamente cadastradas na CNIB, salvo para o fim específico de indisponibilidade relativa a imóvel certo e determinado, hipótese em que a ordem será enviada diretamente à serventia competente para a averbação, com a indicação do nome e do CPF do titular do domínio ou outros direitos reais atingidos, bem como o endereço do imóvel com o número da respectiva matrícula. Tal medida alcançada pelo Provimento 39/2014 assegura a efetividade do processo, porquanto visa a localização de bens em todo o território nacional, não se prestando para a mera penhora quando são conhecidos os imóveis, e sua restrição de indisponibilidade pode e deve ser efetivada diretamente no ofício imobiliário. A CNIB é uma central de dados capaz de promover a busca de bens do devedor em todo o território nacional, bem como comunicar aos agentes de registros públicos que houve decretação judicial de indisponibilidade de bens do devedor,[356] permitindo a localização de bens e sua indisponibilidade, inclusive sobre futuros bens adquiridos pelo devedor.[357]

1.7.10.4 Arrolamento de bens

Quanto ao arrolamento de bens, explica Priscila M. P. Corrêa da Fonseca que essa medida será judicialmente implementada sempre que houver fundado receio de extravio ou dissipação de bens, o que se dá mediante a constrição do bem (CPC, art. 301), ou mesmo ainda

---

[356] "Execução. Sistema Renajud. Dever de colaboração com o Poder Judiciário e incidência do princípio de cooperação. Exequente que já tentou outros meios de localização de bens, porém sem êxito. Arts. 139, II, 378 e 380, I do CPC/2015. Considerando a necessidade e a utilidade da medida, impõe-se o deferimento do pedido. Pedido de restrição de veículos pelo sistema Tenajud. Admissibilidade. Agravante que não alcançará o desiderato sem a intervenção do Poder Judiciário. Recurso provido neste tópico. Requerimento de inclusão do nome do executado nos órgãos de proteção ao crédito. Sistema Serasajud. Possibilidade. O art. 782, § 3.º, do CPC/2015 prevê expressamente a possibilidade de o credor requerer a inclusão do nome do devedor no cadastro de proteção ao crédito, como meio coercitivo para dar maior efetividade à execução. Demonstrada a viabilidade e a utilidade do pleito do credor, ora agravante, é caso de se deferir o pedido via Serasajud. Recurso provido neste tópico. Central Nacional de Indisponibilidade de Bens (CNIB), Sistema validamente previsto e regulado pelo Provimento 39/2014 da Corregedoria Nacional de Justiça. Medida que viabiliza não somente a localização de imóveis eventualmente registrados em comarcas distantes e de inviável consulta pelo exequente, mas também acautela direito futuro, relativamente a outros que o executado vier a adquirir, e em cuja matrícula ficará constando o respectivo registro diligência. Efetividade da tutela jurisdicional. Decreto de indisponibilidade e respectivo registro que se mostra devido. Recurso provido neste tópico" (TJSP, 23.ª Câmara de Direito Privado, Agravo de Instrumento 2170999-25.2018.8.26.0000, Rel. Sérgio Shimura, j. 10.10.2018).

[357] "Agravo de instrumento. Ação ordinária de cobrança. Cumprimento de sentença. Pedido formulado pela credora para inscrição do nome da executada no cadastro de inadimplentes, via Serasajud, bem como inscrição no Cadastro Nacional de Indisponibilidade de Bens – CNIB. Admissibilidade. Executado que não pagou o débito nem indicou bens passíveis de penhora. Tentativas de localização de bens que resultaram infrutíferas. Decisão reformada. Recurso provido" (TJSP, 37.ª Câmara de Direito Privado, Agravo de Instrumento 2192409-42.2018.8.26.0000, Rel. Sérgio Gomes, j. 27.09.2018).

apenas para "realização de documentação" (CPC, art. 381, § 1.º),[358] no sentido de registrar a existência dos bens em uma espécie de *fotografia* processual do inventário dos bens que serão oportunamente partilhados, sem, no entanto, promover a apreensão do bem e seu depósito em mãos de terceiro ou do próprio réu que figuraria como fiel depositário.

Para Antônio Cláudio da Costa Machado, o arrolamento de bens é medida cautelar típica que garante o cumprimento de sentença de partilha, oriunda de quaisquer dos procedimentos cognitivos de inventário e partilha, como inventário, arrolamento, arrolamento sumário, ou procedimentos que possam implicar inventário, como separação, divórcio, extinção de união estável, dissolução parcial ou total de sociedade empresária ou de uma sociedade simples, cuja medida incide sobre um conjunto de bens que gravita em torno da posterior partilha,[359] merecendo, por vezes, o arrolamento e a apreensão e, em outras hipóteses, unicamente visando a sua simples documentação ou *fotografia* descritiva dos bens comuns para divisão.

Pessoalmente, entendem os autores que o arrolamento utilizado como uma prévia descrição, inventário e memória dos bens partilháveis, procedido usualmente pelo oficial de justiça, que em diligência descreve pormenorizadamente os bens que serão objeto de arrolamento, como móveis e utensílios que guarnecem a moradia conjugal, obras de arte, pratarias e porcelanas, rótulos de vinhos em adegas de apreciadores e colecionadores, automóveis, quotas sociais de empresas, imóveis urbanos e rurais. Embora muitos deles se trate de bens registráveis que podem ser facilmente comprovados, a medida deve ser usualmente deferida apenas pelo simples receio da existência de dano decorrente da ruptura da vida em comum e do litígio instaurado entre os cônjuges ou conviventes, os quais estariam mais seguros e distensionados caso fossem preventivamente arrolados os bens que lhes são comuns[360] e que estão na posse exclusiva de um dos cônjuges ou conviventes, cujo provimento já seria bem diferente de um arrolamento mais agressivo, que importaria na efetiva apreensão do bem, com o seu bloqueio e com a sua indisponibilidade pela CNIB.

O arrolamento de bens é uma das quatro cautelares típicas ou nominadas descritas pelo artigo 301 do Código de Processo Civil (arresto, sequestro, arrolamento e registro), ou qualquer outra medida idônea que a imaginação do advogado e a criatividade judicial permitam promover, por exemplo, a busca e apreensão de pessoas ou coisas, a exibição cautelar, a prestação de caução, obras de conservação em coisa litigiosa ou judicialmente apreendida,[361] proibição de inovar. Se se trata, por exemplo, de interesses jurídicos vinculados ao estado de uma obra em construção, ou que seja mantido o estado de determinado bem, para que não se decomponha nem se desvalorize, assegura-se que, por ocasião da sua partilha, ele conserve seu valor de mercado depois de vencido o divórcio dos litigantes, ou ainda a mera anotação do litígio nos registros imobiliários e de automóveis, juntas comerciais, capitania dos portos e registro de aeronaves. Anotam Oscar Serantes Peña e Jorge F. Palma que a figura jurídica da medida cautelar de *proibição de inovar* tem duas finalidades: 1) defender os direitos subjetivos dos litigantes, prevenindo um prejuízo derivado da mudança da situação de fato ou de direito em um determinado

---

[358] FONSECA, Priscila M. P. Corrêa da. *Manual do planejamento patrimonial das relações afetivas e sucessórias*. São Paulo: Thomson Reuters/RT, 2018. p. 89.

[359] MACHADO, Antônio Cláudio da Costa. *Tutela provisória*. São Paulo: Malheiros, 2017. p. 49.

[360] "Agravo. Art. 557, § 1.º, do CPC. Direito processual civil. Família. Ação cautelar de arrolamento dos bens do casal, nos termos do art. 855 e seguintes do CPC, que tem por finalidade assegurar eventual partilha após a solução da demanda matrimonial. Agravos interno e de instrumento providos" (TJRS, 7.ª Câmara Cível, Agravo 70067454421, Rel. Des. Liselena Schifino Robles Ribeiro, j. 02.12.2015).

[361] MACHADO, Antônio Cláudio da Costa. *Tutela provisória*. São Paulo: Malheiros, 2017. p. 49.

momento; 2) consolidar e garantir a função jurisdicional, salvaguardando o objeto da sentença e evitando que o bem se converta em cumprimento ineficaz e impossível, como decorrência do câmbio da situação de fato e de direito provocada pelo perdedor, de sorte que, quando o juiz ordena a paralisação de uma obra, ou dispõe sobre a cessação de certas publicações danosas e depreciativas sobre coisa ou pessoa, está criando uma situação que deverá ser mantida.[362]

1.7.10.5 Depósito, arresto e sequestro de bens

Quanto ao sequestro, trata-se de medida cautelar típica garantidora do futuro processo de execução para entrega de coisa certa, fundada em título extrajudicial ou futuro cumprimento de sentença mandamental de entrega de coisa certa, esta fundada em título judicial, medida que incide sobre coisa determinada, objeto de litígio e que é voltada ao escopo de converter-se em depósito, já que o arrolamento garante o cumprimento da partilha.[363]

Segundo Humberto Theodoro Júnior, o sequestro atua como meio de desapossamento, com o escopo de conservar a integridade de uma coisa que versa sobre a disputa judicial, preservando-a de danos, de depreciação ou de deterioração. Assegurando-se a conservação do objeto sequestrado por meio de sua guarda confiada a um depositário, não se afigura uma medida cautelar que possa ser ordenada sem que se faça acompanhar de uma consistente justificativa judicial, externando ao juiz o efetivo e fundamentado temor pela real possibilidade de depreciação, deterioração[364] ou extravio do bem sequestrado, pois, do contrário, não faz sentido algum desapossar o demandado de bens que estão na sua posse e titulação unicamente como meio de certeza que atenda apenas ao excesso de zelo da parte e do julgador, não obstante o requerido jamais tenha exteriorizado qualquer atitude de quem se movimentava na intenção de causar algum dano patrimonial ao requerente da medida.

O arresto se diferencia do sequestro, embora ambas as medidas cautelares visem à constrição de bens para assegurar sua conservação até a solução definitiva da causa, ao passo que o arresto garante a execução por quantia certa e o sequestro atua na tutela da execução para entrega de coisa certa, qual seja, sempre mira o bem em litígio, cuja posse ou domínio está sendo judicialmente travado, enquanto o escopo do arresto é simplesmente o de preservar um valor patrimonial necessário para o futuro resgate de uma dívida em dinheiro.

1.7.10.6 Bloqueio de contas e aplicações financeiras

O arrolamento pode ser seguido também do bloqueio de bens existentes, por exemplo, em contas bancárias, aplicações financeiras, cadernetas de poupança, fundos de investimentos, carteiras de ações, planos de previdência privada (PGBL e VGBL) e eventuais ativos financeiros adicionais, ocorrendo o bloqueio pelo Sistema de Buscas de Ativos do Poder Judiciário (SISBAJUD), que é o atual sistema de penhora *on-line* de ativos de devedores e que aprimorou e substituiu o defasado sistema anterior do Bacenjud. Segundo informações prestadas pelo Conselho Nacional de Justiça, além do envio eletrônico de ordens de bloqueio e requisições de informações básicas de cadastro e saldo, já permitidos pelo Bancejud, o novo sistema permite requisitar informações detalhadas sobre extratos em conta-corrente,

---

[362] PEÑA, Oscar E. Serantes; PALMA, Jorge F. *Medidas cautelares*. Buenos Aires: Depalma,1986. p. 113 e 120.
[363] MACHADO, Antônio Cláudio da Costa. *Tutela provisória*. São Paulo: Malheiros, 2017. p. 49.
[364] THEODORO JÚNIOR, Humberto. *Curso de direito processual civil*. 56. ed. Rio de Janeiro: GEN/Forense, 2015. v. I, p. 694-695.

comportando, inclusive, a reiteração automática de ordens de bloqueio, eliminado, assim, a emissão sucessiva de novas ordens da penhora eletrônica relativas a uma mesma decisão. Ferramenta útil na execução e cumprimento de sentença, especialmente quando envolve o pagamento de dívidas, devido à dificuldade de localizar bens e ativos, tem sido o Sniper (Sistema Nacional de Investigação Patrimonial e Recuperação de Ativos), que a partir do cruzamento de dados e informações de diferentes bases de dados, destaca os vínculos entre pessoas físicas e jurídicas, permitindo identificar relações de interesse para processos judiciais de forma ágil e eficiente.[365]

Essa liminar que não somente arrola os bens, mas que igualmente determina a indisponibilidade genérica dos bens e o bloqueio de contas bancárias, não deve ser deferida se não estiver aprioristicamente evidenciado o fundado receio de extravio ou de dissipação desses bens, pois, como reforça Basílio de Oliveira, a drasticidade da medida, sem a prévia audiência de justificação, pode causar danos irreparáveis ao requerido, ao ordenar, sem qualquer justificativa, o bloqueio e a indisponibilidade de bens móveis, imóveis, títulos e valores em conta-corrente, aplicações financeiras e caderneta de poupança, por vezes a própria conta-corrente, pela qual o réu recebe os seus vencimentos, que são insuscetíveis de penhora e de indisponibilidade, que não sejam os descontos legais ou de pensão alimentícia formalmente consignados.[366]

Fato bastante corriqueiro ocorre quando as contas bancárias se confundem com uma extensão da atividade profissional do cônjuge que, por exemplo, sendo advogado, nela deposita recursos próprios e provenientes de seus honorários, mas também por vezes acolhe dinheiro pertencente aos seus clientes e cujos fundos vieram de alvarás judiciais físicos ou eletrônicos. Assim, a transferência dos recursos é praticamente instantânea, ou de recursos alcançados pelo cliente para pagamento de custas processuais, ou para o ressarcimento das custas processuais, honorários de sucumbência e condenação processual que o cliente precisou materializar para quitar sua dívida processual e evitar o cumprimento da sentença na ação pela qual foi vencido, o que dificulta a liberação desses recursos que pertencem a terceiro; ou quando as partes mantêm um pequeno comércio e na conta pessoal entram suas economias pessoais e o capital de giro da pequena empresa.

1.7.10.7 Anotação preventiva da lide

Adverte Carlos Escribano que a anotação preventiva da lide pode dar a impressão de só servir para as ações referentes aos direitos reais imobiliários, onde seguramente pode ter sua maior efetividade, mas que também tem procedência em certas ações pessoais, como a do divórcio e separação de bens, quando seus efeitos podem alterar a situação jurídica dos imóveis com respeito a terceiros, mas cujos efeitos são menos graves que um pedido de embargo preventivo, porquanto a mera anotação não impede a alienação dos imóveis, mas tão somente adverte terceiros que se trata de bens litigiosos. Desse modo, não poderão se amparar na condição de terceiros de boa-fé alegando que ignoravam a existência do litígio,[367] sendo desnecessária a anotação da lide no registro imobiliário quando imprescindível o

---

[365] Disponível em: https://www.cnj.jus.br/tecnologia-da-informacao-e-comunicacao/justica-4-0/sniper/. Acesso em: 18 dez. 2023.

[366] OLIVEIRA, Basílio de. *Das medidas cautelares nas questões de família.* Rio de Janeiro: Freitas Bastos, 1995. p. 262.

[367] ESCRIBANO, Carlos. *Medidas precautorias en juicio de divorcio y separacion de bienes.* 3. ed. Buenos Aires: Ghersi Editor, 1978. p. 104.

assentimento de ambos os cônjuges para a venda de um imóvel, o que já não acontece quando a relação é de união estável ou se os bens integram uma *holding* familiar.

A anotação preventiva da lide tem a finalidade de advertir terceiros de que o bem ou os bens sobre os quais projetam realizar algum negócio jurídico estão sendo ou serão objeto de um processo judicial que pode estar questionando algum direito sobre os respectivos bens.[368] Anotações preventivas da demanda podem ser postuladas para que instruam contratos sociais de sociedades empresárias, averbando nos registros de imóveis a existência do processo de família nas matrículas de imóveis, as quais podem ser comuns, ou se porventura algum imóvel foi comprado antes do casamento, mas as parcelas do financiamento da compra e venda foram pagas na constância do matrimônio, ou a anotação preventiva da ação sobre os veículos descritos no processo de divórcio ou de extinção de união estável, também calha a anotação preambular da lide quando um dos consortes titulariza participações sociais sobre as sociedades, das quais a parte adversa é administrador, sócio e gestor e pode alterar os contratos sociais. Essas medidas de mera anotação preventiva da lide também podem ser endereçadas aos registros de veículos automotores, aos registros oficiais de embarcações marítimas e fluviais e de aeronaves, tendo em consideração que as medidas em nada afetam nem obstaculizam a normal gestão e a atividade empresarial das sociedades, porquanto não se trata de providências cautelares relativas ao embargo de bens ou à sua retenção, senão apenas a uma anotação preventiva no registro de propriedade ou na junta comercial, ou no simples registro de veículos, barcos e aeronaves.[369]

1.7.10.8 *Produção antecipada de provas*

A produção antecipada de provas tem total pertinência quando certas pessoas ou certos fatos, se não forem ouvidos ou registrados antecipadamente, poderão ser perdidos, ou sua coleta pode se tornar impossível ou muito difícil proceder à sua verificação no curso da instrução do processo. Um bom exemplo de produção antecipada de prova pode ser encontrado em perícias em DNA com relação às pessoas que já contam com certa idade e que o bom senso não recomenda seja seguido o rito natural da demanda, se o investigado ou seus parentes mais próximos, na hipótese de o investigado ser falecido, já contam com uma idade muita avançada ou se trata de pessoas que podem estar de mudança para residirem em outro país e seria conveniente fossem periciadas ou ouvidas em momento anterior ao processo principal.

Priscila M. P. Corrêa da Fonseca colaciona alguns exemplos muito pertinentes de produção antecipada de provas: "(i) a verificação, desde logo, do estado dos bens comuns que serão objeto de divisão; (ii) a avaliação do valor real e de mercado, das participações societárias que deverão integrar a partilha; (iii) a apuração da incomunicabilidade de determinado bem, de modo a excluí-lo de eventual medida constritiva etc.",[370] bem como perícias contábeis podem ser adiantadas, se se está próximo o final do tempo legal de guarda obrigatória de documentos e a parte requerente tem interesse que eles sejam periciados.

A produção antecipada da prova está regulada pelos artigos 381 a 383 do Código de Processo Civil e será admitida nos casos em que: I – haja fundado receio de que venha a

---

[368] MARTÍN, Antonio Javier Pérez. *Aspectos procesales de la liquidación de la sociedad de gananciales.* Córdoba: Lexfamily, 2019. p. 64.

[369] MARTÍN, Antonio Javier Pérez. *Aspectos procesales de la liquidación de la sociedad de gananciales.* Córdoba: Lexfamily, 2019. p. 65-66.

[370] FONSECA, Priscila M. P. Corrêa da. *Manual do planejamento patrimonial das relações afetivas e sucessórias.* São Paulo: Thomson Reuters/RT, 2018. p. 90.

tornar-se impossível ou muito difícil a verificação de certos fatos na pendência da ação; II – a prova a ser produzida seja suscetível de viabilizar a autocomposição ou outro meio adequado de solução de conflito; III – o prévio conhecimento dos fatos possa justificar ou evitar o ajuizamento de ação.

Arthur Ferrari Arsuffi argumenta que a antecipação da prova não está unicamente condicionada à possibilidade do seu perecimento pelo transcurso do tempo e, portanto, seria a razão de ser produzida antes do processo originário. Existem também situações nas quais o promovente da tutela antecipatória precisa ter acesso a determinado documento que se encontra na posse de terceiros, sugerindo, diante da evidência, a existência de mais de uma função da produção antecipada da prova, qual seja, a parte pede a prova não porque ela poderá perecer, a qual é sua versão processual mais frequente e conhecida, mas a parte o faz também porque tem urgente necessidade na sua obtenção, e insiste não existirem duas modalidades de produção antecipada da prova, mas que há somente um direito autônomo à prova, seja ela relacionada ao perigo pelo perecimento, seja ela concedida unicamente por sua urgência, por depender de algum documento para com ele fazer prova em outro lugar, processo ou atividade profissional,[371] cuja obtenção da prova pode até servir como uma espécie de diligência preliminar para conseguir dados indispensáveis para um futuro processo ou para evitar o ajuizamento inútil de um eventual e desnecessário processo. Um exemplo para evitação de um litígio é a realização antecipada de perícia em DNA, cujo resultado positivo ou negativo definirá os caminhos que as partes envolvidas deverão seguir, seja reconhecendo os vínculos biológicos de parentesco ou descartando-os de uma vez por todas.

1.7.10.9 *Intervenções em sociedades empresárias*

Um bom parâmetro para a melhor compreensão das medidas urgentes aplicáveis ao direito societário pode ser encontrado no Código Procesal Civil y Comercial de la Nación da Argentina, cujo artigo 223, ao estabelecer que, a pedido do credor e na falta de outra medida cautelar eficaz ou como complemento da existente, poderá ser designado um interventor encarregado da cobrança, se a intervenção recair sobre bens produtores de rendas ou frutos, limitando-se sua função exclusivamente a cobrar a parte embargada, sem ingerência alguma na administração. O juiz determinará o montante a ser cobrado, não podendo exceder a 50% das entradas brutas e o valor deverá ser judicialmente depositado. Conforme o artigo 224 do Código Civil y Comercial de la Nación, de ofício ou por requerimento de parte, o juiz poderá designar um interventor informante para que dê notícias acerca do estado dos bens objeto do juízo, das atividades ou operações e movimentos da empresa, sociedade ou negócios e com a periodicidade designada.

A intervenção judicial em sociedades empresárias é sempre uma medida delicada e que precisa ser muito bem ponderada pelo julgador diante dos impactos negativos decorrentes de uma ingerência nas pessoas jurídicas que sofrem alguma intervenção judicial, tratando-se, em regra, de uma providência excepcional e geralmente concedida em sociedades integradas pelo cônjuge demandado, em que ele mantém a majoritária participação societária, embora não esteja descartada a intervenção em qualquer outra empresa da qual participam ambos os cônjuges ou conviventes, ou só um deles, ainda que a sua participação societária não seja a majoritária.

Existe sempre uma preocupação do julgador diante de possíveis prejuízos que possam ser causados para os demais integrantes da sociedade, mas, como asseveram Luis Felipe

---

[371] ARSUFFI, Arthur Ferrari. *A nova produção antecipada da prova*. Estratégia, eficiência e organização do processo. Salvador: Juspodivm, 2019. p. 95-96.

Spinelli, João Pedro Scalzilli e Rodrigo Tellechea, a intervenção judicial na administração de sociedades é naturalmente uma medida gravosa, que tanto pode ser utilizada como técnica de prevenção, para evitar a concretização de um ilícito, como última solução para a parte lesada fazer cessar uma conduta delitiva, ou a única solução viável para barrar uma lesão continuada e com melhor resultado que poderia ter a mera pretensão judicial da responsabilidade civil, que pode representar uma vitória tardia. Trata-se de providência muito menos drástica do que seria a retirada do sócio espoliado e insatisfeito ou a própria dissolução da sociedade, e muitas vezes bastante útil para fundamentar a adoção de outras intervenções necessárias à tutela dos interesses em jogo, como a desconsideração da personalidade jurídica, ou ensejar a aplicação de outras medidas, como a exclusão de sócios pela quebra do dever de lealdade (CC, arts. 1.030 e 1.085) e, enfim, sua responsabilização civil.[372]

A despeito da designação de um administrador ou de um coadministrador societário em substituição ou em companhia daquele que esteja administrando, assevera Néstor L. Lloveras se tratar de medida admitida em casos excepcionais, quando há evidências de fraude de parte de um dos consortes mediante a utilização da personalidade societária, e cita um julgado em que foi decidido que "a intervenção na administração de uma sociedade resulta viável se esta última somente tem uma aparência de sociedade, porém encobre, em realidade, o meio pelo qual o cônjuge se vale para administrar seu patrimônio e desenvolver sua própria atividade empresária, sem que os demais integrantes da sociedade tenham qualquer participação, não passando de presta nomes a serviço do titular dos bens de origem comunitária.[373]

A ingerência judicial em uma empresa ou sociedade pode ser total ou parcial, pois pode importar em afastar os administradores legais ou contratuais ou apenas para que sejam vigiados mais a distância, com uma obrigação do interventor de auditar as contas da sociedade empresária. A mais ampla das intervenções é aquela que afasta totalmente o administrador legal ou contratual e confere ao administrador judicial a administração absoluta da sociedade. Contudo, se o afastamento for parcial, as funções de direção da empresa passam a ser exercidas de forma conjunta pelo administrador judicial e o administrador legal ou contratual, ou mediante a distribuição racional entre ambos das suas funções administrativas.[374]

Na última hipótese, o interventor será apenas um observador ou cobrador dos fundos, ou o executor de algumas funções isoladas e específicas na sociedade empresária, devendo o juiz delimitar essas funções a serem efetivamente exercidas pelo interventor judicial, precisando seus deveres e as suas faculdades, concedidas pelo juiz para regularizar a boa marcha da administração e evitar conflitos, dúvidas, excesso ou restrição de funções, que causariam prejuízos, em vez de trazer soluções. Em caso de dúvidas, o administrador deve consultar o juiz da causa responsável por sua nomeação e com ele buscar as necessárias instruções de como o interventor deve proceder, lembrando que a decisão judicial que determina a intervenção judicial deve ser fundamentada, com indicação clara e precisa dos motivos que levaram o juiz a decretar a intervenção e das providências a serem tomadas pelo interventor nomeado, designadas suas atribuições, respeitadas as fronteiras dos poderes conferidos judicialmente ao administrador e em conformidade com os atos societários previstos em lei e de acordo com o tipo de intervenção deferido, com menção ao prazo da intervenção, se for o caso.

---

[372] SPINELLI, Luis Felipe; SCALZILLI, João Pedro; TELLECHEA, Rodrigo. *Intervenção judicial na administração de sociedades.* São Paulo: Almedina, 2018. p. 29-31.

[373] LLOVEERAS, Néstor. L. *Extinción y liquidación de la comunidad matrimonial de bienes.* Buenos Aires: Hammurabi. 2020. p. 103.

[374] ESCRIBANO, Carlos. *Medidas precautorias en juicio de divorcio y separacion de bienes.* 3. ed. Buenos Aires: Ghersi Editor, 1978. p. 109.

Carlos Escribano anota que certas obrigações devem ser consideradas inerentes a todas as categorias de intervenções, como a vigilância dos respectivos bens, a informação periódica ao juiz, a denúncia de irregularidades, o requerimento de autorização expressa para gastos que não sejam normais da administração. Lembra o autor que o curso da intervenção pode revelar a necessidade ou a conveniência de alterar as diretivas até então empreendidas para adequá-las às novas ou diferentes circunstâncias que se manifestarem, tudo com vistas a alcançar a proteção dos direitos do autor da demanda mediante a menor restrição possível das faculdades do demandado.[375]

Quanto ao interventor meramente observador, a sua designação pode ser no sentido de que promova um reconhecimento do estado dos bens objeto do litígio, ou que vigie as operações e atividades da empresa e informe o juiz da causa sobre os pontos e as providências que devam ser estabelecidas em prol da boa marcha do negócio, denunciando qualquer novidade ou irregularidade por ele percebida, mas sem nenhuma ingerência pessoal na administração. Por seu turno, o interventor cobrador, conforme expressa menção legal (CPCC da Argentina, art. 223), atua unicamente na arrecadação da parte porcentual que lhe foi judicialmente ordenada reter em prol do autor da ação dos rendimentos brutos da sociedade, devendo comprovar o montante dos ingressos para aplicar a percentagem decretada, cujas entradas são provenientes dos lucros do comércio ou da indústria, da renda de imóveis e de bens alugados, ou de honorários e outros rendimentos percebidos mediante o exercício de uma profissão, como a de uma sociedade de advogados, e até mesmo de profissionais liberais, e da percepção de quaisquer créditos em geral, sempre que não for possível exercer esse controle mediante o simples embargo por notificação judicial endereçada diretamente ao devedor dos recursos.

Silvia Guahnon menciona as figuras do interventor *cobrador* (ou coletor) e do interventor *informante*, que somente acompanhará o desenvolvimento e o estado de atividades, operações e movimentos da empresa. Essa pessoa interferirá na atividade econômica de uma personalidade física ou jurídica, seja para assegurar a execução forçada de algum crédito do autor da ação, ou para impedir que se produzam alterações prejudiciais ao estado dos bens, informando, coletando, administrando, coadministrando ou executando qualquer missão concreta ordenada pelo juiz para a salvaguarda dos interesses do litigante que obteve a sua designação, sem que o interventor represente qualquer uma das partes em liça, cuja atuação é a de ajustar fielmente as suas tarefas às diretivas e instruções do magistrado titular da demanda.[376]

No direito brasileiro, o mote da intervenção judicial é exatamente o mesmo, devendo ser decretadas sempre que o direito de crédito for colocado em risco em razão da administração que se apresente ruinosa ou fraudulenta,[377] cabendo ao autor demonstrar que a intervenção, em qualquer de suas formas, é o único meio necessário à garantia da futura execução[378] ou partilha dos bens conjugais e convivenciais. Existem três modalidades de intervenção que seguem a lógica de que a *execução* se faça pelo modo menos gravoso: (i) o *interventor-observador*, que

---

[375] ESCRIBANO, Carlos. *Medidas precautorias en juicio de divorcio y separacion de bienes*. 3. ed. Buenos Aires: Ghersi Editor, 1978. p. 110.

[376] GUAHNON, Silvia V. *Medidas cautelares en el derecho de família*. 2. ed. Buenos Aires: La Rocca, 2011. p. 147.

[377] "Apelação cível. Família. Pedido cautelar de arrolamento de bens. Cabimento. Majorados os honorários advocatícios. 1. Cabível o arrolamento, porquanto há comprovação de que os bens, em que se pretende o arrolamento, estão sofrendo ou estão na iminência de sofrer dilapidação ou extravio pela parte contrária, evidenciada a intenção de o agravado fraudar a partilha de bens como determinado na ação principal. 2. O estado de beligerância entre as partes se evidencia insuperável, cabível a nomeação de administrador, como pretende a ora apelante, nas quatro empresas administradas por Idir. Recurso provido" (TJRS, 7.ª Câmara Cível, Apelação Cível 70070933585, Rel. Des. Liselena Schifino Robles Ribeiro, j. 28.09.2016).

[378] PEREIRA, Luiz Fernando C. *Medidas urgentes no direito societário*. São Paulo: RT, 2002. p. 233.

é a forma mais tênue de intervenção, em que ele observa o cumprimento de decisão judicial e o regular funcionamento da sociedade, se a medida judicial também assim indicar, como por oportuno é pertinente registrar que, pelo artigo 109, III, da Lei de Sociedade por Ações (Lei 6.404/1976), qualquer acionista tem o direito de fiscalizar a gestão dos negócios sociais; (ii) o *interventor cogestor*, cuja atuação respeita a uma forma intermediária de intervenção, a quem o juiz fixa as atribuições e encargos do interventor, que podem ser realizados em compartilhamento da gestão societária, sem afastar da administração o administrador natural, mas pode suspender temporariamente as funções do administrador que se afasta a fim de que o interventor judicial atinja as metas de administração ordenadas, como pode ser um cogestor com tarefas específicas de presidir assembleia geral ordinária, em razão de algum impasse entre grupos de acionistas, assumindo uma função parcial na gestão da sociedade; (iii) o *interventor-administrador*, cuja nomeação tem cabimento, sempre que determinado diretor ou administrador se locupleta com os bens sociais, dissipa-os, aliena fraudulentamente, negligencia de maneira grave seus deveres em prejuízo da sociedade, ou usurpa funções mediante eleição ilegal. Nesses casos, não serve um mero interventor-observador ou cogestor, sendo o interventor-administrador a única solução de intervenção para alcançar a medida desejada, com suporte na tutela de urgência de natureza cautelar do artigo 301 do CPC, com as hipóteses adicionais dos artigos 866, § 2.º, 868 e 869 do Código de Processo Civil, tratando-se de penhora de percentual de faturamento de empresa, ou da penhora de frutos e rendimentos, com recurso de agravo de instrumento ante a admissão ou a inadmissão de intervenção de terceiros (CPC, art. 1.015, IX).

Conforme Roberto Malizia, a intervenção judicial contra uma sociedade só deve ser deferida em casos excepcionais, por exemplo, quando se está diante do perigo de que os direitos patrimoniais do cônjuge sejam burlados por manobras tendentes a ocultar, diminuir ou fazer desaparecer os bens da sociedade conjugal, não havendo necessidade de fazer prevalecer a existência formal da pessoa jurídica, se ela é a primeira a se desviar de seus propósitos contratuais ou estatutários.[379]

A intervenção pode ser decretada em uma sociedade constituída por um cônjuge com terceiros, para a qual deverá ser demonstrado o perigo de que o consorte realize manobras tendentes a diminuir ou fazer desaparecer bens pertencentes à massa conjugal. Com mais razão ainda quando se trata de sociedades fictícias ou quando existam sobradas presunções de conivência com o restante dos sócios e, principalmente, quando o cônjuge é o presidente ou gerente administrador, servindo essa sua posição societária como potencial ferramenta de fraude aos direitos de seu parceiro afetivo.

No entender de Silvia V. Guahnon e Martín E. Seltzer, também resultará procedente a intervenção nos casos em que o acionado dificulta ou impede o trabalho de um perito contador e não colabora para a realização da perícia contábil, ou quando a sociedade se desvirtua das suas funções contratuais ou quando ela inexiste e em qualquer outra hipótese que gere no julgador a convicção de que se ele mantém como administrador o cônjuge demandado, os bens a ele confiados correm perigo e, ao fim e ao cabo, os direitos de quem pede a medida. No entanto, *a contrario sensu*, a medida resultará improcedente, se existirem razões que autorizem supor uma má administração ou a iminência de um perigo, pois, desse modo, estariam sendo infringidas as pautas da razoabilidade a que toda medida cautelar deve se condicionar.[380]

Por fim, existem outras medidas urgentes no direito societário e atinentes às divergências entre os sócios, que podem ser movimentadas em situações em que os cônjuges ou conviventes

---

[379] GUAHNON, Silvia V.; SELTZER, Martín E. Medidas cautelares en el derecho de familia. *In*: MALIZIA, Roberto (coord.). *Derecho patrimonial en el ámbito del derecho de familia*. Buenos Aires: Rubinzal-Culzoni, 2019. p. 318.

[380] GUAHNON, Silvia V.; SELTZER, Martín E. Medidas cautelares en el derecho de familia. *In*: MALIZIA, Roberto (coord.). *Derecho patrimonial en el ámbito del derecho de familia*. Buenos Aires: Rubinzal-Culzoni, 2019. p. 320.

também são sócios da mesma sociedade empresária ou quando partilharam as quotas sociais ou ações de uma sociedade, como a suspensão de convocação de assembleia, suspensão de alguma deliberação social, antecipação de soma em dinheiro na apuração de haveres, exibição, busca e apreensão de livros da sociedade etc., tendo uma fértil utilização nos beligerantes processos de divórcio e de dissolução de união estável, cujo dissenso dos casais impede o desenvolvimento normal das atividades do negócio no qual são consócios ou meeiros. Assim, a intervenção de terceiro alheio aos litigantes para exercer a administração pode ser decisiva para preservar a empresa, como a intervenção também pode destravar a partilha da sociedade empresária.[381]

O juízo sucessório também reclama, amiúde, a nomeação de administrador judicial para salvaguarda dos direitos dos herdeiros do sócio falecido, notadamente quando geram rendimentos e aos quais parte dos herdeiros não tem acesso, normalmente em razão do clima de beligerância[382] instalado entre os herdeiros ou entre os coerdeiros e os sócios remanescentes.[383]

1.7.10.10 *Tutelas de urgência de natureza pessoal*

Ao lado das medidas protetivas *patrimoniais* estão as medidas de proteção de *pessoas* que se encontram expostas a perigos físicos ou morais e que, obviamente, têm uma prioridade absoluta. A Lei Maria da Penha (Lei 11.340/2006) é um perfeito exemplo dessa proteção, muito embora exista certo abuso na sua utilização por mulheres que denunciam serem supostas vítimas de falsas ameaças, ou de medos e temores inexistentes, no intuito abusivo de obterem o rápido e inquestionável afastamento compulsório da moradia comum, do marido, do companheiro, ou de qualquer pessoa a qual acusam da prática de violência doméstica e familiar.

Presente o uso abusivo do direito nos provimentos liminares concedidos nos processos de família, podem ser conferidos em tutelas antecipadas, propostas de forma a coibir a movimentação abusiva daquele que age incitado unicamente pelo espírito emulativo, que é muito próprio e presente nas relações afetivas mal desfeitas, de incontida animosidade voltada contra o outro parceiro. Casais ressentidos buscam na aparência do exercício regular de um direito,

---

[381] SPINELLI, Luis Felipe; SCALZILLI, João Pedro; TELLECHEA, Rodrigo. *Intervenção judicial na administração de sociedades*. São Paulo: Almedina, 2018. p. 126.

[382] "Dissolução de união estável. Descumprimento do art. 526 do CPC. Prova. Comércio. Administrador judicial. Cabimento. Assistência judiciária gratuita. Prova. Possibilidade de recolhimento das custas ao final. 1. A ação principal deve, necessariamente, tramitar no mesmo juízo onde foi julgada a ação cautelar. Inteligência do art. 108 do CPC. 2. Embora seja obrigatório o atendimento da regra do art. 526 do CPC, o descumprimento, para impedir o exame do recurso, deve ser não apenas arguido, mas devidamente comprovado pela parte recorrida. 3. A pretensão recursal no sentido de ser o recorrente mantido na administração do comércio comum das partes é manifestamente descabida, pois o estado de beligerância entre as partes se evidencia insuperável. 4. Considerando que a empresa pertence ao casal e que é a fonte de ganhos de ambos, bem como que o recorrente, quando instado a prestar contas, não o fez, torna-se imprescindível a intervenção de terceiro, alheio aos litigantes e da confiança do juízo, para exercer a administração. 5. Não havendo dúvida acerca da idoneidade, seriedade e competência do administrador judicial, deve ser investido no desemprenho do *múnus*, até ser resolvida a partilha dos bens. 6. A gratuidade é exceção dentro do sistema judiciário pátrio e o benefício deve ser deferido àqueles que são efetivamente necessitados, na acepção legal, não merecendo acolhida o pleito quando não comprovada a hipossuficiência da parte. 7. Havendo situação momentânea de carência de liquidez, é cabível autorizar o recolhimento das custas ao final. Recurso provido em parte" (TJRS, 7.ª Câmara Cível. Agravo de Instrumento 70053629440, Rel. Des. Sérgio Fernando de Vasconcellos Chaves, j. 08.05.2013).

[383] SPINELLI, Luis Felipe; SCALZILLI, João Pedro; TELLECHEA, Rodrigo. *Intervenção judicial na administração de sociedades*. São Paulo: Almedina, 2018. p. 127.

do qual, em realidade, extraem vantagens excessivas ou drásticos resultados que causam sérias dificuldades ou significativas restrições pessoais ao acusado de violência doméstica.

Violência doméstica que nem sempre é real, pois muitas vezes também se apresenta o outro lado da moeda, com requerimentos que configuram o exercício abusivo de uma violência que em verdade não existe, de mulheres que abusam da sua condição de vulnerabilidade e requerem de má-fé vantagens processuais, em flagrante desvio de finalidade da legislação especial, criando mecanismos de proteção da mulher. São mulheres que se utilizam das medidas que impõem restrições de contato ao marido, convivente e pai, em provimentos preventivos que extrapolam a partir de falsas denúncias, com as quais expõem uma violência inexistente e noticiam crimes e medos que habitam apenas o imaginário da mulher que se diz vítima, na busca abusiva de uma ordem de restrição de contato que, não raro, acoberta atos adicionais de alienação parental dos filhos comuns.

Consegue a ordem de afastamento compulsório do marido ou companheiro da moradia conjugal ao provocar a ação da autoridade policial ou judiciária com a comunicação de crime que sabe não ter ocorrido, sem se importar ou se dar conta de que com o seu gesto abusivo pratica crime tipificado no artigo 340 do Código Penal brasileiro. Medidas preventivas devem ser direcionadas para fazer cessar esse comportamento abusivo de mulheres que se utilizam indevidamente da Lei Maria da Penha como se vítimas fossem de uma violência que elas mesmas praticam, abusando de um direito que em realidade não tem e que não passa de uma verdadeira fraude pela via da simulação.[384]

Portanto, embora a Lei Maria da Penha contenha muitos provimentos que intentam a proteção integral para prevenir, sancionar e erradicar a violência contra as mulheres no âmbito em que desenvolvem suas relações interpessoais, prevendo a Lei 11.340/2006 medidas urgentes, estas não são medidas cautelares ou tutelas de urgência e de evidência, as quais muitas vezes dependem de um processo principal, tampouco são medidas autossatisfativas, uma vez que representam um remédio urgente, mas autônomo e igualmente autossatisfativo. Existem tutelas de proteção de ordem pessoal, como ocorre com o dever de afastamento do agressor, em razão de alguma violência psicológica, física, moral ou sexual e medidas de proteção de caráter patrimonial, a chamada violência patrimonial (LMP, art. 7.º, IV), que não podem ser julgadas com a mesma amplitude de perigo pela demora, como são as medidas preventivas de tutela pessoal, pois não está em jogo a integridade física ou psíquica da vítima, mas a integridade patrimonial, e, quando essa integridade material está sob questionamento judicial, o juiz pondera com maior vagar para valorar o provimento de sua exigência, e iguais medidas protetivas são encontradas na Ley 26.485/2009 de Protección Integral a las Mujeres, em vigor na Argentina e que busca combater a violência contra a mulher, seja ela física, psicológica, sexual, econômica e patrimonial, simbólica ou política.

---

[384] "*Habeas corpus*. Medida protetiva da Lei Maria da Penha. Determinação judicial para que a mulher também se mantenha afastada de seu ofensor. Manutenção. Pelas informações prestadas pela autoridade coatora, esta fundamentou que a determinação de restrições às vítimas de violência doméstica faz-se necessária em decorrência de constantes situações de aproximações das mesmas em relação a seus ofensores. Com efeito, entendo que obrou com acerto a magistrada ao determinar que a paciente também seja vedada de aproximar-se do ofensor; primeiro, porque há notícias de mulheres que assim estão fazendo e fazendo uso indevido da medida, como demonstrado no termo de audiência constante nos autos, em que a paciente reconhece ter se utilizado da medida no intuito de receber dinheiro do demandado; segundo, porque a medida não acarreta restrição de liberdade da paciente, pois se trata de advertência de que em assim agindo acarretará na perda das medidas protetivas deferidas em favor da mesma. Ordem denegada" (TJRS, 1.ª Câmara Criminal, *Habeas Corpus* 70032145294, Rel. Des. Marco Antônio Ribeiro de Oliveira, j. 23.09.2009).

Capítulo 2
PARTILHA DOS BENS CONJUGAIS

O casamento e a constituição de uma união estável geram o estabelecimento de um regime de comunicação ou de não comunicação dos bens, consoante o regime matrimonial adotado pelos cônjuges ou conviventes, o qual transita pela comunhão parcial dos bens adquiridos onerosamente na constância do relacionamento. Esse é o regime legal que prevalece na falta de pacto antenupcial ou de um contrato de união estável e passa pela comunicação universal de bens, tornando comuns e partilháveis os bens anteriores e posteriores ao casamento, sobrevindo o regime intermediário e legal da comunidade parcial de bens, que pouco difere da participação final nos aquestos, pelo qual são partilhados os bens ou os ingressos adquiridos onerosamente na constância do matrimônio e da convivência informal. Por fim, radicalizando em um regime de completa separação de bens, por conta do qual nada se comunica entre os consortes e unidos estavelmente, salvo quando reconhecidos e jurisprudencialmente admitidos os efeitos provenientes da Súmula 377 do Supremo Tribunal Federal.

Tecnicamente, o regime de bens entre cônjuges e conviventes extinguir-se-ia com a separação ou o divórcio judicial ou extrajudicial e, na segunda hipótese, com a dissolução judicial ou extrajudicial da união estável. No entanto, está consagrada como termo final da comunidade patrimonial a ocorrência da separação de fato ou da separação de corpos dos consortes e conviventes, prevalecendo a que suceder em primeiro lugar, mesmo porque os regimes matrimoniais pressupõem a comunicação dos bens adquiridos na constância do casamento, e constância equivale à efetiva coabitação, que deixa de existir quando casais manifestam por seus gestos e por suas ações que deixaram de viver em comunhão plena de vida, notadamente quando por ocasião do divórcio ou da dissolução da convivência informal se faz preceder de uma irreversível e sintomática separação de fato do casal, expressamente prevista no artigo 1.571-A do Anteprojeto do Código Civil em tramitação no Congresso.

Também haverá partilha ou divisão dos bens conjugais ou convivenciais com a abertura da sucessão causada pela morte de um dos cônjuges ou conviventes, quando então será promovida a sucessão hereditária da meação do consorte ou convivente falecido e o pagamento da meação do cônjuge ou companheiro sobrevivente, produzindo-se uma substituição do regime patrimonial de comunidade por outro que pode ser denominado de *indivisão pós--comunitária*, o qual se estende desde o momento da extinção do regime causado pelo decesso de um dos consortes ou companheiros até a partilha concluída dos seus bens. Nessa etapa, forma-se uma indivisão entre ambos os consortes, ou entre o sobrevivente e os herdeiros do cônjuge ou companheiro falecido e deixam de ser aplicadas as normas que assinam o caráter comunitário dos bens adquiridos pelos esposos na constância da sua sociedade afetiva.[1]

---

[1] FERRER, Francisco A. M. *Comunidad hereditaria e indivisión posganancial*. Buenos Aires: Rubinzal--Culzoni, 2016. p. 441.

Essa liquidação da sociedade conjugal ou da união estável envolve uma série de operações que interessam tanto aos cônjuges no divórcio e aos conviventes, na dissolução da união estável, como aos herdeiros e ao consorte ou companheiro sobrevivo no direito sucessório. Como recorda Carlos H. Rolando, nesse momento da liquidação da sociedade conjugal ou afetiva, as operações a serem observadas incluem a determinação do caráter dos bens existentes no patrimônio do casal, ou seja, se são comuns ou particulares, passando pela avaliação de seu valor o pagamento das dívidas para com terceiros, apurando a meação de cada cônjuge ou convivente com a separação dos bens que comporão a massa conjugal de cada consorte e o quinhão hereditário de cada herdeiro, quando a liquidação é proveniente do direito sucessório, com liberdade para serem criados créditos ou dívidas até ser obtida a completa igualdade proporcional de cada metade ou a fração de cada quinhão hereditário.[2]

Entretanto, nem sempre será necessário formular a liquidação e a partilha dos bens, como sucede quando não existirem bens a serem divididos,[3] não havendo imperativo algum de ser procedida a correlata ação de partilha de bens conjugais ou convivenciais, mas unicamente o processo ou a escritura de divórcio ou de dissolução de união estável, como tampouco serão procedidos o inventário e a partilha, se o falecido não deixou bens, salvo interesse em promover o inventário negativo. Entretanto, poderá existir inventário sem partilha, quando o sucedido deixou apenas um herdeiro que se adjudicará na universalidade dos bens, sem a realização de qualquer divisão diante da ausência de coerdeiros.

Outrossim, se a dissolução da sociedade conjugal ou da união estável for constituída exclusivamente de dinheiro, oriundo de economias acumuladas e aplicadas ao longo do matrimônio, depositadas em uma instituição bancária, será promovida a distribuição por metade entre os consortes e conviventes, ou por frações entre os coerdeiros na hipótese de ter sido aberta a sucessão do titular desses recursos. Contudo, enquanto nenhum dos cônjuges, conviventes, herdeiros, credores e demais interessados promover a liquidação e a partilha dos bens pertencentes à sociedade conjugal, ou realizar o inventário e a partilha dos bens deixados pelo sucedido, persistirá um estado de indivisão que se sujeita aos efeitos da prescrição e da usucapião.

Enfim, toda uma trajetória conjugal ou convivencial representada pela aquisição de bens e de dívidas encontra sua partilha ou liquidação em tempo coincidente com o fim do relacionamento que se desfaz pelas mais diferentes razões, sendo algumas delas previstas pelo artigo 1.571 do Código Civil, passando pela morte, pela nulidade ou anulação do casamento, pelo divórcio, ou pela dissolução da união estável (CPC, art. 693). O divórcio não obriga à divisão dos bens comuns (CC, arts. 1.581 e CPC, art. 731, parágrafo único), podendo a partilha ser realizada depois de julgado, homologado ou escriturado o divórcio, ou a dissolução da união estável, como nesse sentido igualmente aponta a Súmula 197 do STJ.[4]

---

[2] ROLANDO, Carlos H. *et al.* Liquidación y partición de la sociedad conyugal. *In*: COSTA, María Josefa Méndez (dir.). *Código Civil comentado*. Derecho de familia patrimonial. Buenos Aires: Rubinzal-Culzoni, 2004. p. 298.

[3] O STJ decidiu que na ação de reconhecimento e dissolução de união estável e certamente o mesmo entendimento é válido para o processo de divórcio, cuja petição inicial indique os bens a serem partilhados, caso sejam descobertos novos bens durante a tramitação da ação, é possível decretar a divisão do patrimônio adicional, mesmo após a citação do réu e sem que isso configure julgamento ultra petita. Disponível em: https://www.stj.jus.br/sites/portalp/Paginas/Comunicacao/Noticias/2023/10112023--Partilha-de-bens-descobertos-no-curso-da-acao-de-dissolucao-de-uniao-estavel-nao-configura-julga-mento-ultra-petita.aspx. Acesso em: 10 jan. 2024.

[4] Súmula 197 do STJ: "O divórcio direto pode ser concedido sem que haja prévia partilha dos bens".

Cap. 2 • PARTILHA DOS BENS CONJUGAIS | **175**

Por outro lado, não mais se tratará de um patrimônio conjugal ou dos conviventes, uma vez que romperam seus vínculos afetivos e sua sociedade patrimonial, tanto que deixam de ingressar no acervo os bens adquiridos a partir da própria separação de fato do casal. Entrementes, ambos mantêm uma comunidade de bens formada pelo acervo da extinta relação e que os códigos civis de língua espanhola denominam de *sociedade post ganancial* ou *posganancial*, e que entre nós pode ser chamada de sociedade pós-conjugal.

É da escolha dos cônjuges e conviventes e constitui um direito potestativo de qualquer um deles realizar, a qualquer tempo, a partilha dos seus bens comuns, e contra esse direito o outro não pode se opor nem evitar, salvo se tomar a iniciativa de promover o processo de inventário ou o procedimento de partilha dos bens.

Entretanto, cônjuges e companheiros devem ficar atentos e observar o prazo máximo da prescrição de dez anos (CC, art. 205), que começa a ser contado a partir da separação de fato ou de corpos, prevalecendo o evento que ocorrer em primeiro lugar, e não a partir do divórcio de direito, como equivocadamente faz presumir o artigo 197, I, do Código Civil. Não obstante o Superior Tribunal de Justiça tenha mudado sua posição a partir do REsp. 1.817.812/SP, datado de 03 de setembro de 2024, da lavra do Ministro Marco Buzzi, da Quarta Turma, no sentido de que o direito a proceder à partilha dos bens seria imprescritível.[5]

Será crédito dos liquidantes o conjunto de bens e valores cuja propriedade eles haviam consolidado com a quitação do preço de compra, contudo continuarão devedores das dívidas comuns que ainda estejam pendentes, observando Antonio Javier Pérez Martín, com escora em antiga sentença do Tribunal Supremo da Espanha, que "sob o nome de liquidação da sociedade estão compreendidas todas as operações necessárias para determinar se existem bens comuns e sua distribuição por metade entre ambos os cônjuges, com antecedentes deduções e reintegração a cada um dos seus bens particulares, ou daqueles sub-rogados, assim como das responsabilidades que foram imputadas ao acervo comum, constituindo o saldo resultante no verdadeiro ativo dos bens comuns, que serão divididos por metade entre ambos os cônjuges".[6]

---

[5] "Civil. Recurso especial. Recurso especial interposto sob a égide do NCPC. Família. Divórcio. Pretensão de partilha de bens comuns após 30 (trinta) anos da separação de fato. Prescrição. Regra do art. 197, I, do CC/02. Ocorrência da prescrição. Equiparação dos efeitos da separação judicial com a de fato. Recurso especial não provido. 1. Aplicabilidade das disposições do NCPC, no que se refere aos requisitos de admissibilidade do recurso especial ao caso concreto ante os termos do Enunciado Administrativo n.º 3, aprovado pelo Plenário do STJ na sessão de 09.03.2016: Aos recursos interpostos com fundamento no CPC/15 (relativos a decisões publicadas a partir de 18 de março de 2016) serão exigidos os requisitos de admissibilidade na forma do novo CPC. 2. Na linha da doutrina especializada, razões de ordem moral ensejam o impedimento da fluência do curso do prazo prescricional na vigência da sociedade conjugal (art. 197, I, do CC/02), cuja finalidade consistiria na preservação da harmonia e da estabilidade do matrimônio. 3. Tanto a separação judicial (negócio jurídico), como a separação de fato (fato jurídico), comprovadas por prazo razoável, produzem o efeito de pôr termo aos deveres de coabitação, de fidelidade recíproca e ao regime matrimonial de bens (elementos objetivos), e revelam a vontade de dar por encerrada a sociedade conjugal (elemento subjetivo). 3.1 Não subsistindo a finalidade de preservação da entidade familiar e do respectivo patrimônio comum, não há óbice em considerar passível de término a sociedade de fato e a sociedade conjugal. Por conseguinte, não há empecilho à fluência da prescrição nas relações com tais coloridos jurídicos. 4. Por isso, a pretensão de partilha de bem comum após mais de 30 (trinta) anos da separação de fato e da partilha amigável dos bens comuns do ex-casal está fulminada pela prescrição. 5. Recurso especial não provido" (STJ, REsp 1.660.947/TO, 3.ª Turma, Rel. Min. Moura Ribeiro, j. 05.11.2019).

[6] MARTÍN, Antonio Javier Pérez. *Aspectos procesales de la liquidación de la sociedad de gananciales.* Córdoba: Lexfamily, 2019. p. 3.

2.1 MOROSIDADE PROCESSUAL E PARTILHA EXTRAJUDICIAL

A Lei 11.441/2007 normatizou no Brasil a separação, o divórcio e o inventário extrajudiciais, pois antes do seu advento os cônjuges e os herdeiros dispunham de qualquer outro meio de promoção da partilha e da liquidação dos seus bens comuns e dos direitos hereditários. Se não fosse a congestionada via do processo judicial, um pouco mais rápida, se fosse amigável ou extremamente morosa na sua versão litigiosa, que, para a infelicidade do consorte que não estivesse na administração dos bens comuns, implicava uma espera ainda mais cruel, pois o cônjuge que estivesse na posse e na administração do patrimônio conjugal postergava o máximo que pudesse a ação prefacial e causal da separação judicial, ocupando-se processualmente da eterna e inútil prova da culpa pela derrocada matrimonial. Valia-se de um moroso e inevitável processo culposo, de completa perda de tempo para a caça de um suposto cônjuge responsável pela mais recente culpa conjugal, utilizando o transcurso e desgaste pessoal dessa exauriente ação de separação judicial litigiosa para, em movimentos extraprocessuais, desviar e esvaziar o patrimônio comum, enquanto a esposa, em regra, como vítima da fraude e desvio dos bens, discutia e tentava provar em juízo a culpa do marido provedor, pelo fim do casamento, sendo ele gestor dos bens conjugais, e prevalecendo-se dessa confortável posição jurídica para extrair vantagens por estar na posse dos bens comuns rentáveis.

De posse dos bens rentáveis e valiosos, criava toda a sorte de embaraços financeiros para sua mulher e filhos e geralmente negava e dificultava o acesso da esposa aos ingressos comuns, mitigando o valor da pensão alimentícia, que sempre deveria ser a menor possível para fragilizar qualquer resistência de uma esposa combalida, sabendo que para ela os alimentos representavam a mínima garantia da sua subsistência e dos filhos conjugais. Por detrás desses impiedosos movimentos revanchistas e oportunistas, o varão embolsava aportes financeiros pertencentes ao casamento e, valendo-se da morosidade processual, agia maliciosamente para desviar bens comuns, encontrando ao final da demanda uma esposa financeiramente exaurida e psicologicamente desgastada, sem forças e recursos para iniciar uma segunda e igualmente longa e morosa batalha judicial, dessa feita atinente ao processo contencioso de partilha dos bens comuns, uma vez vencida a etapa processual da causa que teria motivado o fim do casamento.

Os cônjuges têm a livre escolha entre o caminho judicial ou extrajudicial para a promoção do divórcio, podendo o divórcio extrajudicial ser contratado por escritura pública, se a esposa não estiver grávida (Resolução CNJ 35/2007, art. 34, § 1.º) e se o casal não tiver filhos menores ou incapazes, salvo tenham solucionado judicialmente as questões referentes ao nascituro e aos filhos menores ou incapazes, e nessa direção se posicionou o Enunciado 571 da VI Jornada de Direito Civil do STJ.

O divórcio da Emenda Constitucional 66/2010 não mais exige nenhum pressuposto temporal e pode ser decretado a qualquer tempo e em qualquer casamento civil, sem tempo mínimo de precedentes núpcias e sem nenhuma apuração das causas que levaram os cônjuges a oficializarem o fim do casamento.[7]

Portanto, foi eliminado um importante estágio dos processos litigiosos de judicialização da culpa pelo fim do casamento, cuja improfícua e desgastante etapa inicial do processo de ruptura matrimonial servia apenas como palco para que casais amargurados encenassem suas

---

[7] MADALENO, Rolf. *Manual de direito de família*. 3. ed. Rio de Janeiro: GEN/Forense, 2020. p. 98-99.

frustrações afetivas e amorosas durante largas temporadas processuais e, por assim dizer, de escassa e indiferente plateia, levando seus atores à corrosão financeira e pessoal, disseminando entre eles o ódio e o desejo de vingança e daí resultando toda essa peleia em um tempo ocioso e de extrema angústia, porque se prestava apenas para protelar e prejudicar a efetiva e justa divisão do acervo dos bens conjugais, que terminavam muitas vezes sendo desviados, dilapidados, fraudados ou abandonados.

Como visto, a demora na partilha sempre foi prejudicial ao consorte que não se encontra na posse e na administração dos bens conjugais ou convivenciais, sendo sempre recomendado formalizar a partilha dos bens com o divórcio para evitar futura confusão patrimonial, ou sua singela depredação ou depreciação, ou que ao menos sejam indicados os bens pertencentes à sociedade conjugal em rol descritivo, inclusive, se for o caso, com a cautelar promoção de um arrolamento judicial dos bens. Essas cautelas direcionadas a agilizar o processo ou o procedimento de partilha dos bens comuns, facilitada diante da Emenda Constitucional 66/2010, que teve por escopo acabar com a discussão da culpa, representam uma importante conquista trazida para minimizar as perdas patrimoniais com morosas e inúteis discussões judiciais de menor importância material, pois questões processuais de caráter subjetivo terminavam servindo de pano de fundo para a prática da fraude na partilha dos bens. Uma vez que elas serviam para afastar a divisão dos bens, diferia-se sua partilha para tempos processuais mais distanciados, permitindo aos cônjuges que estivessem na livre administração de empresas e de bens geradores de rendas dificultar a fiel e almejada partilha com aquela esperança de que cada cônjuge aportaria com a exata divisão das meações conjugais,[8] estratégia processual ainda presente nos processos de família em tramitação pelo Judiciário brasileiro com largas discussões sobre filhos, guarda e alimentos.

Atualmente, existem duas formas de promoção de partilha dos bens comuns pertinentes à meação para quando os casais terminam em vida sua relação afetiva e dois caminhos para o inventário e a divisão dos bens hereditários, os quais que se darão pela via consensual judicial ou extrajudicial e pelo logradouro mais tortuoso da partilha judicial litigiosa, promovendo cônjuges, conviventes e herdeiros a partilha dos bens, preferencialmente em espécie, quando possível, diante da facilidade com que se transforma a divisão matemática, pura e simples de dinheiro, podendo importar antes na venda concorde de todos os bens, quando isso seja realmente possível, ou na divisão dos bens. Esta última é a mais usual das partilhas, ficando o acervo conjugal e hereditário em condomínio, quando não for possível realizar uma divisão cômoda e igualitária, com a qual cônjuges e herdeiros justamente conseguem evitar o condomínio.

Sendo a partilha amigável, é incontroverso que cônjuges, companheiros e herdeiros se encontram em total consenso quanto ao valor do patrimônio e de cada um dos bens que o compõem e quanto aos efetivos destinatários de cada qual desses bens, apresentando todos uma única proposta de partilha que será homologada pelo juiz ou escriturada pelo tabelião. Contudo, se encontrarem dificuldades para um consenso, a divisão dos bens será encargo de um juiz que se valerá do auxílio de peritos avaliadores quando surgirem dissidências sobre os valores dos bens e as discrepâncias forem inconciliáveis, sendo nomeados eventuais assistentes técnicos dos meeiros ou herdeiros. Nada impede que os peritos sugiram fórmulas de partição que resultem na conversão de um acordo assinado na undécima hora, mas, em contrário, frustradas suas últimas tentativas de uma proposição consensual, cujas propostas podem partir de qualquer uma das partes interessadas, terminam compelindo o magistrado a

---

[8]   MADALENO, Rolf. *Manual de direito de família*. 3. ed. Rio de Janeiro: GEN/Forense, 2020. p. 102.

proferir sentença que usualmente decreta o não recomendável condomínio de todos os bens, que obriga o meeiro e os herdeiros, todos eles convertidos em meros condôminos, a promoverem no juízo cível um novo confronto processual e, desta feita, denominado de ação de extinção de condomínio.

Por fim, respeitando a uma partilha consensual, tratam os meeiros ou herdeiros de descrever pormenorizadamente os bens partilháveis, com suas características, dimensões, matrículas, registros e valores que os cônjuges, companheiros ou herdeiros atribuem aos bens ainda sujeitos à avaliação estatal para efeito de tributação, podendo ser impugnada a avaliação da Fazenda Pública e cometendo ao juiz decidir. Tratando-se de uma partilha controvertida, os bens serão igualmente descritos com seus característicos, para assim serem judicialmente avaliados e impugnados, se for o caso de divergência de valores, mas com idêntica decisão judicial sobre o valor final dos bens para cálculo de tributos e divisão. Contudo, será acrescido todo esse movimento processual de um decreto sentencial de partilha com usual preferência pelo estabelecimento de um condomínio entre meeiros e coerdeiros, abstendo-se os juízes de intentarem uma partilha cômoda, pela qual pouparia os jurisdicionados da posterior ação de extinção de condomínio.

2.1.1 Ação de liquidação e partilha dos bens comuns

A partilha de bens versa sobre a divisão e repartição de uma ou mais coisas entre os meeiros ou coerdeiros, e são as pessoas que têm um direito único sobre uma ou mais coisas, adjudicando a cada uma delas uma determinada porção dos bens partilhados, ou sobre um ou mais determinados bens entre os diversos bens que são objeto da partilha. Para Roberto Malizia, uma vez dissolvida a sociedade conjugal, o processo de liquidação do monte conjugal consiste em um processo jurídico e contábil, tendente a determinar os bens que compõem o patrimônio nupcial e seu valor, cuja etapa final é a operação pela qual se determinam os bens que serão adjudicados a cada um dos cônjuges.[9]

Em resumo, a partilha e divisão dos bens conjugais são o conjunto de atos encaminhados a pôr fim ao estado de indivisão mediante a liquidação do patrimônio conjugal ou hereditário e sua distribuição entre os meeiros ou coerdeiros em lotes ou quinhões proporcionais ao direito hereditário de cada herdeiro ou conforme a incidência de suas meações. Terminada a partilha, muda a situação jurídica dos meeiros ou coerdeiros que recebem sua fração matemática ou quota abstrata que cada um teria direito sobre a totalidade líquida da massa comum e cada um deles passa a ser proprietário único, por um direito exclusivo de valor proporcional, mas que abarca a totalidade de certo bem, ou se transmuda em um condômino entre os demais cotitulares em que cada um deles estará representado por sua quota condominial.

Conforme Fernando Alessandri, só é possível partilhar uma comunidade de bens não sujeita a controvérsias, devendo os meeiros ou coerdeiros estar seguros acerca da sua condição jurídica e a despeito da quota de cada um sobre os direitos de propriedade sobre os bens postos para repartição, pois, se houver questionamento acerca da titularidade ou da porção aritmética de cada meeiro ou coerdeiro, a controvérsia precisará ser antes juridicamente resolvida em uma ação ordinária,[10] segundo as normas e o procedimento judicial aplicáveis,

---

[9] MALIZIA, Roberto. *Derecho patrimonial en el ámbito del derecho de familia*. Buenos Aires: Rubinzal-Culzoni, 2019. p. 263-264.

[10] ALESSANDRI, Fernando. *Partición de bienes*. Chile: Editorial Jurídica Conosur, 1992. p. 2.

uma vez que a discrepância não é suscetível de ser resolvida no âmbito do processo administrativo de inventário e partilha. A partilha consensual dos bens comunicáveis conjugais e dos unidos estavelmente, e o mesmo se aplica ao processo sucessório, se dá em procedimento judicial previsto pelos artigos 610 e seguintes do Código de Processo Civil, que não comporta a produção de provas que não seja a documental, devendo o juiz remeter as partes para as vias ordinárias e sobrestar o processo até o julgamento da ação, o que significa afirmar acerca da existência de um campo próprio para as ações litigiosas de partilha atinentes ao pagamento de disputadas e controvertidas meações, servindo-se os litigantes dessas vias ordinárias para debaterem matéria que reputam de alta indagação.

Por tanto, prescindindo meeiros de provas processuais para a exclusão ou inclusão de bens, com alegações judiciais que passam pela sonegação, desvio, dilapidação ou qualquer forma visível ou dissimulada de fraude às meações dos consortes e companheiros, certamente se valerão da ação que recolha, ao fim e ao cabo, a manifestação do juiz para que reponha o máximo possível a real extensão dos bens pertencentes a cada meeiro, podendo essa discussão ser promovida no processo de divórcio ou no de dissolução da união estável, ou, posteriormente, em ação específica de liquidação e partilha do acervo comum. Não haverá partilha sem a realização prévia de diligências atinentes ao processo de liquidação e divisão, que são o inventário e a avaliação dos bens que realmente integram, e com precisão, a composição da massa comunicável, determinando o caráter dos bens, se próprios ou comuns, resumindo-se a partilha na inicial descrição ou inventário dos bens. Sua depuração para demonstrar quais bens são comuns e quais são bens particulares, e em qual extensão de comunidade se identificam diante da eventual existência de sub-rogação, segue-se a avaliação do acervo comum e a divisão do patrimônio líquido já destituído das dívidas conjugais ou das dívidas deixadas pelo sucedido, sempre sendo factível a partilha amigável enquanto o processo não for sentenciado pelo julgador. Como antes afirmado, sendo amistosa a partilha, ela se dará sempre por meio das normas sucessórias dos artigos 2.013 a 2.022 do Código Civil e os artigos 617 e seguintes do Código de Processo Civil.

A partilha pode ser integral quando compreender a totalidade dos bens conjugais ou que integram o acervo dos conviventes, incluindo bens móveis e imóveis, tangíveis e intangíveis, créditos e dívidas, ou será parcial, se porventura os consortes e conviventes e até mesmo os herdeiros não trouxerem para divisão o conjunto do patrimônio, seja por desconhecimento da existência de algum bem ou direito; seja por algum bem estar situado no exterior; seja pela deliberada sonegação de sua existência; ou porque existe alguma controvérsia sobre o caráter comunicável ou sucessório do bem, ou quando for conveniente a sobrepartilha por se tratar de bens descobertos após a partilha, remotos, litigiosos ou de liquidação morosa ou difícil (CPC, art. 669).

2.2 A AÇÃO DE FRAUDE

A noção de fraude leva ao engano e a sua configuração, como menciona Mariano Gagliardo, ainda quando não seja estritamente jurídica, é muito frequente, pois se trata de um ato contrário à verdade e, sendo um vício dos atos jurídicos, a fraude vulnera a boa-fé, geralmente atuando em ações que transitam pelo campo patrimonial.[11] Citando Charles Chardon,

---

[11] GAGLIARDO, Mariano. *Sociedad de familia y cuestiones patrimoniales*. 3. ed. Buenos Aires: Rubinzal-Culzoni, 2018. p. 452-453.

"a fraude é a pérfida arte de desafiar as leis, com a aparência de submissão; de violar tratados, parecendo que os executa; e de enganar pela exteriorização dos atos ou dos fatos, e bem àqueles os quais despoja ou ao menos aos tribunais a que estes poderiam recorrer para esgrimirem seus direitos [...]", e que "entre os homens sempre se se encontram aqueles que [...] se aproveitam de toda ocasião para arrebatar a coisa do outro [...]. Para eles, as leis não são mais que obstáculos a evitar [...]. Eles rivalizam com as leis, e por diversos rodeios buscam os meios de desafiá-las, sob a aparência de submissão. Desta luta nasce o que conhecemos como dolo, fraude, simulação [...] O magistrado se vê diante de uma questão espinhosa [...] deve desgarrar o véu e descobrir a verdade envolta em um véu mais ou menos espesso".[12]

Cada vez mais são utilizadas técnicas de apurada sofisticação para colocar a salvo o patrimônio do devedor, afeito às responsabilidades por ele contraídas com relação a seus credores, ou muitas vezes estas requintadas técnicas são postas em consumação para fraudar os direitos de crédito ou de meação de uma sociedade empresária que não foi realmente constituída com o propósito da obtenção legítima do lucro a partir de uma atividade comercial ou industrial, mas que se tratava de uma sociedade cuja primordial identidade de propósitos estava vinculada aos recíprocos sentimentos de uma afetividade pessoal que impulsionara esse casal à constituição de uma sociedade afetiva em sua versão conjugal ou convivencial, movida pelos comandos instintivos do coração no intento de constituir família e construir um suporte patrimonial.

No âmbito do direito de família, o primeiro ato praticado pelo legislador para tentar coibir ou ao menos minimizar os nefastos efeitos da fraude nessas relações materiais conjugais que surgem com o desgaste do relacionamento foi a de proibir, na constância do Código Civil de 1916, qualquer possibilidade de mudança do regime de bens. Contudo, a fraude é endêmica e o legislador não consegue criar mecanismos legais de combate à sua prática, cada vez mais em expansão, pelo homem movido pela cobiça, pela ganância e até mesmo pelo mais abjeto sentimento de vingança por estar ressentido pelo fim de uma relação de convivência, em que a perda do poder econômico, senão com uma redução total, ao menos com uma sensível diminuição dos valores atinentes à meação do outro cônjuge, ou pelo menos conquistando o enfraquecimento do poder de compra da esposa e sua margem de estabilidade financeira, promovendo o pagamento de uma irrisória pensão alimentícia, podem ser para o consorte ressentido eficazes instrumentos capazes de neutralizar qualquer liberdade de ação e de atuação do cônjuge que buscou romper a relação familiar.

Na fraude, avulta um ato com o fito de prejudicar direitos ou interesses alheios, mediante um artifício malicioso, podendo ser praticada por ato unilateral, sem que dela participe outra pessoa, como se imiscui em ato bilateral, caso em que a maquinação é concertada entre as partes.[13]

Dizia Alvino Lima que homens ávidos de proventos e dominados pelo seu egoísmo irrefreável na defesa de interesses materiais ferem os direitos e interesses de terceiros, lesando-lhes o patrimônio, por meio de processos ardilosos, com emprego de artimanhas e artifícios inconfessáveis, e arrematava pronunciando que o fenômeno da fraude é tão antigo quanto o da lei como norma de conduta,[14] tanto que expressa um brocardo espanhol de que se *hay la ley hay la trampa*.

---

[12] GAGLIARDO, Mariano. *Sociedad de familia y cuestiones patrimoniales*. 3. ed. Buenos Aires: Rubinzal-Culzoni, 2018. p. 456.

[13] NONATO, Orosimbo. *Fraude contra credores (da ação pauliana)*. Rio de Janeiro: Editora Jurídica e Universitária, 1969. p. 8.

[14] LIMA, Alvino. *A fraude no direito civil*. São Paulo: Saraiva, 1965. p. 1.

Cap. 2 · PARTILHA DOS BENS CONJUGAIS | 181

Calha seguir Alvino Lima quando observa que os fraudadores utilizam os próprios atos jurídicos disciplinados pela lei para o exercício regular do direito e que indivíduos inescrupulosos frustram a finalidade lícita da lei, empregando atos ilícitos e irregulares para atingirem desígnios desonestos, antijurídicos, dissimulados sob a aparência do emprego regular de negócios jurídicos, e tudo fazem para confundir os intérpretes e julgadores dos seus atos, embaraçando a ação da justiça e dissimulando a finalidade de seus atos, sob a roupagem da própria norma jurídica.[15]

Citando Josserand, revela Alvino Lima que a fraude é a própria negação do direito, contrapondo-se a todas as regras jurídicas, mesmo as mais necessárias, não existindo, em realidade, um conceito único e uniforme de fraude,[16] podendo fraudar a lei, o processo, credores, terceiros, cônjuges e companheiros. Para Alvino Lima, são manifestamente diferentes a fraude e a simulação, eis que esta é o instrumento empregado pelos fraudadores, ou seja, é o meio por eles utilizado para alcançarem o escopo fraudulento, frustrando assim a satisfação dos direitos de terceiros por meio da aparência da diminuição ilícita do patrimônio, ou do crescimento fictício do passivo, a fim de tornar inoperante e vã a garantia dos credores. Ele termina dizendo que "a simulação não é um meio para frustrar a lei, mas para ocultar a sua violação".[17]

Com efeito, a simulação é uma figura prática que imita e dissimula a realidade do negócio jurídico, tendo previsão no artigo 167 do Código Civil brasileiro, que refere ser nulo o negócio jurídico quando: a) aparentarem conferir ou transmitir direitos a pessoas diversas daquelas às quais realmente se conferem, ou transmitem (§ 1º, inc. I); b) contiverem declaração, confissão, condição ou cláusula não verdadeira (§ 1º, inc. II); c) os instrumentos particulares forem antedatados ou pós-datados (§ 1º, inc. III); d) sendo ressalvados os direitos de terceiros de boa-fé em face dos contraentes do negócio jurídico simulado (§ 2.º), merecendo registro os três novos parágrafos acrescidos ao artigo 167 do Código Civil no anteprojeto apresentado ao Senado Federal pela Comissão de Juristas, responsável pela revisão e atualização do Código Civil, a saber: "§ 3.º Toda simulação, inclusive a inocente, é invalidante; § 4.º Sendo a simulação causa de nulidade do negócio jurídico, pode ser alegada por uma das partes contra a outra; § 5.º O reconhecimento da simulação prescinde de ação judicial própria, mas a decisão incidental que a reconhecer fará coisa julgada".

Para o direito português, o negócio será simulado, se, por acordo entre declarante e declaratório e no intuito de enganar terceiros, houver divergência entre a declaração negocial e a vontade real do declarante (CC, art. 240.º), também não podendo ser arguida contra o terceiro de boa-fé (CC, art. 243.º). A. Barreto Menezes Cordeiro faz referência à simulação mediante a utilização de interposta pessoa física ou jurídica que surge como parte em determinado negócio e que representa um mero *testa de ferro*, isto é, que não adquire quaisquer direitos ou deveres, e, materialmente, todos os efeitos jurídicos decorrentes da conclusão negocial projetam-se na esfera jurídica de outrem, externo ou estranho ao negócio público e formal.[18]

A simulação é apenas mais uma das formas de ocultar outra realidade por trás da aparência de um negócio jurídico normal, mesmo porque existem outras formas de mentira, sendo pressuposto indiciário da comprovação da fraude a existência de: (1) uma declaração

---

[15] LIMA, Alvino. *A fraude no direito civil*. São Paulo: Saraiva, 1965. p. 2.
[16] LIMA, Alvino. *A fraude no direito civil*. São Paulo: Saraiva, 1965. p. 23.
[17] LIMA, Alvino. *A fraude no direito civil*. São Paulo: Saraiva, 1965. p. 79.
[18] CORDEIRO, A. Barreto Menezes. *Da simulação no direito civil*. Coimbra: Almedina, 2014. p. 85.

deliberadamente desconforme com a intenção dos contratantes; (2) o *consilium fraudis*, ou seja, há um concerto de acordo entre as partes; e (3) a intenção de enganar terceiros.[19]

Enfim, no direito de família, a ação de fraude serve como instrumento processual corrente a favor de um dos cônjuges contra seu esposo, quando este realizou atos de administração ou de disposição material ou jurídica, que tenham por objetivo diminuir o conteúdo patrimonial ou o seu valor, ou que tenha atuado para evitar que um bem se incorpore ao patrimônio conjugal. Arremata Roberto Malizia que a ação de fraude poderá ser proposta ainda durante a vigência do matrimônio e da comunidade de bens, como também depois de sua dissolução a sentença que reconheça a fraude poderá anular o ato atacado e ordenar a reintegração do bem ao monte matrimonial, quando o terceiro adquirente agiu de má-fé, ou compensar com outros bens, se o terceiro comprador atuou de boa-fé e a aquisição foi onerosa,[20] prescrevendo o artigo 473 do Código Civil e Comercial da Argentina serem inoponíveis ao outro cônjuge os atos outorgados por um deles dentro dos limites de suas faculdades porém com o propósito de fraudá-lo, anotando Néstor L. Lloveras que, segundo a experiência de casos concretos, a fraude resta demonstrada pela própria natureza do ato perseguido por um dos cônjuges em prejuízo do outro, sendo relevantes os indícios ou presunções que surjam de um agir fora do ordinário, especialmente no período próximo à separação de fato e em momentos em que os conflitos conjugais começaram.[21]

Ditam Humberto Theodoro Júnior e Helena Lanna Figueiredo "que a experiência da vida nos ensina que a inteligência do homem, por mais civilizado que seja o meio em que se ache instalada a sociedade, não consegue eliminar a tentação da mentira e da astúcia. O homem realmente probo e de conduta irreprochável, em toda linha, não chega a ser, em número, o paradigma das grandes massas, ou, pelo menos, não consegue, só com seu exemplo, plasmar um ambiente do qual a conduta leal e sincera seja o único padrão observado".[22] Certamente, essa deve ser uma das maiores tristezas que o ser humano pode constatar ao término de sua vida, quando então, já cansado e desestimulado de lutar sozinho com seus exemplos diuturnos de probidade em seu comportamento e de honestidade nos seus princípios, deixa de acreditar que poderá mudar esses desvios de caráter e acabar com essa chaga da imoral desonestidade, mas seguramente seguirá até o fim de sua existência querendo representar aqueles que, por suas condutas retas, virtuosas, corretas e incorruptíveis, sempre farão a essencial e indispensável diferença.

Estranhamente, é nas sociedades mais evoluídas que a fraude se revela com mais frequência e maior intensidade, dizem Humberto Theodoro Júnior e Helena Lanna Figueiredo. Acrescentam, ainda, que a eles parece que o progresso da humanidade se faz, no campo da delinquência, por meio de uma substituição dos hábitos violentos pelas praxes astuciosas.[23] Se frequente a prática da fraude patrimonial, movimenta-se a legislação na busca de meios adequados para a proteção dos credores e que viabilizem a recomposição do patrimônio dissipado pelo devedor para não responder por suas dívidas, agindo de maneira maliciosa para

---

[19] SABATÉ, Luis Muñoz. *La prueba de la simulación*. 3. ed. Colombia: Temis, 2011. p. 3.

[20] MALIZIA, Roberto. *Derecho patrimonial en el ámbito del derecho de familia*. Buenos Aires: Rubinzal--Culzoni, 2019. p. 229.

[21] LLOVERAS, Néstor L. *Régimen de deudas de los cónyuges*. Buenos Aires: Hammurabi. 2020. p. 122.

[22] THEODORO JÚNIOR, Humberto; FIGUEIREDO, Helena Lanna. *Negócio jurídico*. Rio de Janeiro: GEN/Forense, 2021. p. 509.

[23] THEODORO JÚNIOR, Humberto; FIGUEIREDO, Helena Lanna. *Negócio jurídico*. Rio de Janeiro: GEN/Forense, 2021. p. 509.

lesar seus credores, ocorrendo um constante aperfeiçoamento das técnicas de fraude e no seu encalço as tecnologias do direito na defesa e repressão dos prejuízos causados pelos fraudadores. Para tanto, o sistema jurídico brasileiro desenvolveu diferentes campos de detecção da fraude, seja na *fraude à lei,* na *fraude contra credores* ou na *fraude à execução,* quer ela se dê pela via das interpostas pessoas físicas e jurídicas, em que abusos de direitos e confusões patrimoniais com a utilização da pessoa jurídica figuravam como inimigos invencíveis de uma eterna frustração do credor ou do meeiro conjugal, que via seu direito de meação esbarrar no clássico mantra de que não era possível confundir os bens da pessoa jurídica com os da pessoa física do cônjuge sócio, eternizado pelo artigo 20 do Código Civil de 1916.

2.2.1 O princípio da boa-fé

O princípio é mais amplo que a regra jurídica, é o começo, o alicerce, o ponto de partida e o elemento fundamental para sustentação e aplicação das demais regras jurídicas, de modo que violar um princípio seria atentar contra todo um sistema, e não apenas violar uma regra específica e isolada, de menor impacto ou potencial ofensivo.[24]

Escreve Flávio Tartuce que a boa-fé objetiva é preceito de ordem pública, como reconhecido pelo Enunciado 363 do Conselho da Justiça Federal, do Superior Tribunal de Justiça, ao proclamar que "os princípios da probidade e da confiança são de ordem pública, sendo obrigação da parte lesada apenas demonstrar a existência da violação". Assinala-se que o artigo 422 do Código Civil guarda conexão com o artigo 167, § 2.º, do mesmo Diploma Civil, ao ressalvar os direitos de terceiros de boa-fé, e com o parágrafo único do artigo 2.035 também do Código Civil, ao prescrever que nenhuma convenção prevalecerá, se contrariar preceitos de ordem pública, tais como os estabelecidos pelo Código Civil para assegurar a função social da propriedade e dos contratos.[25]

Para Carlos Dias Motta, a boa-fé objetiva consiste em verdadeira regra de conduta, fonte de deveres que se projetam no campo patrimonial ou extrapatrimonial da esfera jurídica das pessoas e projeta sua prática no âmbito do direito de família, voltada para os múltiplos negócios de direito de família firmados entre cônjuges e conviventes, como um dos mais comuns exemplos é o pacto antenupcial e cuja função contratual vem sendo claramente ampliada a partir da noção e consagração da autonomia privada dos consortes, assim como os artigos 1.561 e 1.563 protegem o cônjuge e os terceiros de boa-fé no casamento putativo.[26]

A boa-fé objetiva ganhou atribuição normativa nos artigos 113, 187 e 422 do Código Civil, este último quando impõe aos contratantes guardarem, tanto na conclusão do contrato como em sua execução, os princípios de probidade e da boa-fé, que pressupõem um dever de atuar com correção, lisura e honestidade, cujas premissas potencializam as relações familiares, uma vez que entre cônjuges, conviventes e parentes o nível de confiança é praticamente absoluto, pois nenhum deles imagina que na família por eles constituída, cujos objetivos deveriam ser comuns e solidários, construindo todos uma riqueza única e voltada para a proteção da família, pudesse algum deles falhar com estes princípios e fugir destes propósitos.

---

[24] GURGEL, Fernanda Pessanha do Amaral. *Direito de família e o princípio da boa-fé objetiva.* Curitiba: Juruá, 2009. p. 108-109.

[25] TARTUCE, Flávio. *Direito civil.* Teoria geral dos contratos e contratos em espécie. 15. ed. Rio de Janeiro: Forense, 2020. p. 121.

[26] MOTTA, Carlos Dias. *Direito matrimonial e seus princípios jurídicos.* São Paulo: RT, 2007. p. 198.

Humberto Theodoro Júnior e Helena Lanna Figueiredo destacam que, se de várias maneiras se pode entender uma declaração negocial, o intérprete tem de escolher o sentido que não conduza à ilicitude e à imoralidade, devendo supor que cada contratante tenha estipulado e aceito apenas o que é correto ou honesto no comportamento negocial.[27]

Embora a boa-fé seja regra de conduta esperada entre as pessoas que negociam entre elas relações contratuais, lisamente é nas relações familiares que se sobrepõem o dever de cooperação e o da preservação da confiança, pois usualmente não é do cônjuge ou de um filho ou parente próximo que alguém espera qualquer ato de fraude ou de simulação com o intuito de prejudicar qualquer pessoa que, integrando laços familiares, encontra no trabalho familiar, coeso e solidário, um objetivo comum de vida, de mútua assistência e de recíproca e solidária subsistência. Quando factível, buscam, juntando seus esforços, construir uma riqueza comum e destinada a subsidiar a família em momentos de crise e de ausência ou redução de ingressos, ao mesmo tempo que propicia aos sucessores uma segurança material.

Os interesses em família são comuns, coletivos e não individuais, sendo inerente aos laços familiares de parentesco e de afetividade agirem todos em conformidade com os padrões éticos de conduta, motivados e embalados por um dever coeso de proteção e de colaboração material, imaterial entre cônjuges e conviventes, pais, filhos netos, e irmãos presentes na linha horizontal, tudo acrescido de uma solidariedade *espiritual* de não injuriar ou abandonar o cônjuge ou convivente. Lembra-se que, nessas relações de cega confiança e de ampla solidariedade familiar, que funde os destinos de uma família, fica fácil imaginar que a quebra propositada desses sólidos vínculos de credibilidade causa uma dor e uma ilusão irreparáveis, pois é de cônjuges, conviventes e parentes que as pessoas creditam e esperam seja o último lugar de onde possa surgir qualquer ato de dano pessoal ou patrimonial, mas emanado por seu inesperado impacto de uma terrível e irreversível decepção de haver sido enganado por quem mais confiava e de quem menos esperava qualquer forma de traição.

Consortes e companheiros não querem acreditar possam ser alvos de maliciosos e fraudatórios atos de seus parceiros, assim como pais e filhos não esperam uns dos outros qualquer situação de logro e de enganação, pois, se a boa-fé deveria ser um princípio natural de conduta, é até compreensível que estranhos externem em dispositivos contratuais garantias contratuais, porque entre estranhos existe uma compreensível desconfiança que não costuma ocorrer nas relações de família, em que se fazem presentes laços de amor e de afeto, cujos valores são naturalmente emanados da simples existência dos vínculos de parentesco, e que fazem com que o princípio geral de direito da boa-fé alcance, por sua transcendente relevância, uma espécie de um postulado constitucional.[28]

Vínculos de sólida amizade também geram, aspiram e inspiram relações de confiança distintas daquelas que são esperadas em outras esferas de relações negociais, embora elas não se comparem com a natural confiabilidade que dimana das conexões afetivas e parentais e nas quais os interesses materiais e a proteção pessoal direcionam para uma única forma de conduta pessoal, a qual nem sempre é encontrada nos relacionamentos entre parentes, embora essa relação cega de confiança sempre seja esperada no âmbito contratual familiar.

---

[27] THEODORO JÚNIOR, Humberto; FIGUEIREDO, Helena Lanna. *Negócio jurídico*. Rio de Janeiro: GEN/Forense, 2021. p. 134.

[28] JARAMILLO, Carlos Ignacio. *La doctrina de los actos propios* Madrid: La Ley, 2014. p. 256.

2.2.2 Presunção de fraude

O norte da hierarquia das provas consta do artigo 212 do Código Civil,[29] ao expor que o fato jurídico pode ser provado mediante: (i) confissão, que os autores reputam por experiência profissional como a soberana das provas, porquanto nada mais contundente do que a palavra do autor ou do réu corroborando as afirmações da parte adversa e praticamente dispensando qualquer outra prova adicional, o que importa aduzir que, pelas regras da experiência, o depoimento pessoal das partes não deve ser dispensado na instrução processual. A confissão realizada em depoimento pessoal é a mais rica das provas conquistadas na instrução processual, muito embora seja prática corrente deparar com juízes e advogados dispensando e até desdenhando o valor da confissão com a tomada dos depoimentos pessoais, cuja usual dispensa dos depoimentos pessoais se mostra incompreensível, diante do seu relevante meio probatório.

Muito embora possa ser compreendido que os depoimentos pessoais geralmente são demorados e que se constituem nos mais longos atos processuais da fase processual de instrução dos processos, há sensível perda de uma excelente prova judicial abdicar dos depoimentos pessoais das partes em litígio, geralmente motivados pelo extenso rol de testemunhas que tomam muito tempo da instrução processual e levam os juízes a dispensar os depoimentos pessoais. A tais descartes advogados menos avisados ou preocupados com a insegurança dos seus constituintes costumam referendar, abdicando em recíproca dispensa dos depoimentos pessoais, como estratégia de defesa levada a efeito para o propósito de preservar seus clientes de confessarem culpas e fraquezas quando questionados por profissionais experientes, que usam técnicas de interrogatório ou uma sequência de perguntas muito bem articuladas, capazes de extrair dos mais desavisados os termos ou veementes indícios de uma proveitosa confissão, e a prova da confissão raramente consegue ser suprida pelos depoimentos das testemunhas arroladas pelas partes.

A confissão é ato praticado em juízo, ou fora dele, pelo titular de um direito, admitindo a veracidade de um fato contrário ao seu interesse e favorável a outrem,[30] ou, como expressa o artigo 389 do Código de Processo Civil, há confissão judicial ou extrajudicial, quando a parte admite a verdade de fato contrário ao seu interesse e favorável ao interesse do adversário, sendo certo que a confissão torna determinado fato incontroverso, dispensando a sua prova pela parte contrária, embora não retire do juiz a possibilidade de valorar outras provas porventura existentes e conformes com o seu entendimento (CPC, art. 371). Existem algumas situações ainda presentes no direito de família brasileiro em que a confissão de adultério não elide a presunção de paternidade (CC, art. 1.600), no intuito de preservar a instituição do casamento, ao passo que o adultério, por exemplo, de difícil comprovação, senão pelo flagrante do ato carnal, era largamente provado a partir da soma

---

[29] No Anteprojeto do Código Civil, em tramitação pelo Congresso Nacional, o artigo 212 do Código Civil foi todo repaginado: "Art. 212. O fato jurídico pode ser provado por qualquer meio lícito de prova, inclusive por documentos digitais, desde que assegurada sua integridade e autenticidade, por meios tecnológicos atuais e idôneos. § 1.º A utilização de tecnologia digital para a emissão de documentos contratuais deverá garantir a viabilidade de seu arquivamento ou a de sua impressão. § 2.º As partes, em negócios jurídicos paritários, podem convencionar sobre fontes, meios, procedimento e valoração da prova, observadas as normas gerais sobre a validade dos negócios jurídicos previstas neste Código desde que a convenção não cuide de provas legais, mormente as enumeradas nos arts. 9.º e 10 e as legalmente prescritas para a forma de atos e de negócios jurídicos".

[30] TEPEDINO, Gustavo; BARBOZA, Heloisa Helena; MORAES, Maria Celina Bodin de. *Código Civil interpretado conforme a Constituição da República.* Rio de Janeiro: Renovar, 2004. v. I, p. 440.

de indícios praticados pelos adúlteros e que levavam à presunção de adultério que Yussef Said Cahali denominava de *quase adultério*. Não são poucas as atitudes de fraudes praticadas por mães que atribuem falsa e conscientemente a paternidade ao namorado, marido ou companheiro, embora estejam cientes da paternidade biológica de um terceiro, muitas vezes visando unicamente a um benefício alimentar ou sucessório absolutamente indevido, cujos registros de nascimento paternos foram sustentados em erros e numa vontade viciada a que foram levados os pais registrais, ou então porque prevaleceu o registro proveniente da presunção de paternidade matrimonial do artigo 1.597 do Código Civil.

O ônus da prova incumbe ao autor, quanto ao fato constitutivo de seu direito (CPC, art. 373, I), e ao réu, quanto à existência de fato impeditivo, modificativo ou extintivo do direito do autor (CPC, art. 373, II), não obstante prescreva o artigo 374, II, do Código de Processo Civil não dependerem de prova os fatos afirmados por uma parte e confessados pela parte contrária, o que dá a exata dimensão da importância dos depoimentos pessoais das partes.

Entretanto, o inciso IV do artigo 374 do Código de Processo Civil também estabelece que não dependem de prova os fatos em cujo favor milita presunção legal de existência ou de veracidade, circunstância que remonta ao inciso IV do artigo 212 do Código Civil, na presunção cada vez mais relativa da máxima romana de que *pater is est quem nuptia demonstrant*, do artigo 1.597, I a V, do Código Civil, ou quando o mesmo Diploma Civil ordena no próprio artigo 212 ser a *presunção* um dos marcos hierárquicos de prova judicial, bastando lembrar a força probatória contida na presunção que deita sobre aquele que se recusa injustificadamente a submeter-se ao exame de DNA nas ações de investigação de paternidade e de maternidade, ou acerca da presunção de fraude pela interposta pessoa física dos ascendentes, descendentes, irmãos e cônjuge ou companheiro nas disposições testamentárias em favor de pessoas não legitimadas a suceder (CC, art. 1.802).

A presunção diz Sergio Carlos Covello, é prova indireta, mas não deixa de ser prova, e por ela, o intelecto chega à verdade por meio de um fato conhecido, que guarda relação com o fato probando, nada mais sendo do que o resultado de um processo lógico, merecendo ser distinguida a *presunção comum* da *presunção legal*, sendo que na primeira a apreciação dos indícios fica a cargo exclusivo do juiz, que tem liberdade de fazer ou não fazer ilações, conforme os indícios se lhe apresentem suficientes ou precários, ao passo que nesta última é o legislador que aponta o indício e faz a conexão entre este e o fato desconhecido, de tal sorte que, concluiu Sergio Carlos Covello, que o raciocínio presuntivo já vem pronto.[31]

No âmbito da ação de investigação de parentalidade biológica, a recusa imotivada em fornecer material para o exame genético em DNA gera uma presunção relativa, muito embora esse comportamento omissivo do investigado tenha direcionado julgadores a conduzir suas sentenças pela presunção absoluta, diante da certeza gerada pelos marcadores de DNA com uma atribuição que beira os 99,99% de certeza. Não obstante, os artigos 231 e 232 do Código Civil brasileiro sejam expressos no sentido de que não valerá a presunção pela recusa de submissão à prova técnica de DNA quando o perito nomeado não seja profissional da medicina, uma vez que a presunção do elo genético só tem sentido e procedência se a recusa de submissão à perícia foi contra a perícia de um médico e quando ordenada pelo juiz, sendo certo ainda que a perícia deva ser efetuada por um médico geneticista, e não por qualquer profissional da medicina atuando nas outras especializações dessa área, pois nessa hipótese ou quando a perícia não está sendo efetuada por médicos, mas, por exemplo, por engenheiros florestais

---

31 COVELLO, Sergio Carlos. *A presunção em matéria civil*. São Paulo: Saraiva. 1983. p. 46 e 97.

que pesquisam o DNA de plantas, como já sucedeu largamente na jurisprudência brasileira, a recusa não se mostra nada injusta.[32]

Há o risco de um endeusamento dos testes de DNA, em uma espécie de *sacralização da presunção*, com a aplicação da teoria infalível da paternidade por presunção pela simples recusa, sem antes ser demonstrada por um conjunto de indícios a verossimilhança dessa presunção. De qualquer modo, a presunção legal do exame de pareamento do código genético (DNA) foi ampliada com a Lei 14.138/2021 ao ordenar que, em sede de ação de investigação de paternidade, se o suposto pai houver falecido ou não existir notícia de seu paradeiro, o juiz determinará, a expensas do autor da ação, a realização do exame de DNA em parentes consanguíneos, preferindo os de grau mais próximo aos mais distantes, importando a recusa em presunção da paternidade, a ser apreciada com o contexto probatório, como, por exemplo, presume o legislador a paternidade do marido em relação ao filho nascido de sua esposa na constância do matrimônio (CC, art. 1.597).

Como explica Ana Maria Simões Lopes Quintana, são deveres de conduta do juiz manter-se afinado com a isonomia e a impessoalidade para firmar a sua convicção e que esses critérios ele extrai das máximas de experiência comum reconhecidas pela sociedade, cujo uso o juiz deve mencionar, explicando como elas foram aplicadas ao julgamento da verdade fática, para tornar possível o controle do seu emprego adequado. A referida autora complementa mostrando que um dos mais veementes indícios que conduzem para o julgamento pela presunção é justamente o comportamento processual das partes que, com seu agir, fornece indícios valiosos para a descoberta da verdade no processo.[33]

Para Moacyr Amaral Santos, a presunção é fruto de um processo lógico, derivado da ordem natural das coisas, segundo ordinariamente acontece, de forma que de um fato conhecido se chega a um fato desconhecido por meio do raciocínio do juiz,[34] que presume a verdade de um fato, podendo sua presunção legal ser absoluta, sem margem para decidir em contrário e relativa quando admite prova em contrário.

A presunção tem importante incidência no âmbito da fraude, mesmo porque o engodo não costuma deixar marcas escritas do dano deliberadamente provocado com ares de legitimidade em roupagem de simulação e aparência de legalidade, sendo imperioso que o juiz presuma a ocorrência de fraude a partir do somatório dos indícios fáticos que denunciam a fraude por presunção, seguindo a regra recolhida da experiência de que os *indícios* são o ponto de partida da prova da fraude e a *presunção* é o ponto de chegada da fraude.

Indício é uma modalidade de prova indireta, pois não reproduz um fato, ao contrário, leva à sua revelação, e o seu somatório, quando comparados alguns indícios com outros, todos eles traduzidos por atitudes, ações, reações e manifestações tácitas de consentimento, demonstra de alguma forma a vontade da pessoa e se torna relevante para o direito.[35] Indícios

---

[32] MADALENO, Rolf. A presunção relativa na recusa à perícia em DNA. *In*: MADALENO, Rolf. *Direito de família em pauta*. Porto Alegre: Livraria do Advogado, 2004. p. 107.

[33] QUINTANA, Ana Maria Simões Lopes. Eficácia probatória do comportamento das partes no direito de família. *In*: MADALENO, Rolf (coord.). *Ações de direito de família*. Porto Alegre: Livraria do Advogado, 2006. p. 99-103.

[34] SANTOS, Moacyr Amaral. *Prova judiciária no cível e comercial*. São Paulo: Max Limonad, *apud* DELGADO, José Augusto; GOMES JÚNIOR, Luiz Manoel. *Comentários ao Código Civil brasileiro*. Coordenação Arruda Alvim e Thereza Alvim. Rio de Janeiro: Forense, 2008. v. II, p. 967.

[35] QUINTANA, Ana Maria Simões Lopes. Eficácia probatória do comportamento das partes no direito de família. *In*: MADALENO, Rolf (coord.). *Ações de direito de família*. Porto Alegre: Livraria do Advogado, 2006. p. 99.

são fatos ou evidências que, reunidos, levam a acreditar em algum fato ou autoria, como a fuga de uma pessoa suspeita é um indício de sua culpa, concebendo sua existência em vestígios de uma autoria.

Para Maria Thereza Rocha de Assis Moura, indício é fato ou, mais precisamente, é todo rastro, vestígio, sinal e, em geral, todo fato conhecido, devidamente provado, suscetível de conduzir ao conhecimento de fato desconhecido, a ele relacionado, por meio de operação de raciocínio.[36]

Conforme Héctor Eduardo Leguisamón, o indício é uma circunstância que por si só não tem nenhum valor, contudo, quando se relaciona com outras provas, e sempre que sejam graves, precisas e concordantes, constitui uma presunção. Portanto, a presunção é a consequência comum dos fatos,[37] ao passo que os indícios são fatos reais e provados, e, quanto maior a quantidade de indícios dos quais possa ser infirmada uma determinada conclusão, maior será o grau de segurança da decisão extraída por presunção,[38] vale dizer, vão se somando indícios concordantes que se confirmam reciprocamente, afastando o azar e gerando, no espírito do julgador, a crença na realidade do fato indicado pelas evidências que vão paulatinamente descartando as hipóteses contrárias.[39]

A fraude agravou-se muito mais diante da autonomia patrimonial entre pessoas jurídicas e físicas, sócios-proprietários, diretores e responsáveis legais que têm retirado e fraudado o patrimônio inerente às pessoas jurídicas, transferindo-o para seu acervo particular, quando a empresa é acionada para satisfazer alguma obrigação legal,[40] e esta ilícita transferência também ocorre na via inversa, quando as pessoas físicas, sendo muito comum sua incidência nos direitos de família e no direito das sucessões, quando as pessoas do cônjuge, companheiro, sucedido e sucessor, retiram os bens do seu acervo particular e no sentido inverso desviam os bens que estavam em seu nome pessoal para a titularidade de pessoas jurídicas, ou então para outras pessoas físicas. A autonomia privada tem convalidado contratos, pactos, acordos, divórcios, separações, dissoluções de uniões estáveis e alterações de regimes de bens, mas que, depois, muitas delas não encontram sucesso processual quando um dos contratantes descobre ter sido logrado e prejudicado na partilha da sua meação, ou que algum herdeiro necessário foi privado ou prejudicado em sua legítima e intenta anular o pacto, contrato ou acordo que firmou no livre exercício da sua autonomia, mas cujo movimento de anulação é muitas vezes considerado um ato de mero arrependimento de uma legítima transação negocial.[41]

---

[36] MOURA, Maria Thereza Rocha de Assis. *A prova por indício no processo penal*. Rio de Janeiro: Lumen Juris, 2009. p. 36.

[37] LEGUISAMÓN, Héctor Eduardo. *Las presunciones judiciales y los indicios*. 2. ed. Buenos Aires: Rubinzal--Culzoni, 2006. p. 68.

[38] LEGUISAMÓN, Héctor Eduardo. *Las presunciones judiciales y los indicios*. 2. ed. Buenos Aires: Rubinzal--Culzoni, 2006. p. 107.

[39] MOURA, Maria Thereza Rocha de Assis. *A prova por indício no processo penal*. Rio de Janeiro: Lumen Juris, 2009. p. 99.

[40] BRUSCHI, Gilberto Gomes; NOLASCO, Rita Dias; AMADEO, Rodolfo da Costa Manso Real. *Fraudes patrimoniais e a desconsideração da personalidade jurídica no Código de Processo Civil de 2015*. São Paulo: RT, 2016. p. 67-68.

[41] "Agravo de instrumento. Pretensão de anular pacto antenupcial. Decadência. A pretensão de anular pacto antenupcial, mediante alegação de vício de consentimento, versa sobre anulabilidade, e tem prazo decadencial expressamente previsto em lei, que é de quatro anos, contados da data em que

A fraude patrimonial quase sempre será apurada a partir de um conjunto de indícios que levarão o julgador a decidir por um processo lógico e intuitivo pela presunção, observando alguns comportamentos-chave e quase sempre presentes nos atos de fraude, por exemplo: 1) o estabelecimento de um preço vil na venda do bem; 2) a falta de recursos do comprador; 3) os vínculos de amizade ou de parentesco existentes entre as partes contratantes; 4) a falta do registro de saída do dinheiro correspondente à suposta compra; 5) a completa desnecessidade da venda, geralmente realizada em vésperas de um divórcio ou de uma separação ou dissolução de uma união estável; 6) o fato de o vendedor não estar devendo nem se encontrar em situação de necessidade financeira; 7) a súbita e injustificada venda do bem; 8) a falta de tradição (entrega ou transferência) ou a posse do bem vendido; 9) a vida pregressa das partes contratantes; 10) o preço da venda pago a longo prazo e o baixo valor das prestações contratado apenas para adequar a pseudonegociação aos poucos recursos da interposta pessoa do comprador; 11) contratos de compra e venda desprovidos de firmas reconhecidas em cartórios; e 12) o uso de tabelionatos localizados em outras cidades distintas do domicílio dos simuladores.

2.2.3 Atos a título gratuito

Prescreve o artigo 1.228 do Código Civil que o proprietário tem a faculdade de usar, gozar e dispor da coisa e o direito de reavê-la do poder de quem quer que injustamente a possua ou detenha, surgindo dessa ampla liberdade de disposição a possibilidade de alienações simuladas ou fraudulentas e realizadas em prejuízo de credores. Assim, no intento de impedir tais expedientes fraudulentos e praticados em detrimento dos credores, o sistema jurídico se arma de meios destinados ao controle da livre disponibilidade e administração de bens pelo devedor, construindo uma espécie de garantia patrimonial com mecanismos processuais criados para impor limites da disponibilidade de bens por parte do devedor, para que o seu patrimônio mantenha sua solidez como garantia e segurança dos credores.[42] Logo, os atos negociais só podem realmente ser inquinados de fraudulentos e passíveis de anulação, se efetivamente comprometerem a capacidade do devedor de honrar suas obrigações, reduzindo-o à insolvência, quando o seu passivo patrimonial superar o ativo.[43]

Os negócios de transmissão gratuita de bens ou de remissão, se praticados pelo devedor já insolvente, ou por eles reduzidos à insolvência, ainda quando os ignore, poderão ser anulados pelos credores como lesivos dos seus direitos (CC, art. 158), sendo dispensado o *consilium fraudis*, que é a intenção do devedor, que pode estar aliado a um terceiro, de ilidir os efeitos da cobrança perpetrada pelos credores. Na transmissão gratuita de bens fica obviamente dispensada a prova da intenção de fraudar porque prevalece o elemento objetivo de causar um dano com essa transmissão graciosa, estabelecendo a legislação brasileira a possibilidade de sua anulação, uma vez que o destinatário do bem não sofrerá qualquer prejuízo com a anulação do negócio jurídico, mesmo porque nada deu em troca pelo benefício que lhe foi destinado. Se o negócio

---

celebrado o negócio. No caso, entra a celebração do pacto antenupcial e do casamento, e a dedução do pedido de anulação em juízo, transcorreram-se mais de nove anos. De modo que é inafastável o reconhecimento de que efetivamente operou-se a decadência. Negaram provimento" (TJRS, 8.ª Câmara Cível, AI 70082776055, Rel. Des. Rui Portanova, j. 31.10.2019).

[42] CAHALI, Yussef Said. *Fraude contra credores*. São Paulo: RT, 1998. p. 38-39.

[43] TEPEDINO, Gustavo; OLIVA, Milena Donato. *Fundamentos do direito civil*. Teoria geral do direito civil. Rio de Janeiro: Forense, 2020. v. 1, p. 330.

gratuito fosse convalidado, o único prejudicado seria o credor do devedor, que ficou ou já estava insolvente e se desfez da última garantia de satisfação do crédito. A anulação do ato jurídico gratuito terá pertinência independentemente da prova de conhecimento do beneficiário acerca do caráter fraudulento da transação, tampouco é exigida a prova da má-fé do devedor, bastando fique demonstrada a sua insolvência em decorrência do ato gracioso de transmissão, existindo uma regra geral a respeito dos atos a título gratuito, no sentido de que são todos ineficazes, ainda que não haja propósito doloso do devedor e também prescinde de qualquer prova acerca da boa ou má-fé do adquirente.[44]

Conforme Yussef Said Cahali, no ato gratuito, a condição de cumplicidade não é necessária, obtendo o credor a revogação do ato por meio da ação anulatória, sem precisar provar qualquer concerto fraudatório entre as partes contratantes, uma vez que o único requisito é o fato de o devedor ficar reduzido à insolvência,[45] nos termos do artigo 955 do Código Civil.[46] Mesmo que ambos estivessem de boa-fé ao contratarem, o que importa é o estado de insolvência do devedor, pois a fraude contra credores tem justamente uma estreita relação com a redução do devedor ao estado de insolvência, seja ela consciente ou inconsciente, mas praticada com o claro ânimo de frustrar as garantias dos credores, como costumeiramente procedem devedores desesperados que doam a totalidade de seus bens para seus filhos para escaparem de seus credores, ou quando simulam seu divórcio ou a dissolução de sua união estável para renunciarem a sua meação em favor do outro cônjuge ou companheiro, ou até mesmo daqueles que simulam a constituição retroativa de uma união estável para resguardarem ao menos a metade de seus bens que ingressariam na meação do pseudoconvivente.

2.2.4 Atos a título oneroso

Enquanto no ato gratuito a lei dispensa a prova da fraude, sendo suficiente a existência da insolvência (CC, art. 158), o ato oneroso reclama a ocorrência da má-fé por parte do adquirente que precisa ter atuado na fraude com conhecimento do estado de insolvência do devedor, em verdadeiro *consilium fraudis*, não mais bastando a simples constatação da insolvência. Esse tratamento diferenciado com relação ao comprador do bem vendido pelo insolvente decorre do fato de que não mais se trata de uma liberalidade presente na transmissão gratuita, mas de um negócio que envolveu uma contraprestação patrimonial do comprador. Logo, se o adquirente agiu de boa-fé, ele se encontra na mesma posição do precedente credor, mas, se, ao contrário, o adquirente a título oneroso agiu de má-fé, foi mero cúmplice de um ato fraudulento que autoriza o ingresso da ação pauliana ou revocatória para desfazer o negócio claramente ilícito e praticado em detrimento do credor.

Os negócios jurídicos praticados com fraude contra credores são anuláveis em conformidade com o artigo 171, II, do Código Civil, dispondo o artigo 161 do Código Civil que, nos casos dos artigos 158 e 159 (transmissão gratuita de bens e transmissão onerosa de bens), a ação poderá ser intentada contra o devedor insolvente, a pessoa que com ele celebrou a estipulação considerada fraudulenta, ou terceiros adquirentes que tenham procedido de má-fé, ou seja, o terceiro adquirente, para ver anulada a sua aquisição, precisa ter agido de forma

---

[44] TENA, Juan Guillermo Lohmann Luca De. *Código Civil comentado*. Coordenação Manuel Muro Rojo e Manuel Alberto Torres Carrasco. Lima: Gaceta Juridica, 2020. t. I, p. 733.

[45] CAHALI, Yussef Said. *Fraude contra credores*. 3. ed. São Paulo: RT, 2002. p. 227.

[46] CC, art. 955. "Procede-se à declaração de insolvência toda vez que as dívidas excedam a importância dos bens do devedor."

maliciosa e consciente, fazendo o credor uso da ação pauliana ou revocatória prevista no artigo 161 do Código Civil, cuja demanda é especialmente destinada a atacar atos praticados em fraude contra credores. Em tais condições, a ação pauliana não tem o efeito de reintegrar o bem ao patrimônio do devedor, que permanece no patrimônio do adquirente, mas apenas o de determinar sua reversão ao acervo sobre o qual se tenha de efetuar o concurso de credores (CC, art. 165), permitindo que sobre ele recaia a penhora que porventura venha a ser realizada. Embora o bem não retorne ao acervo do insolvente, sobre ele permanecem as garantias e podem ser abrangidos pela execução, afetando a coisa ou o valor desviado fraudulentamente.[47]

Bastante ilustrativo se mostra o artigo 195 do Código Civil do Peru, ao dispor que o credor pode pedir que se declarem ineficazes os atos gratuitos praticados pelo devedor e aqueles pelos quais ele renuncie a direitos ou diminua seu patrimônio conhecido e prejudique a cobrança do crédito. Tratando-se de ato a título oneroso devem concorrer os seguintes requisitos: 1) se o crédito é anterior ao ato de diminuição patrimonial, do qual o terceiro tinha conhecimento do prejuízo que causava aos direitos do credor, ou que estivesse em razoável situação de conhecer ou de não ignorar a ocorrência do prejuízo; 2) se o ato cuja ineficácia é requerida for anterior ao surgimento do crédito, que o devedor e o terceiro o houvessem celebrado com o propósito de prejudicar a satisfação do crédito do futuro credor. Essa intenção é presumida no devedor quando ele dispõe de bens cuja existência ele havia informado por escrito ao futuro credor e se presume a intenção do terceiro quando conhecia ou estava em posição de conhecer o futuro crédito e o devedor carecer de outros bens registrados. Esse artigo 195 do Código Civil peruano disciplina a impugnação da ação pauliana, que tem por objeto a declaração de ineficácia de certos atos dispositivos do devedor e que prejudicam o credor, anotando Juan Gillermo Lohmann Luca De Tena que a ação pauliana intenta evitar a insolvência ou a redução da solvência conhecida do devedor, impedindo que se desprenda em favor de outros, do patrimônio que, de modo global, garante o crédito. O autor conclui alertando para a circunstância de que a ação pauliana ou revocatória tem uma função conservativa ou cautelar e não executiva de cobrança, visto que o êxito da demanda permite afetar bens que respondam pelo pagamento, porém não os expropria do devedor nem do adquirente, tratando-se a ação pauliana de um remédio para evitar o dano presente ou potencial, que não pode ir além do que reconstruir o patrimônio original.[48]

E prossegue Juan Gillermo Lohmann Luca De Tena escrevendo que o ulterior embargo dos bens e a cobrança do crédito já são assuntos independentes e próprios de uma pretensão autônoma, matéria de outro processo, porque os sujeitos e os títulos são diferentes. A ação de cobrança tem o credor contra o devedor; na pauliana, em contrapartida, tem legitimidade o credor contra o devedor e contra o adquirente e subadquirente, e a sentença, por suposto, favorece somente ao credor demandante, e não outros credores, tampouco o devedor. A respeito de outros credores, o bem se reputa, para todos os efeitos, saído legitimamente do patrimônio do devedor e entrado no patrimônio do terceiro adquirente; por conseguinte, fica subtraída da ação executiva a cobrança e na execução de sentença, o embargo e o arremate dos bens que estão em poder do terceiro adquirente.[49]

---

[47] CAHALI, Yussef Said. *Fraude contra credores*. 3. ed. São Paulo: RT, 2002. p. 394-399.

[48] TENA, Juan Guillermo Lohmann Luca De. *Código Civil comentado*. Coordenação Manuel Muro Rojo e Manuel Alberto Torres Carrasco. Lima: Gaceta Juridica, 2020. t. I, p. 730-731.

[49] TENA, Juan Guillermo Lohmann Luca De. *Código Civil comentado*. Coordenação Manuel Muro Rojo e Manuel Alberto Torres Carrasco. Lima: Gaceta Juridica, 2020. t. I, p. 731.

A legitimidade para propor a ação pauliana ou revocatória é dos credores quirografários prejudicados pelos atos de diminuição patrimonial do devedor insolvente, ainda que o crédito esteja sujeito à condição ou a prazo. No entanto, se o terceiro adquirente agiu de boa-fé, não pode ser atingido pela ação pauliana ou revocatória.

Entretanto, ao contrário, consoante dispõe o artigo 171, II, do Código Civil, se o adquirente agiu de má-fé, pode ser proposta a ação anulatória por fraude a credores. A sentença que reconhece a existência de vício em notório concerto fraudatório realizado para ajudar a esvaziar o patrimônio do devedor ordena o retorno do patrimônio transferido para a titularidade do devedor insolvente, repondo as coisas ao seu antigo estado e restabelecendo as garantias do credor autor da ação anulatória, e, não sendo possível restituir o bem, o credor será indenizado com o equivalente (CC, art. 182),[50] entendendo Néstor L. Lloveras em análise aos artigos 397 e 473 do Código Civil e Comercial argentino, os quais cuidam da inoponibilidade do consorte prejudicado pela fraude, que tanto ele pode reivindicar a restituição do bem subtraído do patrimônio comum como reclamar que o valor correspondente ao bem comum fraudado seja computado na liquidação da partilha.[51]

2.2.5 Fraude à lei

Explana Regis Fichtner Pereira que as normas jurídicas existem para orientar os indivíduos em sociedade, da qual sobreleva sua função educativa, já que enunciam os direitos de cada um relativamente ao próximo, o que leva a concluir devam as pessoas ter conhecimento das leis às quais elas se sujeitam,[52] tanto que o artigo 3.º da Lei de Introdução às Normas de Direito Brasileiro enuncia que a ninguém é dado se escusar de cumprir a lei, alegando que não a conhece. Muitos dispositivos legais são identificados como normas jurídicas cogentes ou imperativas, que, em razão da importância de seu conteúdo para o regramento da vida em sociedade, possuem o caráter de normas de ordem pública, não havendo possibilidade de não serem observadas por parte das pessoas a elas sujeitas,[53] sendo muitas delas atinentes ao direito de família e ao direito das sucessões. As regras imperativas podem conter um conteúdo restritivo, quando proíbem a produção de determinados resultados, que consideram indesejados, e estas são as mais frequentes, ou impõem outros atos que entende desejados, ou necessários, quando se trate de regra impositiva, sendo ambas absolutamente vinculativas. São normas de conduta e de resultado e que, portanto, visam a um determinado comportamento para que alcance ou não certo resultado, não admitindo que o resultado proibido seja obtido por outros meios, mesmo que não explicitamente proibidos. Assim, por exemplo, quando a lei civil proíbe a venda de bens de ascendente para descendente, não permite que esse resultado seja atingido, *verbi gratia*, no ato de um pai transferir um imóvel para uma pessoa jurídica ao mesmo tempo que o seu filho ingressa nessa sociedade empresária, pois esta seria uma maneira de fraudar a proibição legal. Portanto, a fraude à lei se dá quando o agente consegue lograr o resultado proibido por meio de atos que não contrariam as palavras da lei, e sim o seu sentido.[54]

---

[50] SILVA, Patrick Lendl. *A presunção de má-fé na fraude contra credores*. Florianópolis: Tirant lo Blanch, 2019. p. 27-28.

[51] Lloveras, Néstor L. *Régimen de deudas de los cónyuges*. Buenos Aires: Hammurabi. 2020. p. 123.

[52] PEREIRA, Regis Fichtner. *A fraude à lei*. Rio de Janeiro: Renovar, 1994. p. 5.

[53] PEREIRA, Regis Fichtner. *A fraude à lei*. Rio de Janeiro: Renovar, 1994. p. 11.

[54] PEREIRA, Regis Fichtner. *A fraude à lei*. Rio de Janeiro: Renovar, 1994. p. 15.

Por outro lado, como ensina José Beleza dos Santos, pode-se violar a lei por uma forma indireta, insidiosa, respeitando-a aparentemente, mas em realidade iludindo os preceitos da lei, não se atacando o seu texto, mas falseando o seu espírito, conseguindo de maneira oblíqua um resultado que por meios diretos não seria possível alcançar, porque expressamente proibido pelo texto legal.[55]

Na fraude à lei, o ato é praticado para atingir um fim que a lei não permite fazê-lo diretamente, sem que necessariamente o fraudador tenha em mira causar algum dano. Embora possa causá-lo, o dano não é da essência da figura jurídica da fraude contra a lei, ao passo que na fraude contra credores o agente procura exatamente prejudicar terceiros, dispondo de bens para subtraí-los à sua execução.[56] A fraude e a simulação podem coexistir, embora possa haver simulação sem fraude e também fraude sem simulação.[57]

O artigo 166, VI, considera nulo o negócio jurídico realizado com o objetivo de fraudar lei imperativa, qual seja realizado com o objetivo de escapar à incidência de uma norma imperativa para alcançar um resultado proibido pela legislação, infringindo uma ordem de interesse cogente, uma verdadeira e inaceitável infração à lei, como sucede, por exemplo, quando o artigo 426 do Código Civil ordena de forma genérica e acrítica que não pode ser objeto de contrato a herança de pessoa viva.

Por sua vez, o artigo 167 do Código Civil pronuncia ser nulo o negócio jurídico simulado, mas que subsistirá o que se dissimulou, se válido for na substância e na forma, e descreve no § 1.º do mesmo artigo 167 do Código Civil que haverá simulação nos negócios jurídicos quando: I – aparentarem conferir ou transmitir direitos a pessoas diversas daquelas às quais realmente se conferem, ou transmitem; II – contiverem declaração, confissão, condição ou cláusula não verdadeira; III – os instrumentos particulares forem antedatados ou pós-datados. O § 2.º do artigo 167 do Código Civil ressalva os direitos de terceiros de boa-fé em face dos contraentes do negócio jurídico simulado.[58]

Simular é fingir, mostrar para alguém com aparência falsa o contrário do que é na realidade, com a finalidade de induzir os outros em erro, ou, como refere José Beleza dos Santos, na simulação há um desacordo intencional entre a vontade real e a declarada, existindo na simulação o intuito de enganar, que pode ser fraudulento ou não, porque a simulação tem em vista violar a lei ou ofender legítimos interesses de terceiros, até podendo não ter a intenção de prejudicar, como acontece quando alguém, por exemplo, simula uma fortuna que não possui, ou por modéstia finge o inverso.[59] Para a configuração da simulação, A. Barreto Menezes Cordeiro revela a existência de três pressupostos: 1) um acordo entre o declarante e o declaratório (contraentes); 2) que suporta uma divergência entre a vontade manifestada e a vontade declarada; 3) com o intuito de enganar terceiros.[60]

---

[55] SANTOS, José Beleza dos. *A simulação em direito civil*. 2. ed. São Paulo: Lejus, 1999. p. 79-80.

[56] CAHALI, Yussef Said. *Fraude contra credores*. 3. ed. São Paulo: RT, 2002. p. 67.

[57] VELOSO, Alberto Júnior. *Simulação*. Aspectos gerais e diferenciados à luz do Código Civil de 2002. Curitiba: Juruá, 2004. p. 128.

[58] O Anteprojeto do Código Civil, em tramitação no Congresso Nacional, acrescenta três parágrafos ao artigo 167 do Código Civil, a saber: § 3.º Toda simulação, inclusive a inocente, é invalidante. § 4.º Sendo a simulação causa de nulidade do negócio jurídico, pode ser alegada por uma das partes contra a outra. § 5.º O reconhecimento da simulação prescinde de ação judicial própria, mas a decisão incidental que a reconhecer fará coisa julgada.

[59] SANTOS, José Beleza dos. *A simulação em direito civil*. 2. ed. São Paulo: Lejus, 1999. p. 52-53.

[60] CORDEIRO, A. Barreto Menezes. *Da simulação no direito civil*. Coimbra: Almedina, 2014. p. 65.

O intuito de enganar terceiros não importa obrigatoriamente em causar algum dano ou prejudicar outra pessoa, mas será maliciosa ou fraudulenta a simulação praticada com a intenção de provocar algum prejuízo a terceiro e dele retirar benefícios pessoais, e será inocente a simulação realizada sem o propósito de danificar alguém.

Diferença ainda é anotada doutrinariamente entre a simulação absoluta, quando simulam todo o negócio jurídico que, em realidade, permanece inalterado, criando unicamente a ilusão de que determinada posição jurídica foi transmitida para um sujeito, não obstante o direito se conserve na esfera de domínio do titular originário, quando, por exemplo, os pais simulam a venda de um imóvel para um dos filhos, com a anuência expressa dos demais filhos, porém ficou provado que os genitores continuaram habitando no imóvel como se proprietários fossem, bem como que a alienação foi simulada para afastar o imóvel da garantia de credores. Na simulação relativa, as partes pretendem uma efetiva alteração do *status* real, mas com contornos distintos daqueles declarados, quando, por exemplo, simulam uma dação em pagamento com a entrega de um bem, mas em realidade simularam uma doação, qual seja, na simulação relativa ou dissimulação existem dois negócios distintos, em que um negócio contratual inverídico dissimula o outro que é a verdadeira negociação.

Por fim, entre fraude e simulação existem diferenças de constituição e diferenças com relação à sua eficácia, porquanto o ato fraudulento é ilícito, ao passo que o ato simulado como aparência pode ser lícito ou ilícito. No entanto, o ato fraudatório é inoponível e o ato simulado é nulo com relação à sua vítima quando absoluto, eis que sua eficácia é relativizada e o negócio jurídico pode ser considerado válido com relação ao comprador de boa-fé.

2.2.6 Fraude de credores

A fraude contra credores consiste em ato de alienação de bens, que leva o devedor conscientemente ao estado de insolvência, impedindo que possam ser satisfeitas suas dívidas em prejuízo de seus credores, ordenando o artigo 338 do Código Civil argentino, por sua clareza didática, "que todo credor pode solicitar a declaração de inoponibilidade dos atos celebrados por seu devedor em fraude de seus direitos, e das renúncias ao exercício de direitos ou faculdades com os quais pudesse melhorar ou evitar piorar seu estado de fortuna".

Marcos Bernardes de Mello conceitua a fraude contra credores dizendo que ela se constitui em relação a todo o ato de disposição e oneração de bens, créditos e direitos, a título gratuito ou oneroso, praticado por devedor insolvente ou por ele tornado insolvente, que acarrete redução de seu patrimônio, em prejuízo de credor preexistente, para, na sequência, descrever que caracterizam a fraude contra credores os seguintes atos: a) a prática de qualquer ato de disposição que implique redução do patrimônio ativo do devedor; b) a insolvência do devedor, existente quando da prática do ato de disposição ou dele decorrente; c) a preexistência de credores ao ato; d) o prejuízo do credor (*eventos damni*). Entretanto, ressalta que não constituem elementos essenciais da fraude contra credores, quando existir de forma consciente: a) o propósito de fraudar (*consilium fraudis*); b) o conhecimento, pelo figurante beneficiário, da insolvência do devedor (*scientia fraudis*); c) a onerosidade ou gratuidade de disposição; d) a natureza quirografária do crédito.[61]

Na fraude contra credores, os negócios jurídicos praticados são anuláveis (CC, art. 171, II), conquanto presentes alguns de seus requisitos: (i) a existência de dívida anterior ao

---

[61] MELLO, Marcos Bernardes de. *Teoria do fato jurídico*. Plano da validade. 15. ed. São Paulo: Saraiva, 2019. p. 261.

Cap. 2 • PARTILHA DOS BENS CONJUGAIS | **195**

momento da diminuição patrimonial, não havendo fraude se o devedor contraiu a dívida depois da sua insolvência (CC, art. 158, § 2.º); (ii) os atos de diminuição patrimonial devem causar efetivo prejuízo aos credores, do denominado evento danoso (*eventos damni*), não havendo fraude, se o devedor possui outros bens em seu patrimônio, o que significa que a ação pauliana não pode ser exercitada quando o credor dispõe de outros meios para cobrar o seu crédito, tendo a Terceira Turma do STJ decidido, por unanimidade, no REsp. 1.926.646/SP, julgado em 15 de fevereiro de 2022, na relatoria da Ministra Nancy Andrighi, que não caracteriza fraude contra o credor a doação de imóvel em que residem pais e filhos, pois a propriedade como bem de família, é impenhorável.[62]

Portanto, o crédito, do ponto de vista do credor, ou a dívida considerada sob a ótica do devedor, deve ser precedente ao estado de insolvência e tem de haver, necessariamente, um prejuízo representado pela situação de insolvência do devedor, porquanto não basta para caracterizar a fraude de credores a simples diminuição no patrimônio do devedor, porque a lei exige o

---

[62] "Civil e processual civil. Recurso especial. Ação pauliana. Negativa de prestação jurisdicional. Ausência. Bem de família. Manutenção da destinação. Impenhorabilidade. Reconhecimento. Fraude contra credores afastada. Cerceamento de defesa. Configuração. 1. Ação pauliana ajuizada em 31/03/2015, da qual foi extraído os presentes recursos especiais interpostos em 28/02/2020 e 02/03/2020 e conclusos ao gabinete em 04/02/2021. 2. O propósito recursal é decidir se a) houve negativa de prestação jurisdicional; b) a doação de imóvel onde reside a família configura fraude contra credores e c) houve cerceamento de defesa. 3. É firme a jurisprudência do STJ no sentido de que não há ofensa ao art. 1.022 do CPC/15 quando o Tribunal de origem, aplicando o direito que entende cabível à hipótese soluciona integralmente a controvérsia submetida à sua apreciação, ainda que de forma diversa daquela pretendida pela parte. Precedentes. 4. A ocorrência de fraude contra credores requer: (i) a anterioridade do crédito; (II) a comprovação de prejuízo ao credor (eventus damni) e (III) o conhecimento, pelo terceiro adquirente, do estado de insolvência do devedor (scientia fraudis). O eventus damni trata-se de pressuposto objetivo e estará configurado quando o ato de disposição impugnado pelo credor tenha agravado o estado de insolvência do devedor ou tenha levado a este estado. 5. A fraude contra credores na hipótese de alienação de bem impenhorável, especialmente de bem de família, exige uma ponderação de valores pelo juiz em cada situação particular; de um lado, a proteção legal conferida ao bem de família, fundada no direito à moradia e no mínimo existencial do devedor e/ou sua família e, de outro, o direito à tutela executiva do credor. 'O parâmetro crucial para discernir se há ou não fraude contra credores ou à execução é verificar a ocorrência de alteração na destinação primitiva do imóvel – qual seja, a morada da família – ou de desvio do proveito econômico da alienação (se existente) em prejuízo do credor' (REsp. 1.227.366/RS). 6. Na hipótese, os recorrentes e seus filhos residem no imóvel desde o ano 2000. Embora esse bem tenha sido doado, no ano de 2011, pelo casal aos filhos menores, a situação fática em nada se alterou, já que o bem continuou servindo como residência da entidade familiar. Ou seja, o bem permaneceu na posse das mesmas pessoas e teve sua destinação (moradia) inalterada. Essas peculiaridades demonstram a ausência de eventus damni e, portanto, de disposição fraudulenta. 7. A jurisprudência do STJ é no sentido de que a proteção instituída pela Lei 8.009/1990, quando reconhecida sobre metade de imóvel relativa à meação, deve ser estendida à totalidade do bem. Precedentes. Assim, não sendo a esposa devedora, a doação de sua quota-parte sobre o imóvel (50%) não pode ser tida por fraudulenta. E, haja vista que os donatários residem no local, por mais essa razão, o imóvel está protegido pela garantia da impenhorabilidade do bem de família. 8. Há cerceamento de defesa na hipótese em que o magistrado julga antecipadamente a lide, indeferindo a produção de provas previamente requeridas pelas partes, e conclui pela improcedência da demanda com fundamento na falta de comprovação do direito alegado. Precedentes. Na hipótese, o devedor também doou sua quota-parte de outro bem imóvel. Para comprovar a solvabilidade, postulou a produção de prova pericial, mas tal requerimento não foi examinado pelo juiz, que julgou o mérito de forma antecipada e contrariamente aos interesses do devedor sob o fundamento de que este não comprovou a sua solvência. Portanto, houve cerceamento de defesa. 9. Recursos especiais conhecidos e providos".

dano e o conhecimento do estado de insolvência do devedor pelo terceiro adquirente, para assim caracterizar o concerto fraudatório e desfazer a transação, salvo se o negócio concertado tenha sido realizado na modalidade graciosa. No entanto, adverte o artigo 159 do Código Civil que, sendo notória a insolvência ou existindo motivos para o outro negociante conhecer o estado de insolvência daquele com que está contratando, o negócio é passível de anulação.

Na análise do artigo 338 do Código Civil argentino, escreve José M. Orelle ser possível dizer que há fraude aos credores, também chamada de fraude pauliana, se o ato realizado pelo devedor: a) provoca ou agrava a sua insolvência; b) se o realiza com o propósito de evitar eventuais ações dos credores, com o consequente prejuízo para esses mesmos credores, configurando-se o negócio fraudulento sem necessidade de atribuir o dolo ao devedor.[63]

Para o combate dos efeitos da fraude contra credores, os lesados dispõem da ação pauliana dos artigos 158 a 165 do Código Civil, que é a ação pela qual os credores impugnam os atos perpetrados em fraude pelo devedor e que têm a eficácia de desconstituir o ato fraudulento,[64] desfazendo os atos praticados pelo devedor e restabelecendo a garantia dos credores. Na sistemática do artigo 163 do Código Civil, decorre a presunção de fraude contra credores se o devedor está insolvente, se as dívidas já existiam e se estabeleceu em favor de uma delas garantia real nova, independentemente de quaisquer outras indagações, merecendo procedência a ação pauliana, mesmo que o credor beneficiado não conhecesse o estado de insolvência, concluindo os autores Humberto Theodoro Júnior e Helena Lanna Figueiredo que a presunção emerge da lei, justamente pelo fato de o ato ser fraudatório do direito dos demais credores, sendo exigidos, portanto, três requisitos para configuração da presunção de fraude pelo artigo 163 do Código Civil: a) o devedor deve estar insolvente; b) vários devem ser os credores preexistentes; c) a garantia real há de ser dada a apenas um deles.[65]

O objetivo da ação pauliana consiste em que seja declarada a ineficácia relativa, perante os credores prejudicados, do ato jurídico impugnado, perseguindo o restabelecimento da situação anterior à celebração do ato fraudulento, ainda que apenas na medida necessária para que possam ser satisfeitos os interesses desses credores. Entretanto, não será procedente a ação pauliana, nem será formatada a rescisão, tampouco a retroação dos efeitos do ato impugnado, quando não for possível restabelecer a situação anterior à celebração do ato fraudulento, quando os bens que são objetos dos contratos de transferência se acharem em poder de terceiros que não agiram de má-fé, bem como também por qualquer causa que torne impossível devolver os bens, cometendo apenas reclamar indenização pelos prejuízos causados pela lesão.[66] A ação pauliana ou revocatória igualmente protege o adquirente de boa-fé a título oneroso dos bens, que desconhecia o prejuízo que estava causando ao credor, não sendo esse terceiro afetado pelo exercício da ação pauliana e que mantém inatacável a sua posição de adquirente.

Portanto, a ação pauliana deve possibilitar a restituição dos bens transferidos ou onerados em fraude contra credores, uma vez que ela não visa à satisfação do crédito, mas unicamente assegurar que o bem retome sua originária posição de garantia patrimonial.

---

[63] ORELLE, José M. *Código Civil y Comercial comentado*. Tratado exegético. Coordenação Ignacio E. Alterini. 3. ed. Buenos Aires: Thomson Reuters/La Ley, 2019. v. II, p. 885-886.

[64] CAIS, Frederico F. S. *Fraude de execução*. São Paulo: Saraiva, 2005. p. 70.

[65] THEODORO JÚNIOR, Humberto; FIGUEIREDO, Helena Lanna. *Negócio jurídico*. Rio de Janeiro: GEN/Forense, 2021. p. 585.

[66] SÁNCHEZ, Luis Felipe Ragel. *El régimen de gananciales*. Navarra: Thomson Reuters/Aranzadi, 2017. p. 503.

A ação pauliana atinge o ato fraudulento, tendo em conta que a sentença de procedência não considera anulável o ato praticado em fraude contra credores, mas apenas declara a ineficácia relativa desse ato fraudulento, em benefício do credor e autor da ação. A ação pauliana também é chamada de ação revocatória, existindo a ação revocatória falencial, considerada uma especialização da ação pauliana, cujo efeito jurídico consiste em devolver à massa da falência o bem desviado.[67]

2.2.7 Fraude de execução

A responsabilidade patrimonial é a sanção que o devedor vai sofrer pelo não cumprimento da obrigação, embora no passado a execução pelo descumprimento das obrigações encontrava a garantia do adimplemento pela execução pessoal, que era satisfeita com a própria vida do devedor, em uma absurda inversão de valores em um tempo em que a vida do devedor valia menos que os bens,[68] muito embora ainda exista, e sob protesto de muitos jurisconsultos, a execução pessoal corporificada na prisão civil do devedor de alimentos (CPC, art. 528).[69] Lembra José Miguel Garcia Medina que também ultrapassa o aspecto meramente patrimonial a intervenção judicial em empresa, para permitir a execução específica com a nomeação de um interventor, conforme ordena o artigo 102 da Lei 12.529/2011 (Lei Antitruste), e ainda nas obrigações de fazer, quando o artigo 536, *caput* e § 1.º do Código de Processo Civil autoriza o juiz a tomar outras medidas, como a imposição de multa, a busca e apreensão, a remoção de pessoas e coisas, o desfazimento de obras e o impedimento de atividade nociva, podendo, caso necessário, requisitar o auxílio de força policial ou das medidas restritivas de direitos do executado e ordenadas no artigo 139, IV, do Código de Processo Civil.[70]

Com a humanização do direito, a responsabilidade pessoal em que o próprio corpo do devedor servia como garantia da sua dívida foi substituída, com raras exceções, pela garantia patrimonial, dispondo o artigo 789 do Código de Processo Civil que o devedor responde com todos os seus bens para o cumprimento das suas obrigações,[71] suportando os bens do executado os efeitos da sanção executiva, tendo ele a responsabilidade de preservar essa segurança patrimonial.

A fraude à execução é vista pela doutrina como uma especialização da fraude contra credores, descrevendo o artigo 789 do Código de Processo Civil a regra geral da responsabilidade patrimonial do devedor, que responde com todos os seus bens presentes e futuros para o cumprimento de suas obrigações em via executiva, mesmo tratando-se de bens em poder de terceiros,[72] quando, por exemplo, se encontrem em nome do cônjuge ou do companheiro, nos

---

[67] SALAMACHA, José Eli. *Fraude à execução*. Direitos do credor e do adquirente de boa-fé. São Paulo: RT, 2005. p. 107-108.

[68] ABELHA, Marcelo. *Manual de execução civil*. 6. ed. Rio de Janeiro: Forense, 2016. p. 71.

[69] A Terceira Turma do Superior Tribunal de Justiça admitiu o cumprimento da prisão por dívida de alimentos em regime domiciliar, caso a devedora seja mãe e única responsável por outro filho menor de 12 anos. Disponível em: https://www.stj.jus.br/sites/portalp/Paginas/Comunicacao/Noticias/2023/05052023--Terceira-Turma-admite-prisao-domiciliar-para-devedora-de-alimentos-que-cuida-de-filho-menor.aspx. Acesso em: 10 jan. 2024.

[70] MEDINA, José Miguel Garcia. *Execução*. 5. ed. São Paulo: RT, 2017. p. 61.

[71] ABELHA, Marcelo. *Manual de execução civil*. 6. ed. Rio de Janeiro: Forense, 2016. p. 73.

[72] "Agravo de instrumento. Execução de título extrajudicial. Bloqueio de ativos financeiros em conta bancária de terceiro. Indeferimento. Hipótese, contudo, em que estão presentes fortes indícios de ocorrência de fraude à execução. Executado que não possui ativos financeiros, nem é titular de contas bancárias em seu próprio nome. Existência de declaração ao Fisco do pagamento de vultoso montante a título

casos em que seus bens próprios ou de sua meação respondem pela dívida (CPC, art. 790, IV) daqueles bens cuja alienação tenha sido anulada em ação autônoma de fraude contra credores (CPC, art. 790, VI) e nos casos de desconsideração da personalidade jurídica (CPC, art. 790, VII), salvo as restrições estabelecidas em lei e que excluem determinados bens do processo executivo (CPC, art. 833).

Para a caracterização da fraude à execução basta que sejam alienados bens na pendência de demanda capaz de reduzir o devedor à insolvência, não sendo sequer necessário que se trate de processo de execução ou processo de conhecimento em fase de cumprimento de sentença, eis que a fraude pode se consumar até mesmo na fase do processo de conhecimento, desde que a disposição patrimonial tenha a possibilidade de levar o devedor à insolvência.

Doutrina e jurisprudência existente ao tempo do Código de Processo Civil de 1973 inclinavam-se pela verificação da boa-fé, somente gerando a ineficácia do ato de alienação praticado pelo devedor no curso da demanda, se o adquirente estivesse de má-fé e em conluio com o devedor, desaparecendo a presunção de boa-fé, se o bem estivesse penhorado ou arrestado, e se o ato constritivo estava averbado no registro competente,[73] ocorrendo nesta hipótese uma presunção absoluta da fraude, sendo relativa a presunção de fraude nas demais proposições. Conforme o artigo 792 do Código de Processo Civil, a alienação ou a oneração de bem será considerada fraude, e neste caso a presunção de fraude é absoluta, quando sobre o bem pender ação fundada em direito real ou com pretensão reipersecutória, desde que a pendência do processo tenha sido averbada no respectivo registro público, se houver (inc. I); quando tiver sido averbada, no registro do bem, a pendência do processo de execução, na forma do art. 828 (inc. II); quando tiver sido averbada, no registro do bem, hipoteca judiciária ou outro ato de constrição judicial originário do processo em que foi arguida a fraude (inc. III); quando, ao tempo da alienação ou da oneração, tramitava contra o devedor ação capaz de reduzi-lo à insolvência (inc. IV); nos demais casos expressos em lei (inc. V), por exemplo, quando o bem ou o crédito estiverem em mãos de terceiro, como sucede no caso do artigo 856, § 3.º, do Código de Processo Civil.

Como refere Marcelo Abelha, o legislador estabelece momentos diversos e remédios igualmente diferentes para tutelar a responsabilidade patrimonial, de modo que, se o devedor viola a responsabilidade patrimonial mediante o desfalque do seu patrimônio antes de instaurada a demanda condenatória ou o processo de execução movido pelo credor, não haverá ato ilícito processual, e o credor fará uso da ação pauliana ou revocatória pela prática de fraude ao credor, bem como utilizará a fraude à execução, que pode ser declarada no próprio processo quando já instauradas as respectivas ações executivas.[74] Nesse sentido, José Sebastião de Oliveira

---

de mensalidades escolares de seus filhos. Esclarecimentos da escola que noticiam que a quitação das mensalidades ocorreu por meio de emissão de cheques de terceira pessoa, que se apresentou como funcionária do devedor. Arresto liminar determinado. Requisitos legais presentes. Arts. 300 e 301 do CPC. Perigo de dano ao resultado útil do processo evidenciado. Terceira pessoa que deve ser intimada para esclarecimentos nos termos do art. 792, § 4.º, do CPC. Conversão do arresto em penhora que só poderá ocorrer após a decretação da fraude à execução. Recurso parcialmente provido" (TJSP, 16.ª Câmara de Direito Privado, Agravo de Instrumento 2217833-52.2019.8.26.0000, Rel. Des. Mauro Conti Machado, j. 18.09.2020).

[73] OLIVEIRA, Guilherme Peres de; AVELINO, Murilo Teixeira. *Comentários ao Código de Processo Civil*. Organização Lenio Luiz Streck, Dierle Nunes e Leonardo Carneiro da Cunha. Coordenação Alexandre Freire. São Paulo: Saraiva, 2016. p. 1043-1044.

[74] ABELHA, Marcelo. *Manual de execução civil*. 6. ed. Rio de Janeiro: Forense, 2016. p. 100.

é enfático ao aduzir que a fraude à execução somente deverá ocorrer se a alienação ou a oneração se concretizou, quando já existia demanda contra o devedor, pelo que o bem que fora objeto de negócio jurídico com o terceiro já era considerado indisponível diante da lei.[75]

2.2.8 Fraude contra cônjuge ou companheiro

Embora os atos fraudulentos imperem e grassem livremente por todos os segmentos do mundo jurídico, é talvez no âmbito das relações conjugais e afetivas onde se verifica a sua maior incidência, que é igualmente nefasta, especialmente quando os vínculos de amor e de afeto se rompem e se instaura um processo de desvinculação ou de desapego, que sempre causa aos membros de uma família compreensíveis graus de sofrimento e por vezes de humilhação. Carmen López usa a expressão *infidelidade financeira* ou *infidelidade econômica* para identificar movimentos comuns e constantes de casais em que um deles oculta os gastos e ingressos comuns do outro parceiro, apontando que uma pesquisa realizada em 2019, pela Universidade de Notre Dame dos Estados Unidos, publicada no *Journal of Consumer Research*, informou que 41% dos entrevistados admitiu haver cometido "enganos financeiros" em suas relações afetivas e que 43% dos entrevistados haviam sido desonestos com sua(eu) parceira(o) em temas de dinheiro.[76]

São frustrações pessoais que provocam reações de ódio, ciúmes e de ressentimentos, tudo encoberto pelo medo de reconhecer o fracasso de um importante projeto pessoal de vida, dando margem a vinganças com um acentuado abuso econômico, levado a efeito na tentativa de fraudar direitos inerentes ao regime de comunicação patrimonial, talvez movidos de forma inconsciente ou não, mas usualmente determinado a demonstrar ao ex-cônjuge, ou convivente e atual oponente, ao menos valor econômico e a segurança material que o consorte ressentido e inconformado com a separação representava durante a constância e aparente fase harmoniosa da sociedade conjugal, transformando outrora amantes fervorosos em ferozes algozes e revanchistas materiais.

A *fraude conjugal* é espécie do mesmo gênero, mas que não mereceu no Código Civil brasileiro a mesma atenção dedicada pelo artigo 473 do Código Civil argentino, quando dispõe serem oponíveis ao outro cônjuge os atos outorgados por um deles dentro dos limites de suas faculdades, porém com o propósito de fraudar, entendendo existir a fraude quando uma pessoa se serve do ato jurídico como modo de frustrar um interesse legítimo de outra pessoa ou obter um resultado contrário ao direito,[77] existindo dois focos muito frequentes na seara familista da fraude executada para frustrar o direito de meação e a fraude no sentido de o cônjuge provedor provocar sua insolvência para eludir sua obrigação alimentar. Sobre este artigo 473 do Código Civil e Comercial argentino escreve Néstor L. Lloveras não ser necessário para configurar a fraude que exista um crédito em data anterior a determinado ato, nem que este crédito de terceiro provoque a insolvência do consorte fraudador, como tampouco que, aquele que contratou com o cônjuge a título oneroso tivesse conhecimento que o ato provocava ou agravava a insolvência, pois a finalidade do dispositivo de lei citado é o de proteger a meação do outro consorte na partilha dos bens comuns, servindo a inoponibilidade de qualquer ato de levantamento de bens, seja antes ou depois de dissolvida a

---

[75] OLIVEIRA, José Sebastião de. *Fraude à execução*. São Paulo: Saraiva, 1986. p. 69.

[76] LÓPEZ, Carmen. Infidelidad financiera, cuando lo que se oculta es el extracto bancario. Disponível em: https://Smoda.elpais.com/trabajo/infidelidad-financiera-cuando-lo-que-se-oculta-es-el-extracto-bancario/. Acesso em: 4 ago. 2022.

[77] FERRER, Francisco A. M. El régimen patrimonial matrimonial. *In*: CÓRDOBA, Florencia I. (coord.). *Tratado de la familia*. Buenos Aires: Thomson Reuters/La Ley, 2020. t. I, p. 577.

comunidade, provocando a restituição do bem à massa conjugal ou fazendo pesar a sua falta mediante um crédito correspondente.[78]

Conforme Adriana Noemí Krasnow, ao deflagrarem um regime de comunidade de bens com o casamento, os cônjuges têm, em igualdade de condições, um direito em expectativa sobre a massa de bens comuns, e, quando esse direito é suscetível de sofrer algum prejuízo por algum ato perpetrado pelo outro consorte, com o propósito de diminuir o líquido partilhável, aí então se apresenta a fraude entre cônjuges.[79] O mesmo se presta aos conviventes, existindo uma demanda fraudatória muita intensa realizada com recurso às formas societárias para desviar bens conjugais, acentuando-se uma nova modalidade que vem sendo detectada com a criação de *holdings* familiares que titulam os bens imóveis e até mesmo móveis, sejam eles de uso estritamente familiar ou não, porquanto alguns imóveis podem ser adquiridos pelo casal com a intenção de gerarem rendimentos com a sua locação e para a constituição da sociedade imobiliária são colacionados argumentos que contêm um fato real respeitante à incidência de uma alíquota tributária menor, mas que muitas vezes serve unicamente como uma convincente escusa para subtrair do outro consorte o controle sobre a livre disposição dos bens imóveis que dispensam a outorga conjugal no contrato societário, aplicando o estatuto societário no lugar das leis que regem o *estatuto familiar* ou *estatuto sucessório*.

Entre cônjuges e conviventes é bastante comum o exercício fraudatório atribuindo ao consorte devedor uma porção de bens em valor inferior ao correspondente à sua real meação, sem falar que costumam ingressar na sua meação os bens de menor relevância ou de mais difícil alienação, ficando o outro cônjuge não devedor com os bens de maior interesse pessoal e de maior liquidez, representando este expediente um veemente indício de fraude, não obstante tudo tenha sido realizado por aparentes atos oficiais de um divórcio ou de uma separação judicial ou extrajudicial e muitas vezes sigam os cônjuges vivendo em plena harmonia e coabitação em uma estável relação. Nesse caso, embora cônjuges ou companheiros tenham simulado a ruptura do seu relacionamento, ao menos levaram adiante o procedimento formal de divórcio ou de dissolução de sua relação afetiva, que, no entanto, não sofreu nenhuma solução de continuidade diante da evidência de que o relacionamento segue hígido e em verdadeira afronta ao comportamento sociofamiliar contraditório dos fraudadores, em um autêntico e censurável *venire contra factum proprio*, permitindo anular o excesso dessa partilha diante da sua evidente gratuidade. Ainda que não tenha sido pago qualquer imposto de reposição pelo excesso da meação, não fica descaracterizada a estranha liberalidade conjugal de um consorte ou companheiro que se tornou insolvente ao se desfazer dos seus bens que serviam de garantia a seus credores. Fingem separação ou divórcio, a partilha e até mesmo obrigação alimentar, cujos bens e valores terminam blindados por passarem a constar em nome do consorte que não deve para terceiros credores e que se fiaram na meação dos bens do devedor.

A ação de fraude entre cônjuges ou conviventes é uma variante da fraude genérica, que tem suas próprias especificidades, em virtude de suas características especiais e oriundas dos relacionamentos afetivos, uma vez que nelas está muito mais presente e enraizada a crença de que entre esposos, que justamente convivem porque se amam e buscam o mesmo ideal corporificado no bem comum, atuando sempre e com a natural e esperada boa-fé, proveniente de um interesse familiar único que parte da mútua proteção conjugal e familiar, jamais poderia

---

[78] LLOVERAS, Néstor L. *Régimen de deudas de los cónyuges*. Buenos Aires: Hammurabi. 2020. p. 119.

[79] KRASNOW, Adriana Noemí. *Régimen patrimonial del matrimonio*. Buenos Aires: Erreius, 2019. p. 206.

ocorrer qualquer situação de fraude. Seria de imaginar que os consortes e companheiros tendessem a trabalhar por sua segurança e proteção patrimonial, atributos que estendem aos seus filhos, não havendo como pensar que um dos cônjuges ou conviventes pudesse pôr em prática manobras ilícitas e desleais com viés patrimonial, dirigidas a fraudar os direitos atinentes à meação do outro consorte ou para prejudicar o seu direito como credor de alimentos.

Tem eficácia restrita a obrigatoriedade de assentimento do cônjuge, mas que não tem previsão expressa para o companheiro, prognosticada no artigo 1.647 do Código Civil que proíbe, exceto no regime da separação absoluta de bens, que sem a autorização do outro cônjuge possa um deles alienar ou gravar de ônus real os bens imóveis (inc. I); pleitear, como autor o réu, acerca desses bens ou direitos (inc. II); prestar fiança ou aval (inc. III); fazer doação, não sendo remuneratória, de bens comuns, ou dos que possam integrar futura meação (inc. IV).

Eduardo Zannoni escreve que a lei impõe restrições à livre administração e disposição que cada cônjuge tem sobre os bens próprios e alguns dos bens comuns, como uma espécie de *controle de mérito* para algumas transações, mediante a exigência do assentimento do outro consorte para a disposição ou oneração de bens imóveis, com especial proteção para o imóvel que tem como assento a moradia conjugal[80] e para que a família não seja surpreendida com a alienação da habitação familiar, muito embora, na atualidade, os bens mais valiosos nem sempre são os bens imóveis, mas sim os bens considerados intangíveis e geralmente vinculados à tecnologia digital, e ao seu lado as ações ou quotas de empresas que podem circular livremente mediante uma variedade impressionante de alterações contratuais, mudanças do tipo societário e transformações sociais facilmente executadas para evitar que a sociedade seja dissolvida e que os sócios recebam a restituição de seus aportes e benefícios. Portanto, ante qualquer ameaça contra a solidez e segurança societária, mormente gerada pelas dissoluções afetivas de seus sócios, novas sociedades podem ser facilmente constituídas ou alterações contratuais podem ser postas rapidamente em ação para que os sócios em risco conjugal aportem seus recursos para as novas sociedades que serão constituídas ou alteradas mediante expedientes societários como a incorporação, fusão ou cisão.

Certamente seria muito mais seguro e acertado que também fosse uma exigência legal colher o assentimento do cônjuge ou convivente para a constituição e para quaisquer alterações contratuais de sociedades empresárias, ou de todo e qualquer bem móvel comum e registrável, no intuito de prevenir e reduzir a incidência da fraude conjugal, como expressamente determina o artigo 470 do Código Civil argentino, ao ordenar que a administração e a disposição dos bens comuns, embora pertençam ao cônjuge que os tenha adquirido, exigem o assentimento do outro consorte para o ato de alienar ou gravar: a) os bens registráveis; b) as ações nominativas não endossáveis e não *cartulares*; c) as participações em sociedades; d) os estabelecimentos comerciais, industriais ou agropecuários.

Embora não mencione expressamente a fraude conjugal, certamente ela está caracterizada caso algum desses específicos e proibidos atos seja exercido sem o consentimento expresso do outro cônjuge, ressalvado o regime da separação absoluta de bens, mas olvidando-se o legislador da armadilha que construiu involuntariamente ao abrir essa regra de exceção genérica para o regime da separação de bens, porquanto se esqueceu do regime obrigatório da separação de bens e sobre o qual, consoante massiva doutrina e significativa jurisprudência, entende que a esse regime impositivo se aplicam os efeitos emanados da Súmula 377 do Supremo

---

[80] ZANNONI, Eduardo A. *Sociedades entre cónyuges, cónyuge socio y fraude societario*. Buenos Aires: Astrea, 1980. p. 53.

Tribunal Federal,[81] a qual ordena a partilha dos bens aquestos, transformando o regime da separação obrigatória de bens em um regime de comunhão parcial de bens e, portanto, autorizando silenciosamente a prática da fraude, pois o cônjuge casado pela separação legal de bens não precisaria buscar a vênia de seu consorte. Assim, fica legal e inadvertidamente autorizado a alienar, por exemplo, um imóvel adquirido onerosamente na constância do relacionamento e que a Súmula 377 do STF considera como um bem comunicável por ter sido adquirido na constância do casamento regido pela separação convencional de bens.

Entretanto, é de relativa eficácia a necessidade do assentimento ou da vênia conjugal para a alienação ou oneração de bens imóveis, notadamente nos dias atuais, em que a fraude recai, especialmente, sobre bens cuja existência pode ser provada, mas que não têm um registro oficial que reclama a outorga conjugal, como são exemplos comuns as contas bancárias e aplicações financeiras, quotas sociais, ações de empresas, entre outros bens cuja prova da existência não guarda a mesma facilidade, como joias, obras de arte, antiguidades e moedas virtuais.

Nem é preciso referir mais uma vez as conhecidas manobras praticadas mediante a simulação com relação aos bens registráveis, como acontece com o uso corrente da personalidade jurídica e inclusive da interposta pessoa física, qual seja, por um lado, valendo-se das estruturas societárias para subtrair bens comuns e, de outro, recorrendo a *testas de ferro* ou amigos, parentes, conhecidos e subalternos subservientes, que emprestam seus nomes de forma consciente ou inconsciente para a prática abusiva e fraudulenta do desvio de bens conjugais e convivenciais. E sem deslembrar que muitas dessas pessoas se apresentam como falsos credores para embargarem bens conjugais, executando créditos simulados e fictícios, contraídos por um cônjuge fraudador que se diz devedor do exequente, e com esse arranjo fraudatório procura extrair alguma riqueza do acervo conjugal.

Não constando do ato de alienação ou de oneração de imóvel conjugal o consentimento do outro cônjuge, ainda que não figure como cotitular do bem, o ato pode ser impugnado por revelar uma fraude executada para frustrar o direito a participar nos bens comuns e comunicáveis, como também seria fraude se a venda se desse com a vênia do consorte. No entanto, o preço oficialmente contratado se mostras acanhado para depois ser descoberto que a venda ocultou um preço complementar alcançado sub-repticiamente pelo comprador ao cônjuge fraudador.

Daí haver como manobra de fraude certos atos que, praticados durante a vigência do regime de comunicação dos bens e enquanto não realizada sua liquidação e partilha, resultam em prejuízo do outro parceiro afetivo, como também são os atos de disposição gratuita de bens realizados igualmente sem o assentimento do cônjuge ou companheiro, sendo até mais fácil de pôr em prática essa modalidade fraudulenta no instituto da união estável, para o qual não há uma exigência legal prevista na legislação brasileira, que reclame a expressa outorga do companheiro. Como idêntica facilidade, existe no regime matrimonial da participação final nos aquestos, cujo artigo 1.675 do Código Civil manda computar o valor das doações feitas por um dos cônjuges, sem a necessária autorização do outro, como forma de proteger as expectativas patrimoniais do consorte fraudado em sua meação.

Para caracterização da fraude não se faz necessário o elemento subjetivo da *intenção de fraudar*, bastando o critério objetivo da mera lesão causada aos interesses do cônjuge prejudicado, ou seja, não se exige o acordo fraudulento entre as partes do negócio, já que a

---

[81] Súmula 377 do STF: "No regime da separação legal de bens comunicam-se os adquiridos na constância do casamento".

motivação pode ser individual e posta em execução silenciosa por uma das partes. Doutrina e jurisprudência consideram fraudulentos os atos de destruição voluntária e injustificada de bens, havendo, inclusive, expressa menção no corpo da Lei Maria da Penha (Lei 11.340/2006), quando qualifica no artigo 7.º, IV, como caracterizando a violência patrimonial de gênero qualquer conduta que configure retenção, subtração, destruição parcial ou total de objetos, instrumentos de trabalho, documentos pessoais, bens, valores e direitos ou recursos econômicos, incluindo os destinados a satisfazer as necessidades da esposa, companheira, parceira ou de qualquer mulher.

Do mesmo modo fraud os interesses do outro cônjuge ou companheiro quem faz gastos suntuários e excessivos, que estão acima do padrão de vida da família ou que se mostrem incompatíveis com as quantidades e necessidades presentes, fato muito comum em tempos de crise conjugal, em que um dos parceiros superfatura cartões de crédito visando não só a causar um dano material ao consorte, mas também a criar-lhe dívidas e infortúnios materiais com restrições comerciais e de consumo, negativando o bom nome do esposo, além de um indevido enriquecimento com as exageradas e inoportunas aquisições materiais. Também há fraude quando o companheiro ou esposo priva maliciosamente o seu consorte ou convivente dos frutos advindos da capacidade produtiva dos bens comuns, como o não acesso às safras colhidas, dividendos ou aluguéis. Contudo, não podem ser considerados como bens colacionáveis à meação os honorários ou ingressos da atividade profissional do cônjuge ou companheiro e aquilo que seu meeiro imagina ter deixado de amealhar porque o marido passou a trabalhar menos ou porque parou de exercer a sua profissão sem causa justificada, ou porque sua esposa tinha expectativas de ingressos pela carteira de clientes do esposo como profissional liberal, ou de um empresário, cuja pessoa jurídica e sua participação societária têm constituição e aporte anteriores ao matrimônio ou à data do início da união estável.

De acordo com o artigo 473 do Código Civil e Comercial da Argentina, os atos que o cônjuge realiza como administrador do monte comum durante a vigência do casamento, mesmo que dentro dos limites das suas faculdades de gestor, mas que os faz com o propósito de fraudar a meação de seu consorte, são atos fraudatórios que atentam contra a ordem pública e, portanto, são neutralizados e havidos como inoponíveis com relação ao consorte prejudicado. Obviamente, a fraude realizada por um consorte durante a gestão dos bens comuns para reduzir ou esvaziar a meação do outro esposo pode ser denunciada na constância do casamento ou da união estável, ou mesmo logo depois da separação de fato, e ainda depois de sua formal dissolução, observado o prazo prescricional do artigo 205 do Código Civil e a suspensão da contagem da prescrição na constância da sociedade nupcial (CC, art. 197, I), ficando ressalvados os direitos dos terceiros adquirentes, sempre que comprovada a sua boa-fé na aquisição onerosa do bem conjugal. Nessa direção, o Código Civil[82] e Comercial argentino tampouco condiciona a ação de fraude ao ajuizamento do divórcio ou da dissolução de uma união estável se for considerada a realidade familiar brasileira, não obstante o que costuma acontecer, diz com propriedade Néstor L. Lloveras, é que a descoberta da fraude resulta no desequilíbrio da relação afetiva e que dificilmente não desembocaria na dissolução do relacionamento.[83]

---

[82] No REsp. 1.817.812/SP, da Quarta Turma, datado de 03 de setembro de 2024, da relatoria do Ministro Marco Buzzi, o STJ concluiu que a partilha conjugal, convivencial ou hereditária é imprescritível.

[83] LLOVERAS, Néstor L. *Extinción y liquidación de la comunidad matrimonial de bienes*. Buenos Aires: Hammurabi. 2020. p. 115.

Claramente, o direito argentino regula uma questão interna havida entre os cônjuges e, por decorrência da administração fraudulenta de seus bens comuns, ordena a inoponibilidade dessas transações com relação ao outro consorte, mas não diz que o ato também é inoponível contra o comprador do bem, pois no tocante ao terceiro deverá ser apurada a sua boa ou má-fé para que o bem desviado seja compensado na primeira hipótese, ou para ordenar que ele retorne ao acervo matrimonial na segunda alternativa.

Está sedimentado pela doutrina e pela jurisprudência brasileiras que a extinção da comunidade de bens opera com a separação de fato dos cônjuges ou conviventes, tanto que o § 1.º do artigo 1.723 do Código Civil[84] reconhece a existência de uma união estável, ainda que qualquer dos conviventes prossiga no estado de casado, contanto que estivesse separado de fato do consorte ao começar sua fática relação afetiva. No entanto, a apuração da fraude tem extensão retroativa com poderes de pesquisa dos atos fraudatórios eventualmente praticados na constância da vida conjugal (CC, art. 197, I), como também a separação de fato não isenta de responsabilidade o cônjuge que segue na administração dos bens conjugais enquanto não efetivada a partilha, apenas que a partir da fática separação ou da separação oficial, quando ausente precedente separação de fato, inicia a contagem da prescrição (REsp 1.660.947/TO), que fica suspensa durante a coabitação dos cônjuges e cujo ato pressupõe a perseverança do casamento.

2.2.8.1 Referência histórica da fraude na meação

A fraude sempre esteve presente nas relações conjugais, porém os mecanismos antes disponíveis para combatê-la eram menos eficientes e pouco utilizados, especialmente no direito brasileiro, que antes de iniciar propriamente a partilha dos bens reclamava uma precedente e demorada ação de *desquite*, depois convertida em separação judicial litigiosa, para comprovação precípua da culpa conjugal e para só depois de anos de intenso litígio judicial abrir as portas do Poder Judiciário para uma segunda fase de embates processuais conjugais, dando início ao processo de partilha e de liquidação dos bens que integravam o acervo matrimonial, uma vez que só poderia haver divisão dos bens comuns e pagamento das meações depois de oficialmente extinta a sociedade conjugal. Mencionando o artigo 1.571 do Código Civil de 2002, que existe até os dias atuais, a sociedade conjugal só termina pela morte de um dos cônjuges (inc. I); pela nulidade ou anulação do casamento (inc. II); pela separação judicial (inc. III); ou pelo divórcio (inc. IV), dispondo o artigo 1.571 da nova redação proposta no Anteprojeto do Código Civil, em trâmite pelo Congresso Nacional, que a sociedade conjugal e a sociedade convivencial também terminam pela separação de corpos ou pela separação de fato dos cônjuges ou conviventes. Significava compreender que, enquanto não fosse oficial e definitivamente encerrado o matrimônio por sentença judicial firme e transitada em julgado, os bens conjugais não seriam partilhados e persistiria firme e inquebrantável o regime de bens. Logo, o cônjuge que estivesse na livre administração do patrimônio comum estava oficialmente autorizado a seguir administrando e dispondo desses bens, ao menos daqueles que não fossem imóveis, pois estes reclamam a vênia conjugal, mas forçando o outro consorte a ter de promover, depois do trânsito em julgado da separação, do divórcio, da anulação ou nulidade do seu casamento, uma ação pauliana ou revocatória, que era adicional ao processo de partilha tentando desfazer

---

[84] No Anteprojeto do Código Civil, em tramitação no Congresso Nacional, o artigo 1.723 foi revogado e substituído pelo artigo 1.564-A, constando a referência à separação de fato em seu § 1.º.

as amarras e negociações jurídicas realizadas pelo consorte em concílio fraudatório com terceiros de má-fé, ou em negócios legítimos com terceiros de boa-fé, que desconheciam a intenção do marido ou da esposa de prejudicar a meação de seu respectivo consorte. Portanto, o cônjuge fraudado tinha de correr literalmente atrás do prejuízo causado pelo esposo que, com tempo e disposição, esvaziava o monte patrimonial do casamento.

No direito medieval espanhol, o marido como administrador da sociedade conjugal estava autorizado a vender os bens comprados durante o matrimônio, se fosse necessário, desde que não o fizesse maliciosamente, e o fazia sem a outorga da esposa, salvo se ficasse provado que o fizera para danificar os direitos patrimoniais da mulher. Assim, a legitimação unilateral do marido só encontrava como limite a malícia, a fraude e o dano causado à esposa por ocasião da dissolução do casamento. Embora fosse um fato bastante incomum para a época, a esposa podia obter uma sentença que servisse para ser futuramente ressarcida pelo valor dos bens vendidos, e não a nulidade da venda, que era consolidada, ainda que ela fosse ineficaz em relação à mulher. Não obstante o direito tenha evoluído e passado a exigir o consentimento expresso do cônjuge mulher, o regramento jurídico seguia sem impor qualquer sanção ao marido por seu ato fraudulento.[85] É o que exatamente sucede até os dias atuais no direito brasileiro, que não impõe qualquer sanção ao esposo fraudador, que desvia ou que intenta desviar bens conjugais, deixando sempre a costumeira e incentivante sensação de impunidade, como um forte componente motivador dessa prática bem concorrida da fraude conjugal ou convivencial. Caso frustrada a tentativa da fraude, o bem simplesmente retorna ao acervo comum, ou o seu valor será compensado com bens ainda constantes na meação do marido, isso se ele não se tornar uma pessoa insolvente, fato que na prática impedirá o ressarcimento da esposa. Se porventura a fraude for exitosa, o fraudador será material e psicologicamente premiado por seu mesquinho sentimento de fraudar a meação da esposa, uma vez que a legislação brasileira, tirante os efeitos de ineficácia do ato e o da reintegração do bem, se ausente a boa-fé do comprador, ou a sua compensação com outro bem, se não for possível o ressarcimento do valor, a lei brasileira não sanciona com nenhuma forma de punição os atos de fraude exercidos pelo cônjuge administrador.

Por seu turno, a ação pauliana – cuja denominação homenageia o pretor romano Paulo, que a introduziu no direito romano – visa a anular qualquer ato fraudulento praticado pelo devedor insolvente em prejuízo dos seus credores, sendo indispensável para a sua caracterização a presença de dois elementos constitutivos, consistindo o primeiro deles no resultado do dano, qual seja, que as vendas, doações, cessões ou compromissos de venda tenham deixado o fraudador insolvente, nada mais tendo de patrimônio para garantia de seus credores; e o conluio da fraude, este representado pelo propósito malicioso de prejudicar seus credores, estando entre os atos mais comuns passíveis de ser anulados pela ação pauliana, a doação, a constituição de dote, a renúncia ao usufruto, a renúncia de herança, a renúncia de qualquer direito adquirido, a remissão de dívidas, o pagamento de dívidas não vencidas, a instituição de garantias reais e, entre outros, a realização de contratos onerosos.[86]

Recorda Arnaldo Rizzardo que a defesa mais acentuada da meação era contemplada pelo artigo 3.º da Lei 4.121, de 27 de agosto de 1962 (Estatuto da Mulher Casada),[87] permitindo extrair uma noção muito exata de que a fraude conjugal corria solta no âmbito dos casamentos

---

[85] MARTÍNEZ, María Eugenia Rodríguez. *La acción de rescisión por fraude a los derechos del consorte en la sociedad de gananciales*: el art. 1.391 CC. Valencia: Tirant lo Blanch, 2002. p. 14.

[86] OLIVEIRA, Lauro Laertes de. *Da ação pauliana*. 2. ed. São Paulo: Saraiva, 1982. p. 14-23.

[87] RIZZARDO, Arnaldo. *Direito de família*. Rio de Janeiro: Aide, 1994. v. I, p. 328.

e não se fez diferente nas relações estáveis, eis que o Estatuto da Mulher Casada era o instrumento legal mais eficiente para tentar coibir ou minimizar apenas uma das modalidades de fraude, sem prejuízo da ação pauliana, pois prescreve o mencionado artigo que: "Pelos títulos de dívida de qualquer natureza, firmados por um só cônjuge, ainda que casados pelo regime de comunhão de bens, responderão os bens particulares do signatário e os comuns, até o limite de sua meação".

O Estatuto da Mulher casada permitiu estabelecer uma clara linha divisória nas relações econômicas conjugais, mantendo o regime da comunicação de bens, mas sem a comunicação de dívidas, salvo se contraídas por ambos os cônjuges ou em inquestionável benefício da célula familiar. Não que os bens conjugais deixem de responder pelas dívidas de um casal, mas estão ressalvados quando contraídos por mero impulso do cônjuge administrador e com a intenção de fraudar os direitos e as rendas de seu consorte. Antigo acórdão ilustra com muita clareza essa profunda transformação trazida para o seio do direito de família brasileiro, ao dividir as responsabilidades econômicas e financeiras assumidas individualmente pelos cônjuges e no âmbito de seus restritos interesses pessoais:[88] "A Lei 4.121/1962, art. 3.º, criou uma hipótese de ressalva ou exclusão da meação, em relação aos títulos de dívida de qualquer natureza, firmados por um só dos cônjuges, mesmo que casados pelo regime de comunhão universal, vinculando somente, o limite da meação do firmatário, ou os seus bens particulares, se os tiver. Ora, em tais condições é de se reconhecer à mulher casada a qualidade de terceiro quando pleiteia a exclusão da sua meação, pois que invoca aí direito próprio".[89]

Sendo, em regra, as esposas vítimas da fraude patrimonial, elas ainda dispunham, pela processualística revogada e como eficiente instrumento de defesa da sua meação, dos denominados *embargos de terceiro*, os quais tinham assento legal no artigo 1.046, § 3.º, do Código de Processo Civil de 1973, o qual estabelecia que aquele que não fosse parte no processo, sofresse turbação ou esbulho na posse de seus bens por ato de apreensão judicial, em casos como o de penhora, depósito, arresto, sequestro, alienação judicial, arrecadação, arrolamento, inventário, partilha, poderia requerer que lhe fossem manutenidos ou restituídos por meio de embargos, e completava no § 3.º que considerava também como terceiro o cônjuge quando defendesse a posse de bens dotais, próprios, reservados, ou de sua meação.

Evidentemente, a ação de fraude tem trânsito processual contra os atos ardilosos executados na vigência da comunidade afetiva e também daqueles causados durante a extinção, liquidação e partilha dos bens comuns, sendo alcançados pela sentença de condenação por fraude os atos de disposição de bens e os de maliciosa e deliberada administração ruinosa do patrimônio comunicável. Nessa hipótese, a ação judicial se inclina para apurar a responsabilidade civil, tendo as ações de fraude e de responsabilidade como ponto comum os prejuízos causados à meação do outro cônjuge ou convivente, não se estendendo obviamente qualquer repercussão jurídica quando simplesmente atingem apenas os bens particulares ou a meação do causador do dano.

Em regimes de comunicação de bens é corriqueiro que um dos consortes ou conviventes fique à frente da administração do acervo patrimonial pertencente à entidade familiar, respondendo o administrador por eventuais danos que causar ao seu parceiro no âmbito da responsabilidade civil. Não há, porém, como confundir os conceitos de administração com os de

---

[88] MADALENO, Rolf. A entrega da renda líquida de bens conjugais como antecipação de tutela. *In*: MADALENO, Rolf. *Novas perspectivas no direito de família*. Porto Alegre: Livraria do Advogado, 2000. p. 87.

[89] RT 400/396.

disposição dos bens, dado que dessa liberdade o consorte ou companheiro administrador não usufrui com absoluta autonomia, eis que queda limitado em sua atuação de disposição dos bens em razão do matrimônio ou da união estável, salvo se lhe tenha sido outorgada uma procuração por instrumento público, com poderes genéricos ou específicos de disposição de bens, em regra dos bens conjugais imóveis, pois pode se desfazer com facilidade, e sem o assentimento do outro consorte, de joias, obras de arte, dinheiro, ações ou quotas sociais e moedas virtuais.

Na união estável, um companheiro até pode dispor livremente dos bens registrados em seu exclusivo nome pessoal, mas necessitará da procuração da companheira caso queira dispor dos bens registrados em nome dela. Extrapolando em seus atos de administração e avançando para atos fraudulentos, que leva, a efeito, para lucrar ilicitamente, ocasionando dolosamente um dano para a sociedade conjugal ou convivencial, o consorte ou companheiro fraudador será devedor do montante desviado ou do dano causado ao patrimônio comum, e, se o adquirente do bem em conluio com o cônjuge proceder de má-fé, o negócio será passível de anulação.

A ação de fraude não está condicionada à prévia dissolução do casamento ou da união estável e muito menos à posterior ou concomitante ação de partilha, apenas que na constância do matrimônio a meação do cônjuge prejudicado permanece blindada pela não incidência da prescrição (CC, art. 197, I). Entretanto, essa proteção desaparece a partir da separação de fato do casal, a qual é o termo inicial da contagem prescricional, tendo sempre presente que a expressão constância do casamento pressupõe harmonia e comunhão de vida conjugal, cuja regra geral é a coabitação, que só pode ser dispensada, mesmo na união estável, por alguma justificada impossibilidade resultante do trabalho, da saúde ou de algum isolamento social, e essa convivência deixa de existir a partir do ato levado a efeito por qualquer um dos consortes ou conviventes ao exercer a sua fática e irreversível separação.[90]

Antigamente, e para o desespero do cônjuge prejudicado, os atos de fraude só poderiam ser contestados quando realizados a partir do ajuizamento da ação de *desquite*, intitulada de separação judicial depois do advento da Lei do Divórcio, nada podendo ser questionado enquanto vigessem a sociedade conjugal e a coabitação. Se houvesse precedente separação de corpos, ainda precisaria ser judicialmente postulada e deferida a oficial separação judicial, cujo impasse foi paulatinamente superado a partir da noção de que o verdadeiro termo final da comunidade de bens era efetivamente o ato da separação de fato, e não a data do ajuizamento da ação de separação judicial, ou, pior ainda, como muitos defendiam, contando o prazo prescricional somente depois do trânsito em julgado da sentença de separação judicial, mantendo, dessarte, uma verdadeira aberração jurídica ao perseverar direitos patrimoniais de meação ou de herança sobre corpos que não mais coabitavam. Seria realmente incongruente que, em um sistema de vidas separadas, que naturalmente acarretava a cessação dos deveres conjugais de fidelidade, coabitação e assistência recíproca, que a separação de fato também não implicasse a interrupção da comunidade de bens e a exclusão hereditária. No entanto, até os dias atuais, o Código Civil brasileiro defende o absurdo da culpa mortuária, prescrita pelo seu artigo 1.830, ao reclamar uma separação fática de mínimos dois anos, salvo prova de que a convivência se tornara impossível sem culpa do sobrevivente, e sim por culpa do defunto.[91]

---

[90] É de ser consignado que a Quarta Turma do STJ, em decisão relatada pelo Ministro Marco Buzzi, no REsp. 1.817.812/SP, datada de 03 de setembro de 2024, concluiu pela imprescritibilidade da ação de partilha.

[91] MADALENO, Rolf. A concorrência sucessória e o trânsito processual: a culpa mortuária. *Revista Brasileira de Direito de Família*, Porto Alegre, v. 29, p. 146-147, abr./maio 2005.

Fraude significa burla, trapaça, malícia, engano, é ato contrário à verdade, levada a efeito com a intenção de prejudicar direitos ou interesses de terceiros,[92] valendo-se o credor fraudado da *ação pauliana* para impedir que o devedor altere a garantia representada por seu patrimônio, tornando-se insolvente ou agravando a sua insolvência,[93] buscando com a ação revocatória a restauração do estado jurídico anterior ao ato de disposição dos bens pelo devedor. Como por igual ocorre, em particular, na revocatória da falência e que está regulamentada pelo artigo 130 da Lei 11.101, de 9 de fevereiro de 2005 (Lei de Recuperação e Falências), cujo dispositivo estabelece serem revogáveis os atos praticados com a intenção de danificar os credores do falido, provando-se o conluio fraudulento ocorrido entre o devedor e o terceiro que com ele contratar, e o efetivo prejuízo sofrido pela massa falida, além das hipóteses previstas de mero despacho do juiz da falência para declarar a ineficácia do ato e ordenar o retorno dos bens à massa falida. O artigo 129 da Lei de Recuperação e Falências (Lei 11.101/2005) considera ineficazes, em relação à massa falida, o pagamento de dívidas não vencidas; o pagamento de dívidas vencidas e exigíveis realizados dentro de um termo legal; a constituição de direito real de garantia; a prática de atos a título gratuito, desde dois anos antes da decretação da falência e a renúncia à herança ou legado, até dois anos antes da decretação da falência, tenha ou não o contratante conhecimento do estado de crise econômico-financeira do devedor; tenha existido ou não a intenção de fraudar credores, ou seja, basta que o ato resulte em prejuízo para a massa, criando, portanto, dois efeitos distintos com respeito ao mesmo ato; sendo o primeiro deles o de declaração de sua ineficácia, que são aquelas hipóteses listadas no artigo 129 da Lei de Recuperação e Falências (Lei 11.101/2005), ordenando o juiz o retorno dos bens por decisão interlocutória, que inclusive pode ser prolatada de ofício; e o segundo efeito ordenando que os bens retornem à massa, porque decidido que são nulos os atos de disposição patrimonial praticados com fraude, mas estes sempre exigem o ajuizamento da ação revocatória (Lei 11.101/2005, art. 130).[94]

Mostra a experiência forense, com as ações de separações e de divórcios judiciais, que sempre precede ao processo de dissolução do casamento ou da união estável um chamado *período suspeito*, permitindo, por empréstimo do direito falimentar brasileiro, sejam buscados os pressupostos fáticos e jurídicos que consagram, recomendam e até ordenam a aplicação do indissociável *princípio da revocatória falencial*, que chama para trás, convoca a volta dos atos de gestão do consorte que atuou como administrador das riquezas conjugais. Tal qual o empresário quando antevê a quebra da sua empresa e, na ânsia de superá-la, ou de minimizar seus drásticos efeitos, dispõe dos bens ou assume obrigações que superam o regular comprometimento financeiro da empresa. Também o cônjuge, quando arrostado a enfrentar a ruptura nupcial contra sua vontade ou por sua livre iniciativa, se mostra propenso a ferir a ética conjugal e a romper a lealdade conferida pela natureza do mandato de gestão do patrimônio matrimonial outorgado com o ato das núpcias. Imbuído desse espírito, ele pratica atos de desvio e, portanto, de fraude à meação do seu parceiro, atuando dentro de um período anterior ao processo de divórcio, cuja distribuição ou citação do processo ele posterga ao máximo para evitar a obstrução judicial dos seus atos fraudatórios. Proveniente desses seus movimentos escusos que tencionam debilitar a meação do seu consorte, com seus atos de disposição que se iniciam muito antes do divórcio

---

[92] NONATO, Orosimbo. *Fraude contra credores (da ação pauliana)*. Rio de Janeiro: Editora Jurídica e Universitária, 1969. p. 7.

[93] NONATO, Orosimbo. *Fraude contra credores (da ação pauliana)*. Rio de Janeiro: Editora Jurídica e Universitária, 1969. p. 36.

[94] BEZERRA FILHO, Manoel Justino. *Nova Lei de Recuperação e Falências comentada*. 3. ed. São Paulo: RT, 2005. p. 296-297.

oficial, há coerente resultado processual recorrer ao juiz do divórcio para que, por analogia, aplique na ação de divórcio o princípio da revocatória falencial, no propósito de revogar os atos considerados prejudiciais à massa dos bens conjugais e convivenciais.[95]

Diz Orosimbo Nonato que na falência se estabelece um período suspeito, tornando ineficazes os atos dentro deles praticados, e simplificam-se as ações tendentes à reintegração na massa dos bens do devedor por ele transmitidos em prejuízo dos credores. Por seu turno, a ação pauliana é endereçada ao devedor insolvente, pois, se tem outros bens que garantam a dívida, não há necessidade da ação revocatória. Ela objetiva proteger aos credores que já o eram ao tempo da prática fraudulenta, de sorte que quem se tornou credor após a prática destes atos não sofreu prejuízo, mas teve apenas diminuída a garantia representada pelo patrimônio do devedor.[96]

Há uma diferença entre fraude e simulação, que são dois institutos jurídicos diversos, embora por vezes seus lineamentos legais costumam perder sua nitidez, porquanto, usualmente, quem pratica a fraude utiliza como instrumento corrente a simulação, não resultando muito claras as fronteiras entre ambos os institutos. A concepção acerca da fraude é de que se trata de verdadeiro ilícito, ao passo que o ato simulado como aparência pode ser lícito ou ilícito, acarretando um e outro diferentes resultados quanto à sua eficácia, pois o ato fraudulento é inoponível e o ato simulado é nulo.

Formas comuns de fraude à meação do outro cônjuge ocorrem com a alienação de bens conjugais, embolsando o fraudador o preço da venda, ou utilizando os recursos havidos com a venda de um bem conjugal e investindo ou construindo benfeitorias que valorizem os bens particulares do fraudador, não havendo necessidade de demonstrar o dolo e a intenção propositada de causar um dano, sendo suficiente unicamente a prova do prejuízo causado, ou que tenha se servido dos recursos para gastos e diversões pessoais sem a intenção da fraude, contudo presente o enriquecimento injusto ou o prejuízo material gerado.

Outro exemplo de fraude à meação é quando pessoa casada, embora separada de fato, mantém novo relacionamento no qual constrói com a companheira um expressivo acervo comum e, favorecido pelos bens constarem em seu nome pessoal e figurando oficialmente com o estado civil de casado, antes de dissolver a sua união estável, o fraudador acorda com a sua primitiva esposa o seu divórcio extrajudicial ou judicial, e para ela transfere todos os seus bens construídos com a sua atual companheira, atribuindo a titularidade desses bens amealhados em sua atual convivência para meação da sua primeira mulher, com quem geralmente tem filhos que podem ou não existir na segunda relação afetiva. Depois, aguarda silenciosamente o tempo decadencial de quatro anos do artigo 178 do Código Civil, consolidando pelo decurso do prazo da ação anulatória a propriedade dos bens pertencentes ao segundo relacionamento afetivo na meação da agora ex-esposa, tudo engendrado e posto em ação no firme propósito de favorecer sua família anterior e seus filhos do primeiro casamento em detrimento da companheira atual, que foi quem ajudou com seu esforço pessoal para que fosse construído um acervo de bens, cuja aquisição desses bens desviados para a ex-mulher do companheiro fraudador muitas vezes resultou do exclusivo esforço pessoal da companheira atual. No entanto, com essa engenhosa fraude perpetrada pelo desleal companheiro, sua parceira se vê destituída da sua meação que foi parar no domínio da ex-esposa do seu parceiro fraudador e de cujos bens serão apenas herdeiros os filhos do primeiro casamento do fraudador.

---

[95] MADALENO, Rolf. O princípio da revocatória falencial na partilha dos bens conjugais. *In*: MADALENO, Rolf. *Novas perspectivas no direito de família*. Porto Alegre: Livraria do Advogado, 2000. p. 148-149.

[96] NONATO, Orosimbo. *Fraude contra credores (da ação pauliana)*. Rio de Janeiro: Editora Jurídica e Universitária, 1969. p. 52 e 57.

2.2.8.2 Renúncia de meação

A renúncia é ato ou negócio jurídico dispositivo pelo qual o titular de um direito extingue esse direito,[97] e, por sua natureza, tanto pode ser unilateral, bilateral ou plurilateral, não no sentido de que a renúncia de um credor para sua validade necessite da concordância do devedor, e sim diante da ideia de que uma ou mais pessoas podem contratar coletivamente a renúncia recíproca de créditos ou de direitos existentes entre elas. Obviamente, a renúncia pura e simples a um crédito, a um direito ou a uma propriedade, isoladamente vista como um ato de remissão de um direito, não depende da vontade ou do consentimento da outra parte. Podem, por exemplo, os cônjuges renunciar em um ato jurídico a eventual herança concorrencial um do outro, pois não é possível saber qual deles, em circunstâncias normais, vai falecer em primeiro lugar, convencionando, portanto, que nenhum deles deseja ser destinatário dos direitos hereditários concorrenciais dos quais seriam titulares, caso sobrevivessem ao outro consorte, efetivando-se essa renúncia bilateral por escritura pública para efeitos de registro, e, se assim não fosse, necessário talvez bastasse o simples abandono do direito.

Embora existam alguns direitos havidos como irrenunciáveis, como são os direitos à personalidade, à vida, à liberdade, à honra, à integridade física, e, apenas como registro histórico, também diziam doutrina e jurisprudência que os alimentos seriam igualmente irrenunciáveis, a verdade é que, ao menos com relação aos alimentos, a renúncia foi claramente relativizada justamente por essas mesmas doutrina e jurisprudência brasileiras que evoluíram com o passar do tempo, dando-se conta de que o direito familista é essencialmente dinâmico e que as firmes interpretações do passado não reproduzem necessariamente a visão do presente. É extremamente salutar que assim o seja, pois, do contrário, ainda vivenciaria o direito de família brasileiro a crença insustentável de que todos os direitos de família seriam irrenunciáveis, quando, na atualidade, restam apenas como direitos irrenunciáveis os alimentos dos menores e incapazes, sobretudo quando o Superior Tribunal de Justiça tem se pronunciado pela transitoriedade dos alimentos processualmente decretados nas relações afetivas horizontais e circunstancialmente devidos nas relações que se desfazem entre cônjuges e conviventes.

São bem mais simples e de fácil trânsito conjugal os pactos positivos ou de instituição de bens, cuja adoção da comunicação patrimonial sempre foi da tradição dos casamentos brasileiros, especialmente porque as mulheres exerciam funções domésticas de cuidados para com os filhos e para com o marido, abdicando de uma atividade remunerada, prevalecendo a cultura da abnegada *dona de casa* ao lado da cultura de o marido exercer isoladamente o papel de provedor da família.

Ainda antes do advento da Lei do Divórcio imperava o casamento indissolúvel, com a adoção do regime legal da comunhão universal de bens, depois substituído pelo regime legal da comunhão parcial dos bens aquestos e adquiridos na constância da sociedade conjugal de forma onerosa e com escasso uso dos pactos antenupciais para adoção de outras espécies de regimes patrimoniais, muito especialmente o regime da separação convencional de bens.

Com a mudança dos ventos sociais da paridade de gêneros, aos poucos foram surgindo algumas mudanças que ainda se apresentavam de forma acanhada e até constrangedora, pois atentavam contra a cultura da comunicação de bens, sempre vista como uma justa compensação ao cônjuge mulher, e uma verdadeira segurança econômica da esposa que tradicionalmente era dedicada às atividades caseiras. Entrementes, com a maior libertação da mulher no campo profissional, não sem grande resistência e frustração masculina, os casamentos passaram a ser

---

[97] CAVALCANTI, José Paulo. *Da renúncia no direito civil*. Rio de Janeiro: Forense, 1958. p. 11-12.

precedidos de pactos antenupciais com a eleição do regime convencional da separação de bens, pois cada cônjuge profissionalmente independente poderia construir seu próprio lastro patrimonial, mas imensamente injusto com os matrimônios tradicionais, nos quais as mulheres continuavam somente dedicadas aos filhos, à casa e ao marido, e, com a facilidade do divórcio diante da fragilidade alcançada pela baixa tolerância de uma vida a dois, essas mulheres dedicadas às lidas do lar terminavam empobrecendo por ficarem ao lado de maridos que ajudaram a enriquecer.

O inusitado que surgiu como prática das experiências afetivas atuais e que tem se tornado comum entre os futuros casais tem sido a adoção dos pactos antenupciais e contratos de convivência com a eleição do regime convencional da completa separação de bens. Tem sido tão arraigada a opção pelos regimes opcionais de separação de bens que, até no caso da imposição do regime legal da separação de bens, em razão da idade de qualquer dos consortes ou conviventes, por cujo requisito etário incide o regime obrigatório da separação de bens (CC, art. 1.641, II), tem se sobressaído o exercício adicional da autonomia privada, em que os noivos septuagenários (Súmula 655/STJ) acrescem ao regime obrigatório a opção convencional do regime de bens, para deixarem inequívoco que a escolha do regime é ato de livre escolha, e não apenas uma imposição legal. Pretendem-se com esse gesto adicional, que se encontra na esfera dos negócios jurídicos conjugais, ratificar que é desejo recíproco que seus bens não se comuniquem, e assim poderia ser livremente determinado pelo legislador, mesmo quando o pacto antenupcial ensaia adentrar na seara contratual do direito sucessório, desde que estivesse demonstrada a existência de uma simetria material nas relações conjugais.[98]

De qualquer forma, o STF decidiu, no Agravo no Recurso Extraordinário 1.309.642/SP, Tema 1.236, relatado pelo Ministro Luís Roberto Barroso, em 1º de fevereiro de 2024, que os casais e conviventes com idade igual ou superior a 70 (setenta) anos podem alterar o regime da separação de bens mediante escritura pública ou requerimento judicial e substituí-lo por qualquer regime de comunicabilidade de bens, passando a valer para o futuro e tendo sido fixada a seguinte tese: "Nos casamentos e uniões estáveis envolvendo pessoa maior de 70 anos, o regime de separação de bens previsto no artigo 1.641, II, do Código Civil, pode ser afastado por expressa manifestação de vontade das partes mediante escritura pública". Já sob a ótica do Anteprojeto do Código Civil, em tramitação no Congresso Nacional, o artigo 1.641 do Código Civil é inteiramente revogado.

Reflexos da autonomia privada contratual em constante expansão entre cônjuges e conviventes se expressa em sede de pactos antenupciais, contratos de convivência, ou em contratos sucessórios, que passarão a ter importante função em aras de negócios familiares, embora ainda desconhecidos na prática do direito brasileiro, assim como escrituras e acordos judiciais de divórcio ou de separação e dissolução de união estável também são férteis espaços para o exercício da autonomia privada. Um bom exemplo disso é a legislação portuguesa, cuja Lei 48/2018 reconheceu a possibilidade de renúncia recíproca à condição de herdeiro legitimário na convenção antenupcial e alterou o artigo 1.700.º do Código Civil de Portugal, além de acrescentar o artigo 1.707.º-A e o n.º 2 ao artigo 2.168.º do mesmo diploma civil. Superaram-se, assim, os supostos limites que existem no direito português quanto à liberdade dos pactos sucessórios, consoante exposto no artigo 2.028.º, n.º 2, que proíbe os contratos sucessórios que não estejam expressamente previstos em lei, cujos impedimentos também existem no direito

---

[98] MORAES, Maria Celina Bodin de; TEIXEIRA, Ana Carolina Brochado. Contratos no ambiente familiar. *In*: TEIXEIRA, Ana Carolina Brochado; RODRIGUES, Renata de Lima (coord.). *Contratos, família e sucessões*. Diálogos interdisciplinares. São Paulo: Foco, 2020. p. 7.

brasileiro, a exemplo do artigo 426 do Código Civil pátrio, sendo igualmente permitida a renúncia de herança futura, notadamente no propósito de conservação de sociedades empresárias familiares, base presente da estrutura econômica dos países que se distanciaram de uma economia eminentemente rural, como a França, Itália, Alemanha Áustria, Suíça e comunidades espanholas como Catalunha, Navarra, País Vasco, Baleares, Ibiza e Galícia.[99]

No entanto, por vezes, esses instrumentos de negociação também se prestam para a ocultação ou desvio de bens comuns, em prejuízo de um dos cônjuges ou dos conviventes, ou para afetar terceiros credores, por exemplo, no direito sucessório, quando um marido infiel tem um filho extraconjugal e os cônjuges promovem a alteração do regime de comunhão de bens para outro de total separação de bens, titulando em nome da esposa traída a propriedade dos bens comuns e cujo casamento de fato não será desfeito. Quando este for dissolvido, depois pela morte da ex-esposa, os bens desviados para o seu domínio serão herdados pelos filhos do casamento, isso porque o esposo infiel abdicou da sua meação ao transformar seu regime matrimonial em separação de bens e titular a propriedade do acervo conjugal todo em nome da sua mulher e mãe dos seus filhos conjugais, deixando ao relento patrimonial o rebento extraconjugal.

Outro expediente bastante utilizado de renúncia da meação acontece quando um cônjuge ou companheiro declara, em oposição à verdade, que determinados bens seriam de propriedade exclusiva do outro consorte e assim age para livrar os bens de eventuais credores, validando a sua fraude aos seus credores com a homologação judicial do divórcio com partilha ou lavrando a correspondente escritura pública. Todavia, nenhum dos dois atos jurídicos está imune à anulação por ambos confrontarem com a realidade que é diversa do texto que simularam, até porque a homologação judicial ou a lavratura da escritura de divórcio e de partilha extrajudicial até podem ser requisitos para a execução do ato, entrementes, não são condições únicas e absolutas de validade do ato entre os esposos, mas servem como mecanismos de controle dos terceiros credores. Obviamente, se o juiz ou o tabelião perceberem, antes e em tempo, que o acordo não retrata a realidade e prejudica alguma das partes, o magistrado tem o dever de recusar-se à homologação do acordo (CC, parágrafo único do art. 1.574)[100] e o escrivão tem o dever de se recusar a lavrar a escritura, sempre quando houver fundados indícios de fraude, ou em caso de dúvidas acerca da declaração de vontades de algum dos herdeiros (ou cônjuges), fundamentando sua recusa por escrito (Resolução CNJ 35/2007, art. 32).

Expediente de larga utilização na fraude conjugal ou convivencial também surge de uma dissolução de sociedade afetiva amigável, com partilha de bens, usualmente promovida pelo advogado único do casal, mas de escolha exclusiva de apenas um dos consortes ou conviventes, com a desculpa da economia dos custos, sendo esboçada uma divisão de bens com valores subavaliados ou superavaliados, dependendo dos interesses pessoais e escusos. Por exemplo, uma sociedade empresária ingressa na partilha por seu valor contábil e o imóvel, que geralmente será a moradia conjugal que ficará com a esposa, é computado por valor acima daquele praticado no mercado, cuja desproporção das meações só é descoberta depois da avaliação oficial dos bens e depois que, em regra, o acordo já foi judicialmente homologado; ou mesmo quando se trata de uma escritura extrajudicial, sobre a qual deita uma confiança incondicional de um cônjuge sobre o outro, para somente mais tarde ser descoberta a severa desproporção

---

[99] BLANCO, Victorio Magariños. *Libertad para ordenar la sucesión. Libertad de testar*. Madrid: Dykinson, 2022. p. 488-502.

[100] O artigo 1.574 do Código Civil de 2002 foi revogado pelo Anteprojeto do Código Civil, em tramitação no Congresso Nacional.

entre as diferentes meações e, quando o consorte ou convivente enganado se dá conta do prejuízo sofrido pelo seu excesso de confiança ou, pela falta de outra opção por completa insolvência financeira, intenta anular o acordo ou a escritura, depara-se com os tribunais negando a anulação da partilha realizada com meações de valores absurdamente diversos, sob a escora de se tratar de reles arrependimento de um dos consortes, salvo ocorra uma partilha na qual a intensidade do prejuízo sofrido é tão gritante que, somado às indicações veementes de dolo, sensibilize o julgador e viabilize a rara e difícil anulação da partilha.

Quando da vigência do Código Civil de 2002, diziam os mais céticos, diante da tendência mundial da mutabilidade do regime de bens, que ficariam abertas as portas do abuso à inevitável fraqueza do cônjuge ainda tomado pela cegueira da paixão, pois, se, por um lado, os casais poderiam alterar o regime matrimonial animados pelo estreitamento de suas relações afetivas, por outro ângulo, a falsa ilusão dessa mesma afinidade e afetividade também poderia servir como porta de acesso à fraude e ao engodo da credulidade conjugal, e, uma vez alterado o regime de bens, surgiria de chofre a separação ou o divórcio unilateral e desapareceria uma meação primitivamente existente.[101] A fraude conjugal se caracteriza diante do ânimo de ocultação de um benefício de parte de um dos cônjuges ou companheiros, e uma hipótese de tentativa de fraude à meação do outro cônjuge ou convivente surge da busca enlouquecida da modificação do regime de bens, cuja alteração se tornou possível a partir da promulgação do Código Civil de 2002, cujo § 2.º do artigo 1.639 admite a alteração do regime de bens mediante autorização judicial, em pedido motivado de ambos os cônjuges, apurada a procedência das razões invocadas e ressalvados os direitos de terceiros. Essa era uma importante novidade inserida pelo vigente Código Civil e que não tinha previsão no Código Civil de 1916, exatamente para que a mulher, que não teria experiência na administração dos bens conjugais, não fosse convencida pelo marido a alterar o seu regime matrimonial e assim facilmente ludibriada pela troca de um regime de comunicação por outro de separação de bens, ou, se casada pela separação total de bens, para que não fosse convencida a alterar para um regime de comunhão universal de bens e permitindo que se comunicassem com o marido os bens por ela herdados pela morte de seus pais.

Essa preocupação com a fraude foi dissipada algum tempo depois, quando os tribunais passaram a ordenar a prévia partilha dos bens eventualmente comunicáveis e a estabelecer que a mudança do regime matrimonial teria efeito posterior à sentença de alteração do regime de bens, e não mais um efeito retroativo à data do casamento ou do início da união estável, buscando justamente evitar a fraude.[102] Embora essa discussão ainda esbarre nas barras dos tribunais no seu hercúleo esforço de coibir qualquer esboço ou ensaio de fraude, com um dos cônjuges procurando abocanhar bens aos quais não teria direito de partilhar, ou que teria de compartilhar em razão da meação, sendo prudente relativizar os efeitos retroativos da

---

[101] MADALENO, Rolf. Do regime de bens entre os cônjuges. *In*: MADALENO, Rolf. *Direito de família e o novo Código Civil*. 3. ed. Belo Horizonte: Del Rey, 2003. p. 200.

[102] "Agravo interno no Recurso Especial. Autos de agravo de instrumento na origem. Inventário. Decisão monocrática que proveu o apelo nobre. Insurgência da companheira supérstite. 1. Nos termos da jurisprudência desta Corte, a eleição de regime de bens diverso do legal, que deve ser feita por contrato escrito, tem efeitos apenas *ex nunc*, sendo inválida a estipulação de forma retroativa. 2. Na linha dos precedentes do STJ, os argumentos trazidos em agravo interno que não foram objeto do acórdão do Tribunal *a quo*, nem das contrarrazões ao recurso especial, não são passíveis de conhecimento, por importar em inovação recursal, a qual é considerada indevida em virtude da preclusão consumativa. 3. Agravo interno desprovido." (STJ. Quarta Turma. AgInt no REsp. 1.751.645/MG. Relator. Ministro Marco Buzzi. Julgado em 04.11.2019).

sentença de alteração do regime matrimonial, ordenando seus efeitos *ex tunc* (retroativos à data do casamento), se a mudança implicar o acréscimo de bens na meação dos cônjuges, ou ordenando o efeito *ex nunc* (a partir da sentença declarando a mudança do regime matrimonial de bens), se importar em redução ou perda de bens na meação. Entrementes, o Anteprojeto do Código Civil, apresentado pela Comissão de Juristas responsável pela revisão e atualização do Código Civil e em tramitação pelo Congresso Nacional, permite, na redação dada ao artigo 1.639, que a mudança do regime de bens se dê a qualquer tempo e mediante simples escritura pública com efeitos *ex nunc*.

2.2.8.2.1 Fraude e contrato de namoro ou de coparentalidade

Namorar, diz Ana Cecília Parodi, é uma espécie de relacionamento romântico em sentido estrito, o que significa que seus laços não possuem força jurídica de constituição de família.[103] Ela faz até uma distinção prática entre namoro e *namoro firme*,[104] que é uma expressão ultrapassada, já que o namoro firme foi substituído pelo *namoro qualificado*, sem que as duas designações identifiquem a mesma situação fatual, pois o namoro firme de alguns anos atrás, quando também existia o noivado como uma fase posterior, denotando um compromisso mais solene e um meio caminho para o casamento, não lembra em nada o namoro qualificado da atualidade. Isso porque, não obstante ainda não existisse família, ao menos o noivado anunciava a intenção futura de querer constituir família e era o resultado de um namoro descompromissado, que se transformou em um namoro firme e que enveredou para o noivado e logo à frente se avizinhavam as chamadas *justas núpcias*. O namoro qualificado contemporâneo é o namoro da intimidade sexual, que não existia no passado e amiúde, nem na fase de noivado, salvo de forma dissimulada, porque o sexo era consentido socialmente para o casamento, não antes dele, muito menos no namoro firme, tampouco durante o noivado, pois nem namorados nem noivos moravam juntos e raramente viajavam sozinhos, mas casavam cedo para conquistarem as liberdades que hoje desfrutam serenamente, naquilo que a sociedade desandou em nominar de *namoro qualificado*, que não se identifica, como visto, com o antigo namoro firme e com o ausente e precedente estágio do noivado.

---

[103] "Ação de reconhecimento de união estável *post mortem*. Pressupostos. *Affectio maritalis*. Coabitação. Publicidade da relação. Prova. Má-fé. Revogação da AJG. 1. Não constitui união estável o relacionamento entretido sem a intenção clara de constituir um núcleo familiar. 2. A união estável assemelha-se a um casamento de fato e deve indicar uma comunhão de vida e de interesses, reclamando não apenas publicidade e estabilidade, mas, sobretudo, um nítido caráter familiar, evidenciado pela *affectio maritalis*, que, no caso, não restou comprovada. 3. Ficando evidenciado que o relacionamento era, no máximo, de mero namoro, pois ausente prova cabal da residência sob o mesmo teto e da intenção de constituir família, a improcedência da ação se impõe. 4. Correta a revogação do benefício da AJG que havia sido deferido à autora, pois, além de ela ter arcado com as despesas processuais nas outras ações, o presente feito configura verdadeira lide temerária, na medida em que já restou comprovado na ação de anulação de casamento que a relação dela com o falecido foi de mero namoro. 5. Se a autora insiste em buscar o reconhecimento de uma relação com contornos de um casamento com o *de cujus*, quando já foi anulado o casamento viciado e comprovado que a referida relação não passou de um namoro, alterando a verdade dos fatos e agindo de forma temerária, justifica-se plenamente o reconhecimento da litigância de má-fé e a aplicação da multa processual adequada. Incidência dos art. 80, incs. II e V, c.c. art. 81 do CPC. Recurso desprovido" (TJRS, 7.ª Câmara Cível, Apelação Cível 70081365330, Rel. Des. Sérgio Fernando de Vasconcellos Chaves, j. 14.08.2019).

[104] PARODI, Ana Cecília. *Manual dos relacionamentos*. Campinas: Russel, 2007. p. 53-54.

Contratos de namoro e contratos de coparentalidade podem muitas vezes encobrir verdadeiros relacionamentos estáveis e configurativos de uma união estável, com a plena incidência do artigo 1.725 do Código Civil e pelo qual, no silêncio contratual dos conviventes, é aplicado o regime da comunhão parcial de bens às relações patrimoniais, sugerindo Julio Cesar Garcia Ribeiro que: "havendo dúvida em relação aos limites entre o namoro, simples ou qualificado, e a união estável, parece recomendável que os conviventes reconheçam a existência da convivência estável e, valendo-se do permissivo legal contido no artigo 1.725, do diploma civil, ajustem por escrito as suas relações patrimoniais, livres e sem efeitos retroativos".[105]

Pertinente a observação feita por Zeno Veloso de que no Brasil, em segmentos sociais mais abastados, pessoas que estão se envolvendo em um relacionamento amoroso estão preocupadas em definir os aspectos econômicos de sua vida afetiva e por essa razão estabelecem direitos, deveres e regras bem explícitos para o caso de ruptura, pois temem dúbias interpretações que possam deitar sobre seus vínculos afetivos.[106]

Contudo, contratos de namoro, de convivência ou de coparentalidade não criam automática e inquestionavelmente a instituição contratada pelos partícipes, ou seja, tais convênios formalizados por contrato escrito particular ou por escritura pública não têm valor absoluto e, *erga omnes*, apenas porque foram livre e conscientemente assinados pelas partes contratantes, imaginando os outorgantes que basta externarem formalmente a relação como um mero namoro para afastarem a realidade fática desenvolvida com o seu relacionamento, como se o contrato escrito apagasse e ignorasse a presença dos pressupostos fáticos que podem ou não[107] contrariar a vontade escrita perante a vontade vivenciada, porquanto, embora no papel conste o aparente desejo de não formalizar uma vida semelhante ao casamento, o papel desempenhado na vida real termina desmentindo o contrato escrito pela presença de pressupostos de configuração de uma união estável, muitas vezes agravada pela existência de coabitação.

Um contrato de namoro ou de coparentalidade pode, em realidade, estar configurando ou não uma união estável, fazendo todo o sentido a referência doutrinária de Gláucia Cardoso Teixeira Torres, quando assevera que a "interferência não pode ampliar demasiadamente a compreensão de união estável a ponto de impedir o reconhecimento de outras formas de relacionamento breves e passageiras, conforme apontou João Baptista Villela, frequentes na sociedade líquida contemporânea, e gerando direitos e obrigações àqueles que declaradamente, em consenso e livre consentimento, acordaram não o fazer, de modo a garantir a primazia da

---

[105] RIBEIRO, Julio Cesar Garcia. *Manual de direito da família*. Florianópolis: Habitus, 2021. p. 144.

[106] VELOSO, Zeno. *Direito civil*. Temas. Belém: Anoreg, 2018. p. 297.

[107] "Recurso especial e recurso especial adesivo. Ação de reconhecimento e dissolução de união estável, alegadamente compreendida nos dois anos anteriores ao casamento, c.c. partilha do imóvel adquirido nesse período. 1. Alegação de não comprovação do fato constitutivo do direito da autora. Prequestionamento. Ausência. 2. União estável. Não configuração. Namorados que, em virtude de contingências e interesses particulares (trabalho e estudo) no exterior, passaram a coabitar. Estreitamento do relacionamento, culminando em noivado e, posteriormente, em casamento. 3. Namoro qualificado. Verificação. Repercussão patrimonial. Inexistência. 4. Celebração de casamento, com eleição do regime da comunhão parcial de bens. Termo a partir do qual os então namorados/noivos, maduros que eram, entenderam por bem consolidar, consciente e voluntariamente, a relação amorosa vivenciada, para constituir, efetivamente, um núcleo familiar, bem como comunicar o patrimônio haurido. Observância. Necessidade. 5. Recurso especial provido, na parte conhecida; e recurso adesivo prejudicado". (STJ, 3.ª Turma, REsp 1.454.643/RJ, Rel. Min. Marco Aurélio Bellizze, j. 03.03.2015 – grifos do original).

autonomia da vontade".[108] Nessa manifestação escrita, doutrinadores indicam deixar claro inexistir qualquer intenção de constituir família e do descabimento de partilha de patrimônio particular e próprio de cada contratante, presente no relacionamento, e sugerem, inclusive, possa o contrato determinar outros detalhes, por exemplo: a) que o casal se compromete a ter respeito mútuo; b) que não poderá haver traição; c) que, em caso de traição, pode ser exigida indenização pela parte traída; d) que, em caso de morte, a parte sobrevivente não terá direito a herança; e) prazo de duração do relacionamento ou previsão de necessidade de renovação do contrato após certo período; e f) possibilidade de ser incluída cláusula que determine a obrigação da assinatura de contrato de união estável, já definido o regime de bens, caso o casal decida transformar o contrato de namoro em união estável.[109] *Não obstante*, quanto mais cláusulas constem e mais a relação se identifique por seus pressupostos presentes com uma efetiva união estável, de nada valerão as ressalvas, especialmente quando a realidade dos fatos não cansa de desmentir a manifestação escrita, parecendo mais realista contratar de maneira singela a intenção do namoro e que, se porventura o Poder Judiciário identificar nesse relacionamento os indícios identificadores de uma união estável, que então sobre ela recaia, desde o seu início, o regime da separação de bens.

Nem sempre é fácil distinguir um namoro de uma união estável, muito embora possa na maioria das vezes ser claramente diferenciado um contrato de coparentalidade de um contrato de união estável e este não se confunde com o contrato de mero namoro, embora em outras oportunidades o contrato de coparentalidade possa dissimular verdadeiros relacionamentos estáveis, causando espanto, dúvidas, inseguranças, ganância e incredulidade. Uma mostra disso pôde ser amplamente pesquisada na mídia brasileira quando ela se debruçou sobre a tragédia que ceifou a vida do apresentador Antônio Augusto Moraes Liberato, escrevendo centenas de páginas expondo a vida íntima do televisivo *Gugu*, a despeito do destino dos seus bens com a abertura da sua sucessão, e acerca da condição ou não de qualificação como companheira sobrevivente, da médica Rose Miriam Di Matteo, mãe biológica, registral e socioafetiva dos filhos comuns havidos entre eles por técnicas de inseminação artificial, para cuja geração da prole teriam firmado um contrato de coparentalidade, embora a sociedade imaginasse se tratar de sua companheira em um relacionamento familiar que teria iniciado em 2001 e terminado com a morte do artista em 29 de novembro de 2019.

Conforme descreve Marília Pedroso Xavier, o namoro tinha contornos mais claros no passado, quando apenas eram permitidos aos namorados breves encontros, sempre sob os olhos atentos da família, e a vida sexual dos namorados só deveria ser iniciada após o casamento, precisamente na noite de núpcias, representando a virgindade da noiva um sinônimo de sua dignidade, muito também intocada em razão da natural preocupação social com uma gravidez surgida antes do casamento. No entanto, o temor de engravidar desapareceu significativamente com o advento de métodos contraceptivos mais eficazes e que relaxaram as relações afetivas e permitiu que os namorados tivessem uma convivência mais íntima com o seu parceiro,[110] o que deixou o sexo antes do matrimônio de ser algo perigoso e estressante,

---

[108] TORRES, Gláucia Cardoso Teixeira. O contrato de namoro e sua (in)eficácia jurídica no ordenamento brasileiro. *Revista IBDFAM. Famílias e Sucessões*, Belo Horizonte, v. 38, p. 43, mar./abr. 2020.

[109] SILVA, David Roberto R. Soares da; ESTEVAM, Priscila Lucenti; VASCONCELLOS, Roberto Prado de; RODRIGUES, Tatiana Antunes Valente. *Planejamento patrimonial, família, sucessão e impostos*. São Paulo: Editora B18, 2018. p. 26-27.

[110] XAVIER, Marília Pedroso. *Contrato de namoro e direito de família mínimo*. Belo Horizonte: Fórum, 2020. p. 92-93.

desandando namorados para um comportamento de maior livre arbítrio. Verificou-se nos namoros coevos, classificados como *namoros qualificados*, uma relação muito mais despreocupada e sem qualquer pressa ou necessidade de casarem, como faziam no passado, para terem, sem medo e sem culpa, prazerosas relações sexuais, temores socialmente afastados em razão da conquista social de maior liberdade e intimidade, em realidade libertando os namorados do desejo ou da intenção de constituírem família.

Igualmente, Leonardo Amaral Pinheiro da Silva apresenta os contornos do namoro qualificado, que classifica como proveniente de uma convivência íntima e sexual de duas pessoas e entre as quais pode ou não haver coabitação, representada por dois namorados que frequentam suas respectivas moradias, comparecem a eventos sociais, viajam e passam férias juntos e se comportam no meio social ou profissional como integrantes de uma relação inegavelmente amorosa, muito assemelhada a uma união estável, mas carente do elemento subjetivo, consistente na vontade de comporem de imediato uma entidade familiar. Mesmo que o namoro seja longo, consolidado, mas justamente por estar estabilizado no tempo é chamado de *namoro qualificado*, o qual poderá verter para o desejo comum e futuro de constituírem família, circunstância que os casais não descartam para um tempo vindouro, mas que não existe no presente.[111]

Coparentalidade é a família parental cujos pais se encontram apenas para ter filhos, de forma planejada, para criá-los em sistema de cooperação mútua, sem relacionamento conjugal ou mesmo sexual entre os genitores.[112] Informa Cristiano Chaves de Farias que a coparentalidade estaria recepcionada no ordenamento jurídico brasileiro em uma trilogia composta pela intersecção do artigo 104 do Código Civil, que valida negócios jurídicos que envolvam agente capaz e objeto lícito, com o artigo 107 do Código Civil, pelo qual a declaração de vontade não dependerá de forma especial, salvo expressa exigência da lei, e finalmente com o artigo 425 do Código Civil, ao admitir que as partes estipulem contratos atípicos, permite a junção desses dispositivos a formulação do contrato de coparentalidade, o qual pode ser definido como um negócio jurídico parental,[113] sendo sua existência e prática uma realidade nos Estados Unidos e no Reino Unido, países onde são celebrados por contrato particular denominado de *co-pareting agreement* (acordo de coparentalidade).[114]

Escreve Pedro Ignacio Botello Hermosa que, no século XXI, mudou todo o panorama social, quando se passou de uma sociedade pré-industrial para uma sociedade industrial e, adiante, para uma sociedade pós-industrial. Para ele, existe uma decadência absoluta da chamada família extensa, que foi massivamente substituída pela família nuclear e, inclusive, por outras formas de famílias possíveis, surgindo assim a família *associação*, que se concebe como uma simples e pura coabitação, mas somente como uma convergência de interesses em que desaparece o aspecto institucional da família,[115] e no que em muito se aproxima da coparentalidade que dispensa ou não a coabitação, a depender da decisão dos contratantes.

---

[111] SILVA, Leonardo Amaral Pinheiro da. *Pacto dos namorados*. Rio de Janeiro: Lumen Juris, 2018. p. 105-106.

[112] PEREIRA, Rodrigo da Cunha. *Dicionário de direito de família e sucessões*. 2. ed. São Paulo: Saraiva, 2017. p. 213.

[113] FARIAS, Cristiano Chaves de. Coparentalidade: parceria formal, regrada, para criação de filhos. *Revista IBDFAM*, Belo Horizonte, edição 49, p. 4-5, fev./mar. 2020.

[114] HAPNER, Adriana. Ausência de legislação específica. *Revista IBDFAM*, Belo Horizonte, edição 49, p. 9, fev./mar. 2020.

[115] HERMOSA, Pedro Ignacio Botello. *La sustitución fideicomisaria especial introducida por la Ley 41/2003*. Valencia: Tirant lo Blanch, 2017. p. 73.

Cláudia Mara de Almeida Rabelo Viegas foca novas luzes sobre a coperantalidade, que diz ser outra opção de quem quer ter filhos sem vínculos afetivos, estando disponível para solteiros ou para casais que, independentemente da orientação sexual ou identidade de gênero, querem realizar o sonho de exercer a paternidade e maternidade responsável, sem qualquer vínculo amoroso-sexual entre si, podendo ocorrer entre amigos, inclusive, que não possuem vínculo amoroso, ou até mesmo tratado por meio das redes sociais, que, acresce a autora, tem sido instrumento eficiente para aproximar pessoas que desejam formar família no modelo da coparentalidade.[116]

Por essa razão, apenas ter filhos em comum pode ser o único projeto e objetivo de um contrato de coparentalidade, cujo singular escopo é que duas pessoas formem uma parceria destinada a ter um filho ou alguns filhos comuns, sem que haja entre eles um relacionamento amoroso e a intenção de compor uma família tradicional, criada a partir do casamento ou da união estável, mas que não deixa de ser uma forma de constituir família, embora destituída do seu elemento subjetivo intrínseco e consistente do afeto e do propósito de viverem em comunhão plena de vida (CC, art. 1.511).[117]

Para Nathália de Campos, as famílias coparentais são aquelas que se constituem entre pessoas, hetero ou homoafetivas, que não necessariamente estabeleceram um vínculo amoroso conjugal ou sexual, mas apenas se encontram movidas pelo desejo e interesse em fazer uma parceria de paternidade e de maternidade,[118] tendo como resultado a ausência de uma entidade familiar constituída ao espelho de um casamento ou de uma união estável e, como consequência adicional, a ausência de um regime de bens que devesse ser pactuado no contrato de namoro ou de coparentalidade, tampouco tivesse incidência presumida diante de eventual silêncio contratual, como sucede com o matrimônio (CC, art. 1.640) e com a união estável (CC, art. 1.725).[119]

Segundo Rodrigo da Cunha Pereira, na família coparental os pais se encontram apenas para ter filhos, de forma planejada, para criá-los em sistema de cooperação mútua, sem que tenham entre eles um relacionamento conjugal ou mesmo sexual, tendo o casamento deixado de ser a única fonte de legitimação das relações sexuais. Com a evolução da engenharia genética, até o sexo pode ser dispensado para que ocorra a reprodução, dando liberdade àqueles que querem ter família e permitindo separar a conjugalidade da parentalidade, sendo recomendado que contratem por escrito as regras para o estabelecimento e criação dos filhos gerados em coparentalidade.[120]

Os filhos podem nascer a partir das técnicas de inseminação artificial ou pelo método tradicional da relação sexual, mas cujo único objetivo é o de terem um filho em comum e que nem sempre é cuidado por ambos os progenitores, tendo como nota de destaque e de configuração a completa ausência de qualquer relação amorosa, uma vez que atendem apenas

---

[116] VIEGAS, Cláudia Mara de Almeida Rabelo. Coparentalidade: a autonomia privada dos genitores em contraponto ao melhor interesse da criança. *Revista IBDFAM*, Belo Horizonte, v. 36, p. 28, nov./dez. 2019.

[117] O artigo 1.511 foi revogado no Anteprojeto do Código Civil.

[118] VALADARES, Nathália de Campos. Coparentalidade e os entraves legais para o livre exercício do planejamento familiar. *In*: RIOS, Calânico Sobrinho; LASMAR, Gabriela Mascarenhas; RODRIGUES JÚNIOR, Walsir Edson (coord.). *Direito de família e das sucessões*. Belo Horizonte: Conhecimento, 2020. p. 327.

[119] O artigo 1.640 do Anteprojeto do Código Civil agrega as hipóteses do casamento e da união estável para efeitos de presunção do regime da comunhão parcial, uma vez que o artigo 1.725 do Código Civil de 2002 foi revogado pelo Anteprojeto do Código Civil e substituído pelo artigo 1.564-A.

[120] PEREIRA, Rodrigo da Cunha. *Direito das famílias*. Rio de Janeiro: GEN/Forense, 2020. p. 29.

ao desejo de serem pais. Nesse contrato de parentalidade, a relação sexual e o relacionamento amoroso em momento algum são pressupostos para que se constitua uma família. A título de exemplo, há casos em que a mulher busca reproduzir sem ter um parceiro, valendo-se do sêmen anônimo. Essa situação é popularmente conhecida como produção independente, e os contratantes deixam clara a sua intenção exclusivamente parental, podendo definir as regras sobre a guarda e convivência da criança e os aspectos financeiros da recíproca manutenção do filho,[121] estando perfeitamente inserido no direito constitucionalmente garantido do livre planejamento familiar (CF, art. 226, § 7.º).

Dessarte, um contrato de namoro ou de coparentalidade pode facilmente descambar para uma relação de união estável, vivendo os primitivos namorados ou meros progenitores em comunhão plena de vida, em torno de um propósito que podia não ter existido quando contrataram suas intenções ainda honestamente isentas de envolvimento, mas cujas circunstâncias ocorridas posteriormente alteraram drasticamente a natureza da sua relação, permitindo encontrar na rotina desses contratantes os pressupostos traçados pelo artigo 1.723 do Código Civil,[122] para a caracterização e o reconhecimento de uma união estável que se mostra pautável pela publicidade, durabilidade, continuidade e formada com o objetivo de constituição familiar, tendo como regra geral a coabitação, que é um pressuposto não escrito.

Assim, tanto o contrato de namoro como o de coparentalidade ou de união estável até podem espelhar a relação jurídica que as partes expressamente externam, mas o conteúdo contratado não tem nenhum efeito absoluto e *erga omnes*, e sim relativo, condicionado à correspondência fática dos respectivos pressupostos que terminaram sendo judicialmente pesquisados e conformados de acordo com o que os litigantes viveram, e não somente com o que escreveram, eis que os fatos, quando confrontados em juízo, é que vão ou não corroborar a tipificação contratual, não havendo como ignorar a incidência bastante comum e presente de contratos simulando relações que nunca existiram e que não configuram os relacionamentos neles declarados, redigidos como meros instrumentos de fraude.

2.2.8.3 *Renúncia de herança e o artigo 1.813 do Código Civil*

A aceitação ou a renúncia da herança está regulada pelo artigo 1.804 do Código Civil e a transmissão da herança somente se dá por ocasião da abertura da sucessão representada pela morte do sucedido, ressalvando o parágrafo único do mesmo dispositivo legal que a transmissão não ocorrerá se o herdeiro renunciar à herança, embora o artigo não expresse se a renúncia só pode ser pronunciada depois de aberta a sucessão. Como esclarece Priscila M. P. Corrêa da Fonseca, a renúncia é negócio jurídico unilateral, formal, já que no direito sucessório só pode ser externada por declaração expressa, em instrumento público – escritura ou termo nos autos –, sob pena de ser considerada nula por preterição à solenidade que a lei reputa essencial (CC, art. 166, IV e V), não existindo renúncia tácita ou presumida da herança, tampouco a sua eficácia pode estar subordinada à verificação de termo ou condição (CC, art. 1.808), e, uma vez externada a renúncia, ela é irrevogável (CC, art. 1.812).[123] Efetivamente, assim deve ser visto quando se trata de renúncia de uma sucessão aberta

---

[121] PEREIRA, Rodrigo da Cunha. *Direito das famílias*. Rio de Janeiro: GEN/Forense, 2020. p. 29.

[122] Equivalente ao artigo 1.564-A do Anteprojeto do Código Civil, que revogou o artigo 1.723 do Código Civil de 2002.

[123] FONSECA, Priscila M. P. Corrêa da. *Manual do planejamento patrimonial das relações afetivas e sucessórias*. São Paulo: Thomson Reuters/RT, 2018. p. 147-148.

e exteriorizada unilateralmente pelo herdeiro renunciante, e nisso ela difere da renúncia abdicativa e bilateral, a despeito de uma mera expectativa de fato expressa em contrato sucessório, em pacto antenupcial ou contrato de convivência, por cônjuges ou conviventes que abdicam um do outro e, portanto, reciprocamente, em contrato bilateral, da eventual herança concorrencial.

No direito sucessório, a forma de renúncia unilateral ou bilateral de uma herança prescinde de escritura pública ou de termo judicial, como já exigia o artigo 1.581 do Código Civil de 1916 e seguem determinando os artigos 108 e 1.806 do Código Civil de 2002. Entrementes, não haverá efetivamente renúncia à herança daquele herdeiro que pretende transferir seu quinhão hereditário a favor de determinada pessoa, estranha ou não à sucessão, e dispõe por escritura pública ou termo judicial que renuncia *em favor* de algum coerdeiro ou de um terceiro estranho à sucessão. Em realidade, está-se promovendo uma cessão de direitos hereditários e que terá de ser recolhida uma dupla tributação, da qual não escapa, em que um tributo é pertinente ao imposto de transmissão pela causa da morte e o outro tributo incide pela cessão onerosa ou gratuita do quinhão hereditário, porquanto ninguém pode ceder para outrem algo que não lhe pertence por haver renunciado ao seu direito, salvo se aceitar a herança para, na sequência, cedê-la, sendo comum essa prática direcionada de cessão de direitos hereditários, e não de renúncia de direitos hereditários. Prática frequente na experiência jurídica, essa cessão de direitos hereditários, em sua versão judicial ou extrajudicial, é promovida por descuido, ignorância do direito e até com a intenção de burlar o imposto de transmissão *causa mortis* incidente, eis que a renúncia é sempre pura e simples, sem condição ou termo (CC, art. 1.808), e tem como efeito jurídico a mera devolução do quinhão hereditário do herdeiro renunciante ao acervo hereditário comum e não direcionada a determinado coerdeiro, sendo acrescentado às quotas-partes de todos os coerdeiros da mesma classe, nos termos do artigo 1.810 do Código Civil.[124]

Tratando-se de renúncia a direito sucessório concorrente e regulada pelos incisos I e II do artigo 1.829 do Código Civil, existe acentuada divergência doutrinária acerca da possibilidade, ou não, de ser repudiada a herança concorrencial ainda em vida e por meio de contrato sucessório, pacto antenupcial, ou contrato de convivência. Como se trata de ato praticado antes de aberta a sucessão, estaria fora das hipóteses previstas pelo artigo 1.808 do Código Civil, porquanto se refere a repúdio hereditário concorrencial realizado em vida pelos coerdeiros concorrentes, cônjuges ou conviventes, não sendo possível estabelecer qual deles vai falecer em primeiro lugar, prevalecendo, por ora, a doutrina majoritária, que afirma não ser possível contratar sob qualquer hipótese a herança de pessoa viva, pois ainda não existiria uma sucessão aberta de quem, obviamente, ainda não faleceu e, portanto, não é possível renunciar ao que ainda a pessoa do renunciante não recebeu. Em oposição encontra-se a corrente doutrinária que sustenta ser possível renunciar à herança concorrente, que não se confunde com a herança universal, pois somente esta seria irrenunciável por seu caráter cogente e atrelado à efetiva abertura da sucessão, mesmo porque, se não é possível renunciar ao que ainda não se tem, é induvidosamente factível alguém *repudiar* o que não quer.

É da essência da renúncia a escritura pública e, para aqueles que a admitem ainda em vida, sua manifestação se daria em pacto antenupcial, num contrato de convivência, ou em contrato sucessório, este último visto como uma convenção mediante a qual o autor da herança organiza a sua sucessão de acordo com outros interessados, estipulando entre si, em

---

[124] CARVALHO, Luiz Paulo Vieira de. *Direito das sucessões*. São Paulo: Atlas, 2014. p. 216.

vida, transferindo ou abdicando direitos, sendo recepcionado por ordenamentos jurídicos prestigiosos, como o Código Civil suíço e o alemão. Também são admitidos na Itália, desde 2006, os denominados pactos sobre herança futura, ou *pactos de família*, que dão validade aos contratos sobre herança porvindoura, especificamente para dispor da empresa familiar e sua preservação geracional, cuja tendência flexibilizadora também pode ser observada na segunda parte do artigo 1.010 do Código Civil e Comercial da Argentina, quando acolhe o *pacto de herança futura*, relativo a uma exploração produtiva ou a participações societárias de qualquer tipo de sociedade, com vistas à conservação da unidade de gestão empresarial ou à prevenção ou solução de conflitos, que podem incluir disposições referentes a futuros direitos hereditários e estabelecer compensações em favor de outros herdeiros, inclusive necessários, sendo pactos válidos se não afetarem a legítima dos herdeiros necessários, a meação do côn- juge, tampouco os direitos de terceiros.[125]

Não é possível encontrar na legislação brasileira proibição plausível e criteriosa que coe- rentemente vede a renúncia de herança concorrencial, que nada mais representa a não ser um benefício *ex legis*, não fazendo sentido vetar a renúncia em vida de um direito concorrencial remoto e condicionado a inúmeras circunstâncias. Isso porque, se cônjuges e conviventes po- dem renunciar ao regime de comunicabilidade de bens mediante um pacto antenupcial ou um contrato de convivência, que são direitos muito mais presentes e imediatos, que respeitam à meação que seria construída a cada dia de uma longa e penosa trajetória econômica de um casamento, por qual motivo não poderiam renunciar a uma futura, incerta e distante herança concorrencial, mormente em tempos de completa liberdade de contratação de qualquer regi- me econômico, consagrada a autonomia privada de pessoas maiores e capazes que, conviven- do em uma relação afetiva, têm plena liberdade para construírem os caminhos que desejam pavimentar no tocante aos efeitos materiais dos seus relacionamentos e para os quais devem poder celebrar toda sorte de contratos.

Sustentam muitos não ser possível renunciar a um direito que ainda não nasceu e que só seria factível renunciar ao que já existe, contudo não há qualquer relutância de que em pacto pré-nupcial os cônjuges antecipem a renúncia a um regime de bens, mais precisamente a uma meação que ainda não existe, pois nem sequer se casaram ao tempo do pacto antenupcial. Mesmo que a sua validade esteja condicionada à realização de um matrimônio válido, os noivos estão renunciando antecipadamente a um futuro patrimônio que nem sequer construí- ram, sem ideia da riqueza que podem construir durante toda uma vida conjugal e que estará consignada apenas em nome de um dos futuros consortes. Entretanto, não podem renunciar a uma expectativa que não pode ser vista como uma expectativa de *direito*, e sim como uma verdadeira expectativa de *fato*, pois se trata de uma perspectiva que não é preexistente como acontece com a legítima que pertence de direito aos herdeiros necessários, porquanto o direi- to sucessório concorrencial é dependente e está condicionado a vários fatores aleatórios, que vão desde a existência de bens adquiridos antes do casamento, passando pela continuação e subsistência do matrimônio, não existindo separação de fato ou de direito, com expressa exi- gência de coabitação por ocasião da morte de um dos cônjuges ou conviventes.

Em ares de maior igualdade e de melhores oportunidades, sobretudo em clima de liber- dade de os cônjuges ou conviventes autorregularem as consequências econômicas incidentes sobre eventual ruptura do relacionamento afetivo, que essa ruptura se dê pela dissolução em vida ou por decorrência da morte, como adequado ato de exercício da própria autonomia da

---

[125] LLOVERAS, Nora; ORLANDI, Olga; FARAONI, Fabián. *La sucesión por muerte y el proceso sucesorio.* Buenos Aires: Erreius, 2019. p. 54-57.

vontade, quando ambos, em contrato sinalagmático e em completa reciprocidade, renunciam direitos hereditários concorrentes. Lembra-se mais uma vez de que, na renúncia da meação, o termo inicial ocorre antes do casamento e tem efeito diário e imediato, além de fazer tábula rasa do *esforço* comum, ao passo que, na renúncia hereditária concorrencial, os cônjuges e os conviventes abdicam para o futuro de tempo incerto e duvidoso, pois nem sequer sabem se continuarão unidos, a um patrimônio particular que sob nenhuma circunstância não ajudaram a construir.

Renúncias sucessórias concorrenciais realizadas antecipadamente pelo meeiro cônjuge ou convivente concorrente, em pacto antenupcial, ou em contrato de união estável e mesmo em contratos sucessórios, não encontram verdadeira e justificável proibição na legislação brasileira, nem sob o argumento da proibição milenar do *pacta corvina*, reportado pelo artigo 426 do Código Civil, haja vista que a intenção da proibição pactícia seria o mórbido desejo sub-reptício de que o consorte sobrevivo aspirasse a morte do seu esposo para se tornar herdeiro.[126]

Jamais chegaria a herdeiro concorrente cônjuge ou companheiro que repudiasse antecipadamente a herança concorrencial, justamente por haver abdicado de eventual quinhão sucessório concorrencial, o qual não se confunde com seu direito hereditário universal. Tampouco seria meeiro o cônjuge que casa pelo regime convencional da separação de bens e com essa escolha abdica antecipadamente da sua meação, em nada realmente se distinguindo do antecipado repúdio de um circunstancial e condicional direito sucessório, que muito mais representa uma expectativa de fato de eventualmente se tornar um herdeiro concorrente, caso subsistam vários pressupostos legais, como estar casado ou viver em união estável ao tempo do óbito de um dos parceiros; não estar separado de fato ou de direito; não ter casado pelo regime da comunhão universal ou da separação obrigatória de bens; e existirem bens particulares do autor da herança, cujos requisitos não conformam nenhuma expectativa de direito, pois expectativa de direito têm os herdeiros necessários, dado que os herdeiros concorrentes, facultativos e testamentários têm apenas uma expectativa de fato condicionada a um sem-número de perpetuação de pressupostos fáticos e jurídicos.

Ademais, a renúncia em vida da herança concorrente tampouco inibe qualquer um dos cônjuges de dispor livremente de seus bens, salvo se tiverem herdeiros necessários. Entretanto, esses herdeiros considerados obrigatórios, quando vocacionados nas suas respectivas

---

[126] No Anteprojeto do Código Civil, em tramitação pelo Congresso Nacional, o artigo 426 recebe relevantes acréscimos ao seu *caput*, como na sequência reproduzidos: "§ 1.º Não são considerados contratos tendo por objeto herança de pessoa viva, os negócios: I – firmados em conjunto, entre herdeiros necessários, descendentes, que disponham diretivas sobre colação de bens, excesso inoficioso, partilhas de participações societárias, mesmo estando ainda vivo o ascendente comum; II – que permitam aos nubentes ou conviventes, por pacto antenupcial ou convivencial, renunciar à condição de herdeiro; § 2.º Os nubentes podem, por meio de pacto antenupcial ou por escritura pública pós-nupcial, e os conviventes, por meio de escritura pública de união estável, renunciar reciprocamente à condição de herdeiro do outro cônjuge ou convivente. § 3.º A renúncia pode ser condicionada, ainda, à sobrevivência ou não de parentes sucessíveis de qualquer classe, bem como de outras pessoas, nos termos do art. 1.829 deste Código, não sendo necessário que a condição seja recíproca. § 4.º A renúncia não implica perda do direito real de habitação previsto no art. 1.831 deste Código, salvo expressa previsão dos cônjuges ou conviventes. § 5.º São nulas quaisquer outras disposições contratuais sucessórias que não as previstas neste código, sejam unilaterais, bilaterais ou plurilaterais. § 6.º A renúncia será ineficaz se, no momento da morte do cônjuge ou convivente, o falecido não deixar parentes sucessíveis, segundo a ordem de vocação hereditária".

ordens de chamamento, em caráter universal, consoante disposto no artigo 1.829 do Código Civil, não se confundem com os herdeiros concorrentes, nem com os herdeiros facultativos, devendo ser considerado que herdeiros universais são herdeiros necessários, mas apenas quando chamados para receberem a totalidade da herança e sem qualquer prévia condição, e como herdeiros universais não podem renunciar antes da abertura da sucessão.

Assim, nessa hipótese e ordem isolada de vocação, eles estariam renunciando como herdeiros obrigatórios a uma expectativa de direito. Entrementes, herdeiros concorrentes e facultativos, como antes mencionado, não têm nenhuma expectativa de direito relacionada à sua legítima, mas, unicamente, uma expectativa de fato, que está vinculada ao caráter aleatório da sua condição de herdeiro. Por fim, também é incontestável que tanto a renúncia da meação como a renúncia de uma herança concorrente atentam contra o *interesse público*.

Aficionados da vedação acrítica do artigo 426 do Código Civil, asseveram que toda e qualquer modalidade contratual de renúncia de herança está simplesmente proibida e que idênticas conclusões poderiam ser extraídas do artigo 1.784 do Código Civil, que reza só ser transmitida a herança efetivamente aberta, mas, se bem lido o dispositivo, ele não proíbe a antecipada renúncia, tampouco coíbe; bem pelo contrário, autoriza a feitura em vida de contrato sucessório, quando no parágrafo único do artigo 1.804 do Código Civil refere que apenas a transmissão não se verificará se, por ocasião da abertura da sucessão, o herdeiro a ela renuncia, não estando explicitado que não possa renunciar antecipadamente a algo que não deseja receber, mormente quando a morte é sempre um evento certo. Por fim, o artigo 1.808 do Código Civil tampouco cria obstáculos legais ao contrato sucessório, de conteúdo meramente abdicativo, eis que o artigo de lei apenas veda a aceitação da herança ou sua renúncia parcial, sob condição ou termo, quando sabidamente a renúncia hereditária realizada em contrato sucessório é ato jurídico bilateral, puro e simples, sem nenhuma condição imposta, tendo como termo único a morte do sucedido, que também é o mesmo termo para a aceitação da herança.

Em realidade, somente a legítima se reveste de uma limitação à liberdade de disposição do autor da herança, e esta é prevista para certos parentes, além do cônjuge ou companheiro, mas somente quando qualquer um deles for convocado como herdeiro universal, e não concorrente, respeitada a ordem de vocação hereditária para o recolhimento integral da herança.

A renúncia de herdeiro casado pelo regime da comunhão universal de bens prescinde da outorga de seu cônjuge, configurando tentativa de fraude e ato evidentemente nulo a renúncia unilateral. Observa-se que a renúncia de uma herança precisa ser formalizada por escritura pública ou por termo nos autos, eis que a herança aberta é considerada bem imóvel (CC, art. 80, II), muito embora a Resolução 35 do Conselho Nacional de Justiça, datada de 24 de abril de 2007, disponha no artigo 17 que os cônjuges dos herdeiros deverão comparecer ao ato de lavratura da escritura de inventário e partilha quando houver renúncia ou algum tipo de partilha que importe em transmissão, exceto se o casamento se der sob o regime da separação absoluta de bens.

Luiz Paulo Vieira de Carvalho ensina ser completamente dispensável o assentimento do cônjuge para a renúncia à herança abdicativa, a qual, ao contrário da renúncia translativa, não passa de uma aceitação com cessão dos direitos hereditários para um terceiro e que, sendo aceita, sua posterior transferência exige sem nenhuma dúvida a outorga uxória. Contudo, na renúncia abdicativa, seus efeitos retroagem à data da abertura da sucessão, como se o renunciante nunca tivesse sido chamado a suceder, e, se não foi chamado a suceder, tampouco deve chamar seu cônjuge para renunciar àquilo que nunca quis receber.[127] Embora a

---

[127] CARVALHO, Luiz Paulo Vieira de. *Direito das sucessões*. São Paulo: Atlas, 2014. p. 225.

legislação brasileira imponha a outorga uxória ou marital em qualquer regime de bens, não faz sentido exigi-la nos regimes da comunhão parcial, da separação obrigatória do artigo 1.641 do Código Civil, mesmo diante da consequência dos efeitos da Súmula 377 do STF, assim como no regime da participação final nos aquestos, uma vez que nestes regimes não se comunicam os bens havidos por doação ou sucessão, ou os havidos em sub-rogação real destes.

Por fim, prescreve o artigo 1.813 do Código Civil que os credores do herdeiro renunciante poderão aceitar a herança por ordem judicial no lugar do renunciante, obviando, dessarte, alguma tentativa ou manobra engendrada pelo herdeiro renunciante no propósito de prejudicar seus credores, que assim poderão aceitar a herança no lugar do renunciante até o limite de seus créditos, prevalecendo a renúncia do herdeiro devedor com relação ao remanescente do seu quinhão hereditário, que pertencerá aos demais herdeiros (§ 2.º).

Pretende o legislador evitar que herdeiro devedor logre e frustre seus credores renunciando à herança, como forma singela de prejudicá-los, normalmente acertando com os demais coerdeiros a devolução dessa herança que terminaria presuntivamente em mãos dos demais herdeiros. Trata-se de renúncia exclusiva de herdeiros devedores que não se confundem com os eventuais credores do autor da herança, pois estes não dependem de nenhuma aceitação do herdeiro, uma vez que podem se habilitar diretamente no inventário do falecido com um expediente apenso ao inventário e denominado habilitação de crédito, tendo em conta que devedor era o falecido, e não um dos herdeiros. Sendo credor do falecido, não há ocorrência de fraude, pois seus credores buscarão o ressarcimento de seus créditos entre os bens deixados pelo devedor que faleceu. Fraude pode existir quando um herdeiro de uma herança aberta renuncia a esta para que seus credores não disponham de bens para garantia da dívida do herdeiro renunciante, ainda que esses bens só tenham surgido para o herdeiro devedor depois da constituição da sua dívida, em razão da abertura de uma sucessão antes inexistente. Se o herdeiro devedor renunciante possuir bens de seu domínio, que não os compostos pela herança repudiada, para dessa forma ressarcir seus credores, então não vigora o artigo 1.813 do Código Civil, podendo a renúncia sucessória seguir seus trâmites normais e sem suspensão de seus efeitos.[128]

A fraude cria corpo com a renúncia pura e simples do seu quinhão hereditário pelo devedor já insolvente e cuja herança, caso não fosse renunciada, satisfaria a dívida para com os seus credores, no todo ou em parte, podendo os credores, no entanto e com a autorização do juiz, aceitar o quinhão hereditário em nome do herdeiro renunciante, devendo a habilitação dos credores ser feita no ventre do inventário, no prazo de trinta dias seguintes ao conhecimento do fato e antes que a partilha seja homologada. Se a partilha já foi homologada com a renúncia e na hipótese de uma escritura de um inventário extrajudicial já convalidado, os credores devem promover a competente ação de anulação da partilha homologada ou escriturada, observado o prazo legal de um ano, contado do trânsito em julgado da homologação judicial, ou da assinatura da escritura pública de inventário (CC, art. 2.027, parágrafo único), ou fazer uso da ação revocatória ou pauliana, diante da completa insolvência do devedor, igualmente se os credores prejudicados pela renúncia do herdeiro só acorrerem em busca de seus créditos após o término do processo ou da lavratura da escritura de inventário.

Também acorrem à ação revocatória os credores do falido para aqueles atos praticados nos dois anos anteriores à falência, como a renúncia à herança ou ao legado, os quais são considerados ineficazes (Lei 11.101/2005, art. 129, V), independentemente de fraude. Dilatando o período da suspeição em dois anos para antes da quebra, refere Amador Paes de Almeida que chama a

---

[128] BORGHI, Hélio. *Da renúncia e da ausência no direito sucessório*. São Paulo: Livraria e Editora Universitária de Direito, 1997. p. 118.

atenção o fato de um empresário com problemas financeiros querer renunciar a direitos hereditários em ato manifestamente lesivo aos interesses dos seus credores, mostrando-se muito mais do que presumida uma simulação ou um conluio para favorecimento de terceiros.[129]

De qualquer modo, o artigo 130 da Lei 11.101/2005 estabelece serem revogáveis os atos praticados com a intenção de prejudicar credores, provando-se o conluio fraudulento entre o devedor e o terceiro que com ele contratar e o efetivo prejuízo sofrido pela massa falida. No tocante à ineficácia do artigo 129 da LREF, que abarca a hipótese da renúncia da herança pelo falido, a declaração de ineficácia independe de prova da fraude e é declarada de ofício pelo juiz da falência. Existem, portanto, como atos *revogáveis* todos aqueles praticados com a intenção de prejudicar credores, exigindo os do artigo 130 da Lei 11.101/2005 a prova da fraude e o ajuizamento da ação revocatória para demonstrar que tanto o devedor quanto o terceiro agiram em conluio fraudatório, porque pode estar presente a hipótese de o terceiro ter agido de boa-fé e nesse caso os seus direitos devem ser preservados mesmo tendo sido praticados até dois anos antes da decretação da falência. Ademais, existem os atos cuja revogação é declarada de ofício pelo magistrado da falência e neles se encontra a renúncia de direito hereditário.

O Conselho Superior da Magistratura do Tribunal de Justiça de São Paulo tem proibido que os tabelionatos lavrem escrituras públicas de pactos antenupciais com cláusula de renúncia de herança concorrente, mesmo delas constando expressa manifestação dos pactuantes de estarem conscientes acerca da divergência do tema na doutrina e na jurisprudência, ao contrário do Código de Normas do Rio de Janeiro, que tem norma expressa permitindo a renúncia da herança concorrente. Contudo, em 01 de outubro de 2024, o Conselho Superior da Magistratura do TJSP revisou seu posicionamento na Apelação Cível 1000348-35.2024.8.26.0236, ao admitir a lavratura de escritura de pacto antenupcial com renúncia recíproca de herança concorrente, em voto proferido pelo Desembargador Francisco Loureiro.[130]

---

[129] ALMEIDA, Amador Paes de. *Curso de falência e recuperação de empresa*. 26. ed. São Paulo: Saraiva, 2012. p. 209.

[130] Apelação cível 1000348-35.2024.8.26.0236 do Conselho Superior da Magistratura do TJSP: "Registro de Imóveis – Escritura pública de pacto antenupcial que fixa o regime da separação convencional de bens – Cláusula que prevê a renúncia recíproca ao direito sucessório em concorrência com herdeiros de primeira classe, conforme previsão do art. 1.829, I, do CC – Desqualificação pelo Oficial e dúvida julgada procedente, sob o argumento de infringência ao art. 426 do CC, que veda contrato cujo objeto seja herança de pessoa viva. Controvérsia doutrinária acerca da validade da renúncia antecipada ao direito sucessório concorrencial. – Validade da renúncia defendida por parte da doutrina, que não vislumbra transgressão a nenhum dispositivo legal (arts. 426, 1.784 e 1.804, parágrafo único, todos do CC). Distinção entre *pacta corvina* e renúncia antecipada à herança, que não tem como objeto disposição sobre patrimônio de pessoa viva – Discussão sobre a legalidade da renúncia antecipada de herdeiro necessário à legítima, antes da abertura da sucessão, que somente seria possível de *lege ferenda*. Cônjuges devidamente advertidos, por ocasião da lavratura da escritura, a respeito da controvérsia do tema e possibilidade de invalidação futura da cláusula. Registro no Livro 03 do RI obstado em razão de uma única cláusula, impedindo que o pacto como um todo surta efeitos perante terceiros. – Validade da renúncia antecipada será avaliada na esfera jurisdicional se a sociedade e o vínculo conjugal terminarem pela morte de um dos cônjuges e se houver concorrência na sucessão – Registro do pacto essencial para que o regime da separação convencional de bens, em sua totalidade, tenha eficácia em face de terceiros. – Registro do pacto não significa adesão à legalidade da cláusula de renúncia antecipada, aberta a via jurisdicional para discussão dos interessados, após a abertura da sucessão – Distinção entre a amplitude da qualificação do registrador para o registro constitutivo de direitos reais e para o registro de pacto antenupcial, para fins de eficácia perante terceiros. Apelação provida para determinar o registro do pacto antenupcial".

2.2.8.3.1 Renúncia ou repúdio

Renúncia e repúdio não têm o mesmo significado e, conforme Ignacio Sánchez Cid, o repúdio é uma faculdade que se tem quando se é chamado a uma herança por meio do *jus delationis*, em cujo momento o herdeiro aceita ou renuncia à herança, representando uma manifestação negativa de não aceitação. Quando o repúdio se manifesta, não é preciso fazer menção expressa de quais bens são objeto de repúdio, porque ele sempre compreende a totalidade dos bens, porção ou quota que corresponderia ao sucessor repudiante e ainda, no momento em que o sucedido faz a sua manifestação de repúdio, os bens ainda não fazem parte do patrimônio do repudiante, não ocorrendo nesse ato nenhuma cessão, transmissão ou repasse dos bens em favor de qualquer outra pessoa, de forma que a *renúncia* seria gênero, enquanto o *repúdio* seria espécie.[131] E prossegue o referido autor dizendo que a renúncia abdicativa só pode ter lugar a respeito de bens ou direitos dos quais a pessoa já seja titular, estando plenamente incorporados ao seu patrimônio[132] e satisfazendo, quiçá, aqueles que afirmam não ser possível renunciar a uma herança que ainda não foi aberta, de sorte que o repúdio tem por objeto uma quota da herança que ainda não integra o patrimônio do repudiante, que só terá lugar a partir do momento que ele aceita a herança. Logo, se a aceitou, pode renunciar de forma pura e simples, estabelecendo-se aí a crucial diferença entre a *renúncia* e o *repúdio*. Por meio do repúdio, impede-se que os bens ingressem no seu patrimônio e, caso aceito o quinhão, o herdeiro terá de renunciá-lo ou, em outros termos, no sentido de que a renúncia se dá com a abertura da sucessão, quando o sucessor se despoja do que já tem, ao passo que no repúdio ele abdica daquilo que poderia ter, dado que a herança ainda não se incorporou ao patrimônio do sucessor. Assim, a pessoa expressa pelo seu formal repúdio que não vai querer herdar, impedindo que os bens ingressem em seu patrimônio, em uma espécie de *renúncia preventiva*, tendo o sucessor a faculdade de repudiar a qualidade ou a condição de herdeiro concorrente, conquanto não possa renunciar em vida o direito à sua legítima que só nasce com a abertura da sucessão.

2.2.8.4 Cláusulas pactícias em prejuízo do parceiro

Os pactos matrimoniais situam-se na fronteira do direito de família com o direito dos contratos e, como qualquer contrato, o pacto antenupcial deve ser resultado da livre vontade das partes que o subscrevem, e a existência de algum vício de consentimento autoriza a sua anulação. No entanto, diferentemente dos outros contratos, no caso dos pactos matrimoniais, concorrem circunstâncias especiais ligadas aos sentimentos de afetividade, reforçadas pelas relações de confiança que sempre permeiam e devem permear, até prova em contrário, essas íntimas interações próprias dos vínculos de casamento e da estável união, mormente quando rodeiam os momentos prévios da celebração do casamento ou da instituição de uma convivência afetiva, cujos períodos de extrema sensibilidade que naturalmente afloram pela paixão e geram um relaxamento automático de pessoas reciprocamente apaixonadas, que ficam desarmadas de qualquer eventual instinto de prevenção, pois laços conjugais que se iniciam e fortalecem habitualmente provocam felicidade e momentos de extrema comoção. Esse ambiente de extrema confiança caminha ao lado de uma perigosa fragilidade emocional, que para pessoas inescrupulosas pode favorecer o caminho insidioso da manipulação, do engano ou engodo posto em prática por um dos contratantes, de maneira que o outro concorde em

---

[131] CID, Ignacio Sánchez. *La repudiación de la herencia*. Valencia: Tirant lo Blanch, 2016. p. 41.

[132] CID, Ignacio Sánchez. *La repudiación de la herencia*. Valencia: Tirant lo Blanch, 2016. p. 44.

assinar um pacto antenupcial ou um contrato de convivência, cujo teor nem sequer foi discutido, e que em distintas circunstâncias e sem estar premido pelo ambiente festivo e afetivo, em sua plena consciência e até mesmo em seu foro íntimo o outro contratante efetivamente não desejava. Entretanto, como amiúde acontece, e disso com malícia se aproveitam os espertos parceiros, justamente se utilizam da vulnerabilidade afetiva do parceiro para dele colher o assentimento de uma clara vítima fragilizada pelo momento e incapaz de apresentar, constrangida ou emocionalmente coagida, se depara sem forças para oferecer qualquer forma de resistência à sutil ou escancarada pressão psicológica que envolve todo o cenário fatual.

Não é estranho encontrar na jurisprudência, inclusive na estrangeira e com igual abundância, porque o amor é universal, casos nos quais, poucos dias antes da celebração do casamento, o futuro marido apresenta um acordo pré-matrimonial indicando que a sua subscrição é condição indispensável para a formalização do matrimônio. Maior ainda o componente psicológico se o pacto antenupcial, ou um contrato de convivência, e até mesmo a ação da conversão de uma união estável informal, com cláusulas patrimoniais de renúncia, é permutado pelo casamento formal, desde que qualquer desses movimentos sejam precedidos da assinatura de um pacto antenupcial, ou da subscrição de um requerimento judicial de conversão da união estável em casamento, contendo nas suas entrelinhas a transmutação para um regime futuro e retroativo de completa separação convencional de bens e agravado ou grau de coação e de inexigibilidade de outra conduta, se a coleta desse assentimento é extraído da parceira que se encontra às vésperas de dar à luz a um filho comum.

Anais processuais registram situações de pessoas compelidas a pactuar regimes matrimoniais indesejados como condição complementar das bodas em pleno desenvolvimento e realização, ou de companheiras grávidas, e até mesmo para mulheres, para as quais o casamento representa continuar ao lado da pessoa com quem elas querem viver ou continuar vivendo como esposa, e não mais como simples companheira, e que por isso mesmo concorrem e anuem com qualquer condição, independentemente das circunstâncias pessoais em que se encontrem, usualmente em posições de inferioridade, dependência e de extrema vulnerabilidade em face do outro, que intenta extrair vantagens dessa singular passagem de sua vida passional. Usa essas passagens românticas, sensíveis ou muito significativas que podem representar para as mulheres que sempre são mais tocadas pelos vínculos de afeto, impondo-lhes cláusulas de subordinação e estabelecendo fatores de incontrolável reação que literalmente empurram a mulher à condição de ter de aceitar os termos do pacto antenupcial ou do contrato de convivência, que sequer tiveram tempo de ler e digerir, mas que são impostos para sua anuência incondicional, em cenários longamente estudados, os quais sirvam como suporte cênico adicional que as impeçam de refugar o seu consentimento. Mesmo quando com alguma dificuldade de entendimento, porque chocadas com a inusitada exigência, ainda conseguem compreender alguns dos termos que elas jamais desejaram, mas não se encontram em uma posição ou em condições de exigir uma trégua para demorada leitura e adequada reflexão, literalmente para que consigam raciocinar e digerir o choque e a decepcionante surpresa de um caráter nunca antes revelado de maneira tão acintosa e ameaçadora, que fosse capaz de fazê-las negarem apor suas firmas na escritura que precede ou consolida com traiçoeiras e cláusulas prejudiciais a sua tão sonhada e outrora romantizada união.

Esse pacto ou contrato extraído, como no exemplo anterior, às vésperas de uma cesariana marcada, cujo tenso estado emocional resultante muitas vezes de uma gravidez de risco, associado à total ausência de conhecimento jurídico, e sendo a pessoa tomada de surpresa para comparecer a um tabelionato para assinar documentos que seriam complementares ao processo de habilitação matrimonial, externa um conjunto de atos adredemente preparados para prejudicar direitos da pessoa dita como amada. Assim, essa pessoa que imagina ser protegida por sua cara-metade se depara com uma escritura pública cujo conteúdo a ela é apresentado pela primeira vez não para leitura e discussão, deixando-a sem qualquer opção de recusa ou de adiamento, tudo somado com a falta de qualquer assessoramento próprio e destinado a seu exclusivo favor, sem nenhuma parcialidade, como costuma ocorrer com advogados convocados pelo parceiro que teve a iniciativa de pôr em prática esse vantajoso cenário. De fato, são circunstâncias que, induvidosamente, permitem questionar a validade da decisão externada pelo parceiro vítima dessas surpresas, verdadeira armadilha que lhe foi armada para, sob o impacto de um inesperado pacto antenupcial ou de um contrato de convivência nunca antes cogitados, ou nunca antes discutidos, mas que se apresentam altamente desfavoráveis, concluir em sã consciência que realmente são fruto da livre vontade daquele consorte que foi literalmente coagido e constrangido a firmar sua anuência.

Não sem outra razão que, para a higidez dos contratos matrimoniais, doutrina e jurisprudência vêm exigindo que os termos da avença sejam apresentados à outra parte com antecedência suficiente para ela poder avaliar meditadamente os termos do pacto, livre de pressões derivadas da iminência da data do enlace matrimonial, ou na proximidade de dar à luz a um filho, especialmente quando tem uma cesariana marcada e o parceiro algoz pode escolher o momento exato para dar o bote patrimonial, elegendo momentos sensíveis como o dia das vésperas do parto, aproveitando-se das naturais tensões que envolvem fatos tão importantes na vida de uma pessoa, como disso são exemplos frisantes como o prenúncio do casamento e do nascimento de um filho. Tampouco seria exagero considerar que cada contratante deveria ter a sua própria e independente assessoria jurídica, pois um pacto ou um contrato de convivência pode ser prejudicial para uma das partes e extremamente favorável para a outra, e por isso mesmo ser realmente desejado pelo outro firmatário, para quem o casamento ou a formalização da união estável representa apenas um pano de fundo para influir na vontade do outro contratante e introduzir um injusto ou não desejado regime de separação de bens. Nesses casos, o assessoramento profissional é imprescindível e a forma correta e honesta de assegurar prévia e preventivamente que as partes contratantes tenham sido devidamente informadas das consequências que comportam o ajuste e a renúncia de direitos que podem estar sendo pactuados, restando consciente e com total conhecimento de causa de que está abrindo mão de sua meação passada e futura e renunciando sem pressão e ignorância aos seus direitos pretéritos e futuros.

Pactos antenupciais e contratos de convivência nem sempre podem ser cega e obedientemente validados, em nome apenas da liberdade, da autonomia e da igualdade dos cônjuges, pois, embora a convalidação possa ser teoricamente defensável, em consideração à autodeterminação das pessoas, sua incidência não ocorre quando desemboca uma situação de evidente abuso de um cônjuge perante o outro, aproveitando-se da absoluta vulnerabilidade e da fragilidade psicológica do parceiro que resulta visivelmente prejudicado pela manobra contratual levada a efeito em desconcertante momento vivido pela pessoa assediada, no qual o consorte ou companheiro vitimado mistura, por exemplo, estado de euforia pelo porvir de um filho ou pela sobrevinda de um casamento, ou da conversão em casamento de uma precedente união estável, ou que se encontra claramente apreensiva pelos riscos de uma gestação complicada, deprimida e acometida de uma profunda desilusão por ser coagida a assinar um acordo indesejado, não discutido e desvantajoso, justamente em uma hora imprópria, como ocorre, por exemplo, quando está prestes de dar à luz a um filho ou ao primeiro filho do casal.

Fosse inviável considerar as circunstâncias que envolvem o ato da pactuação e vedado pesquisar a margem de liberdade na qual o consorte coagido ou constrangido atuou, essa manifestação de vontade se reduziria à sua mínima expressão de segurança, porquanto os limites de validez da vontade perderiam suas referências, restando totalmente aberto o caminho para que cônjuges ou conviventes mais ávidos e mais bem preparados sigam se beneficiando impunemente da debilidade emocional de seus parceiros, inteiramente seguros de que seus atos claramente abusivos, especialmente engendrados para viciar ou entorpecer a efetiva vontade do consorte assediado, jamais poderiam ser atacados pela anulação de que tratam os artigos 138 e 139 do Código Civil, diante da ocorrência de erro substancial.

Como afirma Juan Guillermo Lohmann Luca de Tena, o erro é um problema psicológico de conhecimento defeituoso, por insuficiência de informação ou porque o sujeito não raciocinou adequadamente sobre a informação que contava,[133] fato que se mostra essencial, porquanto a manifestação de vontade é elemento efetivo do negócio jurídico, pois, embora ocorrente a declaração de vontade, esta se deu em desconformidade com o querer do agente e, portanto, o negócio jurídico será viciado.

Juan Guillermo Lohmann de Tena dá ênfase à evidência de que nem sempre o contrário do erro é a verdade, pois há ocasiões nas quais se pode ter certeza da existência de um erro na esfera da vontade ou da sua expressão, porém sem chegar a saber exatamente o que verdadeiramente era querido, ou poder determinar que aquilo que realmente era querido por sua vez não era verdadeiro, faltando uma adequação perfeita e completa entre a inteligência e o que o ato representa, e isso pode se dar em quatro possíveis causas: (i) falta de provas sobre o conhecimento; (ii) falta de habilidade para empregá-las; (iii) falta de vontade para usá-las; ou (iv) falsa noção de possibilidade, em que qualquer uma delas conduz a um juízo errado, que toma uma aparência de correto, o que não coincide com o válido nem com a verdade.[134]

Para Nestor Duarte: "em regra, os motivos que impelem o agente à realização de um negócio jurídico são irrelevantes, porém o processo psíquico para a formação da vontade é relevante, de modo que, se a declaração decorrer de noção inexata ou falsa ideia a respeito do objeto principal ou acerca de pessoa, ou ainda sobre norma jurídica (CC, art. 139), poderá caracterizar-se erro, que é vício capaz de levar à anulação do negócio".[135]

Sem olvidar do artigo 187 do Código Civil, ao considerar como ato ilícito o titular de um direito que, ao exercê-lo, excede manifestamente os limites impostos pelo seu fim econômico ou social, pela boa-fé ou pelos costumes, podendo perfeitamente ser amalgamados os dois conceitos, pois, abusando de uma situação e da credulidade e boa-fé de seu parceiro afetivo com seus atos esquivos, causa imensurável dano ao seu parceiro, aproveitando-se do seu estado emocional e psicológico, ao tomá-lo em completa surpresa, pois jamais esperava tão drástico golpe. Ademais, sem ter a exata noção dos efeitos provenientes da sua assinatura forçada no pacto antenupcial ou em um contrato de convivência, é coagido a se pronunciar, apondo sua firma pessoal em uma falsa ou equivocada concordância entre a vontade interna e a vontade declarada, externada em catastrófico pacto que risca o passado e todo o futuro patrimonial de quem, coagido psicologicamente, cometeu erro substancial e escusável, falseando a sua verdade volitiva.[136] Presentes, ainda, os elementos configurados pela subsunção do artigo 145 do Código Civil, ao ordenar a anulação do negócio jurídico quando utilizado um expediente

---

[133] TENA, Juan Guillermo Lohmann Luca De. *Código Civil comentado*. Coordenação Manuel Muro Rojo e Manuel Alberto Torres Carrasco. Lima: Gaceta Juridica, 2020. t. I, p. 743.

[134] TENA, Juan Guillermo Lohmann Luca De. *Código Civil comentado*. Coordenação Manuel Muro Rojo e Manuel Alberto Torres Carrasco. Lima: Gaceta Juridica, 2020. t. I, p. 743.

[135] DUARTE, Nestor. Código *Civil comentado*. Coordenação Cezar Peluso. 8. ed. São Paulo: Manole, 2014. p. 98.

[136] PEREIRA, Caio Mário da Silva. *Instituições de direito civil*. Atualização Maria Celina Bodin de Moraes. 27. ed. Rio de Janeiro: GEN/Forense, 2014. p. 436-437.

ou uma estratégia astuciosa, direcionada a induzir alguém à prática de um ato que lhe possa causar prejuízos, em benefício de quem realiza a ação intencional do engodo, e que na teoria do dolo se vê o caráter jurídico do vício do consentimento, aduzem Nelson Nery Junior e Rosa Maria de Andrade Nery que o exame do juiz recai muito menos sobre o consentimento do que é enganado do que sobre o ato que o enganou.[137]

Tampouco ficam afastados os fatos que buscam o ambiente favorável à prática da coação psicológica e os efeitos determinados pelo artigo 147 do Código Civil, no sentido de que os negócios jurídicos bilaterais, o silêncio intencional de uma das partes a respeito de fato ou a qualidade que a outra parte haja ignorado constituem omissão dolosa, provando que sem ela o negócio não se teria celebrado e é exatamente isso o que acontece quando um dos pactuantes arma uma tática de abordagem na qual apresenta uma escritura convivencial ou de pacto antenupcial, que precisa ser assinada às vésperas de a mulher dar à luz um filho que virá ao mundo no dia seguinte, já marcada a cesariana, e com suas núpcias igualmente designadas para alguns dias depois, tendo o companheiro e futuro marido se utilizado de um procedimento malicioso e de insidioso convencimento, capaz de produzir na vítima um estado de torpor, incredulidade, uma total falta de reação e inexigibilidade de qualquer outra conduta que não fosse a de se ver prostrada, em estado de choque e sem forças para extrair alguma mínima defesa ou reação, cujo resultado jamais seria obtido pelo parceiro de outra maneira.

Em realidade, tampouco o ato ardiloso escapa do que prescreve o artigo 151 do Código Civil a respeito da coação que vicia a declaração de vontade, decorra o ato de uma coação moral ou física, pois qualquer delas retira do negócio jurídico a sua imprescindível vontade deliberada, uma vez que a pessoa coagida tem seu estado de espírito destituído de toda a energia moral e de qualquer átimo de espontaneidade, e acaba realizando o ato que lhe é exigido com grave lesão ao seu direito de meação já convalidado pelo tempo precedente de uma estável convivência. A lesão também tem acento no artigo 157 do Código Civil, caracterizado, como diz Caio Mário da Silva Pereira, por dois elementos: "o primeiro objetivo situa-se na desproporção evidente e anormal das prestações, quando uma das partes aufere ou tenha oportunidade de auferir do negócio um lucro desabusadamente maior do que a prestação que pagou ou prometeu, aferida ao tempo do mesmo contrato. [...] O segundo requisito subjetivo configura-se na circunstância de uma das partes aproveitar-se das condições em que se encontra a outra, acentuadamente a sua inexperiência, a sua insensatez ou o estado premente de necessidade em que se acha no momento de contratar. [...] Verificada a existência desses dois extremos, o ato negocial é defeituoso e, como tal, suscetível de desfazimento".[138]

E nesse campo da lesão, quando toca em compreender a inexperiência ou a incredulidade de uma parte e a leviandade ou esperteza da outra, é preciso que, além da vantagem de um contratante inferir, se verifique a especulação em torno da situação particular que levou o outro a celebrar o contrato que lhe é desfavorável. Diante disso, prossegue Caio Mário da Silva Pereira: "apura-se que o outro contratante, ou beneficiado praticou ato consciente, positivo, ao se aproveitar daquelas condições desfavoráveis ao lesado",[139] enquanto a vítima estava confusa e atônita, e não obteve nenhuma vantagem ao apor a sua assinatura no pacto antenupcial ou no contrato

---

[137] NERY JUNIOR, Nelson; NERY, Rosa Maria de Andrade. *Código Civil comentado*. 10. ed. São Paulo: RT, 2013. p. 421.

[138] PEREIRA, Caio Mário da Silva. *Instituições de direito civil*. Atualização Maria Celina Bodin de Moraes. 27. ed. Rio de Janeiro: GEN/Forense, 2014. p. 458-459.

[139] PEREIRA, Caio Mário da Silva. *Lesão nos contratos*. Rio de Janeiro: Forense, 1994. p. 165.

de convivência contra a sua efetiva vontade, somente porque não tinha como deixar de firmar o ato naquele momento e naquelas circunstâncias altamente fragilizadas e profundamente desfavoráveis e que já foram questionadas no REsp 1.200.708/DF, julgado em 2010, pela Ministra Nancy Andrighi, ao apurar nos fatos do processo em comento "uma severa desproporcionalidade da partilha, e a sua anulação poderá ser decretada sempre que, pela dimensão do prejuízo causado a um dos consortes, verifique-se ofensa à sua dignidade".

E, se um prejuízo parcial pode ferir a dignidade da pessoa, o que dizer de um pacto que extrai a fórceps a totalidade dos bens que já haviam sido titulados por um precedente regime de comunhão parcial em uma união estável revertida em casamento e ilustrada às vésperas de um parto, com assinatura obtida pela coação psicológica de uma escritura de pacto antenupcial que adota um regime retroativo de separação de bens, eliminando todo o compartilhamento patrimonial futuro, tudo alcançado à custa da boa-fé e da incredulidade da futura esposa, cooptada emocional e psicologicamente pela aura de um sempre sonhado casamento, dela retirando qualquer reação capaz de evitar que pudesse cair em tão vil armadilha, que nada guardava de romântica, às vésperas de uma cesariana, que trataria de ampliar a família. No entanto, tal cenário serviu de pano de fundo para um enriquecimento unilateral e acabou afetando o consagrado princípio da boa-fé incidente sobre os negócios jurídicos e imposto às partes contratantes pelo artigo 422 do Código Civil, para que resguardem seu conteúdo principiológico, tanto na conclusão quanto na execução do contrato, pois se trata de regra de interpretação que milita a favor da segurança das relações jurídicas, e não no caminho inverso da insegurança destas relações jurídicas. Portanto, qualquer contratante deve agir como um ser humano reto, probo, honesto e leal, verdadeiro modelo de conduta social, de modo a não frustrar a legítima confiança da outra parte, não se valendo de determinadas circunstâncias fáticas, totalmente desfavoráveis ao contratante prejudicado para induzir, pressionar e coagir seu parceiro afetivo a aceitar proposta que jamais acolheria em outro panorama contratual. E o que dizer quando essa confiança se multiplica geometricamente por se tratar de duas pessoas que formam uma família, deitando usualmente sobre aqueles que atuam na mais serena boa-fé uma cega confiança e um amor imaterial e incondicional, devendo ser sempre cuidado o prazo decadencial de quatro anos para a pretensão de anular pacto antenupcial ou contrato de convivência?[140]

2.2.8.5 Cláusulas pactícias em prejuízo de terceiros

As cláusulas pactícias têm crescido em importância e se estendido aos pactos antenupciais ou contratos de convivência para variados temas pertinentes ao direito de família e ao direito de sucessões, cujos instrumentos outrora eram de pouco uso e basicamente restritos à mera e simples escolha dos regimes primários de bens. Entrementes, na atualidade, os pactos antenupciais e contratos de convivência são uma das principais manifestações da propalada autonomia privada dos cônjuges e conviventes, que encontram na sua utilização o instrumento próprio para que esses casais possam regular o mais detalhadamente possível os aspectos

---

[140] "Agravo de instrumento. Pretensão de anular pacto antenupcial. Decadência. A pretensão de anular pacto antenupcial, mediante alegação de vício de consentimento, versa sobre anulabilidade, e tem prazo decadencial expressamente previsto em lei, que é de quatro anos, contados da data em que celebrado o negócio. No caso, entre a celebração do pacto antenupcial e do casamento, e a dedução do pedido de anulação em juízo, transcorreram-se mais de nove anos. De modo que é inafastável o reconhecimento de que efetivamente operou-se a decadência. Negaram provimento" (TJRS, 8.ª Câmara, Agravo de Instrumento 70082776055, Rel. Des. Rui Portanova, j. 31.10.2019).

econômicos e pessoais do casamento e da união estável, encontrando a liberdade de pactuar assento no artigo 1.639 do Código Civil, ao dispor ser lícito aos nubentes, e o mesmo se presta para os conviventes (CC, art. 1.725) estipular quanto aos seus bens o que lhes aprouver, encontrando unicamente como limite dessa liberdade o artigo 1.655 do mesmo Diploma Substantivo Civil, quando considera nula toda a convenção ou somente a cláusula nela inserida, que contravenha disposição absoluta de lei.

Idêntica prescrição legal consta do artigo 1.698.º do Código Civil de Portugal, quando refere que os esposos podem fixar livremente, em convenção antenupcial, o regime de bens do casamento, quer escolhendo um dos regimes previstos no Código Civil português, quer estipulando o que a esse respeito lhes aprouver, dentro dos limites da lei.

Já o Código Civil da Espanha, no capítulo que trata das *capitulaciones matrimoniales*, menciona em seu artigo 1.325 que os consortes podem estipular, modificar ou substituir o regime econômico de seu matrimônio ou quaisquer outras disposições em razão do casamento, mesmo depois de celebradas as núpcias (CC, espanhol, art. 1.326), conquanto a realizem por escritura pública (CC, espanhol art. 1.327), sendo nula qualquer estipulação contrária às leis, aos bons costumes ou limitadora da igualdade de direitos correspondente a cada cônjuge (CC, espanhol art. 1.328). Acrescenta o artigo 1.335 do Código Civil espanhol que a invalidez das disposições pactícias se regerá pelas regras gerais dos contratos, como ao seu tempo e modo também sucede com o artigo 421 do Código Civil brasileiro, quando refere que "a liberdade contratual será exercida nos limites da função social do contrato" e que, "nas relações contratuais privadas, prevalecerão o princípio da intervenção mínima e a excepcionalidade da revisão contratual" (CC, art. 42, parágrafo único), e as consequências jurídicas da anulação jamais poderão prejudicar terceiros de boa-fé.

Tanto o Código Civil brasileiro como o Código Civil português, bem como o Código Civil espanhol, conferem aos cônjuges uma razoável autonomia privada, e o mesmo pode ser dito no âmbito do direito brasileiro com relação aos conviventes, para que tanto cônjuges como companheiros estipulem quaisquer cláusulas pactícias, conquanto não entrem em rota de colisão com alguma norma cogente, que atente contra a ordem pública. Assim, resta definir quais seriam as normas no direito brasileiro de família e das sucessões que ainda precisam ser vistas como imperativas, em face da enorme flexibilização sucedida na esfera do chamado direito brasileiro das famílias e no direito das sucessões e que, portanto, podem ser encaradas como normas de cogência relativa, e não mais de imposição absoluta, como eram interpretadas em um passado nem tão remoto, porque ainda seguem presentes no ordenamento jurídico brasileiro alguns dos resquícios que consideravam outrora indisponíveis todas as normas pertinentes ao direito de família.

Merecem registro o pensamento e a preocupação externada por Celia Martínez Escribano diante da maior liberdade concedida aos consortes para que deliberem livremente em seus contratos conjugais ou convivenciais, ao aduzir que:

> Como qualquer contrato, o pacto pré-matrimonial há de ser o resultado da livre vontade das partes que o subscrevem, e a existência de algum vício de consentimento o converteria em anulável. Porém, à diferença de outros contratos, neste caso concorrem circunstâncias especiais ligadas aos sentimentos de afetividade que rodeiam os momentos prévios à celebração do matrimônio que podem favorecer a manipulação ou engano por parte de um dos contraentes, de maneira que o outro chegue a subscrever um acordo realmente não desejado. Ou que a iminência da data do enlace jogue a favor na assunção de um pacto não querido para evitar o cancelamento ou atraso da cerimônia com todos os seus preparativos. Outras vezes, o otimismo que impera nos momentos anteriores ao matrimônio em relação ao êxito da união pode levar a diminuir a importância dos termos do acordo, subscrevendo

o pacto sem haver sopesado devidamente o seu conteúdo e as consequências que dele derivam em caso de ruptura do casamento.

Em relação a estas questões, não é estranho encontrar na jurisprudência estadunidense – com bastante experiência nestes temas – casos nos quais, poucos dias antes da celebração do enlace conjugal, uma das partes, geralmente o marido, apresenta a outra um acordo pré--matrimonial indicando que a subscrição do mesmo é condição indispensável para contrair casamento. Se já foram realizados todos os preparativos das bodas, ou se a mulher está grávida, ou é estrangeira e o matrimônio seria a forma de solucionar seus problemas com o visto de permanência ao lado da pessoa que ama, ou, em definitivo, concorre qualquer circunstância que deixe um deles em uma posição de inferioridade frente a outra, por exemplo, uma subordinação laboral de um deles frente ao outro, não há dúvidas de que existem fatores que empurram a aceitar o pacto ainda quando seus termos não sejam realmente desejados.[141] [...]

Concretamente, vem sendo exigido que o acordo se apresente a outra parte com suficiente antecedência para poder avaliar meditadamente os termos do pacto, livre de pressões derivadas da iminência da data do enlace conjugal. O assessoramento profissional independente de cada uma das partes constitui outro elemento importante neste sentido. Um pacto pode resultar prejudicial para um dos cônjuges, e sem embargo, pode ser válido porque é realmente desejado por ele. Uma forma de assegurar que isto é assim é, antes de subscrever o acordo, esta parte tenha sido devida e previamente informada das consequências que o pacto comporta e a renúncia de direitos que pressupõe; em definitivo que esteja consciente do agravamento da sua situação em sede judicial se não assinasse o acordo. E por último, vem sendo exigido que cada parte comunique a outra a sua situação financeira e patrimonial, porque só então pode avaliar em toda a sua extensão a eventual renúncia de direitos que pode estar realizando com o pacto. Porém, estes três requisitos – antecipação, assessoramento profissional e publicidade da situação econômica – vêm sendo comprovados nos tribunais espanhóis com certa flexibilidade. Por exemplo, se o pacto foi apresentado para a assinatura pouco antes da celebração do casamento, porém fazia tempo que era conhecida sua existência e os termos do seu conteúdo, ou se uma das partes teve oportunidade de receber assessoramento profissional, porém dele prescindiu, ou se não foi dada publicidade formal da situação financeira, porém as circunstâncias da relação existente permitiam um conhecimento bastante próximo da realidade financeira, se entende, sem embargo, que foram cumpridas as medidas apontadas.[142]

O Enunciado 635 da VIII Jornada de Direito Civil deliberou, ainda em 2018, que o pacto antenupcial e o contrato de convivência podem conter cláusulas existenciais, desde que não violem os princípios da dignidade da pessoa humana, da igualdade entre os cônjuges (e o mesmo deve ser dito para os conviventes) e da solidariedade familiar, deixando uma mostra muito presente e profunda de que a *autonomia privada* na seara familista é um caminho sem volta para o avanço e para alcançar a necessária independência que consortes e companheiros devem galgar para o estabelecimento de uma verdadeira entidade familiar, caminhando rumo à independência financeira e econômica dos cônjuges e conviventes, pactuando sobre direitos existenciais e sobre direitos materiais de aceitação ou de renúncia. Elegendo regimes matrimoniais de comunhão ou de separação de bens, ordenando cláusulas de estabelecimento ou renúncia de alimentos, de quantificação desses recursos quando forem pagos a título de alimentos comuns ou compensatórios e abdicando de legados sucessórios *ex lege*, como sucede com o direito real de habitação ou repudiando direitos concorrenciais que não passam de meras expectativas de fato.

---

[141] ESCRIBANO, Celia Martínez *et al*. *Aspectos civiles y penales de las crisis matrimoniales*. Valladolid: Lex Nova, 2009. p. 106.

[142] ESCRIBANO, Celia Martínez *et al*. *Aspectos civiles y penales de las crisis matrimoniales*. Valladolid: Lex Nova, 2009. p. 107.

Por oportuno, os alimentos compensatórios acolhidos pela doutrina e jurisprudência brasileiras, cujos pressupostos de sua concessão têm a natureza claramente *indenizatória*, só por essa sua específica característica são passíveis de pactuação, tanto para a sua livre aceitação e fixação de tempo e de quantificação como são obviamente renunciáveis pela singela manifestação de vontade do circunstancial beneficiário, expressada em pacto antenupcial ou em contrato de convivência. Lembra María Dolores Hernández Díaz-Ambrona que a pensão compensatória é um direito disponível por parte daquele a quem pode afetar e, portanto, os cônjuges podem pactuar o que julguem mais conveniente acerca da regulação de suas relações que surgem como consequência de um divórcio, considerando que sobre os casais reina o princípio da autonomia privada.[143] Acerca desse princípio se pronuncia Aurelio Barrio Gallardo, dizendo que o matrimônio cobra uma nova dimensão e perde sua faceta de instituição de sujeição e de dominação, que infantiliza e menospreza a esposa, reduzindo sua esfera de atuação jurídica, deixando-a presa em um estado civil, que a encaixa em um rol de gênero, e à mercê dos homens, primeiro do pai e depois do marido. Se for preciso assinalar entre os diversos fatores de transformação social aquele mais transcendental para o redesenho da família que na atualidade se encontra abaixo de seus novos postulados, sem dúvida seriam a emancipação da mulher no século XX, ao lhe ser proporcionada independência econômica, sem esquecer a sua liberdade sexual; a proliferação de métodos anticonceptivos que lhe permitem desfrutar de sua sexualidade e controlar a natalidade; a participação da mulher na tomada de decisões concernentes à direção e governo da família, que se plasma em acordos entre cônjuges ou conviventes, os quais vão, por meio do contrato, desmontando a obsoleta estrutura patriarcal.[144]

De qualquer forma, essa autonomia da vontade dos cônjuges e conviventes, retratada nos exemplos dos direitos brasileiro, português e espanhol, não encontra a mesma liberdade no direito argentino, que parece ainda estar arraigado no temor da fraude que possa ser instaurada em uma relação conjugal, caso o legislador confira aos esposos o mesmo grau de liberdade encontrado em outros países, além do Brasil e de Portugal.

O Código Civil e Comercial da Argentina reputa, no artigo 447, nula toda convenção antenupcial sobre qualquer outro objeto que não se restrinja às hipóteses exaustivas declinadas no antecedente artigo 446 do Código Civil e Comercial argentino, e que respeitam apenas às seguintes hipóteses: a) designarem os bens que cada cônjuge leva para o casamento e o valor deles; b) enunciarem no pacto as suas dívidas pessoais; c) consignarem as doações que façam os noivos entre si; e d) a opção que façam por algum dos regimes patrimoniais previstos no regramento civil argentino.

Deflui, portanto, do artigo 447 do Código Civil e Comercial argentino a expressa proibição de celebrar toda e qualquer convenção pré-matrimonial ou matrimonial que não esteja expressamente admitida no artigo precedente (CC argentino, art. 446), uma vez que o artigo 1.002, *d*, também do Código Civil argentino, proíbe de forma genérica que os cônjuges contratem nas suas convenções pré-matrimoniais ou matrimoniais, regidas pelo regime de comunidade de bens, quaisquer outros regimes matrimoniais diferentes daqueles ofertados pela legislação vigente, embora possam celebrar outros tipos de contratos quando estes estejam expressamente permitidos como contratos de sociedades empresariais, condomínios, associações civis, sendo sancionadas com a nulidade as convenções vetadas e que sejam configuradas como se tivessem sido realizadas em fraude à lei, ou, como explica Ariel Ariza, a gênese da letra *d* do artigo 1.002

---

[143] DÍAZ-AMBRONA, María Dolores Hernández. *Estudio crítico de la pensión compensatoria*. Madrid: Reus, 2017. p. 41.

[144] GALLARDO, Aurelio Barrio. *Autonomía privada y matrimonio*. Madrid: Cometa, 2016. p. 19.

do Código Civil e Comercial argentino, quando impede que cônjuges matrimoniados em regime de comunidade de bens contratem em interesse próprio, sendo incapazes para celebrarem entre eles contratos que tenham por objeto a transmissão de determinados bens, como contratos de compra e venda, permuta, cessão, *leasing*, fideicomisso, doação, renda vitalícia), gera nulidade absoluta e desvirtua o regime matrimonial diante de eventual transgressão contratual.[145]

Nesse sentido, o direito argentino segue com o cacoete do exacerbado protecionismo que existia na codificação civil brasileira de 1916, parecendo existir um apegado temor à possibilidade de lesão ou de prejuízo por fraude em relação a terceiros, o que se mostra realmente exagerado, porque os terceiros prejudicados já têm seus meios próprios de proteção e sempre contam com suas demandas de inoponibilidade, opostas quando vêm e têm suas garantias patrimoniais ameaçadas pelos movimentos escusos dos casais devedores. Certamente, mostrar-se-ia quiçá mais pertinente essa desarrazoada proteção do cônjuge mulher a quem o legislador segue classificando como uma pessoa frágil e digna de amparo estatal, no que se constitui um resquício cultural do tempo em que as mulheres não exerciam atividades profissionais e se quedavam em casa cuidando dos filhos, da casa e do marido. Dessarte, diante do ranço que nesse aspecto conserva o direito argentino, não seriam válidos os pactos antenupciais que previssem o diferimento dos efeitos jurídicos para a ocasião da ruptura do casamento, nem seriam factíveis aqueles pactos que implicassem renúncia de direitos ou melhoramento da posição econômica de qualquer uma das partes, só podendo pactuar sobre os itens textualmente dispostos no artigo 446 do Código Civil argentino.[146] Caso violado o artigo 446 do Código Civil e Comercial da Argentina, o artigo 447 do mesmo Código Civil e Comercial comina de nulidade toda e qualquer convenção dos futuros cônjuges e que não tenha sido expressamente prevista no artigo 446.

Enfim, existem sistemas jurídicos com maior liberdade de disposição para os cônjuges contratarem, filiando-se esses sistemas mais liberais ao princípio da liberdade contratual, não obrigatoriamente absoluta, mas com as limitações direcionadas somente àquelas disposições legais de interesse e ordem pública. Por sua vez, o Código Civil de Portugal dispõe no artigo 1.699.º quais as cláusulas que não podem ser objeto de convenção antenupcial, detalhamento que a maioria dos códigos não informa quais são essas proibições, pois, como aduzem Pires de Lima e Antunes Varela, seria inglorioso o esforço despendido para concentrar em uma só disposição a menção discriminada de todas essas limitações,[147] podendo o tema liberdade de pactuar ser fracionado entre dois claros sistemas: (i) os que adotam o sistema da *liberdade* contratual, como acontece no direito brasileiro com as restrições da ordem pública; e (ii) os sistemas opostos que utilizam a regra da *tipicidade*, pela qual os cônjuges ficam adstritos aos regimes tipos ou primários estabelecidos pela lei, podendo algumas legislações conceder aos interessados um maior livre-arbítrio de modificação.[148]

Nada comparado aos contratos matrimoniais islâmicos, que concedem ampla liberdade contratual e extensa autonomia privada, em que ambos os esposos podem acordar sobre suas relações patrimoniais durante o casamento e cujas cláusulas são projetadas para o momento

---

[145] ARIZA, Ariel. *Código Civil y Comercial de la Nación*. Director Ricardo Luis Lorenzetti. Buenos Aires: Rubinzal-Culzoni, 2015. t. V, p. 712.

[146] BASSET, Ursula C. *Código Civil y Comercial comentado*. Tratado exegético. Coordenação Ignacio E. Alterini. 3. ed. Buenos Aires: Thomson Reuters/La Ley, 2019. t. III, p. 277.

[147] LIMA, Pires de; VARELA, Antunes. Código Civil anotado. 2. ed. Coimbra: Coimbra Editora/Wolters Kluwer, 2010. v. IV, p. 359.

[148] LIMA, Pires de; VARELA, Antunes. Código *Civil anotado*. 2. ed. Coimbra: Coimbra Editora/Wolters Kluwer, 2010. v. IV, p. 358.

de ruptura do matrimônio, até porque a maioria das legislações islâmicas não contempla um regime econômico matrimonial imperativo ou supletivo, tampouco outras consequências patrimoniais, como a pensão alimentícia ou a pensão compensatória, ou o regime de bens e o uso da habitação conjugal, definindo apenas alguns aspectos patrimoniais que surgirão com o fim do relacionamento.[149]

Portanto, o contrato de matrimônio islâmico que não mais pode ser modificado trata de cláusulas como o *dote* a ser pago pelo esposo para a mulher que, diante da ruptura do casamento, ingressa em um estado de indigência financeira, isso se o dote não foi adiantado por ocasião das núpcias, e por essa razão pode ser exigido ao tempo da ruptura. Também podem pactuar a exclusão da poligamia, por cuja cláusula o marido se compromete a não contrair outro matrimônio e diz que respeitará o princípio da monogamia; como podem pactuar sobre o direito ao repúdio, em cuja cláusula o marido renúncia a esse seu direito de repudiar seu cônjuge, ou confere à esposa esse mesmo direito de ele ser repudiado, o que representa para a cultura islâmica uma dissolução informal e unilateral do casamento.[150]

A generalidade das legislações latinas, inspiradas em grande parte no Código de Napoleão, aceita o princípio da liberdade, mas estabelece limitações à liberdade contratual das partes,[151] como igualmente procedem os direitos português, francês, argentino, este com maior rigor, e brasileiro, que começa proibindo pactuar qualquer exceção ou inobservância dos deveres conjugais do artigo 1.566 do Código Civil. Esse fato, na atualidade, é completamente iníquo diante dos termos da Emenda Constitucional 66/2010, que deixou de aferir a culpa como pressuposto para a separação judicial e implantou um divórcio direto e sem causa, transformando os deveres do casamento em meras recomendações nupciais, transferindo para a exclusiva avaliação dos cônjuges o ato de decidirem querer ou não continuar casados, quando se defrontam com uma falta a algum dever nupcial dentre aqueles descritos no artigo 1.566 do Código Civil, a saber: o dever de fidelidade (inc. I); o dever de coabitação (inc. II); o dever de mútua assistência (inc. III); o dever de sustento, guarda e educação dos filhos (inc. IV); e o dever de respeito e consideração mútuos (inc. V).

Ora, se os cônjuges podem exercer livremente a opção pelo divórcio quando deparam com a falta de um ou mais desses deveres meramente éticos do casamento, visto que sua desobediência não mais gera qualquer efeito jurídico, por qual motivo não poderiam os consortes desde antes do matrimônio, ainda por ocasião do pacto antenupcial, contratar de modo diverso esses deveres, talvez dispensando alguns dos deveres ou até todos eles; ou modificando a compreensão ou extensão desses deveres, por exemplo, dispensando a coabitação, a mútua assistência material, mas não dispensando a mútua assistência espiritual? Podem dispensar reciprocamente eventual direito alimentar, consignando o fato de ambos trabalharem; ou pactuar a guarda compartilhada dos filhos em caso de ruptura do matrimônio, inclusive com detalhamentos próprios de um termo de parentalidade; ou mesclar os regimes de bens; ou até mesmo estabelecer bens reservados que não se comunicam; mas, se quiserem, podem pactuar frações diferenciadas de domínio sobre os bens, proporcionais ao percentual dos ingressos

---

[149] GARZÓN, María Dolores Cervilla. *Los acuerdos prematrimoniales en previsión de ruptura*. Valencia: Tirant lo Blanch. 2013, p.157.

[150] GARZÓN, María Dolores Cervilla. *Los acuerdos prematrimoniales en previsión de ruptura*. Valencia: Tirant lo Blanch. 2013, p.158-162.

[151] LIMA, Pires de; VARELA, Antunes. Código *Civil anotado*. 2. ed. Coimbra: Coimbra Editora/Wolters Kluwer, 2010. v. IV, p. 359.

financeiros de cada cônjuge e, portanto, não mais existiriam meações, mas frações proporcionais; como podem excluir os frutos dos bens particulares; estabelecer termos ou condições para a alteração automática do regime de bens, ou para a implementação de certas cláusulas, vinculadas ao tempo de duração do casamento ou do nascimento de filhos; como podem pactuar cláusulas sobre a administração dos bens comuns, inclusive com a contratação de um administrador profissional; como podem ainda pactuar indenizações pelo rompimento; contratar o auxílio à arbitragem ou à mediação em caso de ruptura, afora cláusula de renúncia ao direito real de habitação e de dispensa de alimentos compensatórios.

Fabiana Domingues Cardoso entende, por exemplo, que há vedação de pactuar sobre herança de pessoa viva, por não ser possível alterar a ordem de vocação hereditária nem extinguir a legítima dos herdeiros obrigatórios.[152] Em quase tudo ela está certa, justamente por se tratar de disposições cogentes, verdadeiras proibições de ordem pública, como cogente é a responsabilidade parental dos pais e como indisponíveis são os alimentos dos filhos menores e incapazes e o direito deles de convivência com seus pais. No entanto, não existe cogência na renúncia de herança concorrencial como exposto no item 2.2.9.2 *supra*, assim como os cônjuges e conviventes também podem dispensar de forma recíproca o seu direito alimentar, ou pactuar valor e termo certos da pensão alimentícia, que pode muito bem ser desvinculada do binômio possibilidade e necessidade e previamente ordenar um valor certo; ou podem clausular que o montante, tempo e forma do pagamento serão estipulados por um mediador, pois afinal de contas serão contratos conjugais que respeitarão a igualdade dos consortes e conviventes e a igualdade dos direitos dos filhos e sua integral proteção. Não obstante a Terceira Turma do Superior Tribunal de Justiça tenha admitido a fixação de pensão alimentícia em valores diferentes, ainda que pagas pelo mesmo pai, mas a filhos de relacionamentos diferentes, entende a Ministra Nancy Andrighi que a igualdade não é um princípio inflexível e que existem progenitoras com capacidades financeiras diferentes que refletem no montante alimentar.[153]

---

[152] CARDOSO, Fabiana Domingues. *Regime de bens e pacto antenupcial*. São Paulo: Método, 2010. p. 134.

[153] "Civil. Processual civil. Ação de alimentos. Diferença de valor ou de percentual na fixação dos alimentos entre filhos. Impossibilidade, em regra. Princípio constitucional da igualdade entre filhos, todavia, que não possui caráter absoluto. Possibilidade de excepcionar a regra quando houver necessidades diferenciadas entre os filhos ou capacidades de contribuições diferenciadas dos genitores. Dever de contribuir para a manutenção dos filhos que atinge ambos os cônjuges. Dissídio jurisprudencial. Cognição diferenciada entre paradigma e hipótese. Premissas fáticas distintas. 1. Ação distribuída em 06.03.2012. Recurso especial interposto em 22.04.2015 e atribuído à Relatora em 26.08.2016. 2. O propósito recursal consiste em definir se é ou não admissível a fixação de alimentos em valores ou em percentuais diferentes entre os filhos. 3. Do princípio da igualdade entre os filhos, previsto no art. 227, § 6.º, da Constituição Federal, deduz-se que não deverá haver, em regra, diferença no valor ou no percentual dos alimentos destinados a prole, pois se presume que, em tese, os filhos – indistintamente – possuem as mesmas demandas vitais, tenham as mesmas condições dignas de sobrevivência e igual acesso às necessidades mais elementares da pessoa humana. 4. A igualdade entre os filhos, todavia, não tem natureza absoluta e inflexível, devendo, de acordo com a concepção aristotélica de isonomia e justiça, tratar-se igualmente os iguais e desigualmente os desiguais, na medida de suas desigualdades, de modo que é admissível a fixação de alimentos em valor ou percentual distinto entre os filhos se demonstrada a existência de necessidades diferenciadas entre eles ou, ainda, de capacidades contributivas diferenciadas dos genitores. 5. Na hipótese, tendo sido apurado que havia maior capacidade contributiva de uma das genitoras em relação a outra, é justificável que se estabeleçam percentuais diferenciados de alimentos entre os filhos, especialmente porque é dever de ambos os cônjuges contribuir para a manutenção dos filhos na proporção de seus recursos. 6. Não se conhece do recurso especial pelo dissídio jurisprudencial quando houver substancial diferença entre a cognição exercida no paradigma e a cognição exercida na hipótese, justamente porque são distintas

O Código Civil da Espanha dispõe no artigo 1.328 ser nula qualquer estipulação contrária às leis ou aos bons costumes, ou limitadora da igualdade de direitos que corresponda a cada cônjuge, embora estipule no artigo 1.315 do Código Civil espanhol, em caráter geral, que o regime econômico do matrimônio será o que os cônjuges determinarem em seu pacto antenupcial, sem outras limitações que não sejam aquelas estabelecidas no Código Civil da Espanha. Assim, para o direito espanhol, uma disposição pactícia contrária ao dever de fidelidade ou contrária a qualquer outro dever de conteúdo ético e moral dos consortes, ou contrária aos direitos e deveres que regulam o poder familiar, seria considerada ilícitas por ser adversa à lei imperativa que estaria sendo vulnerada, como se considera oposta aos bons costumes uma cláusula que obriga um dos cônjuges a pagar valores periódicos pela convivência matrimonial,[154] e, por último, quando abomina qualquer cláusula pactícia que esteja em desarmonia com a igualdade dos consortes, princípio também consagrado pela Constituição Federal brasileira, como seriam, por exemplo, os antigos regimes dotais que atribuíam somente aos maridos a administração de todos os bens comuns e particulares dos cônjuges. Contudo, interessa ao presente estudo definir quais seriam os limites da autonomia privada que os credores dos consortes poderiam impugnar para verem reparado algum prejuízo que lhes tivesse sido causado pelas cláusulas pactícias. Direitos de terceiros estes que também estão resguardados e ressalvados no artigo 1.317 do Código Civil da Espanha, quando os consortes alteram, por exemplo, seu regime de comunicação de bens para um regime de separação de bens, tal qual ressalva o § 2.º do artigo 1.639 do Código Civil brasileiro, em que, em regra, o credor de algum dos matrimoniados pode ser seriamente prejudicado.

Conforme Francisco Cláudio de Almeida Santos,[155] não existe noção cerrada da autonomia privada dos consortes com seus contratos conjugais, eis que o norte entre o permitido e o proibido está na máxima jurídica da *comunhão plena de vida*, prevista no artigo 1.511 do Código Civil[156] e que, a partir da efetiva existência de uma entidade familiar, seriam inconciliáveis cláusulas pactícias aviltantes, quando provocassem algum desequilíbrio nas relações afetivas. Entretanto, há muito tempo o direito vem rechaçando a cega e acrítica afirmação de que todas as cláusulas pactícias seriam consideradas contrárias à ordem pública, de modo que doutrina e jurisprudência consideram os pactos como verdadeiros contratos familiares, o que realmente são, mas cuja eficácia está unicamente vinculada à existência de um consentimento informado, vale dizer, os pactuantes emitem sua vontade plenamente cientes, plenamente informados do estado e da extensão de seu patrimônio, e, a partir desse conhecimento, podem renunciar a qualquer direito patrimonial, renúncia outrora proibida e atualmente eficaz, só podendo ser anuladas as cláusulas pactícias, se algum dos contratantes foi vítima de erro ou ignorância (CC, arts. 138-144), dolo (CC, arts. 145-150), coação (CC, arts. 151-155), estado de perigo (CC, art. 156), lesão (CC, art. 157), fraude (CC, arts. 158-165) e simulação (CC, art. 167).

---

as premissas fáticas em que se assentam os julgados sob comparação. Precedentes. 7. Recurso especial parcialmente conhecido e, nessa extensão, desprovido" (STJ, 3.ª Turma, REsp 1.624.050/MG, Rel. Min. Nancy Andrighi, j. 19.06.2018).

[154] MARTÍNEZ, Juan Antonio Moreno. *El régimen económico del matrimonio*. Coordenación J. Rams Albesa e Juan Antonio Moreno Martínez. Madrid: Dykinson, 2005. p. 128.

[155] ALMEIDA SANTOS, Francisco Cláudio de. O pacto antenupcial e a autonomia privada. *In*: FERREIRA BASTOS, Eliene; SOUSA, Asiel Henrique de (coord.). *Família e jurisdição*. Belo Horizonte: Del Rey, 2005. p. 209.

[156] CARDOSO, Fabiana Domingues. *Regime de bens e pacto antenupcial*. São Paulo: Método, 2010. p. 136.

2.2.9 Fraude na partilha consensual

Por mais paradoxal que possa parecer, provavelmente a maior fonte de fraude à meação provenha da separação ou do divórcio, quanto ao instituto do casamento, ou da dissolução consensual da união estável, oportunidades nas quais os casais e conviventes se fazem representar por advogado comum, ou até mesmo cada um deles se faz representar por seu próprio profissional da advocacia, uma vez que climas de aparente consenso e de amistosa relação separatória, em ambiente de aparente cordialidade, ou apenas em experiências separatórias de uma açodada conversão de uma inicial ruptura litigiosa, convertida em uma súbita e despreparada ruptura consensual, podem dar margem a armadilhas processuais que depois denunciem abismais partilhas injustas e desproporcionais, separações consensuais que, antigamente, primeiro precisavam ser ratificadas em juízo para somente depois seguir seus trâmites administrativos e atinentes à partilha, com os atos judiciais de avaliação dos bens já irreversivelmente escolhidos, com as respectivas meações acordadas, afora as surpresas provenientes da errada percepção dos efeitos da partilha que eram escondidos na redação do acordo.

Prevalecia no passado dos processos litigiosos de separação judicial o preceito enunciado pela Súmula 305 do Supremo Tribunal Federal pelo qual "acordo de desquite ratificado por ambos os cônjuges não é retratável unilateralmente". Portanto, depois da audiência obrigatória de ratificação das cláusulas acordadas e constando da petição consensual de *desquite* (separação judicial consensual) ou do termo da ata da solenidade o acordo lavrado ou confirmado na presença do juiz, presente ou não o Ministério Público, era irreversível. Mesmo que um ou ambos os cônjuges, ainda que se desse conta imediata à assinatura do termo de audiência e por cujo instrumento ratificaram em juízo suas cláusulas separatórias, ou pelo qual haviam convertido a separação litigiosa em amistosa, não mais importava que ainda não tivesse transitado em julgado a homologação judicial do acordo de separação, ou que ainda dependesse da homologação aguardar o parecer do Ministério Público que não estava presente na audiência, porquanto, depois da mera *ratificação*, descabia qualquer manifestação tardia de remorso, tornando-se inúteis todos os recursos e esforços processuais para tentar reverter o acordo judicialmente ratificado, pois todo e qualquer movimento de reversão, mesmo que pela via de um recurso de apelação, representava mero arrependimento unilateral.

Nessa esteira seguiram todas as decisões proferidas em juízos singulares ou colegiados, mesmo depois que as audiências de *ratificação* foram suprimidas pelo divórcio direto da Emenda Constitucional 66/2010, negando qualquer alteração ao acordo ratificado, ainda que diante dos recursos de apelações que eram invariavelmente eram rechaçados com escora na Súmula 305 do STF,[157] interpretando esses reiterados julgados a conclusão de que a ratificação da separação consensual ou consensualizada consolidava o acordo assinado por livre e espontânea vontade pelos separandos na presença do juiz. Mesmo que esse acordo estivesse pendente de homologação judicial e do correspondente trânsito em julgado, era um acordo que não podia ser unilateralmente desfeito e, nesse sentido, perseveraram os tribunais até os dias atuais, *v.g.*, o Tribunal de Justiça do Rio Grande do Sul, cuja Oitava Câmara Cível decidiu na Apelação Cível 80074987975, datado o acórdão de 7 de dezembro de 2017, nele figurando como relator o Desembargador Sérgio Fernando de Vasconcellos Chaves, ser descabido "desconstituir o acordo homologado judicialmente[158] na ação de divórcio, quando a pretensão é motivada por mero

---

[157] Súmula 305 do STF: "Acordo de desquite ratificado por ambos os cônjuges não é retratável unilateralmente".

[158] A Terceira Turma do STJ, entendeu, por unanimidade, que a multa prevista em acordo homologado judicialmente tem natureza jurídica de multa contratual, e não de astreintes. Disponível em: https://www.stj.

arrependimento e se constata que foram observadas todas as formalidades legais e que para a desconstituição, da sentença homologatória, seria imprescindível a cabal demonstração de vício de consentimento". Sendo os cônjuges ou conviventes maiores e capazes, colacionam um negócio jurídico bilateral com concessões recíprocas dispondo sobre direito disponível que só pode ser atacado quando existem vício de forma e vício na sua constituição.

A exceção jurisprudencial surgiu com o julgamento paradigma da Ministra Nancy Andrighi, em histórico recurso especial, no qual foi ordenada a anulação do acordo de separação diante do manifesto prejuízo patrimonial que resultou para a meação de um dos cônjuges, afigurando-se absurdamente desproporcional a partilha realizada, acatando o Superior Tribunal de Justiça as alegações ventiladas no recurso pela esposa, destacando a ocorrência de dolo e a correlata lesão sofrida pelo cônjuge mulher, tendo inclusive o Ministério Público alertado, ainda antes da homologação do acordo, para a desproporção da partilha. A recorrente sustentou que o juiz deveria ter se recusado a homologar a partilha, com suporte no parágrafo único do artigo 1.574 do Código Civil, tal qual dispunha o artigo 34, § 2.º, da Lei 6.515/1977 (Lei do Divórcio), caracterizando-se a gritante desigualdade patrimonial pela titulação por parte do varão de empresa *holding* avaliada apenas por seu capital nominal.[159]

Os negócios jurídicos de família ressaltam o crescimento e a expansão da autonomia privada dos cônjuges e conviventes, que respondem às ideias de igualdade de direitos e de liberdade e felicidade pessoal, dos homens e das mulheres, dentro e fora do casamento ou de qualquer entidade familiar protegida pelos preceitos constitucionais, cuja autonomia foi posteriormente reforçada pelo estabelecimento do divórcio direto e objetivo, com alcance também pela via da escritura extrajudicial, vislumbrando o direito de família brasileiro as mudanças iniciadas desde o advento da Constituição Federal de 1988.

Diante do crescente exercício da autonomia privada, surgiu igualmente a percepção de que os pactos antenupciais contêm um valor, cujo conteúdo vai muito além do que a simples escolha de um regime patrimonial econômico, mas que cada vez mais se presta também a incorporar disposições que contemplam individualmente os pactuantes ou que os vinculam com outras pessoas.[160] Atualmente, os negócios de direito de família são considerados autênticos negócios jurídicos, ainda que limitados aos interesses patrimoniais e com muitas resistências para os interesses existenciais, que tratam de assuntos íntimos e pessoais, próprios dos cônjuges e conviventes e, por isso, ainda considerados disponíveis e irrenunciáveis. Contudo, temas de cunho patrimonial se encontram sob o império da autonomia privada e do princípio *pacta sunt servanda*,

---

jus.br/sites/portalp/Paginas/Comunicacao/Noticias/2023/02032021-Para-Terceira-Turma--multa-prevista-em-acordo-homologado-judicialmente-tem-natureza-de-clausula-penal.aspx. Acesso em: 10 jan. 2024.

[159] "Direito de família. Dissolução de sociedade conjugal. Partilha. Pedido de anulação. Alegada desproporção severa. Ofensa ao princípio da dignidade. Anulação decretada. 1. Inexiste nulidade em julgamento promovido exclusivamente por juízes de primeiro grau convocados para substituição no Tribunal de Justiça. Precedente do STF. 2. Verificada severa desproporcionalidade da partilha, a sua anulação pode ser decretada sempre que, pela dimensão do prejuízo causado a um dos consortes, verifique-se a ofensa à sua dignidade. O critério de considerar violado o princípio da dignidade da pessoa humana apenas nas hipóteses em que a partilha conduzir um dos cônjuges a situação de miserabilidade não pode ser tomado de forma absoluta. Há situações em que, mesmo destinando-se a um dos consortes patrimônio suficiente para a sua sobrevivência, a intensidade do prejuízo por ele sofrido, somado a indicações de que houve dolo por parte do outro cônjuge, possibilitam a anulação do ato. 3. Recurso especial conhecido e provido, decretando-se a invalidade da partilha questionada" (STJ, 3.ª Turma, REsp 1.200.708/DF, Rel. Min. Nancy Andrighi, j. 04.11.2010).

[160] ANDRADE, Cristóbal Pinto. *El convenio regulador*. Barcelona: Bosch, 2012. p. 43.

e, como bem menciona Cristóbal Pinto Andrade, não precisam ser ratificados e homologados, pois não são regulados pelo princípio da ordem pública, próprio de um direito cogente, que por sua natureza contratual, como antes dito, são regidos pelo princípio da autonomia privada.[161]

Crescendo a noção de independência dos cônjuges e de sua liberdade para contratarem seus interesses patrimoniais, juízes e tribunais foram paulatinamente admitindo a eficácia dos convênios de divórcio, de separação e de dissolução de união estável, os quais, naquilo que não diz respeito aos direitos de menores e incapazes, tratam exclusivamente de direitos disponíveis materiais, sendo reservada a fiscalização, com o auxílio do Ministério Público, apenas para os direitos inerentes aos filhos menores e incapazes, para os quais os direitos seguem como indisponíveis, tanto que o artigo 176 do Código de Processo Civil é expresso em afirmar que o Ministério Público só atuará na defesa da ordem jurídica, do regime democrático e dos interesses sociais e individuais indisponíveis.

Na continuação, foram eliminadas as audiências prévias de tentativa de conciliação e os atos de ratificação judicial dos processos consensuais de divórcio e de dissolução de união estável, mesmo porque o direito brasileiro passou a admitir, a partir da Lei 11.441/2007, as escrituras públicas de ruptura amistosa e extrajudicial das relações conjugais de cunho exclusivamente material, que não envolvessem interesses de filhos menores e incapazes nem de esposas ou companheiras grávidas, cujos direitos e interesses permanecem indisponíveis.

Dessarte, se antes havia um controle pouco rigoroso e efetivo, até diante do grande volume de divórcios, separações judiciais e dissoluções formais de uniões estáveis, ao menos existia, e o Estado impunha certo controle para visíveis cláusulas abusivas atinentes à partilha dos bens conjugais. Embora o parágrafo único do artigo 1.574 do Código Civil ordene que o juiz se recuse a homologar e não decrete a separação judicial, se apurar que a convenção não preserva suficientemente os interesses dos filhos ou de um dos cônjuges, não obstante o mesmo propósito de proteção do cônjuge mais vulnerável já estivesse regido pelo artigo 34, § 2.º, da Lei do Divórcio (Lei 6.515/1977), também acolhido pelo artigo 32 da Resolução 35 do CNJ, de 24 de abril de 2007, que aconselha ao tabelião se negue a lavrar a escritura de inventário ou de partilha, se houver fundados indícios de fraude ou em casos de dúvidas sobre a declaração de vontade de algum dos herdeiros e fundamentando a sua recusa, também é fato que o artigo 35 da Resolução 35/2007 exige que conste no corpo da escritura de divórcio, e o mesmo vale para a escritura de dissolução de união estável (CPC, art. 733), menção expressa das partes declarando que estão cientes das consequências da separação e do divórcio, e que seguem firmes no propósito de pôr fim à sociedade conjugal ou ao vínculo matrimonial, respectivamente, sem hesitação e com recusa de reconciliação.[162]

Como visto, de um controle exclusivamente judicial as dissoluções afetivas brasileiras passaram para a absoluta independência contratual dos cônjuges e conviventes, só admitindo realmente a anulação da avença nos casos de efetiva existência de uma vontade ilaqueada pelo vício de consentimento, escorado em algum artifício causado por erro, dolo, culpa, simulação ou

---

[161] ANDRADE, Cristóbal Pinto. *El convenio regulador*. Barcelona: Bosch, 2012. p. 45-46.

[162] O STF entendeu que as normas do Código Civil que tratam da separação judicial perderam a validade com a entrada em vigor da EC 66/2010. A tese de repercussão geral fixada para o Tema 1.053 é a seguinte: "Após a promulgação da Emenda Constitucional 66/2010, a separação judicial não é mais requisito para o divórcio, nem subsiste como figura autônoma no ordenamento jurídico. Sem prejuízo, preserva-se o estado civil das pessoas que já estão separadas por decisão judicial ou escritura pública, por se tratar de um ato jurídico perfeito." Disponível em: https://portal.stf.jus.br/noticias/verNoticiaDetalhe.asp?idConteudo=518572&ori=1. Acesso em: 10 jan. 2024.

coação, e nunca por conta de um evidente e inescusável arrependimento,[163] possibilitando perceber, pelo número ainda presente de ações anulatórias de partilha, que ainda são colocados em prática crescente estratégias, artimanhas, artifícios de linguagem escrita e falada da mais pura enganação, que acabam prejudicando um dos cônjuges ou conviventes com a singela inserção no acordo de ardilosas cláusulas altamente prejudiciais aos direitos patrimoniais de uma das partes que ingressam no terreno da natureza contratual das questões afetas aos aspectos econômicos e patrimoniais de suas dissensões afetivas, muitas vezes desvirtuadas por meros recursos gramaticais. Conquanto não causem grave dano para os filhos ou para um dos cônjuges ou conviventes, quaisquer outras avenças deixam de ser de ordem pública, somente merecendo a intervenção judicial as medidas relativas aos filhos menores de idade e incapazes, como de direito cogente são questões relativas à titularidade e exercício do poder familiar, incluindo o regime de guarda e de convivência, assim como a pensão alimentícia a favor dos filhos. Assim, tem caráter dispositivo todo o restante das questões que não afetam os filhos menores de idade e incapazes, dotadas de mero caráter patrimonial, como são exemplos a pensão compensatória, a atribuição do uso da moradia familiar, os alimentos a favor do cônjuge ou convivente e dos filhos maiores e capazes e a divisão e liquidação do regime econômico matrimonial.

Igualdade pressupõe ausência de submissão de um ao outro cônjuge e se contrapõe à ideia de autoridade e supremacia, e esses conceitos abrem natural caminho para a validação dos acordos entabulados pelos consortes e conviventes para a liquidação e regulação dos interesses econômicos de sua dissolvida entidade familiar, tornando cada vez mais distante a intervenção judicial e mais plausível a prática de uma irreversível fraude, atualmente só revertida quando se mostra aberrante a disparidade das meações. Uma vez subscrito o acordo judicial ou a escritura extrajudicial de partilha dos bens comuns, selam cônjuges e conviventes um efetivo negócio familiar, que está unicamente sujeito às deficiências de uma vontade notoriamente viciada, sendo ônus de quem alega provar que foi induzido em erro, dolo, coação ou simulação. Como visto, a jurisprudência brasileira não é diferente da jurisprudência espanhola, as quais se mostram extremamente rigorosas em deferir qualquer alteração por conta da seguridade jurídica. No entanto, merecem atenção especial as circunstâncias sobre as quais as partes subscrevem seus acordos, por vezes

---

[163] "Ação de cobrança. Anulação de acordo homologado em juízo. Divórcio. Partilha. Arrependimento. 1. Descabe desconstituir o acordo homologado judicialmente na ação de divórcio, quando a pretensão é motivada por mero arrependimento e se constata que foram observadas todas as formalidades legais. 2. Na verdade, a extinção do processo deveria ter ocorrido pelo indeferimento da inicial, pois da narrativa dos fatos não decorre logicamente a conclusão de que deva ser anulado o acordo de partilha, nem que a autora tenha experimentado danos materiais e morais, não podendo ser desconsiderado, também, que não faz jus a créditos trabalhistas recebidos pelo ex-marido, pois são fruto do trabalho e incomunicáveis, *ex vi* do art. 1.659, inc. VI, do Código Civil. Recurso desprovido" (TJRS, 7.ª Câmara Cível, Apelação Cível 70081695827, Rel. Des. Sérgio Fernando de Vasconcellos Chaves, j. 28.08.2019).
"Apelação Cível. Ação de anulação de acordo judicial. Pleito de anulação do acordo de partilha fundado na existência de vício de consentimento e na desproporcionalidade. Descabimento. Decisão de primeiro grau mantida. Caso dos autos em que não há nenhuma prova de que a apelante tenha sido coagida a firmar o referido acordo, especialmente em relação às agressões sofridas, ônus que lhe cabia, nos termos do artigo 373, inciso I, do CPC. Acordo que foi entabulado pelos litigantes, ambos maiores e capazes, dentro dos ditames legais, enquanto assistidos pela Defensoria Pública, embora os procuradores aqui constituídos já lhe representassem em outro processo que tratava de objeto de sua meação. Mera desconformidade com o valor que coube na partilha ou mesmo o arrependimento da requerente que não têm o condão de anular o acordo. Ação anulatória que não pode servir como uma via revisional da partilha realizada. Apelação desprovida" (TJRS, 8.ª Câmara Cível, Apelação Cível 70078401486, Rel. Des. José Antônio Daltoé Cezar, j. 28.02.2019).

situadas em um contexto de extrema comoção ou euforia pessoal, as quais são determinantes para uma manifestação distorcida ou totalmente incompreensível tomada em momentos de depressão ou de instabilidade psicológica e emocional, como sucede quando pessoas são levadas a manifestarem vontades que não o fariam caso se encontrassem em seu estado anímico.

A fraude pode ser realizada pelos cônjuges para prejudicar terceiros credores[164] ou pode ser formulada para fraudar o direito à meação do outro, devendo ser diferenciado o ato fraudatório *estatutário* do ato fraudatório *liquidatório*. O primeiro tipo é perfectibilizado pelo pacto antenupcial dos matrimoniados ou pelo contrato de convivência dos companheiros, havendo riscos de fraude tanto para cônjuges como para os seus credores, de acordo com o contexto em que são estipuladas ou alteradas as regras sobre a maior ou menor comunicação dos bens e sobre a incidência ou não de comunicabilidade sobre certos e determinados bens, ou quando são promovidas ações buscando alterar o regime de bens, cuja articulação contratual tanto pode estar visando esvaziar ou enfraquecer as garantias dos credores, quando os contratantes prescrevem que certos bens comuns não respondem pelas dívidas de um dos esposos, ou as do próprio casamento, como pode estar esvaziando a meação de um dos consortes, quando alteram um regime de comunicação por outro de incomunicabilidade.

Outra modelagem corrente levada a efeito para exaurir a meação de um dos cônjuges ou conviventes, majoritariamente sendo a mulher a vítima dessa fraude, é concertarem na partilha da separação consensual ou do divórcio a doação dos bens para os filhos comuns, com cláusula de usufruto vitalício e de administração exclusiva dos bens geradores de renda, por exemplo, as sociedades empresárias, reservada com exclusividade para o consorte varão. Depois, quando os filhos crescem e se envolvem pessoalmente com as atividades dos pais, podem, querendo, constituir novas sociedades, diluindo ou desfazendo os efeitos práticos e materiais da originária doação, que ao fim e ao cabo terminou apenas deixando a ex-esposa e progenitora sem qualquer direito sobre os bens. Muitas vezes, seguindo somente o instinto materno de proteção e de preservação da prole, ela doa sua meação, a qual ladinamente retorna na forma de administração, lavrada em nova escritura na qual filhos maiores, mas psicologicamente dependentes ou obedientes ao pai, a ele delegam o usufruto vitalício dos bens que receberam por doação de ambos os pais, pouco se importando ou nem se dando conta de que a doadora genitora ficou sem nenhum centavo da sua meação, tampouco terá o usufruto desses bens que concederam exclusivamente ao pai.

A fraude também pode surgir durante a fase de liquidação do patrimônio conjugal, quando os cônjuges ou os conviventes decidem terminar sua relação afetiva, adjudicando na partilha ao cônjuge não devedor os bens de maior valor comercial e ao consorte devedor outros bens de menor relevância e valor de mercado, mas que são superestimados na partilha

---

[164] "Imóvel. Penhorado. Doação dos executados a seus filhos menores de idade. Ausência de registro da penhora. Irrelevância. Fraude à execução configurada. Inaplicabilidade da Súmula 375/STJ. 1. No caso em que o imóvel penhorado, ainda que sem o registro do gravame, foi doado aos filhos menores dos executados, reduzindo os devedores a estado de insolvência, não cabe a aplicação do verbete contido na Súmula 375/STJ. É que, nessa hipótese, não há como perquirir-se sobre a ocorrência de má-fé dos adquirentes ou se estes tinham ciência da penhora. 2. Nesse passo, reconhece-se objetivamente a fraude à execução, porquanto a má-fé do doador, que se desfez de forma graciosa de imóvel, em detrimento de credores, é o bastante para configurar o ardil previsto no art. 593, II, do CPC (art. 792 do CPC/2015). 3. É o próprio sistema de Direito Civil que revela sua intolerância com o enriquecimento de terceiros, beneficiados por atos gratuitos do devedor, em detrimento de credores, e isso independentemente de suposições acerca da má-fé dos donatários (*v.g.*, arts. 1.997, 1.813, 158 e 552 do Código Civil de 2002). 4. Recurso especial não provido" (STJ, 4.ª Turma, REsp 1.163.114/MG, Rel. Min. Luis Felipe Salomão, j. 16.06.2011).

para efeitos de divisão, fazendo parecer que a partilha é equitativa, mas que em realidade parte dos bens tem valor elevado e outros valor minimizado. Dessa forma, busca prejudicar qualquer credor, agregando uma cláusula adicional de que as dívidas do casamento serão suportadas e são da exclusiva responsabilidade do marido, valendo-se ambos os consortes, ou por vezes somente um deles, de uma fértil imaginação com a qual intentam lograr o seu parceiro ou um terceiro credor com o expediente singelo da distorção dos valores de suas meações.[165]

2.2.9.1 A anulação por lesão

Louis Josserand define a lesão contratual como o prejuízo sofrido por uma das partes em razão das cláusulas que figuram na convenção, residindo essa lesão essencialmente na falta de equilíbrio na operação, por exemplo, em um contrato de compra e venda com preço vil, ou no caminho oposto, em que o preço é grotescamente excessivo. No primeiro caso, a lesão é sofrida pelo vendedor e na segunda hipótese a lesão é suportada pelo comprador, nunca deslembrando que no campo da autonomia privada existe certa margem pela qual os contratantes podem se mover livremente, admitindo que uma lesão é suscetível de provocar a revisão do contrato, quando dotada de certa dose de gravidade, capaz então de determinar algum sancionamento em nome da equidade ou da igualdade de tratamento, vale dizer, na busca do necessário equilíbrio, muito embora os mais débeis devam ser protegidos.[166]

Conforme Eduardo A. Zannoni, a lesão corresponde a uma anomalia do negócio e consiste em um prejuízo patrimonial que se irroga ou se provoca a uma das partes do negócio jurídico encetado, quando em algum ato jurídico oneroso e bilateral se obtêm dessa pessoa prestações desproporcionais em razão de sua necessidade, por meio de uma ligeireza, ou se aproveitando de sua inexperiência, existindo na lesão uma dupla conotação, sendo uma delas *objetiva*, proveniente de uma desproporção das prestações, mostrando nesse caso uma anomalia do ponto de vista do sinalagma do contrato, ou seja, da equivalência das prestações, e a outra *subjetiva*, pois concorrem as partes na celebração do contrato, em que uma delas atua com a finalidade específica de tirar proveito da fragilidade da outra parte que se encontra em situação de inferioridade, a qual explora por sua necessidade ou inexperiência e, valendo-se de sua ligeireza, lesa a outra parte.[167]

No âmbito do direito de família, os tribunais admitem a anulação do acordo de separação, divórcio ou de dissolução de união estável por flagrante disparidade e lesão da partilha e consideram que também contribuiu para o provimento da anulação o estado emocional do cônjuge ou convivente lesado, cometendo-lhe provar a ocorrência de algum dos vícios que interferiram em sua vontade e autonomia. Não existe no direito brasileiro um critério prático para a caracterização da lesão, como ao contrário sucede com o direito espanhol, salvo no âmbito da previdência social, cuja Lei 8.213/1991, que dispõe sobre os planos de benefícios da previdência social, cujo artigo 74, § 2.º, prescreve que "perde o direito à pensão por morte o cônjuge, o companheiro ou a companheira se comprovada, a qualquer tempo, simulação ou fraude no casamento ou na união estável, ou a formalização desses com o fim exclusivo de constituir benefício previdenciário, apuradas em processo judicial no qual será assegurado o direito ao contraditório e à ampla defesa" (Redação dada pela Lei 13.135/2015).

---

[165] VIVERO, Fátima Yáñez. *Las capitulaciones matrimoniales en perjuicio de acreedores y la anotación de embargo sobre bienes ex gananciales*. Madrid: Fundación Beneficentia et Peritia Iuris, 2003. p. 125.

[166] JOSSERAND, Louis. *Derecho civil*. Buenos Aires: Bosch, 1950. t. II, v. I, p. 74-75.

[167] ZANNONI, Eduardo A. *Ineficacia y nulidad de los actos jurídicos*. Buenos Aires: Astrea, 1986. p. 309-310.

O Código Civil da Espanha, como antes mencionado, entre as hipóteses das cláusulas pactícias que considera nulas, arrola no artigo 1.328 a disposição que limita a igualdade de direitos que corresponde a cada cônjuge. Dessarte, por ocasião da liquidação da partilha, admite em seu artigo 1.074 a rescisão do negócio jurídico formatado pelos cônjuges, por lesão de ao menos um quarto do valor dos bens, que deverão ser comparados, de um lado, pelo conjunto de bens recebidos, em contraste com o conjunto de obrigações e dívidas pendentes ao fim do casamento. Portanto, um dos parâmetros é a quantia do que realmente vai incrementar o patrimônio do cônjuge, uma vez abatidas as dívidas. Se a parte recebida for inferior a um quarto dos bens ativos dos cônjuges, o consorte lesionado poderá anular o acordo baseando-se no argumento do prejuízo econômico que a partilha lhe ocasionou.

Também os terceiros credores de cônjuge podem promover a ação de rescisão do acordo de partilha por lesão de mais de uma quarta parte dos bens, consoante dispõe o artigo 1.111 do Código Civil espanhol, no propósito de recuperarem quanto lhes deve um desses consortes subscritores da petição conjugal de partilha. Dessa forma, não prevalece o argumento da desproporcionalidade da divisão ocorrida entre os cônjuges, pois, em realidade, certamente usaram desse expediente para fugir dos credores de um deles, depositando em torno de setenta e cinco por cento dos bens nas mãos do consorte não devedor, em evidente fraude arquitetada pelos divorciandos para ludibriarem eventuais credores, que assim ficariam à mercê do consentimento livre de vícios que se apresenta pelo mero exercício da autonomia privada dos casais que obviamente estariam abusando do direito legal que textualmente gozam, atinente ao exercício da sua livre vontade, mas desde que essa autonomia não termine refletindo de modo abusivo no direito de um credor, salvo se os bens remanescentes e que integram essa quarta parte adjudicada pelo consorte devedor sejam suficientes para cobrir suas dívidas. A alegação levantada pelo terceiro prejudicado pelo acordo de partilha desproporcional entabulado em juízo ou por escritura pública pelos cônjuges diz respeito à evidência de uma simulação dessa avença por eles formalizada, sendo patente que um terceiro não poderia alegar qualquer vício de consentimento porque não participou ativamente do acordo, mas que, no entanto, dessa trama foi notória vítima, ao ver afetadas suas garantias de provimento do seu crédito. Evidentemente, a prova da simulação a ser prestada pelo terceiro credor deita muito mais sobre a presunção incidente, muitas vezes sendo essa presunção favorecida por indícios presentes entre casais que se divorciam, mas que não deixam de coabitar, ainda que agora pelo prisma de uma união estável, ou quando os bens partilhados não trocam de titularidade, tampouco há alternância na sua posse, cujas evidências não podem ser ignoradas em face do prejuízo que esse simulado acordo provoca, baseado unicamente na sua aparência de legalidade e no qual se fia o casal simulador para fazer desaparecer qualquer vestígio de simulação.

2.2.10 A simulação

A simulação é uma forma aperfeiçoada de mentira, uma vez que esta, mesmo quando é bem idealizada, aduz Moacyr Benedicto de Souza, muitas vezes é insuficiente para alcançar o objetivo a que o mentiroso se propõe, sendo preciso acrescentar algo mais para que a sua intenção se viabilize. Assim, o mentiroso atinge uma nova etapa e, a fim de que sua mentira produza o resultado prático pretendido, ele passa à simulação, que é uma manifestação enganosa da vontade, visando a produzir efeito diverso do ostensivamente indicado.[168]

---

[168] SOUZA, Moacyr Benedicto de. *Mentira e simulação em psicologia judiciária penal*. São Paulo: RT, 1988. p. 87.

A simulação não é produto exclusivo do cérebro humano, prossegue Moacyr Benedicto de Souza, pois ela aparece, até com certa frequência, na natureza, em animais inferiores e simples, como forma de luta para a sobrevivência, o que lhe empresta um caráter instintivo, embora em alguns animais mais evoluídos a simulação parece adquirir um caráter não instintivo, como no caso de certos animais que se fingem de mortos para escaparem de seus predadores. No entanto, o homem é simulador por excelência, por vezes como manifestação artística, como faz o ator, mas a sua simulação é totalmente destituída de qualquer outra finalidade senão a da natureza estética, como também se simulam os mais variados estados de espírito, como o amor, o ódio, o orgulho, a alegria, o prazer, o entusiasmo etc. Entrementes, em juízo, a simulação visa tanto a encobrir um crime como também a obter vantagens ou mesmo a afastar a autoria, fazendo-a recair sobre outrem, contemplando a lei brasileira várias formas de condutas ilícitas resultantes de simulação.[169]

No direito civil, a simulação tem assento legal no artigo 167 do Código Civil brasileiro, quando dispõe ser nulo o negócio jurídico simulado,[170] mas subsistirá o que se dissimulou, se válido for na substância e na forma, passando então a exemplificar hipóteses de simulação nos respectivos parágrafos que seguem ao dispositivo de lei. Anota Marcos Bernardes de Mello estar caracterizada a simulação por externar intencionalmente o que não é verdadeiro e que na simulação se quer o que não aparece, não se querendo o que efetivamente aparece.[171] Lembram também Humberto Theodoro Júnior e Helena Lanna Figueiredo que, durante a vigência do Código Civil de 1916, só se considerava defeito capaz de invalidar o negócio jurídico a simulação que fosse praticada com a "intenção de prejudicar a terceiros, ou de violar disposição de lei", e que, se não tivesse esse objetivo, a simulação inocente não entrava na cogitação das normas disciplinadoras dos vícios invalidantes, sendo dependente do elemento nocividade.[172]

Dizem os mesmos autores que simular é imitar, fingir, disfarçar, e que no direito há simulação quando as partes criam um contrato ou um negócio unilateral receptício com o propósito de que não corresponda à realidade de seu efetivo relacionamento jurídico. Como exemplo, mencionam a doação,[173] disfarçada de compra e venda, dando outra aparência ao negócio entabulado

---

[169] SOUZA, Moacyr Benedicto de. *Mentira e simulação em psicologia judiciária penal.* São Paulo: RT, 1988. p. 88-97.

[170] "Apelação Cível. Compra e venda de imóvel. Ação declaratória de nulidade de negócio jurídico. Venda e compra realizada entre tio, ora falecido, e sobrinho. Impugnação da validade do negócio jurídico realizada por irmã do falecido. Recursos interpostos por ambas as partes em face de sentença de procedência do pedido, que declarou a nulidade da escritura de compra e venda do imóvel que determinou o cancelamento do registro na matrícula. Recurso do réu. Cerceamento de defesa não configurado. Réu que admitiu a possibilidade de julgamento antecipado. Não demonstrada a pertinência da prova oral. Provas documentais suficientes para exame do mérito da causa. Elementos fáticos-probatórios que evidenciam a ocorrência de venda e compra simulada, no intuito de fraudar a transmissão da herança a sucessores. Nulidade configurada. Recurso da autora. Honorários advocatícios arbitrados por equidade, em R$ 2.000,00. Ausência de justificativa para a não adoção do critério legal. Honorários advocatícios devidos pelo réu arbitrados em 11% do valor atualizado da causa. Negado provimento ao recurso do réu. Recurso da autora provido." (TJSP, 3ª Câmara de Direito Privado, Apelação Cível 1002729-18.2018.8.26.0368, Rel. Viviani Nicolau, j. 23.07.2020).

[171] MELLO, Marcos Bernardes de. *Teoria do fato jurídico.* Plano da validade. 15. ed. São Paulo: Saraiva, 2019. p. 175.

[172] THEODORO JÚNIOR, Humberto; FIGUEIREDO, Helena Lanna. *Negócio jurídico.* Rio de Janeiro: GEN/Forense, 2021. p. 221.

[173] THEODORO JÚNIOR, Humberto; FIGUEIREDO, Helena Lanna. *Negócio jurídico.* Rio de Janeiro: GEN/Forense, 2021. p. 223.

de forma gratuita, que em certas circunstâncias há inclusive vedação legal, se, por exemplo, não contar com o consentimento dos demais descendentes, cujo ato foi encoberto como se fosse um negócio oneroso, e arrematam dizendo que: "o que de fato acontece é uma completa divergência entre a vontade e a declaração, ou seja, entre a verdadeira vontade e aquela aparência de vontade gerada pela decisão falsa. Num só contexto os simuladores emitem a vontade aparente e manifestam a contravontade oculta, para evitar que entre eles prevaleça a relação jurídica aparente. Desta maneira, o que querem os sujeitos do negócio simulado é que este não prevaleça entre eles, mas que valha o negócio oculto. Há duas ordens de negócio: uma verdadeira e operante entre as partes; outra falsa para conhecimento de terceiros, mas que só se presta a evitar que estes conheçam o verdadeiro negócio praticado entre os seus sujeitos".[174]

O artigo 333 do Código Civil e Comercial da Argentina caracteriza a simulação e diz que ela tem lugar quando se encobre o caráter jurídico de um ato sob a aparência de outro, ou quando o ato contém cláusulas que não são sinceras, ou datas que não são verdadeiras, ou quando por elas se constituem ou transmitem direitos a interpostas pessoas, que não são aquelas para as quais em realidade se constituem ou transmitem, quando, por exemplo, bens são comprados ou transferidos para o nome dos filhos dos verdadeiros titulares do domínio apenas com a intenção de retirar esses bens da garantia dos credores. Contudo, em uma análise mais perfunctória, é constatado que esses filhos ainda são menores de idade e incapazes e que nem sequer dispõem de recursos para a aquisição dos bens que titulam como se realmente fossem proprietários.

A simulação pressupõe acordo de partes, não sendo suficiente que uma pessoa manifeste sua vontade em sentido diverso ao desejado, senão que é necessária a presença de outra declaração de vontade, igualmente fictícia e formulada de acordo entre os contratantes, tendo como sua natureza jurídica um ato humano qualificado como anômalo. Um dos elementos estruturais que costumam integrar a noção de simulação como vício próprio do ato jurídico se traduz no acordo simulatório entre os outorgantes, de modo que o ato simulado contém três elementos que são: a) contradição consciente entre a vontade interna e a que foi declarada; b) acordo de partes a respeito da celebração e da concretização do ato simulado; e c) o propósito de enganar.[175]

A simulação é chamada de absoluta quando o negócio contratual é total e realmente inexistente, e relativa nos casos em que o negócio aparente ou simulado encobre outro negócio real ou dissimulado. A doutrina também denomina de simulação absoluta aquela na qual o bem não mais retorna ao acervo do casal, pois o terceiro adquirente não é cúmplice do fraudador e a alienação se torna irreversível e impede a devolução do bem, devendo uma ordem judicial mandar compensar a lesão patrimonial pela via da indenização das perdas e danos sofridos pelo consorte enganado, gerando crédito por indenização entre os cônjuges ou conviventes, por ter sido afetada a sua meação, causando um desequilíbrio na partilha, mas que deve ser corrigido pela compensação em outros bens comuns, e se estes outros bens não mais existem deve haver uma recompensa financeira. Todavia, tanto faz se trate de uma simulação absoluta ou relativa, porque ambas levam implícita a finalidade de enganar, qual seja, de fazer acreditar a outras pessoas que algo existe onde em verdade não há nada, ou existe uma coisa diferente daquela que o negócio externa.

Embora não respeitem necessariamente à simulação, mas respondem muito mais às hipóteses de fraudes que comportam futura recompensa, estas podem ocorrer quando:

---

[174] THEODORO JÚNIOR, Humberto; FIGUEIREDO, Helena Lanna. *Negócio jurídico*. Rio de Janeiro: GEN/Forense, 2021. p. 224.

[175] GAGLIARDO, Mariano. *Sociedad de familia y cuestiones patrimoniales*. 3. ed. Buenos Aires: Rubinzal-Culzoni, 2018. p. 267-268.

a) dívidas particulares são saldadas com dinheiro conjugal; b) benfeitorias realizadas em bens próprios, mas com fundos matrimoniais; c) aquisição de bens próprios com fundos comunicáveis; d) valorização das quotas ou ações societárias em empresas constituídas antes do casamento, mas com aportes de recursos conjugais; e) bem comum transferido para uma sociedade empresária particular de um dos consortes.

São, portanto, duas zonas presentes na simulação, uma visível e outra oculta, não se tratando de vontades contraditórias, como usualmente são os contratos em geral, e sim de um ato simulado, pelo qual os dois contratantes buscam o mesmo caminho do engodo, que justamente transita pelo negócio simulado e é nesta direção que caminham os contratantes de um negócio simulado, estando ambos animados pela ideia do ocultamento da verdade.

Luis Muñoz Sabaté define a simulação como uma ficção da realidade e o negócio simulado como aquele que tem uma aparência contrária à realidade, seja porque o negócio absolutamente não existe, seja porque é distinto de como aparece, ou seja, a simulação negocial existe quando outro propósito negocial se oculta por debaixo da aparência de um negócio jurídico normal, sendo a simulação composta por três requisitos: (i) uma declaração deliberadamente desconforme com a intenção; (ii) concertada de acordo entre as partes simulantes; (iii) para enganar terceiros.[176]

Luiz Carlos de Andrade Júnior identifica a simulação como um programa de autonomia privada pelo qual as partes articulam ações e omissões com o objetivo de criar a *ilusão negocial*, assim entendido o erro coletivo, objetivamente aferível, relativo à interpretação ou qualificação do negócio jurídico.[177]

Não há no Código Civil brasileiro um conceito de simulação, mas tão somente um inventário de hipóteses de simulações descritas no § 1.º do artigo 167, quando aparentam conferir ou transmitir direitos a pessoas diversas daquelas às quais realmente conferem ou transmitem (inc. I); contiverem declaração, confissão, condição ou cláusula não verdadeira (inc. II); os documentos particulares forem antedatados, ou pós-datados (inc. III), ficando ressalvados no § 2.º desse mesmo artigo 167 do Código Civil os direitos de terceiros de boa-fé em face dos contraentes do negócio jurídico simulado. Entrementes, no Anteprojeto do Código Civil, apresentado pela Comissão de Juristas nomeada pelo Senado Federal para a revisão e atualização do Código Civil, foram acrescidos ao artigo 167 os seguintes parágrafos: "§ 3.º Toda simulação, inclusive a inocente, é invalidante; § 4.º Sendo a simulação causa de nulidade do negócio jurídico, pode ser alegada por uma das partes contra a outra; § 5.º O reconhecimento da simulação prescinde de ação judicial própria, mas a decisão incidental que a reconhecer fará coisa julgada".

Há simulação quando o cônjuge, para doar um bem à sua concubina, oculta a sua liberalidade expressamente vetada em lei, simulando uma compra e venda, restando identificar tratar-se de simulação *relativa*, também chamada de *dissimulação*, para a qual o Enunciado 293 da IV Jornada de Direito Civil prescreve que: "Na simulação relativa, o aproveitamento do negócio jurídico dissimulado não decorre tão somente do afastamento do negócio jurídico simulado, mas do necessário preenchimento de todos os requisitos substanciais e formais de validade daquele", que é o negócio jurídico simulado *absoluto* e que tem referência no Enunciado 294 da IV Jornada de Direito Civil ao prescrever que: "Sendo a simulação uma causa de nulidade do negócio jurídico, pode ser alegada por uma das partes contra a outra". Portanto, passível de declaração de ofício da sua nulidade, prescindindo de uma ação

---

[176] SABATÉ, Luis Muñoz. *La prueba de la simulación*. 3. ed. Colombia: Temis, 2011. p. 5.

[177] ANDRADE JÚNIOR, Luiz Carlos de. *A simulação no direito civil*. São Paulo: Malheiros, 2016. p. 72.

própria para a sua declaração, como orienta o Enunciado 578 da IV Jornada de Direito Civil ao estabelecer que: "Sendo a simulação causa de nulidade do negócio jurídico, sua alegação prescinde de ação própria".

Entre a simulação lúdica e teatral e a simulação maliciosa, esta última produzida com a intenção de causar um prejuízo a terceiro é a que interessa ao presente estudo. Sua prática leva à invalidade do negócio jurídico por configurar um negócio nulo, o qual Luiz Carlos de Andrade Júnior qualifica como um "programa de autonomia privada pelo qual as partes articulam ações e omissões com o objetivo de criar a ilusão negocial, assim entendido o erro coletivo, objetivamente aferível, relativo à interpretação e ou à qualificação do negócio jurídico".[178]

Declarada a nulidade do negócio jurídico pela simulação, seus efeitos jurídicos são retroativos à sua origem, fulminando todos os seus efeitos, salvo tenha que respeitar os direitos de terceiros de boa-fé, que não podem ter suas posições jurídicas afetadas pela malícia dos simuladores, como a propósito ressalva o § 2.º do artigo 167 do Código Civil e que concerne ao caráter relativo da simulação, contra os quais a nulidade é inoponível e prevalece a *teoria da confiança*.

Portanto, o terceiro de boa-fé tem seu direito excepcionalmente protegido, sendo poupado de um injusto dano, contanto que não abuse do seu direito protegido pela aura da sua aparente boa-fé, uma vez que a nulidade se sobrepõe à eficácia, diz Luiz Carlos de Andrade Júnior, exceto se a divergência surgir entre um terceiro de boa-fé e os simuladores. Nesse caso, a regra do § 2.º do artigo 167 somente justifica a eficácia do *negócio aparente* diante do seu confronto entre terceiros e simuladores, não entre um terceiro e outro.[179]

A simulação pode ocorrer pela interposição de pessoas físicas ou jurídicas, e essa é uma tática utilizada com bastante frequência pelos simuladores, que contratam com uma pessoa interposta, a qual de tudo está ciente e que figura no negócio jurídico como simples intermediário entre aquele a quem esse ato ou negócio interessa diretamente e sem qualquer interesse próprio no ato ou negócio que realiza.[180]

É como conclui Mariano Gagliardo ao mencionar que a simulação traduz um comportamento de astúcia integrado por diversos atos intelectuais de maior ou menor aparência, em que não impera a força ou a violência física, pois o homem prudente, sério e discreto tomará suas precauções simulatórias e aquele que for ligeiro ou desatento atuará precipitadamente. Ambos terão fingido um ato e, ainda quando a ação simuladora se execute sem contato direto do prejudicado, revelar a verdade dependerá do grau de conduta, registros ou indícios que os sujeitos envolvidos deixarem em sua obra e resultado. A maior ou menor torpeza será um ato não menor para apreciar a conduta dos sujeitos do tema a ser judicialmente controvertido.[181]

2.2.10.1 Simulação de pactos antenupciais e contratos de convivência

Justamente os pactos antenupciais ou os contratos de convivência e até mesmo posteriores alterações de regimes matrimoniais podem servir como instrumento de fraude, tanto para enganar e obter alguma vantagem patrimonial de um parceiro sobre o outro cônjuge

---

[178] ANDRADE JÚNIOR, Luiz Carlos de. *A simulação no direito civil*. São Paulo: Malheiros, 2016. p. 83 e 297.

[179] ANDRADE JÚNIOR, Luiz Carlos de. *A simulação no direito civil*. São Paulo: Malheiros, 2016. p. 294.

[180] VELOSO, Alberto Júnior. *Simulação*. Aspectos gerais e diferenciados à luz do Código Civil de 2002. Curitiba: Juruá, 2004. p. 120.

[181] GAGLIARDO, Mariano. *Sociedad de familia y cuestiones patrimoniales*. 3. ed. Buenos Aires: Rubinzal-Culzoni, 2018. p. 271.

ou convivente como algum proveito pode resultar em benefício de ambos os consortes ou conviventes, que, em concerto fraudatório, enganam terceiro credor do casamento ou da união estável.

O tema pontual e pertinente aos pactos antenupciais e aos contratos de convivência deflui da leitura do artigo 1.655 do Código Civil brasileiro, quando estipula ser nula a convenção ou cláusula que dela contravenha disposição absoluta de lei, por exemplo, que a validade desses negócios jurídicos familiares está condicionada a que a cláusula pactuada não confronte algum artigo legal imperativo de administração ou de disposição dos bens conjugais comuns, ordenando o artigo 1.375 do Código Civil espanhol que, para a validade do pacto antenupcial ou *capitular*, a gestão e disposição dos bens comuns devem corresponder conjuntamente aos cônjuges. Quando algum ato de administração depender do necessário consentimento de ambos, mas um deles se achar impedido de prestá-lo, ou se negar injustificadamente ao assentimento, poderá o juiz suprir a negativa, se entender justificada a petição (CC, espanhol, art. 1376). Entretanto, de qualquer modo, para a realização de atos de disposição de bens comuns, será requerido o consentimento de ambos (CC, espanhol, art. 1377), e, não tendo sido confirmados os atos de disposição pelo consentimento do outro, os atos poderão ser anulados pelo consorte que se omitiu de consentir ou por seus herdeiros (CC espanhol, art. 1.322). De qualquer forma, nada impede que os consortes pactuem a gestão, qual seja, a mera administração conjunta dos bens comuns, separada, indistinta ou solidariamente.

Entrementes, os atos de disposição dos bens requerem a audiência do outro cônjuge, contudo nada impede possam pactuar no contrato antenupcial a livre disposição patrimonial, que em nada difere da livre disposição de contratar em um regime de separação de bens, com a diferença de que, outorgando os cônjuges entre si a autonomia de disposição, sempre haverá espaço para a pertinente solicitação de prestação de contas de bens que integram a comunidade patrimonial, não obstante algum dos bens comuns ou todos eles pudessem ser transferidos por ato unilateral do cônjuge que tem poderes de administração e de disposição, desde que esses atos tenham sido praticados no interesse da família. Podem igualmente ser estabelecidas cláusulas com algumas limitações e cautelas, conforme prevê o artigo 1.377, II, do Código Civil da Espanha, cuja redação foi modificada pela Ley de Jurisdición Voluntaria de 2015, que acrescentou no artigo os seus atuais incisos.

Contratos convivenciais, pactos antenupciais que passaram por uma revisão judicial, bem como os acordos judiciais ou extrajudiciais de separação e de divórcio, podem conter cláusulas nas quais ambos os cônjuges ou conviventes declaram que determinados bens titulados em nome de um ou do outro parceiro afetivo seriam bens havidos por recursos próprios, ou por recursos oriundos de doações ou por sub-rogação de bens particulares, os quais, portanto, não ingressam na partilha, tampouco sobre eles incide o imposto de reposição se porventura for apurado indevidamente algum excesso de meação.

Tramita no Judiciário brasileiro processo de divórcio, cujo casamento dos litigantes foi precedido de pacto antenupcial, em que convencionaram um regime de separação opcional de completa separação de bens, e, no curso do casamento, constituíram uma sociedade empresária para a qual, para integralização do capital social, foram canalizados diversos bens imóveis de domínio exclusivo do varão, existindo na sociedade empresária uma participação de quotas na proporção de cinquenta por cento para cada cônjuge. Ainda na constância do matrimônio, o esposo logrou reverter para a sua titularidade quarenta e cinco por cento das quotas antes tituladas pela esposa, mantendo em seu nome pessoal noventa e cinco por cento das quotas sociais. Sobrevindo o divórcio, o cônjuge mulher alega ter o marido fraudado um documento para realizar a transferência dos quarenta e cinco por cento das quotas que a ela pertenciam. Contestando essa alegação de fraude, disse o esposo que, independentemente da existência de fraude, em razão do pacto antenupcial de convencional separação de bens, não há divisão patrimonial nem presunção de uma sociedade de fato, uma vez que todo o capital da sociedade foi integralizado com imóveis de sua exclusiva propriedade. Portanto, são bens que lhe pertencem e que foram dados em sub-rogação por ocasião da constituição da empresa e, dessarte, não se comunicam. O regime convencional de separação de bens não proíbe eventual doação de bens de um cônjuge para o outro, muito menos pela constituição de uma sociedade empresária que ajustou a divisão de quotas sociais na proporção de cinquenta por cento para cada sócio, pouco importando que os bens transferidos para a formação do capital social tenham vindo do acervo particular do marido que se despojou dessa titularidade exclusiva, quando promoveu a transferência de seus bens privativos para o domínio da sociedade empresária, dela constando como sócios os cônjuges, sendo cada um deles detentor de metade das quotas sociais. O término do vínculo conjugal nada tem a ver com a conclusão da sociedade empresária, na qual cada sócio permanecerá com as quotas sociais que lhe pertencem por força do contrato social constitutivo, pouco importando a incomunicabilidade do pacto antenupcial de separação de bens, pois o varão misturou seu patrimônio e ao fazê-lo abriu mão da blindagem patrimonial do casamento ao manifestar expressamente sua livre vontade de ser sócio com sua esposa de uma empresa, cujo capital foi integralizado com seus bens pessoais. Ao contrário do que sustenta o marido, não há nenhuma tentativa da esposa de alterar o regime de bens que permanece íntegro, ainda que pela assunção das quotas em cinquenta por cento para cada cônjuge esse patrimônio societário esteja representado pela voluntária doação dos imóveis antes pertencentes apenas ao marido, os quais na atualidade pertencem à sociedade empresária. Isso tanto faz sentido que, se o marido quisesse, em vez de transferir seus bens para uma sociedade na qual só detinha metade das quotas sociais, poderia ter doado a metade desses mesmos bens diretamente para sua esposa.

Por sinal, é prática corrente nas doações simular doações em dinheiro, justamente para justificar a aquisição de algum bem na constância de um casamento de comunidade patrimonial, ou para excluir da partilha algum bem que deveria ser comum, e assim permitir que eles escapem da futura partilha por haverem sido aparentemente comprados com recursos doados pelos pais do titular da propriedade que figura no registro imobiliário. Também intentam retirar algum bem da comunhão patrimonial conjugal, dissimulando a sua doação para os filhos conjugais, existindo na prática forense uma grande proliferação de diferentes contratos de doações, todos puramente simulados com a intenção da fraude, estando muitos deles inclusive destituídos do recolhimento do imposto sobre transmissão *causa mortis* e doação de quaisquer bens ou direitos, cujo tributo está previsto pela Constituição Federal de 1988, em seu artigo 155, I, combinado com o § 1.º e o artigo 147 da mesma Carta Política, bem como pelos artigos 35 e seguintes do Código Tributário Nacional, tratando-se de um tributo de competência dos Estados e do Distrito Federal.

Um exemplo igualmente clássico de fraude surge do fato de o marido, prevendo e planejando seu futuro divórcio, por vezes até mesmo embalado por estar sentimentalmente envolvido com outra pessoa, convencer sua esposa para que ambos doem as quotas sociais ou as ações de que são titulares em uma empresa familiar e que representa o maior ativo conjugal. Uma vez lavrada a escritura de doação da empresa para os filhos, o esposo anuncia e executa o seu desejo unilateral ao divórcio e logra convencer seu cônjuge a promover um divórcio consensual, judicial ou extrajudicial, no qual informam a inexistência de bens, ou cujo divórcio se ressente ao menos da partilha do bem de maior valor, uma vez que foi antes alvo de uma doação conjunta para seus filhos comuns. Contudo, não foi revelado para a desavisada esposa, que tampouco se apercebeu, que ainda antes do divórcio – portanto os filhos também foram enganados – estes lavraram com o pai, ainda casado com a mãe deles, uma escritura pública de constituição de usufruto vitalício das quotas ou ações que haviam sido doadas aos filhos, tudo com os mais amplos poderes de gestão, dispensando o pai usufrutuário de qualquer prestação de contas, o que na prática representa devolver a empresa e sua total lucratividade, com exclusividade destinação isolada, para o pai, que sai com o lucro e a administração vitalícia da empresa, isoladamente favorecido por esse seu engenhoso artifício de convencer sua esposa a doarem, ainda casados, as empresas para os filhos e, ainda casados, convencer os filhos a reverter o usufruto vitalício somente para o pai, que depois se divorcia e deixa sua bem intencionada ex-esposa maquiavelicamente excluída de qualquer patrimônio ou benefício financeiro do seu rico cabedal conjugal que se evapora mediante a execução de três escrituras públicas (doação aos filhos; usufruto vitalício ao pai; e divórcio dos cônjuges).

O legislador brasileiro sempre externou profundas preocupações com uma possível fraude aos direitos de um dos meeiros, por isso sucessivamente proibiu, na vigência do Código Civil de 1916, a possibilidade de ser alterado o regime de bens na constância do casamento, sendo imutável o regime matrimonial depois das núpcias. No entanto, o legislador mudou o seu quase centenário entendimento com a promulgação do Código Civil de 2002, no qual foram acolhidas as lições doutrinárias colacionadas por Orlando Gomes, porque foi lentamente sendo construída a noção da autonomia privada dos cônjuges, com sua eventual necessidade de pactuarem no curso das núpcias um novo regime econômico matrimonial, cuidando o legislador nacional de criar um regime de publicidade das alterações como medida de salvaguarda dos interesses de terceiros. Ao ordenar que a alteração do regime de bens tivesse tramitação exclusivamente judicial, obviamente o legislador brasileiro também aventou a possibilidade de ser criado um mecanismo de proteção do cônjuge porventura menos preparado para detectar algum fluxo realizado em prejuízo de sua meação.

O Código Civil brasileiro justamente regulou a ação de alteração do regime de bens no § 2.º do artigo 1.639 do Código Civil, já preocupado com a proteção do terceiro credor, mas sem se descurar dos cônjuges, tanto que o próprio dispositivo legal que permite a alteração do regime matrimonial exige que o pedido seja motivado. Pretende com isso resguardar um dos cônjuges, que pode estar sendo alvo de alguma esperteza capaz de reduzir ou aniquilar os direitos de sua meação e, sobretudo, para defender preventivamente interesses de terceiros que possam ser atingidos pelo desvio ou pela redução de suas garantias creditícias, não obstante o próprio dispositivo já ressalva os direitos desses terceiros, que resultam automaticamente protegidos pela simples dicção da lei. Por essa razão, têm sido dispensadas nos processos de alteração do regime de bens as exigências, antes comuns, de certidões negativas judiciais e dos cartórios de protestos, requisitadas em nome dos cônjuges, cujas diligências eram requeridas pelos juízes para se certificarem de que o casal nada devia, ou que pouco devia para terceiros e que, portanto, a mudança do regime de bens, se convincentemente justificada em petição conjunta e consensual do casal, não prejudicaria os consortes, tampouco os direitos dos terceiros credores. Contudo, o Anteprojeto do Código Civil em tramitação no Congresso Nacional altera o artigo 1.639 do Código Civil, reconhecendo ser lícito aos cônjuges ou conviventes, antes ou depois de celebrado o casamento ou constituída a união estável, a livre estipulação quanto aos seus bens e interesses patrimoniais e que podem modificar o regime de bens por escritura pública, que só produzirá efeitos a partir do ato de alteração, ressalvados os direitos de terceiros (§ 2.º).

O artigo 1.317 do Código Civil da Espanha guarda idêntica preocupação ao estatuir que a modificação do regime econômico matrimonial, realizada durante o casamento, não prejudicará em nenhuma hipótese os direitos adquiridos dos terceiros, seja mediante a completa mudança de um tipo de regime para outro modelo de regime matrimonial de bens, seja pela mudança apenas de alguma cláusula do pacto antenupcial e que possa resultar em algum dano aos credores do casamento ou dos cônjuges.

As alterações dos regimes de bens no curso do casamento podem, por vezes, não se tratar somente de um ato judicial estatutário, mas também representar um ato judicial de liquidação do regime primitivo de comunicação parcial ou total de bens, quando, por exemplo, os matrimoniados se utilizam da modificação judicial do regime de bens para transformar em separação total um antecedente regime de comunhão universal, ou um regime de comunhão universal de bens em um regime de comunhão parcial, causando em qualquer uma dessas duas hipóteses um perceptível prejuízo aos direitos já adquiridos de um dos cônjuges e, sem sombra de dúvidas, imensuráveis danos aos circunstanciais direitos já adquiridos e que serviam de garantia dos credores de um dos nupciados, que é surpreendido pela substituição de um regime de comunidade de bens por um regime de separação de bens.

Entrementes, os direitos dos terceiros credores estão textualmente ressalvados pelo direito brasileiro e igualmente pelo direito espanhol para a hipótese de alteração do regime matrimonial de bens, que é direito inoponível ao credor, o qual segue mantendo íntegra a mesma garantia patrimonial, que não é afetada pelo expediente levado a efeito pelo casal para alterar o seu regime de bens. Entretanto, uma vez alterado o regime econômico matrimonial para um regime de separação de bens, os novos bens adquiridos não mais se comunicam e passam a ser privativos daquele que os adquiriu. Contudo, sendo dívida do casal, prescreve o artigo 1.401 do Código Civil espanhol, cujo princípio é igualmente aplicado ao direito brasileiro, enquanto não tenham sido pagas por inteiro as dívidas da sociedade, os credores conservam seus créditos contra o cônjuge devedor e o cônjuge não devedor responderá com os bens que lhe tenham sido adjudicados.

Para o terceiro credor prejudicado a mudança do regime de bens é inoponível, não pode ser oposta, porquanto o ato de mudança do regime matrimonial, que poderia produzir um prejuízo para o credor, é declarado ineficaz ante esse mesmo credor, e só em relação a ele é inoponível a alteração do regime de bens. À alteração do regime econômico formalizado na constância das núpcias e depois de contraídas as dívidas é atribuído valor relativo e não absoluto, cujos atos posteriores não podem prejudicar os direitos adquiridos por terceiros, independentemente de existirem bens no acervo privado do devedor que fossem capazes de cobrir seus débitos, e nisso se diferencia da ação revocatória ou pauliana, que exige a prévia insuficiência de bens do devedor.

Tanto o § 2.º do artigo 1.639 do Código Civil como o artigo 1317 do Código Civil espanhol resguardam os direitos adquiridos pelos terceiros credores sem condicioná-los à solvência ou à insolvência material do devedor. Calhar agregar uma preocupação e conclusão jurídica adicional, tendo como orientação jurídica o direito a uma ampla defesa e à expressa ressalva dos direitos de terceiros que teriam acesso aos bens aportados depois da mudança do regime de bens, mas apenas em nome do consorte não devedor. Assim, resta provado ou intuído que a alteração do regime de bens foi levada a efeito em consideração ao precedente conhecimento da existência dos créditos dos terceiros, ainda que não vencidas as dívidas, permitindo que no interregno entre a contração da dívida e o seu vencimento os cônjuges modificassem o regime de bens para frustrarem o crédito expectado e privar o credor da garantia.

De qualquer modo são os bens do casamento que, em primeiro lugar, respondem pelas dívidas do matrimônio, mas um dos cônjuges pode alegar que se trata de uma dívida pessoal do outro esposo, e não de uma dívida comum e que, portanto, seriam os bens particulares que deveriam responder pelas dívidas, mas não os bens comuns e conjugais. Contudo, se os bens privativos não forem suficientes, o credor poderá pedir o embargo dos bens comunicáveis,[182] cuja garantia se viu ameaçada diante do ato conjugal de alterar o regime econômico matrimonial, que para o credor é inoponível, mesmo existindo bens privativos do devedor.

2.2.10.2 Doações entre cônjuges

Ao tempo do Código Civil de 1916, pelo artigo 230, o regime dos bens entre cônjuges começava a vigorar desde a data do casamento e era irrevogável. Aduz Pontes de Miranda que, uma vez celebrado o matrimônio, o regime escolhido é engessado pelo princípio da imutabilidade dos pactos antenupciais. O autor completava dizendo que o princípio da imutabilidade do regime matrimonial de bens não excluía, mesmo sob o olhar do Código Civil revogado: a) os contratos entre cônjuges, salvo se a lei os vedasse, inclusive o de sociedade; b) a liberdade de convenção entre os cônjuges subsiste, mas havia limitações impostas pelo direito de família; a respeito, por exemplo, do mandato, que não podia ser irrevogável no regime da comunhão universal de bens, porque acabaria mudando o regime de bens; e c) os atos de última vontade.[183]

Existia ao tempo do Código Civil de 1916 uma preocupação muito acentuada com a possibilidade de ser alterado o regime de bens por meio de artifícios demovidos pelos cônjuges, quando era expressamente proibida essa mudança justamente no propósito de defesa do cônjuge mulher, em regra de afazeres domésticos e que precisava ser protegido pelas mãos do legislador. Na escritura antenupcial os noivos podiam estipular doações recíprocas, salvo fosse o regime matrimonial o da separação obrigatória (CC/1916, art. 312).[184] Entrementes, formalizadas as núpcias, eram consideradas ilícitas quaisquer doações de um cônjuge para o outro e que tivessem no seu âmago a intenção de burlar a lei, ou quando contrariassem a índole do regime de casamento, de forma que, no regime da separação os bens, são particulares a cada cônjuge. Portanto, lícitas eram as doações recíprocas, mas desde que o regime de separação fosse convencional, e não legal ou obrigatório. Sendo o regime de comunhão parcial, a permissão para doar se limitava aos bens particulares de cada um, mas no regime da comunhão universal as doações eram inviáveis, porque a metade do bem doado sempre voltaria a ser do doador. Se a doação fosse clausulada de incomunicabilidade, infringia a lei, porque os regimes eram inalteráveis; no regime da comunhão limitada de bens, o consorte só poderia doar seus bens particulares e, pelo mesmo motivo, podia doar seus bens particulares no regime convencional da separação de bens, havendo expressa proibição no artigo 226 do Código Civil de 1916 a doação de um cônjuge para o outro, se o matrimônio tivesse sido celebrado com infração do artigo 183, XI a XVI, do mesmo diploma,[185] que impunham o regime obrigatório da separação de bens.[186] Resume

---

[182] BENJUMEA, Inmaculada Vargas. *El fraude en la disolución y liquidación de la sociedad de gananciales*. Mecanismos de defensa para el acreedor perjudicado. Navarra: Thomson Reuters/Aranzadi, 2015. p. 130.

[183] PONTES DE MIRANDA, Francisco Cavalcanti. *Tratado de direito de família*. 3. ed. São Paulo: Max Limonad, 1947. v. II, p. 179.

[184] CC/1916, art. 312. "Salvo o caso de separação obrigatória de bens (art. 258, parágrafo único), é livre aos contratantes estipular, na escritura antenupcial, doações recíprocas, ou de um ao outro, contanto que não excedam à metade dos bens do doador (arts. 263, VIII, e 232, II)."

[185] MARMITT, Arnaldo. *Doação*. Rio de Janeiro: Aide, 1994. p. 119-125.

[186] CC/1916, art. 226. "No casamento com infração do art. 183, XI a XVI, é obrigatório o regime da separação de bens, não podendo o cônjuge infrator fazer doações ao outro."

Washington de Barros Monteiro, dizendo que não era possível, ao tempo do revogado diploma civil de 1916, a doação entre consorciados pelo regime de separação legal, pois elas burlariam o preceito determinador da obrigatória separação.[187] No entanto, como o regime de bens passou a ser passível de alteração judicial, toda a proibição de fraude ao regime de bens arrefeceu com a edição do Código Civil de 2002, eis que factível a alteração do regime matrimonial sob a supervisão judicial (CC, art. 1.639, § 2.º), e por mera escritura pública com efeitos *ex nunc*, consoante o Anteprojeto do Código Civil, em trâmite no Congresso Nacional, realçando, portanto, a prática da doação entre consortes como meio de fraudar direitos de terceiros, cuidando os consortes em verdadeiro *consilium fraudis* de declarar como bens exclusivos que em realidade seriam comuns, retirando assim do cônjuge a eventual garantia de crédito de algum credor. Nesse caso, embora a dívida seja do doador, pode ser exigida a prestação diretamente do donatário, sobre quem recai a responsabilidade na hipótese de inadimplemento, pois não podem ser descartados da garantia os bens doados ou alienados em fraude à execução, nos termos do inciso VI do artigo 790 do Código de Processo Civil, sendo presumida a fraude, se a transferência se deu em caráter gratuito.

Mesmo assim, permanece inócua a doação entre cônjuges no regime da comunhão universal de bens, excetuadas as hipóteses previstas no artigo 1.668 do Código Civil, pois o patrimônio de ambos continuaria igual, como se o negócio não tivesse sido celebrado, podendo haver doação dos bens particulares no regime da comunhão parcial de bens e no regime da participação final nos aquestos (CC, arts. 1.672 e ss.), regime este que foi revogado no Anteprojeto do Código Civil, em tramitação no Congresso, e com idêntica proibição no regime da separação obrigatória de bens (CC, art. 1.641), salvo sejam considerados como comuns os aquestos, em razão da aplicação da Súmula 377 do STF, e todas as doações realizadas de um consorte ou convivente para o outro serão reputadas como adiantamento de herança.[188]

Conforme aponta Paula Barbosa, as doações entre casados são sempre admissíveis, seja qual for o regime convencionado pelas partes, típico ou atípico, só não são permitidas quando vigora o regime imperativo da separação de bens.[189]

Idêntica liberação surgiu no direito espanhol com a edição da Lei 11/1981 que modificou o Código Civil, não mais existindo limites às doações realizadas entre cônjuges acerca de bens presentes, mantendo, contudo, restrições de doações sobre bens futuros. Escreve María del Mar Manzano Fernández que as doações se limitam aos bens do doador que estejam em seu poder ao tempo da sua morte e daqueles adquiridos depois do ato de doação, cuja finalidade da regra é, em realidade, a de proibir a doação de bens futuros em pacto sucessório, o que representaria uma sucessão contratual, atentando contra o artigo 1341-2 do Código Civil espanhol, que só admite doações de bens futuros e em razão da morte em contratos antenupciais ou testamentos.[190]

---

[187] BARROS MONTEIRO, Washington de. *Curso de direito civil*. Direito de família. 15. ed. São Paulo: Saraiva, 1976. p. 174.

[188] ARAÚJO, Samuel Luiz. *O princípio da igualdade e sua projeção no contrato de doação*. Porto Alegre: Fabris, 2009. p. 81.

[189] BARBOSA, Paula. *Doações entre cônjuges*. Enquadramento jus-sucessório. Coimbra: Coimbra Editora, 2008. p. 139-140.

[190] FERNÁNDEZ, María del Mar Manzano. *Donaciones de bienes por razón de matrimonio*. Pamplona: Thomson Reuters/Aranzadi, 2013. p. 97-101.

2.2.11 Simulação de endosso, fiança ou aval

Endossar um título significa transferir o crédito para outrem, firmando no verso da cártula a assinatura para o trespasse para terceiro do crédito nela constante, não mais existindo no sistema jurídico brasileiro o endosso em branco, devendo ser sempre identificado o beneficiário do endosso, no que a doutrina chama de endosso *em preto*. Etimologicamente falando, a palavra endosso tem o sentido de apoiar ou aprovar alguma coisa, aludindo Pontes de Miranda que se chama de "endosso, *quia dorso inscribit solet,* cuja técnica destinou a face da letra de câmbio à criação do título; e as costas, à sua vida circulatória".[191]

Oferecer fiança ou aval é prestar garantias fidejussórias, em que a fiança é uma garantia pessoal prestada pelo fiador para assegurar o pagamento ao credor da obrigação que não foi paga pelo devedor principal e está regulada pelo artigo 818 do Código Civil. O fiador, diferentemente do avalista, tem o direito de exigir, até a contestação da lide na qual foi demandado pela dívida não paga, que sejam primeiro executados os bens do devedor (CC, art. 827), exigindo o inciso III do artigo 1.647 do Código Civil a outorga marital ou uxória para a outorga da fiança ou do aval. Na redação apresentada pela Comissão de Juristas responsável pela revisão e atualização do Código Civil, em trâmite pelo Congresso Nacional, desaparece do inciso III do artigo 1.647 a exigência da outorga marital ou uxória para o aval, permanecendo a exigência unicamente para a fiança.

Segundo ainda Pontes de Miranda, o aval é: "uma das obrigações por declaração unilateral de vontade, com efeitos absolutos, por figurar no título cambiário, a favor de todos os possuidores, da generalidade, se bem que seja obrigação equiparada, reforço, sustentáculo de alguma das obrigações pessoais insertas no título".[192]

Deve ser feita a necessária distinção entre a anuência prestada pelo cônjuge de avalista e o aval simultâneo, que ocorre quando duas pessoas assinam determinado título de crédito, ou se simplesmente forem lançadas duas assinaturas no título de crédito, pois, nesse caso, serão consideradas duas garantias, mesmo se foram marido e esposa que decidiram oferecer duas garantias de uma mesma obrigação, quando, em realidade, anuindo a mulher com o aval prestado pelo esposo, deverá externar com toda a clareza no título que a sua declaração cambial tem apenas o condão de tornar válido o aval dado por seu consorte,[193] para proteger a sua meação patrimonial dos efeitos do aval prestado pelo consorte, uma vez que, na condição de mera anuente do aval do esposo, a outorga da mulher não a torna avalista e seu patrimônio não pode se sujeitar ao pagamento dos valores envolvidos no título de crédito.[194]

O instituto do aval tem assento no artigo 897 do Código Civil, por conta do qual o avalista se compromete a pagar um título de crédito nas mesmas condições do devedor principal, podendo o credor cobrar tanto do avalizado como pode dirigir sua ação executiva contra a avalista, não precisando obedecer à ordem de preferência prevista na fiança. Aval

---

[191] PONTES DE MIRANDA, Francisco Cavalcanti. *Tratado de direito cambiário.* Letra de câmbio. 2. ed. São Paulo: Max Limonad, 1954. v. I, p. 211.

[192] PONTES DE MIRANDA, Francisco Cavalcanti. *Tratado de direito cambiário.* Letra de câmbio. 2. ed. São Paulo: Max Limonad, 1954. v. I, p. 245.

[193] Código Civil, art. 220. "A anuência ou autorização de outrem, necessária à validade de um ato, provar-se-á do mesmo modo que este, e constará, sempre que se possa, do próprio instrumento."

[194] ROCHA, Pedro Figueiredo. *Outorga conjugal no aval*: encontros e desencontros entre legislação e jurisprudência. Belo Horizonte: D'Plácido, 2014. p. 183.

e fiança, escreve Fábio Ulhoa Coelho, possuem duas pontuais diferenças, sendo a mais importante o fato de que o aval é autônomo em relação à obrigação avalizada, ao passo que a fiança é obrigação acessória e, desse modo, se a obrigação do avalizado, por qualquer razão, não poder ser exigida pelo credor, isso não prejudicará os seus direitos quanto ao avalista, mas, se a fiança for inexigível, a causa da inexigibilidade também macula a fiança.[195]

A simulação de endosso cambiário, assim como a própria existência de dívidas cambiárias firmadas por um dos cônjuges, vem perdendo espaço e importância no âmbito das fraudes conjugais desde o advento do Estatuto da Mulher Casada (Lei 4.121/1962), que buscou restringir as atividades dispositivas do marido, vindicando a autorização expressa da esposa e considerando apenas comuns as dívidas contraídas em efetivo benefício do casamento.

Prescreve o artigo 3.º da Lei 4.121, de 27 de agosto de 1962, que, pelos títulos de dívida de qualquer natureza, firmados por um só dos cônjuges, ainda que casados pelo regime de comunhão universal, somente responderão os bens particulares do signatário e os comuns até o limite de sua meação. Com esse dispositivo, o cônjuge mulher, que usualmente ficava à margem da administração do patrimônio conjugal não mais respondia com seus bens pelas dívidas contraídas por seu marido sem o seu aval ou sem a sua fiança, tampouco respondia por qualquer endosso cambiário passado pelo marido sem a anuência da esposa, salvo restasse comprovado que a dívida ou o encargo conjugal realmente tivesse sido contraído para o sustento familiar, sendo ônus de quem contraiu a dívida demonstrar que ela foi feita em benefício do casal.

O inciso III do artigo 1.647 do Código Civil proíbe, exceto no regime da separação obrigatória de bens, que um dos cônjuges preste, sem a autorização do outro, fiança ou aval, assim como o inciso IV do artigo 1.642 do Código Civil autoriza demandar a rescisão dos contratos de fiança e de doação, ou a promover a judicial invalidação do aval, realizado pelo outro cônjuge sem a anuência do consorte. Pode igualmente caracterizar fraude à meação o endosso não justificado de crédito constante em cártula, cujo crédito é destinado a um dos cônjuges como ingresso de haveres nupciais, mas que estaria sendo desviado para um terceiro mancomunado com o consorte endossante por um mero e injustificado endosso.

Uma ressalva precisa ser feita ao artigo 1.647 do Código Civil brasileiro quando, inadvertidamente, permite que o cônjuge preste livremente aval ou fiança, se for casado pelo regime obrigatório da separação de bens (CC, art. 1.641), porquanto, embora o Código Civil dispense desavisadamente a vênia conjugal nos regimes obrigatórios da separação de bens (CC, art. 1.641), essa dispensa só tem incidência quando se tratar de regime convencional da separação de bens, uma vez que, com relação ao regime legal ou obrigatório da separação de bens, incide a Súmula 377 do Supremo Tribunal Federal, que transmuda a separação obrigatória de bens em um regime de comunhão parcial de bens.

Tanto o marido como a esposa, ou qualquer um dos consortes, necessitam do consentimento do outro para prestarem fiança ou aval, estando expresso que nenhum dos cônjuges pode conceder tais garantias sem a autorização do outro (CC, art. 1.647), sendo excluída a dívida da meação do outro cônjuge que não concordou com a fiança ou com o aval, ou

---

[195] COELHO, Fábio Ulhoa. *Curso de direito comercial*. Direito de empresa. 14. ed. São Paulo: Saraiva, 2010. v. 1, p. 425.

seja, é dívida inimputável à meação daquele consorte que não concordou ou não anuiu com a fiança ou com o aval, sendo assegurada a incomunicabilidade da garantia prestada por um dos cônjuges sem o consenso do outro. Assevera Arnaldo Rizzardo que a ineficácia da fiança é total, se a sua anulação foi pedida na constância da sociedade conjugal. No entanto, depois de extinta a sociedade nupcial, fica excluída dos efeitos da fiança a meação da mulher e apenas o cônjuge fiador ou avalista se obriga pela dívida.[196]

O fato é que a falta de anuência do cônjuge ao aval ou à fiança não autoriza a anulação da garantia lançada sem a outorga uxória ou marital, mas, ao revés, a questão é resolvida pela inoponibilidade do título ao cônjuge que não anuiu, vale dizer, ocorre a ineficácia da garantia com relação ao consorte que não assentiu, consoante o Enunciado 114 da Jornada I do Superior Tribunal de Justiça: "O aval não pode ser anulado por falta de vênia conjugal, de modo que o inciso III do art. 1.647 apenas caracteriza a inoponibilidade do título ao cônjuge que não assentiu".

Essa não é uma interpretação isolada, eis que a própria legislação civil brasileira estabelece no artigo 1.649 do Código Civil que a falta de autorização não suprida pelo juiz, quando necessária (CC, art. 1.647), tornará anulável o ato praticado, podendo o outro cônjuge pleitear-lhe a anulação, até dois anos depois de terminada a sociedade conjugal. O artigo 1.642, IV, do Código Civil, por sua vez, autoriza qualquer cônjuge, em qualquer regime de bens, a demandar a rescisão dos contratos de fiança e de doação, ou a promover a invalidação judicial do aval concedido pelo outro cônjuge com infração do disposto nos incisos III e IV do art. 1.647 do Código Civil, observando que, no Anteprojeto do Código Civil em tramitação no Congresso, desaparece a exigência do assentimento conjugal ou convivencial no aval (CC, art. 1.647, III).

Conforme decidiu a Terceira Turma do STJ, no REsp 1.526.560/MG, a anulação das garantias pessoais do inciso III do artigo 1.647 do Código Civil é limitada aos avais prestados aos títulos inominados regrados pelo Código Civil, excluindo-se os títulos nominados regidos por leis especiais, de modo a assegurar a plena circulação dos avais nominados e, dessarte, garantir o pagamento desses títulos de crédito e a sua circulação para segurança do comércio jurídico. Daí o dizer de Pedro Figueiredo Rocha de que a função da autonomia substancial do aval tem a mesma finalidade do princípio da autonomia dos títulos de crédito em geral, principalmente com relação à proteção do terceiro de boa-fé. Por conta de tal raciocínio, não faria qualquer sentido o terceiro perder uma garantia de pagamento por falta de autorização conjugal e sofrer a anulação do título, ato que fere diretamente a relação de confiança e deixa o terceiro de boa-fé desprotegido.[197]

Por seu turno, na união estável não existe qualquer restrição dos conviventes para a disposição de seus bens particulares e de seus bens comuns e, consequentemente, não há qualquer forma de proteção do patrimônio constituído pela informalidade da união estável, muito embora o Anteprojeto do Código Civil, em trâmite no Congresso Nacional, estenda para a união estável todas as cautelas previstas para o casamento. Muito embora o artigo 73, § 3.º, do Código de Processo Civil ordene a necessidade do consentimento do companheiro para as ações que versem sobre direito imobiliário, só será cogitada da anulação do título ou do contrato sem o

---

[196] RIZZARDO, Arnaldo. *Direito de família*. Rio de Janeiro: Aide, 1994. v. I, p. 214-215.

[197] ROCHA, Pedro Figueiredo. *Outorga conjugal no aval*: encontros e desencontros entre legislação e jurisprudência. Belo Horizonte: D'Plácido, 2014. p. 224-225.

assentimento do convivente, se demonstrada a má-fé do terceiro comprador,[198] despencando para as demandas indenizatórias do companheiro prejudicado.[199]

Enfim, podem ser simulados quaisquer contratos e incorporá-los a títulos de créditos para fraudar e diminuir a meação do cônjuge, ou por meio da simples simulação de uma cessão de crédito, ou do endosso de um crédito que deveria ser conjugal, porém endossado para um terceiro com o objetivo de frustrar algum direito creditório, ou mais uma vez tendo como alvo a meação do desavisado cônjuge. Merece registro a dificuldade sempre presente da prova da fraude ou da simulação, acaso não fosse apreciável e valorada a presunção, admitida pela lei (CC, art. 212, IV) sem limitação alguma. Do contrário, se fosse exigida a prova concreta da fraude, em documento escrito ou pela exigência de expressa confissão, ficariam praticamente impunes os fraudadores e válidos os atos fraudulentos em detrimento da boa-fé, não estivesse o julgador autorizado a elucidar a fraude pela via da presunção, a qual chega pela soma de vários indícios que vão sendo apurados no processo e que permitem deduzir com bastante segurança pela notória ocorrência da fraude, mormente quando prescreve o artigo 6.º do Código de Processo Civil que todos os sujeitos do processo devem cooperar entre si para que se obtenha, em tempo razoável, decisão de mérito justa e efetiva.

Pode ocorrer de um consorte se recusar a assentir sua vênia conjugal para a venda de algum bem comum ou para a assunção de um financiamento para a aquisição de um bem, negando-se a prestar alguma garantia cambial ou até mesmo quando se recusa a outorgar procuração para a promoção de alguma ação que verse sobre direito imobiliário, cuja vênia é dispensada quando casados pela separação absoluta convencional de bens (CPC, art. 73). Dispõe o artigo 74 do Código de Processo Civil que a anuência pode ser suprida judicialmente quando for negada por um dos cônjuges sem justo motivo, ou quando lhe seja impossível concedê-la.

---

[198] "Recurso especial. Ação de nulidade de escritura pública c.c. cancelamento de registro de imóveis. 1. Alienação de bens imóveis adquiridos durante a constância da união estável. Anuência do outro convivente. Observância. Interpretação dos arts. 1.647, I, e 1.725 do Código Civil. 2. Negócio jurídico realizado sem a autorização de um dos companheiros. Necessidade de proteção do terceiro de boa-fé em razão da informalidade inerente ao instituto da união estável. 3. Caso concreto. Ausência de contrato de convivência registrado em cartório, bem como de comprovação da má-fé dos adquirentes. Manutenção dos negócios jurídicos que se impõe, assegurando-se, contudo, à autora o direito de pleitear perdas e danos em ação própria. 4. Recurso especial desprovido. 1. Revela-se indispensável a autorização de ambos os conviventes para alienação de bens imóveis adquiridos durante a constância da união estável, considerando o que preceitua o art. 5.º da Lei 9.278/1996, que estabelece que os referidos bens pertencem a ambos, em condomínio e em partes iguais, bem como em razão da aplicação das regras do regime de comunhão parcial de bens, dentre as quais se insere a da outorga conjugal, a teor do que dispõem os arts. 1.647, I, e 1.725, ambos do Código Civil, garantindo-se, assim, a proteção do patrimônio da respectiva entidade familiar. 2. Não obstante a necessidade de outorga convivencial, diante das peculiaridades próprias do instituto da união estável, deve-se observar a necessidade de proteção do terceiro de boa-fé, porquanto, ao contrário do que ocorre no regime jurídico do casamento, em que se tem um ato formal (cartorário) e solene, o qual confere ampla publicidade acerca do estado civil dos contraentes, na união estável há preponderantemente uma informalidade no vínculo entre os conviventes, que não exige qualquer documento, caracterizando-se apenas pela convivência pública, contínua e duradoura. 3. Na hipótese dos autos, não havia registro imobiliário em que inscritos os imóveis objetos de alienação em relação à copropriedade e à existência de união estável, tampouco qualquer prova de má-fé dos adquirentes dos bens, circunstância que impõe o reconhecimento da validade dos negócios jurídicos celebrados, a fim de proteger o terceiro de boa-fé, assegurando-se à autora/recorrente o direito de buscar as perdas e danos na ação de dissolução de união estável c.c partilha, a qual já foi, inclusive, ajuizada. 4. Recurso especial desprovido" (STJ, 3.ª Turma, REsp 1.592.072/PR. Rel. Min. Marco Aurélio Belizze, j. 21.11.2017).

[199] MADALENO, Rolf. *Direito de família*. 10. ed. Rio de Janeiro: GEN/Forense, 2020. p. 920.

Assim, a discussão sobre o consentimento será solucionada por meio de procedimento de jurisdição voluntária, do qual obrigatoriamente participará o consorte que se nega a prestar sua vênia conjugal, quando então terá a oportunidade de demonstrar, ou não, o justo motivo para a recusa da autorização.[200] Existem situações nas quais a jurisprudência reconhece uma espécie de aceitação tácita da outorga uxória, quando o negócio realizado se mostra comprovadamente em benefício familiar,[201] prevendo o artigo 1.648 do Código Civil cometer ao juiz suprir a outorga, quando um dos cônjuges a denegue sem motivo justo, ou lhe seja impossível concedê-la.

2.2.12 Simulação de mútuo

O mútuo é o empréstimo de coisas fungíveis (CC, art. 586), definidos pelo artigo 85 do Código Civil como os móveis que se podem substituir por outros da mesma espécie, qualidade e quantidade, obrigando-se o mutuário a restituir o mútuo no prazo convencionado, ou de 30 dias, pelo menos, se for empréstimo de dinheiro (CC, art. 592, II), servindo o contrato escrito como meio de prova da realização do mútuo, que pode, não obstante, ter sido acertado informalmente ou via eletrônica, servindo o contrato particular assinado pelo devedor e ladeado por duas testemunhas, ou a escritura pública como título executivo extrajudicial (CPC, art. 784, II e III).

O direito argentino conceitua o contrato de mútuo no artigo 1.525 do seu Código Civil e Comercial, dizendo que ele existe quando o mutuante se compromete a entregar ao mutuário a propriedade de uma determinada quantidade de coisas fungíveis, e este se obriga a devolver igual quantidade de coisas da mesma qualidade e espécie, que não requer nenhuma forma específica, podendo ser contratado de qualquer maneira, inclusive verbalmente, ainda que os contratantes sejam advertidos dos riscos probatórios inerentes, devendo ser formalizados por escritura pública se tiverem garantia hipotecária.

---

[200] CESAR, Celso Laet de Toledo. *Venda e divisão da propriedade comum*. Doutrina e jurisprudência. 3. ed. São Paulo: RT, 2006. p. 117.

[201] "Direito civil-constitucional. Direito de família. Fiadora que convivia em união estável. Inexistência de outorga uxória. Dispensa. Validade da garantia. Inaplicabilidade da Súmula 332/STJ. 1. Mostra-se de extrema relevância para a construção de uma jurisprudência consistente acerca da disciplina do casamento e da união estável saber, diante das naturais diferenças entre os dois institutos, quais os limites e possibilidades de tratamento jurídico diferenciado entre eles. 2. Toda e qualquer diferença entre casamento e união estável deve ser analisado a partir da dupla concepção do que seja o casamento – por um lado, ato jurídico solene do qual decorre uma relação jurídica com efeitos tipificados pelo ordenamento jurídico, e, por outro, uma entidade familiar, dentre várias outras protegidas pela Constituição. 3. Assim, o casamento, tido por entidade familiar, não se difere em nenhum aspecto da união estável – também uma entidade familiar, porquanto não há famílias timbradas como de 'segunda classe' pela Constituição Federal de 1988, diferentemente do que ocorria nos diplomas constitucionais e legais superados. Apenas quando se analisa o casamento como ato jurídico formal e solene é que as diferenças entre este e a união estável se fazem visíveis, e somente em razão dessas diferenças entre casamento – ato jurídico – e união estável é que o tratamento legal ou jurisprudencial diferenciado se justifica. 4. A exigência de outorga uxória a determinados negócios jurídicos transita exatamente por este aspecto em que o tratamento diferenciado entre casamento e união estável é justificável. É por intermédio do ato jurídico cartorário e solene do casamento que se presume a publicidade do estado civil dos contratantes, de modo que, em sendo eles conviventes em união estável, hão de ser dispensadas as vênias conjugais para a concessão de fiança. 5. Desse modo, não é nula nem anulável a fiança prestada por fiador convivente em união estável sem outorga uxória do outro companheiro. Não incidência da Súmula n. 332/STJ à união estável. 6. Recurso especial provido" (STJ, 4.ª Turma, REsp 1.299.866/DF, Rel. Min. Luis Felipe Salomão, j. 25.02.2014).

Segundo lição de Luis F. P. Leivas Fernández, atualmente o mútuo se relaciona com os contratos de crédito, no qual estão compreendidos todos os convênios, dos quais uma parte, geralmente uma entidade financeira, outorga crédito a outra parte, seja entregando uma quantidade de dinheiro ou de outros bens fungíveis, ou mantendo à disposição do outro contratante certa quantidade de dinheiro, por um prazo estipulado no contrato de abertura de crédito, ou a efetuar pagamentos para terceiros por conta da outra parte sem provisão de fundos,[202] até uma determinada soma, como sucede com as linhas de crédito dos cheques especiais.

Contratos de mútuo ou de empréstimo de dinheiro são bastante comuns e correntes na prática da fraude conjugal ou convivencial e seguidamente colacionados em ações de partilha de bens trazidos no propósito de serem arrolados como supostas dívidas conjugais ou de unidos estavelmente. Em outra dimensão também são utilizados para denunciar aparente dificuldade financeira do alimentante e assim tentar justificar que os elevados alimentos só estão sendo pagos em decorrência de um hipotético socorro financeiro, alcançado geralmente por um terceiro parente, por um amigo ou por uma sociedade empresária da qual o alimentante é sócio e obteve essa espécie de benesse da sociedade com a anuência dos demais sócios. Só a circunstância de constar no contrato de mútuo algum parente, ascendente, descendente, irmão, cônjuge ou companheiro já induz à presunção de fraude ou de simulação pela interposta pessoa física (CC, art. 1.802, parágrafo único). Idêntica presunção pode ser extraída tratando-se de pessoa jurídica que não seja uma instituição financeira, mas uma sociedade empresária de cujo quadro social o mutuário participa.

Usualmente são pessoas físicas ou jurídicas que não costumam prestar socorro financeiro para terceiros, mas que poderiam assim proceder firmando ou não contratos escritos particulares ou escrituras de mútuo ou de confissão de dívida. Se verdadeiro ou não o seu conteúdo, isso o contrato por si mesmo não vai revelar, pois são expedientes utilizados com aparência de realidade, verdadeiros negócios simulados. Trata-se de pura e simples simulação contratual, usada com muita frequência no campo do direito de família e produzida quando não existe a causa que nominalmente expressa o contrato, pois simulado para responder por outra finalidade jurídica distinta, mesmo que o contrato tenha sido lavrado por escritura pública de mútuo ou de confissão de dívida, fato que por si só não retira o vício contido na declaração, apenas porque formalizado e firmado em um tabelionato, cuja circunstância apenas denota um grau mais sofisticado de enganação.

Entretanto, na maioria das vezes, esses contratos são particulares e não contêm testemunhas, nem mesmo as assinaturas dos contratantes reconhecidas em cartório, tampouco foram tributadas como operações de crédito, que são os mútuos, os financiamentos, os descontos de títulos e semelhantes transações financeiras, sobre as quais incide o Imposto sobre Operações Financeiras (IOF), surgido com a Emenda Constitucional 18/1965, instituído pela Lei 5.143/1966 e regulado por outras leis posteriores, mas disciplinado em sua essência pelo artigo 153, V, da Constituição Federal de 1988 e pelos artigos 63 a 67 do Código Tributário Nacional. Esse imposto sobre operações de crédito, câmbio, seguros e títulos ou valores mobiliários é de competência da União Federal.[203]

Por vezes, quando investigado mais acuradamente, especialmente se viabilizada a quebra de sigilo bancário ou fiscal, descobre-se que o mutuário nem sequer necessitava daquele

---

[202] FERNANDÉZ, Luis F. P. Leiva. *Código Civil y Comercial comentado.* Tratado exegético. Coordenação Ignacio E. Alterini. 3. ed. Buenos Aires: Thomson Reuters/La Ley, 2019. v. VII, p. 581.

[203] CARNEIRO, Cláudio. *Impostos federais, estaduais e municipais.* 4. ed. São Paulo: Saraiva, 2013. p. 493.

empréstimo, pois possuía recursos próprios e não se encontrava realmente em um estado de penúria ou de necessidade a ponto de contratar um empréstimo, geralmente com pessoa que não costuma emprestar dinheiro; que não se assegura das cautelas necessárias de garantia do mútuo; que não exige como garantia do empréstimo o consentimento do cônjuge para mútuos destinados ao atendimento de despesas familiares; cujo consorte ou companheiro do mutuário retém em suas contas bancárias e aplicações financeiras recursos que claramente dispensariam qualquer contração desnecessária de uma dívida por empréstimo de dinheiro; de um mutuante que não cobra a suposta dívida já vencida; e que, se bem visto, o mutuante geralmente é um parente, um amigo muito próximo ou uma pessoa jurídica da qual o mutuário participa do quadro social, muitas vezes como sócio majoritário; cujo dinheiro usualmente não sai da conta bancária do mutuante, tampouco ingressa na conta bancária do mutuário; e que, para responder a essa curiosidade de o mútuo não ter tido circulação bancária, costumam dizer que o empréstimo foi em moeda estrangeira, ou em dinheiro vivo, cujas quantias não são costumeiramente guardadas em casa e, se pesquisado, não constam sequer nas declarações de renda dos mutuantes, muito menos nas declarações de renda dos mutuários. Tampouco há registro oficial desses contratos de mútuo de gaveta, e isso quando não, raras vezes, esses mútuos são tomados com a desculpa de que se destinaram ao pagamento atrasado de invencíveis pensões alimentícias fixadas em valores que estão acima da capacidade de pagamento do mutuário, porém as próprias prestações contratadas para quitação parcelada do mútuo são em valores superiores à própria remuneração mensal dita ser recebida pelo alimentante e pseudomutuário.

2.2.13 Simulação de arrendamento

Conforme lição de Louis Josserand, o arrendamento pode ser de móveis inanimados, animais, imóveis e de bens incorpóreos e, quando recai sobre uma casa, o arrendatário é chamado de *inquilino*, e, se for sobre um imóvel rural, aquele que aluga é chamado de *arrendatário*, havendo o pagamento de aluguel ou de um rendimento ou arrendamento. Usualmente, os contratos de arrendamento contêm uma cláusula restritiva ou excludente da liberdade de ceder o arrendamento ou de subarrendar, substituindo o arrendatário por uma terceira pessoa, seja pela cessão ou pela sublocação.[204]

A simulação de um arrendamento é artifício dirigido a burlar direito onde o verdadeiro arrendador finge um contrato de arrendamento com um cúmplice que, por sua vez, subloca o imóvel para terceiro interessado e que realmente será o titular dos direitos locativos, em típica interposição de terceiro em negócio simulado, o qual até poderá ignorar ou não a intenção fraudulenta. No direito de família ou das sucessões, encontra-se tráfico na busca de lucro não declarado ao meeiro ou coerdeiro, cujo ganho adicional e sub-reptício está representado pela diferença entre o valor locativo a menor, contratado na locação com o inquilino, e a diferença percebida com a realização de um novo contrato, mas de subarrendamento, pelo qual o inquilino subarrenda sua locação para um terceiro e por um valor superior àquele que ele paga pela locação, em um conserto fraudatório articulado com o cônjuge ou companheiro administrador dos bens comuns, ou com o inventariante, prejudicando assim o meeiro ou coerdeiros, os quais conhecem apenas o contrato primitivo de arrendamento e recebem somente sobre os valores dessa locação contratada com o arrendatário, ignorando a existência de uma sublocação concertada pelo meeiro ou inventariante e

---

[204] JOSSERAND, Louis. *Derecho civil*. Buenos Aires: Bosch, 1951. t. II, v. II, p. 127-167.

o locatário original, pouco importando se do negócio simulado participa com conhecimento de causa o subarrendatário, eis que a fraude reside exatamente no resultado financeiro obtido pelo negócio simulado por meio das duas locações, ou de uma locação com dois valores, um no contrato e outro valor pago por fora.

No entanto, também existe a locação do domicílio familiar e, durante muito tempo, muito se discutiu a seu respeito. Uma vez firmada a locação em nome do cônjuge administrador, usualmente denominado *chefe da sociedade conjugal,* havia uma natural instabilidade e insegurança com a crise conjugal, pois o marido conseguia ajustar com o locador o processo de despejo para desalojar esposa e filhos do imóvel residencial diante de uma separação de fato, de corpos ou de direito, porque a locação constava contratualmente em seu nome e ele não renovava o contrato de locação, desistia ou abandonava a vivenda comum e deixava de pagar os aluguéis, causando um enorme prejuízo ao consorte mulher que não conseguia prorrogar a locação em seu nome pessoal. Existia uma prática bastante comum e corrente para desalojar a família conjugal em virtude das normas locatícias, pelas quais a relação contratual vinculava exclusivamente o inquilino e, em princípio, seu cônjuge não podia se envolver em uma relação contratual da qual não fazia parte. Isso ocorreu no Brasil até o advento da Lei 12.112/2009, que deu nova redação ao artigo 12 da Lei 8.245/1991 (Lei do Inquilinato), por cujo dispositivo foi criada a figura da sub-rogação do contrato em favor do consorte que permanece no imóvel: "Em caso de separação de fato, separação judicial, divórcio ou dissolução da união estável, a locação residencial prosseguirá automaticamente com o cônjuge ou companheiro que permanecer no imóvel".

A justeza da norma não apenas se escora no raciocínio de que seria injusto desalojar esposa e filhos porque não figuravam no contrato de locação, mas também na ideia de que o direito locatício tem caráter de comunicação conjugal quando pagos os locativos com dinheiro do casamento, qual seja, com fundos comuns. Há nisso uma óbvia sub-rogação dos direitos conjugais, pois, quando os alugueres são pagos com dinheiro comum e não privativo, se trata efetivamente de um direito comum.[205]

2.2.14 Simulação de sociedade

Para Itamar Gaino, na simulação de uma sociedade, ela é criada nada tendo de real, em que os sócios são fictícios ou são pessoas que emprestam seus nomes (*interpostas pessoas*) ou pessoas pobres e ignorantes, que nem mesmo chegam a tomar conhecimento dos fatos (*laranjas*).[206] Esta, aliás, a diferença entre *interpostas pessoas*, que têm plena consciência de que emprestam seus nomes para o ilícito que simulam e os *laranjas*, ou *bobos inocentes*, cujos nomes são tomados sem que realmente saibam que seus nomes constam nos contratos societários e muito menos têm ideia da extensão das fraudes que são realizadas em seus nomes e à sua completa revelia.

São, em regra, empresas fantasmas, criadas para atuarem no mundo da corrupção e da ilicitude, seja para tomarem dinheiro público ou para atuarem no tráfico de entorpecentes,[207] possuindo endereço fictício ou imóvel de terceiro e descaracterizado, no qual não sucede qualquer atividade empresarial, não raro serem imóveis abandonados ou de terrenos baldios, tratando-se de simulação absoluta, pois a sociedade taxativamente não existe senão na aparência, sem realizar qualquer atividade consignada no seu contrato social.

---

[205] SÁNCHEZ, Luis Felipe Ragel. *El régimen de gananciales*. Navarra: Thomson Reuters/Aranzadi, 2017. p. 167.

[206] GAINO, Itamar. *A simulação dos negócios jurídicos*. São Paulo: Saraiva, 2007. p. 130-131.

[207] GAINO, Itamar. *A simulação dos negócios jurídicos*. São Paulo: Saraiva, 2007. p. 130

Marco Antonio de Barros refere às empresas de fachada, que só existem na aparência e que participam ou aparentam participar do comércio legítimo, que servem somente como instrumento de lavagem de recursos ilícitos, podendo até ser uma empresa legítima, que mescla recursos ilícitos com sua própria receita, ou pode dispor de uma localização física, de um escritório ou apenas de uma fachada, no entanto toda a sua receita provém de uma atividade criminosa.[208]

Conforme Luis Muñoz Sabaté, a criação fictícia de uma empresa constitui uma fraude da lei e, quando, ao ser levantado o véu de sua aparência real, é descoberta a sua inconsistência como pessoa jurídica, servindo como mero instrumento ou como *testa de ferro* de outra personalidade que deve ser tida como inexistente.[209] O fraudador tem como mote subtrair do patrimônio conjugal constituído pelos bens comuns, mediante a formação ou a utilização de sociedades para as quais esses bens do casamento foram aportados. Os tribunais são obrigados a desestimar a personalidade jurídica das sociedades cujas transferências patrimoniais foram simuladas e, portanto, fraudulentas, ordenando o juiz que os bens retornem ao acervo matrimonial para integrarem a partilha. São incontáveis as formas de fraude societária, alertando Eduardo A. Zannoni que a sociedade empresária que surge como uma pessoa interposta se presta para servir meramente como instrumento de fraude aos direitos da meação de qualquer um dos cônjuges, quando, por meio da sociedade, o consorte fraudador pretende substituir as relações jurídicas de atribuição de propriedade que deveriam recair sobre os cônjuges, mas que são maliciosamente substituídos pela empresa que titulou em seu nome os bens outrora pertencentes ao casamento.[210]

No direito brasileiro, prevalecia, e não era diferente no direito estrangeiro, um velho postulado que separava a pessoa jurídica da pessoa física de seu sócio e que estabelecia patrimônios diversos e responsabilidades dissociadas diante da personalidade societária, abrindo ampla porta para a utilização indevida do fim societário que se prestava impunemente como instrumento de fraude aos direitos de terceiros, protegendo sócios inescrupulosos sob o invulnerável manto da personalidade jurídica e pela qual servia, como ainda serve, não mais de forma impune, como perigoso instrumento de obtenção de resultados ilícitos e nunca desejados pelo legislador empresarial.[211]

No quarto capítulo deste livro, será abordada a reiterada utilização da fraude societária, que também é muito frequente no âmbito dos contratos de constituição e de alteração de sociedades, pelos quais ascendentes costumam simular doações de quotas sociais sob a forma de um contrato oneroso e pelo qual um filho é beneficiado mediante a aparência de haver ingressado na sociedade aportando capital próprio, ou comprando quotas ou ações do progenitor que é sócio da entidade jurídica, em manobra realizada em flagrante detrimento de algum filho que foi preterido na participação societária dessa empresa familiar. Depois do seu ingresso na sociedade, esse filho vai aos poucos aumentando a sua participação societária até suplantar ou absorver a posição societária do seu progenitor, que termina no mais das vezes se retirando completamente da sociedade, ou nela mantendo ínfima participação societária, tudo idealizado para dissimular uma verdadeira doação engendrada por meio de contrato de constituição de sociedade empresária e suas paulatinas alterações societárias. Posteriores

---

[208] BARROS, Marco Antonio de. *Lavagem de capitais e obrigações civis correlatas.* 3. ed. São Paulo: RT, 2012. p. 378.

[209] SABATÉ, Luis Muñoz. *La prueba de la simulación.* 3. ed. Colombia: Temis, 2011. p. 28.

[210] ZANNONI, Eduardo A. *Sociedades entre cónyuges, cónyuge socio y fraude societario.* Buenos Aires: Astrea, 1980. p. 184.

[211] MADALENO, Rolf. *A disregard e a sua efetivação no juízo de família.* Porto Alegre: Livraria do Advogado, 1999. p. 46-47.

alterações societárias que registram até mesmo a anuência dos demais irmãos que, não favorecidos, ou que nem sequer participam das sociedades criadas com a presença apenas de alguns filhos, sendo excluídos outros, mas imaginando que apenas anuem com a retirada dos progenitores da sociedade, não se dão conta de que todo esse expediente, que julgam normal e inocente, tratou de promover a transferência de quase todos, senão a totalidade, os bens dos progenitores para algum filho preferido, cujo acervo constava em nome da sociedade empresária, que até pode ser uma *holding* imobiliária ou uma empresa qualquer e dona de um rico patrimônio, tudo engenhosamente arquitetado em detrimento do filho preterido.

E as fraudes seguem com aumentos de capitais, com ingressos de novos sócios e retiradas de antigos sócios, estes muitas vezes servindo unicamente como pontes para que eles depois transfiram a empresa para o filho privilegiado, variando as estratégias de transferências indevidas entre relações diretas, pelas quais algum filho ingressa na sociedade e vai assumindo a posição do seu progenitor, comprando dele as quotas sociais, quando em realidade não passam de puras doações sem qualquer aporte de recursos. Se o contrato for um pouco mais elaborado, o genitor transfere suas quotas ou ações para uma interposta pessoa física ou jurídica e, posteriormente, esse intermediário simula a venda da sua posição na sociedade para o descendente eleito, que finge adquirir as quotas desse terceiro que constava como sócio, tudo encetado por contratos aparentemente onerosos. Na realidade, existem dois negócios simulados, cujos contratos muitas vezes se descuidam por estarem desconectados da realidade financeira dos filhos privilegiados, quando estes, por exemplo, ainda não possuíam lastro econômico para aportarem o capital que declaram haver desembolsado.

Tudo obviamente idealizado para lesar direitos hereditários dos irmãos e futuros coerdeiros que serão preteridos em sua herança de um valioso patrimônio hereditário, e, quando investigados os fatos por meio de uma perícia contábil ou por meio de uma auditoria, são apuradas as incoerências e a inexistência dos aportes financeiros do filho empresário, cujas perícias fazem o levantamento de toda a linha do tempo de existência da sociedade e início do ingresso na sociedade do filho beneficiado pela titularidade da participação majoritária da sociedade familiar. No entanto, tais alterações subsequentes de aumento de capital vão sendo obviamente menos impactantes, as quais configuram uma espécie de simulação continuada, porque, trabalhando e sendo sócio da empresa, esse filho será beneficiado com dividendos distribuídos a partir dos lucros da empresa e com esses recursos e outras dissimuladas bonificações tratará de, contábil e contratualmente, aportar novas participações sociais, isso quando esses lucros ou parte deles não forem convertidos em novas quotas ou ações da sociedade.

Levantando a perícia a ausência de aportes, ou intuindo o julgador a mesma presunção, normalmente quando os filhos ainda são estudantes ou muito jovens, seria impossível que tivessem capital próprio para aportarem na sociedade empresária familiar. Essa suposta inexistência dos aportes indicados nos contratos sociais, por si só, implica a conclusão de existência de simulação nos contratos sociais Em algumas situações de evidente ausência de recursos financeiros pessoais, é possível constar do contrato que o filho ingressará na sociedade aportando como capital sua indústria e seu trabalho, enquanto o outro sócio entrará com dinheiro e bens imóveis, os quais depois serão partilhados por igual entre os sócios, sendo inequívoco que a simulação pode ocorrer tanto durante a fase de constituição da sociedade empresária como depois nos seus sucessivos aumentos de capital, criando uma falsa impressão de subscrições simuladas.

Outra singela maneira de simular a integração de capital social consiste em ingressarem todos os filhos na sociedade familiar, ajustando os diferentes aportes de capital por eles realizados por meio de bens que serão subavaliados ou superavaliados de forma que o incremento patrimonial representará uma porcentagem de quotas ou de ações contabilmente fictícias. Também há outra forma, quando os herdeiros filhos ainda menores de idade e representados pelo cônjuge ou companheiro sobrevivente e genitor de toda a prole são enganados por meio da subavaliação da empresa familiar no espólio e superavaliação dos outros bens que não produzem rendas, mas só despesas, recebendo a viúva mais quotas sociais subavaliadas e os filhos mais bens de diferentes categorias e, em regra, superavaliados, resultando a mãe como quase exclusiva, senão exclusiva titular, do pacto acionário da sociedade ou das quotas sociais.

Toda doação quando simulada em contrato oneroso é considerada uma antecipação de herança e imputável à legítima hereditária, sujeita, portanto, à colação e à redução, isso quando as partes envolvidas nesse *consilium fraudis* não se socorrem de um terceiro como *testa de ferro*, que atua como intermediário e como pessoa de confiança do doador, que simula uma compra das participações societárias para repassá-las, posteriormente, para um determinado filho. Cumpre-se, assim, de forma dissimulada a vontade do parcial e generoso progenitor, que tenta evitar sua relação direta na transação e com ela o risco da colação, para o caso de a doação exceder a sua porção disponível, que importaria na redução do montante doado até alcançar a porção disponível (CC, art. 2.007).[212]

Há também a clássica criação de empresas *holdings imobiliárias*, constituídas para a administração e gestão profissionalizante dos bens conjugais, que saem do patrimônio pessoal dos cônjuges, bens, portanto, que estavam registrados em nome de um dos cônjuges ou em nome de ambos os consortes, representando o acervo matrimonial que passa a ser constituído pelas quotas sociais da pessoa jurídica que se tornou titular dos bens vindos do acervo pessoal dos consortes. Com isso, abre-se caminho para a livre manipulação dessas participações societárias, incluindo terceiros na sociedade, verdadeiros sócios aparentes e que, originariamente, não tinham nenhum direito e nenhuma participação no patrimônio matrimonial, mas cuja existência cria um elemento psicológico de que a aparência parece realidade. Esse sócio aparente cria nos demais sócios uma falsa realidade, os quais desconhecem que se trata de uma interposta pessoa que ingressa na sociedade com a missão posterior de transferir para determinado filho a sua participação societária ao se retirar da sociedade Esse filho privilegiado poderia ter contratualmente a preferência na aquisição das participações societárias, quiçá porque atua de fato na sociedade, ao contrário dos seus irmãos e demais sócios que receberam as mesmas quotas, mas não têm atuação social, ou se todos têm a preferência na aquisição em detrimento de terceiros que queiram ingressar na sociedade, é somente esse filho protegido que naquele momento se encontra em condições financeiras de comprar as quotas ou ações do sócio aparente.

Outra forma de tirar proveito do patrimônio comum pela via societária está em um dos consortes convencer seu parceiro de que as quotas sociais devem ser doadas para os filhos, mas ficando em usufruto vitalício exclusivo de um deles, em detrimento do outro cônjuge que nunca mais teria acesso aos frutos dos primitivos bens conjugais, tornando-se vítima de uma bem arquitetada fraude que tira os bens do casamento, depois os transfere por meio das quotas sociais para os filhos e destes retornam para um dos consortes pela via da administração e fruição unilateral e absoluta dos frutos conferidos por esses bens, dando cabo a uma engenhosa forma de se beneficiar com exclusividade dos bens que deveriam ser comuns e que fugiram da meação do outro consorte ou companheiro. Lembra Martha Gallardo Sala Bagnoli que o *status* de sócio implica a multiplicidade de direitos e de obrigações, com os direitos políticos

---

[212] GAGLIARDO, Mariano. *Sociedades de familia y cuestiones patrimoniales*. Buenos Aires: Abeledo-Perrot, 1999. p. 85.

de votar e de ser votado; direitos patrimoniais de recebimento de lucros ou dividendos; direito de fiscalização da gestão,[213] perdendo o cônjuge ou companheiro vitimado por essa fraude societária não só a sua meação, como todo e qualquer controle e direito que detinha sobre o seu acervo nupcial.[214]

Também ocorre de o consorte, ávido por fraudar a meação de seu cônjuge, convencer sua esposa para que ambos doem ou simulem a venda de boa parte das quotas sociais para os progenitores ou pessoas da absoluta confiança do consorte fraudador, alegando que assim estariam protegendo seu patrimônio dos imaginários credores do varão, desvirtuando esta *holding imobiliária* de seu objeto social e servindo sua constituição unicamente para caracterizar uma forma de abuso e de desvio dos bens conjugais, buscando encobrir, sob a aparência da licitude, atividades claramente ilícitas e permitindo que o estado das coisas volte à situação anterior à celebração do negócio jurídico que esfacelou o regime conjugal de bens.

Também podem ser usadas empresas coligadas com o mesmo propósito de alcançar alguma finalidade ilícita, por exemplo, para desviar patrimônio de empresa em situação pré--falimentar, como julgado pela Ministra Nancy Andrighi no REsp 1.259.020/SP, na Terceira Turma do STJ, em 9 de agosto de 2011, quando o aresto já alertava acerca da importância de

---

[213] BAGNOLI, Martha Gallardo Sala. Holding *imobiliária como planejamento sucessório*. São Paulo: Quartier Latin, 2016. p. 75.

[214] "Recurso especial. Direito civil. Direito de família e societário. Cessão de cotas sociais a menores impúberes. Violação dos arts. 1.º e 129 do Código Comercial de 1850 não configurada. Possibilidade de participação de menores como sócios de sociedade por cotas de responsabilidade limitada. Entendimento já esposado pelo STF à época dos fatos. Violação do art. 145, IV, do CC/16, caracterizada. Menores representados apenas por seu genitor na celebração do negócio jurídico. Impossibilidade. Poder familiar exercido conjuntamente pelos pais. Imprescindibilidade da ciência e autorização da genitora para validade do ato. Nulidade absoluta do negócio jurídico. 1. Controvérsia em torno da validade da cessão de cotas sociais de sociedade por cotas de responsabilidade limitada a menores impúberes, ocorrida em 1993 que, no negócio jurídico, foram representados exclusivamente por seu genitor, sem que houvesse anuência e tampouco ciência da sua genitora. 2. Inocorrência de violação do art. 535, II, do CPC/73 quando o acórdão recorrido soluciona integralmente a lide, julgando-a de forma clara e suficiente e explicitando suas razões, não havendo falar em negativa de prestação jurisdicional quando o Tribunal apenas deixa de se manifestar sobre argumentos manifestamente irrelevantes para a solução da controvérsia. 3. A possibilidade de participação de menores como sócios de sociedade por cotas de responsabilidade limitada já fora reconhecida pelo STF bem antes dos fatos objeto da presente ação, desde que o capital social fosse integralizado e que o menor não exercesse poderes de gerência e de administração. Entendimento jurisprudencial posteriormente incorporado à redação do enunciado normativo do § 3.º ao art. 974 do CC/02. 4. Após a promulgação da Constituição Federal de 1988, assegurando expressa e inequivocamente o direito fundamental à igualdade entre os gêneros, inclusive no âmbito da sociedade conjugal, a interpretação da regra do art. 380 do CC/16 passou a ser no sentido de conferir, necessariamente, a ambos os cônjuges, de forma paritária, o poder familiar sobre os filhos menores. Inteligência também do art. 21 do ECA. 5. O poder familiar deve ser exercido de forma igualitária e conjunta pelos pais, sendo imprescindível que a representação dos filhos menores seja efetivada pela atuação simultânea de ambos. 6. Caso concreto em que menores impúberes figuraram como cessionários em contrato de cessão de cotas de sociedade por cotas de responsabilidade limitada, representados exclusivamente pelo genitor, não tendo a genitora sequer tido ciência do negócio jurídico. 7. A representação inadequada de pessoas absolutamente incapazes maculou a validade do negócio jurídico, desde sua formação, ensejando a sua nulidade absoluta, nos termos do art. 145, IV, do CC/16. 8. Recurso especial provido" (STJ, 3.ª Turma, REsp 1.816.742/SP, Rel. Min. Paulo de Tarso Sanseverino, j. 27.10.2020).

o Poder Judiciário precisar encontrar meios eficazes para reverter as manobras lesivas, punindo e responsabilizando os envolvidos.[215] Menciona Mariano Gagliardo que o hermetismo criado ao redor da noção de pessoa jurídica é corolário de uma larga evolução histórica e jurídica, que não está isenta de controvérsias e que tem merecido, nos dias atuais, enfoques próprios de uma realidade que de modo algum pode ficar alheia aos fatos e circunstâncias da vida.[216]

2.2.14.1 A fraude societária

Em caso de risco ao patrimônio familiar diante da facilidade com que cônjuges simulam, desviam, fraudam e esvaziam os bens conjugais, o Código de Processo Civil de 1973 previa algumas medidas chamadas de *cautelares nominadas,* ao lado das garantias denominadas de *cautelares inominadas* e de larga utilização no direito societário. O Código de Processo Civil de 2015 não repetiu os provimentos cautelares, mas também não desamparou o jurisdicionado dos provimentos liminares para a proteção do patrimônio comum e da sua futura liquidação.

Em realidade, é cada vez mais crescente a adoção de casamentos ou o estabelecimento de uniões estáveis contratadas em regime de separação de bens, cujos rigor e radicalismo de uma incomunicabilidade extrema de bens têm assustado casais que ainda cultuam uma sociedade afetiva como uma empreitada de vida em que seus esforços deveriam ser partilhados na medida em que resultassem em algum crescimento patrimonial. Isso tem feito com que casais flexibilizem a rigidez da eleição de um regime convencional de separação de bens e optem por regularem suas atividades econômicas e financeiras em comum em uma sociedade empresária, na qual planificam, em termos patrimoniais conjugais e sucessórios, suas efetivas participações materiais, cuja sociedade e o respectivo contrato social podem ser projetados em matéria de participação societária ou divisão de quotas sociais ou ações, de acordo e na proporção dos ingressos financeiros de cada cônjuge. Pode, por exemplo, a mulher deter sessenta por cento das quotas da empresa, por ter maior renda familiar, e o marido os outros quarenta por cento das quotas, em conformidade com a sua produção laboral, o que na prática altera os regimes patrimoniais primários de bens, que geram direitos estanques de metades iguais consideradas injustas por muitos casais, criando, dessarte, pela via societária, regimes societários variáveis e proporcionais. Conseguem, por meio desse expediente, instituir um mecanismo que, a seu

---

[215] "Processo civil. Falência. Extensão de efeitos. Sociedades coligadas. Possibilidade. Ação autônoma. Desnecessidade. Decisão *inaudita altera parte*. Viabilidade. Recurso improvido. 1. Em situação na qual dois grupos econômicos, unidos em torno de um propósito comum, promovem uma cadeia de negócios formalmente lícitos, mas com intuito de encontrar meios eficazes de reverter as manobras lesivas, punindo e responsabilizando os envolvidos. 2. É possível ao juízo antecipar a decisão de estender os efeitos de sociedade falida a empresas coligadas na hipótese em que, verificando claro conluio para prejudicar credores, há transferência de bens para desvio patrimonial. Não há nulidade no exercício diferido do direito de defesa nessas hipóteses. 3. A extensão da falência a sociedade coligadas pode ser feita independentemente da instauração de processo autônomo. A verificação da existência de coligação entre sociedades pode ser feita com base em elementos fáticos que demonstrem a efetiva influência de um grupo societário nas decisões do outro, independentemente de se constatar a existência de participação no capital social. 4. Na hipótese de fraude para desvio do patrimônio de sociedade falida, em prejuízo da massa de credores, perpetrada mediante a utilização de complexas formas societárias, é possível utilizar a técnica da desconsideração da personalidade jurídica com nova roupagem, de modo a atingir o patrimônio de todos os envolvidos. 5. Recurso especial não provido."

[216] GAGLIARDO, Mariano. *Sociedad de familia y cuestiones patrimoniales.* 3. ed. Buenos Aires: Rubinzal-Culzoni, 2018. p. 342.

modo, evita o recurso à fraude ou à simulação geralmente gerados por sentimentos natos de frustração e de ganância, que costumam aflorar em tempos de crises conjugais.

No âmbito dos processos matrimoniais, particularmente quando envolvem um cônjuge que é empresário, o juiz pode ordenar o arrolamento prévio dos bens sempre que houver perigo na demora e evitar que o cônjuge empresário os aliene ou transfira para a sociedade empresária. Outrossim, pode impor a nomeação de um administrador judicial e ordenar qualquer outra medida idônea para garantir a efetividade da tutela solicitada, além de embargar a circulação de móveis, imóveis e semoventes.

Em toda fraude, e não é diferente na criminosa lesão à meação patrimonial, os lotes conjugais são alvos de diferentes estratégias, bem próprias de uma mente prenhe de malícia e astúcia, direcionada para lesar o cônjuge e atacar bens comuns titulados na pessoa física ou no acervo societário.

No direito empresarial, as fraudes são *contábeis*, *gerenciais* ou *societárias*, consistindo as primeiras (*contábeis*) na alteração, omissão ou sonegação de informações na escrituração da empresa, fazendo com que a sociedade apresente um quadro diferente do real, e esta ocorre: 1) modificando o balanço contábil, reduzindo os lucros, aumentando os prejuízos, ocultando ativos, incluindo credores que não existem, restringindo, assim, o valor da empresa; 1.1) promovendo fraudes com ativos realizáveis, com a subvalorização, supervalorização ou sobrevalorização dos títulos; 1.2) com a apropriação de bens do ativo circulante (dinheiro em caixa, depósitos bancários e aplicações financeiras; e 1.3) realizando fraudes com o ativo imobilizado, como a venda de bens da empresa por valor menor na escritura e com o lançamento de perdas.

Além das fraudes contábeis, existem as fraudes *gerenciais*, que são cometidas diretamente pelo administrador, como: 2) o esvaziamento do patrimônio da sociedade, compras e vendas por preços inferiores ou superiores aos de mercado; 2.1) a transferência de bens da sociedade; 2.2) a transferência de bens particulares para a sociedade (hipótese da desconsideração inversa da personalidade jurídica); 2.3) a criação de sociedades espelhos; e 2.4) a dupla contabilidade.

Por fim, as *fraudes societárias* são aquelas que modificam a estrutura da sociedade, como: 3) a transformação do tipo social de limitada para sociedade anônima; 3.1) a alienação de quotas ou ações; 3.2) a alteração do contrato social ou do estatuto; 3.3) com a cisão fraudulenta da sociedade; e 3.4) com a criação de *offshore companies*.

Na seara societária e com intuito de minimizar os nefastos efeitos da fraude, a primeira forma de combatê-la está na aplicação episódica: 1) *da desconsideração inversa da personalidade jurídica*; 2) *na responsabilidade pessoal dos sócios e dos administradores*, provando que não agiram em conformidade com os seus deveres de administradores societários; 3) com a eventual decretação de *falência* para evitar maiores prejuízos; 4) com o ingresso de *ação pauliana ou revocatória* para anulação do negócio jurídico; 5) com o ajuizamento de *ação revocatória falencial* para recuperar para a massa falida bem desviado às vésperas da falência; 6) com o ingresso de *ação de fraude à execução*; e 7) com a promoção judicial de *ações de invalidade de ato jurídico* (nulidade ou anulação).

Ainda em caráter preventivo, havendo indícios de dilapidação dos bens da sociedade, de desfacelamento de todos os documentos contábeis ou mesmo daqueles que poderiam dar ensejo à verificação do real valor da sociedade, escreve João Paulo Hecker da Silva ser pertinente antecipar a perícia contábil para a apuração de haveres[217] em processo de partilha

---

[217] SILVA, João Paulo Hecker da. *Processo societário*. Tutelas de urgência e da evidência. Brasília: Gazeta Jurídica, 2014. p. 271.

de bens conjugais, se o consorte não é sócio da empresa, ou na própria dissolução parcial da sociedade, se o cônjuge também é sócio, logrando, assim, a antecipada homologação do laudo que corre sério risco de ser frustrado, ficando a discussão do mérito dos valores para serem apurados e pagos na ação principal.

Na apuração de haveres para ressarcir o cônjuge de sócio (o *subsócio*), quase sempre haverá uma parte incontroversa dos haveres a serem apurados, pois sobre eles não há discussão de valores a serem ressarcidos em pagamento da meação do cônjuge não sócio, sendo possível, nesses casos, a antecipação do pagamento independentemente de urgência.[218]

Detectando o magistrado a possível ilegalidade ou prejudicialidade do ato societário, pode deferir em tutela de urgência a proibição de disposição pelo cônjuge de quotas ou ações, cuja razão de seu provimento reside, precisamente, na conservação e continuidade de uma empresa quando conjugal e enquanto não se finaliza a partilha da sociedade empresária. Poderia o casal, em sede de instrumento jurídico preventivo, estabelecer em pacto antenupcial, ou em cláusula contratual da sociedade, a proibição de disposição de quotas sociais, por prazo determinado ou condicionado à intervenção do cônjuge sócio ou comunheiro. Não é difícil concluir pela dificuldade que seria clausurar em contrato pactício ou societário a proibição de disposição de quotas sociais, sem prévia notícia ao cônjuge, quando as sociedades empresárias têm servido aos consortes e conviventes para a prática da fraude do patrimônio conjugal, fato que daria transparência aos atos societários e colocaria os consortes em estado de alerta, evitando surpresas e fatos já consumados, embora sempre argumentem que a empresa tem personalidade distinta dos sócios e que a exigência poderia engessar a vida do ente social.

O argumento não é de todo verdadeiro, porque, quando não se exige a unanimidade para a tomada de decisões, o sócio tem o direito de pedir o seu recesso da sociedade, ou a sociedade pede a exclusão desse sócio, se não preferirem deliberar pela vontade da maioria, mas nada ficará às escuras e na penumbra do ruinoso silêncio conjugal.

Como recurso extremo para estancar a sangria na desastrosa administração de uma sociedade empresária pode ser ordenada a *intervenção judicial* na empresa, existindo várias formas de intervenção, mas devendo estar sempre atento o juiz para considerar a menor restrição possível nessa importante medida processual.

A forma mais tênue de interferência é a do *interventor observador*, que apenas verifica o regular funcionamento da sociedade e o cumprimento da decisão judicial informando o julgador acerca da direção da empresa e sobre alguma eventual dilapidação patrimonial.

Luiz Fernando Pereira anota a existência do *interventor cogestor*, que não afasta completamente os administradores naturais com os quais ele compartilha a gestão societária como fiel balança da ordem judicial. E, por fim, o autor citado descreve a nomeação da pessoa do *interventor-administrador*, que resulta no afastamento do administrador primitivo, que por seu agir desleal se locupletava com os bens sociais e conjugais.[219]

2.2.14.2 O protocolo familiar

A ruptura conjugal ou de uma união estável, ao lado do fenômeno sucessório, é as questão que mais pode afetar o regime econômico do casamento e da união estável, mais do que

---

[218] PEREIRA, Luiz Fernando C. *Medidas urgentes no direito societário*. São Paulo: RT, 2002. p. 189.
[219] PEREIRA, Luiz Fernando C. *Medidas urgentes no direito societário*. São Paulo: RT, 2002. p. 249-254.

isso, pode afetar a empresa familiar, razão pela qual os membros da família que também formam parte de uma empresa assumem uma série de compromissos dirigidos a assegurar o funcionamento e a organização da sociedade empresária de natureza familiar e evitar o ingresso de novos participantes do patrimônio empresarial, que provoquem uma alteração na repartição do poder e na tomada de decisões e até mesmo ajudando negativamente para o circunstancial desaparecimento da empresa.[220]

Sociedades familiares são comuns em todas as comunidades organizadas e provavelmente representam a maioria das empresas quando comparadas com as não familiares, vistas estas empresas familiares como sociedades em que seus membros possuem parentesco e ao mesmo tempo participam como sócios da empresa. Podem ser formadas entre cônjuges ou companheiros, entre ascendentes e descendentes, entre colaterais, ou por diversas dessas classes. Identifica Fernanda Paula Diniz cinco diferentes modalidades de sociedades familiares: a) sociedades entre cônjuges, constituída entre marido e mulher, se não for uma entidade familiar homoafetiva; b) sociedade entre companheiros que vivam em união estável; c) sociedades entre ascendentes e descendentes, como pais e filhos, avós e netos; d) sociedades entre colaterais, como irmãos e tios; e) sociedades empresárias familiares mistas, com parentes e com a presença também de terceiros.

Diz também que são sociedades peculiares, pois os familiares costumam resistir à entrada de terceiros na sociedade, da mesma forma como terceiros relutam em ingressar nessas sociedades, já que poderiam ser envolvidos em conflitos claramente domésticos e por vezes de difícil solução. Muitas das empresas familiares costumam criar protocolos com normas de conduta e para assegurar a continuidade da empresa familiar, lembrando que no Brasil elas não possuem uma legislação específica por serem sociedades constituídas entre pessoas de vínculos de parentesco, com leis especiais. Muitos países estrangeiros adotam regras próprias destinadas a regulamentar suas implicações jurídicas usualmente relacionadas com: a) questões relativas à sucessão no poder; b) questões relativas à sucessão patrimonial; c) problemas com a sociedade conjugal; d) problemas de poder e patrimoniais internos; e) problemas de poder e patrimoniais externos; f) incorporação de colaterais; e g) conflitos latentes.[221]

Existem muitos outros questionamentos próprios e específicos das sociedades empresárias familiares, que costumam gerar dissensões e questionamentos, como demandas de remuneração, de acesso de familiares a postos de gestão; pactos de adesão e de revisão de compromissos éticos de atuação societária; submissão à arbitragem das controvérsias que surjam entre os sócios parentes; a venda de suas participações societárias, entre tantas outras que, por essa razão, tratando-se de sociedades familiares, terminam sendo objeto de *protocolos familiares*, como expedientes de autorregulação da empresa familiar, em que são ventilados pleitos que afetem a ordem econômica familiar dos membros da sociedade e que tratem da sucessão empresarial. Trata-se de documento particular ou lavrado por escritura pública, subscrito pelos familiares do empresário, que tem como função estabelecer as linhas mestras do que seja

---

[220] GUTIÉRREZ, Vicente Guilarte; MARTÍN-CALERO, Cristina Guilarte; ESCRIBANO, Celia Martínez; SASTRE, Nuria Raga. Las capitulaciones matrimoniales. Las donaciones por razón de matrimonio. *In* TOLSADA, Mariano Yzquierdo; CASAS, Matilde Cuena (dir.). *Tratado de derecho de la familia*. Los regímenes económicos matrimoniales. Navarra: Thomson Reuters/Aranzadi, 2011. v. III, p. 495.

[221] DINIZ, Fernanda Paula. *Sociedades empresárias entre cônjuges e os instrumentos de combate e prevenção à fraude*. Belo Horizonte: Arraes, 2012. p. 33-39.

a empresa familiar, como ela está estruturada na atualidade e as diretrizes que entendem convenientes para o futuro, com ênfase em sua sucessão.[222]

No *protocolo familiar* são combinadas meras declarações de boas intenções, mas de escassa relevância jurídica, só exigíveis desde uma perspectiva moral, mas que costumam ser atreladas aos estatutos de uma sociedade ou ao seu contrato social e assim se opõem perante terceiros. Afirma Paolla Ouriques não ser possível vincular o protocolo familiar a terceiro que dele não participou, e esta é uma regra geral inerente a qualquer contrato, não obstante preponderem as deliberações concebidas pela sociedade familiar, no sentido de compatibilizar quaisquer alterações na estrutura da sociedade com aquilo que pela família foi pactuado no protocolo.[223]

Conforme Natalia Álvarez Lata, o conteúdo do protocolo familiar alberga geralmente cláusulas relativas aos direitos e obrigações dos familiares acerca de remuneração, normas de qualificação profissional, entrada e saída da empresa, posição familiar e sucessória, pactos de transmissão de quotas ou ações. Muitas de suas cláusulas não têm nenhuma validade, se não forem seguidas dos concretos e necessários instrumentos legais, como são os pactos antenupciais ou contratos convivenciais, escrituras de doação ou de contratos sucessórios, testamentos etc., eis que de nada serve o protocolo familiar, que não passa de uma mera *declaração de intenções*, consignar que um filho, por exemplo, deve casar pelo regime da separação de bens, se este filho e sua futura esposa não escriturarem o correspondente e eficiente pacto antenupcial. Assim, se firmaram uma escritura de pacto antenupcial e, em vez de casarem, passaram a viver em união estável, existe o pacto que se ressente de eficácia porque não lhe seguiu o matrimônio, tampouco adianta constar promessa de doação do fundador da empresa a determinados descendentes, quando chegam a certa idade ou alcancem certa posição na direção societária, se não realizada a escritura efetiva de doação, não é suficiente a mera promessa de doação.[224]

De qualquer forma, uma das cláusulas comuns ínsitas invariavelmente ao recurso do *protocolo de família* é a da eleição do regime econômico matrimonial do fundador e sucessores da empresa familiar, evitando os imagináveis conflitos dos regimes de comunidade de bens, e do regime obrigatório da comunhão parcial de bens na falta de precedente pacto nupcial ou de contrato de convivência (CC, arts. 1.640 e 1.725), obrigando os protocolos familiares aos sucessores que casam ou constituam uma entidade familiar, à eleição do regime da separação de bens. Trata-se de uma obrigação protocolar o ingresso na sociedade, e sua permanência ou incorporação no quadro social da empresa familiar por sucessão dependerá do cumprimento dessa obrigação que resolve problemas relacionados com o direito de família e o regime de bens em caso de divórcio ou de dissolução de uma união estável. No entanto, não terá nenhuma repercussão sobre o direito sucessório diante da instituição do cônjuge ou companheiro sobrevivente como herdeiros concorrentes sobre os bens particulares do falecido (CC, art. 1.829, I, e REsps 878.694/MG e 646.721/RS).

Outra condição igualmente nula e de nenhum efeito ou vinculação são as cláusulas incorporadas aos protocolos familiares, que obrigam os sócios a subscreverem testamentos direcionando as quotas sociais ou ações da empresa familiar apenas a determinados sócios e em nome da planificação sucessória da empresa, inclusive arbitrando alguma cláusula que

---

[222] LATA, Natalia Álvarez. *Aspectos civiles de la empresa familiar*: economía y sucesión hereditaria. Espanha: Netbibio, 2011. p. 63.

[223] OURIQUES, Paolla. *Legalidade, eficácia e implicações societárias do protocolo familiar*. São Paulo: Almedina, 2018. p. 88-89.

[224] LATA, Natalia Álvarez. *Aspectos civiles de la empresa familiar*: economía y sucesión hereditaria. Espanha: Netbibio, 2011. p. 67-70.

penalize o sócio desobediente, em evidente comportamento que atenta contra a liberdade de testar ou até de não testar. Ignora igualmente que o conteúdo do testamento é ato estritamente unilateral e vitaliciamente revogável (CC, art. 1.858), por cujo ato a pessoa registra o seu último querer, faculdade que torna sempre viável qualquer recuo de alguma precedente manifestação humana de vontade externada em um testamento, cujo ato não é estanque e sofre os influxos de uma vida e de uma vontade em constante mutação,[225] que não pode ficar à mercê de um *protocolo familiar* exercendo uma velada espécie de coação, em realidade uma verdadeira fraude aos direitos do sucedido e de seus sucessores.

Caracteriza o ato que obriga por cláusula contida em um protocolo familiar um notório fator externo de captação da vontade do testador e uma verdadeira forma de coação prevista nos artigos 151 a 155 do Código Civil, cujo ato entra em rota de colisão com o caráter personalíssimo do testamento e da liberdade de testar, sendo nulo o testamento cuja vontade foi cooptada, conforme determinam os artigos 171, II, e 1.909 do Código Civil. Também o artigo 1.900, I, também do Código Civil, prescreve ser igualmente nula a disposição que institua herdeiro ou legatário sob a condição captatória, cuja vontade testamentária foi havida por influxo da apreensão da vontade, violando proibição legal por intentar apreender a vontade alheia, que da mesma maneira ocorre quando o testador delega a outra pessoa escolher seus beneficiários.

Dessarte, embora o artigo 94 da Lei das Sociedades Anônimas determine a publicidade dos atos constitutivos de uma sociedade de ações, sem o qual ela está proibida de funcionar, existem matérias que têm natureza de acordo parassocial e que são expostas em um acordo de acionistas, com expressa previsão no artigo 118 da Lei das Sociedades Anônimas, ao estabelecer que: "Os acordos de acionistas, sobre a compra e venda de suas ações, preferência para adquiri-las, exercício do direito a voto, ou do poder de controle deverão ser observados pela companhia quando arquivados na sua sede".

São acordos válidos, como legítimos são os protocolos familiares, que, no entanto, não podem substituir a vontade dos contratantes e as diretrizes estatutárias, muito menos contrariar as disposições legais. Não devem empresários familiares, cônjuges, companheiros ou parentes utilizar o *protocolo familiar* para defraudarem certas proibições legais, como um instrumento que caminharia à margem do direito e da lei, visto que sua verdadeira função é a de servir como complemento ao bom desenvolvimento da sociedade empresária familiar, canalizando de forma dinâmica as necessidades da empresa e submetendo tais necessidades ao estrito império da lei, tanto no campo do direito de família quanto em respeito às engrenagens ordenadas pela legislação sucessória. É muito útil, por exemplo, quando falece o titular da sociedade familiar e os herdeiros precisam resolver questões societárias que se confundem com os próprios termos da partilha consensual que ajustam no inventário do sucedido, permitindo que, antes de homologada a partilha, o *protocolo familiar* estabeleça como ocorrerá a retirada eventual dos coerdeiros que não desejarem continuar na sociedade herdada e quais bens da sociedade, por exemplo, poderão servir para o pagamento da participação societária do coerdeiro e sócio retirante.

2.2.15 A má-fé, o dolo e a fraude

A boa-fé é um princípio jurídico de que os direitos devem ser exercidos de forma lisa, transparente e adotada nas convenções feitas em contratos nos quais as partes devem atuar

---

[225] MADALENO, Rolf. Testamentos inválidos e ineficazes: revogação, rompimento, caducidade, anulabilidade e nulidade. *In*: MADALENO, Rolf. *Direito das sucessões e o novo Código Civil*. Belo Horizonte: Del Rey/IBDFAM, 2004. p. 260.

estritamente com lealdade, retidão, honradez, em um comportamento honesto dos sujeitos de direito, cumprindo seus atos e compromissos com boa-fé e ressarcindo qualquer dano porventura causado e sancionando quem ao revés age de má-fé.

Segundo Marcos M. Córdoba, a boa-fé constitui um verdadeiro princípio jurídico retor de todos os princípios gerais de direito, em razão de que todos eles contêm a sua noção, sobre a qual se assentam outros princípios e normas que organizam a sociedade. Portanto, exigir a boa-fé é aspirar um comportamento probo, no qual vige uma regra moral que reclama o predomínio do jogo limpo (*fair play*), de modo que não condena a habilidade, a astúcia, porém repudia a manobra arteira e qualquer artifício ou armadilha que impeça o adversário do legítimo exercício de suas faculdades contratuais ou processuais, ou que o coloque na necessidade de mobilizar uma atividade supérflua ou onerosa.[226] E justamente a perda dessa concepção ética nas relações humanas gera a falta da boa-fé em alta porcentagem de atos e negócios públicos e privados, que por sua vez suscitam uma elevada dose de insegurança jurídica e, por fim, na inversão do princípio em que termina prevalecendo uma constante má-fé das pessoas.

O dolo por sua vez é tido como toda maquinação para enganar alguém, qual seja, toda espécie de artifício de que alguém se serve para enganar a outro e que, em matéria de contratos, se trata de uma astúcia, de um engano que tem como resultado surpreender o consentimento da vítima, a qual, por conseguinte, fique convencida, sendo feitos esforços para que nasça em seu espírito um motivo, uma razão de contratar; no entanto, essa razão é inexistente, errônea, ilusória, perniciosa, de sorte que o dolo conduz inevitavelmente ao erro, com a particularidade de que este, em lugar de ser espontâneo, foi determinado conscientemente por uma das partes em detrimento da outra, existindo toda uma série de condições para que o dolo vicie o consentimento e determine a anulação do contrato. Diz Louis Josserand que: a) as manobras devem ter sido aplicadas de forma consciente, para induzir em erro aquele que é a vítima do dolo; b) o dolo seja moralmente repreensível; c) é preciso que o dolo seja determinante para induzir a vítima em erro e a contratar, de tal maneira que, sem essas manobras, a outra parte não teria contratado; d) é necessário que o dolo tenha sido praticado por uma das partes do contrato e às expensas do outro, porquanto as manobras praticadas por um terceiro não viciam o consentimento da vítima e, portanto, o contrato; e e) o dolo precisa ser provado, mesmo que unicamente por meio de presunções, sendo esse um ônus probatório da vítima.[227]

Ronaldo Brêtas de Carvalho Dias menciona que a fraude e o dolo são meios antijurídicos de que se valem as pessoas, fundadas na má-fé, visando à consecução de resultados que, sem estes meios desonestos, eles não poderiam obter, embora o dolo sempre traduza comportamento utilizado para causar um prejuízo alheio, o que, algumas vezes, não ocorre na fraude.[228]

Em conformidade com o artigo 271 do Código Civil e Comercial da Argentina, a ação dolosa é toda afirmação do falso ou dissimulação do verdadeiro, qualquer artifício, astúcia ou maquinação que se empregue para a celebração do ato, e a omissão dolosa causa os mesmos efeitos da ação dolosa, quando o ato fora realizado sem relutância ou ocultação. Explica José W. Tobías nos comentários que faz a referido artigo que o dolo, diferente da culpa, é uma

---

[226] CÓRDOBA, Marcos M. La buena fé positivada como principio general. *In*: ALEGRIA, Héctor (dir.). *Código Civil y Comercial en debate*. Buenos Aires: La Ley, 2017. t. I, p. 221.

[227] JOSSERAND, Louis. *Derecho civil*. Buenos Aires: Bosch, 1950. t. II, v. I, p. 72-73.

[228] DIAS, Ronaldo Brêtas de Carvalho. *A repressão da fraude no processo civil brasileiro*. São Paulo: Leud, 1989. p. 12.

forma de ilicitude caracterizada pela consciência da antijuricidade do ato que se realiza e que se complementa como delito civil pela intenção de prejudicar.[229]

Dolo e fraude têm elementos em comum, porquanto abarcam manobras desleais que causam prejuízo à vítima, assim que, na fraude, o devedor leva a cabo um ato real, posterior ao estabelecimento do crédito, mas com a finalidade de provocar sua insolvência para o propósito de não cumprir com sua obrigação. No dolo, por sua vez, uma das partes urde uma manobra para enganar o outro contratante, ou ambos contratantes urdem essa manobra para enganar um terceiro,[230] usam de um artifício para enganar alguém, com o objetivo de conduzi-lo à prática de um ato ou negócio jurídico que, sem dolo, não seria realizado, ou seria realizado em condições menos desvantajosas.[231]

2.2.16 A fraude e a intervenção de terceiros

Pode ocorrer, e com muita frequência acontece, que os acordos e pactos sobre os aspectos econômicos levados a efeito pelos cônjuges prejudiquem terceiros, afetem a segurança patrimonial e a eficácia geral das normas jurídicas, haja vista que determinados movimentos de esvaziamento patrimonial e de renúncia ou abandono de direitos só serão válidos, embora seja reconhecida a autonomia privada, quando não contrariarem o interesse e a ordem pública e não prejudicarem terceiros. Sucede que a validade de uma renúncia ou a disposição de um bem ou de um direito encontra exatamente seus limites quando prejudicam direitos de terceiros credores do renunciante, que não podem cobrar seus créditos, ou quando certas renúncias se voltam exatamente contra o próprio cônjuge ou convivente renunciante que, em momentos de crise matrimonial, se vê em estado de indigência por haver renunciado à comunidade de bens, em posterior alteração do seu regime matrimonial convertido em um regime de separação absoluta de bens.

São comuns e correntes contratos de fraude que intentam esvaziar patrimônios e eliminar garantias patrimoniais envolvendo terceiros que podem ou não ser protegidos conforme tenham atuado ou não como terceiros de boa-fé. Terceiros de boa-fé são resguardados pelo § 2.º do artigo 167 do Código Civil, que estipula a expressa ressalva aos direitos desses terceiros de boa-fé com relação aos contraentes do negócio jurídico simulado ou realizado em fraude à meação ou a direito de credor.

Conforme Alberto Júnior Veloso, a boa-fé do terceiro consiste em desconhecer a simulação ou fraude, e, se se desconhece a fraude e é por ela prejudicado, também pode exercer a ação de simulação, anotando a jurisprudência e doutrina a proteção processual de quem deduz uma ação da qual seja titular de um direito subjetivo, ou que tenha um interesse legítimo ameaçado pelo negócio simulado. No entanto, se, ao revés, essa pessoa tem conhecimento da fraude, não há como ela escapar da anulação do negócio aparente.[232] Por sua vez, o terceiro se sujeita aos efeitos da fraude se, além de saber da insolvência do outro contratante, se dispuser

---

[229] TOBÍAS, José W. *Código Civil y Comercial comentado*. Tratado exegético. Director José W. Tobías. Coordinador Ignacio Alterini. 3. ed. Buenos Aires: La Ley, 2019. t. II, p. 309.

[230] BENAVENTE, María Isabel. *Código Civil y Comercial de la Nación comentado*. Director Ricardo Luis Lorenzetti. Buenos Aires: Rubinzal-Culzoni, 2015. t. II, p. 67.

[231] BOZZA, Fábio Piovesan. *Planejamento tributário e autonomia privada*. São Paulo: Quartier Latin, 2015. p. 174.

[232] VELOSO, Alberto Júnior. *Simulação*. Aspectos gerais e diferenciados à luz do Código Civil de 2002. Curitiba: Juruá, 2004. p. 168.

a coadjuvar a má-fé dos disponentes voltada para lesar os credores,[233] muito embora em algumas hipóteses o ato simulado encobre um ato real, contudo oculto, como no caso clássico da compra e venda que dissimula uma doação, que não está proibida entre aqueles que a realizam, porém simulam um contrato oneroso para evitar que lhes seja aplicada, na futura sucessão do doador, a obrigação de colacionar o bem recebido como antecipação de herança, e que está sujeito à redução da doação. Nessas hipóteses, o coerdeiro prejudicado não exerce a anulação do negócio simulado, mas alega a inoponibilidade da causa aparente na qual se funda o negócio, ou seja, aduz que a transferência é válida ainda que a causa seja falsa e o negócio jurídico ineficaz e produz os efeitos jurídicos de outro ato distinto.[234]

Vicente Guilarte Gutiérrez escreve interessante artigo a respeito da autonomia patrimonial dos esposos e da cogestão da sociedade conjugal e os constantes problemas que surgem entre casais fraudando credores, fraudando a lei ou fraudando um ao outro, notadamente em tempos de crise conjugal. Ele aduz que são insuficientes os regramentos de proteção presentes nos sistemas jurídicos, tanto que o histórico judicial revela um acúmulo de litígios insatisfatórios, inumeráveis e variadíssimos, que bem evidenciam suas disfunções normativas. O autor faz especial crítica ao artigo 1.323 do Código Civil espanhol que permite aos esposos realizarem entre si toda classe de contratos, podendo transmitir-se por qualquer título bens e direitos, valendo-se, por conseguinte, de pactos fictícios e que, usualmente, apenas servem como meio de articularem a fraude contra a lei e contra terceiros, dependendo se trate de uma *crise patrimonial da família*, quando o conflito surge com terceiros credores, vale dizer, o perigo não é o casamento, mas a garantia de seu substrato patrimonial, em cujo caso os consortes unem seus esforços perante o inimigo externo, ou diante da *crise pessoal*, que trata da crise afetiva dos cônjuges ou conviventes, mas que os resultados são exatamente os mesmos e levam à fraude.[235]

No seu texto, Vicente Guilarte Gutiérrez se queixa da excessiva autonomia patrimonial dos esposos que e quando dela se utilizam para a prática da fraude que efetivamente pode se dar contra a lei. Assim acontece quando constituem uma *holding* patrimonial para a qual aportam os bens conjugais e todos aqueles bens que normalmente seriam comprados com recursos conjugais e vão alterando, o seu bel-prazer, ou mediante indução de um cônjuge sobre o outro, o montante de suas participações societárias, que deixam de ser à razão de metade para cada consorte e passam para percentuais desproporcionais, como um cônjuge detendo setenta por cento das quotas da *holding* e o outro só trinta por cento das quotas.[236] Também

---

[233] THEODORO JÚNIOR, Humberto; FIGUEIREDO, Helena Lanna. *Negócio jurídico*. Rio de Janeiro: GEN/Forense, 2021. p. 588.

[234] ZANNONI, Eduardo A. *Ineficacia y nulidad de los actos jurídicos*. Buenos Aires: Astrea, 1986. p. 386.

[235] GUTIÉRREZ, Vicente Guilarte. Autonomía patrimonial de los esposos y cogestión de la sociedad conyugal: La necesaria reforma del sistema derivada de su incompatibilidad. In: GUTIÉRREZ, Vicente Guilarte. *Los conflictos actuales en el derecho de familia*. Valladolid: Lex Nova/Thomson Reuters, 2013. p. 19-20-29.

[236] "Apelação cível. Família. Separação. Guarda. Alimentos. Partilha. Desconsideração da personalidade jurídica. Dano moral. Sucumbência. 1. Guarda. [...] 2. Alimentos. [...] 3. Partilha e desconsideração da personalidade jurídica. Possível se mostra a desconsideração da personalidade jurídica da empresa constituída pelo casal, para a qual foram transferidos os bens conjugais e pessoais, pois verificado o intuito de fraudar a meação da esposa, reservando maior participação social ao varão. Neste ponto, ainda devem ser partilhados por metade a cada cônjuge, além dos bens amealhados no decorrer do casamento, aqui incluídas as cotas e as ações das empresas constituídas na constância do matrimônio, a valorização das ações ou quotas sociais do varão, também no período do matrimônio, relativamente às empresas das

acontece de um deles incluir na sociedade um familiar do seu tronco ancestral com a desculpa de que o parente é credor da sociedade conjugal e assim está sendo ressarcido do seu presumido crédito, recebendo uma significativa participação na sociedade e, obviamente, sobre os bens conjugais aportados para a sociedade. Trata-se de uma nítida fraude à lei, que proíbe a alteração do regime de bens que não seja pela via judicial regulada no direito brasileiro pelo § 2.º do artigo 1.639 do Código Civil , lembrando que o Anteprojeto do Código Civil, em trâmite pelo Congresso Nacional, admite a mudança do regime de bens por mera escritura pública, mas com efeitos jurídicos futuros, *ex nunc*, sem retroagirem. Pode servir também como fraude a terceiro, bastando que o cônjuge devedor reduza a sua participação societária na *holding* ou que dela se afaste temporariamente, restringindo ou inutilizando assim a garantia patrimonial do credor, ou serve para fraudar a meação do consorte desavisado que, não tendo poderes de gestão e de disposição de bens na sociedade empresária, descobre depois, atônito, que durante o período anterior ao tumultuado divórcio do casal o consorte administrador se desfez da maior parte dos bens, senão de todos, que compunham o patrimônio da *holding*, liberado que estava pela via societária de buscar o assentimento do seu sócio e consorte.

Menciona o autor não ser possível que duas pessoas tão estreitamente ligadas pelo vínculo matrimonial gerenciem individualmente, com plena autonomia, seus interesses patrimoniais, quando, em grande medida, o patrimônio gerido é um patrimônio comum, cujas administração e disposição devem obedecer às diretrizes comuns, sendo ilusório o natural princípio de cogestão, que só existe em sua esfera interna, e não na externa, lembrando que os problemas não surgem quando o casamento não foi acometido de uma crise patrimonial que envolve terceiros credores, ou de uma crise conjugal que existe entre os esposos e conviventes, pois nenhum conflito se produz quando há cordialidade nas relações pessoais dos cônjuges e suas finanças se encontram sob absoluto controle.[237]

Lembra o referido autor que, quando o casal enfrenta um credor externo, o consorte que nada deve utiliza a trava processual dos embargos de terceiro que é a figura jurídica prevista na legislação de ritos da processualística brasileira (CPC, art. 674, § 2.º, I). No entanto, os sistemas francês e holandês permitem a penhora de todo bem comum, admitindo depois a devida compensação *interna corporis*, em contraponto ao sistema germânico e ao qual o brasileiro se associa, de realização da penhora de somente cinquenta por cento do bem. No entanto, o autor se rebela contra tal sistema, dizendo ser um paradoxo permitir o embargo de metade de um bem comum penhorado, pois a meação conjugal ou convivencial sobre cada bem individualmente considerado é meramente hipotética, uma vez que o bem pertence a um ou a outro esposo, e, para estabelecer a parte de cada cônjuge, seria necessário promover a liquidação e a partilha dos bens conjugais. Conclui então que, se o cônjuge deixou o outro administrar livremente os bens comuns, carrega uma culpa *in elegendo*, e que pensar distintamente é promover uma excessiva proteção do consorte que não se responsabiliza por nada, e é quem deixou a gestão universal dos bens comuns em mãos do seu esposo. Logo, torna-se incompatível e inviável sustentar a autonomia patrimonial de cada esposo de um lado em confronto com os mecanismos de defesa do consorte, cuja responsabilidade decorre da

---

quais ele já era sócio quando do casamento. Entretanto, tal valorização deverá ser apurada em liquidação de sentença. 4. Dano moral [...]" (TJRS, 7.ª Câmara Cível, Apelação Cível 70042329458, Rel. Dr. Roberto Carvalho Fraga, j. 24.08.2011).

[237] GUTIÉRREZ, Vicente Guilarte. *Autonomía patrimonial de los esposos y cogestión de la sociedad conyugal: La necesaria reforma del sistema derivada de su incompatibilidad. In*: GUTIÉRREZ, Vicente Guilarte. *Los conflictos actuales en el derecho de familia*. Valladolid: Lex Nova/Thomson Reuters, 2013. p. 31.

sua omissão ou da sua concessão, levando o autor aos seus últimos extremos o *princípio da cogestão*, não sendo crível que em tempos de normalidade conjugal o consorte não esteja a par das disposições patrimoniais de seu esposo, e que a responsabilidade dessa administração não pode ser debitada ao terceiro credor, mas que deveria, sim, ser resolvida na esfera interna do matrimônio, sem transcender a terceiros alheios a toda essa movimentação conjugal, que quase sempre tem a intenção de exonerar os bens comuns mediante diversos expedientes para evitar que respondam pelo consorte não administrador.[238]

Por essa razão, o autor propõe uma linha de atuação que reputa imprescindível implantar como princípio básico, na forma de uma *gestão solidária* dos bens comuns, e que seria a única que se encaixa naturalmente na comunidade de vida em que perdura o afeto: que eventuais excessos de gestão que um dos esposos leve a cabo em detrimento dos interesses do outro deverão ser resolvidos no seio do casamento e nunca servir como instrumento de fraude a credores, que autorize um consorte eventualmente fraudado a utilizar contra o credor os meios tramados para se defender de seu cônjuge, e não contra terceiros, devendo-se partir daquilo que ensina o artigo 1.421 do Código Civil francês acerca da *gestão solidária* dos interesses comuns, quando dispõe que: "Cada um dos cônjuges tem competência para administrar sozinho os bens comuns e colocá-los à disposição, exceto para responder por faltas que tenham cometido em sua gestão".

Portanto, o natural dever de informação entre esposos seria determinante para o presumível conhecimento de tudo o que se processa com os bens conjugais de parte do esposo não gestor, impedindo que alegue eventuais excessos na gestão do patrimônio conjugal, salvo nos casos de gratuita disposição ou que afetem a moradia familiar. A partir disso, a comunicabilidade patrimonial traria como consequência a responsabilidade dos bens comuns, independentemente de que foi o esposo gestor dos interesses familiares, impondo, dessarte, uma cogestão que retira os embargos do consorte, e os *trapos sujos, havendo-os, seriam lavados no seio do matrimônio, pois que por isso elegeram um regime de comunidade de bens.*[239]

2.2.17 A fraude pela simulação de venda a descendente

Uma das modalidades mais comuns de fraude aos direitos sucessórios igualitários dos filhos surge da clássica simulação de venda de ascendente para descendentes, sem a anuência expressa do cônjuge e dos demais descendentes, conforme ordena o artigo 496 do Código Civil brasileiro,[240] com igual previsão no artigo 1.132 do Código Civil de 1916. O Código Civil proíbe a venda de ascendente a descendente sem o prévio consentimento dos outros descendentes e do cônjuge, tendo como escopo legal evitar uma simulação fraudulenta, que distorça os direitos sucessórios da igualdade dos quinhões hereditários dos descendentes, proibindo espaço para liberalidades que, em realidade, são executadas com um verniz de contrato

---

[238] GUTIÉRREZ, Vicente Guilarte. Autonomía patrimonial de los esposos y cogestión de la sociedad conyugal: La necesaria reforma del sistema derivada de su incompatibilidad. *In*: GUTIÉRREZ, Vicente Guilarte. *Los conflictos actuales en el derecho de familia*. Valladolid: Lex Nova/Thomson Reuters, 2013. p. 40-42.

[239] GUTIÉRREZ, Vicente Guilarte. Autonomía patrimonial de los esposos y cogestión de la sociedad conyugal: La necesaria reforma del sistema derivada de su incompatibilidad. *In*: GUTIÉRREZ, Vicente Guilarte. *Los conflictos actuales en el derecho de familia*. Valladolid: Lex Nova/Thomson Reuters, 2013. p. 40-45.

[240] CC, art. 496. "É anulável a venda de ascendente a descendente, salvo se os outros descendentes e o cônjuge do alienante expressamente houverem consentido. Parágrafo único. Em ambos os casos, dispensa-se o consentimento do cônjuge se o regime de bens for o da separação obrigatória."

oneroso, que pode ser direto.[241] A título de exemplo, cita-se a hipótese de um pai vendendo um bem para um dos seus filhos, ou por intermédio de interposta pessoa física ou jurídica, em uma espécie de triangulação do negócio jurídico encetado com um terceiro, mera pessoa interposta, que depois transfere o bem para a titularidade do filho que não apareceu diretamente na transação jurídica, mas que era o alvo dessa verdadeira doação dissimulada de compra e venda, lembrando que na doação os bens doados são trazidos à colação, o que não ocorre com os bens vendidos.[242]

A intenção da proibição é evitar a fraude. Entrementes, se realmente houve a venda ao descendente, embora direta, mas revestida de todas as características normais, presente um justo preço que realmente foi pago, ocorrendo verdadeira compra e venda, considera Adahyl Lourenço Dias, em comentários sob a égide do Código Civil de 1916, que a operação estaria imune de nulidade,[243] ao passo que, de acordo com a legislação atual, a transação seria culminada por sua anulação pela fraude.

A doação de ascendente para descendente não está proibida, tanto que tem expressa previsão no artigo 544 do Código Civil, quando prescreve importarem tanto a doação de ascendente para descendente como a de um cônjuge a outro, em adiantamento do que lhes cabe por herança, salvo expressa dispensa por ser extraída da porção disponível do doador. Assim, quando da abertura da sucessão, o donatário deve levar aquele bem ou o seu valor à colação, com o fim de igualar sua legítima com a dos demais herdeiros (CC, art. 2002),[244] merecendo registro que o artigo 499 do Código Civil considera lícita a compra e venda entre cônjuges, com relação aos bens excluídos da comunhão.

Os artigos 1.845 e 1.846 do Código Civil conferem melhor compreensão ao artigo 496 do Código Civil, que declara anulável a venda de ascendente a descendentes sem a aquiescência dos outros descendentes e do cônjuge, estando consignado que se trata do consentimento de todos os descendentes do mesmo grau de parentesco, respeitado apenas o eventual direito de representação. Na realidade, há proteção do direito sucessório à legítima, que não pode ser desviada de seus verdadeiros destinatários, que são os descendentes, ascendentes, cônjuge ou convivente, aos quais pertence de pleno direito a metade dos bens da herança, constituindo esta a legítima e da qual somente podem ser privados pela declaração judicial de indignidade ou de deserdação. Se fosse permitida a venda de ascendente para descendente, estaria aberta de forma escancarada a porta para a fraude da legítima, uma vez que um pai poderia doar a totalidade de seus bens para um determinado filho, contanto que simulasse uma compra e venda direta, ou, em uma versão um pouco mais elaborada,

---

[241] No Anteprojeto do Código Civil, em tramitação no Congresso Nacional, o artigo 496 passa a ter a seguinte redação: "Art. 496. É anulável a venda de ascendente a descendente, salvo se os outros descendentes e o cônjuge ou convivente do alienante expressamente houverem consentido. § 1.º Dispensa-se o consentimento do cônjuge ou do convivente se o regime de bens for o da separação. § 2.º Em caso de venda que tenha por objeto bens imóveis, o oficial não poderá proceder ao registro da compra e venda na matrícula do bem, se não constar da escritura o grau de parentesco e a existência ou não, do consentimento a que aludem o *caput* e o § 1.º deste artigo. § 3.º A anulação da venda deverá ser pleiteada no prazo de dois anos, contados da data da ciência do negócio ou do registro no órgão registral competente, o que ocorrer primeiro. § 4.º A anulação de que trata este artigo não prejudicará direitos de terceiros, adquiridos onerosamente e de boa-fé."

[242] RIZZARDO, Arnaldo. *Contratos*. Rio de Janeiro: Aide, 1988. v. I, p. 441.

[243] DIAS, Adahyl Lourenço. *Venda a descendente*. 3. ed. Rio de Janeiro: Forense, 1985. p. 46.

[244] GABURRI, Fernando. *Contratos*. Teoria geral do contrato, contratos em espécie e atos unilaterais de vontade. Curitiba: Juruá, 2011. v. 3, p. 210-211.

mediante a intervenção de um terceiro, mero testa de ferro, que figuraria no contrato fraudatório como um pseudo comprador.

O vigente artigo 496 do Código Civil preceitua ser anulável a venda de ascendente a descendente, terminando com antiga discussão de que a venda seria alienação, o que, portanto, já está superado e reforçado pelos artigos 176 e 177 do Código Civil, que igualmente se referem às hipóteses de anulabilidade, ao passo que o artigo 179, também do Código Civil, estabelece o prazo genérico de dois anos de decadência, a contar da conclusão do ato negocial, no que vai secundado pelo Enunciado 545 da VI Jornada de Direito Civil do Conselho da Justiça Federal ao apregoar que: "O prazo para pleitear a anulação de venda de ascendente a descendente sem anuência dos demais descendentes e/ou do cônjuge do alienante é de 2 (dois) anos, contados da ciência do ato, que se presume absolutamente, em se tratando de transferência imobiliária, a partir da data do registro de imóveis".

Entretanto, há evidente cochilo do legislador brasileiro quando dispensa no parágrafo único do artigo 496 do Código Civil o consentimento do consorte no regime da separação obrigatória, quando, em realidade, deveria, por decorrência dos efeitos ainda vigentes da Súmula 377 do Supremo Tribunal Federal, dispensar o consentimento do cônjuge somente no regime da separação convencional de bens, uma vez que o regime da separação legal se transforma justamente em um regime de comunhão parcial por conta da Súmula 377. Ademais, a legislação brasileira não cria nenhuma forma de blindagem ou de proteção à parte lesada, quando a transferência dos bens se dá por meio da constituição de empresas, tendo com um determinado filho essa pessoa jurídica e dela excluído o outro, e para esta são aportados os bens dos pais, que depois se afastam paulatinamente da sociedade.

Trata-se de uma prática realizada há muitos anos, bastante comum e corrente nos ordenamentos jurídicos que regulam o direito à legítima, cuja instituição realmente precisa ser revista e redirecionados os seus objetivos. Contudo, enquanto não houver um redimensionamento do direito incondicional à legítima, certamente seguirão sendo praticadas fraudes por meio da simulação de venda de ascendente para descendente e motivados os fraudadores pelos mais distintos motivos e pelas mais diversas inspirações, afigurando-se umas mais defensáveis do que outras, porém todas elas, na atualidade, ilícitas. Esse acobertamento clássico de uma doação com roupagem de qualquer negócio de causa onerosa constitui-se um artifício assaz empregado, sobretudo com intuito de prejudicar coerdeiros necessários, afetando suas legítimas e causando uma espécie velada de deserdação, com interesses muitas vezes de cunho eminentemente moral e afetivo do que econômico. Esses atos não demonstram escancaradamente as razões, contudo denunciam claramente as predileções dos progenitores, isto quando não disfarçam outra classe de proibições de doar,[245] como decorre do artigo 550 do Código Civil brasileiro, que proíbe peremptoriamente a doação do cônjuge adúltero ao seu cúmplice, inclusive pela via testamentária. Assim, determina o artigo 1.802 do Código Civil serem nulas as disposições testamentárias em favor de pessoas não legitimadas a suceder, ainda quando simuladas sob a forma de contrato oneroso, ou feitas mediante interposta pessoa, acrescentando o parágrafo único desse mesmo artigo haver presunção de interposta pessoa quando presente algum ascendente, descendente, irmão, cônjuge ou companheiro do não legitimado a suceder.

---

[245] SABATÉ, Luis Muñoz. *La prueba de la simulación*. 3. ed. Colombia: Temis, 2011. p. 20.

O testamento, a propósito, é fonte frequente de situações de fraude, por razões que Miguel Ángel Pérez Álvarez captou com rara felicidade e que a experiência processual demonstra existir usualmente um núcleo comum que facilita o uso fraudulento ou doloso do testamento, que se constitui na convivência ou proximidade com o testador de quem pessoas mal-intencionadas pretendem dirigir a vontade em seu favor ou de um terceiro. Por meio do seu afastamento, da sua efetiva alienação ou isolamento, faz o testador acreditar que fora abandonado por seus familiares mais próximos, para, em represália, ou motivado por um distorcido e manipulado sentimento que o levou à desilusão, fazer com que o alienado testador legue em benefício do alienador, impondo prejuízos àqueles que dele foram propositadamente alienados e que serão sensível ou inteiramente prejudicados pelas disposições testamentárias, aproveitando-se, acima de tudo, da avançada idade do testador.[246]

A jurisprudência brasileira registra em seus anais os pressupostos que se fazem presentes na vedação ou na aceitação da venda de ascendente para descendente, destacando o aresto proveniente do REsp 1.679.501/GO as características assim descritas: (i) a venda de ascendente para descendente é anulável se não contiver a anuência dos demais descendentes e do cônjuge ou convivente, este por analogia do tratamento; (ii) se a venda for real, com preço pago, não sendo vil, mas preço de mercado; (iii) não prejudicando a legítima, a venda pode ser convalidada.[247] A ação de anulação deve ser endereçada ao descendente comprador, quando a

---

[246] ÁLVAREZ, Miguel Ángel Pérez. *El dolo testamentario*. Navarra: Thomson Reuters/Aranzadi, 2020. p. 14.

[247] "Direito civil. Recurso especial. Ação declaratória de nulidade de atos jurídicos cumulada com cancelamento de registro público. Venda de bem. Ascendente a descendentes. Interposta pessoa. Negócio jurídico anulável. Prazo decadencial de 2 (dois) anos para anular o ato. 1. Ação declaratória de nulidade de atos jurídicos cumulada com cancelamento de registro público, por meio da qual se objetiva a desconstituição de venda realizada entre ascendente e descendente, sem o consentimento dos demais descendentes em nítida inobservância ao art. 496 do CC/01.2. Ação ajuizada em 09.02.2006. Recurso especial concluso ao gabinete em 03.04.2017. Julgamento: CPC/73. 3. O propósito recursal é definir se a venda de ascendente a descendente, por meio de interposta pessoa, é ato jurídico nulo ou anulável, bem como se está fulminada pela decadência a pretensão dos recorridos de desconstituição do referido ato. 4. Nos termos do art. 496 do CC/02, é anulável a venda de ascendente a descendente, salvo se os outros descendentes e o cônjuge do alienante expressamente houverem consentido. 5. O STJ, ao interpretar a norma inserta no art. 496 do CC/02, perfilhou o entendimento de que a alienação de bens de ascendente a descendente, sem o consentimento dos demais, é ato jurídico anulável, cujo reconhecimento reclama: (i) a iniciativa da parte interessada; (ii) a ocorrência do fato jurídico, qual seja, a venda inquinada de inválida; (iii) a existência de relação de ascendência e descendência entre vendedor e comprador; (iv) a falta de consentimento de outros descendentes; e (v) a comprovação de simulação com o objetivo de dissimular doação ou pagamento de preço inferior ao valor de mercado. Precedentes. 6. Quando ocorrida a venda direta, não pairam dúvidas acerca do prazo para pleitear a desconstituição do ato, pois o CC/02 declara expressamente a natureza do vício da venda – qual seja, o de anulabilidade (art. 496) – bem como o prazo decadencial para providenciar a sua anulação – 2 (dois) anos, a contar da data da conclusão do ato (art. 179). 7. Nas hipóteses de venda direta de ascendente a descendente, a comprovação da simulação é exigida, de forma que, acaso comprovada que a venda tenha sido real, e não simulada para mascarar doação – isto é, evidenciado que o preço foi realmente pago pelo descendente, consentâneo com o valor de mercado do bem objeto da venda, ou que não tenha havido prejuízo à legítima dos demais herdeiros –, a mesma poderá ser mantida. 8. Considerando que a venda por interposta pessoa não é outra coisa que não a tentativa reprovável de contornar-se a exigência da concordância dos demais descendentes e também do cônjuge, para que seja hígida a venda de ascendente a descendente, deverá ela receber o mesmo tratamento conferido à venda direta que se faça sem esta aquiescência. Assim, considerando anulável a venda, será igualmente aplicável o art. 179 do CC/02, que prevê o prazo decadencial de 2 (dois) anos para a anulação do negócio. Na espécie, é incontroverso nos autos que a venda foi efetivada em 27.02.2003, ao passo que a presente

sua aquisição for direta e proposta conjuntamente contra a interposta pessoa (testa de ferro), que emprestou seu nome para dissimular a doação, e contra o filho que era o destinatário final do bem, cuja venda foi simulada, retornando sua titularidade à pessoa do vendedor, ou a do espólio, se o vendedor já faleceu.

Por fim, não pode ser esquecido que essa venda de ascendente para descendente também pode se dar por intermédio da via societária, valendo-se o ascendente comerciante ou industrial, em suma, um empresário que cria um patrimônio social para que um ou alguns de seus herdeiros ocupem a posição de sócios, da suposta aquisição de quotas da sociedade na qual ingressam tomando paulatinamente o lugar do ascendente na sociedade, com aparente aquisição onerosa das quotas, e não por meio de doação cuja movimentação nada mais representa do que um adiantamento de legítima.

A diferença que se impõe é que os bens titulados por esses descendentes e representados por quotas sociais ou ações do capital da sociedade empresária correspondam a uma porcentagem da empresa e ao patrimônio dessa pessoa jurídica, fugindo das normas do direito sucessório e da obrigação de colacionarem heranças porventura adiantadas em vida. Com essas alterações contratuais societárias que dissimulam uma venda de ascendente para descendente, ingressa-se no direito empresarial para apurar se efetivamente algum filho adquiriu as quotas ou ações do ascendente e se o fez sem a anuência dos demais descendentes, ou se dissimula uma doação em vida, e, se, em realidade, não houve nenhum aporte financeiro do descendente para a compra das quotas ou ações da empresa familiar, explica Eduardo A. Zannoni, tratar-se de um recurso arbitrário que constitui nem mais nem menos um modo de alterar um regime legal que é de ordem pública, fazendo com que a legítima dos herdeiros necessários seja alterada, quando todos deveriam receber idênticos quinhões sucessórios.[248]

2.2.17.1 Do dolo e da fraude testamentária pela alienação de idoso

Dispõe o artigo 673 do Código Civil da Espanha ser nulo o testamento outorgado com violência, dolo ou fraude, enquanto o artigo 1.909 do Código Civil brasileiro considera anuláveis as disposições testamentárias inquinadas de erro, dolo ou coação, não fazendo expressa menção à fraude.[249] No entanto, também é ato que vicia a manifestação de vontade e conduz igualmente para a invalidade da cédula testamentária ou das cláusulas captatórias da vontade deturpada do testador, induzido que foi a testar pela via de insidiosas maquinações. Isso não significa excluir que muitas vezes o próprio testador usa seu testamento para praticar uma conduta fraudulenta, quando, por exemplo, intenta beneficiar sua concubina beneficiando uma interposta pessoa que depois destinará o benefício diretamente à amante (CC, art. 1.802),

---

ação somente foi protocolizada em 09.02.2006. Imperioso mostra-se, desta feita, o reconhecimento da ocorrência de decadência, uma vez que, à data de ajuizamento da ação, já decorridos mais de 2 (dois) anos da data da conclusão do negócio. 11. Recurso especial conhecido e provido" (STJ, 3.ª Turma, REsp 1.679.501/GO, Rel. Min. Nancy Andrighi, j. 10.03.2020).

[248] ZANNONI, Eduardo A. El fraude a la legítima hereditaria en las sociedades. In: ZANNONI, Eduardo A. Las sociedades comerciales y la transmisión hereditaria. Buenos Aires: Ad Hoc, 1993. p. 40.

[249] "Recurso de apelação. Nulidade em testamento particular. Município de São Paulo que alega ter havido fraude na assinatura de testamento particular por meio do qual a ré herdou um bem imóvel. Conjunto probatório dos autos que comprovaram a fraude alegada. Testemunhas do testamento particular que não se recordavam do teor do documento assinado. Perícia grafotécnica que atestou a falsidade na assinatura da suposta testadora. Sentença de procedência mantida. Recurso não provido" (TJSP, 1.ª Câmara de Direito Público, Apelação Cível 1016134-38.2014.8.26.0053, Rel. Des. Marcos Pimentel Tamassia, j. 13.10.2020).

como o dolo e a fraude igualmente podem surgir da intervenção maldosa de um terceiro que se beneficia ao induzir em erro o testador.

Há fraude, por exemplo, quando se infringem as legítimas fazendo uso de artifícios, talvez no caso de reconhecer a favor de um determinado filho uma suposta dívida que, a par de ser inexistente, resulta em incontestável prejuízo aos demais coerdeiros filhos. Dessas fraudes não participa um terceiro e o ardil é posto em prática e maquinado pela conduta fraudatória do próprio testador, enquanto as hipóteses do artigo 673 do Código Civil espanhol supõem a atuação dolosa ou fraudulenta de um terceiro, captando a vontade do testador para obter um benefício patrimonial. Dolo e fraude não são expressões sinônimas e, conforme explica Miguel Ángel Pérez Álvarez, o fato que caracteriza no dolo a captação da vontade se produz recorrendo ao emprego de astúcias, maquinações ou artifícios, e o que singulariza a fraude é o recurso a um engano malicioso que induz o testador a erro.[250] Esse mesmo autor faz interessante distinção, presente no dolo testamentário, entre *captação* e *sugestão*. Identifica-se a *captação* quando o dolo se realiza para induzir o testador a dispor em favor de quem provoca o vício da vontade e a *sugestão* ocorre quando o comportamento doloso responde a que o testador beneficie a um terceiro.[251]

O dolo só alcança sua finalidade, se o testador se encontra em condições que possam tornar eficaz o emprego, por um terceiro, de palavras e maquinações insidiosas, a saber, a fragilidade ou vulnerabilidade do testador, para cujos requisitos concorre a idade avançada, quando o testador outorga suas últimas vontades.[252] Entretanto, somente a idade não é suficiente para anular o testamento, que, para tanto, requer o emprego, por parte de um terceiro, de artifícios ou maquinações insidiosas com a intenção de desviar a vontade do testador e sua livre determinação de dispor de seu patrimônio. Escreve Miguel Ángel Pérez Álvarez que na experiência espanhola, a qual em nada difere da brasileira, a maioria das demandas parte de umas constantes mais ou menos comuns, com uma cadeia de fatos que afetam a vontade do testador, arrolando fatores que propiciam a captação da vontade do testador: (i) como a situação de convivência do testador e aquele ao qual se imputa o dolo na moradia de um ou do outro; ou também a proximidade física com o testador que é assistido em seu próprio domicílio por aquele que resultará beneficiado pelas disposições de derradeira vontade; (ii) essa coabitação ou excessiva proximidade se faz acompanhar da maquinação consistente no ato de procurar isolar o testador, dificultando as relações do testador com as pessoas que presuntivamente poderiam ser favorecidas no seu testamento e promovem esse isolamento, imputando aos familiares o ato de terem isolado o testador, alijando-o dos eventos familiares, modificando seus hábitos sociais, impedindo o testador de falar pelo telefone, controlando suas saídas, proibindo familiares de entrar no domicílio do testador, desconectando o testador de seus amigos mais íntimos, enfim, induzindo o testador a acreditar em um voluntário distanciamento, desafeto ou abandono de parte de seus familiares e amigos mais próximos, mediante a repetição constante de que são maus filhos, parentes e amigos, que só querem o dinheiro do testador ou que querem tirar tudo do testador, e que esse terceiro é quem se interessa pelo testador, quem lhe dá toda a atenção e lhe faz todas as vontades.[253]

Referem Ana Sofia Carvalho e Jorge Gracia que o *isolamento social* foi identificado em famílias em que o abuso e a violência de gênero são detectados, ocorrendo com frequência a prática de maus-tratos a idosos e perpetrados por familiares ou pessoas que deles se aproximam, angariando uma falsa confiança, sendo logo socialmente isolados dos membros da

---

250 ÁLVAREZ, Miguel Ángel Pérez. *El dolo testamentario*. Navarra: Thomson Reuters/Aranzadi, 2020. p. 40.

251 ÁLVAREZ, Miguel Ángel Pérez. *El dolo testamentario*. Navarra: Thomson Reuters/Aranzadi, 2020. p. 45.

252 ÁLVAREZ, Miguel Ángel Pérez. *El dolo testamentario*. Navarra: Thomson Reuters/Aranzadi, 2020. p. 55.

253 ÁLVAREZ, Miguel Ángel Pérez. *El dolo testamentario*. Navarra: Thomson Reuters/Aranzadi, 2020. p. 104-107.

família, amigos, vizinhos e empregados, aumentando a angústia do idoso e causando verdadeira comoção familiar, além de colocar o idoso em alto risco de abuso.[254] Os mesmos autores alertam que a violência também parte de pessoas próximas, sem serem familiares, tanto que existe um elevado índice de estresse provocado, por exemplo, pela *cuidadora* (e a maioria das cuidadoras são mulheres), e que o maior fator de risco dos maus-tratos a idosos está na dependência da vítima estabelecida por uma cuidadora, ou por qualquer outra pessoa que se aproxime com a sórdida intenção de explorar pessoa idosa e vulnerável, mostrando-se solícita, acessível, carinhosa e até mesmo apaixonada, logo decidindo-se morar na casa do idoso assediado, facilitando as situações de violência.[255]

A alienação parental identifica usualmente a campanha que a mãe, o pai da criança ou terceiro com ascendência sobre um infante exerce para induzi-lo a romper os laços afetivos com o outro genitor, criando no menor um forte sentimento de ansiedade e de temor com relação ao genitor alienado. Explica Jussara Sandri que a alienação parental se caracteriza por um processo destrutivo da imagem de um dos progenitores, com o afastamento forçado, físico e psicológico da criança relativamente ao progenitor alienado, com atos específicos, destinados a isolar a criança, que passa a compartilhar o ódio do alienador em face do genitor alienado.[256]

Pondera Eduardo de Oliveira Leite que a animosidade criada a partir da alienação parental se estende à família e a todos os conhecidos do genitor alienado, eis que não basta afastar somente o genitor indesejado, mas também seus parentes e amigos, para evitar o risco de que eles deponham a favor dele,[257] ou que sacudam e alertem a criança ou adolescente de que está sendo vítima de alienação, construindo uma *ponte* que traga a criança alienada à razão. No caso da alienação de infante, é a memória da criança ou do adolescente em constante construção que está sendo criminosamente deturpada pelo alienador, facilitada a infausta prática pela proximidade do alienador e pelos vínculos de confiança criados pela sensação de uma falsa proteção inerente ao menor, pessoa naturalmente vulnerável. Também inerente ao idoso que, por conta das suas limitações físicas, psicológicas ou psiquiátricas, é inserido no grupo de vulneráveis a serem tutelados pelo Estatuto da Pessoa Idosa ou pelo Estatuto da Pessoa com Deficiência e via reflexa pela Lei da Alienação Parental. Aliás, um dos direitos de maior relevância e com matriz constitucional é o direito à convivência familiar da pessoa idosa (CF, art. 229), sendo dever dos filhos ajudar e amparar os pais na velhice, carência e enfermidade, convivência esta não apenas familiar, como *comunitária*. Acresce o artigo 3.º da Lei 10.741/2003 (Estatuto da Pessoa Idosa), especialmente o artigo 230 da Carta Política, que deve ser assegurada à pessoa idosa a sua participação na comunidade, defendendo sua dignidade e bem-estar, garantindo-lhe o direito à vida sob o amparo da família, da sociedade e do Estado, o que representa reconhecer que, em todas as hipóteses, a pessoa idosa deve ser colocada a salvo de toda forma de negligência, discriminação, exploração, violência, crueldade e opressão (CF, art. 227).

---

[254] CARVALHO, Ana Sofia; GRACIA, Jorge. Os maus-tratos a idosos em contextos de cuidados familiares em Portugal: Proposta para uma abordagem ecológico-crítica. *In*: PEREIRA, Tânia da Silva; OLIVEIRA, Guilherme de; COLTRO, Antônio Carlos Mathias (coord.). *Cuidado e afetividade*. Projeto Brasil/Portugal 2016-2017. São Paulo: Atlas, 2017. p. 64-66.

[255] CARVALHO, Ana Sofia; GRACIA, Jorge. Os maus-tratos a idosos em contextos de cuidados familiares em Portugal: Proposta para uma abordagem ecológico-crítica. *In*: PEREIRA, Tânia da Silva; OLIVEIRA, Guilherme de; COLTRO, Antônio Carlos Mathias (coord.). *Cuidado e afetividade*. Projeto Brasil/Portugal 2016-2017. São Paulo: Atlas, 2017. p. 64-66.

[256] SANDRI, Jussara Schmitt. *Alienação parental*. O uso dos filhos como instrumento de vingança entre os pais. Curitiba: Juruá, 2013. p. 100.

[257] LEITE, Eduardo de Oliveira. *Alienação parental*. Do mito à realidade. São Paulo: RT, 2015. p. 191.

Entrementes, a Lei da Alienação Parental protegeu unicamente a criança e o adolescente dos nefastos atos de alienação parental, definida pela Lei 12.318/2010 como "a interferência na formação psicológica da criança ou do adolescente promovida ou induzida por um dos genitores, pelos avós ou pelos que tenham a criança ou adolescente sob a sua autoridade, guarda ou vigilância para que repudie o genitor ou que cause prejuízo ao estabelecimento ou à manutenção de vínculos com este" (art. 2º).

Acerca dessas pessoas que querem tirar proveito da credulidade e vulnerabilidade alheia, alertam Alberto Bueres e Elena Higthon a respeito dessa "multiplicação das atenções por parte de estranhos ou servidores que de súbito surgem como 'anjos' protetores para lograr o afeto e o reconhecimento do enfermo ou idoso e dele obter uma vantagem em testamento, sendo passíveis de anulação do ato de captação desta vontade obtida, induvidosamente, mediante procedimentos reprováveis, por manobras e falsas alegações, caluniando a injuriando os familiares do sucedido (ou do idoso), interceptando sua correspondência e seus telefonemas".[258]

Não é outro o sentido pelo qual prescreve o artigo 2.º do Estatuto da Pessoa Idosa ser o ancião titular de todos os direitos fundamentais inerentes à pessoa humana, sendo-lhe asseguradas, por lei ou por outros meios, todas as oportunidades e facilidades para a preservação de sua saúde física e mental e seu aperfeiçoamento moral, intelectual, espiritual e social, em condições de liberdade e dignidade, existindo um extenso rol de crimes e atos cíveis que devem ser apurados ou executados pelo Ministério Público em defesa e proteção do idoso. Assim, não desconhece o legislador a epidérmica vulnerabilidade do ancião, mesmo quando lúcido, mas igualmente indefeso, eis que, estando consciente de seus atos diante do Estatuto da Pessoa com Deficiência, cada vez mais restrições se impõem à interdição integral de uma pessoa antes considerada incapaz.

A Lei da Alienação Parental (Lei 12.318/2010) é, como visto, omissa com relação à proteção do idoso, referindo Claudia Gay Barbedo que o idoso, a criança e o adolescente estão no mesmo polo de fragilidade, mas o idoso, em razão da idade, contingência que lhe traz dificuldades inerentes às deficiências que o tempo inflige ao corpo e à mente, pode facilmente estar na condição de vítima. A criança e o adolescente, como seres humanos em desenvolvimento, e o idoso, cuja capacidade de intelecção começa a recrudescer, são pessoas fáceis de ser enganadas e, diante disso, justifica-se a possibilidade de extensão da Lei de Alienação Parental ao idoso.[259]

Pessoas inescrupulosas, com más intenções ou ambiciosas facilmente se aproximam dos idosos, que por vezes são relegados por seus familiares, ou deles o idoso é posteriormente afastado, mostrando-se esses indivíduos mal-intencionados como pessoas presentes, carinhosas, solícitas e atenciosas, que buscam adquirir a confiança do idoso e assim agem apenas na cata do seu interesse pessoal. Recolhem em seu benefício próprio os recursos do idoso e se asseguram da possibilidade de se apossar dos bens do idoso por diferentes expedientes formais ou informais, valendo-se de figuras jurídicas, como contratos simulados de convivência, testamentos e doações. Por meio desses instrumentos legais, mas usados de forma a alcançar um objetivo ilícito, apropriam-se das riquezas e economias construídas durante a longa vida do idoso e cooptam a sua frágil e claudicante vontade.

Há uma infinita gama de expedientes utilizados por pessoas inescrupulosas, desde o endividamento em lojas comerciais, com carnês que são emitidos em nome do idoso, mas cujos bens comprados se destinam ao estelionatário, que exploram a vulnerabilidade do

---

[258] BUERES, Alberto J.; HIGTHON, Elena. *Código Civil y normas complementarias*. Análisis doctrinal y jurisprudencial. Buenos Aires: Hammurabi, 2014. p. 814.

[259] BARBEDO, Claudia Gay. A possibilidade de extensão da Lei da Alienação Parental ao idoso. *In*: COELHO, Ivone M. Candido (coord.). *Família contemporânea*: uma visão interdisciplinar. Porto Alegre: IBDFAM e Letra e Vida, 2011. p. 148.

desarticulado idoso, enquanto outros iniciam um namoro com o idoso, ou simplesmente criam falsas uniões estáveis, por vezes com datas inclusive retroativas, visando, se não a partilha de bens em regime de comunidade, ao menos a sua futura herança, e como destinatários da pensão previdenciária que, com a morte, é deixada pelo decantado convivente, não existindo qualquer espanto se os próprios familiares do idoso estiverem atuando em conluio para a repartição do benefício previdenciário.[260]

Dentro dessa ideia de assédio de interesse meramente pecuniário e patrimonial, parentes, enfermeiros, curadores, cuidadores e pseudoconviventes passam a isolar o idoso das pessoas que lhe são próximas e caras pela afeição preexistente, cujos vínculos são psicologicamente destruídos. Assim, com gestos eficazes eliminam as áreas de convívio, proibindo ou dificultando contatos e visitas, tirando o telefone celular ou deixando de repassar as chamadas do telefone convencional, extraindo o computador, afastando parentes e amigos e convencendo a própria pessoa idosa a rejeitar a presença dessas pessoas, as quais veem frustradas suas tentativas de conseguir em juízo visitas compulsórias,[261] eis que estaria sendo judicialmente violada a liberdade pessoal da pessoa idosa de se relacionar com quem bem entender, se e quando compreende o que se passa à sua volta, porquanto não é raro se tratar de pessoa com a doença degenerativa de Alzheimer.[262]

E na esteira dessa verdadeira maldade e perversão, com variáveis graus de dificuldades de compreensão e de resistência do idoso, ele também é induzido a assinar cheques, informar senhas, outorgar procurações, assinar contratos de doações e cessões de direitos, em regra gratuitas, promover transferências de dinheiro e até mesmo é convencido de que as suas doações e concessões se dão em troca de uma abnegada dedicação prestada pelo estelionatário vestido em pele de cordeiro e que aliena o idoso na criminosa busca de qualquer vantagem pessoal econômica e financeira e assim viver às custas dele.[263]

---

[260] MADALENO, Ana Carolina Carpe; MADALENO, Rolf. *Síndrome da alienação parental*. Importância da detecção. Aspectos legais e processuais. 5. ed. Rio de Janeiro: Forense, 2017. p. 171.

[261] A Terceira Turma do STJ entendeu, por unanimidade, que o habeas corpus não é o meio adequado para a defesa de interesses relacionados à guarda de filhos menores de idade e direito de visitas, temas próprios do direito de família. Disponível em: https://www.stj.jus.br/sites/portalp/Paginas/Comunicacao/Noticias/2023/10052023-Habeas-corpus-nao-e-via-adequada-para-defender-direito-de-visita-de-pai--a-filho-menor.aspx. Acesso em: 10 jan. 2024.

[262] "Apelação cível. Ação de indenização por danos morais. Relação familiar dissidente das partes, irmãs entre si, em relação à genitora. Elementos análogos à alienação parental em razão do estado de vulnerabilidade e doença da genitora. Ponderação dos deveres, direitos e pressupostos das relações familiares. Utilização arbitrária de abusos análogos a medidas restritivas, sem amparo em decisão judicial. Responsabilidade civil. Pressupostos configurados. Dano moral reconhecido. Recurso desprovido. Incontroverso entre as partes, apenas que a genitora sofria de uma série de problemas de saúde, incluindo a degenerativa doença de Alzheimer. Diante do contexto, é de certa forma compreensível a distorção de percepções entre as partes sobre as vontades da genitora. É que a doença, específica, debilita o enfermo de tal forma que, sabidamente, é comum que este seja facilmente sugestionável ou convencido. Disto, é de se mitigar as acusações mútuas, de que as partes, cada uma, considera-se a legítima defensora dos reais interesses da genitora. Tendo em vista o estado de vulnerabilidade da genitora e a patologia específica, o caso não deixa de se parecer com aquele da alienação parental, ao inverso. Em verdade, o que se observa são medidas, próprias daquelas protetivas do Direito de Família, como interdição, tomadas de forma arbitrária e ao arrepio da Lei e dos ditames que regem as relações familiares. O ato de privar a irmã do contato com a genitora, *sponte sua*, independentemente de autorização judicial e dadas as circunstâncias do caso, gera dano moral indenizável" (TJSC, 1.ª Câmara de Direito Civil, Apelação Cível 006690-70.2012.8.24.0005, Rel. Des. Domingo Paludo, j. 25.08.2016).

[263] MADALENO, Ana Carolina Carpe; MADALENO, Rolf. *Síndrome da alienação parental*. Importância da detecção. Aspectos legais e processuais. 5. ed. Rio de Janeiro: Forense, 2017. p. 172.

Têm o juiz e o Ministério Público a obrigação legal de investigar quando alertados acerca da existência de alienação parental, impedindo que o vulnerável idoso seja alvo de manipulação de sua vontade, sugestionado por terceiros que lhe distorcem os sentimentos criando a falsa sensação de abandono daqueles que lhe querem verdadeiramente bem, mas que são separados pelos alienadores que dissimulam carinho e atos de proteção ao idoso alienado, especialmente em situações de ruptura familiar. É igualmente comum uma pessoa idosa, ao ficar viúva, sentir-se sozinha e depressiva, tornando-se alvo fácil de terceiro que dela se acerca, oferecendo carinho e atenção, tirando vantagens financeiras dessa aproximação, as quais logo são percebidas pelos familiares. Por conseguinte, instaura-se uma desavença direta entre os familiares e o alienador diante de seus óbvios atos abusivos de exploração do ancião, que se afasta da família para ficar ao lado do alienador, o qual assume o controle total da situação, engendrando na sequência a formatação de documentos jurídicos que lhe assegurem tomar o lugar dos herdeiros na destinação final dos bens deixados com a morte do ancião, com a escrituração de contratos de doação, testamentos e escrituras de falsa declaração de união estável.[264]

Os atos de alienação de pessoa idosa devem ser igualmente investigados como a de uma criança ou de um adolescente, inclusive com a intervenção de uma equipe multidisciplinar, pois tanto o infante como o idoso, que tem estatutos jurídicos similares ao da criança e do adolescente no tocante à integral proteção, possuem os mesmos direitos e garantias fundamentais, inerentes à pessoa humana e, em especial, às pessoas vulneráveis e que, por essa razão, merecem especial atenção, notadamente o direito à efetiva convivência familiar. Lembra Claudia Gay Barbedo que as manipulações podem vir de ordens diversas, seja pela imputação falsa de crime a um dos familiares, seja pela desmoralização deles,[265] sempre no propósito de afastar o familiar e no ímpeto de deter o total controle sobre a pessoa do ancião. Assim arremata a referida autora: "[...] há de se dar visibilidade ao direito à convivência familiar do idoso com relação aos demais familiares, quando houver pretensão resistida do cuidador, porquanto o idoso tem direito a condições de vida digna".[266] E a dignidade de sua vida passa, inevitavelmente, pelos cuidados que a sociedade, a família e o Poder Judiciário devem tomar quando se trata de afastar quaisquer pessoas do convívio efetivo do idoso, que pode estar sendo vítima de atos de ativa alienação parental, uma vez que somente desse modo se estará atendendo ao princípio do melhor interesse do idoso.

Como visto, o Direito brasileiro não é indiferente, omisso e impreciso diante de um quadro flagrante de vulnerabilidade que se apresenta sob múltiplos aspectos existenciais, sociais e econômicos. Aduz Heloísa Helena Barboza que essa vulnerabilidade, que ela denomina de *secundária*, porque é imposta e não é inerente como a vulnerabilidade ontológica, é enfrentada de dois modos: a) por meio da cláusula geral de tutela abstrata da pessoa humana em sua vulnerabilidade inerente, em todas as suas relações existenciais e patrimoniais; e b) pela tutela específica e concreta daqueles que se encontram em situações de desigualdade por circunstâncias pessoais, como no caso dos idosos. Assim ela arremata: "[...] aspecto que não deve ser

---

[264] MADALENO, Ana Carolina Carpe; MADALENO, Rolf. *Síndrome da alienação parental*. Importância da detecção. Aspectos legais e processuais. 5. ed. Rio de Janeiro: Forense, 2017. p. 172-173.

[265] BARBEDO, Claudia Gay. A possibilidade de extensão da Lei da Alienação Parental ao idoso. *In*: COELHO, Ivone M. Candido (coord.). *Família contemporânea*: uma visão interdisciplinar. Porto Alegre: IBDFAM e Letra e Vida, 2011. p. 153.

[266] BARBEDO, Claudia Gay. A possibilidade de extensão da Lei da Alienação Parental ao idoso. *In*: COELHO, Ivone M. Candido (coord.). *Família contemporânea*: uma visão interdisciplinar. Porto Alegre: IBDFAM e Letra e Vida, 2011. p. 155.

preterido é o reconhecimento do cuidado como valor implícito do ordenamento jurídico, com a função de informador da dignidade da pessoa".[267]

Presente é o dever genérico de velar pelo ancião, cuja obrigação compreende vigiar, estar em constante dívida com o idoso, controlando tudo o que se refere ao seu comportamento, saúde e condições de vida, segurança e situações em geral, inerentes à pessoa maior, sem prejuízo das medidas a serem judicialmente tomadas destinadas ao estabelecimento do dever de cuidar, particularmente quando o ancião é manipulado por terceiros com notórios efeitos prejudiciais do dolo negocial.

Evidenciada essa realidade, precisam ser acionadas as leis de proteção da terceira idade que se tenham ocupado de forma direta ou por analogia, como acontece com a Lei da Alienação Parental, no sentido de prever a proteção do ancião em face de sua exploração patrimonial, sucedendo um leque de possibilidades, que devem ser processualmente analisadas a partir de duas perspectivas: a) aquela relativa ao idoso naturalmente incapaz; e b) a correspondente ao idoso incapacitado de se autogovernar diante da exploração patrimonial e da manipulação.

Prescreve o artigo 3.º da Lei 12.318/2010 que a prática de alienação parental fere direito fundamental de convivência familiar saudável, prejudica a realização de afeto nas relações com genitor e com o grupo familiar, constitui, portanto, abuso moral e descumprimento dos deveres decorrentes de tutela e guarda de que todo idoso é destinatário.

Por seu turno, prescreve o artigo 4.º da Lei da Alienação Parental (Lei 12.318/2010) que, declarado indício de ato de alienação parental (ou familiar induzida), a requerimento ou de ofício, em qualquer momento processual, em ação autônoma ou incidentalmente, o processo terá tramitação prioritária e o juiz determinará com urgência, ouvido o Ministério Público, as medidas provisórias necessárias para preservação da integridade psicológica, inclusive para assegurar a convivência com seus familiares, ressalvando o parágrafo único do mesmo artigo, com as alterações colacionadas pela Lei 14.340/2022, que assegura à criança ou ao adolescente e ao genitor garantia mínima de visitação assistida no fórum em que tramita a ação ou em entidades conveniadas com a Justiça, salvo se houver eminente risco de prejuízo à integridade física ou psicológica da criança ou do adolescente, atestado por profissional designado pelo juiz para acompanhar as visitas. Por fim, prescreve o artigo 5.º da Lei 12.318/2010 que, diante do indício de alienação (familiar induzida), se necessário, o juiz determinará perícia psicológica ou biopsicossocial, cujo laudo pericial terá base em ampla avaliação, conforme o caso, compreendendo, inclusive, entrevista pessoal com as partes, exame de documentos, *histórico do relacionamento*, cronologia de incidentes, avaliação da personalidade dos envolvidos etc. (§ 1.º). Por sua vez, o artigo 6.º arremata prescrevendo que, *caracterizados* atos típicos de alienação parental (ou familiar induzida) ou qualquer conduta que dificulte a convivência, o juiz poderá, cumulativamente ou não, sem prejuízo da responsabilidade civil ou criminal (e estas serão alvo de demandas próprias) e da ampla utilização de instrumentos processuais aptos a inibir ou atenuar seus efeitos, segundo a gravidade do caso: I – declarar a ocorrência de alienação parental; II – ampliar o regime de convivência familiar; III – estipular multa ao alienador; IV – determinar o acompanhamento psicológico e/ou biopsicossocial; V – determinar a alteração da guarda para guarda compartilhada ou a sua inversão; VI – determinar a fixação cautelar do domicílio da criança ou adolescente; VII – revogado pela Lei 14.340/2022.

---

[267] BARBOZA, Heloisa Helena. Perfil jurídico do cuidado e da afetividade nas relações familiares. *In*: PEREIRA, Tânia da Silva; OLIVEIRA, Guilherme de; COLTRO, Antônio Carlos Mathias (coord.) *Cuidado e afetividade*. Projeto Brasil/Portugal 2016-2017. São Paulo: Atlas, 2017. p. 181-182.

2.2.17.2 *Liberdade de manifestação cooptada*

Reza o artigo 1.900, I, do Código Civil ser nula a disposição que institua herdeiro ou legatário sob condição captatória de que este disponha, também por testamento, em benefício do testador, ou de terceiro, pois abjeta o constrangimento que a presença do herdeiro ou legatário exerce no espírito do testador, normalmente envolvido sentimentalmente e, portanto, enfraquecido emocionalmente,[268] tendo a sua vontade compulsivamente curvada.

Deve ser observado que o Código Civil cedeu ao princípio objetivo do temor de dano pela tão só presença de herdeiro ou legatário e de seus representantes, cuja participação durante a realização da facção testamentária como testemunhas resultaria em um inútil esforço qualquer tentativa que pretendesse guiar o julgador em conclusão diversa da ocorrência concreta de captação.

Entre as características desse instrumento de manifesto da derradeira vontade está a de sua espontaneidade com o fim de alcançar a plenitude, e somente dentro dela, a vontade real, sincera, espontânea do testador, de forma que expresse, sem coação ou receio mesmo de desagrado, a destinação econômica de seu patrimônio, ou suas recomendações extrapatrimoniais, mas sempre livre e conscientemente, de modo voluntário e sem nenhuma subordinação ou limitação dessa vontade.

Sílvio de Salvo Venosa explica que a vontade é, por vezes, captada por manobras adrede engendradas por aqueles que gravitam em torno do testador e prossegue dizendo que, muitas vezes moribundo, seu espírito já está enfraquecido, devendo e sempre ser consideradas as condições ambientais que cercaram o ato testamentário e as armadilhas emocionais, mormente quando enfermo o testador, sobretudo alvejado em sua doença pelas atitudes de dominação da fraqueza e sensibilidade espiritual e que certamente serviram ao herdeiro ou legatário haver, em seu benefício, justamente a disposição testamentária que lhe doa o bem mais precioso e rentável do espólio.[269]

Não é possível delegar ou dar poderes a outros para que intervenham ou fiscalizem as disposições testamentárias em prol de algum herdeiro ou legatário, ficando a sua vontade condicionada ao arbítrio, imposição ou ascendência de terceiro. Significa que a vontade do testador precisa circular livre e solenemente ante as testemunhas, porquanto esse é elemento básico do testamento, sob pena de esse gesto, por ausente o seu desenvolvimento, macular, viciar, nulificar a cédula. Ajuda nessa reflexão a ensinança colacionada por José Luis Pérez Lasala, quando assevera acerca da proibição de testar, servindo-se de um mandatário, e o compara aos testamentos conjuntivos, expressamente proibidos na legislação brasileira (CC, art.1.863), porque afronta o caráter personalíssimo do testamento.

Daí a importância sempre de indagar sobre a real *mens testantis* e a relevância jurídica da vontade pura e livre de testar sob o apanágio de todas as formalidades inimaculadas, por cuja razão a lei sempre arredou da facção testamentária as pessoas beneficiadas ou prejudicadas com a elaboração do testamento, nele admitindo apenas as pessoas isentas de qualquer interesse, pois, como diz Washington de Barros Monteiro,[270] dita providência visa a garantir insuspeição do ato, pondo-o a salvo de eventuais impugnações.[271]

---

[268] NONATO, Orosimbo. *Estudos sobre a sucessão testamentária*. Rio de Janeiro: Forense, 1957. v. I, p. 443.

[269] VENOSA, Sílvio de Salvo. *Direito das sucessões*. São Paulo: Atlas, 1991. p. 91-92.

[270] BARROS MONTEIRO, Washington de. *Curso de direito civil*. Direito das sucessões. 13. ed. São Paulo: Saraiva, 1977. p. 124.

[271] MADALENO, Rolf. Testamento, testemunhas e testamenteiro: uma brecha para a fraude. *In*: MADALENO, Rolf. *Novas perspectivas no direito de família*. Porto Alegre: Livraria do Advogado, 2000. p. 127-128.

2.2.17.3 A fraude testamentária pela brecha das testemunhas

Dessarte, diante desses fatos, seria impossível alguém declarar, de sã consciência, que não haveria a menor possibilidade ou a mínima tentação de injunção no testemunho de quem atua, por exemplo, como mandatário judicial do legatário. Não importa a resposta, porquanto recaem sobre a espécie intransponível dúvida e inarredável compromisso ético, só corrigíveis pela ruptura da cédula testamentária.

Apuradas a presença e a participação em testamento ordinário público ou privado de testemunha que tenha a possibilidade mais clara, remota ou abstrata[272] de influenciar o espírito do testador, ou porque comprometida por sua representação profissional com uma das partes beneficiadas e interessadas no testamento, implica a inobservância de rigorosa exigência de forma e significado de irretocável isenção das testemunhas instrumentárias e, em última instância, até na redução a número inferior ao mínimo de testemunhas exigido para as facções ordinárias.

É de ver, exemplificando, que o Código Civil julga incapazes de adquirir por testamento as testemunhas do testamento, e assim procede com o intuito de evitar, coibir e, até por antecipação, inibir que recaia sobre a testemunha instrumentária qualquer sombra de suspeição de captação, até porque é de melhor alvitre que seja cristalina e reduzida à função exclusivamente testemunhal a participação das testemunhas testamentárias, não combinando essa atividade com a de defensor judicial desse mesmo testamento e, ainda mais, quando a defesa profissional é feita em prol de um ou de alguns dos herdeiros ou legatários.

Ora, apenas para não perder o espírito da linha de raciocínio presentemente desenvolvido, cumpre colacionar a lição de Amado França, ao recordar que: "A constituição externa do testamento tem um caráter preventivo, porque tem por fim assegurar a livre e consciente manifestação da vontade do testador, prevenindo as captações, fraudes e violências; tem um caráter provativo, porque é destinada a atestar exteriormente a última vontade do testador; e tem caráter executivo, porque só o testamento assistido das formalidades legais pode fornecer aos interessados um título eficaz para invocar a garantia dos poderes públicos para o reconhecimento e defesa dos seus direitos e para a sua realização prática".[273]

Portanto, a cédula testamentária falece de uma formalidade objetiva pertinente à isenção também objetiva das testemunhas, pois não podem estar profissionalmente comprometidas com o herdeiro ou legatário, dado que nesse caso elas perdem exatamente a capacidade de servir como testemunhas, ou, melhor dito, adquirem a incapacidade relativa e inoculam a facção testamentária com o vírus da nulificação. Por mais idôneas que sejam as testemunhas, o impedimento é eminentemente objetivo.

Representa entender que as testemunhas de um testamento de maneira alguma, e sob qualquer forma, poderão se aproveitar da existência concreta do testamento, seja por meio de seu conteúdo, seja pelo vínculo profissional, tenazmente ligado à cédula e aos interesses profissionais em prol de quaisquer herdeiros ou legatários, pois tal benefício implica, desde logo, aceitar a validade do ato por influxo do particular interesse patrimonial.

Não é que exista disposição testamentária em favor das testemunhas incapazes que devesse ser declarada nula, visto que nulas são as intervenções das testemunhas que mantêm estreitos vínculos profissionais e interesses de labor com algum dos herdeiros ou legatários,

---

[272] PEREIRA, Caio Mário da Silva. *Instituições de direito civil*. 6. ed. Rio de Janeiro: Forense, 1991. v. VI, p. 128.

[273] FRANÇA, Amado *apud* GOMES, Orlando. *Questões de direito civil*. 5. ed. São Paulo: Saraiva, 1988. p. 276.

e é por essa razão que seus testemunhos ficam comprometidos, incapacitados, pois de antemão aceitam nem questionam a sobredita invalidade do testamento. Por isso mesmo ensina com a precisão doutrinária Eduardo A. Zannoni que: "[...] de acordo com os princípios gerais, o testamento nulo por defeitos de forma não é confirmável porque: 1.º) a nulidade por vícios formais é absoluta e; 2.º) só são suscetíveis de confirmação os atos viciados de nulidade relativa".[274]

Voltando à importância das testemunhas do testamento, anota Zeno Veloso terem elas singular papel instrumental, pois não intervêm apenas, *ad probationem,* mas a sua participação é considerada *ad substanciam,* isto é, como requisito formal indispensável, fundamental para a própria validade da disposição de última vontade.[275] Elas não se limitam a uma participação mecânica e insossa, de mera e passiva assistência, mas, ao revés, conferem ao ato um ofício de fiscalização, que não se coaduna com os interesses presentes, mas latentes, e subsequentes à facção testamentária. Dado que a função das testemunhas é assegurar a identidade do testador, a autenticidade do que testou, a seriedade e a liberdade com que testou e expressou a sua derradeira manifestação de vontade, ficando até, involuntariamente, comprometida essa isenta fiscalização, se as testemunhas mantêm interesses profissionais e, por evidente, de ordem econômico-financeira com algum herdeiro ou legatário.

Ainda segundo Zeno Veloso: "O desinteresse, a imparcialidade é atributo essencial que deve ter o testemunho. Admitir-se que tais pessoas pudessem intervir como testemunhas do testamento que as institui, nomeia ou beneficia, seria inocular no mesmo a eiva da suspeição".[276]

Fere a ética e o bom senso mínimo do direito constatar que testemunhas e por vezes até o próprio testamenteiro se posicionem na defesa processual da causa de algum dos herdeiros ou legatários, de quem já eram mandatárias e a quem seguem representando, judicial e extrajudicialmente, os interesses pessoais e econômicos. Nesses casos, não há como tolerar, mesmo diante do aparente silêncio do direito material brasileiro, ou seja, essas testemunhas são, sim, atingidas pela restrição do artigo 1.801 do Código Civil, que as exclui da cédula. Mesmo que dele não conste expressamente o impedimento relativo, é limitada a proibição de testemunharem em testamento, apenas e equivocadamente, o próprio herdeiro instituído e o legatário, bem como seus ascendentes e descendentes, cônjuges ou companheiros. Não há, no artigo sob comento, qualquer restrição a que os procuradores judiciais dessas pessoas atuem como testemunhas testamentárias, muito embora representem a própria figura do herdeiro instituído ou do legatário e, em última análise, os seus mais evidentes interesses materiais pessoais.

A exclusão sempre se dá pela lógica e prudente razão de que o impedimento visa a proibir que testemunhem o ato pessoas que tenham interesse no testamento, que sejam por ele beneficiadas direta ou indiretamente. Existindo a incapacidade, ela acarreta a nulidade por preterição de uma solenidade que a lei considera essencial para a validade do ato, conforme artigo 166, V, do Código Civil, pois, eliminada uma ou duas testemunhas, o número restante se tornou inferior ao limite fixado pelo Código Civil para as formas testamentárias ordinárias. Não se trata, como visto, de anular disposições testamentárias, porque o interesse decorre da participação no inventário, fato gerador da incapacidade testemunhal revelada e posta a descoberto, deixando em xeque toda a facção testamentária do *de cujus.* Essa é

---

[274] ZANNONI, Eduardo A. *Derecho de las sucesiones.* 2. ed. Buenos Aires: Astrea, 1989. t. II, p. 406.

[275] VELOSO, Zeno. *Testamentos de acordo com a Constituição de 1988.* Belém: Cejup, 1993. p. 366.

[276] VELOSO, Zeno. *Testamentos de acordo com a Constituição de 1988.* Belém: Cejup, 1993. p. 376-377.

a doutrina de Carlos Maximiliano, ao observar que a regra geral é a de que a forma do ato é indivisível, as testemunhas existem *ad substantiam*, o seu número é essencial, e testemunha incapaz não é testemunha, portanto cai o testamento por inteiro.[277]

Talvez melhor compreensão exsurja dos ensinamentos colacionados por Zeno Veloso e que merecem ser transcritos: "O herdeiro instituído, seus ascendentes, descendentes, irmãos e cônjuges (ou companheiros), bem como o legatário, estão proibidos de servir como testemunhas testamentárias porque a lei quer afastar pessoas que têm interesse no ato e que podem influenciar o testador, usar da captação maliciosa, induzir ou pressionar o disponente. Caio Mário da Silva Pereira adverte que a presença de qualquer deles como testemunha instrumentária sugere a suspeita de ali estar para acompanhar a facção testamentária no sentido desejado ou insinuado, sendo, portanto, a sua presença uma ameaça à liberdade de manifestação da vontade entre as testemunhas, é nulo o ato, porque tal significa a sua redução a número inferior ao legal, fazendo o mestre proposição absolutamente pertinente: 'O rigor da lei deve ser mantido para o caso de estar presente o herdeiro instituído ou legatário, ainda que se não desfalque o número exigido. Seria a hipótese de comparecerem uns ou outros, além das cinco[278] testemunhas. É que tal presença induz a suspeita de captação condenável'".[279]

Aceitar essa sorte de ingerência implicaria um meio de contornar a incapacidade, uma vez que seria a fórmula encontrada para implantar o testemunho do legatário, na figura do seu jurisconsulto, referindo Pacifici-Mazzoni: "que cada violência à vontade de qualquer pessoa é sempre uma grave violência".[280] Não há, portanto, não obstante a brecha do artigo 1.801 do Código Civil, como tolerar sinais internos de plena validade do testamento, quando na execução da cédula, advindo o decesso do testador, uma ou mais de suas testemunhas testamentárias apresentam-se como procuradores judiciais de qualquer beneficiário da facção testamentária. É fato que, constatado, fere a lei e, sobretudo, atinge de morte a ética, muito embora qualquer vedação expressa transpareça da tímida redação taxativa do artigo 1.801 do Diploma Substantivo Civil que não aventou essa hipótese tão comum na prática judiciária, como meio de desvirtuar a vontade final do testador, pois as suas testemunhas servem, em verdade, aos interesses das pessoas beneficiadas pelo testamento e pior ainda, quando também o testamenteiro atua como mandatário judicial de algum herdeiro instituído ou legatário.

2.2.17.4 A fraude pelo testamenteiro

O testamenteiro é a pessoa encarregada de cumprir as disposições de última vontade do testador, lembrando Itabaiana de Oliveira que ele exerce um *munus* personalíssimo e indelegável, e muitos autores o consideram como um mandatário *sui generis* para depois da morte do testador, sendo lógico, evidente e inquestionável que o testamenteiro jamais poderá representar os interesses sucessórios dos legatários ou herdeiros instituídos.[281]

---

[277] MAXIMILIANO, Carlos. *Direito das sucessões*. 4. ed. Rio de Janeiro: Freitas Bastos, 1958. v. 2, p. 43.

[278] Pelo Código Civil vigente são três testemunhas para o testamento particular e duas para o testamento público.

[279] VELOSO, Zeno. *Testamentos de acordo com a Constituição de 1988*. Belém: Cejup, 1993. p. 414.

[280] MAZZONI, Pacifici *apud* NONATO, Orosimbo. *Estudos sobre a sucessão testamentária*. Rio de Janeiro: Forense, 1957. v. I, p. 478.

[281] OLIVEIRA, Arthur Vasco Itabaiana de. *Tratado de direito das sucessões*. 3. ed. Rio de Janeiro: Livraria Jacintho, 1936. p. 343.

Cap. 2 · PARTILHA DOS BENS CONJUGAIS | 293

A presença indispensável do testamenteiro se sobrepõe por dezenas de motivos, como, com frequência, os interesses dos herdeiros sucessórios são contrapostos aos dos legatários ou herdeiros instituídos, sendo preciso intervir quem com esse encargo foi nomeado pela confiança do testador e com o ofício único de fazer cumprir sem dilações, retardanças ou favorecimentos a última vontade do testador. O testamenteiro não tem por tarefa representar a massa, pois tal atribuição pertence aos herdeiros, em especial ao inventariante, figura destinada a administrar e dispor dos bens do espólio, cometendo ao testamenteiro, isso sim, o dever de controlar o cumprimento da vontade final do causante da herança, qual seja, cumprir instruções de um encargo com características bem definidas.

Entrementes, existindo herdeiros, as atribuições do testamenteiro sofrem um critério restritivo,[282] sendo significativa e sutil a diferença, já que nesse caso o testamenteiro deixa de ser um executor do testamento, e passa a ser encarregado de controlar o cumprimento da vontade do testador, vindo o testador aos autos somente quando se desviam os rumos traçados pela vontade legítima do testador, mas nunca, sob hipótese alguma, travestido de mandatário de qualquer herdeiro instituído ou legatário.

Perceptível que a pessoa do testamenteiro jamais poderá ser confundida, por seus atos ou omissões, com a pessoa de algum dos beneficiários do testamento e, no entanto, estranhamente, o legislador nacional olvidou-se de expressar essa proibição. É lição de Guillermo Borda que: "a jurisprudência tem sido contundente em manter a atuação dos testamenteiros dentro dos limites razoáveis e, sobretudo, impedir abusos que frequentemente ocorriam. Por isto e por princípio geral, tem sido declarado que, havendo herdeiros, as atribuições do testamenteiro devem interpretar-se restritivamente. O problema tem especial importância no atinente a administração e disposição dos bens; numerosos julgados têm decidido que os herdeiros não perdem tais faculdades e têm sido declarados nulos os atos realizados por testamenteiros que tenham indevidas funções".[283]

Prescreve o artigo 1.981 do Código Civil competir ao testamenteiro, com ou sem o concurso do inventariante e dos herdeiros instituídos, propugnar pela validade do testamento. Complementa Xavier O'Callaghan Muñoz que "a defesa de validade do testamento é amplíssima, alcança a qualquer aspecto e é um meio para que tenha efetividade".[284] É o pensamento externado por Pontes de Miranda, de ser dever precípuo do testamenteiro pugnar pela validade do testamento, e quem não está disposto a fazê-lo não pode honrar nem permanecer no cargo de testamenteiro.[285] Continua Pontes de Miranda dizendo que o testamenteiro é autônomo, independente, nada tendo a ver com o inventariante e os herdeiros, que acaso figurem: "sua missão é defender o testamento porque o seu cargo assenta nessa suposição de validade".[286] E prossegue: "se o testamenteiro representasse os herdeiros, poderia aceitar por eles. E não pode. Se aos legatários, idem. E também não pode... Ele pode tudo, em verdade, menos, exatamente, o que possa significar representação do herdeiro ou legatário".[287]

---

[282] BORDA, Guillermo. *Tratado de derecho civil*. Sucesiones. Buenos Aires: Editorial Perrot, 1994. t. II, p. 457.

[283] BORDA, Guillermo. *Tratado de derecho civil*. Sucesiones. Buenos Aires: Editorial Perrot, 1994. t. II, p. 457.

[284] MUÑOZ, Xavier O'Callaghan. *Compendio de derecho civil*. Derecho de sucesiones. Madrid: Editoriales de Derecho Reunidas, 1982. t. V, p. 275.

[285] PONTES DE MIRANDA, Francisco Cavalcanti. *Tratado de direito privado*. Rio de Janeiro: Borsoi, 1955. t. LX, p. 111-112.

[286] PONTES DE MIRANDA, Francisco Cavalcanti. *Tratado de direito privado*. Rio de Janeiro: Borsoi, 1955. t. LX, p. 114.

[287] PONTES DE MIRANDA, Francisco Cavalcanti. *Tratado de direito privado*. Rio de Janeiro: Borsoi, 1955. t. LX, p. 126-127.

O testamenteiro não representa a sucessão, e nem as testemunhas testamentárias poderiam representar o legatário, muito menos a própria sucessão. Anota ainda Pontes de Miranda que o testamenteiro não pode ser a pessoa que tem interesse contra o testamento, ou contra o espólio que tem de defender, sendo imoral a prática de estar o herdeiro, que, pela ordem legal, assumiu a testamentária, a pugnar contra a vontade do falecido, a título de opinião ao interpretar as verbas, de sorte que cumpre aos juízes reagir contra tais deturpações de função, não só pelo sentido histórico do instituto, como também pelos graves inconvenientes de ordem prática.[288] O legislador brasileiro exigia o inventário judicial diante da existência de testamento deixado pelo sucedido, entrementes (CC, art. 610) e desse modo assegurava na íntegra e em toda a sua extensão a participação do testamenteiro que assim não só podia como devia acompanhar todos os atos processuais, certificando-se de que a divisão final dos bens terminaria, como deve ser de direito, sendo fiel à última manifestação de vontade do testador e, obviamente, impedindo, com a direta presença e vigilância do juiz do inventário, que os herdeiros se desviassem da vontade do testador, ordenando partilha diferente daquela manifestada pelo autor da herança. No entanto, toda essa cautela e segurança jurídicas se esvaziaram a partir do Recurso Especial 1.808.767/RJ, da lavra do ministro Luis Felipe Salomão, à testa da Quarta Turma do Superior Tribunal de Justiça e datado de 15 de outubro de 2019, ao concluir que a simples existência de um testamento não poderia ser motivo para impedir que o inventário fosse levado a efeito administrativamente, pois que, "não existindo litígio ou conflito de interesses, sendo todas as partes maiores e capazes, nada mais justifica, pois, que tais questões continuem a ser levadas ao Poder Judiciário, que, na maioria desses casos, terá sua função limitada a mero papel homologatório, de chancelar aquilo que já foi decidido pela livre-vontade das partes", terminando por dizer que o processo deve ser um meio, e não um entrave, para a realização do direito e que, se a via judicial é prescindível, não há razoabilidade em proibir, na ausência de conflito de interesses, que herdeiros, maiores e capazes, se socorram da via administrativa para dar efetividade a um testamento já tido como válido pela justiça. A partir desse julgamento, no Rio Grande do Sul, por exemplo, por iniciativa da então titular do Tabelionato de Notas de Sant'Ana do Livramento, atualmente titular do Oitavo Tabelionato de Porto Alegre, a tabeliã Marise Dornelles Brea[289] encaminhou para a Corregedoria-Geral da Justiça do TJRS, através da Comissão Notarial e Registral do IBDFAM, dados suficientes para convencimento da Corregedoria-Geral da Justiça daquele estado, para alteração no artigo 613 da Consolidação Normativa Notarial e Registral, que resultou no Provimento nº 028/2019-CGJ, passando a admitir o inventário e partilha extrajudiciais com viúvo ou herdeiros capazes, inclusive por emancipação, desde que, havendo expressa autorização do juízo sucessório competente, nos autos do procedimento de abertura e cumprimento de testamento, uma vez sendo todos os interessados capazes e concordes, podendo então, se valerem do inventário e partilha por escritura pública, devendo o Tabelião de Notas solicitar, unicamente, a certidão do testamento, só vedando o inventário extrajudicial se no corpo do testamento constar o reconhecimento de filho, obviamente menor de idade, ou outra declaração irrevogável. Iguais provimentos existem em outros Estados da Federação e a porta foi escancaradamente aberta para a fraude de um inventário extrajudicial com nomeação de testamenteiro ou não, na verificação e acompanhamento dos termos da partilha consensualizada pelas partes interessadas, pois que se olvidaram de que não basta haver consenso entre o cônjuge ou companheiro

---

[288] PONTES DE MIRANDA, Francisco Cavalcanti. *Tratado de direito privado*. Rio de Janeiro: Borsoi, 1955. t. LX, p. 127.

[289] Atualmente, é tabeliã titular do Oitavo Tabelionato de Porto Alegre.

sobrevivente e os herdeiros maiores e capazes, uma vez que o arranjo por todos eles levados à lavratura de uma escritura de inventário e partilha com testamento, deverá ser uma escritura que igualmente atenda fielmente a derradeira manifestação de vontade do testador, que neste caso é representado pelo testamenteiro.

Contudo, causa espécie que o testamenteiro foi literalmente ignorado no REsp. 1.808.767/RJ,[290] que serviu de inspiração para o Provimento n° 028/2019-CGJ do RS, como nos provimentos de outros Estados brasileiros, que, tal qual os Enunciados 600, da VII Jornada de Direito Civil do CFJ, 77, da I Jornada sobre prevenção e solução extrajudicial de litígios, 51, da I Jornada de Direito Processual Civil do CJF e 16, do IBDFAM, lembraram unicamente de apurarem o consenso firmado entre os herdeiros e o meeiro ou herdeiro concorrente, se esquecendo, por completo, da vontade do testador que deve ser fiscalizada pelo testamenteiro, que sequer é chamado para atuar na escritura pública de inventário e de partilha, como por igual resta esquecida a sua vintena que, obviamente, não será arbitrada pelo tabelião, tornando-se o expediente do mero registro do testamento em juízo, com a posterior lavratura de uma escritura pública do inventário e partilha, com testamento, em uma porta aberta para fraudar a vontade do testador, que pode ter deliberado em um sentido, mas que termina sendo encaminhado para outra direção, com o mero aval das partes interessadas (meeiro e herdeiros), sob cujas diretrizes o Tabelião de Notas se dá por satisfeito, eis que os provimentos não exigem outras cautelas adicionais. No Estado de São Paulo, pelo Provimento n° 37/2016 é inclusive permitido o inventário extrajudicial quando

---

[290] "Recurso Especial civil e processo civil. Sucessões. Existência de testamento. Inventário extrajudicial. Possibilidade, desde que os interessados sejam maiores, capazes e concordes, devidamente acompanhados de seus advogados. Entendimento dos Enunciados 600 da VII Jornada de Direito Civil do CFJ; 77 da I Jornada sobre prevenção e solução extrajudicial de litígios; 51 da I Jornada de Direito Processual Civil do CJF; e 16 do IBDFAM. 1. Segundo o art. 610 do CPC/2015 (art. 982 do CPC/73), em havendo testamento ou interessado incapaz, proceder-se-á ao inventário judicial. Em exceção ao caput, o § 1°estabelece, sem restrição, que, se todos os interessados forem capazes e concordes, o inventário e a partilha poderão ser feitos por escritura pública, a qual constituirá documento hábil para qualquer ato de registro, bem como para levantamento de importância depositada em instituições financeiras. 2. O Código Civil, por sua vez, autoriza expressamente, independentemente da existência de testamento, que, "se os herdeiros forem capazes, poderão fazer partilha amigável, por escritura pública, termo nos autos do inventário, ou escrito particular, homologado pelo juiz" (art. 2.015). Por outro lado, determina que "será sempre judicial a partilha, se os herdeiros divergirem, assim como se algum deles for incapaz" (art. 2.106) – bastará, nesses casos, a homologação judicial posterior do acordado, nos termos do art. 659 do CPC. 3. Assim, de uma leitura sistemática do caput e do § 1° do art. 610 do CPC/2015, c/c os arts. 2.015 e 2.016 do CC/2002, mostra-se possível o inventário extrajudicial, ainda que exista testamento, se os interessados forem capazes e concordes e estiverem assistidos ´por advogado, desde que o testamento tenha sido previamente registrado judicialmente ou haja a expressa autorização do juízo competente.4. A mens legis que autorizou o inventário extrajudicial foi justamente a de desafogar o Judiciário, afastando a via judicial de processos nos quais não se necessita da chancela judicial, assegurando solução mais célere e efetiva em relação aos interesses das partes. Deveras, o processo deve ser um meio, e não um entrave, para a realização do direito. Se a via judicial é prescindível, não há razoabilidade em proibir, na ausência de conflito de interesses, que herdeiros, maiores e capazes, socorram-se da via administrativa para dar efetividade a um testamento já tido como válido pela Justiça. 5. Na hipótese, quanto à parte disponível da herança, verifica-se que todos os herdeiros são maiores, com interesses harmoniosos e concordes, devidamente representados por advogado. Ademais, não há maiores complexidades decorrentes do testamento. Tanto a Fazenda estadual como o Ministério Público atuante junto ao Tribunal local concordaram com a medida. Somado a isso, o testamento público, outorgado em 2/3/2010 e lavrado no 18°Ofício de Notas da Comarca da Capital, foi devidamente aberto, processado e concluído perante a 2ª Vara de Órfãos e Sucessões. 6. Recurso especial provido" (REsp 1.808.767/RJ, 4ª T., Rel. Min. Luis Felipe Salomão, Acórdão datado de 15.10.2019).

há testamento e herdeiros menores ou incapazes, como decidiu o juízo da 2ª Vara da Família e das Sucessões, da Comarca de Taubaté, mas neste caso será emitido um alvará autorizando a lavratura extrajudicial, verificando o juiz que a partilha e os pagamentos sejam igualitários, voltando ao juiz a escritura para que ele possa aferir que tudo foi respeitado, sem prejuízo da fiscalização do Ministério Público, mas, em completo descaso à figura e à sagrada missão do testamenteiro. Por seu turno, o Provimento nº 21/2017, que alterou o artigo 297 da Consolidação Normativa do Estado do Rio de Janeiro, e que é cópia fiel dos outros provimentos de São Paulo, Rio Grande do Sul e do Rio Grande do Norte (Provimento nº 197/2020-CGJ), sendo que o Provimento nº 260/CGJ/2013 do Estado de Minas Gerais, tampouco lembrou do dever que tem o testamenteiro de assegurar que a efetiva vontade do testador seja fielmente cumprida e que não termine sendo alvo de fraudatória distorção levada a efeito pelas sobrevivos interessados (meeiro e herdeiros), que, em conluio e livres para escolherem qualquer tabelionato existente em território brasileiro, logrem homologar partilha diversa daquela desejada pelo testador que deles diverge silenciosamente, mas representado pela voz do testamenteiro que foi simplesmente calada pelos provimentos e enunciados surgidos a partir e até mesmo antes do REsp 1.808.767/RJ. Faltou lembrar que os interessados são representados por advogados, mas o testador morto, é representado pelo testamenteiro.

2.2.18 A fraude e o abuso do direito

Enquanto maquinações insidiosas de fraude, em que o engano malicioso induz o testador a erro, anota Miguel Ángel Pérez Álvarez que existem ocasiões nas quais concorrem o dolo e a fraude, mas que a fraude adquire um caráter predominante, como o vício de vontade e as coisas ocorrem de tal forma que essas maquinações, alienações ou isolamento familiar e social dos idosos, apresentação de minutas elaboradas pelo próprio beneficiado, levam o idoso testador a acreditar que doando primeiro para o manipulador este depois fará chegar às mãos daqueles que o testador realmente gostaria de beneficiar, ocupando o fraudador um papel de intermediário capaz de evitar dispensáveis litígios, isso quando já não alienou todos os prováveis beneficiados, os quais foi paulatinamente afastando da vida do testador, entre tantas outras hipóteses que igualmente complementam a fraude.[291]

Quanto ao abuso do direito, é teoria institucionalizada pelo artigo 187 do Código Civil brasileiro e encontra eco na quase totalidade das legislações estrangeiras, embora ele não tivesse precedente no Código Civil brasileiro de 1916. Não obstante se trate de um princípio equiparável ao da boa-fé e do enriquecimento ilícito, mas tem vida própria, como tinha existência jurídica no artigo 1.071 do derrogado Código Civil argentino e agora repristinado pelo artigo 10 do vigente Código Civil e Comercial da Argentina, embora ainda seja apenas teoria e carecedor de expressa articulação no direito chileno.

O artigo 187 do Código Civil prescreve cometer ato ilícito o titular de um direito que, ao exercê-lo, excede manifestamente os limites impostos pelo seu fim econômico ou social, pela boa-fé ou pelos bons costumes, criando uma identidade entre o ato ilícito e o abuso do direito, pois em ambos institutos são ultrapassados os limites da ordem jurídica. O abuso do direito ocorre quando existe a intenção de causar um dano, ou quando a pessoa utiliza o direito de modo anormal e

---

[291] ÁLVAREZ, Miguel Ángel Pérez. *El dolo testamentario*. Navarra: Thomson Reuters/Aranzadi, 2020. p. 118.

contrário à convivência, sem que esse gesto resulte em qualquer proveito ao agente que o exercita, mas assim atua imbuído apenas do propósito de causar dano a interesse jurídico do outro.[292]

Para Ursula Cristina Basset, no âmbito da família, a boa-fé se presume mais do que nunca e os integrantes da família estão mais inertes que qualquer outro cidadão perante seu próximo, porquanto os familiares baixam sua guarda e confiam em seus filhos, pais, irmãos, esposos, companheiros, e essa confiança elementar é o ponto de partida da vida familiar e sua fidúcia recíproca é um bem que interessa à sociedade e ao Estado, de tal forma que circunstancial fraude, lesão ou violência requerem um tratamento mais rigoroso quando praticados por ou contra um familiar, que se apresenta muito mais débil diante do relaxamento de sua defesa.[293] O impacto da quebra da relação de confiança difere quando é causado entre pessoas estranhas entre si, meros contratantes e das quais sempre se guarda uma natural parcela de cautela e sobre as quais sempre se tomam algumas medidas de precaução.

O abuso do direito nas relações matrimoniais quase sempre surge da desigualdade de funções atribuídas aos cônjuges, quando se prevalecem de um exercício abusivo na administração dos bens comuns, tanto no aspecto patrimonial quanto no pessoal. No âmbito patrimonial, podem ser citados casos em que um dos cônjuges promove em meio à crise conjugal gastos exagerados, comprando coisas das quais não necessita e que inclusive refogem ao tradicional orçamento do casal, por vezes estocando roupas e alimentos com a única intenção de forjar uma situação de aparente padrão socioeconômico que deseja possa refletir positivamente como prova judicial, mediante uma demonstração indireta da capacidade financeira do provedor da família. Como pode ter apenas a intenção de danar o cônjuge adverso, como uma forma de extravasar seu ódio e sede de vingança, causando deliberadamente um elevado prejuízo financeiro ao consorte, promovendo gastos abusivos com o cartão de crédito e débito do qual o esposo é titular e que ainda não havia sido cancelado, ou até mesmo um cartão de crédito de alguma rede de supermercados, pretendendo inflar também para efeito de prova judicial as despesas mensais da família com a compra de alimentos, como se essa fosse a realidade conjugal.

Logicamente essa atitude abusiva pode e deve ser objeto de ressarcimento na ação ou na reconvenção de um divórcio judicial, como também abusa de um direito o cônjuge alimentante que depois da sentença de divórcio e alimentos promove desnecessárias ações de prestações de contas da pensão alimentícia que deposita mensalmente. Há igual uso abusivo do direito o cônjuge que recasou ou que mantém nova relação afetiva estável e não denuncia esse fato para continuar se beneficiando do direito alimentar. Abusa outrossim do seu direito o cônjuge que usa dinheiro conjugal para fazer benfeitorias em seus bens particulares, ou daquele que reivindica em juízo uma meação sobre bens amealhados durante a separação de fato do casal, pretendendo um enriquecimento sem causa. Outras hipóteses de uso abusivo de um direito existem no âmbito societário: quando em uma empresa familiar e de capital fechado o cônjuge empresário aumenta agressivamente o capital social com a finalidade de diluir a participação societária e o poder de administração representados pelas quotas sociais que restaram com o divórcio na titularidade da meação do seu consorte; há abuso no sistemático ato de não pagar dividendos que ficam retidos na conta de reservas da empresa, com a desculpa de atenderem a investimentos futuros, ou para suportarem eventuais perdas ou prejuízos; quando ordena o pagamento parcelado e diluído desses dividendos, cuja liquidação era esperada em uma

---

[292] MADALENO, Rolf. *O abuso do direito no direito de família. Revista IBDFAM. Famílias e Sucessões*, Belo Horizonte, v. 35, p.14-15, set./out. 2019.

[293] BASSET, Ursula Cristina. *La calificación de bienes en la sociedad conyugal*. Principios, reglas, criterios y supuestos. Buenos Aires: Abeledo Perrot, 2010. p. 389.

quota única, prevalecendo-se o sócio do fato de deter a maioria do capital votante, movido por artifícios jurídicos e contábeis destinados a ganhar poder e vantagens,[294] sendo obrigação da sociedade a distribuição dos lucros, salvo se a sociedade pudesse passar por reais dificuldades financeiras com o pagamento dos dividendos, pois como informa Sérgio Campinho "a companhia não pode pagar dividendos enquanto apresentar prejuízos acumulados de exercícios anteriores. Os lucros auferidos, nessas circunstâncias, deverão ser vertidos para a absorção desses prejuízos.[295]

2.2.18.1 A fraude do ilícito penal

O estelionato é crime patrimonial praticado mediante fraude, tratando o artigo 171 do Código Penal de tipificar o crime de estelionato, ao descrevê-lo como o ato de "obter, para si ou para outrem, vantagem ilícita, em prejuízo alheio, induzindo ou mantendo alguém em erro, mediante artifício, ardil, ou qualquer outro meio fraudulento", apenando com reclusão de um a cinco anos, e multa. Por sua vez, § 2.º do artigo 171 do Código Penal colaciona figuras equiparadas ao estelionato, ao prescrever que incorre nas mesmas penas quem: "I – vende, permuta, dá em pagamento, em locação ou em garantia coisa alheia como própria; II – vende, permuta, dá em pagamento ou em garantia coisa própria inalienável, gravada de ônus ou litigiosa, ou imóvel que prometeu vender a terceiro, mediante pagamento em prestações, silenciando sobre qualquer dessas circunstâncias; III – defrauda, mediante alienação não consentida pelo credor ou por outro modo, a garantia pignoratícia, quando tem a posse do objeto empenhado; IV – defrauda substância, qualidade ou quantidade de coisa que deve entregar a alguém; V – destrói, total ou parcialmente, ou oculta coisa própria, ou lesa o próprio corpo ou a saúde, ou agrava as consequências da lesão ou doença, com o intuito de haver indenização ou valor de seguro; VI – emite cheque, sem suficiente provisão de fundos em poder do sacado, ou lhe frustra o pagamento".

A Lei 14.155/2021 trouxe, inclusive, importantes alterações ao inserir os §§ 2.º-A e 2º-B ao art. 171 do Código Penal brasileiro ao tratar da fraude eletrônica, se a fraude é cometida com a utilização de informações fornecidas pela vítima ou por terceiro induzido a erro por meio de redes sociais, contatos telefônicos ou envio de correio eletrônico fraudulento, ou por qualquer outro meio fraudulento análogo, e o estelionato contra idoso ou vulnerável (CP, art. 171, § 4°), com o aumento da pena de 1/3 ao dobro, conforme redação colacionada pela Lei 14.155/2021.

A Lei 14.478/2022 trouxe o novo tipo penal da *fraude com ativos virtuais, valores mobiliários ou ativos financeiros*, do artigo 171-A do Código Penal,[296] que no dizer de Juliano Breda "qualquer pessoa que organizar, gerir, ofertar ou distribuir os ativos virtuais, valores mobiliários ou financeiros, nas condições e finalidades descritas no tipo penal, será sujeito ativo dessa modalidade de estelionato. De regra, em razão do sentido dos núcleos verbais do preceito, a infração será cometida por administradores ou gestores de empresa prestadora de serviços de ativos virtuais (autorizadas ou não a operar), instituições financeiras, e pessoas que promovam a

---

[294] SCHNEIDER, Lorena R. *Ejercicio abusivo de los derechos societarios*. Buenos Aires: Astrea, 2017. p. 135.

[295] CAMPINHO, Sérgio et al. *Lei das Sociedades Anônimas comentada*. Rio de Janeiro: Gen/Forense. Coord. COELHO, Fábio Ulhoa. 2021. p. 1.130.

[296] CP, "Art. 171-A. Organizar, gerir, ofertar ou distribuir carteiras ou intermediar operações que envolvam ativos virtuais, valores mobiliários ou quaisquer ativos financeiros com o fim de obter vantagem ilícita, em prejuízo alheio, induzindo ou mantendo alguém em erro, mediante artifício, ardil ou qualquer outro meio fraudulento. Pena – reclusão, de 4 (quatro) a 8 (oito) anos, e multa."

intermediação de operações com valores mobiliários e ativos financeiros."[297] A Lei 14.478/2022, em seu art. 3º, considera como ativo virtual a representação digital de valor que pode ser negociada ou transferida por meios eletrônicos e utilizada para realização de pagamentos ou com propósitos de investimento, não incluídos: I – moeda nacional e moedas estrangeiras; II – moeda eletrônica, nos termos da Lei 12.865, de 9 de outubro de 2013; III – instrumentos que provejam ao seu titular acesso a produtos ou serviços especificados ou a benefício proveniente desses produtos ou serviços, a exemplo de pontos e recompensas de programas de fidelidade; e IV – representações de ativos cuja emissão, escrituração, negociação ou liquidação esteja prevista em lei ou regulamento, a exemplo de valores mobiliários e de ativos financeiros.[298] A Lei 14.478/2022, em seu artigo 3.º, considera como ativo virtual a representação digital de valor que pode ser negociada ou transferida por meios eletrônicos e utilizada para realização de pagamentos ou com propósitos de investimento, não incluídos: I – moeda nacional e moedas estrangeiras; II – moeda eletrônica, nos termos da Lei 12.865, de 09 de outubro de 2013; III – instrumentos que provejam ao seu titular acesso a produtos ou serviços especificados ou a benefício proveniente desses produtos ou serviços, a exemplo de pontos e recompensas de programas de fidelidade; e IV – representações de ativos cuja emissão, escrituração, negociação ou liquidação esteja prevista em lei ou regulamento, a exemplo de valores mobiliários e de ativos financeiros.

O Código Penal também descreve outra série de fraudes tipificadas como criminosas, praticadas no comércio, na execução processual, em jogos desportivos ou competições, por abuso de incapazes e, bem assim, fraudes e abusos cometidos em sociedades e instituições financeiras, todas elas relativas aos crimes contra o patrimônio. No entanto, é prevista no artigo 181 do Código Penal a isenção da pena para quem comete qualquer dos crimes contra o patrimônio, em prejuízo de cônjuge, na constância da sociedade conjugal, lembrando que o Código Penal é datado de 1940, não existindo nenhuma proteção análoga para a união estável como ocorre na atualidade; ou em prejuízo de ascendente ou descendente, seja o parentesco legítimo ou ilegítimo, civil ou natural, sendo também consabido não mais existir qualquer discriminação da filiação em razão de sua origem ser ou não matrimonial, podendo também na atualidade ser avocada a filiação socioafetiva.

Guilherme Calmon Nogueira da Gama, com escólio em Damásio de Jesus, destaca que as escusas absolutórias são causas que fazem com que a um fato típico e antijurídico, não obstante a culpabilidade do sujeito, não se associe pena alguma por razões de utilidade pública, prevalecendo os motivos utilitários que correspondem à proteção da família que, provavelmente, sofreria sério abalo, caso fosse imposta e aplicada pena pelo crime praticado pelo agente.[299] *É fácil compreender que, em uma fraude civil de desvio de bens conjugais, acaso levada ao extremo de um ilícito penal*, seria o consorte fraudador criminalmente condenado e sujeito a cumprir pena de prisão, de cujas consequências penais muito provavelmente os filhos jamais perdoariam o genitor denunciante. Assim, é isento de pena o cônjuge ou convivente que comete qualquer crime contra o patrimônio sem violência ou grave ameaça ao outro, estando excluídos, entretanto, o roubo e a extorsão, na dicção do artigo 183, I, do Código Penal.[300]

Na clássica lição de Heleno Cláudio Fragoso, é comum nas transações comerciais ou civis certa malícia entre as partes, que procuram, por meio da ocultação de defeitos ou inconveniências

---

[297] BREDA, Juliano. *Fraude com ativos virtuais, valores mobiliários ou financeiros e crimes contra o mercado de capitais*. São Paulo: Marcial Pons, 2023. p. 14-15.

[298] BREDA, Juliano. *Fraude com ativos virtuais, valores mobiliários ou financeiros e crimes contra o mercado de capitais*. São Paulo: Marcial Pons, 2023, p. 14-15.

[299] GAMA, Guilherme Calmon Nogueira da. *A família no direito penal*. Rio de Janeiro: Renovar, 2000. p. 191.

[300] GAMA, Guilherme Calmon Nogueira da. *A família no direito penal*. Rio de Janeiro: Renovar, 2000. p. 192.

da coisa, ou mediante a depreciação, justa ou não, efetuar operações mais vantajosas, começando a ilicitude quando é introduzido o engano e a vítima é induzida em erro para obtenção de vantagem, em prejuízo de uma das partes, podendo só ocorrer a fraude civil, que daria margem à anulação do negócio, com perdas e danos, ou então a fraude penal, porquanto configurado o crime do estelionato, evidenciando o dolo como elemento de conformação do ilícito penal.[301]

Conforme Cezar Roberto Bitencourt, são as razões político-criminais que justificam a separação entre fraude civil e fraude penal e que atendem a interesses sociais.[302] Assim também pensa Gilberto Thums, ao referir que, embora seja controvertida a natureza da fraude, a despeito da sua diferença entre a fraude civil e a fraude penal, é forçoso reconhecer que elas não se confundem, pois, enquanto na fraude penal o agente visa a uma vantagem ilícita contra o direito, na fraude civil o agente objetiva um negócio, em que a vantagem decorre de um ato ilícito (ainda que não esteja presente a boa-fé do contrato).[303]

Embora tanto a fraude civil como a fraude penal apresentem uma nota de malícia no tocante a uma locupletação injusta, a seara penal só deve ser buscada nas situações mais drásticas, que não comportam uma pena civil, por serem fraudes mais invasivas e gravosas, porque provocam uma mais extensa e intensa perturbação social.[304]

2.2.18.2 A fraude do ilícito civil

Há incontestável diferença entre ilícitos penais e ilícitos civis, como já acenava há longo tempo Hans Kelsen, ao estabelecer em sua teoria pura do direito que o ato ilícito é definido segundo o tipo de sanção que tem, pois o ato antijurídico será um delito, se tiver uma sanção penal, e será uma violação civil, se tiver como consequência uma sanção civil,[305] muito mais quando considerado que, na generalidade das teorias, o abuso do direito, a fraude à lei, a fraude de credor e a simulação são exatamente espécies do gênero ato ilícito e contrárias, antes de mais nada, ao *princípio da boa-fé*.[306] A calúnia é a imputação de um delito com conhecimento de sua falsidade ou temerário desapreço à verdade, sendo distinguidos dois supostos tipos de calúnia realizada com ou sem publicidade, que têm pena de prisão, ao passo que a injúria é definida como uma ação consistente em lesar a dignidade da pessoa, prejudicando sua imagem ou atentando contra a estima que essa pessoa tem de si mesma. As injúrias graves são efetuadas com publicidade e apenadas com multa, cujos delitos só se tipificam se presentes três circunstâncias: 1) que se impute a outro um delito; 2) que exista o conhecimento de sua falsidade ou temerário desapreço à verdade; e 3) que se faça com publicidade.[307]

Portanto, quando a fraude está sendo levantada para a discussão em uma prova processual sempre penosa e de difícil execução probatória, ela geralmente está calcada em indícios e em presunções, e esse deve ser o exercício legalmente assegurado pelo direito, atinente à garantia fundamental do devido processo legal, em sua amplitude, mas que no juízo civil nem

---

[301] FRAGOSO, Heleno Cláudio. *Lições de direito penal*. Parte especial. 3. ed. São Paulo: José Bushatsky, 1977. v. 2, p. 68.

[302] BITENCOURT, Cezar Roberto. *Tratado de direito penal*. Parte especial. 7. ed. São Paulo: Saraiva, 2011. t. I, p. 270.

[303] THUMS, Gilberto. *Crimes contra o patrimônio*. Porto Alegre: Verbo Jurídico, 2010. p. 161.

[304] MASSON, Cleber. *Direito penal*. Parte especial. 13. ed. Rio de Janeiro: GEN/São Paulo: Método, 2020. v. 2, p. 530.

[305] KELSEN, Hans. *Teoría pura del derecho*. 2. ed. México: Unam, 1979. p. 60.

[306] ATIENZA, Manuel; MANERO, Juan Ruiz. *Ilícitos atípicos*. São Paulo: Marcial Pons, 2014. p. 18.

[307] ATIENZA, Manuel; MANERO, Juan Ruiz. *Ilícitos atípicos*. São Paulo: Marcial Pons, 2014. p. 20.

de longe se identifica com o delito penal nem com a rigorosa prova do processo penal. É direito do cônjuge, que imagina estar sendo lesado por seu ex-parceiro, ter acesso ao devido processo legal para dissipar suas dúvidas e seus temores de ficar inerte, nada investigar e terminar completamente impotente diante das suspeitas de esvaziamento e desvio da sua meação patrimonial, não podendo ser tolhido na busca da proteção de sua meação com ameaças de responder a um processo-crime por haver supostamente caluniado seu consorte, contra quem lança suspeitas de autoria da prática de fraude sobre o universo dos bens comunicáveis.

Em primeiro lugar, porque não se trata de uma acusação acerca de um ilícito penal, e sim de uma manifestação processual sobre um possível ilícito civil; em segundo lugar, porque conjecturar sobre a eventual prática fraudulenta do desvio de bens conjugais ou convivenciais não respeita simplesmente a um direito subjetivo, mas representa a exata reação oposta à altura da ameaça sofrida, verdadeiro direito a ser exercido inclusive por prevenção, se ainda viável impedir que o cônjuge ou convivente seja uma vítima calada, inerme e impotente dos atos de desvio da sua meação. Por isso, mais que um direito, tem o dever de investigar e frear quaisquer atos de fraude à sua meação ou ao quinhão hereditário, como legítimo instrumento processual para preservar e recuperar direitos patrimoniais violados, cujas voz e indignação não podem ser caladas, amedrontadas e acovardadas pela ameaça de a vítima se sujeitar a responder um processo criminal por calúnia, injúria e difamação, além de uma ameaça extensiva ao advogado do cliente que figura como cônjuge ou convivente espoliado, adicionadas as ameaças criminais de um processo ético em seu órgão de classe, porque cliente e advogado ousaram denunciar em uma ação de direito de família ou de direito das sucessões os atos suspeitos do outro consorte ou companheiro de fraude à meação ou de algum coerdeiro que intenta lesar a igualitária divisão sucessória dos bens sucessíveis, intimidados pelo fraudador que atenta duplamente contra o patrimônio físico e moral da vítima dessa inenarrável lesão. Portanto, deve exercer sem temor o seu direito de meeiro ou coerdeiro e em juízo se valer dos melhores e maiores cuidados processuais e recorrer a toda sorte de provas e de indispensáveis investigações.

Como menciona Julio Fabbrini Mirabete, embora não exista diferença de natureza ontológica entre o ilícito penal e ilícito civil, determinados fatos antijurídicos não atingem bens legais tão relevantes que devam ser protegidos pela lei penal, estabelecendo a lei penal quais os ilícitos devem ser reprimidos pelas sanções penais, enquanto outros ilícitos estão sujeitos às sanções civis, como a de indenização, de restituição dos bens, de multa civil, entre outras medidas repressivas e até mesmo dissuasórias, assim como existem apenas sanções administrativas ou tributárias, haja vista que o leque de ilícitos vai além das fronteiras do direito penal.[308]

Também Jorge Mosset Iturraspe refere ser do conhecimento geral que a ilicitude civil é mais ampla que a ilicitude penal, esta última constituída somente por figuras delitivas que devem descrever exatamente a conduta castigada ou reprimida, e a interpretação de cada norma consiste em analisar seu sentido dentro do ordenamento jurídico ao qual se integra e do qual deve cobrar significado.[309]

Dessarte, está no âmbito da legítima manifestação de defesa do direito de proteção da integral meação ou do quinhão hereditário o cônjuge, convivente ou herdeiro que concilia sua atuação processual com os fatos denunciados para o exercício de um direito de investigação sobre um provável ilícito civil, na lídima defesa de direitos patrimoniais que teme possam estar sendo violados Exerce esse direito por meio do acesso ao devido processo legal,

---

[308] MIRABETE, Julio Fabbrini. *Manual de direito penal*. Parte geral. 9. ed. São Paulo: Atlas, 1995. p. 97.

[309] ITURRASPE, Jorge Mosset. *Contratos simulados y fraudulentos*. Buenos Aires: Rubinzal-Culzoni, 2001. t. II, p. 25.

em verdadeiro grito de defesa e de irresignação por estar sendo uma provável vítima de uma lesão patrimonial e que não pode ser calado por um pueril expediente externado mediante uma estratégica e intimidatória notificação extrajudicial proposta como prévia ameaça de um processo criminal, ou por meio de uma mera ameaça escrita no processo de ruptura da entidade familiar, ou até mesmo verbal, de que será proposto um processo criminal por crime de calúnia, injúria ou de difamação. Acusar o cônjuge ou seu advogado de estarem praticando um delito de calúnia ou de injúria beira o abuso do direito exercido pelo consorte que está sendo investigado acerca da prática de uma ilicitude civil, proveniente dos seus atos de posse, administração e de disposição dos bens comuns.

Ora, o parceiro que tem algum fundado temor de estar sendo lesado na partilha da sua meação, ou na mesma toada o herdeiro que teme alguma lesão à integridade do seu quinhão hereditário, não só tem o direito de acesso ao devido processo legal no qual denuncia o possível ilícito civil, denúncia que mormente ocorre no âmbito de um processo de divórcio, ou de dissolução de união estável, cumulado com o arrolamento de bens, partilha e liquidação do patrimônio comum, cuja ação tramita em segredo de justiça, mas também o dever de promover todas as diligências de precaução e probatórias, valendo-se do recurso fundamental da circunstancial quebra dos usuais sigilos previstos em lei, na busca implacável dos atos de fraude, cuja manifestação processual não imputa ao demandado a autoria de nenhum delito penal, e sim a prática de um possível ilícito civil, tanto que o pedido formulado na petição inicial vem acrescido do requerimento de anulação, nulidade ou de inoponibilidade da fraude, ou do ato de simulação praticado no intuito de fraudar bens do cônjuge, companheiro ou coerdeiro vitimado. Recorda-se, inclusive, que são legalmente preservados os direitos dos terceiros de boa-fé e, caso não seja factível obter a restituição do bem desviado, diante da boa-fé do terceiro envolvido, são gerados pedidos alternativos de indenização ou de compensação com outros bens remanescentes, e não um pedido de prisão ou de multa contra o fraudador, como sucede nos ilícitos penais e se de crime se tratasse as fraudes conjugais.

Basta lembrar que nem sequer existe o delito penal de fraude, ou em sua expressão mais abrangente que trata do crime de estelionato praticado por cônjuge, convivente ou algum parente ascendente ou descendente, prescrevendo o artigo 181 do Código Penal a completa isenção da pena de quem comete delito contra o patrimônio em prejuízo do cônjuge, na constância da sociedade conjugal e contra ascendente ou descendente, salvo se o crime tiver sido cometido em detrimento do cônjuge separado ou divorciado (CP, art. 182).

Trata-se de uma escusa absolutória, condição negativa de punibilidade ou causa pessoal de exclusão da pena. Portanto, se não existe crime entre os cônjuges, não está sendo criminalizado o consorte que eventualmente fraude, tampouco pode ser penalizado o consorte que está sendo fraudado por fazer a denúncia de um possível ilícito civil e por tentar proteger sua meação ou seus bens sucessíveis, e muito menos o seu procurador judicial que simplesmente atua como porta-voz processual.

Fere a liberdade de expressão da parte e o direito constitucional do exercício da advocacia, previsto no artigo 133 da Constituição Federal, quando determina que: "o advogado é indispensável à administração da justiça, sendo inviolável por seus atos e manifestações no exercício da profissão, nos limites da lei".

E, certamente, o acesso ao devido processo legal e à mais ampla prova é direito e princípio fundamental que usualmente cônjuges desavindos tentam cercear se fazendo passar por vítimas de calúnia, injúria ou difamação e, mediante ameaças de processos criminais, buscam impedir pela abjeta intimidação qualquer movimentação do consorte lesado de tentar apurar, judicialmente e em segredo de justiça, a veracidade ou não dos seus temores materiais, particularmente quando o tema é discutido sem nenhuma publicidade, no ventre de uma ação

Cap. 2 • PARTILHA DOS BENS CONJUGAIS 303

de direito de família, cuja existência da fraude será apurada a partir do devido processo e cuja extensão do prejuízo o consorte vitimado normalmente desconhece, mas desconfia da ocorrência de fraude e por isto investiga e o faz sem nenhum ato de desapreço ao parceiro a quem atribui a autoria do ilícito civil e contra quem exerce a pesquisa, paralisação dos desvios e eventual ressarcimento do dano, se já for tarde desconstituir os atos fraudatórios.

2.2.18.3 A fraude como ilícito ético

Um ilícito é mais amplo do que sua restrita esfera penal, pois uma coisa é o comportamento contrário às normas que conferem poderes, que proíbem ou permitem realizar determinada ação ou alcançar certo estado de coisas, em contrapartida de outras ações ilícitas de fazer o que é proibido, porquanto existem ilícitos que são contrários às regras e outros que são contrários aos princípios, aduzindo Manuel Atienza e Juan Ruiz Manero serem ilícitos típicos aqueles contrários às regras, enquanto os que se opõem aos princípios são ilícitos atípicos.

De qualquer modo, ameaçar a parte vitimada ou ao advogado da parte que pesquisa algum ilícito civil de fraude e de desvio de bens conjugais ou hereditários atenta, como antes registrado, sagrado direito ao exercício da profissão da advocacia e que encontra seu amparo extremo no artigo 133 da Constituição Federal, ao estabelecer que "o advogado é indispensável à administração da justiça, sendo inviolável por seus atos e manifestações no exercício da profissão, nos limites da lei".[310]

Ingressar com uma representação na Ordem dos Advogados contra o profissional que representa cliente que pode estar sendo lesado em seus bens, sob a acusação de suposta calúnia, injúria ou difamação, e tentar intimidar o advogado que apenas exerce a sua profissão em defesa do seu constituinte lesado, é dar vazão a ato de uma abominável intimidação via o ingresso de processo ético ou criminal. Isso significa permitir que seja violado direito fundamental de cada cidadão de ser representado por um advogado e de ter acesso ao devido processo legal, que não cede nem se verga aos interesses escusos e às ações autoritárias que já extrapolam quando, pela fraude cônjuges, companheiros e coerdeiros, colocam em risco direitos conjugais e sucessórios, e vedar a movimentação do consorte lesado de tentar apurar a veracidade ou não dos seus temores materiais é negar direitos fundamentais.

2.2.19 Os vícios de vontade

Louis Josserand chamava de vícios do consentimento a existência de circunstâncias que destruíam a vontade jurídica em casos de infância, loucura ou embriaguez e os identificava no erro, na violência, no dolo, na lesão e na incapacidade, que dizia funcionar como um verdadeiro vício de consentimento do incapaz, como incapaz já seria o menor, a pessoa sem o devido

---

[310] Representação 49.0000.2019.005618-0/SCA. Ementa 024/2019/SCA. Representação. Falta de dever de urbanidade. Supostas ofensas irrogadas em juízo e na discussão da causa. Inviolabilidade material do advogado. Inteligência do artigo 133 da Constituição Federal. Ausência, ademais, do elemento subjetivo do tipo infracional. *Animus defendendi* que não se coaduna com a intenção de ofender. Representação julgada improcedente. Acórdão. Vistos, relatados e discutidos os autos do processo em referência, acordam os membros da Segunda Câmara do Conselho Federal da Ordem dos Advogados do Brasil, observado o *quórum* exigido no art. 92 do Regulamento Geral, por unanimidade, em julgar improcedente a representação, nos termos do voto do Relator. Brasília, 17 de setembro de 2019. Ary Raghiant Neto. Presidente. Guilherme Octávio Batochio, Relator (DEOAB, a.1,184, 19.09.2019, p. 4).

discernimento, assim como o ébrio contumaz. Nessa toada, definia o erro com suas diversas categorias: a violência que invoca a ideia de constrangimento ou a coação física ou moral; o dolo, considerado como toda espécie de artifício de que alguém se serve para enganar a outro; a lesão contratual, um prejuízo sofrido por uma das partes em razão de cláusulas que figuram na convenção, provocando um desequilíbrio na operação e usando como exemplo o preço vil de uma venda, ou o preço excessivo dessa mesma venda, mudando somente as posições dos contratantes prejudicados, ora figurando o comprador como vítima, quando paga um preço extorsivo, ora figurando o vendedor, quando recebe um preço vil.[311]

Conforme Sílvio Rodrigues, é ato jurídico lícito de manifestação da vontade todo aquele ato capaz de criar, resguardar, transferir, modificar ou extinguir relações na órbita do direito, sendo uma prerrogativa conferida ao indivíduo considerado capaz pelo ordenamento jurídico, de poder, por intermédio de sua vontade, criar relações a que o direito empresta validade, desde que se encontrem em conformidade com a ordem social, de tal modo que esse exercício da autonomia da vontade só encontra limite na lei e na ordem pública. E continua o referido autor dizendo que o ato jurídico é fundamentalmente um ato de vontade, conquanto essa vontade seja externada de forma livre e consciente, e, se porventura isso não ocorre, porque a vontade carrega um defeito que a vicia, então esse ato é suscetível de ser desfeito, capitulando a lei as hipóteses de nulidade e de anulação.[312]

No Código Civil e Comercial da Argentina, os vícios de consentimento estão prescritos no artigo 409, que os configura nos atos da violência, dolo e erro, descrevendo o consentimento como um ato voluntário que exige para a sua validade que seja prestado com discernimento, com a intenção de expressar dita anuência e com a inerente liberdade. É obstáculo ao discernimento alguma falta transitória ou permanente de saúde mental, não obstante no ordenamento jurídico brasileiro vige um novo regime das incapacidades com a revogação dos artigos 3.º e 4.º do Código Civil, pelo Estatuto da Pessoa com Deficiência (Lei 13.146/2015), que afasta a condição de incapaz, porque deficiente mental, e atenta, sim, para a impossibilidade de a pessoa exprimir sua vontade, cuja limitação pode decorrer de outras causas.[313] Respeitante ao vício da vontade, o artigo 201 do Código Civil do Peru considera que o erro é causa de anulação do ato jurídico quando ela seja essencial e conhecida pela outra parte.

O consentimento, quando viciado, cria uma discrepância entre a vontade declarada e a vontade hipotética, que é justamente aquela que seria revelada não fossem o erro, o dolo, a coação, o estado de perigo ou a lesão.[314] A simulação distingue-se dos vícios de consentimento porque a divergência entre o que querem as partes e o que declaram é produzida deliberadamente,[315] qual seja, não há vício de vontade na simulação, pois é exatamente este o desejo dos simuladores, o de intencionalmente enganarem terceiro ou fraudarem a lei, com o propósito de alcançar resultado jurídico diverso daquele aparentado, ao passo que nas figuras jurídicas, cujo consentimento foi viciado, essa divergência existe e é elemento específico na invalidade do ato ou do negócio jurídico, como no erro, *v.g.*, em que a pessoa crê verdadeiro o que é falso, ou falso o que é verdadeiro.[316] Por sua vez, no dolo foi empregado

---

[311] JOSSERAND, Louis. *Derecho civil.* Buenos Aires: Bosch, 1950. t. II, v. I, p. 47- 82.

[312] RODRIGUES, Silvio. *Dos vícios do consentimento.* 3. ed. São Paulo: Saraiva, 1989. p. 10-11.

[313] REQUIÃO, Maurício. *Estatuto da pessoa com deficiência, incapacidades e interdição.* 2. ed. Florianópolis: Tirant lo Blanch, 2018. p. 185.

[314] BOZZA, Fábio Piovesan. *Planejamento tributário e autonomia privada.* São Paulo: Quartier Latin, 2015. p. 134.

[315] GOMES, Orlando. *Introdução ao direito civil.* 19. ed. Rio de Janeiro: Forense, 2008. p. 381.

[316] GOMES, Orlando. *Introdução ao direito civil.* 19. ed. Rio de Janeiro: Forense, 2008. p. 374.

algum artifício para enganar a pessoa e levá-la à prática de um ato que, sem a existência dessa manobra astuciosa, a pessoa não o realizaria, por exemplo, na captação dolosa da vontade em matéria de testamento. Anota Silvio Rodrigues que, para possibilitar a anulação do testamento, a captação deve ser a causa determinante do consentimento.[317]

Cristiano Chaves de Farias e Nelson Rosenvald falam em *defeitos do negócio jurídico*, que podem se apresentar sob a forma de *vícios de consentimento* ou de *vícios sociais*. Os primeiros dizem respeito às hipóteses nas quais a manifestação de vontade do agente não corresponde ao íntimo e verdadeiro intento do agente, sendo vícios de vontade ou de consentimento o dolo, a coação, a lesão e o estado de perigo. Nos *vícios sociais*, por seu turno, a vontade é exteriorizada em conformidade com a intenção do agente, contudo há uma deliberada vontade de prejudicar terceiro ou de burlar a lei, configurando um vício externo, de alcance social, e um exemplo de vício social seria a fraude perpetrada contra credores.[318]

Para Marcos Bernardes de Mello, a vontade juridicamente relevante é aquela que se exterioriza mediante manifestação ou declaração, pois a vontade que se mantém interna não serve à concreção do negócio, e, se não há exteriorização, não há vontade no plano jurídico. Outrossim, a falta de vontade de manifestação faz nenhuma vontade, existindo várias espécies de defeitos que viciam a vontade, como o erro, o dolo, a coação, o estado de perigo e a lesão.[319] Assim, a sanção legal que o Código Civil lhes aplica é a anulabilidade dos negócios em que o consentimento não é livre e conscientemente manifestado. Aduzem Humberto Theodoro Júnior e Helena Lanna Figueiredo que o Código Civil de 2002 submeteu-se à teoria da confiança, em que o destaque maior é conferido à boa-fé, à lealdade e à segurança das relações jurídicas.[320]

Esses defeitos do negócio jurídico são chamados de *vícios do consentimento* – erro, dolo e coação – e *vícios sociais* – estado de perigo, lesão e fraude contra credores, explicando Gustavo Tepedino e Milena Donato Oliva que os vícios de consentimento refletem divergência entre a vontade declarada e a vontade que seria declarada, se não fosse a circunstância externa que afetou a manifestação da vontade, e que, por sua vez, os vícios sociais refletem a reprovação legal aos negócios praticados sob certas circunstâncias que criam verdadeira dissonância entre a vontade declarada e os ditames do ordenamento jurídico.[321]

2.2.20 Anulação do acordo fraudulento

Há negócios jurídicos solenes e não solenes, alguns documentados por contratos e outros por acordos, por exemplo, os ajustes homologados em juízo que exigem a presença da autoridade do juiz. É inequívoco que o negócio jurídico passa por três planos para que tenha reconhecida a sua plena eficácia: plano da *existência*, plano de *validade* e, por fim, plano da *eficácia*. No plano da existência, entram todos os fatos jurídicos, lícitos ou ilícitos e não se cogita de invalidade ou eficácia do fato jurídico, mas importa apenas a realidade da existência. Vale-se Marcos Bernardes

---

[317] RODRIGUES, Silvio. *Dos vícios do consentimento*. 3. ed. São Paulo: Saraiva, 1989. p. 186.

[318] FARIAS, Cristiano Chaves de; ROSENVALD, Nelson. *Curso de direito civil*. Parte geral e LINDB. 18. ed. Salvador: JusPodivm, 2020. p. 722.

[319] MELLO, Marcos Bernardes de. *Teoria do fato jurídico*. Plano da validade. 15. ed. São Paulo: Saraiva, 2019. p. 201-202.

[320] THEODORO JÚNIOR, Humberto; FIGUEIREDO, Helena Lanna. *Negócio jurídico*. Rio de Janeiro: GEN/Forense, 2021. p. 338.

[321] TEPEDINO, Gustavo; OLIVA, Milena Donato. *Fundamentos do direito civil*. Teoria geral do direito civil. Rio de Janeiro: Forense, 2020. v. 1, p. 311.

de Mello do clássico exemplo do casamento realizado perante quem não tenha autoridade para casar, como um delegado de polícia ou um governador, que são autoridades, mas não têm poderes para executar uma cerimônia matrimonial. Nessa hipótese o fato jurídico simplesmente não existe, dispensando qualquer discussão acerca da sua existência, nulidade ou eficácia.[322]

Ato jurídico válido, diz Marcos Bernardes de Mello, é aquele cujo suporte fático é perfeito, qual seja, seus elementos nucleares não têm qualquer deficiência invalidante, não lhes falta qualquer elemento complementar, pois o ato jurídico está plenamente integrado com o ordenamento jurídico, mas, ao contrário, quando algum de seus elementos nucleares é deficiente, porque, por exemplo, a vontade foi externada por uma pessoa absolutamente incapaz, ou está eivada de vício invalidante, como o erro ou o dolo, ou então o seu objeto é ilícito, imoral, indeterminável ou impossível, ou não foi observada a forma prescrita em lei, por exemplo, o uso da escritura pública, então esse negócio é inválido.[323]

Por fim, superadas as duas primeiras etapas, a produção de efeitos pelo negócio jurídico depende da análise de sua eficácia, que pode ser embaraçada pela sobreposição de cláusula acessória ao negócio jurídico,[324] a depender de condição, termo ou encargo.

2.2.21 O *consilium fraudis* e o *eventus damni*

A fraude contra credores é composta por seu elemento objetivo, o *eventus damni*, que significa o resultado do dano, o prejuízo causado ao credor com a insolvência do devedor que o impossibilita de satisfazer seu crédito, e seu elemento subjetivo, o *consilium fraudis*, significa o propósito consciente de fraudar. Atentam Humberto Theodoro Júnior e Helena Lanna Figueiredo que, para configurar o *eventus damni*, é necessário que o ato de disposição praticado pelo devedor tenha como objeto bem penhorável, pois somente assim terá comprometido a garantia genérica de seus credores quirografários, uma vez que se alienou bem legalmente impenhorável, como a casa de moradia (Lei 8.009/1990),[325] ou o instrumento necessário do trabalho ou profissão (CPC, art. 833, V), e nenhum decréscimo sofreu o patrimônio executável do devedor e nenhum prejuízo adveio para os credores do alienante.[326]

Durante longo tempo divergiu a doutrina sobre a obrigação de existência do dolo do devedor, no sentido de que tivesse conhecimento ou consciência do prejuízo que seu ato ocasionaria ao credor ao subtrair a garantia patrimonial representada pelos seus bens, os quais ficavam sujeitos à sanção expropriativa, optando o legislador brasileiro por proteger o adquirente de boa-fé em desfavor dos interesses do credor, salvo quando detectada a presença do elemento subjetivo do *consilium fraudis*.

---

[322] MELLO, Marcos Bernardes de. *Teoria do fato jurídico*. Plano da validade. 15. ed. São Paulo: Saraiva, 2019. p. 163.

[323] MELLO, Marcos Bernardes de. *Teoria do fato jurídico*. Plano da validade. 15. ed. São Paulo: Saraiva, 2019. p. 43.

[324] TEPEDINO, Gustavo; OLIVA, Milena Donato. *Fundamentos do direito civil*. Teoria geral do direito civil. Rio de Janeiro: Forense, 2020. v. 1, p. 249 e 293.

[325] A Primeira Turma do STJ reafirmou que a alienação do imóvel que sirva de residência para o devedor e sua família não afasta a impenhorabilidade do bem de família, motivo pelo qual não está caracterizada a fraude à execução fiscal. Disponível em: https://www.stj.jus.br/sites/portalp/Paginas/Comunicacao/Noticias/2023/28112023-Doacao-do-bem-de-familia-para-filho-nao-e-fraude-a-execucao-fiscal.aspx. Acesso em: 10 jan. 2024.

[326] THEODORO JÚNIOR, Humberto; FIGUEIREDO, Helena Lanna. *Negócio jurídico*. Rio de Janeiro: GEN/Forense, 2021. p. 563.

Já ensinava Alvino Lima que o conhecimento do prejuízo do credor pode surgir mesmo quando não há a intenção de prejudicá-lo, sendo indício não do dolo, mas de simples culpa, pois tem o devedor a consciência de que lesa a garantia dos credores. Portanto, o *consilium fraudis* se apresenta de igual forma, podendo existir em razão de dolo ou em função da simples culpa, tudo porque o devedor não agiu com as cautelas que dele eram esperadas.[327] Logo, o *consilium fraudis* se configura com o simples conhecimento que tenha ou que deva ter o devedor, do seu estado de insolvência e das consequências que, do ato lesivo, resultarão para os credores.[328]

Segundo Marcos Bernardes de Mello, o *consilium fraudis* não constitui elemento essencial à caracterização da fraude contra credores, de modo que não há necessidade de que o devedor, ao alienar, tenha o propósito de fraudar os seus credores, nem mesmo que tenha consciência ou a ciência de que a sua alienação o levará à insolvência, bastando a prova da insolvência e do prejuízo dos credores para que seja materializada a fraude, resultando disso o efeito de que o devedor não poderá se defender sob a alegação de que desconhecia as consequências do seu ato. O autor ainda adverte que o *consilium fraudis* é elemento essencial da fraude contra credores na Lei de Recuperação e Falências (Lei 11.101/2005), ao dispor no seu artigo 130[329] serem revogáveis os atos praticados com a intenção de prejudicar credores, provando-se o conluio fraudulento entre o devedor e o terceiro que com ele contratar e o efetivo prejuízo sofrido pela massa falida.

2.2.22 A sonegação de bens

Bens podem ter sido inconsciente ou propositadamente excluídos ou desviados da partilha do acervo conjugal, merecendo cada uma dessas situações um tratamento processual distinto, pois, se forem bens remotos do lugar da partilha, ou de liquidação morosa ou difícil, ou se sobre eles recai irreversível litígio, com a concordância de todos os interessados, esses bens poderão ser objeto de uma partilha adicional, chamada de sobrepartilha, para não atrapalhar a divisão dos demais bens e cujas existência e comunicação não são controvertidas.

Conforme o artigo 2.021 do Código Civil, faz-se necessário o consentimento da maioria, no caso de inventário ou do meeiro, quando se trata da partilha dos bens conjugais ou da união estável, porquanto a deliberada omissão dos bens poderá ser interpretada como um ato de sonegação, assim compreendido como sonegado todo aquele bem que deveria ser descrito na partilha, porém, propositadamente, não foi arrolado pelo herdeiro ou meeiro, ou nem sequer foi trazido à colação.

O desvio consciente e deliberado de bens que deveriam ser descritos ou restituídos ao acervo comum configura o instituto da sonegação, cuidando o herdeiro de ocultá-los e omitir a sua descrição, negando a sua existência e a sua restituição. Deve estar presente nesse gesto a malícia ou o dolo, com a cônscia intenção de sonegar, prevendo a legislação sucessória a perda do direito que caberia ao sonegador sobre os bens por ele sonegados, devendo restituí-los ao acervo para serem sobrepartilhados apenas entre os demais herdeiros.

Os efeitos da sentença de sonegação atingem o sonegador inventariante e o herdeiro sonegador e, inclusive, o cônjuge ou convivente, especialmente porque este último se tornou

---

[327] LIMA, Alvino. *A fraude no direito civil*. São Paulo: Saraiva, 1965. p. 142.

[328] THEODORO JÚNIOR, Humberto; FIGUEIREDO, Helena Lanna. *Negócio jurídico*. Rio de Janeiro: GEN/Forense, 2021. p. 568.

[329] MELLO, Marcos Bernardes de. *Teoria do fato jurídico*. Plano da validade. 15. ed. São Paulo: Saraiva, 2019. p. 263-264.

herdeiro necessário depois dos julgamentos pelo Supremo Tribunal Federal dos Recursos Extraordinários 646.721/RS e 878.694/MG, ambos com repercussão geral. Esses julgamentos equipararam os direitos sucessórios dos conviventes aos dos cônjuges, tornando-se ambos, cônjuge e conviventes, héteros ou homoafetivos herdeiros necessários e, portanto, também podem sofrer os efeitos da ação de sonegados no âmbito do direito sucessório.

Alçados à condição de herdeiros necessários (CC, art. 1.845), o cônjuge e o companheiro são obrigados a colacionarem os bens antecipadamente recebidos como doação, estabelecendo o artigo 2.003 do Código Civil que a colação tem por fim igualar as legítimas do cônjuge sobrevivente e do herdeiro, no propósito de que todos os herdeiros recebam o mesmo quinhão hereditário.

Não haverá sonegação, se o cônjuge declarar o caráter privativo do bem, animando-se no transcurso do processo a demonstrar a procedência dessa alegação, ou se o outro consorte reconhecer essa condição privativa do bem. Tampouco será considerado um bem sonegado se essa discussão sobre o caráter comum ou privado do bem for diferida para outro momento processual, podendo os cônjuges ou conviventes firmar cláusula em sua separação, divórcio ou dissolução de sua união estável, por cujo teor renunciam reciprocamente ao exercício de qualquer ação posterior à partilha para pesquisarem e reivindicarem a comunicação de bens eventualmente sonegados. Aliás, reside nessa prática uma forma singela de fraude à meação, pois cláusulas gerais que negam a existência de outros bens estancam e inibem qualquer movimentação posterior na busca de bens para sobrepartilha, declarando os cônjuges ou companheiros, antecipadamente, que, se existentes, esses outros bens pertencem àquele que os titular nominalmente.

A renúncia, para ser válida, não poderia ser genérica, relacionada a todo e qualquer bem porventura desconhecido e omitido no processo de liquidação do patrimônio da sociedade conjugal, mesmo porque a legislação nacional prevê que todo negócio jurídico, no que respeita à sua liquidação, admite as ações de nulidade (CC, art. 166) e de anulação (CC, arts. 138 e 145), notadamente quando exercitada em combate à fraude da meação do consorte prejudicado (CC, art. 158).

A sonegação atende aos interesses do direito sucessório e não tem previsão expressa para sua aplicação no direito de família, na partilha judicial (CPC art. 731), se porventura sonegados bens por um dos consortes ou conviventes no divórcio ou dissolução de união estável. Divórcios e dissoluções de união estável consensuais são instrumentos que também podem ser postos a serviço da fraude, especialmente depois de dispensada pela Emenda Constitucional 66/2010 a audiência de ratificação.

Não obstante a importância da aplicação do instituto da sonegação ao direito de família, com intuito de minimizar a larga prática da fraude, Marina Pacheco Cardoso Dinamarco sugere sua aplicação por analogia ao direito das sucessões, porquanto os dois setores da ciência jurídica civil da família e das sucessões tratam da partilha sem nenhuma diferença significativa, pois, em um instituto, a partilha dos bens se dá pela morte e no outro a partilha decorre da dissolução da relação afetiva. E em ambos os institutos remanesce idêntico propósito de cunho dissuasório incidente como uma pena pela deliberada sonegação, servindo a pena de sonegados como um eficiente instrumento jurídico para garantir a igualdade na divisão dos bens e proteger, além da viúva e herdeiros, os cônjuges e conviventes meeiros.[330]

Refere Alvino Lima que a sanção contra a fraude deve ser a mais rigorosa possível não só para evitar que seja burlado o império da lei, mas também para satisfazer de maneira mais

---

[330] DINAMARCO, Marina Pacheco Cardoso. *A aplicação da pena de sonegados nas partilhas decorrentes do divórcio*. 2017. Dissertação (Mestrado) – PUC/SP, São Paulo, 2017, p. 137.

completa possível o dano sofrido pelo credor lesado, e o meio mais eficaz de reparar o dano é o efeito de negar eficácia ao ato jurídico praticado pelo devedor e pelo terceiro partícipes da fraude.[331]

Em parte, tem razão Alvino Lima ao concluir que a anulação da fraude restaura integralmente os seus efeitos jurídicos e devolve a cada cônjuge a exata porção de seu lote patrimonial. No entanto, a falta de uma punição real termina incentivando o fraudador ao impune exercício do engodo, pois não tem nada a perder, se descoberto na prática de sua ilícita intervenção, pois o resultado jurídico está longe de desestimulá-lo diante da expectativa de receber uma vantagem futura, afora seus planos secretos de asfixiar financeiramente a sua ex-esposa ou ex-companheira.[332]

O País vive uma crise sem precedentes de improbidade e a impunidade verificada ao longo dos anos é a maior de todas as suas motivações, sendo imprescindível uma radical mudança de paradigmas, com sanções mais severas e efetivas, com feição repressiva e punitiva, verdadeira função dissuasória e preventiva, endereçada a cônjuges e companheiros inclinados a fraudar as meações de seus parceiros, e para que eles não mais se esgueirem pelas dissensões conjugais com esta indigesta prática da burla à meação conjugal. Um bom mecanismo de punição é a aplicação da pena civil de perda pelo sonegador do bem por ele tentado fraudar e que intenta por artifícios desviá-lo da meação de seu cônjuge ou convivente.

Como ensina Luiz Paulo Vieira de Carvalho, o sonegador é obrigado a restituir o bem ou o seu valor correspondente, de perder todos os eventuais direitos que lhe caberiam sobre a coisa sonegada, de ser removido do cargo de eventual inventariança,[333] afora ter de restituir o valor do bem sonegado, mais lucros cessantes e danos emergentes, penalizando com rigor exemplar todo malicioso meeiro fraudador, em harmônica sintonia e profilática analogia com o direito das sucessões.

A sonegação de bens está regulamentada para o direito sucessório nos artigos 1.992 a 1.996 do Código Civil, prescrevendo que o herdeiro que sonegar bens da herança, não os descrevendo no inventário quando estejam em seu poder, ou, com o seu conhecimento, no poder de outrem, ou que se omitir na colação, a que os deva levar, ou que deixar de restituí-los, perderá o direito sobre eles que lhe caiba (CC, art. 1.992).

José Fernando Simão define a sonegação como um ilícito civil que pressupõe o dolo de quem o pratica, não se tratando de mero esquecimento, mas da intenção mesmo de frustrar a partilha, sendo ônus de quem alega provar a má-fé do sonegador, pois aquele que sonega quer ficar com o bem para si, deixando propositadamente de trazê-lo para o inventário. Como consequência de sua dolosa sonegação, recebe a pena civil de perdimento do bem sonegado, submergindo também do encargo da inventariança quando o sonegador também for o inventariante (CC, art. 1.993).[334]

Também sonega, sendo bastante comum e corrente, o cônjuge ou convivente que, em um regime de comunidade patrimonial, quer apenas para si determinados bens comuns, buscando frustrar a expectativa que tem seu consorte ou companheiro defraudado sobre a massa dos bens comunicáveis, desfalcando a meação que corresponde ao direito de cada consorte ou convivente de participar por metade da massa comum e dos direitos tutelados pelo regime

---

[331] LIMA, Alvino. *A fraude no direito civil*. São Paulo: Saraiva, 1965. p. 81.

[332] MADALENO, Rolf. A improbidade conjugal na partilha de bens. *Revista IBDFAM Famílias e Sucessões*, Belo Horizonte, v. 23, p. 28-30, set./out. 2017.

[333] CARVALHO, Luiz Paulo Vieira de. *Direito das sucessões*. São Paulo: Atlas, 2014. p. 871.

[334] SIMÃO, José Fernando *et al. Código Civil comentado*. Doutrina e jurisprudência. Rio de Janeiro: GEN/Forense, 2011. p. 1.540.

primário de comunidade patrimonial. A sonegação é uma das formas de fraude à sociedade conjugal, posta em prática mediante a manobra de um dos cônjuges de tentar burlar a meação do outro consorte, em verdadeira fraude à meação pela eleição da sonegação na partilha de certos bens, por exemplo, quando o cônjuge omite na liquidação da partilha a existência de uma ou várias aplicações financeiras, ou de quaisquer outros bens que obrigatoriamente deveriam integrar o ato de divisão patrimonial.

Contudo, a pena de sonegados está prevista unicamente para o direito sucessório, muito embora haja total analogia na sonegação de um consorte ao subtrair da partilha a existência de algum bem comum. Contudo, por se tratar de uma pena, mesmo que aplicada na esfera civil e consistente na perda do bem dolosamente sonegado, lamentavelmente não é possível punir o cônjuge ou companheiro sonegador por aplicação da analogia, muito embora o procedimento da partilha regulado tanto pelo Código Civil como pelo Código de Processo Civil seja exatamente o mesmo a ser aplicado para as partilhas sucessórias, bem como para as partilhas conjugais ou convivenciais. Entretanto, existem sérias resistências para a sua aplicação analógica, havendo, no entanto, vozes favoráveis à incidência da pena de perda do bem sonegado para os processos de partilha dos bens dos cônjuges e dos conviventes. Nesse sentido defendem Marina Pacheco Cardoso Dinamarco e Anderson Lopes, ao concluírem tratar o artigo 1.992 do Código Civil de uma norma jurídica de sentido único, com intuito de garantir uma partilha justa e equilibrada, independentemente da sua origem sucessória ou familista. Citam, inclusive, precedente do Tribunal de Justiça de Santa Catarina que, no Agravo de Instrumento 4014280-06.2016.8.24.0000, determinou a apresentação dos bens no divórcio sob pena de aplicação da sanção de sonegados, bem como o Projeto de Lei 2452/2019, da Senadora Soraya Thronicke, que acrescenta os §§ 2.º e 3.º ao artigo 1.575 do Código Civil, adicionando a previsão de fraude na partilha de bens sonegados por ocasião da dissolução do casamento,[335] havendo idêntica sugestão a ser proposta pela Comissão de Revisão do Código Civil, em sua Subcomissão do direito das sucessões.

Diferentemente do Tribunal de Justiça de Santa Catarina, a 6.ª Câmara Cível do Tribunal de Justiça de Minas Gerais, na Apelação Cível 1.0000.20.037879-2/001, julgada em 17 de junho de 2020, ordenou a sobrepartilha de bem sonegado por ocasião do divórcio, valendo-se do artigo 2.022 do Código Civil e sujeitando à sobrepartilha os bens sonegados e desconhecidos quando da partilha. Idêntica diferença de tratamento pode ser percebida no artigo 181 do Código Penal, quando isenta da pena o cônjuge que comete o crime patrimonial de estelionato contra seu consorte, tipificado no artigo 171 do Código Penal, para quem intenta obter, para si ou para outrem, vantagem ilícita em prejuízo alheio, induzindo ou mantendo alguém em erro, mediante artifício, ardil, ou qualquer outro meio fraudulento. Trata-se de crime patrimonial praticado mediante fraude, e, no lugar da clandestinidade, da violência física ou da ameaça intimidatória, o agente utiliza o engano ou se serve deste para que a vítima, inadvertidamente, se deixe espoliar na esfera de seu patrimônio, consistindo a fraude em uma lesão patrimonial por meio do engano.[336]

Embora o artigo 181 do Código Penal isente o cônjuge responsável pelo delito da fraude ou do delito patrimonial (e por igual deve ser estendida a isenção ao companheiro), invocando o legislador penal razões focadas na preservação da entidade familiar e nos vínculos de

---

[335] DINAMARCO, Marina Cardoso; LOPES, Anderson. Aspectos cíveis e penais da fraude à partilha de bens no divórcio. *Migalhas de Peso*. Disponível em: https://m.migalhas.com.br/depeso/330256/aspectos--civeis-e-penais-da-fraude-a-partilha-de-bens-no-divorcio. Acesso em: 6 jul. 2020, p. 2.

[336] MASSON, Cleber. *Direito penal*. Parte especial. 13. ed. Rio de Janeiro: GEN/São Paulo: Método, 2020. v. 2, p. 520.

filiação, a Lei Maria da Penha (Lei 11.340/2006) traz nova abordagem diante da violência doméstica e familiar[337] praticada pelo cônjuge ou convivente, parceiro ou namorado, enfim, por qualquer pessoa que exerça contra a mulher essa violência de cunho econômico ou material, observando Marina Pacheco Cardoso Dinamarco e Anderson Lopes que, ocorrendo a fraude após a instauração do processo civil de divórcio e partilha, a conduta fraudatória ou a ofensa patrimonial podem caracterizar o crime de fraude processual (CP, art. 347), e que, muito embora a fraude na partilha seja frequente nas dissoluções afetivas, a existência da imunidade penal do artigo 181 do Código Penal não elimina a responsabilização prevista na Lei Maria da Penha (Lei 11.340/2006), que alargou o conceito de violência doméstica e familiar contra a mulher, não sendo aplicada a imunidade se o crime é praticado com o emprego de grave ameaça ou com violência à pessoa (Código Penal, art. 183).[338]

Tirante assim as hipóteses de penalização oriundas da violência doméstica, a fraude em si do cônjuge ou companheiro estelionatário, que intenta sonegar da sua esposa ou companheira bens que deveriam entrar na partilha, talvez encontre sua larga disseminação justamente nessa sensação de impunidade concedida pelo próprio legislador, cujo Código Penal de 1940 ainda carrega em sua gênese o modelo do casamento indissolúvel da Constituição Federal de 1937, quando ainda era ausente o instituto do divórcio, somente aprovado em julho de 1977 com a Emenda Constitucional n.º 9, que alterou a então vigente Constituição Federal de 1967, cujo instituto do divórcio foi regulamentado pela Lei 6.515/1977, permitindo antever que se trata de uma defesa descontextualizada do casamento, quando sopesado com os seus efeitos materiais.

O legislador penal de 1940 preferia preservar o casamento e o legislador civil de 1916 escolhia ordenar a sobrepartilha, em descompasso com o legislador atual, que não mais isenta da pena a violência doméstica e familiar econômica. Igualmente, precisam ser adotadas medidas mais drásticas e educativas, verdadeiras penalidades civis, por exemplo, a pena da perda do bem sonegado, que precisa ser adicionada àqueles que, vivendo sob a sensação de impunidade, não se ressentem da prática deste censurável ilícito civil, e que talvez encontre algum resultado jurídico, caso seja aprovado o Projeto de Lei 2.452/2019, da autoria da Senadora Soraya Thronicke de Mato Grosso do Sul, que propõe acrescentar os §§ 2.º e 3.º ao artigo 1.575 do Código Civil, para nele dispor sobre a fraude na partilha de bens por dissolução do casamento e, por extensão, também à fraude na dissolução da união estável, com a perda para a parte adversa e fraudadora do bem comum que se comprovar ter sido objeto de fraudulenta sonegação pelo cônjuge ou convivente. Essa proposição apresentada pela Senadora Soraya Thronicke foi absorvida pela Comissão de Juristas responsável pela revisão e atualização do Código Civil, que apresentou seu anteprojeto em trâmite pelo Congresso Nacional, cujo artigo 1.666-A dispõe que: "Art. 1.666-A. O ato de administração ou de disposição praticado por um só dos cônjuges ou conviventes em fraude ao patrimônio comum implicará sua responsabilização pelo valor atualizado do prejuízo. § 1.º O cônjuge ou convivente que sonegar bens da partilha, buscando apropriar-se de bens comuns que estejam em seu poder ou sob a sua administração e, assim, lesar economicamente a parte adversa, perderá o direito que

---

[337] O Decreto 11.431, de 8 de março de 2023, instituiu o Programa Mulher sem Violência, com o objetivo de integrar e ampliar os serviços públicos destinados às mulheres em situação de violência, por meio da articulação dos atendimentos especializados no âmbito da saúde, da segurança pública, da rede socioassistencial e da promoção da autonomia financeira (art. 1º).

[338] DINAMARCO, Marina Cardoso; LOPES, Anderson. Aspectos cíveis e penais da fraude à partilha de bens no divórcio. *Migalhas de Peso*. Disponível em: https://m.migalhas.com.br/depeso/330256/aspectos--civeis-e-penais-da-fraude-a-partilha-de-bens-no-divorcio. Acesso em: 6 jul. 2020, p. 6.

sobre eles lhe caiba. § 2.º Comprovada a prática de atos de sonegação, a sentença de partilha ou de sobrepartilha decretará a perda do direito de meação sobre o bem sonegado em favor do cônjuge ou convivente prejudicado". Trata-se de típica proposição para combater a fraude via sonegação de bens em processo de partilha entre cônjuges e conviventes, cuja sonegação poderá ser declarada na própria sentença de liquidação de partilha.

2.2.23 O desvio de bens conjugais

A sociedade conjugal não tem personalidade jurídica, de modo que não pode ser sujeito de direitos independentes dos cônjuges. Por essa razão, seguramente são os bens conjugais e comuns, quando presente o regime de comunicação patrimonial, que respondem pelas obrigações contraídas conjuntamente pelo casal, ou por um deles com o consentimento do outro, prescrevendo o artigo 1.643 do Código Civil brasileiro que podem os cônjuges, independentemente de autorização um do outro, comprar, ainda a crédito, as coisas necessárias à economia doméstica (inc. I) e obter, por empréstimo, as quantias que a aquisição dessas coisas possa exigir (inc. II), e que as dívidas contraídas para os fins do artigo 1.643 obrigam solidariamente a ambos os cônjuges.

O Código Civil espanhol tem idêntica orientação quando dispõe no artigo 1.367 que os bens comuns responderão, em todo caso, pelas obrigações contraídas pelos cônjuges conjuntamente, ou por um deles com o consentimento do outro, existindo no direito espanhol duas possibilidades: a primeira delas, quando são ambos os consortes que contraem a dívida, vinculando-se de forma direta com o patrimônio comum, o qual será a garantia perante os credores, dispensando-os de demonstrar que a dívida foi constituída em benefício do casamento. Como os cônjuges ou conviventes são responsáveis diretos, não somente os bens conjugais servem de garantia, mas também seus bens particulares, permitindo que os credores possam realizar seu crédito agredindo indistintamente tanto os bens comuns como os privativos de qualquer um dos esposos,[339] e não será necessário questionar se se trata de uma dívida do casamento, bem diferente da hipótese em que os consortes contratam no seu interesse pessoal, e não em benefício do casal ou da família conjugal.

Ademais, os bens dos consortes também respondem pelo cumprimento de dívidas contraídas por um só dos cônjuges com o consentimento do outro, ainda que não tenha havido a intervenção direta e expressa do outro cônjuge, existindo três hipóteses viáveis: a) aqueles que celebraram a dívida mediando o consentimento de forma expressa; b) aqueles em que o cônjuge não devedor não se opõe à realização da dívida; e c) aqueles em que a dívida foi contraída dentro da permissão das normas de administração dos bens conjugais comuns, sendo a dívida assumida em benefício do casal e na sua essência ou extensão à família conjugal que incluiu os filhos.

Por conta desses vínculos com terceiros que são credores dos cônjuges, é muito comum que ambos arquitetem e ponham em prática fórmulas que intentem proteger o patrimônio comum dos credores do casamento, ou dos credores de algum dos consortes, e essa proteção passa muitas vezes pelo desvio dos bens para o outro cônjuge ou companheiro que nada deve e, portanto, não tem nenhuma responsabilidade com relação ao credor de seu cônjuge. Também transferem seus bens para terceiros, geralmente parentes próximos ou amigos íntimos, que surgem como pseudocredores ou compradores dos bens conjugais,

---

[339] GARCÍA, Concepción Saiz. *Acreedores de los cónyuges y régimen económico matrimonial de gananciales.* Navarra: Thomson Reuters/Aranzadi, 2006. p. 36.

servindo sempre como plataforma de aparente segurança pessoal submeter um acordo de partilha ao beneplácito da homologação judicial ou de sua escrituração extrajudicial. O acordo e a escritura são condições de eficácia do divórcio e da partilha, mas estão sujeitos ao olhar e à revisão do juiz e do tabelião respectivamente, que podem detectar vícios de consentimento, e, sempre que encontrem cláusulas que entendam possam prejudicar algum dos cônjuges ou aos filhos, tratarão de recusar a homologação ou a escrituração do acordo, ressalvando o fato de que casais que tenham filhos menores de idade, ou que a mulher esteja grávida, não podem escriturar o divórcio, se não acordarem ou dispuserem antes e em juízo acerca dos direitos da sua prole.

O artigo 37 da Resolução CNJ 35/2007 ressalta que, havendo bens a serem partilhados na escritura, será distinguido o que é do patrimônio individual de cada cônjuge, se houver, do que é do patrimônio comum do casal, constando isso do corpo da escritura. Nesse momento as declarações podem não coincidir com a realidade e bens comuns podem ser declarados como bens particulares daquele consorte que nada deve, devendo o tabelião se negar de lavrar a escritura se detectar fundados indícios de fraude ou simulação em prejuízo de um dos cônjuges ou mesmo contra terceiros. Em caso de dúvidas sobre a declaração de vontade, deve fundamentar a recusa por escrito (Resolução CNJ/35 de 2007, art. 46) e esses convênios levados a efeito para inviabilizarem a satisfação do crédito de terceiro, ou para obstaculizarem algum direito de um dos cônjuges ou dos filhos comuns; em notório desvio patrimonial ou redução de garantias, é ineficaz por conter inegável vício congênito.[340]

2.2.24 A criptomoeda

Os primeiros sistemas de transações eletrônicas eram os cartões de crédito e os cartões para uso em caixas automáticos, que continham uma faixa magnética que dava ao usuário acesso a uma linha de crédito ou a uma conta bancária. No entanto, a incorporação da tecnologia de *microchip* a esses cartões, diz Marco Antonio de Barros, permitiu aumentar a sua capacidade de armazenagem, o grau de segurança e da sua aplicabilidade. Entrementes, existem novas formas de pagamento baseadas na tecnologia da internet, que permitem transações que diferem dos cartões de crédito ou de débito, denominados *ciberpagamentos*, mais eficientes por sua velocidade e mais seguros pelo anonimato. No entanto, concluiu Marco Antonio de Barros que são justamente as características que tornam esses sistemas igualmente atraentes para aqueles que os usam para fins ilegais, e o maior grau de anonimato, ao mesmo tempo que dá segurança, dificulta ainda mais as investigações que visam detectar as atividades ilegais.[341]

Ana Cediel e Emilio Pérez Pombo também observam que, na atualidade, o próprio dinheiro ou o conhecido papel-moeda se expande e de forma massiva como uma moeda eletrônica, e que somente uma pequena parte da massa monetária circula de mão em mão, sendo insignificativa a sua expressão financeira.[342] E estão absolutamente certos, pois, efetivamente, é extremamente baixa a circulação do dinheiro ou da chamada *moeda sonante* em toda e qualquer transação pessoal ou comercial, existindo, inclusive, uma grande desconfiança com

---

[340] COSTA, María Josefa Méndez. Derecho de familia patrimonial. Artículos 1.217 a 1.322. *In*: COSTA, María Josefa Méndez (dir.). *Código Civil comentado*. Buenos Aires: Rubinzal-Culzoni, 2004. p. 350.

[341] BARROS, Marco Antonio de. *Lavagem de capitais e obrigações civis correlatas*. 3. ed. São Paulo: RT, 2012. p. 326-327.

[342] CEDIEL, Ana; POMBO, Emilio Pérez. *Fiscalidad de las criptomonedas*. Barcelona: Atelier, 2020. p. 31.

relação à falsificação das notas físicas do papel-moeda. Os cartões de crédito são a mostra viva da forma usual e atual de pagamento das transações financeiras, nas suas duas modalidades de *débito* e de *crédito*, destronando formas antigas de pagamentos por meio de títulos cambiários representados por cheques, letras de câmbio, duplicatas e notas promissórias.

Luiz Gustavo Doles Silva compara a criptomoeda ao cartão de débito, porque ambos constituem transferência direta de recursos de uma parte para outra e aduz que o pagamento pelo sistema *Bitcoin* se inicia com a criação de uma carteira e um usuário, o que demanda um computador instalado com o *software* (*Bitcoin Client*) e conexão com a internet. Aberta uma conta na qual os *Bitcoins* ou criptomoedas serão armazenadas, não há necessidade de interferência de qualquer terceiro, como uma instituição financeira, e nem de inserir qualquer dado de identificação no sistema, como o cadastro da pessoa física (CPF) ou um endereço para que a pessoa possa operá-lo; é preciso apenas que cada carteira tenha uma numeração e uma senha próprias. Prossegue o autor dizendo que, para realizar transações com as criptomoedas, o usuário fornece instruções de pagamento e indica quantas criptomoedas devem ser entregues e para qual carteira.[343]

A própria fiscalização da economia digital para efeito de arrecadação dos tributos tem sido de difícil solução e não tem encontrado respostas claras e adaptadas a essa nova realidade, existindo uma clara inadequação do regramento tributário das atividades, negócios e relações comerciais dessa economia digital, com sua *desmaterialização,* porque nela prevalecem os intangíveis; sua *desterritorialização,* ou primazia do virtual e global e a sua *desintermediação,* porque desaparecem os intermediários, como bancos e agentes financeiros e as operações financeiras ocorrem diretamente entre os operadores econômicos. Lembre-se que o sistema tributário está todo escorado em uma economia de base material ou física, com um âmbito espacial concreto e com um nexo facilmente determinável,[344] não sendo difícil transportar todo esse mundo, ainda desconhecido e que luta contra a fraude fiscal, para uma fraude conjugal ou sucessória diante da completa falta de conhecimento e da total falta de um efetivo e eficiente mecanismo de controle sobre as mais distintas, intangíveis e inatingíveis operações com criptomoedas, cujas operações não conseguem ser rastreadas, tornando-se um modo fácil de desviar recursos conjugais.

2.2.25 A *holding* familiar

Talvez a primeira pergunta que se impõe quando se trata de empresas familiares é saber o que deve ser entendido por uma sociedade familiar e o que os estudiosos passaram a denominar de um modelo tridimensional de sociedade constituída pelos *três círculos* de John Davis, que compõem uma empresa familiar e que são: (i) a família; (ii) a propriedade da empresa; (iii) e sua gestão.[345]

Simone Tassinari Cardoso Fleischmann e Valter Tremarin Junior explicam que no processo de um planejamento sucessório de uma empresa, para decidir sobre o seu futuro e a sua sucessão, é aconselhável levar em consideração esse modelo dos três círculos criado na década

---

[343] SILVA, Luiz Gustavo Doles. *Bitcoins & outras criptomoedas*. Teoria e prática à luz da legislação brasileira. Curitiba: Juruá, 2018. p. 15-34.

[344] CEDIEL, Ana; POMBO, Emilio Pérez. *Fiscalidad de las criptomonedas*. Barcelona: Atelier, 2020. p. 48-49.

[345] PALMA, Víctor Manuel Garrido de. La familia empresaria. *In*: TOLSADA, Mariano Yzquierdo; CASAS, Matilde Cuena (dir.). *Tratado de derecho de la familia*. 2. ed. Navarra: Thomson Reuters/Aranzadi, 2017. v. IV, p. 354.

de 1970, em que o círculo da família incluiu todos os componentes da família proprietária, indiferente ao seu papel na empresa, não esquecendo da inclusão de todos os herdeiros do patriarca da empresa e preservando os interesses dos incapazes ou relativamente incapazes; tratando o círculo da propriedade, da composição de todos os familiares proprietários da empresa, sejam eles herdeiros ou não; e, por fim, no círculo da gestão estão alinhados os familiares e todos os funcionários que fazem parte ou não da família. Concluem os autores citados que esse gráfico com círculos concêntricos permite identificar eventual fonte de conflitos interpessoais, distinguir as prioridades e limitações das empresas familiares e compreender o comportamento de seus integrantes.[346]

Como adverte Eduardo Favier Dubois, as empresas familiares não estão reguladas ou identificadas no Código Civil ou em qualquer legislação, como uma categoria ou um tipo específico de sociedade empresária, carecendo de regulação especial, mas, em realidade, integram as normas comuns do direito privado e do direito público vinculadas aos integrantes da sociedade familiar, a sua estrutura e atividade. O autor complementa dizendo que a ausência de uma regulamentação legal sobre a empresa familiar levou os países, onde existe uma verdadeira cultura para protegê-las, a criarem instrumentos práticos que garantam a sua continuidade e a sucessão no âmbito familiar, e que entre os vários instrumentos jurídicos desenvolvidos para esta finalidade a peça-chave de todos eles é o *protocolo da empresa familiar*, que consiste em um regramento escrito, o mais completo e detalhado possível, subscrito pelo membro de uma família e acionista de uma empresa, que atua como mecanismo preventivo de conflitos, regulando basicamente as relações entre a família, a propriedade da empresa e sua gestão, como uma espécie de uma *carta de navegação* para prevenir futuros conflitos.[347]

Famílias associadas pelos vínculos sanguíneos e afetivos podem e usualmente levam ao natural ato de também se associarem no trabalho e à busca da subsistência familiar, prevalecendo nesse caso a vantagem de um interesse mais do que comum, que transcende a *affectio societatis* presente entre sócios que não guardam entre si os vínculos de afeto e de parentesco, uma vez que, nas sociedades familiares, muitas delas nasceram de atividades desenvolvidas dentro de casa, de absoluta aliança de subsistência e coesão familiar, cujo empreendimento alcança pelo ingente esforço de seus fundadores um valor e uma projeção material que corporificam um legado geracional.

O fator determinante da empresa familiar é pessoal e está escorado na mútua confiança, que naturalmente difere da falta, ou na menor confiança que existe na constituição de uma sociedade com estranhos, e estas geralmente são sociedades personalistas, e não anônimas, embora possam se transformar em sociedades anônimas com o tempo e com o seu crescimento. Contudo, o fato é que são sociedades de produção, indústria ou de transformação, mas também existem sociedades familiares que nada produzem e que apenas administram bens, ou unicamente detêm participações em outras empresas, prevendo o artigo 2.º, § 3.º, da Lei das Sociedades Anônimas (Lei 6.404/1976) a sua existência como uma sociedade chamada de *holding*, que tem como objetivo "participar de outras sociedades; ainda que não prevista no estatuto, a participação é facultada como meio de realizar o seu objeto social, ou para beneficiar-se de incentivos fiscais".

---

[346] FLEISCHMANN, Simone Tassinari Cardoso; TREMARIN JUNIOR, Valter. Reflexões sobre holding familiar no planejamento sucessório. *In*: TEIXEIRA, Daniele Chaves (coord.). *Arquitetura do planejamento sucessório*. Belo Horizonte: Fórum, 2019. p. 418-419.

[347] DUBOIS, Eduardo M. Favier. La empresa familiar. *In*: DUBOIS, Eduardo M. Favier (coord.). *La empresa familiar*. Encuadre general, marco legal e instrumentación. Buenos Aires: Ad-Hoc, 2010. p. 100 e 112.

A sociedade *holding* é a sociedade que segura, que detém ou que possui (*to hold*), é a sociedade da sociedade, titular e majoritária do capital social de outras sociedades que desenvolvem atividades econômicas e que são dirigidas pela *holding*, nela aportando seus bens para salvaguardá-los dos riscos empresariais. Apresenta a sua configuração inegáveis vantagens, consoante lição de Víctor Manuel Garrido de Palma, e não só fiscais, mas também de organização corporativa, mormente perante a acumulação de sociedades que, por formarem um conglomerado, revelam inconvenientes para a sua direção e gestão, por exemplo, se algum grupo familiar participa do capital majoritário de duas empresas, pode uni-las sem necessidade de fusão, aportando suas participações societárias para essa terceira sociedade formada pela *holding* que vai controlar as outras duas. Podem também dois ramos familiares promover a cisão do patrimônio empresarial de cuja sociedade participam, estabelecendo uma cisão parcial com a constituição de duas *holdings* familiares e para as quais realizam a redistribuição do patrimônio da sociedade empresária.[348]

A *holding* pode ser pura, quando tem como único objetivo a participação no capital de outras sociedades, e, nesse caso, a sua fonte de receita se resume à distribuição de lucros e juros sobre capital decorrente da titularidade das participações societárias. Explica ainda Martha Gallardo Sala Bagnoli que a *holding* pura sofre uma divisão em sua classificação, pois pode ser uma *holding* de controle ou de participação.[349] Também pode ser uma *holding* mista, quando ela promove a exploração de uma atividade empresarial com fim lucrativo, seja financeiro, industrial, comercial ou de prestação de serviço, e ainda participa de outra sociedade.[350]

Por fim, a *holding* pode ser patrimonial ou familiar e é utilizada como instrumento de planejamento sucessório e imobiliário, facilitando a sucessão hereditária e a administração dos bens. Seu quadro social e administrativo é composto por membros de uma família que administram seus bens de maneira profissional,[351] sendo muito rara a presença de pessoas estranhas à família e às propriedades na gestão empresarial.

A *holding* patrimonial concentra bens móveis e imóveis de determinada família, de uma pessoa natural ou de uma pessoa jurídica, proporcionando a economia de tributos sucessórios e imobiliários.[352]

A *holding* familiar tem a mesma função da *holding* patrimonial e é formada com o propósito de concentrar e proteger o patrimônio de uma família, facilitando a gestão desses ativos e extraindo proveito de benefícios fiscais,[353] por meio de um bom planejamento tributário, como economizar tributos. É dever de todo administrador de uma companhia, no exercício

---

[348] PALMA, Víctor Manuel Garrido de. *La familia empresaria*. *In*: TOLSADA, Mariano Yzquierdo; CASAS, Matilde Cuena (dir.). *Tratado de derecho de la familia*. 2. ed. Navarra: Thomson Reuters/Aranzadi, 2017. v. IV, p. 368.

[349] BAGNOLI, Martha Gallardo Sala. Holding *imobiliária como planejamento sucessório*. São Paulo: Quartier Latin, 2016. p. 91-92.

[350] PRADO, Roberta Nioac. Sociedade holding e doação de ações e de quotas com reserva de usufruto. *In*: PRADO, Roberta Nioac; PEIXOTO, Daniel Monteiro; SANTI, Eurico Marcos Diniz de (coord.). *Direito societário*: estratégias societárias, planejamento tributário e sucessório. São Paulo: Saraiva, 2009. p. 242.

[351] BAGNOLI, Martha Gallardo Sala. Holding *imobiliária como planejamento sucessório*. São Paulo: Quartier Latin, 2016. p. 94.

[352] RIBEIRO, Antônio Carlos Silva; GUARIENTO, Daniel Bittencourt; BARBETI, Rodrigo Luciano. *Proteção patrimonial*. 2. ed. Guaxupé: Tático, 2013. p. 150.

[353] ARAUJO, Dayane de Almeida. *Planejamento tributário aplicado aos instrumentos sucessórios*. São Paulo: Almedina, 2018. p. 106.

de suas funções (Lei 6.404/1976, art. 153), reduzir, obviamente de maneira lícita, a carga tributária, o que faz mediante um bom planejamento tributário, por exemplo, desonera as rendas provenientes dos rendimentos auferidos com alugueres de imóveis que se encontravam titulados na pessoa física, sendo transferidos para uma pessoa jurídica que tem alíquota menor de tributação.

A *holding* familiar tem a mesma finalidade da *holding* patrimonial, porém visa a separar grupos familiares, quando entre eles existem negócios comuns, e evitar conflitos entre as diferentes famílias, por exemplo, quando, dois irmãos são sócios de uma indústria e cada família constitui sua própria *holding* familiar dedicada a dirigir e gestionar participações, entre os sócios e as sociedades das quais eles participam. Segundo Elaine Cristina de Araujo e Arlindo Luiz Rocha Junior, a marca característica da holding familiar é servir ao planejamento desenvolvido pelos membros da família, considerando desafios como organização do patrimônio, administração de bens, otimização fiscal e sucessão hereditária e que a opção por sua constituição na forma de sociedade limitada de pessoas favorece aqueles que desejam impedir o ingresso de terceiros estranhos ao quadro societário, nele mantendo apenas os familiares como sócios.[354]

A *holding* imobiliária (patrimonial ou familiar) permite a extinção do condomínio e os condôminos e ex-proprietários dos imóveis transferidos para a *holding* recebem participações na empresa, mediante quotas sociais ou ações, e as decisões sobre a venda de algum imóvel são tomadas não mais pela totalidade dos condôminos, e sim pela deliberação de determinado *quorum*, cuja composição está prevista no contrato social da *holding*, ou depende de ato do seu administrador.[355] Às *holdings* familiares ou sociedades patrimoniais de família os sócios familiares aportam suas ações e quotas sociais de diferentes sociedades, que formam um grupo familiar, com seus distintos bens, sejam eles móveis ou imóveis, os quais os sócios querem salvaguardar do risco empresarial, sendo a *holding* encarregada de realizar os investimentos financeiros com independência e em separado das atividades econômicas de risco e que antes eram implementadas pela sociedade produtora e ativo mais importante e que pode ser uma indústria ou um comércio.

Talvez o maior inconveniente de uma *holding* imobiliária decorra da má intenção que porventura se aproprie um dos cônjuges sócio, valendo-se da sua constituição para fraudar os direitos econômicos de seu meeiro e para subtrair bens da comunidade conjugal. Essa *holding* se torna titular de todo o acervo nupcial, que antes gerava segurança jurídica diretamente ao casamento e eram os cônjuges que faziam o controle da administração do seu acervo matrimonial, permitindo sempre por ato de dois o livre tráfico dos bens do casamento, por vezes servindo inclusive para fraudar credores dos cônjuges, como acontece quando o casal transfere para uma *holding* os bens que pertenciam ao casamento e que constavam em nome pessoal dos cônjuges, tanto em nome individual de cada um deles como na titulação condominial de ambos.

A transposição dos bens do casamento para uma *holding* imobiliária cria um marco de inseguridade e de permanente descontrole diante da manipulação do jogo societário,

---

[354] ARAUJO, Elaine Cristina de; ROCHA JUNIOR, Arlindo Luiz. *Holding. Visão societária, contábil e tributária*. 2. ed. Rio de Janeiro: Freitas Bastos. 2021. p. 4.

[355] LONGO, José Henrique; COSTALUNGA, Karime; PRADO, Roberta Nioac; PEIXOTO, Daniel Monteiro. *Sucessão familiar e planejamento tributário*. In: PRADO, Roberta Nioac; PEIXOTO, Daniel Monteiro; SANTI, Eurico Marcos Diniz de (coord.). *Estratégias societárias, planejamento tributário e sucessório*. 2. ed. São Paulo: Saraiva/FGV, 2011. p. 296.

podendo apenas um dos consortes, com poderes específicos assegurados no contrato social, dispor livremente dos bens, inclusive descartando a participação societária do seu consorte pelo ilícito manejo contratual. Por vezes, traz interpostas pessoas para a sociedade ou coloca os filhos como sócios, sobre os quais o pai tem total autoridade e estes lhe devem e lhe tributam cega obediência, ou ingressam na sociedade os seus parentes, amigos ou agregados, os quais, tornando-se sócios da *holding*, transformam-se em detentores de estratégicas posições de voto e de comando e titulares de participações societárias, que nada mais significam do que uma sórdida tática posta em prática para fraudar a meação do consorte que sofre sensível redução de sua porcentagem e que, em realidade, põe em estágio uma indevida alteração do regime de bens sem nenhum controle judicial. Dessarte, se pelo regime da comunhão de bens cada consorte detém a metade do patrimônio comum e esse acervo foi aportado para a sociedade *holding*, ocorrendo a natural circunstância de os filhos ou a sogra, como sócios da *holding*, figurarem como titulares de quotas sociais e com elas novos proprietários indiretos dos primitivos bens conjugais, que não foram por eles aportados na *holding* quando nela ingressaram como sócios, é inegável que atuam como instrumentos de uma fraude que, incontestavelmente, alterou o regime de bens ao reduzir a meação de um ou de ambos os cônjuges. Assim, se o patrimônio da empresa foi constituído com os bens do casamento, tendo como sócios os dois consortes, tocando metade das quotas sociais para cada cônjuge, estas corresponderiam às suas próprias meações conjugais, mas se depois ingressam na sociedade dois filhos comuns, cada um com 15% do capital social, as meações reduzem para 35% para cada cônjuge.

Os filhos podem ser substituídos pela presença da sogra na sociedade *holding* e, com a desculpa de que ela seria credora do casal, registram, portanto, um contrato de alteração social, pelo qual, teoricamente, a sogra estaria sendo ressarcida em seus créditos por meio da dação de quotas sociais da *holding* imobiliária. Justifica o marido para a sua esposa que esse arranjo reduz os riscos de perda dos bens pelas dívidas conjugais que existiriam nessa mesma *holding*, ou de outras atividades desenvolvidas pelo marido, que o levaram a ficar devendo para credores que a qualquer tempo avançarão sobre o patrimônio conjugal. Assim, a incrédula esposa descobre, tarde demais, que tudo não passava de uma engenhosa maquinação levada a efeito para subtrair da meação da mulher uma boa parcela dos bens representados pelas quotas sociais agora tituladas pela sogra.

Contudo, tardiamente, o conflito de interesses dos cônjuges está armado, descobrindo o meeiro enganado que não existia nenhuma dívida que pusesse em risco o patrimônio matrimonial, do qual ela foi espoliada em um substancioso percentual, isso quando não lhe tiram tudo, a partir da cessão gratuita de quotas para os filhos ou para a sogra, ou qualquer interposta pessoa que tenha ou não vínculos de parentesco, amizade ou de subordinação com o consorte fraudador.[356]

---

[356] "Apelação cível. Família. Separação. Guarda. Alimentos. Partilha. Desconsideração da personalidade jurídica. Dano moral. Sucumbência. 1. Guarda. A relação das partes autoriza ser estabelecida a guarda compartilhada entre o casal, pois assim já vem sendo faticamente exercida, sem qualquer prejuízo aos filhos ou ao casal. 2. Alimentos. Possível se mostra a majoração dos alimentos fixados à ex-esposa, porquanto, além de durante os 18 anos de casamento nunca ter exercido atividade lucrativa, teve altíssimo padrão de vida autorizado e mantido pelo varão, provedor da família. Os alimentos devem ser fixados até que se ultime a partilha de bens, período em que a alimentanda poderá organizar-se financeiramente e passar a exercer atividade lucrativa. Já os alimentos aos filhos vão mantidos no patamar fixado na sentença, tanto em pecúnia quanto *in natura*, pois atendem às necessidades dos

A gratuidade dessa cessão de quotas para essas interpostas pessoas permite que seus cessionários adjudiquem o *status* de sócios que alcançaram em concerto fraudatório os direitos incidentes sobre os bens da *holding*, e com esta maliciosa engenharia desfiguram a meação do consorte ou convivente vitimado e, desfigurem o próprio e originário regime matrimonial de bens, cujas metades, primitivamente incidentes sobre cem por cento do patrimônio da *holding* imobiliária, passam a representar metades de percentuais menores, estabelecendo o parágrafo único do artigo 1.802 do Código Civil que o cônjuge ou companheiro logrado se oponha a essa manobra, a qual, somente pelas partes envolvidas, já denota por si só uma presunção de fraude por envolver parentes e talvez por também ter sido presumivelmente graciosa.

O artigo 167 do Código Civil estabelece a nulidade do negócio jurídico simulado e o artigo 1.802, parágrafo único, do Código Civil, além de igualmente declarar a nulidade de ações simuladas, traz a presunção legal de que sejam interpostas as pessoas que figurem como beneficiários ou contratantes, se elas forem parentes ascendentes, descendentes, irmãos, cônjuge ou companheiro, pois a mera participação dessas pessoas, como mencionado, gera uma presunção legal de fraude e inverte o ônus da prova que recai sobre os beneficiários. O efeito jurídico natural dessa presunção de fraude é a declaração judicial de nulidade de atos que simulam ou violam disposição literal de lei (CC, art. 1.655), ou sua inoponibilidade em relação ao cônjuge ou convivente enganado. Escreve José Luis Lacruz Berdejo que o negócio ilegal ou fraudulento não poderá prejudicar a mulher, assentando uma regra geral de inoponibilidade, exclusivamente para a esposa, do negócio jurídico ilegal ou fraudulento, sem prejuízo das particulares ações que dessa ilegalidade ou dessa fraude possam nascer. Assim, há distinção entre responsabilidade *erga omnes* e *inter partes*, e, por decorrência, cabe falar de uma invalidez ou ineficácia que a mulher pode fazer valer perante terceiros, enquanto a segunda é restringida aos cônjuges. Com efeito, para que o ato possa incidir sobre um terceiro, é preciso que ele tenha conhecimento e que haja certa cumplicidade entre os dois, pois, quando esta não existe e o terceiro intervém em um ato objetivamente regular e sobre quem as aparências não fazem suspeitar da intenção do marido, esse terceiro não pode ser castigado com a anulação do ato do qual participou.[357] Todavia, se esse terceiro for ascendente, descendente, irmão, cônjuge ou companheiro, só por esses vínculos carrega a aura da presunção de atuar como uma mera pessoa interposta.

---

meninos. 3. Partilha e desconsideração da personalidade jurídica. Possível se mostra a desconsideração da personalidade jurídica da empresa constituída pelo casal, para a qual foram transferidos os bens conjugais e pessoais, pois verificado o intuito de fraudar a meação da esposa, reservando maior participação social ao varão. Neste ponto, ainda devem ser partilhados por metade a cada cônjuge, além dos bens amealhados no decorrer do casamento, aqui incluídas as quotas e as ações das empresas constituídas na constância do matrimônio, a valorização das ações ou quotas sociais do varão, também no período do matrimônio, relativamente às empresas das quais ele já era sócio quando do casamento. Entretanto, tal valorização deverá ser apurada em liquidação de sentença. 4. Dano moral. Descabe a condenação do varão ao pagamento de danos morais à ex-esposa, porquanto não configurada conduta ilícita, nem o nexo causal entre sua atuação na oferta e pagamento dos alimentos e o alegado dano por inclusão do nome da esposa nos cadastros negativos dos órgãos de proteção ao crédito. 5. Sucumbência. Os ônus sucumbenciais devem ser redimensionados, pois, com o resultado destes recursos, resta o varão sucumbente vencido em maior parte. Apelação de I. desprovida. Apelação de A. parcialmente provida" (TJRS, 7.ª Câmara Cível, Apelação Cível 70042329458, Rel. Roberto Carvalho Fraga, j. 24.08.2011).

[357] BERDEJO, José Luis Lacruz. *Derecho de familia*. El matrimonio y su economía. Navarra: Thomson Reuters/ Aranzadi, 2011. p. 552.

Desse modo, articular o esvaziamento ou a redução da meação de uma esposa ou do marido, agindo, por exemplo, por meio da manipulação contratual de uma sociedade *holding*, cuja finalidade era a de administrar os bens conjugais e dela extrair lícitas vantagens tributárias e administrativas para o presente, mas, sobremodo, vislumbrando proveitos sucessórios para o futuro, e sobrevindo a morte dos cônjuges, não deixa de ser um ato simulado (CC, art. 167), fraudatório (CC, art. 166, VI) e abusivo (CC, art. 187) daquele consorte que tudo fez para ser o destinatário final de todos os desvios que engenhosamente praticou em seu exclusivo e ilícito benefício. Portanto, está correta Martha Gallardo Sala Bagnoli, quando assevera que a constituição de uma *holding imobiliária familiar* é idealizada para administrar e gerenciar o patrimônio de uma família por si só, e, quando se detém nessa finalidade, certamente não frauda a lei, tampouco lesa direitos de meação ou sucessórios, porquanto o idealizador da sociedade está dentro de sua liberdade de auto-organização, podendo profissionalizar a administração dos bens e preparar os herdeiros para receberem e administrarem o patrimônio familiar.[358] Essa afirmação, do ponto de vista tributário e fiscal, está inequivocamente correta, contanto que o idealizador da *holding* continue preservando os percentuais incidentes sobre a meação de cada consorte no patrimônio conjugal aportados na sociedade *holding*, salvo, é lógico, se outros bens de natureza particular e não comunicáveis também foram aportados pelos consortes na sociedade administradora. Nesse caso, e somente nessa hipótese, as porcentagens podem ser diferentes, dependendo da proporção patrimonial do domínio de cada esposo e consoante seus ingressos patrimoniais na sociedade, isto é, se os aumentos de capitais se deram com bens comuns ou privativos, a proporção em que se dará eventual liquidação da sociedade está em sintonia com a participação societária de cada cônjuge ou convivente, não se esquecendo de que existem muitas situações em que a divisão das quotas terá correspondência na partilha dos bens pertencentes à *holding*, criando sérias dificuldades para confeccionarem algum acordo estabelecendo as adjudicações dos meeiros em bens da sociedade. Além disso, cria problemas entre o casal quanto aos bens que cada um deles deseja adjudicar e também quanto aos valores que lhes serão atribuídos a partir de avaliações especiais, não descartando que um dos cônjuges peça a venda dos bens nos termos do artigo 2.019 do Código Civil. Logo, pode a alienação se dar por iniciativa particular ou por leilão judicial eletrônico ou presencial (CPC, art. 879), seguramente a contragosto daquele meeiro que, na qualidade de administrador, preferiria manter-se à testa da administração da sociedade *holding imobiliária*, com a possibilidade de promover a adjudicação dos bens, como curiosa e especificamente tem previsão no artigo 1.405 do Código Civil espanhol ao consignar que, "se um dos cônjuges resultar no momento da liquidação credor pessoal do outro, poderá exigir que se satisfaça seu crédito adjudicando-lhe bens comuns, salvo se o devedor pagar voluntariamente", combinado com o *caput* do artigo 1.062 do Código Civil ao ordenar que, "quando uma coisa seja indivisível ou desvalorize muito por sua divisão, poderá ser adjudicada a um, na condição de abonar aos outros o excesso em dinheiro", ou como ressalta o inciso II desse mesmo artigo 1.602 do Código Civil espanhol, de que basta um dos dois cônjuges pedir a venda em leilão público para que assim seja determinado.

Antonio Javier Pérez Martín obtempera que, quando a sociedade conjugal é proprietária de uma sociedade empresária, não é fácil confeccionar as adjudicações, se ambos os consortes estão interessados nela e não há um direito preferencial de atribuição. Existem numerosos fatores de intervenção, mas não há critérios legais para optar por uma ou outra forma de

---

[358] BAGNOLI, Martha Gallardo Sala. Holding *imobiliária como planejamento sucessório*. São Paulo: Quartier Latin, 2016. p. 239.

adjudicação,[359] cometendo ser promovida a dissolução total da sociedade (CC, art. 1.033) ou parcial (CPC, arts. 599/609) no juízo cível ou empresarial. Se nesse sentido existir vara especializada, não se mostra racional manter a sociedade entre cônjuges ou companheiros desavindos ou com a partilha das quotas, e, sem uma apuração de haveres, o consorte separado ou divorciado ingressa na sociedade empresária.

2.2.26 O *trust*

No sistema feudal, coexistia mais de um direito real sobre o mesmo bem, sendo atribuída ao rei a propriedade das terras redistribuídas em caráter precário a possuidores, estes chamados de *tenants* e com os quais era criada uma relação jurídica denominada de *tenure*, a qual não dava origem a um direito de propriedade pleno e perpétuo sobre as terras, visto que estas só poderiam ser atribuídas ao rei. Diante desse impasse, prossegue Eduardo Salomão Neto escrevendo que na Inglaterra, até 1540, ao ser aprovado o *Statute of Wills*, os direitos reais não podiam ser objeto de sucessão testamentária, de modo que essas restrições sobre o domínio dos imóveis sempre pertencentes ao rei geravam insegurança jurídica com relação aos *tenants*, que desejavam conservar suas terras livres de ônus advindos do senhor por ocasião de sua sucessão e, assim, atribuí-las ao herdeiro de sua escolha. Até mesmo os monges tinham o mesmo desejo de adquirir os bens recebidos de fiéis por sua ascendência espiritual, pois, adquirindo a propriedade, eles mantinham o sustento de seus mosteiros, suas escolas e as igrejas.[360]

Desse estado de coisas brotou a tendência de serem contornadas as limitações legais pela elisão das regras vigentes, nascendo a ideia de conferência dos bens a terceiro, em caráter fiduciário, devendo esse terceiro administrar as terras em conformidade com os interesses do titular de fato, e a este serem atribuídos os rendimentos desses bens. Essa prática permitia que as ordens religiosas possuíssem bens por interpostas pessoas e possibilitava aos vassalos o planejamento de sua sucessão, quando partissem para as guerras,[361] daí surgindo o *trust anglo--saxão*, cuja figura jurídica é muito distante do instituto do fideicomisso latino-americano.

Segundo Melhim Namem Chalhub, "opera-se a constituição de um *trust* mediante entrega de certos bens a uma pessoa, para que deles faça uso conforme determinado encargo que lhe tenha sido confiado, repousando esse conceito na fidúcia depositada naquele que recebe os bens. Deste modo, aquele que entrega os bens e, por consequência, institui o *trust* é denominado de *settlor* (instituidor); o *settlor* transmite, efetivamente, a propriedade sobre os bens. Enquanto aquele que recebe os bens, e assume a obrigação de administrá-los, denomina-se *trustee* (aquele em quem se confia). E por fim, aquele em favor de quem o *trust* é instituído denomina-se *cestui que trust* (aquele que confia)".[362]

Diz Dayane de Almeida Araujo que o *trust* é considerado instrumento de planejamento sucessório, pois, além de permitir que o titular do patrimônio distribua e organize a sucessão em vida, destinando recursos ou transferindo ativos pelo *trust* para herdeiros ou terceiros, também propicia ao titular dos bens que constitua uma gestão profissional, principalmente nos casos em que inexistam herdeiros com capacidade de administrar os negócios da família, visando à

---

[359] MARTÍN, Antonio Javier Pérez. *Aspectos procesales de la liquidación de la sociedad de gananciales*. Córdoba: Lexfamily, 2019. p. 603.
[360] SALOMÃO NETO, Eduardo. *O trust e o direito brasileiro*. São Paulo: Trevisan, 2016. p. 15-17.
[361] SALOMÃO NETO, Eduardo. *O trust e o direito brasileiro*. São Paulo: Trevisan, 2016. p. 17.
[362] CHALHUB, Melhim Namem. *Trust*. Rio de Janeiro: Renovar, 2001. p. 19.

proteção e preservação dos ativos. Entretanto, a autora alerta que a sua utilização deve ser cercada de precauções e cuidados, pois algumas de suas aplicações, como o uso de recursos ilícitos ou o seu emprego em prejuízo de terceiros, ou até mesmo a falta de declaração da sua existência às autoridades competentes, são fatos que podem ganhar conotações criminosas.[363]

O Brasil não permite a constituição do *trust*, cujas operações são realizadas com instituições localizadas no exterior, sendo recomendado que o instituidor (*settlor*) que entrega seus bens tenha extrema confiança no administrador (*truste*), que é aquele para o qual ele transfere o seu patrimônio destinado ao *trust* e do qual ele se desvincula totalmente. Existe no Brasil, e com alguma mínima semelhança diante do despojamento da propriedade dos bens, a possibilidade de utilização da cessão de bens para uma empresa ou para alguma pessoa, usualmente algum familiar e provável sucessor, com a reserva do usufruto por tempo certo ou vitalício em favor do doador dos bens. No direito brasileiro, também pode recorrer ao usufruto das quotas sociais ou das ações de uma empresa notadamente uma empresa familiar cuja propriedade foi entregue aos filhos, evitando, desse modo, futuros conflitos entre os filhos, reservado aos doadores, que em geral são os sócios fundadores, o usufruto das ações. Dessa forma, eles adiantam a transição da sociedade ao desmembrarem a nua propriedade e o usufruto das ações, permitindo ao menos entre duas gerações uma adequada convivência.[364]

Também pode ser instrumento útil para a fraude à legítima e que tem na Argentina e na França, entre outros países, o seu equivalente ao fideicomisso, não existindo regulamentação do *trust* no ordenamento jurídico brasileiro, tampouco do fideicomisso com as especificidades do direito argentino e de outros países de tradição jurídica romano-germânica. Advertem Mário Luiz Delgado e Jânio Urbano Marinho Júnior existir no *trust* um potencial instrumento para beneficiar alguns herdeiros em detrimento dos demais, ocultando patrimônio e fraudando eventual partilha de bens. Tomam os autores como paradigma a manifestação do Supremo Tribunal Federal sobre a utilização do *trust* como instrumento de fraude à lei, em conhecido caso de Deputado Federal que afetou patrimônio para formação de *trust*, estipulando, na sequência, que ele é o único beneficiário e nada comunicando acerca desse negócio realizado no exterior ao Banco Central, obviamente por se tratar de recursos hauridos em episódio de corrupção, lavagem de dinheiro, evasão de divisas e falsidade ideológica.[365]

No entender de Luciana Pedroso Xavier, a figura do *trust* tem sido cada vez mais utilizada no Brasil, havendo amplo espaço para o seu crescimento, existindo solo favorável para sua recepção, não apenas no campo negocial, como também na proteção de pessoas vulneráveis, mas vaticina que, não havendo possibilidade de ser atendida esta demanda pelo direito interno brasileiro, resta às pessoas que desejam instituir *trusts* recorrer aos ordenamentos jurídicos estrangeiros.[366]

---

[363] ARAUJO, Dayane de Almeida. *Planejamento tributário aplicado aos instrumentos sucessórios*. São Paulo: Almedina, 2018. p. 135.

[364] SANDOVAL, Carlos A. Molina. *Empresas familiares*. Herramientas de planificación y profesionalización. Buenos Aires: Erreius, 2014. p. 178.

[365] DELGADO, Mário Luiz; MARINHO JÚNIOR, Jânio Urbano. Fraudes no planejamento sucessório. *In*: TEIXEIRA, Daniele Chaves (coord.). *Arquitetura do planejamento sucessório*. Belo Horizonte: Fórum, 2019. p. 238-239.

[366] XAVIER, Luciana Pedroso. *Os trusts no direito brasileiro contemporâneo*. Belo Horizonte: Fórum, 2023. p. 284.

2.2.26.1 O fideicomisso

O *fideicomissum* foi criado pelos romanos para instituir a herança em favor de certas pessoas que não gozavam de capacidade para recebê-la. Para tanto, designavam como herdeiro uma pessoa legalmente capacitada para tal, com a recomendação em forma de súplica, e não de mandato, de entregar a herança ou parte dela à pessoa a quem desejava favorecer, mediante a qual o testador confiava na boa-fé da pessoa designada como herdeira para que restituísse os bens transmitidos ao beneficiário, indicando justamente a expressão *fides*, fé ou confiança e *committere* no sentido de encomendar.[367]

No direito brasileiro, o fideicomisso tem pouca aplicação e vem explicitado no artigo 1.951 do Código Civil, quando prescreve ser possível ao testador "instituir herdeiros ou legatários, estabelecendo que, por ocasião de sua morte, a herança ou o legado se transmita ao fiduciário, resolvendo-se o direito deste, por sua morte, a certo tempo ou sob certa condição, em favor de outrem, que se qualifica como fideicomissário". Interferem no instituto do fideicomisso três pessoas diferentes, a saber: a) o fideicomitente, que é o testador, autor da liberalidade testamentária; b) o fiduciário, o primeiro herdeiro ou legatário, o qual atua como um *intermediário* do bem doado ou legado, que por sua morte, ou por certo tempo ou sob certa condição, será consolidado na propriedade do terceiro interveniente; e, por fim, c) o fideicomissário, na realidade, o segundo instituído, a quem efetivamente o testador visou deixar o bem doado ou legado, com a morte do fiduciário, ou depois de certo tempo ou quando fosse verificada certa condição.[368]

Daniela de Carvalho Mucilo registra o temor que existe em algumas legislações de que o fideicomisso comprometa a livre circulação dos bens,[369] sendo pobre e quase inútil a sua utilização. Diante da irrelevância do fideicomisso brasileiro, e, pior, não estando o *trust* regulamentado no sistema jurídico brasileiro, Cláudia Stein Vieira e Giselda Maria Fernandes Novaes Hironaka propõem um caminho alternativo por meio de uma reforma legislativa que:

> [...] potencialize todas as virtudes do fideicomisso e, em atenção aos contornos já desenhados pela Convenção de Haia sobre o *trust,* dote-o de algumas características básicas, como:
>
> 1. A possibilidade de ser incluído por atos *inter vivos*, ampliando as opções de arranjos sucessórios;
>
> 2. A necessidade de reconhecer e positivar o *trust,* trazendo maior segurança jurídica a negócios fiduciários;
>
> 3. A necessidade de conferir flexibilidade e versatilidade ao instituto, permitindo-lhe alcançar, no mínimo, quatro escopos fundamentais: escopo sucessório, escopo de garantia, escopo de captação de investimentos e escopo de beneficiamento a certas pessoas.[370]

---

[367] SANTAMARÍA, Gilberto León; LASTRA, Manuel Gómez de La. *Fideicomiso.* Aspectos impositivos, contables y notariales. Aplicaciones prácticas en la economía real. Doctrina de os actos neutros. 2. ed. Buenos Aires: Thomson Reuters/La Ley, 2019. p. 9.

[368] MADALENO, Rolf. *Direito de família.* 10. ed. Rio de Janeiro: GEN/Forense, 2020. p. 863.

[369] MUCILO, Daniela de Carvalho. Ressignificando o fideicomisso para o planejamento sucessório. *In*: TEIXEIRA, Daniele Chaves (coord.). *Arquitetura do planejamento sucessório.* Belo Horizonte: Fórum, 2021. t. II, p. 530.

[370] VIEIRA, Cláudia Stein; HIRONAKA, Giselda Maria Fernandes Novaes. Um novo fideicomisso: Proposta de transformação do instituto em prol do planejamento sucessório. *In*: TEIXEIRA, Daniele Chaves (coord.). *Arquitetura do planejamento sucessório.* Belo Horizonte: Fórum, 2021. t. II, p. 523.

O fideicomisso latino-americano, tirante o direito brasileiro em que ele serve apenas como um benefício para a prole eventual de pessoas designadas pelo testador,[371] recebeu forte influência do *trust* anglo-saxão, especialmente em razão dos negócios e investimentos dos Estados Unidos, no México e nos países do Caribe. Assim, esse *trust* latino-americano se incorporou na América Latina com o nome de fideicomisso, conferindo ao fiduciário a gestão dos bens que lhe foram transferidos em propriedade fiduciária, apresentando as seguintes características internas: a) o fato de que o fideicomisso se constitui por contrato ou por testamento; b) a relação jurídica das partes está escorada em uma relação de confiança; c) o fideicomisso latino-americano está dotado de uma estrutura flexível, que permite desenhar e pôr em prática diferentes operações ou negócios; d) os bens do fideicomisso constituem um patrimônio autônomo; e) a gestão do fideicomisso é realizada por entidades bancárias, enquanto na Argentina a gestão do fideicomisso pode ser realizada tanto por pessoas de existência física como jurídica.[372]

A substituição fideicomissária prevista no Código Civil brasileiro somente se permite em favor dos ainda não concebidos ao tempo da morte do testador, acrescendo Gerd Foerster não ser possível vislumbrar em nenhum ponto a preocupação do legislador nacional em procurar ampliar os efeitos jurídicos do fideicomisso brasileiro para as esferas bancária, financeira, ou mesmo para o mundo dos investimentos, buscando um contorno mais amplo, como acontece com o *trust* anglo-americano. Mais lamentável ainda, em face de todo o cenário atual, é concluir que o pobre instituto regulado no direito brasileiro continuará fornecendo soluções para problemas envolvendo a fidúcia sucessória ou testamentária, sem nenhuma perspectiva de ampliação.[373]

Carlos A. Molina Sandoval explica como funciona no direito argentino o fideicomisso de ações ou de títulos societários e pelo qual um acionista ou grupo de acionistas, em caráter de fiduciante, celebra um contrato de fideicomisso sobre as ações de uma determinada sociedade. Para tal finalidade, designa como fiduciário uma pessoa distinta, pois a legislação argentina e muitos outros ordenamentos jurídicos proíbem o fideicomisso unilateral, dado que existe separação patrimonial entre suas próprias ações e as dos fiduciantes. O fiduciário exercerá os direitos sociais transferidos fiduciariamente, entre eles, direitos de voto, participação em assembleia, eleição de administradores, requerer convocação de assembleia, informação, dividendo etc. Esses direitos serão exercidos em favor de um ou vários beneficiários, com obrigação de transferir ao término do fideicomisso o pacote acionário ao fideicomissário. De acordo com a legislação argentina, é factível que o direito aos lucros seja regularmente transferido aos beneficiários e que os direitos sociais sejam exercidos segundo as pautas contratuais estipuladas pelos fiduciantes no contrato.[374]

---

[371] TEIXEIRA, Daniele Chaves. *Planejamento sucessório*. Pressupostos e limites. Belo Horizonte: Fórum, 2017. p. 126.

[372] SANTAMARÍA, Gilberto León; LASTRA, Manuel Gómez de La. *Fideicomiso*. Aspectos impositivos, contables y notariales. Aplicaciones prácticas en la economía real. Doctrina de os actos neutros. 2. ed. Buenos Aires: Thomson Reuters/La Ley, 2019. p. 23-29.

[373] FOERSTER, Gerd. *O trust do direito anglo-americano e os negócios fiduciários no Brasil*. Perspectiva de direito comparado (considerações sobre o acolhimento do *trust* pelo direito brasileiro). Porto Alegre: Fabris, 2013. p. 404.

[374] SANDOVAL, Carlos A. Molina. *Empresas familiares*. Herramientas de planificación y profesionalización. Buenos Aires: Erreius, 2014. p. 154.

Contudo, se o fideicomisso ou qualquer negócio baseado na fidúcia ocultar manobras fraudulentas, não será válido, não produzindo qualquer efeito, pois vicia o ato quando as partes dela se utilizam para fugir do balizamento da lei, tornando o negócio fiduciário ilícito quando frustram a aplicação da lei ou atingem um fim proibido pela lei.[375]

Embora a repercussão da fraude no fideicomisso do direito brasileiro seja fonte de pouca preocupação, não devem ser descartadas as situações em que operações de *trust* ou de fideicomisso latino-americano são realizadas no exterior e podem, sim, ser alvo de fraude ou manipulação de patrimônio de afetação situado no Brasil. Anota Eduardo Salomão Neto que, diante da impossibilidade de criação do *trust* segundo as leis brasileiras em vigor, resta o caminho da aplicação do direito estrangeiro de *trusts* constituídos no exterior, mas pelos tribunais brasileiros, sempre que o foro brasileiro for competente para julgar *trust* estrangeiro, conforme os artigos 21 a 25 do Código de Processo Civil e a Lei de Introdução às Normas do Direito Brasileiro, devendo ser observado que "quaisquer que sejam as soluções apontadas pelas regras de direito internacional privado quanto à lei aplicável a um *trust* estrangeiro analisado em cortes brasileiras, tais soluções serão sempre afastadas em favor das leis nacionais e de proibições nelas contidas se ofenderem a soberania nacional, a ordem pública e os bons costumes".[376] E complementa o referido autor visando à exceção da ordem pública que impediria tivessem validade no Brasil, de acordo com as leis estrangeiras, quaisquer *trusts* que privassem herdeiros brasileiros de sua legítima, cujos atos seriam atingidos pela nulidade em virtude da exceção de ordem pública.[377]

Marco Aurélio Greco ratifica não existirem no ordenamento jurídico brasileiro o *trust* nem o fideicomisso na sua versão latino-americana, mas diz que isso não significa que o direito brasileiro não possua instrumentos que apresentam efeitos jurídicos e objetivos práticos semelhantes, embora não idênticos aos do *trust* e do fideicomisso *inter vivos*, e o que de mais próximo se apresenta em conciliação com o direito brasileiro é o negócio fiduciário.[378] Para Gustavo Tepedino e Milena Donato Oliva, por sua vez, tanto o *trust* como o negócio fiduciário se utilizam do mecanismo de atribuição da titularidade fiduciária, mas sem a mesma flexibilidade e segurança do *trust*, por lhe faltar a separação patrimonial. Contudo, informam que o legislador pátrio tem criado cada vez mais hipóteses de titularidade fiduciária conjugada com técnicas da separação patrimonial e se aproximando sempre mais dos principais efeitos do *trust*.[379]

De acordo ainda com Milena Donato Oliva, "há temor de a admissão da fidúcia facilitar sobremaneira fraudes contra os herdeiros, cônjuge e credores, haja vista a blindagem patrimonial que lhe é inerente. Entretanto, a criação de patrimônio separado, como qualquer ato de disposição, sujeita-se a rigorosos controles destinados a aferir sua validade. Nessa direção, há de se verificar se contou com a anuência do cônjuge" e se respeitou a legítima dos herdeiros necessários, sendo aplicados à fidúcia todos os preceitos de ordem pública incidentes sobre qualquer outro negócio translativo de direitos. Assim, como menciona Milena Donato Oliva, tal qual os herdeiros necessários, tampouco o cônjuge, e o mesmo deve ser dito com relação

---

[375] CHALHUB, Melhim Namem. *Negócio fiduciário*. Alienação fiduciária. 4. ed. Rio de Janeiro: Renovar, 2009. p. 46.

[376] SALOMÃO NETO, Eduardo. *O trust e o direito brasileiro*. São Paulo: Trevisan, 2016. p. 103-107.

[377] SALOMÃO NETO, Eduardo. *O trust e o direito brasileiro*. São Paulo: Trevisan, 2016. p. 108.

[378] GRECO, Marco Aurélio. *Planejamento tributário*. 3. ed. São Paulo: Dialética, 2011. p. 301.

[379] TEPEDINO, Gustavo; OLIVA, Milena Donato. *Fundamentos do direito civil*. Teoria geral do direito civil. Rio de Janeiro: Forense, 2020. v. 1, p. 265-266.

ao unido estavelmente, independentemente do regime de bens, não podem ter qualquer pretensão sobre o patrimônio segregado e objeto da fidúcia, pois são bens que não mais integram o patrimônio do fiduciário e, portanto, não mais se sujeitam a qualquer pretensão do cônjuge ou do convivente, muito menos se submetem às regras protetivas da sucessão,[380] salvo seja apurada a fraude posta em prática para lograr finalidades distintas daquelas consignadas no contrato ou que o fiduciário se utilize fraudulentamente do instituto em prejuízo de herdeiros, credores, cônjuge, convivente e terceiros em geral.

Haverá fraude quando um marido constitui um fideicomisso e aporta bens despojados entre aqueles não registráveis ou que dispensem o assentimento conjugal, em prejuízo de seu consorte, em notória e silenciosa violação às normas imperativas que regem o regime de bens da sociedade conjugal, afetando a meação de seu consorte e impedindo que ele materialize o seu direito por ocasião da partilha ou até mesmo em eventual prestação de contas a despeito do desvio de bens e valores conjugais, cuja transferência se afigura nula e inoponível ao cônjuge prejudicado, tendo o direito de obter a restituição do patrimônio desviado do patrimônio conjugal ou de ser compensado no momento da liquidação da sociedade matrimonial. Deve ser registrado que o Anteprojeto do Código Civil, apresentado pela Comissão de Juristas responsável pela revisão e atualização do Código Civil, atualmente em trâmite pelo Congresso Nacional, reedita e aprimora a figura do fideicomisso no direito sucessório brasileiro, a partir do artigo 1.952 do anteprojeto e que se aproxima do fideicomisso argentino ou do *trust* anglo-saxônico.

2.2.27 A empresa *offshore*

A empresa *offshore* é uma sociedade que opera sempre fora de sua base territorial, também sendo chamada de "sociedade não residente", porque não exerce qualquer atividade comercial ou industrial no país onde declara ter sua sede social, tendo bastante aceitação e larga aplicação em países conhecidos como *paraísos fiscais*.[381]

Bastante comum em outro momento político e social no Brasil, tinha largo trânsito a criação de empresas *offshore* no Uruguai com operação em território brasileiro, muitas delas constituídas unicamente para esconder a propriedade de bens, que em realidade pertenciam ao casamento, mas estavam registrados em nome da *offshore*, da qual o marido era o mero procurador. Anota Claudio Camargo Penteado que muitas pessoas físicas constituíam empresas em *paraísos fiscais* com o objetivo de aplicarem seus investimentos sem risco político ou econômico, nas maiores praças financeiras do mundo, com muita velocidade e sem qualquer burocracia.[382]

---

[380] OLIVA, Milena Donato. *Do negócio fiduciário à fidúcia*. São Paulo: Atlas, 2014. p. 106 e 149.

[381] BARROS, Marco Antonio de. *Lavagem de capitais e obrigações civis correlatas*. 3. ed. São Paulo: RT, 2012. p. 376. O autor define o paraíso fiscal como "denominação que tem sido atribuída a país que não interfere ou, quando muito, interfere minimamente, no plano tributário, nas atividades e transações comerciais e financeiras de caráter internacional, permitindo que elas se realizem em seu território, sem que, de tais operações, se origine a costumeira obrigação de recolhimento de tributo. Resumidamente se diz que paraísos fiscais são locais, países, territórios ou jurisdições de baixa tributação, que disponibilizam benefícios financeiros a não cidadãos" (BARROS, Marco Antonio de. *Lavagem de capitais e obrigações civis correlatas*. 3. ed. São Paulo: RT, 2012. p. 298).

[382] PENTEADO, Claudio Camargo. *Empresas offshore, doutrina, prática e legislação*. 3. ed. São Paulo: Pilares, 2007. p. 37.

Conforme Daniel Roque Vítolo, as empresas *offshore* podem ter vários significados, consoante o cristal através do qual o assunto é mirado, podendo ser:

a) Um lugar onde fazer negócios que permitem o acesso aos mercados estrangeiros livres de toda burocracia, barreiras e cumprimento de condições formais e nas quais podem ser manejados ingressos e saídas com baixo ou nulo grau de prestação de informações às autoridades e sem rigorosos sistemas de controle, o que permite um cômodo desenvolvimento da atividade negocial;

b) Um lugar que oferece vantagens fiscais, uma boa infraestrutura financeira e profissional e uma legislação benevolente com o comércio e o tratamento dos lucros, assim como plena segurança jurídica;

c) Um lugar onde se domiciliar no propósito de escapar do cumprimento de normas vigentes nos territórios nos quais se pretende levar a cabo a atividade societária, justamente um que não seja o território do país de domicílio;

d) Um regime para o ocultamento de pessoas e bens destinado ao manejo de capitais dentro de um mecanismo de evasão fiscal, ingressos e ganhos não declarados e, eventualmente, de outras operações delitivas.[383]

Entre suas inúmeras vantagens, talvez a mais atrativa de todas era a possibilidade do anonimato dos sócios, com a emissão de ações *offshore* ao portador. Observa Marco Antonio de Barros que "grandes somas de dinheiro eram transferidas diariamente para contas bancárias que têm por titulares pessoas jurídicas *offshore*, ou seja, empresas com ações ao portador e sede virtual em paraíso fiscal, sem registro adequado sobre os seus proprietários",[384] oferecendo uma via praticamente segura de fraude conjugal, sobretudo complexa, de difícil resolução. Exemplificando, mencione-se um caso concreto que chegou ao conhecimento dos autores, no qual um cidadão já falecido mantinha a quase totalidade de seu patrimônio oculto em *offshores* no exterior, além de essa pessoa integralizar diversos imóveis que possuía no Brasil em nome de uma empresa nacional, cuja participação societária foi sendo paulatinamente absorvida pela *offshore*. Por ocasião do falecimento desse cidadão, a viúva apresentou como bens existentes em nome do sucedido apenas as quotas dessa *offshore* sediada e partilhada no exterior. Com essa *offshore* por ela titulada, a viúva passou a vender os imóveis localizados no Brasil e, de domínio dessa mesma *offshore* e da qual ela era a principal sócia, foi recebendo dividendos como resultado da distribuição dos lucros da empresa, os quais nada mais representavam senão justamente o preço das vendas dos imóveis da *holding* primitivamente constituída pelo sucedido, cujos imóveis haviam sido transferidos para a referida *offshore*, criando com esse expediente um conjunto de complexos obstáculos para a difícil solução e interdição dos bens da empresa, por respeitarem ao domínio de uma empresa sediada fora do território brasileiro. Para agravar ainda mais as dificuldades existentes, com seus altos índices de complexidade presentes nesse jogo de sociedades de difícil alcance, nem a viúva nem seu falecido marido se apresentavam ao final dos acontecimentos como sócios administradores, muito ao contrário, mantinham ínfima participação no quadro social e se valiam de administradores profissionais, típicas interpostas pessoas, bem remuneradas por seus atos de gestão e que se colocavam como sócios majoritários e administradores encarregados de conduzir a *offshore company*.

---

[383] VÍTOLO, Daniel Roque. *La personalidad jurídica de las sociedades comerciales*. Su limitación en los casos de utilización indebida y fraude. Buenos Aires: Errepar, 2010. p. 284.

[384] BARROS, Marco Antonio de. *Lavagem de capitais e obrigações civis correlatas*. 3. ed. São Paulo: RT, 2012. p. 377.

Como mostra Daniel Roque Vítolo: os denominados paraísos fiscais ou jurisdições *offshore* são os grandes provedores para os investidores das denominadas *sociedades veículo* para determinados propósitos. Essas *sociedades veículo* muitas vezes não têm nenhuma atividade comercial nem industrial, não requerem autorizações estatais específicas, não contratam pessoas e consistem exclusivamente em um domicílio ou um endereço postal, cujo único propósito, na maioria das vezes, é ocultar a identidade das pessoas jurídicas ou físicas que efetivamente tomam as decisões e levam adiante a atividade comercial, assim como são os reais proprietários do capital. Um grupo de representantes contratados, pertencentes a escritórios de advogados, contadores, ou simples empregados administrativos desses escritórios, são os que aparecem como rostos visíveis das organizações, mantendo por detrás de sua fachada os verdadeiros titulares do capital social e aqueles que tomam as verdadeiras decisões.[385]

Fazer negócios *offshore* é atraente para os investidores por diversas razões, entre as quais podem ser mencionadas: a) elas podem diminuir ou evitar os impostos; b) podem oferecer proteção ou imunidade contábil em face dos credores, com uma burocracia mínima; e c) podem gerar uma sorte de imunidades atentando-se ao que o sistema proporciona em respeito absoluto ao direito privado do titular da sociedade e sua confidencialidade.[386]

As empresas *offshore* perderam muito do seu encanto e adesão a partir de 2007, quando iniciou ferrenho combate à evasão fiscal e uma luta mais intensa contra a criminalidade organizada e contra o tráfico internacional, passando as autoridades a investigar suas origens e formações, questionando o segredo bancário, buscando maior transparência e informações com trânsito internacional, intercâmbio e informações fiscais, sendo investigados pela Casa Branca, ao tempo da Presidência de Barak Obama, pois os cidadãos norte-americanos se utilizavam dos refúgios fiscais para diminuírem sua carga tributária, buscando o governo norte-americano eliminar todos os obstáculos porventura ainda existentes e que dificultassem a investigação transnacional de delitos financeiros, cujo sigilo bancário era largamente favorecido pelos paraísos fiscais que serviam como um escudo para ocultar capitais tanto de origem lícita, mas não declarados ao fisco, como os de origem ilícita.[387] Assim, a Casa Branca sinalizou medidas que seriam adotadas contra a Suíça e outros refúgios fiscais e, com essas ameaças, os bancos presentes nos paraísos fiscais foram flexibilizando o sigilo bancário a partir da edição da Lei Fatca (*Foreign Account Tax Compliance Act*), que estabeleceu obrigações para que os bancos estrangeiros reportassem ao Serviço de Rendas dos Estados Unidos informações acerca de depositantes e investidores norte-americanos. Se a instituição bancária estrangeira se negasse a firmar o acordo de informação bancária, contra ela seria aplicada a retenção de 30% sobre qualquer operação financeira daquela entidade financeira relacionada com os Estados Unidos.[388]

Explica Daniel Roque Vítolo que durante muitos anos as *offshores* não só eram admitidas, mas também era fomentada sua constituição e toleradas por quase todos os países. No entanto, a partir das mudanças surgidas com o terrorismo e diante das advertências lançadas

---

385 VÍTOLO, Daniel Roque. *La personalidad jurídica de las sociedades comerciales*. Su limitación en los casos de utilización indebida y fraude. Buenos Aires: Errepar, 2010. p. 281.

386 VÍTOLO, Daniel Roque. *La personalidad jurídica de las sociedades comerciales*. Su limitación en los casos de utilización indebida y fraude. Buenos Aires: Errepar, 2010. p. 284.

387 CERVINI, Raúl; ADRIASOLA, Gabriel. *El secreto bancario y la evasión fiscal internacional*. Buenos Aires: Julio César Faira Editor, 2012. p. 10.

388 CERVINI, Raúl; ADRIASOLA, Gabriel. *El secreto bancario y la evasión fiscal internacional*. Buenos Aires: Julio César Faira Editor, 2012. p. 15.

pelos organismos internacionais, como a Organização de Cooperação para o Desenvolvimento Econômico (OCDE), particularmente a partir da criação do Grupo de Ação Financeira Internacional (*Financial Action Task Force* – FATF), a visão sobre suas operações mudou pelo receio e desconfiança, bem como pela clara advertência do caráter distorcido gerado por essas operações, que foram condenadas, que eram criadas para atuarem em qualquer lugar do planeta, menos no próprio país de sua criação, especialmente quando o segredo e o anonimato, muitas vezes não sendo franqueada a identidade dos titulares, protegiam seus investidores, favorecendo a utilização desses instrumentos para a prática dos delitos econômicos e o crime transnacional.[389]

No Brasil, a Lei 9.613/1998 criou o Conselho de Controle de Atividades Financeiras (COAF), no âmbito do Ministério da Fazenda, tendo sido o COAF reestruturado pela Lei 13.974, de 07 de janeiro de 2020, tudo com a finalidade de disciplinar, aplicar penas administrativas, receber, examinar e identificar ocorrências suspeitas de atividades ilícitas relacionadas à lavagem de dinheiro, como também, a partir de 1990, várias iniciativas em escala mundial e regional foram tomadas para reduzir os efeitos da corrupção e de outras formas de criminalidade organizada e da lavagem de ativos internacionais, cuidando o artigo 14 da Lei 9.613/1998 de atribuir ao COAF, entre outras atividades, a de coordenar e propor mecanismos de cooperação e de troca de informações que viabilizem ações rápidas e eficientes no tocante à ocultação ou dissimulação de bens, direitos e valores.[390]

Pouco a pouco foram prestadas informações sobre contas mantidas por estrangeiros aos países que adotaram a política de combate ao sigilo bancário e evasão fiscal internacional, surgindo no Brasil a Lei 13.254/2016 (Lei da Repatriação), que instituiu o Regime Especial de Regularização Cambial e Tributária (RERCT), para declaração voluntária de recursos, bens ou direitos de origem lícita, não declarados ou declarados com omissão ou incorreção com relação a dados essenciais, remetidos ou mantidos no exterior, ou repatriados por brasileiros residentes no exterior, ou repatriados por residentes ou domiciliados no País. Essa Lei de Repatriação de Recursos permitiu a repatriação por brasileiros de recursos depositados no exterior, mediante a tributação desses bens, direitos ou valores provenientes, direta ou indiretamente, de crimes financeiros, a partir da infração penal de evasão de divisas ou *evasão cambial*, e também em notório combate ao crime de lavagem de dinheiro.

Para a adesão ao RERCT, a pessoa física ou jurídica deveria apresentar à Secretaria da Receita Federal do Brasil e, em cópia para fins de registro, ao Banco Central do Brasil declaração única de regularização específica contendo a descrição pormenorizada dos recursos, bens e direitos de qualquer natureza de que fosse titular em 31 de dezembro de 2014, a serem regulados, com o respectivo valor em real, ou, no caso de inexistência de saldo ou título de propriedade em 31 de dezembro de 2014, com a descrição das condutas praticadas pelo declarante que se enquadrassem nos crimes previstos no § 1.º do artigo 5.º da Lei 13.254/2016. A adesão ao programa ocorria mediante a entrega da declaração de recursos, bens e direitos sujeitos à regularização prevista no *caput* do artigo 4.º da Lei 13.254/2016, com o pagamento integral do imposto de renda, a título de ganho de capital, e o pagamento da multa, de forma que o cumprimento de todas as condições previstas na Lei 13.254/2016, realizado antes de decisão criminal, extinguia a punibilidade criminal.

---

[389] VÍTOLO, Daniel Roque. *La personalidad jurídica de las sociedades comerciales.* Su limitación en los casos de utilización indebida y fraude. Buenos Aires: Errepar, 2010. p. 277-279.

[390] FURTADO, Lucas Rocha. *As raízes da corrupção no Brasil.* Estudos de casos e lições para o futuro. Belo Horizonte: Fórum, 2015. p. 167; 171 e 203.

Com a repatriação de valores depositados no exterior, cônjuges que desconheciam a existência ou que não tinham acesso a essas aplicações, que também representavam créditos conjugais de meações antes inatingíveis, puderam dar visibilidade judicial ao montante repatriado e promover a divisão em ação de partilha, ou de sobrepartilha dos recursos que lhe haviam escapado por ocasião da repartição.

Por sua vez, o Conselho Nacional de Justiça emitiu, em 1.º de outubro de 2019, o Provimento CNJ 88/2019, dispondo sobre a política, os procedimentos e os controles a serem adotados pelos notários e registradores visando à prevenção dos crimes de lavagem de dinheiro, previstos na Lei 9.613/1998, e do financiamento do terrorismo, disposto na Lei 13.260/2016. Trata esse Provimento CNJ 88/2019 das comunicações ao COAF para prevenção aos crimes de lavagem de dinheiro e financiamento ao terrorismo, tendo como objetivo detectar possíveis transações que envolvam lavagem de dinheiro ou financiamento ao terrorismo. Como são crimes com estrutura complexa, muitas vezes a aquisição de bens imóveis é uma das etapas de "legalização" dos recursos advindos da prática de outros crimes. O Provimento CNJ 88/2019 foi substituído pelo Provimento CNJ 161/2024, que reduziu o número de informações obrigatórias que deveriam ser prestadas pelos titulares dos cartórios extrajudiciais, os quais passarão a ser capacitados para que enviar as informações atinentes àqueles casos que realmente despertem a necessidade de investigação.

2.2.28 O seguro de vida

Objetivando assegurar a sobrevivência de familiares ou de pessoas sobre as quais o segurado devota especial afeto, atenção ou dedicação, uma pessoa pode estipular que, por ocasião de sua morte, as pessoas por ele declinadas no contrato de seguro como seus beneficiários receberão uma soma em dinheiro previamente contratada, mediante a contraprestação de um prêmio periódico estipulado por prazo certo ou enquanto o segurado viver.[391] Conforme o artigo 789 do Código Civil, o segurado pode contratar mais de um seguro sobre o mesmo interesse, com o mesmo ou com diversos seguradores, e sem limite para o valor da indenização ou do capital segurado, sendo possível contratar sobre a vida de outros, pois é presumível o interesse do proponente quando o segurado é seu cônjuge ou companheiro (Enunciado 186 da III Jornada de Direito Civil de 2004),[392] e mesmo porque o próprio artigo 793 do Código Civil refere a instituição do companheiro como beneficiário, se, ao tempo do contrato, o segurado era separado de fato ou legalmente, ou era seu ascendente ou descendente.

Na falta de indicação da pessoa ou do beneficiário, ou se por qualquer motivo não prevalecer a indicação feita, o capital segurado será pago por metade ao cônjuge não separado judicialmente (ou extrajudicialmente) e o restante aos herdeiros do segurado, obedecida a ordem de vocação hereditária (CC, art. 792), ou seja, o valor segurado não passa pelo inventário, pois não é considerado como herança nem está sujeito às dívidas do segurado, exatamente como sucede com os contratos de previdência privada (REsp 1.713.147/MG), revertendo o valor segurado às pessoas indicadas como beneficiárias e que a seguradora paga diretamente ao beneficiário. Não deixa de ser, eventualmente, uma modalidade de fraudar a legítima de herdeiros necessários e a meação do cônjuge sobrevivente, quando os aportes são extremamente elevados, existindo muitos julgados que ordenam a partilha da previdência privada.

---

[391] FONSECA, Priscila M. P. Corrêa da. *Manual do planejamento patrimonial das relações afetivas e sucessórias*. São Paulo: Thomson Reuters/RT, 2018. p. 280.

[392] Enunciado 186: "O companheiro deve ser considerado implicitamente incluído no rol de pessoas tratadas no art. 790, parágrafo único [revogado pelo REs 878.694/MG e 646.721/RS] por possuir interesse legítimo no seguro da pessoa do outro companheiro".

Para Angélica Carlini, os seguros de vida são importante instrumento de preservação patrimonial e de correta execução do planejamento sucessório, ainda que não sejam considerados legalmente herança, como deixa claro o artigo 794 do Código Civil.[393] Contudo, no âmbito do planejamento sucessório, o seguro de vida apresenta diversas vantagens, como assim também é apontado por Daniele Chaves Teixeira, entre as quais ela destaca o fato de a indenização do seguro não ser equiparável à herança, além de a liquidação do sinistro não se sujeitar às dívidas do segurado, nem recair o imposto de transmissão *causa mortis* sobre o seguro, tal qual seu valor logicamente não vem à colação por não ser herança, nem é computado na meação do cônjuge ou companheiro sobrevivente. Finaliza esclarecendo que, dado ao fato de a soma paga pela seguradora não haver passado pelo patrimônio do estipulante, trata-se de capital inacessível a seus herdeiros necessários e aos possíveis credores, salvo tenha contratado o seguro para a específica finalidade de saldar suas dívidas.[394]

Todas essas características que fazem do contrato de seguro um direito contratual ou securitário, para ser mais específico, e que passam à margem do direito de família e do direito sucessório, não deixam de chamar a atenção para um possível abuso na faculdade de disposição dos bens conjugais, ou dos direitos sucessórios no tocante ao controle da legítima. Ainda que por meios indiretos, como é o caso do seguro de vida ou de renda vitalícia, de alguma forma lesa o direito à meação, ou o direito à legítima, e até mesmo o direito dos credores, porque o segurado paga os prêmios do seguro com dinheiro conjugal e beneficia terceiro com uma espécie de doação *mortis causa*, cujo benefício, que pode ser alto, tanto pode favorecer consorte, companheiro, herdeiro ou um terceiro qualquer, que será privilegiado com um valor que não será computado na meação do cônjuge ou convivente sobrevivente, estabelecendo uma diferença de meações. Outrossim, não será considerado nos quinhões dos herdeiros necessários, mesmo que o beneficiário seja um desses herdeiros, criando inconciliáveis e inevitáveis quinhões diferenciados, tampouco será colacionado para corrigir tais distorções, porque não tem um viés sucessório e, por fim, não vai garantir dívidas pendentes do falecido segurado.

Analisando a legislação espanhola, Klaus Jochen Albiez Dohrmann defende a possibilidade de colação dos prêmios pagos quando o beneficiário é um herdeiro necessário e admite o reembolso do valor do seguro de vida pago a ele como beneficiário indicado na apólice do autor da herança, sempre que demonstrada a ocorrência de fraude aos direitos dos herdeiros necessários. No entanto, o referido autor insiste que o seguro de vida opera efetivamente à margem do direito sucessório e que suas particularidades como seguro quedam presentes no direito securitário, conquanto guardem as características de um seguro, e não de uma fraude, pois a constituição de um seguro não tem um efeito mágico, mas deve guardar os indicativos de um seguro, e não de uma fórmula com ares de fraude engendrada para lesar o direito dos herdeiros.[395]

No tocante aos credores do segurado, o citado autor entende que eles podem exercitar a ação pauliana quando acreditarem que o seguro de vida tenha sido contratado em prejuízo de

---

[393] CARLINI, Angélica. Seguro de vida na aplicação do planejamento sucessório. *In*: TEIXEIRA, Daniele Chaves (coord.). *Arquitetura do planejamento sucessório*. 2. ed. Belo Horizonte: Fórum, 2020. p. 407.

[394] TEIXEIRA, Daniele Chaves. Algumas ferramentas jurídicas utilizadas em um planejamento sucessório: seguro de vida, doação e fundo de rendimento. *In*: TEIXEIRA, Daniele Chaves (coord.). *Arquitetura do planejamento sucessório*. Belo Horizonte: Fórum, 2019. p. 469-470.

[395] DOHRMANN, Klaus Jochen Albiez. *Disposiciones patrimoniales en vida para después de la muerte*. Chile: Olejnik, 2019. p. 192.

seus direitos, servindo como um bom indicativo da fraude aos credores a relação de parentesco entre o beneficiário e o tomador segurado e a proporção entre o importe total dos prêmios satisfeitos e a fortuna pessoal do segurado, havendo uma desproporcionalidade gritante entre os prêmios pagos e o nível econômico do tomador do seguro.[396]

Também existe o seguro de vida misto, denominado no direito brasileiro como *seguro de vida com cláusula de cobertura por sobrevivência,* que tanto garante um benefício para o caso de morte quanto um benefício na forma de uma renda periódica e que pode ser direcionada ao próprio segurado em certo momento de sua vida, quiçá coincidindo com a sua aposentadoria. Igualmente pode ser um seguro de vida estipulado em favor de um terceiro, e nesses exemplos se assemelham aos planos de previdência privada,[397] que têm a mesma destinação possível conforme previsto no artigo 76 da Lei 11.196/2005.[398]

Depois de um período de acumulação, esses recursos proporcionam aos investidores uma renda mensal que poderá ser vitalícia ou por um período determinado, ou ainda feita em um pagamento único,[399] afirmando categoricamente Mário Luiz Delgado e Jânio Urbano Marinho Júnior que os seguros de vida e os planos de previdência privada, como instrumentos do planejamento sucessório, podem ser usados para a prática de fraudes, notadamente para reduzir o quinhão dos herdeiros necessários, e que tanto o seguro de vida como a previdência privada estão dispensados de inventário, sendo o pagamento realizado diretamente ao beneficiário como determinam o artigo 794 do Código Civil[400] e o artigo 79 da Lei 11.196/2005[401] (Lei do Regime Especial de Aquisição de Bens).[402]

Contudo, deve-se realçar que a Lei 15.040/2024, publicada em 10 de dezembro de 2024, está em *vacatio legis* e deverá entrar em vigor em 10 de dezembro de 2025, uma vez revogado o inciso II do § 1.º do art. 206 e os artigos 757 a 802 do Código Civil, bem como os arts. 9.º a 14 do Decreto-Lei 73, de 21 de novembro de 1966, passando a nova lei a dispor sobre as normas de seguro privado no cenário jurídico brasileiro.

---

[396] DOHRMANN, Klaus Jochen Albiez. *Disposiciones patrimoniales en vida para después de la muerte.* Chile: Olejnik, 2019. p. 193.

[397] "Agravo de instrumento. Prestação de contas em inventário. Previdência privada. Pretensão à partilha dos valores destinados ao único beneficiário sobrevivente no produto contratado. Impossibilidade. Previdência que se assemelha a um seguro de vida. Nítida indicação de beneficiário no ato da contratação. Decisão agravada mantida. Recurso não provido" (TJSP, 5.ª Câmara de Direito Privado, Agravo de Instrumento 22087654920117826000/SP 2208765-49.2017.8.26.0000, Rel. Erickson Gavazza Marques, j. 21.02.2018).

[398] "Art. 76. As entidades abertas de previdência complementar e as sociedades seguradoras poderão, a partir de 1.º de janeiro de 2006, constituir fundos de investimentos, com patrimônio segregado, vinculado exclusivamente a planos de previdência complementar ou a seguros de vida com cláusula de cobertura por sobrevivência, estruturados na modalidade de contribuição variável, por elas comercializados e administrados."

[399] FONSECA, Priscila M. P. Corrêa da. *Manual do planejamento patrimonial das relações afetivas e sucessórias.* São Paulo: Thomson Reuters/RT, 2018. p. 350.

[400] "Art. 794. No seguro de vida ou de acidentes pessoais para o caso de morte, o capital estipulado não está sujeito às dívidas do segurado, nem se considera herança para todos os efeitos de direito."

[401] "Art. 79. No caso de morte do participante ou segurado dos planos e seguros de que trata o art. 76 desta Lei, os seus beneficiários poderão optar pelo resgate das quotas ou pelo recebimento de benefício de caráter continuado previsto em contrato, independentemente da abertura de inventário ou procedimento semelhante."

[402] DELGADO, Mário Luiz; MARINHO JÚNIOR, Jânio Urbano. Fraudes no planejamento sucessório. *In:* TEIXEIRA, Daniele Chaves (coord.). *Arquitetura do planejamento sucessório.* Belo Horizonte: Fórum, 2019. p. 240.

2.2.29 A previdência privada

A previdência privada ou os chamados fundos privados de pensão são benefícios de caráter personalíssimo e visam à subsistência da pessoa em certa passagem de sua vida, ou a de seus dependentes, na hipótese da sucessão do beneficiário. É um caminho muitas vezes desvirtuado e tomado como um eficiente atalho para impor uma relação de desequilíbrio e de desigualdade no cômputo final da partilha dos regimes patrimoniais, especialmente em face do disposto no inciso VII do artigo 1.659 do Código Civil, o qual prescreve estarem excluídos do regime de comunicação patrimonial *as pensões, os meios-soldos, os montepios e outras rendas semelhantes*, entre os quais podem ser enquadrados justamente os fundos privados de pensão, que têm a mesma função das pensões, meios-soldos e montepios, que nada mais representam do que uma concessão de renda ou de pecúlio.

Trata-se do que foi convencionado chamar de *previdência complementar*, considerando a coexistência da previdência social do governo, pela qual a pessoa faz um esforço pessoal de poupar e investir durante a sua vida produtiva de trabalho, visando acumular uma reserva financeira pessoal para dela usufruir quando se aposentar, derivando dessa reserva uma renda mensal, ou destinada aos seus dependentes financeiros, que podem constar como seus beneficiários. De acordo com Priscila M. P. Corrêa da Fonseca, apresentam-se como opções de benefícios o Plano Gerador de Benefícios Livres (PGBL) e o Vida Gerador de Benefícios Livres (VGBL), que são as duas modalidades mais conhecidas e utilizadas no Brasil, gerando as seguintes possibilidades: a) renda vitalícia; b) renda temporária; c) renda vitalícia com prazo mínimo garantido; d) renda vitalícia ao beneficiário indicado; e) renda vitalícia reversível ao cônjuge com continuidade aos menores; e f) renda certa.[403]

Os planos de previdência privada conferem o direito das pessoas a cujo favor foram constituídas de receberem em razão de aposentadoria, viuvez, orfandade ou invalidez, em rendas periódicas ou em um único pagamento, o somatório dos valores aportados para o fundo constituído em alguma de suas três modalidades de planos de pensões: (i) de um associado ou inscrito, por exemplo, em uma entidade de classe ou um colégio profissional, os quais promovem um plano exclusivo para os seus associados; (ii) o plano de previdência promovido por um empregador, que cria o plano para todos os seus empregados; e (iii) o plano de previdência criado por entidades financeiras, como bancos, e companhias de seguros, os quais não estabelecem limitações para seu ingresso.[404]

A esse plano de previdência de órgão de classe ou profissional um dos cônjuges vai nutrindo periodicamente sua conta individual com determinados aportes de dinheiro e cuja previdência privada foi aberta antes ou depois de iniciar seu casamento., De acordo com a conclusão majoritária da doutrina e da jurisprudência espanholas, a previdência privada tem o caráter de bem privativo, independentemente de onde provenham os fundos utilizados para realizar os aportes mensais, mesmo que tenha sido usado dinheiro conjugal, uma vez que o direito a receber as prestações que nascem do plano estão sujeitas, e dependem de que ocorram, a contingências diretamente relacionadas com o consorte participante do plano, como a sua aposentadoria, incapacidade ou morte. São direitos privativos e inerentes à pessoa, que não são transmissíveis *inter vivos*, embora sejam transmissíveis em razão da morte do titular

---

[403] FONSECA, Priscila M. P. Corrêa da. *Manual do planejamento patrimonial das relações afetivas e sucessórias*. São Paulo: Thomson Reuters/RT, 2018. p. 350.

[404] MARTÍN, Antonio Javier Pérez. *Regímenes económicos matrimoniales*. Constitución, funcionamiento, disolución y liquidación. Valladolid: Lex Nova, 2009. v. V, p. 563.

do plano, que pode apontar o beneficiário, na medida em que o direito se encontra sujeito ao contrato subscrito entre o participante e um terceiro, ou, na falta de indicação do plano privado de previdência, os beneficiários serão aqueles indicados pela lei, em modalidade bastante distinta da previdência social do INSS, que guarda maiores restrições em comparação com a previdência privada, entre elas, o fato de o titular do benefício não poder ceder seus direitos do plano para pessoas distintas daquelas designadas no contrato ou por lei.[405]

Antonio Javier Pérez Martín transcreve jurisprudência do tribunal da SAP de Zaragoza, seção 5.ª, de julgamento datado de 31 de janeiro de 2006, assinalando que: "Ainda que o dinheiro aportado ao plano de pensões seja comum, sua titularidade, segundo vem configurado no próprio plano, há de ser necessariamente individual, porém não cabe a titularidade compartilhada, dado que os eventos que determinam seu pagamento, aposentadoria, morte, incapacidade, desemprego, sempre hão de se referir a uma só pessoa, o que leva a concluir que, ainda que os aportes se façam com dinheiro conjugal, a titularidade do plano há de ser considerada privativa de cada um dos esposos".[406]

No tocante ao plano de previdência fechado, ele é feito pelo sistema de emprego, quando o promotor da previdência é a empresa para a qual um dos cônjuges presta seus serviços e os aportes ao plano são realizados diretamente pelo empregador, com alguma participação ou não do empregado. Ainda que essa prática possa fazer pensar que se trata de uma retribuição salarial, mesmo assim a jurisprudência espanhola considera que esse plano de previdência tem o caráter privativo, tanto que sequer ingressa no inventário do empregado beneficiário e, mais do que isso, os aportes realizados pela empresa no plano de previdência titulado por seu empregado não têm a natureza de salário, pois não produzem nenhum incremento patrimonial, senão que passam a formar parte de um fundo de pensão que será gestionado por um terceiro. Ademais, o beneficiário só terá acesso a esse benefício se cumprir as condições previstas de aposentadoria, invalidez absoluta e permanente e viuvez e, portanto, não ingressar no ativo do casamento.

Essa, no entanto, não é a interpretação dada pela jurisprudência brasileira, ao menos diante da previdência privada aberta, concluindo a Ministra Nancy Andrighi pela possibilidade de partilha de crédito de natureza previdenciária privada aberta percebida a título de aposentadoria e referente às contribuições ocorridas ao tempo do vínculo conjugal, como igualmente considera fruto do trabalho e alvo de partilha os valores recebidos a título de indenização trabalhista, as diferenças salariais em atraso e o Fundo de Garantia por Tempo de Serviço (FGTS). Na ementa do REsp. 1.698.774/RS, a relatora, Ministra Nancy Andrighi acresce que "4. Os planos de previdência privada aberta, operados por seguradoras autorizadas pela SUSEP, podem ser objeto de contratação por qualquer pessoa física e jurídica, tratando-se de regi-me de capitalização no qual cabe ao investidor, com amplíssima liberdade e flexibilidade, deliberar sobre os valores de contribuição, depósitos adicionais, resgates antecipados ou parceladamente até o fim da vida, razão pela qual a sua natureza jurídica ora se assemelha a um seguro previdenciário adicional, ora se assemelha a um investimento ou aplicação financeira." (STJ. Terceira Turma. Julgado em 01.9.2020). Deste modo o Superior Tribunal de Justiça equipara a previdência privada aberta a um investimento como qualquer outro, no qual o investidor decide quanto, como e quando quer investir e quando, quanto e como vai levantar seus recursos depositados na previdência aberta.

---

[405] MARTÍN, Antonio Javier Pérez. *Regímenes económicos matrimoniales*. Constitución, funcionamiento, disolución y liquidación. Valladolid: Lex Nova, 2009. v. V, p. 564.

[406] MARTÍN, Antonio Javier Pérez. *Regímenes económicos matrimoniales*. Constitución, funcionamiento, disolución y liquidación. Valladolid: Lex Nova, 2009. v. V, p. 564.

Entretanto, o entendimento do Superior Tribunal de Justiça é outro na hipótese de previdência privada fechada, por se tratar, diferentemente da previdência privada aberta, de um bem incomunicável, nos termos do artigo 1.659, VII, do Código Civil.[407]

Como visto, existem os planos de previdência privada abertos, que são oferecidos por bancos e seguradoras e que podem ser adquiridos por qualquer pessoa física ou jurídica como um produto comercial ofertado no mercado financeiro, pois têm fim lucrativo, sendo supervisionados pela Superintendência de Seguros Privados (SUSEP), ligada ao Ministério da Fazenda, e os planos de previdência privados fechados, que são oferecidos por entidades fechadas, por exemplo, os órgãos de classe (*v.g.*, OAB/PREV do Rio Grande do Sul; Rio de Janeiro; Santa Catarina; São Paulo; Paraná; Minas Gerais; Goiás etc.), ou por empresas públicas ou privadas, voltadas exclusivamente para seus funcionários, não podendo ser contratados por terceiros que não pertençam ao respectivo órgão de classe ou à empresa; são planos de natureza assistencial e que não visam lucros, e todos os recursos aplicados e os rendimentos obtidos são revertidos para o próprio fundo e deles para os participantes.[408]

---

[407] "Civil. Processual civil. Ação de sobrepartilha. Crédito previdenciário recebido por ex-cônjuge. Pleito de aposentadoria por tempo de serviço indeferido administrativamente e objeto de ação judicial ajuizada durante o matrimônio, mas que foi objeto de pagamento pelo INSS somente após o divórcio. Comunhão e partilha. Possibilidade. Semelhança com as indenizações de natureza trabalhista, com valores atrasados originados de diferenças salariais e valores de FGTS. Aposentadoria pela previdência pública. Proventos do trabalho que se revertem ao ente familiar. Presunção de colaboração, de esforço comum dos cônjuges e comunicabilidade dos valores recebidos como fruto do trabalho de ambos. Previdência privada fechada e previdência social. Dessemelhanças. 1. Ação ajuizada em 20.01.2014. Recurso especial interposto em 16.09.2016 e atribuído à Relatora em 03.02.2017. 2. O propósito recursal é definir se deverá ser objeto de partilha o crédito previdenciário recebido pelo cônjuge em razão de trânsito em julgado de sentença de procedência de ação por ele ajuizada em face do INSS, por meio da qual lhe foi concedida aposentadoria por tempo de serviço. 3. As indenizações de natureza trabalhista, os valores atrasados originados de diferenças salariais e decorrente do Fundo de Garantia por Tempo de Serviço – FGTS, quando referentes a direitos adquiridos na constância do vínculo conjugal e na vigência dele pleiteados, devem ser objeto de comunhão e partilha, ainda que a quantia tenha sido recebida apenas posteriormente à dissolução do vínculo. Precedentes. 4. A previdência privada fechada, por sua vez, é bem incomunicável e insuscetível de partilha por ocasião do divórcio, tendo em vista a sua natureza personalíssima, eis que instituída mediante planos de benefícios de natureza previdenciária apenas aos empregados de uma empresa ou grupo de empresas aos quais os empregados estão atrelados, sem se confundir, contudo, com a relação laboral e o respectivo contrato de trabalho. Precedente. 5. O crédito previdenciário decorrente de aposentadoria pela previdência pública que, conquanto recebido somente veio a ser recebido após o divórcio, tem como elemento causal uma ação judicial ajuizada na constância da sociedade conjugal e na qual se concedeu o benefício retroativamente a período em que as partes ainda se encontravam vinculadas pelo casamento, deve ser objeto de partilha, na medida em que, tal qual na hipótese de indenizações trabalhistas e recebimento de diferenças salariais em atraso, a eventual incomunicabilidade dos proventos do trabalho geraria uma injustificável distorção em que um dos cônjuges poderia possuir inúmeros bens reservados frutos de seu trabalho e o outro não poderia tê-los porque reverteu, em prol da família, os frutos de seu trabalho. 6. Em se tratando de ente familiar e de regime matrimonial da comunhão parcial de bens, a colaboração, o esforço comum e, consequentemente, a comunicabilidade dos valores recebidos como fruto do trabalho deve ser presumida. 7. Recurso especial conhecido e provido, para reformar o acórdão recorrido e julgar procedente o pedido formulado na ação de sobrepartilha, invertendo-se a sucumbência fixada na sentença" (STJ, 3.ª Turma, REsp 1.651.292/RS, Min. Nancy Andrighi, j. 19.05.2020).

[408] SILVESTRE, Marcos. *Previdência particular*. A nova aposentadoria. Barueri: Faro Editorial, 2017. p. 166.

Segundo Priscila M. P. Corrêa da Fonseca, o recebimento dos benefícios do PGBL e o VGBL pelos herdeiros dá-se independentemente da abertura do inventário. No entanto, a autora defende que as duas modalidades de previdência privada não ostentam caráter securitário, e sim o de um investimento financeiro e, como tal, deveriam ser objeto de partilha e até mesmo de colação, sempre que necessário assegurar a igualdade das legítimas entre os herdeiros[409] e, consequentemente, também deveriam ingressar no pagamento das meações conjugais ou convivenciais no caso de dissolução do casamento ou da união estável, e da correlata extinção do regime de bens,[410] sem qualquer distinção, quer se trate de previdência privada aberta ou fechada, ao passo que o STJ faz inequívoca alusão somente à previdência fechada para efeitos de incomunicabilidade na meação ou para efeitos de transmissão sucessória (REsp.1.880.056/SE, Terceira Turma. Relatora Ministra Nancy Andrighi. Julgado em 16.3.2021),[411] e também no REsp. 1.726.577/SP, ainda da relatoria da Ministra Nancy Andrighi, julgado na Terceira Turma, em 14 de setembro de 2014.

Por oportuno, sem ter como inspiração a previdência privada, Carlos Maximiliano já demonstrava fundadas preocupações com relação à fraude à legítima, e escrevia que, no afã de reduzi-la, os fraudadores raramente postergam perante um preceito explícito; iludem, contornam a regra peremptória, a fim de evitar a repressão cominada,[412] sendo os fundos de previdência mal-empregados em sua finalidade. Assim sucede quando claramente constituídos

---

[409] FONSECA, Priscila M. P. Corrêa da. *Manual do planejamento patrimonial das relações afetivas e sucessórias*. São Paulo: Thomson Reuters/RT, 2018. p. 351.

[410] "Sucessões. Inventariança. VGBL. Procedimento de apresentação, registro e cumprimento de testamento e inventário. Recurso parcialmente provido. 1. Objetivando-se a rápida e desburocratizada prestação jurisdicional, entendeu-se que os procedimentos de inventário e de apresentação, registro e cumprimento de testamento devem ser distribuídos para o mesmo juízo. 2. Contudo, observada a ordem preferencial do art. 990 CPC, não há razão para a agravante, cônjuge supérstite, ser afastada da inventariança. 3. É questão de alta indagação a natureza do VGBL deixado pelo *de cujus* e a existência ou não de simulação para fraudar a legítima. 4. Assim, até que esta questão seja dirimida através do meio processual adequado, deve ser mantido o bloqueio do saldo do plano de previdência. 5. Agravo de instrumento a que se dá parcial provimento" (TJRJ, 15.ª Câmara Cível, Agravo de Instrumento 0043456-15.2011.8.19.0000, Rel. Des. Horácio dos Santos Ribeiro Neto, j. 22.11.2011).

[411] "Civil. Processual civil. Ação de reconhecimento e dissolução de união estável cumulada com partilha de bens e alimentos. Planos de previdência privada aberta. Regime marcado pela liberdade do investidor. Contribuição, depósitos, aportes e resgates flexíveis. Natureza jurídica multifacetada. Seguro previdenciário. Investimento ou aplicação financeira. Dessemelhanças entre os planos de previdência aberta e fechada, este último insuscetível de partilha. Natureza securitária e previdenciária dos planos privados abertos verificada após o recebimento dos valores acumulados, futuramente e em prestações, como complementação de renda. Natureza jurídica de investimento e aplicação financeira antes da conversão em renda e pensionamento ao titular. Partilha por ocasião do vínculo conjugal. Necessidade. Art. 1.659, VII, do CC/2002 inaplicável à hipótese. Partilha de parte do bem adquirido na constância da união estável com recursos advindos do levantamento de saldo do FGTS. Possibilidades. Precedentes. Desnecessidade dos alimentos à ex-cônjuge. Deficiência de fundamentação recursal. Súmula 284/STF. Imprescindibilidade do reexame de fatos e provas. Súmula 7/STJ. (...) 6. Todavia, no período que antecede a percepção dos valores, ou seja, durante as contribuições e formação do patrimônio, com múltiplas possibilidades de depósitos, de aportes diferenciados e de retiradas, inclusive antecipadas, a natureza preponderante do contrato de previdência complementar aberta é de investimento, razão pela qual o valor existente em plano de previdência complementar aberta, antes de sua conversão em renda e pensionamento ao titular, possui natureza de aplicação e investimento, devendo ser objeto de partilha por ocasião da dissolução do vínculo conjugal por não estar abrangido pela regra do art. 1.659, VII, do CC/2002."

[412] MAXIMILIANO, Carlos. *Direito das sucessões*. 4. ed. Rio de Janeiro: Freitas Bastos, 1958. v. 3, p. 36.

com o intuito de fraudar legítimas sucessórias e meações, talvez sejam estas algumas hipóteses contemporâneas que muito bem corporificam os temidos presságios antevistos por Carlos Maximiliano, quando utilizados para beneficiar alguns herdeiros e prejudicar outros, ou prejudicar todos e beneficiar terceiros, tudo em conformidade com os interesses do meeiro ou sucedido fraudador.

Tratando-se os fundos de previdência privada de uma espécie de pensão por morte ou aposentadoria e tendo exatamente essa função de segurança futura, sendo construídos mediante periódicas contribuições, usualmente mensais, não podem ser necessariamente considerados como bens comunicáveis, como pensa uma vertente doutrinária e jurisprudencial, dizendo que esses investimentos não passam de uma aplicação financeira. Um ativo construído em longo prazo delineia com suficiente segurança, e reiterada demonstração de propósitos, que se trata de uma efetiva previdência privada, poupada mês a mês, e não de um dissimulado investimento criado para ludibriar direitos hereditários ou para fraudar alguma meação. No entanto, aqueles que concluem pela comunicação da previdência privada argumentam existirem várias maneiras de proteção pelo desconhecido porvir, investindo alguns no ramo imobiliário para receberem aluguéis, enquanto outros montam carteiras de ações para receberem dividendos, e existem outros que optam por investimentos em renda fixa ou variável, como têm aqueles que investem em previdência privada e nos seguros de vida com cláusula de cobertura por sobrevivência de vida como qualquer outro investimento financeiro[413] e, portanto, passíveis de partilha como meação ou como quinhão hereditário.[414] Há, contudo, decisões em sentido contrário, com prevalência de julgamentos no STJ,[415] devendo ser creditada maior veracidade ao plano

---

[413] "Reconhecimento e dissolução de união estável. Parcial procedência do pedido. Inconformismo da autora. Acolhimento. Direito à meação do montante existente na previdência privada aberta do réu. Aportes realizados na constância da união estável. Plano de natureza de investimento. Sentença reformada em parte para determinar a partilha dos valores existentes na previdência privada aberta. Recurso provido" (TJSP, 5.ª Câmara de Direito Privado, Apelação Cível 10028863220178260010/SP 1002886-32.2017.8.26.0010, Rel. J. L. Mônaco da Silva, j. 24.03.2020).
"Apelação. Partilha de bens. Sentença que determinou a repartição de valores da previdência privada. Admissibilidade. Aplicação financeira com regras especiais. Meação incidente sobre a previdência privada antes dessa se transformar em pecúlio e gerar frutos ao titular. Preliminar de preclusão corretamente afastada. Honorários advocatícios incidentes sobre o valor da condenação e não da causa. Atendimento ao art. 20, § 3.º, do CPC. Sentença reformada neste ponto e mantida, no mais, por seus próprios fundamentos. Recurso do réu improvido, provido o da autora" (TJSP, 8.ª Câmara de Direito Privado, Apelação 0618642852008826010/SP 0618642-85.2008.8.26.0100, Rel. Pedro de Alcântara da Silva Leme Filho, j. 29.07.2015).
"Direito de sucessão. Autora, cônjuge supérstite, que ajuizou demanda em face dos filhos que teve com o de cujus, a fim de excluir da partilha valores aplicados pelo casal em VGBL. Comunhão universal de bens. Autora que havia transferido metade do valor para os filhos, pleiteando neste feito a devolução. Discussão acerca da natureza do VGBL. Contratação realizada quando a autora e o de cujus já se encontravam em idade avançada, descaracterizando a natureza securitária. Sequência de volumosos resgates. Aportes realizados como erro investimento. Sentença mantida. Recurso desprovido" (TJSP, 1.ª Câmara de Direito Privado, Apelação Cível 1089230-03.2018.8.26.0100, Rel. Luiz Antonio de Godoy, j. 13.7.2020).
[414] MADALENO, Rolf. Direito de família. 10. ed. Rio de Janeiro: GEN/Forense, 2020. p. 822.
[415] "Embargos de declaração. Incomunicabilidade de fundo de previdência privada de ex-cônjuge. Contradição, quanto a esta questão, entre a fundamentação e o dispositivo e a ementa do voto condutor do acórdão, nos termos do art. 535, I, CPC. Pressuposto autorizador do acolhimento dos embargos. Adequação dos elementos da decisão que se faz necessária, para esclarecer que, por decisão da maioria da Turma julgadora, restou vencedor o entendimento de que devem ser excluídos os valores apurados

de previdência privada na pureza de sua constituição, se tanto a previdência privada aberta como o seguro de vida foram construídos mês a mês, com aportes homogêneos, paulatinos e proporcionais aos rendimentos da pessoa, ao longo de uma trajetória de vida e de trabalho; ou se, pelo contrário, se trata de previdência privada aberta, mas de poucos e expressivos aportes, realizados durante o período suspeito da crise conjugal, que depois culminou com o divórcio ou com a dissolução de uma união estável, havendo nesse histórico fortes indícios de se tratar de um recurso usado para o efetivo desvio de patrimônio e das economias conjugais comuns e comunicáveis.

Contudo, como antes visto, decisão da Terceira Turma do Superior Tribunal de Justiça, capitaneada pela relatora Ministra Nancy Andrighi, datada de 1.º de setembro de 2020, construiu uma distinção entre a previdência privada aberta e a previdência privada fechada, sendo ambas modalidades de previdências particulares. Entretanto, a primeira é oferecida por bancos e seguradoras e pode ser adquirida por qualquer pessoa física ou jurídica no varejo, sendo inteiramente custeada pelo participante, ao passo que a segunda terá parte das contribuições custeadas pela empresa empregadora e só é acessível aos funcionários ou empregados das empresas públicas ou privadas, não podendo ser contratada por quem não é colaborador

---

no fundo de previdência Previkodak, mantido pelo embargante, da partilha de bens entre as partes, tal como decidido na sentença. Embargos acolhidos" (TJSP, 7.ª Câmara de Direito Privado, Embargos de Declaração 00047757920108260011/SP 0004775-79.2010.8.26.0011, Rel. Miguel Brandi, j. 10.09.2015). "Agravo interno no agravo em recurso especial. Separação judicial. Sobrepartilha. Tese de incomunicabilidade dos valores investidos em previdência privada fechada. Procedência. Precedente desta Corte. Agravo improvido. 1. De fato, esta Corte pacificou entendimento de que o artigo 1.659, inciso VII, do CC/2002 expressamente exclui da comunhão de bens as pensões, meios-soldos, montepios e outras rendas semelhantes, como, por analogia, é o caso da previdência complementar fechada" (STJ, 3.ª Turma, REsp 1.477.937/MG, Rel. Min. Ricardo Villas Bôas Cueva, j. 27.04.2017).
Recurso especial. Direito de família. União estável. Regime de bens. Comunhão parcial. Previdência privada. Modalidade fechada. Contingências futuras. Partilha. Art. 1.659, VII, do CC/2002. Benefício excluído. Meação de dívida. Possibilidade. Súmula n.º 7/STJ. Preclusão consumativa. Fundamento autônomo. 1. Cinge-se a controvérsia a identificar se o benefício de previdência privada fechada está incluído dentro no rol das exceções do art. 1.659, VII, do CC/2002 e, portanto, é verba excluída da partilha em virtude da dissolução de união estável, que observa, em regra, o regime da comunhão parcial dos bens. 2. A previdência privada possibilita a constituição de reservas para contingências futuras e incertas da vida por meio de entidades organizadas de forma autônoma em relação ao regime geral de previdência social. 3. As entidades fechadas de previdência complementar, sem fins lucrativos, disponibilizam os planos de benefícios de natureza previdenciária apenas aos empregados ou grupo de empresas aos quais estão atrelados e não se confundem com a relação laboral (art. 458, § 2.º, VI, da CLT). 4. O artigo 1.659, inciso VII, do CC/2002 expressamente exclui da comunhão de bens as pensões, meios-soldos, montepios e outras rendas semelhantes, como, por analogia, é o caso da previdência complementar fechada. 5. O equilíbrio financeiro e atuarial é princípio nuclear da previdência complementar fechada, motivo pelo qual permitir o resgate antecipado de renda capitalizada, o que em tese não é possível à luz das normas previdenciárias e estatutárias, em razão do regime de casamento, representaria um novo parâmetro para a realização de cálculo já extremamente complexo e desequilibraria todo o sistema, lesionando participantes e beneficiários, terceiros de boa-fé, que assinaram previamente o contrato de um fundo sem tal previsão. 6. Na partilha, comunicam-se não apenas o patrimônio líquido, mas também as dívidas e os encargos existentes até o momento da separação de fato. 7. Rever a premissa de falta de provas aptas a considerar que os empréstimos beneficiaram a família, demanda o revolvimento do acervo fático-probatório dos autos, o que atrai o óbice da Súmula n.º 7 deste Superior Tribunal. 8. Recurso especial não provido" (STJ, 3.ª Turma, REsp 1.477.937/MG, Rel. Min. Nancy Andrighi, j. 27.04.2017).

da organização, tratando-se esta última de plano de natureza assistencial e que não visa lucros, pois todos os recursos aplicados e todos os rendimentos obtidos são revertidos para o próprio fundo e dele para os participantes.[416] Para esses valores aportados em planos de previdência privada aberta, antes de sua conversão em renda e pensionamento do titular, para os julgadores desses REsp1.698.774/RS e REsp.1.880.056/SE anteriormente declinados, conforme a Relatora de ambos, a Ministra Nancy Andrighi, eles possuem a natureza de aplicação e de investimento e devem ser objeto de partilha por ocasião da dissolução do vínculo conjugal por não estarem abrangidos pela regra do artigo 1.659, VII, do Código Civil de 2002,[417] muito

---

[416] SILVESTRE, Marcos. *Previdência particular*. A nova aposentadoria. Barueri: Faro Editorial, 2017. p. 166.

[417] "Civil. Processual civil. Ação de divórcio e partilha de bens. Dever de fundamentação. Art. 489, § 1.º, VI, do CPC/15. Inobservância de súmula, jurisprudência ou precedente condicionada à demonstração de distinção ou superação. Aplicabilidades às súmulas e precedentes vinculantes, mas não às súmulas e precedentes persuasivos. Plano de previdência privada aberta. Regime marcado pela liberdade do investidor. Contribuição, depósitos, aportes e resgates flexíveis. Natureza jurídica multifacetada. Seguro previdenciário. Investimento ou aplicação financeira. Dessemelhanças entre os planos de previdência privada aberta e fechada. Este último insuscetível de partilha. Natureza securitária e previdenciária dos planos privados abertos verificada após o recebimento dos valores acumulados, futuramente e em prestações, como complementação de renda. Natureza jurídica de investimento e aplicação financeira antes da conversão em renda e pensionamento ao titular. Partilha por ocasião do vínculo conjugal. Necessidade. Art. 1.659, VII, do CC/2002 inaplicável à hipótese. Prestação de informações equivocadas e juntada de documentos de declarações de imposto de renda falseadas. Litigância de má-fé. Impossibilidade de reexame da matéria. Súmula 7/STJ. Recurso especial interposto apenas pelo dissenso jurisprudencial. Impossibilidade. Súmula 284/STF. 1. Ação ajuizada em 28.09.2007. Recurso especial interposto em 13.02.2017 e atribuído à Relatora em 09.08.2017. 2. Os propósitos recursais consistem em definir: (i) se o dever de seguir enunciado de súmula, jurisprudência ou precedente invocado pela parte, previsto no art. 489, § 1.º, VI, do CPC/15, abrange também o dever de seguir julgado proferido por Tribunal de 2.º Grau distinto daquele a que o julgador está vinculado; (ii) se o valor existente em previdência complementar privada aberta na modalidade VGBL deve ser partilhado por ocasião da dissolução do vínculo conjugal; (iii) se a apresentação de declaração de imposto de renda com informação incorreta tipifica litigância de má-fé; (iv) se é possível partilhar valor existente em conta bancária alegadamente em nome do terceiro. 3. A regra do art. 489, § 1.º, VI, do CPC/15, segundo a qual o juiz, para deixar de aplicar enunciado de súmula, jurisprudência ou precedente invocado pela parte, deve demonstrar a existência de distinção ou de superação, somente se aplica às súmulas ou precedentes vinculantes, mas não às súmulas e aos precedentes persuasivos, como, por exemplo, os acórdãos proferidos por Tribunais de 2.º Grau distintos daquele a que o julgador está vinculado. 4. Os planos de previdência privada aberta, operados por seguradoras autorizadas pela SUSEP, podem ser objeto de contratação por qualquer pessoa física ou jurídica, tratando-se de regime de capitalização no qual cabe ao investidor, com amplíssima liberdade e flexibilidade, deliberar sobre os valores de contribuição, depósitos adicionais, resgates antecipados ou parceladamente até o fim da vida, razão pela qual a sua natureza jurídica ora se assemelha a um seguro previdenciário adicional, ora se assemelha a um investimento ou aplicação financeira. 5. Considerando que os planos de previdência privada aberta, de que são exemplos o VGBL e o PGBL, não apresentam os mesmos entraves de natureza financeira e atuarial que são verificados nos panos de previdência fechada, a eles não se aplicam os óbices à partilha por ocasião da dissolução do vínculo conjugal apontados em precedente da 3.ª Turma desta Corte (REsp 1.477.937/MG). 6. Embora, de acordo com a SUSEP, o PGBL seja um plano de previdência complementar aberta com cobertura por sobrevivência e o VGBL seja um plano de seguro de pessoa com cobertura por e sobrevivência, a natureza securitária e previdenciária complementar desses contratos é marcante no momento em que o investidor passa a receber, a partir de determinada data futura e em prestações periódicas, os valores que acumulou ao longo da vida, como forma de complementação do valor recebido da previdência pública e com o propósito de manter um determinado padrão de vida. 7. Todavia, no período que antecede a percepção dos valores, ou seja, durante as contribuições e formação do patrimônio, com

embora a divergência dos votos dos Ministros Ricardo Villas Bôas Cueva e Moura Ribeiro, no REsp. 1.726.577/SP, que abrem divergência, embora vencidos, propugnam pelo exame casuístico do histórico de cada previdência privada aberta, a fim de apurar se efetivamente resta demonstrada concretamente alguma distorção na sua utilização, posto que nem toda previdência privada aberta será usado ou pode ser considerada como um investimento usado para blindagem contra credores, diminuição da legítima de herdeiros, ocultação de bens do cônjuge meeiro e outros desvios de finalidade, mas que foram sim, previdências construídas no firme e verdadeiro propósito de honrar sua natureza essencialmente previdenciária, como inclusive vem sendo defendido na obra Direito de Família.[418] Por fim, no REsp. 1.695.687/SP, cujo voto vencedor foi lavrada pela Ministra Nancy Andrighi, ela ressalva que "a atual jurisprudência das Turmas de Direito Privado, que prevê a partilha entre cônjuges dos valores existentes em previdência privada aberta por ocasião da dissolução do vínculo conjugal, não é incompatível com os precedentes das Turmas de Direito Público que fixaram a tese que não incide ITCDM sobre a previdência privada aberta, pois, sob a ótica do direito de família, discute-se a copropriedade dos cônjuges e a natureza preponderante de investimento financeiro da previdência privada aberta na perspectiva da entidade familiar, ao passo que, sob a perspectiva do direito tributário, examina-se a matéria à luz da relação jurídica dos cônjuges perante o Fisco, da prevalência da natureza securitária mais protetiva da entidade familiar e da presença dos requisitos para a incidência do fato gerador do tributo".

2.2.30 Recursos no exterior

Certamente, alguns fatores da conturbada política inflacionária brasileira e uma política de proteção de mercado, com profundas restrições de circulação de divisas, foram responsáveis pela farta evasão de divisas surgidas ainda a partir da década de 1980, em razão também dos sucessivos planos econômicos malsucedidos, de uma altíssima inflação, do medo de o governo sequestrar a poupança e as economias do investidor brasileiro, atrelado ao fato da existência de uma predileção por negócios ligados ao dólar americano, e das reformas econômicas desastrosas, associadas aos planos para a estabilização da inflação. Um nefasto exemplo ocorreu durante a Presidência de Fernando Collor de Mello entre os anos 1990 e 1992, conhecido como *Plano Brasil Novo* e apelidado de *Plano Collor*, o qual foi instituído um dia depois de ele assumir a Presidência em 16 de março de 1990, congelando 80% de todos os depósitos do *overnight* das contas-correntes ou das contas de poupança que excedessem a NCz$ 50 mil,

---

múltiplas possibilidades de depósitos, de aportes diferenciados e de retiradas, inclusive antecipadas, a natureza preponderante do contrato de previdência complementar aberta é de investimento, razão pela qual o valor existente em plano de previdência complementar aberta, antes de sua conversão em renda e pensionamento ao titular, possui natureza de aplicação e investimento, devendo ser objeto de partilha por ocasião da dissolução do vínculo conjugal por não estar abrangido pela regra do art. 1.659, VII, do CC/2002. 8. Definido, pelo acórdão recorrido, que a prestação de informações equivocadas e a sucessiva juntada de diferentes declarações de imposto de renda se deu com o propósito específico de ocultar informações relacionadas ao patrimônio e, consequentemente, influenciar no desfecho da partilha de bens, disso resultando a condenação da parte em litigância de má-fé, é inviável a modificação do julgado para exclusão da penalidade em razão do óbice da Súmula 7/STJ. 9. É imprescindível a indicação no recurso especial do dispositivo legal sobre o qual se baseia a divergência jurisprudencial, não sendo cognoscível o recurso interposto apenas com base na alínea "c" do permissivo constitucional em razão do óbice da Súmula 284/STF. 10. Recurso especial parcialmente conhecido e, nessa extensão, desprovido."

[418] MADALENO, Rolf. *Direito de Família*, 11 ed. Rio de Janeiro: Gen/Forense. 2021. p. 830-831.

cujos valores ficaram indisponíveis por dezoito meses, desapossando os brasileiros de suas economias e dos seus investimentos, servindo como um dos principais fatores de insegurança dos investidores e poupadores brasileiros, que derradeiramente, de forma assustadora, perderam a confiança no governo e na sua política de controle da inflação presente no sistema financeiro nacional. Esse somatório de desastres econômicos e financeiros impulsionou a fuga de capitais dos brasileiros que não pretendiam passar novamente por essa terrível experiência suas economias serem literalmente sequestradas pelo governo, cuja evasão de divisas também se deu em grande parte porque nesse mesmo *Plano Collor* foram proibidos quaisquer investimentos e títulos de créditos ao *portador*, cujo sigilo do investidor era um ambiente propício para a sonegação de impostos e para a corrupção.

Nunca foi proibido a qualquer brasileiro manter contas bancárias e aplicações financeiras no exterior, conquanto que fossem declaradas às autoridades fazendárias e sua origem fosse lícita. Contudo, também não havia nenhum sistema eficaz de combate à lavagem de dinheiro e para estancar a transferência de valiosos recursos do Brasil para o exterior, sendo esta prática denominada como *evasão de divisas*, cuja transferência seria legítima se fosse transparente e informada para a Receita Federal. Ambiente favorável para a prática de verdadeira fraude, que tampouco perdoava a lesão a eventual meação conjugal ou convivencial, como também para sonegar bens de determinados filhos, geralmente daqueles havidos das relações que no passado eram chamadas de *espúrias*, criando os fraudadores, em regra, estruturas societárias destinadas exclusivamente para servirem de instrumento de ocultação do patrimônio da vista e do conhecimento de circunstanciais credores, meeiros ou herdeiros legítimos, valendo-se da formação de empresas *holdings* constituídas em paraísos fiscais, que, por seu turno, são tituladas por outras empresas *offshore*. Para as *holdings* imobiliárias são desaguados todos os bens que estavam ou que poderiam ser comprados com os recursos familiares ou conjugais, detendo aqueles que tencionam ocultar seu patrimônio uma pequena participação societária, mas cuja participação social majoritária pertence à *offshore*, que, por sua vez, é representada por um administrador, geralmente uma pessoa da mais absoluta confiança dos fraudadores, partindo dessa estrutura um jogo de transferências de quotas sociais ou de ações, até que em algum momento seguro possam retornar às mãos dos fraudadores.

No mais das vezes, recursos financeiros eram deportados por meio de remessas clandestinas, realizadas geralmente com o auxílio de doleiros que se encarregavam de promover essas transações bancárias ou diretamente pelos correntistas, que abriam contas bancárias em países mais próximos ao Brasil, classificados pelas facilidades e pelo sigilo que conferiam, como *paraísos fiscais*, cujo sigilo bancário era aperfeiçoado com contas geralmente identificadas por números, e não pelo nome do correntista, ou com correntistas identificados por pseudônimos, ou por suas *offshores*, arrastando, obviamente, práticas criminosas de lavagem de dinheiro e contribuindo para a larga e impune expansão dos delitos contra o sistema financeiro e contra o mercado de capitais, com igual incentivo para a endêmica e cultural prática da corrupção.

Evasão cambial é o ato da remessa de divisas para o exterior mediante operação de câmbio não autorizada, em desconformidade com as normas cambiais nacionais, o que não quer dizer que toda operação cambial para envio de divisas ao exterior seja proibida, sendo permitida toda operação cambial para envio de divisas ao exterior, desde que atendidas as formalidades regulamentares e a não clandestinidade.[419] Conforme Carlo Velho Massi, o combate à

---

[419] BITENCOURT, Cezar Roberto; BREDA, Juliano. *Crimes contra o sistema financeiro nacional e contra o mercado de capitais*. 3. ed. São Paulo: Saraiva, 2014. p. 286.

evasão de divisas, o qual, de acordo com o artigo 22 da Lei 7.492/1986, busca evitar que a moeda, a divisa e os depósitos saiam do Brasil ou que nele deixem de entrar, prejudicando a economia brasileira, evita que o particular mantenha depósitos não declarados à repartição federal competente, como forma de sonegar os impostos devidos e de se livrar da fiscalização,[420] como pode se livrar de dividir com o cônjuge ou companheiro diante da dificuldade de o parceiro lesado comprovar a existência desses recursos depositados no exterior.

Lucas Rocha Furtado preleciona que a lavagem de ativos pode ser entendida como o processo pelo qual se busca dar aparência de legalidade a recursos de origem ilegal, e, em razão do que dispõe a legislação local, os atos relacionados à lavagem de ativos podem estar associados a determinados tipos penais, como o tráfico de drogas, o tráfico de armas, de pessoas, corrupções etc., ou podem ter simplesmente origem ilícita, independentemente do enquadramento em certo tipo penal,[421] como milhares de brasileiros que simplesmente conservavam no exterior os recursos que geralmente haviam ganhado no Brasil e sonegavam a sua tributação, sem descartar a possibilidade de manter recursos financeiros depositados no exterior, os quais, por estarem longe de qualquer forma local de fiscalização e por não terem sido declarados ao fisco brasileiro, eram facilmente subtraídos das meações conjugais e convivenciais.

Ainda conforme Lucas Rocha Furtado, existem inúmeras possibilidades para operações que buscam dar aparência de legalidade a esses recursos ilegais, com soluções criativas apresentadas pelos consultores jurídicos e por representantes de bancos internacionais que periodicamente se deslocam para o Brasil, ou pelos contadores que encontram fórmulas para dar ares de legalidade a esses ativos, que nem sempre concernem apenas a dinheiro de origem ilegal. Sendo um meio mais eficaz simplesmente efetuar depósitos em contas secretas localizadas em instituições bancárias mantidas em paraísos fiscais e nos quais, protegidos pelo sigilo e motivados pela falta de colaboração de determinados Estados com a comunidade internacional, tornava-se praticamente impossível recuperar esses ativos e fazê-los retornar à sua origem.[422] Assim, viviam impunes e seguros, sonegadores, corruptos, criminosos e fraudadores, com suas contas secretas e por longo tempo inimpugnáveis, até que, paulatinamente, foram tomadas medidas de combate à lavagem de dinheiro ou aos *crimes do colarinho-branco*, criando-se legislações que trataram de fechar o cerco contra a desmensurada existência de contas secretas abertas por pessoas físicas ou por empresas no exterior. Dessarte, aos poucos, os paraísos fiscais foram reduzidos e deixando muitos desses países que sediavam essas instituições financeiras de integrar a lista negra dos paraísos fiscais. Com leis mais rigorosas de combate ao terrorismo, muitos desses países passaram desde logo a cooperar com as autoridades judiciais e policiais internacionais, atuando em forte combate à criminalização e contra a lavagem de dinheiro, tanto que o Brasil oportunizou a prévia repatriação de recursos por pessoas físicas e jurídicas brasileiras que mantivessem recursos no exterior, sem que os tivessem declarado às autoridades fazendárias locais. Elas poderiam proceder à repatriação desses ativos conquanto pagassem o tributo incidente e assim ficariam isentas do devido processo penal por evasão de divisas, tudo em consonância

---

[420] MAIS, Carlo Velho. *O crime de evasão de divisas na era da globalização*. Novas perspectivas dogmáticas, político-criminais e criminológicas. Porto Alegre: Pradense, 2013. p. 88.

[421] FURTADO, Lucas Rocha. *As raízes da corrupção no Brasil*. Estudos de casos e lições para o futuro. Belo Horizonte: Fórum, 2015. p. 164.

[422] FURTADO, Lucas Rocha. *As raízes da corrupção no Brasil*. Estudos de casos e lições para o futuro. Belo Horizonte: Fórum, 2015. p. 164.

com os termos da Lei 13.254, de 13 de janeiro de 2016, conhecida como a Lei da Repatriação de Recursos, a qual, como mencionado, permitiu o retorno de muitos ativos clandestinamente depositados no exterior, assim como tratou de outras medidas de cooperação internacional de combate aos delitos do chamado *colarinho-branco*, tendo provocado a recuperação de importante volume de ativos depositados em *paraísos fiscais* oriundos dos crimes de corrupção, lavagem de dinheiro e evasão de divisas a partir da conhecida operação alcunhada de Lava Jato.

2.2.31 As fundações

Explica José Eduardo Sabo Paes que a fundação guarda perfeita simetria com o espírito de solidariedade do ser humano no ato de auxiliar as pessoas necessitadas,[423] uma vez que desde os primórdios da história da humanidade as fundações já guardavam as características atuais em que vinculam um patrimônio a uma finalidade social. Qualquer indivíduo legalmente capaz, com habilidade e capacidade financeira, poderá, por ato *inter vivos* ou *mortis causa*, destacar de seu patrimônio bens para que cumpram com autonomia uma finalidade social predeterminada. Essa fundação instituída ou mantida por pessoa física tem eminente caráter social e apresenta finalidades educacionais, assistenciais, culturais, científicas, tecnológicas etc., podendo as fundações de direito privado também ser instituídas por pessoas jurídicas.[424]

As fundações têm assento legal nos artigos 62 até 69 do Código Civil brasileiro, prescrevendo o artigo 62, parágrafo único, que elas somente poderão ser constituídas para fins de: (I) assistência social; (II) cultura, defesa e conservação do patrimônio histórico e artístico; (III) educação; (IV) saúde; (V) segurança alimentar e nutricional; (VI) defesa, preservação e conservação do meio ambiente e promoção do desenvolvimento sustentável; (VII) pesquisa científica, desenvolvimento de tecnologias alternativas, modernização de sistemas de gestão, produção e divulgação de informações e conhecimentos técnicos e científicos; (VIII) promoção da ética, da cidadania, da democracia e dos direitos humanos; (IX) atividades religiosas.

O Código Civil e Comercial da Argentina define a fundação em seu artigo 193 como uma pessoa jurídica constituída com a finalidade do bem comum, sem propósito de lucro, mediante o aporte patrimonial de uma ou mais pessoas, destinado a possíveis finalidades. Ela precisa ser constituída mediante instrumento público ou testamento, tal qual no direito brasileiro (CC, art. 62), além de obter autorização do Estado para funcionar, e sua nota de maior destaque é o fato de que ela carece de membros que expressem a vontade dela e apresenta administradores que devem manifestar a vontade inicial do fundador, isto é, expressada e estratificada no ato fundacional.[425] As fundações diferem das associações porque naquelas os benefícios que emanam da instituição fundacional são destinados exclusivamente a terceiros, tendo uma finalidade eminentemente altruísta, ao passo que os beneficiários das associações são os próprios associados.

Ocorre que muitas pessoas estão se socorrendo da instituição de fundações privadas estrangeiras para fins de planejamento patrimonial e sucessório internacional, visando à proteção e transmissão do patrimônio de forma segura para as próximas gerações. Existem vários

---

[423] PAES, José Eduardo Sabo. *Fundações, associações e entidades de interesse social*. Aspectos jurídicos, administrativos, contábeis, trabalhistas e tributários. 7. ed. Rio de Janeiro: GEN/Forense, 2010. p. 249.

[424] PAES, José Eduardo Sabo. *Fundações, associações e entidades de interesse social*. Aspectos jurídicos, administrativos, contábeis, trabalhistas e tributários. 7. ed. Rio de Janeiro: GEN/Forense, 2010. p. 249.

[425] TOBÍAS, José W. *Código Civil y Comercial comentado*. Tratado exegético. Director del tomo José W. Tobías. Coordinador Ignacio Alterini. 3. ed. Buenos Aires: La Ley, 2019. t. I, p. 1416.

países conhecidos como *paraísos fiscais,* que permitem a utilização da fundação para fins de preservação e administração de bens familiares, possuindo características tanto do *trust* como de uma empresa. É diferente do *trust* cujos bens pertencem ao *trustee*, enquanto na fundação estrangeira o capital pertence a ela, não havendo divisão desse capital em ações ou em quotas, e sua administração está a cargo dos membros do conselho da fundação. Os estatutos de uma fundação estrangeira podem prever, por exemplo, que seus beneficiários somente recebam o produto da renda gerada pelos ativos da fundação sem que tais ativos lhes sejam disponibilizados, de modo que jamais se tornarão proprietários dos ativos da fundação.[426]

Daiille Costa Toigo escreve que a fundação tem utilização semelhante ao do *trust*, para a proteção e gestão do patrimônio de menores ou de pessoas inabilitadas para administrarem seus próprios bens; administração do pagamento individual de quantias pecuniárias ou da distribuição individual de bens a membros da família ao longo do tempo, e até para outras gerações e para planejamento tributário, contudo alerta se tratar de instituto muito empregado no exterior com intuito fraudulento, conferindo proteção patrimonial que termina ilegalmente escondida.[427]

No entanto, para Gustavo Cerqueira, o papel das fundações na sucessão hereditária de empresas parece insignificante em razão das características de seu regime, decorrente dos limites impostos ao objeto social das fundações: impossibilidade de as fundações terem por objeto uma atividade empresarial, pois, no direito brasileiro, as fundações são destinadas a fins sociais e de interesse geral, e não para propósitos privados ou lucrativos; e impossibilidade de servirem ao sustento da família, uma vez que até seria factível membros da família do fundador, seus herdeiros, exercerem alguma influência, mas de maneira reduzida, na administração e nos resultados da fundação, visto que esta não é constituída por quotas de sociedade aptas a justificar o exercício de direitos políticos ou patrimoniais. Caso seja identificada essa influência, ela poderá ser limitada pelo Ministério Público, que exerce um controle rigoroso sobre a constituição, o funcionamento e a dissolução da fundação.[428]

2.2.32 Insolvência e o dano

Entre os antigos, o devedor era obrigado a cumprir sua obrigação com sua própria pessoa e, subsidiariamente, com os bens. Entre os hebreus, o devedor e seus filhos eram reduzidos à escravidão, assim como na Grécia era admitida a escravidão do devedor. Ao tempo das XII Tábuas, a execução se dirigia contra a pessoa, e não contra os bens do executado, sendo aperfeiçoada com o tempo e priorizada a execução patrimonial em substituição à execução pessoal.[429] Para fugir de seus credores, e não mais correr o risco de responder com seu corpo ou com sua liberdade pessoal, o devedor do histórico direito romano promovia a alienação fraudulenta de seus bens em detrimento dos seus credores, que então buscavam com o pretor uma *vindicatio utilis*, que seria o primeiro remédio revocatório pelo qual os credores podiam revogar os atos fraudulentos do seu devedor.[430]

---

[426] SILVA, David Roberto R. Soares da; ESTEVAM, Priscila Lucenti; VASCONCELLOS, Roberto Prado de; RODRIGUES, Tatiana Antunes Valente. *Planejamento patrimonial, família, sucessão e impostos.* São Paulo: Editora B18, 2018. p. 384-388.

[427] TOIGO, Daiille Costa. *Planejamento sucessório empresarial.* Proteção patrimonial nacional e internacional. São Paulo: AGWM, 2016. p. 160.

[428] CERQUEIRA, Gustavo. *Sucessão hereditária nas empresas familiares.* Interações entre o direito das sucessões e o direito das sociedades. São Paulo: YK, 2018. p. 113-117.

[429] HANADA, Nelson. *Da insolvência e sua prova na ação pauliana.* 4. ed. São Paulo: RT, 2005. p. 16-17.

[430] HANADA, Nelson. *Da insolvência e sua prova na ação pauliana.* 4. ed. São Paulo: RT, 2005. p. 17-18.

No mundo atual, são os bens que respondem pelas dívidas, e não mais a pessoa e seu corpo ou a sua liberdade, salvo a exceção da prisão civil pela dívida alimentar, tendo igualmente em conta que foi considerada inconstitucional a prisão civil do depositário infiel pela Súmula vinculante 25 do STF,[431] prescrevendo originariamente o artigo 5.º, LXVII, da Constituição Federal que: "não haverá prisão civil por dívida, salvo a do responsável pelo inadimplemento voluntário e inescusável de obrigação alimentícia e a do depositário infiel".

Servindo os bens do devedor como garantia de suas dívidas, sua insolvência tem enorme repercussão jurídica na medida em que ela representa a insuficiência de ativo realizável para cobrir os débitos do devedor e caracteriza o dano pauliano, devendo ser provado o estado de insolvência para o ajuizamento da ação pauliana.

Estando o devedor impossibilitado de pagar suas dívidas, no âmbito do direito de família pode estar incapacitado de pagar sua dívida alimentar; ou pode este devedor ter criado propositadamente um aparente estado de insolvência para frustrar o crédito alimentício de seus dependentes materiais; pode ter construído toda uma estratégia fraudatória de esvaziamento dos bens conjugais para frustrar o pagamento da meação de seu cônjuge ou convivente, causando um imensurável dano aos seus credores; também pode se servir desse estado falimentar pessoal para, em um arranjo fraudatório com seu consorte ou companheiro, promover a dissolução do relacionamento e com ele uma partilha de bens que provoca um detrimento patrimonial da meação do devedor, que afeta a garantia de seus credores pessoais, em uma visível ou detectável partilha fraudulenta, seja adjudicando bens subavaliados para a esposa ou companheira, e que assim chegam ao seu acervo em maior número e quantidade, seja incluindo na meação da esposa os melhores bens e igualmente subavaliados; seja declarando na petição de partilha que determinados bens seriam privativos do outro cônjuge e, portanto, incomunicáveis, isto é, adjudicando dívidas inexistentes ao insolvente, como alimentos que não teriam sido pagos.

Carlos A. Arianna faz importante observação a respeito da partilha dos bens conjugais realizada entre cônjuges ou conviventes, em hipótese em que um deles tem seus bens comprometidos em garantia de seus credores pessoais, cujo ato jurídico de partilha ele não qualifica como um negócio jurídico gratuito, tampouco oneroso, mas como um ato jurídico *neutro*, enquanto o elemento *ausência* de qualquer compensação patrimonial prevaleça na partilha, a qual deve observar a estrita igualdade da divisão dos bens conjugais. No entanto, se sorrateira e maliciosamente os cônjuges ou conviventes promoverem uma partilha visivelmente desigual e com ela intentarem viabilizar uma rota de fuga da responsabilidade patrimonial do consorte que deve para terceiros, essa divisão do acervo matrimonial ficará abalada e comprometida,[432] porque se ressente da necessária neutralidade, terminando impregnada de uma viciada transmissão gratuita de bens, que em sua essência buscou suplantar o montante realmente devido na meação do consorte e perdeu a sua eficácia diante dessa dissimulada doação.[433]

2.2.32.1 *A simulação de insolvência*

Explica Luis Muñoz Sabaté ser comum e corrente que um devedor malicioso, quando pretende subtrair seus bens de uma execução por dívidas e burlar seus credores, provoca

---

[431] Súmula Vinculante 25 do STF: "Ilícita a prisão civil de depositário infiel, qualquer que seja a modalidade do depósito".

[432] SABATÉ, Luis Muñoz. *La prueba de la simulación*. 3. ed. Colombia: Temis, 2011. p. 17.

[433] ARIANNA, Carlos A. Los convenios de partición de sociedad conyugal frente a la insolvencia. *In*: CARLUCCI, Aída Kemelmajer de (coord.); HERRERA, Marisa (dir.). *La familia en el nuevo derecho*. Buenos Aires: Rubinzal-Culzoni, 2009. t. I, p. 469.

artificialmente uma evasão de seus bens com o objetivo de criar um estado de fictícia ou simulada insolvência, que torna impossível a execução e converte o título executivo em um crédito frustrante, ou torna uma sentença judicial em uma autêntica vitória pírrica, desacreditando qualquer esperança de eficácia de um processo executivo, sem deslembrar que o próprio estado de insolvência já provoca um desânimo e se converte em potencial mecanismo dissuasório perante o credor, que, antes de se lançar em um oneroso processo de cobrança do seu crédito, prefere dar o assunto por perdido. De outro modo, se já não bastasse o desestímulo que assaz enfrenta o credor com as dificuldades impostas pelo próprio Poder Judiciário, quando se trata de tentar provar a simulação da fraude mediante as resistentes ordens judiciais, que relutam em deferir a quebra de sigilos bancários, fiscais, telemáticos, processuais, administrativos, contábeis e telefônicos, de pessoas e empresas que se prestam a atuar como interpostas pessoas físicas e jurídicas, olvidando-se os julgadores de que, independentemente da fraude, há o emprego de meios lícitos que resultam em consequências não permitidas em lei, atingindo direitos subjetivos ou ofendendo preceitos de ordem pública,[434] e só por isso já merecem ser investigados para que não resultem vitoriosos o abuso, a fraude e, em suma, o ato ilícito.

Prossegue Sabaté escrevendo que o instrumento de maior aplicação das insolvências fictícias são os negócios jurídicos de que se socorre o simulador para dar aparência de legalidade à sua operação fraudulenta, valendo-se comumente de um cúmplice que completará o outro extremo da relação jurídica, indicando como formas mais correntes empregadas para a simulação negocial que induzem à crença da insolvência do devedor: a) o contrato de compra e venda, escriturado de tal forma que impeça a execução judicial, ou que favoreça o êxito processual do seu cúmplice; b) a constituição de gravames reais em garantia de dívidas simuladas e simultaneamente reconhecidas, como na hipótese da hipoteca, a reserva de domínio, a constituição de créditos privilegiados e o arrendamento; c) a execução judicial por créditos simulados, cujo processo executivo descansa sobre um título executivo igualmente simulado; d) em ações falimentares são igualmente registrados e incluídos no passivo créditos simulados; e) a adulteração de balanços, simulando perdas ou ocultando benefícios, verdadeiros crimes de falsidade, mas que ajudam a provocar a falência do devedor; f) o aporte de bens particulares em alguma sociedade empresária; e por fim, mas sem ser exaustivo; g) a doação de bens, preferencialmente com um disfarce de alguma causa onerosa do ato de liberalidade, haja vista que atos gratuitos sempre tropeçam na presunção de fraude[435] (CC, art. 158).

2.2.32.2 A insolvência alimentar fraudulenta

A solidariedade ingressa no ordenamento jurídico pátrio como um princípio a ser seguido desde o advento da Constituição Federal de 1988, com outro princípio basilar da dignidade da pessoa humana. Se antes a solidariedade familiar era questão moral e ética, ou, ainda, esplanada como um preceito da Igreja Católica, a partir desse surgimento também passa para o mundo jurídico. Após a promulgação da Constituição Federal de 1988 e a inclusão dos princípios supracitados, "a família calhou a servir como espaço e instrumento de proteção à dignidade da pessoa",[436] e as relações antes meramente privadas passaram a ser protegidas

---

[434] RODRIGUES FILHO, Otávio Joaquim. *Desconsideração da personalidade jurídica e processo de acordo com o Código de Processo Civil de 2015*. São Paulo: Malheiros, 2016. p. 91.

[435] SABATÉ, Luis Muñoz. *La prueba de la simulación*. 3. ed. Colombia: Temis, 2011. p. 18-19.

[436] MADALENO, Rolf. *Direito de família*. 10. ed. Rio de Janeiro: GEN/Forense, 2020. p. 44.

pelo Estado como garantia das realizações individuais, permitindo o pleno desenvolvimento pessoal e social de cada um.[437]

De igual forma, o artigo 227 da Constituição Federal determina ser dever da família, da sociedade e do Estado assegurar à criança, ao adolescente e ao jovem os direitos fundamentais da pessoa humana, entre eles o direito à vida, à saúde, à alimentação, à educação e ao lazer, bem como o artigo 229 do mesmo diploma legal aduz que os pais têm o dever de assistir, criar e educar os filhos menores, e os maiores têm o dever de ajudar e amparar os pais na velhice, carência ou enfermidade.

Entretanto, tal cenário diz respeito ao dever ser, ao mundo ideal, não ao dia a dia das contendas familistas país afora, onde o corriqueiro são cartórios abarrotados de execuções de alimentos, de alimentantes que se escusam de suas obrigações, muitas vezes como forma de punir ex-parceiros de vida.

Ainda é muito arraigado o modelo do homem como o provedor da obrigação alimentar e que foge da ex-esposa ou da ex-companheira e também de sua prole, esquecendo-os quando ingressa em um novo relacionamento e, mais ainda, quando dessa relação advêm novos filhos, muito por ser uma questão cultural, de séculos de patriarcado, sendo poucas mulheres chamadas a esse posto de alimentante – impedindo, por essa razão, uma pesquisa mais acurada acerca de diferenças de gênero na questão alimentar.

Outro ponto crítico é o esvaziamento financeiro daquele que detém a obrigação alimentar e que dilapida, omite, transfere ou mesmo cede seu patrimônio ou parte dele para que em uma execução alimentar, ou mesmo antes, em uma ação de alimentos, seu real poder aquisitivo, ou seja, suas verdadeiras possibilidades e bens passíveis de penhora, não seja identificado, frustrando, assim, seu dever de solidariedade familiar e sustento moral e material daqueles que outrora lhe foram caros.

A doutrina argentina denomina de "insolvência alimentar fraudulenta", introduzida na sua legislação por meio da Lei 24.029/1991, que acrescenta o artigo 2.º *bis* à Lei 13.944/1950. Na Argentina, a reforma de seu Código Civil e Comercial, realizada pela Lei 26.994/2014, inseriu mudanças de acordo com a nova realidade familiar, e no artigo 431 indica que o matrimônio é um projeto de vida comum, potencializando a ideia de assistência e de cooperação que considera os interesses de ambos os progenitores que deve somar esforços para o crescimento comum que irradia para os demais membros do entorno familiar.

Também calcada no princípio da solidariedade, essa nova legislação ainda chama à responsabilidade os padrastos ou madrastas para com seus enteados, que são os denominados "progenitores afins", os quais são obrigados a arcar com alimentos, se já tiverem assumido seu sustento e a suspensão do auxílio causar grave prejuízo àquele, por pelo menos o mesmo tempo em que mantiveram união com seus pais biológicos.[438] São três os pilares da obrigação alimentar argentina, pela qual alimentos são devidos entre cônjuges, demonstrada a necessidade entre parentes em geral, assim considerando também os parentes por afinidade, como sogros, genros e noras e vice-versa, tratando-se de um dever assistencial, uma vez também comprovadas a necessidade e a impossibilidade de encontrar meios para a sobrevivência de quem requer os alimentos, que igualmente são devidos dos pais para os filhos menores de idade, sendo uma obrigação muito mais ampla e de mão dupla.

---

[437] DIAS, Maria Berenice. *Manual de direito das famílias*. 11. ed. São Paulo: RT, 2016. p. 52.

[438] HERRERA, Marisa. *Código Civil Y Comercial de la Nación comentado*. Buenos Aires: Rubinzal-Culzoni, 2015. t. IV, p. 475.

Apesar dessas mais recentes alterações, a legislação argentina já previa, desde a promulgação da Lei 13.944/1950, penas para o incumprimento da obrigação alimentar, impondo prisão de um mês a dois anos ou multa de 750 pesos a 25 mil pesos para quem não prestasse auxílio à sua prole.[439]

Uma análise crítica do Projeto do Código Penal argentino de 1937, elaborado em 1942 por Ernesto J. Ure, já demonstrava preocupação ante a falta de criminalização específica para aquele que deixava de cumprir com seus deveres de assistência familiar e se colocava maliciosamente em insolvência. Considerava, ainda, que seria um agravante de maior periculosidade o indivíduo que simulasse o trespasse de bens a terceiros, o que na época não foi aceito, mas anos depois se transformou no artigo 2.º *bis* da Lei 13.944/1950, com a seguinte redação: "Será reprimido con la pena de uno a seis años de prisión el que con la finalidad de eludir el cumplimiento de sus obligaciones alimentarias, maliciosamente destruyere, inutilizare, dañare, ocultare, o hiciere desaparecer bienes de su patrimonio o fraudulentamente disminuyere su valor, y de esta manera frustrar, en todo o en parte, el cumplimiento de dichas obligaciones".[440]

No direito argentino, a condenação penal para aquele que pratica o delito de insolvência alimentar fraudulenta não necessita de prévio processo cível, ou seja, não é requisito uma sentença ou acordo fixando alimentos. Assim, pratica a insolvência alimentar fraudulenta aquele que finge uma insolvência civil; que sai de um emprego estável e com carteira assinada para se aventurar de forma autônoma apenas para não ter descontados os proventos de seu contracheque; ou, ainda, utiliza-se de interposta pessoa, física ou jurídica, ou de qualquer outra forma omite, desvia, diminui ou simplesmente dilapida seu patrimônio e sua renda mensal para malograr uma obrigação alimentar; se faz uso de tais expedientes na ação de alimentos, ou mesmo pouco antes de um inevitável divórcio ou processo de separação, na intenção de

---

[439] "Ley 13.944, promulgada en 09 de octubre de 1950:
Artículo 1.º - Se impondrá prisión de un mes a dos años o multa de setecientos cincuenta pesos a veinticinco mil pesos a los padres que, aun sin mediar sentencia civil, se substrajeren a prestar los medios indispensables para la subsistencia a su hijo menor de dieciocho años, o de más si estuviere impedido. (Montos de la multa sustituidos por art. 1.º punto 11 de la Ley n. 24.286 B.O. 29/12/1993)
Artículo 2.º - En las mismas penas del artículo anterior incurrirán, en caso de substraerse a prestar los medios indispensables para la subsistencia, aun sin mediar sentencia civil:
a) El hijo, con respecto a los padres impedidos;
b) El adoptante, con respecto al adoptado menor de dieciocho años, o de más si estuviere impedido; y el adoptado con respecto al adoptante impedido;
c) El tuto, guardador o curador, con respecto al menor de dieciocho años o de más si estuviere impedido, o al incapaz, que se hallaren bajo su tutela, guarda o curatela;
d) El cónyuge, con respecto al otro no separado legalmente por su culpa.
Artículo 2.º bis. - Será reprimido con la pena de uno a seis años de prisión, el que, con la finalidad de eludir el cumplimiento de sus obligaciones alimentarias, maliciosamente destruyere, inutilizare, dañare, ocultare, o hiciere desaparecer bienes de su patrimonio o fraudulentamente disminuyere su valor, y de esta manera frustrare, en todo o en parte el cumplimiento de dichas obligaciones. (Artículo incorporado por art. 1.º de la Ley n. 24.029 B.O. 18.12.1991)" (Disponível em: https://www.argentina.gob.ar/normativa/nacional/ley-13944-129755/actualizacion. Acesso em: 22 mar. 2020).

[440] VILLANUEVA, Horacio J. Romero; VITA, Sebastian da. *Delitos contra las relaciones parento-filiales*. Buenos Aires: Hammurabi, 2017. p. 57-58. "Será reprimido com a pena de um a seis anos de prisão aquele que com a finalidade de escapar do cumprimento de suas obrigações alimentícias, maliciosamente destruir, inutilizar, danificar, ocultar ou fazer desaparecer bens de seu patrimônio ou fraudulentamente diminuir seu valor e desta maneira frustrar em todo ou em parte o cumprimento destas obrigações."

obter um patamar fixado a menor, na revisão ou exoneração de alimentos, ou ainda, na execução alimentar – momento em que o alimentado possui um título judicial ou extrajudicial, mas sem qualquer perspectiva de satisfação do crédito.

Outra artimanha, mas de igual gravidade, é a do alimentante que, além de se utilizar dos meios fraudulentos para ver minorada a fixação alimentar, ainda se vale da impontualidade no pagamento a menor da obrigação, causando sempre previsíveis prejuízos ao alimentando que termina tenso e sempre onerado com multas e juros em suas próprias obrigações financeiras com seus credores pessoais.

No ordenamento pátrio, há a previsão do artigo 244 do Código Penal que aduz: "Deixar, sem justa causa, de prover a subsistência do cônjuge, ou de filho menor de 18 anos ou inapto para o trabalho ou de ascendente inválido ou valetudinário, não lhes proporcionando os recursos necessários ou faltando ao pagamento de pensão alimentícia judicialmente acordada, fixada ou majorada; deixar, sem justa causa, de socorrer descendente ou ascendente gravemente enfermo: Pena detenção de 01 (um) ano a 04 (quatro) anos e multa, de uma a dez vezes o maior salário mínimo vigente no País".

Um exemplo jurisprudencial pode ser encontrado no Acórdão 70070744560 da 8.ª Câmara Criminal do Tribunal de Justiça do Rio Grande do Sul, em voto proferido pela desembargadora e relatora Fabianne Breton Baisch, em julgamento datado de 18 de outubro de 2017, em que escreve:

> Chama a atenção, inclusive, a grande dificuldade de localizar o denunciado, na ação de execução de alimentos, tendo sido necessário oficiar os órgãos de praxe, à procura de seu endereço, o que infrutífero, resultando no decreto de prisão civil (fls. 40v e 45/46), o que também serve a demonstrar sua renitência no cumprimento do acordo celebrado em favor dos alimentandos. Bem verdade que não há confundir o dolo necessário para a configuração do ilícito em questão, consistente na vontade de deixar, sem justa causa (elemento normativo), de prover a assistência ao sujeito passivo, com o mero inadimplemento da prestação alimentícia devida. No caso, porém, a acusação demonstrou o elemento subjetivo do tipo, como dito, porquanto, mesmo depois de firmado acordo judicial, o imputado não honrou as prestações acertadas – a petição inicial da ação de execução de alimentos noticiando, apenas, pagamentos parciais nos meses de fevereiro e março de 2007, inferiores ao acertado –, bem como não foi mais encontrado, resultando em sua prisão. O caso não retrata mero inadimplemento de obrigação alimentar, pelas aventadas dificuldades financeiras do incriminado, conforme aduzidas pela defesa técnica, mas verdadeiro abandono, já que o agente não alcançou nenhum valor para o sustento dos filhos no referido período descrito na peça acusatória, nem justificou validamente por que não o poderia fazer.

Há também o Acórdão 70081187924, julgado em 9 de setembro de 2019, da lavra do desembargador relator Aymoré Roque Pottes de Mello, da 6.ª Câmara Criminal do TJRS, do qual pode ser extraído um exemplo das atitudes tomadas pelos devedores de alimentos no intuito de se esquivarem da obrigação:

> Ora, o próprio réu admite ter deixado o emprego formal de forma deliberada, justamente em razão do desconto da pensão alimentícia dos filhos, que era efetuada no seu contracheque e cujo valor entendia que era muito alto. De outro lado, muito embora Noé afirme não ter "sumido" da vida dos filhos, é bem de ver que a dificuldade para localizá-lo ao longo do processo de execução dos alimentos – e mesmo deste processo criminal – é evidente, o que acentua a certeza do seu dolo de não prestar os alimentos aos filhos. Ademais, muito embora o réu afirme que contribuía financeiramente com os filhos "quando podia", nenhuma prova fez nesse sentido.

Tal medida também pode ser requerida em sede de execução de alimentos (CPC, art. 911) ou no cumprimento de sentença (CPC, art. 528), restringindo a pena de prisão à cobrança das três últimas prestações vencidas antes do ajuizamento da ação e incluindo as vincendas, como meio de inegável caráter coercitivo. No entanto, muitas vezes tal modo de ameaça pode se revelar como um "tiro que saiu pela culatra", pois a mágoa, os sentimentos não resolvidos da separação e mesmo do casamento ou ainda o simples desejo de vingança ou controle sobre o outro podem transformar a prisão civil em uma arma para que o devedor exerça o papel de vítima diante da prole, ou seja, em vez de pagar a dívida alimentar, preferiu ser preso, passando, então, a condenar moralmente o autor da execução, embora o oposto também possa ser verdadeiro, quando mulheres se fazem de vítimas, mas na realidade são verdadeiras algozes.

As questões subjetivas são como uma dança, em que o passo de um determina o do outro e vice-versa, sem culpados ou inocentes, apenas corresponsáveis, ou, na lição de Verônica A. da Motta Cezar-Ferreira:[441] "nenhum evento é totalmente individual em uma família, mas faz parte do padrão relacional e, de alguma forma, está a serviço da manutenção deste padrão".

Além da prisão, dependendo da subjetividade dos envolvidos no litígio, pode não ser o melhor meio escolhido, e outro recurso do ordenamento pátrio para as questões de ocultação de patrimônio é o instituto da desconsideração da personalidade jurídica, do artigo 50 do Código Civil[442] e dos artigos 133 a 137 do Código de Processo Civil[443] que preveem a pontual

---

[441] CEZAR-FERREIRA, Verônica A. da Motta. *Família, separação e mediação*. Uma visão psicojurídica. 4. ed. Curitiba: CRV, 2017. p. 47.

[442] "Art. 50. Em caso de abuso da personalidade jurídica, caracterizado pelo desvio de finalidade ou pela confusão patrimonial, pode o juiz, a requerimento da parte, ou do Ministério Público quando lhe couber intervir no processo, desconsiderá-la para que os efeitos de certas e determinadas relações de obrigações sejam estendidos aos bens particulares de administradores ou de sócios da pessoa jurídica beneficiados direta ou indiretamente pelo abuso.

§ 1.º Para os fins do disposto neste artigo, desvio de finalidade é a utilização da pessoa jurídica com o propósito de lesar credores e para a prática de atos ilícitos de qualquer natureza. § 2.º Entende-se por confusão patrimonial a ausência de separação de fato entre os patrimônios, caracterizada por: I – cumprimento repetitivo pela sociedade de obrigações do sócio ou do administrador ou vice-versa; II – transferência de ativos ou de passivos sem efetivas contraprestações, exceto os de valor proporcionalmente insignificante; e III – outros atos de descumprimento da autonomia patrimonial. § 3.º O disposto no *caput* e nos §§ 1.º e 2.º deste artigo também se aplica à extensão das obrigações de sócios ou de administradores à pessoa jurídica. § 4.º A mera existência de grupo econômico sem a presença dos requisitos de que trata o caput deste artigo não autoriza a desconsideração da personalidade da pessoa jurídica. § 5.º Não constitui desvio de finalidade a mera expansão ou a alteração da finalidade original da atividade econômica específica da pessoa jurídica."

[443] "Art. 133. O incidente de desconsideração da personalidade jurídica será instaurado a pedido da parte ou do Ministério Público, quando lhe couber intervir no processo. § 1.º O pedido de desconsideração da personalidade jurídica observará os pressupostos previstos em lei. § 2.º Aplica-se o disposto neste Capítulo à hipótese de desconsideração inversa da personalidade jurídica.

Art. 134. O incidente de desconsideração é cabível em todas as fases do processo de conhecimento, no cumprimento de sentença e na execução fundada em título executivo extrajudicial. § 1.º A instauração do incidente será imediatamente comunicada ao distribuidor para as anotações devidas. § 2.º Dispensa- -se a instauração do incidente se a desconsideração da personalidade jurídica for requerida na petição inicial, hipótese em que será citado o sócio ou a pessoa jurídica. § 3.º A instauração do incidente suspenderá o processo, salvo na hipótese do § 2.º. § 4.º O requerimento deve demonstrar o preenchimento dos pressupostos legais específicos para desconsideração da personalidade jurídica.

Art. 135. Instaurado o incidente, o sócio ou a pessoa jurídica será citado para manifestar-se e requerer as provas cabíveis no prazo de 15 (quinze) dias.

ineficácia dos atos cometidos fraudulentamente, quando houver abuso da pessoa jurídica, ou seja, desvios de finalidade ou confusão patrimonial.

Há uma gama imensa de ações fraudulentas envolvendo pessoas jurídicas e seus sócios. Entre as mais comuns estão a transferência do patrimônio particular do devedor de alimentos para o acervo da empresa onde é sócio ou acionista; a subcapitalização nominal ou material da sociedade, em que o sócio, em vez de injetar dinheiro na sociedade sob forma de aumento de capital, faz um empréstimo e se torna credor da sociedade ou respectivamente a sociedade exerce sua atividade sem capital suficiente.[444]

Também podem agir com malícia aqueles que buscam a validação de acordos que minoram os alimentos anteriormente fixados, pois já não arcavam integralmente com suas obrigações e, após a homologação, seguem inadimplentes, mas com uma obrigação a menor, ou ainda os regularmente impontuais, que se utilizam desse expediente como uma forma de fraude e com o claro intuito de massacrar e controlar os alimentados, entre tantos outros exemplos.

Há, ainda, no direito de família a aplicação da desconsideração da personalidade jurídica inversa, utilizada em outro recurso comum engendrado por aqueles que usam a insolvência alimentar fraudulenta, que consiste em "atribuir à empresa desvirtuada de seu objeto a titularidade passiva da obrigação alimentar" daquele sócio que simula sua retirada da sociedade e transfere suas quotas sociais, muito embora prossiga na administração de fato por procuração outorgada por seu atual sucessor.[445]

Apesar de a legislação oferecer mecanismos rápidos e pontuais para essas questões, há forte resistência judicial em aplicá-los, muitas vezes sob a justificativa de que se trata de terceiro que não participa da ação e, por fim, nega a sua inclusão mesmo após instaurado o incidente de desconsideração da personalidade jurídica; outras vezes, alegando ausência de prova cabal, porém indeferindo a produção das provas requeridas seja pelo argumento da existência de terceiro envolvido ou simplesmente pelo rol taxativo das hipóteses de cabimento de agravo de instrumento assim não permitirem.

Tais entendimentos ocorrem amiúde, conforme pesquisa realizada na jurisprudência dos Tribunais de São Paulo e do Rio Grande do Sul, principalmente após o advento do Código de Processo Civil de 2015. Nos anos anteriores, particularmente de 2002 a 2005, a simples presunção ou os sinais da fraude bastavam para, no mínimo, uma investigação mais apurada das questões levantadas, como é exemplo o Acórdão 70004727913, julgado em 30 de outubro de 2002, pela 2.ª Câmara Especial Cível do TJRS, sob a relatoria do desembargador Luiz Roberto Imperatore de Assis Brasil, que em seu voto preconiza:

> O agravante bem pugnou pela adoção da teoria da *disregard*, que é perfeitamente aconselhável ao caso, visto que é ampla a aplicação da teoria da desconsideração da personalidade jurídica no direito brasileiro, em especial, no direito de família, onde é cada vez mais comum o cônjuge empresário refugiar-se sob as vestes da sociedade mercantil vislumbrando fraude à partilha matrimonial, além de praticar atos que visam encobrir a verdadeira capacidade econômica e financeira da pessoa física que tem um dever legal de alimentos, equiparando-se

---

Art. 136. Concluída a instrução, se necessária, o incidente será resolvido por decisão interlocutória. Parágrafo único. Se a decisão for proferida pelo relator, cabe agravo interno.
Art. 137. Acolhido o pedido de desconsideração, a alienação ou a oneração de bens, havida em fraude de execução, será ineficaz em relação ao requerente."

[444] MADALENO, Rolf. *Direito de família*. 10. ed. Rio de Janeiro: GEN/Forense, 2020. p. 1121-1123.
[445] MADALENO, Rolf. *Direito de família*. 10. ed. Rio de Janeiro: GEN/Forense, 2020. p. 1122.

o sócio à sociedade, retirando-se o véu da pessoa jurídica para alcançar as pessoas e bens que sob o seu manto se escondem para causar dano a terceiro que é seu credor, no caso seu próprio filho, sem que este precise recorrer às vias jurídicas da simulação, revogação, ações de nulidade e anulação de atos jurídicos. Sendo o direito pleiteado de natureza alimentar, sua provisão deve ocorrer de modo imediato por serem essenciais à sobrevivência e ao desenvolvimento das pessoas. Assim, utiliza-se a teoria da aparência sempre quando o alimentante, sendo empresário, profissional liberal ou autônomo e, até mesmo, quando se apresenta supostamente desempregado, circula ostentando riqueza incompatível com sua alegada penúria. Nestes casos busca-se o convencimento, em relação à capacidade alimentária, nos indícios e nas presunções de riqueza pelo alimentante exteriorizada, relacionados ao modo de vida e atividade que exerce, ou seja, nos seus bens, nos de sua empresa e de terceiros parentes. Sendo assim, como já frisado anteriormente, deve ser autorizada penhora sobre o veículo[446] registrado em nome da sociedade onde agravado/alimentante é detentor de 95% do capital social, para viabilizar a execução alimentar e com isso quitar as obrigações alimentares com seu filho. Diante do exposto, voto pela rejeição da preliminar arguida pelo Ministério Público e pelo provimento do agravo de instrumento.

Um exemplo que norteia os atuais entendimentos se encontra no Agravo de Instrumento 2113793-19.2019.8.26.0000, julgado em 8 de janeiro de 2020, pela 6.ª Câmara de Direito Privado do Tribunal de Justiça de São Paulo, sendo relatora a desembargadora Ana Maria Baldy, cuja fundamentação para negar o pedido de desconsideração inversa da personalidade jurídica foi a de que se trata:

[...] de ação de execução de alimentos proposta pela agravante, já maior de idade, em face do genitor, referente ao débito de pensão alimentícia do período de 01/2013 a 04/2017, que totaliza, atualmente, R$ 45.544,14. Após a expedição dos ofícios de praxe, tendo em vista que o débito não restou quitado, a exequente requereu a perícia contábil da empresa/restaurante da qual o executado é sócio, pleito que foi indeferido pelo juiz *a quo* (fls. 114 dos autos principais). Nesse contexto, interpôs o presente recurso. Analisando os autos, observa-se pela ficha cadastral da empresa que o executado não é o único sócio do restaurante, possuindo apenas 50% do capital do mesmo (fls. 81/82 dos autos principais). Consequentemente, como a obrigação discutida nesta ação é de natureza alimentar, de caráter pessoal, é certo que a mesma não pode ser imposta à empresa, nem mesmo à outra sócia do agravado, que não possuem nenhuma relação com a obrigação fixada. Em outras palavras, a empresa e a outra sócia do agravado não participaram do processo de conhecimento que constituiu o título executivo judicial, de forma que não foi formado título executivo contra elas. Assim, não podem ser atingidas, a princípio, por atos constritivos na fase de cumprimento de sentença, sob pena de violação aos princípios constitucionais do contraditório, ampla defesa, devido processo legal e à coisa julgada material, conforme dispõe expressamente o CPC. Dessa forma, não há como determinar a perícia contábil da empresa, mesmo que seja para apurar os rendimentos do sócio/agravado, vez que refletirá em direito de terceiro, não integrante da lide. No mais, ressalva-se que, aparentemente, a exequente pretende a desconsideração da personalidade jurídica inversa da empresa do executado, todavia, desde já, frisa-se que o pedido deve ser feito de forma adequada, com a juntada de provas do desvio de finalidade da personalidade jurídica ou da confusão patrimonial, nos termos do artigo 50 do Código Civil.

---

[446] A Terceira Turma do STJ considerou a penhora de veículo não localizado, desde que seja apresentada certidão capaz de comprovar a sua existência. Disponível em: https://www.stj.jus.br/sites/portalp/Paginas/Comunicacao/Noticias/2023/07032023-Falta-de-localizacao-nao-impede-penhora-de-veiculo--cuja-existencia-tenha-sido-comprovada.aspx. Acesso em: 10 jan. 2024.

Ora, se são negadas as perícias que só podem ser obtidas judicialmente, mas ao mesmo tempo é ônus do credor, que há anos não recebe alimentos, provar cabalmente as alegações versadas, cria-se um paradoxo, mesmo porque o artigo 135 do Código de Processo Civil prevê que, instaurado o incidente da desconsideração, o sócio ou a pessoa jurídica terá quinze dias para manifestar-se e requerer as provas cabíveis, respeitando a ampla defesa de todos os envolvidos.

Já a Súmula 621 do STJ, ao afirmar que os efeitos da sentença que reduz, majora ou exonera o alimentante do pagamento retroagem à data da citação, vedadas a compensação e a repetibilidade, também cria um grande entrave ao credor de alimentos ao premiar o inadimplemento.

O devedor constante, que pratica de algum modo a insolvência alimentar fraudulenta, é o maior beneficiário da referida súmula, pois consegue levar o feito às últimas consequências, sempre pagando a menor ou mesmo não arcando com nada de sua obrigação, até o momento em que o veredicto final majora, exonera ou reduz a pensão de acordo com aquelas provas que ele conseguiu ou não produzir.

Entretanto, em todos os cenários ele é vencedor, pois, se na pior das hipóteses os alimentos forem majorados, esse devedor, que em verdade sempre teve possibilidades financeiras, pode ter até mesmo se precavido com uma poupança ou mesmo uma aplicação em nome de terceiros, como outra forma de garantir o pagamento ou apenas se satisfazer com o desgaste físico, emocional e financeiro do credor em busca do adimplemento da verba alimentar por mais tempo.

Caso o cenário seja de minoração ou mesmo de exoneração alimentar, o ganho é óbvio, uma vez que este devedor jamais pagou a verba devida ou sempre pagou a menor e, por fim, é premiado com a redução ou mesmo eliminação total do débito, ou seja, a ratificação de seu comportamento nocivo.

Outra forte influência nas decisões humanas pode surgir no fato de o devedor seguir ou não a lei e adimplir ou não as suas obrigações, são os sentimentos vividos no momento, levando em conta as fortes emoções exaradas no término de um relacionamento, e tal influência pode ser levada às últimas consequências, como o fato de o devedor até mesmo se deixar ser preso por dívida alimentar como meio de vitimização e manipulação do outro.

Nesse exame do comportamento humano pode também ser percebido que existe uma propensão a arriscar mais quando as opções envolvem somente resultados negativos ou perdas.[447] Em outras palavras, se o indivíduo que deve alimentos se encontra diante de uma possível perda financeira configurada pelo pagamento forçado dos alimentos devidos ao ex-cônjuge de quem ele se esquiva, ou mesmo à prole, mas gerida pelo ex-cônjuge ou companheiro, a prisão civil, ainda que seja calculadamente um resultado mais gravoso, acaba por se tornar uma opção válida, em que não existe a perda financeira imediata e ainda possibilita essa narrativa de vitimização por parte do devedor.

Ao optar pela prisão civil, o credor inicia uma árdua batalha, de maneira diversa ao disposto na legislação pátria, uma vez que o artigo 528 do CPC, por exemplo, manda intimar o executado para que pague em três dias, provar que o fez ou justificar a impossibilidade de efetuá-lo, abrindo espaço prefacial para a justificativa de comprovar o fato da impossibilidade absoluta de pagar e, caso não o faça, só então a prisão é decretada.

Contudo, o que ocorre na realidade das varas de família é completamente distinto e o cumprimento de sentença sob pena de prisão civil pode durar anos, ainda que nessa fase não

---

447 TYERSKY, Amos; KAHNEMAN, Daniel. Rational Choice and the Framing of Decisions. *The Journal of Business*, Chicago, v. 59, n. 4, part 2: The Behavioral Foundations of Economic Theory, p. S251-S278, Oct. 1986. Disponível em: https://www.jstor.org/stable/2352759?seq=1. Acesso em: 31 mar. 2020.

caiba qualquer discussão de mérito. Isso é comumente utilizado, pois são muitas as maneiras pelas quais o inadimplente alimentar pode prorrogar essa fase processual, por ser medida extrema e que pode ocasionar grave dano, uma vez que dificilmente existem instituições adequadas para o encarceramento ou ainda o fato de que, ao ser preso em regime fechado, o devedor deixa de trabalhar e frustra ainda mais o pagamento da pensão devida. Os magistrados aplicam-na com muita cautela, abrindo margem para manifestações procrastinatórias, como a propósito ilustram Conrado Paulino da Rosa e Cristiano Chaves de Farias: "A mais pura verdade é que este calvário, uma verdadeira *via crucis*, tem duração média de quase um ano – nas varas de família menos sobrecarregadas, por óbvio. Não por uma mora deliberada de algum operador, mas pela própria dinâmica do sistema de excussão. Pontue-se, inclusive, que, no mais das vezes, o devedor, em sua justificativa, tenta abrir espaço para discutir questões estranhas à fase executória, que, em verdade, deveriam ser objeto de análise em sede cognitiva, por meio de ação revisional, nos termos do art. 1.699 do Código Civil. Todavia, o credor ainda tem de se manifestar sobre pretensões desarrazoadas do devedor, em face do princípio da não surpresa (CPC, art. 10)".[448]

Sendo assim, apesar de efetivamente ser uma medida drástica e que acarreta inúmeros prejuízos para aquele que tem sua liberdade tolhida, deixa de ter seu caráter ameaçador, de urgência e de pressão, pois é sabido que o procedimento foi banalizado, há pouca rigidez e a morosidade impera.

Um devedor de alimentos pode se esquivar por meses a fio de receber o mandado de prisão apenas com o debate de que ele deva ser intimado pessoalmente ante a gravidade da situação ou simplesmente procrastinar com manifestações aleatórias, o que acaba sendo um risco controlado, ou seja, o inadimplente aceita correr o risco da prisão, pois sabe que o processo leva tempo e desgasta o credor.

Acerca dessa questão, cumpre referir as duas espécies de racionalidade geralmente presentes nas obras de neurocientistas e pesquisadores do comportamento. Ainda que a terminologia possa ser alterada, bem como os fundamentos e a teoria que envolvem essa categorização, os estudiosos apontam existir uma racionalidade analítica, que pondera sobre o objeto de análise, e uma racionalidade automática, também chamada de impulsiva, que ocorre de maneira praticamente mecânica calcada sobre os preconceitos do indivíduo e pode mais amplamente ser reforçada ou ampliada por suas emoções.

Em outras palavras, aquilo que o senso comum chama de racional é o pensamento prudente, ponderado, analítico sobre o objeto, enquanto o que é denominado de irracional é, em verdade, dotado de racionalidade, porém muito mais intuitivo, sem ponderação e envolto em sentimentos e afetos. No tocante aos conflitos familiares, as escolhas dificilmente serão classificadas no que esse senso comum entende por racional (ou o racional analítico); haverá resiliência por parte da pessoa devedora quando ela verificar ameaça ao seu *status quo*, ou seja, o comportamento-padrão dessa pessoa não será modificado, a menos que o incentivo para fazê-lo seja progressivamente mais forte.[449]

---

[448] ROSA, Conrado Paulino; FARIAS, Cristiano Chaves de. A prisão do devedor de alimentos e o coronavírus: o calvário continua para o credor. Disponível em: http://www.ibdfam.org.br/artigos/1400/A+pris%C3%A3o+do+devedor+de+alimentos+e+o+coronav%C3%ADrus%3A+o+calv%C3%A1rio+continua+para+o+credor++. Acesso em: 3 maio 2020.

[449] TYERSKY, Amos; KAHNEMAN, Daniel. Rational Choice and the Framing of Decisions. *The Journal of Business,* Chicago, v. 59, n. 4, part 2: The Behavioral Foundations of Economic Theory, p. S251-S278, Oct. 1986. Disponível em: https://www.jstor.org/stable/2352759?seq=1. Acesso em: 31 mar. 2020.

Cap. 2 · PARTILHA DOS BENS CONJUGAIS | 355

Tais situações atingem seu ápice no exemplo do devedor de alimentos que pratica a ação fraudulenta pela diminuição de seus bens e utiliza-se da impontualidade recorrente e depósitos a menor ao credor, agindo sempre com singular torpeza e sentimentos aflorados. Esses alimentantes que agem maliciosamente necessitam de estímulos coercitivos progressivos para que se sintam impelidos a realmente modificarem seu comportamento, o que não ocorrerá por meio da cognição racional. Nesse sentido, tal qual a legislação penal argentina, que prevê a aplicação de multa nos casos de incumprimento alimentar, bem como prisão para os casos em que há a má-fé pela ocultação patrimonial com esse fim, no âmbito civil a aplicação das chamadas *astreintes* ou sanções cominatórias "destinadas a vencer la deliberada resistencia de aquel que se niega a cumplir un mandato impuesto por orden judicial",[450] e o direito brasileiro também faculta a opção das *astreintes*.

Embora não haja a previsão expressa da aplicação dessa multa de caráter coercitivo na execução alimentar, ela também não é vedada, ademais, com a vigência do Código de Processo Civil de 2015, que dispõe em seu artigo 139, IV, que incumbe ao juiz determinar todas as medidas necessárias para assegurar o cumprimento de ordem judicial, inclusive nas ações que tenham por objeto prestação pecuniária. A aplicação da multa expressa em diversos artigos do dispositivo legal, entre eles o artigo 537 do CPC, está legitimada.

Também cumpre referir que, se é permitida a pena máxima da prisão civil, a medida menos gravosa pode ser utilizada, com seu caráter coercitivo e sua natureza estritamente civil, que deve ter sua periodicidade e valor fixados proporcionalmente ao bem jurídico que objetivam tutelar,[451] pois possuem um verdadeiro objetivo de ser um mecanismo de pressão psicológica, tendo, portanto, uma função dissuasória, e não punitiva.[452]

As *astreintes* devem ser fixadas pelo juiz de maneira proporcional, na medida justa, para que cumpram seu caráter de coerção, de vencer a resistência daquele que fradulentamente se esquiva da obrigação alimentar, e sua periodicidade pode ser determinada de acordo com a obrigação descumprida, podendo ser fixada em horas, dias, meses ou períodos e mesmo em quota única.

Seu montante é revertido ao credor dos alimentos, mas, apesar disso, ela não se confunde com reparação, distinção afastada pela própria disposição legal (CPC, art. 500). Assim, e incorre em verdadeiro ato ilícito e abuso de direito o devedor de alimentos que maliciosamente procrastina, atrasa, paga a menor, faz acordos que sabe que igualmente não adimplirá ou ainda realiza qualquer ato da ampla gama de fraudes no tocante ao direito alimentar dos credores.

É objetivo do próprio direito regular a sociedade, definir o que é lícito ou ilícito e estabelecer deveres jurídicos a fim de preservar a boa convivência social, e tais deveres se caracterizam pela conduta externa do indivíduo imposta pelo direito positivado e podem ser deveres positivos, de dar ou fazer, como negativos, de não fazer ou tolerar alguma coisa. Esses comportamentos, quando violados, se configuram em um ato ilícito que gera um novo dever jurídico, qual seja, de reparar o dano.[453]

Como preconiza o artigo 186 do Código Civil: "Aquele que, por ação ou omissão voluntária, negligência ou imprudência, violar direito, causar dano a outrem, ainda que

---

[450] CAMPS, Carlos Enrique. *Código Procesal Civil y Comercial de la provincia de Buenos Aires*. Anotado, comentado y concordado. Buenos Aires: Lexis Nexis/Depalma, 2003. p. 48; PEREIRA, Rafael Caselli. *A multa judicial (astreinte) e CPC/2015*. 2. ed. Porto Alegre: Livraria do Advogado, 2018. p. 71.

[451] CALMON, Rafael. *Direito das famílias e processo civil*. Interação, técnicas e procedimentos sob o enforque do novo CPC. São Paulo: Saraiva, 2017. p. 350.

[452] MADALENO, Rolf. *Curso de direito de família*. 6. ed. Rio de Janeiro: Forense, 2015. p. 1014.

[453] CAVALIERI FILHO, Sergio. *Programa de responsabilidade civil*. São Paulo: Atlas, 2009. p. 1-2.

exclusivamente moral, comete ato ilícito, e por abuso de direito é compreendido o ato ilícito que também comete o titular de um direito que, ao exercê-lo, excede manifestamente os limites impostos pelo seu fim econômico ou social, pela boa-fé ou pelos costumes".[454]

Incide em tais práticas o genitor que se utiliza da insolvência alimentar fraudulenta em todas as suas manifestações exemplificativas citadas anteriormente, uma vez que não exerce efetivamente o direito e a real proteção do menor,[455] negando-lhe seus direitos fundamentais, omitindo e negligenciando voluntariamente os direitos básicos do alimentado. Ao cometer um ato ilícito, o alimentante que se utiliza da fraude para minorar, atrasar ou ainda inadimplir com débito alimentar está sujeito a reparar por tais atos, conforme o artigo 927 do Código Civil, "aquele que por ato ilícito (CC, arts. 186 e 187), causar dano a outrem, fica obrigado a repará-lo".

Dessarte, como meio de não premiar a fraude ou a verdadeira armadilha alimentar que é a utilização de meios ardilosos para a fixação dos alimentos em patamar muito abaixo das reais possibilidades daquele que os deve fornecer, bem como para que incida um caráter pedagógico e de verdadeiro constrangimento para que o alimentante evite tais manipulações, é igualmente possível a aplicação da responsabilidade civil em sede de ações de família.

O descumprimento, a minoração alimentar ou mesmo a impontualidade advinda de fraude autorizam a reparação do dano, inclusive moral, sofrido, pois "são patentes o padecimento físico, a dignidade violada, o constrangimento e o abalo psicológico daqueles que não possuem meios de subsistência e não recebem os alimentos devidos pelo solidariamente responsável".[456] Outrossim, "não há como desconsiderar que as questões vinculadas às situações familiares sensibilizam grandemente as pessoas comprometidas, potencializam os efeitos e são, por isso, mais propícias a gerarem sofrimentos psíquicos".[457]

Também não devem olvidar outras consequências das ações fraudulentas, por exemplo, a inclusão do credor ou seu genitor nos cadastros de pessoas inadimplentes, abalando seu crédito pessoal e muitas vezes dificultando ou mesmo impedindo o acesso a cartas de crédito, financiamentos e empréstimos, o que por sua vez agrava a situação financeira daquele que não recebe seus alimentos e necessita de auxílio externo para sua sobrevivência. Tais questões atentam à própria dignidade da pessoa humana e seus direitos de personalidade, a saber, em caráter exemplificativo, sua honra, moral e respeitabilidade em seu meio, abarcados pela Constituição Federal de 1988 como seu eixo central, devendo ser protegidos de forma ampla e irrestrita.

Portanto, não é somente o constrangimento auferido por aquele que está na mira do fraudador alimentar, mas também o dano patrimonial evidente, pois se sofre severo dano psíquico e imaterial, por ser alvo de conduta tão gravosa, danosa e imoral por parte daqueles que lhe são mais caros, e depois por conta das inúmeras agressões à sua dignidade pessoal que podem ocorrer enquanto aguarda a boa vontade do alimentante.

Apesar de haver alguma resistência doutrinária acerca da reparação pecuniária nas relações familiares, sob pena de ser *monetarizado o afeto* ou de o Código Civil não codificar expressamente a reparação civil no ramo familista, correntes contrárias enfatizam que: "a

---

[454] Código Civil, artigo 187.
[455] MADALENO, Rolf. *Curso de direito de família*. 6. ed. Rio de Janeiro: Forense, 2015. p. 991.
[456] CARVALHO, Dimas Messias. Dano moral por inadimplemento alimentar. *In*: BARBOSA, Eduardo; MADALENO, Rolf (coord.). *Responsabilidade civil no direito de família*. São Paulo: Atlas, 2015. p. 126.
[457] MADALENO, Rolf. A indenização pela fraude patrimonial no regime de bens. *In*: BARBOSA, Eduardo; MADALENO, Rolf (coord.). *Responsabilidade civil no direito de família*. São Paulo: Atlas, 2015. p. 418.

obrigação de indenizar é genérica e, portanto, a falta de previsão específica no Direito de Família não exclui a incidência; prevalece no direito o respeito à dignidade da pessoa humana, elevada a fundamento da República; as relações familiares não podem isentar o infrator de responsabilidades; as relações familiares geram conflitos e danos que não são regulados pelo Direito de Família; a indenização civil, além do propósito de reparação, possui finalidade sancionadora e preventiva".[458]

Sendo assim, está evidente, além do dano causado pelo fraudador alimentar, que age deliberada e voluntariamente e emana, por consequência, o dever de reparação oriundo de tal conduta nociva. Cumpre atentar que a responsabilidade civil possui requisitos e limites, devendo haver a culpa, ou seja, nos casos referidos, a intenção de afastar seu patrimônio, inadimplir voluntariamente ou utilizar-se da impontualidade recorrente em claro exemplo de culpa apta a ensejar reparação, diferente daquele que realmente não possui condições de arcar com sua obrigação alimentar, uma vez que age omitindo voluntariamente ou mesmo negligenciando deliberadamente os direitos do alimentado.

Apesar de existir corrente doutrinária afirmando que nos casos de abuso de direito a responsabilidade seria objetiva, ou seja, uma vez que a vítima demonstre os fatos (e esses fatos remeterão a um exercício anormal e desviado da finalidade jurídica), a culpa fica evidente ou pressuposta,[459] não necessitando que a vítima prove qualquer coisa além do abuso de um direito, ou ainda, no seu aspecto objetivo, leva-se em conta para a configuração da ilicitude apenas a conduta ou fato em si mesmo, sua materialidade ou exterioridade, e verifica-se sua desconformidade com o direito.[460]

Por sua vez, no seu aspecto subjetivo, ou seja, considerando a presença da culpa, a qualificação de uma conduta como ilícita implica fazer um juízo de valor a seu respeito, o que só é possível se tal conduta resultar de ato humano consciente e livre.[461]

Outro pressuposto diz respeito à relação entre o ato ilícito e o dano causado, a existência de um nexo causal entre eles ou a certeza de que determinada omissão, negligência ou imprudência ocasionou o prejuízo em questão, que nos casos em tela podem incluir inúmeras expressões, por exemplo, aquele que deixa de pagar pensão e escola dos filhos e provoca humilhações para a esposa no condomínio onde ela reside pelo fato de não estar honrando a sua quota condominial, ou porque os filhos são convocados a quitarem a prestação escolar que o alimentante não vem pagando.[462]

E, por fim, o dano, que é a lesão ao bem jurídico, atuando este em dois campos: a categoria dos danos patrimoniais ou o conjunto das relações jurídicas de uma pessoa, apreciáveis em dinheiro;[463] e o dano moral ou aquele que não produz efeito patrimonial, como o atentado ao direito, à honra e à boa fama de alguém.[464]

---

[458] CARVALHO, Dimas Messias. Dano moral por inadimplemento alimentar. *In*: BARBOSA, Eduardo; MADALENO, Rolf (coord.). *Responsabilidade civil no direito de família*. São Paulo: Atlas, 2015. p. 136.

[459] GRAMSTRUP, Erik F.; TARTUCE, Fernanda. A responsabilidade civil pelo uso abusivo do poder familiar. *In*: BARBOSA, Eduardo; MADALENO, Rolf (coord.). *Responsabilidade civil no direito de família*. São Paulo: Atlas, 2015. p. 196.

[460] GONÇALVES, Carlos Roberto. *Responsabilidade civil*. São Paulo: Saraiva, 2014. p. 9.

[461] GONÇALVES, Carlos Roberto. *Responsabilidade civil*. São Paulo: Saraiva, 2014. p. 9.

[462] MADALENO, Rolf. A indenização pela fraude patrimonial no regime de bens. *In*: BARBOSA, Eduardo; MADALENO, Rolf (coord.). *Responsabilidade civil no direito de família*. São Paulo: Atlas, 2015. p. 420.

[463] GONÇALVES, Carlos Roberto. *Responsabilidade civil*. São Paulo: Saraiva, 2014. p. 483.

[464] GONÇALVES, Carlos Roberto. *Responsabilidade civil*. São Paulo: Saraiva, 2014. p. 500.

O direito pátrio possui importantes mecanismos para coibir ou constranger o indivíduo que age voluntariamente com o intuito de obstaculizar a prestação alimentar, seja atuando com impontualidade recorrente, como meio de controlar ou mesmo apenas causar constrangimento ao ex-cônjuge por meio da prole; seja ocultando bens, realizando acordos que minoram os alimentos e ainda assim inadimplindo-os; abandonando um emprego fixo ou uma empresa rentável; utilizando-se de interpostas pessoas para simular uma venda ou cessão de bens e direitos, sejam elas físicas ou jurídicas; e toda a incalculável gama de condutas com o intuito de obter uma fixação alimentar em valor abaixo de suas reais possibilidades ou com o fim de frustrar a execução de alimentos já fixados.

Não carece a legislação brasileira, portanto, de uma importação de leis ou mecanismos para forçar o devedor de alimentos, uma vez que existe a possibilidade da prisão civil, que muitas vezes acaba contraindicada, pois os genitores que, apesar de possuírem recursos, preferem ser tolhidos de sua liberdade, podem utilizar-se dessa gravosa medida como meio de se vitimizar para os credores de alimentos.

Outras medidas são, na esfera penal, o abandono de incapaz, que parece não ser um meio efetivo de pressão e, novamente na cível, a desconsideração da personalidade física ou jurídica, que poderia e deveria ser mais bem aproveitada pelo Poder Judiciário pátrio, uma vez que atua pontualmente nos atos envolvendo simulacro e indícios de fraude, não carecendo da tão aclamada prova cabal, mas sim do conjunto dos indícios que levam o magistrado à suspeita, tampouco atingindo direitos de terceiros, justamente por ser uma medida cirúrgica que visa unicamente desnudar o fraudador.

Sem olvidar de outros meios dos quais os magistrados podem se utilizar, e que são passíveis de aplicação na esfera familista, com as chamadas *astreintes* ou multas cominatórias, diferentemente do direito argentino, em que elas podem evoluir para uma indenização, na legislação pátria tais elementos não se confundem, pois têm por escopo justamente forçar o devedor a cumprir suas obrigações, pois, como antes visto, os indivíduos não agem de maneira racional quando possuem escolhas incluindo questões financeiras e afetos tão exaltados, como ocorre nos litígios envolvendo o direito de família, preferindo arriscar perdas maiores até que elas sejam suficientemente ruins para que o comportamento delas se modifique.

Portanto, e como medida maior, há a possibilidade, ainda que não codificada, de utilização da reparação civil em virtude do claro abuso de direito exercido por aquele que consciente e voluntariamente se aproveita da insolvência alimentar fraudulenta.

Para tanto, deve ser observada a responsabilidade subjetiva, buscando o elemento da culpa no ilícito cometido, pois haverá casos em que, verdadeiramente, o devedor alimentar não possui recursos para adimplir suas obrigações. Logo, deve haver a voluntariedade, uma ação humana consciente de omitir bens ou de deliberadamente fraudar a obrigação alimentar nos moldes exemplificativos anteriormente exarados, devendo ser construída e posta em prática uma radical mudança na aplicação dos mecanismos presentes em combate à fraude e à propositada inadimplência alimentar, criada, por vezes, com uma falsa insolvência do alimentante, para cujos artifícios deve ser construída uma firme jurisprudência que garanta a possibilidade de uma efetiva progressividade nas consequências do inadimplemento maldoso, que não ocorre por falta de recursos e que, pelo contrário, surge por parte da pessoa devedora a ocultação de renda e de patrimônio.[465]

---

[465] MADALENO, Ana Carolina Carpes. Insolvência alimentar fraudulenta. *Revista IBDFAM. Família e Sucessões*, Belo Horizonte, p. 64-87, maio/jun. 2020.

2.2.33 A ação de nulidade

Para Zeno Veloso, nulidade é o estado do negócio que ingressou no mundo jurídico descumprindo requisitos de validade considerados essenciais, de interesse social e de ordem pública,[466] e justamente a lei sanciona com a completa e imprescritível nulidade, que é o grau máximo de invalidade do ato ou negócio jurídico que agride a ordem pública, diante do vício congênito que carrega em suas entranhas. O artigo 166 do Código Civil descreve as hipóteses de nulidade dos negócios jurídicos e em sua mais ampla compreensão: (i) quando celebrado por pessoa incapaz (inc. I), e é preciso considerar as mudanças colacionadas pelo Estatuto da Pessoa com Deficiência (Lei 13.146/2015), que alterou o sistema de incapacidades de pessoas que no passado não tinham nenhum discernimento ou, em razão de um discernimento reduzido, passaram a ser consideradas absolutamente capazes;[467] (ii) quando for ilícito, impossível ou indeterminável o seu objeto (inc. II); (iii) quando o motivo determinante, comum a ambas as partes, for ilícito (inc. III); (iv) quando não revestir a forma prescrita em lei (inc. IV); (v) quando for preterida alguma solenidade que a lei considere essencial para a sua validade (inc. V); (vi) quando tiver por objetivo fraudar lei imperativa (inc. VI); (vii) quando a lei taxativamente o declarar nulo, ou proibir-lhe a prática, sem cominar sanção (inc. VII).[468]

Por fim, conforme o artigo 169 do Código Civil, o negócio jurídico nulo não é suscetível de confirmação, nem convalesce pelo decurso do tempo, de modo que os atos nulos são considerados como tal, ainda que medeie julgamento de sua nulidade, enquanto os atos anuláveis se reputam válidos até a sentença que os anula.[469]

2.2.34 A ação de anulação

Nem sempre existiu a dicotomia entre os atos *nulos* e *anuláveis*, e sua trajetória foi construída nos pretórios romanos a ponto de ser instituído que um ato é nulo quando sua nulidade é absoluta e, correlativamente, afirmar a anulação de um ato supõe qualificá-lo como relativamente nulo.[470] A nulidade é de ordem pública e a anulação pode ser pedida por qualquer interessado, formatada no interesse exclusivo de um incapaz ou de uma vítima de erro, dolo, lesão ou coação e cujo vício afeta o livre e sano consentimento.

No entanto, para os atos fraudulentos, Cândido Rangel Dinamarco diz que eles não são nulos nem anuláveis, mas apenas ineficazes perante o credor, pouco importando ao credor que ele tenha passado de um dono a outro, desde que continue à disposição para servir ao objetivo de satisfazer o crédito que tem perante o devedor alienante,[471] também podendo se tratar de um credor meeiro ou herdeiro. Prossegue o citado autor:

---

[466] VELOSO, Zeno. *Invalidade do negócio jurídico*. Nulidade e anulabilidade de acordo com o novo código civil brasileiro. Belo Horizonte: Del Rey, 2002. p. 37.

[467] KONDER, Cíntia Muniz de Souza. A celebração de negócios jurídicos por pessoas consideradas absolutamente capazes pela Lei n.º 13.146 de 2015, mas que não possuem o necessário discernimento para os atos civis por doenças mentais: promoção da igualdade perante a lei ou ausência de proteção? *In*: BARBOZA, Heloisa Helena; MENDONÇA, Bruna Lima de; ALMEIDA JÚNIOR, Vitor de Azevedo (coord.). *O Código Civil e o Estatuto da Pessoa com Deficiência*. Rio de Janeiro: Processo, 2017. p. 173.

[468] No anteprojeto do Código Civil os incisos III e VI do artigo 166 do Código Civil têm sua redação levemente alterada, a saber: III – o motivo determinante for ilícito; VI – fraudar lei imperativa ou norma de ordem pública.

[469] ZANNONI, Eduardo A. *Ineficacia y nulidad de los actos jurídicos*. Buenos Aires: Astrea, 1986. p. 173.

[470] ZANNONI, Eduardo A. *Ineficacia y nulidad de los actos jurídicos*. Buenos Aires: Astra, 1986. p. 153.

[471] DINAMARCO, Cândido Rangel. *Instituições de direito processual civil*. 4. ed. São Paulo: Malheiros, 2019. v. IV, p. 210.

Por isso o ato judicial que reconhece a fraude não retira ao negócio fraudulento a eficácia programada de transferir o domínio ou de constituir garantia real em favor de terceiro, quer se trate de disposição de bem constrito, de fraude de execução ou mesmo de fraude contra credores; ao determinar a penhora do bem alienado porque a alienação foi fraudulenta, *o juiz não deve desconstituir o ato ou anulá-lo.* Mesmo a sentença que julga procedente a ação pauliana não tem mais aquele efeito, sendo distorcidas as decisões que vão além, anulam o ato e ainda mandam cancelar o registro imobiliário. Como é notório, a *anulação* do negócio jurídico retira-o do mundo jurídico e o torna desprovido de todos os efeitos que as partes houverem programado, retornando elas e o bem ao *status quo ante* (CC, art. 182) – o que seria uma demasia em face do terceiro adquirente, o qual ficaria inteiramente privado do bem e talvez além do necessário à salvaguarda do direito do credor. Basta que o bem continue sob responsabilidade patrimonial, sem que esta se desfaça.

[...]

Em qualquer das hipóteses imagináveis estar-se-ia impondo ao adquirente um sacrifício patrimonial superior ao necessário para reconstituir a garantia do credor. Ninguém desconsidere que o objetivo da disciplina jurídica da fraude a credores ou à execução é somente o de dar efetividade ao princípio de que *o patrimônio do devedor é a garantia comum dos credores* (CPC, art. 789) e que as medidas de repulsa às fraudes do devedor são remédios destinados a neutralizar atos que visem esvaziar essa garantia; quem tiver os olhos postos no objetivo institucional desses remédios poderá sentir que a *anulação* teria efeitos desproporcionados e inadequados ao próprio mal a debelar. O instituto ficaria, nessa óptica, desviado de seu objetivo institucional em face desses desdobramentos possíveis e inteiramente afastados da razoabilidade que há de comandar toda interpretação jurídica.

[...]

Quanto à fraude a credores, compreende-se que o Código Civil de 1916 a tenha tratado pelo prisma da *anulabilidade* e não da ineficácia (arts. 106-113), porque ele foi elaborado antes que viessem à luz as doutrinas que esclareceram a real consequência das fraudes praticadas contra a responsabilidade patrimonial; a própria teoria da ineficácia dos negócios jurídicos ainda estaria por ser formulada e era natural que nem uma vez esse Código empregasse os adjetivos *eficaz* ou *ineficaz*, nem os substantivos *eficácia* ou *ineficácia*. Mas é surpreendente que o Código Civil de 2002, redigido muito depois de definitivamente instalada na doutrina e nos tribunais a ideia de ineficácia dos atos fraudulentos, ainda insista em falar em anulabilidade (arts. 158-165), ignorando por completo toda essa evolução. Dar cumprimento estrito ao que ele dispõe, anulando os negócios realizados em fraude contra credores e, portanto, devolvendo o bem ao devedor fraudulento, teria o sabor de uma repugnante inconstitucionalidade por transgressão à garantia da propriedade e à cláusula *dues process* (Const., art. 5.º, incs. XXII e LIV), porque estar-se-ia apenando o adquirente além do necessário para resguardar o direito do credor e, conforme o caso, premiando o devedor-alienante pelo ato fraudulento que praticou.[472]

2.2.34.1 A indenização pela inoponibilidade

Como no casamento, também na união estável deveria ser exigido o assentimento do convivente para a alienação de bem imóvel e a rigor deveria ser exigida de ambos os cônjuges e conviventes a anuência para quaisquer alterações de contratos sociais, que na atualidade é por onde o perigo da fraude ocorre com mais frequência, justamente em razão da livre disposição de participações societárias, em cujos patrimônios se encontram outras tantas riquezas como

---

[472] DINAMARCO, Cândido Rangel. *Instituições de direito processual civil*. 4. ed. São Paulo: Malheiros, 2019. v. IV, p. 409-411.

imóveis, valores financeiros, participações em outras sociedades, sem esquecer dos seus valiosos bens intangíveis. A doutrina identifica na união estável um verdadeiro conflito entre o direito do terceiro adquirente de boa-fé e o do companheiro coproprietário que não figura no título de propriedade, havendo quem defenda a anulabilidade dos atos praticados sem a outorga na união estável, forte no artigo 178 do Código Civil e em equiparação ao matrimônio.[473]

Por vezes, nem sempre a anulação surge como a melhor solução para resolver a alienação que se ressentiu do assentimento do cônjuge ou do convivente. Enquanto o ato de disposição efetuado pelo cônjuge administrador é válido e eficaz entre as partes contratantes, é ineficaz para o cônjuge que deixou de prestar o seu consentimento. Se for considerado anulável, valerá enquanto a sentença não desfizer o ato, parecendo mais prático apenas considerar inoponível a alienação com relação ao meeiro, colocando o terceiro a salvo da ameaça de anulação da venda, mas permitindo que a porção do cônjuge prejudicado fique resguardada pela compensação com outros bens, sem ser necessário reintegrar à massa conjugal o imóvel alienado. A inoponibilidade só existe relativamente ao consorte ou convivente, que deveria prestar o seu assentimento com a vantagem adicional de ser deduzida no juízo da partilha, sem precisar promover morosa ação de anulação, que nem sempre resultará favorável quando presente a boa-fé do terceiro adquirente, mormente nas hipóteses de união estável, que não geram registro oficial de sua existência. Em realidade, o bem vendido retorna ficticiamente à massa partilhável, como se a disposição não tivesse acontecido, e, entre o cônjuge vendedor e o terceiro comprador de boa-fé, o ato de alienação produz todos os seus efeitos, como se não existisse a inoponibilidade, apenas desestimando o negócio fraudulento sem perder tempo com a sua anulação, facultando ao consorte ou convivente prejudicado a possibilidade de acusar a fraude e de ser compensado com valores equivalentes ou com outros bens, sem precisa racionar pela anulação do negócio. O arbítrio protetor dessa fórmula é impedir o prejuízo com a compensação declarada no corpo da ação de partilha, sempre que houver bens para ressarcirem o prejuízo.

2.2.35 A ação pauliana ou revocatória

A ação pauliana também é chamada de ação rescisória por fraude de credores ou revocatória, e nela o demandante busca que o bem ou os bens regressem à sociedade matrimonial ou que retomem sua posição de garantia dos credores. Essa é a fraude contra credores e se constitui de um momento jurídico completamente distinto daquele que acontece na fraude de execução, como permite o artigo 790, V, do Código de Processo Civil, de que sejam desde logo penhorados os bens desviados em fraude à execução. No caso da fraude contra credores, há exigência prévia de que essa fraude tenha sido previamente reconhecida em ação autônoma, e este é o escopo da ação pauliana, no sentido de anular o ato de disposição de bens do devedor, tido como prejudicial ao credor, quer se trate de venda, doação, cessão ou compromisso de venda, como também os atos de diminuição do patrimônio do devedor, como a renúncia à herança (CC, art. 1.813), a remissão de dívida, a instituição de usufruto ou, por exemplo, as garantias reais, tendo a sentença de procedência da ação pauliana o efeito de restabelecer a responsabilidade executiva sobre o bem que fora objeto da fraude contra credores.[474]

---

[473] GUIMARÃES, Marilene Silveira. A necessidade de outorga para a alienação de bens imóveis. *In*: DELGADO, Mário Luiz; ALVES, Jones Figueirêdo (coord.). *Novo Código Civil*: questões controvertidas. São Paulo/Método, 2004. p. 298.

[474] DINAMARCO, Cândido Rangel. *Instituições de direito processual civil*. 4. ed. São Paulo: Malheiros, 2019. v. IV, p. 420.

Georges Ripert e Jean Boulanger mencionam sobre aqueles credores que não têm uma garantia especial dos seus créditos, que estão sujeitos a ver diminuir o patrimônio de seu devedor em consequência dos atos jurídicos que ele realiza, pois, em princípio, não podem discutir a validade desses atos, porque o devedor não é incapaz, nem está privado da administração de seus bens, mas, sem embargo, não faz sentido permitir que um devedor *insolvente* dissipe seu ativo em prejuízo de seus credores, e o devedor tem um interesse latente em fazê-lo para transformar seus bens em dinheiro ou em valores mobiliários que escapariam do embargo judicial.[475]

Para correção dessa distorção fática aos direitos dos credores, a legislação vigente outorga uma ação que permite aos credores obter a revogação dos atos fraudulentos realizados por seu devedor, e essa ação *revocatória* é mais conhecida por seu nome tradicional de *ação pauliana*, que remonta ao direito romano e leva o nome do pretor *Paulus*, que a introduziu no direito pretoriano. Segundo Ripert e Boulanger, a ação pauliana tem trânsito raro em juízo porque seu êxito é difícil, uma vez que é preciso provar a fraude do adquirente, em razão de sua suposta boa-fé na aquisição. Também dizem que ela tem mais trânsito no âmbito comercial do que no civil, pois concede crédito com mais facilidade, sem exigir garantias, embora isso não aconteça no âmbito financeiro com bancos e congêneres, tratando-se de uma ação que, em princípio, é proposta em nome do conjunto de credores, uma espécie de liquidação coletiva, atacando o empobrecimento do devedor. E esta é a motivação e a natureza da ação pauliana, pois tem a finalidade de voltar a criar em favor do credor a situação em que ele se encontrava antes do ato fraudulento, reconstituindo o patrimônio empobrecido. Entretanto, se o devedor deseja favorecer somente um dos seus credores e pagá-lo integralmente, embora esse pagamento seja prejudicial para os outros credores, pois reduz seus recursos, esse pagamento é válido e o credor integralmente pago não tem que devolver, pois recebeu o que lhe era devido.[476]

A ação pauliana não pode ser proposta quando o devedor possui outros bens, ou quando o credor dispõe de outros meios para cobrar o seu crédito, vale dizer, quando os bens remanescentes são suficientes para pagar a meação do cônjuge ou do convivente ou a dívida do devedor, não existindo um efetivo prejuízo ao credor ou meeiro. No âmbito da fraude conjugal, podem os cônjuges ou conviventes arquitetar, em um verdadeiro *consilium fraudis*, uma ação de partilha na qual fazem constar que os bens seriam exclusivamente particulares, qual seja, exclusivos e privativos do outro consorte, quando em verdade são comuns e comunicáveis, subtraindo o patrimônio com esse expediente da ação dos credores do cônjuge devedor.

Quando um ato é suscetível de ser revogado pela ação pauliana, são necessárias duas condições para o exercício da ação: (i) o ato deve causar um prejuízo aos credores; (ii) deve ser realizado em fraude aos direitos dos credores. Para Jorge Mosset Iturraspe, a fim exercitar a ação de fraude, revocatória ou pauliana, teriam de estar presentes cinco condições: (i) a qualidade de credor quirografário; (ii) deve o credor provar que seu título de crédito é anterior à data do negócio impugnado; (iii) deve provar a manobra dolosa do devedor; (iv) deve provar a insolvência do devedor; e, finalmente, (v) o mais difícil, que é a prova de cumplicidade do terceiro, que significa mostrar que este tinha conhecimento do caráter fraudulento do negócio que entabulou.[477]

---

[475] RIPERT, Georges; BOULANGER, Jean. *Tratado de derecho civil*. 2.ª parte. Buenos Aires: La Ley, 2007. t. V, p. 322.

[476] RIPERT, Georges; BOULANGER, Jean. *Tratado de derecho civil*. 2.ª parte. Buenos Aires: La Ley, 2007. t. V, p. 328-329.

[477] ITURRASPE, Jorge Mosset. *Contratos simulados y fraudulentos*. Buenos Aires: Rubinzal-Culzoni, 2001. t. II, p. 252-253.

E, como a ação é sempre dirigida a um terceiro, aquele que contrata com o devedor, em regra como adquirente, é necessário distinguir entre os adquirentes a título gratuito, quando sempre serão afetados pela ação pauliana, e os adquirentes a título oneroso, contra os quais é necessário provar que se trata de uma fraude com um cúmplice do devedor e a ação de anulação só prospera baseada na prova de que este terceiro teria conhecimento de que o seu contrato afetava direito de credores preexistentes ao ato impugnado, pois os credores posteriores ao ato fraudulento não são admitidos na ação pauliana. Nesta ação o credor, invoca o prejuízo que lhe causa o ato fraudulento, sucedendo a revogação do ato entre o devedor e o terceiro adquirente, retomando o credor e o autor da ação pauliana a garantia sobre o bem alienado, tendo a ação pauliana uma natureza pessoal, e não de direito real, pois retoma a garantia e não o imóvel vendido ou a sua posse.

2.2.36 A ação de inoponibilidade

Prescreve o artigo 338 do Código Civil e Comercial da Argentina que todo credor pode solicitar a declaração de inoponibilidade dos atos celebrados por seu devedor em fraude de seus direitos e das renúncias ao exercício de direitos ou faculdades com os quais podia melhorar ou evitar piorar o seu estado de fortuna, como no ordenamento jurídico brasileiro o credor pode, com a autorização judicial, aceitar no lugar do herdeiro renunciante, seu devedor, a herança que este rejeitou, prevalecendo a renúncia naquilo que exceder as dívidas pagas com os recursos oriundos da herança (CC, art. 1.813). Os bens do casamento respondem pelas dívidas da família e os credores dos cônjuges têm, inclusive, caso ocorra a mudança do regime de bens, a faculdade de alegar a *inoponibilidade* ou a ineficácia da alteração do regime matrimonial que eventualmente afetem as garantias e expectativas de seus créditos, escoradas na anterioridade da dívida, os quais seriam prejudicados pela mudança do regime matrimonial.

A inoponibilidade é uma medida especial estabelecida por lei para salvaguardar os legítimos direitos anteriores de certas pessoas, alheias a esses fatos, facultando-lhes para que atuem como se aqueles atos não tivessem sido realizados. Um exemplo muito claro e presente no direito brasileiro de uma categoria de inoponibilidade consta do § 2.º do artigo 1.639 do Código Civil, quando prescreve que a alteração do regime de bens ressalva os direitos de terceiros, como remédio de proteção aos credores do casamento que não têm seus direitos golpeados diante do câmbio do regime de bens matrimonial. Essa mesma proteção existe no artigo 1.317 do Código Civil espanhol, ao ordenar que a modificação do regime econômico matrimonial, realizada durante o casamento, não prejudicará em nenhuma hipótese os direitos adquiridos pelos terceiros, sendo possível chegar à mesma conclusão quando se trata de proteger direitos inerentes aos próprios cônjuges, os quais sejam alvo de alguma fraude que deve ser simplesmente considerada ineficaz contra o consorte que com ela seria lesado, quando, por exemplo, por meio de uma interposta pessoa, o consorte fraudador tenta desviar algum bem do casamento, sendo esse pseudonegócio jurídico inoponível ao cônjuge lesado.

Nesses casos de inoponibilidade, tanto o consorte lesado como o terceiro protegido têm uma faculdade concedida pela lei para fazer valer a ficção de que o ato alheio não se tenha realizado, eliminando juridicamente, em consequência, esse obstáculo para o exercício de seus legítimos direitos.[478] Assim, a inoponibilidade é usada como uma sanção estabelecida pelo ordenamento jurídico diante de determinadas circunstâncias, notadamente servindo a

---

[478] SÁNCHEZ, Luis Felipe Ragel. *El régimen de gananciales*. Navarra: Thomson Reuters/Aranzadi, 2017. p. 865.

declaração incidental de inoponibilidade como efeito prático para evitar o prejuízo resultante de alguma fraude praticada contra cônjuge ou credores.

Dissolvido o casamento ou a união estável e partilhados os bens, o credor precisará dirigir a execução do seu crédito diretamente contra a meação adjudicada pelo consorte que era o seu único devedor, não se tratando de dívida contraída em benefício do casal. Sendo dívida familiar, a inoponibilidade permite que o credor dirija sua execução diretamente contra os bens que eram comuns e que terminaram sendo partilhados, mas essa partilha é ineficaz contra o credor. A garantia oriunda dos bens comuns de cônjuges e devedores não desaparece mesmo depois da dissolução do casamento e da partilha dos bens, podendo buscar seu crédito contra os bens adjudicados por qualquer um dos divorciados, e nenhum deles pode exigir que o credor promova primeiro a excussão dos bens de seu ex-consorte, porque foi quem contraiu a dívida que inequivocamente beneficiou a família. Logo, o credor pode executar diretamente sobre os mesmos bens que constituíam a garantia da dívida antes da partilha da sociedade matrimonial, pois, se durante o casamento dos devedores podia executar sobre todos os bens conjugais e inclusive sobre os bens privativos dos consortes, depois da partilha pode-se continuar a fazê-lo, sempre que permaneçam em mãos dos ex-cônjuges ou de seus sucessores, ainda que depois da divisão todos os bens sejam privativos de cada um dos devedores.[479]

A inoponibilidade também protege o cônjuge que dispõe dos embargos de terceiro para excluir da constrição judicial incidente sobre a sua meação conjugal proveniente de dívida exclusiva do seu consorte. A inoponibilidade protege o terceiro que tenha um direito anterior ao ato jurídico, seja ele um credor ou o consorte que não tenha contraído a dívida, contanto que o débito também não tenha sido contraído em benefício do casamento. Quando os direitos adquiridos por terceiros resultarem afetados, por exemplo, pela substituição do regime matrimonial, para o terceiro afetado bastará a simples alegação de ineficácia contra ele da alteração do regime de bens, provando que seu direito é anterior à mudança do regime de bens, como inclusive determina o artigo 1.639, § 2.º, do Código Civil.

A fraude ao credor realiza-se mediante um negócio de disposição formalmente legítimo que impede ou frustra a garantia de solvência do patrimônio do devedor, tratando-se neste caso de anulação do ato jurídico oneroso e presumindo a boa-fé do adquirente (CC, art. 159). Se o ato for gratuito, haverá presunção de má-fé (CC, art. 161), sendo certo que para a fraude contra credores a lei prevê expressamente que seu efeito é a anulação do ato de alienação, ao passo que a alienação ou oneração de bem em fraude de execução é considerado ato ineficaz, isto é, embora válido entre alienante e adquirente ou beneficiário, não produz efeitos com relação ao credor, pois na fraude de execução não seria necessária uma ação de anulação para reconhecê-la, como acontece na fraude contra credores.[480]

Para Itamar Gaino, a ineficácia ou *inoponibilidade* significa que o negócio não pode valer contra terceiro, porquanto, no tocante a este, considera-se como se o negócio não existisse, sem necessidade de ser proposta pelo terceiro uma ação anulatória. Ainda que o negócio seja válido entre os contratantes, é inoponível, não tem força contratual contra o terceiro.[481] De acordo com Fátima Yáñez Vivero, a inoponibilidade seria uma forma de ineficácia perante terceiros, que se produz quando se apresentam determinadas circunstâncias. Na sequência, a autora descreve diferentes hipóteses de inoponibilidade, com destaque para as normas que

---

[479] SÁNCHEZ, Luis Felipe Ragel. *El régimen de gananciales.* Navarra: Thomson Reuters/Aranzadi, 2017. p. 858.

[480] AMADEO, Rodolfo da Costa Manso Real. *Fraude de execução.* São Paulo: Atlas, 2012. p. 61.

[481] GAINO, Itamar. *A simulação dos negócios jurídicos.* São Paulo: Saraiva, 2007. p. 86.

estabelecem a ineficácia em face dos terceiros de boa-fé e da publicidade registral, lembrando que a inoponibilidade seria uma sanção de ineficácia relativa, que o ordenamento jurídico impõe às situações jurídicas que não tenham sido publicadas, pois o que foi publicado existe e prejudica terceiros e o que não está publicado não existe e não afeta terceiros. Aponta como exemplo disso eventual alteração do regime patrimonial dos cônjuges que precisa ser averbado no registro imobiliário sob pena de não valer contra terceiros, que poderiam ser eventualmente prejudicados, sendo realmente oponível somente a modificação matrimonial dotada da necessária publicidade. Outro exemplo utilizado pela autora diz respeito ao mandato que, tendo sido revogado, não mereceu a necessária publicidade, não podendo ser oposta contra terceiro que de boa-fé negociou com o mandatário em virtude de um poder que ele não sabia ter sido revogado. Mais uma vez a autora reforça que a inoponibilidade se produz por falta de efetivo conhecimento do ato ou do fato, que pode afetar terceiro, importando considerar, dessarte, que o terceiro prejudicado pela falta de publicidade registral alega a inoponibilidade sem precisar promover uma ação específica, por exemplo, a ação pauliana ou de anulação do negócio jurídico, mas simplesmente atua como se o negócio que o afeta não existisse.[482]

O instituto da inoponibilidade protege a antecedente aquisição de direitos sobre determinado bem, sem que o seu favorecido necessite exercitar um procedimento judicial para que seja declarada a inexistência dos títulos de direitos que recaiam sobre bens imóveis, como sucede nas demais hipóteses de anulação e revogação. Por conta dessas demandas, a pessoa protegida por esses caminhos processuais precisa alegar e provar seu direito aos bens por meio de uma ação revocatória ou anulatória ou de embargos de terceiro como uma ação de exceção, pois, conforme Fátima Yañez Vivero, a ação de inoponibilidade até pode ser útil ou conveniente, porém não é necessária.[483]

Eduardo A. Zannoni amplia o nível de compreensão da inoponibilidade ao compará-la com os efeitos da ação de fraude de execução contra credor, que só se pronuncia no interesse do credor que a denúncia na demanda executiva e até o montante do crédito, não se tratando de um caso de nulidade ou de anulação do negócio, enquanto na inoponibilidade o negócio é ineficaz, não tem validade contra o terceiro prejudicado.[484]

O direito regula de maneira separada a fraude contra credores (CC, art. 158) e a fraude à execução (CPC, art. 792), e nas duas hipóteses o devedor frustra seus credores desfazendo-se dos seus bens, que são a garantia de seus débitos, devendo ser observadas a conduta do devedor, que se torna propositadamente insolvente, e a conduta do terceiro, que com ele negocia a transferência onerosa ou gratuita do patrimônio que deveria satisfazer os créditos dos credores. Sucede que o terceiro deve se abster de atuar maliciosamente e em concerto fraudatório com o devedor, ocasionando ambos lesão aos credores do devedor. Embora o dano esteja presente nas duas situações que levaram o devedor à deliberada insolvência, a fraude aos credores e a fraude à execução são institutos de efeitos jurídicos diferentes, pois o primeiro, também chamado de *fraude pauliano*, se identifica quando o ato praticado pelo devedor provoca ou agrava a sua insolvência, sendo realizado com o propósito de evitar eventuais ações dos credores e com a consciência de que, assim agindo, o devedor causará um prejuízo aos seus credores, permitindo, dessarte, que eles busquem, com efeito *erga omnes*, a anulação do ato (CC, arts. 158 a 165).

---

[482] VIVERO, Fátima Yáñez. *Las capitulaciones matrimoniaels en perjuicio de acreedores y la anotación de embargo sobre bienes ex ganancials*. Madrid: Fundación Beneficentia et Peritia Iuris, 2003. p. 344-357.

[483] VIVERO, Fátima Yáñez. *Las capitulaciones matrimoniaels en perjuicio de acreedores y la anotación de embargo sobre bienes ex ganancials*. Madrid: Fundación Beneficentia et Peritia Iuris, 2003. p. 358.

[484] ZANNONI, Eduardo A. *Ineficacia y nulidad de los actos jurídicos*. Buenos Aires: Astrea, 1986. p. 418.

A fraude contra credores ocorre, em geral, antes da existência de qualquer processo, quando o devedor aliena ou onera bens de sua propriedade e assim se torna insolvente. Aponta Thiago Ferreira Siqueira uma rica casuística de atos fraudulentos, como: a) transmissão gratuita de bens ou remissão de dívidas (CC, art. 158); b) negócios onerosos (CC, art. 159); c) pagamento antecipado de dívidas (CC, art. 162); d) outorga de direitos preferenciais (CC, art. 163). No rol de atos gratuitos, são exemplos comuns a doação de bens para um filho ou cônjuge, a renúncia de herança, favorecendo-se os herdeiros remanescentes que podem estar conchavados com o renunciante para depois compensá-lo por outra via distante do inventário e o perdão de uma dívida.[485]

Para a anulação da fraude aos credores basta o estado de insolvência do devedor, porém o legislador privilegia o terceiro adquirente que obrou com boa-fé, salvo se estiver ciente da insolvência do devedor, ou que por alguma razão não possa ignorar a situação patrimonial daquele que lhe transferiu o bem. Contudo, é indiferente o conhecimento dos envolvidos no negócio jurídico, se a relação contratual foi gratuita e levou o devedor à insolvência. Além do estado de insolvência e da má-fé ou conhecimento do terceiro, deve estar presente para a anulação da fraude o requisito da anterioridade da dívida, ou seja, a dívida precisa ter sido contraída pelo devedor antes da prática dos seus atos de abnegação de seus bens para caracterização da fraude, coerente com o artigo 789 do Código de Processo Civil, quando estabelece que o devedor responde com todos os seus bens presentes e futuros para o cumprimento de suas obrigações, mas não respondem pela dívida os seus bens passados e que já não mais integravam o seu patrimônio quando surgiram as novas dívidas.[486]

A fraude à execução é funcional porque somente se pronuncia no interesse dos credores que a solicitam e até o montante dos seus créditos. Diferente do efeito *erga omnes* da ação pauliana, cujo pronunciamento específico não gera a anulação do negócio ou do gravame constituído, mas somente a sua *inoponibilidade* ou a falta de eficácia com relação àquele credor cujo negócio contratado prejudicou, sendo requisitos da declaração de inoponibilidade do direito argentino: (i) que o crédito seja de causa anterior ao ato impugnado, exceto que o devedor tenha atuado com o propósito de fraudar futuros credores; (ii) que o ato tenha causado ou agravado a insolvência do devedor; (iii) que aquele que contratou com o devedor a título oneroso tenha conhecimento ou deveria conhecer que o ato provocava ou agravava a insolvência (CCCN, argentino art. 339).

A fraude contra credores atinge interesse particular do credor, ao passo que na fraude à execução o devedor procura inviabilizar a satisfação de suas dívidas alienando ou onerando os bens que deveriam servir de garantia ao processo executivo. Estabelece o artigo 792 do Código de Processo Civil ser fraude à execução alienar ou onerar bem sobre o qual pende ação fundada em direito real ou com pretensão reipersecutória, desde que a pendência do processo tenha sido averbada no respectivo registro público, se houver (inc. I); quando tiver sido averbada, no registro do bem, a pendência do processo de execução, na forma do art. 828 do CPC (inc. II); quando tiver sido averbada, no registro do bem, hipoteca judiciária ou outro ato de constrição judicial originário do processo em que foi arguida a fraude (inc. III); quando, ao tempo da alienação ou da oneração, tramitava contra o devedor ação capaz de reduzi-lo à insolvência (inc. IV); nos demais casos expressos em lei (inc. V).

---

[485] SIQUEIRA, Thiago Ferreira. *A responsabilidade patrimonial no novo sistema processual civil*. São Paulo: RT, 2016. p. 297.

[486] SIQUEIRA, Thiago Ferreira. *A responsabilidade patrimonial no novo sistema processual civil*. São Paulo: RT, 2016. p. 300.

Portanto, como expressamente previsto no Código de Processo Civil, na fraude contra credores o devedor insolvente antecipa a *desova* de seus bens para que não sejam alcançados pelos credores, antes mesmo do ingresso de qualquer ação de cobrança ou de execução, ao passo que na fraude à execução há necessidade de existência de lide pendente, seja ela fundada em direito real ou ação capaz de conduzir o devedor à insolvência, podendo, como ressalvado por lei, ser ação de conhecimento ou de execução.

Na fraude contra credores, o bem alienado retorna ao patrimônio do devedor, o que não favorece particularmente o credor promotor da ação pauliana, mas todos os credores, inclusive os credores posteriores. Assim, a anulação depende de sentença de procedência da ação pauliana, ao passo que na fraude à execução é suficiente apenas a decretação de ineficácia da alienação ou oneração, permanecendo o bem na esfera patrimonial do terceiro adquirente, cabendo ao terceiro promover o ajuizamento de sua ação de embargos de terceiro. Basta que o credor requeira por simples peticionamento a declaração de ineficácia do negócio jurídico fraudulento encetado em detrimento da execução, conservando-se o bem na posse ou propriedade do terceiro, mas ineficaz sua alienação ou oneração em face do credor exequente, que verá revertido em seu benefício o produto arrecadado em hasta pública. É ônus do adquirente provar nos embargos de terceiro, ou o alienante, na própria execução, que a alienação não resultou na insolvência do devedor, enquanto na fraude a credores é ônus do autor da ação pauliana provar que o adquirente tinha condições de presumir a insolvência do alienante.[487]

Conforme os artigos 158, 159, 165, 171, II e 178, II, do Código Civil e 790, VI, do Código de Processo Civil, os negócios jurídicos realizados em fraude aos credores são passíveis de anulação, retornando o bem ao patrimônio do devedor. No entanto, existe corrente doutrinária e jurisprudencial cogitando pela mera declaração de ineficácia, ou de inoponibilidade, com relação ao credor, também no instituto da fraude aos credores, e não somente na fraude à execução, como é possível extrair de algumas decisões do Superior Tribunal de Justiça, por exemplo, no REsp 1.100.525/RS,[488] da relatoria do Ministro Luis Felipe Salomão, da 4.ª Turma,

---

[487] BRUSCHI, Gilberto Gomes; NOLASCO, Rita Dias; AMADEO, Rodolfo da Costa Manso Real. *Fraudes patrimoniais e a desconsideração da personalidade jurídica no Código de Processo Civil de 2015*. São Paulo: RT, 2016. p. 86-87.

[488] "Direito civil. Recurso especial. Omissão. Inexistência. Ação pauliana. Sucessivas alienações de imóveis que pertenciam aos devedores. Anulação de compra de imóvel por terceiros de boa-fé. Impossibilidade. Limitação da procedência aos que agiram de má-fé, que deverão indenizar o credor pela quantia equivalente ao fraudulento desfalque do patrimônio do devedor. Pedido que se entende implícito no pleito exordial. 1. Ação pauliana cabe ser ajuizada pelo credor lesado (*eventus damni*) por alienação fraudulenta, remissão de dívida ou pagamento de dívida não vencida a credor quirografário, em fase do devedor insolvente e terceiros adquirentes ou beneficiados, com o objetivo de que seja reconhecida a *ineficácia (relativa) do ato jurídico* – nos limites do débito do devedor para com o autor –, incumbindo ao requerente demonstrar que seu crédito antecede ao ato fraudulento, que o devedor estava ou, por decorrência do ato, veio a ficar em estado de insolvência e, cuidando-se de ato oneroso – se não se tratar de hipótese em que a própria lei dispõe a ver presunção de fraude –, a ciência da fraude (*scientia fraudis*) por parte do adquirente, beneficiado, subadquirentes ou sub-beneficiados. 2. O acórdão reconhece que há terceiros de boa-fé, todavia, consigna que, reconhecida a fraude contra credores, aos terceiros de boa-fé, ainda que se trate de aquisição onerosa, incumbe buscar indenização por perdas e danos em ação própria. Com efeito, a solução adotada pelo Tribunal de origem contraria o artigo 109 do Código Civil de 1916 – correspondente ao artigo 161 do Código Civil de 2002 – e também afronta a inteligência do artigo 158 do mesmo Diploma – que tem redação similar à do artigo 182 do Código Civil de 2002 –, que dispunha que, anulado o ato, restituir-se-ão as

julgado em 16.04.2013, sob o argumento de que impor a anulação do negócio jurídico, com o retorno do bem ao patrimônio do devedor, equivaleria a sacrificar, *além do necessário*, os interesses do adquirente e, ainda, beneficiar o alienante que agiu fraudulentamente;[489] e no REsp. 506.312/MS, da 1.ª Turma do STJ, em voto do Ministro Teori Zavaski contrariando os efeitos jurídicos da ação pauliana que ordenava o mero retorno do patrimônio alienado ao *status quo ante*, servindo assim como garantia a todo e qualquer credor, inclusive os posteriores, e aduzindo que o efeito jurídico deveria ser idêntico ao da fraude à execução, com a declaração de ineficácia do ato fraudatório,[490] cuja tese não encontra coro na maioria doutrinária, quando não sobram dúvidas de que o direito material comina a anulação do ato jurídico realizado em detrimento dos credores (CC, arts. 158 *usque* 165 e 178 e CPC, art. 790, VI), voltando os bens ao patrimônio do devedor, ou sendo cancelados os ônus reais.

Na fraude à execução, precisa existir uma lide pendente, e a ação de conhecimento ou de execução pode conduzir o devedor à insolvência, ocorrendo nesse caso a decretação de ineficácia da alienação ou oneração dos bens, sem necessidade da ação autônoma de anulação, bastando ao credor noticiar na execução, por petição simples, que houve fraude à execução, ou, como assinala a doutrina, de que a fraude à execução é instituto de direito processual e não

---

partes ao estado, em que antes dele se achavam, e não sendo possível restituí-las, serão indenizadas com o equivalente. 3. Quanto ao direito material, a lei não tem dispositivo expresso sobre os efeitos do reconhecimento da fraude, quando a ineficácia dela decorrente não pode atingir um resultado útil, por encontrar-se o bem em poder de terceiro de boa-fé. Cumpre, então, dar aplicação analógica ao artigo 158 do CCivil [similar ao artigo 182 do Código Civil de 2002], que prevê, para os casos de nulidade, não sendo possível a restituição das partes ao estado em que se achavam antes do ato, a indenização com o equivalente. Inalcançável o bem em mãos de terceiro de boa-fé, cabe ao alienante, que adquiriu de má-fé, indenizar o credo" (REsp 28.521/RJ, Rel. Min. Ruy Rosado de Aguiar, Quarta Turma, julgado em 18.10.1994, p. 31769) 4. Recurso especial parcialmente provido" (STJ, 4.ª Turma, REsp 1.100.525/RS, Rel. Min. Luis Felipe Salomão, j. 16.04.2013).

[489] SIQUEIRA, Thiago Ferreira. *A responsabilidade patrimonial no novo sistema processual civil*. São Paulo: RT, 2016. p. 305.

[490] "Processual civil. Recurso especial. Alínea *c*. Ausência de demonstração do dissídio. Fraude contra credores. Natureza da sentença da ação pauliana. Execução. Embargos de terceiro. Desconstituição de penhora sobre meação do cônjuge não citado na ação pauliana. 1. O conhecimento de recurso especial fundado na alínea *c* do permissivo constitucional exige a demonstração analítica da divergência, na forma dos arts. 541 do CPC e 255 do RISTJ. 2. A fraude contra credores não gera a anulabilidade do negócio – já que o retorno, puro e simples, ao *status quo ante* poderia inclusive beneficiar credores supervenientes à alienação, que não foram vítimas de fraude alguma, e que não poderiam alimentar expectativa legítima de se satisfazerem à custa do bem alienado ou onerado. 3. Portanto, a ação pauliana, que, segundo o próprio Código Civil, só pode ser intentada pelos credores que já o eram ao tempo em que se deu a fraude (art. 158, § 2.º; CC/16, art. 106, parágrafo único), não conduz a uma sentença anulatória do negócio, mas sim à de retirada parcial de sua eficácia, em relação a determinados credores, permitindo-lhes excutir os bens que foram maliciosamente alienados, restabelecendo sobre eles, não a propriedade do alienante, mas a responsabilidade por suas dívidas. 4. No caso dos autos, sendo o imóvel objeto da alienação tida por fraudulenta de propriedade do casal, a sentença de ineficácia, para produzir efeitos contra a mulher, teria por pressuposto a citação dela (CPC/73, art. 10, § 1.º, I). Afinal, a sentença, em regra, só produz efeito em relação a quem foi parte, 'não beneficiando, nem prejudicando terceiros' (CPC/73, art. 472). 5. Não tendo havido a citação da mulher na ação pauliana, a ineficácia do negócio jurídico reconhecido nessa ação produziu efeitos apenas em relação ao marido, sendo legítima, na forma do art. 1.046, § 3.º, do CPC/73, a pretensão da mulher, que não foi parte, de preservar a sua meação, livrando-se da penhora. 6. Recurso especial provido" (STJ, 1.ª Turma, REsp 506.312/MS, Rel. Min. Teori Albino Zavaski, j. 15.08.2006).

se confunde com a fraude contra credores, que pertence ao direito material.[491] Nesse sentido, o artigo 774 do CPC considera atentatória à dignidade da justiça a condução comissiva do executado que frauda a execução (inc. I); se opõe maliciosamente à execução, empregando ardis e meios artificiosos (inc. II); dificulta ou embaraça a realização da penhora (inc. III); resiste injustificadamente às ordens judiciais (inc. IV); intimado, não indica ao juiz quais são e onde estão os bens sujeitos à penhora e os respectivos valores, nem exibe prova de sua propriedade e, se for o caso, certidão negativa de ônus (inc. V).

2.2.37 Ação de desconsideração da pessoa jurídica

A intenção de fraudar sucede a partir de um ato prejudicial do outro consorte que diminui a massa patrimonial do casamento e com esse gesto, o qual muitas vezes conta com a ajuda de um terceiro, ele frustra e afeta a expectativa de direito sobre a meação do cônjuge ludibriado. Esse terceiro pode ser pessoa jurídica ou pessoa física, que atuam como interpostas pessoas e que dão suporte às manobras fraudatórias levadas a efeito por um dos esposos que desvia bens conjugais dos quais dispõe ao reservá-los para o seu próprio e exclusivo benefício, em verdadeiro concerto fraudatório com essa interposta pessoa, isso quando não se socorre de um simples *laranja* que ignora estar sendo usado para ocultar ou desviar algum bem da integral partilha dos bens conjugais ou convivenciais.

Qualquer cônjuge pode participar isoladamente de alguma sociedade empresária, indiferentemente do seu regime de casamento, existindo restrições para a sociedade entre os cônjuges nos regimes da comunhão universal de bens e no da separação obrigatória de bens (CC, art. 977), e uma das razões para a proibição de sociedade no regime da comunhão universal seria o fato de se tratar de uma sociedade fictícia, uma vez que as participações societárias sempre seriam iguais, como iguais elas também são em todas as sociedades constituídas pelos consortes na constância de um casamento regulado pela comunhão parcial de bens ou pela participação final nos aquestos, independentemente da participação constante do contrato social que gera efeito societário, e não conjugal, isso para não falar que, de acordo com o artigo 1.669 do Código Civil, os frutos dos bens incomunicáveis são comuns, quando percebidos ou vencerem durante o casamento. Por seu turno, no regime obrigatório da separação de bens haveria completa frustração da separação patrimonial imposta por lei, se os cônjuges fossem sócios com idênticas participações societárias em empresa que, por sua vez, seria titular de todos os bens comprados pelo casal apenas em nome da pessoa jurídica. Há, entretanto, duas correntes doutrinárias que discutem a extensão, ou não, dessa proibição às sociedades simples, de prestação de serviços, por exemplo, uma sociedade de profissionais liberais de advogados, arquitetos, engenheiros, dentistas e assim por diante, argumentando aqueles que defendem sua viabilidade que a proibição do artigo 977 do Código Civil está inserida na disciplina da sociedade empresária – Livro II (do direito de empresa), título I (do empresário), capítulo II (da capacidade), não alcançando, portanto, a sociedade simples que não tem forma empresarial.[492]

---

[491] BRUSCHI, Gilberto Gomes; NOLASCO, Rita Dias; AMADEO, Rodolfo da Costa Manso Real. *Fraudes patrimoniais e a desconsideração da personalidade jurídica no Código de Processo Civil de 2015*. São Paulo: RT, 2016. p. 89.

[492] MADALENO, Rolf; OHIRA, Bibiana Brum. Sociedade entre cônjuges: Aplicação do art. 977 do CC/02 às sociedades simples. *Revista Brasileira de Direito das Famílias e Sucessões*, Porto Alegre, v. 35, p. 22, ago./set. 2013.

No entanto, toda essa flexibilidade abre espaço para uma preocupação adicional e um alerta, que já soa faz muitos anos, acerca da fragilidade e facilidade com que consortes e conviventes podiam larga e impunemente tirar vantagens econômicas do mau uso da sociedade empresária, os quais ainda podem fazer uso da personalidade jurídica para a manipulação dos bens conjugais, servindo a sociedade empresária como instrumento de fraude entre cônjuges e terceiros, que são prejudicados quando a autonomia patrimonial é utilizada para fraudar diferentes classes de credores, ou do ente jurídico, em cuja sociedade figuram os consortes como sócios que desviam os bens da sociedade em fraude às garantias patrimoniais dos credores. Essa hipótese diz respeito à via clássica e direta da desconsideração da personalidade jurídica, cuja aplicação torna possível atingir os bens dos sócios para o adimplemento das dívidas da sociedade.

Conforme Otávio Joaquim Rodrigues Filho, "na desconsideração da personalidade o pedido não implica invalidade de atos relativos à constituição da sociedade ou mesmo de atos cometidos com abuso de direito ou fraude; tem como objeto a ineficácia episódica de determinado aspecto da personalidade jurídica, relativo à separação patrimonial ou à ineficácia prática dos reputados atos contrários ao Direito, de sorte a permitir a responsabilização de sócios ou administradores por certas obrigações, ou, ainda, finalidades diversas da responsabilização. Assim, o pedido não consiste em despersonalizar, que segundo Marlon Tomazette, seria 'anular a personalidade', quando se refere, com razão, à suspensão episódica e temporária da personalidade ou, mais especificamente, à suspensão de atributo da personalidade relativo à separação patrimonial que existe entre sócio e sociedade, para permitir a responsabilização", posto que desconsiderar representa deixar de levar em consideração determinado ato praticado pela sociedade, que ao lesado será um ato inoponível, inexistente, e que em nada se identifica com a suposta despersonalização da empresa que, em realidade não será despersonalizada e sim desconsiderada naquele determinado ato.

No tocante à via inversa da desconsideração da personalidade jurídica e por meio de semelhantes atos dolosos, igualmente caracterizados pelo desvio de finalidade, ou pela confusão patrimonial, cônjuges e companheiros se prestam a fraudar a meação do seu parceiro pela via *inversa* do uso malicioso da sociedade empresária, tirando bens do casamento ou da união estável, que são desviados para a entidade jurídica, deparando consortes e parceiros desavisados, lesados com essa fraude societária, com a drástica diminuição ou com o completo esvaziamento de suas meações, precisando promover a ação de desconsideração judicial inversa da personalidade jurídica da empresa, que se desviou de sua finalidade societária e acobertou desvios praticados por um dos cônjuges sócio, por meio de um incidente processual e assim poder atingir os bens da sociedade (CPC, art. 790, VII), tanto para o caso da desconsideração inversa como na desconsideração direta, quando os bens são desviados do patrimônio societário, ou promover a desconsideração na própria petição inicial de divórcio, de separação judicial ou de dissolução de união estável, conforme prevê o artigo 133, § 2.º, do Código de Processo Civil desde 2015, que agora consagra em expresso texto de lei a outrora chamada *teoria inversa da desconsideração da personalidade jurídica*.

Era muito comum o uso abusivo da personalidade jurídica posta a serviço da fraude, no intuito de desviar, ocultar, diminuir ou fazer desaparecer bens comunicáveis da massa de gestão e de administração do casamento ou da união estável, em conduta lesiva aos interesses patrimoniais do consorte ou do companheiro que se deparava com o esvaziamento, ou com a drástica redução da sua meação.[493] Daí ter sido criada a doutrina da desconsideração da

---

[493] "Direito civil. Recurso especial. Ação de dissolução de união estável. Desconsideração inversa da personalidade jurídica. Possibilidade. Reexame de fatos e provas. Inadmissibilidade. Legitimidade ativa.

personalidade da pessoa jurídica, também conhecida como *disregard of the legal entity*, depois acolhida como texto de lei no artigo 50 do Código Civil de 2002 e formalizado o seu procedimento nos artigos 133 a 137 do Código de Processo Civil, cujo estudo será tratado mais demoradamente em capítulo próprio deste livro.

2.2.38 Ação de desconsideração da pessoa física

É muito comum que o devedor, que se encontre em situação de insolvência, recorra aos seus familiares, a amigos mais próximos ou a seus subalternos como uma via de solução natural de seus problemas econômicos, tanto para a concessão de empréstimos como de garantias, e não poucas vezes para que figurem como se fossem seus credores ou compradores e titulares dos bens que o devedor a eles transfere para esvaziar seu patrimônio, que deveria servir como abono dos seus credores. Por conta dessas situações, e até mesmo para simular dívidas com amigos muito próximos ou parentes, muitas vezes o fraudador se utiliza dessas pessoas físicas, parentes ascendentes,[494] descendentes, novos companheiros ou colaterais, que

---

Companheiro lesado pela conduta do sócio. Artigo analisado: 50 do CC/02. 1. Ação de dissolução de união estável ajuizada em 14.12.2009, da qual foi extraído o presente recurso especial, concluso ao Gabinete em 08.11.2011. 2. Discute-se se a regra contida no art. 50 do CC/02 autoriza a desconsideração inversa da personalidade jurídica e se o sócio da sociedade empresária pode requerer a desconsideração da personalidade jurídica desta. 3. A desconsideração inversa da personalidade jurídica caracteriza-se pelo afastamento da autonomia patrimonial da sociedade para, contrariamente do que ocorre na desconsideração da personalidade propriamente dita, atingir o ente coletivo e seu patrimônio social, de modo a responsabilizar a pessoa jurídica por obrigações do sócio controlador. 4. É possível a desconsideração inversa da personalidade jurídica sempre que o cônjuge ou companheiro empresário valer-se de pessoa jurídica por ele controlada, ou de interposta pessoa física, a fim de subtrair do outro cônjuge ou companheiro direitos oriundos da sociedade afetiva. 5. Alterar o decidido no acórdão recorrido, quanto à ocorrência de confusão patrimonial e abuso de direito por parte do sócio majoritário, exige o reexame de fatos e provas, o que é vedado em recurso especial pela Súmula 7/STJ. 6. Se as instâncias ordinárias concluem pela existência de manobras arquitetadas para fraudar a partilha, a legitimidade para requerer a desconsideração só pode ser daquele que foi lesado por essas manobras, ou seja, do outro cônjuge ou companheiro, sendo irrelevante o fato deste ser sócio da empresa. 7. Negado provimento ao recurso especial" (STJ, 3.ª Turma, REsp 1.236.916/RS, Rel. Min. Nancy Andrighi, j. 22.10.2013).

494 Consta no corpo da Apelação Cível 70056678246 da 8.ª Câmara Cível do TJRS, datada de 30.01.2014, da relatoria do Des. Alzir Felipe Schmitz a seguinte passagem: "No que tange à apelação do varão, entende-se, primeiramente, seja excluída da partilha a casa da praia de Atlântida. A sentença reconheceu a ocorrência de fraude quanto ao referido bem, sob o fundamento de que fora adquirido e construído pelo réu, mas registrado em nome de seu genitor, apenas para excluir o imóvel – estimado pela autora em cerca de R$10.000.000,00 – do patrimônio pessoa e comunicável do separando. No entanto, a discussão acerca da eventual fraude refoge à via estreita da separação, porquanto se trata de processo em que não figura o proprietário do imóvel como parte. Sabe-se que a propriedade de bem imóvel prova-se pelo registro constante do competente Registro de Imóveis, conforme arts. 1.227 e 1.245 do CC. *In casu*, os terrenos onde edificada a residência estão todos registrados em nome do pai do separando (fls. 515/525). Considerando que a construção aproveita ao proprietário do terreno, o genitor do varão igualmente torna-se dono da edificação, nos termos do art. 1.255 do CC. Portanto, para os efeitos legais, o pai do réu é o proprietário do imóvel em comento. A sentença, ao dispor sobre a partilha da referida casa, incorreu, assim, em disposição sobre bem de terceiro, estranho à lide. Não se olvida dos argumentos fáticos expendidos com relação à possível simulação havida entre o demandado e seu pai. Só que, em se tratando de direitos reais, é expressa e rigorosa a lei ao prover que a propriedade pertence àquela pessoa constante do Registro como

emprestam seus nomes como interpostas pessoas físicas,[495] na fantasiosa titulação de credores ou de proprietários dos bens que eram matrimoniais, e com esse singelo esquema permitem lesar a meação do seu cônjuge ou parceiro, ou lesar a herança do herdeiro necessário, senão os alimentos do credor de pensão, ou mesmo os seus credores pessoais que contavam com a garantia patrimonial do devedor.

O artigo 92.5, I, da lei concursal espanhola estabelece que serão créditos subordinados aqueles em que seja titular alguma das pessoas especialmente relacionadas com a pessoa natural do devedor, situando-a em último lugar no posto do *ranking* de preferência, depois que tenham sido pagos todos os créditos ordinários. Ainda que não tenha havido nenhuma intenção fraudulenta, explicam Matilde Cuena Casas e Julia Mas-Guindal García que o legislador impõe uma série de medidas sancionadoras ou punitivas às pessoas do entorno do concursado, seja por parentesco, afinidade ou matrimônio, como também por relação societária, eis que presume a ocorrência de operações fraudulentas entre elas e o devedor, supondo-se também que essas pessoas deveriam estar mais bem informadas que outros sujeitos acerca da situação de insolvência patrimonial do concursado.[496]

O fundamento dessa presunção não é outro senão supor que os negócios jurídicos celebrados entre essas pessoas e o devedor encerram manobras fraudulentas, como também é a presunção exercida pelo legislador brasileiro no parágrafo único do artigo 1.802 do Código Civil, quando considera nulas as disposições testamentárias em favor de pessoas não legitimadas a suceder, ainda quando simuladas sob a forma de contrato oneroso, ou feitas mediante interposta pessoa, conjecturando de antemão essa fraude quando figurem nos contratos com o testador (e o mesmo vale para o devedor e para o insolvente) os ascendentes, os descendentes, os irmãos e o cônjuge ou companheiro do não legitimado a suceder. No entanto, apesar de ser regramento específico da sucessão testamentária, é princípio de presunção de fraude por meio de interposta pessoa física de qualquer negócio jurídico.

---

tal. Destarte, eventual manutenção da sentença com relação à partilha da casa poderia implicar prejuízo ao proprietário, ceifando-lhe da livre disposição do seu patrimônio e, pior, sem ao menos ter sido parte no feito. Não se questiona o direito da autora, se assim entender, de buscar indenização em via própria, mas em face do proprietário do imóvel, que obrigatoriamente deverá integrar a lide. Logo, não se pode determinar a partilha sobre bem de outrem, sem ao menos este – e sua esposa – tenham participado da Ação, até porque a respectiva sentença não pode produzir efeitos contra terceiros".

[495] "Agravo de instrumento. Execução de título extrajudicial. Bloqueio de ativos financeiros em conta bancária de terceiro. Indeferimento. Hipótese, contudo, em que estão presentes fortes indícios de ocorrência de fraude à execução. Executado que não possui ativos financeiros, nem é titular de contas bancárias em seu próprio nome. Existência de declaração ao Fisco do pagamento de vultoso montante a título de mensalidades escolares de seus filhos. Esclarecimentos da escola que noticiam que a quitação das mensalidades ocorreu por meio de emissão de cheques de terceira pessoa, que se apresentou como funcionária do devedor. Arresto liminar determinado. Requisitos legais presentes. Arts. 300 e 301 do CPC. Perigo de dano ao resultado útil do processo evidenciado. Terceira pessoa que deve ser intimada para esclarecimentos nos termos do art. 792, § 4.º, do CPC. Conversão do arresto em penhora que só poderá ocorrer após a decretação da fraude à execução. Recurso parcialmente provido" (TJSP, 16.ª Câmara de Direito Privado, Agravo de Instrumento 2217833-52.2019.8.26.0000, Rel. Des. Mauro Conti Machado, j. 18.09.2020).

[496] CASAS, Matilde Cuena; GARCÍA, Julia Mas-Guindal. Familia y concurso de acreedores. *In*: TOLSADA, Mariano Yzquierdo; CASAS, Matilde Cuena (dir.). *Tratado de derecho de la familia*. 2. ed. Navarra: Thomson Reuters/Aranzadi, 2017. v. IV, p. 773.

A desconsideração da pessoa jurídica e da pessoa física não busca negar a sociedade empresária, tampouco a personalidade física, antes visa a resguardá-las como instituições de direito ao desconsiderá-las excepcionalmente no âmbito do direito de família e de sucessões, seja em uma ação autônoma de partilha, em processo de divórcio, ou de dissolução de união estável, pois a doutrina da desconsideração da personalidade jurídica prega que a autonomia societária não prevalece quando a empresa é utilizada para fins contrários ao direito e aos seus fins sociais e o mesmo deve ser aplicado com relação à desconsideração da pessoa física.

A decisão que desconhece a autonomia da pessoa física ou jurídica atinge exclusivamente a *eficácia* de tal ato e, no episódio levado ao conhecimento do juiz, contorna a fraude, a simulação, a confusão patrimonial, ou o abuso, atos estes perpetrados apenas para desviar bens pertencentes à massa conjugal ou à legítima do herdeiro necessário. Por vezes, a fraude serve para negar alimentos (TJRS, Apelação Cível 70006948889). A doutrina da desconsideração da pessoa física ou jurídica cuida de afastar esse axioma de que a pessoa jurídica é invulnerável e independente, e que seus sócios são imunes de responsabilidades, como afasta, pela efetividade processual, o recurso do uso malicioso de interpostas pessoas físicas.

Existiam duas formulações jurídicas acerca da desconsideração da personalidade jurídica e que podiam ser perfeitamente utilizadas para a desconsideração da pessoa física, uma delas denominada de *teoria maior* e a outra de *teoria menor*. Contudo, o Código de Processo Civil de 2015 construiu um caminho próprio, que junta as duas teorias (*maior e menor*) e ordena seja aberto um incidente próprio para a discussão e decisão da desconsideração da personalidade jurídica e, por analogia, o da desconsideração da pessoa física, salvo tenha sido expressamente requerida na petição inicial, sendo citados o sócio, a pessoa jurídica ou a pessoa física, e suspende o processo até a resolução por decisão interlocutória, passível de agravo. Acolhida a desconsideração definitivamente, a alienação patrimonial ou a oneração e desvio de bens havida em fraude da meação será ineficaz com relação ao cônjuge prejudicado, quer a fraude tenha sido perpetrada pela pessoa jurídica ou pela pessoa física.

2.2.39 Provas da fraude ou da simulação

Não existe nenhuma regra especial que corresponda à prova da simulação, tendente a demonstrar que o ato é simulado e que não é verdadeiro como aparenta ser, pois sua prova é regida pelas regras gerais da prova, por qualquer de seus meios. Contudo, diante da peculiaridade de seu ambiente de encenação, merece maior atenção a prova proveniente da *presunção*, para saber o volume de indícios que cada situação em particular comporta desvendar, se o seu somatório permite ou não presumir a ocorrência da fraude.

Não é preciso destacar as dificuldades que encerram as provas de uma simulação contratual, dado ao natural empenho que desenvolvem os contratantes para fazer desaparecerem todos os vestígios da simulação e para aparentarem que o contrato é certo, um espelho da realidade. Tal fato obriga o Poder Judiciário, na quase absoluta totalidade dos casos, a deduzir pela prova indireta da presunção da ocorrência de simulação e de nulidade do ato jurídico, nos termos do artigo 167 do Código Civil. Em razão dessa realidade, assevera Manuel Albaladejo García ser sempre muito penosa a prova da simulação, pois quem a produz para criar uma aparência do que realmente não é cuida muito para que todos os pressupostos e exigências de um negócio jurídico correspondam à suposta realidade, de forma que quem pretende demonstrar a simulação enfrentará uma verdadeira muralha jurídica de aparente impecabilidade legal. Tais circunstâncias jogam a prova na esteira de certos indícios e presunções que, combinados entre si, levam à convicção de que, apesar de não se poder provar a simulação pelos meios clássicos, em virtude desses indícios e presunções existem razões para considerar simulado o negócio jurídico encetado.[497]

Entretanto, outro tratamento é dispensado à fraude contra credores, que conduz à anulabilidade do negócio jurídico, mantendo a opção de ser desconsiderada a personalidade jurídica ou a desconsideração da personalidade física de uma interposta pessoa, cabendo ao interessado a escolha do caminho a ser seguido, não havendo determinação expressa. Escreve Otávio Joaquim Rodrigues Filho no sentido de ser a correção buscada pela declaração de invalidade do negócio jurídico, como sucede com os negócios nulos, pois, tratando-se de fraude contra credores, hipótese de mera ineficácia relativa ao credor, nada obsta a que o caminho a ser seguido se faça pela livre escolha do prejudicado, que pode optar entre a ineficácia do negócio ou a ineficácia da autonomia patrimonial da pessoa jurídica,[498] ou da pessoa física.

Daí a importância, inclusive hierárquica, das presunções no campo das provas processuais, devendo os juízes nesse terreno dispor de maior tolerância e boa vontade para aprofundar sua análise pelo exame dos diferentes indícios para a concreção de suas sentenças, dada à gravidade do evento fraude. Deve cada julgador ser liberal na coleta e assunção da prova, que obrigatoriamente passa pela busca dos indícios de fraude, os quais somente serão alcançados se esses vestígios forem procurados com o deferimento judicial da quebra de sigilo bancário, fiscal, contábil, telefônico, administrativo e até mesmo processual, quando encobertos pelo segredo de justiça, de modo a permitir, a partir da soma dos indícios, a evidência da fraude, acobertada por uma afrontosa simulação.

O ato simulado tem justamente o propósito de encenar uma situação que não corresponde à efetiva realidade, tanto que encetada no precípuo propósito de enganar e subtrair direito de terceiro. É extremamente difícil comprová-la de forma direta e objetiva, devido à sua aura de aparente veracidade, fazendo-se imprescindível o auxílio das provas indiciárias, também chamadas de sinais, que alertam para a evidência ou para a presunção de ocorrência de fraude, cuja pesquisa se mostra crucial naqueles processos, como os de direito de família e os do direito das sucessões, para poder apurar as maquinações e os movimentos desenvolvidos por pessoas que, muitas vezes favorecidas pelos vínculos de confiança decorrentes das relações de parentesco, afeto, afinidade ou até mesmo da mais estreita amizade ou subordinação, buscam obter alguma vantagem patrimonial sobre bens e recursos daqueles com os quais mantêm tais conexões que facilitam pela mais inocente confiança, o trânsito e a consecução de atos deliberadamente fraudatórios.

Para esse espectro fático, a prova indiciária tem relevante importância no desvendamento da realidade, uma vez que os indícios são a porta de entrada da prova da fraude por meio da simulação, sendo a presunção a porta de saída da evidência e da declaração judicial da fraude (CC, art. 212, IV). Conforme Moacyr Amaral Santos, a presunção é a ilação que se tira de um fato conhecido para se provar a existência de outro desconhecido, dividindo-se em presunções *legais*, aquelas que a lei deduz de um fato, e um bom exemplo é a presunção de paternidade pela negativa injustificada de submissão à perícia de DNA, resultando a negativa da prova em DNA na aplicação da Súmula 301 do STJ,[499] inclusive quando a negativa de sub-

---

[497] GARCÍA, Manuel Albaladejo. *La simulación*. Madrid: Edisofer, 2005. p. 203-204.

[498] RODRIGUES FILHO, Otávio Joaquim. *Desconsideração da personalidade jurídica e processo de acordo com o Código de Processo Civil de 2015*. São Paulo: Malheiros, 2016. p. 123.

[499] STJ, Súmula 301. "Em ação investigatória, a recusa do suposto pai a submeter-se ao exame de DNA induz presunção *juris tantum* de paternidade."

missão ao exame de pareamento do código genético (DNA), partir dos parentes consanguíneos do suposto pai que faleceu ou cujo paradeiro for desconhecido, conforme ordenado pela Lei 14.138/2021. Outros exemplos são o da presunção igualmente relativa de paternidade do filho nascido na constância do casamento (CC, art. 1.597), ou da presunção de comunicação dos bens adquiridos onerosamente na constância do casamento (CC, arts. 1.658 e 1.662). A presunção é tão poderosa que dificulta extraordinariamente a prova da procedência privativa dos fundos que permitiram comprar os bens, ou da sua sub-rogação por outros bens. Ao lado das presunções da lei existem as presunções *comuns* ou *simples*, que se fundam naquilo que ordinariamente acontece e das quais são retiradas as verdades.[500]

Prossegue Moacyr Amaral Santos dizendo que a prova indiciária tem grande aplicação, principalmente na apuração do dolo, da fraude, da simulação e, em geral, dos atos de má-fé.[501] O inciso 5.º do artigo 163 do Código de Processo Civil e Comercial da Argentina dispõe que "as presunções não estabelecidas por lei constituirão prova, quando se fundamentem em fatos reais e provados e quando por seu número, precisão, gravidade e concordância, produzirem convicção segundo a natureza do juízo, de conformidade com as regras da sana crítica". Trata-se de uma prova indireta que assume importância capital, pois é pelos métodos dedutivo e intuitivo que se estabelecem as relações que determinam a convicção do juiz.[502]

Indícios e presunções não são palavras sinônimas. Indício é todo o rastro, vestígio, impressão, circunstância e, em geral, todo fato conhecido e devidamente comprovado, suscetível de levar, pela via da inferência, ao conhecimento de outro fato conhecido. O indício, diz Casimiro A. Varela, capta um fato que pode ter significação material ou humana, física ou psíquica, simples ou composta, enquanto a presunção, em uma dinâmica que brota do fato conhecido, constitui um juízo lógico do legislador e do juiz, que lhe permite formar convicção sobre determinada[503] eficácia do indício como um meio de prova para o conhecimento do fato investigado. Para que exista um indício com eficácia probatória é necessária a reunião de uma quantidade desses indícios que permitem ao julgador convergir para uma presunção.

Indícios veementes da fraude pela simulação podem ser levantados primeiro, com relação às partes que contratam, pois, sendo elas unidas pelo parentesco ou pela afinidade e afetividade, como ascendentes, descendentes, irmãos, cônjuge, convivente, tios, primos, padrastos e enteados, ou pessoas jurídicas tituladas por algum dos contratantes, afora os evidentes vínculos de amizade ou de submissão laboral ou profissional, servem como forte presunção de serem interpostas pessoas jurídicas ou físicas. Nesse sentido, inclusive, prescreve o parágrafo único do artigo 1.802 do Código Civil ser presumida legalmente a fraude quando os contratos envolvem pessoas físicas com liame parental ou de afetiva entidade familiar.

Também bastante comuns e correntes são os contratos de compra e venda celebrados usualmente em tempos de crise conjugal e afetiva Se se pesquisar mais a fundo, sempre com a ajuda, compreensão e interesse pela busca da verdade, vetores que devem ser, como de fato o são, a prioridade do Poder Judiciário, realidades encobertas pela simulação podem ser reveladas com a quebra do sigilo bancário para demonstrar, por exemplo, que de parte do comprador de um bem dito alienado não houve nenhum desembolso para pagamento do preço

---

[500] AMARAL SANTOS, Moacyr. *Prova judiciária no cível e comercial*. 5. ed. São Paulo: Saraiva, 1983. v. 1, p. 81-83.

[501] AMARAL SANTOS, Moacyr. *Prova judiciária no cível e comercial*. 5. ed. São Paulo: Saraiva, 1983. v. 1, p. 84.

[502] VARELA, Casimiro A. *Valoración de la prueba*. Buenos Aires: Astrea, 1990. p. 111.

[503] VARELA, Casimiro A. *Valoración de la prueba*. Buenos Aires: Astrea, 1990. p. 115.

desse bem que um dos contratos alega haver comprado e o outro afirma ter vendido. Tal o ato pode estar dissimulando uma simples doação ou uma inocorrente transação que tem somente o propósito de retirar o bem da titularidade de um devedor ou de um meeiro que quer, com esse esquema fraudulento, sonegar o bem da partilha de seu divórcio ou da dissolução de sua união estável. Como igualmente são ordinariamente fraudatórios esses contratos usados para burlarem as restrições de disposição da legítima, servindo-se os fraudadores dos contratos de compra e venda de ascendente para descendente ou no caminho inverso, sem a anuência dos outros descendentes (CC, art. 496),[504] cujo contrato de uma suposta venda é simplesmente subscrito para dissimular uma doação de determinado imóvel ou de uma sociedade empresária, ato que não gostariam que fosse computado como uma antecipação de herança, mas partilhado com outros herdeiros que, provavelmente, provocariam a extinção da sociedade empresária pela falta de talento, interesse e continuidade do empreendimento.

Outro fato de frequente ocorrência está no episódio de o comprador nunca solicitar a entrega da posse do bem móvel ou imóvel adquirido, que segue sendo utilizado ou ocupado

---

[504] "Direito civil. Recurso especial. Ação declaratória de nulidade de atos jurídicos cumulada com cancelamento de registro público. Venda de bem. Ascendente a descendente. Interposta pessoa. Negócio jurídico anulável. Prazo decadencial de 2 (dois) anos para anular o ato. 1. Ação declaratória de nulidade de atos jurídicos cumulada com cancelamento de registro público, por meio da qual se objetiva a desconstituição da venda realizada entre ascendente e descendente, sem o consentimento dos demais descendentes, em nítida inobservância ao art. 496 do CC/02. 2. Ação ajuizada em 09.02.2006. Recurso especial concluso ao gabinete em 03.04.2017. Julgamento: CPC/73. 3. O propósito recursal é definir se a venda de ascendente a descendente, por meio de interposta pessoa, é ato jurídico nulo ou anulável, bem como se está fulminada pela decadência a pretensão dos recorridos de desconstituição do referido ato. 4. Nos termos do art. 496 do CC/02, é anulável a venda de ascendente a descendente, salvo se os outros descendentes e o cônjuge do alienante expressamente houverem consentido. 5. O STJ, ao interpretar a norma inserta no artigo 496 do CC/02, perfilhou o entendimento de que a alienação de bens de ascendente a descendente, sem o consentimento dos demais, é ato jurídico anulável, cujo reconhecimento reclama: (i) a iniciativa da parte interessada; (ii) a ocorrência de fato jurídico, qual seja, a venda inquinada de inválida; (iii) a existência de relação de ascendência e descendência entre vendedor e comprador; (iv) a falta de consentimento de outros descendentes; e (v) a comprovação de simulação com o objetivo de dissimular doação ou pagamento de preço inferior ao valor de mercado. Precedentes. 6. Quando ocorrida a venda direta, não pairam dúvidas acerca do prazo para pleitear a desconstituição do ato, pois o CC/02 declara expressamente a natureza do vício da venda – qual seja, o de anulabilidade (art. 496) – bem como o prazo decadencial para providenciar a sua anulação – 2 (dois) anos, a contar da data da conclusão do ato (art. 179). 7. Nas hipóteses de venda direta de ascendente a descendente, a comprovação da simulação é exigida, de forma que, acaso comprovada que a venda tenha sido real, e não simulada para mascarar doação – isto é, evidenciado que o preço foi realmente pago pelo descendente, consentâneo com o valor de mercado do bem objeto da venda, ou que não tenha havido prejuízo à legítima dos demais herdeiros –, a mesma poderá ser mantida. 8. Considerando que a venda por interposta pessoa não é outra coisa que não a tentativa reprovável de contornar-se a exigência da concordância dos demais descendentes e também do cônjuge, para que seja hígida a venda de ascendente a descendente, deverá ela receber o mesmo tratamento conferido à venda direta que se faça sem esta aquiescência. Assim, considerando anulável a venda, será igualmente aplicável o art. 179 do CC/02, que prevê o prazo decadencial de 2 (dois) anos para a anulação do negócio, inaplicabilidade dos arts. 167, § 1.º, I, e 169 do CC/02. 10 (9) Na espécie, é incontroverso nos autos que a venda foi efetivada em 27.02.2003, ao passo que a presente ação somente foi protocolizada em 09.02.2006. Imperioso mostra-se, desta feita, o reconhecimento da ocorrência de decadência, uma vez que, à data de ajuizamento da ação, já decorridos mais de 2 (dois) anos da data da conclusão do negócio. 11 (10) Recurso especial conhecido e provido" (STJ, 3.ª Turma, REsp 1.679.501/GO, Rel. Min. Nancy Andrighi, j. 10.03.2020).

Cap. 2 · PARTILHA DOS BENS CONJUGAIS | **377**

pelo vendedor, algo inimaginável nas negociações sucedidas em um mundo real, geralmente também constando nas escrituras de compra e venda que o preço teria sido anteriormente pago, ou nelas indicando um preço vil, ou sem qualquer referência à forma de pagamento, ou com parcelas longas e de pequeno valor mensal, quiçá destituídas de atualização monetária. É também percebido na prática que até mesmo os custos de manutenção do bem alegadamente vendido e tributos sobre ele incidentes permanecem consignados em nome do pseudovendedor e os documentos de cobrança continuam sendo enviados em nome do vendedor e para o seu domicílio, e que por ele seguem sendo normalmente pagos.

Não é nada incomum deparar com vendas simuladas unicamente em contratos prévios de compra e venda com o preço anteriormente quitado, ou de promessa de compra e venda, olvidando-se da necessária escritura pública que demanda o levantamento e a quitação do incidente imposto sobre transmissão *inter vivos* de bens imóveis e direitos a eles relativos (ITBI), de competência dos Municípios e do Distrito Federal, e que se encontra previsto nos artigos 146 e 156, II, da Constituição Federal de 1988, bem como nos artigos 35 e seguintes do Código Tributário Nacional.

Esses contratos que simplesmente informam ter sido o preço anteriormente pago escondem uma simulada e efetiva doação, ou apenas retiram a titularidade do bem de algum insolvente devedor, e, se forem perscrutadas as contas bancárias daquele que aparentemente vende e daquele que aparentemente compra, não será encontrado qualquer movimento de transferência com a saída do dinheiro da conta bancária do comprador e o correlato ingresso do dinheiro na conta bancária do vendedor. Tal evidência indica a simulação desse contrato de compra e venda e serve como prova indireta da presunção de fraude, inclusive aconselhando que os juízes aprofundem as diligências e, conforme a gravidade destas, avance nas investigações para apurar todos os desvios e todas as fraudes causadas em detrimento de cônjuges e companheiros meeiros, em prejuízo de herdeiros necessários ou que tenham sido praticados em lesão a direitos de terceiros credores.

De acordo com o artigo 212, IV, do Código Civil brasileiro e o artigo 374, IV, do Código de Processo Civil, a presunção é meio legítimo de prova, capaz de dar nascimento a uma prova tão plena e eficaz como qualquer outro recurso probatório, dada à sua eficácia como qualquer outra classe de prova. Salienta-se que as presunções podem ser relativas ou absolutas; somente as primeiras admitem prova em contrário, enquanto as segundas nem sequer podem ser objeto de prova.

Luis Muñoz Sabaté argumenta que o problema da hipervaloração da presunção reside na hipervaloração de outra presunção adversa, que é a presunção que se faz acerca da veracidade da documentação dos atos e negócios jurídicos, em que se olvida que ninguém costuma dar testemunho escrito de suas próprias mentiras. Exatamente por essa razão se faz imperioso reduzir a hipovaloração da prova por presunção, uma vez que as diversas bases indiciárias que operam para dar credibilidade à presunção não representam uma autêntica presunção, mas unicamente indicam que o julgador chegou à *verdade interna* do documento.[505]

Enfim, carece o direito processual brasileiro de uma menor tolerância com os simuladores, pois, negando a quebra dos sigilos bancário, fiscal, administrativo, contábil, societário, administrativo e judicial, visando assim proteger terceiros que estariam envolvidos, ou que exatamente se permitiram envolver em verdadeiro concerto fraudatório, acaba por incentivar os simuladores que já se sentem extremamente confortáveis porque, nas fraudes idealizadas para enganar cônjuge, convivente, ascendente ou descendente, em suma, pessoas do próprio círculo familiar,

---

[505] SABATÉ, Luis Muñoz. *La prueba de la simulación*. 3. ed. Colombia: Temis, 2011. p. 48-49.

os fraudadores cônjuges e parentes de primeiro grau já são imunes a qualquer pena criminal (CP, art. 181), como em regra, salvo no direito sucessório (CC, art. 1.992), tampouco são punidos por ato doloso de sonegação. Logo, eles não têm nada a perder e têm tudo para ganhar experimentando livremente a prática da fraude, porque, se forem bem-sucedidos por meio da fraude pela simulação, ganharão o bem ou os valores sonegados e desviados da meação ou do quinhão de eventual herdeiro; se descobertos, diante da natural dificuldade da prova da fraude e das usuais restrições que ocorrem em juízo, quando negadas as necessárias quebras de sigilos e diligências que encaminhem para a única prova possível, que parte da soma dos indícios para alcançar as lúcidas presunções, estas ainda são judicialmente barradas em benefício dos fraudadores que atuam em zonas de riscos facilmente calculados com percepção jurisprudencial largamente superior, concedendo vantagens processuais para o fraudador.

Como refere Jorge Mosset Iturraspe, é preciso assinalar a liberdade que goza o juiz para apreciar a prova em matéria de simulação, o qual, em face da usual impossibilidade de uma prova direta, deve ponderar esmeradamente o conjunto das circunstâncias anteriores, concomitantes e posteriores de cada caso e apreciá-las com soberana faculdade para interpretar a intenção. O juiz não pode ser um convidado de pedra em uma ação de simulação, uma vítima do "arrependimento simulado", pois o conhecimento pleno da causa simuladora demonstrada durante a instrução processual torna o juiz a única pessoa que pode evitar um "novo engano".[506]

2.2.39.1 Confissão judicial

A confissão consiste no reconhecimento que uma pessoa faz quanto à verdade de fato contrário ao seu interesse e favorável ao interesse da outra parte (CPC, art. 389), e é irrevogável, mencionam Gustavo Tepedino e Milena Donato Oliva, embora possa ser anulada se decorreu de erro de fato ou de coação (CC, art. 214 e CPC, art. 393). Pode surgir explicitamente manifestada pela parte, que admite a verdade de fato contrário ao seu interesse e favorável ao de outrem, ou ser decorrente de sua inação, quando a lei assim estabelecer, por exemplo, no § 1.º do artigo 385 do CPC, quando a pessoa é pessoalmente intimada a prestar depoimento pessoal em juízo sob pena de confissão e não comparece, ou comparecendo, se recusa a depor.[507]

A confissão judicial é a mais rica das provas, quando obtida em depoimento pessoal das partes, como meio de prova, e, por sinal, não necessariamente a confissão vai ocorrer nos depoimentos das partes, mas sempre existe uma boa possibilidade de ser alcançada a pesquisa da verdade a partir dos depoimentos dos contraditores. Contudo, trata-se de uma oportunidade em que as próprias partes têm de se pronunciar em juízo e de prestar, com a devida clareza, informações a respeito dos aspectos fáticos do processo, externando sua visão sobre a demanda. No entanto, os depoimentos devem servir ao juiz e ao processo como meio de prova quando houver expressa confissão do depoente, assim entendida quando a declaração da parte é contrária aos seus interesses e favorável ao adversário. Caso não ocorra a confissão, o juiz fundamentará a sua decisão em eventual comportamento da parte em

---

[506] ITURRASPE, Jorge Mosset. *Contratos simulados y fraudulentos.* Buenos Aires: Rubinzal-Culzoni, 2001. t. II, p. 292.

[507] TEPEDINO, Gustavo; OLIVA, Milena Donato. *Fundamentos do direito civil.* Teoria geral do direito civil. Rio de Janeiro: Forense, 2020. v. 1, p. 252.

juízo,[508] mas também pela ilação que faz do conjunto da prova, partindo dos depoimentos das partes e avançando para os depoimentos das testemunhas, obviamente associado aos demais elementos probatórios. Não obstante o elevado valor probatório do depoimento pessoal e, em especial, quando obtida a confissão, os depoimentos pessoais são vastamente refugados pelos juízes e prontamente dispensados pelos advogados das partes nas audiências de instrução e julgamento, talvez porque se trate de depoimentos mais longos e por conseguinte mais demorados justamente diante da riqueza das informações que podem ser prestadas pelo envolvimento direto dos litigantes quanto aos fatos e ao direito em discussão, isso quando comparados com os depoimentos das testemunhas, que geralmente são mais concisos e restritos a certos fatos específicos, sem a idêntica riqueza e aprofundamento dos detalhes fáticos inerentes às partes diretamente envolvidas no contexto da lide e que encabeçam o processo.

Há confissão que pode ser judicial ou extrajudicial sempre que alguém ou uma parte admite a verdade de fato contrário ao seu interesse e favorável ao interesse do seu adversário (CPC, art. 389). A confissão é judicial quando produzida em juízo, diretamente no processo no qual controverte com a parte adversa, e extrajudicial quando prestada fora do contexto processual, por exemplo, uma confissão escrita de próprio punho. Contudo, a existência da confissão não afasta do juiz o direito de ele valorar outras provas existentes no processo e diante delas fundamentando o seu convencimento (CPC, art. 371).

A confissão judicial torna determinado fato incontroverso e pode ser obtida de forma espontânea, originária da livre-iniciativa da parte ou de seu representante legal com poderes especiais para confessar (CPC, art. 390, § 1.º); pode ser oral ou documental, ou pode ser provocada, quando extraída das perguntas realizadas em depoimento pessoal da parte ou de sua recusa em depor (CPC, art. 386), devendo ser reduzida a termo nos autos (CPC, art. 390, § 2.º). Entretanto, não vale como confissão a admissão em juízo de fatos relativos a direitos indisponíveis, por exemplo, a confissão de adultério da mulher, para ilidir a presunção de paternidade (CC, arts. 1.600 e 1.602).

Na fraude pela simulação contratual, Luis Muñoz Sabaté compreende que o interrogatório de um simulador se assemelha a um jogo de entretenimento, pelo qual, às vezes, acerta-se por casualidade, e até certo ponto o referido doutrinador deve ter razão, pois se trata de pessoa acostumada a dissimular a verdade, um verdadeiro ator, habituado a encenar suas peças e simulações, embora os juízes até se sintam desestimulados em confrontar pessoas tão afinadas com o irreal transformando mentiras em verdades aparentes. O autor conta o caso de um juiz que, em uma compra e venda de pai para filho, resolveu perguntar ao progenitor de que forma o pagamento havia sido realizado, tendo o interrogado e pretenso vendedor respondido que havia vendido de forma parcelada e com os pagamentos todos eles realizados antes da celebração da escritura; na sequência, veio o depoimento do filho comprador, que disse ter entregue o pagamento em uma prestação única, mediante somente uma transferência bancária realizada no ato da celebração da escritura. Essas contradições colhidas dos depoimentos pessoais permitiram frustrar a simulação que era objeto do processo de anulação da venda, evidenciando como se mostra positiva a prova oral quando confrontados os cúmplices da simulação. Arremata o autor dizendo que, a par de os fraudadores estarem unidos pelo *consilium fraudis*, eles se acham expostos e capazes de incorrer em múltiplas contradições e

---

[508] RIBEIRO, Darci Guimarães. *Comentários ao Código de Processo Civil*. Organização Lenio Luiz Streck, Dierle Nunes e Leonardo Carneiro da Cunha. Coordenação Alexandre Freire. São Paulo: Saraiva, 2016. p. 575.

imprecisões ao prestarem seus depoimentos pessoais, que jamais devem ser dispensados em sede de fraude, conquanto os interrogatórios sejam colhidos em uma única audiência.[509] As contradições servem como valiosos indícios que possibilitam afirmar com absoluta convicção de que, em realidade, não existiu o negócio jurídico criado em fraude ao direito de uma meação ou de um quinhão sucessório.

Outro instrumento processual de grande valia, sempre que factível, é a acareação entre os dois depoentes e contraditores, destacando Luis Muñoz Sabaté a pressão psicológica e a falta de espontaneidade que acabam ocorrendo diante do cruzamento de perguntas e de respostas que oferecem um momento ímpar para a descoberta da verdade, embora o referido autor entenda mais assertiva ainda a ouvida do cúmplice do simulador, seu *testa de ferro*, ou sua interposta pessoa, que muitas vezes empresta seus favores sem nenhum objetivo de lucro, mas pela mais pura complacência, senão por dependência financeira ou psicológica. O referido autor acrescenta que dificilmente essa pessoa avalia a gravidade do desvio que ajudou a perpetrar, fato que ela julga como algo plausível e normal, sem real consciência dos efeitos jurídicos e até mesmo penais de sua conduta, e que, talvez caindo na realidade, é capaz de ser demovida a se dissociar do simulador e assim buscar a sua própria defesa, e por caminhos divergentes, para minimizar sua responsabilidade. Entre esses caminhos um deles pode ser o de assumir a confissão da falcatrua que ajudou a construir em um concerto fraudatório, que pode, inclusive, ser criminalmente tipificado.[510]

Luis Muñoz Sabaté arremata seus preciosos comentários com a observação de que a confissão judicial representa o instrumento mais econômico e seguro para a apuração de inúmeros indícios ou subindícios, que de outra forma haveriam de ser demonstrados por dispendiosos meios documentais ou testemunhais, com grande perda de tempo e de dinheiro, notadamente se for lembrado que a simulação permite jogar com um grande número de dados fáticos, em que cada um deles equivale a um potencial indício, despercebido inicialmente pela contraparte. Portanto, para fixar o indício da presença de vínculos entre os simuladores, não será necessário que o autor demonstre com uma certidão de nascimento do registro civil que o simulador e seu cúmplice são irmãos, bastando que articule esse questionamento, pois, seguramente, nenhum deles teria coragem de negar tão extrema evidência tão fácil de provar. Assim, pode ocorrer com várias outras evidências provenientes de dados fáticos que o advogado deverá preparar para que desnudem os fraudadores mediante perguntas feitas com excepcional meticulosidade, para tê-las sob reserva quando interrogar a parte adversa depois de feitos os questionamentos do juiz.[511] Entrementes, para a apuração dessas fraudes, mostra-se essencial a colaboração extrema do juiz na instrução do processo, e que ele não se convença somente pela aparente licitude dos contratos e documentos que lhe são postos com aura de inquestionável legalidade, tampouco se deixe vencer pelo tempo que acresce à instrução do processo que ele preside e termine vencido pela preguiça ou indolência, nem que se deixe vencer pelo usual argumento de que eventual quebra de sigilo invadirá interesses de terceiros, muitas vezes, senão na maior parte das vezes, meros figurantes ou sócios minoritários, tratando o Poder Judiciário com mesuras em detrimento de valores que se sobrelevam, como no caso de uma pensão alimentícia cuja capacidade financeira não é investigada por implicar na quebra do sigilo bancário do empresário ou da conta da empresa que ele utiliza como uma extensão da sua pessoa física,

---

[509] SABATÉ, Luis Muñoz. *La prueba de la simulación*. 3. ed. Colombia: Temis, 2011. p. 67.

[510] SABATÉ, Luis Muñoz. *La prueba de la simulación*. 3. ed. Colombia: Temis, 2011. p. 68.

[511] SABATÉ, Luis Muñoz. *La prueba de la simulación*. 3. ed. Colombia: Temis, 2011. p. 70.

Cap. 2 · PARTILHA DOS BENS CONJUGAIS | 381

servindo para reflexão o REsp. 1.861.306/SP, da Terceira Turma do STJ, julgado em 02 de fevereiro de 2021, na relatoria do Ministro Ricardo Villas Bôas Cueva, quando de forma simples apenas menciona que os atos de desconsideração não irão atingir sócio minoritário dos atos fraudulentos praticados pelo sócio principal, que em boa hora não deixou de ser investigado apenas porque supunha estar protegido pelo uso abusivo de uma sociedade empresária com outros sócios.[512]

2.2.39.2 Confissão extrajudicial

A confissão extrajudicial não é propriamente um instrumento de prova, senão um dado fático proporcionado por alguns dos instrumentos clássicos como testemunhos ou documentos, que apresentam características peculiares por se tratar de uma declaração emanada contra o próprio simulador. São infinitas as circunstâncias, diz Luis Muñoz Sabaté, nas quais o simulador ou simuladores podem efetuar extrajudicialmente uma confissão clara e direta do ato ou negócio simulado, ou a revelação de antecedentes significativos que infiram a simulação, muito embora tenha a mesma revelação extrajudicial um extrato, por exemplo, de uma conta-corrente ou de uma aplicação financeira, cujos valores extraordinários podem revelar uma fraude em forma de prova documental, interessando essas manifestações extra-autos e mais sobressalientes, mas que permitem ,de forma indireta, apurar a mesma fraude ou simulação, como no caso de correspondências, livros contábeis e diversos atos ou declarações administrativas emanadas pelo simulador ou com ele correlacionadas.[513]

A confissão extrajudicial pode ser igualmente espontânea, externada em uma ata notarial ou em um testamento, ou se tratar de uma confissão provocada e encontrada em atuações e documentos presentes em outros processos, Um exemplo de confissão extrajudicial é um testamento ou uma ata notarial, ou constando em um documento particular qualquer que o fraudador ou simulador buscam regular e esclarecer a sua própria sucessão escrevendo para os seus herdeiros acerca da origem ou do destino de certos bens, ainda que não estejam em nome ou na titularidade do fraudador ou simulador. Contudo, são bens que estão em nome de uma interposta pessoa física ou jurídica, que eles identificam e indicam o seu papel de mero *presta nomes*, ou quando confessam que determinada venda de um bem inexiste e que simplesmente foi simulada, muito embora em outros testamentos ou documentos essas manifestações de simulação nem sempre se mostram assim tão explícitas, e valem muito mais como um forte ou começo de indício.[514]

---

[512] "Recurso Especial. Ação de indenização por danos morais e materiais. Cumprimento de sentença. Desconsideração da personalidade jurídica. Herdeira. Sócio minoritário. Poderes de gerência ou administração. Atos fraudulentos. Contribuição. Ausência. Responsabilidade. Exclusão. 1. Recurso especial interposto contra acórdão publicado na vigência do Código de Processo Civil de 1973 (Enunciados Administrativos n°s 2 e 3/STJ). 2. Cuida-se, na origem, de ação de indenização por danos morais e materiais na fase de cumprimento de sentença. 3. A questão central a ser dirimida no presente recurso consiste em saber se a herdeira do sócio minoritário que não teve participação na prática dos atos de abuso ou fraude deve ser incluída no polo passivo da execução. 4. A desconsideração da personalidade jurídica, em regra, deve atingir somente os sócios administradores ou que comprovadamente contribuíram para a prática dos atos caracterizadores do abuso da personalidade jurídica. 5. No caso dos autos, deve ser afastada a responsabilidade da herdeira do sócio minoritário, sem poderes de administração, que não contribuiu para a prática dos atos fraudulentos. 6. Recurso especial não provido."

[513] SABATÉ, Luis Muñoz. *La prueba de la simulación*. 3. ed. Colombia: Temis, 2011. p. 71.

[514] SABATÉ, Luis Muñoz. *La prueba de la simulación*. 3. ed. Colombia: Temis, 2011. p. 73.

No entanto, Sabaté reconhece não ser fácil obter algum reconhecimento expresso da simulação, já que essa conduta, por seu caráter ilícito, é a que mantém os seus autores em constante estado de vigilância e, por vezes, em algum caso isolado, tem dado resultado ao ser assediado a praticá-lo o cúmplice do simulador, que termina sendo convencido a subscrever uma ata notarial.

A prova emprestada, não obstante rara, pode ser buscada em situações específicas, como em um processo no qual os autores trabalharam como advogados da esposa, cujo marido desviou os bens conjugais para a titularidade da amante, que, enriquecida pelo inusitado aporte de bens alheios, reconciliou com o seu esposo, de quem estava se divorciando, e em cujo processo havia arrolado os bens do amante para a partilha com seu marido, obrigando o amante e traidor a ingressar no divórcio da amante e confessar, em petição por ele subscrita por meio de advogado, que os bens que estavam em nome dela em realidade a ele pertenciam, e que ele os havia desviado de seu casamento em fraude à meação de sua esposa, sendo imprescindível para a descoberta e combate da fraude a colaboração judicial, que permite quebrar o sigilo das ações de família, de modo que a esposa traída tivesse acesso ao divórcio da amante de seu marido e subtraísse dessa demanda uma cópia da petição de confissão de seu esposo no sentido de que havia fraudado a meação a esposa. Todavia, são confissões muito difíceis de ser materializadas, salvo uma situação incomum e impensada, se fazendo-se mais provável contar com a intelecção do julgador que chega à mesma conclusão pelo somatório dos indícios da fraude ou da simulação fraudatória comprovados no processo.

2.2.39.3 A prova do pagamento e o preço vil

Não será nada infrequente deparar com contratos formais de compra e venda que, em realidade, são pura simulação, haja vista que nada realmente foi alienado; neste jogo de cena, os fraudadores sequer se preocupam com a prova do suposto pagamento decorrente da venda simulada, sentindo-se seguros tão somente pela posse da escritura ou do contrato de compra e venda, fazendo constar, em regra, que o preço já teria sido anteriormente pago, ou simplesmente o vendedor dando quitação pelo preço que já teria recebido. Contudo, instados a demonstrarem a transferência dos recursos para pagamento do imóvel adquirido, surgem desculpas como a de que o comprador pagou em moeda nacional ou estrangeira,[515] que tampouco constam as suas existências na declaração de renda do pseudocomprador, mostrando-se como um forte indício desta fraude a total ausência de prova do correspondente pagamento e igualmente a falta de comprovantes do pagamento dos tributos incidentes sobre a respectiva transação.[516]

---

[515] Não obstante o artigo 318 do Código Civil disponha textualmente serem nulas as convenções de pagamento em ouro ou em moeda estrangeira.

[516] "Apelação. Ação anulatória de escritura pública c.c. cancelamento de registro público. Compra e venda de imóvel. Sentença de procedência da ação. Recurso dos requeridos. Preliminar de cerceamento de defesa rechaçado. Falta de apresentação de documentos que comprovem o pagamento do preço referido na escritura de compra e venda celebrada entre os requeridos, tais como recibos de pagamento, comprovantes de transferência e recolhimento de tributos de transmissão, ônus do qual não se desincumbiram os requeridos, que torna duvidosa a realização do negócio, o que é suficiente para comprovar a existência da simulação. Reconhecimento da nulidade da escritura de compra e venda celebrado entre os requeridos, com a respectiva retificação no registro imobiliário. Recursos não providos." (TJSP, 5ª Câmara de Direito Privado, Apelação 1004777-55.2022.8.26.0320, Rel. Des. Emerson Sumariva Júnior, j. 02.12.2023).

O preço vil é outro dos maiores indícios da prova da fraude, cuja estratégia geralmente é usada porque esconde em realidade uma verdadeira doação, ou uma compra e venda existente unicamente no âmbito simulatório, para extrair o imóvel da execução ou da garantia dos credores. Esses contratos são formatados de última hora, por vezes com maior vagar, e guardados em uma gaveta, para oportuno uso, sobrevindo o suposto comprador com embargos de terceiro para excluir o imóvel de algum processo executivo com o argumento de havê-lo comprado muito antes, muito embora o contrato que apresente careça, em regra, do competente registro imobiliário, e, se pesquisado mais a fundo, surgirão outras evidências da fraude, não sendo infrequente verificar que as partes intervenientes na compra e venda têm relação de parentesco ou de amizade. E a tudo ainda acrescenta observar que não existe nenhuma prova documental do pagamento do preço, isso quando o contrato não sustenta um preço ostensivamente inferior ao valor de mercado, porque assim o suposto comprador teria condições financeiras de justificar a existência de recursos e, consequentemente, modesta origem para aquisição do imóvel, tudo em sintonia e consoante a sua baixa condição financeira, preservando-se assim diante de uma eventual quebra de sigilo bancário e fiscal, judicialmente ordenada, para realizar um verdadeiro escaneamento na vida financeira do suposto comprador. Com o preço vil, o cossimulador justifica buscando convencer que o preço contratado para a compra e venda estava dentro das suas reais possibilidades de aquisição, permitindo, em tese, que ele possa corroborar em juízo a compra do bem.

Talvez pior do que estabelecer um preço muito baixo pode ser o fato de constar no contrato simulado o preço real, mas, no entanto, o pagamento, que é o principal elemento do contrato, jamais foi realizado, constando usualmente desses contratos de fachada a informação de que o preço já teria sido pago com anterioridade. Portanto, mesmo sendo fixado um preço real ou baixo, o pagamento não é concretizado e nesse caso cabe ao comprador, que alega haver pago o preço, prová-lo pelo princípio da facilidade probatória que detém, sucedendo a inversão do ônus da prova, pois seria verdadeira prova diabólica obrigar quem alega a simulação ter de comprovar que o pagamento não foi realizado, ou seja, fazer a prova negativa da inexistência de liquidação do preço. Logo, a prova a ser feita é a de um fato positivo, revertida a demonstração do pagamento para as mãos de quem afirma ter realmente comprado, e, mesmo que o preço tenha sido transferido, não significa reconhecer que a venda não seja simulada, diante do pequeno valor da venda, ou quando os valores demonstrados como correlacionados com o negócio de compra e venda não correspondem quantitativa nem temporalmente, tampouco pela procedência.

Há situações contratuais dissimuladas que beiram o deboche, cujo somatório dos indícios é tão flagrante que facilita sua nulidade judicial com a dispensa de meios adicionais de prova, quando, por exemplo, um imóvel é comprado por preço extremamente baixo e quem compra são parentes do vendedor, os quais adquirem somente a nua propriedade, mantendo o bem em usufruto vitalício dos vendedores, os quais, sendo relativamente jovens, seria de presumir que ainda viveriam muitos anos, ou tantos anos quanto viveriam os próprios compradores, e, se tudo isto ainda não bastasse, não sequer existe a comprovação da transferência do pagamento realizado.

O preço ostensivamente baixo ou um número excessivo de prestações, com parcelamento durante anos, com nenhuma entrada do preço contratado, ou com um adiantamento inexpressivo e sem que o vendedor tenha entregue a posse do bem supostamente alienado, são algumas das circunstâncias que evidenciam a simulação e permitem declarar a nulidade da compra e venda. Não deve ser descartado o caminho inverso, quando quem compra paga um preço muito alto e absurdo para a negociação de um bem que nem de longe vale o que foi pago, apenas para que, em conluio fraudatório com o vendedor, ambos logrem esvaziar os recursos existentes em nome do comprador, ou seja, a liquidez do dinheiro e o maior volume dos recursos financeiros são substituídos por um imóvel comprado por muito mais do que valia, tratando o comprador de trocar essa garantia maior, com total liquidez por uma garantia menor e de liquidação mais difícil, menor valor de face.

O direito tributário qualifica o preço vil como um *abuso de forma*, um dos vícios no plano da validade dos negócios jurídicos, e afirma que se abusa da forma quando, por exemplo, se faz a compra e venda de um bem por preço vil, justamente quando o preço é um elemento essencial do negócio jurídico, o qual é desnaturado de seu elemento essencial. Aduz Martha Toribio Leão que, nessa situação, o contribuinte não inventa uma realidade inexistente, nem modifica uma realidade existente; em vez disso, ele viola uma formalidade legal essencial ao negócio jurídico.[517]

2.2.39.4 A necessidade da venda e da entrega do bem

É muito difícil a prova direta da fraude pela via da simulação, pois, como refere Fábio Piovesan Bozza, "os elementos estruturais externos do negócio simulado são aparentemente idênticos aos correspondentes do negócio não simulado ou realmente querido pelas partes".[518] E é justamente essa a característica que faz o negócio simulado aparentar, perante terceiros, que se trata de um negócio verdadeiro, de modo que a tarefa hercúlea na prova da simulação está em descortinar a cooperação idealizada entre os simuladores e em desvendar esse acerto fraudatório mediante o confronto de indícios que, por se tratar de prova indireta, devem ser: (i) *precisos*, ou seja, os fatos controvertidos devem ter ligação direta com o fato conhecido, podendo deles extrair consequências claras e efetivamente factíveis, a ponto de rechaçar outras possíveis soluções; (ii) *graves*, resultantes de uma forte probabilidade e capacidade de induzir à persuasão; e (iii) *harmônicos*, existindo indícios concordantes entre si e não contraditórios, os quais convergem para a mesma solução, de modo a aumentar o grau de confirmação lógica sobre uma dada ilação.[519]

O autor Fábio Piovesan Bozza descreve uma série de indícios capazes de revelar a *causa simulandi*, por exemplo: 1) o interesse do devedor em subtrair o seu patrimônio da execução iminente dos credores; 2) o interesse em ocultar a verdadeira pessoa que contrata para fugir a uma incapacidade; 3) a devolução às escondidas do preço feito pelo comprador em favor do vendedor; 4) o baixo preço do bem alienado, possibilitando a aquisição do bem com escassos recursos financeiros; 5) a falta de necessidade de realização do negócio; 6) as relações de dependência, parentesco ou de amizade entre os simuladores, com complacências sobre questões contratuais importantes; 7) os antecedentes de condutas e de personalidade ou caráter do simulador; 8) a interposição de pessoa; 9) a falta de capacidade financeira do adquirente; 10) a falta de pagamento do preço ou o seu diferimento a longo prazo, fora dos parâmetros de mercado; 11) o destino do numerário recebido; 12) a continuação do alienante na posse da

---

[517] LEÃO, Martha Toribio. *O direito fundamental de economizar tributos*. São Paulo: Malheiros, 2018. p. 233.

[518] BOZZA, Fábio Piovesan. *Planejamento tributário e autonomia privada*. São Paulo: Quartier Latin, 2015. p. 191.

[519] BOZZA, Fábio Piovesan. *Planejamento tributário e autonomia privada*. São Paulo: Quartier Latin, 2015. p. 193.

coisa alienada; 13) o estado patrimonial do alienante; 14) a ocultação do negócio, em vez da sua publicidade; e 15) a pressa na realização do negócio.[520]

Merece idêntico destaque a falta de necessidade da venda do bem, que geralmente se trata daquele patrimônio de maior relevância para o vendedor e que se constitui exatamente daquele bem que gera renda, onde por vezes exerce o seu trabalho ou ofício, e de cujo ofício não se ausenta apesar da compra e venda simulada Pode suceder, por exemplo, de um empresário vender a sua participação societária para um empregado da sua inteira confiança e este empregado, que agora é sócio e titular das quotas sociais, antes pertencentes ao seu *antigo* empregador, a este contrata como seu atual funcionário, embora na prática nenhum dos dois altera suas posições de trabalho, permanecendo o atual empregado no exercício de gestão da empresa e o antigo empregado na mesma função que sempre exerceu.

2.2.39.5 A insolvência do comprador

A falta de meios econômicos de quem aparece como adquirente resulta em um dos indícios mais frequentes e de maior eloquência da simulação contratual. Como menciona Jorge Mosset Iturraspe, constitui uma séria presunção de simulação a impossibilidade econômica do adquirente para realizar o contrato e cumprir as obrigações dele decorrentes, sendo igualmente presumível que quem goza de boa fortuna não queira facilmente correr o risco de tal cumplicidade,[521] sendo mais comum e corrente que a simulação seja realizada com quem viva sem fortuna, em estado de insolvência, nada tendo a perder e por isso seus riscos são praticamente inexistentes.

Cândido Rangel Dinamarco conceitua a insolvência como a *insuficiência patrimonial*, o desequilíbrio econômico caracterizado por um patrimônio economicamente menos valioso que as dívidas do titular, e ele diz, enfático, que tanto é insolvente aquele que nada tem ou pouco tem para responder por suas obrigações como aquele que for dono de bens com valor acima dos débitos, mas que, por força de lei ou de algum ato particular, estejam subtraídos à execução forçada.[522]

Tampouco favorece à causa simulatória diferir o preço para um momento futuro, ou estabelecer um parcelamento, dado que ninguém vende a um insolvente um bem qualquer em generosas prestações a perder de vista, e também não aposta que ele possa sair da sua condição pessoal de subfortuna para, em algum dia, honrar a compra, cuja situação apenas dobraria os indícios de uma óbvia simulação. Ocorre o primeiro vestígio pela compra e venda ter sido realizada com uma pessoa insolvente, ou de parcos recursos, sem perfil qualquer para convalidar a transação, e o segundo indício surge da venda a longo prazo ou com quitação diferida no tempo, e, para afastar a presunção de fato da simulação, seria imperioso correlacionar a situação econômica do comprador com o movimento das suas contas bancárias.

Geralmente, nesses contratos de compra e venda engendrados por simulação com um comprador carente de recursos consta que o preço já teria sido pago anteriormente, encerrando

---

[520] BOZZA, Fábio Piovesan. *Planejamento tributário e autonomia privada*. São Paulo: Quartier Latin, 2015. p. 194-195.

[521] ITURRASPE, Jorge Mosset. *Contratos simulados y fraudulentos*. Buenos Aires: Rubinzal-Culzoni, 2001. t. II, p. 327.

[522] DINAMARCO, Cândido Rangel. *Instituições de direito processual civil*. 4. ed. São Paulo: Malheiros, 2019. v. IV, p. 416-417.

outro indício grave de simulação, pois os contratantes não dizem quando, nem como, nem onde, buscando evitar que sejam investigados os rastros dos movimentos bancários que deveriam ser concomitantes e que, em realidade, na grande maioria da fraude nunca existiram.

2.2.39.6 Testemunhas

Em matéria de fraude, as declarações das testemunhas, segundo Jorge Mosset Iturraspe, não podem ser consideradas suficientes, por mais numerosas e concordantes que elas sejam, mas, se a prova testemunhal for acrescida de algumas circunstâncias peculiares que lhe conferem um valor e um significado mais eloquente, o juiz pode admitir a procedência da ação. O artigo 444 do Código de Processo Civil refere ser admissível a prova testemunhal naqueles casos em que a lei exigir prova escrita da obrigação, mas somente quando houver começo de prova por escrito, emanado da parte contra a qual se pretende produzir a prova, cujo fato tornaria praticamente impossível demonstrar a fraude ou a simulação, porque bem articulados. Os simuladores se cercam justamente dos contratos com aparência de legalidade e licitude, precisamente para enganar aqueles aos quais eles querem lesar. Entrementes, o artigo 446 do Código de Processo Civil abre a exceção e menciona ser lícito à parte provar com testemunhas, nos contratos simulados, a divergência entre a vontade real e a vontade declarada ou os vícios de consentimento, porquanto a fraude e a simulação dependem das provas indiciárias, das testemunhas e de circunstanciais provas escritas, superando a prevalência da prova documental para contratos que excedam o décuplo do maior salário mínimo. O artigo 446 do CPC trata de atacar as figuras da simulação (inc. I) e da fraude (inc. II), uma vez que nas duas hipóteses contratuais o objetivo da prova testemunhal não é o de atacar a comprovação da existência do contrato, mas sim a divergência entre a vontade real e aquela declarada (simulação), ou o vício de consentimento pelo erro, dolo e coação, lesão, estado de perigo e a fraude contra credores.[523]

São as tais das circunstâncias peculiares mencionadas por Jorge Mosset Iturraspe, pois as testemunhas não vão se ater à prova da existência e validade do contrato, mas vão se reportar, sim, ao clima em que se produziu a simulação ou a fraude, colacionando indícios que, no seu somatório, assumem a hipótese especial da sua eloquência, qual seja, vão se tornando tão evidentes e gritantes os indícios de uma simulação ou de uma fraude, que o contrato usado como instrumento vai perdendo sua higidez e tonalidade, para assumir sua verdadeira identidade como meio de consecução de algum dano. É a veemência dos indícios, havidos como rastros, vestígios, pegadas ou *impressões digitais*, e em geral, todo fato conhecido e devidamente comprovado, suscetível de levar por via da inferência ao conhecimento de outro fato desconhecido, e essas circunstâncias, que isoladas não têm nenhum valor, relacionadas umas com as outras adquirem caracteres relevantes,[524] transmutando-se em verdadeiras e contundentes presunções.

2.2.39.7 Documentos

Igual aos outros meios de prova, o documento é resultado de uma atividade humana, mas é uma prova que se diferencia da prova testemunhal e da confissão, podendo se tratar de

---

[523] FERREIRA, Ivan Nunes. *Comentários ao novo Código de Processo Civil*. Coordenação Antonio do Passo Cabral e Ronaldo Cramer. Rio de Janeiro: GEN/Forense, 2015. p. 643.

[524] ITURRASPE, Jorge Mosset. *Contratos simulados y fraudulentos*. Buenos Aires: Rubinzal-Culzoni, 2001. t. II, p. 308.

documentos que contenham alguma declaração de quem os subscreveu e ser somente representativo, quando não contém nenhuma declaração, como mapas e fotografias. O documento difere do testemunho porque pode ser criado no mesmo instante do acontecimento que representa e o outro é sempre posterior, ao passo que o documento configura uma representação permanente do fato, em que a testemunha é uma prova passageira. Nesse aspecto, mostra-se em desvantagem em relação ao documento, além de que o documento está imune às contingências que o transcurso do tempo provoca na memória humana e às más influências ou à própria corrupção, que podem ser suscitadas diante dos conflitos em jogo.[525]

O grande fluxo de pessoas, o distanciamento e o desconhecimento que existe entre elas diluem a confiança e impõem cautelas especiais na realização dos negócios, e para muitos deles a própria lei exige a forma escrita para a sua celebração e afasta em princípio sua comprovação por outros meios de prova, como perícias, testemunhas e depoimentos pessoais, e até mesmo os negócios jurídicos não solenes reclamam a sua celebração por escrito para evitar dificuldades de comprovação.[526]

O documento é todo objeto produto de um ato humano, enquanto o instrumento se constitui uma das várias espécies de documentos, como os escritos e os não escritos, os públicos e os particulares, os físicos e os eletrônicos, tendo maior força probante os documentos realizados por instrumentos públicos e que têm fé pública não só entre as partes, como também com relação a terceiros, até que se produza prova em contrário.

Não existe valoração distinta entre as provas, pois o juiz vai apreciar a prova constante dos autos, independentemente do sujeito que a tiver promovido, e indicará na decisão as razões de formação de seu convencimento (CPC, art. 371). É incontroverso que a prova documental já teve grande importância para perpetuar a história dos fatos e se sobrepõe em regra à prova testemunhal por sua própria estabilidade, se comparada com a curta duração da vida humana. Contudo, a evolução da sociedade e das tecnologias, como o telefone e a informática, vem criando novos meios de interação social e novos espaços para as relações jurídicas, travadas entre as pessoas a distância e afastando muito a prova documental tradicional, inclusive o armazenamento da informação tem saído do seu registro no papel e dado lugar à documentação eletrônica.[527]

Os documentos podem ser públicos ou privados, constituídos pelo próprio autor ou agente do fato objeto de representação ou elaborados por quem não participou do fato documentado. Quanto ao meio, podem ser diretos ou indiretos, escritos ou gráficos, dividindo-se ainda entre narrativos, porque contêm declarações de ciência dos fatos, e dispositivos, que reproduzem declarações de sua constituição, modificação ou extinção das relações jurídicas. Quanto à finalidade, podem ser pré-constituídos, como o contrato de compra e venda, ou casuais, como cartas e bilhetes; também se dividem entre solenes, como a escritura pública, e não solenes, como as cartas.[528]

Entrementes, é difícil a prova documentada da fraude pela via da simulação, não sendo por outra razão que o Código de Processo Civil dispõe no artigo 446, I, ser lícito à parte provar com testemunhas, nos contratos simulados, a divergência entre a vontade real e a vontade declarada. Explicam Luiz Guilherme Marinoni e Sérgio Cruz Arenhart somente

---

[525] VARELA, Casimiro A. *Valoración de la prueba*. Buenos Aires: Astrea, 1990. p. 125.

[526] LOPES, João Batista. *A prova no direito processual civil*. 3. ed. São Paulo: RT, 2007. p. 111.

[527] MARINONI, Luiz Guilherme; ARENHART, Sérgio Cruz. *Prova e convicção*. 3. ed. São Paulo: RT, 2015. p. 605-606.

[528] LOPES, João Batista. *A prova no direito processual civil*. 3. ed. São Paulo: RT, 2007. p. 113.

ser possível, em regra, demonstrar que alguém desejou algo e declarou coisa diversa por meio da prova dos fatos que circundam a alegação da simulação, pela prova indiciária, encaminhando o juiz seu raciocínio a partir da eloquência dos indícios para a presunção, tanto que o artigo 167, § 1.º, I, do Código Civil se refere a negócios jurídicos que "*aparentarem* conferir ou transmitir direitos a pessoas diversas daquelas às quais realmente se conferem, ou transmitem".[529] Não pode prevalecer nessa hipótese a exigência de uma prova documental, dado que os fraudadores raramente registram em documento a ocorrência da sua fraude, que precisa ser desvendada a partir dos indícios, do bom senso e das regras de experiência do julgador, que, para tanto, precisa também abrir mão das naturais restrições ou dos compreensíveis temores que o levam usualmente a negar a quebra de sigilos que diz estarem protegidos como direito fundamental da intimidade da pessoa humana e sob cujo abrigo se esconde o fraudador.

2.2.39.8 Ata notarial

Prescreve o artigo 384 do Código de Processo Civil que a existência e o modo de existir de algum fato podem ser atestados ou documentados, a requerimento do interessado, mediante ata lavrada pelo tabelião, e, conforme o parágrafo único do mesmo texto de lei, dados representados por imagem ou som gravados em arquivos eletrônicos poderão constar da ata notarial, regulamentada pela Lei 8.935/1994.

É de enorme valia a função notarial para a segurança jurídica preventiva ou cautelar em sede de proteção, tutela e autenticação das relações de direito privado, por meio da fé pública que atribui aos atos e negócios jurídicos submetidos ao seu amparo e os dotando de uma eficácia especial. O serviço notarial se caracteriza, nos países de tradição latino-germânica, por uma delegação parcial da soberania do Estado, por seu objetivo de garantir o serviço público da legalização de acordos e de provas, buscando eliminar e reduzir os litígios. Ademais, a dação da sua fé pública sobre a existência de certos fatos ou circunstâncias poderá ter lugar sempre que o tabelião seja convocado para documentar determinado momento ou lugar, uma situação material, fato ou circunstância concreta que o requerente considere de interesse refletir em ata.[530]

O Código de Enjuiciamiento Civil espanhol atribui efeito de prova aos documentos públicos, entre os quais identifica os formulados por um notário, que no caso da ata notarial têm natureza instrumental, auxiliar e complementar de outros possíveis elementos de prova, sem prejudicar a concorrência das demais provas passíveis de vir aos autos, competindo ao julgador a sua apreciação. Explica Josep Estivill que as atas notariais têm como conteúdo a constatação de fatos ou a percepção que dos mesmos fatos ele extraia, assim como seus juízos ou qualificações, podendo ser de diversas classes: de *presença*, que se referem ao que o notário vê, ouve ou percebe por seus sentidos, com suas variedades de exibição de coisas e documentos; de *requerimentos e notificações* e de mera *protocolização* (esta desprovida de aplicação e

---

[529] MARINONI, Luiz Guilherme; ARENHART, Sérgio Cruz. *Prova e convicção*. 3. ed. São Paulo: RT, 2015. p. 262-263.

[530] ESTIVILL, Josep Maria Fugardo. La seguridad jurídica y el valor de la forma notarial. *In*: MELERO, Martín Garrido; ESTIVILL, Josep Maria Fugardo (coord.). *Conflictos en torno a los patrimónios personales y empresariales*. Barcelona: Bosch, 2010. t. II, p. 1623.

de previsão legal no Brasil);[531] atas de *referência*, que concernem ao que o notário vê, como evidência direta; de *notoriedade*, pelo que consta e constata o notário; e de *depósito*.[532]

Paulo Roberto Gaiger Ferreira e Felipe Leonardo Rodrigues definem a ata notarial como sendo *o instrumento público pelo qual o tabelião, ou preposto autorizado, a pedido de pessoa interessada, constata fielmente os fatos, as coisas, pessoas, ou situações para comprovar a sua existência ou o seu estado*.[533]

Segundo Vitor Frederico Kümpel e Carla Modina Ferrari, na ata notarial o tabelião relata tudo aquilo que vê, ouve, verifica e conclui, com seus próprios sentidos, tendo por objetivo principal servir como prova em processos judiciais, como pode ser usada em processos administrativos, em assembleias sociais e um número ilimitado de utilizações adicionais.[534]

Difere da escritura pública, pois, nesta, o tabelião recebe a vontade das partes e com liberdade de forma, e, nesse documento igualmente dotado de fé-pública, ele faz prova plena (CC, art. 215), contendo na escritura a data e o local de sua realização (inc. I), reconhecimento da identidade e capacidade das partes e de quantos compareceram ao ato, por si, como representantes, intervenientes ou testemunhas (inc. II); suas qualificações, com declaração de domicílio, e, quando necessário, o regime de bens, nome do outro cônjuge e dos filhos (inc. III); manifestação clara de vontade das partes e dos intervenientes (inc. IV); referência ao cumprimento das exigências legais e fiscais inerentes à legitimidade do ato (inc. V); declaração de ter sido lida na presença das partes e demais comparecentes, ou de que todos a leram (inc. VI); assinatura das partes e dos demais comparecentes, bem como a do tabelião ou de seu substituto legal, encerrando o ato (inc. VII).

Portanto, enquanto na escritura pública o tabelião recebe a manifestação das partes e redige com poder discricionário um instrumento de natureza jurídica constitutiva obrigacional, na ata notarial o tabelião escreve a narrativa dos fatos ou materializa em forma de narração tudo o que presencia, vendo e ouvindo com seus próprios sentidos e, a partir disso, lavra um instrumento qualificado com fé pública legal e com a mesma força probante da escritura pública, com natureza jurídica autenticatória.[535]

As atas notariais são muito utilizadas nos processos para constatação de fatos em meios eletrônicos, em decorrência da necessidade que as pessoas têm de fazer prova de situações ocorridas por meio de ligações telefônicas, da remessa de mensagens eletrônicas (*e-mails*) ou de conteúdo da internet ou qualquer outra mídia de dados digitais.[536] Faz uso massivo da

---

[531] Nessa ata de protocolização "o notário examina o documento protocolizado e, em seguida, faz sua descrição, narrando seu conteúdo em instrumento público, e consignando que o documento ficará a partir de então unido à ata e, simultaneamente, incorporado ao protocolo" (KÜMPEL, Vitor Frederico; FERRARI, Carla Modina. *Tratado notarial e registral*. São Paulo: YK, 2017. v. 3, p. 579).

[532] ESTIVILL, Josep Maria Fugardo. La seguridad jurídica y el valor de la forma notarial. *In*: MELERO, Martín Garrido; ESTIVILL, Josep Maria Fugardo (coord.). *Conflictos en torno a los patrimónios personales y empresariales*. Barcelona: Bosch, 2010. t. II, p. 1624.

[533] FERREIRA, Paulo Roberto Gaiger; RODRIGUES, Felipe Leonardo. *Ata notarial*. Doutrina, prática e meio de prova. São Paulo: Quartier Latin, 2010. p. 112.

[534] KÜMPEL, Vitor Frederico; FERRARI, Carla Modina. *Tratado notarial e registral*. São Paulo: YK, 2017. v. 3, p. 550-551.

[535] FERREIRA, Paulo Roberto Gaiger; RODRIGUES, Felipe Leonardo. *Ata notarial*. Doutrina, prática e meio de prova. São Paulo: Quartier Latin, 2010. p. 112-113.

[536] FERREIRA, Paulo Roberto Gaiger; RODRIGUES, Felipe Leonardo. *Ata notarial*. Doutrina, prática e meio de prova. São Paulo: Quartier Latin, 2010. p. 161.

chamada prova eletrônica a que o Código Civil faz referência no artigo 225 e o Código de Processo Civil regulamenta nos artigos 439 a 441, ao aludir que a utilização de documentos eletrônicos no processo convencional dependerá de sua conversão à forma impressa e da verificação de sua autenticidade, que é alcançada pela ata notarial. O efeito jurídico da ata notarial é provar, tratando-se em realidade de uma prova documental, com a narrativa efetuada pelo notário e que se impõe a todos, para somente ceder diante da prova de sua falsidade, ordenando o artigo 319 da Ley de Enjuiciamiento Civil espanhola que os documentos públicos indicados no artigo 317 do mesmo diploma processual civil farão prova plena de fato, ato ou estado de coisas que documentem, da data em que se produza essa documentação e da identidade dos notários e demais pessoas que intervenham no documento.

Para o direito brasileiro, trata-se de documento público, de autoria de um notário, cujo valor probatório é estipulado pelo artigo 405 do CPC, fazendo prova não só da existência, mas também dos fatos que o tabelião atestar, que ocorreram em sua presença ou que foram por ele verificados,[537] criando esse documento público, diante das provas constatadas e atestadas pelo notário, um importante meio de prova, textualmente reconhecido pelo artigo 384 do CPC e largamente usado nos processos de família em especial, buscando comprovar trocas de *e-mails* entre casais desavindos, riquezas exteriorizadas em redes sociais como *Facebook*,[538] *Instagram*, mensagens transmitidas por telefone celular,[539] ou pelo *WhatsApp*,

---

[537] MARINONI, Luiz Guilherme; ARENHART, Sérgio Cruz. *Prova e convicção*. 3. ed. São Paulo: RT, 2015. p. 430.

[538] "Agravo de instrumento. Dissolução de união estável. Alimentos provisórios em favor de duas filhas menores dos litigantes. Na linha da conclusão n.º 37 do Centro de Estudos deste Tribunal, é do alimentante o ônus da prova de sua impossibilidade de pagamento do valor estipulado. No caso, o alimentante não se desincumbiu da prova de que sua capacidade financeira diminuiu desde que foram fixados os alimentos provisórios em favor das filhas menores, em três salários mínimos. Isto porque não é crível que o alimentante, que antes era titular de uma empresa de refrigeração, passe a trabalhar como empregado na empresa do irmão, o qual era anteriormente seu sócio. Ademais, fotografia recentemente postada pelo alimentante em rede social o mostra em viagem de caminhão aos Estados de São Paulo e Rio de Janeiro, o que empresta verossimilhança à alegação de que ele trabalha no ramo de fretes. Deram provimento ao Agravo de Instrumento n.º 70079040002 e negaram provimento ao Agravo de Instrumento n.º 70078235959. Unânime" (TJRS, 8.ª Câmara Cível, Agravo de Instrumento 70079040002, Rel. Luiz Felipe Brasil Santos, j. 04.04.2019).

[539] "Apelação cível. Partilha de bens. Pacto de convivência por instrumento particular. Regime da separação de bens. Validade. Alimentos. Dano moral. 1) Pacto de convivência e regime de bens: (a) É válido o pacto de convivência no qual os companheiros estabelecem o regime de bens que vigorará durante a união estável. Desnecessário o uso de escritura pública para a validade do ato, limitando-se o art. 1.725 do Código Civil a exigir a forma escrita, além dos demais requisitos gerais de validade do art. 104 do Código Civil (precedentes). (b) Logo, é válido o pacto de convivência realizado por instrumento particular, por meio do qual os companheiros escolheram o regime da separação de bens. (c) A companheira firmou o pacto de convivência juntamente com seus pais, testemunhas instrumentais, quase nove anos antes do término da união estável. E não há prova segura de que ela tenha sido coagida a assinar tal documento, como alega, muito menos de que essa coação tenha persistido ao longo de tanto tempo. Logo, não há falar em invalidade do pacto de convivência por vício de consentimento. 2) Partilha de bens: todos os bens arrolados pela ex-companheira como sendo partilháveis foram adquiridos pelo ex-companheiro antes do início da união estável ou após a adoção do regime da separação de bens. Logo, não há bens a partilhar. 3) Alimentos: Apesar da alegada impossibilidade financeira do alimentante, a instrução processual demonstrou que ele tem renda superior a por ele declarada. Além disso, o patrimônio que o alimentante possui não condiz com a renda por ele alegado. Nesse contexto, e dadas as evidentes e presumíveis necessidades da filha alimentada em função da menoridade, é viável a majoração dos

Telegram, apenas para citar alguns dos infinitos recursos virtuais de comunicação massiva e individual.

Com o avanço da tecnologia eletrônica, quando os próprios processos judiciais tramitam virtualmente, não há como ignorar a utilização dos recursos da informática como meio cada vez mais crescente de prova judicial, seja ela extraída de troca ou acesso a *e-mails*, *sites* de relacionamentos como *Facebook* ou *Instagram* e *Telegram*, enfim, toda sorte de contatos e comunicações telemáticas, compartilhamento de fotos, mensagens em comunidades dos mais diversos interesses e que transitam pelo mundo virtual. Constituem-se as redes sociais em importantes meios de prova, não raras vezes desmentindo fatos que transitam na *internet*,[540] mas que são dissimulados nas provas documentais e testemunhais no processo.

2.2.39.9 A importância da quebra do sigilo

O inciso X do artigo 5.º da Constituição Federal descreve a inviolabilidade da intimidade e da vida privada das pessoas como um direito à vida privada que emana da proteção conferida à dignidade da pessoa humana, um valor supremo descrito no inciso III do artigo 1.º da Carta Política brasileira, como um dos objetivos fundamentais da República Federativa do Brasil; os fundamentos do sigilo financeiro encontram-se na estrutura dos valores expressos pela ordem constitucional brasileira.

Juliana Garcia Belloque menciona que o direito à intimidade não exibe natureza patrimonial, pois não encerra utilidade econômica imediata, salvo se indenizada diante de eventual violação, sendo oponível a todos, tal qual os direitos reais, sem no entanto gozar

---

alimentos. 4) Danos morais: A *ata notarial* lavrada a partir de mensagens constante do telefone celular da autora (ex-companheira) e enviadas a ela pelo réu (ex-companheiro) demonstra a ocorrência de ofensas capazes de atingir a honra da vítima. Ainda que não tornadas públicas, as expressões utilizadas pelo réu foram aptas a atingir os direitos de personalidade da autora, com quem conviveu por cerca de dez anos e com quem teve uma filha. A grosseria e falta de respeito do autor traduziu-se, portanto, em ato ilícito indenizável. Logo, é cabível e adequada a indenização fixada pelo juízo de origem. 5) Sucumbência: com o presente julgamento, ambas as partes sucumbiram em igual medida, impondo-se o redimensionamento da sucumbência. Deram parcial provimento aos apelos" (TJRS, 8.ª Câmara Cível, Apelação Cível 70073695827, Rel. Des. Rui Portanova, j. 17.08.2017).

540 "Recurso inominado. Ação indenizatória por danos morais. Comentários desabonatórios sobre o autor, postados em rede social (*Facebook*). Fatos comprovados mediante prova documental e testemunhal. Danos morais configurados. Indenização devida. Trata-se de ação de reparação por danos morais na qual narra o autor ter sido alvo de comentários ofensivos postados pelo réu no 'Facebook', rede social amplamente acessada, na qual acusado da prática de roubo em sindicato. Os fatos narrados pelo autor na inicial restaram devidamente comprovados pelos documentos juntados aos autos e, aliados à prova testemunhal colhida, legitimam a pretensão indenizatória por abalo à honra. A pré-constituição de prova por ata notarial é uma faculdade da parte com interesse legítimo em documentar a existência e o modo de existir de algum fato (art. 384 do CPC). O registro da tela de dispositivo eletrônico (fls. 22-24), ainda que desacompanhado de chancela do notário, é meio de prova legal, moralmente legítimo (art. 369 do CPC) e adequado a comprovar os dizeres ofensivos lançados contra o autor na rede social, contra o que, aliás, o réu não produziu prova alguma. *Quantum* indenizatório fixado em R$ 2.000,00 que não comporta modificação porque condizente com as circunstâncias do caso concreto. Pedido contraposto desacolhido porque não demonstrada qualquer ofensa aos direitos da personalidade do demandado, não tendo sido caracterizada litigância de má-fé da parte adversa. Sentença mantida por seus próprios fundamentos. Recurso desprovido" (TJRS, 2.ª Turma Turmas Recursais, Recursal Cível, Recurso Cível 71006969323, Rel. Roberto Behrensdorf Gomes da Silva, j. 02.08.2017).

de transmissibilidade por sua inerência à pessoa, cujos atributos são indissociáveis de cada indivíduo, sem que possa ser extinto e renunciado; tampouco é prescritível porque a intimidade é direito exercido diuturnamente, mesmo sem ações positivas do sujeito,[541] tratando o artigo 11 do Código Civil de expressar que os direitos da personalidade são intransmissíveis e irrenunciáveis, não podendo o seu exercício sofrer limitação voluntária. Na ciência jurídica, o direito ao segredo apresenta-se como particular, integrante do direito à intimidade, abrangente de um círculo mais restrito de informações, caracterizadas por sua inacessabilidade absoluta a terceiros e que cede apenas por meio da vontade de seu titular.[542]

A Lei Complementar 105/2001 dispõe no direito brasileiro sobre o sigilo das operações de instituições financeiras, como bancos, distribuidoras de valores mobiliários, corretoras de câmbio e de valores mobiliários, sociedades de crédito, financiamento e investimentos, sociedades de crédito imobiliário, administradoras de cartões de crédito, sociedades de arrendamento mercantil, administradoras de mercado balcão organizado, cooperativas de crédito, associações de poupança e empréstimos, bolsas de valores e de mercadorias e futuros, entidades de liquidação e compensação e outras sociedades que, em razão da natureza de suas operações, assim venham a ser consideradas pelo Conselho Monetário Nacional (LC 105/2001, art. 1.º). A eventual quebra do sigilo bancário só pode ocorrer mediante autorização judicial, nos casos em que houver suspeita de movimentação ilegal dos recursos, ao passo que o sigilo fiscal é endereçado aos funcionários da Fazenda Pública, que têm o dever de não divulgar informações obtidas em razão do ofício sobre a situação econômica ou financeira dos contribuintes ou de terceiros, enquanto o artigo 5.º, XII, da Carta Federal declara inviolável o sigilo da correspondência e das comunicações telegráficas, de dados e das comunicações telefônicas, salvo, no último caso, por ordem judicial, nas hipóteses e na forma que a lei estabelecer para fins de investigação criminal ou de instrução processual penal.

Em sua dimensão negativa, o direito à vida privada se apresenta como uma limitação para o Estado e terceiros no sentido de impedir a invasão na esfera privada do cidadão, preservando do conhecimento alheio os aspectos e informes da vida pessoal de cada cidadão, evidentemente sem se afastar do *princípio da proporcionalidade*, que permite que a ordem jurídica não se distancie da conformação dos fatos à legalidade e os objetivos determinados pela Constituição Federal e desejados pela sociedade, limitando, portanto, o direito fundamental somente quando atenta contra a ordem jurídica.[543]

A quebra do sigilo bancário ou financeiro sempre foi aceita quando ordenada pelo Poder Judiciário[544] e não fere a garantia constitucional do direito à intimidade, que não é

---

[541] BELLOQUE, Juliana Garcia. *Sigilo bancário*. Análise crítica da LC 105/2001. São Paulo: RT, 2003. p. 32.

[542] BELLOQUE, Juliana Garcia. *Sigilo bancário*. Análise crítica da LC 105/2001. São Paulo: RT, 2003. p. 57.

[543] BALTAZAR JUNIOR, José Paulo. *Sigilo bancário e privacidade*. Porto Alegre: Livraria do Advogado, 2005. p. 42-47.

[544] "Civil. Processual civil. Recurso especial. Casamento em regime de comunhão universal de bens. Pedido de quebra de sigilo bancário de sociedade empresarial da qual o ex-cônjuge é sócio. Possibilidade. I. Diploma legal incidente: Código Civil de 2002. II. Controvérsia: Possibilidade de quebra de sigilo bancário de pessoa jurídica, formulado por ex-cônjuge, não sócia, cujo o cônjuge é sócio da sociedade empresarial, para fins de compensações na partilha, ou mera fiscalização do patrimônio, ainda comum ao ex-casal, representado pelas cotas sociais. III. A participação em sociedade limitada não constitui um patrimônio partilhável, automaticamente, no rompimento de uma relação conjugal, detendo o ex-cônjuge sócio da sociedade empresarial, a singular administração da integralidade das cotas do ex-casal. IV. Essa circunstância, que deprime, em nome da preservação da sociedade empresarial, o pleno direito de propriedade do ex-cônjuge, não sócio, pode dar ensejo a manipulações que afetem, ainda mais

absoluto e inatingível, pois, como menciona Marco Antonio de Barros, não se pode cogitar que a intimidade represente um óbice intransponível capaz de impedir o juiz criminal. O mesmo pode ser dito para um juiz de família, sucessório ou societário, conquanto escorado em elementos que o convençam da ocorrência de operações financeiras ou transações comerciais com caracteres indicativos de crime. Como idêntica versão, pode ser vertida para as demandas que pesquisam desvios de bens, sonegação e fuga de obrigação alimentar, dado que entre extremos há de prevalecer um ponto de equilíbrio que abrande a garantia constitucional de proteção da intimidade[545] e com ele reduza o rigor do sigilo bancário, fiscal, profissional, administrativo, judicial, contábil, haja vista que qualquer dessas prerrogativas pode pisotear direitos pelo menos igualmente fundamentais, quando não forem mais relevantes, como sucede com o direito à vida daquele que depende do seu sagrado direito aos alimentos como fonte de subsistência.

A sociedade precisa encontrar seu equilíbrio entre os direitos individuais e as responsabilidades sociais, entre os direitos individuais e o bem comum, pois não pode inclinar desnecessariamente a balança para a privacidade pessoal, encolhendo o direito individual, não fazendo sentido preservar a privacidade quando direitos mais importantes são violados e a magnitude do possível prejuízo é bastante elevada. Seria efetivamente caótico se a privacidade das pessoas pudesse ser vulnerada e o governo pudesse escutar arbitrariamente as conversas telefônicas e registrar documentos, abrir correspondências físicas e virtuais das pessoas, colocar microfones, quebrar toda sorte de sigilos, tanto telemático, bancário, fiscal, administrativo, eletrônico e toda forma de intromissão da privacidade em escala inconstitucional e antidemocrática.[546]

Entrementes, a privacidade nunca pode ser absoluta e ela sofre o sopesamento dos prejuízos, dos valores postos em confronto entre o direito aos adequados alimentos, ou à descoberta de recursos comuns desviados ou ilicitamente protegidos sob a segurança de um sigilo bancário, pois não faz nenhum sentido preservar a privacidade de quem sonega ou de quem comete um crime, que pode ser inclusive o de abandono material, uma vez que a privacidade não pode ter maior preeminência que a preocupação por salvar vidas, evitar enfermidades e sofrimentos no tocante aos direitos e ao bem-estar das outras pessoas.

Observa Nelson Abrão deva ser evitado o abuso, uma vez que, para efeito de quebra do sigilo, é fundamental que se demonstre um mínimo de veracidade no comento da ilegalidade, conforme entendimento da jurisprudência do Supremo Tribunal Federal:

> Se é certo que o sigilo bancário, que é espécie de direito à privacidade, que a Constituição protege – artigo 5.º, X – não é um direito absoluto, que deve ceder diante do interesse público, do interesse social e do interesse da Justiça, certo é, também, que ele há de ceder na

---

o já vulnerado direito à propriedade. V. Nessa linha, forjou-se, para as hipóteses de abuso na gestão empresarial em detrimento de ex-cônjuge não sócio, ou ainda, de indevida transferência patrimonial do ex-cônjuge, sócio para a sociedade, a teoria da desconsideração inversa da personalidade jurídica. VI. Diante das sérias consequências da aplicação dessa teoria, o pedido de quebra de sigilo bancário da pessoa jurídica, para que a ex-cônjuge consiga um mínimo de conhecimento sobre o patrimônio imobilizado em cotas, constitui um *minus* que deve ser deferido, mormente quando se verifica a ocorrência de vultosa quantia do ex-cônjuge sócio para a pessoa jurídica. VII. Recurso conhecido e provido" (STJ, 3.ª Turma, REsp 1.626.493/SC, Rel. Min. Nancy Andrighi, j. 22.09.2016).

[545] BARROS, Marco Antonio de. *Lavagem de capitais e obrigações civis correlatas*. 3. ed. São Paulo: RT, 2012. p. 316.

[546] ETZIONI, Amitai. *Los límites de la privacidad*. Buenos Aires: Edisofer, 2012. p. 7-9.

forma e com observância de procedimento estabelecido em lei e com respeito ao princípio da razoabilidade (RE 2/9.780-5/PE, 2.ª Turma, Rel. Min. Carlos Velloso, j. 13.04.1999).[547]

Como referido por Bruno Miragem, deve haver restrição à quebra de sigilo bancário para que não resulte de ato arbitrário, visando promover devassa na vida do titular das informações obtidas, e desviando-se da finalidade objetiva da investigação,[548] como também o abuso pode vir do correntista que se protege por detrás do sigilo bancário para esconder os desvios dos recursos que deveriam atender pleitos de subsistência de dependentes de alimentos e de divisão igualitária de bens.

Amitai Etzioni traça uma interessante analogia, se bem que com uma atividade criminosa, dizendo que o sistema judiciário em geral assume que existem três classes de pessoas: 1) a maioria dos cidadãos, cujos direitos são totalmente intactos; 2) os criminosos, que têm muitos de seus direitos suspensos; e 3) aqueles suspeitos de delitos, dos quais alguns direitos são suspensos, e estes ficam em um meio-termo, com alguns de seus direitos suspensos, mas não como o cidadão ordinário, que mantém seus direitos intactos, nem como o criminoso convicto, que tem quase todos os seus direitos suspensos.[549]

Portanto, quando a autoridade judiciária tem alguma prova ou indício específico e crível de que uma pessoa cometeu um crime, ou, transportando para o direito de família e das sucessões, de que um cônjuge ou devedor de alimentos tem desviado ou camuflado recursos,[550] sonegado bens e aplicações financeiras, ou que se vale de interpostas pessoas físicas e jurídicas, vulnerando direitos de extrema importância, como alimentos de um menor vulnerável, de um maior capaz ou incapaz, ou de um idoso, o seu ato tipifica ou ao menos beira a margem do crime do abandono e da censurável sonegação, e, de posse desse cenário, o julgador não pode dar ênfase ao fundamento do sigilo à privacidade em detrimento da vida e da dignidade.[551] Assim arremata Amitai Etzioni:

---

[547] ABRÃO, Nelson. *Direito bancário*. 17. ed. São Paulo: Saraiva, 2018. p. 118.

[548] MIRAGEM, Bruno. *Direito bancário*. 3. ed. São Paulo: Thomson Reuters/RT, 2019. p. 279.

[549] MIRAGEM, Bruno. *Direito bancário*. 3. ed. São Paulo: Thomson Reuters/RT, 2019. p. 145.

[550] "Apelação. Ação revisional de alimentos. Improcedência. Ausência de demonstração de alteração das condições previstas no art. 1.699 do Código Civil. Presunção de necessidade do alimentando que justifica fixação da pensão, mas não autoriza sua majoração sem demonstração do aumento da necessidade e da possibilidade do alimentante. Inadmissibilidade de ampla e ilimitada quebra de sigilo bancário e fiscal sem apresentação de indícios que justifiquem a medida, que tem caráter excepcional. Ainda que cabível em tese medida desta natureza em ações de alimentos, por força dos preceitos de proteção aos direitos de personalidade, a quebra de sigilo bancário e fiscal exige apresentação de indícios a justificá-la, não se admitindo o que na *common law* se costuma chamar de *fishing expedition*, caracterizada por massiva, vaga, altamente invasiva e sem rumo busca por informações na esfera jurídica alheia. Recurso improvido" (TJSP, 1.ª Câmara de Direito Privado, AC 10008138320178260270/SP 1000813-83.2017.8.26.0270, Rel. Enéas Costa Garcia, j. 02.03.2020, Data de Publicação 02.03.2020).

[551] "Agravo de instrumento. Alimentos. Decisão que determinou a quebra de sigilo bancário. Admissibilidade. Insurgência do réu. Medida excepcional admitida como forma de obter informações em ação de alimentos, especialmente quando há dúvida a respeito das reais possibilidades do alimentante. Negaram provimento ao recurso" (TJSP, 8.ª Câmara de Direito Privado, AI 22843573120198260000/SP 2284357-31.2019.8.26.0000, Rel. Alexandre Coelho, j. 03.04.2020, Data de Publicação 03.04.2020).
"Agravo de instrumento. Ação revisional de alimentos. Decisão defere pedido de expedição de ofícios com vistas à elucidação da melhora na situação econômico financeira do réu. Inconformismo do genitor-alimentante. Provimento parcial. Adequada a expedição de ofícios voltados ao conhecimento da situação financeira e patrimonial do agravante. O direito da criança a alimentos justos

> Se abolíssemos a categoria do suspeito, inutilizaríamos nossa capacidade de manter a segurança pública quando acabássemos tratando a todos os cidadãos como suspeitos ou todos como não suspeitos criminais como fazem os regimes totalitários. Há que assumir que existe evidência crível de que o João Ninguém pode haver cometido um crime, porém com uma evidência insuficiente para a sua condenação e prisão. As autoridades públicas só têm três opções: ignorar a evidência; atuar como se a evidência fosse suficiente ou tomar medidas adicionais para aclarar e confirmar a suspeita.[552]

Nesse sentido, a doutrina brasileira se posiciona favoravelmente à quebra do sigilo bancário, e não deve ser diferente para a quebra de outros sigilos, como o contábil, fiscal, administrativo, eletrônico e judicial, como, menciona, entre outras, a doutrina de Paulo Maximilian Wilhelm Mendlowicz Schonblum, ao ressaltar que nenhuma liberdade individual é considerada absoluta, existindo em certos casos um conflito entre dois ou mais direitos fundamentais,[553] sendo constatada amiúde uma exacerbada preocupação dos julgadores com a ordem de quebra de sigilo bancário e fiscal em razão de figurarem terceiros nas contas e investimentos, por vezes interpostas pessoas jurídicas que justamente servem de escudo ou biombo dessa trama de fácil execução em que terceiros emprestam seus nomes para tamanha dissimulação, e até mesmo meras pessoas físicas, que, se bem visto, não passam de amigos ou parentes daquele que escolhe caminhos escusos e sombrios para safar-se

---

é indisponível e deve prevalecer sobre a privacidade dos dados financeiros do requerido. Poder instrutório do juiz pode ser utilizado para equilibrar o atendimento dos interesses das partes. Todavia, quebra de sigilo bancário não pode alcançar a conta que o agravante mantém com titularidade conjunta de seu sócio advogado, para fins profissionais, haja vista a ausência de contraditório prévio. Decisão reformada. Recurso provido em parte" (TJSP, 9.ª Câmara de Direito Privado, AI 21043371120208260000/SP 2104337-11.2020.8.26.0000, Rel. Piva Rodrigues, j. 09.07.2020, Data de Publicação 09.07.2020).

"Embargos de declaração. Existência de omissão a respeito da quebra do sigilo fiscal e bancário da alimentante. Prova necessária para aferir as reais possibilidades da alimentante. Embargos de declaração acolhidos, sem modificação do julgado" (TJSP, 8.ª Câmara de Direito Privado, ED 20473242520188260000/SP 2047324-25.2018.8.26.0000, Rel. Pedro de Alcântara da Silva Leme Filho, j. 13.02.2019, Data de Publicação 20.02.2019).

"Apelação cível. Guarda c/c fixação de alimentos. Sentença de parcial procedência. Insurgência da menor alimentanda. Preliminar de nulidade por cerceamento de defesa. Acolhimento. A alimentanda requereu oportunamente a quebra do sigilo bancário e fiscal do alimentante a fim de comprovar a real condição financeira do mesmo, sob alegação de que ele ludibria o juízo ao informar rendimentos mensais de, no máximo, R$ 1.000,00, auferidos pelo exercício do cargo de administrador da empresa de propriedade dos pais dele. Prova apta para o fim proposto. A quebra do sigilo fiscal e bancário do alimentante é prova plenamente admitida por este e. Tribunal de Justiça, não só por ser prova apta a retratar a situação financeira do mesmo, mas também porque não raras vezes o devedor dos alimentos dificulta ou não contribui para a produção de prova satisfatória para demonstrar a sua realidade econômica, dificultando, assim, que a parte alimentanda se desincumba do ônus probatório que sobre ela recai. No mais, seria um contrassenso afirmar que seria inviável arbitrar os alimentos em patamar superior ao arbitrado na origem por falta de provas sobre a condição financeira do alimentante, quando a parte alimentanda requereu a produção de provas que poderiam ser úteis para este fim. Sentença anulada. Recurso provido" (TJSP, 6.ª Câmara de Direito Privado, AC 10012322420158260222/SP 1001232-24.2015.8.26.0222, Rel. Rodolfo Pellizari, j. 31.03.2020. Data de Publicação 31.03.2020).

[552] ETZIONI, Amitai. *Los límites de la privacidad*. Buenos Aires: Edisofer, 2012. p. 144-147.

[553] SCHONBLUM, Paulo Maximilian Wilhelm Mendlowicz. *O novo direito empresarial*. Contratos bancários. Rio de Janeiro: Freitas Bastos, 2009. p. 322.

das suas obrigações e enriquecer com o desvio dos bens daquele que foi seu par conjugal ou convivencial.[554]

O sigilo fiscal está amparado no artigo 198 do Código Tributário Nacional (Lei 5.172/1966), que prescreve incumbir à Fazenda Pública e a seus funcionários o dever de manutenção de sigilo acerca das informações referentes à situação econômica ou financeira dos sujeitos passivos das obrigações tributárias, ou de terceiros, bem como a natureza e o estado de seus negócios e atividades, excetuado esse dever de sigilo fiscal em face da regular requisição da autoridade judiciária, no interesse da justiça, e às solicitações das autoridades administrativas, desde que comprovada a pendência de processo administrativo contra o titular das informações sigilosas (CTN, art. 198, § 1.º, com redação da Lei Complementar 104/2001). É comum a quebra do sigilo fiscal nos processos de família e de sucessões como única forma de vencer o insuperável obstáculo imposto ao sucesso da instrução de uma ação de fraude de partilha conjugal ou sucessória, ou para a real fixação e execução de alimentos. A quebra dos demais sigilos precisa atender cada vez mais a busca da verdade que costuma se esconder por detrás desses adequados favores concedidos como cláusula pétrea da Constituição Federal, os quais não podem ser vistos como se fossem direitos absolutos,[555] principalmente quando o privilégio do sigilo se destina a lograr outros direitos fundamentais e inerentes à integral dignidade da pessoa, não fazendo nenhum sentido relegar direitos particulares, sim, mas tão essenciais como o direito à vida, nas demandas que discutem a quantificação real dos alimentos ou que disputam a efetividade de sua execução, mas cujo sigilo termina protegido por se tratarem de interesses privados, que, no entanto, não teriam nenhuma dificuldade conquanto tratasse de interesses públicos, restando ao credor da meação ou dos alimentos se valer das medidas coercitivas atípicas se esgotados antes, todos os meios típicos de execução no caso de cumprimento de sentença de alimentos.

---

[554] "Agravo de instrumento. Revisional de alimentos. Quebra dos sigilos bancário e fiscal da genitora do alimentando, bem como de firma individual da genitora. Inadmissibilidade. Medida excepcional e que não pode atingir quem não é parte no processo. Providência que se afigura desnecessária, já que o cerne da controvérsia na ação revisional é a mudança da capacidade econômica do alimentante e/ou das necessidades do alimentando. Precedentes. Recurso provido" (TJSP, 5.ª Câmara de Direito Privado, AI 22870118820198260000/SP 2287011-88.2019.8.26.0000, Rel. Moreira Viegas, j. 19.03.2020, Data de Publicação 19.03.2020).

[555] "Recurso especial. Agravo de instrumento. Medidas executivas atípicas. Cabimento de forma subsidiária. Suspensão de CNH e apreensão de passaporte. Possibilidade. Necessidade de observância ao contraditório e à proporcionalidade. Quebra de sigilo bancário. Finalidade de satisfação de direito patrimonial disponível. Interesse meramente privado. Descabimento. Recurso parcialmente conhecido e, nessa extensão parcialmente provido. (...) 6. Nessa perspectiva, considerando o texto constitucional acima mencionado e a LC n. 105/2001, assenta-se que o abrandamento do dever de sigilo bancário revela-se possível quando ostentar o propósito de salvaguardar interesse público, não se afigurando cabível, ao revés, para a satisfação de interesse nitidamente particular, sobretudo quando não caracterizar nenhuma medida indutiva, coercitiva, mandamental ou sub-rogatória, como estabelece o art. 139, IV do CPC/2015, como na hipótese. 7. Portanto, a quebra de sigilo bancário destinada tão somente à satisfação do crédito exequendo (visando à tutela de um direito patrimonial disponível, isto é, um interesse eminentemente privado) constitui mitigação desproporcional desse direito fundamental – que decorre dos direitos constitucionais à inviolabilidade da intimidade (art. 5°, X, da CF/1988) e do sigilo de dados (art. 5°, XII, da CF/1988) –, mostrando-se, nesses termos, descabida a sua utilização como medida executiva atípica" (STJ, REsp. 1.951.176/SP, 3ª T., Rel. Min. Marco Aurélio Bellizze, j. 19.10.2021).

Cap. 2 · PARTILHA DOS BENS CONJUGAIS | 397

Para que a fraude pelo desvio, sonegação dos recursos e bens comuns de uma entidade familiar possa ter razoável chance de recuperação e efetivo arbitramento de verba alimentar condizente com as efetivas condições financeiras do devedor, ou de um executado alimentar, juízes e tribunais precisam pender a balança da justiça para um maior e melhor equilíbrio diante das relevantes questões postas sob o crivo judicial, que se posicionam em matéria de valor e de importância em degraus muito acima da presumida agressão ao aparente direito de terceiro à privacidade, mormente quando essas interpostas pessoas físicas ou jurídicas não passam de uma mera extensão do devedor que frauda e que simula, sugerindo a doutrina e a jurisprudência uma série de caminhos que precisam ser percorridos para desnudar esse relutante devedor. Legislador e julgador devem ir adiante dos seus pruridos éticos quando se trata de pessoas que não guardam nem respeitam essas regras naturais, dando-se conta de que a mera quebra de um sigilo bancário, neste jogo de *esconde/esconde*, encobre um engodo contra legítimo direito que tem dificuldades de avançar pela blindagem ética de quem não exerce essa ética. A autoridade judiciária, quando ordena a quebra do sigilo bancário ou fiscal, e em sua maior abrangência o sigilo financeiro, age emanado em sua autoridade judiciária máxima e imbuído do dever que tem de buscar a verdade, o que faz mediante decisão adequadamente fundamentada, mas que não mais pode se fundamentar na única premissa de que são sigilos intransponíveis e acobertados pela Carta Federal. O Estado-Juiz tem de limitar direitos fundamentais que acobertam pelo sigilo o crime, a sonegação e o abuso incidentes sobre outros direitos igual ou realmente fundamentais, que devem então passar pelo critério da proporcionalidade e sobre o qual o juiz sopesa valores que precisam ser ponderados diante dos interesses postos em conflito.

Na lição de Marina Cardoso Dinamarco, esse sigilo desproporcional deve ser quebrado mediante a expedição de ofícios para a investigação do patrimônio (muitas vezes desconhecido) e que para detectar a fraude contra alimentos, meação e herança, também devem ser plenamente utilizados. Somado às diligências mais corriqueiras, como as pesquisas em instituições financeiras e na Receita Federal, mostra-se importante pedir ofícios: "a) à Bovespa – Bolsa de Valores de São Paulo, para saber da existência de ações e contas de custódia em nome das partes; b) ao COAF – Conselho de Controle de Atividades Financeiras – e ao Banco Central, para que informem as transações financeiras; c) ao SIMBA – Sistema de Investigação de Movimentação Bancária,[556] para a quebra do sigilo bancário; d) ao Cadastro de Clientes do Sistema Financeiro Nacional (CCS – Bacen), para que enviem contas de depósitos à vista, depósitos de poupança, depósitos a prazo e outros bens, direitos e valores, diretamente ou por intermédio de seus representantes legais e procuradores; e) à Superintendência de Seguros Privados – SUSEP e à Confederação Nacional das Empresas de Seguros Gerais, Previdência Privada e Vida, Saúde Complementar e Capitalização – CNSEG, para que informem a existência de quaisquer valores aplicados em VGBL e PGBL, fundos e títulos de capitalização de titularidade das partes; e) à Receita Federal do Brasil, para que remeta aos autos Declaração sobre Operações Imobiliárias – DOI em nome do cônjuge, a fim de apurar eventuais transações imobiliárias em seu nome; f) às companhias aéreas para que remetam aos autos informações sobre a existência de milhas junto às referidas companhias e suas parceiras; e g) às pessoas jurídicas das quais o consorte faz parte no contrato social, para que remetam ao

---

[556] Uma ferramenta de investigação de movimentações bancárias que detecta eventual fraude ou desvio de valores, o SIMBA foi criado por um convênio firmado entre o Tribunal Superior do Trabalho e o Conselho Superior da Justiça do Trabalho para viabilizar a utilização pela Justiça do Trabalho do Sistema de Investigação de Movimentações Bancárias, com plena aplicação pela Justiça comum.

processo os documentos contábeis";[557] depois, sobrevindo o aperfeiçoamento das ordens de bloqueio e requisições de informações pelo Poder Judiciário de extratos em conta-corrente, cópias de contratos de abertura de conta-corrente e de conta de investimentos, faturas dos cartões de crédito, contratos de câmbio, cópias de cheques, além de extratos de PIS e do FGTS, permitindo bloquear tantos valores em conta-corrente como ativos mobiliários, assim como títulos de renda fixa e ações com a transição do antigo sistema Bacenjud para o atual sistema Sistema de Busca de Ativos do Poder Judiciário (SISBAJUD).

2.2.39.10 As redes sociais

Segundo Irma Pereira Maceira, uma rede social é constituída de indivíduos conectados por laços sociais; em realidade, trata-se de grupos *on-line* de interação de usuários e de compartilhamento de informações com interesses semelhantes. Prossegue a autora dizendo que as pessoas participam dessas redes sociais porque desejam estabelecer sua identidade na rede, construindo novas relações e pertencendo a um grupo ou redes de relacionamento pessoal, sendo preciso criar um perfil particular, com o preenchimento de dados pessoais, de modo a ingressar na rede social, em que podem postar fotos, vídeos e *blogs* particulares na página do usuário.[558]

As redes sociais permitem a interação e o compartilhamento de informações ou opiniões das pessoas, eis que se trata de um meio eletrônico de comunicação em massa, todos interligados em uma rede social, como delas são exemplos os *blogs* e *microblogs (Twitter)*, e de redes sociais o *Facebook, YouTube, WhatsApp, Instagram, Linkedin, Telegram, Snapchat*, apenas para citar algumas.

Nas redes sociais, pessoas ou organizações compartilham valores e objetivos em comum, ou estabelecem relações pessoais, aumentando exponencialmente o número de pessoas que ficam conectadas nesses meios de comunicação e que transmitem os mais diversos e abrangentes conteúdos pessoais ou comerciais, sendo o principal objetivo das redes sociais conectar as pessoas. Por sua vez, na mídia digital, toda a comunicação feita por meio da internet, mas essa ferramenta que facilita a comunicação também tem sido fonte constante e eficaz de produção de prova, particularmente nos processos de família, seja para questões de partilha[559]

---

[557] DINAMARCO, Marina Cardoso. Os mecanismos existentes para o combate à fraude patrimonial, sejam no divórcio, na dissolução da união estável, como em decorrência da morte. *In:* TEIXEIRA, Daniele Chaves (coord.). *Arquitetura do planejamento sucessório*. Belo Horizonte: Fórum, 2021. t. II, p. 390.

[558] MACEIRA, Irma Pereira. *A proteção do direito à privacidade familiar na internet*. Rio de Janeiro: Lumen Juris, 2015. p. 172.

[559] "Dissolução de união estável. Partilha de bens. Casa construída sobre terreno de terceiro. Prova. Veículos. 1. Comprovada a união estável, devem ser partilhados de forma igualitária todos os bens adquiridos a título oneroso na constância da vida em comum, pouco importando qual tenha sido a colaboração prestada individualmente pelos conviventes. Inteligência do art. 1.725 do CCB. 2. Correto o reconhecimento do direito do autor à parte do valor da casa construída a partir da união estável, pois restou comprovado que o terreno e parte da edificação pertencem ao genitor da ré. 3. Não tendo o autor se desincumbido do ônus de provar que o *Jet ski* anunciado para venda em sua página do Facebook pertence a terceiro, correta a partilha determinada na sentença. 4. Se a camionete e a motocicleta foram adquiridas pelo autor durante a convivência e vendidos por ele pouco antes da separação fática, quando a relação já estava bastante conturbada, devem integrar a partilha, mormente por terem sido partilhados os veículos registrados em nome da ré. Recurso desprovido" (TJRS, 7.ª Câmara Cível, Apelação Cível 70073999575, Rel. Des. Sérgio Fernando de Vasconcellos Chaves, j. 30.08.2017).

ou, mais amiúde, para as ações de alimentos, tanto para fixação como para a sua revisão,[560] no intuito de demonstrar que o alimentando ou executado alimentar exterioriza uma riqueza que ele esconde no ventre do processo, e que ostenta e circula com bens que não estão registrados como de seu domínio pessoal, mas que, devido à exposição nas redes sociais, carregam um forte componente probatório que contrasta com os registros e com suas alegações processuais.

Conforme Irma Pereira Maceira, os julgados advindos dos tribunais brasileiros acolhem a liberdade de expressão oriunda de consumidores descontentes com as compras realizadas pela internet, operada pelo direito e dever de informação, que contribui para a formação e informação da opinião pública. Ela alerta para o excesso de entusiasmo nas postagens pessoais nas redes sociais, compartilhando a vida particular e dos filhos, que são expostos demasiadamente; Vaticina ainda que, por pura ingenuidade, o brasileiro tem o hábito de contar sua rotina na internet, seja em *blogs* ou *sites* de relacionamentos, favorecendo inclusive a prática de alguns crimes, e que essa falta de controle adequado sobre a divulgação de informações na rede é a maior ameaça à privacidade do indivíduo e, por vezes, a maior ameaça e invasão dos segredos que a pessoa, por cautela, deveria conter para não ser rotundamente desmentido nos tribunais por suas próprias postagens reais ou fictícias,[561] a depender do grau das suas mesquinhas deficiências, do seu egoísmo e das suas carências pessoais.

2.2.39.11 O processo penal como meio de prova

Segundo Luis Muñoz Sabaté, tratando-se da simulação de um fato realizado de acordo com os métodos de ocultação, demanda à parte prejudicada promover a técnica probatória das circunstâncias, proveniente da soma dos indícios que vão configurando a simulação e naturalmente levando às necessárias presunções. Tais provas, com alguma frequência, deságuam para o direito penal, ramo do direito em que a prova é mais minuciosa e aprofundada,[562] pois, por vezes, os atos ilícitos descambam para a necessidade de investigação por serem inerentes aos mais distintos tipos penais, por exemplo, o crime de apropriação indébita ou o crime de estelionato e de outras fraudes congêneres, como o da fraude financeira e o crime de lavagem de capitais. Ademais, toda uma gama adicional de delitos que passam por atos de transferência de moeda, venda fraudulenta de ações e quotas sociais, empresas de fachadas, constituição de

---

[560] "Apelação cível. Ação revisional de alimentos. Pedido de redução do *quantum* devido ao filho. Possibilidade, diante das particularidades do caso telado. Caso dos autos em que o apelante, que laborava junto à Vonpar Refrescos S.A., deixou a empresa para abrir um salão de cabelereiros, ostentando razoável padrão de vida, o que se confirma diante dos elementos obtidos junto à rede social *Facebook*, em que pese não tenha vindo aos autos qualquer confirmação acerca de seus ganhos atuais. Dispêndios com aluguel e auxílio prestado à genitora que, por si sós, não têm o condão de reduzir a verba alimentar. Obrigação alimentar fixada para suprir as necessidades presumidas do infante, as quais não desbordam a normalidade, tendo sido comprovado gasto apenas com aluguel pela genitora. Observância do binômio necessidade x possibilidade, sendo que, embora descabido o patamar de fixação pretendido pelo apelante, a obrigação alimentar se mostra em dissonância com o entendimento já sedimentado por esta Corte em casos com semelhantes condições, quais sejam, um filho sem gastos extraordinários, devendo ser reduzida para 20% dos rendimentos líquidos (valor bruto, abatidos os descontos obrigatórios) do genitor. Apelação parcialmente provida" (TJRS, 8.ª Câmara Cível, Apelação Cível 70080846926, Rel. Des. José Antônio Daltoe Cezar, j. 25.04.2019).

[561] MACEIRA, Irma Pereira. *A proteção do direito à privacidade familiar na internet*. Rio de Janeiro: Lumen Juris, 2015. p. 209.

[562] SABATÉ, Luis Muñoz. *La prueba de la simulación*. 3. ed. Colombia: Temis, 2011. p. 85.

empresas fictícias, alteração patrimonial de empregado ou de representante de pessoa jurídica, transações imobiliárias com falsa declaração, negócios escusos com joias, pedras e metais preciosos, objetos de arte e antiguidades, seguros, capitalização, previdência privada, mescla de recursos legítimos e ilícitos, empréstimos, crimes falimentares, crimes de corrupção, tanto ativa como passiva, falso testemunho, falsa perícia mediante suborno, gestões fraudulentas, falsificação de demonstrativos contábeis, desvio de bens indisponíveis, empréstimos irregulares e distribuição disfarçada de lucros, operações de câmbio com falsa identidade, operações de câmbio e evasão de divisas. Ainda que cônjuges, companheiros, ascendentes e descendentes estejam isentos da pena por uma vigente política penal, que tem em mira a preservação da sociedade e dos vínculos afetivos e familiares (CP, art. 181), sem dúvida alguma o processo penal serve como meio de informação para uma ação civil, de família ou de sucessões, diante, muitas vezes, das manifestações judiciais que declaram nos juízos cíveis que são impertinentes os despachos que ordenem quebra de sigilo ou o deferimento de outras provas que, usualmente, são pesquisadas e mais afeitas às investigações criminais.

O inusitado é que ainda existem essas dificuldades de ordem probatória nos juízos de família, motivadas por um excesso de zelo judicial, ao indeferirem os juízes a quebra de sigilo do cônjuge ou parente que, tendo praticado alguma fraude civil, se oculta por detrás do sagrado sigilo fiscal, financeiro, administrativo, bancário, judicial, não obstante também sejam sigilosos os processos de família, bem como os processos de direito penal, causando espécie e contrassenso a negativa probatória; primeiro, porque a quebra de qualquer dos usuais sigilos é fundamental para a descoberta de outras fraudes que atinjam em cheio direitos de extrema relevância, como é o direito alimentar, o direito sucessório com a preservação da legítima, ou o direito à meação. Entrementes, julgadores mais ciosos, conservadores e formais, indeferem a quebra do sigilo que simplesmente busca desvendar idênticos ilícitos praticados no âmbito familiar, mesmo que os autores estejam isentos de eventual punibilidade, mas acrescido do argumento de que os processos de família, em que o sigilo seria quebrado, são demandas que tramitam em segredo de justiça, ficando a prova neles produzida restrita ao conhecimento das partes, julgadores e promotores. Não se pode esquecer que muitas das simulações engendradas coincidem em sua arquitetura com crimes tipificados, no todo ou em parte, sobretudo com as figuras de desvio de bens, simulação de contratos, além daquelas espécies conectadas com a fraude, como a apropriação indevida, a falsidade, a malversação, a usura, ou os delitos financeiros.[563]

Por isso, em vez de muitas vezes buscar a prova emprestada no direito penal ou abrir um incidente criminal para coletar a prova indireta da existência de um ilícito de fraude ou de simulação, com expressa tipificação penal, refere Luis Muñoz Sabaté que esse caminho deveria ser trilhado no próprio processo cível, e, no tocante aos processos de família, com a busca e pesquisa da fraude e da simulação, porque:

> Devemos nos convencer de que a complexidade, a ocultação e a técnica de simulação fazem muito difícil, para não dizer impossível, que a vítima se coloque ante o tribunal civil dispondo de toda a informação e de todos os instrumentos para provar a simulação. Seu relato terá, forçosamente, muitas lacunas, a não ser que queira aventurar hipóteses, e ademais, muitas das posições que articule, das perguntas que formule, e em geral, das provas que proponha, ao dirigir-se a caminho da provocação e fixação de indícios, parecerão muitas vezes absurdas ou desligadas do problema fático, com grave risco de que o juiz, pouco afeito ao andamento do processo, da simulação e de sua linguagem e sinais as declare massivamente impertinentes.

---

[563] SABATÉ, Luis Muñoz. *La prueba de la simulación.* 3. ed. Colombia: Temis, 2011. p. 87.

No entanto, se ao fim e ao cabo a vítima não lograr êxito na ampla instrução probatória de sua demanda cível, terá por empréstimo o processo penal e do qual poderá se valer para completar suas informações, pré-constituindo provas e condicionando os meios defensivos do simulador para um posterior ou concomitante processo civil, sem que uma possível absolvição no processo penal prejudique a valoração civil dos fatos, pois, admitida a realidade de uma determinada conduta, pode muito bem ser estimada como não delitiva, mas, sem embargo, ser qualificada de simulatória na ação civil.[564]

2.2.39.12 Os indícios e a presunção

A doutrina e a jurisprudência reiteradamente distinguem a simulação absoluta, caracterizada pelo inexistente propósito de constituir um negócio, e a simulação relativa, nos casos em que o negócio aparente encobre outro real, ou dissimulado, produzindo-se a simulação contratual quando não existe a causa que nominalmente expressa o contrato, que responde a outra finalidade jurídica, contendo um vício na declaração de vontade e pelo qual ambas as partes, de comum acordo e com o propósito de obter um resultado lícito ou ilícito perante um terceiro, dão a entender uma manifestação de vontade distinta do seu efetivo querer, pouco importando que o contrato tenha sido outorgado ante um notário, a quem obviamente escapa a apreciação da simulação.

Os pleitos sobre simulação desde sempre estão representados pelo surgimento de condutas de grande revelação probatória, porquanto não existe prova direta da fraude, que vem sempre dissimulada por uma complexidade de manobras que se convertem em peças de uma delicada obra de engenharia jurídica posta a serviço de uma causa torpe e na qual cada peça sustenta a outra até formar uma trama capaz de desmoronar ao menor titubeio de qualquer de seus elementos.[565] Essas peças, engenhosamente pensadas e postas em execução pelos simuladores, precisando exatamente a possibilidade de um futuro processo, temendo e prevendo a sua existência, só podem ser derrubadas a partir de uma prova indireta, constituída de indícios, na busca processual de todo e qualquer deslize, em que todo absurdo, toda incoerência e ilógica vão se agigantando até que a soma desses indícios se convertem em uma incontornável e evidente presunção de altíssimo e incontestável valor probatório. Para ser mais preciso, a presunção não é um meio de prova, mas uma técnica que dispensa a produção de prova, consistindo de uma operação mental e pela qual, partindo de um fato conhecido, se chega, por dedução, a outro fato, independentemente de prova.[566]

Como escreve Luis Muñoz Sabaté, o negócio jurídico tem uma arquitetura demasiadamente estruturada e conhecida para potenciar excessivas imaginações e dúvidas, e os relatos históricos se repetem de um caso para outro e sem profundas diferenças. Ao revés de outros temas, no processo de simulação qualquer ambiguidade de conduta não pode ser atribuída a outra coisa, senão ao escamoteamento, à má-fé e ao dolo intencional. Ademais, aqueles que combatem um negócio jurídico simulado não necessitam de muitos artefatos para demonstrar a simulação nem mesmo para proclamá-la pela via indiciária; basta ir no encalço de evidências que são captadas, por exemplo, quando os contratos e o comportamento processual dos simuladores fogem à *normalidade*. Assim, confrontados por diversos indícios usualmente apontados, os fraudadores costumam inventar uma gama demasiadamente eloquente de

---

564 SABATÉ, Luis Muñoz. *La prueba de la simulación*. 3. ed. Colombia: Temis, 2011. p. 87.

565 SABATÉ, Luis Muñoz. *La prueba de la simulación*. 3. ed. Colombia: Temis, 2011. p. 298.

566 LOPES, João Batista. *A prova no direito processual civil*. 3. ed. São Paulo: RT, 2007. p. 210.

justificativas, buscando safar-se do ingrediente de normalidade que usualmente deve recair sobre os contratos efetivos e reais. Eles contestam as acusações de fraude sem nenhum brio, com tonalidade de veracidade, confrontando frontalmente a acusação, mas antes buscando questões marginais que intentam desviar as provas que simplesmente são refutadas pela negativa geral, mostrando toda a conjuntura e postura do simulador demandando a procedência da prova indiciária. E, se não bastasse, essa prova indiciária vai se avolumando no processo, com a mostra de evidências irrespondíveis que se somam ao comportamento processual hesitante do simulador que busca criar toda sorte de obstáculos para a realização das provas, negando documentos, alegando sua inexistência e dificuldades outras que procrastinem ao máximo o fim da demanda de nulidade do negócio jurídico.[567]

Quem simula sempre faz algo racional, maduro e econômico, atuando com uma consciência vigilante e pragmática, e o primeiro dos indícios que se integra aos demais é a mostra da *causa simulandi*, que reside na intenção de burlar normas imperativas estimulado por um contexto de insolvência para fraudar credores, cônjuge ou convivente e sucessores, o que explica o motivo desse negócio aparente, acrescido de outro indício proveniente da necessidade de venda de determinado bem. Em outro extremo, pode-se questionar acerca da efetiva necessidade daquele que aparentemente comprou o bem jurídico alienado, devendo também ser investigadas as motivações apresentadas para a aparente aquisição do bem, que muitas vezes podem ser facilmente desmentidas.

Usualmente, devedores intentam fraudar seus credores escondendo seus bens móveis de valor, os quais depositam em nome de terceiros e aplicam a *lei do tudo ou nada*, como recorda Luis Muñoz Sabaté, promovendo uma suspeitosa alienação massiva de seus bens imóveis em breves períodos, no afã de salvar todo o seu patrimônio contra o assédio de seus credores, a ponto de se reduzirem ao estado de aparente insolvência.[568] Também elegem algum bem de maior valor econômico ou sentimental, sobre o qual concentram sua manobra fraudatória, abandonando à sorte os demais bens que conformam o seu patrimônio pessoal, escapando, assim, da caracterização do estado de insolvência, considerando que o indício surge justamente dessa seletividade. Qualquer indício inicial prescinde dos demais indícios complementares para viabilizar a presunção da fraude, cuja modalidade pela seleção e alienação ou desvio de bens ocorre com bastante frequência nos processos igualmente simulados de um divórcio com oficial partilha de bens, mas que, em realidade, o casal não se separa nem considera os bens conjugais partilhados, ou, quando nesses mesmos ensaios de uma disfarçada separação, fazem constar como cláusulas fictícias situações em que um dos cônjuges afirma ter recebido em dinheiro o pagamento da sua meação, adjudicando no outro consorte os bens comuns realmente existentes.

A *afeição* também é lembrada como um dos claros indícios de fraude e de presunção de simulação, tanto que no Código Civil brasileiro o artigo 1.802 prescreve haver presunção legal de fraude pela interposta pessoa quando figura no outro polo contratual qualquer parente ascendente, descendente, ou irmão, ou algum cônjuge ou companheiro, sem descartar a figura da concubina, com quem o fraudador mantém unicamente relações sexuais, não obstante os autores já tenham trabalhado em um processo no qual o marido da cliente do escritório transferiu vários bens para o nome de sua amante e esta, empoderada pela súbita fortuna, decidiu reconciliar com seu próprio marido, obrigando o fraudador a confessar o desvio dos bens

---

[567] SABATÉ, Luis Muñoz. *La prueba de la simulación*. 3. ed. Colombia: Temis, 2011. p. 300-306.
[568] SABATÉ, Luis Muñoz. *La prueba de la simulación*. 3. ed. Colombia: Temis, 2011. p. 115-117.

em petição que colacionou no processo de separação da amante com o intuito de requerer a reintegração de seus bens.

Os familiares e os amigos íntimos servem, em regra, como as interpostas pessoas de maior confiança e segurança para a retomada oportuna do bem desviado (cônjuge, companheiro, terceiro, herdeiro ou alimentando) em fraude a qualquer espécie de credor, isso quando não se socorrem de uma pessoa jurídica preexistente ou especialmente constituída para essa finalidade fraudatória. Outras vezes, a relação de amizade, por ser indireta, como no caso do advogado do devedor, pessoa da sua mais absoluta confiança, que muitas vezes se presta a receber e custodiar valores do seu cliente, ou simula receber, em suposto pagamento de honorários, determinados bens ou valores que são infinitamente superiores ao montante contratado para eventual patrocínio de alguma ação ou representação processual e depois disputa com o ex-cônjuge do cliente a preferência pelo bem como terceiro de boa-fé. Obviamente, nem sempre a presença dessas pessoas induz à presunção incontestável de ocorrência de um concerto fraudatório, pois não estão proibidas as vendas entre pessoas amigas e muito menos entre parentes, os quais podem, em certas ocasiões, ser realmente interessados na aquisição de determinados bens, quer por razões de ordem econômica ou até mesmo sentimentais, isso quando o interesse dessas pessoas também é uma maneira que elas encontram de ajudar quem se encontra em uma situação econômica mais desfavorável. No entanto, a sua presença na negociação e os seus vínculos mais estreitos em relação ao devedor invertem, obrigatoriamente, o ônus probatório.

Entretanto, quando há intenção de fraudar, em certas situações o devedor simula uma venda inicial a uma interposta pessoa, que depois transfere o bem para o destinatário final, seu cúmplice derradeiro, cuja manobra é doutrinariamente identificada como *indício de álibi*,[569] regulada no direito brasileiro com expressa proibição contida no artigo 1.801, III, do Código Civil, que proíbe, por exemplo, a nomeação da concubina ou do concubino do testador como herdeiro ou legatário, e no artigo 1.802 seguinte reitera a nulidade do ato ou da disposição testamentária, mesmo quando simulada sob a forma de contrato oneroso, ou levada a efeito mediante uma interposta pessoa. Os maus antecedentes judiciais ou extrajudiciais do simulador, que costuma recorrer às mesmas técnicas e aos mesmos expedientes, servem como predisposição que também induz a acreditar na desonestidade do negócio jurídico e cujos fatores contribuem como fortes indícios que conduzem à efetiva presunção de fraude.

Todo contrato de compra e venda pressupõe a existência da contrapartida econômica, servindo de precioso elemento fático da fraude, a fraca capacidade econômica daquele comprador que não dispõe de origem financeira para atender ao preço do bem alienado, mesmo na forma parcelada, salvo seja atribuído ao bem um preço vil. Anota Luis Muñoz Sabaté aquilo que denomina de *síndrome do estudante*, fenômeno que aparece com frequência em claro indício simulatório, em que a única ocupação do comprador é a de ser um estudante,[570] ou que exerce um ofício ou profissão modesta, prática que nos processos brasileiros ocorre muito quando certos filhos da predileção do pai empresário adquirem paulatinas participações da sociedade empresária que o ascendente titula, reduzindo ao longo do tempo a sua própria participação social e aumentando as participações societárias dos filhos preferidos, tudo arquitetado com o recurso às aparentes alterações de contratos sociais. Nesses instrumentos contratuais aos poucos esses filhos preferidos vão adquirindo a posição majoritária da sociedade e gradualmente substituindo o pai, em detrimento de outros rebentos preteridos, e, se

---

[569] SABATÉ, Luis Muñoz. *La prueba de la simulación*. 3. ed. Colombia: Temis, 2011. p. 128.
[570] SABATÉ, Luis Muñoz. *La prueba de la simulación*. 3. ed. Colombia: Temis, 2011. p. 155.

não provocam a total retirada do bondoso progenitor do quadro social da sociedade, reduzem sua participação a uma insignificante posição social. Contudo, em uma versão mais sofisticada da fraude, são simulados empréstimos com os quais essas pessoas, antes carentes de origem financeira para a compra das quotas sociais, agora dispõem de recursos recebidos por simulados mútuos, que obviamente também nunca serão quitados porque tampouco foram tomados tais empréstimos, criando origem financeira para que justifiquem seus aumentos de capitais.

O movimento bancário de quem compra e de quem vende é indício fundamental na prova da fraude, mesmo porque o pagamento em espécie é prática inusual, o que de plano levanta suspeitas, comumente quando se trata de bens de elevado valor econômico, sendo pouco provável que qualquer pessoa possa sobreviver na seara dos negócios, seja ela um comerciante, industrial ou um profissional qualquer, que não se utilize dos serviços bancários tão necessários para as mais comezinhas operações financeiras, do simples pagamentos de boletos bancários, passando pelas operações financeiras mais complexas e, em contrapartida, também mais seguras para a circulação de grandes valores, ou que se utilize dos bancos para singelas operações monetárias no pagamento de contas e despesas ordinárias que cada cidadão tem no seu dia a dia, tudo registrado nas contas-correntes que podem ser vistoriadas por quebra de sigilo judicial ou por meio de perícias contábeis específicas, inclusive para detectar se o movimento corriqueiro das contas comporta inferir que se trata de pessoa que teria condições de efetuar a aquisição do bem, como uma pessoa abonada, ou de um modesto empregado que jamais teria como empreender, porque em sua conta-corrente não circulam nem existem recursos suficientes para a compra de valiosos bens. Contudo, como parte integrante de uma encenação fraudulenta, em uma inusitada movimentação bancária mais bem elaborada, que destoa do histórico diário do correntista, subitamente ingressa em sua conta, vindo de um lugar a ser igualmente investigado, uma generosa soma única, cuja origem nunca é bem explicada, apenas destinada a dar fático suporte para que o aparente comprador possa nesse jogo de cena fazer uma transferência do preço na conta do vendedor, isto quando os simuladores não optam pelo indício igualmente veemente da fixação de um preço vil.

A noção de presunção parte da ideia de que o conhecimento de certo fato pode ser induzido pela verificação de outro, ao qual normalmente o primeiro está associado. Portanto, partindo-se da convicção da ocorrência de determinado fato, pode-se, por dedução lógica, inferir a existência de outro fato, pois comumente um decorre do outro, ou ambos devem acontecer simultaneamente,[571] dividindo-se as presunções em: a) judiciais ou de fato, porque inferidas pelo juiz, anotando Eduardo A. Zannoni se tratar da prova indiciária, mas não basta um indício, pois devem existir vários indícios, cujo número permita levar à convicção de que ocorreu a simulação;[572] b) legais relativas, quando considera o fato provado, mas abre oportunidade para que ele seja provado em contrário pela parte adversa (CPC, art. 373, § 1.º), no caso em que a norma admite a prova em contrário, como na hipótese de presunção de simulação do artigo 1.802 do Código Civil, e esta é uma presunção *iuris tantutm*; e, finalmente, c) as presunções legais absolutas ou *iuris et de iure*, consoante previsto no direito material, tornando inútil qualquer prova contrária, como sucede na presunção de paternidade em razão do casamento (CC, art. 1.597), ou da recusa à perícia médica ordenada pelo juiz (CC, art. 232).

Maria Lourdes Martínez de Morentin Llamas divide as presunções entre *iuris et de iure*, quando contra elas não se admite prova em contrário, e *iuris tantum*, quando se admite prova

---

[571] MARINONI, Luiz Guilherme; ARENHART, Sérgio Cruz. *Prova e convicção*. 3. ed. São Paulo: RT, 2015. p. 157.

[572] ZANNONI, Eduardo A. *Ineficacia y nulidad de los actos jurídicos*. Buenos Aires: Astrea, 1986. p. 403.

contrária para o caso concreto. Ela lembra que existiam duas presunções legais de forte impacto no direito espanhol, as quais, por seu turno, também tiveram igual influência no direito brasileiro, mantendo-se a clássica presunção legal da paternidade resultante do casamento e precursora da máxima *pater is est quem justae nuptiae demonstrant* (CC, art. 1.597), e a outra era a presunção muciana, correspondente aos legados realizados pelo marido em favor da esposa, é dizer, tudo o que a mulher recebeu procede de seu marido, que a ela entregou durante o casamento.[573] A interpretação muciana como presunção generalizou-se no sentido de que, em todo caso, salvo prova em contrário, tudo o que a mulher adquire durante o casamento procede do esposo e as doações não revogadas pelo marido resultavam convalidadas.[574] Entretanto, esses legados podiam ficar sem efeito e os bens da esposa retornar para o nome do esposo ou ser considerados como bens realmente pertencentes ao marido e, se falido ou devedor, por conta do seu estado de colapso patrimonial, podiam ser tomados os bens constantes em nome da esposa para satisfação dos credores, prevalecendo unicamente a presunção de os bens serem do esposo, pouco importando que entre o ato e a caracterização do estado de insolvência tenha mediado longo tempo, pois há uma presunção legal no sentido de que houve uma diminuição no patrimônio do devedor, lesiva aos interesses dos credores.[575]

Conforme Nelson Abrão, a presunção muciana, embora a Lei de Falências (o revogado Decreto-lei 7.661/1945 foi substituído pela atual Lei de Falências e Recuperação de Empresas 11.101/2005, com as alterações da Lei 14.112/2020) não faça referência expressa à pessoa do cônjuge do devedor falido como beneficiário dos atos ineficazes fraudulentos ou simulados, é ele considerado terceiro e, como tal, dada à sua situação familiar com o devedor, mais do que qualquer outro indicado a prestar-se ao conluio com o consorte devedor para perpetuar atos prejudiciais aos credores:

> Tal princípio tem especialmente aplicação se o regime de bens é o da separação e a mulher não exercer profissão lucrativa, quando se argui a chamada presunção muciana (L. 51 Digesto, XXIV, I do Jurisconsulto Quinto Mucio Epônimo), segundo a qual os bens advindos à mulher devam ser considerados a esta doados pelo marido. A presunção foi em seguida concedida aos credores e tradicionalmente acolhida como instituto no direito falimentar, pelo qual os aquestos da mulher presumem-se feitos com o dinheiro do marido. A lei vigente (não mais) quis modernizar também a presunção muciana, tornando-a oponível a qualquer dos cônjuges, segundo que, um ou outro, qualquer que seja o sexo, comercie e venha a falir. Dado interessante de tal conclusão é este: que a aquisição feita pelo cônjuge é atribuída automaticamente (sem dupla transferência) ao falido, que adquire a propriedade (art. 70 da revogada Lei de Falências: os bens se presumem em relação aos credores adquiridos com dinheiro do falido e se consideram de propriedade dele): contra o efeito de que o cônjuge não tem outra defesa senão eliminar a base do confisco operante a seu respeito, provando ter feito a aquisição com dinheiro próprio. No direito brasileiro, a presunção muciana em matéria falimentar enquadra-se no artigo 52, IV [da revogada lei falimentar]. Comporta assinalar que com a emancipação da mulher e sua presença constantemente maciça no mercado de trabalho, ao lado da relação que se estabelece centrada no regime de comunhão parcial de bens (aquestos), a presunção muciana tem aplicação bastante limitada em casos esporádicos, até porque a comunicação patrimonial é o princípio em vigor que se dinamiza na vigência da sociedade conjugal.[576]

---

[573] LLAMAS, Maria Lourdes Martínez de Morentin. *Régimen jurídico de las presunciones*. Madrid: Dykinson, 2007. p. 43.

[574] D'ORS, Álvaro. *Derecho privado romano*. 9. ed. Pamplona: Eunsa, 1997. p. 378.

[575] ABRÃO, Nelson. *Da ação revocatória*. 2. ed. São Paulo: Leud, 1997. p. 86.

[576] ABRÃO, Nelson. *Da ação revocatória*. 2. ed. São Paulo: Leud, 1997. p. 102-103.

2.2.39.13 A hierarquia das provas do artigo 212 do Código Civil

A prova tem regulamentação a partir do artigo 369 do Código de Processo Civil, ao dispor terem as partes o direito de empregar todos os meios legais, bem como os moralmente legítimos, ainda que não textualmente especificados, para provar a verdade dos fatos em que se funda o pedido ou a defesa e influir eficazmente na convicção do juiz. Embora se trate de temário processual, também o Código Civil informa que os negócios jurídicos podem ser provados por um dos meios de prova enumerados no seu artigo 212 e respectivos incisos, em que os meios probatórios estão hierarquizados segundo a sua própria valoração ou o peso legal que possui cada um desses meios de prova, a começar pela confissão, passando pelo documento, pela prova testemunhal e sobrevindo a presunção em quarto lugar, como importante recurso probatório e de larga utilização no mundo das fraudes e das simulações. No entanto, dificilmente a fraude será demonstrada senão pela soma dos necessários indícios que levam exatamente à presunção de ocorrência de um fato e, por fim, ainda de acordo com o artigo 212 do Código Civil, surge a prova pericial.

Não se trata de um rol taxativo de provas, muito menos de uma taxação ou de uma efetiva hierarquia das provas, uma vez que todas têm igual equivalência como recursos probatórios. Contudo, entre os meios probatórios usualmente utilizados nos processos judiciais estão a constante busca e o empenho que desenvolvem as partes na ânsia de provarem suas verdades antagônicas. Conforme menciona Marcos Bernardes de Mello, a regra é ser ônus daquele que alega provar, e é natural que se utilize de todos os meios juridicamente admitidos, como também os moralmente legítimos, e, na hipótese de simulação, sua prova se realize por indícios e presunções, exatamente porque na simulação se procura ocultar, encobrir, pôr à sombra os verdadeiros fatos, mostrando outros com o fim de enganar,[577] servindo para essas situações específicas a prova meramente indiciária. Atualmente, somam-se a esses meios probatórios tradicionais os documentos eletrônicos, conforme reconhecido pelo Enunciado 297 da IV Jornada de Direito Civil: "O documento eletrônico tem valor probante, desde que seja apto a conservar a integridade de seu conteúdo e idôneo a apontar sua autoria, independentemente da tecnologia empregada".[578]

Patrícia Peck Pinheiro lembra que não existe nenhuma legislação brasileira que proíba a utilização da prova eletrônica, mas, bem ao revés, tanto o Código Civil como o Código de Processo Civil aceitam totalmente o seu uso, desde que sejam atendidos alguns padrões técnicos de coleta e guarda, para evitar o seu uso ilícito e suas incertezas, como incertezas e inseguranças existem tanto no sistema probatório eletrônico quanto no tradicional.[579]

O § 1.º do artigo 373 do Código de Processo Civil estabelece que, nos casos previstos em lei, ou diante de peculiaridades da causa relacionadas à impossibilidade ou à excessiva dificuldade de cumprir o encargo probatório, ou diante da maior facilidade de obtenção da prova do fato contrário, poderá o juiz atribuir o ônus da prova de modo diverso, desde que o faça por decisão fundamentada, caso em que deverá dar à parte a oportunidade de se desincumbir do ônus que lhe foi atribuído, tratando, portanto, da inversão do ônus da prova que pode muito bem recair sobre os ombros de eventual fraudador ou simulador. Entretanto, figurando no

---

[577] MELLO, Marcos Bernardes de. *Teoria do fato jurídico*. Plano da validade. 15. ed. São Paulo: Saraiva, 2019. p. 185.

[578] SCHREIBER, Anderson *et al*. *Código Civil comentado*. Doutrina e jurisprudência. Rio de Janeiro: GEN/Forense, 2019. p. 130.

[579] PINHEIRO, Patrícia Peck. *Direito digital*. 4. ed. São Paulo: Saraiva, 2010. p. 208 e 214.

contrato ascendente, descendente, irmão, cônjuge ou companheiro daquele com quem se relaciona a acusação de fraude ou de simulação, estes a lei considera como interpostas pessoas e sobre elas faz recair uma natural suspeição de fraude, e a elas comete, com o cofraudador, em total inversão da prova, demonstrar a veracidade do negócio jurídico, para que consigam, se for o caso, derrubar a presunção de que atuaram em fraude a direito de cônjuge, convivente, herdeiro ou terceiro.

Há certo conjunto de provas considerado proibido ou vedado e que compreende duas categorias: 1) a das provas ilegítimas, quando produzidas em afronta à lei, como no caso de profissionais que devem guardar sigilo daquilo que lhes é dito em razão de sua profissão ou ofício; e 2) as provas ilegítimas, obtidas por meios ilícitos, violando a lei material.

O artigo 5.º da Constituição Federal acolhe qualquer meio de prova processual que não tenha sido obtido por meios ilícitos, e, para José Carlos Teixeira Giorgis, a prova ilícita é alcançada com violação das garantias constitucionais e do direito material, ao passo que a prova ilegítima decorre da transgressão das regras processuais.[580] Contudo, os direitos fundamentais vinculados à intimidade e à dignidade da pessoa encontram larga proteção nas demandas cíveis, muito especialmente nas causas familistas, que são confrontadas na suposição de proteção de um valor maior, quando busca preservar a intimidade dos cônjuges, a integridade psíquica dos filhos e a garantia da subsistência onde houver dependência alimentar, bem como a integridade patrimonial. Como sempre mencionado ao longo deste livro, é de grande importância contar com a extrema colaboração do Poder Judiciário na quebra dos sigilos fiscal, bancário, tributário, telefônico, telemático, postal, processual, administrativo, societário etc., no afã de ser buscada a verdade, notoriamente quando fraudadores e simuladores se espreitam no campo dos atos sigilosos e simulados para levarem adiante seus planos de lesar direitos tão fundamentais como são os direitos à vida e à dignidade das pessoas, prevalecendo aqui o princípio da proporcionalidade, em que há um natural afrouxamento no rigor da prova direta, sendo essencial a pesquisa da prova também indiciária.

O princípio da proporcionalidade reconhece a ilicitude da prova, entretanto permite que o juiz coteje os valores postos em entrechoque, no propósito de escolher e decidir pelo melhor caminho na aplicação da justiça, tendo em conta que os direitos fundamentais comportam restrições em favor e na defesa da ordem jurídica, assentado exatamente na ponderação de dois ou mais valores de aparente identidade de dimensão, mas que no caso concreto terminam por ceder naquelas hipóteses em que a sua observância intransigente levaria à lesão de outro direito fundamental ainda mais valorado.[581]

Nos processos que questionam a fraude aos direitos cruciais como alimentos, partilha de meações e de direitos hereditários, é imprescindível contar com a extrema cooperação do juiz na incessante busca da verdade, pois sabe melhor do que ninguém que, em atos de simulação perpetrados para negar ou fraudar essenciais direitos de família e das sucessões, não há espaço para uma desmedida proteção dos sigilos invocados justamente por pessoas que intentam esconder seus atos ardilosamente engendrados para lesar créditos e direitos do cônjuge, convivente, alimentando ou de herdeiro, especialmente quando se trata da imperiosa busca da sutil prova indiciária que conduz à certeza da fraude pela presunção.

---

[580] GIORGIS, José Carlos Teixeira. O direito de família e as provas ilícitas. *In*: WELTER, Belmiro Pedro; MADALENO, Rolf Hanssen (coord.). *Direitos fundamentais do direito de família*. Porto Alegre: Livraria do Advogado, 2004. p. 150.

[581] MADALENO, Rolf. A prova ilícita no direito de família e o conflito de valores. *In*: MADALENO, Rolf. *Repensando o direito de família*. Porto Alegre: Livraria do Advogado, 2007. p. 88.

2.2.39.14 Prova pericial

Prescreve o artigo 369 do Código de Processo Civil que podem ser empregados todos os meios legais, bem como os moralmente legítimos, ainda que não especificados por expresso, para provar a verdade dos fatos em que se funda o pedido ou a defesa, para influir eficazmente na convicção do juiz. Os meios legais e legítimos, hábeis para provar a verdade dos fatos, são o depoimento pessoal, a confissão, a exibição de documento ou coisa, a prova documental, a prova testemunhal, a prova pericial e a inspeção judicial.

De acordo com Marcos Valls Feu Rosa, a perícia busca a verdade constatável cientificamente, para que, concretizada nos autos, possa ser acertada e juridicamente apreciada. Uma prova judicial para ser admitida no processo deve ser destinada a levar ao juiz elementos relativos a fatos que careçam de conhecimentos técnicos, podendo consistir em uma declaração de ciência, na afirmação de um juízo, ou em ambas simultaneamente, sendo consubstanciada por meio do laudo pericial juntado ao processo ou de qualquer outra forma legalmente prevista.[582]

Eduardo Arruda Alvim escreve ser a prova pericial necessária quando o juiz necessita de pessoas munidas de conhecimentos especiais, técnicos, por exemplo, agricultores e mecânicos, ou científicos, como engenheiros e médicos, que possam informar o juízo acerca da ocorrência de determinados fatos e do significado deles.[583] São muito úteis as perícias técnicas realizadas por contadores, contabilistas, economistas e administradores de empresas para levantamentos técnicos efetivados em empresas, tanto para fins de apuração de alguma fraude contábil como para um procedimento de apuração de haveres e para a avaliação da sociedade empresária para efeitos de partilha conjugal, convivencial, societária ou sucessória, prescrevendo o artigo 226 do Código Civil que "os livros e fichas dos empresários e sociedades provam contra as pessoas a que pertencem, e, em seu favor, quando, escriturados sem vício extrínseco ou intrínseco, forem confirmados por outros subsídios". Por sua vez, o parágrafo único desse mesmo artigo admite a prova da falsidade ou inexatidão desses lançamentos contábeis realizados nas sociedades empresárias, lembrando, por fim, que, pelo artigo 1.179 do Código Civil, "o empresário e a sociedade empresária são obrigados a seguir um sistema de contabilidade, mecanizado ou não, com base na escrituração uniforme de seus livros, em correspondência com a documentação respectiva, e a levantar anualmente o balanço patrimonial e o de resultado econômico". Também seria extensível à Eireli, sobre a qual o microempresário e o empresário de pequeno porte podiam se valer para adotarem contabilidade simplificada, eis que eram dispensados das exigências do artigo 1.179 do Código Civil (LC 123/2006), contudo, se trata de um modelo que precisava respeitar um teto de cem salários mínimos para o seu capital social, tornando-se um empecilho para autônomos e pequenos empresários, tendo este modelo sido revogado em 2021, surgindo, com a Lei 13.874/2019 a SLU (Sociedade Limitada Unipessoal), que na prática tem as mesmas características da Eireli, porém, retira a exigência de capital social, sucedendo a automática migração para a SLU.

Entrementes, por se tratar de prova especial, subordinada a certas condições processuais, a perícia é meio de prova dependente da expressa autorização do juiz, a ser deferida se não for possível apurar os fatos pelos meios ordinários de prova. Caso a efetiva e conclusiva manifestação judicial depender de conhecimentos técnicos ou especiais, consoante dispõe o artigo 464, § 1.º, do Código de Processo Civil, a perícia será indeferida quando: a) *a prova dos*

---

[582] ROSA, Marcos Valls Feu. *Perícia judicial*. Teoria e prática. Porto Alegre: Fabris, 1999. p. 37.
[583] ALVIM, Eduardo Arruda. *O direito processual civil*. 2. ed. São Paulo: RT, 2008. p. 500.

Cap. 2 • PARTILHA DOS BENS CONJUGAIS | **409**

fatos não depender do conhecimento especial de técnico (inc. I), sendo suficiente a prova colhida dos depoimentos, inclusive pessoais e dos documentos constantes do processo; b) *a verificação pretendida for impraticável* (inc. II), diante de fatos que não deixaram rastros ou vestígios materiais para serem examinados, salvo subsistam registros indiretos da prova.[584]

Carlos Garrido Chacana defende que a prova pericial persegue a convicção psicológica do juiz a respeito da verdade ou da certeza dos fatos afirmados pelos litigantes e que, portanto, ao contrário daqueles que acreditam sirva a perícia para a busca dos vestígios materiais, sua obtenção estaria escorada na convicção subjetiva do julgador, pois uma questão é pretender que a verdade seja a finalidade probatória e outra muito mais diversa é querer que a verdade seja o resultado probatório, já que toda criação humana está cheia de imperfeições e vícios próprios de seu criador.[585]

Ninguém sabe sobre tudo, embora muitos possam saber acerca de muitas coisas, e, por mais competente e estudioso que seja o juiz, não raro lhe falta o conhecimento técnico para chegar ao livre convencimento e, no campo da fraude, sem prejuízo de suas várias frentes, a perícia contábil é de extrema valia, e é uma das perícias técnicas de maior utilização, com eficientes resultados quando muito bem direcionada. Anota Wilson Alberto Zappa Hoog ser preciso distinguir na perícia contábil a ignorância do erro e diferenciar também o erro da fraude, pois o erro é uma situação de conhecimento equivocada. Enquanto a ignorância é uma implícita falta de conhecimento, a fraude é intencional, premeditada e visa o proveito em causa própria ou de outros. O referido autor conclui dizendo que tanto o erro como a fraude, pelo prisma contábil, causam dano e motivam ação de responsabilidade, mas na fraude existe a agravante do dolo e no erro apenas a atenuante da culpa.[586]

Muitas das fraudes patrimoniais são realizadas com o uso abusivo de sociedades empresárias e por meio de interpostas pessoas físicas ou jurídicas, denunciando Fernando de Jesus uma análise operacional das fraudes contábeis pela via empresarial e que ocorrem: 1) no ativo circulante e no realizável a longo prazo, envolvendo saldos credores em caixa, saldos de caixa fictícios, entrada e saída de numerários, vales simulados, fraudes em contas bancárias, com manipulação de estoques, superavaliação de estoques, subavaliação de estoques, omissão de compras e vendas de mercadorias, compras simuladas, subfaturadas e superfaturadas; fraudes com devolução de mercadorias, fraudes que envolvem o consumo de estoques, a omissão do registro de recebimento de créditos, créditos não registrados no balanço, fraude simulado no aumento do volume de créditos, fraudes nas vendas à vista registradas como a prazo, fraudes nos créditos supostamente duvidosos; 2) no ativo permanente, com a superavaliação e subavaliação na aquisição de bens do permanente, fraude na superavaliação de bens na constituição de empresas, reavaliação fraudulenta, fraude no abuso de depreciação, fraude no ágio e no deságio na aquisição de participação societária, fraudes que envolvem equipamentos, fraude no diferido; 3) fraudes no passivo circulante e no exigível a longo prazo, com um passivo fictício ou exigível fictício, fraude na omissão de débitos, fraudes em folha de pagamento, fraudes no resultado de exercícios futuros, fraudes no patrimônio líquido e fraudes no resultado do exercício.[587]

---

[584] THEODORO JÚNIOR, Humberto. *Curso de direito processual civil*. 56. ed. Rio de Janeiro: GEN/Forense, 2015. v. I, p. 991.

[585] CHACANA, Carlos Garrido. *Sana crítica y otras cuestiones vinculadas a la prueba en sede familiar*. Chile: Metropolitana, 2018. p. 76-77.

[586] HOOG, Wilson Alberto Zapp. *Prova pericial contábil*. Teoria e prática. 10. ed. Curitiba: Juruá, 2012. p. 385.

[587] JESUS, Fernando de. *Perícia e investigação de fraude*. Uma análise psicológica e operacional na evidenciação de fraude. Goiânia: AB Editora, 2000. p. 69-102.

São muitas as fraudes empresariais visando a atingir resultados ilícitos, como o desvio de receitas, de bens, ocultação de prejuízos ou de lucros com supervalorização ou subvalorização da empresa ou de seus ativos, existindo amplas fórmulas de artimanhas,[588] que em linhas gerais se resumem em:

1) *Fraudes contábeis*: consistem na alteração, omissão ou sonegação de informações na escrituração do empresário, fazendo com que apresente um quadro diferente do real; 1.1) a fraude contábil se dá mediante a manipulação ou omissão de informações que diminuem os lucros, aumentam os prejuízos e assim reduzem o valor da empresa; 1.2) por meio das fraudes nos ativos realizáveis, em que trabalha com a subvalorização, supervalorização dos títulos ou com sua sobrevalorização; 1.3) com a apropriação de bens do ativo circulante (dinheiro em caixa, depósitos bancários e aplicações financeiras); 1.4) por meio das fraudes com o ativo imobilizado, qual seja, com a venda de bens da empresa por valor menor na escritura, ou com o lançamento de perdas;

2) *Fraudes gerenciais*: são aquelas cometidas pelo administrador; 2.1) com o esvaziamento do patrimônio da sociedade, transferência de bens da sociedade, ou transferência de bens particulares para a sociedade, ou criando empresas espelhos;

3) *Fraudes societárias*; são as que modificam a estrutura da sociedade, por exemplo 3.1) trocando o tipo social de limitada para sociedade anônima; 3.2) promovendo a alienação de quotas ou ações; 3.3) alterando o contrato social ou os estatutos; 3.4) promovendo a cisão fraudulenta da sociedade; 3.5) criando *offshores companies*.

Essas são apenas algumas amostras do volume de fraudes que podem ocorrer no mundo societário e como tudo isso pode impactar positiva ou negativamente a partilha dos bens. Essa avaliação depende unicamente da posição em que se encontram fraudador e vítima, no tocante à partilha de empresas, cujos diferentes tipos sociais facilitam mais ou facilitam menos a prática da fraude no universo do direito de família e no do direito das sucessões, que podem envolver situações nas quais, por exemplo, o cônjuge ou convivente pode ser sócio da empresa ou simplesmente cônjuge ou convivente de sócio, como pode ser sócio e herdeiro, ou simplesmente herdeiro de sócio, e, a partir desses vínculos adicionais, vão sendo travados os destinos das respectivas partilhas que enfrentarão em juízo a resolução parcial (CC, arts. 1.028 a 1.032) ou total (CC, arts. 1.033 a 1.038) de uma sociedade empresária, de modo a fixar o valor de capital social mínimo em função do tipo societário, porquanto a sociedade pode estar operando com patrimônio líquido negativo, existindo um débito a descoberto, com o qual os sócios podem ser obrigados a suportar (CC, art. 1.007), respeitadas, no entanto, as regras próprias do tipo societário (CC, arts. 1.023, 1.024, 1.039, 1.045 e 1.052).[589]

Por oportuno, quem atua com frequência nas ações de partilha das pessoas casadas ou unidas estavelmente e detentoras de sociedades empresárias levadas à divisão judicial, e não é diferente nos processos sucessórios, vai lembrar ser corriqueiro deparar com o argumento de que, em vésperas de crise afetiva, as sociedades empresárias, antes promissoras, agora enfrentam invencíveis prejuízos, operando no *vermelho*, ou seja, negativamente, por cuja circunstância o cônjuge, convivente ou herdeiro de sócio terá de assumir os débitos a descoberto das sociedades sobre as quais reivindicam sua meação, incidente sobre as quotas do cônjuge ou convivente sócios, ou do quinhão hereditário incidente sobre as quotas sociais deixadas pelo

---

[588] MAMEDE, Gladston; MAMEDE, Eduarda Cotta. *Separação, divórcio e fraude na partilha de bens*. Simulações empresariais e societárias. São Paulo: Atlas, 2010. p. 106.

[589] FRANÇA, Erasmo Valladão Azevedo e Novaes; ADAMEK, Marcelo Vieira von. *Da ação de dissolução parcial de sociedade*. Comentários breves ao CPC/2015. São Paulo: Malheiros, 2016. p. 72.

autor da herança. Em regra, deve sempre estar presente que, se a empresa realmente deve e assim for apurado mediante uma criteriosa perícia contábil, ou uma minuciosa auditoria, é a sociedade empresária que deve, e não o cônjuge ou convivente sócio, pois este deve somente aquilo que ele ainda não integralizou no capital social da sociedade limitada, não existindo essa responsabilidade adicional pelo passivo a descoberto (CC, art. 1.052), salvo se alguma responsabilidade decorrer de outro título, que não a de mera participação social, mas, nesse caso, a responsabilidade tampouco se comunica com o outro cônjuge ou convivente, pois são atos personalíssimos e incomunicáveis (CC, art. 1.659, IV).

O Código de Processo Civil regulamenta, a partir do artigo 599 até o artigo 609, a ação de dissolução parcial de sociedade, que tem por objeto (CPC, art. 599); a resolução da sociedade empresária contratual ou da sociedade simples com relação ao sócio falecido, excluído ou que exerceu o direito de retirada ou recesso (inc. I); e a apuração dos haveres do sócio falecido, excluído ou que exerceu o direito de retirada ou recesso (inc. II); ou somente a resolução ou apuração de haveres (inc. III). O Código de Processo Civil dispõe no artigo 599 acerca da ação de dissolução parcial da sociedade, embora a dissolução possa ser total. Portanto, existem dois caminhos para desfazer o contrato de sociedade quanto a um ou mais de seus contraentes, que saem voluntariamente ou não do quadro social, liquidando, assim, a sua quota social, com a redução proporcional do capital social ou com a sua encampação, por meio de subscrição e pertinente integralização pelos sócios remanescentes.[590]

Portanto, a dissolução total e a liquidação das sociedades eram reguladas pelos artigos 655 a 674 do Código de Processo de 1939, cujos dispositivos foram mantidos pelo artigo 1.218, VII, do Código de Processo Civil de 1973. No entanto, com o advento do Código de Processo Civil de 2015, a dissolução total das sociedades ficou atrelada ao procedimento comum (CPC, art. 1.046, § 3.º), enquanto a dissolução parcial das sociedades mereceu disposição especial entre os artigos 599 até 609 do Código de Processo Civil de 2015. Dessarte, ao lado da dissolução parcial, pela qual se retira um ou mais sócios, pode, e normalmente ocorre, surgir o pedido adicional de *apuração de haveres* para viabilizar a liquidação e o pagamento da quota desse sócio que sai da sociedade, não sucedendo uma verdadeira dissolução e liquidação da sociedade, e sim a necessária apuração de haveres para definir o *quantum* devido pela sociedade ao sócio desvinculado, ou ao cônjuge ou convivente de sócio que não se retira, mas cujo consorte ou companheiro recebeu pela partilha dos bens comuns em pagamento da sua meação uma parte das quotas sociais tituladas pelo parceiro sócio.

Como esclarece Luciano Campos de Albuquerque, no sentido de se fazer imperioso apurar qual o preciso valor da quota do sócio que se retira de modo espontâneo ou compulsório de uma sociedade, pagando sua participação societária com base na situação patrimonial da sociedade, na data da resolução,[591] vale dizer, da sua retirada, levantada a partir de balanço para esse fim e que diz respeito a um balanço especialmente realizado para o mais fidedigno reembolso do montante correspondente às suas quotas, conforme prevê o Enunciado 62 da I Jornada de Direito Civil do Conselho da Justiça Federal: "Com a exclusão do sócio remisso, a forma de reembolso das suas quotas, em regra, deve se dar com base em balanço especial, realizado na data da exclusão".

Essa ação de dissolução parcial de sociedade cumulada com a apuração de haveres pode ser proposta (CPC, art. 600): pelo espólio do sócio falecido, quando a totalidade dos

---

[590] RESTIFFE, Paulo Sérgio. *Dissolução de sociedades*. São Paulo: Saraiva, 2011. p. 48.

[591] ALBUQUERQUE, Luciano Campos de. *Dissolução de sociedades*. 2. ed. São Paulo: Malheiros, 2015. p. 165.

sucessores não ingressar na sociedade (inc. I); pelos sucessores, depois de concluída a partilha do sócio falecido (inc. II); pela sociedade, se os sócios sobreviventes não admitirem o ingresso do espólio ou dos sucessores do falecido na sociedade, quando esse direito decorrer do contrato social (inc. III); pelo sócio que exerceu o direito de retirada ou recesso, se não tiver sido providenciada, pelos demais sócios, a alteração contratual consensual formalizando o desligamento, depois de transcorridos dez dias do exercício do direito (inc. IV); pela sociedade, nos casos em que a lei não autoriza a exclusão extrajudicial (inc. V); pelo sócio excluído (inc. VI); e, segundo o parágrafo único do artigo 600 do Código de Processo Civil, "o cônjuge ou companheiro do sócio cujo casamento, união estável ou convivência terminou poderá requerer a apuração de seus haveres na sociedade, que serão pagos à conta da quota social titulada por este sócio".

Sabido que cônjuge ou companheiro de sócio não é sócio da sociedade, mas pode ser meeiro de sócio, e, nesse caso, dissolvido o casamento ou desfeita a união estável, à luz do Código Civil de 2002, esse meeiro de quotas ou de ações não dispunha de mecanismo legal para pedir a apuração de haveres correspondentes às quotas da sociedade que recebeu em pagamento de sua meação, ordenando o artigo 1.027 do Código Civil[592] que apenas concorresse com circunstancial divisão de lucros, se e quando esses lucros fossem pagos, praticamente congelando qualquer pretensão do cônjuge ou companheiro de sócio liquidar as quotas ou ações que lhe foram adjudicadas na partilha em pagamento de sua meação. Tal pagamento das quotas só poderia ser exigido quando a sociedade fosse liquidada, extinta, ou dissolvida, permitindo que, com o tempo, essas quotas ou ações perdessem seu valor e sua importância econômica no contexto da divisão dos bens comuns conjugais ou convivenciais de uma sociedade com pouca chance de ser liquidada.

No entanto, como dizem Erasmo Valladão Azevedo e Novaes França e Marcelo Vieira von Adamek, agora, com o advento do Código de Processo Civil, a solução passa a ser outra, porquanto o parágrafo único do artigo 600 do Código de Processo Civil[593] prevê a possibilidade de o ex-cônjuge ou ex-convivente, uma vez cessada a sociedade afetiva, pedir em juízo a liquidação da quota do sócio, isto é, requerer a apuração de seus haveres na sociedade, que serão pagos à conta da quota social titulada por esse sócio.[594]

Para João Luiz Lessa Neto, a ação e a apuração de haveres pressupõem a prévia partilha dos bens do casal e que, depois de extremados os quinhões, tenham restado quotas que anteriormente estavam em nome do cônjuge ou companheiro sócio da sociedade no patrimônio ou companheiro que propõe a ação de dissolução de sociedade. Portanto, o cônjuge ou companheiro de sócio, que recebe quotas na partilha da dissolução da sua relação afetiva, não se torna sócio da sociedade apenas porque, em pagamento de sua meação, constaram quotas, pois sócio é seu consorte, agora com menos quotas, mas continua sócio, e, para que seu cônjuge subsócio ingresse na sociedade com as quotas recebidas na partilha, tem de obter

---

[592] Código Civil, art. 1.027. "Os herdeiros do cônjuge de sócio, ou o cônjuge do que se separou judicialmente, não podem exigir desde logo a parte que lhes couber na quota social, mas concorrer à divisão periódica dos lucros, até que se liquide a sociedade."

[593] Código de Processo Civil, art. 600. "[...] Parágrafo único. O cônjuge ou companheiro do sócio cujo casamento, união estável ou convivência terminou poderá requerer a apuração de seus haveres na sociedade, que serão pagos à conta da quota social titulada por este sócio."

[594] FRANÇA, Erasmo Valladão Azevedo e Novaes; ADAMEK, Marcelo Vieira von. *Da ação de dissolução parcial de sociedade*. Comentários breves ao CPC/2015. São Paulo: Malheiros, 2016. p. 44.

a aprovação dos demais sócios, se é que o contrato social nada prevê e dispõe em sentido contrário, senão precisará promover a apuração e a liquidação de seus haveres.[595]

Para tanto, o artigo 1.031 do Código Civil prescreve que a resolução da sociedade com relação a um sócio, o valor de sua quota, considerada pelo montante efetivamente realizado, liquidar-se-á, salvo disposição contratual em contrário, com base na situação patrimonial da sociedade, verificada à data da resolução e em balanço especialmente levantado.

Balanço especialmente levantado é sinônimo de balanço de determinação,[596] ou seja, um balanço especialmente determinado para que seja realizado com parâmetro na situação patrimonial da sociedade ao tempo da resolução ou do recesso do sócio, que pode ser sua morte, a separação de fato ou jurídica, qual seja, é um balanço específico para a apuração dos haveres do sócio ou acionista que está se desligando da sociedade, ou seu cônjuge ou companheiro que quer liquidar e receber a correspondência das suas quotas em bens ou dinheiro da sociedade, é balanço de determinação *porque determina* o valor a ser reembolsado ao sócio ou acionista que se despede da sociedade,[597] ou porque seu parceiro, cujo relacionamento foi dissolvido, será reembolsado pelas quotas que adjudicou na partilha.

2.2.39.14.1 Balanço de determinação

As empresas, especialmente as maiores, têm necessidade de apresentar graficamente os seus patrimônios em determinado momento, chamado de *balanço patrimonial*, que teoricamente pode ser feito em qualquer época do ano, bastando que faça o levantamento do seu patrimônio, porém, tradicionalmente, apresentam seu balanço no último dia de cada ano.[598] Trata-se da demonstração contábil destinada a evidenciar, qualitativa e quantitativamente, a posição patrimonial e financeira da sociedade empresária, constando do ativo o que a empresa possui, como bens, estoque e aplicações que podem gerar benefícios econômicos no futuro, e do passivo, as obrigações financeiras da empresa, pagamentos que precisam ser feitos, suas dívidas, e o *patrimônio líquido* é a diferença positiva entre o valor dos ativos e passivos, pois esta equação final é o capital social da empresa.

Conforme Wilson Alberto Zappa Hoog, a palavra *balanço* é originária de *balança*, que tem por objeto demonstrar o equilíbrio do sistema, computando do lado direito as aplicações e do lado esquerdo as origens, ou, como visto anteriormente, o balanço de determinação é

---

[595] LESSA NETO, João Luiz. *Comentários ao Código de Processo Civil*. Organização Lenio Luiz Streck, Dierle Nunes e Leonardo Carneiro da Cunha. Coordenação Alexandre Freire. São Paulo: Saraiva, 2016. p. 839.

[596] "Deve ser realizada a perícia, através de balanço especial previsto no art. 1.031 do Código Civil de 2002, para que se apure o real valor da empresa, com inclusão efetiva do fundo de comércio e bens incorpóreos da empresa, com esclarecimento a respeito da entrada de capital, seu destino, e dos empréstimos dos quais a sociedade é devedora. Em outras palavras, deve ser constatada pelo perito a real situação patrimonial e, por isso, não se justifica apenas o exame de documentos contábeis produzidos no último ano da empresa. Recurso parcialmente provido para afastar a limitação temporal da prova pericial, considerando-se a necessidade de que se produza a perícia, de acordo com os parâmetros expostos no Acórdão, nos termos do art. 1031 do CC" (TJSP, 2.ª Câmara Reservada de Direito Empresarial, AI 2221104112015826000/SP 2221104-11.2015.8.26.0000, Rel. Carlos Alberto Garbi, j. 02.12.2015, Data de Publicação 04.12.2015).

[597] HOOG, Wilson Alberto Zapp. *Balanço especial para apuração de haveres e reembolso de ações*. Curitiba: Juruá, 2009. p. 45.

[598] FERRARI, Ed Luiz. *Contabilidade geral*. Niterói: Impetus, 2012. p. 66-67.

específico para apurar os haveres do sócio,[599] ou do esposo, ou companheiro de sócio, cujas quotas, porque não foram compensadas na partilha e adjudicadas para o cônjuge, na apuração de haveres podem ser compradas pela sociedade, reduzindo a sociedade o seu capital social, ou utilizando os lucros e as reservas, ou suprindo os demais sócios o valor das quotas. Nada impede que terceiros que não integrem o quadro societário adquiram as quotas sociais que, mesmo assim, não precisam ser admitidos no quadro societário, mas figurarão como meros titulares de quotas sociais.[600]

Como explica Roberta de Oliveira e Corvo Ribas, o balanço é um processo técnico que tem por escopo dar conhecimento da composição patrimonial de uma determinada pessoa jurídica, em um dado momento, podendo ser destinado a variadas finalidades. O balanço mostra a situação do patrimônio, bem como sua composição. Em um momento específico, ele representa uma *fotografia econômica do patrimônio*, existindo vários tipos de balanço, dependendo da finalidade buscada, mas que, tradicionalmente, existem quatro tipos distintos de balanço: (i) balanço patrimonial; (ii) balanço de cessão; (iii) balanço de liquidação; e (iv) balanço de determinação, este utilizado como ferramenta para a apuração de haveres.[601]

Conquanto a jurisprudência tenha se consolidado no sentido de que, em regra, a apuração de haveres deverá ser objeto de ação autônoma, sobretudo diante da necessidade de respeitar o contraditório em relação aos sócios remanescentes, que não são legitimados a figurar no polo passivo de uma ação de inventário, de divórcio ou de dissolução de união estável, pois estas são demandas que comportam unicamente a divisão matemática de metade das quotas ou ações na hipótese de meação, ou no correspondente em quotas societárias ao quinhão hereditário do herdeiro de sócio, terão de promover a apuração de haveres em ação própria, na qual, oportunamente, será realizado um balanço especialmente feito para esse ato de quantificação das quotas.[602]

---

[599] FERRARI, Ed Luiz. *Contabilidade geral.* Niterói: Impetus, 2012. p. 46.

[600] CHAVES, Natália Cristina. *Casamento, divórcio e empresa*: questões societárias e patrimoniais. Belo Horizonte: D'Plácido, 2018. p. 292.

[601] RIBAS, Roberta de Oliveira e Corvo. Apuração de haveres: critérios para a sociedade empresária do tipo limitada. *In*: BRUSCHI, Gilberto Gomes; COUTO, Mônica Bonetti; SILVA, Ruth Maria Junqueira de A. Pereira; PEREIRA, Thomaz Henrique Junqueira de A. (org.). *Direito processual empresarial.* Rio de Janeiro: Elsevier, 2012. p. 732-734.

[602] "Societário. Recurso especial. Dissolução parcial. Apuração de haveres. Disposição contratual específica afastada. Balanço especialmente levantado. Apuração de haveres. Ação limitada à apuração do patrimônio contábil e cabedais do sócio egresso. Delimitação dos danos. Inocorrência. 1. O art. 1.031 do Código Civil estabelece que 'nos casos em que a sociedade se resolver em relação a um sócio, o valor da sua quota, considerada pelo montante efetivamente realizado, liquidar-se-á, salvo disposição contratual em contrário, com base na situação patrimonial da sociedade, à data da resolução, verificada em balanço especialmente levantado'. 2. Na hipótese, apesar de reconhecer a existência de cláusula contratual específica, acabou o acórdão por afastar a sua incidência, justamente diante da situação peculiar do ingresso do autor na sociedade, de sua permanência por cerca de três anos como sócio, e os alegados desvios de valores, o que surtiria efeitos diretamente na apuração dos haveres. Chegar à conclusão diversa do acórdão recorrido demandaria o revolvimento fático-probatório dos autos, o que é vedado em sede de recurso especial (Súm. 7/STJ). 3. De fato, o direito civil não tolera o abuso do direito em dispositivo do contrato social – cláusula leonina – que venha a gerar o enriquecimento sem causa em detrimento de um dos sócios, seja por depor contra o preceito ideológico do justo equilíbrio, seja por refletir situação demasiadamente distante da apuração dos bens da sociedade. 4. A ação de dissolução parcial dos haveres é contenda deveras específica, que se limita à superficialidade das questões

Comentando o artigo 1.031 do Código Civil, Mário Luiz Delgado explica que o balanço de determinação define a situação patrimonial da sociedade no momento da saída do sócio, com base nos valores prováveis de liquidação dos bens componentes do patrimônio societário, não servindo a utilização de outros métodos de balanço, como o balanço de exercício, cuja finalidade se restringe à apuração dos resultados da gestão social em determinado exercício, como decidiu, por oportuno, a Terceira Turma do STJ em voto lavrado pelo Ministro Ricardo Villas Bôas Cueva, em aresto datado de 13 de abril de 2021, no REsp. 1.877.331/SP, com a seguinte ementa: "Recurso especial, Direito empresarial. Sociedade empresária limitada. Dissolução parcial. Sócio retirante. Apuração de haveres. Contrato social. Omissão. Critério legal. Art. 1.031 do CCB/2002. Art. 606 do CPC/2015. Valor patrimonial. Balanço especial de determinação. Fundo de comércio. Bens intangíveis. Metodologia. Fluxo de caixa descontado. Inadequação. Expectativas futuras. Exclusão". Nesta direção concluiu o Enunciado 62 da I Jornada de Direito Civil: "Com a exclusão do sócio remisso, a forma de reembolso das suas quotas, em regra, deve-se dar com base em balanço especial, realizado na data da exclusão".[603]

Trata-se do *balanço de determinação* consistente da demonstração contábil, elaborada por perito em contabilidade nomeado pelo juiz, para determinar o montante dos haveres que cabem ao sócio dissidente ou por extensão ao subsócio cônjuge ou companheiro de sócio que partilhou as quotas que titula na sociedade, ou do sócio que faleceu e seus herdeiros promovem a apuração de seus haveres. Nesse balanço de determinação, o perito procura refletir a efetiva situação líquida da sociedade em determinado momento da vida societária,[604] vinculada pela dissidência, exclusão ou morte de um dos sócios que então deixa de integrar o quadro

---

atinentes a forma de apuração do patrimônio contábil e seus haveres – seja adotando o contrato social, seja balanço especialmente levantado, o que sumariza o seu conhecimento, limitando sua extensão e/ou profundidade. 5. Com efeito, discussões sobre eventuais vícios de gestão, atos *ultra vires societatis* ou ainda abusos ou desvios em atos de administração, concorrência desleal, bem como eventuais artimanhas para fins de prejudicar determinado sócio, por certo, escapam aos limites objetivos da ação de resolução que, com a análise da situação patrimonial da sociedade, terá a função de apurar os cabedais do sócio egresso e, ao mesmo tempo, permitir o prosseguimento da sociedade empresária, com eventual preservação da empresa. 6. No caso, eventual indenização por descumprimento contratual, concorrência desleal, uso indevido da firma social, desvio de capital, há de ser apurada, se for o caso, por meio de ação própria, permitindo ampla defesa e produção de provas aos réus e chamando à lide possíveis terceiros prejudicados, sob pena de desvirtuar a dissolução em comento, 7. Ademais, diante do quadro fático estabelecido pelas instâncias ordinárias e as provas invocadas como razão de decidir, verifica-se que o acórdão não tomou a conclusão adequada no tocante à demonstração dos danos; fato, aliás, que, em persistindo, incorrerá inevitavelmente na inviabilidade da liquidação ou indesejada situação de sua 'liquidação zero'. 8. Realmente, o julgador deve se valer do seu livre convencimento para proferir sua decisão, desde que decline as suas razões jurídicas para a conclusão adotada, o que não pode é impingir a alguém determinada condenação de forma hipotética, sem a existência de provas ou sem fundamentar em quais elementos probatórios lastreia o seu convencimento. 9. Recurso especial parcialmente provido" (STJ, 4.ª Turma, REsp 1.444.790/SP, Rel. Min. Luis Felipe Salomão, j. 26.08.2014).

603 DELGADO, Mário Luiz *et al. Código Civil comentado.* Doutrina e jurisprudência. Rio de Janeiro: GEN/Forense, 2019. p. 717.

604 "Agravo de instrumento contra tópico de decisão que determinou a avaliação da quota social objeto de penhora, com a exclusão de dividendos e outros direitos relacionados. Provimento do recurso para determinar o levantamento de balanço patrimonial específico. Balanço de determinação. Com o objetivo de apurar o valor real do patrimônio e por consequência o das quotas sociais, o que deverá ocasionar reflexos em razão da inversão de dividendos e lucros que sejam verificados para apuração do valor da quota" (TJSP, 22.ª Câmara de Direito Privado, Agravo de Instrumento 2034479-29.2016.0000, Rel. Des. Alberto Gosson, j. 28.04.2016).

social da empresa, ou a pedido de ex-consorte ou companheiro, para apurar a universalidade dos bens patrimoniais tangíveis e intangíveis existentes na data da resolução e perceber seus haveres pelas quotas sociais recebidas em pagamento da sua meação (CPC, art. 606).[605]

Conforme Roberta de Oliveira e Corvo Ribas, o balanço de determinação tem justamente o propósito de encontrar o montante referente ao potencial crédito do sócio que se afasta da sociedade,[606] e ele se presta para o cônjuge de sócio que quer liquidar as quotas sociais adjudicadas em razão da sua meação e diante da liquidação dos bens conjugais, dado que o balanço de determinação leva em conta a situação real da empresa no momento do desligamento do sócio e ele faz a encenação do que seria um balanço de liquidação, como se a sociedade empresária estivesse sendo liquidada e totalmente dissolvida.[607]

Acórdão da Ministra Nancy Andrighi, extraído do Recurso Especial 1.360.221/SP, da 3.ª Turma do Superior Tribunal de Justiça, datado de 25 de março de 2014,[608] traz em seu ventre

---

[605] "Recurso. Agravo retido. Reiteração inocorrente na fase recursal. Agravo não conhecido. Sociedade limitada. Dissolução parcial de sociedade. Apuração de haveres. Inclusão dos bens incorpóreos. Método de avaliação da empresa. Método de fluxo de caixa descontado apropriado para avaliação do valor econômico da empresa nos casos de trespasse, fusão, cisão ou incorporação. Método que contempla juros e riscos projetados para depois da saída do sócio. Cabimento do balanço de determinação (CC, art. 1.031, *caput*) para as hipóteses de dissolução parcial da sociedade. Método que, para apurar o valor do fundo de comércio, se utiliza da média histórica dos lucros operacionais líquidos, do lucro normal, da taxa de custo de capital próprio e da perpetuidade financeira. Impropriedade também da apuração com base somente no balanço patrimonial. Apuração de haveres que deveria ser feito mediante balanço especial de determinação, conforme pactuado no contrato social. Prejuízo material do espólio demandante comprovado. Apelação provida. Vício de consentimento. Dolo. Falecimento de um dos sócios. Cessão de suas quotas sociais pela viúva um mês depois do óbito. Pressão exercida pelos sócios remanescentes para que a viúva alienasse as quotas, oportunidade em que emancipou um de seus filhos para que este pudesse anuir ao negócio jurídico. Pagamento do valor de R$ 113.302,21 com base em saldo existente em contas bancárias. Superveniente depósito do valor total de R$ 140.000,00 referente supostamente à quota-parte sobre o maquinário. Omissão dos sócios de que deveria ser feito balanço especial de determinação considerando-se os demais bens corpóreos e incorpóreos da pessoa jurídica. Cônjuge supérstite leiga e inexperiente no mundo dos negócios, destituída da normal capacidade diante da especial condição do luto recente. Dolo configurado. Negócio jurídico anulado, retornando as partes ao *status quo ante*. Anulatória provida para esse fim" (TJSP, 2.ª Câmara Reservada de Direito Empresarial, Apelação Cível 0018750-35-2009.8.26.0099, Rel. Des. Ricardo Negrão, j. 06.04.2016).

[606] "Embargos infringentes. Dissolução parcial de sociedade. Método para apuração de haveres. 1. Embargos infringentes interpostos em face de acórdão que, na parte divergente, estabeleceu que o método adequado para apuração de haveres em dissolução parcial de sociedade é o balanço de determinação e não o método de fluxo de caixa descontado. 2. O balanço especial de determinação fixa o valor da empresa no momento do fato (dissolução parcial ou total), enquanto a avaliação pelo fluxo de caixa descontado aponta o valor que a empresa pode gerar no futuro, ou seja, projeta um valor para momento em que o sócio que se retira já não é mais sócio. 3. Embargos infringentes conhecidos e não providos" (TJSP, 2.ª Câmara de Direito Empresarial, Embargos Infringentes 0101528-30.2007.8.26.0003/50000, Rel. Des. Alexandre Lazzarini, j. 19.08.2013).

[607] RIBAS, Roberta de Oliveira e Corvo. Apuração de haveres: critérios para a sociedade empresária do tipo limitada. *In*: BRUSCHI, Gilberto Gomes; COUTO, Mônica Bonetti; SILVA, Ruth Maria Junqueira de A. Pereira; PEREIRA, Thomaz Henrique Junqueira de A. (org.). *Direito processual empresarial*. Rio de Janeiro: Elsevier, 2012. p. 737.

[608] "Direito processual civil. Recurso especial. Ação de apuração de haveres. Liquidação de sentença. Utilização de balanços patrimoniais posteriores. Violação à coisa julgada. Inexistência. Impossibilidade probatória. Balanço patrimonial fraudado. Artigos analisados: 128, 460 e 475-G do CC e 1.031 do CC. 1. Ação de dissolução de sociedade cumulada com apuração de haveres ajuizada em 06.07.1995. Recurso

Cap. 2 · PARTILHA DOS BENS CONJUGAIS | **417**

a didática e esclarecedora finalidade do balanço de determinação, destinado a identificar o valor relativo à quota dos sócios excluídos e, bem assim, dos seus eventuais subsócios (cônjuge ou convivente) e herdeiro, caso a exclusão do sócio do quadro social da sociedade que integrava tenha decorrido do seu falecimento, merecendo a transcrição de determinados trechos extraídos do referido voto:

> [...] 07. A sentença de mérito, ao julgar procedente o pedido de apuração de haveres, determinou que "[...] serão elaborados balanço real e balanço de determinação para a apuração dos haveres dos autores". Em fundamentação, esclareceu-se que o balanço de determinação deveria considerar o ativo físico e contábil, incluindo-se o fundo de comércio e evitando o enriquecimento sem causa dos recorrentes.
>
> 08. Inicialmente, convém ressaltar que a apuração de haveres por meio de balanço de determinação, utilizada pelos tribunais nacionais, tem o escopo de apurar, à data presente, o valor patrimonial real da empresa parcialmente dissolvida. Trata-se de balanço especial destinado a apontar o valor financeiro que se alcançaria por meio da dissolução total da empresa, de forma a determinar o valor mais próximo do real a que o sócio excluído teria direito.
>
> 09. Assim, a elaboração do balanço de determinação deve atender a dois princípios, nos termos das Normas Brasileiras de Contabilidade do CFC (NBC-T-4): *i)* valor de mercado; e *ii)* valor presente. Consectário lógico, tanto do princípio contábil do valor presente, quanto da finalidade de se apurar o valor patrimonial real da empresa e das quotas do sócio excluído, essa apuração tem por base natural a data do evento (exclusão ou retirada), de forma que alterações patrimoniais posteriores são irrelevantes para o levantamento.
>
> 10. Esse raciocínio lógico-dedutivo foi materializado no art. 1.301 do CC/02, de modo que, apesar de consistir em novidade textual, já vinha sendo admitido pela jurisprudência e doutrina como decorrência da vedação ao enriquecimento sem causa [...]

Em conformidade com o artigo 609 do Código de Processo Civil, uma vez apurados os haveres do sócio retirante (ou do cônjuge e/ou convivente que, na qualidade de subsócio, pois não é sócio, mas meeiro das quotas de seu ex-parceiro que é sócio) serão pagos conforme disciplinar o contrato social e, no silêncio deste, nos termos do § 2.º do art. 1.031 do Código Civil, e o pagamento dos haveres apurados deverá ser feito em dinheiro e no prazo de 90 dias, nos termos do artigo 132 do Código Civil, contados a partir do trânsito em julgado da decisão que decidir sobre o valor devido. Obviamente, o prazo contratual previsto para o pagamento dos haveres do sócio que se retira da sociedade, ou do ex-cônjuge ou ex-convivente que apura os haveres relativos às quotas da sociedade pagas em sua meação, ou ainda do sucessor que

---

especial concluso ao Gabinete em 11.01.2013. 2. Demanda em que se discute a existência de violação à coisa julgada decorrente de determinação de utilização de balanços patrimoniais posteriores à exclusão dos sócios em perícia para elaboração de balanço de determinação. 3. O balanço de determinação tem por objetivo apurar o valor real e atual do patrimônio empresarial, a fim de identificar o valor relativo à quota dos sócios excluídos. 4. Para que não haja enriquecimento indevido de qualquer das partes, a apuração deve ter por base para avaliação a situação patrimonial da data da exclusão (art. 1.031, CC/02). 5. Na situação concreta, todavia, o balanço correspondente à data de exclusão dos sócios foi objeto de adulteração, perdendo fé e tornando-se imprestável para suportar o trabalho pericial. 6. Após o transcurso de aproximadamente 19 anos desde a data do evento e o reconhecimento da existência de fraude no balanço patrimonial, não é possível a elaboração de balanço de determinação referente à época da exclusão. 7. Para atendimento da norma individualizada transitada em julgado, é necessária ao juiz a eleição de meios substitutos que permitam a elaboração de balanço de determinação e a busca do valor das quotas, mitigando-se a coisa julgada e a contemporaneidade da situação patrimonial da sociedade parcialmente dissolvida, sob pena benefício à torpeza. 8. Recurso especial não provido."

recebeu como herança quotas sociais do sócio sucedido, deve ser respeitado nos exatos termos do contrato, salvo contenha cláusula leonina, pressupondo-se sempre que o seu *quantum* seja incontroverso, mas, se depender de ação judicial de apuração de haveres, cuja quantificação tenha sido dirimida por sentença judicial transitada em julgado, o pagamento é exigível de imediato.[609]

2.2.40 Legitimação ativa

Há legitimidade ativa do ex-cônjuge ou ex-companheiro do sócio (CPC, art. 600, parágrafo único) para a ação de apuração de haveres a ser ajuizada depois de formalizada a partilha no processo de divórcio ou de dissolução de união estável, e de os meeiros receberem ações ou quotas sociais como pagamento de suas meações, podendo concorrer à divisão periódica dos lucros enquanto não procedida a apuração de haveres, consoante permite o artigo 1.027 do Código Civil e até que seja liquidada a sociedade. Ex-cônjuge ou ex-companheiro não ingressam na sociedade pelo fato de receberem em suas meações quotas sociais, considerando que a sociedade empresária está emoldurada na afeição societária (*affectio societatis*), assim como também os herdeiros de sócio falecido têm legitimidade ativa para a ação de apuração de haveres, os quais serão deduzidos da quota do sócio. Contudo, tanto o ex-cônjuge como o ex-companheiro e os herdeiros precisam constituir previamente seus direitos mediante os respectivos pagamentos de suas meações ou de seus quinhões hereditários, consoante seus respectivos processos de partilha, a qual se processará no juízo de família para divórcio e dissolução de união estável e no juízo sucessório em razão da morte de sócio de empresa, quando então, depois de receberem como meação ou como herdeiros quotas sociais ou ações de empresas de capital fechado, poderão ingressar nas varas cíveis em alguns Estados, ou nas varas empresariais em Comarcas onde elas existam, para promoverem a correspondente cobrança dos seus haveres ou a *liquidação de suas quotas*, valendo-se dos seus formais de partilha ou de sua carta de adjudicação, se for herdeiro único.

É como menciona Irineu Mariani, que se impõe constar na partilha, seja ela proveniente da extinção da sociedade conjugal, seja ela proveniente da dissolução de uma união estável, a titularidade das quotas ou ações como meação do ex-cônjuge de sócio, ou a titularidade das quotas ou ações como meeiro de ex-companheiro, salvo se trate de titular de quotas ou ações havidas em processo judicial de inventário, ou escritura pública de inventário extrajudicial. No entanto, enquanto não houver partilha na qual conste a participação na quota ou ações, o ex-cônjuge ou ex-companheiro do sócio, assim como seus herdeiros, não podem exigir a parte que lhes cabe na quota social, mas tão somente concorrer à divisão periódica dos lucros (CC, art. 1.027). Dessarte, durante a tramitação do divórcio e partilha e no curso da tramitação da ação de dissolução de união estável e partilha, e também, durante o inventário e partilha ou adjudicação, não há que falar em apuração de haveres, cuja demanda será promovida depois de encerrada a partilha conjugal, convivencial ou o inventário.

Apenas para que não fique esquecido, também tem legitimidade ativa para a ação de apuração de haveres o credor do sócio, desde que seja a derradeira alternativa para haver seu crédito, depois de exauridas as possibilidades de penhora de outros bens e de penhora dos lucros do devedor e de ter sido assegurada aos demais sócios a preferência na aquisição (CC, art. 1.106, *caput* e parágrafo único, e CPC, art. 876, § 7.º), conquanto, na intelecção do artigo 1.026 do Código Civil, o credor particular de sócio pode, na insuficiência de outros bens do

---

[609] STJ, 3.ª Turma, REsp 1.371.843/SP, Rel. Min. Paulo de Tarso Sanseverino, j. 20.03.2014.

devedor, fazer recair a execução sobre o que a este couber nos lucros da sociedade, ou na parte que lhe tocar em liquidação, e consta no parágrafo único que, "se a sociedade não estiver dissolvida, pode o credor requerer a liquidação da quota do devedor".[610]

2.2.41 Legitimação passiva

De acordo com o artigo 601 do Código de Processo Civil, "os sócios e a sociedade serão citados para, no prazo de 15 (quinze) dias, concordar com o pedido ou apresentar contestação", e o parágrafo único estabelece que "a sociedade não será citada se todos os seus sócios o forem, mas ficará sujeita aos efeitos da decisão e à coisa julgada". Logo, a citação da sociedade será dispensada se todos os sócios, sem nenhuma exceção, forem convocados, só sendo citada a sociedade, se não forem citados todos os sócios, ou só alguns deles, constituindo um litisconsórcio passivo, necessário e unitário, mas devendo ser chamada a sociedade existindo apuração de haveres,[611] pois, nesse caso, a empresa eventualmente se descapitaliza se pagar os haveres com o seu patrimônio, isto se os sócios remanescentes não tiverem interesse na aquisição das quotas.

2.3 ENRIQUECIMENTO INDEVIDO DE UM DOS CÔNJUGES

Conforme Giovanni Ettore Nanni, o direito de família é um campo particular do direito civil, pois, devido a suas razões éticas, o seu caráter pessoal e seu viés patrimonial, exige formas próprias de tutela que diferem das que caracterizam outros segmentos do direito civil,[612] e, considerando esse verdadeiro cadinho de sentimentos e de emoções, o princípio do enriquecimento sem causa encontra um fértil instrumento de atuação, não se mostrando lícito que alguém tenha o seu patrimônio acrescido por ação de outrem, sem outorgar nenhuma contraprestação.[613]

Em quase todas as ações litigiosas de família existem discussões de ordem patrimonial e em boa parcela delas são detectados movimentos ilícitos no propósito de fraudar sagrados direitos familistas atinentes ao direito de alimentos e da correta partilha dos bens que compõem o acervo conjugal e convivencial, sem, obviamente, esquecer o direito sucessório, com seus clássicos desvios em distorção frequente à igualdade das legítimas. Há fraude pelo desvio ou pela sonegação de bens, facilitada sua execução por atos de simulação e pelo uso de interpostas pessoas físicas ou jurídicas, sendo imperioso concluir que qualquer eventual sucesso na perpetração de ato fraudulento representará um indevido e abominável enriquecimento injusto do cônjuge, convivente, sucedido ou coerdeiro fraudador.

O enriquecimento indevido de um cônjuge ou convivente causa o automático empobrecimento imérito do outro, com expressa e genérica previsão legal no artigo 884 do Código Civil, ao dispor que: "Aquele que, sem justa causa, se enriquecer à custa de outrem, será obrigado a restituir o indevidamente auferido, feita a atualização dos valores monetários. Parágrafo único. Se o enriquecimento tiver por objeto coisa determinada, quem a recebeu é obrigado a restituí-la, e, se a coisa não mais subsistir, a restituição se fará pelo valor do bem na época em que foi exigido".

---

[610] MARIANI, Irineu. *Temas comerciais e empresariais*. Porto Alegre: AGE, 2018. p. 689-691.

[611] MARIANI, Irineu. *Temas comerciais e empresariais*. Porto Alegre: AGE, 2018. p. 693.

[612] NANNI, Giovanni Ettore. *Enriquecimento sem causa*. De acordo com o novo Código Civil. São Paulo: Saraiva, 2004. p. 387.

[613] NANNI, Giovanni Ettore. *Enriquecimento sem causa*. De acordo com o novo Código Civil. São Paulo: Saraiva, 2004. p. 389.

Por sua vez, o artigo 885 do Código Civil dispõe que: "A restituição é devida não só quando não tenha havido causa que justifique o enriquecimento, mas também se esta deixou de existir"; e o artigo 886 do Código Civil atribui efeito subsidiário ao enriquecimento sem causa, estabelecendo que: "Não caberá a restituição por enriquecimento, se a lei conferir ao lesado outros meios para se ressarcir do prejuízo sofrido", visando substituir a restituição da coisa por sua indenização, quando não mais for possível cumular os pedidos.

São inúmeras as hipóteses de enriquecimento injusto no direito de família e no direito das sucessões, desde pensões alimentícias percebidas por alimentando que não mais tinha direito por haver recasado ou constituído uma união estável, ou por estar trabalhando e capacitado a prover sua própria subsistência, mas segue recebendo os alimentos originariamente acordados, e, pior ainda, proposta ação de exoneração, protela e dificulta o andamento processual, prevalecendo-se do fato de os alimentos serem considerados irrestituíveis e incompensáveis, premissa que deve ser relativizada nas hipóteses de enriquecimento injusto, como também haveria o injusto empobrecimento daquele consorte ou companheiro que tivesse apreendido preventivamente, arrolado e partilhado um bem adquirido durante a separação de fato, ou um bem obtido por doação, sucessão ou em sub-rogação de outro bem, cujas hipóteses são inerentes a qualquer um dos regimes de comunhão de bens.

Dessarte, qualquer movimentação que desencadeie algum enriquecimento ilícito do consorte, companheiro, do futuro autor de uma herança, que se movimenta para enriquecer algum coerdeiro em detrimento de outros, cujas ações causam o empobrecimento injusto de quem foi lesado pelo erro, pela fraude ou pela simulação, este que sofreu o indevido empobrecimento fará jus à restituição monetariamente atualizada daquilo que perdeu, sem prejuízo da cumulação da ação de restituição do bem com a indenização ou somente a reparação civil em caráter subsidiário, nos termos do Enunciado 36, aprovado na *I Jornada de Direito Civil*, que flexibilizou a regra da subsidiariedade do artigo 886 do Código Civil, ao prescrever que: "O artigo 886 do NCC não excluiu o direito à restituição do que foi objeto de enriquecimento sem causa nos casos em que os meios alternativos conferidos ao lesado encontram obstáculo de fato".

2.4 VIOLÊNCIA ECONÔMICA

Paradoxalmente, o lar conjugal, que deveria ser o lugar considerado mais seguro, por vezes é precisamente o mais instável e perigoso de todos diante da violência familiar que pode ser física, psicológica, sexual, moral ou patrimonial. Existe no Brasil a Lei 11.340, de 7 de agosto de 2006, apelidada de Lei Maria da Penha, que criou mecanismos para coibir a violência doméstica e familiar contra a mulher e intenta prevenir, punir e erradicar a violência contra a mulher. Prescreve o artigo 7.º, IV, da Lei Maria da Penha que a violência patrimonial ocorre diante de qualquer conduta que configure retenção, subtração, destruição parcial ou total de seus objetos, instrumentos de trabalho, documentos pessoais, bens, valores e direitos ou recursos econômicos, incluindo os destinados a satisfazer suas necessidades, ou, em resumo, pratica violência doméstica patrimonial o cônjuge que se apropria indevidamente ou destrói os bens da esposa ou companheira, como aquele que se furta deliberadamente do pagamento da pensão alimentícia destinada à subsistência da mulher credora de alimentos.

Conforme Adriana Noemí Krasnow, essa classe de violência se caracteriza por seu implemento silencioso, o que permite muitas vezes que a violência econômica se estenda no tempo, sendo a violência doméstica patrimonial definida na Argentina pelo artigo 4.º da Lei 26.485/2009, que trata sobre proteção integral para prevenir, sancionar e erradicar a violência contra as mulheres nos âmbitos em que desenvolvam suas relações interpessoais, definindo a violência como: "toda conduta, ação ou omissão, que de maneira direta ou indireta, tanto no âmbito público como no privado, baseada em uma relação desigual de poder, afete sua vida, liberdade, dignidade, integridade física, psicológica, sexual, econômica ou patrimonial, assim como também a sua segurança pessoal. Restam também compreendidas aquelas perpetradas pelo Estado ou por seus agentes. Considera-se violência indireta, para efeitos da presente lei, toda conduta, ação, omissão, disposição, critério ou prática discriminatória que ponha a mulher em desvantagem com respeito ao varão".

Em geral, diz a citada autora, a classe de violência doméstica patrimonial coloca a mulher em uma situação de debilidade econômica, produto da concentração do poder material nas mãos do homem. Na sequência, apresenta como exemplos de violência patrimonial contra a mulher a falta de participação dela na tomada de decisões vinculadas com o patrimônio familiar; limitações no manejo de recursos econômicos; desapoderamento de bens; dependência econômica; controle de gastos. Representam todas essas hipóteses exemplos de uma clara menos-valia do atuar livre e autônomo da mulher, forçando com o decurso do tempo a que muitas das mulheres se adaptem a essa situação e percam o ânimo de produzir alguma mudança pela quebra de um projeto de vida compartilhado e optem pelo caminho do término da convivência, com o divórcio ou a dissolução da sua união estável, persistindo essa violência durante todo o processo de ruptura do relacionamento e até mesmo depois de dissolvida a relação prossegue a agressão, por exemplo, como a da privação dos alimentos.[614]

Lamentavelmente, a violência econômica, quando perpetrada contra a mulher no âmbito doméstico, deixa-a em uma situação de debilidade e demove em nível internacional de que sejam tomadas as medidas apropriadas para modificar esses padrões socioculturais de conduta dos homens que atuam com a ideia de uma inferioridade ou superioridade que discrimina em função do poder econômico, o qual obriga muitas mulheres a permanecerem em situação de violência diante da privação econômica que pode ocorrer nos dois sentidos, muito embora a Lei Maria da Penha trate apenas dos mecanismos para coibir a violência doméstica e familiar contra a mulher, prevendo o artigo 24 da Lei 11.340/2006 que, para a proteção patrimonial dos bens da sociedade conjugal ou dos bens de propriedade particular da mulher, o juiz poderá determinar, liminarmente, as seguintes medidas, entre outras: (I) restituição de bens indevidamente subtraídos pelo agressor à ofendida; (II) proibição temporária para a celebração de atos e contratos de compra, venda e locação de propriedade em comum, salvo expressa autorização judicial; (III) suspensão das procurações conferidas pela ofendida contra o agressor (uma forma muito comum de fraude); (IV) prestação de caução provisória, mediante depósito judicial, por perdas e danos materiais decorrentes da prática de violência doméstica e familiar contra a ofendida; sendo oficiado o cartório competente para os fins previstos nos incisos II e III deste artigo (Lei Maria da Penha, art. 24, parágrafo único).

O legislador brasileiro tem investido fortemente na formulação e aprovação de leis voltadas para a proteção das pessoas consideradas vulneráveis, criando, inclusive, leis especiais dispondo sobre medidas de enfrentamento à violência doméstica e familiar contra a mulher e de enfrentamento à violência contra crianças, adolescentes, pessoas idosas e pessoas com deficiência durante a emergência de saúde pública de importância internacional decorrente do coronavírus, responsável pelo surto de 2019, daí sendo sancionada e decretada a Lei 14.022/2020 para garantir total prioridade e tramitação dos processos e procedimentos voltados para a proteção dessas pessoas consideradas vulneráveis e, portanto, sujeitas a toda forma

---

[614] KRASNOW, Adriana Noemí. *Régimen patrimonial del matrimonio*. Buenos Aires: Erreius, 2019. p. 226-229.

de violência humana, tal qual foi editada a Lei 14.010/2020, que dispunha sobre o Regime Jurídico Emergencial e Transitório das relações jurídicas de Direito Privado (RJET) no período da pandemia do coronavírus (Covid-19).

O artigo 181 do Código Penal isenta de pena quem comete qualquer dos crimes de estelionato e outras fraudes e receptação em prejuízo de cônjuge, na constância da sociedade conjugal (inc. I); de ascendente ou descendente, seja o parentesco civil ou natural (inc. II), com especial proteção do idoso contra aqueles que se apropriam ou desviam seus bens, proventos, pensão ou qualquer outro rendimento (Lei 10.741/2003, art. 102), entre outros crimes de cunho econômico previstos no Estatuto da Pessoa Idosa.

Conforme esclarece Cleber Masson, ao comentar o artigo 181 do Código Penal, que versa sobre as *imunidades absolutas* e isenta da pena quem comete qualquer dos crimes contra o patrimônio, em prejuízo do cônjuge, de ascendente ou descendente, seja o parentesco legítimo ou ilegítimo, seja civil ou natural, trata-se de imunidades materiais absolutas, por questões de ordem pública, e importam na total isenção de pena ao responsável pelo delito patrimonial, em que o crime permanece íntegro e subsiste a culpabilidade do agente. Contudo, não há possibilidade de imposição de pena, pois a isenção de pena é obrigatória. O autor complementa: "esta imunidade penal absoluta refere-se à isenção de pena em razão do matrimônio, sendo imprescindível que o crime patrimonial tenha sido cometido em prejuízo do cônjuge na constância da sociedade conjugal, ou seja, antes do divórcio ou da separação oficial e diz que a separação de fato não afasta a incidência da imunidade absoluta, mas já a separação de corpos impede a utilização do benefício, havendo, por seu turno, duas correntes que discutem a possibilidade da imunidade penal absoluta na união estável, onde a primeira nega, pois cônjuge é somente aquele que casa e o texto constitucional seria claro ao reconhecer diferença entre a instituição do matrimônio e o instituto da união estável, tanto que pode ser convertida em casamento, mas cuja defesa desta tese de se tratar de institutos jurídicos distintos fica difícil depois do pronunciamento do Supremo Tribunal Federal nos Recursos Extraordinários 646.721/RS e 878.694/MG, de 10 de maio de 2017, proibindo qualquer sobreposição de uma entidade familiar sobre a outra, e a segunda posição doutrinária que entende ser possível a escusa absolutória por conta do artigo 226, § 3.º, da Constituição Federal que protege a união estável".[615]

Os crimes patrimoniais cometidos entre cônjuges e familiares seriam lesivos à sociedade conjugal e à base familiar e, sendo assim, o Estado não deve interferir, salvo em casos excepcionais, pois a punição do criminoso, diz Cleber Masson, tornaria a vítima também culpada, em face do seu comportamento capaz de colaborar na condenação do seu cônjuge ou parente, destruindo a relação afetiva matrimonial ou parental biológica e socioafetiva.[616]

Entretanto, há previsão de pena no Código Penal quanto ao crime de abandono material, ao deixar o alimentante de prover, sem justa causa, a subsistência do cônjuge, ou de filho menor de 18 anos ou inapto para o trabalho, ou de ascendente inválido ou maior de 60 anos, não lhes proporcionando os recursos necessários ou faltando ao pagamento da pensão alimentícia judicialmente acordada, fixada ou majorada (CP, art. 244). Nas mesmas penas incide quem, sendo solvente, frustra ou ilide, de qualquer modo, inclusive por abandono injustificado de emprego ou função, o pagamento de pensão alimentícia judicialmente acordada, fixada ou majorada (CP, art. 244, parágrafo único).

---

[615] MASSON, Cleber. *Direito penal*. Parte especial. 13. ed. Rio de Janeiro: GEN/São Paulo: Método, 2020. v. 2, p. 628-631.

[616] MASSON, Cleber. *Direito penal*. Parte especial. 13. ed. Rio de Janeiro: GEN/São Paulo: Método, 2020. v. 2, p. 627-628.

2.4.1 A intimidação passional

Por vezes, a violência do cônjuge ou convivente fraudador é seguida de uma violência psicológica que se dá por meio de verdadeira tentativa de intimidação passional, quando o cônjuge varão tenta constranger seu parceiro e até mesmo o procurador judicial da vítima, mandando recados e fazendo ameaças ou até mesmo promovendo notificações judiciais ou extrajudiciais, advertindo da sua disposição em mandar instaurar processo-crime pelo suposto cometimento de ilícitos penais de calúnia, injúria e difamação, tudo com o firme propósito de intimidação do cônjuge e do seu representante judicial. Ele busca se favorecer dessa ameaça para desestimular qualquer prova da ocorrência das possíveis fraudes praticadas com o desvio ou com a sonegação de bens conjugais, esvaziando a pesquisa probatória que se desenrola nos processos de partilha de bens comuns ou hereditários.

Essa movimentação adicional intimidatória intenta inibir e bloquear a atuação do advogado da parte lesada e se constitui de um expediente antiético, nitidamente passional, ou altamente indicativo da ocorrência de efetiva fraude patrimonial, favorecido com tamanha ousadia e deslealdade, pela maior dificuldade que recai sobre a prova judicial da fraude, que quase nunca é provada de forma direta, e quase sempre resulta comprovada a partir de provas indiciárias. Essa intimidação se dá pela ameaça de um processo-crime, ou pelo ingresso de algum processo ético perante o órgão de classe do profissional da advocacia. No tocante ao cônjuge mulher, nessa atitude se corporifica uma inescondível forma adicional de abjeta violência doméstica, perpetrada pelo golpe baixo da intimidação psicológica, agravada pelo fato de o autor da violência deter poder econômico e financeiro, ou quando exerce atividade profissional inerente ao campo do conhecimento técnico que ameaça colocar em prática, por exemplo, se exerce a advocacia e disso se prevalece para arrostar autoridade e incutir medo, tratando suas ameaças como se fossem expressão da verdade jurídica, e assim dar credibilidade à sua intimidação, quando tudo não passa de mais uma notória violência complementar psicológica. Ele sabe que a antecipação de um golpe como esse provocará em sua esposa ou companheira um dano em seu psiquismo, o qual se intensifica pela insegurança que ela já mantém em face das usuais intimidações do marido, diante de um histórico conjugal de traumas, priorizados pela cartilha de poder e ascendência material e profissional do marido. Esse proceder corriqueiro deixou sequelas de um devastador poder destrutivo ao mirar os medos e as emoções da mulher, conhecendo suas fraquezas e sua ignorância das leis, e assim pode golpeá-la com precisão e assim neutralizar a pesquisa judicial da fraude civil e, com alguma sorte, também intimidar o advogado da esposa ou companheira, em cujo profissional o cônjuge vitimado deposita suas esperanças de justiça final.

Como refere Marie-France Hirigoyen, a violência psicológica constitui-se em um processo que tem por objetivo estabelecer ou manter uma dominação sobre a companheira; trata-se de uma violência que segue um determinado padrão, que se repete e se intensifica com o tempo, mas que começa com o controle sistemático do outro parceiro e logo depois aportam os ciúmes e o assédio e com ele as ofensas e humilhações como resposta à natural indiferença de quem se divorciou para obter distância e paz de espírito, cansada de ser denegrida e ver sua personalidade e a sua autoestima pisoteadas pela costumeira violência e pelo cego desejo de dominação, cujo perfil agressivo não desaparece durante a tramitação do processo litigioso de ruptura afetiva que se associa aos atos de fraudar bens e prejudicar a meação da mulher que não mais deseja viver sob o jugo do agressor.[617]

---

[617] HIRIGOYEN, Marie-France. *Mujeres maltratadas.* Los mecanismos de la violencia en la pareja. Buenos Aires: Paidó, 2006. p. 36.

É direito da parte que está sendo lesada na partilha desproporcional ou pelo esvaziamento integral de sua meação, mediante atos de ilícita disposição de bens realizados pelo administrador dos bens conjugais, de repor o seu dano patrimonial. Escreve Cândido Rangel Dinamarco que é *fato constitutivo* do direito do credor à execução sobre o bem sua recuperação ou compensação e, por isso, é do seu interesse o reconhecimento pelo juiz da ocorrência ou não ocorrência de atos de fraude,[618] não sendo o patrimônio conjugal um território de livre e abusiva circulação do cônjuge ou companheiro fraudador, muito menos de ele decidir que provas podem ser produzidas e que palavras podem ser ditadas por sua ex-mulher.

Em seara de exame de indícios de fraude sobre bens conjugais, convivenciais comuns ou sucessórios, tem inteiro trânsito o *juízo da proporcionalidade*, cujo princípio permite que o juiz coteje os valores postos em entrechoque, no propósito de escolher e decidir pelo melhor caminho para a aplicação da efetiva e esperada justiça, tendo em conta que os direitos fundamentais comportam restrições em favor e na defesa da ordem jurídica, assentada exatamente na ponderação de dois ou mais valores de aparente identidade de dimensão, mas que, no caso concreto, terminam por ceder naquelas hipóteses em que a sua observância intransigente levaria à lesão de outro direito fundamental ainda mais valorado,[619] dado que o agressor psicológico não pode calar o seu cônjuge ou intimidar o advogado de seu consorte com vazias ameaças de processos éticos e criminais, que nada mais escondem do que a prática lesiva que costumeiramente ofende direito muito mais elevado e que não pode ser abafado pelo abuso de poder e pela prepotência do ofensor que tenta calar pelo medo, pela ignorância ou pela coação.

2.5 A COMPENSAÇÃO DE BENS NA PARTILHA

Cônjuge, companheiro ou herdeiro prejudicado na partilha em razão do desvio de patrimônio comum pode ser indenizado pelo montante dos bens desviados, dispensando ações mais morosas como as de nulidade ou de anulação das vendas desses bens realizadas para terceiros, os quais, se estavam de boa-fé, serão protegidos e mantidos na posse e propriedade daquilo que adquiriram, mas, se agiram em verdadeiro *consilium fraudis* ou foram beneficiados pela transferência gratuita dos bens desviados, então a ação de anulação será julgada procedente e os bens desviados retornarão à origem.

O Superior Tribunal de Justiça, no entanto, já negou a compensação de imóvel penhorado pela razão de o ex-consorte ter se obrigado a indenizar a exequente pela parte que lhe cabia na meação, por entender a Corte Superior que o imóvel contristado estava inserido na exceção do bem de família estabelecida no inciso II do artigo 3.º da Lei 8.009/1990,[620]

---

[618] DINAMARCO, Cândido Rangel. *Instituições de direito processual civil*. 4. ed. São Paulo: Malheiros, 2019. v. IV, p. 417.

[619] MADALENO, Rolf. A prova ilícita no direito de família e o conflito de valores. *In*: MADALENO, Rolf. *Repensando o direito de família*. Porto Alegre: Livraria do Advogado, 2007. p. 88-89.

[620] "Recurso especial. Cumprimento de sentença que decretou o divórcio do casal com partilha de bens. Decisão interlocutória que reputou impenhorável o imóvel pertencente à ex-cônjuge virago, por se tratar de bem de família. Tribunal *a quo* que autorizou a penhora em razão do ex-consorte ter se obrigado a indenizar o exequente pela parte que lhe cabia na meação, tendo inserido a hipótese na exceção estabelecida no inciso II do artigo 3.º da Lei 8.009/90. Irresignação da executada. 1. É inviável a análise de ofensa a dispositivo constitucional da Suprema Corte. 2. A execução objetiva seja quitada a dívida civil consistente no pagamento pela ora insurgente/devedora, do montante atinente a 50% (cinquenta

Cap. 2 · PARTILHA DOS BENS CONJUGAIS | **425**

situação que se equipara ao estado de completa insolvência de quem deveria indenizar a meação do consorte, companheiro[621] ou o quinhão hereditário do coerdeiro fraudado, não havendo possibilidade de anular as alienações realizadas em um contexto de absoluta boa-fé dos compradores e não sobrando bens no acervo pessoal do fraudador que pudessem ser compensados.

Entrementes, existe a solução mais célere e eficiente de ser promovida a devida compensação do pagamento dos bens desviados com outros que estejam ainda na posse e no domínio daquele que realizou o ilícito desvio de parte dos bens comuns fraudados da partilha, muito embora o ideal seja compensar pagando em dinheiro os bens desviados, podendo a autoridade judicial ordenar o seu pagamento total ou parcial, mediante a entrega de outros bens, como por sinal e por expresso prevê o artigo 232-8 do Código Civil da Catalunha, regulando inclusive o pagamento parcelado, cujo parcelamento não pode exceder a três anos, ficando bens do devedor hipotecados, e, se não existirem bens no patrimônio do cônjuge devedor suficientes para satisfazer a compensação econômica, o credor poderá requerer a redução ou a supressão das doações feitas, começando pelas mais recentes e assim sucessivamente, ou *pro rata*, se as datas das doações e liberalidades forem indeterminadas, como o credor pode impugnar os atos realizados a título oneroso pelo devedor em fraude à sua meação (Código Civil da Catalunha, art. 232-9).

Esse cenário da compensação dos bens se mostra ainda mais indicado diante de uma circunstância em que os bens desviados estão localizados fora do território brasileiro, por exemplo, recursos financeiros depositados em bancos estrangeiros, cuja repatriação seria muito difícil ou morosa, assim como essa mesma compensação de bens pode ser realizada diante da simples existência lícita e declarada à autoridade fazendária brasileira de bens e investimentos situados no exterior, pelas mais diferentes motivações, como na hipótese de uma pessoa possuir dois domicílios e bens em cada um desses domicílios, podendo, inclusive, ter filhos

---

por cento) das parcelas do financiamento habitacional sobre as quais foi reconhecida a participação/contribuição do exequente. 2.1 O Tribunal *a quo* permitiu a penhora de parte do imóvel, por dívida civil decorrente da meação de bens partilhados no divórcio do casal, aplicando ao caso a exceção prevista no art. 3.º, inciso II, da Lei n.º 8.009/90. No entanto, o exequente/cônjuge varão não é o agente financeiro que concedeu o mútuo para a aquisição do imóvel ou tem qualquer equiparação à instituição financiadora. Ademais, a partilha dos bens do casal não compreendeu o imóvel em si, tampouco a execução é fundada em dívida oriunda do próprio bem. 2.2 Há violação pelo acórdão local aos ditames da Lei n.º 8.009/90, dada a interpretação elasticada ao texto legal, por considerar que o crédito do exequente, embora não seja decorrente de financiamento do imóvel ou sua construção, mas oriundo de dívida civil estabelecida quando da meação de bens em ação de divórcio, se enquadraria na exceção prevista no inciso II, do art. 3.º da Lei n.º 8.009/90. 2.3 O escopo da Lei n.º 8.009/90 não é proteger o devedor contra suas dívidas, mas visa à proteção da entidade familiar no seu conceito mais amplo, motivo pelo qual as hipóteses de exceção à impenhorabilidade do bem de família, em virtude do seu caráter excepcional, devem ser interpretados restritivamente. Precedentes. 2.4 Inviável, também, a penhora de fração do imóvel indivisível sob pena de desvirtuamento da proteção erigida pela Lei n.º 8.009/90. Precedentes. 3. Recurso especial conhecido em parte e, na extensão, provido" (STJ, 4.ª Turma, REsp 1.862.925/SC, Rel. Min. Marco Buzzi, j. 26.05.2020).

[621] A Terceira Turma do STJ admitiu, em execução de aluguéis, a penhora e a adjudicação de um imóvel – bem de família legal – que ficou sob o uso exclusivo de um dos companheiros após a dissolução da união estável. Disponível em: https://www.stj.jus.br/sites/portalp/Paginas/Comunicacao/Noticias/2023/29092023-Bem-de-familia-usado-com-exclusividade-por-ex-companheiro-pode-ser-penhorado-na-execucao-de-alugueis.aspx. Acesso em: 10 jan. 2024.

que moram em um ou em outro país, de sorte que, sendo herdeiros compensam entre eles a adjudicação dos bens existentes em seus respectivos domicílios.[622]

Ao menos no âmbito consensual, destacada doutrina admite a inclusão em partilha amistosa de bens localizados no exterior, sendo todos os herdeiros maiores e capazes, na forma de um compromisso de partilha a ser formalizado perante as autoridades do lugar de origem dos bens, para efeitos fiscais e de registro, mas que também seria viável incluir na partilha feita no Brasil o valor de bens que já tenham sido atribuídos a uma das partes, valendo como imputação de pagamento do respectivo quinhão para equilíbrio na divisão dos bens.[623]

Pelo artigo 2.015 do Código Civil, herdeiros maiores e capazes podem fazer a partilha amigável por escritura pública, termo nos autos do inventário, ou escrito particular, devidamente homologado pelo juiz. No comentário de Pontes de Miranda, a regra do artigo 89, II, do Código de Processo Civil de 1973 e correspondente ao artigo 23 do Código de Processo Civil em vigor, tem por finalidade evitar a intromissão do juízo do exterior nas ações de inventário e partilha de bens situados no Brasil.[624] Na conclusão inversa dessa lógica está o patrimônio situado no exterior, de brasileiro ou estrangeiro domiciliado no Brasil, devendo ser procedido o inventário no país em que se encontra o acervo. Toda a discussão recai sobre o princípio da *pluralidade de foros* do artigo 23 do Código de Processo Civil, cujo sistema leva em conta se uma determinada partilha ou sucessão tiver bens em mais de um país, reconhecendo a regra processual que nessa hipótese cada país determina o processamento do inventário ou da partilha dos bens lá situados. Embora o juiz brasileiro não possa cogitar de partilhar bens situados no exterior, deve considerar a sua existência quando lhe é apresentada partilha realizada no estrangeiro, ou mesmo a existência incontestável de bens localizados no exterior, para adequação das porções disponíveis ou das meações a serem compensadas em fiel cumprimento das regras de direito material de família e sucessões, evitando disparidade na divisão. Dispõe o artigo 1.791 do Código Civil que a herança corresponde a um todo unitário, anotando o seu parágrafo único que, "até a partilha, o direito dos coerdeiros, quanto à propriedade e posse da herança, será indivisível, e regular-se-á pelas normas relativas ao condomínio".

Portanto, a universalidade da herança também está compreendida nos textos dos artigos 1.784 e 1.825 do Código Civil, permitindo concluir que, embora a justiça brasileira não possa inventariar e partilhar bens situados no estrangeiro, não deve desconsiderá-los se já partilhados ou se sua existência for incontestável e tiverem sido informados pelas partes, tudo para evitar desigualdades entre os herdeiros necessários e meeiros quando do cálculo das legítimas e da meação.

O artigo 10, *caput*, da Lei de Introdução às Normas do Direito Brasileiro (Decreto-lei 4.657/1942) também adota a teoria da *unidade sucessória*, pois, enquanto não efetivada a partilha,

---

[622] "Inventário. Autora da herança, que possui bens no Brasil e no exterior. Na partilha, segundo o direito brasileiro, cumpre considerar o valor dos bens situados lá fora, para cômputo da legítima das herdeiras necessárias. Art. 89, II, do Código de Processo Civil/73 (CPC/15, art.23). Se a autora da herança possui bens no Brasil e no exterior, na partilha realizada segundo o direito brasileiro, será força considerar o valor do patrimônio alienígena para cômputo da legítima das herdeiras necessárias, sem que isso implique violação do art. 89, II, do Código de Processo Civil/73 (CPC/15, art. 23)" (TJSP, 4.ª Câmara de Direito Privado, Agravo de Instrumento 369.085.4/3-00/SP, Rel. Des. Carlos Biasotti, *Diário Oficial do Estado de São Paulo* 24.05.2005).

[623] OLIVEIRA, Euclides de; AMORIM, Sebastião. *Inventário e partilha.* Teoria e prática. 26. ed. São Paulo: Saraiva, 2020. p. 456.

[624] PONTES DE MIRANDA, Francisco Cavalcanti. *Comentários ao Código de Processo Civil.* Rio de Janeiro: Forense, 1974. v. II, p. 195.

os bens comuns ou do falecido constituem um todo, que projeta a personalidade econômica do autor da herança.[625] Por isso, é de todo irrelevante se o sucedido, cônjuge ou companheiro possuía bens que se encontram no Brasil ou no exterior, porque a unidade dos bens comuns ou da herança não se depara com limites nem deve contemplar exclusões apenas por conta das fronteiras que separam meeiros, herdeiros e jurisdições, pois, se a justiça brasileira não pode inventariar e partilhar bens situados no estrangeiro, deve apreciá-los para evitar desigualdades entre os herdeiros necessários, meeiros e herdeiros testamentários. A unidade da sucessão e assim também dos bens conjugais ou convivenciais tem o exato propósito de conferir direitos iguais aos meeiros e sucessores e, embora o ordenamento brasileiro tenha se posicionado em prol do princípio da pluralidade de juízos, impedindo que o juiz brasileiro cuide de partilhar bens localizados no exterior, não se afigura a solução mais acertada impedir, somente por conta da regra do artigo 23 do Código de Processo Civil, a compensação desses bens na partilha, sob pena justamente de ferir a função da unidade dos bens sucessórios ou provenientes do regime de bens.

E a compensação tem sido a *palavra de ordem* nas demandas de divisão nos regimes matrimoniais e na partilha do direito sucessório, especialmente com a larga e proficiente utilização da desconsideração da personalidade jurídica do artigo 50 do Código Civil e da sua instrumentalização pelos artigos 133 a 137 do Código de Processo Civil, sempre que verificado o mau uso societário para fraudar a meação do cônjuge ou companheiro, ou o quinhão de qualquer herdeiro em algum concerto fraudatório, tampouco impede a compensação pela simples existência de bens situados em diferentes países.

Na hipótese bastante comum da execução de fraude, bens conjugais desviados para uma empresa ou recursos financeiros despachados pelo cônjuge para o exterior devem ser computados na partilha para equilíbrio da meação e correção dos quinhões hereditários, sob pena de prevalecer o enriquecimento ilícito. Integra o espírito da legislação brasileira a proteção dos direitos de cônjuges, conviventes e herdeiros, servindo a compensação de direitos como um eficiente mecanismo de correção e equalização das meações e dos quinhões hereditários em conformidade com a legislação nacional. Esse propósito está inteiramente absorvido pelo direito brasileiro, como faz a própria Constituição Federal quando cuida de proteger os interesses de filhos, consortes e companheiros brasileiros em caso de falecimento de pessoa domiciliada no estrangeiro com bens situados no Brasil (CF, art. 5.º, XXXI), e autoriza aplicar a lei que lhes for mais benéfica.

Outrossim, vale invocar a própria Lei de Introdução às Normas do Direito Brasileiro (Decreto-lei 4.657/1942), no § 1.º do artigo 10, igualmente preocupada em proteger os interesses de cônjuge ou convivente e dos filhos, porquanto não há por que confundir a competência processual do artigo 23 do Código de Processo Civil, para somente processar o inventário e a partilha de bens situados no Brasil, com a competência do juiz brasileiro para decidir acerca do regime de bens do casal, devendo relacionar esses bens, independentemente do lugar em que estejam localizados, tendo presente a universalidade dos bens, pois norma de índole processual não pode conduzir à supressão do direito material que garante a meação do cônjuge ou companheiro, não havendo como desprezar o valor dos bens localizados no estrangeiro, a fim de compensar a parcela relativa à meação.[626]

---

[625] DINIZ, Maria Helena. *Lei de Introdução ao* Código Civil brasileiro interpretada. São Paulo: Saraiva, 1994. p. 262.

[626] MADALENO, Rolf. Inventário de bens situados no exterior e a sua compensação para efeito de equilíbrio dos quinhões. *Revista Brasileira de Direito de Família*, Porto Alegre, v. 29, p. 223-234, abr./maio 2005.

2.6 VALORIZAÇÃO DAS QUOTAS

O Superior Tribunal de Justiça marcou posição jurisprudencial de que não se comunica o crescimento patrimonial de uma empresa constituída antes do casamento ou da constituição de uma união estável, pois a valorização de quota social seria decorrência de um fenômeno econômico que dispensa o esforço laboral da pessoa do sócio detentor, revertendo, assim, decisão majoritária proferida pela 8.ª Câmara do Tribunal de Justiça do Rio Grande do Sul que justamente ordenava a partilha da valorização das quotas sociais experimentada durante o período do casamento ou da convivência estável, embora adquiridas antes do relacionamento por um dos cônjuges ou conviventes. Entendia-se, assim, que esse crescimento patrimonial de uma sociedade empresária deveria integrar o patrimônio comum dos consortes ou conviventes, até porque, ao negar a partilha da valorização das quotas, haveria um enriquecimento injusto daquele companheiro ou consorte que manteve os lucros na sociedade empresária, não retirando seus dividendos em detrimento e sacrifício de sua família, aumentando, por conseguinte, o seu patrimônio pessoal ao mantê-lo incomunicável no acervo patrimonial da empresa, em flagrante enriquecimento apenas do cônjuge empresário que constituiu a sociedade empresária em qualquer tempo ou data anterior ao seu casamento ou à instituição de sua união estável.

Neste recurso especial julgado em 22 de outubro de 2013, pela 3.ª Turma do Superior Tribunal de Justiça (REsp 1.173.931/RS), o qual foi o aresto paradigma na discussão sobre a valorização das quotas sociais, a ementa foi redigida nestes termos:

> Recurso especial. Direito civil. Família. União estável. Regime de bens. Comunhão parcial de bens. Valorização de quotas sociais. 1. O regime de bens aplicável às uniões estáveis é o da comunhão parcial, comunicando-se, mesmo por presunção, os bens adquiridos pelo esforço comum dos companheiros. 2. A valorização patrimonial das quotas sociais de sociedade limitada, adquiridas antes do início do período de convivência, decorrente de mero fenômeno econômico, e não do esforço comum dos companheiros, não se comunica.

Em que pese a relevância do pioneiro voto proferido pelo egrégio Superior Tribunal de Justiça acerca da incomunicabilidade da valorização das quotas sociais ocorrida na constância de uma relação afetiva (casamento ou união estável), não obstante a sociedade afetiva tenha sido constituída antes de iniciada a entidade familiar, o acórdão enseja um reexame a partir de outras avaliações, pois não guarda em suas razões de decidir a mais justa conclusão. Serve como repto o argumento colacionado no voto do Ministro Relator Paulo de Tarso Sanseverino, quando se utiliza para reforço de motivação do seu voto o exemplo da compra de uma residência antes do casamento, cuja natural valorização do imóvel não poderia ser considerada um ganho oriundo do esforço comum dos cônjuges no curso do casamento. Logo, se não houve o esforço comum para que o imóvel valorizasse natural e automaticamente, tampouco poderiam ser tratadas como pertencentes à meação as valorizações puras e simples de uma carteira de ações adquirida em bolsa por um dos consortes ou conviventes antes de iniciada a união afetiva, cujo preço depende apenas dos influxos do mercado de ações. Esses exemplos de fato não podem ser cotejados e comparados com a valorização das quotas sociais de uma empresa e estão longe de representar o mesmo modelo, até porque, para esses dois exemplos, realmente vale a lógica do julgamento de que na valorização da moradia particular e das ações de uma empresa, compradas por quem ainda era solteiro, o acréscimo nominal efetivamente não contou com o esforço comum do outro consorte.

De fato, uma casa e terreno comprados e pagos por um dos cônjuges ainda antes do casamento, por exemplo, em bairro inicialmente menos valorizado comercialmente, com o simples passar do tempo eles aumentam de valor, porque em seu entorno foi construído um concorrido centro comercial, ou quaisquer outros prédios de elevado valor mercadológico, valorizando assim o bairro que passou a ter mais procura e com isso o aumento do preço do metro quadrado construído. Na esteira desse mero fenômeno natural, foi valorizada a residência privativa do proprietário que era solteiro quando comprou casa e terreno, e não há nenhuma dúvida de que essa valorização é obra exclusiva das circunstâncias alheias ao esforço comum do casal, fruto simples do acaso. Só em virtude dessa conjuntura já é evidente que o exemplo usado como paradigma é totalmente imprestável, pois se trata de situações completamente diferentes os exemplos de compra precedente ao matrimônio do imóvel e das ações. A casa e o terreno valorizaram por si mesmos, como usual e naturalmente, salvo exceções, os imóveis tendem a aumentar muito mais do que a própria inflação, e pretender fazer incidir uma meação sobre a natural valorização de um bem imóvel privativo seria almejar enriquecer indevidamente, e este é, inquestionavelmente, um fenômeno meramente econômico que não conta com o esforço comum.

A mera valorização imobiliária, que também poderia muito bem ser uma depreciação, dependendo muito da sorte e dos acontecimentos alheios à pessoa do proprietário ou do investidor, segue pertencendo exclusivamente àquele cônjuge que adquiriu a propriedade imobiliária e que simplesmente a deixou parada e esperou que, com o crescimento do bairro onde está situado o imóvel, a sua economia e por obra de sua visão empreendedora valorizasse naturalmente, mais do que esperado, se tiver a ventura de o entorno geográfico ser incrementado por empreendimentos imobiliários de grande procura e aumento de vendas. Contudo, se porventura a pessoa casada empreender recursos conjugais na ampliação e no crescimento físico da primitiva propriedade, construindo benfeitorias ou ascensões com dinheiro conjugal e, consequentemente, com o selo do *esforço comum*, evidentemente que esses acréscimos, verdadeiras benfeitorias, serão objeto de partilha ou de compensação, pois foram realizadas com recursos do casamento, sendo computados no acervo conjugal. Outrossim, tampouco alguém dirá que eventuais alugueres oriundos da locação de uma residência privativa não são créditos comuns, por isso os exemplos precisam ser buscados como paradigmas daquilo que eles efetivamente espelham e não podem ser usados como se reportassem fatos idênticos e incontestáveis, sob pena de gerarem flagrantes injustiças.

Nem mesmo o mero lucro imobiliário, que é tão severamente taxado pela Receita Federal, pode ser considerado um ganho conjugal, se o imóvel foi comprado, por exemplo, apenas pela esposa quando ela era solteira e o adquiriu pelo valor A, cuja economia foi por ela vendida na constância do casamento, mesmo dependendo da outorga do marido na escritura de venda, pelo dobro do preço (AA). Esse ganho de capital, com efeito, não pertence à meação do marido, pois a valorização do imóvel não teve origem no esforço comum dos cônjuges ou companheiros. A compra privativa em bolsa de valores de ações de uma empresa, cujo risco é exclusivo do investidor, quer perca com a baixa cotação no mercado, quer seu valor extrapole com uma hipercotação, os resultados financeiros são da exclusiva titularidade do primitivo investidor e, de fato, não contaram em momento algum com o esforço complementar do cônjuge ou convivente.

A sociedade empresária constituída pelo cônjuge ou companheiro antes do casamento também deve ser considerada um bem exclusivo e incomunicável, desde que mantenha intactos o seu primitivo capital social e a sua primeira configuração patrimonial, cujo valor de mercado, nestas estanques circunstâncias, será visto, sim, como um mero fenômeno econômico, pois ficam fora da partilha os bens que cada cônjuge já possuía antes do início da união estável ou do casamento, bem como aqueles adquiridos na constância do relacionamento a título gratuito, por doação, sucessão ou aqueles sub-rogados em seu lugar.

Entretanto, o que ninguém pode confundir são os conceitos de *capital social* e *patrimônio social*, porquanto, como ensina Paulo de Tarso Domingues, a sociedade não é um contrato gratuito, pois todos os sócios têm que contribuir ou se obrigar a contribuir para a constituição da sociedade com bens ou serviços, e todos têm de realizar uma entrada com a qual adquirem a qualidade de sócio, de maneira que, em sua formação inicial, a sociedade terá determinado patrimônio.[627]

Uma sociedade precisa ser constituída com um mínimo de capital social e ela foi organizada para produzir; os sócios que constituíram essa sociedade projetam nela trabalhar e com ela crescer, tanto que, na medida do seu crescimento, surge a necessidade de adequar esse desenvolvimento patrimonial a um novo e revigorado capital social. Por isso, capital social e patrimônio social são duas realidades visceralmente distintas. Como mostra Paulo de Tarso Domingues, o capital social de formação da sociedade visa a proporcionar a congregação de meios que permitam o desenvolvimento da atividade social e o capital desempenha uma função de produtividade,[628] considerando, então, que os sócios formaram uma estrutura de produção que, agora, depende do trabalho deles.

O capital social e todo aquele aumento de capital social aportado pelo sócio enquanto era solteiro e não mantinha nenhuma relação estável é crédito que só a ele pertence, é dívida que a sociedade empresária detém para com todos os sócios. E cada sócio tem o direito de receber, quando a sociedade se dissolver, uma parcela de bens do patrimônio líquido da sociedade, proporcional à sua participação social, e o sócio poderá receber mais ou menos, tudo depende da situação líquida da sociedade.[629]

O fato é que, com o passar do tempo e o crescimento da empresa, e com a limitação da responsabilidade ao capital social, no exercício de uma empresa societária, o capital social passou a exercer a função apenas de garantia que ele desempenha para terceiros credores, cujo montante do capital nominal quase sempre não é coerente com o patrimônio da sociedade. O patrimônio da sociedade representa a efetiva capacidade de renda da empresa, sustentando Gustavo Saad Diniz duas acepções para a expressão capital: a) como cifra ou valor inscrito no passivo do balanço de abertura da sociedade, representando montante fixo de constituição da sociedade (capital nominal); e como b) patrimônio da sociedade.[630]

Deve ser, por fim, consignado que o valor econômico das participações sociais dos sócios (quotas ou ações) depende diretamente da situação econômica e do patrimônio líquido da sociedade, ou, em outras palavras, embora o patrimônio social pertença à sociedade empresária, sendo a pessoa jurídica a titular dos bens sociais, o valor das suas quotas ou ações é proporcional a esse patrimônio líquido da sociedade.

Também com o transcorrer do tempo e com o esforço dos sócios, paralelo ao esforço comum igualmente empreendido pelos cônjuges ou companheiros dos sócios, a sociedade tende a crescer e aumentar o seu patrimônio e, por que não, o seu capital social, sendo certo

---

[627] DOMINGUES, Paulo de Tarso. *Do capital social*. Noção, princípios e funções. Coimbra: Coimbra Editora, 1998. p. 28.

[628] DOMINGUES, Paulo de Tarso. *Do capital social*. Noção, princípios e funções. Coimbra: Coimbra Editora, 1998. p. 189.

[629] DOMINGUES, Paulo de Tarso. *Do capital social*. Noção, princípios e funções. Coimbra: Coimbra Editora, 1998. p. 33.

[630] DINIZ, Gustavo Saad. *Instrumentos de capitalização societária*. São Paulo: LiberArs, 2014. p. 17.

que a coincidência entre capital nominal e patrimônio geralmente só ocorre por ocasião da constituição da sociedade, no momento em que os sócios abrem a empresa e transferem bens e valores para a formação do patrimônio autônomo.

Constituída a sociedade e integralizado o patrimônio social inicial necessário a gerar a limitação de responsabilidade, sócios passam a trabalhar para aferir lucros com a sociedade, entendido o lucro de balanço como a diferença positiva entre o patrimônio líquido e o capital social, como podem distribuir o lucro de exercício no final do ano econômico. Esse lucro que, eventualmente, não é distribuído entre os sócios, mas reinvestido na sociedade, vai criando um patrimônio separado, formado pelos bens e direitos derivados do desenvolvimento da atividade empresarial e pela retenção na sociedade desses lucros originariamente destinados aos sócios, sem esquecer que o sócio agora casado empreende seu tempo e seus esforços com vistas ao crescimento da sua empresa e em inquestionável prejuízo da sua entidade familiar.

Nessa mesma direção, se pronunciam Rodrigo Mazzei e Fernanda Bissoli Pinho quando fazem uma análise crítica do REsp 1.173.931/RS, atentando existirem situações em que a valorização financeira experimentada pela quota está intimamente ligada ao trabalho desenvolvido pelo sócio, sendo a sociedade, por vezes, a fonte produtiva e meio de subsistência sua e de seu núcleo familiar. "Em casos tais, a figura do sócio é cara ao desenvolvimento da atividade empresária e sua pertinácia pessoal, com emprego de *know-how* e boas técnicas de administração, é indispensável ao sucesso do negócio, o qual, por sua vez, é fator determinante na valoração das quotas. [...] Assim, de fato, não obstante o crescimento (ou encolhimento) da sociedade dependa, por evidente, de influências e injunções de mercado, não há dúvidas de que vezes há em que seu incremento decorre de modo não natural, por ingerência determinante do empenho e da força de trabalho empregados pelo sócio no exercício da atividade empresarial, de modo que, havendo o esforço do sócio, há, por conseguinte, o esforço presumido de seu cônjuge ou companheiro."[631]

O patrimônio autônomo da sociedade com limite de responsabilidade é aquele formado pelos bens e direitos que nela ingressaram originalmente e reservado aos credores da pessoa jurídica. Esse patrimônio também deve guardar correspondência com a atividade desempenhada, assegurando equilíbrio econômico-financeiro da empresa.[632]

O crescimento temporal de uma empresa pode vir, dentre várias outras hipóteses, da reaplicação do fluxo de caixa da empresa ou de novos recursos aportados pelos sócios, como pode originar de capital de terceiros obtido de empréstimos típicos de um financiamento societário e que depois a sociedade deverá honrar o valor mutuado.

Portanto, o primitivo capital social nominal foi recapitalizado por meio da incorporação de lucros e reservas no patrimônio (CC, art. 1.081), ou por meio de chamadas de sócios para aumento do capital, ou mediante captação de capital de terceiros, sendo esse aumento do capital social reflexo da expansão da atividade. Essa sociedade que cresce em decorrência da ampliação de suas atividades, aumentando seus ganhos e o seu patrimônio separado, que a essa altura dos acontecimentos difere do patrimônio autônomo e inicial, não pode ser considerada apenas um efeito econômico inerente à atividade empresarial, pois a empresa cresceu e se valorizou em razão do aumento de seu capital, entenda-se, do aumento de seu patrimônio

---

[631] MAZZEI, Rodrigo; PINHO, Fernanda Bissoli. A valorização das quotas sociais e a sua projeção para a sucessão *causa mortis*, o divórcio e a dissolução da união estável. *Revista Nacional de Família e Sucessões*, Porto Alegre: Lex Magister/IASP, jan./fev. 2023. v. 52, p. 165-166.

[632] DINIZ, Gustavo Saad. *Instrumentos de capitalização societária*. São Paulo: LiberArs, 2014. p. 23.

social, separado daquele patrimônio ou capital inicial, constituído quando o sócio cônjuge ainda era solteiro, mas cuja sociedade cresceu pelo trabalho conjugal, geralmente deixando o casamento de usufruir dos lucros e dividendos que a sociedade empresária não mais pagou aos sócios para reaplicá-los na empresa, comprando novos bens para a sociedade, tomando o tempo e desforço do cônjuge sócio e, consequentemente, aumentando o capital social e o patrimônio da empresa.

Tanto os sócios podem aumentar o capital social por meio da contribuição em dinheiro por meio da subscrição em novos bens, ou por subscrição de reservas contratuais líquidas e disponíveis, ou por incorporação de nova sociedade e até mesmo pela admissão de novos sócios, quanto a sociedade pode aumentar o seu patrimônio com a aquisição de novos bens móveis e imóveis mediante a utilização de recursos gerados internamente pela própria empresa. Esse incremento patrimonial pode advir da capitalização de lucros ou das reservas de dividendos que não são distribuídos aos sócios e, obviamente, esse aumento do patrimônio da sociedade influi na cotação e na valorização das quotas dos sócios.

Se os lucros e dividendos tivessem sido distribuídos aos sócios, esses recursos teriam circulado para atender à manutenção familiar e talvez à aquisição de bens para o casamento, e não para a sociedade empresária, ou o cônjuge sócio poderia ter usado seu tempo para exercer outra profissão com rentabilidade voltada para o casamento, deixando a empresa à mercê do seu próprio destino. Esses recursos retidos e reaplicados na sociedade empresária e o tempo do consorte dedicado à empresa são fatores que permitiram aumentar o patrimônio da sociedade em detrimento do patrimônio conjugal e em prejuízo das despesas familiares que, certamente, foram suportadas pelos ingressos financeiros do outro cônjuge, que precisou aportar mais recursos em prol do sustento e custeio da família, ou, no mínimo, toda a célula familiar se privou desses lucros em prol do crescimento patrimonial da pessoa jurídica. É incontestável afirmar que o capital social final (patrimônio separado) é diferente do capital social inicial (patrimônio autônomo), não sendo admissível defender que o dinheiro do casamento que ficou na empresa e o tempo dedicado pelo cônjuge à empresa se tornem resultado patrimonial apenas do consorte sócio e por vício de origem.

É como ensina Mauro Rodrigues Penteado, ao referir que, após a constituição da sociedade, a cifra do capital social está fadada a sofrer modificações constantes durante a vida da empresa, seja em decorrência da reordenação interna da estrutura do patrimônio social, por meio da capitalização de reservas e transformação de obrigações em capital, seja pela ampliação do capital mediante o ingresso de novos recursos.[633] Contudo, esse crescimento da empresa provém do trabalho e do inegável esforço comum dos cônjuges ou conviventes, seja aportando novos ingressos para o aumento do capital societário, seja os sócios deixando de retirar os seus lucros ou dividendos, para que a empresa os reaplique e incremente o patrimônio social, formatando uma nova configuração patrimonial, obviamente diferente daquela existente ao tempo da constituição da sociedade.

Quando uma sociedade empresária cresce pelo trabalho paritário e presumido dos cônjuges ou conviventes, mudando visivelmente a sua constituição inicial, transformando-se pelo óbvio esforço comum e concomitante sacrifício nupcial, externado por renúncias de tempo, de lucros, de bens, de trabalho e de dividendos que ficaram retidos na sociedade, tudo a seu tempo e modo, permitindo aumentar o capital social, ainda que apenas com recursos internos,

---

[633] PENTEADO, Mauro Rodrigues. *Aumento de capital das sociedades anônimas.* 2. ed. atual. São Paulo: Quartier Latin, 2012. p. 68.

oriundos de lucros suspensos e de contas de retenção de dividendos, não pode haver qualquer discordância de que a capitalização desses recursos, e nem está sendo falado em incremento de novos aportes externos, é ato que tem como consequência uma incontestável *valorização proporcional da quota de cada um dos sócios.*[634]

Basta pensar na hipótese de o sócio agora casado injetar na sociedade novos aportes em dinheiro eminentemente conjugal ou por meio da transferência de bens existentes em seu acervo nupcial; certamente não poderia ser dito que esse aumento do capital seguiria inatingível ao casamento, por haver a sociedade sido constituída quando o consorte sócio era solteiro, ressentindo-se o crescimento patrimonial do necessário esforço comum. Ora, o esforço comum dos cônjuges e conviventes está representado em cada dia de trabalho do esposo sócio na empresa, cuja pessoa jurídica tinha uma configuração patrimonial quando ele era solteiro e tem outra conformação patrimonial após o casamento do sócio e, por vezes, contando com décadas de esforço comum em matéria de trabalho e de retenção ou injeção de dinheiro matrimonial, e isso em nada se confunde com a mera valorização de um imóvel particular que, sem nenhum esforço do proprietário, apenas parado, ficou aguardando com o transcorrer dos anos a natural incidência de sua valorização, fruto do mero efeito econômico do tempo que passa. O imóvel valoriza até diante da simples desvalorização da moeda, sabido que os bens imóveis usualmente aumentam mais, isso quando não acontece apenas pelo crescimento e povoamento do bairro e com a construção de novos prédios que arrastam para cima o valor venal do imóvel privado e incomunicável de um cônjuge ou de qualquer pessoa.

Se porventura um cônjuge compra novas quotas sociais com recursos do matrimônio, ou com os lucros hauridos da sociedade na constância do casamento, não se trata de uma espécie de sub-rogação das quotas ou das ações preexistentes e havidas como privativas, pois as novas quotas e ações não substituem as antigas, mas acrescem àquelas preexistentes. Esse crescimento e essas novas aquisições de quotas sociais não transformam o consorte em um sócio da empresa, mas o convertem em um meeiro a ser ressarcido desse incremento patrimonial, até o limite de sua meação. Isso porque são comuns os frutos e as rendas dos bens privativos, como o são os dividendos das ações e as participações de sociedades empresárias adquiridas durante o matrimônio.

Portanto, se os benefícios não são pagos aos sócios e passam a integrar o fundo de reserva da sociedade e a pessoa jurídica posteriormente aumenta o seu capital social com essas reservas, as novas quotas ou ações, ou mesmo o crescimento patrimonial que a sociedade experimenta com a reaplicação desses recursos, seguramente tem o efeito da comunicabilidade, ao menos para fins de reembolso ao consorte que não participa da sociedade, sob pena de ser configurado o abjeto enriquecimento indevido, levando em conta na liquidação da partilha o valor das quotas ou das ações, que são proporcionais ao patrimônio final da empresa, da mesma forma como o cônjuge ou companheiro teria um crédito sobre as benfeitorias realizadas em bens privativos, mas com recursos do casamento.

E nesse sentido se posicionou a Comissão de Juristas, nomeada pelo Senado Federal para a revisão e atualização do Código Civil, cujo anteprojeto se encontra em tramitação no Congresso Nacional, sendo acrescidos dois importantes incisos ao artigo 1.660 do Código Civil e assim vazados: "VIII – a valorização das quotas ou das participações societárias ocorrida na constância do casamento ou da união estável, ainda que a aquisição das quotas ou das

---

[634] CRISTIANO, Romano. *Sociedades limitadas de acordo com o código civil*. São Paulo: Malheiros, 2008. p. 233.

ações tenha ocorrido anteriormente ao início da convivência do casal, até a data da separação de fato; IX – a valorização das quotas sociais ou ações societárias decorrentes dos lucros reinvestidos na sociedade na vigência do casamento ou união estável do sócio, ainda que a sua constituição seja anterior à convivência do casal, até a data da separação de fato".

Joaquín Rams Albesa e J. A. Moreno Martínez qualificam o crescimento patrimonial da sociedade como uma *ascensão econômica*, em virtude da qual qualquer incremento patrimonial que se incorpore a uma empresa seguirá a qualificação do negócio ao qual se congrega, mantendo a qualidade de sociedade empresária incomunicável, se constituída antes do matrimônio, mas atendendo às regras do devido reembolso ou da compensação entre patrimônios,[635] para não configurar um enriquecimento às custas do consorte ou convivente e com ela uma fraude à meação.

O mesmo pensamento é desenvolvido por Montserrat Pereña Vicente quando refere que o aumento do valor das quotas ou ações de uma sociedade será sempre comum, na medida em que o aumento responde às reservas da sociedade como consequência dos lucros que não foram distribuídos. Em reforço dessa sua compreensão, o autor faz uma analogia com o usufruto de ações, previsto no artigo 68 da Lei das Sociedades Anônimas espanhola, que autoriza ao usufrutuário exigir do nu proprietário o incremento do valor experimentado pelas ações usufruídas e que correspondem aos benefícios próprios da sociedade.[636]

Também José Luis Lacruz Berdejo advoga o mesmo argumento fazendo expressa referência ao humor da sociedade, nos seguintes termos:

> Nos encontramos, pois, segundo o humor da assembleia geral, pois os lucros da sociedade podem passar a ser bens comuns, se se distribuem como dividendos, ou não ser comuns se forem mantidos na sociedade aumentando seus bens de capital. Economicamente, os lucros que a sociedade obtém são sempre uma renda, e de algum modo a comunidade conjugal deveria ter acesso aos lucros. O fato de reempregar os lucros na própria sociedade não lhes arrebata, desde um ponto de vista econômico, sua condição de comunidade. É certo que a reinversão dos lucros da sociedade na conta de capital societário não se decide livremente pelo esposo acionista ou partícipe em todas as ocasiões: se vem imposta pelos órgãos da sociedade, contra sua vontade. Porém, economicamente esta reinversão conserva o caráter que tinha antes de seu destino ao fundo de reserva: constitui sempre uma comunidade, e como tal deveria ingressar na comunidade conjugal, mas foi confiscada.[637]

2.6.1 A tese contrária

Como visto, o Superior Tribunal de Justiça tem posicionamento consolidado em sentido contrário ao reconhecimento da comunicação do crescimento patrimonial de uma sociedade empresária, ou à valorização de suas quotas sociais ou ações. O argumento é de que há uma enorme distância do crescimento patrimonial de uma sociedade empresária com o seu enquadramento em qualquer um dos incisos do artigo 1.660 do Código Civil, pois o crescimento patrimonial de sociedades empresárias constituídas antes do casamento ou da união estável mencionam os julgados do STJ, são bens adquiridos pela sociedade empresária, e não pelos cônjuges como pessoas físicas, nem podem ser classificadas como benfeitorias de bens

---

[635] ALBESA, Joaquín Ram; MARTÍNEZ, J. A. Moreno. *El régimen económico del matrimonio*. Madrid: Dykinson, 2005. p. 310-311.

[636] MONTSERRAT, Pereña Vicente. *Masas patrimoniales en la sociedad de gananciales*. Transmisión de su titularidad y gestión entre los cónyuges. Madrid: Dykinson, 2004. p. 85.

[637] BERDEJO, José Luis Lacruz. *El nuevo régimen de la familia*. Madrid: Civitas, 1981. v. II, p. 157.

particulares (inc. IV), tampouco como frutos de bens comuns ou particulares (inc. V), até porque só serão frutos de bens particulares quando os lucros saírem da sociedade empresária, na forma de dividendos, sem esquecer que os frutos dos bens particulares foram e só podem ser usufruídos na constância do casamento, jamais se projetando para depois da separação do casal, haja vista que voltam a ser frutos particulares diante do término do matrimônio.

Ocorre que nem todo lucro se torna dividendo, porque nem todo lucro da sociedade é distribuído, e, quando o é, transforma-se em patrimônio pessoal dos sócios, e só nesse momento é fruto, ou, mais precisamente, dividendo, e, como o fruto é consumido na constância do casamento, enquanto existirem matrimônio hígido, nos termos do artigo 1.511 do Código Civil, e comunhão plena de vida, sem separação de fato ou de corpos, qual seja, desde que o casal realmente coabite, porque, em caso contrário, os dividendos serão frutos exclusivos daquele que separado de fato recebeu dividendos advindos de seus bens particulares.

Os lucros gerados por uma empresa pertencem unicamente à sociedade empresária, e esses lucros, que poderão ou não ser convertidos e pagos como dividendos, seguirão pertencendo exclusivamente à empresa como lucros da sociedade empresária, que deixou de distribuir dividendos justamente para se capitalizar e permitir a sua manutenção, o seu crescimento como entidade jurídica independente, cuidando de atingir suas metas sociais, preocupando-se em sempre alcançar seus objetivos societários e a sua finalidade social, inerente a toda empresa que gera empregos e impostos, tratando de destinar boa parte de seus lucros à conta de reserva da sociedade, nada distribuindo aos sócios, como ato regular de sua gestão e até mesmo obrigatório para a sobrevivência e crescimento de uma empresa. Não há que falar em acréscimo patrimonial e muito menos em crescimento patrimonial de uma sociedade empresária constituída antes do relacionamento afetivo de um de seus sócios e que beneficie os cônjuges ou conviventes, haja vista que o crescimento patrimonial de uma empresa favorece a sociedade que continua sendo bem particular do consorte ou companheiro que dela é sócio desde antes da sua relação conjugal.

As reservas de capital em regra se conformam pela retenção dos lucros obtidos pela sociedade e, segundo a doutrina e a ciência contábil, esses lucros são denominados *fundos de reserva*, ou simplesmente *reservas*, que obedecem ao propósito da sociedade de prevenir situações adversas que se podem produzir ao largo da sua vida societária, evitando que o capital social possa ser afetado e assegurando que a sociedade mantenha a sua capacidade operativa, para que acompanhem o crescimento nato de uma sociedade que assim garante a sua saúde financeira como respaldo de suas operações e segurança de seus credores, que podem contar com seus recursos capitalizados, os quais pertencem à sociedade empresária, e não à sociedade conjugal. Quando do aumento do capital social, ou seja, quando ocorre o crescimento da empresa por meio do regime de capitalização de reservas, esse procedimento não aumenta o patrimônio social, e a conformação do novo capital social não altera a proporcionalidade e a participação nos direitos políticos e econômicos dos sócios que integram a sociedade desde a época de sua constituição.

Na compreensão do Superior Tribunal de Justiça, soa estranho uma partilha do crescimento patrimonial de uma empresa constituída antes do casamento ou de uma união estável, quando a empresa cresceu e se desenvolveu a partir de seus próprios recursos, apenas com o argumento de o crescimento ter se verificado na constância do matrimônio ou da união estável. Para o Superior Tribunal de Justiça, não ficam dúvidas de que o caráter privativo, ou seja, a natureza particular de um bem incomunicável, não se dissipa porque a infraestrutura de uma empresa constituída antes do casamento cresceu ou se modificou no transcurso dos anos, e também não desaparece esse caráter de bem privativo porque a sociedade trocou ao longo dos anos o seu nome social, ou porque adotou um nome de fantasia, ou porque mudou sua sede de uma cidade menor para um Município maior, uma vez que sua natureza de sociedade privativa existe em coincidência com o momento da sua constituição, bastando ter presente que foram empregados bens privativos da empresa para o próprio benefício da sociedade empresária, não tendo sido usados fundos comuns ao casamento para a ampliação da sociedade, circunstância que então seria diferente, diante da utilização de bens comuns.

Entretanto, quando os rendimentos da sociedade empresária foram reutilizados ou reinvestidos na própria empresa, que sempre manteve a sua natureza privativa, longe de contar com o aporte conjugal de recursos para lograr seu crescimento, o simples casamento em regime de comunicação de bens não transforma a sociedade empresária preexistente ao matrimônio em um bem conjugal, sendo visível que o argumento em prol da suposta partilha não se enquadra em nenhuma disposição dos incisos que compõem o artigo 1.660 do Código Civil. Quando uma empresa é constituída por um dos cônjuges antes das núpcias, e se durante o casamento essa empresa cresceu com seus próprios recursos, reinvestindo seus lucros, esse desenvolvimento não gera nenhum direito patrimonial ao cônjuge, tampouco qualquer direito de reembolso sobre lucros que sempre ficaram retidos na sociedade e que jamais se tornaram dividendos pagos aos sócios, pois foram recursos que formaram o fundo de reserva da sociedade, ou que foram utilizados para a compra de algum ativo societário.

Os frutos advindos de uma sociedade empresária de propriedade exclusiva e que nela foram retidos para a sua capitalização, para a sua manutenção, para preservação e crescimento da sociedade, são valores pertencentes à pessoa jurídica, seja como dinheiro em caixa, seja por meio do crescimento patrimonial da empresa, sendo inquestionável que tais bens e valores competem à pessoa jurídica e não integram o patrimônio do casal.

A retenção de lucros é uma decisão que as empresas tomam com o objetivo de financiar suas operações futuras, e, ao deixarem de distribuir os lucros a seus acionistas, elas se capitalizam, ou seja, tornam o seu capital próprio maior, melhoram sua estrutura de capitais e financiam seu crescimento com recursos próprios. Assim, o lucro apurado em um determinado exercício deve ser distribuído aos sócios para representar um efetivo acréscimo patrimonial. Em consequência, esse acréscimo patrimonial será passível de comunicabilidade, passando a integrar o acervo comum do casal. No entanto, se o lucro for destinado à conta de reserva, não sendo distribuído aos sócios, não há que falar em acréscimo patrimonial. Ademais, se são reservas, prestam-se a garantia e reforço do capital social, bem como garantia dos credores, pertencendo à sociedade, e não aos sócios. Daí por que o lucro não distribuído não deve integrar o acervo comum do casal, pois pertence à sociedade, e não ao sócio.

O tema foi discutido pelo Superior Tribunal de Justiça, no REsp 1.595.775/AP, relatado pelo Ministro Ricardo Villas Bôas Cueva, com as seguintes considerações:

> a) Os lucros apurados de uma sociedade criada antes da união estável (e o mesmo raciocínio serve para o casamento) e não revertidos para o sócio por ausência de distribuição de lucros no exercício contábil devem ser partilhados, mesmo que não se configure acréscimo patrimonial? Em outras palavras: Integra o acervo comum do ex-casal o lucro destinado à conta reserva de empresa anterior à relação? E b) A meação das quotas pode estar baseada no capital social integralizado de uma empresa? [...] Não prospera a irresignação da recorrente. É que não há falar em acréscimo patrimonial nem, consequentemente, em integração ao patrimônio do casal e comunicabilidade de bens na hipótese dos autos. A sociedade empresária Rachel foi constituída em 1994, sendo que o autor adentrou ao quadro social em dezembro de 1997. Ambas as situações se deram anteriormente ao início da relação conjugal. As partes conviveram durante o período de abril de 2000 a novembro de 2012 [...].

Em relação à participação na empresa Rachel Loiola & Cia Ltda., destaco que os novos patrimônios adquiridos pelo casal (imóveis, etc.) com recursos (lucros ou prolabores) recebidos daquela pessoa jurídica fazem parte do rol a ser partilhado entre o casal. Porém, entendo que os lucros capitalizados ou mantidos no patrimônio líquido da sociedade empresarial não representam novas aquisições e quotas, tão somente valorizam as existentes e que perterciam ao recorrido antes da união. O Código Civil, em seu artigo 1.660, enumera os bens comunicáveis no regime da comunhão parcial, ou seja, aqueles adquiridos durante a união; em decorrência de fato eventual; por doação; herança ou legado, desde que em favor do casal; benfeitorias acrescidas aos bens particulares de cada um deles; e, por fim, os frutos da totalidade dos bens comuns e particulares pertencentes a cada um dos litigantes. Não se comunicam, portanto, aqueles adquiridos anteriormente à constância da união, ressalvadas as benfeitorias provenientes desses bens particulares e seus frutos, que, a teor do previsto nos incisos IV e V, passam a integrar o patrimônio comum do casal [...] Por ser um desdobramento particular do sócio, as participações societárias de um companheiro não estão permeadas pela comunicabilidade nos casos em que forem preexistentes à relação sob o regime da comunhão parcial de bens. Assim, em se tratando de participações societárias adquiridas com bens que um dos cônjuges possuía antes da união, ou mediante sub-rogação de bens ou direitos particulares, bem como adquiridos com recursos oriundos de heranças ou legados privados, serão incomunicáveis, constituindo patrimônio apenas do cônjuge ou companheiro proprietário dessas participações societárias. As participações societárias quando preexistentes ao vínculo conjugal correspondem a um desdobramento do capital individual do sócio sendo comunicáveis ao seu companheiro na comunhão parcial de bens. Tal disposição não alcança aos frutos dessas participações, bem como aquelas adquiridas na constância da vida em comum mediante patrimônio comunicável. Contudo, o lucro apurado num determinado exercício deve ser distribuído aos sócios para representar um efetivo acréscimo patrimonial e poder, assim, ser partilhado. Nas hipóteses em que o lucro é destinado a conta de reserva não sendo distribuído aos sócios, não há que se falar em acréscimo patrimonial e, portanto, partilha quando encerrada a união [...] as quotas ou ações recebidas em decorrência da capitalização de reservas e lucros constituem produto da sociedade empresarial e aumentam o seu capital social com o remanejamento dos valores contábeis da própria empresa, consequência da própria atividade empresarial. Assim, não são frutos do bem particular do consorte, razão pela qual, não podem integrar o rol de bens comunicáveis quando da dissolução da sociedade familiar. Conclui-se, pois, que inexistem elementos de prova a indicar que houve distribuição de lucros entre os sócios da empresa a necessitar a reforma da sentença com sua obrigatória partilha. [...]. Assim, não havendo redistribuição dos lucros da sociedade empresária aos sócios, porquanto retidos na empresa para reinvestimento, não há como reconhecer o alegado acréscimo do patrimônio do casal, motivo pelo qual não há falar em incidência do art. 1.660, V, do Código Civil de 2002. [...] As participações societárias em sociedades por quotas de responsabilidade limitada podem experimentar acréscimos em função de (I) distribuição de lucros; (II) distribuição de juros sobre capital próprio; (III) aumentos de capital social; (IV) bonificações. Conforme leciona Rubens Requião, a finalidade de toda sociedade comercial é a obtenção de lucro, sendo este entendido como 'o sobrevalor que a sociedade pode produzir, como resultado da aplicação do capital e outros recursos na atividade produtiva'. De outro norte, cedição que em todos os exercícios sociais em que uma empresa apura lucro, existe a necessidade de decidir como esse lucro será destinado. Basicamente, há duas possibilidades: distribuição de dividendos aos acionistas ou a retenção de lucros (para constituir reservas ou compensar prejuízos anteriores). Dessa forma, os lucros acumulados representam lucros obtidos pela companhia ou sociedade, não distribuídos como dividendos. A retenção de lucros é uma decisão que as empresas tomam com o objetivo de financiar suas operações futuras. Ao deixar de distribuir os lucros a seus acionistas, a empresa se capitaliza, ou seja, torna o seu capital próprio maior, melhora sua estrutura de capitais e financia seu crescimento com recursos próprios. Assim, o lucro apurado num determinado exercício deve ser distribuído aos sócios para representar um efetivo acréscimo patrimonial. Em consequência, esse acréscimo patrimonial será passível de comunicabilidade, passando a integrar o acervo comum do casal.

No entanto, se o lucro for destinado a conta de reserva, não sendo distribuído aos sócios, não há que se falar em acréscimo patrimonial. Ademais, se são reservas se prestam a garantia e reforço do capital social, bem como garantia dos credores, pertencendo à sociedade e não aos sócios. Daí por que o lucro não distribuído não deve integrar o acervo comum do casal, pois pertence à sociedade e não ao sócio.[638]

Ainda a propósito desse mesmo tema, Sérgio Gischkow Pereira esclarece que:

Teria o cônjuge direito a valores oriundos de ações ou de quotas durante o casamento, se estas não se comunicaram pelo matrimônio? Agora se trata não de ações ou quotas adquiridas durante o casamento, e que se comunicam (por exemplo, na comunhão universal, na comunhão parcial), mas sim de ações e quotas anteriores a um casamento em que elas não se comunicam, como na hipótese da comunhão parcial. Aqueles valores, oriundos das ações e das quotas seriam frutos, de tal modo que tivesse aplicação o art. 1.660, V, do Código Civil? É a denominada participação do cônjuge na evolução patrimonial das quotas ou das ações. Penso que a resposta é negativa. Vejamos para o caso de ações. É preciso lembrar os quatro fenômenos relacionados com a ampliação do número de ações de determinado acionista e com os ganhos que este pode auferir a partir das ações: subscrição, bonificação, dividendos e direito preferencial à subscrição. Apenas os dividendos são frutos. Quanto à subscrição de novas ações, é claro que, se feita durante o casamento sem separação absoluta de bens, existe a comunicação das ações adquiridas. A bonificação tem a ver com ações distribuídas em decorrência da capitalização de lucros ou reservas. Capitalização de reservas não é fruto, mas sim produto, ou seja, não há comunicação.[639]

Na Apelação Cível 700027675485, da 8.ª Câmara Cível do Tribunal de Justiça do Rio Grande do Sul, julgada em 23 de agosto de 2001, o relator e desembargador José Trindade deliberou que: "não se comunicam entre os cônjuges casados sob o regime da comunhão parcial de bens, a participação do varão em sociedades comerciais constituídas em período anterior ao casamento,

---

[638] "Recurso especial. Direito civil e empresarial. Família. União estável. Extinção. Regime de bens. Comunhão parcial. Valorização de quotas sociais. Capitalização. Conta reserva. Art. 1.660, V, do Código Civil. Conceito de fruto. Incompatibilidade. Não comunicabilidade. Valor. Quota. Integralização de capital social. Data da separação de fato. Súmula n.º 7/STJ. 1. A capitalização de reservas e lucros decorrentes da própria atividade empresarial constitui produto da sociedade por incrementar o seu capital social. 2. O lucro destinado à conta de reserva, que não é distribuído aos sócios, não integra o acervo comum do casal, tendo em vista pertencer apenas à sociedade e não ao sócio. 3. A quantia destinada a futuro aumento de capital não deve ser objeto de partilha em virtude do fim de união estável, pois não está incluída no conceito de fruto, à luz do art. 1.660, V, do Código Civil. 4. Inexistem elementos de prova no caso concreto a indicar a distribuição de lucros entre os sócios da empresa, motivo pelo qual a reforma do julgado demandaria o reexame do contexto fático-probatório, procedimento vedado na estreita via do recurso especial, a teor da Súmula n.º 7/STJ. 5. O valor do capital social integralizado de determinada empresa é parâmetro adequado para a partilha especialmente quando a separação de fato do casal, ocasião em que finda o regime de bens, ocorre em momento muito próximo à sua constituição. 6. Ausência de necessidade de realização de balanço contábil referente a apenas um mês para deferir o valor real a ser partilhado, já que o percentual de participação do recorrido em tão curto período de tempo não justificaria a alteração do critério adotado pelo Tribunal de origem, à luz das provas constantes dos autos, insindicáveis no presente momento processual. 7. Recurso especial não provido" (3.ª Turma, REsp 1.595.775/AP, Rel. Min. Ricardo Villas Bôas Cueva, j. 09.08.2016).

[639] PEREIRA, Sérgio Gischkow. Direito de família. Aspectos do casamento, sua eficácia, separação, divórcio, parentesco, filiação, regime de bens, alimentos, bem de família, união estável, tutela e curatela. Porto Alegre: Livraria do Advogado, 2007. p. 150.

descabendo a partilha inclusive sobre a evolução patrimonial, se não demonstrada sociedade de fato nas empresas. Partilha-se tão somente o valor das quotas da empresa constituída pelo réu na constância do casamento, seguindo, de modo inclusivo, o correto raciocínio que Arnoldo Wald empregou para a sociedade por ações, ao ensinar que, no regime da comunhão parcial, não se comunica a propriedade das ações recebidas em bonificação e durante a vigência da sociedade conjugal, assim como não se comunica a valorização das ditas ações".[640]

Tampouco difere do teor do Agravo de Instrumento em Recurso Especial 297.242/RS, que retirou da partilha de bens a valorização das quotas sociais que o cônjuge varão já detinha antes do casamento, em decisão monocrática do Ministro Raul Araújo, datada de 23 de agosto de 2017, e assim ementada: "Agravo interno no agravo em recurso especial. Ação de separação. Casamento sob o regime da comunhão parcial de bens. Valorização de quotas sociais adquiridas antes do casamento. Exclusão da partilha. Decisão mantida. Recurso desprovido. 1. Segundo o entendimento do Superior Tribunal de Justiça, a valorização patrimonial das quotas sociais adquiridas antes do casamento não deve integrar o patrimônio comum a ser partilhado, por ser decorrência de um fenômeno econômico que dispensa a comunhão de esforços do casal. 2. Agravo interno não provido".

Esse é o critério textualmente adotado pelo artigo 1.359 do Código Civil espanhol ao estabelecer que "as edificações, plantações e quaisquer outras melhorias que se realizem nos bens comuns e nos privativos terão o caráter correspondente aos bens a que afetem, sem prejuízo do reembolso do valor satisfeito", ao passo que o artigo 1.360 do mesmo Código Civil espanhol estende as mesmas regras do artigo anterior aos incrementos patrimoniais incorporados a uma empresa, cujos preceitos, portanto, regulam os incrementos patrimoniais de uma sociedade empresarial, seja ela de caráter privativo ou comum, e esse crescimento segue o caráter comum ou privativo da empresa, escrevendo Javier Barceló Doménech que, se o aumento de valor do negócio privativo se produz de modo involuntário, sem atuação de nenhum dos cônjuges ou inversão de fundos comuns, reverte a mais-valia a seu proprietário, mas, ao contrário, se a mais-valia da empresa privativa se deve à aplicação de fundos comuns ou à atividade de qualquer dos cônjuges, a sociedade conjugal será credora do aumento do valor desses bens,[641] não sendo credora, obviamente, se o incremento patrimonial decorre da atividade da própria empresa privativa, eis que constituída antes do casamento ou do início da união estável.

2.7 A INDENIZAÇÃO PELA FRAUDE PATRIMONIAL NO REGIME DE BENS

A obrigação de indenização em que um cônjuge é credor e o outro devedor nasce de um ato ilícito que o devedor tenha causado à pessoa e aos bens de seu consorte ou companheiro, que na primeira hipótese é um direito subjetivo, como ocorre com o dano moral, e na segunda hipótese se trata de um dano causado a um direito próprio do cônjuge vitimado pelo prejuízo que sofreu pela privação de algum bem ou direito que deveria integrar a sua meação. Decorre a indenização da fraude patrimonial causada por um dos cônjuges ou conviventes que, com seus ilícitos civis, provocou algum dano à meação de seu consorte, cujos valores ou bens desviados precisam ser indenizados, caso não tenha sido possível recuperá-los, pois, como

---

[640] WALD, Arnoldo. *Curso de direito civil brasileiro.* Direito de família. 11. ed. São Paulo: RT, 1998. p. 528-539.

[641] DOMÉNECH, Javier Barceló. Comentarios al Código Civil: especial consideración de la doctrina jurisprudencial. *In*: ALBESA, Joaquín Rams; MARTÍNEZ, J. A. Moreno (coord.). *El régimen económico del matrimonio.* Madrid: Dykinson, 2005. p. 312.

assinala Thaís Goveia Pascoaloto Venturi, a responsabilidade civil constitui instrumento de concretização da justiça social, tendo como objetivo principal reparar prejuízos decorrentes de atividades antijurídicas.[642]

2.7.1 O enriquecimento indevido

A vedação ao enriquecimento indevido ou do propalado enriquecimento ilícito ou sem causa era princípio jurídico sempre existente no sistema jurídico brasileiro e que foi definitivamente consagrado pelos artigos 884 a 886 do Código Civil de 2002, consignando a obrigação daquele que, sem justa causa, se enriquecer à custa de outrem, de restituir o indevidamente auferido, feita a atualização dos valores monetários (CC, art. 884), e o bem ou pelo seu valor se a coisa não mais subsistir, devendo ressarcir não somente o enriquecimento injustificado, mas também o bem que deixou de existir.

Trata-se de um princípio geral de proibição do enriquecimento injusto e que também tem integral aplicação no âmbito do Direito de Família, naquelas típicas situações deflagradas pelos danos causados por um dos cônjuges ou conviventes pela deliberada sonegação de bens conjugais considerados comuns e partilháveis, ou pelo desvio ou retenção de lucros cessantes incidentes e inerentes sobre o acervo patrimonial dos casais cuja relação foi formada pelo casamento ou pela união estável e para o relacionamento que eles estabeleceram um regime escrito ou silencioso da comunhão total ou parcial de bens.

O enriquecimento de um dos cônjuges ou conviventes pode derivar do fato de um deles ter se dedicado aos cuidados da casa e dos filhos, mediante a realização de tarefas domésticas sem receber qualquer retribuição do outro consorte que se rende às atividades econômicas e somando riquezas, sobre as quais nada retribui ao seu parceiro. Logicamente, não há enriquecimento indevido se essa sociedade afetiva foi ajustada em regime de completa separação de bens, acenando doutrina e jurisprudência com os *alimentos compensatórios* como uma via para a circunstancial compensação financeira em caso de ruptura da convivência conjunta e diante de uma brusca queda no padrão socioeconômico daquele consorte que espontaneamente apenas se dedicou à família e ao domicílio conjugal. A despeito da compensação econômica pela dedicação ao domicílio conjugal, ao marido e aos filhos, escreve Adrián Arrébola Blanco que a esse cônjuge injustamente empobrecido é oportuno acudir com a compensação estabelecida no artigo 1.438 do Código Civil espanhol, por cujo dispositivo legal ao trabalho dedicado à casa será computado como contribuição aos encargos familiares e dará direito a obter uma compensação que o juiz assinalará, na falta de acordo, por ocasião da extinção do regime de separação, determinando uma compensação pelas atividades desenvolvidas no domicílio conjugal, levando em consideração uma série de circunstâncias que valoram a reparação econômica, como a dedicação pessoal aos cuidados domésticos, a intensidade dessa dedicação, a duração da dedicação, apurando, caso a caso, qual foi a devida contribuição proporcional, inclusive, aos respectivos recursos econômicos dos consortes.[643]

O enriquecimento indevido não se produz apenas quando há um aumento do patrimônio, mas também quando há a diminuição da riqueza do outro, o que precisamente acontece quando a mulher se dedica ao longo dos anos aos cuidados para com o seu companheiro,

---

[642] VENTURI, Thaís Goveia Pascoaloto. *Responsabilidade civil preventiva.* A proteção contra a violação dos direitos e a tutela inibitória material. São Paulo: Malheiros, 2014. p. 42.

[643] BLANCO, Adrián Arrébola. *La compensación del trabajo doméstico en el régimen de separación de bienes.* Madrid: Reus, 2019. p. 363-394.

mediante a realização do trabalho doméstico, prestando ao esposo total ajuda moral e material e que usualmente se estende também aos filhos comuns. Assevera Adrián Arrébola Blanco que o casal acabará desembocando em uma específica prestação de contas, cuja atuação do cônjuge dedicado à família não é propriamente uma obrigação de render contas em um regime de separação de bens, mas muito mais um dever de abonar o consorte com parcela indenizatória proporcional à relevância dos serviços domésticos prestados.[644]

Essa modalidade de enriquecimento tem justificado, por expressa previsão em legislações estrangeiras e por construção doutrinária e jurisprudencial no Brasil, uma espécie de indenização a cargo do marido e em favor da sua mulher dos alimentos compensatórios que procuram evitar uma radical mudança de vida da esposa, que fora acostumada a determinado padrão social e econômico e que termina por ser indenizada com recursos que visam amenizar os danos de um cônjuge que proporcionou ao marido sua companhia e cuidados contínuos, mas sem nenhuma retribuição patrimonial, sendo então aplicado o princípio de proibição do enriquecimento injusto. Vicente Guilarte Gutiérrez vaticina com incensurável perfeição ao mencionar que o fundamento dessas eventuais ações há de se escorar individual e exclusivamente na proscrição do *enriquecimento injusto* de alguém à custa de outro, para comunicar de alguma maneira ao convivente os bens que com a sua colaboração o casal amealhou, servindo a compensação econômica para evitar que se produza o desequilíbrio patrimonial.[645]

Trata-se de uma compensação econômica pela dedicação aos cuidados da casa e da colaboração direta ou indireta nas atividades econômicas do outro consorte, pois muitas vezes a esposa ainda ajuda o marido no exercício de sua rentável profissão, encontrando a pensão compensatória guarida judicial quando, de um lado, desponta um consorte financeiramente estável e economicamente enriquecido, e o outro integrante da união infinitamente distanciado dessa mesma condição material e sujeito a viver em situação de penúria ou sem recursos para enfrentar a vida que deixará de levar a dois.

2.7.2 A justiça relativa

O senso de equidade e de justiça dos homens é secularmente dependente da justiça formal, não importando quão próximos e íntimos estiveram casais que na ruptura dos seus laços afetivos experimentam as mais duras e injustas ações maritais de menoscabo e desprezo e de abandono assistencial, interligados por atos igualmente perversos de fraude e apropriação indevida de bens, direitos e recursos pertencentes ao cônjuge vitimado pelas mercantilistas atitudes egoístas de quem tem mais apego ao dinheiro do que ao amor.

A biografia das dissensões conjugais no direito de família é pródiga de exemplos de fraude e apropriação indevida de bens, direitos, recursos e frutos que deveriam compor a meação e os direitos do consorte prejudicado pela ganância e esperteza de que se arvora o cônjuge fraudador.

A fraude e o engodo material são facilitados se os casais vivem somente em uma fática união, sem o registro oficial do casamento, permitindo que bens sejam alienados com

---

[644] BLANCO, Adrián Arrébola. *La compensación del trabajo doméstico en el régimen de separación de bienes*. Madrid: Reus, 2019. p. 397-398.

[645] GUTIÉRREZ, Vicente Guilarte. La necesidad de reformar el régimen económico matrimonial vigente en el derecho común: Propuestas (Especial relevancia de tal necesidad en el ámbito de las crisis matrimoniales). *In*: MARTÍN-CALERO, Cristina Guilarte (coord.). *Aspectos civiles y penales de las crisis matrimoniales*. Valladolid: Lex Nova, 2009. p. 48.

dispensa da outorga conjugal e que frutos cuja origem seria comum sejam facilmente desviados pela mesma forma e razão, ou quando um dos cônjuges ou conviventes contrai dívidas em nome da empresa pertencente ao casal e leva seu sócio e parceiro afetivo à ruína financeira e emocional. Por conta da natureza humana, escrevia Arnaldo Marmitt que os atributos do ser humano, as virtudes que o adornam e dignificam, são seus valores espirituais, os valores da honradez, do bom nome, da personalidade, dos sentimentos de afeição, enfim, todo um patrimônio moral e espiritual de valia inestimável.[646]

As coisas do espírito têm valor imensurável, cuja lesão o dinheiro certamente será incapaz de indenizar, senão amenizar a dor como lenitivo de uma prostração sofrida, compensando com a dor moral aquela reparação que jamais poderia ser confundida ou equiparada com a reparação exclusivamente material. Os danos de cunho moral podem ser cumulados com o dano patrimonial, e sua incidência não se distancia do direito de família, em que a sua aplicação é extremamente comum, embora possa até não existir na realidade processual brasileira uma tendência em reclamá-la judicialmente, existindo certa trava cultural ainda vinculada ao tempo em que uma sentença, reconhecendo a culpa do cônjuge pela frustração e derrocada matrimonial, era suficiente para reparar todas as dores psicológicas sofridas em um casamento passado a limpo em uma vara familiar, pois o direito de família já previa nesse modo de operar as compensações de uma sofrida vida conjugal, sendo evidente que tais contrapartidas distribuíam uma justiça parcial e basicamente concediam a liberdade conjugal, mantendo uma incompreensível distância com a perda verdadeiramente sofrida.

2.7.3 O dano moral

Categoria fundamental em que devem ser enquadrados os danos produzidos em família para determinar sua valoração e reparação é promover sua distinção entre os danos patrimoniais claramente identificados, por exemplo, no desvio de recursos conjugais e os danos morais igualmente aferíveis e indenizáveis. A função da responsabilidade civil é ressarcitória, voltada à remoção dos efeitos danosos de uma injusta lesão sofrida por uma pessoa diante de ato praticado por outra, enquanto os danos extrapatrimoniais têm uma finalidade satisfatória, pois atuam como um lenitivo ao sofrimento do sujeito lesado.[647]

O dano moral no direito brasileiro foi elevado à garantia de direito fundamental com a Constituição Federal de 1988, estatuindo em seu artigo 5.º, V, ser assegurado o dano moral ou à imagem, assim como determina no inciso X serem invioláveis a intimidade, a vida privada, a honra e a imagem das pessoas, afiançado o direito à indenização pelo dano material ou moral proveniente da violação. O dano moral respeita uma lesão aos sentimentos e afeições íntimas de uma pessoa, ou quando lhe ocasionam prejuízos que se traduzem em padecimentos físicos, ou que de uma maneira ou outra perturbam a tranquilidade e o ritmo normal de vida da pessoa ofendida.

A evolução do direito de família conduziu à supremacia da personalidade e à autonomia da pessoa diante de seu grupo familiar, não existindo qualquer prerrogativa doméstica a permitir possa um membro de uma família causar dano doloso ou culposo a outro membro da família e se eximir de responder em virtude do vínculo familiar, até porque ela não responde em função do elo familiar, mas em virtude do dano que pode ser causado por um parente, e

---

[646] MARMITT, Arnaldo. *Perdas e danos*. Rio de Janeiro: Aide, 1987. p. 107.
[647] SANSEVERINO, Paulo de Tarso Vieira. *Princípio da reparação integral*. Indenização no Código Civil. São Paulo: Saraiva, 2010. p. 270-271.

Cap. 2 • PARTILHA DOS BENS CONJUGAIS **443**

tanto mais grave o dano se praticado no âmbito das relações conjugais e afetivas, ou seja, não deixa de ser dano só porque produzido no marco familiar.[648]

Ao tempo em que a desobediência aos deveres do casamento levava à ruptura do matrimônio pela pesquisa da culpa conjugal, em ação de separação judicial litigiosa, surgiram afirmações dizendo que a admissão do ressarcimento dos danos patrimoniais ou morais era derivada descumprimento das obrigações nupciais, que a sua abundância de reclamações teria o efeito de colapsar os tribunais e comprometer a paz familiar e que já era suficiente declarar o término oficial do casamento e com ele reconhecer a autoria do responsável para lhe atribuir os efeitos próprios estabelecidos em lei e penalizar o consorte responsável com as sanções conjugais previstas no livro de família pela derrocada do matrimônio.

Depois do advento da Emenda Constitucional 66/2010, carece de consequências expressas a crise matrimonial causal, deixando vazio de conteúdo jurídico a quebra de qualquer dos deveres do casamento (CC, art. 1.566) e também aqueles previstos para as relações informais (CC, art. 1.724), e desaparecem todos os efeitos antes previstos em lei, para punir o cônjuge culpado pela separação, deixando de ser deveres jurídicos para se converterem em simples deveres morais, o que não significa que não possam gerar responsabilidade civil. Não se trata, por exemplo, de um direito de ser amado com exclusividade diante do dever de fidelidade, mas de avaliar as circunstâncias em que o ato lesivo se produz e os nefastos e relevantes efeitos jurídicos que o ato foi capaz de causar.

Daí a referência doutrinária externada por Vitor Ugo Oltramari, indicando devam ser analisadas as consequências ocasionadas pelo evento danoso ao cônjuge ou familiar vitimado, por meio da frustração causada pelo vexame e pela natureza e intensidade da humilhação, o grau de tristeza e o nível de constrangimento provocado, além do coeficiente de reprovação da conduta do cônjuge ou companheiro, sopesado com a sua capacidade econômica, e as condições sociais do ofendido, afora o amargor da ofensa, em nada se confundindo com as naturais tristezas e frustrações que toda separação tende a causar, mas sendo essencial a ocorrência de uma conduta dolosa ou culposa do cônjuge ou do parente ofensor.[649]

O mero descumprimento dos deveres conjugais não gera responsabilidade civil, pois a responsabilidade contratual da quebra de um dever conjugal não pode ter maior dimensão que a ruptura de qualquer cláusula contratual, quando a indenização não se funda no descumprimento de uma obrigação, mas, se em realidade qualquer um dos cônjuges pode pedir o divórcio como seu direito potestativo e unilateral, sem qualquer ensaio acerca da consideração da causa, deixa de ser um direito indisponível e dependente da vontade do outro consorte. A reparação deve ser medida pelo dano ou estrago produzido pelo descumprimento do dever conjugal, ou seja, o dano causado com lesão aos direitos de personalidade e o caráter de gravidade ou de sensível repercussão social que o dano causa ao psiquismo da vítima.

A reflexão que se impõe acerca da responsabilidade civil extracontratual derivada do dano praticado no âmbito do direito de família e perante as novas exigências sociais de procurar a reparação das vítimas nas relações familiares tenciona uma função sancionadora e preventiva para determinadas condutas que se produzem em família, ainda que não exista no ordenamento brasileiro expressa previsão para danos intrafamiliares, é sempre factível invocar a normativa geral sobre responsabilidade civil extracontratual e sem exclusão de qualquer hipótese ou vinculação parental. O dano moral não advém do desamor ou pela perda,

---

[648] DUTTO, Ricardo J. *Daños ocasionados en las relaciones de familia.* Buenos Aires: Hammurabi, 2006. p. 49.

[649] OLTRAMARI, Vitor Ugo. *O dano moral na ruptura da sociedade conjugal.* Rio de Janeiro: Forense, 2005. p. 119.

desgaste ou desinteresse em um relacionamento afetivo que conduz para a desconstrução da relação e para a desobediência de qualquer uma das obrigações inerentes à vida conjugal ou estável de duas pessoas que decidiram viver por amor em uma entidade familiar.

A dor, a humilhação e o desgosto produzidos na condução da desconstrução dessa vida a dois e que desvalorizam a dignidade e os direitos de personalidade evidenciam a configuração da responsabilidade civil,[650] na extensão que lhe atribui Américo Luís Martins da Silva, de que o dano moral causa um dano ao estado ideal das pessoas, originando os sentimentos antes mencionados por Oltramari, entre outros danos patrimoniais subjetivos, como dores físicas e sofrimento da alma, interrompendo o equilíbrio psíquico das pessoas e sendo causa suficiente para a obrigação de reparar o dano moral ou espiritual.[651]

Dessarte, imperioso concluir que a reparação dos prejuízos constitui um princípio geral de direito e contempla naturalmente os eventos danosos sucedidos nas relações familiares, tanto em seu viés material, quando um cônjuge desvia bens, quanto por sua consciente omissão e voluntária inadimplência, quando deixa de assegurar o pagamento das prestações ou aluguéis da habitação conjugal e permite por pura vingança que sua mulher e filhos sofram a humilhação da retomada do imóvel pela ação de uma reintegração de posse ou pela ação de despejo por falta propositada do pagamento dos valores dos aluguéis, ou da pensão alimentícia que permitiria à esposa conservar a posse e o uso essencial do seu abrigo familiar.

2.7.4 A culpa subjetiva do direito familiar

A imputação subjetiva de um dano extracontratual requer a culpa ou negligência do agente com sua atuação ou omissão danosa, a gerar o dever de indenizar, sem a exigência do dolo ou de uma culpa excessivamente grave, bastando a culpa, pois os pais, por exemplo, quando desviam os bens dos filhos, respondem como qualquer administrador de bens alheios, não só pelos prejuízos derivados do dolo ou de uma culpa grave. Como de culpa grave não deve se revestir a negligência da esposa que oculta sua infidelidade e a paternidade de um filho gerado da relação de adultério, omitindo ao esposo a informação correta sobre a paternidade do rebento que por presunção foi registrado como se fosse filho do marido. Ou se apresenta como negligente a mulher que suspeita sobre a paternidade de seu filho diante da sua relação extraconjugal, tendo no mínimo o dever de subtrair suas dúvidas em teste genético, pois do contrário pode ser responsável pelos danos derivados dessa falta de reconhecimento e responder por um dano culposo patrimonial e moral. Como com culpa age o marido que contagia sua esposa com o vírus da Aids ou qualquer doença infecciosa ao deixar de informá-la que participava ativamente de um grupo ou de alguma relação de risco.

Com relação à família são muitos os deveres a serem observados por pais e filhos, cônjuges e conviventes, cuja omissão é igualmente passível de gerar um dano a ser ressarcido, por exemplo, o reconhecimento de uma paternidade que o suposto pai deveria suspeitar, diante dos indícios mais do que razoáveis acerca do seu vínculo parental, notadamente, se convocado, reluta e se esquiva daquela que seria sua verdadeira obrigação jurídica, constituindo sua omissão um ato ilícito, podendo ser dele reclamados os danos patrimoniais e morais decorrentes da censurável negativa e esquiva de promover o reconhecimento da sua ascendência paterna. Declarada a paternidade à margem das consequências típicas decorrentes dos efeitos jurídicos do registro

---

[650] OLTRAMARI, Vitor Ugo. *O dano moral na ruptura da sociedade conjugal*. Rio de Janeiro: Forense, 2005. p. 182.

[651] SILVA, Américo Luís Martins da. *O dano moral e a sua reparação civil*. São Paulo: RT, 1999. p. 313.

Cap. 2 · PARTILHA DOS BENS CONJUGAIS | 445

de filiação, como alimentos, nome e sucessão *causa mortis,* defluem, como referido, os direitos advindos dos danos patrimoniais e morais, que devem ser imputados àquele que elide voluntariamente seu dever jurídico e assume a responsabilidade dos danos causados a quem tinha o direito de ser reconhecido e integrado em seu verdadeiro estado familiar respectivo.

A reprovação ao agente do dano decorre de ele não haver adotado a diligência que lhe era exigida, porquanto o ato ilícito não se baseia na infração de uma norma, mas sim em um interesse lesionado nas relações de convivência, porquanto parentes, cônjuges e conviventes devem se comportar com a mesma diligência que observariam, tratando dos seus próprios interesses, administrando um pai os bens do filho ou os bens particulares de sua esposa como se estivesse administrando o seu próprio patrimônio, cumprindo as obrigações gerais de todo administrador, especialmente porque a relação de proximidade, ou de especial confiança gerada pelos vínculos parentais e afetivos, acarreta uma cega confiança endereçada àqueles que velam por seus interesses. Escreve Jorge Mosset Iturraspe que causar um dano fora ou dentro do matrimônio e impor um prejuízo a um estranho ou ao próprio cônjuge, longe de merecer uma solução privilegiada ou eximente da responsabilidade, deve ser computada como agravante, na medida em que são maiores os deveres de obrar com prudência e pleno conhecimento das coisas.[652]

María Belén Caparrós e Ana María Pérez Vallejo comparam a responsabilidade civil no âmbito familiar com as atividades perigosas, como circular com um automóvel ou dispor de uma arma de fogo, pois em um e no outro caso os atos exigem que a pessoa aumente sua diligência em função da especial confiança resultante da proximidade do parentesco ou da relação de convivência conjugal ou informal.[653]

2.7.5 O dano moral pela fraude patrimonial

O ato de ressarcir pressupõe a existência de um dano e que ele aconteça na órbita patrimonial, por atingir um bem integrante do patrimônio físico de uma pessoa; que ele advenha de um prejuízo moral, por atingir valores ligados à personalidade da pessoa ofendida e, por certo, afeta os atributos mais preciosos da vida humana, sua honra, seu nome, sua fama e a reputação social que a pessoa goza e desfruta dentro e fora de seu círculo familiar. Na escala da valoração pessoal, releva maior hierarquia a proteção do patrimônio moral do ser humano, confrontado com seus bens materiais, estes sempre passíveis de substituição, ou a exata compensação econômica, fato que a honra não tem como ser sub-rogada. Os bens físicos representam aquilo que a pessoa possui, ao passo que sua riqueza imaterial constitui naquilo que a pessoa representa socialmente, e, comparando essas duas riquezas de origens tão distintas e equidistantes, fica fácil concluir que fortuna alguma seria realmente capaz de reparar qualquer danosa ferida causada à representação moral de uma pessoa que forja sua personalidade e seus valores durante cada minuto de sua existência.

Embora o afeto no comum das vezes se desenvolva entre as pessoas, também pode se dirigir a bens e coisas, especialmente quando determinados bens têm uma singular importância na vida de alguém. Registra Jorge Mosset Iturraspe não ser passível de reclamação qualquer dano moral, pois o sentimento ferido pela privação do gozo de um bem não é de

---

[652] ITURRASPE, Jorge Mosset. Los factores subjetivos y objetivos de la responsabilidad en las relaciones familiares. *Revista de Derecho de Daños,* Buenos Aires, n. 2, 2001, *apud* CAPARRÓS, Maria Belén Sáinz-Cantero; VALLEJO, Ana María Pérez. *Valoración y reparación de daños entre familiares. Fundamentos para su reclamación.* Granada: Comares, 2012. p. 113.

[653] CAPARRÓS, Maria Belén Sáinz-Cantero; VALLEJO, Ana María Pérez. *Valoración y reparación de daños entre familiares. Fundamentos para su reclamación.* Granada: Comares, 2012. p. 113.

modo a justificar a reparação civil pelo abalo espiritual eventualmente causado, devendo tratar-se de bem que desperte alto valor de afeição, por alguma razão especial, talvez por sua origem de ser um bem herdado ou oriundo de sua aquisição, feita por meio de grandes sacrifícios pessoais, ou por quem tem uma utilidade e significado igualmente especiais, em que, por exemplo, nasceram e foram criados os filhos.[654] A perda desse bem pela voluntária inadimplência do esposo que deixa de pagar as prestações da vivenda familiar, ou o condomínio e qualquer outra obrigação capaz de gerar a perda do imóvel que deveria e podia preservar, certamente que se acentua o caráter de afeição pela moradia e por sua biografia familiar, mas a reparação pelo ilícito civil independe dessa característica específica de uma especial afeição, haja vista que a sensação de impotência, desvalia de quem sofre a perda do bem e se sujeita a se ver com os filhos morando de favor com terceiros, por haver perdido sua habitação familiar pela desídia do marido provedor, é ato que diminui a esposa como ser humano e que a faz sofrer, causando dor e assombro, e, como ato de agressão, é claramente passível de ser moralmente indenizada, ao lado da reparação material pela própria perda do bem residencial.

Eduardo de Oliveira Leite reforça a procedência e o agravamento do dano moral causado no seio da convivência familiar, acrescendo que "a relação de maior intimidade deve computar-se como uma agravante porque existe um dever mais intenso de agir com prudência e pleno conhecimento das coisas".[655]

Clayton Reis, ao descrever o dano moral em decorrência dos laços de parentesco e de afinidade que unem as pessoas nos círculos familiares, diz se encontrarem "cimentados por fortes e preponderantes elos de natureza sanguínea e afetiva",[656] o que dá bem a dimensão da gravidade moral que pode representar qualquer ofensa ao estado de família, que se sobrepõe como um atributo da personalidade, e qualquer ilícito atentando contra este estado tem força para originar um agravo moral e abalar o mais íntimo de todos os patrimônios da humanidade. Não há como desconsiderar que as questões vinculadas às situações familiares sensibilizam grandemente as pessoas comprometidas e potencializam os seus efeitos pessoais, e que justamente por isso são mais propícias a gerar sofrimentos psíquicos, inclusive na esfera penal, quando o cônjuge autor do ato ilícito civil de desvio dos bens de seu cônjuge ainda se utiliza de queixas-crimes e representações penais, ou ameaças de processo por dano moral, tudo levado a efeito com a evidente intenção de criar um cenário de intimidação de seu consorte materialmente lesado, em uma amostra muita clara de mais uma espécie de violência doméstica psicológica e com propósitos materiais.

Fazem coro na categoria dos ilícitos familiares as ofensas à honra matrimonial e aos efeitos jurídicos inerentes ao casamento, ou à sua dissolução, bastando a simples negligência ou imprudência em situações como a transmissão de enfermidade contagiosa, ou a recusa injustificada ao reconhecimento da paternidade biológica extramatrimonial, a deliberada inadimplência alimentar, assim como a imputação caluniosa de adultério, ou uma demanda arbitrária de interdição, e todo um leque de ilícitas atitudes desencadeadas a partir da deterioração dolosa dos bens comuns, ou os atos de administração ruinosa dos bens que compõem o acervo da meação conjugal, ou atos de disposição ilícita desses bens levados a cabo por um

---

[654] ITURRASPE, Jorge Mosset. *Responsabilidad por daños*. El daño moral. Buenos Aires: Rubinzal-Culzoni, 2006. t. V, p. 136.

[655] LEITE, Eduardo de Oliveira. *Estudos de família e pareceres de direito civil*. Em homenagem à Dra. Regina Bilac Pinto, a "grande dama" da editoração jurídica brasileira. Rio de Janeiro: Forense, 2011. p. 51.

[656] REIS, Clayton. *Dano moral*. 4. ed. Rio de Janeiro: Forense, 1997. p. 59.

só dos cônjuges, isso quando ele não embolsa sorrateiramente, e com exclusividade, os frutos que deveriam ser comuns e partilhados entre o casal em estágio de separação.

No campo do ressarcimento por danos causados à pessoa de um dos cônjuges ou conviventes, ou a seus bens próprios, ou à sua meação, e da correspondente indenização pelo enriquecimento sem causa, a cobrança se dá por meio da entrega de bens ou de capital, assim como é viável o estabelecimento de uma pensão compensatória com pagamento em uma prestação única ou em prestações periódicas e mensais.

A legislação civil brasileira atribui aos cônjuges de forma indistinta a administração dos bens comuns, terminando com o modelo do Código Civil de 1916, pelo qual toda a administração patrimonial era encomendada ao marido, que só prestaria contas depois de definitivamente transitada em julgada, em todas as instâncias, a separação judicial.

Fácil perceber que a simples dispensa legal de o marido render contas da sua administração exclusiva dos bens enquanto não transitada em julgado a sua separação judicial, nada contando com qualquer precedente da separação fática do casal, era um incentivo para que o processo separatório se arrastasse no tempo, já que todas as despesas e prejuízos verificados em meio à crise conjugal eram considerados custos e atos pertencentes ao casamento, cuja comunicação patrimonial só terminava com o decreto judicial e irrecorrível da separação judicial e, como visto, nada significando qualquer preexistente e longa separação de corpos ou de fato do casal, pois o esposo continuava na livre, justificada e legítima posse dos bens matrimoniais, e, quando finalmente o casamento terminava na morosa burocracia judicial, nada mais restava para partilhar, senão dívidas supervenientes e o triste hábito de a separação judicial litigiosa corroer invariavelmente as finanças e economias do casal.

De qualquer forma, não obstante todos os avanços da igualdade constitucional, ainda é prática corrente contar com a gestão individual do acervo conjugal, entrementes, sem mais o fantasma de exigência da longa e morosa tramitação de um processo judicial de separação que precisava primeiro transitar em julgado. Presente um casamento que termina quando se ressente da comunhão plena de vida (CC, art. 1.511), a preexistência de uma separação de fato ou de corpos antecipa os efeitos jurídicos da própria dissolução oficial do casamento e cobra especial relevância a questão da responsabilidade civil pelos danos derivados de uma ruinosa administração dos bens, que devem, por direito, chegar íntegros às mãos do destinatário de cada uma das duas meações.

O desvio dos bens é prática comum na lida diária das desavenças conjugais, sendo frequente a sonegação de bens ou o desvio de ingressos e aplicações financeiras pertencentes ao casal, isto quando cônjuges ou conviventes não se utilizam de interpostas pessoas físicas ou jurídicas para pôr em movimento a ganância material do consorte fraudador. Evidentemente, se o parceiro, ao realizar qualquer ato de desvio ou de sonegação dos bens comunicáveis, intenta obter algum benefício ou lucro exclusivo para ele, ou ocasiona dolosamente um dano à sociedade matrimonial, ele será devedor do cônjuge lesionado pelo importe desviado.

São por demais variados e de uma fértil imaginação os atos do consorte gestor propenso à fraude e ao enriquecimento indevido, de forma que o seu patrimônio privativo deve indenizar, com valores atualizados, os danos e prejuízos causados ao outro cônjuge por sua dolosa ação ou por sua grave negligência.

O direito à reparação parte da fraude e do fato de que o administrador não tenha atuado ao amparo da lei ou da autorização de sua esposa, mas, antes, tenha agido com dolo ou com culpa, especificamente, que tenha tido a intenção de causar o dano de forma consciente ao seu parceiro conjugal, ou pelo menos não tenha adotado as medidas necessárias para evitar o prejuízo.

Circunstâncias especiais podem gerar não apenas o dano material, mas também podem acrescer o ilícito imaterial, como ocorre quando um esposo, sem razão justificável, interrompe os pagamentos das prestações da moradia conjugal, apenas porque nela permanece a esposa e com essa singela omissão causa não apenas a perda do bem pela inadimplência e quebra de obrigação contratual, como opera um incontestável dano moral à mulher que se vê envolvida em uma constrangedora movimentação de uma desnecessária exposição social. Ela não somente pode ser credora da reparação financeira pela perda do bem deliberadamente provocado pelo vingativo e inadimplente marido, como pode compensar sua meação sobre outros bens pertencentes ao cônjuge e, além disso, será destinatária de uma indenização por evidente abalo moral a que foi submetida pela atitude do esposo gestor.

Semelhante enquadramento pode ser prontamente realizado na hipótese de uma estável união que se ressente do prévio registro de existência da entidade familiar e de cuja relação o companheiro se adianta em vender, desfazer ou desviar bens e valores que deveriam ser comuns, não sendo difícil mensurar o dano moral causado pelo parceiro que leva sua parceira a um estado desnecessário de indigência financeira e exposição social, passíveis de uma compensação financeira imaterial.

A gestão negligente do marido que investe as economias do casal em operações financeiras de risco e assim provoca sensível e consciente perda das economias comuns pode responder por sua falta de diligência, como também é passível de indenização por agravo moral à esposa que, no tumulto de seu divórcio, faz desmedidos gastos com a única intenção de criar dívidas e embaraços econômicos ao consorte encarregado de quitar as obrigações do cartão de crédito. Como causa por igual um agravo moral o consorte que deliberadamente deixa de pagar a pensão alimentícia e a escola dos filhos e assim provoca humilhações para a esposa no condomínio onde ela reside pelo fato de não estar honrando a sua cota condominial, ou porque os filhos são convocados a quitar a prestação escolar.

Têm os cônjuges o dever de atuar conforme as regras da boa-fé, que são impostas a todo e qualquer mandatário ou administrador, que sabe que as rendas, os frutos e lucros dos bens que administra em nome do casal não podem aproveitar somente ao ávido consorte gestor, e se essa obrigação não foi observada e causou indiscutível dano, esse prejuízo deverá ser compensado com os bens privativos do gestor fraudador.

O cônjuge que age com culpa ou manifesto dolo e deliberadamente arquiteta ações pelas quais prejudica a meação da esposa com o descumprimento das obrigações materiais que sempre estiveram ao seu encargo e que deixa de pagá-las para criar um clima de terror e medo para sua esposa, que assim teme perder seus bens, sua moradia e sua meação, é devedor do agravo que causa à comunidade de bens. Assim, o cumprimento das obrigações não será encargo da mulher, se o marido deixou de pagá-las voluntariamente, e no momento da partilha esse passivo deve fazer parte da meação do cônjuge negligente, pois seria um contrassenso a absoluta imunidade e impunidade do esposo, apenas porque se trata de uma relação familiar, não fazendo qualquer sentido isentar o consorte dessa responsabilidade deliberadamente causada com o único propósito de causar pânico à esposa e consciente prejuízo à meação de sua mulher.

Presente igualmente o dano moral pelos eventuais prejuízos que sua atitude pode causar à esposa e filhos com situações de constrangimentos e humilhações pessoais, porquanto o fato de os membros de uma família terem relacionamentos tão íntimos e pessoais não impede que possam ser considerados autores de eventos danosos ou vítimas de irresponsabilidades conscientes, as quais em muitas ocasiões causam medo, profundos dissabores, desarmonia e instabilidade pessoal e familiar. Não existe nenhuma limitação da responsabilidade civil pelo fato de o ato danoso ter sido praticado em relações intrafamiliares, pois a responsabilidade civil não exclui nem isenta da indenização quando o nexo causal e os danos ocorreram no seio familiar.

Do contrário, ocorreria o paradoxo de serem praticados danos que não seriam indenizados, diante de uma gestão negligente ou deliberadamente ruinosa, feita com a única intenção de causar um cônscio estrago à meação da esposa, ou por esse meio de pressão forçá-la a acordos judiciais ou extrajudiciais de divórcio totalmente desvantajoso, isso se o seu mais recôndito prazer e sua mais extremada vingança pelo ressentimento da separação não se situarem exatamente no fato de ver a sua esposa ser socialmente humilhada e temer por sua estabilidade e segurança familiar.[657]

2.8 PRESCRIÇÃO OU DECADÊNCIA DA AÇÃO DE FRAUDE

De acordo com o artigo 189 do Código Civil, violado o direito, nasce para o titular a pretensão, a qual se extingue, pela prescrição, nos prazos a que aludem os artigos 205, 206 e 206-A do Código Civil, tratando este último dispositivo, acrescido pela Lei 14.382/2022, da prescrição intercorrente, sucedendo o prazo máximo dez anos quando a lei não lhe haja fixado prazo menor. Assim, genericamente, a prescrição à partilha ocorre em dez anos, contados da separação de fato, conforme jurisprudência constante do Recurso Especial 1.660.947/TO, julgado em 5 de novembro de 2019, sendo relator o Ministro Moura Ribeiro, na 3.ª Turma do Superior Tribunal de Justiça, e não mais, como sempre era decidido, a contar da separação de direito ou do divórcio, especialmente se for considerado que depois da Emenda Constitucional 66/2010 o divórcio pode ser requerido a qualquer tempo como verdadeiro direito potestativo que independe da vontade ou da eventual resistência do outro consorte. Se esse casal está faticamente separado, não apenas deixam de se comunicar novos bens que cada um deles adquire, salvo se trate de uma sub-rogação real de bens comuns, como também o tempo deve influir em contagem regressiva, diante da inatividade do titular de um direito que durante certo lapso de tempo não se socorre dos instrumentos processuais para, utilizando-os, provocar a prestação jurisdicional. Aduz Yussef Said Cahali que a prescrição se justifica no interesse social e que as relações jurídicas não permanecem indefinidamente incertas; a presunção de que quem descura do exercício do próprio direito não tinha vontade de conservá-lo; a utilidade de punir a negligência; e a ação deletéria do tempo que tudo destrói.[658]

Portanto, transportando para a partilha dos bens no direito de família e das sucessões, sob o viés específico da ocorrência de fraude, essa noção de que o decurso do tempo consolida as situações jurídicas e que, violado um direito, este se extingue quando não exercitado no prazo fixado pela lei, e dessa inércia decorre a perda da pretensão do poder que tinha o titular desta prerrogativa de reagir contra a violação desse seu direito,[659] se torna imprescindível a declaração da prescrição da ação de partilha. A primeira anotação que deve ser feita é a da regra do prazo ordinário de prescrição dos dez anos (CC, art. 205), salvo ocorram as hipóteses de impedimento, suspensão ou interrupção da prescrição (CC, arts. 197 a 204). Estabelece o artigo 197, I, do Código Civil que não corre a prescrição entre os cônjuges, na constância da sociedade conjugal. Contudo, constância pressupõe comunhão plena de vida, coabitação, e

---

[657] MADALENO, Rolf. A indenização pela fraude patrimonial no regime de bens. *In*: BARBOSA, Eduardo; MADALENO, Rolf (coord.). *Responsabilidade civil no direito de família*. São Paulo: Atlas, 2015. p. 411-422.

[658] CAHALI, Yussef Said. *Prescrição e decadência*. São Paulo: RT, 2008, p. 19.

[659] THEODORO JÚNIOR, Humberto. *Prescrição e decadência*. Rio de Janeiro: GEN/Forense, 2018. p. 12-13.

não uma separação de fato ou de corpos iniciada antes da separação de direito ou do divórcio, com a inquestionável demonstração da intenção do casal de não mais reatar, de sorte que a prescrição começa a correr da separação de fato, e não da ruptura oficial do casamento ou da dissolução de união estável, dado que, de acordo com o Enunciado 296 da IV Jornada de Direito Civil, promovida pelo CEJ do Conselho da Justiça Federal, "não corre a prescrição entre os companheiros na constância da união estável", valendo a mesma interpretação do termo constância da união estável para constância do casamento.

Enquanto a prescrição é sempre relativa a direitos patrimoniais, ao seu lado convive o instituto da *decadência,* regulado pelos artigos 207 a 211 do Código Civil, o qual se dá quando um *direito potestativo* não é exercido, extrajudicial ou judicialmente. Para Humberto Theodoro Júnior não é possível cogitar da prescrição de direitos potestativos, que nada mais representam do que os poderes ou faculdades do sujeito de direito de provocar a alteração de alguma situação jurídica. Os direitos potestativos são direitos sem pretensão; são faculdades que não mais poderão ser exercidas quando, por qualquer motivo, já tenha decorrido o tempo previsto,[660] que se dá, por exemplo, quando o artigo 178, II, do Código Civil estabelece o prazo de quatro anos de decadência para pleitear a anulação do negócio jurídico, contado, no caso de erro, dolo, fraude contra credores, estado de perigo ou lesão, do dia em que o ato se realizou, ou quando prescreve o parágrafo único do artigo 2.027 do Código Civil a hipótese do prazo decadencial de um ano, previsto para anular uma partilha pelos vícios e defeitos que em geral invalidam os negócios jurídicos.

Entrementes, quando a lei comina determinado ato de nulidade absoluta, como acontece com o negócio jurídico simulado do artigo 167 do Código Civil, a ação de nulidade é imprescritível, tanto que o artigo 169 do Código Civil complementa prescrevendo que o negócio jurídico nulo não é suscetível de confirmação, nem convalesce pelo decurso do tempo. No entanto, como defende Yussef Said Cahali, com escólio em Leonardo Mattietto, "não se deve deixar de cogitar, porém, da prescritibilidade da pretensão de impugnar judicialmente o negócio jurídico simulado, sendo de dez anos o prazo de prescrição ditado pela nova lei".[661]

Consequentemente, no âmbito do direito de família e das sucessões, o direito à partilha prescreve em dez anos, contado da data da separação de fato, se houver, ou do trânsito em julgado da sentença ou da escritura de separação de direito, de divórcio ou de dissolução de união estável, divergindo dos prazos de decadência do exercício de direito potestativo de quatro anos para anular negócio jurídico resultante de erro, dolo, fraude contra credores, estado de perigo ou lesão (CC, art. 178, II), ou de um ano para anular partilha (CC, art. 2.027, parágrafo único), ocorrendo o mesmo prazo de um ano em relação à partilha amigável, como estabelece o artigo 657 do Código de Processo Civil, contado esse prazo, no caso de coação, do dia que ela cessou (inc. I); no caso de erro ou dolo, do dia em que se realizou o ato (inc. II); e quanto ao incapaz, do dia que cessar a incapacidade (inc. III), tal como de decadência também seriam os prazos para anular casamento e que são aventados no artigo 1.560 do Código Civil.

Situação diferenciada ocorre com a venda de ascendente para descendente, a qual o artigo 496 do Código Civil refere ser anulável, salvo se os outros descendentes e o cônjuge do alienante expressamente houverem consentido, ressalvando o parágrafo único do artigo 496 do Código Civil ser dispensável o consentimento do cônjuge, se o regime de bens for o da separação obrigatória, mas cuja dispensa de concordância é questionável, diante dos efeitos da Súmula 377 do Supremo Tribunal Federal, que converte a separação legal de bens em

---

[660] THEODORO JÚNIOR, Humberto. *Prescrição e decadência.* Rio de Janeiro: GEN/Forense, 2018. p. 317.
[661] CAHALI, Yussef Said. *Prescrição e decadência.* São Paulo: RT, 2008. p. 193.

comunhão parcial. Como o artigo 496 do Código Civil não situa nenhum prazo para a anulação, tem incidência o prazo decadencial de dois anos, contados da celebração do contrato, para pleitear sua anulação, consoante prescreve o artigo 179 do Código Civil, sem nenhuma margem para debater se o prazo é de prescrição ou de decadência, diante dos precisos termos do Enunciado 368 do CJF, que prescreve: "O prazo para anular venda de ascendente para descendente é decadencial de dois anos (art. 179 do Código Civil)". Ressalva José Fernando Simão que será diferente se a venda for realizada por interposta pessoa, fato que tipifica um negócio simulado. Nessa hipótese, a venda passa a ser considerada absolutamente nula, nos termos do artigo 167 do Código Civil, não se sujeitando aos limites de decadência ou prescrição,[662] ingressando, dessarte, na prescrição ordinária dos dez anos (CC, art. 205), que permite conhecer com exatidão a data em que uma pretensão ou um direito se extinguem, gerando a necessária tranquilidade social e a certeza de que o tempo resolve todos os problemas.[663]

Entretanto, entre a prescrição máxima e ordinária de dez anos, aplicada em especial à partilha no direito de família e no direito das sucessões, existem três causas que influem sobre o decurso do prazo prescricional a saber: a) as impeditivas, que obstam a deflagração do prazo prescricional; b) as suspensivas, que impedem o prosseguimento do prazo já em curso, o qual voltará após a cessação da causa suspensiva, a ser contado do exato ponto em que parou; e c) as interruptivas, que inutilizam todo o prazo já decorrido e fazem reiniciar a contagem do prazo prescricional,[664] constando todas as três espécies entre os artigos 197 a 204 do Código Civil, enquanto as causas de impedimento e de suspensão da prescrição estão arroladas entre os artigos 197 a 201 do Código Civil. A partir do artigo 202 até o artigo 204 do Código Civil constam as situações em que a prescrição pode ser interrompida, contudo, na ocorrência de decadência, salvo disposição legal em contrário, não se aplicam as normas que impedem, suspendem ou interrompem a prescrição (CC, art. 207).[665]

Na decadência, o prazo não se interrompe nem se suspende, correndo contra todos, constituindo-se de um prazo fatal, ininterrupto e peremptório, o qual termina sempre no dia preestabelecido e não pode ser renunciado,[666] diversamente da prescrição, que prevê a interrupção do prazo, sua suspensão e em situações especiais sequer conta o seu prazo enquanto os incapazes não atingem a maioridade e os cônjuges ou conviventes não promovem a sua separação de fato, e não mais a dissolução oficial da relação afetiva.

Desde o advento da Código de Processo Civil de 2015, passou a ser também adotada a *prescrição intercorrente*, incidente quando o prazo prescricional flui durante a tramitação do processo e no qual, embora tenha havido citação válida, ainda quando ordenada por juízo incompetente (CPC, art. 240, § 1.º), a parte não deu regular andamento ao processo,

---

[662] SIMÃO, José Fernando. *Prescrição e decadência*. Início dos prazos. São Paulo: Atlas, 2013. p. 249.

[663] SIMÃO, José Fernando. *Prescrição e decadência*. Início dos prazos. São Paulo: Atlas, 2013. p. 136.

[664] TEPEDINO, Gustavo; OLIVA, Milena Donato. *Fundamentos do direito civil*. Teoria geral do direito civil. Rio de Janeiro: Forense, 2020. v. 1, p. 382.

[665] "Agravo de instrumento. Pretensão de anular pacto antenupcial. Decadência. A pretensão de anular pacto antenupcial, mediante alegação de vício de consentimento, versa sobre anulabilidade, e tem prazo decadencial expressamente previsto em lei, que é de quatro anos, contados da data em que celebrado o negócio. No caso, entre a celebração do pacto antenupcial e do casamento, e a dedução do pedido de anulação em juízo, transcorreram-se mais de nove anos. De modo que é inafastável o reconhecimento de que efetivamente operou-se a decadência" (TJRS, 8.ª Câmara Cível, Agravo de Instrumento 70082776055, Rel. Des. Rui Portanova, j. 31.10.2019).

[666] RIZZARDO, Arnaldo; RIZZARDO FILHO, Arnaldo; RIZZARDO, Carine Ardissone. *Prescrição e decadência*. Rio de Janeiro: GEN/Forense, 2015. p. 11.

que, por sua vez, o feito ficou completamente parado, e por uma demora que não pode ser imputada exclusivamente ao serviço judiciário (CPC, art. 240, § 3.º). Para essas hipóteses, observa Humberto Theodoro Júnior, o juiz poderá, de ofício, reconhecer a prescrição intercorrente, extinguindo o processo (CC, art. 206-A, consoante Lei 14.382/2022 e CPC, art. 921, § 5.º), devendo, contudo, ouvir previamente as partes, a fim de respeitar o contraditório (CPC, art. 487, parágrafo único).[667]

A prescrição intercorrente é verificada no curso do processo judicial, por fato debitado à própria parte a quem prejudica a sua ocorrência, ou inércia na promoção do regular andamento do processo, como ocorre no exemplo de um divórcio amigável ou litigioso, em cuja partilha ficou consignado que seria realizada na sequência. Pode a parte autora até ter ajuizado o processo respectivo de partilha dos bens conjugais, levado a efeito ou não a citação válida do demandado, mas nada fez na continuação, se desinteressada em dar seguimento ao processo e sendo intimada judicialmente para promover o regular andamento da ação, nada foi requerido pela parte, deixando fluir por sua exclusiva responsabilidade o prazo prescricional intercorrente (CC, art. 202) e ordinário dos dez anos (CC, art. 205). Todavia, se foi o cartório que não atendeu aos comandos do juiz, não há como debitar à parte os efeitos da prescrição intercorrente (CPC, art. 240, § 3.º).

---

[667] THEODORO JÚNIOR, Humberto. *Prescrição e decadência*. Rio de Janeiro: GEN/Forense, 2018. p. 207.

Capítulo 3
INDIVISÃO PÓS-COMUNITÁRIA DOS BENS COMUNS

Certa feita, escreveu Silva Pacheco que a sociedade conjugal, ao acabar, trazia como consequência o término da coabitação, da fidelidade recíproca e do regime matrimonial de bens,[1] embora na atualidade seja consenso que a coabitação termina com a separação de fato dos cônjuges ou conviventes. No mesmo evento, termina o dever de fidelidade, tanto que muitos esposos findam sua relação matrimonial para iniciarem uma convivência estável, e, como não podia ser diferente, quando se finaliza a comunhão plena de vida, também termina o regime de bens. E, na sequência, dizia ser perfeitamente possível a ocorrência de uma separação judicial sem que ainda tenha sido possível chegar à partilha dos bens, questionando qual seria a posição de cada cônjuge enquanto não houvesse a partilha de bens e com relação aos bens não partilhados.[2]

Essa é uma questão comum na experiência judiciária brasileira, em que os casais dissolvem o casamento ou a sua união estável, contudo não promovem a correlata e subsequente partilha de seus bens. E, verdade seja dita, a tanto tampouco estão obrigados, não sendo outra razão a existência do artigo 1.581 do Código Civil quando prescreve ser factível a partilha dos bens depois do divórcio, e a mesma previsão vem disposta no parágrafo único do artigo 731 do Código de Processo Civil, e essa é a essência da Súmula 197 do STJ.[3]

No encadeamento, e tendo como indicativo legal o Código Civil de 1916, o qual nada diverge da codificação vigente, Silva Pacheco obtempera dizendo que:

> Parece razoável admitir que, se termina o regime de bens com a separação judicial que extingue a sociedade familiar, cada ex-cônjuge assume a posição de condômino e aquele que administrar sem oposição do outro, presume-se mandatário comum nos precisos termos do art. 640 do Código Civil (1916), estando, desse modo, obrigado à prestação de contas (art. 1.301 do Código Civil/1916).
>
> O outro ex-cônjuge, por sua vez, tem o direito de pedir e exigir a prestação de contas. Poderá fazê-lo no prazo de vinte anos, de conformidade com os arts. 177 e 179 do Código Civil (1916), porque no art. 178 ou em lei especial não há qualquer disposição específica. [...] Parece-nos, pois, razoável a prescrição vintenária (segundo o CC/1916) para a ação movida pela ex-mulher para exigir prestação de contas do ex-marido, relativa à administração por este exercida sem a sua oposição, presumindo-se, nesse caso, como de mandatário comum porque já terminada a sociedade conjugal e o regime matrimonial de bens.[4]

---

[1] PACHECO, Silva. *Questões de direito imobiliário.* Rio de Janeiro: Renovar, 1998. p. 23.
[2] PACHECO, Silva. *Questões de direito imobiliário.* Rio de Janeiro: Renovar, 1998. p. 23.
[3] Súmula 197 do STJ: "O divórcio direto pode ser concedido sem que haja prévia partilha de bens."
[4] PACHECO, Silva. *Questões de direito imobiliário.* Rio de Janeiro: Renovar, 1998. p. 24.

E essa é uma dificuldade que persiste até os dias atuais, mesmo porque, diferentemente de outros países, o direito brasileiro tem regramento acerca da comunhão e da indivisão dos bens na constância da sociedade conjugal e para a partilha dos bens conjugais, tão logo seja decretado o divórcio ou a dissolução da união estável e até mesmo se a partilha ocorrer de forma concomitante, pois cônjuges e conviventes podem promover a liquidação de seus bens comuns, inclusive em processo autônomo de liquidação e partilha, mas não existe nenhuma regra ou texto de lei no direito brasileiro regulando os efeitos jurídicos incidentes sobre os bens comuns que ainda não foram partilhados. Portanto, em realidade, não ficam em condomínio, uma vez que o condomínio pressupõe a prévia partilha dos bens conjugais ou convivenciais, situação, no entanto, prevista no direito alienígena que denomina esses bens comuns pós-divórcio, ou abertura de uma sucessão enquanto ainda pendente a partilha, de comunidade de indivisão pós-conjugal ou sucessória.

Existe uma nítida distinção entre meação e condomínio, permanecendo as meações enquanto não for procedida a efetiva partilha dos bens que compõem o acervo conjugal ou convivencial. Esse mesmo acervo conjugal pode ficar em condomínio, mas somente se for previamente partilhado e os bens oficialmente divididos forem mantidos como bens comuns que assim permanecem na forma de condomínio. É bastante frequente cônjuges ou conviventes promoverem a partilha de seus bens comuns, os quais passam a titular em copropriedade, e não mais como meeiros, mas como condôminos, porquanto, com a oficial divisão, transformaram suas meações em frações condominiais, que podem ou não ser divididas em frações iguais ou ideais, de metade para cada ex-cônjuge, tudo dependendo do interesse que cada bem matrimonial desperta sobre cada um dos cônjuges. Essa opção pela partilha em condomínio pode suceder porque não foi possível ou desejado realizar uma divisão cômoda dos bens e por esse motivo o casal decidiu proceder à divisão na modalidade jurídica de condomínio, existindo muitos cônjuges e conviventes que, inclusive, optam pela constituição de uma sociedade na forma de uma *holding* imobiliária, e para a qual deságuam suas meações e contratam nessa sociedade uma divisão proporcional das suas meações que passam a ser representadas por quotas sociais. Outras vezes são os próprios juízes que terminam ordenando uma partilha em condomínio, mas que em nada resolve a questão patrimonial dos consortes e companheiros que são obrigados a ingressarem no juízo cível para promoverem ação de extinção de condomínio com enormes e inquestionáveis prejuízos financeiros, especialmente se forem levados ao extremo da venda judicial dos bens deixados em condomínio, atrasando a solução da originária partilha, além de onerar e desgastar psicologicamente ex-casais que seguem se defrontando em juízo porque fizeram uma partilha que em verdade não foi partilha, mas que apenas mudou sua condição jurídica de meeiros para condôminos.

No entanto, no começo de cada sociedade conjugal existe a eleição de um regime de bens, os quais, na constância do relacionamento afetivo e escolhido um regime patrimonial de comunidade, vão sendo adquiridos bens que formarão um patrimônio comum, de metades iguais sobre cada um dos bens aportados para o casamento, estejam eles em nome de um ou do outro consorte ou convivente. Interessa registrar apenas que, diante do regime eleito de comunhão parcial, por exemplo, cada parceiro é meeiro dos bens, ou seja, cada consorte tem a titularidade abstrata de metade dos bens comuns, que sempre ficam registrados em nome de um dos cônjuges e que lhes serão adjudicados somente por ocasião do término do casamento e somente depois de efetivada a partilha oficial dos bens, salvo os que sejam comprados em condomínio, o que muitas vezes acontece em regimes de separação de bens em que os casais decidem comprar bens em nome de ambos, não necessariamente em partes iguais, podendo ser em frações distintas, mas, neste caso, não são meeiros e sim condôminos. Por isso,

Cap. 3 · INDIVISÃO PÓS-COMUNITÁRIA DOS BENS COMUNS

pode ocorrer que esses bens até fiquem em condomínio, não simplesmente porque o casal se divorciou ou porque os companheiros dissolveram o seu relacionamento afetivo, mas, sim, porque compraram os bens em condomínio e não promoveram a extinção deste condomínio no juízo de família, ou porque promoveram concretamente a partilha de seus bens comuns, e neste processo ou em uma escritura de partilha escolheram deixar suas meações abstratas de metade para cada consorte, em condomínio, uma vez que o simples decreto do divórcio ou da dissolução união estável, sem a concomitante ou posterior partilha, não transmuda as meações em quotas condominiais, não transforma cônjuges e conviventes de meeiros em condôminos, dado que a condição de condôminos eles só vão adquirir se promoverem uma concreta liquidação e partilha de seus bens conjugais ou convivenciais e optarem pela partilha na forma de condomínio.

Portanto, durante o casamento ou na constância da união estável, os casais e companheiros são meeiros dos bens comuns e continuarão sendo meeiros dos bens comuns adquiridos na presença do relacionamento, os quais deixam de se comunicar somente depois da separação de fato. Ao contrário do pensamento de Silva Pacheco, a mera separação ou dissolução de direito ou a mera ocorrência oficial do divórcio não torna os divorciados e muito menos os ex-conviventes em condôminos.

No entanto, esse não era um pensamento exclusivo de Silva Pacheco, tampouco dos tribunais brasileiros, pois também era uma tese largamente desenvolvida na jurisprudência estrangeira, ao sustentar que a indivisão hereditária e pós-conjugal dos bens formava automaticamente um condomínio, mesmo que a partilha não tivesse sido realizada, o que não faz o menor sentido. Embora as figuras jurídicas de herdeiros, meeiros e condôminos guardem alguma semelhança, em realidade, a sua equiparação nem sequer é absoluta, existindo quotas-partes indivisas entre os coerdeiros e entre os meeiros, que em sua soma representam a totalidade do patrimônio do falecido ou do casal, em todos os institutos jurídicos presentemente sob comparação.

É tal qual refere Natália Cristina Chaves, no sentido de que, enquanto não realizada a partilha, permanece o patrimônio conjugal em estado de indivisibilidade patrimonial ou mancomunhão, e essa comunhão conjugal não significa a instituição do condomínio sobre cada um dos bens que o integram, na forma preconizada pelo artigo 1.314 do Código Civil, visto que não há de parte dos cônjuges ou ex-consortes a copropriedade sobre cada bem individualizado, e muito menos a possibilidade de alienação da respectiva parte ideal.[5] Na sequência, a autora cita Miguel Maria de Serpa Lopes que descreve que: "a distinção entre condomínio e comunhão é calcada nos mesmos moldes pelos quais se diferencia a propriedade da posse. Como a posse em relação à propriedade é um simples fato, suscetível de produzir efeitos jurídicos, assim também a comunhão é uma relação de fato entre duas ou mais pessoas a respeito de uma coisa, quer a título de propriedade, quer por outro título qualquer, de modo a dar ao conceito de comunhão uma amplitude maior que o condomínio, de caráter específico e restrito ao direito sobre uma coisa".[6]

Colaciona ainda os ensinamentos de Yussef Said Cahali de que: "antes de formalizada a partilha, o condomínio que subsiste entre os cônjuges tem características próprias, que o vincula ainda à sociedade conjugal desfeita em seus demais efeitos. Daí se ter decidido que

---

[5] CHAVES, Natália Cristina. *Casamento, divórcio e empresa*: questões societárias e patrimoniais. Belo Horizonte: D'Plácido, 2018. p. 177.

[6] SERPA LOPES, Miguel Maria de. *Curso de direito civil*. 2. ed. Rio de Janeiro: Freitas Bastos, 1960. v. 4, p. 495.

não é cabível pedido de suprimento judicial de consentimento quando já separado o casal: é que, enquanto unido prevalece, sobre a totalidade de bens, ou sobre alguns deles, comunhão *pro indiviso*, que, todavia, é desfeita no momento da sentença que decreta a separação. O passo seguinte, ordinariamente, é o do apartamento dos respectivos patrimônios, mas em execução de sentença e não por meio de suprimento judicial de consentimento, que é instituto que tem contornos precisos, conforme precedente inserto na *RT* 545/109. Enquanto pende a comunhão, a alienação que qualquer deles venha a fazer de sua porção ideal a terceiros somente pode ser transcrita no registro imobiliário depois da partilha dos bens do casal e do registro do respectivo formal ou da extinção do condomínio por outras formas".[7]

Em cada um desses diferentes institutos jurídicos aparece uma pessoa como cotitular dos direitos incidentes sobre os bens, e em todas as figuras jurídicas destacadas cada um deles (herdeiros, meeiros, condôminos) tem uma parte ideal sobre os bens, que pode ser a metade, no caso dos meeiros (cônjuges ou conviventes); ou pode ser de uma terça ou quarta parte, geralmente quando existem vários coerdeiros, Entretanto, o condomínio provém de um contrato, de um testamento, ou quando a lei assim dispõe, enquanto a comunidade hereditária ou pós-conjugal se origina sempre na hipótese do falecimento de um ou do único titular dos bens, e na sua sucessão concorrem vários sucessores, ou quando um casal se divorcia e suas meações podem ser transformadas por partilha em frações condominiais, mas sempre dependendo o estabelecimento de um condomínio da prévia partilha judicial ou extrajudicial dos bens. Partilhados os bens, o condomínio pode recair sobre imóveis, móveis e coisas determinadas, acrescendo que, no instituto do condomínio, é a maioria que decide as questões relativas à administração dos bens em condomínio, ao passo que na comunidade hereditária ou na comunidade pós-conjugal é necessário o consenso unânime dos ex-cônjuges ou dos coerdeiros e, em caso de discrepâncias, decide o juiz.[8]

O direito brasileiro permite que a partilha dos bens comuns ocorra depois do divórcio ou da dissolução da união estável, mas nunca antes do divórcio ou da dissolução da união estável, salvo se tiverem antes promovido a mudança judicial do regime de bens, em cujo procedimento deve existir a correlata partilha dos bens que eram comuns e que serão partilhados ou titulados em nome de um dos cônjuges ou conviventes. O direito argentino admite no artigo 477 do Código Civil e Comercial a partilha de bens na constância do casamento e antes da sua dissolução, se houver má administração de parte de um dos consortes e que acarrete perigo de perda da meação (letra a); ou se for declarada a concordata preventiva ou a quebra do outro cônjuge (letra b); ou se os cônjuges estão separados de fato sem vontade de se unirem (letra c); e, se por incapacidade ou escusa de um dos consortes, a ele for designado curador (letra d).

No sistema jurídico brasileiro há unicamente um corte na comunicação dos bens, que ocorre com a separação de fato ou com a dissolução oficial do vínculo, prevalecendo a circunstância que ocorrer em primeiro lugar, sendo certo que novos bens adquiridos em nome individual dos ex-parceiros separados de fato ou divorciados não mais integram o acervo comum. Entrementes, como não realizaram a partilha do patrimônio comum, continuam sendo meeiros desse patrimônio, que segue sendo de ambos, gerando efeitos jurídicos em período de comunidade que se estende enquanto prosseguir esse estado de indivisão de bens verificado

---

[7] CAHALI, Yussef Said. *Divórcio e separação*. 11. ed. São Paulo: RT, 2005. p. 748.

[8] FERRER, Francisco A. M. *Comunidad hereditaria e indivisión posganancial*. Buenos Aires: Rubinzal-Culzoni, 2016. p. 127-128.

em época pós-ruptura da relação conjugal ou convivencial. Desses efeitos o legislador brasileiro não se ocupou, ao revés de ordenamentos jurídicos estrangeiros.

Com referência à indivisão dos bens pós-falecimento do autor da herança, ou pós-divórcio, prescreve o artigo 481 do Código Civil e Comercial argentino que, sendo extinto o regime pela morte de um dos cônjuges, enquanto subsiste a indivisão pós-comunitária, aplicam-se as regras da indivisão hereditária de um patrimônio que não tem personalidade jurídica, e se se extingue em vida de ambos os consortes, a indivisão se rege pelos artigos que conformam a seção denominada *indivisão pós-comunitária* e que em nada se confunde com o condomínio.

O Código Civil argentino dispõe entre os artigos 482 a 487 o procedimento e as cautelas relacionadas à comunidade dos bens que seguem em indivisão pós-conjugal e sobre os quais os ex-cônjuges não acordaram quaisquer regras sobre a sua administração e disposição, subsistindo os preceitos relativos ao tempo do regime de comunidade conjugal, qual seja, seguirão as mesmas diretrizes vigentes ao tempo do matrimônio e enquanto não forem modificadas. Nesse sentido, comanda o artigo 482 do Código Civil e Comercial argentino que, se durante a indivisão pós-comunitária os cônjuges não acordam as regras de administração e de disposição dos bens indivisos, subsistem as relativas ao regime de comunidade, enquanto não sejam modificadas. Cada um dos partícipes tem a obrigação de informar ao outro, com antecedência razoável, sua intenção de outorgar atos que excedam a administração ordinária dos bens indivisos, e o segundo pode formular oposição quando o ato projetado vulnera seus direitos. Portanto, tratando-se de uma indivisão dos bens conjugais em razão do divórcio, logo, estando vivos ambos os ex-cônjuges, podem, durante o período de indivisão pós-comunitária, acordar as regras de administração e de disposição pelas quais tratarão de reger a indivisão temporária de seus bens comuns e ainda não divididos, a qual perdurará até a efetiva partilha desses bens. Trata-se de fato bastante comum na experiência brasileira, cuja jurisprudência é farta de processos que se arrastam durante anos na morosa e contraproducente indivisão pós--conjugal, e quando falece um deles a indivisão se forma entre o supérstite e os herdeiros do outro, ou os herdeiros de ambos.

Em realidade, os bens que ainda não foram divididos pela morte de um dos titulares dos bens ou pelo divórcio, e no sistema jurídico brasileiro também seria o caso da união estável, massa de bens comuns e ainda não partilhados, têm uma identidade própria, representando uma etapa de indivisão. Francisco A. M. Ferrer menciona que seria uma situação acidental e passageira, destinada a ser concluída com a partilha e cuja liquidação se dará entre herdeiros ou meeiros, mas que deve ser promovida com a maior brevidade possível, pois o tempo e a rapidez ou a demora da efetiva liquidação e partilha dos bens sucessórios ou conjugais dependerão das circunstâncias fáticas e processuais e do desenrolar de cada uma das etapas que as partes desejem imprimir ao processo judicial ou ao procedimento de partilha extrajudicial para a final divisão.[9] Ademais, pode se tornar um procedimento bastante simples e consensual, entregando a meação de cada ex-cônjuge ou ex-companheiro e o quinhão hereditário de cada herdeiro, ou se transformar em uma demanda altamente litigiosa e de difícil e curta solução judicial.

Portanto, ainda que tenha sido dissolvida a sociedade conjugal ou convivencial de comunidade de bens, o processamento de liquidação dos bens precisa ser encaminhado, muito embora seja comum deparar na prática profissional com um largo transcurso de tempo intermediando o divórcio e a efetiva liquidação e partilha dos bens conjugais, ou mediando entre a abertura da sucessão e a partilha dos bens com os pagamentos dos quinhões hereditários.

---

[9]   FERRER, Francisco A. M. *Comunidad hereditaria e indivisión posganancial*. Buenos Aires: Rubinzal--Culzoni, 2016. p. 445 e 129.

Durante esse período, existe uma espécie de *limbo* patrimonial, o qual a legislação estrangeira, como a argentina e a espanhola, denomina de comunidade *posganancial*, pós-comunitária ou de indivisão pós-comunitária, expressão que Francisco A. M. Ferrer não considera apropriada, porque, do ponto de vista patrimonial, tecnicamente nunca existiram uma sociedade nem uma comunidade entre os cônjuges durante a vida conjugal. Logo, parece ao autor ser mais pertinente a expressão *indivisión posganancial* ou *comunidad posganancial*, quando o acervo diz respeito a um matrimônio regido pela comunidade de bens, cujo objeto pós-casamento é o patrimônio outrora comum e que assim permanece até a sua liquidação final.[10]

Por conta dessa indivisão pós-conjugal de bens surge uma série de situações que precisam ser resolvidas enquanto não concluída a efetiva divisão dos bens, podendo ser chamada, no sistema jurídico brasileiro, de indivisão pós-conjugal dos bens comunicáveis, que se acham presentes desde a extinção oficial do casamento ou da união estável, e que permanecem nesse estado de indivisão porque ainda não foi realizada a sua partilha, a qual poderá ser muito demorada devido aos conflitos presentes entre os antigos cônjuges ou conviventes, ou com relação aos herdeiros que não logram chegar a um consenso para a partilha consensual dos bens.

De acordo com o artigo 483 do Código Civil e Comercial argentino, caso os interessados (cônjuges ou herdeiros) vejam afetados seus interesses, os partícipes podem solicitar as seguintes medidas: a) autorização para realizar, somente um deles, um ato para o qual seria necessário o consentimento do outro, se a negativa é injustificada; b) sua designação ou de um terceiro como administrador da massa do outro, tratando o direito argentino de assegurar ao máximo a conservação dos bens conjugais que ainda não foram partilhados, regulando, inclusive, o uso dos bens indivisos e dispondo que cada um usa e desfruta dos bens indivisos conforme a sua destinação, na medida em que for compatível com o direito do outro, e, se não houver acordo, o exercício desse direito será regulado pelo juiz. Isso também ocorre muitas vezes nas demandas dos juízos singulares e nos tribunais brasileiros, vendo-se o magistrado na contingência de balancear o uso de bens comuns de lazer, como no exemplo do uso da casa na praia, ou da casa de campo ou localizada na serra, e até em situações mais complexas e delicadas, como acontece quando ambos exercem a mesma profissão e dividem o mesmo espaço de trabalho, como médicos, dentistas ou advogados. Não passaram despercebidos ao operador do direito os artifícios usualmente criados para tentar impedir a utilização desses ambientes que permanecem comuns enquanto não partilhados, embora nada impedisse que as partes chegassem a um consenso acerca da utilização harmônica desses espaços ainda comuns e cujo acordo altamente pacificador seria alcançar uma solução de compartilhamento do uso e de aplicação transitória, até que se efetive a concreta partilha dos bens.

Obviamente, os atos de administração ordinária serão aqueles que não importam na alienação do bem, mas, se porventura isso ocorrer e bens forem vendidos ou gravados sem o expresso consentimento do outro interessado, o ato não terá eficácia com relação ao ex--consorte prejudicado. Por seu turno, o artigo 485 do Código Civil argentino estabelece que os frutos e as rendas dos bens indivisos se acrescem à indivisão e o coproprietário que os recebe deve prestação de contas, assim como aquele consorte que tem o uso e o gozo exclusivo de algum dos bens indivisos deve uma compensação econômica ao outro consorte, desde que ele solicite expressamente essa compensação.

Para Roberto Malizia é lógica a cobrança dos frutos, pois quem se priva do uso de um bem durante o estado de indivisão patrimonial não pode ser prejudicado ao extremo de ter

---

[10] FERRER, Francisco A. M. *Comunidad hereditaria e indivisión posganancial*. Buenos Aires: Rubinzal--Culzoni, 2016. p. 444.

de esperar o momento final da partilha para poder usar e gozar de um direito que também lhe corresponde,[11] sendo por isso facilmente entendido por quais razões no sistema judicial brasileiro alguns processos de partilha se tornam intermináveis diante das vantagens que o ex-consorte extrai da exploração exclusiva dos bens comuns em detrimento do seu ex-cônjuge. Mesmo que se veja compelido a pagar algum aluguel ou uma pensão compensatória pela posse unitária dos bens comuns e muitos deles rentáveis, ainda assim pode ser extremamente vantajoso, dado que muitas vezes o consorte que se mantém na posse exclusiva dos bens comuns deles extrai, com sobras, o valor do aluguel ou da eventual pensão compensatória, que pode ter sido arbitrada em um quantitativo mensal que o possuidor retira dos próprios recursos, os quais, por direito, tocariam ao alimentando, caso ele também estivesse usufruindo dos frutos e das rendas geradas por sua meação, o possuidor exclusivo acaba embolsando a diferença entre a pensão e o valor dos frutos em um notório enriquecimento indevido.

Segundo Máximo Juan Pérez García, essa massa patrimonial dos bens indivisos já não está vinculada ao fim que justificava a sua existência e submissão a um regime especial de bens, é dizer, para atender às necessidades da família, eis que com o divórcio essa massa é similar a qualquer comunidade ordinária de bens, semelhante à comunidade hereditária. Consequentemente, existirão duas quotas independentes, as chamadas meações do direito brasileiro, e cada um de seus titulares meeiros terá o direito de ação para instar a sua divisão, sem que necessariamente cada ex-cônjuge tenha exatamente a metade sobre cada bem em concreto, pois, ao recair a sua meação sobre o conjunto dos bens, não é possível determinar desde logo a porção que corresponde a cada um dos cônjuges sobre cada um dos bens, nem se determinado bem está incluído em uma quota ou em outra, o que só será possível saber no exato momento da divisão dos bens.[12] Essa lógica de universalidade dos bens conjugais, porque ainda não foram divididos, permite que sejam realizadas as eventuais compensações e a partilha com frações variáveis entre todos os bens existentes e em favor de cada meeiro.

Para esta massa conjugal indivisa podem ser impostas regras ou ajustadas condutas de administração e de disposição patrimonial acordadas entre os consortes por ocasião do seu divórcio ou da dissolução de sua união estável, e que precisarão ser rigorosamente seguidas enquanto eles processam a liquidação e a partilha de seus bens. Durante a comunidade pós-conjugal, as rendas e os frutos dos bens comuns também são comuns, não obstante as rendas e os frutos dos bens particulares deixam de ser comuns desde a fática ou oficial separação do casal. Contudo, se novos bens forem comprados com dinheiro comum ou em sub-rogação dos bens comuns, esses novos bens também serão comuns, e, nessa nova comunidade pós-conjugal ou sucessória, todos os bens que integram esse patrimônio requerem uma administração conjunta ou se sujeitam à prestação de contas devida pelo administrador, e as dívidas advindas dos bens que permanecem comuns também continuarão sendo débitos comuns.

Embora no Código Civil espanhol não conste a comunidade pós-conjugal regulada na sua legislação civil, ele dedica uma seção inteira à dissolução e liquidação da comunidade de bens, ordenando que se inicie por um inventário do ativo e passivo da sociedade afetiva (CC, espanhol, art. 1.396), compreendendo o ativo: os bens comuns existentes no momento da dissolução do casamento; o valor atualizado dos bens alienados por negócio ilegal ou fraudulento, se não foram recuperados; o valor atualizado das quantidades pagas pela sociedade e

---

[11] MALIZIA, Roberto. *Derecho patrimonial en el ámbito del derecho de familia*. Buenos Aires: Rubinzal-Culzoni, 2019. p. 213.

[12] GARCÍA, Máximo Juan Pérez. Disolución y liquidación de la sociedad de gananciales. *In*: GIMÉNEZ, Gema Diez-Picazo (coord.). *Derecho de familia*. Navarra: Thomson Reuters/Aranzadi, 2012. p. 1175.

que eram encargo de somente um dos cônjuges (CC, espanhol, art. 1.397), e cujos dispositivos visam nitidamente recompor algum desequilíbrio causado por algum desvio fraudulento de bens ou recursos.

Por sua vez, o artigo 1.398 do Código Civil espanhol refere que integram o passivo da sociedade conjugal: as dívidas pendentes ao encargo da sociedade; o valor atualizado dos bens privativos que precisam ser restituídos em dinheiro porque vendidos no interesse da sociedade; igual regra será aplicada ao deterioramento causado aos bens particulares usados em benefício da sociedade conjugal.

Terminado o inventário, serão pagas em primeiro lugar as dívidas da sociedade, começando pelas alimentícias, que em qualquer caso terão preferência (CC, espanhol, art. 1.399), e, quando não houver dinheiro suficiente, as dívidas poderão ser adjudicadas com bens conjugais (CC, espanhol, art. 1.400); pagos as dívidas e os encargos da sociedade, serão abonados as indenizações e os créditos devidos a cada cônjuge, fazendo as compensações quando o cônjuge for devedor da sociedade (CC, espanhol, art. 1.403); feitas as deduções, o remanescente constituirá o haver da sociedade comunitária, que se dividirá por metade entre os cônjuges ou seus respectivos herdeiros (CC, espanhol, art. 1.404); cada cônjuge terá direito a que se incluam com preferência em sua meação, até onde alcance seu valor, os bens de uso pessoal; a exploração econômica sob sua gestão; o local onde vem exercendo sua profissão; em caso de morte do outro cônjuge, o imóvel que servia de residência habitual, e, com o objetivo de assegurar a moradia familiar no caso de falecimento de um dos cônjuges ou conviventes, também é alcançado no direito brasileiro, pelo direito real de habitação (CC, art. 1.831), e no direito espanhol tem expressa previsão no artigo 1.407 do Código Civil daquele país.

A comunidade de bens pós-conjugal, ou patrimônio pós-comunidade nupcial, é a maneira abreviada de denominar no direito espanhol a sociedade dos bens comuns dissolvida, porém não liquidada, que subsistirá até que seja realizada a total partilha desses bens de origem matrimonial. A essa comunidade poderão ser acrescidos outros créditos e outras dívidas distintas daquelas até então existentes no momento da dissolução fática ou da dissolução formal do matrimônio ou da união estável.[13] A outra denominação é a *comunidade pós-matrimonial*, que Luis Felipe Ragiel Sánchez assevera ser apenas identificada quando existe efetiva e formal dissolução do casamento pelo divórcio, morte ou presunção de óbito, não se identificando com aquelas situações em que o casamento ainda existe de direito, mas não de fato, e no qual prevalece a mera separação de fato ou a separação de corpos,[14] circunstância que, para a realidade brasileira, não faz nenhuma diferença, tendo em conta que o regime de bens encontra o seu efetivo termo final com a separação de fato do casal.

Evidentemente, não existirá comunidade pós-matrimonial, se o divórcio e a partilha forem realizadas no mesmo ato processual ou extrajudicial do divórcio ou da dissolução da união estável; ou quando se trate de um divórcio ou de uma dissolução de uma união estável regida pelo regime da completa separação de bens, pois, nesse caso, não haverá partilha de bens, dado que pelo regime escolhido livremente pelo casal, ou imposto pela lei (CC, art. 1.641), não existe comunicação patrimonial, mas, se a dissolução do relacionamento se dá em razão do falecimento de um dos parceiros, nesse caso já não mais se trata de meação, e sim de

---

[13] SÁNCHEZ, Luis Felipe Ragel. *El régimen de gananciales*. Navarra: Thomson Reuters/Aranzadi, 2017. p. 650.

[14] SÁNCHEZ, Luis Felipe Ragel. *El régimen de gananciales*. Navarra: Thomson Reuters/Aranzadi, 2017. p. 651.

herança, e o consorte ou companheiro sobrevivente é naturalmente herdeiro do falecido sobre os bens particulares que ele deixou ao morrer.

Diz Luis Felipe Ragel Sánchez que o direito espanhol não se preocupou em regulamentar a *comunidade posganacial*,[15] e certamente este deve ter sido igualmente o pensamento do legislador brasileiro, pois ambos tiveram em mente o fato de que a partilha se daria sempre em concomitância com o divórcio ou com a dissolução da união estável. No entanto, se bem visto, em especial no direito brasileiro, cada vez menores as chances dessa concorrência temporal de divórcio com a partilha, especialmente depois do surgimento do divórcio direto da Emenda Constitucional 66/2010, ao consolidar o divórcio como um direito eminentemente potestativo dos cônjuges, os quais podem requerer a sua decretação a qualquer tempo, inclusive com um pedido unilateral, relegando na maioria dos processos de divórcio e de dissolução da união estável a partilha dos bens comuns para um segundo momento. Assim, se existir forte carga emocional entre casais desavindos, como costuma acontecer, a partilha e a liquidação dos bens comuns tendem a demorar muito tempo.

3.1 DEFINIÇÃO E NATUREZA JURÍDICA

Sendo bastante comum a dissolução prefacial da sociedade conjugal ou convivencial, tanto que o próprio Código Civil permite no artigo 1.581 e o Código de Processo Civil, no parágrafo único do artigo 731 que separação ou o divórcio sejam decretados ou homologados sem a correlata partilha dos bens, a qual pode ser realizada em posterior liquidação. Contudo, sendo dissolvidas as núpcias ou a relação estável pela morte de um dos parceiros, será inevitável que a liquidação dos bens comuns se dê sempre depois de dissolvida a sociedade afetiva. Essa comunidade pós-casamento ou pós-união estável perdurará mais ainda, se os filhos preferirem deixar os bens na posse do viúvo ou companheiro sobrevivente e até que também sobrevenha o seu falecimento, procedendo então a partilha sucessória de ambos os genitores, em um único inventário com duas sucessões abertas, mas sendo inconteste que a comunidade conjugal dos bens terminou com o falecimento do primeiro esposo ou companheiro.

Ao tratar da natureza jurídica do patrimônio de uma sociedade conjugal desfeita, especificamente com relação ao acervo denominado pós-comunitário, pós-matrimonial ou pós-conjugal, segundo Carlos Lasarte, enquanto se mantiver a situação de indivisão do patrimônio comum, não cabe defender a existência de direitos concretos sobre todos e sobre cada um dos bens que integram a massa conjugal. No entanto, em que pese a massa de bens pós-matrimonial permanecer indivisa enquanto não for partilhada, ela deve ser considerada como um patrimônio coletivo em liquidação, ou um conjunto de bens em cotitularidade ordinária. Durante esse período intermediário entre o começo da dissolução do relacionamento afetivo e a definitiva liquidação dos bens, surge uma comunidade pós-matrimonial ou pós-convivencial incidente sobre todo o antigo acervo conjugal, mas que, em razão da extinção fática ou jurídica do relacionamento afetivo, faz desaparecer o regime de comunidade de bens, possuindo cada consorte uma quota abstrata sobre a totalidade dos bens comuns, a qual permanecerá enquanto subsistir essa comunidade de bens pós-conjugal que ainda não foi partilhada, até que oportunamente se concretize a partilha mediante as operações de divisão que vão se materializar em uma quota concreta de bens, sendo indicados os bens que tocarão a

---

[15] SÁNCHEZ, Luis Felipe Ragel. *El régimen de gananciales*. Navarra: Thomson Reuters/Aranzadi, 2017. p. 651.

cada um dos meeiros ou para cada um dos coerdeiros, se aberta a sucessão de um dos cônjuges ou conviventes.[16]

A mesma conclusão é mencionada por Marta Soledad Sebastián Chena, de que cada cônjuge ostenta uma quota em abstrato sobre a totalidade do patrimônio, e não sobre cada bem específico integrante do acervo conjugal, e essa quota se materializará com a divisão e liquidação dos bens, transmudando-se em uma quota concreta e individualizada dos bens e direitos que lhe serão adjudicados em correspondência a essa quota, e sobre essa comunidade pós-matrimônio não mais se incrementam bens, tampouco se acumulam dívidas consideradas comuns.[17]

Produzida a dissolução do casamento ou da união estável, seja de fato ou de direito, abre-se o período de liquidação dos bens comuns, enquanto não procedida a efetiva liquidação dos bens comuns, pois é bastante usual que algumas partilhas demorem mais tempo. Mesmo quando não há litígio entre as pessoas interessadas, como acontece na morte presumida ou até mesmo na morte natural, ambas sempre demandam mais tempo para o processamento judicial ou extrajudicial do inventário, embora em uma enorme parcela das demandas judiciais de partilha a morosidade decorre, efetivamente, de cônjuges e conviventes com profundas dissensões litigiosas, abrindo litígios nos quais passam anos discutindo fraudes e desvios patrimoniais que tornam a sua partilha difícil e morosa.

Esse patrimônio comum e indiviso, como antes visto, tem a *natureza jurídica* de uma comunidade especial de bens que, não obstante, a sociedade afetiva tenha deixado de existir e o acervo conjugal tenha perdido o caráter de ordem pública de suas normas. O fato é que esse patrimônio pós-regime de bens permanece como produtor de créditos e de débitos enquanto aguarda sua fase de liquidação de bens, no entanto essa massa de bens não mais se sujeita às normas que regulavam o regime matrimonial de bens, pois se trata de um novo conjunto patrimonial, uma comunidade de bens pós-casamento, que segue igualmente indivisa, apta para a imediata divisão, mas sobre cuja totalidade dos bens os ex-cônjuges ostentam uma quota abstrata, delas sobressaindo as seguintes regras:

1.º A comunidade indivisa não se vê aumentada pelas rendas do trabalho nem pelo capital privativo de cada cônjuge, que sempre serão privativos, exceto os frutos dos bens particulares que ainda estejam pendentes de pagamento no momento da dissolução do relacionamento afetivo e que por isso ingressam na comunidade, como por igual incorporam-se ao patrimônio indiviso os frutos dos bens comuns.

2.º O patrimônio da comunidade indivisa segue respondendo pelas obrigações que pesavam sobre a sociedade conjugal ou convivencial, porém as obrigações contraídas posteriormente, por qualquer titular, recaem sobre o seu próprio patrimônio, e os credores podem pedir o embargo da quota abstrata do seu devedor sobre o patrimônio comum, que somente será especificado ou identificado em bens concretos ao se produzirem a divisão e adjudicação, não antes.[18]

Durante o período intermediário existente entre a dissolução por morte de um dos consortes ou por qualquer outro motivo, da primitiva sociedade de comunhão de bens, e que vai

---

[16] LASARTE, Carlos. *Derecho de familia*: principios de derecho civil. 11. ed. Madrid: Marcial Pons, 2012. p. 222.

[17] CHENA, Marta Soledad Sebastián. *La liquidación de la sociedad de gananciales*. Enfoque práctico de los aspectos substantivos. Valencia: Tirant lo Blanch, 2016. p. 50.

[18] LASARTE, Carlos. *Derecho de familia*: principios de derecho civil. 11. ed. Madrid: Marcial Pons, 2012. p. 223.

até a definitiva liquidação desses bens conjugais, surge outra comunidade que não é mais conjugal, mas pós-conjugal, cujo regime de comunhão deixou de existir por causa do fim da relação, subsistindo como antes informado uma cotitularidade patrimonial de quotas abstratas, vale dizer, um direito de copropriedade, que se projeta a despeito de todos e de cada um dos bens integrantes dessa massa pós-conjugal, o que pressupõe a atuação conjunta de ambos os ex-consortes, que somente terão desempenho isolado sobre as suas quotas depois de liquidada a partilha e de lhes terem sido adjudicadas as suas respectivas meações.

3.2 CARACTERÍSTICAS DA INDIVISÃO

O Código Civil e Comercial argentino regulamenta a *indivisão pós-comunitária* dos bens conjugais a partir do artigo 481, explicitando que, uma vez extinto o regime pela morte de um dos cônjuges, enquanto subsiste a indivisão pós-comunitária, aos bens comuns se aplicam as regras da indivisão hereditária, ou da universalidade da herança de que trata o direito brasileiro (CC, art. 1.791). Se o matrimônio se extinguir durante a vida de ambos os consortes, a indivisão será regida pelos artigos subsequentes, ao passo que o artigo 482 prescreve que, se os cônjuges não acordarem acerca das regras de administração e de disposição do seu acervo pós-conjugal, composto pelos bens indivisos, e enquanto não forem modificadas, subsistem as regras relativas à comunidade, sendo obrigação de cada copartícipe informar ao outro, com antecedência razoável, sua intenção de outorgar atos que excedam a administração ordinária dos bens indivisos, podendo o outro consorte impugnar os atos que vulnerem seus direitos.

De acordo com o artigo 483 do Código Civil e Comercial da Argentina, em caso de serem afetados seus interesses, os partícipes podem requerer, além das medidas de asseguração dos bens: a) a autorização para realizar sozinho um ato que seria necessário o consentimento do outro, se sua negativa é injustificada; b) a designação de um terceiro administrador da massa do outro. Conforme o artigo 484 do Código Civil e Comercial argentino, cada partícipe pode usar e desfrutar dos bens indivisos concorde com o seu destino, na medida em que for compatível com o direito do outro, e, se não houver acordo, o exercício desse direito será regulado pelo juiz, e a exclusão do uso e a fruição sobre toda a coisa darão direito à indenização a partir da oposição do outro.

De importância maior o artigo 486 do Código Civil e Comercial argentino, que trata dos frutos e das rendas geradas pelos bens comuns ainda indivisos, cujos resultados econômico-financeiros seguem acrescendo à massa indivisa de bens; e aquele coproprietário que os recebe deve prestar contas e, por deter o uso e a fruição exclusivos, deve uma indenização ao outro, desde que o outro desapossado dos bens assim o requeira. Nas relações com terceiros credores, durante a indivisão pós-comunitária aplicam-se as normas dos artigos 461, 462 e 467, sem prejuízo do direito dos credores de se sub-rogarem nos direitos de seu devedor para requererem a partilha da massa comum (CCC, argentino art. 486), sendo certo que a dissolução do regime e liquidação dos bens não pode prejudicar os direitos dos credores anteriores sobre a integralidade do patrimônio de seu devedor.

O direito chileno faz menção aos efeitos da dissolução da sociedade conjugal e destaca entre o primeiro desses efeitos o *nascimento de uma comunidade* formada pelos seguintes bens: 1) os bens conjugais; 2) os bens reservados da mulher e os frutos produzidos por esses bens até o dia da dissolução do matrimônio; e 3) os frutos dos bens conjugais e dos bens que a mulher administra separadamente.

O segundo desses efeitos é *o término da administração ordinária ou extraordinária dos bens antes conjugais* e, a partir de então, a comunidade patrimonial pós-conjugal será administrada por todos os comunheiros, se não for indicado um deles como administrador. O terceiro e último efeito é o da *liquidação da sociedade conjugal*, transformando o direito pessoal que existia na constância do casamento em um direito real,[19] em que se modifica a comunidade de bens pós-conjugais, ou comunidade pós-matrimonial, que é sinônimo de sociedade de bens comuns de um casamento dissolvido, cujos bens ainda não foram liquidados, devendo ser compreendida essa noção de direito real quando equiparada com o direito sucessório brasileiro que considera a herança aberta como sendo um bem imóvel (CC, art. 80, II).

Como visto, diferente do direito brasileiro que não tem legislação própria para os bens que permanecem sem divisão depois de extinta a sociedade conjugal, outros países desenvolveram um regime normativo básico, destinado a regular a comunidade de bens pós-conjugais, inclusive com regramento processual concebido para servir de canal para a liquidação judicial de qualquer regime econômico matrimonial desfeito pelo divórcio ou pela extinção da união estável. Tal dissolução da comunidade pós-conjugal encontra assento nos artigos 60 e 61 das compilações de Aragón na Espanha, sendo possível estabelecer inclusive em pacto antenupcial que, uma vez terminado o casamento por morte de um dos cônjuges, continua a sociedade com os descendentes do cônjuge pré-morto em um regime patrimonial denominado *comunidade* continuada.

O artigo 1.396 do Código Civil espanhol assinala que, dissolvida a sociedade conjugal, será procedida a liquidação dos bens conjugais, que começará por um inventário do ativo e passivo da sociedade. Anota Antonio Javier Pérez Martín existirem vários motivos que levam casais divorciados a não iniciar de imediato as operações de liquidação de seus bens comuns, entrando a sociedade em uma fase denominada pós-comunitária (*posganancial*),[20] a qual, ao contrário do direito argentino, tem regramento expresso para os bens pós-comunitários. No direito espanhol, não existe nenhuma previsão na legislação civil, mas a doutrina e a jurisprudência elaboraram diversas teorias tendo como ponto de partida o artigo 1.410 do Código Civil espanhol, vazado nos seguintes termos: "Em tudo não previsto neste Capítulo (IV do Código Civil espanhol – da sociedade de *gananciales*) sobre formação de inventário, regras sobre taxação e vendas de bens, divisão de patrimônio, adjudicação aos partícipes e o que ademais não se ache expressamente determinado, será observado o estabelecido para a partilha e liquidação da herança".

O fato é que na falta de um regramento para os bens comuns não partilhados com o divórcio ou com a dissolução da união estável, para o direito brasileiro restam os bens indivisos sob a administração de um dos consortes ou conviventes, à mercê das mais diferentes atitudes dos ex-consortes ou ex-conviventes, que tanto podem comportar atos rigorosamente lícitos e transparentes, praticados por um parceiro em relação ao outro, como pode esse estado de indivisão dar margem a uma administração isolada e ilícita, desenvolvida sem qualquer controle judicial, em total fraude à meação do cônjuge que não administra os bens conjugais ou em completo prejuízo aos direitos sucessórios dos herdeiros.

Logo, diante de toda a movimentação de prevenção da fraude no sistema jurídico brasileiro, que nada prevê nesse sentido, poderiam ser evitados ou minimizados os atos defraudatórios se a legislação brasileira contivesse dispositivo similar ao artigo 103.4 do Código Civil espanhol, orientando o juiz no sentido de que, na falta de acordo sobre a partilha dos bens conjugais, deve assinalar os bens comuns que, em prévio inventário, serão entregues a um

---

[19] DÍAZ, Carlos López. *Tratado de derecho de familia*. Chile: Digesto, 2016. p. 400.

[20] MARTÍN, Antonio Javier Pérez. *Regímenes económicos matrimoniales*. Constitución, funcionamiento, disolución y liquidación. Valladolid: Lex Nova, 2009. v. V, p. 418.

Cap. 3 · INDIVISÃO PÓS-COMUNITÁRIA DOS BENS COMUNS | 465

ou ao outro cônjuge e estabelecer as regras que deverão ser observadas na administração e disposição desses bens, assim como a obrigatória prestação de contas sobre os bens comuns e daqueles adquiridos na sequência. Deve também deixar sempre claro e destacado quais bens pertencem ao casamento dissolvido, cujo artigo não determina a extinção do regime de comunhão de bens, mas, em realidade, assinala justamente a continuação do regime enquanto não partilhados os bens, buscando proteger os interesses do cônjuge que não está na administração desses bens, sendo munido de medidas preventivas para registrar em um inventário o rol de bens comuns e descrever quais bens serão entregues a cada um dos ex-cônjuges, além de serem descritas as regras que devem ser observadas na administração e disposição desses bens confiados a cada um deles.

3.3 BENS QUE INTEGRAM A DIVISÃO PÓS-COMUNITÁRIA

Como visto anteriormente, é possível dissolver e não liquidar simultaneamente o patrimônio conjugal que ficará indiviso e sujeito às intempéries fáticas da administração e disposição dos bens por seus possuidores ou administradores, havendo uma preocupação natural com o resgate integral das meações de cada ex-cônjuge, as quais podem sofrer os influxos de uma fraude pós-conjugal, de bens que não ficam protegidos apenas porque dissolvido o matrimônio ou a união estável. Tecnicamente, existem os bens comuns conjugais que seguem indivisos depois de dissolvida a entidade familiar e os bens comuns pós-casamento, que são aqueles adquiridos depois de dissolvida a relação afetiva, mas que seguem a mesma condição dos bens comuns. A mesma divisão terminológica pode ser efetuada com relação às dívidas conjugais e às dívidas pós-conjugais, em que as primeiras existiam ao tempo do divórcio ou da dissolução da convivência estável e as últimas nasceram depois da ruptura oficial da relação e igualmente seguem o mesmo regime das dívidas matrimoniais.[21]

Não será nenhuma demasia afirmar que coexistem os bens provenientes da sociedade conjugal com os bens surgidos depois da sociedade pós-conjugal, posto que, depois do divórcio, é incontroverso que está extinta a comunidade de bens do casamento, bem como que a pessoa separada ou divorciada que adquire novos bens, que só a ela pertencem, salvo se a aquisição tiver alguma vinculação com os bens oriundos da precedente comunidade conjugal que ainda está pendente de liquidação. Consequentemente, para que esses bens amealhados depois do divórcio possam ser considerados comuns, quem faz essa afirmação deve provar que os novos bens foram adquiridos com fundos comuns, e, quando essa prova não é realizada, esses novos bens sempre serão considerados bens próprios e exclusivos daquele que os titula, pois só existe a propalada presunção de comunicabilidade de bens enquanto subsistir o matrimônio ou a união estável, na chamada constância do relacionamento afetivo (CC, art. 1.511). É aceitável ainda a *presunção* de comunicabilidade dos bens quando é muito próximo o tempo transcorrido entre o divórcio e a compra dos bens, pois não haveria tempo suficiente para um marido, por exemplo, descapitalizado e pagando pensão alimentícia de valor baixo, porque disse no seu divórcio que estava desempregado e que tinha poucos recursos, e ainda ausentes depósitos bancários e aplicações financeiras, pudesse em curto espaço de tempo comprar um imóvel, senão imaginando que esses recursos haviam sido omitidos da partilha. Também podem ser havidos como bens presumíveis do casamento, quando, em prazo máximo de seis meses posteriores ao divórcio, o marido ingressa em empresas

---

[21] SÁNCHEZ, Luis Felipe Ragel. *El régimen de gananciales*. Navarra: Thomson Reuters/Aranzadi, 2017. p. 659.

preexistentes, nelas fazendo elevados aportes em dinheiro e ainda adquire um valioso terreno, no qual ainda constrói uma casa, não permitindo que possa alguém realmente acreditar que esses recursos foram percebidos nos seis meses posteriores ao decreto do divórcio. No entanto, de fato são indícios que permitem presumir, com ampla segurança, que toda essa movimentação patrimonial foi realizada com dinheiro do casamento, que de alguma forma havia sido escondido e sonegado pelo varão, pois não seria crível que, embora seguisse desempregado e sem ter recebido nenhuma herança ou doação, pudesse o ex-cônjuge levantar tantos recursos investidos em aquisições patrimoniais que se mostram incompatíveis com a sua realidade financeira, se forem comparadas com a sua recente pobreza externada no processo de divórcio, no qual não apareciam nem havia notícias da preexistência desses ativos. E, se realmente o varão as tivesse amealhado, esse dinheiro utilizado para suas novas e valiosas aquisições patrimoniais, ainda que em curto espaço de tempo mediado entre o divórcio e os investimentos, seria muito fácil para ele comprovar a origem atual do numerário empregado nas obtenções materiais, as quais não teriam nenhuma vinculação com a sociedade conjugal, sendo suficiente que o ex-marido provasse que conquistou esses valores como resultado de seu trabalho exercido depois que se divorciou.

Os bens que integram o patrimônio comum pós-conjugal ou pós-comunidade matrimonial são aqueles amealhados com fundos comuns e provenientes da massa conjugal indivisa, sendo, portanto, qualificados como bens comuns pós-conjugais, que podem ter sido adquiridos em sub-rogação real, vale dizer, em substituição de bens conjugais. Essa sub-rogação pode ser total ou parcial, mesclando uma parcela do bem como comum e pós-conjugal e outra parcela privativa daquele que aportou a diferença do preço para a sua aquisição.

Também serão considerados bens pós-conjugais comuns os frutos provenientes de empresas e de bens comuns conjugais ainda não liquidados e partilhados, qual seja, serão bens comuns pós-comunidade matrimonial os lucros financeiros obtidos por uma empresa que pertence ao patrimônio nupcial e os frutos ou rendas dos bens indivisos.

Questões tormentosas dizem respeito às melhorias efetuadas nos bens comuns conjugais e ainda indivisos, bem como à sua circunstancial desvalorização ocorrida entre o divórcio e a liquidação derradeira dos bens conjugais ainda indivisos, porque tanto os incrementos materiais como as diminuições patrimoniais são relações financeiras oriundas do risco, ou seja, da vantagem ou da desvantagem dos acontecimentos. Nesse sentido, prevalece a tese de que os bens a serem partilhados como efetivamente bens comuns concernem à fotografia patrimonial existente ao tempo da separação de fato ou de direito do casal, ou seja, se ao tempo da separação de fato uma sociedade empresária comum valesse um milhão de reais e algum tempo depois tivesse desvalorizado pela má administração do cônjuge que se manteve na direção da empresa, passando sua avaliação no momento da liquidação dos bens para quatrocentos mil reais, a partilha deve o correspondente à fotografia patrimonial existente ao tempo da separação de fato, não respondendo o consorte que se manteve distanciado da administração pelo infortúnio dessa administração, assim como tampouco deve ser beneficiado pelo eventual crescimento patrimonial que não contou com o esforço comum do consorte que esteve alijado.

A matéria não é pacífica e de automática aplicação, sendo muito antes polêmica, considerando-se que a empresa conjugal continuou suas atividades sociais, as quais não sofreram nenhuma solução de continuidade em razão do divórcio de algum dos seus sócios, e se mostra mais realista e justo que a partilha das quotas societárias tenha o seu marco fotográfico verificado pelo montante do seu patrimônio existente na data da efetiva separação de fato ou de direito dos cônjuges ou conviventes, pois, se a empresa estivesse amargando prejuízo sucedido depois da fática separação do casal, certamente o cônjuge não administrador oporia embargos de terceiro do artigo 674, § 2.º, I, do Código de Processo Civil para preservar a sua meação conforme levantada ao tempo da separação de fato. É também absolutamente verdadeira a hipótese inversa da valorização patrimonial da empresa durante o período pós-conjugal indiviso e da ausência de cogestão de um dos ex-consortes, como pode ser mais bem visto na sequência.

3.3.1 Fotografia do tempo na apuração dos haveres de liquidação de quotas sociais

Recebendo quotas em pagamento da sua meação, deverá o ex-cônjuge ou ex-convivente de sócio ingressar com a ação de procedimento especial de apuração de haveres para determinar no juízo cível ou empresarial o exato valor da sua participação em matéria de quotas, estando presentes no polo passivo da ação os sócios, além da sociedade (CPC, art. 601), de modo a transformar em dinheiro essas quotas recebidas em pagamento parcial ou total de sua meação ao tempo da liquidação dos bens comuns. Entre a separação de fato ou o divórcio e a efetiva partilha dos bens comuns pode transcorrer muito tempo, ingressando o acervo de bens nupciais na sua comunidade pós-matrimonial ou pós-convivencial, restando a dúvida se o valor das quotas a ser apurado em balanço especial levará em conta o efetivo momento dessa liquidação ao tempo da separação de fato ou do divórcio sem partilha, ou se vai considerar o acervo existente na fase da efetiva liquidação e partilha dos bens pós-conjugais.

Tem procedência essa preocupação, pois as quotas sociais podem e normalmente têm um valor diferente ao tempo de sua liquidação por meio da apuração de haveres, porquanto, conforme o curto ou longo tempo transcorrido até a apuração de haveres, a sociedade pode ter aumentado ou reduzido o seu patrimônio social e o ex-cônjuge de sócio poderá sofrer o impacto positivo ou negativo da administração da sociedade, sendo para uma corrente justo que usufrua do crescimento da empresa, desenvolvimento este sucedido depois da dissolução da sua relação afetiva. Para esse crescimento pós-casamento, o cônjuge não mais contribuiu direta ou indiretamente, desde quando desfeitas as núpcias a partir da separação de fato ou da dissolução de direito, ao passo que, para outra corrente, seria justo que esse cônjuge recebesse o valor das quotas em conformidade com o levantamento apurado ao tempo da separação de fato ou da dissolução de direito, mesmo que porventura a empresa tenha reduzido o seu capital social nesse período pós-conjugal em que os bens ficaram indivisos.

Para definir o valor da quota, será considerada a situação real da empresa no momento do desligamento do sócio, ou da ruptura fática ou jurídica do casamento, sendo exatamente esse o período para determinação das vantagens que possam caber ao sócio retirante ou ao credor de sócio, nesse caso, o meeiro de ex-cônjuge sócio.

Refere Mário Luiz Delgado que:

> Com efeito, é a data da dissolução fática da comunhão de bens que deve constituir o marco para a monetarização dos haveres do cônjuge que se retira da sociedade conjugal. A extinção da sociedade conjugal tem como efeito direto e imediato a resolução da subsociedade que se formou entre os cônjuges no tocante às quotas. Dessa forma, em relação ao cônjuge não sócio, a resolução ou liquidação da sociedade ocorre no momento da separação de fato, postergando-se apenas, o pagamento dos haveres para a ocasião seguinte da partilha. Extinto o regime de bens, não há mais sociedade alguma entre os cônjuges. [...] A resolução da sociedade conjugal não se dá por ocasião da partilha dos bens comuns, mas no momento em que cessada a convivência. Com a separação de fato, o cônjuge se retira, não apenas da sociedade conjugal, mas também da subsociedade formada com o consorte em relação à empresa da qual apenas um deles integrava o quadro social.

As duas sociedades se extinguem na data da separação de fato e nesta data devem ser apurados os haveres. Entender o contrário, ou seja, apurar o valor das quotas no momento efetivo da partilha, e que venha a ocorrer decorrido considerável lapso temporal, além de profundamente injusto em relação ao cônjuge que se manteve à frente da sociedade, nos casos em que a empresa cresceu e se desenvolveu às custas de sua exclusiva labuta, sem qualquer cogestão do outro ex-consorte é passível de ocasionar grave risco ao cônjuge não sócio que, se permanecer atrelado à sociedade pode vir a ser chamado a responder por prejuízos futuros, decorrentes de fatos verificados muito tempo após o término da sociedade conjugal.[22]

Significa concluir que o marco para a fotografia patrimonial da sociedade será a data da separação de fato, de corpos, ou da dissolução de direito ou do divórcio judicial ou extrajudicial, prevalecendo sempre aquela situação que ocorreu em primeiro lugar, tanto para efeitos de avaliação da participação societária destinada à ex-esposa de sócio como no tocante aos lucros aportados depois da resolução do casamento, ato que representa o termo final da sociedade afetiva dos contraditores, cujo relacionamento afetivo se desfez pelas circunstâncias dos fatos, e não pelas mãos e sentença do juiz. Deve ser especialmente considerado que, depois da separação de fato ou da dissolução oficial do casamento, deixa de existir a comunhão presumida de bens, que somente pode ser cogitada enquanto houver comunhão plena de vida (CC, art. 1.511), a qual desaparece com o fim fático da conjugalidade. Portanto, depois dela qualquer determinação de acréscimo patrimonial levaria a um enriquecimento injusto, ou permitiria partilhar uma derrota financeira, se a empresa perdesse dinheiro pela ruinosa administração sucedida depois de findo o casamento, sendo essa a lógica proveniente, inclusive, do artigo 608 do Código de Processo Civil, quando ordena a apuração dos haveres em conformidade com a fotografia do capital social da empresa tirada ao tempo da sociedade conjugal, e não na sua fase pós-matrimonial.

Entretanto, a Terceira Turma do Superior Tribunal de Justiça concluiu de forma diferente no REsp 1.537.107/PR, datado de 17 de novembro de 2016, afirmando a relatora Ministra Nancy Andrighi que, quando o casamento é desfeito sem a partilha do patrimônio comum, segue hígida a unidade patrimonial, que dá acesso a ambos os ex-cônjuges à totalidade dos bens, ficando a ex-esposa atrelada, por força da copropriedade exercida sobre as quotas sociais de seu ex-marido, externando a relatora que, se a sociedade tivesse cerrado suas portas ou ido à falência, essa discussão não existiria.

No entanto, salvo melhor juízo, não se afigura a solução mais correta, pois a ex-mulher deixou de se atrelar à sorte da sociedade quando partilhou certa quantidade de quotas sociais que adjudicou em sua meação. Ao receber uma quantidade de quotas não se tornou sócia da empresa do marido, mas obteve determinado número de quotas sociais correspondentes ao patrimônio societário e conjugal existente e apurado na data da separação de fato do casal, fato que importava em que ela efetivamente se apartasse do sucesso ou do insucesso da sociedade.[23] Ademais, a quantificação das suas quotas meadas foi avaliada ao tempo da resolu-

---

[22] DELGADO, Mário Luiz. As quotas sociais e o caso do cônjuge não sócio separado de fato. *Consultor Jurídico*. Disponível em: http://www.conjur.com.br/2017-abr-09/processo-familiar-quotas-sociais-conjuge--não-socio. Acesso em: 20 ago. 2020.

[23] "Civil. Processual civil. Recurso especial. Casamento em regime de comunhão parcial de bens. Partilha de bens. Momento de avaliação da expressão econômica das quotas da sociedade. I – Diploma legal incidente: Código Civil de 2002. II – Controvérsia: dizer, para efeitos de partilha, se o valor de quotas de sociedade médica, da qual um dos ex-cônjuges é sócio, e que foi constituída na constância do casamento, devem coincidir com o seu valor histórico da data da ruptura do relacionamento ou terem os valores

ção da sociedade conjugal e obviamente atualizada monetariamente para a data das efetivas liquidação pós-comunitária e apuração de haveres, mas jamais se vinculando à atividade da sociedade, especialmente à atividade de seu ex-marido, que continua investindo com seus sócios o seu esforço exclusivamente pessoal, sem nenhuma colaboração de sua ex-mulher. Exemplo pode ser extraído de um esposo que mantém uma sociedade de médicos, prestadores de serviços, cujos honorários nem sequer se comunicam, havendo unicamente a partilha do patrimônio da sociedade, tomando como termo final de avaliação dos bens a data da ruptura fática ou oficial do casamento, pois, como dito no próprio julgado (REsp 1.537.107/PR), a mulher meeira realmente poderia se apartar do eventual insucesso da sociedade se esta tivesse decaído financeiramente.

Uma vez determinada a meação das quotas sociais do ex-marido em ação de partilha de bens, a ex-esposa será beneficiada com as quotas pagas em sua meação, e mesmo que ainda não partilhadas as quotas societárias, tampouco sendo a ex-mulher admitida na sociedade por expressa vedação do contrato social, ela deverá buscar a liquidação de seus haveres para se ver indenizada pelo montante de suas quotas, cujo valor está representado pelo patrimônio da sociedade apurado no momento da separação de fato ou de corpos, pois foi nesse momento que terminou o casamento e que ela se tornou credora da sociedade, podendo ser computadas eventuais operações societárias ainda pendentes à data da resolução, mas jamais a valorização dessas quotas proveniente do crescimento da empresa, enquanto não promovida a apuração de haveres. Muito mais reforça este argumento o confronto dos artigos 1.027 do Código Civil, quando refere que "os herdeiros do cônjuge de sócio, ou o cônjuge do que se separou judicialmente, não podem exigir desde logo a parte que lhes couber na quota social, mas concorrer à divisão periódica dos lucros, até que se liquide a sociedade", com o artigo 600, parágrafo único do Código de Processo Civil de 2015 e, portanto, posterior ao Código Civil de 2002, no qual está escrito que "o cônjuge ou companheiro do sócio cujo casamento, união estável ou convivência terminou poderá requerer a apuração de seus haveres na sociedade, que serão pagos à conta da quota social titulada por este sócio", o que significa reconhecer que este consorte ou companheiro subsócio pode a qualquer tempo exigir a apuração de haveres, não mais necessitando aguardar que seu parceiro e sócio um dia liquidasse a sociedade, não mais ficando, destarte, atrelado infinita e indefinidamente à sociedade empresária, talvez passando o herdeiro ou ex-cônjuge ou ex-companheiro toda a sua vida sem poder receber seu quinhão hereditário ou a sua meação[24] e durante toda a sua existência correndo atrás da eventual divisão periódica dos lucros proporcionais à meação de suas quotas de uma sociedade da qual jamais seria sócia.

---

fixados, em data posterior, quando da efetiva apuração dos valores atribuídos às quotas e o pagamento do quinhão à ex-cônjuge não sócia. III – A participação em sociedade não constitui um patrimônio partilhável, automaticamente, no rompimento de uma relação conjugal, detendo o ex-cônjuge sócio, a singular administração da integralidade das quotas do ex-casal. IV – Essa circunstância, que deprime, em nome da preservação da sociedade empresarial, o pleno direito de propriedade do ex-cônjuge, não sócio, pode dar ensejo a manipulações que afetem, ainda mais o já vulnerado direito à propriedade. V – Nessa linha, verifica-se a existência de mancomunhão sobre o patrimônio, ou parte dele, expresso, na hipótese, em quotas da sociedade, que somente se dissolverá com a partilha e consequente pagamento, ao cônjuge não sócio, da expressão econômica das quotas que lhe caberiam por força da anterior relação conjugal. VI – Sob a égide dessa singular relação de propriedade, o valor das quotas da sociedade empresária deverá sempre refletir o momento efetivo da partilha. VII – Recurso não provido."

[24] HOOG, Wilson Alberto Zappa. *Resolução de sociedade & avaliação do patrimônio na apuração de haveres*. 5. ed. Curitiba: Juruá. 2012. p. 40.

Para definir o valor da quota será considerada a situação real da empresa no momento do desligamento do sócio ou, como repetidamente informado, no momento exato da ruptura fática ou jurídica do casamento, sendo exatamente esse o período para a determinação das vantagens que possam caber ao sócio retirante ou ao credor de sócio, explicando Hernani Estrella que: "continuando a sociedade a operar normalmente, faz-se mister discriminar as operações novas das preexistentes, pois só quanto a estas é que o ex-sócio participa, assim nos ganhos como nas perdas".[25] O mesmo deve ocorrer ao ex-cônjuge que se retirou da sociedade afetiva e justamente nesse momento deve ser *fotografado* o valor das quotas que recebeu em pagamento da sua meação, mediante a apuração de haveres que cuidará de averiguar o total do patrimônio social existente naquele tempo, e não os haveres que possam ser determinados a maior ou a menor na biografia pós-conjugal da empresa e, pior ainda, se passou muito tempo depois da separação dos cônjuges.[26]

Foi o que restou consignado curiosamente em precedente processo relatado pela Ministra Nancy Andrighi, no AgRg no REsp 995.475/SP, julgado na 3.ª Turma do STJ, em 17 de março de 2009, ao aduzir que: "[...] A apuração dos haveres do sócio que se retira da sociedade não pode levar em consideração o sucesso ou o fracasso do empreendimento, por causas posteriores à sua retirada. [...]". Foi igualmente consignado em passagens colhidas no ventre do REsp 1.085.915/MS também referidas no REsp 1.681.251/MS, da lavra do Ministro Marco Buzzi, datado de 17 de agosto de 2020:

> 31. Como não poderia deixar de ser, na ação de apuração de haveres proposta pela ora ré, essa requereu, por mais de uma vez, que a apuração tomasse como base a situação patrimonial do casal no momento da separação, ou seja, novembro de 1983.
>
> [...]
>
> 43. A sentença homologatória da separação foi lavrada em 11 de novembro de 1983.
>
> 44. Assim sendo, qualquer data anterior ou posterior à homologação da separação do casal para fins de apuração do patrimônio, principalmente da apuração da participação do ex--marido na sociedade Agro-pastoril Barcellos Ltda., fere a coisa julgada formada na ação de separação. Processo 613/83, originariamente em trâmite perante a 7.ª Vara Cível da Comarca de Campo Grande – Mato Grosso do Sul.
>
> 45. No caso presente, todavia, apesar das diversas manifestações da ora Ré no sentido de que a apuração dos haveres deveria tomar como data a base da separação do casal e o percentual efetivo da participação societária naquela data (novembro de 1983), todos os trabalhos desenvolvidos naquele processo, onde foram proferidas as decisões rescindendas, adotaram datas distintas e posteriores daquela em que foi efetivamente realizada a dissolução da sociedade conjugal, revestida da coisa julgada material.

---

[25] MADALENO, Rolf. *Direito de família*. 10. ed. Rio de Janeiro: GEN/Forense, 2020. p. 857.

[26] "Apelação cível. Ação de consignação em pagamento. Retirada de sócio de sociedade limitada. Apuração do valor das quotas sociais. Observância das disposições contidas no contrato social. Método de 'fluxo de caixa descontado'. Impossibilidade. Sentença mantida. 1. A apuração do valor das quotas sociais, em caso de retirada de sócio, deve observar as disposições legais incidentes na hipótese e a regra estampada no contrato social da empresa, devendo ser considerada, para tal apuração, a situação patrimonial existente na data da saída, para que não haja enriquecimento indevido. 2. Eventos patrimoniais, posteriores à data do evento, não afetam o valor das quotas, a não ser que, com a expressa concordância de ambas as partes, aplique-se, na apuração, o método de 'fluxo de caixa descontado', envolvendo a mensuração do valor econômico da sociedade, com projeções futuras" (TJMG, 11.ª Câmara Cível, Apelação Cível 1.0596.11.006901-7/001, Rel. Des. Alberto Diniz Junior, j. 18.03.2015).

46. Neste contexto, a apuração dos haveres com data e situação patrimonial distinta daquela em que se realizou a separação do casal, homologada por sentença transitada em julgado, atrita com a coisa julgada formada a partir daquela decisão, devendo ser rescindidas as decisões que decidiram uma ação com tais vícios.

[...]

Deveras, se a sentença que decidiu a separação do casal foi proferida em 11 de novembro de 1983, é evidente que a apuração dos haveres só poderia ter como data-base aquela da separação, mas não foi isso que se fez. Adotou-se, como já dito, data diferente para a apuração dos haveres, bem como considerou percentual equivocado das quotas sociais para apuração, o que redundou no absurdo valor.

Merece consideração adicional o artigo 1.031 do Código Civil quando acresce que "nos casos em que a sociedade se resolver em relação a um sócio, o valor da sua quota, considerada pelo montante efetivamente realizado, liquidar-se-á, salvo disposição contratual em contrário, com base na situação patrimonial da sociedade, à data da resolução, verificada em balanço especialmente levantado", sendo do conhecimento doutrinário que o balanço especial ou de determinação, que são palavras sinônimas, tem como finalidade verificar o valor patrimonial das quotas sociais por ocasião da retirada do sócio e não será diferente em se tratando do subsócio cônjuge ou companheiro, prescrevendo o Enunciado 62 da I Jornada de Direito Civil que: "Com a exclusão do sócio remisso, a forma de reembolso das suas quotas, em regra, deve se dar com base em balanço especial, realizado na data da exclusão."

Servindo como arremate o disposto no artigo 606 do CPC quando expressa que: "Em caso de omissão do contrato social, o juiz definirá, como critério de apuração de haveres, o valor patrimonial apurado em balanço de determinação, tomando-se por referência a data da resolução e avaliando-se bens e direitos do ativo, tangíveis e intangíveis, a preço de saída, além do passivo também a ser apurado de igual forma", mas quando rompeu a relação ou seja, a sociedade afetiva e com ela a comunicação patrimonial dos cônjuges e companheiros, não fazendo nenhum sentido, como bem disse a Ministra Nancy Andrighi, no AgRg no REsp 995.475/SP, julgado na 3.ª Turma do STJ, em 17 de março de 2009, pretender que na apuração dos haveres do sócio que se retira da sociedade se leve em consideração o sucesso ou o fracasso do empreendimento, por causas posteriores à sua retirada. O cônjuge ou companheiro de sócio, deste é credor ou subsócio e tem direito a receber o valor atinente à meação das quotas do parceiro sócio e eventual saldo de lucros porventura declarados em nome do sócio até a data da resolução (separação dos cônjuges ou conviventes – CPC, parágrafo único do art. 600), limitados estes créditos até a data da resolução do vínculo afetivo.

3.3.2 A fraude na partilha de honorários profissionais pós-conjugais

O inciso V do artigo 1.660 do Código Civil ordena que ingressem na partilha os frutos dos bens comuns, ou dos particulares de cada cônjuge, percebidos na constância do casamento, ou pendentes ao tempo de cessar a comunhão, os quais são os rendimentos pessoais ou naturais decorrentes de bens comuns ou particulares de cada cônjuge, recebidos na constância do casamento, ou pendentes quando cessar a união, exemplificando Flávio Tartuce os aluguéis, lucros e produtos dos bens comuns ou particulares recebidos na constância das núpcias.[27]

---

[27] TARTUCE, Flávio *et al. Código Civil comentado*. Doutrina e jurisprudência. Rio de Janeiro: GEN/Forense, 2019. p. 1297-1298.

De plano, podem ser pontuados dois diferentes momentos da vida conjugal e pós-conjugal, isso porque uma coisa é partilhar os frutos havidos na constância do casamento e outra é pretender computar os frutos havidos depois do divórcio ou da dissolução de uma união estável, quando os bens geradores de frutos são comuns e ainda não foram partilhados e, portanto, continuam suscitando frutos para ambos os consortes ou conviventes. Entretanto, se os bens geradores de frutos são particulares, inevitável concluir que depois de dissolvida a relação afetiva, seja pela separação fática, e com mais razão ainda se houve a extinção oficial do casamento pelo divórcio, ou a extinção da união estável pela sua dissolução judicial ou extrajudicial, eles deixam de ser comuns por não serem mais produzidos na constância do relacionamento e exatamente por isso afastam a regra expressa do inciso V do artigo 1.660 do Código Civil, que só considera comuns os frutos provenientes de bens particulares enquanto forem percebidos na constância do casamento ou da união estável, salvo se ainda forem frutos pendentes ao tempo do relacionamento ou produtos advindos dos bens comuns.

Cabe questionar como ficam os honorários profissionais originários de qualquer atividade laboral explorada na forma de uma sociedade simples constituída na constância do casamento ou da união estável, uma vez que se cuida de uma sociedade com valor econômico que pertence ao casamento que já foi dissolvido, cujos frutos (lucros e produtos) são pós-conjugais, ou seja, percebidos depois de dissolvida a sociedade afetiva.

O Código Civil de 2002, ao regular o direito de empresa e definir a figura do empresário, excluiu desse enunciado as pessoas que se dedicam à profissão intelectual, de natureza científica, literária ou artística, ainda que contem com o concurso de auxiliares ou colaboradores. Consequentemente, esse profissional não será considerado empresário (CC, parágrafo único do art. 966) por maior que seja a sua infraestrutura, sujeitando-se a tratamento jurídico diferente também daquele que exerce profissionalmente outros serviços.

Explica Sérgio Campinho que, por exemplo, as sociedades de advogados serão sempre sociedades simples, sendo registrados na Ordem dos Advogados do Brasil os seus atos constitutivos, tendo como seu objeto social a prestação de serviços de advocacia por seus membros, sendo as procurações outorgadas individualmente aos advogados, e não à sociedade, que apenas será indicada na procuração.[28] Também a sociedade dos médicos será simples, cujo objeto social se limita ao exercício da atividade da profissão intelectual de cada sócio, ainda que se acerquem de inúmeros auxiliares, embora seja completamente oposta a situação das casas de saúde e dos hospitais, onde a execução da profissão intelectual se apresenta como um dos elementos do exercício da empresa.[29]

Conforme Alfredo de Assis Gonçalves Neto, todas as sociedades de exercício de profissão liberal têm a peculiaridade de não exercer a atividade para a qual é exigida a habilitação; são sociedades de meios constituídas para facilitarem o exercício profissional dos sócios ou das pessoas a tanto habilitadas e que a ela se vinculam na consecução do objeto social. A rigor, caracterizam-se pela finalidade precípua de apoiar e facilitar o exercício de determinada profissão intelectual por pessoas naturais a tanto devidamente credenciadas. Na obtenção dos resultados econômicos para sua atuação, assume relevo o patrimônio intelectual dos profissionais que as integram (sócios ou não), ficando em segundo plano os investimentos em recursos materiais. Nessas sociedades, o trabalho é que sobressai em confronto com o capital, pois os

---

28 MADALENO, Rolf. O fundo de comércio do profissional liberal na meação conjugal. *In*: MADALENO, Rolf. *Novos horizontes no direito de família*. Rio de Janeiro: GEN/Forense, 2010. p. 42.

29 MADALENO, Rolf. O fundo de comércio do profissional liberal na meação conjugal. *In*: MADALENO, Rolf. *Novos horizontes no direito de família*. Rio de Janeiro: GEN/Forense, 2010. p. 42.

Cap. 3 · INDIVISÃO PÓS-COMUNITÁRIA DOS BENS COMUNS   473

sócios participam mais com seus *esforços* pessoais do que com *recursos* materiais, em que a figura do sócio de trabalho ou de indústria, do prestador de serviços, encontra agasalho adequado para exercê-los.[30]

Nos termos do artigo 966 do Código Civil, considera-se empresário quem desempenha profissionalmente atividade econômica organizada para a produção ou a circulação de bens ou de serviços, abstraído desse conceito aquele que exerce profissão intelectual (CC, parágrafo único do art. 966), sendo empresário a pessoa física ou jurídica que exerce com habitualidade e escopo de lucro atividade econômica organizada para a produção ou a circulação de bens ou de serviços no mercado de trabalho.[31] Portanto, a sociedade pode ser simples ou empresária, de acordo com a natureza da atividade que explore, e a partir da sua formação ela se torna titular de direitos e deveres, não devendo ser confundida com o estabelecimento, nem com a empresa, nem com a *firma*, tampouco com os sócios.[32]

Sociedade empresária será, portanto, toda aquela atividade econômica voltada para a produção ou para a circulação de bens ou de serviços, com exceção da atividade econômica intelectual (científica, literária, artística ou cultural), pois essa é uma sociedade simples, correspondente à anterior *sociedade civil*, desde que essa atividade científica, literária, artística ou cultural seja predominante, e não apenas um elemento da empresa, pois, como esclarece Haroldo Verçosa, na medida em que uma atividade econômica intelectual cede o seu lugar de evidência dentro de outra atividade voltada para a produção ou a circulação de bens ou de serviços, ela fica integrada em uma empresa, que, por seu turno, tutela essa atividade que perde sua proeminência.[33]

Vale mais uma vez recorrer à lição de Alfredo de Assis Gonçalves Neto, quando diz que, figurando no contrato social que determinada sociedade tem por objeto o exercício de atividade intelectual, ela será uma sociedade simples, pouco importando o seu tipo social, qual seja, a opção por outro tipo social não afasta a natureza simples da sociedade, consoante o Enunciado 57 da Comissão de Direito de Empresa[34] (I Jornada de Direito Civil do STJ – setembro de 2002),[35] e já na III Jornada de Direito Civil foram editados os novos Enunciados 193, 194 e 195, os quais seguiram a mesma direção, distinguindo a atividade intelectual realizada em sociedade da atividade do empresário.[36]

---

[30] GONÇALVES NETO, Alfredo de Assis. Sociedade para o exercício de trabalho intelectual. *In*: ADAMEK, Marcelo Vieira von (coord.). *Temas de direito societário e empresarial contemporâneos*. São Paulo: Malheiros, 2011. p. 47-48.

[31] CAMPINHO, Sérgio. *O direito de empresa à luz do novo Código Civil*. 3. ed. Rio de Janeiro: Renovar, 2003. p. 14.

[32] CAMPINHO, Sérgio. *O direito de empresa à luz do novo Código Civil*. 3. ed. Rio de Janeiro: Renovar, 2003. p. 14.

[33] VERÇOSA, Haroldo Malheiros Duclerc. *Curso de direito comercial*. São Paulo: Malheiros, 2006. v. 2, p. 61-62.

[34] Enunciado 57: "Art. 983. A opção pelo tipo empresarial não afasta a natureza simples da sociedade".

[35] GONÇALVES NETO, Alfredo de Assis. Sociedade para o exercício de trabalho intelectual. *In*: ADAMEK, Marcelo Vieira von (coord.). *Temas de direito societário e empresarial contemporâneos*. São Paulo: Malheiros, 2011. p. 49-50.

[36] Enunciado 193: "Art. 966. O exercício das atividades de natureza exclusivamente intelectual está excluído do conceito de empresa".
Enunciado 194: "Art. 966. Os profissionais liberais não são considerados empresários, salvo se a organização dos fatores de produção for mais importante que a atividade pessoal desenvolvida".

O fundamental é a dedicação do sujeito, sua vinculação ao serviço prestado, sendo meramente acessórios os elementos ou os bens dos quais ele se utiliza e precisa para desenvolver a sua atividade, até o ponto em que os frutos do seu negócio são os mesmos que os rendimentos de seu trabalho pessoal e que terminam por se confundir de tal forma que, se não fosse pelo seu esforço, esses ingressos financeiros não se produziriam, acrescendo que não se comunicam seus resultados financeiros que não geram rendimentos partilháveis, pois são frutos do trabalho profissional.

Está, portanto, doutrinária e jurisprudencialmente pacificado que os proventos do trabalho de cada cônjuge não são bens privados, como equivocadamente se pronuncia o inciso VI do artigo 1.659 do Código Civil, pois, durante o casamento e na constância da união estável, o produto do trabalho de cada consorte deve e tem de ser comunicável, quando sabido que, de regra, é do labor pessoal de cada consorte que advêm os recursos necessários à aquisição dos bens conjugais. Seria indefensável premiar o cônjuge que se esquivou de amealhar patrimônio preferindo conservar em espécie os proventos do seu trabalho pessoal, o que significaria incentivar uma prática de evidente desequilíbrio das relações conjugais e convivenciais econômico-financeiras, mormente porque o regime matrimonial de bens serve de lastro para a manutenção da célula familiar, pois, se os rendimentos do trabalho não se comunicassem nem se comunicassem os bens neles sub-rogados, então tudo seria incomunicável, pois a maioria dos cônjuges vive e compra seus bens com os rendimentos do seu trabalho.[37]

Entretanto, *a contrario sensu*, se os bens comuns, embora ainda não partilhados depois do divórcio ou da dissolução de uma união estável, continuam acedendo rendas ou frutos para os ex-consortes e ex-conviventes, seguirão sendo frutos comuns aqueles ainda pendentes ao tempo de cessar a comunhão (CC, art. 1.660, V e CPC, art. 608), podendo dar margem à fraude conjugal e ao desvio desses frutos quando, por exemplo, se trata de honorários profissionais provenientes do exercício da advocacia, os quais são desviados da partilha mediante o silencioso substabelecimento dos processos para um colega que atue ou não no mesmo escritório. Idêntica fraude comete um profissional da medicina que, por exemplo, faz suas cirurgias ou atua como um médico anestesista, mas cujas intervenções ou anestesias são registradas nos prontuários médicos de controle dos hospitais como se tivessem sido realizadas em nome de outros médicos, ocorrendo a mesma hipótese de fraude incidente sobre os frutos pendentes, que estão sendo escancarada e desafiadoramente desviados da partilha pós-conjugal, sobre cujos créditos o consorte prejudicado pelo desvio tem uma legítima expectativa de direito incidente sobre esses verdadeiros frutos pendentes.

Igualmente, haverá fraude quando essa mesma atividade profissional continuar sendo exercida depois da separação do casal em uma sociedade simples e da qual ambos os consortes, agora divorciados, figuram no quadro social, sendo óbvio que os frutos produzidos por essa sociedade simples e comum gera dividendos igualmente comuns e devidos a todos os sócios, mesmo que tenham se divorciado, uma vez que apenas extinguiram a sociedade conjugal, e não a sociedade simples.

Agora, se essa sociedade era apenas conjugal, e não empresarial, uma vez extinto o casamento, já não mais existe o direito aos frutos da sociedade na qual só um dos ex-cônjuges

---

Enunciado 195: "Art. 966. A expressão 'elemento de empresa' demanda interpretação econômica, devendo ser analisada sob a égide da absorção da atividade intelectual, de natureza científica, literária ou artística, como um dos fatores da organização empresarial".

[37] MADALENO, Rolf. *Do regime de bens entre cônjuges. In:* DIAS, Maria Berenice; PEREIRA, Rodrigo da Cunha (coord.). *Direito de família e o novo Código Civil.* 3. ed. Belo Horizonte: Del Rey, 2003. p. 211-212.

titula o quadro social, salvo ainda se relacionarem com eventuais frutos pendentes do tempo do casamento, mas pagos depois da separação, e não mais se comunicam esses frutos posteriores à separação de fato ou de direito do casal, exatamente porque se trata de novas relações de trabalho profissional, constituídas depois de terminada a convivência conjugal, embora ainda esteja aberta a comunidade dos bens que seguem indivisos e comuns.

Vista a mesma questão por outro ângulo, se um dos consortes é médico ou advogado e exerce essa atividade como um profissional autônomo, seu ex-consorte ou ex-convivente não tem nenhuma expectativa de direito sobre os honorários percebidos de contratos profissionais firmados depois da ruptura fática ou oficial do matrimônio, nem a título de alimentos compensatórios,[38] porque estaria na posse de uma sociedade simples comum e partilhável, porque na sociedade simples somente se comunicam os bens que compõem o patrimônio social existente na data da separação fatual do casal, porquanto, a atividade intelectual não gera um fundo de comércio de cada profissional, de natureza subjetiva e concernente à pessoa dos sócios,[39] "valor que não poderá ser computado na apuração de haveres, já que não se indeniza uma pessoa pela honorabilidade da outra."[40]

A questão que se impõe é quando o exercício da profissão está incorporado a uma pessoa jurídica, integrando o cônjuge ou o convivente uma sociedade de advogados, de médicos, engenheiros ou de quaisquer outras profissões, todos integrando uma sociedade simples, cuja natureza jurídica diverge das características de uma sociedade empresária. A sociedade simples se dedica à prestação de serviços e seu objeto social é justamente essa prestação de serviços, explicitando o parágrafo único do artigo 966 do Código Civil que não será empresário e não pertencerá a uma sociedade empresária quem exerce profissão intelectual, de natureza científica, literária ou artística, ainda que com o concurso de auxiliares ou colaboradores, salvo se o exercício da profissão constituir elemento da empresa.

Para ser empresarial, a atividade intelectual deverá ser exercida não individualmente, mas deverá contar com um quadro de colaboradores, funcionários da empresa, mas a tão só presença desses auxiliares não é suficiente para tipificar uma sociedade empresária diante da ressalva do parágrafo único do artigo 966 do Código Civil, quando refere que o trabalho intelectual é apenas um dos componentes do produto oferecido ao mercado pela empresa, mas não é o seu principal produto ou serviço, como sucede, por exemplo, com um hospital, que tem seus médicos que até são os sócios da sociedade, e esse hospital oferece um bloco diversificado de serviços, e não somente o trabalho exclusivo dos médicos sócios do hospital.

De acordo com Germán Bercovitz Álvarez, o profissional liberal vem sendo despersonalizado nas grandes metrópoles com a socialização dos seus serviços, sendo bastante comum

---

[38] "Apelação cível. Ação de repetição de indébito. Sentença de improcedência. Recurso do autor. Alimentos compensatórios arbitrados em favor da ex-esposa. Pleito de repetição da quantia paga. Possibilidade. Verba compensatória que não possui natureza alimentar, pois fixada em ação de divórcio, provisoriamente, com finalidade estritamente indenizatória. Posterior decisão em agravo de instrumento, confirmada em sentença de divórcio e partilha, que exonerou o apelante da obrigação, sob fundamento de que se tratavam de rendimentos profissionais não partilháveis. Dever de restituição, sob pena de enriquecimento ilícito. Determinação para que a demandada devolva o montante pago indevidamente pelo demandante, em dez parcelas mensais fixas. Sentença reformada. Necessidade de redistribuição dos ônus sucumbenciais. Recurso conhecido e provido." (TJSC. 6ª Câmara de Direito Civil. Apelação 0305625-87.2018.8.24.0091. Relator. Desembargador Stanley da Silva Braga. Julgado em 03.8.2021).

[39] CALÇAS, Manoel de Queiroz Pereira et al. *Comentários ao Código Civil. Direito Privado contemporâneo.* São Paulo: Saraiva. Coord. NANNI, Giovanni Ettore. 2019. p. 1.414.

[40] REsp. 958.116/PR, Rel. Ministro João Otávio Noronha.

sua migração para sociedades prestadoras de serviços em razão de convênios firmados com empresas de seguros e de planos de saúde, empregadores ou a seguridade social, que indicam os profissionais. Existe, ainda, uma tendência de os profissionais trabalharem associados com outros colegas de profissão. Trata-se de verdadeiras empresas formadas por grupos de profissionais liberais e que constituem, em conformidade com o artigo 997 do Código Civil, uma sociedade simples, dedicada à profissão intelectual, substituindo as antigas sociedades civis. Uma sociedade de advogados, por exemplo, se sujeita à legislação do Estatuto da Advocacia e da Ordem dos Advogados do Brasil, formada por alguns profissionais que compõem o quadro social, podendo contratar outros advogados.

Avultam os tribunais com processos de partilha de quotas de sociedades simples, prestadoras de serviços intelectuais, que, tendo sido constituídas na constância do casamento ou da união estável, suas quotas são incontestavelmente alvo de divisão, representando ditas quotas sociais o patrimônio da sociedade simples, e serão sociedades privativas, se forem organizadas antes de iniciar a entidade familiar, e comuns, quando organizadas durante o matrimônio. Contudo, como são consideradas atividades econômicas não empresariais, voltadas ao labor científico e intelectual em atividade inerente ao profissional, estando, portanto, fora do comércio, não se compartem com o outro cônjuge uma vez sobrevinda a dissolução do relacionamento afetivo, de modo que a capacidade laboral do cônjuge sócio de uma sociedade simples continuará rendendo frutos privativos apenas para o seu titular.[41]

Nessa modalidade de sociedade prestadora de serviços profissionais e fundada no esforço comum dos sócios, a atividade prestada tem caráter essencialmente personalíssimo, vinculada a cada um dos profissionais do quadro social, servindo-se a personalidade jurídica unicamente para rateio dos custos operacionais. Nesse sentido se posiciona a jurisprudência do Superior Tribunal de Justiça, quando admite a divisão do conteúdo econômico da participação societária, não, porém, do aviamento de sua atividade intelectual, preservando o caráter personalíssimo da sociedade e estabelecendo a proibição de partilha dos seus bens incorpóreos, como entre eles está a clientela com seu correlato valor econômico.[42]

---

[41] ÁLVAREZ, Germán Bercovitz. *Los derechos inherentes a la persona en la sociedad de gananciales*. Navarra: Arazandi, 2003. p. 56.

[42] "Recurso especial. Ação de sobrepartilha. Pretensão de partilhar quotas sociais da sociedade de advogados então pertencentes ao varão. Possibilidade de divisão do conteúdo econômico da participação societária (não se lhe conferindo o direito à dissolução compulsória da sociedade, para tal propósito). Recurso especial provido. 1. A partir do modo pelo qual a atividade profissional intelectual é desenvolvida – com ou sem organização de fatores de produção – será possível identificar o empresário individual ou sociedade empresarial; ou o profissional intelectual ou sociedade *uniprofissional*. De se ressaltar, ainda, que, para a definição da natureza da sociedade, se empresarial ou simples, o atual Código Civil apenas aparta-se desse critério (desenvolvimento de atividade econômica própria de empresário) *nos casos expressos em lei*, ou em se tratando de sociedade por ações e cooperativas, hipóteses em que necessariamente serão empresárias e simples, respectivamente. 1.1 Especificamente em relação às sociedades de advogados, que naturalmente possuem por objeto a exploração da atividade profissional de advocacia exercida por seus sócios, estas são concebidas como sociedade simples por expressa determinação legal, independente da forma que como venham a se organizar (inclusive, com estrutura complexa). 2. Para os efeitos perseguidos na presente ação (partilha das quotas sociais), afigura-se despiciendo perquirir a natureza da sociedade, se empresarial ou simples, notadamente porque, as quotas sociais – comuns às sociedades simples e às empresariais que não as de ações – são dotadas de expressão econômica, não se confundem com o objeto social, tampouco podem ser equiparadas a proventos, salários ou honorários, tal como impropriamente procedeu à instância precedente. Esclareça-se, no ponto, que a distinção quanto à natureza da sociedade, se empresarial ou simples, somente

Cap. 3 · INDIVISÃO PÓS-COMUNITÁRIA DOS BENS COMUNS

Portanto, são partilhadas as quotas da sociedade simples, mas não há qualquer expectativa de direito sobre as rendas auferidas no período pós-conjugal pela sociedade simples de exercício de atividade profissional.

3.4 GESTÃO DOS BENS PÓS-COMUNITÁRIOS

Como visto, os bens pós-conjugais ainda indivisos formam uma comunidade que mantém, entre suas características, o fato de que: (i) seus titulares seguem sendo ambos os consortes ou conviventes, ou, em caso de falecimento de um deles, serão titulares os herdeiros que o sucederam; (ii) essa comunidade tem existência transitória, enquanto não é procedida a sua liquidação, apenas que desatrelado das suas funções originárias de ser um patrimônio posto a serviço e ao interesse dos papéis assistenciais e domésticos de uma sociedade conjugal desfeita; (iii) os meeiros têm quotas de metade para cada um sobre todos os bens que integram o patrimônio pós-conjugal, e não sobre cada um desses bens; (iv) é um patrimônio separado e que não se confunde com os outros bens nem com as dívidas pessoais dos ex-cônjuges ou ex-conviventes; (v) essa massa patrimonial poderá, com o passar do tempo, ser incrementada com os frutos e as rendas gerados pelos próprios bens que compõem a comunidade pós-conjugal, ou reduzir-se pela cobrança de créditos, reembolsos, custos de administração e demais dívidas que são contraídas no transcurso do tempo, especialmente quando visto que a comunidade não mais produz os ingressos que os consortes geravam pelo seu trabalho e por sua indústria na constância da sociedade matrimonial, pois deixaram de integrar a massa

---

teria relevância se a pretensão de partilha da demandante estivesse indevidamente direcionada a bens incorpóreos, como a clientela e seu correlato valor econômico e fundo de comércio, elementos típicos de sociedade empresária, espécie da qual a sociedade de advogados, por expressa vedação legal, não se insere. 3. Ante a inegável expressão econômica das quotas sociais, a compor, por consectário, o patrimônio pessoal de seu titular, estas podem, eventualmente, ser objeto de execução por dívidas pessoais do sócio, bem como de divisão em virtude de separação/divórcio ou falecimento do sócio. 3.1 *In casu*, afigura-se incontroverso que a aquisição das quotas sociais da sociedade de advogados pelo recorrido deu-se na constância do casamento, cujo regime de bens era o da comunhão universal. Desse modo, se a obtenção da participação societária decorreu naturalmente dos esforços e patrimônios comuns dos então consortes, sua divisão entre os cônjuges, por ocasião de sua separação, é medida de justiça e consoante com a lei de regência. 3.2 Naturalmente, há que se preservar o caráter personalíssimo dessas sociedades, obstando-se a atribuição da qualidade de sócio a terceiros que, nessa condição, não detenham com o demais a denominada *affectio societatis*. Inexistindo, todavia, outro modo de se proceder à quitação do débito ou de implementar o direito à meação ou à sucessão, o direito destes terceiros (credor pessoal do sócio, ex-cônjuge e herdeiros) são efetivados por meio de mecanismos legais (dissolução da sociedade, participação nos lucros etc.) a fim de amealhar o valor correspondente à participação societária. 3.3 Oportuno assinalar que o atual Código Civil, ao disciplinar a partilha das quotas sociais em razão do falecimento do cônjuge ou da decretação da separação judicial ou do divórcio, apenas explicitou a repercussão jurídica de tais fatos, que naturalmente já era admitida pela ordem civil anterior. E, o fazendo, tratou das sociedades simples, de modo a tornar evidente o direito dos herdeiros e do cônjuge do sócio em relação à participação societária deste e, com o notável mérito de impedir que promovam de imediato e compulsoriamente a dissolução da sociedade, conferiu-lhes o direito de concorrer à divisão periódica dos lucros. 4. Recurso especial provido, para, reconhecendo, em tese, o direito do cônjuge casado em comunhão universal de bens, à partilha do conteúdo econômico das quotas sociais da sociedade de advogados então pertencentes ao ex-marido (não se lhe conferindo, todavia, o direito à dissolução compulsória da sociedade), determinar que o Tribunal de origem prossiga no julgamento das questões remanescentes veiculadas no recurso de apelação" (STJ, 3.ª Turma, REsp 1.531.288/RS, Rel. Min. Marco Aurélio Bellizze, j. 24.11.2015).

construída no curso do casamento e em prol do matrimônio, visto que, depois de rompido o relacionamento, esses ingressos do trabalho e da indústria têm o caráter de privativos em relação a cada um dos antigos cônjuges que os produz.[43]

Para Mariel Molina de Juan, enquanto não liquidada a massa comunitária de bens pós-conjugais, diante da falta de algum regramento previamente ajustado por escrito na precedente dissolução do relacionamento dos cônjuges ou conviventes, com cláusulas atinentes à administração e disposição desses bens que permanecem comuns, subsistem as seguintes regras supletórias: a) de que o poder de administração e de disposição segue à testa do titular de cada bem; b) subsiste a exigência de assentimento do outro ex-cônjuge com seus habituais pressupostos de validade e de eficácia; c) o não titular não codispõe nem é parte do ato, se não prestar a sua anuência; d) como a comunidade afetiva se encontra extinta, ressurge a obrigação de prestação de contas; e) os atos de disposição sobre bens móveis que, em regra, nem sequer são registráveis, com relação a terceiros adquirentes de boa-fé e quando alienados a título oneroso, são válidos, mas o alienante responde pelo valor do bem.[44]

Desfeitas as núpcias e durante a vigência da comunidade pós-conjugal de bens, cada ex-consorte ficará encarregado da administração e dos encargos dos bens que se encontrarem sob a sua posse, sendo bastante frequente que a mulher e filhos ou o consorte escolhido como progenitor responsável pela residência de referência dos filhos, em uma guarda compartilhada jurídica,[45] em regra, ficará até a efetiva partilha na posse do imóvel que serviu na constância das núpcias como domicílio conjugal. Existe certa convenção no reparte fático da posse desses bens, alguns com exclusividade e outros, como os imóveis de lazer, costumam ter o seu uso compartilhado. Tal fato amiúde é fonte de constantes atritos e de represálias pessoais, tratando os consortes desavindos de criar embaraços e até mesmo afrontosos boicotes para dificultar a utilização de um imóvel de descanso, usualmente localizado na serra, no campo ou na praia, promovendo os litigantes cortes no fornecimento de luz, água, gás e serviços de internet e de televisão a cabo, cancelando esses serviços que geralmente terminam sendo pagos pelo ex-cônjuge que tem os contratos sob a sua responsabilidade financeira e pagamentos programados por débito em conta ou no próprio cartão de crédito. O mesmo sucede com as despesas de condomínio e do imposto predial, as quais são dívidas debitáveis ao acervo pós-conjugal, mas que raramente são cobradas ou compensadas por ocasião da partilha e final liquidação da comunidade de bens pós-conjugal, sendo evidente que se trata de dívidas preexistentes, fixas e renováveis todos os meses e que permanecem como dívidas obrigatórias dos titulares dos bens, dos quais elas foram periodicamente geradas.

Tenham diálogo entre eles ou não, os ex-cônjuges precisarão administrar seus bens comuns enquanto não promovidas a partilha e a adjudicação das respectivas meações, a fim de conservá-los, pois é viável que produzam e sigam produzindo rendas, bens estes, se antes da

---

[43] MARTÍN, Antonio Javier Pérez. *Regímenes económicos matrimoniales.* Constitución, funcionamiento, disolución y liquidación. Valladolid: Lex Nova, 2009. v. V, p. 420-421.

[44] MOLINA DE JUAN, Mariel. *Código Civil y Comercial explicado.* Doctrina-jurisprudencia. Derecho de familia. Director general Ricardo Luis Lorenzetti. Coordinación Pablo Lorenzetti e María Paula Pontoriero. Buenos Aires: Rubinzal-Culzoni, 2019. t. I, p. 265.

[45] Artigo 1.584, § 2º, do CC: "Quando não houver acordo entre a mãe e o pai quanto à guarda do filho, encontrando-se ambos os genitores aptos a exercer o poder familiar, será aplicada a guarda compartilhada, salvo se um dos genitores declarar ao magistrado que não deseja a guarda da criança ou do adolescente ou quando houver elementos que evidenciem a probabilidade de risco de violência doméstica ou familiar. (Redação dada pela Lei nº 14.713, de 2023)".

Cap. 3 • INDIVISÃO PÓS-COMUNITÁRIA DOS BENS COMUNS | **479**

separação ou do divórcio do casal eram créditos deles, já possuíam essa finalidade. Como era durante o matrimônio, também na fase pós-conjugal a administração dos bens comuns corresponde a ambos os meeiros, ou ao sobrevivente e aos herdeiros, se a dissolução das núpcias se deu pelo decesso de um dos cônjuges. Existem situações nas quais os bens rentáveis podem estar representados por alguma empresa conjugal e, normalmente, as sentenças de divórcio sem partilha, tampouco os acordos amigáveis de dissolução de casamento ou de união estável, costumam colacionar regras dispondo sobre a administração dos bens comuns e ainda não partilhados, limitando-se, em uma ou outra situação, a impor ou compor apenas cláusulas ou obrigações de cunho alimentar. Alguns alimentos inclusive são de caráter compensatório, diante da posse e da administração exclusiva do acervo comum e indiviso, cujos valores dos alimentos arbitrados podem demonstrar, na grande maioria dos casos, ser mais vantajoso continuar pagando mensalmente essa compensação econômica e o alimentante continuar administrando por tempo indeterminado os bens comuns e indivisos, ou protelar a efetiva liquidação dos bens pós-conjugais, cujas rendas provenientes da meação do credor de alimentos não só pagam com sobras o encargo alimentar compensatório mensal, como ainda geram um lucro extra para o ex-consorte administrador. Não é necessário prestar contas dos lucros hauridos com a sua administração porque esses lucros são compensados ou diluídos pelo pagamento da obrigação mensal arbitrada como pensão compensatória, fazendo todo sentido a passagem do voto proferido pelo Desembargador Rui Portanova, na ementa do Agravo de Instrumento 70075584235, da Oitava Câmara Cível do TJRS, julgado em 08 de março de 2018, quando consignou que: "Para que tenha vez a fixação de alimentos compensatórios, é indispensável sopesar qual o valor real e concreto dos frutos e rendimentos gerados por patrimônio comum que esteja sendo usado e administrado de forma exclusiva por um, para só depois se estabelecer o valor a ser compensado", pois se assim não suceder estará o julgador por assim dizer, *atirando no escuro*, e muito provavelmente favorecendo um em detrimento do outro.[46]

Provavelmente, seria mais lucrativo que o cônjuge recebesse mensal ou periodicamente os lucros produzidos pela massa dos bens comuns pós-conjugais, do que ser remunerado pela compensação econômica arbitrada aleatoriamente pelo juiz, ou por um tribunal que nunca aferiu a quantificação das rendas pós-conjugais para saber o que seria mais vantajoso e justo em relação ao ex-cônjuge que não tem a administração dos bens da comunidade pós-conjugal.

---

[46] Consta no corpo do voto a seguinte passagem: "Na realidade, até este momento ainda inicial do processo, não se sabe absolutamente nada sobre as finanças das empresas, valendo destacar, inclusive, que para este recurso o agravante alega justamente que geram pouca renda, em função da situação de crise que assola o país, o que, data máxima vênia, não é difícil de acreditar. De resto, estamos em sede de tutela provisória, a qual depende sempre da comprovação de alguma situação de urgência. Por isso, fixar indenização por posse ou administração exclusiva de coisa comum, depende de prova de que tal uso ou administração exclusiva, enseje alguma situação de urgência. Tal prova inexiste no caso, o que consubstancia mais uma razão para não fixar alimentos compensatórios, neste momento do processo. Por outro lado, é de bom alvitre ter em conta que, na realidade, o que a inicial da agravada trouxe, foi um relato de dependência econômica em relação ao agravante, durante toda a relação matrimonial. A agravada narrou não ter emprego ou renda, e por isso necessitar de auxílio material do agravante, para poder sobreviver. É importante destacar que esse relato, de regra, serve mais como fundamento para um pedido de fixação de alimentos em sentido estrito, e nem tanto para um pedido de fixação de indenização por administração de coisa comum. E o pedido de alimentos em sentido estrito deve ser analisado e resolvido, com base na natureza da verba alimentar. Ou seja, mediante análise sobre a prova das necessidades daquele que vai ou quer receber (que não comportam presunção, na espécie), e sobre a prova das possibilidades daquele que vai pagar."

Tome-se como exemplo um casal que possui uma empresa agropecuária e ela fica o cargo e sob a livre administração do varão, cujo produto das safras o ex-cônjuge indeniza pagando uma pensão compensatória judicialmente arbitrada e que, diante do seu apequenado valor, quando comparado com o montante representado pelos lucros líquidos da safra, certamente seria mais vantajoso e lícito que a pensão compensatória fosse substituída por uma ordem judicial de entrega ao ex-consorte não administrador da metade exata desses lucros gerados pela produção rural, ou ser tomadas medidas judiciais que estabeleçam formas de controle do ativo e passivo da comunidade de bens pós-conjugal que se encontra sob uma administração unilateral, especialmente se ainda se fazem presentes as sequelas afetivas e psicológicas de uma tumultuada ruptura conjugal, nunca olvidando que periódicas prestações de contas ou a nomeação de algum administrador judicial são medidas judiciais que oneram o casal, e nem sempre o patrimônio comum gera renda suficiente para absorver esses altos custos adicionais, além da circunstância de que essa constante animosidade processual pode elevar o nível de litigiosidade e postergar a liquidação dos bens que seguem passíveis de alguma fraude no seu gerenciamento e na sua disposição.

De outro modo, pode a empresa ser deficitária e estar o consorte administrador obrigado a um pagamento judicial de alimentos compensatórios que superam a efetiva lucratividade dos bens comuns. Existem algumas decisões do Superior Tribunal de Justiça que despertam uma preocupação com quem tem a tarefa de continuar administrando os bens comuns pós-conjugais e é onerado com o arbitramento exagerado de uma pensão compensatória que não guarda nenhuma correspondência proporcional com os lucros produzidos pelo patrimônio indiviso. Os resultados econômicos e financeiros das sociedades empresárias verificados depois de extinto o casamento ou a união estável podem ser melhores ou piores e as causas podem ou não ser debitadas exclusivamente a uma administração pós-conjugal bem ou malsucedida. Isso pode ser medido pelas decisões do Superior Tribunal de Justiça, como no exemplo do REsp 1.537.107/PR, julgado em 17 de novembro de 2016, pela 3.ª Turma, em que a Ministra Nancy Andrighi concluiu que a copropriedade das quotas sociais não permitia excluir a ex-mulher do sucesso da sociedade e ordenou que a partilha da valorização decorrente da administração da empresa, que nos anos seguintes à separação do então casal experimentou crescimento financeiro, deveria ser dividido por força da reconhecida copropriedade, embora essa empresa tenha crescido pelo exclusivo esforço e talento do ex-cônjuge administrador, sem mais contar, desde a separação, com a presumida contribuição do seu ex-esposo no comando do empreendimento conjugal.

Com efeito, não mais se trata de um acervo conjugal, e sim de uma massa de bens pós-conjugais que não mais segue os valores fáticos e jurídicos de uma comunidade matrimonial de bens, mas bem ao revés, pois, quando a própria legislação processual ordena que a partilha das quotas se dê em apuração de haveres a ser procedida ao tempo da separação, assim exatamente ordena a legislação no propósito de evitar o enriquecimento indevido de um ex-consorte e o empobrecimento injusto do outro, pois certamente a decisão não seria no mesmo tom se a sociedade empresária fosse deficitária e seguramente o ex-cônjuge que não figurava na administração da empresa estaria embargando qualquer incursão de credores sobre a sua meação apurada ao tempo da separação do casal.

Justamente como sucedeu agora, no outro extremo, com o julgamento do REsp 1.689.220/RS, também da 3.ª Turma do Superior Tribunal de Justiça, julgado em 19 de maio de 2020, sob a relatoria do Ministro Ricardo Villas Bôas Cueva, que mandou aplicar juros e correção monetária sobre a avaliação do conteúdo econômico de quotas sociais de empresa objeto de partilha em divórcio que, após a separação do casal, portanto em administração pós-conjugal, seguiu sob a exclusiva gestão de um dos ex-cônjuges, o qual encerrou as atividades comerciais. Tendo em vista o término das atividades da empresa após a separação do casal, entendeu o relator que não podia ser imposto ao ex-cônjuge, que ficou privado do patrimônio relativo às quotas, o ônus de arcar com os prejuízos decorrentes da administração exclusiva do ex-parceiro, sob pena de cristalizar um indevido desequilíbrio na divisão de bens pactuada quando da partilha. Impôs a mesma 3.ª Turma do Superior Tribunal de Justiça duas decisões com dois pesos e duas medidas, pois, se a empresa foi bem-sucedida pela administração isolada e pós-conjugal, a Corte Superior entende que a apuração de haveres se dá pelos valores da época da sua efetiva liquidação. No entanto, se a administração foi ruinosa, então o pagamento da meação deve se dar pelo valor das quotas presentes ao tempo da separação, a cuja apuração de haveres serão acrescidos juros e correção monetária, ainda que juros só sejam devidos quando a pessoa sabe e tem induvidosamente quantificado o montante em dinheiro que deve ao outro cônjuge, e então é intimada a pagar o valor exato, líquido e certo da sua dívida, ocasião na qual então se põe em efetiva mora, não fazendo sentido aplicar juros ao pagamento das perdas e danos sobre um valor financeiro das quotas que o devedor ainda nem sabia o seu exato montante para poder quitar sua dívida.

Refere Francisco A. M. Ferrer deva ser levado em conta que os bens que integram a indivisão pós-regime matrimonial constituem uma indivisão patrimonial distinta da hereditária, porque na partilha dos bens do casamento dissolvido em vida é preciso promover a liquidação da partilha para poder separar a metade dos bens comuns e, na liquidação levada a efeito no inventário, é preciso separar a meação do consorte ou convivente sobrevivente, para, então, partilhar os bens do sucedido com seus herdeiros, parecendo prático e conveniente que o supérstite siga administrando o acervo, sem prejuízo da prestação de contas que deva aos herdeiros. O direito argentino dispõe de uma regulamentação que trata do instituto da *indivisão forçosa*,[47] que não existe no direito brasileiro. Trata-se de uma indivisão patrimonial imposta pelo testador a seus herdeiros, ainda que necessários, e que não pode ter uma duração por um prazo maior de dez anos, bem como pode o testador impor que se mantenha indivisa a partilha dos seus bens pelo mesmo prazo, ou em caso de haver herdeiros menores de idade, até que eles atinjam a maioridade civil, e que essa indivisão se dê sobre: a) um bem determinado; b) um estabelecimento comercial, industrial, agrícola, pecuário, mineral, ou qualquer outro que constitua uma unidade econômica; c) as partes sociais, quotas ou ações da sociedade da qual é principal sócio ou acionista (CCC argentino, art. 2.330).

Como também pode o próprio cônjuge sobrevivente, nessas mesmas hipóteses do artigo 2.330 do Código Civil e Comercial da Argentina, opor-se a que incluam esses bens na partilha, ou exigir que o estabelecimento comercial, industrial, agrícola, pecuário, mineral, ou qualquer outro que constitua uma unidade econômica, ou suas partes sociais, como quotas ou ações da sociedade e da qual seja ou não o principal sócio ou acionista, sejam adjudicadas à sua meação e que essa indivisão se mantenha por dez anos a partir da morte do autor da herança. Tal prazo pode ser prorrogado judicialmente a pedido do cônjuge sobrevivente e que essa indivisão se estenda até o seu próprio falecimento (CCC argentino, art. 2.332), salvo concorram causas graves ou de manifesta utilidade econômica que justifiquem a cessação da indivisão. Como o supérstite também pode exercer o direito de habitação sobre o imóvel conjugal que servia de residência habitual dos cônjuges à época do falecimento de um deles, desde que a residência tenha sido comprada ou construída, total ou parcialmente, com dinheiro da comunidade conjugal de bens, cujos pressupostos divergem do direito real de habitação previsto no artigo 1.831 do Código Civil brasileiro.

---

[47] FERRER, Francisco A. M. *Comunidad hereditaria e indivisión posgananancial*. Buenos Aires: Rubinzal-Culzoni, 2016. p. 462.

Persistem sobre o patrimônio indiviso pós-conjugal as mesmas regras de responsabilidade sobre a administração e disposição de bens comuns que são levados a cabo por um só dos ex-cônjuges, o qual porventura tenha obtido algum benefício ou lucro exclusivo, ou ocasionado dolosamente algum dano à comunidade patrimonial, e esse administrador isolado será devedor do mesmo importe que obteve com seu ato fraudulento. Caso o adquirente do bem alienado pelo ex-cônjuge administrador tenha procedido de má-fé, o ato de alienação é inexistente e inoponível ao ex-cônjuge prejudicado, e se, ao contrário, o comprador agiu de boa-fé, o valor da venda é compensado ou indenizado, não sendo descartáveis como atos praticados em notória má-fé, especialmente quando cometidos depois de arrolados os bens comuns e de ter sido declarada a sua indisponibilidade em incidente de desconsideração da personalidade jurídica. Todavia, a sociedade empresária judicialmente desconsiderada teima em alienar os bens do patrimônio social, fato que demonstra como o longo transcurso do tempo sempre será prejudicial para aquele ex-cônjuge, eterno credor da sua meação indivisa e que segue na posse do outro, que poderá amargar permanentes prejuízos, especialmente quando o acervo indiviso se compõe de bens que desvalorizam com a passagem do tempo, ou sua meação ainda não entregue é composta de participações societárias, cujas quotas ou ações tituladas por esse meeiro afastado da direção da empresa vão sendo apequenadas pelo ingresso de novos recursos financeiros que vão aumentando o capital social e, consequentemente, reduzindo a participação daquele meeiro que nada aportou na sociedade empresária. Obviamente, esses novos aportes financeiros geram diferenças que repercutem na liquidação e partilha da sociedade empresária, pois todo o novo investimento feito na empresa depois da separação conjugal ou de fato é um investimento privado e incomunicável.

Marta Soledad Sebastián Chena descreve seis regras que entende aplicáveis à comunidade patrimonial pós-casamento:

1.ª Rendas do trabalho, rendimentos de capital e frutos de bens privativos não aumentam nem ingressam no patrimônio comum, pois só serão computados como comuns os frutos pendentes e os frutos dos bens comunicáveis.

2.ª Novas aquisições só serão comuns se pagas com o patrimônio comum parcial ou total, mas, se a contraprestação foi paga com patrimônio privativo, o bem comprado também será privativo.

3.ª Pelas dívidas que pesam sobre a sociedade conjugal, por elas responde a comunidade indivisa, mas sobre as obrigações contraídas por um ex-cônjuge somente ele responde com o seu próprio patrimônio, ainda que os credores possam pedir o embargo da sua meação.

4.ª A disposição de bens comuns indivisos depende do consentimento do outro meeiro ou de seus herdeiros, e será nulo qualquer ato unilateral de disposição desses bens indivisos.

5.ª A participação nos encargos gerados pelos bens da comunidade pós-conjugal é de ambos os meeiros.

6.ª A defesa dos bens comuns pode e deve ser exercida por qualquer um dos ex-cônjuges ou ex-conviventes, em amparo da comunidade pós-matrimonial ou pós-convivencial, mas obviamente deve ser procedida em nome dos meeiros, e não apenas em benefício de um dos meeiros, e, se ele requerer algum direito apenas no seu interesse pessoal, será obviamente carecedor dessa ação.[48]

---

[48] CHENA, Marta Soledad Sebastián. *La liquidación de la sociedad de gananciales*. Enfoque práctico de los aspectos substantivos. Valencia: Tirant lo Blanch, 2016. p. 52-54.

Cap. 3 · INDIVISÃO PÓS-COMUNITÁRIA DOS BENS COMUNS | **483**

Não atentar para qualquer um desses regramentos pode importar em um flagrante desvio da lisura e do dever de transparência na administração da comunidade pós-conjugal dos bens que ainda seguem indivisos e pendentes da efetiva liquidação e partilha. O ânimo de fraudar é muito intenso e comum nas dissoluções afetivas e está presente em vários momentos da vida conjugal ou convivencial, começando, por vezes, já nas vésperas do casamento ou do início de uma união estável, mediante a consecução de contratos antenupciais ou convivenciais capciosos, os quais tencionam de algum modo, ou de alguma forma, causar algum dano na divisão presente ou futura dos bens que deveriam ser partilhados em partes iguais naqueles regimes de comunidade patrimonial. Também causam espécie contratos ou acordos judiciais demandando por aparente ou enganoso consenso na alteração do regime de bens, particularmente naqueles matrimônios em que um regime de comunidade de bens é transformado em um regime de completa separação de bens. Existem cônjuges ou conviventes que buscam um momento muito singular para obter a anuência do consorte ou convivente enganado na escritura de alteração do regime de bens, ou na sua conversão judicial em outro regime de separação de bens. Exemplos surgem quando o casal já vive em união estável em um regime de comunhão parcial e converte a relação informal em casamento, adotando, às vésperas das núpcias e em pacto antenupcial, o regime da separação total dos bens, sejam eles passados ou futuros. Como a experiência profissional demonstra, existem aquelas hipóteses nas quais o companheiro induz seu parceiro a promover alguma alteração no regime de bens em um momento muito sensível da sua vida, como no caso do convivente que comparece com a sua parceira grávida em um tabelionato, no dia anterior ao parto, para cientificá-la, dentro do tabelionato e no ato de assinatura da escritura, de que, ao assinarem o pacto antenupcial que lhe era mostrado e falado pela primeira e única vez, estavam transformando o precedente regime de comunhão parcial de bens em um regime de completa separação patrimonial convencional, justamente quando o seu estado gravídico, associado a todas as naturais preocupações surgidas da gravidez de um primeiro e tão desejado filho, adicionado de todas as dificuldades que a companheira teve para engravidar, muitas vezes dependente de tratamentos delicados e exaustivos, ou de inseminação artificial medicamente assistida, e cujo turbilhão de dificuldades e emoções justamente retira da vítima dessa fraude qualquer resquício de um lúcido raciocínio, ou qualquer forma de efetiva e imediata reação, dado ao inusitado da notícia que lhe é trazida de supetão. Portanto, em ato inesperado, oriundo de um acontecimento que horas depois o parceiro vitimado ainda não está acreditando que tenha acontecido, fragilizando qualquer forma de resistência diante do comprometido estado emocional de uma companheira gestante, e que, certamente atônita e sem meios psicológicos de reagir, sucumbe diante de tamanha agressão psicológica e patrimonial, vinda precisamente daquela pessoa em que ela mais confiava, amava e de quem esperava sempre poder dividir no interesse comum e familiar.

Todas as formas de desvios de bens comuns, que serviram para desapropriar do meeiro enganado parte ou a totalidade da sua meação, podem ser alvo de uma ação de indenização ou da correspondente compensação a ser efetivada quando da realização da partilha dos bens, seja por ocasião do divórcio, com a divisão dos bens conjugais, seja em período pós-conjugal. Nesta última hipótese é bastante frequente, porque a partilha foi relegada para período posterior ao divórcio, podendo a sentença desse divórcio apurar a fraude praticada por um dos meeiros em detrimento da meação do outro, e ordenar desde logo a futura compensação de bens que será realizada na liquidação e partilha final dos bens que compõem a comunidade pós-conjugal.

3.5 O PAGAMENTO DE DÍVIDAS PENDENTES

O direito brasileiro, e não é diferente em outros países, adota as regras rituais do inventário e da partilha para proceder à divisão conjugal ou pós-conjugal dos bens comuns, cujo procedimento sucessório foi legalmente desenvolvido para transitar, em geral, por pistas não contenciosas, ainda que esteja previsto como canalizar as controvérsias que suscitem por exceção, as quais usualmente serão resolvidas pelo juízo sucessório quando inexistirem divergências que demandem um clássico e completo juízo probatório. Nos aspectos não litigiosos incluem-se os casos em que, entre os copartícipes maiores e capazes, haja consenso a respeito de questões como o reconhecimento de dívidas e de recompensas, a avaliação e qualificação dos bens. Nesse estágio também ingressam algumas questões que terminam sendo resolvidas pelo juiz quando há dissenso entre os interessados, como também precisariam encontrar consenso acerca da direção e concretização das operações processuais de final liquidação e partilha, valendo-se o processo de profissionais avaliadores e de auxiliares cuja intervenção é característica inerente ao processo sucessório, podendo o juiz designar, inclusive, uma audiência para aproximar as partes interessadas e viabilizar alguma composição da partilha.[49]

Entre essas pendências de fácil e obrigatória decisão está a composição do passivo que abarca tanto as dívidas do período conjugal como da comunidade pós-conjugal, compreendendo ambas as dívidas que os cônjuges contraíram durante a vigência do casamento, as quais não foram saldadas e ficaram pendentes, que são os encargos da sociedade conjugal, e aquelas dívidas nascidas durante a indivisão dos bens e depois de dissolvida a sociedade de fato ou de direito, motivadas pelo final da relação. Tais dívidas foram geradas pelos gastos de conservação e os cuidados para com os bens ainda indivisos, bem como pelos encargos que seguiram incidindo depois da separação. Não há dúvidas de que desaparecem as dívidas anteriores feitas em benefício do casal, somente subsistindo as dívidas provenientes dos bens ainda pertencentes à comunidade pós-conjugal. Assim, novos débitos serão considerados como dívidas pessoais de cada um dos ex-cônjuges ou ex-companheiros; se o casamento terminou pela morte de um dos partícipes da relação, as dívidas serão do consorte sobrevivente ou do falecido, dependendo de quem as contraiu. Sempre se deve partir de uma premissa essencial, no sentido de que só existe presunção legal e *iuris tantum* de comunicação ativa, e não passiva, de modo que não se presumem comuns as dívidas realizadas por qualquer um dos cônjuges ou conviventes, salvo, como antes visto, se firmadas em benefício do matrimônio e da família. Contudo, não serão consideradas comuns dívidas contraídas depois do divórcio ou da dissolução da união estável e na fase de indivisão dos bens pós-conjugais.[50]

Abstraídas as dívidas e feitos os devidos reembolsos entre os cônjuges, o saldo líquido dos bens deve ser partilhado por metade entre os ex-consortes, formando dois lotes de igual valor, representando cada lote ou cada meação a metade dos bens remanescentes; por conseguinte, as cotas abstratas que correspondiam a cada meeiro se materializam em bens concretos e determinados.[51] Isso ocorrerá se os consortes não acordarem outra forma de futura divisão e se a meação de quem não tinha a posse e administração dos bens não foi

---

[49] GUASTAVINO, Elias P. *Partición de gananciales después del divorcio.* Buenos Aires: Rubinzal-Culzoni, 1985. p. 221.

[50] TESÓN, Inmaculada Vivas. *El reparto de bienes y deudas entre cónyuges en situación de crisis matrimonial.* 2. ed. Barcelona: Wolters Kluwer/Bosch, 2016. p. 270.

[51] TESÓN, Inmaculada Vivas. *El reparto de bienes y deudas entre cónyuges en situación de crisis matrimonial.* 2. ed. Barcelona: Wolters Kluwer/Bosch, 2016. p. 297.

afetada pela má gestão patrimonial do outro, tanto na constância da sociedade conjugal como depois da separação do casal, causando um desequilíbrio em benefício de um dos cônjuges, mas em detrimento do outro. Esse desequilíbrio deve ser corrigido mediante o restabelecimento da integralidade da meação do consorte prejudicado, promovendo as devidas compensações ou recompensas entre os próprios ex-consortes ou ex-companheiros, cujas dívidas devem ser saldadas durante o processo de liquidação da sociedade conjugal e partilha, mais precisamente no momento da liquidação e adjudicação das meações, nunca antes, porém, de sua dissolução.[52]

3.5.1 Fraudes causadas aos credores

Enquanto não forem pagas por inteiro as dívidas da sociedade conjugal com relação aos seus credores, estes conservam seus créditos contra o cônjuge devedor e contra ambos, se as dívidas foram contraídas em benefício do casamento. Portanto, o credor dirigirá sua demanda de crédito contra o consorte devedor e garantirá seu pagamento com os bens que tenham sido adjudicados na partilha ao seu devedor e os que igualmente lhe pertençam e que tenham o caráter de bens particulares. No entanto, se não forem suficientes e a dívida for conjugal, também poderá buscar o seu crédito nos bens adjudicados ao cônjuge não devedor, observando que o Código Civil ressalva expressamente os direitos de terceiros no § 2.º do artigo 1.639, quando há modificação do regime de bens. Essa alteração pode ocorrer de forma fraudulenta, quando em concerto fraudatório os consortes acordam uma partilha na qual adjudicam em prol daquele cônjuge que originariamente nada deve ou que deve pouco a propriedade dos bens comuns que servem de lastro aos credores, sobre os quais justamente confiaram a garantia de seus créditos trazida pela preexistência do patrimônio conjugal, mesmo quando se trate de dívidas ainda não vencidas, pois o esvaziamento do patrimônio não depende da preexistência do inadimplemento, mas da existência da dívida e da garantia do patrimônio que serve como lastro, e que inspirou a concessão do crédito. Logo, a fraude existe tanto quando surge a intenção de causar um prejuízo aos credores como quando existe a plena consciência de poder causar esse prejuízo, o que a doutrina denomina de *scientia fraudis*.

Como ensina Antonio Javier Pérez Martín, trata-se de evitar situações de fraude sem que, para a subsistência e efetividade da garantia dos credores, seja necessário acudir à ação de nulidade, de anulação ou de rescisão da ação de mudança de regime de bens,[53] ou de qualquer separação ou dissolução oficial de liquidação e partilha de bens em que, ardilosamente, o casal se serve de algum desses instrumentos legais para verter os bens em fraude aos credores, se não em sua totalidade, ao menos em sua maior quantidade para a meação do consorte que não figura como cônjuge devedor. Para a apuração da fraude e para que o credor possa embargar a fraude, devem preexistir os seguintes pressupostos: a) que exista o seu crédito e que se estabeleça a insolvência do devedor; b) a celebração posterior ao estabelecimento do crédito pelo devedor de atos de disposição patrimonial que atentem frontalmente contra seu crédito e contra a garantia de seu crédito, em propósito fraudatório para esvaziar as garantias

---

[52] FERRER, Francisco A. M. *Comunidad hereditaria e indivisión posgananancial*. Buenos Aires: Rubinzal--Culzoni, 2016. p. 467.

[53] MARTÍN, Antonio Javier Pérez. *Regímenes económicos matrimoniales*. Constitución, funcionamiento, disolución y liquidación. Valladolid: Lex Nova, 2009. v. V, p. 1460.

e prejudicar o credor; c) que os bens perseguidos não tenham passado para terceiros de boa-fé e que a execução do credor tenha fracassado pela inexistência de bens do devedor.[54]

Pode acontecer de o cônjuge ser o efetivo credor que está recebendo mais bens na partilha do patrimônio conjugal em ressarcimento de desvios anteriormente causados pelo cônjuge administrador que dispôs em seu proveito exclusivo de bens que eram comuns, não se tratando de nenhuma fraude a partilha realizada entre o casal, porque o crédito do meeiro agora ressarcido precedia à dívida contraída com terceiro pelo esposo devedor, sendo ônus do meeiro ressarcido provar seu crédito e a ocorrência do precedente desvio que justifica a compensação realizada na partilha, até porque, por se tratar de negociação realizada entre cônjuges, recai naturalmente a presunção de fraude, mas cuja presunção cede diante de inconteste prova em sentido contrário. Por conta disso e para que possam ser declarados como atos dolosos e desleais, já que incluem também todos aqueles atos que suponham uma má gestão, sempre que exista uma relação de causalidade com o dano efetivamente produzido, não basta tomar como referência o ato isoladamente, mas, sim, que esse ato de disposição se faça de forma reiterada, avaliando o dano e o risco em conformidade com a extensão de sua existência, especialmente o momento em que o ato está sendo praticado, devendo ser comparadas as atitudes do ex-cônjuge gestor com as de um diligente administrador.

A dissolução do matrimônio ou da união estável autoriza a imediata partilha dos bens comuns construídos durante o relacionamento regido por um regime de comunidade patrimonial, e, uma vez formalizada a partilha, desde logo é possível que terceiro credor satisfaça e concretize o seu crédito buscando diretamente a meação do devedor, que será formada pelos bens que lhe foram adjudicados na partilha, restando dificultada a realização do crédito quando os bens comuns se eternizam em uma comunidade pós-conjugal que não encontra o seu fim e que mantém duas quotas iguais em bens, porém indeterminados, ou seja, enquanto não é procedida a partilha com a concreta indicação dos bens que deveriam compor cada uma das duas meações.

3.6 EXTINÇÃO DO REGIME DE COMUNIDADE EM VIDA

Existem três tipos de causas que determinam a dissolução da comunidade de bens, sendo a primeira delas o grupo de situações que operam de forma automática, seja pelo ministério da lei, seja como consequência de fatos, mas que tornam incompatível a manutenção da entidade familiar: (i) a separação de fato; (ii) a separação de corpos; (iii) a separação judicial; (iv) o divórcio; (v) a dissolução da união estável; (vi) a nulidade do casamento; e (vii) a anulação do casamento. Em todas as hipóteses desse grupo de causas cessa a vida em comum, porque os cônjuges ou conviventes querem organizar sua vida afetiva e sua convivência de outra forma, apartando-se um do outro e terminando definitivamente a comunhão plena de vida (CC, art. 1.511); esta última, como sabido, é o elemento anímico essencial para reconhecer uma comunhão de bens, cujo artigo será revogado no Anteprojeto do Código Civil em trâmite no Congresso Nacional.

A segunda causa de extinção do regime de comunidade em vida é quando os cônjuges ou conviventes decidem alterar o regime de comunhão de bens para um regime de total separação de bens (CC, art. 1.639, § 2.º), cuja alteração pressupõe a extinção do regime anterior de

---

[54] MARTÍN, Antonio Javier Pérez. *Regímenes económicos matrimoniales.* Constitución, funcionamiento, disolución y liquidación. Valladolid: Lex Nova, 2009. v. V, p. 1461.

comunidade de bens. A terceira e última causa de extinção do regime de comunidade de bens em vida ocorre no caso de morte de um dos cônjuges ou conviventes, tendo como termo final da comunidade de bens a data e o momento exato do falecimento de um dos consortes, ou a data em que judicialmente for determinada a morte por presunção.[55]

O processo de liquidação e partilha dos bens conjugais ou convivenciais pode ser consensual ou litigioso, como a partilha amigável pode ser extrajudicial, mas, se for contenciosa, nada impede o consenso e a prévia partilha dos bens considerados incontroversos e uma sobrepartilha litigiosa dos bens considerados controvertidos, tal qual pode ser proposta uma ação conflitiva de partilha, iniciada com precedente litígio de família em que foi decretada a dissolução da relação afetiva, com temas como alimentos, guarda de filhos, convivência, que prossegue nos mesmos autos ou em nova demanda específica de liquidação e partilha dos bens conjugais ou convivenciais, mas igualmente litigiosa. Como pode haver um processo prévio de divórcio ou de dissolução de união estável, mas diferida a partilha para depois de ditada a sentença de dissolução da entidade familiar, é possível realizar a partilha nesse mesmo processo de divórcio ou de dissolução de união estável, se as partes assim desejarem, ou, pelo contrário, podem abrir uma nova demanda distribuída por conexão ao juízo do divórcio ou da dissolução da união estável para a execução da partilha dos seus bens, que começa por um inventário do ativo e passivo dos bens da sociedade afetiva. Pode ser realizada com êxito uma divisão amistosa, se houver descrição fiel e integral dos bens e transparência e honestidade nas operações de divisão, como pode descambar para um extenso e ruidoso processo de litígio de partilha, se surgirem divergências na descrição e no inventário completo dos bens, ou discordâncias relacionadas com a valoração e a avaliação dos bens partilháveis. A ação contenciosa de partilha pode ser cumulada com declaração incidental de fraude, inoponibilidade e compensação de bens fraudados da comunidade de bens conjugais ou pós-conjugais, tendo sempre como ponto de partida da fraude a data da separação de fato ou de corpos, com a pesquisa do seu efeito retroativo ou revocatório, porquanto é consabido que o ruinoso processo de diminuir deliberadamente o patrimônio conjugal tem um largo período precedente de incubação, em que, em regra, o marido, entre outras práticas de fértil imaginação voltada para a fraude, se vale de simuladas dívidas, de interpostas pessoas, do uso abusivo da sociedade empresária, e com esses ingredientes protagoniza um sem-número de curiosos, afanosos e apressados atos de disposição, tudo no intuito de falsear o resultado da partilha dos bens nupciais ou convivenciais, com atos que iniciam muito antes da formal separação.

Por conta dessa realidade fática, há coerente resultado judicial em recorrer ao princípio da revocatória falencial para revogar os atos considerados prejudiciais à massa de bens conjugais ou convivenciais. Tal como no processo de falência, não há de ser provado o estado de insolvência ou de impontualidade do devedor para decreto de ineficácia dos atos praticados pelo falido antes da quebra, dado que, por analogia, deve o juiz de família pesquisar e identificar o período considerado suspeito, porque belicoso, e largamente utilizado para extravasar ressentimentos e cicatrizar feridas com o recurso da vingança material. Devem ser estancadas essas desinteligências conjugais que instigam a prática da fraude muito tempo antes de iniciada a separação fática ou de direito de um casal, sendo incontroverso que o Código Civil brasileiro está despreparado para conservar intactos os bens conjugais, de modo a garantir a

---

[55] RUBIO, José María Abella; MOTA, María Jesús Ostos. Extinción de la comunidad de gananciales. *In*: MUÑOZ, Xavier O'Callaghan; GONZÁLEZ, María Begoña Fernández (coord.). *Comunidad de gananciales. Cuestiones prácticas y actuales*. Madrid: Editorial Universitaria Ramón Areces, 2016. p. 331-339.

sua igualitária partilha entre os cônjuges, em que cada um, em princípio, deveria receber uma meação equivalente.[56]

3.7 EXTINÇÃO DO REGIME DE COMUNIDADE POR MORTE

A extinção do regime de bens pelo evento da morte biológica ou da presunção de morte de um dos cônjuges ou conviventes, com ou sem declaração de ausência (CC, arts. 6.º e 7.º),[57] as quais, embora rompam com o regime matrimonial, mantêm hígida a comunidade patrimonial enquanto não procedidas as efetivas liquidação e partilha dos bens, que subsistem como uma comunidade econômica pós-conjugal. A comunidade de bens dissolvida em vida diferencia-se da comunidade de bens dissipada pela morte unicamente pelos polos de interesses, dado que, na dissolução em vida, se apresenta um meeiro em cada polo, como parte adversa e interessada, e na extinção da comunidade, por causa da morte, figuram como partes interessadas, de um lado, o meeiro sobrevivente e, no outro extremo, os sucessores do cônjuge ou consorte falecido. Entretanto, com a suspensão da vida em comum, a massa conjugal se converte em massa pós-conjugal e se abre o processo para a liquidação e partilha dos bens, que se regulam por dois procedimentos distintos: a liquidação do regime econômico matrimonial ou convivencial e a divisão judicial da herança. Ambos os procedimentos têm características comuns, dado que nos dois a partilha se projeta sobre um patrimônio universal, e não sobre bens e direitos individualmente considerados, podendo a massa comum de bens ser liquidada e partilhada por acordo ou por decisão judicial.

Obviamente que, antes de realizar a partilha hereditária dos bens deixados pelo falecido no caso de dissolução da entidade familiar pela morte, é preciso determinar o patrimônio hereditário do autor da herança, o qual se pressupõe seja apartado da meação do seu cônjuge ou convivente supérstite, até mesmo porque justamente a meação do sucedido é que será alvo de divisão entre seus herdeiros, mas a partilha dos bens conjugais ou convivenciais será procedida no mesmo processo de separação da herança, ou seja, dentro de uma mesma operação de inventário e de partilha que acumula a partilha das meações e concomitantemente a partilha hereditária. Em um primeiro ato é procedido o pagamento da meação do consorte sobrevivo, que assim se aparta da meação do consorte falecido e, na sequência, são partilhados e pagos os quinhões dos herdeiros desse cônjuge ou convivente falecido, começando sempre pela liquidação do regime econômico matrimonial para depois proceder à partilha hereditária. Embora as duas partilhas sejam promovidas em um único processo judicial ou procedimento extrajudicial, se todos os herdeiros forem maiores e capazes, como há pouco visto, é necessário separar a meação de cada cônjuge e, uma vez delineada a meação do cônjuge morto, dividi-la entre os seus respectivos herdeiros.

A ação de partilha por morte pode ser proposta pelo cônjuge ou convivente sobrevivente e também pelos herdeiros do defunto, como podem quaisquer deles figurar como legitimados passivos, cujo óbito pode se dar em plena constância do casamento, enquanto ainda pendente o processo de divórcio, ou no curso do processo de liquidação do regime econômico matrimonial, sendo o cônjuge falecido substituído na posição processual por seus herdeiros, como pode ter morrido depois do divórcio e a ação de partilha se inicia diretamente com relação aos

---

[56] MADALENO, Rolf. O princípio da revocatória falencial na partilha dos bens conjugais. *In*: MADALENO, Rolf. *Novas perspectivas no direito de família*. Porto Alegre: Livraria do Advogado, 2000. p. 145-149.

[57] A despeito da morte presumida sem ou com declaração de ausência vide MADALENO, Rolf. *Sucessão legítima*. 2. ed. Rio de Janeiro: GEN/Forense, 2020. p. 41-50.

herdeiros do sucedido, sendo inequívoco que pelo princípio da *saisine* se produz de imediato a sucessão dos direitos materiais do defunto, porém não ocorrerá a sucessão processual de seus direitos.

Há oportuna cumulação de partilhas que se justificam pela concentração de atuação, pela celeridade e pela economia processual, podendo o pedido contencioso de liquidação e partilha ser cumulado com o de declaração de fraude na venda ou desvio de bens comuns e proposição do oportuno requerimento de compensação com os bens remanescentes,[58] como nada impede possam ser compensadas pensões alimentícias devidas ainda em vida pelo sucedido a algum de seus herdeiros.

3.8 USO E GOZO

São comuns todos os frutos dos bens pós-conjugais, decorra o término da relação afetiva por sua dissolução em vida ou do óbito de um dos partícipes da entidade familiar. Enquanto não procedida a partilha definitiva dos bens conjugais, convivenciais ou sucessórios, podem meeiros e coerdeiros promover a partilha provisória do uso e gozo dos bens da comunidade pós-matrimonial ou da herança, cujo artigo 2.370 do Código Civil e Comercial da Argentina traz, inclusive, uma regra específica atinente a uma partilha provisória entre os coerdeiros, que fazem apenas a divisão do uso e gozo dos bens da herança, deixando indivisa a propriedade, o que não obsta o direito de pedir a partilha definitiva.

Como coproprietários dos bens indivisos cada um dos ex-cônjuges, ex-conviventes ou coerdeiros tem direito ao uso e gozo dos bens integrantes da comunidade patrimonial pós-conjugal ou da massa hereditária, se aberta a sucessão de um dos parceiros da relação afetiva. Não se trata de um condomínio, dado que a partilha não foi ainda realizada, mas de uma comunidade comum ou do universo de uma herança, prevendo o artigo 2.328, também do Código Civil argentino, que o herdeiro, e o mesmo diz respeito ao meeiro, pode usar e desfrutar da coisa indivisa conforme o seu destino, na medida compatível com o direitos dos outros coproprietários (meeiro ou coerdeiros), e, se não há acordo entre os interessados, o exercício desse direito deve ser regulado em caráter provisório pelo juiz, porquanto o meeiro ou o coerdeiro que usa privativamente a coisa indivisa (bens comuns indivisos ou herança indivisa) está obrigado, exceto acordo em contrário, a satisfazer uma indenização, desde que tanto seja requerido. Isso porque todos os herdeiros e meeiros têm o direito de usar cada uma das coisas da herança ou do patrimônio pós-conjugal, uso e gozo que, em princípio, será gratuito, se os demais titulares tolerarem passivamente o uso exclusivo diante da ocupação da coisa.[59]

O Código Civil brasileiro trata do instituto do uso e gozo de maneira singela no artigo 1.412, ao dispor que o usuário se utilizará da coisa e perceberá os seus frutos, o quanto exigirem as necessidades suas e de sua família, cujas indigências pessoais serão avaliadas conforme a sua condição social e o lugar onde viver, e os imperativos da família do usuário compreendem as de seu cônjuge, dos filhos solteiros e das pessoas de seu serviço doméstico.

Marco Aurélio Bezerra de Melo comenta que no direito real de uso, que pode ser constituído por contrato ou por testamento, o nu-proprietário outorga ao usuário um direito mais

---

[58] RUBIO, José María Abella; MOTA, María Jesús Ostos. Extinción de la comunidad de gananciales. *In*: MUÑOZ, Xavier O'Callaghan; GONZÁLEZ, María Begoña Fernández (coord.). *Comunidad de gananciales*. Cuestiones prácticas y actuales. Madrid: Editorial Universitaria Ramón Areces, 2016. p. 359.

[59] FERRER, Francisco A. M. *Comunidad hereditaria e indivisión posganancial*. Buenos Aires: Rubinzal-Culzoni, 2016. p. 255.

restrito que o usufruto. Ele complementa dizendo esse uso está condicionado às necessidades da família, as quais serão aferidas segundo a investigação da realidade do usuário e de sua família, e que se trata de um instituto jurídico muito assemelhado ao do usufruto, embora não se equivalham, pois o usufruto pode ser cedido (CC, art. 1.393) e o uso, não. O uso incide sobre o bem com que o usuário mantém contato físico e do qual pode retirar os frutos próprios para satisfazer as necessidades cômodas e de sua família (CC, art.1. 412), e que teria pouca utilidade no direito privado e maior incidência no direito administrativo.[60] Tal qual o direito argentino, enxerga na figura do uso e do gozo um complemento do usufruto, contudo, para a prática doutrinária brasileira em menor extensão, muito embora não possa ser descartada a ideia de que o mero uso da coisa comum, como acontece na hipótese de um dos cônjuges ou consortes permanecer na posse da antiga moradia familiar, embora seja detentor desse direito enquanto o imóvel não for derradeiramente partilhado, pode suscitar a cobrança de uma contrapartida em dinheiro e a título de fração proporcional de uma locação.

Também o direito civil francês regula o direito de uso e gozo dos bens comuns, ao estabelecer no artigo 815-9 do Código Civil que cada indivisário (meeiro ou coerdeiro) pode usar e gozar dos bens indivisos conforme o seu destino, na medida em que seja compatível com o direito dos outros coproprietários. Na falta de acordo dos interessados, o exercício desse direito é regulado a título provisório pelo juiz, mas o indivisário que usa e goza privativamente da coisa indivisa é, salvo convenção em contrário, devedor de uma indenização.

É como ensina Francisco Ferrer, para quem usar e gozar de uma coisa comum é exercer um direito individual de comunheiro que tem o limite assinalado pelas normas do condomínio, aplicáveis por analogia, vedando sejam criados obstáculos ao igual exercício pelos demais copartícipes, devendo todos se entender sobre a maneira de exercer esse direito de uso dos bens comuns, como ordinariamente sobrevém com casais que se apartam de fato ou mesmo de direito, mas que não liquidam, tampouco partilham seus bens, ou que se enfrentam em processos demorados e acirrados intentando realizar a divisão dos bens que compõem a massa pós-conjugal. Nessas ocasiões, mostram os processos judiciais e a jurisprudência habitual que, diante do desacerto dos meeiros, termina o juiz do processo criando regras de ocupação, vale dizer, de uso e gozo de bens comuns, como uma casa de campo ou um imóvel praiano, ordenando a sua racional utilização com a divisão equitativa dos dias entre os esposos, mas nem sempre compartilhando os custos desses bens, cujos encargos costumam ser debitados ao cônjuge ou consorte que tem a economia registrada em seu nome exclusivo, e que por isso teme pelos reflexos negativos de uma inadimplência que somente trará prejuízos ao seu bom nome pessoal e comercial. Sem a menor sombra de dúvida, os gastos derivados dos serviços corriqueiros de água, gás, eletricidade, televisão a cabo e internet, Netflix e serviços congêneres, se não forem cancelados, pelo menos aqueles pouco essenciais, induvidosamente que seus custos devem ser repartidos entre os meeiros ou imputados àquele que desfruta com exclusividade desse bem. É muito comum que determinadas propriedades imobiliárias sejam utilizadas com exclusividade por um dos consortes ou conviventes, por exemplo, o uso exclusivo da moradia familiar, e esse usuário deixar de pagar as despesas de condomínio e do imposto predial, em acintosa afronta ao outro meeiro, em nome de quem consta a obrigação material da dívida mensal de condomínio e do IPTU, cuja maliciosa omissão de um inerente dever de custeio do usuário exclusivo caracteriza um induvidoso enriquecimento indevido. Os tribunais têm usualmente autorizado que essas despesas sejam compensadas a cada ato

---

[60] MELO, Marco Aurélio Bezerra de et al. *Código Civil comentado*. Doutrina e jurisprudência. Rio de Janeiro: GEN/Forense, 2019. p. 1052.

mensal de depósito de uma eventual pensão alimentícia, mas, com efeito, todos os custos de manutenção dos bens comuns e indivisos poderão ser compensados por ocasião da efetivação da partilha, vistos estes valores como parte integrante do passivo construído durante a existência e manutenção do acervo pós-matrimonial, pouco importando que o imóvel estivesse desocupado, pois ainda assim as dívidas a ele inerentes, de manutenção, conservação e tributação, são proporcionais às frações dos coproprietários e podem ser saldadas no momento da partilha, muito embora até se mostre mais corrente que esses custos sejam perdoados e não sejam cobrados pelo meeiro administrador ou provedor.

3.9 PAGAMENTO DE ALUGUERES E ARRENDAMENTOS

Como visto, e por diversas razões, pode ocorrer que um dos cônjuges, conviventes ou algum dos herdeiros tenha ocupado ou seguiu ocupando de forma exclusiva e gratuita, durante a sua fase de indivisão, um imóvel pertencente ao matrimônio, à união estável ou à sucessão, desde a separação de fato, do divórcio, da dissolução da união estável ou da abertura da sucessão, e com essa utilização isolada excluiu o uso pelos demais coerdeiros ou pelo outro meeiro. Esses coproprietários podem tolerar esse uso exclusivo e nada reclamar formalmente, porém mesmo assim os impostos e taxas e eventual condomínio são encargos indiscutíveis do usufrutuário privativo do imóvel. Essa obrigação independe da expressa manifestação dos coproprietários, mas também não podem despejá-lo porque ele ocupa o imóvel como um dos seus proprietários, e não como um mero e precário possuidor, eis que, como meeiro ou coerdeiro, exerce o seu direito de uso e de gozo de um bem indiviso. Portanto, ainda se tratando de um bem comum, embora um patrimônio pós-conjugal não possa ser comparado a um condomínio, pois que sobre esse acervo indiviso justamente pende a partilha, pode ser aplicada por analogia a regra do artigo 1.315 do Código Civil brasileiro, quando expõe que o condômino é obrigado, na proporção de sua parte, a concorrer para as despesas de conservação ou divisão da coisa e a suportar os ônus a que estiver sujeito, tanto que o artigo 1.321 do Código Civil brasileiro manda aplicar à divisão do condomínio, no que couber, as regras de partilha de herança.

Como não pode ser despejado, só resta aos demais interessados reclamarem o pagamento de uma taxa mensal compensatória pela exclusão que sofrem pelo uso e gozo exclusivo desse imóvel, enquanto não se produza a partilha, cujo crédito só ocorrerá a partir de uma reclamação formal. Como afirma Francisco Ferrer, essa cobrança não se aplica exclusivamente aos bens imóveis, mas também a todo outro tipo de bem, como é o caso, por exemplo, dos automóveis, bastando seja requerido ao juiz do inventário ou da partilha dos bens conjugais ou convivenciais para que determine o valor da locação, com eficácia futura, e não para o passado, quando nada foi requerido e para o qual houve um consentimento tácito de uma ocupação gratuita nunca antes reclamada, correndo as demais despesas dos serviços de água, luz, telefone, internet, gás etc. por conta do ocupante, não servindo como desculpa ao usuário exclusivo a circunstância de os demais coproprietários não terem interesse na ocupação ou uso do bem, devendo ser apurado o valor atual de mercado do imóvel, com suas eventuais melhorias.[61]

Esse tema pertinente à cobrança de aluguéis pelo uso exclusivo dos bens comuns do patrimônio conjugal ou pós-conjugal é recorrente nos pretórios brasileiros, geralmente quando

---

[61] FERRER, Francisco A. M. *Comunidad hereditaria e indivisión posganancial*. Buenos Aires: Rubinzal--Culzoni, 2016. p. 260-263.

um dos parceiros é afastado do domicílio comum ou dele se arreda espontaneamente e o outro segue residindo no imóvel comum, enquanto não ocorre a partilha final e efetiva desse bem. O coproprietário que se retirou da moradia nupcial quer ser financeiramente compensado pelo uso exclusivo do imóvel pelo outro parceiro, mediante a fixação mensal de um aluguel, pois alega haver um favorecimento e incidir o enriquecimento sem causa. Em sua defesa, para não arcar com um custo pelo uso unilateral da antiga moradia comum, o cônjuge ou convivente que detém a posse privativa da vivenda sustenta que, enquanto não efetuada a partilha, os bens permanecem em comunhão entre os litigantes, diferindo essa hipótese, em sua substância, da noção de condomínio, no qual caberia a fixação de um aluguel. No entanto, o condomínio só se dará com a efetiva partilha dos bens comuns e, assim mesmo, somente se não for possível adjudicar todo o imóvel em nome de um só dos cônjuges ou conviventes. A matéria não está pacificada nos tribunais pátrios, embora possa ser afirmado que prevalece o entendimento de ser descabida a cobrança de aluguel pelo uso exclusivo de imóvel comum antes de concretizada a partilha, devendo ser realizada a distinção entre condomínio e mancomunhão, não procedendo a cobrança de aluguéis enquanto não formalizada a partilha dos bens e não estiver formal e legalmente estabelecida a relação de condomínio dos ex-meeiros sobre a antiga habitação ou bem conjugal, posta à exclusiva posse e disposição de um dos esposos ou conviventes.

Entretanto, essa não é uma posição majoritária, existindo vozes e julgados que pensam em sentido diametralmente oposto, entendendo que os alugueres não dependem da prévia partilha dos bens e do estabelecimento de um condomínio, não fazendo sentido permitir que um dos cônjuges ou conviventes use livremente um imóvel comum apenas porque ainda não procedida a partilha do bem, fato que propicia o enriquecimento indevido daquele que usufrui livremente da economia. Afirma Rafael Calmon Rangel que o arbitramento de uma indenização deveria levar em consideração todo o período ocupado entre a data da constituição em mora e a efetiva desocupação do bem ou realização da partilha, sendo assegurado ao consorte que ocupa o imóvel o direito de efetuar compensações de valores pagos a título de taxas, tributos e despesas de conservação da coisa durante o período de ocupação exclusiva. Ele cita julgado do Superior Tribunal de Justiça, no REsp 1.250.362/RS, julgado em 8 de fevereiro de 2017, da Segunda Seção, em cujo acórdão ficou consignado importar a relação de posse, e não o modo de exercício da propriedade, se a título de mancomunhão ou de condomínio, pois o fato gerador da indenização não é a propriedade, e sim a posse exclusiva do bem.[62]

Não obstante a visão objetiva de um enriquecimento indevido, o olhar estrangeiro vê a ocupação por um viés mais humano e utilitário, conforme pode ser apurado pelo artigo 443 do Código Civil argentino, que orienta no intuito de satisfazer as necessidades de habitação de um dos cônjuges que se encontra em situação de maior vulnerabilidade e, portanto, pode continuar usando a habitação nupcial.[63]

Por outro lado, se o imóvel pertencer a uma sucessão aberta, os bens e os direitos transmitidos pelo sucedido integram a globalidade hereditária e cada sucessor é titular de uma quota ideal sobre essa universalidade até a efetiva liquidação e partilha dos bens da sucessão. Como nenhum herdeiro tem direito sobre qualquer bem com exclusividade, também o herdeiro que utiliza nessas condições pode figurar como um herdeiro locatário.

---

[62] RANGEL, Rafael Calmon. *Direito das famílias e processo civil*. Interação, técnicas e procedimentos sob o enfoque do novo CPC. São Paulo: Saraiva, 2017. p. 265.

[63] MADALENO, Rolf. *Direito de família*. 10. ed. Rio de Janeiro: GEN/Forense, 2020. p. 357-360.

3.10 SOCIEDADES SIMPLES E *EXCLUSÃO* DO INTANGÍVEL NA PARTILHA

O artigo 1.142 do Código Civil, com os acréscimos que lhe deu a Lei 14.195/2021,[64] define o estabelecimento empresarial como "todo complexo de bens organizado, para o exercício da empresa, por empresário, ou por sociedade empresária", compreendendo a expressão bens como todas as coisas corpóreas e incorpóreas que, reunidas pelo empresário ou pela sociedade empresária, passam a ter uma destinação unitária no exercício da empresa,[65] representando esse complexo de bens o seu estabelecimento empresarial, o qual Sérgio Campinho prefere apelidar de *fundo de empresa*, cuja expressão é originária do "fundo de comércio", que, por sua vez, é oriunda do direito francês, não se confundido ou não se restringindo o termo *estabelecimento* apenas ao espaço físico onde o empresário se encontra situado,[66] mas diz respeito ao conjunto de meios idôneos, materiais e imateriais, pelos quais o comerciante explora determinada espécie de comércio.

Para Marlon Tomasette, é o conjunto de bens ligados pela destinação comum de constituir o instrumento da atividade empresarial, classificando-o como uma coisa coletiva ou uma universalidade de bens, vinculados pela vontade do empresário a uma finalidade comum que é o exercício da empresa, abrangendo bens materiais e imateriais. Na primeira categoria estão as mercadorias do estoque, mobiliário, equipamentos e maquinaria e na segunda categoria, a patente de invenção, a marca registrada, o nome empresarial, o título do estabelecimento e o ponto comercial,[67] cujos elementos por vezes têm até maior expressão econômica que os bens materiais.

Portanto, o estabelecimento é um conceito mais amplo, que abrange todos esses bens, aos quais, unidos pelo empresário para o exercício da empresa e da sua atividade empresarial, atribuem um sobrevalor se comparados com a avaliação dos bens singularmente considerados, mesmo porque esse conjunto de fatores é que tem a capacidade de atrair clientes, que, ao fim e ao cabo, respeitam ao *aviamento* da sociedade empresária, que, por sua vez, é a aptidão da empresa para produzir lucros provenientes da qualidade e da melhor perfeição de sua organização.[68]

As diferentes espécies de sociedades são examinadas neste livro mais à frente, quando se tratar do tema da desconsideração da personalidade jurídica e física. No entanto, nesse interregno, é preciso distinguir a sociedade empresária da sociedade simples, lembrando que a expressão *simples* foi cunhada pelo legislador para diferenciar as sociedades que exercem atividade econômica sem se submeter à definição de sociedades empresárias, em outras palavras, sociedades simples são aquelas prestadoras de serviços, formadas por sócios que exercem profissão intelectual, de natureza científica, literária ou artística, mesmo se contarem com auxiliares ou colaboradores, salvo se o exercício da profissão constituir elemento de empresa, não tendo por objetivo o exercício da atividade própria de empresário.[69]

---

[64] A Lei 14.382/2022 acrescentou os §§ 1° a 3° no artigo 1.142 do Código Civil, contudo, sem alterar o *caput,* que foi modificado pela Lei 14.195/2021.

[65] NEGRÃO, Ricardo. *Direito empresarial.* Estudo unificado. São Paulo: Saraiva, 2008. p. 101.

[66] CAMPINHO, Sérgio. *O direito de empresa à luz do novo Código Civil.* 3. ed. Rio de Janeiro: Renovar, 2003. p. 306.

[67] TOMAZETTE, Marlon. *Direito societário.* São Paulo: Juarez de Oliveira, 2003. p. 11.

[68] TOMAZETTE, Marlon. *Direito societário.* São Paulo: Juarez de Oliveira, 2003. p. 12.

[69] PALMA, Antonio Jacinto Caleiro. *Manual de direito empresarial.* 2. ed. São Paulo: Quartier Latin, 2010. p. 39.

Para Carlos Henrique Abrão, a sociedade simples é endereçada aos profissionais intelectuais, não organizados empresarialmente,[70] e será sempre relacionada somente à prestação de serviços atinentes à habilidade profissional e intelectual dos sócios, não devendo conter outros serviços estranhos, pois, nesse caso, poderá configurar o elemento de empresa, que é próprio da sociedade empresária, como no exemplo de sócios médicos que constituem uma pessoa jurídica para prestarem serviços médicos, ou de advogados que, em sociedade, prestarão serviços advocatícios, e assim por diante. Contudo, deixará de ser uma sociedade simples, se esses médicos explorarem um hospital ou uma clínica para a realização de análises laboratoriais.[71]

Para Sebastião José Roque, as sociedades simples se dedicam às atividades terciárias, que são exatamente as de prestação de serviços, também chamadas no passado de sociedades civis, cujo objeto social é a prestação de serviços, podendo também se dedicar à atividade primária, como no caso da agricultura.[72]

Com relação à sociedade empresária, embora não esteja proibida de ter como objeto a prestação de serviços, ela exerce atividade própria de empresário, qual seja, atividade econômica organizada para a produção ou circulação de bens ou de serviços. Em princípio, tanto as sociedades simples quanto as sociedades empresárias podem assumir as mesmas formas societárias, mas determinadas formas societárias são peculiares às sociedades empresárias, como são as sociedades anônimas, enquanto as sociedades cooperativas são sempre simples.[73]

Entretanto, quando sucede de promover a partilha das quotas ou ações de uma sociedade simples ou empresária, de responsabilidade limitada, ou por ações sem cotação em bolsa, faz-se imperioso, em tempo oportuno e no juízo cível ou empresarial, promover a dissolução parcial da sociedade com a apuração dos haveres, porque ambos os ex-cônjuges ou ex-conviventes são sócios e somente a apuração de haveres, depois de partilhadas no juízo familiar as quotas sociais ou ações, será precedida da necessária realização de um balanço especial, especialmente ordenado para a apuração do valor dessas quotas ou ações dadas em pagamento da meação do cônjuge ou convivente. Nessa ocasião, o perito judicialmente nomeado, ou o perito escolhido em consenso pelos sócios ou subsócios, ou de comum acordo entre os consortes, levará em consideração para a avaliação da sociedade empresária o montante correspondente aos bens corpóreos e incorpóreos da sociedade empresária. Assim, se a avaliação das quotas for de uma sociedade simples, então o aviamento não deverá considerar os bens incorpóreos, uma vez que a capacidade de gerar lucros de uma sociedade simples é decorrente da proficiência do trabalho pessoal e intelectual do sócio e ex-cônjuge, que na sociedade simples exerce a sua profissão, quer se trate de um médico, engenheiro, arquiteto ou advogado.[74] Nessa sociedade simples, toda e qualquer clientela considerada como a expressão do crédito e faturamento futuro se deve exclusivamente à atuação e ao talento pessoal do profissional,[75] no que difere,

---

[70] ABRÃO, Carlos Henrique. *Sociedades simples*. 2. ed. São Paulo: Atlas, 2012. p. 7.

[71] PALMA, Antonio Jacinto Caleiro. *Manual de direito empresarial*. 2. ed. São Paulo: Quartier Latin, 2010. p. 40.

[72] ROQUE, Sebastião José. *Da sociedade simples*. São Paulo: Ícone, 2011. p. 25.

[73] TOMAZETTE, Marlon. *Direito societário*. São Paulo: Juarez de Oliveira, 2003. p. 98.

[74] *Vide* a Lei 14.365/2022, que inclui no Estatuto da Advocacia, no Código de Processo Civil e no Código de Processo Penal disposições sobre a atividade privativa de advogado, a fiscalização, a competência, as prerrogativas, as sociedades de advogados, o advogado associado, os honorários advocatícios, os limites dos impedimentos ao exercício da advocacia e a suspensão de prazo no processo penal.

[75] "Recurso especial. Sociedades empresárias e simples. Sociedades de advogados. Atividade econômica não empresarial. Prestação de serviços intelectuais. Impossibilidade de assumirem caráter empresarial. Lei n° 8.906/1994. Estatuto da OAB. Alegação de omissão do acórdão recorrido afastada.

Cap. 3 · INDIVISÃO PÓS-COMUNITÁRIA DOS BENS COMUNS | **495**

e muito, do conceito de uma freguesia, pois esta é própria e peculiar de um estabelecimento tipicamente empresarial, cujos clientes costumam adquirir os produtos ou serviços dos quais necessitam naquela casa comercial, pelo produto produzido, e do qual eles são clientes fiéis, por fatos associados ao produto, seja decorrente da boa qualidade da mercadoria, seja em função da qualidade dos serviços e do atendimento prestado pelos funcionários, seja pelo bom preço, pela localização e *layout* da loja, e toda uma série de fatores de natureza objetiva.[76] Por sua vez, os fatores subjetivos dão solidez ao empreendimento, não estando concentrados, como sucede na sociedade simples, no grau de confiança e de credibilidade conferidos ao profissional que presta determinado serviço.

A clientela é a alma do estabelecimento e a única responsável pelo real sucesso do empreendimento, pois sem clientes não pode prosperar qualquer sociedade empresária, tampouco pode vingar qualquer atividade de profissional ou de prestação de serviços. A clientela de uma empresa não pode ser cedida ou repassada, pois ela surge das relações das pessoas com a empresa e o empresário, não sendo possível imaginar que pudessem ser ordenadas ou conduzidas as livres opções dos indivíduos. Tampouco o empresário pode se considerar o dono de sua clientela, embora dele partam os serviços destinados à captação dos clientes para o seu estabelecimento, contribuindo assim para os resultados econômicos de seu empreendimento.

Sem dúvida, a realização de valores gerados por um estabelecimento com o fluxo de lucros provenientes da potencialidade de prospectar clientes influencia o desembolso e o recebimento de um sobrevalor para o trespasse do empreendimento. Essa mais-valia interfere positivamente no êxito da empresa e tem evidente reflexo na apuração do preço do estabelecimento, e não só pelo seu eventual trespasse, mas em qualquer situação de sucessão societária ou de apuração de haveres para a retirada de sócio.

Impossibilidade de análise de cláusulas contratuais. Súmula 5 e 7 do STJ. 1. Não há falar em omissão ou contradição no acórdão recorrido quando embora rejeitados os embargos de declaração, a matéria em exame tiver sido devidamente enfrentada pelo Tribunal de origem, com pronunciamento fundamentado, ainda que em sentido contrário à pretensão da parte recorrente. 2. De acordo com o Código Civil, as sociedades podem ser de duas categorias: simples e empresárias. Ambas exploram atividade econômica e objetivam o lucro. A diferença entre elas reside no fato de a sociedade simples explorar atividade não empresarial, tais como as atividades intelectuais, enquanto a sociedade empresária explora atividade econômica empresarial, marcada pela organização dos fatores de produção (art. 982, CC). 3. A sociedade simples e formada por pessoas que exercem profissão do gênero intelectual, tendo como espécie a natureza científica, literária ou artística, e mesmo que conte com a colaboração de auxiliares, o exercício da profissão não constituirá elemento de empresa (III Jornada de Direito Civil, Enunciados n. 193, 194 e 195). 4. As sociedades de advogados são sociedade simples marcadas pela inexistência de organização dos fatores de produção para o desenvolvimento da atividade a que se propõem. Os sócios, advogados, ainda que objetivem o lucro, utilizem-se de estrutura complexa e contem com colaboradores nunca revestirão caráter empresarial, tendo em vista a existência de expressa vedação legal (arts. 15 a 17, Lei n° 8.906/1994). 5. Impossível que sejam levados em consideração, em processo de dissolução de sociedade simples, elementos típicos de sociedade empresária, tais como bens incorpóreos, como a clientela e seu respectivo valor econômico e a estrutura do escritório. 6. Sempre que necessário o revolvimento das provas acostadas aos autos e a interpretação de cláusulas contratuais para alterar o julgamento proferido pelo Tribunal *a quo*, o provimento do recurso especial será obstado, ante a incidência dos enunciados das Súmulas 5 e 7 do STJ. 7. Recurso especial a que se nega provimento." (STJ. Quarta Turma. REsp. 1.227.240/SP. Relator. Ministro Luis Felipe Salomão. Julgado em 26.5.2015).

[76] CAMPINHO, Sérgio. *O direito de empresa à luz do novo Código Civil*. 3. ed. Rio de Janeiro: Renovar, 2003. p. 330.

Para Marcelo Andrade Féres, a existência ou inexistência de clientela interfere diretamente no preço do trespasse, pois ela é um dos fatores determinantes do aviamento, e, quanto maior a clientela, maiores os lucros produzidos pelo estabelecimento, e esse aspecto deve ser considerado na apuração de haveres para fixar o montante das quotas sociais que serão liquidadas de uma sociedade empresária.[77]

Conforme Modesto Carvalhosa, "a empresa não vale mais por seu patrimônio líquido, mas por sua capacidade de produção de dinheiro".[78] E o preço a ser pago está baseado fundamentalmente nas perspectivas de lucratividade que a empresa pode gerar, o chamado aviamento, mais conhecido como fundo de comércio ou *goodwill*.

O problema está na não inclusão dos ativos intangíveis no aviamento de uma sociedade simples, a saber, a clientela dos profissionais liberais. A profissão intelectual é vista como sinônimo de profissão liberal, atividades consideradas dignas do homem livre e para algumas das quais são, inclusive, exigidos registros especiais, diferenciando-se das outras empreitadas por seu valor social decorrente da natureza intelectual do serviço prestado. São atividades inspiradas na premissa do decoro da profissão, incompatíveis com os sistemas de concorrência próprios da atividade empresarial, em que ocorre a produção em massa e a obra não é explorada diretamente pelo artista ou pelo intelectual. Contudo, para bem conhecer a extensão e o alcance da regra contida no parágrafo único do artigo 966 do Código Civil, pois como já referido ao início desta obra, a profissão intelectual deve ser entendida como toda atividade realizada por uma pessoa humana que decorra de sua capacidade criadora na produção de serviços inerentes às profissões regulamentadas, de modo geral, de obras literárias, artísticas, inventivas e científicas. Ainda que, por exemplo, as clínicas médicas e os escritórios profissionais guardem semelhança com a estrutura empresarial e atuem com um espírito empreendedor típico de uma empresa, não se trata de uma sociedade empresária, tampouco elas se encaixam no antigo conceito de contrato de locação de serviços do Código Civil de 1916, como também não integram o nome de *prestação de serviços*, do artigo 593 do Código Civil de 2002, não obstante se enquadrem na autoridade de uma sociedade simples. É sabido que os profissionais liberais estão cada vez mais distantes de uma atividade laboral isolada, quando, em verdade, nem mais exercem um ofício eminentemente artesanal, sendo incontroverso e compreensível que nos dias atuais seja a sociedade simples aquela que testemunhe importantes transformações no exercício das atividades intelectuais e de prestação de serviços dos profissionais liberais.[79]

O profissional que se encaixa no elenco do parágrafo único do artigo 966 do Código Civil, ainda que exerça sua atividade de forma organizada e com o concurso de auxiliares ou colaboradores, não será empresário nem, consequentemente, estará sujeito ao respectivo regime jurídico empresarial, pouco importando o volume de negócios que realize ou a quantidade de colaboradores ou auxiliares de que se utilize.[80] Isso porque determinadas profissões

---

[77] FÉRES, Marcelo Andrade. *Estabelecimento empresarial, trespasse e efeitos obrigacionais*. São Paulo: Saraiva, 2007. p. 39.

[78] CARVALHOSA, Modesto. Comentários à Lei das sociedades anônimas. Empresa e estabelecimento: a avaliação do *goodwill*. *Revista Jurídica*, Sapucaia, n. 318, p. 37, abr. 2004.

[79] MADALENO, Rolf. O fundo de comércio do profissional liberal na meação conjugal. *In*: MADALENO, Rolf. *Novos horizontes no direito de família*. Rio de Janeiro: GEN/Forense, 2010. p. 9.

[80] GONÇALVES NETO, Alfredo de Assis. Sociedade para o exercício de trabalho intelectual. *In*: ADAMEK, Marcelo Vieira von (coord.). *Temas de direito societário e empresarial contemporâneos*. São Paulo: Malheiros, 2011. p. 43-44.

não têm o condão de se caracterizar como atividades de natureza empresarial, muito embora possam consistir em uma atividade de cunho econômico, e como exemplos práticos podem ser citadas as profissões dos médicos, dentistas, advogados, arquitetos, engenheiros, químicos, farmacêuticos, escritores, músicos, profissionais dedicados ao desenho artístico ou de modas e fotógrafos, inclusive, quando organizadas sob a forma de sociedades, elas são consideradas sociedades simples.[81]

Os profissionais liberais estão cada vez mais se despersonalizando nas grandes metrópoles com a socialização de seus serviços, migrando para sociedades prestadoras de serviços, atendendo a uma tendência e exigência cada vez maior de os profissionais liberais precisarem se associar com outros colegas de profissão.

Conforme Alfredo de Assis Gonçalves Neto, todas as sociedades de exercício de profissão liberal têm a peculiaridade de não desempenhar a atividade para a qual é exigida a habilitação; são sociedades de meios constituídas para facilitar o exercício profissional dos sócios ou das pessoas a tanto habilitadas e que a ela se vinculam na consecução do objeto social. A rigor, caracterizam-se pela finalidade precípua de apoiar e facilitar o exercício de determinada profissão intelectual por pessoas naturais a tanto devidamente credenciadas. Na obtenção dos resultados econômicos para sua atuação, assume relevo o patrimônio intelectual dos profissionais que as integram (sócios ou não), ficando em segundo plano os investimentos em recursos materiais. Nessas sociedades, o trabalho é que sobressai em confronto com o capital, pois os sócios participam mais com seus *esforços* pessoais do que com *recursos* materiais, em que a figura do sócio de trabalho ou de indústria, prestador de serviços, encontra agasalho adequado para exercê-los.[82]

Nos termos do artigo 966 do Código Civil, considera-se empresário quem exerce profissionalmente atividade econômica organizada para a produção ou a circulação de bens ou de serviços, abstraído desse conceito, como antes visto, aquele que exerce profissão intelectual (CC, parágrafo único do art. 966). Assim, é empresário a pessoa física ou jurídica que cumpre, com habitualidade e escopo de lucro, atividade econômica organizada para a produção ou a circulação de bens ou de serviços no mercado.[83]

Portanto, a sociedade pode ser simples ou empresária, de acordo com a natureza da atividade que explore, e a partir da sua formação ela se torna titular de direitos e deveres, não devendo ser confundida com o estabelecimento, nem com a empresa, nem com a *firma*, tampouco com os sócios.[84] Sociedade empresária será toda atividade econômica voltada para a produção ou a circulação de bens ou de serviços, com exceção da atividade econômica intelectual, pois esta é uma sociedade simples, correspondente à anterior *sociedade civil*, desde que essa atividade científica, literária, artística ou cultural seja predominante, e não apenas um elemento da empresa. Esclarece Haroldo Verçosa que, na medida em que uma atividade econômica intelectual cede o seu lugar de evidência dentro de outra atividade voltada para a

---

[81] CAMPINHO, Sérgio. *O direito de empresa à luz do novo Código Civil*. 3. ed. Rio de Janeiro: Renovar, 2003. p. 14 e 41.

[82] GONÇALVES NETO, Alfredo de Assis. Sociedade para o exercício de trabalho intelectual. *In*: ADAMEK, Marcelo Vieira von (coord.). *Temas de direito societário e empresarial contemporâneos*. São Paulo: Malheiros, 2011. p. 47-48.

[83] CAMPINHO, Sérgio. *O direito de empresa à luz do novo Código Civil*. 3. ed. Rio de Janeiro: Renovar, 2003. p. 14.

[84] CAMPINHO, Sérgio. *O direito de empresa à luz do novo Código Civil*. 3. ed. Rio de Janeiro: Renovar, 2003. p. 14.

produção ou a circulação de bens ou de serviços, ela fica integrada em uma empresa, que, por seu turno, tutela essa atividade que perde sua proeminência.[85]

Figurando no contrato social que determinada sociedade tem por objeto o exercício de atividade intelectual, ela será uma sociedade simples, pouco importando o seu tipo social, qual seja, a opção por outro tipo social não afasta a natureza simples da sociedade, consoante o Enunciado 57 da Comissão de Direito de Empresa[86] (I Jornada de Direito Civil do STJ – setembro de 2002).[87] Por sua vez, na III Jornada de Direito Civil, foram editados os novos Enunciados 193, 194 e 195 e que seguiram a mesma direção, distinguindo a atividade intelectual realizada em sociedade da atividade do empresário.[88]

O fundamental é a dedicação do sujeito, sua vinculação ao serviço prestado, sendo meramente acessórios os elementos ou os bens dos quais ele se utiliza e precisa para desenvolver a sua atividade, até o ponto em que os frutos do seu negócio são os mesmos que os rendimentos de seu trabalho pessoal e que terminam por se confundir de tal forma que, se não fosse pelo seu esforço, esses ingressos financeiros não se produziriam, acrescendo que não se comunicam seus resultados financeiros, que não geram rendimentos partilháveis pós-conjugais, pois são frutos do trabalho.

Os profissionais liberais estão cada vez mais distantes de uma atividade laboral isolada e, em verdade, não mais exercem um ofício personalíssimo e artesanal, sendo incontroverso que no correr dos tempos a sociedade civil tem testemunhado importantes transformações no exercício das profissões intelectuais.

Trata-se de verdadeiras empresas formadas por grupos de profissionais liberais, como médicos, advogados, engenheiros, publicitários ou arquitetos, que constituem, em conformidade com o artigo 997 do Código Civil, uma sociedade simples, dedicada à profissão intelectual, por exemplo, uma sociedade de advogados, que se sujeita à legislação do Estatuto da Advocacia e da Ordem dos Advogados do Brasil, desenvolvida por alguns advogados que compõem o quadro social, podendo contratar outros advogados, e essa sociedade prestadora de serviços constrói com tempo, trabalho personalizado e talento pessoal dos sócios uma *carteira de clientes* que trará fama e inquestionáveis benefícios financeiros, que agregam valor patrimonial à sociedade, e essa carteira de clientes fica afastada da comunhão dos bens conjugais, eis que integra o seu patrimônio *intangível*, seu fundo de comércio incomunicável, pois a profissão intelectual, científica, literária ou artística é inerente ao profissional e está fora do comércio. Portanto, não se comparte com o outro cônjuge, uma vez sobrevindo a dissolução do relacionamento afetivo, de modo que a capacidade laboral do cônjuge sócio de uma sociedade

---

[85] VERÇOSA, Haroldo Malheiros Duclerc. *Curso de direito comercial*. São Paulo: Malheiros, 2006. v. 2, p. 61-62.

[86] Enunciado 57. "Art. 983. A opção pelo tipo empresarial não afasta a natureza simples da sociedade."

[87] GONÇALVES NETO, Alfredo de Assis. Sociedade para o exercício de trabalho intelectual. *In*: ADAMEK, Marcelo Vieira von (coord.). *Temas de direito societário e empresarial contemporâneos*. São Paulo: Malheiros, 2011. p. 49-50.

[88] Enunciado 193. "Art. 966. O exercício das atividades de natureza exclusivamente intelectual está excluído do conceito de empresa."
Enunciado 194." Art. 966. Os profissionais liberais não são considerados empresários, salvo se a organização dos fatores de produção for mais importante que a atividade pessoal desenvolvida."
Enunciado 195. "Art. 966. A expressão 'elemento de empresa' demanda interpretação econômica, devendo ser analisada sob a égide da absorção da atividade intelectual, de natureza científica, literária ou artística, como um dos fatores da organização empresarial."

Cap. 3 • INDIVISÃO PÓS-COMUNITÁRIA DOS BENS COMUNS 499

simples continuará rendendo frutos privativos apenas ao seu titular, salvo os frutos pendentes ao tempo da dissolução. Nessa modalidade de sociedade prestadora de serviços profissionais e fundada no esforço comum dos sócios, a atividade prestada tem caráter personalíssimo, vinculada a cada um dos profissionais do quadro social, servindo a personalidade jurídica unicamente para o rateio dos custos operacionais.[89] Caso seja partilhada uma sociedade simples, as suas quotas sociais serão representadas unicamente por seu patrimônio social tangível, seu conteúdo econômico (REsp 1.531.288/RS), e não uma projeção sobre os lucros futuros da sociedade de advogados, que é o seu fundo de comércio.[90]

---

[89] ÁLVAREZ, Germán Bercovitz. *Los derechos inherentes a la persona en la sociedad de gananciales*. Navarra: Arazandi, 2003. p. 56.

[90] "Recurso especial. Ação de sobrepartilha. Pretensão de partilhar quotas sociais da sociedade de advogados então pertencentes ao varão. Possibilidade de divisão do conteúdo econômico da participação societária (não se lhe conferindo o direito à dissolução compulsória da sociedade, para tal propósito). Recurso especial provido. 1. A partir do modo pelo qual a atividade profissional intelectual é desenvolvida com ou sem organização de fatores de produção – será possível identificar o empresário individual ou sociedade empresarial; ou o profissional intelectual ou sociedade *uniprofissional*. De se ressaltar, ainda, que, para a definição da natureza da sociedade, se empresarial ou simples, o atual Código Civil apenas aparta-se desse critério (desenvolvimento de atividade econômica própria de empresário) *nos casos expressos em lei*, ou em se tratando de sociedade por ações e cooperativa, hipóteses em que necessariamente serão empresárias e simples, respectivamente. 1.1 Especificamente em relação às sociedades de advogados, que naturalmente possuem por objeto a exploração da atividade profissional de advocacia exercida por seus sócios, estas são concebidas como sociedade simples por expressa determinação legal, independente da forma que como venham a se organizar (inclusive, com estrutura complexa). 2. Para os efeitos perseguidos na presente ação (partilha de quotas sociais), afigura-se despiciendo perquirir a natureza da sociedade, se empresarial ou simples, notadamente porque, as quotas sociais – comuns às sociedades simples e às empresariais que não as de ações – são dotadas de expressão econômica, não se confundem com o objeto social, tampouco podem ser equiparadas a proventos, salários ou honorários, tal como impropriamente procedeu à instância precedente. Esclareça-se, no ponto, que a distinção quanto à natureza da sociedade, se empresarial ou simples, somente teria relevância se a pretensão de partilha da demandante estivesse indevidamente direcionada a bens incorpóreos, como a clientela e seu correlato valor econômico e fundo de comércio, elementos típicos de sociedade empresária, espécie da qual a sociedade de advogados, por expressa vedação legal, não se insere. 3. Ante a inegável expressão econômica das quotas sociais, a compor, por consectário, o patrimônio pessoal de seu titular, estas podem, eventualmente, ser objeto de execução por dívidas pessoais do sócio, bem como de divisão em virtude de separação/divórcio ou falecimento de sócios. 3.1 *In casu*, afigura-se incontroverso que a aquisição das quotas sociais da sociedade de advogados pelo recorrido deu-se na constância do casamento, cujo regime de bens era o da comunhão universal. Desse modo, se a obtenção da participação societária decorreu naturalmente dos esforços e patrimônios comuns dos então consortes, sua divisão entre os cônjuges, por ocasião de sua separação, é medida de justiça e consoante a lei de regência. 3.2 Naturalmente, há que se preservar o caráter personalíssimo dessas sociedades, obstando-se a atribuição da qualidade de sócio a terceiros que, nessa condição, não detenham com os demais a denominada *affectio societatis*. Inexistindo, todavia, outro modo de se proceder à quitação do débito ou de implementar o direito à meação ou à sucessão, o direito destes terceiros (credor pessoal do sócio, ex-cônjuge e herdeiros) são efetivados por meio de mecanismos legais (dissolução da sociedade, participação nos lucros etc.) a fim de amealhar o valor correspondente à participação societária. 3.3 Oportuno assinalar que o atual Código Civil, ao disciplinar a partilha das quotas sociais em razão do falecimento do cônjuge ou da decretação da separação judicial ou do divórcio, apenas explicitou a repercussão jurídica de tais fatos, que naturalmente já era admitida pela ordem civil anterior. E, o fazendo, tratou das sociedades simples, de modo a tornar evidente o direito dos herdeiros e do cônjuge do sócio em relação à participação societária deste e, com o notável mérito de impedir que promovam de

3.10.1 Sociedade simples e *inclusão* do intangível na partilha

Desde a metade do século XIX, a doutrina francesa vem elaborando um novo conceito do regime patrimonial para adequar essa categoria de direitos provenientes do agrupamento societário de profissionais liberais, cientistas, literários e intelectuais, de modo a incorporar na partilha por dissolução ou morte os valores decorrentes da capitalização da clientela produzida pelo trabalho desse profissional. Para a doutrina e jurisprudência francesas, de cujo entendimento também comunga o direito espanhol, o exercício de profissões liberais segue pautas tipicamente empresariais, portanto a clientela pode ser incluída como ativo conjugal. Em oposição à doutrina francesa está o argumento de um dentista, médico, arquiteto ou advogado, enfim, qualquer profissional liberal, que conquista sua clientela por sua fama e suas qualidades pessoais, as quais dele não se dissociam, tampouco podem ser separadas, não havendo como ingressar na comunhão de bens algo inerente às qualidades pessoais do profissional. Para contrapor a tese de que a clientela do profissional liberal é inerente ao prestador do serviço e, portanto, dela não se dissocia, a jurisprudência francesa criou a teoria do *título e das finanças*, na qual incluiu os direitos dos inventores, dos autores e agregou ainda os direitos do fundo de comércio dos empresários, suas marcas, nome comercial ou os direitos dos profissionais liberais sobre seus escritórios ou consultórios e sua potencial clientela. Por meio da doutrina francesa do *título e das finanças* ou dos *emolumentos*, como preferem os espanhóis, surge uma nova categoria de bens, que não mais se limitam a móveis e imóveis, representada pela clientela dos profissionais liberais, quer eles trabalhem sozinhos, ou em sociedade com outros colegas de profissão.

A própria maneira de exercer a profissão liberal segue a tendência das sociedades de profissionais, em que cada vez mais deixam de exercer seu ofício isolada e artesanalmente e perseguem pautas tipicamente empresariais. Caso o exercício dessa ocupação venha a ser objeto de uma cessão, a doutrina do *título e das finanças* ou dos *emolumentos* admite que o profissional liberal poderá alienar sua clientela pessoal, ou sua participação societária sobre a carteira de clientes vinculada ao seu nome profissional, e certamente ela se constitui em um ativo da comunidade conjugal ou pós-conjugal, tendo nesta última posição como marco final a carteira de clientes existente ao tempo da separação de fato.

Pode até ser verdade que nem todos os serviços podem ser transferidos de um profissional para outro, quer em vida ou após o falecimento do titular, contudo a transferência de capacidade humana pode muito bem ser planejada de modo bastante eficiente[91] para que um herdeiro ou substituto prossiga na prestação do serviço sem qualquer solução de continuidade.

De acordo com Germán Bercovitz Álvarez, a inclusão do componente patrimonial da clientela ao estabelecimento profissional resulta da evidência de se tratar de um trabalho gradualmente capitalizado e com claro sentido patrimonial negociável, pois pode ser objeto de cessão comercial, não existindo qualquer motivo para excluir a clientela dos profissionais

---

imediato e compulsoriamente a dissolução da sociedade, conferiu-lhes o direito de concorrer à divisão periódica dos lucros. 4. Recurso especial provido, para, reconhecendo, em tese, o direito do cônjuge casado em comunhão universal de bens, à partilha do conteúdo econômico das quotas sociais da sociedade de advogados então pertencentes ao seu ex-marido (não se lhe conferindo, todavia, o direito à dissolução compulsória da sociedade), determinar que o Tribunal de origem prossiga no julgamento das questões remanescentes veiculadas no recurso de apelação" (STJ, 3.ª Turma, REsp 1.531.288/RS, Rel. Min. Marco Aurélio Bellizze, j. 24.11.2015).

[91] SÁ, Antônio Lopes de. *Fundo de comércio, avaliação de capital ativo intangível*. Doutrina e prática. Curitiba: Juruá, 2007. p. 277.

liberais do regime aplicado ao aviamento de um estabelecimento empresarial.[92] Caso a partilha da sociedade constituída entre profissionais liberais ocorresse pela morte de um dos sócios, é lógico que seus herdeiros iriam querer herdar a "mais-valia" do aviamento, e por que não haveria de ser estabelecido o mesmo critério de avaliação do aviamento quando a partilha decorre da dissolução da entidade familiar de um dos sócios que continuará usufruindo dos resultados financeiros da clientela conquistada ao longo da vida conjugal?

A carteira de clientes possui um valor inquestionavelmente negociável, como ressalta a jurisprudência francesa ao separar o *título profissional*, este privativo e incomunicável da *clientela*, que é um bem misto e cuja carteira foi construída ao longo do relacionamento e com a inestimável ajuda do cônjuge ou companheiro. A clientela é considerada um bem acessório da profissão e tem um valor patrimonial mensurável, tal como ocorre com a avaliação do fundo de comércio empresarial – representa o estabelecimento empresarial – pela soma dos seus bens corpóreos e incorpóreos. É o *fundo de produtividade* formando uma nova categoria de bens, e, se a clientela não se desprende do profissional que a conquistou, ela guarda um potencial econômico no caso de dissolução do regime matrimonial de bens, devendo esse valor ser levado em consideração, notadamente quando o cônjuge continuará no pleno desenvolvimento de sua atividade profissional.[93]

A despeito desses argumentos, basta ter em mira a hipótese de recesso de um dos sócios de uma sociedade simples constituída por advogados que montaram um escritório de advocacia e que possuem uma apreciável carteira de clientes, sendo muito provável que a maior parte dos clientes siga tendo seus processos atendidos pelo escritório. Entrementes, o advogado retirante tem direito à apuração de seus haveres em dissolução parcial da sociedade, e suas quotas sociais serão obviamente apuradas em balanço de determinação, que levará em consideração os processos e clientes existentes e as expectativas de honorários incidentes sobre os trabalhos pendentes de solução, diante das diferentes etapas processuais ou de negociações extrajudiciais já desenvolvidas. Ademais, obviamente, as quotas tituladas pelo profissional que se retira da sociedade deverão ser amortizadas, quer elas sejam adquiridas pelos sócios remanescentes, pela própria sociedade de advogados ou por um terceiro,[94] e por preço equivalente ao da amortização apurado no balanço especial, ou que ao menos leve em consideração o *fundo de comércio* gerado pela expectativa dos processos e clientes existentes ao tempo da retirada desse sócio da sociedade. Consequentemente, esse sócio que se retirou da sociedade recebeu por suas quotas sociais o valor correspondente ao tangível e ao intangível, porque seu cônjuge ou companheiro, com o qual partilhou suas quotas sociais, não faria jus ao mesmo ressarcimento que considera os bens corpóreos e incorpóreos de uma sociedade simples composta por profissionais liberais.

Uma vez considerada essa possibilidade de efetiva partilha do potencial financeiro a ser gerado pela *carteira de clientes* existente ao tempo da separação de fato, ou da dissolução de direito de um casamento ou de uma união estável, de um profissional que tenha constituído ou ingressado na constância da entidade familiar em uma sociedade simples de prestadores de serviços, também devem ser considerados e combatidos os claros movimentos de fraude que

---

[92] ÁLVAREZ, Germán Bercovitz. *Los derechos inherentes a la persona en la sociedad de gananciales*. Navarra: Arazandi, 2003. p. 133.

[93] MADALENO, Rolf. O fundo de comércio do profissional liberal na meação conjugal. *In*: MADALENO, Rolf. *Novos horizontes no direito de família*. Rio de Janeiro: GEN/Forense, 2010. p. 10-12.

[94] FERNÁNDEZ, Jesús Antonio Romero. *Las sociedades profesionales de capitales*. Madrid: Marcial Pons, 2009. p. 172.

passam a ser gerados pelo parceiro que exerce sua profissão em sociedade com outros profissionais do seu ramo de atuação, pois, como sócio, por exemplo, de um escritório de advocacia, planejando a sua separação que se avizinha, pode reduzir artificialmente a sua participação societária, cedendo significativa parcela de suas quotas sociais para um colega do escritório, que ingressa na sociedade como sócio de serviços, ou para outro sócio com o qual mantém excelente amizade e grau extremo de confiança, estando seguro de que o contrato simulado de alteração das quotas será oportunamente desfeito e voltará ao seu estado inicial. Esse profissional da advocacia também pode atuar para que os honorários sejam recebidos por outro profissional de sua inteira confiança, que integre ou não a sociedade de advogados, mediante um singelo substabelecimento, servindo esse colega como interposta pessoa para a qual ele substabelece as procurações com ou sem reserva de iguais poderes, e em idêntico arranjo de um simples ilícito civil reduz pela metade a verba honorária, que a rigor teria de partilhar com seu consorte. Da mesma um médico, que pode operar consignando no hospital o nome de um conivente colega de profissão, sendo inequívoco que estas e outras fraudes atentam contra os direitos de meação e de alimentos, as quais devem ser apuradas por ocasião da partilha dos bens comuns, ou nas ações de alimentos, que por sua própria natureza levam em consideração as rendas do provedor.

3.11 FRUTOS E RENDAS DOS BENS INDIVISOS

Frutos, diz Rodrigo da Cunha Pereira, derivam de tudo aquilo que pode ser produzido ou gerado pela propriedade, sem que isso diminua o seu conteúdo, ou seja, se separados, não determinam a destruição total ou parcial do bem principal,[95] e nessa equação pós-comunitária o bem principal continua sendo a comunidade patrimonial que ainda não foi partilhada.

Os frutos, rendas e juros percebidos ou vencidos durante o matrimônio, mesmo depois de ele ter sido dissolvido, sem que ainda tenha sido realizada a partilha dos bens conjugais, considerados bens indivisos, transformam-se em uma comunidade patrimonial pós-conjugal, porque provenientes dos bens comuns que continuam pertencendo a ambos os ex-consortes ou ex-conviventes. São frutos que advêm das árvores que nascem e crescem em terras comuns; as safras que plantam em suas propriedades rurais; o gado que nasce de suas matrizes ordinárias; os alugueres que suas propriedades rendem e que seguem em comunidade indivisa; os juros das suas aplicações financeiras ou dos empréstimos de seus recursos comuns. Esses frutos persistirão sendo comuns enquanto não promovida a efetiva partilha, e nem poderia ser diferente, porque os frutos pertencem aos proprietários, e, durante a comunidade pós-conjugal, ainda não existe nenhum direito subjetivo dos meeiros sobre bens que, diante da não realização da partilha, pudessem ser individualmente considerados, de modo que os frutos e as rendas produzidos na etapa da indivisão dos bens comuns acrescem à comunidade indivisa, salvo exista acordo diverso sobre o modo de gestão e de percepção desses frutos e rendas. Esse fato raramente ocorre na experiência jurisprudencial, salvo alguma manifestação sobre o uso de alguns bens que são prioridade para que haja certa segurança e estabilidade patrimonial na fase pós-conjugal dos divorciados, como sucede com o uso do domicílio conjugal e com os atos de gestão e de administração de algum comércio, indústria, ou de uma sociedade simples prestadora de serviços, que geram rendas e que, na sua grande maioria, seguem sendo rendas ou frutos comuns.

---

[95] PEREIRA, Rodrigo da Cunha. *Direito das famílias*. Rio de Janeiro: GEN/Forense, 2020. p. 151.

Cap. 3 · INDIVISÃO PÓS-COMUNITÁRIA DOS BENS COMUNS | 503

O ex-consorte que recebe esses frutos ou rendas deve prestar contas ao outro meeiro, e, se há o uso exclusivo dos bens por um deles em detrimento do outro – por exemplo, no uso da moradia sobre o qual nasce para o outro ex-cônjuge que não usufrui da vivenda, o direito de requerer uma compensação financeira proporcional à sua meação, em forma de alugueres, como há frutos das cabeças de gado que excedam aquelas existentes quando dissolvida de fato ou de direito a sociedade afetiva, como por igual as árvores podem ser fruto ou produto, pois cortadas dentro de um plano de exploração comercial –, não cabe dúvida de que o produto líquido de sua venda e inclusive as árvores não vendidas, uma vez deduzidos os gastos, são produtos dos bens comuns e, enquanto permanecerem em pé, mas plantadas no curso do casamento, são frutos pendentes.[96] Sobre a prestação de contas dos frutos e das rendas o artigo 485 do Código Civil argentino consagra o princípio de que *os frutos e rendas dos bens indivisos acrescem à indivisão*, o que significa compreender que o consorte que use de maneira exclusiva um bem comum ainda não partilhado e produtor de frutos ou rendas e os recebe deve prestar contas, e, se retém esses frutos e essas rendas, converte-se em devedor da comunidade de bens pós-conjugais, com a obrigação de promover a divisão do montante financeiro dos frutos e das rendas por ele retidas.[97]

Frutos, explica Ana Florinda Dantas, são bens acessórios com características próprias, que se distinguem de outros institutos conhecidos, como são os *produtos*, as *benfeitorias*, as *acessões* e as *pertenças*, isso porque os *frutos*, uma vez gerados, deixam intacto o bem que os produziu, enquanto os *produtos*, uma vez retirados, acabam por diminuir-lhes a quantidade, pois não é da sua natureza que se reproduzam periodicamente, como sucede com os minérios e o petróleo. Com relação às *benfeitorias*, são melhoramentos ou acréscimos sobrevindos ao bem, tendo como traço distintivo a necessária intervenção do proprietário, possuidor ou detentor, que faz obras novas ou reparos na sua propriedade. Por sua vez, as *acessões*, para o direito brasileiro, com menor extensão e sem nenhuma alusão no direito de família, são bens que se incorporam ao principal, pela natureza ou artificialmente, alterando a substância do bem adicionado, por exemplo, a formação de ilhas, por aluvião e pela construção de obras ou plantações. Por fim, as *pertenças*, que são bens que, não constituindo parte integrante, se destinam ao uso, ao serviço ou ao aformoseamento do bem principal, prevendo o artigo 94 do Código Civil que as pertenças não abrangem o bem principal, como delas são exemplos as esquadrias, as divisórias especiais e os armários embutidos.[98]

Conforme alertam Cristiano Chaves de Farias e Nelson Rosenvald, só deve ser considerado como fruto o que sobrar depois de descontado o que for necessário para a manutenção de sua substância. Eles exemplificam com os frutos da colheita da qual devem ser abatidos os investimentos para o plantio,[99] como nos frutos naturais das crias de gados podem ser descontadas as despesas com a alimentação do rebanho e cuidados veterinários, sendo bastante frequente deparar nos processos judiciais de partilhas conjugais ou pós-conjugais com cobranças

---

[96] BERDEJO, José Luis Lacruz. *Derecho de familia*. El matrimonio y su economía. Navarra: Thomson Reuters/Civitas, 2013. p. 500.

[97] FERRER, Francisco A. M. *El régimen patrimonial del matrimonio*. Buenos Aires: Rubinzal-Culzoni, 2017. p. 223.

[98] DANTAS, Ana Florinda. A divisibilidade dos frutos no regime de bens do casamento e na união estável: O que são frutos? *In*: ANAIS DO CONGRESSO BRASILEIRO DE DIREITO DE FAMÍLIA. Famílias nossas de cada dia. Belo Horizonte: IBDFAM, 2015. p. 32.

[99] FARIAS, Cristiano Chaves de; ROSENVALD, Nelson. *Curso de direito civil*. Reais. 16. ed. Salvador: JusPodivm, 2020. v. 5, p. 181.

de custos, irreais ou superfaturados, em mais um movimento destinado a fraudar a meação do consorte apartado da administração.

O Código Civil brasileiro não traz um conceito para os frutos, relacionando-os como categoria jurídica a direitos proporcionados por bens preexistentes, embora, por vezes, a legislação se refira a frutos e rendimentos,[100] ao contrário de alguns códigos estrangeiros, como os da Espanha, Argentina e Portugal, que fazem clara e expressa menção ao conceito de frutos e à extensão do que eles representam. Lembra Germán Bercovitz Álvarez que o primeiro caso de fruto do trabalho é o salário ou o rendimento econômico da capacidade laboral proveniente da qualificação pessoal, vale dizer, das condições pessoais da atividade rentável inerente a cada pessoa.[101] Portanto, os rendimentos que na constância do casamento são considerados como frutos comuns deixam de sê-los com a separação conjugal e passam à categoria de atribuição financeira privativa.[102]

O artigo 33 do Código Civil brasileiro menciona que o descendente, ascendente ou cônjuge (igual em relação ao convivente), que for sucessor provisório do ausente, fará seus todos os frutos e rendimentos dos bens que a este couberem, e, se o ausente aparecer, perde sua parte nos frutos e rendimentos, em favor do sucessor, se ficar provado que a ausência foi voluntária e injustificada. Por sua vez, o artigo 83 do Código Civil e Comercial argentino menciona que os frutos dos bens administrados devem ser utilizados para o sustento dos descendentes, cônjuge, convivente e ascendentes do ausente. E o artigo 95 do Código Civil brasileiro refere que: "apesar de ainda não separados do bem principal, os frutos e produtos podem ser objeto de negócio jurídico". Por outro lado, no Livro de Direito de Família, no artigo 1.660, V, do Código Civil brasileiro é feita menção expressa de que integram a comunhão os frutos dos bens comuns, ou dos particulares de cada cônjuge, percebidos na constância do casamento, ou pendentes ao tempo de cessar a comunhão, ficando muito claro que, durante a comunhão de vida (CC, art. 1.511), são de ambos os cônjuges os frutos dos bens comuns e também dos particulares de cada consorte. No entanto, sobrevindo a separação de fato ou de direito (divórcio ou dissolução da união estável) e, dessarte, instaurada a comunidade pós-conjugal, permanecem comuns apenas os frutos dos bens conjugais ou os frutos dos bens particulares pendentes ao tempo de cessar a comunhão, por exemplo, a safra plantada em terras particulares na constância do casamento e que será colhida depois da separação do casal, ou todas as vacas prenhes de propriedade do outro consorte, não mais integrando a comunidade pós-conjugal esses frutos percebidos depois do casamento. A partir da separação de fato, os bens particulares de cada

---

[100] FARIAS, Cristiano Chaves de; ROSENVALD, Nelson. *Curso de direito civil*. Reais. 16. ed. Salvador: JusPodivm, 2020. v. 5, p. 32.

[101] ÁLVAREZ, Germán Bercovitz. *Los derechos inherentes a la persona en la sociedad de gananciales*. Navarra: Arazandi, 2003. p. 33.

[102] "Apelação. Direito civil. Família. Ação de divórcio. Partilha. Alimentos. Ex-esposa. Honorários. Majoração. 1. Pelo regime da comunhão parcial, os bens adquiridos onerosamente na constância do casamento devem ser partilhados igualitariamente. 2. Não compõem a partilha os lucros advindos da empresa da qual o réu integra o quadro societário relativamente ao período posterior à separação fática. 3. Os alimentos a ex-cônjuge são devidos em face do dever de solidariedade previsto em lei, quando demonstrada a efetiva necessidade e dependência econômica, na forma prevista no art. 1.694 do CC. Mantidos, na hipótese, os alimentos até a efetivação da partilha no patamar fixado na sentença. 5. Honorários de advogado ajustados à exata proporção do processo, observados o grau de zelo do profissional, o lugar de prestação do serviço e a natureza e importância da causa, o trabalho realizado pelo advogado e o tempo exigido para o seu serviço. Negaram provimento" (TJRS, 7.ª Câmara Cível, Apelação Cível 70077461002, Rel. Des. Liselena Schifino Robles Ribeiro, j. 30.05.2018).

consorte passam a pertencer exclusivamente ao credor ou ao dono do bem, e da mesma forma com relação à indivisão hereditária em que os frutos dos bens indivisos acrescem à indivisão, exceto que tenha havido uma partilha provisória. Importante consignar que frutos ou lucros decorrentes da própria atividade empresarial constitui produto da sociedade empresária por incrementar o seu capital social e que o lucro destinado à conta de reserva, que não é distribuído aos sócios, não integra o acervo comum do casal, por pertencer à sociedade.[103]

Ao lado do direito aos frutos, mesmo daqueles colhidos prematuramente ou daqueles que deveriam ter sido colhidos e não o foram, que são os frutos *percebiendos*, importa considerar acerca da possibilidade de imputação de responsabilidade civil, ou do dever de indenizar ao copossuidor pela perda ou deterioração da coisa, no caso do possuidor de má-fé que deixe os frutos perecerem ou deles se negligencia, desvia ou sonega, causando propositado dano ao meeiro dos frutos, que não devem ser confundidos, como visto, com as benfeitorias, as acessões, os produtos e as pertenças, todas figuras congêneres, mas de consequências diversas, quando se trata de apurar a sua comunicabilidade e divisibilidade entre o casal.[104]

Melhor compreensão do conceito de frutos e suas características pode ser extraída a partir de alguns exemplos jurisprudenciais de julgados argentinos:

> Os frutos de bens comuns até que se produza a efetiva liquidação entram no estado de indivisão justamente com o resto do ativo conjugal (CMCiv., sala F, 3-5.83).

> A dissolução não importa na liquidação da sociedade conjugal e até que não se leve a efeito se produz um estado intermediário denominado indivisão pós-comunitária, com um regime especial no qual é possível o acréscimo dos bens comuns através da produção frutífera dos bens ainda não partilhados ou a serem adjudicados na meação de um dos cônjuges (CNCiv., sala C, 9-3-79).

> O ativo da indivisão pós-comunitária está integrado pelos bens comuns existentes no momento da dissolução da sociedade conjugal, os adquiridos depois por título ou causa anterior à dissolução, os que os substituíram por sub-rogação real, assim como todos os frutos,

---

[103] "Recurso especial. Direito civil e empresarial. Família. União estável. Extinção. Regime de bens. Comunhão parcial. Valorização de cotas sociais. Capitalização. Conta reserva. Art. 1.660, V, do Código Civil. Conceito de fruto. Incompatibilidade. Não comunicabilidade. Valor. Quota. Integralização de capital social. Data da separação de fato. Súmula n°7/STJ. 1. A capitalização de reservas e lucros decorrente da própria atividade empresarial constitui produto da sociedade por incrementar o seu capital social. 2. O lucro destinado à conta de reserva, que não é distribuído aos sócios, não integra o acervo comum do casal, tendo em vista pertencer apenas à sociedade e não ao sócio. 3. A quantia destinada a futuro aumento de capital não deve ser objeto de partilha em virtude do fim da união estável, pois não está incluí-da no conceito de fruto, à luz do art. 1.660, inciso V, do Código Civil. 4. Inexistem elementos de prova no caso concreto a indicar a distribuição de lucros entre os sócios da empresa, motivo pelo qual a reforma do julgado demandaria o reexame do contexto fático-probatório, procedimento vedado na estreita via do recurso especial, a teor da Súmula n°7/STJ. 5. O valor do capital social integralizado de determinada empresa é parâmetro adequado para a partilha especialmente quando a separação de fato do casal, ocasião em que finda o regime de bens, ocorre em momento muito próximo à sua constituição. 6. Ausência de necessidade de realização de balanço contábil referente a apenas um mês para aferir o valor real a ser partilhado, já que o percentual de participação do recorrido em tão curto período de tempo não justificaria a alteração do critério adotado pelo Tribunal de origem, à luz das provas 7. Recurso especial não provido." (STJ. Terceira Turma. REsp. 1.595.775/AP. Ministro Ricardo Villas Bôas Cueva. Julgado em 09.8.2016).

[104] DANTAS, Ana Florinda. A divisibilidade dos frutos no regime de bens do casamento e na união estável: O que são frutos? *In*: Anais do Congresso Brasileiro de Direito de Família. Famílias nossas de cada dia. Belo Horizonte: IBDFAM, 2015. p. 31-32.

rendas e produtos dos bens comuns, como consequência de haver continuado de fato o esposo como administrador da sociedade conjugal não liquidada (CNciv., Sala B, 22-1-83, E.D. 105-221).[105]

Por seu turno, o Código Civil da Espanha preceitua no artigo 354 que pertencem ao proprietário: 1.º os frutos naturais; 2.º os frutos industriais; e 3.º os frutos civis; e no artigo 355 explica que são frutos naturais as produções espontâneas da terra e as crias, e demais produtos dos animais; como são frutos industriais os que produzem as propriedades de qualquer espécie a benefício do cultivo ou do trabalho; e são frutos civis o aluguel dos edifícios, o preço do arrendamento de terras e as quantias das rendas perpétuas, vitalícias ou outras análogas, complementando no artigo 357 que não se reputam naturais, ou industriais, senão os que forem manifestos ou nascidos e que a respeito dos frutos animais, basta que estejam no ventre materno, ainda que não tenham nascido.

Por sua vez, o artigo 233 do Código Civil e Comercial da Argentina descreve serem frutos os objetos que um bem produz, de modo renovável, sem que altere ou diminua sua substância, sendo frutos naturais as produções espontâneas da natureza; frutos industriais aqueles que se produzem na indústria pelo homem ou pela cultura da terra; frutos civis as rendas que a coisa produz e que a remuneração do trabalho se assemelha aos frutos civis, fato que obviamente não se aplica tampouco ao direito brasileiro com relação aos créditos pós-conjugais, eis que a renda do trabalho deixa de ser renda conjugal. A caracterização dos frutos é no sentido de que a sua extração não altera a substância do bem, nem mesmo naquela hipótese pela qual o dono ou arrendatário explora ao máximo a terra semeando com reiteração abusiva e contrária às regras de uma adequada exploração e a colheita que recolhe é igualmente fruto, ainda que incorra em uma eventual responsabilidade, não deixa de ser fruto.[106]

O artigo 212.º do Código Civil de Portugal descreve ser fruto tudo o que uma coisa produz periodicamente, sem prejuízo de sua substância; sendo os frutos divididos entre naturais ou civis, em que os naturais provêm diretamente da coisa, e civis são as rendas ou interesses que a coisa produz em consequência de uma relação jurídica.

Como esclarece Ana Florinda Dantas, no tocante ao direito de família brasileiro, o interesse dos frutos reside no resultado patrimonial gerado pela comunidade de bens conjugais e também na sua etapa de bens pós-conjugais, enquanto pendente a sua liquidação e partilha, em que os frutos seriam *gênero* e os rendimentos seriam *espécie*. Presente, portanto, preceito público que prescreve que *o acessório segue o principal*, neste sentido dispõe o artigo 1.232 do Código Civil ao estabelecer que "os frutos e mais produtos da coisa pertencem, ainda quando separados, ao seu proprietário, salvo se, por preceito jurídico especial, couberem a outrem".[107]

Consequentemente, sempre serão comuns os frutos produzidos pela coisa matriz, tanto quanto consiga reproduzir e se renovar, em períodos variáveis de duração, tudo a depender da natureza da coisa produtora, pendendo da classe de frutos, naturais, industriais e civis,

---

[105] HERRERA, Marisa. *Código Civil y Comercial de la Nación comentado*. Buenos Aires: Rubinzal-Culzoni, 2015. t. III, p. 198.

[106] TOBÍAS, José W. *Código Civil y Comercial comentado*. Tratado exegético. Director José W. Tobías. Coordinador Ignacio Alterini. 3. ed. Buenos Aires: La Ley, 2019. t. II, p. 36.

[107] DANTAS, Ana Florinda. A divisibilidade dos frutos no regime de bens do casamento e na união estável: O que são frutos? In: ANAIS DO CONGRESSO BRASILEIRO DE DIREITO DE FAMÍLIA. Famílias nossas de cada dia. Belo Horizonte: IBDFAM, 2015. p. 33.

podendo os dividendos de uma sociedade anônima conformar essa classe de frutos civis oriundos da ação societária, pois, ao fim e ao cabo, são rendas que a ação produz, ou, sob outro enfoque, são frutos que o bem produz e que carregam como características intrínsecas a regularidade e a periodicidade.

Os frutos das coisas comuns guardam grande importância na partilha dos bens pós--conjugais, pois podem ser, e o são com muita frequência, alvo assombroso de fraudes praticadas sobre a comunidade patrimonial indivisa, valendo-se um dos consortes ou ex-consortes do ato de ser favorecido pela administração dos bens comuns rentáveis, que seguem na sua posse, a qual ele busca perpetuar no tempo, mesmo porque, ainda que esteja obrigado a pagar alimentos compensatórios pela retenção exclusiva dos bens rentáveis, na maioria das vezes é financeiramente vantajoso prestar alimentos mensais que terminam sendo pagos com os próprios recursos do credor dos alimentos, e em valor que provavelmente seria superior se o administrador fosse compelido a entregar para o outro meeiro os frutos e rendimentos gerados pelo patrimônio conjugal. Assim, como visto, a existência de frutos não altera a substância da coisa, mostrando como tem sido pobre a jurisprudência brasileira no trato desequilibrado dos frutos, que terminam sendo compensados por baixo, apenas pela concessão de *alimentos compensatórios,* quando teria maior impacto econômico e financeiro se ao ex-cônjuge ou ex--companheiro fossem entregues na íntegra, e com a equivalente periodicidade, os frutos e rendimentos dos bens comuns, enquanto continuarem indivisos, fato que certamente terminaria gerando uma natural aceleração da partilha que, de hábito, é protelada porque tem permitido o enriquecimento indevido do meeiro administrador e o empobrecimento desmerecido do meeiro credor, este iludido ou conformado pelos alimentos que *descompensam* o seu patrimônio, e essa regra serve tanto para o direito de família como para o direito sucessório.[108]

Por último, os frutos não podem ser confundidos com o usufruto que é instituto jurídico totalmente distinto, uma vez que os cônjuges ou conviventes ou ex-cônjuges e ex-conviventes, se já desfeita a sociedade afetiva, de qualquer forma continuam como plenos proprietários de seus bens, e não usufrutuários desses bens que então pertenceriam a terceiros e dos quais eles gozariam do mero usufruto, como sucede, por exemplo, quando os pais transferem todos os seus bens para seus filhos, que se tornam nus-proprietários e os progenitores ficam como meros usufrutuários, podendo, e assim acontece muitas vezes, ocorrer a constituição do usufruto societário pelo qual haverá uma restrição do direito de propriedade, ficando os direitos de dispor e de reaver a coisa sob a titularidade do nu-proprietário (donatário), que passará a ser possuidor indireto do bem e os direitos de usar e gozar serão reservados, temporariamente, ao doador, que passará a exercer a posse direta, na qualidade de usufrutuário.[109]

Nas doações de participações societárias realizadas por alterações de contratos sociais de empresas, que simulam a aquisição onerosa de quotas sociais para dissimular uma efetiva

---

[108] "Agravo de instrumento. Divórcio c/c partilha. Pedido de divisão imediata de frutos. Arrolamento de bens e produção de prova. Indeferimento em primeiro grau. Inconformismo. Alegada presença dos requisitos da tutela antecipada. Acolhimento. Receio de dano irreparável ou de difícil reparação. Indício razoável. Alimentos provisórios que não impedem a percepção antecipada de frutos dos bens comuns do casal. Pressupostos subsistentes. Aplicação do poder geral de cautela e manutenção do equilíbrio patrimonial dos litigantes. Decisão *a quo* que se impõe ser reformada. Agravo provido" (TJSC, 6.ª Câmara de Direito Civil, Agravo de Instrumento 4014280-06.2016.8.24.0000, Rel. Des. Stanley Braga, j. 22.06.2018).

[109] VERSIANI, Fernanda Valle. *Usufruto de participações societárias.* Uma visão de planejamento sucessório em empresas familiares. Belo Horizonte: D'Plácido, 2017. p. 122.

doação em prol de algum filho e em detrimento de outro, os quais, na verdade, são instrumentos de frequente uso para a prática da fraude sobre a legítima dos filhos excluídos da sociedade empresária. Com o passar do tempo, o progenitor deixa de ser sócio da empresa e nela figuram com exclusividade os filhos privilegiados pelas doações dissimuladas de quotas sociais, se bem que, por descuido, muitos pais consignam nas alterações dos contratos sociais a efetiva doação de suas quotas, que depois precisam ser compensadas, se é que não foi feita a ressalva de que foram retiradas da porção disponível do progenitor. Nessas doações pode constar uma cláusula de cautela de *reversibilidade* (CC, art. 547), pela qual o doador se reserva o direito de reaver os bens doados em determinadas circunstâncias, por não desejar que passem para as mãos de terceiros, no o caso de o donatário falecer antes do doador.[110]

Uma forma muito usual de fraudar a meação de um dos cônjuges se dá quando o casal doa para seus filhos todas as suas quotas ou ações de uma empresa familiar e logo depois os filhos mandam lavrar nova escritura pública, na qual concedem o usufruto vitalício das suas participações societárias e por eles recebidas por doação de ambos os pais, contudo conferem o usufruto a somente um dos seus genitores, sem que o outro sequer tomasse conhecimento dessa nova disposição, uma vez que já havia se despojado das suas quotas ou ações que havia doado para seus filhos, acreditando, em ação conjunta com o seu cônjuges, que ambos estavam antecipando a cessão da empresa para a prole comum. Tempos depois, o cônjuge enganado descobre que seus filhos doaram para o pai o usufruto vitalício das quotas ou ações da sociedade empresária familiar, mediante subscrição de nova escritura pública de usufruto exclusivo, amplo e vitalício, com dispensa de prestação de contas pelo usufrutuário genitor, que também aproveitara pouco tempo antes para se divorciar da esposa sem partilha de bens, porque todos os bens eram da empresa e a empresa havia sido doada por ambos para os filhos, e depois os filhos concederam o usufruto vitalício somente para o pai já divorciado, tendo ele um desfecho vitorioso no seu plano de fraudar a meação da esposa e usufruir de todas as benesses da sociedade empresária durante toda a sua existência, ficando com os frutos que deveriam pertencer ao casal que construiu esse patrimônio comum e comunicável.

3.11.1 Lucros e dividendos e sua compensação na partilha

A finalidade de toda sociedade comercial é a obtenção de lucro, sendo este entendido como o sobrevalor que a sociedade pode produzir como resultado da aplicação do capital e outros recursos na atividade produtiva. É cediço que em todos os exercícios sociais em que uma empresa apura lucro existe a necessidade de decidir como este será destinado. Basicamente, há duas possibilidades: (i) distribuição de dividendos aos acionistas; ou (ii) retenção de lucros (para constituir reservas ou compensar prejuízos anteriores). Portanto, os lucros acumulados representam lucros obtidos pela companhia ou sociedade, não distribuídos como dividendos, e se forem distribuídos deixam de ser lucros da sociedade e passam a ser dividendos dos sócios, e, uma vez transformados em dividendos, ingressam no patrimônio conjugal de comunidade de bens e passam a pertencer a ambos os consortes para serem partilhados na apuração de haveres.

Contudo, a retenção de lucros é uma decisão que as empresas tomam com o objetivo de financiar suas operações futuras, e, ao deixarem de distribuir os lucros a seus sócios ou acionistas, elas se capitalizam, ou seja, tornam o seu capital próprio maior, melhoram sua estrutura de capitais e financiam seu crescimento com recursos próprios.

---

[110] VERSIANI, Fernanda Valle. *Usufruto de participações societárias.* Uma visão de planejamento sucessório em empresas familiares. Belo Horizonte: D'Plácido, 2017. p. 122-123.

Cap. 3 · INDIVISÃO PÓS-COMUNITÁRIA DOS BENS COMUNS | 509

Assim, o lucro apurado em um determinado exercício deve ser distribuído aos sócios para representar um efetivo acréscimo patrimonial e, em consequência, esse acréscimo patrimonial será passível de comunicabilidade, passando a integrar o acervo comum do casal, o que vale dizer que uma sociedade empresária, percebendo lucros, decide se quer reter esses lucros e aumentar o seu capital social ou se prefere partilhar esses lucros com seus sócios pagando-lhes dividendos que ingressam no patrimônio conjugal.

No entanto, se o lucro for destinado à conta de reserva, não sendo distribuído aos sócios, aumenta o caixa da sociedade e aumenta o valor das quotas sociais a serem futuramente partilhadas, devendo ficar muito claro que os lucros retidos na empresa são reservas que se prestam à garantia e reforço do capital social, bem como, para garantia dos credores, pertencendo esses ingressos financeiros à sociedade, e não aos sócios. No entanto, os sócios usufruirão indiretamente desses lucros retidos na sociedade empresária quando promoverem a dissolução parcial ou total da sociedade entre cônjuges ou conviventes meeiros e a respectiva apuração de haveres quando se tratar de cônjuge ou convivente de sócio.

Trazendo isso para a realidade prática, quando arbitrados alimentos compensatórios oriundos de uma sociedade empresária, esses alimentos estão sendo judicialmente concedidos, imaginando o magistrado que a empresa faria o pagamento regular de dividendos, ou seja, que distribuiria regularmente os lucros entre seus sócios. Contudo, se esses lucros permanecerem na empresa, toda a antecipação percebida pelo consorte meeiro, a título de alimentos compensatórios provenientes de presumidos lucros, deverá ser compensada na apuração de haveres, sob pena de o cônjuge alimentando ser duplamente beneficiado ao receber alimentos compensatórios de lucros que não saíram da sociedade empresária e que nela ficaram retidos, aumentando, dessarte, o capital social da empresa. Tendo aumentado o capital social da sociedade empresária, com a apuração de haveres, o consorte alimentando, que recebeu alimentos compensatórios de lucros que não foram distribuídos, receberá novamente o resultado financeiro desses lucros, em um verdadeiro *bis in idem*, ao reclamar o pagamento de sua meação sobre as quotas sociais do cônjuge sócio e que majoraram com o acréscimo dos lucros retidos.

Necessariamente, deve ser promovida na apuração de haveres a compensação com todos os lucros antecipados para o alimentando sob a rubrica de alimentos compensatórios, arbitrados judicialmente para incidirem sobre imaginários lucros que podem ou não ter sido transformados em dividendos, mas que, desafortunadamente, foram pagos ao cônjuge de sócio por ordem judicial, enriquecendo indevidamente esse subsócio, que foi a única pessoa a receber, em nome de alimentos compensatórios, lucros que jamais foram distribuídos aos sócios, porque a sociedade decidiu reinvesti-los na sociedade. Portanto, também sob essa ótica os alimentos compensatórios precisam ser ressarcidos ou compensados por ocasião da partilha, em uma ação de apuração de haveres que o consorte ou companheiro de sócio precisa promover para receber o valor equivalente à sua meação incidente sobre o patrimônio societário. Entretanto, se por ser uma prestadora de serviços a sociedade for simples, e não empresária, consoante a jurisprudência brasileira, nesse caso não existem lucros comunicáveis, de acordo com o artigo 1.659, VI, do Código Civil, tornando claramente impertinente a cobrança judicial de alimentos compensatórios.

3.12 USO DA VIVENDA CONJUGAL

Uma das primeiras consequências que surgem, quase sempre antes mesmo da dissolução oficial das núpcias, ou de uma relação de companheirismo, é a precedente separação física dos cônjuges ou conviventes, que pode ser de fato, de corpos, ou pode ser concomitante ao processo de divórcio ou de dissolução da união estável, sendo totalmente natural que corpos que agora se odeiem, e que não mais querem conviver e dividir o mesmo espaço físico, almejem, até mesmo angustiados, desfazer esta que se torna uma incomoda e sufocante coabitação, e, por essa razão, se convertem em corpos e mentes que buscam se apartar o mais rápido possível. Todavia, nem sempre têm soluções fáceis para suas novas acomodações físicas, e, nessa nova realidade de uma comunidade pós-conjugal, surgem mecanismos e movimentos que intentam desabrigar cônjuge e filhos da primitiva habitação familiar, por vezes registrada em nome da pessoa jurídica da qual um dos esposos é sócio, e esta pessoa jurídica promove a notificação de extinção do comodato e ingressa com uma ação de reintegração de posse, desestabilizando quem ainda ocupa a moradia[111] e se desespera por não saber onde vai se alojar e com quais recursos vai poder efetivamente contar, sendo muitas vezes coagido a firmar péssimos e prejudiciais acordos de divórcio ou de dissolução de uma união estável, cujas entidades familiares merecem no direito brasileiro praticamente o mesmo tratamento jurídico, não obstante algumas relutâncias também no direito sucessório. Contudo, nem sempre assim ocorre em países com práticas jurídicas e costumes sociais muitos próximos aos da cultura brasileira.

Certamente, ninguém duvida de que todo homem, mulher, jovem, adolescente e criança tem direito a aceder e a manter um lugar e uma comunidade familiar onde possa viver em paz, com segurança e dignidade, pois o direito à moradia é direito fundamental e a residência familiar, que serve como porto seguro da família formal ou informal, não encontra na legislação brasileira mecanismos legais que garantam e preservem esse direito fundamental decorrente da integral proteção da família, e com ela entenda-se sobremodo a proteção dos filhos, cujos interesses superiores formam um conjunto de valores que transitam pelo princípio da solidariedade familiar, muito mais acentuada em tempo de crise conjugal, quando são desfeitas as garantias de uso e de ocupação dos domicílios conjugais. O direito de família brasileiro não

---

[111] "Civil e processual civil. Recurso especial. Ação de extinção de condomínio cumulada com cobrança de aluguéis. Direito real de habitação. Companheira supérstite. Negativa de prestação jurisdicional não configuração. Extinção de condomínio e alienação de imóvel comum. Inviabilidade. Aluguéis. Descabimento. Julgamento: CPC/2015. 1. (....). 5. O direito real de habitação é *ex lege* (art. 1.831 do CC/2015 e art. 7º da Lei 9.278), vitalício e personalíssimo, o que significa que o cônjuge ou companheiro sobrevivente pode permanecer no imóvel até o momento do falecimento. Sua finalidade é assegurar que o viúvo ou viúva permaneça no local em que antes residia com sua família, garantindo-lhe uma moradia digna. 6. O advento do Código Civil de 2002 deu ensejo à discussão acerca da subsistência do direito real de habitação ao companheiro sobrevivente. Essa questão chegou a este Tribunal Superior, que firmou orientação no sentido de não revogação da Lei 9.278/96 pelo CC/02 e, consequentemente, pela manutenção do direito real de habitação ao companheiro supérstite. 7. Aos herdeiros não é autorizado exigir a extinção do condomínio e a alienação do bem imóvel enquanto perdurar o direito real de habitação (REsp 107.273/PR; REsp 234.276/RJ). A intromissão do Estado-legislador na livre capacidade das pessoas disporem dos respectivos patrimônios só se justifica pela igualmente relevante proteção constitucional outorgada à família (203, I, CF/88), que permite, em exercício de ponderação de valores, a mitigação de um deles – *in casu* – dos direitos inerentes à propriedade, para assegurar a máxima efetividade do interesse prevalente, que na espécie é a proteção ao grupo familiar. 8. O direito real de habitação tem caráter gratuito, razão pela qual os herdeiros não podem exigir remuneração do companheiro sobrevivente pelo uso do imóvel. Seria um contrassenso atribuir-lhe a prerrogativa de permanecer no imóvel em que residia antes do falecimento do seu companheiro e, ao mesmo tempo, exigir dele uma contrapartida pelo uso exclusivo. 9. Em virtude do exame do mérito, por meio do qual foi acolhida a tese sustentada pelas recorrentes, fica prejudicada a análise do dissídio jurisprudencial. 10. Recurso especial parcialmente conhecido e, nessa extensão, provido." (STJ. REsp. 1.846.167/SP. Terceira Turma. Relatora. Ministra Nancy Andrighi. Julgado em 09.02.2021).

protege com um direito real de habitação casais que se divorciam ou que dissolvem sua entidade familiar informal, com idêntica proteção resguardada pelo direito real de habitação do direito sucessório e previsto para o caso de morte de um dos integrantes da sociedade conjugal ou convivencial (CC, art. 1.831).[112] Trata-se de um direito real e vitalício de habitação relativamente ao imóvel destinado à residência da família, desde que seja o único daquela natureza a inventariar, permitindo perceber que o direito brasileiro deixa acéfalos filhos, cônjuge ou convivente diante da dissolução em vida de uma entidade familiar.

O direito argentino apresenta uma curiosidade que, se, de um lado, responde a essa ansiedade de um cônjuge ou convivente poder ser expulso do domicílio conjugal com a dissolução da vida em comum da entidade familiar, pois não existe no sistema jurídico brasileiro uma proteção semelhante ao *direito real de habitação* do direito sucessório ao viúvo, se outro, essa proteção existe de maneira diferenciada para o convivente e para o cônjuge, porque, enquanto o artigo 522 do Código Civil e Comercial da Argentina determina que, com relação à convivência informal, existindo registro dessa união convivencial na matrícula do imóvel que serve de habitação familiar, nenhum dos conviventes pode, sem o assentimento do outro, dispor dos direitos sobre a vivenda familiar, nem dos móveis indispensáveis ao seu uso, tampouco transportá-los para fora da habitação. No entanto, se não houver esse registro da existência da união estável, mesmo assim o juiz pode autorizar a disposição do imóvel, se isto for imprescindível e se o interesse econômico familiar não resultar comprometido. Ainda com relação à família informal, o artigo 526 do Código Civil e Comercial da Argentina estabelece que o uso do imóvel que foi sede da união convivencial pode ser atribuído a um dos conviventes nas seguintes hipóteses: a) se tem ao seu encargo o cuidado de filhos menores de idade, com capacidade restringida, ou incapazes; b) se demonstrar a extrema necessidade de uma vivenda e a impossibilidade de encontrar uma de forma imediata, fixando o juiz um prazo de atribuição da moradia que não pode exceder a dois anos a contar da separação de fato.

Em contrapartida, examinando o artigo 443 do Código Civil e Comercial da Argentina, quando se trata de um casamento civil, está ordenado que um dos cônjuges pode pedir a atribuição ou uso da moradia familiar, quer se trate de imóvel próprio de qualquer dos consortes ou imóvel comum a ambos, e o juiz determina a procedência, o prazo de duração e demais efeitos desse direito, com base nas seguintes pautas: a) a pessoa a quem se atribui o cuidado dos filhos; b) a pessoa que está em situação econômica mais desvantajosa para poder prover uma moradia por seus próprios meios; c) o estado de saúde e a idade dos cônjuges; d) os interesses de outras pessoas que integram o grupo familiar.

Logo, fica evidente o tratamento discriminatório que existe na legislação argentina para com a união estável em comparação com o casamento, porque na relação informal é preciso registrar a sua existência no ofício imobiliário, havendo algumas exceções, mas o tempo máximo

---

[112] No Anteprojeto do Código Civil, em trâmite no Congresso Nacional, o artigo 1.831 passa a ter a seguinte redação: "Art. 1.831. Ao cônjuge ou ao convivente sobrevivente que residia com o autor da herança ao tempo de sua morte, será assegurado, qualquer que seja o regime de bens e sem prejuízo da participação que lhe caiba na herança, o direito real de habitação, relativamente ao imóvel que era destinado à moradia da família, desde que seja o único bem a inventariar. § 1.º Se ao tempo da morte, viviam juntamente com o casal descendentes incapazes ou com deficiência, bem como ascendentes vulneráveis ou, ainda, as pessoas referidas no art. 1.831-A *caput* e seus parágrafos deste Código, o direito de habitação há de ser compartilhado por todos. § 2.º Cessa o direito quando qualquer um dos titulares do direito à habitação tiver renda ou patrimônio suficiente para manter sua respectiva moradia, ou quando constituir nova família".

de ocupação do imóvel não pode ultrapassar dois anos e essa limitação de tempo não existe no caso de o cônjuge requerente do uso do imóvel ser casado. O dispositivo legal se limita a outorgar ao juiz a faculdade de determinar o prazo de duração, sem limite algum de antemão ordenado e tendo como pauta, entre outras, a pessoa a quem se atribui o cuidado dos filhos.[113]

Comentando a legislação argentina, Marcelo F. Parma menciona tratar-se de norma de ordem pública o artigo 522 do Código Civil e Comercial argentino, tomando qualquer dos conviventes a cautela de promover o registro precedente da existência de sua união estável no Registro Imobiliário onde a moradia está matriculada, para fazer prova da existência da convivência estável ao reivindicar a manutenção de posse sobre o domicílio familiar. No entanto, alega que a falta do registro da união estável no ofício imobiliário não significa negar a proteção da moradia ressaltada pelo direito argentino, e o juiz pode autorizar a sua utilização, se for indispensável. Com relação ao artigo 526, também da legislação civil argentina, explica ser seu escopo proteger a parte que se encontra mais débil no momento da ruptura da união, embora, para a união estável, haja limitação de tempo para o uso exclusivo da moradia,[114] merecendo ser extraídas desse contexto legal duas pontuais observações: 1) a primeira delas acerca do fato de que o direito brasileiro não tem em seu ordenamento jurídico nada parecido que permita abrigar, geralmente, esposa e filhos, notadamente na fase pós-conjugal ou pós--comunitária dos bens comuns e entre os quais se encontra a habitação familiar, ou mesmo quando a residência conjugal ou convivencial não se comunica, o legislador brasileiro não cuidou de assegurar a utilização da vivenda familiar consoante o interesse familiar mais acentuado, como ocorre no direito argentino quando assegura a moradia com as pertenças que guarnecem a habitação familiar, ainda que o faça pelo prazo limitado de dois anos quando se trata de uma união estável. Isso vale tanto diante da dissolução afetiva realizada em vida como em decorrência da sucessão e, nesse particular, o direito brasileiro é mais generoso, ao conceder em caso de morte, tanto para o cônjuge como para o convivente supérstite, o direito real de habitação vitalício, e não com uma limitação de dois anos, contados do falecimento ou da dissolução de fato ou de direito de uma convivência estável, devendo ser consignado que o prazo máximo de dois anos pode ser reduzido se o juiz entender que desapareceram as condições de dificuldades que existiam, uma vez que a decisão de concessão não faz coisa julgada formal e pode ser revista por provocação da parte contrária, ou se o convivente beneficiado incorre em alguma previsão de indignidade; 2) A segunda observação é de que o direito brasileiro prescinde de uma reforma legislativa que reestude a possibilidade de implementar o uso do imóvel para as hipóteses de divórcio, separação ou dissolução da união estável, em uma espécie de *avant premier* do direito real de habitação, onde cônjuge ou convivente mais carentes de recursos e na guarda com moradia de referência dos filhos não passem pelo medo e pelo estresse de ficar desprovidos da sua moradia e temerosos quanto à sua segurança pessoal, nem que o uso da habitação se dê por algum tempo suficiente para que o consorte guardião de referência possa se reestruturar e arrumar outro lugar para residir com a prole, ou conceder por extensão de uso da moradia familiar para filhos com necessidades especiais e seus respectivos guardiães.

---

[113] MÉNDEZ, Romina A.; RICOLFI, María Florencia. De las modificaciones que pueden otorgar una mejor protección de la vivienda familiar en las uniones convivenciales. *In*: CARLUCCI, Aída Kemelmajer de; JUAN, Mariel F. Molina de (coord.). *Paradigmas y desafíos del derecho de la niñez y adolescencia*. Buenos Aires: Rubinzal-Culzoni, 2019. p. 539.

[114] PARMA, Marcelo F. *Código Civil y Comercial de la Nación comentado*. Coordenación Julio César García Villalonga. 2. ed. Buenos Aires: Thomson Reuters/La Ley, 2016. t. II, p. 444-464.

O artigo 96.I do Código Civil espanhol tem idêntica norma de proteção da vivenda em benefício do mais frágil na relação, mas não sob a ótica do cônjuge ou convivente, e sim em função dos filhos, dispondo que, na falta de acordo dos cônjuges, a utilização da residência familiar e dos objetos de uso ordinário existentes na morada corresponde aos filhos e ao cônjuge em cuja companhia eles fiquem. Caso alguns filhos fiquem com um dos consortes e outros com o outro, a decisão será do juiz, e, se não houver filhos, poderá ser acordado o uso da moradia e dos bens que a guarnecem por um tempo prudencialmente fixado, em benefício do cônjuge não proprietário, sempre que assim for aconselhável diante das circunstâncias do caso concreto. Escreve Marta Ordás Alonso, comentando o artigo 96.I do Código Civil, tratar-se de valorar e considerar como prioridade acima de qualquer outro mérito legítimo que possa concorrer com estes que são os interesses superiores dos menores, cujo objetivo é garantir o desfrute pleno e efetivo de todos os direitos reconhecidos para o desenvolvimento global da criança e do adolescente, o que abarca o desenvolvimento físico, mental, espiritual, moral, psicológico e social. Nesse aspecto, a atribuição do domicílio familiar aos filhos se impõe, ainda que indiretamente o cônjuge, ao qual tenha sido confiada a custódia, seja favorecido, já que são os mais necessitados de proteção, sendo acertado que atraiam ao ascendente que com eles vá conviver e deles vá cuidar, pois desse modo subsiste certa continuidade na coesão familiar, atenuando, na medida do possível, a ruptura da convivência familiar e evitando que os filhos iniciem uma peregrinação domiciliar.[115] O direito espanhol não estabelece um tempo certo como faz a legislação argentina, que limita a dois anos, mas toma como termo de extinção do uso da vivenda a maioridade dos filhos, consoante entendimento doutrinário e jurisprudencial, com difícil possibilidade de prorrogação desse prazo ou antes, se desaparecerem as causas que justificaram a proteção dos filhos, por exemplo, a prole ter passado a viver com o outro genitor proprietário do imóvel.

Por fim, o artigo 1.793.º do Código Civil de Portugal ordena que o tribunal decida acerca da utilização da morada da família por qualquer dos cônjuges, quer se trate de residência comum, quer própria do outro, considerando, nomeadamente, as necessidades de cada um dos cônjuges e os interesses dos filhos do casal, valendo-se também a legislação portuguesa do critério de *conveniência* que assim respeita a liberdade de as pessoas decidirem sobre as suas vidas.[116]

Como forma de fraudar o uso da moradia conjugal ou convivencial, seja em função de uma dissolução litigiosa do casamento ou de uma união estável, com intuito de permitir que o imóvel possa ser retomado com a maior brevidade possível da posse indesejada do ex-cônjuge ou do ex-convivente, geralmente trata-se da mulher e os filhos e por essa razão também recebem uma maior complacência judicial, em regra, muitos maridos ou companheiros compram as moradias conjugais em nome de seus pais, ou em nome de sociedades empresárias constituídas preferencialmente antes do início do relacionamento, ou mesmo tendo as empresas sido formatadas durante a convivência, isto quando não se socorrem de interpostas pessoas físicas, forjando contratos de suposta locação, tentando assim burlar eventual posse pela esposa e filhos da moradia conjugal, notadamente enquanto tramita o processo litigioso de dissolução do relacionamento estável ou conjugal, pois, nessa fase que precede o decreto do divórcio ou da dissolução da convivência informal, a residência ainda é considerada como domicílio conjugal ou convivencial e o possuidor está e deve ser legalmente mantido na posse da

---

[115] ALONSO, Marta Ordás. *La atribución del uso de la vivienda familiar y la ponderación de las circunstancias concurrentes*. Madrid: Wolters Kluwer, 2018. p. 119-121.

[116] MADALENO, Rolf. *Direito de família*. 10. ed. Rio de Janeiro: GEN/Forense, 2020. p. 181.

vivenda familiar. Assim, se o imóvel está registrado em nome de uma terceira pessoa física ou jurídica, que deu o imóvel em comodato, esse suposto comodato certamente foi dado para que a família nele estabelecesse a sua moradia, e se a esposa ou a companheira permanecem no imóvel, nele estão em nome de uma família conjugal ou convivencial que ainda segue íntegra, porque não foi dissolvida pelo divórcio ou pela dissolução oficial da união estável. Desfeitas as núpcias ou a relação de companheirismo, os pseudotitulares do domínio do imóvel, que serve de residência familiar, devolvem o domínio do imóvel ao seu verdadeiro dono, que é e sempre foi o marido ou companheiro, mas sempre depois de transitada em julgada a ação de divórcio ou de dissolução de união estável, e são informados de que o domicílio conjugal era apenas dado em comodato para o ex-casal. Durante a tramitação do processo de dissolução da relação afetiva simulam vínculos de comodato, ou em algumas simulações tecnicamente mais sofisticadas firmam contratos de locação entre o aparente proprietário e o verdadeiro proprietário do imóvel, com emissão mensal de recibos locativos, mas que, em realidade, nesse jogo simulatório o marido ou companheiro se apresentam como locatários no contrato de locação. Contudo, essa estratégia de simular uma locação pode se mostrar contraindicada para recuperar a posse do imóvel, em razão da legislação do inquilinato, cujo artigo 11 (Lei 8.245/1991) assegura ao cônjuge ou companheiro sobrevivente e sucessivamente aos herdeiros necessários e às pessoas que viviam na dependência econômica do falecido, desde que residentes no imóvel, a faculdade de se sub-rogarem nos direitos e obrigações do locatário sucedido, e, na sequência, o artigo 12 autoriza que, em casos de separação de fato, separação judicial ou extrajudicial, divórcio ou dissolução da união estável judicial ou extrajudicial, o cônjuge ou convivente prossigam automaticamente no imóvel em sub-rogação contratual, podendo o fiador exonerar-se das suas responsabilidades no prazo de 30 dias, contado do recebimento da comunicação oferecida pelo sub-rogado, ficando responsável pelos efeitos da fiança durante 120 dias após a notificação ao locador (Lei 8.245/1991).

Outros compram a residência familiar em nome próprio e cedem o usufruto para seus próprios pais, que por sua vez cedem o uso em caráter temporário ao casal, e depois reivindicam o usufruto ou cobram um valor locativo pela utilização da moradia agora ocupada apenas por um dos cônjuges ou conviventes, e que pode ou não ter os filhos em sua companhia.

Com tais esquemas arquitetados de forma egoísta e maquiavélica, visam consortes ou companheiros não só desalojar seu parceiro da própria e necessária moradia, muitas vezes com extremas dificuldades de conseguir outro lugar para morar com os filhos a tiracolo, o que por si só não deixa de ser uma crueldade material e mostra de um ato desumano, como também procuram excluir da partilha, em um regime de comunidade de bens, a moradia familiar, que serve como importante porto seguro de estruturação familiar e, em realidade, é a referência da família constituída a partir de juras de amor e de proteção, cujo primeiro ato concreto e decorrente dessas juras é a busca do *lar doce lar*.

3.13 DIREITO PREFERENCIAL PARA USO DO PRIMITIVO DOMICÍLIO CONJUGAL

Constitui sobretudo um direito dos filhos e, consequentemente, um dever dos pais cumprir com todas as necessidades alimentares dos seus filhos e uma delas, que merece absoluta prioridade, é justamente a garantia da moradia, mesmo porque o direito aos alimentos compreende a satisfação das indigências dos filhos de manutenção, educação, lazer, vestuário, assistência, habitação, gastos com enfermidades e todos os consumos que se fizerem necessários para que eles adquiram um ofício ou uma profissão, claro que sempre proporcionais às possibilidades econômicas das pessoas obrigadas com a prestação dos alimentos, em confronto

Cap. 3 · INDIVISÃO PÓS-COMUNITÁRIA DOS BENS COMUNS | 515

com as efetivas necessidades do alimentando. É inegável a garantia do teto familiar, que gera segurança e proteção, e essa rubrica de profundo conteúdo alimentar não pode ficar à mercê das artimanhas engendradas por casais azedos, que não relutam em usar de expedientes fraudatórios para desalojar os filhos que trouxeram ao mundo e sobre os quais têm os pais o dever humano e natural de assistência e integral amparo.

Induvidoso que essa proteção, a qual assegura como dever essencial da prole e da família constituída sob qualquer aspecto fático ou oficial, será sempre destinatária da ampla assistência material, cujo conteúdo não tem somente vigência na harmonia que naturalmente existe na constância e euforia da comunhão plena de vida que se apresenta durante a relação conjugal ou convivencial, mas, muito ao revés, são lineamentos constitucionais cuja proteção inclui a moradia, mesmo depois da ruptura do casamento ou da união estável, e que talvez se mostre, nesse momento pós-conjugal, como uma necessidade muito mais ampla do que aquela contemplada durante a mútua convivência conjugal ou convivencial, dado que, diante da ruptura afetiva, ao menos uma das partes que figura como dependente alimentar se encontra muito mais débil e vulnerável, uma vez que já não mais conta com o auxílio e a solidariedade, vale dizer, com o anteparo do parceiro provedor. No entanto, o cenário pode ser muito pior quando nessa fase pós-nupcial a parte vulnerável se depara com uma maquinação maquiavélica de um cônjuge que não mede esforços para despachar mulher e filhos para a sarjeta, ou que desavergonhadamente se tornem dependentes do auxílio de terceiros que não têm uma nesga desse dever.

Sob o olhar do dircito espanhol, os filhos têm preferência de continuar na moradia ao lado do progenitor que os têm sob a sua companhia e seus cuidados, sem prejuízo de uma guarda compartilhada jurídica, como maior ainda a motivação priorizando esse direito de habitação, o qual no direito sucessório pode ser tratado como um legado de habitação a favor de filhos mesmo maiores, se forem portadores de alguma incapacidade física ou mental. Nesse sentido, Vanessa García Herrera menciona que as pessoas portadoras de alguma incapacidade registram um índice de pobreza setenta por cento superior à média, em parte por terem um menor acesso a emprego, o que determina que se encontrem em situações socialmente vulneráveis e expostos a sérios riscos de discriminação, pobreza e exclusão social. Essas circunstâncias se acentuam quando se trata de mulheres incapazes, que com frequência enfrentam múltiplas formas de discriminação e gozam de menos ou de nenhuma independência, com acesso mais restrito à educação, formação, emprego e serviços básicos, porquanto o direito à moradia é um direito instrumental e do seu reconhecimento e cumprimento depende a eficácia de outros direitos, como a dignidade, o livre desenvolvimento da personalidade, a saúde, o meio ambiente, o direito ao trabalho, à educação e a participação social. Esse seu caráter instrumental justifica o seu amplo reconhecimento no direito moderno, pois se trata de um direito de *qualidade de vida*,[117] que não pode ser relegado a segundo ou terceiro plano, como se o fim das núpcias ou de uma união estável fosse o marco derradeiro de qualquer outro dever adicional, ou como se o simples pagamento dos alimentos em pecúnia fosse a resposta máxima de resguardo da família, quando usualmente os alimentos nem sequer conseguem cobrir os custos de uma adequada e substituta moradia, e como se a habitação tivesse um conteúdo subjetivo de valor inferior. É grande a importância para o direito espanhol a garantia de habitação de um filho ou dependente portador de uma incapacidade física ou mental que o artigo 822 do Código Civil da Espanha ordena que eventual doação de um direito de habitação sobre

---

[117] HERRERA, Vanessa García. *El legado de habitación a favor de legitimario discapacitado*. Madrid: Dykinson, 2018. p. 23-27.

uma moradia habitual, por seu titular, seja feita em favor de um herdeiro necessário, pessoa incapaz, e essa concessão não será computada para o cálculo das legítimas se, no momento do falecimento, ambos (doador e incapaz) estivessem convivendo na mesma moradia.

Servem esses exemplos e esses dispositivos legais, que nem ao largo passaram pela intelecção do legislador brasileiro de 2002, como um verdadeiro alerta a despeito da relevância que exerce o direito real de habitação pós-conjugal, seja em decorrência de um divórcio ou da dissolução de uma união estável, quer advenha do evento morte de um dos consortes ou conviventes, cuja necessidade de moradia se agrava diante da condição de incapacidade física ou mental de um dependente alimentar, surgindo então o que pode ser denominado de *comunidade patrimonial* pós-conjugal. Trata-se de uma verdadeira comunidade pós-matrimonial de bens compostos pela antiga identidade conjugal, cuja definitiva liquidação dos bens só surge quando da efetiva operação de liquidação, que materializa a concreta e individualizada meação de cada consorte ou convivente dos bens e direitos originários do casamento ou da primitiva união estável, cujas meações foram terminantemente adjudicadas. Entrementes, dependendo da maior ou menor gravidade da situação, a manutenção da moradia deve merecer maior atenção do legislador e dos tribunais quando ostenta o *status* de proteção familiar, e essa proteção de essencial conteúdo deve ficar a salvo dos artifícios processuais e materiais engendrados por cônjuges ou companheiros financeiramente ávidos e pessoalmente indolentes.

3.14 LIQUIDAÇÃO E PARTILHA DOS BENS PÓS-COMUNITÁRIOS

Por liquidação e partilha dos bens pós-comunitários entenda-se o conjunto de atividades dirigidas a determinar o conjunto dos bens que integram o acervo dos ex-consortes e sua partilha entre ambos, ou entre um deles e os herdeiros do outro, ou dos herdeiros de ambos, qual seja, levar a efeito a divisão dos bens e benefícios obtidos durante a vigência do regime econômico, por qualquer dos cônjuges ou conviventes, que lhes são atribuídos por metade ao dissolverem o casamento ou a união estável, e cuja divisão promovem depois de dissolvida a entidade familiar, atendendo antes as dívidas do casal para com terceiros e depois as dívidas e pendências existentes entre eles, de modo a que um não resulte enriquecido à custa do outro.

Regulam a liquidação e a partilha os artigos 1.396 a 1.410 do Código Civil da Espanha, descrevendo os caminhos que devem ser percorridos para que sejam procedidas a liquidação e a dissolução da sociedade patrimonial conjugal ou pós-conjugal, cujo roteiro começará por um inventário do ativo e do passivo dos bens. Compreende o arrolamento os bens comuns existentes no momento da dissolução do relacionamento e consignado o valor atualizado dos bens que tenham sido alienados por negócios ilegais ou fraudulentos e que não tenham sido recuperados, ademais dos valores atualizados das quantias pagas pelo patrimônio conjugal, mas que eram encargo privativo de um só dos cônjuges, tendo a sociedade nupcial um crédito contra esse consorte. Já o passivo da sociedade conjugal ou pós-conjugal está formado pelas dívidas pendentes ao encargo da sociedade afetiva, mais a quantia atualizada de bens privativos que foram utilizados em benefício da sociedade e que precisam ser restituídos em dinheiro, além da quantia atualizada de valores pagos por um só dos cônjuges, com seus recursos particulares, mas para atender às despesas da sociedade conjugal.

Terminado o inventário, serão pagas, em primeiro lugar, as dívidas da sociedade conjugal, começando pelas de natureza alimentícia, que em qualquer hipótese terão preferência e, quando não houver dinheiro suficiente para pagamento das dívidas, poderão ser adjudicados bens conjugais ou ser vendidos bens para o pagamento dos débitos. Pagos as dívidas e os encargos da sociedade, serão abonadas as indenizações e reintegrações devidas a cada um dos

Cap. 3 • INDIVISÃO PÓS-COMUNITÁRIA DOS BENS COMUNS | **517**

cônjuges até onde alcance o patrimônio partilhado, fazendo-se as compensações correspondentes ao crédito a ser liquidado pelo cônjuge ou convivente devedor. Uma vez feitas essas compensações, o remanescente dos bens constituirá os *haveres* da sociedade, que se dividirá por metade entre os cônjuges ou entre o cônjuge sobrevivente e os herdeiros do consorte morto. Ainda em conformidade com a legislação espanhola, cujo modelo de procedimento pode naturalmente ser seguido pelo direito brasileiro, porque os princípios legais e morais são exatamente os mesmos, cada cônjuge tem o direito de que se incluam com preferência na sua meação: (i) os bens de uso pessoal; (ii) a exploração econômica que gestione efetivamente, por exemplo, a sociedade empresária que sempre titulou; (iii) o local onde sempre exerceu sua profissão, por exemplo, o consultório dentário no qual o consorte exerce a sua profissão de dentista, ou o advogado com o seu escritório de advocacia; (iv) no caso de morte do outro consorte, a moradia onde mantinha sua residência habitual, independentemente do direito real de habitação, constituindo-se, em realidade, de um abuso do direito se o cônjuge ou convivente supérstite refuga a habitação habitual como pagamento de seu quinhão hereditário ou de sua meação, visando unicamente obter uma vantagem adicional ao acrescentar outros bens na partilha em seu favor, somando a esses bens o exercício vitalício da moradia familiar oriunda do direito real de habitação.

Infelizmente, o direito brasileiro não tem nenhum detalhamento a respeito da partilha dos bens de um casal que dissolve sua união estável ou que se divorcia, e, tal qual registra Rafael Calmon Rangel, "a bem da verdade, o único dispositivo do Código de Processo Civil brasileiro que se refere especificamente a um procedimento destinado à partilha dos bens comuns amealhados ao longo das uniões familiares é o artigo 731, parágrafo único do CPC, que enuncia que, *se os cônjuges não acordarem sobre a partilha dos bens, far-se-á esta depois de homologado o divórcio, na forma estabelecida nos arts. 647 a 658*.". Também agrega à sua crítica que assim já sucedia ao tempo do Código de Processo Civil de 1973,[118] sendo efetivamente pobre a processualística nacional, de que se ressentem, e muito, aqueles que operam e dependem de regramentos claros e detalhados de como proceder para a divisão concreta e segura dos bens conjugais ou pós-conjugais, especialmente quando surgem situações, inclusive frequentes, nas quais se faz necessário conhecer e trabalhar com um processo seguro e informativo capaz de gerar segurança jurídica e minimizar a prática nefasta da fraude patrimonial.

A partilha pode ser consensual ou litigiosa, judicial ou extrajudicial, e, como escreve Ana Paula Corrêa Patiño, "a separação do casal põe fim ao regime de casamento, deixando de vigorar as regras patrimoniais a ele relativas. Postergando-se a partilha para momento posterior à homologação da separação ou do divórcio (união estável), o regime matrimonial não se aplicará aos bens futuros, adquiridos pelas partes. Os bens ainda não partilhados, no entanto, permanecem em comunhão, a depender do regime de bens adotado. Não há que se falar, portanto, em condomínio dos bens comuns, mas sim em comunhão de tais bens, que se extinguirá futuramente com a partilha. O procedimento para a efetivação da partilha encontra previsão nos arts. 647 a 658 do Código de Processo Civil, que, embora digam respeito à sucessão *causa mortis*, aplicam-se à partilha decorrente da separação ou divórcio (união estável)".[119]

Como visto, profundamente pobre o regramento de uma partilha litigiosa dos bens comuns conjugais e pós-conjugais, tanto que o sistema processual brasileiro faz uso por

---

[118] RANGEL, Rafael Calmon. *Partilha de bens*. Na separação, no divórcio e na dissolução da união estável. São Paulo: Saraiva, 2016. p. 140.

[119] PATIÑO, Ana Paula Corrêa. *Comentários ao Código de Processo Civil*. Coordenação Angélica Arruda Alvim, Araken de Assis, Eduardo Arruda Alvim e George Salomão Leite. São Paulo: Saraiva, 2016. p. 837.

empréstimo do procedimento da partilha utilizado para a sucessão *causa mortis*, que é um procedimento eminentemente administrativo, apartado e carente de caminhos e rituais próprios de um processo contencioso de partilha conjugal, e disso o sistema jurídico brasileiro se ressente por não poder contar com um rito próprio que não fosse o ordinário, e sim especialmente planejado e particularizado para as partilhas contenciosas de bens conjugais ou pós-conjugais, com seus múltiplos caminhos processuais próprios e especiais, para realmente poderem ser debelados ou ao menos minimizados os efeitos dos nefastos e assíduos ilícitos civis de desvios de bens, que deveriam ser partilhados em quantidades e qualidades iguais, respeitando a meação ou o quinhão hereditário de cada cônjuge ou herdeiro.

Segundo Rafael Calmon Rangel, na hipótese de não haver acordo a respeito da distribuição dos bens, sempre foi admitida a ação de partilha pelo rito comum, tendo o legislador processualista de 2015 perdido uma grande oportunidade de regulamentar o tratamento processual com normas específicas de direito de família e voltadas ao atendimento das características distintivas e corriqueiramente travadas nas relações processuais entre consortes que buscam equilibrar a partilha de seus bens e que, geralmente, no melhor dos esforços, terminam em uma partilha capenga, com os bens em condomínio. Tal divisão é realizada segundo o ritual do inventário e da partilha, com suas pitadas de procedimento ordinário para as indagações de alta repercussão e, portanto, forçando os casais ao indesejado e contraindicado condomínio, pois podiam seguir nesse estágio como simples meeiros, pois nada mudou em sua vida econômica. No entanto, eles foram compelidos a promover nova e perigosa demanda, agora no juízo cível, e não mais em uma vara de família, a extinção desse condomínio imposto, com todos os seus percalços financeiros e que tendem a malbaratar meações já fraquejadas por tantas demandas e tantos movimentos fraudatórios que correm em paralelo, merecendo destaque as observações de alerta já apontadas por Rafael Calmon Rangel quando afirma que:

> Sempre que não houver consenso a respeito da divisão dos bens comungados, o juiz deverá apenas decidir sobre a dissolução da conformação familiar, encaminhando as partes a um juízo sucessivo destinado à apuração e liquidação desse acervo, a fim de obter a especificação daqueles que serão atribuídos a cada uma delas, à semelhança do que ocorre com a divisão do patrimônio hereditário (CPC/2015, arts. 647 a 658).
>
> [...]
>
> As linhas gerais deste procedimento são traçadas, sem grandes alterações em relação ao sistema revogado, pelos arts. 647 a 658 do CPC/2015. Como resultado, a competência para seu processamento e julgamento caberá ao próprio juízo de família onde tenha tido curso a ação de divórcio ou de declaração de união estável. Apesar de a remissão legal ser aos artigos que tratam da partilha, não raro surgem divergências prévias entre as partes, em torno da natureza, qualidade e quantidade dos bens a serem divididos, tornando-se necessário que se promova a liquidação pelo rito comum ou sob a forma do próprio inventário, previamente à partilha propriamente dita (arts. 610 a 646).
>
> Devido ao fato de não haver herança a ser partilhada, mas patrimônio titularizado por pessoas vivas, a literatura remarca algumas especificidades inerentes ao rito dessas ações, como a inaplicabilidade do prazo de abertura e conclusão do art. 611 do CPC/2015, a desnecessidade de citação da parte contrária e da intervenção da Fazenda Pública, a impossibilidade de credores pedirem a abertura do inventário e de intervirem na condição de terceiros, assim como de ser aplicada a pena de sonegados aos ex-cônjuges.
>
> [...]
>
> A visão tradicional do fenômeno, aqui criticada, parte do pressuposto de que, se os consortes não chegarem a um consenso a respeito do destino dos bens, haverá necessidade de promoção da ação de inventário e partilha para apuração dos respectivos quinhões como,

Cap. 3 · INDIVISÃO PÓS-COMUNITÁRIA DOS BENS COMUNS | **519**

aliás, vem sendo feito desde o advento da Lei das XII Tábuas, por meio da assim chamada "actio familiae erciscundae".

[...]

Com o máximo respeito, porém, segue-se linha de orientação diversa por se entender que a adoção obrigatória da ação de inventário e partilha não soluciona adequadamente o caso. Considerando-se as novas diretrizes e valores encampados pelo processo civil atual, parece mesmo ter passado da hora não só desse procedimento, mas de todos os métodos acima estudados serem definitivamente sobrepujados. Afinal, a exigência de tantos atos judiciais (liquidação, inventário, partilha e posterior necessidade de instauração de novo procedimento judicial destinado à venda ou divisão dos bens comuns) se revelaria um tanto quanto inadequada, no mínimo, em relação aos quesitos de economicidade e celeridade que devem circundar todos os processos judiciais.

[...]

Por isso é que se acredita que melhor seria municiar o sistema de instrumentos adequados para combater as intempéries surgidas durante o processo de partilha do patrimônio comum, como alguns países vêm fazendo, pois não se nega o poder de persuasão que aquele sujeito que retém consigo a maior parte do patrimônio indiviso possui sobre os filhos e até mesmo sobre seu ex-consorte.

Necessário se torna, assim, que se voltem os olhos para outros instrumentos que, se manejados de forma adequada, parecem ser capazes de acarretar sensível aceleração no procedimento e considerável otimização às ações de família, inclusive no que concerne a seus reflexos patrimoniais.[120]

O rito do inventário e da partilha é claramente insuficiente para servir como instrumento para as divisões de bens conjugais ou convivenciais, e, se bem visto, na herança impera o respeito à vontade do falecido quando disposta em testamento. Nos tempos atuais, até em protocolos de sociedades empresárias familiares são previstas regras sucessórias no comando da empresa, cuja situação cedo ou tarde será inevitável, enquanto nas comunidades patrimoniais conjugais ou pós-conjugais, ambos os consortes ostentam uma titularidade idêntica e têm interesses que geralmente são contrapostos em uma partilha litigiosa de seus bens. Ademais, às vezes é até necessário considerar cláusulas pactícias firmadas pelos consortes em pactos antenupciais e pelos conviventes em contrato de união estável e a realização de uma profunda investigação de fraudes patrimoniais perpetradas por contratos simulados e por interpostas pessoas físicas ou jurídicas.

Com efeito, a adoção do inadaptado rito do inventário e da partilha retira todo e qualquer entusiasmo para uma solução efetiva da partilha dos bens indivisos conjugais ou pós--conjugais, sobre os quais não existe mútuo acordo entre os meeiros, sejam eles cônjuges ou ex-cônjuges, ou sejam eles herdeiros de um desses cônjuges ou companheiros, ou mesmo herdeiros de ambos. Ainda que durante a tramitação do processo litigioso de partilha surja a possibilidade de consenso para uma divisão amistosa dos bens que compõem a comunidade patrimonial, é preciso que exista um ritual próprio do direito de família, e não um rito emprestado do direito sucessório, para liquidação e partilha do regime econômico matrimonial ou convivencial, e que, em especial, trate com a necessária severidade essa usual prática da fraude aos bens comuns, dando solução, celeridade e equilíbrio às discrepâncias surgidas na liquidação dos bens que segue um obrigatório roteiro que passa pelo inventário, avaliação,

---

[120] RANGEL, Rafael Calmon. *Partilha de bens*. Na separação, no divórcio e na dissolução da união estável. São Paulo: Saraiva, 2016. p. 140-163.

liquidação, divisão e adjudicação dos bens, com suas intercorrências casuísticas a depender das circunstâncias de cada caso. Assim refere Raquel Evangelio Llorca, ao comparar a sociedade empresária com a sociedade conjugal: "na sociedade empresária, as dívidas e benefícios produzidos pela atividade dos sócios se consignam em contas, e os fundos sociais não costumam ser aplicados aos usos particulares. Em câmbio, na comunhão de bens limitados será preciso delimitar no momento da dissolução, relações que durante lustros e décadas permaneceram sem qualificação específica; haverá de ser concretizada a condição privada ou comum dos bens, das dívidas pagas e das que restam pagar. Em suma, e ainda que isto só possa ser realizado de forma sumária, terá de ser reconstruído através do tempo passado desde as bodas, uma história que está para ser escrita".[121]

Com propriedade, alerta Karime Costalunga que existe uma lógica própria para cada um dos ramos do direito de família, direito empresarial e direito das sucessões, e observa que, em especial, o direito de família aponta seu avançado e latente foco para as relações entre pessoas estabelecidas, com uma carga de pessoalidade muito elevada e a diferença entre as questões pessoais da conjugalidade. O vínculo dessas pessoas com os aspectos patrimoniais reside justamente na sensibilidade que ressai dos aspectos subjetivos de um casamento desfeito, enquanto no direito sucessório é difícil encontrar um equilíbrio que trate de proteger patrimonialmente a instituição familiar, com suas regras cogentes acerca da transmissão patrimonial *post mortem*. Está no outro extremo a autonomia pessoal que concede mais campo para a liberdade e maior espectro de concessões,[122] importando verificar com clareza que, como ramos distintos, mas não dissociados, precisam encontrar um caminho processual próprio que os unifique por ocasião da partilha e da liquidação dos bens conjugais, sucessórios e sintonia circunstancial com os seus vínculos societários.

Diferentemente do direito brasileiro, que nem sequer tem um rito próprio para a partilha litigiosa dos bens que compõem a comunidade conjugal e muito menos para a divisão dos bens que constituem a comunidade pós-conjugal, e, a propósito, nem mesmo diferencia o que deva ser interpretado como comunidade patrimonial indivisa conjugal e comunidade patrimonial indivisa pós-conjugal, o direito argentino começa informando como se extingue o regime de bens, inclusive prevendo a separação judicial dos bens diante da separação de fato (CCC, art. 477, letra *c*), subsistindo depois do divórcio ou do falecimento de um dos consortes uma denominada indivisão patrimonial pós-comunitária e da qual o direito brasileiro nem cogita.

O direito civil argentino regula a indivisão patrimonial pós-conjugal por morte, a qual denomina de *indivisão hereditária*, e, se subsiste uma indivisão patrimonial pós-conjugal, ele estatui o procedimento material e a sua administração nos artigos 481 a 495 do Código Civil e Comercial da Argentina Seu processamento para a efetivação de sua partilha consta dos artigos 496 a 504, cujos dispositivos determinam como será realizada a divisão concreta desses bens que permanecem indivisos mesmo depois do divórcio nessa denominada indivisão pós-conjugal regulamentada pelo direito argentino, entre outras legislações. Diferentemente do completo descaso verificado no ordenamento jurídico brasileiro, que lança meeiros e herdeiros para uma completa aventura processual na cata da preservação, acautelamento

---

[121] LLORCA, Raquel Evangelio. De la disolución y liquidación de la sociedad de gananciales (II). *In*: ALBESA, J. Rams; MARTÍNEZ, J. A. Moreno (coord.). *El régimen económico del matrimonio*. Madrid: Dykinson, 2005. p. 618.

[122] COSTALUNGA, Karime. *O direito do meeiro do sócio na apuração de haveres*. Proposta de interpretação da legislação civil. São Paulo: Quartier Latin, 2019. p. 131.

e recuperação de seus bens comunicáveis ou sucessórios (pois tudo que o sistema jurídico brasileiro oferece é um desajeitado e impróprio procedimento de inventário e partilha, criado exclusivamente para o direito sucessório, que, diante de percalços jurídicos, termina sendo ordinarizado, mas sem regras próprias de uma contenciosa partilha de meações), o direito argentino detém regras próprias para uma indivisão hereditária e regras próprias para uma indivisão pós-conjugal comunitária, estabelecendo normas de administração desse acervo indiviso pós-conjugal; medidas de proteção desse acervo indiviso; destinação dos frutos e das rendas desses bens indivisos; efeitos desses bens indivisos perante os credores; formas de liquidação e de recompensa por desvio ou crédito pela assunção unilateral de dívidas comuns; encargos dessa comunidade de bens indivisos e enquanto não partilhados; obrigações pessoais de cada um dos ex-cônjuges; meios de prova para haver as recompensas; apuração do montante das meações, segundo valores constantes na data da dissolução do regime e segundo seu valor da época; partilha dos bens que compõem a comunidade patrimonial indivisa; atribuição preferencial dos bens, em razão da propriedade artística ou intelectual e da atividade profissional, do uso do estabelecimento comercial, industrial ou agropecuário, ou da ocupação da vivenda familiar, mesmo que exceda a meação, tendo um consorte a faculdade de pagar em dinheiro a diferença ao outro cônjuge e até mesmo de forma parcelada; a responsabilidade *pro rata* pelos custos de manutenção e conservação dos bens indivisos, e pelos créditos de terceiros que têm sua garantia no acervo indiviso pós-conjugal, que, depois da partilha, e do pagamento das meações, as dívidas posteriores se tornam dívidas pessoais de cada meeiro que adjudicou o respectivo bem, prevendo, inclusive, a liquidação e a partilha de bens, quando presentes relações simultâneas[123] ou de bigamia.

3.15 BENS PÓS-COMUNITÁRIOS E NOVO RELACIONAMENTO AFETIVO

Havia no passado uma noção injusta e equivocada, e ainda nos dias atuais é possível encontrar, de pessoas desavisadas que imaginam que, pelo simples fato de estarem formalmente casadas, não obstante separadas de fato e por vezes envolvidas em uma nova e estável relação afetiva, continuam legalmente vinculadas ao regime matrimonial de bens, como se a separação de fato e a constituição de uma nova entidade familiar não gerassem nenhum efeito com relação ao primitivo casamento. Esse erro constante surge da leitura do artigo 1.571 do Código Civil, quando dispõe que a sociedade conjugal somente terminaria pela morte de um dos cônjuges, mesmo quando presumida, pela nulidade ou anulação do casamento, pela separação judicial ou extrajudicial e pelo divórcio judicial ou extrajudicial, não fazendo nenhuma referência aos efeitos da separação de fato como termo final da comunhão plena de vida e da comunidade patrimonial, ao contrário do artigo 477, *c*, do Código Civil e Comercial da Argentina, que estabelece a separação judicial de bens quando solicitada por um dos cônjuges, se eles estiverem separados de fato e sem vontade de se unir, e ao contrário do Anteprojeto do Código Civil, em trâmite no Congresso Nacional, cujo artigo 1.571, inciso III, estabelece o término da sociedade conjugal e da sociedade convivencial com a separação de corpos ou de fato, e assim reitera no artigo 1.571-A.

De qualquer modo, já estavam consagrados pela doutrina e pela jurisprudência brasileiras os efeitos jurídicos da separação de fato, que põem real termo à comunidade de bens,

---

[123] A Terceira Turma do Superior Tribunal de Justiça decidiu por unanimidade que é incabível o reconhecimento de união estável simultânea ao casamento, assim como a partilha de bens em três partes iguais (triação), mesmo que o início da união seja anterior ao matrimônio.

e não como erradamente induz o artigo 1.571 do Código Civil, de que somente a formalização expressa do fim do casamento geraria a extinção do regime matrimonial, sendo certo que o *animus* dissociativo da sociedade conjugal já rota pelos corpos e espíritos que se afastaram e que se dispersam quando os casados ou conviventes se desgarram. Assim, doutrina e jurisprudência conferem ao ato da fática separação efeitos que se operaram tão solidamente como se da própria separação já se antecipassem,[124] deixando inequívoca a existência dos dois patrimônios diversos, sendo um conjugal, que vai do casamento, ou da primeira união estável, até a sua separação de fato, e do início da segunda relação fática até sua extinção formal ou informal.

Maior prova da efetividade jurídica da separação de fato, servindo como termo final da comunidade patrimonial, deita sobre o § 1.º do artigo 1.723 do Código Civil,[125] que reconhece como entidade familiar a união estável, sobre a qual não serão aplicados os impedimentos do inciso VI do artigo 1.521 do Código Civil, no caso de a pessoa casada se achar separada de fato ou legalmente. Logo, se uma pessoa abandona sua esposa para viver com outra mulher sob o mesmo teto, constituindo-se assim inequívoca entidade familiar informal, o termo final da comunidade dos bens conjugais é a data do abandono do lar matrimonial e o termo inicial da comunidade convivencial de bens é a data do início da união estável, surgindo dois acervos nitidamente distintos e incomunicáveis entre o cônjuge abandonado e o convivente. Comete, assim, aos tribunais identificar a linha divisória e os limites de comunicabilidade desses dois patrimônios, muito embora fosse comum deparar com ações judiciais nas quais a esposa reivindicava a partilha de todos os bens existentes em nome do marido diante da formal subsistência cartorária do casamento e da gritante evidência de uma nova relação afetiva constituída pela formação de uma união estável, muitas vezes com a complementar geração de filhos. Esta é a razão pela qual muitas mulheres não requeriam seu divórcio, na crença de que, estando formalmente casadas, continuariam meeiras do patrimônio existente em nome do marido e amealhado depois da separação de fato.

No entanto, e este é o propósito do presente registro, existem situações em que as pessoas se valem da subsistência do estado civil de casados, não obstante viessem de larga convivência de uma nova entidade familiar constituída pela eleição de uma união estável que gerou bens, mas que esses maridos, que deixaram suas esposas e com a nova companheira construíram patrimônio, depois de também rotar a união estável, terminam, secreta e silenciosamente, partilhando com sua esposa, sua primeira mulher os bens da sua união estável e que se encontram formalmente em seu nome, buscando beneficiar sua família de origem, com a qual geralmente teve filhos, ou mais filhos, mas em total detrimento da sua atual companheira, que se encontra em crise afetiva, mas ainda desconhece essa trama urdida e posta em soturna prática, justamente para fraudar sua meação e enriquecer indevida e ilicitamente a primeira mulher ou esposa do companheiro fraudador, que formaliza seu divórcio e entrega para a primeira esposa todos os bens titulados em seu nome e construídos com sua atual companheira e da qual ainda não se separou.

Notória a fraude à meação da companheira, que só toma conhecimento desse propósito fraudatório depois de passado o prazo decadencial de um ano (CC, art. 2.027) para a anulação da partilha, em cujo espaço de tempo seu companheiro permanece no domicílio convivencial para não despertar suspeitas e para convalidar em aparência o seu ato fraudatório praticado contra a meação da sua companheira, da qual se dissocia ao imaginar haver consolidado a fraude e por igualmente supor que sua vítima e ex-companheira foi alcançada pelo prazo

---

[124] MADALENO, Rolf. Efeito patrimonial da separação de fato. *In*: MADALENO, Rolf. *Direito de família*. Aspectos polêmicos. Porto Alegre: Livraria do Advogado, 1998. p. 109-110.

[125] No Anteprojeto do Código Civil, o artigo 1.723 foi revogado e substituído pelo § 1.º do artigo 1.564-A.

decadencial. Ledo engano, uma vez que não correm os prazos de prescrição na constância do casamento e, logicamente, também da união estável (CC, art. 197, I), até porque a companheira não participou da ação de divórcio e de partilha relativa ao primitivo casamento de seu companheiro, bem como contra a companheira são inoponíveis, porque nulos os atos outorgados pelo parceiro no intento de defraudá-la. O prazo prescricional é de dez anos, contado da separação de fato da sua união estável ou da oficial dissolução de sua entidade familiar, prevalecendo o ato jurídico ocorrido em primeiro lugar. Por fim, se a companheira, vítima da fraude engendrada no divórcio do seu companheiro em relação à sua esposa, pudesse ser enquadrada em algum prazo de decadência, mesmo não tendo firmado e assentido sob qualquer forma ou ação na escritura ou acordo do divórcio em referência, o prazo decadencial então incidente, por mera conjectura acadêmica, seria o de quatro anos, previsto em decorrência de fraude, pelo artigo 178, II, do Código Civil.

Outra forma de fraudar direitos sob o viés sucessório consiste em forçar uma indesejada separação de fato de cônjuge ou companheiro, cujo parceiro se encontra em estado terminal, de modo que, vindo a falecer, como todos os fatos e a doença terminal assim indicavam, o cônjuge ou o companheiro sobrevivente não herdariam por força do artigo 1.830 do Código Civil, que descarta o direito sucessório do cônjuge ou convivente supérstite na hipótese de que não estivessem coabitando ao tempo do óbito, exigindo a legislação civil a culpa mortuária do falecido e uma precedente separação de fato de dois anos, cujos pressupostos foram obviamente dispensados pela doutrina e pela jurisprudência nacionais.[126]

A real finalização da sociedade conjugal ou convivencial pode se dar em diferentes circunstâncias, quer pela separação livremente consentida entre cônjuges ou conviventes, seja pela culpa recíproca, ou pela atuação culposa exclusiva de um ou do outro consorte ou convivente, mas, em qualquer uma dessas ocorrências, será inviável ir no encalço de uma *culpa mortuária*, mormente de uma longa duração de até dois anos. Não obstante, é comum familiares afastarem casais de segundas ou posteriores núpcias ou informais convivências, isolando um dos cônjuges ou conviventes apenas para caracterizar uma fática separação, e, com esse expediente truculento, falacioso e fraudulento, tentar apartar o consorte ou o convivente sobrevivo da sucessão daquele que faleceu em primeiro lugar, especialmente quando surgem doenças e estados terminais que prenunciam a morte e a previsível abertura da sucessão, o que fragiliza a pessoa, que perde o seu autocomando e a sua autoridade pessoal para impedir que seus parentes o afastem de seu esposo ou parceiro afetivo. É prudente nesses casos fazer a clara distinção entre *separação de fato* e *cessação da convivência*, porquanto, certamente, o casal pode ter sido forçado a se distanciar fisicamente, sendo mantido refém da truculência de terceiros. Nesse cenário, jamais poderá ser dito que entre eles cessou a efetiva e desejada convivência, eis que não atingida e afetada a sua *affectio maritalis*.[127]

3.16 PARTILHA DE QUOTAS SOCIAIS E DE AÇÕES

O direito societário aplicado ao direito de família ou o direito de família sob o olhar societário é muito pouco versado pela doutrina brasileira, embora se faça constantemente presente nas demandas processuais familistas e sucessórias. Não obstante seja alvo de acirrados litígios envolvendo a divisão de sociedades empresárias e simples constituídas tanto antes

---

[126] MADALENO, Rolf. A concorrência sucessória e o trânsito processual: a culpa mortuária. *Revista Brasileira de Direito de Família*, Porto Alegre, v. 29, p. 144-151, abr./maio 2005.

[127] MADALENO, Rolf. *Sucessão legítima*. 2. ed. Rio de Janeiro: GEN/Forense, 2020. p. 542.

como na constância do matrimônio, e nas quais só um dos consortes é sócio ou ambos são sócios, merece tratamento diferenciado em uma e em outra situação.

As empresas ou os estabelecimentos fundados por qualquer um dos cônjuges durante a vigência da sociedade conjugal, às expensas dos bens comuns, são considerados comuns e comunicáveis quando presentes os pressupostos da vigência do matrimônio, da sua onerosidade e o requisito da utilização de recursos ou bens igualmente comuns para a sua constituição. Comuns e comunicáveis serão os direitos sobre as ações ou sobre as participações sociais, até mesmo quando a sociedade empresária se transforma ou sofre alguma fusão. Ainda assim os direitos do cônjuge continuam subordinados à eventual dissolução e seu conteúdo econômico precisará ser cristalizado mediante a confecção de um balanço especial do patrimônio social, para apurar o valor das quotas que por meação pertencem ao outro consorte ou convivente, tendo como espelho o momento da dissolução fática da convivência conjugal.

A riqueza da sociedade empresária é formada por seu capital social, assim compreendido o conjunto dos bens da empresa, cujo acervo se destina à realização dos fins sociais da empresa, representando de outra forma a garantia dos credores da sociedade. Acrescenta Plínio Paulo Bing: "que todo o patrimônio da sociedade, à medida que aumentar ou diminuir, terá sempre em sua perspectiva a proporcionalidade das quotas, a menos que diversamente dispuser o contrato social, o que é fato raro".[128]

No entanto, se a empresa é comum, porque constituída com fundos comuns, ao falecer um dos cônjuges ou se dissolver o casamento, a metade das quotas ou ações existentes em seu nome pertencerão ao cônjuge que não é sócio, como proprietário dessas participações societárias ou ações, sem jamais ostentar a condição ou qualidade de sócio. O sócio, ao integralizar sua quota no capital social, seja em dinheiro, seja em bens que transferem de seu patrimônio conjugal para o patrimônio autônomo da sociedade, vai se tornar em troca da sua contribuição titular de uma parte social na sociedade, que pode ser de ações nas sociedades por ações, ou de quotas, como no exemplo das sociedades simples de prestação de serviços, ou como nas sociedades de responsabilidade limitada, e sempre proporcionais às suas contribuições verificadas quando da constituição da sociedade ou no curso de sua existência, quando for realizado algum aumento de capital.

Dessarte, o patrimônio da sociedade, uma vez personificada, não é comum, mas pertence à sociedade, eis que o sócio perde todo e qualquer direito sobre os bens por ele aportados na sociedade, pois trocou seus bens pelas quotas ou ações, sendo intangível o capital social, que, em tese, não pode ser entregue aos quotistas, salvo nos casos de liquidação da sociedade após a satisfação de todos os credores.

De acordo com José Waldecy Lucena, ao subscrever uma participação na sociedade, o sócio se torna titular de um *direito patrimonial* e de outro direito *pessoal*, consistindo o primeiro em um crédito de: a) perceber o quinhão de lucros durante a existência social; e b) participar na partilha da massa residual, depois de liquidada a sociedade.[129] Já o direito pessoal decorre do *status* de sócio e, assim, de poder participar da administração da sociedade, e esse direito seu cônjuge não tem nem poderá exercer, salvo se também se tornar sócio, porquanto se configura apenas um sócio do sócio, ou seja, um subsócio. A quota social representa uma fração do capital e, em contrapartida, uma posição do sócio, de direitos e deveres perante a sociedade, sendo ademais incontroverso que as quotas sociais não são suscetíveis de alienação

---

[128] BING, Plínio Paulo. *Sociedade limitada*. Atos mercantis afins no contexto do Código Civil. Porto Alegre: Fabris, 2006. p. 62.

[129] LUCENA, José Waldecy. *Das sociedades por quotas de responsabilidade limitada*. 3. ed. Rio de Janeiro: Renovar, 1999. p. 250.

Cap. 3 · INDIVISÃO PÓS-COMUNITÁRIA DOS BENS COMUNS | **525**

ou oneração, nem gozam da natureza de títulos de crédito, de sorte que quem transfere quotas aliena uma posição social, um direito a que as quotas correspondem,[130] tendo inequívoca expressão econômica, pois, como ensina Eduardo A. Zannoni: "a quota social é, *ad valorem*, um bem econômico que representa uma alíquota do capital social da sociedade que integra o cônjuge titular",[131] e a reunião das prestações aportadas por todos os outros sócios forma o patrimônio social. Dessarte, complementa Eduardo A. Zannoni: " o valor econômico da quota social, traduzida esta no conjunto dos bens que integram o patrimônio societário, será intangível até que a sociedade seja dissolvida e seja procedida sua liquidação, e transferidos ao patrimônio do sócio os bens que, de acordo com a alíquota que representa sua parte, se lhe adjudiquem. Até então o sócio só participa nos lucros e dividendos que em cada caso e conforme previsão contratual sejam distribuídos à sociedade".[132]

Portanto, não obstante cada quota tenha um valor nominal como parte do capital social, que corresponde matematicamente a uma fração desse capital, seu *valor real*, sua efetiva representação econômica, obedece ao valor do patrimônio social, que precisará ser determinado quando da liquidação da sociedade, ou em apuração de haveres, ou por ocasião da dissolução parcial da sociedade.

Por valor patrimonial da quota social deve ser considerada a divisão do capital social pelo número de quotas existentes, mas proporcional ao patrimônio líquido da sociedade, e o resultado dessa equação aritmética será o montante devido ao sócio dissidente, ou ao seu meeiro ou herdeiro. Para que esse valor seja aferido deverá ser levantado balanço específico, denominado "balanço de determinação", pois, conforme Murilo Zanetti Leal: "o balanço anual pode estar defasado, seja em favor do sócio, seja em favor da sociedade. Para que não ocorra o enriquecimento ilícito de qualquer uma das partes, não poderá ser adotado um levantamento contábil que eventualmente não corresponda à situação patrimonial efetiva no momento da retirada".[133]

Quando o divórcio de um casal abre o processo de liquidação dos bens que compõem o acervo matrimonial, pode suceder que um ou ambos os cônjuges sejam titulares de capital em sociedades empresárias, existindo nessas sociedades uma participação societária igualmente comunicável, dependendo de como os cônjuges fizeram seus aportes sociais, valendo-se de bens comuns ou particulares. No caso de os aportes societários terem sido realizados com patrimônio ou dinheiro comunicável, a dissolução do regime de bens do casamento levará em consideração a parcela societária correspondente ao capital social, quais sejam as quotas tituladas pelo consorte empresário. Nessa hipótese, sobrevindo o divórcio e a partilha dos bens em processo de liquidação e não sucedendo a incorporação do cônjuge ou dos herdeiros (em caso de morte), na sociedade, as normas específicas da legislação societária encaminham para a resolução parcial da sociedade ou para a apuração de haveres, eis que se trata de quotas comuns adquiridas na constância do casamento e com fundos comuns, ou com os frutos, as rendas ou interesses que tenham sido produzidos durante as núpcias pelos bens particulares,

---

[130] SARLO JORGE, Tarsis Nametala. *Manual das sociedades limitadas*. Rio de Janeiro: Lumen Juris, 2007. p. 203.

[131] ZANNONI, Eduardo A. *Sociedades entre cónyuges, cónyuge socio y fraude societario*. Buenos Aires: Astrea, 1980. p. 81.

[132] ZANNONI, Eduardo A. *Sociedades entre cónyuges, cónyuge socio y fraude societario*. Buenos Aires: Astrea, 1980. p. 82.

[133] LEAL, Murillo Zanetti. *A transferência involuntária de quotas nas sociedades limitadas*. São Paulo: RT, 2002. p. 174.

mas que também se tornam comuns (CC, art. 1.660, V). Carece obviamente de importância o fato de as ações ou participações societárias se encontrarem em nome de um só dos cônjuges, pois essa circunstância tem apenas o efeito de que esse cônjuge titular ostenta e exercita os direitos de sócio, porém a propriedade segue sendo da sociedade conjugal.

Ante essa situação, as quotas de participação societária de qualquer dos cônjuges estão sujeitas à liquidação e partilha no contexto da sociedade conjugal dissolvida, em razão do divórcio para o casamento ou da dissolução da união estável, se apenas presente uma estável convivência informal. Sendo certo que a quota social como valor econômico se agrega ao acervo conjugal com idêntico caráter de comunicabilidade que teria o dinheiro ou os bens que serviram para constituir a sociedade, ocorrendo pura e simplesmente uma sub-rogação real dos bens do casamento para os bens da sociedade empresária, permite-se construir a seguinte premissa: no processo de liquidação da sociedade conjugal e das relações de comunicabilidade de bens do casamento, deve ser estabelecido o caráter de bem comunicável da quota social titulada pelo cônjuge, porém a partilha dos bens implica computar o valor real que integrará a massa patrimonial do casamento.

Extinta a sociedade conjugal, o valor da quota social é passível de partilha, mas não são divisíveis como as ações de uma sociedade anônima, e sua cessão para o cônjuge do consorte sócio somente será admitida se houver previsão em contrato social, no sentido de o cônjuge que se divorcia ceder para seu esposo metade das suas próprias quotas, tornando seu ex-consorte em um sócio da empresa. Essa é uma situação pouco provável, pois, se não mais deu certo a sociedade conjugal, será remotíssima, senão inexistente, a possibilidade de ex-cônjuges acertarem seus passos em uma sociedade empresária ou em uma sociedade simples. Logo, faz-se imperioso promover a liquidação dos bens da sociedade conjugal e daqueles que forem representados pelas quotas sociais, de inequívoco conteúdo econômico, apurando o montante real dessas quotas para reembolso ao subsócio (cônjuge de sócio) em dinheiro ou com a compensação com outros bens conjugais. É igualmente induvidoso que não se opera por causa do divórcio a dissolução da sociedade empresária, nem de forma total, tampouco com a sua dissolução parcial. Sabe-se que o cônjuge de sócio de uma sociedade empresária ocupa uma posição jurídica de subsócio, em que ele é sócio do seu consorte, porém não é sócio dos consócios, ou seja, não é sócio da sociedade.

As relações societárias são regidas pelo contrato social, e não pelas normas aplicáveis ao casamento e aos regimes de bens, ao menos *interna corporis*, subsistindo, entrementes, o crédito do cônjuge de sócio em montante proporcional às quotas societárias comunicáveis e conjugais. Essa comunicabilidade oriunda do regime de bens dispara um direito de partilha do acervo comum e na realização de seu conteúdo econômico, que também está presente na participação patrimonial em sociedade empresária ou simples, de forma que a meação devida ao cônjuge de sócio e sobre as suas quotas na sociedade está subordinada à efetiva cessão de metade das quotas de capital tituladas pelo cônjuge empresário, havendo a concordância da maioria do capital social. Não ocorrendo a cessão das quotas, tampouco uma compensação de valores na meação do cônjuge de sócio, cuja quota-parte representará uma espécie de *comunidade indivisível*, torna-se o meeiro de sócio um *credor* deste, não como um simples credor, e sim uma espécie de comunheiro ou cotitular de direitos, podendo participar do conteúdo econômico da quota social do seu cônjuge empresário perante a sociedade e dela recebendo os dividendos, mas figurando como um terceiro em relação à sociedade e carecendo da qualidade de sócio. O cônjuge de sócio como cotitular das quotas do sócio empresário poderá se valer pelas regras do atual Código de Processo Civil, da oportuna apuração de haveres para averiguar o valor das quotas que lhe foram creditadas por meação.

Estabelecido o valor da meação do cônjuge de sócio sobre as quotas sociais do consorte empresário, é plenamente viável adjudicar o valor total da sua meação para compensar o cônjuge de sócio com outros bens e valores comuns e titulados em nome do casamento. Contudo, se não existirem bens suficientes para assim realizar a partilha dos bens matrimoniais diante do divórcio, nem tenha o consorte sócio bens ou dinheiro particulares para oferecer como outra forma de compensação, então ele poderá vender uma parcela da sua participação societária para pagar em dinheiro a meação do seu consorte, reduzindo, desse modo, a sua participação societária, mas sem se retirar inteiramente da sociedade, na qual conserva a metade das suas quotas sociais originariamente tituladas na constância do casamento.

Outra forma de minimizar as dificuldades surgidas na efetivação do conteúdo econômico de cinquenta por cento do valor real das quotas sociais comunicáveis, sugere Eduardo A. Zannoni, proposta é propor a adjudicação de um crédito perante a sociedade empresária, contra o cônjuge sócio, em conformidade com as modalidades de pagamento negociadas com a sociedade. Entretanto, a partir dessa transação, o cônjuge sócio adquire a titularidade definitiva de todo o conteúdo econômico da sua participação societária, inclusive sobre a primitiva meação de seu cônjuge agora credor da sociedade pelo valor das quotas que compunham a sua meação.[134]

No caso de partilha das quotas sociais, a quota representa um direito, um bem incorpóreo, dotado de conteúdo econômico, relativo à relação existente entre o sócio e a sociedade, representando as quotas os direitos do quotista sobre o patrimônio líquido da sociedade, mas o patrimônio pertence à sociedade e o sócio que dela se retira tem em regra, um crédito contra a sociedade. Portanto, quando um sócio se retira da sociedade, será preciso apurar o valor exato das suas quotas, que será encontrado com base na situação patrimonial da sociedade na data da resolução, verificada em balanço especialmente levantado. O pagamento das quotas do sócio ou das quotas que compuseram a meação conjugal de um sócio depende de um balanço a ser realizado especialmente para tal finalidade.

No processo conjugal de partilha dos bens do casamento, será simplesmente realizada a divisão matemática das quotas societárias tituladas pelo cônjuge sócio e que em razão do regime matrimonial se comunicam com o cônjuge de sócio. O fato de o casal ter partilhado no juízo de família a mera quantidade física das quotas tituladas em uma sociedade empresária ou simples em nada interfere na composição da sociedade, porquanto o cônjuge sócio segue figurando na sociedade como titular da mesma quantidade de quotas que detinha na constância de suas núpcias, porém, para efeitos de partilha, o seu ex-consorte se tornou, com o divórcio e com a partilha judicial ou extrajudicial dos bens comuns, cotitular de no máximo metade dessas quotas, transmudando-se em um subsócio do esposo empresário, sendo ambos credores da sociedade, e não mais apenas o ex-cônjuge empresário.

Desejando esse cônjuge sócio liquidar suas quotas na sociedade empresária ou simples, pode promover a liquidação das suas quotas em uma ação de dissolução parcial, nos exatos termos do artigo 1.031 do Código Civil,[135] dissolvendo-se em parte a sociedade para a retirada

---

[134] ZANNONI, Eduardo A. *Sociedades entre cónyuges, cónyuge socio y fraude societario*. Buenos Aires: Astrea, 1980. p. 95.

[135] CC/2002: "Art. 1.031. Nos casos em que a sociedade se resolver em relação a um sócio, o valor da sua quota, considerada pelo montante efetivamente realizado, liquidar-se-á, salvo disposição contratual em

de um sócio, sem extinguir a sociedade, lembrando que a dissolução não representa o fim da sociedade, mas apenas o início do processo de liquidação. Informa Luciano Campos de Albuquerque que a *dissolução* e a *liquidação* representam dois institutos inconfundíveis, que têm funções e procedência históricas diversas, porquanto a dissolução não significa a liquidação de patrimônio e muito menos a extinção do contrato de sociedade.[136]

Dissolvida parcialmente a sociedade, o sócio que se retira encerra suas relações jurídicas e de obrigações para com a sociedade e dela se torna credor, deflagrando a necessária apuração de haveres e por meio dela a definição do *quantum* devido pela sociedade ao sócio desvinculado. Tem ele direito de crédito contra a pessoa jurídica, ou seja, tem direito ao valor patrimonial de sua quota social, devendo a sociedade pagar-lhe o montante patrimonial de suas quotas nos prazos contratualmente previstos, ou tomando por termo a data da resolução, em caso de omissão do contrato social, avaliando os bens e direitos do ativo, com seus bens tangíveis e intangíveis, se for uma sociedade empresária, e somente tangíveis, se for uma sociedade simples, a preço de saída, além de o passivo também a ser apurado em balanço de determinação, com a nomeação de perito especialista em avaliação de sociedades (CPC, art. 605).

O fim do casamento não implica a obrigatória partilha dos bens e, muito menos, a dissolução da pessoa jurídica, porquanto, embora extinta a *affectio maritalis*, lembram Natália Cristina Chaves e Osmar Brina Corrêa-Lima, pode persistir a *affectio societatis*, quando ambos os cônjuges participam da sociedade, permanecendo cada qual com a quota societária definida na partilha.[137] Quando um casal dissolve a sociedade conjugal e há a necessidade de partilhar quotas de uma sociedade limitada, registradas apenas em nome de um dos consortes, este, detentor

---

contrário, com base na situação patrimonial da sociedade, à data da resolução, verificada em balanço especificamente levantado". Consoante o Anteprojeto do Código Civil, em tramitação no Congresso Nacional, o artigo 1.031 passa a ter a seguinte redação: "Art. 1.031. Nos casos em que a sociedade se resolver em relação a um sócio, o valor da sua quota, considerada pelo montante efetivamente realizado, liquidar-se-á conforme determinado no contrato social. § 1° Os haveres serão calculados, em regra, de acordo com os critérios fixados no contrato social. § 2.º Em caso de omissão do contrato social, o juiz observará, como critério de apuração de haveres, o valor apurado em balanço de determinação, tomando-se por referência a data da resolução e avaliando-se, a preço de saída, os bens e direitos do ativo, tangíveis e intangíveis, inclusive os gerados internamente, além do passivo, a ser apurado de igual forma. § 3.º O critério de determinação do valor das quotas para fins de apuração de haveres estabelecidos no contrato social será observado, mesmo que resulte em valor inferior ao apurado em qualquer outro método de avaliação. § 4.º A data da resolução da sociedade será: I – no caso de falecimento do sócio, a do óbito; II – no caso de divórcio ou de dissolução de união estável, a data da separação de fato; III – na retirada imotivada, o sexagésimo dia seguinte ao do recebimento, pela sociedade, da notificação do sócio retirante; IV – no caso de recesso, o dia do recebimento, pela sociedade, da notificação do sócio dissidente; V – na retirada por justa causa de sociedade por tempo determinado e na exclusão judicial de sócio, a do trânsito em julgado da decisão que dissolver a sociedade; ou VI – na exclusão extrajudicial, a data da reunião de sócios que a tiver deliberado. § 5.º O capital social sofrerá a correspondente redução, salvo se os demais sócios suprirem o valor da quota. § 6.º A quota liquidada será paga em conformidade com o disposto no contrato social e, sendo ele omisso, o pagamento será feito em dinheiro, no prazo de noventa dias contados a partir da liquidação".

[136] ALBUQUERQUE, Luciano Campos de. *Dissolução de sociedades*. 2. ed. São Paulo: Malheiros, 2015. p. 103.

[137] CHAVES, Natália Cristina; CORRÊA-LIMA, Osmar Brina. A partilha de quotas de sociedade limitada no divórcio. *In*: COELHO, Fábio Ulhoa; FÉRES, Marcelo Andrade (coord.). *Empresa familiar*. Estudos jurídicos. São Paulo: Saraiva, 2014. p. 278.

Cap. 3 · INDIVISÃO PÓS-COMUNITÁRIA DOS BENS COMUNS | 529

do *status* de sócio, meeiro que com a partilha das quotas tem metade delas adjudicadas em seu nome e por conta da sua meação, nem por isso adquire o *status socii*, pois o cônjuge de sócio que se divorciou não tem o *status* de sócio, até porque é muito mais provável e comum que a afeição conjugal desfeita não encontre clima para uma relação societária, dado que a ruína em si do casamento já põe, por si só, a desconfiança entre os cônjuges,[138] que divorciados vem cessar qualquer comunhão usual de interesses. De qualquer forma, o ponto de partida para a eventual divisão de quotas sociais de uma sociedade limitada são o seu contrato social e o acordo de quotistas, quando existir, ordenando o artigo 1.031 do Código Civil a realização de um balanço especial para levantar a situação patrimonial da sociedade à data da resolução.

No processo de divórcio e partilha dos bens conjugais, ou no processo de partilha dos bens ainda indivisos e pós-conjugais, os consortes dividem quotas sociais, e não os haveres sociais, mas os efeitos patrimoniais do divórcio dependerão do regime de bens e da verificação no caso concreto, se o contrato social comporta o ingresso de terceiro na sociedade, independentemente da aprovação dos sócios. Se a resposta for negativa, o cônjuge de sócio é estranho à sociedade e não goza da qualidade de sócio, embora seja meeiro das quotas tituladas na sociedade pelo cônjuge sócio, pois estas se comunicam, e não o *status* de sócio. Dispõe o artigo 1.027 do Código Civil que os herdeiros do cônjuge de sócio ou o cônjuge do que se separou judicialmente (ou se divorciou) não podem exigir desde logo a parte que lhes cabe na quota social, mas concorrer à divisão periódica dos lucros, até que se liquide a sociedade, reforçando a noção suficientemente clara de que o divórcio integra a partilha de bens conjugais, e essa partilha implica a divisão física das quotas, nunca o pagamento delas ou a apuração dos haveres da sociedade no ventre dos autos da ação de divórcio, pois essa atitude processual demandaria a intervenção dos demais sócios e da própria sociedade nos autos do divórcio. Recebendo o cônjuge de sócio como pagamento de sua meação um montante de quotas, estas continuarão com um valor ilíquido, cujo cômputo dependerá da posterior apuração de haveres. O valor da quota subscrita e integralizada é ilíquido, explica Cristiano Graeff Júnior, porque depende de apuração contábil ou material, que somente se realiza com a dissociação por meio de alteração contratual, em que o sócio se retira ou é despedido da sociedade ou de sua dissolução.[139] Nesse caso, a apuração de haveres na sociedade empresária será feita em conformidade com o estabelecido no contrato social, ou pelo convencionado, ou ainda pelo determinado em sentença, sempre atento ao valor real de mercado dos bens materiais e imateriais levantados no balanço especial, sendo certo que, se as quotas partilhadas se constituírem na maioria do capital social, como mostra Murilo Zanetti Leal, dificilmente poderia ser obstado o ingresso do meeiro ou herdeiro de sócio: "dado que eventual pagamento de haveres causaria sério desfalque no capital da sociedade, conduzindo-a, muito provavelmente, à sua liquidação total".[140]

A partilha, quando realizada no corpo do divórcio, não demanda discussões mais acaloradas acerca do contrato social ou de um acordo de quotistas. Nesse caso, quando os próprios cônjuges são sócios e não podem se escusar do cumprimento das obrigações pactuadas, importa apenas na partilha matemática das quotas, as quais deverão ser liquidadas ou adquiridas pelos sócios ou pela própria sociedade em processo específico em tramitação no juízo cível

---

[138] VERÇOSA, Haroldo Malheiros Duclerc. *Curso de direito comercial.* São Paulo: Malheiros, 2006. v. 2, p. 432.

[139] GRAEFF JR., Cristiano. *Compêndio elementar das sociedades comerciais.* Porto Alegre: Livraria do Advogado, 1997. p. 303.

[140] LEAL, Murilo Zanetti. *A transferência involuntária de quotas nas sociedades limitadas.* São Paulo: RT, 2002. p. 57.

ou empresarial. Assim será feito apenas se ficar comprovado que a liquidação das quotas sociais destinadas ao cônjuge de sócio não oferece risco à continuação da atividade econômica, oportunidade, então, em que a sociedade poderá pagar ao ex-cônjuge de sócio o equivalente patrimonial de suas quotas sociais, não prevalecendo, neste caso, a disposição final originária do artigo 1.027 do Código Civil.

Dessarte, a dissolução da sociedade conjugal do sócio controlador, tal qual escreve Carlos Antônio Goulart Leite Júnior, não pode provocar acefalia na empresa nem contaminar a condução dos negócios,[141] uma vez que a razão contida no artigo 1.027 do Código Civil brasileiro para negar o direito à imediata liquidação das quotas sociais estaria ligado à função social da empresa, bem como ao princípio da sua preservação, dado que o pagamento dos haveres sociais, dependendo do seu valor, poderia inviabilizar o exercício da atividade empresarial.[142] À luz do disposto no artigo 1.027 do Código Civil, ficaria ao inteiro alvedrio dos sócios o destino da sociedade, pois somente a eles competiria deliberar acerca da distribuição ou não dos lucros na forma de dividendos, cuja distribuição periódica o artigo 1.027 do Código Civil estende aos herdeiros ou ao cônjuge de sócio, como também somente aos sócios remanescentes competiria votar acerca da dissolução extrajudicial da sociedade, eis que na previsão codificada as quotas só seriam liquidadas quando os sócios restantes decidissem encerrar as atividades sociais, como determinado pelo artigo 1.033 do Código Civil. Presos pelos artigos 1.027 e 1.033 do Código Civil, herdeiros e cônjuge ou convivente de sócio, quando detentores de quotas herdadas ou cedidas em pagamento de meação, teriam de aguardar que os sócios remanescentes promovessem de forma espontânea a liquidação das quotas.

Priscila M. P. Corrêa da Fonseca e Rachel Sztajn, comentando a transferência involuntária de quotas, escrevem que:

> Razão para determinar a inexigibilidade imediata da partilha da quota social do falecido pelos herdeiros, no caso de sucessão, ou pelo ex-cônjuge, na hipótese de separação que não o fato de que se visa à manutenção da existência da sociedade? A razão, creio, está no fato de que se trata de sociedade de pessoas e, portanto, a admissão de outros sócios, por cessão de quota ou por sucessão universal, depende da anuência de todos os demais. A frase "não podem exigir desde logo a parte que lhes couber na quota social" indica que a exigência poderá ser feita em momento futuro se, faltando previsão no instrumento de contrato a respeito de tal evento, os demais sócios não providenciarem *sponte sua* a liquidação da quota do falecido, com a liquidação da sociedade, ou não. Impende-se que herdeiro, seja a que título for, pretenda ingressar na sociedade, substituindo ao sócio falecido, não seu direito à herança. A sucessão não será prejudicada, mas enquanto não liquidada a sociedade, o herdeiro não recebe mais do que a partilha dos resultados líquidos auferidos pela sociedade.[143]

E prosseguem dizendo que:

> Precisamente porque a subsociedade formada pelos cônjuges mantém-se alheia à sociedade e aos demais sócios, nega-se, sistemática e reiteradamente, não só o ingresso na

---

[141] LEITE JÚNIOR, Carlos Antônio Goulart. Affectio societatis *na sociedade civil e na sociedade simples*. Rio de Janeiro: Forense, 2006. p. 357.

[142] CHAVES, Natália Cristina; CORRÊA-LIMA, Osmar Brina. A partilha de quotas de sociedade limitada no divórcio. *In*: COELHO, Fábio Ulhoa; FÉRES, Marcelo Andrade (coord.). *Empresa familiar*. Estudos jurídicos. São Paulo: Saraiva, 2014. p. 283.

[143] FONSECA, Priscila M. O. Corrêa da; SZTAJN, Rachel. *Código Civil comentado*. Direito de empresa. Coordenação Álvaro Villaça Azevedo. São Paulo: Atlas, 2008. v. XI, p. 328.

sociedade do ex-cônjuge aquinhoado com as ações ou quotas, mas também, por igual, a propositura de demanda contra a sociedade, visando o recebimento dos haveres correspondentes à participação societária, já que tal ação é privativa dos sócios. Restaria, pois, ao ex-cônjuge preterido ajuizar ação contra o ex-consorte, visando ao recebimento do montante relativo às ações ou quotas percebidas em razão da partilha havida no processo de separação.[144]

Como ainda mencionam as mesmas autoras, o artigo 1.027 do Código Civil se constituiu em um verdadeiro retrocesso, quando o Superior Tribunal de Justiça, pelos votos do Ministro Carlos Alberto Menezes Direito (REsp 114.708/MG), secundado pelo Ministro Eduardo Ribeiro, consignaram que não permitir o ingresso da meeira na sociedade, nem mesmo o direito à apuração de haveres, representava, na prática, reconhecer que as quotas sociais não teriam nenhum valor, em resultado muito mais incoerente ainda, quando confrontado que ao credor do sócio é viabilizada a liquidação de quota do devedor por meio da penhora de quotas que podem ser liquidadas por um reles credor, não obstante não pudessem liquidá-las o cônjuge meeiro ou o herdeiro de sócio.[145]

Note-se que, na sucessão ou no divórcio, a quota do cônjuge sócio de sociedade, que não seja anônima vai apenas figurar na relação dos bens com o valor constante do contrato ou da última alteração social, e esse valor da quota representará tão somente a inversão de capital, e não os haveres do sócio, que não serão desde logo objeto de partilha porque são claramente ilíquidos. Esses haveres dependem de apuração a ser feita em dissociação parcial ou total da sociedade, continuando a quota em nome do sócio que dela é titular, muito embora, em razão do divórcio, exista um "sócio" meeiro, que não é membro da sociedade, perante a qual ele é estranho. Deve então o cônjuge sócio comunicar à sociedade que o valor da quota não lhe pertence na totalidade, porque existe em função da partilha um subsócio meeiro, e só com a retirada do consorte da sociedade ou da sua dissolução parcial ou total é que serão apurados os haveres, quando então será partilhado o resíduo, se houver, e será paga a metade ao meeiro.[146]

Obviamente, tanto o herdeiro como o ex-cônjuge de sócio, uma vez efetivada a partilha dos bens da herança ou da meação, serão um e outro destinatários do pagamento em seus quinhões hereditários ou de sua meação, conforme uma e outra hipótese, das correspondentes quotas herdadas ou havidas por meação. Depois, estas deverão ser levadas para o juízo cível ou empresarial, onde houver vara especializada, para efeitos de liquidação, se assim a empresa suportar, sem afetar a sua função social e a continuação de sua atividade econômica. Evidentemente, se ausente qualquer uma dessas duas hipóteses, *função social* e *realização de seus fins sociais*, a negativa de pagamento do equivalente patrimonial das quotas sociais se constituiria em um abuso do direito provocado pela sociedade empresária ou simples, eis que, não afetados os limites impostos pelo fim econômico e social da vedação, devem proporcionar algo que contribua para bem-estar da mesma sociedade de onde provêm seus lucros. Lembra Newton De Lucca que as empresas não existem apenas para produzir lucros aos seus titulares, mas

---

[144] FONSECA, Priscila M. O. Corrêa da; SZTAJN, Rachel. *Código Civil comentado*. Direito de empresa. Coordenação Álvaro Villaça Azevedo. São Paulo: Atlas, 2008. v. XI, p. 342-343.

[145] FONSECA, Priscila M. O. Corrêa da; SZTAJN, Rachel. *Código Civil comentado*. Direito de empresa. Coordenação Álvaro Villaça Azevedo. São Paulo: Atlas, 2008. v. XI, p. 345-346.

[146] GRAEFF JR., Cristiano. A partilha de quotas de sociedade limitada no divórcio. *In*: COELHO, Fábio Ulhoa; FÉRES, Marcelo Andrade (coord.). *Empresa familiar*. Estudos jurídicos. São Paulo: Saraiva, 2014. p. 309.

também devem proporcionar algo que coopere para essa mesma sociedade em razão desses lucros por elas percebidos.[147]

O princípio da preservação da empresa,[148] afirma Roberta de Oliveira e Corvo Ribas, indica que a sociedade não deve ser vista apenas pelos olhos e interesses de seus sócios, mas pelo prisma dos interesses coletivos de todo um conjunto complexo de participantes que dela e de sua atividade se beneficiam, pois a empresa que mantém seus empregos permite que o Estado siga arrecadando seus tributos e que os consumidores e clientes tenham acesso aos serviços e bens que ela oferece, assim como seus fornecedores, que mantêm também a sua clientela, e essa função social relevante precisa ser preservada e não pode ser extinta para satisfação do crédito do sócio, de seu representante ou de meeiro de cônjuge sócio, precisando primeiro que essa função primordial não seja afetada, para daí admitir sua dissolução, que sempre será parcial, e não mais total, como sucedia no passado.[149]

Completamente distinto o procedimento na hipótese de ocorrer a partilha de ações tituladas em uma sociedade anônima de *sociedade de capital*, e não de pessoas, em que impera o princípio da livre circulação das ações, de modo que os acionistas podem transacionar suas ações sem a necessidade da anuência dos demais sócios, mas esse princípio pode sofrer restrições quando se tratar de uma companhia fechada, nas quais usualmente é vedado ao acionista vender suas ações para estranhos à sociedade sem antes dar preferência aos demais acionistas.[150] Tal circunstância, obviamente, coloca o consorte que recebeu ações de uma sociedade anônima sem cotização em bolsa em uma situação equivalente à das quotas sociais, dado que terceiros geralmente não se interessam pela compra dessas ações. Diante das restrições impostas legalmente pelo estatuto da empresa, consoante permissão contida no artigo 36 da Lei 6.404/1976 (Lei das Sociedades Anônimas), esse consorte ou convivente que recebeu essas ações de sociedade anônima de capital fechado, em pagamento da sua meação, também precisará recorrer à ação de apuração de haveres, a ser proposta no juízo cível ou empresarial. Essa é uma das práticas assíduas de fraude, em que o cônjuge sócio altera o tipo social da empresa, de sociedade limitada para uma sociedade anônima, mas de capital fechado, a fim de tentar dificultar ou inviabilizar seu meeiro de vender suas ações e de transformá-las em dinheiro, uma vez que o objetivo da apuração de haveres permite apurar o crédito que o acionista tem contra a pessoa jurídica no importe equivalente ao que teria, se a hipótese fosse de dissolução.

3.16.1 Breve histórico da sociedade entre cônjuges

Apenas para dimensionar um pouco no tempo a possibilidade de cônjuges participarem de uma sociedade empresária, sempre foi alvo de longos debates doutrinários e jurisprudenciais, e o próprio artigo 977 do Código Civil brasileiro faculta aos consortes somente contratar sociedades entre si ou com terceiros, desde que não tenham casado pelo regime da comunhão universal de bens, porque nesse regime matrimonial o casal sempre seria sócio de partes

---

[147] LUCCA, Newton de. A função social da empresa. *In*: COELHO, Fábio Ulhoa (coord.). *Tratado de direito comercial*. São Paulo: Saraiva, 2015. v. I, p. 142.

[148] Esse princípio está previsto no artigo 170 da Constituição Federal e se fundamenta na valorização do trabalho e na livre-iniciativa.

[149] CORVO RIBAS, Roberta de Oliveira e. Apuração de haveres na sociedade empresária limitada. *In*: COELHO, Fábio Ulhoa (coord.). *Tratado de direito comercial*. São Paulo: Saraiva, 2015. v. II, 255.

[150] BERTOLDI, Marcelo M. *Curso avançado de direito comercial*. Teoria geral do direito comercial. Direito societário. São Paulo: Saraiva, 2008. v. 1, p. 289.

iguais, ou no da separação obrigatória, porque estariam burlando a proibição da comunicação patrimonial, dado que bastaria comprarem todos os bens em nome da sociedade empresária cujas quotas sociais titulariam em partes iguais, tratando-se de uma restrição para as sociedades de pessoas, e não para as sociedades de capitais, que são as sociedades anônimas, as sociedades em comandita por ações e as sociedades cooperativas.

Não era assim antes do Código Civil de 2002, afirmando Carlos Fulgêncio da Cunha Peixoto que não existia nenhum direito dispositivo que proibisse a sociedade entre esposos e, como as incapacidades são de direito estrito, forçoso era concluir que a mulher podia figurar em uma sociedade com seu marido,[151] em uma época na qual o regime matrimonial era, inclusive, imodificável, ao contrário da legislação vigente, que permite em certos casos mudar o regime de bens. Este era, por exemplo, o pensamento externado por Alberto Pimenta, que considerava verdadeiros farejadores de nulidades aqueles notários que, sistematicamente, e sem que tenham ocorrido particulares motivos de desconfiança, se negavam a lavrar escrituras de constituição de sociedades entre cônjuges, já que, na dúvida, deveria se entender que os atos são praticados sincera e legalmente,[152] sem nenhum intuito fraudatório a credores.

Argumenta-se que a sociedade entre cônjuges possibilitava a realização de fraude no regime de bens, isto é, na comunhão universal de bens, por exemplo, devido às características do próprio regime, a sociedade entre os consortes seria infrutuosa, pois sempre retomaria sua configuração normal. Além disso, o marido, diante dos credores, poderia ocultar fraudulentamente a sua responsabilidade por meio de uma sociedade ilusória com o objetivo único de desfrutar de uma responsabilidade que não existia.[153]

Especificamente quanto ao regime de separação de bens, Carlos Fulgêncio da Cunha Peixoto afirmava tampouco haver qualquer forma de impedimento, pois os bens existentes seriam individuais de cada cônjuge, alertando para o fato de que *uma coisa é a sociedade conjugal e outra a sociedade empresária*, e que, portanto, toda sociedade entre esposos era, em princípio, válida, só se tornando nula quando disfarçava uma fraude à lei,[154] obviamente porque buscavam a modificação do regime de bens. Algumas normas de direito societário sempre guardaram muita proximidade com o direito de família, notoriamente quando dizem respeito ao casamento e, mais recentemente, ao menos a contar da promulgação da Constituição Federal de 1988, à união estável, em temas afeitos ao direito empresarial, por exemplo, à possibilidade de cônjuges constituírem uma sociedade empresária; ou como questões ligadas ainda ao tempo do revogado Código Civil de 1916 e ao que restou no Código Comercial brasileiro, como aquelas relacionadas à viabilidade do ingresso do cônjuge mulher em uma sociedade comercial, atualmente denominada sociedade empresária; também em pontos pertinentes à partilha das quotas sociais endereçadas ao consorte divorciado, ou ao convivente, cuja união afetiva se desfez; com extensão dessa mesma linha de discussão no caso de falecimento de sócio e do ingresso de seus herdeiros na sociedade, inclusive do cônjuge ou convivente sobrevivente; sobrevindo também frequente debate e embate no que se refere à aplicação episódica da desconsideração da personalidade jurídica

---

[151] PEIXOTO, Carlos Fulgêncio da Cunha. *A sociedade por quota de responsabilidade limitada*. Rio de Janeiro: Revista Forense, 1956. v. I, p. 230.

[152] PIMENTA, Alberto. Sociedades entre cônjuges. Coimbra: Coimbra Editora, 1953. p. 111.

[153] MADALENO, Rolf; OHIRA, Bibiana Brum. Sociedade entre cônjuges: aplicação do artigo 977 do CC/2002 às sociedades simples. *In*: MIRANDA, Jorge (dir.). *O direito*. Coimbra: Almedina, 2015. n. 147, p. 151.

[154] PEIXOTO, Carlos Fulgêncio da Cunha. *A sociedade por quota de responsabilidade limitada*. Rio de Janeiro: Revista Forense, 1956. v. I, p. 232.

da sociedade no âmbito do direito de família e no direito das sucessões, justamente para garantir os direitos de crédito ou da meação, e o quinhão hereditário do cônjuge que se divorcia ou que ficou viúvo, sendo este temário, em especial, bastante recorrente em sede de partilha de bens conjugais considerados comuns.[155]

Aliás, as mulheres casadas achavam-se no contexto do retrógrado e já derrogado direito comercial brasileiro, em situação nitidamente desvantajosa, pois facilmente sucumbiam diante da *autoridade marital*, cujo efeito legal dessa autoridade oriunda de um prevalente *pater familiae* exigia expressa e formal autorização do marido para que a esposa pudesse ser comerciante, mas, em contrapartida, podia ser auxiliar ou preposta do esposo, tomar parte ativa no negócio comercial titularizado pelo varão. Entretanto, apenas pelo exercício dessas funções ela não se tornava comerciante, uma vez que, para comerciar no seu próprio nome, vale dizer, exercer o comércio em estabelecimento de sua propriedade, quer ela o fizesse pessoalmente ou por meio de prepostos, deveria fazê-lo em estabelecimento distinto do esposo e com economia separada.[156]

Permitiu depois a Lei 4.121/1962 (Estatuto da Mulher Casada) que a mulher exercesse atividade lucrativa, não mais ficando adstrita à autorização do marido para desempenhar trabalho rentável, surgindo, à época, ferrenha discussão doutrinária e jurisprudencial para definir se a qualidade de sócia poderia ser considerada como *profissão* ou apenas interpretada como uma *atividade*. Paralelamente, vicejava acirrado embate acerca da possibilidade de dois esposos, qualquer que fosse o seu regime de bens, constituírem uma sociedade de responsabilidade limitada, considerando Carvalho de Mendonça, citado por Carlos Fulgêncio da Cunha Peixoto, como nula de pleno direito uma sociedade entre cônjuges.[157] No entanto, conclui o Supremo Tribunal Federal do Brasil, ainda na década de 1950, que é válida essa sociedade entre cônjuges, conquanto não prejudicasse credores nem alterasse o regime matrimonial ou a direção da sociedade conjugal.[158]

Conta Walter Moraes que essa aversão social e jurídica à sociedade entre cônjuges sucedia da conclusão de que eles não tinham nenhuma necessidade de se associarem, pois já eram partes de uma sociedade de bens conjugais, de modo que o empreendimento comercial serviria apenas para disfarçar um dos cônjuges de pessoa jurídica,[159] especialmente quando a administração era levada pelo esposo, como era o costume da configuração sociofamiliar da época, e seus maus negócios na sociedade acabariam envolvendo a esposa em responsabilidade subsidiária e, consequentemente, com o perigo de que executassem os bens ou a meação da mulher pelas dívidas societárias contraídas pelo marido como administrador, o que não ocorria quando ele se associava com terceiros, pois nesse caso a sua responsabilidade subsidiária pelas dívidas societárias, tratando-se de uma sociedade de pessoas, jamais afetaria os bens próprios e que por meação se comunicavam com o seu consorte.

---

[155] RIZZARDO, Arnaldo. Casamento e efeitos da participação social do cônjuge na sociedade. *In*: WELTER, Belmiro Pedro; MADALENO, Rolf Hanssen (coord.). *Direitos fundamentais do direito de família*. Porto Alegre: Livraria do Advogado, 2004. p. 39-40.

[156] CARVALHO DE MENDONÇA, J.X. *Tratado de direito comercial brasileiro*. Rio de Janeiro: Livraria Freitas Bastos, 1957. p. 59.

[157] PEIXOTO, Carlos Fulgêncio da Cunha. *A sociedade por quota de responsabilidade limitada*. Rio de Janeiro: Revista Forense, 1956. v. I, p. 229-230.

[158] PEIXOTO, Carlos Fulgêncio da Cunha. *A sociedade por quota de responsabilidade limitada*. Rio de Janeiro: Revista Forense, 1956. v. I, p. 230.

[159] MORAES, Walter. *Sociedade civil estrita*. São Paulo: RT, 1987. p. 58.

Cap. 3 · INDIVISÃO PÓS-COMUNITÁRIA DOS BENS COMUNS | **535**

São tempos praticamente superados e de inegável valor histórico, não obstante deles ainda surjam resquícios presentes, por exemplo, no artigo 977 do Código Civil, que faculta aos cônjuges contratar sociedade entre eles ou com terceiros, desde que não tenham casado no regime da comunhão universal de bens, ou no da separação obrigatória, cuja vedação tem como finalidade evitar a modificação das relações patrimoniais dos cônjuges em função da sociedade empresária. Aponta Arnoldo Wald para um retrocesso desse artigo 977 em relação à situação existente no Código Civil de 1916, quando a doutrina e a jurisprudência já se haviam consolidado no sentido da inexistência de impedimentos para a constituição societária entre consortes, e em qualquer regime de bens.[160] De qualquer forma, há quem doutrine a permissão de sociedade, inclusive no regime compulsório (ou convencional) de separação de bens, porque na sociedade empresária ambos os patrimônios se somam na formação do capital e cada sócio possui obrigações societárias pessoais e independentes, aportados que foram os seus respectivos capitais na sociedade com seus recursos ou bens particulares e incomunicáveis. O patrimônio aportado pela mulher, escrevem Newton de Lucca e outros, "reverterá em quotas em sociedade que serão de sua exclusiva propriedade, ocorrendo o mesmo com o marido, após a integralização de sua parcela no capital".[161]

Nelson Abrão critica o legislador que disciplinou o Projeto do Código Civil, pois não apurou que o patrimônio da sociedade empresarial em nada se confunde com a relação proveniente do matrimônio.[162] Ainda nesse espectro histórico da participação social do consorte e do seu ingresso na sociedade empresária, a matéria segue suscitando celeumas por meios de duas corriqueiras hipóteses fáticas: uma delas oriunda do divórcio e da partilha dos bens conjugais, que são representados pela participação societária do cônjuge empresário; e a outra, a partir da morte do cônjuge que integrava a sociedade empresária, cuja disciplina sucessória reporta à existência de permissão contratual ou estatutária para o ingresso dos herdeiros na sociedade, conforme decorra, como dito, de expressa aprovação em contrato ou estatuto social. Particularmente, para as sociedades de pessoas, nas quais se faz presente e sensível esse perfil personalista dessas sociedades, nelas é vedada, em regra, a introdução forçada de novos sócios, ou a cessão compulsória das quotas do capital dos sócios, dada à sua característica de *affectio societatis*.

Refere José Edwaldo Tavares Borba que: "o falecimento do sócio poderá acarretar a partilha de suas quotas entre os herdeiros ou a apuração dos respectivos haveres em favor do espólio. O contrato social deverá disciplinar essa matéria, não o fazendo, a sucessão das quotas ocorreria apenas nas sociedades de capitais. Nas sociedades de pessoas, salvo determinação contratual no sentido da partilha das quotas, a solução a ser adotada será a da apuração dos haveres".[163]

Portanto, é preciso ter claramente em conta que cônjuge e os herdeiros podem ser antecipadamente excluídos da sociedade empresária por incapacidade superveniente, supondo que previamente os sócios aceitaram ou estavam obrigados a aceitar, por cláusula contratual inserta no contrato social, a proibição da incorporação societária do cônjuge de um dos sócios

---

[160] WALD, Arnoldo. *Comentários ao novo Código Civil*. Do direito de empresa. Coordenação Sálvio de Figueiredo Teixeira. Rio de Janeiro: Forense, 2005. v. XIV, p. 66.

[161] LUCCA, Newton de; MONTEIRO, Rogério; SANTOS, J. A. Penalva; SANTOS, Paulo Penalva. *Comentários ao Código Civil brasileiro*. Do direito de empresa. Coordenação Arruda Alvim e Thereza Alvim. Rio de Janeiro: Forense, 2005. v. IX, p. 128.

[162] ABRÃO, Nelson. *Sociedades limitadas*. São Paulo: Saraiva, 2012. p. 81.

[163] BORBA, José Edwaldo Tavares. *Direito societário*. 9. ed. Rio de Janeiro: Renovar, 2004. p. 72.

ou dos seus herdeiros, pois, se essa vedação não existe, é porque foi permitida a continuação da sociedade com os herdeiros do sócio morto. Vetada a inclusão de meeiro ou dos herdeiros de sócio falecido, nesta última hipótese a sociedade se resolverá parcialmente a respeito do sócio falecido e seus herdeiros terão direito ao valor de sua parte em dinheiro e de receberem os créditos pendentes até o dia do óbito do ex-sócio; a mesma hipótese sucederia, se o consorte supérstite ou os herdeiros de sócio morto se recusassem a ingressar na sociedade.

Enfim, é um registro histórico atinente a um passado no qual, em realidade, não existia efetiva proibição de cônjuges serem sócios, tanto que depois da edição e vigência do Código Civil de 2002 surgiu o Enunciado 204 da III Jornada de Direito Civil dispondo que: "A proibição de sociedade entre pessoas casadas sob o regime da comunhão universal ou da separação obrigatória só atinge as sociedades constituídas após a vigência do Código Civil de 2002", não afetando, de outra banda, as sociedades constituídas antes da vigente codificação e que tampouco precisam alterar seus contratos sociais afastando cônjuges da sociedade e diante da mudança da lei.

3.16.2 Valor patrimonial das quotas pela data da separação de fato

Segundo Mario Luiz Delgado, após a separação, dissolução de união estável ou divórcio de sócio de empresa, a sua quota social permanece íntegra, não havendo que ser falado em partilha ou sucessão de participações societárias:

> Qualquer direito detido pelo cônjuge ou companheiro do sócio, inclusive no tocante à comunicação dos frutos das participações societárias, cessa a partir da data da separação de fato, quando extinta a sociedade conjugal. Defender a comunicação e a partilha de frutos auferidos pela sociedade de pessoas, após a separação de fato do sócio constitui grave equívoco. Primeiro, porque partiria da falsa premissa de que a resolução ou liquidação da sociedade, em relação ao cônjuge não sócio, ocorreria somente por ocasião da partilha. Ora, a separação de fato e a extinção da sociedade conjugal também provocam a abolição da subsociedade que se formou entre os cônjuges, no que toca às quotas. Logo, em relação ao cônjuge não sócio, a resolução ou liquidação da sociedade ocorre na oportunidade da separação de fato, postergando-se, apenas, o pagamento dos haveres para o momento posterior da partilha. Extinto o regime de bens, não há mais sociedade alguma entre os cônjuges, adquirindo o cônjuge não sócio o direito de crédito contra o cônjuge sócio, ao equivalente patrimonial da sua participação, calculado naquela data. Se não há mais sociedade, e se o cônjuge não faz jus às próprias quotas, senão à expressão econômica da sua meação sobre as quotas, não há que se falar em direito à percepção de lucros.[164]

Vale dizer que para fins de apuração de haveres é a fotografia patrimonial existente ao tempo da separação de fato, ou de direito, prevalecendo o fato que ocorreu em primeiro lugar, e essa fotografia patrimonial respeita ao montante a ser partilhado, não mais comportando o crescimento patrimonial e o faturamento posterior ao término formal ou informal das núpcias ou da união estável. Tem pertinência a imediata apuração de haveres que pode ser ajuizada a partir da efetiva partilha das quotas conjugais da sociedade empresária, mas tomando como efetivo patrimônio societário e patrimônio correspondente à meação das quotas do cônjuge de sócio o valor do acervo social existente no momento da extinção do regime matrimonial, que, como referido, pode ser a data da separação de fato; a data da escritura do acordo

---

[164] DELGADO, Mário Luiz *et al*. *Código Civil comentado*. Doutrina e jurisprudência. Rio de Janeiro: GEN/ Forense, 2019. p. 708-709.

extrajudicial; ou a data da sentença de dissolução oficial da entidade familiar, como expressamente previsto pelo parágrafo único do artigo 600 do Código de Processo Civil.

A sociedade continua suas atividades sem nenhuma intervenção do cônjuge de sócio, que nada pode fazer com relação à administração da sociedade, pois dela ele não é sócio e, portanto, só tem direito de participar economicamente do valor de sua fração, se for liquidada a sociedade ou se promover a ação de apuração de haveres atinentes às quotas percebidas por sua meação na partilha dos bens de seu casamento. Se o termo final da comunidade de bens de uma sociedade empresária é a ruptura fática ou oficial da entidade familiar, prevalecendo o fato que sucedeu em primeiro lugar, pode o ex-parceiro sócio coletar a concordância da ex-parceira para todos os atos societários posteriores à ruptura do casal, logrando com esse gesto a expressa concordância de um ex-consorte de sócio que depois será surpreendido com uma brusca redução do patrimônio da sociedade empresária, se comparado com o patrimônio social existente no final da convivência, sem, no entanto, poder reclamar acerca de eventual fraude e pretender ser indenizado pela redução da sua meação porque paulatinamente era consultada sobre os atos de disposição e de administração do ex-parceiro sócio ou titular único da empresa e com eles concordava por escrito, mesmo que por meio de meras trocas de mensagens telemáticas ou pelo correio eletrônico.

Wagner Balera e Thiago Taborda Simões definem os *lucros* como os ganhos que o empreendedor aufere com o seu negócio, e, para apurar esses ganhos, existe uma metodologia ditada pela contabilidade, que vai aquilatar o custo dos bens produzidos, as despesas fixas e variáveis e a sobra, ou seja, o retorno proporcionado ao capital investido no negócio.[165] Entretanto, mesmo havendo lucro, não obrigatoriamente a empresa deverá fazer sua imediata e total distribuição, porquanto, reservas precisam ser amiúde realizadas para fazer frente às possíveis necessidades futuras. São com as reservas que uma empresa viabiliza a sua expansão e a continuidade de sua atividade, o que dificilmente aconteceria se ela distribuísse entre seus sócios todos os ganhos que apurasse no final do exercício.[166]

De fato, prevê o artigo 1.027 do Código Civil que os herdeiros do cônjuge sócio, ou do cônjuge separado, não podem exigir desde logo a parte que lhes cabe na quota social, mas concorrer à divisão periódica dos lucros, até que se liquide a sociedade. Contudo, nem os herdeiros e tampouco o cônjuge divorciado precisam ficar atrelados à efetiva liquidação da sociedade empresária, com a sua dissolução total, de forma que fosse realizado todo o seu ativo e deixando a sociedade de existir. Agora, o artigo 600 do Código de Processo Civil, em seu parágrafo único, preconiza outra solução, autorizando que, depois de dissolvida a sociedade conjugal, pode o consorte pedir em juízo a liquidação apenas da quota do sócio, requerendo a apuração de haveres na sociedade, relativos às quotas que, em razão da partilha dos bens conjugais, integraram a sua meação.

Portanto, havendo distribuição de lucros no período levantado entre a separação de fato ou de corpos dos consortes e a efetiva liquidação das quotas, sabendo que, nos termos do artigo 605 do CPC, a data da resolução é a de referência na qual se operou a extinção do vínculo matrimonial e quando se efetivam todos os seus efeitos jurídicos, não mais se comunicando os bens e os lucros distribuídos ao sócio divorciado, que até poderiam ser reivindicados como provenientes dos frutos das quotas societárias ainda indivisas, mas não é

---

[165] BALERA, Wagner; SIMÕES, Thiago Taborda. *Participação nos lucros e nos resultados*. São Paulo: RT, 2014. p. 42.

[166] VERÇOSA, Haroldo Malheiros Duclerc. *Curso de direito comercial*. São Paulo: Malheiros, 2008. v. 3, p. 598.

como pensou o Superior Tribunal de Justiça, como pode ser conferido no Recurso Especial 1.595.775/AP.[167]

Prescreve, por seu turno, o artigo 608 do CPC que, até a data da resolução, integram o valor devido ao ex-sócio, ao espólio ou aos sucessores (aqui também deve ser incluído o cônjuge ou o companheiro de sócio) a participação nos lucros ou os juros sobre o capital próprio declarados pela sociedade e, se for o caso, a remuneração como administrador, que não se aplica ao consorte meeiro. O cônjuge de sócio e titular das quotas que recebeu por meação, ao obter na partilha parte das quotas sociais, torna-se mero credor da sociedade da qual seu esposo segue participando. Esse momento claro é o da partilha das quotas, pois somente com a partilha o cônjuge divorciado se tornou titular das quotas que formam o seu crédito contra a sociedade empresária, como por igual sucederia se se tivesse em mira o sócio que se retira da sociedade, e que assim deixa de titular seus direitos societários e passa a ser mero credor da sociedade da qual participava. Apenas aos sócios remanescentes é possível admitir que sigam exercendo os direitos exclusivos de sócios, com a participação nos resultados dos dividendos provenientes dos lucros da sociedade, sempre, como visto, condicionada a distribuição dos dividendos à ausência de retenções legais, sob pena de violarem o artigo 1.009 do Código Civil.[168]

Ao instaurar o processo de apuração de haveres para a liquidação das quotas pagas na meação do cônjuge de sócio, nos termos do artigo 604 do CPC, o juiz deverá fixar a data da resolução do cônjuge de sócio, que, na hipótese de morte, seria a data do óbito, e no caso do divórcio, com o pagamento da meação do cônjuge de sócio com a adjudicação de quotas da sociedade, considerada a data da separação de fato ou do divórcio, mas sempre do fato que ocorreu em primeiro lugar.

Além de definir a data da resolução, o juiz deve deliberar o critério de apuração dos haveres, nomear perito e dar início ao processo de apuração de haveres, com a citação da sociedade e dos sócios, para proceder à efetiva liquidação das quotas tituladas pelo cônjuge de sócio. Com a liquidação, segue a fase de cumprimento da sentença, obedecendo ao que está previsto em contrato e, se silente o contrato e não havendo acordo entre as partes, prevê a lei civil o prazo de 90 dias

---

[167] "Recurso especial. Direito civil e empresarial. Família. União estável. Extinção. Regime de bens. Comunhão parcial. Valorização de cotas sociais. Capitalização. Conta reserva. Art. 1.660, V, do Código Civil. Conceito de fruto. Incompatibilidade. Não comunicabilidade. Valor. Quota. Integralização de capital social. Data da separação de fato. Súmula n.º 7/STJ. 1. A capitalização de reservas e lucros decorrente da própria atividade empresarial constitui produto da sociedade por incrementar o seu capital social. 2. O lucro destinado à conta de reserva, que não é distribuído aos sócios, não integra o acervo comum do casal, tendo em vista pertencer apenas à sociedade e não ao sócio. 3. A quantia destinada a futuro aumento de capital não deve ser objeto de partilha em virtude do fim de união estável, pois não está inscrita no conceito de fruto, à luz do art. 1.660, inciso V, do Código Civil. 4. Inexistem elementos de prova no caso concreto a indicar a distribuição de lucros entre os sócios da empresa, motivo pelo qual a reforma do julgado demandaria o reexame do contexto fático-probatório, procedimento vedado na estreita via do recurso especial, a teor da Súmula n.º 7/STJ. 5. O valor do capital social integralizado de determinada empresa é parâmetro adequado para a partilha especialmente quando a separação de fato do casal, ocasião em que finda o regime de bens, ocorre em momento muito próximo à sua constituição. 6. Ausência de necessidade de realização de balanço contábil referente a apenas um mês para aferir o valor real a ser partilhado, já que o percentual de participação do recorrido em tão curto período de tempo não justificaria a alteração do critério adotado pelo Tribunal de origem, à luz das provas constantes dos autos, insindicáveis no presente momento processual. 7. Recurso especial não provido" (STJ, 3.ª Turma, REsp 1.595.775/AP, Rel. Min. Ricardo Villas Bôas Cueva, j. 09.08.2016).

[168] CC, art. 1.009. "A distribuição de lucros ilícitos ou fictícios acarreta responsabilidade solidária dos administradores que a realizarem e dos sócios que os receber, conhecendo ou devendo conhecer-lhes a ilegitimidade."

Cap. 3 · INDIVISÃO PÓS-COMUNITÁRIA DOS BENS COMUNS | **539**

para o pagamento do valor em dinheiro verificado a partir da apuração de haveres e liquidação do crédito haurido com a partilha jurídica das quotas da sociedade mercantil e conjugal.

Os lucros de uma sociedade empresária representam o resultado financeiro, significando como decidiu o STF: "o resultado positivo em um determinado exercício, ou seja, a receita auferida nesse período menos as despesas necessárias à sua obtenção".[169] Lucro representa o resultado financeiro do empreendimento, é o escopo almejado pela sociedade, é o excesso que ultrapassa o valor do patrimônio que a sociedade precisa para exercer sua atividade, é fruto do esforço dos sócios e da sociedade, sua renda ou seus rendimentos e, se os sócios decidem distribuí-los, denominam-se dividendos.

Não há como desconsiderar que nem sempre são distribuídos lucros (dividendos), que ficam suspensos e, por decisão da maioria dos sócios, quando não da totalidade deles são reaplicados na sociedade, em função das atividades sociais, não tendo cabimento que o ex-cônjuge de um dos sócios receba lucros que não foram distribuídos aos sócios, pois se trata de um acréscimo, um aumento de capital, não podendo a esposa de um deles ter mais direitos que os sócios, incorporando esse aumento ao ativo do capital social que será considerado na liquidação das suas quotas fixada pelo juiz em consonância com a data da resolução que coincide com o desenlace do casal a partir da separação de fato,[170] cessando os efeitos patrimoniais do casamento e seus reflexos na sociedade empresária.[171]

Nesta direção doutrina Mário Luiz Delgado quando refere que:

> Com efeito, é a data da dissolução fática da comunhão de bens que deve constituir o marco para monetarização dos haveres do cônjuge que se retira da sociedade conjugal. A extinção da sociedade conjugal tem como efeito direto e imediato a resolução da subsociedade que se formou entre os cônjuges no tocante às cotas. Dessa forma, em relação ao cônjuge não sócio, a resolução ou liquidação da sociedade ocorre no momento da separação de fato, postergando-se, apenas, o pagamento dos haveres para a ocasião seguinte da partilha. Extinto o regime de bens, não há mais sociedade alguma entre os cônjuges. [...] A *resolução* da sociedade conjugal não se dá por ocasião da partilha dos bens comuns, mas no momento em que cessada a convivência. Com a separação de fato, o cônjuge se retira, não apenas da sociedade conjugal, mas também da *subsociedade* formada com o consorte em relação à empresa da qual apenas um deles integrava o quadro social. As duas sociedades se extinguem na data da separação de fato e é esta a data em que se devem apurar os haveres. Entender o contrário, ou seja, apurar o valor das cotas no momento efetivo da partilha, que venha a ocorrer decorrido considerável lapso temporal, além de profundamente injusto em relação ao cônjuge que se manteve à frente da sociedade, nos casos em que a empresa

---

[169] STF, Tribunal Pleno, RE 474132/SC, Rel. Min. Gilmar Mendes, j. 12.08.2010, *DJ* 1.º.12.2010.

[170] "Agravo. Ação de conservação de separação de corpos em divórcio, com pedido de antecipação de tutela, visando a imediata divisão da parte incontroversa do acervo de bens do casal, ou seja, a participação societária em duas empresas. Decisão recorrida que indeferiu o pedido sob a alegação de que a separação de fato não põe termo ao regime de bens, o qual somente termina pela dissolução da sociedade conjugal ou pela separação judicial, nos termos dos arts. 1.571 e 1.576 do Código Civil. Inconformismo. Decisão reformada, em parte, para reconhecer que o regime de bens cessa logo a partir da separação de fato do casal. Mantido, contudo, o indeferimento da antecipação da tutela..." (TJSP, 9.ª Câmara de Direito Privado, Agravo de Instrumento 652.535-4/6-00, Rel. Dácio Tadeu Viviani Nicolau, j. 07.07.2009).

[171] CPC, art. 608. "Até a data da resolução, integram o valor devido ao ex-sócio, ao espólio ou aos sucessores a participação nos lucros ou os juros sobre o capital próprio declarados pela sociedade e, se for o caso, a remuneração como administrador. Parágrafo único. Após a data da resolução, o ex-sócio, o espólio ou os sucessores terão direito apenas à correção monetária dos valores apurados e aos juros contratuais ou legais."

cresceu e se desenvolveu às custas de sua exclusiva labuta, é passível, por outro lado, de ocasionar grave risco ao cônjuge não sócio que, se permanecer atrelado à sociedade, pode vir a ser chamado a responder por prejuízos futuros, decorrentes de fatos verificados muito tempo após o término da sociedade conjugal.[172]

Significa concluir que o marco para a fotografia patrimonial da sociedade será a data da separação de fato, de corpos, judicial ou do divórcio, prevalecendo, como anteriormente explicado, sempre aquela que ocorreu em primeiro lugar, tanto para efeitos de avaliação da participação societária destinada à ex-esposa de sócio como também com relação aos lucros aportados depois da *resolução* do casamento e que representa o termo final da sociedade afetiva dos contraditores, que se desfez pelas circunstâncias dos fatos, e não pelas mãos do juiz.

3.16.3 Dissolução parcial da sociedade

Teoricamente, a partilha de sociedades empresárias ou simples não deveria causar maiores dificuldades nos processos de separação, de divórcio ou de dissolução de união estável, pois, se o regime matrimonial for o da comunhão parcial ou universal de bens, bastaria somar o número de quotas ou de ações tituladas na pessoa de cada cônjuge ou convivente, as quais possuem na sociedade empresária, e dividi-las por dois, apesar de que muitos cônjuges pensam que a partilha da sociedade deva se dar em conformidade com a quantidade de quotas ou ações subscritas por cada consorte. Assim, se o marido fosse titular de quarenta por cento das quotas da empresa e sua esposa fosse subscritora de outros vinte por cento das quotas, esta seria a natural divisão da sociedade, dispondo-se o varão a comprar ou compensar com outros bens conjugais os vinte por cento das quotas sociais da esposa, quando obviamente devem ser somadas as quotas que totalizam sessenta por cento, cometendo trinta por cento das quotas para cada consorte ou convivente.

Há completa confusão entre sociedade jurídica e sociedade conjugal, olvidando-se francamente muitos dos cônjuges do fato de que, antes de se tratar de uma sociedade jurídica, sobrepõe-se a ela uma sociedade conjugal, e a divisão das quotas sociais de sociedades entre consortes responde ao regime da mancomunhão, e não ao contrato social. O mesmo raciocínio é desenvolvido se apenas um dos esposos figura no contrato social, sendo partilhada a totalidade das quotas sociais que constam exclusivamente em nome do consorte sócio, sendo seu cônjuge seu subsócio, mas sem direito de ingresso na sociedade, salvo expressa previsão legal, mas com direito de receber na divisão das quotas sociais e depois com uma ação de apuração de haveres a ser proposta no juízo cível ou empresarial, se existirem varas especializadas na Comarca, o valor correspondente à metade das quotas tituladas pelo cônjuge ou convivente sócio.

Tendo a sociedade empresária sido formada antes do casamento ou da constituição da entidade familiar, não há partilha de quotas, tampouco o Superior Tribunal de Justiça reconhece o direito à indenização ou à compensação patrimonial pela *valorização das quotas*, cujo eufemismo é usado para identificar o crescimento patrimonial de uma pessoa jurídica na constância da entidade familiar. Este é um fenômeno bastante comum e corrente, sendo

---

[172] DELGADO, Mário Luiz. As quotas sociais e o caso do cônjuge não sócio separado de fato. *Consultor Jurídico*. Disponível em: http://www.conjur.com.br/2017-abr-09/processo-familiar-cotas-sociais-conjuge--nao-socio. Acesso em: 2 set. 2020.

Cap. 3 · INDIVISÃO PÓS-COMUNITÁRIA DOS BENS COMUNS

implacável o vaticínio sempre reiterado no Superior Tribunal de Justiça que tem como acórdão paradigma o REsp 1.173.931/RS.[173]

O Código Civil de 2002 preocupou-se que a partilha das quotas e a apuração de haveres pudessem causar um colapso econômico-financeiro a uma pessoa jurídica, tendo o cônjuge sócio de pagar as quotas do seu consorte, o qual não podia ingressar na empresa por uma óbvia ausência de *affectio societatis*. Muitas vezes esse cônjuge sócio pode não dispor de recursos ou bens para pagar, ou para compensar a aquisição das quotas que por metade tocam pela partilha ao seu consorte, que então passa a figurar na sociedade como sócio de sócio, um sub-sócio. No tocante a essa situação, assevera Arnaldo Rizzardo que o caráter personalista dessas sociedades não permite a introdução forçada de novos sócios, ou a cessão forçada das quotas do capital dos sócios,[174] e, com o escólio de Yussef Said Cahali, sentencia que, "tratando-se de partilha de quota de sociedade de responsabilidade limitada, o recebimento pelo ex-cônjuge de sócio de quotas na partilha dos bens do casal em ação de divórcio não o faz sócio da empresa, pois haveria necessidade para a sua integração na sociedade do consentimento de todos os sócios".[175]

Como menciona Sérgio Gischkow Pereira, esse impasse foi resolvido pelo artigo 1.027 do diploma civil brasileiro, ao dispor que os herdeiros do cônjuge de sócio, ou o cônjuge do que se separou judicialmente, não podem exigir desde logo a parte que lhes cabe na quota social, e sim concorrer à divisão periódica dos lucros, até que se liquide a sociedade. Portanto, o cônjuge de sócio de sociedade por quotas de responsabilidade limitada, mesmo sendo meeiro nas quotas, não poderia (antes da edição do vigente CPC), na separação judicial ou no divórcio, e o mesmo é relacionado ao unido estavelmente, exigir a apuração de haveres nem o valor da metade das quotas, tendo de esperar pela liquidação da empresa e só tendo direito à divisão periódica dos lucros.[176]

Isso significava que certamente a empresa jamais seria dissolvida ou levaria muito tempo para ser dissolvida, enquanto isso o consorte, o unido estavelmente ou o herdeiro não podiam promover a apuração de haveres para receber em dinheiro o valor patrimonial de suas quotas, devendo se se contentar em receber proporcionais dividendos inerentes ao seu número de quotas, se é que lucros fossem distribuídos a cada ano, e ainda se positivo o resultado social, e baldados todos esses percalços, se, ao longo desse tempo, o ex-cônjuge sócio, que seguia na livre administração da empresa e no controle dos efeitos jurídicos relativos às quotas tituladas por seu ex-consorte, não cuidasse de sutilmente promover periódicos aumentos de capital que não eram acompanhados pelo ex-consorte, que não tinha

---

[173] "Recurso especial. Direito civil. Família. União estável. Regime de bens. Comunhão parcial de bens. Valorização de quotas sociais. 1. O regime de bens aplicável às uniões estáveis é o da comunhão parcial, comunicando-se, mesmo por presunção, os bens adquiridos pelo esforço comum dos companheiros. 2. A valorização patrimonial das quotas sociais de sociedade limitada, adquiridas antes do início do período de convivência, decorrente de mero fenômeno econômico, e não do esforço comum dos companheiros, não se comunica. 3. Recurso especial provido" (STJ, 3.ª Turma, Rel. Min. Paulo de Tarso Sanseverino, j. 22.10.2013).

[174] RIZZARDO, Arnaldo. Casamento e efeitos da participação social do cônjuge na sociedade. *In*: WELTER, Belmiro Pedro; MADALENO, Rolf Hanssen (coord.). *Direitos fundamentais do direito de família*. Porto Alegre: Livraria do Advogado, 2004. p. 44.

[175] CAHALI, Yussef Said. *Divórcio e separação*. 6. ed. São Paulo: RT, 1994. p. 888-889.

[176] PEREIRA, Sérgio Gischkow. *Direito de família*. Aspectos do casamento, sua eficácia, separação, divórcio, parentesco, filiação, regime de bens, alimentos, bem de família, união estável, tutela e curatela. Porto Alegre: Livraria do Advogado, 2007. p. 146-147.

nenhuma ingerência sobre a sociedade empresária, equiparado a um credor de sócio (CC, art. 1.026), e que mantinha seu capital social estanque e inamovível, e, quando se desse conta, tinha papéis, e não dinheiro, e via, dia a dia, seu patrimônio esvaziar e desvalorizar, dele nada ou muito pouco usufruindo.

Assim, enquanto o legislador se preocupava com a sobrevivência da pessoa jurídica, não se importava com a sobrevivência da pessoa física do cônjuge, que não tinha nenhuma vantagem em ver sua meação paga com quotas de uma sociedade simples ou empresária totalmente administrada pelo ex-cônjuge, ao ordenar com escora em antigas decisões do Superior Tribunal de Justiça que a ação de apuração de haveres era direito que somente poderia ser exercido pelo sócio, e não por quem adquirisse quotas de sócio, ainda que por partilha em dissolução de casamento por regime de comunhão de bens,[177] não podendo o cônjuge de sócio apurar haveres, tampouco partilhar o valor da metade das quotas, tendo de esperar eternamente pela eventual liquidação da empresa.

3.16.4 Apuração de haveres

A prática processual não encontra no âmbito de tramitação de um processo de divórcio com partilha de bens conjugais ou de partilha de bens indivisos pós-conjugais a transformação direta das quotas sociais em uma apuração de haveres que entregue em bens ou em dinheiro a meação do cônjuge de sócio. Tampouco esse mesmo propósito de liquidez imediata encontraria escora em um processo de inventário, cuja repartição demanda da mesma maneira o pagamento do quinhão hereditário com a entrega de quotas no formal de partilha, assim como no divórcio ou na dissolução de uma união estável há apenas a divisão das quotas sociais, ou seja, o pagamento da meação em quotas da sociedade, mas cuja entrega de quotas em razão da partilha não transforma automaticamente o ex-cônjuge, o ex-convivente ou o herdeiro de sócio beneficiado com quotas sociais na condição de sócio, nem lhe dá a liquidez financeira com a entrega de dinheiro ou de bens, pois, tanto para ex-cônjuge ou ex-convivente quanto para que herdeiros se tornem sócios, eles dependem do consentimento dos demais sócios.

Conforme doutrina de Alexandre Barufaldi, o artigo 1.031, *caput,* do Código Civil estabelece que o valor da quota, considerado pelo montante efetivamente realizado, será liquidado com base na situação patrimonial da sociedade, à data da resolução, nos casos em que a sociedade se resolver com relação a um sócio, salvo disposição contratual em contrário,[178] ou seja, está sendo informado que a retirada de um sócio da sociedade importa no levantamento da situação patrimonial da sociedade, de forma a poder mensurar o valor monetário das quotas pertencentes a esse sócio retirante, mas, quando esse sócio se divorcia ou dissolve sua união estável, ele não está se retirando da sociedade empresária, e sim dissolvendo a sua sociedade conjugal ou convivencial. Portanto, no processo de dissolução da relação afetiva desse sócio não serão partilhados os bens da sociedade empresária, mas os bens titulados pelo sócio, e sócio detém quotas sociais, que têm, sim, expressão econômica quando confrontadas com a pessoa jurídica da sociedade.

Consequentemente, o processo de dissolução conjugal ou convivencial, quanto ao ato de liquidação e partilha dos bens, só pode ir até a divisão das quotas sociais ou ações de uma sociedade empresária, e mais longe do que isso não é possível, pois o processo de família não

---

[177] STJ, 3.ª Turma, REsp 29897/RJ, Rel. Min. Dias Trindade, j. 14.12.1992.
[178] BARUFALDI, Alexandre. *Apuração de haveres dos sócios.* Diretrizes jurídicas. Porto Alegre: Livraria do Advogado, 2021. p. 58.

é o ambiente adequado para uma ação de apuração de haveres, que é justamente a ação prevista em lei para a dissolução parcial da sociedade, no caso de retirada de sócio e pagamento do valor correspondente às suas quotas sociais ou ações não cotizadas em bolsa. No entanto, também é a ação pertinente à apuração e pagamento somente de quotas sociais, quer se trate de quotas sociais penhoradas por algum credor de sócio, quer se trate de quotas sociais partilhadas com um ex-cônjuge, ex-companheiro, ou quer se trate de quotas sociais adjudicadas por algum herdeiro no inventário de sócio falecido.

Para proceder ao pagamento do valor correspondente a essas quotas sociais que forem entregues em pagamento de meação de cônjuge de sócio ou adjudicadas por algum herdeiro de sócio falecido, será necessário apurar em balanço especial o valor patrimonial da sociedade empresária e, via de consequência, os haveres daquele que titula as quotas sociais sem ser sócio e para que este seja reembolsado pela sociedade ou pelos sócios remanescentes em troca das quotas que está titulando, cuja liquidação deverá se dar com base na situação patrimonial da sociedade. Ademais, o pagamento das quotas deve ser realizado conforme previsão contratual, conquanto não desestabilize financeiramente a sociedade empresária a ponto de colocar em risco a continuação da sua atividade econômica.

Contudo, comprovado que a liquidação da sociedade não oferece riscos à continuação da atividade econômica, a sociedade deve pagar ao ex-cônjuge, ou ex-convivente de sócio, o equivalente patrimonial de suas quotas sociais recebidas na partilha dos bens conjugais ou conviveniciais em correspondência à sua meação, não prevalecendo, como vinha decidindo a jurisprudência do Superior Tribunal de Justiça, o retrocesso do artigo 1.027 do Código Civil, no sentido de que eles não poderiam exigir, desde logo, a parte que lhes coubesse na quota social, mas somente concorrer à divisão periódica dos lucros e obviamente tornando inócua uma precipitada apuração de haveres e a realização de um balanço especial para saber o valor das quotas, as quais, a final de contas, seriam eternizadas nas mãos do ex-cônjuge, do ex-convivente e dos herdeiros de sócio falecido, enquanto a sociedade não fosse totalmente dissolvida e sempre a critério da sociedade e dos sócios remanescentes, uma vez que não lhes era facultado pedir a dissolução da sociedade ou a apuração de haveres, nem o ingresso na sociedade.

A mudança de entendimento nasceu a partir de histórica decisão no Superior Tribunal de Justiça em voto do Ministro Carlos Alberto Menezes Direito, no REsp 450.129/MG, em julgamento datado de 8 de outubro de 2002, perante a 3.ª Turma, passando a autorizar a apuração do valor das quotas sociais adjudicadas pelo cônjuge de sócio. Assim menciona Arnaldo Rizzardo: "se ao sócio não se impõe a permanência indefinida, com mais razão não se pode obrigar que estranho fique sócio do sócio enquanto perdurar a sociedade. Assegura-se-lhe a liquidação da sua porção na participação, buscando os valores monetários ou outros bens o montante de que é titular. Para conseguir este intento, ingressará com a ação de apuração de haveres em quota ou participação social contra o sócio, e não contra a sociedade, a qual poderá, no entanto, ser chamada a integrar o processo como interessada assistencial".[179]

Com a promulgação do Código de Processo Civil em 2015, em seu artigo 599, estabeleceu a possibilidade de ser proposta pelos herdeiros de sócio falecido a ação de dissolução parcial e apuração de haveres (incisos I e II), e o artigo 600 do CPC passou a permitir que o cônjuge ou companheiro de sócio, cujo casamento ou convivência terminou, poderá requerer

---

[179] RIZZARDO, Arnaldo. Casamento e efeitos da participação social do cônjuge na sociedade. *In*: WELTER, Belmiro Pedro; MADALENO, Rolf Hanssen (coord.). *Direitos fundamentais do direito de família*. Porto Alegre: Livraria do Advogado, 2004. p. 50.

a apuração de seus haveres na sociedade e que serão pagos à conta da quota social titulada por esse sócio (CPC, art. 600, parágrafo único). Logicamente as quotas sociais tituladas pelo sócio que dissolveu sua relação afetiva importaram em uma prévia partilha judicial ou extrajudicial delas, em que parte foi adjudicada na meação do seu ex-par, sendo citados na ação a ser proposta em vara cível ou de direito empresarial a sociedade e os sócios, em cuja demanda requererá a avaliação das quotas adjudicadas, reclamando a apuração de haveres a realização de um balanço especial, em conformidade com o direito societário, tratando-se de procedimento pericial contábil e de alta responsabilidade técnica, que pode envolver peritos de outras áreas da ciência humana, por exemplo, engenheiros ou arquitetos, para a avaliação do ativo imobilizado.

Trata-se de um balanço especialmente determinado para permitir a correta e específica resolução da sociedade em relação a um ou mais sócios, ou em relação à apuração dos haveres das quotas pagas na meação do ex-cônjuge de sócio ou aos herdeiros de sócio falecido. Por sinal, reza o artigo 1.031 do Código Civil que: "nos casos em que a sociedade se resolver em relação a um sócio, o valor da sua quota, considerada pelo montante efetivamente realizado, liquidar-se-á, salvo disposição contratual em contrário, com base na situação patrimonial da sociedade, à data da resolução, verificada em balanço especialmente levantado".

A apuração de haveres realizada a partir de um balanço especial é mecanismo utilizado para determinar o valor referente aos direitos de um sócio, ou de seu cônjuge meeiro ou dos herdeiros de um deles ou de ambos, sem que tenha de ser promovida a extinção da sociedade. Esse levantamento do valor efetivo das quotas viabilizará a compensação com outros bens, como poderá permitir sua compra pelos demais sócios ou pela sociedade, os quais deverão ser consultados para que exerçam seu direito de preferência na compra e em seguida à própria sociedade. É inequívoco que tais cautelas de ordem legal e processual demandam procedimento judicial específico e inerente ao direito societário, cujo procedimento não se coaduna com uma ação de divórcio e de partilha de bens que, ademais, tramita em segredo de justiça.

Por sinal, uma ação de dissolução parcial da sociedade e a apuração de haveres são procedimentos que não se confundem, e, na hipótese de recesso de um dos sócios, este se desvincula da sociedade, ao passo que, na suposição de transferência de quotas ao cônjuge meeiro, basta a apuração de haveres. Explica Murilo Zanetti Leal que na apuração de haveres: "se busca definir o *quantum* devido pela sociedade ao titular das quotas que delas se desvinculou, cabendo-lhe o equivalente ao valor patrimonial de sua participação societária, ou seja, tendo por base o valor efetivo, real e atualizado do patrimônio da sociedade, possuindo ele direito de crédito contra a pessoa jurídica, a qual deve pagar-lhe – ou aos seus sucessores – no prazo e forma contratualmente previstos ou à vista em caso de omissão do contrato".[180]

Como demonstra Hernani Estrella, *determinação da quota* e *liquidação da quota* não se confundem, eis que se trata de duas ordens de procedimentos nitidamente distintas, pois: "A determinação da quota preside critério puramente técnico-contábil, deduzido de regras teórico-práticas, por meio das quais, e pela constatação objetiva de alterações qualitativas e quantitativas do patrimônio da empresa, se chega a precisar, num dado momento, o valor numérico da quota. A liquidação da quota, pelo contrário, reclama indefectivelmente a ideia de direito, e mostra plenamente a sua essência psicológico-subjetiva: quem estivesse provido dos necessários conhecimentos técnicos, poderia proceder à determinação da quota, ao passo

---

[180] LEAL, Murilo Zanetti. *A transferência involuntária de quotas nas sociedades limitadas*. São Paulo: RT, 2002. p. 172.

Cap. 3 • INDIVISÃO PÓS-COMUNITÁRIA DOS BENS COMUNS | **545**

que para a liquidação desta, deve ocorrer a relativa legitimação passiva – não se confundindo as regras pertinentes à ciência contábil com as normas ditadas pelo direito".[181]

Desse modo, e seguindo as regras do direito societário, para efeitos de dissolução parcial ou apuração de haveres, o valor das quotas depende de um balanço especial ou de determinação, que são palavras sinônimas, estabelecendo o artigo 1.031 do Código Civil que se procede à elaboração do balanço especial para a apuração dos haveres do sócio que está se desligando da sociedade, cujo objetivo é determinar o valor dos haveres a ser reembolsado ao sócio que se despede ou a seus herdeiros, ou ao cônjuge meeiro.[182]

Prescreve o artigo 1.031 do Código Civil que, "nos casos em que a sociedade se resolver em relação a um sócio, o valor da sua quota, considerada pelo montante efetivamente realizado, liquidar-se-á, salvo disposição contratual em contrário, com base na situação patrimonial da sociedade, verificada em balanço especialmente levantado".

O § 1.º do artigo 1.031 do Código Civil estabelece que o capital social da empresa sofrerá a correspondente redução, salvo se os demais sócios suprirem o valor da quota, que será liquidada e paga em dinheiro, no prazo de 90 dias, a partir da liquidação, salvo acordo ou estipulação em contrário (CC, art. 1.031, § 2.º).

O sócio que se retira ou se ele permanece na sociedade e que promove a apuração pura e simples dos haveres, sem precisar lançar mão do recurso da dissolução parcial da sociedade, uma vez que continua na sociedade, a posição desse cônjuge de sócio é semelhante a de um autêntico credor da sociedade pelos haveres representados pela meação das quotas que recebeu na partilha conjugal do acervo matrimonial, reduzindo a sociedade o valor de seu capital em razão da subtração do montante de bens pago pela meação das quotas destinadas ao cônjuge de sócio.

Não há como liquidar nos autos do divórcio ou nos autos da partilha, ou de inventário, as quotas que passaram com a homologação dessa partilha a integrar a meação do ex-cônjuge de sócio ou os quinhões hereditários. É de domínio público que nas ações de dissolução parcial de sociedade ou de mera apuração de haveres para liquidação das quotas existe um litisconsórcio passivo necessário entre a sociedade e os sócios, prescrevendo o parágrafo único do artigo 600 do Código de Processo Civil, que "o cônjuge ou companheiro do sócio cujo casamento, união estável ou convivência terminou poderá requerer a apuração de seus haveres na sociedade, que serão pagos à conta da quota social titulada por este sócio".

Portanto, o meeiro de sócio passou a ser titular de metade das quotas tituladas pelo cônjuge sócio, tornando-se possuidor de quotas, mas sem a qualidade de sócio, com direito de liquidar essa sua meação de quotas mediante uma apuração de haveres na sociedade, de modo a avaliar o valor proporcional aos bens da sociedade, das quotas meadas. Sendo credor da sociedade, contra esta dirige sua pretensão na apuração dos seus haveres e na proporção da sua meação na partilha de divórcio, recebida em certa quantidade de quotas que antes pertenciam e eram administradas somente pelo cônjuge sócio. Tornando-se credor da sociedade e não concordando com os valores indicados pela sociedade empresária, o meeiro de quotas tem legitimidade para requerer a apuração de seus haveres, e nesta ação própria para apuração de haveres a legitimidade processual passiva é da sociedade empresária e dos sócios que nela remanescem, em litisconsórcio passivo necessário, sob pena de nulidade, sendo certo que essa apuração de haveres não se realiza no âmbito restrito de uma ação de divórcio ou de dissolução de união estável com partilha de bens. Isso porque o valor proporcional das quotas pagas na composição da meação

---

[181] ESTRELLA, Hernani. *Apuração de haveres de sócio*. 2. ed. Rio de Janeiro: Forense, 1992. p. 176.

[182] HOOG, Wilson Alberto Zappa. *Resolução de sociedade & avaliação do patrimônio na apuração de haveres*. 5. ed. Curitiba: Juruá, 2012. p. 203.

do cônjuge de sócio deve ser liquidado perante a sociedade empresária, pois é a sociedade responsável pelo pagamento, suportando os sócios a modificação do contrato social.

Ordena o artigo 861 do Código de Processo Civil que, uma vez penhoradas as quotas ou as ações de sócio em sociedade simples ou empresária, o juiz assinará prazo razoável, não superior a três meses, para que a sociedade promova diversas diligências,[183] permitindo ver quão complexa se mostra a dissolução parcial ou a apuração de haveres, de modo a levantar o valor da participação societária das quotas de sociedade limitada ou das ações de sociedade anônima de capital fechado, sabido que elas têm valor *nominal*, resultante da divisão do capital social pelo número de quotas, cujo valor é referido no contrato social ou estatuto, com a função de mensurar a responsabilidade do sócio na capitalização da sociedade, como, entre outras espécies de estimativas da participação societária, ela também tem um valor *patrimonial*, que é a divisão do patrimônio líquido da sociedade pelo número de quotas ou ações, conforme o balanço que vai mensurá-lo, lembrando Fabio Ulhoa Coelho a existência de diferentes espécies de balanços: a) valor patrimonial contábil (*balanço periódico*); b) valor patrimonial contábil à data presente (*balanço especial*); c) valor patrimonial real (*balanço de determinação*).[184]

O instituto da penhora de quotas na sociedade por quotas de responsabilidade limitada sempre gerou polêmica no contexto dos códigos processuais de 1939 e 1973, recordando Humberto Theodoro Júnior ter a Lei 11.382/2006 soterrado a antiga controvérsia existente, ao atribuir nova redação ao inciso VI do artigo 655 do Código de Processo Civil de 1973.[185] Prevalecia nos ritos processuais revogados a tese da impenhorabilidade das quotas das sociedades limitadas, e a doutrina entendia que a quota integrava o fundo social, qual seja, o patrimônio da sociedade, e que por isso não podia ser objeto de penhora, pois isso importaria no ingresso de estranho no quadro social, sem olvidar do artigo 20 do Código Civil de 1916, ao estabelecer que as pessoas jurídicas tinham existência distinta da de seus membros. Uma segunda corrente julgava possível a penhora da quota social, dado o conteúdo capitalista da sociedade limitada, ao passo que uma terceira e última corrente mesclava as duas opiniões antecedentes, não admitindo a penhora das quotas em razão do ingresso de terceiro estranho às atividades

---

[183] "I – apresente balanço especial, na forma da lei; II – ofereça as quotas ou as ações aos demais sócios, observado o direito de preferência legal ou contratual; III – não havendo interesse dos sócios na aquisição das ações, proceda à liquidação das quotas ou das ações, depositando em juízo o valor apurado, em dinheiro. § 1.º Para evitar a liquidação das quotas ou das ações, a sociedade poderá adquiri-las sem redução do capital social e com utilização de reservas, para manutenção em tesouraria. § 2.º O disposto no *caput* e no § 1.º não se aplica à sociedade anônima de capital aberto, cujas ações serão adjudicadas ao exequente ou alienadas em bolsa de valores, conforme o caso. § 3.º Para fins da liquidação de que trata o inciso III do *caput*, o juiz poderá, a requerimento do exequente ou da sociedade, nomear administrador, que deverá submeter à aprovação judicial a forma de liquidação. § 4.º O prazo previsto no *caput* poderá ser ampliado pelo juiz, se o pagamento das quotas ou das ações liquidadas: I – superar o valor do saldo de lucros ou reservas, exceto a legal, e sem diminuição do capital social, ou por doação; ou II – colocar em risco a estabilidade financeira da sociedade simples ou empresária. § 5.º Caso não haja interesse dos demais sócios no exercício de direito de preferência, não ocorra a aquisição das quotas ou das ações pela sociedade e a liquidação do inciso III do *caput* seja excessivamente onerosa para a sociedade, o juiz poderá determinar o leilão judicial das quotas ou das ações."

[184] COELHO, Fabio Ulhoa. O valor da participação societária. *In*: COELHO, Fábio Ulhoa (coord.). *Tratado de direito comercial*. São Paulo: Saraiva, 2015. v. 1. p. 301.

[185] THEODORO JÚNIOR, Humberto. *Curso de direito processual civil*. 49. ed. Rio de Janeiro: Forense, 2016. v. III, p. 498.

comerciais e ao quadro social, mas permitindo a penhora dos fundos líquidos para efeito de responsabilização do quotista inadimplente.[186]

A novidade veio com o artigo 861 do vigente Código de Processo Civil, ao criar um procedimento específico para a realização da penhora de quotas ou ações, com a ordenação de diligências, com prazo estipulado, não superior a três meses, para que a sociedade direcione medidas destinadas a preservar a *affectio societatis*, garantindo aos sócios a preferência na alienação das quotas ou ações. Ao mesmo tempo, permite que a sociedade evite a liquidação das quotas ou ações, adquirindo-as sem redução do seu capital social e com a utilização de reservas, para manutenção em tesouraria. Assim, será a sociedade quem vai decidir a forma de pagamento do credor entre todas as medidas flexibilizadas na conservação da sociedade e sócios, tendentes a evitar o máximo possível a arrematação ou a adjudicação das quotas sociais em leilão judicial, o que só vai ocorrer se elas não forem adquiridas por seus sócios ou pela empresa, sendo natural concluir que esse mesmo princípio de preservação da *affectio societatis* se faz íntegro e presente nas hipóteses de adjudicação das quotas por meeiro ou herdeiro.

Não ocorrendo uma solução que satisfaça os interesses do credor e titular da penhora de quotas, o Superior Tribunal de Justiça admite promova o credor ação pedindo a dissolução total ou parcial da sociedade, mas conservando sempre o direito de crédito sobre os haveres do sócio executado,[187] eis que somente na condição de credor que se habilita, mas jamais na condição de sócio, notadamente quando existem restrições contratuais ao ingresso de estranho arrematante como sócio. No entanto, se não existir empecilho contratual, nada impede a possibilidade de a quota ser arrematada, com a inclusão de todos os direitos a ela concernentes, inclusive o *status* de sócio.

Seria uma violência contra a regra da *affectio societatis* vigente na sociedade limitada consentir o ingresso compulsório como sócio de um credor, razão pela qual a processualística de 2015, buscando evitar a entrada de um intruso na sociedade, permite, pelo artigo 861 do CPC, que em um prazo não superior a três meses a sociedade proceda nas seguintes diligências: a) apresente balanço especial, na forma da lei; b) ofereça as quotas ou ações aos demais sócios, observando o direito de preferência legal ou contratual; c) não havendo interesse dos sócios na aquisição das quotas ou ações, proceda à liquidação das quotas ou ações, depositando em dinheiro e em juízo o valor apurado.

Como visto, o direito processual brasileiro autoriza um sem-número de cautelas e diligências destinadas a afastar o ingresso de um estranho na sociedade personificada, ofertando as quotas ou ações para os outros sócios ou promovendo a liquidação das quotas, que poderá adquirir sem redução do capital social e com a utilização de reservas, para a manutenção da tesouraria. Incontroverso que a redução do capital social pode representar uma perda irreparável para a sociedade, se excessiva, devendo a redução, quando ocorre, ser praticada na estrita proporção das participações sociais.

Ora, se no caso do credor exequente todas essas diligências prévias são ordenadas no propósito de afastar qualquer corpo estranho na sociedade, envolvendo sócios, sociedade e pagamento das quotas pela sociedade, sem que esta precise reduzir o seu capital social, para só admitir, em última instância, o leilão judicial das quotas, em detrimento da afeição societária, se elas não forem adquiridas pelos sócios ou pela sociedade, afiguram-se igualmente

---

[186] MARINHO, Márcia Cristina de Oliveira Ferreira. *Penhora de quotas na sociedade por quotas de responsabilidade limitada.* Rio de Janeiro: Lumen Juris, 1997. p. 41.

[187] ALBUQUERQUE, Luciano Campos de. *Dissolução de sociedades.* 2. ed. São Paulo: Malheiros, 2015. p. 179.

aplicáveis essas mesmas cautelas e diligências na hipótese de o credor de quotas da sociedade ser o cônjuge ou o convivente meeiro de sócio. É possível perceber, com luz solar, que uma repartição de bens conjugais não poderá avançar além da partilha pura e simples das quotas propriamente ditas, não do seu valor patrimonial, pois esse pagamento depende, primeiro, de uma ação específica de apuração de haveres, em foro cível próprio ou empresarial, porque demandas de família processam apenas a partilha jurídica dos bens conjugais e a mera divisão de quotas adquiridas durante o matrimônio, pois ações dessa ordem do direito de família não comportam litisconsórcio passivo necessário para o chamamento obrigatório da sociedade e dos sócios, considerando que todos sócios remanescentes têm a preferência para a aquisição das quotas penhoradas ou partilhadas em pagamento de meação conjugal.

O processo de família com a partilha dos bens conjugais não comporta a liquidação das meações, como claramente mostra a doutrina brasileira, ao escrever que: "de acordo com a lei processual, sempre que não houver consenso a respeito da divisão dos bens comungados, o juiz deverá apenas decidir sobre a dissolução da conformação familiar, encaminhando as partes a um juízo sucessivo destinado à apuração e liquidação desse acervo, a fim de obter a especificação daqueles que serão atribuídos a cada uma delas, à semelhança do que ocorre com a divisão do patrimônio hereditário (CPC/2015), artigos 647 a 658".[188]

Considere, por exemplo, uma partilha de bens imóveis, sobre os quais não há consenso dos consortes acerca da composição ideal de suas meações, soçobrando ao julgador a tarefa única de ordenar a partilha na sua forma de condomínio, típica partilha jurídica, de modo que depois, no juízo cível, os agora condôminos, que no passado foram meeiros, tratem de promover a extinção judicial do indesejado condomínio, liquidando seus haveres, se for o caso, inclusive com a alienação judicial do imóvel condominial, não se deparando com outra solução a eventual partilha conjugal de quotas societárias, cujo processo familiar de partilha, que se encontre ausente de consenso e de uma compensação de bens entre os consortes, obrigará o julgador a promover a pura e simples partilha igualitária das quotas societárias, de modo que estas, oportunamente, sejam objeto de ação de dissolução ou não da sociedade empresária, mas, ao menos, de uma ação de apuração de haveres, com a ordem judicial de realização de um balanço especial ou de determinação, para verificação do valor real das quotas, conforme o momento de sua resolução, permitindo o juízo competente a preservação da afeição societária, inclusive com a aplicação analógica do artigo 861 do Código de Processo Civil.

A grande verdade é que nem sempre a partilha leva a uma divisão de bens, pois existem partilhas sem essa divisão, tornando-se cônjuges ou companheiros comunheiros de quotas sociais, por exemplo, ou condôminos sobre imóveis, extinguindo a meação, mas sem a repartição material do bem e mantida uma comunhão transformada formalmente em condomínio, o que na prática não muda nada, mas que reclama a sua venda judicial ou a sua adjudicação por um dos ex-meeiros, somente onerando os casais e desafiando, no mínimo, uma ação de apuração de haveres para pagamento das quotas, ação que está regulada em procedimento especial pelos artigos 599 a 609 do Código de Processo Civil.

Acerca dessa prática comum de ex-cônjuges, ex-conviventes ou coerdeiros não formalizar a efetiva divisão dos bens, mas, ao revés, desaguarem esses bens em uma *holding* imobiliária que criam com suas meações ou com suas heranças, que se transmudam em quotas sociais, Manuel Espejo Lerdo de Tejada escreve ser ela outra forma de finalizar uma comunidade conjugal ou hereditária, diferente da mera repartição dos bens, adquirindo essa divisão

---

[188] RANGEL, Rafael Calmon. *Partilha de bens*. Na separação, no divórcio e na dissolução da união estável. São Paulo: Saraiva, 2016. p. 143.

uma natureza contratual, pela qual meeiros e herdeiros decidem continuar na mesma situação fática na qual se encontravam, mantendo bens e rendas em uma pessoa jurídica. O autor considera que essa prática é uma partilha provisória, pois a divisão efetiva ficará deferida para um dia indeterminado, que talvez não chegue nunca a ocorrer, porque as sociedades assim constituídas muitas vezes se extinguem por diversas outras causas, mas que, em todo caso, não mais será possível falar em divisão de meações ou em partilha de bens sucessíveis, mas em dissolução parcial ou total de uma sociedade empresária, que inclusive pode ser acrescida de novos bens.[189]

Inicia por meio da realização de um balanço especial, tomando como referência a data da resolução do casal que deve ser a separação de fato ou a dissolução oficial das núpcias ou da união estável, sendo avaliados bens e direitos do ativo, tangíveis e intangíveis (CPC, art. 606), e, uma vez apurados os haveres do sócio retirante ou do cônjuge de sócio (CPC, art. 600, parágrafo único), eles serão pagos conforme disciplinar o contrato social e no silêncio deste, nos termos do § 2.º do artigo 1.031 do Código Civil (CPC, art. 609).

Como expõe Hernani Estrella, naquilo que concerne à determinação do valor da quota, pode variar também o critério, já que não é o valor nominal dela que exprime a quantia a reembolsar, atenta às oscilações a que seu valor fica sujeito pela ocorrência de diversos fatores, entre os quais, designadamente, a maior ou menor prosperidade da empresa, no momento que se vai concretizar o direito patrimonial do sócio.[190] Logo, a forma da saída do sócio implica o prazo a partir do qual será considerado desfeito o vínculo societário, na hipótese de apuração de haveres, ou do momento da separação de fato ou do divórcio judicial dos cônjuges, no caso de o pagamento da meação do consorte de sócio ocorrer mediante o ajuizamento de ação específica de apuração de haveres. Sucede que a data-base para apuração dos haveres coincide com o momento em que o sócio manifestar vontade de se retirar da sociedade limitada, que no caso de divórcio ocorre no mínimo a partir da separação de fato dos cônjuges, quando entre eles deixa de existir a propalada comunhão plena de vida do artigo 1.511 do Código Civil, e, em razão da sua separação, também deixam de se comunicar os bens que antes eram computados como comuns dentro de um regime de comunidade patrimonial.

Considerando a data da separação de fato como o momento no qual o vínculo conjugal se desfez, ao menos em seu plano fático, depois vertido em divórcio judicialmente homologado, nenhuma questão superveniente da sociedade poderá afetar os haveres do cônjuge meeiro, os quais devem ser *fotografados* por ocasião da fática separação do casal, já tendo referido o Superior Tribunal de Justiça, no AgRg do REsp. 995475/SP, cuja relatora é a Ministra Nancy Andrighi, julgado em 17 de março de 2009, pela 3.ª Turma, e publicado no *DJe* de 25 de março de 2009, que: " A apuração dos haveres de sócio que se retira da sociedade não pode levar em consideração o sucesso ou o fracasso do empreendimento, por causas posteriores à sua retirada [...]", assim como nenhuma causa posterior à separação de fato dos contraditores pode ser considerada no balanço especial, que deve ser notadamente determinado pelo juiz, para o propósito específico de apurar os haveres devidos pela meação do cônjuge de sócio, consoante a data da separação informal do casal litigante, tendo presente que a sentença apenas declara estes valores com efeito *ex tunc*, tendo em linha de consideração que o sucesso ou o fracasso da sociedade e do ex-cônjuge sócio não pode influir na apuração de haveres da meeira, que deve externar a fotografia patrimonial existente ao tempo de sua retirada formal ou informal do casamento, sob pena de configurar um enriquecimento ou um empobrecimento indevido.

---

[189] TEJADA, Manuel Espejo Lerdo de. *La partición convencional*. Santiago-Chile: Ediciones Olejnik, 2019. p. 34.
[190] ESTRELLA, Hernani. *Apuração de haveres de sócio*. 2. ed. Rio de Janeiro: Forense, 1992. p. 178.

As quotas sociais conferem direitos de natureza pessoal e de natureza patrimonial, e estes últimos concedem ao sócio, em especial, o direito de participarem da partilha da massa residual, depois de liquidada a sociedade, atribuindo a eles um direito de crédito subordinado à liquidação total ou parcial da sociedade. Assim visto, a saída do sócio deve ser considerada para efeito de cálculo dos seus haveres sociais, mas, em âmbito processual, antes do vigente Código de Processo Civil não existia qualquer regra acerca do procedimento a ser adotado nos casos de dissolução parcial da sociedade e da circunstancial apuração de haveres, tratando os artigos 599 a 609 do vigente diploma de ritos de regular a matéria, inclusive para efeito de apuração de haveres em prol do cônjuge de sócio (CPC, art. 600, parágrafo único), cujo direito de pedir a dissolução do vínculo societário não lhe fora concedido pelo Código Civil de 2002, que tampouco lhe outorgara o poder de pedir a apuração de haveres, referindo o artigo 1.027 do Código Civil que: "os herdeiros do cônjuge de sócio, ou o cônjuge do que se separou judicialmente, não podem exigir desde logo a parte que lhes couber na quota social, mas concorrer à divisão periódica dos lucros, até que se liquide a sociedade".

Como consequência, podia ser afirmado que o cônjuge de sócio era um mero credor de seu esposo, sendo sócia de seu marido, mas não sócia dos outros sócios, e sem qualquer direito de promover a liquidação das suas quotas sociais havidas por meação de seu divórcio. No entanto, com o advento do Código de Processo Civil em 2015, outra foi a solução alvitrada a partir do parágrafo único do artigo 600, ao prever a expressa possibilidade de o ex-cônjuge ou o ex-companheiro de sócio, uma vez cessada a sociedade conjugal, poder requerer em juízo a liquidação da quota do sócio, mediante a apuração de haveres na sociedade,[191] os quais serão pagos à conta da quota social titulada pelo marido sócio da sociedade.[192]

Logo, não se trata de uma ação de partilha do acervo conjugal atrelada ao prévio divórcio, eis que esta, quando muito, avança até a partilha jurídica das quotas, em seu estado bruto, jamais ingressando na liquidação dessas quotas, pois essa liquidação está conectada ao processo de apuração de haveres. Define a processualística brasileira essa ação de partilha, cujos meandros carregam premissas basilares, como o primado da fundamental *preservação da empresa*, isso porque, quando da sua liquidação total ou parcial, pode afetar o equilíbrio social, desestabilizando empregos, afetando clientes e a economia. Dessarte, subsistem entraves legais e ritos processuais próprios, em juízo competente, que precisam ser observados para a garantia dos direitos de todas as partes legitimadas, e, diante da pluralidade de situações jurídicas que não se resolvem nas restritas fronteiras e limitações provenientes de uma singela ação familiar de divórcio, cumulada com a partilha meramente formal de metade das quotas comuns e tituladas pelo consorte ou companheiro em uma sociedade empresária limitada, ou suas ações em uma sociedade anônima fechada.

Como refere Rafael Calmon Rangel: "deve se prestar atenção para que não se confundam o *estado de indivisão* de determinada situação com a característica de *indivisibilidade*, uma vez que o primeiro se refere a algo que, por alguma circunstância, se encontra apenas pendente

---

[191] "Sociedade por quotas de responsabilidade limitada. Quotas adquiridas por partilha em separação judicial. Pretensão de dissolução total e apuração de haveres. I – Não prevendo o contrato social a substituição do sócio pelo cônjuge, resistindo ademais os sócios restantes ao ingresso, falece à mulher legitimidade ativa *ad causam* para a ação de dissolução parcial ou total da sociedade. II – Legitimidade ativa e direito do cônjuge, porém, para apurar e receber os haveres que lhe são devidos, pois, do contrário, sria privado de seu direito. Recurso em parte provido" (TJRS, 6.ª Câmara Cível, Apelação Cível 70008521817, Rel. Des. Carlos Alberto Alvaro de Oliveira, j. 25.08.2004).

[192] FRANÇA, Erasmo Valladão Azevedo e Novaes; ADAMEK, Marcelo Vieira von. *Da ação de dissolução parcial de sociedade*. Comentários breves ao CPC/2015. São Paulo: Malheiros, 2016. p. 44.

Cap. 3 · INDIVISÃO PÓS-COMUNITÁRIA DOS BENS COMUNS

de ser dividido, mas que não necessariamente será insuscetível de ser dividido, ao passo que a segunda denota a efetiva *impossibilidade de a coisa ser fragmentada* sem o comprometimento significativo de seu aspecto funcional e valia [...]".[193]

Esta é exatamente a particularidade de uma ação de regulamentação especial de dissolução ou de apuração de haveres, que concede ao sócio e por óbvio ao subsócio (cônjuge/companheiro meeiro de sócio/credor de penhora de quotas) um direito de crédito perante a sociedade. Para determinar judicialmente esse montante devido deve ser procedida uma ação especial de apuração de haveres, que não pode ser alinhada aleatoriamente em uma precedente ação de divórcio e de partilha meramente jurídica de divisão de quotas por metade em uma espécie de estado condominial de quotas societárias.

Como registra Roberta de Oliveira e Corvo Ribas, é nessa matéria societária que reside a maior fonte de disputas societárias, visto que aquele que sai da sociedade ou que será reembolsado por seu crédito perante a sociedade empresária vislumbra valores de reembolso maiores do que os considerados pelos sócios remanescentes e pela sociedade.[194] A especialidade da matéria já inicia como exposto no artigo 1.031 do Código Civil, no sentido de prever para os casos de resolução da sociedade com relação a um sócio a liquidação das suas quotas com base na situação patrimonial da sociedade, à data da resolução e verificada em balanço especialmente levantado para essa finalidade. Como exaustivamente ressalvado, trata-se de um balanço especialmente feito para a apuração de haveres, não se cogitando do mero aproveitamento de um balanço preexistente ou realizado por ocasião do ajuizamento da ação, no propósito apenas de atribuir um valor inicial ao processo aforado, pois que a apuração de haveres se ressente de um balanço próprio, não de qualquer balanço realizado com outros objetivos, nos quais foram usados outros critérios, devendo ser seguido o roteiro previsto no artigo 1.031 do Código Civil. Se o contrato social for omisso quanto à forma de pagamento do montante devido ao sócio ou ao cônjuge de sócio pelo valor de sua participação, o § 2.º do artigo 1.031 do Código Civil prevê que a quota liquidada será paga em dinheiro, no prazo de 90 dias, a partir da liquidação, salvo acordo ou estipulação contratual em contrário. Com a partilha aritmética das quotas, o cônjuge de sócio não ostenta a condição de sócio da empresa, mas exerce, sim, uma copropriedade das quotas, ou, mais precisamente, no conteúdo econômico dessas quotas, pendente a sua quantificação da realização de um balanço de determinação.

De acordo com as observações doutrinárias de Fábio Ulhoa Coelho: "O BPD (Balanço Patrimonial de Determinação), em suma, é o instrumento de uma simulação, de uma projeção de estimativa. Ele simula, projeta, estima como seria a liquidação da sociedade, caso se tratasse de dissolução total, e não parcial. Na liquidação, todos os bens do ativo seriam vendidos e, após a cobrança de todos os devedores da sociedade, seriam pagos os credores, partilhando-se, então, entre os sócios remanescentes (patrimônio líquido), caso acontecesse, naquele momento, a dissolução total da sociedade".[195]

Em outro trabalho acadêmico, Fabio Ulhoa Coelho identifica diversos objetivos presentes na avaliação de uma sociedade limitada, havendo, em síntese, duas metodologias para a avaliação de quotas da sociedade limitada, a *patrimonial* e a *econômica*, e suas diferenças são

---

[193] RANGEL, Rafael Calmon. *Partilha de bens*. Na separação, no divórcio e na dissolução da união estável. São Paulo: Saraiva, 2016. p. 102.

[194] CORVO RIBAS, Roberta de Oliveira e. Apuração de haveres na sociedade empresária limitada. *In*: COELHO, Fábio Ulhoa (coord.). *Tratado de direito comercial*. São Paulo: Saraiva, 2015. v. II, p. 260.

[195] COELHO, Fabio Ulhoa. A ação de dissolução parcial de sociedade. *Revista de Informação Legislativa*, ano 48, n. 19, p. 147, abr./jun. 2011.

significativas, a ponto de alcançarem valores diferentes conforme a metodologia utilizada, podendo a perícia e seus avaliadores chegar a dois valores da causa de ordens diametralmente opostas. A avaliação patrimonial destina-se a fazer um recorte no tempo e definir o valor da sociedade no momento da resolução para efeito de reembolso, enquanto a avaliação econômica projeta o futuro e leva em consideração o potencial de rentabilidade da sociedade.[196] É incontroverso, no entanto, que o uso de uma ou outra metodologia de avaliação precisa levar em conta e com absoluta prioridade o contrato social. Cabe ao contrato social estabelecer o critério a ser examinado na apuração de haveres, e esse juízo crítico contratual servirá de base para a demanda judicial que levantar o valor da participação societária. Somente na falta de previsão contratual, a quota social será avaliada mediante balanço de determinação, tendo como referência a data da resolução fixada pelo juiz do cível ou empresarial, no processo especial de apuração de haveres, tal qual previsto no artigo 1.031 do Código Civil e no artigo 609 do Código de Processo Civil, consagrando, assim, o princípio da *autonomia privada*, presentes também os princípios da boa-fé objetiva, do equilíbrio econômico e da função social do contrato, que, como acresce Roberta de Oliveira e Corvo Ribas, são princípios que regem todo e qualquer contrato.[197]

Logo, os critérios especiais de avaliação não podem nem devem ser relegados ou avaliados tomando como referência, por exemplo, uma perícia ordenada em incidente de impugnação do valor da causa, sendo apenas esta a finalidade da perícia realizada, atribuir ao processo que se iniciava um valor que servisse como parâmetro para pagamento de custas e circunstanciais honorários de sucumbência, jamais tendo em mira uma *apuração de haveres,* extraída por semelhança ou por analogia, eis que esse levantamento tem de ser muito mais criterioso e com objetivo único, uma vez que a partilha de um divórcio tem igualmente em mira não somente a divisão matemática da quantidade física das quotas sociais do sócio divorciando em face da extinção do seu regime de bens, mas especialmente a quantificação patrimonial dessa meação de quotas sociais.

O critério para a realização da apuração de haveres é a situação patrimonial da sociedade, assim entendido aquele correspondente ao patrimônio líquido da sociedade, simulando como se fosse procedida a liquidação total da sociedade para assim definir o valor do reembolso devido ao sócio retirante, ou das quotas pagas pela meação de seu ex-cônjuge, tendo em mente que a apuração de haveres, ao simular a dissolução total da empresa, não se confunde com a liquidação da sociedade, porquanto esta tem por escopo a efetiva extinção da pessoa jurídica, realizando, dessarte, todo o seu ativo e eliminando o seu passivo, desfazendo de fato e de direito da personalidade jurídica, que deixa de existir e deixa de operar, e o ativo que antes pertencia à empresa passa a ser aos sócios.

Em sentido contrário é a situação de reembolso de sócio ou de cônjuge de sócio pelo crédito de suas quotas partilhadas, eis que nessa hipótese o patrimônio social segue pertencendo à pessoa jurídica, que desse patrimônio continua se utilizando com a mesma finalidade para a qual a sociedade foi constituída, restando ao sócio retirante ou ao seu consorte credor das quotas representativas de sua meação receber o correspondente reembolso determinado na apuração de haveres, e todo esse ritual, como antes revelado, não se processa nos limites de um divórcio ou de uma dissolução de união estável com partilha de bens comuns, cuja demanda é

---

[196] COELHO, Fabio Ulhoa. Apuração de haveres na ação de dissolução de sociedade. *In*: RIBEIRO, Marcia Carla Pereira; CARAMÊS, Guilherme Bonato Campos (coord.). *Direito empresarial e o novo CPC*. Belo Horizonte: Fórum, 2017. p. 25.

[197] CORVO RIBAS, Roberta de Oliveira e. Apuração de haveres na sociedade empresária limitada. *In*: COELHO, Fábio Ulhoa (coord.). *Tratado de direito comercial*. São Paulo: Saraiva, 2015. v. II, p. 262.

restrita aos cônjuges ou conviventes e limitada à divisão do número de quotas sociais tituladas pelo cônjuge ou companheiro empresário.

Em sede de recurso especial, o Superior Tribunal de Justiça reconheceu o direito de o cônjuge separado judicialmente propor ação de dissolução parcial para apuração de haveres no tocante à metade das quotas sociais percebidas com a partilha dos bens conjugais, e, no referente à legitimidade passiva, tratou a hipótese como de litisconsórcio necessário e unitário entre todos os sócios e a sociedade, embora a doutrina e inclusive a jurisprudência do próprio Superior Tribunal de Justiça admitissem a dispensa da citação da sociedade, desde que todos os sócios que já tivessem sido citados,[198] como expôs o Ministro Sidnei Beneti por meio da seguinte passagem de seu voto: "na generalidade dos casos, a retirada de sócio de sociedade por quotas de responsabilidade limitada dá-se pela ação de dissolução parcial, com apuração de haveres, para qual têm de ser citados não só os demais sócios, mas também a sociedade". Obviamente, esse chamamento não encontra ambiente propício em sede de ação de divórcio cumulada ou não com pleito de partilha jurídica dos bens considerados comuns e comunicáveis.

De qualquer forma, não há nenhum dissenso de que, na atualidade, o vigente Código de Processo Civil (Lei 13.105/2015) trouxe entre seus exponenciais avanços o detalhado processo para a dissolução parcial de sociedade, como um *procedimento especial*, para a resolução da sociedade com relação ao sócio dissidente, ou para a apuração de haveres do cônjuge de sócio. Anota Humberto Theodoro Júnior que: "a especialização de rito decorre de imposição do direito material, uma vez que sua tutela em juízo não seria adequada se submetido o litígio à tramitação do procedimento comum",[199] tendo justamente um procedimento especial que se justifica por suas próprias particularidades.

Integrando a meação do cônjuge de sócio quotas de sociedade empresária, elas deverão ser liquidadas no juízo próprio e em ação de apuração de haveres, tornando-se esse ex-cônjuge de sócio um credor da sociedade, detentor de um crédito, ou, por outro enfoque, detentor de uma dívida de valor, pois o valor real das suas quotas terá de ser estabelecido com a apuração de haveres, para, na liquidação, revertê-las em dinheiro. A meação sobre as quotas repercute nos direitos dos sócios, uma vez que os bens pertencem à sociedade, remanescendo aos sócios um direito de crédito, que se consolida se a sociedade tiver ainda algum valor. Inquestionável que eventual direito de partilha da ex-esposa com relação à sociedade deve recair apenas sobre as quotas sociais, de forma a não gerar confusão entre os patrimônios da empresa e os dos sócios,[200] até porque o patrimônio do casal é regido de acordo com o regime de bens do casamento e o patrimônio da sociedade, com o qual não se confunde, deve ser tratado de acordo com o contrato social. Determinada a meação das quotas sociais do ex-marido em ação de partilha de bens, a ex-esposa beneficiada com as quotas pagas em sua meação, e não sendo ela admitida no quadro social, deverá buscar a liquidação de seus haveres para se ver indenizada

---

[198] "Processual civil. Comercial. Ação de dissolução parcial de sociedade limitada. Citação da pessoa jurídica. Desnecessidade de todos os sócios. Alegação de ofensa a dispositivos de lei federal. Ausência de prequestionamento. Incidência das Súmulas 282 e 356/STF. Exclusão do sócio majoritário. Possibilidade no caso concreto. Princípio. da preservação da empresa. Teoria do fato consumado. Alegação de violação dos princípios de razoabilidade e proporcionalidade. Impossibilidade" (STJ, 4.ª Turma, Recurso Especial 1121530/RN, Rel. Min. Marco Buzzi, *DJU* 26.05.2012).

[199] THEODORO JÚNIOR, Humberto. *Curso de direito processual civil*. Procedimentos especiais. Rio de Janeiro: Forense, 2014. v. III, p. 23.

[200] TJSP, 6.ª Câmara de Direito Privado, Agravo de Instrumento 569.299-4/8-00, Rel. Vitor Guglielmi, j. 29.05.2008.

dos direitos que adquiriu sobre a participação societária até o momento da separação de fato ou de corpos, quando se tornou, então, credora da sociedade, não sendo computadas eventuais operações societárias pendentes à data da resolução.

Assim sendo, para a apuração dos haveres, prescreve o artigo 604 do Código de Processo Civil, o juiz fixará a data da resolução da sociedade (I), definirá o critério de apuração dos haveres à vista do disposto no contrato social (II) e nomeará perito (III), entre bacharéis em Ciências Contábeis, Administração de Empresas, Economia, com especialização em avaliação de empresas, dando início ao balanço de determinação, que tem por escopo preservar o *quantum* devido ao sócio em recesso, ou ao seu cônjuge, ou aos herdeiros de sócio falecido, evitando, assim, o locupletamento indevido, como concluiu o Superior Tribunal de Justiça nos Recursos Especiais 38.160/SP e 35.702/SP, citados por Gladston Mamede,[201] definindo ao final da perícia o valor da liquidação de cada quota, cujo valor correspondente deverá ser pago, em dinheiro, ao cônjuge de sócio, em 90 dias,[202] se nada foi pactuado no contrato social.

O pagamento do valor das quotas se fará por meio de redução do capital social, salvo se os sócios suprirem o valor da quota, contando Gladston Mamede que: "essa operação contábil pode ser simples, em sociedades menores, mas extremamente complexa em sociedades maiores, mormente quando o resultado do balanço especial indicar valores muito distintos daqueles que constavam do último balanço regular, aprovado ao fim do exercício".[203]

Tratando-se apenas de uma apuração de haveres, sem a ocorrência de parcial dissolução da sociedade, eis que nela permanecem todos os sócios, sendo apenas cogitada a liquidação da participação societária adjudicada na meação de ex-cônjuge de sócio, prescinde a meeira de uma ação própria, processada no juízo cível ou em vara de direito empresarial, e não mais no juízo de família, de *apuração de haveres* para o efeito de promover a efetiva *liquidação das quotas sociais* que recebeu em pagamento da sua meação nos autos da ação de partilha que tramitou em vara de família ou em vara das sucessões, nesse caso, como herdeiro de sócio falecido.

Cabe ao perito contábil a tarefa de calcular os haveres e seguir o roteiro do artigo 606 do Código de Processo Civil, cujo dispositivo prescreve: "Em caso de omissão do contrato social, o juiz definirá, como critério de apuração de haveres, o valor patrimonial apurado em balanço de determinação, tomando-se por referência a data da resolução e avaliando-se bens e direitos do ativo, tangíveis e intangíveis, a preço de saída, além do passivo também a ser apurado de igual forma".

A definição do momento implica também que fatos supervenientes que viessem a afetar a sociedade não poderiam ser considerados para a apuração dos haveres, tomando como termo final de uma apuração de haveres a separação de fato do casal, de sorte que é nessa ocasião que finda o regime de bens.

3.16.5 Liquidação de quotas no juízo cível ou empresarial

No âmbito das varas de família o processo de partilha serve para determinar a divisão das quotas destinadas para o cônjuge de sócio que se divorcia, isso se as quotas não forem

---

[201] MAMEDE, Gladston. *Direito societário*: sociedade simples e empresárias. 2. ed. São Paulo: Atlas, 2007. v. 2, p. 145.

[202] MAMEDE, Gladston. *Direito societário*: sociedade simples e empresárias. 2. ed. São Paulo: Atlas, 2007. v. 2, p. 147.

[203] MAMEDE, Gladston. *Direito societário*: sociedade simples e empresárias. 2. ed. São Paulo: Atlas, 2007. v. 2, p. 148.

Cap. 3 · INDIVISÃO PÓS-COMUNITÁRIA DOS BENS COMUNS | 555

compensadas com outros bens, antevendo e evitando, dessa forma, os possíveis conflitos gerados pelos interesses colidentes da empresa e dos demais sócios. Esse sócio que se divorcia perderá em função da comunhão de bens e da liquidação da comunhão a livre disponibilidade sobre parcela das suas quotas societárias, que passam a ser tituladas pelo ex-cônjuge, cujos direitos sobre a sua meação de quotas ele exercerá em face da empresa que vetou o seu ingresso na sociedade.

As quotas conferem ao meeiro um direito patrimonial representado por um crédito, ainda *ilíquido*, mas cujo montante efetivo deverá ser levantado em sede de ação de apuração de haveres, porquanto na precedente ação de partilha o casal dividiu para cada cônjuge cinquenta por cento das quotas, sendo direito do meeiro averiguar, perante a sociedade que recusou o seu ingresso como sócio, o valor a que correspondem as suas quotas. O artigo 1.027 do Código Civil prescreve, contudo, que o ex-cônjuge de sócio não pode exigir desde logo a parte que lhe cabe na quota social, mas que concorre à divisão periódica dos lucros, até que se liquide a sociedade, deixando uma mostra evidente da mera posição de credor do meeiro de quotas sociais e cujo crédito sequer podia ser liquidado se a própria sociedade não fosse liquidada, praticamente privando o meeiro de receber seus haveres e afrontando o direito inerente de o consorte promover a efetiva divisão de seus bens conjugais.

Karime Costalunga desde logo chama a atenção para tamanha incoerência, porquanto a legislação civil apenas facultava ao meeiro o ato de cobrar os lucros da sociedade, recebendo somente e no curso do divórcio e da partilha os valores devidos a título de dividendos, negando a esse meeiro qualquer direito de acionar a sociedade na cobrança dos haveres decorrentes da participação societária.[204]

Daí também se extrai a conclusão doutrinária de Plínio Paulo Bing, igualmente secundada por Karime Costalunga,[205] no sentido de haver como justa solução ao impasse criado pelo artigo 1.027 do Código Civil assegurar ao quotista meeiro o direito de poder avaliar as suas quotas por um balanço de determinação e de promover a sua venda. Ademais, se a sociedade ou os sócios remanescentes não tiverem meios para proceder à licitação, nada mais restará senão promover um balanço de liquidação para a dissolução total da sociedade.[206]

Como explica Hernani Estrella, todo balanço é um processo técnico, e sua utilização tem os mais diversos fins. Embora todo balanço tenha como propósito transmitir conhecimento de um estado de coisas, a diversidade de fins impõe diferenças singulares, ensejando conhecida classificação: *balanço de exercício, cessão, liquidação* e, mais restritamente, *balanço de determinação*.[207]

A finalidade do balanço de determinação é e definir a quota reembolsável ao sócio, e nisto ele esgota o seu desígnio, tornando-se inadequado para quaisquer outros propósitos, inclusive para servir de base de cálculo em uma hipótese idêntica, arremata Hernani Estrella,[208] como seria a pretensão de usar como balanço de determinação a avaliação realizada em uma apensa impugnação ao valor da causa, podendo, nesse ponto, ser invocada por analogia a Súmula 265 do

---

204 COSTALUNGA, Karime. *O direito do meeiro do sócio na apuração de haveres*. Proposta de interpretação da legislação civil. São Paulo: Quartier Latin, 2019. p. 111.

205 COSTALUNGA, Karime. *O direito do meeiro do sócio na apuração de haveres*. Proposta de interpretação da legislação civil. São Paulo: Quartier Latin, 2019. p. 113.

206 BING, Plínio Paulo. *Sociedade limitada*. Atos mercantis afins no contexto do Código Civil. Porto Alegre: Fabris, 2006. p. 91-92.

207 ESTRELLA, Hernani. *Apuração de haveres de sócio*. 2. ed. Rio de Janeiro: Forense, 1992. p. 182.

208 ESTRELLA, Hernani. *Apuração de haveres de sócio*. 2. ed. Rio de Janeiro: Forense, 1992. p. 192.

Supremo Tribunal Federal, no sentido de que, "na apuração de haveres não prevalece o balanço não aprovado pelo sócio falecido, excluído ou que se retirou". Logicamente, se o ex-cônjuge quer forçar a adoção de uma perícia efetivada com o fim expresso de apurar o valor a ser atribuído a um processo que se inicia, apenas porque lhe pareceu extremamente vantajoso do ponto de vista financeiro, certamente esse mesmo ex-cônjuge impugnaria esse laudo se ele lhe fosse desfavorável, exercendo sua contrariedade com ampla margem de sucesso, eis que, afinal de contas, não se trata de um balanço determinado para o fim específico de apurar haveres, e sim, e nisto não há dissenso, de um levantamento contábil ordenado apenas para estimar o valor aproximado dos bens, sem os critérios científicos e contábeis de um balanço especial.[209]

Fato relevante, do qual não se pode dissociar, reside na circunstância de que os cônjuges partilham quotas na liquidação dos bens conjugais e, de posse destas, se ambos fossem sócios da mesma empresa, nenhuma dúvida igualmente subsistiria de que teriam de promover uma ação própria de dissolução parcial de sociedade, com foro e competência próprios, para exercerem seu direito de recesso da sociedade. Desse modo, se apenas um dos cônjuges é sócio e seu ex-consorte recebeu quotas em pagamento de sua meação no processo de partilha do acervo matrimonial, para liquidar suas quotas esse subsócio não promoverá uma ação de dissolução parcial de sociedade, pelo singelo motivo de que não se afasta da sociedade, justamente porque não é dela sócio, mas poderá requerer a apuração de seus haveres na sociedade, os quais serão pagos à conta da quota social titulada (CPC, art. 600, parágrafo único). Tal direito de apurar haveres o Código Civil não outorgara ao subsócio (cônjuge/convivente), pois não podia exigir desde logo a parte que lhe cabe na quota social (CC, art. 1.027).

Como facilmente pode ser visto, com a separação, divórcio ou a dissolução de união estável, o parceiro afetivo de sócio não liquidava suas quotas no processo de divórcio ou de dissolução de união estável, mas apenas, quando fosse o caso, recebia quotas em pagamento da sua meação, ou seja, os direitos patrimoniais. Como efeito único, só concorria à divisão de lucros, pois foi somente com a promulgação do Código de Processo Civil de 2015 que se tornou possível ao ex-cônjuge ou ex-companheiro do sócio, uma vez cessada a sociedade conjugal e aos herdeiros, pedir no juízo cível ou na vara de direito empresarial a liquidação da quota, isto é, requerer a apuração de haveres por meio de um procedimento *especial*. Figuram no polo passivo a sociedade e os sócios (CPC, art. 601), porquanto a estes últimos devem ser garantidos o contraditório e a ampla defesa, notadamente no tocante aos critérios utilizados e formas de contabilização do montante devido ao ex-cônjuge de sócio ou aos herdeiros de sócio, em mais uma mostra evidente de que o processo de divórcio e de partilha de quotas sociais é imprestável para a apuração de haveres, para efeito de liquidação das quotas, quando no feito devem estar presentes sócios e sociedade, não se restringindo a discussão aos cônjuges, especialmente quando um deles, mero credor, sequer ostenta a condição de sócio, sendo-lhe

---

[209] Questiona Roberta de Oliveira e Corvo Ribas (Apuração de haveres na sociedade empresária limitada. In: COELHO, Fábio Ulhoa (coord.). *Tratado de direito comercial*. São Paulo: Saraiva, 2015. v. II, p. 282) se seria possível, por exemplo, "confundir o balanço de exercício com o balanço de determinação no caso que se refere à escolha de seus elementos e o critério de sua avaliação para fins de apuração de haveres. Destarte, questiona-se se o direito do sócio que se afasta estará refletido em levantamento contábil que tem por fim exclusivo a mera apuração de resultados da gestão social, em um dado período. Estará neste balanço de exercício refletido o 'valor real' dos haveres do sócio que se deve buscar em balanço de determinação? Segundo relevante doutrina e jurisprudência, não serve o balanço de exercício para apurar os haveres do sócio afastado, uma vez que não expressa corretamente o verdadeiro estado patrimonial. Em função disso, estariam os sócios que permanecem na sociedade se locupletando da diferença entre o valor real do patrimônio, em detrimento do que se afasta".

vedado se imiscuir na administração da sociedade, sem direito tampouco de fiscalizar a gestão social e muito menos de deliberar sobre os assuntos de interesse da sociedade.[210]

A questão da competência para conhecimento e processamento da ação de dissolução parcial ou de apuração de haveres deve ser utilizada a alínea *a* do inciso III do artigo 53 do Código de Processo Civil, ao expressar ser competente o foro onde está a sede para a ação em que for ré a pessoa jurídica, salvo se o contrato social prever regra diversa. Dessarte, o processo de divórcio e de partilha de bens dos cônjuges pode ser comparado à fase de resolução de uma sociedade ao sócio, na qual se discute, depois de decretado o fim do casamento, se serão partilhadas ou compensadas as quotas sociais. Recebendo quotas em pagamento da sua meação, deverá o ex-cônjuge de sócio ingressar com a ação de procedimento especial de apuração de haveres, para determinar em juízo o exato valor da sua participação em termos de quotas, obviamente presentes no polo passivo os sócios e a sociedade (CPC, art. 601), para depois promover a liquidação dessas quotas, transformando em dinheiro os seus direitos patrimoniais, Com efeito, a sociedade empresária não vai converter parte do seu patrimônio em dinheiro no ventre de uma ação de divórcio cumulada com partilha de bens conjugais, tampouco convocará os outros sócios para aportarem recursos para pagar a meação da divorcianda, todos empenhados em meio a uma literal *briga de marido e mulher*.[211]

Para definir o valor da quota, será considerada a situação real da empresa no momento do desligamento do sócio, ou da ruptura fática ou jurídica do casamento, sendo exatamente esse o momento para a determinação das vantagens que possam caber ao sócio retirante ou ao credor de sócio, explicando Hernani Estrella que: "continuando a sociedade a operar normalmente, se faz mister discriminar as operações novas das preexistentes, pois só quanto a estas é que o ex-sócio participa, assim nos ganhos como nas perdas".[212]

Roberta de Oliveira e Corvo Ribas informa que doutrina e jurisprudência comparam o balanço de determinação a uma encenação do que seria o balanço de liquidação, se em liquidação a sociedade estivesse, e que o valor real a ser pesquisado seria justamente aquele imaginado se a sociedade fosse liquidada naquele momento, incluindo todos os seus ativos, e, como a sociedade estaria sendo liquidada, "considera-se que o valor referente ao fundo de comércio não deve ser computado, uma vez que se dissolução fosse, não seria realizável aos

---

[210] GONÇALVES NETO, Alfredo de Assis. *Direito de empresa*. Comentários aos artigos 966 a 1.195 do Código Civil. 2. ed. São Paulo: RT, 2008. p. 244.

[211] Sobre a liquidação de cotas escreve Alfredo de Assis Gonçalves Neto (*Direito de empresa*. Comentários aos artigos 966 a 1.195 do Código Civil. 2. ed. São Paulo: RT, 2008. p. 259): "Liquidação de quota é termo mais abrangente que apuração de haveres: enquanto esta se limita à determinação do valor da participação, a liquidação tem por fim transformar os direitos patrimoniais abstratos de sócio em prestação pecuniária exigível. Ela se estende aos atos necessários à conversão da quota liquidanda em dinheiro para pagamento ao sócio ou, se for o caso, a seus sucessores *mortis causa,* sendo a apuração de haveres uma de suas fases. Assim, a sociedade procederá à apuração do valor da participação societária desse sócio (apurando-lhe os haveres) e, ato contínuo, promoverá os atos necessários para lhe entregar em dinheiro o numerário correspondente. Tais atos consistem na realização parcial do seu ativo (conversão de parte do seu patrimônio em dinheiro) para *pagamento do passivo* que foi determinado com aquela apuração (ou seja, para pagamento ao sócio ou a seus herdeiros ou sucessores, em razão de seu desligamento do quadro social. Como a ruptura do vínculo em relação a um sócio não conduz à dissolução da sociedade, esta continuará operando e, uma vez determinado o valor da participação, pode saldá-lo com recursos em dinheiro que possua em caixa, com empréstimos bancários, com aporte dos outros sócios, enfim, utilizando alternativas que evitem a alienação do seu patrimônio. Ou seja, na liquidação da quota de sócio, é comum que seja e pode ser evitada a fase de realização do ativo".

[212] ESTRELLA, Hernani. *Apuração de haveres de sócio*. 2. ed. Rio de Janeiro: Forense, 1992. p. 216.

sócios em partilha". Calcula-se no mesmo compasso o valor do passivo como se exigível fosse imediatamente, inclusive os débitos trabalhistas.[213]

Com efeito, sabendo-se que nas sociedades personalistas a participação dos sócios é *intuitu personae* e, portanto, suas participações são intransferíveis, exceto no caso de consentimento dos demais sócios, é incontroverso que o fim social está relacionado com as características individuais e com o trabalho pessoal de cada sócio. Se os cônjuges não são sócios da sociedade empresária, mas apenas um deles desfruta dessa qualidade, segue somente ele como titular e destinatário dos direitos emanados da sociedade empresária, podendo um processo de partilha dos bens conjugais, diante do caráter personalista das sociedades limitadas, quando muito, ordenar a divisão pura e simples das quotas sociais, lembrando que a adjudicação das quotas ao consorte não sócio não representa uma transmissão, não retira do sócio sua qualidade de membro da sociedade, tampouco implica o ingresso de um estranho no quadro societário. O direito de família é impotente para determinar diante da mera divisão de uma quantidade de quotas sociais, além, é claro, de poder dizer se a participação societária é de natureza comum ou privativa, mas não pode estabelecer como essas quotas serão reembolsadas ao ex-cônjuge de sócio, pois deve considerar os possíveis conflitos de ordem societária que poderão ser gerados em face dos interesses indissociáveis da empresa e dos demais sócios, perante o consorte credor. Raciocínio inverso pode ser extraído da evidência de que descabe ao direito societário, por seu turno, disciplinar o caráter privativo ou de comunicabilidade das quotas de uma sociedade. Entretanto, também pertence ao direito societário a eventual interpretação das cláusulas contratuais que sempre prevalecem entre os sócios, não havendo privilégios para subsócios, muito menos privilégio de foro, quando a dissolução parcial de sociedade e a apuração de haveres têm rito especial previsto nos artigos 599 a 609 do Código de Processo Civil.

Em suma, inexiste espaço processual para a aplicação de medidas radicais e que fujam do âmbito de atuação e competência de cada uma das esferas jurídicas que entram em ação, devendo ser guardados os limites da competência do direito de família no tocante ao reconhecimento da caráter comunitário ou privativo do bem e no respeitante à divisão por metade, ou proporcional das quotas de uma sociedade limitada de cunho personalista, tal qual ordenaria a divisão matemática das ações de uma sociedade anônima e impessoal. Contudo, se estas fossem cotizadas em bolsa, dariam imediata liquidez ao titular das ações que lhe são transmitidas por simples registro no livro de ações.

Apurados os valores a que correspondem as quotas do ex-consorte meeiro, tem este o exato cálculo da sua parcela no patrimônio social correspondente, por metade, à quota-parte do ex-cônjuge sócio, servindo a liquidação para determinar o valor devido ao meeiro e reconhecido em sentença que, transitada em julgado, possibilita o seu cumprimento em total obediência ao decidido na sentença da fase de conhecimento, porquanto é a liquidez, ao lado da certeza e da exigibilidade, o pressuposto necessário para o desenvolvimento válido do processo de execução ou mesmo para o cumprimento de sentença, e esse caminho não pode ser percorrido em uma ação de divórcio e de partilha jurídica de bens conjugais.

Para a liquidação de quotas de sócio ou sócios que saem da sociedade, de cônjuges ou herdeiros que sequer ingressam na sociedade, faz-se imprescindível o seu levantamento em ação de dissolução parcial de sociedade, ou de mera apuração de haveres, em liquidação por arbitramento, por ser essa a modalidade mais condizente com o ressarcimento de valores em condenação.

---

[213] CORVO RIBAS, Roberta de Oliveira e. Apuração de haveres na sociedade empresária limitada. *In*: COELHO, Fábio Ulhoa (coord.). *Tratado de direito comercial*. São Paulo: Saraiva, 2015. v. II, p. 277.

3.16.6 Direito de preferência

O direito de preferência ou de preempção, que tem o mesmo sentido da preferência, não se confunde com o direito de prelação, que significa o direito de preferência dos filhos mais velhos de ser nomeados para os cargos dos pais Encontra o direito de preferência vários propósitos prescritos no ordenamento jurídico brasileiro, por exemplo, ele é concedido ao credor por ocasião da penhora, na aquisição de bens penhorados; a própria ordem de preferência dos credores em caso de falência; a aquisição preferente do acionista para a compra de novas ações de sociedades anônimas; ou do sócio de sociedade limitada na aquisição de novas quotas ou das quotas de sócios que se retiram, ou para a compra de quotas penhoradas;[214] a preferência do inquilino na compra do imóvel locado, ou a preferência do cônjuge ou companheiro de seguir com o contrato de locação, e no direito de família e das sucessões existem direitos que são preferentemente concedidos a um ou outro cônjuge diante dos inúmeros efeitos provenientes da dissolução de uma entidade familiar, como o cônjuge ou convivente sobreviventes têm a preferência para continuar na administração dos bens a serem inventariados, aliás, muito provavelmente com um duplo interesse de meeiro dos bens comuns e de coerdeiro sobre os bens particulares do falecido, como tem preferência de continuar no domicílio familiar se ficar com os filhos na separação do casal, ou nele permanecer como detentor de um direito real de habitação se falecer seu parceiro afetivo.

Existe outra série de preferências a despeito da disposição de bens familiares, mas trata-se de uma política judicial de proteção aos mais vulneráveis física, mental e economicamente, buscando o legislador dar um melhor aproveitamento e uma solução mais humanizada para o desenvolvimento dessas relações interpessoais da família e que satisfaçam as mais imperiosas necessidades vitais de seus componentes. Quando um dos cônjuges ou conviventes se vê em perigo, trata-se de assegurar o alojamento familiar e de disponibilizar igualmente os móveis que guarnecem a moradia familiar, que por vezes é cedida à esposa e filhos sob sua supervisão, e assim é orientado pela doutrina e jurisprudência para confrontar certas arbitrariedades que surgem da má vontade ou excessiva maldade, insensibilidade ou falta de solidariedade do cônjuge que pode dispor desses bens, mas que em nada se confunde com o direito de preferência que gera a obrigação de uma das partes ceder a outra a primitiva moradia conjugal e, neste caso, deve o consorte que tencione exercer a preferência de uso e ocupação do imóvel conjugal emitir judicialmente sua decisão, que deverá ser apreciada pelo juiz.

Artifícios podem ser utilizados para, de alguma forma, omitir ou prejudicar o direito de preferência para a aquisição de bens comuns por um dos cônjuges ou conviventes, que se encontram na posse de algum bem comum e pretenda adjudicá-lo em sua meação, criando, por exemplo, empecilhos para a execução da preempção.[215] Prescreve o artigo 504 do Código Civil

---

[214] LGOW, Carla Wainer Charéo. *Direito de preferência*. São Paulo: Atlas, 2013. p. 10-11.

[215] "Apelação cível. Anulação de negócio jurídico. Divórcio. Partilha. Imissão de posse. Exoneração de alimentos. 1. O direito real de habitação é instituto exclusivo do direito das sucessões, de forma que, mesmo que tenha sido ajustado em ação de separação judicial, em acordo homologado judicialmente, ele não subsiste, por ausência de fundamento legal. Ademais, tendo em vista que o terreno sobre o qual foi edificado o imóvel não era de propriedade do casal, o ex-marido nem sequer possuía legitimidade para conceder à ex-esposa qualquer preferência sobre ele, o que, diga-se, era do conhecimento dela, tanto que, no pacto, constou expressamente que o imóvel era construído sobre terreno de familiares. Por essa razão, também não calha a tese de que a instituição do direito de habitação está coberto pela coisa julgada. De acordo com o art. 1.322 do CCB, o direito de preferência deve ser concedido ao condômino e, no caso, a apelante não é condômina. 2. Tendo sido vendido o imóvel objeto da partilha e sendo incontestável que a residência

que um condômino em coisa indivisível não pode vender a estranhos, se outro consorte a quiser, tanto por tanto, e que o condômino, a quem não se der conhecimento da venda, poderá, depositando o preço, haver para si a parte vendida a estranhos, se o requerer no prazo de 180 dias, sob pena de decadência. Por seu turno, dita o artigo 513 do Código Civil que a preempção ou preferência impõe ao comprador a obrigação de oferecer ao vendedor a coisa que aquele vai vender ou dar em pagamento, para que este use de seu direito de preempção na compra, tanto por tanto. Ordena o parágrafo único que o prazo decadencial para exercer o direito de preferência não poderá exceder a 180 dias, se a coisa for móvel, ou a dois anos, se imóvel. Há fraudes ou atos abusivos que ignoram, simulam ou dissimulam o direito de preempção de um cônjuge sobre o outro, respondendo por perdas e danos o comprador, se alienar a coisa sem ter dado ao vendedor ciência do preço e das vantagens que por ela lhe oferecem, respondendo solidariamente o adquirente, se tiver procedido de má-fé (CC, art. 518). No direito sucessório, é muito frequente deparar com superavaliações para bens inventariados que pudessem interessar ao herdeiro preferente, como forma de desestímulo ao exercício da preempção, como são comuns alienações de bens ainda indivisíveis do inventário para terceiros, muitas vezes realizadas mediante escritura pública de cessões hereditárias, tentando passar assim por cima dos demais coerdeiros que têm preferência na aquisição dos direitos sucessórios, cujo universo de bens é considerado um bem imóvel enquanto aberta a sucessão (CC, art. 80, II), tudo realizado em completo descaso pelo instituto da preempção.[216]

3.17 EXTINÇÃO DA COMUNIDADE PÓS-CONJUGAL

O casamento e igualmente a união estável são instituições jurídicas que não têm prazo previamente estabelecido para a sua extinção, tampouco existe disposição legal que discipline a duração da comunidade patrimonial pós-conjugal, salvo os riscos naturais da prescrição

---

foi construída em terreno de terceiros, deve ser partilhada a totalidade área construída. A ex-mulher não tem direito à indenização pelo valor total do bem, pois não possui direito sobre o terreno, somente meação da residência. Consequentemente, possuindo direito a 50% da edificação, a posse da demandada sobre o bem imóvel objeto do processo deixa de ser injusta, mormente considerando que, apesar de indevida, foi-lhe assegurada pelo ex-marido. Desta forma, não prospera o pedido de imissão de posse formulado pelo adquirente do imóvel, devendo a demandada ser mantida nele até que seja indenizada pelo ex-marido do valor equivalente à metade da edificação – não somente a quota parte dele proveniente do direito sucessório –, a ser apurada em liquidação de sentença. 3. Provada a existência de união estável por parte da alimentanda após a fixação do encargo alimentar, a exoneração é medida que se impõe, diante do disposto no art. 1.708 do CCB. Deram parcial provimento a ambas as apelações. Unânime" (TJRS, 8.ª Câmara Cível, Apelação Cível 70080389349, Rel. Luiz Felipe Brasil Santos, j. 07.08.2019).

[216] "Apelação cível. Posse. Ação declaratória de preempção, cumulada com imissão de posse e demolição de obra. Ciência da parte autora a respeito da venda do imóvel. Sentença de improcedência mantida. A herança constitui-se como um todo unitário, sendo o direito dos coerdeiros indivisível até a partilha, conforme a regra contida no art. 1.791, parágrafo único, do Código Civil, de modo que seria inviável que qualquer parte desse todo indivisível fosse cedido ou alienado para terceiros antes da abertura do processo de inventário. No caso em exame, apesar de inexistente o necessário inventário, os herdeiros já tinham uma espécie de pré-acerto divisório dos quinhões e conhecimento da cessão realizada. Validade da cessão dos direitos hereditários operada por escritura pública. Embora inexistente notificação formal, para exercício do direito de preferência, a prova produzida no processo demonstra que os autores tinham ciência do negócio jurídico realizado pelos requeridos, não havendo como se acolher os fundamentos trazidos na inicial. Negaram provimento à apelação. Unânime" (TJRS, 20.ª Câmara Cível, Apelação Cível 70081955098, Rel. Walda Maria Melo Pierro, j. 28.08.2019).

pela inércia em ser proposta a partilha dos bens depois de dissolvida a sociedade conjugal ou convivencial, a contar desde a separação de fato. A partilha dos bens, quando não é realizada ao tempo da dissolução da relação afetiva, mantém os bens conjugais como uma comunidade patrimonial pós-conjugal, ou seja, o conjunto de bens continua pertencendo aos ex-cônjuges ou ex-conviventes e, portanto, sem partes determinadas em concreto sobre o universo dos bens. Contudo, com efeito, desapareceu a finalidade do acervo conjugal e cessaram as fontes que nutriam esse patrimônio outrora conjugal, embora cada parte mantenha a cotitularidade de sua meação e o direito de intervir na administração desses bens comuns, e assim siga como titular dos frutos eventualmente rendidos por esse acervo de ambos os consortes ou conviventes, e cada um deles tem ação para pedir a divisão dessa comunidade patrimonial pós-conjugal que segue indivisa.

Entretanto, com certeza, nenhum meeiro ou herdeiro está obrigado a permanecer indefinidamente ou ter de esperar algum prazo mínimo para promover a partilha da sua meação ou para receber o seu quinhão hereditário, e, muito ao revés, a boa prática jurídica e o bom senso recomendam que sejam procedidas o mais rápido possível a efetiva liquidação e partilha dos bens que formatam a comunidade pós-conjugal, antes que o tempo inutilize, desvalorize, corroa ou destrua os bens comuns aos cônjuges ou conviventes.

Como cônjuge, convivente e herdeiros podem pedir a qualquer tempo a partilha dos bens comuns depois de desfeita a sociedade conjugal pelo divórcio, pela morte ou pela dissolução da união estável, nada pode impedir o seu processamento, e que não sejam os obstáculos normais que passam pelas dificuldades pessoais, fáticas e processuais que retardem a consolidação e convalidação da partilha de bens comuns pós-conjugais ou hereditários.

O processamento da liquidação e da partilha é o modo normal de extinguir a comunidade de bens conjugal ou pós-conjugal, para que cada meeiro ou coerdeiro receba a meação ou o quinhão hereditário que lhe pertença e que, dada à indivisibilidade desse universo de bens, somente com a realização da partilha dos bens antes indivisos é que se concretiza a sua particularização, transmutando-os em bens singularizados a partir da correspondente partilha e da respectiva adjudicação em nome de cada meeiro, ou coerdeiro. No entanto, antes disso, a comunidade patrimonial pós-conjugal se inicia no momento em que cessou a sociedade afetiva e sem solução de continuidade, pois os ex-consortes continuam devedores das mesmas dívidas, titulares dos mesmos bens presentes ao tempo da ruptura e respondendo pelo acervo comum, e, se o rompimento se deu pela morte de um ou de ambos os cônjuges ou conviventes, seus herdeiros recebem a mesma posição que tinha o falecido na comunidade dissolvida.

Como observa Francisco A. M. Ferrer, a duração da comunidade de bens pós-conjugal dependerá sempre das decisões tomadas pelos meeiros ou coerdeiros, que são as pessoas que podem dar termo à massa comum de bens, pedindo qualquer um deles a sua partilha,[217] ou podem prolongar as relações de comunidade, ante o risco sempre presente do prazo máximo e indefectível da prescrição, que acabará beneficiando um ou alguns em detrimento do outro ou de outros (meeiro ou herdeiros). O ativo da comunidade de bens pós-conjugal é composto por todos os bens que no momento da dissolução de fato ou de direito do consórcio nupcial ou convivencial detinham a qualidade de bens comuns, mais seus frutos e os bens porventura sub-rogados em seu lugar, deixando de ingressar os frutos dos bens particulares de cada cônjuge, mas sendo repartidos proporcionalmente os frutos naturais e industriais pendentes ao tempo da ruptura. Já o passivo do consórcio pós-matrimonial continua composto por todas

---

[217] FERRER, Francisco A. M. *Comunidad hereditaria e indivisión posganancial*. Buenos Aires: Rubinzal-Culzoni, 2016. p. 636.

as dívidas contraídas pelos cônjuges meeiros, ou por qualquer um deles, na constância do matrimônio, porém em benefício do casamento. Assim, uma vez desfeito ou legalmente dissolvido o casamento, serão comuns apenas as dívidas provenientes da administração, gestão e manutenção da massa pós-conjugal, afora as dívidas pessoais que poderão comprometer unicamente a meação de cada consorte.

Antes da divisão dos bens conjugais, os credores do casamento têm um direito de natureza obrigacional sobre os bens comuns e o direito de preferência absoluta sobre os credores privativos, os quais só podem se dirigir contra a meação do cônjuge devedor, e mesmo que sejam credores privativos podem se direcionar contra a massa enquanto ela segue indivisa, ou aguardar o resultado da divisão. Depois da partilha, cada consorte responde pelas mesmas dívidas comuns do casamento, podendo o credor se dirigir contra qualquer um dos ex-consortes pelo total da dívida, mas somente para reclamar pela devolução dos bens comuns recebidos em meação, mas que deveriam ser destinados ao pagamento do seu crédito. Esse cônjuge cujos bens de sua meação foram atingidos responde somente pelos bens recebidos e tem direito à ação de regresso contra o codevedor. Se um dos cônjuges renuncia à sua meação para escapar de seus credores ou se ambos renunciam em favor de seus filhos, sem reservarem nada para sua própria manutenção, os direitos dos credores sempre estarão resguardados,[218] mesmo quando essa renúncia à meação se dá pela via da alteração do regime de bens (CC, art. 1.639, § 2.º), de tal forma que o credor buscará o seu crédito legalmente resguardado na meação do consorte não renunciante e beneficiado com a totalidade dos bens, ou perante os filhos do casal.

A administração dessa comunidade patrimonial pós-conjugal continua comum ou de um inventariante, no caso de decesso de um dos cônjuges, e para dispor de bens da comunidade será preciso a concorrência de todos os partícipes. Contudo, deve-se ressalvar que a posse exclusiva de algum bem ou de todos os bens por um dos cônjuges ou herdeiros será meramente imediata e, portanto, inepta para a usucapião,[219] muito menos a usucapião familiar do artigo 1.240-A do Código Civil brasileiro, que exige o abandono voluntário do lar pelo cônjuge ou companheiro.[220] Não existe esse abandono espontâneo quando o cônjuge se afasta

---

[218] BERDEJO, José Luis Lacruz. *Derecho de familia*. El matrimonio y su economía. Navarra: Thomson Reuters/Aranzadi, 2011. p. 575.

[219] BERDEJO, José Luis Lacruz. *Derecho de familia*. El matrimonio y su economía. Navarra: Thomson Reuters/Aranzadi, 2011. p. 565.

[220] No julgamento do REsp 1693732 do STJ, a Ministra Nancy Andrighi, explicou que o Código Civil prevê duas espécies distintas de prescrição: a extintiva, relacionada ao escoamento do prazo para pedir em juízo a reparação de um direito violado (artigos 189 a 206), e a aquisitiva: "A Terceira Turma do Superior Tribunal de Justiça (STJ) decidiu que a separação de fato de um casal é suficiente para fazer cessar a causa impeditiva da fluência do prazo necessário ao reconhecimento da usucapião entre cônjuges. Com esse entendimento, o colegiado deu provimento ao recurso de uma mulher que ajuizou, em 2014, ação de usucapião do imóvel no qual residia com o marido até a separação de fato, em 2009, quando ele deixou o lar. Segundo o processo, os dois se casaram em 1986 e passaram a morar na propriedade adquirida por ele em 1985.A autora da ação pediu o reconhecimento da usucapião familiar (artigo 1.240-A do Código Civil) ou, subsidiariamente, da usucapião especial urbana (artigo 1.240 do CC). Para o Tribunal de Justiça de Minas Gerais (TJMG), a usucapião familiar não seria possível, já que não havia copropriedade do casal sobre o imóvel; e a usucapião especial urbana também não, pois o prazo de cinco anos exigido pelo CC não poderia ser contado a partir da separação de fato, mas apenas da separação judicial ou do divórcio, como previsto expressamente na lei. No recurso especial, a autora questionou exclusivamente a decisão do TJMG em relação à usucapião especial urbana. A relatora do recurso relacionada à forma de aquisição da propriedade pela usucapião. Com base em ensinamentos doutrinários, a ministra

Cap. 3 · INDIVISÃO PÓS-COMUNITÁRIA DOS BENS COMUNS | **563**

da moradia comum por ordem judicial, ou se dela for expulso por ato de violência doméstica e fundado temor no tocante à sua higidez física e mental ou a de seus filhos, nem mesmo quando o consorte que se afastou dá sinais de que conserva acesos os seus vínculos familiares, mantendo contato com seus filhos, pagando alimentos e os tributos ou encargos da moradia, e muito menos se promoveu seu divórcio ou a dissolução de sua união estável, ainda que pendente a partilha dos bens que agora se tornam pós-conjugais.[221] Está, no entanto, sujeito à prescrição, inclusive aquisitiva dos dez anos, prevista no artigo 205 do Código Civil, tomando como termo inicial da contagem do prazo prescricional a data da separação de fato, se houver, ou do trânsito em julgado da separação, divórcio ou dissolução da união estável, ou ainda da escritura pública de separação, divórcio ou dissolução de união estável pela via extrajudicial, muito embora o STJ tenha concluído no REsp. 1.877.331/SP, relatado pelo Ministro Marco Buzzi, em aresto da Quarta Turma, datado de 03 de setembro de 2024, pela imprescritibilidade da ação de partilha.

Portanto, essa comunidade patrimonial pós-conjugal continua existindo até que sejam executados os atos de liquidação e de partilha, como a única forma de concluir esse estado de indivisão dos bens, que fica na dependência da iniciativa dos ex-cônjuges ou dos ex-conviventes, ou ainda de terceiros como eventuais credores dos cônjuges, não obstante, ao menos no direito sucessório brasileiro, o direito real de habitação prorrogar por tempo indeterminado a posse do domicílio do cônjuge ou convivente supérstite, embora possa e deva ser realizada a partilha desse imóvel e nada impede que a economia integre a meação, ou se viável, por seu valor, inteire o quinhão hereditário concorrencial do consorte ou cônjuge sobrevivo.

A divisão dos bens pós-matrimoniais ou pós-convivenciais pode se dar por uma partilha consensual judicial ou por escritura pública de uma divisão extrajudicial, tratando-se, nesses casos, de um acordo dos ex-consortes que acontece dentro ou fora da esfera judicial, nada impedindo o juiz ou o tabelião de se recusar a homologar ou a lavrar a escritura pública de separação, divórcio ou dissolução de união estável, se entender que o acordo não preserva suficientemente os direitos de qualquer um dos cônjuges ou conviventes (CC, art. 1.574, parágrafo único), ou se houver fundados indícios de fraude, ou em caso de dúvidas sobre a declaração de vontade de algum dos herdeiros (Resolução 35/CNJ/2007, art. 32).

Só existem duas formas legais de dissolver um casamento e nesse instrumento amarrar as demais vinculações próprias de um divórcio conjugal, dado que o casamento não é contrato obrigacional que se desfaz por mero e inválido distrato contratual, eis que a sua dissolução oficial prescinde sempre de um pedido judicial consensual ou litigioso, ou da sua versão extrajudicial em tabelionato e por escritura pública, nos termos da Lei 11.441/2007 e do Código de Processo Civil de 2015.

O divórcio consensual, não havendo filhos menores ou incapazes do casal nem estando a esposa grávida, observados os requisitos legais, poderá ser realizado por escritura pública, não

---

ressaltou que o impedimento ao cômputo da prescrição entre cônjuges – previsto no artigo 197, inciso I, do CC –, embora situado no capítulo das prescrições extintivas, também se aplica à prescrição aquisitiva, ou seja, à usucapião. Segundo ela, esse impedimento – "constância da sociedade conjugal" – cessa pela separação judicial ou pelo divórcio, como estabelecido nos incisos III e IV do artigo 1.571 do CC. No entanto, a relatora ressaltou que, recentemente, a Terceira Turma reconheceu a possibilidade de se admitir a fluência da prescrição entre cônjuges a partir da separação de fato." Disponível em: https://www.stj.jus.br/sites/portalp/Paginas/Comunicacao/Noticias/10082020-Separacao-de-fato-cessa--impedimento-para-fluencia-do-prazo-da-usucapiao-entre-conjuges.aspx

221 MADALENO, Rolf. *Direito de família*. 10. ed. Rio de Janeiro: GEN/Forense, 2020. p. 933-936.

se cogitando e muito menos autorizando qualquer escrito particular, de cuja escritura constarão as disposições relativas à descrição e à partilha dos bens comuns, à pensão alimentícia e o acordo quanto à retomada pelo cônjuge de seu nome de solteiro ou à manutenção do nome de casado, qual seja, a separação ou o divórcio só encontram seu substituto legítimo da via judicial na eleição extrajudicial de uma escritura pública, e nunca em um escrito particular. É da essência do ato de dissolução de uma entidade familiar a escritura pública, e não um escrito particular, devendo constar as disposições inerentes aos bens, e sua descrição e partilha somente se a divisão dos bens for realizada no mesmo ato de dissolução do casamento; a pensão alimentícia e o uso do nome ou não de casado, ou seja, tudo deve estar na escritura de divórcio. No entanto, se discordarem de algum item, então a solução para essa discórdia terá de ser resolvida no âmbito judicial, sendo incontroverso que nenhum aspecto do casamento pode ter andamento e definição em distrato particular, nem mesmo quando assinado com os respectivos advogados e menos ainda se esse acordo particular também for assinado pelos filhos, no propósito de atribuir um caráter formal e familiar ao suposto divórcio extrajudicial particular.

Como explica Euclides de Oliveira: "o novo modo de separação ou divórcio na esfera extrajudicial, notarial ou administrativa, tem o manifesto propósito de facilitar a prática do ato, porque permite modo mais simples e célere para resolver a dissolução da sociedade conjugal e do casamento. Com isso, reduz a pletora dos serviços judiciários, abrindo campo a um procedimento extrajudicial no Ofício de Notas que em muito se assemelha, pelo caráter privado, ao da própria celebração do casamento, que se realiza perante o Cartório de Registro Civil e o juiz oficiante".[222]

Portanto, se para casar, que é mais simples, precisa de um oficial celebrante vinculado ao Registro Civil, para dissolver as precedentes nupciais também se faz necessária a intervenção notarial. Se se dispensar a autoridade judicial, afigurar-se-á como uma verdadeira demasia e destituído de qualquer efeito prático ou de qualquer eficácia jurídica um acordo particular de divórcio, que não existe como instrumento legal, pois não produz nenhum efeito, nenhuma validade e muito menos eficácia, como expõe Marcos Bernardes de Mello, ao externar que, no plano da existência não se cogita de invalidade ou eficácia do fato jurídico; importa, apenas, a realidade da existência, mas, naturalmente, se há falta, no suporte fático, de elemento nuclear, mesmo completante do núcleo, o fato não tem entrada no plano da existência, e assim, por exemplo, o casamento realizado perante quem não tenha autoridade para casar, como um delegado de polícia, não configura fato jurídico e, por isso, não existe, porque falta um elemento de seu núcleo.[223]

Um contrato particular regulando os efeitos próprios e exclusivos do fim de um casamento, como alimentos e partilha de bens, direitos, por sinal, condicionados à prévia formatação ou decreto do divórcio, ressente-se da participação da autoridade do juiz ou do oficial de notas e, portanto, não se materializa, pois a existência do fato jurídico constitui premissa de que decorrem todas as demais situações que podem acontecer no mundo jurídico, como o plano de validade, pois, se ele existe como negócio jurídico válido e regular, é o direito que fará a triagem para apurar se não tem qualquer vício invalidante, ou seja, é um ato jurídico que poderia gerar efeitos jurídicos se não padecesse de algum vício interno, como a capacidade das

---

[222] OLIVEIRA, Euclides de. *Separação extrajudicial, partilha de bens e alimentos*. In: OLIVEIRA, Euclides de. *Divórcios e inventários extrajudiciais*. Questionamento com base no novo Código de Processo Civil (Lei 13.105, de 2015). 3. ed. Porto Alegre: Magister, 2016. p. 260.

[223] MELLO, Marcos Bernardes de. *Teoria do fato jurídico*. Plano de existência. 22. ed. São Paulo: Saraiva, 2019. p. 163.

partes ou a deficiência de representação. Nesse caso, o negócio jurídico existe, porém é inválido, ao passo que o plano de eficácia pressupõe a passagem do fato jurídico pelo plano da existência, ingressando diretamente no plano da eficácia, mesmo enquanto pendentes termos ou condições suspensivas que nem possam ser desconstituídas ou quando ainda não alcançaram sua eficácia, por exemplo, o testamento que depende da morte do testador, porque ele existe como negócio jurídico, mas a morte se constitui um pressuposto de sua eficácia,[224] de modo que um acordo particular distante do oficial de notas e do juiz é contrato que nunca ingressou no plano de existência, tampouco carece de qualquer prévia declaração judicial de invalidade.

3.18 SOBREPARTILHA

Prescreve o artigo 2.021 do Código Civil brasileiro que, constituindo-se parte da herança de bens remotos do lugar do inventário, litigiosos ou de liquidação morosa ou difícil, poderá ser procedida a partilha dos outros, reservando-se àqueles para uma ou mais sobrepartilhas, sendo tratada no artigo 2.367 do Código Civil e Comercial da Argentina como uma *partilha parcial*, que tem lugar se uma parte dos bens não for suscetível de divisão imediata, quando, então, pode ser promovida a divisão dos bens que atualmente não são partilháveis. Já o artigo 2.022 do Código Civil sujeita à sobrepartilha os bens que foram sonegados e quaisquer outros bens de que se tiver ciência depois da partilha. Lembra-se que existe um capítulo exclusivo para tratar da sonegação dolosa e do consequente perdimento dos bens sonegados, cujo instituto só tem trânsito e aplicação para o processo de inventário, vale dizer, para o direito sucessório, não existindo ainda no direito brasileiro nenhuma perda dos bens dolosamente sonegados ou qualquer forma de punição do cônjuge sonegador, o qual, por isso mesmo, grassa solto com seus atos pessoais de desvio ou de sonegação de bens, pois o sonegador não tem nada a perder e tudo a ganhar se for minimamente vitorioso em sua empreitada de se beneficiar com o desvio dos bens conjugais ou pós-conjugais.

O ideal seria se todos os bens comuns conjugais ou pós-conjugais pudessem ser o mais rapidamente partilhados, e essa celeridade seria igualmente recomendável para evitar perdas, dissabores, descaminhos, desvalorizações, prejuízos e decepções, sendo excepcional a sobrepartilha, e é até mais comum deparar com partilhas postergadas no tempo pelos ex-cônjuges e ex-conviventes, pelos mais diferentes motivos, quando não encontram dificuldades pessoais até para desfazerem seus vínculos afetivos e romperem sua coabitação. Quando logram separar seus corpos, encontram uma barreira semelhante para levarem à frente a divisão dos seus bens, e assim relutam geralmente atrelados à ideia de que sai mais barato continuar na zona de conforto, em que um dos cônjuges segue na administração dos bens e supre o outro das suas costumeiras necessidades materiais, tudo acertado de maneira informal, mas que, com o passar do tempo, surgem novas dificuldades pessoais, afora o longo distanciamento que vai afrouxando e apagando os velhos sentimentos ainda remanescentes daquela relação que um dia representou uma unidade familiar. Começam a pesar os custos do desconforto, de um lado, com relação ao cônjuge que, afastado da posse e da administração dos bens e, em regra, daqueles bens que geram renda e não apenas despesas, o que motiva o consorte destituído da posse dos bens comuns maturar a urgente execução da partilha e dar os primeiros passos no caminho da divisão da comunidade patrimonial pós-conjugal. No outro extremo encontra-se o ex-consorte que sempre esteve à testa da gestão e da administração do acervo conjugal e

---

[224] MELLO, Marcos Bernardes de. *Teoria do fato jurídico*. Plano de existência. 22. ed. São Paulo: Saraiva, 2019. p. 166.

que, ao menos desde a sua fática separação, se transmutou em comunidade patrimonial pós-conjugal, mas que segue sob o seu exclusivo controle, sendo financeiramente mais vantajoso manter esse mesmo *status quo*, pois é dispensado de prestar contas, as quais, ademais, nunca lhe foram exigidas e, dessarte, consegue pagar as contas e prover a manutenção da ex-esposa com os próprios recursos oriundos dos lucros da meação dela, sem despender um valor mensal sequer próximo dos rendimentos correspondentes à meação da ex-mulher sobre os bens comuns e indivisos. Obviamente que nesse cenário a um dos protagonistas interessa manter os bens indivisos e ao outro começa a incomodar esse interminável estado de indivisão dos bens, e com esses interesses tão antagônicos não é difícil imaginar o estado de beligerância que se impõe em meio à completa falta de consenso para uma partilha amigável. Por essa razão, é imperiosa e indissociável a necessidade do ingresso de uma partilha judicial litigiosa, com todos os seus percalços e uma prática nada incomum de uma movimentação fraudatória de parte do ex-consorte que está na posse dos bens rentáveis, praticando atos dispositivos de bens, atos sonegatórios ou arriscados atos de administração, que põem em irreversível risco a meação da ex-mulher, cujas fraudes podem contar com a cumplicidade de outra pessoa física ou jurídica, mediante contratos de simulação, ou atos puros de fraude direta e ostensiva, em verdadeiro abuso de poder, contratando obrigações inúteis ou adquirindo bens com valores conjugais, e desses novos bens se tornando titular exclusivo.

Nada impede que o desavisado ex-cônjuge seja inadvertidamente cooptado para dar ares de legalidade ao ato de disposição patrimonial, firmando documentos que validam desvios e esvaziamento patrimonial pós-conjugal, ignorando esse ex-consorte que se trata de um ato simulado ou fraudulento e que, legalmente, deve dar lugar ao regramento geral de inoponibilidade do negócio jurídico ilegal ou fraudulento, do qual o ex-cônjuge prejudicado pode se socorrer e opor judicialmente perante a fraude, beirando essa sua ação entre a invalidade ou ineficácia com relação a terceiros ou restrita aos cônjuges, mostrando que o tempo sempre conspira contra os interesses patrimoniais dos cônjuges ou conviventes e que é imperioso dar termo à divisão.

Outra maneira de os ex-consortes poderem dar fim a suas meações é constituir uma *holding* imobiliária familiar como instrumento de transmissão dos direitos e dos deveres de caráter patrimonial, incorporar seus bens conjugais à *holding* e transformar suas meações em quotas sociais, evitando com esse ato os problemas da continuação do estado de indivisão dos seus bens pós-conjugais, profissionalizando a sua administração e facilitando, inclusive, a sucessão futura dos ex-cônjuges. No entanto, deve-se ter o extremo cuidado de assegurar uma administração conjunta que exija o assentimento de ambos os sócios, pois, caso contrário, criar-se-á um ágil instrumento de fácil manipulação, não mais conjugal, mas agora societário.

Capítulo 4
A PESSOA JURÍDICA NO DIREITO DE FAMÍLIA

4.1 DAS PESSOAS

A palavra pessoa tem sua origem na expressão *persona*, máscara utilizada no teatro encenado ao ar livre para aumentar a voz das pessoas.[1] A pessoa é sempre o ser humano, e este aparece no mundo jurídico individualmente ou em grupos. A ciência jurídica não define o que é uma pessoa, e sim quem ela considera como pessoas, não por sua estrutura, mas por sua intervenção como sujeito de direitos e de obrigações, ou seja, sujeito das relações jurídicas. Sob outro enfoque, a definição de pessoa implica considerar a personalidade jurídica diante da sua aptidão para adquirir direitos ou contrair obrigações nos diferentes estágios de seu desenvolvimento físico e mental e, por consequência, de seus relacionamentos pessoais, familiares e profissionais vividos em seu meio social.

O homem, como criatura, encontra-se constantemente em evolução, submetido às mudanças dos fatos e dos tempos, conforme sua própria cronologia e, como pessoa humana, ele tem a possibilidade de atuar sobre o seu meio ambiente, para modificá-lo e adaptá-lo aos seus interesses, necessidades e condições, resolvendo as dificuldades que a vida lhe impõe.[2] Inquieto e indócil, o ser humano traça sua trilha de vida e de realização como pessoa e coloca o conhecimento e o aprendizado a serviço de sua evolução, buscando, com sua ação, descobrir e conquistar aquilo de que anteriormente carecia.[3] Como refere Juan Ignácio Bañares, o homem avança no tempo, abraça o futuro pelo compromisso de se prender à finalidade por ele estabelecida e aos meios necessários para alcançar o fim almejado e, "deste modo, através de seus atos, a pessoa humana constrói sua própria história e edifica a si mesmo, cujo ciclo de vida se constitui na dimensão imanente do obrar humano".[4]

Os direitos da pessoa respeitam ao indivíduo abstratamente visto, no âmbito de sua sociedade, família, e de suas relações com sua comunidade e nacionalidade, enquanto os direitos de personalidade representam o próprio indivíduo e seus atributos pessoais, voltando-se para os seus aspectos íntimos, protegido por seus valores intrínsecos, que não são suscetíveis de avaliação pecuniária, nem podem ser renunciados, bem como não se extinguem com a ação

---

[1] BITTAR, Carlos Alberto. *Curso de direito civil*. Rio de Janeiro: Forense Universitária, 1994. v. 1, p. 220.
[2] BAÑARES, Juan Ignácio. *La dimensión conyugal de la persona*: de la antropología al derecho. Madrid: Rialp, 2005. p. 13-14.
[3] BAÑARES, Juan Ignácio. *La dimensión conyugal de la persona*: de la antropología al derecho. Madrid: Rialp, 2005. p. 15.
[4] BAÑARES, Juan Ignácio. *La dimensión conyugal de la persona*: de la antropología al derecho. Madrid: Rialp, 2005. p. 17.

do tempo, e, enquanto viver seu titular, qualquer agressão de sua personalidade é apta a gerar uma reparação pecuniária.

Elencam o direito de personalidade o direito à vida, à integridade física, à integridade psíquica, o direito à liberdade, o direito à verdade, à honra, à própria imagem, o direito à igualdade, o direito ao nome, o direito à intimidade e ao direito autoral de personalidade. Como acresce Pontes de Miranda: "no suporte fáctico do fato jurídico de que surge direito de personalidade, o elemento subjetivo é o *ser humano*, e não ainda pessoa: a personalidade resulta da entrada do ser humano no mundo jurídico".[5]

4.2 PERSONALIDADE JURÍDICA

Assim sendo, embora personalidade e capacidade sejam institutos próximos, são figuras jurídicas inquestionavelmente distintas, entendendo-se a personalidade como uma qualidade de ser da pessoa, uma aptidão para ser sujeito ou titular de direito, e a capacidade como uma maior ou menor extensão dos direitos da pessoa.

Foi à pessoa humana que se reconheceu por primeiro a personalidade jurídica, passando esta, com a evolução da sociedade e do Direito, a ser atribuída para certos agrupamentos de pessoas denominados *pessoa jurídica*, fruto de uma ficção jurídica proveniente da realidade social e econômica.[6] A personalidade pode ser concedida como uma criação do direito positivo ou como reconhecimento necessário de qualidades que existem no ser humano, bem como às fundações foi conferida a personalidade jurídica.

A personalidade jurídica singular é própria das pessoas humanas e sempre se entendeu que ela começa com o nascimento, mas aquele que se encontra em processo de gestação no útero materno, embora ainda não seja considerado como uma pessoa natural, como indivíduo, porque precisa nascer com vida, é, no entanto, sujeito de direitos, que, mesmo despersonificado, detém a qualidade de sujeito de direitos que a lei põe a salvo, como o direito à vida, à integridade física, à saúde, à dignidade, entre outros, tornando-se pessoa, se nascer com vida e, portanto, titular de direitos já assegurados por lei desde a sua concepção.

Como visto, a personalidade é o primeiro bem da pessoa e consiste em um conjunto de caracteres próprios, que irradiam do indivíduo como direitos subjetivos inerentes à identidade, à liberdade e à honra, todos tutelados pelas diversas esferas jurídicas e, em primeiro plano, pela norma constitucional.

Elimar Szaniawski, citando Limongi França, escreve que: "Os direitos de personalidade se destinam a resguardar a eminente dignidade da pessoa humana, preservando-a dos atentados que pode sofrer por parte de outros indivíduos".[7]

Personalidade e capacidade jurídica devem ser separadas uma da outra, em que o nascituro é ser humano, sendo o nascimento com vida apenas mais uma etapa na vida da pessoa.[8] Para Enrique Varsi Rospigliosi, a concepção é o ponto de partida da vida humana e da proteção jurídica em sua plena e total dimensão, tendo sido exatamente neste sentido referendado pelo Tribunal Constitucional peruano, cujo Colegiado considerou que "a concepção de um

---

[5] PONTES DE MIRANDA, Francisco Cavalcanti. *Tratado de direito privado*. Rio de Janeiro: Borsoi, 1955. t. V, p. 5.

[6] HERKENHOFF, Henrique Geaquinto. *Direito civil em sua expressão mais simples*. Belo Horizonte: Del Rey, 2005. p. 15.

[7] SZANIAWSKI, Elimar. *Direitos de personalidade e sua tutela*. 2. ed. São Paulo: RT, 2005. p. 71.

[8] VASCONCELOS, Pedro Pais de. *Direito de personalidade*. Coimbra: Almedina, 2006. p. 104.

novo ser humano se produz com a fusão das células materna e paterna, com a qual se dá origem a uma nova célula que, de acordo com o estado atual da ciência, constitui o início da vida de um novo ser. Um ser único e irrepetível, com sua configuração e individualidade genética completa e que poderá, não interrompido seu processo vital, seguir seu curso rumo à sua vida independente. A anidação ou implantação, em consequência, forma parte do desenvolvimento do processo vital, mas não constitui o seu início."[9]

Embora o nascimento tenha fundamental importância jurídica, o nascituro não deixa de existir como pessoa e de ser relevante para o Direito antes de nascer,[10] porquanto a lei atribui a ele personalidade como todo ser humano goza de personalidade própria, única e exclusiva, uma vez que, só a partir do nascimento com vida, se estabeleça sua capacidade de exercício dos seus direitos. Desde que o óvulo é fecundado pelo espermatozoide, está determinada a individualidade genética de um novo ser, detentor de um código genético único e distinto dos demais,[11] e a pessoa pré-nascida é titular dos direitos de personalidade de maior relevância, como o direito de viver, direito à identidade pessoal e genética, à integridade genética e física, assim como tem direito de nascer e de não ser manipulada ou perturbada geneticamente.[12]

A maior demonstração disso está na possibilidade de o nascituro ser titular de direitos subjetivos, como a doação ou sucessão, antes do seu nascimento, o que significa reconhecer a existência de uma personalidade jurídica desde a concepção, a qual somente será desconsiderada se não nascer com vida. O pré-nascido tem personalidade jurídica desde a concepção e ela só se extingue com a morte, sendo retroativamente desconsiderada sua personalidade se morrer antes de nascer.

A existência da personalidade jurídica deve ser compreendida no concepturo, chamado de nascituro, porque está presente no ventre de uma mulher, podendo ser sua genitora ou não, ou apenas como embrião de laboratório, em estágio de desenvolvimento em proveta.

Mesmo o embrião desenvolvido em laboratório é considerado indivíduo em formação da espécie humana e possui todos os atributos da existência humana, sendo merecedor dos bens jurídicos fundamentais, como o direito à vida, à integridade corporal e à dignidade humana.[13]

E, não por outra razão, a lei proíbe o descarte dos embriões excedentários,[14] tal qual o biodireito discute seu uso para o insumo de produtos e processos terapêuticos, tornando-se bens de consumo, destinados ao comércio, e não mais servindo exclusivamente ao ciclo biológico do ser humano, de nascer, crescer, reproduzir e morrer.[15]

---

[9] ROSPIGLIOSI, Enrique Varsi. *Tratado de Derecho de las personas*. Lima: Gaceta Jurídica, 2014. p. 161-162.

[10] VASCONCELOS, Pedro Pais de. *Direito de personalidade*. Coimbra: Almedina, 2006. p. 104.

[11] LAMADRID, Miguel Angel Soto. *Biogenética, filiación y delito*. Buenos Aires: Astrea, 1990. p. 162.

[12] LAMADRID, Miguel Angel Soto. *Biogenética, filiación y delito*. Buenos Aires: Astrea, 1990. p. 108.

[13] MARTÍNEZ, Stella Maris. *Manipulación genética y derecho penal*. Buenos Aires: Editorial Universidad, 1994. p. 101.

[14] Para lograr a gravidez da mulher mediante a implantação do embrião obtido *in vitro*, são fecundados vários óvulos que dão lugar a outros tantos embriões, para intentar a implantação de vários deles em distintas ocasiões, porque não é fácil obter o sucesso da gravidez na primeira tentativa. Por isso, não é nada infrequente sobrarem alguns embriões uma vez obtida a gravidez (CASABONA, Carlos María Romeo. *El derecho y la bioética ante los límites de la vida humana*. Madrid: Centro de Estudios Ramón Areces, 1994. p. 390).

[15] COELHO, Fábio Ulhoa. *Curso de direito civil*. São Paulo: Saraiva, 2003. v. 1, p. 148.

A personalidade jurídica se contrapõe à capacidade jurídica, explicando Guilherme Machado Dray[16] consubstanciar-se a personalidade jurídica na qualidade de ser pessoa e na suscetibilidade de ser titular de direitos e obrigações, enquanto a capacidade jurídica encerra um conceito quantitativo das situações jurídicas de que uma pessoa pode ser titular.

Portanto, todo ser humano concebido é detentor de personalidade e, assim, sujeito de direitos, cuja capacidade de exercício está condicionada ao seu nascimento com vida, mas o direito protege o ser humano e o direito objetivo não pode desconsiderar os direitos do concepturo, que são postos a salvo pela lei, inclusive com certas tutelas cautelares e de precaução, exatamente para a conservação dos direitos que ele pode vir a adquirir definitivamente se nascer com vida.

E, para ser titular de direitos e obrigações, não é necessário se tratar de pessoa biológica, abrangendo igualmente as pessoas coletivas, porque as sociedades também adquirem personalidade jurídica (CC, art. 985).

4.3 AUTONOMIA PRIVADA

A autonomia privada respeita ao poder de realizar negócios jurídicos, por conta da qual rege a pessoa suas próprias ações, que devem ser lícitas, embora não se restrinjam exclusivamente ao agir com licitude, porque também o agir ilícito continuaria sendo manifestação de vontade. Entretanto, a autonomia consiste em um princípio que faz pressupor a existência de restrições, tanto que o indivíduo não cria regras para seus próprios negócios jurídicos ou interesses, mas se utiliza de ordenamentos preconcebidos, não obstante impere a liberdade negocial, podendo as partes contratar livremente, como expressão maior de liberdade econômica. Ao homem dotado de razão é dado, como direito fundamental de sua dignidade, o direito de decidir o que é bom ou ruim para ele e de guiar-se, conforme suas próprias escolhas, resguardados os direitos de terceiros,[17] porque sua vontade não pode ser absoluta, pois precisa se conciliar com os direitos das demais pessoas, que por igual desfrutam da mesma liberdade em um regime democrático de direito.

A autonomia privada esbarra na barreira da ordem pública, por não se tratar de um direito absoluto, uma vez que o seu exercício deve estar em conformidade com os limites legais e com os bons costumes, pois, como bem observa Roxana Borges, "os indivíduos só podem realizar negócios jurídicos enquanto autorizados pelo ordenamento jurídico".[18]

Em certo tempo, o direito de propriedade era a principal liberdade reconhecida ao indivíduo, só interferindo o Estado para impedir que terceiros causassem algum prejuízo ao gozo e preservação daquele direito.[19] É claro que a autonomia privada não é circunscrita aos direitos patrimoniais e, na atual ordem jurídica, ela está, sobremodo, vinculada aos valores constitucionais da dignidade humana.

---

[16] DRAY, Guilherme Machado. *Direitos de personalidade*. Lisboa: Almedina, 2006. p. 17.

[17] SARMENTO, Daniel. Os princípios constitucionais da liberdade e da autonomia privada. *In*: LEITE, George Salomão (coord.). *Dos princípios constitucionais*: considerações em torno das normas principiológicas da Constituição. São Paulo: Malheiros, 2003. p. 308.

[18] BORGES, Roxana Cardoso Brasileiro. *Disponibilidade dos direitos de personalidade e autonomia privada*. São Paulo: Saraiva, 2005, p. 56.

[19] SARMENTO, Daniel. Os princípios constitucionais da liberdade e da autonomia privada. *In*: LEITE, George Salomão (coord.). *Dos princípios constitucionais*: considerações em torno das normas principiológicas da Constituição. São Paulo: Malheiros, 2003. p. 312.

Cap. 4 • A PESSOA JURÍDICA NO DIREITO DE FAMÍLIA | **571**

Também no mundo empresarial a autonomia privada é consequência da sua personalização, isto porque uma sociedade empresária sem registro e sem personalidade precisa atuar sob o comando e a personalidade da pessoa natural, que por ela age na prática dos atos que lhe são próprios. Para que a sociedade tenha regular constituição e possa se tornar capaz de direitos e obrigações na ordem civil, precisa obter a inscrição de seu contrato social ou estatuto perante o Registro Civil de Pessoas Jurídicas, para a sociedade simples, e no Registro Público de Empresas Mercantis, para a sociedade empresária, atendendo aos pressupostos previstos no Código Civil.

Uma vez constituída, a sociedade obtém plena capacidade de direitos ou deveres na ordem civil (CC, art. 1.º), cujo resultado prático é separar o patrimônio dos sócios em relação ao da sociedade, o que não sucede com as sociedades despersonificadas, as quais se ressentem do competente registro, deslocando toda a responsabilidade para as pessoas físicas dos sócios. Portanto, enquanto não efetuado o registro de seus atos constitutivos, a sociedade existe apenas de fato, com exceção das sociedades por ações, cujo regime próprio é regulado pela Lei 6.404/1976.[20]

Observa Fábio Ulhoa Coelho a fundamental importância desse princípio da autonomia patrimonial como o alicerce do direito societário, na medida em que limita os efeitos das eventuais perdas nos investimentos societários, porquanto, em princípio, o patrimônio dos sócios não deve responder pelas dívidas da sociedade.[21]

4.4 DA PESSOA NATURAL

Pessoas, no ordenamento civil, são os sujeitos de direitos e deveres das relações jurídicas, reconhecendo o direito duas espécies de pessoas, a pessoa natural ou física, representada pelo ser humano, e a pessoa jurídica, expressa pelo agrupamento de pessoas físicas que buscam um objetivo societário comum.

A pessoa tem existência visível, em contraposição à pessoa jurídica, de existência meramente ideal. Caio Mário da Silva Pereira considera imprecisa a denominação da pessoa física, pois apenas realça o aspecto material e físico do homem, "sem atentar para as suas qualidades morais e espirituais, tão integrantes de sua personalidade que o direito as reconhece e protege".[22] Prefere valer-se da expressão sinônima de pessoa natural, a fim de lhe conferir os atributos da personalidade, que só são concedidos à pessoa humana, excluídos quaisquer outros seres vivos, e às pessoas jurídicas.

Reformulando conceito inserido no Código Civil de 1916, que dizia que todo homem é capaz de direitos e obrigações, o atual Código Civil brasileiro dispõe que toda pessoa é capaz de direitos e deveres, integrando, desse modo, e estendendo a proteção a todo o gênero humano, homem e mulher, cuja personalidade começa com o nascimento com vida, como prescreve o artigo 2.º do Código Civil, e cuja existência termina com a morte, que pode ser presumida se a ausência for prolongada.

---

[20] WALD, Arnoldo. *Comentários ao novo Código Civil*. Do direito de empresa. Coordenação Sálvio de Figueiredo Teixeira. Rio de Janeiro: Forense, 2005. p. 90.

[21] COELHO, Fábio Ulhoa. *Curso de direito comercial*. 2. ed. São Paulo: Saraiva, 1999. v. 2, p. 15.

[22] PEREIRA, Caio Mário da Silva. *Instituições de direito civil*. 20. ed. Rio de Janeiro: Forense, 2004. v. 1, p. 215.

De acordo com a lição sempre presente e atualizada de Paulo Nader:[23]

> Pessoa física ou natural é o ser dotado de razão e portador de sociabilidade, pois discerne e interage em sociedade, formando vínculos, direitos, relações e obrigações que refletem no mundo jurídico e alcançam a pessoa nas suas mais diferentes relações jurídicas, protegidos em suas ações enquanto lícitas, pelos fundamentais direitos constitucionais da pessoa humana. A personalidade civil da pessoa começa do nascimento com vida, prescreve o artigo 2.º do Código Civil, mas a lei põe a salvo, desde a concepção, os direitos do nascituro. Portanto, o sistema legal brasileiro adota o começo da personalidade civil, que fica condicionado ao nascimento com vida, não obstante resguarde desde a concepção os direitos do nascituro. Nasce com vida quem tenha respirado ao desgarrar-se do corpo materno, ainda que tenha perecido em seguida. Paira divergência doutrinária acerca do início da personalidade da pessoa, entendendo certa corrente que a personalidade do nascituro não está condicionada ao seu nascimento com vida, pois, sendo sujeito de direito, tem capacidade e, desta, surge a personalidade.

Para outro ramo doutrinário, a personalidade realmente só é concedida com o nascimento com vida, não existindo personalidade antes do nascimento, embora preservados os direitos do nascituro a partir de sua concepção.

Existem diferentes doutrinas acerca do começo da personalidade jurídica e a primeira dessas teorias é denominada *concepcionista*, pela qual a personalidade jurídica é atribuída desde a concepção no útero materno, não devendo ser confundida a qualidade de ser pessoa ou personalidade com a capacidade de ser titular de direitos, mesmo sem poder exercê-los, porque condicionados ao nascimento com vida do destinatário desses direitos, como ocorre no tocante ao nascituro, titular de direitos absolutos inerentes à sua personalidade, como o são os direitos à vida, à integridade física e à saúde.[24]

Por sua vez, a teoria *natalista* entende ser a personalidade um atributo adquirido após o nascimento com vida e que o nascituro somente tem expectativa de direitos desde a sua concepção. Para a teoria *natalista*, o nascituro não tem capacidade de direito, e a lei apenas protege os direitos que estão condicionados ao seu nascimento com vida ao respirar o ar atmosférico,[25] pouco importando o tempo de sobrevivência.

Adepto da teoria *natalista*, Vicente Ráo diz que: "a proteção dispensada ao nascituro, isto é, ao ser concebido, mas ainda não nascido, não importa em reconhecimento nem atribuição de personalidade, mas equivale, apenas, a uma situação jurídica de expectativa, de pendência, situação que só com o nascimento se aperfeiçoa, ou, então, indica a situação ou fato em virtude do qual certas ações podem ser propostas, ou ao qual se reportam, retroativamente, os efeitos de determinados atos futuros".[26]

A teoria *natalista* foi adotada no artigo 2.º do Código Civil brasileiro, ao condicionar o reconhecimento da personalidade civil da pessoa ao seu nascimento com vida, não obstante deixe a salvo, desde a concepção, os direitos do nascituro.

Uma terceira corrente é chamada de *condicional* e admite a personalidade retroativa à concepção, desde que ocorra o nascimento com vida. Durante a gestação, o nascituro tem a proteção da lei a determinados direitos de ordem pessoal e patrimonial, sujeitos a uma causa suspensiva do nascimento.

---

[23] NADER, Paulo. *Curso de direito civil*. Parte geral. Rio de Janeiro: Forense, 2003. p. 182.

[24] ZAINAGHI, Maria Cristina. *Os meios de defesa dos direitos do nascituro*. São Paulo: LTr, 2007. p. 43.

[25] NORBIM, Luciano Dalvi. *O direito do nascituro à personalidade civil*. Brasília: Brasília Jurídica, 2006. p. 44.

[26] RÁO, Vicente. *O direito e a vida dos direitos*. 3. ed. São Paulo: RT, 1991. p. 603.

4.5 DA PESSOA JURÍDICA

Diferente da pessoa física, que tem existência biológica e sua personalidade jurídica se dá com o seu nascimento com vida, a formação da personalidade da pessoa jurídica decorre da sua inscrição na Junta Comercial. Existem as organizações econômicas dotadas de personalidade jurídica e patrimônio próprio, constituídas, de ordinário, por mais de uma pessoa física ou mesmo jurídica, denominadas de *sociedades empresárias*, com o objetivo de produzir ou trocar bens ou serviços com fins lucrativos.[27] As sociedades eram distinguidas antes da edição do vigente Código Civil em *civis* e *comerciais*, em que estas últimas praticavam atos de comércio, enquanto a sociedade civil explorava atividades eminentemente civis, desaparecendo essa forma de identificação com a promulgação do Código Civil de 2002.

Vigora um novo regime jurídico empresarial, pelo qual a sociedade empresária advém do conceito de empresário, definido pelo artigo 966 do Código Civil como aquele que exerce profissionalmente atividade econômica organizada para produção ou circulação de bens ou de serviços. O vigente Código Civil elucida a função econômica como a razão de formação da sociedade empresária e a partilha do seu resultado entre os sócios, ao passo que o Anteprojeto do Código Civil, em tramitação pelo Congresso Nacional, altera a redação do artigo 966 para considerar "empresa a organização profissional de fatores de produção que, no ambiente de mercado, exerce atividade de circulação de riquezas, com escopo de lucro, em prestígio aos valores sociais do trabalho e do capital humano". E, no § 1º, externa que "exercem atividade empresarial o empresário e a sociedade empresária" e ressalva, no § 2º, que "não se considera atividade empresarial o exercício de profissão intelectual, de natureza científica, literária ou artística, ainda que com o concurso de auxiliares ou colaboradores, salvo se requerida a sua inscrição no Registro Público de Empresas Mercantis, ressalvadas as obrigações assumidas perante terceiros antes de registrada a empresa".

A personalidade jurídica é uma ficção criada pela lei com o único propósito de conferir trânsito à associação humana em sua atividade empresarial, é produto da vontade humana estabelecido para a consecução de determinados fins. Com a formação da pessoa jurídica, também foi possível limitar a responsabilidade e mitigar os riscos experimentados pelo comerciante. A pessoa jurídica, como criação da lei, atua à semelhança da pessoa natural, até onde isso seja viável e factível e, uma vez constituída, adquire capacidade para se tornar sujeito de direito e para exercer direitos e contrair obrigações.[28]

A finalidade prática da personificação da sociedade é a de estabelecer a separação do patrimônio dos sócios com relação ao da sociedade, porque, não obstante os sócios ingressem na sociedade, de regra com o aporte de bens ou recursos financeiros pessoais, transferem para ela bens e valores que passam para a sua titularidade, restando aos sócios o direito à participação nos lucros sociais, quando houver, e a uma parcela do acervo social líquido quando da eventual extinção da sociedade.

Sócios e sociedade são, em princípio, personalidades distintas e independentes, cujos direitos e obrigações não se confundem e cuja autonomia patrimonial e de atuação é

---

[27] BERTOLDI, Marcelo M.; RIBEIRO, Márcia Carla Pereira. *Curso avançado de direito comercial.* 3. ed. São Paulo: RT, 2006. p. 140.

[28] GONÇALVES NETO, Alfredo de Assis. *Direito de empresa.* São Paulo: RT, 2007. p. 126.

consequência inerente à sua personificação. É como obtemperam Marcelo Mesa e José Cesano, de resultar mais simples e econômico, por vezes, imputar direitos e obrigações emergentes de uma atividade coletiva a um único ente, com o qual terceiros e sócios mantêm determinadas relações jurídicas.[29]

A própria vontade da sociedade difere da vontade dos sócios, individualmente considerada, porquanto a sociedade é gerida por seu órgão de administração, podendo ocorrer situações de entrechoque entre os interesses da figura do sócio e os da sociedade, cuja vontade prevalece pela deliberação da sua maioria, em detrimento da representação minoritária de seu quadro social.

Em conformidade com o artigo 985 do Código Civil, a sociedade adquire personalidade jurídica com a inscrição no registro próprio e na forma da lei, dos seus atos constitutivos, porquanto, sem o registro, empresa e empresário existem tão somente no mundo abstrato, contratual, só adquirindo regularidade e existência jurídica, vale dizer, personalidade jurídica com sua inscrição no Registro Público de Empresas Mercantis a cargo da Junta Comercial da respectiva sede (CC, arts. 45 e 1.150). E, enquanto ausente o registro, essa sociedade ainda não personificada é denominada *sociedade em comum*, cuja existência os sócios só podem provar por instrumento escrito, mas os terceiros podem comprová-la de qualquer modo (CC, art. 987). Inexistindo contrato escrito, trata-se de uma sociedade despersonalizada, podendo ser uma *sociedade irregular* ou uma *sociedade de fato*. A *sociedade de fato* não possui registro e, embora possa ser acionada em juízo, carece de aptidão para figurar como autora em ações judiciais.[30] Com referência à *sociedade irregular*, diferente da *sociedade de fato*, ela tem registro, contudo ele se mostra viciado, quer porque a sociedade foi formada por pessoa incapaz, ou seu objetivo social se apresenta contrário à lei, à moral ou aos bons costumes, seja porque o seu contrato não está em conformidade com a lei ou à sociedade falta autorização para funcionar.[31] A prova da existência da *sociedade de fato* não poderá ser realizada pelos sócios, porque ausente contrato, só podendo ser comprovada por terceiros (CC, art. 987). Os bens e dívidas sociais da *sociedade em comum ou de fato* constituem patrimônio especial, do qual os sócios são titulares em comum (CC, art. 988) e respondem com seu patrimônio pelas dívidas contraídas,[32] não se apartando do seu patrimônio pessoal. No entanto, os credores deverão, primeiramente, esgotar o patrimônio especial, constituído dos bens sociais, conforme benefício de ordem previsto no artigo 1.024 do Código Civil, antes de reivindicarem o patrimônio das pessoas dos sócios, que respondem subsidiariamente pelas obrigações sociais, merecendo registro a ressalva acrescida no Anteprojeto do Código Civil, em tramitação no Congresso, ao artigo 1.024, em que excetua os "casos de aplicação da desconsideração da personalidade jurídica, nos termos previstos no art. 50 deste Código e em leis especiais".

Nem sempre o registro do contrato de sociedade é indispensável para conferir personalidade jurídica à sociedade, como ocorre na denominada *sociedade em conta de participação*, cuja atividade constitutiva do objeto social é exercida unicamente pelo sócio ostensivo, em seu nome individual (CC, art. 991) e sob sua própria e exclusiva responsabilidade, valendo-se dos aportes dos sócios ocultos.

---

[29]   MESA, Marcelo J. López; CESANO, José Daniel. *El abuso de la personalidad jurídica de las sociedades comerciales.* Buenos Aires: Depalma, 2000. p. 32.

[30]   NADER, Paulo. *Curso de direito civil.* Parte geral. Rio de Janeiro: Forense, 2003. p. 248.

[31]   NADER, Paulo. *Curso de direito civil.* Parte geral. Rio de Janeiro: Forense, 2003. p. 248.

[32]   RIZZARDO, Arnaldo. *Direito de empresa.* Rio de Janeiro: Forense, 2007. p. 77.

Cap. 4 · A PESSOA JURÍDICA NO DIREITO DE FAMÍLIA | **575**

Todas essas regras não se aplicam às sociedades por ações, que têm regime especial, regulado pela Lei 6.404/1976 e só supletivamente pelo Código Civil.

4.6 DA PESSOA JURÍDICA DE DIREITO PÚBLICO

De acordo com o artigo 40 do Código Civil, as pessoas jurídicas são classificadas como de direito público, interno ou externo, e de direito privado. As pessoas jurídicas de direito público externo estão representadas pelos Estados estrangeiros, que são dotados de personalidade jurídica, assim como todas as pessoas regidas pelo Direito Internacional Público (CC, art. 42). São exemplos organismos como a Santa Sé, que, sem ter as características de um país, credencia embaixadores e representantes: organizações internacionais como a ONU e a OEA, UNESCO, OIT, OMS e FMI.[33]

Como pessoas jurídicas de direito público interno figuram: I – a União; II – os Estados, o Distrito Federal e os Territórios; III – os Municípios; IV – as autarquias, inclusive as associações públicas; e V – as demais entidades de caráter público criadas por lei (CC, art. 41). São consideradas pessoas jurídicas de direito privado: I – as associações; II – as sociedades; III – as fundações; IV – as organizações religiosas; V – os partidos políticos (...); e VII – os empreendimentos de economia solidária (CC, art. 44).

A União representa a nação brasileira e os Estados que a compõem, os Municípios e o Distrito Federal. Da administração indireta surgem como pessoas jurídicas de direito público interno também as autarquias, integrantes da administração indireta, cada qual na sua esfera de atribuições e hierarquia, não deslembrando que os Territórios não se equiparam aos Estados, sendo subordinados à tutela da União. Tentando conferir maior agilidade administrativa, o Estado, em alguns setores, com regulamentação prevista no Decreto-lei 200/1967, descentraliza a administração pública, criando autarquias, fundações públicas, empresas públicas e sociedades de economia mista.[34]

As pessoas jurídicas de direito público não visam ao lucro e, portanto, não ingressam no conceito de empresas, tendo como escopo de atuação a busca do bem comum dos cidadãos nacionais,[35] sobrepondo o interesse da coletividade ao do particular.

De acordo com o artigo 37, § 6.º, da Carta Federal de 1988, as pessoas jurídicas de direito público e as de direito privado prestadoras de serviços públicos responderão pelos danos que seus agentes, nessa qualidade, causarem a terceiros, assegurando o direito de regresso contra o responsável nos casos de dolo ou culpa. Trata-se da responsabilidade objetiva atribuída ao Estado brasileiro, ampliada a responsabilidade solidária ao ente de direito privado responsável pela prestação de serviço público.

4.7 DA PESSOA JURÍDICA DE DIREITO PRIVADO

É livre o direito de associação (CF, art. 5.º, XVII), impondo como única restrição que os fins sociais sejam lícitos, não se entrechocando com a lei, com a moral e com os bons costumes e que não tenham caráter paramilitar. Conforme aponta Célio Silva Costa,[36] todos têm

---

[33] TEPEDINO, Gustavo; BARBOZA, Heloisa Helena; MORAES, Maria Celina Bodin de. *Código Civil interpretado conforme a Constituição da República*. Rio de Janeiro: Renovar, 2004. v. I, p. 110.

[34] NADER, Paulo. *Curso de direito civil*. Parte geral. Rio de Janeiro: Forense, 2003. p. 268.

[35] COSTA, Carlos Celso Orcesi da. *Código Civil na visão do advogado*. São Paulo: RT, 2003. v. 4, p. 50.

[36] COSTA, Célio Silva. *A interpretação constitucional e os direitos e garantias fundamentais na Constituição de 1988*. Rio de Janeiro: Liber Juris, 1992. p. 199.

direito de ingressar nas associações existentes ou delas se retirar, observadas apenas as normas estatutárias.

Jorge Miranda observa que, ao lado do direito de associação, transita o direito de não ser coagido a inscrever-se ou permanecer em qualquer associação e que essa vontade coletiva de associação acarreta a existência de uma vontade geral, prevalecendo os desígnios da maioria sobre a minoria, cometendo aos estatutos prescrever essas regras e suas correlatas garantias.[37]

As pessoas jurídicas de direito privado são criadas, de regra, por particulares, sendo inúmeras as suas modelagens, a começar pelas fundações particulares, associações, sociedades simples e empresárias. As organizações religiosas são consideradas pessoas jurídicas de direito privado e os partidos políticos, em conformidade com o artigo 17, § 2.º, da Constituição Federal, têm seus estatutos registrados no Tribunal Superior Eleitoral.

4.8 DISTINÇÃO ENTRE SOCIEDADE E ASSOCIAÇÃO

Ao contrário das sociedades, as associações são instituídas com o objetivo cultural, recreativo, religioso ou beneficente, destoadas que são de fins econômicos, voltadas ao lucro dos seus dirigentes ou associados, mas, diferente das empresas, seus lucros são reinvestidos em sua atividade. E, como assevera Francisco de Assis Alves, isso não significa que as associações não aufiram ganhos, sendo natural que desenvolvam alguma atividade lucrativa para manutenção e reinvestimento na própria associação, porque só está vedada a distribuição de resultados econômicos entre os associados.[38]

Segundo Paulo Nader,[39] tais fontes de renda são essenciais para a subsistência e aprimoramento da corporação, destinando seus resultados ao pagamento de seus funcionários e despesas de funcionamento, sem distribuir a receita para os sócios ou associados, conselheiros, diretores ou doadores.

A Constituição Federal dispõe ser plena a liberdade de associação para fins lícitos, vedada a de caráter paramilitar (art. 5.º, XVII) e, pelo artigo 53 do Código Civil, as associações são constituídas pela reunião de pessoas que se organizam, como visto, sem fins econômicos, não existindo entre os associados direitos e obrigações recíprocas, enquanto, por seu turno, as sociedades justamente requisitam uma contribuição financeira ou econômica inicial para a sua formação e se dirigem ao desenvolvimento de uma atividade econômica com o propósito de dividir os resultados entre os sócios.

Com a edição do Código Civil vigente, deixaram de existir as *sociedades civis sem fins lucrativos*, passando as aglomerações de pessoas para fins não econômicos a ser denominadas exclusivamente como associações, cuja existência surge a partir da efetiva inscrição de seus atos de constituição no Cartório de Registro Civil de Pessoas Jurídicas.

Sua composição se dá por meio do registro de seu *estatuto*, contendo as disposições pertinentes ao funcionamento da instituição, estabelecendo, no artigo 54 do Código Civil, os pressupostos mínimos que deve conter o estatuto da associação.

---

[37] MIRANDA, Jorge. *Manual de direito constitucional*. 3. ed. Coimbra: Coimbra Editora, 2000. p. 477.

[38] ALVES, Francisco de Assis. Direito civil constitucional. *In*: TAVARES, André Ramos; MENDES, Gilmar Ferreira; MARTINS, Ives Gandra da Silva (coord.). *Lições de direito constitucional em homenagem ao jurista Celso Bastos*. São Paulo: Saraiva, 2005. p. 875.

[39] NADER, Paulo. *Curso de direito civil*. Parte geral. Rio de Janeiro: Forense, 2003. p. 274.

Cap. 4 · A PESSOA JURÍDICA NO DIREITO DE FAMÍLIA | 577

A responsabilidade civil do administrador da associação diz respeito à regra geral do artigo 186 do Código Civil, quando age com dolo ou culpa, respondendo também a associação perante o terceiro prejudicado pelo ato do seu preposto. Com a personificação da associação, escreve José Eduardo Sabo Paes que: "para os efeitos jurídicos, ela passará a ter aptidão para ser sujeito de direitos e obrigações e capacidade patrimonial, constituindo seu patrimônio, que não terá relação com o dos associados, adquirindo vida própria e autônoma, não se confundindo com seus membros, por ser uma nova unidade orgânica".[40]

4.9 DISTINÇÃO ENTRE ASSOCIAÇÃO E FUNDAÇÃO

Ao contrário da associação, a fundação não depende da reunião de pessoas, tampouco é obra de um conjunto de vontades, mas fruto de uma vontade única, criada pela atribuição de personalidade ao conjunto de bens destinados à realização de certo fim, socialmente útil.[41] Como explica Maria Helena Diniz, as fundações particulares representam: "um acervo de bens livres de ônus ou encargos e legalmente disponíveis, que recebe da lei a capacidade jurídica para realizar as finalidades pretendidas pelo seu instituidor, em atenção aos seus estatutos, desde que religiosas, morais, culturais ou assistenciais" (artigo 62, Código Civil).[42]

Conforme Tomáz de Aquino Resende: "a diferença básica existente entre sociedade, associações e fundações está relacionada com a própria gênese de tais pessoas, pois as sociedades e associações são decorrentes da reunião de pessoas, enquanto as fundações se originam de um patrimônio vinculado a um objetivo de interesse coletivo e também sem fins lucrativos".[43]

Nada proíbe que a fundação seja pessoa jurídica de direito público quando instituída pelo Estado, mas, em todas as hipóteses, a personalização da fundação fica condicionada ao exame prévio do Ministério Público, que, entre outras funções de fiscalização, pode aprovar a reforma do estatuto e até propor sua extinção, se a finalidade da fundação se tornar ilícita, impossível ou inútil, ou se vencido o prazo de sua existência (CC, art. 69). Os bens arrolados pelo instituidor serão de imediato transferidos para a entidade.[44]

De acordo com o artigo 62 do Código Civil, para criar uma fundação, o seu instituidor fará, por escritura pública ou testamento, dotação especial de bens livres, especificando o fim a que se destina e declarando, se quiser, a maneira de administrá-la, ressaltando justamente a função primordial do patrimônio para a consecução dos fins por ele almejados.

4.10 DAS SOCIEDADES

Celebram contrato de sociedade as pessoas que, reciprocamente, se obrigam a contribuir, com bens ou serviços, para o exercício de atividade econômica e a partilha, entre si, dos resultados (CC, art. 981). No contrato de sociedade, os sócios convergem para um mesmo objetivo, consistente no desenvolvimento de uma atividade, com comunhão de esforços e de

---

40 PAES, José Eduardo Sabo. *Fundações, associações e entidades de interesse social. Aspectos jurídicos, administrativos, contábeis, trabalhistas e tributários.* 7. ed. Rio de Janeiro: Gen/Forense. 2010. p. 68.

41 GOMES, Orlando. *Introdução ao direito civil.* 10. ed. Rio de Janeiro: Forense, 1993. p. 198-199.

42 DINIZ, Maria Helena. *Curso de direito civil brasileiro.* 24. ed. São Paulo: Saraiva, 2007. p. 237.

43 RESENDE, Tomáz de Aquino. *Roteiro do terceiro setor.* 3. ed. Belo Horizonte: Prax, 2006. p. 41.

44 NADER, Paulo. *Curso de direito civil.* Parte geral. Rio de Janeiro: Forense, 2003. p. 277.

recursos, buscando dividir os resultados por eles obtidos na proporção da participação de cada sócio, pessoa física ou jurídica.

Como aduz Ricardo Negrão,[45] nem toda sociedade adquire personalidade jurídica, tendo o novo sistema previsto duas espécies de sociedades não personificadas, em que uma delas é denominada *sociedade em comum*, porque ainda não estão inscritos seus atos constitutivos, respondendo os sócios solidária e ilimitadamente com seus bens particulares pelas dívidas da sociedade, depois de esgotados os bens sociais. Também sem personalidade jurídica figura a *sociedade em conta de participação*, por cuja configuração a atividade constitutiva do objeto social é exercida unicamente pelo sócio ostensivo.

As sociedades também foram divididas, quanto ao objeto de suas atividades, em sociedades *simples* e *empresárias*. O Código Civil abandonou a clássica divisão das sociedades em civil e comercial, passando a denominá-las sociedades empresárias ou não empresárias. É empresária a sociedade cujo objeto é a atividade própria de empresário, nos termos do artigo 966 do Código Civil, ao passo que o parágrafo único desse mesmo dispositivo estabelece quem não é considerado empresário, enquadrando na condição de sociedade simples quem exerce profissão intelectual, de natureza científica, literária ou artística, ainda que com o concurso de auxiliares ou colaboradores, salvo se o exercício da profissão constituir elemento da empresa (CC, art. 966, parágrafo único).

Sendo empresária a sociedade, seus atos constitutivos e demais alterações devem ser arquivados no Registro Público de Empresas Mercantis, estando sujeita ao regime de falência, e, sendo simples, sua documentação será arquivada no Registro Civil de Pessoas Jurídicas (CC, art. 1.150).

Como explica Arnoldo Wald, as sociedades empresárias podem ser revestidas dos seguintes tipos societários: 1) sociedade em conta de participação; 2) sociedade em nome coletivo; 3) sociedade em comandita simples; 4) sociedade limitada; 5) sociedade por ações; e 6) sociedade em comandita por ações. Por seu turno, as sociedades simples podem se valer dos mesmos tipos societários, à exceção das sociedades por ações, desde que conservem suas características de sociedades simples. Por fim, as sociedades cooperativas ingressam no conceito de sociedades simples.[46]

4.11 CLASSIFICAÇÃO DAS SOCIEDADES

O ordenamento jurídico brasileiro prevê uma variada forma de sociedades empresárias, cometendo aos sócios a escolha do tipo de sociedade, em conformidade com seus interesses pessoais e de acordo com suas necessidades. Cada tipo social tem suas próprias características, sendo de destacar que as sociedades podem ser constituídas em razão das *pessoas* e do *capital*. As sociedades formadas *intuitu personae* levam em consideração razões de ordem eminentemente pessoal, ou seja, as características pessoais dos sócios é que induzem a criar e constituir a sociedade, existindo naturais restrições no tocante à transferência das quotas sociais, exatamente no intento de evitar o ingresso de outras pessoas com perfil que se destoa dos demais integrantes da sociedade.

Por seu turno, nas sociedades de *capital*, não interessa o perfil do sócio, inexistindo, de outra parte, qualquer restrição ao ingresso de novos sócios com a negociação das quotas ou

---

[45] NEGRÃO, Ricardo. *Manual de direito comercial e de empresa*. 3. ed. São Paulo: Saraiva, 2003. v. 1, p. 234.

[46] WALD, Arnoldo. *Comentários ao novo Código Civil*. Do direito de empresa. Coordenação Sálvio de Figueiredo Teixeira. Rio de Janeiro: Forense, 2005. v. XIV, p. 82.

ações representativas do capital social, porque importa, para este tipo social, o aporte financeiro da pessoa, e não suas características particulares.

Para Modesto Carvalhosa, nas sociedades de pessoas, os sócios estão reunidos em razão da confiança recíproca, por cujos atributos inibem a livre cessão de quotas sociais a terceiros estranhos à sociedade, enquanto nas sociedades de capitais impera o interesse pecuniário, sendo até comum os sócios nem sequer se conhecerem, tornando indiferente a cessão de quotas para terceiros.[47]

As sociedades empresárias respondem ilimitadamente por suas dívidas e, embora elas sejam diferenciadas pela limitação ou não da responsabilidade, o limite está relacionado à possibilidade de o sócio responder com seus próprios bens pelas dívidas da sociedade.[48] Ingressam, no rol das sociedades de responsabilidade ilimitada, as sociedades em comum ou de fato e as sociedades em nome coletivo (CC, art. 1.039),[49] mas essa responsabilidade ilimitada do sócio é subsidiária, porque seus bens pessoais só responderão pelas dívidas da sociedade depois de verificado que as forças da sociedade não suportam o pagamento dos débitos da empresa.

Quando o tipo social é de responsabilidade limitada, o limite dessa responsabilidade cinge-se ao montante do aporte realizado ou prometido realizar pelo sócio, e, portanto, os sócios respondem até um determinado limite pelas dívidas sociais, como ocorre com a sociedade anônima e a sociedade por quotas de responsabilidade limitada.

Também existem as sociedades *mistas*, nas quais imperam duas classes de sócios, havendo aqueles que respondem com seus bens pessoais pelas dívidas da sociedade e os que respondem limitadamente pelas dívidas sociais, estando nesse grupo as sociedades simples, as sociedades em comandita simples e as sociedades em comandita por ações.[50]

Por fim, as sociedades podem ser classificadas em contratuais ou institucionais, sendo contratuais as sociedades cuja natureza na criação e constituição é eminentemente contratual, regida pelo contrato social elaborado no interesse e na vontade dos sócios, imperando a mais absoluta autonomia destes, ao passo que, nas sociedades institucionais ou estatutárias, aos sócios descabe a ampla discussão das regras que vão reger a sociedade, e sua natureza é de instituição, aderindo os sócios ao estatuto precedentemente elaborado.

4.12 SOCIEDADES NÃO PERSONIFICADAS

Enquanto não registrado o contrato social destinado à criação de uma pessoa jurídica, essa entidade é tipificada como *sociedade em comum*, cuja existência os sócios só podem provar por meio de contrato escrito, constituindo os bens e as dívidas sociais um *patrimônio especial*, que assim é denominado por haver deixado o patrimônio particular dos sócios, mas não integrar, ainda, o patrimônio da pessoa jurídica, que ainda não foi regularmente constituída.

---

[47] CARVALHOSA, Modesto. *Comentários ao Código Civil*. Coordenação Antônio Junqueira de Azevedo. São Paulo: Saraiva, 2003. v. 13, p. 35.

[48] BERTOLDI, Marcelo M.; RIBEIRO, Márcia Carla Pereira. *Curso avançado de direito comercial*. 3. ed. São Paulo: RT, 2006. p. 170.

[49] As sociedades em nome coletivo dos artigos 1.039 a 1.044 foram revogadas no Anteprojeto do Código Civil apresentado ao Senado Federal pela Comissão de Juristas, responsável pela revisão e atualização do diploma civil.

[50] BERTOLDI, Marcelo M.; RIBEIRO, Márcia Carla Pereira. *Curso avançado de direito comercial*. 3. ed. São Paulo: RT, 2006. p. 170.

Esses bens ficam em condomínio entre os sócios, respondendo esse acervo especial perante terceiros e tendo cada sócio responsabilidade solidária e ilimitada pelas obrigações sociais. Resulta do artigo 986 do Código Civil a sujeição à competente inscrição dos atos constitutivos da sociedade para sua personificação, porque só assim ela adquire personalidade jurídica (CC, art. 985) e, em razão de essas sociedades poderem existir a partir da sua formação contratual no mundo dos fatos, o codificador tratou de distingui-las entre sociedades personificadas e não personificadas.

Paulo Nader informa existirem outros grupos de entidades despersonalizadas, como a *massa falida*, o *espólio*, a *herança jacente* ou *vacante*, o *condomínio*, o *grupo de consórcio* e o *grupo de convênio médico*,[51] os quais possuem capacidade para figurarem no polo ativo ou passivo de uma relação processual, apesar de destituídos de personalidade jurídica.

De acordo com o Código Civil, existem dois tipos de sociedades não personificadas, a sociedade em comum, pendente da inscrição do ato constitutivo perante o Ofício de Registro competente (CC, art. 986), e a sociedade em conta de participação, a qual não ostenta personalidade jurídica em decorrência de expressa previsão legal, ao estabelecer que sua atividade constitutiva é exercida unicamente pelo sócio ostensivo (CC, art. 991), que contrata em seu nome individual.

A nota característica da sociedade em conta de participação é a presença de um sócio ostensivo, que contrai, em seu nome pessoal, as obrigações provenientes das atividades sociais que opera com os aportes colacionados pelos sócios ocultos e que contribuíram contratualmente para a formação do fundo societário. Esses sócios participantes, que não aparecem, têm direito a uma fruição dos resultados, assim como também partilham das perdas decorrentes do empreendimento,[52] mas, numa e noutra situação, não mantêm nenhuma relação com aqueles que contratam com a sociedade.

4.13 SOCIEDADES PERSONIFICADAS

Já foi considerado por Savigny que a personalidade da pessoa jurídica decorre de uma ficção da lei, porque ela seria um ser que, na realidade, não existe, entendendo Ihering tratar-se a pessoa jurídica apenas de um recurso técnico, porquanto seus verdadeiros protagonistas são pessoas físicas ocultas sob o manto da personalidade jurídica.

Entrementes, a pessoa jurídica é detentora de uma realidade existencial, que não é física, mas é jurídica, e sua personalidade jurídica não é uma ficção, mas uma investidura atribuída pelo Estado, com o intuito de atingir determinados fins.[53]

Goza a pessoa jurídica de personalidade e, no conceito de sociedades personificadas, ingressam aquelas formal e legalmente constituídas em conformidade com o artigo 985 do Código Civil, adquirindo personalidade jurídica com a inscrição, no registro próprio e na forma da lei, dos seus atos constitutivos elaborados conforme expressa o artigo 997 do Diploma Civil.

As sociedades personificadas dividem-se entre sociedades personificadas simples, quando não prepondera o interesse econômico imediato em prol dos sócios, lembrando as extintas

---

[51] NADER, Paulo. *Curso de direito civil*. Parte geral. Rio de Janeiro: Forense, 2003. p. 249.
[52] GALIZZI, Gustavo Oliva. *Sociedade em conta de participação*. Belo Horizonte: Mandamentos, 2008. p. 152.
[53] CARVALHO NETO, Inácio de. *Curso de direito civil brasileiro*. Teoria geral do direito civil. Curitiba: Juruá, 2006. p. 195.

sociedades civis, e aquelas personificadas empresárias, correspondentes às antigas sociedades comerciais, em que o lucro e o ganho econômicos são a pauta da sua constituição.

Na atividade empresária, o objetivo único é a produção ou a circulação de bens ou de serviços, excluída a produção para uso próprio, que não está destinada ao mercado, porque esta não caracteriza a atividade empresarial. Recorda ainda Haroldo Malheiros Duclerc Verçosa que tampouco pode ser considerada empresa a atividade econômica cujos benefícios tenham um sentido mutualístico, como ocorre com as cooperativas.[54] A sociedade cooperativa é identificada como sociedade simples (CC, art. 982, parágrafo único) e suas regras estão disciplinadas na Lei 5.764, de 16 de dezembro de 1971.

A lei civil define o empresário como uma pessoa que exerce profissionalmente atividade econômica organizada para a produção ou a circulação de bens ou de serviços (CC, art. 966), e um grupo de empresários organiza e constitui a sociedade empresária, cujo objeto é o exercício da atividade própria de empresário (CC, art. 982).

4.14 SOCIEDADES PERSONIFICADAS SIMPLES

A sociedade simples do vigente direito societário brasileiro é inspirada no Código Civil italiano de 1942 e se constitui em um tipo societário destinado ao exercício de atividades não mercantis. Como no passado a legislação brasileira classificava as sociedades, segundo o seu objeto, em civil ou mercantil, corresponde a sociedade simples à antiga sociedade civil. Na sociedade simples, predomina o elemento pessoal sobre o patrimonial[55] e suas regras são, supletivamente, aplicáveis às sociedades empresárias e às não personificadas.

Na sociedade simples não há o desenvolvimento de atividade comercial ou empresária, ao contrário da sociedade empresária, cujo objeto é o exercício de atividade econômica organizada para a produção ou circulação de bens ou de serviços.

A tônica da sociedade simples não está na busca imediata do lucro, porque ela visa muito mais aos interesses vinculados à atividade profissional dos sócios, como acontece, por exemplo, com aquelas sociedades criadas para a construção e administração de um prédio, cujas unidades serão distribuídas na proporção da participação financeira de cada sócio, ou sociedades formadas para o exercício de atividades profissionais, técnicas e científicas, em áreas ligadas, por exemplo, à advocacia, medicina, publicidade e engenharia, atuando cada profissional de modo independente, e não em combinação mútua de esforços.[56] Na sociedade simples não há o exercício da atividade de empresário do artigo 966 do Código Civil, porque a lei não considera empresário aquele que exerce profissão intelectual, literária ou artística e, no seu contexto, estão incluídas todas as demais hipóteses de exploração da atividade econômica em que não se configure o elemento empresa.

A sociedade simples pode se valer de outros tipos societários sem mudar sua natureza,[57] estando regulada pelos artigos 997 a 1.038 do Código Civil e suas regras possuem caráter geral, podendo ser aplicadas subsidiariamente aos seguintes tipos societários: sociedade em comum, sociedade em conta de participação, sociedade em nome coletivo, sociedade

---

54   VERÇOSA, Haroldo Malheiros Duclerc. *Curso de direito comercial*. São Paulo: Malheiros, 2004. p. 125.

55   FONSECA, Priscila M. O. Corrêa da; SZTAJN, Rachel. *Código Civil comentado*. Direito de empresa. Coordenação Álvaro Villaça Azevedo. São Paulo: Atlas, 2008. v. XI, p. 191.

56   RIZZARDO, Arnaldo. *Direito de empresa*. Rio de Janeiro: Forense, 2007. p. 29.

57   WALD, Arnoldo. *Comentários ao novo Código Civil*. Do direito de empresa. Coordenação Sálvio de Figueiredo Teixeira. Rio de Janeiro: Forense, 2005. v. XIV, p. 117.

em comandita simples e sociedade limitada, desde que o contrato não se reporte à regência supletiva da lei das sociedades anônimas.[58]

A sociedade simples tem seus atos constitutivos inscritos no Registro Civil, e não na Junta Comercial (CC, art. 998), estando incluídos, no âmbito das sociedades simples, os *sindicatos profissionais* e o grupo de profissionais que formalizam uma união em torno da sua atividade comum, de médicos ou advogados, registrando seus contratos sociais no respectivo órgão de classe.

Os profissionais liberais não são considerados empresários e as sociedades de advogados não se sujeitam ao Código Civil, e sim ao Estatuto da Advocacia e da Ordem dos Advogados (Lei 8.906/1994).

4.15 SOCIEDADES PERSONIFICADAS EMPRESÁRIAS

A atividade empresarial tem como escopo a produção ou a circulação de bens e serviços, sendo considerado empresário aquela pessoa que participa do processo de criação e produção ou seus intermediários, afastando o texto legal do conceito de empresário o exercício da atividade intelectual, de natureza científica, literária ou artística, porque lhes falta o elemento de organização dos fatores de produção. A distinção entre sociedades empresárias e não empresárias está no seu objeto, e não no lucro,[59] porque é considerada empresária a sociedade que exerce atividade própria de empresa. Assim, por exemplo, um médico pode reunir capital, trabalho de outros médicos, enfermeiros, utilizarem imóvel, equipamentos e explorar comercialmente um hospital.

A sociedade empresária deve ser constituída segundo um dos tipos previstos nos artigos 1.039 a 1.092 do Código Civil, a saber: a sociedade em nome coletivo (CC, arts. 1.039 a 1.044 – esta a ser revogada pelo anteprojeto do Código Civil), sociedade em comandita simples (CC, arts. 1.045 a 1.051 – esta igualmente a ser revogada pelo Anteprojeto do Código Civil), a sociedade limitada (CC, arts. 1.052 a 1.087), a sociedade anônima (CC, arts. 1.088 e 1.089; e Lei 6.404/1976) e a sociedade em comandita por ações (CC, arts. 1.090 a 1.092; e Lei 6.404/1976), tendo como finalidade o exercício da atividade própria de empresário; e tendo sido criado pela Lei 15.068, de 23 de dezembro de 2024, que altera o artigo 44 do Código Civil e cria o inciso VII, tratando dos empreendimentos de economia solidária, ou seja, o Sistema Nacional de Economia Solidária (Sinaes), o qual compreende as atividades de organização da produção e da comercialização de bens e de serviços, da distribuição, do consumo e do crédito, observando os princípios da autogestão, do comércio justo e solidário, da cooperação e da solidariedade, a gestão democrática e participativa, a distribuição equitativa das riquezas produzidas coletivamente, o desenvolvimento local, regional e territorial integrado e sustentável, o respeito aos ecossistemas, a preservação do meio ambiente e a valorização do ser humano, do trabalho e da cultura (Lei 15.068/2024, art. 2.º).

4.16 SOCIEDADE EM NOME COLETIVO

A sociedade em nome coletivo remonta à Itália, da Idade Média, surgida como forma de utilizar o patrimônio hereditário ainda não dividido para fins comerciais ou industriais.[60]

---

[58] BIFANO, Elidie Palma; BENTO, Sergio Roberto de Oliveira. *Aspectos relevantes do direito de empresa de acordo com o novo Código Civil.* São Paulo: Quartier Latin, 2005. p. 108.

[59] RESTIFFE, Paulo Sérgio. *Manual do novo direito comercial.* São Paulo: Dialética, 2006. p. 85.

[60] WALD, Arnoldo. *Comentários ao novo Código Civil.* Do direito de empresa. Coordenação Sálvio de Figueiredo Teixeira. Rio de Janeiro: Forense, 2005. v. XIV, p. 272.

Lembra Carlos Celso Orcesi da Costa que, naquele tempo, era o que de melhor havia, representando a mais pura forma de sociedade e propícia para uma época em que as grandes corporações medievais gravitavam em torno do segredo, com sócios capitalistas ocultos, buscando o pecaminoso lucro, condenado pela religião, ao contrário da atualidade, quando repugna ao consenso humano a ideia de sociedade com sócios ocultos.[61]

A sociedade em nome coletivo tem sua denominação formada pelo nome de um ou de mais de um sócio e faz-se acompanhar da expressão *e companhia*, quando não contiver o nome de todos os seus sócios, pois assim informa a existência de mais de uma pessoa integrando a sociedade.

Trata-se de uma típica sociedade de pessoas, diante da responsabilidade subsidiária ilimitada, pela qual são pontualmente escolhidos sócios comprometidos com as obrigações sociais.[62]

Na sociedade em nome coletivo, a responsabilidade dos sócios é solidária, ilimitada, sem, no entanto, ser subsidiária, no que difere das demais sociedades ilimitadas, em que os bens pessoais dos sócios só serão executados por dívidas sociais depois de esgotado o patrimônio societário.

Embora o artigo 1.039 do Código Civil restrinja a participação na sociedade em nome coletivo às pessoas físicas, a doutrina vem sendo francamente favorável à participação também da pessoa jurídica e não vê óbices para a sua inclusão na sociedade. Contudo, a lei prevê a possibilidade de os sócios excluírem *interna corporis* alguns dos sócios de responsabilidade ilimitada, não obstante esse ajuste não tenha efeito relativamente a terceiros, permitindo que o credor da sociedade invista contra qualquer um dos sócios para haver o seu crédito, sem precisar excutir por primeiro os bens da sociedade. A Comissão de Juristas, encarregada da revisão e atualização do Código Civil, entendeu por revogar os artigos que tratavam da sociedade em nome coletivo.

4.17 SOCIEDADE EM COMANDITA SIMPLES

A sociedade em comandita simples tem sua origem nas expedições marítimas do século XIV, quando as viagens oceânicas eram financiadas por sócios capitalistas, investidores que não apareciam na sociedade, mas nela empregavam seu dinheiro, e o sócio visível, na maioria das vezes o próprio capitão do navio, encarregava-se da viagem e respondia pelos riscos.[63]

Seu tipo societário é similar à sociedade por conta de participação, porque também agrega duas espécies de sócios, os que têm responsabilidade ilimitada e aparecem na formatação societária e aqueles que ficam no anonimato, cuja responsabilidade é limitada ao montante da respectiva contribuição aportada para a formação dos fundos sociais. Justamente a possibilidade de ocultar sua existência era o atrativo para aquelas pessoas que, socialmente, não podiam e a quem não convinha figurar como exercendo atividades mercantis, deixando essa exposição societária para o sócio ostensivo, que suportava os riscos e efeitos de seus empreendimentos e tratava de repartir os lucros na proporção da participação financeira de cada sócio oculto. A Comissão de Juristas, encarregada da revisão e atualização do Código Civil, revogou os artigos que tratavam da sociedade em comandita simples no anteprojeto em trâmite no Congresso Nacional.

---

[61] COSTA, Carlos Celso Orcesi da. *Código Civil na visão do advogado*. São Paulo: RT, 2003. v. 4, p. 180-181.

[62] FONSECA, Priscila M. O. Corrêa da; SZTAJN, Rachel. *Código Civil comentado*. Direito de empresa. Coordenação Álvaro Villaça Azevedo. São Paulo: Atlas, 2008. v. XI, p. 386.

[63] BERTOLDI, Marcelo M.; RIBEIRO, Márcia Carla Pereira. *Curso avançado de direito comercial*. 3. ed. São Paulo: RT, 2006. p. 176.

4.18 SOCIEDADE LIMITADA

A sociedade por quotas de responsabilidade limitada era regulada no Brasil pelo Decreto 3.708, de 10 de janeiro de 1919, que vigorou até a edição do Código Civil de 2002, com maior complexidade e detalhamento, passando a ser designada como *sociedade limitada*. A responsabilidade de cada sócio é restrita ao valor de suas quotas sociais, e seus bens pessoais não devem responder pelas dívidas da sociedade depois de integralizados seus capitais, porque todos os sócios respondem solidariamente pela integralização do capital social. Deixando o sócio de aportar o valor comprometido para a subscrição de suas quotas, tem a sociedade a possibilidade de promover a execução de título executivo extrajudicial para haver o respectivo montante e buscar, no patrimônio particular do sócio remisso, o valor prometido e integralizar, além dos consectários processuais, isso se não optarem por transferir sua quota para terceiro e excluí-lo da sociedade, ressarcindo o montante integralizado, ou redistribuir entre os sócios remanescentes a participação social do sócio remisso, podendo também optar por diminuir a participação social do sócio remisso ao montante daquilo que integralizou ou, simplesmente, reduzir o capital social ao valor aportado.

Deve ser pontuado que a limitação de responsabilidade é referente aos sócios, porque a sociedade limitada é ilimitadamente responsável pelas dívidas assumidas em seu nome. A limitação da responsabilidade individual pelas obrigações da sociedade facilita em muito a reunião de pessoas com o objetivo de exercer o comércio em pequenas e médias empresas, especialmente se comparadas com a maior complexidade exigida para a constituição de sociedades anônimas. Isso não significa concluir pela inexistência de grandes empresas organizadas como limitadas, muito embora sua eleição recaia sobre a quase totalidade das empresas de pequeno e médio porte. De qualquer sorte, a disciplina das sociedades por quotas permite que sejam constituídas com caráter personalista ou capitalista, observando Modesto Carvalhosa ter nascido a sociedade limitada com este caráter híbrido de sociedade de pessoas e de capitais.[64]

Em conformidade com o artigo 1.017 do Código Civil, o administrador e os sócios podem utilizar a empresa para seus propósitos particulares, visando ao seu enriquecimento pessoal, e, para tanto, valem-se de recursos da empresa para atenderem dívidas e despesas pessoais ou à compra de bens em seu nome pessoal. Com o advento da Lei 13.874/2019 foi criada a sociedade limitada constituída por uma ou mais pessoas, regulada a sociedade unipessoal pelos parágrafos 1º e 2º do artigo 1.052 do Código Civil, cuidando esta sociedade limitada unipessoal de esvaziar a figura jurídica da EIRELI (CC, art. 980-A, revogado pela Lei 14.382/2022), cuja constituição exigia um capital social mínimo de cem salários mínimos.

4.19 SOCIEDADE ANÔNIMA

A sociedade anônima tem sua natureza ligada aos grandes empreendimentos, em formatação destinada a captar expressivos recursos com investidores e que pouco provavelmente pudessem ser arrecadados perante um pequeno grupo de pessoas.[65] Na companhia ou sociedade

---

[64] CARVALHOSA, Modesto. *Comentários ao Código Civil*. Coordenação Antônio Junqueira de Azevedo. São Paulo: Saraiva, 2003. v. 13, p. 36.

[65] A Lei 14.193/2021 instituiu a Sociedade Anônima do Futebol e dispõe sobre normas de constituição, governança, controle e transparência, meios de financiamento da atividade futebolística, tratamento dos passivos das entidades de práticas desportivas e regime tributário específico.

anônima, a responsabilidade dos sócios ou acionistas é limitada ao preço de emissão das ações por eles subscritas ou adquiridas (Lei das Sociedades Anônimas, art. 1.º). O capital da sociedade anônima está dividido em ações ou unidades de equivalência monetária mínima, todas com valor nominal igual, enquanto nas sociedades de responsabilidade limitada as quotas estão documentadas pelo contrato social.[66] As ações podem ser emitidas com valor nominal igual ou sem valor nominal. Sendo a sociedade anônima uma sociedade de capital e não de pessoas, é livre a transferência das ações, tanto que seu colégio de acionistas pode ser inteira ou parcialmente substituído ou modificado pela transferência de ações.[67] A responsabilidade dos sócios é restrita ao preço da emissão das ações subscritas ou adquiridas, e a sociedade será sempre empresarial; mesmo que houvesse a exploração de atividade de natureza civil, seria vista como sociedade empresarial. Por fim, pode haver subscrição de capital social mediante apelo à poupança popular. O Código Civil dedica apenas dois artigos para o tratamento das sociedades anônimas (arts. 1.088 e 1.089).

Nos casos de sociedades anônimas de pequeno ou médio porte, pode ocorrer de o capital social ser formado por alguns investidores, sem necessidade de recorrer ao público para a sua subscrição. Dessarte, quando as ações não são ofertadas ao público em geral, as companhias são denominadas de *fechadas*, porque suas ações não são negociadas no mercado de valores mobiliários, ao passo que, nas companhias *abertas,* os recursos são justamente buscados perante o público em geral. Também existem as sociedades de economia mista, nas quais se aliam recursos formados pelo capital privado e recursos oriundos do poder público.[68] As sociedades anônimas sempre têm finalidade lucrativa e devem distribuir dividendos aos seus acionistas, e sua falência não os atinge.

4.20 SOCIEDADE EM COMANDITA POR AÇÕES

Escreveu Trajano de Miranda Valverde[69] ter sido criada a sociedade em comandita por ações pelo Código de Comércio francês de 1807 e disciplinada no Brasil pela Lei da Sociedade Anônima 3.150, de 4 de novembro de 1882. A sociedade em comandita por ações tinha natureza híbrida; de um lado, representando uma sociedade em nome coletivo, para sócios solidários e ilimitadamente responsáveis e, no outro extremo, com sócios prestadores de capitais, ou acionistas, que só se obrigavam pelas ações por eles subscritas. Portanto, a sociedade em comandita por ações era a sociedade cujo capital estava dividido em ações e na qual os diversos sócios respondiam com todos os seus bens, solidariamente, pelas dívidas sociais.[70]

A vigente lei especial societária de 1976 reproduziu inteiramente os dispositivos do diploma de 1940, apenas ressalvando a não recepção, pela sociedade em comandita por ações, do conselho de administração. O Código Civil de 2002 ratifica todos os princípios normativos da Lei 6.404/1976.[71]

---

[66] RIZZARDO, Arnaldo. *Direito de empresa*. Rio de Janeiro: Forense, 2007. p. 286-287.

[67] CARVALHOSA, Modesto. *Comentários ao Código Civil*. Coordenação Antônio Junqueira de Azevedo. São Paulo: Saraiva, 2003. v. 13, p. 67.

[68] BERTOLDI, Marcelo M.; RIBEIRO, Márcia Carla Pereira. *Curso avançado de direito comercial*. 3. ed. São Paulo: RT, 2006. p. 218.

[69] VALVERDE, Trajano de Miranda. *Sociedades por ações*. 3. ed. Rio de Janeiro: Forense, 1959. v. III, p. 129.

[70] FERREIRA, Waldemar. *Tratado de direito comercial. São Paulo*: Saraiva, 1961. v. 5, p. 376-377.

[71] CARVALHOSA, Modesto. *Comentários ao Código Civil*. Coordenação Antônio Junqueira de Azevedo. São Paulo: Saraiva, 2003. v. 13, p. 386.

4.21 A EMPRESA INDIVIDUAL DE RESPONSABILIDADE LIMITADA – EIRELI

Fato societário corriqueiro constava da necessidade de um empreendedor ter de recorrer ao expediente meramente formal de admitir um sócio, geralmente com uma insignificante participação societária, com a única finalidade de constituir uma sociedade por quotas de responsabilidade limitada, que se tornou *sociedade limitada* com a edição do Código Civil em 2002 e, desse modo, proteger seu patrimônio pessoal de eventuais dívidas derivadas da atividade econômica. Caso não desejasse sócios em seu empreendimento, precisaria valer-se da *empresa individual*, exercendo como empresário singular a sua atividade empresária, assumindo assim uma responsabilidade ilimitada pelas dívidas decorrentes da atividade empresarial. Não se trata de uma pessoa jurídica, embora possua CNPJ, mas de uma pessoa física que exerce a empresa em seu nome pessoal, ficando vulnerável às intempéries de um gerenciamento e de uma administração capaz de colocar em risco seu patrimônio particular.

Em contrapartida, caso incluísse um sócio, mesmo que de *fachada*, teria acesso à *sociedade limitada*, na qual a responsabilidade dos sócios é limitada ao montante do capital social declarado, respondendo eles apenas pela integralização do capital social. A responsabilidade dos sócios no âmbito da sociedade limitada é restrita ao valor total do capital social integralizado, mas a sociedade responde pelas obrigações que abrangem a totalidade do patrimônio social.

Para que os bens pessoais do sócio não fossem atingidos pelas dívidas da empresa, ele recorria à sociedade limitada, constituída, em regra, por dois sócios, sendo um detentor da quase totalidade do capital social e o outro com pequena participação societária, e sem nenhuma atuação concreta nos atos de decisão e de administração, estando encarregado apenas de emprestar seu nome para que o outro sócio pudesse montar uma pessoa jurídica.[72]

Dessa necessidade surgiu a Lei 12.441/2011, que alterou alguns artigos do Código Civil e instituiu o chamado "Empresário Individual de Responsabilidade Limitada" (EIRELI), uma empresa individual de responsabilidade limitada, constituída por uma única pessoa titular da totalidade do capital social, devidamente integralizado, que não seria inferior a cem vezes o maior salário mínimo vigente no País (CC, art. 980-A , revogado pela Lei 14.382/2022). Inserida a figura da EIRELI no Código Civil brasileiro, o então novo tipo societário extinguiu o requisito da pluralidade de sócios, mas trouxe novos obstáculos, como a limitação de uma EIRELI por pessoa, depois revogada pela Instrução Normativa 38, pelo Departamento Nacional de Registro Empresarial e Integração (DREI), e, em 2018, com a Instrução Normativa 47, que permitiu que uma pessoa jurídica tivesse mais de uma EIRELI; mas com o capital mínimo necessário para a sua constituição, bastante elevado para os padrões brasileiros, e, portanto, incompatível com a declaração de renda do empresário individual que termina, por vezes, cometendo o crime de falsidade ideológica, com a agravante de não ser a EIRELI na prática uma empresa.[73]

Entrementes, com o nascimento da Lei 13.874/2019 (Lei de Liberdade Econômica), não se fazia mais necessário ter um sócio de aparência para constituir uma sociedade limitada, e novas luzes surgiram acerca da utilidade da EIRELI, que retirou a exigência de pelo menos dois

---

[72] SARHAN JÚNIOR, Suhel. *Direito empresarial à luz do Código Civil e da Lei de Falência e Recuperação de Empresas*. Belo Horizonte: Del Rey, 2012. p. 16-17.

[73] ACCIOLY, João C. de Andrade Uzêda. Singularidade societária na lei de liberdade econômica – Algumas considerações sobre a limitada e a Eireli sob as modificações da Lei 13.874/2019. *In*: SALOMÃO, Luis Felipe; CUEVA, Ricardo Villas Bôas; FRAZÃO, Ana (coord.). *Lei de liberdade econômica e seus impactos no direito brasileiro*. São Paulo: Thomson Reuters/RT, 2019. p. 530-533.

sócios para a constituição de uma sociedade limitada, que passa a ser admitida na sua versão unipessoal e cuja norma jurídica deu nova redação ao artigo 1.052 do Código Civil, constando de seu § 1.º que a sociedade limitada pode ser constituída por uma ou mais pessoas. Ademais, o § 2.º do artigo 1.º do Código Civil do artigo 1.052 do Código Civil permitia converter a EIRELI em uma sociedade limitada, bem como tampouco a concentração das quotas em um dos sócios se sujeita ao limite de 180 dias que era previsto pelo revogado (Lei 14.195/2021) inciso IV do artigo 1.033, IV, do Código Civil, para reconstituição da pluralidade de sócios, criando, como menciona João Accioly, a possibilidade de serem constituídas empresas sem sócios e, conceituada como empresa, permite evitar a indistinção entre o patrimônio empresarial e o patrimônio pessoal.[74] Diante destas modificações trazidas pela Lei de Liberdade Econômica que praticamente dispensavam a existência da EIRELI, a Lei 14.195, de 26 de agosto de 2021, que dispõe sobre a facilitação para a abertura de empresas, dentre outras disposições, terminou ordenando em seu artigo 41, que "as empresas individuais de responsabilidade limitada (EIRELI) existentes na data da entrada em vigor desta Lei serão transformadas em sociedades limitadas unipessoais independentemente de qualquer alteração em seu ato constitutivo", ou seja, converteu automaticamente a EIRELI em uma sociedade limitada unipessoal, extinguindo a figura da empresa individual de responsabilidade limitada (EIRELI).

4.22 A FUNÇÃO SOCIAL DA EMPRESA

O contrato, a propriedade, a empresa, o homem e a sociedade, todos têm uma função social, perdendo força para quaisquer direitos absolutos que contrariem ou prejudiquem a noção do bem comum e que desvalorize o ser humano. A dignidade humana, portanto, não pode ser sacrificada pela autonomia privada. Atribuir função à propriedade é dar a ela uma destinação, representa uma limitação ao interesse individual e ao livre-arbítrio do proprietário, que cede para um interesse maior e coletivo. Sem, no entanto, representar uma restrição ao direito de propriedade, a função social da propriedade guarda relação com o interesse social, impondo obrigações de agir ao proprietário. Conforme explica Luciano de Camargo Penteado, quando a propriedade não atinge sua função social, o desvio dessa finalidade, ou sua inexecução, vertendo para uma disfunção de seu objetivo, pode implicar uma correção na distribuição dos direitos patrimoniais sobre a coisa, como acontece na desapropriação ou na imposição de indenização pelo abuso do direito.[75]

Os contratantes são livres, mas precisam respeitar em suas convenções que seu agir contratual não cause prejuízos para terceiros. Como observa Humberto Theodoro Júnior, não pode o Estado permitir que, "em nome da liberdade negocial a força econômica privada seja desviada para empreendimentos abusivos, incompatíveis com o bem-estar social e com os valores éticos cultivados pela comunidade".[76]

A sociedade empresária, por sua expressão econômica, desempenha uma função social, e isto está textualmente dito no artigo 154 da Lei das Sociedades por Ações, ao estabelecer como dever do administrador a tarefa de ele exercer as atribuições que a lei e o estatuto lhe

---

[74] ACCIOLY, João C. de Andrade Uzêda. Singularidade societária na lei de liberdade econômica – Algumas considerações sobre a limitada e a Eireli sob as modificações da Lei 13.874/2019. *In*: SALOMÃO, Luis Felipe; CUEVA, Ricardo Villas Bôas; FRAZÃO, Ana (coord.). *Lei de liberdade econômica e seus impactos no direito brasileiro*. São Paulo: Thomson Reuters/RT, 2019. p. 547.

[75] PENTEADO, Luciano de Camargo. *Direito das coisas*. São Paulo: RT, 2008. p. 181.

[76] THEODORO JÚNIOR, Humberto. *O contrato e sua função social*. Rio de Janeiro: Forense, 2003, p. 32.

conferem não apenas para lograr os fins e interesses da companhia, mas, também, sem deixar de atender às exigências do bem público e da função social da empresa.

A empresa sempre esteve voltada para alcançar o lucro a qualquer preço, não importando os danos que pudesse causar, pois tinha uma índole eminentemente predadora, como ocorria com o tráfico de escravos, a indiscriminada exploração das reservas naturais e, como até hoje ainda são testemunhados, atos de desleal concorrência na insana busca do ganho, tratando descompromissados empresários de cometer abusos em sua atividade econômica.

Pela leitura constitucional, ainda ao tempo da Carta Política de 1946, o uso da propriedade foi condicionado ao bem-estar social e a Constituição Federal de 1988 expressou, no artigo 5.º, XXIII, a ideia central de a propriedade ter de atender à sua função social.

Recorda André Soares Hentz[77] que os bens de raiz representavam a riqueza e o poder econômico das sociedades agrárias, mas que, com o tempo, foram cedendo para a produção das empresas que tomaram a frente na economia mundial, por cujo motivo terminou sendo ampliada a doutrina da função social da propriedade para abranger a empresa.

Por meio da tutela estatal, o homem e as entidades econômicas públicas e privadas passaram a ter sua livre-iniciativa restringida aos interesses da sociedade organizada, surgindo uma nova percepção da atividade econômica do homem e da empresa, buscando harmonizar o direito com a vontade de lucrar a qualquer preço. O contrato e a propriedade precisam encontrar um novo espaço social e que deve predominar sobre o interesse individual, pois como refere Luciano Penteado: "a empresa, hoje, talvez seja dos mais importantes, senão o mais importante, dos fatores de produção. Difere da propriedade, tal qual se estuda o instituto no presente capítulo do direito das coisas, na medida em que consiste num feixe de atos, especialmente uma interligada rede de contratos".[78]

Para Antonio Jeová Santos, essa transferência do patrimonialismo para o personalismo intenta buscar a justiça social, o equilíbrio nos negócios e, assim, proteger o mais fraco e menos experiente daquele que contrata com leviandade com outra pessoa mais astuta e esperta.[79] A autonomia privada não pode se sobrepor aos interesses da sociedade, e a livre-iniciativa empresarial ou contratual só obtém a aprovação do Estado enquanto estiver favorecendo o desenvolvimento e a justiça social. O princípio da função social da propriedade dilargou-se para todos os ramos do Direito, deixando de ser aplicado tão somente às relações contratuais e empresariais, mas passando a incidir sobre toda e qualquer relação da vida civil.[80]

4.23 SEPARAÇÃO PATRIMONIAL

Um dos efeitos da personificação da sociedade, quando do arquivamento do seu ato constitutivo no registro próprio, é o de adquirir sua autonomia patrimonial, e autonomia significa deter patrimônio distinto daquele pertencente aos sócios, ou seja, a empresa passa a ter patrimônio próprio, não obstante esse acervo resulte dos aportes conferidos pelos sócios para a formação da sociedade empresária. Os bens colacionados pelos sócios para a formação do patrimônio social passam a pertencer exclusivamente à sociedade,

---

[77] HENTZ, André Soares. *Ética nas relações contratuais à luz do Código Civil de 2002*. São Paulo: Juarez de Oliveira, 2007. p. 76.

[78] PENTEADO, Luciano de Camargo. *Direito das coisas*. São Paulo: RT, 2008. p. 189.

[79] SANTOS, Antonio Jeová. *Função social do contrato*. 2. ed. São Paulo: Método, 2004. p. 126.

[80] HENTZ, André Soares. *Ética nas relações contratuais à luz do Código Civil de 2002*. São Paulo: Juarez de Oliveira, 2007. p. 77.

Cap. 4 · A PESSOA JURÍDICA NO DIREITO DE FAMÍLIA | **589**

respondendo pelas dívidas da empresa, aliás, servindo de garantia e para a satisfação dos credores da empresa.

Prescrevia o artigo 20 do Código Civil de 1916 não haver como confundir o patrimônio da pessoa jurídica com o dos seus sócios, porque os bens e os direitos da titularidade da pessoa jurídica não pertencem a nenhum dos seus integrantes, mas tão só ao ente jurídico, e esse princípio agora relativizado foi renovado pelo artigo 49-A do Código Civil, cujo dispositivo foi colacionado pela Lei 13.874/2019 (Lei de Liberdade Econômica).

O artigo 20 do Código Civil de 1916 prescrevia a mais completa independência entre os sócios e as pessoas jurídicas das quais participassem e apenas, em raras exceções, o sócio poderia ser demandado pelo pagamento das dívidas da sociedade, mas somente depois de se valer do benefício de ordem, no sentido de serem primeiro excutidos os bens da sociedade,[81] retomando os sócios, associados, instituidores e administradores essa mesma autonomia, que desaparece só quando obrarem com efetivo abuso da personalidade jurídica, caracterizado pelo desvio de finalidade ou pela confusão patrimonial, cujos conceitos vêm claramente definidos nos §§ 1.º e 2.º do artigo 50 do Código Civil, com a redação atribuída pela Lei 13.874/2019.

Era a aplicação, ao extremo, do princípio da autonomia patrimonial, que previa a total separação entre os bens da pessoa jurídica e os das pessoas físicas de seus sócios, estabelecendo que, pelos atos da pessoa jurídica, respondesse o patrimônio da sociedade, e não o acervo pessoal dos sócios, e esse extremo da separação patrimonial terminou sendo relativizado com a absorção, em texto expresso de lei, da teoria da desconsideração da personalidade jurídica em suas duas versões *direta* e *indireta*.

Por essa razão, no caminho inverso, a recíproca deve ser igualmente verdadeira, não havendo como responsabilizar o patrimônio particular dos sócios por compromissos da empresa, a não ser que tivesse qualquer deles se obrigado subsidiariamente como fiador, ou porque o regime jurídico da sociedade implique ao sócio responder pelas dívidas da sociedade, ou porque, assim, se torne responsável por haver gerenciado em desacordo com as regras gerais, lei, contrato ou estatutos.

As deliberações da empresa constituem-se de atos próprios da sua qualidade de entidade moral ou coletiva, em nada se confundindo com as manifestações individuais de seus sócios.[82]

A sociedade sempre responde com todo o seu patrimônio, observando José Edwaldo Tavares Borba que não pode ser confundido o conceito de capital social, correspondente à cifra transferida pelos sócios à sociedade, em dinheiro ou bens, com o de patrimônio da sociedade, este associado ao conjunto de valores disponibilizados pela sociedade, constituído dos valores ativos, menos os valores passivos, cuja equação aritmética leva ao levantamento do patrimônio líquido, que será positivo, se o ativo for superior ao passivo e negativo, se inferior.[83]

4.24 RESPONSABILIDADE PATRIMONIAL

O patrimônio de uma pessoa física ou jurídica constitui a garantia de seus credores, não devendo ser olvidado que os contratos têm como pressuposto a segurança de que o patrimônio da pessoa obrigada vai responder pelas dívidas por ela contraídas e, por esse motivo, deve ser feita a necessária distinção entre dívida e responsabilidade, em que a primeira se configura

---

[81] DINIZ, Maria Helena. *Curso de direito civil brasileiro*. 8. ed. São Paulo: Saraiva, 1991. p. 140.

[82] MIRANDA, Darcy Arruda. *Anotações ao Código Civil brasileiro*. São Paulo: Saraiva, 1981. v. 1, p. 25.

[83] BORBA, José Edwaldo Tavares. *Direito societário*. 9. ed. Rio de Janeiro: Renovar, 2004. p. 63.

no dever de realizar uma prestação assumida, ao passo que a responsabilidade é a submissão ou sujeição ao poder coativo do credor.[84] Dessarte, todos os bens do devedor podem ser atingidos pelos atos de execução forçada, mesmo os bens do devedor que estejam em *poder de terceiro* estão sujeitos à responsabilidade patrimonial.[85]

Usualmente, os bens do devedor respondem por suas dívidas, muito embora, além do devedor, existam outras pessoas e outros patrimônios que se sujeitam à demanda executória.[86] A responsabilidade patrimonial primária impõe ao devedor responder com seus bens pessoais para o cumprimento de suas obrigações (CPC, art. 789), salvo as restrições estabelecidas em lei. Por responsabilidade patrimonial secundária subentenda-se aquela que sujeita outras pessoas e seus respectivos patrimônios às obrigações do responsável primário, como no exemplo da constituição societária em que o sócio é responsável, em segundo plano, pelas dívidas da sociedade. Não obstante se trate de personalidades próprias e distintas, o inciso II do artigo 790 do Código de Processo Civil vincula o sócio ao processo executivo apenas em caráter subsidiário, em razão da separação existente entre o patrimônio dos sócios e o patrimônio da sociedade. É o benefício de o sócio ver executados, em primeiro lugar, os bens pertencentes à sociedade (CPC, art. 795, § 1.º, e CC, art. 1.024), lembrando que, no Anteprojeto do Código Civil em tramitação no Congresso, o artigo 1.024 ressalva a hipótese de aplicação da desconsideração da personalidade jurídica, nos termos do artigo 50 do Código Civil e em leis especiais.

Portanto, o sócio não pode ser diretamente acionado pelo credor da sociedade enquanto não forem excutidos todos os bens sociais ou demonstrada a inexistência de outros bens capazes de satisfazer a dívida exequenda.

Cumpre ao sócio que alegar o *benefício de ordem* nomear bens da sociedade, situados na mesma Comarca, livres e desembaraçados e quanto bastem para pagar o débito (CPC, art. 795), observando, ainda, a preferência do artigo 835 do Código de Processo Civil. O sócio que pagou a dívida, ou suportou a expropriação de seus bens, pode promover sua ação executória contra a sociedade no mesmo processo executivo.[87]

Entretanto, o credor particular de sócio pode, na insuficiência de outros bens do devedor, fazer recair a execução sobre o que a este couber nos lucros da sociedade, ou na parte que lhe tocar em liquidação (CC, art. 1.026),[88] ou pode, ainda, penhorar o *faturamento diário da sociedade*, como em interpretação analógica ao artigo 1.026 do Código Civil procedeu a 8.ª Câmara Cível do Tribunal de Justiça do Rio Grande do Sul, no Agravo de Instrumento 70022384457,[89] evitando, dessarte, procedimentos expropriatórios mais lerdos ou penosos,

---

[84] MESA, Marcelo J. López; CESANO, José Daniel. *El abuso de la personalidad jurídica de las sociedades comerciales*. Buenos Aires: Depalma, 2000. p. 13.

[85] SIQUEIRA, Thiago Ferreira. *A responsabilidade patrimonial no novo sistema processual civil*. São Paulo: RT, 2016. p. 151.

[86] ASSIS, Araken de. *Manual da execução*. 10. ed. São Paulo: RT, 2006. p. 197.

[87] ASSIS, Araken de. *Manual da execução*. 10. ed. São Paulo: RT, 2006. p. 203.

[88] No Anteprojeto do Código Civil, o artigo 1.026 passa a ter a seguinte redação: "Art. 1.026. O credor particular de sócio pode, na insuficiência de outros bens do devedor, fazer recair a execução sobre o que a este couber nos lucros da sociedade ou na parte que lhe tocar em liquidação. § 1.º Se a sociedade não estiver dissolvida, pode o credor requerer a liquidação da quota do devedor, mediante pedido de dissolução parcial, sub-rogando-se automaticamente e de pleno direito nos direitos do devedor, com todos os acessórios da dívida. § 2.º O valor será apurado na forma do art. 1.031 deste Código, e será depositado, em dinheiro, em até noventa dias após a liquidação".

[89] "Agravo de instrumento. Execução de alimentos. Penhora de parcela do faturamento da empresa de propriedade do devedor. Possibilidade. 1. A preliminar de não conhecimento do recurso não merece

Cap. 4 • A PESSOA JURÍDICA NO DIREITO DE FAMÍLIA | 591

como seria a penhora dos lucros, cujos resultados podem ser positivos ou negativos e aí dependem de rigorosa apuração pericial, como também seria demorada e onerosa a execução, se houvesse simplesmente a penhora das quotas sociais do sócio devedor, cujo procedimento importaria na dissolução da sociedade.

A responsabilidade patrimonial dos sócios por dívidas da sociedade também varia em razão do tipo societário, sendo ela inexistente quando se tratar de sócio oculto na sociedade em conta de participação. Já nas sociedades anônimas e na comandita por ações a responsabilidade do acionista ou comanditário será pelo preço de emissão das ações subscritas ou adquiridas. Na comandita simples, o comanditário é responsável pela integralização do capital subscrito e o cotista, na limitada, é solidariamente responsável pelo total do capital não integralizado. Na sociedade simples, a responsabilidade é relativa ao saldo, na proporção em que participar das perdas sociais, subsidiariamente ao patrimônio social. Contudo, será sempre solidária e ilimitada a responsabilidade entre os sócios, subsidiariamente ao patrimônio social, na sociedade em nome coletivo; do sócio ostensivo, na sociedade em conta de participação; do sócio comanditado, nas sociedades em comandita simples e nas sociedades em comandita por ações; e nas sociedades simples, quando houver cláusula de solidariedade.[90]

Ao lado da responsabilidade ordinária, própria da atividade empresarial e dependente do tipo societário, é possível responsabilizar o sócio pelas eventuais violações que pratique contra as regras societárias, como na hipótese de abuso no uso da personalidade jurídica, ou quando age com culpa ou com dolo em prejuízo de terceiros. Respeita a responsabilidade genérica de indenizar, prevista pelo artigo 186 do Código Civil, não se espraiando essa responsabilidade a todos os sócios, mas, exclusivamente, àqueles que participaram do ato ilegal.

Convém acentuar que os foros trabalhistas têm determinado a responsabilidade pessoal dos sócios pelo pagamento das dívidas da sociedade, tal qual o artigo 50 do Código Civil permite a desconsideração da personalidade jurídica nos casos de abuso da personalidade, quando ocorre desvio de finalidade ou confusão patrimonial.

4.25 HISTÓRICO DA DESCONSIDERAÇÃO DA PERSONALIDADE JURÍDICA

As doutrinas que trabalham com a relatividade da personalidade jurídica sinalizam com a possibilidade de separação episódica entre a personalidade do ente jurídico e a de seus membros, porque essa separação preconizada *ad nauseaum* pelo primitivo artigo 20 do Código Civil brasileiro de 1916 não tem o caráter de absoluto.

A personalidade jurídica autônoma das empresas foi criada para elas atenderem suas funções sociais, mas, quando surgirem distorções dessas finalidades, cabe aos juízes a destruição da imagem ideal da pessoa jurídica e o seu véu societário que cobre uma situação irreal, como fez, primeiramente, a jurisprudência anglo-saxônica com a doutrina da *disregard of*

---

prosperar, uma vez que os documentos que instruíram o processo são suficientes a dar amplo conhecimento da causa em litígio. 2. De conformidade com o disposto no caput do art. 1.026 do Código Civil, o credor particular de sócio pode, na insuficiência de outros bens do devedor, fazer recair a execução sobre o que a este couber nos lucros da sociedade. Não obstante tenha o devedor indicado bens à penhora, constata-se que os bens por ele referidos como 'prioritários' na ordem de nomeação à penhora são imprestáveis para este fim, restando justificada, portanto, a penhora de parcela das receitas da empresa da qual o executado é sócio cotista, respeitando a penhora o percentual relativo à sua quota parte" (TJRS, 8.ª Câmara Cível, Agravo de Instrumento 70022384457, Rel. Des. José Siqueira Trindade, decisão monocrática, j. 23.01.2008).

90   NEGRÃO, Ricardo. *Manual de direito comercial*. Campinas: Bookseller, 1999. p. 255.

legal entity, em que teria sido precursor da aplicação da *disregard* um caso julgado em 1809 pelo juiz Marschall, envolvendo o *Bank of United States versus Deveaux*.[91]

De acordo com Antônio Carlos Medeiros, o levantamento da personalidade jurídica na experiência jurisprudencial norte-americana tem sua origem em razões processuais e constitucionais e, ao longo do século XIX, essas decisões foram se multiplicando para evitar situações nas quais o ente coletivo era utilizado para prejudicar terceiros, notadamente credores, cuidando os tribunais de responsabilizar os sócios e os administradores.[92]

A teoria da desconsideração da personalidade jurídica teria sua origem na jurisprudência inglesa, no caso Salomon *versus* Salomon & Co., apreciado pela justiça inglesa em 1897,[93] sendo clássica a doutrina de Rolf Serick quando obtempera que: "se se abusa de uma sociedade para fins alheios à sua razão de ser, a *disregard doctrine* evita que o Direito tenha de sancionar tão temerária empresa. Com ela em verdade não está sendo negada a existência da pessoa jurídica, senão que está sendo preservada a forma pela qual o ordenamento jurídico a concebeu. Quem nega sua personalidade é quem abusa dela. Quem luta contra semelhante desvirtuamento, afirma tal personalidade."[94]

Segundo explica Glauber Moreno Talavera, Aaron Salomon possuía um negócio de peles e botas e "incitou seis de seus familiares a criar, conjuntamente com ele, uma empresa, na qual cada um de seus familiares era sócio detentor de apenas uma ação cada qual. Ao passo que cada um de seus familiares era detentor de apenas uma ação cada, Salomon era detentor exclusivo de vinte mil ações, tendo integralizado o capital da sociedade por meio de seu fundo de comércio, já que ele possuía firma individual e, dessa forma, era caracterizado como comerciante em razão da habitualidade da mercancia por ele praticada. O fato é que Aaron Salomon esvaziou o patrimônio de sua firma individual em prol da empresa e, assim, os seus credores perderam as salvaguardas patrimoniais que possuíam. Diante da arquitetura fraudulenta perpetrada por Salomon, a justiça de primeiro grau prolatou decisão no sentido de que os seus bens pessoais fossem alcançados para satisfazer seus débitos, decisão esta que, posteriormente, fora reformada pela Câmara dos Lordes, que não vislumbrou nenhuma mácula nos procedimentos de Salomon".[95]

Embora a Câmara dos Lordes tenha revogado a decisão do juiz Vaugham, o tema foi assentado e, em 1916, o antecedente Salomon permitiu o uso da técnica da desconsideração da personalidade no caso Daimer Co. Ltd. *versus* Continental Tyre & Rubbar Co., segundo o qual, se o capital acionário de uma sociedade inglesa estava na sua quase totalidade em mãos de estrangeiros de um país inimigo, essa mesma sociedade deveria ser considerada inimiga, porque o capital estava subscrito por alemães.[96]

Para Eduardo A. Zannoni,[97] a recepção da *disregard* no direito continental se deve aos estudos do alemão Rolf Serick, que examinou diversos casos da jurisprudência norte-americana

---

[91] TALAVERA, Glauber Moreno *et al.* (coord.). *Comentários ao Código Civil*. São Paulo: RT, 2006. p. 131.

[92] CORDEIRO, António Menezes. *O levantamento da personalidade colectiva no direito civil e comercial*. Coimbra: Almedina, 2000. p. 108.

[93] SILVA, Américo Luís Martins da. *Sociedades empresariais*. Rio de Janeiro: Forense, 2006. p. 34.

[94] SERICK, Rolf. *Apariencia y realidad en las sociedades mercantiles. El abuso de derecho por medio de la persona jurídica*. Santiago: Olejnik. 2020. p. 95.

[95] SILVA, Américo Luís Martins da. *Sociedades empresariais*. Rio de Janeiro: Forense, 2006. p. 34.

[96] BORDA, Guillermo Julio. *La persona jurídica y el corrimiento del velo societario*. Buenos Aires; Abeledo Perrot, 2000. p. 65.

[97] ZANNONI, Eduardo A. *Sociedades entre cónyuges, cónyuge socio y fraude societario*. Buenos Aires: Astrea, 1980. p. 110.

e publicou, em 1955, seu livro intitulado *Rechtsform und Realität juristischer Personen* (Forma jurídica e realidade das pessoas coletivas), o qual se tornou a verdadeira carta de cidadania do direito internacional para a aplicação da teoria da penetração na forma jurídica, considerada uma referência continental obrigatória da desconsideração,[98] surgindo, a partir desse trabalho, outras manifestações doutrinárias também produzidas por autores alemães, da Itália, com Piero Verrúcoli e, da Espanha, com Frederico de Castro, onde a teoria da desconsideração da personalidade jurídica se popularizou com a tradução do livro de Rolf Serick por Puig Brutau, causando uma revolução jurisprudencial batizada de doutrina *do levantamento do véu da pessoa jurídica*.[99]

Segundo Serick, o juiz deve abstrair da estrita separação entre os membros e a corporação quando haja abuso da pessoa coletiva, e há abuso quando, com recurso à pessoa coletiva, contorna-se uma lei, violam-se deveres contratuais ou prejudicam-se fraudulentamente terceiros.[100]

4.26 DESCONSIDERAÇÃO DA PERSONALIDADE JURÍDICA

Antigas doutrinas sustentadas na cega obediência ao absolutismo do artigo 20 do Código Civil de 1916, impedindo qualquer invasão no patrimônio da sociedade por dívida do sócio ou, no caminho inverso, impedindo a incursão do patrimônio do sócio por dívida da sociedade, cederam diante dos novos valores jurídicos e tornaram anacrônica a separação dos patrimônios da pessoa jurídica e de seus membros.

Estabelecia o artigo 20 do Código Civil revogado que a pessoa jurídica não se confundia com as pessoas, físicas ou jurídicas, que a compusessem, possuindo o ente moral inteira autonomia para figurar nas relações jurídicas, com patrimônio próprio e distinto do de seus sócios. Esse dispositivo não havia sido reproduzido no Código Civil de 2002 nem seu princípio está revogado, bastando observar que o Projeto de Lei 7.160/2002, do Deputado Ricardo Fiúza, propunha conservar a regra geral do artigo 20 do Código Civil de 1916, no cabeçalho do artigo 50 do vigente diploma civil, feito que terminou sendo acolhido pela Lei 13.874/2019 (Lei de Liberdade Econômica), cujo artigo 7.º introduziu no Código Civil de 2002 (Lei 10.406/2002) o artigo 49-A, com a seguinte redação: "A pessoa jurídica não se confunde com os seus sócios, associados, instituidores ou administradores".

No entanto, de qualquer modo, a doutrina que propõe a separação patrimonial da pessoa jurídica em relação ao patrimônio de seus sócios está inegavelmente relativizada, tendo perdido o absolutismo do artigo 20 do Código Civil revogado. Contudo, com a nova versão do artigo 49-A, que de certa forma resgata o princípio da separação patrimonial entre a sociedade empresária e seus sócios, associados, instituidores ou administradores, segue respeitando a outrora teoria da desconsideração da personalidade jurídica, mas busca evitar certos abusos que vinham ocorrendo na interpretação jurisprudencial da desconsideração da personalidade jurídica com a atribuição de conceitos mais concretos para o seu bom emprego que deixa de ser desmedido. A autonomia da pessoa jurídica continua sendo a regra geral e sua desconsideração é apenas uma exceção a ser levantada nas hipóteses de desvirtuamento da personalidade

---

[98] CORDEIRO, António Menezes. *O levantamento da personalidade colectiva no direito civil e comercial*. Coimbra: Almedina, 2000. p. 111.

[99] STEFFENS, Avelino Leon; DEIK, Alejandra Aguad; ARÉVALO, Daniel Peñailillo. *Estudios sobre reformas al Código Civil y Código de Comercio*. Chile: Editorial Jurídica de Chile, 2002. p. 296.

[100] CORDEIRO, António Menezes. *O levantamento da personalidade colectiva no direito civil e comercial*. Coimbra: Almedina, 2000. p. 110.

jurídica, mais protegida e mais bem definida a partir do artigo 49-A do Código Civil e diante também do seu parágrafo único assim expresso: "A autonomia patrimonial das pessoas jurídicas é um instrumento lícito de alocação e segregação de riscos, estabelecido pela lei com a finalidade de estimular empreendimento, para a geração de empregos, tributos, renda e inovação em benefício de todos".

Portanto, na atualidade, com o advento da Lei de Liberdade Econômica (Lei 13.874/2019), a autonomia do ente moral está longe de possuir um caráter absoluto quando se defronta com a ocorrência de algum abuso da personalidade jurídica, caracterizado pelo desvio de finalidade da empresa, ou pela confusão patrimonial. Pode o juiz, então, a requerimento da parte ou do Ministério Público, como *custos legis*, desconsiderar episodicamente a personalidade jurídica e atribuir aos sócios ou administradores a responsabilidade que teria de ser imputada apenas à sociedade, mas respeitando a autonomia patrimonial das pessoas jurídicas que viviam tempos de insegurança jurídica dependendo da interpretação que a elas prestava o juiz no exame de cada caso concreto, por exemplo, em decisão judicial de primeiro grau que desconsiderou a personalidade jurídica de uma sociedade limitada, prestadora de serviços aduaneiros, verdadeira sociedade simples, apenas porque em seu objeto social não constava a *locação de imóveis*. Portanto, aplicando a teoria inversa da desconsideração da personalidade jurídica, o juízo reputou, por pura e arbitrária presunção, pertencerem ao casamento todos os bens comerciais ou residenciais que, mesmo matriculados e comprados com recursos financeiros da pessoa jurídica e, estando em nome da pessoa jurídica, presumiu a julgadora devessem pertencer ao casamento, porque haviam sido alugados ou colocados para locação, a qual não estava entre os objetivos contratuais da sociedade empresária, e considerou os imóveis como de propriedade dos cônjuges, ignorando rotundamente o § 5.º do artigo 50 do Código Civil que dispõe "não constituir desvio de finalidade a mera expansão ou a alteração da finalidade original da atividade econômica específica da pessoa jurídica".

Sendo o propósito da Lei de Liberdade Econômica estabelecer normas de proteção à livre-iniciativa e ao livre exercício de atividade econômica, devem seus dispositivos e todas normas de ordenação pública sobre atividades econômicas privadas ser interpretadas em favor da liberdade econômica, da boa-fé e do respeito aos contratos, aos investimentos e à propriedade, cuja nova redação e estes novos dispositivos foram atribuídos ao artigo 50 do Código Civil brasileiro, principalmente no intuito de buscar melhor definir o conceito de *desvio de finalidade* e de *confusão patrimonial*, mas nunca a ponto de literalmente voltar à idade da pedra e desconsiderar as importantes conquistas alcançadas no âmbito da desconsideração da personalidade jurídica.

Cristiano Chaves de Farias[101] informa que, no Brasil, a teoria da desconsideração da personalidade jurídica se deu pela divulgação, na década de 1970, da monografia de Rolf Serick, para quem, como escreveu Rubens Requião, lembrando ensinamento do idealizador da *disregard doctrine*: "o que se pretende com a doutrina da *disregard* não é a anulação da personalidade jurídica em toda sua extensão, mas apenas a declaração de sua ineficácia para determinado efeito, em caso concreto, em virtude de o uso legítimo da personalidade ter sido desviado de sua legítima finalidade (*abuso de direito*) ou para prejudicar credores ou violar a lei (*fraude*)".[102]

Na sequência, prossegue Cristiano Chaves de Farias, a teoria evoluiu com o surgimento de textos trazidos por Rubens Requião, Fábio Konder Comparato, José Lamartine Corrêa de

---

[101] FARIAS, Cristiano Chaves de; ROSENVALD, Nelson. *Direito civil*. Teoria geral. 2. ed. Rio de Janeiro: Lumen Juris, 2005. p. 307.

[102] REQUIÃO, Rubens. *Aspectos modernos de direito comercial*. 2. ed. São Paulo: Saraiva, 1988. p. 74.

Cap. 4 · A PESSOA JURÍDICA NO DIREITO DE FAMÍLIA | **595**

Oliveira, Fábio Ulhoa Coelho, Alexandre Couto e Silva e Rolf Madaleno, vislumbrando a aplicação do instituto em questões envolvendo o Direito de Família e o Direito das Sucessões.[103]

Alguns textos de lei acolhem a possibilidade de responsabilizar os sócios pelas dívidas da empresa, até que, com a edição do Código Civil de 2002, a teoria da desconsideração da personalidade jurídica invade o Direito Privado, transformando a teoria em texto de lei, integrado ao ordenamento jurídico brasileiro como um efetivo mecanismo de proteção diante do abuso da personalidade jurídica.

Em conformidade com o artigo 50 do Código Civil, a desconsideração da personalidade jurídica teria trânsito nos casos de abuso da personalidade jurídica, que se desdobra em duas hipóteses: (I) abuso de personalidade jurídica, caracterizado pelo desvio de finalidade; ou pela (II) confusão patrimonial.

Luciano Dequech[104] critica com razão que o artigo 50 do Código Civil restringiu o conceito de abuso do direito apenas aos casos de desvio de finalidade ou confusão patrimonial, olvidando-se das hipóteses, bastante frequentes, de sociedades *subcapitalizadas*, ou das de *abandono de estabelecimento*; em verdade, a desconsideração deve e pode ser estendida não apenas aos bens particulares dos sócios, quando a empresa está sendo utilizada para fins impróprios, em prejuízo de terceiros, assim como, na via inversa, o juiz pode e deve, quando requerido pela parte, ou pelo Ministério Público, imputar à sociedade e comprometer os bens sociais pelos atos jurídicos de seus sócios ou administradores, quando estes se valem da sociedade para frustrar direitos que os terceiros têm sobre seus bens pessoais.

Acerca da desconsideração pela via inversa, no sentido de serem atingidos os bens da sociedade empresária por atos particulares de algum de seus sócios, quando o devedor transfere seus bens para a pessoa jurídica sobre a qual tem controle, anota Fábio Ulhoa Coelho também ser viável responsabilizar a sociedade por obrigação do sócio, com largo uso nas dissensões do Direito de Família, especialmente na desconstituição do vínculo de casamento ou da união estável envolvendo a partilha dos bens comuns.[105]

O recurso da desconsideração da personalidade jurídica presta-se, de ordinário, para buscar bens da pessoa física que se esconde por trás da pessoa jurídica, pretendendo valer-se do princípio da separação dos patrimônios, esquecendo-se, no entanto, de outro princípio geral de direito, pelo qual ninguém tem o direito de prejudicar outrem e, se fosse possível imunizar a fraude pelo uso indevido da personalidade jurídica, estaria institucionalizada a falcatrua patrimonial.

Sua aplicação não importa em invalidar, declarar irregular ou dissolver a sociedade jurídica, mas tão só declarar circunstancial e episodicamente ineficaz o ato engendrado para fraudar direito alheio, estendendo, dessarte, os efeitos de certas obrigações aos bens particulares dos sócios ou administradores, quando não for a hipótese de aplicação inversa da desconsideração da personalidade jurídica. Assim, a decisão judicial que se inclina pela aplicação episódica da desconsideração da personalidade jurídica não dissolve a sociedade empresária, mas, como visto, apenas suspende a eficácia do ato perpetrado para lesar direito de outrem, mantendo hígida a constituição da pessoa jurídica. Cita Mariano Gagliardo um esclarecedor exemplo de um progenitor que constituiu uma sociedade e aportou um bem de seu patrimônio

---

[103] FARIAS, Cristiano Chaves de; ROSENVALD, Nelson. *Direito civil*. Teoria geral. 2. ed. Rio de Janeiro: Lumen Juris, 2005. p. 307.

[104] DEQUECH, Luciano. A desconsideração da personalidade jurídica. *In*: DELGADO, Mário Luiz; ALVES, Jones Figueiredo (coord.). *Questões controvertidas no novo Código Civil*. São Paulo: Método, 2007. p. 264.

[105] COELHO, Fábio Ulhoa. *Curso de direito comercial*. 2. ed. São Paulo: Saraiva, 1999. v. 2, p. 45.

em prejuízo de suas filhas, estando elas legitimadas para atacar o ato fraudulento e violador das normas legais que tutelam a intangibilidade e integridade da legítima hereditária, sem que comprometa a personalidade da sociedade empresária e da legítima hereditária, tampouco implique a anulação da sociedade, mas que somente persegue a inoponibilidade do aporte (imóvel) fraudulentamente realizado em prejuízo das herdeiras necessárias que reclamam a integralidade de sua legítima na sucessão do pai.[106]

A personalidade coletiva é um conceito jurídico, uma formulação técnica criada para a atividade comunitária dessa personalidade e está condicionada ao atendimento da lei. Contudo, se essas condições aparecem distorcidas, desviando-se a empresa de suas funções para burlar direitos sob o véu societário, em prática empresarial contrária ao ordenamento jurídico, a pontual desconsideração da personalidade jurídica apresenta-se como uma eficiente solução para a represão da fraude praticada.

Com a promulgação do Código Civil em 2002, foi finalmente normatizada pelo codificador civil a desconsideração da personalidade jurídica, que assim deixou de ser tratada como uma *teoria*, acolhida em alguns dos seguimentos do direito brasileiro, mas que não estava sedimentada no Código Civil, tampouco no Código Comercial de 1850, e muito menos no Código de Processo Civil, como agora se encontra ritualizado o seu procedimento.

Como observa Guilherme Calmon Nogueira da Gama, entre os primeiros pressupostos para a aplicação circunstancial da desestimação da personalidade jurídica está a preexistência da formação legal da pessoa jurídica de direito privado, com a inscrição do seu ato constitutivo no respectivo registro (CC, art. 45), porque não há que falar em personalidade e sua desconsideração, se a sociedade é despersonalizada (sociedade em comum ou em conta de participação).[107]

4.27 O LEVANTAMENTO DA PERSONALIDADE COLETIVA EM PORTUGAL

Em Portugal, o instituto do levantamento da personalidade coletiva surgiu pela doutrina de Antônio Ferrer Correia, ao analisar as sociedades unipessoais, em obra jurídica editada em 1948, mas sendo incrementado seu estudo a partir da versão alemã da obra de Rolf Serik e divulgado pelos trabalhos de Orlando de Carvalho, Coutinho de Abreu e António Menezes de Cordeiro, afora os escritos de Inocêncio Galvão Telles e Antônio Simões Patrício, sem prejuízo da influência da obra escrita por José Lamartine Corrêa de Oliveira, *A dupla crise da personalidade jurídica*, da qual adveio a expressão *desconsideração*, embora não pareça o termo ideal para a língua portuguesa.[108]

Dizia Jorge Manuel Coutinho de Abreu, em livro publicado em 1999, que a desconsideração da pessoa coletiva estava sendo muito pouco tratada em Portugal e fazia menção ao emblemático acórdão datado de 13 de maio de 1993 da RP (CJ, 1993, t. III, p.199 e *passim*), em que teria sido aplicado o artigo 877 do Código Civil diante da venda de um estabelecimento comercial feita pelos réus a uma sociedade por quotas constituída por dois filhos.[109]

---

[106] GAGLIARDO, Mariano. *Sociedades de família y cuestiones patrimoniales*. 2. ed. Buenos Aires: LexisNexis/Abeledo Perrot, 2006. p. 137.

[107] GAMA, Guilherme Calmon Nogueira da. *Direito civil*. Parte geral. São Paulo: Atlas, 2006. p. 75.

[108] CORDEIRO, António Menezes. *Manual de direito das sociedades*. Coimbra: Almedina,2004, p. 356-362.

[109] ABREU, Jorge Manuel Coutinho de. *Da empresarialidade* (as empresas no direito). Coimbra: Almedina, 1999. p. 206, nota 523.

Também José Lamartine Corrêa de Oliveira pesquisou a literatura portuguesa acerca da desconsideração, tendo registrado em seu livro *A dupla crise da pessoa jurídica* a descoberta de três valiosos pareceres sobre o levantamento do véu societário, sendo dois deles relacionados ao litígio judicial entre a "Handy-Angle Portuguesa – Cantoneiras Metálicas, Ltda.; Jorge Valente de Almeida e sua mulher e envolvendo ainda a sociedade Joaquim Valente de Almeida & Filhos Ltda.".

Os dois primeiros pareceres citados por Lamartine Corrêa são os dos professores Antunes Varela e Ferrer Correia, referentes a uma demanda judicial sobre a violação de contrato, no qual os primitivos sócios comprometiam-se em não industrializar um produto similar ao que vinha sendo fabricado pela Handy-Angle, cujo compromisso não foi respeitado pelo sócio retirante Jorge Valente de Almeida, que alegou em sua defesa que o produto similar estava sendo fabricado pela sociedade Joaquim Valente de Almeida & Filhos Ltda., fundada por seu pai, e essa empresa não havia celebrado nenhum compromisso de não concorrência para com a sociedade inglesa e que, portanto, não estava fraudando nenhum contrato.

O terceiro parecer encontrado por Lamartine Corrêa, subscrito pelo professor Inocêncio Galvão Telles como anteriormente declinado, respeitava à demanda em que era pleiteada a anulação de venda feita com fundamento no artigo 877 do Código Civil português, que considera anulável a alienação realizada de ascendente para descendente sem o consentimento dos outros descendentes, tendo essa venda sido efetuada por meio do uso indevido de uma pessoa coletiva.[110]

O levantamento da personalidade jurídica, ou da *pessoa coletiva* como refere a literatura portuguesa,[111] surge de uma gama de situações concretas e incide quando ocorre: (I) a confusão de esferas jurídicas; (II) a subcapitalização; (III) o atentado a terceiros; e (IV) o abuso da personalidade.

A confusão de esferas jurídicas sucede quando não fica bem clara a separação entre o patrimônio do sócio ou dos sócios com o da sociedade ou, ainda, quando não estão sendo observadas as regras societárias. A confusão patrimonial ocorre bastante nas chamadas sociedades unipessoais, nas quais existe uma concentração do interesse patrimonial em uma única pessoa.

Por seu turno, na subcapitalização, o levantamento da personalidade se dá quando a sociedade foi constituída com um capital insuficiente em relação ao seu objetivo societário, anotando António Menezes Cordeiro a distinção entre a subcapitalização nominal, em que, nominalmente, o capital é insuficiente, contudo, a empresa pode se socorrer de capitais de terceiros, e a subcapitalização material, em que existe efetiva insuficiência de fundos.[112]

---

[110] PEREIRA, Caio Mário da Silva. *Direito Civil*. Alguns aspectos da sua evolução. Rio de Janeiro: Forense, 2001. p. 497-503.

[111] Explica António Menezes Cordeiro (*O levantamento da personalidade colectiva no direito civil e comercial*. Coimbra: Almedina, 2000. p. 20-21): "que a expressão 'pessoa moral' poderia implicar a imoralidade da pessoa singular, o que não faria sentido. Savigny lançou, então, o termo pessoa jurídico, adaptado por Heise e presente, até hoje, em muitas literaturas, designadamente na alemã e na italiana. 'Pessoa moral' não justifica as censuras: em Pufendorf, o termo é retirado de mores, no sentido clássico de comportamento humano. A pessoa 'moral' resultava, pois, do engenho humano, por oposição à natureza. E, em contrapartida, a 'pessoa jurídica' não vai sem reparo: afinal, em Direito, todas as pessoas o são. 'Pessoa colectiva', por seu turno, tampouco é designação perfeita: inculca haver, subjacente, uma 'colectividade', no sentido direto de pluralidade de pessoas o que nem sempre sucede. Mas feita a ressalva, ela pode ser conservada: está consagrada".

[112] CORDEIRO, António Menezes. *O levantamento da personalidade colectiva no direito civil e comercial*. Coimbra: Almedina, 2000. p. 366.

O atentado a terceiros acontece quando a personalidade coletiva é usada ilícita ou abusivamente para causar prejuízos a terceiros, atuando em posição contrária às normas ou princípios gerais de direito e à ética dos negócios.[113]

De acordo ainda com António Menezes Cordeiro, são três as teorias mais difundidas que versam sobre a incidência processual do levantamento do véu societário: (I) a teoria subjetiva; (II) a teoria objetiva; e (III) a teoria da aplicação das normas. Acrescenta este festejado autor uma quarta hipótese, proveniente de *orientações negativistas*.

A teoria subjetiva foi justamente aquela defendida por Rolf Serick no ano de 1955, por cuja hipótese a autonomia da pessoa coletiva só poderia ser afastada quando houvesse um efetivo abuso da sua forma jurídica, o propalado abuso do direito pela via societária,[114] sendo fácil compreender a cautela com que Rolf Serick tratou da desconsideração da pessoa jurídica justamente em uma época na qual prevalecia o absolutismo da personalidade coletiva.

A teoria subjetiva tem sido rejeitada por se mostrar circunstancialmente abusiva, na medida em que defende sua episódica aplicação sempre que houver abuso na manipulação da sociedade jurídica para prejudicar terceiro, resultando em muitos desses episódios de pressupostos próprios da responsabilidade civil dos sócios e administradores, diretores e gerentes, e que esse abuso verificado na administração da sociedade não pode ser acolhido como um efetivo episódio de desconsideração da pessoa coletiva.[115]

Já a teoria objetiva ou institucional tem recebido muitas adesões e se justifica quando a pessoa coletiva é utilizada de modo contrário ao fim societário, em desconformidade com o ordenamento jurídico, existindo um verdadeiro abuso de instituto.[116]

Por último, a teoria da aplicação das normas, surgida em 1957 pelas mãos de Muller-Freienfels, tinha por objetivo apresentar uma alternativa à teoria de Rolf Serick e pela qual haveria levantamento sempre que ausente uma norma concreta de princípios gerais ou dos princípios da boa-fé.[117] Conforme Muller-Freinfels, a desconsideração não podia ser vista como uma mera exceção à regra da autonomia patrimonial, decorrendo sua utilização da análise do caso concreto e sempre que as normas existentes entrassem em conflito com a situação fática.[118]

4.28 O SURGIMENTO DA DESCONSIDERAÇÃO DA PESSOA JURÍDICA NO BRASIL

Segundo Caio Mário da Silva Pereira, e assim é unânime a doutrina, partiu de Rubens Requião a iniciativa de tratar, no Brasil, do abuso de direito e fraude por meio da personalidade jurídica, tema respeitante à desconsideração da personalidade jurídica, em palestra proferida na Universidade do Paraná e depois publicada na *Revista dos Tribunais*.

---

[113] CORDEIRO, António Menezes. *O levantamento da personalidade colectiva no direito civil e comercial.* Coimbra: Almedina, 2000. p. 369.

[114] CORDEIRO, António Menezes. *O levantamento da personalidade colectiva no direito civil e comercial.* Coimbra: Almedina, 2000. p. 372.

[115] CORDEIRO, António Menezes. *O levantamento da personalidade colectiva no direito civil e comercial.* Coimbra: Almedina, 2000. p. 373.

[116] ABREU, Jorge Manuel Coutinho de. *Da empresarialidade* (as empresas no direito). Coimbra: Almedina, 1999. p. 207.

[117] CORDEIRO, António Menezes. *O levantamento da personalidade colectiva no direito civil e comercial.* Coimbra: Almedina, 2000. p. 375.

[118] NEGRI, Sérgio Marcos C. de A. Repensando a *disregard doctrine*: justiça, segurança e eficiência na desconsideração da personalidade jurídica. *In*: ALVES, Alexandre Ferreira de Assumpção; GAMA, Guilherme Calmon Nogueira da (coord.). *Temas de direito civil-empresarial.* Rio de Janeiro: Renovar, 2008. p. 178.

Merece especial referência o livro pioneiro do professor José Lamartine Corrêa de Oliveira, intitulado *A dupla crise da pessoa jurídica*, igualmente versando sobre a desconsideração da personalidade jurídica; sobrevieram, ainda, alguns julgados no Supremo Tribunal Federal e no Tribunal de Justiça de Minas Gerais e surgiram, na sequência, várias outras referências bibliográficas, até que, no campo normativo, o Código de Proteção e Defesa do Consumidor (Lei 8.078/1990) acolheu, no artigo 28, o princípio da desconsideração da personalidade jurídica.[119]

Entretanto, Américo Luís Martins da Silva encontra indícios da teoria da desconsideração da personalidade jurídica em dispositivos normativos brasileiros, datados de 1919, como no caso do artigo 10 do Decreto 3.708, ao prever a responsabilidade solidária e ilimitada dos sócios perante a sociedade e terceiros, quando tivessem agido com excesso de mandato, ou violação de lei ou contrato social,[120] no que parece não ter razão por se tratar de hipótese típica de responsabilidade civil, e não de desconsideração.

Nessa linha legislativa, também no Código Tributário Nacional existiria a adoção da desconsideração da personalidade jurídica, no inciso VII do artigo 134, ao prever a responsabilidade solidária de sócios-gerentes, diretores e demais administradores, por tributos que não puderam ser exigidos na liquidação da sociedade, assim como no inciso III do artigo 135, ao tratar de responsabilizar diretores, gerentes e representantes de pessoas jurídicas por créditos provenientes de atos por eles praticados com excesso de poderes ou infração de lei, contrato social ou estatutos.

Também para uma corrente doutrinária, a Consolidação das Leis do Trabalho igualmente contemplaria a teoria da desconsideração da personalidade jurídica ao determinar a responsabilidade solidária dos sócios e outras empresas que integrem um grupo econômico, no tocante às obrigações trabalhistas em que houver abuso ou fraude.

Essas hipóteses não tiveram, entretanto, integral adesão, ficando demonstrado que esses casos não deflagravam a genuína teoria da desconsideração da personalidade jurídica. Para Marcelo Navarro Ribeiro Dantas, por exemplo, o revogado Decreto 3.708, de 10 de janeiro de 1919 (antiga Lei das Sociedades Limitadas), tampouco os artigos 117 e 158 da Lei 6.404, de 15 de dezembro de 1976 (Lei das Sociedades Anônimas), os artigos 134 e 135 do Código Tributário Nacional (Lei 5.172/1966) e, por fim, o artigo 2.º, § 2.º, da Consolidação das Leis do Trabalho, nenhum desses dispositivos enfim, enunciava a teoria da desconsideração da personalidade jurídica, mas respeitavam à pura e simples possibilidade de imputar aos sócios e administradores a responsabilidade por dívidas da pessoa jurídica.[121]

Seriam situações legalmente previstas visando à responsabilidade civil de sócios-gerentes e administradores que excedem seu mandato, porque, de regra, eles não respondem pessoalmente pelas obrigações contraídas em nome da sociedade, somente quando extrapolam seus atos de gestão com a violação do contrato ou da lei.

José Lamartine Corrêa aduz existir uma simples questão de imputação de responsabilidade ao gerente que desobedeceu a determinadas normas legais ou estatutárias, sendo-lhe transferida a responsabilidade por esse fato, como por igual responderia se praticasse ato ilícito doloso ou culposo.[122]

---

[119] PEREIRA, Caio Mário da Silva. *Direito Civil*. Alguns aspectos da sua evolução. Rio de Janeiro: Forense, 2001. p. 62.

[120] SILVA, Américo Luís Martins da. *Sociedades empresariais*. Rio de Janeiro: Forense, 2006. p. 38.

[121] DANTAS, Marcelo Navarro Ribeiro. *Comentários ao Código Civil brasileiro*. Rio de Janeiro: Forense, 2005. v. I, p. 439.

[122] OLIVEIRA, José Lamartine Corrêa de. *A dupla crise da pessoa jurídica*. São Paulo: Saraiva, 1979. p. 520.

Dessa orientação não diverge Flávia Lefèvre Guimarães, ao concluir que o prejuízo sofrido pelo consumidor, por excesso de poder do administrador ou gerente, importa em sua responsabilização pessoal, não se tratando propriamente de desconsideração da pessoa jurídica.[123]

Alexandre Couto Silva acrescenta outras luzes doutrinárias e fáticas para a melhor compreensão na distinção entre a teoria da desconsideração da personalidade jurídica e o princípio da responsabilidade civil dos sócios e administradores, aduzindo que muitos doutrinadores têm confundido casos de desconsideração da personalidade jurídica com responsabilidade pessoal dos sócios, administradores e diretores, que respondem, no caso de responsabilidade pessoal, pelas dívidas da sociedade quando agem com excesso de poderes ou contrariam dispositivos legais, estatutários ou contratuais, pois de alguma forma agiram de maneira ilícita e por isso são responsabilizados pessoalmente.[124]

Realmente o § 2.º do artigo 2.º da CLT não se refere à desconsideração da personalidade jurídica, pois a hipótese ali vislumbrada não envolve elementos de fraude ou de abuso do direito, próprios da desconsideração da personalidade jurídica; antes, ratificam a existência de personalidades distintas, de modo que trata unicamente da responsabilidade civil solidária das demais empresas pertencentes ao mesmo grupo.[125] Sucede que, na esfera trabalhista, não há nenhuma necessidade de recorrer à teoria da desconsideração da pessoa jurídica, porque a própria lei permite responsabilizar diretamente o sócio ou administrador, sem precisar comprovar a ocorrência de fraude ou de abuso de direito.

Para Haroldo Malheiros Duclerc Verçosa,[126] não se cuida de superação da personalidade jurídica da sociedade, mas de estabelecer a responsabilidade subsidiária dos sócios-quotistas, ante a circunstância de a legislação do trabalho considerar privilegiados os créditos dos empregados. Embora a CLT não apresente qualquer dispositivo nesse sentido, devem ser recepcionadas as disposições pertinentes à responsabilidade civil dos dirigentes dos diferentes tipos societários, como, por sinal, vem entendendo a jurisprudência trabalhista ao concluir pela responsabilidade dos sócios pelos créditos dos empregados, quando insuficiente o patrimônio societário.[127]

Trata-se, portanto, exclusivamente de responsabilização direta do sócio ou do administrador, que responde com os seus bens particulares pela prática de atos contrários à sociedade, sejam eles causados por culpa ou por dolo, como por igual acontece com relação aos administradores de associações, fundações e organizações não governamentais, que também

---

[123] GUIMARÃES, Flávia Lefèvre. *Desconsideração da personalidade jurídica no Código do Consumidor.* São Paulo: Max Limonad, 1998. p. 64.

[124] SILVA, Alexandre Couto. *Aplicação da desconsideração da personalidade jurídica no direito brasileiro.* São Paulo: LTr, 1999. p. 175.

[125] SILVA, Alexandre Couto. *Aplicação da desconsideração da personalidade jurídica no direito brasileiro.* São Paulo: LTr, 1999. p. 112.

[126] VERÇOSA, Haroldo Malheiros Duclerc. *Curso de direito comercial.* São Paulo: Malheiros, 2006. v. 2, p. 92.

[127] "Recurso de revista. Processo de execução de sentença. Penhora sobre bem de sócio. Teoria da desconsideração da personalidade jurídica. Partindo da premissa de que os créditos trabalhistas, ante a natureza alimentar de que são revestidos, são privilegiados e devem ser assegurados, a moderna doutrina e a jurisprudência estão excepcionando o princípio da responsabilidade limitada do sócio, com fulcro na teoria da desconsideração da personalidade jurídica, de forma que o empregado possa, verificada a insuficiência do patrimônio societário, sujeitar à execução os bens dos sócios individualmente considerados. Inocorrida afronta à norma constitucional" (TST, 4.ª Turma, Recurso de Revista 2549-2-021-05-000, Rel. Juíza convocada Helena Sobral Albuquerque e Mello, j. 19.02.2003, v.u., *DJU* 07.03.2003).

respondem pessoalmente com seus bens particulares e, se for necessário, com o sequestro desses bens e a decretação de sua indisponibilidade por simples requerimento do Ministério Público,[128] sem nenhuma alusão à teoria da desconsideração.

Postas essas premissas, forçoso concluir que, em verdade, o primeiro dispositivo legal a tratar efetivamente da desconsideração da personalidade jurídica no direito brasileiro foi o artigo 28 do Código de Defesa do Consumidor (Lei 8.078/1990); depois dele, o artigo 18 da Lei Antitruste (Lei 8.884/1994), depois revogada pela Lei 12.529/2011; e, na sequência, o artigo 4.º da Lei do Meio Ambiente (Lei 9.605/1998).

Posteriormente, a desconsideração da pessoa jurídica foi tratada pelo artigo 50 do Código Civil (Lei 10.406/2002), pelo artigo 27 da Lei 9.615/1998 (Lei dos Desportos) e depois alterada pela Lei 10.672/2003, ao acrescentar que as entidades de prática desportiva participantes de competições profissionais e as entidades de administração de desporto ou ligas em que se organizarem, independentemente da forma jurídica adotada, sujeitam os bens particulares de seus dirigentes ao disposto no artigo 50 da Lei 10.406, de 10 de janeiro de 2002, além das sanções e responsabilidades previstas no *caput* do artigo 1.017 da Lei 10.406, de 10 de janeiro de 2002, na hipótese de aplicarem créditos ou bens sociais da entidade desportiva em proveito próprio ou de terceiros, a Lei Anticorrupção (Lei 12.846/2013), sobrevindo o Código de Processo Civil de 2015, ao tratar da desconsideração da personalidade jurídica nos artigos 133 a 137 e, por fim, a Lei 13.874, de 20 de setembro de 2019 (Lei de Liberdade Econômica), que vem com a intenção de frear a utilização do instituto da desconsideração da personalidade jurídica.

4.29 A DESCONSIDERAÇÃO DA PERSONALIDADE JURÍDICA NO CÓDIGO CIVIL DE 1916

O Código Civil de 1916 jamais cogitou da aplicação da desconsideração da personalidade jurídica e, bem ao revés, consolidava a supremacia da divisão dos patrimônios da sociedade e dos respectivos sócios. Assim, ante a inexistência da teoria da desconsideração no Código Civil de 1916 e ausente no Direito brasileiro qualquer dispositivo de lei equiparável à teoria da superação da personalidade jurídica, reinava soberano o princípio da autonomia patrimonial e as sociedades empresárias eram vergonhosa e abusivamente utilizadas como instrumentos para a realização de fraude contra credores ou situações de abuso do direito, cuja má prática era disseminada por todos os segmentos de atuação, inclusive, e de modo profícuo, no âmbito do Direito de Família e no Direito das Sucessões.

Daí aduzir Alexandre Ferreira de Assumpção Alves[129] ter a limitação de responsabilidade dos sócios, acrescida das prerrogativas de uma separação patrimonial oriunda da personificação societária, permitido e estimulado a prática de atos emulativos contra os credores, servindo-se os sócios da constituição de empresas de fachada e de reduzida responsabilidade e lastro para a arrecadação de créditos e vantagens econômicas.

No Brasil, o Código de Defesa do Consumidor foi o pioneiro na regulamentação da desconsideração da personalidade jurídica, outorgando embasamento legal à doutrina e corajosa jurisprudência que anteriormente reconheciam a importância do instituto da desconsideração

---

[128] NAHAS, Thereza. *Desconsideração da pessoa jurídica, reflexos civis e empresariais no direito do trabalho.* 2. ed. Rio de Janeiro: Campus Jurídico, 2007. p. 101.

[129] ALVES, Alexandre Ferreira de Assumpção. A desconsideração da personalidade jurídica e o direito do consumidor: um estudo de direito civil constitucional. *In*: TEPEDINO, Gustavo (coord.). *Problemas de direito civil-constitucional.* Rio de Janeiro: Renovar, 2000. p. 257-258.

sempre quando as pessoas jurídicas agissem com excesso de poder, infringissem a lei ou violassem os estatutos ou contratos sociais.

Isso não significa asseverar que a autonomia patrimonial tenha perdido sentido e importância, pois, pelo contrário, o seu reconhecimento é fundamental para o desenvolvimento e crescimento da atividade empresarial e para a economia brasileira, pois permite e incentiva a constituição de entes morais que não se constituiriam caso não houvesse uma limitação legal de responsabilidade dos sócios pelos prejuízos decorrentes da exploração do objeto social.

Contudo, a aplicação episódica da superação da pessoa jurídica se constitui, inquestionavelmente, em um importante instrumento jurídico para coibir episódico uso abusivo ou fraudulento dessa mesma autonomia, para desse modo responsabilizar diretamente o responsável, sócio ou administrador, sem precisar atingir a sociedade ou os demais sócios.

4.30 A DESCONSIDERAÇÃO DA PERSONALIDADE JURÍDICA NO ANTIGO CÓDIGO COMERCIAL

O Código Comercial brasileiro (Lei 556, de 25 de junho de 1850) contemplava quatro tipos de sociedades e em nenhum de seus dispositivos fazia qualquer referência à desconsideração da personalidade jurídica, tampouco existiu alguma regulamentação pertinente ao superamento da pessoa jurídica na revogada Lei das Sociedades Limitadas (Decreto 3.708/1919), no Código Tributário Nacional (Lei 5.172/1966), na Sociedade por Ações (Lei 6.404/1976), ou até mesmo na antiga Lei de Falência (Decreto-lei 7.661/1945), tendo sempre prevalecido no direito brasileiro a mais completa independência entre sócios e sociedades, diante do princípio *societas distat a singulis*, que servia como um autêntico véu de proteção do sócio que não podia responder com o seu patrimônio particular pelas obrigações da sociedade.

Nessas quatro espécies distintas de sociedades reguladas pelo Código Comercial brasileiro, a responsabilidade dos sócios variava conforme seu tipo social.

O Código Comercial brasileiro contemplava a sociedade em comandita, a sociedade em nome coletivo, a sociedade de capital e indústria e a sociedade em conta de participação. Nessas sociedades, a responsabilidade dos sócios e a dos administradores tinham diferentes colorações. Na sociedade em comandita, a responsabilidade do sócio comerciante era ilimitada e dos comanditários era limitada aos fundos com que haviam contribuído para a formação do capital social. Na sociedade em nome coletivo, todos os sócios respondiam de forma subsidiária e solidária pelas obrigações sociais e, na sociedade de capital e indústria, o sócio capitalista tinha responsabilidade ilimitada e nenhuma responsabilidade recaía sobre o sócio de indústria, enquanto na sociedade em conta de participação o sócio ostensivo assumia a responsabilidade pelos negócios sociais, e os outros sócios apenas se obrigavam com relação ao sócio aparente.[130]

Enfim, impera uma regra geral da separação entre a pessoa jurídica, os sócios e os administradores e segue hígida a disciplina acerca da responsabilidade desses sócios e administradores por decorrência de preceito legal. Fora essas hipóteses, mostra-se como rara exceção a possibilidade de o sócio ser pessoalmente demandado para fazer frente a débito societário, não sem antes exercer o direito da ordem de preferência do artigo 795, § 2.º, do Código de Processo Civil.

---

[130] CARVALHO, Lucila de Oliveira. *A responsabilidade do administrador da sociedade limitada*. Rio de Janeiro: Forense, 2006. p. 66-67.

A então teoria da desconsideração da personalidade jurídica vinha criando corpo na doutrina e jurisprudência brasileiras e, por se tratar de um tema ainda em evolução, de curta adoção legislativa, como teoria que estava em desenvolvimento, não era infrequente deparar com o uso analógico da desconsideração da personalidade jurídica, encontrando os doutrinadores dispositivos no Código Tributário Nacional, na Consolidação das Leis do Trabalho, na Lei de Falência e na Lei das S.A., que eram interpretados como casos próprios de desvendamento do véu societário, quando, em verdade, esses dispositivos legais impunham a responsabilidade pessoal dos sócios e administradores por excesso de gestão ou mandato, e que jamais poderiam ser identificadas como situações precedentes de superação da personalidade jurídica. Há responsabilidade pessoal dos sócios ou administradores quando eles extrapolam seus poderes, violam a lei, os estatutos ou o contrato social, e por esses atos respondem civilmente, sem implicar desconsideração da empresa, como respondem solidária ou subsidiariamente por obrigação da pessoa jurídica em atenção aos distintos preceitos que regulam os diferentes tipos de sociedades.

A responsabilidade dos sócios é de ordem penal e patrimonial e, quando o sócio ingressa na empresa, assume obrigações de natureza pessoal e patrimonial, além de ter o compromisso de contribuir para a formação do capital social, também assume responsabilidades como sócio ou administrador.

Faltando ao dever de integralizar o capital social em sincronia com sua participação societária, a empresa tem diversas opções de ação contra o sócio em débito com a integralização de sua quota.

Perante terceiros respondem os bens da sociedade e os sócios respondem subsidiariamente com seus bens particulares pelo cumprimento das obrigações sociais, e subsidiariamente porque só será exigida se o patrimônio da empresa não puder responder pela totalidade da dívida, sendo chamados os sócios para cobrirem a diferença.

A responsabilidade dos sócios pode ser ilimitada e, nesse caso, os sócios comprometem todo o seu patrimônio particular com relação às dívidas da sociedade, só sendo excetuados da constrição judicial os bens considerados impenhoráveis. Sendo sua responsabilidade limitada, os bens particulares dos sócios garantem o cumprimento das obrigações sociais, em regra, até o valor correspondente ao capital social ainda não integralizado.

A responsabilidade dos sócios é solidária pelo pagamento das dívidas sociais, as quais podem ser exigidas de qualquer um deles, e aquele que pagar pelos demais terá direito regressivo contra os remanescentes para haver de cada um deles o valor que lhe cabe no rateio.

Ricardo Negrão identificava a responsabilidade dos sócios por obrigações da sociedade, nas diferentes formas societárias, em seis distintos conceitos: a) a responsabilidade *ordinária*, de caráter geral, consequência do tipo societário eleito pelos sócios, abarcando a atividade empresarial e a falência; b) a responsabilidade *extraordinária*, esta, sim, própria dos atos praticados com violação às regras societárias (leis, contratos e estatutos); c) a responsabilidade *objetiva*, visando a certas atividades empresariais, cuja responsabilidade busca preservar o crédito público; d) a responsabilidade patrimonial *por ato jurídico lícito ou ilícito praticado por cônjuge sócio*; e) a responsabilidade por débito *tributário*; e, por fim, f) a responsabilidade proveniente de *dívida trabalhista*.[131]

O Código Comercial brasileiro de 1850 e a legislação vigente sempre diferenciaram a responsabilidade dos sócios por obrigações da sociedade ou pelos atos ilícitos cometidos

---

[131] NEGRÃO, Ricardo. *Manual de direito comercial*. Campinas: Bookseller, 1999. p. 268.

pelos sócios ou administradores, enquanto a desconsideração da personalidade jurídica, só há pouco positivada no direito brasileiro, porém nunca contemplada pelo Código Comercial de 1850, enfoca a responsabilidade dos sócios em razão do abuso da personalidade jurídica.

4.31 A DESCONSIDERAÇÃO DA PERSONALIDADE JURÍDICA NO DIREITO DO TRABALHO

Corrigindo o posicionamento anterior que estava equivocado, entendia-se que importantes diplomas legais brasileiros acolhiam indiretamente a teoria da desconsideração da personalidade jurídica, e um desses textos legais seria especificamente o artigo 2.º, § 2.º, da Consolidação das Leis do Trabalho (Decreto-lei 5.452/1943) e arrematava, em obra publicada em 1999, que o princípio da desconsideração da personalidade jurídica estava inteiramente integrado ao texto legal brasileiro.[132]

Para Amador Paes de Almeida, a natureza protecionista do Direito do Trabalho e a desvinculação do empregado da pessoa física ou jurídica do empregador teriam sido fatores preponderantes para a ampla acolhida, pela Justiça do Trabalho, da *disregard doctrine*, pioneiramente proclamada pelo artigo 2.º, § 2.º, da Consolidação das Leis do Trabalho, concluindo que: "no direito do trabalho a teoria da desconsideração da pessoa jurídica tem sido aplicada pelos juízes de forma ampla, tanto nas hipóteses de abuso de direito, excesso de poder como em casos de violação da lei ou do contrato, ou, ainda, na ocorrência de meios fraudulentos, e, inclusive, na hipótese, não rara, de insuficiência de bens da empresa, adotando, por via de consequência, a regra disposta no artigo 28 do Código de Proteção do Consumidor".[133]

Segundo Suzy Elizabeth Cavalcante Koury, a inferioridade econômica do trabalhador não permite consagrar a autonomia das empresas, servindo de utilização da *disregard doctrine* para desvendar o véu da personalidade jurídica pelas empresas agrupadas para lesarem os empregados e seus direitos, e, a partir do artigo 2.º, § 2.º, da Consolidação das Leis do Trabalho, doutrina e jurisprudência vêm evitando no direito do trabalho o condenável divórcio entre o direito e a realidade, desconsiderando a personalidade jurídica das empresas agrupadas, para reputá-las como empregador único.[134]

Nessa mesma linha de pensamento desponta Gilberto Gomes, ao comentar a prática comumente empregada para burlar o direito, prejudicando, em larga escala, terceiros hipossuficientes com a utilização de grupamentos personificados, tendo sido fácil admitir no âmbito do direito do trabalho a aplicação da desconsideração da personalidade jurídica, consagrada pela legislação, doutrina e jurisprudência trabalhistas.[135]

Também Marçal Justen Filho defende a extensão da desconsideração da personalidade jurídica no direito do trabalho, aludindo que a personificação societária não é óbice à

---

[132] MADALENO, Rolf. *A disregard e a sua efetivação no juízo de família*. Porto Alegre: Livraria do Advogado, 1999. p. 96-97.

[133] ALMEIDA, Amador Paes de. *Execução de bens dos sócios, obrigações mercantis, tributárias, trabalhistas*. Da desconsideração da personalidade jurídica (doutrina e jurisprudência). São Paulo: Saraiva, 1999. p. 153-155.

[134] KOURY, Suzy Elizabeth Cavalcante. *A desconsideração da personalidade jurídica (disregard) e os grupos empresariais*. Rio de Janeiro: Forense, 1993. p. 166.

[135] GOMES, Gilberto. *Sucessão de empresa*. A questão da responsabilidade solidaria e a posição do empregado. São Paulo: LTr, 1994. p. 37.

Cap. 4 • A PESSOA JURÍDICA NO DIREITO DE FAMÍLIA | 605

desconsideração, como previsto no artigo 2.º, § 2.º, da Consolidação das Leis do Trabalho,[136] como por igual pensava Rubens Requião ao mencionar que a doutrina da desconsideração estava consagrada na cultura jurídica brasileira quando a Consolidação das Leis do Trabalho, por exemplo, no artigo 2.º, § 2.º, reúne, em um único empreendimento, um conglomerado de empresas para reconhecimento dos direitos sociais, desconsiderando a personalidade independente de cada uma das empresas subsidiárias.[137]

A doutrina mostrava-se dividida, com maior inclinação em não reconhecer a incidência da teoria da desconsideração da pessoa jurídica na hipótese do § 2.º do artigo 2.º da Consolidação das Leis do Trabalho, cujo dispositivo refere que as empresas pertencentes a um mesmo grupo econômico serão, para efeitos de relação de emprego, solidariamente responsáveis pelas obrigações trabalhistas assumidas por uma delas. Efetivamente, não se trata de uma situação de desvendamento da personalidade jurídica, mas de típica hipótese de responsabilidade solidária, porque somente é pertinente falar em desvendamento da personalidade jurídica, quando essa mesma personalidade jurídica, atribuída por lei à empresa, estiver se desviando dos seus fins sociais para causar prejuízos a terceiros, ou estiver cometendo atos que levem à confusão patrimonial, porque, em contrário, não há como recorrer ao instituto da desconsideração, quando a lei já prevê a responsabilidade direta do sócio, do administrador e a responsabilidade do empregador sucessor, ou de outra empresa pertencente a um mesmo grupo.

Conforme Thereza Christina Nahas: "a hipótese do artigo 2.º da Consolidação das Leis do Trabalho refere-se tão somente à hipótese de obrigação solidária entre empresas do grupo, não sendo necessária a desconsideração da personalidade jurídica para se chegar à obrigação solidária daquelas empresas".[138]

Nessa mesma direção aponta Alexandre Couto Silva ao afastar categoricamente a aplicação da desconsideração societária nas hipóteses do § 2.º do artigo 2.º da CLT, cujo desvendamento só pode ser cogitado nos casos de fraude ou abuso, do que não se trata quando é responsabilizada qualquer empresa de um mesmo grupo empresarial, sendo todas solidariamente responsáveis, nada mais reconhecendo o referido artigo de lei do que a existência de personalidades distintas e solidárias.[139]

A Consolidação das Leis do Trabalho simplesmente estende a todas as empresas de um mesmo grupo os riscos da atividade econômica, quando cuida de assegurar os direitos do trabalhador, da mesma forma como permite avançar na órbita dos bens particulares dos sócios, quando há evidências de que a empresa não possui bens capazes de garantir os débitos trabalhistas.[140] Entrementes, a responsabilidade solidária ou subsidiária do sócio-gerente pelas dívidas trabalhistas é aplicada por força do artigo 769 da Consolidação das Leis do Trabalho,

---

[136] JUSTEN FILHO, Marçal. *Desconsideração da personalidade societária no direito brasileiro. São Paulo*: RT, 1987. p. 102.

[137] REQUIÃO, Rubens. Abuso de direito e fraude através da personalidade jurídica *(disregard doctrine)*. In: REQUIÃO, Rubens. *Aspectos modernos de direito comercial*. 2. ed. São Paulo: Saraiva, 1988. v. 1, p. 79.

[138] NAHAS, Thereza. *Desconsideração da pessoa jurídica, reflexos civis e empresariais no direito do trabalho*. 2. ed. Rio de Janeiro: Campus Jurídico, 2007. p. 157.

[139] SILVA, Alexandre Couto. *Aplicação da desconsideração da personalidade jurídica no direito brasileiro*. São Paulo: LTr, 1999. p. 112.

[140] "Agravo de petição. Responsabilidade dos sócios. Desconsideração da pessoa jurídica. A adoção da teoria da despersonificação *(sic)* da pessoa jurídica, consagrada pela moderna ciência jurídica, permite a invasão da órbita patrimonial do sócio, quando há evidências de que a empresa não possui bens capazes de garantir a execução de seus débitos trabalhistas" (TRT-17.ª Região, MS 118/99, Apelação Cível 9.814/99, Rel. Juiz Sérgio Moreira de Oliveira).

que autoriza a aplicação secundária do Código de Processo Civil às questões trabalhistas e o Código de Processo Civil, no § 2.º do artigo 795, sujeita à execução os bens dos sócios quando ausentes os bens da sociedade.

É dispositivo de lei destinado a tutelar os rendimentos do empregado, economicamente fragilizado ante o seu empregador, precavendo-se a lei contra eventuais manobras de desvios capazes de frustrar maliciosamente os créditos provenientes da mão de obra emprestada pelo trabalhador a seu empregador.

Não obstante essas considerações que revelam a responsabilidade subsidiária dos sócios, administradores e empresas sucessoras, traçando a linha divisória existente entre o instituto jurídico da responsabilidade ou da desconsideração da personalidade jurídica, esta tem sido constantemente invocada no processo trabalhista, inclusive por analogia ao artigo 28, § 5.º, do Código de Defesa do Consumidor. Larga jurisprudência tem feito prevalecer o absolutismo do desvendamento da personalidade jurídica ao atribuir a responsabilidade pelos débitos trabalhistas aos sócios, a qualquer custo, sejam eles administradores ou não, tenham fraudado ou não direitos de terceiros, tenham participado ou não da gerência da sociedade, sendo eles responsabilizados apenas pelo fato de figurarem como sócios da empresa.[141]

Por conta dessa falha em diferenciar quando sócios e administradores agem em desconformidade com a lei ou com o estatuto, e nesses casos incorrem em responsabilidade pessoal, ou quando se utilizam da pessoa jurídica para atingirem fins contrários ao objetivo social da empresa, hipótese esta de real desconsideração societária, tem-se incorretamente aplicado a desestimação da personalidade jurídica no processo trabalhista.[142]

De qualquer modo, deve ser consignado que não é vedado o uso da desconsideração da personalidade jurídica na seara trabalhista, porém sua fundamentação não decorre do artigo 2.º, § 2.º, da Consolidação das Leis do Trabalho, cuja hipótese trata da responsabilidade solidária, mas, sim, que, para suporte da desconsideração, deve ser utilizado o artigo 8.º da Consolidação das Leis do Trabalho, que estabelece o uso da analogia, equidade, princípios, jurisprudência, normas gerais de Direito, usos e costumes, como fontes subsidiárias do Direito do Trabalho, alcançando, assim, os dispositivos que, no direito brasileiro, regulam a doutrina da desconsideração da personalidade jurídica.[143]

Situação singular tem ocorrido no tocante aos pagamentos provenientes dos contratos de licença do uso de imagem de certas pessoas públicas, que aparecem muito na mídia, como sucede com o jogador de futebol. Como ensina Sergio Pinto Martins, no direito de imagem, o atleta de futebol é remunerado pelo próprio clube, que usa sua imagem para

---

[141] "Sucessão 1. Conceito patrimonial. Despersonalização (*sic*). Desconsideração da aparência formal e contratual da empresa. O art. 8.º da CLT autoriza invocar o art. 28 da Lei n.º 8.078/90 (Código de Defesa do Consumidor) e a respectiva doutrina e jurisprudência, que desconsideram a aparência legal e contratual da empresa, para atingir outras pessoas, sócios ou empresas, intimamente relacionadas com a atividade econômica, de modo a que não deixe de existir quem possa se responsabilizar, concretamente, pelos débitos trabalhistas. O conceito de empresa não é pessoal (físico ou jurídico), mas essencialmente patrimonial, despersonalizado. Assim, se o patrimônio negocial, se a clientela, e o nome do produto são repassados a terceiro, poderá ser caracterizada sucessão, pouco importando sobreviva a titularidade, ora, da reclamada originária" (TRT-15.ª Região 24.678/99, AC SE 20.083/00, Rel. designado José Pedro de Camargo Rodrigues de Souza, *DOE* 12.06.2000, p. 15).

[142] SANTOS, Hermelino de Oliveira. *Desconsideração da personalidade jurídica no processo do trabalho*. São Paulo: LTr, 2003. p. 209.

[143] GONÇALVES, Oksandro. *Desconsideração da personalidade jurídica*. Curitiba: Juruá, 2004. p. 66-67.

efeito de propaganda, diverso do direito de arena, no qual o pagamento é feito por terceiro que explora a imagem, por exemplo, transmitindo a partida desportiva.[144] Explica o autor citado que os clubes têm tentado mascarar o pagamento feito a título de direito de imagem, determinando que o atleta constitua empresa, para descaracterizar a natureza salarial do pagamento, diminuindo os encargos trabalhistas e previdenciários, o que constitui uma fraude, um negócio jurídico simulado com relação ao direito à remuneração do atleta, ao criar uma interposta pessoa.[145] Essa fraude pode ter reflexos na demanda familista, porquanto os alimentos devidos pelo atleta aos filhos e cônjuge estariam sendo desviados por estarem fora da remuneração oficial do jogador de futebol como empregado do clube, não incidindo os alimentos sobre os valores pagos para a empresa constituída em nome do próprio atleta ou de um terceiro que lhe empresta o nome para formação da sociedade empresária.

4.32 A DESCONSIDERAÇÃO DA PERSONALIDADE JURÍDICA NO DIREITO TRIBUTÁRIO

A jurisprudência brasileira aplicava por relação de semelhança a desconsideração da personalidade jurídica ao artigo 135, III, do Código Tributário Nacional, encontrando nesse dispositivo os elementos configuradores daquela teoria, assim como doutrina mais antiga identificava os princípios da desconsideração da personalidade jurídica nos artigos 133, 134 e 135 do Código Tributário Nacional.[146]

Rubens Requião escrevia, em 1988, que existiam outros exemplos na legislação brasileira de aplicação da desconsideração da personalidade jurídica, especialmente no campo do Direito Tributário.[147]

Calixto Salomão Filho, em obra editada em 1995, registra serem recorrentes, na jurisprudência brasileira, os casos de desconsideração da personalidade jurídica com escora no Código Tributário Nacional, em favor da Fazenda Pública, por débitos tributários das sociedades empresárias.[148]

Quando o artigo 135 da Lei 5.172/1966 (Código Tributário Nacional) refere que sócios, mandatários, gerentes, diretores ou representantes de pessoas jurídicas de direito privado são pessoalmente responsáveis pelos créditos correspondentes a obrigações tributárias resultantes de atos praticados com excesso de poderes ou infração de lei, contrato social ou estatutos, não se trata de aplicação da teoria da desconsideração da personalidade jurídica, mas de responsabilidade civil pelo excesso de mandato e pelos atos praticados em violação do contrato ou da lei, cuja exceção ao princípio da limitação da responsabilidade do sócio já estava por igual indicada na segunda parte do artigo 10 do Decreto 3.708/1919.

---

[144] MARTINS, Sergio Pinto. *Direitos trabalhistas do atleta profissional de futebol*. São Paulo: Atlas, 2011. p. 61-62.

[145] MARTINS, Sergio Pinto. *Direitos trabalhistas do atleta profissional de futebol*. São Paulo: Atlas, 2011. p. 63.

[146] Assim também entendi em textos precedentes sobre a desconsideração da pessoa jurídica, como disto é exemplo o artigo intitulado: MADALENO, Rolf. *A efetivação da disregard no juízo de família. In*: FARIAS, Cristiano Chaves de (coord.). *Temas atuais de direito e processo de família*. Primeira série. Rio de Janeiro: Lumen Juris, 2004. p. 186.

[147] REQUIÃO, Rubens. Abuso de direito e fraude através da personalidade jurídica *(disregard doctrine). In*: REQUIÃO, Rubens. *Aspectos modernos de direito comercial*. 2. ed. São Paulo: Saraiva, 1988. v. 1, p. 79.

[148] SALOMÃO FILHO, Calixto. *A sociedade unipessoal*. São Paulo: Malheiros, 1995. p. 141.

Por sua vez, o artigo 134 do Código Tributário Nacional regula a responsabilidade solidária dos terceiros no tocante ao recolhimento de impostos, como no caso dos pais, pelos tributos devidos por seus filhos menores (I); os tutores e curadores, pelos tributos devidos por seus tutelados ou curatelados (II); os administradores de bens de terceiros, pelos tributos devidos por estes (III); o inventariante, pelos tributos devidos pelo espólio (IV); o administrador judicial que trata da Recuperação de Empresas e Falência (Lei 11.101/2005)[149] pelos tributos devidos pela massa falida ou pelo concordatário (V); os tabeliães, escrivães e demais serventuários de ofício, pelos tributos devidos sobre os atos praticados por eles, ou perante eles, em razão do seu ofício (VI); os sócios, no caso de liquidação de sociedade de pessoas (VII).

Em verdade, ambas as hipóteses versam sobre a responsabilidade pessoal de terceiros, seja ela uma responsabilidade *solidária*, para as hipóteses do artigo 134 do Código Tributário Nacional, seja ela havida por *substituição*, quando diretores, gerentes ou representantes de pessoas jurídicas de direito privado são, pessoalmente, responsáveis pelos créditos correspondentes a obrigações tributárias resultantes de atos praticados com excesso de poderes, infração de lei, contrato social ou estatutos, tudo em consonância com as hipóteses elencadas pelo artigo 135 do Código Tributário Nacional.

A responsabilidade tributária é tratada em sentido amplo pelo Código Tributário Nacional que, em seu artigo 121, denomina *contribuinte* o devedor direto do tributo (I) e, *responsável,* quando a obrigação tributária decorre de expressa disposição legal (II), havendo previsto outras formas de garantir ao Estado o recebimento dos valores que lhe são devidos, por meio da responsabilidade solidária ou por substituição.

A solidariedade passiva é tratada no artigo 124 do Código Tributário Nacional, que dispõe serem solidariamente obrigadas as pessoas que tenham interesse comum na situação que constitua o fato gerador da obrigação principal e as pessoas expressamente designadas em lei.[150]

Logo, existe responsabilidade tributária por substituição, quando a lei atribui, de modo expresso, a responsabilidade do crédito a terceira pessoa, vinculada ao fato gerador,[151] responsabilizando diretamente o terceiro que, em razão de seu cargo ou função, agiu com excesso de poderes ou em infração de lei, contrato social ou estatutos. Dessa forma, sem se revestir da condição de contribuinte, por não ter relação direta com o fato gerador da obrigação tributária, o terceiro que mantém vínculo com o fato gerador torna-se sujeito passivo por substituição expressa de lei.[152]

Tanto o artigo 134 como o artigo 135 do Código Tributário Nacional cuidam do redirecionamento do executivo fiscal, qual seja, da cobrança do tributo, e em nenhuma circunstância ensejam a aplicação da desconsideração da personalidade jurídica, eis que versam

---

[149] Escreve Haroldo Malheiros Duclerc Verçosa (*Comentários à Lei de Recuperação de Empresas e falência.* Coordenação Francisco Satiro de Souza Júnior e Antônio Sérgio A. de Moraes Pitombo. 2. ed. São Paulo: RT, 2007. p. 164) que: "Na Lei anterior, a administração da falência incumbia ao síndico, enquanto ao comissário cabia levar adiante as tarefas de supervisão do devedor, tendo em vista o cumprimento das obrigações que nesta última havia assumido. Estes dois papéis ficaram agora sob a responsabilidade do administrador judicial, conforme o caso, para pagar os credores com as forças da massa ou recuperá-la (na recuperação judicial) dentro do plano posto em andamento".

[150] VAZ, José Otávio de Vianna. *A responsabilidade tributária dos administradores de sociedade no CTN.* Belo Horizonte: Del Rey, 2003. p. 96.

[151] VAZ, José Otávio de Vianna. *A responsabilidade tributária dos administradores de sociedade no CTN.* Belo Horizonte: Del Rey, 2003. p. 100.

[152] SILVA, Alexandre Alberto Teodoro da. *A desconsideração da personalidade jurídica no direito tributário.* São Paulo: Quartier Latin, 2007. p. 100.

sobre os efeitos da *solidariedade* ou da *substituição*. Pertinente à espécie a lição pontual de Heleno Tôrres, ao explicar que a sociedade é una como sujeito passivo de obrigação tributária, devendo ser verificada internamente a relação de solidariedade que entre os sócios possa existir, conforme o tipo societário adotado, em nada se aproximando da teoria da desconsideração da pessoa jurídica. O mesmo se dá com relação à responsabilidade por *substituição*, do artigo 135 do Código Tributário Nacional, que não diz mais do que uma forma de atribuição de responsabilidade pessoal a determinados sujeitos pelos créditos de obrigações tributárias resultantes de atos praticados com excesso de poderes ou infração de lei, contrato social ou estatutos, mas não perante o Fisco, e sim diante daquelas pessoas que ele representa.[153]

Nada há para ser desconsiderado na pessoa jurídica quando, em caráter individual, sócios-gerentes ou diretores praticam atos de gestão contaminados e exatamente por isso somente eles respondem pelo comportamento malicioso e pelo não atendimento da obrigação perante o Fisco, estando imunes os demais sócios, o que evidencia a inaplicabilidade da teoria da desconsideração, cujo fenômeno está em permitir sejam executados os bens particulares de todos os sócios, o que não acontece quando a lei tributária responsabiliza o agente malicioso pela dívida fiscal.[154]

Otávio Joaquim Rodrigues Filho também explica que a hipótese prevista pelo artigo 135, III, do Código Tributário Nacional, que atribui responsabilidade por obrigações tributárias aos administradores por atos praticados com excesso de poderes ou infração à lei ao contrato social ou estatutos, não constitui propriamente caso de desconsideração da personalidade jurídica, mas de responsabilidade pessoal do dirigente, por ter algum vínculo com o fato gerador da obrigação tributária, tanto que sua responsabilidade vem a substituir, em algumas situações, a responsabilidade da sociedade, ou seja, pode se tratar até de responsabilidade por substituição, o que significa que não é possível aplicar a desconsideração da personalidade jurídica no campo do direito tributário sob o argumento de que essa matéria deve ser regida exclusivamente por lei complementar (CF, art. 146, III), e a desconsideração somente é prevista na legislação ordinária, como é o caso do artigo 50 do Código Civil. O autor explana ainda acerca da diferença entre responsabilidade tributária, como uma responsabilidade primária, e a responsabilidade exclusivamente patrimonial, que é secundária, a qual seria uma responsabilidade sem débito, mas que deflagra um vínculo de direito público, consistente na sujeição dos bens do devedor à sanção patrimonial. O referido autor complementa que nesse sentido:

> Se houver confusão patrimonial entre a pessoa jurídica e seus sócios ou administradores ou subcapitalização qualificada, de forma a que a pessoa jurídica não possa cumprir suas obrigações tributárias, nada impede que, por responsabilização secundária, sejam atingidos seus dirigentes. Não é o caso de se impor aos membros da sociedade a responsabilidade primária em matéria tributária, decorrente da aplicação da lei ordinária; trata-se, na realidade, de responsabilidade secundária, decorrente da desconsideração da personalidade jurídica da sociedade devedora, ensejada por motivos outros que não os correspondentes aos fatos que deram origem à obrigação tributária.[155]

---

[153] TÔRRES, Heleno Taveira. *Direito tributário e direito privado*: autonomia privada, simulação, elusão tributária. São Paulo: RT, 2003. p. 471.

[154] GAINO, Itamar. *Responsabilidade dos sócios na sociedade limitada*. São Paulo: Saraiva, 2005. p. 32.

[155] RODRIGUES FILHO, Otávio Joaquim. *Desconsideração da personalidade jurídica e processo de acordo com o Código de Processo Civil de 2015*. São Paulo: Malheiros, 2016. p. 109-111.

4.33 A DESCONSIDERAÇÃO DA PERSONALIDADE JURÍDICA NO CÓDIGO DO CONSUMIDOR

No direito positivo brasileiro, a desconsideração da personalidade jurídica surge, pela primeira vez, no artigo 28 do Código de Defesa do Consumidor[156] (Lei 8.078/1990), cujo dispositivo tem aplicação exclusiva nas relações de consumo, assim como existe legislação própria acerca da aplicação da desconsideração da personalidade jurídica nas infrações de ordem econômica e nas de meio ambiente,[157] como também a jurisprudência vem paulatinamente ajustando a aplicação processual da desconsideração da personalidade jurídica, como fez o Superior Tribunal de Justiça ao decidir que a responsabilidade por dívida de cooperativa não atinge conselheiro que não participou da gestão, ou quando decidiu que a teoria menor da desconsideração da personalidade jurídica prevista no Código de Defesa do Consumidor não atinge administrador não sócio.

Conforme o *caput* do artigo 28 do Código de Defesa do Consumidor, estaria configurada a aplicação da desestimação da pessoa jurídica nas relações de consumo, no intuito de evitar danos ao consumidor, nas hipóteses de: (I) abuso de direito; (II) excesso de poder, infração da lei, fato ou ato ilícito ou violação dos estatutos ou contrato social; (III) falência, estado de insolvência, encerramento ou inatividade provocada por má administração; (IV) nos casos em que a personalidade jurídica for de alguma forma obstáculo ao ressarcimento de prejuízos causados aos consumidores.

Consubstanciada pelo Código de Defesa do Consumidor, a desconsideração da personalidade jurídica deixa de ser teoria e passa a ter aplicação legal e incidência naquelas situações em que tenha havido prejuízo ao consumidor, investido o juiz, pelo *caput* do artigo 28 do CDC, do poder de desconsiderar a personalidade jurídica dentro das amplas hipóteses vislumbradas como situações que, quando ocorrentes, podem, em tese, causar algum dano ao consumidor.

Fábio Ulhoa Coelho foi um dos primeiros juristas a denunciar os desacertos do artigo 28 do Código de Defesa do Consumidor com relação à doutrina da teoria da desconsideração da personalidade jurídica, porque, entre as diversas hipóteses caracterizadoras, estavam os casos de pura responsabilidade do administrador e que não pressupõem nenhum superamento da forma da pessoa jurídica.[158]

Embora o abuso do direito seja circunstância pura para ensejar a aplicação episódica da desconsideração da personalidade jurídica, o excesso de poder, a infração da lei, fato ou ato ilícito ou a própria violação dos estatutos ou contrato social dizem respeito à responsabilidade por dano a outrem, proveniente de culpa ou dolo atribuído ao sócio ou administrador, e não à empresa, do mesmo modo como os casos de falência, estado de insolvência, encerramento ou inatividade provocados por má administração são situações que já têm sua gênese no direito societário.

---

[156] Art. 28 do CDC. "O juiz poderá desconsiderar a personalidade jurídica da sociedade quando, em detrimento do consumidor, houver abuso de direito, excesso de poder, infração da lei, fato ou ato ilícito ou violação dos estatutos ou contrato social. A desconsideração também será efetivada quando houver falência, estado de insolvência, encerramento ou inatividade da pessoa jurídica provocados por má administração.

§ 1.º [...]

§ 5.º Também poderá ser desconsiderada a pessoa jurídica sempre que sua personalidade for, de alguma forma, obstáculo ao ressarcimento de prejuízos causados aos consumidores."

[157] TOMAZETTE, Marlon. *Direito societário*. 2. ed. São Paulo: Juarez Oliveira, 2004. p. 86.

[158] COELHO, Fábio Ulhoa. *O empresário e os direitos do consumidor*. São Paulo: Saraiva, 1994. p. 226.

A aplicação da desconsideração da personalidade jurídica objetiva vetar o exercício abusivo da linha divisória que deve existir e ser respeitada entre a personalidade da pessoa jurídica e a personalidade das pessoas físicas de seus sócios, de sorte que não se faz necessária a utilização da teoria da desconsideração, se a legislação, os contratos e os estatutos sociais já preveem e regulamentam a responsabilidade pessoal dos sócios e administradores que avançam os limites geográficos que estabelecem as fronteiras entre o patrimônio social e o patrimônio pessoal dos sócios. Abusos praticados por sócios e administradores que ultrapassam a capacidade patrimonial da empresa não demandam a quebra do princípio da autonomia das diferentes entidades jurídicas, mantendo-se intocada a personalidade da empresa, porque eles têm deveres e responsabilidades funcionais que permitem obrigá-los civilmente por seus excessos e abusos.

Por isso afirma Fábio Ulhoa Coelho que o Código de Defesa do Consumidor faz uso impróprio do superamento da pessoa jurídica para definir que o ato ilícito de administrador gera a responsabilidade civil,[159] como de igual forma a má administração do dirigente da pessoa jurídica enseja sua responsabilidade civil sem ser cogitado da aplicação da teoria da desconsideração da personalidade jurídica.

De fato, a doutrina manifesta reservas ao artigo 28 do Código de Defesa do Consumidor, cujo único foco teria sido o de integral proteção do consumidor mediante o uso excessivo da teoria da desconsideração da personalidade jurídica, quando o instituto só deveria ser manejado quando presente abuso do direito ou fraude societária. O dispositivo protege amplamente o consumidor ao criar toda sorte de pressupostos para a aplicação da teoria da desconsideração da personalidade jurídica, independentemente da fraude ou do abuso do direito, que são os requisitos clássicos e doutrinários da sua incidência processual.

No Código de Defesa do Consumidor, a teoria tem aplicação irrestrita, tanto que o § 5.º do artigo 28 desconsidera a personalidade jurídica "sempre que sua personalidade for, de alguma forma, obstáculo ao ressarcimento de prejuízos causados aos consumidores".

Fábio Ulhoa Coelho registra toda a sua inconformidade com o desvirtuamento da teoria da desconsideração da personalidade jurídica na seara do Direito do Consumidor, não admitindo que a simples insatisfação do credor possa permitir a aplicação da desconsideração para o ressarcimento de prejuízo que tenha sofrido ao fugir dos tradicionais pressupostos de aplicação da superação da personalidade jurídica e que respeitam ao abuso do direito, à confusão patrimonial e à fraude à lei.

Em sentido oposto está o pensamento de Márcio André Medeiros Moraes,[160] quando encontra razões práticas e defensáveis para que a legislação consumerista tenha se desvencilhado das hipóteses clássicas de incidência da desestimação da personalidade jurídica e tenha admitido o mero prejuízo patrimonial do consumidor como causa de aplicação episódica da desconsideração, de modo que, tendo havido prejuízo ao consumidor na relação de consumo, o responsável não poderá se resguardar sob a capa de uma sociedade, que pode ser desconsiderada. O autor citado justifica seu entendimento, comparando a legislação trabalhista com a do consumidor, encontrando, como identidade, a proteção incondicional dos interesses dos trabalhadores e dos consumidores e motivo suficiente para inibir qualquer disfunção engendrada no propósito de frustrar e fazer perecer o direito do consumidor, como pode ser

---

159 COELHO, Fábio Ulhoa. *O empresário e os direitos do consumidor*. São Paulo: Saraiva, 1994. p. 227.

160 MORAES, Márcio André Medeiros. *A desconsideração da personalidade jurídica no Código de Defesa do Consumidor*. São Paulo: LTr, 2002. p. 184.

vislumbrado em decisão jurisprudencial que ilustra o seu ponto de vista, proveniente de um julgado do Colégio Recursal de São Paulo.[161]

Claudia Lima Marques, nos comentários que faz ao § 5.º do artigo 28 do Código de Defesa do Consumidor, retrata o princípio da confiança, instituído pelo Código de Defesa do Consumidor, "garantindo não só a qualidade dos produtos colocados no mercado, mas assegurando também, como dispõe o artigo 6.º, inciso VI, a efetiva reparação dos danos sofridos pelos consumidores, mesmo que para isto, casuisticamente, deva-se desconsiderar um dos maiores dogmas do Direito Comercial e Civil",[162] consubstanciado na autonomia patrimonial consagrada pelo artigo 20 do revogado Código Civil. Conforme Modesto Carvalhosa, a Lei de Defesa do Consumidor assumiu a tarefa de proteger os direitos da parte mais fraca na relação de consumo e dela toma partido quando a sociedade devedora for, por qualquer motivo, extinta e não puder cumprir sua obrigação indenizativa.[163]

O fato é que doutrina e jurisprudência se dividiram e se criaram duas tendências de incidência da desconsideração da personalidade jurídica, subdividindo-se em uma denominada *teoria menor* da desconsideração em oposição à *teoria maior* da desconsideração, em que a primeira admitia a desconsideração sempre que houvesse insatisfação do credor, bastando que fosse comprovada a inexistência de bens sociais e direcionado seu crédito para algum sócio solvente. A segunda teoria, por sua vez, condicionava o afastamento da personalidade jurídica à manipulação fraudulenta ou abusiva da empresa, evidentemente sem se confundir com atos próprios de responsabilidade pessoal de sócio ou administrador por ato de má administração.[164]

Embora a regra geral fosse a aplicação da teoria maior da desconsideração da personalidade jurídica nos casos de abuso da personalidade e fraude à lei, e ainda que real e presente a forte resistência doutrinária e jurisprudencial na aplicação da teoria menor e objetiva da desconsideração da personalidade jurídica, pela qual seria suficiente demonstrar a ocorrência do prejuízo, inevitável admitir que seu raio de atração e de adoção tem forte concentração nas relações de trabalho, como instrumento de defesa do trabalhador, assim como

---

[161] "Embargos de terceiro. Penhora. Inexistência de bens da empresa executada suficientes para garantia do débito. Possibilidade de a constrição recair sobre bens particulares de sócio (empresa), mediante desconsideração da personalidade jurídica, por se tratar de obrigação decorrente de relação de consumo. Recurso não provido. Não tendo a empresa devedora bens suficientes para garantir a execução de obrigação decorrente de relação de consumo é cabível a penhora sobre bens particulares dos sócios, desconsiderando-se a personalidade jurídica, independentemente da prova de abuso de direito, infração da lei ou violação do contrato social (art. 28, § 5.º, CDC)" (Recurso 946, 2.º Colégio Recursal de São Paulo, Rel. Juiz Barros Nogueira, São Paulo, 08.10.1997). Jurisprudência inserta na obra de: MORAES, Márcio André Medeiros. *A desconsideração da personalidade jurídica no Código de Defesa do Consumidor*. São Paulo: LTr, 2002. p. 184.
Também em julgado dos Juizados Especiais Cíveis e Criminais do TJDF: "Constatado o real obstáculo no ressarcimento dos prejuízos ao consumidor, porque foram encerradas as atividades comerciais da empresa, sobrevém a permissão legal de desconsideração da personalidade jurídica da empresa (pessoa jurídica), buscando-se o ressarcimento junto à pessoa física por ela responsável (art. 28, § 5.º)" (TJDF, 2.ª Turma Recursal dos Juizados Especiais Cíveis e Criminais, AC 20010110509732 ACJ/DF, v.u, j. 05.02.2002).
[162] MARQUES, Claudia Lima. *Contratos no Código de Defesa do Consumidor*. 3. ed. São Paulo: RT, 1998. p. 640.
[163] CARVALHOSA, Modesto. *Comentários ao Código Civil*. Coordenação Antônio Junqueira de Azevedo. São Paulo: Saraiva, 2003. v. 13, p. 29.
[164] ARAÚJO, Vaneska Donato de. *Direito civil*. Direito de empresas. São Paulo: RT, 2008. p. 159.

Cap. 4 · A PESSOA JURÍDICA NO DIREITO DE FAMÍLIA | **613**

nas relações de consumo,[165] no Direito Ambiental e nas relações materiais provenientes do Direito de Família, em que o uso da *teoria menor* tinha forte trânsito para aplicação da desconsideração inversa da personalidade jurídica, no intuito de viabilizar o seu reconhecimento pelo próprio juiz da ação familista. No entanto, as preocupações de sua procedência ou não foram superadas depois de regulamentado o procedimento da desconsideração da personalidade jurídica pelo Código de Processo Civil de 2015 e, em especial, pelo expresso reconhecimento da figura da *desconsideração inversa,* no § 2.º do artigo 133 do Código de Processo Civil.

4.34 A DESCONSIDERAÇÃO DA PERSONALIDADE JURÍDICA NA LEI ANTITRUSTE

A Lei Antitruste (Lei 8.884/1994) foi a segunda lei brasileira a regulamentar a desconsideração da personalidade jurídica para fazer frente às infrações de ordem econômica, estabelecendo, no artigo 18, depois revogado pela Lei 12.529/2011, que poderia ser desconsiderada a personalidade jurídica do responsável por infração da ordem econômica, quando houver abuso de direito, excesso de poder, infração da lei, fato ou ato ilícito ou violação dos estatutos ou contrato social. Prescrevia, ainda, o citado dispositivo que a desconsideração também poderia ser efetivada quando houvesse falência, estado de insolvência, encerramento ou inatividade da pessoa jurídica provocados por má administração.

O artigo 170 da Constituição Federal disciplina os princípios gerais da atividade econômica, que é fundada na valorização do trabalho humano e na livre-iniciativa, tudo no propósito de assegurar a todos a existência digna, sendo observados os princípios da soberania nacional, propriedade privada, função social da propriedade, livre concorrência, defesa do consumidor, defesa do meio ambiente, redução das desigualdades regionais e sociais, busca do pleno emprego e tratamento favorecido para as empresas de pequeno porte constituídas sob as leis brasileiras, com sede e administração no País.

Também prevê a Carta Política a repressão ao abuso do poder econômico verificado em práticas com intuito de dominar o mercado, eliminar a concorrência e pelos aumentos abusivos de lucros (art. 174, § 4.º, da CF). Como informa Fábio Ulhoa Coelho,[166] as infrações contra a ordem econômica já são confrontadas com uma série de regras de responsabilização

---

[165] "Desconsideração. Teoria maior e teoria menor. Limite de responsabilização dos sócios. Código de Defesa do Consumidor. Requisitos. Obstáculo ao ressarcimento de prejuízos causados aos consumidores. Art. 28, § 5.º [...]. A teoria maior da desconsideração, regra geral no sistema jurídico brasileiro, não pode ser aplicada com mera demonstração de estar a pessoa jurídica insolvente para o cumprimento de suas obrigações. Exige-se, aqui, para além da prova de insolvência, a demonstração de desvio de finalidade (teoria subjetiva da desconsideração), ou a demonstração de confusão patrimonial (teoria objetiva da desconsideração). A teoria menor da desconsideração, acolhida em nosso ordenamento jurídico excepcionalmente no direito do consumidor e no direito ambiental, incide com a mera prova de insolvência da pessoa jurídica para o pagamento de suas obrigações, independentemente da existência de desvio de finalidade ou de confusão patrimonial. Para a teoria menor, o risco empresarial normal às atividades econômicas não pode ser suportado pelo terceiro que contratou com a pessoa jurídica, mas pelos sócios e/ou administradores da pessoa jurídica. A aplicação da teoria menor da desconsideração às relações de consumo está calcada na exegese autônoma do § 5.º do art. 28 do CDC, porquanto a incidência desse dispositivo não se subordina à demonstração dos requisitos previstos no caput do artigo indicado, mas apenas à prova de causar, a mera existência da pessoa jurídica, obstáculo ao ressarcimento de prejuízos causados aos consumidores" (STJ, 3.ª Turma, REsp 279.273/SP, Rel. Min. Nancy Andrighi, j. 04.12.2003, v.m., *DJ* 29.03.2004, p. 230).

[166] COELHO, Fábio Ulhoa. *Direito antitruste brasileiro.* São Paulo: Saraiva, 1995. p. 3.

do empresário, nas diferentes esferas de atuação, nas áreas civil, penal e administrativa. A legislação antitruste busca tutelar os primados da ordem econômica em um sistema capitalista de respeito à liberdade de iniciativa e de competição, cuidando de coibir as infrações contra a ordem econômica, por serem lesivas à concorrência e aos princípios norteadores do livre mercado,[167] pois a disciplina antitruste representa um ato de intervenção do Estado no domínio econômico.[168]

Trata-se de norma objetivando coibir, em realidade, o abuso do poder econômico, reprimir a dominação do mercado, eliminar a concorrência e o aumento arbitrário dos lucros, buscando não só reprimir, mas também prevenir infrações contra a ordem econômica. O responsável por infração da ordem econômica é sempre uma pessoa física que age em nome da empresa como sócio, administrador ou dirigente.[169]

Portanto, a disciplina antitruste é estabelecida em favor dos interesses coletivos, *pro societatis*, preservando os mecanismos de mercado e de repressão à concorrência desleal.

A regulação da desconsideração da personalidade jurídica na legislação antitruste é similar ao disposto no Código de Defesa do Consumidor, tendo também aqui sofrido severas críticas de perda de sua identidade, porque a teoria da desconsideração só teria pertinência nos casos de abuso do direito ou de fraude, pelo desvio da finalidade societária, não se cogitando o superamento da pessoa jurídica naquelas definições típicas de responsabilidade civil por ato ilícito ou excesso de poder, infração da lei, fato ou ato ilícito ou violação dos estatutos ou contrato social.

Em virtude dessa extrapolação de incidência da desconsideração da pessoa jurídica na legislação antitruste, a redação do artigo 18 da mencionada Lei acompanhou a do Código de Defesa do Consumidor, e, tal como aquela, estaria impregnada dos mesmos defeitos.[170]

4.35 A DESCONSIDERAÇÃO DA PERSONALIDADE JURÍDICA NA LEI DE PROTEÇÃO AO MEIO AMBIENTE

A Lei 9.605, de 12 de fevereiro de 1998 (Lei de Proteção ao Meio Ambiente), tem natureza híbrida, pois versa sobre os crimes contra o meio ambiente e traz, também, disposições de ordem civil e administrativa.

O destaque da Lei de Proteção ao Meio Ambiente foi o de estabelecer a responsabilidade penal da pessoa jurídica na legislação ordinária, a partir do artigo 225, § 3.º, da Constituição Federal de 1988. É a terceira lei a regulamentar o instituto da desconsideração da personalidade jurídica no sistema legal brasileiro, ao dispor, no artigo 4.º, que "poderá ser desconsiderada a pessoa jurídica sempre que sua personalidade for obstáculo ao ressarcimento de prejuízos causados à qualidade do meio ambiente", assim como, no artigo 2.º, atribui responsabilidade criminal aos administradores da pessoa jurídica que a utilizaram como escudo para propósitos ilícitos e nada fizeram para impedir essa ilicitude.[171]

Portanto, se os administradores de uma empresa que tenham causado danos ao meio ambiente buscarem a isenção de sua responsabilidade com a constituição de uma nova

---

[167] COELHO, Fábio Ulhoa. *Direito antitruste brasileiro*. São Paulo: Saraiva, 1995. p. 4.
[168] BRUNA, Sérgio Varella. *O poder econômico e a conceituação do abuso em seu exercício*. São Paulo: RT, 1997. p. 168.
[169] CRETELLA JÚNIOR, José. *Comentários à lei antitruste*. Rio de Janeiro: Forense, 1995. p. 68.
[170] ARAÚJO, Vaneska Donato de. *Direito civil*. Direito de empresas. São Paulo: RT, 2008. p. 173.
[171] BRANCO, Fernando Castelo. *A pessoa jurídica no processo penal*. São Paulo: Saraiva, 2001. p. 70.

empresa, no propósito de criar embaraços para o ressarcimento do dano ambiental, poderá ser alcançado o patrimônio pessoal dos sócios ou administradores para a cobrança do crédito devido.[172]

O artigo 4.º da Lei de Proteção ao Meio Ambiente não traz os excessos vislumbrados no artigo 28 do Código de Defesa do Consumidor.

4.36 A DESCONSIDERAÇÃO DA PERSONALIDADE JURÍDICA NO CÓDIGO CIVIL DE 2002

A desconsideração da personalidade jurídica ganhou visibilidade no ordenamento jurídico brasileiro com a edição do artigo 50 do Código Civil de 2002, ao permitir estender os efeitos jurídicos de certas relações de obrigações aos bens particulares dos administradores ou sócios da pessoa jurídica nos casos de abuso da personalidade jurídica, caracterizado pelo desvio de finalidade ou pela confusão patrimonial.

Tratou o vigente diploma civil de relativizar o rígido princípio da separação entre a existência física dos sócios e a das pessoas jurídicas, preconizado pelo artigo 20 do Código Civil de 1916. Esse dispositivo que considerava como patrimônios distintos os das pessoas jurídicas e os de cada um dos sócios que a compõem não desapareceu com a assunção da teoria da desconsideração da personalidade jurídica pelo Código Civil de 2002, contudo permite, e nisso sobressai sua relevante importância institucional, que essa técnica de separação patrimonial possa sofrer maior controle e rigor quando se presta a práticas abusivas ou fraudulentas, valendo-se empresas e empresários da máscara societária para frustrar direitos de terceiros pelo abuso ou pela fraude da pessoa jurídica.

Anota Guilherme Calmon Nogueira da Gama o grande número de emendas sofridas pelo artigo 50 do Código Civil durante a tramitação do projeto até sua redação atual sob a influência da teoria objetiva de Fábio Konder Comparato, que considera, como razões de incidência da desconsideração, o *desvio de finalidade societária* e *a confusão patrimonial.*[173]

Entrementes, o juiz não pode agir por sua própria iniciativa, dependendo de requerimento da parte ou do Ministério Público para desconsiderar a personalidade jurídica, em contraponto à autonomia de que dispõe o julgador no Código de Defesa do Consumidor para a proteção do hipossuficiente, cuja iniciativa judicial estaria atendendo a um imperativo constitucional, enquanto o diploma civil regula relações de direito entre pessoas em suposta igualdade de condições.[174]

Sem abstrair a importância de o vigente Código Civil absorver a teoria da desconsideração da personalidade jurídica e assim estender sua aplicação para os diferentes campos de atrito das relações de obrigações entre particulares, administradores, sócios e cônjuges, parceiros, credores e até sucessores de sócios empresários, mesmo assim o artigo 50 do diploma substantivo civil vem sofrendo críticas da doutrina por fazer entender que a responsabilidade dos sócios e administradores seria unicamente subsidiária, e não direta, ao ordenar no seu § 1.º que "os efeitos de certas e determinadas relações de obrigações sejam estendidos aos bens

---

[172] MADALENO, Rolf. A *disregard* no direito de família. *In*: MADALENO, Rolf. *Direito de família*. Aspectos polêmicos. Porto Alegre: Livraria do Advogado, 1998. p. 73.

[173] GAMA, Guilherme Calmon Nogueira da. *Direito civil*. Parte geral. São Paulo: Atlas, 2006. p. 79.

[174] GAMA, Guilherme Calmon Nogueira da. *Direito civil*. Parte geral. São Paulo: Atlas, 2006. p. 79.

particulares dos administradores ou sócios da pessoa jurídica",[175] e por sua redação conter exageros, que chegam a atribuir ao juiz poderes em excesso, entre estes o de decretar a exclusão do sócio responsável ou promover a dissolução da sociedade.[176]

Tais críticas resultaram no Projeto de Lei 7.160/2002 para dar nova redação ao artigo 50 do Código Civil,[177] começando por ressuscitar a redação do artigo 20 do Código Civil de 1916 e reforçar a ideia sempre presente de completa distinção da existência da pessoa jurídica em confronto com a de seus sócios, pessoas físicas, não devendo ser fundidas ou confundidas essas diferentes personalidades, salvo quando presentes as exceções mencionadas nos três parágrafos que complementam a redação do artigo 50 do Código Civil.

Os ajustes redacionais do artigo 50 do Código Civil buscaram preservar a autonomia patrimonial da pessoa jurídica e distinguir com clareza sua própria personalidade daquela de seus sócios e delimitar o real alcance da desconsideração da personalidade jurídica, para deixar bem claro que só haveria a incidência da *disregard doctrine* nas situações de abuso ou fraude da personalidade jurídica, sendo atingidos os bens particulares dos sócios ou administradores que praticaram atos abusivos ou de fraude da pessoa jurídica. Essa nova redação sugerida pelo Projeto de Lei 7.160/2002, arquivado em 2011, também buscava diferenciar os efeitos da desconsideração da personalidade jurídica e aqueles provenientes da fraude à execução, regulada pelo artigo 792 do Código de Processo Civil. Na fraude à execução, o juiz simplesmente declara a ineficácia dos atos de alienação praticados pela empresa que responde por demanda executiva, sem a necessidade de alcançar os bens pessoais dos sócios. Entretanto, se os bens desviados pela fraude à execução não são suficientes para reparar o dano ou quitar os débitos, pode ser aplicada à episódica desconsideração da personalidade jurídica, se houve abuso de sua personalidade, e ser alcançados os bens dos sócios, uma vez que já tenham sido escusados os bens que retornaram ao patrimônio da pessoa jurídica.[178]

Esse redirecionamento legislativo tenciona esclarecer os limites e impor os necessários freios à aplicação da desconsideração da personalidade jurídica, já que o artigo 50 do Código Civil foi redigido sob a inspiração da *teoria objetiva da desconsideração*. A tendência do intérprete da lei é a de acolher a concepção subjetiva da desconsideração da personalidade e autorizar a superação da personalidade jurídica somente quando houver prova incontroversa, respeitado o contraditório, da prática de abuso do direito ou de fraude, porque somente assim preserva o princípio da autonomia patrimonial da pessoa jurídica.

---

[175] CARVALHO NETO, Inácio de. *Curso de direito civil brasileiro*. Teoria geral do direito civil. Curitiba: Juruá, 2006. p. 208.

[176] PANTOJA, Teresa Cristina G. Anotações sobre as pessoas jurídicas. *In*: TEPEDINO, Gustavo (coord.). *A parte geral do novo Código Civil*. Rio de Janeiro: Renovar, 2002. p. 106.

[177] Projeto de Lei 7.160/2002. "Art. 50. As pessoas jurídicas têm existência distinta da de seus membros (que correspondia ao artigo 20 do Código Civil de 1916).

§ 1.º Nos casos de desvio de finalidade ou confusão patrimonial, praticados com abuso da personalidade jurídica, pode o juiz declarar, a requerimento da parte prejudicada, ou do Ministério Público quando lhe couber intervir no processo, que os efeitos de certas e determinadas relações de obrigações sejam estendidos aos bens particulares dos administradores ou sócios da pessoa jurídica, que lhes deram causa ou deles obtiveram proveito, facultando-lhes o prévio exercício do contraditório.

§ 2.º O requerimento deve indicar objetivamente quais os atos abusivos praticados pelos administradores ou sócios da pessoa jurídica.

§ 3.º Nos casos de fraude, à execução não será desconsiderada a personalidade jurídica antes de declarada a ineficácia dos atos de alienação, com a consequente excussão dos bens retornados ao patrimônio da pessoa jurídica."

[178] FIUZA, Ricardo. *O novo Código Civil e as propostas de aperfeiçoamento*. São Paulo: Saraiva, 2004. p. 45.

4.37 A DESCONSIDERAÇÃO DA PERSONALIDADE JURÍDICA NA LEI ANTICORRUPÇÃO

Conta Juliano Heinen que a Lei Anticorrupção (Lei 12.846/2013) veio para completar o sistema normativo criado pela Lei de Improbidade Administrativa (Lei 8.429/1992), na medida em que esta última se preocupava em coibir e sancionar as condutas violadoras dos preceitos republicanos cometidos pelas pessoas *naturais e agentes estatais*, qual seja punia as pessoas físicas agentes de corrupção, daí surgindo a Lei 12.846/2013, que estendeu o regime de repreensão às pessoas jurídicas, tendo como principal foco a punição do corruptor, e não necessariamente do corrompido, que recebe a vantagem indevida e lesa o patrimônio público,[179] assim como, na mesma esteira, o Decreto 11.129/2022, que regulamenta a Lei 12.846/2013 e que dispõe sobre a responsabilização administrativa e civil de pessoas jurídicas pela prática de atos contra a administração pública, nacional ou estrangeira.

Não se trata de uma lei com conteúdo punitivo criminal, mas que dispõe sobre a responsabilização objetiva administrativa e civil das pessoas jurídicas pela prática de atos contra a administração pública, nacional ou estrangeira (Lei 12.846/2013, art. 1.º), tendo por meta coibir os atos de corrupção administrativa, combatendo as imoralidades decorrentes da malversação da coisa pública, que nada mais representa senão o exercício nocivo das funções públicas, que permitem o beneficiamento das pessoas jurídicas de direito privado, pela prática de fraude, corrupção ou tráfico de influência. Dispõe a Lei Anticorrupção dois regimes de responsabilidade, sendo um deles *administrativo*, com sanções prescritas às pessoas jurídicas de um processo administrativo e outro *judicial*, cujas sanções são aplicadas pela via de um processo, podendo haver sanções de ordem administrativa e judicial, porque uma não impede a outra, não ocorrendo qualquer *bis in idem* sancionatório.[180]

Dispõe o artigo 5.º, III, da Lei 12.846/2013 que constituem atos lesivos à administração pública, nacional ou estrangeira, para os fins desta Lei, todos aqueles praticados pelas pessoas jurídicas mencionadas no parágrafo único do artigo 1.º, que atentem contra o patrimônio público nacional ou estrangeiro, contra princípios da administração pública ou contra os compromissos internacionais assumidos pelo Brasil, assim definidos – comprovadamente, utilizar-se de interposta pessoa física ou jurídica para ocultar ou dissimular seus reais interesses ou a identidade dos beneficiários dos atos praticados.

O artigo 14 da Lei 12.846/2013 estabelece que a personalidade jurídica poderá ser desconsiderada sempre que utilizada com abuso do direito para facilitar, encobrir ou dissimular a prática dos atos ilícitos previstos nessa Lei ou para provocar confusão patrimonial, sendo estendidos todos os efeitos das sanções aplicadas à pessoa jurídica aos seus administradores e sócios com poderes de administração, observados o contraditório e a ampla defesa.

Novamente calha a lição de Juliano Heinen ao mencionar que se trata de mecanismo que visa impedir a consumação de abusos de direito, fraudes e todo tipo de ilícito levado a efeito por meio de pessoas jurídicas, ou até mesmo de pessoa física, que servem de anteparo ilegítimo de responsabilidade pelo ressarcimento dos prejudicados, figurando a pessoa interposta como escudo do fraudador ou corruptor, asseverando ser factível reconhecer a desconsideração da personalidade jurídica em âmbito administrativo, e não necessariamente diante do Poder Judiciário, uma vez que o Tribunal de Contas da União, vale dizer, a Administração Pública, possui a prerrogativa

---

[179] HEINEN, Juliano. *Comentários à lei anticorrupção*. Belo Horizonte: Fórum, 2015. p. 32-33.
[180] HEINEN, Juliano. *Comentários à lei anticorrupção*. Belo Horizonte: Fórum, 2015. p. 41-42.

de desconsiderar a personalidade jurídica de sociedades constituídas com abuso de forma e fraude à lei,[181] situação que autoriza estender os efeitos da sanção administrativa aos sócios.[182]

4.38 A DESCONSIDERAÇÃO DA PERSONALIDADE JURÍDICA NA LEI DE LIBERDADE ECONÔMICA

Refere o Ministro Ricardo Villas Bôas Cueva que a Medida Provisória 881, de 30 de abril de 2019, depois vertida na Lei 13.874, de 20 de setembro de 2019, alcunhada de *Lei de Liberdade Econômica*, com as alterações posteriormente verificadas pela Lei 14.195/2021, veio com o propósito de estabelecer garantias de livre mercado, prever a análise de impacto regulatório, além de promover importantes alterações em institutos de direito público e privado. Informa, ainda, que a Lei de Liberdade Econômica tem três eixos, o primeiro deles criando norma geral de direito econômico; o segundo eixo, e este importa particularmente ao presente trabalho, visa a promover importantes alterações em institutos de direito privado, especialmente o da desconsideração da personalidade jurídica, mas também relativamente à função social do contrato e aos contratos interempresariais e acerca dos fundos de investimento;[183] e o terceiro eixo, que introduz no direito público a análise do impacto regulatório, além de modificar importantes normas trabalhistas, entre outras medidas.[184]

O artigo 1.º da Lei 13.874/2019, ao instituir a *declaração de direitos de liberdade econômica*, estabelece normas de proteção à livre-iniciativa e ao livre exercício de atividade econômica, com especial observação na aplicação e na interpretação do direito civil, empresarial, econômico, urbanístico e do trabalho nas relações jurídicas que se encontrem no seu âmbito de aplicação e na ordenação pública, inclusive sobre o exercício das profissões, comércio, juntas comerciais, registros públicos, trânsito, transporte e proteção do meio ambiente (Lei 13.874/2019, art. 1.º, § 1.º).

---

[181] "Administrativo. Recurso ordinário em mandado de segurança. Licitação. Sanção de inidoneidade para licitar. Extensão de efeitos à sociedade com o mesmo objeto social. Mesmos sócios e mesmo endereço. Fraude à lei e abuso de forma. Desconsideração da personalidade jurídica na esfera administrativa. Possibilidade. Princípio da moralidade administrativa e da indisponibilidade dos interesses públicos. A constituição de nova sociedade, com o mesmo objeto social, com os mesmos sócios e com o mesmo endereço, em substituição a outra declarada inidônea para licitar com a Administração Pública Estadual, com o objetivo de burlar a aplicação da sanção administrativa, constitui abuso de forma e fraude à Lei de Licitações, Lei 8.666/93, de modo a possibilitar a aplicação da teoria da desconsideração da personalidade jurídica para estenderem-se os efeitos da sanção administrativa à nova sociedade constituída. A Administração Pública pode, em observância ao princípio da moralidade administrativa e da indisponibilidade dos interesses públicos tutelados, desconsiderar a personalidade jurídica de sociedade constituída com abuso de forma e fraude à lei, desde que facultados ao administrado o contraditório e a ampla defesa em processo administrativo regular. Recurso a que se nega provimento" (STJ, 2.ª Turma, RMS 15.166/BA, Rel. Min. Castro Meira, j. 07.8.2003).

[182] HEINEN, Juliano. *Comentários à lei anticorrupção*. Belo Horizonte: Fórum, 2015. p. 222-225.

[183] A Terceira Turma do STJ considera possível que os efeitos da desconsideração da personalidade jurídica atinjam os fundos de investimento, eis que, embora os fundos não tenham personalidade jurídica, eles titularizam direitos e obrigações e, além disso, podem ser constituídos ou utilizados de forma fraudulenta pelos cotistas – pessoas físicas ou jurídicas –, o que justifica a aplicação do instituto da desconsideração da personalidade jurídica (REsp. 1.965.982/SP, Rel. Min. Ricardo Villas Bôas Cueva, j. 05.04.2022).

[184] CUEVA, Ricardo Villas Bôas et al. (coord.). *Lei de liberdade econômica e seus impactos no direito brasileiro*. São Paulo: RT, 2019. p. 5.

Cap. 4 • A PESSOA JURÍDICA NO DIREITO DE FAMÍLIA | **619**

No âmbito da desconsideração da personalidade jurídica direta ou inversa, a Lei 13.874/2019 retoma, no artigo 49-A, os preceitos do artigo 20 do Código Civil de 1916, agregando ao Código Civil de 2002 o texto legal da relativização da responsabilidade da pessoa jurídica em confronto com a pessoa física dos seus sócios, associados, instituidores ou administradores, reafirmando, como estabelecia o artigo 20 do Código Civil de 1916, que não somente os sócios, como constava no texto revogado, mas também os associados, instituidores ou administradores de uma pessoa jurídica, com relação a qualquer um deles, não podem ser confundidos entre eles, salvo se incorrerem pessoalmente, ou por meio da pessoa jurídica que titulam, em casos de abuso da personalidade jurídica.

Trata-se, em realidade, da advertência existente ao tempo do Código Civil de 1916, e que a própria jurisprudência vinha advertindo, sobre a necessidade de que a prática do levantamento do véu societário seja levada a efeito com as máximas cautela e prudência, para não colocar em perigo a própria razão de ser da pessoa jurídica e sua expressão no mercado capitalista.[185] Teme o legislador a banalização da desconsideração da personalidade jurídica em detrimento da segurança jurídica de que devem ser destinatárias as sociedades empresárias como entes geradores de empregos, tributos e construção de riquezas. A doutrina e a jurisprudência querem que, na aplicação da desconsideração da personalidade jurídica, que deve ser excepcional, e não um instrumento genérico, fique demonstrado que os entes sociais foram utilizados para prejudicar direitos de terceiros. Deve ser anotado que a desconsideração episódica da personalidade jurídica há de ser parcimoniosa e cuidadosa, levantada apenas em casos extremos, quando não mais existam outros remédios processuais, de uso restrito, somente justificado o seu uso naquelas hipóteses em que se mostre evidente que a sociedade foi usada com propósitos fraudulentos, por meio da confusão de personalidade e de patrimônios entre uma pessoa física e uma pessoa jurídica, sob pena de destruição da natureza jurídica das sociedades.

O abuso da personalidade jurídica é caracterizado pelo desvio de sua finalidade, sendo utilizada a pessoa jurídica no propósito de lesar credores e para a prática de atos ilícitos de qualquer natureza (Código Civil, art. 50, § 1.º), ou pela confusão patrimonial, entendida diante da ausência de separação de fato entre os patrimônios (Código Civil, art. 50 § 2.º), cuja confusão patrimonial se caracteriza: pelo cumprimento repetitivo pela sociedade de obrigações do sócio ou do administrador ou vice-versa (inc. I); pela transferência de ativos ou de passivos sem as efetivas contraprestações, exceto as de valor proporcionalmente insignificante (inc. II); por outros atos da autonomia patrimonial (inc. III), não constituindo desvio de finalidade a mera expansão ou a alteração da finalidade original da atividade econômica específica da pessoa jurídica (Código Civil, art. 50, § 5.º).

Enfim, a Lei de Liberdade Econômica propugna pela liberdade de iniciativa como elemento essencial do capitalismo, liberdade esta que precisa estar institucionalmente assegurada e não ser facilmente abalada. Portanto, pontua em parte como um dos pilares da sua edição de somente ser abalada sua estrutura quando verificado um propósito efetivamente abusivo ou um ânimo claramente fraudulento, tudo fruto de uma concreta percepção judicial acerca da forma como a sociedade empresária desenvolve suas atividades, não podendo o empreendedor ficar à margem de meras suspeitas e suposições do julgador. É exemplo um caso concreto no qual o juiz desconsiderou a personalidade jurídica de uma sociedade empresária, unicamente porque entre os seus objetivos sociais não constava a locação de imóveis,

---

[185] YÁGÜEZ, Ricardo de Ángel. *La doctrina del levantamiento del velo de la persona jurídica en la jurisprudencia*. 7. ed. Navarra: Thomson Reuters/Aranzadi, 2017. p. 121.

entendendo que, por isso, todos os imóveis comprados em nome da sociedade e que estavam sendo alugados pela sociedade não atendiam aos seus objetivos sociais e deduziu que teria havido um desvio de finalidade para assim decretar que todos os imóveis comerciais, embora comprados pela sociedade, deveriam pertencer ao casamento, os quais teriam sido desviados do matrimônio não porque uma vez pertenceram às pessoas dos cônjuges, mas simplesmente porque na concepção da julgadora podiam ter sido comprados pelo casal como pessoas físicas, ainda que com recursos da pessoa jurídica, olvidando-se sob todas as formas do artigo 50 do Código Civil, com a redação atribuída pela Lei 13.874/2019, cujo § 5.º expressamente dispõe que "não constitui desvio de finalidade a mera expansão ou alteração da finalidade original da atividade econômica específica da pessoa jurídica".

Afinal, ordena o artigo 2.º da Lei 13.874/2019 como princípios que a norteiam: a liberdade como garantia no exercício de atividade econômica (inc. I); a boa-fé do particular perante o poder público (inc. II); a intervenção subsidiária e excepcional do Estado sobre o exercício de atividades econômicas (inc. III); e o reconhecimento da vulnerabilidade do particular perante o Estado (inc. IV), de modo que a sociedade empresária vem em primeiro lugar, mas nunca como valor absoluto e extremo, como a sociedade empresária era tratada ao tempo em que a desconsideração da personalidade jurídica era mera teoria acadêmica.

Capítulo 5
FUNDAMENTO DA DESCONSIDERAÇÃO DA PERSONALIDADE JURÍDICA

5.1 PRESSUPOSTOS PARA A DESCONSIDERAÇÃO

O artigo 50 do Código Civil brasileiro trouxe para a ordem jurídica positiva o fundamento da teoria da desconsideração da personalidade jurídica como ágil instrumento para restringir o absolutismo desse instituto, que constitui uma criação da lei, uma concessão do Estado para realização de um fim. Deve o Estado, contudo, ter a faculdade de observar se o direito concedido está sendo adequadamente utilizado e se a via societária não está sendo posta a serviço da fraude pelo desvio de finalidade ou pelo abuso do direito visando à ilícita obtenção de vantagens. Isso porque a personalidade jurídica é unicamente um atributo conferido a certas organizações sociais, sendo a separação patrimonial, somente, uma consequência dessa atribuição decorrente da desconsideração. Dessa ficção legal surge um conceito de pessoa jurídica como ente separado de seus membros e com um patrimônio social que não responde pelas dívidas de seus sócios. Assim, vista a pessoa jurídica como ente autônomo e com patrimônio próprio, deve atender a suas finalidades sociais, sem qualquer desvio malicioso de suas funções, porquanto, ultrapassando os limites de sua personalidade, a doutrina do levantamento do véu societário tem episódica atuação, porque não é dado aos sócios ou acionistas usar a pessoa jurídica como instrumento de seus interesses pessoais, estranhos à função da empresa.

O fundamento legal da desconsideração da personalidade jurídica enunciada pelo artigo 50 do Código Civil, com a redação conferida pela Lei de Liberdade Econômica (Lei 13.874/2019), está em reprimir a manipulação da sociedade empresária nas hipóteses de abuso da personalidade jurídica, caracterizado pelo desvio de finalidade ou pela confusão patrimonial, cujas fraudes são cometidas sob a máscara societária, tutelando, assim, o princípio inerente da boa-fé nas relações obrigacionais, o qual não se compadece com o mau uso da forma jurídica.

A ideia da desconsideração da personalidade jurídica foi desenvolvida para proteger os credores de boa-fé contra fraudes e abusos cometidos com o instrumento da pessoa jurídica[1] e será aplicável sempre que, por má-fé, dolo ou por meio de ato temerário, a sociedade estiver sendo empregada para dissimular escusos interesses.

---

[1] ANDRADE FILHO, Edmar Oliveira. *Desconsideração da personalidade jurídica no novo Código Civil*. São Paulo: MP Editora, 2005. p. 81.

Como observa José Edwaldo Tavares Borba, a doutrina não tem o alcance de anular a personalidade jurídica, mas tão só de afastá-la em certas situações, quando os sócios manipularam os interesses da sociedade para atenderem a suas pretensões pessoais.[2]

Consoante o texto do artigo 50 do vigente Código Civil, a desconsideração da personalidade jurídica está condicionada a duas únicas situações identificadas pelo *desvio de finalidade*, ou pela *confusão patrimonial*, independentemente da demonstração de insolvência da pessoa jurídica, conforme Enunciado 281 da IV Jornada do CJF.[3]

O abuso da personalidade jurídica é decorrência do desvio de finalidade ou da confusão patrimonial, havendo queixa doutrinária levantada por Alexandre Couto Silva,[4] de haver se olvidado o legislador brasileiro de agregar ao artigo 50 do Código Civil as hipóteses de fraude em geral, assim como se ressente o texto de reconhecer a aplicação da desconsideração nos casos de subcapitalização societária.[5] Contudo, com a nova redação do artigo 50 do Código Civil, diante dos acréscimos colacionados pela Lei de Liberdade Econômica (Lei 13.874/2019), para que seja ignorada a autonomia patrimonial da pessoa jurídica, é preciso que esteja configurada a confusão patrimonial entre o patrimônio da pessoa jurídica e o de seu integrante, ou o desvio de finalidade, no sentido de a pessoa jurídica ser utilizada para uma finalidade distinta daquela para a qual ela foi criada.

Portanto, o desvio de finalidade ocorre quando a pessoa jurídica pratica atos incompatíveis com o contrato social ou estatuto de regência de suas atividades, agindo com excesso ou abuso de poder e desviando-se dos objetivos da própria instituição da personalidade jurídica. Atuam os sócios ou algum deles, além do poder estatutário ou contratual ou da finalidade da pessoa jurídica, guardando sua ação íntima sintonia com a teoria *ultra vires*, preconizada no artigo 1.080 do Código Civil, cujo dispositivo prevê a responsabilização pessoal do sócio que age de modo ilícito e abusivo por detrás do véu societário. Não trata o artigo 1.080 do Código Civil de ilimitação de responsabilidade, mas de responsabilidade patrimonial ilimitada dos sócios por atos praticados em fraude à lei, ao contrato ou aos estatutos, mas que fique muito claro que a doutrina dos atos *ultra vires* não se confunde com a teoria da desconsideração, pois, se o ato for apenas *ultra vires*, deve haver apenas responsabilização daquele que desviou a empresa dos estatutos, extrapolando suas finalidades específicas, ou seja, seu objeto social.[6]

---

[2]   BORBA, José Edwaldo Tavares. *Direito societário*. 9. ed. Rio de Janeiro: Renovar, 2004. p. 33.

[3]   A Comissão de Juristas, responsável pela revisão e atualização do Código Civil, atribui ao anteprojeto apresentado ao Senado Federal uma nova redação para o artigo 50 do Código Civil.

[4]   SILVA, Alexandre Couto. *Aplicação da desconsideração da personalidade jurídica no direito brasileiro*. São Paulo: LTr, 1999. p. 90.

[5]   Escreve José Tadeu Neves Xavier (A teoria da desconsideração da pessoa jurídica no novo Código Civil. *Revista Ajuris*, Porto Alegre, v. 89, p. 179, mar. 2003) que: "O texto do artigo 50 do novo Código Civil pecou ao omitir-se em relação a um ponto tormentoso na questão da limitação de responsabilidade dos sócios em nosso sistema, que é a ocorrência da subcapitalização como motivos para o reconhecimento da desconsideração".

[6]   RODRIGUES FILHO, Otávio Joaquim. *Desconsideração da personalidade jurídica e processo de acordo com o Código de Processo Civil de 2015*. São Paulo: Malheiros, 2016. p. 138 (nota 148): "Os atos *ultra vires* levam à invalidade do ato e à responsabilidade pessoal do administrador, o que não ocorre em termos de desconsideração da personalidade jurídica, que não objetiva a invalidade de qualquer negócio jurídico, mas tão somente a ineficácia da personalidade – mais especificamente, do respectivo atributo de separação patrimonial. Bem como a desconsideração não leva à responsabilização patrimonial única e exclusiva do administrador, mas, via de regra, à responsabilidade subsidiária pelas obrigações da sociedade".

Cap. 5 · FUNDAMENTO DA DESCONSIDERAÇÃO DA PERSONALIDADE JURÍDICA | 623

O desvio de finalidade abrange uma formulação subjetiva da desconsideração, ao abarcar as hipóteses de *fraude* e de *abuso do direito*,[7] anotando Cristiane Oliveira da Silva Pereira Motta que o desvio de finalidade se apresenta sob duas vertentes, uma em sentido lato, que se refere à finalidade institucional da pessoa jurídica, e a outra em sentido estrito, relacionada à finalidade objetiva e definida nos respectivos estatutos ou contratos sociais. Traz como exemplo clássico de desvio de finalidade institucional a *subcapitalização*, de forma que a desconsideração da personalidade jurídica encontra campo de atuação quando se refira à subcapitalização *qualificada*, na qual o capital inicial é claramente insuficiente ao cumprimento dos objetivos e da atividade social, no notório agir doloso dos sócios, enquanto na subcapitalização *simples* existe ausência de recursos da sociedade, mas não se apresenta qualquer agir doloso ou culposo dos sócios ao deixarem de prover capital suficiente à atividade social, não ensejando a incidência da desconsideração da personalidade jurídica, salvo esteja associada à confusão patrimonial e ao abuso da personalidade jurídica.[8]

A outra hipótese de incidência da teoria da desconsideração, preconizada pelo artigo 50 do Código Civil, advém da confusão patrimonial, uma vez que a lei estabelece uma clara distinção entre os bens pessoais dos sócios e o patrimônio da sociedade empresária. Essa separação era textualmente estampada no artigo 20 do Código Civil de 1916 e sob certo modo foi reeditada no artigo 49-A do Código Civil,[9] com sua redação extraída da Lei 13.874/2019 (Lei de Liberdade Econômica), sendo fundamental para o desenvolvimento empresarial a

---

[7] "Recurso especial. Desconsideração da personalidade jurídica. CPC/2015. Procedimento para declaração. Requisitos para a instauração. Observância das regras de direito material. Desconsideração com base no art. 50 do CC/2002. Abuso da personalidade jurídica. Desvio de finalidade. Confusão patrimonial. Insolvência do devedor. Desnecessidade de sua comprovação. 1. A desconsideração da personalidade jurídica não visa à sua anulação, mas somente objetiva desconsiderar no caso concreto, dentro de seus limites, a pessoa jurídica, em relação às pessoas ou bens que atrás dela se escondem, com a declaração de sua ineficácia para determinados efeitos, prosseguindo, todavia, incólume para seus outros fins. 2. O CPC/2015 inovou no assunto prevendo e regulamentando procedimento próprio para a operacionalização do instituto de inquestionável relevância social e instrumental, que colabora com a recuperação de crédito, combate à fraude, fortalecendo a segurança do mercado, em razão do acréscimo de garantias aos credores, apresentando como modalidade de intervenção de terceiros (arts. 133 a 137). 3. Nos termos do novo regramento, o pedido de desconsideração não inaugura ação autônoma, mas se instaura incidentalmente, podendo ter início nas fases de conhecimento, cumprimento de sentença e executiva, opção, inclusive, há muito admitida pela jurisprudência, tendo a normatização empreendida pelo novo diploma o mérito de revestir de segurança jurídica a questão. 4. Os pressupostos da desconsideração da personalidade jurídica continuam a ser estabelecidos por normas de direito material, cuidando o diploma processual tão somente da disciplina do procedimento. Assim, os requisitos da desconsideração variarão de acordo com a natureza da causa, seguindo-se, entretanto, em todos os casos, o rito procedimental proposto pelo diploma processual. 5. Nas causas em que a relação jurídica subjacente ao processo for cível-empresarial, a desconsideração da personalidade da pessoa jurídica será regulada pelo art. 50 do Código Civil, nos casos de abuso da personalidade jurídica, caracterizado pelo desvio de finalidade, ou pela confusão patrimonial. 6. A inexistência ou não localização de bens da pessoa jurídica não é condição para a instauração do procedimento que objetiva a desconsideração, por não ser sequer requisito para aquela declaração, já que imprescindível a demonstração específica da prática objetiva de desvio de finalidade ou de confusão patrimonial. 7. Recurso especial provido" (STJ, 4.ª Turma, Res. 1.729.554/SP, Rel. Min. Luis Felipe Salomão, j. 08.05.2018).

[8] MOTTA, Cristiane Oliveira da Silva Pereira. *Desconsideração inversa da personalidade jurídica*. Aspectos materiais e o incidente previsto no Código de Processo Civil. Rio de Janeiro: Lumen Juris, 2020. p. 69.

[9] "Civil. Penhora das quotas de sociedade limitada. Empresa familiar. Imóvel pertencente à pessoa jurídica onde se alega residirem os únicos sócios. Princípio da autonomia patrimonial e da integridade do capital social. Art. 789 do CPC. Arts. 49-A, 1.024, 1.055 e 1.059 do Código Civil. Confusão patrimonial.

autonomia patrimonial criada justamente em benefício dos sócios ao limitar suas responsabilidades. Ocorrendo a deliberada mistura das massas patrimoniais, a fronteira da autonomia patrimonial da sociedade e de seus sócios torna-se fluida, ensejando a perda da responsabilidade limitada.[10]

Por meio da aplicação direta do desvendamento do véu societário serão atingidos os bens particulares dos sócios ou administradores responsáveis pelo desvio de finalidade ou pela confusão patrimonial,[11] podendo, também, ser aplicada na via inversa nas disputas matrimoniais em que o cônjuge empresário se esconde sob as vestes da sociedade, sendo então alcançados os bens da sociedade,[12] para pagamento do cônjuge, convivente ou credor prejudicado.[13]

A desconsideração da personalidade jurídica apenas deverá incidir sobre os bens dos administradores ou sócios que operaram na prática do abuso ou fraude e na utilização da pessoa jurídica, não gerando qualquer responsabilidade sobre os sócios que não participaram dos atos de desvio do ente jurídico.[14]

O direito argentino dispõe no artigo 143 do seu Código Civil e Comercial que a pessoa jurídica tem uma personalidade distinta da de seus membros, e estes não respondem pelas obrigações da pessoa jurídica, exceto nas hipóteses expressamente previstas na Parte Geral do Código Civil e Comercial argentino e em lei especial, adotando, como faz o direito brasileiro, a clássica separação de patrimônio como um dos eixos retores e razão de ser da personalidade jurídica, atuando a inoponibilidade da pessoa jurídica, ou a sua desconsideração, consoante expressão utilizada pela legislação brasileira, como uma figura de exceção ao assinalado critério de separação de patrimônios.[15]

Dessarte, dispõe o artigo 144 do Código Civil e Comercial argentino que a inoponibilidade da pessoa jurídica nasce como uma resposta do sistema legal aos abusos originados pelo mascaramento do ser humano por detrás da figura de uma pessoa jurídica, que utiliza mal a figura da pessoa jurídica e seus atributos, em prejuízo de terceiros, em geral para se eximir de responsabilidade, acrescentando José W. Tobías, depois de explicar que no revogado Código

---

Desconsideração positiva da personalidade jurídica para proteção de bem de família. Lei n. 8.009/90." (STJ, 4ª Turma, REsp 1.154.567/SP, Rel. Min. Maria Isabel Gallotti, j. 14.03.2023).

[10] XAVIER, José Tadeu Neves em A teoria da desconsideração da pessoa jurídica no novo Código Civil. *Revista Ajuris*, Porto Alegre, v. 89, p. 176, mar. 2003.

[11] BORBA, José Edwaldo Tavares. *Direito societário*. 2. ed. Rio de Janeiro: Renovar, 1995. p. 36.

[12] "Agravo de instrumento. Medida cautelar. Sequestro. Recurso admitido como agravo de instrumento. Preliminar afastada. Conhecimento parcial. Demonstração de confusão patrimonial com outra empresa. Lesão à partilha. Providência acautelatória. Depósito judicial de parte do faturamento. [...] 3. Mérito. A análise da documentação trazida aos autos demonstra efetiva confusão patrimonial entre a empresa do casal litigante e aquela constituída, posteriormente, pela atual esposa do agravado e o genitor desta (sogro do agravado). Neste contexto, tem-se que a pretensão da agravante, de sequestro de 4% do faturamento das empresas, com depósito judicial, se mostra necessária à proteção de seus direitos. O pleito é negado tão somente, em relação à pessoa física, porque não há falar, nesta hipótese, em faturamento. Rejeitada a preliminar de conversão à forma retida, conheceram em parte do recurso e, na parte conhecida, deram parcial provimento. Unânime" (TJRS, 8.ª Câmara Cível, Agravo de Instrumento 70048313068, Rel. Des. Luiz Felipe Brasil Santos, j. 09.08.2012).

[13] MADALENO, Rolf. *Direito de família*: aspectos polêmicos. Porto Alegre: Livraria do Advogado, 1999. p. 28.

[14] SOUSA, Sueli Baptista de. *Responsabilidade dos sócios na sociedade limitada*. São Paulo: Quartier Latin, 2006. p. 141.

[15] TOBÍAS, José W. *Código Civil y Comercial comentado*. Tratado exegético. Director José W. Tobías. Coordinador Ignacio Alterini. 3. ed. Buenos Aires: La Ley, 2019. t. I, p. 1242-1243.

Civil argentino não existia um preceito parecido, mas somente no artigo 54 da Lei Geral de Sociedades, no vigente diploma civil se está, em definitivo, em presença de uma regra de:

> Moralização das relações jurídicas e de controle da ordem pública que serve para responsabilizar os integrantes da pessoa jurídica. Se tem afirmado que deve ser uma espécie de *ultima ratio,* como argumento final a que se chega por conta de uma cuidadosa valorização de todas as circunstâncias do caso e não como uma decisão automaticamente adotada ante a constatação de determinados fatos. Mais atinado parece dizer que deve ser aplicada com prudência, não porém com timidez: assim o impõe a *ratio* mesma da teoria (que aspira, como dito, evitar a mascarização do ser humano por detrás da personalidade jurídica.[16]

5.2 FINALIDADE DA DESCONSIDERAÇÃO

O Código Civil destaca a boa-fé como um padrão de conduta comum do homem médio, devendo agir em conformidade com determinados modelos admitidos pela lei e pela sociedade. A boa-fé é princípio geral do ordenamento jurídico brasileiro, em que todas as pessoas devem se comportar com boas intenções em suas interações recíprocas, havendo-se também com lealdade no desenvolvimento das suas relações jurídicas, tanto no âmbito dos seus direitos como no de suas obrigações. É norma de alcance amplo que irradia sua vigência para todo o regime jurídico, de forma que a ninguém é dado pretender fazer valer direitos que contrariem esse princípio.

Até o advento do Código Civil de 2002, o ordenamento jurídico brasileiro não estabelecia um princípio geral de boa-fé, como o por ele recepcionado, ordenando o artigo 422 da Lei Substantiva a adoção ao princípio da boa-fé objetiva, em que realçam os princípios de probidade, sem desconsiderar a boa-fé subjetiva que impede a prática de ato abusivo.

Como princípio geral, a boa-fé oferece os mecanismos genéricos para preencher todas aquelas lacunas de abuso que as partes podem cometer em relação a terceiros e que a lei é incapaz de identificar, prever e proibir, servindo o princípio para evitar a malícia e as maquinações engendradas para causarem danos mediante o desvio da lei e de negócios com aparente legitimidade.

A boa-fé é um modelo de comportamento esperado de um bom chefe de família, de um profissional ou de um empresário, sócio ou administrador, os quais devem obrar com lealdade e com diligência de um bom homem de negócios, e esse princípio representa para o julgador uma valiosa ferramenta para abortar manobras fraudulentas, com aparente legalidade, mas que contrariam os mais elementares deveres éticos e jurídicos daquele[17] bom homem de negócios.

Portanto, a desconsideração da personalidade jurídica tutela o princípio da boa-fé, que, como diz Edmar Oliveira Andrade Filho, não se compadece com o uso de formas jurídicas, quando mascaram o propósito de elidir obrigações legítimas.[18]

Na experiência norte-americana, o fundamento da desconsideração estava em promover sua aplicação sempre quando o conceito de pessoa jurídica fosse empregado para fraudar

---

[16] TOBÍAS, José W. *Código Civil y Comercial comentado.* Tratado exegético. Director José W. Tobías. Coordinador Ignacio Alterini. 3. ed. Buenos Aires: La Ley, 2019. t. I, p. 1244.

[17] MESA, Marcelo J. López; CESANO, José Daniel. *El abuso de la personalidad jurídica de las sociedades comerciales.* Buenos Aires: Depalma, 2000. p. 221.

[18] ANDRADE FILHO, Edmar Oliveira. *Desconsideração da personalidade jurídica no novo Código Civil.* São Paulo: MP Editora, 2005. p. 85.

credores, elidir uma obrigação existente, burlar uma norma, conseguir perpetuar um monopólio ou proteger o crime, estando por detrás dessas inúmeras referências da jurisprudência norte-americana, como principal elemento de constituição da base teórica, o fundamento jurídico da *disregard* na ocorrência do logro, da fraude propriamente dita, agindo o sócio ou a sociedade em evidente má-fé para embaçar direito de terceiro ou mesmo da própria sociedade.

Daí constatar ser a função primeira da desconsideração da personalidade jurídica o efeito de evitar que o formalismo societário encubra uma injustiça perpetrada pelo mau uso societário, impedindo que sirva a personalidade jurídica como instrumento de fraude ou de abuso em acintosa oposição à cláusula geral da boa-fé, princípio no qual se assentam todos os negócios jurídicos e que devem respeitar aos direitos fundamentais da pessoa humana, ou consoante manifestação oportuna levantada por Ricardo de Ángel Yágüez, quando assevera não ser possível elaborar um catálogo de fenômenos, situações ou problemas em que na prática do levantamento do véu da pessoa jurídica possa ser constituído um instrumento adequado e inclusive necessário para a obtenção de soluções que se ajustem à justiça material, enquanto fundadas na exata valoração dos interesses que realmente se encontrem em jogo em cada caso. Isso significa despojar a pessoa jurídica de sua vestimenta formal para comprovar o que existe por debaixo dela, o que seria o mesmo que desenvolver pronunciamentos jurídicos como se não existisse a pessoa jurídica.[19] Essa reflexão ajuda a compreender a intenção do legislador ao editar a Lei de Liberdade Econômica, ponderando as garantias do livre mercado e o princípio da intervenção subsidiária e excepcional do Estado sobre o exercício de atividades econômicas.[20]

5.3 A ANTIGA TEORIA MAIOR DA DESCONSIDERAÇÃO

Antes do advento do Código de Processo Civil de 2015, existiam no direito brasileiro duas formulações jurídicas acerca da teoria da desconsideração da personalidade jurídica, sendo uma delas denominada *teoria maior da desconsideração*, que seria mais consistente e mais bem elaborada, por condicionar o afastamento episódico da autonomia patrimonial tão somente se ocorrer a manipulação fraudulenta ou abusiva da pessoa jurídica.[21] Nessa formulação maior da desconsideração da personalidade jurídica ou na também denominada *teoria subjetiva* da desconsideração, o juiz era autorizado a afastar o princípio da autonomia patrimonial do ente jurídico para impedir fraudes e abusos praticados por meio da personalidade jurídica, sendo insuficientes a verificação e a constatação do prejuízo do credor.

Conforme Fábio Ulhoa Coelho, a teoria subjetiva era mais sólida e mais bem elaborada, porquanto exigia, para a aplicação episódica do afastamento da autonomia patrimonial da empresa, a caracterização da manipulação fraudulenta ou abusiva do ente moral.[22]

Na formulação maior ou subjetiva da desconsideração da personalidade jurídica, o prejuízo do credor não era suficiente, a fraude ou a manipulação abusiva não se presumiam e precisavam ser demonstrados.

---

[19] YÁGÜEZ, Ricardo de Ángel. *La doctrina del levantamiento del velo de la persona jurídica en la jurisprudencia*. 7. ed. Navarra: Thomson Reuters/Aranzadi, 2017. p. 95.

[20] FRAZÃO, Ana. Liberdade econômica para quem? A necessária vinculação entre a liberdade de iniciativa e a justiça social. *In*: SALOMÃO, Luis Felipe; CUEVA, Ricardo Villas Bôas; FRAZÃO, Ana (coord.). *Lei de Liberdade Econômica e seus impactos no direito brasileiro*. São Paulo: RT/Thomson Reuters, 2020. p. 116.

[21] COELHO, Fábio Ulhoa. *Curso de direito civil*. São Paulo: Saraiva, 2003. v. 1, p. 35.

[22] COELHO, Fábio Ulhoa. *Curso de direito civil*. São Paulo: Saraiva, 2003. v. 1, p. 35.

Para essa linha de pensamento prevalecia a barreira da autonomia patrimonial da personalidade jurídica, consagrada pelo revogado artigo 20 do Código Civil de 1916,[23] sendo excepcional a aplicação da desconsideração, devendo, portanto, ser respeitados os princípios da mais ampla defesa e do devido processo legal.[24]

Nesse caso, não havendo como presumir a fraude ou o abuso de direito sob o manto da personalidade jurídica, descabia ao julgador desconsiderar a separação entre os sócios e a pessoa jurídica, ficando tudo dependente de um exaustivo processo de conhecimento ajuizado pelo credor da sociedade com relação aos sócios e à sociedade empresária.

Nessa ação, o credor tinha o ônus de provar a fraude ou o abuso do direito, cuja autoria devia ser imputada ao sócio ou aos sócios de uma sociedade empresária que assim manipularam a autonomia privada da empresa, descabendo, justamente, na formulação maior da desconsideração que o juiz desconsiderasse a personalidade jurídica por mero despacho judicial proferido no âmago de uma ação de cobrança ou de execução e transferindo, para os embargos de terceiro, a discussão da fraude ou do abuso.

Para a teoria da formulação maior, estaria sendo sufocado o direito constitucional do devido processo legal e invertido o ônus da prova, não havendo como desconsiderar a pessoa jurídica por sua mera insolvência no cumprimento de suas obrigações, sendo exigida, ainda, a prova do desvio de finalidade societária ou a demonstração de confusão patrimonial, tudo a ser debatido no devido processo judicial, com a citação e participação da pessoa jurídica e dos seus sócios, o que não afastava a possibilidade da decretação incidental da desconsideração.[25]

---

[23] Esse artigo 20 do CC/1916 foi ressuscitado pela Lei 13.874/2019 (LLE) que acrescentou o artigo 49-A ao Código Civil de 2002: "Art. 49-A. A pessoa jurídica não se confunde com os seus sócios, associados, instituidores ou administradores. Parágrafo único. A autonomia patrimonial das pessoas jurídicas é um instrumento lícito de alocação e segregação de riscos, estabelecidos pela lei com a finalidade de estimular empreendimentos, para a geração de empregos, tributo, renda e inovação em benefícios de todos".

[24] "Pessoa jurídica. Teoria da desconsideração. Inaplicabilidade. Superação da regra do art. 20 do CC (1916) que exige o devido processo legal. Impossibilidade de se alcançar o ente jurídico por dívida de sócio em simples despacho ordinatório da execução. Mandado de segurança concedido. A doutrina da superação ou desconsideração da personalidade jurídica traz questão de alta indagação exigente do devido processo legal para a expedição de um provimento extravagante, que justifique invadir a barreira do art. 20 do CC. Não é resultado que se alcance em simples despacho ordinatório da execução, do arresto ou do mandado de segurança, todos de cognição superficial" (MS 443.801-9, 2.ª C., Rel. Juiz Sena Rebouças, j. 11.04.1990). Acórdão extraído da obra de: SILVA, Osmar Vieira da. *Desconsideração da personalidade jurídica, aspectos processuais*. Rio de Janeiro: Renovar, 2002. p. 167-168, nota de rodapé 266.

[25] "Processo civil. Recurso ordinário em mandado de segurança. Falência. Grupo de sociedades. Estrutura meramente formal. Administração sob unidade gerencial, laboral e patrimonial. Desconsideração da personalidade jurídica da falida. Extensão do decreto falencial às demais sociedades do grupo. Possibilidade. Terceiros alcançados pelos efeitos da falência. Legitimidade recursal. Pertencendo a falida a grupo de sociedades sob o mesmo controle e com estrutura meramente formal, o que ocorre quando diversas pessoas jurídicas do grupo exercem suas atividades sob unidade gerencial, laboral e patrimonial, é legítima a desconsideração da personalidade jurídica da falida para que os efeitos do decreto falencial alcancem as demais sociedades do grupo. Impedir a desconsideração da personalidade jurídica nesta hipótese implica prestigiar a fraude à lei ou contra credores. A aplicação da teoria da desconsideração da personalidade jurídica dispensa a propositura de ação autônoma para tal. Verificados os pressupostos de sua incidência, poderá o juiz, incidentalmente no próprio processo de execução (singular ou coletiva), levantar o véu da personalidade jurídica para que o ato de expropriação atinja os bens particulares de seus sócios, de forma a impedir a concretização de fraude à lei ou contra terceiros. Os terceiros alcançados pela desconsideração da personalidade jurídica da falida estão legitimados a interpor,

5.4 A ANTIGA TEORIA MENOR DA DESCONSIDERAÇÃO

Para os adeptos da formulação menor da desconsideração da personalidade jurídica, também reconhecida como aplicação *objetiva* do desvendamento, existia completo desprezo à forma jurídica, sendo suficientes tão somente a demonstração da insolvência da empresa e a não satisfação do crédito. Para essa teoria, o juiz, simplesmente, despachava, no corpo do processo de conhecimento ou de execução, desconsiderando o ato fraudulento ou abusivo, ou mesmo ordenando a penhora de bens de sócio ou de administrador e relegando, para eventuais embargos de terceiro, o palco apropriado para a defesa daqueles terceiros, cujos bens foram atingidos pela decisão judicial.

Inverter o ônus da prova era a formulação da teoria menor da desconsideração da personalidade jurídica adotada pelo artigo 28 do Código de Defesa do Consumidor, e entre os principais divulgadores dos critérios objetivos de aplicação da teoria da desconsideração da personalidade jurídica estava Fábio Konder Comparato, especialmente diante dos grupos de sociedade que exercem um poder de controle sobre outras sociedades por elas dominadas, devendo ser simplesmente considerada a existência da lesão, acrescentado que: "a desconsideração da personalidade jurídica é operada como consequência de um desvio de função, ou disfunção, resultante sem dúvida, as mais das vezes de abuso ou fraude, mas que nem sem sempre constitui um ato ilícito".[26]

Com esse enfoque objetivo da desconsideração, tornava-se dispensável a comprovação processual dos elementos subjetivos da fraude ou do abuso do direito, sendo suficiente a produção da prova do prejuízo causado por meio da personalidade jurídica para a declaração episódica do levantamento do véu societário, porquanto, nesse contexto objetivo da desconsideração, importava o fato concreto da frustração material do credor da sociedade empresária diante da insolvabilidade da pessoa jurídica.

No REsp 279.273/SP, a Ministra Nancy Andrighi considerou excepcional a aplicação da *teoria menor* da desconsideração, acolhida no Direito do Consumidor e no Direito Ambiental, a qual:

> [...] incide com a mera prova de insolvência da pessoa jurídica para o pagamento de suas obrigações, independentemente da existência de desvio de finalidade ou de confusão patrimonial.

> Para a teoria menor, o risco empresarial normal às atividades econômicas não podia ser suportado pelo terceiro que contratara com a pessoa jurídica, mas pelos sócios e/ou administradores desta, ainda que estes demonstrassem conduta administrativa proba, isto é, mesmo que não existisse qualquer prova capaz de identificar conduta culposa ou dolosa por parte dos sócios e/ou administradores da pessoa jurídica. A aplicação da teoria menor da desconsideração às relações de consumo estava calcada na exegese autônoma do § 5.º do artigo 28 do CDC, porquanto a incidência desse dispositivo não se subordinava à demonstração dos requisitos previstos no *caput* do artigo indicado, mas apenas à prova de causar, a mera existência da pessoa jurídica, obstáculo ao ressarcimento de prejuízos causados.[27]

---

perante o próprio juízo falimentar, os recursos tidos por cabíveis, visando à defesa de seus direitos" (STJ, 3.ª Turma, ROMS 14.168/SP, Rel. Min. Nancy Andrighi, j. 30.04.2002).

[26] COMPARATO, Fábio Konder. *O poder de controle na sociedade anônima*. Rio de Janeiro: Forense, 1983. p. 286.

[27] REsp 279.173/SP (2000/0097184-7), Rel. Min. Ari Pargendler, Ministra redatora do acórdão Nancy Andrighi, j. 14.02.2003, *DJ* 29.03.2004.

Cap. 5 · FUNDAMENTO DA DESCONSIDERAÇÃO DA PERSONALIDADE JURÍDICA | **629**

Para a teoria menor da desconsideração, era suficiente o estado de insolvência da pessoa jurídica no concernente ao pagamento de seus compromissos comerciais, devendo ser suportado pela empresa o risco de sua atividade econômica, e não pelo terceiro com quem contratara, ou pelos sócios e administradores do ente jurídico, indiferente a inexistência de conduta culposa ou dolosa dos sócios ou administradores. Assim determinam o artigo 28, § 5.º, do Código de Defesa do Consumidor (Lei 8.078/1990) e o artigo 4.º da Lei do Meio Ambiente (Lei 9.605/1998), quando desconsideram a pessoa jurídica sempre que sua personalidade for obstáculo ao ressarcimento de prejuízos causados à qualidade do meio ambiente, cujos dispositivos obviamente enfrentam as restrições e os cuidados do artigo 49-A do Código Civil.

A teoria menor da desconsideração tinha por igual e pertinente sua aplicação no âmbito do Direito de Família, em cuja seara não havia, e segue não existindo, espaço temporal e processual para longas divagações doutrinárias e demoradas demandas processuais envolvendo terceiros que sofreram os efeitos da episódica desconsideração, e ela servia tanto à defesa do consumidor como amparava. De forma especial escreveu Fábio Ulhoa Coelho: "os direitos de família. Na desconstituição do vínculo de casamento ou de união estável, a partilha de bens comuns pode resultar fraudada".[28]

A então teoria menor da desconsideração da personalidade jurídica não fora acolhida, entretanto, no artigo 50 do Código Civil, pois essa teoria objetivava responsabilizar os sócios pelo dano causado, fosse no meio ambiente, fosse em referência ao consumidor considerado hipossuficiente. Presente o dano, o ressarcimento seria direcionado contra os sócios, em caráter subsidiário, caso a pessoa jurídica não dispusesse de bens suficientes, incidindo a desconsideração da personalidade jurídica pela mera prova da insolvência do ente moral, porque essa ausência de lastro material se constituía em um evidente obstáculo ao ressarcimento dos prejuízos causados ao meio ambiente ou ao consumidor.

5.5 DESCONSIDERAÇÃO INVERSA

Desde seus primórdios pairavam divergências sobre as formulações de incidência de aplicação da desconsideração da personalidade jurídica, subdividindo-se os seus pressupostos, em regra, em duas categorias de aplicação, uma denominada *teoria maior* ou subjetiva e a outra *teoria menor* ou objetiva da desconsideração.

Conforme o artigo 50 do Código Civil brasileiro, em caso de abuso da personalidade jurídica, caracterizado pelo desvio de finalidade ou ocorrendo a confusão patrimonial, por conta da qual não existe uma linha divisória entre o patrimônio da empresa e do de seus sócios, a requerimento da parte, ou do Ministério Público, o juiz pode desconsiderar a personalidade jurídica e decidir que os efeitos de certas e determinadas relações de obrigações da empresa sejam estendidos aos bens particulares dos administradores ou sócios da pessoa jurídica beneficiados direta ou indiretamente pelo abuso.

Essa é a aplicação clássica da desconsideração da personalidade jurídica, em que o juiz deixa de considerar a tradicional regra da separação dos patrimônios e impõe à pessoa física dos sócios ou administradores o dever ressarcitório,[29] até porque foram esses mesmos sócios que tencionaram fraudar ou frustrar direitos de terceiros, desrespeitando essa autonomia patrimonial sob as vestes da personalidade jurídica.

---

[28] COELHO, Fábio Ulhoa. *Curso de direito comercial.* 14. ed. São Paulo: Saraiva, 2010. p. 47.

[29] PEREIRA, Caio Mário da Silva. *Direito civil.* Alguns aspectos da sua evolução. Rio de Janeiro: Forense, 2001. p. 65.

Portanto, na aplicação habitual da desconsideração do véu societário, o julgador proclama a ineficácia episódica do ato jurídico e responsabiliza a pessoa física considerada beneficiada pela existência da pessoa jurídica e possibilita: "que se prescinda da estrutura formal da pessoa jurídica para que a decisão penetre para além da ficção da personalidade existente e atinja as pessoas físicas que por sobre o véu da pessoa jurídica se encobrem".[30]

Por vezes, a responsabilidade pode ser focalizada no extremo oposto, consistente no abuso da personalidade física, sem sombra de dúvida de uso corrente e crescente no âmbito das relações econômico-financeiras do Direito de Família, valendo-se o cidadão do uso fraudulento ou abusivo da personalidade jurídica para desviar algum direito ou recurso proveniente, em especial, das relações familiares e sucessórias.

Essa técnica jurídica de responsabilizar a sociedade empresária por ato abusivo de seus sócios ou administradores é chamada de *desconsideração inversa*, só se legitimando quando a sociedade se tornou mera extensão da pessoa física do sócio, como pode acontecer quando um cônjuge transfere maliciosamente os bens do casamento para a empresa da qual é sócio,[31] entre tantas outras previsíveis situações de fraude a direitos e obrigações de ordem civil e especialmente familiar ou sucessória.

Perfeitamente viável conceber a existência de um abuso da personalidade física pelo mau uso da pessoa jurídica, não pertencente essa hipótese ao terreno da ficção, mas, ao contrário, de largo uso na prática corriqueira da fraude na fuga de responsabilidades e obrigações, tanto que resultou no Enunciado 283, aprovado na IV Jornada de Direito Civil do CJF, que reconhece: "É cabível a desconsideração da personalidade jurídica denominada *inversa* para alcançar bens de sócio que se valeu da pessoa jurídica para ocultar ou desviar bens pessoais,

---

[30] PORTO, Sérgio Gilberto. *Doutrina e prática dos alimentos*. 3. ed. São Paulo: RT, 2003. p. 124.

[31] "Recurso especial. 1. Não preenchimento dos requisitos da desconsideração inversa da personalidade jurídica. Ausência de prequestionamento. Súmulas n.º 282 e 356 do STF. 2. Legitimidade *ad causam*. Pertinência subjetiva entre o sujeito e a causa. Titularidade da relação jurídica de direito material. 3. Desconsideração inversa da personalidade jurídica. Ação de divórcio. Possibilidade. Evidências da intenção de um dos cônjuges de subtrair dos outros direitos oriundos da sociedade afetiva. 4. Legitimidade *ad causam*. Aplicação da teoria da asserção. 5. Sócia beneficiada por suposta transferência fraudulenta de cotas sociais por um dos cônjuges. Legitimidade passiva daquela sócia para a ação de divórcio cumulada com partilha de bens, no bojo da qual se requereu a declaração de ineficácia do negócio jurídico efetivado entre os sócios. Existência de pertinência subjetiva. 6. Recurso especial parcialmente conhecido e, nesta extensão, desprovido. 1. A ausência de prequestionamento se evidencia quando o conteúdo normativo contido nos dispositivos supostamente violados não foi objeto de debate pelo Tribunal de origem. Hipótese em que incidem os rigores das Súmulas 282 e 356/STF. 2. A legitimidade de agir (*legitimatio ad causam*) é uma espécie de condição da ação consistente na pertinência subjetiva da demanda, ou seja, decorre da relação jurídica de direito material existente entre as partes. 3. A jurisprudência desta Corte admite a aplicação da desconsideração inversa da personalidade jurídica toda vez que um dos cônjuges ou companheiros utilizar-se da sociedade empresária que detém controle, ou de interposta pessoa física, com a intenção de retirar do outro consorte ou companheiro direitos provenientes da relação conjugal. Precedente. 4. As condições da ação, aí incluída a legitimidade para a causa, devem ser aferidas com base na teoria da asserção, isto é, à luz das afirmações contidas na petição inicial. 5. A sócia da empresa, cuja personalidade jurídica se pretende desconsiderar, que teria sido beneficiada por suposta transferência fraudulenta de cotas sociais por um dos cônjuges, tem legitimidade passiva para integrar a ação de divórcio cumulada com partilha de bens, no bojo da qual se requereu a declaração de ineficácia do negócio jurídico que teve por propósito transferir a participação do sócio/ex-marido à sócia remanescente (sua cunhada), dias antes da consecução da separação de fato. 6. Recurso especial parcialmente conhecido e, nesta extensão, desprovido" (STJ, 3.ª Turma, REsp 1.522.142/PR, Rel. Min. Marco Aurélio Bellizze, j. 13.06.2017).

Cap. 5 · FUNDAMENTO DA DESCONSIDERAÇÃO DA PERSONALIDADE JURÍDICA | 631

com prejuízo a terceiros". Escreve Raquel Nunes Bravo se tratar de uma grande evolução no Direito de Família, visto que sua aplicação no ordenamento jurídico tenta coibir o uso da autonomia da pessoa jurídica para fins obscuros, além de impedir a má-fé pelos sócios que têm a pretensão de coligar os bens de família aos da sociedade, com o intuito de frustrar execuções de obrigações.[32]

E, mais do que a consagração doutrinária, jurisprudencial e sua consolidação em enunciados, está o reconhecimento em texto expresso do Código de Processo Civil de 2015, cujo artigo 133, § 2.º, descreve e dá existência legal à figura jurídica da desconsideração *inversa* da personalidade jurídica, explicando Alexandre Freire e Leonardo Albuquerque Marques que, com a desconsideração inversa da personalidade jurídica, a lei visa coibir a fraude perpetrada pelo devedor que desvia seus bens pessoais e os transfere para a pessoa jurídica para se furtar do cumprimento de suas obrigações pessoais.[33]

Artifícios dessa moldura autorizam, diante do abuso do direito e da fraude, a aplicação episódica, incidental e inversa da desconsideração da personalidade jurídica da empresa que acoberta o sócio insolvente e devedor de obrigação familiar,[34] por exemplo, não obstante as evidências desmintam a trama arquitetada para escondê-lo do quadro societário e a sua boa condição financeira desfrutada sob o véu da pessoa jurídica. Diante desses simulados recursos, nada se faz mais acertado senão atribuir à empresa desvirtuada de sua finalidade social a titularidade passiva da obrigação daquele sócio escondido sob a máscara societária com a total conivência e coparticipação da empresa.[35]

---

[32] BRAVO, Raquel Nunes. *Sociedades afetivas.* Dissoluções e a desconsideração da personalidade jurídica inversa. Curitiba: Juruá, 2013. p. 79.

[33] FREIRE, Alexandre; MARQUES, Leonardo Albuquerque. *Comentários ao Código de Processo Civil.* Organização Lenio Luiz Streck, Dierle Nunes e Leonardo Carneiro da Cunha. Coordenador Executivo Alexandre Freire. São Paulo: Saraiva, 2016. p. 205.

[34] "Direito de família. Execução de acordo judicial envolvendo alimentos e valores devidos à ex-consorte a título de meação. Pedido de desconsideração inversa da personalidade jurídica, a fim de viabilizar a penhora de imóvel (apartamento) de propriedade da empresa da qual o executado é irrecusavelmente dono. Utilização pessoal e exclusiva do bem pelo devedor. Confusão patrimonial evidente. Executado que, conquanto não figure formalmente como sócio no contrato social, exerce atos de administrador e proprietário da empresa, a qual está em nome de seus filhos. Inexistência de qualquer outro bem pessoal para garantir a dívida. Recurso provido. Na desconsideração inversa da personalidade jurídica de empresa comercial, afasta-se o princípio da autonomia patrimonial da pessoa jurídica, responsabilizando-se a sociedade por obrigação pessoal do sócio. Tal somente é admitido, entretanto, quando comprovado suficientemente ter havido desvio de bens, com o devedor transferindo seus bens à empresa da qual detém controle absoluto, continuando, todavia, deles a usufruir integralmente, conquanto não façam parte do seu patrimônio particular, porquanto integrados ao patrimônio da pessoa jurídica controlada (AI 2000.018889-1, Rel. Des. Trindade dos Santos, j. 25.01.2002)" (TJSC, 4.ª Câmara de Direito Civil, Agravo de Instrumento 2011.059371-2, Rel. Des. Eládio Torret Rocha, j. 03.05.2012).

[35] "Agravo de instrumento. Execução de alimentos. Penhora *on-line* de dinheiro da empresa do executado. Cabimento. Excesso de execução não provado. Evidenciado que o executado tenta frustrar o pagamento dos alimentos em execução, correta a decisão que determinou a penhora de dinheiro em conta de empresa do executado. Desnecessária expressa referência à aplicação da teoria da desconsideração inversa da personalidade jurídica. A alegação de excesso de execução deve vir acompanhada, imediatamente, do valor que o executado entende devido, sob pena de pronta rejeição. Caso em que deve ser mantida a penhora de dinheiro em conta bancária do executado. Negaram provimento. Unânime" (TJRS, 8.ª Câmara Cível, Agravo de Instrumento 70042813105, Rel. Des. Rui Portanova, j. 18.08.2011).

Cuida-se da desconsideração inversa da personalidade jurídica para captar a autêntica realidade ocultada pelo sócio e pela empresa, estando os dois imbuídos do propósito de encobrir obrigação originária do sócio, excedendo, ambos, o objetivo social da empresa[36] em clara afronta à ordem jurídica e ao democrático Estado de Direito.

Em ato mais elaborado pode o cônjuge, companheiro ou devedor de alimentos esconder seus bens constituindo muitos tipos societários que vão se aglutinando, com participações maiores ou menores de sócios, tudo engendrado no propósito de dificultar a localização dos bens, sendo tarefa do Judiciário, como mostra Nelson Abrão, despertar para o uso contínuo dessa prática e dispor de uma polícia financeira habilitada para aferir essas migrações de sócio que figura em outras empresas, radiografando e identificando as operações fraudulentas e oferecendo meios para desconsiderá-las, contando com a cooperação da quebra do sigilo bancário e fiscal para decifrar o quebra-cabeça da migração patrimonial divisada.[37]

Como explica Fábio Ulhoa Coelho,[38] na aplicação inversa da desconsideração da personalidade jurídica, é o devedor quem transfere seus bens para a pessoa coletiva sobre a qual detém o controle, que pode ou não ser absoluto, mas cuja participação societária permite desviar dos seus credores pessoais a garantia das suas dívidas. São os credores da pessoa física que viram frustrados seus créditos que não puderam ser satisfeitos pelo desvio indevido de bens do devedor para a pessoa jurídica e onde buscou blindar seu patrimônio pessoal. Portanto, para que o direito não seja logrado de forma tão escancarada e acintosa, por meio da

---

[36] "Processual civil e civil. Recurso especial. Execução de título judicial. Art. 50 do CC/02. Desconsideração da personalidade jurídica inversa. Possibilidade. I – A ausência de decisão acerca dos dispositivos legais indicados como violados impede o conhecimento do recurso especial. Súmula 211/STJ. II – Os embargos declaratórios têm como objetivo sanear eventual obscuridade, contradição ou omissão existentes na decisão recorrida. Inexiste ofensa ao art. 535 do CPC/73, quando o Tribunal *a quo* se pronuncia de forma clara e precisa sobre a questão posta nos autos, assentando-se em fundamentos suficientes para embasar a decisão, como ocorrido na espécie. III – A desconsideração inversa da personalidade jurídica caracteriza-se pelo afastamento da autonomia patrimonial da sociedade, para, contrariamente do que ocorre na desconsideração da personalidade propriamente dita, atingir o ente coletivo e seu patrimônio social, de modo a responsabilizar a pessoa jurídica por obrigações do sócio controlador. IV – Considerando-se que a finalidade da *disregard doctrine* é combater a utilização indevida do ente societário por seus sócios, o que pode ocorrer também nos casos em que o sócio controlador esvazia o seu patrimônio pessoal e o integraliza na pessoa jurídica, conclui-se, de uma interpretação teleológica do art. 50 do CC/02, ser possível a desconsideração inversa da personalidade jurídica, de modo a atingir bens da sociedade em razão de dívidas contraídas pelo sócio controlador, conquanto preenchidos os requisitos previstos na norma. V – A desconsideração da personalidade jurídica configura-se como medida excepcional. Sua adoção somente é recomendada quando forem atendidos os pressupostos específicos relacionados com a fraude ou abuso de direito estabelecidos no art. 50 do CC/02. Somente se forem verificados os requisitos de sua incidência, poderá o juiz, no próprio processo de execução, 'levantar o véu' da personalidade jurídica para que o ato de expropriação atinja os bens da empresa. VI – À luz das provas produzidas, a decisão proferida no primeiro grau de jurisdição, entendeu, mediante minuciosa fundamentação, pela ocorrência de confusão patrimonial e abuso de direito por parte do recorrente, ao se utilizar indevidamente de sua empresa para adquirir bens de uso particular. VII – Em conclusão, a r. decisão atacada, ao manter a decisão proferida no primeiro grau de jurisdição, afigurou-se escorreita, merecendo assim ser mantida por seus próprios fundamentos. Recurso especial não provido" (STJ, 3.ª Turma, REsp 948.117/MS, Rel. Min. Nancy Andrighi, j. 22.06.2010).

[37] ABRÃO, Nelson. *Sociedades limitadas*. 10. ed. São Paulo: Saraiva, 2012. p. 278-280.

[38] COELHO, Fábio Ulhoa. *Curso de direito civil*. São Paulo: Saraiva, 2003. v. 1, p. 45.

Cap. 5 • FUNDAMENTO DA DESCONSIDERAÇÃO DA PERSONALIDADE JURÍDICA | **633**

desconsideração inversa o magistrado afasta, em decisão incidental, a personalidade jurídica da sociedade usada como biombo fraudatório para alcançar os bens da própria sociedade, mas que na essência pertencem ao sócio que deve, como pessoa física,[39] alimentos ou procurou esconder a meação de sua esposa ou companheira.[40]

---

[39] Ocultação de patrimônio em empresas familiares enseja desconsideração inversa da personalidade jurídica. Decisão da Vara do Trabalho de Arujá deferiu um incidente de desconsideração de pessoa jurídica, na modalidade inversa, para penhorar os bens de uma holding familiar utilizada para ocultar patrimônio. A desconsideração da personalidade jurídica é uma forma de garantir o pagamento de débitos trabalhistas com o patrimônio pessoal dos sócios das empresas. A modalidade inversa, por sua vez, faz com que uma pessoa física responda pelos débitos trabalhistas em seu nome com o patrimônio de uma pessoa jurídica. Para chegar à decisão, o juiz se baseou em ferramentas eletrônicas avançadas de pesquisa patrimonial. O cruzamento de informações revelou um esquema de blindagem patrimonial que se valeu de transferências patrimoniais sucessivas de todos os imóveis do grupo empresarial familiar para duas holdings, também em nome de familiares. Dentre os elementos que comprovam a fraude, chama a atenção o fato de que o executado transferiu propriedades para a empresa em nome de familiar, mas manteve controle total sobre a pessoa jurídica e seus bens. Com isso, detinha controle da gestão patrimonial e a capacidade de vender ou onerar os bens. Segundo o magistrado, "trata-se da pejotização do patrimônio do sócio devedor." (Processo piloto n. 1001361-57.2014.5.02.0521) TRT 2ª Região – Visto Instagram direito empresarial. Em 12.3.2021.

[40] "Agravo de instrumento. Execução de alimentos. Decisão que desconsiderou inversamente a personalidade da pessoa jurídica. Alegação de que os sócios não agiram de forma ilegal. Todas as propriedades móveis e imóveis utilizadas pelo agravante estão em nome das empresas. Ausência de bens em seu nome. Para a desconsideração inversa da personalidade jurídica de uma empresa, é necessário que restem demonstrados nos autos o desvio de bens da pessoa física do sócio para a pessoa jurídica da qual possua controle absoluto, continuando ainda a usufruir de tais bens (AI 2010.081795-6, Des. Saul Steil, fl. 72). *In casu*, verifica-se, claramente, nos autos, que o agravante se utiliza de suas empresas para encobrir seus bens, colocando todos em propriedade da empresa Reis Engenharia de Obras Ltda. e da empresa Construtora Catarina Ltda., conforme documentos anexados às fls. 171 a 176. Assim, há a possibilidade da desconsideração inversa da personalidade jurídica, pois 'o requerido se vale da empresa para mascarar a própria vida patrimonial, dado que, injustificadamente, não possui bens em seu nome, nem numerário o bastante ao pagamento do débito considerável. Impedir a desconsideração inversa da personalidade, neste caso particular, implica em prestigiar a fraude à lei, e ao descrédito à Justiça' (Juiz de Direito Flavio Andre Paz de Brum, na ação cautelar de sequestro n.º 023.10.049446-6, fl. 149). Intimação da empresa que teve sua personalidade desconsiderada. Ausência de necessidade. Executado sócio majoritário e administrador da referida empresa. Princípio da economia e celeridade processual. Sua intimação pessoal pode ser convalidada para a pessoa jurídica em questão. Teoria da aparência. Com intuito de homenagear a celeridade e economia processual, tendo em vista que se trata de execução de alimentos, e a demora no julgamento castigará ainda mais a alimentante, a qual tem, atualmente, seu direito obstruído, a medida mais acertada é suprimir a intimação da empresa, uma vez que o agravante, já ciente de toda a situação jurídica instaurada, é seu sócio majoritário, além de ser o administrador isolado, podendo intervir caso entenda existir qualquer prejuízo à empresa. Aplica-se, ainda, a Teoria da Aparência de Direito, a qual consiste em permitir que certas situações meramente aparentes e que não correspondem à realidade passem a ter validade jurídica como se fossem verdadeiras, objetivando a proteção do terceiro de boa-fé, no caso, a alimentanda, na busca de um processo célere, justo e, por via indireta, preservando a credibilidade do ordenamento jurídico como um todo. Necessidade do chamamento da esposa aos autos não configurada. Quantia referente ao quinhão que a esposa tem por direito decorrente da comunhão universal de bens resguardada. Ausência de prejuízo. Recurso não provido. Resguardada a parte da esposa como meeira do agravante, não há qualquer prejuízo do qual justifique a necessidade de sua presença no processo. Distintamente do que dispõe o art. 47 do Código de Processo Civil, *in casu*, a decisão proferida pode muito bem ser executada sem que haja qualquer necessidade de citação ou intimação de terceiros, uma vez que todos os direitos e garantias

Segundo Cristiane Oliveira da Silva Pereira Motta: "são duas as áreas do direito de família nas quais tem sido verificado um número cada vez maior de hipóteses concretas que exigem a aplicação da desconsideração inversa da personalidade jurídica: na partilha de bens realizada por ocasião do divórcio ou dissolução de união estável e na execução de alimentos".[41] No entanto, também tem larga utilização na ação de alimentos em que o empresário dissimula sua aparente saída da sociedade empresária e põe terceiro como interposta pessoa na condição de sócio e se apresenta como empregado da sua própria empresa e sua interposta pessoa assina a carteira de trabalho como se empregado fosse, fazendo de conta que, como assalariado e ex-empresário, não pode pagar os alimentos judicialmente fixados para seu credor alimentar, sendo desconsiderada a simulação contratual pela qual o empresário devedor de alimentos se retira da sociedade e nela ingressa um empregado da empresa, ordenando o juiz que a própria sociedade seja responsabilizada pelo pagamento dos alimentos arbitrados.[42]

5.6 O ABUSO DO DIREITO

Inquestionavelmente, a declaração judicial incidental e episódica da desconsideração da personalidade jurídica busca tutelar o princípio da boa-fé, o qual não se compadece com qualquer prática indevida da configuração societária utilizada de forma abusiva para elidir obrigações, mas que, antes de mais nada e conforme propósito estipulado pela Lei de Liberdade Econômica (Lei 13.874/2019), procura preservar a função social da sociedade empresária. O ponto de partida da teoria da desconsideração da personalidade jurídica é o abuso do direito,[43] embora não seja a única causa de uso indevido da pessoa coletiva. O abuso do direito é um princípio geral e, no direito brasileiro, a teoria está regulamentada no artigo 187 da Parte Geral do Código Civil, quando estampa cometer ato ilícito o titular de um direito que, ao exercê-lo, excede manifestamente os limites impostos pelo seu fim econômico ou social, pela boa-fé ou pelos bons costumes.

Não é possível visualizar todas as hipóteses e a própria abrangência do abuso do direito, havendo consenso de que sua existência reflete, na prática, uma anormalidade, perpetrada com o propósito de causar um prejuízo à outra pessoa, merecendo registro a doutrina de Lorena R. Schneider quando informa serem elementos configurativos do exercício abusivo de um direito as seguintes situações: a) *o exercício de um direito*, qual seja, que exista um direito que será exercido de forma abusiva; b) *a intencionalidade* de prejudicar um terceiro; c) *ou um ato negligente*, bastando o caráter culposo do ato, uma conduta negligente; d) *a falta de legítimo interesse*; e) *o exercício contrário à função econômica e social*.[44]

---

estão assegurados" (TJSC, 1.ª Câmara de Direito Civil, Agravo de Instrumento 2010.081795-6, Rel. Des. Carlos Prudêncio, j. 08.11.2011).

[41] MOTTA, Cristiane Oliveira da Silva Pereira. *Desconsideração inversa da personalidade jurídica*. Aspectos materiais e o incidente previsto no Código de Processo Civil. Rio de Janeiro: Lumen Juris, 2020. p. 87.

[42] "Desconsideração da personalidade jurídica inversa. Admissibilidade. Hipótese em que configurada a transferência de bens particulares do sócio executado em favor da pessoa jurídica, com retirada posterior da sociedade. Decisão reformada para autorizar a desconsideração da personalidade jurídica inversa para permitir a penhora de bens da sociedade. Recurso provido para tal fim" (TJSP, 13.ª Câmara de Direito Privado, Agravo de Instrumento 0067225-57.2011.8.26.0000, Rel. Des. Heraldo de Oliveira, j. 17.08.2011).

[43] DOBSON, Juan M. *El abuso de la personalidad jurídica*. Buenos Aires: Depalma, 1985. p. 22.

[44] SCHNEIDER. Lorena R. *Ejercicio abusivo de los derechos societarios*. Buenos Aires: Astrea. 2017. p. 21-24.

Cap. 5 · FUNDAMENTO DA DESCONSIDERAÇÃO DA PERSONALIDADE JURÍDICA | 635

Pontes de Miranda critica a expressão *abuso de direito*, que considera incorreta, porque existem "estado de fato" e "estado de direito", mas não "abuso de fato" ou "abuso de direito". É possível abusar-se de algum direito, do direito do qual se é titular, logo, há *abuso do direito*, ou abuso do exercício do direito.[45]

Para Pablo Rodríguez Grez, o abuso de direito descreve um conflito de interesses que não são tutelados pelo ordenamento jurídico, pois, quando alguém invoca um direito subjetivo que excede o direito positivo verdadeiramente tutelado, ele não está realmente defendendo um direito, mas ocasionando um prejuízo ao interesse alheio, importando em reconhecer um evidente contrassenso falar em abuso do direito, porquanto o que está em jogo não é nenhum direito, tanto que abusivo.[46]

Alfredo Augusto Becker também não admite o abuso do direito e assevera que: "o direito cessa onde o abuso começa, e não pode haver uso abusivo de um direito qualquer, pela irrefutável razão de que um mesmo ato não pode ser, simultaneamente, conforme o direito e contrário ao direito".[47]

Fernando Augusto Cunha de Sá define o abuso do direito, em concordância com o artigo 334 do Código Civil português, como um ato ilegítimo, precisamente por essa ilegitimidade decorrer de um excesso no exercício de certo e determinado direito subjetivo, ultrapassando os limites impostos pela boa-fé, pelos bons costumes e pelo fim social ou econômico do direito posto em jogo.[48] Desse pensamento não diverge Carlos Sessarego ao afirmar que, se o titular de um direito o exercita em condições proibidas, essa pessoa se colocaria fora de seu direito previsto em lei e o ato abusivo se converteria em uma transgressão a um dever genérico, derivado de uma proibição também genérica.[49]

O abuso do direito precisa ser harmonizado com os demais princípios que compõem as relações sociais da ética, da boa-fé objetiva, dos bons costumes e do fim social ou econômico do direito, agindo abusivamente aquele titular de um direito, e de cujo direito ele vai além dos limites, com manifesto excesso e com o propósito de causar um prejuízo a outrem, obrando com evidente traço malicioso para tirar proveito e, consequentemente, causar um dano.[50]

---

[45] PONTES DE MIRANDA, Francisco Cavalcanti. *Comentários ao Código de Processo Civil*. Rio de Janeiro: Forense, 1974. t. I, p. 382-383.

[46] GREZ, Pablo Rodríguez. *El abuso del derecho y el abuso circunstancial*. Chile: Editorial Jurídica de Chile, 2004. p. 340-341.

[47] BECKER, Alfredo Augusto. *Teoria geral do direito tributário*. São Paulo: Saraiva, 1972. p. 126-127 e 136 *apud* QUEIROZ, Mary Elbe. A elisão e a evasão fiscal. O planejamento tributário e a desconsideração de atos, negócios e personalidade jurídica. *In*: TÔRRES, Heleno Taveira; QUEIROZ, Mary Elbe (coord.). *Desconsideração da personalidade jurídica em matéria tributária* São Paulo: Quartier Latin, 2005. p. 105-106.

[48] SÁ, Fernando Augusto Cunha de. *Abuso do direito*. Coimbra: Almedina, 1997. p. 103.

[49] SESSAREGO, Carlos Fernández. *Abuso del derecho*. Buenos Aires: Astrea, 1992. p. 136-137.

[50] "Civil e processual civil. Recurso especial. Ação monitória. Conversão. Cumprimento de sentença. Cobrança. Honorários advocatícios contratuais. Terceiros. Comprovação da existência da sociedade. Meio de prova. Desconsideração inversa da personalidade jurídica. Ocultação do patrimônio do sócio. Indícios do abuso da personalidade jurídica. Existência. Incidente processual. Processamento. Provimento. 1. O propósito recursal é determinante se: a) há provas suficientes da sociedade de fato supostamente existente entre os recorridos; e b) existem elementos aptos a ensejar a instauração de incidente de desconsideração inversa da personalidade jurídica. 2. A existência da sociedade pode ser demonstrada por terceiros por qualquer meio de prova, inclusive indícios e presunções, nos termos do art. 987 do CC/02. 3. A personalidade jurídica e a separação patrimonial dela decorrente são véus que devem proteger o patrimônio dos sócios ou da sociedade, reciprocamente, na justa medida da finalidade para a qual

Quando alguém extrapola no exercício de seu direito e dele abusa, podendo ocorrer de esse abuso ser praticado sob o manto da pessoa jurídica, utilizada para encobrir a prática de atos ilícitos e prejudiciais ao direito de terceiro, evidentemente que deflagra um abuso da sociedade empresária, em claro acinte aos fins sociais da sociedade e em deboche aos princípios da finalidade econômica da sociedade empresária, consoante as bases morais da personalidade jurídica.[51] O abuso do direito aparece quando são ultrapassados os limites do razoável e do proporcional no âmbito dos negócios jurídicos, e há abuso do controle ou da forma, quando são utilizadas as técnicas de aparência lícita para impor negócios fraudulentos e, por essa razão, judicialmente inoponíveis. Lembra Gladston Mamede[52] que, no plano das relações de consumo, o abuso do direito rompe com o equilíbrio contratual estabelecido pelo princípio da livre-iniciativa, desviando-se da sua função social e por isso enseja a desconsideração que vai recair apenas sobre aqueles que contribuíram diretamente para a imposição do dano, ao passo que no plano societário há frequentes situações de uso abusivo do direito e, consequentemente, do abuso do poder, exercido pelo sócio majoritário no propósito de prejudicar ou se aproveitar do sócio minoritário, se dispondo a aumentar o capital social de forma abusiva, com o fim de diluir a participação do sócio mais indefeso, ou aprovando acordo dos mais variados, sempre em prejuízo do minoritário, fato que acontece amiúde quando o cônjuge ou companheiro que não era sócio da empresa prefere receber quotas da sociedade em sua meação, na crença equivocada de que se tornará um sócio e que irá usufruir desta condição das benesses da empresa, na esperança de obter uma renda permanente, olvidando-se de que se a sociedade afetiva desmoronou, será pouco provável que a sociedade empresária vingará.

O abuso de direito no direito de família tem enorme projeção na proibição de fraudar, haja vista que a lesão ao direito alheio é uma forma de trair o princípio da boa-fé, pois, como diz Ursula Cristina Basset, na família a expectativa de boa-fé deve ser recíproca, pois a ela se creditam a máxima confiança possível e a máxima exposição de cada sujeito diante de seu parente, cônjuge ou convivente, porque é em seu núcleo mais íntimo, formado pelo casal e seus filhos, que os consortes e conviventes confiam sua vida um ao outro, e a teoria do abuso do direito tem seu fundamento justamente nesse princípio de não causar nenhum dano, muito menos no seio da própria família, a qual vê alterados seus direitos adquiridos por seu uso disfuncional.[53]

---

a sociedade se propõe a existir. 4. Com a desconsideração inversa da personalidade jurídica, busca-se impedir a prática de transferência de bens pelo sócio para a pessoa jurídica sobre a qual detém o controle, afastando-se momentaneamente o manto fictício que separa o sócio da sociedade para buscar o patrimônio que, embora conste no nome da sociedade, na realidade, pertence ao sócio fraudador. 5. No atual CPC, o exame do juiz a respeito da presença dos pressupostos que autorizariam a medida de desconsideração, demonstrados no requerimento inicial, permite a instauração de incidente e a suspensão do processo em que formulado, devendo a decisão de desconsideração ser precedida do efetivo contraditório. 6. Na hipótese em exame, a recorrente conseguiu demonstrar indícios de que o recorrido seria sócio e de que teria transferido seu patrimônio para a sociedade de modo a ocultar seus bens do alcance de seus credores, o que possibilita o recebimento do incidente de desconsideração inversa da personalidade jurídica, que, pelo princípio do *tempus regit actum*, deve seguir o rito estabelecido no CPC/15. 7. Recurso especial conhecido e provido" (STJ, 3.ª Turma, REsp 1.647.362/SP, Rel. Min. Nancy Andrighi, j. 03.08.2017).

[51] FREITAS, Elizabeth Cristina Campos Martins de. *Desconsideração da personalidade jurídica: análise à luz do Código de Defesa do Consumidor e do novo Código Civil*. 2. ed. São Paulo: Atlas, 2004. p. 232.

[52] MAMEDE, Gladston. *Direito societário*: sociedade simples e empresárias. 2. ed. São Paulo: Atlas, 2007. v. 2, p. 231.

[53] BASSET, Ursula Cristina. *La calificación de bienes en la sociedad conyugal*. Principios, reglas, criterios y supuestos. Buenos Aires: Abeledo Perrot, 2010. p. 381.

Para Ursula Cristina Basset, no âmbito da família a boa-fé se presume mais do que nunca e os integrantes da família estão mais inertes que qualquer outro cidadão diante do seu próximo, porquanto os familiares baixam sua guarda e confiam em seus filhos, pais, irmãos, esposos, companheiros, e essa confiança elementar é o ponto de partida da vida familiar e da sua fidúcia recíproca. A família é um bem que interessa à sociedade e ao Estado, de tal forma que, circunstancial fraude, lesão ou violência, requerem um tratamento mais rigorosos quando praticado por ou contra um familiar, que se apresenta muito mais débil diante do relaxamento de suas defesas.[54] E o impacto da quebra da relação de confiança difere quando o dano é causado entre pessoas estranhas entre si, das quais sempre se guarda uma natural parcela de cautela e sobre as quais sempre se tomam algumas medidas de precaução.

Como ressalta María Josefa Méndez Costa, as instituições de família e os valores que elas representam na sociedade, e por sua própria natureza, apartam-se dos atos abusivos com suas consequências danosas em si e arriscadas para o bem pessoal, ou para o bem comum, e subtraí-las desses abusos permite resolver com justiça algumas penosas questões pessoais e evitar outras da mais grave incidência sobre os vínculos familiares e convivenciais.[55] Basta ter presente que, em um passado não muito distante, a marca mais característica do abuso de direito nas relações familiares deitava sobre a primazia da chefia pelo homem da sociedade conjugal, e ela surgia do abuso do marido que se excedia da faculdade que tinha de impor a fixação do domicílio conjugal, além da cega obrigação de a mulher segui-lo, calada, silente e obediente na morada por ele fixada, sob pena de serem impulsionadas judicialmente as medidas repressivas previstas em lei, com o retorno compulsório da esposa para dentro do domicílio conjugal.

No âmbito dos processos de família há o agir abusivo do processo da parte que atua com manifesto propósito protelatório para obter as vantagens materiais ou processuais notoriamente injustas e indevidas, ou como a parte que deduz em juízo pretensão processual contra expresso texto de lei ou contra fato incontroverso. É suficiente para caracterizar o abuso do direito a vontade de prejudicar ou o desejo de alcançar um fim material, ou uma posição processual completamente divorciada dos seus lícitos efeitos jurídicos, sendo exemplos clássicos o de protelar uma ação de exoneração de alimentos para enriquecer com pensão claramente indevida.[56]

O abuso do direito não gera por si só a desconsideração da personalidade jurídica, mas permite desestimá-la quando o sócio se serve da pessoa jurídica como anteparo dos seus atos societários em rota de colisão com a finalidade da empresa e dela se utiliza para lesar terceiro, sem prejuízo da sua incidência inversa, quando o sócio desvia patrimônio ou recursos pessoais e os esconde na pessoa jurídica para, por exemplo, causar dano à meação de seu cônjuge ou companheiro. Daí advém a clássica lição de Rolf Serick ao observar que a incidência da desestimação da personalidade jurídica não pode ser vista como um elemento de destruição da personalidade societária, porque, com a doutrina da superação da pessoa jurídica: "no fundo, não se nega a sua existência, senão que se preserva na forma aquilo que o ordenamento jurídico concebeu. Quem nega sua personalidade é quem abusa dela, quem luta contra semelhante desvirtuamento, afirma sua personalidade".[57]

---

54 BASSET, Ursula Cristina. *La calificación de bienes en la sociedad conyugal*. Principios, reglas, criterios y supuestos. Buenos Aires: Abeledo Perrot, 2010. p. 389.

55 COSTA, María Josefa Méndez. *Los principios jurídicos en las relaciones de familia*. Buenos Aires: Rubinzal-Culzoni, 2006. p. 378.

56 ABDO, Helena Najjar. *Abuso do processo*. São Paulo: RT, 2007. p. 121.

57 SERICK, Rolf. *Apariencia y realidad en las sociedades mercantiles*. Barcelona: Ariel, 1958. p. 133.

5.6.1 O abuso do poder no direito societário

No âmbito do direito societário, é assíduo deparar com o abuso do direito, com calamitosos efeitos diretos ou indiretos no direito de família, especialmente nas sociedades empresárias familiares de capital fechado, quando presente a intenção de prejudicar o cônjuge sócio ou meeiro de quotas sociais ou ações. Pode ser abusivo, como antes assinalado, um agressivo aumento do capital social, operado com a finalidade de diluir a participação societária e o poder de administração do outro cônjuge sócio ou que recebeu quotas sociais em sua meação.

Também há abuso no sistemático ato de não pagar dividendos que ficam retidos na conta de reservas da empresa, com a desculpa de atenderem a investimentos futuros, ou para suportarem eventuais perdas ou prejuízos, ou quando ordena o pagamento parcelado e diluído desses dividendos, cujo pagamento era esperado em uma quota única, prevalecendo-se o sócio majoritário do fato de deter a maioria do capital votante, movido por artifícios jurídicos e contábeis destinados a ganhar poder e vantagens,[58] nada havendo de razoável na decisão da assembleia que permite transitar um ato abusivo do sócio administrador.

Sob o nome genérico de *dividendos* são considerados aqueles benefícios da sociedade que serão distribuídos entre os sócios ou acionistas, conforme os estatutos e os resultados do balanço que encerra a cada ano o exercício social, mas que podem ser mantidos na sociedade por deliberação do capital majoritário, encabeçado pelo cônjuge que assim, e de forma abusiva, bloqueia o pagamento de dividendos para que a eles a sua ex-esposa não tenha acesso à custa de sua meação.

Lorena Schneider alerta que não existe a favor do sócio um crédito contra a sociedade pela distribuição dos lucros ganhos, e sim a obrigação social de distribuir os lucros gerados, desde que essa distribuição não provoque dificuldades financeiras nem embaraços às reais necessidades de autofinanciamento da sociedade.[59]

São movimentos que desalentam o consorte que conta com a distribuição desses dividendos em sua meação, não somente às vésperas do divórcio, mas também depois que se divorcia e recebe em pagamento de sua partilha quotas sociais da empresa que prossegue sob o autoritário comando do ex-marido.

Aliás, o abuso do direito tem larga prática na desconsideração da personalidade jurídica, quando a sociedade empresária caçoa da sua personalidade jurídica e com seu uso ilícito intenta obter vantagens em detrimento dos direitos de família e das sucessões, fraudando meações, créditos e execução de alimentos ou a legítima sucessória, sob a aparência de uma legalidade escorada na mera formalidade dos atos societários que dissimulam resultados claramente fraudatórios.

Releva, no entanto, distinguir a aplicação da desconsideração da personalidade jurídica quando ocorre a fraude à lei em contraponto ao abuso do direito, dado que na primeira hipótese o autor consegue seu intento simulando a fraude por meio de contrato aparentemente válido, ao passo que o abuso é o uso antissocial do direito utilizado em detrimento dos legítimos direitos da meação do cônjuge.

Há abuso do direito societário no direito de família ou das sucessões quando o ex-cônjuge ou um herdeiro ingressam com sua meação ou com o seu quinhão hereditário no quadro social da empresa e o outro consorte, ou o sócio majoritário, aumenta deliberada e abusivamente o capital social, com o fim de diluir a porcentagem de participação desse sócio

---

58 SCHNEIDER, Lorena R. *Ejercicio abusivo de los derechos societarios*. Buenos Aires: Astrea, 2017. p. 135.
59 SCHNEIDER, Lorena R. *Ejercicio abusivo de los derechos societarios*. Buenos Aires: Astrea, 2017. p. 137.

minoritário, sabendo que ele não poderá desembolsar a quantidade de dinheiro que lhe permita subscrever novas quotas ou ações.

Para superar esses atos abusivos, a doutrina e a jurisprudência elaboram remédios jurídicos que tendem a evitar a ingerência indevida do cônjuge sócio nos assuntos societários, buscando interferir na distribuição dos dividendos pela aplicação da desconsideração da personalidade jurídica, quando existem indícios claros de uso abusivo da figura societária em fraude aos direitos conjugais derivados das sociedades empresárias.

Em face do reconhecimento de que o cônjuge sócio ou possuidor de quotas societárias que compõem a sua meação conjugal, mas que se vê impedido de receber os dividendos que em proporção lhe correspondam, em razão do domínio das decisões exercidas em assembleia por quem titula e manipula o capital social, este cônjuge prejudicado tem o direito de ser indenizado pelos prejuízos sofridos pelo não pagamento infundado e abusivo dos dividendos, em ação direcionada contra os sócios ou acionistas majoritários, detentores de uma posição dominante, pois, se movesse a ação de indenização contra a sociedade, estaria suportando parcialmente a carga econômica da reparação.[60]

5.7 O ABUSO DO PODER DE CONTROLE

Outrossim, pode ocorrer a aplicação da superação da pessoa jurídica para responsabilizar aquele sócio ou administrador que, justamente, abusa do seu poder de controle para impor comportamentos lesivos a interesses de terceiros, explicando Edmar Oliveira Andrade Filho[61] existir, por exemplo, na Lei das Sociedades Anônimas (Lei 6.404/1976), "um feixe de regras e princípios que funcionam como normas de bloqueios a ações e omissões que visem prejudicar a sociedade e os demais sócios". Não contempla o Código Civil essa mesma ideia de freio ao abuso do poder de controle, pois "o acionista controlador deve usar o poder com o fim de fazer a companhia realizar o seu objeto e cumprir sua função social, e tem deveres e responsabilidades para com os demais acionistas da empresa, os que nela trabalham e para com a comunidade em que atua, cujos direitos e interesses deve lealmente respeitar e atender (Lei 6.404/1976, art. 116, parágrafo único)".

De qualquer modo, o exercício abusivo da condição de sócio controlador colide com o princípio maior da boa-fé objetiva, consagrado pelo Código Civil de 2002, e está igualmente conectado com o artigo 187 do Código Civil, ao estabelecer a aplicação da desconsideração da pessoa jurídica quando ocorrer abuso do direito ou, como admitem os preceitos legais que regulam a sociedade anônima, também haverá abuso no desvirtuamento do poder de controle do acionista controlador da empresa.

O excesso de poder importa na responsabilidade pessoal daquele que praticou o ato abusivo, extrapolando, por evidente, do poder econômico da sociedade no mercado de consumo, fato que se constitui, sem sombra de dúvida, um ato ilícito a permitir a incidental desconsideração da personalidade jurídica e atingir diretamente o patrimônio pessoal daquele sócio ou administrador responsável pela infração à ordem econômica, em detrimento do consumidor.[62]

---

[60] SCHNEIDER, Lorena R. *Ejercicio abusivo de los derechos societarios*. Buenos Aires: Astrea, 2017. p. 140.

[61] ANDRADE FILHO, Edmar Oliveira. *Desconsideração da personalidade jurídica no novo Código Civil*. São Paulo: MP Editora, 2005. p. 90.

[62] MAMEDE, Gladston. *Direito societário*: sociedade simples e empresárias. 2. ed. São Paulo: Atlas, 2007. v. 2, p. 233.

Rubens Requião dá a exata tonalidade da *teoria do abuso do direito* em confronto com o instituto da fraude, pois "no abuso de direito não existe, propriamente, trama contra o direito de credor, mas surge do inadequado uso de um direito, mesmo que seja estranho ao agente o propósito de prejudicar o direito de outrem".[63]

5.8 A FRAUDE CONTRA CREDORES NO DIREITO SOCIETÁRIO

Embora a fraude e o abuso sejam figuras jurídicas próximas, na medida em que ambas geram atos de aparência em conformidade com a lei, na fraude, o negócio jurídico é tramado para prejudicar credores, em benefício próprio ou de terceiro, sendo, portanto, ponto de contato para sua caracterização a intenção de lesar terceiros, e sua prática se dá por meio de maroto artifício que distorce intencionalmente a verdade do negócio jurídico, cuja validade requer os pressupostos do artigo 104 do Código Civil, no sentido de ser o agente capaz, o objeto lícito e a forma prescrita ou não defesa em lei.

Negócios jurídicos realizados com o objetivo de fraudar lei imperativa ingressam no campo das nulidades, como dispõe textualmente o artigo 166, VI, do Código Civil, convertendo em texto de lei um antigo princípio jurídico. Tem-se, portanto, por fraude a manobra encetada para prejudicar terceiro, quer decorra de negócio unilateral, ou a maquinação envolva negócio bilateral, engendrada por duas ou mais pessoas em concerto fraudatório. São pressupostos da fraude a má-fé e o propósito de lesar terceiro, bastando a consciência de estar produzindo um dano, não sendo cogitado pelo artigo 158 do Código Civil existir ou não o conhecimento ou a ignorância do estado de insolvência do devedor que desvia seu patrimônio para prejudicar seus credores, sendo suficiente apurar se seu patrimônio cobre seus débitos.

Na fraude por meio da pessoa jurídica, sua personalidade é usada para atingir fins diversos daqueles visados com a sua constituição, desviando-se do seu objetivo societário, em aparente legalidade e licitude, servindo-se os sócios ou algum deles da autonomia patrimonial para fins ilícitos.

No direito empresarial, há maior rigor em relação ao devedor que procede em fraude a seus credores, porque a atividade empresarial repousa essencialmente no princípio da boa-fé. Ressalta Caio Mário da Silva Pereira que é razoável a lei intentar perseguir mais efusiva e ativamente o empresário que desvia seus bens e as garantias de sua atividade empresarial.[64] Igualmente, há agora maior rigor na declaração incidental da desconsideração da personalidade jurídica consoante proposição emanada da Lei de Liberdade Econômica (Lei 13.874/2019), que pretende proteger a livre-iniciativa e o livre exercício de atividade econômica, buscando interpretar em favor da liberdade econômica, da boa-fé e do respeito aos contratos, aos investimentos e à propriedade todas as normas de ordenação pública sobre atividades econômicas privadas (Lei 13.874/2019, art. 1.º, § 2.º).

Entretanto, a fraude não sucede tão somente com o artifício da personalidade jurídica, embora seu astucioso uso seja frequente e gere a episódica e pontual desconsideração da personalidade jurídica, sucedendo inúmeras hipóteses de fraude com a interposição de um terceiro, um figurante, pessoa física que atua como *testa de ferro*, ou *laranja*, com o único intuito

---

[63] REQUIÃO, Rubens. *Aspectos modernos de direito comercial*. 2. ed. São Paulo: Saraiva, 1988. p. 73.
[64] PEREIRA, Caio Mário da Silva. *Instituições de direito civil*. 20. ed. Rio de Janeiro: Forense, 2004. v. 1, p. 542.

Cap. 5 · FUNDAMENTO DA DESCONSIDERAÇÃO DA PERSONALIDADE JURÍDICA | **641**

de contribuir na fraude de um negócio jurídico realizado com o firme propósito de reduzir fraudulentamente o acervo patrimonial em detrimento de terceiro credor ou meeiro.[65]

No âmbito do casamento e da união estável e nas demais relações parentais com vínculo de obrigação, a fraude resultará eficaz sempre que causar, por intermédio de uma interposta pessoa, a redução no acervo, ou no lastro material que garante obrigações alimentares, provocando um dano ao cônjuge ou companheiro meeiro na partilha dos bens e até mesmo na fixação de algum direito alimentar, ou na inadimplência do crédito alimentar.

Conforme antes visto, fraude é sinônimo de má-fé, logro, artifício utilizado para ocultar a verdade ou esquivar-se do cumprimento de uma obrigação, causando, logicamente, um prejuízo a outrem. Está presente na fraude a intenção de induzir terceiro ao engano, com o propósito de gerar um prejuízo, uma lesão aos interesses econômicos de outra pessoa, ou mesmo na promoção de uma contravenção contrária, portanto, ao direito e à regra jurídica a que está vinculado.

Para De los Mozos, a fraude "é todo artifício, maquinação ou astúcia tendente a impedir ou eludir um interesse legítimo de terceiros ou a obter um resultado contrário ao direito sob a aparência de legalidade".[66] A fraude à lei pode se dar de forma aberta, às claras, ofensivamente e ser praticada, por assim dizer, à luz do dia, como também pode ser violada de maneira indireta, como de hábito acontece, de feitio insidioso, não sendo atacado seu texto, mas criado todo um contexto de ilusão da realidade, em que a forma aplicada ao ato ou ao contrato aparentemente respeita o preceito imperativo da lei, servindo-se da fraude para tirar proveito pessoal ou benefício em prol de terceiro.

Por conta dessas possibilidades variadas e das frequentes manobras construídas para causar prejuízo pela via fraudatória, deve ser, sempre em qualquer circunstância, condenada a má-fé, desconstruída essa gama de embustes que ofendem e ultrajam o direito e o princípio da boa-fé, não sendo aceitável que o julgador e a lei condescendam com a mentira e o injusto.

5.9 FRAUDE À EXECUÇÃO NO DIREITO SOCIETÁRIO

Na fraude à execução, os bens que pertencem ao devedor no curso da execução são desviados, de sorte que com essa operação, real ou simulada, o fato é que o executado reduz

---

[65] "Agravo de instrumento. Execução de alimentos. Art. 732 do CPC/73. Fundado receio de que o executado está tentando frustrar a cobrança mediante a ocultação de seu patrimônio valendo-se da pessoa jurídica que integra. Hipótese excepcional que autoriza a expedição de ofício à Receita Federal para identificar ganhos auferidos pelo executado, por intermédio da sociedade empresária. 1) Em regra, o patrimônio da pessoa jurídica não se confunde com o do sócio, pessoa física, considerando a espécie societária em questão (Sociedade Limitada). Excepcionalmente, nos casos em que há fundada dúvida a respeito do abuso da personalidade jurídica pela confusão patrimonial, com o escopo de frustrar a cobrança de prestação alimentícia, como ocorre na hipótese, viável proceder à averiguação dos ganhos auferidos pelo devedor por intermédio da sociedade empresária, de modo a verificar se a suspeita é fundada e, em caso afirmativo, garantir a execução, desde que respeitados os direitos dos demais sócios. 2) Deferimento do pedido de expedição de ofício à Receita Federal, para que remeta aos autos originários cópia das duas últimas declarações de renda da sociedade empresária da qual o executado faz parte. Agravo de instrumento provido" (TJRS, 8.ª Câmara Cível, Agravo de Instrumento 70051149979, Rel. Des. Ricardo Moreira Lins Pastl, j. 22.11.2012).

[66] DE LOS MOZOS, José L. El negocio jurídico. *Estudios de derecho civil apud* ITURRASPE, Jorge Mosset. *Contratos simulados y fraudulentos.* Contratos fraudulentos. Buenos Aires: Rubinzal-Culzoni, 2001. t. II, p. 16-17.

artificialmente o seu patrimônio, observando Araken de Assis que, "ao invés de retratarem alterações normais, revelam o propósito de frustrar a realização do direito alheio".[67]

José Sebastião de Oliveira define a fraude à execução como "um instituto de direito público inserido no direito processual civil, que tem por finalidade coibir e tornar ineficaz a prática de atos fraudulentos de disposição ou oneração de bens, de ordem patrimonial, levados a efeito por parte de quem já figura no polo passivo de uma relação jurídica processual, como legitimado ordinário passivo (devedor demandado), visando com isso a impedir a satisfação da pretensão deduzida em juízo por parte do autor da demanda (credor demandante), configurando verdadeiro atentado à dignidade da Justiça, cuja atividade jurisdicional já se encontrava em pleno desenvolvimento".[68]

A fraude à execução difere da fraude contra credores no seu aspecto instrumental, porque a primeira é instituto de direito processual, regulamentado pelo Código de Processo Civil, cujo artigo 792 enumera as hipóteses de fraude à execução e toma como pressuposto a existência de uma ação contra o devedor, capaz de reduzi-lo à insolvência e existente quando ele alienou ou onerou seus bens e, além de outros casos expressos em lei, também quando sobre o devedor pender ação fundada em direito real. Já a fraude contra credores é instituto de direito material e está regulada pelo Código Civil, e, para que seja decretada, é preciso que o interessado promova uma ação autônoma, ao passo que a declaração da ocorrência de fraude à execução é feita incidentalmente no processo já em tramitação.

O credor prejudicado pela fraude necessita de uma ação pauliana para desconstituir o negócio jurídico impugnado. Na fraude à execução, existe a presunção do *consilium fraudis* e, por esse motivo, a sua declaração incidental, ou seja, no corpo da própria ação já em andamento, dispensa a prova de que o ato foi fraudulento.[69] A fraude à execução não exige essa mesma ação pauliana para desconstituir o ato de alienação que permitiu levar o devedor à insolvência, carente de bens para o atendimento de suas obrigações, visto que a alienação dos bens no âmbito da própria insolvência do devedor é ato que atenta contra a dignidade da justiça e comporta uma repreensão imediata, porque frustra o resultado útil da ação proposta pelo credor, de sorte que o juiz pode determinar de plano a penhora sobre o bem alienado e o adquirente, se quiser, poderá oferecer embargos de terceiro.[70]

O terceiro atingido pela penhora de bem repassado para o seu patrimônio mediante alienação real ou simulada, querendo defender seus direitos, deverá buscar uma sentença de mérito por meio dos embargos de terceiro, inexistindo qualquer possibilidade de produzir qualquer prova em seu benefício, no processo de execução.

Assim sucede na fraude à execução porque a alienação incidental dos bens no curso do processo judicial fere de morte a expectativa de ressarcimento do credor e subtrai o objeto sobre o qual a execução recairia, mostrando-se por isso "ainda mais eficaz a reação da ordem jurídica contra o ato fraudulento, a tornar desnecessária ação especial, visando a destruir os efeitos prejudiciais da alienação; esta, embora válido o ato entre as partes, não subtrai os bens à responsabilidade executória, eis que continuam eles respondendo pelas dívidas do alienante, como se não tivessem saído de seu patrimônio".[71]

---

[67] ASSIS, Araken de. *Manual da execução*. 10a. ed. São Paulo: RT, 2006. p. 234-235.

[68] OLIVEIRA, José Sebastião de. *Fraude à execução*. São Paulo: Saraiva, 1986. p. 64.

[69] SALAMACHA, José Eli. *Fraude à execução*. Direitos do credor e do adquirente de boa-fé. São Paulo: RT, 2005. p. 140.

[70] CAIS, Frederico F. S. *Fraude de execução*. São Paulo: Saraiva, 2005. p. 95.

[71] CAHALI, Yussef Said. *Fraude contra credores*. 3. ed. São Paulo: RT, 2002. p. 483.

Cap. 5 · FUNDAMENTO DA DESCONSIDERAÇÃO DA PERSONALIDADE JURÍDICA | **643**

Na fraude à execução, e o fraudador pode ser uma pessoa jurídica que se desfaz do seu ativo em detrimento dos seus credores, o julgador atua no campo da *ineficácia* do ato, e não de sua validade, porque, nesta última, sim, há exigência de prévia sentença em processo de conhecimento, sendo imprescindível a participação do terceiro que sofreu a restrição patrimonial.[72]

Como percebido, a tão só causa de frustração da execução pela alienação súbita dos bens garantidores da dívida, cuja transmissão leva o devedor ao estado de insolvência, admite a incidental, expedita e efetiva declaração judicial de ineficácia do ato de transferência, forçando o pretenso adquirente a defender sua aquisição em embargos de terceiro.

5.10 A SIMULAÇÃO NO DIREITO SOCIETÁRIO

A fraude e a simulação andam de mãos dadas, são muito próximas uma da outra, mas não se confundem conceitualmente, porque simulação é aparência, ocultação, ao passo que fraude é comportamento real, e, embora a simulação até possa ser lícita, a fraude sempre busca burlar a lei ou o negócio jurídico e com isso intenta enganar os credores.[73]

Consiste a simulação na celebração de uma relação contratual com aparência normal, mas que esconde um efeito jurídico distinto, dissimula uma declaração de vontade enganosa.

Simular a verdade corresponde a ocultar essa mesma verdade, transformando uma mentira em uma verdade aparente aos olhos de terceiros, os quais podem ou não estar sendo prejudicados por essa mesma simulação, e, se estiverem sendo atingidos por esse ato de simulação, podem invocar sua existência e consequente invalidade do negócio jurídico encetado para ocultar a verdadeira transação.

A simulação pode ser absoluta, quando o negócio jurídico encerra ato de confissão, declaração, condição ou cláusula não verdadeira, cujo resultado não é desejado pelo agente; e será relativa, ou dissimulada, quando o negócio busca encobrir outro de natureza diversa, como uma compra e venda que disfarça uma doação proibida.[74]

Para Michel Dagot, "a simulação concorre, de uma parte, na criação de uma aparência, vale dizer, de uma situação ostensiva que todo mundo conhece, por oposição à realidade que permanece oculta, se não para todos, para a maioria das pessoas".[75] Invocando lição de Cardial Saraiva, José Beleza dos Santos identifica a simulação como uma espécie de fingimento, não somente atribuível ao homem, mas, por certo, também à pessoa coletiva, quando, por meio do homem e com o uso da pessoa jurídica, simula relações de direito.

Contudo, prossegue Cardial Saraiva, simular "é mostrar alguém com aparências falsas, o contrário do que na verdade é; fingir diferente pessoa moral, diferente caráter, diferentes costumes, do que, na verdade, se tem, com o fim de induzir os outros em erro. Simular a virtude é ser hipócrita: simular é fingir propósito e intenção diferentes do que na verdade temos".[76]

De acordo com Itamar Gaino, na simulação, as partes, a pretexto de exercerem a autonomia privada, criam normas jurídicas que se contrapõem à realidade e o fazem de modo

---

[72] VIANNA, Marcelo Soares. Aspectos processuais da desconsideração da personalidade jurídica no Direito de Família. *In*: MADALENO, Rolf (coord.). *Ações de direito de família*. Porto Alegre: Livraria do Advogado, 2006. p. 255-256.

[73] ITURRASPE, Jorge Mosset. *Contratos simulados y fraudulentos*. Contratos fraudulentos. Buenos Aires: Rubinzal-Culzoni, 2001. t. II, p. 17-18.

[74] PEREIRA, Caio Mário da Silva. *Instituições de direito civil*. 20. ed. Rio de Janeiro: Forense, 2004. v. 1, p. 636-637.

[75] DAGOT, Michel. *La simulation en droit privé apud* ITURRASPE, Jorge Mosset. *Contratos simulados y fraudulentos*. Contratos fraudulentos. Buenos Aires: Rubinzal-Culzoni, 2001. t. II, p. 30.

[76] *Apud* SANTOS, José Beleza dos. *A simulação em direito civil*. 2. ed. São Paulo: Lejus, 1999. p. 9, nota 4.

consciente, livremente combinado para dar aparência de realidade ao negócio entre eles ativado, podendo estar ocultando, ou não, outro negócio verdadeiro e realmente desejado, mas que foi por eles dissimulado e, quando terceiros de boa-fé são prejudicados pela falsidade do negócio aparente, eles recebem a proteção do ordenamento jurídico, tendo como reação ao negócio simulado a ação de inoponibilidade como defesa da sua boa-fé contra a simulação do negócio.[77]

O artigo 167 do Código Civil declara nulo o negócio jurídico simulado e considera como indicação da simulação quando: (I) aparentarem conferir ou transmitir direitos a pessoas diversas daquelas às quais realmente se conferem, ou transmitem; (II) contiverem declaração, confissão, condição ou cláusula não verdadeira; (III) os instrumentos particulares forem antedatados, ou pós-datados (Código Civil, art. 167, § 1.º), ao passo que o anteprojeto de lei, apresentado pela Comissão de Juristas responsável pela revisão e atualização do Código Civil, acrescenta ao artigo 167 os seguintes parágrafos: "§ 3.º Toda simulação, inclusive a inocente, é invalidante. § 4.º Sendo a simulação causa de nulidade do negócio jurídico, pode ser alegada por uma das partes contra a outra. § 5.º O reconhecimento da simulação prescinde de ação judicial própria, mas a decisão incidental que a reconhecer fará coisa julgada".

Evidente que a simulação procura justamente dar aparência de realidade ao negócio estreado exatamente para causar prejuízo a terceiro credor ou meeiro, na hipótese de entidades familiares, não sendo tarefa das mais fáceis tentar encontrar na formação do contrato ou do negócio jurídico a evidência do engodo, especialmente quando essa fraude é encetada pela via da pessoa jurídica, dificultando sobremaneira a prova da fraude. Para fazer frente a esse expediente vil e traiçoeiro, certamente a pessoa prejudicada terá extremas dificuldades de produzir sua contraprova mediante documentos ou como meio de desmascarar a simulação realizada com o auxílio de uma interposta pessoa jurídica, precisando se valer dos indícios e das evidências que respeitam ao modo pelo qual será valorizada a prova pelo juiz encarregado de desvendar o artifício responsável pela lesão a direito de meeiro ou credor. No entanto, uma coisa é certa e essencial à credibilidade judicial, pois deve o Judiciário prestigiar o credor de boa-fé e parar de proteger o devedor de má-fé, ao negar a quebra do sigilo fiscal, contábil e bancário,[78] sob o argumento de que atingiria terceiro, e permitir que perícias contábeis[79]

---

[77] GAINO, Itamar. *A simulação dos negócios jurídicos*. São Paulo: Saraiva, 2007. p. 35.

[78] "Agravo de instrumento. Deserção. Preparado o agravo de instrumento em valor ínfimo, não deve ser conhecido, por deserto. Separação litigiosa. Quebra de sigilo bancário. Em se tratando de separação litigiosa que envolve não só matéria patrimonial, mas também matéria de natureza alimentar, é cabível a quebra do sigilo bancário sobre as pessoas jurídicas das quais participa o agravado. Recurso provido, por maioria. Recurso provido, à unanimidade" (TJRS, 8.ª Câmara Cível, Agravo de Instrumento 70005638044, Rel. Des. José Siqueira Trindade, j. 13.02.2003).

[79] "Recurso especial. Separação judicial. Perícia contábil. Empresas constituídas pelo varão após a separação de corpos. Alegação de fraude e desvio de meação. Negativa de prestação jurisdicional. Ausência. Desconsideração da personalidade jurídica. Revisão. Súmula n.º 07/STJ. Quebra do sigilo contábil. Possibilidade. Demonstração do legítimo interesse da parte. Precedentes desta Corte. Violação a artigos da Lei Complementar 105/2001. Não demonstração. Dissídio jurisprudencial. Cotejo analítico. Ausência. 1. Não ocorrência de violação do art. 535 do CPC quando o acórdão recorrido aprecia com clareza as questões essenciais ao julgamento da lide, com abordagem integral do tema e fundamentação compatível. 2. Segundo entendimento jurisprudencial assente desta Corte, a alteração das razões fáticas e probatórias que levaram as instâncias ordinárias a empregar o instituto da desconsideração da personalidade jurídica, esbarra no óbice da Súmula n.º 07/STJ. 3. Configurado o legítimo interesse da parte, consubstanciado na necessidade de aferição do efetivo patrimônio que compõe o acervo comum dos separandos e dos reais rendimentos auferidos pelo varão, justifica-se o deferimento da perícia contábil, ainda que para hipótese não prevista

Cap. 5 · FUNDAMENTO DA DESCONSIDERAÇÃO DA PERSONALIDADE JURÍDICA | **645**

desvendem a maliciosa migração de bens entre sócios e empresas, tudo posto a serviço da fraude e ao descrédito da Justiça. Este terceiro pode ser perfeitamente blindado dos efeitos da perícia e da sentença, preservados seus direitos, seu sigilo e sua boa-fé, quando esta realmente se faz presente, mas não proteger o malicioso fraudador, geralmente o sócio majoritário, que se esconde por detrás deste argumento que somente beneficia ao fraudador e embaraça a efetiva e almejada realização de justiça.[80]

5.11 INTERPOSTA PESSOA

Na simulação por interposta pessoa, o negócio celebrado é real, mas a parte nele figurante não o é, trata-se de terceiro que empresta seu nome para conferir a aparência desejada ao negócio jurídico simulado. A interposição de pessoa envolve um sujeito que faz de conta, mas que, em realidade, oculta aquele que seria o real contratante, o destinatário do direito conferido ou transmitido. Aquele que empresta seu nome é um sujeito decorativo,[81] que substitui, no negócio simulado, o efetivo contratante. A simulação por interposta pessoa envolve, portanto, três personagens distintos, sendo um deles o contraente aparente, representado pela *interposta pessoa*, que não se confunde com o *laranja*, pois o laranja é aquele que não sabe que está sendo usado como pessoa interposta, enquanto a interposta pessoa é a contraparte consciente que figura no contrato e se reveste da pessoa que transmite ou confere os direitos que estão sendo dissimulados, e aquele que está por detrás dessa transação é o verdadeiro e efetivo contratante.

O intermediário é definido por José Beleza dos Santos como um "traço de união, uma ponte de passagem, não tendo interesse patrimonial algum nos atos em que colabora, os quais apenas interessam àqueles a quem o interposto serve de intermediário".[82]

---

no artigo 1.191 do Código de Processo Civil. Precedentes específicos. 4. Ausência de maltrato aos artigos 1.º, § 4.º, e 10, da Lei Complementar n.º 105/2001, pois não determinada a quebra de sigilo bancário. 5. Inadmissível o recurso especial, pela divergência, se não comprovado o dissídio jurisprudencial nos moldes legal e regimental. 6. Recurso especial parcialmente conhecido e, nesta parte, desprovido" (STJ, 3.ª Turma, Recurso Especial 1.182.872/RS, Rel. Min. Paulo de Tarso Sanseverino, j. 03.08.2012).

[80] "Recurso especial. Processual civil. Ação de cobrança. Cumprimento de sentença. Penhora. Ativos financeiros. Conta-corrente. Terceiro. Cônjuge. Inadmissibilidade. Casamento. Regime da comunhão parcial de bens. Solidariedade. Exceção. Devido processo legal. Contraditório. Ampla defesa. Observância. Necessidade. 1. Recurso especial interposto contra acórdão publicado na vigência do Código de Processo Civil de 2015 (Enunciados Administrativos n°s 2 e 3/STJ). 2. Não se admite a penhora de ativos financeiros da conta bancária pessoal de terceiro, não integrante da relação processual em que se formou o título executivo, pelo simples fato de ser cônjuge da parte executada com quem é casado sob o regime da comunhão parcial de bens. 3. O regime de bens adotado pelo casal não torna o cônjuge solidariamente responsável de forma automática por todas as obrigações contraídas pelo parceiro (por força das inúmeras exceções legais contidas nos arts. 1.659 a 1.666 do Código Civil) nem autoriza que seja desconsiderado o cumprimento das garantias processuais que ornamentam o devido processo legal, tais como o contraditório e a ampla defesa. 4. Revela-se medida extremamente gravosa impor a terceiro, que nem sequer participou do processo de conhecimento, o ônus de, ao ser surpreendido pela constrição de ativos financeiros bloqueados em sua conta corrente pessoal, atravessar verdadeira saga processual por meio de embargos de terceiro na busca de realizar prova negativa de que o cônjuge devedor não utiliza sua conta-corrente para realizar movimentações financeiras ou ocultar patrimônio. 5. Recurso especial não provido." (STJ. REsp. 1.869.720/DF. Terceira Turma. Relator. Ministro Ricardo Villas Bôas Cueva. Julgado em 27.4.2021).

[81] GAINO, Itamar. *A simulação dos negócios jurídicos*. São Paulo: Saraiva, 2007. p. 67.

[82] SANTOS, José Beleza dos. *A simulação em direito civil*. 2. ed. São Paulo: Lejus, 1999. p. 222.

No negócio simulado por terceiro atuando como *testa de ferro*, é exemplo clássico o contrato de compra e venda que encobre doação a descendente, expressamente vedada por lei quando não existe o consentimento do consorte e dos demais descendentes, figurando nesse contrato um terceiro, que faz de conta ser o comprador do imóvel que depois vai repassar ao descendente do pseudovendedor, exerce uma ponte ou um papel figurativo, em razão da amizade ou até dos vínculos de parentesco civil ou por afinidade com o pretenso vendedor.

A contribuição das pessoas interpostas, por vezes, é meramente de favor, porque atuam motivados pela amizade íntima ou pelos vínculos de parentesco ou de afinidade, com a única finalidade de permitir que se efetuem, por seu intermédio, os negócios jurídicos que não podem ou não devem ser realizados de forma direta.

Como visto, pode ser mais facilmente intuída a simulação quando o intermediário guarda vínculos de amizade ou de parentesco com os reais contratantes e mesmo porque esse tem sido, em regra, um comportamento social frequente, notadamente nas demandas de direitos provenientes das relações de família, nas quais fica afastada uma maior complexidade, por vezes detectada em escândalos nacionais de atos de corrupção e de apropriação da coisa pública, quando empresas, empresários e eventuais políticos dissimulam seus ganhos ilícitos por meio de intermediários ou de *laranjas*, que sequer sabem que seus nomes são indevidamente utilizados.

Por sinal, o Código Civil brasileiro dispõe, no artigo 1.802, serem nulas as disposições testamentárias em favor de pessoas não legitimadas a suceder, ainda quando simuladas sob a forma de contrato oneroso, ou feitas mediante interpostas pessoas, e depois acresce, no parágrafo único, haver presunção de se tratar de *intermediário* ou pessoas interpostas os ascendentes, os descendentes, os irmãos e o cônjuge ou o companheiro do não legitimado a suceder.

É disposição legal aplicável a toda e qualquer hipótese de simulação negocial, e não apenas restrita à sucessão testamentária, em cujo contexto está inserida a regra de *presunção de simulação por interposta pessoa*, quando o intermediário guarda vínculos de parentesco ou mesmo de íntima amizade. No caso desse dispositivo, a lei considera certo que a interposta pessoa apenas está servindo aos nefastos propósitos vedados por lei, e engendrados para beneficiar quem não pode figurar no ato jurídico bilateral ou plurilateral. Trata-se de uma presunção comum, fundada na experiência, naquilo que ordinariamente acontece, e por isso já é judicialmente aceita.[83]

Embora esse dispositivo sirva para desconsiderar a doação de um legado e essa desconsideração o julgador possa promover simplesmente decretando a sua nulidade, por presumir a simulação do ato com o uso de interposta pessoa, ela não se restringe ao direito sucessório e, ao revés, espraia-se para todos os ramos do Direito.

Diz respeito a uma conduta social corriqueira, de fácil percepção e que leva à conclusão de que o negócio jurídico é simulado e que envolve algumas circunstâncias peculiares a conferir um especial e eloquente valor à presunção de simulação com o uso de *laranja* ou de interposta pessoa.

Por essa razão, o juiz deve se ater ao contexto, e não às provas usuais e tradicionais, pelas quais resultaria inequívoca a fraude pela via da simulação. Quando perpetrada a fraude por meio da simulação de um negócio jurídico, o empenho probatório da parte e a atenção despendida pelo julgador devem pender para a valorização da prova, porque será dela que o decisor extrairá os meios de convicção suficientes e apropriados para desmascarar o engodo

---

[83] GOZZO, Débora; VENOSA, Sílvio de Salvo. *Comentários ao Código Civil brasileiro*. Coordenação Arruda Alvim e Thereza Alvim. Rio de Janeiro: Forense, 2004. v. XVI, p. 101.

praticado em prejuízo do meeiro ou credor. Assim deve ser visto porque, na fraude à lei pela via contratual e, por interposta pessoa, há pouca probabilidade de surgir um contradocumento para desnudar a fraude engendrada, mas, se forem considerados os indícios e as circunstâncias envolvidas na trama, como a proximidade afetiva e parental das partes contratantes, o ambiente no qual o negócio foi realizado, assim como o momento e as condições financeiras das pessoas envolvidas, somarão indícios capazes de conferir ao julgador um valor e um significado muito mais eloquentes para reconhecer como inequívoca a simulação e assim fundamentar a aplicação episódica e circunstancial da desconsideração da pessoa física ou jurídica, dependendo de quem desempenhou o papel de interposta pessoa.

5.12 CONFUSÃO PATRIMONIAL

Na atual dicção do artigo 50 do Código Civil brasileiro, o desvio de finalidade e a confusão patrimonial justificam a aplicação da desconsideração da personalidade jurídica. Assim deve ser visto porque a razão de ser da separação da pessoa física do sócio em contraponto à pessoa jurídica representada pela empresa reside exatamente na sua autonomia patrimonial, não havendo como se desviar da sua finalidade, tampouco confundir ou misturar os diferentes patrimônios. Pontes de Miranda assim já referiu: "Todo patrimônio é unido pelo titular único, ou por titulares em comum, mas únicos. Isso não quer dizer que a cada pessoa só corresponda um patrimônio; há o patrimônio geral e os patrimônios separados ou especiais. Só a lei pode separar patrimônios".[84] Entretanto, com efeito, o julgador também pode separar patrimônios com a técnica de desconsideração da personalidade jurídica ou mesmo desconsiderando a personalidade física quando interposta uma pessoa humana sempre que os patrimônios deliberadamente se confundem com o único propósito de fraudar direito de terceiro.[85]

Existe uma separação muita clara entre a sociedade empresária e seus sócios, mantendo a empresa, obrigatoriamente, sua autonomia patrimonial, e assim acontece, inclusive, como estímulo à exploração da atividade empresarial com o cálculo do risco, ao qual a empresa está relacionada, tanto que perder ou ganhar faz parte da atividade do empresário.[86] Sendo distintas, portanto, as pessoas do empresário em confronto com a sociedade empresária, investidores e operadores aportam recursos financeiros para a organização empresarial, apostando nessa sorte de empreendimentos que não comprometem o patrimônio pessoal dos sócios.

Como afirma Fábio Ulhoa Coelho, "a motivação jurídica se traduz pela limitação das perdas, que não devem ultrapassar as relacionadas com os recursos já aportados na atividade".[87]

---

[84] PONTES DE MIRANDA, Francisco Cavalcanti. *Tratado de direito privado*. Rio de Janeiro: Borsoi, 1955. t. VII, p. 368.

[85] "Dissolução de união estável. Alimentos. Responsabilidade da pessoa jurídica pelo adimplemento. Possibilidade. Aplicação da teoria da desconsideração da personalidade jurídica. Em casos onde há confusão entre pessoa física e jurídica, não havendo como distinguir os patrimônios de ambas, a fim de evitar que o devedor, de forma ilícita, se exima da obrigação alimentar, cabível é a extensão dos efeitos da decisão judicial com o intuito de invasão no patrimônio de pessoa jurídica, com o fito de restar assegurado o respectivo adimplemento. Aplicação da teoria da desconsideração da personalidade jurídica. Agravo improvido" (TJRS, 7.ª Câmara Cível, Agravo de Instrumento 70011424132, Rel. Des. José Carlos Teixeira Giorgis, j. 13.07.2005).

[86] SZTAJN, Rachel. *Teoria jurídica da empresa, atividade empresária e mercados*. São Paulo: Atlas, 2003. p. 159.

[87] COELHO, Fábio Ulhoa. *Curso de direito civil*. São Paulo: Saraiva, 2003. v. 1, p. 38.

São assim socializadas as eventuais perdas, não obstante o investimento na atividade empresarial vise evidentemente à consecução do lucro em retorno ao capital aplicado.

Logo, nada, em princípio, diante da importância da conservação da autonomia patrimonial, justifica a desconsideração da personalidade jurídica, salvo situação excepcional caracterizada pelo abuso da personalidade jurídica, caracterizado pelo desvio de finalidade, ou pela confusão patrimonial (CC, art. 50), tudo posto a serviço da fraude pela manipulação da forma da pessoa, deturpando o instituto, e, entre todas essas hipóteses, a codificação civil destaca os conceitos de desvio de finalidade e o de confusão de patrimônios, novidades conceituais colacionadas pela Lei 13.874/2019.

Quando há mistura de patrimônios entre sócios e sociedade, há margem para a aplicação episódica e incidental da desestimação da personalidade jurídica, podendo ocorrer essa confusão de patrimônios sob diferentes matizes, desde a inexistência de adequada escrituração da sociedade empresária, sem distinguir os bens da empresa e aqueles pertencentes ao sócio, situação que encontra clima adequado nas sociedades unipessoais, em que o controle societário é centralizado em um dos sócios e os demais apenas emprestam o seu nome para a criação da pessoa jurídica, ou também naquelas situações em que uma empresa é controlada por outra.

No Direito de Família, a confusão patrimonial é prática habitual, quando o cônjuge opera pela empresa os interesses conjugais, apresentando-se carente de recursos e de bens na pessoa física e pródigo desses mesmos bens na sociedade empresária, esta última, muitas vezes, administrada por procuração outorgada por um *testa de ferro*. Contudo, para evitar interpretações demasiadamente liberais, o artigo 50, § 2.º, do Código Civil, com a redação trazida pela Lei 13.874/2019, entende por *confusão patrimonial* a ausência que separa de fato os patrimônios, qual seja, não é possível distinguir o patrimônio da sociedade e o patrimônio dos sócios, associado, instituidor ou administrador, seja porque repetitivamente a sociedade cumpre obrigações do sócio ou do administrador ou vice-versa (inc. I); seja pela transferência de ativos ou de passivos sem efetivas contraprestações, a não ser que tenha valores insignificantes (inc. II).

Apenas a título de exemplo, no Agravo de Instrumento 70022663454, do qual foi relator o Desembargador Alzir Felippe Schmitz, ao negar provimento ao recurso e assim coibir desmandos praticados pelo esposo empresário com a personalidade jurídica, a qual buscava por meio do recurso de agravo evitar a quebra do sigilo fiscal e bancário da sua empresa, disse, em seu voto acolhido por unanimidade em 10 de abril de 2008, que:

> Com efeito, o caso deixa dúvidas acerca da real condição financeira do recorrente, e não só isso. Existem, nos autos, alegações de que o ora agravante está utilizando a personalidade jurídica, desviando bens e rendas, para diluir a sua obrigação de alimentante. Ademais, os documentos trazidos aos autos dão conta de que a empresa, da qual o recorrente é sócio ao contrário do que o próprio alega, possui grande movimentação financeira, ensejando a incerteza do juízo quanto às sustentações de insuficiência de recursos, bem como dando azo à verossimilhança das alegações da recorrida. Nesse ponto, destaco que as arguições da agravada justamente contemplam os requisitos para concessão da medida que invade a seara da personalidade jurídica, quais sejam desvio de finalidade, dissolução irregular da sociedade e confusão patrimonial. Outrossim, a sustentação do requerido de que é "verdureiro do CEASA" (fl. 06), bem como sua intenção de comprovar que a empresa da qual é sócio não produz os lucros aduzidos pela agravada, vão ao encontro da pretensão de despersonificação (*sic*) da pessoa jurídica. Destarte, entendo que a escusa de patrimônio e rendimentos configura abuso da personalidade jurídica e, a teor do artigo 50 do Código Civil, estende os efeitos obrigacionais.[88]

---

[88] "Agravo de instrumento. Separação litigiosa. Alimentos. Presente a verossimilhança das alegações do mau uso da personalidade jurídica para ocultação de bens e rendas, não há falar em impossibilidade

Cap. 5 • FUNDAMENTO DA DESCONSIDERAÇÃO DA PERSONALIDADE JURÍDICA | 649

A confusão patrimonial é comentada por Fábio Konder Comparato,[89] lembrando ser inerente a todo grupo econômico a confusão patrimonial, porque o interesse individual de uma empresa está subordinado ao interesse geral de todo o complexo de empresas agrupadas, sendo por isso inevitável a transferência de ativos de uma sociedade a outra, ou uma distribuição proporcional de custos e prejuízos entre todas elas, mas nem por isso devem deixar de ser disciplinadas as suas operações, estendendo a responsabilidade da controlada para a empresa controladora ou viceversa, sempre quando verificada a prática da confusão propositada de patrimônios. Assim procedeu a Corte de Cassação francesa quando duas sociedades praticamente idênticas formavam uma só e a mesma realidade, com a mesma sede social e as mesmas sucursais, com a mesma assinatura em sua correspondência e até o mesmo telefone. Acrescenta Comparato que, na Alemanha Federal, a confusão de patrimônios entre sociedades do mesmo grupo econômico é considerada manifestação do princípio proibitivo do *venire contra factum proprium*, muito embora a Lei de Liberdade Econômica (Lei 13.874/2019) tenha sido editada com o propósito de melhor resguardar a autonomia patrimonial das pessoas jurídicas e para segregar seus riscos (CC, art. 49-A, parágrafo único), ressalvando o § 4.º do artigo 50 do Código Civil que a mera existência de grupo econômico sem a presença dos requisitos de que trata o *caput* do artigo 50 não autoriza a desconsideração da personalidade da pessoa jurídica.

Por seu turno, além de o Superior Tribunal de Justiça já ter se manifestado pela aplicação da desconsideração da personalidade jurídica na ocorrência de confusão patrimonial, no Recurso Ordinário em Mandado de Segurança 16.105/GO,[90] relatado pela Ministra Nancy Andrighi, na 3.ª Turma, e julgado em 19 de agosto de 2003, ou no REsp 63.652/SP, na relatoria do Ministro Barros Monteiro, publicado no DJ de 21 de agosto de 2000, igualmente afastando a confusão patrimonial em que desaparece uma sociedade devedora e, no seu lugar, surge outra. Também o Tribunal de Justiça de Santa Catarina aplicou a desconsideração da personalidade jurídica na Apelação Cível 2005.006860-5, sendo relator o Desembargador Sérgio Izidoro Heil, em decisão datada de 13 de maio de 2005, e na qual o sócio alugou sua moradia pessoal

---

do requerimento de demonstração dos extratos referentes às movimentações da pessoa jurídica. Negaram provimento ao agravo" (TJRS, 7.ª Câmara Cível, Agravo de Instrumento 70022663454, Rel. Des. Alzir Felippe Schmitz, j. 10.04.2008).

[89] COMPARATO, Fábio Konder. *O poder de controle na sociedade anônima*. Rio de Janeiro: Forense, 1983. p. 353-357.

[90] "Processo civil. Recurso ordinário em mandado de segurança. Falência. Sociedades distintas no plano formal. Confusão patrimonial perante credores. Desconsideração da personalidade jurídica da falida em processo falimentar. Extensão do decreto falencial a outra sociedade. Possibilidade. Terceiros alcançados pelos efeitos da falência. Legitimidade recursal. Caracterizada a confusão patrimonial entre sociedades formalmente distintas, é legítima a desconsideração da personalidade jurídica da falida para que os efeitos do decreto falencial alcancem as demais sociedades envolvidas. Impedir a desconsideração da personalidade jurídica nesta hipótese implicaria prestigiar a fraude à lei ou contra credores. A aplicação da teoria da desconsideração da personalidade jurídica dispensa a propositura de ação autônoma para tal. Verificados os pressupostos de sua incidência, poderá o Juiz, incidentemente no próprio processo de execução (singular ou coletivo), levantar o véu da personalidade jurídica para que o ato de expropriação atinja terceiros envolvidos, de forma a impedir a concretização de fraude à lei ou contra terceiros. Os terceiros alcançados pela desconsideração da personalidade jurídica da falida estão legitimados a interpor, perante o próprio juízo falimentar, os recursos tidos por cabíveis, visando à defesa de seus direitos. Recurso ordinário em mandado de segurança a que se nega provimento."

em nome da pessoa jurídica e, deixando de pagar os locativos, teve seu nome inserido no SPC, vindo a juízo para alegar ilegitimidade processual passiva.[91]

5.13 DESVIO DE FINALIDADE

A sociedade, quando legalmente constituída, tem um dever de respeito ao seu contrato ou estatuto levado a registro. Desse modo, e assim esclarece Gladston Mamede, a atuação da empresa somente será regular, se ela seguir à risca o seu contrato social e os demais imperativos legais, e como a pessoa jurídica só existe e deve agir somente nos limites da lei e do contrato de sua constituição, jamais poderão ser admitidos atos ilícitos dolosos ou culposos, praticados por ação ou omissão por seus representantes legais.[92] No desvio de finalidade, a pessoa jurídica atua contrariando princípios ou regras legais, ou contrárias ao ato constitutivo da pessoa jurídica.[93] Quando desborda de sua atividade lícita, a pessoa jurídica pode ser chamada a responder pelo fato de outrem e o artigo 50 do Código Civil reconhece a responsabilidade pessoal do sócio ou do administrador, implicando episódica desconsideração da personalidade jurídica da sociedade em razão do ato praticado em desvio de finalidade,[94] conceituado o *desvio de finalidade* pelo § 1.º do artigo 50 do Código Civil, igualmente com a redação conferida pela Lei 13.874/2019 (Lei de Liberdade Econômica), como a utilização da pessoa jurídica com o propósito de lesar credores e para a prática de atos ilícitos de qualquer natureza, tanto para prejudicar credores da empresa quanto credores dos sócios, valendo-se da empresa como interposta pessoa.

5.14 SUBCAPITALIZAÇÃO

O capital social de uma empresa não pode ser confundido com o seu patrimônio social, porque este último é representado pelo conjunto de bens e direitos da sociedade, enquanto aquele representa o referencial que os sócios entendem necessário para que a empresa possa atingir a seus fins comuns.[95]

O capital social é formado pela contribuição dos sócios e pode ser constituído pela entrega de dinheiro, bens ou créditos, ficando a cargo dos sócios a decisão sobre a forma como

---

[91] "Apelação cível. Ação declaratória de inexistência de relação contratual e de falsidade de documento c/c indenização por danos moral e pedido de antecipação de tutela. Existência de contrato de locação entre a apelada e a empresa da qual o apelante era representante. Falsificação da última página do pacto. Recorrente detentor de 96% (noventa e seis por cento) das quotas da sociedade. Utilização da mesma para fins diversos dos estabelecidos no Estatuto Social. Desvio de finalidade, má-fé de ambos os litigantes configurada. Aplicação da teoria da desconsideração da personalidade jurídica, para se reconhecer a impossibilidade de se decretar a inexistência do débito. Legitimidade da reinserção do nome do apelante no SPC. Necessidade de honrar o pactuado, quitando o débito. Provimento parcial do recurso."

[92] MAMEDE, Gladston. *Direito societário*: sociedade simples e empresárias. 2. ed. São Paulo: Atlas, 2007. v. 2, p. 227.

[93] REDONDO, Bruno Garcia. Desconsideração da personalidade jurídica: Aspectos materiais e processuais civis. *In*: VENOSA, Silvio de Salvo; GAGLIARDI, Rafael Villar; NASSER, Paulo Magalhães (coord.). *10 anos do Código Civil*. Desafios e perspectivas. São Paulo: Atlas, 2012. p. 110.

[94] REDONDO, Bruno Garcia. Desconsideração da personalidade jurídica: Aspectos materiais e processuais civis. *In*: VENOSA, Silvio de Salvo; GAGLIARDI, Rafael Villar; NASSER, Paulo Magalhães (coord.). *10 anos do Código Civil*. Desafios e perspectivas. São Paulo: Atlas, 2012. p. 110.

[95] RESTIFFE, Paulo Sérgio. *Manual do novo direito comercial*. São Paulo: Dialética, 2006. p. 123.

Cap. 5 · FUNDAMENTO DA DESCONSIDERAÇÃO DA PERSONALIDADE JURÍDICA | **651**

vão integralizar suas quotas sociais, e essa integralização pode se dar à vista, quando aportada no ato de constituição da sociedade, ou por meio de parcelas. Enquanto não integralizado o capital social subscrito, seguem os sócios solidariamente responsáveis pelas dívidas da sociedade, só podendo ser excutidos os bens dos sócios, se faltarem bens na sociedade para o cumprimento da obrigação da empresa.

Com a integralização do capital social, ocorre a separação patrimonial da sociedade com relação aos sócios, não mais havendo como confundir com os sócios as obrigações da sociedade. A ausência de patrimônio social, evidenciando apenas a existência formal da sociedade, com o uso de sua estrutura, contudo sem qualquer lastro, tem autorizado a aplicação da desconsideração da personalidade jurídica,[96] como decidiu o Tribunal de Justiça do Rio Grande do Sul em matéria tributária, destacando Gustavo Saad Diniz[97] haver o acórdão realçado que: "baixíssimo capital social, contrastando com a elevadíssima dívida, em tese caracterizada hipótese de desconsideração da pessoa jurídica, que é outra forma de responsabilização dos sócios, seja pela subcapitalização seja pelo uso abusivo da forma societária".[98]

Uma sociedade infracapitalizada não é mais do que uma tentativa de reduzir os riscos inerentes a todo empreendimento, até fazê-los desaparecer, buscando os sócios uma forma de socializar com a comunidade onde a empresa atua a carga econômico-financeira de sua atividade empresarial. Nesses casos, prosseguem Marcelo Mesa e José Cesano, resulta aconselhável a aplicação da desconsideração da personalidade jurídica porque quem se empenha em manejos econômicos pretendendo escorar-se na barreira societária criada artificialmente, carente de capital suficiente, não pode alegar que esteja procedendo de boa-fé, porque esta não decorre de uma atuação displicente, e sim de uma administração ativa e diligente, prevendo todos os fatos e subvenções necessárias e características da pessoa jurídica.[99]

No entanto, sem sombra de dúvida, o capital social deve ser adequado à atividade empresarial entabulada entre os sócios e formalizada com sua constituição oficial, tanto que a inadequação do capital aos recursos necessários para o desempenho da atividade social e para suportar os riscos do empreendimento importa na subcapitalização da empresa,[100] existindo diversas classificações de redução de capital, por exemplo: a) as reduções de capital com saída patrimonial, também chamadas de reais; ou b) as reduções de capital meramente nominais ou contábeis. Na redução real, há uma redução dos ativos da sociedade, que geralmente passam aos sócios. Na redução nominal ou contábil e sem saída patrimonial, o capital da sociedade diminui, mas sem a saída de seus ativos, como dinheiro ou bens, servindo para contabilizar perdas em seu balanço, ou para aumentar o valor real unitário das ações mediante a redução do capital social, entre outras hipóteses.[101] Por sua vez, a redução real do capital pode ser consequência de uma resolução parcial de sócio, entre outras hipóteses,

---

[96] NEGRÃO, Ricardo. *Manual de direito comercial e de empresa*. 3. ed. São Paulo: Saraiva, 2003. v. 1, p. 260.

[97] DINIZ, Gustavo Saad. *Subcapitalização societária*. Financiamento e responsabilidade. Belo Horizonte: Fórum, 2012. p. 144.

[98] TJRS, 1.ª Câmara Cível, Apelação Cível 70010566529, Rel. Des. Irineu Mariani, j. 07.12.2005.

[99] MESA, Marcelo J. López; CESANO, José Daniel. *El abuso de la personalidad jurídica de las sociedades comerciales*. Buenos Aires: Depalma, 2000. p. 83.

[100] XAVIER, José Tadeu Neves em A teoria da desconsideração da pessoa jurídica no novo Código Civil. *Revista Ajuris*, Porto Alegre, v. 89, p. 180, mar. 2003.

[101] LAS CUEVAS, Guillermo Cabanellas de. *Derecho societario*. Resolución parcial y reducción de capital de sociedades. Buenos Aires: Heliasta, 2011. p. 394-401.

prestando-se ambas as classificações real e nominal para a eventual perpetração da fraude pela via societária.

Como bem reconhece José Tadeu Neves Xavier, o artigo 50 do Código Civil brasileiro omitiu-se de incluir a subcapitalização como um dos motivos para o reconhecimento da desconsideração, não existindo sequer uma regra no sistema jurídico pátrio exigindo um capital mínimo para a constituição e funcionamento das sociedades empresárias.[102]

A expressão subcapitalização é utilizada para aquelas situações nas quais os sócios não dotam a sociedade dos recursos patrimoniais ou financeiros necessários para levar a cabo o objeto social ou, de outra banda, descapitalizam a empresa com o propósito de frustrar a liquidação das dívidas de seus credores, por exemplo, alienando seu patrimônio social para terceiros ou até mesmo para uma empresa matriz, que adquire os bens de uma empresa com outro nome social, mas que, em realidade, não passa de uma filial.

Em caso de a sociedade não contar com fundos e efetivos necessários para cumprir com seus compromissos, a limitação da responsabilidade dos sócios pelos aportes efetuados não se sustenta, quebrando o princípio da divisão de patrimônio, não sendo admissível que os terceiros credores suportem os prejuízos no lugar dos empresários que deixaram de ancorar o capital correspondente à sua participação societária ou quando o capital aportado é insuficiente para responder pelas dívidas sociais ou pelos danos e prejuízos causados, como sucedeu nos Estados Unidos no caso *Milton vs. Cavaney,* em que o Tribunal Supremo do Estado da Califórnia resolveu que os titulares de uma sociedade eram pessoalmente responsáveis pela indenização pedida pelos pais de uma menina que morreu afogada em uma piscina cuja empresa se apresentou insolvente para cobrir a indenização, entendendo a Corte que o único acionista da sociedade, o Sr. Caveney, deveria responder pessoalmente pela dívida, dado que não havia provido a sociedade de um capital suficiente para responder pelos débitos sociais.

Há diversas interpretações sobre a responsabilização dos sócios acerca da inadequação do capital social a gerar a subcapitalização, entendendo Calixto Salomão Filho existirem dois casos de subcapitalização, a simples e a qualificada. Na qualificada, ficam evidentes os problemas criados pela insuficiência do capital social para o cumprimento dos objetivos e o desenvolvimento da atividade social e, nesse caso, os sócios são pessoalmente responsáveis, embora não o sejam na simples, na qual a subcapitalização não se apresenta evidente, sendo necessário demonstrar o elemento subjetivo da culpa ou do dolo dos sócios em não prover capital suficiente.[103]

Gustavo Saad Diniz faz alusão à subcapitalização *nominal* e *material,* em que a primeira é caracterizada "pela transformação dos sócios em credores da sociedade, através de transferências de recursos por empréstimos que permitem a realização do objeto social". Nessa modelagem, os sócios procuram escapar dos riscos do empreendimento, pois são credores preferenciais dos ativos da sociedade repassados por mútuo desses sócios, que buscam o reembolso de seu dinheiro emprestado, respondendo o autor que "a consequência final será a possível desconsideração da personalidade jurídica para atingir o patrimônio do sócio, circunscrevendo nesse caso ao valor da remuneração do empréstimo requalificado como capital próprio da

---

[102] XAVIER, José Tadeu Neves em A teoria da desconsideração da pessoa jurídica no novo Código Civil. *Revista Ajuris,* Porto Alegre, v. 89, p. 179, mar. 2003.

[103] SALOMÃO FILHO, Calixto. *O novo direito societário apud* XAVIER, José Tadeu Neves em A teoria da desconsideração da pessoa jurídica no novo Código Civil. *Revista Ajuris,* Porto Alegre, v. 89, p. 181, mar. 2003.

Cap. 5 · FUNDAMENTO DA DESCONSIDERAÇÃO DA PERSONALIDADE JURÍDICA | 653

sociedade",[104] qual seja, considera o aporte como ativo próprio da sociedade, e não recursos pessoais dos sócios. Já na subcapitalização material a sociedade não tem capital próprio, que não foi capitalizado e a sociedade opera utilizando capitais de terceiros, transferindo para os credores os riscos próprios dos sócios. A consequência jurídica, nesse caso, pondera Gustavo Saad Diniz, seria a responsabilidade do sócio.[105]

A razão parece estar com José Tadeu Neves Xavier, quando informa ser tarefa implícita do empresário garantir a atividade da empresa com o suprimento do adequado capital social necessário ao desenvolvimento da atividade empresária que, ao deixar de ser cumprida, gera a responsabilidade dos sócios[106] e, entre os efeitos dessa responsabilidade, está a aplicação da desconsideração da personalidade jurídica pela subcapitalização, sendo muito frequente perceber, na prática, a obtenção da personalidade jurídica para mera aquisição de bens e crédito em benefício exclusivo dos sócios, sem que a empresa possua bens para a satisfação dos compromissos, sendo, como visto, irrisório o capital.[107]

---

[104] DINIZ, Gustavo Saad. *Subcapitalização societária*. Financiamento e responsabilidade. Belo Horizonte: Fórum, 2012. p. 161-169.

[105] DINIZ, Gustavo Saad. *Subcapitalização societária*. Financiamento e responsabilidade. Belo Horizonte: Fórum, 2012. p. 182-183.

[106] XAVIER, José Tadeu Neves em A teoria da desconsideração da pessoa jurídica no novo Código Civil. *Revista Ajuris*, Porto Alegre, v. 89, p. 182, mar. 2003.

[107] NEGRÃO, Ricardo. *Direito comercial*. Campinas: Bookseller, 1999. p. 305.

Capítulo 6

OS CONFLITOS DE DIREITO DE FAMÍLIA E A INCIDÊNCIA DA DESCONSIDERAÇÃO DA PERSONALIDADE FÍSICA E JURÍDICA

6.1 O PARADIGMA DA DESCONSIDERAÇÃO NO DIREITO DE FAMÍLIA BRASILEIRO

O objetivo da desconsideração da personalidade jurídica é o de evitar a perpetração de fraudes pelo mau uso da pessoa jurídica, abusando de sua autonomia patrimonial em detrimento dos credores da empresa. Essa é a forma clássica e usual da desconsideração e assim está regulamentada no artigo 50 do Código Civil e, nela, a desconsideração é usada para responsabilizar o sócio por dívida imputada à sociedade. No entanto, embora seja o enfoque usual de aplicação processual, não é a única maneira de utilização da teoria da desconsideração da personalidade jurídica, especialmente diante dos diversos problemas que surgem no âmbito do Direito de Família e do Direito das Sucessões, com as engenhosas tentativas de fraudar direitos provenientes das relações de família e dos direitos dos herdeiros necessários.

Escreve Caio Mário da Silva Pereira ser "recente a orientação dos Tribunais abraçar a Teoria da *disregard* também no âmbito do Direito de Família". Atribui-se ao jurista Rolf Madaleno, do Rio Grande do Sul, a liderança doutrinária no sentido do seu reconhecimento. Diante de disputas matrimoniais em que o cônjuge empresário se esconde sob as vestes da sociedade, esclarece que: "no Direito de Família, sua utilização dar-se-á, de hábito, na via inversa, desconsiderando-se o ato, para alcançar bem da sociedade, para pagamento do cônjuge ou credor prejudicado".[1]

Trata-se da aplicação invertida da desconsideração da personalidade jurídica uma forma especial, mas cabalmente pertinente e de larga utilização, pela qual será responsabilizada a pessoa jurídica por acobertar direitos familiares dos cônjuges, companheiros ou credores de alimentos, ou os direitos sucessórios de herdeiro necessário.

Na desconsideração inversa da personalidade jurídica, o devedor transfere seus bens para a empresa da qual participa como sócio, esvaziando o acervo pertencente ao vínculo afetivo do casamento ou da união estável,[2] ou simplesmente no propósito de tornar-se

---

[1] PEREIRA, Caio Mário da Silva. *Direito civil*. Alguns aspectos da sua evolução. Rio de Janeiro: Forense, 2001. p. 68.

[2] "Direito civil. Recurso especial. Ação de dissolução de união estável. Desconsideração inversa da personalidade jurídica. Possibilidade. Reexame de fatos e provas. Inadmissibilidade. Legitimidade ativa.

insolvente e sem lastro econômico e financeiro para saldar obrigação alimentar, assim como pode adiantar para terceiros ou em benefício de algum herdeiro preferido a legítima que, por direito, pertence ao sucessor necessário. Ao adquirir bens de uso familiar em nome da empresa da qual participa ou mesmo ao tratar de transferir os bens conjugais para a sociedade empresarial, esses bens, em tese, deixam de integrar a massa conjugal.

Com esse gesto singelo de repasse dos bens familiares, o cônjuge ou companheiro devedor segue na posse e usufruindo dos bens registrados em nome da empresa onde é sócio, muitas vezes com participação majoritária, livrando-se do risco de qualquer constrição judicial por dívida familiar e de caráter pessoal.

Por conta dessa larga vertente de aplicação da fraude pelo uso da personalidade jurídica e não menos pródiga utilização de uma pessoa física como *testa de ferro*, consigna a moderna doutrina brasileira ser "campo fecundo para a desconsideração inversa o Direito de Família, exemplificando com a possibilidade do cônjuge ou companheiro adquirir bens valiosos e registrá-los em nome da pessoa jurídica que, eventualmente, controle. Em casos como este, é possível responsabilizar a sociedade pelo valor devido ao outro cônjuge ou companheiro".[3]

Adepto da aplicação da desconsideração da personalidade jurídica no Direito de Família, Moacir César Pena Júnior diz terem sido finalmente criadas as condições adequadas para bloquear os abusos e fraudes cometidos contra a dignidade da mulher parceira e dos filhos, com a transferência de bens comunicáveis para a empresa familiar, os quais depois são repassados para terceiros da exclusiva confiança do cônjuge fraudador, sendo de larga utilização a teoria da *disregard* no casamento e na união estável.[4]

No mesmo diapasão está Roberta Macedo de Souza Aguiar quando refere ser frequente na prática do Direito de Família deparar com casos de desvio de bens pertencentes à sociedade conjugal para a comercial, com nítida intenção de burlar a meação do cônjuge ou

---

Companheiro lesado pela conduta do sócio. Artigo analisado: 50 do CC/02. 1. Ação de dissolução de união estável ajuizada em 14.12.2009, da qual foi extraído o presente recurso especial. Concluso ao Gabinete em 08.11.2011. 2. Discute-se se a regra contida no art. 50 do CC/02 autoriza a desconsideração inversa da personalidade jurídica e se o sócio da sociedade empresária pode requerer a desconsideração da personalidade jurídica desta. 3. A desconsideração inversa da personalidade jurídica caracteriza-se pelo afastamento da autonomia patrimonial da sociedade para, contrariamente do que ocorre na desconsideração da personalidade propriamente dita, atingir o ente coletivo e seu patrimônio social, de modo a responsabilizar a pessoa jurídica por obrigações do sócio controlador. 4. É possível a desconsideração inversa da personalidade jurídica sempre que o cônjuge ou companheiro empresário valer-se de pessoa jurídica por ele controlada, ou de interposta pessoa física, a fim de subtrair do outro cônjuge ou companheiro direitos oriundos da sociedade afetiva. 5. Alterar o decidido no acórdão recorrido, quanto à ocorrência de confusão patrimonial e abuso de direito por parte do sócio majoritário, exige o reexame de fatos e provas, o que é vedado em recurso especial pela Súmula 7/STJ. 6. Se as instâncias ordinárias concluem pela existência de manobras arquitetadas para fraudar a partilha, a legitimidade para requerer a desconsideração só pode ser daquele que foi lesado por essas manobras, ou seja, do outro cônjuge ou companheiro, sendo irrelevante o fato deste ser sócio da empresa. 7. Negado provimento ao recurso especial" (STJ, 3.ª Turma, REsp 1.236.916/RS, Rel. Min. Nancy Andrighi, j. 22.10.2012).

[3] FARIAS, Cristiano Chaves de; DIDIER JÚNIOR, Fredie; GUEDES, Jefferson Carús; GAMA, Guilherme Calmon Nogueira da; SLAIBI FILHO, Nagib. *Comentários ao Código Civil brasileiro*. Coordenação Arruda Alvim e Thereza Alvim. Rio de Janeiro: Forense, 2005. v. XV, p. 51.

[4] PENA JÚNIOR, Moacir César. *Direito das pessoas e das famílias, doutrina e jurisprudência*. São Paulo: Saraiva, 2008. p. 52.

companheiro, tratando o marido ou a esposa sócio de se retirar da sociedade e desviar bens ou burlar a partilha dos bens.[5]

No âmbito do direito familiar dos alimentos, pontifica Guilherme Calmon Nogueira da Gama, afirmando que a teoria da desconsideração da personalidade jurídica da empresa, muito mais do que em qualquer outra área, deve ser aplicada quando a fraude é praticada sob o manto societário, para atingir direito vinculado à própria sobrevivência do credor de alimentos, ferindo a dignidade da pessoa humana.[6]

Contudo, em sentido contrário à aplicação da desconsideração da personalidade jurídica no Direito de Família, salvo quando o cônjuge fraudador, antes de requerer a separação conjugal ou às suas vésperas, constitui uma empresa apenas para transferir-lhe os bens conjugais, aparece Ana Caroline Santos Ceolin para quem: "nessas hipóteses, observa-se que a pessoa jurídica só é criada para facilitar a prática de fraude pelo seu sócio, que a constitui como um instrumento receptor de bens afetos ao patrimônio familiar, o que implica evidente desvio de sua finalidade, pressuposto da teoria da desconsideração. Porém, se a sociedade, para a qual o cônjuge de forma regular mantém-se perseguindo seu objeto social, previsto em seus estatutos sociais, não há que se falar em desconsideração da pessoa jurídica, porquanto inocorreu o abuso da sua estrutura formal, desvio de sua finalidade ou confusão patrimonial. A sociedade, nessas hipóteses, apenas atua como partícipe de um ato negocial fraudulento na qualidade de terceiro, sendo necessária, assim, a desconstituição desse ato e não a desconsideração de sua personalidade".[7]

Embora a autora refira ser frequente os juízes depararem com a fraude praticada por um dos cônjuges em detrimento da meação do outro consorte, não somente no casamento, mas igualmente no regime da união estável e em todas as relações econômicas do direito familiar ou sucessório, conclui tratar-se de uma fraude que deva ser reprimida pela ação pauliana.[8] Assim remata porque a empresa, quando adquire bens do sócio em fraude à meação matrimonial, não está se desviando de suas finalidades estatutárias, mas apenas atuando como terceiro, em conluio com o sócio divorciando e, embora seja induvidoso, esteja a empresa concorrendo para a execução da fraude, sua atitude, claramente contrária à lei, não importa no abuso de sua estrutura formal.

Em que pesem as pertinentes considerações da advogada mineira, é exatamente essa a diferença fundamental da aplicação inversa da desconsideração da personalidade jurídica no Direito de Família, servindo como uma solução efetiva para dar um basta ao mau vezo da livre e impune consecução da fraude aos regimes familiares de bens e aos créditos provenientes das relações de Direito de Família, cuja larga prática não encontrava nenhuma solução real pelo velho e superado caminho da ação pauliana.

A manipulação societária, e por igual o manejo fraudulento por meio de intermediários que emprestam graciosamente seu nome e sua personalidade física para desviar bens

---

[5] AGUIAR, Roberta Macedo de Souza. *Desconsideração da personalidade jurídica no direito de família.* Rio de Janeiro: Forense, 2008. p. 93.

[6] GAMA, Guilherme Calmon Nogueira da. *Direito de família brasileiro.* Introdução – abordagem sob a perspectiva civil-constitucional. São Paulo: Juarez de Oliveira, 2001. p. 135-136.

[7] CEOLIN, Ana Caroline Santos. *Abusos na aplicação da teoria da desconsideração da pessoa jurídica.* Belo Horizonte: Del Rey, 2002. p. 151.

[8] CEOLIN, Ana Caroline Santos. *Abusos na aplicação da teoria da desconsideração da pessoa jurídica.* Belo Horizonte: Del Rey, 2002. p. 131-133.

conjugais ou da união estável, ou créditos alimentícios tão essenciais à sobrevivência digna de um credor de alimentos, não podem ficar à mercê de uma complicada ação pauliana para anular em ações próprias esse fácil desvio da interposta pessoa física ou jurídica.

Com as rápidas transformações de sua tipificação social e pela dispensa da outorga conjugal ao cônjuge empresário (Código Civil, art. 978) e pela própria não exigência da assinatura do convivente na união estável para a transferência de bens comunicáveis, permitindo ingressos e retiradas de sócios e de empresas, transferências de ações, quotas, compra ou esvaziamento de ativos das empresas, confusão de patrimônios, tudo encetado em silenciosa atividade dispensada de qualquer controle do parceiro afetivo, tem, precisamente, servido como meio bastante eficaz, tanto material como juridicamente, para alcançar, com maiores possibilidades de impunidade, o propósito fraudatório. Não é preciso muito esforço para constatar o sucesso no crescente manejo ilícito, amoral e abusivo da figura societária e até mesmo da interposição de um terceiro como *laranja*. Já referia José Lamartine Corrêa de Oliveira ser muito mais comum usar as técnicas de desconsideração nas denominadas sociedades de *fachada* ou *de comodidade*, em que se utilizam *testas de ferro*.[9] Com essa engenhosa multiplicidade de prerrogativas contratuais, passando por pessoas físicas que, por amizade, parentesco ou afinidade, emprestam seu nome para a fraude, valendo-se também da pessoa jurídica, com toda a sorte de expedientes que confundem e complicam a perseguição de uma ordinária ação de anulação, isto quando não ocorreram fusões, cisões, incorporações, liquidações e até extinções de empresas, que nascem, morrem ou se transformam com uma incrível velocidade a serviço do resultado ilícito, completamente estranho ao bem comum e ao princípio da boa-fé, não podem continuar dependendo de uma morosa e nada efetiva ação pauliana.

O abuso não acontece apenas quando o marido constitui especialmente uma empresa para desviar os bens do casamento, porque ele também pode tirar esse acervo por meio da empresa de que ele já participava como sócio e que nunca se descuidou de seus fins sociais, até o dia em que surgiu a extinção de sua sociedade conjugal e ele se viu tentado a causar um efetivo dano à meação de seu cônjuge ou convivente. O que conta é a vontade deliberada e consciente de fraudar e, se o meio utilizado foi uma pessoa jurídica já existente ou especialmente constituída para esse ilícito propósito, ou se convocou uma pessoa física para servir de interposta pessoa, um *cítrico* que se dispõe a ajudar para que o cônjuge ou convivente, homem ou mulher, consiga azedar a igualitária partilha dos bens conjugais, então a desconsideração da personalidade jurídica ou mesmo física, suscitada no corpo da ação de conhecimento ou de execução de direito familiar, ou em expediente incidental, nos termos do artigo 134 do Código de Processo Civil, torna-se o instrumento de verdadeira efetivação processual.

Se a sociedade empresária abusa de seu fim social, que nunca poderá ser o de intermediar a fraude de um direito familiar, pouco importa se trate de sociedade já existente ou constituída às vésperas do rompimento da sociedade conjugal, porque sempre a empresa estará atuando na contramão da sua finalidade societária, ajudando a encobrir uma evidente tramoia, porque atua em abuso a direito de terceiro e busca burlar a lei, sendo essa constatação suficiente para o juiz descartar a estrutura formal da pessoa jurídica e fazer fracassar o resultado contrário ao direito.

---

[9] OLIVEIRA, José Lamartine Corrêa de. *A dupla crise da pessoa jurídica*. São Paulo: Saraiva, 1979. p. 504.

Cap. 6 · CONFLITOS DE DIREITO DE FAMÍLIA E DESCONSIDERAÇÃO DA PERSONALIDADE | 659

A personalidade jurídica só pode ser respeitada como remédio técnico enquanto ela própria se mantenha dentro de seus fins lícitos e previstos na lei, não se apresentando a ação pauliana como o instrumento processual mais eficaz para anular negócio jurídico praticado em fraude contra credores, por interposta pessoa física ou jurídica, notadamente no âmbito do Direito da Família e no Direito das Sucessões, em cujas searas não há tempo e espaço para impor ao autor a obrigatória prova da ocorrência do *consilium fraudis* e da notória insolvência ou precariedade financeira do devedor.

A sugestão do ingresso da ação pauliana para primeiro ser declarada a ineficácia do ato fraudulento relativamente ao credor, para depois ele proceder à execução do bem alienado como se o ato para ele não existisse, pois exige um desgaste de tempo e de custos processuais, é um ônus probatório que só favorece o consorte fraudador que se valeu da empresa ou de um terceiro como *laranja* ou como interposta pessoa.

Nesse campo familista e sucessório prevalece o mesmo princípio que buscou proteger o consumidor ao inverter o ônus da prova, por força da sua situação de hipossuficiência e fragilidade, porque, em geral, o cônjuge, convivente ou alimentando credor, enfrenta dificuldade invencível de efetuar a prova de suas alegações contra o familiar ou devedor que teve à sua disposição o útil expediente da aparência e da simulação, sendo sempre imperioso o auxílio do Judiciário na pesquisa da verdade real, deferindo a quebra do sigilo fiscal, processual, contábil e bancário quando existirem indícios de efetiva utilização indevida da interposta pessoa física ou jurídica.

É como refere Luiz Gustavo Lovato: "Quando a pessoa natural, sócia ou proprietária da empresa, utiliza da autonomia patrimonial da pessoa jurídica para desviar o patrimônio desta para o seu acervo particular, ou de seu cônjuge, ou de ambos, está configurada a fraude contra credores. O Código Civil prevê que, em caso de abuso da personalidade jurídica, caracterizado pelo desvio de finalidade, ou pela confusão patrimonial, pode o juiz decidir, a requerimento da parte, ou do Ministério Público quando lhe couber intervir no processo, que os efeitos de certas e determinadas relações de obrigações sejam estendidos aos bens particulares dos administradores ou sócios da pessoa jurídica".[10]

Nesses momentos, que não são poucos, o julgador precisa continuar aplicando, como vem fazendo de acordo com larga doutrina e jurisprudência, a episódica desconsideração da personalidade jurídica ou física, como expedito e descomplicado meio processual de impedir a subtração fraudulenta dos bens patrimoniais do casamento e da união estável, assim como os alimentos essenciais para a subsistência e sobrevivência do alimentando, sem se esquecer do direito sucessório do herdeiro necessário que porventura vê, impotente, fugir de suas mãos seu quinhão hereditário. É preciso evitar uma visão estreita, como disse Eduardo A. Zannoni, que tem conduzido doutos a sustentar que a fraude segue confinada às vetustas normas da fraude pauliana, quando está colocada a serviço do juiz a eficiente e descomplicada teoria em artigo expresso de lei do Código Civil brasileiro (Código Civil, art. 50), da desconsideração da personalidade jurídica; hábil instrumento para coibir a frequente prática que têm certas pessoas de esconder-se por detrás da máscara societária, ou de interpostas pessoas físicas, com o propósito de frustrar o direito à meação de seu cônjuge ou

---

10 LOVATO, Luiz Gustavo. O uso do regime de bens no casamento para fraudar terceiros credores: o cônjuge laranja. *In*: MADALENO, Rolf (coord.). *Ações de direito de família*. Porto Alegre: Livraria do Advogado, 2006. p. 146.

convivente, ou de burlar alimentos ou herança de seus dependentes e herdeiros, ao falsear uma realidade financeira diversa,[11] cujo procedimento vem regulado pelos artigos 133 a 137 do Código de Processo Civil.

Igual pertinência tem a incidência do levantamento do véu societário no direito sucessório quando são violados a proteção da ordem de vocação hereditária e os direitos pertinentes aos herdeiros necessários do artigo 1.845 do Código Civil brasileiro.

6.2 O PARADIGMA DA DESCONSIDERAÇÃO NA JURISPRUDÊNCIA PORTUGUESA

Acórdão do Supremo Tribunal de Justiça de Portugal, de 6 de janeiro de 1976,[12] no comentário doutrinário de José Lamartine Corrêa de Oliveira, deixou de aplicar a desconsideração da personalidade jurídica em demanda movida por dois dos cinco filhos de Arlindo Soares de Pinho e sua mulher, estes, sócios majoritários da empresa ARSOPI – Indústrias Metalúrgicas Arlindo S. Pinho Ltda., para cuja sociedade os pais venderam um edifício que pertencia ao seu acervo conjugal de bens e de cuja empresa os dois filhos do casal detinham como sócios 40% do capital, e seus pais, vendedores do prédio, possuíam os outros 60% do capital da sociedade. Dos três filhos restantes, dois deles, com suas esposas e que não participavam do quadro social da empresa familiar ARSOPI, moveram ação de anulação da venda do edifício contra os pais, os irmãos sócios e a própria empresa, sob o argumento de a alienação dissimular uma doação dos pais para os dois filhos que integravam a sociedade, sem o consentimento dos outros filhos, o que é expressamente proibido pelo artigo 877 do Código Civil português.[13]

Conforme a versão colacionada pelos autores da ação anulatória, diante da ausência de consentimento dos outros filhos, que não compunham o quadro societário da empresa ARSOPI, operou-se inquestionável a transmissão indireta de bens para alguns dos filhos

---

[11] MADALENO, Rolf. *A disregard e a sua efetivação no juízo de família*. Porto Alegre: Livraria do Advogado, 1999. p. 33.

[12] Processo SJ 197601060654842 STJP: "I – Não é possível, mesmo alargando demasiadamente o significado das palavras insertas no n.º 2 do artigo 579 do Código Civil, incluir nelas a transmissão de bens feita a uma sociedade pelo pai de alguns sócios, o que só poderia verificar-se por mera analogia, que é proibida pelo artigo II do mesmo Código, dada a natureza excepcional do preceito. II – Também tal caso não pode considerar-se como sendo de fraude à lei, que não tem autonomia sem a existência de um texto legal, e a fraude não poderia caracterizar-se através da figura da interposição, por a venda não ter sido feita a interposta pessoa, já que a transmissão não representa uma transferência imediata para as pessoas dos sócios não partilharem entre si a parte residual do patrimônio social em resultado de sucederem a sociedade da liquidação, nem tampouco podem ser considerados, juridicamente, seus herdeiros presumidos. III – Pelo que o artigo 877 do Código Civil não é aplicável à hipótese de venda de bens feita a uma sociedade personalizada pelo pai de algum dos sócios" (Acesso ao *site* do Supremo Tribunal de Justiça de Portugal, www.stj.pt em 20.04.2008).

[13] Artigo 877 do Código Civil português: "1. Os pais e avós não podem vender a filhos ou netos, se os outros filhos ou netos não consentirem na venda; o consentimento dos descendentes, quando não possa ser prestado ou seja recusado é susceptível de suprimento judicial. 2. A venda feita com quebra do que preceitua o número anterior é anulável; a anulação pode ser pedida pelos filhos ou netos que não deram o seu consentimento, dentro do prazo de um ano a contar do conhecimento da celebração do contrato, ou do termo da incapacidade, se forem incapazes. 3. A proibição não abrange a dação em cumprimento feita pelo ascendente".

Cap. 6 · CONFLITOS DE DIREITO DE FAMÍLIA E DESCONSIDERAÇÃO DA PERSONALIDADE | 661

sem o consentimento dos demais, ficando configuradas a fraude e a violação ao preceituado no artigo 877, n.º I.

Embora não seja norma pertinente ao direito sucessório, e sim ao Direito das Obrigações, igual disposição consta do Código Civil brasileiro, quando o artigo 496 também considera anulável a venda de bem de ascendente para descendente, salvo expresso consentimento dos demais descendentes, em redação inspirada e herdada das Ordenações Filipinas pelo temor de se tratar de vendas simuladas em prejuízo dos herdeiros necessários e que, em verdade, estariam ocultando uma doação.

Inocêncio Galvão Telles[14] faz duras críticas à inserção dessa proibição expressa de venda de ascendente para descendente, limitada na legislação portuguesa aos pais e avós que não podem alienar para os filhos ou netos sem o consentimento dos demais filhos ou netos, observando que tal proibição não existe em outros países, além do Direito português e brasileiro, sendo completamente dispensáveis ante a possibilidade de anulação da venda que por igual sucederia se no lugar do descendente atuasse uma interposta pessoa para cobrir por igual a simulação que trataria de encobrir a proibição das doações inoficiosas.

Entretanto, Inocêncio Galvão Telles não entende aplicável o artigo 877 do Código Civil português, quando a venda do imóvel foi realizada para a sociedade empresária, ainda que dela participem dois dos filhos como sócios e com 40% do capital da empresa. Essa venda não poderia estar condicionada ao consentimento dos demais descendentes do casal vendedor, porque não haveria como pretender estender os efeitos do artigo 877 à venda feita à sociedade que tem personalidade jurídica e patrimônio diverso daquele pertencente aos sócios. Portanto, os autores da ação anulatória não poderiam invocar a norma preventiva do artigo 877 do Código Civil português e a sociedade adquirente goza de personalidade jurídica independente, em nada podendo ser aproveitadas para o Direito português as soluções preconizadas por Pietro Verrucoli e Rolf Serick no tocante à desconsideração da personalidade jurídica, só admitida em casos excepcionais, notadamente quando houvesse praticamente uma integral identificação patrimonial entre os dois polos da negociação, e o imóvel ingressasse, ao fim e ao cabo, no patrimônio indireto dos dois filhos sócios da empresa, e isso não ocorreu.[15]

Segundo observação de José Lamartine Corrêa de Oliveira, o equívoco do Doutor Inocêncio Galvão Telles ao descartar a aplicação episódica da desconsideração da personalidade jurídica estaria na restrição que fez da sua excepcional incidência nos casos de sociedade unipessoal ou totalmente controlada por um único sócio, quando a desconsideração é muito utilizada fora dos quadros da sociedade unipessoal ou de controle unitário, também em nada interferindo o fato de os filhos indiretamente beneficiados com a simulada venda do edifício para a empresa não possuírem o controle da sociedade, isto porque o argumento da nulidade partia do princípio de que o pai (sócio controlador) desejava favorecer seus dois filhos e os três representavam 100% do capital da empresa. O fato exteriorizava evidente ato de fraude à lei e sua ocorrência respeita aos casos mais frequentes de admissibilidade da desconsideração da personalidade jurídica.[16]

---

[14] TELLES, Inocêncio Galvão. Venda a descendentes e o problema da superação da personalidade jurídica das sociedades. *Revista da Ordem dos Advogados*, Lisboa, n. 36, p. 560, 1979.

[15] TELLES, Inocêncio Galvão. Venda a descendentes e o problema da superação da personalidade jurídica das sociedades. *Revista da Ordem dos Advogados*, Lisboa, n. 36, p. 528-538, 1979.

[16] OLIVEIRA, José Lamartine Corrêa de. *A dupla crise da pessoa jurídica*. São Paulo: Saraiva, 1979. p. 504.

As lições de Inocêncio Galvão Telles foram confirmadas pelo Tribunal da Relação de Lisboa no Processo 9061/2003-2, em acórdão datado de 22 de janeiro de 2004, para novamente negar a aplicação da desconsideração da personalidade jurídica em venda de bem por ascendente para descendente com a seguinte ementa:

> I – A proibição de venda formulada no artigo 877, n.º 1, do Código Civil, deve abranger tanto as vendas feitas por pais a filhos e avós a netos como, por interpretação extensiva, as feitas a noras ou genros, e assim também quando o regime de bens do casamento do filho/a com a nora/genro, seja o de separação. II – No *levantamento da personalidade colectiva, desconsideração da personalidade jurídica das sociedades comerciais*, ou *superação da personalidade jurídica*, estará em causa a eventualidade de – sem normas específicas e por exigência do sistema – o Direito, em certas situações, passar do modo colectivo ao modo singular, ignorando a presença formal de uma pessoa colectiva. III – A desconsideração não é a consequência da desfuncionalização das sociedades comerciais, mas sim a consequência de *uma certa* desfuncionalização do instituto – *aquela que se refere à limitação de responsabilidade* – sendo por isso, desde logo, delimitada negativamente pela aplicação de outros institutos ou figuras jurídicas. IV – Em qualquer caso, não prescinde o instituto do levantamento ou desconsideração da personalidade, do uso abusivo daquela, para iludir/prejudicar terceiros.[17]

Em contrapartida à decisão levada a efeito pelo Supremo Tribunal de Justiça de Portugal, a jurisprudência argentina conduziu justamente para a desconsideração da personalidade jurídica e com incidência no âmbito do direito sucessório, se bem que não pela venda que se ressentiu do consentimento dos demais descendentes, mas pelo princípio geral de fraude à lei quando transferidos para empresa familiar os bens do autor da herança, hipótese em que: "a ruptura da igualdade dos herdeiros, resultante da transferência da quase totalidade do patrimônio do falecido a uma sociedade familiar constituída com alguns de seus filhos, demonstra que ele procedeu com abuso, o que autoriza a penetrar o véu da pessoa jurídica e

---

[17] "Acordam nesse Tribunal da Relação de Lisboa. I – A. intentou acção declarativa com processo ordinário, distribuída à 6.ª Vara Cível – 3.ª secção, da Comarca de Lisboa, contra S, Lda., J, A, M e C, pedindo que, desconsiderando-se a personalidade colectiva da 1.ª Ré, seja anulada a venda do prédio urbano identificado, ordenando-se o cancelamento dos registros porventura efectuados a favor daquela sociedade. Alega, para tanto, que, tal como o R. A, é filho da Ré J. sendo o R. A casado com a Ré M, e o R. C filho destes. Tendo a Ré S, Lda. 3 como únicos sócios, os RR. A. M e. Em 07.04.1998, a Ré J vendeu a Ré S, Lda, representada no acto pelo R. A., o prédio urbano sito na R. Dr. ..., Lisboa, pelo preço declarado de 20.000.000$00. Sendo que o referido prédio foi avaliado, em 1991, em 59.460.000$00. Tratando-se, a efectuada venda, para a qual o A. não deu a sua autorização, de mero artifício para contornar a proibição legal do art. 877.º do CC. Sendo anulável e presumindo-se simulada. Aplicando-se o sobredito preceito, já que impõem os princípios da boa-fé o 'levantamento' da personalidade colectiva da S. Lda., tudo se passando como se a venda tivesse sido feita directamente aos filhos, nora e neto da corré. Contestaram os RR., sustentando a inaplicabilidade do art. 877.º do CC, na circunstância de ser a Ré M., nora da vendedora, para além de não ter o A. alegado, na p. i., a existência de acordo entre a Ré S. Lda. e os demais RR., sem o que se não pode considerar a 1.ª Ré como terceiro interposto. Impugnando ainda a existência do alegado intuito de prejudicarem o A., e alegando não ter ocorrido empobrecimento da vendedora. Houve réplica do A. O processo seguiu seus termos, com saneamento e condensação, sendo realizada que foi a audiência de julgamento, proferida sentença que julgou a acção improcedente. Inconformado recorreu o A., formulando, nas suas alegações, as conclusões seguintes: [...] Contra-alegaram os apelados, pugnando pela manutenção do julgado, [...] III – Nestes termos, acordam em julgar a apelação improcedente, confirmando a decisão recorrida. Custas pelo recorrente. Lisboa, 2004-01-22."

Cap. 6 · CONFLITOS DE DIREITO DE FAMÍLIA E DESCONSIDERAÇÃO DA PERSONALIDADE | **663**

desconhecer sua personalidade para só tomar em consideração o substrato humano e patrimonial que constitui a realidade mascarada, sendo procedente a ação de colação deduzida pelos herdeiros que não integram a sociedade".[18]

6.3 REGIME DE BENS

O regime de bens contém normas sobre a propriedade e o destino dos bens que aportam ao casamento e à união estável. Representa um conjunto de relações patrimoniais denominado regime matrimonial, e sua principal função é a de dar lastro ao sustento da entidade familiar, que precisa satisfazer suas requisições econômicas e atender aos custos de manutenção da família com os rendimentos do casal, na proporção do esforço de cada um, ou pode criar um patrimônio acomodado ao uso e às necessidades de sustento dos seus componentes.

O regime de bens do casamento pode estar inteiramente regulado pelo império da lei ou pode resultar de certa dose de autonomia privada dos cônjuges ou conviventes ao elegerem um regime convencional de bens com a possibilidade de acordarem aspectos que melhor atendam aos interesses do casal e sem afrontarem literal disposição de lei.

Essa organização conjugal econômica está firmada, basicamente, em dois conceitos: o de separação e o de comunidade de bens, neste último com duas variantes que incluem ou excluem bens com origem anterior ao casamento.

É de ser registrado, com escora no artigo 1.725 do Código Civil, que, no âmbito do Direito de Família, quando ausente contrato escrito, tal como ocorre no matrimônio (CC, art. 1.640), também à união estável são aplicáveis as regras do regime da comunhão parcial, isso porque aos companheiros também são reservados os mesmos regimes de bens existentes para os cônjuges e com a mesma liberdade de livre escolha desses regimes, ou de sua mescla entre eles, por escritura pública ou por contrato particular, desde que as cláusulas não infrinjam literal disposição de lei, devendo ser consignado que, na revisão do Código Civil, o anteprojeto apresentado ao Senado Federal pela Comissão de Juristas revogou o artigo 1.725 e tratou do instituto da união estável nos artigos 1.564-A a 1.564-D.

6.3.1 Comunhão parcial

O regime da comunhão restrita, limitada ou parcial é o regime oficial e nele formam-se três massas de bens: os bens dos cônjuges ou companheiros e bens comuns. Com as núpcias, comunicam-se os bens comuns, com a ressalva dos bens indicados pelos artigos 1.659 e 1.661 do Código Civil. São excluídos da comunhão os bens que o cônjuge já possuía antes do matrimônio e os que lhe sobrevierem, na constância do casamento, por doação, sucessão ou os sub-rogados em seu lugar (Código Civil, art. 1.659, I).

Desse modo, todo e qualquer bem apresto, mesmo quando recebido durante o casamento, por doação ou herança, não se comunica com o outro consorte, tampouco aqueles que nestes se sub-rogarem, fato que ocorre quando o cônjuge vende um bem incomunicável e com o produto dessa venda adquire outro de igual valor, que assim também não se comunica. Diversamente será se a doação, herança ou legado forem procedidos em favor de

---

[18] MESA, Marcelo J. López; CESANO, José Daniel. *El abuso de la personalidad jurídica de las sociedades comerciales*. Buenos Aires: Depalma, 2000. p. 134.

ambos os cônjuges, havendo, nessa hipótese, a comunicação pela copropriedade ou condomínio, e não em decorrência da meação.

A sub-rogação real só se dá até o limite do valor alcançado com o bem sub-rogado, repartindo-se o que dele exceder. Portanto, se o consorte possui um imóvel no valor de cem mil reais e vende esse bem e, com o produto dessa alienação, compra outro de cento e vinte mil reais, utilizando-se dos vinte mil reais buscados entre as economias conjugais, a sub-rogação só se dá até o montante dos cem mil reais, comunicando-se os vinte mil reais excedentes.

Na parte final do inciso I do artigo 1.659 do Código Civil, o legislador preenche a omissão verificada no inciso I do artigo 269 do Código Civil de 1916, quanto à evidente incomunicabilidade dos bens havidos por sub-rogação de bens recebidos por doação unilateral ou por sucessão.

A prova da sub-rogação é ônus de quem a alega, sendo necessário demonstrar de modo seguro a venda de bem particular e sua real sub-rogação pelo reemprego do numerário do bem vendido, com mostra processual do nexo causal procedido entre a alienação de um bem e a compra de outro. Deve o interessado ter a cautela de documentar a sua sub-rogação, e não comete nenhum excesso se tiver o redobrado cuidado de consignar, por exemplo, na escritura de compra de bem imóvel sub-rogado estar se utilizando de recursos oriundos de bem próprio, ou dele se valendo para uma permuta preço por preço.

De acordo com o inciso III do artigo 1.659 do Código Civil, não se comunicam as obrigações anteriores ao casamento, quando a dívida foi contraída antes do matrimônio, e desde que o débito não esteja relacionado com o consórcio, por exemplo, as despesas realizadas com a festa de casamento, ou para a compra dos móveis que vão guarnecer a futura habitação conjugal. Tais situações, evidentemente, obrigam ambos os cônjuges por reverterem essas dívidas em proveito comum. Em contrapartida, os débitos contraídos após as núpcias e durante a sociedade conjugal obrigam os bens do casal, ou na falta desses bens, obrigam os particulares de um e de outro cônjuge, na razão do proveito que cada um haja lucrado.

Também não se comunicam pelo inciso IV do artigo 1.659 do Código Civil as obrigações provenientes de atos ilícitos, salvo quando revertidos em proveito do casal, porque a responsabilidade pelo ato ilícito é pessoal, não podendo ser estendida ao outro cônjuge, como se se tratasse de uma dívida comum, a não ser que o ato tenha revertido em proveito do casal, como na hipótese de o marido ter praticado um furto e com os recursos desse crime adquirir bem familiar, ou pagar uma cirurgia estética da esposa.

Outra alteração legislativa respeita à ab-rogação do inciso IV do artigo 269 do Código Civil de 1916, ao dar lugar aos incisos V, VI e VII do artigo 1.659 do Código Civil em vigor. O inciso IV do artigo 269 do Código Civil de 1916 apenas afirmava serem igualmente incomunicáveis os demais bens excluídos da comunhão universal e se reportava ao artigo 263 do diploma revogado.

O inciso V do artigo 1.659 do Código Civil de 2002 exclui da comunicação os bens de uso pessoal dos cônjuges, seus livros e instrumentos de profissão ou ofício, consoante expressão esta acrescida pelo Anteprojeto do Código Civil. São, em regra, bens de irrelevante valor econômico, úteis apenas àquele cônjuge que deles se utiliza no exercício de sua profissão ou porque de seu uso pessoal, guardando com o bem uma intrínseca identidade, por consequência do seu trabalho, devendo ser incluídos e considerados comunicáveis bens, que, embora de uso profissional exclusivo, guardam considerável valor econômico, a exemplo do automóvel de praça do motorista de táxi e os aparelhos de ressonância magnética da clínica do médico.

Assim, os livros e instrumentos de profissão serão somente aqueles necessários ao exercício da profissão do cônjuge, como os códigos do advogado e seu computador pessoal, o estetoscópio e o aparelho para medir a pressão arterial do médico, os filmes, *spots* e a máquina fotográfica do fotógrafo, as tintas, pincéis e telas de um pintor, o instrumento musical e as partituras de um músico, a calculadora, o computador, os periódicos e as revistas de legislação que auxiliam a atividade do contabilista, não se correlacionando com os bens da empresa.

O inciso VI do artigo 1.659 do Código Civil exclui do regime da comunicação parcial de bens os proventos do trabalho pessoal de cada cônjuge, cujo dispositivo faz deduzir que, se os rendimentos do trabalho não se comunicam, tampouco deveriam se comunicar os bens adquiridos com os recursos da profissão, o que levaria a concluir que nada seria realmente comunicável, porque a quase totalidade das pessoas vive dos rendimentos do seu trabalho, tanto que este inciso foi revogado no Anteprojeto do Código Civil, em tramitação no Congresso, como também foi revogado o inciso VII, que partilhava as pensões, meio-soldos, montepios e outras rendas semelhantes.

Parece injusto que a contraprestação pecuniária não convertida em patrimônio nupcial pudesse ser considerada como um crédito pessoal e incomunicável do titular desses recursos, pois essa interpretação acabaria por desestimular a aquisição de bens físicos durante as núpcias, liquidando qualquer regime matrimonial de comunicação de bens, preferindo os consortes economizar seus ganhos profissionais que ficariam imunes à partilha.

Ora, se um dos cônjuges ficasse encarregado de atender às necessidades da habitação comum, pagando a educação dos filhos, conservando os bens e comprando outros bens destinados às necessidades da família, como carros, móveis, imóveis etc., o outro consorte trataria apenas de guardar e aplicar as suas economias do trabalho em carteira de poupança, ou qualquer outra modalidade de aplicação financeira, sem nenhuma preocupação com a eventual partilha desses valores que não são considerados bens comuns.

Dessarte, um dos consortes paga as contas da família, enquanto o outro trata de acumular as reservas do seu trabalho, que depois serão havidas como próprias e incomunicáveis, embora amealhadas na constância do casamento. E, ao dissolver sua sociedade conjugal e extinguir seu regime de bens, não se comunicarão os proventos do seu trabalho (Código Civil, art. 1.659, VI), mas tão somente os frutos provenientes dos juros desses recursos (Código Civil, art. 1.660, V).

Não pode ser esquecida a regra contida no artigo 2.039 do Código Civil, quando ordena que o regime de bens nos casamentos celebrados na vigência do Código anterior (1916) é aquele por ele estabelecido. Diante desse dispositivo de lei, levando em conta a configuração legal do regime da comunhão parcial de bens do Código Civil de 1916, para aqueles que casaram antes do atual Código Civil, pela lei civil revogada a ser aplicada (Código Civil, art. 2.039), ingressam na comunhão os frutos civis do trabalho, ou indústria de cada cônjuge, ou de ambos (Código Civil/1916, art. 271, VI).

Por fim, também não integram a comunhão conjugal pensões, meios-soldos, montepios e outras rendas assemelhadas, resultado das contribuições realizadas durante determinado período à previdência pública ou privada, para, em contrapartida, receber, na aposentadoria, uma retribuição mensal e vitalícia, havendo, no entanto, cada vez mais divergência jurisprudencial e doutrinária com relação à partilha da previdência privada, tendo o Superior Tribunal de Justiça entendido e consolidado que a previdência privada aberta é passível sim de partilha, pois ela se assemelha a um investimento financeiro qualquer,[19] não sucedendo o mesmo critério com a previdência privada fechada.[20]

---

[19] "Civil. Processual. Ação de divórcio e partilha de bens. Dever de fundamentação. Art. 489, § 1.º, VI, do CPC/15. Inobservância de súmula, jurisprudência ou precedente condicionada à demonstração de distinção ou superação. Aplicabilidades às súmulas e precedentes vinculantes, mas não às súmulas e precedentes persuasivos. Planos de previdência privada aberta. Regime marcado pela liberdade do investidor. Contribuição, depósitos, aportes e resgates flexíveis. Natureza jurídica multifacetada. Seguro previdenciário. Investimento ou aplicação financeira. Dessemelhanças entre os planos de previdência aberta e fechada, este último insuscetível de partilha. Natureza securitária e previdenciária dos planos privados abertos verificada após o recebimento dos valores acumulados, futuramente e em prestações, como complementação de renda. Natureza jurídica de investimento e aplicação financeira antes da conversão em renda e pensionamento ao titular. Partilha por ocasião do vínculo conjugal. Necessidade. Art. 1.659, VII, do CC/2002 inaplicável à hipótese. Prestação de informações equivocadas e juntada de documentos de declarações de imposto de renda falseadas. Litigância de má-fé. Impossibilidade de reexame da matéria. Súmula 7/STJ. Recurso especial interposto apenas pelo dissenso jurisprudencial. Impossibilidade. Súmula 284/STF. 1. Ação ajuizada em 28.09.2007. Recurso especial interposto em 13.02.2017 e atribuído à Relatora em 09.08.2017. 2. Os propósitos recursais consistem em definir: (i) se o dever de seguir enunciado de súmula, jurisprudência ou precedente invocado pela parte, previsto no art. 489, § 1.º, VI, do CPC/15, abrange também o dever de seguir julgado proferido por Tribunal de 2.º grau distinto daquele a que o julgador está vinculado; (ii) se o valor existente em previdência complementar privada aberta na modalidade VGBL deve ser partilhado por ocasião da dissolução do vínculo conjugal; (iii) se a apresentação da declaração de imposto de renda com informação incorreta tipifica litigância de má-fé; (iv) se é possível partilhar valor existente em conta bancária alegadamente em nome de terceiro. 3. A regra do art. 489, § 1.º, VI, do CPC/15, segundo a qual o juiz, para deixar de aplicar enunciado de súmula, jurisprudência ou precedente invocado pela parte, deve demonstrar a existência de distinção ou de superação, somente se aplica às súmulas ou precedentes vinculantes, mas não às súmulas e aos precedentes apenas persuasivos, como, por exemplo, os acórdãos proferidos por Tribunais de 2.º grau distintos aquele que o julgador está vinculado. 4. Os planos de previdência privada aberta, operados por seguradoras autorizadas pela SUSEP, podem ser objeto de contratação por qualquer pessoa física e jurídica, tratando-se de regime de capitalização no qual cabe ao investidor, com amplíssima liberdade e flexibilidade, deliberar sobre os valores de contribuição, depósitos adicionais, resgates antecipados ou parceladamente até o fim da vida, razão pela qual a sua natureza jurídica ora se assemelha a um seguro previdenciário adicional, ora se assemelha a um investimento ou aplicação financeira. 5. Considerando que os planos de previdência privada aberta, de que são exemplos o VGBL e o PGBL, não apresentam os mesmos entraves de natureza financeira e atuarial que são verificados nos planos de previdência fechada, a eles não se aplicam os óbices à partilha por ocasião da dissolução do vínculo conjugal apontados em precedente da 3.ª Turma desta Corte (REsp 1.477.937/MG). 6. Embora, de acordo com a SUSEP, o PGBL seja um plano de previdência complementar aberta com cobertura por sobrevivência e o VGBL seja um plano de seguro de pessoa com cobertura por sobrevivência, a natureza securitária e previdenciária complementar desses contratos é marcante no momento em que o investidor passa a receber, a partir de determinada data futura e em prestações periódicas, os valores que acumulou ao longo da vida, como forma de complementação do valor recebido da previdência pública e com o propósito de manter um determinado padrão de vida. 7. Todavia, no período que antecede a percepção dos valores, ou seja, durante as contribuições e formação do patrimônio, com múltiplas possibilidades de depósitos, de aportes diferenciados e de retiradas, inclusive antecipadas, a natureza preponderante do contrato de previdência complementar aberta é investimento, razão pela qual o valor existente em plano de previdência complementar aberta, antes de sua conversão em renda e pensionamento ao titular, possui natureza de aplicação e investimento, devendo ser objeto de partilha por ocasião da dissolução do vínculo conjugal por não estar abrangido pela regra do art. 1.659, VII, do CC/02. 8. Definido, pelo acórdão recorrido, que a prestação de informações equivocadas e a sucessiva juntada de diferentes declarações de imposto de renda se deu com o propósito específico de ocultar informações relacionadas ao patrimônio e, consequentemente, influenciar no desfecho da partilha de bens, disso resultando a condenação da parte em litigância de má-fé, é inviável a modificação do julgado para exclusão da penalidade em razão do óbice da Súmula 7/STJ. 9. É imprescindível a indicação no recurso especial do dispositivo legal sobre o qual se baseia a divergência jurisprudencial, não sendo cognoscível o recurso interposto apenas com base na alínea 'c' do permissivo constitucional em razão do óbice da Súmula 284/STF. 10. Recurso especial parcialmente conhecido e, nessa extensão, desprovido" (STJ, 3.ª Turma, REsp 1.698.774/RS, Rel. Min. Nancy Andrighi, j. 1.º.09.2020).

[20] "Recurso especial. Direito de família. União estável. Regime de bens. Comunhão parcial. Previdência privada. Modalidade fechada. Contingências futuras. Partilha. Art. 1.659, VII, do CC/2002. Benefício excluído.

Cap. 6 · CONFLITOS DE DIREITO DE FAMÍLIA E DESCONSIDERAÇÃO DA PERSONALIDADE | **667**

No Anteprojeto do Código Civil, em trâmite pelo Congresso Nacional, sempre com vistas a minimizar os efeitos nefastos da constante prática da fraude, notadamente no âmbito das dissoluções afetivas e no direito das sucessões, foi proposto o acréscimo do inciso VIII ao art. 1.659, para também excluir da comunicabilidade "as indenizações por danos causados à pessoa de um dos cônjuges ou conviventes ou a seus bens privativos, com exceção do valor do lucro cessante que teria sido auferido caso o dano tivesse ocorrido". Com relação aos bens comunicáveis, o artigo 1.660 do Anteprojeto do Código Civil traz uma redação que busca ser mais abrangente, ordenando a divisão, por exemplo, no inciso VI, das remunerações, salários, pensões, dividendos, fundo de garantia por tempo de serviço, previdências privadas abertas ou outra classe de recebimentos ou indenizações que ambos os cônjuges ou conviventes obtenham durante o casamento ou união estável, como provento do trabalho ou de aposentadoria, e andando exatamente no caminho oposto que havia sido ordenado pelo Código Civil logo no início de sua promulgação, mas que a jurisprudência foi corrigindo ao longo dos anos e que, agora, o anteprojeto trata de contextualizar o texto da lei com a orientação doutrinária e jurisprudencial já consagrada.

Meação de dívida. Possibilidade. Súmula n°7/STJ. Preclusão consumativa. Fundamento autônomo. 1. Cinge-se a controvérsia a identificar se o benefício de previdência privada fechada está excluída da parti-lha em virtude da dissolução de união estável, que observa, em regra, o regime da comunhão parcial dos bens. 2. A previdência privada possibilita a constituição de reservas para contingências futuras e incertas da vida por meio de entidades organizadas de forma autônoma em relação ao regime geral de previdência social. 3. As entidades fechadas de previdência complementar, sem fins lucrativos, disponibilizam os planos de benefícios de natureza previdenciária apenas aos empregados ou grupo de empresas aos quais estão atrelados e não se confundem com a relação laboral (art. 458, § 2 VI, da CLT). 4. O artigo 1.659, inciso VII do CC/2002 expressamente exclui da comunhão de bens as pensões, meios-soldos, montepios e outras rendas semelhantes, como, por analogia, é o caso da previdência complementar fechada. 5. O equilíbrio financeiro e atuarial é princípio nuclear da previdência complementar fechada, motivo pelo qual permitir o resgate antecipado de renda capitalizada, o que em tese não é possível à luz das normas previdenciárias e estatutárias, em razão do regime de casamento, representaria um novo parâmetro para a realização de cálculo já extremamente complexo e desequilibraria todo o sistema, lesionando participantes e beneficiários, terceiros de boa-fé, que assinaram previamente o contrato de um fundo sem tal previsão. 6. Na partilha, comunicam-se não apenas o patrimônio líquido, mas também as dívidas e os encargos existentes até o momento da separação de fato. 7. Rever a premissa de falta de provas aptas a considerar que os empréstimos beneficiaram a família, demanda o revolvimento do acervo fático-probatório dos autos, o que atrai o óbice da Súmula n°7 deste Superior Tribunal. 8. Recurso especial não provido" (STJ. REsp. 1.477.937/MG. Terceira Turma. Relator. Ministro Ricardo Villas Bôas Cueva. Julgado em 27.4.2017). Nesse mesmo sentido o REsp. 1.593.026/SP, da Quarta Turma, Relator para o acórdão Ministro Maria Isabel Gallotti, vencido o Ministro Luis Felipe Salomão, julgado em 23.11.2021, o REsp. 1.695.687/SP, Terceira Turma, Relatora Ministra Nancy Andrighi, julgado em 05.4.2022, o REsp. 1.726.577/SP, da Terceira Turma, Relatora Ministra Nancy Andrighi, julgado em 14.09.2021, no entanto, com os votos divergentes dos Ministros Ricardo Villas Bôas Cueva e Moura Ribeiro e no sentido contrário, em se tratando de previdência privada o REsp. 1.545.217/PR. Relatora para o acórdão a Ministra Maria Isabel Gallotti, julgado em 07.12.2021: "Recurso especial. Previdência privada. Entidade fechada. Proventos complementares. Resgate de reserva de poupança após o início do recebimento do benefício em razão da retirada de patrocínio pela ex-empregadora. Posterior extinção vínculo matrimonial. Regime de comunhão universal ou parcial de bens. Verba excluída do patrimônio comum e da balança de bens. 1. As contribuições feitas para plano de previdência fechado, em percentual do salário do empregado, aportadas pelo beneficiário e pelo patrocinador, conforme definido pelo estatuto da entidade, não integram o patrimônio sujeito à comunhão de bens a ser partilhado quando da extinção do vínculo conjugal. 2. Hipótese em que, após o início do recebimento do benefício complementar, houve a retirada do patrocínio pelo ex-empregador, ensejando a opção pelo resgate da reserva de poupança pelo assistido. O resgate dos valores originariamente destinados a custear, ao longo dos anos, o benefício extinto não lhes retira a natureza previdenciária e personalíssima, motivo pelo qual não se trata de bem integrante da comunhão sujeito à partilha decorrente do fim do casamento ou união estável (art. 1.659, inc. VII, c/c o art. 1.668, inc. V, do CC/2002 e art. 263, inc. I, do CC/2016). Precedentes. 3. Recurso especial ao qual se nega provimento".

6.3.1.1 Bens que ingressam na comunhão parcial

No caminho inverso do artigo 1.660 do Código Civil, ingressam na comunhão parcial:

I – Os bens adquiridos na constância do casamento por título oneroso, ainda que só em nome de um dos cônjuges.

Por título oneroso são considerados os bens adquiridos com os recursos advindos do trabalho dos cônjuges, pouco importando se ambos os esposos exercem atividade ou função remunerada, ou se só um deles, porque o outro consorte, por acerto consensual do casal, se dedica à família e aos cuidados do lar e que, dessa forma, assegura ao outro parceiro a plenitude do tempo para tratar dos aspectos econômicos e financeiros da entidade familiar, enquanto a esposa cuida da retaguarda, voltada para a administração da vivenda nupcial e os cuidados para com os filhos comuns.

A aquisição do patrimônio na constância do casamento e a convivência conjugal, coabitando os cônjuges, é o marco da comunhão e partilha, porque a separação de fato ou de corpos retira do regime a comunicação dos bens.

II – Os bens adquiridos por fato eventual, com ou sem o concurso de trabalho ou despesa anterior.

Na hipótese de fato eventual está dispensado o concurso do trabalho, ou do esforço em comum dos cônjuges, advindo os recursos de fatos ocasionais, focados na sorte, como loterias, recompensas e toda a fortuna de premiações.

III – Os bens adquiridos por doação, herança ou legado, em favor de ambos os cônjuges.

São próprios os bens havidos individualmente pelos cônjuges por doação, herança ou legado, salvo se destinados a ambos os nubentes, porque do contrário não se comunicam.

IV – As benfeitorias em bens particulares de cada cônjuge.

As benfeitorias, quando necessárias, têm por finalidade conservar o bem ou evitar que se deteriore; são úteis, quando aumentam ou facilitam o uso do bem, e são voluptuárias, quando destinadas ao mero deleite ou recreio, que não aumentam o uso habitual do bem, ainda que o tornem mais agradável e de elevado valor (Código Civil, art. 96).

As benfeitorias não devem ser confundidas com as construções e plantações referidas nos artigos 1.253 a 1.259 do Código Civil, porque são simplesmente obras ou despesas realizadas em bem já existente, enquanto as acessões são edificações novas, como na hipótese de um prédio erguido sobre um terreno. Também não são consideradas benfeitorias os acréscimos decorrentes de fatos eventuais ou fortuitos, surgidos apenas por obra da natureza.

V – Os frutos dos bens comuns, ou dos particulares de cada cônjuge, percebidos na constância do casamento, ou pendentes ao tempo de cessar a comunhão.

Tornam-se comuns os frutos hauridos sobre bens ou capital particular de cada cônjuge. Frutos são o que a coisa regular e, periodicamente, produz sem alteração nem diminuição de sua substância, quer pela produção do homem, ou pela cultura da terra.

São frutos naturais as produções espontâneas da natureza e frutos civis, as rendas que a coisa produz, como frisante exemplo pode ser extraído dos juros pagos pelo capital aplicado pelo cônjuge em carteira de poupança, ainda que o monte seja constituído por recursos provenientes dos proventos do trabalho pessoal (Código Civil, art. 1.659, VI).

Também são frutos conjugais os aluguéis da locação de um imóvel pertencente a um dos cônjuges, como são frutos os dividendos de suas ações societárias, quando percebidos na constância da sociedade conjugal.

É importante registrar os incisos VIII e IX do artigo 1.660, ambos acrescentados pela Comissão de Juristas no Anteprojeto do Código Civil, em tramitação no Congresso, que tratam de ordenar a partilha do que se convencionou chamar de *valorização das quotas sociais*

Cap. 6 · CONFLITOS DE DIREITO DE FAMÍLIA E DESCONSIDERAÇÃO DA PERSONALIDADE | **669**

ou ações, e que respeitam exatamente ao crescimento patrimonial verificado na constância do relacionamento conjugal ou convivencial, em uma sociedade empresária constituída antes do casamento ou da união estável.[21]

Os artigos 1.661 e 1.662 do Código Civil reproduzem os artigos 272 e 273 do Código Civil de 1916, e, quando o artigo 1.661 da vigente Lei Civil dispõe que são incomunicáveis os bens cuja aquisição tiver por título uma causa anterior ao casamento, significa não ser suficiente o mero ingresso do bem no patrimônio de um dos cônjuges na constância efetiva do matrimônio para tornar certos bens de caráter comum.

Portanto, em uma ação de usucapião, em que o período de aquisição ocorreu e venceu antes do casamento, mas cuja sentença de procedência foi proferida na vigência do relacionamento, fica evidente que a aquisição tem título anterior. O mesmo pode ser compreendido na promessa de compra e venda de um imóvel integralmente quitado ao tempo de solteiro do promitente comprador, mas somente escriturada após o casamento.

Pelo artigo 1.662 do Código Civil, presumem-se adquiridos na constância do casamento os bens móveis, salvo prova em contrário, demonstrada pelas notas fiscais de compra, ou por outros meios lícitos de prova, como a existência de documentos, ou precedente partilha de relacionamento desfeito, comprovando se tratar de bens próprios do consorte.

Os artigos 1.663 a 1.666 do Código Civil dão redação mais objetiva à administração do patrimônio comum, em redação sintonizada com o Estatuto da Mulher Casada e com a igualdade constitucional dos cônjuges, afastando-se das limitações antes impostas pelos artigos 274 e 275 do Código Civil de 1916.

Em razão desses dispositivos, os bens comuns só vão responder conjuntamente pelas dívidas contraídas em real benefício da família, afastando quaisquer tentativas de um cônjuge pretender forjar empréstimos com terceiros atuando como mero *presta-nomes*, apenas para melhor encenar a insidiosa via da fraude conjugal.

Pelo § 2.º do art. 1.663 do Código Civil, qualquer cessão do uso ou gozo a título gratuito dos bens comuns implicam colher a recíproca anuência dos cônjuges, até porque, na cessão sem contraprestação, não ocorre qualquer benefício para o casal, antes desgastam os bens e lhes impõem despesas na sua conservação.

6.3.2 Comunhão universal

O casamento e, mesmo na atualidade, a união estável provocam duas ordens distintas de relações jurídicas: uma, de origem pessoal, referente aos cônjuges ou companheiros, em que ajustam entre si a maior ou a menor autoridade marital, e outra, de vinculação patrimonial, o regime econômico do casamento ou da união estável, criado entre eles e deles para com terceiros.

Carlos Iruzubieta[22] diz que a razão da existência do sistema de organização patrimonial do matrimônio está no fato de se tratar de uma sociedade, ou seja, uma comunidade de pessoas que, instituída, precisa fazer frente à sua própria subsistência, cotidianamente dando

---

[21] "Art. 1.660. Entram na comunhão (...) VIII – a valorização das quotas ou das participações societárias ocorrida na constância do casamento ou da união estável, ainda que a aquisição das quotas ou das ações tenha ocorrido anteriormente ao início da convivência do casal, até a data da separação de fato. IX – a valorização das quotas sociais ou ações societárias decorrentes dos lucros reinvestidos na sociedade na vigência do casamento ou união estável do sócio, ainda que a sua constituição seja anterior à convivência do casal, até a data da separação de fato".

[22] IRUZUBIETA, Carlos Vászquez. *Régimen económico del matrimonio*. Madrid: Editoriales de Derecho Reunidas, 1982. p. 11.

lugar à criação, modificação e extinção permanente de direitos e obrigações, tanto entre o casal como deste em relação a terceiros. Como essa sociedade afetiva, que dá existência a uma família, necessita realizar gastos e aquisições, também precisa produzir bens e economias, fruto do trabalho pessoal de seus componentes.

Conclui Iruzubieta que é justamente esse o fenômeno que empurra o legislador a procurar uma solução para os conflitos matrimoniais e, na visão da efetivação da *disregard* no Direito de Família, tenciona motivar o juiz a buscar respostas judiciais que solucionem com praticidade os possíveis conflitos que podem se apresentar entre casais que rompem a sua vida em comum, arrastando discussões diante da suposta titularidade patrimonial de bens conjugais presentes incorretamente no acervo societário, enuviando, deste modo, a dissolução do patrimônio familiar que era o sustento, a segurança e a garantia de subsistência da família conjugal ou convivencial.

O regime de comunidade de bens que se estabelece em razão da sociedade conjugal ou da união estável se deve à existência de uma massa de bens comuns aos cônjuges. Vidal Taquini[23] observa existirem duas espécies de comunidades, de acordo com a extensão de seus bens. Na comunidade ou regime universal de bens, por ocasião da celebração do matrimônio, convertem-se em comuns todos os bens presentes e futuros dos cônjuges, para dividi-los entre eles ou entre os seus herdeiros, quando finalizado o casamento, indiferente à origem dos bens.

A lei divorcista modificou o regime legal de bens no Brasil, ao adotar, na ausência de pacto antenupcial, o regime da comunhão limitada em substituição ao outrora regime da comunhão universal, em que bens *aprestos* e *aquestos* integravam a comunidade patrimonial. Antunes Varela[24] atribui à instabilidade da instituição matrimonial uma das causas que tornou anacrônico no meio social o regime da comunhão universal de bens.

O casamento, que agora rapidamente se desagrega pela profunda transformação dos valores sociais, não mais pode servir como um meio de aquisição de bens. No que obtempera Varela,[25] só devem ser considerados comuns, como resultado da união, os bens adquiridos pelo conjugado esforço de ambos os cônjuges, mantendo-se próprios os bens trazidos para dentro do matrimônio, ou por eles individualmente recebidos a título gratuito na constância do casamento.

Prende-se essa nova ordem de ideias ao princípio jurídico que coíbe o injusto locupletamento de um dos cônjuges à custa do outro, quer participando de bens que não ajudou a construir, quer desviando para seu acervo particular, por todas as formas de fraude, bens que de direito devam, com a dissolução da sociedade conjugal, ou da união estável e com a correlata partilha, integrar a meação do seu parceiro.

A comunidade de bens dentro da instituição do casamento e da união estável, também regulamentado em lei, qualificava-se como de imposição imperativa, sem qualquer possibilidade de alteração pela vontade dos esposos, mesmo porque, uma vez eleito um regime patrimonial, este se tornava inalterável. No entanto, não mais perdura a imutabilidade do regime de bens, podendo cônjuges e conviventes modificar o regime eleito com o casamento ou com a união estável, mediante pedido fundamentado ao juiz, quando casados, cometendo ao julgador repelir energicamente, qualquer tentativa de injusto enriquecimento empreendida por algum dos sócios conjugais, por mais fértil e complexa que possa se apresentar a trama urdida para consecução desse ilícito enriquecimento, muitas vezes executada pelo uso indevido do véu societário.

---

[23] TAQUINI, Carlos H. Vidal. *Régimen de bienes en el matrimonio*. 3. ed. Buenos Aires: Astrea, 1990. p. 14-15.
[24] VARELA, Antunes. *Dissolução da sociedade conjugal*. Rio de Janeiro: Forense, 1980. p. 161.
[25] VARELA, Antunes. *Dissolução da sociedade conjugal*. Rio de Janeiro: Forense, 1980. p. 162.

Cap. 6 · CONFLITOS DE DIREITO DE FAMÍLIA E DESCONSIDERAÇÃO DA PERSONALIDADE | **671**

6.3.3 Participação final nos aquestos

A participação final nos aquestos ocupa o espaço do regime dotal previsto no Código Civil de 1916. Nesse regime, cada cônjuge possui patrimônio próprio durante o casamento e lhe toca o direito à metade dos bens adquiridos pelo casal a título oneroso, na constância do casamento, operando-se a compensação das diferenças de valores apurados de forma contábil com a dissolução do casamento.

São muitas as controvérsias acerca da natureza jurídica do regime de participação final nos aquestos, sendo correto aduzir sobre a existência de mais de uma versão do regime, dependendo da legislação estudada.

Cuida-se de um regime de separação de bens, em que cada consorte tem a livre e independente administração do seu patrimônio pessoal e dele pode dispor quando for bem móvel, mas necessita da outorga do cônjuge se o bem for imóvel (salvo dispensa em pacto antenupcial para os bens particulares (CC, art. 1.656).

É constituído pelos bens obtidos individualmente pelos cônjuges, ou por ambos, e que passam a integrar uma massa comum por ocasião da liquidação da sociedade matrimonial. Durante a união, as relações patrimoniais entre os cônjuges funcionam como se houvesse separação de bens, nascendo, com a dissolução conjugal, uma massa comunicável dos bens aquestos como acontece na comunhão parcial.

Por ocasião da dissolução do casamento nasce um direito de crédito do outro cônjuge sobre os bens alheios. É possível, e assim expressam os artigos 1.675 e 1.676 do Código Civil, que esse direito sobre bens alheios possa até não se materializar, no caso de ter ocorrido alguma doação de parte de um dos cônjuges, sem a necessária autorização do outro (Código Civil, art. 1.675), cometendo ao esposo lesado reivindicar os bens doados, ou ser compensado com outros bens, se não preferir ser indenizado em dinheiro.

Se não for possível nem conveniente acomodar a divisão dos bens em natureza, sendo igualmente desaconselhável ou impraticável o seu condomínio, será calculado o valor de alguns desses bens ou de todos, para a sua reposição em dinheiro ao cônjuge não proprietário (CC, art. 1.684).

Os artigos 1.673 e 1.674 do Código Civil indicam como deve ser procedida a operação contábil para o cálculo de participação final dos aquestos.

Pelos artigos 1.685 e 1.686 do Código Civil, no caso de morte do cônjuge, a sua meação é transmitida aos seus herdeiros que serão convocados pela ordem de vocação hereditária.

Esse regime foi revogado no Anteprojeto do Código Civil, apresentado ao Senado Federal pela Comissão de Juristas responsável pela sua revisão e atualização, diante do completo desinteresse verificado na adoção deste regime de bens.

6.3.3.1 *Regras de liquidação*

Sucedendo a dissolução do regime de bens pelo divórcio, manda o artigo 1.683 do Código Civil que se verifiquem, por inventário, o montante e o valor dos bens aquestos, não se olvidando de incorporar ao monte o valor dos bens alienados em detrimento da meação (CC, art. 1.676), devendo ser liquidadas as dívidas comuns e depois os débitos verificados entre os próprios cônjuges. Faltando dinheiro para pagamento dos créditos entre os cônjuges, ou mesmo quando não for possível nem conveniente a divisão de todos os bens em natureza (CC, art. 1.684), poderão ser alienados tantos bens quantos bastem para a quitação dos débitos, ou ser procedida a reposição em dinheiro para a igualitária partilha final dos aquestos.

As dívidas também obrigam aos herdeiros, acaso a dissolução do regime decorra da morte do cônjuge sucedido (CC, art. 1.686), mas os sucessores não serão responsáveis pelos débitos superiores à real capacidade da herança, que corresponde à meação do falecido.

Feitas as deduções dos créditos de terceiros ou dos cônjuges, o conjunto remanescente de bens constitui o cabedal partilhável dos aquestos (CC, art. 1.674), dividindo-se por metade entre os cônjuges, ou seus respectivos herdeiros, os ganhos econômicos verificados na constância do casamento. Trata-se de uma sociedade de ganhos, e não de bens, em que os aportes econômicos e financeiros percebidos durante o matrimônio, a título oneroso, mesmo revertendo na compra de bens, são tidos como vantagens materiais da sociedade conjugal.

O artigo 1.674 do Código Civil estabelece como será procedida a operação contábil para o cálculo de participação final dos aquestos. Logo, sobrevindo a dissolução da sociedade conjugal, quantificam-se os aquestos pelo montante a ser verificado na data da dissolução do regime de bens (CC, art. 1.683) e, por ocasião da partilha judicial ou extrajudicial, são excluídos da soma dos patrimônios próprios: os bens anteriores ao casamento ou sub-rogados (CC, art. 1.674, I); os que sobrevierem a cada cônjuge a título gratuito, por sucessão ou liberalidade (o artigo 1.672 do Código Civil ordena a divisão dos bens adquiridos somente a título oneroso – inciso II do artigo 1.674 do Código Civil) e as dívidas relativas aos bens conjugais (CC, art. 1.674, III). As dívidas a serem abatidas serão aquelas contraídas antes do casamento e que não tenham vertido em proveito comum, ou que tenham sido assumidas em razão do casamento.

O artigo 1.677 do Código Civil estabelece que as dívidas posteriores ao casamento e contraídas apenas por um dos cônjuges somente a este vinculam, salvo prova de que tenham revertido, parcial ou totalmente, em benefício do outro. A regra funciona como princípio de direito e a sua gênese remonta ao Estatuto da Mulher Casada (Lei 4.121/1962), revertendo o ônus da prova àquele que contraiu a dívida, no sentido de demonstrar de modo cabal e inconteste que o débito aproveitou ao casal total ou parcialmente, sabido que somente são presumidas comuns as dívidas constantes do artigo 1.643 do Código Civil e apenas estas obrigam solidariamente aos consortes (CC, art. 1.644). Tem essa disposição o propósito de evitar a insidiosa fraude à meação do cônjuge pela via artificial de estabelecimento de supostas dívidas, que terminariam comprometendo a meação do consorte.

Também no regime da participação final nos aquestos, a exemplo da comunhão parcial (CC, art. 1.662), salvo prova em contrário, são presumidos comuns os bens móveis adquiridos durante o casamento.

A presunção é *juris tantum*, comportando prova em contrário, preferencialmente por meio das notas fiscais de aquisição, isto quando não forem móveis já pertencentes à família, trazidos pelo cônjuge para sua nova habitação, quando então poderá se valer de prova testemunhal ou documental, como fotografias que demonstrem que os móveis já ornavam a casa de sua família de origem.

Para apurar o exato montante dos aquestos deverão ser computadas as doações feitas por um dos cônjuges, sem a necessária autorização do outro (Código Civil, art. 1.675), por cujo fato poderá o cônjuge prejudicado, ou seus herdeiros, reivindicar o bem indevidamente doado, ou compensá-lo por valor equivalente.

A doação eventual de bens sem a conivência do outro cônjuge gera ao consorte prejudicado o direito de reivindicar o bem doado, o que torna a sua recuperação mais tortuosa e talvez inoperável, diante da possível boa-fé do donatário, preferindo buscar a sua compensação pelo valor equivalente, devendo ser o preço apurado ao tempo da dissolução e compensado na partilha com os outros bens em divisão.

Cap. 6 · CONFLITOS DE DIREITO DE FAMÍLIA E DESCONSIDERAÇÃO DA PERSONALIDADE | 673

Difícil será compensar com outros bens quando o que foi doado era comum e nada mais resta para partilhar. Entretanto, nenhuma compensação poderá ser procedida se o bem doado era exclusivo de quem o doou.

Com idêntico propósito o artigo 1.676 do Código Civil ordena a inclusão no monte partilhável dos bens alienados em detrimento da meação, podendo o cônjuge lesado ou seus herdeiros receber o valor equivalente, ou, se preferirem, reivindicá-los do terceiro comprador. Novamente se mostra igualmente difícil reivindicar o bem já transferido a terceiro por alienação não desejada pelo cônjuge lesado e cuja transferência teve por escopo prejudicar a sua meação. Podem ser imaginadas as infindáveis desavenças processuais que surgirão sobre a morosa *prestação de contas* a ser exigida por um cônjuge do outro com relação ao inventário de todos os bens alienados durante a trajetória matrimonial e que não receberam o aval do parceiro para a sua lícita transferência. O bom senso não recomendaria, em regra, a recuperação do bem alienado, salvo quando escancarada a dissimulação dessa venda, que somente esconde uma doação inoficiosa ou ilegal, como acontece quando uma pessoa casada simula uma alienação para desviar bem conjugal para a amante.

As dívidas, sendo da sociedade conjugal, devem ser pagas com os recursos da entidade familiar, que assim diminui o seu patrimônio comum. Tratando-se de dívida pessoal do cônjuge, deve compensar o seu desembolso à sociedade ou ao outro consorte, acaso tenha este último quitado a dívida, ou parte dela, com seus recursos ou bens particulares.

Isso porque cada cônjuge é responsável por suas dívidas pessoais, que até podem ser saldadas pelo outro parceiro, mas este tem direito ao ressarcimento, que pode ser diferido para quando da dissolução da sociedade conjugal, atualizado o débito ou compensado pela dação em pagamento de algum bem retirado da meação do cônjuge devedor. O artigo 1.678 do Código Civil considera dispensada a compensação, se a dívida foi paga pelo outro cônjuge, no todo ou em parte, por mera liberalidade. No entanto, caso ficasse pendente a dívida por não ter sido quitada ou compensada na partilha, haveria o indevido enriquecimento daquele que a pagou com seus recursos particulares.

Sendo a dívida de ambos os cônjuges, eles dividem o seu custo, que é debitado de suas respectivas meações. Em princípio, o proveito comum é presumido quando ambos os cônjuges firmam solidariamente a obrigação mediante fiança ou aval, sendo ônus do consorte fiador ou avalista provar que o débito efetivamente não resultou em benefício do casal.

Algumas despesas são reconhecidamente consideradas como de consumo ordinário da família, como são os gastos com a alimentação, educação, roupas, servidores domésticos, cirurgias, médicos e medicamentos, atendimento odontológico, aluguéis da moradia, tributos incidentes e empréstimos contraídos para atender aos encargos da habitação, porque sua primordial finalidade é a de acatar as necessidades da família formada pelos cônjuges e seus filhos.

Os artigos 1.679, 1.680 e 1.681 do Código Civil estabelecem as presunções de titularidade das meações sobre os bens adquiridos pelo trabalho conjunto dos cônjuges, tendo cada um deles direito a uma quota igual no condomínio ou no crédito, indiferente à natureza desse bem, se móvel, imóvel ou semovente. O artigo 1.680 do Código Civil refere que, em face de terceiros, as coisas móveis presumem-se do domínio do cônjuge devedor, salvo se o bem for de uso pessoal do outro. O regime da participação final nos aquestos não se identifica inteiramente com o da comunhão parcial, porque nele só ingressam os bens adquiridos a título oneroso, enquanto, na comunhão parcial, também se comunicam os bens havidos por fato eventual.

O artigo 1.682 do Código Civil prescreve que o direito à meação não é passível de renúncia, cessão ou penhora na vigência do casamento, e, com relação ao artigo 1.683 da Lei Civil, por ocasião da dissolução do regime de bens, pela morte, ou pelo divórcio (EC 66/2010), será verificado o montante dos aquestos na data em que cessou a convivência, consagrando, dessarte, a vasta jurisprudência e a maciça corrente doutrinária que interpreta como o marco final da comunhão de bens a separação de fato, e não a separação legal, como sugere o artigo 1.576 do Código Civil. Pelo artigo 1.684 da Lei Civil, não sendo possível dividir os bens em sua natureza, será calculado o valor de alguns bens ou de todos para reposição em dinheiro ao cônjuge não proprietário, evitando o condomínio, quando possível, o que já será inviável existindo apenas um bem comum.

6.3.3.2 Risco de fraude na divisão dos bens conjugais

Tendo em conta a livre administração dos bens, ainda que se considere que a transmissão de imóveis depende da outorga do outro cônjuge, mostra-se frágil e propenso a fraudes o regime de participação final nos aquestos, tanto que o artigo 1.675 do Código Civil abre ao cônjuge prejudicado a opção de reivindicar o bem doado unilateralmente, ou de ser compensado por outro bem, ou pago o valor do bem transferido em dinheiro. No vasto campo da fraude na partilha, já não é mais possível considerar apenas o ingresso de uma ação de divórcio como marco para a apuração contábil do exato acervo dos bens conjugais comunicáveis. Nesse ponto, descuida-se o artigo 1.674 do Código Civil ao prescrever tal levantamento somente "sobrevindo a dissolução da sociedade conjugal [...]". Seria consagrar por excesso de ingenuidade a franca dissipação dos bens conjugais, como usualmente ocorre em período anterior à separação.

Quando materializada a ação de divórcio, pouco resta a ser dividido com aquele parceiro que vinha esboçando a sua admoestação com o prosseguimento do casamento. É necessário ir adiante das falsas fronteiras físicas ou jurídicas da separação, já que a fraude patrimonial se instala em época muito anterior à ruptura do casamento. Aconselhável ao legislador familista, como antes visto, aplicar o princípio da revocatória falencial, retroagindo no tempo, para delimitar o período suspeito da fraude sobre os bens conjugais. Com muito mais facilidade pode surgir a fraude conjugal durante a aparente harmonia da relação nupcial, quando o cônjuge arquiteta sua silenciosa separação, ou se foi comunicado do desejo de divórcio de seu consorte, esvazia por ganância ou por pura represália o patrimônio nupcial.

São extensas e imensuráveis as possibilidades de dano à meação do cônjuge desatento de seus direitos, que não percebe as más intenções do parceiro ávido ou ressentido, mas, sobretudo, empolgado em desativar o resultado material de uma relação matrimonial, já rota pelas evidências.

É tarefa pertinente ao legislador prever situações excepcionais, embora só tenha cuidado de assegurar as compensações no regime da participação final nos aquestos, as quais só serão factíveis se sobrarem bens para divisão.

No entanto, se o cônjuge realizou ato fraudulento, sua iniciativa é rescindível (CC, arts. 1.675 e 1.676), porque nula e carente de eficácia jurídica quando praticada de má-fé. Contudo, é preciso ir além do marco inicial coincidente com o ingresso da demanda de divórcio e abrir espaço para a pesquisa revocatória, localizando em um tempo razoável o malicioso intento fraudatório do cônjuge que buscou reduzir a real meação de seu consorte.

6.3.3.3 Regime de compensações

A adoção do regime conjugal de partilha final dos aquestos permite antever inúmeras dificuldades no momento da dissolução e liquidação da sociedade conjugal, já que o regime prevê a possibilidade de uma série de compensações, recompensas ou a tenaz reivindicação de bens indevidamente transferidos da sociedade conjugal. O malicioso repasse de bens fica

Cap. 6 · CONFLITOS DE DIREITO DE FAMÍLIA E DESCONSIDERAÇÃO DA PERSONALIDADE | 675

facilitado pelo sistema híbrido do regime, que considera os aquestos individuais e incomunicáveis durante o casamento e comunicáveis ao tempo da dissolução das núpcias.

É fácil antever as inúmeras dificuldades que se farão registrar com morosas prestações de contas e procedimentos judiciais declarando comunicáveis despesas lançadas pelo cônjuge titular de patrimônio que lhe era próprio, mas que se tornaram comuns pelo anúncio oficial do divórcio, tornando-se devedor da sociedade matrimonial.

Como já é tradição da legislação brasileira, desde o advento do Estatuto da Mulher Casada, é ônus do sócio conjugal devedor abonar as dívidas que contraiu, provando havê-las suportado em benefício da sociedade conjugal, até porque o regime de bens implantado pelo Código Civil não enumera as despesas consideradas comuns e imputa ao devedor a prova de sua reversão parcial ou total para o casamento (CC, art. 1.677).

A atual codificação civil permite compensar a dívida de um esposo, solvida pelo outro com bens de seu próprio patrimônio (Código Civil, art. 1.678), devendo ser atualizado o valor do pagamento e imputado, na data da dissolução, à meação do outro cônjuge. Não deve ser difícil imaginar uma vida conjugal marcada por desgastantes operações contábeis anotadas ao longo da trajetória nupcial, registrando quantidades que compõem o passivo da sociedade, por se tratar de gastos da família e quantidades que compõem débitos pessoais, passíveis de atualização monetária, para compensação no momento da dissolução do regime de bens, inclusive dirigida aos herdeiros, no caso de dissolução do matrimônio pela morte de um dos cônjuges.

6.3.4 Separação total de bens

Tal como ocorria no Código Civil de 1916, também na codificação vigente apenas dois artigos (CC, arts. 1.687 e 1.688) cuidam de regulamentar o regime da completa separação de bens. Os atuais dispositivos trazem uma redação bastante objetiva e concisa, mas reescrevem inteiramente a essência dos artigos 276 e 277 do Código Civil de 1916.

O regime da separação total de bens decorre da lei ou de pacto antenupcial, e nele cada consorte conserva, com exclusividade, o domínio, a posse e a administração de seus bens presentes ou futuros. É de cada cônjuge a responsabilidade exclusiva pelos débitos contraídos antes e depois do casamento. No entanto, os cônjuges respondem solidariamente pelas dívidas anteriores e posteriores ao casamento, se foram relacionadas com a compra de coisas necessárias à economia doméstica, ou empréstimos para esse fim (CC, art. 1.643).

Desde a codificação revogada, cada consorte conserva a integral administração e fruição do que lhe pertence, contudo, pelo vigente Código Civil, podem alienar ou gravar de ônus reais os seus bens imóveis. Essa é a perigosa novidade trazida pelo Código Civil de 2002 e que não estava contemplada no artigo 276 do Código Civil de 1916.

A liberalidade é, por vezes, temerária, ainda que se argumente que os bens no regime da separação total sejam sempre particulares e, portanto, inteiramente disponíveis. Entretanto, essa não é a melhor exegese concernente ao regime da separação de bens, quando sabido que ele se bifurca em regime de separação legal ou obrigatória de bens, quando transgredido qualquer um dos incisos do artigo 1.641 do Código Civil, todos relacionados ao Enunciado 377 do STF, e o regime da separação convencional de bens, adotado por livre escolha dos cônjuges em pacto antenupcial.

No confronto dessas duas modalidades está o conflito sobre a subsistência da Súmula 377 do STF, que transforma o regime obrigatório da separação total de bens em comunhão parcial. Só essa possibilidade já desaconselha a livre disposição dos bens imóveis, como desafortunadamente permite o artigo 1.687 do Código Civil.

Deslembra-se o legislador da incidência da Súmula 377 do STF, que transforma os aquestos em bens comunicáveis, o que sugere, inclusive, a cautela processual de interdição de alienação de bens móveis e imóveis quando adquiridos na constância do matrimônio celebrado pelo regime imposto da separação de bens (CC, art. 1.641), diante da viabilidade de incidência do Enunciado 377 do STF e perante a possibilidade de serem alienados ou onerados esses bens, de acordo com o artigo 1.687 do Código Civil.

6.3.4.1 A separação obrigatória de bens

A separação obrigatória de bens é imposta pela incidência de qualquer dos três incisos do artigo 1.641 do Código Civil, situação renovada pelo atual Diploma Substantivo Civil, mesmo diante da jurisprudência reiterada da Súmula 377 do Supremo Tribunal Federal.[26] Representa um inequívoco retrocesso quando os rigores do regime legal da separação de bens já haviam sido abrandados. Dúvidas subsistem no tocante à eventual revogação desse Enunciado, mas assim pensa uma minoria da doutrina, porquanto por sua aplicação respondem afirmativamente.

Manter a punição da adoção obrigatória de um regime sem comunicação de bens, porque pessoas casaram sem observar as causas suspensivas da celebração do casamento (CC, art. 1.641, I), ou porque contavam com mais de 70 anos de idade (CC, art. 1.641, II, com redação da Lei 12.344/2010), ou, ainda, porque casaram esquecendo-se do necessário suprimento judicial (CC, art. 1.641, III), é ignorar princípios elementares de Direito Constitucional, não sendo por outra razão que o Supremo Tribunal Federal por sua quase maioria, à exceção do voto do Ministro Ricardo Lewandowski, reconhece a existência de repercussão geral no artigo 1.641, inciso II, do Código Civil e que trata da obrigatoriedade de adoção do regime de separação de bens a partir dos setenta anos de idade (ARE 1309642), relatado pelo Ministro Roberto Barroso. Concluindo o STF, na tese de repercussão geral fixada para o Tema 1.236, que: "Nos casamentos e uniões estáveis envolvendo pessoa maior de 70 anos, o regime de separação de bens previsto no artigo 1.641, II, do Código Civil pode ser afastado por expressa manifestação da vontade das partes mediante escritura pública".

Embora o STF não tenha exatamente declarado a inconstitucionalidade do inciso II do artigo 1.641 do Código Civil, é fato que, em face do direito à igualdade e à liberdade, ninguém pode ser discriminado em função do seu sexo ou da sua idade, como se fossem causas naturais de incapacidade civil. Atinge direito fundamental da Carta Política de 1988, cuja tábua de valores confere absoluta prioridade ao princípio da dignidade humana, diretriz que já vinha sendo preconizada pela Súmula 377 do Supremo Tribunal Federal, ao ordenar a comunicação dos bens adquiridos na constância do casamento, como se estivesse tratando da comunhão parcial de bens.

---

[26] No REsp. 1.922.347/PR, a Quarta Turma do STJ, sob a relatoria do Ministro Luis Felipe Salomão, entendeu por unanimidade, em acórdão datado de 07.12.2021, ser possível que cônjuges unidos sob o regime de separação obrigatória de bens (CC, art. 1.641, II) estabeleçam, em acréscimo a esse regime protetivo, um pacto antenupcial convencionando a separação total de bens e afastando a incidência da Súmula 377 do STF, segundo a qual, no regime de separação obrigatória, ou separação legal de bens, comunica-se o patrimônio adquirido na constância do casamento.

6.3.4.2 A separação convencional de bens

Tirante o regime obrigatório, é facultado aos nubentes optar pelo regime convencional da separação de bens por meio de pacto antenupcial, sempre que cada consorte desejar conservar, com exclusividade, o domínio, a posse e a administração de seus bens presentes e futuros, bem como a responsabilidade pelos débitos anteriores e posteriores ao matrimônio.

A doutrina informa que o regime da separação de bens representa, em efeito, a ausência de um regime patrimonial, caracterizando-se, justamente, pela existência de patrimônios separados, sendo um acervo de um dos cônjuges e o outro do outro consorte.

Em razão da igualdade jurídica entre o homem e a mulher, ou para ser mais fiel à realidade social, a igualdade dos cônjuges, sejam eles hetero ou homoafetivos, figura-se a separação de bens como o regime das futuras uniões conjugais ou estáveis, na medida em que cada um dos cônjuges ou companheiros vai concorrer com as suas economias pessoais para atender às cargas específicas da sociedade afetiva, mantendo intactos os seus bens ou as suas fortunas no caso de ruptura. Especialmente, quando se habilitam para uma nova relação afetiva, quando há o temor de arcar com mais prejuízos já experimentados em anterior dissolução e que já lhes tomou significativa parcela dos seus bens.

6.4 A MODIFICAÇÃO DO REGIME DE BENS

Entre as modificações ocorridas no Direito de Família patrimonial está a possibilidade de ser alterado o regime de bens no curso da relação conjugal (CC, art. 1.639, § 2.º), em pedido motivado de ambos os cônjuges, apurada a procedência das razões invocadas e ressalvados os direitos de terceiros.

Esse polêmico dispositivo abre uma perigosa brecha na variável gama de alternativas de fraude da partilha dos bens conjugais, mediante artifícios que possibilitam a lesão à meação conjugal. Exemplo gritante de livre trânsito à fraude na meação conjugal surge da utilização do uso abusivo da sociedade empresária. Para contornar essa forma de fraude foi desenvolvido o instituto da desconsideração episódica da personalidade jurídica, consagrado pelo artigo 50 do Código Civil.

A imutabilidade do regime de bens prescrita pelo artigo 230 do Código Civil de 1916 sempre teve em mira as eventuais influências de ascendência de um cônjuge sobre o outro, com grave risco para os próprios créditos e provável prejuízo para os terceiros.

O princípio da imutabilidade do regime de bens foi erigido como garantia aos próprios cônjuges e para resguardo ao direito de terceiros, mas tinha a tendência de proteger a mulher casada, que, em outra esfera cultural, era tida como dotada de menor experiência no trato das riquezas econômicas do casamento administradas pelo marido.

O vigente Código Civil abandonou o princípio da imutabilidade do regime de bens e possibilitou a revisão de eventuais escolhas erradas quanto ao regime de bens, pois, com o passar do tempo, a sedimentação do relacionamento conjugal e a maior intimidade dos cônjuges fortalecem seus vínculos familiares e suas certezas afetivas, justificando a opção pela modificação do regime patrimonial no curso do casamento e corrigindo as escolhas feitas por nubentes jovens e inexperientes.

Seria herege aduzir que, na era da globalização, com absoluta identidade de capacidade e de compreensão dos casais, pudesse um dos consortes e, apenas por seu gênero sexual, ser considerado mais frágil, ingênuo e com menor tirocínio mental que seu parceiro conjugal. Por esse prisma, desacolhe a doutrina a defesa intransigente da imutabilidade do regime de bens, pois homem e mulher devem gozar da livre autonomia privada e decidir sobre a mudança incidental do regime patrimonial de bens, sem que o legislador possa presumir que um deles vá abusar da fraqueza do outro.

A alteração do regime matrimonial será sempre judicial e a sentença que deferir a modificação do regime conjugal deverá ser averbada no Registro de Imóveis, substituindo a escritura pública de pacto antenupcial pela sentença judicial.

Rendendo-se o atual legislador à tendência mundial da mutabilidade do regime conjugal, o dispositivo ainda está longe de pacificar as variadas correntes de opiniões, porque, se, por um lado, os casais podem alterar o seu regime matrimonial, animados pelo estreitamento de suas relações, de outro, a falsa ilusão dessa mesma afinidade poderá servir como porta de acesso à fraude e ao engodo da credulidade conjugal. Só o tempo será capaz de demonstrar se o legislador acertou ao revogar o princípio da imutabilidade do regime de bens, ou se prevalecerá o sentimento de que, às vésperas da ruptura não anunciada, mesmo nos dias de hoje, um cônjuge ainda consegue abusar da boa-fé do outro, ou dos interesses econômicos de terceiros. A mudança judicial do regime de bens não comporta a via unilateral, compulsória, alcançada em processo litigioso que tenta vencer a resistência do cônjuge demandado, porque o § 2.º do artigo 1.639 do Código Civil exige pedido formulado por ambos os cônjuges, apurada a procedência das razões invocadas e ressalvados os direitos de terceiros. Para evitar todos esses temores seria mais acertado que a lei vetasse qualquer alteração do regime de bens que importasse em uma restrição ou renúncia de direitos, como a conversão de um regime de comunhão de bens em completa e retroativa separação dos bens que já eram comuns ao casal e cuja hipótese é amplamente admitida pela jurisprudência para as relações de união estável. Contudo, é prática bastante comum em casamentos e uniões estáveis nas quais figura uma das partes como empresário, que sugere a mudança do regime de comunicação de bens para um regime de separação convencional de bens, com a desculpa quase sempre invariável de, com essa providência, evitar que o outro cônjuge ou companheiro possa correr qualquer risco, inexistente em sua verdadeira gênese, de ser responsabilizado pelas dívidas provocadas pela sociedade empresária. Algumas dessas propostas guardam ao menos a proposição de serem então partilhados os bens comunicáveis adquiridos onerosamente durante o relacionamento e existentes na data da alteração do regime matrimonial, devendo a mudança do regime de bens ser promovida judicialmente nos termos do artigo 734 do Código de Processo Civil, em petição conjunta motivada, explicando as razões justificadoras da alteração.

Entrementes, a Comissão de Juristas encarregada do anteprojeto de revisão e atualização do Código Civil apresentou uma proposta que permite a alteração do regime de bens a qualquer tempo, podendo cônjuges e conviventes se valerem de escritura pública para a mudança do regime patrimonial sempre com efeito *ex nunc*, ou seja, para o futuro, sem qualquer possibilidade de retroatividade, exatamente para evitar fraudes na divisão dos bens que já integram as respectivas meações (Anteprojeto do CC, art. 1.639).

6.5 SOCIEDADE CONJUGAL

A sociedade conjugal e, dentro da atual ordem jurídica brasileira, também a união estável são considerados entes econômicos e jurídicos, porque constituem um sujeito de direito distinto de seus componentes. Entretanto, não foram poucas as tentativas de conceber

Cap. 6 · CONFLITOS DE DIREITO DE FAMÍLIA E DESCONSIDERAÇÃO DA PERSONALIDADE | 679

a natureza jurídica da sociedade conjugal, havendo quem a denominasse como um *condomínio*, por se tratar de uma comunidade de bens; ou, noutra versão, a sociedade conjugal seria um patrimônio de *afetação*; enquanto uma terceira vertente identificava na sociedade conjugal um regime de *ordem pública*, negando a ela qualquer caráter contratual e, sendo um regime imposto pela lei, a vontade dos esposos seria de todo inoperante; assim como havia quem visse na sociedade conjugal um verdadeiro *contrato de sociedade*, uma típica sociedade civil.

Realmente não há como pretender equiparar a sociedade conjugal à sociedade empresária ou civil, porquanto, conforme assinala Lidia Beatriz Hernández,[27] a sociedade nupcial carece de três requisitos clássicos da sociedade empresária, a saber: (I) a *affectio societatis*, que é a intenção concreta dos cônjuges constituírem uma sociedade; (II) a falta do propósito de buscar o lucro e a especulação, eis que o real objetivo da sociedade matrimonial é de subvencionar os custos da unidade nupcial; e, por último, (III) ressente-se a sociedade afetiva do contrato e até porque, no casamento e mesmo na união estável, é sabidamente restrita a autonomia privada do par conjugal ou convivencial.

A *affectio societatis*, de certa forma, existe no relacionamento conjugal e na união estável, mas a sua finalidade não está no lucro mercantil, e sim no desejo de constituir família para firmar e perpetuar no tempo uma sólida e verdadeira relação de amor, de respeito e de estima, além de buscar, no campo econômico, a sobrevivência dessa família constituída, sem esquecer a satisfação de suas realizações pessoais, identificadas nas conquistas realizadas pelo casal na ordem social e econômica. É o sentido em que também se direciona José Antonio Caperochipi,[28] para quem o afeto é a entrega recíproca dos cônjuges, porém iluminada e contemplada em seu profundo sentido social, que imprime caráter à especial intimidade de uma relação privada e a faz transcender de si mesma para sustentar a família.

Resulta apenas que a sociedade conjugal, como mencionado, é destituída de personalidade jurídica, prevalecendo como efeitos econômicos da eventual ruptura judicial tão só vínculos de obrigações e de direitos sobre a pessoa física de cada um de seus dois únicos componentes que integram e formam uma sociedade nupcial.

Na atividade empresarial é do ente jurídico a capacidade para alcançar direitos e contrair obrigações pertinentes à sociedade legalmente constituída. As sociedades adquirem personalidade jurídica por concessão da lei, distinta da personalidade de seus sócios que participam de sua constituição. Como escreve Luiz Hentz,[29] abordando a personalidade jurídica da sociedade mercantil: "Os bens sociais constituem a garantia dos credores; o seu patrimônio, no campo das obrigações, assegura sua responsabilidade direta em relação a terceiros". Assim, é exatamente essa autonomia patrimonial que confere identidade jurídica à sociedade comercial e torna, em princípio, a responsabilidade dos sócios estranha à responsabilidade social.

Nesse sentido, nunca será demasiado reeditar a preciosa observação de Rubens Requião, que teve, entre tantos outros, o mérito de introduzir, no Brasil, a doutrina da desconsideração

---

27 HERNÁNDEZ, Lídia Beatriz. Sociedad conyugal: naturaleza jurídica. *In*: LAGOMARSINO, Carlos A. R.; SALERNO, Marcelo U.; URIARTE, Jorge (coord.). *Naturaleza jurídica de la comunidad conyugal*. A enciclopedia de derecho de família *apud* RAMELA, Pablo A.; HALPERÍN, Isaac. *Revista crítica de jurisprudencia*. Buenos Aires: Rubinzal-Culzoni, 1994. t. 2, p. 703.

28 CAPEROCHIPI, José Antonio Alvarez. *Curso de derecho de familia, matrimonio y régimen económico*. Madrid: Civitas, 1988. p. 135-136.

29 HENTZ, Luiz Antonio Soares. *Direito empresarial*. São Paulo: LED, 1998. p. 133.

mercantil da personalidade jurídica. Segundo Requião,[30] há notório limite na concessão estatal da personalidade jurídica no âmbito empresarial, que não pode ser vista como uma categoria de direito absoluto, apenas em razão da sua autonomia patrimonial. A doutrina da desconsideração nega precisamente o *absolutismo* do direito da personalidade jurídica, antes a desestima, perscrutando o seu véu, para penetrar em seu âmago, exatamente para indagar de certos atos dos sócios ou do destino de certos bens.

A sociedade matrimonial não possui personalidade jurídica própria que unifique os direitos e deveres dos cônjuges na figura técnica de um ente jurídico, e, como tal, se apresente perante terceiros. Como refere Lídia Beatriz Hernández, para determinar a existência de um ente com personalidade, é necessário agregar conceitos próprios da pessoa jurídica, porque todo sujeito capaz de adquirir direitos e de contrair obrigações, que não seja a pessoa física, constitui uma pessoa jurídica, e um dos requisitos para a sua existência é que exista um patrimônio diferente do patrimônio dos membros que a compõem. Portanto, o patrimônio da sociedade afetiva acha-se integrado pelos bens aportados pelos consortes ou conviventes, inexistindo qualquer forma conjunta ou societária de responsabilidade pelas obrigações contraídas por qualquer um dos cônjuges, e, antes pelo contrário, eles respondem pessoalmente por seus compromissos individuais e contraem dívidas próprias à manutenção da sociedade conjugal e familiar; são seus bens pessoais que respondem por tais débitos.[31]

Trata-se de uma administração bicéfala, o que torna evidente a ausência de uma personalidade jurídica da sociedade conjugal, porque cada cônjuge administra os seus bens e cada um deles é particularmente responsável por suas dívidas, descabendo comprometer os bens do outro consorte, salvo quando contraídas em benefício do casamento. Carentes de personalidade jurídica, a sociedade conjugal e a união estável não podem ser proprietárias de bens; os titulares desses bens são um ou o outro dos cônjuges ou conviventes, que assim exercem a função econômica do casamento e da união estável.

Trata-se de uma propriedade resolúvel em favor da massa indivisível que se constitui justamente quando dissolvida a sociedade afetiva. Como bem salienta Pulero,[32] ainda que pareça paradoxal, a comunidade de bens no casamento, e o mesmo se presta à união estável, nasce somente quando é dissolvida qualquer uma dessas duas categorias de sociedades afetivas, exceção àquela relação eleita por livre escolha pactuada no regime da completa separação de bens.

Cuidando de bens comunicáveis, o direito de um dos cônjuges como sócio credor da sociedade conjugal nasce, como visto, logo que dissolvida a união, e, enquanto a ruptura

---

[30] REQUIÃO, Rubens. Abuso de direito e fraude através da personalidade jurídica *(disregard doctrine)*. *In*: REQUIÃO, Rubens. *Aspectos modernos de direito comercial*. 2. ed. São Paulo: Saraiva, 1988. v. 1, p. 70-72. "Se a personalidade jurídica constitui uma criação da lei, como concessão do Estado, objetivando, como diz Cunha Gonçalves, *a realização de um fim*, nada mais procedente do que se reconhecer ao Estado, através de sua justiça, a faculdade de verificar se o direito concedido está sendo adequadamente usado. A personalidade jurídica passa a ser considerada doutrinariamente um *direito relativo*, permitindo ao juiz penetrar o véu da personalidade para coibir os abusos ou condenar a fraude, através de seu uso".

[31] HERNÁNDEZ, Lídia Beatriz. Sociedad conyugal: naturaleza jurídica. *In*: LAGOMARSINO, Carlos A. R.; SALERNO, Marcelo U.; URIARTE, Jorge (coord.). *Naturaleza jurídica de la comunidad conyugal*. A enciclopedia de derecho de família *apud* RAMELA, Pablo A.; HALPERÍN, Isaac. *Revista crítica de jurisprudencia*. Buenos Aires: Rubinzal-Culzoni, 1994. t. 2, p. 707.

[32] PULERO, Héctor Raúl. *Sociedad conyugal*. Buenos Aires: Depalma, 1976. p. 3.

judicial ou extrajudicial do relacionamento afetivo não ocorre, têm os seus integrantes, com relação aos bens do seu acervo nupcial ou convivencial, uma expectativa de direito sobre a sua adequada partição, pois, na concepção de Carlos Celso Orcesi da Costa,[33] a divisão da comunhão de vida funda-se estruturalmente no amor, na convivência social e nas suas ligações econômicas.

Indiscutivelmente, o espectro material do casamento e da união estável, notadamente no referente ao patrimônio construído durante o relacionamento afetivo, tem uma extraordinária importância quando um casal revisa os seus planos de eterna vida conjunta.

6.6 UNIÃO ESTÁVEL

O instituto da união estável surgiu no Brasil com a Carta Federal de 1988 (art. 226, § 3.º) para substituir a figura do concubinato, cuja comunidade de afeto era considerada como se vivesse à margem da lei. A Constituição Federal de 1988 passa a proteger a entidade familiar nascida da união estável entre um homem e uma mulher, admitindo sua conversão em casamento.

O Código Civil de 1916 sequer contemplava em seus dispositivos a figura do concubinato puro, apenas regulamentando preceitos pertinentes ao *concubinato adulterino*, para evitar a contemplação da amante por pessoa casada.

O primitivo concubinato podia ser puro, ou impuro e, nesse caso, se subdividia em adulterino, incestuoso ou desleal, constituindo-se aquele, na união permanente de um homem a uma mulher, que, sem estarem unidos pelo matrimônio, mantinham uma comunidade de vida, de modo semelhante ao existente entre os cônjuges,[34] não havendo a exigência de coabitação.[35] Quanto ao concubinato adulterino ou impuro, regulamentado pelo vigente artigo 1.727 do Código Civil, o concubinato já infere, por si, a noção de impureza decorrente da circunstância de um ou ambos os concubinos estarem comprometidos ou legalmente impedidos de se casar, quer porque já são casados (concubinato impuro adulterino), ou porque existe parentesco próximo entre eles, caracterizando o concubinato impuro incestuoso e, por fim, porque já preexistente em suas relações pessoais outra união de fato, no caso do concubinato impuro desleal.[36]

Ao tempo do concubinato sem proteção legal até era viável que os concubinos tivessem alguma comunidade de interesses, os quais podiam gerar algum direito patrimonial proveniente de uma sociedade de fato, porém sem chegar a considerar por si só como um patrimônio comum, como se fosse uma sociedade conjugal. Apartada a figura da sociedade conjugal, servia o espelho da sociedade de fato para repartir os acréscimos dos capitais que originassem do trabalho ou da indústria de cada um dos concubinos e sua respectiva produção econômica na aquisição dos bens. Apurados os efetivos ingressos colacionados por cada um dos concubinos, os bens eram repartidos na proporção dos respectivos aportes, a fim de evitar o injusto enriquecimento, porque só era partilhado o patrimônio adquirido pelo esforço comum dos concubinos.

---

[33] COSTA, Carlos Celso Orcesi da. *Tratado do casamento e do divórcio*. São Paulo: Saraiva, 1987. v. 1, p. 120.

[34] BOSSERT, Gustavo A. *Régimen jurídico del concubinato*. 3. ed. Buenos Aires: Astrea, 1990. p. 36.

[35] Súmula 382 do STF: "A vida em comum sob o mesmo teto, *more uxorio*, não é indispensável à caracterização do concubinato".

[36] FUJITA, Jorge Shiguemitsu. *Curso de direito civil*. Direito de família. 2. ed. São Paulo: Juarez de Oliveira, 2003. p. 222.

Nessa diretiva, afirma Bernard Demain, a concubina presta serviços valiosos, contribui amplamente para a boa marcha do relacionamento afetivo e, se estivesse na casa de um estranho, teria recebido um salário em contrapartida por seus esforços, enquanto ela só trabalhou em prol do companheiro. Essa atividade constitui-se um benefício do parceiro, um inquestionável enriquecimento, insuscetível de avaliação pecuniária objetiva, uma real economia de gastos e, consequentemente, pode ser reclamado.[37]

Mediante o recurso da noção da antiga sociedade de fato os tribunais ordenavam a liquidação da situação patrimonial resultante do concubinato, como se fosse uma sociedade irregular sem contrato de constituição, se bem que era ilícito o contrato de concubinato.

Posteriormente, a jurisprudência foi construindo a noção da colaboração presumida e proveniente da mera convivência, para assim compensar o trabalho doméstico da mulher com a meação dos bens em analogia ao direito matrimonial.[38]

Nesse sentido, a lição pontual de Rodrigo da Cunha Pereira, ao referir ser impossível seguir trilhando pela apuração matemática do esforço comum, porque não mais se avalia se houve contribuição direta ou indireta da companheira, bastando constatar a existência típica de uma família proveniente da união estável equiparada ao casamento.[39]

Portanto, tudo antes relacionado à sociedade conjugal tem imediata e automática aplicação na união estável, notadamente no pertinente ao seu efeito econômico, em razão da inexistência de personalidade própria e da ausência de autonomia patrimonial, possuindo cada convivente a administração pessoal dos bens comuns à sociedade convivencial, sem perder de vista que à união estável são aplicados os mesmos regimes de bens regulados para o casamento civil.

No Anteprojeto do Código Civil, em tramitação no Congresso, são revogados os artigos 1.723 a 1.727, que tratam atualmente da união estável no Código Civil de 2002, passando o instituto a ser tratado nos artigos 1.564-A a 1.564-D do anteprojeto.

6.7 CÔNJUGES SÓCIOS

Passado o tempo de vigência do Código Civil de 1916, o torvelinho do debate sobre a incapacidade jurídica de cônjuges celebrarem entre si uma sociedade empresária, parecia suficientemente esclarecida e consolidada a ideia de não ser vedada a constituição de uma sociedade empresarial *intuito personae*, formalizada entre marido e mulher. Já pertencia ao passado a pungente repulsa acentuada por Carvalho de Mendonça no tangente à sociedade empresária entre cônjuges, quando asseverava ser unicamente permitida entre esposos casados pelo regime da sociedade universal.

---

[37] DEMAIN, Bernard. *La liquidación de bienes en las uniones de hecho*. Madrid: Reus, 1992. p. 102.

[38] "Ação declaratória. Colaboração prestada pela concubina. Reconhecimento. Recurso desprovido. Cabe ação declaratória para o reconhecimento de ligação concubinária, da qual resultam efeitos jurídicos, inclusive patrimoniais. Concubinato. Colaboração da parceira. Meação devida. A partilha é devida à concubina, pois negar-lhe compensação seria acoroçoar o locupletamento indevido do homem com o trabalho da mulher. Entende-se essa colaboração como sendo em dinheiro ou não; produto do trabalho doméstico ou fora do lar, desde que se amplie economias em prol de um patrimônio comum. Concubinato. Sociedade de fato. Bens. Divisão. Critério a ser adotado. Dissolvida a sociedade de fato entre concubinos, a partilha dos bens se terá como divisível o encontrado entre o montante patrimonial ao tempo da dissolução e aquele existente ao início do concubinato" (1.ª CC do TJSC, Apelação Cível 30.384, v. un. em 19.05.1989, Rel. Des. Volnei Carlin, publicado na obra de BUSSADA, Wilson. *Concubinato, jurisprudência*. 1993, p. 157, verbete 45).

[39] PEREIRA, Rodrigo da Cunha. *Concubinato e união estável*. 7. ed. Belo Horizonte: Del Rey, 2004. p. 65.

Cap. 6 · CONFLITOS DE DIREITO DE FAMÍLIA E DESCONSIDERAÇÃO DA PERSONALIDADE | **683**

Embora a jurisprudência aplicada ao direito societário já houvesse dado solução a essa antiga polêmica, o Código Civil de 2002 buscou disciplinar a matéria e dispôs, no artigo 977 do Código Civil, ser facultado aos cônjuges contratar sociedade entre si ou com terceiros, desde que não fossem casados no regime da comunhão universal de bens, ou no da separação obrigatória,[40] podendo, dessarte, constituir sociedade os cônjuges casados pelos regimes da: (I) comunhão parcial; (II) participação final nos aquestos; e (III) regime convencional da separação de bens.

A norma do artigo 977 do Código Civil restringe tão somente a sociedade entre cônjuges casados pelo regime da comunhão universal de bens ou da separação obrigatória de bens, seja para constituir sociedade entre marido e mulher, como destes em relação a terceiros, havendo quem defenda que essa proibição não possa alcançar sociedades constituídas antes da entrada em vigor do atual Código Civil,[41] mas somente aquelas que viessem a ser constituídas posteriormente e de cuja conclusão calha divergir ante o artigo 2.031 do Código Civil, ao ordenar a adaptação pelas empresas e empresários, às disposições do novo ordenamento jurídico civil até janeiro de 2007.[42]

Por consequência desse retrocesso legal, haveria necessidade de os cônjuges casados pelo regime da comunhão universal de bens e integrantes de quadro societário de empresa modificarem seu regime de bens, como faculta o artigo 1.639, § 2.º, do diploma civil, ou alterarem seu contrato social, afastando-se da sociedade um dos consortes, isso se não preferissem promover o seu divórcio e entabular uma união estável com a igualitária adoção de um regime de comunhão universal confeccionado em contrato de convivência, tendo em conta que a proibição não alcança a união estável.

Segundo Anacleto de Oliveira Faria, citado por Amador Paes de Almeida,[43] a oposição à existência de sociedade entre marido e mulher nascera de determinação oriunda do Direito de Família, porquanto estaria propiciando a impeditiva alteração de um regime, por exemplo, de separação de bens, já que a sociedade empresária constituída entre cônjuges cristalizaria uma comunidade de bens. Evidentemente imprestável o argumento, porque o ingresso do cônjuge como sócio só poderia se dar por bens advindos de seu próprio patrimônio, ou por doação de seu esposo, em ato de disposição material não vedado pela lei, tanto que esse artigo 977 do Código Civil tem sofrido críticas da doutrina especializada.

Ao editar a proibição de cônjuges contratarem sociedade empresária, o legislador teve como escopo proteger o regime de bens da comunhão universal e da separação obrigatória, porque ficaria extremamente difícil divisar a contribuição de cada cônjuge para a constituição

---

[40] São as hipóteses do artigo 1.641 do Código Civil de 2002.

[41] OLIVEIRA, Celso Marcelo de. *Manual de direito empresarial*. São Paulo: Thomson-IOB, 2005. p. 297.

[42] Em oposição, o Enunciado 73 da I Jornada de Direito Civil do Conselho da Justiça Federal (11.09.2002), assim ementado: "Não havendo a revogação do art. 1.160 do CC, nem a modificação do § 2.º do art. 1.158 do mesmo diploma, é de interpretar-se este dispositivo no sentido de não aplicá-lo à denominação das sociedades anônimas e sociedades limitadas, já existentes, em razão de se tratar de direito inerente à sua personalidade". Conforme lição de Maria Helena Diniz (*Código Civil comentado*. 12. ed. São Paulo: Saraiva, 2006. p. 1.625), os estatutos levados a efeito antes do atual Código Civil são atos jurídicos perfeitos, devendo o aplicador manter o foco no respeito tanto ao ato jurídico perfeito como ao princípio da legalidade (art. 5.º, II, da CF) e a autonomia de vontade das partes, como pilares da segurança jurídica. Registre-se que o artigo 1.160 do Código Civil foi parcialmente alterado em sua redação pela Lei 14.382/2022, tomando a presente feição: "Art. 1.160. A sociedade anônima opera sob denominação integrada pelas expressões 'sociedade anônima' ou 'companhia', por extenso ou abreviadamente, facultada a designação do objeto social".

[43] ALMEIDA, Amador Paes de. *Manual das sociedades comerciais*. 6. ed. São Paulo: Saraiva, 1991. p. 39.

do capital social na comunhão universal, visto que, em realidade, haveria apenas um, e não dois sócios.[44] Por seu turno, no regime legal da separação de bens, no caso do artigo 1.641 do Código Civil, existe a preocupação do legislador para que, exatamente, os bens não se comuniquem, porque vetado por lei, muito menos dissimulada eventual comunhão pela via societária, uma vez que os bens estariam unidos por força do contrato de sociedade empresária, cuja preocupação fica dissipada diante do ARE 1.309.642/SP, julgado pelo STF, que permite aos cônjuges e conviventes com 70 anos ou mais afastarem, por escritura pública, os efeitos do inciso II do artigo 1.641 do Código Civil.

No tocante ao regime de comunhão universal de bens, a sociedade entre esposos seria pleonástica, pouco interessando a quantidade de quotas com que cada um participaria, pois, acima da associação empresarial, figura a sociedade matrimonial que sempre reparte por metade a massa conjugal.

Nascendo a sociedade empresária de um contrato firmado entre pessoas casadas pelo regime da comunhão limitada ou parcial de bens, também não se afigurava qualquer proibição prática capaz de estremecer o princípio da imutabilidade do regime conjugal.

Começa que os aportes de bens ou de dinheiro trazidos individualmente pelos cônjuges para integrar o capital da sociedade empresarial entre eles constituída remontam às massas particulares de seus bens incomunicáveis, e, assim sendo, teriam participações proporcionais aos ingressos que cada um promoveu e estes continuariam excluídos da comunidade conjugal por consequência da sua mera sub-rogação;[45] ou, então, os recursos societários advêm da massa patrimonial conjugal e, nessa hipótese, comportam consignar idêntica quantidade de quotas ou de ações.

Cumpre, por adequado, reproduzir a antiga advertência de Walter Moraes,[46] quando anota acerca da real utilidade existente na constituição de uma sociedade entre cônjuges, pois não se faz em nada incompatível com o casamento, porquanto, embora a sociedade nupcial não tivesse, em princípio, a finalidade de uma atividade lucrativa, com efeito, sua sobrevivência depende do resultado econômico do trabalho de cada um dos consortes. Assim, se eventualmente exercem em conjunto atividades profissionais que têm em comum, não há qualquer desvantagem que comunguem idêntica vontade de vencer em um empreendimento mercantil para o qual ampliam as suas afinidades de associação, já bem-sucedida no campo afetivo.

Portanto, é sempre coerente a conclusão colacionada por Borba[47] de defender a legalidade de sociedade existente entre cônjuges, apenas ressalvada a possibilidade de, ocorrendo fraude ao regime de bens do casamento, poder qualquer interessado promover a respectiva anulação do ato societário. Contudo, cabe acrescer nesse interregno uma especial advertência, dado que, no respeitante ao uso processual da figura da desestimação da personalidade jurídica, por decorrência de desvio fraudulento ou abusivo do objeto social, e para muitos descabe ao cônjuge sócio invocá-la quando, conscientemente, participou e se habilitou com a sua própria assinatura para alterar contrato social, ainda que sustentada a sua atitude em uma ingênua mostra de boa-fé conjugal e no argumento da ignorância de que os atos societários que assinou acabariam por resultar justamente na fraude à sua meação conjugal ou convivencial.

---

[44] RAMOS, André Luiz Santa Cruz. *Curso de direito empresarial*. Salvador: JusPodivm, 2008. p. 283.

[45] Artigo 1.659 do Código Civil. "Excluem-se da comunhão:
I – [...]
II – os bens adquiridos com valores exclusivamente pertencentes a um dos cônjuges em sub-rogação dos bens particulares."

[46] MORAES, Walter. *Sociedade civil estrita*. São Paulo: RT, 1987. p. 63.

[47] BORBA, José Edwaldo Tavares. *Direito societário*. 2. ed. Rio de Janeiro: Freitas Bastos, 1995. p. 51.

Cap. 6 · CONFLITOS DE DIREITO DE FAMÍLIA E DESCONSIDERAÇÃO DA PERSONALIDADE | **685**

Igual situação terminaria, também, sendo sempre alegada em prol da anulação de qualquer escritura pública de venda de algum bem conjugal, talvez da própria vivenda familiar do casal, alienada com o consentimento da esposa, quando ela fosse eventualmente seduzida pela promessa de o produto de sua venda ser destinado à compra de uma nova habitação conjugal e, em vez disso, ela se visse surpreendida por uma proposta de divórcio vertida em litígio, tal o grau de irresignação recolhido de um insuperável sentimento de traição que o cônjuge vitimado carrega ao constatar que foi literalmente enganado, já tendo seu esposo rapidamente se apropriado dos valores monetários correspondentes à sua meação.

Eduardo Zannoni[48] tem opinião distinta e argumenta ser frequente assistir a situações contratuais em que o cônjuge sócio, ou que integra a direção de uma sociedade anônima com seu esposo, termina subscrevendo documentação social, firmando cheques e alterações, em resumo, respondendo mecanicamente às instruções partidas de seu cônjuge. Esse também é um modo de dissimular a fraude, uma vez que a esposa vítima dessa artimanha societária, em realidade, jamais teve, em seu poder, qualquer disposição de mando, ou em momento algum, verdadeiramente, exercitou atos próprios de administração, ou de gerenciamento, dado que apenas executou sem nenhum questionamento, as ordens emanadas de seu esposo, para ela, ainda atuando como chefe da sua sociedade conjugal de aparente estabilidade, até mesmo porque não dispunha de quaisquer indícios que a pudessem demover a agir diferentemente.

Nesse contexto, para Eduardo A. Zannoni,[49] essas situações podem ser consideradas casos típicos de fraude aos direitos de participação dos bens conjugais, apenas que o instrumento para a sua execução terminou confinado aos atos societários, enfeitados com o oportuno e manipulado assentimento do cônjuge sócio ou cogestor, convencido de que, diante da agilidade com que devem circular os negócios empresariais, não haveria lugar para conjurar temores de esvaziamento das riquezas matrimoniais.

A título de ilustração, vale reproduzir decisão judicial recolhida do repertório jurisprudencial argentino e transcrita da obra de Eduardo A. Zannoni,[50] em que:

> Numa ocasião, um casal aportou para dentro de uma sociedade em comandita por ações e como sócios solidários, a totalidade dos seus bens comunicáveis. Decretado o divórcio, a sociedade entrou em liquidação e a mulher, em acerto contratual firmado com seu esposo, aceitou receber uma soma em dinheiro, em restituição do seu capital e por conta da sua participação societária, em valores notadamente inferiores ao valor real dos bens aportados para dentro da sociedade mercantil. Imediatamente o marido constitui uma nova sociedade, onde detém, contratualmente, um mínimo de capital, e esta nova empresa explora o mesmo ramo comercial da sociedade anterior. Simultaneamente a sociedade em liquidação transfere à nova sociedade os bens. A esposa reivindica a judicial anulação do acordo que firmou com o seu marido, propondo-se a provar que a soma de dinheiro por ela recebida por sua participação social era inferior ao valor dos bens conjugais a que teria direito. Alega ter sido coagida a negociar sua retirada da empresa. O tribunal argentino, por sua Câmara Nacional Cível, Sala F, em 27 de julho de 1976, considera que, da prova processual produzida, a esposa realmente teria valores muito superiores a receber por sua participação na sociedade que detinha com seu marido, por consequência da dissolução de sua sociedade

---

[48] ZANNONI, Eduardo A. *Sociedades entre cónyuges, cónyuge socio y fraude societario*. Buenos Aires: Astrea, 1980. p. 131.

[49] ZANNONI, Eduardo A. *Sociedades entre cónyuges, cónyuge socio y fraude societario*. Buenos Aires: Astrea, 1980. p. 131.

[50] ZANNONI, Eduardo A. *Sociedades entre cónyuges, cónyuge socio y fraude societario*. Buenos Aires: Astrea, 1980. p. 180-182.

conjugal e que a nova empresa montada pelo varão era, em verdade, uma entidade fictícia, integrada e manejada exclusivamente pelo marido, devendo ter desvendado o véu societário da empresa, para colocar à disposição da mulher a reposição econômica do montante que completaria a sua meação.

Indiferente a toda a argumentação doutrinária supraexpedida, indiscutivelmente a proibição do artigo 977 do Código Civil representa um retorno inconcebível à ideia inconstitucional de desigualdade dos cônjuges em sua capacidade de compreensão e de administração dos bens conjugais. Isso porque o legislador voltou a temer que um cônjuge possa iludir o outro nas regras do regime matrimonial, quando deveria desconfiar hoje em dia, quando a sociedade é constituída sem a presença do outro cônjuge.[51]

Tem total procedência a observação levantada por Michel Grimaldi, por ser mais simples um empresário casado explorar sua empresa por meio de uma sociedade e ele ter o livre manejo dos bens que são comuns, tanto que, no direito brasileiro, o artigo 978 do Código Civil confere ao cônjuge empresário a livre disposição sobre os imóveis que integrem o patrimônio da empresa, dispensado da outorga conjugal e, certamente, agiria com menor risco se seu consorte figurasse como sócio e atuasse com efetividade na real fiscalização dos atos societários, facilitando, inclusive, o trespasse da sociedade em caso de morte do cônjuge sócio.

O fato é que o direito francês também proibia, no Código Civil de 1804, as sociedades entre esposos, porque elas poderiam disfarçar doações, e assim se manteve até 1958, quando a proibição foi reduzida para as empresas limitadas, ainda persistindo uma preocupação em proteger a família pelo temor de desvio de bens no regime matrimonial, tendo sido completamente abolida tal disposição em 1985, permitindo aos esposos a constituição de qualquer tipo societário,[52] devendo-se evitar que o direito brasileiro ande na contramão da evolução.

Agora, finalmente, em 2024, ou seja, trinta e nove anos depois da iniciativa tomada pelo direito francês, o Anteprojeto do Código Civil brasileiro em tramitação no Congresso faculta, em seu artigo 977, que cônjuges ou conviventes contratem sociedade entre si ou com terceiros, independentemente do regime de bens adotado.

6.8 A ADMINISTRAÇÃO DOS BENS NA SOCIEDADE AFETIVA

Constituída uma formal sociedade de afeto pelo casamento ou na informalidade da união estável, excluído o regime convencional da total separação de bens,[53] a eleição de um regime de comunidade patrimonial formará uma massa de riquezas comum ao casal, a ser administrada em benefício dos cônjuges ou conviventes, em que qualquer um deles, diante do fundamental princípio da igualdade constitucional, está plenamente habilitado a gerir e administrar o acervo comunitário dos bens.

---

[51] GRIMALDI, Michel. *Sociedad y empresa familiar*. *In*: CARLUCCI, Aída Kemelmajer de (coord.). *El derecho de familia y los nuevos paradigmas*. Buenos Aires: Rubinzal-Culzoni, 2000. t. II, p. 64.

[52] GRIMALDI, Michel. *Sociedad y empresa familiar*. *In*: CARLUCCI, Aída Kemelmajer de (coord.). *El derecho de familia y los nuevos paradigmas*. Buenos Aires: Rubinzal-Culzoni, 2000. t. II, p. 63.

[53] Os autores excluem deliberadamente o regime legal da separação de bens (art. 1.641 do CC), porque têm como vigente a Súmula 377 do STF, conforme: MADALENO, Rolf. Declaração judicial de incidência do regime legal de separação de bens e divisão dos aquestos pela Súmula 377 do STF no Código Civil de 2002. *In*: MADALENO, Rolf. *Direito de família em pauta*. Porto Alegre: Livraria do Advogado, 2004. p. 229-235.

Cap. 6 · CONFLITOS DE DIREITO DE FAMÍLIA E DESCONSIDERAÇÃO DA PERSONALIDADE | **687**

Caso presente o regime da comunhão limitada, cada cônjuge tem a livre administração de seus próprios bens, pois formam massas individuais e incomunicáveis, distintas do acervo matrimonial. Historicamente, por imposição da lei, a regra era delegar ao varão a administração dos bens conjugais, assim como do acervo incomunicável da mulher, existente no regime legal da comunhão parcial, formando uma unidade de massas e uma unidade de administração.[54]

Conforme esclarecem Santiago Fassi e Gustavo Bossert,[55] a administração masculina da massa patrimonial permitia-lhe fazer tudo o que entendesse oportuno, sem nenhuma contrariedade da esposa, salvo se ela demonstrasse a existência de fraude aos seus direitos. Ausente a demonstração de fraude, o marido tinha completa liberdade de administração, e, ainda que os seus atos resultassem em prejuízo da sociedade conjugal, ele não estava obrigado a prestar contas. Tempos depois, muito embora retirada da legislação a ideia de incapacidade administrativa da mulher que se tornava inferior por ter casado, seguiu-se o costume de conferir ao marido a prática de todos os atos concernentes à administração dos bens comuns e dos particulares da mulher, por cujos fatos Pontes de Miranda[56] justificava se tratar de uma prerrogativa dada ao varão como resultado da secular divisão do trabalho, em que a sócia mulher estava destinada a dedicar suas habilidades pessoais aos cuidados diários da vida doméstica e à criação dos filhos, enquanto ao esposo seguia a tarefa de representar a família e de ser responsável pelos encargos do matrimônio, abarcados esses compromissos pelo dever de sustento e de manutenção de toda a sua célula familiar.

Ainda tomando por empréstimo a perene lição de Pontes de Miranda, na comunhão conjugal, cabe a administração dos bens ao cônjuge que chefia a sociedade conjugal, salvo o consentimento do comunheiro para certos atos, e, se "cessa a comunhão conjugal e continuam indivisos os bens, a administração é comum, até que, negocialmente, ou por morte, fique a um dos cônjuges ou a outrem. Em princípio, quem tem a seu cargo a administração exerce as pretensões, ações e exceções tocantes ao patrimônio comum [...]".[57]

Assim, agia livre o marido, dentro desse poder ilimitado de mando e de desmando, em que o varão era alçado pela união conjugal ao cargo de administrador legal dos bens conjugais e dos bens particulares da mulher, incluídos nessa gestão por natural confiança e falta de qualquer outra liberdade de escolha. Isso se dava, segundo Aubry e Rau,[58] porque: "O marido é reputado senhor e chefe da comunidade. Em outros termos, a lei lhe atribui a qualidade de chefe da sociedade conjugal, o poder de usar e de dispor dos bens da comunidade na mesma medida dos seus próprios bens, salvo a fraude contra a mulher. Assim, o marido tem não somente o direito de administrar os bens comuns; pode, ademais, aliená-los ou gravá-los com servidões e hipotecas, sem o concurso da mulher [...] não deve nenhuma indenização quando dissipa ou deixa perecer estes bens".

---

54 Washington de Barros Monteiro (*Curso de direito civil*. Direito de família. 10. ed. São Paulo: Saraiva, 1971. p. 168) escrevia: "Na constância da sociedade conjugal, a propriedade e posse dos bens é comum (Código Civil de 1916, art. 266), mas cabe ao marido, como chefe da sociedade conjugal, a respectiva administração (art. 233, n.º II, CC/16). A mulher só os administrará por autorização do marido, ou nos casos do art. 248, n.º V, e art. 251 (art. 266, parágrafo único). Fora desses casos, a administração compete ao marido".

55 FASSI, Santiago; BOSSERT, Gustavo. *Sociedad conyugal*. Buenos Aires: Astrea, 1978. t. II, p. 2.

56 PONTES DE MIRANDA, Francisco Cavalcanti. *Tratado de direito de família*. 3. ed. São Paulo: Max Limonad, 1947. v. II, p. 35.

57 PONTES DE MIRANDA, Francisco Cavalcanti. *Tratado de direito privado*. Rio de Janeiro: Borsoi, 1955. t. VII, p. 384.

58 AUBRY, C.; RAU, C. *Cours de droit civil français*. 4. ed. Paris: [s.n.] 1879. t. IV, p. 278, § 509.

Como o regime patrimonial e a administração do marido só se extinguiam depois de dissolvida a sociedade conjugal, os anais da jurisprudência brasileira passaram a registrar uma infinidade de lesivas partilhas de bens conjugais, principalmente porque os intermináveis processos de separação judicial litigiosa, empenhados primeiro em provar a culpa dos cônjuges e só depois promover a partilha do resto dos bens conjugais, prolongavam e martirizavam a sobrevida da comunidade conjugal de bens e esticava, no tempo, a indevida prorrogação da administração desse patrimônio pelo marido de quem justamente a mulher estava se desquitando.

Tortuosa demanda judicial dispensada da competente rendição de contas, enquanto presentes as justas núpcias não desfeitas por judicial sentença transitada em julgado, conferia ao astucioso cônjuge o perfeito troféu em premiação a seu ressentimento afetivo, ao arrecadar para si, pelo livre manejo dos bens e sem muito esforço no êxito fraudatório, a parte mais expressiva do acervo conjugal construído ao longo de uma vida a dois. Acervo que foi amealhado exatamente para servir a ambos, por lhes ser comum a riqueza que construíram pela soma paritária de seus esforços.

À mulher que assistia inerte a livre e impune serventia de sua meação conjugal, plenamente facilitada pelos cegos privilégios de disposição outorgados ao marido pelo tácito mandato nupcial, não havia outra defesa senão ingressar com a morosa ação de separação litigiosa, para tentar, com alguma sorte e muita paciência, dar cabo judicial ao casamento e ao seu correlato regime patrimonial e, sobretudo, à ganância do esposo, que agia como verdadeiro proprietário, legalmente dispensado de prestar contas dos negócios por ele engendrados em notório prejuízo à meação da esposa.

A toda evidência, agia o marido em indisfarçável abuso do direito da esposa à pronta e expedita partilha dos bens conjugais, como quer e ordena qualquer princípio de direito fundamental, de que demandas judiciais apenas durem um tempo razoável e suportável e, no caso das separações judiciais, seja abstraída a tola e dispensável perquirição de culpa. A jurisprudência e a doutrina brasileira[59] já vinham de longa data afastando esse verdadeiro campeonato de culpas de que se revestiam as ações de rompimento da sociedade conjugal, destinadas a premiar o cônjuge menos culpado com a vitória de uma sentença de separação, mas cuja demora terminava por lhe importar em um alto custo financeiro e econômico ao ver sua meação sendo esvaziada pela livre administração do consorte administrador dos bens conjugais. Contudo, esse calvário processual terminou com a Emenda Constitucional 66/2010 que instituiu o divórcio limpo e direto, afastando definitivamente o exame culposo da ruptura da sociedade conjugal.

6.9 FRAUDE ENTRE CÔNJUGES E CONVIVENTES

Fraude é gênero, diz María Josefa Méndez Costa,[60] que abarca mais de uma espécie, dentro de quais hipóteses encontra-se a que é executada por um cônjuge em prejuízo dos direitos de seu consorte como participante do regime patrimonial do casamento.

---

[59] PETRY JÚNIOR, Henry. *A separação com causa culposa*: uma leitura à luz da hermenêutica constitucional. Florianópolis: Conceito, 2007. p. 142: "A eliminação ou superação da culpa mostra-se como caminho mais sintonizado com o Direito de Família contemporâneo, preservando-se os filhos do casamento".

[60] COSTA, María Josefa Méndez. Fraude entre conyuges. *Revista de Derecho Privado y Comunitario*, Derecho de Familia Patrimonial, Buenos Aires, p. 245, 1996.

Cap. 6 · CONFLITOS DE DIREITO DE FAMÍLIA E DESCONSIDERAÇÃO DA PERSONALIDADE | 689

No contexto da fraude aplicada entre cônjuges ou mesmo entre casais unidos estavelmente, volta-se o engodo para a intenção de causar algum dano à meação do consócio conjugal, variando a sua instrumentalização de acordo com a multiplicidade dos bens conjugais e consoante as oportunidades abertas pela maior ou menor credulidade do parceiro vitimado. Roberto Brebbia[61] conceitua a fraude como um ato ilícito, mediante o qual se pretende elidir uma proibição legal de causar um dano a terceiro, realizando um ato real, em princípio lícito, que lhe serve de cobertura. Segundo Yussef Said Cahali,[62] muito embora exista a fraude à lei e na outra ponta a fraude contra o credor, substancialmente, em qualquer de suas modalidades, ela encerra sempre, como elemento ínsito, a frustração de uma norma legal.

De acordo com os estudiosos do instituto da fraude, sua consecução supõe três elementos, a saber: a) uma regra obrigatória à qual quer escapar o fraudador, sendo evidente na fraude ao crédito conjugal que a fuga se dá ao regime de bens, porventura eleito na modalidade da comunidade total ou parcial; b) em segundo plano, deve existir uma intenção fraudulenta, que é a má-fé, assim entendida na vontade consciente e deliberada, sustenta María Josefa Costa,[63] de buscar um resultado ilícito; e, por fim, em terceiro lugar, c) a existência de um meio, de um instrumento utilizado para subtrair-se ao cumprimento da regra legal impositiva. Na seara da sociedade empresária, encontra o cônjuge fraudador um campo bastante fértil, mas cujo confronto processual tem estado em expansão no âmbito do Direito de Família com a aplicação episódica e pontual da desconsideração da personalidade jurídica e assim lograr combater com invejável êxito o cônjuge ou convivente fraudador, em sua ilícita tarefa e em seu afã de causar sensível dano à meação do consorte ou companheiro que dele se separa.

É que o mau uso da forma societária, com as rápidas transformações de sua tipificação social, permitindo ingressos e retiradas de sócios e de sociedade, transferência de ações, compra ou esvaziamento de ativos em silenciosas manipulações, totalmente dispensadas da outorga uxória, tem, precisamente, servido como meio bastante eficaz, tanto material como juridicamente, para alcançar, com maiores possibilidades de impunidade, o objetivo e o ânimo fraudatório. Não é preciso muito esforço para constatar o sucesso no crescente manejo ilícito, amoral e abusivo da figura societária. Com a sua engenhosa multiplicidade de prerrogativas contratuais, passando por fusões, cisões, incorporações, criação de empresas *offshore*,[64] liquidações e até extinções de empresas, que ora nascem, morrem ou se transformam sempre em uma incrível velocidade de manuseio, com mudanças postas a serviço do resultado ilícito, aético, completamente estranho ao bem comum, vinculado apenas ao sabor do humor conjugal, na atualidade, tem sido até mais fácil descobrir segredos da instabilidade afetiva dos casais que integram entidades jurídicas, examinando, na Junta Comercial, as alterações contratuais que fazem de suas empresas, do que auscultando seus vizinhos, amigos e parentes, que sempre foram a fonte de consulta das novidades conjugais.

---

[61] BREBBIA, Roberto H. *Hechos y actos jurídicos*. Buenos Aires: Rubinzal-Culzoni, 1995. t. II, p. 345.

[62] CAHALI, Yussef Said. *Fraude contra credores*. São Paulo: RT, 1998. p. 57.

[63] COSTA, María Josefa Méndez. Fraude entre conyuges. *Revista de Derecho Privado y Comunitario,* Derecho de Familia Patrimonial, Buenos Aires, p. 246-247, 1996.

[64] "*Offshore companies* são sociedades sediadas em países com política de tributação menos robusta e facilitação na constituição de sociedades (os chamados 'paraísos fiscais'), cujo capital social é representado por ações ao portador, não exigindo a *affetcio societatis* e permitindo circulação mais intensa do capital, com amplo objeto social. Ou seja, adquiridas as ações ao portador de uma *offshore company*, o empresário brasileiro poderá transferir para a sua empresa bens, imóveis, quotas sociais, créditos etc., escondendo o seu patrimônio pessoal sob o véu protetivo da pessoa jurídica" (FARIAS, Cristiano Chaves de; ROSENVALD, Nelson. *Direito civil*. Teoria geral. 2. ed. Rio de Janeiro: Lumen Juris, 2005. p. 320).

São diversas as situações e condutas caracterizadoras do desvio de bens, com a finalidade de subtração do patrimônio na partilha em divórcio, ou com o propósito igualmente ilícito de evitar a penhora ou medidas de constrição na realização do crédito alimentar, buscando o cônjuge fraudador e irresponsável esconder-se sob as vestes da sociedade ou quando não se oculta sob as vestes de uma interposta pessoa. Contudo, no campo do Direito Empresarial, Arnaldo Rizzardo aponta como mais usuais os expedientes do mau uso societário:

> a) a aparente retirada de um cônjuge da sociedade da qual faz parte, às vésperas da separação conjugal; b) a transferência da participação societária a outro sócio, ou mesmo a estranho, com o retorno depois da separação; c) a alteração do estatuto social, com a redução das quotas ou patrimônio da sociedade; d) transformação de um tipo de sociedade em outro, como de sociedade por quotas em anônima;[65] e) a redução do valor das ações ou das quotas, para uma estimativa acentuadamente menor que a dos bens levados à sociedade, quando da constituição ou do ingresso em seu quadro; f) a transferência de bens particulares ou do casal para a sociedade, como de veículos, escritórios, apartamentos; g) a cisão da sociedade, dando-se a transferência de parte do patrimônio para outra sociedade; h) a extinção da sociedade através da dissolução parcial ou total, seja judicialmente ou meramente de fato; i) a repentina redução do *pro labore* dos sócios; j) a sonegação dos rendimentos, através de omissões nos lançamentos contábeis, ou o aumento injustificado e sem elementos comprovados de obrigações sociais; k) a reduzida participação social do alimentante, em contrapartida à absorção da maioria do capital por outros sócios, embora a sua notória importância no funcionamento da sociedade; l) A sua presença na sociedade como procurador ou mandatário com plenos poderes, sem participar de quotas, exercendo o comando geral, e constando ínfimo pagamento pela atividade que exerce.[66]

A via societária presta-se com bastante facilidade para a fraude na contabilidade da empresa, de modo a reduzir seus ativos, sendo justamente no ativo circulante ou realizável que se concentram o maior volume de fraudes, dado ao alto grau de liquidez na área financeira. Fernando de Jesus revela que a área financeira tem a preferência do fraudador, porque o dinheiro é rapidamente conversível em bens, ou bens em dinheiro, sendo comum algumas empresas trabalharem com duas escritas,[67] em que uma delas atende às exigências legais e a outra serve para o controle particular dos administradores e sócios. Nessa área financeira podem surgir empréstimos simulados, entradas ou saídas fictícias de recursos que exigem um reforço de caixa ou uma descapitalização. Existem fraudes com a manipulação de mercadorias armazenadas que vão sendo ocultadas, por exemplo, com sua transferência para outra sociedade empresária constituída para esvaziar a anterior, ou com a sua subavaliação ou até mesmo a supervalorização de estoques para distorcer os índices de liquidez da análise de balanços e encobrir perdas. No campo dos alimentos, a fraude pode se dar com a empresa pagando as despesas particulares do sócio devedor de pensão alimentícia e que são completamente estranhas ao objeto dos negócios.

---

[65] Nesse sentido: MADALENO, Rolf. A companhia de capital fechado no direito de família. *In*: MADALENO, Rolf. *Repensando o direito de família*. Porto Alegre: Livraria do Advogado, 2007. p. 93-108.

[66] RIZZARDO, Arnaldo. Casamento e efeitos da participação social do cônjuge na sociedade. *In*: WELTER, Belmiro Pedro; MADALENO, Rolf Hanssen (coord.). *Direitos fundamentais do direito de família*. Porto Alegre: Livraria do Advogado, 2004. p. 56.

[67] JESUS, Fernando de. *Perícia e investigação de fraude*. Uma análise psicológica e operacional na evidenciação de fraude. Goiânia: AB Editora, 2000. p. 72.

Cap. 6 · CONFLITOS DE DIREITO DE FAMÍLIA E DESCONSIDERAÇÃO DA PERSONALIDADE | **691**

Também são variadas as fraudes engendradas pela via da interposta pessoa, envolvendo contas bancárias e aplicações financeiras em nome de um *testa de ferro* que outorga ampla procuração ao verdadeiro titular dos recursos depositados, frustrando dessa forma penhoras *on-line* e cobranças de direitos familiares; assim como bens e atividades são postos e desenvolvidos em nome aparente do terceiro que, em verdade, não tem nenhum direito ou ingerência sobre esses bens ou atuações profissionais, ou com a simulada compra e venda de bens conjugais entre o consorte e interpostas pessoas ou inocentes *laranjas*, valendo-se de procurações outorgadas pelo outro cônjuge, cuja existência já havia sido esquecida.

Fincadas as relações afetivas num imensurável dever de respeito e de estima, a fraude à meação patrimonial perpetrada por um dos nubentes em prejuízo de seu par fere mortalmente a eticidade do relacionamento, pois, se as pessoas esperam honestas atitudes daqueles que lhes são estranhos, a aética fraude criada pela forma societária para burlar, reduzir ou esvaziar a meação matrimonial, a par de servir para aqueles que ainda defendem o sistema causal da separação judicial brasileira, por conduta desonrosa, mesmo depois da Emenda Constitucional 66/2010, precisa encontrar, na aplicação episódica da *disregard*, um expedito e descomplicado meio processual de impedir a subtração fraudulenta dos bens patrimoniais do casamento, evitando cair numa visão estreita, que tem conduzido doutos a sustentarem que a fraude segue confinada às vetustas normas da ação pauliana, quando está posta a serviço do decisor a eficiente e descomplicada aplicação da desconsideração da personalidade jurídica, regulamentada no Código Civil brasileiro e instrumentalizada pelo Código de Processo Civil; hábil instrumento para coibir a frequente prática que têm certas pessoas, de esconder-se por detrás da máscara societária, com o propósito de frustrar o direito à meação de seu cônjuge ou convivente, ou de burlar os alimentos de seus dependentes, ao falsear uma realidade financeira para fazê-la parecer apertada e desse modo negar o direito à sobrevivência.

6.10 ADMINISTRAÇÃO BICÉFALA E A RENDIÇÃO DE CONTAS

Conforme explanado, com a Carta Federal de 1988, nova ordem jurídica extirpou a odiosa ideia de inferioridade e submissão feminina dentro de um contexto sociofamiliar, que se fincou em propósitos visivelmente falsos, mas que bem serviram aos raros e mesquinhos ideários masculinos que cuidaram de só creditar ao homem a capacidade de chefia da sociedade marital e, em complemento, outorgar-lhe a livre e nada infrequente ruinosa administração do patrimônio conjugal.

Houve verdadeira reviravolta nos princípios de Direito, por força da Carta Política editada em 1988 que, nas garantias fundamentais e na renovada ordem da política familiar, cuidou de deitar por terra a anacrônica supremacia masculina, ao igualar os sexos em direitos e deveres.

Consequência imediata foi assistir à revogação de quaisquer disposições legais que ainda pudessem de alguma forma, direta ou indiretamente, manter algum repugnante privilégio nas relações conjugais, como até então sucedia com a invariável administração masculina dos interesses materiais do casamento. Não obstante a mulher fosse considerada em período precedente, saudado com o advento do Estatuto da Mulher Casada (Lei 4.121/1962), como auxiliar do marido na chefia da sociedade matrimonial, somente a vigente Constituição Federal teve o condão de proclamar, ao menos no plano jurídico, a real independência da mulher, passando a figurar em similitude de direitos, como candidata plenipotencial a também poder dirigir e administrar as riquezas materiais da sociedade afetiva, como está patente no artigo 1.663 do vigente Código Civil.

Na esteira desse preceito, sem preconceitos decorrentes do gênero sexual, prospera no direito brasileiro uma nova organização familiar, com um sistema de regência baseado na gestão comum,[68] de cogestão das questões pessoais e patrimoniais, não mais sendo tolerada a administração ruinosa dos bens conjugais praticada pelo marido que ficava isento de prestar contas e de responder pelo destino do acervo matrimonial enquanto não fossem oficialmente extintas as núpcias e efetuada a divisão do ativo e passivo, podendo qualquer dos cônjuges ser liminarmente afastado da administração dos bens comuns, em via de tutela antecipada quando houver malversação dos bens (CC, art. 1.663, § 3.º).[69]

Portanto, nesse novo espectro de administração conjugal, nenhum ato de administração e, principalmente, de disposição dos bens da massa conjugal passa a ser praticado por um dos consortes, sem a vênia do outro, cuja consulta, propositadamente dispensada, acarreta, ao contrário do passado, imediato direito à prestação de contas.[70]

É preciso concordar com Sérgio Gischkow Pereira[71] quando aduz não ter sido intenção do legislador retardar a agilidade dos negócios da sociedade conjugal, tornada indispensável a reunião dos cônjuges para exteriorizar sua concordância. Apenas que a administração unitária, quando desempenhada por um dos cônjuges, de tradição o varão, já não mais se presta a deixar isento de render contas o administrador que exercita excessos e age, com evidência, na contramão dos interesses da sociedade matrimonial.

Comentando a prestação de contas na sociedade conjugal, Jaques Bushatsky[72] evoca o final dos tempos em que a esposa percebia pensão alimentícia provisória, mas não obtinha acesso algum aos bens conjugais postos sob a administração legal do esposo, do qual estava se separando judicialmente. A atual ordem constitucional, com o § 5.º do artigo 226, cassou o mandato conjugal tácito e, por conseguinte, retirou a *base de toda a doutrina que encontrava na chefia da sociedade e na administração imposta por lei, os argumentos para negar à mulher o direito à obtenção de prestação de contas do marido*, mesmo quando na plena vigência e constância do casamento ou no caloroso conviver da estável união.

Restringida a livre realização dos bens conjugais, os poderes de administração e de disposição do marido ficaram bastante reduzidos, estabelecendo o artigo 1.642 do Código Civil que, em qualquer regime de bens, (I) marido e mulher podem praticar livremente todos os

---

[68]   Expressão anotada por BITTAR, Carlos Alberto. *Direito de família*. Rio de Janeiro: Forense Universitária, 1991. p. 35.

[69]   "Direito de família. Ação de separação judicial. Afastamento do cônjuge virago da administração da empresa do casal. Indícios de dilapidação do patrimônio. Necessidade de preservação dos bens. Alimentos fixados em favor dos dois filhos do casal. *Quantum* que não corresponde com as reais necessidades dos alimentandos e as possibilidades do alimentante. Inteligência do art. 1.694, § 1.º, do Código Civil. Recurso provido em parte. 1. Na ação de separação judicial, verificando no caso concreto o risco à integridade do patrimônio da empresa do casal ante a animosidade entre ambos e a prática de atos de dilapidação de um dos cônjuges, ao juiz é lícito liminarmente determinar o afastamento deste da administração da sociedade [...]" (TJSC, 3.ª Câmara de Direito Civil, Agravo de Instrumento 2003.027181-3/Lages-SC, Rel. Des. Dionízio Jenczak, j. 26.03.2004, *DJe* 12.04.2004).

[70]   "Prestação de contas. Separação de fato. Existência de bens comuns. Em face da separação fática, impositiva a prestação de contas pelo consorte que se encontra na exclusiva administração do patrimônio comum. Negado provimento ao apelo" (TJRS, 7.ª Câmara Cível, Apelação Cível 70022615306, Rel. Des. Maria Berenice Dias, j. 23.04.2008).

[71]   PEREIRA, Sérgio Gischkow. Algumas reflexões sobre a igualdade dos cônjuges. *In*: TEIXEIRA, Sálvio de Figueiredo (coord.). *Direitos de família e do menor*. 3. ed. Belo Horizonte: Del Rey, 1993. p. 127.

[72]   BUSHATSKY, Jaques. *Sociedade conjugal e prestação de contas*. São Paulo: RT, 1989. p. 250-252.

Cap. 6 · CONFLITOS DE DIREITO DE FAMÍLIA E DESCONSIDERAÇÃO DA PERSONALIDADE | 693

atos de disposição e de administração necessários ao desempenho de sua profissão; (II) administrar os bens próprios; (III) desobrigar ou reivindicar os imóveis que tenham sido gravados ou alienados sem o seu consentimento ou sem suprimento judicial; (IV) demandar a rescisão dos contratos de fiança e doação, ou invalidação do aval, realizados pelo outro cônjuge com infração do disposto nos incisos III e IV do artigo 1.647; (V) reivindicar os bens comuns, móveis ou imóveis, doados ou transferidos pelo outro cônjuge ao concubino, ausente esforço comum e separação de fato por mais de cinco anos (o que se constitui em uma excrescência da lei); (VI) praticar todos os atos que não lhe forem vedados expressamente.

Por sua vez, o artigo 1.647 do Código Civil proíbe, com exceção do regime da separação absoluta de bens, a prática de atos de um cônjuge em relação ao outro e que envolvam a (I) alienação ou o gravame de ônus real de bens imóveis; (II) o pleito judicial, como autor ou réu, acerca desses bens ou direitos; (III) a prestação de fiança ou aval; (IV) fazer doação, não sendo remuneratória, de bens comuns ou daqueles que possam integrar futura meação. Andou mal o legislador quando excepcionou os casamentos celebrados pelo regime da separação absoluta, porque se esqueceu da aplicação e vigência da Súmula 377 do STF com relação aos matrimônios celebrados sob a égide da separação obrigatória de bens, cujo efeito segue em plena vigência[73] e que transforma o regime obrigatório de separação de bens em regime de comunhão parcial.

Por outro lado, essas restrições ventiladas para a instituição matrimonial não encontram correspondência legal no instituto da união estável, para cuja entidade familiar não existe um registro público e, consequentemente, os terceiros que contratam com quem vive em união estável não podem tomar ou exigir as cautelas criadas pelo legislador para proporcionar uma relativa segurança jurídica ao regime de bem matrimonial e ao acervo conjugal de bens pertencentes a cada um dos cônjuges.

Infelizmente, a união estável termina por facilitar a prática da fraude ao regime patrimonial dos conviventes por se ressentir de algum registro público obrigatório. Os bens, geralmente, estão registrados em nome de um dos companheiros, e não há como um terceiro ter conhecimento oficial de uma relação meramente de fato. Desse modo, também não há como pretender vincular terceiros que, na boa-fé, contratam com um ou algum dos conviventes, restando ao companheiro prejudicado buscar o ressarcimento do seu prejuízo por meio do instituto da responsabilidade civil. No entanto, se justamente o terceiro tem ciência da fraude e dela participa, inclusive como instrumento de viabilização da fraude, apenas emprestando seu nome para a perpetração do embuste, com efeito, desaparece qualquer presunção de boa-fé dessa interposta pessoa e, diante da possibilidade de anulação do ato fraudulento praticado em detrimento da meação ou de direito material do convivente, não deve ser descartada, por sua eficácia e agilidade processual, a desconsideração incidental e episódica da pessoa física.

Importa ressaltar a inserção da mulher no campo de trabalho, fato que elevou a sua autoestima e, sobremodo, a retirou de uma condição pessoal subjetiva de inferioridade, em que transitou durante muito tempo sob o epíteto de consumidora, alçando-a, em novo contexto sociojurídico, à condição de coprodutora da riqueza conjugal e como agente formadora do patrimônio; a mulher casada já não se sente mera beneficiária das benesses de um esposo provedor, mas, antes, tem participação ativa na concreta formação do patrimônio conjugal, caso não lhe bastasse valorar a intensa e estafante atividade com as tarefas do lar.

---

[73] Sobre a Súmula 377 do STF: MADALENO, Rolf. Declaração judicial de incidência do regime legal de separação de bens e divisão dos aquestos pela Súmula 377 do STF no Código Civil de 2002. In: MADALENO, Rolf. *Direito de família em pauta*. Porto Alegre: Livraria do Advogado, 2004. p. 229-241.

Elevado ao patamar isonômico, o cônjuge de outrora, que circulava como um livre administrador, com essas mudanças da lei tratou de aperfeiçoar seus mecanismos de fraude à meação da mulher que, mais atenta, procura, em soluções jurídicas eficientes e expeditas, os meios de preservação de seu patrimônio e dos direitos provenientes das relações familiares e, assim, busca evitar o empobrecimento artificial de sua meação, usualmente arquitetado pelo abuso ou pela fraude possibilitados com incrível facilidade e com enorme versatilidade, pelo mau uso da personalidade física ou jurídica.

6.11 A RAZÃO DE SER DA DESCONSIDERAÇÃO DA PERSONALIDADE JURÍDICA

Os tensos desentendimentos conjugais sempre foram caracterizados pela rotineira manifestação unilateral de separação. Ao contrário do concerto unificatório, verificado no começo da sua relação afetiva, em que os amantes fixam seus olhos e a sua vontade para uma mesma e única direção; quando se trata de dar termo final ao casamento e mesmo à união estável, raramente podem ser vislumbrados manifestos uníssonos e convergentes de um mesmo desejo separatório.

Divergindo em planos e propósitos que trafegam para destinos distintos no apagar do relacionamento conjugal, não é infrequente o cônjuge, resoluto com a sua separação, deparar com a ira e o ressentimento amargados por seu parceiro que interpreta, na abrupta e indesejada ruptura do enlace, que foi vítima de um insuperável sentimento da mais pura e inaceitável rejeição.

Nesse estágio dos acontecimentos, os projetos que antes serviam aos dois, e os bens que anteriormente formavam um acervo comunitário magicamente trocam de planos, merecem nova e egoística destinação, em suma, instala-se, no âmbito intelectivo do cônjuge cego pelo abandono, que qualifica de desleal e traiçoeiro, verdadeira quebra contratual, uma intransigente vontade de vingar a imensa dor sofrida com largas consequências no campo econômico do casamento.

A questão econômico-financeira ganha importância capital no Direito de Família não somente em função do seu caráter de subsistência dos familiares e resultado dessa engrenagem chamada sociedade conjugal, mas, também, porque testemunham os processos de separação e, cada vez mais, as causas do desamor perdem terreno fácil para os problemas financeiros, pois sua solução é que traz segurança e estabilidade no retorno à vida individual.[74]

Conforme Cristiano Chaves Farias e Nelson Rosenvald, "a admissão da teoria da desconsideração da personalidade jurídica surge como elemento neutralizador das fraudes e abusos executados sob o véu protetivo da pessoa jurídica",[75] porquanto é verdadeiramente larga e producente sua aplicação no processo familista,[76] principalmente perante a diuturna constatação nas disputas matrimoniais e na dissolução da união estável, quando cônjuges e conviventes

---

[74] MADALENO, Rolf. A *disregard* nos alimentos. *In*: WAMBIER, Teresa Arruda Alvim; LEITE, Eduardo de Oliveira (coord.). *Direito de família*: aspectos constitucionais, civis e processuais. São Paulo: RT, 1999. p. 21.

[75] GAMA, Guilherme Calmon Nogueira da. *O companheirismo*. São Paulo: RT, 1998. p. 234.

[76] "Embargos de terceiro. Descabe a reintegração liminar na posse quando evidenciado que o bem foi transferido à empresa somente para obstaculizar a ação principal. Princípio da *disregard*. Merecem desconsideradas as transações feitas pelo titular da empresa, de seus bens particulares em benefício da pessoa jurídica com a nítida intenção de fraudar eventual partilha" (TJRS, 7.ª Câmara Cível, Agravo de Instrumento 70002504579, Rel. Des. Maria Berenice Dias, j. 06.06.2001).

"Ação de indenização. Aplicação da disregard. Tendo tocado na partilha consensual à mulher/autora o único bem registrado em nome da sociedade comercial, evidente o dano que a impede de exercer seu direito à meação. Aplicação da teoria da disregard, para determinar a transferência da titularidade do imóvel à autora, conforme acordado na separação consensual, com sentença homologatória. Apelação

Cap. 6 · CONFLITOS DE DIREITO DE FAMÍLIA E DESCONSIDERAÇÃO DA PERSONALIDADE · 695

empresários se escondem sob as vestes da empresa, para a qual fazem despejar, senão todo, ao menos o rol mais significativo dos bens comuns. É situação rotineira verificar nas relações nupciais e de conviventes que os bens materiais comprados para uso dos esposos ou companheiros, como carros, móveis e, mormente imóveis, ou ações, incluindo a própria alcova nupcial, encontram-se registrados e adquiridos em nome de empresas de que participa um dos consortes ou conviventes.

E de qual melhor boicote pode valer-se um parceiro ressentido, seja para investir na ressurreição da relação afetiva pelo medo da parceira de não conseguir sobreviver sem a sua meação, seja apenas pelo estranho e prazeroso sentimento de vingança que o parceiro rejeitado experimenta, enfim, a triste realidade está em constatar que o mau uso societário tem servido a contento para a mesquinha causa da fraude conjugal.

Nessa exata direção escreve Guillermo Borda,[77] de que nos vemos com frequência impotentes diante de manobras fraudatórias de um cônjuge em relação ao outro, com a colaboração de terceiros para, dessarte, reduzir a zero o regime de comunhão da sociedade nupcial. Para esse desiderato, as sociedades empresárias se converteram em um idôneo e apropriado veículo para a fraude conjugal, pela facilidade de sua constituição e pela dificuldade que implica a sua penetração, por se tratar de terceiros alheios aos consortes e conviventes. Somente lançando mão da desconsideração da personalidade jurídica para efetivamente atingir o supremo objetivo de bem julgar e resolver a fundo esse expediente de logro, para, dessa maneira, garantir a integridade dos bens da sociedade conjugal, e o mesmo deve ser dito em referência aos bens da união estável.

A teoria de *disregard* consagrada na legislação brasileira, como a *desconsideração da personalidade jurídica*, está orientada a prevenir o abuso ou a fraude no uso indevido da personalidade jurídica, quando a ação administrativa intentada por um dos cônjuges para fraudar o exercício do direito sobre bens, que assim atinge o outro consorte, sem embargo que este ato deve autorizar a cobrança no ressarcimento do dano, pois afeta a meação do parceiro, e cada cônjuge ou convivente em regime de comunhão de bens tem expectativa na participação dos bens comuns. O juiz prescinde do véu societário, sempre que um cônjuge ou companheiro, valendo-se da máscara societária, aparta-se do Direito e, com propósitos ilícitos, intenta fraudar a meação de seu consorte, porque o marido ou mesmo a esposa mal-intencionada, na inteligente observação de Carlos Vidal Taquini,[78] com o consentimento do cônjuge alheio ou pouco afeito aos negócios empresariais, pode formar uma empresa em que faz ingressar todos os bens comunicáveis e, a partir de então, maneja livremente o acervo nupcial por meio da sociedade, e, se sobrevém a crise entre o casal, então desaparecem os bens, e toda a proteção legal do patrimônio comum vira uma inútil e lírica postulação, apenas salva pela adequada aplicação judicial incidental da desestimação da personalidade jurídica e cujo procedimento encontra eco legal nos artigos 133 a 137 do Código de Processo Civil.

6.12 REGIME DE BENS NA SOCIEDADE CONJUGAL

Ao se casarem, podem os nubentes optar por qualquer um dos quatro modelos de regimes de bens previstos e regulamentados na codificação civil brasileira. Segundo o Código

---

parcialmente provida" (TJRS, 8.ª Câmara Cível, Apelação Cível 70005866660, Rel. Des. José S. Trindade, j. 03.04.2003).

[77] BORDA, Guillermo Julio. *La persona jurídica y el corrimiento del velo societario*. Buenos Aires; Abeledo Perrot, 2000. p. 85.

[78] TAQUINI, Carlos H. Vidal. *Régimen de bienes en el matrimonio*. 3. ed. Buenos Aires: Astrea, 1990. p. 353.

Civil brasileiro, marido e mulher assumem, com as suas núpcias e por sua livre escolha, o regime de bens que cuidará de disciplinar as relações econômicas resultantes do seu casamento e pertinentes ao tempo de efetiva constância e convivência desse seu matrimônio.

Salvo a escolha pactual do regime da absoluta separação de bens, usualmente por eleição contratual ou pelo simples silêncio, organizam os cônjuges um regime patrimonial denominado *sociedade conjugal*, que, no dizer de Alberto Spota,[79] começa com a celebração do matrimônio e que, segundo a legislação substantiva brasileira, esse regime econômico conjugal só deveria terminar pela dissolução do casamento, quer decorresse da morte ou ausência de um dos cônjuges, da circunstancial nulidade ou anulação do casamento, ou por consequência do divórcio,[80] ou da dissolução da união estável.

Uma vez escolhido o regime de bens e selado pelo celebrar das justas núpcias, deitava sobre aquele casamento o princípio da imutabilidade do regime eleito, consagrado pelo artigo 230 do Código Civil de 1916, mas modificado pelo atual ordenamento jurídico brasileiro que admite a alteração do regime de bens na constância do casamento, terminando com o temor da imutabilidade do regime matrimonial, idealizado pelo legislador de 1916 para assegurar que pressões e falsos encantos de um dos cônjuges não permitissem, com a fraqueza do outro, obter a mudança do regime econômico matrimonial, com grave risco para os seus haveres conjugais e possível prejuízo para os credores.[81]

Percebe-se, nesse dispositivo, a primeira preocupação do legislador com a eventual burla na divisão conjugal dos bens matrimoniais,[82] quando proibia terminantemente toda e qualquer alteração do regime de bens após a celebração do casamento. O atual Código Civil rompeu com a tradição da irrevogabilidade do regime de bens que se assentava na premissa da imutabilidade em proteger o cônjuge contra as pressões do outro e porque poderia vir a ser lesado pela modificação do regime.[83]

Orlando Gomes, em obra pioneira, já afirmava ser anacrônica a proibição de mudança do regime de bens, inexistindo razão prática para manter tal proibição, tanto que as principais legislações já haviam abandonado o princípio da imutabilidade, como a Inglaterra em 1882, a Alemanha, Suíça, Itália, Suécia, entre outras nações, devendo tão somente ser tomadas as necessárias cautelas, no sentido de a mudança do regime ser requerida pelos dois, vedada a alteração unilateral, com justificação da pretensão pendente sempre de decisão judicial e ressalvados interesses de terceiros.[84]

Não foi outra a solução acolhida pelo Código Civil de 2002, ao exigir motivos relevantes para a mudança do regime matrimonial de bens, em petição judicial conjunta, uma vez ressalvados os direitos de terceiros, não podendo a alteração do regime de bens servir de instrumento para fraudar os interesses daqueles. Anota Paulo Lôbo[85] ser, inclusive, possível alterar o regime obrigatório da separação de bens (CC, art. 1.641), observados os requisitos

---

[79] SPOTA, Alberto G. *Tratado de derecho civil*: derecho de familia. Buenos Aires: Depalma, 1988. v. 3, t. II, p. 7-8.

[80] Artigos 1.571 e 1.576 do Código Civil.

[81] PEREIRA, Caio Mário da Silva. *Instituições de direito civil*. 7. ed. Rio de Janeiro: Forense, 1991. v. V, p. 116.

[82] Tanto guarda esse propósito protetivo com relação à mulher, considerada, à época, o ente mais frágil do casamento, que João Andrades Carvalho (*Regime de bens*. Rio de Janeiro: Aide, 1996. p. 27) consigna: "Fincar-se o princípio da imutabilidade na segurança, garantia e certeza de que a sociedade conjugal não é um sumidouro de direitos patrimoniais".

[83] LÔBO, Paulo. *Direito civil*. Famílias. São Paulo: Saraiva, 2008. p. 295.

[84] GOMES, Orlando. *O novo direito de família*. Porto Alegre: Fabris, 1984. p. 19.

[85] LÔBO, Paulo. *Direito civil*. Famílias. São Paulo: Saraiva, 2008. p. 296.

Cap. 6 · CONFLITOS DE DIREITO DE FAMÍLIA E DESCONSIDERAÇÃO DA PERSONALIDADE | **697**

de motivação, direitos de terceiros e autorização judicial, quando cessou a causa que o determinou.[86]

Deve ser, no entanto, destacado que sensível doutrina e atuante jurisprudência inclinam-se por reconhecer efeitos patrimoniais à fática separação quando presente a formal separação de corpos ou a informal separação de fato entre cônjuges; uma ou outra servirão de marco final da comunicação dos bens conjugais e da união estável,[87] tanto que a própria legislação civil atribui efeitos jurídicos à separação de fato, como sucedia antes da Emenda Constitucional 66/2010, no caso da separação judicial pela constatação da ruptura da vida em comum há mais de um ano e a impossibilidade de sua reconstituição (CC, art. 1.572, § 1.º) e do antigo divórcio, no caso de comprovada separação de fato por mais de dois anos (CC, art. 1.580, § 2.º), assim como reconhece a união estável no caso de a pessoa casada se achar separada de fato (CC, art. 1.723, § 1.º).

6.13 REGIME DE BENS NA UNIÃO ESTÁVEL

Ao lado do casamento, figura a união estável estabelecida entre duas pessoas, que vivem como se casadas fossem, imprimindo à sociedade e, ao derredor dos conviventes, a precisa sensação de que constituem uma nítida família conjugal, pois organizada nos moldes do casamento tradicional, apenas subtraída da prévia formalidade de sua pública celebração.

O texto constitucional passou a identificar, nesses pares afetivos, uma legítima entidade familiar, abrindo espaço para textos infraconstitucionais, o primeiro editado em dezembro de 1994, pela Lei 8.971, e o segundo, em maio de 1996, pela Lei 9.278, ambos com o propósito

---

[86] "Direito civil. Família. Casamento celebrado sob a égide do CC/16. Alteração do regime de bens. Possibilidade. A interpretação conjugada dos arts. 1.639, § 2.º, 2.035 e 2.039, do CC/02, admite a alteração do regime de bens adotado por ocasião do matrimônio, desde que ressalvados os direitos de terceiros e apuradas as razões invocadas pelos cônjuges para tal pedido. Assim, se o Tribunal Estadual analisou os requisitos autorizadores da alteração do regime de bens e concluiu pela sua viabilidade, tendo os cônjuges invocado como razões da mudança a cessação da incapacidade civil interligada à causa suspensiva da celebração do casamento a exigir a adoção do regime de separação obrigatória, além da necessária ressalva quanto a direitos de terceiros, a alteração para o regime de comunhão parcial é permitida. Por elementar questão de razoabilidade e justiça, o desaparecimento da causa suspensiva durante o casamento e a ausência de qualquer prejuízo ao cônjuge ou a terceiro, permite a alteração do regime de bens, antes obrigatório, para o eleito pelo casal, notadamente porque cessada a causa que exigia regime específico. Os fatos anteriores e os efeitos pretéritos do regime anterior permanecem sob a regência da lei antiga. Os fatos posteriores, todavia, serão regulados pelo CC/02, isto é, a partir da alteração do regime de bens, passa o CC/02 a reger a nova relação do casal. Por isso, não há se falar em retroatividade da lei, vedada pelo art. 5.º, inc. XXXVI, da CF/88, e sim em aplicação de norma geral com efeitos imediatos. Recurso especial não conhecido" (REsp 821.807/PR, j. 19.10.2006).

[87] Ver de Rolf Madaleno (Efeito patrimonial da separação de fato. *In*: MADALENO, Rolf. *Direito de família*. Aspectos polêmicos. Porto Alegre: Livraria do Advogado, 1998. p. 112) a seguinte afirmação: "Onde não há casamento não pode haver regime de bens, e se é o decreto separatório que liberta da coabitação, da fidelidade e da comunicação patrimonial, deve o julgador ser realista, para deixar de julgar por ficção legal, esticando no espaço de sua sentença, obrigações e vínculos que os próprios cônjuges, ou mesmo os conviventes já abandonaram...". Em sentido contrário, Débora Gozzo (*Pacto antenupcial*. São Paulo: Saraiva, 1992. p. 138) pondera que: "Enquanto os cônjuges estiverem separados somente de fato, o pacto antenupcial (entenda-se o regime de bens) continua a produzir seus efeitos até o momento em que uma sentença, prolatada em processo de separação judicial, acolha a pretensão do autor no sentido de pôr termo à sociedade conjugal. Este é o instante a partir do qual a eficácia do casamento cessa".

de traçar as linhas definidoras dos direitos e dos deveres requisitados na conceituação social e jurídica de uma estável união de fato.

Com o advento do Código Civil, o companheirismo passou a ser regulamentado a partir do artigo 1.723, reconhecendo como entidade familiar a união estável entre o homem e a mulher, configurada na convivência pública, contínua e duradoura, estabelecida com o objetivo de constituição de família.

Para Rodrigo da Cunha Pereira,[88] não há mais dúvida de que, na atualidade, uma união estável, séria e prolongada, uma vez dissolvida pela ruptura formal ou informal do vínculo ou pelo falecimento de um dos conviventes, implica comunhão de interesses que se corporificam pela eventual formação de um patrimônio comum, uma massa de bens, a merecer uma igualitária partilha.

Entre conviventes, a divisão do acervo constituído na esteira do regime da comunhão limitada de bens tem a sua gênese no artigo 1.725 do Código Civil, ao estabelecer o regime da comunhão parcial de bens, salvo estipulação contrária em contrato escrito, a importar na divisão de móveis e imóveis adquiridos por um ou por ambos os conviventes, na constância da união estável e a título oneroso, pois passam a ser considerados como frutos da colaboração comum a ambos pertencendo.

Novidade da legislação é o contrato de convivência admitido pelo artigo 1.725 do Código Civil e que não guarda os mesmos princípios de valor e formação previstos para o contrato pactante do casamento, em contraste com a máxima dogmática de que um instituto não deveria conter mais privilégios do que o outro, guardando entre eles a mais absoluta similitude de direitos e deveres, pois que repugnaria à sociedade apontar divergências de tratamento. Entretanto, não é essa a atenção dispensada pela vigente lei civil, cujo texto trouxe inúmeras diferenças concernentes aos direitos e aos efeitos jurídicos verificados na união estável em comparação ao matrimônio, não obstante, justiça seja feita, o Supremo Tribunal Federal venha revertendo essa máxima a partir dos Recursos Extraordinários 646.721/RS e 878.694/MG que revogaram o artigo 1.790 do Código Civil brasileiro.

Portanto, na falta de um contrato, vigora entre os conviventes o regime legal do artigo 1.725 do Código Civil, sendo esse dispositivo omisso no tocante ao momento da estipulação do contrato entre os companheiros. A vaguidade do dispositivo sob comento permite argumentar que, no plano teórico, o contrato de convivência dos companheiros poderia ser firmado a qualquer tempo do relacionamento, mesmo no seu intercurso. A respeito do contrato de convivência, defende Francisco José Cahali que seus efeitos são restritos aos conviventes, ausente qualquer amplitude de eficácia *erga omnes*, porque não existe registro civil de união estável, tampouco o estado civil de unido estavelmente, enquanto, para o matrimônio civil, os efeitos são emanados pela tão só existência e apresentação da certidão de casamento.[89]

Para Guilherme Calmon Nogueira da Gama,[90] o pacto antenupcial deveria servir de alicerce da convenção dos companheiros, em que sua realização deveria preceder à própria configuração da união estável, assim como a escolha do regime conjugal de eleição contratual precede ao próprio casamento.

Há notória dificuldade prática dessa precedência pactual para a união estável, até porque a convivência estável é relação de trato sucessivo, contínuo, cuja estabilidade e intenção

---

[88] PEREIRA, Rodrigo da Cunha. *Concubinato e união estável*. 3. ed. Belo Horizonte: Del Rey, 1996. p. 71.

[89] CAHALI, Francisco José. *Contrato de convivência na união estável*. São Paulo: Saraiva, 2002. p. 189.

[90] GAMA, Guilherme Calmon Nogueira da. *O companheirismo*. São Paulo: RT, 1998. p. 301.

Cap. 6 · CONFLITOS DE DIREITO DE FAMÍLIA E DESCONSIDERAÇÃO DA PERSONALIDADE | 699

de constituir família muitas vezes crescem à medida que os companheiros fincam raízes mais sólidas e semelhantes aos vínculos do casamento, em convivência pública, contínua e duradoura, efetivamente estabelecida com o objetivo de constituir família e, quando esse momento surge, há registro fático de uma união precedente.

Assim pode ser visto que, em princípio, o contrato de convivência admite variadas incursões interpretativas, que lhe retiram a mínima segurança contrariamente observada dentro do casamento. Inexiste, na união estável, um momento temporal que limite a feitura final do contrato convivencial, assim como não há regra expressa quanto à necessidade do registro do contrato, essencial para sua eficácia contra terceiros. Como informa Guilherme Gama,[91] nem mesmo há exigência da forma pública, servindo como porta de acesso à fácil burla do regime de bens de conviventes e assim deve ser visto porque o contrato de convivência, mesmo sendo levado a registro em cartório de títulos e documentos, ou lavrado por escritura pública, não constitui instrumento com força suficiente para valer contra terceiros. A princípio, terceiros podem se recusar em admitir como verdadeira uma união estável comprovada por mero ajuste escrito das partes contratantes, porque, como sabido, inexiste registro imposto por lei para conhecimento da união estável e, dessa forma, não podem ser prejudicados por negócio jurídico encetado com um dos companheiros. Dispensável a investigação da boa-fé do adquirente para considerar válido o negócio jurídico por ele entabulado com um dos companheiros, porque a lei não prevê a necessidade de autorização do companheiro para validade da transação, restando ao parceiro prejudicado buscar seu ressarcimento diretamente com seu ex-convivente.

Logo, o unido estavelmente mal-intencionado haverá de encontrar na relação de união estável, via expedita e de trânsito mais relaxado, no desvio traiçoeiro da meação do companheiro, já que, por enquanto, não foi possível encontrar qualquer esforço do açodado legislador em criar reais mecanismos de efetiva proteção do acervo da união estável, deixando a sua riqueza material ao alvitre da sorte e da boa-fé do companheiro que se encontra na titularidade e na administração desses bens hauridos por decorrência de um estável casamento informal.

E a fraude na união estável pode ser perpetrada tanto com o uso da pessoa jurídica[92] para desviar bens e direitos existentes das relações familiares e da vocação hereditária existente entre os companheiros como mediante a interposição de pessoa física.

---

[91] GAMA, Guilherme Calmon Nogueira da. *O companheirismo*. São Paulo: RT, 1998. p. 302.

[92] "União estável. Dissolução. Partilha de bens. *Disregard*. 1. Incontroversa a existência da união estável, imperiosa a divisão igualitária dos bens adquiridos na constância da vida em comum, independentemente da contribuição efetiva de cada convivente. Inteligência da Lei n.º 9.278/96. 2. Ainda que as empresas tenham sido constituídas antes do início da união estável, o crescimento patrimonial verificado por elas durante o tempo de convivência deverá ser partilhado, mormente quando o patrimônio da empresa era usado pela família e se confundia com o patrimônio do casal. Recurso provido" (TJRS, 7.ª Câmara Cível, Agravo de Instrumento 70006007553, Rel. Des. Sérgio Fernando Vasconcellos Chaves, j. 14.05.2003).
"Embargos de terceiro. Disregard ou desconsideração da personalidade jurídica. Sociedade por quotas formada por concubinos. Arrolamento de bens. Deve ser desconsiderada a personalidade jurídica de sociedade por quotas formada por dois sócios, concubinos casados pelo religioso, rejeitando-se pedido de liminar em embargos de terceiro promovidos pela sociedade, visando a obstar arrolamento de bens promovidos pela mulher. Possibilidade de fraude do varão, ocultado sob o manto da pessoa jurídica. Este, em realidade, age em nome próprio e não da sociedade. Agravo improvido. Unânime" (TJRS, 7.ª Câmara Cível, Agravo de Instrumento 593074602, Rel. Des. Paulo Heerdt, j. 25.08.1993).

Portanto, é fácil presentemente perceber que o legislador quase sempre se deslembra de inserir, no seu texto regulador, instrumentos eficazes de proteção das metades patrimoniais que cônjuges e conviventes reivindicam quando se fundem em afeição e sociedade.

6.14 DISSOLUÇÃO AFETIVA E PARTILHA DE BENS

Há uma gama de causas geradoras da discórdia de um casal que levam à dissolução judicial ou extrajudicial do casamento ou da união estável. Os mistérios dessa intrincada teia que desarma o sistema emotivo dos cônjuges não comportam ser desvendados neste trabalho, embora a sua referência se faça de incontornável necessidade, para buscar demonstrar que é corriqueiro testemunhar, em juízo, como a raiva, o ressentimento, a ira e o repentino ódio tornam-se ferramentas que passam a responder pelo desapego demonstrado pela pessoa que deixou de ser amada. Esse mesmo sentimento não escapou à arguta observação de Cristiano Chaves de Farias e Nelson Rosenvald, quando referem ser certa e induvidosa a existência nas relações familiares de um estranho e perverso sentimento vingativo, permitindo, não raras vezes, o uso da pessoa jurídica para tramar fraudes com o objetivo de prejudicar o cônjuge na partilha dos bens ou mesmo aos irmãos na partilha sucessória e aos credores de alimentos.[93]

Assim sucede pelo fato de um ato contratado por um dos cônjuges ou conviventes poder afetar o direito de seu parceiro e influenciar a sua participação na comunidade dos bens comuns, assim como um cônjuge, companheiro ou parente pode ser credor de alimentos devidos, sem olvidar da circunstância de que cada esposo ou companheiro tem uma expectativa de ganhos sobre o acervo patrimonial comum, que pode estar sobre a administração de um dos partícipes da relação afetiva. É incontroverso que o outro pode atuar juridicamente sobre qualquer ato fraudulento praticado pelo consorte ou companheiro administrador dos bens e realizado para frustrar o direito do credor, seja ocultando, transferindo ou alterando a origem e natureza desses bens e ganhos, seja pelo uso da pessoa jurídica ou pela interposta pessoa física.

Como visto, a má utilização da pessoa jurídica, quando o empresário se esconde sob o véu societário para prejudicar direito de terceiro ao qual está vinculado por relações de afeto na formação de uma entidade familiar ou por corrente parental, é apenas umas das formas, talvez a de maior e mais sofisticada elaboração, voltada ao mesmo e sempre presente propósito de enriquecer injusta e indevidamente, em detrimento do credor de bens, por meação ou herança, ou sendo credor de alimentos, porquanto este mesmo propósito fraudatório pode ser praticado com a utilização de um terceiro, pessoa natural, que empresta seu nome para assumir a titularidade de bens e direitos pertencentes ao parente, cônjuge ou convivente fraudador.

No campo dos alimentos entre ex-cônjuges, companheiros e mesmo no caso de credores de alimentos vinculados pelo parentesco consanguíneo, civil e socioafetivo, tratando-se de devedor na qualidade de sócios, diretor ou administrador ou mesmo acionista, explica Guilherme Calmon Nogueira da Gama: "são inimagináveis os artifícios que podem ser empregados, através da utilização da empresa, para o fim de impedir o arbitramento regular e correto do valor dos alimentos (diante da aparente falta ou insuficiência de possibilidade de prestar a pensão), ou para deixar de pagar a pensão, ou mesmo para pleitear a redução do *quantum* arbitrado".[94]

---

[93] FARIAS, Cristiano Chaves de; ROSENVALD, Nelson. *Direito das famílias*. Rio de Janeiro: Lumen Juris, 2008. p. 234.

[94] GAMA, Guilherme Calmon Nogueira da. *Direito de família brasileiro*. Introdução – abordagem sob a perspectiva civil-constitucional. São Paulo: Juarez de Oliveira, 2001. p. 135.

Cap. 6 · CONFLITOS DE DIREITO DE FAMÍLIA E DESCONSIDERAÇÃO DA PERSONALIDADE | 701

Portanto, por ocasião da separação, usualmente quando eleita a via litigiosa, diante da resistência separatória daquele que não vê razões para a ruptura afetiva, adverte Maria Tereza Maldonado[95] que prevalece o aspecto econômico do casamento ou da união, em que o amor recolhido pela negada correspondência afetiva cede espaço fácil e absoluto para uma visão eminentemente mercantilista daquele relacionamento que se esboroa, abrindo espaço para que ganhos e patrimônio sejam manipulados para uma partilha desigual, quando não for possível esvaziar completamente a meação do parceiro ainda desejado, mas cujo amor feneceu.[96] De outro lado, receitas e riquezas desmoronam de inopino, num sovado discurso de uma debacle financeira que se inocula corrosivamente nos processos separatórios, na viva ânsia de buscar o mínimo arbitramento de uma pensão judicial, até na esperança de que a absoluta dependência econômica inspire a reconciliação forçada e, se irreversível a ruptura, calhe como a sórdida vingança de compensar com dinheiro e bens o frustrante sentimento da rejeição.[97]

6.15 O MAU USO DA PESSOA JURÍDICA EM FRAUDE À MEAÇÃO

Inegável que as sociedades empresárias constituem uma realidade jurídica, nas quais, assim expressa Eduardo Zannoni,[98] a lei reconhece como um recurso técnico para que um grupo de indivíduos possa realizar a lícita finalidade a que se propõe. Agora, é bem verdade que, no passado, e assim também argumenta Calixto Salomão Filho,[99] o conceito absoluto de personalidade jurídica permaneceu rigidamente intocável, cuidando o artigo 20 do Código Civil brasileiro de 1916 de salientar o princípio geral da separação entre a sociedade e o sócio, cujo princípio foi revigorado pelo artigo 49-A do Código Civil.

Por meio desse velho postulado que separa a pessoa jurídica da pessoa física de seu sócio e que estabelece patrimônios diversos e responsabilidades dissociadas, não obstante os largos benefícios econômicos e de desenvolvimento advindos da personificação societária, ampla porta foi aberta para que a utilização indevida do fim societário se prestasse como instrumento de fraude aos interesses de terceiros.

Protegendo sócios inescrupulosos sob o invulnerável manto da personalidade jurídica, a figura societária passou a servir como um perigoso instrumento de obtenção de resultados ilícitos e nunca desejados pelo legislador, seguro da sacra afirmação de absoluta separação de patrimônios e de responsabilidades, que deixavam qualquer juiz prostrado e

---

[95] MALDONADO, Maria Tereza. *Casamento, término e reconstrução*. Rio de Janeiro: Vozes, 1986. p. 116.

[96] "Simulação maliciosa. Negócios jurídicos celebrados com o fim de fraudar a meação da mulher. Utilização de empresa de fachada, sem condições econômicas e financeiras para celebrar os negócios. Nulidade. Evidenciado que por trás da empresa utilizada para a celebração dos negócios – compra e venda de imóveis, cessões de quotas sociais etc. – sempre esteve uma única e mesma pessoa com o claro propósito de fraudar a meação da mulher, é de se reputar sem qualquer validade os negócios celebrados em nome da empresa de fachada, porquanto, em última instância, quem na realidade os celebrou foi aquele que a manipulava. Desprovimento dos recursos" (TJRJ, 2.ª Câmara Cível, Apelação Cível 1.530/2001, Rel. Des. Sergio Cavalieri Filho, j. 02.05.2001).

[97] Sobre a dependência feminina, escreve Clara Coria (*O sexo oculto do dinheiro*. São Paulo: Rosa dos Tempos, 1996. p. 20) que: "As mudanças culturais que permitiram o acesso de algumas mulheres à educação e ao dinheiro não modificaram a situação de marginalidade nem as atitudes de subordinação em relação ao homem".

[98] ZANNONI, Eduardo A. *Sociedades entre cónyuges, cónyuge socio y fraude societario*. Buenos Aires: Astrea, 1980. p. 101.

[99] SALOMÃO FILHO, Calixto. *O novo direito societário*. São Paulo: Malheiros, 1998. p. 76.

inerme de soluções judiciais que não passassem por complicadas teias processuais envolvendo terceiros prejudicados, sócios e sociedades, todos enredados na intrincada busca da anulação dos atos societários.

Conforme já referido em outro texto,[100] com a personalidade própria e autonomia patrimonial distinta dos bens pessoais dos seus sócios, criou-se um caminho amplo e até então completamente incontrolado, de uso da pessoa jurídica como anteparo da fraude, especialmente no campo das relações conjugais, pois a aquisição de bens próprios do casamento em nome direto de uma empresa, ou até a maliciosa transferência dos primitivos bens matrimoniais para o acervo social, vinha e segue servindo, de regra, a propósitos notadamente abusivos, já que visam a fraudar a meação das justas núpcias e da união estável.

Gilberto Gomes Bruschi chama a atenção para o fácil caminho da fraude na meação dos bens conjugais ou convivenciais, quando um dos partícipes da entidade familiar adquire bens de grande monta, mas os registra em nome da empresa em que figura como sócio controlador. São bens comprados com recursos do relacionamento estável, mas repatriados para a sociedade empresária, deixando de integrar o montante a ser partilhado na dissolução do relacionamento.[101] Em outra obra de sua autoria, Gilberto Gomes Bruschi diz acontecer a desconsideração inversa quando existem dívida (executável) por parte de um dos sócios e transferência patrimonial indevida à sociedade, consistindo em ato lesivo aos credores particulares desse sócio, ou seja, quando ocorrer a confusão patrimonial,[102] com a observação adicional de que o credor desse sócio pode ser seu consorte ou companheiro que testemunhou o desvio dos bens comuns para o patrimônio da sociedade empresária.

Dessas conclusões não diverge Teresa Arruda Alvim Wambier ao observar ser corriqueiro constatar que os bens dos cônjuges ou conviventes tomam a forma societária, ficando ordinariamente o homem à testa da sociedade empresária, restando todo o acervo comum em nome da empresa e em comodato do casal, transformando as mulheres em "verdadeiras ricas-pobres" que, da noite para o dia, deixam a riqueza para a mendicância.[103]

Efraín Richard e Orlando Muiño destacam essa notória tendência do uso indevido da personalidade jurídica e convidam à reflexão de uma total revisão da doutrina da personalidade jurídica, que se mostra plenamente inadequada diante do perfil da simulação, da fraude e do abuso, que grassam soltos diante do surrado conceito da sacralizada personalização. Segundo aqueles autores, uma corrente doutrinária muito intensa tem tratado de desconhecer a personalidade jurídica da sociedade, desestimando-a por razões de fraude e simulação, particularmente em causas vinculadas à legítima hereditária ou à sociedade conjugal.[104]

No campo da dissolução judicial do casamento e na seara da união estável, alçada pelo texto constitucional à condição de família, com regime legal de comunhão parcial de bens na

---

[100] MADALENO, Rolf. A *disregard* nos alimentos. *In*: WAMBIER, Teresa Arruda Alvim; LEITE, Eduardo de Oliveira (coord.). *Direito de família*: aspectos constitucionais, civis e processuais. São Paulo: RT, 1999. p. 23.

[101] BRUSCHI, Gilberto Gomes. *Aspectos processuais da desconsideração da personalidade jurídica*. São Paulo: Juarez de Oliveira, 2004. p. 132.

[102] BRUSCHI, Gilberto Gomes. *Recuperação de crédito*. São Paulo: Thomson Reuters/RT, 2017. p. 266.

[103] WAMBIER, Teresa Arruda Alvim. A desconsideração da pessoa jurídica para fins de partilha e a prova dos rendimentos do cônjuge-varão, na ação de alimentos, pelo nível da vida levada por este. *In*: WAMBIER, Teresa Arruda Alvim; LAZZARINI, Alexandre Alves (coord.). *Direito de família*: aspectos constitucionais, civis e processuais. São Paulo: RT, 1996. p. 177.

[104] RICHARD, Efraín Hugo; MUIÑO, Orlando Manuel. *Derecho societario*. Buenos Aires: Astrea, 1998. p. 726.

Cap. 6 · CONFLITOS DE DIREITO DE FAMÍLIA E DESCONSIDERAÇÃO DA PERSONALIDADE | **703**

ausência de contrato escrito (CC, art. 1.725),[105] ambas as instituições familiares encontram de igual largo amparo a correlata aplicação processual da desconsideração da personalidade da sociedade empresária.

Portanto, no casamento e na união estável há ampla utilização da antiga teoria da *disregard*, que trata de descobrir o fim ilícito que a sociedade encobre, ao penetrar por detrás da máscara societária sob a qual o sócio se esconde e, ao desestimá-la, frustrar o resultado antijurídico pretendido alcançar com a personalidade jurídica.

É bastante difusa e producente a aplicação da desconsideração social no campo do Direito de Família, principalmente perante a diuturna constatação nas disputas matrimoniais e também na união estável de o cônjuge ou convivente empresário esconder-se sob as vestes da empresa, para a qual faz despejar, senão todo, ao menos o rol mais significativo dos bens comuns,[106] em típica manobra de fraude manipulada em detrimento da meação do consorte, permitindo a boa técnica jurídica e processual, com escora na aplicação inversa da desconsideração da personalidade jurídica, regulamentada no artigo 50 da vigente codificação civil e pelo Código de Processo Civil brasileiro, cujos artigos 133 a 137 regulamentam o processamento incidental da declaração episódica da aplicação da desestimação da personalidade jurídica da sociedade, ordenando a indenização ou a compensação dos bens e valores desviados com os bens remanescentes no acervo comum, ou anulando o ato fraudatório e ordenando o retorno dos bens desviados com o recurso da pessoa jurídica ao patrimônio da entidade familiar.[107]

Fácil concluir que, desaguando todo e qualquer patrimônio com alguma razoável expressão econômica para o rol de bens da pessoa jurídica administrada por um dos cônjuges ou conviventes, fica bastante expedito e livre o trânsito do parceiro empresário, notadamente favorecido pelo artigo 978 do Código Civil.[108] Com a técnica da transferência ou administração dos bens conjugais no âmbito da pessoa jurídica, quiçá com a constituição de uma Eireli ou de uma empresa individual de responsabilidade limitada (CC, arts. 1.052, §§ 1° e 2°), pode o empresário casado transferir todo o patrimônio adquirido durante o casamento para a empresa individual e, desse modo, contornar a proibição contida no artigo 1.647 do Código Civil, que estabelece a impossibilidade de qualquer um dos cônjuges alienar ou gravar de ônus real os bens imóveis, entre outras proibições.

---

[105] Segundo regra contida no artigo 1.725 do Código Civil de 2002: "Na união estável, salvo contrato escrito entre os companheiros, aplica-se às relações patrimoniais, no que couber, o regime da comunhão parcial de bens". Sobre este dispositivo legal comenta Rodrigo da Cunha Pereira (*Código Civil anotado*. Porto Alegre: Síntese, 2004. p. 1.193): "Caracterizada a união estável, os bens adquiridos na constância da relação, a título oneroso, pertencem a ambos os conviventes. Com a dissolução desta união estável, o patrimônio será partilhado nos moldes do art. 1.658 e seguintes do Código Civil. Portanto, não há necessidade de prova do esforço comum na aquisição destes bens, cuja presunção já era prevista no art. 5.º da Lei n.º 9.278/96".

[106] MADALENO, Rolf. A *disregard* nos alimentos. *In*: WAMBIER, Teresa Arruda Alvim; LEITE, Eduardo de Oliveira (coord.). *Direito de família*: aspectos constitucionais, civis e processuais. São Paulo: RT, 1999. p. 27.

[107] "Ação anulatória de alienação de quotas sociais ou indenização pela meação devida. *Disregard*. Uma vez configurada a fraude engendrada pelo ex-cônjuge empresário, que aliena a integralidade de suas quotas sociais quatro meses antes da separação, e, após, é readmitido na empresa na qualidade de empregado percebendo parca remuneração, mostra-se impositiva a aplicação da *disregard doctrine*, a fim de indenizar o cônjuge no valor correspondente à sua meação. Rejeitada a preliminar do Ministério Público, apelo provido" (TJRS, 7.ª Câmara Cível, Apelação Cível 70006948889, Rel. Des. Maria Berenice Dias, j. 03.12.2003).

[108] Artigo 978 do Código Civil. "O empresário casado pode, sem necessidade de outorga conjugal, qualquer que seja o regime de bens, alienar os imóveis que integrem o patrimônio da empresa ou gravá-los de ônus real."

É bem verdade que o artigo 978 do Código Civil teve por escopo evitar que eventuais desentendimentos conjugais pudessem causar algum prejuízo para o giro negocial da empresa, muito embora o abuso desse direito conferido pelo artigo 978 da legislação civil termine, justamente, por servir a interesses escusos, fazendo *tabula rasa* da disposição do artigo 1.647 do Código Civil.[109]

Assim, ficando o cônjuge empresário dispensado de prestar contas da circulação que empreende aos bens que deveriam ser comuns, porque de antemão liberado da outorga uxória, certamente, em tempo de turbulência afetiva, não precisará arquitetar desculpas para conseguir que a esposa assine a transferência de bens imóveis próprios, pois todos eles já constam como se pertencessem à sociedade jurídica, embora sirvam, exclusivamente, aos interesses da sociedade conjugal ou da união estável.[110]

Noutras ocasiões, o parceiro que já vinha computando os bens conjugais no patrimônio da empresa de que só ele participa como bem apresto, preocupado com a partilha judicial da valorização da sociedade empresária, pode, pura e simplesmente, às vésperas de seu intento separatório, antes mesmo de denunciá-lo à mulher, efetivar a sua aparente retirada da sociedade, transferindo a sua participação para outro sócio, mero *presta-nome* e, depois de judicial ou extrajudicialmente divorciado, ou dissolvida a sua união estável, retornar à empresa e à livre administração daqueles bens societários que representavam significativa parcela do acervo comum,[111] a tudo conferindo ares de legalidade, vale dizer, negócio jurídico perfeito do ponto de vista do direito e da forma, reunindo todas as condições de existência e validade exigidas pela lei, além de certamente obedecer a todas as regras de publicidade. No entanto, essa dissimulação foi justamente o meio empregado para prejudicar os direitos de participação do cônjuge na partilha dos bens ou na requisição dos meios de sobrevivência e, quando isso ocorre com a interposição de terceiros como pessoa jurídica ou pessoa natural, é evidente que o cônjuge ou parceiro atingido em seu direito pode e deve recuperar seus aportes desviados do casamento ou da união estável. Até porque a sociedade cuja autonomia patrimonial for judicialmente desconsiderada para repor o prejuízo causado à meação, ao sustento alimentar ou à herança proveniente dos direitos das famílias e das sucessões, mesmo assim continua a existir legalmente, sendo válidos todos os outros atos por ela praticados, mas tão somente

---

[109] FONSECA, Priscila M. O. Corrêa da; SZTAJN, Rachel. *Código Civil comentado*. Direito de empresa. Coordenação Álvaro Villaça Azevedo. São Paulo: Atlas, 2008. v. XI, p. 124.

[110] "Mandado de segurança. Aplicação da doutrina do *disregard*. Em se tratando de empresas em que o controlador tem quase o poder absoluto sobre elas, por ser sócio majoritário, e com a família ainda é sócio majoritário, se juntarmos as suas quotas, pode ser confundida a pessoa jurídica com a pessoa física dele, eis que, se entendermos que há intangibilidade dos bens das empresas, por se tratar de uma pessoa jurídica, estaremos atingindo, por via oblíqua, a meação da mulher, ao permitir que esses bens sejam alienados e, assim, seja esvaziado o capital das empresas. Concessão parcial da ordem, para restaurar a segunda decisão proferida pelo juiz, que mandou averbar o ingresso da ação à margem de todos os bens das empresas, por maioria" (TJRS, 8.ª Câmara Cível, Mandado de Segurança 593116601, Rel. Des. Eliseu Gomes Torres, j. 23.06.1994).

[111] "Agravos de instrumento. Separação litigiosa. Perícia em empresas constituídas após a separação de corpos. Mantém-se a decisão que determinou a extensão da perícia contábil sobre as empresas da qual o varão é sócio, ainda que constituídas posteriormente à homologação da separação de corpos, se há alegação de fraude e abuso da personalidade jurídica. Agravos de instrumento 70011752060 e 70011783347 desprovidos" (TJRS, 8.ª Câmara Cível, Agravos de Instrumento 70011752060 e 70011783347, Rel. Des. José S. Trindade, j. 15.09.2005).

será frustrada em seu intento específico de haver experimentado fraudar direito alheio e de conteúdo familiar ou sucessório.[112]

Essas são apenas algumas das noções que sócios empresários utilizam para reter ou reduzir alimentos, ou a meação de seus sócios conjugais. Eduardo A. Zannoni[113] expressa com pertinente clareza essa margem de controle sobre os bens e a dependência alimentar do cônjuge, quando o esposo empresário ou industrial faz uso da forma societária apenas em seu próprio benefício, adquirindo solidez e consistência jurídica a assertiva externada por Moacir César Pena Jr. de haverem sido, finalmente, criadas condições adequadas para tentar conter os abusos e as fraudes perpetradas contra a dignidade da mulher, em especial dos filhos, com o surrado expediente da transferência dos bens comuns para o comando da empresa, cujas direção e participação societária também passam para um terceiro da total confiança do consorte ou parceiro fraudador.[114]

6.16 ATOS SOCIETÁRIOS SUPLETÓRIOS TAMBÉM HÁBEIS À FRAUDE

No sistema matrimonial brasileiro, somente é exigida a vênia conjugal para a alienação ou transferência de bens imóveis, independentemente do regime de bens, com exceção expressa do artigo 1.647 do Código Civil para o regime da completa separação de bens, que ficam sob a administração exclusiva de cada um dos cônjuges, que os poderá livremente alienar ou gravar de ônus real. Registre-se, todavia, a falibilidade desse dispositivo legal, especialmente diante do regime obrigatório da separação de bens e da possibilidade de aplicação da Súmula 377 do Supremo Tribunal Federal. Ora, incidindo o Enunciado 377 do STF, o regime se transmuda em comunhão parcial de bens e, portanto, os bens aquestos, comprados na constância do enlace conjugal, deixam de ser exclusivos e passam a ser comuns, correndo-se o risco da sua alienação unilateral, em fraude à meação do consorte.

Dessarte, há um forte risco de os bens comunicáveis na separação legal serem alienados pelo artigo 1.647 do Código Civil, muito embora comunicáveis (Súmula 377 do STF).[115] Também existe a facilidade decorrente do artigo 978 do Código Civil ao permitir, em qualquer regime de bens, a venda dos imóveis pertencentes ao patrimônio da empresa, notadamente da empresa individual, sem necessidade da outorga conjugal, podendo o cônjuge mal-intencionado adquirir em nome da empresa todos os bens que servem aos interesses particulares do casal, ou, já tencionando e arquitetando sua separação, transferir o patrimônio nupcial para a pessoa jurídica por ele administrada com exclusividade.

Curiosamente, ao contrário da legislação argentina, não há, na legislação nacional, qualquer exigência do assentimento conjugal para as eventuais alterações contratuais de

---

[112] "Ação de divórcio litigioso. Incidência da teoria da desconsideração da personalidade jurídica. Determinação de exibição de documentos. Multa. Cabimento. 1. Se o varão comprovadamente vendeu suas quotas societárias, apenas para esquivar-se da meação, tendo o Juízo aplicado a teoria da desconsideração da personalidade jurídica, na qualidade de sócio, tem plenas condições de apresentar os documentos exigidos pela Fazenda Estadual, para que seja ultimada a partilha. 2. É cabível a aplicação da multa pelo Juízo, quando a parte apresenta resistência em atender o comando judicial. Recurso desprovido" (TJRS, 7.ª Câmara Cível, Agravo de Instrumento 70043544121, Rel. Des. Sérgio Fernando de Vasconcellos Chaves, decisão monocrática proferida em 10.11.2011).

[113] ZANNONI, Eduardo A. *Sociedades entre cónyuges, cónyuge socio y fraude societario*. Buenos Aires: Astrea, 1980. p. 131.

[114] PENA JÚNIOR, Moacir César. *Direito das pessoas e das famílias, doutrina e jurisprudência*. São Paulo: Saraiva, 2008. p. 52.

[115] MADALENO, Rolf. *Direito de família*. 10. ed. Rio de Janeiro: GEN/Forense, 2020. p. 918.

sociedades empresariais, tornando-se um caminho ágil para a livre circulação do patrimônio do casamento circunstancialmente desaguado para a sociedade empresária.

De acordo com o artigo 1.277 do revogado Código Civil argentino, era necessário o consentimento de ambos os cônjuges para dispor ou gravar os bens comuns quando se tratar de imóveis, direitos ou bens móveis cujo registro obrigatório é imposto por lei, assim como aportes de domínio ou uso desses bens pelas sociedades e, tratando-se de sociedades de pessoas, para a sua transformação e fusão, e, se algum dos cônjuges se negasse de consentir sem justa causa, o juiz podia suprir o assentimento depois de prévia audiência das partes.

A proibição de o cônjuge administrador da sociedade empresária dispor livremente dos bens conjugais, ao contrário da liberdade conferida pelo artigo 978 do Código Civil brasileiro, tem como finalidade acentuar a unidade do matrimônio e proteger um dos cônjuges contra a falta de aptidão, a ligeireza ou má-fé do cônjuge administrador.[116]

A despeito desse revogado artigo 1.277 do Código Civil argentino, dizia Guillermo Borda que a intenção do legislador era a de colocar a descoberto alguma manobra em que um cônjuge empresário, em vésperas do divórcio, após alguns anos de vida em comum, prevendo a iminente ruptura e consequente dissolução da sociedade conjugal, vendesse simuladamente seus bens, depois de incorporá-los a uma sociedade ou depois de transformar essa mesma sociedade de modo a escamotear o patrimônio conjugal e assim privar seu cônjuge da meação.[117] Assim, narra Mariano Gagliardo, agiu um marido que, cinco meses antes de produzir a separação do casal, constituiu uma sociedade empresária na qual figuravam interpostas pessoas e para a qual transferiu os imóveis comuns do casamento, que antes já se encontravam no acervo de uma sociedade anônima, sendo anulados as escrituras públicas de transferência dos imóveis e os respectivos registros imobiliários por abuso do direito e demais normas que sancionam a simulação e a fraude.[118]

Deve ser esclarecido que o derrogado artigo 1.277 do Código Civil argentino exigia a autorização do cônjuge para efetuar atos de disposição a respeito de determinados bens, porém não pretendia requerer a autorização do consorte para os atos de administração da empresa da qual participa como sócio e nos quais constam tão somente seus bens próprios. Logo, não é repristinado o referido dispositivo no Código Civil e Comercial argentino em vigor (Lei 26.994/2014), cujo regramento passou a constar com diferente redação, mas com idênticos propósitos, no artigo 470, *c*, reclamando o assentimento do outro cônjuge para alienar ou gravar as participações em sociedades empresárias que não tenham sido ressalvadas no item anterior da letra *b* do artigo 470, mas mantendo o atual dispositivo, como dito, o mesmo espírito de proteção ao consorte alheio às questões societárias, entrementes com uma redação mais específica e esclarecedora.

Existisse também na lei brasileira alguma espécie de restrição à livre transformação das entidades empresárias, ficando a depender da chancela conjugal qualquer alteração contratual de transferência de quotas ou ações, quiçá teria o Estado certo controle de mérito dessas riquezas que circulam livres de um extremo ao outro, na corrida para não pôr o ativo comercial em risco de divisão na partilha judicial dos bens conjugais.

Portanto, o cônjuge empresário tem à sua disposição uma variada gama de alternativas de transformação da sua tipificação social, bem como manejando com tais operações o

---

[116] BORDA, Guillermo. *Tratado de derecho civil*. Familia. Buenos Aires: Perrot, 1989. p. 288.
[117] BORDA, Guillermo. *Tratado de derecho civil*. Familia. Buenos Aires: Perrot, 1989. p. 288.
[118] GAGLIARDO, Mariano. *Sociedades de familia y cuestiones patrimoniales*. 2. ed. Buenos Aires: Lexis-Nexis/Abeledo Perrot, 2006. p. 169-170.

Cap. 6 · CONFLITOS DE DIREITO DE FAMÍLIA E DESCONSIDERAÇÃO DA PERSONALIDADE | **707**

melhor controle do patrimônio social que não quer dividir com a sua chamada cara-metade. Ora, toda a sociedade instrumentada adota um tipo social, e um dos efeitos da personalidade é o estabelecimento das relações da sociedade empresária com os terceiros e o exercício das ações de responsabilidade contra os sócios, que é outro efeito direto do tipo social eleito pelos sócios. As subscrições e aportes que os sócios realizam no capital social, determinando os direitos que lhes correspondem sobre o patrimônio da sociedade, assumem configurações diferentes segundo o seu tipo social.[119]

Assim, transformar uma sociedade é substituir-lhe o tipo societário sem passar, previamente, pela liquidação ou dissolução da sociedade constituída originariamente.

6.17 O TIPO SOCIAL

Romano Cristiano[120] qualifica a transformação societária como uma operação pela qual a sociedade passa independentemente de dissolução e liquidação, de um tipo para outro, facilitando a atividade e os interesses da empresa e dos empresários, dispensados de caminhos indiretos e sem que precisem abandonar o exercício da respectiva atividade econômica. A transformação termina comparada a uma mera alteração estatutária ou contratual e nisso reside um grande perigo ao cônjuge que, distante do meio empresarial e da atividade societária do esposo, sequer em sonho imagina que, em certas circunstâncias, ao deparar com a transformação da primitiva sociedade formada por quotas de participação limitada, em uma maquiada sociedade anônima, amiúde transformada em uma nítida sociedade familiar, de capital fechado e de impenetrável acesso, serviu para transferir, habilidosamente, à incrédula esposa, com a sua partilha conjugal, um punhado de inúteis ações que ninguém quer comprar e que jamais serão cotizadas em bolsa.

É tal qual adverte Eduardo A. Zannoni,[121] onde nem sequer o cônjuge prejudicado pela transformação social de limitada para anônima tem por que se alegrar que lhe reconheçam por periciamento que as ações por ele recebidas correspondem ao valor real do capital social, dado que, em verdade, esse valor dito real estará, geralmente, condicionado ao que os acionistas vão querer pagar pelas ações, tratando-se de empresas fechadas, sem cotação na bolsa de valores.

Ainda de acordo com Eduardo A. Zannoni,[122] resultaria ingênuo crer que a fraude, através do mau uso da sociedade, terminaria conjurada, mormente quando em sociedade anônima de capital fechado, muitas das vezes restrita ao tronco familiar do esposo. É essa família que controla as comportas que fixam pelo balanço que elas mesmas aprovam o preço do reembolso das inúteis ações despejadas nas mãos da ex-mulher.

Para Waldirio Bulgarelli,[123] o sistema brasileiro não prevê a possibilidade de oposição dos credores, permitindo-lhes apenas que, dentro de três meses, busquem a anulação da operação, que poderá ser elidida pelo depósito da quantia. Patente se mostra não ser essa a solução mais adequada para a salvaguarda da meação do cônjuge, o qual assistiu passivo e desavisado e viu

---

[119] RICHARD, Efraín Hugo; MUIÑO, Orlando Manuel. *Derecho societario*. Buenos Aires: Astrea, 1998. p. 203.

[120] CRISTIANO, Romano. *Sociedade limitada no Brasil*. São Paulo: Malheiros, 1998. p. 210.

[121] ZANNONI, Eduardo A. *Sociedades entre cónyuges, cónyuge socio y fraude societario*. Buenos Aires: Astrea, 1980. p. 202-203.

[122] ZANNONI, Eduardo A. *Sociedades entre cónyuges, cónyuge socio y fraude societario*. Buenos Aires: Astrea, 1980. p. 203.

[123] BULGARELLI, Waldirio. *Fusões, incorporações e cisões de sociedades*. São Paulo: Atlas, 1995. p. 178.

transformada em sociedade anônima empresa conjugal, outrora de responsabilidade limitada, tudo manipulado para embaraçar a partilha e, em resumo, para terminar por não depositar mais do que parcos e ocasionais dividendos, nas mãos da esposa que se liberta do matrimônio, no lugar das riquezas materiais tão caras à sua independência econômico-financeira e que foram parar no patrimônio de uma sociedade anônima.

Mais uma vez, aclara Eduardo A. Zannoni[124] com um exemplo concreto, extraído de decisão de tribunal argentino, por sua Câmara Nacional Cível, Sala C, que, em 17 de junho de 1966, julgou demanda que tratou de uma sociedade anônima em que: "No momento de sua constituição, o marido subscreveu ações por um valor equivalente à quase totalidade do capital acionário emitido. Pouco antes que sua esposa iniciasse o processo de divórcio, transferiu para a sociedade um fundo de comércio e os imóveis de sua propriedade, percebendo uma quantidade de ações representativas de mais de 90% do capital autorizado. O marido, ademais de tudo, era o presidente da sociedade. Processada a ação de divórcio, a esposa pede o depósito judicial de 50% das ações em caráter de meação e o tribunal assim ordena. Após diversas dilações, o marido aduz possuir ações por um valor nitidamente inferior ao valor dos bens aportados à sociedade. Ante esta atitude, a esposa requer e obtém a designação de um interventor judicial na sociedade anônima para apurar e estabelecer a titularidade do pacote acionário e o valor real de seu ativo".

Em outra demanda mencionada por Guillermo Julio Borda:[125] "O esposo durante a vigência do casamento transferiu todos os imóveis que compunham o patrimônio da sociedade conjugal (em prejuízo da esposa) para uma sociedade anônima, a qual, por sua vez, transferiu para uma nova sociedade em comandita por ações, sociedade esta integrada por distintas pessoas que, embora tenham atuado como homens de palha, presta-nomes, desconheciam as manobras levadas a cabo pelo esposo e, ao tomarem conhecimento delas, não vacilaram em expressar a verdade dos fatos e qual foi a intervenção que lhes coube nos atos jurídicos questionados. O relator sustentou que as sociedades foram criadas somente para incorporarem os bens da sociedade conjugal e que, pelo próprio depoimento do demandado, surge claramente que se trata de sociedades que justificam correr o véu societário para descobrir o verdadeiro objetivo buscado pelo marido ao constituí-las sucessivamente valendo-se das empresas para ir subtraindo da sociedade conjugal os bens que adquiriu durante o matrimônio e como consequência eram comunicáveis".

Assim, sob todas as formas de desculpas, inclusive de ser necessário promover uma reorganização estrutural da sociedade, pode o cônjuge ou convivente buscar reestruturar a sociedade e, na esteira das alterações que podem ser procedidas, existem algumas variações como: a) a incorporação, por cuja operação uma ou mais sociedades, de tipos iguais ou diferentes, são absorvidas por outra, que lhes sucede em todos os direitos e obrigações. Os sócios da incorporada tornam-se seus sócios, recebendo novas quotas ou ações na sociedade incorporadora. Essa sociedade aumentou o seu patrimônio líquido ao absorver a massa patrimonial líquida da empresa incorporada e deverá ser efetuado um remanejo para a avaliação do ativo e, portanto, da subscrição do capital social da incorporadora; b) na fusão, é criada uma nova sociedade para substituir aquelas que se fundiram e desapareceram para dar lugar a uma nova sociedade sob diversa denominação. Duas ou mais sociedades se unem e constituem uma nova sociedade com seus patrimônios líquidos, e essa nova sociedade lhe sucederá em todos

---

[124] ZANNONI, Eduardo A. *Sociedades entre cónyuges, cónyuge socio y fraude societario*. Buenos Aires: Astrea, 1980. p. 179.

[125] BORDA, Guillermo Julio. *La persona jurídica y el corrimiento del velo societario*. Buenos Aires; Abeledo Perrot, 2000. p. 91-92.

Cap. 6 · CONFLITOS DE DIREITO DE FAMÍLIA E DESCONSIDERAÇÃO DA PERSONALIDADE | **709**

os direitos e obrigações. Com a criação da nova sociedade, os credores das sociedades fusionadas passam a ser credores da empresa constituída. Em virtude da fusão, é transmitida para a nova sociedade a totalidade do patrimônio de uma ou mais sociedades fusionadas e, em contrapartida, a nova sociedade entrega ações ou quotas aos sócios transmitentes; c) por fim surge a cisão, operação pela qual a companhia transfere parcelas do seu patrimônio para uma ou mais sociedades, constituídas para esse fim ou já existentes, extinguindo-se a companhia cindida, se houver versão de todo o seu patrimônio, ou dividindo-se o seu capital, se parcial a versão.[126]

De acordo com Albertino Daniel de Melo,[127] muito se presta a cisão para a subcapitalização que ocorre na criação de sociedades que serão destinatárias da partilha do patrimônio de outra, mostrando a versatilidade de fraudes propiciadas no Direito Empresarial pelo mau uso da sociedade empresária, com o jogo da transferência patrimonial, com ingressos e retiradas de sócios, sempre num aético movimento em que o direito escrito brasileiro ainda não tem qualquer garantia catalogada em favor da mulher, nem do homem, quando é ela a sócia e participa ativamente de alguma sociedade empresária.

Em conformidade com o artigo 1.122 do Código Civil, as operações de incorporação, fusão ou cisão não podem lesar credores anteriores à formalização da nova sociedade, dispondo o credor prejudicado de noventa dias depois de publicados os atos relativos à transformação para intentar demanda de anulação desses atos de fusão, cisão ou incorporação. No entanto, quando o credor é o cônjuge ou convivente meeiro, melhor solução vem preconizada pelo Direito argentino, como anteriormente visto, ao exigir no artigo 470, *c*, do vigente Código Civil e Comercial a vênia do consorte para a disposição de qualquer participação societária, o que abarca a mudança do tipo social. Assim, se no sistema jurídico brasileiro inexiste igual disposição de lei, melhor se afigura recolher o espírito da norma portenha para tentar coibir a crescente tendência de transferir o patrimônio da entidade familiar para as sociedades empresárias que, nessas situações de fraude, nada mais representam do que veículos travestidos de sociedades empresárias ou interpostas pessoas físicas servindo aos interesses escusos do meeiro que tenta encobrir sua real titularidade sobre os bens e dele para seu parceiro afetivo, mormente nas *holdings imobiliárias* que têm despontado como instrumento de completa manipulação dos bens e dos cônjuges, notadamente daquele que não detém poderes isolados de administração e de disposição do patrimônio da sociedade.

Entretanto, quando essa sorte de coisas acontece no cerne da entidade familiar, melhor instituto ainda não surgiu, por sua eficiência e efetividade, para aparelhar o combate judicial da fraude conjugal, do que a desconsideração da personalidade jurídica, inclusa a *desconsideração da personalidade natural*, porque aquele que abusa da personalidade física ou jurídica e delas se utiliza para fins contrários à lei e busca escapar das disposições de ordem pública, pertinentes à partilha igualitária das meações, ou fugir do fundamental dever alimentar, isso quando não se movimenta no sentido de fraudar a legítima no Direito das Sucessões, e, quando age nessa direção para burlar os direitos de terceiro, cônjuge, o companheiro, herdeiro ou credor alimentar, então deve ser admitida a penetração do véu societário ou da intangibilidade da personalidade física, para indagar e investigar a realidade que se oculta por detrás dessa máscara de pura fachada, criada apenas para trapacear direitos.[128]

---

[126] Artigos 227, 228 e 229 da Lei 6.404/1976 – "Lei das Sociedades Anônimas".

[127] MELO, Albertino Daniel de. *Sanção civil por abuso de sociedade*. Belo Horizonte: Del Rey, 1997. p. 83.

[128] "Ação declaratória de *disregard*. Alimentos. Competência. A ação declaratória que visa a desconstituir negócios realizados pelo varão através de uma sociedade comercial, em fraude à meação da

6.18 PERSONALIDADE JURÍDICA E A SUA DESESTIMAÇÃO

A legislação brasileira atribui personalidade jurídica às sociedades empresariais, ou seja, usa desse recurso técnico para que um grupo de indivíduos possa realizar uma finalidade lícita a que se propõe, não se permitindo, portanto, e sob nenhuma hipótese, que, por detrás de sua máscara, sejam praticadas finalidades fraudulentas, com intuito de prejudicar terceiros, eventualmente servindo-se da personalidade societária para causarem algum dano ao patrimônio de um companheiro afetivo.

Não pode ser deslembrado que as sociedades empresárias não passam de um simples recurso técnico criado pela inteligência do homem, como uma valiosa ferramenta jurídica para a formação de patrimônios significativos e assunção de riscos importantes, que não seriam assumidos pela pessoa natural. Para estimular sua formação e o desenvolvimento da pessoa jurídica, foi estabelecida pela lei uma radical separação entre a sociedade e os sócios, princípio que reinou soberano na legislação brasileira durante a vigência do artigo 20 do Código Civil de 1916, o qual foi ressuscitado pela Lei 13.874/2019 (Lei de Liberdade Econômica), acrescentando o artigo 49-A ao vigente Código Civil.

No entanto, essa separação não é nem pode ser absoluta, notadamente quando a pessoa jurídica se utiliza, de maneira abusiva, da sua estrutura, tendo o juiz o dever de abortar esse desvio de finalidade da sociedade empresária, a fim de que fracasse o resultado contrário ao direito.

A autonomia patrimonial da pessoa jurídica não pode ser tomada como um dogma impenetrável, blindado contra o desvio dos ditames traçados pelo ordenamento jurídico, porquanto não destoa da realidade que, por vezes, a pessoa jurídica é indevidamente utilizada, de forma abusiva ou fraudulenta, servindo de instrumento para o desvio do patrimônio e para a fuga de direitos de terceiros, como no caso de alimentos, uma das obrigações mais relevantes do direito familiar.

Para melhor compreensão, calha buscar na lição de Isaac Halperin[129] a informação de que a sociedade detém um patrimônio próprio, indiferente às dívidas particulares de seus sócios, assim como a sociedade empresária adquire, com sua válida constituição, um nome, administração, domicílio e capacidade em razão de seu objeto. Carrega, entretanto,

---

mulher, é da competência da Vara de Família e Sucessões, onde, aliás, já estão correndo outros feitos entre as partes. O objeto do litígio é estritamente ligado à sociedade conjugal. Agravo provido" (TJRS, 8.ª Câmara Cível, Agravo de Instrumento 597175736, Rel. Des. Antônio Guilherme Tanger Jardim, j. 19.12.1997).

"Partilha de bens. Separação judicial. Cônjuges sócios. *Disregard*. É de serem partilhados os automóveis pertencentes à sociedade comercial de propriedade de ambos os cônjuges, aplicando-se o instituto da disregard, ainda mais quando as partes afirmam que os utilizam para uso pessoal. Alimentos. Ônus da prova. Impõe-se a manutenção dos alimentos fixados de acordo com o binômio necessidade/possibilidade, sendo do alimentante o ônus da prova das suas possibilidades quando estiverem sub judice alimentos devidos a menores. Apelos desprovidos" (TJRS, 7.ª Câmara Cível, Apelação Cível 70007788854, Rel. Des. Maria Berenice Dias, j. 18.02.2004).

"Ação de indenização. Aplicação da *disregard*. Tendo tocado na partilha consensual à mulher/autora o único bem registrado em nome da sociedade comercial, evidente o dano que a impede de exercer seu direito à meação. Aplicação da teoria da disregard, para determinar a transferência da titularidade do imóvel à autora, conforme acordado na separação consensual, com sentença homologatória. Apelação parcialmente provida" (TJRS, 8.ª Câmara Cível, Apelação Cível 70005866660, Rel. Des. José Siqueira Trindade, j. 03.04.2003).

[129] HALPERIN, Isaac. *Curso de derecho comercial*. 3. ed. Buenos Aires: Depalma, 1994. p. 271-272.

como anteriormente adiantado, uma personalidade relativizada,[130] pois sua personalidade é técnica conferida pelo Estado, tendo em conta somente a função social a que a empresa se propõe realizar. Contudo, esse mesmo Estado poderá desconsiderar a autonomia e a independência concedidas à sociedade, sempre que seu objetivo estiver sendo desviado, ou descumprido, porque a empresa não se movimenta senão de acordo com os estritos termos da lei.

António Menezes Cordeiro aponta que o levantamento da personalidade jurídica se traduz em: "uma delimitação negativa da personalidade colectiva por exigência do sistema ou, se quiser: ele exprime situações nas quais, mercê de vectores sistemáticos concretamente mais poderosos, as normas que firmam a personalidade colectiva são substituídas por outras normas".[131]

A clara finalidade da desconsideração da personalidade jurídica é de evitar o uso abusivo e deturpado da pessoa jurídica,[132] porque sempre, quando houver o uso distorcido da personalidade jurídica em detrimento dos credores, a superação da personalidade jurídica tem consistente trânsito processual e especial acolhida nos ruidosos processos de divórcio judicial litigioso, de dissolução de união estável, quando o cônjuge ou consorte transfere bens comuns no propósito de esvaziar o patrimônio a ser dividido com a partilha.

Por isso mesmo que, na seara do Direito de Família, a penetração do véu societário torna-se uma poderosa arma a favor da parte mais débil do relacionamento afetivo e que, usualmente, é vítima da fraude ou do abuso societário, tornando-se tarefa moderna e exigência impostergável que o Estado assuma, por seus Poderes Públicos, a tutela das pessoas desguarnecidas e assim coíba os constantes desequilíbrios verificados pelo uso desleal da interposta pessoa física ou jurídica, utilizando-se os cônjuges ou conviventes empresários da pessoa jurídica, em franca superioridade de seu consorte que se dedicou às tarefas domésticas.

Assim como em outros tempos foi necessário iniciar a tutela do empregado e, mais à frente, a tutela do consumidor, porque reconhecida a vulnerabilidade do empregado nas relações de trabalho e do consumidor nas relações de consumo, para buscar o reequilíbrio entre as partes envolvidas, em nada diverge a concessão estatal de igual proteção pela via expedita da desconsideração da personalidade jurídica e até mesmo da personalidade física, invertendo o ônus da prova como instrumento processual protetivo da defesa do meeiro, credor alimentar ou herdeiro necessário que está sendo enganado em sua fragilidade e dependência econômica pelo uso abusivo da máscara societária.

---

[130] GUIMARÃES, Flávia Lefèvre. *Desconsideração da personalidade jurídica no Código do Consumidor*. São Paulo: Max Limonad, 1998. p. 29.

[131] CORDEIRO, António Menezes. *O levantamento da personalidade colectiva no direito civil e comercial*. Coimbra: Almedina, 2000. p. 153.

[132] "Recurso especial. Processual civil. Agravo de Instrumento. Decisão que deferiu o pedido de desconsideração inversa da personalidade do sócio executado. Legitimidade e interesse recursal do sócio para recorrer da decisão. Existência. Recurso especial conhecido e parcialmente provido. (...) 4. Na desconsideração inversa da personalidade jurídica, por sua vez, verifica-se que o resultado do respectivo incidente pode interferir não apenas na esfera jurídica do devedor (decorrente do surgimento de eventual direito de regresso da sociedade em seu desfavor ou do reconhecimento do seu estado de insolvência), mas também na relação jurídica de material estabelecida entre eles e os demais sócios do ente empresarial, como porventura a ingerência na affectio societatis" (STJ, REsp. 1.980.607/DF, 3ª T., Rel. Min. Marco Aurélio Bellizze, j. 09.08.2022).

Ricardo Guilminelli[133] diz que o maior mérito do instituto da desconsideração da personalidade jurídica é pelo fato de a sua inoponibilidade permitir uma *oxigenação* do direito societário, ao alcançar quem dele se utiliza com torpeza e, oculto atrás da máscara social, deseja sair impune de suas obrigações como cônjuge, como convivente e mesmo como devedor de uma obrigação de alimentos.

A fraude à lei e o abuso ou simulação na utilização da personalidade jurídica tornaram-se adequados veículos de burla ao sistema codificado de regime de bens. Vedando qualquer mudança na convenção patrimonial de origem e cercando a massa de bens conjugais ou da união estável com princípios de ordem pública que inibem a transmissão unilateral de direitos reais, sem o expresso consentimento do parceiro coproprietário, bastava incorporar os bens do casamento a uma sociedade empresária para que essa segurança jurídica virasse letra morta da lei.[134]

Por meio da *disregard doctrine*, não é anulada nem descartada a personalidade jurídica, mas somente desconsiderada no caso concreto a eficácia do ato fraudulento perpetrado em nome da pessoa jurídica, mas com o objetivo de favorecer em geral a pessoa de um sócio em detrimento do terceiro.

No Direito de Família, sua aplicação se dá de forma inversa, sem cogitar igualmente na desconstituição da pessoa jurídica, e essa desconsideração será episódica, pontual, apenas para desconsiderar o ato fraudulento e garantir o direito de terceiros lesados.[135]

Antes do advento da Código de Processo Civil de 2015, sem discutir a sua validade,[136] o juiz ignorava pura e simplesmente o ato fraudulento executado em comando contrário à lei, mas mantinha intocados todos aqueles outros atos e negócios societários não manchados pela fraude ou pelo abuso do direito,[137] e a ocorrência da fraude seria discutida em outro momento processual, geralmente nos embargos de terceiro quando a sociedade empresária ou o sócio buscavam resguardar os bens que estavam sendo executados ou partilhados por força do despacho episódico da desconsideração da personalidade jurídica, mas cujo procedimento restou substancialmente alterado com a regulamentação a partir do artigo 133 do Código de Processo Civil que trata do incidente de desconsideração da personalidade jurídica, sob cujo comando fica paralisado o feito principal, caso a desconsideração não esteja sendo requerida na própria inicial (CPC, art. 134, § 2.º). O incidente será instruído e, "pleiteada a desconsideração via incidental, não haverá sobreposição das causas de pedir em relação à pretensão constante do processo de conhecimento ou de execução (ou fase de execução). Note-se que os fundamentos fáticos, nessa situação, são diversos dos que se dirigem à pessoa jurídica: na desconsideração a providência se justifica pelos atos que impedem a pessoa jurídica de dar

---

[133] GUILMINELLI, Ricardo Ludovico. *Responsabilidad por abuso de la personalidad jurídica.* Buenos Aires: Depalma, 1997. p. 130.

[134] Ver nessa diretiva: BORDA, Guillermo. *Tratado de derecho civil.* Sucesiones. Buenos Aires: Editorial Perrot, 1994. t. II, p. 576.

[135] KOCH, Deonísio. *Desconsideração da personalidade jurídica.* Florianópolis: Momento Atual, 2005. p. 74.

[136] MADALENO, Rolf. A *disregard* nos alimentos. *In*: WAMBIER, Teresa Arruda Alvim; LEITE, Eduardo de Oliveira (coord.). *Direito de família*: aspectos constitucionais, civis e processuais. São Paulo: RT, 1999. p. 25.

[137] Ver RICHARD, Efraín Hugo; MUIÑO, Orlando Manuel. *Derecho societario.* Buenos Aires: Astrea, 1998. p. 203, que explicam: "A desestimação não produz o descarte da personalidade societária, senão que produz a inaplicabilidade dos efeitos do ato nas sociedades com responsabilidade limitada ou a assunção de responsabilidade dos controladores a respeito dos prejuízos por eles causados a terceiros".

normal cumprimento às suas obrigações".[138] Resolvido por decisão interlocutória (CPC, art. 136), passível de recurso de agravo de instrumento (CPC, art. 1.015, IV).

Como explica Fábio Ulhoa Coelho: "Uma sociedade que tenha sua autonomia patrimonial, desconsiderada continua válida, assim como válidos são todos os demais atos que praticou. A separação patrimonial em relação aos seus sócios é que não produzirá nenhum efeito na decisão judicial referente àquele específico ato objeto da fraude. Esta é, inclusive, a grande vantagem da desconsideração da personalidade física ou jurídica em razão a outros mecanismos de coibição da fraude, tais como a anulação ou dissolução da sociedade. Por apenas suspender a eficácia do ato constitutivo, no episódio sobre o qual recai o julgamento, sem invalidá-lo, a declaração judicial da desconsideração preserva a empresa, que não será necessariamente atingida por ato fraudulento de um de seus sócios, resguardando-se, desta forma, os demais interesses que gravitam ao seu redor, como o dos empregados, dos demais sócios, da comunidade e etc.".[139]

Assim visto, sociedade e sócios podem responder pelo uso abusivo, fraudulento ou simulado da sociedade, direta e inversamente, ora atingindo os bens sociais, ora responsabilizando os sócios e até a sociedade, quando se tratar de utilizá-la abusivamente, no maldoso afã de fugir escancaradamente ao direito à integral partilha dos bens dos cônjuges ou conviventes ou por desatender o fundamental dever pessoal de alimentação, ou direito à legítima.

6.19 AS SOCIEDADES DE FAMÍLIA

A maioria das companhias fechadas de pequeno ou médio porte é apoiada em uma estrutura exclusivamente familiar e, usualmente, não tem as suas ações vendidas em bolsa de valores. Por essa razão e pelas próprias características de sua gestão, sua configuração carrega elementos claramente diferenciados das companhias abertas. Em uma sociedade anônima de capital aberto, é até comum que o seu diretor não tenha nenhuma relação direta com os proprietários e que não seja membro da família, como ao contrário acontece nas empresas familiares, que unem os integrantes da direção por seus vínculos consanguíneos.

As sociedades familiares iniciam com a atividade pessoal de um empresário que vai crescendo e ampliando os seus negócios e, na medida do crescimento da sua empresa, passa a agregar outros membros de sua família.

Conflitos internos que envolvem a separação de seus membros, acionistas e administradores surgem de hábito, pelo intenso desafeto familiar, especialmente nas hipóteses de divórcio ou de dissolução dos vínculos afetivos de seus membros. Essa frequente causa de temor endêmico motiva um tratamento diferenciado, sempre quando for detectado o uso abusivo da entidade eminentemente familiar, que, então, se movimenta apenas a serviço da fraude à meação referente à relação conjugal ou à união estável. María Gabriela Brandam e Candelaria Sandro fazem curiosa observação acerca dos conflitos nas empresas familiares, dizendo que, "quanto mais vínculos coexistem em um mesmo âmbito, mais aumentam as probabilidades de conflitos e também sua intensidade, pelo fato de que o sujeito interage com as pessoas que foram protagonistas originais de disputas (pais, irmãos) a partir das quais guardou rancor, ressentimento etc.; por exemplo, se o irmão mais velho sempre deu

---

[138] RODRIGUES FILHO, Otávio Joaquim. *Desconsideração da personalidade jurídica e processo de acordo com o Código de Processo Civil de 2015*. São Paulo: Malheiros, 2016. p. 246.
[139] COELHO, Fábio Ulhoa. *Manual de direito comercial*. São Paulo: Saraiva, 2000. p. 114.

ordens que incomodavam o irmão menor quando eram pequenos, mais raiva lhe dará ao primogênito se agora é o diretor da empresa; se for um filho único, este terá dificuldades de tolerar e compartilhar a competência dos outros diretores [...] e quando o fundador falece ou se afasta da empresa, surgem inumeráveis complicações, com diversidades de critérios daqueles que herdam a empresa, sem descurar da falta de interesse de muitos dos filhos em continuarem com a atividade".[140]

A Lei 6.404/1976, no seu artigo 4.º, separa as sociedades abertas daquelas de capital fechado, pela admissão ou não dos seus valores mobiliários à negociação na Comissão de Valores Mobiliários. Assim ocorre porque, sempre que a sociedade anônima de capital aberto necessitar de recursos ou pretender aumentar o seu capital social, poderá buscar a alternativa de obter dinheiro diretamente com o público investidor por meio da emissão de novas ações no mercado de capitais.

Com o rompimento do vínculo matrimonial, nenhuma dificuldade será encontrada na liquidação da partilha, diante da cotação oficial das ações e de sua singela divisão matemática por dois para, dessa forma, reembolsar o cônjuge coacionista em companhias abertas e com ações negociadas no Mercado de Valores Mobiliários. Situação diferente encontra-se na partilha de uma companhia fechada, cujas ações não gozam de oferta pública e tornam praticamente impossível vender um pacote de ações recebidas em pagamento de uma meação na partilha conjugal.

Para o Direito de Família, tem grande importância a diferença entre a companhia aberta em relação à sociedade anônima de capital fechado ou familiar, portanto merece atenção e diferente solução. Por se tratar de uma empresa de capital fechado e geralmente com um reduzido número de sócios, suas peculiares características também dificultam e até impedem o ingresso de outros sócios. Tal configuração também pode engessar a retirada do sócio e, com maior motivação, dificultar a desvinculação do acionista cônjuge. Quando isso acontecer no âmbito do Direito de Família, deve ser relativizada a proibição da venda de ações da companhia fechada familiar, pois, certamente, será a única solução para libertar o cônjuge, que fica prisioneiro dessa sociedade, de exclusiva formatação familiar, tanto que doutrina e jurisprudência admitiam de forma pioneira a dissolução parcial de sociedade anônima de capital fechado, e depois formalmente admitida com a promulgação do Código de Processo Civil de 2015, cujo artigo 599, § 2.º, admite textualmente a dissolução parcial de sociedade anônima de capital fechado quando demonstrado por acionista ou acionistas que representem cinco por cento ou mais do capital social, que não pode preencher seu fim.

O tema ainda é bastante controvertido e sua versão processual mais corriqueira decorre de feitos separatórios envolvendo a partilha de sociedades limitadas, com seu capital social dividido em quotas, mas cuja partilha fica praticamente inviabilizada quando são transformadas em sociedades anônimas às vésperas do divórcio e, com demasiada ousadia, a mudança do tipo social se dá em pleno curso do processo judicial e litigioso de dissolução da relação afetiva, no claro propósito de dificultar a partilha dos bens do casamento ou da união estável, numa deslealdade que em muito se assemelha à alienação da coisa litigiosa e que a lei processual permite ao juiz desconsiderar a fraude em mero despacho incidental, no ventre da ação

---

[140] BRANDAM, María Gabriela; SANDRO, Candelaria. Abordaje interdisciplinario de los conflictos en las relaciones familiares en la empresa. Encuadre general, marco legal e instrumentación. *In*: DUBOIS, Eduardo M. Favier (dir.). *La empresa familiar*. Buenos Aires: Ad Hoc, 2010. p. 44-45.

Cap. 6 • CONFLITOS DE DIREITO DE FAMÍLIA E DESCONSIDERAÇÃO DA PERSONALIDADE | **715**

executiva, dispensando o aforamento de uma ação de anulação da venda do bem penhorado. Em tese, não caberia a dissolução parcial de uma sociedade anônima e, na prática, o meeiro fica preso à empresa, ao ex-cônjuge, ao passado e, pior, fica sem seus recursos financeiros, por só deter ações que não circulam nem têm comprador. Nessa direção, convém escutar a abalizada doutrina de Araken de Assis ao informar que "também a sociedade anônima assume natureza dúbia no mercado brasileiro, oscilando entre o patrimonialismo e o personalismo. Existem companhias de pequeno porte e de capital fechado, constituídas por pessoas ligadas por laços de parentesco ou de amizade íntima, exclusivamente ou não, chamadas de companhias familiares, em que a constituição e operação recorrem às pessoas, dominando a *affectio societatis*. A companhia de capital fechado comporta dissolução parcial à semelhança das sociedades de pessoas. Já as companhias de capital aberto, alheadas de qualquer personalismo, seguem o art. 206, I a III, da LSA."[141]

6.20 A FRAUDE PELA MUDANÇA DO TIPO SOCIAL

Mostra a vivência processual que uma das formas mais corriqueiras de fraude à meação conjugal é a expedita via da manipulação do estatuto social, especialmente eficaz nas sociedades de família em que os esposos empresários inviabilizam a parcial dissolução da sociedade empresária com a mudança do tipo social, particularmente quando transformadas em sociedades fechadas, que "não se compadecem com as intromissões de estranhos".[142]

Companhias fechadas contam com um pequeno número de sócios e suas ações não são ofertadas ao público no mercado de valores imobiliários, porque as empresas familiares, embora anônimas, não captam recursos para o seu financiamento, dado que seus aportes vêm da contribuição dos próprios acionistas e sua composição se assemelha em muito a uma sociedade empresária limitada.

Empresas familiares são comuns na economia brasileira e, quando um de seus integrantes enfrenta processo de divórcio judicial de modo a ameaçar a estabilidade do capital social, ao pôr em pauta a partilha do seu patrimônio empresarial, repentinamente procuram alterar o seu tipo societário. Ao compulsar demandas que discutem divisão de patrimônio é comum deparar com cônjuges e conviventes empresários que se valem de sociedades anônimas para acobertar e proteger o patrimônio societário que procuram excluir da partilha, decorrente do fim do casamento ou da união estável.

O capital das sociedades anônimas divide-se em unidades denominadas ações e as sociedades fechadas, entre as quais se situam as de capital familiar, não costumam emitir títulos, tampouco anotam a sua circulação no livro de registros de ações. Sua administração, não raramente, confunde-se com a dos próprios acionistas controladores, que são, em regra, seus diretores, com cargos vitalícios na administração. Por controlarem de modo permanente a maioria dos votos nas deliberações da assembleia geral, isso quando realizam assembleias, esses acionistas majoritários abusam de seu poder na direção das atividades da empresa, em formato nada diferente daquele controle que já exerciam na empresa limitada, tendo apenas alterado o tipo societário de uma limitada, por exemplo, para uma sociedade anônima, a fim de atender aos caprichos do cônjuge ou do convivente em face do divórcio judicial, com a

---

[141] ASSIS, Araken de. Dissolução parcial e total das sociedades. São Paulo: RT, 2023. p. 36.

[142] LOUREIRO, Luiz Guilherme. A atividade empresarial do cônjuge no novo código civil. *In*: DELGADO, Mário Luiz; ALVES, Jones Figueiredo. *Novo Código Civil*: questões controvertidas. São Paulo: Método, 2004. p. 241.

desculpa de pretender proteger o patrimônio familiar e, desse modo, atuar com segurança na direção de uma sociedade anônima existente apenas no mundo da ficção.

Entre as companhias familiares é muito comum encontrar acionistas que não estão apenas representados por seu capital, mas que exercem uma participação fundamental na administração da empresa, de modo a configurar, na prática, uma verdadeira sociedade de pessoas, porém dissimulada de sociedade de capital. Vertendo o tipo social para uma sociedade anônima, o credor acionista só acederá à sociedade anônima como sócio minoritário e, nessa condição, carecerá de toda e qualquer possibilidade de administrar e gozar livremente da sua participação acionária na empresa transformada em sociedade anônima, devendo ser reconhecido seu direito de receber em espécie a parte que lhe corresponde como meeiro ou herdeiro necessário.[143]

Lembra Priscila M. P. Corrêa da Fonseca[144] não ser outra a razão da existência do artigo 206, II, *b*, da Lei 6.404/1976, ao determinar a dissolução da companhia "quando provado que não pode preencher o seu fim". Certamente, uma companhia de fachada autoriza o decreto de sua dissolução quando, na realidade, nada mais representa do que uma verdadeira sociedade de pessoas.

Fábio Konder Comparato[145] recomenda que se evite a errônea presunção de que a sociedade anônima é sempre alheia ao *intuitu personae* e à *affectio societatis*, além de ressaltar existirem verdadeiras sociedades anônimas de pessoas. Hugo E. Rossi[146] testemunha extremos desse jaez, para os quais diz ocorrerem com reiteração, ao fazer-se uso da desestimação da sociedade anônima com configuração claramente irregular, pois conta apenas com os mesmos sócios da primitiva sociedade limitada.

Para Hugo E. Rossi, "os sócios não podem pretender ser tratados como acionistas de uma sociedade anônima se reiteradamente seguem condutas próprias de sócios de outro tipo de sociedade", comportamento que demonstra não ter existido de fato o propósito de atuar como uma sociedade anônima.

É o que acontece com frequência nas sociedades limitadas, de capital familiar, quando o cônjuge, em demanda de divórcio, altera o tipo originário para o de uma sociedade anônima de meia dúzia de acionistas, todos os membros da família e unidos no propósito de impedirem a partilha da empresa, e o ingresso da empresa na meação do cônjuge dissidente. Com esse prosaico expediente contratual, o cônjuge divorciado fica sem poder acessar as quotas sociais por meio da apuração de haveres, o que só seria possível se a empresa preservasse a configuração de sociedade limitada.

São de cristalina evidência o uso abusivo e o desvio da função societária, todos eles manejados para afastar o ingresso do cônjuge na empresa familiar, o que fica mais visível ainda quando são apuradas as irregularidades e as omissões dos administradores no exercício legal

---

[143] ZANNONI, Eduardo A. *Sociedades entre cónyuges, cónyuge socio y fraude societario*. Buenos Aires: Astrea, 1980. p. 201.

[144] FONSECA, Priscila M. P. Corrêa da. *Dissolução parcial, retirada e exclusão de sócio*. São Paulo: Atlas, 2002. p. 83.

[145] FONSECA, Priscila M. P. Corrêa da. *Dissolução parcial, retirada e exclusão de sócio*. São Paulo: Atlas, 2002. p. 83.

[146] ROSSI, Hugo E. Actuación anómala y desestimación del tipo en la sociedad anónima "cerrada", sus efectos sobre la responsabilidad de los socios. *In*: ARECHA. Martín; DUBOIS, Eduardo M. Favier; RICHARD, Efraín H.; VÍTOLO, Daniel R. (coord.). *Conflictos en sociedades "cerradas" y de familia*. Buenos Aires: Ad-Hoc, 2004. p. 167-170.

dos atos de administração de uma sociedade anônima. Na sociedade anônima simulada, os acionistas não se reúnem, não convocam assembleias gerais para deliberações, até porque, usualmente, é o cônjuge divorciando, como acionista controlador, quem realmente expressa a vontade social da empresa, de forma a confundir-se com a própria administração. Por vezes, não são convocadas assembleias, porque todos os acionistas são da mesma família e só têm o trabalho de firmar as atas previamente elaboradas, assinando o livro de presença, sem nada examinar, discutir ou votar, já que apenas o diretor que controlava a sociedade limitada segue administrando e deliberando sobre os destinos da sociedade anônima, que só trocou sua capa externa. Enfim, o administrador familiar da sociedade anônima criada somente para o processo de divórcio do acionista diretor prescinde, nesse caso, de uma das mais caras atribuições a um administrador de uma sociedade por ações, que é o dever de lealdade para com os interesses, isto é, para com as finalidades da empresa, sem valer-se maliciosamente do tipo societário para atender aos seus interesses pessoais.

Quando isso acontece, configura-se a farsa montada pelos novos acionistas ao mudarem o tipo social na contramão da real finalidade social da empresa. São artifícios como esses que devem ser considerados dentro da margem de movimentação processual encabeçada para a episódica aplicação da desconsideração da personalidade jurídica, quando ficar patente que a alteração do tipo societário não passou de uma vil transgressão de direitos, com a única função de impedir o acesso do outro cônjuge ou convivente à sua meação patrimonial. Nesse ponto, calha a advertência de Lucíola Fabrete Lopes Nerilo,[147] quando diz não ser preciso que o cônjuge figure como sócio da empresa para ser engendrada a fraude com a utilização da personalidade jurídica.

A Lei das Sociedades por Ações (Lei 6.404/1976) prescreve, em seu artigo 154, que, em decorrência da função social da empresa, o seu administrador deve exercer as atribuições que a lei e o estatuto lhe conferem na consecução dos fins e dos interesses da companhia, uma vez satisfeitas as exigências do bem público e da função social da empresa. No entanto, quando o administrador ou controlador da sociedade confunde o seu patrimônio com o da sociedade e utiliza o ente jurídico como instrumento de sua atividade individual, afiguram-se presentes os pressupostos de desconsideração da personalidade jurídica.

Clóvis V. do Couto e Silva[148] já dizia, em conferência ministrada no ano de 1989, que: "Na época em que se desconhecia o conceito de transparência ou desconsideração da pessoa jurídica – que é recente no direito brasileiro –, já existiam disposições legais claramente indicativas da possibilidade de se responsabilizar os administradores".

Diante disso, está certa Lucíola Fabrete Lopes Nerilo,[149] quando recorre à desconsideração como instrumento para combater o desrespeito aos direitos alheios, recurso legal de que se vale o julgador para preservar a verdadeira essência da pessoa jurídica, bem como resguardar a integridade patrimonial do terceiro prejudicado, ao desconsiderar, episodicamente, o ato que abusou ou violou direito de outrem, sem precisar extinguir a sociedade, como na hipótese da transformação do tipo societário que somente visou aos interesses pessoais do controlador majoritário de sociedade familiar.

---

[147] NERILO, Lucíola Fabrete Lopes. *Manual da sociedade limitada no novo Código Civil*. Curitiba: Juruá, 2004, p. 67-68.

[148] SILVA, Clóvis V. do Couto e. *Grupo de sociedades*. São Paulo: RT, 1989. p. 647.

[149] NERILO, Lucíola Fabrete Lopes. *Responsabilidade civil dos administradores nas sociedades por ações*. Curitiba: Juruá, 2002. p. 73.

Não foge ao exemplo o caminho enveredado pela maioria da 4.ª Turma do Superior Tribunal de Justiça no REsp 111.294/PR, julgado em 19 de setembro de 2000, sob a relatoria do Ministro Barros Monteiro, lavrando o voto vencedor o Ministro César Asfor Rocha, que admitiu a dissolução parcial em sociedade anônima familiar ao perceber o engessamento dos sócios minoritários, os quais poderiam representar a figura do cônjuge ou convivente, meeiro de acionista, uma espécie de subsócio sem acesso ao valor monetário de sua meação e cuja decisão foi uma das precursoras do atual artigo 600 do Código de Processo Civil ao admitir a dissolução parcial da sociedade empresária pelos herdeiros de sócio, cônjuge ou companheiro.

Deve o julgador exercer uma ação vigorosa na observação da realidade econômica das sociedades e dos sócios e não permitir que expedientes singelos de mudança do tipo social, notadamente no curso do processo judicial de separação, procurem encobrir direitos hereditários, créditos alimentares e meações, porque aqueles que abusam do controle e dos recursos técnicos societários ou contratuais devem assumir sua responsabilidade.

6.21 O CÔNJUGE OU CONVIVENTE COMO SUBSÓCIO

Uma vez dissolvida a sociedade conjugal ou a estável convivência pela ruptura judicial ou pela morte de um sócio, interessa tomar ciência se o cônjuge ou convivente separado ou sobrevivente ingressará na sociedade em decorrência da partilha das quotas sociais. E, se for impossível o seu ingresso na condição de sócio por ausência de previsão contratual ou estatutária e por falta de *affectio societatis*, o parceiro supérstite ou separado poderá receber o valor financeiro equivalente à sua meação societária? Trata-se de receber a expressão monetária equivalente ao patrimônio social, representado por quotas ou ações de seu cônjuge ou companheiro na sociedade e que precisam ser levadas à partilha judicial.

Como é vedada a cessão ou a partilha das quotas sem a alteração do contrato e sem o consentimento dos demais sócios, o ex-cônjuge ou ex-companheiro não poderá ingressar como sócio da empresa, mas não deixará de ser sócio do sócio, uma espécie de subsócio, condômino de quotas com o ex-cônjuge.

O artigo 1.027 do Código Civil estabelece que o cônjuge, legalmente separado do seu consorte detentor de quota social, não poderá exigir desde logo a parte que lhe couber por meação na quota social, mas deverá concorrer à divisão periódica dos lucros, até que se liquide a sociedade e, portanto, com esse dispositivo injusto, o cônjuge ou convivente meeiro de sócio quotista de empresa não terá um direito ao acervo patrimonial representado pela quota, mas um usufruto sobre a quota até que se liquide a sociedade.

Seguindo à risca a determinação contida no artigo 1.027 do Código Civil, estaria sendo arredado o direito que o meeiro sempre teve de requerer os haveres correspondentes à sua meação sobre a participação societária de seu ex-cônjuge ou convivente.

Priscila M. P. Corrêa da Fonseca e Rachel Sztajn contestam a viabilidade de ser cogitada essa hipótese aventada pelo artigo 1.027 do Código Civil, porque representaria constranger o ex-cônjuge a ficar indefinidamente preso à sociedade, justamente quando a Constituição Federal prescreve que ninguém pode ser compelido a associar-se ou a permanecer associado (artigo 5.º, XX) e, como esse consorte ou parceiro separado, não teria nenhuma ingerência sobre a administração e o destino da sociedade, que ficará à mercê dos desígnios dos demais sócios, restando este subsócio apenas com o direito de concorrer à divisão periódica dos lucros até a liquidação da sociedade,[150] mas cujas barreiras foram superadas com a promulgação do

---

[150] FONSECA, Priscila M. O. Corrêa da; SZTAJN, Rachel. *Código Civil comentado*. Direito de empresa. Coordenação Álvaro Villaça Azevedo. São Paulo: Atlas, 2008. v. XI, p. 344-345.

Cap. 6 · CONFLITOS DE DIREITO DE FAMÍLIA E DESCONSIDERAÇÃO DA PERSONALIDADE | **719**

Código de Processo Civil de 2015 e o procedimento da *ação de dissolução parcial de sociedade* dos artigos 599 a 609.

Para Plínio Paulo Bing, a solução legal também era insatisfatória, porque a quota social pode ter um valor de grande expressão e, no entanto, se tornar indisponível para o cônjuge do sócio que se divorciou, de sorte que a solução preconizada pela lei civil afrontava o princípio da divisão dos bens e, portanto, não podia prevalecer, especialmente por se tratar de um potencial fato da vida de qualquer empresário quotista, sendo muito mais justo que se realizasse um balanço especial. Caso a sociedade não tivesse meios para proceder à licitação, não haveria outro caminho senão o de o arrematante das quotas integrar a sociedade, e, se os demais sócios não suportassem o ingresso do novo sócio, deveriam pleitear a dissolução da sociedade.[151]

Dessarte, caso o subsócio desejasse romper com o condomínio societário, teria de recorrer a uma ação de apuração de haveres mediante um balanço especial, em quota ou participação social contra o sócio e ex-cônjuge, não contra a empresa, já que a separação estabeleceu uma comunhão de quotas entre o ex-casal. O meeiro é credor do ex-cônjuge que, por sua vez, é sócio da empresa: nessa condição, poderá receber seu crédito com a compensação, se possível, de outros bens conjugais. Diante da falta ou da insuficiência de bens particulares do ex-cônjuge empresário, cumpre proceder a um balanço especial da sociedade para efeito de pagamento das quotas sociais.

Entretanto, na hipótese de se tratar de uma sociedade anônima, não haveria como promover a sua dissolução parcial para pagamento da meação do subsócio. Na sociedade anônima de capital aberto, não haveria maiores dificuldades com a mera divisão física das ações e, em princípio, nenhum prejuízo arcaria o ex-cônjuge ou ex-companheiro que recebesse ações em pagamento de sua meação.

Como já referido, as companhias de capital aberto buscam seus recursos no público em geral, ao oferecerem os valores mobiliários de sua emissão a qualquer interessado, do que decorre uma profunda preocupação do legislador para com a tutela jurídica dos interesses dos investidores. As companhias abertas têm seus valores negociados em bolsa de valores e seu procedimento atende às normas específicas, fiscalizadas pela Comissão de Valores Mobiliários.

Assim ocorre na defesa intransigente contra a fraude do grande número de interessados que investem seus recursos nos mercados de valores mediante oferta pública.

Desse modo, os detentores de ações são minuciosamente informados sobre a situação patrimonial, econômica e financeira da sociedade, podendo acompanhar com muita segurança o valor das suas ações e, caso queiram, negociá-las conforme suas cotações em pregões nas bolsas de valores.

Por sua vez, as companhias com pequeno número de sócios que não captam recursos com o público em geral têm seu cabedal construído pelas contribuições de seus próprios acionistas: por conta disso, no caso de divórcio judicial ou de dissolução da convivência de um dos acionistas, a sociedade, cujas ações não são negociadas em bolsa, antes da vigência do Código de Processo Civil de 2015, entravam na partilha como pagamento da meação do cônjuge por meio da entrega pura e simples de uma quantidade de ações sem circulação no mercado de capitais. O cônjuge, que recebia essas ações de companhia fechada na partilha de seu patrimônio conjugal, fica à deriva dos acontecimentos, porque, sem conseguir transferir as ações que compuseram sua meação, não tinha meios de ofertá-las ao público, sendo seus únicos e prováveis interessados os outros sócios, de forma que o meeiro se sujeitava a receber o preço

---

[151] BING, Plínio Paulo. *Sociedade limitada*. Atos mercantis afins no contexto do Código Civil. Porto Alegre: Fabris, 2006. p. 91-92.

vil que lhe era ofertado, como única opção de descarte dos seus desvalorizados papéis. Logo, sem nenhuma chance de negociação, o meeiro assistia passivo ao massacre econômico da lei da oferta e da procura, isso se não agonizasse inerte e impotente diante da desvalorização de sua participação acionária pela subscrição particular de novos títulos, os quais terminavam reduzindo o valor das suas ações e aumentando o capital dos sócios remanescentes.

É que o capital social também pode ser reduzido por manipulação em assembleia geral convocada por sócios que são entre si amigos e parentes, bastando aos sócios componentes da estrutura familiar da empresa aumentar o capital social com a subscrição particular de novas ações, em simples deliberação por assembleia ou pelo Conselho de Administração, para fazer crescer a sua participação e descapitalizar as ações que estão na titularidade do ex-cônjuge de sócio que dissolveu sua união afetiva. Assim, suas ações sofrem redução de seu valor nominal, isso quando os sócios familiares não optarem pelo caminho inverso da diminuição do patrimônio da empresa.

É fato que a base da economia mundial está alicerçada nas empresas familiares, que contam com relevante participação acionária de uma família ou de grupos familiares, em sua maioria administrada por componentes dessa mesma célula familiar, detentores do controle acionário. Tratam, ao seu talante, de neutralizar qualquer assédio de pessoas estranhas ao núcleo familiar e aos interesses societários e, se porventura ocorrer de uma partilha colocar em risco o domínio e a posse das ações da empresa familiar, logo se articulam para que suas participações não escorreguem das mãos e do poder da família.[152]

Conforme Tullio Ascarelli, citado por Waldirio Bulgarelli,[153] na empresa familiar: "Pequena ou grande que seja, as ações são distribuídas entre poucas mãos; a forma ao portador, quando adotada, o é mais por considerações de natureza fiscal do que no intuito de facilitar a circulação; o financiamento é assegurado por meio de chamadas contas-correntes dos próprios sócios e são, portanto, relativamente mais frequentes capitais nominais por demais modestos em relação ao patrimônio real e, não capitais aguados, todos ou quase todos os acionistas ocupam cargos sociais, retirando indiretamente parte dos lucros da sociedade sob forma de remunerações pessoais, e assim por diante".

Enquanto as relações conjugais apresentarem-se harmônicas, sob total controle e interação, os interesses e as metas empresariais serão comuns, voltados ao crescimento do conjunto familiar, sendo facilmente aceitas as hierarquias profissionais. Essa relação na empresa, no entanto, será contaminada pelo ocasional desentendimento conjugal, que se refletirá nos interesses patrimoniais da empresa familiar. É claro que o pagamento da meação do cônjuge com ações de uma sociedade anônima fechada e familiar representará, na prática, apenas o físico repasse de ações de nenhum valor econômico ao ex-cônjuge que não atua na empresa e que não mais pertence à família controladora do capital e da administração da companhia. A impossibilidade de promover a oferta pública das ações cedidas em pagamento da meação inviabiliza a liquidação e o reembolso de sua real expressão econômica.

A estrutura da sociedade anônima fundamenta-se na importância de seu capital em detrimento da personalidade dos sócios, ao contrário do que sucede nas sociedades de pessoas.

---

[152] "Embargos. Penhora de patrimônio de sociedade. Alegação de que nada tem com a execução. Desconsideração da pessoa jurídica. Cabível a constrição de acervo pertencente a uma empresa, de que faz parte a sociedade executada, e que pertence a um conglomerado familiar em que as titulares e patrimônios se interpolam e se substituem. Apelação improvida" (TJRS, 7.ª Câmara Cível, Apelação Cível 597013036, Rel. Des. José Carlos Teixeira Giorgis, j. 27.11.1997).

[153] BULGARELLI, Waldirio. *Sociedades comerciais*. São Paulo: Atlas, 1991. p. 44.

Cap. 6 · CONFLITOS DE DIREITO DE FAMÍLIA E DESCONSIDERAÇÃO DA PERSONALIDADE | 721

É certo que a companhia reúne, em torno de si, as pessoas que a constituem, mas o seu vínculo é exclusivamente direcionado ao capital que mobilizam e por meio do qual exercem o controle e a participação na sociedade. As companhias fechadas não se afastam dessa ótica, mas reservam-se a um número menor de sócios, amiúde representado por uma família que busca, no seu próprio ambiente, os recursos para a sua formação. As sociedades de capital contrapõem-se às sociedades de pessoas por isso, o que permite atentar para a hipótese de fraude ou de abuso societário, caso a companhia se movimente, exclusivamente, no interesse dos sócios e dos administradores, em detrimento dos acionistas minoritários. Ocorre, assim, o desvirtuamento orgânico da sociedade anônima familiar para a obtenção abusiva de benefícios aos sócios majoritários e administradores, de modo a atuar em contraste aos preceitos de uma verdadeira sociedade de capital, pois convoca assembleias de gabinete, carentes de efetivas deliberações, ou renova os administradores nos cargos de direção da empresa, como se fosse uma gestão de alguns dos sócios. Tais atitudes levam à desestimação do tipo societário, porque não se trata de uma sociedade anônima, mas de uma sociedade de pessoas travestida da personalidade anônima. É evidente que os sócios não podem pretender ser tratados como acionistas de uma sociedade anônima, se, paulatinamente, praticam atos próprios de uma sociedade de pessoas com responsabilidade limitada.

Prova está na Exposição de Motivos da Lei 6.404/1976 (Lei das Sociedades Anônimas), ao prescrever que: "Não é mais possível que a parcela de poder, em alguns casos gigantescos, de que fruem as empresas, e através delas, seus controladores e administradores, seja exercida em proveito apenas de sócios majoritários ou dirigentes, e não da companhia, que tem outros sócios, e em detrimento, ou sem levar em consideração os interesses da comunidade".

Tais desvirtuamentos permitem a aplicação episódica da desconsideração da personalidade jurídica, pois não é justo nem juridicamente aceitável permitir o manejo promíscuo do patrimônio social, quando, a toda evidência, a empresa só recebeu o título externo de sociedade anônima, já que se movimenta apenas em prol dos interesses de poucos sócios e administradores, tendo sido constituída, em realidade, com o único propósito de inviabilizar a sua parcial dissolução, para engessar o ex-cônjuge de sócio, que não terá como transformar suas ações em finanças pessoais.

Assim, as sociedades anônimas não estão imunes à superação da sua personalidade jurídica, especialmente quando se verificar que a sua transformação de sociedade de responsabilidade limitada em companhia fechada serviu apenas para o ilícito interesse de inibir a partilha do acervo conjugal no percentual incidente sobre o patrimônio da empresa.

Essas verdadeiras sociedades anônimas de pessoas, em suas deliberações, exacerbam suas funções ao se valerem, abusivamente, do tipo social de companhia fechada para impedir a dissolução de parte da empresa que ficou em mãos do cônjuge coacionista, de modo a projetar, necessariamente, a aplicação episódica da desconsideração da personalidade jurídica. Isso porque, quando a companhia fechada não passa de um mero *alter ego* de uma sociedade de pessoas que atuam *intuitu personae* na empresa familiar, o que evidencia ter a estrutura contratual apenas o objetivo de fraudar a divisão conjugal das quotas ou ações conjugais, alterando, às vésperas ou mesmo no curso da ação de divórcio judicial ou extrajudicial, ou da dissolução de união estável, o tipo social de responsabilidade limitada para o de sociedade anônima fechada.

Em regra, a desconsideração inversa da personalidade jurídica ocorre no Direito de Família em momento anterior ao divórcio, pois o marido empresário trata de marginalizar o patrimônio que deveria integrar o processo de partilha dos bens comuns e comunicáveis. É nesse momento que deve funcionar o poder discricionário do juiz na apreciação das provas que enfrenta no processo, pelo dever inerente que tem de buscar a verdade. No caso de lesão a direito de cônjuge ou de companheiro também pelo uso abusivo da chancela societária, deve o juiz formar a sua convicção em conformidade com a sua livre consciência, acatando, para tanto, todos os meios admissíveis de prova, sem limitações e, inclusive, os indícios e as presunções.

A desconsideração da personalidade jurídica pode servir de pronta resposta ao insidioso expediente de fuga ao dever de integral execução da partilha da meação societária, e ela sempre tem lugar quando, nas sociedades de capital, os interesses pessoais dos controladores e dos administradores buscarem frustrar os direitos de terceiros. Talvez a melhor solução nem sequer precise passar pela anulação ou pela dissolução da sociedade, mas apenas suspender a eficácia do ato constitutivo, como no episódio formulado em fraude à meação de ex-cônjuge.

Logo, se um cônjuge empresário transforma a sua primitiva sociedade limitada em sociedade anônima fechada, com o propósito de impedir que seu cônjuge ou seu companheiro acesse as quotas e a sua partilha, com a posterior extinção de um condomínio em apuração de haveres, está, de modo induvidoso, perpetrando uma fraude ao direito do cônjuge.

Não será demasia considerar que, em situações especialmente forjadas no curso de uma separação afetiva na qual um dos cônjuges ou conviventes participe de sociedade empresária, é perfeitamente plausível a dissolução parcial de sociedade que, primitivamente, era constituída por quotas de responsabilidade, mas que, pela astuciosa vontade do sócio majoritário – cônjuge ou convivente – foi transformada em sociedade anônima, mesmo porque, desde o advento do vigente Código de Processo Civil, o § 2.º do artigo 599 autoriza a ação de dissolução parcial da sociedade anônima de capital fechado.

Quando não desaparecerem as partes integrantes do antigo ente jurídico, que sofreu a transformação de sociedade limitada em anônima, mesmo que os sócios e a sociedade se submetam às novas regras imperativas ao novo tipo societário, a mera conversão para um novo tipo societário não pode prejudicar terceiros, como demonstra com clareza o artigo 1.115 do Código Civil, especialmente quando essa conversão foi procedida no curso do divórcio judicial litigioso ou de dissolução contenciosa de uma união estável, com o único e evidente propósito de embotar a liquidação dos haveres do cônjuge meeiro.

Entrementes, não obstante seja factível a dissolução parcial de sociedade anônima de capital fechado (CPC, art. 599, § 2.º), alternativamente, ao ser reconhecida a fraude à meação, basta que a sentença de divórcio ou partilha, se o incidente de desconsideração for cumulativo com a inicial, ou no próprio incidente de desconsideração, suspenda circunstancialmente a eficácia do ato constitutivo, para reconhecer, relativamente ao cônjuge que reivindica a sua meação, o direito ao primitivo pacote de quotas e sua parcial dissolução judicial, se não for possível compensar as quotas com outros bens do casamento ou com bens particulares do cônjuge empresário. A desestimação da personalidade jurídica não importaria no descarte da sociedade anônima que retomaria o tipo anterior da sociedade limitada, apenas produziria a inaplicabilidade dos efeitos da mudança do tipo societário em relação ao cônjuge meeiro que foi alvo da fraude na partilha, de forma a permitir que ele compense seus prejuízos, ou que retire da sociedade o equivalente monetário à sua meação.

Pronunciou-se, nesse sentido, o STJ que, por sua 4.ª Turma, no REsp 35.285/RS, em voto do relator Ministro Antônio Torreão, em 14 de dezembro de 1993, embora sem referência à teoria da desconsideração da personalidade jurídica, mas que permitiu a retirada dos sócios dissidentes de sociedade por quotas cujo tipo social foi transformado em sociedade anônima pela vontade destoante do sócio majoritário, conferindo-lhes o pagamento dos seus haveres por via da liquidação em dissolução parcial: "Comercial. Sociedade por quotas de

Cap. 6 • CONFLITOS DE DIREITO DE FAMÍLIA E DESCONSIDERAÇÃO DA PERSONALIDADE | 723

responsabilidade. Transformação em sociedade anônima por vontade do sócio majoritário. Retirada dos sócios dissidentes. Dissolução parcial, com pagamento dos haveres tal como se de dissolução total tratasse, em face das peculiaridades do caso concreto. Decisão que não implicou ofensa aos artigos 20 do Código Civil, 291 e 302 do Código Comercial e 668 do Código de Processo Civil de 1939. Ausência de dissídio jurisprudencial. Recurso não conhecido. Unânime".

Carlos Klein Zanini aponta que o elemento-chave da dissolução parcial de uma sociedade anônima está na impossibilidade da negociação de suas ações, e isto se dá especialmente nas sociedades anônimas do tipo fechado, de cunho familiar, em que não há possibilidade de ingresso de estranhos, nas quais as ações não têm cotação em bolsa, e ninguém as compra senão para formar maioria, tendo decidido o então Tribunal de Alçada da Guanabara, no Agravo de Instrumento 3.825, de 1972, só restar à minoria pedir a dissolução da sociedade.[154]

6.22 A DISSOLUÇÃO PARCIAL

O recesso é a modalidade de dissolução parcial dos vínculos societários, bem como é a forma pela qual o sócio expõe a sua vontade de abandonar a sociedade. Na Lei das Sociedades por Ações (Lei 6.404/1976), o artigo 137 permite ao acionista dissidente retirar-se da companhia mediante o reembolso do valor de suas ações, assim como o sócio quotista, ao retirar-se da sociedade, tem o direito de ser reembolsado com a quantia correspondente ao seu capital.

No âmbito do casamento e da união estável, quando um casal dissolve o seu relacionamento e decide pela partilha de seus bens, caso exista a comunicação de quotas sociais ou ações de uma companhia que está registrada apenas em nome de um dos parceiros, o qual detém o *status* de sócio ou de acionista, ao seu consorte podem ser adjudicadas quotas ou ações que não lhe conferem a condição de sócio. O cônjuge não sócio terá um crédito pelo valor das quotas contra o seu esposo sócio, já que não pode ser admitido no quadro social por mero crédito de sua meação na partilha, ou pela cessão hereditária das quotas, salvo expressa previsão no contrato social.

Portanto, o cônjuge de sócio é meeiro das quotas, e sua meação seria mais conveniente se fosse preenchida com outros bens diversos da sociedade. Caso isso não seja possível e seja rejeitado o cônjuge como novo sócio, encaminha-se a demanda de apuração de haveres advinda da parcial dissolução da sociedade.

O artigo 1.027 do Código Civil[155] inibiu a liquidação das quotas dos herdeiros ou meeiros de cônjuges sócios, ao estabelecer que apenas os sócios remanescentes estariam legitimados a requerer a dissolução judicial da sociedade. Segundo a diretriz legal, competiria apenas aos sócios que permanecerem na empresa a decisão acerca da liquidação das quotas do sócio retirante ou de cessionário de suas quotas, de modo a impossibilitar que os herdeiros ou o meeiro de sócio conseguissem liquidar o valor das quotas e receber os seus haveres.

O tema ganhou larga discussão doutrinária e jurisprudencial a favor e contra esse engessamento dos subsócios de apurarem judicialmente os seus haveres, ficando à mercê da vontade dos sócios de dissolver a sociedade, ditando, de um lado, sua conclusão doutrinária

---

[154] ZANINI, Carlos Klein. *A dissolução judicial da sociedade anônima*. Rio de Janeiro: Forense, 2005. p. 120.

[155] "Artigo 1.027. Os herdeiros do cônjuge de sócio, ou o cônjuge do que se separou judicialmente, não podem exigir desde logo a parte que lhes couber na quota social, mas concorrer à divisão periódica dos lucros, até que se liquide a sociedade."

Edmar Oliveira Andrade Filho,[156] ao informar que os sócios já não mais podiam contar com o pragmático pedido de dissolução parcial, que muito se prestaria para postulações arbitrárias e caprichosas, embora o vigente Código Civil não tivesse desamparado os sócios que se sentiram prejudicados.

Murilo Zanetti Leal[157] citou o Anteprojeto de Lei de Sociedades de Responsabilidade Limitada, elaborado pela Comissão presidida por Arnoldo Wald, que se dissocia do atual Código Civil, exatamente quando, em seu artigo 31, prevê, entre diversas formas de cessão de quotas, também aquelas oriundas do regime matrimonial, conferindo o direito de preferência em sua aquisição à sociedade e aos demais sócios, na contramão do artigo 1.027 do Código Civil, o qual impede ao cônjuge de sócio exigir desde logo a parte que lhe couber na quota social. Portanto, com a dicção do artigo 1.027 da vigente codificação civil, o legislador procurou evitar a dissolução parcial requerida pelo ex-cônjuge do sócio ao conferir-lhe apenas a condição de condômino, com direito, se houver, apenas aos lucros periódicos.

Tal solução era inconciliável com a regra constitucional do artigo 5.º, XX, no sentido de que ninguém poderá ser compelido a associar-se, a permanecer associado ou em condomínio contra a sua vontade, por prazo indeterminado e ao talante dos sócios remanescentes. É inaceitável que o cônjuge meeiro fique vinculado indefinidamente à sociedade, quer isso aconteça na sociedade limitada, quer na sociedade anônima de capital fechado.

Como antes mencionado, também para Plínio Paulo Bing, a solução legal seria insatisfatória, porque a quota social pode ter um valor de grande expressão e, no entanto, se torna indisponível para o cônjuge do sócio que se divorciou, de sorte que a solução preconizada pela lei afrontava o princípio da divisão dos bens e, portanto, não poderia prevalecer, especialmente por se tratar de um potencial fato da vida de qualquer empresário quotista, sendo muito mais justo que se realizasse um balanço especial. Ademais, se a sociedade não tivesse meios para proceder à licitação, não haveria outro caminho senão o de o arrematante das quotas integrar a sociedade, e, se os demais sócios não suportassem o ingresso do novo sócio, deveriam pleitear a dissolução da sociedade.[158]

Aceitar esse retrocesso, aparentemente ordenado pelo artigo 1.027 do Código Civil, seria voltar a negar valor ao bem partilhado, o que geraria consequências lesivas ao patrimônio do cônjuge meeiro, como já dissera o Ministro Carlos Alberto Menezes Direito, por ocasião do julgamento do REsp 114.708/MG.[159]

É que a dissolução parcial, formalizada pela via da liquidação de parte da sociedade, tem por escopo verificar a parcela a ser paga ao sócio que se retira ou que é afastado da sociedade, em conformidade com os reais valores do patrimônio social, de modo a conciliar os interesses do sócio dissidente e daqueles que permanecem na sociedade, diluindo-se essa polêmica com o advento do Código de Processo Civil de 2015, cujo artigo 600 passou a admitir a apuração de haveres pelo cônjuge ou companheiro de sócio (parágrafo único) e a dissolução parcial da sociedade pelos herdeiros de sócio (inc. II).

---

[156] ANDRADE FILHO, Edmar Oliveira. *Sociedade de responsabilidade limitada*. São Paulo: Quartier Latin, 2004. p. 272.

[157] LEAL, Murilo Zanetti. *A transferência involuntária de quotas nas sociedades limitadas*. São Paulo: RT, 2002. p. 85.

[158] BING, Plínio Paulo. *Sociedade limitada*. Atos mercantis afins no contexto do Código Civil. Porto Alegre: Fabris, 2006. p. 91-92.

[159] Acórdão citado por: FONSECA, Priscila M. P. Corrêa da. *Dissolução parcial, retirada e exclusão de sócio*. São Paulo: Atlas, 2002. p. 111.

Como explica Rubens Requião: "Faz-se a avaliação de todos os valores sociais, segundo os preços correntes no mercado, e que prevaleceriam se a sociedade fosse totalmente dissolvida".[160] Por sua vez, na sociedade anônima havia e segue tendo previsão expressa de retirada do acionista, que será reembolsado do valor de suas ações. Era grande a insatisfação com o critério legal de reembolso previsto para o caso de recesso acionário, que não se confunde com a parcial dissolução, salvo se trate de sociedade anônima de capital fechado que comporta sua parcial dissolução (CPC, art. 599, § 2.º).

O acionista e o detentor ou titular das ações, ao subscreverem a ação ou adquiri-las em pagamento de sua meação com o divórcio, conquistam, na sociedade anônima, o estado de sócio, de forma que podem ceder seus direitos sem necessidade de alterar o contrato social, tratando apenas de transferir suas ações no livro da sociedade. No entanto, como é sabido, tudo funciona muito bem na companhia de capital aberto, porque, certamente, encontrará mercado para negociar seus títulos, ao contrário da hermética companhia fechada que aniquila a expropriação financeira oriunda do pagamento da meação conjugal com ações da empresa familiar.

Os pretórios brasileiros vinham rejeitando a possibilidade da dissolução parcial nas sociedades anônimas, por impossibilidade jurídica do pedido, entendendo que a dissolução parcial de uma sociedade anônima seria procedimento incompatível com a Lei das Sociedades por Ações, que já prevê o direito de recesso no seu artigo 137, com o reembolso do valor das ações do sócio retirante: assim concluíam que a parcial dissolução social seria um instituto exclusivo das sociedades de responsabilidade limitada e ao alcance do sócio quotista.

A dissolução da sociedade não é tema estranho à sociedade anônima, pois é princípio adotado no artigo 207 da Lei 6.404/1976, em que se dispõe: "a companhia dissolvida conserva a personalidade jurídica, até a extinção, com o fim de proceder à liquidação".

Priscila Corrêa esclarece a matéria: "O entendimento de que a inconveniência da dissolução parcial em relação às companhias abertas decorreria do fato de que, ao acionista que deseja, retira-se da sociedade, sempre se faria viável recorrer à venda de suas ações em bolsa ou em mercado de balcão nem sempre é sustentável, porque – como se sabe – apenas um pequeno número de companhias abertas tem, efetivamente, suas ações negociadas em bolsa".

O que dizer com relação às companhias familiares fechadas, nas quais representaria um absurdo permitir que os herdeiros ou meeiros aquinhoados por força do regime conjugal, da união estável ou da sucessão, ficassem indefinidamente vinculados à sociedade?

6.23 A APURAÇÃO DE HAVERES NA CODIFICAÇÃO PROCESSUAL

A apuração de haveres consiste em promover o balanço de todo o patrimônio da sociedade, encarregando o perito de proceder ao inventário dos bens que compõem o ativo da sociedade e descrever o passivo social, para assim mensurar o montante do ativo líquido da sociedade, caso ela seja inteiramente dissolvida. Com essa técnica, é possível mensurar a participação societária do sócio dissidente e igualmente a de seus eventuais sucessores ou meeiro, dado que a apuração de haveres é a mera consequência de rompimento de contrato com relação ao titular das quotas que se desvincula da sociedade.

A liquidação parcial é resultado de uma fictícia liquidação total que é movimentada, porém sem o pagamento do passivo e a divisão real dos haveres. Trata-se apenas de uma operação matemática que proporcionará aos sócios a real avaliação de sua participação societária.

---

[160] REQUIÃO, Rubens. *A preservação da sociedade comercial pela exclusão do sócio*. Curitiba: Acadêmica, 1959. p. 188.

Na apuração de haveres, impõe-se a exata verificação física e contábil dos valores do ativo, a qual não se limita à simples leitura do último balanço da empresa, pois deve pesquisar o verdadeiro acervo patrimonial, salvo previsão em contrário no contrato social. Não por outra razão, o artigo 1.031 do Código Civil pede balanço especial, realizado na data da apuração dos haveres, que seja capaz de exprimir, com fidelidade e clareza, a situação real da empresa, atendidas suas peculiaridades, a fim de indicar distintamente o ativo e o passivo, como ordena o artigo 1.188 do Código Civil.

Esse balanço deve ser especialmente elaborado por ocasião da retirada do sócio, com a finalidade específica de avaliação de seus haveres, com a exata verificação física e contábil dos valores do ativo, de modo a refletir o real valor do patrimônio societário e, portanto, o montante a ser pago ao sócio dissidente, seu meeiro ou aos seus herdeiros.

São regras que podem e devem ser admitidas também para as sociedades anônimas em singulares situações, como já se pronunciou o Superior Tribunal de Justiça, ao pugnar pela apuração de haveres em sociedade anônima, como no REsp 63.378, publicado no *DJ* de 09.10.1995: "Sociedade Anônima. Exclusão de sócio. Apuração de haveres. Hipótese que mais se aproxima do resgate que do reembolso. Inexistência de ilegalidade no fato de determinar-se sejam os haveres dos excluídos apurados mediante apuração de haveres do valor real do ativo e passivo da sociedade".

Esse era o caminho que começava a se esboçar com maior intensidade no Judiciário, pela tese da chamada *dissolução parcial* das sociedades que, embora largamente aceita no tocante às sociedades limitadas, também vinha sendo judicialmente movimentada com relação às companhias fechadas. Como refere Priscila Fonseca em texto anterior à edição do Código de Processo Civil de 2015,[161] o diploma civil não mais contempla a chamada dissolução parcial ensejada pela doutrina e pela jurisprudência, posto que o artigo 1.033 do Código Civil arrola hipóteses restritas de retirada de sócio, tendo afastado a opção pretoriana da liquidação parcial, embora o artigo 600 do atual Código de Processo Civil tenha retomado a possibilidade da dissolução parcial de sociedade limitada.

Por seu turno, o artigo 1.034 do Código Civil regulamenta a dissolução judicial da sociedade por outras três hipóteses: I – anulada a sua constituição; II – exaurido o seu fim social; III – verificada a inexequibilidade de seu fim social.

Ao projetar a continuidade jurisprudencial da apuração de haveres como forma peculiar de retirada de sócio, Priscila Fonseca duvidava de que os pretórios se afastassem da ampla solução da dissolução parcial que agora também se espraia, em tempo certo, para as companhias fechadas. A autora encontrava a fórmula processual na disposição do artigo 1.031 do Código Civil de 2002, o qual ordena, para os casos em que a sociedade se resolvesse relativamente a um sócio, que a sua quota fosse liquidada com base na situação patrimonial da sociedade, à data da resolução, verificada em balanço especialmente levantado, sempre, é claro, que o estatuto social não previsse outra forma e desde que ela não fosse lesiva aos interesses do sócio dissidente, dos seus herdeiros ou dos seus cessionários.

Na certeza de que a jurisprudência continuaria determinando o cálculo dos haveres devidos ao sócio dissidente, como largamente sucedia antes do advento da vigente codificação, Priscila Fonseca[162] asseverava que a liquidação parcial prevista no artigo 1.031 do Código Civil

---

[161] FONSECA, Priscila M. P. Corrêa da. *Dissolução parcial, retirada e exclusão de sócio*. São Paulo: Atlas, 2002. p. 199.

[162] FONSECA, Priscila M. P. Corrêa da. *Dissolução parcial, retirada e exclusão de sócio*. São Paulo: Atlas, 2002. p. 209.

Cap. 6 · CONFLITOS DE DIREITO DE FAMÍLIA E DESCONSIDERAÇÃO DA PERSONALIDADE | **727**

somente seria afastada se o estatuto social previsse outra solução contratual, como demonstrou a doutrina italiana formada em torno de idêntica norma.

Aos olhos do legislador civil de 2002 não havia outra lógica conclusão, pois meeiro ou herdeiro de sócio não são considerados sócios e atuam em uma faixa secundária, como condôminos ou subsócios. Como não podem ingressar na sociedade, senão pela vontade dos demais sócios, a forma ampla da apuração de haveres continuaria a ser aplicada com respaldo no critério de avaliação expresso no artigo 1.031 do diploma civil, que textualmente contempla a forma de liquidação dos haveres quando a sociedade se resolver em relação a um sócio ou a suas quotas. O herdeiro ou meeiro de sócio torna-se credor da sociedade e podia ajuizar uma ação de cobrança se não fosse reembolsado pela quota hereditária ou por sua meação sobre a quota do sócio originário.

A codificação civil favorecia, ao contrário do que possa parecer, a ocorrência processual da apuração de haveres decorrente de retirada de sócio, ou para pagamento da participação patrimonial de seus herdeiros ou meeiro, com sua saudável ampliação para o âmbito das companhias fechadas, notadamente aquelas de estrito capital familiar, sempre que a fachada empresarial fosse abusivamente utilizada para frustrar o pagamento da meação do cônjuge ou convivente, com a maliciosa modificação de seu tipo social de responsabilidade limitada, para sociedade anônima.

Nessas hipóteses, que se mostram sempre muito frequentes na esfera do direito familista e sucessório, a saudável e eficiente mescla dos artigos 50 e 1.031 do Código Civil em vigor permitia que a episódica aplicação da desconsideração da personalidade jurídica e a parcial dissolução societária repusessem ao meeiro e aos herdeiros de sócio a exata correspondência econômica e financeira de sua participação social, cujos caminhos, ao menos para a apuração de haveres no caso de meeiro e para a dissolução parcial de sociedade no caso dos herdeiros, foram resolvidos pelo artigo 600 do Código de Processo Civil, salvante as hipóteses específicas de fraude mediante o abusivo uso da sociedade empresária que seguem sendo matéria específica do instituto da desconsideração da personalidade jurídica.

Esse mesmo espírito de correção de fraude serve tanto à desconsideração da personalidade jurídica como à dissolução parcial de sociedade anônima, contrariando a lógica das leis, mas conciliando a lógica dos fatos e do real direito, ao impedir que subsócios ou sócios retirantes se eternizem contra a sua vontade na sociedade de capital familiar.

Foi como decidiu a 4.ª Turma do STJ, no REsp 111.294/PR, com voto condutor do Ministro César Asfor Rocha, assim ementado:

> Direito comercial. Sociedade anônima. Grupo familiar. Inexistência de lucros e de distribuição de dividendos há vários anos. Dissolução parcial. Sócios minoritários. Possibilidade. Pelas peculiaridades da espécie, em que o elemento preponderante, quando do recrutamento dos sócios, para a constituição da sociedade anônima envolvendo pequeno grupo familiar, foi a afeição pessoal que reinava entre eles, a quebra da *affectio societatis* conjugada à inexistência de lucros e de distribuição de dividendos, por longos anos, pode se constituir em elemento ensejador da dissolução parcial da sociedade, pois seria injusto manter o acionista prisioneiro da sociedade, com seu investimento improdutivo, na expressão de Rubens Requião. O princípio da preservação da sociedade e de sua utilidade social afasta a dissolução integral da sociedade anônima, conduzindo à dissolução parcial. Recurso parcialmente conhecido, mas improvido.

6.24 O PROCESSO JUDICIAL DE DIVÓRCIO

Evidentemente que uma ação de divórcio judicial, de dissolução de união estável, quando ausente qualquer consenso na composição amigável da liça, é preciso recorrer ao processo litigioso. Dependendo do caso concreto, quando ainda recente o rompimento da união, em que os fatos demonstram que os litigantes ainda estão nitidamente vinculados em suas mútuas, recíprocas e subjetivas expectativas, a demanda litigiosa conterá uma carga menor de tolerância e um processo muito latente de subjetiva culpabilização, como eterno bode expiatório da patologia familiar.

Antes da Emenda Constitucional 66/2010, o direito familista reclamava para as pessoas legitimamente casadas a pesquisa da culpa pela separação, para que o julgador pudesse atribuir responsabilidades ao cônjuge que teria faltado com deveres do matrimônio ou agido em conduta desabonatória da moral conjugal de seu consorte, basicamente não preservando o dever de respeito e de estima aguardados como indissociáveis normas éticas da trajetória nupcial.

Era fato, contudo, que a discussão da culpa pela separação judicial litigiosa nos termos dos artigos 1.572, *caput*, e 1.573, I a VI, do Código Civil vinha perdendo paulatinamente a sua força e exigência, cuidando a jurisprudência brasileira e a doutrina de propugnar pela separação judicial meramente objetiva, sem perquirição da causa determinante do fim das justas núpcias, cujo objetivo foi alcançado com a Emenda Constitucional 66/2010.

Curiosamente, a dispensa do princípio da culpa e a extinção no processo brasileiro do instituto da separação judicial litigiosa, ao menos por seu completo desuso, não eram uma unanimidade doutrinária, havendo quem defendesse a sua manutenção, porque: "a supressão completa do critério da culpa acabaria também por provocar injustiças, uma vez que se passaria a valorizar positivamente, ainda que inconscientemente, atitudes negligentes, culposas e dolosas de um cônjuge em relação ao outro".[163]

Contudo, perdia força diária essa corrente, consolidando-se a conclusão de que a Emenda Constitucional 66/2010 abrira espaço para a dissolução objetiva da sociedade conjugal, estabelecendo a mudança de mentalidade da ruptura judicial do casamento antes escorada sempre na prova insofismável da culpa do outro cônjuge, como condição *sine qua non* para o decreto judicial de separação. O sistema processual da prova da culpa abria ambiente apenas para dar vazão a velhos e dispensáveis rancores, cujo único resultado prático estava em deixar insepultos os ressentimentos que assim encontravam profícuo espaço judicial que impedia a cicatrização de recíprocas feridas conjugais. Não era por outro motivo que os pretórios brasileiros tinham procurado afastar a discussão da culpa nas demandas litigiosas de separação,[164] mesmo porque sempre foi difícil, senão impossível, aferir a culpa real pelo terminar do casamento, sobrevindo ao feito unicamente as causas culposas mais recentes.

As culpas no plano fático eram, de regra, compartidas, embora não fossem admitidas no plano jurídico, porque, na esfera processual, havia uma tendência de projetar para o parceiro as falhas pessoais pelo fracasso matrimonial, estabelecendo-se um verdadeiro campeonato de causas, tudo servindo para alargar as tensões familiares e envenenar as relações afetivas, obrigando o juiz a ingressar na esfera da intimidade da vida matrimonial.

---

[163] FERNANDEZ, Atahualpa. *A suportabilidade da vida em comum, a dissolução da sociedade conjugal e o novo Código Civil*. Porto Alegre: Fabris, 2003. p. 45.

[164] "Insuportabilidade da vida em comum, independentemente da verificação da culpa em relação a ambos os litigantes. Admissibilidade. A despeito de o pedido inicial atribuir culpa exclusiva à ré e de inexistir reconvenção, ainda que não comprovada tal culpabilidade, é possível ao julgador levar em consideração outros fatos que tornem evidente a insustentabilidade da vida em comum e, diante disso, decretar a separação judicial do casal. Hipótese em que da decretação da separação judicial não surtem consequências jurídicas relevantes. Embargos de divergência conhecidos, mas rejeitados" (STJ, 2.ª Seção, REsp 466.329/RS, Embargo de Divergência no Recurso Especial 2004/0166475-2, Rel. Min. Barros Monteiro, j. 14.09.2005, *DJ* 1.º.02.2006, p. 427).

Cap. 6 · CONFLITOS DE DIREITO DE FAMÍLIA E DESCONSIDERAÇÃO DA PERSONALIDADE | 729

A negativa de conceder a separação sem que ficasse demonstrada a culpa conjugal desapareceu definitivamente da história processual brasileira, assim como desapareceu o instituto da separação judicial ou extrajudicial a partir do Recurso Extraordinário (RE) 1.167.478, Tema 1.053 do STF,[165] pois, como já disse Victor Reina no tocante à culpa, e nunca é demasiado citar sua lição, a culpa é uma coisa de dois e, quando quebra a relação matrimonial, o Direito não tem outra opção senão reconhecer a falência do casamento, sendo inútil e prejudicial qualquer outro tipo de solução legal que pretenda manter artificialmente uma convivência impossível.[166]

É como aduz Leonardo Barreto Moreira Alves ao prescrever ser a comunhão plena de vida o mote da relação matrimonial, não fazendo sentido discutir a culpa para alcançar a dissolução judicial quando ausente a comunhão entre os nubentes, não sendo possível punir pelo simples desamor,[167] e, embora a busca da felicidade e a da realização pessoal nem sempre andem juntas com o casamento, diz Henry Petry Júnior, elas encontram sólido alicerce no princípio da dignidade da pessoa humana e esta não se harmoniza com a investigação da culpa.[168] A discussão da culpa na ação de dissolução da união estável era bastante controvertida na doutrina brasileira, em que pendiam opiniões que a julgavam obrigatoriamente presente no processo litigioso, à mercê dos direitos e deveres previstos em lei para os conviventes[169] e

---

[165] O STF fixou no RE 1.167.478 a seguinte tese de repercussão geral para o Tema 1.053: "Após a promulgação da Emenda Constitucional 66/2010, a separação judicial não é mais requisito para o divórcio, nem subsiste como figura autônoma no ordenamento jurídico. Sem prejuízo, preserva-se o estado civil das pessoas que já estão separadas por decisão judicial ou escritura pública, por se tratar de um ato jurídico perfeito".

[166] REINA, Victor. *Culpabilidad conyugal y separación, divorcio o nulidad*. Barcelona: Ariel, 1984. p. 115.

[167] ALVES, Leonardo Barreto Moreira. *O fim da culpa na separação judicial*: uma perspectiva histórico-jurídica. Belo Horizonte: Del Rey, 2007. p. 101.

[168] PETRY JÚNIOR, Henry. *A separação com causa culposa*: uma leitura à luz da hermenêutica constitucional. Florianópolis: Conceito, 2007. p. 134.

[169] Basílio de Oliveira (*Concubinato*: novos rumos. Rio de Janeiro: Freitas Bastos, 1997. p. 26) escreve que: "A lei pretende, assim, que a união seja plasmada à imagem do casamento e, como tal, submete os conviventes a obrigações recíprocas e os contempla com direitos análogos aos dos cônjuges no matrimônio, em sintonia com o princípio constitucional de isonomia na esfera da sociedade conjugal". Rodrigo da Cunha Pereira (*Concubinato e união estável*. 7. ed. Belo Horizonte: Del Rey, 2004. p. 90-92), ao versar especialmente sobre a ideia da culpa no concubinato, dilucida existir uma tendência de abandoná-la na dissolução dos vínculos conjugais, cedendo espaço para a causa objetiva da separação. Nesta mesma direção está João Batista Villela (Alimentos e sucessão entre companheiros: apontamentos críticos sobre a Lei n.º 8.971/94. *Repertório IOB de Jurisprudência: Civil, Processual, Penal e Comercial*, São Paulo, v. 7, p. 113, 1.ª quinzena abr. 1995), quando expressa que: "Não se pode presumir a condição de culpa onde a lei não reclama. E, para que os companheiros não tenham melhor regime que os casados, a solução está não em introduzir a culpa na separação concubinária, o que seria arbitrário, mas em entendê-la dispensada, com fundamento na *Meistbegünstigugsklausel*, para fins de atribuição do direito a alimentos na separação conjugal. Com isso ganha o casamento e ganha o concubinato, desatrelados de equívoca postura de fazer depender o direito a alimentos da boa conduta de quem os reclama". Por fim, em sentido oposto, entendendo que a culpa deve ser examinada na dissolução da relação concubinária, figura Cláudia Grieco Tabosa Pessoa (*Efeitos patrimoniais do concubinato*. São Paulo: Saraiva, 1997. p. 103), quando, ao discorrer sobre o direito alimentar no concubinato, obtempera que: "Conquanto historicamente nas uniões concubinárias não exista a eventual perquirição da culpa, visto que, em se tratando de uniões livres, pouco importaria a causa de sua dissolução, não há como deixar de reconhecer o equívoco do legislador ao mencionar apenas a inexistência de nova união".

com reflexos no direito aos alimentos, acrescendo superadíssima doutrina de que não examinar a culpabilidade na união estável seria privilegiar esse instituto diante do casamento.

Para Francisco José Cahali não havia qualquer dúvida de que devesse o texto do ordenamento jurídico brasileiro pertinente à obrigação alimentar ser aplicado à dissolução da união estável, observados os mesmos princípios e regras extensíveis ao casamento e, portanto, perquirida a questão da culpa para efeitos de arbitramento do restritivo direito alimentar.[170]

Sérgio Gischkow Pereira, em obra editada sob a vigência do Código Civil de 2002, defendia a pesquisa da culpa para efeitos de concessão de alimentos na união estável, não vislumbrando como ela pudesse ser afastada do debate alimentar entre companheiros, mesmo que fosse para a aferição do seu quantitativo, haja vista que, na sistemática da época de seu pronunciamento, os alimentos também eram devidos ao consorte culpado, se ele fosse necessitado, embora a prestação excluísse os alimentos côngruos, importando em uma redução do seu valor, que passava a ser apenas suficiente para a exclusiva subsistência, sem levar em conta a estratificação social do alimentando culpado pela ruptura da união estável.

Feitas essas ponderações, importa apenas inferir que a suprimida ação litigiosa de separação de cônjuges ou a ação de dissolução judicial litigiosa de casais conviventes, quando ainda era aceitável discutir as causas de ruptura do relacionamento afetivo, aceitava trazer por argumento complementar de responsabilização toda e qualquer atitude do parceiro que se valesse da máscara societária para desviar da divisão os bens considerados comuns, numa tentativa que deve continuar sendo rechaçada com o uso episódico da teoria da desconsideração da pessoa jurídica, já que essa tentativa de dilapidação da meação do outro parceiro configura inequívoca conduta desonrosa e, se ela não mais se presta para denunciar um consorte ou companheiro culpado, serve com toda certeza para restabelecer a igualdade na divisão das meações.

Dessa sorte, ao lado de qualquer causa usual de separação, decorresse ela de infração aos deveres do casamento, como é exemplo o adultério, a voluntária deserção do lar ou o abandono material, quer defluísse de alguma das múltiplas configurações subjetivas da conduta desonrosa,[171] a esse elenco meramente subjetivo e pessoal de ruptura das relações, para efeitos judiciais, agrega relevo processual o uso fraudulento ou abusivo da máscara societária, em prejuízo da meação do cônjuge ou do convivente inocente, mas não para imputar culpas, porque estas se tornaram despiciendas no atual estágio do direito familiar, e sim para imputar responsabilidades e garantir a igualitária divisão dos bens, ou a adequada fixação e manutenção do direito alimentar.

---

[170] CAHALI, Francisco José. Dos alimentos. *In*: DIAS, Maria Berenice; PEREIRA, Rodrigo da Cunha (coord.). *Direito de família e o novo Código Civil*. 4. ed. Belo Horizonte: Del Rey, 2005. p. 202.

[171] José Lamartine Corrêa de Oliveira e Francisco José Ferreira Muniz (*Direito de família* (direito matrimonial). Porto Alegre: Fabris, 1990. p. 462-463) abordam a questão da conduta desonrosa e seu teor culposo, incluindo-a na categoria das violações de deveres matrimoniais, em que se encontra violado o dever de respeito: "É que, à medida que o comportamento caracterizado como desonroso priva quem o pratica do respeito e das considerações sociais, essa desvalorização atinge o outro cônjuge, em virtude da unidade moral que é o casal: a dignidade, a honra e a reputação de um dos cônjuges são, ao mesmo tempo, a dignidade, a honra e a reputação do outro. A conduta desonrosa exige culpa. Essa culpa consiste na circunstância de que, tendo o agente capacidade de valorar a própria conduta, tenha tido a possibilidade de perceber que sua conduta seria sentida pelo outro cônjuge como contrária à essência da relação matrimonial e conduziria a uma violação de dever".

Cap. 6 · CONFLITOS DE DIREITO DE FAMÍLIA E DESCONSIDERAÇÃO DA PERSONALIDADE | **731**

Em suma, o ato lesivo praticado sob o manto da pessoa jurídica não mais servirá como causa isolada ou complementar do próprio pleito separatório,[172] ficando tal atitude claramente identificada na ilícita e desonesta ação do esposo ou companheiro que se vale da pessoa jurídica[173] para o desvio sorrateiro da meação de seu par.[174]

Trata-se, portanto, de verificar se o juiz do divórcio vai gerar sentença judicial que enfoque como motivação adicional de decidir os efeitos patrimoniais resultantes de aplicação da desconsideração da personalidade jurídica, ou se vai decidi-la no incidente próprio. Nesse conjunto de relações, uma vez desfeitas as vinculações afetivas, há de existir cuidado com o prazo de prescrição ou de preclusão, pois, ao contrário de superado pensamento da década de 1990, de que seria imprescritível o direito à meação,[175] na atualidade não há dúvidas acerca da sua incidência no prazo de dez anos, contado da data de eventual separação de fato,[176] implicando a total perda da meação do consorte que por sua culpa exclusiva deixou fluir o prazo prescricional e, assim, também tirando, pelo decurso do tempo, do instituto da desconsideração da pessoa jurídica a sua invulgar eficácia como lúcido instrumento processual para coibir a velha prática de fraude à meação,[177] quando subvertida a função da sociedade empresária.[178]

---

[172] MADALENO, Rolf. A *disregard* nos alimentos. *In*: WAMBIER, Teresa Arruda Alvim; LEITE, Eduardo de Oliveira (coord.). *Direito de família*: aspectos constitucionais, civis e processuais. São Paulo: RT, 1999. p. 33.

[173] "Separação judicial. Marco da separação fática. A alienação fraudulenta do patrimônio comum não pode, por si só, servir de marco fático para o término da vida conjugal, sob pena de resumir-se a relação a um mero contrato patrimonial. Partilha de bens. *Disregard*. Demonstrada nos autos a alienação fraudulenta de quotas sociais na vigência do casamento, é de ser aplicado o instituto da *disregard*, a fim de salvaguardar a meação do consorte prejudicado [...] Agravo retido desacolhido. Providos em parte ambos os apelos" (TJRS, 7.ª Câmara Cível, Apelação Cível 70008370199, Rel. Des. Maria Berenice Dias, j. 16.06.2004).

[174] "Separação judicial. Reconvenção. Desconsideração da personalidade jurídica. Meação. O abuso de confiança na utilização do mandato, com desvio dos bens do patrimônio do casal, representa injúria grave do cônjuge, tornando-o culpado pela separação. Inexistindo prova da exagerada ingestão de bebida alcoólica, improcede a pretensão reconvencional. É possível a aplicação da desconsideração da personalidade jurídica, usada como instrumento de fraude ou abuso à meação do cônjuge promovente da ação através de ação declaratória, para que estes bens sejam considerados comuns e comunicáveis entre os cônjuges, sendo objeto de partilha. A exclusão da meação da mulher em relação às dívidas contraídas unilateralmente pelo varão, só pode ser reconhecida em ação própria, com ciência dos credores" (TJRS, 8.ª Câmara Cível, Apelação Cível 14.506/99, Rel. Des. Letícia Sardas, j. 07.12.1999).

[175] MADALENO, Rolf. Meação e prescrição. *Revista Ajuris*, Porto Alegre, v. 60, p. 239-248, mar. 1994.

[176] O Recurso Especial 1.660.947/TO, julgado em 5 de novembro de 2019, pelo Ministro Moura Ribeiro, na 3.ª Turma do STJ, acolheu a contagem da prescrição a partir da separação de fato.

[177] "Ação anulatória de alienação de quotas sociais ou indenização pela meação devida. Uma vez configurada a fraude engendrada pelo ex-cônjuge empresário, que aliena a integralidade de suas quotas sociais quatro meses antes da separação, e, após, é readmitido na empresa na qualidade de empregado, percebendo parca remuneração, mostra impositiva a aplicação da *disregard doctrine*, a fim de indenizar o cônjuge no valor correspondente à sua meação. Rejeitada a preliminar do Ministério Público. Apelo provido" (TJRS, 7.ª Câmara Cível, Apelação Cível 70006948889, Rel. Des. Maria Berenice Dias, j. 03.12.2003).

[178] DINIZ, Maria Helena. *Curso de direito civil brasileiro*. 7. ed. São Paulo: Saraiva, 1993. v. 5, p. 140-141: "O Código Civil estabelece limitações ao poder de administração do homem casado, pois necessita de outorga uxória para a prática de certos atos de conteúdo patrimonial, sem a qual não se encontrará legitimado para efetivá-los. Claro que os atos aceitos de disposição dos bens só podem ser aqueles realizados no interesse da família, mas se, com o mau uso societário, o esposo encontra fácil instrumento que compromete a estabilidade econômica do lar, e, em especial, permite esvaziar ou reduzir sensivelmente os direitos conjugais econômicos e pecuniários da esposa, a *disregard* tem o ágil condão de podar este desvio".

6.25 A EFETIVAÇÃO PROCESSUAL DA *DISREGARD* NO DIVÓRCIO JUDICIAL

Em antigo aresto do Tribunal de Justiça do Estado do Rio Grande do Sul, o então Desembargador Athos Gusmão Carneiro[179] constatava existir verdadeiro abuso quando se trata, com a ajuda da pessoa jurídica, de burlar a lei, violar obrigações contratuais ou prejudicar fraudulentamente terceiros. Sugeria, com seu voto acolhido à unanimidade, fosse aplicada a teoria da desconsideração para atingir com a penhora os bens da sociedade, por dívida do sócio que, devendo, se ocultava por detrás da cortina societária.

Estranhamente, esse tabu seguia no âmbito processual do Direito de Família, permanecendo inermes os seus operadores, em que, praticamente prostrados, os juízes simplesmente assistiam a esposos servindo-se da forma societária em seu próprio e único benefício, com extremos clássicos citados por Eduardo A. Zannoni,[180] em que a habitação conjugal e o automóvel particular da esposa eram de propriedade da sociedade, que permitia o seu uso gratuito a título de comodato[181] e cujo termo final sempre coincidia com a vontade unilateral de separação, anunciada pela esposa comodatária da empresa.

Juan Dobson[182] toca na espinha dorsal das relações sociais, as quais resultaram na criação da doutrina da *disregard*, e refere haverem nascido da fidúcia, que deve existir em todas as relações humanas, como acontece entre marido e mulher, companheiro e companheira, pais e filhos, sobre cujos relacionamentos nenhuma das partes deve exercer pressões ou influências, nem obter ganhos indevidos, realizando transações visando à vantagem e um consequente prejuízo, nem se conduzir de maneira contrária à mais absoluta boa-fé, fazendo conhecer a outra parte todos os detalhes da transação. É que, nesse âmbito, a astúcia empresarial, a ganância e o desafio de qualquer natureza se acham proibidos, já que estão totalmente afastados por esse especial vínculo interno de confiança que não admite qualquer proveito.

E, quando a confiança genérica a todas as relações humanas é fraudada, lembra Suzy Koury,[183] não ficam comprometidas a segurança nem a justiça, pelo fato de ficar a cargo dos juízes e dos tribunais o exame das circunstâncias do caso concreto para a aplicação da teoria da desconsideração.

---

[179] "Sociedade por quotas de responsabilidade limitada. Execução fiscal com penhora em bens do sócio-gerente. Embargos de terceiro. Sociedade realmente fictícia, em que o sócio-gerente é dono de 99,2% do capital, sendo os restantes 0,8% de sua mãe e de um concunhado. A assertiva de que a pessoa da sociedade não se confunde com a do sócio é um princípio jurídico básico, não um tabu, e merece ser desconsiderada quando a 'sociedade' é apenas um *alter ego* de seu controlador, em verdade comerciante em nome individual. Lição de Konder Comparato. Embargos de terceiro rejeitados. Apelação provida" (TJRS, 1.ª Câmara Cível, Apelação Cível 583018577, Rel. Des. Athos Gusmão Carneiro, j. 08.05.1984, *RT* 592/172).

[180] ZANNONI, Eduardo A. *Sociedades entre cónyuges, cónyuge socio y fraude societario*. Buenos Aires: Astrea, 1980. p. 131.

[181] "Embargos de terceiro. Descabe a reintegração liminar na posse quando evidenciado que o bem foi transferido à empresa somente para obstaculizar a ação judicial. Princípio da *disregard*. Merecem ser desconsideradas as transações feitas, pelo titular da empresa, de seus bens particulares em benefício de pessoa jurídica com a nítida intenção de fraudar eventual partilha. Agravo rejeitado" (TJRS, 7.ª Câmara Cível, Agravo de Instrumento 70002504579, Rel. Des. Maria Berenice Dias, j. 06.06.2001).

[182] DOBSON, Juan M. *El abuso de la personalidad jurídica*. Buenos Aires: Depalma, 1985. p. 159.

[183] KOURY, Suzy Elizabeth Cavalcante. *A desconsideração da personalidade jurídica* (disregard) *e os grupos empresariais*. Rio de Janeiro: Forense, 1993. p. 140.

Na doutrina brasileira, escreveu Bittar,[184] a aplicação da *disregard* busca elidir fraudes e deveres contratuais, e, por meio de subterfúgios ou de expedientes maliciosos e, portanto, ilegítimos, é colhida vantagem indevida para si ou para outrem, com o aproveitamento irregular da personalidade social, especialmente quando envolve relacionamentos familiares, cujas relações são tipicamente de confiança, sobre as quais existe uma influência dominante e, por vezes, até uma obediência cega de uma das partes em relação a outra, como acontece, por exemplo, quando uma esposa é compelida a concordar com a transferência dos bens conjugais para uma sociedade empresária especialmente constituída pelo marido e de cuja sociedade ela não participa, mas talvez dela façam parte os obedientes e estáticos filhos, com parca participação societária, sob o argumento de que a nova empresa cuidará de administrar o patrimônio do casamento e minimizar custos e tributos.

A jurisprudência pátria e a estrangeira acolhiam a aplicação episódica do instituto de superação da personalidade jurídica, com a intenção de evitar fraude ao direito familiar, notadamente no campo da meação e dos alimentos,[185] promovendo a desconsideração inversa[186]

---

[184] BITTAR, Carlos Alberto. *Curso de direito civil*. Rio de Janeiro: Forense Universitária, 1994. v. 1, p. 92.

[185] "Agravo de instrumento. Produção de prova testemunhal para comprovar o desvio de bens para o nome da empresa. Mesmo sendo notório que a pessoa jurídica não se pode confundir com a pessoa física de seu titular, tem merecido crescente prestígio na jurisprudência e na doutrina especializada a *disregard doctrine*, aplicada ao Direito de Família de modo justamente a evitar conhecidas estratégias praticadas por empresários que desviam todo o seu patrimônio para a empresa, de forma a lesar o cônjuge no momento da partilha. A prova pretendida pela parte agravante pode, em tese, auxiliar na comprovação dessa alegada circunstância, de forma que não pode ser subtraído à parte o direito de produzi-la. Deram provimento. Unânime" (TJRS, 7.ª Câmara Cível, Agravo de Instrumento 70016600454, Rel. Des. Luiz Felipe Brasil Santos, j. 1.º.11.2006).
"Família. Embargos de terceiro opostos pela empresa da qual era sócio um dos embargados, buscando a cessação de anotações em imóveis em nome da embargante, levada a efeito junto ao Registro Imobiliário, relativas à existência de ação de separação judicial dos embargados, bem como a cessação de descontos de verba alimentar operados sobre locativos auferidos com imóveis em nome da embargante e o separando embargado, capaz de ensejar desconsideração da personalidade jurídica, nos termos do art. 50 do Código Civil. Havendo indicativos suficientes nos autos de que o embargado varão, embora tenha se retirado da sociedade, permaneceu fazendo frente aos negócios da empresa, percebendo aluguéis vertidos dos imóveis e adquirindo bens em nome desta, questão inclusive já examinada no mandado de segurança anteriormente impetrado, impondo-se manter a sentença de improcedência dos embargos. Prova acostada aos autos que, ademais, se revela contundente e não é infirmada pela perícia realizada na ação de separação, a qual inclusive não está concluída, vez que pendente discussão sobre questões ainda não esclarecidas pelo perito. Honorários advocatícios. Majoração. Cabimento, no caso concreto, considerando o trabalho desenvolvido pelos profissionais e o tempo despendido por decorrência do ajuizamento dos presentes embargos. Recurso da embargante desprovido e recurso da embargante provido" (TJRS, 7.ª Câmara Cível, Apelação Cível 70021289806, Rel. Des. Ricardo Raupp Ruschel, j. 21.11.2007).

[186] "Direito privado não especificado. Execução de sentença. Ação de execução de sentença. Preliminar de nulidade da execução rejeitada. Os títulos exequendos foram acostados aos autos da execução, conforme se verifica dos documentos que instruem o processo. Além do mais, não há se falar em iliquidez quando, para a apuração do *quantum debeatur*, bastam cálculos aritméticos, o que foi devidamente providenciado pela parte. Mérito. Muito embora na aplicação da *disregard doctrine*, parta-se do pressuposto que responde o sócio com seu patrimônio particular pelas obrigações da empresa, o direito não pode se furtar à aplicação da teoria da desconsideração de forma inversa quando o devedor cria uma veste jurídica para tentar defender seu patrimônio particular ameaçado de alienação judicial por força de dívidas contraídas junto a terceiros. Caso em que o princípio da separação patrimonial deve ser superado e ceder em face

da personalidade jurídica, para coibir atos da sociedade que estão encobrindo bens ou obrigações familiares dos sócios, atingindo desse modo os bens da sociedade empresária que está sendo utilizada abusivamente.[187]

André Luiz Santa Cruz Ramos acolheu a aplicação da desconsideração inversa e anotou em sua doutrina que tinha sido bastante utilizada em questões relativas ao Direito de Família naqueles processos nos quais ficava perceptível o desvio dos bens pessoais para o patrimônio de uma pessoa jurídica, com a finalidade clara de afastá-los da partilha ou frustrar a execução de alimentos.[188] Nesses envolvimentos familiares, informa Juan Dobson, cria-se certa debilidade de um ou vários componentes de uma mesma família, que os deixam particularmente inermes, dado o alto grau de humanidade existente nesse tipo de relações, que devem ser protegidas pelo direito com um tratamento jurídico condigno, capaz de outorgar os mecanismos e sanções adequados à espécie, notadamente porque as partes não se encontram em situação de igualdade.[189]

Conforme Fábio Ulhoa Coelho,[190] não é exigida a *intenção deliberada* de causar prejuízo, bastando que tenha consciência de produzir lesão e, por evidente, que todo o prejuízo, mormente causado à meação, importa na sua reparação, como claramente acentua Marçal Justen Filho,[191] de poder esse dano ser afastado pela *teoria* do *superamento da pessoa jurídica*. Os meios utilizados para prejudicar a meação conjugal e da união estável continuam sendo os mais engenhosos possíveis. Por isso Fábio Ulhoa Coelho explica ser a desconsideração invertida o recurso jurídico utilizado para amparar os direitos de família, quando na desconstituição do casamento ou da união estável corre risco de ser fraudada a partilha, como na hipótese de um dos cônjuges adquirir bens de maior valor e registrá-los em nome de pessoa jurídica sob seu único controle, para depois esses bens não integrarem a massa a partilhar.[192] Ilustra uma dessas hipóteses capazes de colocar em perigo iminente a porção conjugal e alterar ilegalmente o regime de bens com relação à esposa o expediente da aparente transferência da totalidade das quotas sociais detidas pelo varão em determinada sociedade empresária, e esta, por seu turno, é titular do acervo de bens conjugais.

Ainda que essa alteração contratual idealizada para privar a mulher do exercício de seus direitos sobre os bens comunicáveis seja perfeita quanto ao seu fundo e à sua forma, por ter atendido às condições de existência e validade e obedecido às regras de publicidade, o ato é

---

de circunstâncias especiais e excepcionais diante da prova robusta de fraude por parte do sócio para desfrutar dos benefícios de sua posição, mera ficção legal, não sendo justificável que o sócio que se esconde sob o manto desta sociedade fuja de sua responsabilidade ou de seu fim social, para alcançar benefícios e interesses antissociais. Recurso improvido por maioria. Preliminar rejeitada" (TJRS, 10.ª Câmara Cível, Agravo de Instrumento 70005085048, Rel. Eduardo Kraemer, j. 25.05.2004).

[187] "Separação judicial. Pretensão à comunicação de bens havidos na constância do casamento e à desconsideração inversa da personalidade jurídica de empresas representadas pelo agravado. Matéria que deve ser relegada para fase posterior à sentença. Agravo parcialmente provido, para anular a parte da decisão que antecipou pronunciamento a respeito da incomunicabilidade dos aquestos" (TJSP, Agravo de Instrumento 319.880-4/0, Rel. Des. Carlos Roberto Gonçalves, j. 02.12.2003).

[188] RAMOS, André Luiz Santa Cruz. *Curso de direito empresarial.* Salvador: JusPodivm, 2008. p. 312.

[189] DOBSON, Juan M. *El abuso de la personalidad jurídica.* Buenos Aires: Depalma, 1985. p. 159.

[190] COELHO, Fábio Ulhoa. *Desconsideração da personalidade jurídica.* São Paulo: RT, 1989. p. 56.

[191] JUSTEN FILHO, Marçal. *Desconsideração da personalidade societária no direito brasileiro.* São Paulo: RT, 1987. p. 143.

[192] COELHO, Fábio Ulhoa. *Curso de direito civil.* São Paulo: Saraiva, 2003. v. 1, p. 45.

Cap. 6 · CONFLITOS DE DIREITO DE FAMÍLIA E DESCONSIDERAÇÃO DA PERSONALIDADE | **735**

ineficaz em respeito ao cônjuge ou convivente lesado, porque foi o meio ilícito exatamente usado em detrimento dos legítimos direitos de partição patrimonial.[193]

Diante desse quadro de indisfarçável ilicitude, comete ao juiz simplesmente desconsiderar, na fundamentação de sua sentença judicial, se o pedido de desconsideração foi promovido no corpo da ação principal, ou em despacho agravável, se o pleito foi realizado em incidente processual. Portanto, o ato lesivo cometido por meio da personalidade jurídica, em decisão vertida no ventre do próprio processo de divórcio judicial ou de dissolução de união estável, na hipótese de a desconsideração da personalidade jurídica ter sido requerida na própria petição inicial (CPC, art. 134, § 2.º), tratará a sentença que decretou o divórcio e a partilha eventual dos bens, de igualmente determinar a divisão igualitária dos bens desviados pela interposta pessoa jurídica ou física. As alterações contratuais que cuidaram de transferir ou reduzir a participação social do cônjuge empresário são ignoradas pelo julgador, que as desconsidera no âmbito de sua sentença judicial, ou em decisão incidental, se requerida em incidente próprio (CPC, art. 133), e computa para a partilha conjugal a participação social preexistente à fraudulenta subcapitalização ou desvio das quotas sociais, repondo-as ao estado anterior ao da flagrante usurpação da meação do cônjuge espoliado, sempre tendo como reforço de decidir o que preconiza o artigo 5.º da Lei de Introdução às Normas de Direito Brasileiro, de o julgador dever atender aos fins sociais e ao bem comum, sempre quando aplicar a lei.

Assim foi decidido, por exemplo, na separação judicial litigiosa de 01291074842, na 7.ª Vara de Família e Sucessões de Porto Alegre, em que o magistrado singular deliberou por assegurar a meação da autora, inclusive sobre as quotas sociais fraudulentamente doadas pelo demandado.[194]

---

[193] "Mandado de segurança. Ato judicial que não se apresenta ilegal ou abusivo. Aplicação da teoria da despersonalização (*sic*) da personalidade jurídica no Direito de Família. Possibilidade. Havendo fortes evidências de que o bem pertence à impetrante, na realidade, seja de propriedade do sócio-gerente, que apenas empregou a pessoa jurídica como artifício para prejudicar futura partilha de bens, utilizando, para tanto, a tese de que os bens da pessoa jurídica não se confundem com os do sócio, é justificável, para fins de preservação da futura partilha o ato judicial que determinou a expedição de ofícios a cartório de registro de imóveis, com fim de bloquear a venda de bem imóvel registrado em nome da impetrante. Tal entendimento encontra amparo na teoria da despersonalização (*sic*) da pessoa jurídica, que, quando aplicada no âmbito do Direito de Família, permite relativizar a autonomia da pessoa jurídica para investigar eventual fraude contra meação do consorte conjugal. Segundo Rolf Madaleno: 'É larga e producente sua aplicação no processo familial, principalmente, frente à diuturna constatação nas disputas matrimoniais, do cônjuge empresário esconder-se sob as vestes da sociedade, para a qual faz despejar, senão todo, ao menos o rol mais significativo dos bens comuns. É situação rotineira verificar nas relações nupciais que os bens materiais comprados para o uso dos esposos, como carros, telefones, móveis e, mormente imóveis, dentre eles a própria alcova nupcial, encontram-se registrados ou adquiridos em nome de empresas de que participa um dos consortes. Com este estratagema, controlam e manipulam ao seu talante os resultados econômicos do desfazimento das núpcias, não sendo infrequente a esposa descobrir que toda sua meação conjugal resvala das suas mãos, sob o pálio da personalidade jurídica que a deu em comodato' (*Direito de família*: aspectos polêmicos. Porto Alegre: Livraria do Advogado, 1998. p. 270)" (TJMG, 5.ª Câmara Cível, Mandado de Segurança 1.0000.04.413821-2/000 (1), Rel. Des. Maria Elza, j. 24.06.2005).

[194] Trecho da sentença proferida assim está vazado: "Finalmente, no que tange à partilha – a ser procedida em liquidação de sentença – deverá ter em conta o regime de comunhão universal de bens e o patrimônio do casal efetivamente existente na data da separação fática. Contudo, é imperioso que, como assinalado no parecer da nobre representante do Ministério Público, no acervo partilhado, se incluam as *quotas sociais da empresa RE, fraudulentamente doadas pelo requerido ao seu genitor, pouco antes da separação de corpos* (parecer, fl. 520). A referida fraude transparece com clareza solar no relato

Tratava-se de uma ação de separação judicial litigiosa cumulada com vários pedidos pertinentes às relações conjugais em estágio de dissolução, em que, às vésperas[195] de desertar do lar, deixando a esposa gravemente enferma, com invulgar insensibilidade, cuidou o varão de se afastar da sociedade de engenharia da qual era sócio com outros familiares, sendo a empresa a dona dos principais bens usados pelos separandos, à exceção da vivenda conjugal.

A inicial requeria oportuna auditoria que fosse capaz de promover o exato levantamento do ativo societário, reconstruindo o seu correspondente lastro patrimonial existente às vésperas do malicioso abandono arquitetado e posto em prática pelo marido, sendo reposta a igualitária partilha com suporte na teoria da *disregard*.

Claro está que o acolhimento da teoria do superamento da personalidade jurídica também poderia levar à alternativa judicial da compensação de bens, em que o montante desviado com o mau uso da personalidade jurídica, depois de minuciosamente apurado em criteriosa avaliação judicial, estaria recompensado pela entrega ao cônjuge prejudicado de outros bens ainda constantes da massa conjugal até o montante da indenização.

A propósito do assunto, como solução processual, o articulista J. A. Penalva Santos[196] observa que, ao levantar o véu da personalidade da sociedade, pode ser trazido de volta o bem desviado ou direito ao patrimônio lesado e complementa: "Não importa tenha o bem, depois, entrado no giro dos negócios; o importante é a prova do seu ingresso: na falta de bens, restitui-se o equivalente com perdas e danos".

Eduardo Zannoni fala em novação como meio de salvaguardar as dificuldades que pudessem acarretar ao cônjuge de sócio a efetivação do conteúdo econômico de seu direito, vale dizer, a participação societária em cinquenta por cento do valor real da quota social conjugal. Sugere, então, o recurso dessa novação, correspondente à adjudicação de um crédito à sua meação. Seria um crédito apurado em razão de uma negociação contratual, a ser executado contra o consorte sócio, de acordo com as modalidades de pagamento expressamente acertadas. A partir desse acordo, o esposo sócio adquire a titularidade definitiva do conteúdo econômico das suas quotas sociais, enquanto seu esposo limita-se a ser um simples credor dos valores que lhe foram contratualmente adjudicados. Pode executar o seu crédito de acordo com os preceitos rituais da execução, mas já não terá direito ao resultado material da eventual

---

pessoal do réu (fls. 438/439). Como significativamente noticia a informante CCP, companheira de irmão do demandado, a propósito da doação das quotas em tela: o pai dele queria *preservar* (fl. 453). Com efeito, essa doação escritural não passa de um engodo, efetuada pelo réu ao alvedrio do consentimento da esposa, com manifesto propósito de locupletamento, visando à subtração de substancial parte do patrimônio comum ao inevitável partilhamento, ante a dissolução legal dos laços conjugais, então proximamente antevista. Nunca é demais repetir que a ilicitude e a má-fé não podem ser acobertadas pela Justiça". Esta sentença, posteriormente, foi confirmada por unanimidade pela Apelação Cível 597135730 da 7.ª Câmara Cível do TJRS, Rel. Des. Eliseu Gomes Torres).

[195] Citando Pontes de Miranda, refere Antonio Chaves (*Tratado de direito civil*. Direito de família. São Paulo: RT, 1991. p. 433): "Que as dívidas anormalmente contraídas nas vésperas do desquite, ainda antes da propositura da ação, levam consigo, desde logo, forte indício de fraude, acentuando a utilidade de ser decretada alguma medida especial contra as dilapidações...". Naturalmente que o Direito brasileiro não poderia deixar à mercê do azar a fraude perpetrada com o uso social para desfalcar a meação da esposa, apenas em nome da ficção da lei, do superado primado da pessoa coletiva restar isolada da personalidade dos sócios que a compõem.

[196] SANTOS, J. A. Penalva. A aplicação do princípio da desconsideração da personalidade jurídica no direito brasileiro. *In*: GUSMÃO, Paulo Dourado de; GLANZ, Semy (coord.). *O direito na década de 1990*: novos aspectos, estudos em homenagem ao Prof. Arnoldo Wald. São Paulo: RT, 1992. p. 69-70.

Cap. 6 · CONFLITOS DE DIREITO DE FAMÍLIA E DESCONSIDERAÇÃO DA PERSONALIDADE | **737**

liquidação da sociedade comercial, salvo a faculdade cautelar de embargar o repasse do dinheiro representativo das quotas sociais do esposo, para assim garantir o seu crédito, eventualmente, incurso num risco de inadimplência.[197]

Registram os anais forenses uma situação fática na qual o marido era sócio de uma empresa intitulada R.E.I. Ltda., destinada a atuar no ramo imobiliário da construção civil, incorporação e compra e venda de imóveis. Em nome dessa sociedade empresária estava sendo construído um edifício com inúmeros apartamentos e lojas para locação comercial. Planejando a sua separação, o marido contratou, com o auxílio de dois *presta-nomes* e aliado ao seu próprio irmão, a sua aparente retirada da sociedade empresária. Já disfarçado de ex-sócio da R.E.I. Ltda., promoveu a sua separação judicial e, antes de transformá-la em divórcio, realizou nova alteração contratual em que retorna à primitiva sociedade, com a mesma quantidade de quotas de origem, em um notório manejo fraudulento à meação da ex-esposa, mediante um jogo de fria troca de titularidade das quotas.

Não fosse pela aplicação episódica da desconsideração da personalidade jurídica, este arranjo fraudulento certamente precisaria passar por complicadas ações anulatórias paulianas, envolvendo um litisconsórcio indesvendável,[198] a mulher lesada em sua meação, o seu ex-marido, o irmão deste, a empresa e os seus sócios fictícios.

Nessa demanda distribuída como de indenização, a ex-mulher requeria com fundamentação na declaração judicial e incidental de inoponibilidade de efeitos ao jogo societário articulado em seu prejuízo, para ser indenizada mediante oportuno periciamento procedido em liquidação de sentença, pelos danos emergentes e lucros cessantes causados pela dolosa transferência das quotas sociais da empresa conjugal em fraude à sua meação.

A 7.ª Câmara Cível do TJRS julgou hipótese similar na Apelação Cível 70006948889, sendo relatora a então Desembargadora Maria Berenice Dias, proveniente de ação anulatória de alienação de quotas de capital social ou alternativamente indenização pela meação devida, porque seu esposo se retirou da empresa familiar às vésperas da separação judicial, tornando-se empregado da própria empresa e com parca remuneração. O acórdão censurou o comportamento desleal do varão em se esquivar de repassar à esposa sua meação sobre as quotas sociais e aplicou o instituto da *disregard*: "para o fim de desconsiderar a personalidade jurídica das sociedades e para a finalidade específica de indenizar a apelante na parte da meação que lhe é de direito [...] declarando ineficazes os atos de alteração social tão só em relação à apelante, para o fim de aquinhoá-la na parte da meação que lhe cabe. O valor econômico das quotas deve ser estimado em sede de liquidação de sentença por arbitramento, tomando-se por base a data da decretação da separação

---

[197] ZANNONI, Eduardo A. *Sociedades entre cónyuges, cónyuge socio y fraude societario*. Buenos Aires: Astrea, 1980. p. 95-96.

[198] Eduardo A. Zannoni (*Sociedades entre cónyuges, cónyuge socio y fraude societario*. Buenos Aires: Astrea, 1980. p. 190-191) mostra, com muita clareza, a absoluta dispensa de chamar para integrar a lide a empresa e outros sócios envolvidos na trama perpetrada sob o biombo societário, sendo prescindível este litisconsórcio quando, por exemplo, o marido possui em seu patrimônio bens suficientes, podendo, então, a juízo da esposa demandante, para compensar os valores que lhe foram subtraídos, se limitar a invocar e provar a fraude, assegurando a responsabilidade patrimonial do demandado, mediante o embargo dos bens que estão em seu patrimônio. Nada impede o acionamento unicamente do cônjuge que desviou a meação conjugal para empresa da qual é sócio e com comando na administração, ou tendo os administradores sob o seu comando, porque meros *testas de ferro*, quando sabidamente os bens saíram do acervo conjugal, sendo desconsiderado o ato de transferência de evidente fraude à meação do cônjuge prejudicado e ordenado o retorno deles ao lastro nupcial. Posteriormente a empresa, se sentindo lesada, pode defender seu direito de propriedade em embargos de terceiro.

e considerando o regime da comunhão parcial de bens adotados pelas partes. Como o apelado G. F. passou a integrar a sociedade do S. F. Ltda. antes do matrimônio, a perícia levará em conta o desenvolvimento econômico desta empresa a partir da celebração do matrimônio até a data acima referida. A satisfação do crédito da apelante deverá ser feita mediante compensação no patrimônio comum ou, na impossibilidade desta, por execução judicial".[199]

O Tribunal de Justiça do Rio de Janeiro enfrentou recurso interposto por ICBC, RSF e RSFEP Ltda., concluindo se tratar de uma simulação maliciosa de negócio jurídico arquitetado para fraudar a meação da esposa de um dos recorrentes, sócio da pessoa jurídica que servia como fachada para aparentar ser a proprietária dos bens postos a serviço do casamento, tendo o marido colocado o próprio pai como titular da quase totalidade das quotas sociais da RSFEP Ltda., reservando para si apenas 5% do respectivo total que, posteriormente, foi transferido para a sua mãe. Após sucessivas cessões gratuitas para terceiros, a totalidade das quotas da RSFEP Ltda. retornou para os pais do marido recorrente, pessoas sem recursos financeiros e econômicos, concluindo a 2.ª Câmara Cível do TJRS se tratar de simulação malevolente e mantendo a sentença de anulação de ato jurídico cumulada com perdas e danos, sendo um evidente caso de desconsideração da personalidade jurídica.[200]

Em outra situação processual, com uma planejada antecedência à separação judicial, quando já visíveis os sinais exteriores de rompimento afetivo, o varão constituiu, com os seus habituais sócios das outras empresas das quais participava, uma *holding* nominada de BDMP Ltda. Quando distribuída a separação amistosa, ingressaram na partilha alguns bens registrados em nome da pessoa física dos cônjuges e somente a *holding* BDMP Ltda., controladora de todas as demais empresas, acresceu cláusula contratual em que a ex-esposa sócia lhe outorgava procuração para as futuras alterações sociais. Mesmo antes de concluída a partilha, a separanda já não mais detinha qualquer bem conjugal, salvo alguns poucos bens de menor importância recebidos com a separação e que constavam em nome pessoal do casal.

A ação proposta propugnava com escora na então teoria da *disregard*, pela ineficácia episódica[201] dos atos cometidos em fraude real da meação da demandante e buscava responsabilizar

---

[199] "Ação anulatória de alienação de quotas sociais ou indenização pela meação devida. *Disregard*. Uma vez configurada a fraude engendrada pelo ex-cônjuge empresário, que aliena a integralidade de suas quotas sociais quatro meses antes da separação, e, após, é readmitido na empresa na qualidade de empregado percebendo parca remuneração, mostra-se impositiva a aplicação da *disregard doctrine*, a fim de indenizar o cônjuge no valor correspondente à sua meação. Rejeitada a preliminar do Ministério Público, apelo provido" (TJRS, 7.ª Câmara Cível, Apelação Cível 70006948889, Rel. Des. Maria Berenice Dias, j. 03.12.2003).

[200] "Simulação maliciosa. Negócios jurídicos celebrados com o fim de fraudar a meação da mulher. Utilização de empresa de fachada, sem condições econômicas e financeiras para celebrar os negócios. Nulidade. Evidenciado que por trás da empresa utilizada para a celebração dos negócios – compra e venda de imóveis, cessões de quotas sociais etc. – sempre esteve uma única e mesma pessoa com claro propósito de fraudar a meação da mulher, é de se reputar sem qualquer validade os negócios celebrados em nome da empresa de fachada, porquanto, em última instância, quem na realidade os celebrou foi aquele que a manipulava. Desprovimento dos recursos" (TJRJ, 2.ª Câmara Cível, Apelação Cível 1.530/2001, Rel. Des. Sergio Cavalieri Filho, j. 02.05.2001).

[201] KONDO, Jonas Keiti. Natureza jurídica, desconsideração da pessoa jurídica. *Jurisprudência Brasileira*, Curitiba, n. 102, p. 26, 1985: "Deve-se registrar, outrossim, que ao ser desconsiderada a pessoa jurídica, não se a despersonaliza efetivamente; desconsidera-se a personalidade para que não se dê eficácia àquele ato ilícito praticado. Desta forma, corrigindo-se o fato, a pessoa jurídica poderá retornar às suas atividades normais, como se nada tivesse acontecido, isto é, desconsiderou-se a sociedade momentaneamente apenas para que se atinjam aqueles bens ocultados, e somente nisso ficará desfalcada".

o ex-marido pelo ressarcimento desses danos, respondendo ele com os bens liminarmente postos em indisponibilidade, em pedido cautelar incidental cumulativo,[202] até o montante da sua efetiva meação, além de perdas e danos, sem que o ato jurídico implicasse dissolver a sociedade empresária.

Abreviava-se, ademais, uma complicada teia processual que buscasse anular alterações contratuais da empresa, correndo riscos de improvimento liminar do pedido por ilegitimidade de parte, pois a esposa de sócio não é parte legítima *ad causam* para anular em juízo contrato de sociedade empresária, conforme já decidiu o Tribunal de Justiça de São Paulo, na Apelação Cível 193.875-2/4, por sua 18.ª Câmara Cível,[203] e o Superior Tribunal de Justiça no REsp 29.897-4/RJ.[204]

Situação muito corrente no uso impróprio da pessoa jurídica para desvio de bens comunicáveis ocorre com empresas estrangeiras, cujo capital majoritário está escondido pelo parceiro sob o biombo de uma empresa *offshore*, esta como aparente proprietária dos bens em realidade pertencentes ao casal que está na posse desse acervo comunitário, e, tão pronto surja a possibilidade de seu divórcio judicial ou mesmo extrajudicial, a sociedade empresária reclama a reintegração da posse dos bens cujo domínio consta no álbum imobiliário como da *offshore company*.

Cristiano Chaves e Nelson Rosenvald[205] informam ser muito comum o uso das *offshore companies* no mundo dos negócios por se tratar de empresas sediadas em países com política tributária de menor rigor e tendentes à facilitação para a sua constituição, sendo seu capital social representado por ações ao portador, ausente qualquer ânimo societário entre sócios, e, como as ações são ao portador, o cônjuge empresário é titular desses títulos móveis e de facílima circulação e descarte, feitos sob medida para a rápida dispensa do patrimônio pessoal que consta sob a cômoda proteção da pessoa jurídica extraterritorial.

Sem esconder as hipóteses de mau uso da personalidade jurídica, não pode ser ignorado o recurso da gradativa desativação operacional da empresa, cujo processo de esvaziamento coincide com a notícia informal da ruptura dos laços afetivos e solicitação de divórcio com partilha dos bens conjugais ou provenientes da união estável. Contudo, sem maior alarde, o consorte empresário vai paulatinamente despatrimonializando a empresa, faltando, ao cabo da partilha dos bens matrimoniais, uma boa liquidez patrimonial da

---

[202] Acerca da cumulação de pedidos de rito cautelar em ação de conhecimento, a sua prática tem sido largamente utilizada nos foros gaúchos, pois que admitido s.m.j., pelo artigo 327, § 2.º, do CPC/2015 e assim também o era no CPC/1973, pelo artigo 292, § 2.º, reforçado por lição de Galeno Lacerda (Função e processo cautelar, revisão crítica. *Revista Ajuris*, Porto Alegre, v. 56, p. 5-13, nov. 1992), em que admite o cúmulo de ação principal e cautelar, abjetando o farisaísmo de um processo inútil e dispendioso, apenso aos autos da ação principal, quando a mesma liminar pode ser solicitada com a inicial cognitiva. O TJRS já decidiu no Agravo de Instrumento 595111667 da 7.ª Câmara Cível que: "Cumulação de ação de conhecimento com medida cautelar. Admissibilidade, desde que daí não resulte tumulto processual. Agravo provido. Decisão unânime".

[203] Este acórdão está publicado na *RT* 696/117 com a seguinte ementa: "Sociedade comercial. Ação ajuizada por esposa de sócio, visando à anulação da alteração contratual da empresa da qual não é sócia. Ilegitimidade *ad causam*. Legitimidade, porém, para pleitear indenização por prejuízos sofridos com a ruinosa atividade do marido, quanto aos reflexos patrimoniais de sua meação".

[204] "Comercial. Sociedade por quotas de responsabilidade limitada. Aquisição de quotas. Apuração de haveres. Direito do sócio. A ação de apuração de haveres em sociedade comercial por quotas de responsabilidade limitada cabe somente a quem dela seja sócio, não se equiparando a tal quem adquire quotas de outro sócio, ainda que por partilha em dissolução de casamento pelo regime da comunhão de bens" (STJ, 3.ª Turma, REsp 29.897-4/RJ, Rel. Min. Dias Trindade, j. 14.12.1992).

[205] FARIAS, Cristiano Chaves de; ROSENVALD, Nelson. *Direito civil.* Teoria geral. 2. ed. Rio de Janeiro: Lumen Juris, 2005. p. 320.

empresa conjugal, porque o esposo empresário cuidou de desativar a sociedade empresária, diminuindo as suas atividades e quiçá passando a operar em uma nova empresa, provavelmente comandada por algum subordinado seu, um terceiro que empresta seu nome à fraude. Na hipótese da maliciosa desativação operacional da empresa, tão só para causar prejuízo ao parceiro e cotitular das riquezas conjugais, é perfeitamente justificável a invocação do instituto da desconsideração já por ocasião do ajuizamento da ação de divórcio judicial litigioso, para, nesse processo de conhecimento, obter o reconhecimento da fraude e a declaração incidental da desconsideração dos atos de esvaziamento, a fim de que seja integralmente satisfeito o patrimônio respeitante à meação do consorte, quer com o retorno dos bens desviados, se ainda possível, ou se situados no acervo da nova empresa formada, ou pela sua compensação com outros bens do casamento.

No entanto, essa trajetória histórica, e por que não heroica, da desconsideração da personalidade jurídica, granjeando *pari passu* seu necessário e merecido espaço na processualística brasileira, em especial no direito de família e das sucessões, com sua aplicação pela via *inversa*, que foi reconhecida e consolidada a partir do Código de Processo Civil de 2015, regulamentando o incidente da desconsideração da personalidade jurídica, que está regulado pelos artigos 133 a 137 do Código de Processo Civil, podendo ser resolvido em decisão interlocutória ou na sentença, dependendo do rumo adotado para essa modalidade especial de intervenção de terceiros que está finalmente regulamentada pela legislação brasileira, pondo fim às outrora denominadas *teoria maior e teoria menor da desconsideração da personalidade jurídica*, as quais ocupavam longos debates para definir se a desconsideração da personalidade jurídica poderia ser aplicada episodicamente no curso de qualquer processo, sem a intervenção da sociedade empresária, ou se essa sociedade precisaria participar obrigatoriamente da ação originária que decretava a sua pontual desconsideração judicial, permitindo que a sociedade se manifestasse processualmente por ocasião da execução do julgado.

Atualmente, o incidente da desconsideração da personalidade jurídica pode ser instaurado a pedido da parte ou do Ministério Público, quando lhe couber intervir no processo (CPC, art. 133), sendo cabível em todas as fases do processo de conhecimento, no cumprimento de sentença e na execução fundada em título executivo extrajudicial (CPC, art. 134), sendo anotada no distribuidor a instauração do incidente como pedido autônomo (CPC, art. 134, § 1.º), distribuído por conexão ao processo originário.

A parte pode optar por requerer a desconsideração da personalidade jurídica na própria petição inicial (CPC, art. 134, § 2.º), por exemplo, em uma ação de investigação de paternidade promovida por herdeiro preterido, cumulada com petição de herança e declaração de desconsideração inversa da personalidade jurídica (CPC, art. 133, § 2.º), para que os bens desviados da pessoa física do autor da herança para o patrimônio da sociedade empresária onde ele era sócio retornem ao acervo particular do sucedido e, assim, em sua integralidade para o rol de bens a serem inventariados e não mais diluídos em quotas ou ações societárias.

Quando a desconsideração da personalidade jurídica for instaurada em incidente próprio e não levantada na própria petição inicial, esse processo estará suspenso (CPC, art. 134, § 3.º), sendo ônus do promovente da desconsideração da personalidade jurídica demonstrar a concretização dos pressupostos da desconsideração para a prosperidade do incidente, sendo incontroverso que no terreno da fraude o julgador deve trabalhar com o somatório dos indícios[206] para chegar à lúcida presunção legal de que a figura da personalidade jurídica foi

---

[206] Indícios são os dados demonstrados, de caráter objetivo, que em um senso médio e dotado da necessária lógica, permite concluir que se dá o requisito de caráter subjetivo, que é o *consilium fraudis*, cujo elemento

utilizada, em desvio de sua finalidade societária, para, com esse expediente fraudatório, causar um prejuízo material ao meeiro ou aos herdeiros necessários. Instaurado o incidente, o sócio ou a pessoa jurídica será citada para manifestar-se e requerer provas cabíveis no prazo de 15 dias (CPC, art. 135), como será citado o sócio ou a sociedade caso a desconsideração da personalidade jurídica seja requerida com a petição inicial, por exemplo, em uma ação de redução de doação inoficiosa, cumulada com a *disregard inversa*, para que os bens desviados para a empresa retornem ao acervo particular do autor da herança. Nessa hipótese, a desconsideração será declarada em sentença, e não por decisão interlocutória, como acontece na hipótese de ser instaurado um incidente apenso (CPC, art. 135), cabendo agravo de instrumento da decisão interlocutória (CPC, art. 1.015, IV), ou *agravo interno*, se a decisão for proferida pelo relator (CPC, art. 136, parágrafo único).

Acolhido o pedido de desconsideração, a alienação ou a oneração de bens, havida em fraude de execução ou partilha, será ineficaz com relação ao requerente, retornando ao inventário os bens desviados via societária para afetar a legítima dos herdeiros necessários, sendo justamente esses herdeiros prejudicados em sua legítima, legitimados para atacar o ato fraudulento e violador das normas legais e impositivas que tutelam a intangibilidade e a integridade da legítima hereditária, sem que a desconsideração episodicamente decretada comprometa a personalidade jurídica da sociedade, mas que implique apenas levantar a desestimação da sua personalidade, já que o autor persegue a inoponibilidade do aporte fraudulentamente realizado em prejuízo dos herdeiros obrigatórios que reclamam a integralidade do seu haver hereditário,[207] como pode o meeiro reivindicar a sua meação no montante em que foi fraudada pelo uso abusivo da personalidade jurídica.

6.26 A EFETIVAÇÃO DA *DISREGARD* NA DISSOLUÇÃO DA UNIÃO ESTÁVEL

Tudo até agora articulado no tocante à desconsideração da pessoa jurídica, com a sua incidência no processo de divórcio ou de separação judicial, pelas ponderações já anteriormente traduzidas, resulta consequentemente, também aplicável à união considerada efetivamente estável e, portanto, comparável ao casamento civil.

Enquadrada como estável a união entre duas pessoas, merecendo a modelagem social e jurídica de legítimo núcleo familiar, entre os seus efeitos está o de instituir uma entidade familiar configurada na convivência pública, contínua e duradoura, estabelecida com o objetivo de constituição de família (CC, art. 1.723), e onde se aplica às relações patrimoniais entre companheiros, no que couber, o regime da comunhão parcial de bens (CC, art. 1.725), em que todos os bens adquiridos durante a constância da união estável são comunicáveis.[208]

Explana Basílio de Oliveira devam os bens ser partilhados em partes iguais pelos conviventes, independentemente de contribuição efetiva para a aquisição, ressalvada a possibilidade de convencionarem forma diversa de regime, por contrato escrito.[209] No Estado do Tocantins, a juíza da Vara de Família, Sucessões, Infância e Juventude da Comarca de Porto Nacional,

---

probatório concorre para a procedência da ação (BENJUMEA, Inmaculada Vargas. *El fraude en la disolución y liquidación de la sociedad de gananciales*. Navarra: Thomson Reuters Aranzadi, 2014. p. 178).

[207] GAGLIARDO, Mariano. *Sociedades de familia y cuestiones patrimoniales*. Buenos Aires: Abeledo-Perrot, 1999. p. 150.

[208] Lembrando que, no Anteprojeto do Código Civil, a união estável passa a ser regulada pelos artigos 1.564-A a 1.564-D, sendo então revogados os artigos 1.723 a 1.727.

[209] OLIVEIRA, Basílio de. *Concubinato*: novos rumos. Rio de Janeiro: Freitas Bastos, 1997. p. 23.

Dra. Hélvia Túlia Sandes Pedreira Pereira, reconheceu a ocorrência de fraude à meação em ação declaratória de união estável cumulada com partilha de bens, que tramitou sob o número 3.839/1999, e ordenou a partilha de imóvel adquirido pelos companheiros na constância da sua união afetiva, mas cujo título de propriedade foi registrado em nome de um terceiro que emprestou seu nome para permitir a subtração da economia comum da partilha de bens, não obstante o imóvel continuasse na posse do convivente varão.

Em agravo de instrumento da 7.ª Câmara Cível foi desconsiderada a personalidade jurídica de sociedade formada por dois sócios, conviventes casados pelo religioso, rejeitado pedido de liminar em embargos de terceiro opostos pela sociedade que visava a obstar arrolamento de bens promovido pela mulher. O aresto concluía existir a possibilidade de fraude do varão no tocante à divisão dos bens comuns, ocultado sob o manto da pessoa jurídica, cuja composição societária favorecia extraordinariamente o varão, que levou para a sociedade bens comuns e ficou com 90% das quotas sociais, e, além de ficar à testa da administração da empresa e ao litigar com a companheira, invocou a separação e a intangibilidade dos patrimônios, com existência distinta de seus membros.[210]

Posterior apelação cível retomou a discussão do precedente agravo de instrumento e não foi diferente a solução preconizada pela segunda instância ao julgar a empresa carecedora dos embargos de terceiro, porque ela era, em realidade, a própria parte, escondida sob o véu societário.[211]

Pode também ser vislumbrada situação fática de conviventes em que, depois de quase dois lustros de estável coabitação, o varão vem a falecer, deixando todos os bens pertencentes ao acervo comum em nome de uma empresa de transportes constituída na constância de seu primeiro matrimônio.

Refeita da fatalidade proveniente da morte de seu parceiro, depara a companheira com a realidade nunca antes atentada, de que a sua moradia, o carro de uso dos companheiros e até a vivenda praiana estavam registrados em nome daquela apresta sociedade empresária. Valendo-se dessa particularidade, a primitiva esposa, da qual o varão estava fática e conclusivamente separado, com os seus filhos conjugais, promoveram, *manu militari*, o rápido e arbitrário desapossamento da companheira, daqueles bens que, de longa data, estavam sob a sua posse, prevalecendo-se a esposa e os seus filhos herdeiros do fato de esses bens constarem em nome da pessoa jurídica.

Mantida na posse dos bens da relação convivencial, por meio de demanda possessória com pleito de liminar, seguramente, essa ação precisou discorrer acerca da desconsideração da personalidade jurídica para garantir a manutenção de posse da companheira viúva. Assim se deu porque, para fugir da legislação que ordena a partilha dos bens adquiridos na

---

[210] "Embargos de terceiro. *Disregard* ou desconsideração da personalidade jurídica. Sociedade por quotas formada por concubinos. Arrolamento de bens. Deve ser desconsiderada a personalidade jurídica de sociedade por quotas formada por dois sócios, concubinos casados pelo religioso, rejeitando-se pedido de liminar em embargos de terceiro promovidos pela sociedade, visando a obstar arrolamento de bens promovido pela mulher. Possibilidade de fraude do varão, ocultado sob o manto da pessoa jurídica. Este, em realidade, age em nome próprio e não da sociedade. Agravo improvido. Unânime" (TJRS, 7.ª Câmara Cível, Agravo de Instrumento 593074602, Rel. Des. Paulo Heerdt, j. 25.08.1993).

[211] "Embargos de terceiro. Sociedade comercial entre concubinos. Desconsideração da personalidade jurídica. Deve ser desconsiderada a personalidade jurídica de sociedade civil formada pelos concubinos quando entre si litigam. Carência de embargos de terceiro porque, em verdade, é parte" (TJRS, 7.ª Câmara Cível, Apelação Cível 594173668, Rel. Des. Paulo Heerdt, j. 26.04.1995).

constância da estável união, o companheiro valeu-se em vida, da pessoa jurídica para aportar os bens comprados para servir ao casal de companheiros, pensando haver encontrado, por detrás do véu societário, um porto seguro de incomunicabilidade dos bens. Com esse esquema, coube à companheira requerer a partilha do crescimento da sociedade empresária, a contar do início de seu estável relacionamento, sob pena de a sua inércia processual autorizar à primitiva esposa e aos filhos do casamento enriquecer ilicitamente, pois todos acabariam invadindo a meação da companheira viúva, que nada receberia, em razão de os bens amealhados durante a convivência estável constarem como propriedade da pessoa jurídica. Contudo, depois de anos de litígio e vitória no Tribunal de Justiça do Rio Grande do Sul, que admitiu a partilha do crescimento patrimonial da sociedade empresária, vulgarmente denominada valorização das quotas, o Superior Tribunal de Justiça reverteu o acórdão do TJRS, entendendo que o crescimento patrimonial de empresa constituída antes do estabelecimento da união estável, cujo acervo da empresa era formado pelos bens comprados na constância da união estável, mas em nome da pessoa jurídica, nada mais representava esse crescimento patrimonial senão um mero fenômeno econômico,[212] permitindo que a companheira fosse literalmente lesada, primeiro porque os bens de uso familiar estavam em nome da empresa e não foram partilhados, pois pertenciam tecnicamente à empresa, e depois no tocante a todos os demais bens comprados efetivamente em nome da sociedade empresária no curso da união estável.

Deve-se salientar que não é relevante a empresa ter sido constituída antes de iniciada a união estável, porque não há como deixar de considerar a evolução patrimonial da sociedade empresária durante a vigência do relacionamento, fato bastante comum, quando parceiros já figuram como sócios de empresas formatadas antes de estabelecida estável convivência. No entanto, longo relacionamento desenvolve-se entre pessoas em estável união, sendo incontestável e indisfarçável o vigoroso crescimento da empresa que do passado só guarda a formal constituição, mas com gradativa evolução patrimonial que deve ser partilhada em razão da valorização das quotas sociais. Isso porque os bens adquiridos na constância do relacionamento devem ser divididos entre os cônjuges ou companheiros, independentemente de demonstração de colaboração para a formação do patrimônio, devendo a partilha incidir sobre o crescimento patrimonial da empresa e da qual o consorte ou companheiro é sócio, conforme artigo 1.660, V, do Código Civil, cujo dispositivo também é aplicável à união estável, como decidiu o Desembargador Sérgio Fernando de Vasconcellos Chaves.[213]

---

[212] "Recurso especial. Direito civil. Família. União estável. Regime de bens. Comunhão parcial de bens. Valorização de cotas sociais. 1. O regime de bens aplicável às uniões estáveis é o da comunhão parcial, comunicando-se, mesmo por presunção, os bens adquiridos pelo esforço comum dos companheiros. 2. A valorização patrimonial das cotas sociais de sociedade limitada, adquiridas antes do início do período de convivência, decorrente de mero fenômeno econômico, e não do esforço comum dos companheiros, não se comunica" (STJ, 3.ª Turma, REsp 1.173.931/RS, Rel. Min. Paulo de Tarso Sanseverino, j. 22.10.2013).

[213] "União estável. Dissolução. Partilha de bens. *Disregard*. 1. Incontroversa a existência da união estável, imperiosa a divisão igualitária dos bens adquiridos na constância da vida em comum, independentemente da contribuição efetiva de cada convivente. Inteligência da Lei n.º 9.278/96. 2. Ainda que as empresas tenham sido constituídas antes do início da união estável, o crescimento patrimonial verificado por elas durante o tempo da convivência deverá ser alvo de partilha, mormente quando o patrimônio da empresa era usado pela família e se confundia com o patrimônio do casal. Recurso provido" (TJRS, 7.ª Câmara Cível, Agravo de Instrumento 7006007553, Rel. Des. Sérgio Fernando Chaves de Vasconcellos, j. 14.05.2003).

Em suma, o crescimento patrimonial configura, em realidade, um acréscimo dos bens, uma valorização das quotas sociais, a qual foi experimentada durante o período da vida em comum e por isso se torna patrimônio comum, partilhável, por evidente, na extensão da valorização, como decidiu desta feita a 8.ª Câmara Cível do Tribunal de Justiça do Estado do Rio Grande do Sul.[214]

Assim se expressa o relator Desembargador Rui Portanova a respeito da valorização das quotas sociais:

> A valorização das quotas sociais não é mesmo fruto civil ou do trabalho. Até porque, se fosse, a depender do regime de bens ou da interpretação que se dá às normas legais atinentes ao regime de bens, aí sim ela seria patrimônio exclusivo a não ser partilhado. É justamente por *não ser* fruto civil ou do trabalho que a valorização que as quotas sociais experimentam durante o período de união estável integra o patrimônio comum a ser partilhado. Vale a pena ressaltar para dissipar uma confusão constante nas razões de apelo, que falar em *valorização das quotas sociais* é bem diferente do que falar em *valorização do patrimônio social*. O "patrimônio social", com o perdão da redundância, é o patrimônio da própria sociedade, e não dos sócios. Qualquer valorização que ele – patrimônio da sociedade – experimentar vai reverter em favor da própria sociedade. Em outras palavras, a valorização do patrimônio da sociedade vai passar a integrar o patrimônio da própria sociedade, e não de seus sócios. As quotas sociais, de outra banda, são de propriedade de cada um dos sócios, enquanto pessoas físicas. As quotas sociais não integram o patrimônio da sociedade, mas sim o patrimônio dos sócios. Logo, a valorização das quotas é algo que passa a integrar o patrimônio pessoal dos sócios, enquanto pessoa física. É um acréscimo patrimonial que a pessoa física do sócio experimenta. Enfim, o acréscimo patrimonial representado pela valorização das quotas sociais durante o período da união estável, por não se enquadrar em nenhuma das hipóteses de exclusão da comunhão no regime da comunhão parcial, deve integrar o patrimônio a ser partilhado.

O voto contrário é do Desembargador José Ataídes Siqueira Trindade e sua divergência está edificada na ideia de a valorização das quotas sociais não representar um aumento de patrimônio destinado à divisão, porque seria como se um dos cônjuges, casado pela comunhão parcial de bens, tivesse uma casa antes do casamento e esse bem fosse valorizado pelo tempo, não comportando sua partição entre os cônjuges.

Teria razão o voto divergente se a valorização do imóvel fosse mera consequência do decurso do tempo ou por fatores alheios à atividade econômica dos cônjuges ou conviventes. Nessas hipóteses, a valorização ou desvalorização do bem seria obra do destino e do curso da vida. Entretanto, outra coisa é quando um bem inicialmente próprio sofre melhorias e, portanto, valorização econômica, aumentando seu valor, especialmente quando sucede um verdadeiro crescimento do patrimônio da empresa, com novos investimentos, maior área física e redimensão do seu ativo imobilizado, que passa por excepcional ampliação estrutural.

---

[214] "Apelação. Prestação jurisdicional insuficiente. Inocorrência. Marco inicial da união estável. Especificação. Valorização de quotas sociais. Partilha. Desconsideração da personalidade jurídica. Cabimento. Os pedidos [...]. As quotas sociais das empresas eram patrimônio exclusivo do *de cujus*. No entanto, a valorização experimentada por tais quotas durante o período em que o *de cujus* viveu em união estável é patrimônio comum que, por isso, deve ser partilhado. Ficou demonstrado que o *de cujus* abusou da personalidade jurídica de suas empresas, ao utilizar de forma indevida delas para o fim de ocultar bens passíveis de partilha. Nesse contexto, cabível desconsiderar a personalidade jurídica das empresas. Rejeitaram a preliminar e negaram provimento ao primeiro apelo. Unânime. Deram parcial provimento ao segundo. Por maioria" (TJRS, 8.ª Câmara Cível, Apelação Cível 70012310058, Rel. Des. Rui Portanova, j. 27.04.2006).

Cap. 6 · CONFLITOS DE DIREITO DE FAMÍLIA E DESCONSIDERAÇÃO DA PERSONALIDADE | **745**

As melhorias e aperfeiçoamentos surgidos durante a união da entidade familiar conferem um maior valor aos bens próprios de cada parceiro e se tornam bens comuns, porque, do contrário, haveria enriquecimento indevido se um dos cônjuges ou conviventes investisse a energia e os recursos hauridos na relação estável exclusivamente para conferir maior valor aos seus bens pessoais. As melhorias, o crescimento, a valorização que agregou maior valor ao bem particular é que se constitui em um bem partilhável, porque derivou dos fundos conjugais e, por conseguinte, não pode reverter apenas em benefício de um dos conviventes ou cônjuges. Pode até o consorte manter o bem sob sua propriedade única, mas, certamente, dará lugar a um crédito ou a sua compensação com outro bem, porque a valorização dos bens próprios se deu pelo concurso do casal e essa circunstância guarda uma inescondível significação econômica passível de partição, salvo se as melhoras ou a valorização tivessem se dado com fundos próprios do proprietário exclusivo do bem, ou se a valorização decorreu de bens que já pertenciam à sociedade empresária antes do matrimônio do sócio.

Esta é a lição de Carlos H. Vidal Taquini ao expressar que: "Se o aumento é obra do homem, realizado com fundos comuns, operará o princípio da ascensão e a mais-valia se incorpora ao bem ao qual acede e, portanto, o bem continuará sendo próprio, porém, surge um crédito partilhável contra o cônjuge que recebeu a melhoria pelo valor agregado".[215]

Entretanto, como anteriormente explanado (item 2.6. *supra*), prevalece a versão jurisprudencial do REsp 1.173.931/RS da 3.ª Turma do Superior Tribunal de Justiça, da relatoria do Ministro Paulo de Tarso Sanseverino, datado de 22 de outubro de 2013, no sentido de que a valorização das quotas sociais é crédito da sociedade empresária. Muito embora novas vozes tenham se mostrado contrárias ao raciocínio empregado pelo STJ, no REsp 1.173.931/RS, que desconsidera a relevância das qualidades subjetivas dos sócios, deixando de sopesar nuances do caso concreto, e que muitas vezes demonstram uma correlação direta entre a perspicácia e a capacidade gerencial do sócio cônjuge com seu particular empenho para crescimento da empresa e os resultados exitosos alcançados pela companhia em seara econômica.[216]

6.27 A COMUNHÃO DE RESÍDUO DO DIREITO ITALIANO

O Código Civil italiano divide os bens em duas categorias, a saber: a) bens comuns; e b) bens pessoais. Os bens comuns são subdivididos em duas classes: *a comunidade imediata* e a *comunidade de resíduo*. Os bens objeto da *comunione de resíduo* são próprios do cônjuge e se tornam comuns com a dissolução do relacionamento. Nessa senda de bens está a empresa constituída antes da celebração do matrimônio pelo cônjuge empresário que a mantém como bem próprio e pessoal, porque os bens que compõem a sociedade jurídica não mudam sua condição de pessoais por causa do casamento, porém seus incrementos e benefícios produzidos depois das núpcias pertencem à comunidade de resíduo e ao tempo da separação são liquidados como bens comuns e se dividem a razão de 50% para cada cônjuge, qual seja, repartem-se como os demais bens do casamento.[217]

---

[215] TAQUINI, Carlos H. Vidal. *Régimen de bienes en el matrimonio*. 3. ed. Buenos Aires: Astrea, 1990. p. 212.

[216] MAZZEI, Rodrigo; PINHO, Fernanda Bisoli. A valorização das quotas sociais e a sua projeção para a sucessão *causa mortis*, o divórcio e a dissolução da união estável. *Revista Nacional de Direito de Família e Sucessões*, Porto Alegre: Magister, n. 52, jan./fev. 2023. p. 170.

[217] ASURMENDI, Camino Sanciñena. Régimen económico matrimonial del comerciante. Madrid: Dykinson, 1996. p. 106-110.

6.28 A *DISREGARD* E A DIVISÃO DE QUOTAS SOCIAIS

Conforme tem sido mostrado ao longo deste estudo acerca da teoria da desestimação da personalidade social, a sua aplicação processual no Direito de Família pode resultar em inúmeros efeitos, por exemplo, a ordem judicial de retorno ao acervo conjugal dos bens passados fraudulentamente para a sociedade empresária, desconsiderando a sua transferência para a sociedade e ordenando a sua integral partilha.

Existindo outros bens no acervo do casal, a sentença judicial pode ordenar a sua mera compensação em prol do cônjuge ou companheiro prejudicado, até o montante da massa de bens desviados com o uso da máscara societária. Da mesma forma, a decisão pode ser orientada pela simples e episódica desconsideração de qualquer alteração contratual que tenha sido utilizada para reduzir a participação societária do cônjuge ou convivente, buscando, assim, excluir sorrateiramente da partilha das quotas sociais de uma empresa conjugal, sendo as quotas apuradas de acordo com o correspondente lastro patrimonial do ente moral, porquanto, ao esvaziar suas quotas, o consorte empresário exaure a participação conjugal no capital da empresa.

Igualmente, o julgador que examina o processo de divórcio ou de dissolução da relação afetiva do casal pode simplesmente ignorar qualquer transação que simule a retirada de um sócio meramente conivente, em que a sua participação na empresa estaria sendo justamente paga com expressivos bens da sociedade, em um notório ajuste concertado em fraude exclusiva à meação da mulher de um dos sócios remanescentes e que enfrenta seu divórcio em juízo, ou está em vésperas de promovê-lo.

Entretanto, tudo o que o juiz do processo de divórcio judicial ou de dissolução da união estável não pode ordenar é a dissolução da sociedade empresária para efeitos de partilha e, muito menos, para a inclusão do cônjuge ou companheiro como sócio da empresa, salvo exista previsão no contrato social.[218] Na ausência de disciplina contratual acerca do destino das quotas sociais em razão do divórcio judicial,[219] ou dissolução de união estável, o ex-cônjuge do sócio não podia

---

[218] "Ação de reconhecimento de união estável cumulada com separação judicial, pedido de alimentos e partilha de bens. Pedidos cautelares apensos. 1. Agravo retido contra decisão que deferiu arrolamento cautelar de bens. [...] Desconsideração da personalidade jurídica. É de desconsiderar a pessoa jurídica enquanto tal e considerá-la como instrumento para afastar a incidência das normas jurídicas, para distorcer ou esconder a verdade, atingindo fins contrários ao Direito. Em face de veementes indícios de que isso teria ocorrido, deve o juiz corrigir os desvios da utilização da pessoa jurídica, para, ignorando a cortina que separa a pessoa jurídica das pessoas físicas que a compõem, enxergarem a realidade, o que efetivamente ocorre. Parece correto considerarem-se dois fenômenos jurídicos como sendo aqueles em que se deve aplicar a teoria da desconsideração da pessoa jurídica: são as sociedades unipessoais e os grupos de sociedades. Em ambas as hipóteses, falta à sociedade autonomia de vida e de vontade e isso diz respeito também àquelas sociedades que não são rigorosamente unipessoais, mas que funcionam com o auxílio de testas de ferro do único sócio real. Situação que se configura no caso, onde o varão é detentor de 99% das quotas sociais, gerindo com exclusividade os bens da empresa, que, assim, confunde-se com sua pessoa física. 9. Impossibilidade, nesta sede, de dissolver sociedade comercial da qual os cônjuges são sócios. Trata-se, a toda evidência, de matéria atinente ao Direito Comercial, regido por normas especiais, que refogem ao âmbito familiarista. Tal pretensão necessita ser deduzida em ação própria, não cabendo neste feito discutir como se dará a exclusão da autora daquele ente societário [...]" (TJRS, 7.ª Câmara Cível, Apelação Cível 70007268600, Rel. Des. Luiz Felipe Brasil Santos, j. 18.02.2004).

[219] "Ação de separação consensual. Partilha de quotas de sociedade de responsabilidade limitada. Determinação de transferência da metade das quotas pertencentes ao varão para a mulher. Inadmissibilidade. Formação apenas de uma subsociedade. Situação que não autoriza a inclusão da adquirente como

Cap. 6 · CONFLITOS DE DIREITO DE FAMÍLIA E DESCONSIDERAÇÃO DA PERSONALIDADE

exigir desde logo a parte que lhe cabia na quota social, mas concorrer à divisão periódica dos lucros, até a liquidação da sociedade,[220] conforme consta do artigo 1.027 do Código Civil,[221] cuja dificuldade foi superada pelo vigente Código de Processo Civil (CPC, art. 600, parágrafo único).

O Código Civil freia a pretensão dos sucessores do cônjuge sócio falecido ou divorciado judicial ou extrajudicialmente, de exigirem a parte que lhes cabe na quota social, ficando diferido esse direito para um momento posterior, podendo perceber a divisão periódica dos lucros, até a liquidação da sociedade, de modo a manter incólume o patrimônio da sociedade e barrando o ingresso de estranhos sem nenhuma *affectio societatis*,[222] mas essa impropriedade foi corrigida pelo Código de Processo Civil.

Do mesmo modo, inviável pretender que a partilha dos bens conjugais ou da união estável alcance a divisão do patrimônio da empresa da qual um dos cônjuges ou conviventes é sócio, porquanto o cônjuge de sócio receberá quotas sociais e com elas promoverá posteriormente e no juízo cível ou empresarial a competente ação de apuração de haveres.

De acordo com Cristiano Graeff Jr.,[223] no decorrer da sociedade, o sócio se sujeita às condições do respectivo contrato social, e esse *status* de sócio é conferido ao cônjuge admitido pela sociedade, em caráter personalíssimo e, por isso, não se comunica ao seu cônjuge ou ao companheiro em razão da *affectio maritallis* ou por consequência do regime de bens. A apuração do valor das quotas ou da sua valorização, se a empresa foi constituída antes do relacionamento afetivo, e se nesse sentido compreender algum tribunal estadual na contramão do entendimento atual do Superior Tribunal de Justiça, só terá lugar na dissociação parcial ou total da sociedade empresária, cuja terminologia aceita pelo Código Civil de 2002 foi adotada sob o título de *resolução*, com o pleito da apuração de haveres.

Em complemento, aduzia Graeff em referência ao diploma comercial revogado[224] que a dissolução exige hipótese taxativamente enumerada na lei ou no contrato, sendo vedado, fora

---

sócia da empresa. Existência de cláusula contratual que proíbe os sócios de transferir suas quotas sem a expressa concordância dos demais. Inteligência dos artigos 334 do Código Comercial e 1.388 do Código Civil. O acordo celebrado entre casal em ação de separação consensual não pode se sobrepor ao previsto no contrato social. A partilha das quotas pertencentes ao varão forma apenas entre ele e sua ex-esposa uma subsociedade, não a incluindo como sócia da empresa. Assim, não pode ser determinado que a sociedade primitiva transfira a sua parte das quotas para o nome da sua ex-esposa, passando a figurar no quadro social sem aquiescência dos demais" (TJSC, 1.ª Câmara Cível, Agravo de Instrumento 96.003109-0, Rel. Des. Carlos Prudêncio, j. 25.03.1997).

[220] CAMPINHO, Sérgio. *O direito de empresa à luz do novo Código Civil*. 3. ed. Rio de Janeiro: Renovar, 2003. p. 199.

[221] O artigo 1.027 do Código Civil expressa: "Os herdeiros do cônjuge de sócio, ou o cônjuge do que se separou judicialmente, não podem exigir desde logo a parte que lhes couber na quota social, mas concorrer à divisão periódica dos lucros, até que se liquide a sociedade".

[222] CAMPINHO, Sérgio. *O direito de empresa à luz do novo Código Civil*. 3. ed. Rio de Janeiro: Renovar, 2003. p. 115-116.

[223] GRAEFF JR., Cristiano. *Compêndio elementar das sociedades comerciais*. Porto Alegre: Livraria do Advogado, 1997. p. 302-304.

[224] GRAEFF JR., Cristiano. *Compêndio elementar das sociedades comerciais*. Porto Alegre: Livraria do Advogado, 1997. p. 304. Escreve Graeff Jr. (p. 308) que: "O outro cônjuge, durante a vida conjugal e quando esta cessar, não dispõe de meios jurídicos para provocar a dissociação, que fica ao critério do sócio e do negócio em que se envolveu. A mesma coisa acontece com os seus sucessores, que recebem a herança com as suas forças. A subsistência da sociedade comercial depende exclusivamente da lei e do contrato. O juiz não pode determinar que o cônjuge sócio promova a dissociação nas hipóteses em que ela depende apenas de sua vontade. Nessas hipóteses não cabe indagar se é conveniente ou não a requerer. O titular do direito é o único autorizado a exercê-lo. Ninguém pode ser obrigado a fazer ou não fazer

desses casos, que o cônjuge ou o companheiro dissolva a sociedade empresária em execução de partilha, mesmo depois de haver recuperado com a aplicação da teoria da desconsideração da sociedade jurídica a quota social que o seu parceiro tentou dissipar escondido atrás do biombo do absolutismo da personalidade jurídica.

Era a orientação colhida do artigo 334 do Código Comercial e, na atualidade, o artigo 1.027 do Código Civil de 2002,[225] ostentando a meeira a condição de sócia do sócio, na divisão das quotas deste último, ficando ambos em condomínio de quotas, sem que com isso ela tivesse, como continua sem ter, qualquer ingerência sobre a pessoa jurídica, podendo, no entanto, promover ação de apuração de haveres (CPC, art. 600, parágrafo único).

É como sustentou o então juiz da Vara de Família em Criciúma, Santa Catarina, ex-desembargador e atualmente advogado, Dr. Jorge Luís Costa Beber, na sentença por ele proferida na ação de partilha 020.98.003319.5, ao referir ser: "indisfarçável que a partilha decorrente do regime de bens não poderá interferir na esfera jurídica de terceiros, sendo ilegal compelir os demais sócios a aceitar sua ex-cônjuge como sócia, o que seria efetuado através da simples transferência de quotas".[226] E concluiu por declarar os litigantes da ação conjugal de partilha de bem societário como condôminos em partes iguais, das quotas sociais cujo titular era o varão, sem que a sua decisão pudesse gerar efeitos perante a sociedade, valendo tão somente como uma subsociedade do quinhão societário do marido.

Nesse quadro dos fatos, compete ao subsócio promover posteriormente, no juízo cível ou empresarial, a venda da sua quota condominial por meio da ação de apuração de haveres, gozando, enquanto não extinto o condomínio, do rateio dos lucros que porventura resultarem da participação do sócio real, seu ex-cônjuge ou ex-companheiro. Conforme Marlon Tomazette, a natureza personalista da relação entre os sócios impede que haja de pleno direito a transmissão da condição de sócio aos herdeiros ou cônjuge do sócio.[227]

Este é o mesmo entendimento colacionado por Eduardo Vaz Ferreira[228] ao reconhecer o caráter personalíssimo do cônjuge que integra uma sociedade empresária, conservando ele o título de sócio com todas as prerrogativas inerentes a tal título, de modo que nem o divórcio

---

alguma coisa senão em virtude de lei (Constituição Federal, artigo 5.º, inc. II; Código Comercial, artigos 335, n.º 5, 336, n.º 1; Decreto n.º 3.708, artigo 15; Lei n.º 6.404, artigo 220)".

[225] Artigo 334 do Código Comercial: "A nenhum sócio é lícito ceder a um terceiro, que não seja sócio, a parte que tiver na sociedade, nem fazer-lhe substituir no exercício das funções que nela exercer sem expresso consentimento de todos os outros sócios; pena de nulidade do contrato; mas poderá associá-lo à sua parte, sem que por esse fato o associado fique considerado membro da sociedade". Artigo 1.388 do Código Civil de 1916: "Para associar um estranho ao seu quinhão social, não necessita o sócio do concurso dos outros; mas não pode, sem aquiescência deles, associá-lo à sociedade".

[226] Agregou aquele singular magistrado em fundamentação de sua sentença, julgado colhido da *RT* 624/91-92, com esta ementa: "Sociedade comercial. Responsabilidade limitada. Integração de sócio. Inadmissibilidade. Partilha em ação de divórcio transferindo metade das quotas do varão para a mulher. Tradição por meio de sucessão que constitui entre os dois uma nova sociedade, não fazendo da adquirente sócia da primitiva empresa. Carência da ação por falta de interesse de agir. Aplicação dos arts. 334 do C. Comercial e 1.388 do CC. A transferência de quotas de sociedade de responsabilidade limitada por força de partilha em divórcio importa tradição por meio de sucessão, não fazendo da adquirente sócia da empresa, a qual é considerada *res inter alios acta*, quer em relação aos demais sócios, quer aos credores sociais por obrigações já existentes ou futuras".

[227] TOMAZETTE, Marlon. *Direito societário*. 2. ed. São Paulo: Juarez de Oliveira, 2004. p. 131.

[228] FERREIRA, Eduardo Vaz. *Tratado de la sociedad conyugal*. 3. ed. Buenos Aires: Astrea, 1979. t. II, p. 317.

Cap. 6 · CONFLITOS DE DIREITO DE FAMÍLIA E DESCONSIDERAÇÃO DA PERSONALIDADE | **749**

nem a partilha dos bens repercutem no funcionamento da sociedade. O sócio, ao agregar um estranho ao seu quinhão social, sem o concurso dos outros, formará com ele uma subsociedade, que não será associada à empresa. Eduardo Vaz Ferreira sugere que, na divisão judicial dos bens, se promova a compensação, adjudicando ao sócio as quotas, exatamente em virtude dessa qualidade pessoal da participação social. Essa orientação vem ao encontro, justamente, do propósito compensatório que amiúde se faz possível pela aplicação judicial da *disregard*, sempre que existirem outros bens que, presentes no patrimônio conjugal, permitam sua compensação em favor do parceiro prejudicado pelo mau uso da personalidade societária, como decidiu o aresto gaúcho ao ordenar a compensação dos bens da empresa com os do acervo comum para que a sociedade do varão não tivesse seu patrimônio desfalcado, o que poderia prejudicar o bom andamento do negócio.[229]

No entanto, não existindo outros bens que possam compensar o dano causado pela manipulação societária, e se for desejo do esposo credor, pode sugerir a negociação desse seu direito sobre as quotas sociais realmente pertencentes ao acervo matrimonial, adjudicando-se de um crédito em moeda, correspondente à sua meação, contratada a forma de pagamento e, em troca, ficando liberada em definitivo a titularidade do ativo social que lhe seria correspondente. Também é preciso consignar as garantias da novação contratada, porque nunca poderá ser esquecido que, para recontabilizar esse recurso econômico, o cônjuge precisou desestimar judicialmente a sociedade empresária que seu esposo usou para extravasar os ressentimentos vividos com as suas brigas domésticas.

6.29 DIREITOS SOCIAIS E PATRIMONIAIS DO CÔNJUGE

Contudo, corrente oposta reconhece o caráter de sócio do cônjuge do sócio e afasta a natureza *intuito personae* das sociedades em nome coletivo e das sociedades limitadas, caracterizadas como sociedades de pessoas, aceitando a entrada do cônjuge ou companheiro na sociedade empresária, salvo exista no contrato social cláusula contrária. Ora, se é possível o condomínio de quota (CC, art. 1.056, § 1.º) e ambos os condôminos são sócios, não haveria qualquer ressalva se os condôminos fossem casados em comunhão e dela resultasse a transmissão das quotas sociais. Portanto, o consorte na condição de meeiro também é sócio,[230] porque quem for titular de uma participação social é membro da sociedade. Dessarte, assevera Luiz Guilherme Loureiro: "não se pode separar a qualidade de sócio do valor patrimonial da participação social, para dizer que apenas este valor entra na comunhão conjugal [...] a participação social comum pertence a ambos os cônjuges; ambos são titulares desta participação social [...] não havendo como se falar em divisão da qualidade de sócio do valor patrimonial da quota. A quota dá ensejo a uma série de faculdades, de ordem patrimonial ou não, mas não há como dividir essas faculdades em subdireitos. O próprio Código Civil fala que a quota

---

[229] "Apelação cível. Dissolução de união estável. Guarda de menor. Alimentos. Partilha de bens. Mãe com condições de cuidar do menor deve ser mantida com a guarda do filho. Alimentos fixados em valor razoável ao atendimento das necessidades do alimentando de acordo com as possibilidades do alimentante. Partilha de bens adequada; necessidade de desconstituição da personalidade jurídica de empresa do ex-companheiro. Ocorrência da *disregard*. Modificação na forma de divisão do patrimônio para que a empresa não seja sacrificada. Recurso provido, em parte" (TJRS, 8.ª Câmara Cível, Apelação Cível 70009504622, Rel. Des. Alfredo Guilherme Englert, j. 17.03.2005).

[230] LOUREIRO, Luiz Guilherme. A atividade empresarial do cônjuge no novo código civil. *In*: DELGADO, Mário Luiz; ALVES, Jones Figueiredo. *Novo Código Civil*: questões controvertidas. São Paulo: Método, 2004. p. 239.

é indivisível perante a sociedade, de forma que não se pode adjudicar a um dos meeiros os direitos patrimoniais e a outro a qualidade de sócio".[231]

Portanto, se o marido ou companheiro constava como sócio, podia se retirar da sociedade a qualquer tempo, bastando que notificasse os demais sócios, e como a esposa ou companheira, dependendo do regime de bens, como meeira, com o divórcio ou dissolução, se torna sócia pela efetiva adjudicação da quota, tanto que, em conformidade com o artigo 1.027 do Código Civil, o cônjuge de sócio não podia exigir desde logo o valor patrimonial de sua quota e deveria continuar na sociedade até a sua liquidação, nesse caso, seus direitos não se resumem à retirada dos lucros, porque também pode exercer os demais direitos sociais, como fazem os sócios, salvo exista, no contrato social, alguma cláusula expressa que exija o consentimento de todos os sócios para que o cônjuge meeiro de algum deles exercite tais direitos.[232]

---

[231] LOUREIRO, Luiz Guilherme. A atividade empresarial do cônjuge no novo código civil. *In*: DELGADO, Mário Luiz; ALVES, Jones Figueiredo. *Novo Código Civil*: questões controvertidas. São Paulo: Método, 2004. p. 257.

[232] LOUREIRO, Luiz Guilherme. A atividade empresarial do cônjuge no novo código civil. *In*: DELGADO, Mário Luiz; ALVES, Jones Figueiredo. *Novo Código Civil*: questões controvertidas. São Paulo: Método, 2004. p. 258-259.

Capítulo 7
A DESCONSIDERAÇÃO DA PERSONALIDADE JURÍDICA NO ÂMBITO DOS ALIMENTOS

7.1 A DESCONSIDERAÇÃO E OS ALIMENTOS

Com singular precisão, escreveu Rolf Serick, citado por Fassi e Bossert,[1] que não se identificar a sociedade jurídica com os homens postados por detrás dela e respeitar dogmaticamente a personalidade do ente social poderiam, em muitos casos, levar a convalidar atos que o direito não pode respeitar sem desmentir os seus próprios fins.

Certamente, como assevera Guillermo Julio Borda, especialmente em sede de direito alimentar, por não se tratar o instituto da desconsideração da personalidade jurídica de um recurso excepcional, quando um devedor de alimentos recusa por meio de subterfúgios vis, como o uso de interpostas pessoas físicas, ou pelo uso abusivo da personalidade jurídica, para se esquivar de pagar o nutriente fundamental para a subsistência do ser humano, violando a lei com esse singelo expediente, não pode a aplicação da desconsideração da pessoa natural ou jurídica ser tratada como uma via judicial de exceção, pois exceção seria permitir sua confirmação sempre que detectada a via abusiva nos autos e, conforme Rolf Serick, aquele que nega a personalidade é quem abusa dela, e lutar contra semelhante desvirtuamento é afirmar a sua personalidade jurídica.[2]

Sérgio Gilberto Porto não chegou à conclusão diferente quando escreveu, em sua doutrina e prática sobre alimentos, que:

> [...] o direito de família e em especial a matéria alimentar não podem conviver e/ou pactuar com a fraude, através do uso e abuso da personalidade jurídica. O direito não cria a realidade, o direito, em verdade, serve à realidade e se esta aponta para a existência de estratagemas onde certa pessoa física foge de suas obrigações e busca guarida sob o manto de uma pessoa jurídica é imprescindível que se supere a existência da personalidade jurídica, aos efeitos de assegurar a justa aplicação do direito contra a pessoa física que procura se valer da condição, por exemplo, de sócio (inclusive oculto) de determinada empresa. É, pois, dever do profissional jurídico usar dos meios necessários para a satisfação do direito violado ou ameaçado e, dentre estes meios, evidentemente que uma arma eficaz contra a burla da realidade é exatamente a possibilidade da incidência da teoria da desconsideração da personalidade jurídica.[3]

---

[1] FASSI, Santiago; BOSSERT, Gustavo. *Sociedad conyugal.* Buenos Aires: Astrea, 1978. t. II, p. 213.
[2] BORDA, Guillermo Julio. *La persona jurídica y el corrimiento del velo societario.* Buenos Aires: Abeledo-Perrot, 2000. p. 84.
[3] PORTO, Sérgio Gilberto. *Doutrina e prática dos alimentos.* 3. ed. São Paulo: RT, 2003. p. 125.

Provavelmente, no âmbito dos alimentos judicialmente requisitados é onde ocorrem com maior e mais inquietante frequência os atos de dissimulação pela via societária da verdadeira capacidade econômica e financeira da pessoa física atrelada a um dever legal de alimentos.[4] Por essa razão, asseveram Caimmi e Desimone[5] estarem convencidos de que os mecanismos de penetração das formas jurídicas são perfeitamente aplicáveis aos casos de insolvência alimentar fraudulenta. Entretanto, a desconsideração da personalidade física ou jurídica não só deve servir aos casos de insolvência alimentícia fraudulenta, mas, também, ao seu arbitramento no processo ordinário de conhecimento e fixação da obrigação alimentar, como ainda no tocante à sua revisão incidental e execução judicial,[6] mesmo porque, consoante dispõe o artigo 134 do Código de Processo Civil, o incidente de desconsideração é cabível em todas as fases do processo de conhecimento, no cumprimento de sentença e na execução fundada em título executivo extrajudicial.

Não há como esquecer, na diuturna prática forense, ser atividade corrente no arbitramento do direito alimentar o recurso judicial à útil *teoria da aparência*,[7] sempre quando o alimentante é empresário, profissional liberal ou autônomo e até mesmo quando se apresente supostamente desempregado, embora ele circule ostentando riqueza incompatível com a sua alegada carestia, como por sinal também decidiu a justiça carioca ao condenar um homem a pagar pensão alimentícia de dois filhos gerados em seu ex-relacionamento, que dizia ter sofrido drástica redução de seus rendimentos, tendo a mãe comprovado que o alimentante circulava ostentando riqueza e que em realidade ele possuía uma confortável situação financeira, usufruindo de vários bens com alto valor agregado, sendo condenado a repassar 25% de seus rendimentos líquidos e financiar os uniformes, material escolar e o plano de saúde dos jovens.

---

[4] MADALENO, Rolf. A *disregard* nos alimentos. *In*: WAMBIER, Teresa Arruda Alvim; LEITE, Eduardo de Oliveira (coord.). *Direito de família*: aspectos constitucionais, civis e processuais. São Paulo: RT, 1999. p. 357.

[5] CAIMMI, Luis Alberto; DESIMONE, Guillermo Pablo. *Los delitos de incumplimiento de los deberes de asistencia familiar e insolvencia alimentaria fraudulenta*. 2. ed. Buenos Aires: Depalma, 1997. p. 23.

[6] "Agravo de instrumento. Alimentos provisórios devidos à menor impúbere. Incidência de descontos sobre pagamento efetuado por empresa à outra. Alimentante que é proprietário de empresa que recebe pagamento em virtude de prestação de serviços. Descontos incidentes sobre a contraprestação. Confirmação da decisão. Possibilidade de desconsideração da personalidade jurídica para fins de se dar efetividade ao cumprimento obrigacional" (TJMG, 2.ª Câmara Cível, Agravo de Instrumento 1.0000.00.354133-1/000 (1), Rel. Des. Brandão Teixeira, j. 10.02.2004).

[7] "Alimentos para filho. *Quantum*. *Disregard*. Sinais exteriores de riqueza. Os alimentos devem ser fixados de acordo com a necessidade do alimentando e tendo em vista as reais possibilidades do alimentante, entendendo-se como tais, não aquelas por ele alegadas, mas aquelas que a aparência do seu contexto de vida evidencia. Os bens em nome do apelante, de sua empresa e de terceiros parentes são indicadores de que sua situação é diversa da alegada, tendo ele capacidade econômica bem superior àquela que pretende demonstrar. Recurso desprovido" (TJRS, 7.ª Câmara Cível, Apelação Cível 599243862, Rel. Des. Sérgio Fernando de Vasconcellos Chaves, j. 16.06.1999).

"Alimentos. Sinais exteriores de riqueza. *Disregard*. *Quantum*. Litigância de má-fé. 1. A verdadeira possibilidade do alimentante não decorre do que ele alega, mas do que evidenciam os sinais exteriores de riqueza. Bens registrados como fachada em nome de amigos, mas que não saíram de fato do controle do alimentante caracterizam a *disregard*. 2. Os alimentos devem se adequar à possibilidade de quem alcança e à necessidade de quem os recebe. 3. Evidenciada a intenção procrastinatória do alimentante através de reiterados recursos decorrentes dos alimentos, é de ser mantida a condenação à pena de litigância de má-fé" (TJRS, 7.ª Câmara Cível, Apelação Cível 70000235325, Rel. Des. Sérgio Fernando de Vasconcellos Chaves, j. 17.11.1999).

Cap. 7 • A DESCONSIDERAÇÃO DA PERSONALIDADE JURÍDICA NO ÂMBITO DOS ALIMENTOS | **753**

É prova praticamente impossível aferir a exata dimensão dos regulares e periódicos ingressos financeiros dos alimentantes quando não são empregados ou funcionários públicos e, sobre a base dos seus ganhos, ser calculada a justa soma do abono alimentar. A única modalidade desse arbitramento judicial está no ato de o julgador coletar elementos probatórios de convicção pessoal, sustentados na envergadura do patrimônio socialmente ostentado pelo obrigado alimentar.

Portanto, o acesso de convencimento judicial da capacidade alimentária acaba buscando parâmetros no cabedal de bens do alimentante, mais apropriadamente nos indícios e nas presunções da riqueza por ele exteriorizada, tudo vinculado ao seu modo de viver e à atividade singular ou plural por ele profissionalmente desenvolvida.

No trato processual dos alimentos, a pesquisa desses ingressos tem sido costumeiramente dificultada pelo alimentante, quando, sendo ele sócio de alguma empresa, aproveita-se desse fato para agir sub-repticiamente, escondido sob o véu empresarial, mantendo vida e atividade notoriamente faustas, em contraponto ao seu miserável estado de quase indigência, considerando os parcos rendimentos alcançados pela sociedade empresária a título de *pro labore*, isto quando ele não se retira ficticiamente do quadro social da empresa, não obstante siga atuando na sociedade na falsa condição de preposto.

Sobre a tutela da aparência, Teresa Arruda Alvim Wambier[8] encontra, na teoria da desconsideração da pessoa jurídica, uma justa solução de resolução do litígio alimentar naquelas situações em que o ex-marido, e vale para o ex-companheiro e pai, hesita em prestar alimentos aos seus dependentes e alega ter baixos rendimentos, enquanto transita publicamente soberbo, exteriorizando senão o luxo com excesso, ao menos demonstra não se privar de um bom padrão de vida social bem diferenciado da sua exteriorização verbal, numa manifestação diária na contramão de sua postura processual.

Na Apelação Cível 597135730 da 7.ª Câmara Cível do TJRS, foram mantidos alimentos provisionais de doze salários mínimos para a esposa, mais despesas de moradia e saúde, valendo-se da aparência de riqueza externada antes do processo fático de separação,[9] sendo destacado no voto a forma fraudulenta pela qual o marido, já visualizando a separação do casal, "doou" ao seu pai a sua participação societária na R. Engenharia, em uma inequívoca intenção de inviabilizar qualquer valor digno de pensão para a ex-esposa.

Ao lado de configurar uma odiosa postura criminal de abandono material, o uso abusivo, simulado ou fraudulento da pessoa jurídica no intuito de negar os adequados alimentos, permite responsabilizar criminalmente a pessoa jurídica perante uma visão atualizada do Direito.

---

[8] WAMBIER, Teresa Arruda Alvim. A desconsideração da pessoa jurídica para fins de partilha e a prova dos rendimentos do cônjuge-varão, na ação de alimentos, pelo nível da vida levada por este. *In*: WAMBIER, Teresa Arruda Alvim; LAZZARINI, Alexandre Alves (coord.). *Direito de família*: aspectos constitucionais, civis e processuais. São Paulo: RT, 1996. p. 176.

[9] Destaca o relator da Apelação Cível 597135730, o Des. Eliseu Gomes Torres, depois de referir o abandono material a que foi submetida a esposa, sentenciou acerca da riqueza ostentada, dizendo que: "[...] para quem desfrutava uma vida mais do que digna proporcionada pelo varão, até de extremo conforto, residindo em apartamento próprio do casal de quase 400 metros quadrados em zona nobre, com constantes viagens, férias em balneário da moda, automóveis individuais etc., enquanto estavam os litigantes casados, e, de repente, com o afastamento do varão do lar, se vê na penúria, ante a sonegação por parte do recorrente dos alimentos fixados judicialmente [...]".

Guilherme Calmon Nogueira da Gama aduz ter sido:

> [...] a teoria da desconsideração da personalidade jurídica, edificada no Direito Comparado, e transportada para o Direito brasileiro, e serve para reprimir práticas abusivas e ilícitas através da pessoa jurídica. Se a empresa foi e vem sendo utilizada como instrumento para encobrir a responsabilidade pessoal de um dos sócios, com finalidade de prejudicar seu credor individual, sendo que tal sócio não dispõe de patrimônio ou lastro capaz de garantir a obrigação assumida, descortina-se o véu societário para afastar a fraude ou o abuso.[10]

No âmbito dos alimentos, quando uma empresa empresta o seu véu ao sócio ávido por burlar a sua dívida alimentar,[11] não deve ficar impune ao artifício ilícito, como ocorreu na separação judicial litigiosa 01291069282, processada pela 1.ª Vara de Família e Sucessões de Porto Alegre, na qual o juiz monocrático entendeu por responsabilizar a empresa pelo pagamento da pensão arbitrada, sob cuja máscara societária o alimentante se escondia. A prova demonstrou que o réu continuava à testa da sociedade, nela comparecendo e deliberando diariamente, não obstante em seus contratos de alterações sociais tivesse sido articulada artificiosamente a sua simbólica retirada, porque a boa-fé é a alma das relações sociais.

Igual procedimento sucedeu no Agravo de Instrumento 70011424132 da 7.ª Câmara Cível do Tribunal de Justiça do Rio Grande do Sul, que aplicou a desconsideração da personalidade jurídica porque não havia como distinguir o patrimônio da pessoa física do da pessoa jurídica, e, para evitar que se eximisse o devedor da sua obrigação alimentar, ordenou a extensão dos efeitos da decisão judicial com a penetração no patrimônio do ente social.[12]

Em síntese, visa a desconsideração da personalidade jurídica a coibir, em derradeiro, essas equivocadas e acanhadas decisões judiciais[13] que teimam em decantar a autonomia patrimonial da personalidade jurídica, mesmo diante de contundentes evidências demonstrando

---

[10] GAMA, Guilherme Calmon Nogueira da. *Direito de família brasileiro*. Introdução – abordagem sob a perspectiva civil-constitucional. São Paulo: Juarez Oliveira, 2001. p. 135.

[11] SHECAIRA, Sérgio Salomão. *Responsabilidade penal da pessoa jurídica*. São Paulo: RT, 1998. p. 127, ao comentar a Lei 9.605, de 12.02.1998, que regulamenta as condutas e atividades lesivas ao meio ambiente, afirmando: "Que a responsabilidade das pessoas jurídicas não exclui a das pessoas físicas, autoras, coautoras ou partícipes do mesmo fato, o que demonstra a adoção do sistema de dupla imputação". Assevera que essa mesma Lei, em seu art. 4.º, adotou a teoria da desconsideração da personalidade da empresa. Acrescenta sobre o reconhecimento do *concurso de pessoas*, num sistema de dupla imputação que permite a persecução penal contra a pessoa jurídica e, paralelamente, contra a pessoa individual. Ver, também, sobre o mesmo tema, PASSOS, Paulo Roberto da Silva. *Crimes econômicos e responsabilidade penal de pessoas jurídicas*. São Paulo: Edipro, 1998. p. 128-129.

[12] "Dissolução de união estável. Alimentos. Responsabilidade da pessoa jurídica pelo adimplemento. Possibilidade. Aplicação da teoria da desconsideração da personalidade jurídica. Em casos onde há confusão entre pessoa física e jurídica, não havendo como distinguir os patrimônios de ambas, a fim de evitar que o devedor, de forma ilícita, se exima da obrigação alimentar, cabível é a extensão dos efeitos da decisão judicial com o intuito de invasão no patrimônio de pessoa jurídica, com o fito de restar assegurado o respectivo adimplemento. Aplicação da teoria da desconsideração da personalidade jurídica. Agravo improvido" (TJRS, 7.ª Câmara Cível, Agravo de Instrumento 70011424132, Rel. Des. José Carlos Teixeira Giorgis, j. 13.07.2005).

[13] "Reclama o Direito de Família decisões corajosas e que, sobretudo, com excepcional eficácia, coíbam de uma vez por todas este demasiado uso fraudulento e abusivo da personalidade jurídica. É como, *v.g.*, decidiu o Tribunal de Alçada de São Paulo, exarando a seguinte ementa: 'Sociedade por cotas de responsabilidade limitada. Desconsideração da personalidade jurídica. Teoria que busca atingir a responsabilidade dos sócios por atos de malícia e prejuízo. Aplicabilidade quando a sociedade acoberta a figura do sócio e torna-se instrumento de fraude' (*RT* 708/116)."

Cap. 7 • A DESCONSIDERAÇÃO DA PERSONALIDADE JURÍDICA NO ÂMBITO DOS ALIMENTOS | 755

escancaradamente a riqueza material do devedor alimentar, pois, como refere Rosa Maria de Andrade Nery, em matéria de alimentos, a pretensão de desconsideração da personalidade jurídica é inversa, destinada a permitir que o poder do credor alcance o patrimônio da empresa,[14] diante do fato de terem sido alocados em seu patrimônio bens que pertencem particularmente ao sócio, que pretende se esquivar de honrar dívidas reclamadas por credores pessoais.[15]

Quando um alimentante compra e usa bens em nome de seus parentes, o julgador, calejado com tão batidos estratagemas, já não demanda qualquer dificuldade em quantificar a pensão com suporte nessa magnanimidade abusivamente ostentada. No mesmo diapasão, afigura-se desconcertante e delicadamente injusto tolerar que o juiz articule postura distinta, apenas porque, no lugar do parente, é a empresa que assume esse posto de *presta-nome*.

Em face desses conhecidos indícios, soa covarde ante o frágil credor alimentar que decisões prossigam protegendo o sigilo e a suposta individualidade patrimonial da personalidade jurídica, nas mais diversificadas hipóteses processuais, seja pelo simples indeferimento de pedido de ofícios endereçados aos bancos onde o devedor de alimentos e sua empresa mantêm conta-corrente e aplicações financeiras, solicitando venham aos autos as contas bancárias exploradas pela pessoa física e jurídica do devedor alimentar e da qual ele é o principal sócio,[16]

---

14 "Agravo de instrumento. Ação de execução de alimentos. Decisão que decretou a desconsideração inversa da personalidade jurídica de Giovani Transportes, Turismo e Locação de Veículos Eireli, para inseri-la no polo passivo da relação processual, além de deferir a penhora *on-line*, consistente na ordem judicial de bloqueio de ativos financeiros. Inconformismo. Superveniência de homologação de acordo em primeiro grau. Recurso não conhecido" (TJSP, 9.ª Câmara de Direito Privado, Agravo de Instrumento 2073431-09.2018.8.26.0000, Apelação Cível 13360188, Ribeirão Preto, Rel. Des. José Aparício Coelho Prado Neto, j. 28.02.2020, *DJESP* 10.03.2020, p. 2227).

"Agravo de instrumento. Execução de alimentos. Decisão que indeferiu a inclusão de empresas do executado no polo passivo da execução. Executado que é sócio de sociedade limitada e empresário individual. Necessidade de desconsideração inversa da personalidade jurídica para inclusão da sociedade limitada no polo passivo da execução, viabilizando a penhora de bens da sociedade individual diante da identidade do patrimônio da empresa e de seu titular. Reforma parcial da decisão agravada. Dá-se provimento em parte ao recurso" (TJSP, 1.ª Câmara de Direito Privado, Agravo de Instrumento 2185636-44.2019.8.26.0000, Apelação Cível 13293540/SP, Rel. Des. Christine Santini, j. 07.02.2020, *DJESP* 14.02.2020, p. 2387).

"Desconsideração da personalidade jurídica inversa. Admissibilidade. Hipótese em que configurada a transferência de bens particulares do sócio executado em favor da pessoa jurídica, com retirada posterior da sociedade. Decisão reformada para autorizar a desconsideração da personalidade jurídica inversa para permitir a penhora de bens da sociedade. Recurso provido para tal fim" (TJSP, 13.ª Câmara de Direito Privado, Agravo de Instrumento 0067225-57.2011.8.26.0000, Rel. Des. Heraldo de Oliveira, j. 17.08.2011).

15 NERY, Rosa Maria de Andrade. *Alimentos*. São Paulo: Thomson Reuters/RT, 2018. p. 487.

16 Assim aconteceu no Agravo de Instrumento 598060796, na 8.ª Câmara Cível do TJRS, interposto contra decisão monocrática que indeferira no processo de redução de alimentos pedido de expedição de ofícios aos bancos requisitando os extratos das contas-correntes e aplicações financeiras existentes em nome dos empreendimentos do qual o agravado era sócio. O recurso foi provido por entender ser correto expedir tais ofícios para fornecimento de dados de movimentação financeira das empresas lideradas pelo devedor autor da revisional, eis que esses elementos interessavam à prova e não podiam ser relegados à conta do sigilo bancário, ou como dissera o juiz singular, "porque as empresas não seriam parte no feito". Notadamente deveriam ser investigadas tais movimentações bancárias, principalmente quando as empresas são invocadas para mascarar os rendimentos percebidos pelo devedor da pensão. É ponderável a lição colacionada por Vânia Siciliano Aieta (*A garantia da intimidade como direito fundamental*. Rio de Janeiro: Lumen Juris, 1999. p. 150-151), ao ressaltar que as pessoas jurídicas devem merecer a tutela à sua intimidade, tal qual ocorre constitucionalmente com a pessoa física. Contudo, quando a empresa age imbuída de má-fé, buscando ocultar direitos de terceiros, ainda que

passando, inclusive, pelo indeferimento de perícia contábil na escrita da empresa, visando ao levantamento dos ganhos hauridos pelo sócio devedor alimentar[17] ou negando a penhora de bens da sociedade empresária.[18]

Induvidoso no sopesar dos valores jurídicos deva primar o interesse do credor de alimentos prejudicado sobre o formalismo legal, devendo ser combatida qualquer tentativa de fraude e toda e qualquer manobra tendente a falsear o verdadeiro resultado do direito alimentar.

7.2 DIREITO À VIDA

A vida é o mais importante de todos os direitos, aliás, a vida é o pressuposto de todos os outros direitos, pois sem vida não há titularidade de deveres e de direitos. É direito inato, tem importância suprema, fundamental, como outros direitos subsequentes também o são, contudo deles todos tem a vida absoluta e imprescindível prioridade, porque concerne à própria existência da pessoa. A vida, afirma José Afonso da Silva,[19] é movimento espontâneo, caminha em sentido contrário à morte, pois esta é certa, mas não deve ser facilitada pela ação ou omissão do homem e do Estado. Desde o nascimento com vida começa a personalidade civil do homem; porém é a lei que põe a salvo os direitos do nascituro desde a sua concepção.

Portanto, importa ao Estado tenha o homem hígida existência física e psíquica, que cresça, seja educado e se desenvolva no âmbito de sua família, no modelo celular que serve de base à sua estrutura política e social.

Não é outra a razão pela qual a Constituição Federal garante aos brasileiros e estrangeiros residentes no País a inviolabilidade do direito à vida, como princípio fundamental, elevado pela *Carta Política* para um degrau mais alto dentre os direitos constitucionais, sendo primado absoluto do Estado garantir a vida e a subsistência do cidadão.

7.3 O HOMEM EM FAMÍLIA

Em regra, o homem não se desvincula da sua estrutura familiar, é nela que encontra e desenvolve os aspectos essenciais de sua vida.[20] É por meio da família que se perpetua a espécie humana, firmam-se os vínculos entre as diferentes pessoas. Tendo como base social o modelo familiar, o homem com sua família é alvo de permanente proteção do Estado, que deles depende para o seu crescimento econômico.

---

aja na aparência da legalidade, com efeito sua intimidade não pode ser priorizada, conquanto extrapola de suas funções delegadas por lei.

[17] "Agravo de instrumento. Deserção. Preparado o agravo de instrumento em valor ínfimo, não deve ser conhecido, por deserto. Separação litigiosa. Quebra de sigilo bancário. Em se tratando de separação litigiosa que envolve não só matéria patrimonial, mas também matéria de natureza alimentar, é cabível a quebra do sigilo bancário sobre as pessoas jurídicas das quais participa o agravado. Recurso conhecido, por maioria. Recurso provido, à unanimidade" (TJRS, 8.ª Câmara Cível. Agravo de Instrumento 70005638044, Rel. Des. José Siqueira Trindade, j. 13.02.2003).

[18] "Agravo de instrumento. Família. Execução de alimentos. Pedido de penhora de automóvel. Bem registrado em nome da empresa do agravado. Ausência de pedido de desconsideração inversa. Descabe promover a penhora de bem que está registrado em nome de terceiro, em sede de ação de execução de alimentos. Recurso desprovido" (TJRS, 7.ª Câmara Cível, Agravo de Instrumento 0346577-26.2018.8.21.7000, Rel. Des. Liselena Schiffino Robles Ribeiro, j. 13.11.2018).

[19] SILVA, José Afonso da. *Curso de direito constitucional positivo*. 8. ed. São Paulo: Malheiros, 1992. p. 182.

[20] BOSSERT, Gustavo A. *Régimen jurídico de los alimentos*. Buenos Aires: Astrea, 1993. p. 1.

Cap. 7 • A DESCONSIDERAÇÃO DA PERSONALIDADE JURÍDICA NO ÂMBITO DOS ALIMENTOS | **757**

A atual família nuclear surgiu com a revolução industrial, que concentrou densa massa populacional nos grandes centros urbanos.

Antunes Varela[21] lembra que o crescimento das cidades, em detrimento da vida campestre, importou em um nítido estreitamento das relações familiares e, assim, os laços de parentesco que antes também se estendiam na linha colateral reunindo tios, sobrinhos e primos, no culto dos mesmos avós, refere Antunes Varela, voltaram-se exclusivamente para a chamada linha reta descendente, reduzidos à chamada pequena família, formada pelo agregado dos pais e de seus filhos, estes cada vez em menor quantidade.

Essa nova concepção social de família destinou a cada componente um papel específico, mas, com efeito, todos os seus integrantes expostos à avaliação pública, vivendo e trabalhando em prol do seu núcleo celular e em benefício de um Estado que, em paralelo, cresce forte e sólido e, desse modo, retribui com uma gama de serviços e préstimos sociais que devem, em princípio, cuidar da saúde, da educação e da assistência social daqueles mais necessitados até a previdência social dos que se jubilam.

Entretanto, não se cogite de uma sociedade de homens sós, apartados do núcleo familiar, que pouco importam, formem-se pelo casamento ou fora dele, ou até mesmo proveniente da sua tendência de família monoparental,[22] porque o homem satisfaz suas necessidades dentro do núcleo familiar, onde evolui e vive prioritária e satisfatoriamente a sua existência.

7.4 INTERVENÇÃO DO ESTADO NO ÂMBITO DO DIREITO DE FAMÍLIA

Por esses mesmos fundamentos, ainda é grande a intervenção do Estado na ordem econômica e social, pois ele exerce o papel institucional de fiscalizar e normatizar o conteúdo das relações sociais, em especial na esfera familiar, com notórios reflexos na ordem econômica. Nagib Slaibi Filho[23] mostra que o intervencionismo estatal vai assumindo atividades que têm o escopo assistencial de proteger valores sociais éticos, morais e políticos e, sobretudo, atenuar a miséria para minimizar as desigualdades individuais.

Há total intervenção estatal na constituição familiar brasileira e, num primeiro plano, somente a família legítima gozou do abrigo legal. Enquanto isso, a família informal construiu a sua identidade jurídica por meio de uma lenta evolução jurisprudencial e por leis concedendo tênues, mas gradativos, direitos, até resultarem com o advento da *Carta Política* de 1988, também na proteção constitucional da família de fato como outra legítima alternativa de entidade familiar.

Por meio desse princípio exposto na Constituição Federal vigente, o Estado ampliou o seu braço protetivo ao esquema informal de vida familiar. Axiologicamente, agregou ao modelo clássico de família conjugal a família oriunda da união estável e o Supremo Tribunal Federal acolheu a família homoafetiva e declarou inconstitucional o artigo 1.790 do Código Civil (REs 646.721/RS e 878.694/MG).

Em povos politicamente organizados, interagem duas nítidas missões, uma é a do Estado, que fomenta, preserva e fortifica as funções fundamentais da família. O Estado fiscaliza

---

[21] VARELA, Antunes. *Direito da família*. Lisboa: Livraria Petrony, 1987. p. 37.

[22] Eduardo de Oliveira Leite (*Famílias monoparentais*. São Paulo: RT, 1997. p. 22) diz que: "Uma família é definida como monoparental quando a pessoa considerada (homem ou mulher) encontra-se sem cônjuge, ou companheiro, e vive com uma ou várias crianças".

[23] SLAIBI FILHO, Nagib. *Anotações à Constituição de 1988*. Aspectos fundamentais. 2. ed. Rio de Janeiro: Forense, 1989. p. 192.

e legisla sobre a constituição e dissolução das relações afetivas; sobre a proteção, formação e educação dos filhos; sobre a assistência dos incapazes; sobre aspectos econômicos da união, entre outras frentes de essencial importância para que a família experimente e alcance a sua harmônica existência.

No outro extremo aponta a família, que depende dessas mesmas condições para seu desenvolvimento, enfrentando, o mais serenamente possível, os obstáculos que a vida apresenta, mas, ao superá-los pela unidade do conjunto, logra cumprir sua função de trabalhar para que o Estado democrático também progrida repousado sobre a liberdade e igualdade[24] que mantém o Estado forte e soberano.

No Direito de Família, há menor jogo de liberdade da autonomia privada, encontrando-se limitada pela ordem pública, que sempre haverá de prevalecer em detrimento da coletividade, pois a família e seus componentes representam a espinha dorsal do Estado, não obstante venha prevalecendo a autonomia privada nas relações afetivas horizontais entre cônjuges e conviventes.

7.5 A INTERVENÇÃO ESTATAL NO DIREITO EMPRESARIAL

Em situação adicional às relações entre os homens, surge o Direito de Empresa a regular a ordem jurídica das sociedades empresárias. Pertence ao Direito Privado e tem como primado a prevalência da autonomia privada e da igualdade sobre o interesse público. No plano do Direito Público, observa Fábio Ulhoa Coelho,[25] um dos seus princípios fundamentais é o da supremacia do interesse público, para que o interesse geral prepondere sobre o particular e esse primado foi reforçado com a promulgação da Lei de Liberdade Econômica (Lei 13.874/2019).

Em apertada síntese, leis e regras impostas pelo Direito de Empresa procuram resguardar a livre-iniciativa das pessoas, mas sempre guardados os limites de atuação da vontade privada. No campo do Direito Empresarial, o Estado interfere para minimizar os efeitos da desigualdade econômica, como deve atuar para expungir qualquer desvio malicioso e abusivo do objetivo societário, como acontece quando algum sócio causa dano ilícito ao terceiro, valendo-se da máscara societária.

Importa referir em avaliação conclusiva que o ordenamento brasileiro prevê diferentes estruturas legais de organização societária e, a partir de cada um desses modelos preexistentes de contrato de sociedade empresarial, firmam e registram o seu estatuto. Portanto, a personalidade jurídica societária é formada por delegação estatal, com capacidade para adquirir direitos e contrair obrigações, pautando-se sempre pelo alcance ético, moral e jurídico fixado em lei e por seus estatutos, observados a sociedade e seus sócios pela discreta intervenção do Estado.

Assim considerado o contrato societário, não é errado afirmar que a constituição de uma personalidade jurídica dá origem a uma instituição que, como diz Enrique Zaldivar,[26] na formação de uma sociedade enxerga a criação de um sujeito de direito de posição intermediária entre a pessoa física e o Estado, justamente porque as pessoas jurídicas afetam a vida da comunidade onde se desenvolvem, interferem na economia do Estado e no bem-estar de sua população.

---

[24] PAVON, Cirilo. *Tratado de la familia en el derecho civil argentino*. Buenos Aires: Ideas, 1946. t. I, p. 33.

[25] COELHO, Fábio Ulhoa. *Curso de direito comercial*. 2. ed. São Paulo: Saraiva, 1999. v. 2, p. 9.

[26] ZALDIVAR, Enrique. *Cuadernos de derecho societário*: aspectos jurídicos generales. Buenos Aires: Abeledo-Perrot, 1980. v. I, p. 32.

Cap. 7 · A DESCONSIDERAÇÃO DA PERSONALIDADE JURÍDICA NO ÂMBITO DOS ALIMENTOS | **759**

7.6 O DIREITO ALIMENTAR

Também pelo Direito brasileiro os parentes se devem alimentos, quando, por deficiência etária, incapacidade laborativa, enfermidade grave e outras adversidades da vida, não conseguem suprir suas necessidades de subsistência.[27] O direito aos alimentos, ao lado do direito à própria vida, representa um dos dispositivos mais importantes de qualquer legislação. Diez--Picazo e Gullon,[28] citando Barbero, referem que o primeiro bem de uma pessoa dentro de uma ordem jurídica é a sua vida e seu interesse prioritário é conservá-la, e a necessidade primordial é buscar os meios para a sua conservação.

Desde as mais distantes origens, os alimentos prestados por quem tem capacidade e dever de provê-los aos seus dependentes carregam em sua natureza jurídica a função vital da sobrevivência do ser humano em processo de crescimento e de desenvolvimento físico e mental. Os alimentos também servem de suporte ao dependente que, embora civilmente capaz, ainda prossegue com os estudos de conclusão da sua formação profissional, bem como àquele que, por enfermidade grave, apresenta intransponível obstáculo e absoluta impossibilidade de prover seu sustento com o resultado financeiro de seu próprio trabalho.

Embora os alimentos não tenham origem exclusiva no parentesco, podendo surgir do casamento, da união estável, por testamento, contrato e indenização por ato ilícito, estatisticamente a obrigação alimentar encontra maior trânsito dentro da família, com a larqueza adequada aos vínculos de parentesco em linha reta, descendente e ascendente.

Também entre os irmãos colaterais e nos vínculos de conjugalidade e de convivência estável, com a característica especial de ser sempre uma obrigação recíproca, explica José Gómez,[29] já que quem está obrigado a prestá-los também tem o direito de recebê-los se se tornar necessitado e se o primitivo alimentando se encontrar em condições de socorrê-lo.

A expressão alimentos engloba o sustento, a cura, o vestuário e a casa, reza o artigo 1.920 do Código Civil brasileiro, e, se o alimentando for menor, também a educação, tudo dentro do orçamento daquele que deve prestar esses alimentos, num equilíbrio dos ingressos da pessoa obrigada, com as necessidades do destinatário da pensão alimentícia.

Também o direito alimentar, vale destacar, é de ordem pública, ao menos com relação aos menores e incapazes, conquanto prevalece o interesse social na proteção e preservação da vida e da família. Posiciona-se adiante do interesse privado, já que nele sobreleva, diz Julio Lopez Carril,[30] um comando superior que carrega um dever moral, coercitivamente imposto às pessoas já designadas pela lei civil, muito embora, tratando-se de um interesse social, também o Estado deveria arrogar a si o paritário dever de prover a subsistência daqueles necessitados que nem sequer encontram parentes que possam socorrê-los da miséria e das condições subumanas rotineiramente vivenciadas.

7.6.1 A articulação processual dos alimentos

Sendo os alimentos essenciais à sobrevivência e ao desenvolvimento da vida das pessoas, é natural que sua provisão se dê de imediato e em trato contínuo, por meio de prestações

---

27 BITTAR, Carlos Alberto *apud* MADALENO, Rolf. Alimentos e sua restituição judicial. *In*: MADALENO, Rolf. *Direito de família*: aspectos polêmicos. Porto Alegre: Livraria do Advogado, 1998. p. 47.

28 DIEZ-PICAZO, Luis; GUILLON, Antonio. *Sistema de derecho civil*. Madrid: Tecnos, 1978. v. IV, p. 53.

29 GÓMEZ, José Antonio Cobacho. *La deuda alimenticia*. Madrid: Montecorvo, 1990. p. 26.

30 CARRIL, Julio J. Lopez del. *Derecho y obligación alimentaria*. Buenos Aires: Abeledo-Perrot, 1981. p. 81.

sucessivas, exigíveis enquanto perdurarem a necessidade e a razão da obrigação alimentar. Esses alimentos judicialmente arbitrados objetivam cobrir as despesas necessárias à subsistência material e espiritual do alimentado, dentro daquela noção clássica de que os parentes têm entre si uma obrigação alimentar, enquanto os pais detêm com relação aos seus filhos menores, por decorrência do poder familiar (CC, art. 1.630), um irrestrito dever de sustento.[31]

Passado o período no qual a organização familiar estava estruturada exclusivamente no trabalho do marido, também encarregado da administração dos bens conjugais, leis e costumes orientaram-se pela igualdade jurídica do homem e da mulher, dentro e fora do casamento. Revistas as posturas axiológicas, dia a dia a família está sendo remodelada, e ficaram sem nenhum trânsito máximas como a chefia masculina e o trabalho externo apenas para o homem, dedicando-se a mulher ao repetitivo e desvalorizado labor doméstico.

Indiscutível o dever alimentar dos pais para com os seus filhos, como comanda o artigo 1.696 do Código Civil, ao endereçar aos genitores a obrigação de sustento de sua prole, em proporção aos recursos de cada um.

No tocante aos esposos e conviventes, é exegese doutrinária a paridade de deveres do homem e da mulher, em suma, do casal, acentuando-se cada vez mais rara e restrita a fixação alimentar entre pessoas vinculadas pelo casamento ou pela união estável, pois prepondera a fórmula da independência financeira, devendo os pais unir seus esforços e somar os seus recursos na assistência, criação e educação de seus filhos menores. Há muito tempo deixou de viger aquela obrigação dirigida exclusivamente ao trabalho do marido,[32] de quem era invariavelmente debitado o compromisso de manter seu grupo familiar, nele incluído um crédito vitalício de sustento da esposa, enquanto fiel à memória das núpcias desfeitas pelo divórcio. E aos filhos o marido tinha a incumbência de assegurar a estratificação social e econômica, cunhada durante a convivência familiar, cuja obrigação hoje ele divide com seu consorte.

Para Eduardo de Oliveira Leite,[33] prevalece a máxima de a prestação alimentar haver deixado de surgir apenas pela posição de esposa, mulher ou mãe, passando, isso sim, a decorrer única e exclusivamente da necessidade, em que, em princípio, os sexos já não mais diferenciam as pessoas e muito menos criam privilégios.

O certo, no entanto, é ter, em linha de absoluta prioridade, o sentido primordial dos alimentos como garantia de sobrevivência do credor alimentando. Impensável possa a pensão alimentícia sofrer qualquer solução de continuidade, como inaceitável a pensão ser alvo de artifícios, subterfúgios, simulações fáticas e recursos processuais, sempre destinados a

---

[31] MADALENO, Rolf. *Direito de família*: aspectos polêmicos. Porto Alegre: Livraria do Advogado, 1999. p. 51: "Assim, em síntese, existe *direito* alimentar relativo entre os cônjuges e de parentes distanciados em grau da sociedade doméstica e viceja um *dever* alimentar irrestrito, quando cuida de dar sustento, educação, saúde, lazer e formação aos descendentes, enquanto sob o pálio do poder familiar".

[32] Destaca Iara de Toledo Fernandes (*Alimentos provisionais*. São Paulo: Saraiva, 1994. p. 165), em nota de rodapé 86, trecho de aresto do Ministro Rodrigues Alckmin, em que expressa sua contrariedade ao indistinto crédito alimentício da mulher que se separa, como se estivesse sempre habilitada à reparação das núpcias rompidas por obra exclusiva do esposo, embora propugnasse pela irrenunciabilidade dos alimentos, como era do suplantado interpretar da Súmula 379 do STF, ao dizer então que: "Realmente, não se compreende mais, dadas as condições sociais em que vivemos, que abriram à mulher oportunidade de exercício de toda e qualquer profissão, que se imponha ao marido, após a dissolução da sociedade conjugal, a obrigação de sustentá-la, quando é certo que essa obrigação é uma decorrência dessa sociedade".

[33] LEITE, Eduardo de Oliveira. Os alimentos e o novo texto constitucional. *In*: PEREIRA, Rodrigo da Cunha (coord.). *Direito de família contemporâneo*. Belo Horizonte: Del Rey, 1997. p. 721.

Cap. 7 • A DESCONSIDERAÇÃO DA PERSONALIDADE JURÍDICA NO ÂMBITO DOS ALIMENTOS | **761**

fragmentar a resistência do alimentando, reduzindo-o pelo tempo e pelo desgaste a um intolerável estado de indigência. Deixam essas tristes estratégias profundas cicatrizes naqueles que, pela incapacidade ou pelas circunstâncias, dependem constrangidamente, do contrariado auxílio material de seus próximos.

O socorro alimentar, quando não se apresenta espontâneo, faz surgir sua pretensão processual por ação de alimentos, em tutela antecipada ou por demanda cautelar, cujo pleito alimentar pode vir cumulado com outros pedidos de caráter satisfativo, como o divórcio judicial, a dissolução judicial da união estável e a investigação de paternidade. Os alimentos liminares, por sua importância, explica Yussef Said Cahali,[34] são fixados desde logo pelo juiz em despacho fundamentado, mas sem maiores indagações de mérito.

Pode ocorrer, em outra hipótese, de os alimentos já estarem definitivamente regulamentados e, entretanto, sua satisfação emperrada pela maliciosa e injustificada inadimplência do devedor, cuja omissão obriga ao ingresso de processo executivo de alimentos, por uma das suas conhecidas modalidades de constrição patrimonial ou pessoal, quando impossível o desconto em folha de pagamento.

7.6.2 Presunção e aparência

É pressuposto de indissociável consideração judicial na quantificação dos alimentos sopesar o binômio da possibilidade e da necessidade, a importar na apreciação casuística de cada postulação alimentar, pois, nessa seara, inexistem regras e valores estanques de arbitramento processual da pensão alimentar. É fácil fixar os alimentos, pondera Paulo Lúcio Nogueira,[35] quando o requerido é funcionário público ou empregado de alguma empresa, pois, com remuneração conhecida, o magistrado ordena a incidência de desconto de certa percentagem sobre os ingressos financeiros do alimentante.

Adverte, contudo, que, tratando-se de devedor empresário, já se mostra prudente a promoção de perícia nos livros contábeis para pesquisa dos reais rendimentos do sócio de empresa. Por sua vez, no exemplo do profissional autônomo ou liberal, tem auxiliado a teoria da aparência, quando os sinais exteriores de riqueza contrastam com a alegação de rentabilidade acanhada.

Deve o juiz considerar, nesse caso, sempre que quantificar a obrigação alimentícia, não apenas os recursos que o devedor diz perceber mensalmente como empresário, autônomo ou profissional liberal, mas também os bens que compõem o seu patrimônio e exteriorizam o seu padrão social, tudo interagindo com a sua reputação no mercado de trabalho, a infraestrutura posta à sua disposição, a qualificação e o seu prestígio profissional, como fatores que isolados ou conjuntamente têm incontestável influência na probatória presunção de sua abastança.

É a *teoria da aparência* que no direito argentino encontra eco no artigo 399 do Código Civil e Comercial, ao consagrar o princípio de que ninguém pode transmitir a outro um direito melhor ou mais extenso do que possui, sem prejuízo das exceções legalmente dispostas, ou da clássica alocução latina *nemo dat quom non habit*, ou teoria da *confiança*. A teoria da aparência, no seu sentido jurídico, é aquela situação em que se apresenta como real certa circunstância, quando na verdade ela não existe, coisa que parece, mas não é, pois real é outro fenômeno. Constitui um *princípio geral* assim que, de um ponto de vista teórico, o legislador

---

[34] CAHALI, Yussef Said. *Dos alimentos.* 2. ed. São Paulo: RT, 1993. p. 670.

[35] NOGUEIRA, Paulo Lúcio. *Lei de alimentos comentada* (doutrina e jurisprudência). 4. ed. São Paulo: Saraiva, 1994. p. 23.

pode recorrer a várias alternativas para a proteção de um terceiro, pois não resultaria congruente postular a simultânea existência de duas regras opostas de um mesmo nível e de relevância incompatíveis entre si, de modo que, colacionando esse princípio para o direito de família e, em especial, para o âmbito dos alimentos, uma pessoa pode exteriorizar pobreza, porém sua condição econômico-financeira é diametralmente oposta. É de extrema utilidade a sua aplicação na hora de dirimir um conflito alimentar, por exemplo, pois os alimentos devem ser arbitrados não pela pobreza que o alimentante externa nos autos e documenta, mas pela riqueza que exterioriza, comportando-se como uma pessoa abonada e detentora de recursos que intenta dissimular.

A teoria da aparência consiste em analisar a condição social demonstrada pelo alimentante, assim como os bens que ele possui, indicando ao juiz a verdadeira situação financeira que deve suportar com a obrigação alimentar, levantando as atividades do alimentante para verificar se são coerentes com a maior pobreza que exterioriza, ou, pelo contrário, todas elas não se cansam de desmentir sua propalada condição social que é pródiga e diversa daquele externada na ação de alimentos.[36]

_____

[36] "Um homem que dizia não ter situação financeira estável, porém ostentava riqueza incompatível com esse argumento, foi condenado pela Justiça do Rio de Janeiro a pagar pensão alimentícia de dois filhos gerados em seu ex-relacionamento. Ele terá que repassar 25% do seu rendimento líquido e financiar os uniformes, material escolar e o plano de saúde dos jovens. Juiz entendeu que homem ocultava patrimônio para não pagar pensão. A mãe alegou que o pai não vinha contribuindo de forma satisfatória, não dando a contribuição financeira para suprir as necessidades básicas dela e dos filhos. Em contestação, o homem afirmou que sempre ajudou no sustento dos jovens enquanto morava com eles e, após a separação, continuou pagando pensão. Além disso, destacou ter mais uma filha, fruto do seu atual relacionamento, e que sua situação financeira mudou drasticamente, pois se sustenta apenas com o salário recebido como agente político, tendo em vista que o serviço de entretenimento do qual era sócio não dá mais retorno financeiro. A defesa da mãe pediu a aplicação da teoria da aparência, embasada na doutrina do jurista Rolf Madaleno, diretor nacional do Instituto Brasileiro de Direito de Família (IBDFAM). A hipótese trata sobre o fato do alimentante, sendo empresário, profissional liberal ou autônomo, se apresentar com insuficiência financeira para cumprir as suas obrigações enquanto circula ostentando riqueza incompatível esse argumento. Para demonstrar a aplicabilidade da teoria no caso, a mãe comprovou que o homem possuía uma situação financeira, na verdade, confortável, usufruindo de vários bens com alto valor agregado. Ela também juntou aos autos fotos do homem com carros, lancha, _jet-ski_, casa com piscina, sauna e churrasqueira. O juiz autorizou a quebra de seu sigilo fiscal e bancário e comprovou a ocultação de patrimônio. Entre os métodos utilizados, ele não usava cartão de crédito, fazendo suas movimentações em dinheiro. Tampouco possuía imóveis em seu nome, mesmo sendo um agente político e empresário do ramo do entretenimento. Fundamentação contemporânea. A advogada Regina Rodrigues, membro do IBDFAM, atuou no caso em favor da mãe e afirmou que ação foi proposta após muitas tentativas de chegar a um consenso. 'O pai continuava a se esquivar de cumprir sua obrigação com relação aos alimentos dos filhos. Sempre se valeu da supremacia econômica para humilhar e intimidar a mãe, afirmando que se ela fosse à Justiça não receberia nada, uma vez que sua renda era baixa e nada tinha em seu nome'. No seu entendimento, a sentença demonstrou a importância do papel do juiz na busca da verdade real, acolhendo os requerimentos de provas e oportunizando que as partes se utilizassem de todos os meios legais para obtenção de provas a fim de demonstrar a verdade e se alcançar a solução correta. 'Importante mencionar que, há três anos, a ação foi proposta e fundamentada em termos bem contemporâneos, tendo como cerne a busca pela solução correta, alcance da verdade, manutenção do rigor, no que diz respeito à verba alimentar e assim se deu. A sentença reflete isso', avalia Regina Rodrigues" (Disponível em: https://www.conjur.com.br/2020-set-20/homem-finge-pobreza-ostenta-luxo-pagar-pensao. Acesso em: 16 dez. 2020).

Cap. 7 • A DESCONSIDERAÇÃO DA PERSONALIDADE JURÍDICA NO ÂMBITO DOS ALIMENTOS | 763

Uma situação bastante comum pode surgir de uma relação aparente que tem o devedor de alimentos que se apresenta como empregado de uma empresa, quando em realidade ele é um dos sócios. Aduz Vitor Frederico Kümpel ser aplicável a teoria da aparência na teoria da desconsideração da personalidade jurídica, eis que o exterioriza é o abuso, no caso, parecer ser empregado, quando em verdade é o próprio empregador, e conclui dizendo que: "só pode ser desconsiderada a realidade da pessoa jurídica quando excepcionalmente aflorarem, por ato de aparência, no caso de abuso da personalidade jurídica que deverá vir por meio de um desvio de finalidade ou por uma confusão patrimonial, duas situações jurídicas objetivamente verificáveis em face da sua exteriorização".[37]

7.6.3 O delito de descumprimento do dever familiar de assistência

O artigo 244 do Código Penal brasileiro comina a pena de privação da liberdade para quem deixar de prover a subsistência do cônjuge, filho, ascendente ou valetudinário, e nas mesmas penas incide, prescreve o parágrafo único do mesmo dispositivo penal, quem, sendo solvente, frustra ou elide, de qualquer modo, inclusive por abandono injustificado do emprego ou função, o pagamento de pensão judicialmente acordada, fixada ou majorada. Também tipifica como crime contra a administração da justiça o artigo 22 da Lei 5.478/1968 (Lei dos Alimentos), quando o empregador ou funcionário público deixar de prestar ao juízo competente as informações necessárias à instrução do processo alimentar.

É crime de abandono material, obtempera Paulo Lúcio Nogueira,[38] a vontade consciente e livre de não prover a subsistência de cônjuge ou filho menor de 18 anos. A sanção penal do crime de abandono material não se confunde com a sanção civil proveniente da execução da pensão alimentar. Trata-se de medidas socialmente segregadas e que, portanto, se revelaram insuficientes para a proteção da família, as quais no Código de Processo Civil de 2015 foram acrescidas do protesto da decisão judicial (CPC, arts. 517 e 528, § 1.º). Também a processualística civil tem demonstrado a realidade diária de como são insuficientes e até ineficazes os recursos legais da penhora, do protesto e da coação pessoal, destinados a proteger a família brasileira credora de alimentação, tornando-se um verdadeiro calvário a cobrança pontual da dívida alimentar.

Retornando ao Direito Penal, Julio Fabbrini Mirabete[39] acrescenta que a lei incrimina nas mesmas penas quem, de qualquer modo, ajuda o devedor a eximir-se ao pagamento de pensão judicial, embora entenda ociosa essa disposição por decorrência concursal do artigo 29 do Código Penal.

De considerar, diante dessas admoestações penais que privam da liberdade quem dolosamente deixa de prestar o socorro alimentar ou quem com igual dolo ajuda a elidi-lo, que existiu um inderrogável interesse pela ordem pública do Estado.

---

37 KÜMPEL, Vitor Frederico. *Teoria da aparência no Código Civil de 2002*. São Paulo: Método, 2007. p. 177.
38 NOGUEIRA, Paulo Lúcio. *Lei de alimentos comentada* (doutrina e jurisprudência). 4. ed. São Paulo: Saraiva, 1994. p. 67. Ainda sobre a aplicação da sanção penal, citando José Claudino de Oliveira Cruz (*Dos alimentos no direito de família*. Rio de Janeiro: Forense, 1961. p. 394), adverte que: "Esta sanção penal não vinha sendo levada a sério, ponderando por mais rigor, para que seu escopo de proteção da família pudesse combater a violação dos deveres relativos à assistência familiar".
39 MIRABETE, Julio Fabbrini. *Manual de direito penal*. Parte geral. 9. ed. São Paulo: Atlas, 1995. p. 71.

No entanto, nem sempre a melhor opção para forçar o pagamento dos alimentos passa pela ação penal de abandono material, e a advertência é dada por Caimmi e Desimone,[40] quando lembram que, às vezes, longe de resolver o conflito, agravam-no a ponto de a demanda penal converter-se num meio de vingança do alimentando e desencadear no alimentante um processo de descumprimento de toda e qualquer assistência material, perpetuando, no tempo e pelas incertezas, a angústia de quem se encontrava desassistido, e já não achava resposta efetiva nos tradicionais meios de execução alimentar. Os tribunais brasileiros vêm reiterando decisões no propósito de evitar drásticas decisões em sede de assistência familiar, inclinando-se, quando viável, pela execução menos gravosa ao devedor, pois a pena mais enérgica nem sempre resulta numa melhor escolha, principalmente quando priva a pessoa da liberdade.

Consequentemente, é possível concluir que os instrumentos jurídicos postos pelo Direito Penal e pelo Processo Civil brasileiro, mesmo com as sanções cumulativas como o protesto e as alternativas de restrições de direito, não têm sido suficientemente criativos e intimidatórios, enquanto for julgado que o atual Direito Empresarial ainda permite decidir pela nem mais tão absoluta supremacia da personalidade jurídica sobre a pessoa física dos sócios que compõem uma empresa, mas que os juízes e tribunais relutam em autorizar a quebra do sigilo fiscal, bancário, processual, administrativo e, por vezes, processual para arrancar a verdade dos lugares em que ela costuma se esconder. Contudo, merece registro o Projeto de Lei 2.201/2024, do Deputado Marcelo Queiroz, apresentado em 05 de junho de 2024 na Câmara dos Deputados, no qual ele propõe a criação do artigo 179-A do Código Penal (Lei 2.848/1940), sob o título *Fraude à execução de alimentos,* dispondo: "Fraudar execução, alienando, desviando, destruindo, ocultando ou danificando bens, ou simulando dívidas tendo em vista inviabilizar ou dificultar a execução de alimentos. Pena – prisão, de dois a quatro anos, e multa. Parágrafo único – Somente se procede mediante queixa". Conta o Deputado Marcelo Queiroz, em sua justificativa, que a criação desse tipo penal viabiliza um melhor enquadramento do delito de fraude à execução no âmbito da ação de alimentos, sendo que o projeto também propõe a alteração do parágrafo primeiro do artigo 1.694 do Código Civil, por cujo texto constaria que: § 1.º Os alimentos devem ser fixados na proporção das necessidades do reclamante e dos recursos da pessoa obrigada, sendo admitidos como prova da capacidade financeira do alimentante a sua forma de se apresentar à sociedade, permitindo presumir sua capacidade em prestar alimentos de acordo com os sinais econômicos exteriorizados". Qual seja, transforma em texto de lei a *teoria da aparência,* que adquire cada vez maiores proporções depois do advento das redes sociais.

7.6.4 A penhora *on-line* e a desconsideração da personalidade jurídica

Originariamente, o Banco Central do Brasil firmara convênio de cooperação técnico-institucional com o Superior Tribunal de Justiça e o Conselho de Justiça Federal e, posteriormente, com o Tribunal Superior do Trabalho para permitir o acesso ao sistema Bacen-Jud de penhora *on-line*,[41] pelo qual o Banco Central, ao receber a solicitação de penhora por parte de algum magistrado, encaminha pela internet ao Banco Central determinação judicial de constrição de valores em conta e de ativos financeiros, bem como requisita informações sobre

---

[40] CAIMMI, Luis Alberto; DESIMONE, Guillermo Pablo. *Los delitos de incumplimiento de los deberes de asistencia familiar e insolvencia alimentaria fraudulenta.* 2. ed. Buenos Aires: Depalma, 1997. p. 8-9.

[41] GOLDSCHMIDT, Guilherme. *A penhora* on-line *no direito processual brasileiro.* Porto Alegre: Livraria do Advogado, 2008. p. 59-60.

Cap. 7 • A DESCONSIDERAÇÃO DA PERSONALIDADE JURÍDICA NO ÂMBITO DOS ALIMENTOS | **765**

a existência de contas-correntes e de aplicações financeiras a todas as instituições financeiras do Brasil, para que, segundo os parâmetros do sistema Bacen-Jud, sejam bloqueadas contas e ativos financeiros existentes em nome do executado até o valor da dívida.[42]

O ofício CIC/GABIN – 2008/031377, expedido pelo Banco Central do Brasil, datado de 19 de maio de 2008, recomendava aos magistrados a adoção da penhora eletrônica visando ao aperfeiçoamento no atendimento e a redução dos custos operados pelo atendimento dos pleitos encaminhados em papel pelo Poder Judiciário, com a utilização de grande número de servidores para o processamento, em detrimento das atividades-fim da instituição Banco Central, afora os custos de digitação das informações com ofícios e anexos, impressão, conferência, controle, postagem de respostas e aquisição de papel, quando a forma automatizada permite ao próprio Poder Judiciário encaminhar diretamente ao sistema financeiro, com maior rapidez, o bloqueio de contas.

Conforme Elaine Harzheim Macedo, a penhora *on-line* passa por dois momentos distintos. Primeiro, deve ser expedida a ordem de informação de existência e bloqueio dos valores a serem penhorados. Bloqueados os recursos, o numerário será transferido para o banco oficial que atua com os depósitos judiciais, sendo liberados valores remanescentes, descartando, dessa forma, qualquer risco de excesso de penhora,[43] ficando assim eliminado pelo sistema Bacen-Jud 2 o problema operacional que ocorria na demora em desbloquear as penhoras injustas e excessivas, tudo devidamente atualizado e modernizado pelo sistema SisbaJud (Sistema de Buscas de Ativos do Poder Judiciário), fruto de acordo firmado entre o Conselho Nacional de Justiça (CNJ) e a Procuradoria da Fazenda Nacional para substituir o BacenJud, permitindo este sistema requisitar informações detalhadas sobre extratos em conta-corrente e os juízes emitir ordens solicitando das instituições financeiras informações dos devedores, tais como: cópia dos contratos de abertura de conta-corrente e da conta de investimentos, fatura do cartão de crédito, contratos de câmbio, cópias de cheques, além de extratos do PIS e do FGTS, podendo ser bloqueados tanto valores em conta-corrente como ativos mobiliários, como títulos de renda fixa e ações. Pelo sistema SisbaJud pode haver a reiteração automática de ordens de bloqueio e, a partir da emissão da ordem de penhora *on-line* de valores, o magistrado poderá registrar a quantidade de vezes que a ordem terá de ser reiterada no SisbaJud até o bloqueio do valor necessário para o total cumprimento, eliminando a emissão sucessiva de novas ordens de penhora eletrônica relativas a uma mesma decisão, como sucedia no sistema BacenJud.[44] Entrementes, uma nova ferramenta chamada de Sistema Nacional de Investigação e Recuperação de Ativos (Sniper), desenvolvido no Programa Justiça 4.0 do Conselho Nacional de Justiça (CNJ), identifica em menos de cinco segundos os vínculos patrimoniais, societários e financeiros entre pessoas físicas e jurídicas, cujo acesso ao sistema depende de autorização judicial, sendo que ele uniu todos os outros sistemas (Sisbajud, infojud, fiscal, bens declarados na Justiça Eleitoral, dados de CPF e CNPJ, embarcações, processos em andamento, créditos etc.).[45]

---

[42]   Conforme art. 2.º do Provimento 31/2006, expedido pela Corregedoria-Geral da Justiça do TJRS.

[43]   AZEVEDO, Elaine Harzheim. Penhora *on-line*: uma proposta de concretização da jurisdição executiva. *In*: SANTOS, Ernane Fidélis dos; WAMBIER, Luiz Rodrigues; NERY JUNIOR, Nelson; WAMBIER, Teresa Arruda Alvim (coord.). *Execução civil*: estudos em homenagem ao Professor Humberto Theodoro Júnior. São Paulo: RT, 2007. p. 470.

[44]   Disponível em: https://www.cnj.jus.br.sistem. Acesso em: 3 out. 2020.

[45]   BRITO, Gabriel Oliveira. *O sistema SNIPER do CNJ e a efetividade do processo de execução*. Disponível em: https://www.migalhas.com.br/amp/depeso/371917/o-sistema-sniper-do-cnj-e-a-efetividade-do-processo-de-execucao. Acesso em: 19 ago. 2022.

Para Odete Grasselli, a penhora eletrônica encontrou campo fértil e especial conveniência na Justiça do Trabalho, diante da condição de inferioridade econômico-jurídica do empregado perante o seu empregador e os percalços inerentes à execução trabalhista.[46] De acordo com a mesma autora, a penhora *on-line* dá cobro ao corriqueiro expediente de subversão da penhora tradicional e executada por meio de mandado judicial, que sempre gerou extremas dificuldades na sua realização, justamente pela notória abusividade no seu manuseio, com o intuito de protelar e inviabilizar a satisfação da dívida. De regra, eram ofertados bens difíceis de serem comercializados rapidamente, geralmente porque localizados em regiões geograficamente distantes do juízo da execução, a importar, em regra, na sua substituição judicial, ou deparando os credores com bens registrados em nome de terceiros, figurantes comumente chamados de "laranjas", ou "testas de ferro".

Na Justiça do Trabalho, o instituto da desconsideração tem merecido uma interpretação bastante elástica por estar assentada na não admissão da má gestão do empregador, não podendo o ônus financeiro do fracasso de seu empreendimento ser suportado pelo empregado hipossuficiente. Opondo-se à proteção dada ao empregado pela Justiça do Trabalho, vozes ecoam afirmando que, em longo prazo, a economia da sociedade brasileira tenderá a sofrer os efeitos dessa proteção, porque empresários e administradores não assumirão os riscos do empreendimento diante da excessiva margem de discricionariedade da penhora eletrônica.

A penhora *on-line* é de grande valia nas relações econômico-financeiras do Direito de Família, quando se trata de buscar o recurso proveniente dos alimentos sonegados pelo alimentante que se esconde por detrás da pessoa jurídica ou que repassa seus bens e suas economias para interpostas pessoas físicas, sem olvidar de que inócuos ofícios eram dirigidos às instituições financeiras previamente indicadas pelo credor de alimentos e que, em realidade, usualmente, só serviam para alertar os devedores que, por seu turno, eram antecipadamente avisados pelos gerentes da ocorrência da constrição judicial, lembrando a Ministra Fátima Nancy Andrighi que existe, desde a década de 1980, o bloqueio de conta-corrente por meio de ofício em papel e que a penhora *on-line* simplesmente almeja dar rapidez às determinações do Poder Judiciário ao Sistema Financeiro para evitar a frustração nos processos de execução.[47]

A resolução eletrônica de bloqueio tem grande utilidade na ágil constrição judicial para pagamento de pensões alimentícias em atraso, evitando que os *ofícios em papel* afugentem os recursos depositados em contas-correntes e operados, por vezes, por gerentes em linha direta com seus clientes correntistas, especialmente quando o artigo 840, I, do Código de Processo Civil estipula a ordem obrigatória de nomeação dos bens para o executado, fazendo recair a gradação pela preferência por dinheiro, em espécie ou em depósito ou aplicação em instituição financeira, secundado pelo artigo 854 do Código de Processo Civil, que possibilita a penhora de dinheiro em depósito ou aplicação financeira, a ser determinada pelo juiz, a requerimento do exequente, à autoridade supervisora do sistema financeiro nacional, por meios eletrônicos.

Quando o devedor de alimentos esconde seus recursos em contas bancárias ou aplicações financeiras movimentadas em nome de um parente, ou de seu novo parceiro, um e outro

---

46 GRASSELLI, Odete. *Penhora trabalhista* on-line. São Paulo: LTr, 2006. p. 43.
47 ANDRIGHI, Fátima Nancy. A gênese do sistema *penhora on-line*. *In*: SANTOS, Ernane Fidélis dos; WAMBIER, Luiz Rodrigues; NERY JUNIOR, Nelson; WAMBIER, Teresa Arruda Alvim (coord.). *Execução civil*: estudos em homenagem ao Professor Humberto Theodoro Júnior. São Paulo: RT, 2007. p. 387.

Cap. 7 · A DESCONSIDERAÇÃO DA PERSONALIDADE JURÍDICA NO ÂMBITO DOS ALIMENTOS | 767

atuando como *interpostas pessoas físicas*, também é de extrema utilidade a penhora *on-line*, bem como o rastreamento judicial, com o auxílio do Banco Central, das contas existentes em nome direto do devedor de alimentos ou de alguma pessoa sob cujo nome ele oculta suas atividades, seus bens e suas finanças.

Os tribunais acolhem de ordinário as situações práticas de devedores que se valem de *laranjas* ou de pessoas jurídicas das quais são sócios majoritários ou não, para o desvio de seus recursos pessoais, operando com procurações as contas bancárias e aplicações financeiras registradas em nome do terceiro que empresta seu nome, porque assim não podem ser atingidos pela determinação judicial.

Nada infrequente tem sido deparar com devedor de alimentos ou cônjuge meeiro desviando rendas e bens para seus parentes mais próximos, como a genitora de um devedor alimentar que emprestava seu nome para que seu filho administrasse empresas, contas bancárias e investimentos que aparentavam pertencer à sua ascendente, buscando com isso fugir à obrigação conjugal, podendo ser perfeitamente penhorados pelo sistema *on-line* as contas existentes em nome da interposta pessoa natural e igualmente quebrado o sigilo bancário do terceiro *presta-nome*.[48]

Contudo, percebendo essa manobra, porque presente a verossimilhança das alegações de mau uso da personalidade jurídica para a ocultação de bens e rendas, tem sido deferida a ordem de requerimento de demonstração dos extratos referentes às movimentações da pessoa jurídica,[49] pois sobejam elementos probatórios de que a pessoa desvia para a personalidade jurídica os bens e rendas na tentativa de diluir a sua obrigação alimentar, enquanto a sociedade da qual participa movimenta elevados recursos em contraste com a insuficiência de rendas sustentada pelo devedor natural. Com escora no artigo 50 do Código Civil, ao dar azo à verossimilhança do mau uso da personalidade jurídica ou de outra pessoa física, permite o devedor de alimentos com essa sua estratégia de sonegação dos recursos sejam penhorados *on-line* as economias da pessoa jurídica ou natural que se antepõe ao direito executado, uma vez desconsideradas a personalidade jurídica e a demanda ingressar na sua fase de execução.

Quando terceiro que não participou do processo de conhecimento ou do incidente de desconsideração da personalidade jurídica tem suas contas bancárias penhoradas via on-line pela execução da dívida alimentar, pode se valer dos embargos de terceiro em sua ampla defesa (CPC, arts. 674 a 681).

7.6.5 Idoneidade do objeto social

Para a prevalência do preceito constitucional de garantia ao livre exercício de qualquer atividade econômica, garantia reforçada pelo artigo 2.º, III, da Lei de Liberdade Econômica (Lei 13.874/2019), que enuncia como princípio a intervenção subsidiária e excepcional

---

[48] "Agravo de instrumento. Execução de alimentos. Embargos de terceiro. Quebra do sigilo bancário. Medida excepcional, porém, adequada ao fim colimado. Hipótese em que o juízo pode assim proceder, na qualidade de destinatário da prova. Inexigência de exaustiva fundamentação. Agravo de instrumento desprovido, por maioria" (TJRS, 8.ª Câmara Cível, Agravo de Instrumento 70021420757, Rel. Des. José Ataídes Siqueira Trindade, j. 29.11.2007).

[49] "Agravo de instrumento. Separação litigiosa. Alimentos. Presente a verossimilhança das alegações de mau uso da personalidade jurídica para ocultação de bens e rendas, não há falar em impossibilidade do requerimento de demonstração dos extratos referentes às movimentações da pessoa jurídica. Negaram provimento ao agravo" (TJRS, 8.ª Câmara Cível, Agravo de Instrumento 70022663454, Rel. Des. Alzir Felippe Schmitz, j. 10.04.2008).

do Estado sobre o exercício de atividades econômicas, considera essa intervenção estatal mínima, mas desde que as sociedades empresárias tenham objeto social lícito e que não ofendam a ordem pública nem os bons costumes. Para Gervasio Colombres,[50] objeto social é o complexo de atividades que os sócios se propõem a cumprir sob um nome e tipo societário. O âmbito de atuação da sociedade não deve exceder os limites do seu objetivo social demarcados pelo contrato estatutário, cuja mudança somente poderia ser operada pelo consenso dos sócios. Todos os sócios têm o dever de atuar nas fronteiras da atividade social contratada e de cuidar para jamais operar e praticar ações não compreendidas em seu objeto social, muito menos desbordar para atos ilícitos, contrários ou nocivos ao bem público, à segurança e aos interesses do Estado e da coletividade. Tendo o ente moral a finalidade específica, delegada pela ordem pública, seus sócios devem pugnar por respeitar a licitude e a idoneidade da atividade empresarial delegada, prescrevendo o artigo 1.085 do Código Civil brasileiro a possibilidade de exclusão por justa causa do sócio que atuar na contramão das obrigações societárias.[51]

Característica da *affectio societatis* é o consenso e a perseverança do mesmo acordo de vontades dos sócios, cuja interação exige inequívoca boa-fé de parte dos sócios, e, quando um deles viola disposição estatutária ou contratual, revela-se pouco confiável e o descumprimento deste deve gerar sua exclusão da sociedade, porque é impossível sua permanência na sociedade, pois, como ensina Arnoldo Wald: "a sociedade pressupõe a comunhão de interesses, a confiança recíproca, a fidelidade aos objetivos sociais e o respeito mútuo, inspirando-se, em certo sentido, com as adaptações necessárias, na *affectio maritatis* que existe entre marido e mulher".[52]

É tão imperiosa e imprescindível a *affectio societatis* que Carlos Antônio Goulart Júnior informa não ser possível forçar um sócio a permanecer na sociedade, quando lhe faltar confiança na condução dos negócios e, reversamente, quando nele não mais depositarem essa mesma confiança os outros sócios,[53] porque há de ser recíproca, posto tratar-se de uma via de duas mãos.

Como visto, têm os sócios o dever de controlar, fiscalizar e coibir o mau uso da sociedade por eles constituída, porque, quando isso acontece, há uma inquestionável quebra de confiabilidade e, por certo, a impossibilidade de persistir a vinculação societária.

7.6.6 Abalo da ordem pública pela fraude ou pelo abuso

É voz corrente que as sociedades têm personalidade distinta da personalidade de seus sócios, como também é pacífico, lembra José Edwaldo Tavares Borba,[54] que aos sócios ou acionistas não é dado utilizar a pessoa jurídica como um instrumento para fins contrários à ordem pública.

---

[50] COLOMBRES, Gervasio R. *Curso de derecho societario*. Buenos Aires: Abeledo-Perrot, 1972. p. 113.

[51] "Sociedade comercial. Exclusão de sócio. Art. 399 do Código Comercial. Razoável é o entendimento de que a exclusão de sócio, por justa causa, nos termos do art. 339 do Código Comercial, sem previsão em cláusula contratual, e sem anuência do sócio, reclama solução judicial, pois equiparável à dissolução parcial da sociedade *inter nolentes*" (RTJ 118/400). J. X. Carvalho de Mendonça (*Tratado de direito comercial brasileiro*. Rio de Janeiro: Livraria Freitas Bastos, 1957. p. 146) observa que: "Razões, entretanto, podem haver, em vantagem da sociedade e dos sócios, que aconselhem a retirada ou despedida de um destes".

[52] WALD, Arnoldo. *Comentários ao novo Código Civil. Do direito de empresa*. Coordenação Sálvio de Figueiredo Teixeira. Rio de Janeiro: Forense, 2005. v. XIV, p. 565.

[53] LEITE JÚNIOR, Carlos Antônio Goulart. *Affectio societatis na sociedade civil e na sociedade simples*. Rio de Janeiro: Forense, 2006. p. 112.

[54] BORBA, José Edwaldo Tavares. *Direito societário*. 2. ed. Rio de Janeiro: Renovar, 1995. p. 40.

Entre a pessoa jurídica e a pessoa física de cada sócio, há uma indiscutível divisão de patrimônios e de responsabilidades, porém essa limitação de responsabilidades está vinculada ao tipo societário eleito, cuja empresa é inscrita no Registro Público de Empresas Mercantis (CC, art. 967). Assim, dentro desses básicos princípios de sociedade jurídica, os credores da sociedade empresária têm como lastro o patrimônio da empresa, que se diferencia dos bens particulares de seus sócios, existindo como antes visto uma nítida e indiscutível separação patrimonial ressuscitada pelo artigo 49-A do Código Civil,[55] acrescentado pela Lei 13.874/2019, visando a mudar radicalmente o uso discriminado da teoria da desconsideração da personalidade jurídica. Assevera Ênio Santarelli Zuliani que essa teoria sofreu uma reviravolta de alta intensidade no direito norte-americano, sendo importada e incorporada ao sistema jurídico brasileiro com notórios excessos, fazendo com que o STJ impusesse limites, dado que seu uso indiscriminado estava afetando o mercado e retraindo a vontade de empreender.[56] Tais limites encontram novamente amparo legal com o artigo 49-A que reedita os termos do artigo 20 do Código Civil de 1916, ou como acrescenta Mário Luiz Delgado nos comentários que faz ao mesmo artigo 49-A do Código Civil, que entende ter basicamente reproduzido o artigo 20 do Código Civil de 1916, restaurando-se, assim, como norma positiva geral, aplicável a todos os entes personalizados, o princípio da autonomia jurídico-existencial da pessoa jurídica, cujo patrimônio não se confunde com o das pessoas naturais que a integram.[57]

Significa considerar que a pessoa jurídica adquire, por recurso técnico, personalidade própria, com autonomia negocial apartada da de seus sócios, figurando a sociedade como titular de direitos e de obrigações, com capacidade de representação orgânica e legal. A impermeabilidade da personalidade jurídica, diz Efraín Hugo Richard,[58] dá estabilidade às relações jurídicas, enquanto não exercidas atividades que afrontam a ordem pública, em que o meio societário é empregado em objetivo alheio ao regular exercício do comércio, desviando suas funções, propósitos e objetivos societários.

A personalidade jurídica precisa ser desconsiderada quando seus integrantes se escondem por detrás da máscara societária, para atingir, pelo abuso do direito, pela confusão patrimonial ou pela fraude, finalidades totalmente condenáveis e incompatíveis com o direito e com o objeto social, causando, sobretudo, incontáveis prejuízos a terceiros.[59]

Registra-se a fraude quando é alcançado um resultado proibido pela lei ou cuja manipulação termina por contrariar seu sentido normativo, frustrando o resultado previsto na lei.

---

[55] Código Civil, artigo 49-A. "A pessoa jurídica não se confunde com os seus sócios, associados, instituidores ou administradores. Parágrafo único. A autonomia patrimonial das pessoas jurídicas é um instrumento lícito de alocação e segregação de riscos, estabelecido pela lei com a finalidade de estimular empreendimentos, para a geração de empregos, tributos, renda e inovação em benefício de todos. (Incluído pela Lei 13.874/2019.)"

[56] ZULIANI, Ênio Santarelli. A desconsideração da personalidade jurídica antes e depois da lei da liberdade econômica. *In*: SALOMÃO, Luis Felipe; TARTUCE, Flávio (coord.). *Direito civil*. Diálogos entre a doutrina e a jurisprudência. São Paulo: Método, 2021. v. 2, p. 205.

[57] DELGADO, Mário Luiz. A desconsideração da personalidade jurídica antes e depois da lei da liberdade econômica. *In*: SALOMÃO, Luis Felipe; TARTUCE, Flávio (coord.). *Direito civil*. Diálogos entre a doutrina e a jurisprudência. São Paulo: Método, 2021. v. 2, p. 240.

[58] RICHARD, Efraín Hugo. *Reformas al Código Civil*: negocios de participación, asociaciones y sociedades. Buenos Aires: Abeledo-Perrot, 1993. t. 9, p. 157.

[59] MADALENO, Rolf. A *disregard* nos alimentos. *In*: WAMBIER, Teresa Arruda Alvim; LEITE, Eduardo de Oliveira (coord.). *Direito de família*: aspectos constitucionais, civis e processuais. São Paulo: RT, 1999. p. 121.

No entanto, assim como o direito repugna a fraude, também não ampara o abuso do direito, que tem lugar, segundo Ripert e Boulanger,[60] quando um ato ilícito é dissimulado sob a aparência do exercício regular de um direito.[61]

O direito termina quando começa o abuso e abusa do direito quem excede os limites econômicos e sociais da pessoa jurídica, valendo-se da fraude à boa-fé e do desvio da finalidade societária para manipular direito de outrem em benefício próprio, buscando livrar-se de obrigações legais, como pode suceder largamente no Direito de Família, na fuga ao dever de prestar alimentos.

Assim, se a sociedade foi usada como forma abusiva de encobrir a responsabilidade pessoal de sócio para prejudicar o credor desse sócio que não dispõe de patrimônio ou lastro capaz de garantir sua dívida, descortina-se o véu societário para afastar a fraude ou o abuso, *em prestígio da regularidade e da segurança das práticas empresariais,*[62] não somente delas, mas, igualmente, para a proteção de terceiros que se veem impedidos de buscar seus direitos pela superada sacralização da personalidade jurídica relativizada pelo recurso ao instituto da desconsideração da personalidade.

Maior relevo, ainda, adquire a teoria da superação da personalidade jurídica quando a fraude procura perpetrar ou o ato abusivo praticado sob o manto societário busca prejudicar direito vinculado à dignidade da pessoa humana, como ocorre com o crédito alimentício, direito natural, sagrado, essencial à vida e à subsistência do alimentando. Cuida a ilícita atividade, praticada sob a máscara da pessoa jurídica, de fraudar ou abusar o primeiro de todos os direitos, referente à tutela da existência física, mental e psicológica do credor pensional e, quando se trata de proteger a vida, fraudada pela via societária, a resposta judicial há que ser imediata, desritualizada, eficaz e corajosa, podendo, inclusive, desbordar para a esfera penal, como suscitou o advogado empresarial Issac Alster em trabalho profissional de sua lavra, ao qual os autores tiveram acesso, em que suscitou incidente de desconsideração da personalidade jurídica, alertando para a possível repercussão penal dos atos fraudatórios, mostrando-se imperiosa a necessidade do exame pericial dos balanços e dos livros contábeis da empresa para verificar se eles de fato refletem as reais condições da sociedade empresária, com seus constantes prejuízos, e se não são falsos, apurando o perito se as importâncias alegadas efetivamente ingressaram no caixa da empresa, sob pena de serem configurados os crimes previstos nos artigos 177, § 1º, I e III, do Código Penal.

Há que vir desvestida de falsos dogmas, que, por vezes, só se prestam para defender equivocados interesses patrimoniais. É como sustenta Sessarego,[63] citando Dabin, que há um número considerável de direitos que escapam a toda possibilidade de abusos, e o direito à vida, seguramente, está imune a qualquer artifício que tente, sob qualquer fórmula ou maquiagem, dar aparência de legalidade ao malicioso e criminoso abandono material, desestabilizando a ordem pública, querendo curvar a espinha dorsal que mantém o Estado.

---

[60] Ripert y Boulanger. *Tratado de derecho civil según el tratado de Planiol.* Madrid: La Ley, 1963. n. 672, t. I, p. 477.

[61] Sem paralelo no Código Civil do começo do século XX, no Código Civil em vigor encontra-se, no artigo 187, a clara conceituação do abuso do direito, ao rezar que: "Comete ato ilícito o titular de um direito que, ao exercê-lo excede manifestamente os limites impostos pelo seu fim econômico ou social, pela boa-fé ou pelos bons costumes".

[62] HENTZ, Luiz Antonio Soares. *Direito empresarial.* São Paulo: LED, 1998. p. 138.

[63] SESSAREGO, Carlos Fernández. *Abuso del derecho.* Buenos Aires: Astrea, 1992. p. 170.

7.6.7 A *disregard* nos alimentos

Fábio Ulhoa Coelho[64] alinha o real sentido da teoria da desconsideração quando adianta que, em princípio, o credor do ente moral não pode pretender a satisfação de seu crédito no patrimônio individual de membro da sociedade, porque a pessoa jurídica e os sócios têm autonomia patrimonial, só devendo ser superada a personalidade jurídica, quando for provado que o dano ao credor ocorreu de uso fraudulento ou abusivo da autonomia patrimonial,[65] salientando que a teoria da desconsideração visa a preservar e aprimorar a disciplina da pessoa jurídica, ao coibir o recurso da fraude e do abuso que podem ser praticados por meio dela.

Como reiteradamente dito, é ampla e produtiva a aplicação da teoria da desconsideração da personalidade jurídica no Direito de Família,[66] principalmente diante da diuturna constatação de o cônjuge ou convivente empresário esconder-se sob as vestes da sociedade empresária[67] nas demandas familistas. Sob o manto da personalidade jurídica verificam-se constantes fraudes à partilha patrimonial, no casamento e na união estável, assim como sob o véu societário se oculta o empresário alimentante que guarda essa obrigação para seus filhos, seu cônjuge ou companheiro, cujo credor não reúne recursos para prover sua subsistência pessoal porque seu devedor como empresário maquia seus ganhos, o faturamento da sociedade e a sua posição societária.

---

[64] COELHO, Fábio Ulhoa. *O empresário e os direitos do consumidor*. São Paulo: Saraiva, 1994. p. 214-225.

[65] "Agravo de instrumento. Ação de execução de alimentos. Decisão que deferiu a desconsideração inversa da personalidade jurídica. Requisitos do art. 50 do CC não preenchidos. 1. No caso da desconsideração inversa, os requisitos elencados pelo art. 50 da legislação civil 'caracterizam-se pelo esvaziamento patrimonial do sócio. Pessoa física. Ocasionado pela transferência dos seus bens para o patrimônio da pessoa jurídica cujo quadro societário ele integra' (TJSC, 1.ª Câmara de Direito Comercial, Agravo de Instrumento 0020226-27.2016.8.24.0000, Rel. Des. Salim Schead dos Santos, j. 24.05.2018). 2. O fato de o executado não possuir bens em seu nome, tampouco numerário em conta bancária para satisfação do débito a título de alimentos, não autoriza, por si só, a decretação da desconsideração da personalidade jurídica invertida. Decisão reformada. Recurso provido" (TJSC, 5.ª Câmara de Direito Civil, Agravo de Instrumento 4022816-69.2017.8.24.0000, Rel. Des. Ricardo Orofino da Luz Fontes, *DJSC* 10.09.2018).
"Agravo de instrumento. Execução de alimentos. Decisão que indefere a desconsideração inversa da personalidade jurídica. Insurgência dos exequentes. Alegação de ausência de bens em nome do agravado. Insuficiência. Necessária demonstração da presença de uma das hipóteses do artigo 50 do Código Civil. Meras conjecturas nas razões recursais sobre a desconsideração inversa da personalidade jurídica. Decisão agravada que consignou a necessidade de se demonstrar indícios da alegada fraude e confusão patrimonial. Manifestação posterior da parte ainda pendente de apreciação pelo juízo de origem. Impossibilidade de conhecimento sob pena de supressão de instância. Determinação ao juízo *a quo* para que aprecie as novas alegações e documentos apresentados, nos termos dos artigos 493 e 489, § 1.º, IV do CPC. Recurso conhecido em parte e desprovido" (TJPR, 11.ª Câmara Cível, Agravo de Instrumento 1526671-0. Rel. Des. Mario Nini Azzolini, j. 1.º.11.2017, *DJPR* 21.11.2017, p. 264).

[66] MADALENO, Rolf. A *disregard* nos alimentos. In: WAMBIER, Teresa Arruda Alvim; LEITE, Eduardo de Oliveira (coord.). *Direito de família*: aspectos constitucionais, civis e processuais. São Paulo: RT, 1999. p. 27.

[67] Tem sido observado um crescimento acentuado na jurisprudência brasileira no que respeita à aplicação da teoria da *disregard* no Direito de Família, como bem ilustra a Apelação Cível 597085687 da 7.ª Câmara Cível do TJRS, em que foi relator o Des. Eliseu Gomes Torres e assim ementada: "Separação judicial. 1. Apelação cível. Reconhecida a culpa do varão, por haver dissipado bens do casal com o intuito de prejudicar a meação da esposa, simulando venda de quotas da sociedade comercial, em que eram sócios os separandos, deverá o réu repor aquela parte que lhe cabia. O objeto da lide, então, não é a totalidade dos bens dos cônjuges, mas a meação da mulher nos bens sonegados ou desviados, razão por que sobre esta deve recair o ônus sucumbencial...". Também participaram do julgamento o Desembargador Sérgio Gischkow Pereira e a Desembargadora Maria Berenice Dias.

Para Thereza Alvim,[68] a teoria da desconsideração pode ser aplicada quando há utilização abusiva da pessoa jurídica, com o intuito de fugir da incidência da lei ou de obrigações contratuais, e o direito alimentar decorre de lei, do direito sucessório por meio do legado de alimentos, da indenização civil ou de contrato, mas figura, certamente, entre os institutos mais importantes do Direito de Família, Direito das Sucessões e do Direito das Obrigações.

Nas relações de Direito de Trabalho,[69] o salário para o empregado destina-se à sua manutenção e ao sustento da sua família, em identidade de princípio que inspira as demandas alimentícias, pois salário e pensão alimentícia garantem a sobrevivência e protegem o hipossuficiente. No Direito do Trabalho, todos os instrumentos jurídicos são criativamente combinados e utilizados para evitar que a manipulação da pessoa jurídica, com sucessão de sócios e sociedades, torne-se uma rota de fuga dos vínculos trabalhistas de nítida natureza alimentar, tratando o direito trabalhista de estendê-los aos sócios e assim responsabilizá-los pelas dívidas provenientes das relações de trabalho para com os empregados das suas empresas. No compromisso alimentar decorrente do parentesco e das relações afetivas oriundas do casamento ou da união estável, também deve ser quebrada essa rigidez da separação da pessoa jurídica da pessoa física de seus componentes, nos casos relacionados com o direito alimentar. Os mesmos instrumentos jurídicos da desconsideração da empresa precisam ser criativamente combinados e utilizados para evitar a manipulação da pessoa jurídica com a sucessão de sócios e sociedades, a confusão patrimonial e que o trespasse de bens resulte na mascarada insolvência do devedor alimentar.

Alimentos reclamam rápidas e descomplicadas soluções, tanto na ação de conhecimento e arbitramento dos alimentos, ou na sua revisão judicial, como na execução da pensão não paga.[70] Diante da inconteste verdade de que a fome não espera, nem é dotada de uma tolerância processual que aceite passiva e pacientemente candentes e longas discussões processuais que acobertem o doloso delito de abandono material, resplandece a penetração da forma jurídica como eficaz instrumento de real e efetivo acesso ao crédito alimentar.

Quando um devedor de pensão usa a via societária como escudo para cometer fraudulenta insolvência alimentar e transfere seus bens pessoais para uma empresa,[71] ou simula a sua retirada dessa mesma sociedade, está com esses gestos contratuais de lícita aparência

---

[68] ALVIM, Thereza. Aplicabilidade da teoria da desconsideração da pessoa jurídica no processo falimentar. *Revista de Processo*, São Paulo, v. 87, p. 212, 1997.

[69] "A CLT consagra o princípio da desconsideração do empregador e, assim, o empregado vincula-se à empresa, cabendo ao sucessor a responsabilidade pelo ônus trabalhista, facultando o direito de ação regressiva, no foro competente, contra o sucedido. Antes de operada a sucessão, responde pelos débitos laborais quem estiver à frente da empresa", conforme Ac. TRT 8.ª Região, Rel. Juiz Arthur Francisco Seixas dos Anjos *apud* GOMES, Gilberto. *Sucessão de empresa*. A questão da responsabilidade solidaria e a posição do empregado. São Paulo: LTr, 1994. p. 39.

[70] "Agravo de instrumento. Família. Execução de alimentos. Preliminar. A autenticação das fotocópias que instruem o agravo de instrumento é formalidade perfeitamente dispensável para o seu conhecimento. Preliminar rejeitada. No mérito, é de ser aplicada a teoria da desconsideração da personalidade jurídica (*disregard*), autorizando a penhora sobre veículo registrado em nome da sociedade onde agravado/alimentante é detentor de 95% do capital social, para viabilizar a execução alimentar e com isso quitar as obrigações alimentares com seu filho. Agravo de instrumento provido" (TJRS, 2.ª Câmara Especial Cível, Agravo de Instrumento 70004727913, Rel. Dr. Luiz Roberto Imperatore de Assis Brasil, j. 30.10.2002).

[71] "Débito alimentar. Penhora de automóvel pertencente à sociedade da qual o alimentante é sócio quotista. Resta comprovado pela análise dos autos que o alimentante se utilizou da pessoa jurídica para omitir seu real patrimônio. Configurada a situação confortável do alimentante e diante da real necessidade das alimentandas, resta caracterizada a situação disposta no art. 50 do NCC, ensejando a desconsideração da personalidade jurídica de modo a possibilitar a realização da penhora do aludido automóvel

Cap. 7 · A DESCONSIDERAÇÃO DA PERSONALIDADE JURÍDICA NO ÂMBITO DOS ALIMENTOS | 773

causando imenso prejuízo ao seu dependente alimentar. A reação judicial nesses casos há de ser a da episódica suspensão de vigência daquele nefasto ato jurídico, desconsiderando a pessoa jurídica utilizada para fraudar o credor dos alimentos, sem intrincada necessidade de demonstrar a nulidade do ato jurídico de aparente validade, ou de acionar, via simulação, empresas e sócios, com fôlego e recursos que o dependente alimentar não possui, contudo instaurando o incidente de desconsideração da personalidade jurídica, quando não partir da iniciativa do Ministério Público (CPC, art. 133).

Caimmi e Desimone[72] estão convencidos de que os mecanismos que implicam penetração das formas jurídicas são perfeitamente aplicáveis aos casos de fraude, em que o devedor procura livrar-se impune da sua obrigação pensional, valendo-se de manobras que simulam sua insolvência alimentar.

Assim agindo, atualizada jurisprudência atenderá às superiores exigências de ordem pública, em confronto com a prevalência meramente relativa da supremacia da personalidade jurídica, pois, sendo esta sujeito de direitos com alcance delimitado em lei, sua intangibilidade cede diante da ilicitude perpetrada pelo abuso ou pela fraude societária.[73]

Por conta dessa moderna leitura da teoria da desconsideração da personalidade jurídica capaz de conferir eficácia ao vital direito aos alimentos, não apenas na sua exata fixação proporcional às efetivas condições materiais do devedor, mas, igualmente, eficientes e pontuais cobranças para atingir bens e recursos de terceiros que figuram como interpostas pessoas e, nessa condição, se colocam no meio do caminho entre credor e devedor de alimentos para desviar o sagrado direito alimentar, abalizada doutrina familista vem se posicionando a favor da incidência episódica da desconsideração da pessoa jurídica nas relações de alimentos provenientes do Direito de Família.

Bertoldo Mateus de Oliveira Filho escreve que:

> [...] a aplicação da *disregard doctrine* nas lides alimentares, conforme entendimento recepcionado jurisprudencialmente, é justamente o caminho eficaz para afugentar inúmeras farsas, nas quais o devedor oculta a sua verdadeira capacidade econômica em empresas e sociedades, aparentando externamente uma condição incompatível com o nível de vida mantido, por exemplo, no casamento. Com frequência, aquele obrigado à prestação alimentícia, embora sócio de pujante empresa, informa rendimentos diminutos, representados por retiradas *pro labore* irrisórias. A desconsideração da pessoa jurídica tem, na hipótese, a chance de refrear abusos incondizentes com a dignidade da Justiça, permitindo um julgamento equilibrado e capaz de atender às legítimas pretensões da parte necessitada.[74]

---

em questão, em garantia do débito exequendo. Provimento do recurso" (TJRJ, 9.ª Câmara Cível, Agravo de Instrumento 2004.002.22224, Rel. Des. Roberto de Abreu Silva, j. 06.12.2005).

[72] CAIMMI, Luis Alberto; DESIMONE, Guillermo Pablo. *Los delitos de incumplimiento de los deberes de asistencia familiar e insolvencia alimentaria fraudulenta.* 2. ed. Buenos Aires: Depalma, 1997. p. 23.

[73] A 8.ª Câmara Cível do TJRS aplicou a teoria da *disregard* no Mandado de Segurança 593116601, com esta ementa: "Mandado de segurança. Aplicação da doutrina do *disregard*. Em se tratando de empresa em que o controlador tem quase o poder absoluto sobre elas, por ser sócio majoritário, e com a família ainda é sócio majoritário, ao juntarmos as suas quotas, pode ser confundida a pessoa jurídica com a pessoa física dele, eis que, se entendermos que há intangibilidade dos bens da empresa, por se tratar de uma pessoa jurídica, estaremos atingindo, por via oblíqua, a meação da mulher, ao permitir que esses bens sejam alienados e, assim, seja esvaziado o capital das empresas. Concessão parcial da ordem, para restaurar a segunda decisão proferida pelo juiz, que mandou averbar o ingresso da ação à margem de todos os bens das empresas, por maioria".

[74] OLIVEIRA FILHO, Bertoldo Mateus de. *Alimentos e investigação de paternidade.* 4. ed. Belo Horizonte: Del Rey, 2007. p. 178.

Cristiano Chaves de Farias e Nelson Rosenvald também não se furtam de discutir a desconsideração da personalidade jurídica no âmbito dos alimentos e asseveram não ser possível "negar a possibilidade de uso do véu protetivo da empresa para prejudicar ou embaraçar a fixação de verba alimentícia em desfavor de um empresário, prejudicados, sobremaneira, os interesses do alimentando. Enfim, não raro, um estranho e perverso sentimento vingativo aflora nas pessoas, fazendo com que sejam utilizadas as pessoas jurídicas para dar espaço a fraudes pelas quais se intenta prejudicar, até mesmo, o filho que cobra pensão alimentícia".[75]

Afinal, se o texto penal prescreve a responsabilidade criminal pelo abandono material de dependente alimentar, e nas mesmas penas incorre quem concorre para fraudar obrigação que diz com a vida do alimentando, certamente será menos gravoso que, pela noção de ordem pública presente no Direito Empresarial, se valha o julgador do instituto da desconsideração da pessoa jurídica para que a obrigação alimentícia[76] preserve os pilares sobre os quais se assenta a instituição familiar, considerada a espinha dorsal do Estado.

7.6.8 Sua incidência processual

Segundo Carlos Villegas,[77] reiteradas decisões têm desconsiderado a pessoa jurídica das sociedades, aplicando diretamente aos sócios os efeitos jurídicos daquelas normas que eles tentam elidir. Com efeito, seria impossível procurar esgotar as plausíveis hipóteses de incidência processual da desconsideração da personalidade jurídica,[78] em um campo tão abrangente como o dos alimentos, um dos institutos mais presentes nos processos relacionados com o Direito de Família, em seguidamente pesam sentimentos de ódio e ressentimentos, razões tidas pelos protagonistas da cena judicial como suficientes para aliviar gastos e fugir de responsabilidades que têm na sua essência sérios efeitos sociofamiliares.

---

[75] FARIAS, Cristiano Chaves de; ROSENVALD, Nelson. *Direito das famílias*. Rio de Janeiro: Lumen Juris, 2008. p. 668.

[76] "O agravante bem pugnou pela adoção da teoria da *disregard*, que é perfeitamente aconselhável ao caso, visto que é ampla a aplicação da teoria da desconsideração da personalidade jurídica no direito brasileiro, em especial no direito de família, onde é cada vez mais comum o cônjuge empresário refugiar-se sob as vestes da sociedade mercantil vislumbrando fraude a partilha matrimonial, além de praticar atos que visam encobrir a verdadeira capacidade econômica e financeira da pessoa física que tem um dever legal de alimentos, equiparando-se o sócio à sociedade, retirando-se o véu da pessoa jurídica para alcançar as pessoas e bens que sob o manto se escondem para causar dano a terceiro que é seu credor, no caso seu próprio filho, sem que este precise recorrer às vias jurídicas da simulação, revogação, ações de nulidade e anulação de atos jurídicos" (TJRS, 2.ª Câmara Cível, Agravo de Instrumento 70004727913, Rel. Des. Luiz Roberto Imperatore de Assis Brasil, j. 30.10.2002). Acórdão extraído da obra de: MOTTA, Cristiane Oliveira da Silva Pereira. *Desconsideração inversa da personalidade jurídica*. Aspectos materiais e o incidente previsto no Código de Processo Civil. Rio de Janeiro: Lumen Juris, 2020. nota de rodapé 158, p. 91.

[77] VILLEGAS, Carlos Gilberto. *Derecho de las sociedades comerciales*. 7. ed. Buenos Aires: Abeledo-Perrot, 1994. p. 46.

[78] WAMBIER, Teresa Arruda Alvim. A desconsideração da pessoa jurídica para fins de partilha e a prova dos rendimentos do cônjuge-varão, na ação de alimentos, pelo nível da vida levada por este. In: WAMBIER, Teresa Arruda Alvim; LAZZARINI, Alexandre Alves (coord.). *Direito de família*: aspectos constitucionais, civis e processuais. São Paulo: RT, 1996. p. 182, em que afirma: "Ao que parece a teoria da desconsideração da pessoa jurídica é perfeitamente compatível com o sistema jurídico brasileiro. As dificuldades surgem, todavia, e não são poucas nem pequenas, quando se pensa em como aplicá-la, principalmente no plano do direito de família. Nesse sentido, não há como deixar de reconhecer as dificuldades imensas com que se tem de defrontar o intérprete operador do direito para operativizá-la".

Cap. 7 · A DESCONSIDERAÇÃO DA PERSONALIDADE JURÍDICA NO ÂMBITO DOS ALIMENTOS | 775

São inesgotáveis as manobras direcionadas a dissimular o arbitramento judicial de uma obrigação alimentícia que deve guardar, por disposição legal, alguma mínima coerência com as possibilidades financeiras daquele que está obrigado a pensionar, assim como são ricas e pródigas as condutas societárias que procuram impedir o cumprimento executivo de um acordo ou de uma sentença alimentar judicial, diminuindo ou desaparecendo com o recurso da personalidade jurídica, com o seu conjunto patrimonial.[79] Na tutela executiva, relatando a Apelação Cível 598082162,[80] interposta por Expresso Itaquiense Ltda., contra a sentença que rejeitou os embargos de terceiro por ele opostos à execução de alimentos ajuizada por R. J. contra P. M. T., a então Desembargadora Maria Berenice Dias adotou a *disregard doctrine* e admitiu a constrição de bens titulados em nome da pessoa jurídica para satisfazer o débito de alimentos.[81]

Tem pertinência a lição colacionada por Rosa Maria de Andrade Nery ao abordar a desconsideração da personalidade jurídica no âmbito dos alimentos:

> Em matéria de alimentos, o tema denominado "desconsideração da personalidade jurídica" interessa muito, mas – em regra – para o fim de mostrar e ilustrar o instituto em seu reverso, ou seja, não se trata de desconsiderar o patrimônio do sócio para lhe impor constrições sobre bens de seu patrimônio, por dívida da empresa, da qual, indevidamente, extraiu recursos para fraudar, prejudicar os credores da pessoa jurídica. Não. Em matéria de alimentos, em regra, a pretensão de desconsideração da personalidade jurídica é inversa, destinada a permitir que o poder do credor alcance o patrimônio da empresa, diante do fato de terem sido alocados em seu patrimônio bens que pertencem particularmente ao sócio, que pretende se esquivar de honrar dívidas reclamadas por credores pessoais seus, como é o caso do credor de alimentos.[82]

---

[79] Na Apelação Cível 597135730 da 7.ª Câmara Cível do TJRS, julgada em 03.12.1997, o relator Desembargador Eliseu Gomes Torres aplicou a teoria da desconsideração da personalidade jurídica ao arbitrar alimentos de doze salários mínimos, mais despesas de moradia e saúde, à esposa de empresário que de forma fraudulenta, diz o voto – "quando já visualizava a separação do casal, 'doou' sua participação societária na R. Engenharia ao seu pai, numa intenção inequívoca de impossibilitar qualquer pensionamento digno à apelada, porque, a partir daí, passou a sustentar diminuição nas suas condições econômicas".

[80] "Embargos de terceiros. Execução de alimentos. Descabe escudar-se o devedor na personalidade jurídica da sociedade comercial, em que está investindo todo o seu patrimônio, para esquivar-se do pagamento da dívida alimentar. Impõe-se a adoção da *disregard doctrine*, admitindo-se a constrição de bens titulados em nome da pessoa jurídica para satisfazer o débito. Apelo improvido" (7.ª Câmara Cível, em decisão unânime, cujo aresto é datado de 24.06.1998. Relata no corpo deste acórdão que: "A conveniência de sua utilização no âmbito do Direito de Família já foi abordada por Rolf Madaleno, em artigo intitulado 'A *disregard* no Direito de Família'. *Revista Ajuris*. Porto Alegre, v. 57, p. 57-66, 1993: 'Como noticiado pelo executante, ora apelado, nos autos apensos, não há quaisquer bens em nome do executado como pessoa física, ao passo que a pessoa jurídica que ele integra possui vários bens, além dos dois caminhões contristados. Nesse passo, não se pode ter como absoluta a autonomia da pessoa jurídica, utilizada aqui com o evidente intento de esquivar-se do encargo alimentar, sob pena de obstacularizar-se a satisfação do crédito do alimentado. Sendo o executado detentor de 50% das quotas de capital social da empresa embargante, e noticiado que o patrimônio social se constitui de vários bens além dos que foram objeto de penhora, nada impede que tais sejam constritos para satisfação da dívida exequenda, o que vai ao encontro do ideal de justiça que tanto se persegue'".

[81] "Execução de alimentos. Penhora. Cabível a constrição dos rendimentos de empresa da qual participa o devedor, merecendo desconsiderar-se a pessoa jurídica, solução que mais se harmoniza ao caráter da dívida. Agravo conhecido e improvido" (TJRS, 7.ª Câmara Cível, Agravo de Instrumento 70001001072, Rel. Des. Maria Berenice Dias, j. 21.06.2000).

[82] NERY, Rosa Maria de Andrade. *Alimentos*. São Paulo: Thomson Reuters/RT, 2018. p. 487.

7.6.9 A desconsideração ativa na seara alimentar

É caudalosa e escandalosa a gama de engodos possíveis de perpetrar no fértil terreno do uso abusivo da personalidade jurídica para fraudar e, assim, destruir todas as normas legais e os comandos jurídicos postos à disposição do dependente alimentar na busca do seu exato crédito de alimentos, tão essencial à sua sobrevivência. Contudo, é doloroso deparar com devedores servindo-se da forma societária em seu único benefício, valendo-se do arguto argumento da legal separação de patrimônios (Código Civil, art. 49-A), entre a sua pessoa física e a pessoa jurídica da qual figura como sócio, exatamente, para buscar um resultado contrário ao direito do credor alimentar.

Na doutrina da desconsideração, não é desconhecida essa distinção de pessoas existente entre a sociedade e os seus sócios, nem a estrutura de divisão patrimonial. Sucede com a doutrina da desestimação da pessoa jurídica que não lhe importa o desconhecimento de todos os efeitos da personalidade societária, senão a inoponibilidade e ineficácia de determinados efeitos provenientes do uso exorbitante de seu objeto social em prejuízo alheio. Desimportam as atividades licitamente realizadas pela sociedade empresária, mas cabe buscar os atos abusivos daquele sócio que se escondeu sob a máscara jurídica para causar dano a terceiro que é seu credor, sem que este precise recorrer às vias jurídicas da simulação, revogação, e outras tantas complicadas ações de nulidade e anulação de atos jurídicos decorrentes do uso abusivo do meio técnico da personalidade jurídica.

Entre as múltiplas aplicações da desestimação da personalidade jurídica, caso clássico pode ser vislumbrado nas ações de alimentos ou de sua revisão processual, esta representada por demanda que busca a majoração judicial da primitiva e defasada pensão alimentícia, baseado no aumento de fortuna do alimentante, em sintonia temporal com o crescimento das necessidades do alimentando, a justificar o ingresso da ação revisional.

O Tribunal de Justiça do Rio Grande do Sul, por sua 8.ª Câmara Cível, na Apelação Cível 590092128, empregou a desconsideração da personalidade jurídica em ação revisional de alimentos ajuizada pelo filho menor contra o pai, em situação em que o acionado dissimulara sua condição de sócio majoritário de uma empresa de informática, ao transferir, depois de sua separação judicial, 99% das quotas do capital social para interposta pessoa. Com esse estratagema o réu contestou a ação revisional, dizendo não ser o sócio majoritário, mas, sim, um mero prestador de serviços à sociedade, cujas quotas eram detidas por sua atual sogra a genitora de sua segunda mulher.

Com a procedência da ação, o requerido apelou, reeditando deter somente 1% do capital social da empresa. Em seu voto, o relator, o Desembargador Clarindo Favretto sustentou ser evidente que o artigo 20 do Código Civil de 1916, correspondente ao artigo 49-A do Código Civil de 2002, com a redação mais abrangente atribuída pela Lei 13.874/2019 (Lei de Liberdade Econômica), não permite confundir a pessoa jurídica com as pessoas físicas dos membros que compõem a sociedade, inclusive administradores e associados, nem seus respectivos patrimônios. Contudo, quando a pessoa física procura se ocultar por detrás das aparências da pessoa jurídica, *há que se delir essa ficção, desconsiderando-a.*[83]

---

[83] "Alimentos. Ação revisional. Aptidão da pessoa física, titular da pessoa jurídica, para pensionar. A teoria da personalidade (art. 20 do Código Civil de 1916). Desconsideração. A transferência de quotas sociais, do sócio quase absoluto de empresa, para o nome de sua sogra, em evidente fraude à Lei de Alimentos, é ineficaz em face do credor. Sentença confirmada" (TJRS, 8.ª Câmara Cível, Apelação Cível 590092128, Rel. Des. Clarindo Favretto, j. 08.07.1991).

Cap. 7 • A DESCONSIDERAÇÃO DA PERSONALIDADE JURÍDICA NO ÂMBITO DOS ALIMENTOS | 777

Portanto, sem anular o contrato social que registrava minoria societária do devedor alimentar e sem, também, dissolver qualquer desses expedientes de notória fraude usada pelo obrigado alimentar para fugir à revisão dos alimentos, tratou o tribunal de ignorar a invocação processual da técnica societária e imputar ao apelante uma pensão majorada pela convicção de que era ele um oculto sócio majoritário.

Existe um rico e inesgotável catálogo de expedientes societários indevidamente utilizados no malicioso afã de iludir obrigações conjugais, da união estável e de parentesco, nele incluído o artifício de transferência do patrimônio particular do devedor alimentar para o patrimônio de empresa em que figura como sócio, causando pelo esvaziamento de seu privado lastro patrimonial a fraudulenta insolvência alimentar, que assim procura servir de obstáculo à cobrança executiva de pretéritas pensões.

Nessa hipótese, a aplicação da doutrina de desconsideração faz com que os atos do sócio sejam atribuídos à empresa, permitindo que sejam alcançados os bens desviados para dentro da sociedade jurídica. Em requerimento promovido no ventre do próprio processo de execução de alimentos dirigido contra a pessoa física do devedor de alimentos, confere o juiz a penhora de bens por ele transferidos para uma sociedade empresária da qual participa como sócio, tal como concedeu o Tribunal de Justiça do Estado do Rio Grande do Sul, no Agravo de Instrumento 598045185 da 8.ª Câmara Cível, interposto contra despacho proferido em execução de alimentos que requerera a constrição de veículo importado, transferido do patrimônio particular do devedor alimentar para uma *holding* que ele constituíra no Uruguai. Assim também procedeu o Tribunal de Justiça do Rio de Janeiro ao deferir a penhora de automóvel pertencente à sociedade da qual o alimentante é sócio quotista,[84] cujo procedimento na atualidade é regulado pelos artigos 133 a 137 do Código de Processo Civil, podendo o incidente ser levantado pelas partes ou pelo Ministério Público, mas nunca de ofício pelo juiz, em qualquer ação e em qualquer fase de conhecimento do processo, no cumprimento de sentença e na execução fundada em título executivo extrajudicial (CPC, art. 134).

Procedem, nesse aspecto, as conclusões trazidas por Efraín Hugo Richard e Orlando Manuel Muiño[85] de que, na teoria da penetração da pessoa jurídica, não é necessário imputar um ato a uma pessoa, senão saber quem é o responsável por esse determinado ato ou por sua abstenção, e estes que aparecem como terceiros, sócios ou sociedades, são responsabilizados pelo abusivo uso da forma societária.

É com prudência e excepcionalidade que o juiz deve aplicar a teoria da penetração da personalidade jurídica, já que seu uso desmesurado pode levar a desestimar a estrutura formal das sociedades, trazendo para o Direito a incerteza e a insegurança das relações jurídicas.[86] Portanto, poderia causar natural desconforto a alegação de que, pela penetração da máscara societária, seria possível responsabilizar a pessoa jurídica pelo pagamento mensal da prestação alimentar.[87]

---

[84] "Débito alimentar. Penhora de automóvel pertencente à sociedade da qual o alimentante é sócio quotista. Resta comprovado pela análise dos autos que o alimentante se utilizou da pessoa jurídica para omitir seu real patrimônio. Configurada a situação confortável do alimentante e diante da real necessidade das alimentandas, resta caracterizada a situação disposta no artigo 50 do NCC, ensejando a desconsideração da personalidade jurídica de modo a possibilitar a realização da penhora do aludido automóvel em questão, em garantia do débito exequendo. Provimento do recurso" (TJRS, 9.ª Câmara Cível, Agravo de Instrumento 2004.002.22224, Rel. Des. Roberto de Abreu e Silva, j. 06.12.2005).

[85] RICHARD, Efraín Hugo; MUIÑO, Orlando Manuel. *Derecho societario*. Buenos Aires: Astrea, 1998. p. 751.

[86] RICHARD, Efraín Hugo; MUIÑO, Orlando Manuel. *Derecho societario*. Buenos Aires: Astrea, 1998. p. 757.

[87] "Alimentos. Execução. Embargos. Penhora. Cotas sociais. É possível a penhora das cotas sociais do devedor de alimentos, em empresa onde participa, ante a peculiar natureza do crédito alimentar e

Julio Alberto Díaz[88] questiona essa possibilidade ao inquirir se não seria possível conceber "a existência de um abuso da personalidade física, quando o sujeito visa, através da utilização do ente moral, mais ou menos fictício, fugir das responsabilidades que lhe competem".

De fato, pelo mau uso da sociedade, a teoria da penetração da pessoa jurídica permite imputar a responsabilidade em ambas as direções, da sociedade ao sócio, ou do sócio à sociedade.[89]

Considere-se numa execução de alimentos tutelares arbitrados pela riqueza externa do alimentante empresário, que de principal sócio de sólida empresa dela se retira, mediante alteração contratual de transferência das suas quotas, não mais mantendo por documentos qualquer vínculo social, muito embora prossiga administrando a sociedade por procuração outorgada por seu atual sucessor.

Sem bens particulares e sem participar da sociedade que de absoluta má-fé o auxilia na montagem dessa encenação societária, vale-se o executado, em juízo, do recurso técnico de já não ser empresário e se encontrar em estado de indigência financeira, a inviabilizá-lo de pagar as pensões em atraso. Seguramente uma boa solução desse obstáculo contratual está escorada na aplicação processual e episódica da teoria inversa da desconsideração da personalidade jurídica da empresa que acoberta o empresário devedor de alimentos, simulando seu afastamento da sociedade, não obstante as evidências desmintam a trama arquitetada para escondê-lo do quadro social.[90] Ora, nada mais acertado do que atribuir à sociedade empresária que se desvirtua de seu objeto social a titularidade passiva da obrigação alimentar do sócio que ela esconde sob a sua máscara societária. Sucede a empresa que se vale da fraude ou do abuso, no dever de pagar as prestações mensais dos alimentos, enquanto persistir a trama entre eles engendrada em prejuízo do credor de alimentos. Sobre essa solução consigna Otaegui:[91] "A precedência da separação entre a sociedade e os sócios leva tanto a que os credores da sociedade tenham possibilidade de dirigir-se contra o patrimônio dos sócios, como a que os credores de um destes possam dirigir-se contra o patrimônio da sociedade".

---

inexistência de vedação na lei instrumental, mesmo que exista cláusula no estatuto de proibição ou restrição ao ingresso de estranhos. Neste caso, toca à pessoa jurídica remir a execução ou o bem, ou assegurar a ela ou outros sócios a preferência na aquisição das cotas, sem prejuízo ao direito do alimentando. Apelação desprovida" (TJRS, 7.ª Câmara Cível, Apelação Cível 70005705983, Rel. Des. José Carlos Teixeira Giorgis, j. 19.03.2003).

[88] DÍAZ, Julio Alberto. *Responsabilidade coletiva*. Belo Horizonte: Del Rey, 1998. p. 150.

[89] RICHARD, Efraín Hugo; MUIÑO, Orlando Manuel. *Derecho societario*. Buenos Aires: Astrea, 1998. p. 753.

[90] "Direito de família. Execução de acordo judicial envolvendo alimentos e valores devidos à ex-consorte a título de meação. Pedido de desconsideração inversa da personalidade jurídica, a fim de viabilizar a penhora de imóvel (apartamento) de propriedade da empresa da qual o executado é irrecusavelmente dono. Utilização pessoal e exclusiva do bem pelo devedor. Confusão patrimonial evidente. Executado que, conquanto não figure formalmente como sócio no contrato social, exerce atos de administrador e proprietário da empresa, a qual está em nome de seus filhos. Inexistência de qualquer outro bem pessoal para garantir a dívida. Recurso provido. Na desconsideração inversa da personalidade jurídica de empresa comercial, afasta-se o princípio da autonomia patrimonial da pessoa jurídica, responsabilizando-se a sociedade por obrigação pessoal do sócio. Tal somente é admitido, entretanto, quando comprovado suficientemente ter havido desvio de bens, com o devedor transferindo seus bens à empresa da qual detém o controle absoluto, continuando, todavia, deles a usufruir integralmente, conquanto não façam parte do seu patrimônio particular, porquanto integrados ao patrimônio da pessoa jurídica controlada" (TJSC, 4.ª Câmara de Direito Civil, Agravo de Instrumento 2011.059371-2, Rel. Des. Eládio Torret Rocha, j. 03.05.2012).

[91] OTAEGUI, Julio C. Inoponibilidad de la personalidad jurídica. *In*: RICHARD, Efraín Hugo et al. *Anomalias societárias*. Buenos Aires: Advocatus, 1992. p. 106.

Cap. 7 • A DESCONSIDERAÇÃO DA PERSONALIDADE JURÍDICA NO ÂMBITO DOS ALIMENTOS | **779**

Sendo legítimo desconsiderar a pessoa física e considerar o ente social como responsável perante os terceiros não componentes do grupo, como sugere Julio Alberto Díaz,[92] pois se cuida da desconsideração inversa, para captar a autêntica realidade por detrás da qual se oculta o sócio, associando-se ele a sociedade para encobrir a obrigação alimentícia do devedor executado, olvidando-se ambos que excedem o objetivo social e, em clara afronta à ordem pública, elidem criminosamente o direito alimentar que busca assegurar o direito à vida, o mais importante de todos os direitos.

Na ação de separação judicial litigiosa 01291069282 que tramitou pela 1.ª Vara de Família e Sucessões de Porto Alegre, o juiz monocrático enfrentou, em sentença, a questão do afastamento meramente formal do réu, da sociedade empresária que, até as vésperas da sua separação judicial, era por ele dirigida. Em sua decisão, o juiz singular destacou a simulação do afastamento do réu da direção da empresa G.A.J., aduzindo ser: "caso típico, em tese, de exigir da pessoa jurídica o pagamento alimentar que o réu insiste em não poder fazer, pela aplicação da teoria da despersonalização (sic) da pessoa jurídica".

A instrução processual demonstrou que o réu continuava à testa da sociedade, tanto que ele próprio, não resistindo às evidências da prova que teimava em registrar sua diuturna presença nos escritórios do estabelecimento, tentou se justificar com a alegação de que costumava comparecer na sociedade "para inteirar-se da situação da empresa".

Portanto, se é crime contra a administração da justiça, punível com a privação da liberdade, concorrer livre e conscientemente para elidir o pagamento de pensão alimentar, ao deixar de prestar ao juízo competente as informações necessárias à instrução do processo alimentar, certamente não deixará de ser menos punível a atitude da empresa que concorre para suprimir o pagamento do débito alimentar de um de seus sócios, aceitando simular sua formal retirada da sociedade, muito embora ele prossiga de fato à testa das suas primitivas funções e encargos societários. Ora, se por meio da Lei 9.605, de 12 de fevereiro de 1998, as pessoas jurídicas podem ser penalmente responsabilizadas, sem prejuízo da imputação de seu representante legal, com maior coerência ainda, e isto mostra com clareza Sérgio Salomão Shecaira,[93] que: "Não se pode deixar de reconhecer que as pessoas jurídicas podem – e têm – decisões reais, e se a sua admoestação tem severa consequência econômica e delituosa, não há razões verdadeiramente sérias para deixar de imputar a responsabilidade coletiva e atribuir à sociedade o pagamento da pensão que ela ajuda a elidir."

7.6.10 *Disregard* e perícia contábil

Existem decisões judiciais controvertendo acerca da admissão para a realização de perícia contábil em sociedade empresária, visando à apuração de ganhos de sócio devedor de alimentos.

Agravo de instrumento interposto contra decisão singular proferida em ação de alimentos que deferira prova contábil em empresa da qual o agravante fora diretor mereceu provimento perante a 3.ª Câmara do Tribunal de Justiça do Estado de São Paulo,[94] que julgou

---

[92] DÍAZ, Julio Alberto. *Responsabilidade coletiva*. Belo Horizonte: Del Rey, 1998. p. 151.

[93] SHECAIRA, Sérgio Salomão. *Responsabilidade penal da pessoa jurídica*. São Paulo: RT, 1998. p. 148.

[94] "Sociedade comercial. Livros comerciais. Exame. Perícia contábil ordenada judicialmente visando à apuração dos ganhos de diretor, réu em ação de alimentos. Providência inadmissível. Pessoa jurídica sobre a qual incide a prova contábil absolutamente estranha à controvérsia da ação. Impossibilidade de sujeição à determinação mesmo que se pretenda limitar a perícia apenas à apuração dos ganhos do diretor"

inadmissível sujeitar à perícia contábil uma empresa estranha à demanda alimentar, muito embora até sejam comuns tutelas de urgência entre sócios para que sejam exibidos documentos societários e para que, dessarte, sócios tenham acesso à escrituração e à documentação contábil da sociedade que exerce seu direito de fiscalização, podendo, inclusive, requerê-lo em juízo, com suporte no artigo 1.191 do Código Civil. Quando se trata de ações relacionadas a cônjuge ou companheiro de sócio e até mesmo de credores ou herdeiros de sócios, os juízes costumam se apegar exageradamente ao artigo 1.190 do Código Civil e invocar o sigilo fiscal, contábil e tributário da sociedade empresária, sob a ressalva de que os documentos contábeis do empresário e da sociedade empresária estão protegidos pela confidencialidade e a sua exibição depende de ordem judicial, ainda assim restrita aos casos previstos em lei.[95]

É de outro lado a lição sustentada por Cristiano Graeff Júnior,[96] ao invocar o rigor da Súmula 260 do Supremo Tribunal Federal,[97] que limita o exame de livros comerciais em ação judicial às transações entre os litigantes.

De qualquer modo, tem prevalecido o bom senso, como adverte Teresa Arruda Alvim Wambier,[98] ao lembrar que "não afronta a regra do sigilo comercial permitir-se o exame pericial de livros contábeis da empresa, em caso de separação judicial, para fins de partilha. Prevalece sobre esta regra a obrigação de colaborar com o Poder Judiciário, na investigação da verdade".

Exatamente assim pensa Mário Luiz Delgado ao escrever que:

> Também se tem admitido a exibição nos litígios de família, quando demonstrado o uso da sociedade empresária para fraudar a partilha de bens no divórcio ou na dissolução de união estável. Nos conflitos conjugais, dada a carga emocional que vitima ambas as

---

(TJSP, 3.ª Câmara Cível, Agravo de Instrumento 133.925-1, Rel. Des. Flávio Pinheiro, j. 28.08.1990, *RT* 663/84-84). Na mesma direção: "Alimentos Provisionais. Realização de perícia contábil nos livros da firma comercial de que participa o réu. Descabimento. Em regra, não cabe o exame de livros de pessoa que não seja parte na demanda. Só em casos excepcionais tal prova seria admissível. No caso, não se demonstrou que haja necessidade daquele exame. A parte do réu nos lucros poderá ser conhecida através de meios comuns (ofício à sociedade, ao Imposto de Renda)" (*RT* 535/72). No sentido inverso há, por exemplo, julgado publicado na *RT* 655/86: "Comerciante. Livros comerciais. Exame. Perícia admissível para a apuração de bens eventualmente omitidos em partilha oriunda de separação judicial do sócio. Providência que não afronta o sigilo comercial assegurado pelos arts. 17 e 18 do Código Comercial. Prova restrita ao ponto da investigação necessária. Aplicação dos arts. 339 e 341 do CPC" (TJSP, 5.ª Câmara Cível, Agravo de Instrumento 125.059-1, j. 22.03.90, Rel. Des. Márcio Bonilha). O STF já decidiu nesse mesmo sentido no RE 115.222-2-2/BA, Rel. Min. Djaci Falcão, publicado na *RT* 640/229-244, com esta ementa: "Sociedade comercial. Responsabilidade limitada. Exclusão de sócio. Deliberação da maioria. Ação anulatória julgada improcedente após indeferimento de prova pericial nos livros da empresa. Exame, porém, necessário para esclarecimento da invocada irregularidade na escrituração que deu causa ao litígio. Cerceamento de defesa configurado. Processo anulado. Declaração de votos".

[95] DELGADO, Mário Luiz *et al.* Código *Civil comentado.* Doutrina e jurisprudência. Rio de Janeiro/ GEN/ Forense, 2019. p. 829.

[96] GRAEFF JÚNIOR, Cristiano. *Compêndio elementar das sociedades comerciais.* Porto Alegre: Livraria do Advogado, 1997. p. 311.

[97] Súmula 260 do STF: "O exame de livros comerciais, em ação judicial, fica limitado às transações entre os litigantes". Ver artigos 420 e 421 do Código de Processo Civil de 2015.

[98] WAMBIER, Teresa Arruda Alvim. A desconsideração da pessoa jurídica para fins de partilha e a prova dos rendimentos do cônjuge-varão, na ação de alimentos, pelo nível da vida levada por este. *In:* WAMBIER, Teresa Arruda Alvim; LAZZARINI, Alexandre Alves (coord.). *Direito de família:* aspectos constitucionais, civis e processuais. São Paulo: RT, 1996. v. 3, p. 188.

Cap. 7 • A DESCONSIDERAÇÃO DA PERSONALIDADE JURÍDICA NO ÂMBITO DOS ALIMENTOS | 781

partes, é frequente o desejo nutrido por um dos cônjuges ou companheiros, notadamente aquele que se sentiu *traído* pelo pedido de dissolução do vínculo conjugal, de prejudicar economicamente o outro. E a maneira mais comum de se tentar impingir ao outro esse tipo de prejuízo é justamente a fraude na partilha de bens. Nos relacionamentos em que apenas um dos cônjuges exerce atividade produtiva, a possibilidade de incidência da fraude patrimonial é ainda maior. Normalmente, o cônjuge ou companheiro mal-intencionado se prepara para a separação, para desfechar o golpe no patrimônio do outro, prejudicando-o quando da futura partilha. É o caso, por exemplo, do empresário que, antes do divórcio, transfere bens para a pessoa jurídica que administra, muitas vezes titularizada por interpostas pessoas, com as quais firma contratos simulados de compra e venda e de mútuo. Também há situações em que o cônjuge transfere a própria empresa para uma terceira pessoa apenas para não partilhar as quotas da sociedade com a esposa. As ações mais usuais por parte do fraudador estão relacionadas, portanto, à ocultação de bens, mediante alienações simuladas. A comprovação da fraude pelo cônjuge hipossuficiente nem sempre é fácil, mesmo porque a fraude tem início no chamado período de preparação, às vezes até vários anos antes do pedido de divórcio, e as simulações se amparam em estruturas jurídicas bem sofisticadas. Por isso, sempre que houver suspeita de fraude, a confidencialidade não pode ser invocada e a exibição dos livros e demais documentos contábeis do empresário ou da sociedade deve ser sempre determinada pela autoridade judiciária.[99]

Embora permaneça claramente privilegiada a completa separação entre a pessoa física do sócio, agora renovada essa separação pelo artigo 49-A do Código Civil, com a redação atribuída pela Lei 13.874/2019 (Lei de Liberdade Econômica), e a pessoa jurídica da sociedade da qual ele participa, Yussef Said Cahali[100] defende a tese da perícia contábil em sociedade empresária da qual o cônjuge é sócio ou diretor, especificamente com o objetivo de apuração da sua capacidade contributiva, excluída qualquer outra perquirição investigatória concernente a outros assuntos, com relação aos quais, complementa Cahali, preserva-se o sigilo da atividade empresarial.

Determina o próprio Código de Processo Civil acerca do princípio absoluto de colaboração com o Poder Judiciário na busca da verdade e do sigilo da atividade empresarial, sempre que ficar patente que o instituto da personalidade jurídica está sendo empregado para fins condenáveis pelo Direito e pela moral, agindo na contramão do seu fim social e, assim, causando irreversíveis danos ao parceiro.

Há limites de eticidade processual a serem rigidamente observados quando o juiz verifica que o cônjuge ou companheiro empresário conduz-se apenas por sua ira amorosa, valendo-se da máscara societária como útil e sacro instrumento na injusta obtenção de resultados materiais que visam ao seu único e ilícito proveito.

Na procura do justo, é inadmissível que, sob qualquer pretexto, artifício ou simulação tendente a fraudar partilha ou sonegar criminosamente a adequada alimentação essencial à sobrevivência de pessoas dependentes e ato de nenhuma suportabilidade, ética alguma justifica respeitar, possa cônjuge, companheiro ou devedor invocar a distinção de personalidades em nome de inúteis conceitos de ordem meramente processual, idealizados para outra classe de litígio. Não podem ser aceitos esses princípios quando, à vista das evidências, terceiros são espoliados e prejudicados com o uso ilegal e abusivo da personalidade jurídica, a qual tem

---

[99] DELGADO, Mário Luiz *et al*. Código *Civil comentado*. Doutrina e jurisprudência. Rio de Janeiro/ GEN/ Forense, 2019. p. 829-830.

[100] CAHALI, Francisco José. Dos alimentos. *In*: DIAS, Maria Berenice; PEREIRA, Rodrigo da Cunha (coord.). *Direito de família e o novo Código Civil*. 4. ed. Belo Horizonte: Del Rey, 2005. p. 847.

servido com preocupante frequência no Direito de Família e no Direito das Sucessões como instrumento à causa do litigante, que se movimenta ágil e impune por detrás da sociedade empresária que manipulou a seu exclusivo serviço.

Dessarte, a perícia que vier a ser ordenada em uma ação judicial de dissolução de casamento ou de união estável, e até mesmo em um incidente vinculado ao inventário de sócio falecido, para as duas primeiras hipóteses, também agregue pedido inicial de arbitramento de alimentos, presentes as suspeitas de o parceiro sócio estar se valendo da sociedade empresária em disfunção das finalidades da empresa. Com efeito, ao juiz da demanda e desde que provocado por específico pedido contido na inicial, deverá encaminhar o processo para a suspensão episódica do princípio da separação entre pessoa jurídica e pessoa física, membro dessa mesma sociedade.

Portanto, a perícia poderá não apenas ser contábil para apuro de valores da efetiva capacidade de pensionamento do devedor alimentar, como também poderá implicar pesquisa e avaliação do acervo patrimonial da empresa, para depurar, pormenorizadamente, a dolosa mistura e transferência de bens ou de quotas e eventual alternância de sócios, tudo movimentado em um jogo claramente ensaiado para perpetrar induvidosa fraude à meação do cônjuge ou do companheiro, fraude à legítima e fraude aos alimentos de pessoas financeiramente dependentes, como positivamente já se pronunciou em seara familista o Superior Tribunal de Justiça no REsp 1.182.872/RS.[101]

Consequentemente, à perícia contábil será agregado levantamento técnico promovido por perito engenheiro, ou arquiteto, com competência profissional para avaliar o patrimônio desvirtuado, como pode se tratar de uma perícia contábil para apurar, por exemplo, o montante dos alimentos compensatórios patrimoniais, como decidiu o Tribunal de Justiça de Santa Catarina, no Agravo de Instrumento 5064338-15.2024.8.24.0000, em 15 de outubro de 2024, do Desembargador Alex Heleno Santore, nas seguintes passagens de seu voto concedendo antecipação dos efeitos da tutela recursal e, assim, determinando a produção de prova antecipada e incidental de prova pericial com fundamento no artigo 381, I e II, do CPC: "isso porque, admitida pelo juízo de primeiro grau a desconsideração inversa da personalidade jurídica, em sede de tutela provisória de urgência, decorrente da probabilidade de confusão patrimonial entre o sócio e as empresas integrantes de um mesmo grupo econômico, por corolário lógico,

---

[101] "Recurso especial. Separação judicial. Perícia contábil. Empresas constituídas pelo varão após a separação de corpos. Alegação de fraude e desvio de meação. Negativa de prestação jurisdicional. Ausência. Desconsideração da personalidade jurídica. Revisão. Súmula n.º 07/STJ. Quebra do sigilo contábil. Possibilidade. Demonstração do legítimo interesse da parte. Precedentes desta Corte. Violação a artigos da Lei Complementar 105/2001. Não demonstração. Dissídio jurisprudencial. Cotejo analítico. Ausência. 1. Não ocorrência de violação do art. 535 do CPC quando o acórdão recorrido aprecia com clareza as questões essenciais ao julgamento da lide, com abordagem integral do tema e fundamentação compatível. 2. Segundo entendimento jurisprudencial assente desta Corte, a alteração das razões fáticas e probatórias que levaram as instâncias ordinárias a empregar o instituto da desconsideração da personalidade jurídica, esbarra no óbice do enunciado da Súmula n.º 07/STJ. 3. Configurado o legítimo interesse da parte, consubstanciado na necessidade de aferição do efetivo patrimônio que compõe o acervo comum dos separandos e dos reais rendimentos auferidos pelo varão, justifica-se o deferimento da perícia contábil, ainda que para hipótese não prevista no artigo 1.191 do Código Civil. Precedentes específicos. 4. Ausência de maltrato aos artigos 1.º, § 4.º e 10, da Lei Complementar n.º 105/2001, pois não determinada a quebra de sigilo bancário. 5. Inadmissível o recurso especial, pela divergência, se não comprovado o dissídio jurisprudencial nos moldes legal e regimental. 6. Recurso Especial parcialmente conhecido e, nesta parte, provido" (STJ, 3.ª Turma, REsp 1.182.872/RS, Rel. Min. Paulo de Tarso Sanseverino, j. 03.08.2012).

Cap. 7 · A DESCONSIDERAÇÃO DA PERSONALIDADE JURÍDICA NO ÂMBITO DOS ALIMENTOS | **783**

é evidente a necessidade de se antecipar a instrução processual, evitando, com isso, o risco de dilapidação e ocultação patrimonial. Além disso, a medida tem por finalidade evitar o prolongamento indeterminado da apuração de haveres entre os consortes, em prejuízo do cônjuge que não exercer poderes de administração e, assim, está excluído da fruição do patrimônio, em tese, sujeito à partição, possibilitando, inclusive, a composição entre as partes. (...) Em conclusão, a pretensão recursal merece antecipação parcial, para determinar a produção antecipada de prova pericial contábil, incidentalmente, na origem, para apuração do faturamento social e lucro líquido do grupo empresarial, de modo a permitir a verificação dos rendimentos auferidos pelo cônjuge que se encontra na administração e fruição exclusiva de patrimônio sujeito à partilha".

7.7 A DESCONSIDERAÇÃO DA PERSONALIDADE JURÍDICA NA EXECUÇÃO DE ALIMENTOS

Antigo tormento adicional surgia na mais dramática de todas as demandas, quando, depois de judicialmente estipulada a pensão alimentar, o alimentante transferia suas quotas sociais para parentes, simulando seu afastamento da sociedade, embora prosseguisse à testa da direção da empresa, apenas atuando com procuração.

Outro expediente de uso rotineiro consiste em esquivar-se do pagamento da dívida alimentar, escudado na circunstância de a pessoa jurídica possuir bens, enquanto o seu sócio, devedor dos alimentos, vive em completa indigência.

É oportuno recordar que a teoria da desconsideração da personalidade jurídica há muito deixou de ser mero dogma importado do direito estrangeiro, já estando inserido no Código Civil brasileiro e em outras importantes leis nacionais, por exemplo, o artigo 28 da Lei 8.078, de 11 de setembro de 1990, o Código de Defesa do Consumidor, a Lei Antitruste, o artigo 27 da Lei 9.615, de 24 de março de 1998, a Lei do Desporto,[102] o artigo 14 da Lei 12.846, de 1.º de agosto de 2013 (Lei Anticorrupção), os artigos 133 a 137 do Código de Processo Civil e a Lei de Liberdade Econômica (Lei 13.874/2019).

O Código Civil acena em seu artigo 50[103] com a desconsideração da pessoa jurídica, integrando definitivamente o princípio da desconsideração da personalidade jurídica ao texto

---

[102] Lei 9.615/1998: "Artigo 27. As entidades de prática desportiva participantes de competições profissionais e as entidades de administração de desporto ou ligas em que se organizarem, independentemente da forma jurídica adotada, sujeitam os bens particulares de seus dirigentes ao disposto no art. 50 da Lei n.º 10.406, de 10 de janeiro de 2002, além das sanções e responsabilidades previstas no *caput* do art. 1.017 da Lei n.º 10.406, de 10 de janeiro de 2002, na hipótese de aplicarem créditos ou bens sociais da entidade desportiva em proveito próprio ou de terceiros".

[103] Código Civil, artigo 50. "Em caso de abuso da personalidade jurídica, caracterizado pelo desvio de finalidade ou pela confusão patrimonial, pode o juiz decidir, a requerimento da parte ou do Ministério Público quando lhe couber intervir no processo, desconsiderá-la para que os efeitos que os efeitos de certas e determinadas relações de obrigações sejam estendidos aos bens particulares de administradores ou sócios da pessoa jurídica beneficiados direta ou indiretamente pelo abuso.
§ 1.º Para os fins do disposto neste artigo, desvio de finalidade é a utilização da pessoa jurídica com o propósito de lesar credores e para a prática de atos ilícitos de qualquer natureza.
§ 2.º Entende-se por confusão patrimonial a ausência de separação de fato entre os patrimônios, caracterizados por:
I – cumprimento repetitivo pela sociedade de obrigações do sócio ou do administrador ou vice-versa;
II – transferência de ativos ou de passivos sem efetivas contraprestações, exceto os de valor proporcionalmente insignificante;

legal brasileiro, que, embora tivesse debutado oficialmente na vigente codificação civil, há muito tempo vinha sendo amplamente acolhido em diversas áreas do Direito brasileiro, estando consagrada com o Código de Processo Civil de 2015, inclusive em sua formatação inversa.

Bem vista a jurisprudência nacional na execução de créditos, à qual a *disregard* vem mantendo larga aplicação, tanto direta como inversamente, nesta última, quando se trata de penhorar bens pessoais dos sócios por dívidas da sociedade,[104] aduzindo Raimundo Carvalho[105] ser de menor importância perquirir a base legal para a aplicação da doutrina da desconsideração da pessoa jurídica, pois se trata de tese largamente difundida na jurisprudência, na doutrina e legislação brasileiras, a qual tem sido paulatina e crescentemente acolhida na legislação pátria.

Jorge Luis Costa Beber,[106] ao explanar acerca da aplicação direta da desconsideração da personalidade jurídica na execução alimentar, diz não encontrar qualquer óbice para a sua incidência na seara familiar, e acrescenta:

> Em especial no tocante aos alimentos, estimo ser perfeitamente viável o uso da teoria ora em exame, tanto na fase de cognição, como na execução, sobretudo nesta última, já que a constrição de bens para satisfação do débito alimentar se impõe cada vez mais como medida necessária e imprescindível, fruto do entendimento jurisprudencial vigente, contra o qual mantenho reservas pessoais, que limita a utilização da modalidade executiva prevista pelo artigo 733 do Código de Processo Civil (CPC/2015, arts. 528 e 911).

Foi exatamente a decisão tomada por unanimidade na Apelação Cível 598082162 da 7.ª Câmara Cível do TJRS, sendo relatora a então Desembargadora Maria Berenice Dias,[107] em

---

III – outros atos de descumprimento da autonomia patrimonial.

§ 3.º O disposto no *caput* e nos §§ 1.º e 2.º deste artigo também se aplica à extensão das obrigações de sócios ou de administradores à pessoa jurídica.

§ 4.º A mera existência de gruo econômico sem a presença dos requisitos de que trata o *caput* deste artigo não autoriza a desconsideração da personalidade da pessoa jurídica.

§ 5.º Não constitui desvio de finalidade a mera expansão ou alteração da finalidade original da atividade econômica específica da pessoa jurídica."

[104] Ver nessa linha de ordenamento a *RT* 703/95, com esta ementa: "Sociedade comercial. Execução. Penhora de bens particulares de sócios. Admissibilidade. Empresa em situação irregular, cujos bens desapareceram. Aplicação da teoria da desconsideração da personalidade jurídica. Declarações de votos vencedor e vencido" (TASP, 4.ª Câmara Cível, Agravo de Instrumento 543.309/2, Rel. Juiz Térsio José Negrato, j. 30.06.1993). No mesmo sentido, *RT* 723/348: "Sociedade por cotas de responsabilidade limitada. Extinção pelos sócios. Falta de bens societários para o pagamento de seus débitos. Responsabilidade particular e ilimitada dos sócios por tais débitos. Penhora em bens destes. Admissibilidade. Ação procedente confirmada" (TJSP, 7.ª Câmara Cível, Apelação Cível 269.062-1/9, Rel. Des. Benini Cabral, j. 04.10.1995). Também na *RT* 711/140; *RT* 713/138; e *RT* 728/292.

[105] CARVALHO, Raimundo M. B. Da responsabilidade dos sócios por dívidas da sociedade: sociedade anônima e por cotas de responsabilidade limitada. *Revista de Direito Mercantil, Industrial, Econômico e Financeiro*, São Paulo, v. 73, p. 22-38, 1989.

[106] BEBER, Jorge Luis Costa. Alimentos e desconsideração da pessoa jurídica. *Revista Ajuris*, Porto Alegre, v. 76, dez. 1999.

[107] O aresto está publicado no *Boletim de Jurisprudência de Direito de Família do IBDFAM*, 01, ementa 34, p. 22, assim vazada: "Embargos de terceiros. Execução de alimentos. Descabe escudar-se o devedor na personalidade jurídica da sociedade comercial, em que está investido todo o seu patrimônio, para esquivar-se do pagamento da dívida alimentar. Impõe-se a adoção da *disregard doctrine*, admitindo-se a constrição de bens titulados em nome da pessoa jurídica para satisfazer o débito. Apelo improvido".

Cap. 7 • A DESCONSIDERAÇÃO DA PERSONALIDADE JURÍDICA NO ÂMBITO DOS ALIMENTOS | **785**

cujo centro do acórdão argumenta que a conveniência de sua utilização no âmbito do Direito de Família já foi abordada por Rolf Madaleno, em seu artigo publicado na *Revista Ajuris*, em que assevera:

> O usual, dentro da teoria da desconsideração, é equiparar o sócio à sociedade e que, dentro dela, se esconde para desconsiderar seu ato ou negócio fraudulento ou abusivo e, destarte, alcançar seu patrimônio pessoal, por obrigação da sociedade. Já no Direito de Família sua utilização dar-se-á de hábito, na via inversa, desconsiderando o ato, para alcançar o bem da sociedade, para pagamento do cônjuge ou credor familial, principalmente frente à diuturna constatação nas disputas matrimoniais, de o cônjuge empresário esconder-se sob as vestes da sociedade, para a qual faz despejar, senão todo, ao menos o rol mais significativo dos bens comuns.[108]

---

[108] MADALENO, Rolf. A *disregard* no direito de família. *Ajuris*, Porto Alegre, v. 57, p. 57-66, 1993.

Capítulo 8
A DESCONSIDERAÇÃO DA PERSONALIDADE JURÍDICA NO DIREITO DAS SUCESSÕES

8.1 HERDEIROS NECESSÁRIOS

Uma pessoa, quando morre e deixa herdeiros necessários, não pode dispor livremente de mais da metade dos seus bens, pois ordena o artigo 1.846 do Código Civil que a outra metade do patrimônio sucessível pertencerá, de pleno direito, aos herdeiros necessários do autor da herança dos quais constituem a legítima.

Os descendentes em concorrência com o cônjuge ou o convivente sobrevivente, em primeiro lugar e, na sua falta, os ascendentes, também em concorrência com o cônjuge ou o convivente, são vocacionados hereditários necessários no Direito brasileiro, consagrando-se a sucessão forçada ou obrigatória, imposta pela lei, com o sentido especial de proteção para certa classe de herdeiros, vinculados com o falecido por laços mais estreitos de parentesco,[1] matrimônio ou união estável por declaração pelo STF de inconstitucionalidade do artigo 1.790 do Código Civil (STF, RE 878.694 e RE 646.721/RS). Assim, dissecada, em parte, a ordem de vocação hereditária ordenada pelo artigo 1.829 do Código Civil brasileiro, os sucessores mais próximos afastam os mais distantes em grau de parentesco, salvo as hipóteses de representação.

Verifica-se que as duas primeiras classes são preenchidas por ordem de chamamento, primeiro, por qualquer descendente em concorrência com o cônjuge ou convivente sobrevivente, exceto quando casado ou unido pela comunhão universal, na separação obrigatória de bens (CC, art. 1.641), ou se casado ou unido pela comunhão parcial e o sucedido não tiver deixado bens particulares, ou ainda se não estavam separados judicialmente ou de fato há mais de dois anos,[2] devendo ficar estreme de dúvidas que o direito hereditário do cônjuge ou do convivente recai somente sobre os bens particulares do falecido, quando concorre com os descendentes. Na falta de descendentes, são chamados para suceder os ascendentes, também em concorrência com o cônjuge ou convivente supérstite, agora em qualquer regime de bens, sendo destinatários de pelo menos a metade da herança deixada pelo falecido, considerando que a outra metade é passível de livre disposição testamentária pelo autor da herança.

---

[1] WALD, Arnoldo. *Direito das sucessões*. 4. ed. São Paulo: RT, 1977. p. 153.
[2] A anacrônica e absurda culpa mortuária é definida pelo artigo 1.830 do Código Civil, especialmente depois da Emenda Constitucional 66/2010 que afastou a discussão da culpa do direito brasileiro, sendo descabida qualquer abertura temporal para a pesquisa judicial da culpa, muito menos em processo no qual pessoas vivas iriam testemunhar contra a memória do morto (MADALENO, Rolf. *Sucessão legítima*. 2. ed. Rio de Janeiro: GEN/Forense, 2020. p. 498).

Portanto, aos herdeiros necessários a lei outorgou especiais efeitos, reservando-lhes porção da herança do sucedido, dela não podendo ser privados, salvo pela justa causa da indignidade ou da deserdação e que precisa ser informada no ato de liberalidade (escritura de doação ou no testamento) e judicialmente confirmada em ação declaratória de indignidade ou de deserdação (CC, arts. 1.815 e 1.965).

Por conseguinte, o acervo de quem deixa herdeiros necessários divide-se em duas porções claramente diferenciadas por seu destino, sendo uma destas denominada de indisponível, porque os bens que a formam são exatamente aqueles que o autor da herança não pode se despojar por meio de liberalidades, e a lei a condiciona negativamente,[3] ao proibir sua livre disposição, e impõe o dever de reserva às legítimas dos herdeiros obrigatórios.

Essa legítima está fixada na metade do valor da herança deixada, já abstraída eventual meação do cônjuge ou do convivente. Tal porção indisponível é intangível à vontade do *de cujus* e a razão de sua indisponibilidade teria sido instituída no interesse de manter a estabilidade e o equilíbrio familiar sobre uma porção patrimonial subtraída do capricho do homem.[4]

A outra metade é denominada de porção disponível, porque dela o autor da herança poderá dispor em vida como bem desejar e em proveito de quem bem entender, por meio de doação ou de testamento, instrumentos próprios para essas liberalidades patrimoniais.

Como novidade da codificação vigente, adotou a legislação brasileira o ato de incluir o cônjuge sobrevivente como herdeiro necessário, como ocorre em outros países, e o Supremo Tribunal Federal no julgamento dos Recursos Extraordinários 878.694/MG e 641.727/RS declarou inconstitucional o artigo 1.790 do Código Civil e ordenou que a sucessão do convivente sobrevivo também deve ser processada consoante o artigo 1.829 do Código Civil, de modo que o consorte ou convivente sobrevivente concorre na herança com os descendentes ou ascendentes, já descontada a sua meação, conforme assim permita o regime de bens adotado por ocasião do casamento ou da instituição da união estável. Como antes assinalado, o supérstite só não receberá herança pela ordem de vocação hereditária do inciso I do artigo 1.829 do Código Civil, em concurso com descendentes do falecido, se ele fosse casado ou convivesse pelo regime da comunhão universal de bens, pelo regime obrigatório da separação de bens, ou se o sucedido não tivesse deixado bens particulares e se estivesse separado de direito ou de fato há mais de dois anos, com as ressalvas da descabida culpa mortuária diante da Emenda Constitucional 66/2010.

A metade disponível é calculada sobre a totalidade dos bens existentes à época do falecimento do autor da herança, abatidas suas dívidas e as despesas do seu funeral.[5] A esse resultado são adicionadas as importâncias das doações realizadas pelo sucedido aos seus descendentes e, se o regime de bens permitir, a retirada da meação do cônjuge ou convivente sobrevivente.

Para a Terceira Turma do Superior Tribunal de Justiça (STJ) de acordo com o REsp 1.861.306/SP, o herdeiro do sócio minoritário falecido, que não teve participação em atos de abuso da personalidade jurídica ou fraude, não deve ser incluído no polo passivo da ação de execução. Com esse entendimento, os ministros confirmaram acórdão do Tribunal de Justiça de São Paulo (TJSP) que excluiu da execução os bens de sócio minoritário sem poderes de administração e que, segundo os autos, não contribuiu para a prática dos atos fraudulentos

---

[3] LASALA, José Luis Pérez. *Curso de derecho sucesorio*. Buenos Aires: Depalma, 1989. p. 795.

[4] COLIN, Ambrosio; CAPITANT, Henry. *Curso elemental de derecho civil*. 3. ed. Madrid: Reus, 1988. p. 505.

[5] BITTAR, Carlos Alberto. *Direito das sucessões*. Rio de Janeiro: Forense Universitária, 1992. p. 90.

Cap. 8 · A DESCONSIDERAÇÃO DA PERSONALIDADE JURÍDICA NO DIREITO DAS SUCESSÕES | **789**

que levaram a empresa a ser condenada por danos morais e materiais. A herdeira do sócio minoritário, falecido, foi excluída das constrições patrimoniais na execução."

A desconsideração da personalidade jurídica, em regra, deve atingir somente os sócios administradores ou que comprovadamente contribuíram para a prática dos atos caracterizadores do abuso da personalidade jurídica", explicou o relator, ministro Villas Bôas Cueva. Segundo os autos, no curso da execução, foram proferidas duas decisões interlocutórias: a primeira deferiu o pedido de desconsideração da personalidade jurídica da empresa executada para incluir os dois sócios no polo passivo; a segunda determinou a citação e a intimação dos herdeiros do sócio falecido. O TJSP deu provimento ao recurso da herdeira do sócio falecido para excluir seus bens da execução. No recurso especial apresentado ao STJ, a empresa exequente alegou que o artigo 50 do Código Civil preceitua que a condição de sócio minoritário não afasta a responsabilidade pelos atos da sociedade. Segundo o ministro Villas Bôas Cueva, em casos excepcionais, é possível que a desconsideração da personalidade jurídica venha a atingir os bens particulares do sócio que não tem poderes de gerência ou de administração, notadamente em casos de comprovada confusão patrimonial (AREsp 1.347.243), de explícita má-fé pela conivência com atos fraudulentos (REsp 1.250.582) ou, ainda, de equivalência entre as participações societárias em sociedade modesta, composta por mãe e filha (REsp 1.315.110). Entretanto, o magistrado destacou que, no caso analisado, o sócio minoritário excluído da execução era detentor de apenas 0,0004% do capital social da empresa e, segundo os autos, não teve nenhuma influência na prática dos apontados atos de abuso da personalidade jurídica ou fraude. "Com efeito, a despeito de o artigo 50 do Código Civil não apresentar nenhuma restrição, não é coerente que os sócios sem poderes de administração, em princípio, incapazes da prática de atos configuradores do abuso da personalidade jurídica, possam ser atingidos em seus patrimônios pessoais", concluiu o relator ao negar provimento ao recurso.[6]

8.2 PROTEÇÃO DA LEGÍTIMA

A legislação sucessória garante, para certos herdeiros (CC, art. 1.845 e STF, RE 878.694/MG e RE 647.721/RS), uma parte dos bens deixados pelo autor da herança e de cujo montante eles não podem ser privados, salvo nos casos de exclusão por indignidade ou deserdação, porque só tem direito à legítima quem for herdeiro necessário. A legítima se constitui, portanto, em uma limitação à liberdade de testar e de doar e assegura aos herdeiros havidos como necessários (descendentes, ascendentes, cônjuge ou companheiro) uma porção do patrimônio do autor da herança, tratando-se de disposição de ordem pública e, dessarte, de caráter cogente.

A legislação civil, inclusive, protege a legítima, a ponto de proibir, salvo pontuais exceções, que o autor da herança imponha alguma limitação ao gozo e à fruição da legítima, nem permite impor gravames ou condições, que serão havidas como não escritas, e esses mesmos herdeiros necessários têm direito à colação dos bens e à ação de redução para fazer respeitar sua legítima.

Como visto, quem tem herdeiros necessários sofre restrições sobre seus bens, deles não podendo dispor por meio de testamento, ou por doação em vida, de qualquer fração que suplante a porção disponível, visto que sobre a outra metade os seus herdeiros legítimos têm, por

---

[6] https://www.stj.jus.br/sites/portalp/Paginas/Comunicacao/Noticias/25022021-Desconsideracao-da-personalidade-juridica-nao-atinge-herdeiro-de-socio-minoritario-que-nao-participou-de-fraude.aspx.

assim dizer, expectativas que o impedem de doar por seu arbítrio, mais do que a metade ou a totalidade dos seus bens, já que suas eventuais liberalidades excedentes à quota disponível poderão ser atacadas pelos herdeiros necessários, com os instrumentos processuais da colação, ou da redução da legítima, até o montante do exato quinhão hereditário forçado de cada herdeiro credor da legítima prevista por lei em seu favor.

O sistema das legítimas importa em uma vedação parcial à faculdade de livre disposição dos bens, já que uma porção deve ser obrigatoriamente destinada a determinados herdeiros necessários[7] e da qual só podem ser privados pela deserdação ou pela indignidade devidamente comprovada em juízo e reconhecida em sentença declaratória transitada em julgado. Entrementes, a engenhosidade de quem quer fraudar a legítima não dá limites à imaginação, como ocorreu em um caso concreto, no qual o autor da herança instituiu sua namorada e a filha dela como herdeiras da totalidade da sua porção disponível e, posteriormente à realização da facção testamentária ,ele casou com a namorada e adotou a filha dela, as quais se tornaram herdeiras necessárias e assim legalmente se somaram como herdeiros necessários aos quatro filhos próprios do testador, aumentando, com esse estratagema, a participação hereditária da esposa e da filha adotiva em detrimento dos seus filhos biológicos, pois, antes do casamento e da adoção e já considerando o testamento, cada um dos seus filhos biológicos receberia 12,5% da porção indisponível, mas, surgindo dois novos herdeiros necessários (viúva e filha adotiva), cada um dos agora seis herdeiros necessários receberia 8,33%, e as herdeiras testamentárias beneficiadas com a porção disponível e igualmente destinatárias mais recentes da legítima receberiam ao todo 66,6666% da totalidade da herança, ou seja, 33,3333% para a viúva e 33,3333% para a enteada posteriormente adotada, restando os outros 33,3333 para serem partilhados entre os quatro filhos biológicos do sucedido, se afigurando em uma clara afronta à igualdade das legítimas, especialmente quando o autor da herança, ao casar, já contava com mais de 80 anos de idade e tinha sérias divergências com seus filhos biológicos e fruto do seu primeiro casamento.

Por outro lado, é nulo de pleno direito qualquer pacto de renúncia sobre a futura legítima, podendo os herdeiros reclamá-la com a morte do sucedido, assim como deverão trazer à colação aquilo que, em vida, receberam além da sua legítima e que não tenha sido expressamente ressalvado pelo causador da herança, como tendo sido doado da sua porção disponível, não havendo que ser confundida a irrenunciabilidade da legítima com o repúdio ou a renúncia do direito concorrencial de consorte ou companheiro por pacto antenupcial, contrato de convivência ou contrato sucessório.[8]

---

[7] Felipe Viana de Mello (*Manual de direito sucessões*. Rio de Janeiro: Lumen Juris, 2018. p. 192-194) faz pontuais considerações acerca da controvérsia que recai sobre essa intransigente reserva patrimonial que priva o indivíduo de destinar o patrimônio por ele adquirido. Nesse sentido vide também: MADALENO, Rolf. *Sucessão legítima*. 2. ed. Rio de Janeiro: GEN/Forense, 2020. p. 356-372. Também em: MADALENO, Rolf. O fim da legítima. *Revista IBDFAM. Família e Sucessões*, Belo Horizonte, v. 16, p. 31-72, jul./ago. 2018.

[8] Vide a respeito do tema em: MADALENO, Rolf. *Sucessão legítima*. 2. ed. Rio de Janeiro: GEN/Forense, 2020. p. 152-155; e ainda em: MADALENO, Rolf. Renúncia de herança em pacto antenupcial. *In*: PEREIRA, Rodrigo da Cunha; DIAS, Maria Berenice (coord.). *Família e sucessões*. Polêmicas, tendências e inovações. Belo Horizonte: IBDFAM, 2018. p. 39-99; ou em MADALENO, Rolf. Renúncia de herança no pacto antenupcial. *Revista IBDFAM. Família e Sucessões*, Belo Horizonte, v. 27, p. 9-58, maio/jun. 2018. Também em: FRANK, Felipe. *A validade da cláusula sucessória no pacto antenupcial*. Morrisville: Lulupress, 2019.

8.3 COLAÇÃO

Conforme Héctor Roberto Goyena Copello,[9] a ação de redução depende da demonstração de que o valor doado excedeu à porção disponível do doador, diminuindo ou anulando a legítima. Têm os herdeiros forçados a defesa de sua quota indisponível por meio da ação de redução das disposições testamentárias que ultrapassaram a porção disponível do testador.

Para Guillermo Borda,[10] toda doação feita em vida a um dos herdeiros necessários é presumida como um simples adiantamento da herança, e, como todas as legítimas devem ser igualadas, aqueles que tiveram doações antecipadas em vida pelo titular do patrimônio precisam colacioná-las com o objetivo de igualar os quinhões hereditários necessários. Uma leitura isolada do artigo 2.002 do Código Civil brasileiro dá a falsa impressão de que somente os descendentes que concorrem à sucessão do ascendente comum estariam obrigados a conferir o valor das doações, até porque, no espírito do revogado Código Civil de 1916, apenas os descendentes como herdeiros necessários estavam obrigados a colacionar, pois o cônjuge e o companheiro não figuravam como herdeiros obrigatórios. Aliás, a antecipação dessa legítima acontece com relação aos herdeiros descendentes (Código Civil, art. 2.002), inclusive sobre os netos, mas somente quando estes representam um ascendente pré-morto, o que não ocorre quando são donatários diretos e herdam e, portanto, não foram beneficiados em representação dos pais pré-falecidos. Com o advento do Código Civil de 2002 e do seu artigo 1.845, também o cônjuge sobrevivente passou a ser classificado como herdeiro necessário, e, a partir dos Recursos Extraordinários 878.694/MG e 647.721/RS do Supremo Tribunal Federal, o convivente sobrevivo integra igualmente o rol dos herdeiros necessários. Por sua vez, o artigo 2.003 do Código Civil dispõe que a colação é medida imposta aos descendentes e ao cônjuge sobrevivente, devendo ser acrescentado o convivente supérstite (RE 878.694/MG e RE 647.721/RS), sendo inequívoco que a classe dos ascendentes não está obrigada a colacionar eventuais bens recebidos em vida pelo sucedido. No tocante às liberalidades destinadas aos ascendentes, bem como a estranhos, que excedessem a parte que o doador poderia dispor livremente, não estariam sujeitas à colação, mas, sim, à ação de redução da legítima, prevista nos artigos 1.966, 1.967 e 1.968 do vigente Diploma Substantivo Civil, dado que o instituto da colação é reservado aos herdeiros necessários (CC, art. 1.845 e RE 878.694 e RE 647.721/RS).

Assim, toda doação antecipada pelo ascendente a cada um de seus filhos, ao cônjuge ou ao convivente importa adiantamento da legítima (CC, art. 544) e, salvo dispensa expressa, deverá ser trazida para conferência por ocasião da sua morte e dentro de seu inventário, no momento processual de manifestação acerca das primeiras declarações do inventariante.

Essa obrigação de colacionar no que respeita à prole ampara-se no pressuposto de que os filhos devem receber igual tratamento dos seus pais, se não em vida, diante das diferenças de personalidade e da afeição, ou por paternal proteção de cunho econômico e financeiro, então por imposição da lei quando falece o ascendente que, em vida, promoveu a distribuição desproporcional das suas riquezas materiais. Um genitor que beneficia determinados filhos com a antecipação das legítimas não estará, somente por isso, faltando ou fraudando os direitos sucessórios dos outros herdeiros, nem significará que, invariavelmente, esse ascendente estará atestando preferencial afeto pelo filho beneficiado. Essa conclusão será mais provável

---

9   COPELLO, Héctor Roberto Goyena. *Procedimiento sucesorio*. Buenos Aires: Astrea, 1993. p. 322.

10   BORDA, Guillermo A. *Tratado de derecho civil*. Sucesiones. 7. ed. Buenos Aires: Abeledo-Perrot, 1994. p. 458-459.

de deduzir quando o ascendente estampa, em sua liberalidade, a dispensa da futura colação e informa na escritura que aquela doação ele retirou dos limites da sua porção disponível.

Afora essa hipótese, os herdeiros descendentes, cônjuge ou convivente poderão ser compelidos a trazer, para conferência no inventário, as liberalidades que lhes foram adiantadas, repondo a parte inoficiosa que, porventura, tenha excedido a legítima.

Pela colação, os herdeiros necessários beneficiados em vida e que não foram dispensados da conferência, querendo, podem trazer o próprio bem doado, ou, senão, o seu valor em dinheiro, evitando o inconveniente de revogação da doação, inclusive, envolvendo eventuais adquirentes dos bens doados. Claro que essa conferência se dá, ordinariamente, e se assim permitir a herança apurada, pela atribuição de pagamentos compensatórios aos herdeiros necessários não favorecidos em vida pelo sucedido, até o montante das respectivas liberalidades, e sempre observada a fronteira da igualdade dos quinhões. A colação busca corrigir toda a desigualdade sucessória, ajustando diferenças criadas entre herdeiros necessários, sujeitando-se à ação de sonegados o herdeiro obrigatório que não trouxer os adiantamentos recebidos em vida do titular dos bens.

Conrado Paulino da Rosa e Marco Antonio Rodrigues informam que os valores dos bens a serem trazidos à colação devem ser calculados com base no montante a que correspondem ao tempo da abertura da sucessão (CPC, art. 639, parágrafo único).[11] Assim também pensam Euclides de Oliveira e Sebastião Amorim, aduzindo que o valor será o da data da abertura da sucessão, sendo mantido o princípio da entrega do próprio bem recebido, só cabendo a conferência do valor na falta do bem.[12]

A maior discussão surge no que a doutrina convencionou chamar de *teoria da substância*, pela qual o bem objeto da doação deverá ser trazido ele próprio à colação, desde que ainda esteja na posse do donatário que agora o confere (se não mais possuir o bem, traz seu valor), aplicada pelos Códigos de Processo Civil de 1973 (art. 1.014) e 2015 (art. 639), em contraponto à *teoria da estimação*, adotada pelos Códigos Civis de 1916 (art. 1.792) e de 2002 (art. 2.004), pela qual o bem objeto da doação, e agora trazido à colação, sê-lo-á pelo valor estimado à época da liberalidade.[13]

O Código de Processo Civil de 2015, além de impor a conferência dos bens em substância, determina que sejam conferidas as acessões e as benfeitorias que o donatário houver realizado no bem trazido à colação, as quais serão calculadas pelo valor que tiverem ao tempo da abertura da sucessão (CPC, art. 639 e parágrafo único), divergindo da teoria da estimação do Código Civil de 2002, que ordena seja o bem trazido à colação devidamente atualizado (CC, art. 2004, § 2.º).[14]

Giselda Hironaka e João Aguirre traduzem a preocupação que trazem ambas as teorias, porquanto, a depender de diferentes situações, podem causar algum dano a um ou outro

---

[11] ROSA, Conrado Paulino da; RODRIGUES, Marco Antonio. *Inventário e partilha*. Teoria e prática. Salvador: JusPodivm, 2019. p. 388.

[12] OLIVEIRA, Euclides de; AMORIM, Sebastião. *Inventário e partilha*. Teoria e prática. 26. ed. São Paulo: Saraiva, 2020. p. 349.

[13] HIRONAKA, Giselda Maria Fernandes Novaes; AGUIRRE, João Ricardo Brandão. Quais os parâmetros vigentes para a realização das colações das doações realizadas em adiantamento da legítima? *Revista de Direito Contemporâneo*, São Paulo, ano 5, v. 17, p. 219-238, out./dez. 2018.

[14] HIRONAKA, Giselda Maria Fernandes Novaes; AGUIRRE, João Ricardo Brandão. Quais os parâmetros vigentes para a realização das colações das doações realizadas em adiantamento da legítima? *Revista de Direito Contemporâneo*, São Paulo, ano 5, v. 17, p. 219-238, out./dez. 2018.

Cap. 8 • A DESCONSIDERAÇÃO DA PERSONALIDADE JURÍDICA NO DIREITO DAS SUCESSÕES | 793

herdeiro, pois, se a doação de um imóvel se dá pelo valor de R$2.500.000,00, e o bairro onde se localiza a economia está deteriorado, e o valor do imóvel não passa de R$500.000,00 seis anos depois, pela *teoria da estimação*, do Código Civil, esse imóvel seria colacionado pelo valor à época da liberalidade e, portanto, por R$2.500.000,00. No entanto, pela *teoria da substância* do vigente Código de Processo Civil, é o próprio bem que deve ser trazido para colação, cuja cotação vigente é de R$500.000,00. Em outro exemplo, os autores consideram a doação de quotas de uma sociedade limitada e avaliadas em R$500.000,00, mas, passados seis anos e em virtude de intenso trabalho e dedicação do donatário, a empresa se encontra mais valorizada, cotada em R$2.000.000,00. Nesse caso, a adoção da *teoria da estimação* não resultaria em vantagem exagerada para os coerdeiros, ao passo que a *teoria da substância* obrigaria o donatário a colacionar as quotas da empresa pelo seu valor atual, causando um notório enriquecimento injusto dos coerdeiros que se beneficiariam pelas benfeitorias e acessões provenientes do puro esforço do donatário, devendo ser aplicadas as normas dos artigos 1.218 e 1.255 do Código Civil, que impõem sejam indenizadas as benfeitorias necessárias e úteis realizadas pelo possuidor de boa-fé e levantadas as benfeitorias voluptuárias.[15]

O Código Civil espanhol estabelece, no artigo 1.045,[16] que o valor a ser aferido será o atual e que o aumento ou a deterioração física posterior à doação, ou a perda total, casual ou culposa, ficará ao encargo, risco ou benefício do donatário. Compreendem a doutrina e jurisprudência espanholas que o valor dos bens doados se projeta para o tempo posterior da doação, tendo lugar quando os bens hereditários estão sendo avaliados, ou seja, no momento em que os bens estão sendo taxados, e não na data da doação. Para tanto, utiliza-se um sistema *ad valorem*, porque se trata de uma prestação de valor que acompanha o fenômeno econômico da inflação e da desvalorização da moeda, se for o caso, ou que será valorizado em situações normais, fato que certamente dependerá dos bens doados, pois, se forem bens móveis, como um automóvel, com o tempo ele se desvaloriza, e, se forem bens imóveis, tendem a se valorizar. Por sua vez, quotas de uma sociedade empresária limitada ou ações, em especial de uma sociedade anônima de capital fechado, podem se valorizar, dependendo do empenho do donatário, ou se desvalorizar, se ele extrair do bem doado todos os frutos possíveis até dissecar a fonte sobre a qual pode não ter o menor interesse diante do futuro decesso do doador. Portanto, se a doação, por exemplo, se tratar de uma soma de dinheiro, o artigo 1.045 do Código Civil espanhol é absolutamente claro no sentido de ser uma dívida de valor e que, dessarte, deverá ser monetariamente atualizada,[17]

---

[15] HIRONAKA, Giselda Maria Fernandes Novaes; AGUIRRE, João Ricardo Brandão. Quais os parâmetros vigentes para a realização das colações das doações realizadas em adiantamento da legítima? *Revista de Direito Contemporâneo*, São Paulo, ano 5, v. 17, p. 219-238, out./dez. 2018.

[16] CC español: "No han de traerse a colación y partición las mismas cosas donadas, sino su valor al tiempo en que se evalúen los bienes hereditarios. El aumento o deterioro físico posterior a la donación y aún su pérdida total, casual o culpable será a cargo y riesgo o beneficio del donatario".

[17] "El artículo 1.045 no contempla el caso concreto de donaciones consistentes en sumas de dinero, por lo que no precisa si la colación ha de efectuarse por el valor nominal, o por el contrario, atendiendo al valor real, es decir, la cantidad recibida pero actualizada. Resulta determinante el hecho que se presenta notorio que el donatario ha incorporado a su patrimonio una cantidad de dinero cuyo valor al tiempo de la donación no es el mismo que el que pudiera tener al fallecer el causante y sobre todo en el momento de la evaluación de los bienes, ya que los coherederos resultarían perjudicados si se tuviera en cuenta el valor nominal y no el valor real, lo que no se acomoda a la equidad ni a la voluntad del testador que instituyó a todos sus hijos como herederos por iguales, como tampoco a la legalidad sucesoria desde el momento en que los artículos 1.047 y 1.048 C.C. contemplan los medios e instrumentos para que los herederos reciban cuotas equivalentes. Si bien algunos preceptos del Código Civil están presididos por el criterio nominalista

permitindo, diante de tantas variantes, concluir que o ideal seria adotar o critério de valorização conforme a própria natureza desses bens, pois o valor de mercado vai se modificar conforme se trata de bem móvel ou imóvel. Mesmo assim, haverá diferenças entre móveis que se valorizam e outros que se desvalorizam, e assim também imóveis que se valorizam e outros que se desvalorizam, existindo sempre um grande risco quando os bens doados são avaliados unicamente por seu critério físico. Por esse discernimento é possível que nem sempre ocorra uma efetiva abstração de situações subjetivas ou de razões que não correspondam às de mercado, não sendo, portanto, o critério mais seguro para igualar as legítimas, até por ser o valor de mercado especulativo quanto ao preço e altamente subjetivo quanto às mais diferentes variáveis cobradas pelo juízo de mercado, como a oferta e a procura, os cuidados dedicados ao bem e outros fatores naturais e até mesmo geográficos, pela localização do bem imóvel e sistemas de valorização do solo e índices de edificação. Aduz María Mercedes Bermejo Pumar que a colação não tem como função proteger a legítima da lesão, e que, por esse motivo, não é desarrazoado propor que o próprio doador estabeleça critérios ou razões para estimar um valor para a colação,[18] pois considera a colação uma instituição voluntária, pois, se o doador pode excluir a colação, por que não poderia no momento de sua valoração?[19]

Surge claramente um problema adicional quando se considera o valor do bem na data da doação ou por ocasião da data da abertura da sucessão, porquanto são momentos distintos em que o patrimônio do autor da herança pode variar e suas doações podem ter excedido a porção disponível ou estar muito distante desse excesso. Por exemplo, quando realizada a doação do bem colacionável, o doador detinha um grande volume de bens e um imóvel porventura doado não representava nem dez por cento da sua porção disponível, mas, se computada a doação ao tempo da abertura da sua sucessão, esse mesmo imóvel pode representar toda a porção disponível, excedê-la ou ficar muito próximo do limite de disposição de metade dos bens (50%). As maiores dificuldades surgem, se a doação dispensou ou não da colação, e, se dispensou, por qual valor o bem foi doado e o quanto ele representa diante da totalidade dos bens existentes em nome do doador, na data da doação e no momento da abertura da sua sucessão. Uma doação é inoficiosa quando excede em sua quantia e no que excede em

---

– artículos 1.170 y 1.753 –, la respuesta casacional que procede en el supuesto presente es la de atender al valor real, ya que así resulta del cambio legislativo que se operó en el artículo 1.045 por la reforma de 1981, que deja la determinación del valor de las donaciones recibidas para el momento en que se evalúen los bienes que integran la herencia del causante-donante, por lo que procede es la actualización del valor efectivo de las sumas donadas, o, en otras palabras, ha de atenderse en el momento de la colación al valor real, que no es otro que las cantidades que igualen el pode adquisitivo que tenían las sumas entregadas cuando se hizo la donación" (STS, 20.6.2005) (ZULUETA, Purificación Martorell (coord.). *Código Civil con jurisprudencia sistematizada*. 3. ed. Valencia: Tirant lo Blanch, 2018. p. 1092-1093).

[18] "Apelação cível. Sucessões. Ação ordinária de colação. Partilha feita por ato *inter vivos*. Escritura pública. Discrepância entre os valores dos quinhões hereditários. Tratando-se de partilha em vida, não há falar em colação de bens, e sim, tão somente, em redução de quinhão hereditário quando afrontada a legítima de algum dos herdeiros. Todavia, no caso concreto, nem mesmo a perseguição da afronta à legítima é possível. Isso porque, no momento da partilha em vida, todos os herdeiros necessários eram maiores e capazes, e o direito à herança é direito patrimonial disponível. Assim, ainda que tenha havido distribuição não equânime do patrimônio, havendo concordância expressa de todos, não há falar em revisão posterior. Deram provimento aos apelos" (TJRS, 8.ª Câmara Cível, Apelação Cível 70038022372, Rel. Des. Alzier Felipe Schmitz, j. 1.º.12.2011).

[19] PUMAR, María Mercedes Bermejo. *Instituciones de derecho privado*. Sucesiones. Coordenación Martín Garrido Melero. Director Victór M. Garrido de Palma. 2. ed. Navarra: Civitas Thomson Reuters, 2019. t. V, v. 4, p. 536-545.

Cap. 8 • A DESCONSIDERAÇÃO DA PERSONALIDADE JURÍDICA NO DIREITO DAS SUCESSÕES | 795

sua quantia à metade dos bens do doador, cuja inoficiosidade no direito espanhol é verificada no momento do falecimento do doador (CC espanhol, art. 654). Entretanto, se for para compensar em dinheiro, e não com os bens colacionáveis, a inoficiosidade será apurada no momento da liquidação (CC espanhol, art. 847), havendo regras diferentes que estabelecem dois momentos de avaliação dos bens doados. Prevalecem na contemporaneidade o critério da atualização do bem doado com intuito de corrigir a inflação e o princípio de que aquilo que não era inoficioso ao tempo da doação não pode tornar-se excessivo ao tempo da morte.[20]

Dessarte, externa María Mercedes Bermejo Pumar que o momento para apreciar a inoficiosidade não fica subjugado à vontade do doador nem à dos interessados na sucessão, e que o momento de apreciar a existência de eventual lesão não deve ser arbitrário. Ela entende que a morte do autor da herança é um momento objetivo que não depende da vontade de possíveis interessados na sucessão e que, a partir do óbito, é o momento em que os herdeiros necessários adquirem definitivamente seus direitos como legitimários, que não podem adiar para um momento posterior.[21]

Por seu turno, o Código Civil e Comercial argentino ordena no artigo 2.385 que o valor do bem doado será determinado à época da partilha e segundo o estado do bem à época da sua doação, vale dizer, se um imóvel foi doado em 2006, valerá o estado em que ele se encontrava naquela data e quanto ele vale na data da partilha. Igualmente, no direito argentino é tratado como uma dívida de valor, portanto, na determinação do seu montante colacionável, é preciso considerar o poder de câmbio da moeda, de maneira a refletir no dia da partilha o valor do bem ao tempo da doação. Aduz Francisco A. M. Ferrer que, com essa fórmula, o legislador procura alcançar a equiparação econômica dos herdeiros e uma partilha igualitária da herança, o que resultaria impossível e se traduziria em uma injustiça, se fossem aplicadas medidas distintas de valor para taxar os bens da herança e o que foi doado como antecipação para alguns herdeiros. É considerado o bem em conformidade em que ele se encontrava na data da doação, nem melhor nem pior, mesmo porque o estado do bem pode sofrer alterações que influenciam o seu valor, não computando no seu preço a mais-valia do bem doado nem serão prejudicados os demais herdeiros pelos detrimentos ocorridos no bem. No entanto, se o bem aumenta de valor por uma circunstância alheia ao donatário, como a valorização do imóvel pelo melhoramento da urbanização e infraestrutura circundante, por flutuações econômicas, requalificação de terrenos, ou por aumentos naturais, como o aluvião, essa mais-valia deve ser computada no valor colacionável, porque teria ocorrido da mesma forma se tivesse permanecido no patrimônio do doador.[22]

8.4 REDUÇÃO DA LEGÍTIMA

Guillermo Borda[23] direciona a exata diferença entre a ação de colação e a de redução, quando explica resultar da redução a obrigação que os beneficiados com doação em vida ou, por meio de testamento, têm de trazer à massa todo o excesso da porção disponível, qual seja tudo

---

20 PUMAR, María Mercedes Bermejo. *Instituciones de derecho privado.* Sucesiones. Coordenación Martín Garrido Melero. Director Víctor M. Garrido de Palma. 2. ed. Navarra: Civitas Thomson Reuters, 2019. t. V, v. 4, p. 541.

21 PUMAR, María Mercedes Bermejo. *Instituciones de derecho privado.* Sucesiones. Coordenación Martín Garrido Melero. Director Víctor M. Garrido de Palma. 2. ed. Navarra: Civitas Thomson Reuters, 2019. t. V, v. 4, p. 546.

22 FERRER, Francisco A. M. *Código Civil y Comercial.* Tratado exegético. Coordenación Ignacio E. Alterini. 3. ed. Buenos Aires: Thomson Reuters/La Ley, 2019. v. XI, p. 486-487.

23 BORDA, Guillermo A. *Tratado de derecho civil.* Sucesiones. 7. ed. Buenos Aires: Abeledo-Perrot, 1994. p. 460.

o que dela extrapolou em prejuízo dos demais herdeiros necessários. Na conferência, em princípio, o herdeiro não traz o bem à massa, mas somente computa os valores que deve conferir, compensando os adiantamentos com outros bens do inventário. Registre-se, igualmente, que obrigados à colação são os herdeiros filhos e netos representantes, cônjuge e companheiro supérstites, enquanto a redução alcança os ascendentes e aos estranhos beneficiados pelo testador.

Como lembra Arnoldo Wald,[24] a lei estabelece um sistema de preferência para redução das disposições testamentárias, e essa redução deve incidir em primeiro lugar contra os herdeiros, proporcionalmente aos seus quinhões, e, se essa diligência for insuficiente, serão atingidos os legados, também na proporção de seus valores. A ação de redução tem por objetivo anular as doações inoficiosas, reintegrando os bens excedentes da porção disponível às legítimas dos herdeiros necessários, porém, em conformidade com a legislação brasileira, só será beneficiado o herdeiro que se interessou pela promoção judicial da ação.

Segundo Sílvio de Salvo Venosa,[25] na apuração da legítima, devem ser levados em conta todos os bens do ativo patrimonial existente ao tempo do falecimento do testador, para desse montante serem deduzidos os débitos do falecido, incluindo os gastos com seu funeral, honorários advocatícios, além de despesas do inventário, como custas, imposto de transmissão e taxa judiciária.

Quando a legítima de algum herdeiro necessário é violada por disposição testamentária, ou mesmo por doações realizadas em vida, o herdeiro atingido pode obter o complemento daquilo que falta de sua legítima, por meio da ação sucessória de redução das doações inoficiosas, feitas quer a outros herdeiros, quer em benefício de terceiros, aí incluídas aquelas hipóteses frequentes de doações encobertas pela forma societária em fraude à legítima. Reputa a lei como inoficiosa aquela doação cujo valor exceda a parte que o doador podia dispor, sendo reduzido todo o excesso da porção disponível.

Esse direito de o herdeiro necessário garantir a intangibilidade da legítima, salvo se dela excluído por indignidade ou deserdação, permite-lhe sempre recuperar o seu quinhão hereditário, mesmo existindo doações ocultas, realizadas sob a aparência de um oneroso contrato de constituição ou de alteração de uma sociedade empresária. Ademais, a via societária é um instrumento que, quando desviado de sua efetiva finalidade e fim social, pode se prestar à fraude e esconder uma doação inoficiosa (que não cumpre o seu ofício, os seus deveres), porquanto, como dispõe o artigo 549 do Código Civil: "Nula é também a doação quanto à parte que exceder à de que o doador, no momento da liberalidade, poderia dispor em testamento".[26]

Não é difícil imaginar a facilidade da prática da fraude societária para privilegiar terceiros ou filhos de predileção do doador, por vezes aqueles filhos que com ele já atuam no seu empreendimento comercial ou industrial, ou em qualquer atividade societária. O direito brasileiro não possui nenhum regramento específico de partilhamento direcionado para que sociedades empresárias não sofram nenhuma solução de continuidade, ao contrário de outros países, por exemplo, o direito argentino, o direito catalão, o direito alemão e o direito italiano, apenas para citar alguns ordenamentos jurídicos que admitem a doação ou a sucessão direcionada de empresa familiar para certas e determinadas pessoas, com a sua compensação com outros bens do espólio quando ela ultrapassa a legítima, inclusive com a possibilidade de pagamento do excesso em dinheiro produzido pela sociedade empresária mesmo depois da abertura da sucessão. Muitos pais planejam a sucessão de suas empresas por sucessivas

---

[24] WALD, Arnoldo. *Direito das sucessões*. 4. ed. São Paulo: RT, 1977. p. 163-164.
[25] VENOSA, Sílvio de Salvo. *Direito das sucessões*. São Paulo: Atlas, 1991. p. 167.
[26] CARVALHO, Luiz Paulo Vieira de. *Direito das sucessões*. São Paulo: Atlas, 2014. p. 892.

Cap. 8 • A DESCONSIDERAÇÃO DA PERSONALIDADE JURÍDICA NO DIREITO DAS SUCESSÕES | **797**

alterações contratuais, os quais eles promovem com a expressa doação de quotas ou ações, ou por meio de uma simulada compra e venda de quotas ou ações dessas mesmas empresas familiares, e que usualmente terminam excedendo a porção disponível.

Em consonância com os artigos 549 e 2.005 do Código Civil, as doações dispensadas de colação que excederem a porção disponível serão reduzidas levando em conta os valores indicados à época da doação, a fim de resguardar a legítima dos herdeiros necessários, porque o herdeiro obrigatório não pode ser privado de sua legítima.[27] Caso a questão da redução não possa ser decidida no inventário, será resolvida em ação sucessória denominada *ação de redução* (CC, art. 1.967), devolvendo para o espólio os bens ou o valor excedente,[28] ou seja, é apurado o excesso com base no valor que dos bens doados na ocasião da doação, considerada a situação patrimonial no tempo da liberalidade e verificados os valores presentes naquela época, para examinar se eles extrapolaram ou não o limite da porção disponível.

Desse modo, o artigo 1.967, § 1.º, do Código Civil estabelece que, em caso de exceder as deixas testamentárias a porção disponível, "serão proporcionalmente reduzidas as quotas do herdeiro ou herdeiros instituídos, até onde baste, e, não bastando, também os legados, na proporção do seu valor". Portanto, há uma ordem de redução das liberalidades: primeiro as disposições a título de herança; depois, os legados; e, por fim, as liberalidades feitas em vida pelo *de cujus*.[29]

Esse critério das reduções, como um todo, cria uma situação que, a princípio, se mostra favorável à prática da fraude. Anota Luiz Paulo Vieira de Carvalho o exemplo de um pai, com patrimônio de R$1.000.000,00, que doa em vida, com dispensa de colação, a um filho a metade de seus bens, R$ 500.000,00, valor apurado no momento da liberalidade. Depois, ele veio a perder tudo, falecendo nesse estado. Pelo artigo 549 do Código Civil, não teria violado a lei, e seus outros filhos nada poderiam reivindicar, mas sua legítima foi inescusavelmente violada, existindo controvérsias se os coerdeiros necessários precisariam aguardar a abertura da sucessão do doador e pai deles, ou se podiam promover desde logo sua ação de redução, ficando induvidoso

---

[27] "Civil. Processual civil. Nulidade de doação. Momento da aferição do avanço sobre a legítima. Data da liberalidade. Incidência do art. 549 do CC/2002. Existência de bens na data do falecimento do doador, reversão dos bens existentes aos herdeiros e inclusão dos bens no acervo hereditário. Irrelevância. 1. Ação distribuída em 31/3/2008. Recurso especial interposto em 03/8/2021 e atribuído à Relatora em 21/7/2022. 2. O propósito recursal consiste em definir se é a data da liberalidade ou a data do falecimento do doador que determina se a doação por ele realizada avançou sobre a legítima dos herdeiros necessários e se, na hipótese, a doação realizada é nula. 3. Na esteira da sólida jurisprudência desta Corte, firmada tanto sob a ótica do art. 1.176 do CC/1916, quanto também sob a égide do art. 549 do CC/2002, o excesso caracterizador da doação inoficiosa deve ser considerado no momento da liberalidade e não no momento do falecimento do doador e da abertura da sucessão. Precedentes. 4. No contexto do exame da doação inoficiosa, é irrelevante saber se os demais bens existentes ao tempo do ato de liberalidade foram, ou não, efetivamente revertidos em favor dos herdeiros necessários após o falecimento do doador ou se os referidos bens compuseram, ou não, o acervo hereditário. 5. Hipótese em que são absolutamente incontroversos os fatos: (I) de que a doação do imóvel ocorreu no ano de 2004; (II) de que, entre os anos de 2003 e 2005, o doador possuía ativos financeiros no exterior em quantia superior a US$ 2.000.000,00 (dois milhões de dólares); (III) de que o doador veio a falecer apenas no ano de 2007; (IV) de que o imóvel doado à parte não possuía valor superior a 50% dos ativos financeiros existentes ao tempo da doação. 6. Recurso especial conhecido e provido, para julgar improcedente o pedido de nulidade da doação, invertendo-se a sucumbência fixada na sentença." (STJ, 3ª Turma, REsp 2.026.288/SP, Rel. Min. Nancy Andrighi, j. 18.04.2023).

[28] VENOSA, Sílvio de Salvo. *Direito das sucessões*. 9. ed. São Paulo: Atlas, 2009. p. 368.

[29] PEREIRA, Alexandre Pimenta Batista. *Negócio jurídico inoficioso*. Contributo à teoria da redução do negócio jurídico. São Paulo: Pillares, 2010. p. 57.

que a ação pode ser movida ainda em vida contra o doador para reclamar a recomposição da legítima, devendo a parte interessada comprovar que a liberalidade ultrapassou o limite da parte disponível do doador no momento do ato, sendo necessário observar o prazo prescricional de dez anos (CC, art. 205), contados do registro da doação[30] ou a partir da abertura da sucessão.[31]

Entretanto, o artigo 2007 do Código Civil estabelece que o excesso das doações inoficiosas deve ser apurado no *momento da liberalidade* (CC, art. 2.007, § 1.º), mas que a redução da liberalidade será feita pela restituição ao monte do excesso, em espécie, ou, se o bem não mais existir em poder do donatário, a restituição será em dinheiro, segundo seu valor ao *tempo da abertura da sucessão* (CC, art. 2.007, § 2.º); e que a redução se sujeita à parte da doação feita a herdeiros necessários que exceder a legítima e mais a quota disponível (CC, art. 2.007, § 3.º); e, sendo várias as doações a herdeiros necessários, feitas em diferentes datas, serão elas reduzidas a partir da última, até a eliminação do excesso (CC, art. 2.007, § 4.º).

No § 4.º do artigo 2.007 do Código Civil, surgem os problemas pontuais no tocante à redução da doação que deve ser feita, preferencialmente, restituindo ao monte o próprio bem, cujo excesso deve ser calculado com base no valor ao tempo da liberalidade (CC, art. 2.007, § 1.º). Entretanto, quotas de uma limitada doadas, por exemplo, no ano de 2000, pelo valor meramente contábil e constante na alteração contratual da sociedade, nela informando a doação por um valor nominal e irrisório, como será apurado e atualizado para a data da abertura da sucessão em 2020. Será feito um balanço especial para verificar o valor patrimonial atual da sociedade e se essa sociedade foi paulatinamente desativada e outro empreendimento aberto pelo donatário nos últimos anos, de modo a descaracterizar ou subcapitalizar a sociedade cujas quotas recebeu por doação. Caso a sociedade originária não exista mais, será apurado o valor presente por ocasião da liberalidade, sendo óbvio que nas duas hipóteses haverá um incorrigível prejuízo para os coerdeiros necessários, cuja legítima foi violada, e provavelmente terão extremas dificuldades de levantar o seu valor real ao tempo da liberalidade (CC, arts. 2.003, parágrafo único, 2.004, *caput*, e § 1.º, e 2.007, *caput* e § 1.º). E, se forem várias doações de quotas ou ações ao longo dos anos, mediante diferentes alterações contratuais, com variadas posições contábeis, importando em apurar em cada momento a existência ou não de eventual excesso, segue-se a regra do § 4.º do artigo 2.007, no sentido de que, sendo várias as doações a herdeiros necessários, feitas em datas distintas, serão elas reduzidas a partir da última, até a eliminação do excesso.

Por fim, em sentido contrário, se o donatário recebe quotas ou ações de uma sociedade empresária praticamente falida, nada mais justo que ele trouxesse para redução o valor da

---

[30] "Recurso especial. Direito civil. Ação anulatória. Doação inoficiosa. Prazo prescricional. Registro do ato. 1. Recurso especial interposto contra acórdão publicado na vigência do Código de Processo Civil de 2015 (Enunciados Administrativos n.os 2 e 3/STJ). 2. O Superior Tribunal de Justiça há muito firmou entendimento no sentido de que, no caso de ação anulatória de doação inoficiosa, o prazo prescricional é vintenário e conta-se a partir do registro do ato jurídico que se pretende anular. Precedentes. 3. Na hipótese, tendo sido proposta a ação mais de vinte anos após o registro da doação, é de ser reconhecida a prescrição da pretensão autoral. 4. Recurso especial provido" (STJ, 3.ª Turma, REsp 1.755.379/RJ, Rel. Min. Ricardo Villas Bôas Cueva, j. 24.09.2019).
"Processual civil. Recurso especial. Ação anulatória de doação inoficiosa. Doação inoficiosa. Nulidade. Prescrição. Termo inicial. Registro do ato. Precedentes. 1. Ação anulatória de doação inoficiosa. 2. Esta Corte Superior de Justiça, com a ressalva do meu posicionamento, firmou entendimento no sentido de que, no caso de ação de nulidade de doação inoficiosa, o prazo prescricional é vintenário e conta-se a partir do registro do ato jurídico que se pretende anular. Precedentes. 3. Recurso especial conhecido e não provido" (STJ, 3.ª Turma, REsp 1.810.727/SP, Min. Nancy Andrighi, j. 20.02.2020).

[31] CARVALHO, Luiz Paulo Vieira de. *Direito das sucessões*. São Paulo: Atlas, 2014. p. 894-896.

sociedade ao tempo da liberalidade. Contudo, se for aplicada a regra do § 2.º do artigo 2.007 do Código Civil, a redução será em espécie, qual seja, a própria empresa que o donatário recuperou e a ela agregou valor por seu exclusivo esforço pessoal, ou pagará em dinheiro. Entretanto, considerando o valor da empresa à data da abertura da sucessão e apresentando uma empresa enxuta, recuperada e valorizada, se houver um enriquecimento indevido dos coerdeiros necessários, em qualquer das duas hipóteses o valor a ser apurado será o do tempo da abertura da sucessão e em qualquer uma das duas possibilidades o donatário será prejudicado.

8.5 ABUSO DO DIREITO, FRAUDE SUCESSÓRIA E ORDEM PÚBLICA

É comum uma pessoa, com o objetivo de beneficiar alguns de seus filhos em detrimento de outros, ou seu parceiro afetivo no lugar dos filhos de um primeiro casamento, utilizar-se da figura societária a fim de obter por intermédio da pessoa jurídica um objetivo contrário à lei, cometendo aos herdeiros necessários preteridos reivindicar, pela aplicação da desconsideração da personalidade jurídica, a reintegração da sua legítima pelo notório desvio de sua herança, servindo a empresa como um mero recurso para violar a lei e a ordem pública.[32]

Por sinal, no campo da fraude à legítima do herdeiro necessário, por vezes, parece que a simulação de uma venda com contornos de legalidade usualmente esconde uma doação sequiosa do privilégio parental ou afetivo. Noutras ocasiões, como relata Guillermo Borda,[33] os contratos de sociedade entre pai e filho encobrem uma doação, mas realizada com a sincera intenção de estabelecer comercialmente o descendente que lhe está mais próximo, pois não é raro deparar com realidades nas quais determinado filho trabalha com o progenitor, enquanto o restante da prole segue outros rumos profissionais. Acresce Borda ser mais corriqueiro o pai querer colocar o filho homem no caminho do trabalho e da prosperidade em detrimento da filha mulher, existindo situações fáticas e culturais em que ameaçar com a colação seria minar o merecido repouso do pai, que nunca encontraria melhor sócio que seu filho que se pôs a trabalhar desde cedo ao seu lado.

No entanto, a forma societária tem servido, como de igual vem servindo, no âmbito do Direito de Família, como hábil instrumento de fraude ao sistema legal de proteção do patrimônio conjugal dos regimes de comunidade de bens e, também, no direito sucessório. A forma societária está se prestando para desviar a legítima do preceito de ordem pública e de sua absoluta intangibilidade. Ocorre com absurda frequência que o autor da herança, desejando beneficiar um de seus filhos, que é justamente aquele que trabalha na empresa ao seu lado desde longo tempo, com completo desinteresse dos demais filhos que desenvolvem outras tarefas e distintas profissões, e certo de que a legítima dos herdeiros necessários, dependendo do valor do seu acervo de bens e da maior ou menor diversidade desse seu patrimônio, se vê na contingência de preservar a continuidade da empresa nas mãos deste filho, inclinado a utilizar os recursos da figura societária para, em vida, promover a transferência para esse rebento da parte mais significativa, se não de toda a sua participação societária paulatinamente para a titularidade desse filho sócio, servindo-se justamente dessa via para fraudar a legítima dos demais herdeiros obrigatórios.

---

[32] BORDA, Guillermo Julio. *La persona jurídica y el corrimiento del velo societario*. Buenos Aires: Abeledo-Perrot, 2000. p. 107-108.

[33] BORDA, Guillermo Julio. *La persona jurídica y el corrimiento del velo societario*. Buenos Aires: Abeledo-Perrot, 2000. p. 482-483.

Mediante o uso abusivo da sociedade e contra seus princípios, carreia o direito empresarial à indesejada senda da desobediência às normas de ordem pública, as quais, no instituto sucessório, restringem a liberdade de disposição da porção disponível, mandando reservar aos herdeiros forçosos a metade de seus bens. Sucede, contudo, com inquietante preocupação de a máscara societária permitir substituir o herdeiro sucessível necessário pelo sócio empresarial, autorizando a transformar o autor da herança e suas riquezas pessoais como patrimônio de uma sociedade jurídica qualquer, bastando que no transcurso dos anos o filho preferido e sócio minoritário promova, por sucessivas alterações contratuais, a aquisição onerosa da participação societária do sócio genitor, diminuindo com esse singelo expediente contratual o montante do acervo paterno e, via de consequência, reduzindo o valor econômico da legítima, prestando-se a via societária como um mero recurso para violar a lei, a ordem pública e a boa-fé, para assim frustrar direitos hereditários dos coerdeiros que tiveram diminuída a porção indisponível que foi sendo disponibilizada em vida pelo autor da herança em conluio societário com seu descendente predileto.

Não é difícil compreender que a principal riqueza familiar pode ser concentrada no patrimônio de uma empresa familiar, titulada majoritariamente pelo autor da herança que é casado em segundas núpcias. Para maior compreensão da fraude sucessória, considere a existência de três filhos de um primeiro matrimônio, mas que na sociedade figura apenas o rebento temporão, fruto das últimas núpcias, ou até mesmo sua segunda esposa, cujo casamento se deu pelo regime obrigatório da separação de bens em razão da idade do autor da herança. Obviamente, esse empresário pode planejar sua sucessão com o direcionamento da titularidade da empresa e com ela o patrimônio da sociedade, tratando de usar a via societária para que tomem seu lugar no comando da sociedade empresária, e de forma paulatina, esposa e filho, sendo ambos sócios menores que vão adquirindo as quotas sociais do pai e esposo na sequência dos anos, até que o autor da herança termine afastado da empresa por não mais ser detentor de nenhuma quota social, tendo todas elas sido adquiridas em vida pela segunda esposa e o filho a ambos comum. Acaso desejasse sofisticar esta transposição sútil dos seus bens para a esposa e filho que compõem sua segunda e predileta família, o autor da herança poderia deixar que seus beneficiários constituíssem uma nova sociedade empresária, e de cujo quadro social ele não participaria, e deixar que aos poucos esta nova empresa que tem o mesmo objeto social fosse crescendo, angariando os clientes da empresa antecessora, mas que pouco a pouco vinha perdendo fôlego no mercado de trabalho, até sucumbir às evidências de uma avassaladora concorrência criada exatamente para ocupar o lugar da sociedade originária.

Por todas estas evidências, quando a realidade fática prova a vulnerabilidade da pessoa jurídica pela invocação ao primado da separação de personalidades e distinção de patrimônios, a violar estreitos princípios de ordem pública da legítima e agredir as próprias bases do direito empresarial, insta então, atentar para a inafastável aplicação da *disregard*, também conhecida como desestimação da pessoa jurídica, prevista no artigo 50 do Código Civil de 2002 e aperfeiçoada pelos artigos 133 a 137 do Código de Processo Civil, consagrando, inclusive, a aplicação *inversa* da desconsideração da personalidade jurídica, devendo ser destacado não se confundir o instituto da desconsideração da personalidade jurídica que visa desconstruir a fraude ou o abuso societário, com a figura do *planejamento sucessório*, que no dizer de Daniele Chaves Teixeira se traduz na funcionalização do Direito das Sucessões, para a boa aplicação da autonomia privada dentro da parte disponível, atenta aos primados constitucionais e infraconstitucionais.[34]

---

[34] TEIXEIRA, Daniele Chaves. *Planejamento sucessório*. Pressupostos e limites. Belo Horizonte: Fórum, 2017. p. 107.

Conforme Fábio Ulhoa Coelho,[35] a desconsideração da personalidade jurídica tem aplicação circunstancial, episódica, sendo decretada a suspensão do ato constitutivo da pessoa jurídica, quando detectado que o ente jurídico foi utilizado como instrumento para a realização de *fraude*, de *abuso do direito e até mesmo a confusão patrimonial*. Carlos Fernández Sessarego[36] encontra razoável analogia entre a figura do abuso do direito e da fraude à lei, na medida em que ambas as situações se originam de atos que, em aparência, estão conformes com a lei.

Embora, em princípio, sócios e sociedade não se confundam, como titulares de personalidades e patrimônios diferentes, a teoria da desestimação inclina-se em convencer da existência de casos excepcionais, nos quais deve ser superada essa separação patrimonial entre a pessoa jurídica e seus componentes, coibindo a fuga ou a limitação da responsabilidade dos sócios e da sociedade. A personalidade jurídica precisa ser desconsiderada quando seus integrantes se esconderem por detrás da máscara societária e empregarem o instituto da personalidade jurídica, para atingir, pelo abuso do direito, pela confusão patrimonial, ou pela fraude, finalidades totalmente condenáveis e incompatíveis com o Direito e com o objeto social da empresa, causando, sobretudo, incontáveis prejuízos a terceiros, como facilmente pode acontecer em detrimento do primado básico de proteção da legítima, suscitando, como bem aponta Roberto Martínez Ruiz,[37] litígios entre irmãos, que não raro transitam pela jurisdição penal, quebrando sempre e, em qualquer hipótese, o ideal de união da família, e litígios igualmente frequentes entre madrasta e enteados.

Giselda Hironaka indica a hipótese surgida do esforço de um autor da herança burlar a lei e os demais herdeiros, ao constituir uma pessoa jurídica, como sociedade empresária ou sociedade simples com fins lucrativos e, em sociedade com alguns de seus herdeiros, aos quais vai passando com o tempo as quotas sociais e sentencia: "O problema reside, então, no fato de o transcurso do tempo apagar a forma pela qual a sociedade majoritariamente pertencente ao ascendente veio, ao depois, a passar para o controle dos sócios descendentes. Tal situação acaba por camuflar uma transferência patrimonial sob forma outra que não a da doação, mas que traz em si o desequilíbrio das quotas dos herdeiros descendentes sócios e não sócios".[38]

Contudo, no tocante à proteção da legítima pelo uso episódico e expedito da desconsideração da personalidade jurídica, não precisará o julgador encontrar, sempre e obrigatoriamente, o artifício da fraude ou do abuso do direito, como condicionantes indissociáveis de sua aplicação judicial, porquanto, e nisso Borda é enfático, haverá situações em que um pai não auxilia um de seus filhos na empresa que comanda, dissimulando doação, com aparência de contrato societário de falsa aquisição onerosa, com o objetivo de prejudicar os demais descendentes, mas, assim, atuará por vezes, porque encontra, naquele eleito, um sócio confiável e laborioso, legítimo emissário da transcendência de sua obra e do seu patrimônio. O herdeiro prejudicado indagará, eventualmente, de causa objetiva de inoponibilidade da pessoa jurídica, ainda que não invoque a ilicitude da fraude ou do abuso do direito, mas mostrará que o dano à sua legítima decorre de despropositada violação de norma de ordem pública, contida precisamente no artigo 50 da Parte Geral do Código Civil e com regras pontuais de processamento entre os artigos 133 a 137 do Código de Processo Civil.

---

[35] COELHO, Fábio Ulhoa. *Desconsideração da personalidade jurídica*. São Paulo: RT, 1989. p. 54.

[36] SESSAREGO, Carlos Fernández. *Abuso del derecho*. Buenos Aires: Astrea, 1992. p. 177.

[37] RUIZ, Roberto Martínez. *Sociedades por acciones, de grupos familiares y sus conflictos con el derecho civil. In*: TERÁN, Guillermo R. Quintana *et al. Abuso de derecho y otros estudios en homenaje a Abel M. Freitas*. Buenos Aires: Abeledo-Perrot, 1992. p. 79.

[38] HIRONAKA, Giselda Maria Fernandes Novaes; CAHALI, Francisco José. *Direito das sucessões*. 3. ed. São Paulo: RT, 2007. p. 392-393.

Uma vez reduzida a porção da legítima pelo abuso, da fraude ou da confusão patrimonial, em posição minoritária, de algum dos filhos perante os demais descendentes integrantes da sociedade familiar, os quais nunca aportaram realmente recursos pessoais para formar o capital da empresa, mas, antes, ascenderam melhor posição societária pelo auxílio recebido em vida dos seus antecedentes, e, quando isso acontece, em flagrante fraude à igualdade das legítimas dos demais herdeiros necessários, a desestimação da personalidade jurídica será o eficiente instrumento jurídico para condenar os beneficiados pelo autor da herança a restituírem ao acervo hereditário a quantidade de bens e valores suficientes para recompor os reais quinhões dos quais os demais coerdeiros foram artificialmente privados.

8.6 A DESCONSIDERAÇÃO DA PERSONALIDADE JURÍDICA NA SUCESSÃO LEGÍTIMA

Há, no Direito, normas substantivas e processuais prevendo a tutela da legítima hereditária, como acontece com demandas que atacam as doações inoficiosas e as disposições testamentárias, assim como a ação sucessória de redução, ou o próprio pedido judicial de colação, como procedimentos judiciais típicos para a restituição do acervo de bens e valores em excesso à porção disponível do sucedido que deixa herdeiros necessários. Contudo, na atualidade, outra tem sido a realidade fraudatória empregada pela pessoa que pretende vulnerar a legítima de seus herdeiros necessários e que age mediante atos onerosos que, sob a aparência de legalidade, encobrem transgressões ao regime imperativo da lei.[39]

Entrementes, há situações em que o autor da herança pode ter recorrido a meios fraudulentos para subtrair os bens de seu patrimônio, em prejuízo de alguns ou de todos os herdeiros necessários, sob a cobertura de um negócio societário de aparente legitimidade formal, como bem acentua Eduardo A. Zannoni,[40] para cujo autor a *fraude à legítima* consiste em toda manobra que, sob a cobertura de um negócio jurídico que ostenta legitimidade formal, é levado a efeito com a intenção de contornar as normas cogentes relativas à legítima, em prejuízo de seus destinatários que são os herdeiros necessários.[41]

Existem normas cogentes tutelando a legítima dos herdeiros necessários e ações tipicamente sucessórias para buscar a restituição do acervo de bens ou valores que excederam a porção disponível do autor da herança. Todavia, na hipótese da fraude à legítima pelo uso indevido da personalidade jurídica, os modelos tradicionais das ações sucessórias e da própria ação pauliana ou revocatória não se apresentam como os meios judiciais mais eficazes para a reposição efetiva da legítima desviada por negócio jurídico que ostenta legitimidade formal, criado para elidir as normas imperativas da legislação sucessória atinente às legítimas dos herdeiros forçados.

Usualmente, os fraudadores da legítima se utilizam de expedientes como a *simulação*, cujo negócio jurídico aparente encobre outro completamente diverso, ou quando contém cláusulas ou datas que não são verdadeiras, ou quando transmitem direitos a interpostas pessoas, sendo mais frequente o uso da via societária para simular a venda de quotas sociais, quando, em verdade, escondem uma doação realizada e cuja simulação também pode se apresentar quando se adquirem ou transmitem direitos para pessoas ocultas.[42]

---

[39] ORLANDI, Olga. *La legítima y sus modos de protección*. 2. ed. Buenos Aires: Abeledo-Perrot, 2010. p. 281.

[40] ZANNONI, Eduardo A. *Derecho de las sucesiones*. 3. ed. Buenos Aires: Astrea, 1983. v. II, p. 239.

[41] ZANNONI, Eduardo A. *Derecho de las sucesiones*. 5. ed. Buenos Aires: Astrea, 1997. v. II, p. 205 e ss.

[42] ORLANDI, Olga. *La legítima y sus modos de protección*. 2. ed. Buenos Aires: Abeledo-Perrot, 2010. p. 284.

Cap. 8 · A DESCONSIDERAÇÃO DA PERSONALIDADE JURÍDICA NO DIREITO DAS SUCESSÕES | 803

Pela fraude societária o empresário intenta evitar a norma legal que freia sua liberdade de disposição patrimonial ante a existência de herdeiros necessários, e assim ele concretiza um negócio jurídico que encobre a sua ilicitude e alcança, por essa estratégia, a subtração do patrimônio que integra a porção indisponível do acervo hereditário, autorizando que os coerdeiros questionem tais atos simulados que encobrem uma doação inoficiosa e afetam seus quinhões legitimários, fato que lhes confere ação para pedir a nulidade da doação.

Conforme Eduardo A. Zannoni, um meio de subtrair bens do patrimônio é criar *um novo patrimônio*, ao qual são aportados os bens do acervo originário e, embora se trate de um negócio real que não se reveste de um caráter de simulação, ele está eivado de uma finalidade eminentemente fraudulenta. É a típica situação das sociedades empresárias constituídas pelo autor da herança mediante o aporte da totalidade dos bens que compõem seu ativo e para tanto ele se utiliza da forma societária com a participação de terceiros que, em realidade, só fazem aportes nominais para justificar sua qualidade de sócios e, com a morte do autor da herança, na melhor das hipóteses, as quotas do capital social, quando não se tratar de ações ao portador, aparecem em poder de terceiros que sustentam serem proprietários regularmente constituídos, os quais se opõem à eventual reivindicação dos herdeiros legítimos.[43]

Seguindo a doutrina de a pessoa jurídica ter personalidade e patrimônio distintos da de seus sócios (CC, art. 49-A), fica fácil constatar que a sociedade se presta para um arsenal de arbítrios postos a serviço do homem para fraudar direitos de terceiros. No campo do Direito Sucessório, não é diferente essa possibilidade, conquanto se tenha em mente que os bens pessoais do autor da herança devem ser preservados por metade para seus herdeiros necessários. Entretanto, esse direito indisponível e de ordem pública, como visto, não sofre o mesmo controle quando o sucedido é sócio ou partícipe de uma empresa, dona de um patrimônio e que oportuniza, ao sócio dela integrante, uma quota, ou parcela de seu capital constituído.

Então, como bem observa Eduardo A. Zannoni,[44] o patrimônio e os bens já não serão bens do autor da herança; herança serão as ações ou quotas de capital dessa sociedade constituída, e os herdeiros receberão uma parte proporcional, uma porcentagem de acordo com as normas societárias, e aparecerão formando-se maiorias e minorias que determinarão a condução dos negócios em si mesmo e desse patrimônio. Assim, adverte ser esse o recurso capaz de alterar o regime legal e de ordem pública, aplicável à legítima dos herdeiros necessários, fraudando seus direitos hereditários indisponíveis, e que, como visto, podem terminar violados pelo mau uso da forma societária, que, de aparente legalidade, possibilita o odioso desvio da legítima.[45]

Ora, se possuir os bens em seu nome pessoal dificulta subtrair de algum herdeiro legítimo a sua quota hereditária obrigatória, pois o herdeiro goza de mecanismos de mais fácil controle para apurar a integridade de seu quinhão e eventual restituição judicial, com efeito, essas mesmas facilidade e segurança desaparecem quando o caminho escolhido passa pelo uso indevido da via societária, supondo-se que sua independência patrimonial e jurídica põe a sociedade e seus bens a salvo de qualquer perquirição sucessória.

Na atualidade, os valores mobiliários adquiriram tamanha relevância na vida econômica das pessoas, sendo frequente verificar que as maiores transmissões se efetivam por meio de

---

[43] ZANNONI, Eduardo A. *Derecho de las sucesiones.* 2. ed. Buenos Aires: Astrea, 1989. t. II, p. 241.

[44] ZANNONI, Eduardo A. *Las sociedades comerciales y la transmisión hereditaria, el fraude a la legítima hereditaria en las sociedades.* Buenos Aires: Ad-Hoc, 1993. p. 39.

[45] ZANNONI, Eduardo A. *Las sociedades comerciales y la transmisión hereditaria, el fraude a la legítima hereditaria en las sociedades.* Buenos Aires: Ad-Hoc, 1993. p. 40.

uma sociedade empresária, sendo transmitidas quotas sociais ou ações, cujos valores geralmente se apresentam subcapitalizados, com referências meramente contábeis, adicionando ao concerto fraudatório uma dificuldade adicional, referindo Olga Orlandi não serem poucos os problemas que surgem com a transmissão sucessória diante da morte de um sócio que integrava uma sociedade empresária.[46] A propósito, um dos expedientes utilizados para violação do preceito da intangibilidade da legítima é a total falta de coincidência existente entre o valor nominal do capital subscrito em uma sociedade empresária em confronto com o patrimônio dessa sociedade, sendo essa uma das fraudes mais correntes verificadas nos processos de inventário e relativos à subavaliação dos bens, sendo sempre imperiosa a realização de um balanço especial, também denominado balanço de determinação, para apurar o patrimônio real da sociedade.

Entretanto, nem sempre a fraude sucessória foi planejada, mas, mesmo assim, sociedades com constituição e desenvolvimento normal, sem ânimo de prejudicar, afetam a legítima e a igualdade dos herdeiros necessários, como sucede em venda de quotas de sociedade realizada por ascendente a descendente sem a anuência de filha que foi reconhecida em investigação de paternidade *post mortem*.[47]

---

[46] ORLANDI, Olga. *La legítima y sus modos de protección*. 2. ed. Buenos Aires: Abeledo-Perrot, 2010. p. 290.

[47] "Recurso especial. Ação objetivando a *declaração de nulidade* da venda de cotas de sociedade realizada por ascendente a descendente sem a anuência de filha assim reconhecida por força de investigação de paternidade *post mortem*. 1. Sob a égide do Código Civil de 1916, o exercício do direito de anular venda de ascendente a descendente – que não contara com o consentimento dos demais e desde que inexistente interposta pessoa – submetia-se ao prazo 'prescricional' vintenário disposto no artigo 177 do *códex*. Inteligência da Súmula 494 do STF. Tal lapso, na verdade decadencial, foi reduzido para dois anos com a entrada em vigor do Código Civil de 2002 (artigo 179). 2. Nada obstante, assim como ocorre com os prazos prescricionais, nos casos em que deflagrado o termo inicial da decadência durante a vigência do código revogado, aplicar-se-á a norma de transição estabelecida no artigo 2.028 do Código Civil de 2002. Assim, devem ser observados os prazos do Código Civil anterior, quando presentes as seguintes condições: (i) redução do prazo pelo diploma atual; e (ii) transcurso de mais da metade do tempo estabelecido na regra decadencial ou prescricional revogada. 3. No caso de autor que contava com menos de dezesseis anos à época da deflagração do fato gerador da pretensão deduzida em juízo, a Quarta Turma consagrou, recentemente, o entendimento de que o confronto entre a norma de transição (artigo 2.028 do Código Civil) e a regra que obsta o transcurso do prazo prescricional não poderá traduzir situação prejudicial ao absolutamente incapaz (REsp 1.349.599/MG, Rel. Ministro Luis Felipe Salomão, Quarta Turma, julgado em 13.06.2017, *DJe* 01.08.2017). Tal exegese também deve ser aplicada aos prazos decadenciais reduzidos pelo Código Civil de 2002, quando em discussão o exercício de direito potestativo por menor impúbere. Necessária observância do paradigma da proteção integral, corolário do princípio da dignidade da pessoa humana. 4. O STJ, ao interpretar a norma (inserta tanto no artigo 496 do Código Civil de 2002 quanto no artigo 1.132 do Código Civil de 1916), perfilhou o entendimento de que a alienação de bens de ascendente a descendente, sem o consentimento dos demais, é ato jurídico anulável, cujo reconhecimento reclama: (i) a iniciativa da parte interessada; (ii) a ocorrência do fato jurídico, qual seja, a venda inquinada de inválida; (iii) a existência de relação de ascendência e descendência entre vendedor e comprador; (iv) a falta de consentimento de outros descendentes; e (v) a comprovação de simulação com o objetivo de dissimular doação ou pagamento de preço inferior ao valor de mercado. Precedentes. 5. De outro lado, malgrado a sentença que reconhece a paternidade ostente cunho declaratório de efeito *ex tunc* (retro-operante), é certo que não poderá alcançar os efeitos passados das situações de direito definitivamente constituídas. Não terá, portanto, o condão de tornar inválido um negócio jurídico celebrado de forma hígida, dadas as circunstâncias fáticas existentes à época. Precedentes. 6. Na espécie, à época da concretização do negócio jurídico – alteração do contrato

Cap. 8 · A DESCONSIDERAÇÃO DA PERSONALIDADE JURÍDICA NO DIREITO DAS SUCESSÕES | 805

Outro exemplo comum de fraude à legítima sucede quando um pai constitui uma sociedade empresária com dois de seus três filhos, e somente ele efetiva os aportes reais do patrimônio da sociedade, consistentes da maioria ou da totalidade de seus bens pessoais. Quando ele falece, todos os seus filhos herdarão suas quotas, inclusive o filho excluído da sociedade, quando na época de sua constituição, só que vai se constituir em um sócio minoritário, pois os demais irmãos formam o grupo majoritário daquela empresa.

Muito mais relevante será sua impotência como sócio, advertem José Luis Pérez Lasala e Graciela Medina,[48] quando se trata de uma sociedade anônima. Esse sócio minoritário não reúne o número de votos necessários para se opor à reforma do estatuto, ficando ele sempre com o direito de vender suas ações, se desconforme com a administração da empresa. Contudo, observam, citando Busso: "Quem lhe compraria estas ações que não são negociadas em bolsa, em se tratando como é comum, de um grupo eminentemente familiar". Assim, a legítima do filho, cujo pai detinha em vida valiosos bens, pode resultar reduzida a simples papéis, sem nenhum valor.

As sociedades anônimas fechadas, como são aquelas tipicamente de constituição familiar, excluem a pessoalidade da sua administração, porque o poder está concentrado na vontade de um acionista majoritário, para cuja empresa transferiu seus bens pessoais, substituindo-os por ações que servem como meio hábil em fraude a credores ou herdeiros necessários, até mesmo pela maior dificuldade de dissolver parcialmente uma sociedade anônima de cunho familiar e sem cotação na Bolsa de Valores, onde os únicos eventuais interessados na aquisição de ações seriam os demais sócios que pagariam o preço por eles mesmos estipulado. Aliás, as sociedades de família geram correntes problemas de continuidade da empresa com a morte do fundador, sendo amiúde a maior preocupação que leva esse mesmo fundador a buscar soluções nem sempre ortodoxas no propósito de direcionar a titulação da sociedade familiar para determinado herdeiro no qual encontra os predicados pessoais para levar à frente a empresa familiar, temeroso com sua extinção diante da fragmentação da sociedade empresária com a partilha das suas quotas sociais ou ações.

Esse problema da continuação da empresa com o falecimento de seu fundador e a fragmentação da sociedade com o ingresso de um variado número de herdeiros necessários, incluso o cônjuge ou convivente viúvo que se torna destinatário de quotas sociais ou ações de uma empresa, embora não se interesse pela sociedade empresária, permitindo presumir sua extinção e a quebra do seu fim social, têm levado a União Europeia a repensar os efeitos da legítima, particularmente países como a Espanha, Itália e a Alemanha, em cujo país a doutrina

---

de sociedade empresária voltada à venda de cotas de ascendente a descendente –, a autora ainda não figurava como filha do *de cujus*, condição que somente veio a ser reconhecida no bojo de ação investigatória *post mortem*. Dadas tais circunstâncias, o seu consentimento (nos termos da norma disposta no artigo 1.132 do Código Civil de 1916 – atual artigo 496 do Código Civil de 2002) não era exigível nem passou a sê-lo em razão do posterior reconhecimento de seu estado de filiação. Na verdade, quando a autora obteve o reconhecimento de sua condição de filha, a transferência das cotas sociais já consubstanciava situação jurídica definitivamente constituída, geradora de direito subjetivo ao réu, cujos efeitos passados não podem ser alterados pela ulterior sentença declaratória de paternidade, devendo ser, assim, prestigiado o princípio constitucional da segurança jurídica. Ademais, consoante assente na origem, não restou demonstrada a má-fé ou qualquer outro vício do negócio jurídico a justificar a mitigação da referida exegese. 7. Recurso especial não provido" (STJ, 4.ª Turma, REsp 1.356.431/DF, Rel. Min. Luis Felipe Salomão, j. 08.08.2017).

[48] LASALA, José Luis Pérez; MEDINA, Graciela. *Acciones judiciales en el derecho sucesorio*. Buenos Aires: Depalma, 1992. p. 62.

majoritária, escreve Daniele Chaves Teixeira, "admite que a legítima dos filhos e cônjuge é uma instituição que goza de proteção constitucional, pela conjunção de direito à herança, a proteção do matrimônio e da família",[49] para, dessarte, interpretar a legítima do herdeiro necessário como um *pars valoris*, o que representa que o legitimário detém apenas, com relação ao espólio, um direito de crédito, e não um *pars hereditatis*, que seria o direito sobre o bem inventariado, que no caso de uma sociedade empresária significa o direito às quotas ou às ações da sociedade, solução que aplacaria sobremaneira a fraude da legítima nas sociedades de família e a constante vulneração de alguns herdeiros necessários em favorecimento de outros, o que, certamente, reduziria o uso processual daquela que foi cunhada no passado como a *teoria da disregard*.

Na Espanha, a Ley 7/2003, de Reforma da Lei das Sociedades de Responsabilidade Limitada, modifica o Código Civil e permite que o testador mantenha indivisa uma empresa ou centralize em uma pessoa o controle de uma sociedade de capital, pagando a legítima dos herdeiros necessários com dinheiro da herança ou não, podendo estabelecer um prazo de até cinco anos, contados da abertura da sucessão do testador, para o pagamento, aduzindo Olga Orlandi a possibilidade de uso do *protocolo familiar* para regular as relações existentes entre família, propriedade e empresa e, desse modo, prevenir possíveis conflitos que se produzem com a morte do autor da herança.[50]

É muito frequente que uma pessoa constitua uma sociedade com algum de seus filhos e a exclusão de outros, sendo mais comum ainda a exclusão das filhas mulheres, e toda a fraude à legítima começa com o falso registro contratual de haver o filho sócio aportado valores ou bens para a constituição da sociedade e que assim também agiria durante as alterações contratuais e aumentos de capital social, quando em realidade os atos societários encobrem uma doação do sócio ascendente, e, se pesquisado mais profundamente, esse filho nem sequer tinha origem para seu decantado aporte financeiro na sociedade empresária.

Noutro esclarecedor exemplo, recolhido da jurisprudência argentina, pôde ser penetrado o véu da personalidade jurídica em nome do herdeiro legítimo preterido em parcela de sua herança necessária, quando, embora convidado com seu irmão para integrar uma sociedade constituída pelo pai de ambos, dela não quis participar, verificando, posteriormente, que seu genitor aportara seus bens pessoais para a empresa formada, dando ao rol que doou para integrar a quota social do irmão valor nominal inferior ao real, importando esse gesto em uma forma sutil de beneficiar gratuitamente a um dos descendentes, decorrente da diferença entre os valores nominal e real dos bens doados para integralizar sua quota social.

Como anteriormente enunciado, comum na prática brasileira vem sendo o uso da fórmula societária para partilhar, em vida, em quinhões desiguais, direitos que, em futura sucessão, deveriam pertencer em absoluta isonomia de valores aos os descendentes varões e às filhas mulheres. Acontece que, em inúmeras e não raras situações, genitores costumam creditar aos filhos homens seu ingresso na empresa que já exploram, distribuindo-lhes, no princípio, pequena quantidade de quotas doadas como estímulo ao trabalho no qual estreiam sua atividade profissional. Não raro, embora sem que tenham ou possam usar de recursos próprios, esses sócios masculinos vão aumentando suas participações societárias, superando a própria fração paterna; assim, o primitivo doador, com a idade, afasta-se e

---

[49] TEIXEIRA, Daniele Chaves. *Planejamento sucessório*. Pressupostos e limites. Belo Horizonte: Fórum, 2017. p. 86.

[50] ORLANDI, Olga. *La legítima y sus modos de protección*. 2. ed. Buenos Aires: Abeledo-Perrot, 2010. p. 308.

Cap. 8 · A DESCONSIDERAÇÃO DA PERSONALIDADE JURÍDICA NO DIREITO DAS SUCESSÕES | 807

aposenta-se do empreendimento, agora tocado pelos descendentes homens, e tais os vestígios, que o tempo apaga, já não permitem apurar a origem real desse crescimento patrimonial dentro da empresa.

Não têm agido diferente aqueles que não desconhecem a paternidade espúria, concebida fora da união estável ou da sociedade conjugal e, num ato de egoísta proteção da família por eles mantida e havida como única relação de real interesse, idealizam um empreendimento empresarial para onde deságuam os bens até então pertencentes à união conjugal, afastando-se da empresa constituída, ou nela sequer ingressando o investigado biológico, para, por obra desse expediente, nada oferecer por ocasião de seu falecimento, como herança legítima desse filho havido em relacionamento extraconjugal, embora tenha logrado pela via societária antecipar, com excessos que supõe inatingíveis, os quinhões dos seus filhos havidos de seu casamento ou de sua união estável.

Essa é uma das fórmulas mais usuais para execução da fraude que também conta com essa mescla do auxílio de terceiros da absoluta confiança do fraudador, muitas vezes um irmão em conluio com a ex-esposa e mãe dos filhos do primeiro matrimônio, esvaziando seu patrimônio com a fácil transferência de quotas sociais que dispensam no sistema jurídico brasileiro a intervenção do cônjuge ou convivente, permitindo, assim, a troca de titularidade de bens e o desvio de direitos presentes ou futuros, que são aparentemente alijados de indesejados meeiros ou de herdeiros necessários, como sucedeu no exemplo noticiado pelo UOL, em que a filha de um empresário acusa o pai de diminuir sua eventual herança em um bilhão de reais, constando da reportagem as seguintes informações:

> Uma jovem de 24 anos, herdeira do Grupo Luft, um dos maiores do setor logístico da América Latina, acusa o pai de fraudar seu patrimônio para reduzir a herança a que ela teria direito. O valor estimado de sua participação é de R$ 1.125 bilhão, segundo o advogado da herdeira. O caso é analisado desde o dia 16 deste mês pela Comarca de Carapicuíba (SP). M.L., 77, fundador do Grupo Luft, é acusado pela filha S. G. L. de ceder bens e sociedades empresariais para "fraudar os interesses "dela na futura partilha da herança e pagamentos de pensões alimentícias, diz seu advogado A.A. O UOL entrou em contato com a assessoria de comunicação de M. L., mas não obteve resposta até a publicação desta reportagem. S.G.L. nasceu de um relacionamento entre M.L. e M.G., uma ex-funcionária da Transportes Luft, empresa que começou o conglomerado atualmente denominado Luft Participações. S.G.L. contesta o fato de seus meios-irmãos de um casamento anterior terem recebido herança adiantada sem que ela herdasse nada também. "Quero que a Justiça seja feita. Gostaria dos meus direitos preservados. Sou tão filha quanto meus irmãos", disse ao UOL a jovem, que hoje estuda administração na USP (Universidade de São Paulo).
>
> A antecipação da herança teria começado em 15 de maio de 1998 por meio de uma "manobra", de acordo com o advogado de S.G.L. I. L., primeira esposa e mãe dos três filhos mais velhos de M.L., recebeu parte dos bens e cotas empresariais para, posteriormente, repassá-los a A.L., irmão de M.L. A partir daí, o fundador do Grupo Luft teria começado a se desfazer de bens e sociedades, segundo a defesa de S.G.L. Um documento de alteração contratual obtido pelo UOL mostra que até 15 de maio de 1998 M.L. possuía 66,67% da Transporte Luft. Após o repasse a I.L. e A.L., M.L. ficou com 10% da empresa. Segundo a defesa de S.G.L., I.L. e M.L. saíram definitivamente da empresa em 5 de agosto de 2013 ao repassarem todas as suas cotas para A.L.
>
> M.L. também teria transferido a seus outros filhos bens pessoais como três casas, dois aviões, fazendas, veículos e embarcações, diz o advogado de S.G.L. "Não há uma obrigatoriedade de o pai acrescentar um filho por ter incluído outro em transferência de bens. O que se discute é que houve uma fraude de antecipação integral da herança ao longo do tempo, uma vez que existiu a transferência do patrimônio de M. L. A S.G.L. tem direito a 25% do patrimônio do pai", disse o advogado A.A.

A UOL consultou o advogado F.B.P., especialista na área de conflitos cíveis e que não tem relação com o caso, para avaliar os próximos passos na Justiça. Segundo ele, o pedido de S.G.L. está amparado legalmente, pois qualquer pessoa pode requerer por meio da Justiça o cumprimento de algum direito que acredite possuir. Após o protocolo, o juiz deve notificar a família Luft para avisar sobre o processo antes de tomar qualquer decisão sobre o pedido. Nesse caso, o processo é analisado pela juíza R.L.M. de F., da 4.ª Vara Cível de Carapicuíba.[51]

Se o fraudador preferir, pode constituir essa sociedade, nela somente figurando como sócios a sua esposa e os filhos de ambos, ou pode agir como procedeu o proprietário de uma valiosa fazenda que vendeu por preço vil para uma sociedade anônima, cujo pacote acionário pertencia em 90% à sua esposa de segundas núpcias, cujo expediente simulava uma venda que nem sequer existiu, mas cujo propósito era desviar importante bem de seu patrimônio pessoal e desse modo diminuir significativamente a porção indisponível de seus filhos do primeiro matrimônio e seus herdeiros necessários.

Age na contramão do direito sucessório à intangível legítima o autor da herança que em vida transferiu a totalidade de seus bens para uma sociedade anônima, simples ou empresária, constituída por seus filhos, mas com a exclusão dos netos que são filhos de um filho pré-morto, que assim ficam preteridos da legítima que receberiam por representação do pai pré-falecido.

Portanto, a doutrina da *disregard* cuida de afastar, de uma vez por todas, esse axioma de que a pessoa jurídica é inviolável, independente e que seus sócios são imunes de responsabilidades. Apropriada a manifestação de Tupinambá Nascimento,[52] ao referir se tratar de uma mera ficção legal a separação da pessoa jurídica da pessoa física, não sendo justificável que a pessoa jurídica ou mesmo o sócio, que se esconde sob o manto dessa sociedade, fuja de sua responsabilidade ou de seu fim social, para alcançar benefícios e interesses antissociais em fraude à lei. É como pensa Fábio Ulhoa Coelho,[53] quando aborda entre os fundamentos da desconsideração a busca de seu elemento subjetivo, intencional: "Destinado a ocultar a ilicitude atrás da pessoa jurídica". E arremata [...]: "Se inexiste fraude ou abuso de direito, a personalização da sociedade, associação ou fundação deve ser amplamente prestigiada".

Em contraponto, não poderá ser prestigiada a sociedade que busca resultado contrário ao direito, observando Rolf Serick[54] existir abuso quando, com a ajuda da pessoa jurídica, se ela cuida de burlar a lei, de quebrar obrigações contratuais, ou de prejudicar fraudulentamente terceiros, notadamente no âmbito das sociedades de família e utilizando sua personalidade societária para burlar o instituto da legítima, provindo as soluções jurídicas das normas de Direito Civil (CC, art. 50), do Direito Processual (CPC, arts. 133 a 137) e do Direito Empresarial, permitindo que a desconsideração da personalidade jurídica autorize reintegrar os bens à massa hereditária ou computar seus valores no quinhão hereditário do herdeiro prejudicado.

Na formulação de aplicação da desconsideração da pessoa jurídica, está superada a soberania da autonomia patrimonial da empresa e é declarada a inoponibilidade da forma societária que serviu ao autor da herança como instrumento para prejudicar alguns de seus

---

[51] UOL. Disponível em: https://economia.uol.com.br/noticias/redacao/2020/12/24/filha-fundador-grupo-luft-acusa-pai-fraude-justica-heranca.htm. Acesso em: 28 dez. 2020.

[52] NASCIMENTO, Tupinambá Miguel Castro do. *Usufruto*. 2. ed. Rio de Janeiro: Aide, 1986. p. 84.

[53] COELHO, Fábio Ulhoa. *Direito antitruste brasileiro*. São Paulo: Saraiva, 1995. p. 45.

[54] SERICK, Rolf. *Apariencias y realidad de las sociedades comerciales*. El abuso del derecho por medio de la persona jurídica. Barcelona, 1958 *apud* LASALA, José Luis Pérez; MEDINA, Graciela. *Acciones judiciales en el derecho sucesorio*. Buenos Aires: Depalma, 1992. p. 63.

Cap. 8 • A DESCONSIDERAÇÃO DA PERSONALIDADE JURÍDICA NO DIREITO DAS SUCESSÕES | **809**

herdeiros necessários e, dessarte, condena os sócios a satisfazerem o valor das quotas ou ações que receberam em excesso da porção disponível do autor da herança.

Como assinala Eduardo A. Zannoni, em princípio, nada proíbe uma pessoa de contratar com seus filhos maiores e capazes, os quais serão, com sua morte, os seus herdeiros necessários, ao lado do cônjuge ou convivente, quando não casado pelo regime da comunhão universal ou obrigatória da separação de bens (CC, art. 1.829, I, e RE 878.694/MG e RE 646.721/RS), porém tais contratos não podem encobrir doações de favor ao herdeiro necessário, buscando afastar uma transferência típica de antecipação de herança. Ocorrendo essa hipótese, refere Eduardo A. Zannoni, cabem duas soluções: "A primeira em que a lei nada dispõe a este respeito e, neste caso, os herdeiros preteridos precisarão provar a simulação do negócio para provocar a colação dos bens dissimuladamente doados; ou, então, a própria lei cria a presunção de que, em certas circunstâncias, deve ser conjeturado que as transferências onerosas para herdeiros obrigatórios estejam encobrindo uma doação".[55]

O Direito Sucessório brasileiro, a seu tempo e modo, estabelece essa presunção de favorecimento em fraude à lei no parágrafo único do artigo 1.802 do Código Civil, ao aduzir serem nulas as disposições testamentárias em favor de pessoas não legitimadas a suceder, ainda quando simuladas sob a forma de contrato oneroso, ou feitas mediante interposta pessoa, presumindo-se tratar de interposição fictícia quando for ascendente, descendente, irmão, cônjuge ou companheiro. Esse dispositivo de lei é o fundamento concreto da desconsideração legal da interposta pessoa física, que acontece quando o fraudador da herança necessária se vale de uma pessoa física que lhe é muito próxima e de irrestrita confiança, como a atual companheira ou a nova sogra, quando não se utiliza da progenitora ou mesmo de amigos escolhidos entre aqueles dos seus relacionamentos, ou de pessoas que a obedecem em razão de subordinação financeira ou laboral.

8.7 SUA MANIFESTAÇÃO PROCESSUAL

Enrique M. Butty[56] recolhe, com pertinência, a desconsideração da pessoa jurídica no campo da fraude à legítima dos herdeiros necessários, ao referir a imprescindibilidade de diferenciar a nulidade do contrato societário da sua inoponibilidade, pois, enquanto na doutrina geral dos atos jurídicos a nulidade reclama a ocorrência de vício de forma, ou vício de vontade, na oponibilidade acontece um desvio da causa contratual. Com efeito, se foi com o mau uso da estrutura social que o *de cujus* conseguiu diminuir ou até mesmo eliminar a legítima do herdeiro obrigatório, o juiz pode descartar essa mesma personalidade jurídica utilizada em abuso, em fraude, ou em detrimento do primado jurídico da ordem pública, que causou uma lesão em seu quinhão hereditário.

No entanto, não é necessário nem se mostra prático e célere que esses atos sociais fraudulentos sejam diretamente nulificados, em morosas e complexas demandas paralelas a uma ação de colação ou de redução de doação.[57] Deve o juízo da demanda de colação ou de redução

---

[55] ZANNONI, Eduardo A. *Derecho de las sucesiones*. 3. ed. Buenos Aires: Astrea, 1983. v. II, p. 243-244.
[56] BUTTY, Enrique M. La inoponibilidad de la persona jurídica por violación de la legítima. *In*: DUBOIS, Eduardo M. Favier *et al. Las sociedades comerciales y la transmisión hereditaria*. Buenos Aires: Ad-Hoc. 1993. p. 52.
[57] Nesse sentido foi a decisão proferida pela juíza Hélvia Túlia Sandes Pedreira Pereira, na ação de arrolamento 346/1989, que tramitou pela Vara de Família, Sucessões, Infância e Juventude da Comarca de Porto Nacional, estado do Tocantins, datada de 16.01.2008, ao dispensar "a necessidade de interposição

declarar, sim, com escora no artigo 50 do Código Civil brasileiro, combinado com o artigo 1.846 do mesmo Diploma Civil, e com os artigos 133 a 137 do Código de Processo Civil, que todos aqueles atos de fraude e de abuso que levaram ao desvio da porção legítima do herdeiro necessário, cujos direitos foram excluídos da herança pela trama societária contra ele endereçada, são inoponíveis, não geram efeitos com relação ao herdeiro necessário, devendo ser condenados os participantes do ato de desvio na reposição financeira do ingresso inoficioso ou à própria redução de seus capitais sociais artificialmente inflados, até o montante da sua efetiva legítima.

Assim sendo, não importam a nulidade nem a extinção da sociedade, senão a simples desconsideração dos efeitos da personalidade jurídica dessa sociedade empresária, que deverá reintegrar o herdeiro necessário preterido nos bens da sucessão do sucedido, mediante a redução proporcional dos capitais sociais. Conclui Eduardo A. Zannoni[58] que a inoponibilidade do ato fraudulento permitirá por decisão judicial que a legítima fraudada seja integralizada em bens ou em dinheiro, tomando-se em conta os valores reais dos bens constitutivos dos aportes realizados pelo autor da herança. Claro está que, ocorrendo o pagamento em numerário, poderá acontecer de a sociedade não precisar reduzir seu capital social para ressarcir os herdeiros necessários que tiveram sua legítima violada pelo uso indevido da forma societária. Como refere Roberto Martinez Ruiz,[59] a sociedade empresária não pode burlar o efetivo exercício dos direitos hereditários dos sucessores obrigatórios, típica instituição de proteção familiar. Evitando a destituição da empresa e conservando sua personalidade societária, sem permitir que ela sirva como instrumento de exclusão de herdeiros obrigatórios, pela aplicação episódica da *disregard* e no próprio processo sucessório de colação ou de redução, ou em ação de incidente de desconsideração da personalidade jurídica (CPC, art. 133), o juiz acolhe, com a procedência do incidente, o pedido de entrega material dos bens societários que correspondam às legítimas, ou a sua restituição em moeda, se assim for preferido, devendo, se for imprescindível, a sociedade faltante reduzir seu capital, se os sócios não optarem pela posterior dissolução da sociedade empresária.

Uma hipótese clássica para aplicação da teoria da desestimação da personalidade jurídica na sucessão legítima avista-se no caso da ação de investigação de paternidade cumulada com petição de herança, na qual o herdeiro investigante pesquisa seu vínculo biológico e reclama seu quinhão hereditário pela morte do investigado. Quando utilizada a forma empresarial para excluir o investigante da herança legítima ou de parcela dela, a mesma sentença que reconhece a filiação e o consequente direito do investigante à herança deixada por seu pai biológico, se requerida a desconsideração com a inicial (CPC, art. 134, § 2.º), cuidará de desconsiderar todos os atos societários que serviram para desviar bens do investigado, reduzindo a herança devida e pedida pelo filho judicialmente reconhecido. Desconsiderada a personalidade, essa fraude ao investigante herdeiro é inoponível, entregando-lhe, por decreto judicial proferido em despacho incidente no corpo da investigação de paternidade cumulada com

---

de uma ação autônoma para se reconhecer a não oponibilidade dos atos societários fraudulentos aos herdeiros necessários lesados [...]. Diante do exposto, considero não oponível aos herdeiros necessários do falecido, dentre eles Nariane, as alterações contratuais efetivadas em fraude à legítima, por faltar boa-fé dos adquirentes e uso indevido da forma societária".

[58] ZANNONI, Eduardo A. *Derecho de las sucesiones*. 3. ed. Buenos Aires: Astrea, 1983. v. II, p. 244.

[59] RUIZ, Roberto Martínez. *Sociedades por acciones, de grupos familiares y sus conflictos con el derecho civil*. *In*: TERÁN, Guillermo R. Quintana *et al. Abuso de derecho y otros estudios en homenaje a Abel M. Freitas*. Buenos Aires: Abeledo-Perrot, 1992. p. 86.

Cap. 8 • A DESCONSIDERAÇÃO DA PERSONALIDADE JURÍDICA NO DIREITO DAS SUCESSÕES | 811

petição de herança, os bens que suplantaram a fronteira da porção disponível, restabelecendo, assim, a igualdade de partilha, agora, entre todos os filhos.

Embora devam prevalecer a autonomia patrimonial da empresa e mesmo a da pessoa física de uma interposta pessoa, há situações em que a legislação permite a suspensão episódica dessa autonomia patrimonial societária por meio do expediente da *desconsideração da personalidade jurídica* (por vezes a desconsideração da personalidade física), regulada no direito processual brasileiro pelos artigos 133 a 137 do Código de Processo Civil, inclusive pela sua modalidade denominada *desconsideração em sentido inverso*, que é aplicada no Direito de Família e no Direito das Sucessões quando o cônjuge fraudador, ou o autor da herança que pretende fraudar a legítima dos herdeiros necessários, transfere os bens pessoais para uma sociedade empresária sem real contrapartida ao patrimônio conjugal e privado, buscando com esse estratagema societário retirar os bens que deveriam compor a meação do cônjuge ou a legítima dos seus herdeiros obrigatórios. A desconsideração inversa da personalidade jurídica consiste no afastamento do princípio da autonomia da pessoa jurídica para responsabilizar a sociedade por obrigação do sócio[60] que, para se desvencilhar de obrigações pessoais, transfere seus bens e suas riquezas para a sociedade, com a finalidade de retirar esses recursos da meação da esposa ou convivente, ou do alcance de seus herdeiros necessários.

8.8 DO INCIDENTE DE DESCONSIDERAÇÃO DA PERSONALIDADE JURÍDICA

O incidente da desconsideração da personalidade jurídica vem regulado pelos artigos 133 a 137 do Código de Processo Civil, podendo ser resolvido em decisão interlocutória ou na sentença, dependendo do rumo adotado para essa modalidade especial de intervenção de terceiros que está finalmente regulamentada pela legislação brasileira, pondo fim às outrora denominadas *teoria maior e teoria menor da desconsideração da personalidade jurídica*, as quais ocupavam longos debates para definir se a desconsideração da personalidade jurídica poderia ser aplicada episodicamente no curso de qualquer processo, sem a intervenção da sociedade empresária, ou se essa sociedade precisaria participar obrigatoriamente da ação originária que decretava a sua pontual desconsideração judicial, permitindo que a sociedade se manifestasse processualmente por ocasião da execução do julgado.

Atualmente, o incidente da desconsideração da personalidade jurídica pode ser instaurado a pedido da parte ou do Ministério Público, quando lhe couber intervir no processo (CPC, art. 133), sendo cabível em todas as fases do processo de conhecimento, no cumprimento de sentença e na execução fundada em título executivo extrajudicial (CPC, art. 134), sendo anotado no distribuidor a instauração do incidente como pedido autônomo (CPC, art. 134, § 1.º), enviado por conexão ao processo originário. A parte pode optar por requerer a desconsideração da personalidade jurídica na própria petição inicial (CPC, art. 134, § 2.º), por exemplo, em uma ação de investigação de paternidade promovida por herdeiro preterido, cumulada com petição de herança e declaração de desconsideração inversa da personalidade jurídica (CPC, art. 133, § 2.º), para que os bens desviados da pessoa física do autor da herança para o patrimônio da sua sociedade empresária retornem ao acervo particular do sucedido e, assim, em sua integralidade para o rol de bens a serem inventariados, e não mais diluído em quotas ou ações societárias.

---

[60] FREIRE, Alexandre; MARQUES, Leonardo Albuquerque. *Comentários ao Código de Processo Civil*. Organização Lenio Luiz Streck, Dierle Nunes e Leonardo Carneiro da Cunha. Coordenador Executivo Alexandre Freire. São Paulo: Saraiva, 2016. p. 205.

Quando a desconsideração da personalidade jurídica for instaurada em incidente próprio e não levantada na própria petição inicial, esse processo será suspenso (CPC, art. 134, § 3.º), sendo ônus do promovente do incidente demonstrar a concretização dos pressupostos da desconsideração para a prosperidade do incidente. É incontroverso que no terreno da fraude o julgador deve trabalhar com o somatório dos indícios[61] para chegar à lúcida presunção legal de que a figura da personalidade jurídica foi utilizada, em desvio de sua finalidade societária, para, com esse expediente fraudatório, causar um prejuízo material ao meeiro ou aos herdeiros necessários. Instaurado o incidente, o sócio ou a pessoa jurídica será citada para manifestar-se e requerer provas cabíveis no prazo de 15 dias (CPC, art. 135), como será citado o sócio ou a sociedade caso a desconsideração da personalidade jurídica seja requerida com a petição inicial, por exemplo, em uma ação de redução de doação inoficiosa, cumulada com a *disregard inversa*, para que os bens desviados para a empresa retornem ao acervo particular do autor da herança. Nessa hipótese, a desconsideração será declarada em sentença, e não por decisão interlocutória, como acontece na hipótese de ser instaurado um incidente apenso (CPC, art. 135), cabendo agravo de instrumento da decisão interlocutória (CPC, art. 1.015, IV), ou *agravo interno*, se a decisão for proferida pelo relator (CPC, art. 136, parágrafo único).

Acolhido o pedido de desconsideração, a alienação ou a oneração de bens, havida em fraude de execução ou partilha, será ineficaz com relação ao requerente, retornando ao inventário os bens desviados via societária para afetar a legítima dos herdeiros necessários, sendo justamente esses herdeiros prejudicados em sua legítima, legitimados para atacar o ato fraudulento e violador das normas legais e impositivas que tutelam a intangibilidade e a integridade da legítima hereditária, sem que a desconsideração episodicamente decretada comprometa a personalidade jurídica da sociedade, mas que implique apenas levantar a desestimação da sua personalidade, já que o autor persegue a inoponibilidade do aporte fraudulentamente realizado em prejuízo dos herdeiros obrigatórios que reclamam a integralidade do seu haver hereditário.[62]

---

[61] Indícios são os dados demonstrados, de caráter objetivo, que em um senso médio e dotado da necessária lógica, permite concluir que se dá o requisito de caráter subjetivo, que é o *consilium fraudis*, cujo elemento probatório concorre para a procedência da ação (BENJUMEA, Inmaculada Vargas. *El fraude en la disolución y liquidación de la sociedad de gananciales*. Navarra: Thomson Reuters Aranzadi, 2014. p. 178).

[62] GAGLIARDO, Mariano. *Sociedades de familia y cuestiones patrimoniales*. Buenos Aires: Abeledo-Perrot, 1999. p. 150.

Capítulo 9
A INTERPOSIÇÃO DE PESSOAS FÍSICAS E OS ASPECTOS PROCESSUAIS DA DESCONSIDERAÇÃO DA PERSONALIDADE

9.1 A INTERPOSIÇÃO FICTÍCIA DE PESSOA NATURAL

Os meios de comunicação noticiam com frequência a descoberta de fraudes praticadas para indébitas apropriações com o uso de interposição fictícia de pessoas na organização ilícita de negócios destinados ao desvio de recursos públicos e privados. Chamadas de testas de ferro, ou de interpostas pessoas, estas intervêm em atos contratuais de forma fictícia, por simulação ou fraude, em que contratam em nome próprio no lugar de outra pessoa. Explica Heleno Tôrres que a manipulação de pessoas ocorre quando alguém intenta omitir o verdadeiro negócio jurídico que é realizado substituindo o real titular por outro negociante aparente.[1] Na simulação por interposição fictícia de um terceiro, essa pessoa realmente não participa do negócio jurídico, porquanto o presta-nome é um sujeito decorativo, destinado a substituir o sujeito efetivo da transação. O verdadeiro contratante é de todos desconhecido, salvo apenas pelas partes que assumem a negociação, exercendo o falso negociante o papel de ponte para a real negociação, de forma que o verdadeiro interessado não apareça na transação ou que o seu nome não seja revelado, inclusive como proprietário do bem adquirido pela interposta pessoa.

9.2 A FRAUDE PELA PESSOA FÍSICA

No plano jurídico, a fraude é sinônimo de lesão causada pela conduta desleal. No ato conjugal, de quebra da unidade na partilha dos bens, a parte mais débil do casamento ou da união estável precisa ser processualmente protegida pelos mecanismos legais, que buscam eliminar os nefastos resultados de desequilíbrio econômico e financeiro na divisão dos bens. Fraudes e engenhosas simulações ferem de morte o princípio da igualdade dos bens nos regimes de comunidade matrimonial. O objeto da norma é impedir que o cônjuge ou convivente administrador subtraia bens da massa comunicável, deles dispondo em transferências fictícias, ou por meio de aparentes alienações de regular visibilidade, muitas vezes acobertadas pela outorga de esquecidas procurações, quando não sucedidas pelo uso de interposta pessoa.

A verdade é que o uso desvirtuado de contratos civis e, especialmente, a dinâmica variação da fraude societária têm servido com sucesso para burlar a lei e para inutilizar os frágeis

---

[1] TÔRRES, Heleno Taveira. *Direito tributário e direito privado*: autonomia privada, simulação, elusão tributária. São Paulo: RT, 2003. p. 450.

mecanismos de proteção da meação do casamento ou da união estável. Geralmente, pela via da simulação ou da fraude, um cônjuge ou convivente procura prejudicar o outro e encontra nas figuras societárias, com seus variados câmbios e tipos societários, sofisticados recursos orquestrados para lesar seu meeiro. As sociedades têm se convertido no veículo mais idôneo e mais apropriado, agindo como um terceiro alheio aos cônjuges.[2]

A fraude bem se presta a esse vil propósito, valendo-se a pessoa de uma astúcia para extrair partido das regras jurídicas e se beneficiar de um direito ou de uma vantagem da qual não deveria se aproveitar.[3] A fraude é um artifício que se estabelece pelo engano, pela astúcia imposta com a vontade de extrair um indevido proveito desse dissimulado ardil. No dizer De Los Mozos, fraude "é todo artifício, maquinação ou astúcia tendente a impedir ou iludir um legítimo interesse de terceiros ou a obter um resultado contrário ao direito sob a aparência de legalidade".[4]

No âmbito do casamento e da união estável, a fraude resultará eficaz sempre que causar, por seu intermédio, uma redução no acervo comum e, por consequência, uma diminuição na meação do cônjuge ou companheiro logrado. Ocorre por meio de atos de disposição de bens, como consignam os artigos 158 e seguintes do Código Civil, colocando em grau máximo de suspeição atos como os de transmissão gratuita ou onerosa de bens ou mesmo a remissão de dívidas de pessoas insolventes. Nesse quadro genérico, não há como afastar o cônjuge ou convivente que, em vésperas de divórcio, se movimenta para esvaziar a massa de bens do casamento ou da união estável, ganhando maior evidência se essa movimentação toma corpo depois de ajuizada a ação de divórcio do casal ou de dissolução da união estável dos conviventes.

No entanto, nem todos os divórcios contam com o sofisticado uso da máscara societária como bem elaborado instrumento de fraude à meação pertencente à entidade familiar. O uso abusivo da sociedade é comparado ao auxílio fraudatório de uma interposta pessoa, representada nesse caso pelo ente jurídico, mas que, no Direito de Família e no Direito das Sucessões, também encontra larga prática pela interposição de pessoas físicas, consistente em terceiros usualmente arrecadados entre os amigos mais chegados do cônjuge ou convivente, seus parentes mais próximos em linha reta, bem como os parentes colaterais, companheiro atual ou subalternos que se dispõem a servir como testas de ferro, prontos para prestarem solidariedade à fraude e, com seu auxílio, em troca de reles remuneração, ou só por mero favor, conferirem ares de legalidade aos atos de disposição resultantes na diminuição da meação conjugal.

O uso de parente como *laranja* (quando desconhece que está sendo usado) ou como interposta pessoa física tem sido prática corrente, quase sempre denunciada nas antigas demandas de separações judiciais e atualmente nas ações diretas de divórcio, ou de dissolução litigiosa de união estável, valendo-se o meeiro ou devedor de alimentos do parente para ocultar seus bens pessoais que ficam registrados em nome do terceiro, a exemplo do Agravo de Instrumento 70019104264, em que o executado comprou seu novo apartamento em nome da sua genitora e em nome da qual ele também administrava as suas contas bancárias, existindo indícios veementes de que se valia de sua ascendente para esquivar-se de sua obrigação alimentar.[5]

---

[2]   GATARI, Carlos N. *El poder dispositivo de los cónyuges*. La Plata: Librería Jurídica, 1974. p. 53.

[3]   ITURRASPE, Jorge Mosset. *Contratos simulados y fraudulentos*. Contratos fraudulentos. Buenos Aires: Rubinzal-Culzoni, 2001. t. II, p. 12.

[4]   DE LOS MOZOS, J. L. *El negocio jurídico*. Madrid: Estudios de Derecho Civil, 1987. p. 465.

[5]   "Agravo de instrumento. Execução de alimentos. Embargos de terceiro. Inexistindo prova inequívoca que convença da verossimilhança das alegações da agravante/embargante no sentido de que o imóvel

Cap. 9 · A INTERPOSIÇÃO DE PESSOAS FÍSICAS E OS ASPECTOS PROCESSUAIS DA DESCONSIDERAÇÃO | **815**

Induvidoso considerar que a incorporação de bens em uma empresa equivale à sua alienação em nome de um terceiro, como uma versão mais popular da desconsideração da personalidade jurídica, posta a serviço do cônjuge, do convivente sequioso por frustrar os direitos de seu parceiro, ou do credor de direito alimentar, mas, não podendo contar com o véu societário, se utiliza de terceiro que lhe empresta o nome para contracenar nessa peça ensaiada para montar a falcatrua. É bastante comum e corrente esse terceiro se tratar de uma pessoa física com a qual o fraudador geralmente guarda algum vínculo de parentesco ou de amizade, havendo expresso reconhecimento da figura da interposta pessoa física no artigo 14 da Lei Anticorrupção (Lei 12.846/2013), quando estende todos os efeitos das sanções aplicadas à pessoa jurídica pela desconsideração da personalidade jurídica, aos seus administradores e sócios com poderes de administração, como igual reconhecimento do uso abusivo da interposta pessoa física ressai do artigo 1.802 do Código Civil, quando presume como interposta pessoas os ascendentes, descendentes, os irmãos e o cônjuge ou companheiro do não legitimado a suceder.

9.3 A BOA-FÉ

A fraude, por meio da interposição de um terceiro para merecer a desconsideração judicial da transferência do bem, prescinde da demonstração de inteiro conhecimento do presta-nome que contracena na peça montada para lesar direito alheio. Assim deve ser visto, porque um dos aspectos mais importantes do Direito reside na proteção do terceiro adquirente de boa-fé. O fundamento de proteção ao terceiro adquirente de boa-fé que despendeu reais recursos para a compra de um bem é protegido pelo Direito, devendo ser evitado que sofra um dano decorrente da anulação do seu título de aquisição e em cuja validade confiou.

Como para muitos daqueles que querem com a fraude alterar direito de seu parceiro, fica muito distante e inviável o sofisticado uso da personalidade jurídica, se lhes apresenta mais acessível contar com um complacente amigo, o atual companheiro, parente ou mesmo uma pessoa qualquer que nada tenha a perder, e que, em troca de alguns favores, ou por poucas moedas, se dispõe a contracenar em um negócio fictício ensaiado para violar a meação ou o direito aos alimentos do inocente consorte ou convivente.

Simulações no âmbito do Direito de Família e no Direito das Sucessões são usuais e são realizadas com o desejo de prejudicar o parceiro ou herdeiro, quer para privá-lo dos alimentos

---

penhorado nos autos da execução verdadeiramente lhe pertence – ao contrário do que já foi analisado pelo Tribunal – mantém-se o indeferimento da antecipação da tutela onde ela visava a desconstituir a penhora. Mantém-se a quebra do sigilo bancário e fiscal da embargante, se há indícios de que o devedor dos alimentos administra conta bancária dela, sua genitora, mormente se também há indícios de que o devedor está se valendo do nome da sua genitora para esquivar-se de suas obrigações. Agravo de Instrumento desprovido" (TJRS, 8.ª Câmara Cível, Agravo de Instrumento 70019104264, Rel. Des. José S. Trindade, j. 28.06.2007). No Agravo de Instrumento 1.003.008/RS 2008/0007243-8, o Ministro Aldir Passarinho Júnior confirmou, em decisão monocrática acima retratada, com a seguinte decisão: "Vistos. Trata-se de agravo de instrumento manifestado contra decisão que não admitiu recurso especial, em que se alega ofensa aos arts. 1.051 do CPC; 1.º da Lei Complementar n.º 105/2001; 167 do Código Civil [...] A irresignação não merece prosperar, pois irrepreensível a decisão agravada ao obstar a pretensão reformatória pela aplicação da Súmula 7 do STJ. Com efeito, a controvérsia recai, reflexamente, no reexame de matéria fática dos autos, o que esbarra no supramencionado verbete sumular 7 do STJ, irrepreensivelmente aplicado pela decisão agravada. Pelo exposto, nego provimento ao agravo. Publique-se. Brasília (DF), 27 de maio de 2008".

a que tem direito, seja desapossando-o de sua meação no divórcio, ou do quinhão hereditário na sucessão legítima. Por vezes, até se misturam esses favores de terceiros próximos com a interposição de um parente que, por exemplo, assume a direção da empresa que outrora pertencia ao esposo, permitindo com essa singela operação defender em juízo uma aparente insolvência que o impede de pagar alimentos por haver deixado de ser um próspero empresário, como de igual retira da partilha as quotas societárias.

Pode acontecer de um pai comprar com o dinheiro do filho, mas, em seu nome, a moradia destinada ao próprio descendente, assim a pessoa interposta é o elo utilizado para ocultar a personalidade do verdadeiro titular contratante, retirando o imóvel da partilha ou do rol de garantias de débito alimentar.

Mesmo para situações surgidas depois do divórcio judicial, esses homens de palha seguem prestando valioso auxílio na fraude aos direitos dos ex-cônjuges ou ex-conviventes, ou dos filhos dessas uniões desfeitas, especialmente no campo dos alimentos que nunca podem ser cobrados por execução sob constrição patrimonial, porque os bens do devedor são comprados em nome de interpostas pessoas. Embora, a olhos vistos, se trate de mero coadjuvante, sem recursos e, portanto, sem origem capaz de justificar o acréscimo patrimonial que, casualmente, serve aos interesses do devedor de alimentos, como no caso de uma propriedade imobiliária posta então em locação ou simulado comodato, ou mesmo de um automóvel de uso exclusivo do relapso devedor, mas cujo registro de propriedade consta em nome da pessoa que atua como testa de ferro.

Com assiduidade surgem situações de ex-cônjuges que experimentam um novo relacionamento, nada comprando em seu nome próprio, embora desfrutem de todo o conforto e comodidade dos bens adquiridos em nome da nova companheira, esta, titular do luxuoso automóvel, na posse efetiva de seu franciscano parceiro, enquanto ela desafia a inteligência alheia ao contrastar com a utilização pessoal de um veículo mais modesto, embora ela figure oficial e socialmente como proprietária de todos os automóveis e demais bens visíveis. Diante de qualquer ameaça judicial ao seu patrimônio, por conta de cobranças de meações desviadas ou de sagrado crédito alimentar, e logo os terceiros que, com tanta facilidade, emprestam seus nomes e se rebelam, para, desta feita, em defesa judicial, mais uma vez agirem em aparente e simulada legalidade, agora opondo embargos de terceiros para consolidar sua abjeta maquinação em total afronta aos mais caros direitos.

Frisante exemplo de fraude sucede com o crédito alimentar, ou em outra hipótese que, em nome de interposta pessoa física, o devedor de alimentos movimenta sua conta-corrente e suas aplicações financeiras, assim postas a salvo da execução judicial, sempre se servindo da caridosa e providencial ajuda de um presta-nome que lhe outorga mandato, com amplos poderes, para a livre utilização desses recursos, podendo assinar cheques, promover resgates e operar transferências em transações acobertadas pelo nome de uma terceira pessoa. Até do cartão de crédito pode dispor como dependente do amigo titular, atuando à luz do dia, com total mobilidade, seguro de que não poderão ser alcançados pelos curtos braços da lei, incapazes de superar a fraude pelo hermético formalismo legal que os inibe de combater, pela soma dos indícios e pelo acúmulo das presunções, esses engenhosos atos de simulação.

Caso corrente de fraude também acontece com a compra da moradia conjugal por contrato particular, em nome de interposta pessoa física ou jurídica, mas ausentes a escritura e o registro imobiliário, ficando a pessoa interposta encarregada de reivindicar, em juízo, a posse do imóvel e de lá desalojar a mulher e os filhos do amigo oculto, que permaneceram na habitação.

Cap. 9 · A INTERPOSIÇÃO DE PESSOAS FÍSICAS E OS ASPECTOS PROCESSUAIS DA DESCONSIDERAÇÃO | **817**

Conforme lição de Jorge Mosset Iturraspe,[6] na interposição fictícia, o sujeito que apenas emprestou seu nome não adquire realmente direitos nem obrigações, porque somente atua para encobrir o verdadeiro contratante, sendo papel do Judiciário desvendar a simulação para eliminar a pessoa interposta e reconhecer o devedor ou meeiro conjugal ou da união estável como o verdadeiro e ostensivo interveniente, destinatário do contrato desconstituído.

Quando terceiros concorrerem como veículo de perpetração da fraude ao direito familiar e sucessório, buscando retirar os bens que formam a meação, a herança indisponível ou a garantia alimentar, uma vez demonstrada a simulação, não é necessário que a parte prejudicada ainda precise promover demorada ação para desfazer a fraude, interpelando a pessoa interposta e ajuizando demanda de longa e morosa cognição. Como ocorre na desestimação da personalidade jurídica, deve o julgador declarar episodicamente, no ventre da ação judicial de divórcio, da dissolução da união estável, da ação de partilha, da ação de alimentos ou até da execução alimentar, ou em procedimento incidental (CPC, art. 134) a ordem de constrição judicial do bem existente em nome da interposta pessoa física ou jurídica, que é ciente e conivente com a farsa, ou do *laranja*, que é usado sem que disso ele saiba, ou ordenar a restituição desse bem para a meação do parceiro prejudicado, ou decidir por sua pontual e equivalente compensação com outros bens.[7]

A sentença judicial proferida no divórcio ou nos embargos à execução de alimentos opostos pelo terceiro figurante, deflagrando a mera aparência do contrato, servirá como título hábil para repatriar o domínio ao cônjuge ou convivente privado do bem pelo negócio fictício. Desvendada a fraude, voltam as coisas ao real estado jurídico oculto pela falsa aparência contratada com o conivente auxílio de interposta pessoa, operando-se o restabelecimento da verdade, seja na execução alimentar ou na ação que discute a partilha, sem necessidade de nova escrituração, pois a sentença judicial discorreu o véu que escondia a realidade do contrato clandestino feito apenas para enganar o cônjuge, convivente ou o credor de alimentos.

Serve para o terceiro, pessoa física, o que já foi dito para a pessoa jurídica, pois o contrato idealizado para privar o cônjuge, o convivente ou o credor de alimentos do exercício de seus direitos sobre os bens comunicáveis e acerca das garantias de sua pensão alimentícia, ainda que o negócio e a interposição do terceiro pareçam tecnicamente perfeitos quanto ao seu fundo e à sua forma, por ter atendido às suas condições de existência e de validade e obedecido às regras de publicidade, é ato jurídico ineficaz em respeito ao parceiro ou credor lesado, porque foi exatamente o meio ilícito usado para ferir os legítimos direitos de execução alimentícia e de partição patrimonial. É muito comum determinado consorte comprar bens em nome de algum parente de grau muito próximo, como um ascendente, para depois se recusar a pagar sua dívida de alimentos sob o argumento de o imóvel ter sido a ele emprestado por esse parente proprietário da economia, surgindo no material promocional da construtora que o verdadeiro proprietário é o devedor dos alimentos, atentando contra a dignidade da

---

6   ITURRASPE, Jorge Mosset. *Contratos simulados y fraudulentos*. Contratos fraudulentos. Buenos Aires: Rubinzal-Culzoni, 2001. t. II, p. 182.

7   "Agravo de instrumento. Execução de alimentos. Ato atentatório à dignidade da Justiça. Multa. Mantém-se a decisão agravada que adverte o devedor que o seu procedimento constitui ato atentatório à dignidade da justiça e lhe aplica a multa prevista no art. 601 do CPC, se, além de estar retardando o cumprimento da execução, oculta seu real patrimônio. Também se mantém a decisão quando determina a penhora sobre imóvel que, embora não registrado em nome do devedor, ele próprio se intitula proprietário. Agravo de instrumento desprovido" (TJRS, 8.ª Câmara Cível, Agravo de Instrumento 70017431834, Rel. Des. José S. Trindade, j. 30.11.2006).

justiça em ofensiva fraude à execução alimentar, agindo em temerária conduta processual. Por exemplo, como aconteceu na execução de alimentos em trâmite pela 7.ª Vara de Família de Porto Alegre, em que foi penhorado apartamento registrado em nome da progenitora do alimentante, sem embargo ele fosse o usuário do imóvel e, não obstante o material de publicidade da empresa construtora fizesse referências à satisfação pela compra do apartamento por parte do alimentante, tendo sido interposto recurso de agravo contra a decisão que ordenou, na execução de alimentos, a penhora do apartamento cuja titularidade formal era de terceiro, sua ascendente, mero presta-nomes, resultando no acórdão proferido no Agravo de Instrumento 70017431834 da 8.ª Câmara Cível do TJRS, que manteve a constrição judicial depois confirmada pelo Superior Tribunal de Justiça. Diante desse quadro de indisfarçável ilicitude, cabe ao julgador simplesmente desconsiderar, na fundamentação de sua sentença judicial, o ato lesivo cometido por meio desse terceiro que emprestou o seu nome, por favor, ou por contraprestação pecuniária, em decisão promovida no próprio processo de divórcio judicial ou de dissolução de união estável, se com a prefacial for cumulada a desconsideração, isso quando não estiver julgando os embargos de terceiro opostos pelo presta-nome à execução alimentar e proposto incidente de desconsideração apenso aos embargos.

9.4   A PROVA DA FRAUDE E DA SIMULAÇÃO

É bastante controvertida a matéria pertinente à prova na fraude e na simulação, particularmente no âmbito do Direito de Família, com posições doutrinárias em todas as direções. Há versões aduzindo ser ônus probatório de quem denuncia a fraude, outras defendendo a versão de que deva ser invertida a carga probatória tratando-se de pessoa hipossuficiente.

Em sede de relações familiares parece imperar como regra de processo incumbir ao juiz analisar o conjunto probatório em sua globalidade, sem perquirir a quem competiria o *onus probandi*,[8] isso porque alguns direitos como alimentos e a legítima são considerados direitos indisponíveis do Direito de Família e do Direito das Sucessões e fortalecem os poderes instrutórios do juiz no comando da prova, conforme disposição do artigo 370 do CPC/2015. A despeito do artigo 130 do Código de Processo Civil de 1973, dizia Sandra Santos que:

> [...] no diploma processual civil brasileiro, as ações relativas a direito indisponível merecem tratamento diferente, principalmente, no que concerne ao campo probatório, pois que ao lado da iniciativa das partes tem-se a iniciativa oficial, realizada pelo magistrado com amplos poderes de investigação da prova, ou atendendo a requerimento do Ministério Público, quando *custos legis*, com apoio no artigo 83, II, do Código de Processo Civil.[9]

A fraude e a simulação são institutos semelhantes, pois objetivam causar um dano a uma terceira pessoa. Conforme Yussef Said Cahali:[10] "Tanto a simulação como a fraude contra credores podem ser provadas por indícios e circunstâncias".

No campo do direito probatório, indícios e presunções também são meios eficazes de prova, pois indícios são sinais, que, isoladamente, são insuficientes para demonstrar a verdade de um fato alegado, enquanto as presunções comuns constituem raciocínios que, no terreno

---

8   Como decidiu o STJ no REsp 11.468-0/RS, Rel. Min. Sálvio de Figueiredo, *DJ* 11.05.1992.

9   SANTOS, Sandra Aparecida Sá dos. *A inversão do ônus da prova como garantia constitucional do devido processo legal*. São Paulo: RT, 2002. p. 93.

10 CAHALI, Yussef Said. *Fraude contra credores*. São Paulo: RT, 1998. p. 52.

Cap. 9 · A INTERPOSIÇÃO DE PESSOAS FÍSICAS E OS ASPECTOS PROCESSUAIS DA DESCONSIDERAÇÃO

da fraude e da simulação, podem ser derrubados pela contraprova. No entanto, é a soma de indícios que leva à presunção, sentenciando Sergio Carlos Covello[11] que: "O indício é o ponto de partida, enquanto a presunção é o ponto de chegada".

Para Héctor Eduardo Leguisamón:[12] "Em matéria de simulação, o exame da prova deve ser realizado em conjunto, especialmente quando invocada por terceiros que necessariamente hão de recorrer às presunções, as quais, por sua gravidade, precisão e concordância, podem contribuir a demonstrá-las".

Vige a consagrada fórmula de competir a prova ao que alega os fatos constitutivos de seu direito, princípio que nem sempre é absoluto em matéria de fraude ou de simulação, pois, embora os meios empregados confiram a límpida aparência ao negócio simulado, oculta em seu âmago um querer completamente diverso.

No Direito Societário, as perdas sofridas no histórico de uma sociedade empresária precisam estar suficientemente demonstradas, em regular escrituração,[13] porquanto o desaparecimento de bens do patrimônio da sociedade, quando não estiver justificado por sua escorreita escrita contábil, torna evidente a fraude, especialmente quando os desvios ou a confusão de bens, as transferências de quotas, a transformação de seu tipo social e a constituição de novas empresas, a subcapitalização, guardam curiosa coincidência temporal com o término da relação afetiva.

A utilização da desconsideração inversa ocorre no Direito de Família, de regra, em momento anterior ao divórcio judicial, pois o cônjuge empresário trata de marginalizar o patrimônio que, em tese, deveria integrar o processo de partilha dos bens comuns e comunicáveis. É nesse momento que deve funcionar o poder discricionário do juiz na apreciação das provas que enfrenta no processo, pelo dever inerente que tem de buscar a verdade. No caso de lesão a direito de cônjuge ou companheiro, também pelo uso abusivo da chancela societária, deve o juiz formar a sua convicção em conformidade com a sua livre consciência, acatando, para tanto, todos os meios admissíveis de prova, sem limitações, incluindo os indícios e as presunções, se preciso, para melhor apurar a existência de fraude ou de abuso na condução da sociedade empresária. Pode ser ordenada a realização de auditoria ou perícia contábil que auxilie o juiz na identificação e consistência dos desvios que autorizam a aplicação episódica direta ou incidental da desconsideração da pessoa jurídica, sendo imprescindíveis a compreensão e o auxílio do Poder Judiciário na pesquisa da verdade que se esconde sob as vestes societárias, deferindo, para tanto, a quebra dos sigilos que se fizerem necessários desvendar.

Adequado registrar que, na hierarquia dos meios probatórios, a presunção, que é ilação extraída de fatos conhecidos para demonstrar outro desconhecido,[14] antecede em relevância como meio de prova a realização de prova pericial (CC, art. 212, IV) para o reconhecimento do fato jurídico, e, quando os indícios se mostram veementes, autorizam e justificam a episódica, excepcional e direta ou incidental desconsideração da pessoa jurídica.

A aplicação da desconsideração da personalidade jurídica não se confunde, sob aspecto algum, com a tutela antecipada, muito embora, na sua formulação, a sua incidência dispense a propositura de ação autônoma pauliana ou de anulação para a comprovação da fraude, abuso, simulação ou confusão patrimonial, porquanto, verificados os pressupostos de sua aplicação

---

[11] COVELLO, Sergio Carlos. *A presunção em matéria civil*. São Paulo: Saraiva, 1983. p. 119.

[12] LEGUISAMÓN, Héctor Eduardo. *Las presunciones judiciales y los indicios*. Buenos Aires: Depalma, 1991. p. 104.

[13] NEGRÃO, Ricardo. *Manual de direito comercial*. Campinas: Bookseller, 1999. p. 261.

[14] DINIZ, Maria Helena. *Código Civil comentado*. 12. ed. São Paulo: Saraiva, 2006. p. 252.

episódica, pode o juiz levantar o véu da personalidade jurídica na ação principal ou em demanda incidental.

Ao comentar os meios de prova na fraude e especialmente na simulação, Jorge Mosset Iturraspe[15] assevera comportarem uma atividade escorada na presunção, pois a quase totalidade dos indícios surge de documentos, informes, livros de comércio, inspeção ocular, perícias, confissão judicial, testemunhas etc., que, examinados, não obstante sua aparente legalidade, a simulação infere de seu contexto.

Isso porque o simulador precisa criar com excepcional empenho um negócio fictício justamente arquitetado para mascarar o seu ganho material. Assim, se deseja conferir ares de seriedade e de veracidade ao seu ato, cuidará para que, na escritura aparente de compra e venda, por exemplo, não conste um preço vil, embora essa cautela agregue maiores despesas com o ato notarial e custo maior no imposto de transmissão *inter vivos*; tal qual tratará de dar suporte e realidade financeira à transação, promovendo a emissão e o depósito do cheque emitido para o pagamento da venda encenada ou a respectiva transferência bancária, porque, se não agir com tais cuidados, os indícios que farão presumir a simulação surgirão exatamente do baixo preço; da falta de recursos do pseudocomprador que, geralmente, será um parente ou amigo próximo; da falta de comprovação da saída do dinheiro da conta do comprador e ingresso na conta do vendedor e, se for argumentado que o preço teria sido todo pago em dinheiro, ainda assim se trata de fato totalmente incomum, não usual, dito apenas para afastar qualquer averiguação da verdade.

Igual indicação de simulação da transação vai decorrer da desnecessidade dessa venda, pois o vendedor não se encontra em dificuldades financeiras nem endividado. Não obstante isto, o ato fica agravado com a súbita alienação de todo o patrimônio da pessoa, ou pelo menos dos bens de maior valor, por preços de ocasião e sem que exista qualquer razão capaz de justificar a repentina alienação.

De uso corrente é a simulação por cônjuges ou conviventes que se desfazem dos bens com a desculpa de precisarem arrecadar dinheiro, justamente daqueles bens que lhes dão subsistência, como as quotas da empresa da qual são sócios, ou do automóvel utilizado para trabalhar como representante comercial, dos imóveis alugados e rendendo alugueres, assim por diante. Figura, na outra ponta, compradores que, se bem investigados, nem sequer usufruem dos bens aparentemente adquiridos, não estão em regra na sua posse, tampouco dispõem de meios para as respectivas aquisições, e, como se não fosse suficiente, ainda guardam alguma relação de parentesco, amizade ou subordinação com o fraudador.

Jorge Mosset Iturraspe[16] observa constituir presunções graves, precisas e concordantes da simulação em uma compra e venda a operação feita com parentes próximos, como tem igual eloquência se, no lugar do parente, figura um amigo e, quando se trata de parente, a lei brasileira já presume a própria existência da fraude no parágrafo único do artigo 1.802 do Código Civil, invertendo, assim, o ônus da prova, sendo tarefa do fraudador provar que realmente seus parentes adquiriram o bem alienado.

Isto porque, quando utilizado o expediente da interposição de pessoas para fraudar, segundo o artigo 1.802 do Código Civil, há presunção absoluta de fraude pela lei, o que não

---

[15] ITURRASPE, Jorge Mosset. *Contratos simulados y fraudulentos*. Contratos fraudulentos. Buenos Aires: Rubinzal-Culzoni, 2001. t. II, p. 311.

[16] ITURRASPE, Jorge Mosset. *Contratos simulados y fraudulentos*. Contratos fraudulentos. Buenos Aires: Rubinzal-Culzoni, 2001. t. II, p. 322.

impede que, para qualquer espécie de fraude, com o uso de um presta-nome, que o fraudador se utilize de outras pessoas além daquelas arroladas nesse dispositivo de lei.[17]

Quando há evidência de fraude, também se faz ausente a tradição do bem alienado, fato bastante comum, em que o vendedor segue na posse do imóvel ou do veículo e até na direção da empresa, com a desculpa de que detém o bem em caráter temporário, senão por conta de um apressado contrato de locação, um mútuo ou comodato, ficando evidente a simulação pelo completo desinteresse do comprador em tomar a posse do bem aparentemente adquirido.

Em regra, o intermediário não se sente, tampouco age como real proprietário do bem registrado em seu nome em caráter fictício e temporário e, portanto, ele não se comporta como dono do móvel ou imóvel e conforme a hipótese em concreto pode acontecer de ele nem sequer tomar posse do bem, porque quem realmente segue usufruindo-o é o seu proprietário oculto.

Igualmente, causam eloquentes suspeitas os negócios firmados entre pessoas que mantêm vínculos de afeto, ou os seus parentes, como no exemplo de uma casa comprada pela companheira, enquanto o parceiro figura no mundo da ficção com um contrato de locação do imóvel pertencente a um parente de sua parceira, embora, curiosamente, resida com a companheira na mesma moradia. Nesses casos, as condições pessoais e as relações de parentesco existentes entre os protagonistas da cena jurídica são importantes indícios, porque o intermediário geralmente é uma pessoa da mais absoluta confiança do alienante, sendo um amigo, parente ou subordinado, pois tem de ser alguém em quem ele possa e precise confiar e ter a certeza de que o terceiro não fará com ele o que ele fez com seu credor, e precisa estar convicto de que seu presta-nome não vai lhe criar um prejuízo pelo ato simulado ao abusar da situação encenada, transmitindo para si os bens ou recursos que o cônjuge, companheiro ou devedor de alimentos quis esconder, como aconteceu em processo no qual os autores atuaram como advogados, em que o marido desviou bens conjugais para o nome da sua amante e esta resolveu reatar com seu marido e ficar na posse dos bens do amante.

Como informa José Beleza dos Santos, é precisamente com essa interposta pessoa com quem tem laços de parentesco que se torna verossímil a presunção de fraude, porque as relações existentes entre o intermediário e aquele que quer se beneficiar são um valiosíssimo indício de simulação.[18]

A vida pregressa das partes contratantes também favorece bastante a apreciação da simulação, quando se trata de indivíduos de vida desonesta e suas claudicantes finanças também comprometem a lisura da negociação, pois ninguém vai vender em longas prestações para adquirentes insolventes, podendo ser realizada pesquisa que desvende o movimento bancário do comprador, porque seus extratos bancários terão de demonstrar uma razoável saúde financeira, em patamares que respaldem a solvência e a estratificação social compatível com a coisa adquirida.

Ocorrendo a transação em vésperas de divórcio ou de dissolução de uma união estável, também deitam sérias suspeitas sobre o negócio, conforme mencionado anteriormente, sendo bastante comum o ânimo fraudatório nas relações afetivas de cônjuges ou conviventes que estão em vias de dissolução de sua união. Torna-se de singular importância atentar para a circunstância de que essas lesivas práticas ordenadas para frustrar a justa partilha não começam às vésperas do processo do divórcio ou quando do ingresso de qualquer ação de tutela

---

[17] HIRONAKA, Giselda Maria Fernandes Novaes. *Comentários ao Código Civil*. Coordenação Antônio Junqueira de Azevedo. São Paulo: Saraiva, 2003. v. 20, p. 110.

[18] SANTOS, José Beleza dos. *A simulação em direito civil*. 2. ed. São Paulo: Lejus, 1999. p. 452-453.

precedente. O ruinoso processo de diminuir deliberadamente o patrimônio conjugal, ou convivencial, tem um largo período precedente de incubação e maturação, em que, de regra, o cônjuge ou companheiro, entre outras práticas de fértil fraude, se vale de interpostas pessoas e do uso abusivo da empresa para falsear o resultado final da partilha.[19]

Ainda no campo dos indícios e das presunções, causa igual estranheza quando as escrituras são formalizadas em tabelionatos de outras cidades, ou se constituem de contratos sem firmas reconhecidas. Às vezes, em sentido contrário, surgem contratos previamente elaborados, que engavetados aguardam a espera do dia em que devam ser apresentados e confrontados para produzirem os seus perniciosos efeitos.

Para Héctor Eduardo Leguisamón, quanto maior a quantidade de indícios com os quais se infere uma conclusão determinada, maior o grau de segurança da decisão judicial.[20] E, para chegar a uma conclusão segura, que conduza à justa sentença, o julgador se utiliza da sua experiência, das regras do bom senso e da razoabilidade, e, exatamente por conta disso tudo, o direito processual deve agir com presteza e efetividade, desconsiderando na própria ação de conhecimento a caminho do divórcio judicial ou da dissolução litigiosa da união estável, ou em demanda incidental, como permite o artigo 134 do Código de Processo Civil, qualquer barreira oposta com os selos da fraude e da simulação.

Por conta dessas conclusões é que Marcelo Soares Vianna justamente chamava a atenção de que, no campo da superação da personalidade jurídica, notadamente no âmbito do Direito de Família, poderia ser dispensado o ajuizamento prévio de ação própria contra a pessoa cujos bens ou recursos são desejados alcançar, para, em respeito ao contraditório, à ampla defesa e ao devido processo legal, constituir a judicial ineficácia do ato, porque sua validade seria discutida, oportunamente, por meio de todos os instrumentos processuais hábeis à defesa do terceiro, especialmente porque as ações de Direito de Família envolvem direitos fundamentais vinculados à dignidade e à sobrevivência da pessoa humana,[21] divulgando assim a superada teoria *menor* da desconsideração da personalidade jurídica, cujas formulações *maior* e *menor* perderam sentido com o surgimento do Código de Processo Civil, que regula a aplicação direta e inversa da desconsideração da personalidade jurídica em qualquer ação principal ou incidental.

9.5 ASPECTOS PROCESSUAIS DA DESCONSIDERAÇÃO

Ocorria uma discussão doutrinária para interpretar se a manifestação judicial episódica da desconsideração da personalidade jurídica poderia ser declarada de forma incidental, dentro do mesmo processo de conhecimento ou de execução em que estava sendo detectada a indevida utilização da pessoa física ou jurídica, ou se era necessário ingressar com uma ação específica de conhecimento e endereçada a todas as partes direta e indiretamente envolvidas ou atingidas com a eventual declaração da desconsideração da personalidade jurídica, assim devendo participar do processo as sociedades, seus sócios, as interpostas pessoas físicas e os

---

[19] MADALENO, Rolf. O princípio da revocatória falencial na partilha dos bens conjugais. *In*: MADALENO, Rolf. *Novas perspectivas no direito de família*. Porto Alegre: Livraria do Advogado, 2000. p. 145.

[20] LEGUISAMÓN, Héctor Eduardo. *Las presunciones judiciales y los indicios*. 2. ed. Buenos Aires: Depalma, 2006. p. 107.

[21] VIANNA, Marcelo Soares. Aspectos processuais da desconsideração da personalidade jurídica no direito de família. *In*: MADALENO, Rolf (coord.). *Ações de direito de família*. Porto Alegre: Livraria do Advogado, 2006. p. 255.

Cap. 9 • A INTERPOSIÇÃO DE PESSOAS FÍSICAS E OS ASPECTOS PROCESSUAIS DA DESCONSIDERAÇÃO | **823**

terceiros prejudicados, tudo em respeito ao primado do devido processo legal, contido no artigo 5.º, LIV, da Constituição Federal de 1988.

Entendido como um dos pilares da democracia, o princípio do devido processo legal (*due process of law*), no equivalente da jurisprudência anglo-saxônica, tem a função de assegurar em pé de igualdade as oportunidades processuais oferecidas às partes em liça, estando nele compreendido o direito à ampla defesa, ao contraditório e ao juiz natural, como componentes que remetem à noção de um justo processo.

Essas garantias que compõem o conceito do devido processo legal vêm igualmente enunciadas na Constituição Federal como direitos fundamentais de tutela ao efetivo acesso à ordem jurídica justa, constando a garantia do juiz natural no artigo 5.º, XXXVII, e do juiz competente no artigo 5.º, LIII, a da ampla defesa e do contraditório no artigo 5.º, LV, e, por fim, de que todas as decisões judiciais sejam adequadamente fundamentadas, conforme artigo 93, IX, da Carta Federal.

Devem ser atendidas todas as garantias do devido processo legal e em todas as etapas do processo, também sendo preciso assegurar a efetividade da tutela jurisdicional e abarcar todas as instâncias de poder, compreendidas as esferas penal, civil e administrativa.

O devido processo legal se destina a garantir a pessoa contra a ação arbitrária do Estado, não podendo ninguém ser privado ou despojado de sua vida, liberdade ou propriedade senão em virtude do devido processo legal,[22] não sendo tolerada pela ordem constitucional brasileira qualquer decisão que envolva a liberdade ou a propriedade e que não esteja precedida de um processo regido por regras garantidoras do amplo exercício do direito de defesa sob a presidência de um magistrado independente.[23]

Para melhor responder à exigência da presença dos sócios e da sociedade em processo de conhecimento para a episódica declaração de superação da personalidade jurídica, em atenção ao devido processo legal, existiam na doutrina duas teorias da desconsideração maior e menor defendidas no direito brasileiro até o advento do Código de Processo Civil em 2015, que tratou de regulamentar entre os artigos 133 a 137 o procedimento da desconsideração da personalidade jurídica e o mesmo serve para a desconsideração da personalidade física, mesclando as duas teorias e sepultando qualquer discussão acerca das mesmas teorias *maior* e *menor*.

9.6 A ANTIGA TEORIA MAIOR DA DESCONSIDERAÇÃO NO PLANO PROCESSUAL

A teoria maior da desconsideração constituía a regra geral do sistema jurídico brasileiro em conformidade com o artigo 50 do Código Civil, ordenando a citação dos sócios no processo de conhecimento ou de execução, para que, em respeito ao contraditório, pudesse ser apurada a incidência episódica da teoria da desconsideração. Afirma Fredie Didier Jr. não ser admissível atropelar garantias processuais conquistadas com séculos de pesquisas, estudos e aquisições, para fazer incidir uma teoria de cunho excepcional, que inquina de fraudulenta a conduta de algum dos sócios da empresa e sem que lhe seja dada a oportunidade de defesa, para somente lhe conceder o contraditório em eventuais embargos à execução.[24]

A teoria maior da desconsideração era tida por Fábio Ulhoa Coelho como a mais bem elaborada, de maior consistência e abstração, cujo afastamento da autonomia patrimonial da

---

22   MELLO FILHO, José Celso de. *Constituição Federal anotada*. São Paulo: Saraiva, 1984. p. 341.
23   BUENO FILHO, Edgard Silveira. *O direito à defesa na Constituição*. São Paulo: Saraiva, 1994. p. 46.
24   DIDIER JR., Fredie. *Regras processuais no novo Código Civil*. São Paulo: Saraiva, 2004. p. 8.

pessoa jurídica está condicionado à prova da manipulação fraudulenta ou abusiva da personalidade jurídica,[25] não sendo suficiente a mera demonstração do prejuízo pela fraude, pela confusão patrimonial ou pelo abuso do direito, havendo necessidade imperiosa da comprovação efetiva de algum dos pressupostos ensejadores da aplicação da desconsideração da personalidade jurídica (fraude, má-fé, confusão patrimonial, subcapitalização e desvio de finalidade).[26]

Em livro específico sobre o empresário e os direitos do consumidor, Fábio Ulhoa Coelho foi enfático quanto à exigência da prova efetiva da fraude, não sendo suficiente, como parece sugerir o § 5.º do artigo 28 do Código de Defesa do Consumidor, a simples existência de prejuízo patrimonial suportado pelo consumidor, não podendo prevalecer tal literal interpretação por três distintas razões. Em primeiro lugar, porque estaria contrariando os fundamentos teóricos da desconsideração, só podendo ser desprezada a autonomia patrimonial para efeito de coibir fraudes ou abuso do direito, e não pelo singelo prejuízo sofrido pelo consumidor. Logo após, tal exegese tornaria letra morta o *caput* do artigo 28 do Código de Defesa do Consumidor que, justamente, explicita as hipóteses de aplicação da teoria e, por fim, porque, se fosse a intenção do legislador revogar o princípio da autonomia patrimonial da empresa e do sócio, não precisaria operacioná-la com apelo à teoria da desconsideração.[27]

Também é o entendimento externado por José Edwaldo Tavares Borba, ao concluir estar ocorrendo certa largueza por parte dos juízes e tribunais na aplicação da desconsideração da personalidade jurídica, descurando-se de seu rigor técnico, para deferi-la em situações completamente estranhas aos princípios formadores da teoria, até mesmo atribuindo-lhe conotações objetivas,[28] não sendo outra uma das razões da edição da Lei de Liberdade Econômica (Lei 13.874/2019) para propiciar maior segurança às sociedades empresárias e sua relevante função social de gerarem empregos e tributos e não serem assediadas por temerárias desconsiderações.

Igual conclusão é colacionada por Osmar Vieira da Silva,[29] ao asseverar que o devido processo legal corresponde ao dever de promover a prévia ação de conhecimento e nela fazer citar o titular da sociedade,[30] para buscar extrair dessa ação de cognição a aplicação da teoria

---

[25] COELHO, Fábio Ulhoa. *Curso de direito comercial.* 2. ed. São Paulo: Saraiva, 1999. v. 2, p. 35.

[26] "Sociedade comercial. Desconsideração da personalidade jurídica. *Disregard doctrine.* Fraude e abuso de direito. Existência de apenas indícios ou presunções. Inaplicabilidade do instituto por exigir prova incontestе. Com a teoria da *disregard doctrine* visa-se a coibir o uso irregular da forma societária, geradora da personalidade jurídica, para fins contrários ao direito. Contudo, a fraude e o abuso de direito, que autorizam a adoção desta teoria, no caso concreto, hão de ser cabalmente demonstrados, não sendo suficiente a existência de indícios ou presunções, porque se cuida de uma excepcionalidade, demanda prova incontestе. A desconsideração da personalidade jurídica não pode ser levada ao exagero, acabando por destruir o instituto da pessoa jurídica, construído através dos séculos por talento de eméritos juristas dos povos civilizados. Assim, a simples fatura em nome da empresa, de produtos das associadas não basta para adoção da *disregard of legal entity*, de molde a justificar a penhora de bens daquela execução movida contra a associada. O que é devido pelos sócios não o é pela sociedade; e o que a sociedade deve é devido pelos sócios" (TJB, RT 736/315).

[27] COELHO, Fábio Ulhoa. *O empresário e os direitos do consumidor.* São Paulo: Saraiva, 1994. p. 229.

[28] BORBA, José Edwaldo Tavares. *Direito societário.* 2. ed. Rio de Janeiro: Freitas Bastos, 1995. p. 34-35.

[29] SILVA, Osmar Vieira da. *Desconsideração da personalidade jurídica:* aspectos processuais. Rio de Janeiro: Renovar, 2002. p. 214.

[30] "Pessoa jurídica. Ilegitimidade passiva *ad causam.* Despersonalização. Desenvolvimento e objetivo do processo. Se a pessoa jurídica com legitimidade passiva para se opor ao pedido do autor não for citada, mas os sócios que detêm a representação legal da sociedade compareçam aos autos e defendem, em toda sua plenitude, os interesses do ente coletivo, integra este a relação processual, que se aperfeiçoa

Cap. 9 · A INTERPOSIÇÃO DE PESSOAS FÍSICAS E OS ASPECTOS PROCESSUAIS DA DESCONSIDERAÇÃO

da desconsideração e assim obter sentença condenatória transitada em julgado, para só depois postular a penhora dos bens do patrimônio do sócio, embora observe que o Ministro Ruy Rosado de Aguiar já havia advertido no REsp 86.502/SP que: "Condicionar a aplicação da teoria da desconsideração da pessoa jurídica a prévio pronunciamento judicial importa torná-la inteiramente inoperante pelo retardamento de medidas cuja eficiência e utilidade depende de sua rápida efetivação".[31]

Em socorro ao alerta preconizado pelo Ministro Ruy Rosado de Aguiar, em outro valioso trabalho acerca da desconsideração da personalidade jurídica na seara do Direito de Família, observa Marcelo Soares Vianna ser a fase executória a menos controvertida no tocante à possibilidade de aplicação da *disregard*, por ser esse o momento no qual o devedor mais se inclina a ocultar bens e rendimentos.[32]

Segundo Mônica Gusmão, a clássica doutrina não aceita a aplicação da teoria da desconsideração antes de ajuizada ação de conhecimento com relação ao sócio, sendo indispensável que o credor busque esse seu título executivo judicial contra o demandado, desta feita, em procedimento cognitivo, pena de serem violados o devido processo legal, o limite subjetivo da coisa julgada, do contraditório e da ampla defesa, sem cuja providência inibe o juiz de determinar a penhora de bens de sócio que não tenha figurado no polo passivo da ação.[33]

E, como o terceiro, empresa ou interposta pessoa não participou da lide durante o processo de conhecimento e não pode rediscutir a matéria alcançada pela coisa julgada, termina o embargante sendo responsabilizado sem ter tido acesso ao devido processo legal, sendo-lhe subtraídos os direitos constitucionais à ampla defesa e ao devido processo legal.

Sob essa ótica seria nula qualquer decisão que estendesse a coisa julgada a terceiro que não integrou a respectiva relação processual, como decidido no REsp 347.524/SP, da relatoria do Ministro César Asfor Rocha, considerando se tratar de medida excepcional a reclamar o atendimento dos pressupostos específicos que devem ser demonstrados sob o crivo do devido processo legal, conclamando J. Hamilton Bueno a cautela de parte dos magistrados, para que, na ânsia de fazer justiça, não apliquem a seu alvedrio a desconsideração da personalidade jurídica sem atentar para os pressupostos da antiga teoria maior, sob pena de ocorrer um desvirtuamento do instituto da pessoa jurídica, com consequente fuga de investimentos no

---

com a contestação apresentada. Não há, pois, obstáculo à entrega da prestação jurisdicional, sem qualquer risco de ser infringido o direito ao devido processo legal ou o princípio do contraditório – a existência meramente ostensiva da pessoa jurídica não pode constituir óbice a que se procure a verdade real, meta autêntica do processo regular. Até que, cumpridamente, a instrução demonstre que, na divisão, não tenha incluído uma indevida retificação de divisas e área a ação deve prosseguir, evitando-se a declaração de ilegitimidade passiva ad causam até final deslinde da matéria de fato – a moderna teoria da *disregard of legal entity* objetiva coibir abusos e conter a onda sempre mais atrevida do ilícito, transformando a pessoa jurídica com capa eficiente do engodo nas transações comerciais. Verdade que a teoria não atingiu suas derradeiras consequências: ainda não faz desaparecer a sociedade, apenas a desconhece para ver através dela, numa transparência nítida, a autoria dos que praticam a ação e se tornam responsáveis. De qualquer forma, a justiça na persecução do real situa o verdadeiro autor do ato impugnado e o traz à tela da lide" (TJMG, Apelação Cível 80.482-1, Comarca de Uberaba, Rel. Des. Lúcio Urbano, *RT* 659/154-159).

31 SILVA, Osmar Vieira da. *Desconsideração da personalidade jurídica*: aspectos processuais. Rio de Janeiro: Renovar, 2002. p. 215.

32 VIANNA, Marcelo Soares. Jurisprudência comentada: alimentos – desconsideração da personalidade jurídica. *In*: COUTO, Sérgio; MADALENO, Rolf; MILHORANZA, Mariângela Guerreiro (coord.). *Direito de família e sucessões*. Sapucaia do Sul: Notadez, 2007. p. 445.

33 GUSMÃO, Mônica. *Curso de direito empresarial*. 5. ed. Rio de Janeiro: Lumen Juris, 2007. p. 94-95.

setor econômico.[34] Tais preocupações foram sanadas com a regulamentação da desconsideração da personalidade jurídica pelos artigos 133 a 137 do Código de Processo Civil de 2015 e com a Lei de Liberdade Econômica (Lei 13.874/2019), que buscou trazer maior segurança à relevante atividade empresarial que dependia de uma melhor definição dos pressupostos que caracterizam os atos societários capazes de provocar a declaração judicial de desconsideração episódica da personalidade jurídica.

9.7 A ANTIGA TEORIA MENOR DA DESCONSIDERAÇÃO NO PLANO PROCESSUAL

A teoria menor era considerada por Fábio Ulhoa Coelho como aquela menos elaborada, porque admitia a desconsideração em toda e qualquer hipótese de execução do patrimônio de sócio por obrigação social, afastando o princípio da autonomia pela simples constatação do prejuízo do credor. Portanto, na formulação menor da desconsideração da pessoa jurídica, era suficiente a demonstração pelo credor de inexistência de bens sociais e do estado de solvência de qualquer sócio, para atribuir a este a obrigação da pessoa jurídica.[35]

A trajetória objetiva do instituto da desconsideração da personalidade jurídica era propugnada por Fábio Konder Comparato, bastando a produção do resultado lesivo por intermédio da personalidade jurídica, a patentear, objetivamente, o desvirtuamento da sociedade e o nexo de causalidade pertinente à superação do ente moral.[36]

Não há que perder de vista que uma sociedade empresária que tenha a sua autonomia desconsiderada continua válida, e legítimos seguem seus atos, apenas não produzindo efeitos aquele ato objeto da fraude e episodicamente atacado pela decisão judicial. Esta é a maior vantagem do instituto da desconsideração em relação à ação pauliana, porque ela não anula o ato inquinado de fraudulento, tampouco dissolve a sociedade empresária, mas apenas invalida o ato fraudulento no tocante à pessoa jurídica e ao terceiro prejudicado, resguardando os interesses dos empregados, dos outros sócios e da comunidade.[37]

Por intermédio da teoria menor, o risco empresarial é inerente à atividade econômica empresarial e não pode ser suportado pelo terceiro que contratou com a pessoa jurídica, mas sim pelos sócios ou administradores da sociedade empresária, tendo essa teoria sido adotada pelo Código de Defesa do Consumidor (Lei 8.078/1990) e pela Lei de Defesa do Meio Ambiente (Lei 9.605/1998).

O § 5.º do artigo 28 do Código do Consumidor apresenta redação aberta para a aplicação de desconsideração da personalidade jurídica, sempre quando o ente jurídico representar de algum modo um obstáculo para o ressarcimento dos prejuízos causados ao consumidor. Logo, não foi outra a opção do legislador senão a de proteger integralmente o consumidor, inclusive, para tanto, vencendo o dogma da autonomia patrimonial, para fazer prevalecer, no conflito de interesses, a segurança do contratante em detrimento da pessoa jurídica insolvente, tendo assinalado Claudia Lima Marques que: "o reflexo desta doutrina no esforço de proteção aos

---

[34] BUENO, J. Hamilton. Desconsideração da personalidade jurídica. Doutrina e jurisprudência. Aspectos materiais e processuais. *In*: BUENO, Cassio Scarpinella (coord.). *Impactos processuais do direito civil.* São Paulo: Saraiva, 2008. p. 94-95.

[35] COELHO, Fábio Ulhoa. *Curso de direito comercial.* 2. ed. São Paulo: Saraiva, 1999. v. 2, p. 35.

[36] COMPARATO, Fábio Konder. *O poder de controle na sociedade anônima apud* BENETI, Sidnei Agostinho. Desconsideração da sociedade e legitimidade *ad causam*: esboço de sistematização. *In*: DIDIER JR., Fredie; WAMBIER, Teresa Arruda Alvim (coord.). *Aspectos polêmicos e atuais sobre os terceiros no processo civil e assuntos afins.* São Paulo: RT, 2004. p. 1.014.

[37] COELHO, Fábio Ulhoa. *Curso de direito comercial.* 2. ed. São Paulo: Saraiva, 1999. v. 2, p. 114.

Cap. 9 · A INTERPOSIÇÃO DE PESSOAS FÍSICAS E OS ASPECTOS PROCESSUAIS DA DESCONSIDERAÇÃO | **827**

interesses do consumidor é facilitar o ressarcimento dos danos causados aos consumidores por fornecedores pessoas jurídicas".[38]

Por força mesmo dessa proteção outorgada em prol do consumidor frágil e hipossuficiente, o legislador consumerista tratou, inclusive, de beneficiá-lo com a inversão do ônus da prova (Código de Defesa do Consumidor, art. 6.º, VIII), porque ele enfrentaria dificuldades de realizar a prova de suas alegações contra um fornecedor que, usualmente, se encontra em melhores condições de demonstrar os fatos relacionados à sua atividade.

Mônica Gusmão faz essa observação e aduz ser tendência de uma corrente mais moderna, notadamente nas relações de consumo e nas de trabalho, permitir a aplicação da teoria da desconsideração em sede de execução, atingindo os bens de sócio que não foi acionado em processo de conhecimento, conquanto está inequivocamente demonstrada a fraude, tudo atento aos princípios da celeridade, economia processual, efetividade do processo, desde que assegurados o contraditório e a ampla defesa. Ela arremata não ser nada razoável impor ao exequente, uma vez comprovada a fraude pelos sócios, a exigência do ajuizamento de nova ação para comprovar o que já havia sido provado, podendo a dilação probatória ser produzida nos próprios autos da execução,[39] cuja defesa mais se coadunava com a teoria menor da desconsideração e que perdeu seu propósito com a edição do Código de Processo Civil vigente.

O Código de Processo Civil de 2015 traz solução intermediária entre as duas teorias, isso para não usar a expressão híbrida para a tramitação preconizada no seu artigo 133, porquanto a declaração de desconsideração da personalidade jurídica se dá na própria demanda principal ou incidentalmente, em qualquer processo ou procedimento, a requerimento da parte ou do Ministério Público, sendo citados o sócio ou o terceiro e a pessoa jurídica, para, no prazo de 15 dias, se manifestarem e requererem as provas cabíveis. Concluída a instrução, se necessário, existindo processo apenso de declaração de desconsideração da personalidade física ou jurídica, o incidente será resolvido por decisão interlocutória impugnável por agravo de instrumento (CPC, art. 1.015, IV). A proposta procedimental está em chamar sócio, sociedade e terceiros à lide, com prazo de defesa e eventual instrução, mas ocorrendo decisão interlocutória atacável por agravo de instrumento, antecipando o chamamento do terceiro atingido para que se defenda, mas suscitando decisão incidental e recurso de agravo, e assim eliminando esse estágio que acabaria ocorrendo em embargos de terceiros opostos na fase de execução da decisão que desconsidera a pessoa física ou jurídica.

9.8 A VULNERABILIDADE DA PESSOA PREJUDICADA

A vulnerabilidade da pessoa prejudicada nas relações econômico-financeiras do Direito de Família e das Sucessões pode ser medida a partir das lições colacionadas por analogia ao que a doutrina informa para as relações de consumo protegidas pelo Código de Defesa do Consumidor e nos vínculos de trabalho, destacando Paula Castello Miguel, para dar a interpretação da vulnerabilidade em conformidade com os elementos fáticos que revelam a fragilidade de uma das partes na relação contratual.[40] Assim visto, a doutrina encontra três tipos distintos de vulnerabilidade: técnica, jurídica e fática.[41]

---

[38] MARQUES, Claudia Lima. *Contratos no Código de Defesa do Consumidor*. 3. ed. São Paulo: RT, 1998. p. 637.

[39] GUSMÃO, Mônica. *Curso de direito empresarial*. 5. ed. Rio de Janeiro: Lumen Juris, 2007. p. 95-96.

[40] MIGUEL, Paula Castello. *Contratos entre empresas*. São Paulo: RT, 2006. p. 131-134.

[41] MARQUES, Claudia Lima. *Contratos no Código de Defesa do Consumidor*. 3. ed. São Paulo: RT, 1998. p. 150.

Na vulnerabilidade técnica do direito consumerista, o adquirente não possui conhecimentos específicos sobre o que está comprando e pode ser facilmente enganado quanto aos característicos e à utilidade do bem ou serviço, tornando-se presa fácil do agente ludibriador, como nas relações de família suas vítimas desconhecem os meandros e valores dos bens e das empresas e são levadas ou coagidas a acreditar que será melhor para a sociedade matrimonial reverter o patrimônio para as sociedades empresárias por razões de custos ou de tributação. Isso ocorre com frequência nas *holdings* imobiliárias criadas a partir da transferência para efeitos de formação do capital social, dos bens que tinham sua origem de aquisição calcada primitivamente em bens conjugais.

Na vulnerabilidade jurídica sucede o desconhecimento dos efeitos legais, administrativos e judiciais, podendo ocorrer, inclusive, um desequilíbrio pelo assessoramento deficitário do profissional de Direito que atende a parte mais fragilizada da relação, em confronto com advogados de um corpo jurídico especializado e muito bem remunerado. Um bom exemplo dessa fase pode ser encontrado na proposta que surge geralmente dentro de um casamento de longo tempo, por vezes desgastado e com um razoável acervo comum, de quem os consortes ou conviventes alterem seu regime de bens para o da convencional separação, e, se porventura propuserem a partilha dos bens preexistentes, não é raro que a divisão seja feita de forma desigual e fraudatória.

A vulnerabilidade fática nas relações de família usualmente pode surgir de uma vida conjugal e afetiva de completa submissão e destruição da autoestima do consorte ou convivente assediado por sua inferioridade e dependência financeira, criando uma disparidade de forças materiais e psicológicas capazes de abalar a resistência do consorte vulnerável, que termina inteiramente subjugado e sem força alguma para lutar por seus direitos já conquistados. Estão representadas por aqueles cônjuges ou conviventes que admitem terminar sua relação sem sua meação ou que aceitam como se fossem dignos de mera caridade qualquer bem que lhes seja praticamente doado pelo consorte ascendente e provedor.

A contar por empréstimo lógico e coerente dessas evidentes incidências de incontestável fragilidade de uma das partes envolvidas na relação material, igual leitura precisa ser realizada no âmbito do Direito de Família, em que a desconsideração da personalidade jurídica é aplicada em sentido inverso,[42] em razão dos valores pessoais envolvidos e, em consideração, às peculiaridades dos casos em concreto, devendo ser afastado o princípio da autonomia patrimonial da pessoa jurídica a fim de ser responsabilizada a empresa por obrigação pessoal do sócio, como no exemplo do devedor de alimentos que, como pessoa física, é insolvente e, no entanto, circula na pessoa jurídica sob a sua administração como um próspero empresário que se sente resguardado pelo princípio da autonomia patrimonial da personalidade jurídica que deve ser, em princípio, confundida com a autonomia patrimonial do sócio dessa mesma empresa. Entretanto, quando quem cria essa mesma confusão patrimonial o faz no propósito de elidir suas obrigações pessoais como consorte e provedor da família, então deve ser aplicada inversamente a teoria do superamento da personalidade jurídica, agora literalmente expressa em artigo de lei (CPC, art. 133, § 2.º), de modo a buscar, nos bens da empresa, o resultado econômico e financeiro desviado do Direito de Família,[43] sendo, por sinal, fecunda a

---

[42] O Conselho da Justiça Federal, na Jornada de Direito Civil, editou o Enunciado 283, nestes termos: "É cabível a desconsideração da personalidade jurídica denominada 'inversa' para alcançar bens de sócio que se valeu da pessoa jurídica para ocultar ou desviar bens pessoais, com prejuízo a terceiros".

[43] Nesse sentido julgou o então Juiz de Direito, atualmente Desembargador Newton Teixeira Carvalho, titular da 1.ª Vara de Família de Belo Horizonte, nos autos da ação de alimentos 99/184.895-3, para

aplicação da superação da personalidade jurídica no âmbito do Direito de Família e no Direito das Sucessões.

Na desconsideração inversa não será, como de hábito e por orientação do artigo 50 do Código Civil, responsabilizado o sócio pela prática de atos abusivos sob as vestes da pessoa jurídica, mas sim a sociedade empresária que será atingida por haver colaborado com o sócio em suas manobras fraudulentas, seja pela confusão patrimonial ou em abuso do direito para causar dano econômico ao credor do sócio. Então, é desprezada a autonomia patrimonial da empresa para ser alcançado o patrimônio da sociedade empresária por ter sido conivente nos atos de fraude, verdadeira ilicitude perpetrada pelo sócio que se escondeu sob o véu societário para frustrar os direitos de seu cônjuge ou companheiro meeiro, credor de alimentos ou para fraudar a legítima de herdeiro necessário.

No Direito de Família, é levantado o véu da pessoa jurídica para alcançar a pessoa que de fato abusou da autonomia patrimonial da empresa ao deslocar para a sociedade empresária o acervo de bens pertencentes em realidade ao casamento, para dessa forma continuar mantendo o patrimônio que aparenta pertencer à pessoa jurídica sob o seu absoluto e livre controle.[44] Para coibir tais manobras que, no passado, só poderiam ser desfeitas pelo cônjuge prejudicado se ajuizasse uma ação pauliana, processando sócios e sociedades, numa interminável sucessão de processos onerosos e permanentes, com a incidência episódica e direta da desconsideração da personalidade jurídica, o juiz, sem discutir a validade do ato fraudulento, mas verificando o engodo produzido pelo consorte empresário, declara, na própria sentença do divórcio judicial, dissolução de união estável, fixação, revisão ou execução de alimentos, ou em demanda incidental específica de declaração de desconsideração da personalidade jurídica a ineficácia do ato fraudulento praticado em prejuízo do cônjuge, companheiro ou credor alimentar (CPC, art. 137).

---

condenar empresário a pagar vinte salários mínimos de alimentos para a esposa e três filhos conjugais, "que se esconde sob as vestes da empresa MHRT Ltda.", ou como concluem os tribunais pátrios em diversos julgamentos: "Alimentos. Sinais exteriores de riqueza. *Disregard. Quantum.* Litigância de má-fé. 1. A verdadeira possibilidade do alimentante não decorre do que ele alega, mas do que evidenciam os sinais exteriores de riqueza. Bens registrados como fachada em nome de amigos, mas que não saíram de fato do controle do alimentante que caracterizam a *disregard.* 2. Os alimentos devem se adequar à possibilidade de quem alcança e à necessidade de quem recebe. 3. Evidenciada a intenção procrastinatória do alimentante através de reiterados recursos decorrentes dos alimentos, é de ser mantida a condenação à pena de litigância de má-fé" (TJRS, 7.ª Câmara Cível, Apelação Cível 70000235325, Rel. Des. Sérgio Fernando de Vasconcellos Chaves, j. 17.11.1999).

"Alimentos para filho. *Quantum. Disregard.* Sinais exteriores de riqueza. Os alimentos devem ser fixados de acordo com a necessidade do alimentando e tendo em vista as reais possibilidades do alimentante, entendendo-se como tais não aquelas por ele alegadas, mas aquelas que a aparência do seu contexto evidencia. Os bens em nome do apelante, de sua empresa e de terceiros parentes são indicadores de que sua situação é diversa da alegada. Tendo ele capacidade econômica bem superior àquela que pretende demonstrar. Recurso desprovido" (TJRS, 7.ª Câmara Cível, Apelação Cível 599243862, Rel. Des. Sérgio Fernando de Vasconcellos Chaves, j. 16.06.1999).

"Embargos de terceiros. Execução de alimentos. Descabe escudar-se o devedor na personalidade jurídica da sociedade comercial, em que está investido todo o seu patrimônio, para esquivar-se do pagamento da dívida alimentar. Impõe-se a adoção da *disregard doctrine,* admitindo-se a constrição de bens titulados em nome da pessoa jurídica para satisfazer o débito. Apelo desprovido" (TJRS, 7.ª Câmara Cível, Apelação Cível 598082162, Rel. Des. Maria Berenice Dias, j. 24.06.1998).

44   LÔBO, Paulo. *Direito civil.* Famílias. São Paulo: Saraiva, 2008. p. 146.

Por sua singular incidência sobre valores fundamentais relacionados com a vida, a sobrevivência, a família e os vínculos jurídicos das diferentes entidades familiares, todas havidas constitucionalmente como base da sociedade, não comportam em sede do direito familista e, no âmbito do direito sucessório, subordinar cônjuge, companheiro, credor alimentar ou herdeiros necessários, quando estes se veem prejudicados em seus direitos, já exauridos financeira e economicamente pela fraude e, por conta dela, levados à hipossuficiência, ficando à mercê do poder econômico de quem os lesou, e mesmo assim ainda sejam compelidos, sem forças e sem recursos, a intentar lenta ação pauliana de conhecimento, citando em ação própria sócios, empresas coligadas ou integrantes do mesmo grupo econômico e interpostas pessoas para a recuperação dos bens desviados, o que na atualidade promovem por meio do incidente de desconsideração da personalidade jurídica, caso o tema já não seja objeto da própria ação principal.

A própria jurisprudência já havia admitido a discussão sobre a fraude na ação de embargos de terceiro, e este certamente foi o germe da vigente desconsideração processual da pessoa jurídica, sem necessidade de propositura da ação pauliana,[45] não obstante houvesse recuado para sufragar a tese de que a sede processual adequada para a apreciação da fraude contra credores seria a ação pauliana,[46] até o advento do Código de Processo Civil de 2015, que tratou de regulamentar o processo de desconsideração da personalidade jurídica, inclusive em sua versão inversa.

Os tribunais vinham desconsiderando a personalidade jurídica incidentalmente no processo falimentar, diante de fraude ou do abuso do direito,[47] e, com o advento da Lei de Recuperação de Empresas e Falências (Lei 11.101/2005), o artigo 129 contemplou a ineficácia objetiva com relação à massa falida, independentemente da existência de fraude, sobre determinados atos praticados dentro do termo legal de 90 dias (Lei 11.101/2005, art. 99, II), em que incide a presunção *juris tantum* de que aqueles que contrataram com o empresário tinham conhecimento de que se tratava de período dentro do qual o ato não podia ser praticado pelo conhecimento presumido do estado de crise econômico-financeira do devedor.[48] Nesses casos, a decisão do juiz é meramente interlocutória e, no corpo da ação falimentar, o magistrado ordena o retorno dos bens à massa, cuja decisão pode ser, inclusive, prolatada de ofício e independe da iniciativa da parte ou do Ministério Público.

Por sua vez, o artigo 130 da Lei 11.101/2005 ordena a revogação dos atos praticados com a intenção de prejudicar credores, provados o conluio fraudulento entre o devedor e o terceiro que com ele contratar e o efetivo prejuízo sofrido pela massa falida, dependente de ação revocatória que obedecerá ao procedimento ordinário do Código de Processo Civil (LREF, art. 134), envolvendo todos os que figurarem no ato impugnado, e pelo qual foram beneficiados, e agindo em *consilium fraudis* para prejudicar a massa de credores.

Ao credor de direito proveniente das relações de família não podia ser dispensado o mesmo tratamento processual de uma mera relação de crédito e de débito, carecendo ser

---

[45] "A jurisprudência tem entendido admissível a discussão sobre a fraude contra credores na ação de embargos de terceiro, sem necessidade de propositura da ação pauliana. Essa é a orientação jurisprudencial, inclusive do STF, conforme anotou o apelante nas razões de seu recurso" (STF, RE 75.043, Rel. Min. Djaci Falcão, *DJU* 04.12.1978, p. 9.795).

[46] THEODORO JÚNIOR, Humberto. *Fraude contra credores*: a natureza da sentença pauliana. 2. ed. Belo Horizonte: Del Rey, 2001. p. 166.

[47] GONÇALVES, Oksandro. *Desconsideração da personalidade jurídica*. Curitiba: Juruá, 2004. p. 159.

[48] BEZERRA FILHO, Manoel Justino. *Lei de Recuperação de Empresas e Falência comentada*. 5. ed. São Paulo: RT, 2008. p. 314.

Cap. 9 • A INTERPOSIÇÃO DE PESSOAS FÍSICAS E OS ASPECTOS PROCESSUAIS DA DESCONSIDERAÇÃO | **831**

reconhecida às relações oriundas do direito familiar a vulnerabilidade do cônjuge ou convivente meeiro que vê consumida sua meação por um evidente expediente de fraude praticado por interposta pessoa, seja ela física ou jurídica. Não há como questionar a evidência dessa vulnerabilidade que se mostra muito mais contundente na obrigação alimentar e cuja execução de alimentos não avança processualmente, porque o prepotente e insensível devedor não mantém nenhum patrimônio em seu nome pessoal.

Outro bom exemplo pode ser extraído da fraude à execução havida como uma violação à atividade jurisdicional, dispensando o ajuizamento de ação específica para desconstituir o ato fraudulento de desvio de bem no curso da ação executiva, cuja fraude se mostra evidente na execução em andamento e, por isso, apto a ser declarada sua ineficácia em despacho interlocutório, podendo incidir a penhora sobre o bem alienado, sendo exercidos o contraditório e a ampla defesa nos embargos de terceiro,[49] ou como preconiza o Código de Processo Civil entre os artigos 133 a 137, em defesa apresentada no mesmo processo ou em procedimento apenso, em que será incidentalmente declarada, ou não, a desconsideração episódica da personalidade física ou jurídica, sendo eventual inconformidade apreciada em agravo de instrumento.

Devem servir ao Direito de Família as considerações doutrinárias produzidas por Flávia Lefèvre Guimarães,[50] quando se preocupava em tornar mais eficaz e, portanto, efetiva[51] a desconsideração da pessoa jurídica, nos casos previstos pelo Código do Consumidor, uma vez que as relações de família são infinitamente mais relevantes que as relações de consumo, quando se trata de proteger a parte mais vulnerável da relação.

Para a referida autora, a personalidade jurídica podia ser desconsiderada como em qualquer outro caso em que a fraude estivesse exaustivamente demonstrada e, ao traçar um paralelismo com a fraude à execução do artigo 593 do Código de Processo Civil de 1973, apontava a jurisprudência do Superior Tribunal de Justiça que pacificara a dispensa do processo de conhecimento nas hipóteses de aplicação da teoria da desconsideração da personalidade jurídica e reforçava seus ensinamentos com trecho de voto proferido pelo Ministro Ruy Rosado de Aguiar, assim vazado: "[...] Condicionar a aplicação da teoria da desconsideração da pessoa jurídica a prévio pronunciamento judicial importa torná-la inteiramente inoperante pelo retardamento de medidas cuja eficiência e utilidade depende de sua rápida efetivação".

---

[49] "Embargos de terceiro. [...] Desconsideração da personalidade jurídica. Requisitos. Ausência. [...] O ordenamento jurídico brasileiro, mesmo antes do advento do novo Código Civil, já prestigiava o comportamento ético das partes, de forma que, se uma empresa atua, aos olhos de todos, com a roupagem de outra sociedade que goza de credibilidade entre os consumidores, esta responderá pelas obrigações contraídas por aquela, pelo que se pode concluir que a aparência exerce um papel criador, sendo fonte de direitos reconhecidos em proveito de terceiros. A desconsideração da personalidade jurídica e a aplicação da teoria da aparência – que, em última análise, visam ao combate à fraude, constituem institutos excepcionais, porquanto o ordinário é a preservação da personalidade jurídica e da responsabilidade civil da sociedade que firmou o negócio jurídico [...]" (TJMG, 13.ª Câmara Cível, Apelação Cível 2401936, Rel. Des. Elpídio Donizetti, j. 23.03.2006).

[50] GUIMARÃES, Flávia Lefèvre. *Desconsideração da personalidade jurídica no Código do Consumidor*. São Paulo: Max Limonad, 1998. p. 100.

[51] "Agravo de instrumento. Alimentos provisórios devidos à menor impúbere. Incidência de descontos sobre pagamento efetuado por empresa à outra. Alimentante que é proprietário de empresa que recebe o pagamento, em virtude de prestação de serviços. Descontos incidentes sobre a contraprestação. Confirmação da decisão. Possibilidade de desconsideração da personalidade jurídica, para fins de se dar efetividade ao cumprimento obrigacional" (TJMG, 2.ª Câmara Cível, Agravo de Instrumento 1.0000.00.354133-1/000(1), Rel. Des. Brandão Teixeira, j. 10.02.2004).

E, se esse entendimento era adequado para a proteção do consumidor, com maior razão deveria ser adequado ao Direito de Família, naquelas hipóteses de episódica e efetiva aplicação da desconsideração da personalidade jurídica em seu efeito ativo inverso, para atingir bens da empresa e que foram desviados do matrimônio ou da união estável, não havendo como discordar de Flávia Lefèvre Guimarães,[52] quando acrescentava ser preciso lutar contra os formalismos vazios para serem instituídos instrumentos realmente capazes de conferir eficácia ao processo civil, dispensando a instauração de processo de conhecimento, mesmo porque o terceiro teria ampla oportunidade de defesa nos embargos de terceiro. Atualmente, no entanto, segundo o Código de Processo Civil de 2015, o terceiro atingido será citado no processo de conhecimento ou de execução, sendo assegurados todos os meios de prova, e sentença proferida dentro da ação principal ou decisão interlocutória em demanda incidental vai selar o destino da interposta pessoa.

Agilizar a demanda é o desdobramento lógico do acesso à justiça, porque uma exagerada duração da ação compromete a efetividade do processo, submetendo a parte a um prolongado estado de insatisfação, além de resultar em prejuízos irreversíveis e capazes de tornar inócua a tutela jurisdicional quando, ao fim e ao cabo, for prestada[53] destacadamente nas relações de Direito de Família em que as partes envolvidas não dispõem de tempo, tampouco de recursos para irem à caça, em morosas ações de conhecimento, dos direitos que lhes foram sonegados pela utilização maliciosa da interposta pessoa física ou jurídica.

9.9 A *DISREGARD* NA TUTELA ANTECIPADA

Enquadrando sob o nome genérico de tutelas de urgência pertinentes ao Direito de Família, Carlos Alberto Alvaro de Oliveira[54] acrescenta que a sensibilidade dos valores jurídicos e emocionais do relacionamento humano exige, no plano processual, uma pronta resposta da jurisdição.

Com efeito, na seara do Direito de Família, a paz e a segurança familiar já não mais podem ser abaladas pela sacralização da pessoa jurídica, assistindo, todos imóveis, a que se sepultem pela fraude, pela confusão patrimonial, pelo abuso do direito ou pela simulação, perpetrados em nome do ente moral, direitos e bens que têm real origem no casamento, na união estável e nas relações familiares e que devem ser preservados pelas diversas tutelas provisórias postas a serviço do jurisdicionado.

Para João Batista Lopes,[55] o Direito de Família constitui campo fértil ao manejo da tutela cautelar, diante da natural urgência de que se revestem as disputas entre casais. Entre as tutelas de uso corrente está a figura do arrolamento judicial de bens, definida por Cláudio Pedrassi como uma:[56]

> [...] Cautelar nominada, constritiva, antecedente ou incidente, destinada a obter tutela jurisdicional cautelar para garantir e assegurar bens, *a priori* indeterminados, sobre os quais se tem interesse, não como mera garantia de crédito, mas sim como patrimônio sobre o qual se tem direito constituído ou a constituir [...]

---

[52] GUIMARÃES, Flávia Lefèvre. *Desconsideração da personalidade jurídica no Código do Consumidor.* São Paulo: Max Limonad, 1998. p. 168-169.

[53] ARRUDA FILHO, Ney. *A efetividade do processo como direito fundamental.* Porto Alegre: Norton Editor, 2005. p. 71.

[54] OLIVEIRA, Carlos Alberto Alvaro de. *A tutela de urgência e o direito de família.* São Paulo: Saraiva, 1998. p. 1.

[55] LOPES, João Batista. Medidas liminares no direito de família. *In:* WAMBIER, Teresa Arruda Alvim (coord.). *Repertório de jurisprudência e doutrina sobre liminares.* São Paulo: RT, 1995. p. 62.

[56] PEDRASSI, Cláudio. Ação cautelar de arrolamento de bens. *Revista de Processo*, São Paulo, v. 52, p. 79, 1988.

Cap. 9 · A INTERPOSIÇÃO DE PESSOAS FÍSICAS E OS ASPECTOS PROCESSUAIS DA DESCONSIDERAÇÃO | **833**

O auto de arrolamento atua como se estivesse retratando o acervo para a sua futura partilha, permitindo uma noção bastante exata dos bens reputados comuns ao casamento e à união estável, ficando sob a guarda de um fiel depositário.

Entretanto, sem o auxílio da doutrina do superamento da personalidade jurídica, posta para negar o absolutismo da autonomia patrimonial da sociedade empresária,[57] o ente social servia como adequado instrumento e um porto altamente seguro para aquele sócio que dele se valia em desacordo com a sua função contratual, apenas para auferir proveito pessoal pela fraude ou para exorbitar de seus direitos.

Transferidos bens conjugais para a sociedade empresária da qual participa o marido ou o companheiro, estavam este e o esposo em uma situação confortável, agindo na certeza da impunidade, certos de que a lei não os apanhava. Nessas condições adversas, o germe da dilapidação patrimonial atuava com muito mais desenvoltura, já que o sócio cônjuge ou convivente perpetrava o esvaziamento do acervo conjugal, protegido que estava pelo anteparo da pessoa jurídica.

Assim, mesmo diante desses indícios tão sérios e gritantes de burla à meação, fingidas transferências nem sequer podiam ser detidas porque executadas por terceiro que se escondia sob o véu societário e era totalmente inepta qualquer proteção de cunho cautelar, mediante o uso das tutelas provisórias.

A tão só desconsideração da personalidade jurídica pode dar manejo expedito e eficaz para garantir a intangibilidade da verdadeira meação, inclusive com o arrolamento judicial dos bens existentes em nome da pessoa jurídica que vem sendo usada como instrumento da fraude.

Não importa tratar-se de união estável, conforme já decidido pela 7.ª Câmara Cível do Tribunal de Justiça do Estado do Rio Grande do Sul, no Agravo de Instrumento 593074602,[58] ou de casamento, conforme decidido no Mandado de Segurança 593116601, de 23 de junho de 1994, da 8.ª Câmara Cível, em que foram impetrantes R. E. Ltda. e G. Sociedade Anônima Construções e Incorporações, em cuja demanda originária o juiz singular deferiu a averbação da ação de separação judicial litigiosa nos Ofícios de Imóveis, à margem de todos os bens registrados em nome das empresas construtoras.[59]

---

[57] Nesse sentido, é interessante anotar aresto da 5.ª Câmara Cível do Tribunal de Alçada de São Paulo, publicado na *RT* 725/278, assim ementado: "A pessoa da sociedade não se confunde com a do sócio, e isso é um princípio jurídico básico, porém não uma verdade absoluta, e merece ser desconsiderada quando a sociedade é apenas um *alter ego* de seu controlador, em verdade comerciante em nome individual". E seguramente este antigo pensamento adaptado para o clima processual presente diante do artigo 20 do revogado Código Civil de 1916, segue inteiramente pertinente para o atual artigo 49-A do Código Civil de 2002.

[58] Agravo de Instrumento 593074602, Rel. Des. Paulo Heerdt: "Embargos de terceiro. *Disregard* ou desconsideração da personalidade jurídica. Sociedade por cotas formada por concubinos. Arrolamento de bens" (*RJTJRS* 160/286). Narra o relator em certo trecho de seu voto (p. 288), citando o artigo A *disregard* no direito de família, de autoria de Rolf Madaleno, na *Revista Ajuris*, v. 57, p. 57-60, 1992, que: "É típico o caso em exame, pois que, com a separação do casal, invoca o varão a personalidade jurídica própria da sociedade por cotas, formada apenas por ele e pela companheira, para embargar como se terceiro fosse. Em verdade, age em nome próprio. Assim, tem-se que bem andou o magistrado ao indeferir a liminar na ação de embargos e manter o arrolamento de bens. Bem de ver que a medida, por si só, não causou prejuízos à agravante que, através de seu representante legal, continua na posse dos mesmos, podendo usá-los no interesse da sociedade".

[59] TJRS, 8.ª Câmara Cível, Mandado de Segurança 593116601, Rel. Des. Antonio Carlos Stangler Pereira, e que foi voto vencido, prevalecendo o voto da maioria, em que redigiu o acórdão do voto vencedor

Sempre no propósito de evitar o dano, senão amenizá-lo quando já iniciado, também se afiguram oportunas demandas preparatórias e de caráter liminar, que busquem antecipar alguma prova capaz de se perder pelo tempo se não for processualmente adiantada em provimento liminar de arresto dos bens da sociedade empresária,[60] sendo, sobretudo, essencial na posterior aplicação episódica e incidental da desestimação da personalidade jurídica, que deve ser alcançada pela sentença de mérito caso proposta a desconsideração com a própria inicial, ou em decisão atacável por agravo de instrumento se a desconsideração foi discutida em demanda incidental.

As medidas probatórias antecipadas trazem o condão de facilitar a compreensão e eficácia do processo, documentando, preventivamente, provas judiciais que depois serão apreciadas pelo magistrado, mas que, já colacionadas ao processo, com ou sem a audiência prévia da parte contrária, dependendo dos riscos do pré-aviso, dizem respeito a um momento processual singular, pois seu prévio deferimento pode importar no elemento-chave da instrução processual que, usualmente, é relegada para uma época mais distante da ação.

Eduardo A. Zannoni explica destinar-se a produção antecipada de prova a estabelecer o verdadeiro estado de coisas, cuja alteração ou mudança ulterior poderia frustrar os direitos de participação na sociedade conjugal e, sem afetar os poderes dispositivos do sócio cônjuge e da sociedade por ele gerida, limita-se a conservar, para o futuro, o trabalho pericial contábil ou de auditoria, que desvende a verdadeira atuação do esposo na empresa vistoriada, a tudo requisitando e acrescendo cópias de contratos comerciais, alterações contratuais, compra e venda de bens sociais, balanços e balancetes, cópias de atas de assembleias, livros de registro, e tantos documentos societários outros que bem instrumentem e clarifiquem a administração societária por um dos cônjuges de uma sociedade empresária em pleno processo de divórcio e sobre quem recaem fundadas suspeitas de mau uso da máscara societária.

---

o Des. Eliseu Gomes Torres, vazado nestes termos: "Mandado de segurança. Aplicação da doutrina da *disregard*. Em se tratando de empresas em que o controlador tem quase o poder absoluto sobre elas, por ser sócio majoritário, se juntarmos as suas quotas, pode ser confundida a pessoa jurídica com a pessoa física dele, eis que, se entendermos que há intangibilidade dos bens das empresas, por se tratar de uma pessoa jurídica, estaremos atingindo, por via oblíqua, a meação da mulher, ao permitir que esses bens sejam alienados e, assim, seja esvaziado o capital das empresas. Concessão parcial da ordem, para restaurar a segunda decisão proferida pelo juiz, que mandou averbar o ingresso da ação à margem de todos os bens das empresas, por maioria. 'O voto vencido não concedia o *mandamus*, por entender que, em seu âmbito estreito, não existe espaço para o exame do mau uso da pessoa jurídica, o que exige ampla dilação probatória'".

[60] "Agravo de instrumento. Incidente de desconsideração da personalidade jurídica. Preliminar: A alegação recursal de nulidade da decisão agravada, por falta de fundamentação, não merece acolhida. A decisão agravada conta com mais de dez folhas de fundamentação, e nela estão expostas de forma clara e expressa as razões pelas quais o juiz de origem entendeu que não havia prova sobre os fatos constitutivos do direito alegado pela parte agravante. Mérito: Quanto ao mérito, a decisão agravada comporta reparo. Com efeito, alargando-se um tanto em cautelaridade do presente incidente de desconsideração da personalidade jurídica, em nome dos motivos e das peculiaridades do presente caso concreto, é viável projetar o atendimento da pretensão da agravante de, primeiro, garantir a manutenção do *status quo* do ponto de vista patrimonial, enquanto se discuta o seu direito de partilha em ação a ser proposta. Nesse passo, embora, não se possa, por agora, declarar a fraude e a ineficácia total da constituição da empresa espelho, no peculiar do presente caso, é possível determinar medida cautelar de arresto. Honorários sucumbenciais: É cabível a fixação de honorários sucumbenciais pelo julgamento do incidente, na linha da jurisprudência do STJ. Deram parcial provimento ao recurso" (TJRS, 8.ª Câmara Cível, Apelação Cível 70082268657, Rel. Des. Rui Portanova, j. 16.12.2019).

Cap. 9 • A INTERPOSIÇÃO DE PESSOAS FÍSICAS E OS ASPECTOS PROCESSUAIS DA DESCONSIDERAÇÃO | **835**

Acresce a essa medida preventiva a possível designação tutelar de um inspetor judicial prevista no Direito argentino e que, no sistema jurídico brasileiro, muito bem se encaixa entre as chamadas cautelas atípicas, insertas no poder geral de cautela do julgador. A concessão de medida de caráter inominado, conquanto seja pormenorizadamente descrita a causa de pedir e estejam presentes os pressupostos genéricos do provimento cautelar, sustenta Victor Marins,[61] deve ser provida, pois o processo existe para ser prático e efetivo e seria lamentável que não lograsse atingir seus objetivos por simples apego ao formalismo, ou porque aos olhos da práxis brasileira soa, senão desconhecida, ainda temerária a atuação preventiva de um inspetor judicial, relutando os juízes em deferir a intervenção judicial em sociedades empresárias. É como observa Oksandro Gonçalves quando usa a expressão desconsideração preventiva destinada para evitar o dano, pois o direito societário não mais pode se contentar apenas com o aspecto eminentemente reparador, quando certos prejuízos podem ser irreversíveis, servindo a desconsideração preventiva para impedir que o uso indevido da personalidade jurídica produza seus efeitos negativos.[62]

O inspetor (espécie de olheiro) diferencia-se do interventor judicial, exatamente porque ele não entorpece nem substitui total ou parcialmente o administrador natural da sociedade, senão que somente, explica Eduardo A. Zannoni,[63] ele observa, inspeciona e fiscaliza as tarefas empreendidas pelo órgão de administração da sociedade, vigia a conservação do ativo da empresa, segundo orientação do juiz, propiciando, com seu mister, segurança jurídica para que o ente moral não prossiga servindo aos interesses escusos do seu sócio que está em processo de divórcio judicial.

Roland Arazi dilucida que a nomeação do inspetor judicial

> [...] tem por finalidade o controle da administração empresarial e a informação ao juiz da causa, das circunstâncias que estiver verificando. Está estabelecido que as funções do inspetor não obstem ao normal desenvolvimento da empresa, já que as suas faculdades se circunscrevem à fiscalização e controle diário das operações comerciais. Ele não integra o órgão de administração, somente fiscaliza e tem acesso à documentação da sociedade. Assiste às reuniões, e os administradores legais lhe devem ministrar a informação e documentação que solicita no cumprimento de sua missão de controle.[64]

Também é factível em demanda tutelar a nomeação de um interventor judicial, real administrador que, designado pelo juiz, toma para si a administração da sociedade, de tudo prestando contas ao magistrado que o designou em substituição ao administrador natural.

Tenha-se ainda presente medida cautelar inominada, de prévia averbação da lide no assento imobiliário, que, em sede de teorização e aplicação da *disregard*, busca consignar, no álbum imobiliário, a existência da ação de divórcio judicial ou de dissolução de união estável, para que os bens conjugais vertidos para a sociedade empresária carreguem o sinete da disputa judicial incidente sobre seu verdadeiro domínio, deixando previamente avisados pretensos compradores menos atentos, de ficar afastada qualquer alegação eventual de haverem adquirido algumas

---

[61] MARINS, Victor A. A. Bomfim. *Tutela cautelar, teoria geral e poder de cautela*. Curitiba: Juruá, 1996. p. 231.

[62] GONÇALVES, Oksandro. *A relativização da responsabilidade limitada dos sócios*. Curitiba: Juruá, 2011. p. 159.

[63] ZANNONI, Eduardo A. *Sociedades entre cónyuges, cónyuge socio y fraude societario*. Buenos Aires: Astrea, 1980. p. 210.

[64] ARAZI, Roland. *Medidas cautelares*. Buenos Aires: Astrea, 1997. p. 195.

dessas economias na mais absoluta boa-fé, e de que desconheciam o litígio existente sobre os imóveis originários da sociedade conjugal ou afetiva dos unidos estavelmente.

As medidas judiciais de intervenção direta na administração empresarial podem, no entanto, tornar-se inviáveis diante do seu elevado custo, pois exige atuação do interventor, preferencialmente, em tempo integral e por prazo indeterminado, situação que onera sobremaneira as partes processuais, sendo eventualmente factível somente quando os litigantes afortunados têm condições de bancar tais providências acautelatórias, ou quando a sociedade pela qual disputam os seus direitos terminar por abarcar esses custos, compensada a diligência cautelar pelo sucesso da intervenção judicial empreendida.

Enfim, é como esclarece Luiz Guilherme Marinoni[65] ao escrever que não deve ser confundida a tutela jurisdicional com a sentença: "Porque a diversidade das situações de direito substancial exige que sejam predispostos meios de tutela adequados a essas diferentes realidades".

Para Sidnei Agostinho Beneti, a desconsideração da personalidade jurídica tem livre trânsito no processo de conhecimento, de execução ou cautelar, sendo este acessório da ação de conhecimento ou de execução.[66]

Portanto, a tutela antecipada trará, com efeito, resultado útil ao processo, evitando e acautelando a triste constatação em sentido contrário, de que a empresa e o cônjuge sócio só se serviram mutuamente para lucrarem com o divórcio, enquanto ingenuamente negadas tutelas jurisdicionais que seriam capazes de preservar esse mesmo resultado útil de uma extenuante demanda, que cuida de selar a ruptura judicial de uma união de duas pessoas que já não mais se entendem.

9.10 A CUMULAÇÃO DO PEDIDO SATISFATIVO COM A PROVIDÊNCIA LIMINAR

Sempre dentro do espírito de efetividade do processo, especialmente da demanda cautelar, de antemão deve ser consignada a possibilidade de cumulação do processo principal, dito satisfativo, com o pedido liminar.

Entre muitos, Betina Rizzato Lara[67] advogava a proibição emanada da processualística brasileira, no tocante à cumulação de pedido satisfativo com um procedimento cautelar. Embora ela reconheça certa tolerância da jurisprudência ao cúmulo de pedidos regulamentados por ritualísticas diversas, é categórica em afirmar preexistente total incompatibilidade de procedimentos, e deferi-la seria criar a balbúrdia processual.

Não era esta, contudo, a sadia orientação seguida pelos juízes das Varas de Família de Porto Alegre e de outros Estados da Federação, muito menos era diverso o entendimento das Câmaras Especiais do Tribunal de Justiça que atuam, preponderantemente, em ações de Direito de Família e Direito das Sucessões.[68] Aliás, é possível afirmar com boa margem de

---

[65] MARINONI, Luiz Guilherme. *Tutela inibitória*. São Paulo: RT, 1998. p. 404-405.

[66] BENETI, Sidnei Agostinho. Desconsideração da sociedade e legitimidade *ad causam*: esboço de sistematização. *In*: DIDIER JR., Fredie; WAMBIER, Teresa Arruda Alvim (coord.). *Aspectos polêmicos e atuais sobre os terceiros no processo civil e assuntos afins*. São Paulo: RT, 2004. p. 1.016.

[67] LARA, Betina Rizzato. *Liminares no processo civil*. São Paulo: RT, 1993. p. 128-129.

[68] "Desconsideração da personalidade societária. Competência preliminar. São admitidos embargos de declaração nas interlocutórias, pelo direito da parte de ver amplamente aclarada a decisão. Feito que visa a reparar eventual lesão à meação da mulher, em virtude de ato societário, a competência é da Vara de Família e Sucessões, mormente, no caso, visto que a matéria já transitou em julgado nesta 8.ª Câmara Cível, que tem como uma das suas atribuições, julgar os feitos atinentes à família" (TJRS, 8.ª Câmara Cível, Agravo de Instrumento 70002822757, Rel. Des. José Siqueira Trindade, j. 16.08.2001).

Cap. 9 • A INTERPOSIÇÃO DE PESSOAS FÍSICAS E OS ASPECTOS PROCESSUAIS DA DESCONSIDERAÇÃO | **837**

segurança que, ao revés da incompatibilidade, faculta o Diploma Adjetivo Civil no artigo 327, com seus desdobramentos, exatamente a acomodação ao procedimento ordinário de pedidos processados por diferentes ritos.

Em sede de processos familistas, a angústia dos resultados imediatos reclama princípio patente de economia processual, para segurança de direitos subjetivos tão inerentes à pessoa humana e aos seus valores pessoais dentro de seu contexto social e familiar.

A base legal dessa cumulação de pleito cautelar com pedido ordinário de divórcio judicial ou de dissolução de união estável está contida no artigo 327, § 2.º, do Código de Processo Civil, permitindo efetividade processual e desobstruindo os juízes de verdadeiras "sanfonas" processuais, com uma superfetação completamente inútil de processos apensados ou virtualmente vinculados e muitas vezes processados por juízos de diferentes varas, quando, sabidamente, tratando de pedidos compatíveis entre si, porque decorrentes da relação de casamento, união estável ou de vinculação familiar, e sendo competente o mesmo juiz para todas as demandas, termina o julgador por proferir uma única sentença de mérito, depois de também promover uma só instrução para todos os processos de tutela antecipada e para a ação principal, com a vantagem conferida ao suplicado de ver dilargado o seu prazo de contestação.

Araken de Assis alinha-se entre aqueles doutrinadores que admitem a cumulatividade de ações de ritos diferentes, se elas se acomodarem ao procedimento ordinário,[69] como assim também é o entendimento externado por Galeno Lacerda, ao dar as boas-vindas à jurisprudência que tem repelido codificados artificialismos, e assim, tem admitido a cumulação de ações, sempre que: "O vínculo for de mera continência, como ocorre entre a ação cautelar e a principal, ainda mais se considerando que a função cautelar, muitas vezes, senão em regra, se cumpre e realiza mediante simples despacho, simples decisão, no seio de qualquer procedimento de outra natureza...".[70]

Nem faria sentido insistir em uma tola rigidez processual, impedindo a cumulação de procedimentos, justamente em tempos de empenho legislativo, doutrinário e jurisprudencial para encurtar o tempo de duração de um processo e de estudos no afã compreensível e necessário de buscar a flexibilização procedimental, especialmente quando há tempo o legislador já admite antecipar a tutela de direitos para assegurar o resultado prático equivalente ao do adimplemento.

9.10.1 Competência

Cuidando os autos da desconsideração da personalidade jurídica aplicada no âmbito do Direito de Família, a competência deve ser aferida pela matéria que está sendo discutida em juízo, a pessoa que está sendo demandada, o território, o valor da causa e as exceções respeitantes ao privilégio de foro em razão do domicílio conjugal ou do credor dos alimentos.

Quanto ao foro privilegiado do artigo 100, I, do Código de Processo Civil de 1973, estabelecia ser competente o lugar da residência da mulher para a ação de divórcio dos cônjuges (EC 66/2010), e, para a anulação do casamento, a doutrina e a jurisprudência majoritária seguiam entendendo não se tratar de uma regra que violasse a igualdade constitucional dos artigos 5.º, I, e 226, § 5.º, da Constituição Federal, porque a igualdade constitucional ainda existia mais no plano das ideias do que na vida real, persistindo, portanto, a cautela processual na

---

[69] ASSIS, Araken de. *Cumulação de ações*. São Paulo: RT, 1989. p. 237-238.

[70] LACERDA, Galeno. Função e processo cautelar, revisão crítica. *Revista Ajuris*, Porto Alegre, v. 56, p. 13, nov. 1992.

proteção da parte mais frágil da relação processual, compensando, em parte, a superioridade econômica do homem, ou da empresa, quando se tratar de aplicar episodicamente o instituto da desconsideração da personalidade jurídica.

Defendendo o foro privilegiado da mulher, aduzia Sérgio Gischkow Pereira que a realidade social seguia mostrando ser a mulher ainda desamparada, subordinada, enganada, submissa e amedrontada, não existindo indícios de mudanças próximas desse quadro em concreto, devendo ser mantidas as diretrizes axiológicas de proteção da mulher.[71]

Justamente essas vacilantes doutrina e jurisprudência com preponderante tendência pela proteção da mulher eram as mais vivas provas de que persistiam as diferenças sociais, culturais e econômicas na equação homem e mulher e as estendias para a companheira da união estável,[72] e o que dizer quando é preciso enfrentar empresa e sócios em incidente de desconsideração da personalidade jurídica?

A competência de foro pode ser geral ou especial, o que ocorre quando o legislador estabelece o foro privilegiado para algumas situações ou pessoas. Trata-se de política legislativa que leva em consideração elementos subjetivos, em função das pessoas envolvidas no litígio, ou circunstâncias objetivas, em razão da natureza da causa do litígio.[73] Lides envolvendo questões de Direito de Família e das Sucessões são processadas e julgadas perante Varas Especializadas de Família e de Sucessões, onde houver e, certamente, atraem a competência mesmo quando cuidam de aplicar a desconsideração episódica da personalidade jurídica, porque não se trata de apreciar matéria relativa ao direito societário, mas de verificar se os negócios da pessoa jurídica causaram prejuízo ou de alguma forma serviram para fraudar a meação do cônjuge ou convivente,[74] direito alimentar ou sucessório, para desconsiderar os atos praticados pela pessoa jurídica havidos por abusivos,[75] dado que o objeto do litígio é estritamente ligado à sociedade conjugal.[76]

Na atualidade, são duas questões completamente superadas, porque, no tocante ao foro privilegiado da mulher, o Código de Processo Civil de 2015 ordena como regra geral que as ações fundadas em direito pessoal serão propostas no foro de domicílio do réu (CPC, art. 46), sendo competente para a ação de divórcio, separação, anulação de casamento e reconhecimento ou dissolução de união estável, o foro de domicílio do guardião dos filhos (CPC, art. 53, I, *a*); do último domicílio do casal, caso não haja filho incapaz (CPC, art. 53, I, *b*); foro de

---

[71] PEREIRA, Sérgio Gischkow. *Estudos de direito de família*. Porto Alegre: Livraria do Advogado, 2004. p. 94.

[72] SILVA, Ovídio A. Baptista da. *Comentários ao CPC*. São Paulo: RT, 2000. p. 436.

[73] RODRIGUES, Marcelo Abelha. *Manual de direito processual civil*. 4. ed. São Paulo: RT, 2008. p. 89.

[74] "Família. Competência. Ação de indenização. Teoria da *disregard* aplicada à relação matrimonial. É competente a Vara de Família e Sucessões para o processamento e julgamento de ação de indenização com base na teoria do *disregard*, sustentada em fraude à meação quando da separação judicial do casal, em face da estreita relação com a sociedade conjugal. Agravo de instrumento provido de plano" (TJRS, 2.ª Câmara Cível, Agravo de Instrumento 70002924165, Rel. Des. Jorge Luís Dall'Agnol, j. 06.08.2001).

[75] "Desconsideração da personalidade societária. Competência. Preliminar. São admitidos embargos de declaração nas interlocutórias, pelo direito da parte de ver amplamente aclarada a decisão. Feito que visa a reparar eventual lesão à meação da mulher, em virtude de ato societário, a competência é da Vara de Família e Sucessões, mormente, no caso, visto que a matéria já transitou nesta 8.ª Câmara Cível, que tem como uma de suas atribuições, julgar os feitos atinentes à família. Agravo de instrumento desprovido" (TJRS, 8.ª Câmara Cível, Agravo de Instrumento 70002822757, Rel. Des. José S. Trindade, j. 16.08.2001).

[76] "Ação declaratória de *disregard*. Alimentos. Competência. A ação declaratória que visa a desconstituir negócios realizados pelo varão através de uma sociedade comercial, em fraude à meação da mulher, é da competência da Vara de Família e Sucessões, onde, aliás, já estão correndo outros feitos entre as partes. O objeto do litígio está estritamente ligado à sociedade conjugal" (TJRS, 8.ª Câmara Cível, Agravo de Instrumento 597175736, Rel. Des. Antônio Guilherme Tanger Jardim, j. 19.12.1997).

Cap. 9 · A INTERPOSIÇÃO DE PESSOAS FÍSICAS E OS ASPECTOS PROCESSUAIS DA DESCONSIDERAÇÃO | **839**

domicílio do réu, se nenhuma das partes residir no antigo domicílio do casal (CPC, art. 53, I, *c*); do foro de domicílio ou residência do alimentando, para a ação em que se pedem alimentos (CPC, art. 53, II), e do lugar onde está a sede, para a ação em que for ré a pessoa jurídica (CPC, art. 53, III, *a*), desaparecendo, portanto, o foro privilegiado da mulher, mas prevalecendo o foro do vulnerável alimentando e que podem ser o cônjuge e/ou os filhos, e, se houver pedido direto ou incidental de desconsideração da personalidade jurídica, conforme artigo 134, § 2.º, do Código de Processo Civil, será proposto no foro da ação principal, pois fará parte do pedido prefacial ou será incidental ao pedido originário.

9.10.2 Intervenção de terceiro

De acordo com Cândido Rangel Dinamarco, são terceiros todos os que não sejam parte no processo, como autores ou demandados, porque não foram citados, tampouco intervieram voluntariamente na ação.[77] Enquanto o terceiro não figurar como parte em determinado processo, porque não adquiriu a qualidade de parte ativa ou passiva na relação processual, não será atingido pelos efeitos do processo.

Tendo em vista que os efeitos da sentença podem recair, direta ou indiretamente, sobre terceiros, a lei processual permite, em diferentes situações, que esse terceiro intervenha no processo para a finalidade de defender seus direitos ou interesses, e assim se sujeitando aos efeitos da sentença que vier a ser prolatada.[78] É nesse sentido a lição de Cândido Rangel Dinamarco, porque, sendo o terceiro titular da própria relação jurídica sobre a qual o juiz é chamado a prover, ele será inevitavelmente trazido ao processo em momento posterior, em litisconsórcio necessário.[79]

Portanto, a pessoa jurídica poderá, eventualmente, intervir no processo como terceiro, embora não seja parte na ação, conquanto tenha interesse processual e defenda direito próprio, não se olvidando, no entanto, de que não poderá, no futuro, buscar o caminho dos embargos de terceiro quando da execução, tentando renovar a matéria que já havia sustentado quando interveio como terceiro.

9.10.3 Litisconsórcio

O que caracteriza o litisconsórcio é a presença simultânea de pessoas que, de alguma forma, adquiriram a qualidade de autores ou réus no mesmo processo,[80] distinguindo-se em litisconsórcio necessário, no qual o juiz tem o dever de determinar que se faça o litisconsórcio, sob pena de extinção do processo sem julgamento do mérito e, quando a lei não impõe o litisconsórcio, este é facultativo e fica a critério exclusivo do autor aglutinar um maior número de pessoas no polo passivo.

O litisconsórcio, portanto, ocorre somente quando há pluralidade formal de partes, atuando em um ou em ambos os polos processuais, não existindo litisconsórcio quando a pluralidade de partes for apenas em sentido material, o que ocorre quando várias pessoas possam ser titulares do interesse em disputa, contudo não participam do processo, como sucede na defesa dos interesses difusos, estando representados apenas pelo Ministério Público.[81]

---

[77]   DINAMARCO, Cândido Rangel. *Litisconsórcio*. 3. ed. São Paulo: Malheiros, 1994. p. 26.
[78]   ROENICK, Hermann Homem de Carvalho. *Intervenção de terceiros*. Rio de Janeiro: AIDE, 1995. p. 21.
[79]   DINAMARCO, Cândido Rangel. *Litisconsórcio*. 3. ed. São Paulo: Malheiros, 1994. p. 27.
[80]   DINAMARCO, Cândido Rangel. *Litisconsórcio*. 3. ed. São Paulo: Malheiros, 1994. p. 39-40.
[81]   COELHO, Fábio Alexandre. *Teoria geral do processo*. 2. ed. São Paulo: Juarez Oliveira, 2007. p. 419.

Conforme dispõe o artigo 114 do Código de Processo Civil, a eficácia da sentença, quando presente o litisconsórcio necessário, dependerá da citação de todos os litisconsortes no processo, não se esquecendo de que, de acordo com o artigo 506 do Código de Processo Civil, a sentença só faz coisa julgada às partes entre as quais é dada, não beneficiando nem prejudicando terceiros.

No entanto, ressalva o próprio artigo 506 do Código de Processo Civil que, nas causas relativas ao estado de pessoa, se houverem sido citados no processo, em litisconsórcio necessário, todos os interessados, a sentença produzirá coisa julgada em relação a terceiros. Observa José Maria Tesheiner levar essa regra, em uma primeira reflexão, à suposição de ela facilitar a fraude contra terceiros, para logo informar que assim não deve ser visto o citado dispositivo, discorrendo sua tese mirando o processo de interdição, cujo provimento reflete com relação a terceiros que não terão como desconstituir essa sentença.[82]

Como antes visto, ressalvado o processo de jurisdição voluntária para a interdição, cujos efeitos da sentença irradiam obrigatoriamente contra terceiros, porque nenhum deles dirá ter sido atingido pela decisão judicial, quando a sentença tão somente declara haver constatado uma incapacidade preexistente, sendo exatamente essa incapacidade mental que retira qualquer efeito jurídico de eventual contrato firmado entre terceiro e a pessoa interditada, no mais o artigo 506 do Código de Processo Civil é peremptório ao aduzir que a sentença não beneficia nem prejudica terceiros que não participaram da demanda onde foi proferida.

Este é justamente o efeito resultante da desconsideração da personalidade jurídica aplicada ao Direito de Família e ao Direito das Sucessões, em sua versão inversa, pela qual o devedor transfere os bens da pessoa física para a pessoa jurídica, sobre a qual detém o controle e assim segue deles usufruindo, apesar de não aparecerem como de sua propriedade. Este, portanto, o grande valor da desestimação da personalidade jurídica que permite afastar o princípio da autonomia patrimonial da empresa para responsabilizá-la por obrigação do sócio. Entretanto, sua aplicação ocasional ocorre no processo ordinário de divórcio judicial ou de dissolução de união estável, demandas que tramitam em segredo de justiça, nas quais figuram, no polo ativo e passivo, tão somente os personagens da entidade familiar, e por essa razão não poderia haver espaço processual para a inclusão de outros figurantes do cenário estritamente familiar, mas, obviamente, esta tese está superada deste o advento do Código de Processo Civil de 2015 e com ele a regulação do procedimento da desconsideração da personalidade jurídica. Caso o autor da ação de desconsideração queira evitar algum constrangimento ao abrir sua vida íntima para terceiros estranhos ao casamento ou à sua união estável, deve então fazer uso da versão incidental da desconsideração da personalidade jurídica (CPC, art. 134). O pedido de desestimação da personalidade jurídica pode ser formulado incidentemente e deferido por decisão interlocutória, uma vez apurados os elementos hábeis a servirem de base para a conclusão judicial que desconsidera a personalidade jurídica e ordena a arrecadação dos bens da empresa.

Como no processo de conhecimento familista atualmente pode haver cumulação de partes, acionando a empresa e os sócios, resta uma segunda opção, aliás a mais utilizada, da declaração incidental da desconsideração que vai remeter a discussão do mérito para o incidente de declaração de desconsideração da personalidade jurídica. São admitidos os embargos de terceiro, que podem ser opostos pelo terceiro na fase de cumprimento de sentença, porque esse terceiro, pessoa natural ou jurídica, não integrou a lide de conhecimento ou do incidente

---

[82] TESHEINER, José Maria. *Eficácia da sentença e coisa julgada no processo civil*. São Paulo: RT, 2001. p. 122-127.

Cap. 9 · A INTERPOSIÇÃO DE PESSOAS FÍSICAS E OS ASPECTOS PROCESSUAIS DA DESCONSIDERAÇÃO | **841**

de desconsideração, e, portanto, contra ele não se operou o manto da coisa julgada, conforme dispõe o artigo 506 do Código de Processo Civil, ao limitar os efeitos da coisa julgada às partes entre as quais é proferida a sentença, não beneficiando nem prejudicando terceiros, salvo se tiverem sido citados no processo, em litisconsórcio necessário.

9.10.4 Litisconsórcio necessário

No litisconsórcio necessário, a lei impõe a presença na relação jurídica processual de todos os interessados, como seria no exemplo da propositura de uma ação de divisão de um imóvel em condomínio, ou na ação de dissolução de sociedade, sendo forçoso ter, no polo passivo, todos os demais sócios que não entraram com a ação, não existindo litisconsórcio necessário no polo ativo da ação, porque não há como condicionar o ingresso em juízo à vontade de outras pessoas, o que seria restringir o direito de ação.[83]

No litisconsórcio necessário, o autor promove sua ação de direito familista em relação à pessoa física do cônjuge, companheiro ou devedor de alimentos para haver sua meação, e, se for o caso, também no propósito de arbitrar os alimentos na proporção das possibilidades do alimentante e das necessidades do alimentando. Entretanto, como seus bens conjugais ou da união estável foram desviados para a pessoa jurídica da qual o parceiro afetivo é sócio e controlador, também deveria endereçar sua lide contra a pessoa jurídica para a qual foram deslocados os bens, de maneira a impor a participação de sócio e sociedade na coisa julgada que vai se formar (CPC, art. 114). Contudo, antes do advento do Código de Processo Civil regulamentando um rito próprio e especial para a desconsideração da personalidade jurídica e, dessarte, desconstruindo as teorias *maior* e *menor* da desconsideração da personalidade jurídica, as ações de família não se mostravam um terreno firme e fecundo para o litisconsórcio passivo, tampouco se afigurava um litisconsórcio necessário, segundo a teoria menor ou objetiva da desconsideração da personalidade jurídica e, notadamente, porque sua declaração nos processos de família precisa ser expedita e efetiva, sem que isso represente excluir as garantias do devido processo legal, mas cujas demandas aceitam e reivindicam uma flexibilização procedimental. Por essa razão, no passado, o contraditório ficava diferido para outro momento processual, mas cujas dificuldades foram superadas pela desconsideração direta ou incidental da personalidade jurídica e toda a sua regulamentação prevista no Código de Processo Civil.

A respeito da flexibilização dos procedimentos escreve Fernando da Fonseca Gajardoni ser preciso desconstruir esse culto ao processo, quando a decisão judicial se faz legítima e presente o útil contraditório, razão pela qual não pode ser descartada a alteração do rito-padrão estabelecido por lei, se no processo foi assegurada aos litigantes a efetiva participação em contraditório.[84] E prossegue Gajardoni sugerindo a fungibilidade dos procedimentos, como já existe nas medidas de urgência e nas ações possessórias, podendo haver no âmbito dos processos, em especial entre as modalidades de defesas na conversão dos procedimentos. Podem, por exemplo, os embargos de terceiro servir para ampla proteção contra a penhorabilidade ou invasão executiva sobre bem de terceiro atingido por uma decisão judicial da qual ele não foi parte como pessoa física ou jurídica.[85]

---

[83] COELHO, Fábio Alexandre. *Teoria geral do processo*. 2. ed. São Paulo: Juarez Oliveira, 2007. p. 420.

[84] GAJARDONI, Fernando da Fonseca. *Flexibilização procedimental*: um novo enfoque para o estudo do procedimento em matéria processual. São Paulo: Atlas, 2008. p. 98.

[85] GAJARDONI, Fernando da Fonseca. *Flexibilização procedimental*: um novo enfoque para o estudo do procedimento em matéria processual. São Paulo: Atlas, 2008. p. 196.

E conclui existirem o modelo da legalidade do procedimento e o sistema da liberdade de formas, mas ressalta que a segurança e a previsibilidade do sistema são garantidas pelo conhecimento prévio das regras do jogo, e não pela rigidez do procedimento. Pode ocorrer a sua flexibilização quando presentes requisitos como a proteção ao direito material com relação à parte hipossuficiente; o contraditório prévio e a motivação[86] para a flexibilização ou fungibilidade do procedimento, tal qual se dá e se justifica no âmbito do Direito de Família, sendo observadas todas as garantias constitucionais, não mais pelos embargos de terceiro facultados a partir da adoção da teoria menor da desconsideração da personalidade jurídica, mas porque, pela sistematização do Código de Processo Civil em vigor, a defesa do sócio e da sociedade está amplamente assegurada no incidente de desconsideração, o que significa que, na prática, o legislador processual resolveu a polêmica discussão que havia entre as duas teorias *maior* e *menor*, criando um rito que mesclou as duas teorias da desconsideração da personalidade jurídica.

9.10.5 Litisconsórcio facultativo

Embora autorizada por lei, a formação do litisconsórcio facultativo não obriga a parte autora a sua promoção, ficando à livre escolha do autor decidir se ingressa contra o responsável pelo dano por ele sofrido e também contra o corresponsável direto ou indireto da lesão sofrida, porque nada impede que o autor ajuíze a demanda apenas contra o responsável direto.

No litisconsórcio facultativo, o autor elege o acionado, de quem pretende receber a prestação, ficando a seu critério a propositura conjunta de demandas, determinando se o processo se fará entre só um autor e apenas um réu ou entre mais pessoas. Calha destacar o parágrafo único do artigo 46 do Código de Processo Civil de 1973, acrescentado pela Lei 8.952/1994, permitindo ao juiz limitar o consórcio facultativo quando um excessivo número de litigantes comprometer a rápida solução do litígio, o que já era adotado na prática forense por força do artigo 125, I, do Código de Processo Civil, previsto na atualidade no § 1.º do artigo 113 do Código de Processo Civil de 2015.

Ao tratar do processo da desconsideração da personalidade jurídica, Sidnei Agostinho Beneti refere que, no litisconsórcio facultativo, o autor elege o acionado, de quem pretende a prestação, podendo demandar individualmente a sociedade, que comumente ocorre, à vista da suficiência desta ao adimplemento, ou podendo processar, com ela, a pessoa física que a integre. Ele prossegue:

> É o que se dá, por exemplo, na ação de cobrança da dívida não titulada contra a sociedade, sob o fundamento de inadimplemento contratual e contra o sócio-gerente da sociedade por quotas de responsabilidade limitada, pedindo a desconsideração e a responsabilidade deste, sob o fundamento (subjetivo, fundado em fatos a demonstrar) de má-fé ou abuso (artigo 50 do Código Civil), ou de responsabilidade objetiva decorrente da condição de fornecedor por parte da sociedade no contrato inadimplido (artigo 28, § 2.º, do Código de Defesa do Consumidor). Há cumulação subjetiva (litisconsórcio), de maneira que a sentença terá que enfocar ambas as pretensões decorrentes da cumulação.[87]

---

[86] GAJARDONI, Fernando da Fonseca. *Flexibilização procedimental*: um novo enfoque para o estudo do procedimento em matéria processual. São Paulo: Atlas, 2008. p. 225.

[87] BENETI, Sidnei Agostinho. Desconsideração da sociedade e legitimidade *ad causam*: esboço de sistematização. In: DIDIER JR., Fredie; WAMBIER, Teresa Arruda Alvim (coord.). *Aspectos polêmicos e atuais sobre os terceiros no processo civil e assuntos afins*. São Paulo: RT, 2004. p. 1.020-1.021.

Cap. 9 • A INTERPOSIÇÃO DE PESSOAS FÍSICAS E OS ASPECTOS PROCESSUAIS DA DESCONSIDERAÇÃO | **843**

Opções que desapareceram com a regulamentação da desconsideração da personalidade jurídica pelo Código de Processo Civil de 2015, a partir do artigo 133 até o 137, sendo expressa a ordem de citação do sócio e da sociedade (CPC, art. 135), qual seja, do responsável direto e do responsável secundário, uma vez que ambos serão atingidos pela decisão de desconsideração da personalidade jurídica, de modo que exerçam o contraditório, não se mostrando eficaz a citação exclusiva do cônjuge ou companheiro sócio de empresa que utilizou a sociedade empresária como escudo da fraude por ele engendrada e perpetrada com o uso abusivo da sociedade.

9.10.6 Embargos de terceiro

Terceiro é a pessoa que não figura como parte nem como coadjuvante desta em processo pendente. Trata-se de um julgamento negativo, prossegue Victor André Liuzzi Gomes,[88] decorrente do conceito de parte e, portanto, todos os sujeitos que não se sustentam na relação processual como partes são rigorosamente terceiros.

Os embargos de terceiro consistem na via processual ofertada àquele que, não sendo parte no processo, sofre turbação ou esbulho na posse de seus bens por ato de apreensão judicial, em casos como o de penhora, depósito, arresto, sequestro, alienação judicial, arrecadação, arrolamento, inventário, partilha (CPC, art. 674), e o Código de Processo Civil ainda prevê expressamente em seu artigo 674 a possibilidade de oposição de embargos de terceiro preventivos, para evitar o ato constritivo que já esteja na iminência de ser realizado, e faz expressa ressalva no § 2º, inciso III a quem sofre constrição judicial por força de desconsideração da personalidade jurídica, de cujo incidente não fez parte, pode opor embargos de terceiro para livrar os seus bens da constrição judicial ou inibir a sua realização, no caso dos embargos de terceiro preventivos, que podem ser opostos até o trânsito em julgado e, no cumprimento de sentença ou no processo de execução, podem ser opostos até cinco dias depois da expropriação do bem, mas sempre antes da assinatura da respectiva carta (CPC, art. 675).[89]

Trata-se de um processo autônomo e de cognição, que não se confunde com a demanda em que se deu a apreensão, muito embora entre aquela ação e os embargos de terceiro haja obrigatória conexão. Como explica Elpídio Donizetti,[90] os embargos de terceiro encontram seu fundamento jurídico no fato de que apenas as partes estão sujeitas aos efeitos diretos das decisões judiciais e, em conformidade com o artigo 789 do Código de Processo Civil, somente o executado vencido na ação de conhecimento tem responsabilidade patrimonial, logo, o terceiro que não é responsável pelo cumprimento da obrigação e não foi parte no processo de conhecimento, e tiver penhorados seus bens pessoais no cumprimento da sentença, pode opor embargos.

Os embargos de terceiro também são capazes de neutralizar os efeitos da execução que terceiros estejam sofrendo injustamente em descumprimento de regras processuais, como também se prestam para resguardar direitos materiais contrários ao título executivo.

---

[88] GOMES, Victor André Liuzzi. *Intervenção de terceiros e tutela de urgência*. Rio de Janeiro: Forense, 2007. p. 178-179.

[89] BRUSCHI, Gilberto Gomes; NOLASCO, Rita Dias; AMADEO, Rodolfo da Costa Manso Real. *Fraudes patrimoniais e a desconsideração da personalidade jurídica no Código de Processo Civil de 2015*. São Paulo: RT, 2016. p. 180-181.

[90] DONIZETTI, Elpídio. *O novo processo de execução*. Rio de Janeiro: Lumen Juris, 2008. p. 127.

Segundo Araken de Assis, os embargos de terceiro foram concebidos para separar, livrar ou desembaraçar bens de atos judiciais, não se restringindo às ofensas causadas à posse, porque tutelam outros direitos que compõem uma natureza heterogênea,[91] sendo terceiro quem não é parte no processo e sofre turbação ou esbulho na posse ou domínio de seus bens, equiparando-se a terceiro a parte que, posto não figure no processo, defende bens que não podem ser atingidos pela apreensão judicial; assim como a lei considera terceiro o cônjuge ou companheiro quando defende sua meação (CPC, art. 674, § 2.º, I).

Constituindo os embargos de terceiro uma ação declaratória autônoma para desvincular bem de ato judicial de constrição, podendo ser opostos a qualquer tempo enquanto não transitada em julgado a sentença no processo de conhecimento; e se o ato originar de processo executivo, os embargos poderão ser opostos até cinco dias depois da arrematação, adjudicação ou remição, mas sempre antes da assinatura da respectiva carta,[92] é patente que a via dos embargos de terceiro se apresenta e habilita como instrumento processual que garante, à exaustão, o primado constitucional do devido processo legal, daquele que participou ou não da ação e nela teve judicialmente apreendido o bem sob sua posse ou domínio, qual seja, sofreu indevida constrição judicial e tem, nos embargos, o remédio para recuperar os bens indevidamente envolvidos no processo alheio.

A fraude à execução é considerada uma forma grave de atentado ao bom andamento da justiça, porque viola a atividade jurisdicional em curso, por meio da subtração do bem que deveria garantir a execução, podendo o juiz desconsiderar de ofício e em caráter incidental a alienação procedida em fraude à execução.[93] Mesmo nessas circunstâncias é viável a oposição dos embargos de terceiro, embora o juiz tenha desconsiderado nos autos da execução civil a ocorrência da fraude, cujo fato não deixa de servir como um importante precedente jurídico para a aplicação da teoria objetiva da desconsideração da personalidade jurídica em pronunciamento judicial formulado na própria ação de conhecimento ou de execução em que foi apurada a conduta fraudulenta ou abusiva da pessoa jurídica que, no Direito de Família, é utilizada pela via inversa, sendo desconsiderado o ato fraudulento para atingir o bem da sociedade empresária que cuidará de ressarcir ou compensar o prejuízo sofrido pelo cônjuge, companheiro, herdeiro legítimo ou credor de alimentos.[94] Para a empresa que teve seus bens atingidos sem ter participado da ação de conhecimento ou de execução, os embargos de

---

[91] ASSIS, Araken de. *Manual da execução*. 10. ed. São Paulo: RT, 2006. p. 1.177 e 1.178.

[92] ASSIS, Araken de. *Manual da execução*. 10. ed. São Paulo: RT, 2006. p. 129.

[93] "Alimentos. Execução. Penhora. Nomeação em bem diverso do pretendido. Bens de pessoa jurídica da qual o devedor é sócio. Desconsideração da personalidade jurídica. Deixando o devedor de nomear bens à penhora, pode o juiz determinar que recaia esta sobre bem diverso daquele indicado pelo credor, em atenção ao princípio da utilidade da execução. É autorizada a desconsideração da personalidade jurídica da sociedade quando sua utilização pelo devedor importar meio de fraudar a execução de alimentos" (TJMG, Agravo de Instrumento 000.219.686-3/00 em conexão com o Agravo 000.219.711-9/00, Rel. Des. Aloysio Nogueira, j. 16.08.2001).

[94] "Agravo. Execução. Alimentos. Desconsideração da personalidade jurídica. Realizado acordo quanto ao débito, não restou o mesmo cumprido pelo devedor. Não encontrados bens passíveis de penhora do executado, foi efetuada a penhora sobre as quotas sociais deste, restando, porém, infrutífera a constrição diante do passivo a descoberto da sociedade. Penhora do veículo da sociedade como única forma de dar efetividade à execução. Deve ser desconsiderada a pessoa jurídica para adentrar-se no patrimônio da sociedade a fim de saldar o débito da pessoa do sócio que age com abuso e descumpre com suas obrigações legais. Resguardo das quotas sociais do sócio não devedor. Agravo parcialmente provido" (TJRS, 8.ª Câmara Cível, Agravo de Instrumento 70006144380, Rel. Des. Rui Portanova, j. 12.06.2003).

Cap. 9 • A INTERPOSIÇÃO DE PESSOAS FÍSICAS E OS ASPECTOS PROCESSUAIS DA DESCONSIDERAÇÃO | **845**

terceiro se mostram como via hábil e segura para sua defesa, assim como também podem servir para a proteção do patrimônio conjugal.[95]

Vale recolher da lição de Ruy Zoch Rodrigues a certeza de não existirem restrições à atividade probatória das partes nos embargos de terceiro, que pudessem limitar a sua cognição judicial. Compara o autor dos embargos de terceiro com o procedimento sumário do processo de conhecimento, cujo rito igualmente não importa em qualquer limite de cognição.[96] Convém registrar, no entanto, que os embargos de terceiro do artigo 679 do Código de Processo Civil de 2015 prevê o prazo de 15 dias para contestar os embargos, prosseguindo o processo pelo procedimento comum, que permite a mais ampla defesa.

A Súmula 195 do Superior Tribunal de Justiça[97] exige o ingresso da ação pauliana para a anulação de ato jurídico praticado em fraude a credores[98] e é exatamente esta a diferença que precisa ser reconhecida e implementada quando se cuida de aplicar no Direito de Família e no Direito das Sucessões da declaração episódica do desvendamento do véu societário, por ser preciso reconhecer a vulnerabilidade e a hipossuficiência do cônjuge, companheiro, credor de alimentos e herdeiro legítimo no embate processual que enfrentam a maliciosa utilização

---

95 "Processual civil e civil. Embargos de terceiro em ação de separação judicial em fase de partilha do patrimônio comum. Bens dos cônjuges que se encontram incorporados ao acervo da empresa da qual os mesmos são os únicos sócios. Teoria da despersonalização (*sic*). Medida liminar em favor da sociedade comercial embargante indeferida. Prevalência do despacho" (TJMG, 6.ª Câmara Cível, Agravo de Instrumento 1.0342.04.042896-9/0001(1), Rel. Des. José Domingues Ferreira Esteves, j. 07.12.2004). "Alimentos. Execução. Penhora. Nomeação em bem diverso do pretendido. Bens de pessoa jurídica da qual o devedor é sócio. Desconsideração da personalidade jurídica. Deixando o devedor de nomear bens à penhora, pode o juiz determinar que recaia esta sobre bem diverso daquele indicado pelo credor, em atenção ao princípio da utilidade da execução. É autorizada a desconsideração da personalidade jurídica da sociedade quando sua utilização pelo devedor importar meio de fraudar a execução de alimentos" (TJMG, 3.ª Câmara Cível, Agravo de Instrumento 1.0000.00.219686-3/000(1), Rel. Des. Aloysio Nogueira, j. 16.08.2001). "Embargos de terceiro. Sociedade jurídica entre conviventes. Desconsideração da personalidade jurídica. Deve ser desconsiderada a personalidade jurídica de sociedade civil formada pelos conviventes quando entre si litigam. Carência de embargos de terceiro porque, em verdade, é parte" (TJRS, 7.ª Câmara Cível, Apelação Cível 594173668, Rel. Des. Paulo Heerdt, j. 26.04.1995). "Embargos de terceiro. Execução de alimentos. Descabe escudar-se o devedor na personalidade jurídica da sociedade comercial, em que está investido todo o seu patrimônio, para esquivar-se do pagamento da dívida alimentar. Impõe-se a adoção da *disregard doctrine*, admitindo-se a constrição de bens titulados em nome da pessoa jurídica para satisfazer o débito. Apelo provido" (TJRS, 7.ª Câmara Cível, Apelação Cível 598082162, Rel. Des. Maria Berenice Dias, j. 24.06.1998). "Embargos de terceiro. Descabe a reintegração liminar na posse quando evidenciado que o bem foi transferido à empresa somente para obstaculizar a ação judicial. Princípio da *disregard*. Merecem desconsideradas as transações feitas pelo titular da empresa, de seus bens particulares em benefício da pessoa jurídica com a nítida intenção de fraudar eventual partilha. Agravo rejeitado" (TJRS, 7.ª Câmara Cível, Agravo de Instrumento 70002504579, Rel. Des. Maria Berenice Dias, j. 05.06.2001).

96 RODRIGUES, Ruy Zoch. *Embargos de terceiro*. São Paulo: RT, 2006. p. 75.

97 Súmula 195 do STJ: "Em embargos de terceiro não se anula ato jurídico, por fraude contra credores".

98 "Agravo de instrumento. Embargos de terceiro. Execução de alimentos. Inclusão das empresas no polo passivo. Descabimento. A matéria objeto do agravo já foi apreciada pelo Colegiado que disse ser descabida a inclusão das empresas onde o devedor é ou foi sócio no polo passivo da ação de execução de alimentos, mormente se considerando que a aplicação da teoria da *disregard* demanda ampla cognição. Agravo de instrumento desprovido" (TJRS, 8.ª Câmara Cível, Agravo de Instrumento 70009246729, Rel. Des. José S. Trindade, j. 02.09.2004).

e desvio de finalidade da pessoa jurídica ou com a interposição mesma de uma pessoa física a atuar como interposta pessoa na execução de fraude a legítimo direito de natureza familiar ou sucessória.

Objetivar a declaração da desconsideração da personalidade jurídica em caráter incidental na ação de conhecimento ou de execução, quando patente o uso abusivo ou fraudulento da interposta pessoa física ou jurídica em nada ofenderá o princípio do contraditório, como se o magistrado estivesse somente atendendo aos pedidos e pretensões do titular da ação. Longe estava dessa possibilidade, porquanto a bilateralidade do processo seria exercida, antes do advento do Código de Processo Civil de 2015, com a obrigatória instalação do contraditório, apenas que, em um momento distinto, a ser debatido nos embargos de terceiro, quando este que se sentia agredido em seu direito de posse ou de propriedade pela constrição patrimonial exerceria sua defesa na inteireza de um devido processo legal, como decidiam com acerto os tribunais brasileiros,[99] inclusive o Superior Tribunal de Justiça.[100]

Não deve ser ignorada a sugestiva e emblemática disposição contida no artigo 1.802 do Código Civil, ao considerar nulas as disposições testamentárias em favor de pessoas não legitimadas a suceder, ainda quando simuladas sob a forma de contrato oneroso, ou feitas mediante interposta pessoa, presumindo o Código Civil sejam interpostas pessoas os ascendentes, os descendentes, os irmãos e o cônjuge ou companheiro do não legitimado a suceder (CC, art. 1.802, parágrafo único).

Sendo o Código Civil um sistema legal unitário e integrado, deve ser aplicado em toda a sua extensão a todos os segmentos do Direito Civil e das relações humanas e, quando estas relações se apresentam ilícitas ou impróprias, por igual permitem a presunção do uso indevido de interposta pessoa quando os bens que deveriam pertencer à meação de um cônjuge

---

[99] "Apelação cível. Embargos de terceiro. Sociedade limitada. Processo de execução em que foram penhorados bens do sócio majoritário. Sentença que determinou o levantamento da constrição. Alegação de bens de uso profissional. Assertiva rechaçada. Desconsideração da personalidade jurídica via incidental. Possibilidade. Desnecessidade de cognição exauriente para análise desta situação. Matéria suscitada em sede de embargos do devedor. Sentença com trânsito em julgado. Decisão que considerou abusiva e fraudulenta a atuação do membro da sociedade. Matéria esgotada. Manutenção das penhoras. *Decisum* singular cassado. Recurso provido" (TJSC, 3.ª Câmara Cível de Direito Comercial, Apelação Cível 2005.003384-6, Rel. Juiz Paulo Roberto Camargo Costa, j. 15.02.2007).

[100] "Processo civil. Recurso ordinário em mandado de segurança. Falência. Grupo de sociedades. Estrutura meramente formal. Administração sob unidade gerencial, laboral e patrimonial. Desconsideração da personalidade jurídica da falida. Extensão do decreto falencial a outra sociedade do grupo. Possibilidade. Terceiros alcançados pelos efeitos da falência. Legitimidade recursal. Pertencendo a falida a grupo de sociedades sob o mesmo controle e com estrutura meramente formal, o que ocorre quando diversas pessoas jurídicas do grupo exercem suas atividades sob unidade gerencial, laboral e patrimonial, é legítima a desconsideração da personalidade jurídica da falida para que os efeitos do decreto falencial alcancem as demais sociedades do grupo. Impedir a desconsideração da personalidade jurídica nesta hipótese implicaria prestigiar a fraude à lei ou contra credores. A aplicação da teoria da desconsideração da personalidade jurídica dispensa a propositura de ação autônoma para tal. Verificados os pressupostos de sua incidência, poderá o Juiz, incidentemente no próprio processo de execução (singular ou coletiva), levantar o véu da personalidade jurídica para que o ato de expropriação atinja terceiros envolvidos, de forma a impedir a concretização de fraude à lei ou contra terceiros. Os terceiros alcançados pela desconsideração da personalidade jurídica da falida estão legitimados a interpor, perante o próprio juízo falimentar, os recursos tidos por cabíveis, visando à defesa de seus direitos" (STJ, 3.ª Turma, Recurso Ordinário em Mandado de Segurança 12.872/SP (2001/0010079-1), Rel. Min. Nancy Andrighi, j. 24.06.2002).

Cap. 9 · A INTERPOSIÇÃO DE PESSOAS FÍSICAS E OS ASPECTOS PROCESSUAIS DA DESCONSIDERAÇÃO | **847**

ou companheiro foram transferidos às pressas para um parente próximo do outro parceiro ou cônjuge, em contrato simulado, realizado unicamente para prejudicar direito alheio. O mesmo acontece se esse terceiro não for uma pessoa natural, mas um ente moral, porque importa, sob qualquer hipótese, buscar coibir a fraude que afronta e agride o Direito.

Portanto, impõe-se um raciocínio lógico e em favor da pessoa prejudicada, diante da própria evidência da fraude, especialmente quando presumida pelo uso de parente, cônjuge ou companheiro como interposta pessoa (CC, art. 1.802), e não é diferente quando a interposta pessoa é uma sociedade empresária. Em primeiro lugar, faz-se necessário admitir que, para o direito familista e sucessório, precisa prevalecer a teoria objetiva do *eventus damni*, em óbvio privilégio ao princípio da economia processual, sem qualquer prejuízo à segurança das decisões jurídicas, o que pode ser perfeitamente alcançado quando é oportunizada a defesa do terceiro, atingido na posse ou no domínio de seus bens por constrição judicial, em demanda da qual não participou, sem desrespeitar, por igual, os limites subjetivos da coisa julgada do artigo 506 do Código de Processo Civil.

Sucede que, no Direito de Família e no Direito das Sucessões, aliada à possibilidade de alteração incidental do regime de bens na constância do casamento (CC, art. 1.639, § 2.º) e com maior singeleza na mudança dos regimes de bens na união estável, tornou-se difícil para o credor a busca do patrimônio do devedor.[101] Artificialmente insolvente o devedor, não pode o ônus da prova da fraude ser debitado ao cônjuge, companheiro, parente credor ou herdeiro legitimário a ser levantado ainda em uma morosa ação pauliana, compelido a verdadeiro calvário processual no afã de recuperar seu direito, desviado pelo subterfúgio da interposta pessoa física ou jurídica, como se ao credor vulnerável e exaurido de recursos devesse ser imposta a insofismável prova processual do *consilium fraudis*, não obstante a própria legislação civil brasileira presuma essa fraude quando presentes os parentes e parceiros relacionados no parágrafo único do artigo 1.802 do Código Civil,[102] e, portanto, idêntica presunção deve recair quando os parentes são substituídos por empresas que estão ou passaram pelo comando do cônjuge, companheiro ou parente do cônjuge ou companheiro fraudador.

9.10.7 Outras defesas do terceiro

Dispunha ainda o terceiro como pessoa natural ou jurídica atingida pelo processo de conhecimento, mas que sofreria a constrição judicial por ocasião do cumprimento da sentença, isso quando não estivesse sendo alvo direto de execução, por exemplo, de dívida alimentar, de outros instrumentos processuais de defesa, como: a) os embargos do devedor, cabíveis após a penhora e cuja ação era reservada a todo e qualquer executado; b) da exceção de pré-executividade, a ser oposta antes da penhora, exatamente para evitar o constrangimento resultante da evidente ilegalidade da constrição judicial; c) dos embargos de terceiro, diante da

---

[101] LOVATO, Luiz Gustavo. O uso do regime de bens no casamento para fraudar terceiros credores: o cônjuge laranja. *In*: MADALENO, Rolf (coord.). *Ações de direito de família*. Porto Alegre: Livraria do Advogado, 2006. p. 150.

[102] "Alimentos para filho. *Quantum. Disregard*. Sinais exteriores de riqueza. Os alimentos devem ser fixados de acordo com a necessidade do alimentado e tendo em vista as reais possibilidades do alimentante, entendendo-se como tais, não aquelas por ele alegadas, mas aquelas que a aparência do seu contexto evidencia. Os bens em nome do apelante, de sua empresa e de terceiros parentes são indicadores de que sua situação é diversa da alegada, tendo ele capacidade econômica bem superior àquela que pretende demonstrar. Recurso provido" (TJRS, 7.ª Câmara Cível, Apelação Cível 599243862, Rel. Des. Sérgio Fernando de Vasconcellos Chaves, j. 16.06.1999).

aplicação episódica da desconsideração da personalidade jurídica, conforme sua formulação objetiva ou menor, presente na plenitude o princípio do contraditório e do devido processo legal; d) os embargos à arrematação e à adjudicação do artigo 746 do Código de Processo Civil de 1973[103] e, por fim, do mandado de segurança para proteger direito líquido e certo, sempre que alguém, ilegalmente, com abuso do poder, sofrer violação ou houver justo receio de sofrê-la por parte de autoridade, inclusive autoridade judicial conforme remansosa jurisprudência (Lei 12.016/2009).

9.10.8 O mandado de segurança

Na impetração do mandado de segurança contra ato judicial deve então se estabelecer o litisconsórcio passivo necessário,[104] porque a concessão da segurança pode importar na modificação da posição de quem foi juridicamente beneficiado pelo ato impugnado, como acontece na prestação de alimentos a ser descontada da receita de uma empresa da qual o sócio controlador é devedor de alimentos de cônjuge, convivente ou parente credor de alimentos, como sucedeu no Mandado de Segurança 02.010340-9 impetrado contra ato do Dr. Juiz de Direito da 1.ª Vara de Família de Florianópolis, que deferiu o desconto de pensão alimentícia devida pela pessoa física sobre o faturamento mensal bruto da empresa impetrante, da qual o devedor alimentar é sócio majoritário e detém 90% do capital social.[105]

O Tribunal de Justiça do Rio Grande do Sul igualmente denegou a segurança em mandado impetrado por empresa que teve ordenado judicialmente o desconto de vinte salários mínimos de pensão alimentícia de alugueres sobre imóveis do domínio da sociedade impetrante, por dívida alimentar de um dos sócios da empresa e que dela teria se retirado, e, como terceiro atingido pela decisão judicial da autoridade coatora, recorre ao mandado de segurança para coibir o verdadeiro confisco de aluguéis de imóveis de sua propriedade para pagamento de alimentos devidos por ex-sócio.

---

[103] BUENO, J. Hamilton. Desconsideração da personalidade jurídica. Doutrina e jurisprudência. Aspectos materiais e processuais. *In*: BUENO, Cassio Scarpinella (coord.). *Impactos processuais do direito civil*. São Paulo: Saraiva, 2008. p. 109.

[104] "Impõe-se o litisconsórcio passivo quando a concessão da segurança importar em modificação da posição de quem juridicamente beneficiado pelo ato impugnado. O litisconsorte passivo deve ser regularmente citado, tal como dispõe o CPC. Não é suficiente, em ação de segurança contra ato judicial, a mera notificação ou cientificação do advogado da parte adversa, constituído nos autos do processo em que efetivado o ato judicial impugnado pela via do *mandamus*" (STJ, 2.ª Secção, *RF* 327/175, maioria). NEGRÃO, Theotonio. *Código de Processo Civil e legislação processual em vigor*. São Paulo: Saraiva, 2002. p. 1.716.

[105] "Mandado de segurança. Não cabimento contra ato judicial passível de recurso. Terceiro prejudicado. Preliminar rejeitada. Alimentos. Devedor. Sócio majoritário. Desconto efetuado em crédito mensal da empresa. Violação de direito líquido e certo. Não caracterização. Suspeita de fraude. Utilização da pessoa jurídica para fins ilícitos. *Disregard doctrine*. Ordem denegada. A impetração de segurança por terceiro, contra ato judicial, não se condiciona à interposição de recurso (Súmula n.º 202 do STJ). A pessoa jurídica distingue-se da pessoa física que a integra (art. 20 do CC), não podendo o patrimônio daquela responder pelas dívidas pessoais desta. Entretanto, tratando-se de uma ficção legal e não constituindo um dogma jurídico, essa regra deve ser afastada, quando houver fundadas suspeitas de utilização da pessoa jurídica como óbice ao pagamento de dívidas pessoais do sócio, sobretudo as de caráter alimentar. Se o direito invocado sugere dúvida e não se apresenta suficientemente comprovado, de plano, não é líquido e certo, devendo ser denegada a segurança" (TJSC, 1.ª Câmara Cível, Mandado de Segurança 02.010340-9, Rel. Des. Wilson Augusto do Nascimento, j. 27.08.2002).

Cap. 9 · A INTERPOSIÇÃO DE PESSOAS FÍSICAS E OS ASPECTOS PROCESSUAIS DA DESCONSIDERAÇÃO | **849**

A Corte gaúcha manteve a decisão atacada, não obstante pudesse trazer gravames à impetrante, pessoa jurídica que não faz parte da relação processual, enquanto medida cautelar, em face da natureza alimentar da verba em questão e dos indícios apontados, concluindo por manter o desconto dos alimentos sobre os aluguéis recebidos pela impetrante até a definição acerca da desconsideração inversa da personalidade jurídica.[106]

9.10.9 A exceção de pré-executividade

Fruto de criação pretoriana e da doutrina, a exceção ou objeção de pré-executividade surgiu como um meio de defesa do devedor no processo de execução, independentemente da oposição de embargos e, na atualidade, da impugnação em função do instituto do cumprimento da sentença, da Lei 11.232/2005, como instrumento legal para obviar os dolorosos caminhos da aplicação de multa e prévia realização da penhora.

Cogitou-se da eliminação da exceção de pré-executividade à vista de a Lei 11.382/2006 ter alterado o artigo 736 do Código de Processo Civil de 1973 para eliminar a exigência de penhora como condição de acesso do executado aos embargos e assim seguir na ritualização do vigente Código de Processo Civil. Contudo, embora a dispensa da prévia penhora até reduza a utilização da exceção de pré-executividade, permitindo a defesa por meio de embargos sem sujeitar-se à prévia segurança do juízo, inquestionável reconhecer se tratar de um hábil instrumento processual para abreviar tempo e custos.

Para Galeno Lacerda, que priorizou a discussão do tema, seria de uma "violência inominável impor-se ao injustamente executado o dano, às vezes irreparável, da penhora prévia, ou o que é pior, denegar-lhe qualquer possibilidade de defesa, se, acaso, não possuir ele bens penhoráveis suficientes".[107]

A exceção ou objeção de pré-executividade, como projetada ao tempo do processo de execução também dos títulos judiciais, objetivava eliminar a oposição do executado pela penosa via dos embargos do devedor, admitindo a sua defesa nos autos da execução e sem a necessidade de interposição de embargos. Para um segmento da doutrina, a exceção de pré-executividade só teria trânsito quando ficasse evidenciado que a execução se ressentia dos requisitos formais de um título executivo judicial ou extrajudicial, faltando ao título a sua certeza, liquidez e exigibilidade, como estabelecido pelo artigo 586 do Código de Processo Civil de 1973.

Nenhum título executivo judicial ou extrajudicial podia ser considerado completo e apto para cobrança judicial, se não contivesse representação documental de obrigação líquida, certa e exigível, como adicionava Teori Albino Zavascki,[108] pois só seria líquido o crédito que dispensa apurar o seu importe final, ainda que dependente de alguns ajustes de correção ou de amortização do seu valor, sendo exigível porque ausente qualquer condição suspensiva

---

[106] "Mandado de segurança. Ação de separação judicial. Pensão alimentícia devida por sócio. Desconsideração da pessoa jurídica. Determinação judicial para apreensão de locativos de pessoa jurídica. Não há abuso ou ilegalidade na decisão que determinou o desconto mensal da pensão alimentícia devida pelo alimentante, sócio da empresa impetrante, à alimentanda, diretamente da administradora dos imóveis registrados em nome da empresa impetrante, da qual o separando-alimentante é sócio, em face da despersonalização (*sic*) da pessoa jurídica" (TJRS, 7.ª Câmara Cível, Mandado de Segurança 70013235288, Rel. Des. Ricardo Raupp Ruschel, j. 11.01.2006).

[107] LACERDA, Galeno. Execução de título extrajudicial e segurança do juízo. *Revista Ajuris*, Porto Alegre, v. 23, p. 12, 1981.

[108] ZAVASCKI, Teori Albino. *Comentários ao Código de Processo Civil*. São Paulo: RT, 2000. p. 242.

ou termo outro que não o do seu concreto vencimento, sendo certo quem deve, a quem deve e quanto deve.

Marcos Valls Feu Rosa destacava tais pressupostos de regular desenvolvimento do processo executivo, aduzindo ser preciso para:

> [...] dar início à execução, o juiz verificar, antes de mais nada se há título executivo judicial ou extrajudicial, o que nos termos do artigo 583 do Código de Processo Civil, é a base de toda execução. Se há nulidade, vício pré-processual ou processual que torna ineficaz o título apresentado pelo autor, não há por via de consequência título exequível e, nestas condições, deve a inicial ser indeferida.[109]

Logo, ausentes os requisitos formais da execução, mostrava-se patente a ineficácia executiva do título e se afigurava claramente dispensável a prévia penhora para garantir o juízo executório, que só agravaria as relações sociais e econômico-financeiras do executado, diante de indevida restrição de seu patrimônio e de seus direitos, com repercussão negativa e totalmente desnecessária em sua esfera econômica, diante da nulidade do título posto em execução.

9.10.10 O conteúdo da exceção de pré-executividade

Em um exame mais detalhado, conclui-se que o manejo da exceção de pré-executividade tem atuação mais elástica e que não se restringe tão somente aos aspectos de liquidez do título, também merecendo curso quando ficar evidenciada a completa desnecessidade de qualquer dilação probatória. Assim, à vista de qualquer exame dependente de prova processual que não permitisse ao juiz conhecer de imediato a matéria sustentada pelo executado na sua exceção, direcionaria a demanda para a obrigatória impugnação ou para a oposição dos embargos do devedor.

A despeito da ampliação do raio de ação da exceção de pré-executividade, Alberto Camiña Moreira[110] ressalta justamente ser a maior dificuldade do instituto separar as matérias que podem ser alegadas pelo ingresso de simples petição ensartada no corpo da ação executiva e quais os temas dependentes da oposição de embargos, ou para oferecer no caso de cumprimento da sentença a correlata impugnação.

E ele responde, em complemento, que a doutrina tem se inclinado a admitir o processamento da exceção de pré-executividade, quando a matéria examinada for de ordem pública, e a execução a se ressentir dos pressupostos processuais de constituição e de desenvolvimento válido e regular do processo, o que ocorrerá quando houver a alegação de perempção, de litispendência, de coisa julgada, ou quando não concorrer qualquer das condições da ação, como estampado pelo artigo 267, § 3.º, do Código de Processo Civil de 1973, tudo podendo ser decidido à vista do título e até de ofício pelo juiz.

Desse modo, antes de agredir o patrimônio do obrigado com a penhora de uma cobrança carente dos pressupostos regulares de validade e de desenvolvimento da ação, e que poderiam até ser declarados pelo juiz sem provocação da parte, admissível que seja abortada sem maiores e desnecessários sacrifícios processuais, dispensando a prévia penhora e a aplicação de multa, para só depois permitir a incidental impugnação.

---

[109] ROSA, Marcos Valls Feu. *Exceção de pré-executividade*. Porto Alegre: Fabris, 1996. p. 53.
[110] MOREIRA, Alberto Camiña. *Defesa sem embargos do executado*: exceção de pré-executividade. São Paulo: Saraiva, 1998. p. 28.

Cap. 9 • A INTERPOSIÇÃO DE PESSOAS FÍSICAS E OS ASPECTOS PROCESSUAIS DA DESCONSIDERAÇÃO | 851

Portanto, o processamento da exceção de pré-executividade pressupõe mais de um caminho ao aceitar matéria ligada à admissibilidade da execução, quando ausentes os pressupostos processuais de regular desenvolvimento do processo, naquelas situações em que o juiz puder conhecê-las de ofício e também quando o título executivo se ressentir da certeza, de liquidez e de exigibilidade, comprometendo a higidez do título executado.

Induvidoso, assim, que o raio de atuação da exceção de pré-executividade abrange os pressupostos processuais do artigo 267, § 3.º, IV, V e VI e § 3º, e da nulidade do título executivo, conforme artigos 586 e 618 do Código de Processo Civil de 1973, mas sempre que pudessem ser alegadas por simples petição de objeção à execução, dispensando qualquer ilação probatória, porque, pendente discussão, dependente de instrução para convencimento do juiz, reclamava a inevitável oposição da impugnação no cumprimento da sentença ou dos competentes embargos do executado, pois, como mostra Cândido Rangel Dinamarco, "tudo que o juiz pode e deve decidir espontaneamente ele pode decidir quando provocado pela parte".[111]

Calha, para melhor compreensão, transcrever a explanação de Olavo de Oliveira Neto, quando observava existir trânsito processual para a exceção de pré-executividade, sempre que fosse possível ao juiz conhecer, de imediato, a matéria trazida pelo executado, quer no referente ao juízo de admissibilidade, como em respeito ao mérito da execução, levando à precedente extinção do processo, sem nenhuma necessidade de produção de provas, pois os elementos trazidos com solar clareza dispensavam, por sua evidência, qualquer prova que propiciasse o julgamento, e arrematava: "Não há viabilidade, pois, de instrução probatória alargada no âmbito destas defesas. Esta é situação que deve ser relegada à seara dos embargos do devedor, onde poderá o executado valer-se de todos os meios de prova para comprovar suas alegações".[112]

Desse modo, a utilização da objeção de pré-executividade destacava-se em dois tópicos: quando envolvesse matéria de ordem pública, que podia ser conhecida de ofício pelo juiz, relativa às condições da ação, e aos pressupostos processuais da demanda; e quando a matéria de fundo estava vinculada ao conteúdo da execução, e não do seu juízo de admissibilidade,[113] por exemplo, o pagamento do título.

Fica igualmente clarificado que a singeleza da impertinência da constrição sobre bem de terceiro, inadvertidamente atingido por determinação judicial que declarasse, episodicamente, a desconsideração da pessoa física ou jurídica, facultava o recurso processual da exceção de pré-executividade, e que desde o Código de Processo Civil de 2015 foi superada pela defesa que o demandado realiza na própria ação ou em incidente de desconsideração da personalidade jurídica.

9.10.11 Momento de apresentação da objeção

A exceção de pré-executividade que alguns autores preferem chamar de objeção de pré-executividade pode ser apresentada a qualquer tempo e sem estar seguro o juízo, pois o seu acolhimento pelos pretórios brasileiros surgiu para evitar os desnecessários desgastes de uma inútil constrição judicial e a oposição de embargos naquelas situações já antes ventiladas, em

---

[111] DINAMARCO, Cândido Rangel. *Instituições de direito processual civil*. São Paulo: Malheiros, 2004. t. IV, p. 716.

[112] OLIVEIRA NETO, Olavo de. *A defesa do executado e dos terceiros na execução forçada*. São Paulo: RT, 2000. p. 117.

[113] OLIVEIRA NETO, Olavo de. *A defesa do executado e dos terceiros na execução forçada*. São Paulo: RT, 2000. p. 113.

nada se alterando a reforma processual que criou a figura da impugnação no cumprimento da sentença.

A exceção não suspende a execução, tampouco a impugnação terá efeito suspensivo, pois ausente sua previsão legal, ao mesmo tempo esse efeito não lhe é inerente como, em regra, é propícia à suspensão da execução a oposição dos embargos. Portanto, a constrição de bens do devedor e o trâmite dos demais atos processuais devem ter normal andamento, porém, a rigor, o incidente existe para conferir praticidade ao feito executivo carente de real exequibilidade e se busca diminuir a relação de prejudicialidade se a demanda seguir com o iníquo processamento, e, por bom senso, justifica-se a suspensão da execução com o imediato exame judicial do incidente. Agora, se presente qualquer incerteza acerca do provimento do incidente, realmente não faz sentido suspender a execução para protrair no tempo a sua efetividade com o sobressalto adicional dos inevitáveis embargos, ficando evidenciado o propósito meramente protelatório da objeção.

Entretanto, não só em casos excepcionais e de gravidade, sujeitos apenas à absoluta discricionariedade do juiz, mas quando, ao contrário, existir forte probabilidade de acolhimento da exceção, é de bom tom o provimento da suspensão da execução, tomando em conta que a alegação objetada detém suficiente consistência e extraordinária verossimilhança para justificar a paralisação do processo até ser decidida a exceção.[114]

Uma vez acolhida a exceção com o incidente formulado por simples petição no corpo da ação executiva e despido dos pressupostos de uma típica petição inicial sujeita ao clamor da inépcia, cabe ao juiz verificar de plano a procedência ou não da objeção. Acolhendo o incidente, tranca o processamento da execução ou do cumprimento da sentença, e, se, ao revés, rejeita a objeção, determina o normal desenvolvimento da demanda.

Merecendo procedência a exceção, é extinta a execução ou a ordem de cumprimento da sentença, sendo encargo do credor interpor, querendo, recurso de apelação, porque encerrada a demanda sem julgamento do mérito ou com o seu mérito apreciado naquelas situações de evidente nulidade do título executivo e, nesses casos, sempre o recurso será de apelação. Ao contrário, caso rejeitada a exceção, dessa decisão meramente interlocutória cabe o agravo de instrumento como adequada via recursal para buscar modificar o despacho interlocutório, não podendo ser deslembrado que, se a pessoa alheia ao processo se julga prejudicada pela decisão judicial que embaraça seus bens, ainda pode lançar mão dos embargos de terceiro.

9.10.12 A desconsideração no Código de Processo Civil

O Projeto de Lei 8.046/2010 foi o precursor do Código de Processo Civil de 2015, cujos artigos 133 a 137 cuidam da *desconsideração da personalidade jurídica*, que pode ser aplicada em caso de abuso da personalidade jurídica e declarada diretamente em qualquer processo ou procedimento, ou em caráter incidental, a pedido da parte ou do Ministério Público, quando lhe couber intervir no processo (CPC, art. 133). Segundo ainda a regra do artigo 134 do Código de Processo Civil, a desconsideração da personalidade jurídica é cabível em todas as fases do processo de conhecimento, no cumprimento de sentença e também na execução fundada em título extrajudicial. Uma vez requerida sua aplicação, o sócio ou o terceiro e a pessoa jurídica serão citados para, no prazo de 15 dias, se manifestarem e requererem as provas cabíveis (CPC, art. 135). Concluída a instrução, se necessária, o incidente será resolvido por decisão

---

[114] DINAMARCO, Cândido Rangel. *Instituições de direito processual civil*. São Paulo: Malheiros, 2004. t. IV, p. 717.

Cap. 9 • A INTERPOSIÇÃO DE PESSOAS FÍSICAS E OS ASPECTOS PROCESSUAIS DA DESCONSIDERAÇÃO | **853**

interlocutória impugnável por agravo de instrumento (CPC, art. 136 e CPC, art. 1.015, IV), dispensando todas as hipóteses antecedentes de embargos de terceiro, mandado de segurança ou exceção de pré-executividade, considerando que pela proposta do Código de Ritos de 2015 a defesa do terceiro atingido pela declaração episódica da desconsideração da pessoa física ou jurídica foi procedida com a sua prévia citação e defesa, assegurados todos os meios de prova, para só então o juiz decidir por sentença ou por despacho interlocutório incidental pela aplicação, ou não, da incidental desconsideração.

9.10.13 Considerações finais

A atividade empresarial é exercida pelos empresários, portanto não há nenhuma demasia em afirmar que a pessoa física e a pessoa jurídica estão interligadas, sendo dotada cada uma delas de sua personalidade individual e de patrimônio próprio. As sociedades empresárias são constituídas, de ordinário, tirante a sociedade limitada unipessoal, de um único sócio (CC, art. 1.052, § 1°, conforme Lei 13.874/2019, Lei da Liberdade Econômica), por mais de uma pessoa natural, que entre si celebram contrato de sociedade e que se obrigam, reciprocamente, a contribuir com bens ou serviços para o exercício de atividade econômica e a partilhar, entre si, os resultados (CC, art. 981). Como todo ato jurídico, as sociedades empresárias devem ter presente a licitude do objeto e a forma prescrita ou não defesa em lei (CC, art. 104), assim entendido o desenvolvimento de uma atividade econômica idônea, compatível com sua finalidade contratual, evidentemente lícita, conciliada com o ordenamento jurídico.

O Direito brasileiro reconhece várias espécies de sociedade, das quais somente duas não possuem personalidade jurídica, sendo certo, entretanto, aduzir que a personalidade jurídica é inerente e relevante para o desenvolvimento da organização societária. Tanto a pessoa física como a pessoa jurídica são titulares de direitos e obrigações e, embora a pessoa coletiva não possua existência tangível e, por essa razão, dependa da intervenção do ser humano para a prática dos atos concretos, seu contato com o mundo é dotado de capacidade de direito e de capacidade de fato.

As pessoas jurídicas possuem nome próprio, nacionalidade, domicílio, capacidade contratual, capacidade processual, existência distinta da dos seus sócios e autonomia patrimonial. Enfim, a pessoa jurídica existe para a realização dos interesses dos homens, especialmente para aqueles empreendimentos cuja união de pessoas e limitação de riscos e de recursos é imprescindível para a condução da empreitada. A atribuição da personalidade para o exercício da atividade empresarial é um benefício ou privilégio outorgado pelo direito e cuja concessão reclama, em contrapartida, a adoção de uma conduta idônea, proba e condizente com a função social da empresa. Foge aos princípios da personificação da sociedade empresária qualquer forma de desvio de sua finalidade, não cogitando o uso ilícito ou abusivo da personalidade jurídica. Entretanto, a atividade empresarial não se constitui um dogma inatingível, podendo e devendo ser judicialmente desconsiderada a personalidade jurídica quando for usada para propósitos ilegítimos, desviando-se de sua função social para causar prejuízos a terceiros.

A viabilidade do uso abusivo da sociedade empresária nos mais diferentes segmentos sociais tem alertado os legisladores estrangeiro e nacional para a importância de limitar e coibir o uso indevido da personalidade jurídica sempre que ela se desvia da sua função, para, dessa forma, burlar a lei, fraudar direitos e escapar de suas obrigações. Por essa razão, os diferentes ramos do Direito brasileiro logo cuidaram de regulamentar a desconsideração episódica da eficácia dos atos realizados pela pessoa jurídica em fraude ou abuso do direito, existindo pontual aplicação no campo do direito tributário; no direito do consumidor; na lei do meio ambiente; na legislação dos desportos; na lei anticorrupção; na lei de liberdade econômica, além da sua pontual adoção pelo artigo 50 do vigente Código Civil e pelo Código de Processo Civil, inclusive em sua versão da desconsideração inversa da personalidade jurídica (CPC, art. 133, § 2.º).

Embora a evidência axiológica demonstrasse o largo uso ilícito da personalidade jurídica para fraudar ou abusar de direitos pertinentes às relações de família e por decorrência do direito hereditário, até a década de 1990, o Direito brasileiro não apresentava nenhuma solução eficiente e efetiva para inibir o uso abusivo da sociedade empresária nos direitos de família como partilha de bens e alimentos e na fraude à legítima sucessória, valendo-se da via societária para fraudar literal disposição de lei.

Em versão mais simples, mas também visando à fraude na meação, nos alimentos, tanto na sua fixação judicial como na cobrança executiva, e, por fim, incluso para lesar a legítima do herdeiro necessário, muito se prestam amigos, parentes, cônjuge e companheiro como interpostas pessoas físicas, devendo a personalidade natural ser momentânea e excepcionalmente desconsiderada, a fim de estender seus efeitos ao verdadeiro titular do direito e de cujo desvio as interpostas pessoas físicas ou os *laranjas* (quando desconhecem que estão sendo usadas) se apresentam como meros veículos do logro, cuja desestimação há de ser objetiva, episódica, conforme a antiga teoria da formulação *menor* da desconsideração, agora subsumida pelo rito regulamentado pelo Código de Processo Civil brasileiro, cuidando a interposta pessoa física ou jurídica de promover sua defesa diretamente na ação principal ou no incidente de desconsideração da personalidade jurídica, abortando as antigas defesas realizadas por meio de embargos de terceiro, entre outras superadas opções processuais.

REFERÊNCIAS

ABDO, Helena Najjar. *Abuso do processo*. São Paulo: RT, 2007.

ABELHA, Marcelo. *Manual de direito processual civil*. 6. ed. Rio de Janeiro: Forense, 2016.

ABRÃO, Carlos Henrique. *Sociedades simples*. 2. ed. São Paulo: Atlas, 2012.

ABRÃO, Nelson. *Da ação revocatória*. 2. ed. São Paulo: Leud, 1997.

ABRÃO, Nelson. *Direito bancário*. 17. ed. São Paulo: Saraiva, 2018.

ABRÃO, Nelson. *Sociedades limitadas*. 10. ed. São Paulo: Saraiva, 2012.

ABREU, Jorge Manuel Coutinho de. *Da empresarialidade* (as empresas no direito). Coimbra: Almedina, 1999.

ACCIOLY, João C. de Andrade Uzêda. Singularidade societária na lei de liberdade econômica – Algumas considerações sobre a limitada e a Eireli sob as modificações da Lei 13.874/2019. *In*: SALOMÃO, Luis Felipe; CUEVA, Ricardo Villas Bôas; FRAZÃO, Ana (coord.). *Lei de liberdade econômica e seus impactos no direito brasileiro*. São Paulo: Thomson Reuters/RT, 2019.

AGUIAR, Roberta Macedo de Souza. *Desconsideração da personalidade jurídica no direito de família*. Rio de Janeiro: Forense, 2008.

AIETA, Vânia Siciliano. *A garantia da intimidade como direito fundamental*. Rio de Janeiro: Lumen Juris, 1999.

ALBESA, Joaquín Ram; MARTÍNEZ, J. A. Moreno. *El régimen económico del matrimonio*. Madrid: Dykinson, 2005.

ALBUQUERQUE, Luciano Campos de. *Dissolução de sociedades*. 2. ed. São Paulo: Malheiros, 2015.

ALESSANDRI, Fernando. *Partición de bienes*. Chile: Editorial Jurídica Conosur, 1992.

ALMEIDA, Amador Paes de. *Curso de falência e recuperação de empresa*. 26. ed. São Paulo: Saraiva, 2012.

ALMEIDA, Amador Paes de. *Execução de bens dos sócios, obrigações mercantis, tributárias, trabalhistas. Da desconsideração da personalidade jurídica* (doutrina e jurisprudência). São Paulo: Saraiva, 1999.

ALMEIDA, Amador Paes de. *Manual das sociedades comerciais*. 6. ed. São Paulo: Saraiva, 1991.

ALMEIDA, Marcus Elidius Micheli de. Sociedade limitada: Causas de dissolução parcial e apuração de haveres. *In*: BRUSCHI, Gilberto Gomes; COUTO, Mônica Bonetti; PEREIRA E SILVA, Ruth Maria Junqueira de A. Pereira; PEREIRA, Thomaz Henrique Junqueira de A. (org.). *Direito processual empresarial*. Estudos em homenagem a Manoel de Queiros Pereira Calças. Rio de Janeiro: Elsevier, 2012.

ALMEIDA, Renata Barbosa de; WALSIR, Edson Rodrigues Júnior. *Direito civil*. Famílias. Rio de Janeiro: Lumen Juris, 2010.

ALMEIDA SANTOS, Francisco Cláudio de. O pacto antenupcial e a autonomía privada. *In*: FERREIRA BASTOS, Eliene; SOUSA, Asiel Henrique de (coord.). *Família e jurisdição*. Belo Horizonte: Del Rey, 2005.

ALONSO, Marta Ordás. *La atribución del uso de la vivienda familiar y la ponderación de las circunstancias concurrentes*. Madrid: Wolters Kluwer, 2018.

ÁLVAREZ, Germán Bercovitz. *Los derechos inherentes a la persona en la sociedad de gananciales*. Navarra: Arazandi, 2003.

ÁLVAREZ, Miguel Ángel Pérez. *El dolo testamentario*. Navarra: Thomson Reuters/Aranzadi, 2020.

ALVES, Alexandre Ferreira de Assumpção. A desconsideração da personalidade jurídica e o direito do consumidor: um estudo de direito civil constitucional. *In*: TEPEDINO, Gustavo (coord.). *Problemas de direito civil-constitucional*. Rio de Janeiro: Renovar, 2000.

ALVES, Francisco de Assis. Direito civil constitucional. *In*: TAVARES, André Ramos; MENDES, Gilmar Ferreira; MARTINS, Ives Gandra da Silva (coord.). *Lições de direito constitucional em homenagem ao jurista Celso Bastos*. São Paulo: Saraiva, 2005.

ALVES, Leonardo Barreto Moreira. *O fim da culpa na separação judicial: uma perspectiva histórico--jurídica*. Belo Horizonte: Del Rey, 2007.

ALVIM, Eduardo Arruda. *O direito processual civil*. 2. ed. São Paulo: RT, 2008.

ALVIM, Thereza. Aplicabilidade da teoria da desconsideração da pessoa jurídica no processo falimentar. *Revista de Processo*, São Paulo, v. 87, 1997.

AMADEO, Rodolfo da Costa Manso Real. *Fraude de execução*. São Paulo: Atlas, 2012.

AMARAL SANTOS, Moacyr. *Prova judiciária no cível e comercial*. 5. ed. São Paulo: Saraiva, 1983. v. 1.

ANDRADE, Cristóbal Pinto. *El convenio regulador*. Barcelona: Bosch, 2012.

ANDRADE FILHO, Edmar Oliveira. *Desconsideração da personalidade jurídica no novo Código Civil*. São Paulo: MP Editora, 2005.

ANDRADE FILHO, Edmar Oliveira. *Sociedade de responsabilidade limitada*. São Paulo: Quartier Latin, 2004.

ANDRADE JÚNIOR, Luiz Carlos de. *A simulação no direito civil*. São Paulo: Malheiros, 2016.

ANDRIGHI, Fátima Nancy. A gênese do sistema *penhora on-line*. *In*: SANTOS, Ernane Fidélis dos; WAMBIER, Luiz Rodrigues; NERY JUNIOR, Nelson; WAMBIER, Teresa Arruda Alvim (coord.). *Execução civil: estudos em homenagem ao Professor Humberto Theodoro Júnior*. São Paulo: RT, 2007.

ANTONINI, Mauro *et al*. *Código Civil comentado*. Coordenação Cezar Peluso. 13. ed. São Paulo: Manole, 2019.

ARAUJO, Dayane de Almeida. *Planejamento tributário aplicado aos instrumentos sucessórios*. São Paulo: Almedina, 2018.

ARAUJO, Elaine Cristina de; ROCHA JUNIOR, Arlindo Luiz. *Holding. Visão societária, contábil e tributária*. 2. ed. Rio de Janeiro: Freitas Bastos. 2021.

ARAUJO, Nadia de. *Direito internacional privado*: teoria e prática brasileira. De acordo com o novo Código Civil. Rio de Janeiro: Renovar, 2003.

ARAÚJO, Samuel Luiz. *O princípio da igualdade e sua projeção no contrato de doação*. Porto Alegre: Fabris, 2009.

ARAÚJO, Vaneska Donato de. *Direito civil*. Direito de empresas. São Paulo: RT, 2008.

ARAZI, Roland. *Medidas cautelares*. Buenos Aires: Astrea, 1997.

ARIANNA, Carlos A. Los convenios de partición de sociedad conyugal frente a la insolvencia. *In*: CARLUCCI, Aída Kemelmajer de (coord.); HERRERA, Marisa (dir.). *La familia en el nuevo derecho*. Buenos Aires: Rubinzal-Culzoni, 2009. t. I.

ARIANNA, Carlos A. *Régimen patrimonial del matrimonio*. Buenos Aires: Astrea, 2017.

ARIZA, Ariel. *Código Civil y Comercial de la Nación*. Director Ricardo Luis Lorenzetti. Buenos Aires: Rubinzal-Culzoni, 2015. t. V.

ARROYO, Margarita Fernández. *La acción de petición de herencia y el heredero aparente*. Barcelona: José Maria Bosch Editor, 1992.

ARRUDA FILHO, Ney. *A efetividade do processo como direito fundamental*. Porto Alegre: Norton Editor, 2005.

ARSUFFI, Arthur Ferrari. *A nova produção antecipada da prova*. Estratégia, eficiência e organização do processo. Salvador: Juspodivm, 2019.

ASSIS, Araken de. *Cumulação de ações*. São Paulo: RT, 1989.

ASSIS, Araken de. *Manual da execução*. 10. ed. São Paulo: RT, 2006.

ASSIS, Araken de. *Dissolução parcial e total das sociedades*. São Paulo: RT, 2023.

ASURMENDI, Camino Sanciñena. *Régimen económico matrimonial del comerciante*. Madrid: Dykinson, 1996.

ATIENZA, Manuel; MANERO, Juan Ruiz. *Ilícitos atípicos*. São Paulo: Marcial Pons, 2014.

AUBRY, C.; RAU, C. *Cours de droit civil français*. 4. ed. Paris: [s.n.] 1879. t. IV, § 509.

AZEVEDO, Elaine Harzheim. Penhora *on-line*: uma proposta de concretização da jurisdição executiva. *In*: SANTOS, Ernane Fidélis dos; WAMBIER, Luiz Rodrigues; NERY JUNIOR, Nelson; WAMBIER, Teresa Arruda Alvim (coord.). *Execução civil: estudos em homenagem ao Professor Humberto Theodoro Júnior*. São Paulo: RT, 2007.

BAGNOLI, Martha Gallardo Sala. Holding *imobiliária como planejamento sucessório*. São Paulo: Quartier Latin, 2016.

BALERA, Wagner; SIMÕES, Thiago Taborda. *Participação nos lucros e nos resultados*. São Paulo: RT, 2014.

BALTAZAR JUNIOR, José Paulo. *Sigilo bancário e privacidade*. Porto Alegre: Livraria do Advogado, 2005.

BAÑARES, Juan Ignácio. *La dimensión conyugal de la persona*: de la antropología al derecho. Madrid: Rialp, 2005.

BARBEDO, Claudia Gay. A possibilidade de extensão da Lei da Alienação Parental ao idoso. *In*: COELHO, Ivone M. Candido (coord.). *Família contemporânea*: uma visão interdisciplinar. Porto Alegre: IBDFAM e Letra e Vida, 2011.

BARBOSA, Paula. *Doações entre cônjuges*. Enquadramento jus-sucessório. Coimbra: Coimbra Editora, 2008.

BARBOZA, Heloisa Helena. Perfil jurídico do cuidado e da afetividade nas relações familiares. *In*: PEREIRA, Tânia da Silva; OLIVEIRA, Guilherme de; COLTRO, Antônio Carlos Mathias (coord.) *Cuidado e afetividade*. Projeto Brasil/Portugal 2016-2017. São Paulo: Atlas, 2017.

BARROS, Marco Antonio de. *Lavagem de capitais e obrigações civis correlatas*. 3. ed. São Paulo: RT, 2012.

BARROS MONTEIRO, Washington de. *Curso de direito civil. Direito de família*. 10. ed. São Paulo: Saraiva, 1971.

BARROS MONTEIRO, Washington de. *Curso de direito civil. Direito de família*. 15. ed. São Paulo: Saraiva, 1976.

BARROS MONTEIRO, Washington de. *Curso de direito civil*. Direito das sucessões. 13. ed. São Paulo: Saraiva, 1977.

BARUFALDI, Alexandre. *Apuração de haveres dos sócios*. Diretrizes jurídicas. Porto Alegre: Livraria do Advogado, 2021.

BASSET, Ursula Cristina. *Código Civil y Comercial comentado*. Tratado exegético. Coordenação Ignacio E. Alterini. 3. ed. Buenos Aires: Thomson Reuters/La Ley, 2019. t. III.

BASSET, Ursula Cristina. *La calificación de bienes en la sociedad conyugal*. Principios, reglas, criterios y supuestos. Buenos Aires: Abeledo-Perrot, 2010.

BEBER, Jorge Luis Costa. Alimentos e desconsideração da pessoa jurídica. *Revista Ajuris*, Porto Alegre, v. 76, dez. 1999.

BELLOQUE, Juliana Garcia. *Sigilo bancário*. Análise crítica da LC 105/2001. São Paulo: RT, 2003.

BENAVENTE, María Isabel. *Código Civil y Comercial de la Nación comentado*. Director Ricardo Luis Lorenzetti. Buenos Aires: Rubinzal-Culzoni, 2015. t. II.

BENETI, Sidnei Agostinho. *Desconsideração da sociedade e legitimidade ad causam*: esboço de siste-matização. *In*: DIDIER JR., Fredie; WAMBIER, Teresa Arruda Alvim (coord.). *Aspectos polêmicos e atuais sobre os terceiros no processo civil e assuntos afins*. São Paulo: RT, 2004.

BENJUMEA, Inmaculada Vargas. *El fraude en la disolución y liquidación de la sociedad de gananciales*. Mecanismos de defensa para el acreedor perjudicado. Navarra: Thomson Reuters/Aranzadi, 2015.

BERDEJO, José Luis Lacruz. *Derecho de familia*. El matrimonio y su economía. Navarra: Thomson Reuters/Aranzadi, 2011.

BERDEJO, José Luis Lacruz. *El nuevo régimen de la familia*. Madrid: Civitas, 1981. v. II.

BERTOLDI, Marcelo M. *Curso avançado de direito comercial*. Teoria geral do direito comercial. Direito societário. São Paulo: Saraiva, 2008. v. 1.

BERTOLDI, Marcelo M.; RIBEIRO, Márcia Carla Pereira. *Curso avançado de direito comercial*. 3. ed. São Paulo: RT, 2006.

BEZERRA FILHO, Manoel Justino. *Lei de Recuperação de Empresas e Falência comentada*. 5. ed. São Paulo: RT, 2008.

BEZERRA FILHO, Manoel Justino. *Nova Lei de Recuperação e Falências comentada*. 3. ed. São Paulo: RT, 2005.

BIFANO, Elidie Palma; BENTO, Sergio Roberto de Oliveira. *Aspectos relevantes do direito de empresa de acordo com o novo Código Civil*. São Paulo: Quartier Latin, 2005.

BING, Plínio Paulo. *Sociedade limitada*. Atos mercantis afins no contexto do Código Civil. Porto Alegre: Fabris, 2006.

BITENCOURT, Cezar Roberto. *Tratado de direito penal*. Parte especial. 7. ed. São Paulo: Saraiva, 2011. t. I.

BITENCOURT, Cezar Roberto; BREDA, Juliano. *Crimes contra o sistema financeiro nacional e contra o mercado de capitais*. 3. ed. São Paulo: Saraiva, 2014.

BITTAR, Carlos Alberto. *Curso de direito civil*. Rio de Janeiro: Forense Universitária, 1994. v. 1.

BITTAR, Carlos Alberto. *Direito das sucessões*. Rio de Janeiro: Forense Universitária, 1992.

BITTAR, Carlos Alberto. *Direito de família*. Rio de Janeiro: Forense Universitária, 1991.

BITTAR, Carlos Alberto. *Direito do autor*. 4. ed. Rio de Janeiro: Forense Universitária, 2003.

BITTENCOURT, Edgard de Moura. *O concubinato no direito*. 2. ed. Rio de Janeiro: Jurídica e Universitária, 1969. v. 1.

BLANCO, Adrián Arrébola. *La compensación del trabajo doméstico en el régimen de separación de bienes*. Madrid: Reus, 2019.

BLANCO, Victorio Magariños. *Libertad para ordenar la sucesión. Libertad de testar*. Madrid: Dykinson, 2022.

BODIN, Maria Celina de Moraes; BROCHADO, Ana Carolina Teixeira *et al*. *Contratos, família e sucessões*. Indaiatuba: Foco, 2019.

BORBA, José Edwaldo Tavares. *Direito societário*. 2. ed. Rio de Janeiro: Renovar, 1995.

BORBA, José Edwaldo Tavares. *Direito societário*. 9. ed. Rio de Janeiro: Renovar, 2004.

BORDA, Guillermo A. *Manual de derecho civil*. 13. ed. Buenos Aires: La Ley, 2009.

BORDA, Guillermo A. *Tratado de derecho civil*. Familia. Buenos Aires: Perrot, 1989.

BORDA, Guillermo A. *Tratado de derecho civil*. Sucesiones. Buenos Aires: Editorial Perrot, 1994. t. II.

BORDA, Guillermo A. *Tratado de derecho civil*. Sucesiones. 7. ed. Buenos Aires: Abeledo-Perrot, 1994. v. I.

BORDA, Guillermo Julio. *La persona jurídica y el corrimiento del velo societario*. Buenos Aires: Abeledo--Perrot, 2000.

BORGES, Roxana Cardoso Brasileiro. *Disponibilidade dos direitos de personalidade e autonomia privada*. São Paulo: Saraiva, 2005.

BORGHI, Hélio. *Da renúncia e da ausência no direito sucessório*. São Paulo: Livraria e Editora Universitária de Direito, 1997.

BOSSERT, Gustavo A. *Régimen jurídico del concubinato*. 3. ed. Buenos Aires: Astrea, 1990.

BOSSERT, Gustavo A. *Régimen jurídico de los alimentos*. Buenos Aires: Astrea, 1993.

BOZZA, Fábio Piovesan. *Planejamento tributário e autonomia privada*. São Paulo: Quartier Latin, 2015.

BRANCO, Fernando Castelo. *A pessoa jurídica no processo penal*. São Paulo: Saraiva, 2001.

BRANDAM, María Gabriela; SANDRO, Candelaria. Abordaje interdisciplinario de los conflictos en las relaciones familiares en la empresa. Encuadre general, marco legal e instrumentación. *In*: DUBOIS, Eduardo M. Favier (dir.). *La empresa familiar*. Buenos Aires: Ad-Hoc, 2010.

BRANDÃO, Marcela Orro Freitas. *Introdução ao direito francês*. Coord. Thales Morais da Costa. Curitiba: Juruá, 2009. v. 2.

BRAVO, Raquel Nunes. *Sociedades afetivas*. Dissoluções e a desconsideração da personalidade jurídica inversa. Curitiba: Juruá, 2013.

BREBBIA, Roberto H. *Hechos y actos jurídicos*. Buenos Aires: Rubinzal-Culzoni, 1995. t. II.

BREDA, Juliano. *Fraude com ativos virtuais, valores mobiliários ou financeiros e crimes contra o mercado de capitais*. São Paulo: Marcial Pons, 2023.

BRITO, Gabriel Oliveira. O sistema SNIPER do CNJ e a efetividade do processo de execução. Disponível em: https://www.migalhas.com.br/amp/depeso/371917/o-sistema-sniper-do-cnj-e-a-efetividade-do--processo-de-execucao. Acesso em: 19 ago. 2022.

BRUNA, Sérgio Varella. *O poder econômico e a conceituação do abuso em seu exercício*. São Paulo: RT, 1997.

BRUSCHI, Gilberto Gomes. *Aspectos processuais da desconsideração da personalidade jurídica*. São Paulo: Juarez de Oliveira, 2004.

BRUSCHI, Gilberto Gomes. *Recuperação de crédito*. São Paulo: Thomson Reuters/RT, 2017.

BRUSCHI, Gilberto Gomes; NOLASCO, Rita Dias; AMADEO, Rodolfo da Costa Manso Real. *Fraudes patrimoniais e a desconsideração da personalidade jurídica no Código de Processo Civil de 2015*. São Paulo: RT, 2016.

BUENO FILHO, Edgard Silveira. *O direito à defesa na Constituição*. São Paulo: Saraiva, 1994.

BUENO, J. Hamilton. Desconsideração da personalidade jurídica. Doutrina e jurisprudência. Aspectos materiais e processuais. *In*: BUENO, Cassio Scarpinella (coord.). *Impactos processuais do direito civil*. São Paulo: Saraiva, 2008.

BUERES, Alberto J.; HIGTHON, Elena. *Código Civil y normas complementarias*. Análisis doctrinal y jurisprudencial. Buenos Aires: Hammurabi, 2014.

BULGARELLI, Waldirio. *Fusões, incorporações e cisões de sociedades*. São Paulo: Atlas, 1995.

BULGARELLI, Waldirio. *Sociedades comerciais*. São Paulo: Atlas, 1991.

BUSHATSKY, Jaques. *Sociedade conjugal e prestação de contas*. São Paulo: RT, 1989.

BUSSADA, Wilson. *Código Civil brasileiro interpretado pelos tribunais*. Rio de Janeiro: Liber Juris, 1981. v. 2, t. III.

BUTTY, Enrique M. La inoponibilidad de la persona jurídica por violación de la legítima. *In*: DUBOIS, Eduardo M. Favier *et al*. *Las sociedades comerciales y la transmisión hereditaria*. Buenos Aires: Ad-Hoc. 1993.

CAHALI, Francisco José. *Contrato de convivência na união estável*. São Paulo: Saraiva, 2002.

CAHALI, Francisco José. Dos alimentos. *In*: DIAS, Maria Berenice; PEREIRA, Rodrigo da Cunha (coord.). *Direito de família e o novo Código Civil*. 4. ed. Belo Horizonte: Del Rey, 2005.

CAHALI, Yussef Said. *Divórcio e separação*. 6. ed. São Paulo: RT, 1994.

CAHALI, Yussef Said. *Divórcio e separação*. 11. ed. São Paulo: RT, 2005.

CAHALI, Yussef Said. *Dos alimentos*. 2. ed. São Paulo: RT, 1993.

CAHALI, Yussef Said. *Fraude contra credores*. São Paulo: RT, 1998.

CAHALI, Yussef Said. *Fraude contra credores*. 3. ed. São Paulo: RT, 2002.

CAHALI, Yussef Said. *Prescrição e decadência*. São Paulo: RT, 2008.

CAIMMI, Luis Alberto; DESIMONE, Guillermo Pablo. *Los delitos de incumplimiento de los deberes de asistencia familiar e insolvencia alimentaria fraudulenta*. 2. ed. Buenos Aires: Depalma, 1997.

CAIS, Frederico F. S. *Fraude de execução*. São Paulo: Saraiva, 2005.

CALMON, Rafael. *Direito das famílias e processo civil*. Interação, técnicas e procedimentos sob o enforque do novo CPC. São Paulo: Saraiva, 2017.

CAMPINHO, Sérgio. *O direito de empresa à luz do novo Código Civil*. 3. ed. Rio de Janeiro: Renovar, 2003.

CAMPINHO, Sérgio *et al. Lei das Sociedades Anônimas comentada*. Rio de Janeiro: Gen/Forense. Coord. COELHO, Fábio Ulhoa. 2021.

CAMPOY, Juan Manuel Abril. El pasivo de la sociedad de gananciales. Calificación de deudas gananciales y privativas. *In*: CAMPOY, Juan Manuel Abril. *Temas de actualidad en derecho de familia*. Madrid: Dykinson, 2006.

CAMPS, Carlos Enrique. *Código Procesal Civil y Comercial de la provincia de Buenos Aires*. Anotado, comentado y concordado. Buenos Aires: Lexis Nexis/Depalma, 2003.

CAPARRÓS, Maria Belén Sáinz-Cantero; VALLEJO, Ana María Pérez. *Valoración y reparación de daños entre familiares. Fundamentos para su reclamación*. Granada: Comares, 2012.

CAPEROCHIPI, José Antonio Alvarez. *Curso de derecho de familia, matrimonio y régimen económico*. Madrid: Civitas, 1988.

CARDOSO, Fabiana Domingues. *Regime de bens e pacto antenupcial*. São Paulo: Método, 2010.

CARLINI, Angélica. Seguro de vida na aplicação do planejamento sucessório. *In*: TEIXEIRA, Daniele Chaves (coord.). *Arquitetura do planejamento sucessório*. 2. ed. Belo Horizonte: Fórum, 2020.

CARNEIRO, Cláudio. *Impostos federais, estaduais e municipais*. 4. ed. São Paulo: Saraiva, 2013.

CARRERA, Daniel Pablo. *Administración fraudulenta*. Deslealtad de resguardadores de patrimonio ajeno. Buenos Aires: Astrea, 2002.

CARRIL, Julio J. Lopez del. *Derecho y obligación alimentaria*. Buenos Aires: Abeledo-Perrot, 1981.

CARVALHO, Afrânio de. *Registro de imóveis*. 4. ed. Rio de Janeiro: Forense, 1997.

CARVALHO, Ana Sofia; GRACIA, Jorge. Os maus-tratos a idosos em contextos de cuidados familiares em Portugal: Proposta para uma abordagem ecológico-crítica. *In*: PEREIRA, Tânia da Silva; OLIVEIRA, Guilherme de; COLTRO, Antônio Carlos Mathias (coord.). *Cuidado e afetividade*. Projeto Brasil/Portugal 2016-2017. São Paulo: Atlas, 2017.

CARVALHO DE MENDONÇA, J.X. *Tratado de direito comercial brasileiro*. Rio de Janeiro: Livraria Freitas Bastos, 1957.

CARVALHO, Dimas Messias de. *Direito de família*. 2. ed. Belo Horizonte: Del Rey, 2009.

CARVALHO, Dimas Messias de. Dano moral por inadimplemento alimentar. *In:* BARBOSA, Eduardo; MADALENO, Rolf (coord.). *Responsabilidade civil no direito de família*. São Paulo: Atlas, 2015.

CARVALHO, João Andrades. *Regime de bens*. Rio de Janeiro: Aide, 1996.

CARVALHO, Luiz Paulo Vieira de. *Direito das sucessões*. São Paulo: Atlas, 2014.

CARVALHO, Lucila de Oliveira. *A responsabilidade do administrador da sociedade limitada*. Rio de Janeiro: Forense, 2006.

CARVALHO NETO, Inácio de. *Curso de direito civil brasileiro*. Teoria geral do direito civil. Curitiba: Juruá, 2006.

CARVALHO, Raimundo M. B. Da responsabilidade dos sócios por dívidas da sociedade: sociedade anônima e por cotas de responsabilidade limitada. *Revista de Direito Mercantil, Industrial, Econômico e Financeiro*, São Paulo, v. 73, 1989.

CARVALHOSA, Modesto. Comentários à Lei das sociedades anônimas. Empresa e estabelecimento: a avaliação do *goodwill*. *Revista Jurídica*, Sapucaia, n. 318, abr. 2004.

CARVALHOSA, Modesto. *Comentários ao Código Civil*. Coordenação Antônio Junqueira de Azevedo. São Paulo: Saraiva, 2003. v. 13.

CASABONA, Carlos María Romeo. *El derecho y la bioética ante los límites de la vida humana*. Madrid: Centro de Estudios Ramón Areces, 1994.

CASAS, Matilde Cuena; GARCÍA, Julia Mas-Guindal. Familia y concurso de acreedores. *In*: TOLSADA, Mariano Yzquierdo; CASAS, Matilde Cuena (dir.). *Tratado de derecho de la familia*. 2. ed. Navarra: Thomson Reuters/Aranzadi, 2017. v. IV.

CAVALCANTI, José Paulo. *Da renúncia no direito civil*. Rio de Janeiro: Forense, 1958.

CAVALIERI FILHO, Sergio. *Programa de responsabilidade civil*. São Paulo: Atlas, 2009.

CEDIEL, Ana; POMBO, Emilio Pérez. *Fiscalidad de las criptomonedas*. Barcelona: Atelier, 2020.

CEOLIN, Ana Caroline Santos. *Abusos na aplicação da teoria da desconsideração da pessoa jurídica*. Belo Horizonte: Del Rey, 2002.

CERQUEIRA, Gustavo. *Sucessão hereditária nas empresas familiares*. Interações entre o direito das sucessões e o direito das sociedades. São Paulo: YK, 2018.

CERVINI, Raúl; ADRIASOLA, Gabriel. *El secreto bancario y la evasión fiscal internacional*. Buenos Aires: Julio César Faira Editor, 2012.

CESAR, Celso Laet de Toledo. *Venda e divisão da propriedade comum*. Doutrina e jurisprudência. 3. ed. São Paulo: RT, 2006.

CEZAR-FERREIRA, Verônica A. da Motta. *Família, separação e mediação*. Uma visão psicojurídica. 4. ed. Curitiba: CRV, 2017.

CHACANA, Carlos Garrido. *Sana crítica y otras cuestiones vinculadas a la prueba en sede familiar*. Chile: Metropolitana, 2018.

CHALHUB, Melhim Namem. *Negócio fiduciário*. Alienação fiduciária. 4. ed. Rio de Janeiro: Renovar, 2009.

CHALHUB, Melhim Namem. *Trust*. Rio de Janeiro: Renovar, 2001.

CHAVES, Antonio. *Tratado de direito civil*. Direito de família. São Paulo: RT, 1991.

CHAVES, Antonio. *Tratado de direito civil*. Parte geral. 3. ed. São Paulo: RT, 1982. t. 2.

CHAVES, Natália Cristina. *Casamento, divórcio e empresa*: questões societárias e patrimoniais. Belo Horizonte: D'Plácido, 2018.

CHAVES, Natália Cristina; CORRÊA-LIMA, Osmar Brina. A partilha de quotas de sociedade limitada no divórcio. *In*: COELHO, Fábio Ulhoa; FÉRES, Marcelo Andrade (coord.). *Empresa familiar*. Estudos jurídicos. São Paulo: Saraiva, 2014.

CHECHILE, Ana Maria. *Derecho de familia conforme el nuevo Código Civil y Comercial de la Nación*. 2. ed. Buenos Aires: Abeledo-Perrot, 2015.

CHENA, Marta Soledad Sebastián. *La liquidación de la sociedad de ganaciales*. Enfoque práctico de los aspectos substantivos. Valencia: Tirant lo Blanch, 2016.

CID, Ignacio Sánchez. *La repudiación de la herencia*. Valencia: Tirant lo Blanch, 2016.

COELHO, Fábio Alexandre. *Teoria geral do processo*. 2. ed. São Paulo: Juarez Oliveira, 2007.

COELHO, Fabio Ulhoa. A ação de dissolução parcial de sociedade. *Revista de Informação Legislativa*, ano 48, n. 19, abr./jun. 2011.

COELHO, Fabio Ulhoa. Apuração de haveres na ação de dissolução de sociedade. *In*: RIBEIRO, Marcia Carla Pereira; CARAMÊS, Guilherme Bonato Campos (coord.). *Direito empresarial e o novo CPC*. Belo Horizonte: Fórum, 2017.

COELHO, Fábio Ulhoa. *Curso de direito civil*. São Paulo: Saraiva, 2003. v. 1.

COELHO, Fábio Ulhoa. *Curso de direito comercial*. 2. ed. São Paulo: Saraiva, 1999. v. 2.

COELHO, Fábio Ulhoa. *Curso de direito comercial*. Direito de empresa.14. ed. São Paulo: Saraiva, 2010. v. 1.

COELHO, Fábio Ulhoa. *Desconsideração da personalidade jurídica*. São Paulo: RT, 1989.

COELHO, Fábio Ulhoa. *Direito antitruste brasileiro*. São Paulo: Saraiva, 1995.

COELHO, Fábio Ulhoa. *Manual de direito comercial*. São Paulo: Saraiva, 2000.

COELHO, Fábio Ulhoa. *O empresário e os direitos do consumidor*. São Paulo: Saraiva, 1994.

COELHO, Fabio Ulhoa. O valor da participação societária. *In*: COELHO, Fábio Ulhoa (coord.). *Tratado de direito comercial*. São Paulo: Saraiva, 2015. v. 1.

COLIN, Ambrosio; CAPITANT, Henry. *Curso elemental de derecho civil*. 3. ed. Madrid: Reus, 1988.

COLOMBRES, Gervasio R. *Curso de derecho societario*. Buenos Aires: Abeledo-Perrot, 1972.

COMPARATO, Fábio Konder. *O poder de controle na sociedade anônima*. Rio de Janeiro: Forense, 1983.

COPELLO, Héctor Roberto Goyena. *Procedimiento sucesorio*. Buenos Aires: Astrea, 1993.

CORDEIRO, António Barreto Menezes. *Da simulação no direito civil*. Coimbra: Almedina, 2014.

CORDEIRO, António Barreto Menezes. *O levantamento da personalidade colectiva no direito civil e comercial*. Coimbra: Almedina, 2000.

CORDEIRO, António Barreto Menezes. *Manual de direito das sociedades*. Coimbra: Almedina, 2004.

CÓRDOBA, Marcos M. La buena fé positivada como principio general. *In*: ALEGRIA, Héctor (dir.). *Código Civil y Comercial en debate*. Buenos Aires: La Ley, 2017. t. I.

CORIA, Clara. *O sexo oculto do dinheiro*. São Paulo: Rosa dos Tempos, 1996.

CORNU, Gérard. *Les régimes matrimoniaux*. Paris: PUF, 1974.

CORRÊA, Luiz Fabiano. *A proteção da boa-fé nas aquisições patrimoniais*. Campinas: Interlex Informações Jurídicas, 2001.

CORVO RIBAS, Roberta de Oliveira e. Apuração de haveres na sociedade empresária limitada. *In*: COELHO, Fábio Ulhoa (coord.). *Tratado de direito comercial*. São Paulo: Saraiva, 2015. v. II.

COSTA, Carlos Celso Orcesi da. *Código Civil na visão do advogado*. São Paulo: RT, 2003. v. 4.

COSTA, Carlos Celso Orcesi da. *Tratado do casamento e do divórcio*. São Paulo: Saraiva, 1987. v. 1.

COSTA, Célio Silva. *A interpretação constitucional e os direitos e garantias fundamentais na Constituição de 1988*. Rio de Janeiro: Liber Juris, 1992.

COSTALUNGA, Karime. *O direito do meeiro do sócio na apuração de haveres*. Proposta de interpretação da legislação civil. São Paulo: Quartier Latin, 2019.

COSTA, María Josefa Méndez. Derecho de familia patrimonial. Artículos 1.217 a 1.322. *In*: COSTA, María Josefa Méndez (dir.). *Código Civil comentado*. Buenos Aires: Rubinzal-Culzoni, 2004.

COSTA, María Josefa Méndez. Fraude entre conyuges. *Revista de Derecho Privado y Comunitario, Derecho de Familia Patrimonial*, Buenos Aires, 1996.

COSTA, María Josefa Méndez. *Las deudas de los cónyuges*. Buenos Aires: Astrea, 1979.

COSTA, María Josefa Méndez. *Los principios jurídicos en las relaciones de familia*. Buenos Aires: Rubinzal-Culzoni, 2006.

COVELLO, Sergio Carlos. *A presunção em matéria civil*. São Paulo: Saraiva, 1983.

CRETELLA JÚNIOR, José. *Comentários à lei antitruste*. Rio de Janeiro: Forense, 1995.

CRISTIANO, Romano. *Sociedade limitada no Brasil*. São Paulo: Malheiros, 1998.

CRISTIANO, Romano. *Sociedades limitadas de acordo com o código civil*. São Paulo: Malheiros, 2008.

CRUZ, José Claudino de Oliveira. *Dos alimentos no direito de família*. Rio de Janeiro: Forense, 1961.

CUEVA, Ricardo Villas Bôas *et al.* (coord.). *Lei de liberdade econômica e seus impactos no direito brasileiro*. São Paulo: RT, 2019.

DANTAS, Ana Florinda. A divisibilidade dos frutos no regime de bens do casamento e na união estável: O que são frutos? *In*: ANAIS DO CONGRESSO BRASILEIRO DE DIREITO DE FAMÍLIA. Famílias nossas de cada dia. Belo Horizonte: IBDFAM, 2015.

DANTAS, Marcelo Navarro Ribeiro. *Comentários ao Código Civil brasileiro*. Rio de Janeiro: Forense, 2005. v. I.

DELGADO, José Augusto; GOMES JÚNIOR, Luiz Manoel. *Comentários ao Código Civil brasileiro*. Coordenação Arruda Alvim e Thereza Alvim. Rio de Janeiro: Forense, 2008. v. II.

DELGADO, Mário Luiz. A desconsideração da personalidade jurídica antes e depois da lei da liberdade econômica. *In*: SALOMÃO, Luis Felipe; TARTUCE, Flávio (coord.). *Direito civil*. Diálogos entre a doutrina e a jurisprudência. São Paulo: Método, 2021. v. 2.

DELGADO, Mário Luiz. A invisível violência doméstica contra o patrimônio da mulher. *Consultor Jurídico*, 28 out. 2018. Disponível em: https://www.conjur.com.br/2018-out-28/processo-familiar--invisivel-violencia-domestica-patrimonio-mulher. Acesso em: 20 ago. 2020.

DELGADO, Mário Luiz. As quotas sociais e o caso do cônjuge não sócio separado de fato. *Consultor Jurídico*. Disponível em: http://www.conjur.com.br/2017-abr-09/processo-familiar-quotas-sociais--conjuge-não-socio. Acesso em: 20 ago. 2020.

DELGADO, Mário Luiz *et al.* Código Civil comentado. Doutrina e jurisprudência. Rio de Janeiro/GEN/Forense, 2019.

DELGADO, Mário Luiz; MARINHO JÚNIOR, Jânio Urbano. Fraudes no planejamento sucessório. *In*: TEIXEIRA, Daniele Chaves (coord.). *Arquitetura do planejamento sucessório*. Belo Horizonte: Fórum, 2019.

DELMAS-MARTY, Mireille; LABRUSSE-RIOU, Catherine. *Matrimonio y divorcio*. Colombia: Temis, 1987.

DE LOS MOZOS, J. L. *El negocio jurídico*. Madrid: Estudios de Derecho Civil, 1987.

DEMAIN, Bernard. *La liquidación de bienes en las uniones de hecho. Madrid: Reus,* 1992.

DEQUECH, Luciano. A desconsideração da personalidade jurídica. *In*: DELGADO, Mário Luiz; ALVES, Jones Figueiredo (coord.). *Questões controvertidas no novo Código Civil*. São Paulo: Método, 2007.

DIAS, Adahyl Lourenço. *Venda a descendente*. 3. ed. Rio de Janeiro: Forense, 1985.

DIAS, Maria Berenice. *Manual de direito das famílias*. 11. ed. São Paulo: RT, 2016.

DIAS, Ronaldo Brêtas de Carvalho. *A repressão da fraude no processo civil brasileiro*. São Paulo: Leud, 1989.

DÍAZ-AMBRONA, María Dolores Hernández. *Estudio crítico de la pensión compensatoria*. Madrid: Reus, 2017.

DÍAZ, Carlos López. *Tratado de derecho de familia*. Chile: Digesto, 2016.

DÍAZ, Julio Alberto. *Responsabilidade coletiva*. Belo Horizonte: Del Rey, 1998.

DIDIER JR., Fredie. *Regras processuais no novo Código Civil*. São Paulo: Saraiva, 2004.

DIEZ-PICAZO, Luis; GUILLON, Antonio. *Sistema de derecho civil*. Madrid: Tecnos, 1978. v. IV.

DINAMARCO, Cândido Rangel. *Instituições de direito processual civil*. 4. ed. São Paulo: Malheiros, 2019. v. IV.

DINAMARCO, Cândido Rangel. *Litisconsórcio*. 3. ed. São Paulo: Malheiros, 1994.

DINAMARCO, Cândido Rangel. *Instituições de direito processual civil*. São Paulo: Malheiros, 2004. t. IV.

DINAMARCO, Marina Pacheco Cardoso. *A aplicação da pena de sonegados nas partilhas decorrentes do divórcio*. 2017. Dissertação (Mestrado) – PUC/SP, São Paulo, 2017.

DINAMARCO, Marina Pacheco Cardoso. Os mecanismos existentes para o combate à fraude patrimonial, sejam no divórcio, na dissolução da união estável, como em decorrência da morte. *In*: TEIXEIRA, Daniele Chaves (coord.). *Arquitetura do planejamento sucessório*. Belo Horizonte: Fórum, 2021. t. II.

DINAMARCO, Marina Pacheco Cardoso; LOPES, Anderson. Aspectos cíveis e penais da fraude à partilha de bens no divórcio. *Migalhas de Peso*. Disponível em: https://m.migalhas.com.br/depeso/330256/aspectos-civeis-e-penais-da-fraude-a-partilha-de-bens-no-divorcio. Acesso em: 6 jul. 2020.

DINIZ, Fernanda Paula. *Sociedades empresárias entre cônjuges e os instrumentos de combate e prevenção à fraude*. Belo Horizonte: Arraes, 2012.

DINIZ, Gustavo Saad. *Instrumentos de capitalização societária*. São Paulo: LiberArs, 2014.

DINIZ, Gustavo Saad. *Subcapitalização societária*. Financiamento e responsabilidade. Belo Horizonte: Fórum, 2012.

DINIZ, Maria Helena. *Código Civil comentado*. 12. ed. São Paulo: Saraiva, 2006.

DINIZ, Maria Helena. *Curso de direito civil brasileiro*. 7. ed. São Paulo: Saraiva, 1993. v. 5.

DINIZ, Maria Helena. *Curso de direito civil brasileiro*. 8. ed. São Paulo: Saraiva, 1991.

DINIZ, Maria Helena. *Curso de direito civil brasileiro*. 24. ed. São Paulo: Saraiva, 2007.

DINIZ, Maria Helena. *Lei de Introdução ao Código Civil brasileiro interpretada*. São Paulo: Saraiva, 1994.

DOBSON, Juan M. *El abuso de la personalidad jurídica*. Buenos Aires: Depalma, 1985.

DOHRMANN, Klaus Jochen Albiez. *Disposiciones patrimoniales en vida para después de la muerte*. Chile: Olejnik, 2019.

DOMÉNECH, Javier Barceló. Comentarios al Código Civil: especial consideración de la doctrina juris-prudencial. *In*: ALBESA, Joaquín Rams; MARTÍNEZ, J. A. Moreno (coord.). *El régimen económico del matrimonio*. Madrid: Dykinson, 2005.

DOMINGUES, Paulo de Tarso. *Do capital social*. Noção, princípios e funções. Coimbra: Coimbra Editora, 1998.

DONIZETTI, Elpídio. *O novo processo de execução*. Rio de Janeiro: Lumen Juris, 2008.

D'ORS, Álvaro. *Derecho privado romano*. 9. ed. Pamplona: Eunsa, 1997.

DRAY, Guilherme Machado. *Direitos de personalidade*. Lisboa: Almedina, 2006.

DUARTE, Nestor. Código Civil comentado. Coordenação Cezar Peluso. 8. ed. São Paulo: Manole, 2014.

DUBOIS, Eduardo M. Favier. La empresa familiar. *In*: DUBOIS, Eduardo M. Favier (coord.). *La empresa familiar*. Encuadre general, marco legal e instrumentación. Buenos Aires: Ad-Hoc, 2010.

DUTTO, Ricardo J. *Daños ocasionados en las relaciones de familia*. Buenos Aires: Hammurabi, 2006.

ESCRIBANO, Carlos. *Medidas precautorias en juicio de divorcio y separacion de bienes*. 3. ed. Buenos Aires: Ghersi Editor, 1978.

ESCRIBANO, Celia Martínez *et al*. *Aspectos civiles y penales de las crisis matrimoniales*. Valladolid: Lex Nova, 2009.

ESPÍNOLA, Eduardo. *A família no direito civil brasileiro*. Rio de Janeiro: Gazeta Judiciária, 1954.

ESTIVILL, Josep Maria Fugardo. La seguridad jurídica y el valor de la forma notarial. *In*: MELERO, Martín Garrido; ESTIVILL, Josep Maria Fugardo (coord.). *Conflictos em torno a los patrimónios personales y empresariales*. Barcelona: Bosch, 2010. t. II.

ESTRELLA, Hernani. *Apuração de haveres de sócio*. 2. ed. Rio de Janeiro: Forense, 1992.

ESTRELLA, Hernani. *Direitos da mulher*. Rio de Janeiro: José Konfino Editor, 1975.

ETZIONI, Amitai. *Los límites de la privacidad*. Buenos Aires: Edisofer, 2012.

FARDIN, Noemi Alves. *Aspectos sociojurídicos da união estável*. Concubinato. Porto Alegre: Livraria do Advogado, 1993.

FARIAS, Cristiano Chaves de. Coparentalidade: parceria formal, regrada, para criação de filhos. *Revista IBDFAM*, Belo Horizonte, edição 49, fev./mar. 2020.

FARIAS, Cristiano Chaves de; DIDIER JÚNIOR, Fredie: GUEDES, Jefferson Carús; GAMA, Guilherme Calmon Nogueira da; SLAIBI FILHO, Nagib. *Comentários ao Código Civil brasileiro*. Coordenação Arruda Alvim e Thereza Alvim. Rio de Janeiro: Forense, v. XV. 2005.

FARIAS, Cristiano Chaves de; ROSENVALD, Nelson. *Curso de direito civil*. Direito de família. 8. ed. Salvador: JusPodivm, 2016.

FARIAS, Cristiano Chaves de; ROSENVALD, Nelson. *Curso de direito civil*. Parte geral e LINDB. 18. ed. Salvador: JusPodivm, 2020.

FARIAS, Cristiano Chaves de; ROSENVALD, Nelson. *Curso de direito civil*. Reais. 16. ed. Salvador: JusPodivm, 2020. v. 5.

FARIAS, Cristiano Chaves de; ROSENVALD, Nelson. *Direito das famílias*. Rio de Janeiro: Lumen Juris, 2008.

FARIAS, Cristiano Chaves de; ROSENVALD, Nelson. *Direito civil*. Teoria geral. 2. ed. Rio de Janeiro: Lumen Juris, 2005.

FARIAS, Cristiano Chaves de; ROSENVALD, Nelson. *Direito civil*. Teoria geral. 2. ed. Rio de Janeiro: Lumen Juris, 2008.

FARIAS, Cristiano Chaves de; ROSENVALD, Nelson. *Direito das famílias*. Rio de Janeiro: Lumen Juris, 2008.

FARRULA JÚNIOR, Leônidas Filippone. Do regime de bens entre os cônjuges. *In*: LEITE, Heloísa Maria Daltro (coord.). *O novo Código Civil do direito de família*. Rio de Janeiro: Freitas Bastos, 2002.

FASSI, Santiago; BOSSERT, Gustavo. *Sociedad conyugal*. Buenos Aires: Astrea, 1978. t. II.

FÉRES, Marcelo Andrade. *Estabelecimento empresarial, trespasse e efeitos obrigacionais*. São Paulo: Saraiva, 2007.

FERNANDES, Iara de Toledo. *Alimentos provisionais*. São Paulo: Saraiva, 1994.

FERNANDEZ, Atahualpa. *A suportabilidade da vida em comum, a dissolução da sociedade conjugal e o novo Código Civil*. Porto Alegre: Fabris, 2003.

FERNÁNDEZ, Jesús Antonio Romero. *Las sociedades profesionales de capitales*. Madrid: Marcial Pons, 2009.

FERNANDÉZ, Luis F. P. Leiva. *Código Civil y Comercial comentado*. Tratado exegético. Coordenação Ignacio E. Alterini. 3. ed. Buenos Aires: Thomson Reuters/La Ley, 2019. v. VII.

FERNÁNDEZ, María del Mar Manzano. *Donaciones de bienes por razón de matrimonio*. Pamplona: Thomson Reuters/Aranzadi, 2013.

FERRARI, Ed Luiz. *Contabilidade geral*. Niterói: Impetus, 2012.

FERREIRA, Eduardo Vaz. *Tratado de la sociedad conyugal*. 3. ed. Buenos Aires: Astrea, 1979. t. II.

FERREIRA, Graciela B. *La mujer maltratada*. Un estudio sobre las mujeres víctimas de la violencia doméstica. Buenos Aires: Editorial Sudamericana, 1989.

FERREIRA, Ivan Nunes. *Comentários ao novo Código de Processo Civil*. Coordenação Antonio do Passo Cabral e Ronaldo Cramer. Rio de Janeiro: GEN/Forense, 2015.

FERREIRA, Paulo Roberto Gaiger; RODRIGUES, Felipe Leonardo. *Ata notarial*. Doutrina, prática e meio de prova. São Paulo: Quartier Latin, 2010.

FERREIRA, Waldemar. *Tratado de direito comercial*. *São Paulo: Saraiva*, 1961. v. 5.

FERRER, Francisco A. M. *Código Civil y Comercial*. Tratado exegético. Coordenación Ignacio E. Alterini. 3. ed. Buenos Aires: Thomson Reuters/La Ley, 2019. v. XI.

FERRER, Francisco A. M. *Comunidad hereditaria e indivisión posganancial*. Buenos Aires: Rubinzal-Culzoni, 2016.

FERRER, Francisco A. M. *El régimen patrimonial del matrimonio*. Buenos Aires: Rubinzal-Culzoni, 2017.

FERRER, Francisco A. M. El régimen patrimonial matrimonial. *In*: CÓRDOBA, Florencia I. (coord.). *Tratado de la familia*. Buenos Aires: Thomson Reuters/La Ley, 2020. t. I.

FERRI, Luigi. *La autonomía privada*. Chile: Olejnik, 2018.

FERRI, Luigi. *La autonomía privada*. Madrid: Revista de Derecho, 1969.

FIUZA, Ricardo. *O novo Código Civil e as propostas de aperfeiçoamento*. São Paulo: Saraiva, 2004.

FLEISCHMANN, Simone Tassinari Cardoso; TREMARIN JUNIOR, Valter. Reflexões sobre holding familiar no planejamento sucessório. *In*: TEIXEIRA, Daniele Chaves (coord.). *Arquitetura do planejamento sucessório*. Belo Horizonte: Fórum, 2019.

FOERSTER, Gerd. *O trust do direito anglo-americano e os negócios fiduciários no Brasil*. Perspectiva de direito comparado (considerações sobre o acolhimento do *trust* pelo direito brasileiro). Porto Alegre: Fabris, 2013.

FONSECA, Priscila M. P. Corrêa da. *Dissolução parcial, retirada e exclusão de sócio*. São Paulo: Atlas, 2002.

FONSECA, Priscila M. P. Corrêa da. *Manual do planejamento patrimonial das relações afetivas e sucessórias*. São Paulo: Thomson Reuters/RT, 2018.

FONSECA, Priscila M. O. Corrêa da; SZTAJN, Rachel. *Código Civil comentado*. Direito de empresa. Coordenação Álvaro Villaça Azevedo. São Paulo: Atlas, 2008. v. XI.

FRAGOSO, Heleno Cláudio. *Lições de direito penal*. Parte especial. 3. ed. São Paulo: José Bushatsky, 1977. v. 2.

FRANÇA, Erasmo Valladão Azevedo e Novaes; ADAMEK, Marcelo Vieira von. *Da ação de dissolução parcial de sociedade*. Comentários breves ao CPC/2015. São Paulo: Malheiros, 2016.

FRANK, Felipe. *A validade da cláusula sucessória no pacto antenupcial*. Morrisville: Lulupress, 2019.

FRAZÃO, Ana. Liberdade econômica para quem? A necessária vinculação entre a liberdade de iniciativa e a justiça social. *In*: SALOMÃO, Luis Felipe; CUEVA, Ricardo Villas Bôas; FRAZÃO, Ana (coord.). *Lei de Liberdade Econômica e seus impactos no direito brasileiro*. São Paulo: RT/Thomson Reuters, 2020.

FREIRE, Alexandre; MARQUES, Leonardo Albuquerque. *Comentários ao Código de Processo Civil*. Organização Lenio Luiz Streck, Dierle Nunes e Leonardo Carneiro da Cunha. Coordenador Executivo Alexandre Freire. São Paulo: Saraiva, 2016.

FREITAS, Douglas Phillips. Partilha e sucessão das quotas empresariais. Disponível em: https://www.ibdfam.org.br/artigos/833/Partilha+e+sucess%C3%A3o+das+quotas+empresariais. Acesso em: 28 dez. 2020.

FREITAS, Elizabeth Cristina Campos Martins de. *Desconsideração da personalidade jurídica: análise à luz do Código de Defesa do Consumidor e do novo Código Civil*. 2. ed. São Paulo: Atlas, 2004.

FUJITA, Jorge Shiguemitsu. *Curso de direito civil. Direito de família*. 2. ed. São Paulo: Juarez de Oliveira, 2003.

FURTADO, Lucas Rocha. *As raízes da corrupção no Brasil*. Estudos de casos e lições para o futuro. Belo Horizonte: Fórum, 2015.

GABURRI, Fernando. *Contratos*. Teoria geral do contrato, contratos em espécie e atos unilaterais de vontade. Curitiba: Juruá, 2011. v. 3.

GAGLIARDO, Mariano. *Sociedad de familia y cuestiones patrimoniales*. 3. ed. Buenos Aires: Rubinzal--Culzoni, 2018.

GAGLIARDO, Mariano. *Sociedades de familia y cuestiones patrimoniales*. Buenos Aires: Abeledo-Perrot, 1999.

GAGLIARDO, Mariano. *Sociedades de familia y cuestiones patrimoniales*. 2. ed. Buenos Aires: LexisNexis/Abeledo-Perrot, 2006.

GAINO, Itamar. *A simulação dos negócios jurídicos*. São Paulo: Saraiva, 2007.

GAINO, Itamar. *Responsabilidade dos sócios na sociedade limitada*. São Paulo: Saraiva, 2005.

GAJARDONI, Fernando da Fonseca. *Flexibilização procedimental*: um novo enfoque para o estudo do procedimento em matéria processual. São Paulo: Atlas, 2008.

GALIZZI, Gustavo Oliva. *Sociedade em conta de participação*. Belo Horizonte: Mandamentos, 2008.

GALLARDO, Aurelio Barrio. *Autonomía privada y matrimonio*. Madrid: Cometa, 2016.

GAMA, Guilherme Calmon Nogueira da. *A família no direito penal*. Rio de Janeiro: Renovar, 2000.

GAMA, Guilherme Calmon Nogueira da. *Direito civil*. Parte geral. São Paulo: Atlas, 2006.

GAMA, Guilherme Calmon Nogueira da. *Direito de família brasileiro. Introdução – abordagem sob a perspectiva civil-constitucional*. São Paulo: Juarez de Oliveira, 2001.

GAMA, Guilherme Calmon Nogueira da. *O companheirismo*. São Paulo: RT, 1998.

GARCÍA, Concepción Saiz. *Acreedores de los cónyuges y régimen económico matrimonial de gananciales*. Navarra: Thomson Reuters/Aranzadi, 2006.

GARCÍA, Manuel Albaladejo. *La simulación*. Madrid: Edisofer, 2005.

GARCÍA, Máximo Juan Pérez. Disolución y liquidación de la sociedad de gananciales. *In*: GIMÉNEZ, Gema Diez-Picazo (coord.). *Derecho de familia*. Navarra: Thomson Reuters/Aranzadi, 2012.

GARZÓN, María Dolores Cervilla. *Los acuerdos prematrimoniales en previsión de ruptura*. Valencia: Tirant lo Blanch, 2013.

GATARI, Carlos N. *El poder dispositivo de los cónyuges*. La Plata: Librería Jurídica, 1974.

GENTIL, Alberto. *Registros públicos*. Rio de Janeiro: GEN/Forense, 2020.

GIORGIS, José Carlos Teixeira. O direito de família e as provas ilícitas. *In*: WELTER, Belmiro Pedro; MADALENO, Rolf Hanssen (coord.). *Direitos fundamentais do direito de família*. Porto Alegre: Livraria do Advogado, 2004.

GOLDSCHMIDT, Guilherme. *A penhora on-line no direito processual brasileiro*. Porto Alegre: Livraria do Advogado, 2008.

GOMES, Gilberto. *Sucessão de empresa. A questão da responsabilidade solidaria e a posição do empregado*. São Paulo: LTr, 1994.

GOMES, Orlando. *Introdução ao direito civil*. 10. ed. Rio de Janeiro: Forense, 1993.

GOMES, Orlando. *Introdução ao direito civil*. 19. ed. Rio de Janeiro: Forense, 2008.

GOMES, Orlando. *O novo direito de família*. Porto Alegre: Fabris, 1984.

GOMES, Orlando. *Questões de direito civil*. 5. ed. São Paulo: Saraiva, 1988.

GOMES, Renata Raupp. *A função social da legítima no direito brasileiro*. Rio de Janeiro: Lumen Juris, 2019.

GOMES, Victor André Liuzzi. *Intervenção de terceiros e tutela de urgência*. Rio de Janeiro: Forense, 2007.

GÓMEZ, José Antonio Cobacho. *La deuda alimenticia*. Madrid: Montecorvo, 1990.

GONÇALVES, Carlos Roberto. *Direito civil brasileiro*. Direito de família. São Paulo: Saraiva, 2005. v. 5.

GONÇALVES, Carlos Roberto. *Direito civil brasileiro*. Direito de família. 13. ed. São Paulo: Saraiva, 2016. v. 6.

GONÇALVES, Carlos Roberto. *Direito das obrigações*. Parte especial: contratos. 19. ed. São Paulo: Saraiva, 2017. v. 6, t. 1.

GONÇALVES, Carlos Roberto. *Responsabilidade civil*. São Paulo: Saraiva, 2014.

GONÇALVES NETO, Alfredo de Assis. *Direito de empresa*. Comentários aos artigos 966 a 1.195 do Código Civil. 2. ed. São Paulo: RT, 2008.

GONÇALVES NETO, Alfredo de Assis. *Direito de empresa*. São Paulo: RT, 2007.

GONÇALVES NETO, Alfredo de Assis. Sociedade para o exercício de trabalho intelectual. *In*: ADAMEK, Marcelo Vieira von (coord.). *Temas de direito societário e empresarial contemporâneos*. São Paulo: Malheiros, 2011.

GONÇALVES, Oksandro. *A relativização da responsabilidade limitada dos sócios*. Curitiba: Juruá, 2011.

GONÇALVES, Oksandro. *Desconsideração da personalidade jurídica*. Curitiba: Juruá, 2004.

GOUVEIA, Lúcio Grassi de. *Comentários ao Código de Processo Civil*. Coordenação Angélica Arruda Alvim, Araken de Assis, Eduardo Arruda Alvim e George Salomão Leite. São Paulo: Saraiva, 2016.

GOZZO, Débora. *Pacto antenupcial*. São Paulo: Saraiva, 1992.

GOZZO, Débora; VENOSA, Sílvio de Salvo. *Comentários ao Código Civil brasileiro*. Coordenação Arruda Alvim e Thereza Alvim. Rio de Janeiro: Forense, 2004. v. XVI.

GRAEFF JR., Cristiano. A partilha de quotas de sociedade limitada no divórcio. *In*: COELHO, Fábio Ulhoa; FÉRES, Marcelo Andrade (coord.). *Empresa familiar*. Estudos jurídicos. São Paulo: Saraiva, 2014.

GRAEFF JR., Cristiano. *Compêndio elementar das sociedades comerciais*. Porto Alegre: Livraria do Advogado, 1997.

GRAMSTRUP, Erik F.; TARTUCE, Fernanda. A responsabilidade civil pelo uso abusivo do poder familiar. *In*: BARBOSA, Eduardo; MADALENO, Rolf (coord.). *Responsabilidade civil no direito de família*. São Paulo: Atlas, 2015.

GRASSELLI, Odete. *Penhora trabalhista* on-line. São Paulo: LTr, 2006.

GRECO, Marco Aurélio. *Planejamento tributário*. 3. ed. São Paulo: Dialética, 2011.

GREZ, Pablo Rodríguez. *El abuso del derecho y el abuso circunstancial*. Chile: Editorial Jurídica de Chile, 2004.

GRIMALDI, Michel. Sociedad y empresa familiar. *In*: CARLUCCI, Aída Kemelmajer de (coord.). *El derecho de familia y los nuevos paradigmas*. Buenos Aires: Rubinzal-Culzoni, 2000. t. II.

GUAHNON, Silvia V. *Medidas cautelares en el derecho de família*. 2. ed. Buenos Aires: La Rocca, 2011.

GUAHNON, Silvia V.; SELTZER, Martín E. Medidas cautelares en el derecho de familia. *In*: MALIZIA, Roberto (coord.). *Derecho patrimonial en el ámbito del derecho de familia*. Buenos Aires: Rubinzal--Culzoni, 2019.

GUASTAVINO, Elias P. *Partición de gananciales después del divorcio*. Buenos Aires: Rubinzal-Culzoni, 1985.

GUILMINELLI, Ricardo Ludovico. *Responsabilidad por abuso de la personalidad jurídica*. Buenos Aires: Depalma, 1997.

GUIMARÃES, Flávia Lefèvre. *Desconsideração da personalidade jurídica no Código do Consumidor*. São Paulo: Max Limonad, 1998.

GUIMARÃES, Luís Paulo Cotrim. *Negócio jurídico sem outorga do cônjuge ou convivente*. São Paulo: RT, 2003.

GUIMARÃES, Marilene Silveira. A necessidade de outorga para a alienação de bens imóveis. *In*: DELGADO, Mário Luiz; ALVES, Jones Figueirêdo (coord.). *Novo Código Civil*: questões controvertidas. São Paulo/Método, 2004.

GURGEL, Fernanda Pessanha do Amaral. *Direito de família e o princípio da boa-fé objetiva*. Curitiba: Juruá, 2009.

GUSMÃO, Mônica. *Curso de direito empresarial*. 5. ed. Rio de Janeiro: Lumen Juris, 2007.

GUTIÉRREZ, Vicente Guilarte. Autonomía patrimonial de los esposos y cogestión de la sociedad conyugal: La necesaria reforma del sistema derivada de su incompatibilidad. *In*: GUTIÉRREZ, Vicente Guilarte. *Los conflictos actuales en el derecho de familia*. Valladolid: Lex Nova/Thomson Reuters, 2013.

GUTIÉRREZ, Vicente Guilarte. La necesidad de reformar el régimen económico matrimonial vigente en el derecho común: Propuestas (Especial relevancia de tal necesidad en el ámbito de las crisis matrimoniales). *In*: MARTÍN-CALERO, Cristina Guilarte (coord.). *Aspectos civiles y penales de las crisis matrimoniales*. Valladolid: Lex Nova, 2009.

GUTIÉRREZ, Vicente Guilarte; MARTÍN-CALERO, Cristina Guilarte; ESCRIBANO, Celia Martínez; SASTRE, Nuria Raga. Las capitulaciones matrimoniales. Las donaciones por razón de matrimonio. *In*: TOLSADA, Mariano Yzquierdo; CASAS, Matilde Cuena (dir.). *Tratado de derecho de la familia*. Los regímenes económicos matrimoniales. Navarra: Thomson Reuters/Aranzadi, 2011. v. III.

HALPERIN, Isaac. *Curso de derecho comercial*. 3. ed. Buenos Aires: Depalma, 1994.

HANADA, Nelson. *Da insolvência e sua prova na ação pauliana*. 4. ed. São Paulo: RT, 2005.

HAPNER, Adriana. Ausência de legislação específica. *Revista IBDFAM*, Belo Horizonte, edição 49, fev./mar. 2020.

HAYASHIDA, Javier Pazos. *Código Civil comentado*. Coordenación Manuel Muro Rojo e Manuel Alberto Torres Carrasco. Peru: Gaceta Jurídica, 2020. t. V.

HEINEN, Juliano. *Comentários à lei anticorrupção*. Belo Horizonte: Fórum, 2015.

HENTZ, André Soares. *Ética nas relações contratuais à luz do Código Civil de 2002*. São Paulo: Juarez de Oliveira, 2007.

HENTZ, Luiz Antonio Soares. *Direito empresarial. São Paulo: LED,* 1998.

HERKENHOFF, Henrique Geaquinto. *Direito civil em sua expressão mais simples.* Belo Horizonte: Del Rey, 2005.

HERMOSA, Pedro Ignacio Botello. *La sustitución fideicomissaria especial introducida por la Ley 41/2003.* Valencia: Tirant lo Blanch, 2017.

HERNÁNDEZ, Francisco Rivero. *Usufructo, uso y habitación.* 3. ed. Navarra: Thomson Reuters/Aranzadi, 2020.

HERRERA, Marisa. *Código Civil Y Comercial de la Nación comentado.* Buenos Aires: Rubinzal-Culzoni, 2015. t. IV.

HERRERA, Vanessa García. *El legado de habitación a favor de legitimario discapacitado.* Madrid: Dykinson, 2018.

HIRIGOYEN, Marie-France. *Mujeres maltratadas.* Los mecanismos de la violencia en la pareja. Buenos Aires: Paidó, 2006.

HIRONAKA, Giselda Maria Fernandes Novaes. *Comentários ao Código Civil.* Coordenação Antônio Junqueira de Azevedo. São Paulo: Saraiva, 2003. v. 20.

HIRONAKA, Giselda Maria Fernandes Novaes; AGUIRRE, João Ricardo Brandão. Quais os parâmetros vigentes para a realização das colações das doações realizadas em adiantamento da legítima? *Revista de Direito Contemporâneo,* São Paulo, ano 5, v. 17, p. 219-238, out./dez. 2018.

HIRONAKA, Giselda Maria Fernandes Novaes; CAHALI, Francisco José. *Direito das sucessões.* 3. ed. São Paulo: RT, 2007.

HOOG, Wilson Alberto Zapp. *Balanço especial para apuração de haveres e reembolso de ações.* Curitiba: Juruá, 2009.

HOOG, Wilson Alberto Zapp. *Prova pericial contábil.* Teoria e prática. 10. ed. Curitiba: Juruá, 2012.

HOOG, Wilson Alberto Zapp. *Resolução de sociedade & avaliação do patrimônio na apuração de haveres.* 5. ed. Curitiba: Juruá, 2012.

IMAS, Gonzalo. *Código civil y comercial explica. Derecho de familia.* Buenos Aires: Rubinzal-Culzoni. Directora HERRERA, Marisa. Director general LORENZETTI, Ricardo Luis. t. II. 2019.

IRUZUBIETA, Carlos Vázquez. *Régimen económico del matrimonio.* Madrid: Editoriales de Derecho Reunidas, 1982.

ITURRASPE, Jorge Mosset. *Contratos simulados y fraudulentos.* Buenos Aires: Rubinzal-Culzoni, 2001. t. II.

ITURRASPE, Jorge Mosset. *Responsabilidad por daños.* El daño moral. Buenos Aires: Rubinzal-Culzoni, 2006. t. V.

JARAMILLO, Carlos Ignacio. *La doctrina de los actos propios* Madrid: La Ley, 2014.

JESUS, Fernando de. *Perícia e investigação de fraude.* Uma análise psicológica e operacional na evidenciação de fraude. Goiânia: AB Editora, 2000.

JOSSERAND, Louis. *Derecho civil.* Buenos Aires: Bosch, 1950. t. II, v. I.

JOSSERAND, Louis. *Derecho civil.* Buenos Aires: Bosch, 1951. t. II, v. II.

JUSTEN FILHO, Marçal. *Desconsideração da personalidade societária no direito brasileiro.* São Paulo: RT, 1987.

KOCH, Deonísio. *Desconsideração da personalidade jurídica.* Florianópolis: Momento Atual, 2005.

KOURY, Suzy Elizabeth Cavalcante. *A desconsideração da personalidade jurídica* (disregard doctrine) *e os grupos empresariais.* Rio de Janeiro: Forense, 1993.

KRASNOW, Adriana Noemí. *Régimen patrimonial del matrimonio.* Buenos Aires: Erreius, 2019.

KELSEN, Hans. *Teoría pura del derecho.* 2. ed. México: Unam, 1979.

KONDER, Cíntia Muniz de Souza. A celebração de negócios jurídicos por pessoas consideradas absolutamente capazes pela Lei n.º 13.146 de 2015, mas que não possuem o necessário discernimento para os atos civis por doenças mentais: promoção da igualdade perante a lei ou ausência de proteção? *In:*

BARBOZA, Heloisa Helena; MENDONÇA, Bruna Lima de; ALMEIDA JÚNIOR, Vitor de Azevedo (coord.). *O Código Civil e o Estatuto da Pessoa com Deficiência*. Rio de Janeiro: Processo, 2017.

KONDO, Jonas Keiti. Natureza jurídica, desconsideração da pessoa jurídica. *Jurisprudência Brasileira*, Curitiba, n. 102, p. 13-34, 1985.

KÜMPEL, Vitor Frederico. *Teoria da aparência no Código Civil de 2002*. São Paulo: Método, 2007.

KÜMPEL, Vitor Frederico; FERRARI, Carla Modina. *Tratado notarial e registral*. São Paulo: YK, 2017. v. 3.

LACERDA, Galeno. Execução de título extrajudicial e segurança do juízo. *Revista Ajuris*, Porto Alegre, v. 23, 1981.

LACERDA, Galeno. Função e processo cautelar, revisão crítica. *Revista Ajuris,* Porto Alegre, v. 56, p. 5-13, nov. 1992.

LLAMAS, Maria Lourdes Martínez de Morentin. *Régimen jurídico de las presunciones*. Madrid: Dykinson, 2007.

LAMADRID, Miguel Ángel Soto. *Biogenética, filiación y delito*. Buenos Aires: Astrea, 1990.

LARA, Betina Rizzato. *Liminares no processo civil*. São Paulo: RT, 1993.

LASALA, José Luis Pérez. *Curso de derecho sucesorio*. Buenos Aires: Depalma, 1989.

LASALA, José Luis Pérez; MEDINA, Graciela. *Acciones judiciales en el derecho sucesorio*. Buenos Aires: Depalma, 1992.

LASARTE, Carlos. *Derecho de familia*: principios de derecho civil. 11. ed. Madrid: Marcial Pons, 2012.

LAS CUEVAS, Guillermo Cabanellas de. *Derecho societario*. Resolución parcial y reducción de capital de sociedades. Buenos Aires: Heliasta, 2011.

LATA, Natalia Álvarez. *Aspectos civiles de la empresa familiar*: economía y sucesión hereditaria. Espanha: Netbibio, 2011.

LEAL, Murillo Zanetti. *A transferência involuntária de quotas nas sociedades limitadas*. São Paulo: RT, 2002.

LEÃO, Martha Toribio. *O direito fundamental de economizar tributos*. São Paulo: Malheiros, 2018.

LEITE, Eduardo de Oliveira. *Alienação parental*. Do mito à realidade. São Paulo: RT, 2015.

LEITE, Eduardo de Oliveira. *Estudos de família e pareceres de direito civil*. Em homenagem à Dra. Regina Bilac Pinto, a "grande dama" da editoração jurídica brasileira. Rio de Janeiro: Forense, 2011.

LEITE, Eduardo de Oliveira. *Famílias monoparentais*. São Paulo: RT, 1997.

LEITE, Eduardo de Oliveira. Os alimentos e o novo texto constitucional. *In:* PEREIRA, Rodrigo da Cunha (coord.). *Direito de família contemporâneo*. Belo Horizonte: Del Rey, 1997.

LEITE JÚNIOR, Carlos Antônio Goulart. Affectio societatis *na sociedade civil e na sociedade simples*. Rio de Janeiro: Forense, 2006.

LEGUISAMÓN, Héctor Eduardo. *Las presunciones judiciales y los indicios*. Buenos Aires: Depalma, 1991.

LEGUISAMÓN, Héctor Eduardo. *Las presunciones judiciales y los indicios*. 2. ed. Buenos Aires: Rubinzal--Culzoni, 2006.

LEONI, Guilherme Loria. *Responsabilidade civil*. A exclusão da responsabilidade do cônjuge ou convivente nas relações contratuais conjuntas por inexistência de proveito comum. Curitiba: Juruá, 2005.

LERENA, María Eugenia. *Régimen económico matrimonial*. Navarra: Aranzadi, 2007. (Colección Jurisprudencia: familia.)

LESSA NETO, João Luiz. *Comentários ao Código de Processo Civil*. Organização Lenio Luiz Streck, Dierle Nunes e Leonardo Carneiro da Cunha. Coordenação Alexandre Freire. São Paulo: Saraiva, 2016.

LGOW, Carla Wainer Charéo. *Direito de preferência*. São Paulo: Atlas, 2013.

LIMA, Alvino. *A fraude no direito civil*. São Paulo: Saraiva, 1965.

LIMA, Pires de; VARELA, Antunes. *Código Civil anotado*. 2. ed. Coimbra: Coimbra Editora/Wolters Kluwer, 2010. v. IV.

LLORCA, Raquel Evangelio. De la disolución y liquidación de la sociedad de gananciales (II). *In*: ALBESA, J. Rams; MARTÍNEZ, J. A. Moreno (coord.). *El régimen económico del matrimonio*. Madrid: Dykinson, 2005.

LLOVERAS, Néstor L. *Régimen de deudas de los cónyuges*. Buenos Aires: Hammurabi, 2020.

LLOVERAS, Néstor L. *Extinción y liquidación de la comunidad matrimonial de bienes*. Buenos Aires: Hammurabi, 2020.

LLOVERAS, Nora; ORLANDI, Olga; FARAONI, Fabián. *La sucesión por muerte y el proceso sucesorio*. Buenos Aires: Erreius, 2019.

LÔBO, Paulo Luiz Netto. A repersonalização das relações de família. *In*: LÔBO, Paulo Luiz Netto. *O direito de família e a Constituição de 1998*. São Paulo: Saraiva, 1989.

LÔBO, Paulo Luiz Netto. *Direito civil. Famílias*. São Paulo: Saraiva, 2008.

LÔBO, Paulo Luiz Netto. *Direito civil*. Famílias. 3. ed. São Paulo: Saraiva, 2010.

LÔBO, Paulo Luiz Netto. *Direito civil*. Famílias. 7. ed. São Paulo: Saraiva, 2017.

LÔBO, Paulo Luiz Netto; LÔBO, Fabíola Albuquerque. A responsabilidade civil do cônjuge pela má gestão dos bens comuns e privativos. *In*: MADALENO, Rolf; BARBOSA, Eduardo (coord.). *Responsabilidade civil no direito de família*. São Paulo: Atlas, 2015.

LOPES, João Batista. *A prova no direito processual civil*. 3. ed. São Paulo: RT, 2007.

LOPES, João Batista. Medidas liminares no direito de família. *In*: WAMBIER, Teresa Arruda Alvim (coord.). *Repertório de jurisprudência e doutrina sobre liminares*. São Paulo: RT, 1995.

LÓPEZ, Carmen. *Infidelidad financiera, cuando lo que se oculta es el extracto bancario*. Disponível em: https://Smoda.elpais.com/trabajo/infidelidad-financiera-cuando-lo-que-se-oculta-es-el-extracto--bancario/. Acesso em: 4 ago. 2022.

LONGO, José Henrique; COSTALUNGA, Karime; PRADO, Roberta Nioac; PEIXOTO, Daniel Monteiro. Sucessão familiar e planejamento tributário. *In*: PRADO, Roberta Nioac; PEIXOTO, Daniel Monteiro; SANTI, Eurico Marcos Diniz de (coord.). *Estratégias societárias, planejamento tributário e sucessório*. 2. ed. São Paulo: Saraiva/FGV, 2011.

LORENZETTI, Ricardo Luis. *Código Civil y Comercial de la nación*. Buenos Aires: Rubinzal- Culzoni, 2014. t. 1.

LOUREIRO, Luiz Guilherme. A atividade empresarial do cônjuge no novo código civil. *In*: DELGADO, Mário Luiz; ALVES, Jones Figueiredo. *Novo Código Civil: questões controvertidas*. São Paulo: Método, 2004.

LOUREIRO, Luiz Guilherme. *Registros públicos*. Teoria e prática. 8. ed. Salvador: JusPodivm, 2017.

LOVATO, Luiz Gustavo. O uso do regime de bens no casamento para fraudar terceiros credores: o cônjuge laranja. *In*: MADALENO, Rolf (coord.). *Ações de direito de família*. Porto Alegre: Livraria do Advogado, 2006.

LUCCA, Newton de. A função social da empresa. *In*: COELHO, Fábio Ulhoa (coord.). *Tratado de direito comercial*. São Paulo: Saraiva, 2015. v. I.

LUCCA, Newton de; MONTEIRO, Rogério; SANTOS, J. A. Penalva; SANTOS, Paulo Penalva. *Comentários ao Código Civil brasileiro*. Do direito de empresa. Coordenação Arruda Alvim e Thereza Alvim. Rio de Janeiro: Forense, 2005. v. IX.

LUCENA, José Waldecy. *Das sociedades anônimas*. Comentários à Lei. Rio de Janeiro: Renovar, 2012. v. III.

LUCENA, José Waldecy. *Das sociedades por quotas de responsabilidade limitada*. 3. ed. Rio de Janeiro: Renovar, 1999.

MACEIRA, Irma Pereira. *A proteção do direito à privacidade familiar na internet*. Rio de Janeiro: Lumen Juris, 2015.

MACHADO, Antônio Cláudio da Costa. *Tutela provisória*. São Paulo: Malheiros, 2017.

MADALENO, Ana Carolina Carpes. Insolvência alimentar fraudulenta. *Revista IBDFAM. Família e Sucessões*, Belo Horizonte, p. 64-87, maio/jun. 2020.

MADALENO, Ana Carolina Carpes; MADALENO, Rolf. *Síndrome da alienação parental*. Importância da detecção. Aspectos legais e processuais. 5. ed. Rio de Janeiro: Forense, 2017.

MADALENO, Rolf. A companhia de capital fechado no direito de família. *In*: MADALENO, Rolf. *Repensando o direito de família*. Porto Alegre: Livraria do Advogado, 2007.

MADALENO, Rolf. A concorrência sucessória e o trânsito processual: a culpa mortuária. *Revista Brasileira de Direito de Família*, Porto Alegre, v. 29, abr./maio 2005.

MADALENO, Rolf. *A disregard e a sua efetivação no juízo de família*. Porto Alegre: Livraria do Advogado, 1999.

MADALENO, Rolf. A *disregard* no direito de família. *Ajuris*, Porto Alegre, v. 57, p. 57-66, 1993.

MADALENO, Rolf. A *disregard* no direito de família. *In*: MADALENO, Rolf. *Direito de família*. Aspectos polêmicos. Porto Alegre: Livraria do Advogado, 1998.

MADALENO, Rolf. A *disregard* nos alimentos. *In*: WAMBIER, Teresa Arruda Alvim; LEITE, Eduardo de Oliveira (coord.). *Direito de família: aspectos constitucionais, civis e processuais*. São Paulo: RT, 1999.

MADALENO, Rolf. A efetivação da *disregard* no juízo de família. *In*: FARIAS, Cristiano Chaves de (coord.). *Temas atuais de direito e processo de família*. Primeira série. Rio de Janeiro: Lumen Juris, 2004.

MADALENO, Rolf. A entrega da renda líquida de bens conjugais como antecipação de tutela. *In*: MADALENO, Rolf. *Novas perspectivas no direito de família*. Porto Alegre: Livraria do Advogado, 2000.

MADALENO, Rolf. A improbidade conjugal na partilha de bens. *Revista IBDFAM Famílias e Sucessões*, Belo Horizonte, v. 23, set./out. 2017.

MADALENO, Rolf. A indenização pela fraude patrimonial no regime de bens. *In*: BARBOSA, Eduardo; MADALENO, Rolf (coord.). *Responsabilidade civil no direito de família*. São Paulo: Atlas. 2015.

MADALENO, Rolf. Alimentos e sua restituição judicial. *In*: MADALENO, Rolf. *Direito de família: aspectos polêmicos*. Porto Alegre: Livraria do Advogado, 1998.

MADALENO, Rolf. A presunção relativa na recusa à perícia em DNA. *In*: MADALENO, Rolf. *Direito de família em pauta*. Porto Alegre: Livraria do Advogado, 2004.

MADALENO, Rolf. A prova ilícita no direito de família e o conflito de valores. *In*: MADALENO, Rolf. *Repensando o direito de família*. Porto Alegre: Livraria do Advogado, 2007.

MADALENO, Rolf. *Curso de direito de família*. 6. ed. Rio de Janeiro: Forense, 2015.

MADALENO, Rolf. Declaração judicial de incidência do regime legal de separação de bens e divisão dos aquestos pela Súmula 377 do STF no Código Civil de 2002. *In*: MADALENO, Rolf. *Direito de família em pauta*. Porto Alegre: Livraria do Advogado, 2004.

MADALENO, Rolf. *Direito de família*. 14. ed. Rio de Janeiro: GEN/Forense, 2024.

MADALENO, Rolf. *Direito de família: aspectos polêmicos*. Porto Alegre: Livraria do Advogado, 1999.

MADALENO, Rolf. Do regime de bens entre cônjuges. *In*: DIAS, Maria Berenice; PEREIRA, Rodrigo da Cunha (coord.). *Direito de família e o novo Código Civil*. 3. ed. Belo Horizonte: Del Rey, 2003.

MADALENO, Rolf. Efeito patrimonial da separação de fato. *In*: MADALENO, Rolf. *Direito de família. Aspectos polêmicos*. Porto Alegre: Livraria do Advogado, 1998.

MADALENO, Rolf. Inventário de bens situados no exterior e a sua compensação para efeito de equilíbrio dos quinhões. *Revista Brasileira de Direito de Família*, Porto Alegre, v. 29, abr./maio 2005.

MADALENO, Rolf. *Manual de direito de família*. 3. ed. Rio de Janeiro: GEN/Forense, 2020.

MADALENO, Rolf. Meação e prescrição. *Revista Ajuris*, Porto Alegre, v. 60, p. 239-248, mar. 1994.

MADALENO, Rolf. O abuso do direito no direito de família. *Revista IBDFAM. Famílias e Sucessões*, Belo Horizonte, v. 35, set./out. 2019.

MADALENO, Rolf. O fim da legítima. *Revista IBDFAM. Família e Sucessões*, Belo Horizonte, v. 16, p. 31-72, jul./ago. 2018.

MADALENO, Rolf. O fundo de comércio do profissional liberal na meação conjugal. *In*: MADALENO, Rolf. *Novos horizontes no direito de família*. Rio de Janeiro: GEN/Forense, 2010.

MADALENO, Rolf. O princípio da revocatória falencial na partilha dos bens conjugais. *In*: MADALENO, Rolf. *Novas perspectivas no direito de família*. Porto Alegre: Livraria do Advogado, 2000.

MADALENO, Rolf. Renúncia de herança em pacto antenupcial. *In*: PEREIRA, Rodrigo da Cunha; DIAS, Maria Berenice (coord.). *Família e sucessões*. Polêmicas, tendências e inovações. Belo Horizonte: IBDFAM, 2018.

MADALENO, Rolf. Renúncia de herança no pacto antenupcial. *Revista IBDFAM. Família e Sucessões*, Belo Horizonte, v. 27, p. 9-58, maio/jun. 2018.

MADALENO, Rolf. Separação convencional de bens, expectativa de fato e renúncia da concorrência sucessória em pacto antenupcial. *In*: SALOMÃO, Luis Felipe; TARTUCE, Flávio (coord.). *Direito civil*: diálogos entre a doutrina e a jurisprudência. São Paulo: Atlas, 2021.

MADALENO, Rolf. Separação extrajudicial: praticidade, trâmite e fraude. *Revista Brasileira de Direito de Família*, Porto Alegre, v. 41, abr./maio 2007.

MADALENO, Rolf. *Sucessão legítima*. 2. ed. Rio de Janeiro: GEN/Forense, 2020.

MADALENO, Rolf. Testamento, testemunhas e testamenteiro: uma brecha para a fraude. *In*: MADALENO, Rolf. *Novas perspectivas no direito de família*. Porto Alegre: Livraria do Advogado, 2000.

MADALENO, Rolf. Testamentos inválidos e ineficazes: revogação, rompimento, caducidade, anulabilidade e nulidade. *In*: MADALENO, Rolf. *Direito das sucessões e o novo Código Civil*. Belo Horizonte: Del Rey/IBDFAM, 2004.

MADALENO, Rolf; OHINA, Bibiana Brum. Sociedade entre cônjuges: aplicação do artigo 977 do Código Civil de 2002 às sociedades simples. *In*: MIRANDA, Jorge (dir.). *O direito*. Coimbra: Almedina, 2015.

MADALENO, Rolf; OHIRA, Bibiana Brum. Sociedade entre cônjuges: aplicação do art. 977 do CC/02 às sociedades simples. *Revista Brasileira de Direito das Famílias e Sucessões*, Porto Alegre, v. 35, ago./ set. 2013.

MAIS, Carlo Velho. *O crime de evasão de divisas na era da globalização*. Novas perspectivas dogmáticas, político-criminais e criminológicas. Porto Alegre: Pradense, 2013.

MALDONADO, Maria Tereza. *Casamento, término e reconstrução*. Rio de Janeiro: Vozes, 1986.

MALIZIA, Roberto. *Derecho patrimonial en el ámbito del derecho de familia*. Buenos Aires: Rubinzal-Culzoni, 2019.

MAMEDE, Gladston. *Direito societário*: sociedade simples e empresárias. 2. ed. São Paulo: Atlas, 2007. v. 2.

MAMEDE, Gladston; MAMEDE, Eduarda Cotta. *Separação, divórcio e fraude na partilha de bens*. Simulações empresariais e societárias. São Paulo: Atlas, 2010.

MANFRÉ, José Antonio Encinas. *Regime matrimonial de bens no novo Código Civil*. São Paulo: Juarez de Oliveira, 2003.

MARIANI, Irineu. *Temas comerciais e empresariais*. Porto Alegre: AGE, 2018.

MARINHO, Márcia Cristina de Oliveira Ferreira. *Penhora de quotas na sociedade por quotas de responsabilidade limitada*. Rio de Janeiro: Lumen Juris, 1997.

MARINONI, Luiz Guilherme. *Tutela de urgência e tutela de evidência*. Soluções processuais diante do tempo da justiça. São Paulo: Thomson Reuters/RT, 2017.

MARINONI, Luiz Guilherme. *Tutela inibitória*. São Paulo: RT, 1998.

MARINONI, Luiz Guilherme; ARENHART, Sérgio Cruz. *Prova e convicção*. 3. ed. São Paulo: RT, 2015.

MARINS, Victor A. A. Bomfim. *Tutela cautelar, teoria geral e poder de cautela*. Curitiba: Juruá, 1996.

MARMITT, Arnaldo. *Doação*. Rio de Janeiro: Aide, 1994.

MARMITT, Arnaldo. *Perdas e danos*. Rio de Janeiro: Aide, 1987.

MARQUES, Claudia Lima. *Contratos no Código de Defesa do Consumidor*. 3. ed. São Paulo: RT, 1998.

MARTÍN, Antonio Javier Pérez. *Aspectos procesales de la liquidación de la sociedad de gananciales*. Córdoba: Lexfamily, 2019.

MARTÍN, Antonio Javier Pérez. *Regímenes económicos matrimoniales*. Constitución, funcionamiento, disolución y liquidación. Valladolid: Lex Nova, 2009. v. V.

MARTÍNEZ, Juan Antonio Moreno. *El régimen económico del matrimonio*. Coordenación J. Rams Albesa e Juan Antonio Moreno Martínez. Madrid: Dykinson, 2005.

MARTÍNEZ, María Eugenia Rodríguez. *La acción de rescisión por fraude a los derechos del consorte en la sociedad de gananciales*: el art. 1.391 CC. Valencia: Tirant lo Blanch, 2002.

MARTÍNEZ, Stella Maris. *Manipulación genética y derecho penal*. Buenos Aires: Editorial Universidad, 1994.

MARTINS, Sergio Pinto. *Direitos trabalhistas do atleta profissional de futebol*. São Paulo: Atlas, 2011.

MATTOS, Sílvia Ferreira Persechini. *Outorga conjugal no aval*: uma análise no plano da eficácia do fato jurídico. Belo Horizonte: Del Rey, 2012.

MASSON, Cleber. *Direito penal*. Parte especial. 13. ed. Rio de Janeiro: GEN/São Paulo: Método, 2020. v. 2.

MAXIMILIANO, Carlos. *Direito das sucessões*. 4. ed. Rio de Janeiro: Freitas Bastos, 1958. v. 2.

MAXIMILIANO, Carlos. *Direito das sucessões*. 4. ed. Rio de Janeiro: Freitas Bastos, 1958. v. 3.

MAZZEI, Rodrigo; PINHO, Fernanda Bissoli. O balanço do estabelecimento e a apuração de haveres no inventário causa mortis: Necessidade de adequada interpretação do art. 620, § 1º, do CPC. *Revista Nacional de Direito de Família e Sucessões*. Porto Alegre: Magister/IASP, n. 42, maio/jun. 2021.

MAZZEI, Rodrigo; PINHO, Fernanda Bissoli. A valorização das quotas sociais e a sua projeção para a sucessão causa mortis, o divórcio e a dissolução da união estável. *Revista Nacional de Família e Sucessões*, Porto Alegre: Magister/IASP, n. 52, jan./fev. 2023.

MEDINA, Graciela. Bienes gananciales. Comentario al artículo 470 del Código Civil y Comercial argentino. *In*: CARLUCCI, Aída Kemelmajer de; HERRERA, Marisa; LLOVERAS, Nora (dir.). *Tratado de derecho de familia según el Código Civil y Comercial de 2014*. Buenos Aires: Rubinzal-Culzoni, 2014. t. I.

MEDINA, Gabriela. *Tratado de derecho de familia según el Código Civil y Comercial de 2014*. Coordenação Aída Kemelmajer de Carlucci, Marisa Herrera e Nora Lloveras. Buenos Aires: Rubinzal-Culzoni, 2014.

MEDINA, José Miguel Garcia. *Execução*. 5. ed. São Paulo: RT, 2017.

MELLO, Felipe Viana de. *Manual de direito sucessões*. Rio de Janeiro: Lumen Juris, 2018.

MELLO FILHO, José Celso de. *Constituição Federal anotada*. São Paulo: Saraiva, 1984.

MELLO, Marcos Bernardes de. *Teoria do fato jurídico*. Plano da validade. 15. ed. São Paulo: Saraiva, 2019.

MELLO, Marcos Bernardes de. *Teoria do fato jurídico*. Plano de existência. 22. ed. São Paulo: Saraiva, 2019.

MELO, Albertino Daniel de. *Sanção civil por abuso de sociedade*. Belo Horizonte: Del Rey, 1997.

MELO, Marco Aurélio Bezerra de et al. *Código Civil comentado*. Doutrina e jurisprudência. Rio de Janeiro: GEN/Forense, 2019.

MÉNDEZ, Romina A.; RICOLFI, María Florencia. De las modificaciones que pueden otorgar una mejor protección de la vivienda familiar en las uniones convivenciales. *In*: CARLUCCI, Aída Kemelmajer de; JUAN, Mariel F. Molina de (coord.). *Paradigmas y desafíos del derecho de la niñez y adolescencia*. Buenos Aires: Rubinzal-Culzoni, 2019.

MENEZES, Elisângela Dias. *Curso de direito autoral*. Belo Horizonte: Del Rey, 2007.

MESA, Marcelo J. López; CESANO, José Daniel. *El abuso de la personalidad jurídica de las sociedades comerciales*. Buenos Aires: Depalma, 2000.

MIGALHAS DE PESO. *O sistema SNIPER do CNJ e a efetividade do processo de execução*. Disponível em: https://www.migalhas.com.br/amp/depeso/371917/o-sistema-sniper-do-cnj-e-a-efetividade-do--processo-de-execucao. Acesso em: 19 ago. 2022.

MIGUEL, Paula Castello. *Contratos entre empresas*. São Paulo: RT, 2006.

MIRABETE, Julio Fabbrini. *Manual de direito penal*. Parte geral. 9. ed. São Paulo: Atlas, 1995.

MIRAGEM, Bruno. *Direito bancário*. 3. ed. São Paulo: Thomson Reuters/RT, 2019.

MIRANDA, Darcy Arruda. *Anotações ao Código Civil brasileiro*. São Paulo: Saraiva, 1981. v. 1.

MIRANDA, Jorge. *Manual de direito constitucional*. 3. ed. Coimbra: Coimbra Editora, 2000.

MOLINA DE JUAN, Mariel. *Código Civil y Comercial explicado*. Doctrina-jurisprudencia. Derecho de familia. Director general Ricardo Luis Lorenzetti. Coordinación Pablo Lorenzetti e María Paula Pontoriero. Buenos Aires: Rubinzal-Culzoni, 2019. t. I.

MOLINA DE JUAN, Mariel. Comentarios artículos 529 a 557. *In*: CARLUCCI, Aída Kemelmajer de; HERRERA, Marisa; LLOVERAS, Nora (coord.). *Tratado de derecho de familia según el Código Civil y Comercial de 2014*. Buenos Aires: Rubinzal-Culzoni, 2014.

MOLINA DE JUAN, Mariel. Violencia económica en las relaciones de pareja. *In*: CARLUCCI, Aída Kemelmajer de; MOLINA DE JUAN, Mariel (coord.). *Paradigmas y desafíos del derecho de las familias y de la niñez y adolescencia*. Buenos Aires: Rubinzal-Culzoni, 2019.

MONTSERRAT, Pereña Vicente. *Masas patrimoniales en la sociedad de gananciales*. Transmisión de su titularidad y gestión entre los cónyuges. Madrid: Dykinson, 2004.

MORAES, Márcio André Medeiros. *A desconsideração da personalidade jurídica no Código de Defesa do Consumidor*. São Paulo: LTr, 2002.

MORAES, Maria Celina Bodin de; TEIXEIRA, Ana Carolina Brochado. Contratos no ambiente familiar. *In*: TEIXEIRA, Ana Carolina Brochado; RODRIGUES, Renata de Lima (coord.). *Contratos, família e sucessões*. Diálogos interdisciplinares. São Paulo: Foco, 2020.

MORAES, Maria Celina Bodin de; TEIXEIRA, Ana Carolina Brochado *et al*. *Contratos, família e sucessões*. Diálogos interdisciplinares. Indaiatuba: Foco, 2019.

MORAES, Walter. *Sociedade civil estrita*. São Paulo: RT, 1987.

MOREIRA, Alberto Camiña. *Defesa sem embargos do executado*: exceção de pré-executividade. São Paulo: Saraiva, 1998.

MOTTA, Carlos Dias. *Direito matrimonial e seus princípios jurídicos*. São Paulo: RT, 2007.

MOTTA, Cristiane Oliveira da Silva Pereira. *Desconsideração inversa da personalidade jurídica*. Aspectos materiais e o incidente previsto no Código de Processo Civil. Rio de Janeiro: Lumen Juris, 2020.

MOURA, Maria Thereza Rocha de Assis. *A prova por indício no processo penal*. Rio de Janeiro: Lumen Juris, 2009.

MUCILO, Daniela de Carvalho. Ressignificando o fideicomisso para o planejamento sucessório. *In*: TEIXEIRA, Daniele Chaves (coord.). *Arquitetura do planejamento sucessório*. Belo Horizonte: Fórum, 2021. t. II.

MUÑOZ, Xavier O'Callaghan. *Compendio de derecho civil*. Derecho de sucesiones. Madrid: Editoriales de Derecho Reunidas, 1982. t. V.

NADER, Paulo. *Curso de direito civil*. Parte geral. Rio de Janeiro: Forense, 2003.

NAHAS, Thereza. *Desconsideração da pessoa jurídica, reflexos civis e empresariais no direito do trabalho*. 2. ed. Rio de Janeiro: Campus Jurídico, 2007.

NANNI, Giovanni Ettore. *Enriquecimento sem causa*. De acordo com o novo Código Civil. São Paulo: Saraiva, 2004.

NASCIMENTO, Tupinambá Miguel Castro do. *Usufruto*. 2. ed. Rio de Janeiro: Aide, 1986.

NEGRÃO, Ricardo. *Direito comercial*. Campinas: Bookseller, 1999.

NEGRÃO, Ricardo. *Direito empresarial. Estudo unificado.* São Paulo: Saraiva, 2008.

NEGRÃO, Ricardo. *Manual de direito comercial e de empresa.* 3. ed. São Paulo: Saraiva, 2003. v. 1.

NEGRÃO, Ricardo. *Manual de direito comercial.* Campinas: Bookseller, 1999.

NEGRÃO, Theotonio. *Código de Processo Civil e legislação processual em vigor.* São Paulo: Saraiva, 2002.

NEGRI, Sérgio Marcos C. de A. Repensando a *disregard doctrine*: justiça, segurança e eficiência na desconsideração da personalidade jurídica. *In*: ALVES, Alexandre Ferreira de Assumpção; GAMA, Guilherme Calmon Nogueira da (coord.). *Temas de direito civil-empresarial.* Rio de Janeiro: Renovar, 2008.

NEPOMUCENO, Jaury de Oliveira; WILLINGTON, João. *Anotações à lei do direito autoral.* Rio de Janeiro: Lumen Juris, 2005.

NERILO, Lucíola Fabrete Lopes. *Manual da sociedade limitada no novo Código Civil.* Curitiba: Juruá, 2004.

NERILO, Lucíola Fabrete Lopes. *Responsabilidade civil dos administradores nas sociedades por ações.* Curitiba: Juruá, 2002.

NERY JUNIOR, Nelson; NERY, Rosa Maria de Andrade. *Código Civil comentado.* 10. ed. São Paulo: RT, 2013.

NERY, Rosa Maria de Andrade. *Alimentos.* São Paulo: Thomson Reuters/RT, 2018.

NOGUEIRA, Paulo Lúcio. *Lei de alimentos comentada (doutrina e jurisprudência).* 4. ed. São Paulo: Saraiva, 1994.

NONATO, Orosimbo. *Estudos sobre a sucessão testamentária.* Rio de Janeiro: Forense, 1957. v. I.

NONATO, Orosimbo. *Fraude contra credores (da ação pauliana).* Rio de Janeiro: Editora Jurídica e Universitária, 1969.

NORBIM, Luciano Dalvi. *O direito do nascituro à personalidade civil.* Brasília: Brasília Jurídica, 2006.

OLIVA, Milena Donato. *Do negócio fiduciário à fidúcia.* São Paulo: Atlas, 2014.

OLIVEIRA, Arthur Vasco Itabaiana de. *Tratado de direito das sucessões.* 3. ed. Rio de Janeiro: Livraria Jacintho, 1936.

OLIVEIRA, Basílio de. *Concubinato: novos rumos.* Rio de Janeiro: Freitas Bastos, 1997.

OLIVEIRA, Basílio de. *Das medidas cautelares nas questões de família.* Rio de Janeiro: Freitas Bastos, 1995.

OLIVEIRA, Carlos Alberto Alvaro de. *A tutela de urgência e o direito de família.* São Paulo: Saraiva, 1998.

OLIVEIRA, Celso Marcelo de. *Manual de direito empresarial.* São Paulo: Thomson-IOB, 2005.

OLIVEIRA, Euclides de. Separação extrajudicial, partilha de bens e alimentos. *In*: OLIVEIRA, Euclides de. *Divórcios e inventários extrajudiciais.* Questionamento com base no novo Código de Processo Civil (Lei 13.105, de 2015). 3. ed. Porto Alegre: Magister, 2016.

OLIVEIRA, Euclides de; AMORIM, Sebastião. *Inventário e partilha.* Teoria e prática. 26. ed. São Paulo: Saraiva, 2020.

OLIVEIRA, Guilherme Peres de; AVELINO, Murilo Teixeira. *Comentários ao Código de Processo Civil.* Organização Lenio Luiz Streck, Dierle Nunes e Leonardo Carneiro da Cunha. Coordenação Alexandre Freire. São Paulo: Saraiva, 2016.

OLIVEIRA FILHO, Bertoldo Mateus de. *Alimentos e investigação de paternidade.* 4. ed. Belo Horizonte: Del Rey, 2007.

OLIVEIRA, José Lamartine Corrêa de. *A dupla crise da pessoa jurídica.* São Paulo: Saraiva, 1979.

OLIVEIRA, José Lamartine Corrêa de; MUNIZ, Francisco José Ferreira. *Direito de família (direito matrimonial).* Porto Alegre: Fabris, 1990.

OLIVEIRA, José Sebastião de. *Fraude à execução.* São Paulo: Saraiva, 1986.

OLIVEIRA, Lauro Laertes de. *Da ação pauliana.* 2. ed. São Paulo: Saraiva, 1982.

OLIVEIRA, Márcio Berto Alexandrino de; MALTA, Allan Dias Toledo; PEREIRA, Layon Nícolas Dias. *A defesa do agente público na ação de improbidade administrativa*. De acordo com a Lei n.º 13.964/2019, "Lei anticrime". 3. ed. Rio de Janeiro: Lumen Juris, 2020.

OLIVEIRA NETO, Olavo de. *A defesa do executado e dos terceiros na execução forçada*. São Paulo: RT, 2000.

OLTRAMARI, Vitor Ugo. *O dano moral na ruptura da sociedade conjugal*. Rio de Janeiro: Forense, 2005.

ORELLE, José M. *Código Civil y comercial comentado*. Tratado exegético. Coordenação Ignacio E. Alterini. 3. ed. Buenos Aires: Thomson Reuters/La Ley, 2019. v. II.

ORLANDI, Olga. *La legítima y sus modos de protección*. 2. ed. Buenos Aires: Abeledo-Perrot, 2010.

OTAEGUI, Julio C. Inoponibilidad de la personalidad jurídica. *In*: RICHARD, Efraín Hugo *et al*. *Anomalias societárias*. *Buenos Aires: Advocatus*, 1992.

OURIQUES, Paolla. *Legalidade, eficácia e implicações societárias do protocolo familiar*. São Paulo: Almedina, 2018.

PACHECO, Silva. *Questões de direito imobiliário*. Rio de Janeiro: Renovar, 1998.

PAES, José Eduardo Sabo. *Fundações, associações e entidades de interesse social*. Aspectos jurídicos, administrativos, contábeis, trabalhistas e tributários. 7. ed. Rio de Janeiro: GEN/Forense, 2010.

PALMA, Antonio Jacinto Caleiro. *Manual de direito empresarial*. 2. ed. São Paulo: Quartier Latin, 2010.

PALMA, Víctor Manuel Garrido de. La familia empresaria. *In*: TOLSADA, Mariano Yzquierdo; CASAS, Matilde Cuena (dir.). *Tratado de derecho de la familia*. 2. ed. Navarra: Thomson Reuters/Aranzadi, 2017. v. IV.

PANTOJA, Teresa Cristina G. Anotações sobre as pessoas jurídicas. *In*: TEPEDINO, Gustavo (coord.). *A parte geral do novo Código Civil*. Rio de Janeiro: Renovar, 2002.

PARMA, Marcelo F. *Código Civil y Comercial de la Nación comentado*. Coordenación Julio César García Villalonga. 2. ed. Buenos Aires: Thomson Reuters/La Ley, 2016. t. II.

PARODI, Ana Cecília. *Manual dos relacionamentos*. Campinas: Russel, 2007.

PASSOS, Paulo Roberto da Silva. *Crimes econômicos e responsabilidade penal de pessoas jurídicas*. São Paulo: Edipro, 1998.

PATIÑO, Ana Paula Corrêa. *Comentários ao Código de Processo Civil*. Coordenação Angélica Arruda Alvim, Araken de Assis, Eduardo Arruda Alvim e George Salomão Leite. São Paulo: Saraiva, 2016.

PAVON, Cirilo. *Tratado de la familia en el derecho civil argentino*. Buenos Aires: Ideas, 1946. t. I.

PEDRASSI, Cláudio. Ação cautelar de arrolamento de bens. *Revista de Processo*, São Paulo, v. 52, 1988.

PEIXOTO, Carlos Fulgêncio da Cunha. *A sociedade por quota de responsabilidade limitada*. Rio de Janeiro: Revista Forense, 1956. v. I.

PENA JÚNIOR, Moacir César. *Direito das pessoas e das famílias, doutrina e jurisprudência*. São Paulo: Saraiva, 2008.

PEÑA, Oscar E. Serantes; PALMA, Jorge F. *Medidas cautelares*. Buenos Aires: Depalma,1986.

PENTEADO, Claudio Camargo. *Empresas offshore, doutrina, prática e legislação*. 3. ed. São Paulo: Pilares, 2007.

PENTEADO, Luciano de Camargo. *Direito das coisas*. São Paulo: RT, 2008.

PENTEADO, Mauro Rodrigues. *Aumento de capital das sociedades anônimas*. 2. ed. atual. São Paulo: Quartier Latin, 2012.

PEREIRA, Alexandre Pimenta Batista. *Negócio jurídico inoficioso*. Contributo à teoria da redução do negócio jurídico. São Paulo: Pillares, 2010.

PEREIRA, Caio Mário da Silva. *Direito Civil*. Alguns aspectos da sua evolução. Rio de Janeiro: Forense, 2001.

PEREIRA, Caio Mário da Silva. *Instituições de direito civil*. 6. ed. Rio de Janeiro: Forense, 1991. v. VI.

PEREIRA, Caio Mário da Silva. *Instituições de direito civil*. 7. ed. Rio de Janeiro: Forense, 1991. v. V.

PEREIRA, Caio Mário da Silva. *Instituições do direito civil*. 15. ed. Rio de Janeiro: Forense, 2003. v. 5.

PEREIRA, Caio Mário da Silva. *Instituições de direito civil*. 20. ed. Rio de Janeiro: Forense, 2004. v. 1.

PEREIRA, Caio Mário da Silva. *Instituições de direito civil*. Atualização Maria Celina Bodin de Moraes. 27. ed. Rio de Janeiro: GEN/Forense, 2014.

PEREIRA, Caio Mário da Silva. *Lesão nos contratos*. Rio de Janeiro: Forense, 1994.

PEREIRA, Luiz Fernando C. *Medidas urgentes no direito societário*. São Paulo: RT, 2002.

PEREIRA, Rafael Caselli. *A multa judicial (astreinte) e CPC/2015*. 2. ed. Porto Alegre: Livraria do Advogado, 2018.

PEREIRA, Regis Fichtner. *A fraude à lei*. Rio de Janeiro: Renovar, 1994.

PEREIRA, Rodrigo da Cunha. *Código Civil anotado*. Porto Alegre: Síntese, 2004.

PEREIRA, Rodrigo da Cunha. *Concubinato e união estável*. 3. ed. Belo Horizonte: Del Rey, 1996.

PEREIRA, Rodrigo da Cunha. *Concubinato e união estável*. 7. ed. Belo Horizonte: Del Rey, 2004.

PEREIRA, Rodrigo da Cunha. *Dicionário de direito de família e sucessões*. 2. ed. São Paulo: Saraiva, 2017.

PEREIRA, Rodrigo da Cunha. *Direito das famílias*. Rio de Janeiro: GEN/Forense, 2020.

PEREIRA, Rodrigo da Cunha. Violência patrimonial tem passado despercebida no direito das famílias. *Consultor Jurídico*, 6 set. 2015. Disponível em: https://www.conjur.com.br/2015-set-06/processo-familiar-violencia-patrimonial-passado-despercebida-direito. Acesso em: 20 ago. 2020.

PEREIRA, Sérgio Gischkow. A alteração do regime de bens: possibilidade de retroagir. *Revista Brasileira de Direito de Família*, Porto Alegre, v. 23, abr./maio 2004.

PEREIRA, Sérgio Gischkow. Algumas reflexões sobre a igualdade dos cônjuges. *In*: TEIXEIRA, Sálvio de Figueiredo *(coord.)*. *Direitos de família e do menor*. 3. ed. Belo Horizonte: Del Rey, 1993.

PEREIRA, Sérgio Gischkow. *Direito de família*. Aspectos do casamento, sua eficácia, separação, divórcio, parentesco, filiação, regime de bens, alimentos, bem de família, união estável, tutela e curatela. Porto Alegre: Livraria do Advogado, 2007.

PEREIRA, Sérgio Gischkow. *Estudos de direito de família*. Porto Alegre: Livraria do Advogado, 2004.

PEREIRA, Virgílio de Sá. *Direito de família*. 3. ed. Rio de Janeiro: GEN/Forense, 2008.

PESSOA, Cláudia Grieco Tabosa. *Efeitos patrimoniais do concubinato*. São Paulo: Saraiva, 1997.

PETRY JÚNIOR, Henry. *A separação com causa culposa: uma leitura à luz da hermenêutica constitucional*. Florianópolis: Conceito, 2007.

PIMENTA, Alberto. *Sociedades entre cônjuges*. Coimbra: Coimbra Editora, 1953.

PINHEIRO, Patrícia Peck. *Direito digital*. 4. ed. São Paulo: Saraiva, 2010.

PONTES DE MIRANDA, Francisco Cavalcanti. *Comentários ao Código de Processo Civil*. Rio de Janeiro: Forense, 1974. t. I.

PONTES DE MIRANDA, Francisco Cavalcanti. *Comentários ao Código de Processo Civil*. Rio de Janeiro: Forense, 1974. v. II.

PONTES DE MIRANDA, Francisco Cavalcanti. *Comentários ao Código de Processo Civil*. Rio de Janeiro: Forense, 1977. t. XV.

PONTES DE MIRANDA, Francisco Cavalcanti. *Tratado de direito de família*. 3. ed. São Paulo: Max Limonad, 1947. v. II.

PONTES DE MIRANDA, Francisco Cavalcanti. *Tratado de direito cambiário*. Letra de câmbio. 2. ed. São Paulo: Max Limonad, 1954. v. I.

PONTES DE MIRANDA, Francisco Cavalcanti. *Tratado de direito privado*. Rio de Janeiro: Borsoi, 1955. t. LX.

PONTES DE MIRANDA, Francisco Cavalcanti. *Tratado de direito privado*. Rio de Janeiro: Borsoi, 1955. t. V.

PONTES DE MIRANDA, Francisco Cavalcanti. *Tratado de direito privado*. Rio de Janeiro: Borsoi, 1955. t. VII.

PONTES DE MIRANDA, Francisco Cavalcanti. *Tratado de direito privado*. Rio de Janeiro: Borsoi, 1955. t. VIII.

PONTES DE MIRANDA, Francisco Cavalcanti. *Tratado de direito de família*. Atualizado por Vilson Rodrigues Alves. Campinas: Bookseller, 2001. v. II.

PORTO, Sérgio Gilberto. *Doutrina e prática dos alimentos*. 3. ed. São Paulo: RT, 2003.

PRADO, Roberta Nioac. Sociedade holding e doação de ações e de quotas com reserva de usufruto. *In*: PRADO, Roberta Nioac; PEIXOTO, Daniel Monteiro; SANTI, Eurico Marcos Diniz de (coord.). *Direito societário*: estratégias societárias, planejamento tributário e sucessório. São Paulo: Saraiva, 2009.

PRATS, Esther Algarra. El régimen de participación. *In*: TOLSADA, Mariano Yzquierdo; CASAS, Matilde Cuena (dir.). *Tratado de derecho de la familia*. 2. ed. Navarra: Thomson Reuters/Aranzadi, 2017. v. IV.

PULERO, Héctor Raúl. *Sociedad conyugal*. Buenos Aires: Depalma, 1976.

PUMAR, María Mercedes Bermejo. *Instituciones de derecho privado*. Sucesiones. Coordenación Martín Garrido Melero. Director Victór M. Garrido de Palma. 2. ed. Navarra: Civitas Thomson Reuters, 2019. t. V, v. 4.

QUEIROZ, Mary Elbe. A elisão e a evasão fiscal. O planejamento tributário e a desconsideração de atos, negócios e personalidade jurídica. *In*: TÔRRES, Heleno Taveira; QUEIROZ, Mary Elbe (coord.). *Desconsideração da personalidade jurídica em matéria tributária* São Paulo: Quartier Latin, 2005.

QUINTANA, Ana Maria Simões Lopes. Eficácia probatória do comportamento das partes no direito de família. *In*: MADALENO, Rolf (coord.). *Ações de direito de família*. Porto Alegre: Livraria do Advogado, 2006.

RAMELA, Pablo A.; HALPERÍN, Isaac. *Revista crítica de jurisprudencia*. Buenos Aires: Rubinzal-Culzoni, 1994. t. 2.

RAMOS, André Luiz Santa Cruz. *Curso de direito empresarial*. Salvador: JusPodivm, 2008.

RANGEL, Rafael Calmon. *Direito das famílias e processo civil*. Interação, técnicas e procedimentos sob o enfoque do novo CPC. São Paulo: Saraiva, 2017.

RANGEL, Rafael Calmon. *Partilha de bens*. Na separação, no divórcio e na dissolução da união estável. São Paulo: Saraiva, 2016.

RÁO, Vicente. *O direito e a vida dos direitos*. 3. ed. São Paulo: RT, 1991.

REDONDO, Bruno Garcia. *Desconsideração da personalidade jurídica: Aspectos materiais e processuais civis*. *In*: VENOSA, Silvio de Salvo; GAGLIARDI, Rafael Villar; NASSER, Paulo Magalhães (coord.). *10 anos do Código Civil*. Desafios e perspectivas. São Paulo: Atlas, 2012.

REINA, Victor. *Culpabilidad conyugal y separación, divorcio o nulidad*. Barcelona: Ariel, 1984.

REIS, Clayton. *Dano moral*. 4. ed. Rio de Janeiro: Forense, 1997.

RESTIFFE, Paulo Sérgio. *Dissolução de sociedades*. São Paulo: Saraiva, 2011.

RESTIFFE, Paulo Sérgio. *Manual do novo direito comercial*. São Paulo: Dialética, 2006.

REQUIÃO, Maurício. *Estatuto da pessoa com deficiência, incapacidades e interdição*. 2. ed. Florianópolis: Tirant lo Blanch, 2018.

REQUIÃO, Rubens. Abuso de direito e fraude através da personalidade jurídica *(disregard doctrine)*. *In*: REQUIÃO, Rubens. *Aspectos modernos de direito comercial*. 2. ed. São Paulo: Saraiva, 1988. v. 1.

REQUIÃO, Rubens. *A preservação da sociedade comercial pela exclusão do sócio*. Curitiba: Acadêmica, 1959.

REQUIÃO, Rubens. *Aspectos modernos de direito comercial*. 2. ed. São Paulo: Saraiva, 1988.

RESENDE, Tomáz de Aquino. *Roteiro do terceiro setor*. 3. ed. Belo Horizonte: Prax, 2006.

RIBAS, Roberta de Oliveira e Corvo. Apuração de haveres: critérios para a sociedade empresária do tipo limitada. *In*: BRUSCHI, Gilberto Gomes; COUTO, Mônica Bonetti; SILVA, Ruth Maria Junqueira de A. Pereira; PEREIRA, Thomaz Henrique Junqueira de A. (org.). *Direito processual empresarial*. Rio de Janeiro: Elsevier, 2012.

RIBEIRO, Antônio Carlos Silva; GUARIENTO, Daniel Bittencourt; BARBETI, Rodrigo Luciano. *Proteção patrimonial*. 2. ed. Guaxupé: Tático, 2013.

RIBEIRO, Darci Guimarães. *Comentários ao Código de Processo Civil*. Organização Lenio Luiz Streck, Dierle Nunes e Leonardo Carneiro da Cunha. Coordenação Alexandre Freire. São Paulo: Saraiva, 2016.

RIBEIRO, Julio Cesar Garcia. *Manual de direito da família*. Florianópolis: Habitus, 2021.

RICHARD, Efraín Hugo; MUIÑO, Orlando Manuel. *Derecho societario*. Buenos Aires: Astrea, 1998.

RICHARD, Efraín Hugo. *Reformas al Código Civil: negocios de participación, asociaciones y sociedades*. Buenos Aires: Abeledo-Perrot, 1993. t. 9.

RIPERT, Georges; BOULANGER, Jean. *Tratado de derecho civil*. 2.ª parte. Buenos Aires: La Ley, 2007. t. V.

RIPERT, Georges; BOULANGER, Jean. *Tratado de derecho civil según el tratado de Planiol*. Madrid: La Ley, 1963. n. 672, t. I.

RIZATO, Bianca *et al*. *Registros públicos*. Rio de Janeiro: GEN/Forense, 2020.

RIZZARDO, Arnaldo. Casamento e efeitos da participação social do cônjuge na sociedade. *In*: WELTER, Belmiro Pedro; MADALENO, Rolf Hanssen (coord.). *Direitos fundamentais do direito de família*. Porto Alegre: Livraria do Advogado, 2004.

RIZZARDO, Arnaldo. *Contratos*. Rio de Janeiro: Aide, 1988. v. I.

RIZZARDO, Arnaldo. *Direito de empresa*. Rio de Janeiro: Forense, 2007.

RIZZARDO, Arnaldo. *Direito de família*. Rio de Janeiro: Aide, 1994. v. I.

RIZZARDO, Arnaldo. *Parte geral do Código Civil*. Rio de Janeiro: Forense, 2005.

RIZZARDO, Arnaldo; RIZZARDO FILHO, Arnaldo; RIZZARDO, Carine Ardissone. *Prescrição e decadência*. Rio de Janeiro: GEN/Forense, 2015.

ROBERT, Bruno. Direito do acionista de participação nos resultados. *In*: COELHO, Fábio Ulhoa (coord.). *Tratado de direito comercial*. Sociedade anônima. São Paulo: Saraiva, 2015. v. 3.

ROCHA, Pedro Figueiredo. *Outorga conjugal no aval*: encontros e desencontros entre legislação e jurisprudência. Belo Horizonte: D'Plácido, 2014.

RODRIGUES FILHO, Otávio Joaquim. *Desconsideração da personalidade jurídica e processo de acordo com o Código de Processo Civil de 2015*. São Paulo: Malheiros, 2016.

RODRIGUES, Marcelo Abelha. *Manual de direito processual civil*. 4. ed. São Paulo: RT, 2008.

RODRIGUES, Ruy Zoch. *Embargos de terceiro*. São Paulo: RT, 2006.

RODRIGUES, Sílvio. *Direito civil*. Direito de família. 28. ed. rev. e atual. por José Francisco Cahali. São Paulo: Saraiva, 2006. v. 6.

RODRIGUES, Silvio. *Dos vícios do consentimento*. 3. ed. São Paulo: Saraiva, 1989.

ROENICK, Hermann Homem de Carvalho. *Intervenção de terceiros*. Rio de Janeiro: AIDE, 1995.

ROLANDO, Carlos H. *et al*. Liquidación y partición de la sociedad conyugal. *In*: COSTA, María Josefa Méndez (dir.). *Código Civil comentado*. Derecho de familia patrimonial. Buenos Aires: Rubinzal-Culzoni, 2004.

ROQUE, Sebastião José. *Da sociedade simples*. São Paulo: Ícone, 2011.

ROSA, Conrado Paulino. *Curso de direito de família contemporâneo*. Salvador: JusPodivm, 2016.

ROSA, Conrado Paulino; FARIAS, Cristiano Chaves de. A prisão do devedor de alimentos e o coronavírus: o calvário continua para o credor. Disponível em: http://www.ibdfam.org.br/artigos/1400/A+pris%C3%A3o+do+devedor+de+alimentos+e+o+coronav%C3%ADrus%3A+o+calv%C3%A1rio+continua+para+o+credor++. Acesso em: 3 maio 2020.

ROSA, Conrado Paulino da; RODRIGUES, Marco Antonio. *Inventário e partilha*. Teoria e prática. Salvador: JusPodivm, 2019.

ROSA, Marcos Valls Feu. *Exceção de pré-executividade*. Porto Alegre: Fabris, 1996.

ROSA, Marcos Valls Feu. *Perícia judicial.* Teoria e prática. Porto Alegre: Fabris, 1999.

ROSAS, Roberto. *Direito sumular.* Comentários às súmulas do STF. São Paulo: RT, 1978.

ROSPIGLIOSI, Enrique Varsi. *Tratado de derecho de familia.* Derecho familiar patrimonial. Relaciones económicas e instituciones supletória y de amparo familiar. Lima: Gaceta Jurídica, 2012. t. III.

ROSPIGLIOSI, Enrique Varsi. *Tratado de Derecho de las personas.* Lima: Gaceta Juridica, 2014.

ROSSI, Hugo E. Actuación anómala y desestimación del tipo en la sociedad anónima "cerrada", sus efectos sobre la responsabilidad de los socios. *In:* ARECHA. Martín; DUBOIS, Eduardo M. Favier; RICHARD, Efraín H.; VÍTOLO, Daniel R. (coord.). *Conflictos en sociedades "cerradas" y de familia.* Buenos Aires: Ad-Hoc, 2004.

RUBIO, José María Abella; MOTA, María Jesús Ostos. Extinción de la comunidad de gananciales. *In:* MUÑOZ, Xavier O'Callaghan; GONZÁLEZ, María Begoña Fernández (coord.). *Comunidad de gananciales.* Cuestiones prácticas y actuales. Madrid: Editorial Universitaria Ramón Areces, 2016.

RUIZ, Roberto Martínez. *Sociedades por acciones, de grupos familiares y sus conflictos con el derecho civil. In:* TERÁN, Guillermo R. Quintana *et al. Abuso de derecho y otros estudios en homenaje a Abel M. Freitas.* Buenos Aires: Abeledo-Perrot, 1992.

SÁ, Antônio Lopes de. *Fundo de comércio, avaliação de capital ativo intangível.* Doutrina e prática. Curitiba: Juruá, 2007.

SABATÉ, Luis Muñoz. *La prueba de la simulación.* 3. ed. Colombia: Temis, 2011.

SÁ, Fernando Augusto Cunha de. *Abuso do direito.* Coimbra: Almedina, 1997.

SALAMACHA, José Eli. *Fraude à execução.* Direitos do credor e do adquirente de boa-fé. São Paulo: RT, 2005.

SALOMÃO FILHO, Calixto. *A sociedade unipessoal.* São Paulo: Malheiros, 1995.

SALOMÃO FILHO, Calixto. *O novo direito societário.* São Paulo: Malheiros, 1998.

SALOMÃO NETO, Eduardo. *O trust e o direito brasileiro.* São Paulo: Jurídicos Trevisan, 2016.

SAMBRIZZI, Eduardo A. *El régimen del matrimonio en el nuevo Código Civil Y Comercial.* Buenos Aires: La Ley, 2015.

SÁNCHEZ, Luis Felipe Ragel. *El régimen de gananciales.* Navarra: Thomson Reuters/Aranzadi, 2017.

SANDOVAL, Carlos A. Molina. *Empresas familiares.* Herramientas de planificación y profesionalización. Buenos Aires: Erreius, 2014.

SANDRI, Jussara Schmitt. *Alienação parental.* O uso dos filhos como instrumento de vingança entre os pais. Curitiba: Juruá, 2013.

SANSEVERINO, Paulo de Tarso Vieira. *Princípio da reparação integral.* Indenização no Código Civil. São Paulo: Saraiva, 2010.

SANTAMARÍA, Gilberto León; LASTRA, Manuel Gómez de La. *Fideicomiso.* Aspectos impositivos, contables y notariales. Aplicaciones prácticas en la economía real. Doctrina de os actos neutros. 2. ed. Buenos Aires: Thomson Reuters/La Ley, 2019.

SANTOS, Antonio Jeová. *Função social do contrato.* 2. ed. São Paulo: Método, 2004.

SANTOS, Hermelino de Oliveira. *Desconsideração da personalidade jurídica no processo do trabalho.* São Paulo: LTr, 2003.

SANTOS, J. A. Penalva. A aplicação do princípio da desconsideração da personalidade jurídica no direito brasileiro. *In:* GUSMÃO, Paulo Dourado de; GLANZ, Semy (coord.). *O direito na década de 1990: novos aspectos, estudos em homenagem ao Prof. Arnoldo Wald.* São Paulo: RT, 1992.

SANTOS, José Beleza dos. *A simulação em direito civil.* 2. ed. São Paulo: Lejus, 1999.

SANTOS, José Carlos Van Cleef de Almeida; CASCALDI, Luís de Carvalho. *Manual de direito civil.* 2. ed. São Paulo: RT, 2014.

SANTOS, Luiz Felipe Brasil dos. Autonomia de vontade e os regimes matrimoniais de bens. *In:* WELTER, Belmiro Pedro; MADALENO, Rolf Hanssen (coord.). *Direitos fundamentais do direito de família.* Porto Alegre: Livraria do Advogado, 2004.

SANTOS, Sandra Aparecida Sá dos. *A inversão do ônus da prova como garantia constitucional do devido processo legal*. São Paulo: RT, 2002.

SARHAN JÚNIOR, Suhel. *Direito empresarial à luz do Código Civil e da Lei de Falência e Recuperação de Empresas*. Belo Horizonte: Del Rey, 2012.

SARLO JORGE, Tarsis Nametala. *Manual das sociedades limitadas*. Rio de Janeiro: Lumen Juris, 2007.

SARMENTO, Daniel. Os princípios constitucionais da liberdade e da autonomia privada. *In*: LEITE, George Salomão (coord.). *Dos princípios constitucionais*: considerações em torno das normas principiológicas da Constituição. São Paulo: Malheiros, 2003.

SHECAIRA, Sérgio Salomão. *Responsabilidade penal da pessoa jurídica*. São Paulo: RT, 1998.

SCHREIBER, Anderson *et al. Código Civil comentado*. Doutrina e jurisprudência. Rio de Janeiro: GEN/ Forense, 2019.

SCHNEIDER, Lorena R. *Ejercicio abusivo de los derechos societarios*. Buenos Aires: Astrea, 2017.

SCHONBLUM, Paulo Maximilian Wilhelm Mendlowicz. *O novo direito empresarial*. Contratos bancários. Rio de Janeiro: Freitas Bastos, 2009.

SERICK, Rolf. *Apariencia y realidad en las sociedades mercantiles*. Barcelona: Ariel, 1958.

SERICK, Rolf. *Apariencia y realidad en las sociedades mercantiles*. *El abuso de derecho por medio de la persona jurídica*. Santiago: Olejnik, 2020.

SERPA LOPES, Miguel Maria de. *Curso de direito civil*. 2. ed. Rio de Janeiro: Freitas Bastos, 1960. v. 4.

SESSAREGO, Carlos Fernández. *Abuso del derecho. Buenos Aires: Astrea,* 1992.

SIMÃO, José Fernando. Efeitos patrimoniais da união estável. *In*: SIMÃO, José Fernando *et al.* (org.). *Direito de família no novo milênio*. São Paulo: Atlas, 2010.

SIMÃO, José Fernando *et al. Código Civil comentado*. Doutrina e jurisprudência. Rio de Janeiro: GEN/ Forense, 2011.

SIMÃO, José Fernando. *Prescrição e decadência*. Início dos prazos. São Paulo: Atlas, 2013.

SIQUEIRA, Thiago Ferreira. *A responsabilidade patrimonial no novo sistema processual civil*. São Paulo: RT, 2016.

SILVA, Alexandre Alberto Teodoro da. *A desconsideração da personalidade jurídica no direito tributário*. São Paulo: Quartier Latin, 2007.

SILVA, Alexandre Couto. *Aplicação da desconsideração da personalidade jurídica no direito brasileiro*. São Paulo: LTr, 1999.

SILVA, Américo Luís Martins da. *O dano moral e a sua reparação civil*. São Paulo: RT, 1999.

SILVA, Américo Luís Martins da. *Sociedades empresariais*. Rio de Janeiro: Forense, 2006.

SILVA, Clóvis V. do Couto e. *Grupo de sociedades*. São Paulo: RT, 1989.

SILVA, David Roberto R. Soares da; ESTEVAM, Priscila Lucenti; VASCONCELLOS, Roberto Prado de; RODRIGUES, Tatiana Antunes Valente. *Planejamento patrimonial, família, sucessão e impostos*. São Paulo: Editora B18, 2018.

SILVA, João Paulo Hecker da. *Processo societário*. Tutelas de urgência e da evidência. Brasília: Gazeta Jurídica, 2014.

SILVA, José Afonso da. *Curso de direito constitucional positivo*. 8. ed. São Paulo: Malheiros, 1992.

SILVA, Leonardo Amaral Pinheiro da. *Pacto dos namorados*. Rio de Janeiro: Lumen Juris, 2018.

SILVA, Luiz Gustavo Doles. *Bitcoins & outras criptomoedas*. Teoria e prática à luz da legislação brasileira. Curitiba: Juruá, 2018.

SILVA, Osmar Vieira da. *Desconsideração da personalidade jurídica: aspectos processuais*. Rio de Janeiro: Renovar, 2002.

SILVA, Ovídio A. Baptista da. *Comentários ao CPC*. São Paulo: RT, 2000.

SILVA, Patrick Lendl. *A presunção de má-fé na fraude contra credores*. Florianópolis: Tirant lo Blanch, 2019.

SILVESTRE, Marcos. *Previdência particular*. A nova aposentadoria. Barueri: Faro Editorial, 2017.

SIQUEIRA, Thiago Ferreira. *A responsabilidade patrimonial no novo sistema processual civil*. São Paulo: RT, 2016.

SLAIBI FILHO, Nagib. *Anotações à Constituição de 1988. Aspectos fundamentais*. 2. ed. Rio de Janeiro: Forense, 1989.

SOUSA, Sueli Baptista de. *Responsabilidade dos sócios na sociedade limitada*. São Paulo: Quartier Latin, 2006.

SOUZA, Moacyr Benedicto de. *Mentira e simulação em psicologia judiciária penal*. São Paulo: RT, 1988.

SPINELLI, Luis Felipe; SCALZILLI, João Pedro; TELLECHEA, Rodrigo. *Intervenção judicial na administração de sociedades*. São Paulo: Almedina, 2018.

SPOTA, Alberto G. *Tratado de derecho civil: derecho de familia*. Buenos Aires: Depalma, 1988. v. 3, t. II.

STEFFENS, Avelino Leon; DEIK, Alejandra Aguad; ARÉVALO, Daniel Peñailillo. *Estudios sobre reformas al Código Civil y Código de Comercio*. Chile: Editorial Jurídica de Chile, 2002.

SZANIAWSKI, Elimar. *Direitos de personalidade e sua tutela*. 2. ed. São Paulo: RT, 2005.

SZTAJN, Rachel. *Teoria jurídica da empresa, atividade empresária e mercados*. São Paulo: Atlas, 2003.

TALAVERA, Glauber Moreno *et al.* (coord.). *Comentários ao Código Civil*. São Paulo: RT, 2006.

TAQUINI, Carlos H. Vidal. *Régimen de bienes en el matrimonio*. 3. ed. Buenos Aires: Astrea, 1990.

TARTUCE, Flávio. *Direito civil*. Direito das coisas. 8. ed. Rio de Janeiro: Forense, 2016.

TARTUCE, Flávio. *Direito civil*: direito de família. 9. ed. Rio de Janeiro: GEN/Forense, 2014. v. 5.

TARTUCE, Flávio. *Direito civil*. Teoria geral dos contratos e contratos em espécie. 15. ed. Rio de Janeiro: Forense, 2020.

TARTUCE, Flávio *et al. Código Civil comentado*. Doutrina e jurisprudência. Rio de Janeiro: GEN/Forense, 2019.

TEIXEIRA, Daniele Chaves. Algumas ferramentas jurídicas utilizadas em um planejamento sucessório: seguro de vida, doação e fundo de rendimento. *In*: TEIXEIRA, Daniele Chaves (coord.). *Arquitetura do planejamento sucessório*. Belo Horizonte: Fórum, 2019.

TEIXEIRA, Daniele Chaves. *Planejamento sucessório*. Pressupostos e limites. Belo Horizonte: Fórum, 2017.

TEJADA, Manuel Espejo Lerdo de. *La partición convencional*. Santiago-Chile: Ediciones Olejnik, 2019.

TELLES, Inocêncio Galvão. *Venda a descendentes e o problema da superação da personalidade jurídica das sociedades*. Revista da Ordem dos Advogados, Lisboa, n. 36, 1979.

TENA, Juan Guillermo Lohmann Luca De. *Código Civil comentado*. Coordenação, Manuel Muro Rojo e Manuel Alberto Torres Carrasco. Lima: Gaceta Juridica, 2020. t. I.

TEPEDINO, Gustavo. A disciplina jurídica da filiação na perspectiva civil-constitucional. *In*: PEREIRA, Rodrigo da Cunha (coord.). *Direito de família contemporâneo*. Belo Horizonte: Del Rey, 1997.

TEPEDINO, Gustavo; BARBOZA, Heloisa Helena; MORAES, Maria Celina Bodin de. Código Civil interpretado conforme a Constituição da República. Rio de Janeiro: Renovar, 2004. v. I.

TEPEDINO, Gustavo; OLIVA, Milena Donato. *Fundamentos do direito civil*. Teoria geral do direito civil. Rio de Janeiro: Forense, 2020. v. 1.

TEPEDINO, Gustavo; TEIXEIRA, Ana Carolina Brochado. *Fundamentos do direito civil*. Direito de família. Rio de Janeiro: GEN/Forense, 2020. v. 6.

TESHEINER, José Maria. *Eficácia da sentença e coisa julgada no processo civil*. São Paulo: RT, 2001.

TESÓN, Inmaculada Vivas. *El reparto de bienes y deudas entre cónyuges en situación de crisis matrimonial*. 2. ed. Barcelona: Wolters Kluwer/Bosch, 2016.

THEODORO JÚNIOR, Humberto. *Curso de direito processual civil*. Procedimentos especiais. Rio de Janeiro: Forense, 1990.

THEODORO JÚNIOR, Humberto. *Curso de direito processual civil*. Procedimentos especiais. Rio de Janeiro: Forense, 2014. v. III.

THEODORO JÚNIOR, Humberto. *Curso de direito processual civil*. 49. ed. Rio de Janeiro: Forense, 2016. v. III.

THEODORO JÚNIOR, Humberto. *Curso de direito processual civil*. 56. ed. Rio de Janeiro: GEN/Forense, 2015. v. I.

THEODORO JÚNIOR, Humberto. *Fraude contra credores*: a natureza da sentença pauliana. 2. ed. Belo Horizonte: Del Rey, 2001.

THEODORO JÚNIOR, Humberto. *O contrato e sua função social*. Rio de Janeiro: Forense, 2003.

THEODORO JÚNIOR, Humberto. *Prescrição e decadência*. Rio de Janeiro: GEN/Forense, 2018.

THEODORO JÚNIOR, Humberto; FIGUEIREDO, Helena Lanna. *Negócio jurídico*. Rio de Janeiro: GEN/Forense, 2021.

THUMS, Gilberto. *Crimes contra o patrimônio*. Porto Alegre: Verbo Jurídico, 2010.

TOBÍAS, José W. *Código Civil y comercial comentado*. Tratado exegético. Director José W. Tobías. Coordinador Ignacio Alterini. 3. ed. Buenos Aires: La Ley, 2019. t. II.

TOIGO, Daiille Costa. *Planejamento sucessório empresarial*. Proteção patrimonial nacional e internacional. São Paulo: AGWM, 2016.

TOMAZETTE, Marlon. *Direito societário*. São Paulo: Juarez de Oliveira, 2003.

TOMAZETTE, Marlon. *Direito societário*. 2. ed. São Paulo: Juarez Oliveira, 2004.

TORRES, Gláucia Cardoso Teixeira. O contrato de namoro e sua (in)eficácia jurídica no ordenamento brasileiro. *Revista IBDFAM. Famílias e Sucessões*, Belo Horizonte, v. 38, mar./abr. 2020.

TÔRRES, Heleno Taveira. *Direito tributário e direito privado*: autonomia privada, simulação, elusão tributária. São Paulo: RT, 2003.

TYERSKY, Amos; KAHNEMAN, Daniel. Rational Choice and the Framing of Decisions. *The Journal of Business*, Chicago, v. 59, n. 4, part 2: The Behavioral Foundations of Economic Theory, p. S251-S278, Oct. 1986. Disponível em: https://www.jstor.org/stable/2352759?seq=1. Acesso em: 31 mar. 2020.

VALADARES, Nathália de Campos. Coparentalidade e os entraves legais para o livre exercício do planejamento familiar. *In*: RIOS, Calânico Sobrinho; LASMAR, Gabriela Mascarenhas; RODRIGUES JÚNIOR, Walsir Edson (coord.). *Direito de família e das sucessões*. Belo Horizonte: Conhecimento, 2020.

VALVERDE, Trajano de Miranda. *Sociedades por ações*. 3. ed. Rio de Janeiro: Forense, 1959. v. III.

VARELA, Ángel Luis Rebolledo. El pago de deudas a terceros. *In*: VARELA, Ángel Luis Rebolledo. *El derecho de familia ante la crisis económica*. La liquidación de la sociedad legal de gananciales. Madrid: Dykinson, 2010.

VARELA, Antunes. *Direito da família*. Lisboa: Livraria Petrony, 1987.

VARELA, Antunes. *Dissolução da sociedade conjugal*. Rio de Janeiro: Forense, 1980.

VARELA, Casimiro A. *Valoración de la prueba*. Buenos Aires: Astrea, 1990.

VASCONCELOS, Pedro Pais de. *Direito de personalidade*. Coimbra: Almedina, 2006.

VAZ, José Otávio de Vianna. *A responsabilidade tributária dos administradores de sociedade no CTN*. Belo Horizonte: Del Rey, 2003.

VELOSO, Alberto Júnior. *Simulação*. Aspectos gerais e diferenciados à luz do Código Civil de 2002. Curitiba: Juruá, 2004.

VELOSO, Zeno. *Direito civil*. Temas. Belém: Anoreg, 2018.

VELOSO, Zeno. *Invalidade do negócio jurídico*. Nulidade e anulabilidade de acordo com o novo código civil brasileiro. Belo Horizonte: Del Rey, 2002.

VELOSO, Zeno. *Testamentos de acordo com a Constituição de 1988*. Belém: Cejup, 1993.

VELSO, Alberto Júnior. *Simulação. Aspectos gerais e diferenciados à luz do Código Civil de 2002*. Curitiba: Juruá, 2004.

REFERÊNCIAS | **885**

VENOSA, Sílvio de Salvo. *Código Civil interpretado*. 3. ed. São Paulo: Atlas, 2013.

VENOSA, Sílvio de Salvo. *Direito civil*. Direito de família. São Paulo: Atlas, 2001. v. V.

VENOSA, Sílvio de Salvo. *Direito das sucessões*. São Paulo: Atlas, 1991.

VENOSA, Sílvio de Salvo. *Direito das sucessões*. 9. ed. São Paulo: Atlas, 2009.

VENTURI, Thaís Goveia Pascoaloto. *Responsabilidade civil preventiva*. A proteção contra a violação dos direitos e a tutela inibitória material. São Paulo: Malheiros, 2014.

VERÇOSA, Haroldo Malheiros Duclerc. *Comentários à Lei de Recuperação de Empresas e Falência*. Coordenação Francisco Satiro de Souza Júnior e Antônio Sérgio A. de Moraes Pitombo. 2. ed. São Paulo: RT, 2007.

VERÇOSA, Haroldo Malheiros Duclerc. *Curso de direito comercial*. São Paulo: Malheiros, 2006. v. 2.

VERÇOSA, Haroldo Malheiros Duclerc. *Curso de direito comercial*. São Paulo: Malheiros, 2008. v. 3.

VERSIANI, Fernanda Valle. *Usufruto de participações societárias*. Uma visão de planejamento sucessório em empresas familiares. Belo Horizonte: D'Plácido, 2017.

VIANNA, Marcelo Soares. *Aspectos processuais da desconsideração da personalidade jurídica no Direito de Família*. In: MADALENO, Rolf (coord.). *Ações de direito de família*. Porto Alegre: Livraria do Advogado, 2006.

VIANNA, Marcelo Soares. Jurisprudência comentada: alimentos – desconsideração da personalidade jurídica. In: COUTO, Sérgio; MADALENO, Rolf; MILHORANZA, Mariângela Guerreiro (coord.). *Direito de família e sucessões*. Sapucaia do Sul: Notadez, 2007.

VICENTE, Montserrat Pereña. *Masas patrimoniales en la sociedad de gananciales*. Transmisión de su titularidad y gestión entre los cónyuges. Madrid: Dykinson, 2004.

VIEGAS, Cláudia Mara de Almeida Rabelo. Coparentalidade: a autonomia privada dos genitores em contraponto ao melhor interesse da criança. *Revista IBDFAM*, Belo Horizonte, v. 36, nov./dez. 2019.

VIEIRA, Cláudia Stein; HIRONAKA, Giselda Maria Fernandes Novaes. Um novo fideicomisso: Proposta de transformação do instituto em prol do planejamento sucessório. In: TEIXEIRA, Daniele Chaves (coord.). *Arquitetura do planejamento sucessório*. Belo Horizonte: Fórum, 2021. t. II.

VILCACHAGUA, Alex Plácido *et al*. *Código Civil comentado*. Lima: Gaceta Jurídica, 2020. t. II.

VILLANUEVA, Horacio J. Romero; VITA, Sebastian da. *Delitos contra las relaciones parento-filiales*. Buenos Aires: Hammurabi, 2017.

VILLEGAS, Carlos Gilberto. *Derecho de las sociedades comerciales*. 7. ed. Buenos Aires: Abeledo-Perrot, 1994.

VILLELA, João Batista. Alimentos e sucessão entre companheiros: apontamentos críticos sobre a Lei n.º 8.971/94. *Repertório IOB de Jurisprudência: Civil, Processual, Penal e Comercial*, São Paulo, v. 7, 1.ª quinzena abr. 1995.

VIVERO, Fátima Yáñez. *Las capitulaciones matrimoniaels en perjuicio de acreedores y la anotación de embargo sobre bienes ex gananciales*. Madrid: Fundación Beneficentia et Peritia Iuris, 2003.

VÍTOLO, Daniel Roque. *La personalidad jurídica de las sociedades comerciales*. Su limitación en los casos de utilización indebida y fraude. Buenos Aires: Errepar, 2010.

WALD, Arnoldo. *Comentários ao novo Código Civil*. Do direito de empresa. Coordenação Sálvio de Figueiredo Teixeira. Rio de Janeiro: Forense, 2005.

WALD, Arnoldo. *Curso de direito civil brasileiro*. Direito de família. 11. ed. São Paulo: RT, 1998.

WALD, Arnoldo. *Direito das sucessões*. 4. ed. São Paulo: RT, 1977.

WAMBIER, Teresa Arruda Alvim. A desconsideração da pessoa jurídica para fins de partilha e a prova dos rendimentos do cônjuge-varão, na ação de alimentos, pelo nível da vida levada por este. In: WAMBIER, Teresa Arruda Alvim; LAZZARINI, Alexandre Alves (coord.). *Direito de família: aspectos constitucionais, civis e processuais*. São Paulo: RT, 1996.

WESENDOCK, Tula. *Direito patrimonial de família*: disciplina geral do regime de bens no Código Civil. Rio de Janeiro: Elsevier, 2011.

XAVIER, José Tadeu Neves. A teoria da desconsideração da pessoa jurídica no novo Código Civil. *Revista Ajuris*, Porto Alegre, v. 89, mar. 2003.

XAVIER, Luciana Pedroso. *Os trusts no direito brasileiro contemporâneo*. Belo Horizonte: Fórum, 2023.

XAVIER, Marília Pedroso. *Contrato de namoro e direito de família mínimo*. Belo Horizonte: Fórum, 2020.

YÁGÜEZ, Ricardo de Ángel. *La doctrina del levantamiento del velo de la persona jurídica en la jurisprudencia*. 7. ed. Navarra: Thomson Reuters/Aranzadi, 2017.

ZAINAGHI, Maria Cristina. *Os meios de defesa dos direitos do nascituro*. São Paulo: LTr, 2007.

ZANINI, Carlos Klein. *A dissolução judicial da sociedade anônima*. Rio de Janeiro: Forense, 2005.

ZANNONI, Eduardo E. *Derecho civil*. Derecho de familia. 6. ed. Buenos Aires: Astrea, 2012. t. I.

ZANNONI, Eduardo A. *Derecho de las sucesiones*. 2. ed. Buenos Aires: Astrea, 1989. t. II.

ZANNONI, Eduardo A. *Derecho de las sucesiones*. 3. ed. Buenos Aires: Astrea, 1983. v. II.

ZANNONI, Eduardo A. *Derecho de las sucesiones*. 5. ed. Buenos Aires: Astrea, 1997. v. II.

ZANNONI, Eduardo A. El fraude a la legítima hereditaria en las sociedades. *In*: ZANNONI, Eduardo A. *Las sociedades comerciales y la transmisión hereditaria*. Buenos Aires: Ad Hoc, 1993.

ZANNONI, Eduardo A. *Ineficacia y nulidad de los actos jurídicos*. Buenos Aires: Astrea, 1986.

ZANNONI, Eduardo A. *Las sociedades comerciales y la transmisión hereditaria, el fraude a la legítima hereditaria en las sociedades*. Buenos Aires: Ad-Hoc, 1993.

ZANNONI, Eduardo A. *Sociedades entre cónyuges, cónyuge socio y fraude societario*. Buenos Aires: Astrea, 1980.

ZALDIVAR, Enrique. *Cuadernos de derecho societario: aspectos jurídicos generales*. Buenos Aires: Abeledo-Perrot, 1980. v. I.

ZAVASCKI, Teori Albino. *Comentários ao Código de Processo Civil*. São Paulo: RT, 2000.

ZULIANI, Ênio Santarelli. A desconsideração da personalidade jurídica antes e depois da lei da liberdade econômica. *In*: SALOMÃO, Luis Felipe; TARTUCE, Flávio (coord.). *Direito civil*. Diálogos entre a doutrina e a jurisprudência. São Paulo: Método, 2021. v. 2.

ZULUETA, Purificación Martorell (coord.). *Código Civil con jurisprudencia sistematizada*. 3. ed. Valencia: Tirant lo Blanch, 2018.

ÍNDICE REMISSIVO

Abuso do direito, 5.6
- do poder de controle, 5.7
- do poder no direito societário, 5.6.1

Ação de anulação, 2.2.34
- indenização pela inoponibilidade, 2.2.34.1

Ação de desconsideração da pessoa física, 2.2.38
Ação de desconsideração da pessoa jurídica, 2.2.37
Ação de fraude, 2.2
- atos a título gratuito, 2.2.3
- atos a título oneroso, 2.2.4
- fraude à lei, 2.2.5
- o princípio da boa-fé, 2.2.1
- prescrição ou decadência da ação de fraude, 2.8
- presunção de fraude, 2.2.2

Ação de inoponibilidade, 2.2.36
Ação de nulidade, 2.2.33
Ação pauliana ou revocatória, 2.2.35
Anulação do acordo fraudulento, 2.2.20
Apuração, de haveres na codificação processual, 6.23
Associação e fundação, distinção, 4.9
Autonomia privada, 4.3

Bens
- administração, 1.5
  - assentimento conjugal, 1.5.9
  - assentimento na união estável, 1.5.10
  - atos de administração, 1.5.1
  - atos de disposição, 1.5.5
  - atos que dispensam o assentimento, 1.5.12
  - bicéfala e a rendição de contas, 6.10
  - de bens próprios, 1.5.2
  - dos bens comuns, 1.5.3
  - finalidade do assentimento, 1.5.11
  - má administração, 1.5.6
  - prestação de contas, 1.5.7
  - sem mandato expresso, 1.5.4
  - separação judicial dos bens na constância do casamento, 1.5.8
  - suprimento judicial do assentimento, 1.5.13
- adquiridos em condomínio, 1.5.18
- aportados para o casamento, 1.3
  - crias de gado, 1.3.5
- frutos civis do trabalho, comércio ou indústria, 1.3.3
- frutos comuns, 1.3.2
- noção de dividendos, 1.3.4
- partilha dos frutos, 1.3.7
- por esforço comum, 1.3.1
- prova do caráter próprio do bem, 1.3.6
- imóveis, 1.5.14
- móveis
  - com registro, 1.5.15
  - sem registro, 1.5.16
- pós-comunitários e novo relacionamento afetivo, 3.15
- próprios, 1.2
  - adquiridos por doação, 1.2.2
  - adquiridos por herança, 1.2.3
  - adquiridos por indenização, 1.2.5
  - adquiridos por sub-rogação, 1.2.4
  - aquisição anterior ao casamento, 1.2.1
  - direitos inerentes à pessoa, 1.2.6
  - direitos intelectuais, 1.2.7
  - que integram a divisão pós-comunitária, 3.3
- regime
  - administração dos bens na sociedade afetiva, 6.8
  - bens que ingressam na comunhão parcial, 6.3.1.1
  - comunhão parcial, 6.3.1
  - comunhão universal, 6.3.2
- dissolução afetiva e partilha de bens, 6.14
- modificação do regime de bens, 6.4
- na sociedade conjugal, 6.12
- na união estável, 6.13
  - participação final nos aquestos, 6.3.3
  - regime de compensações, 6.3.3.3
  - regras de liquidação, 6.3.3.1
  - risco de fraude na divisão dos bens conjugais, 6.3.3.2
  - separação convencional de bens, 6.3.4.2
  - separação obrigatória de bens, 6.3.4.1
  - separação total de bens, 6.3.4
- sociedade conjugal, 6.5
- tutelas provisórias de preservação, 1.7.10
  - anotação preventiva da lide, 1.7.10.7
  - arrolamento de bens, 1.7.10.4
  - aspectos gerais, 1.7.10.1
  - bloqueio de contas e aplicações financeiras, 1.7.10.6
  - depósito, arresto e sequestro de bens, 1.7.10.5
  - inibição geral de bens, 1.7.10.3

- intervenções em sociedades empresárias, 1.7.10.9
- produção antecipada de provas, 1.7.10.8
- requisitos, 1.7.10.2
- tutelas de urgência de natureza pessoal, 1.7.10.10

Boa-fé, 9.3

Cláusulas pactícias
- em prejuízo de terceiros, 2.2.8.5
- em prejuízo do parceiro, 2.2.8.4

Colação, 8.3
Compensação de bens na partilha, 2.5
Cônjuge, direitos sociais e patrimoniais, 6.29
Cônjuges sócios, 6.7
Consilium fraudis e o *eventus damni*, 2.2.21
Contratos entre cônjuges, 1.5.19
Criptomoeda, 2.2.24

Desconsideração da personalidade jurídica
- antiga teoria maior da desconsideração, 5.3
- antiga teoria maior da desconsideração no plano processual, 9.6
- antiga teoria menor da desconsideração, 5.4
- antiga teoria menor da desconsideração no plano processual, 9.7
- aspectos processuais, 9.5
- desconsideração inversa, 5.5
- e os alimentos, 7.1
- finalidade, 5.2
- histórico, 4.25
- incidente, 8.8
- na execução de alimentos, 7.7
- na jurisprudência portuguesa, 6.2
- na Lei Anticorrupção, 4.37
- na Lei Antitruste, 4.34
- na Lei de Liberdade Econômica, 4.38
- na Lei de Proteção ao Meio Ambiente, 4.35
- na sucessão legítima, 8.6
- no antigo Código Comercial, 4.30
- no Código Civil de 1916, 4.29
- no Código Civil de 2002, 4.36
- no Código de Processo Civil, 9.10.12
- no Código do Consumidor, 4.33
- no Direito de Família brasileiro, 6.1
- no Direito do Trabalho, 4.31
- no Direito Tributário, 4.32
- penhora *on-line*, 7.6.4
- pressupostos para a desconsideração, 5.1
- razão de ser, 6.11
- surgimento no Brasil, 4.28

Desvio de bens conjugais, 2.2.23
Direito à vida, 7.2
Direito alimentar, 7.6
- articulação processual dos alimentos, 7.6.1
- delito de descumprimento do dever familiar de assistência, 7.6.3

- penhora *on-line* e a desconsideração da personalidade jurídica, 7.6.4
- presunção e aparência, 7.6.2

Direito de família, intervenção do Estado, 7.4
Direito empresarial, intervenção estatal, 7.5
Direito preferencial para uso do primitivo domicílio conjugal, 3.13
Disregard
- e a divisão de quotas sociais, 6.28
- e perícia contábil, 7.6.10
- na tutela antecipada, 9.9
- nos alimentos, 7.6.7
- nos alimentos, incidência processual, 7.6.8

Dissolução parcial, 6.22
Dívidas conjugais, 1.4
- bens que respondem pelas dívidas comuns, 1.4.9
- contraídas com oposição do cônjuge e a separação de fato, 1.4.8
- da sociedade conjugal, 1.4.3
- das sociedades empresárias, 1.4.7
- dívidas comuns contraídas por ambos os cônjuges, 1.4.4
- dívidas comuns contraídas por um só dos cônjuges, 1.4.5
- divisão de responsabilidade, 1.4.2
- dos cônjuges, 1.4.1
- pagamento das dívidas de terceiros, 1.4.10
- pessoais dos cônjuges, 1.4.6

Divórcio
- efetivação processual da *disregard* no divórcio judicial, 6.25
- processo judicial, 6.24

Empresa
- função social, 4.22
- individual de responsabilidade limitada – EIRELI, 4.21
- responsabilidade patrimonial, 4.24
- separação patrimonial, 4.23

Enriquecimento indevido de um dos cônjuges, 2.3
Extinção da comunidade pós-conjugal, 3.17

Fideicomisso, 2.2.26.1
Fotografia do tempo na apuração dos haveres de liquidação de quotas sociais, 3.3.1
Fraude
- à execução no direito societário, 5.9
- abalo da ordem pública, 7.6.6
- atos societários supletórios também hábeis à fraude, 6.16
- como ilícito ético, 2.2.18.3
- cônjuge ou convivente como subsócio, 6.21
- contra cônjuge ou companheiro, 2.2.8
- contra cônjuge ou companheiro, fraude e contrato de namoro ou de coparentalidade, 2.2.8.2.1
- contra cônjuge ou companheiro, referência histórica da fraude na meação, 2.2.8.1
- contra cônjuge ou companheiro, renúncia de meação, 2.2.8.2
- contra credores no direito societário, 5.8
- de credores, 2.2.6

- de execução, 2.2.7
- do ilícito civil, 2.2.18.2
- do ilícito penal, 2.2.18.1 (art. 171-A do CP)
- e a intervenção de terceiros, 2.2.16
- entre cônjuges e conviventes, 6.9
- na partilha consensual, 2.2.9
- na partilha consensual, anulação por lesão, 2.2.9.1
- na partilha de honorários profissionais pós-conjugais, 3.3.2
- pela mudança do tipo social, 6.20
- pela pessoa física, 9.2
- pela simulação de venda a descendente, 2.2.17
- pela simulação de venda a descendente, dolo e da fraude testamentária pela alienação de idoso, 2.2.17.1
- pela simulação de venda a descendente, fraude e o abuso do direito, 2.2.18
- pela simulação de venda a descendente, fraude pelo testamenteiro, 2.2.17.4
- pela simulação de venda a descendente, fraude testamentária pela brecha das testemunhas, 2.2.17.3
- pela simulação de venda a descendente, liberdade de manifestação cooptada, 2.2.17.2
- prova da fraude e da simulação, 9.4
- sucessória, abuso do direito, 8.5
- tipo social, 6.17

Frutos e rendas dos bens indivisos, 3.11
Fundações, 2.2.31

Gestão dos bens pós-comunitários, 3.4

Herdeiros necessários, 8.1
Holding familiar, 2.2.25

Indenização
- pela fraude patrimonial no regime de bens, 2.7
- pela fraude patrimonial no regime de bens, culpa subjetiva do direito familiar, 2.7.4
- pela fraude patrimonial no regime de bens, dano moral, 2.7.3
- pela fraude patrimonial no regime de bens, dano moral pela fraude patrimonial, 2.7.5
- pela fraude patrimonial no regime de bens, enriquecimento indevido, 2.7.1
- pela fraude patrimonial no regime de bens, justiça relativa, 2.7.2

Indivisão
- características, 3.2

Insolvência e o dano, 2.2.32
- insolvência alimentar fraudulenta, 2.2.32.2
- simulação de insolvência, 2.2.32.1

Interposição fictícia de pessoa natural, 9.1

Legítima
- proteção da, 8.2

- redução, 8.4
Liquidação e partilha dos bens pós-comunitários, 3.14
Lucros e dividendos e sua compensação na partilha, 3.11.1

Má-fé, o dolo e a fraude, 2.2.15
Meação, mau uso da pessoa jurídica em fraude à meação, 6.15

Objeto social
- idoneidade, 7.6.5
Offshore, 2.2.27

Pagamento
- de alugueres e arrendamentos, 3.9
- de dívidas pendentes, 3.5
- de dívidas pendentes, fraudes causadas aos credores, 3.5.1
Participações societárias, 1.5.17
Partilha
- de quotas sociais e de ações, 3.16
- de quotas sociais e de ações, apuração de haveres, 3.16.4
- de quotas sociais e de ações, breve histórico da sociedade entre cônjuges, 3.16.1
- de quotas sociais e de ações, direito de preferência, 3.16.6
- de quotas sociais e de ações, dissolução parcial da sociedade, 3.16.3
- de quotas sociais e de ações, liquidação de quotas no juízo cível ou empresarial, 3.16.5
- de quotas sociais e de ações, valor patrimonial das quotas pela data da separação de fato, 3.16.2
- extrajudicial, 2.1
- extrajudicial, ação de liquidação e partilha dos bens comuns, 2.1.1
Patrimônio conjugal, 1.1
Pedido satisfativo
- cumulação com a providência liminar, 9.10
- cumulação com a providência liminar, a exceção de pré-executividade, 9.10.9
- cumulação com a providência liminar, competência, 9.10.1
- cumulação com a providência liminar, embargos de terceiro, 9.10.6
- cumulação com a providência liminar, intervenção de terceiro, 9.10.2
- cumulação com a providência liminar, litisconsórcio, 9.10.3
- cumulação com a providência liminar, litisconsórcio facultativo, 9.10.5
- cumulação com a providência liminar, litisconsórcio necessário, 9.10.4
- cumulação com a providência liminar, momento de apresentação da objeção, 9.10.11
- cumulação com a providência liminar, o conteúdo da exceção de pré-executividade, 9.10.10
- cumulação com a providência liminar, o mandado de segurança, 9.10.8
- cumulação com a providência liminar, outras defesas do terceiro, 9.10.7

Penhora *on-line*, desconsideração da personalidade jurídica, 7.6.4
Personalidade coletiva em Portugal, 4.27
Personalidade jurídica, 4.2
Personalidade jurídica e a sua desestimação, 6.18
Pessoa jurídica, 4.5
- de direito privado, 4.7
- de direito público, 4.6
Pessoa natural, 4.4
Prescrição ou decadência da ação de fraude, 2.8
Prescrição ou decadência da ação de fraude, definição e natureza jurídica, 3.1f
Previdência privada, 2.2.29
Provas
- da fraude ou da simulação, 2.2.39
- da fraude ou da simulação, ata notarial, 2.2.39.8
- da fraude ou da simulação, balanço de determinação, 2.2.39.14.1
- da fraude ou da simulação, confissão extrajudicial, 2.2.39.2
- da fraude ou da simulação, confissão judicial, 2.2.39.1
- da fraude ou da simulação, documentos, 2.2.39.7
- da fraude ou da simulação, hierarquia das provas do artigo 212 do Código Civil, 2.2.39.13
- da fraude ou da simulação, importância da quebra do sigilo, 2.2.39.9
- da fraude ou da simulação, indícios e a presunção, 2.2.39.12
- da fraude ou da simulação, insolvência do comprador, 2.2.39.5
- da fraude ou da simulação, necessidade da venda e da entrega do bem, 2.2.39.4
- da fraude ou da simulação, o preço vil, 2.2.39.3
- da fraude ou da simulação, processo penal como meio de prova, 2.2.39.11
- da fraude ou da simulação, prova pericial, 2.2.39.14
- da fraude ou da simulação, redes sociais, 2.2.39.10
- da fraude ou da simulação, testemunhas, 2.2.39.6

Recursos no exterior, 2.2.30
Regime de bens
- alteração, 1.6
- alteração, boa-fé de ambos os cônjuges, 1.6.4
- alteração, procedimento judicial para alteração do regime no matrimônio, 1.6.1
- alteração, procedimento para a alteração do regime na união estável, 1.6.3
- alteração, relativização da retroatividade do regime de bens, 1.6.2
- bloqueio de contas e aplicações financeiras (Sniper), 1.7.10.6
- de comunidade em vida, extinção, 3.6
- de comunidade por morte, extinção, 3.7
- extinção, 1.7
- extinção, abuso do direito na administração dos bens, 1.7.9
- extinção, causas de extinção do regime de comunidade, 1.7.1
- extinção, morte comprovada ou presumida, 1.7.2
- extinção, nulidade ou anulação do casamento putativo, 1.7.3
- extinção, prescrição da partilha, 1.7.7
- extinção, reconciliação dos cônjuges ou conviventes, 1.7.8
- extinção, separação de fato ou de corpos, 1.7.4
- extinção, separação ou divórcio judicial e extrajudicial, 1.7.5
- extinção, violência contra a mulher, 1.7.6

Renúncia
- de herança, 2.2.8.3
- ou repúdio, 2.2.8.3.1

Seguro de vida, 2.2.28
Simulação
- de arrendamento, 2.2.13
- de endosso, fiança ou aval, 2.2.11
- de mútuo, 2.2.12
- de pactos antenupciais e contratos de convivência, 2.2.10.1
- de sociedade, 2.2.14
- de sociedade, fraude societária, 2.2.14.1
- de sociedade, protocolo familiar, 2.2.14.2
- doações entre cônjuges, 2.2.10.2
- no direito societário, 5.10
- no direito societário, confusão patrimonial, 5.12
- no direito societário, desvio de finalidade, 5.13
- no direito societário, interposta pessoa, 5.11
Sobrepartilha, 3.18
Sociedades
- anônima, 4.19
- classificação, 4.11
- de família, 6.19
- e associação, distinção, 4.8
- em comandita por ações, 4.20
- em comandita simples, 4.17
- em nome coletivo, 4.16
- limitada, 4.18
- não personificadas, 4.12
- personificadas, 4.13
- personificadas empresárias, 4.15
- personificadas simples, 4.14
- simples e exclusão do intangível na partilha, 3.10
- simples e inclusão do intangível na partilha, 3.10.1
Sonegação de bens, 2.2.22
Subcapitalização, 5.14

Trust, 2.2.26

União estável, 6.6
- efetivação da *disregard* na dissolução da união estável, 6.26
Uso e gozo, 3.8

Valorização das quotas, 2.6
- tese contrária, 2.6.1
Vícios de vontade, 2.2.19
Violência econômica, 2.4
- intimidação passional, 2.4.1
Vivenda conjugal, uso, 3.12
Vulnerabilidade, da pessoa prejudicada, 9.8